BOUQUINS

COLLECTION DIRIGÉE PAR

GUY SCHOELLER

MICHELET

Le Moyen Age

Histoire de France

PRÉSENTATION DE CLAUDE METTRA

ROBERT LAFFONT

Ce volume contient :

LES LIVRES I A XVII
DE L'HISTOIRE DE FRANCE
DE MICHELET

CHRONOLOGIE DE ALAIN FERRARI

ISBN : 2-221-50239-6

Présentation

Quand Michelet naît en 1798, dans une église désaffectée depuis la Révolution, Paris qui sera le berceau de son enfance est encore dans sa topographie une ville médiévale, surtout dans ce quartier des Halles où depuis des siècles boulangers, bouchers et paysans des villages proches apportent à la cité de quoi la nourrir. La trace médiévale, elle est dans les rues étroites où demeurent encore nombre de logis archaïques, elle est surtout dans la multiplicité des sanctuaires chrétiens : ceux qui restent de l'âge gothique (Saint-Nicolas-des-Champs, Saint-Merri, Notre-Dame) et ceux qui sont construits sur d'anciennes constructions romanes (Saint-Eustache, Saint-Gilles, Saint-Leu). Il y a même encore autour de la tour Saint-Jacques et dans les parages de la rue du Temple souvenance des alchimistes ou magiciens dont les territoires se situent tantôt du côté de Dieu, tantôt du côté du diable. Mais le Christ des cathédrales, qui abritait jadis dans sa gloire le petit peuple des artisans, des marchands et des prostituées, n'est plus maintenant qu'un fantôme. Bien avant 1789 déjà, les antiques murailles de la foi ancienne connaissaient de grandes déchirures. La Révolution rejettera définitivement dans l'ombre les obsessions médiévales, reléguera les légendes et les saints dans les trappes de l'obscurantisme, effacera les visages mythiques où la chrétienté médiévale avait reconnu les compagnons de sa misère.

Ainsi dans les années de son enfance et de son adolescence, ce que Michelet peut découvrir dans ce Paris qui s'apprête lentement à changer de vêtement et d'âme, c'est l'agonie ultime d'un vieux monde qui, tant bien que mal, avait jusque-là survécu.

Ce spectacle, il passe inaperçu à tous ceux qu'emporte le flux montant du quotidien. Mais pour un enfant qui grandit « comme une herbe entre les pavés », le passé a une parole qui pénètre profondément dans les impatiences du cœur. Il n'est point de pierre usée, de chapelle déserte, de vieille cour encore toute chargée de signes anciens qui ne signifient aux interrogations de l'enfant quelque mystère à éclaircir. Et dans les pérégrinations solitaires que le petit Michelet poursuit tout au long du jour dans les ruelles ou les impasses qui avoisinent la rue de Tracy ou la rue Saint-Martin, il entend monter vers lui les voix d'une humanité très lointaine, celle qui précisément donna à la ville son sang et son rythme. Qui donc étaient ces hommes et qu'avaient-ils à dire au monde ? Les rêves de l'enfance en rendent mieux compte sans doute que les reconstitutions laborieuses des érudits. A maintes reprises, on trouve ainsi, sous la plume de Michelet, des notations qui semblent nées presque directement du songe d'un enfant perdu à la fois dans la vague mémoire des choses apprises à l'école ou à la maison et dans la fabulation dont il est familier. Par exemple ce regard de l'historien sur le climat bizarre des cités du XIVe siècle naissant : « Une fièvreuse atmosphère de superstition enveloppe les villes sombres. L'ombre augmente dans leurs rues étroites ; leur brouillard va s'épaississant aux fumées d'alchimie et du sabbat. Les croisées obliques ont des regards louches. La boue noire des carrefours grouille en mauvaises paroles. Les portes sont fermées tout le jour mais elles savent bien s'ouvrir le soir pour recevoir l'homme du mal, le juif, le sorcier, l'assassin. » C'est là le tableau à la fois réel et mythique qu'un enfant, quelque peu imaginatif, peut tracer du spectacle qu'il s'est à lui-même offert au milieu de ces chemins urbains dont il se regarde comme le souverain.

Cette intimité avec le Moyen Age disparu constitue une des expériences capitales de l'enfance de Michelet et elle est inséparable d'une autre intimité qui puise aussi sa tonalité dans l'histoire, celle qu'il entretient avec la Révolution. Et ces deux figures passées ne cesseront plus de vivre ensemble dans la mémoire de Michelet, tantôt pour s'opposer, tantôt pour se confondre. Que le Moyen Age soit une époque très éloignée alors que la Révolution est encore toute proche, encore vivante même à travers les parents, est de peu d'importance. L'enfant opère aisément cette contraction du temps qui lui fait mêler sans souci la légende et la réalité, la figure du rêve et le visage du quotidien. Et en un certain sens, c'est cette présence simultanée en lui du Moyen Age et de la Révolution qui va le conduire à la littérature. Car son obsession d'homme, quand il tente de donner chair à ce qui n'a été jusque-là que rêverie vague ou intuition, c'est d'accorder en lui ces deux mondes, de reconnaître en sa profondeur ce qu'il y a en lui de profondément médiéval et ce qu'il porte aussi de résolument moderne. C'est par là qu'il est contraint d'assumer toute l'histoire dont le Moyen Age et la Révolution définissent les frontières, mais c'est à travers lui que le Moyen Age et la Révolution prendront leur véritable sens car « je suis à moi seul une nature, un monde dans lequel le monde et la nature ne peuvent intervenir d'une manière dominante ».

En assumant cette histoire, Michelet la fonde à nouveau, mais en revanche c'est de l'histoire ainsi fondée que naîtra l'écrivain. Car pour Michelet, écrire c'est se créer soi-même. Nous naissons encombrés des chairs et des rêves de ceux qui nous ont engendrés, pas seulement nos parents immédiats mais, bien en deçà, toute la longue et obscure généalogie qui au long des siècles a tissé la trame de ce qui allait nous constituer. Et cependant chaque être humain est unique, irremplaçable, s'il a la force de construire son propre chemin, de reconnaître dans le champ de ruines qui lui est proposé à sa naissance l'espace qui deviendra son lieu et son temps. Les romans arturiens ne racontent rien d'autres que ces cheminements des chevaliers errants pour conquérir leur propre vérité, accéder à ce royaume dont ils ignoraient les domaines mais qui leur étaient de toute éternité destinées. C'est à un appel identique qu'obéira plus tard Don Quichotte quand il voudra combattre la folie du monde et annoncer l'avènement d'une autre gloire promise au cœur de l'homme. Celui qui choisit l'écriture pour se faire lui-même, pour se fonder dans son être, doit d'abord inventer ses propres images, devenir à lui même un monde. Tel est le sens de toute poétique au sens initial du terme, le voyage à travers lequel l'artiste construit ses propres fondations en édifiant ce que deviendra l'œuvre.

A l'origine, source de toute écriture, il y a Homère. La guerre de Troie n'a sans doute été qu'une querelle de famille, une de ces interminables disputes entre quelqu'uns de ces petits princes dont les domaines ont la dimension d'un village, et dont les épisodes constituent le fil dramatique d'un théâtre destiné à nourrir les rêves et les exaltations des communautés archaïques. Et la chronique de ces scènes primitives traverse les générations, s'enrichissant de tous les songes dont l'illuminent les conteurs ambulants. Leurs récits sont des réponses aux désirs cachés ou avoués de ceux qui les écoutent et qui veulent en savoir toujours plus sur les dieux, sur l'étrangeté des femmes et sur les pouvoirs du sang, ce sang qui bat dans le cœur de chaque être vivant, mais qui est aussi le sang du sacrifice et le prophète de la mort. Jusqu'au jour où vint Homère. Il est aveugle, de naissance sans doute, et enfermé dès l'enfance dans son propre monde. De la réalité extérieure, il ne connaît que la rumeur confuse : le bruit des vagues sur le sable ou sur les rochers, la brûlure du soleil dans l'été et la morsure du vent dans l'hiver, l'odeur de la terre après les pluies du printemps. Mais il connaît aussi les mots et leur musique : ils circulent tout au long du jour, naissent des lèvres des enfants ou des vieilles gens, prenant source dans la bouche des jeunes filles ou dans les gorges sombres des sorcières cueilleuses d'herbe. Et dans son aveuglement, les mots deviennent la seule réalité qui lui soit accessible. Il va leur confier ses rêves et ses cauchemars, ses folies et ses attentes. Jamais sa main ne porta l'épée ni l'arc, jamais peut-être il ne connut les entrailles de la femme et l'ardeur des nuits partagées. Mais c'est dans cette solitude qu'il va intenter ce que deviendra l'esprit grec : les violences et les tendresses des divinités, la soif radieuse de la vie et l'âpre besoin de mort qui vivent familièrement au sein de l'être humain et la beauté éphémère des saisons et des passions dont nous sommes le territoire.

En cette tâche, Homère n'a point d'autre compagnon que l'enfant qui le conduit d'une île à une autre, d'un village à un autre village. Et pourtant il est tout entouré de présences fulgurantes, celles qui naissent nuit après nuit (mais est-il jamais ailleurs que dans la nuit), d'une rêverie qui s'enchante constamment d'elle-même. Il est à la fois Zeus et Aphrodite, Agamemnon et Priam, Hélène et Pénélope. Et le royaume dont il célèbre les somptuosités et les tragédies, ce n'est rien d'autre que l'âme humaine. Le chant qui monte de ses lèvres, dans la douceur des soirées égéennes est un chant de délivrance : il est sauvé de sa solitude, de son aveuglement, de son impossibilité à être un homme comme les autres, en devenant lui-même son propre dieu, en devenant comme les dieux, bâtisseur d'un univers. Et les visages qu'il dessine à travers les rythmes de sa mélodie, ce sont les visages qui vont durant des siècles habiter la mémoire des grecs, peupler les rivages de la Méditerranée et rester vivants jusqu'au cœur des hommes d'aujourd'hui, puisque nos étoiles portent les noms qu'il leur a donnés, et que les esprits qui peuplent *l'Illiade* et *l'Odyssée* se mêlent toujours dans les profondeurs de notre intimité, comme nous l'indique la topologie de la psyché décrite par Freud, Jung ou autre géographes de l'inconscient.

Nous ne savons rien d'Homère et rien de la mort d'Homère. Le privilège de l'aveugle est qu'il n'attend personne pour lui fermer les yeux. Mais on est en droit de penser qu'il mourut, éloigné de toute souffrance et de toute angoisse, puisque veillaient sur lui tous ceux qu'il avait tirés de l'oubli, tous ceux qui avaient été longtemps des formes inanimées et à qui, par magie, il avait accordé l'existence, la passion et l'espérance. Il devinait, en laissant glisser hors de sa poitrine son dernier souffle, toutes les étranges métamorphoses que connaîtrait à travers les siècles à venir, son enfant préféré, cet Ulysse, tout pétri de tendresse et d'humour, dont les enfants d'Occident connaîtraient les ruses et les patiences. Il savait déjà qu'au début du XXe siècle, aux bords de la mer d'Iroise, un jeune homme tout teinté de mélancolie et qui avait nom James Joyce reconstituerait à la mesure de son temps les aventures et les mésaventures d'Ulysse, comme pour se protéger des désastres et des incertitudes auxquels les existences semblent inexorablement promises. Car c'est la consolation et la joie ultime du poète : sa mort ne clôt pas son destin, elle l'ouvre et lui donne sa véritable mesure qui est de devenir le miroir où le futur cherchera son double. Le statut qu'Homère se propose, en entrant dans sa condition de poète, c'est aussi celui qu'il propose à tous les poètes à venir (ni Sophocle ni Shakespeare ne l'oublieront), et c'est celui dans lequel Michelet s'insère, lorsque après quelques travaux d'école qui sont une concession à l'université dont il tire subsistance (le plus important d'entre eux étant l'*Histoire romaine* qui s'inscrit dans la droite ligne de l'humanisme régnant), il entreprend de se confronter avec l'histoire de France.

Dès l'origine du projet, le mot qui sous-tend toute l'entreprise de Michelet est là : celui de résurrection. Mais le mot s'applique à la fois à l'histoire et à l'écrivain. Sa signification reste vague : elle renvoie directement au seul événement dont la chronique porte trace, la résurrection du Christ ; et l'image même du théâtre pascal nous indique que la résurrection n'est pas la restitution complète, concrète, d'une apparence perdue. Elle est la soudaine émergence d'une réalité cachée :

quand le Christ sort du tombeau au matin de Pâques et apparaît à Marthe et à Madeleine, ce n'est pas le Galiléen Jésus de Nazareth, condamné trois jours auparavant à la crucifixion comme fauteur de troubles, qui revient à la vie ordinaire. Il est celui qui a connu la mort, traversé le royaume des Enfers et manifeste sa condition solaire d'enfant divin. Mourant au monde il est mort aussi à lui-même pour devenir un autre, pour s'affirmer enfin comme l'homme intégral, celui qui possède en lui « les deux sexes de l'esprit ». Il est celui qui tient entre ses mains le pouvoir de révélation (celui qui s'exprimera dans la circulation de l'Esprit au jour de la Pentecôte) et la clé de l'énigme.

Ces figurations chrétiennes ne sont pas pour Michelet des spéculations théologiques, des données abstraites de la foi : elles reflètent l'image que le Moyen Age s'est fait de Dieu et de la place de Dieu dans la société des hommes. Alors l'écrivain va utiliser à son propre usage cette représentation que le Moyen Age s'est fait de la figure du Christ ; mais laissant de côté le Christ lui-même, il va prendre le Moyen Age comme instrument de sa rédemption, une rédemption qui passe par sa propre mort pour le conduire, au-delà du Moyen Age ressuscité à sa propre résurrection.

L'histoire du Moyen Age peut être déchiffrée comme la chronique intérieure d'une vie. Cette vie c'est celle du peuple de France des origines jusqu'à la Renaissance ; avènement d'un monde nouveau, début d'une ère différente de l'histoire humaine, au moment où les frontières du monde physique et mental sont bouleversées, au moment aussi où la relation des hommes avec leur horizon économique et politique se trouve complètement transformée. Le Moyen Age s'inscrit entre deux espaces symboliques : celui de la forêt primitive et celui de la cathédrale. Dans le parcours qui va de l'une à l'autre Michelet reconnaît le chemin qui mène de la naissance à l'accomplissement, de la vie de nature à la cité engendrant la culture. Au-delà de la cité médiévale commence l'agonie d'une civilisation ; dans ses ruines s'édifiera l'État moderne et la nouvelle structure du corps social.

La plongée dans les débuts de la France est pour Michelet un moyen de se délivrer de tout ce qui pèse sur lui, l'empêche d'accéder à sa source authentique, profonde : son éducation, les préjugés de son temps et ceux de sa classe et surtout l'immense confusion des idées et des espérances qui se mêlent dans cette France d'après la Révolution, d'après l'Empire, où la dimension épique d'un passé tout proche s'accommode mal de la banalité du présent. En 1830, ce qu'il entrevoit dans « l'éclair de juillet », c'est cette énergie presque enfantine brusquement manifestée au milieu même de la modernité urbaine, cette résurgence du désir d'être dans une époque apparemment vouée à la nostalgie, à l'ennui, à la solitude de groupes sociaux repliés haineusement les uns contre les autres.

L'éclair est l'émergence du feu de la création. Il renvoie Michelet au fondateur mythique de la civilisation : Prométhée, qui donna aux hommes le feu dérobé aux dieux mais c'est pour affirmer d'abord :

« L'homme est son propre Prométhée. » Pour saisir le sens de l'aventure humaine, il faut retrouver cette flamme des origines qui a pu être obscurcie, voilée par les tourments de l'histoire mais qui périodiquement se trouve régénérée dès que la communauté a la force de briser les chaînes qu'elle s'est elle-même forgées et de remonter jusqu'à sa condition vraiment divine. A la fin du XIXe siècle, alors que la société paraît encore plus profondément enfoncée dans les contradictions de son histoire matérielle, un autre dessein comparable à celui de Michelet par son ambition et sa tension mystique va reprendre tous les thèmes de la primitivité créatrice et indiquer, par les voies conjuguées de la poésie et de la musique, tous les tumultes qui nourrissent la passion féconde de l'âme humaine : c'est celui de Richard Wagner. Apparemment, Richard Wagner privilégie le vieux fonds des légendes germaniques pour donner éclat à cette lumière du Nord seule capable de régénérer le soleil usé des vieilles cultures méditerranéennes. Mais en fait Michelet et Wagner sont tous les deux pareillement hantés par ce monde sauvage que la fureur de vivre allait jeter sur une route qui ne connaîtrait point de fin.

Qu'est-ce qui fascine ainsi Michelet et Wagner dans cette humanité des commencements où la violence de l'amour n'a d'égale que la violence de la haine ? C'est peut-être parce qu'ils soupçonnent l'un et l'autre que le regard vers la primitivité perdue est la seule issue désormais ouverte à qui veut sortir du dessèchement et de l'appauvrissement auxquels les hommes semblent se condamner dès qu'ils s'éloignent de la vie de nature. Devançant les perspectives de Freud sur les maladies de la civilisation, Michelet décrit la longue aventure médiévale comme la suite des périls auxquels l'âme est exposée, cette âme collective dont on mesure mieux la véritable dimension depuis que l'on a reconnu combien de peuples ont perdu la leur au hasard des conquêtes, des colonisations ou des assimilations abusives, depuis que l'on sait par exemple la relation étroite existant entre l'âme d'une communauté et sa langue, depuis que l'on découvre qu'en abandonnant sa parole originelle une société perd aussi son identité. Dans la familiarité profonde que les hommes primitifs entretenaient avec la nature, c'est cette nature qui assurait aux êtres humains la sécurité intérieure, la confiance presque absolue dans les aubes à venir. C'est ce que Michelet souligne à propos des Celtes que « le ciel même n'effrayait guère ; ils lui lançaient des flèches quand il tonnait. Si l'océan même se débordait et venait à eux, ils ne refusaient pas le combat et marchaient à lui l'épée à la main ».

Michelet réécrit l'histoire de l'ancienne France comme Platon avait écrit celle des cités grecques : en édifiant la communauté juridique, en fondant les structures qui vont donner naissance à l'organisation du commerce et des échanges et conduire à la reconnaissance des inégalités sociales et des pouvoirs politiques, les hommes mettent fin à leur relation primordiale avec les dieux. Ils s'isolent au sein de la création, en s'instaurant comme les acteurs privilégiés du grand théâtre du monde. Mais cet isolement même est source d'angoisse, générateur de violences destructrices vis-à-vis des éléments naturels comme vis-à-vis des autres hommes. C'est pourquoi Platon recherche avidemment ce qu'il appelle l'âme du monde, ce principe auquel les humains doivent tenter de se relier pour retrouver en eux l'harmonie générale de l'univers.

Pour Michelet le Moyen Age français commence dans l'aura d'une gloire radieuse : la destruction de Rome restitue notre vieux territoire aux énergies archaïques des Ligures, des Ibères, des Celtes et des Germains. Mais cette primitivité retrouvée est sans avenir : l'humanité est entrée dans l'histoire c'est-à-dire le changement, et le mouvement est irréversible. Ce qui est fascinant aux yeux du poète c'est de savoir comment la société médiévale va parvenir à résister à l'érosion spirituelle que porte en lui tout mouvement civilisateur. Car les tribus archaïques sont en quête de l'or spirituel, celui que célèbre le chant des Nibelungen, que Siegfrid arrache au dragon Fafner, gardien des mystères souterrains. Quand les Celtes déferlèrent vers Delphes, au cœur de la vie sacrée de l'hellénisme, ce n'était point pour piller le trésor dont la Pythie assurait la sauvegarde, c'était pour contempler dans les reflets étincelants du métal le visage même de l'infini.

Au fur et à mesure que les hommes s'avancent dans l'appropriation et la domestication des forces naturelles, qu'ils se considèrent, au mépris des autres formes vivantes comme le centre du monde, l'or spirituel se change peu à peu en or matériel. L'histoire de la civilisation raconte ce parcours et la tragédie qui précipite Rome dans l'anéantissement trouve sa racine dans l'incapacité de l'empire d'Occident d'inventer une flamme psychique capable de compenser l'excès de matérialité de la société conquérante. La survie de Rome, dans sa partie orientale, tient précisément à l'ardeur avec laquelle l'imagination byzantine s'est appliquée à réinstaurer le divin au cœur de la communauté. Et ce qui est vrai de l'or l'est aussi de la femme : dans sa marche vers la transformation de ses conditions matérielles, la civilisation ne peut qu'affirmer et renforcer le pouvoir patriarcal alors que dans la tribu des commencements « la grâce de la femme, c'est sa force, sa taille colossale... ; elle devient la compagne des dangers de l'homme, unie à son destin dans la vie, dans la mort ». Et comme si l'expérience de la civilisation romaine avait pu hanter les occupants de la vieille France, tout le Moyen Age raconte les prodigieuses tentatives de ces hommes frustes, apparemment abandonnés aux hasards difficiles de l'anarchie politique et sociale, pour inventer ce qui pourrait faire barrière à cette dégradation de l'âme dont tout progrès est porteur.

C'est ce qui va d'ailleurs aux yeux de Michelet conférer à l'histoire de France une coloration exemplaire. Par le miracle d'une chimie mystérieuse qui mêle d'une manière extraordinairement féconde les éléments humains les plus disparates, Celtes, Romains, Grecs, Germains et autres peuplades venues de la lointaine Asie, naît un peuple dont l'imagination va être tout entière tendue vers la sauvegarde d'un lien particulier, indéfinissable avec le ciel et la terre. C'est là que réside pour

Michelet la particularité inaliénable de ce pays, ce qui fait de lui une « personne », ce qui au sens littéral peut s'interpréter comme la capacité de créer un théâtre aussi complet, aussi riche que le théâtre même de la création. Une figure médiatrice va servir de relais entre tous les anciens dieux assemblés : c'est celle du Christ mais ce Christ n'est pas le grand dieu orchestrateur du monde qu'il deviendra par la suite. Il symbolise le pouvoir de l'esprit de transformer magiquement la face de la réalité. Il indique à tous les autres hommes qu'il est en chacun une énergie qui se situe au-delà des limites de notre propre chair et nous entraîne à participer pleinement à ce que le Moyen Age nomme la communion des Saints.

C'est pourquoi le christianisme, dans sa tension la plus grande, aux XIIe et XIIIe siècles, se présente comme une grandiose mise en scène où les hommes et Dieu sont les acteurs d'un drame liturgique qui raconte la gloire de l'homme conçu comme l'image même de la divinité. « Il y avait alors, dit Michelet, un merveilleux génie dramatique, plein de hardiesse et de bonhomie, souvent empreint d'une puérilité touchante. » La théâtralisation médiévale atteint son point extrême avec la cathédrale. Dans la construction de ces sanctuaires se révèle une témérité et une intelligence de la matière qui ne devait plus jamais se retrouver depuis. Tout se passe comme si la cathédrale était cette maison dont Dieu jusque-là avait été privé et dont seuls les hommes étaient capables de lui faire offrande. Au-delà de la pierre, au-delà du vitrail, le temple de Dieu est essentiellement une composition musicale, à l'intérieur de laquelle toutes les voix de la création se font entendre. Dans cette quête du ciel que représente la flèche gothique, il n'y a point trace d'orgueil humain, point de tentative pour surmonter matériellement la pesanteur et la dureté des éléments. Il y a grandiose entreprise pour lier la musique du ciel à la musique de la terre. C'est ce qui apparaît avec éclat dans les grandes fêtes de la liturgie : « A la Pentecôte, des pigeons blancs étaient lâchés dans l'église, parmi les langues de feu, les fleurs pleuvaient, les galeries intérieures étaient illuminées. »

Et dans cette mise en scène sublime, le personnage du Christ, à la fois sanglant et triomphant, dérisoire et glorieux, ainsi que l'est tout homme, se trouve constamment associé à la figure féminine primitive, celle qui, sous le masque de la Vierge, ressuscite l'antique déesse, mère des forêts celtiques ou des îles grecques. En réalité, comme l'indique Alain Daniélou dans *Shiva et Dionysos* le Moyen Age, à travers l'imagerie chrétienne, a tenté de ressusciter l'archaïque communauté humaine qui, avant la naissance des impérialismes civilisateurs, aux Indes, en Crète, dans l'Irlande préceltique, était fondée sur une fraternité intime avec toutes les formes du vivant. Dans cette aventure, le Moyen Age qui reste le seul héritier des civilisations méditerranéennes doit imaginer un parcours psychique particulier qui lui permette de triompher de tout ce que les civilisations ont charrié avec elles d'angoisse et de misère : c'est la fonction même du symbole. Le monde médiéval a vécu sur une vision symbolique qui lui a permis d'établir entre la société humaine et la nature cette relation spirituelle que l'histoire ne cesse de détruire. Il a, à sa manière, tenté de résoudre le problème qui est au cœur de la société contemporaine : comment rétablir la nature dans ses droits, comment sortir de cet anthropomorphisme qui n'est plus pour nous qu'annonciateur de catastrophes ?

L'expérience médiévale sombre à partir du XIIIe siècle dans les fureurs de la matérialité. Le christianisme disparaît du champ symbolique pour resurgir dans la spéculation théologique. Comme le souligne Michelet « ce colossal théâtre du drame sacré est rentré après sa longue fête du Moyen Age, dans le silence et dans l'ombre ».

Après viennent les contraintes de la société politique, l'agonie de cette participation au drame cosmique dont la cathédrale était le signe. Quand il abandonna le Moyen Age, Michelet, pour survivre, pour retrouver en lui-même cette fièvre des bâtisseurs médiévaux, va se retourner vers la Révolution pour y redécouvrir une face nouvelle de cette fête de l'homme en face de l'infini. Car l'histoire est sans cesse à réinventer, dont le but est de faire des hommes « des maîtres des pierres vives ».

Claude METTRA

Préface de 1869

Cette œuvre laborieuse d'environ quarante ans fut conçue d'un moment, de l'éclair de juillet. Dans ces jours mémorables, une grande lumière se fit, et j'aperçus la France.

Elle avait des annales, et non point une histoire. Des hommes éminents l'avaient étudiée surtout au point de vue politique. Nul n'avait pénétré dans l'infini détail des développements divers de son activité (religieuse, économique, artistique, etc.). Nul ne l'avait encore embrassée du regard dans l'unité vivante des éléments naturels et géographiques qui l'ont constituée. Le premier je la vis comme une âme et une personne.

L'illustre Sismondi, ce persévérant travailleur, honnête et judicieux, dans ses annales politiques, s'élève rarement aux vues d'ensemble. Et, d'autre part, il n'entre guère dans les recherches érudites. Lui-même avoue loyalement qu'écrivant à Genève il n'avait sous la main ni les actes ni les manuscrits.

Au reste, jusqu'en 1830 (même jusqu'en 1836), aucun des historiens remarquables de cette époque n'avait senti encore le besoin de chercher les faits hors des livres imprimés, aux sources primitives, la plupart inédites alors, aux manuscrits de nos bibliothèques, aux documents de nos archives.

Cette noble pléiade historique qui, de 1820 à 1830, jette un si grand éclat, MM. de Barante, Guizot, Mignet, Thiers, Augustin Thierry, envisagea l'histoire par des points de vue spéciaux et divers. Tel fut préoccupé de l'élément de race, tel des institutions, etc., sans voir peut-être assez combien ces choses s'isolent difficilement, combien chacune d'elles réagit sur les autres. La race, par exemple, reste-t-elle identique sans subir l'influence des mœurs changeantes ? Les institutions peuvent-elles s'étudier suffisamment sans tenir compte de l'histoire des idées, de mille circonstances sociales dont elles surgissent ? Ces spécialités ont toujours quelque chose d'un peu artificiel, qui prétend éclaircir, et pourtant peut donner de faux profils, nous tromper sur l'ensemble, en dérober l'harmonie supérieure.

La vie a une condition souveraine et bien exigeante. Elle n'est véritablement la vie qu'autant qu'elle est complète. Ses organes sont tous solidaires et ils n'agissent que d'ensemble. Nos fonctions se lient, se supposent l'une l'autre. Qu'une seule manque, et rien ne vit plus. On croyait autrefois pouvoir par le scalpel isoler, suivre à part chacun de nos systèmes ; cela ne se peut pas, car tout influe sur tout.

Ainsi, ou tout, ou rien. Pour retrouver la vie historique, il faudrait patiemment la suivre en toutes ses voies, toutes ses formes, tous ses éléments. Mais il faudrait aussi, d'une passion plus grande encore, refaire et rétablir le jeu de tout cela, l'action réciproque de ces forces diverses dans un puissant mouvement qui redeviendrait la vie même.

Un maître dont j'ai eu, non le génie sans doute, mais la violente volonté, Géricault, entrant dans le Louvre (dans le Louvre d'alors où tout l'art de l'Europe se trouvait réuni), ne parut pas troublé. Il dit : « C'est bien ! je m'en vais le refaire. » En rapides ébauches qu'il n'a jamais signées, il allait saisissant et s'appropriant tout. Et, sans 1815, il eût tenu parole. Telles sont les passions, les furies du bel âge.

Plus compliqué encore, plus effrayant était mon problème historique posé comme *résurrection de la vie intégrale,* non pas dans ses surfaces, mais dans ses organismes intérieurs et profonds. Nul homme sage n'y eût songé. Par bonheur, je ne l'étais pas.

Dans le brillant matin de juillet, sa vaste espérance, sa puissante électricité, cette entreprise surhumaine n'effraya pas un jeune cœur. Nul obstacle à certaines heures. Tout se simplifie par la flamme. Mille choses embrouillées s'y résolvent, y retrouvent leurs vrais rapports, et (s'harmonisant) s'illuminent. Bien des ressorts, inertes et lourds s'ils gisent à part, roulent d'eux-mêmes, s'ils sont replacés dans l'ensemble.

Telle fut ma foi du moins, et cet acte de foi, quelle que fût ma faiblesse, agit. Ce mouvement immense s'ébranla sous mes yeux. Ces forces variées, et de nature et d'art, se cherchèrent, s'arrangèrent, malaisément d'abord. Les membres du grand corps, peuples, races, contrées, s'agencèrent de la mer au Rhin, au Rhône, aux Alpes, et les siècles marchèrent de la Gaule à la France.

Tous, amis, ennemis, dirent « que c'était vivant ». Mais quels sont les vrais signes bien certains de la vie ? Par certaine dextérité, on obtient de l'animation, une sorte de chaleur. Parfois le galvanisme semble dépasser la vie même par ses bonds, ses efforts, des contrastes heurtés, des surprises, de petits miracles. La vraie vie a un signe tout différent, sa continuité. Née d'un jet, elle dure, et croît placidement, lentement, *uno tenore.* Son unité n'est pas celle d'une petite pièce en cinq actes, mais (dans un développement souvent immense) l'harmonique identité d'âme.

La plus sévère critique, si elle juge l'ensemble de mon livre, n'y méconnaîtra pas ces hautes conditions de la vie. Il n'a été nullement précipité, brusqué ; il a eu, tout au moins, le mérite de la lenteur. Du premier au dernier volume, la méthode est la même ; telle elle est en un mot dans ma Géographie, telle en mon Louis XV, et telle en ma Révolution. Ce qui n'est pas moins rare dans un travail de tant d'années, c'est que la forme et la couleur s'y soutiennent. Même qualités, mêmes défauts. Si ceux-ci avaient disparu, l'œuvre serait hétérogène, discolore, elle aurait perdu sa personnalité. Telle quelle, il vaut mieux qu'elle reste harmonique et un tout vivant.

Lorsque je commençai, un livre de génie existait, celui de Thierry. Sagace et pénétrant, délicat interprète, grand ciseleur, admirable ouvrier, mais trop asservi à un maître. Ce maître, ce tyran, c'est le point de vue exclusif, systématique, de la perpétuité des races. Ce qui fait, au total, la beauté de ce grand livre, c'est qu'avec ce système, qu'on croirait fataliste, partout on sent respirer en dessous un cœur ému contre la force fatale, l'invasion, tout plein de l'âme nationale et du droit de la liberté.

Je l'ai aimé beaucoup et admiré. Cependant, le dirai-je ? ni le matériel, ni le spirituel ne me suffisait dans son livre.

Le matériel, la race, le peuple qui la continue, me paraissaient avoir besoin qu'on mît dessous une bonne forte base, la terre, qui les portât et les nourrît. Sans une base géographique, le peuple, l'acteur historique, semble marcher en l'air comme dans les peintures chinoises où le sol manque. Et notez que ce sol n'est pas seulement le théâtre de l'action. Par nourriture, le climat, etc., il y influe de cent manières. Tel le nid, tel l'oiseau. Telle la patrie, tel l'homme.

La race, élément fort et dominant aux temps barbares, avant le grand travail des nations, est moins sensible, est faible, effacée presque, à mesure que chacune s'élabore, se personnifie. L'illustre M. Mill dit fort bien : « Pour se dispenser de l'étude des influences morales et sociales, ce serait un moyen trop aisé que d'attribuer les différences de caractère de conduite, à des différences naturelles indestructibles. » Contre ceux qui poursuivent cet élément de race et l'exagèrent aux Temps modernes, je dégageai de l'histoire elle-même un fait moral énorme et trop peu remarqué. C'est le puissant *travail de soi sur soi,* où la France, par son progrès propre, va transformant tous ses éléments bruts. De l'élément romain municipal, des tribus allemandes, du clan celtique, annulés, disparus, nous avons tiré à la longue des résultats tout autres, et contraires même, en grande partie à tout ce qui les précéda.

La vie a sur elle-même une action de personnel enfantement, qui, de matériaux préexistants, nous crée des choses absolument nouvelles. Du pain, des fruits, que j'ai mangés, je fais du sang rouge et salé qui ne rappelle en rien ces aliments d'où je les tire. – Ainsi va la vie historique, ainsi va chaque peuple se faisant, s'engendrant, broyant, amalgamant des éléments, qui y restent sans doute à l'état obscur et confus, mais sont bien peu de chose relativement à ce que fit le long travail de la grande âme.

La France a fait la France, et l'élément fatal de race m'y semble secondaire. Elle est fille de sa liberté. Dans le progrès humain, la part essentielle est à la force vive qu'on appelle homme. *L'homme est son propre Prométhée.*

En résumé, l'histoire, telle que je la voyais en ces hommes éminents (et plusieurs admirables) qui la représentaient, me paraissait encore faible en ses deux méthodes :

Trop peu matérielle, tenant compte des races, non du sol, du climat, des aliments, de tant de circonstances physiques et physiologiques.

Trop peu spirituelle, parlant des lois, des actes politiques, non des idées, des mœurs, non du grand mouvement progressif, intérieur, de l'âme nationale.

Surtout peu curieuse du menu détail érudit, où le meilleur, peut-être, restait enfoui aux sources inédites.

Ma vie fut en ce livre, elle a passé en lui. Il a été mon seul événement. Mais cette identité du livre et de l'auteur n'a-t-elle pas un danger ? L'œuvre n'est-elle pas colorée des sentiments, du temps, de celui qui l'a faite ?

C'est ce qu'on voit toujours. Nul portrait si exact, si conforme au modèle, que l'artiste n'y mette un peu de lui. Nos maîtres en histoire ne se sont pas soustraits à cette loi. Tacite, en son Tibère, se peint aussi avec l'étouffement de son temps, « les quinze longues années » de silence. Thierry, en nous contant Klodowig, Guillaume et sa conquête, a le souffle intérieur, l'émotion de la France envahie récemment, et son opposition au règne qui semblait celui de l'étranger.

Si c'est là un défaut, il nous faut avouer qu'il nous rend bien service. L'historien qui en est dépourvu, qui entreprend de s'effacer en écrivant, de ne pas être, de suivre par-derrière la chronique contemporaine (comme Barante a fait pour Froissart), n'est point du tout historien. Le vieux chroniqueur, très charmant, est absolument incapable de dire à son pauvre valet qui va sur ses talons ce que c'est que le grand, le sombre, le terrible XIVe siècle. Pour le savoir, il faut toutes nos forces d'analyse et d'érudition, il faut un grand engin qui perce les mystères, inaccessibles à ce conteur. Quel engin, quel moyen ? La personnalité moderne, si puissante et tant agrandie.

En pénétrant l'objet de plus en plus, on l'aime, et dès lors on regarde avec un intérêt croissant. Le cœur, ému à la seconde vue, voit mille choses invisibles au peuple indifférent. L'histoire, l'historien, se mêlent en ce regard. Est-ce un bien ? est-ce un mal ? Là s'opère une chose que l'on n'a point décrite et que nous devons révéler :

C'est que l'histoire, dans le progrès du temps, fait l'historien bien plus qu'elle n'est faite par lui. Mon livre m'a créé. C'est moi qui fus son œuvre. Ce fils a fait son père. S'il est sorti de moi d'abord, de mon orage (trouble encore) de jeunesse, il m'a rendu bien plus en force et en lumière, même en chaleur féconde, en puissance réelle de ressusciter le passé. Si nous nous ressemblons, c'est bien. Les traits qu'il a de moi sont en grande partie ceux que je lui devais, que j'ai tenus de lui.

Ma destinée m'a bien favorisé. J'ai eu deux choses assez rares, et qui ont fait cette œuvre.

D'abord la liberté, qui en a été l'âme.

Puis des devoirs utiles qui, en ralentissant, en retardant l'exécution, la firent plus réfléchie, plus forte, lui donnèrent la solidité, les robustes bases du temps.

J'étais libre par la solitude, la pauvreté et la simplicité de vie, libre par mon enseignement. Sous le ministère Martignac (un court moment de libéralité), on s'avisa de refaire l'École normale, et M. Letronne, que l'on consulta, me fit donner l'enseignement de la philosophie et de l'histoire. Mon *Précis,* mon *Vico,* publiés en 1827, lui paraissaient des titres suffisants. Ce double enseignement que j'eus encore plus tard au Collège de France m'ouvrait un infini de liberté. Mon domaine sans bornes comprenait tout fait, toute idée.

Je n'eus de maître que Vico. Son principe de la force vive, de *l'humanité qui se crée,* fit et mon livre et mon enseignement.

Je restai à bonne distance des doctrinaires, majestueux, stériles, et du grand torrent romantique de « l'art pour l'art ». J'étais mon monde en moi. En moi j'avais ma vie, mes renouvellements et ma fécondité ; mais mes dangers aussi. Quels ? mon cœur, ma jeunesse, ma méthode elle-même, et la condition nouvelle imposée à l'histoire : non plus de raconter seulement ou juger, mais *d'évoquer, refaire, ressusciter* les âges. Avoir assez de flamme pour réchauffer des cendres refroidies si longtemps, c'était le premier point, non sans péril. Mais le second, plus périlleux peut-être, c'était d'être en commerce intime avec ces morts ressuscités, qui sait ? d'être enfin un des leurs ?

Mes premières pages après juillet, écrites sur les pavés brûlants, étaient un regard sur le monde, l'Histoire universelle, comme combat de la liberté, sa victoire incessante sur le monde fatal, bref comme un juillet éternel.

Ce petit livre, d'un incroyable élan, d'un vol rapide, procédait à la fois (comme j'ai fait toujours) par deux ailes, Nature et Esprit, deux interprétations du grand mouvement général. Ma méthode y était déjà. J'y disais en 1830 ce que j'ai dit (dans *la Sorcière*) de Satan, nom bizarre de la liberté jeune encore, militante d'abord, négative, mais créatrice plus tard, de plus en plus féconde.

Jouffroy venait d'articuler en 1829 le mot essentiel de la Restauration : « Comme les dogmes finissent. » En juillet, l'Église se trouva désertée. Aucun libre penseur n'aurait douté alors que la prophétie de Montesquieu sur la mort du catholicisme ne dût bientôt être accomplie.

J'étais sous ce rapport l'homme peut-être le plus libre du monde, ayant eu le rare avantage de ne pas subir la funeste éducation qui surprend les âmes avant l'âge, et d'abord les chloroformise. L'Église était pour moi un monde étranger, de curiosité pure, comme eût été la lune. Ce que je savais le mieux de cet astre pâli, c'est que ses jours étaient comptés, qu'il avait peu à vivre. Mais qui succéderait ? C'était la question. Elle était embrouillée du choléra moral qui suivit de si près juillet, le désillusionnement, la perte des hautes espérances. On se rua en bas. Le roman, le théâtre éclatèrent en laideurs hardies. Le talent abondait, mais la brutalité grossière ; non pas l'orgie féconde des vieux cultes de la nature qui ont eu sa grandeur, mais un emportement voulu de matérialité stérile. Beaucoup d'enflure, et peu dessous.

Le texte originaire qui précéda juillet avait été *Honneur à l'Industrie,* nouvelle reine du monde, qui dompte, subjugue la matière. – Après juillet, cela fut retourné : la matière, à son tour, subjugua l'énergie humaine.

Ce dernier fait n'est pas rare dans l'histoire. Rien de plus vieux que cette idée du droit de la matière qui veut avoir son tour. Mais ce qui la rendait choquante chez les saint-simoniens, c'était la laideur d'un Janus, conservant dans ce culte l'imitation servile de l'institution catholique.

A une séance solennelle où nous fûmes invités, Quinet et moi, nous vîmes avec admiration dans cette religion de la banque un retour singulier de ce qu'on disait abolir. Nous vîmes un clergé et un pape ; nous vîmes le prédicateur recevoir de ce pape par l'imposition des mains la transmission de la Grâce. Il dit : « A bas la croix ! » Mais elle était présente par les formes sacerdotales, autoritaires du Moyen Age. La vieille religion que l'on disait combattre, on la renouvelait en ce qu'elle a de pire ; confession, direction, rien n'y manquait. Les capuccini revenaient, banquiers, industriels. La suavité fade d'un nouveau Molinos faisait adorer le Jesû.

Qu'on supprimât le Moyen Age, à la bonne heure. Mais c'est qu'on le volait. Cela me parut fort. En rentrant, d'un élan aveugle et généreux, j'écrivis un mot vif pour ce mourant qu'on pillait pendant l'agonie. Ces lignes juvéniles, étourdies si l'on veut, mais sans doute excusables comme mouvement du cœur, n'allaient guère dans mon petit livre inspiré de juillet et de la liberté, de sa victoire sur le clergé. Elles détonnaient fort à côté de Satan, que ce livre présente comme un mythe de la liberté. N'importe. Elles y sont, et me font rire encore. De telles contradictions apparentes n'embarrassaient guère un jeune artiste, de foi arrêtée, mais candide, et sans calcul, sentant peu le péril d'être tendre pour l'ennemi.

J'étais artiste et écrivain alors, bien plus qu'historien. Il y paraît aux deux premiers volumes *(France du Moyen Age).* On n'avait pas encore publié tous les documents qui ont éclairé ces ténèbres, l'abîme de ces longues misères. Le grand effet d'ensemble qui en sortait pour moi était celui d'une harmonie lugubre, symphonie colossale, dont les dissonances innombrables frappaient encore peu mon oreille. C'était un défaut très grave. Le cri de la Raison par Abaillard, l'immense mouvement de 1200, si cruellement étouffé, y sont trop peu sentis, trop immolés à l'effet artistique de la grande unité.

Et pourtant aujourd'hui, ayant traversé tant d'années, des âges, des mondes différents, en relisant ce livre, et voyant très bien ses défauts, je dis : « On ne peut y toucher. »

Il fut écrit dans une solitude, une liberté, une pureté, une haute tension d'esprit, rares, vraiment singulières. Sa candeur, sa passion, l'énorme quantité de vie qui l'anime, plaident pour lui auprès de moi, le soutiennent devant mon regard. La droiture de la jeunesse se sent dans les erreurs même. Les grands résultats généraux y sont, au total, obtenus. Pour la première fois paraît l'âme de la France en sa vive personnalité, et non moins en pleine lumière l'impuissance de l'Église.

Impuissance radicale et constatée deux fois.

On voit, au premier volume, l'Église, reine sous Dagobert et sous les Carlovingiens, ne pouvoir rien pour le monde, rien pour l'ordre social (an 1000).

On voit, au second volume, comment ayant fait un roi prêtre, un roi abbé, chanoine son fils aîné, le roi de France, elle écrase ses ennemis (1200), étouffe le libre Esprit, n'opère nulle réforme morale. Enfin éclipsée, dépassée par Saint-Louis, elle est (avant 1300) subordonnée, dominée par l'État.

Voilà la part certaine du réel dans ces deux volumes. Mais dans celle du mirage, de l'illusion poétique, peut-on dire que tout soit faux ? Non.

Celle-ci exprime l'idée qu'un tel âge avait de lui-même, dit ce qu'il songea et voulut. Elle le représente au vrai dans son aspiration, la tristesse profonde, la rêverie qui le retient devant l'Église, pleurant sous sa niche de pierre, soupirant, attendant ce qui ne vient jamais.

Il fallait bien retrouver cette idée que le Moyen Age eut de lui, refaire son élan, son désir, son âme, avant de le juger. Qui devait retrouver son âme ? Apparemment nos grands écrivains qui tous eurent l'éducation catholique. Comment donc se fait-il que ces génies, si bien préparés à cela, aient tourné autour de l'Église sans y entrer, pour ainsi dire, sans pénétrer à ce qui fut dedans ? Les uns cherchent aux échos des parvis ou des cloîtres des motifs à leurs mélodies. D'autres, d'un grand effort et d'un puissant ciseau, fouillent les ornements, arment les tours, les combles, de masques redoutables, de gnomes, de diables grimaçants. Mais l'Église elle-même, ce n'est pas tout cela. Refaisons-la d'abord.

Le singulier est là : c'est que le seul qui eût assez d'amour pour recréer, refaire ce monde intérieur de l'Église, c'est celui qu'elle n'éleva point, *celui qui jamais n'y communia,* qui n'eut de foi que l'humanité même, nul credo imposé, rien que le libre esprit.

Celui-ci aborda la morte chose avec un sens humain, ayant le très grand avantage de n'avoir pas passé par le prêtre, les lourdes formules qui enterrèrent le Moyen Age. L'incantation d'un rituel fini n'aurait rien fait. Tout serait resté froide cendre. Et d'autre part si l'histoire fût venue dans sa sévérité critique, dans l'absolue justice, je ne sais si ces morts auraient osé revivre. Ils se seraient plutôt cachés dans leurs tombeaux.

J'avais une belle maladie qui assombrit ma jeunesse, mais bien propre à l'historien. J'aimais la mort. J'avais vécu neuf ans à la porte du Père-Lachaise, alors ma seule promenade. Puis j'habitai vers la Bièvre, au milieu de grands jardins de couvents, autres sépulcres. Je menais une vie que le monde aurait pu dire enterrée, n'ayant de société que celle du passé, et pour amis les peuples ensevelis. Refaisant leur légende, je réveillais en eux mille choses évanouies. Certains chants de nourrice dont j'avais le secret étaient d'un effet sûr. A l'accent ils croyaient que j'étais un des leurs. Le don que Saint-Louis demande et n'obtient pas, je l'eus : « le don des larmes ».

Don puissant, très fécond. Tous ceux que j'ai pleurés, peuples et dieux, revivaient. Cette magie naïve avait une efficacité d'évocation presque infaillible. On avait par exemple épelé, déchiffré l'Égypte, fouillé ses tombes, non retrouvé son âme. Le climat pour les uns, pour d'autres tels symboles de subtilité vaine, c'était l'explication. Moi je l'ai prise au cœur d'Isis, dans les douleurs du peuple, l'éternel deuil et l'éternelle blessure de la famille du fellah, dans sa vie incertaine, dans les captivités, les razzias d'Afrique, le grand commerce d'hommes, de Nubie en Syrie. L'homme enlevé au loin, lié aux durs travaux, *l'homme fait arbre* ou attaché à l'arbre, cloué, mutilé, démembré, c'est l'universelle passion de tant de dieux (Osiris, Adonis, Iacchus, Athis, etc.). Que de Christs, et que de Calvaires ! que de complaintes funèbres ! Que de pleurs sur tout le chemin (v. la petite Bible, 1864).

Je n'ai eu nul autre art en 1833. Une larme, une seule, jetée aux fondements de l'église gothique, suffit pour l'évoquer. Quelque chose en jaillit d'humain, le sang de la légende, et, par ce jet puissant, tout monta vers le ciel. Du dedans au dehors, tout ressortit en fleurs, – de pierre ? non, mais des fleurs de vie. Les sculpter ? approcher le fer et le ciseau ? j'en aurait eu horreur et j'aurais cru en voir sortir du sang !

Voulez-vous bien savoir pourquoi j'étais si tendre pour ces dieux ? c'est qu'ils meurent. Tous à leur tour s'en vont. Chacun, tout comme nous, ayant reçu un peu l'eau lustrale et les pleurs, descend aux pyramides, aux hypogées, aux catacombes. Hélas ! qu'en revient-il ? Qu'*après trois jours* (chacun de trois mille ans), un léger souffle en puisse reparaître, je ne le nierai pas. L'âme indienne n'est pas absente de la terre ; elle y revient par la tendresse qu'elle eut pour toute vie. L'Égypte a eu en ce monde toujours un bel écho dans l'amour de la mort et l'espoir d'immortalité. La fine âme chrétienne, en ses suavités, ne peut jamais sans doute s'exhaler sans retour. Sa légende a péri, mais ce n'est pas assez. Il lui faut dépouiller la terrible injustice (la Grâce, l'Arbitraire), qui est le nœud, le cœur, le vrai fond de son dogme. C'est dur, mais il lui faut mourir en cela même, accepter franchement sa pénitence, sa purification, et l'expiation de la mort.

Des sages me disaient : « Ce n'est pas sans danger de vivre à ce point-là dans cette intimité de l'autre monde. Tous les morts sont si bon ! Toutes ces figures pacifiées et devenues si douces ont des puissances étranges de fantastique illusion. Vous allez parmi elles prendre d'étranges rêves, et qui sait ? des attachements. Qui vit trop là, en devient blême. On risque d'y trouver la blanche Fiancée, si pâle et si charmante, qui boit le sang de votre cœur ! Faites au moins comme Enée, qui ne s'y aventure que l'épée à la main pour chasser ces images, ne pas être pris de trop près *(ferro diverberat umbras).* »

L'épée ! triste conseil. Quoi ! j'aurais durement, quand ces images aimées venaient à moi pour vivre, moi je les aurais écartées ! Quelle funeste sagesse !... Oh ! que les philosophes ignorent parfaitement le vrai fond de l'artiste, le talisman secret qui fait la force de l'histoire, lui permet de passer, repasser à travers les morts !

Sàchez donc, ignorants, que, sans épée, sans armes, sans quereller ces âmes confiantes qui réclament la résurrection, l'art, en les accueillant, en leur rendant le souffle, l'art pourtant garde en lui sa lucidité tout entière. Je ne dis nullement *l'ironie* où beaucoup ont mis le fond de l'art, mais la forte dualité qui fait qu'en les aimant, il n'en voit pas moins bien ce qu'elles sont, « que ce sont des morts ».

Les plus grands artistes du monde, les génies qui si tendrement regardent la nature, me permettront ici une bien humble comparaison. Avez-vous vu parfois le sérieux touchant de la jeune enfant, innocente, et cependant émue de sa maternité future, qui berce l'œuvre de ses mains, de son baiser l'anime, lui dit du cœur : Ma fille !... Si vous y touchez durement, elle se trouble et elle crie. Et cela n'empêche pas qu'au fond elle ne sache quel est cet être qu'elle anime, fait parler, raisonner, vivifie de son âme.

Petite image et grande chose. Voilà justement l'art en sa conception. Telle est sa condition essentielle de fécondité. C'est l'amour, mais c'est le sourire. C'est ce sourire aimant qui crée.

Si le sourire est dépassé, si l'ironie commence, la dure critique et la logique, alors la vie a froid, se retire, se contracte, et l'on ne produit rien du tout. Les faibles, les stériles, qui, en voulant produire, mêlent à leur triste enfant des *quoique, des nisi,* ces graves imbéciles ignorent qu'au froid milieu nulle vie ne surgira ; de leur néant glacé sortira... le néant.

La mort peut apparaître au moment de l'amour, dans l'élan créateur. Mais que ce soit alors dans l'infinie tendresse, les larmes et la pitié (c'est de l'amour encore). Aux moments très émus où je couvai, refis la vie de l'Église chrétienne, j'énonçai sans détour la sentence de sa mort prochaine, j'en étais attendri. La recréant par l'art, je dis à la malade ce que je demande à Dieu Ezéchias. Rien de plus. Conclure que je suis catholique ! quoi de plus insensé ! Le croyant ne dit pas cet office des morts sur un agonisant qu'il croit être éternel.

Ces deux volumes réussirent et furent acceptés du public. J'avais posé le premier la France comme une personne. Moins exclusif que Thierry, et subordonnant les races, j'avais marqué fortement le principe géographique des influences locales, et d'autre part, le travail général de la nation qui se crée, se fait elle-même. J'avais dans mon aveugle élan pour le gothique, fait germer du sang la pierre, et l'église fleurir, monter comme la fleur des légendes. Cela plut. Moins à moi. Il y avait une grande flamme. J'y trouvai trop de subtil, trop d'esprit, trop de système.

Quatre ans entiers s'écoulèrent avant le troisième volume (qui commence vers 1300). En le préparant j'essayai de m'étendre, de m'approfondir, d'être plus *humain,* plus simple. Je m'assis pour quelque temps dans la maison de Luther, recueillant ses propos de table, tant de paroles mâles et fortes, touchantes, qui échappaient à ce bonhomme héroïque (1834). Mais rien ne me servit plus que le livre colossal de Grimm, ses Antiquités du droit allemand. Livre bien difficile, où, dans tous les dialectes, tous les âges de cette langue, sont exposés les symboles, les formules dont les Allemagnes si diverses ont consacré les grands actes de la vie humaine (naissance, mariage et mort, testament, incroyable avec laquelle j'entrepris de comprendre et traduire ce livre. Je ne m'y renfermai pas. De nation à nation, j'allai ramassant partout, j'allai de l'Indus à l'Irlande, des Védas et de Zoroastre jusqu'à nous, thésaurisant ces formules primitives où l'humanité révèle si naïvement tant de choses intimes et profondes (1837).

Cela me fit un autre homme. Une transformation étrange s'opéra en moi ; il me semblait que, jusque-là âpre et subtil, j'étais vieux, et que peu à peu, sous l'influence de la jeune humanité, moi aussi je devenais jeune. Rafraîchi de ces eaux vives, mon cœur fut un jardin de fleurs, comme dans la rosée du matin. Oh ! l'aurore ! oh ! la douce enfance ! oh ! bonne nature naturelle ! quelle santé cela fit en moi, après les desséchements de ma subtilité mystique ! Comme elle m'apparut maigre, cette poésie byzantine, malade et stérile, étique ! Je la ménageais encore. Mais qu'elle me semblait pauvre en présence de l'humanité ! Je la possédais, celle-ci, je la tenais, je l'embrassais et dans le détail si riche de sa variété sans bornes (feuillue comme les forêts de l'Inde où chaque arbre est une forêt), en regardant de haut, je voyais son harmonie douce, clémente, qui n'étouffe rien ; je saisissais le divin de son adorable unité.

Si richement abreuvé, alimenté de la nature, augmentant dans ma substance, j'eus un immense accroissement de solidité dans mon art, et (le dirai-je ? mais c'est vrai) un accroissement de bonté, l'insouciance, l'ignorance absolue des concurrences, par suite une vaste sympathie pour l'homme (que je ne voyais guère), pour la société, le monde (que je ne fréquentai jamais).

J'avais la sécurité d'un corps devenu ferme et fort où la bonne nourriture a changé et remplacé par atome et molécule tout ce qui fut faible d'abord. Je n'étais pas même effleuré des malveillances doctrinaires. Non moins indifférent étais-je aux embûches des catholiques. Tout ce que j'accumulais (sans y songer, sans le vouloir), ces faits certains innombrables, ces montagnes de vérités qui, dans mon travail persistant, montaient, s'exhaussaient chaque jour, tout cela se trouvait contre eux. Nul d'entre eux n'eût pu deviner la solide, la profonde base que j'y trouvais, telle que je n'avais ni besoin, ni idée de polémique. Ma force me faisait ma paix. Il leur eût fallu dix mille ans pour comprendre que ce qui leur semblait faiblesse, le doux *sens humain,* pacifique, qui allait croissant en moi, était justement ma force et ce qui m'éloignait d'eux.

Les salons demi-catholiques, bâtards, dans la fade atmosphère des amis de Chateaubriand, auraient été pour moi peut-être un piège plus dangereux. Le bon et aimable Ballanche, puis M. de Lamartine plusieurs fois voulurent me conduire à l'Abbaye-aux-Bois. Je sentais parfaitement qu'un tel milieu, où tout était ménagement, convenance, m'aurait trop civilisé. Je n'avais qu'une seule force, ma virginité sauvage d'opinion, et la libre allure d'un art à moi et nouveau. Il eût bien fallu s'arranger, se faire plus modéré, plus sage qu'il ne me convenait de l'être. Les salons ont été pour moi dès ce moment très hostiles. Doctrinaires et catholiques m'y ont constamment fait la guerre, m'attaquant peu dans le détail, me louant pour me détruire et m'ôter toute autorité : « C'est un écrivain, un poète, un homme d'imagination. » Cela commença au moment où le premier, sortant l'histoire du vague dont ils se contentaient, je la fondai sur les actes, les manuscrits, l'enquête immense de mille documents variés.

Aucun historien que je sache, avant mon troisième volume (chose facile à vérifier), n'avait fait usage des pièces inédites. Cela commença par l'emploi que je fis, dans mon histoire, du mystérieux registre de *l'Interrogatoire du Temple,* enfermé quatre cents ans, caché, muré, interdit sous les peines les plus graves au Trésor de la Cathédrale, que les Harlay en tirèrent, qui vint à Saint-Germain-des-Prés, puis à la Bibliothèque. La Chronique, alors inédite, de Duguesclin m'aida aussi. L'énorme dépôt des Archives me fournissait une foule d'actes à l'appui de ces manuscrits, et pour bien d'autres sujets. C'est la première fois que l'histoire eut une base si sérieuse (1837).

Que serais-je devenu, dans ce XIVe siècle, si, m'attachant aux procédés de mes prédécesseurs les plus illustres, je m'étais fait le docile interprète de la narration du temps, son traducteur servile ? Entrant aux siècles riches en actes et en pièces authentiques, l'histoire devient majeure, maîtresse de la chronique qu'elle domine, épure et juge. Armée de documents certains qu'ignora cette chronique, l'histoire, pour ainsi dire, la tient sur ses genoux comme un petit enfant dont elle écoute volontiers le babil, mais qu'il lui faut souvent reprendre et démentir.

Un exemple suffit pour me faire bien comprendre, celui que j'indiquais plus haut. Dans l'agréable histoire où M. de Barante suit si fidèlement, pas à pas, nos conteurs, Froissart, etc., il semble qu'il ne peut pas beaucoup se tromper en s'attachant à ces contemporains. Puis en voyant les actes, les documents divers, alors si dispersés, aujourd'hui réunis, on reconnaît que la chronique méconnut, ignora les grands aspects du temps. C'est un siècle déjà financier et légiste sous forme féodale. C'est souvent Pathelin sous le masque d'Arthur. L'avènement de l'or, du juif, le tissage des Flandres, le dominant commerce des laines en Angleterre et Flandres, c'est ce qui permit aux Anglais de vaincre par des troupes régulières, en partie mercenaires, soldées. La révolution *économique* rendit seule possible la révolution *militaire,* qui, par le rude échec de la chevalerie féodale, prépara, amena la révolution *politique*. Les tournois de Froissart, Monstrelet et la Toison d'or sont peu dans tout cela. C'est le petit côté.

A partir de ce temps (1837) j'ai donné, de volume en volume, l'indication, et souvent des extraits de manuscrits dont je signalai l'importance et qu'on a publiés plus tard.

Avec de tels appuis, supérieurs à toute chronique, l'histoire va grave et forte, avec autorité. Mais indépendamment de ces instruments propres, les actes et les pièces, les secours infinis lui arrivent de toutes parts. – Littérature et art, commerce, mille révélations indirectes lui viennent et de profil lui éclairent le récit central. – Elle entre dans un positif assuré par les divers contrôles que donnent toutes ces formes diverses de notre activité.

Ici encore je suis obligé de le dire, j'étais seul. – On ne donnait guère que l'histoire politique, les actes de gouvernement, quelque peu des institutions. On ne tenait nul compte de ce qui accompagne, explique, fonde en partie cette histoire politique, les circonstances sociales, économiques, industrielles, celles de la littérature et de l'idée.

Ce troisième volume (1300-1400) prend un siècle par tous ces aspects. Il n'est pas sans défauts. Il ne dit pas comment 1300 a été l'expiation de 1200, comment Boniface VIII a payé pour Innocent III. Il est sévère et trop pour les légistes, pour les hommes intrépides, qui souffletèrent l'idole par la main albigeoise du vaillant Nogaret. Mais il est, ce volume, neuf et fort, en tirant l'histoire surtout de *la Révolution économique,* de l'avènement de l'or, du juif et de Satan (roi des trésors cachés). Il donne fortement le caractère très *mercantile* du temps.

Comment l'Angleterre et la Flandre furent mariées par la laine et le drap, comment l'Angleterre but la Flandre, s'imprégna d'elle, attirant à tout prix les tisserands chassés par les brutalités de la maison de Bourgogne : c'est le grand fait. L'Angleterre enrichie nous bat à Crécy, Poitiers et Azincourt, par des troupes réglées, qui enterrent la chevalerie. Grande révolution sociale.

La peste noire, la danse de Saint-Gui, les flagellants, et le sabbat, ces carnavals du désespoir, poussent le peuple, abandonné, sans chef, à agir pour lui-même. Le génie de la France en son Danton d'alors, Marcel, en son Paris, ses état généraux, éclate inattendu dans sa Constitution, admirable de précocité – ajournée, effacée par la petite sagesse négative de Charles V. Rien n'est guéri. Aggravé, au contraire, le mal arrive à son haut paroxysme, la furieuse folie de Charles VI.

J'ai défini l'histoire *Résurrection.* Si cela fut jamais, c'est au 4ᵉ volume (le Charles VI). Peut-être, en vérité, c'est trop. Ce fut fait d'un jet de douleur, avec l'emportement de cette âme d'alors, sauvage, charnelle et violente, cruelle et tendre, furieuse. Comme dans la Sorcière, plusieurs endroits sont diaboliques. Les morts y dansent – non pour rire comme dans les ironies d'Holbein – mais dans une douloureuse frénésie que l'on partage, qu'on gagne presque à regarder. Cela tournoie d'une vitesse étonnante, d'une fuite terrible. Et l'on ne respire pas. Point de halte, nulle diversion. Partout la continuité d'une basse, émue, profonde ; dessous, je ne sais quoi roule, un sourd tonneur du cœur.

A travers tant de sombres choses, on tombe à une grande lumière – la mort qui trône au Louvre – dans un Paris désert, la mort réelle de la France sous la figure de l'Anglais, de Lancastre. Le roi des prêtres Henri, damné pharisien, nous dit « que nous n'avons péri qu'à cause de nos péchés ».

Je ne lui réponds pas ; que ce soient les Anglais qui lui répondent eux-mêmes.

Ils disent qu'avant Azincourt, chaque Anglais avisa à son salut, se confessa ; les Français s'embrassèrent, se pardonnèrent et oublièrent leurs haines.

Ils disent qu'en Espagne où Français, Anglais guerroyaient, ceux-ci mourant de faim, les Français les nourrirent. – Je m'en tiens à cela : c'est le parti de Dieu.

La plus grande légende de nos temps va venir. On la voit dans un germe effrayant surgir vers 1360, et rayonner sublime, charmante, attendrissante, en 1430 (troisième et cinquième volumes).

On avait entrevu la ville et les communes. Mais la campagne ? qui la sait avant le XIVe siècle ? Ce grand monde de ténèbres, ces masses innombrables, ignorées, cela perce un matin. Dans le tome troisième (d'érudition surtout), je n'étais pas en garde, ne m'attendais à rien, quand la figure de *Jacques*, dressée sur le sillon, me barra le chemin ; figure monstrueuse et terrible. Une contraction du cœur convulsive eut lieu en moi... Grand Dieu ! c'est là mon père ? l'homme du Moyen Age ?... « Oui... Voilà comme on m'a fait ! Voila mille ans de douleurs !... » Ces douleurs, à l'instant je les sentis qui remontaient en moi du fond des temps... C'était lui, c'est moi (même âme et même personne) qui avions souffert tout cela... De ces mille ans, une larme me vint, brûlante, pesante comme un monde, qui a percé la page. Nul (ami, ennemi) n'y passa sans pleurer.

L'aspect était terrible, et la voix était douce. Ma douleur s'en accrut. Sous ce masque effrayant était une âme humaine. Mystère profond, cruel. On ne le comprend pas sans remonter un peu.

Saint François, un enfant qui ne sait ce qu'il dit, et n'en parle que mieux, dit à ceux qui demandent quel est l'auteur de l'*Imitatio :* « L'auteur, c'est le Saint-Esprit. »

« Le Saint-Esprit, dit Joachim de Flore, c'est celui *dont le règne arrive, après le règne de Jésus.* »

C'est l'esprit d'union, d'amour, enfin sorti de l'étouffement de la légende. Les libres associations de confréries, communes, furent la plupart sous cette invocation. Tel fut, en 1200, à l'époque albigeoise, le culte et des communes et des chevaliers du Midi, culte d'esprit nouveau que l'Église noya dans des torrents de sang.

L'Esprit, faible colombe, semble périr alors, s'évanouir. Il est dès ce moment dans l'air, et se respirera partout.

Même en ce petit livre, monastique et dévot, de l'*Imitatio,* vous trouvez des passages d'absolue solitude où manifestement l'Esprit remplace tout, où l'on ne voit plus rien, ni prêtre ni Église. Si l'on entend ses voix intérieures aux couvents, combien plus aux forêts, dans la libre Église sans bornes ! – L'Esprit, du fond des chênes, parlait quand Jeanne d'Arc l'entendit, tressaillit, dit tendrement : « Mes voix ! »

Voix saintes, voix de la conscience, qu'elle porte avec elle aux batailles, aux prisons, contre l'Anglais, contre l'Église. Là le monde est changé. A la résignation passive du chrétien (si utile aux tyrans), succède l'héroïque tendresse qui prend à cœur nos maux, qui veut mettre ici-bas la justice de Dieu, qui agit, qui combat, qui sauve et qui guérit.

Qui a fait ce miracle, contraire à l'Évangile ? un amour supérieur, *l'amour dans l'action,* l'amour jusqu'à la mort, « la pitié qui estoit au royaume de France ».

Le spectacle est divin lorsque sur l'échafaud, l'enfant, abandonnée et seule, contre le prêtre-roi, la meurtrière Église, maintient en pleines flammes son Église intérieure, et s'envole en disant : « Mes voix ! »

Ce point est un de ceux où je dois observer combien mon histoire, accusée si légèrement « de poésie, de passion », a gardé au contraire la fermeté et la lucidité, même aux sujets touchants où il serait peut-être excusable de s'aveugler. Tous ont flotté ici, vu à travers les larmes la flamme du bûcher. Ému sans doute aussi, j'ai vu clair cependant et j'ai remarqué deux choses :

1° L'innocente héroïne a fait, sans s'en douter, bien plus que délivrer la France, elle a délivré l'avenir en posant le type nouveau, contraire à la passivité chrétienne. Le moderne héros, *c'est le héros de l'action.* La funeste doctrine, que notre ami Renan a trop louée encore, la liberté passive, intérieure, occupée de son propre salut, qui livre au Mal le monde, l'abandonne au Tyran, cette doctrine expire au bûcher de Rouen, et sous forme mystique s'entrevoit la Révolution.

2° J'ai dans ce grand récit pratiqué et montré une chose nouvelle, dont les jeunes pourront profiter : c'est que *la méthode historique* est souvent l'opposé de l'*art proprement littéraire.* – L'écrivain occupé d'augmenter les effets, de mettre les choses en saillie, presque toujours aime à surprendre, à saisir le lecteur, à lui faire crier : « Ah ! » ; il est heureux si le fait naturel apparaît un miracle. – Tout au contraire l'historien a pour spéciale mission d'expliquer ce qui paraît miracle, de l'entourer des précédents, des circonstances qui l'amènent, de le ramener à la nature. Ici, je dois le dire, j'y ai eu du mérite. En admirant, aimant cette personnalité sublime, j'ai montré à quel point elle était naturelle.

Le sublime n'est point hors nature ; c'est au contraire le point où la nature est le plus elle-même, en sa hauteur, profondeur naturelle. Aux XIVe et XVe siècles, dans l'excès des misères, dans ces extrémités terribles, le cœur grandit. La foule est un héros. Il y eut dans ces temps nombre de Jeanne d'Arc, au moins pour l'intrépidité. J'en rencontre beaucoup sur ma route : exemple, ce paysan du XIVe siècle, le Grand Ferré ; exemple au XVe, Jeanne Hachette qui défend et sauve Beauvais.

Ces figures de héros naïfs m'apparaissent souvent de profil, dans les histoires de nos communes.

J'ai dit tout simplement les choses. Du moment que les Anglais perdirent leur grand soutien, le duc de Bourgogne, ils furent très faibles. Au contraire, les Français ralliant les forces armées, aguerries du Midi, se trouvèrent extrêmement forts. Mais cela n'avait pas d'accord. La personnalité charmante de cette jeune paysanne, d'un cœur tendre, ému, gai (l'héroïque gaieté éclate dans toutes ses réponses), fut un centre et réunit tout. Elle agit justement parce qu'elle n'avait nul art, nulle thaumaturgie, point de féerie, point de miracle. Tout son charme est l'humanité. Il n'a pas d'ailes, ce pauvre ange ; il est peuple, il est faible, il est nous, il est tout le monde.

Dans les galeries solitaires des Archives où j'errai vingt années, dans ce profond silence, des murmures cependant venaient à mon oreille. Les souffrances lointaines de tant d'âmes étouffées dans ces vieux âges se plaignaient à voix basse. L'austère réalité réclamait contre l'art, et lui disait parfois des choses amères : « A quoi t'amuses-tu ? Es-tu un Walter Scott pour conter longuement le détail pittoresque, les grasses tables de Philippe le Bon, le vain vœu du Faisan ? Sais-tu que nos martyrs depuis quatre cents ans t'attendent ? Sais-tu que les vaillants de Courtray, de Rosebecque, n'ont pas le monument que leur devait l'histoire ? Les chroniqueurs gagés, le chapelain Froissart, le bavard Monstrelet ne leur suffisent pas. C'est dans la ferme foi, l'espoir en la justice qu'ils ont donné leur vie. Ils auraient droit de dire : « Histoire ! compte avec nous. Tes créanciers te somment ! Nous avons accepté la mort pour une ligne de toi. »

Que leur devais-je ? raconter leurs combats, me placer dans leurs rangs, me mettre de moitié aux victoires, aux défaites ? Ce n'était pas assez. Pendant les dix années de persévérance acharnée où je refis la lutte des Communes du Nord, j'entrepris beaucoup plus. Je repris tout de fond en comble pour leur rendre leur vie, leurs arts, surtout leur droit.

Le droit d'abord qu'avaient sur la contrée, ces villes, c'était le plus sacré des droits, d'avoir fait la terre même, de l'avoir prise sur les eaux, d'avoir par les canaux fait la vie, la défense, la circulation du pays. Elles firent et créèrent. Leurs maîtres ont détruit. Ce monde si vivant alors, qu'il est pâle aujourd'hui ! Qu'est-ce que la Belgique tout entière devant Gand, devant Bruges, devant cette Liège d'alors, dont chacune lançait des armées ?

Je plongeai dans le peuple. Pendant qu'Olivier de la Marche, Chastellain se prélassent aux repas de la Toison d'or, moi je sondai les caves où fermenta la Flandre, ces masses de mystiques et vaillants ouvriers. Leurs fortes *Amitiés* (ils nommaient ainsi la commune), leurs *Franches Vérités* (ils nommaient ainsi l'assemblée), je leur refis tout pieusement, n'oubliant pas leurs cloches, et leur carillon fraternel. Je remis dans sa tour mon grand ami de bronze, ce redouté Rœlandt, dont la voix solennelle, entendue de dix lieues, fit trembler Jean sans Peur, Charles le Téméraire.

Un point très capital que les contemporains négligent et nos modernes, c'est de distinguer fortement, de caractériser la personnalité spéciale de chaque ville. Cela pourtant est le réel, le charme de ce pays si varié. Je m'y suis attaché ; ce m'était une religion de leur refaire leur âme à chacune, ces vieilles et chères villes, et cela ne se peut qu'en marquant fortement comme chaque industrie et chaque genre de vie créaient une race d'ouvriers. J'ai mis Gand bien à part, ses dévots, vaillants tisserands, profonde ruche de combats. A part, l'aimable et grande Bruges, les dix-sept nations de ses marchands, les trois cents peintres qui lui firent une Italie dans une ville. Et le Pompéi de la Flandre, Ypres, aujourd'hui déserte, qui lui garde son vrai monument, la prodigieuse halle où furent tous les métiers, cette cathédrale du travail où tout bon travailleur doit ôter son chapeau.

L'incendie de Dinand, la fin cruelle de Liège, ferment cette histoire des Communes par une navrante tragédie. Moi-même enfant de Meuse par ma mère, j'ai mis là comme un intérêt de famille. Ces pauvres Frances, perdues dans les Ardennes, entre des peuples hostiles et des langues opposées, m'émouvaient fort. J'ai rendu aux Liégeois le grand rénovateur Van Eyck, qui changea la peinture. J'ai trouvé, exhumé des cendres de Dinand, ses arts perdus, si chers au Moyen Age, arts humbles, si touchants, qui pour toute l'Europe furent les bons serviteurs, les amis du foyer.

Comment remercier mes amis, mes vengeurs, les bons chroniqueurs suisses, qui par bonheur arrivent avec leurs cors, leurs lances à la grande chasse de Morat, forcent le sanglier, cette bête cruelle, Charles le Téméraire ? Leurs récits sont des chants de gaieté héroïque. C'est un plaisir de voir cette effroyable enflure, piquée, tout à coup aplatie. On est pour Louis XI incontestablement dans sa lutte de ruse contre l'orgueil barbare, la brutalité féodale. C'est le renard qui prend au filet le faux lion. L'esprit au moins triomphe. La fine et ferme prose de Comines a raison de la grosse rhétorique, de la chevalerie contrefaite. Une ironie, mesquine encore et de malice, digne des fabliaux, est ici dans l'histoire. Demain forte et puissante, elle sera féconde aux grands jours de la Renaissance.

Ce bon roi Louis XI m'arrêta très longtemps. Mon XVe siècle sortit tout entier des actes, des pièces. Le très vaste travail de Legrand oblige cependant de vérifier ses copies, souvent fort peu exactes, sur les originaux (Gaignières, etc.), un travail de grande patience.

J'entrai par Louis XI aux siècles monarchiques. J'allais m'y engager quand un hasard me fit bien réfléchir. Un jour, passant à Reims, je vis en grand détail la magnifique cathédrale, la splendide église du Sacre.

La corniche intérieure, où l'on peut circuler dans l'église à quatre-vingts pieds de hauteur, la fait voir ravissante, de richesse fleurie, d'un alléluia permanent. Dans l'immensité vide on croit toujours entendre la grande clameur officielle, ce qu'on disait la voix du peuple. On croit voir aux fenêtres les oiseaux qu'on lâchait, quand le clergé, oignant le roi, faisait le pacte du trône et de l'Église. Ressortant au-dehors sur les voûtes dans la vue immense qui embrasse toute la Champagne, j'arrivai au dernier petit clocher, juste au-dessus du chœur. Là un spectacle étrange m'étonna fort. La ronde tour avait une guirlande de suppliciés. Tel a la corde au cou. Tel a perdu l'oreille. Les mutilés y sont plus tristes que les morts. Combien ils ont raison ! quel effrayant contraste ! Quoi ! l'église des fêtes, cette mariée, pour collier de noces, a pris ce lugubre ornement ! Ce pilori du peuple est placé au-dessus de l'autel. Mais ses pleurs n'ont-ils pu, à travers les voûtes, tomber sur la tête des rois ! Onction redoutable de la Révolution, de la colère de Dieu ! « Je ne comprendrai pas les siècles monarchiques, si d'abord, avant tout, je n'établis en moi l'âme et la foi du peuple. » Je m'adressai cela, et, après Louis XI, j'écrivis la *Révolution* (1845-1853).

On fut surpris, mais rien n'était plus sage. Après maintes épreuves que j'ai contées ailleurs et où je vis de près l'autre rivage, mort et rené, je fis la *Renaissance* avec des forces centuplées. Quand je rentrai, que je me retournai, revis mon Moyen Age, cette mer superbe de sottises, une hilarité violente me prit, et au XVIe, au XVIIe siècle, je fis une terrible fête. Rabelais et Voltaire ont ri dans leur tombeau. Les dieux crevés, les rois pourris ont apparu sans voile. La fade histoire du convenu, cette prude honteuse dont on se contentait, a disparu. De Médicis à Louis XIV une autopsie sévère a caractérisé ce gouvernement de cadavres (1855-1868).

Une telle histoire était sûre d'un succès, de blesser tout ami du faux. Mais c'est beaucoup de monde, surtout le monde autorisé. Prêtres et royalistes aboyèrent. Les doctrinaires s'efforçaient de sourire.

Cela lui fait très peu, à cette histoire patiente. Elle est forte, solide, bien assise, et elle attendra.

Dans mes préfaces successives, et dans mes éclaircissements, on pourra voir, de volume en volume, les fondements qui sont dessous, l'énorme base d'actes et de manuscrits, d'imprimés rares, etc., sur laquelle elle porte.

Voilà comment quarante ans ont passé. Je ne m'en doutais guère lorsque je commençai. Je croyais faire un abrégé de quelques volumes peut-être en quatre ans, en six ans. Mais on n'abrège que ce qui est bien connu. Et ni moi ni personne alors ne savait cette histoire.

Après mes deux premiers volumes seulement, j'entrevis dans ses perspectives immenses cette *terra incognita*. Je dis :

« Il faut dix ans. » ... Non, mais vingt, mais trente... Et le chemin allait s'allongeant devant moi. Je ne m'en plaignais pas. Aux voyages de découvertes, le cœur s'étend, grandit, ne voit plus que le but. On s'oublie tout à fait. Il m'en advint ainsi. Poussant toujours plus loin dans ma poursuite ardente, je me perdis de vue, je m'absentai de moi. J'ai passé à côté du monde, et j'ai pris l'histoire pour la vie.

La voici écoulée. Je ne regrette rien. Je ne demande rien. Eh ! que demanderais-je, chère France, avec qui j'ai vécu, que je quitte à si grand regret ! Dans quelle communauté j'ai passé avec toi quarante années (dix siècles) ! Que d'heures passionnées, nobles, austères, nous eûmes ensemble, souvent l'hiver même, avant l'aube ! Que de jours de labeur et d'études au fond des Archives ! Je travaillais pour toi, j'allais, venais, cherchais, écrivais. Je donnais chaque jour de moi-même tout, peut-être encore plus. Le lendemain matin, te trouvant à ma table, je me croyais le même, fort de ta vie puissante et de ta jeunesse éternelle.

Mais comment, ayant eu ce bonheur singulier d'une telle société, ayant longues années vécu de ta grande âme, n'ai-je pas profité plus en moi ? Ah ! c'est que pour te refaire tout cela il m'a fallu reprendre ce long cours de misère, de cruelle aventure, de cent choses morbides et fatales. J'ai bu trop d'amertumes. J'ai avalé trop de fléaux, trop de vipères et trop de rois.

Eh bien ! ma grande France, s'il a fallu pour retrouver ta vie, qu'un homme se donnât, passât et repassât tant de fois le fleuve des morts, il s'en console, te remercie encore. Et son plus grand chagrin, c'est qu'il faut te quitter ici.

Paris 1870.

Livre I

Celtes. Ibères. Romains

CHAPITRE PREMIER

Celtes et Ibères

« Le caractère commun de toute la race gallique, dit Strabon d'après le philosophe Posidonius, c'est qu'elle est irritable et folle de guerre, prompte au combat ; du reste, simple et sans malignité. Si on les irrite, ils marchent ensemble droit à l'ennemi, et l'attaquent de front, sans s'informer d'autre chose. Aussi, par la ruse, on en vient aisément à bout ; on les attire au combat quand on veut, où l'on veut, peu importent les motifs ; ils sont toujours prêts, n'eussent-ils d'autre arme que leur force et leur audace. Toutefois, par la persuasion, ils se laissent amener sans peine aux choses utiles ; ils sont susceptibles de culture et d'instruction littéraire. Forts de leur haute taille et de leur nombre, ils s'assemblent aisément en grande foule, simples qu'ils sont et spontanés, prenant volontiers en main la cause de celui qu'on opprime. » Tel est le premier regard de la philosophie sur la plus sympathique et la plus perfectible des races humaines.

Le génie de ces Galls ou Celtes n'est d'abord autre chose que mouvement, attaque et conquête ; c'est par la guerre que se mêlent et se rapprochent les nations antiques. Peuples de guerre et de bruit, ils courent le monde l'épée à la main, moins, ce semble, par avidité que par un vague et vain désir de voir, de savoir, d'agir ; brisant, détruisant, faute de pouvoir produire encore. Ce sont les enfants du monde naissant ; de grands corps mous, blancs et blonds ; de l'élan, peu de force et d'haleine ; jovialité féroce, espoir immense ; vains, n'ayant rien encore rencontré qui tînt devant eux. Ils voulurent aller voir ce que c'était que cet Alexandre, ce conquérant de l'*Asie, devant la face duquel* les rois s'évanouissaient d'effroi. Que craignez-vous ? leur demanda l'homme terrible. Que le ciel ne tombe, dirent-ils ; il n'en eut pas d'autre réponse. Le ciel lui-même ne les effrayait guère ; ils lui lançaient des flèches quand il tonnait. Si l'Océan même se débordait et venait à eux, ils ne refusaient pas le combat, et marchaient à lui l'épée à la main. C'était leur point d'honneur de ne jamais reculer ; ils s'obstinaient souvent à rester sous un toit embrasé. Aucune nation ne faisait meilleur marché de sa vie. On en voyait qui, pour quelque argent, pour un peu de vin, s'engageaient à mourir ; ils montaient sur une estrade, distribuaient à leurs amis le vin ou l'argent, se couchaient sur leur bouclier et tendaient la gorge.

Leurs banquets ne se terminaient guère sans bataille. La cuisse de la bête appartenait au plus brave, et chacun voulait être le plus brave. Leur plus grand plaisir, après celui de se battre, c'était d'entourer l'étranger, de le faire asseoir, bon gré mal gré, avec eux, de lui faire dire des histoires des terres lointaines. Ces barbares étaient insatiablement avides et curieux ; ils faisaient la *presse* des étrangers, les enlevaient des marchés et des routes, et les forçaient de parler. Eux-mêmes parleurs terribles, infatigables, abondants en figures, solennels et burlesquement graves dans leur prononciation gutturale, c'était une affaire dans leurs assemblées que de maintenir la parole à l'orateur au milieu des interruptions. Il fallait qu'un homme chargé de commander le silence marchât l'épée à la main sur l'interrupteur ; à la troisième sommation, il lui coupait un bon morceau de son vêtement, de façon qu'il ne put porter le reste.

Une autre race, celle des Ibères, paraît de bonne heure dans le Midi de la Gaule, à côté des Galls, et même avant eux. Ces Ibères, dont le type et la langue se sont conservés dans les montagnes des Basques, étaient un peuple d'un génie médiocre, laborieux, agriculteur, mineur, attaché à la terre pour en tirer les métaux et le blé. Rien n'indique qu'ils aient été primitivement aussi belliqueux qu'ils ont pu le devenir, lorsque, foulés dans les Pyrénées par les conquérants du Midi et du Nord, se trouvant malgré eux gardiens des défilés, ils ont été tant de fois traversés, froissés, durcis par la guerre. La tyrannie des Romains a pu une fois les pousser dans un désespoir héroïque ; mais généralement leur courage a été celui de la résistance, comme le courage des Gaulois celui de l'attaque. Les Ibères ne semblent pas avoir eu, comme eux, le goût des expéditions lointaines, des guerres aventureuses. Des tribus ibériennes émigrèrent, mais malgré elles, poussées par des peuples plus puissants.

Les Galls et les Ibères formaient un parfait contraste. Ceux-ci, avec leurs vêtements de poil noir et leurs bottes tissées de cheveux ; les Galls, couverts de tissus éclatants, amis des couleurs voyantes et variées, comme le plaid des modernes gaëls de l'Écosse, ou bien à peu près nus, chargeant leurs blanches poitrines et leurs membres gigantesques de massives chaînes d'or. Les Ibères étaient divisés en petites tribus montagnardes, qui, dit Strabon, ne se liguent guère entre elles, par un excès de confiance dans leurs forces. Les Galls, au contraire s'associaient volontiers en grandes hordes, campant en grands villages dans de grandes plaines tout ouvertes, se liant volontiers avec les étrangers familiers avec les inconnus, parleurs, rieurs, orateurs ; se mêlant avec tous et en tout dissolus par légèreté, se roulant à l'aveugle, au hasard, dans les plaisirs infâmes (la brutalité de l'ivrognerie appartient plutôt aux Germains) ; toutes les qualités, tous les vices d'une sympathie rapide. Il ne fallait pas trop se fier à ces joyeux compagnons. Ils ont aimé de bonne heure à *gaber*, comme on disait au Moyen Age. La parole n'avait pour eux rien de sérieux. Ils promettaient, puis riaient, et tout était dit. (*Ridendo fidem frangere.* Tite-Live)

Les Galls ne se contentèrent pas de refouler les Ibères jusqu'aux Pyrénées, ils franchirent ces montagnes, s'établirent aux deux angles sud-ouest et nord-ouest de la péninsule, sous leur propre nom ; au centre, se mêlant aux vaincus, ils prirent les noms de Celtibériens et de Lusitaniens.

Alors, ou peut-être antérieurement, les tribus ibériennes des Sicanes et des Ligures passèrent d'Espagne en Gaule et en Italie ; mais en Italie comme en Espagne, les Galls les attaquèrent. Ceux-ci franchirent les Alpes sous le nom d'Ambra (vaillants), resserrèrent les Ligures sur la côte montagneuse du Rhône à l'Arno et poussèrent les Sicanes jusqu'en Calabre et jusqu'en Sicile.

Dans les deux péninsules les Celtes vainqueurs se mêlèrent avec les habitants des plaines centrales, tandis que les Ibères vaincus se maintenaient aux extrémités, en Ligurie et en Sicile, aux Pyrénées et dans la Bétique. Les Galls-Ambra de l'Italie occupaient toute la vallée du Pô, et s'étendaient jusqu'à la péninsule jusqu'à l'embouchure du Tibre. Ils furent soumis par la suite, par les Rasena ou Etrusques, dont l'empire fut plus tard resserré entre la Macra, le Tibre et l'Apennin, par de nouvelles émigrations celtiques.

Tel était l'aspect du monde gallique. Cet élément, jeune, mou et flottant, fut de bonne heure, en Italie et en Espagne, altéré par le mélange des indigènes. En Gaule, il eût roulé longtemps dans le flux et le reflux de la barbarie ; il fallait qu'un élément nouveau, venu du dehors, lui apportât un principe de stabilité, une idée sociale.

Deux peuples à la tête de la civilisation dans cette haute Antiquité, les Grecs et les Phéniciens. L'Hercule de Tyr allait alors par toutes les mers, achetant, enlevant à chaque contrée ses plus précieux produits. Il ne négligea point le grenat fin de la côte des Gaules, le corail des îles d'Hyères ; il s'informa des mines précieuses que recélaient alors à fleur de terre les Pyrénées, les Cévennes et les Alpes. Il vint et revint, et finit par s'établir. Attaqué par les fils de Neptune, Albion et Ligur (ces deux mots signifient *montagnard),* il aurait succombé si Jupiter n'eût suppléé ses flèches épuisées par une pluie de pierres. Ces pierres couvrent encore la plaine de la Crau, en Provence. Le dieu vainqueur fonda Nemausus (Nîmes), remonta le Rhône et la Saône, tua dans son repaire le brigand Tauriske qui infestait les routes, et bâtit Alesia sur le territoire Eduen (pays d'Autun). Avant son départ, il fonda la voie qui traversait le col de Tende et conduisait d'Italie par la Gaule en Espagne ; c'est sur ces premières assises que les Romains bâtirent la *Via* Aurelia et la Domitia.

Ici, comme ailleurs, les Phéniciens ne firent que frayer la route aux Grecs. Les Doriens de Rhodes succédèrent aux Phéniciens, et furent eux-mêmes supplantés par les Ioniens de Phocée. Ceux-ci fondèrent Marseille. Cette ville, jetée si loin de la Grèce, subsista par miracle. Sur terre, elle était entourée de puissantes tribus gauloises et liguriennes qui ne lui laissaient pas prendre un pouce de terre sans combat. Sur mer, elle rencontrait les grandes flottes des Étrusques et des Carthaginois, qui avaient organisé sur les côtes le plus sanguinaire monopole ; l'étranger qui commercait en Sardaigne devait être noyé. Tout réussit aux Marseillais ; ils eurent la joie de voir, sans tirer l'épée, la marine étrusque détruite en une bataille par les Syracusains, puis l'Étrurie, la Sicile, Carthage, tous les États commerçants annulés par Rome. Carthage, en tombant, laissa une place immense que Marseille eût bien enviée, mais il n'appartenait pas de reprendre un tel rôle à l'humble alliée de Rome, à une cité sans territoire, à un peuple d'un génie honnête et économe, mais plus mercantile que politique, qui, au lieu de gagner et s'adjoindre les barbares du voisinage, fut toujours en guerre avec eux. Telles furent toutefois la bonne conduite et la persévérance des Massaliotes, qu'ils étendirent leurs établissements le long de la Méditerranée, depuis les Alpes maritimes jusqu'au cap Saint-Martin, c'est-à-dire jusqu'aux premières colonies carthaginoises. Ils fondèrent Monaco, Nice, Antibes, Eaube, Saint-Gilles, Agde, Ampurias, Denia et quelques autres villes.

Pendant que la Grèce commençait la civilisation du littoral méridional, la Gaule du Nord recevait la sienne des Celtes eux-mêmes. Une nouvelle tribu celtique, celle des Kymrys *(Cimmerii ?),* vint s'ajouter à celle des Galls. Les nouveaux venus, qui s'établirent principalement au centre de la France, sur la Seine et la Loire, avaient, ce semble, plus de sérieux et de suite dans les idées ; moins indisciplinables, ils étaient gouvernés par une corporation sacerdotale, celle des druides. La religion primitive des Galls, que le druidisme kymrique vint remplacer, était une religion de la nature, grossière sans doute encore, et bien loin de la forme systématique qu'elle put prendre dans la suite chez les gaëls d'Irlande. Celle des druides kymriques, autant que nous pouvons l'entrevoir à travers les sèches indications des auteurs anciens, et dans les traditions fort altérées des kymrys modernes du pays de Galles, avait une tendance morale beaucoup plus élevée ; ils enseignaient l'immortalité de l'âme. Toutefois, le génie de cette race était trop matérialiste pour que de telles doctrines y portassent leurs fruits de bonne heure. Les druides ne purent la faire sortir de la vie de clan ; le principe matériel, l'influence des chefs militaires subsista à côté de la domination sacerdotale. La Gaule kymrique ne fut qu'imparfaitement organisée. La Gaule gallique ne le fut pas du tout : elle échappa aux druides, et, par le Rhin, par les Alpes, elle déborda sur le monde.

C'est à cette époque que l'histoire place les voyages de Sigovèse et Bellovèse, neveux du roi des Bituriges, Ambigat, qui auraient conduit les Galls en Germanie et en Italie. Ils allèrent, sans autre guide que les oiseaux dont ils observaient le vol. Dans une autre tradition, c'est un mari jaloux, un Aruns étrusque, qui; pour se venger, fait goûter du vin aux barbares. Le vint leur parut bon, et ils le suivirent au pays de la vigne. Ces premiers émigrants, Eduens, Avernes et Bituriges (peuples galliques de Bourgogne, d'Auvergne, de Berry), s'établissent en Lombardie malgré les Étrusques et prennent le nom de *Is-Ambra,* isombriens, insubriens, synonyme de Galls ; c'était le nom de ces anciens Galls ou *Ambra,* Umbriens, que les Étrusques avaient assujettis. Leurs frères, les Aulerces, Carnutes et Cénomans (Manceaux et Chartrains), viennent ensuite sous un chef appelé l'*Ouragan,* se font un établissement aux dépens des Étrusques de Vénétie, et fondent Brixia et Vérone. Enfin, les Kymrys, jaloux des conquêtes des Galls, passent les Alpes à leur tour ; mais la place est prise dans la vallée du Pô ; il faut qu'ils aillent jusqu'à l'Adriatique, ils fondent Bologne et Senegallia ou plutôt ils s'établissent dans les villes que les Étrusques avaient déjà fondées. Les Galls étaient étrangers à l'idée de la cité, mesurée, figurée d'après les notions religieuses et astronomiques. Leurs villes n'étaient que de grands villages ouverts, comme *Mediolanum* (Milan). Le monde gallique est le monde de la tribu ; le monde étrusco-romain, celui de la cité.

Voilà la tribu et la cité en présence dans ce champ clos de l'Italie. D'abord la tribu a l'avantage ; les Étrusques sont resserrés dans l'Etrurie proprement dite, et les Gaulois les y suivent bientôt. Ils passent l'Apennin, avec leurs yeux bleus, leurs moustaches fauves, leurs colliers d'or sur leurs blanches épaules, ils viennent défiler devant les murailles cyclopéennes des Étrusques épouvantés. Ils arrivent devant Clusium et demandent des terres. On sait qu'en cette occasion les Romains intervinrent pour les Étrusques, leurs anciens ennemis, et qu'une terreur panique livra Rome aux Gaulois. Ils furent bien étonnés, dit Tite-Live, de trouver la ville déserte ; plus étonnés encore de voir aux portes des maisons les vieillards qui siégaient majestueusement en attendant la mort ; les Gaulois se familiarisèrent peu à peu avec ces figures immobiles qui leur avaient imposé d'abord ; un d'eux s'avisa, dans sa jovialité barbare, de caresser la barbe d'un de ces fiers sénateurs, qui répondit par un coup de bâton. Ce fut le signal du massacre.

La jeunesse, qui s'était enfermée dans le Capitole, résista quelque temps et finit par payer rançon. C'est du moins la tradition la plus probable. Les Romains ont préféré l'autre. Tite-Live assure que Camille vengea sa patrie par une victoire, et massacra les Gaulois sur les ruines qu'ils avaient faites. Ce qui est plus sûr, c'est qu'ils restèrent dix-sept ans dans le Latium, à Tibur même, à la porte de Rome. Tite-Live appelle Tibur *arcem gallici belli.* C'est dans cet intervalle qu'auraient eu lieu les duels héroïques de Valérius Corvus et de Manlius Torquatus contre des géants gaulois. Les dieux s'en mêlèrent : un corbeau sacré donna la victoire à Valérius ; Manlius arracha le collier *(torquis)* à l'insolent qui avait défié les Romains. Longtemps après c'était une image populaire ; on voyait sur le *bouclier cimbrique*, devenu une enseigne de boutique, la figure du barbare qui gonflait les joues et tirait la langue.

La cité devait l'emporter sur la tribu, l'Italie sur la Gaule. Les Gaulois, chassés du Latium, continuèrent des guerres, mais comme mercenaires au service de l'Etrurie. Ils prirent part, avec les Étrusques et les Samnites, à ces terribles batailles de Sentinum et du lac Vadimon, qui assurèrent à Rome la domination de l'Italie, et par suite celle du monde. Ils y montrèrent leur vaine et brutale audace, combattant tout nus contre des gens bien armés, heurtant à grand bruit de leurs chars de guerre les masses impénétrables des légions, opposant au terrible *pilum* de mauvais sabres qui ployaient au premier coup. C'est l'histoire commune de toutes les batailles gauloises. Jamais ils ne se corrigèrent. Il fallut toutefois de grands efforts aux Romains, et le dévouement de Décius. A la fin, ils pénétrèrent à leur tour chez les Gaulois, reprirent la rançon du Capitole, et placèrent une colonie dans le bourg principal des Sénonais vaincus à Séna sur l'Adriatique. Toute cette tribu fut exterminée, de façon qu'il ne resta pas un des fils de ceux qui se vantaient d'avoir brûlé Rome.

Ces revers des Gaulois d'Italie doivent peut-être trouver leur explication dans la part que leurs meilleurs guerriers auraient prise à la grande migration des Gaulois transalpins, vers la Grève et l'Asie (an 281). Notre Gaule était comme ce vase de la mythologie galloise, où bout et déborde incessamment la vie ; elle recevait par torrents la barbarie du Nord, pour la verser aux nations du Midi. Après l'invasion druidique des Kymrys, elle avait subi l'invasion guerrière des Belges ou *Bolg*. Ceux-ci, les plus impétueux des Celtes, comme les Irlandais leurs descendants, avaient, de la Belgique, percé leur route à travers les Galls et les Kymrys jusqu'au Midi, jusqu'à Toulouse, et s'étaient établis en Languedoc sous les noms d'Arécomiques et de Tectosages. C'est de là qu'ils prirent leur chemin vers une conquête nouvelle. Galls, Kymrys, quelques Germains même, descendirent avec eux la vallée du Danube. Cette nuée alla s'abattre sur la Macédoine. Le monde de la cité antique, qui se fortifiait en Italie par les progrès de Rome, s'était brisé en Grèce depuis Alexandre. Toutefois cette petite Grèce était si forte d'art et de nature, si dense, si serrée de villes et de montagnes, qu'on n'y entrait guère impunément. La Grèce est faite comme un piège à trois fonds. Vous pouvez entrer et vous trouver pris en Macédoine, puis en Thessalie, puis entre les Thermopyles et l'Isthme.

Les Barbares envahirent avec succès la Thrace et la Macédoine, y firent d'épouvantables ravages, passèrent encore les Thermopyles, et vinrent échouer contre la roche sacrée de Delphes. Le dieu défendit son temple ; il suffit d'un orage et des quartiers de roches que roulèrent les assiégés pour mettre les Gaulois en déroute. Gorgés de vin et de nourriture, ils étaient déjà vaincus par leurs propres excès. Une terreur panique les saisit dans la nuit. Leur brenn, ou chef, leur recommanda, pour faciliter leur retraite, de brûler leurs chariots et d'égorger leurs dix mille blessés. Puis il but d'autant et se poignarda. Mais les siens ne purent jamais se tirer de tant de montagnes et de passages difficiles au milieu d'une population acharnée.

D'autres Gaulois mêlés de Germains, les Tectosages, Trocmes et Tolistoboïes, eurent plus de succès au-delà du Bosphore. Ils se jetèrent dans cette grande Asie, au milieu des querelles des successeurs d'Alexandre. Le roi de Bithynie, Nicomède, et les villes grecques qui se soutenaient avec peine contre les Séleucides, achetèrent le secours des Gaulois, secours intéressé et funeste, comme on le vit bientôt. Ces hôtes terribles se partagèrent l'Asie-Mineure à piller et à rançonner ; aux Trocmes, l'Hellespont ; aux Tolistoboïes, les côtes de la mer Égée ; le midi aux Tectosages. Voilà nos Gaulois retournés au berceau des Kymrys, non loin du Bosphore cimmérien ; les voilà établis sur les ruines de Troie et dans les montagnes de l'Asie-Mineure, où les Français mèneront la croisade tant de siècle après, sous le drapeau de Godefroi de Bouillon et de Louis le Jeune.

Pendant que ces Gaulois se gorgent et s'engraissent dans la molle Asie, les autres vont partout, cherchant fortune. Qui veut un courage aveugle et du sang à bon marché achète des Gaulois ; prolifique et belliqueuse nation, qui suffit à tant d'armées et de guerres. Tous les successeurs d'Alexandre ont des Gaulois, Pyrrhus surtout, l'homme des aventures et des succès avortés. Carthage en a aussi dans la première guerre punique. Elle les paya mal, comme on sait ; et ils eurent grande part à cette horrible guerre des Mercenaires. Le Gaulois Autarite fut un des chefs révoltés.

Rome profita des embarras de Carthage et de l'entracte des deux guerres puniques pour accabler les Ligures et les Gaulois d'Italie.

« Les Liguriens, cachés au pied des Alpes, entre le Var et la Macra, dans des lieux hérissés de buissons sauvages, étaient plus difficiles à trouver qu'à vaincre ; races d'hommes agiles et infatigables, peuples moins guerriers que brigands, qui mettaient leur confiance dans la vitesse de leur fuite et la profondeur de leurs retraites. Tous ces farouches montagnards, Salyens, Décéates, Euburiates, Oxibiens, Ingaunes, échappèrent longtemps aux armes romaines. Enfin le consul Fulvius incendia leurs repaires, Bébius les fit descendre dans la plaine, et Posthumius les désarma, leur laissant à peine du fer pour labourer leurs champs (238-233 av. J.-C.). »

Depuis un demi-siècle que Rome avait exterminé le peuple des Sénons, le souvenir de ce terrible événement ne s'était point effacé chez les Gaulois. Deux rois des Boïes (pays de Bologne), At et Gall, avaient essayé d'armer le peuple pour s'emparer de la colonie romaine d'Ariminum ; ils avaient appelé d'au-delà des Alpes des Gaulois mercenaires. Plutôt que d'entrer en guerre contre Rome, les Boïes tuèrent les deux chefs et massacrèrent leurs alliés. Rome, inquiète des mouvements qui avaient lieu chez les Gaulois, les irrita en défendant tout commerce avec eux, surtout celui des armes. Leur mécontentement fut porté au comble par une proposition du tribun Flaminius. Il demanda que les terres conquises sur les Sénons depuis cinquante ans fussent enfin colonisées et partagées au peuple. Les Boïes, qui savaient par la fondation d'Ariminum tout ce qu'il en coûtait d'avoir les Romains pour voisins, se repentirent de n'avoir pas pris l'offensive, et voulurent former une ligue entre toutes les nations du nord de l'Italie. Mais les Venètes, peuples slave, ennemis des Gaulois, refusèrent d'entrer dans la ligue ; les Ligures étaient épuisés, les Cénomans secrètement vendus aux Romains. Les Boïes et les Insubres (Bologne et Milan), restés seuls, furent obligés d'appeler, d'au-delà des Alpes, des Gésates, des *Gaisda,* hommes armés de gais ou épieux, qui se mettaient volontiers à la solde des riches tribus gauloises de l'Italie. On entraîna à force d'argent et de promesses leurs chefs Anérœste et Concolitan.

Les Romains, instruits de tout par les Cénomans, s'alarmèrent de cette ligue. Le Sénat fit consulter les livres sibyllins, et l'on y lut avec effroi que deux fois les Gaulois devaient prendre possession de Rome. On crut détourner ce malheur en enterrant tout vifs deux Gaulois, un homme et une femme, au milieu même de Rome, dans le marché aux bœufs. De cette manière, les Gaulois avaient *prix possession du sol de Rome,* et l'oracle se trouvait accompli ou éludé. La terreur de Rome avait gagné l'Italie entière ; tous les peuples de cette contrée se croyaient également menacés par une effroyable invasion de barbares. Les chefs gaulois avaient tiré de leurs temples les drapeaux relevés d'or qu'ils appelaient les *immobiles ;* ils avaient juré solennellement et fait jurer à leurs soldats qu'ils ne détacheraient pas leurs baudriers avant d'être montés au Capitole. Ils entraînaient tout sur leur passage, troupeaux, laboureurs garrottés, qu'ils faisaient marcher sous le fouet ; ils emportaient jusqu'aux meubles des maisons. Toute la population de l'Italie centrale et méridionale se leva spontanément pour arrêter un pareil fléau, et sept cent soixante-dix mille soldats se tinrent prêts à suivre, s'il le fallait, les aigles de Rome.

Des trois armées romaines, l'une devait garder les passages des Apennins qui conduisent en Etrurie. Mais déjà les Gaulois étaient au cœur de ce pays et à trois journées de Rome (225). Craignant d'être enfermés entre la ville et l'armée, les barbares revinrent sur leurs pas, tuèrent six mille hommes aux Romains qui les poursuivaient, et ils les auraient détruits si la seconde armée ne se fût réunie à la première. Ils s'éloignèrent alors pour mettre leur butin en sûreté ; déjà ils s'étaient retirés jusqu'à la hauteur du cap Télamone, lorsque, par un étonnant hasard, une troisième armée romaine, qui revenait de la Sardaigne, débarqua près du camp des Gaulois, qui se trouvèrent enfermés. Ils firent face des deux côtés à la fois. Les Gésates, par bravade, mirent bas tout vêtement, se placèrent nus au premier rang avec leurs armes et leurs boucliers. Les Romains furent un instant intimidés du bizarre spectacle et du tumulte que présentait l'armée barbare. « Outre une foule de cors et de trompettes qui ne cessaient de sonner, il s'éleva tout à coup un tel concert de hurlements, que non seulement les hommes et les instruments, mais la terre même et les lieux d'alentour semblaient à l'envi pousser des cris. Il y avait encore quelque chose d'effrayant dans la contenance et les gestes de ces corps gigantesques qui se montraient aux premiers rangs, sans autre vêtement que leurs armes ; on n'en voyait aucun qui ne fût paré de chaînes, de colliers et de bracelets d'or. »

L'infériorité des armes gauloises donna l'avantage aux Romains ; le sabre gaulois ne frappait que de taille, et il était de si mauvaise trempe qu'il pliait au premier coup.

Les Boïes ayant été soumis par suite de cette victoire, les légions passèrent le Pô pour la première fois, et entrèrent dans le pays des Insubriens.

Le fougueux Flaminius y aurait péri s'il n'eût trompé les barbares par un traité, jusqu'à ce qu'il se trouvât en forces. Rappelé par le Sénat, qui ne l'aimait pas et qui prétendait que sa nomination était illégale, il voulut vaincre ou mourir, rompit le pont derrière lui et remporta sur les Insubriens une victoire signalée. C'est alors qu'il ouvrit les lettres où le Sénat lui présageait une défaite de la part des dieux.

Son successeur, Marcellus, était un brave soldat. Il tua en combat singulier le brenn Virdumar, et consacra à Jupiter Férétrien les secondes dépouilles *opimes* (depuis Romulus). Les Insubriens furent réduits (222), et la domination des Romains s'étendit sur toute l'Italie jusqu'aux Alpes.

Tandis que Rome croit tenir sous elle les Gaulois d'Italie terrassés, voilà qu'Hannibal arrive et les relève. Le rusé Carthaginois en tira bon parti. Il les place au premier rang, leur fait passer, bon gré mal gré, les marais d'Etrurie : Les Numides les poussent l'épée dans les reins. Ils ne s'en battent pas moins à Trasimère, à Cannes. Hannibal gagne ces grandes batailles avec le sang des Gaulois. Une fois qu'ils lui manquent, lorsqu'il se trouve isolé d'eux dans le Midi de l'Italie, il ne peut plus se mouvoir. Cette Gaule italienne était si vivace, qu'après les revers d'Hannibal, elle remue encore sous Hasdrubal, sous Magon, sous Hamilcar. Il fallut trente ans de guerre (201-170), et la trahison des Cénomans, pour consommer la ruine des Boïes et des Insubriens (Bologne et Milan). Encore les Boïes émigrèrent-ils plutôt que de se soumettre ; les débris de leurs cent douze tribus se levèrent en masse et allèrent s'établir sur les bords du Danube, au confluent de ce fleuve et de la Save. Rome déclara solennellement que l'*Italie était fermée aux Gaulois*. Cette dernière et terrible lutte eut lieu pendant les guerres de Romes contre Philippe et Antiochus. Les Grecs s'imaginaient alors qu'ils étaient la grande pensée de Rome ; ils ne savaient pas qu'elle n'employait contre eux que la moindre partie de ses forces. Ce fut assez de deux légions pour renverser Philippe et Antiochus ; tandis que, pendant plusieurs années de suite, on envoya les deux consuls, les deux armées consulaires, contre les obscures peuplades des Boïes et des Insubriens, Rome raidit ses bras contre la Gaule et l'Espagne ; il lui suffit de toucher du doigt les successeurs d'Alexandre pour les faire tomber.

Avant de sortir de l'Asie, elle abattit le seul peuple qui eût pu y renouveler la guerre. Les Galates, établis en Phrygie depuis un siècle, s'y étaient enrichis aux dépens de tous les peuples voisins sur lesquels ils levaient des tributs. Ils avaient entassé les dépouilles de l'Asie-Mineure dans leurs retraites du Mont-Olympe. Un fait caractérise l'opulence et le faste de ces barbares. Un de leurs chefs ou tétrarques publia que, pendant une année entière, il tiendrait table ouverte à tout venant ; et non seulement il traita la foule qui venait des villes et des campagnes voisines, mais il faisait arrêter et retenir les voyageurs jusqu'à ce qu'ils se fussent assis à sa table.

Quoique la plupart d'entre les Galates eussent refusé de secourir Antiochus, le prêteur Manlius attaqua leurs trois tribus (Trocmes, Tolistoboïes, Tectosages), et les força dans leurs montagnes avec des armes de trait, auxquelles les Gaulois, habitués à combattre avec le sabre et la lance, n'opposaient guère que des cailloux. Manlius leur fit rendre les terres enlevées aux alliés de Rome, les obligea de renoncer au brigandage, et leur imposa l'alliance d'Eumène qui devait les contenir.

Ce n'était pas assez que les Gaulois fussent vaincus dans leurs colonies d'Italie et d'Asie, si les Romains ne pénétraient dans la Gaule, ce foyer des invasions barbares. Ils y furent appelés d'abord par leurs alliés, les Grecs de Marseille, toujours en guerre avec les Gaulois et les Ligures du voisinage. Rome avait besoin d'être maîtresse de l'entrée occidentale de l'Italie qu'occupaient les Ligures du côté de la mer. Elle attaqua les tribus dont Marseille se plaignait, puis celles dont Marseille ne se plaignait pas. Elle donna la terre aux Marseillais et garda les postes militaires, celui d'Aix, entre autres, où Sextius fonda la colonie d'*Aquae Sextiae*. De là elle regarda dans les Gaules.

Deux vastes confédérations partageaient ce pays : d'une part les Eduens, peuple que nous verrons plus loin étroitement uni avec les tribus des Carnutes, des Parisii, des Senones, etc. ; d'autre part, les Arvernes et les Allobroges. Les premiers semblent être les gens de la plaine, les Kymrys, soumis à l'influence sacerdotale, le parti de la civilisation ; les autres, montagnards de l'Auvergne et des Alpes, sont les anciens Galls, autrefois resserrés dans les montagnes par l'invasion kymrique, mais redevenus prépondérants par leur barbarie même et leur attachement à la vie de clan.

Les clans d'Auvergne étaient alors réunis sous un chef ou roi nommé Bituit. Ces montagnards se croyaient invincibles. Bituit envoya aux généraux romains une solennelle ambassade pour réclamer la liberté d'un des chefs prisonniers : on y voyait sa meute royale composée d'énormes dogues tirés à grands frais de la Belgique et de la Bretagne ; l'ambassadeur, superbement vêtu, était environné d'une troupe des jeunes cavaliers éclatants d'or et de pourpre ; à son côté se tenait un barbe, la *rotte* en main, chantant par intervalles la gloire du roi, celle de la nation arverne et les exploits de l'ambassadeur.

Les Eduens virent avec plaisir l'invasion romaine. Les Marseillais s'entremirent, et leur obtinrent le titre d'*alliés et amis du peuple romain*. Marseille avait introduit les Romains dans le Midi des Gaules ; les Eduens leur ouvrirent la Celtique ou Gaule centrale, et plus tard les Remi la Belgique.

Les ennemis de Rome se hâtèrent avec la précipitation gallique et furent vaincus séparément sur les bords du Rhône. Le char d'argent de Bituit et sa meute de combat ne lui servirent pas de grand-chose. Les Arvernes seuls étaient pourtant deux cent mille, mais ils furent effrayés par les éléphants des Romains. Bituit avait dit avant la bataille, en voyant la petite armée romaine resserrée en légions : « Il n'y en a pas là pour un repas de mes chiens. »

Rome mit la main sur les Allobroges, les déclara ses sujets, s'assurant ainsi de la porte des Alpes. Le proconsul Domitius restaura la voie phénicienne, et l'appela *Domitia*. Les consuls qui suivirent n'eurent qu'à pousser vers le couchant, entre Marseille et les Arvernes (années 120-118). Ils s'acheminèrent vers les Pyrénées, et fondèrent presque à l'entrée de l'Espagne une puissante colonie, *Narbo Martius*, Narbonne. Ce fut la seconde colonie romaine hors de l'Italie (la première avait été envoyée à Carthage). Jointe à la mer par de prodigieux travaux, elle eut, à l'imitation de la métropole, son capitole, son sénat, ses thermes, son amphithéâtre. Ce fut la Rome gauloise et la rivale de Marseille. Les Romains ne voulaient plus que leur influence dans les Gaules dépendît de leur ancienne alliée.

Ils s'établissaient paisiblement dans ces contrées, lorsqu'un événement imprévu, immense, effroyable, comme un cataclysme du globe, faillit tout emporter, et l'Italie elle-même. Ce monde barbare que Rome avait rembarré dans le Nord d'une si rude main, il existait pourtant. Ces Kymrys qu'elle avait exterminés à Bologne et Senagallia, ils avaient des frères dans la Germanie. Gaulois et Allemands, Kymrys et Teutons, fuyant, dit-on, devant un débordement de la Baltique, se mirent à descendre vers le Midi. Ils avaient ravagé toute l'Illyrie, battu, aux portes de l'Italie, un général romain qui voulait leur interdire le Norique, et tourné les Alpes par l'Helvétie, dont les principales populations, Ombriens ou Ambrons, Tigurins (Zurich) et Tugènes (Zoug), grossirent leur horde. Tous ensemble pénétrèrent dans la Gaule, au nombre de trois cent mille guerriers ; leurs familles, vieillards, femmes et enfants, suivaient dans des chariots. Au nord de la Gaule, ils retrouvèrent d'anciennes tribus cimbriques, et leur laissèrent, dit-on, en dépôt une partie de leur butin. Mais la Gaule centrale fut dévastée, brûlée, affamée sur leur passage. Les populations des campagnes se réfugièrent dans les villes pour laisser passer le torrent, et furent réduites à une telle disette, qu'on essaya de se nourrir de chair humaine. Les barbares, parvenus au bord du Rhône, apprirent que de l'autre côté du fleuve, c'était encore l'Empire romain, dont ils avaient déjà rencontré les frontières en Illyrie, en Thrace, en Macédoine. L'immensité du grand empire du Midi les frappa d'un respect superstitieux ; avec cette simple bonne foi de la race germanique, ils dirent au magistrat de la province, M. Silanus, que *si Rome leur donnait des terres, ils se battraient volontiers pour elle*. Silanus répondit fièrement que Rome n'avait que faire de leurs services, passa le Rhône, et se fit battre. Le consul P. Cassius, qui vint ensuite défendre la province, fut tué ; Scaurus, son lieutenant, fut pris, et l'armée passa sous le joug des Helvètes, non loin du lac de Genève. Les barbares enhardis voulaient franchir les Alpes. Ils agitaient seulement si les Romains seraient réduits en esclavage ou exterminés. Dans leurs bruyants débats, ils s'avisèrent d'interroger Scaurus, leur prisonnier. Sa réponse hardie les mit en fureur, et l'un d'eux le perça de son épée. Toutefois, ils réfléchirent, et ajournèrent le passage des Alpes. Les paroles de Scaurus furent peut-être le salut de l'Italie.

Les Gaulois Tectosages de Tolosa, unis aux Cimbres par une origine commune, les appelaient contre les Romains, dont ils avaient secoué le joug. La marche des Cimbres fut trop lente. Le consul C. Servilius Cépion pénétra dans la ville et la saccagea. L'or et l'argent rapportés jadis par les Tectosages du pillage de Delphes, celui des mines des Pyrénées, celui que la piété des Gaulois clouait dans un temple de la ville, ou jetait dans un lac voisin, avaient fait de Tolosa la plus riche ville des Gaules. Cépion en tira, dit-on, cent dix mille livres pesant d'or et quinze cent mille d'argent. Il dirigea ce trésor sur Marseille, et le fit enlever sur la route par des gens à lui, qui massacrèrent l'escorte. Ce brigandage ne profita pas. Tous ceux qui avaient touché cette proie funeste finirent misérablement ; et quand on voulait désigner un homme dévoué à une fatalité implacable, on disait : *il a de l'or de Tolosa.*

D'abord Cépion, jaloux d'un collègue inférieur par la naissance, veut camper et combattre séparément. Il insulte les députés que les barbares envoyaient à l'autre consul. Ceux-ci, bouillants de fureur, dévouent solennellement aux dieux tout ce qui tombera entre leurs mains. De quatre-vingt mille soldats, de quarante mille esclaves ou valets d'armée, il n'échappa, dit-on, que dix hommes. Cépion fut des dix. Les barbares tinrent religieusement leur serment ; ils tuèrent dans les deux camps tout être vivant, ramassèrent les armes, et jetèrent l'or et l'argent, les chevaux même dans le Rhône.

Cette journée, aussi terrible que celle de Cannes, leur ouvrait l'Italie. La fortune de Rome les arrêta dans la Province et les détourna vers les Pyrénées. De là, les Cimbres se répandirent sur toute l'Espagne, tandis que le reste des barbares les attendait dans la Gaule.

Pendant qu'ils perdent ainsi le temps et vont se briser contre les montagnes et l'opiniâtre courage des Celtibériens, Rome épouvantée avait appelé Marius de l'Afrique. Il ne fallait pas moins que l'homme d'Arpinum, en qui tous les Italiens voyaient un des leurs, pour rassurer l'Italie et l'armer unanimement contre les barbares. Ce dur soldat, presque aussi terrible aux siens qu'à l'ennemi, farouche comme les Cimbres qu'il allait combattre, fut, pour Rome, un Dieu sauveur. Pendant quatre ans que l'on attendit les barbares, le peuple, ni même le Sénat, ne put se décider à nommer un autre consul que Marius. Arrivé dans la Province, il endurcit d'abord ses soldats par de prodigieux travaux. Il leur fit creuser la *Fossa Mariana,* qui facilitait ses communications avec la mer, et permettait aux navires d'éviter l'embouchure du Rhône, barrée par les sables. En même temps, il accablait les Tectosages et s'assurait de la fidélité de la Province avant que les barbares se remissent en mouvement.

Enfin ceux-ci se dirigèrent vers l'Italie, le seul pays de l'Occident qui eût encore échappé à leurs ravages. Mais la difficulté de nourrir une si grande multitude les obligea de se séparer. Les Cimbres et les Tigurins tournèrent par l'Helvétie et le Norique ; les Ambrons et les Teutons, par un chemin plus direct, devaient passer sur le ventre aux légions de Marius, pénétrer en Italie par les Alpes maritimes et retrouver les Cimbres aux bords du Pô.

Dans le camp retranché d'où il les observait, d'abord près d'Arles, puis sous les murs d'*Aquae Sextiae* (Aix), Marius leur refusa obstinément la bataille. Il voulait habituer les siens à voir ces barbares, avec leur taille énorme, leurs yeux farouches, leurs armes et leurs vêtements bizarres. Leur roi Teutobochus franchissait d'un saut quatre et même six chevaux mis de front ; quand il fut conduit en triomphe à Rome, il était plus haut que les trophées. Les barbares, défilant devant les retranchements, défiaient les Romains par mille outrages : *N'avez-vous rien à dire à vos femmes ?* disaient-ils, *nous serons bientôt auprès d'elles.* Un jour, un de ces géants du Nord vint jusqu'aux portes du camp provoquer Marius lui-même. Le général lui fit répondre que, s'il était las de la vie, il n'avait qu'a s'aller pendre ; et comme le Teuton insistait, il lui envoya un gladiateur. Ainsi il arrêtait l'impatience des siens ; et cependant il savait ce qui se passait dans leur camp par le jeune Sertorius, qui parlait leur langue, et se mêlait à eux sous l'habit gaulois.

Marius, pour faire plus vivement souhaiter la bataille à ses soldats, avait fait placer son camp sur une colline sans eau qui dominait un fleuve. « Vous êtes des hommes, leur dit-il, vous aurez de l'eau pour du sang. » Le combat s'engagea en effet bientôt aux bords du fleuve. Les Ambrons, qui étaient seuls dans cette première action, étonnèrent d'abord les Romains par leurs cris de guerre qu'ils faisaient retentir comme un mugissement dans leurs boucliers : *Ambrons ! Ambrons !* Les Romains vainquirent pourtant, mais ils furent repoussés du camp par les femmes des Ambrons ; elles s'armèrent pour défendre leur liberté et leurs enfants, et elles frappaient du haut de leurs chariots sans distinction d'amis ni d'ennemis. Toute la nuit, les barbares pleurèrent leurs morts avec des hurlements sauvages qui, répétés par les échos des montagnes et du fleuve, portaient l'épouvante dans l'âme même des vainqueurs. Le surlendemain, Marius les attira par sa cavalerie à une nouvelle action. Les Ambrons-Teutons, emportés par leur courage, traversèrent la rivière et furent écrasés dans son lit. Un corps de trois mille Romains les prit par-derrière, et décida leur défaite. Selon l'évaluation la plus modérée, le nombre des barbares pris ou tués fut de cent mille. La vallée, engraissée de leur sang, devint célèbre par sa fertilité. Les habitants du pays n'enfermaient, n'étayaient leurs vignes, qu'avec des os de morts. Le village de *Pourrières* rappelle encore aujourd'hui le nom donné à la plaine : *Campi putridi,* champ de la putréfaction. Quant au butin, l'armée le donna tout entier à Marius, qui, après un sacrifice solennel, le brûla en l'honneur des dieux. Une pyramide fut élevée à Marius, un temple à la Victoire. L'église de Sainte-Victoire, qui remplaça le temple, reçut jusqu'à la Révolution française une procession annuelle, dont l'usage ne s'était jamais interrompu. La pyramide subsista jusqu'au XVᵉ siècle, et Pourrières avait pris pour armoiries le triomphe de Marius représenté sur un des bas-reliefs dont ce monument était orné.

Cependant les Cimbres, ayant passé les Alpes noriques, étaient descendus dans la vallée de l'Adige. Les soldats de Catulus ne les voyaient qu'avec terreur se jouer, presque nus, au milieu des glaces, et se laisser glisser sur leurs boucliers du haut des Alpes à travers les précipices. Catulus, général méthodique, se croyait en sûreté derrière l'Adige, couvert par un petit fort. Il pensait que les ennemis s'amuseraient à le forcer. Ils entassèrent des rochers, jetèrent toute une forêt par-dessus, et passèrent. Les Romains s'enfuirent et ne s'arrêtèrent que derrière le Pô. Les Cimbres ne songeaient pas à les poursuivre. En attendant l'arrivée des Teutons, ils jouirent du ciel et du sol italiens, et se laissèrent vaincre aux douceurs de la belle et molle contrée. Le vin, le pain, tout était nouveau pour ces barbares ; ils fondaient sous le soleil du Midi et sous l'action de la civilisation plus énervante encore.

Marius eut le temps de joindre son collègue. Il reçut des députés des Cimbres, qui voulaient gagner du temps : *Donnez-nous*, disaient-ils, *des terres pour nous et pour nos frères les Teutons. – Laissez là vos frères*, répondit Marius, *ils ont des terres. Nous leur en avons donné qu'ils garderont éternellement.* Et comme les Cimbres le menaçaient de l'arrivée des Teutons : *Ils sont ici*, dit-il, *il ne serait pas bien de partir sans les saluer*, et il fit amener les captifs. Les Cimbres ayant demandé quel jour et en quel lieu il voulait combattre *pour savoir à qui serait l'Italie*, il leur donna rendez-vous pour le troisième jour dans un champ, près de Verceil.

Marius s'était placé de manière à tourner contre l'ennemi le vent, la poussière et les rayons ardents d'un soleil de juillet. L'infanterie des Cimbres formait un énorme carré, dont les premiers rangs étaient liés tous ensemble avec des chaînes de fer. Leur cavalerie, forte de quinze mille hommes, était effrayante à voir, avec ses casques chargés de mufles d'animaux sauvages, et surmontés d'ailes d'oiseaux. Le camp et l'armée barbares occupaient une lieue en longueur. Au commencement, l'aile où se tenait Marius, ayant cru voir fuir la cavalerie ennemie, s'élança à sa poursuite, et s'égara dans la poussière, tandis que l'infanterie ennemie, semblable aux vagues d'une mer immense, venait se briser sur le centre où se tenaient Catulus et Sylla, et alors tout se perdit dans une nuée de poudre. La poussière et le soleil méritèrent le principal honneur de la victoire (101).

Restait le camp barbare, les femmes et les enfants des vaincus. D'abord, revêtues d'habits de deuil, elles supplièrent qu'on leur promît de les respecter, et qu'on les donnât pour esclaves aux prêtresses romaines du feu (le culte des éléments existait dans la Germanie). Puis, voyant leur prière reçue avec dérision, elles pourvurent elles-mêmes à leur liberté. Le mariage chez ces peuples était chose sérieuse. Les présents symboliques de noces, les bœufs attelés, les armes, le coursier de guerre, annonçaient assez à la vierge qu'elle devenait la compagne des périls de l'homme, qu'ils étaient unis dans une même destinée, à la vie et à la mort (*sic vivendum, sic pereundum,* Tacite). C'est à son épouse que le guerrier rapportait ses blessures après la bataille (*ad matres et conjuges vulnera referunt ; nec illae numerare aut exigere plagas pavent).* Elle les comptait, les sondait sans pâlir ; car la mort ne devait point les séparer. Ainsi, dans les poèmes scandinaves, Brunhild se brûle sur le corps de Sigrid. D'abord des femmes des Cimbres affranchirent leurs enfants par la mort ; elles les étranglèrent ou les jetèrent sous les roues des chariots. Puis elles se pendaient, s'attachaient par un nœud coulant aux cornes des bœufs, et les piquaient ensuite pour se faire écraser. Les chiens de la horde défendirent leurs cadavres ; il fallut les exterminer à coups de flèches.

Ainsi s'évanouit cette terrible apparition du Nord, qui avait jeté tant d'épouvante dans l'Italie. Le mot *cimbrique* resta synonyme de *fort* et de terrible. Toutefois, Rome ne sentit point le génie héroïque de ces nations, qui devaient un jour la détruire ; elle crut à son éternité. Les prisonniers qu'on put faire sur les Cimbres furent distribués aux villes comme esclaves publics ou dévoués aux combats de gladiateurs.

Marius fit ciseler sur son bouclier la figure d'un Gaulois tirant la langue, image populaire à Rome dès le temps de Torquatus. Le peuple l'appela le troisième fondateur de Rome, après Romulus et Camille. On faisait des libations au nom de Marius, comme en l'honneur de Bacchus ou de Jupiter. Lui-même de sa victoire sur les barbares du Nord et du Midi, sur la Germanie et sur les *Indes africaines,* ne buvait plus que dans cette coupe à deux anses, où, selon la tradition, Bacchus avait bu après sa victoire des Indes.

CHAPITRE II

État de la Gaule dans le siècle qui précède la conquête - Druidisme - Conquête de César (58-51 av. J.-C.)

Ce grand événement de l'invasion cimbrique n'eut qu'une influence fort indirecte sur les destinées de la Gaule, qui en fut le principal théâtre. Les Kymrys-Teutons étaient trop barbares pour s'incorporer avec les tribus gauloises que le druidisme avait déjà tirées de leur grossièreté primitive. Examinons avec quelque détail cette religion druidique qui commença la culture morale de la Gaule, prépara l'invasion romaine, et fraya la voie au christianisme. Elle devait avoir atteint tout son développement, toute sa maturité, dans le siècle qui précéda la conquête de César ; peut-être même penchait-elle vers son déclin ; l'influence politique des druides avait du moins diminué.

Il semble que les Galls aient d'abord adoré des objets matériels, des phénomènes, des agents de la nature : lacs, fontaines, pierres, arbres, vents, en particulier le terrible *Kirk*. Ce culte grossier fut, avec le temps, élevé et généralisé. Ces êtres, ces phénomènes, eurent leurs génies ; il en fut de même des lieux et des tribus. De là, le dieu *Tarann*, esprit du tonnerre ; *Vosège*, déification des Vosges ; *Pennin*, des Alpes ; *Arduinne*, des Ardennes. De là, le *Génie des Arvernes* ; *Bibracte*, déesse et cité des Eduens ; *Aventia*, chez les Helvètes ; *Nemausus* (Nîmes), chez les Arécomikes, etc.

Par un degré d'abstraction de plus, les forces générales de la nature, celles de l'âme humaine et de la société furent aussi déifiées. *Tarann* devint le dieu du ciel, le moteur et l'arbitre du monde. Le soleil, sous le nom de *Bel* ou *Belen*, fit naître les plantes salutaires et présida à la médecine ; *Heus* ou *Hesus* à la guerre ; *Teutalès* au commerce et à l'industrie ; l'éloquence même et la poésie eurent leur symbole dans *Ogmius*, armé comme Hercule de la massue et de l'arc, et entraînant après lui des hommes attachés par l'oreille à des chaînes d'or et d'ambre qui sortaient de sa bouche.

On voit ici qu'il y a ici quelque analogie avec l'Olympe des Grecs et des Romains. La ressemblance se changea en identité, lorsque la Gaule, soumise à la domination de Rome, eut subi quelques années seulement l'influence des idées romaines. Alors le polythéisme gaulois, honoré et favorisé par les empereurs, finit par se fondre dans celui de l'Italie, tandis que le druidisme, ses mystères, sa doctrine, son sacerdoce, furent cruellement proscrits.

Les druides enseignaient que la matière et l'esprit sont éternels, que la substance de l'univers reste inaltérable sous la perpétuelle variation des phénomènes où domine tour à tour l'influence de l'eau et du feu ; qu'enfin l'âme humaine est soumise à la métempsycose. A ce dernier dogme se rattachait l'idée morale de peines et de récompenses ; ils considéraient les degrés de transmigration inférieurs à la condition humaine comme des états d'épreuve et de châtiment. Ils avaient même un *autre monde*, un monde de bonheur. L'âme y conservait son identité, ses passions, ses habitudes. Aux funérailles, on brûlait des lettres que le mort devait lire ou remettre à d'autres morts. Souvent même ils prêtaient de l'argent à rembourser dans l'autre vie.

Ces deux notions combinées de la métempsycose et d'une vie future faisaient la base du système des druides. Mais leur science ne se bornait pas là ; ils étaient de plus métaphysiciens, physiciens, médecins, sorciers, et surtout astronomes. Leur année se composait de lunaisons, ce qui fit dire aux Romains que les Gaulois mesuraient le temps par nuits et non par jours ; ils expliquaient cet usage par l'origine infernale de ce peuple, et sa descendance du dieu Pluton. La médecine druidique était uniquement fondée sur la magie. Il fallait cueillir le *samolus* à jeun et de la main gauche, l'arracher de terre sans le regarder, et le jeter de même dans les réservoirs où les bestiaux allaient boire ; c'était un préservatif contre leurs maladies. On se préparait à la récolte de la sélage par des ablutions et une offrande de pain et de vin ; on partait nu-pieds, habillé de blanc ; sitôt qu'on avait aperçu la plante, on se baissait comme par hasard, et glissant la main droite sous son bras gauche, on l'arrachait sans jamais employer le fer, puis on l'enveloppait d'un linge qui ne devait servir qu'une fois. Autre cérémonial pour la verveine. Mais le remède universel, la panacée, comme l'appelaient les druides, c'était le fameux *gui*. Ils le croyaient semé sur le chêne par une main divine, et trouvaient dans l'union de leur arbre sacré avec la verdure éternelle du gui un vivant symbole du dogme de l'immortalité. On le cueillait en hiver, à l'époque de la floraison, lorsque la plante est le plus visible, et que ses longs rameaux verts, ses feuilles et les touffes jaunes de ses fleurs, enlacés à l'arbre dépouillé, présentent seuls l'image de la vie, au milieu d'une nature morte et stérile.

C'était le sixième jour de la lune que le gui devait être coupé ; un druide en robe blanche montait sur l'arbre, une serpe d'or à la main, et tranchait la racine de la plante, que d'autres druides recevaient dans une saie blanche ; car il ne fallait pas qu'elle touchât la terre. Alors on immolait deux taureaux blancs dont les cornes étaient liées pour la première fois.

Les druides prédisaient l'avenir d'après le vol des oiseaux et l'inspection des entrailles des victimes. Ils fabriquaient aussi des talismans, comme les chapelets d'ambre que les guerriers portaient sur eux dans les batailles, et qu'on retrouve souvent à leur côté dans les tombeaux. Mais nul talisman n'égalait l'*œuf de serpent*. Ces idées d'œuf et de serpent rappellent l'œuf cosmogonique des mythologies orientales, ainsi que la métempsycose et l'éternelle rénovation dont le serpent était l'emblème.

Des magiciennes et des prophétesses étaient affiliées à l'ordre des druides, mais sans en partager les prérogatives. Leur institut leur imposait des lois bizarres et contradictoires ; ici, la prêtresse ne pouvait dévoiler l'avenir qu'à l'homme qui l'avait profanée ; là, elle se vouait à une virginité perpétuelle ; ailleurs, quoique mariée, elle était astreinte à de longs célibats. Quelquefois ces femmes devaient assister à des sacrifices nocturnes toutes nues, le corps teint de noir, les cheveux en désordre, s'agitant dans des transports frénétiques. La plupart habitaient des écueils sauvages, au milieu des tempêtes de l'archipel armoricain. A Séna (Sein) était l'oracle célèbre des neuf vierges terribles appelées *Sènes*, du nom de leur île. Pour avoir le droit de les consulter, il fallait être marin et encore avoir fait le trajet dans ce seul but. Ces vierges connaissaient l'avenir ; elles guérissaient les maux incurables ; elles prédisaient et faisaient la tempête.

Les prêtresses de Nannetes, à l'embouchure de la Loire, habitaient un des îlots de ce fleuve. Quoiqu'elles fussent mariées, nul homme n'osait approcher de leur demeure, c'étaient elles qui, à des époques prescrites, venaient visiter leurs maris sur le continent. Parties de l'île à la nuit close, sur de légères barques qu'elles conduisaient elles-mêmes, elles passaient la nuit dans des cabanes préparées pour les recevoir ; mais dès que l'aube commençait à paraître, s'arrachant des bras de leurs époux, elles couraient à leurs nacelles et regagnaient leur solitude à force de rames. Chaque année, elles devaient, dans l'intervalle d'une nuit à l'autre, couronnées de lierre et de vert feuillage, abattre et reconstruire le toit de leur temple. Si l'une d'elles, par malheur, laissait tomber à terre quelque chose de ces matériaux sacrés, elle était perdue ; ses compagnes se précipitaient sur elle avec d'horribles cris, la déchiraient, et semaient çà et là ses chairs sanglantes. Les Grecs crurent retrouver dans ces rites le culte de Bacchus ; ils assimilèrent aussi aux orgies de Samothrace d'autres orgies druidiques célébrées dans une île voisine de la Bretagne, d'où les navigateurs entendaient avec effroi, de la pleine mer, des cris furieux et le bruit des cymbales barbares.

La religion druidique avait sinon institué, du moins adopté et maintenu les sacrifices humains. Les prêtres perçaient la victime au-dessus du diaphragme, et tiraient leurs pronostics de la pose dans laquelle elle tombait, des convulsions de ses membres, de l'abondance et de la couleur de son sang ; quelquefois ils la crucifiaient à des poteaux dans l'intérieur des temples, ou faisaient pleuvoir sur elle, jusqu'à la mort, une nuée de flèches et de dards. Souvent aussi on élevait un colosse en osier ou en foin, on le remplissait d'hommes vivants, un prêtre y jetait une torche allumée, et tout disparaissait bientôt dans des flots de fumée et de flamme. Ces horribles offrandes étaient sans doute remplacées souvent par des dons votifs. Ils jetaient des lingots d'or et d'argent dans les lacs, ou les clouaient dans les temples.

Un mot sur la hiérarchie. Elle comprenait trois ordres distincts. L'ordre inférieur était celui des bardes, qui conservaient dans leur mémoire les généalogies des clans, et chantaient sur la *rotte* les exploits des chefs et les traditions nationales ; puis venait le sacerdoce proprement dit, composé des ovates et des druides. Les ovates étaient chargés de la partie extérieure du culte et de la célébration des sacrifices. Ils étudiaient spécialement les sciences naturelles appliquées à la religion, l'astronomie, la divination, etc. Interprètes des druides, aucun acte civil ou religieux ne pouvait s'accomplir sans leur ministère.

Les druides, ou *hommes des chênes,* étaient le couronnement de la hiérarchie. En eux résidaient la puissance et la science. Théologie, morale, législation, toute haute connaissance était leur privilège. L'ordre des druides était électif. L'initiation, mêlée de sévères épreuves, au fond des bois ou des casernes, durait quelquefois vingt années : il fallait apprendre de mémoire toute la science sacerdotale ; car ils n'écrivaient rien, du moins jusqu'à l'époque où ils purent se servir des caractères grecs.

L'assemblée la plus solennelle des druides se tenait une fois l'an sur le territoire des Carnutes, dans un lieu consacré, qui passait pour le point central de toute la Gaule ; on y accourait des provinces les plus éloignées. Les druides sortaient alors de leurs solitudes, siégaient au milieu du peuple et rendaient leurs jugements. Là sans doute ils choisissaient le druide suprême, qui devait veiller au maintien de l'institution. Il n'était pas rare que l'élection de ce chef excitât la guerre civile.

Quand même le druidisme n'eût pas été affaibli par ces divisions, la vie solitaire à laquelle la plupart des membres de l'ordre semblent s'être voués devait le rendre peu propre à agir puissamment sur le peuple. Ce n'était pas d'ailleurs ici comme en Égypte une population agglomérée sur une étroite ligne. Les Gaulois étaient dispersés dans les forêts, dans les marais, qui couvraient leur sauvage pays, au milieu des hasards d'une vie barbare et guerrière. Le druidisme n'eut pas assez de prise sur ces populations disséminées, isolées. Elles lui échappèrent de bonne heure.

Ainsi, lorsque César envahit la Gaule, elle semblait convaincue d'impuissance pour s'organiser elle-même. Le vieil esprit de clan, l'indisciplinabilité guerrière, que le druidisme semblait devoir comprimer, avait repris vigueur ; seulement la différence des forces avait établi une sorte de hiérarchie entre les tribus ; certaines étaient clientes des autres, comme les Carnutes des Rhèmes, les Sénons des Eduens, etc. (Chartres, Reims, Sens, Autun).

Des villes s'étaient formées, espèces d'asiles au milieu de cette vie de guerre. Mais tous les cultivateurs étaient serfs, et César pouvait dire : Il n'y a que deux ordres en Gaule, les druides et les cavaliers (*equites*). Les druides étaient les plus faibles. C'est un druide des Eduens qui appela les Romains.

J'ai parlé ailleurs de ce prodigieux César et des motifs qui l'avaient décidé à quitter si longtemps Rome pour la Gaule, à s'exiler pour revenir maître. L'Italie était épuisée, l'Espagne indisciplinable ; il fallait la Gaule pour asservir le monde. J'aurais voulu voir cette blanche et pâle figure, fanée avant l'âge par les débauches de Rome, cet homme délicat et épileptique, marchant sous les pluies de la Gaule, à la tête des légions, traversant nos fleuves à la nage ; ou bien à cheval entre les litières où ses secrétaires étaient portés, dictant quatre, six lettres à la fois, remuant Rome du fond de la Belgique, exterminant sur son chemin deux millions d'hommes, et domptant en dix années la Gaule, le Rhin et l'océan du Nord (58-49).

Ce chaos barbare et belliqueux de la Gaule était une superbe matière pour un tel génie. De toutes parts, les tribus gauloises appelaient alors l'étranger. Le druidisme affaibli semble avoir dominé dans les deux Bretagnes et dans les bassins de la Seine et de la Loire. Au midi, les Arvernes et toutes les populations ibériennes de l'Aquitaine étaient généralement restés fidèles à leurs chefs héréditaires. Dans la Celtique même, les druides n'avaient pu résister au vieil esprit de clan qu'en favorisant la formation d'une population libre dans les grandes villes dont les chefs ou patrons étaient du moins électifs, comme les druides. Ainsi deux factions partageaient tous les États gaulois ; celle de l'élection ou des druides et des chefs temporaires du peuple des villes. A la tête de la seconde se trouvaient les Eduens ; à la tête de la première les Arvernes et les Séquanes. Ainsi commençait dès lors l'opposition de la Bourgogne

(Eduens) et de la Franche-Comté (Séquanes). Les Séquanes, opprimés par les Eduens qui leur fermaient la Saône et arrêtaient leur grand commerce de porcs, appelèrent de la Germanie des tribus étrangères au druidisme, qu'on nommait du nom commun de Suèves. Ces barbares ne demandaient pas mieux. Ils passèrent le Rhin, sous la conduite d'un Arioviste, battirent les Eduens, et leur imposèrent un tribut ; mais ils traitèrent plus mal encore les Séquanes qui les avaient appelés ; ils leur prirent le tiers de leurs terres, selon l'usage des conquérants germains, et ils en voulaient encore autant. Alors Eduens et Séquanes, rapprochés par le malheur, cherchèrent d'autres secours étrangers. Deux frères étaient tout-puissants parmi les Eduens. Dumnorix, enrichi par les impôts et les péages dont il se faisait donner le monopole de gré ou de force, s'était rendu cher au petit peuple des villes et aspirait à la tyrannie ; il se lia avec les Gaulois helvétiens, épousa une Helvétienne, et engagea ce peuple à quitter ses vallées stériles pour les riches plaines de Gaule. L'autre frère, qui était druide, titre vraisemblablement identique avec celui de divitiac que César lui donne comme nom propre, chercha pour son pays des délibérateurs moins barbares. Il se rendit à Rome et implora l'assistance du Sénat, qui avait appelé les Eduens *parents et amis du peuple romain*. Mais le chef des Suèves envoya de son côté, trouva le moyen de se faire donner aussi le titre d'ami de Rome. L'invasion imminente des Helvètes obligeait probablement le Sénat à s'unir avec Arioviste.

Ces montagnards avaient fait depuis trois ans de tels préparatifs, qu'on voyait bien qu'ils voulaient s'interdire à jamais le retour. Ils avaient brûlé leurs douze villes et leurs quatre cents villages, détruit les meubles et les provisions qu'ils ne pouvaient emporter. On disait qu'ils voulaient percer à travers toute la Gaule et s'établir à l'occident, dans le pays des Santones (Saintes). Sans doute ils espéraient trouver plus de repos sur les bords du grand Océan qu'en leur rude Helvétie, autour de laquelle venaient se rencontrer et se combattre toutes les nations de l'ancien monde : Galls, Cimbres, Teutons, Suèves, Romains. En comptant les femmes et les enfants, ils étaient au nombre de trois cent soixante-dix-huit mille. Ce cortège embarrassant leur faisait préférer le chemin de la province romaine. Ils y trouvèrent à l'entrée, vers Genève, César qui leur barra le chemin, et les amusa assez longtemps pour élever du lac au Jura un mur de dix mille pas et de seize pieds de haut. Il leur fallut donc s'engager par les âpres vallées du Jura, traverser le pays des Séquanes, et remonter la Saône. César les atteignit comme ils passaient le fleuve, attaqua la tribu des Tigurins, isolée des autres, et l'extermina. Manquant de vivres par la mauvaise volonté de l'Eduen Dumnorix, et du parti qu'il avait appelé les Helvètes, il fut obligé de se détourner vers Bibracte (Autun). Les Helvètes, atteints de nouveau dans leur fuite vers le Rhin, furent obligés de rendre les armes, et de s'engager à retourner dans leur pays. Six mille d'entre eux, qui s'enfuirent la nuit pour échapper à cette honte, furent ramenés par la cavalerie romaine, et, dit César, *traités en ennemis*.

Ce n'était rien d'avoir repoussé les Helvètes, si les Suèves envahissaient la Gaule. Les migrations étaient continuelles : déjà cent vingt mille guerriers étaient passés. *La Gaule allait devenir Germanie.* César parut céder aux prières des Séquanes et des Eduens opprimés par les barbares. Le même druide qui avait sollicité les secours de Rome guida César vers Arioviste et se chargea d'explorer le chemin. Le chef des Suèves avait obtenu de César lui-même, dans son consulat, le titre d'allié du peuple romain ; il s'étonna d'être attaqué par lui : « Ceci, disait le barbare, est ma Gaule à moi ; vous avez la vôtre... si vous me laissez en repos, vous y gagnerez ; je ferai toutes les guerres que vous voudrez, sans peine ni péril pour vous... Ignorez-vous quels hommes sont les Germains ? Voilà plus de quatorze ans que nous n'avons dormi sous un toit. » Ces paroles ne faisaient que trop d'impression sur l'armée romaine : tout ce qu'on rapportait de la taille et de la férocité de ces géants du Nord épouvantait les petits hommes du Midi.

On ne voyait dans le camp que gens qui faisaient leur testament. César leur en fit honte : « Si vous m'abandonnez, dit-il, j'irai toujours : il me suffit de la dixième légion. » Il les mène ensuite à Besançon, s'en empare, pénètre jusqu'au camp des barbares non loin du Rhin, les forces de combattre, quoiqu'ils eussent voulu attendre la nouvelle lune, et les détruit dans une furieuse bataille : presque tout ce qui échappa périt dans le Rhin.

Les Gaulois du Nord, Belges et autres, jugèrent, non sans vraisemblance, que si les Romains avaient chassé les Suèves, ce n'était que pour leur succéder dans la domination des Gaules. Ils formèrent une vaste coalition, et César saisit ce prétexte pour pénétrer dans la Belgique. Il emmenait comme guide et interprète le divitiac des Eduens ; il était appelé par les Sénons, anciens vassaux des Eduens, par les Rhèmes, suzerains du pays druidique des Carnutes. Vraisemblablement, ces tribus vouées au druidisme, ou du moins au parti populaire, voyaient avec plaisir arriver l'ami des druides, et comptaient l'opposer aux Belges septentrionaux, leurs féroces voisins. C'est ainsi que, cinq siècles après, le clergé catholique des Gaules favorisa l'invasion des Francs contre les Visigoths et les Bourguignons ariens.

C'était pourtant une sombre et décourageante perspective pour un général moins hardi, que cette guerre dans les plaines bourbeuses, dans les forêts vierges de la Seine et de la Meuse. Comme les conquérants de l'Amérique, César était souvent obligé de se frayer une route la hache à la main, de jeter des ponts sur les marais, d'avancer avec ses légions, tantôt sur cette terre ferme, tantôt à gué ou à la nage. Les Belges entrelaçaient les arbres de leurs forêts, comme ceux de l'Amérique le sont naturellement par les lianes. Mais les Pizarre et les Cortez, avec une telle supériorité d'armes, faisaient la guerre à coup sûr ; et qu'étaient-ce que les Péruviens en comparaison de ces dures et colériques populations des Bellovaques et des Nerviens (Picardie, Hainaut-Flandre), qui venaient par cent mille attaquer César ? Les Bellovaques et les Suessions s'accommodèrent par l'entremise du divitiac des Eudes. Mais les Nerviens, soutenus par les

Atrébates et les Veromandui, surprirent l'armée romaine en marche, au bord de la Sambre, dans la profondeur de leurs forêts, et se crurent au moment de la détruire. César fut obligé de saisir une enseigne et de se porter lui-même en avant : ce brave peuple fut exterminé. Leurs alliés, les Cimbres, qui occupaient Aduat (Namur ?), effrayés des ouvrages dont César entourait leur ville, feignirent de se rendre, jetèrent une partie de leurs armes du haut des murs, et avec le reste attaquèrent les Romains. César en vendit comme esclaves cinquante-trois mille.

Ne cachant plus alors le projet de soumettre la Gaule, il entreprit la réduction de toutes les tribus des rivages. Il perça les forêts et les marécages des Ménapes et des Morins (Zélande et Gueldre, Gand, Bruges, Boulogne) ; un de ses lieutenants soumit les Unelles, Eburoviens et Lexoviens (Coutances, Evreux, Lisieux) ; un autre, le jeune Crassus, conquit l'Aquitaine, quoique les Barbares eussent appelé d'Espagne les vieux compagnons de Sertorius. César lui-même attaqua les Vénètes et autres tribus de notre Bretagne. Ce peuple amphibie n'habitait ni sur la terre ni sur les eaux ; leurs forts, dans des presqu'îles inondées et abandonnées tour à tour par le flux, ne pouvaient être assiégés ni par terre ni par mer. Les Vénètes communiquaient sans cesse avec l'autre Bretagne, et en tiraient des secours. Pour les réduire, il fallait être maître de la mer. Rien ne rebutait César. Il fit des vaisseaux, il fit des matelots, leur apprit à fixer les navires bretons en les accrochant avec des mains de fer et fauchant leurs cordages. Il traita durement ce peuple dur ; mais la petite Bretagne ne pouvait être vaincue que dans la grande. César résolut d'y passer.

Le monde barbare de l'Occident qu'il avait entrepris de dompter était triple. La Gaule, entre la Bretagne et la Germanie, était en rapport avec l'une et l'autre. Les Cimbri se trouvaient dans les trois pays ; les Helvii et les Boii dans la Germanie et dans la Gaule ; les Parisii et les Atrébates gaulois existaient aussi en Bretagne. Dans les discordes de la Gaule, les Bretons semblent avoir été pour le parti druidique, comme les Germains pour celui des chefs de clan. César frappa les deux partis et au-dedans et au-dehors ; il passa l'Océan, il passa le Rhin.

Deux grandes tribus germaniques, les Usipiens et les Tenctères, fatiguées au nord par les incursions des Suèves comme les Helvètes l'avaient été au midi, venaient de passer aussi dans la Gaule (55). César les arrêta, et sous prétexte que, pendant les pourparlers, il avait été attaqué par leur jeunesse, il fondit sur eux à l'improviste et les massacra tous. Pour inspirer plus de terreur aux Germains, il alla chercher ces terribles Suèves, près desquels aucune nation n'osait habiter ; en dix jours il jeta un pont sur le Rhin, non loin de Cologne, malgré la largeur et l'impétuosité de ce fleuve immense. Après avoir fouillé en vain les forêts des Suèves, il repassa le Rhin, traversa toute la Gaule, et la même année s'embarqua pour la Bretagne. Lorsqu'on apprit à Rome ces marches prodigieuses, plus étonnantes encore que des victoires, tant d'audace et une si effrayante rapidité, un cri d'admiration s'éleva. On décréta vingt jours de supplications aux dieux. *Au prix des exploits de César,* disait Cicéron, *qu'à fait Marius ?*

Lorsque César voulut passer dans la grande Bretagne, il ne put obtenir des Gaulois aucun renseignement sur l'île sacrée. L'Eduen Dumnorix déclara que la religion lui défendait de suivre César ; il essaya de s'enfuir, mais le Romain qui connaissait son génie remuant, le fit poursuivre avec ordre de le ramener mort ou vif ; il fut tué en se défendant.

La malveillance des Gaulois faillit être funeste à César dans cette expédition. D'abord ils lui laissèrent ignorer les difficultés du débarquement. Les hauts navires qu'on employait sur l'Océan tiraient beaucoup d'eau et ne pouvaient approcher du rivage. Il fallait que le soldat se précipitât dans cette mer profonde, et qu'il se formât en bataille au milieu des flots. Les barbares, dont la grève était couverte, avaient trop d'avantage. Mais les machines de siège vinrent au secours et nettoyèrent le rivage par une grêle de pierres et de traits. Cependant l'équinoxe approchait : c'était la pleine lune, le moment des grandes marées. En une nuit la flotte romaine fut brisée ou mise hors de service. Les barbares, qui dans le premier étonnement avaient donné des otages à César, essayèrent de surprendre son camp. Vigoureusement repoussés, ils offrirent encore de se soumettre. César leur ordonna de livrer des otages deux fois plus nombreux ; mais ses vaisseaux étaient réparés, il partit la même nuit sans attendre leur réponse. Quelques jours de plus, la saison ne lui eût guère permis le retour.

L'année suivante, nous le voyons presque en même temps en Illyrie, à Trèves et en Bretagne. Il n'y a que les esprits de nos vieilles légendes qui aient jamais voyagé ainsi. Cette fois, il était conduit en Bretagne par un chef fugitif du pays qui avait imploré son secours. Il ne se retira pas sans avoir mis en fuite les Bretons, assiégé le roi Caswallawn dans l'enceinte marécageuse où il avait rassemblé ses hommes et ses bestiaux. Il écrivit à Rome qu'il avait imposé un tribut à la Bretagne, et y envoya en grande quantité les perles de peu de valeur qu'on recueillait sur les côtes.

Depuis cette invasion dans l'île sacrée, César n'eut plus d'amis chez les Gaulois. La nécessité d'acheter Rome aux dépens des Gaules, de gorger tant d'amis qui lui avaient fait continuer le commandement pour cinq années, avait poussé le conquérant aux mesures les plus violentes. Selon un historien, il dépouillait les lieux sacrés, mettait des villes au pillage sans qu'elles l'eussent mérité. Partout il établissait des chefs dévoués aux Romains et renversait le gouvernement populaire. La Gaule payait cher l'union, le calme et la culture dont la domination romaine devait lui faire connaître les bienfaits.

La disette obligeant César de disperser ses troupes, l'insurrection éclate partout. Les Éburons massacrent une légion, en assiègent une autre. César, pour délivrer celle-ci, passe avec huit mille hommes à travers soixante mille Gaulois.

L'année suivante, il assemble à Lutèce les États de la Gaule. Mais les Nerviens et les Trévires, les Sénonais et les Carnutes, n'y paraissent pas.

César les attaque séparément et les accable tous. Il passe une seconde fois le Rhin, pour intimider les Germains qui voudraient venir au secours. Puis il frappe à la fois les deux partis qui divisaient la Gaule ; il effraie les Sénonais, parti druidique et populaire (?), par la mort d'Acco, leur chef, qu'il fait solennellement juger et mettre à mort ; il accable les Éburons, parti barbare et ami des Germains, en chassant leur intrépide Ambiorix dans toute la forêt d'Ardennes, et les livrant tous aux tribus gauloises qui connaissaient mieux leurs retraites dans les bois et les marais, et qui vinrent, avec une lâche avidité, prendre part à cette curée. Les légions fermaient de toutes parts ce malheureux pays et empêchaient ainsi que personne pût échapper.

Ces barbaries réconcilièrent toute la Gaule contre César. Les druides et les chefs des clans se trouvèrent d'accord pour la première fois. Les Eduens mêmes étaient, au moins secrètement, contre leur ancien ami.

Le signal partit de la terre druidique des Carnutes, de Genabum. Répété par des cris à travers les champs et les villages, il parvint le soir même à cent cinquante milles, chez les Arvernes, autrefois ennemis du parti druidique et populaire, aujourd'hui ses alliés. Le vercingétorix (général en chef) de la confédération fut un jeune Arverne, intrépide et ardent. Son père, l'homme le plus puissant des Gaules dans son temps, avait été brûlé, comme coupable d'aspirer à la royauté. Héritier de sa vaste clientèle, le jeune homme repoussa toujours les avances de César, et ne cessa dans les assemblées, dans les fêtes religieuses, d'animer ses compatriotes contre les Romains. Il appela aux armes jusqu'aux serfs des campagnes, et déclara que les lâches seraient brûlés vifs ; les fautes moins graves devaient être punies de la perte des oreilles ou des yeux.

Le plan du général gaulois était d'attaquer à la foi la Province au midi, au nord les quartiers des légions. César, qui était en Italie, devina tout, prévint tout. Il passa les Alpes, assura la Province, franchit les Cévennes à travers six pieds de neige, et apparut tout à coup chez les Arvernes. Le chef gaulois, déjà parti pour le Nord, fut contraint de revenir ; ses compatriotes avaient hâte de défendre leurs familles. C'était tout ce que voulait César ; il quitte son armée, sous prétexte de faire des levées chez les Allobroges, remonte le Rhône, la Saône, sans se faire connaître, par les frontières des Éduens, rejoint et rallie ses légions. Pendant que le vercingétorix croit l'attirer en assiégeant la ville éduenne de Gergovie (Moulins), César massacre tout dans Genabum. Les Gaulois accoururent, et c'est pour assister à la prise de Noviodunum.

Alors le vercingétorix déclare aux siens qu'il n'y a point de salut s'ils ne parviennent à affamer l'armée romaine ; le seul moyen pour cela est de brûler eux-mêmes leurs villes. Ils accomplissent héroïquement cette cruelle résolution. Vingt cités des Bituriges furent brûlées par leurs habitants. Mais, quand ils en vinrent à la grande Agendicum (Bourges), les habitants embrassèrent les genoux du vercingétorix, et le supplièrent de ne pas ruiner la plus belle ville des Gaules. Ces ménagements firent leur malheur. La ville périt de même, mais par César, qui la prit avec de prodigieux efforts.

Cependant les Éduens s'étaient déclarés contre César, qui, se trouvant sans cavalerie par leur défection, fut obligé de faire venir des Germains pour les remplacer. Labiénus, lieutenant de César, eût été accablé dans le Nord, s'il ne s'était dégagé par une victoire (entre Lutèce et Melun). César lui-même échoua au siège de Gergovie des Arvernes. Ses affaires allaient si mal, qu'il voulait gagner la province romaine. L'armée des Gaulois le poursuivit et l'atteignit. Ils avaient juré de ne point revoir leur maison, leur famille, leurs femmes et leurs enfants, qu'ils n'eussent au moins deux fois traversé les lignes ennemies. Le combat fut terrible ; César fut obligé de payer de sa personne, il fut presque pris, et son épée resta entre les mains des ennemis. Cependant un mouvement de la cavalerie germaine au service de César jeta une terreur panique dans les rangs des Gaulois, et décida la victoire.

Ces esprits mobiles tombèrent alors dans un tel découragement, que leur chef ne put les rassurer qu'en se retranchant sous les murs d'Alésia, ville forte située au haut d'une montagne (dans l'Auxois). Bientôt atteint par César, il renvoya ses cavaliers, les chargea de répandre par toute la Gaule qu'il avait des vivres pour trente jours seulement, et d'amener à son secours tous ceux qui pouvaient porter les armes. En effet, César n'hésita point d'assiéger cette grande armée. Il entoura la ville et le camp gaulois d'ouvrages prodigieux : d'abord trois fossés, chacun de quinze ou vingt pieds de large et d'autant de profondeur ; un rempart de douze pieds, huit rangs de petits fossés, dont le fond était hérissé de pieux et couverts de branchages et de feuilles ; des palissades de cinq rangs d'arbres, entrelaçant leurs branches. Ces ouvrages étaient répétés du côté de la campagne, et prolongés dans un circuit de quinze milles. Tout cela fut terminé en moins de cinq semaines, et par moins de soixante mille hommes.

La Gaule entière vint s'y briser. Les efforts désespérés des assiégés réduits à une horrible famine, ceux de deux cent cinquante mille Gaulois, qui attaquaient les Romains du côté de la campagne, échouèrent également. Les assiégés virent avec désespoir leur alliés, tournés par la cavalerie de César, s'enfuir et se disperser. Le vercingétorix, conservant seul une âme ferme au milieu du désespoir des siens, se désigna et se livra comme l'auteur de toute la guerre. Il monta sur son cheval de bataille, revêtit sa plus riche armure, et, après avoir tourné en cercle autour du tribunal de César, il jeta son épée, son javelot et son casque aux pieds du romain, sans dire un seul mot.

L'année suivante, tous les peuples de la Gaule essayèrent encore de résister partiellement, et d'user les forces de l'ennemi qu'ils n'avaient pu vaincre. La seule Uxellodunum (Cap-de-Nac, dans le Quercy ?) arrêta longtemps César. L'exemple était dangereux ; il n'avait pas de temps à perdre en Gaule ; la guerre civile pouvait commencer à chaque instant en Italie ; il était perdu, s'il fallait consumer des mois entiers devant chaque bicoque. Il fit alors, pour effrayer les Gaulois, une chose atroce, dont les Romains, du reste, n'avaient que trop souvent donné l'exemple ; il fit couper le poing à tous les prisonniers.

Dès ce moment, il changea de conduite à l'égard des Gaulois : il fit montre envers eux d'une extrême douceur ; il les ménagea pour les tributs au point d'exciter la jalousie de la Province. Le tribut fut même déguisé sous le nom de *solde militaire.* Il engagea à tout prix leurs meilleurs guerriers dans ses légions ; il en composa une légion tout entière, dont les soldats portaient une alouette sur leur casque, et qu'on appelait pour cette raison l'*alauda.*

Sous cet emblème tout national de la vigilance matinale et de la vive gaieté, ces intrépides soldats passèrent les Alpes en chantant, et jusqu'à Pharsale poursuivirent de leurs bruyants défis les taciturnes légions de Pompée.

L'alouette gauloise, conduite par l'aigle romaine, prit Rome pour la seconde fois, et s'associa aux triomphes de la guerre civile.

La Gaule garda, pour consolation de sa liberté, l'épée que César avait perdue dans la dernière guerre. Les soldats romains voulaient l'arracher du temple où les Gaulois l'avaient suspendue : Laissez-là, dit César en souriant, elle est sacrée.

CHAPITRE III

La Gaule sous l'Empire - Décadence de l'Empire - Gaule chrétienne

Alexandre et César ont eu cela de commun d'être aimés, pleurés des vaincus et de périr de la main des leurs. De tels hommes n'ont point de patrie ; ils appartiennent au monde.

César n'avait pas détruit la liberté (elle avait péri depuis longtemps), mais plutôt compromis la nationalité romaine. Les Romains avaient vu avec honte et douleur une armée gauloise sous les aigles, des sénateurs gaulois siégeant entre Cicéron et Brutus. Dans la réalité, c'étaient les vaincus qui avaient le profit de la victoire. Si César eût vécu, toutes les nations barbares eussent probablement rempli les armées et le Sénat. Déjà il avait pris une garde espagnole, et l'Espagnol Balbus était un de ses principaux conseillers.

Antoine essaya d'imiter César. Il entreprit de transporter à Alexandrie le siège de l'Empire, il adopta le costume et les mœurs des vaincus. Octave ne prévalut contre lui qu'en se déclarant l'homme de la patrie, le vengeur de la nationalité violée. Il chassa les Gaulois du Sénat, augmenta les tributs de la Gaule. Il y fonda une Rome, *Valentia* (c'était un des noms mystérieux de la Ville éternelle). Il y conduisit plusieurs colonies militaires, à Orange, Fréjus, Carpentras, Aix, Apt, Vienne, etc. Une foule de villes devinrent de nom et de privilèges *Augustales*, comme plusieurs étaient devenues *Juliennes* sous César. Enfin, au mépris de tant de cités illustres et antiques, il désigna pour siège de l'administration la ville toute récente de Lyon, colonie de Vienne, et, dès sa naissance, ennemie de sa mère. Cette ville, si favorablement située au confluent de la Saône et du Rhône, presque adossée aux Alpes, voisine de la Loire, voisine de la mer par l'impétuosité de son fleuve qui y porte tout d'un trait, surveillait la Narbonnaise et la Celtique, et semblait un œil de l'Italie ouvert sur toutes les Gaules.

C'est à Lyon, à Aisnay, à la pointe de la Saône et du Rhône, que soixante cités gauloises élevèrent l'autel d'Auguste, sous les yeux de son beau-fils Drusus. Auguste prit place parmi les divinités du pays. D'autres autels lui furent dressés à Saintes, à Arles, à Narbonne, etc. La vieille religion gallique s'associa volontiers au paganisme romain. Auguste avait bâti un temple au dieu Kirk, personnification de ce vent violent qui souffle dans la Narbonnaise ; et sur un même autel on lut dans une double inscription les noms des divinités gauloises et romaines : Mars-Camul, Diane-Arduinna, Belen-Apollon ; Rome mit Hésus et Néhalénia au nombre des dieux indigètes.

Cependant le druidisme résista longtemps à l'influence romaine ; là se réfugia la nationalité des Gaules. Auguste essaya du moins de modifier cette religion sanguinaire. Il défendit les sacrifices humains, et toléra seulement de légères libations de sang.

La lutte du druidisme ne put être étrangère au soulèvement des Gaules, sous Tibère, quoique l'histoire lui donne pour cause le poids des impôts, augmenté par l'usure. Le chef de la révolte était vraisemblablement un Eduen, Julius Sacrovir ; les Eduens étaient, comme je l'ai dit, un peuple druidique, et le nom de *sacrovir* n'est peut-être qu'une traduction de *druide*. Les Belges furent aussi entraînés par Julius Florus.

« Les cités gauloises, fatiguées de l'énormité des dettes, essayèrent une rébellion, dont les plus ardents promoteurs furent, parmi les Trévires, Julius Florus, chez les Eduens, Julius Sacrovir, tous deux d'une naissance distinguée, et issus d'aïeux à qui leurs belles actions avaient valu le droit de cité romaine. Dans de secrètes conférences, où ils réunissent les plus audacieux de leurs compatriotes, et ceux à qui l'indigence ou la crainte des supplices faisait un besoin de l'insurrection, ils conviennent que Florus soulèvera la Belgique, et Sacrovir les cités les plus voisines de la sienne... Il y eut peu de cantons où ne fussent semés les germes de cette révolte. Les Andecaves et les Turoniens (Anjou, Touraine) éclatèrent les premiers. Le lieutenant Acilius Aviola fit marcher une cohorte qui tenait garnison à Lyon, et réduisit les Andecaves. Les Turoniens furent défaits par un corps de légionnaires que le même Aviola reçut de Visellius, gouverneur de la basse Germanie, et auquel se joignirent des nobles gaulois, qui cachaient ainsi leur défection pour se déclarer dans un moment plus favorable. On vit même Sacrovir se battre pour les Romains la tête découverte, afin, disait-il, de montrer son courage ; mais les prisonniers assuraient qu'il avait voulu se mettre à l'abri des traits, en se faisant reconnaître. Tibère, consulté, méprisa cet avis, et son irrésolution nourrit l'incendie.

« Cependant Florus, poursuivant ses desseins, tente la fidélité d'une aile de cavalerie levée à Trèves et disciplinée à notre manière, et l'engage à commencer la guerre par le massacre des Romains établis dans le pays. Le plus grand nombre resta dans le devoir. Mais la foule des débiteurs et des clients de Florus prit les armes ; et ils cherchaient à gagner la forêt d'Ardennes, lorsque des légions des deux armées de Visellius et de C. Silius, arrivant par des chemins opposés, leur fermèrent le passage. Détaché avec une troupe d'élite, Julius Indus, compatriote de Florus, et que sa haine pour ce chef animait à nous bien servir, dissipa cette multitude qui ne ressemblait pas encore à une armée. Florus, à la faveur de retraites inconnues, échappa quelque temps aux vainqueurs. Enfin, à la vue des soldats qui assiégeaient son asile, il se tua de sa propre main. Ainsi finit la révolte des Trévires.

« Celles des Eduens fut plus difficile à réprimer, parce que cette nation était plus puisante et nos forces plus éloignées. Sacrovir, avec des cohortes régulières, s'était emparé d'Augustodunum (Autun), leur capitale, où les enfants de la noblesse gauloise étudiaient les arts libéraux : c'étaient des otages qui pouvaient attacher à sa fortune leurs familles et leurs proches. Il distribua aux habitants des armes fabriquées en secret. Bientôt il fut à la tête de quarante mille hommes, dont le cinquième était armé comme nos légionnaires : le reste avait des épieux, des coutelas et d'autres instruments de chasse. Il y joignit les esclaves destinés au métier de gladiateur, et que dans ce pays on nomme crupellaires. Une armure de fer les couvre tout entiers, et les rend impénétrables aux coups, si elle les gêne pour frapper eux-mêmes. Ces forces étaient accrues par le concours des autres Gaulois, qui, sans attendre que leurs cités se déclarassent, venaient offrir leurs personnes, et par la mésintelligence de nos deux généraux, qui se disputaient la conduite de cette guerre.

« Pendant ce temps, Silius s'avançait avec deux légions, précédées d'un corps d'auxiliaires, et ravageait les dernières bourgades des Séquanes (Franche-Comté) qui, voisines et alliées des Eduens, avaient pris les armes avec eux. Bientôt il marche à grandes journées sur Augustodunum... A douze milles de cette ville, on découvrit dans une plaine les troupes de Sacrovir ; il avait mis en première ligne ses hommes bardés de fer, ses cohortes sur les flancs, et par-derrière les bandes à moitié armées. Les hommes de fer, dont l'armure était à l'épreuve de l'épée et du javelot, tinrent seuls quelques instants. Alors le soldat romain, saisissant la hache et la cognée, comme s'il voulait faire brèche à une muraille, fend l'armure et le corps qu'elle enveloppe ; d'autres, avec des leviers ou des fourches, renversent ces masses inertes, qui restaient gisantes comme des cadavres, sans force pour se relever. Sacrovir se retira d'abord à Augustodunum ; ensuite, craignânt d'être livré, il se rendit, avec les plus fidèles de ses amis, à une maison de campagne voisine. Là, il se tua de sa propre main : les autres s'ôtèrent mutuellement la vie ; et la maison, à laquelle ils avaient mis le feu, leur servit à tous de bûcher. »

Auguste et Tibère, sévères administrateurs et vrais Romains, avaient en quelque sorte resserré l'unité de l'Empire, compromise par César, en éloignant du gouvernement les provinciaux, les barbares. Leurs successeurs, Caligula, Claude et Néron, adoptèrent une marche tout opposée. Ils descendaient d'Antoine, de l'ami des barbares ; ils suivirent l'exemple de leur aïeul ; déjà le père de Caligula, Germanicus, avait affecté de l'imiter. Caligula, né, selon Pline, à Trèves, élevé au milieu des armées de Germanie et de Syrie, montra pour Rome un mépris incroyable. Une partie des folies que les Romains lui reprochèrent trouve en ceci une explication ; son règne violent et furieux fut une dérision, une parodie de tout ce qu'on avait révéré. Époux de ses sœurs, comme les rois d'Orient, il n'attendit pas sa mort pour être adoré ; il se fit dieu dès son vivant ; Alexandre, son héros, s'était contenté d'être fils d'un dieu. Il arracha le diadème au Jupiter romain, et se le mit lui-même. Il affubla son cheval des ornements du consulat. Il vendit à Lyon pièce à pièce tous les meubles de sa famille, abdiquant ainsi ses aïeux et prostituant leurs souvenirs. Lui-même voulut remplir l'office d'huissier-priseur et de vendeur à l'encan, faisant valoir chaque objet, et les faisant monter bien au-delà de leur prix : « Ce vase, disait-il, était à mon aïeul Antoine ; Auguste le conquit à la bataille d'Actium. » Puis il institua à l'autel d'Auguste des jeux burlesques et terribles, des combats d'éloquence, où le vaincu devait effacer ses écrits avec la langue ou se laisser jeter dans le Rhône. Sans doute, ces jeux étaient renouvelés de quelque rite antique. Nous savons que c'était l'usage des Gaulois et des Germains de précipiter les vaincus comme victimes, hommes et chevaux. On observait la manière dont ils tourbillonnaient, pour en tirer des présages de l'avenir. Les Cimbres vainqueurs traitèrent ainsi tous ceux qu'ils trouvèrent dans les camps de Cépion et de Manlius. Aujourd'hui encore, la tradition désigne le pont du Rhône, d'où les taureaux étaient précipités.

Caligula avait près de lui les Gaulois les plus illustres (Valérius Asiaticus et Domitius Afer) ; Claude était Gaulois lui-même. Né à Lyon, élevé loin des affaires par Auguste et Tibère, qui se défiaient de ses singulières distractions, il avait vieilli dans la solitude et la culture des lettres, lorsque les soldats le proclamèrent malgré lui. Jamais prince ne choqua davantage les Romains et ne s'éloigna plus de leurs goûts et de leur habitudes ; son bégaiement barbare, sa préférence pour la langue grecque, ses continuelles citations d'Homère, tout en lui leur prêtait à rire ; aussi laissa-t-il l'Empire aux mains des affranchis qui l'entouraient. Ces esclaves, élevés avec tant de soin dans les palais des grands de Rome, pouvaient fort bien, quoi qu'en dise Tacite, être plus dignes de régner que leurs maîtres. Le règne de Claude fut une sorte de réaction des esclaves ; ilss gouvernèrent à leur tour, et les choses n'en allèrent pas plus mal. Les plans de César furent suivis ; le port d'Ostie fut creusé, l'enceinte de Rome reculée, le dessèchement du lac Fucin entrepris, l'aqueduc de Caligula continué, les Bretons domptés en seize jours, et leur roi pardonné. A l'autorité tyrannique des grands de Rome, qui régnaient dans les provinces comme préteurs ou proconsuls, on opposa les procurateurs du prince, gens de rien, dont la responsabilité était d'autant plus sûre, et dont les excès pouvaient être plus aisément réprimés.

Tel fut le gouvernement des affranchis de Claude : d'autant moins national qu'il était plus *humain.* Lui-même ne cachait point sa prédilection pour les provinciaux. Il écrivit l'histoire des races vaincues, celle des Étrusques, de Tyr et Carthage, réparant ainsi la longue injustice de Rome. Il institua pour lire annuellement ces histoires un lecteur et une chaire au Musée d'Alexandrie ; ne pouvant plus sauver ces peuples, il essayait d'en sauver la mémoire. La sienne eût mérité d'être mieux traitée ; quels qu'aient été son incurie, sa faiblesse, son abrutissement même, dans ses dernières années, l'histoire pardonnera beaucoup à celui qui se déclara le protecteur des esclaves, défendit aux maîtres de les tuer, et essaya d'empêcher qu'on ne les exposât vieux et malades, pour mourir de faim, dans l'île du Tibre.

Si Claude eût vécu, il eût, dit Suétone, donné la cité à tout l'Occident, aux Grecs, aux Espagnols, aux Bretons et aux Gaulois, d'abord aux Eduens. Il rouvrit le Sénat à ceux-ci, comme avait fait César. Le discours qu'il prononça en cette occasion, et que l'on conserve encore à Lyon sur des tables de bronze, est le premier monument authentique de notre histoire nationale, le titre de notre admission dans cette grande initiation du monde.

En même temps, il poursuivait le culte sanguinaire des druides. Proscrits dans la Gaule, ils durent se réfugier en Bretagne ; il alla les forcer lui-même dans ce dernier asile ; ses lieutenants déclarèrent province romaine les pays qui forment le bassin de la Tamise, et laissèrent dans l'Ouest, à Camulodunum, une nombreuse colonie militaire. Les légions avançaient toujours à l'ouest, renversant les autels, détruisant les vieilles forêts, et sous Néron le druidisme se trouva acculé dans la petite île de Mona. Suétonius Paulinus l'y suivit : en vain les vierges sacrées accouraient sur le rivage comme des furies, en habit de deuil, échevelées, et secouant des flambeaux ; il força le passage, égorgea tout ce qui tomba entre ses mains, druides, prêtresses, soldats, et se fit jour dans ces forêts où le sang humain avait tant de fois coulé.

Cependant les Bretons s'étaient soulevés derrière l'armée romaine ; à leur tête, leur reine, la fameuse Boadicée, qui avait à venger d'intolérables outrages ; ils avaient exterminé les vétérans de Camulodunum et toute l'infanterie d'une légion. Suétonius revint sur ses pas et rassembla froidement son armée, abandonnant la défense des villes et livrant les alliés de Rome à l'aveugle rage des barbares ; ils égorgèrent soixante-dix mille hommes, mais il les écrasa en bataille rangée ; il tua jusqu'aux chevaux. Après lui, Céréalis et Frontinus poursuivirent la conquête du

Nord. Sous Domitien, le beau-père de Tacite, Agricola, acheva la réduction, et commença la civilisation de la Bretagne.

Néron fut favorable à la Gaule, il conçut le projet d'unir l'Océan à la Méditerranée par un canal qui aurait été tiré de la Moselle à la Saône. Il soulagea Lyon, incendié sous son règne. Aussi dans les guerres civiles qui accompagnèrent sa chute, cette ville lui resta fidèle. Le principal auteur de cette révolution fut l'Aquitain Vindex, alors propréteur de la Gaule. Cet homme, « plein d'audace pour les grandes choses », excita Galba en Espagne, gagna Virginius, général des légions de Germanie. Mais avant que cet accord fût connu des deux armées, elles s'attaquèrent avec un grand carnage. Vindex se tua de désespoir. La Gaule prit encore parti pour Vitellius ; les légions de Germanie avec lesquelles il vainquit Othon et prit Rome se composaient en grande partie de Germains, de Bataves et de Gaulois. Rien d'étonnant si la Gaule vit avec douleur la victoire de Vespasien. Un chef batave, nommé Civilis, borgne comme Hannibal et Sertorius, comme eux ennemi de Rome, saisit cette occasion. Outragé par les Romains, il avait juré de ne couper sa barbe et ses cheveux que lorsqu'il serait vengé. Il tailla en pièce les soldats de Vitellius, et vit un instant tous les Bataves, tous les Belges, se déclarer pour lui. Il était encouragé par la fameuse Velléda, que révéraient les Germains comme inspirée des dieux, ou plutôt comme si elle eût été un dieu elle-même. C'est à elle qu'on envoya les captifs, et les Romains réclamèrent son arbitrage entre eux et Civilis. D'autre part, les druides de la Gaule, si longtemps persécutés, sortirent de leurs retraites et se montrèrent au peuple. Ils avaient ouï dire que le Capitole avait été brûlé dans la guerre civile. Ils proclamèrent que l'Empire romain avait péri avec ce gage d'éternité, que l'Empire des Gaules allait lui succéder.

Telle était pourtant la force du lien qui unissait ces peuples à Rome, que l'ennemi des Romains crut plus sûr d'attaquer d'abord les troupes de Vitellius au nom de Vespasien. Le chef des Gaulois, Julius Sabinus, se disait fils du conquérant des Gaules, et se faisait appeler César. Aussi ne fallut-il pas même une armée romaine pour détruire ce parti inconséquent ; il suffit des Gaulois restés fidèles. La vieille jalousie des Séquanes se réveilla contre les Éduens. Ils défirent Sabinus. On sait le dévouement de sa femme, la vertueuse Éponine. Elle s'enferma avec lui dans le souterrain où il s'était réfugié ; ils y eurent, ils y élevèrent des enfants. Au bout de dix ans, ils furent enfin découverts ; elle se présenta devant l'empereur Vespasien, entourée de cette famille infortunée qui voyait le jour pour la première fois. La cruelle politique de l'empereur fut inexorable.

La guerre fut plus sérieuse dans la Belgique et la Batavie. Toutefois, la Belgique se soumit encore ; la Batavie résista dans ses marais. Le général romain Céréalis, deux fois surpris, deux fois vainqueur, finit la guerre en gagnant Velléda et Civilis. Celui-ci prétendit n'avoir pas pris originairement les armes contre Rome, mais seulement contre Vitellius, et pour Vespasien.

Cette guerre ne fit que montrer combien la Gaule était déjà romaine. Aucune province, en effet, n'avait plus promptement, plus avidement, reçu l'influence des vainqueurs. Dès le premier aspect, les deux contrées, les deux peuples, avaient semblé moins se connaître que se revoir et se retrouver. Ils s'étaient précipités l'un vers l'autre. Les Romains fréquentaient les écoles de Marseille, cette petite Grèce, plus sobre et plus modeste que l'autre, et qui se trouvait à leur porte. Les Gaulois passaient les Alpes en foule, et non seulement avec César sous les aigles des légions, mais comme médecins, comme rhéteurs. C'est déjà le génie de Montpellier, de Bordeaux, Aix, Toulouse, etc. ; tendance toute positive, toute pratique ; peu de philosophes. Ces Gaulois du Midi (il ne peut s'agir encore de ceux du Nord), vifs, intrigants, tels que nous les voyons toujours, devaient faire fortune et comme beaux parleurs et comme mimes ; il donnèrent à Rome son Roscius. Cependant ils réussissaient dans les genres plus sérieux. Un Gaulois, Trogue Pompée, écrit la première histoire universelle ; un Gaulois, Pétronius Arbiter, crée le genre du roman. D'autres rivalisent avec les plus grands poètes de Rome ; nommons seulement Varro Atacinus, des environs de Carcassonne, et Cornélius Gallus, natif de Fréjus, ami de Virgile. Le vrai génie de la France, le génie oratoire, éclatait en même temps. Cette jeune puissance de la parole gauloise domina, dès sa naissance, Rome elle-même. Les Romains prirent volontiers des Gaulois pour maîtres, même dans leur propre langue. Le premier rhéteur à Rome fut le Gaulois Gnipho (M. Antonius). Abandonné à sa naissance, esclave à Alexandrie, affranchi, dépouillé par Sylla, il se livra d'autant plus à son génie. Mais la carrière de l'éloquence politique était fermée à un malheureux affranchi gaulois. Il ne put exercer son talent qu'en déclamant publiquement aux jours de marché. Il établit sa chaire dans la maison même de Jules César. Il y forma à l'éloquence les deux grands orateurs du temps, César lui-même et Cicéron.

La victoire de César, qui ouvrit Rome aux Gaulois, leur permit de parler en leur propre nom, et d'entrer dans la carrière politique. Nous voyons, sous Tibère, les Montanus au premier rang des orateurs, et pour la liberté et pour le génie. Caligula, qui se piquait d'éloquence, eut deux Gaulois éloquents pour amis. L'un, Valérius Asiaticus, natif de Vienne, honnête homme, selon Tacite, finit par conspirer contre lui, et périt sous Claude par les artifices de Messaline, comme coupable d'une popularité ambitieuse dans les Gaules. L'autre, Domitius Afer, de Nîmes, consul sous Caligula, éloquent, corrompu, fougueux accusateur, mourut d'indigestion. La capricieuse émulation de Caligula avait failli lui être funeste, comme celle de Néron le fut à Lucain. L'empereur apporte un jour un discours au Sénat ; cette pièce fort travaillée, où il espérait s'y être surpassé lui-même, n'était rien de moins qu'un acte d'accusation contre Domitius, et il concluait à la mort. Le Gaulois, sans se troubler, parut moins frappé de son danger que de l'éloquence de l'empereur. Il s'avoua vaincu, déclara qu'il n'oserait plus ouvrir la bouche après un tel discours, et éleva une statue à Caligula. Celui-ci n'exigea plus sa mort ; il lui suffisait de son silence.

Dans l'art gaulois, dès sa naissance, il y eut quelque chose d'impétueux, d'exagéré, de tragique, comme disaient les anciens. Cette tendance fut remarquable dans ses premiers essais. Le Gaulois Zénodore, qui se plaisait à sculpter de petites figures et des vases avec la plus délicieuse délicatesse, éleva dans la ville des Arvernes le colosse du Mercure gaulois. Néron, qui aimait le grand, le prodigieux, le fit venir à Rome pour élever au pied du Capitole sa statue haute de cent vingt pieds, cette statue qu'on voyait du Mont-Albano. Ainsi une main gauloise donnait à l'art cet essor vers le gigantesque, cette ambition de l'infini, qui devaient plus tard élancer les voûtes de nos cathédrales.

Égale de l'Italie pour l'art et la littérature, la Gaule ne tarda pas à influer d'une manière plus directe sur les destinées de l'Empire. Sous César, sous Claude, elle avait donné des sénateurs à Rome ; sous Caligula, un consul. L'Aquitain Vindex précipita Néron, éleva Galba ; le Toulousain Bec (Antonius Primus), ami de Martial et poète lui-même, donna l'Empire à Vespasien ; le Provençal Agricola soumit la Bretagne à Domitien ; enfin d'une famille de Nîmes sortit le meilleur empereur que Rome ait eu, le pieux Antonin, successeur des deux Espagnols Trajan et Adrien, père adoptif de l'Espagnol Marc Aurèle. Le caractère sophistique de tous ces empereurs philosophes et rhéteurs tient à leurs liaisons avec la Gaule, au moins autant qu'à leur prédilection pour la Grèce. Adrien avait pour ami le sophiste d'Arles, Favorinus, le maître d'Aulu Gelle, cet homme bizarre, qui écrivit un livre contre Epictète, un éloge de la laideur, un panégyrique de la fièvre quarte. Le principal maître de Marc Aurèle fut le Gaulois M. Cornélius Fronto, qui, d'après leur correspondance, paraît l'avoir dirigé bien au-delà de l'âge où l'on suit les leçons des rhéteurs.

Gaulois par sa naissance, Syrien par sa mère, Africain par son père, Caracalla présente ce discordant mélange de races et d'idées qu'offrait l'Empire à cette époque. En un même homme, la fougue du Nord, la férocité du Midi, la bizarrerie des croyances orientales, c'est un monstre, une Chimère. Après l'époque philosophique et sophistique des Antonins, la grande pensée de l'Orient, la pensée de César et d'Antoine s'était réveillée, ce mauvais rêve qui jeta dans le délire tant d'empereurs, et Caligula, et Néron, et Commode ; tous possédés, dans la vieillesse du monde, du jeune souvenir d'Alexandre et d'Hercule. Caligula, Commode, Caracalla semblent s'être crus des incarnations de ces deux héros. Ainsi les califes fatimites et les modernes lamas du Thibet se sont révérés eux-mêmes comme dieux. Cette idée, si ridicule au point de vue grec et occidental, n'avait rien de surprenant pour les sujets orientaux de l'Empire, Égyptiens et Syriens. Si les empereurs devenaient dieux après leur mort, ils pouvaient fort bien l'être de leur vivant.

Au Ier siècle de l'Empire, la Gaule avait fait des empereurs, au IIe elle avait fourni des empereurs gaulois, au IIIe elle essaya de se séparer de l'Empire qui s'écroulait, de former un Empire gallo-romain. Les généraux qui, sous Gallien, prirent la pourpre dans la Gaule, et la gouvernèrent avec gloire, paraissent avoir été presque tous des hommes supérieurs. Le premier, Posthumius, fut surnommé le restaurateur des Gaules. Il avait composé son armée, en grande partie, de troupes gauloises et franciques. Il fut tué par ses soldats pour leur avoir refusé le pillage de Mayence, qui s'était révoltée contre lui. Je donne ailleurs l'histoire de ses successeurs, de l'armurier Marius, de Victorinus et Victoria, la *Mère des Légions,* enfin de Tétricus, qu'Aurélien eut la gloire de traîner derrière son char avec la reine de Palmyre. Quoique ces événements aient eu la Gaule pour théâtre, ils appartiennent moins à l'histoire du pays qu'à celle des armées qui l'occupaient.

La plupart de ces empereurs provinciaux, de ces *tyrans,* comme on les appelait, furent de grands hommes ; ceux qui leur succédèrent et qui rétablirent l'unité de l'Empire, les Aurélien, les Probus, furent plus grands encore. Et cependant l'Empire s'écroulait dans leurs mains. Ce ne sont pas les barbares qu'il en faut accuser ; l'invasion des Cimbres sous la République avait été plus formidable que celles du temps de l'Empire. Ce n'est pas même aux vices des princes qu'il faut s'en prendre. Les plus coupables, comme hommes, ne furent pas les plus odieux. Souvent les provinces respirèrent sous ces princes cruels qui versaient à flot le sang des grands de Rome. L'administration de Tibère fut sage et économe, celle de Claude douce et indulgente. Néron lui-même fut regretté du peuple, et pendant longtemps son tombeau était toujours couronné de fleurs nouvelles. Sous Vespasien, un faux Néron fut suivi avec enthousiasme dans la Grèce et l'Asie. Le titre qui porta Héliogabal à l'empire fut d'être cru petit-fils de Septime Sévère et fils de Caracalla.

Sous les empereurs, les provinces n'eurent plus, comme sous la République, à changer tous les ans de gouverneurs. Dion fait remonter cette innovation à Auguste. Suétone en accuse la négligence de Tibère. Mais Josèphe dit expressément qu'il en agit ainsi « pour soulager les peuples ». En effet, celui qui restait dans une province finissait par la connaître, par y former quelques liens d'affection, d'humanité, qui modéraient la tyrannie. Ce ne fut plus, comme sous la République, un fermier impatient de faire sa main, pour aller jouir à Rome. On sait la fable du renard dont les mouches sucent le sang ; il refuse l'offre du hérisson qui veut l'en délivrer ; d'autres viendraient affamées, dit-il ; celles-ci sont soûles et gorgées.

Les procurateurs, hommes de rien, créatures du prince, et responsables envers lui, eurent à craindre sa surveillance. S'enrichir, c'était tenter la cruauté d'un maître qui ne demandait pas mieux que d'être sévère par avidité.

Ce maître était un juge pour les grands et pour les petits. Les empereurs rendaient eux-mêmes la justice. Dans Tacite, un accusé qui craint les préjugés populaires veut être jugé par Tibère, comme supérieur à de tels bruits. Sous Tibère, sous Claude, des accusés échappent à la condamnation par un appel à l'empereur. Claude, pressé de juger dans une affaire où son intérêt était compromis, déclare qu'il jugera lui-même, pour montrer dans sa propre cause combien il serait juste dans celle d'autrui ; personne, sans doute, n'aurait osé décider contre l'intérêt de l'empereur.

Domitien rendait la justice avec assiduité et intelligence ; souvent il cassait les sentences des centumvirs, suspects d'être influencés par l'intrigue. Adrien consultait sur les causes soumises à son jugement, non ses amis, mais les jurisconsultes. Septime Sévère lui-même, ce farouche soldat, ne se dispensa pas de ce devoir, et, dans le repos de sa villa, il jugeait et entrait volontiers dans les détails minutieux des affaires. Julien est de même cité pour son assiduité à remplir les fonctions de juge. Ce zèle des empereurs pour la justice civile balançait une grande partie des maux de l'Empire ; il devait inspirer une terreur salutaire aux magistrats oppresseurs, remédier dans le détail à une infinité d'abus généraux.

Même sous les plus mauvais empereurs, le droit civil prit toujours d'heureux développements. Le jurisconsulte Nerva, aïeul de l'empereur de ce nom (discipline du républicain Labéon, l'ami de Brutus et le fondateur de l'école stoïcienne de jurisprudence), fut le conseiller de Tibère. Papinien et Ulpien fleurirent au temps de Caracalla et d'Héliogabal, comme Dumoulin, l'Hospital, Brisson, sous Henri II, Charles IX et Henri III. Le droit civil se rapprochant de plus en plus de l'équité naturelle, et par conséquent du sens commun des nations, devint le plus fort lien de l'Empire et la compensation de la tyrannie politique.

Cette tyrannie des princes, celle des magistrats bien autrement onéreuse, n'était pas la cause principale de la ruine de l'Empire. Le mal réel qui le minait ne tenait ni au gouvernement, ni à l'administration. S'il eût été simplement de nature administrative, tant de grands et bons empereurs y eussent remédié. Mais c'était un mal social, et rien ne pouvait en tarir la source, à moins qu'une société nouvelle ne vînt remplacer la société antique. Ce mal était l'esclavage ; les autres maux de l'Empire, au moins pour la plupart, la fiscalité dévorante, l'exigence toujours croissante du gouvernement militaire, n'en étaient, comme on va le voir, qu'une suite, un effet direct ou indirect. L'esclavage n'était point un résultat du gouvernement impérial. Nous le trouvons partout chez les nations antiques. Tous les auteurs nous le montrent en Gaule avant la conquête romaine. S'il nous apparaît plus terrible et plus désastreux dans l'Empire, c'est d'abord que l'époque romaine nous est mieux connue que celles qui précèdent. Ensuite, le système antique étant fondé sur la guerre, sur la conquête de l'homme (l'industrie est la conquête de la nature), ce système devait, de guerre en guerre, de proscription en proscription, de servitude en servitude, aboutir vers la fin à une dépopulation effroyable. Tel peuple de l'Antiquité pouvait, comme ces sauvages d'Amérique, se vanter d'avoir mangé cinquante nations.

J'ai déjà indiqué dans mon *Histoire romaine* comment, la classe des petits cultivateurs ayant peu à peu disparu, les grands propriétaires, qui leur succédèrent, y suppléèrent par les esclaves. Ces esclaves s'usaient rapidement par la rigueur des travaux qu'on leur imposait ; ils disparurent bientôt à leur tour. Appartenant en grande partie aux nations civilisées de l'Antiquité, Grecs, Syriens, Carthaginois, ils avaient cultivé les arts pour leurs maîtres. Les nouveaux esclaves qu'on leur substitua, Thraces, Germains, Scythes, purent tout au plus imiter grossièrement les modèles que les premiers avaient laissés. D'imitation en imitation, tous les objets qui demandaient quelque industrie devinrent de plus en plus grossiers. Les hommes capables de les confectionner, se trouvant aussi de plus en plus rares, les produits de leur travail enchérirent chaque jour. Dans la même proportion devaient augmenter les salaires de tous ceux qu'employait l'État. Le pauvre soldat qui payait la livre de viande cinquante sous de notre monnaie, et la plus grossière chaussure vingt-deux francs, ne devait-il pas être tenté de réclamer sans cesse de nouveaux adoucissements à sa misère et de faire des révolutions pour les obtenir ? On a beaucoup déclamé contre la violence et l'avidité des soldats, qui, pour augmenter leur solde, faisaient et défaisaient les empereurs. On a accusé les exactions cruelles de Sévère, de Caracalla, des princes qui épuisaient le pays au profit du soldat. Mais a-t-on songé au prix excessif de tous les objets qu'il était obligé d'acheter sur une solde bien modique ? Les légionnaires révoltés disent dans Tacite : « On estime à dix as par jour notre sang et notre vie. C'est là-dessus qu'il faut avoir des habits, des armes, des tentes ; qu'il faut payer les congés qu'on obtient, et se racheter de la barbarie du centurion, etc. »

Ce fut bien pis encore lorsque Dioclétien eut créé une autre armée, celle des fonctionnaires civils. Jusqu'à lui il existait un pouvoir militaire, un pouvoir judiciaire, trop souvent confondus. Il créa, ou du moins compléta, le pouvoir administratif. Cette institution si nécessaire n'en fut pas moins à sa naissance une charge intolérable pour l'Empire déjà ruiné. La société antique, bien différente de la nôtre, ne renouvelait pas incessamment la richesse par l'industrie. Consommant toujours et ne produisant plus, depuis que les générations industrieuses avaient été détruites par l'esclavage, elle demandait toujours davantage à la terre, et les mains qui la cultivaient, cette terre, devenaient chaque jour plus rares et moins habiles.

Rien de plus terrible que le tableau que nous a laissé Lactance de cette lutte meurtrière entre le fisc affamé et la population impuissante qui pouvait souffrir, mourir, mais non payer. « Tellement grande était devenue la multitude de ceux qui recevaient en comparaison du nombre de ceux qui devaient payer, telle l'énormité des impôts, que les forces manquaient aux laboureurs, les champs devenaient déserts, et les cultures se changeaient en forêts... Je ne sais combien d'emplois et d'employés fondirent sur chaque province, sur chaque ville, *Magistri, Rationales,* vicaires des préfets. Tous ces gens-là ne connaissaient que condamnations, proscriptions, exactions ; exactions, non pas fréquentes, mais perpétuelles, et dans les exactions d'intolérables outrages... Mais la calamité publique, le deuil universel, ce fut quand le fléau du cens ayant été lancé dans les provinces et les villes, les censiteurs se répandirent partout, bouleversèrent tout : vous auriez dit une invasion ennemie, une ville prise d'assaut. On mesurait les champs par mottes de terre, on comptait les arbres, les pieds de vigne. On inscrivait les bêtes, on enregistrait les hommes. On n'entendait que les fouets, les cris de la torture ; l'esclave fidèle était torturé contre son maître, la femme contre son mari, le fils contre son père ; et, faute de témoignage, on les torturait pour déposer contre eux-mêmes ; et quand ils cédaient, vaincus par la douleur, on écrivait ce qu'ils n'avaient pas dit. Point d'excuse pour la vieillesse ou la maladie ; on apportait les malades, les infirmes. On estimait l'âge de chacun, on ajoutait des années aux enfants, on en ôtait aux vieillards ; tout était plein de deuil et de consternation. Encore ne s'en rapportait-on pas à ces premiers agents ; on en envoyait toujours d'autres pour trouver davantage, et les charges doublaient toujours, ceux-ci ne trouvant rien, mais ajoutant au hasard, pour ne pas paraître inutiles. Cependant les animaux diminuaient, les hommes mourraient, et l'on n'en payait pas moins d'impôt pour les morts. »

Sur qui retombaient tant d'insultes et de vexations endurées par les hommes libres ! Sur les esclaves, sur les colons ou cultivateurs dépendants, dont l'état devenait chaque jour plus voisin de l'esclavage. C'est à eux que les propriétaires rendaient tous les outrages, toutes les exactions dont les accablaient les agents impériaux. Leur misère et leur désespoir furent au comble à l'époque dont Lactance vient de nous tracer le tableau. Alors tous les serfs des Gaules prirent les armes sous le nom de *Bagaudes*. En un instant ils furent maîtres de toutes les campagnes, brûlèrent plusieurs villes, et exercèrent plus de ravages que n'auraient pu faire les barbares. Ils s'étaient choisi deux chefs, Ælianus et Amandus, qui, selon une tradition, étaient chrétiens. Il ne serait pas étonnant que cette réclamation des droits naturels de l'homme eût été en partie inspirée par la doctrine de l'égalité chrétienne. L'empereur Maximien accabla ces multitudes indisciplinées. La colonne de Cussy, en Bourgogne, semble avoir été le monument de sa victoire ; mais longtemps encore après, Eumène nous parle des Bagaudes dans un de ses panégyriques. Idace mentionne plusieurs fois des Bagaudes de l'Espagne. Salvien surtout déplore leur infortune : « Dépouillés par des juges de sang, ils avaient perdu les droits de la liberté romaine ; ils ont perdu le nom de Romains. Nous leur imputons leur malheur, nous leur reprochons ce nom que nous leur avons fait. Comment sont-ils devenus *Bagaudes,* si ce n'est par notre tyrannie, par la perversité des juges, par leurs proscriptions et leurs rapines ? »

Ces fugitifs contribuèrent sans doute à fortifier Carausius dans son usurpation de la Bretagne. Ce Ménapien (né près d'Anvers) avait été chargé d'arrêter avec une flotte les pirates francs qui passaient sans cesse en Bretagne ; il les arrêtait, mais au retour, et profitait de leur butin. Découvert par Maximien, il se déclara indépendant en Bretagne, et resta pendant sept ans maître de cette province et du détroit.

L'avènement de Constantin et du christianisme fut une ère de joie et d'espérance. Né en Bretagne, comme son père, Constance Chlore, il était l'enfant, le nourrisson de la Bretagne et de la Gaule. Après la mort de son père, il réduisit le nombre de ceux qui payaient la capitation en Gaule de vingt-cinq mille à dix-huit mille. L'armée avec laquelle il vainquit Maxence devait appartenir, en grande partie, à cette dernière province.

Les lois de Constantin sont celles d'un chef de parti qui se présente à l'Empire comme un libérateur, un sauveur : « Loin ! s'écrie-t-il, loin du peuple les mains rapaces des agents fiscaux ! tous ceux qui ont souffert de leurs concussions peuvent en instruire les présidents des provinces. Si ceux-ci dissimulent, nous permettons à tous d'adresser leurs plaintes à tous les comtes de provinces ou au préfet du prétoire, s'il est dans le voisinage, afin qu'instruits de tels brigandages, nous les fassions expier par les supplices qu'ils méritent. »

Ces paroles ranimèrent l'Empire. La vue seule de la croix triomphante consolait déjà les cœurs. Ce signe de l'égalité universelle donnait une vague et immense espérance. Tous croyaient arrivée la fin de leurs maux.

Cependant le christianisme ne pouvait rien aux souffrances matérielles de la société. Les empereurs chrétiens n'y remédièrent pas mieux que leurs prédécesseurs. Tous les essais qui furent faits n'aboutirent qu'à montrer l'impuissance définitive de la loi. Que pouvait-elle, en effet, sinon tourner dans un cercle sans issue ? Tantôt elle s'effrayait de la dépopulation, elle essayait d'adoucir le sort du colon, de le protéger contre le propriétaire, et le propriétaire criait qu'il ne pouvait plus payer l'impôt ; tantôt elle abandonnait le colon, le livrait au propriétaire, l'enfonçait dans l'esclavage, s'efforçait de l'enraciner à la terre, mais le malheureux mourait ou fuyait, et la terre devenait déserte. Dès le temps d'Auguste, la grandeur du mal avait provoqué des lois qui sacrifiaient tout à l'intérêt de la population, même la morale. Pertinax avait assuré la propriété et l'immunité des impôts pour dix ans à ceux qui occuperaient les terres désertes en Italie, dans les provinces et chez les rois alliés. Aurélien l'imita. Probus fut obligé de transplanter de la Germanie des hommes et des bœufs pour cultiver la Gaule. Il fit replanter les vignes arrachées par Domitien. Maximien et Constance Chlore transportèrent des Francs et d'autres Germains dans les solitudes du Hainaut, de la Picardie, du pays de Langres ; et cependant la dépopulation augmentait dans les villes, dans les campagnes. Quelques citoyens cessaient de payer l'impôt : ceux qui restaient d'autant plus. Le fisc, affamé et impitoyable, s'en prenait de tout déficit aux curiales, aux magistrats municipaux.

Si l'on veut se donner le spectacle d'une agonie de peuple, il faut parcourir l'effroyable code par lequel l'Empire essaie de retenir le citoyen dans la cité qui l'écrase, qui s'écroule sur lui. Les malheureux curiales, les derniers qui eussent encore un patrimoine dans l'appauvrissement général, sont déclarés les *esclaves*, les *serfs* de la chose publique. Ils ont l'honneur d'administrer la cité, de répartir l'impôt à leurs risques et périls ; tout ce qui manque est à leur compte. Ils ont l'honneur de payer à l'empereur l'*aurum coronarium*. Il sont l'*amplissime sénat* de la cité, l'*ordre très illustre* de la curie. Toutefois ils sentent si peu leur bonheur, qu'ils cherchent sans cesse à y échapper. Le législateur est obligé d'inventer tous les jours des précautions nouvelles pour fermer, pour barricader la curie. Étranges magistrats, que la loi est obligée de garder à vue, pour ainsi dire, et d'attacher à leur chaise curule. Elle leur interdit de s'absenter, d'habiter la campagne, de se faire soldats, de se faire prêtres ; ils ne peuvent entrer dans les ordres qu'en laissant leur bien à quelqu'un qui veuille bien être curiale à leur place. La loi ne les ménage pas : « Certains hommes lâches et paresseux désertent les devoirs de citoyens, etc., nous ne les libérerons qu'autant qu'ils mépriseront leur patrimoine. Convient-il que des esprits occupés de la contemplation divine conservent de l'attachement pour leurs biens ?... »

L'infortuné curiale n'a pas même l'espoir d'échapper par la mort à la servitude. La loi poursuit même ses fils. Sa charge est héréditaire. La loi exige qu'il se marie, qu'il lui engendre et lui élève des victimes. Les âmes tombèrent alors de découragement. Une inertie mortelle se répandit dans tout le corps social. Le peuple se coucha par terre de lassitude et de désespoir, comme la bête de somme se couche sous les coups et refuse de se relever. En vain les empereurs essayèrent par des offres d'immunités, d'exemptions, de rappeler le cultivateur sur son champ abandonné. Rien n'y fit. Le désert s'étendit chaque jour. Au commencement du Ve siècle, il y avait dans l'*heureuse* Campanie, la meilleure province de tout l'Empire, cinq cent vingt-huit mille arpents en friche.

Tel fut l'effroi des empereurs à l'aspect de cette désolation qu'ils essayèrent d'un moyen désespéré. Ils se hasardèrent à prononcer le mot de liberté. Gratien exhorta les provinces à former des assemblées. Honorius essaya d'organiser celles de la Gaule, il engagea, pria, menaça, prononça des amendes contre ceux qui ne s'y rendraient pas. Tout fut inutile, rien ne réveilla le peuple engourdi sous la pesanteur de ses maux. Déjà il avait tourné ses regards d'un autre côté. Il ne s'inquiétait plus d'un empereur impuissant pour le bien comme pour le mal. Il n'implorait plus que la mort, tout au moins la mort sociale et l'invasion des barbares. « Ils appellent l'ennemi, disent les auteurs du temps, ils ambitionnent la captivité... Nos frères qui se trouvent chez les barbares se gardent bien de revenir ; ils nous quitteraient plutôt pour aller les joindre ; et l'on est étonné que tous les pauvres n'en fassent pas autant, mais c'est qu'ils ne peuvent emporter avec eux leurs petites habitations. »

Viennent donc les barbares. La société antique est condamnée. Le long ouvrage de la conquête, de l'esclavage, de la dépopulation, est près de son terme. Est-ce à dire pourtant que tout cela se soit accompli en vain, que cette dévorante Rome ne laisse rien sur le sol gaulois d'où elle va se retirer ? Ce qui y reste d'elle est en effet immense. Elle y laisse l'organisation, l'administration. Elle y a fondé la *cité ;* la Gaule n'avait auparavant que des villages, tout au plus des villes. Ces théâtres, ces cirques, ces aqueducs, ces voies que nous admirons encore, sont le durable symbole de la civilisation fondée par les Romains, la justification de leur conquête de la Gaule. Telle est la force de cette organisation, qu'alors même que la vie paraîtra s'en éloigner, alors que les barbares sembleront près de la détruire, ils la subiront malgré eux. Il leur faudra, bon gré, mal gré, habiter sous ces voûtes invincibles qu'ils ne peuvent ébranler ; ils courberont la tête, et recevront encore, tout vainqueurs qu'ils sont, la loi de Rome vaincue. Ce grand nom d'Empire, cette idée de l'égalité sous un monarque, si opposée au principe aristocratique de la Germanie, Rome l'a déposée sur cette terre. Les rois barbares vont en faire leur profit. Cultivée par l'Église, accueillie dans la tradition populaire, elle fera son chemin par Charlemagne et par Saint Louis. Elle nous amènera peu à peu à l'anéantissement de l'aristocratie, à l'égalité, à l'équité des Temps modernes.

Voilà pour l'ordre civil. Mais à côté de cet ordre un autre s'est établi, qui doit le recueillir et le sauver pendant la tempête de l'invasion barbare. Le titre romain de *defensor civitatis* va partout passer aux évêques. Dans la division des diocèses ecclésiastiques subsiste celle des diocèses impériaux. L'universalité impériale est détruite, mais l'universalité catholique apparaît. La primatie de Rome commence à poindre confuse et obscure. Le monde du Moyen Age se maintiendra et s'ordonnera par l'Église ; sa hiérarchie naissante est un cadre sur lequel tout se place ou se modèle. A elle, l'ordre extérieur et la vie intérieure. Celle-ci est surtout dans les moines. L'Ordre de Saint-Benoît donne au monde ancien, usé par l'esclavage, le premier exemple du travail accompli par des mains libres. Pour la première fois, le citoyen, humilié par la ruine de la cité, abaisse les regards sur cette terre qu'il avait méprisée. Cette grande innovation du travail libre et volontaire sera la base de l'existence moderne.

L'idée même de la personnalité libre qui nous apparaissait confuse dans la barbarie guerrière des clans galliques, plus distincte dans le druidisme, dans sa doctrine d'immortalité, éclate au Ve siècle. Le Breton Pélage pose la loi de la philosophie celtique, la loi suivie par Jean l'Erigène (l'Irlandais), le Breton Abailard et le Breton Descartes. Voyons comment fut amené ce grand événement. Nous ne pouvons l'expliquer qu'en esquissant l'histoire du christianisme gaulois.

Depuis que la Gaule, introduite par Rome dans la grande communauté des nations, avait pris part à la vie générale du monde, on pouvait craindre qu'elle ne s'oubliât elle-même, qu'elle ne devînt toute Grèce, tout Italie. Dans les villes gauloises on aurait en effet cherché la Gaule. Sous ces temples grecs, sous ces basiliques romaines, que devenait l'originalité du pays ? Cependant hors des villes, et surtout en s'avançant vers le Nord, dans ces vastes contrées où les villes devenaient plus rares, la nationalité subsistait encore. Le druidisme proscrit s'était réfugié dans les campagnes, dans le peuple. Pescennius Niger, pour plaire aux Gaulois, ressuscita, dit-on, de vieux mystères, qui sans doute étaient ceux du druidisme. Une femme druide promit l'empire à Dioclétien. Une autre, lorsque Alexandre Sévère préparait une nouvelle attaque contre l'île druidique, la Bretagne, se présenta sur son passage, et lui cria en langue gauloise : « Va, mais n'espère point la victoire, et ne te fie point à tes soldats. » La langue et la religion nationales n'avaient donc pas péri. Elles dormaient silencieuses sous la culture romaine, en attendant le christianisme.

Quand celui-ci parut au monde, quand il substitua au Dieu-nature le Dieu-homme, et à la place de la triste ivresse des sens, dont l'ancien culte avait fatigué l'humanité, les sérieuses voluptés de l'âme et les joies du martyre, chaque peuple accueillit la nouvelle croyance selon son génie. La Gaule la reçut avidement, sembla la reconnaître et retrouver son bien. La place du druidisme était chaude encore : ce n'était pas chose nouvelle en Gaule que la croyance à l'immortalité de l'âme. Les druides aussi semblent avoir enseigné un médiateur. Aussi ces peuples se précipitèrent-ils dans le christianisme. Nulle part il ne compta plus de martyrs. Le Grec d'Asie, saint Pothin (ποθεινοσ, l'homme du désir ?), disciple du plus mystique des apôtres, fonda la mystique Église de Lyon, métropole religieuse des Gaules. On y montre encore les catacombes et la hauteur où monta le sang des dix-huit mille martyrs. De ces martyrs, le plus glorieux fut une femme, une esclave (sainte Blandine).

Le christianisme se répandit plus lentement dans le Nord, surtout dans les campagnes. Au IVe siècle encore saint Martin y trouvait à convertir des peuplades entières, et des temples à renverser. Cet ardent missionnaire devient comme un Dieu pour le peuple. L'Espagnol Maxime, qui avait conquis la Gaule avec une armée de Bretons, ne crut pouvoir s'affermir qu'en appelant saint Martin auprès de lui. L'impératrice le servit à table. Mais dans sa vénération idolâtrique pour le saint homme, elle allait jusqu'à ramasser et manger ses miettes. Ailleurs, on voit des vierges, dont il avait visité le monastère, baiser et lécher la place où il avait posé les mains. Sa route était partout marquée par des miracles. Mais ce qui recommande à jamais sa mémoire, c'est qu'il fit les derniers efforts pour sauver les hérétiques que Maxime voulait sacrifier au zèle sanguinaire des évêques. Les pieuses fraudes ne lui coûtèrent rien, il trompa, il mentit, il compromit sa réputation de sainteté ; pour nous, cette charité héroïque est le signe auquel nous le reconnaissons pour un saint.

Plaçons à côté de saint Martin l'archevêque de Milan, saint Ambroise, né à Trèves et qu'on peut à ce titre compter pour Gaulois. On sait avec quelle hauteur ce prêtre intrépide ferma l'Église à Théodose, après le massacre de Thessalonique.

L'Église gauloise ne s'honora pas moins par la science que par le zèle et la charité. La même ardeur avec laquelle elle versait son sang pour le christianisme, elle la porta dans les controverses religieuses. L'Orient et la Grèce, d'où le christianisme était sorti, s'efforçaient de le ramener à eux, si je puis dire, et de le faire rentrer dans leur sein. D'un côté les sectes gnostiques et manichéennes le rapprochaient du parsisme ; elles réclamaient part dans le gouvernement du monde pour Ahriman ou

Satan, et voulaient obliger le Christ à composer avec le principe du mal. De l'autre, les platoniciens faisaient du monde l'ouvrage d'un Dieu inférieur, et les ariens, leurs disciples, voyaient dans le Fils un être dépendant du Père. Les manichéens auraient fait du christianisme une religion tout orientale, les ariens une pure philosophie. Les pères de l'Église gauloise les attaquèrent également. Au IIIe siècle, saint Irénée écrivit contre les gnostiques : *De l'Unité du Gouvernement du Monde*. Au IVe, saint Hilaire de Poitiers soutint pour la consubstantialité du Fils et du Père une lutte héroïque, souffrit l'exil comme Athanase, et languit plusieurs années dans la Phrygie, tandis qu'Athanase se réfugiait à Trèves près de saint Maximin, évêque de cette ville, et natif aussi de Poitiers. Saint Jérôme n'a pas assez d'éloges pour saint Hilaire. Il trouve en lui la grâce hellénique et « la hauteur du cothurne gaulois ». Il l'appelle « le Rhône de la langue latine ». « L'Église chrétienne, dit-il encore, a grandi et crû à l'ombre de deux arbres, saint Hilaire et saint Cyprien (la Gaule et l'Afrique). »

Jusque-là l'Église gauloise suit le mouvement de l'Église universelle ; elle s'y associe. La question du manichéisme est celle de Dieu et du monde ; celle de l'arianisme est celle du Christ, de l'Homme-Dieu. La polémique va descendre à l'homme même, et c'est alors que la Gaule prendra la parole en son nom. A l'époque même où elle vient de donner à Rome l'empereur auvergnat Avitus, où l'Auvergne sous les Ferreol et les Apollinaire semble vouloir former une puissance indépendante entre les Goths déjà établis au Midi, et les Francs qui vont venir du Nord ; à cette époque, dis-je, la Gaule réclame aussi une existence indépendante dans la sphère de la pensée. Elle prononce par la bouche de Pélage ce grand nom de la Liberté humaine que l'Occident ne doit plus oublier.

Pourquoi y a-t-il du mal au monde ? Voilà le point de départ de cette dispute. Le manichéisme oriental répond : *Le mal est un Dieu,* c'est-à-dire un principe inconnu. C'est ne rien répondre, et donner son ignorance pour explication. Le christianisme répond : le mal est sorti de la liberté humaine, non pas de l'homme en général, mais de tel homme, d'Adam, que Dieu punit dans l'humanité qui en est sortie.

Cette solution ne satisfit qu'incomplètement les logiciens de l'école d'Alexandrie. Le grand Origène en souffrit cruellement. On sait que ce martyr volontaire, ne sachant comment échapper à la corruption innée de la nature humaine, eut recours au fer et se mutila. Il est plus facile de mutiler la chair que de mutiler la volonté. Ne pouvant se résigner à croire qu'une faute dure dans ceux qui ne l'ont pas commise, ne voulant point accuser Dieu, craignant de le trouver auteur du mal, et de rentrer ainsi dans le manichéisme, il aima mieux supposer que les âmes avaient péché dans une existence antérieure, et que les hommes étaient des anges tombés. Si chaque homme est responsable pour lui-même, s'il est l'auteur de sa chute, il faut qu'il le soit de son expiation, de sa rédemption, qu'il remonte à Dieu par la vertu. « Que Christ soit devenu Dieu, disait le disciple d'Origène, le maître de Pélage, l'audacieux Théodore de

Mopsueste, je ne lui envie rien en cela ; ce qu'il est devenu, je puis le devenir par les forces de ma nature. »

Cette doctrine, tout empreinte de l'héroïsme grec et de l'énergie stoïcienne, s'introduisit sans peine dans l'Occident, où elle fût née sans doute d'elle-même. Le génie celtique, qui est celui de l'individualité, sympathise profondément avec le génie grec. L'Église de Lyon fut fondée par les Grecs, ainsi que celle d'Irlande. Le clergé d'Irlande et d'Écosse n'eut pas d'autre langue pendant longtemps. Jean le Scott ou l'Irlandais renouvela les doctrines alexandrines au temps de Charles le Chauve. Nous suivrons ailleurs l'histoire de l'Église celtique.

L'homme qui proclama, au nom de cette Église, l'indépendance de la moralité humaine, ne nous est connu que par le surnom grec *Pélagios* (l'Armoricain, c'est-à-dire l'homme des rivages de la mer). On ne sait si c'était un laïque ou un moine. On sait que sa vie était irréprochable. Son ennemi, saint Jérôme, représente ce champion de la liberté comme un géant ; il lui attribua la force, la taille, les épaules de Milon le Crotoniate. Il parlait avec peine, et pourtant sa parole était puissante. Obligé par l'invasion des barbares de se réfugier dans l'Orient, il y enseigna ses doctrines et fut attaqué par ses anciens amis, saint Jérôme et saint Augustin. Dans la réalité, Pélage, en niant le péché originel, rendait la rédemption inutile et supprimait le christianisme. Saint Augustin, qui avait passé sa vie jusque-là à soutenir la liberté contre le fatalisme manichéen, en employa le reste à combattre la liberté, à la briser sous la grâce divine, au risque de l'anéantir. Le docteur africain fonda, dans ses écrits contre Pélage, ce fatalisme mystique, qui devait se reproduire tant de fois au Moyen Age, surtout dans l'Allemagne, où il fut proclamé par Gotteschalk, Tauler, et tant d'autres, jusqu'à ce qu'il vainquît par Luther.

Ce n'était pas sans raison que le grand évêque d'Hippone, le chef de l'Église chrétienne, luttait si violemment contre Pélage. Réduire le christianisme à n'être qu'une philosophie, c'est le rendre moins puissant. Qu'eût servi le sec rationalisme des pélagiens, à l'approche de l'invasion germanique ? Ce n'était pas cette fière théorie de la liberté qu'il fallait prêcher aux conquérants de l'Empire, mais la dépendance de l'homme et la toute-puissance de Dieu.

Aussi le pélagianisme, accueilli d'abord avec faveur, et même par le pape de Rome, fut bientôt vaincu par la grâce. En vain il fit des concessions, et prit en Provence la forme adoucie du semi-pélagianisme, essayant d'accorder et de faire concourir la liberté humaine et la grâce divine. Malgré la sainteté du Breton Faustus, évêque de Riez, malgré le renom des évêques d'Arles, et la gloire de cet illustre monastère de Lérins, qui donna à l'Église douze archevêques, douze évêques et plus de cent martyrs, le mysticisme triompha. A l'approche des barbares, les disputes cessèrent, les écoles se fermèrent et se turent. C'était de foi, de simplicité, de patience que le monde avait alors besoin. Mais le germe était déposé, il devait fructifier dans son temps.

CHAPITRE IV

Récapitulation - Systèmes divers - Influence des races indigènes, des races étrangères - Sources celtiques et latines de la langue française - Destinée de la race celtique

Le génie helléno-celtique s'est révélé par Pélage dans la philosophie religieuse ; c'est celui du moi indépendant, de la personnalité libre. L'élément germanique, de nature toute différente, va venir lutter contre, l'obliger ainsi de se justifier, de se développer, de dégager tout ce qui est en lui. Le Moyen Age est la lutte ; le Temps moderne est la victoire.

Mais avant d'amener les Allemands sur le sol de la Gaule, et d'assister à ce nouveau mélange, j'ai besoin de revenir sur tout ce qui précède, d'évaluer jusqu'à quel point les races diverses établies sur le sol gaulois avaient pu modifier le génie primitif de la contrée, de chercher pour combien ces races avaient contribué dans l'ensemble, quelle avait été la mise de chacune d'elles dans cette communauté, d'apprécier ce qui pouvait rester d'indigène sous tant d'éléments étrangers.

Divers systèmes ont été appliqués aux origines de la France.

Les uns nient l'influence étrangère ; ils ne veulent point que la France doive rien à la langue, à la littérature, aux lois des peuples qui l'ont conquise. Que dis-je ? s'il ne tenait qu'à eux, on retrouverait dans nos origines les origines du genre humain. Le Brigant et son disciple, la Tour d'Auvergne, le premier grenadier de la République, dérivent toutes les langues du bas-breton ; intrépides et patriotes critiques, il ne leur suffit pas d'affranchir la France, ils voudraient lui conquérir le monde. Les historiens et les légistes sont moins audacieux. Cependant l'abbé Dubos ne veut point que la conquête de Clovis soit une conquête ; Grosley affirme que notre droit coutumier est antérieur à César.

D'autres esprits, moins chimériques peut-être, mais placés de même dans un point de vue exclusif et systématique, cherchent tout dans la tradition, dans les importations diverses du commerce ou de la conquête. Pour eux, notre langue française est une corruption du latin, notre droit une dégradation du droit romain ou germanique, nos traditions un simple écho des traditions étrangères. Ils donnent la moitié de la France à l'Allemagne, l'autre aux Romains ; elle n'a rien à réclamer d'elle-même. Apparemment ces grands peuples celtiques, dont parle tant l'Antiquité, c'était une race si abandonnée, si déshéritée de la nature, qu'elle aura disparu sans laisser trace. Cette Gaule, qui arma cinq cent mille hommes contre César, et qui paraît encore si peuplée sous l'Empire, elle a disparu tout entière, elle s'est fondue par le mélange de quelques légions romaines, ou des bandes de Clovis. Tous les Français du Nord descendent des Allemands, quoiqu'il y ait si peu d'allemand dans leur langue. La

Gaule a péri, corps et biens, comme l'Atlantide. Tous les Celtes ont péri, et s'il en reste, ils n'échapperont pas aux traits de la critique moderne. Pinkerton ne les laisse pas reposer dans le tombeau ; c'est un vrai Saxon acharné sur eux, comme l'Angleterre sur l'Irlande. Ils n'ont eu, dit-il, rien en propre, aucun génie original ; tous les *gentlemen* descendent des Goths (ou des Saxons, ou des Scythes ; c'est pour lui la même chose). Il voudrait, dans son amusante fureur, qu'on instituât des chaires de langue celtique « pour qu'on apprît à se moquer des Celtes ».

Nous ne sommes plus au temps où l'on pouvait choisir entre les deux systèmes, et se déclarer partisan exclusif du génie indigène, ou des influences extérieures. Des deux côtés, l'histoire et le bon sens résistent. Il est évident que les Français ne sont plus les Gaulois ; on chercherait en vain, parmi nous, ces grands corps blancs et mous, ces géants enfants qui s'amusèrent à brûler Rome. D'autre part, le génie français est profondément distinct du génie romain ou germanique ; ils sont impuissants pour l'expliquer.

Nous ne prétendons pas rejeter des faits incontestables ; nul doute que notre patrie ne doive beaucoup à l'influence étrangère. Toutes les races du monde ont contribué pour doter cette Pandore.

La base originaire, celle qui a tout reçu, tout accepté, c'est cette jeune, molle et mobile race des Gaëls, bruyante, sensuelle et légère, prompte à apprendre, prompte à dédaigner, avide de choses nouvelles. Voilà l'élément primitif, l'élément perfectible.

Il faut à de tels enfants des précepteurs sévères. Ils en recevront et du Midi et du Nord. La mobilité sera fixée, la mollesse durcie et fortifiée ; il faut que la raison s'ajoute à l'instinct, à l'élan la réflexion.

Au Midi apparaissent les Ibères de Ligurie et des Pyrénées, avec la dureté et la ruse de l'esprit montagnard, puis les colonies phéniciennes ; longtemps après viendront les Sarrasins. Le Midi de la France prend de bonne heure le génie mercantile des nations sémitiques. Les juifs du Moyen Age s'y sont trouvés comme chez eux. Les doctrines orientales y ont pris pied sans peine, à l'époque des Albigeois.

Du Nord, descendent de bonne heure les opiniâtres Kymrys, ancêtres de nos Bretons et des Gallois d'Angleterre. Ceux-ci ne veulent point passer en vain sur la terre, il leur faut des monuments ; ils dressent les aiguilles de Loc maria ker, et les alignements de Carnac ; rudes et muettes pierres, impuissants essais de tradition que la postérité n'entendra pas. Leur druidisme parle de l'immortalité ; mais il ne peut pas même fonder l'ordre dans la vie présente ; il aura seulement décelé le germe moral qui est en l'homme barbare, comme le gui, perçant la neige, témoigne pendant l'hiver de la vie qui sommeille. Le génie guerrier l'emporte encore. Les Bolgs descendent du Nord, l'ouragan traverse la Gaule, l'Allemagne, la Grèce, l'Asie-Mineure ; les Galls suivent, la Gaule déborde par le monde. C'est une vie, une sève exubérante, qui coule et se répand. Les Gallo-Belges ont l'emportement guerrier et la puissance prolifique des Bolgs modernes de Belgique et d'Irlande. Mais l'impuissance sociale de l'Irlande et de la Belgique est déjà visible dans l'histoire des Gallo-Belges de l'Antiquité. Leurs conquêtes sont sans résultat. La Gaule est convaincue d'impuissance pour l'acquisition comme pour l'organisation. La société naturelle et guerrière du clan prévaut sur la société élective et sacerdotale du druidisme. Le clan, fondé sur le principe d'une parenté vraie ou fictive, est la plus grossière des associations ; le sang, la chair en est le lien ; l'union du clan se résume en un chef, en un homme.

Il faut qu'une société commence, où l'homme se voue, non plus à l'homme, mais à une idée. D'abord, idée d'ordre civil. Les *agrimensores* romains viendront derrière les légions mesurer, arpenter, orienter selon leurs rites antiques les colonies d'Aix, de Narbonne, de Lyon. La cité entre dans la Gaule, la Gaule entre dans la cité. Ce grand César, après avoir désarmé la Gaule par cinquante batailles et la mort de quelques millions d'hommes, lui ouvre les légions et la fait entrer, à portes renversées, dans Rome et dans le Sénat. Voilà les Gaulois-Romains qui deviennent orateurs, rhéteurs, juristes. Les voilà qui priment leurs maîtres et enseignent le latin à Rome elle-même. Ils y apprennent, eux, l'égalité civile sous un chef militaire ; ils apprennent ce qu'ils avaient déjà dans leur génie niveleur. Ne craignez pas qu'ils oublient jamais.

Toutefois la Gaule n'aura conscience de soi qu'après que l'esprit grec l'aura éveillée. Antonin le Pieux est de Nîmes. Rome a dit : la Cité. La Grèce stoïcienne dit par les Antonins : la Cité du monde. La Grèce chrétienne le dit bien mieux encore par saint Pothin et saint Irénée, qui, de Smyrne et de Patmos, apportent à Lyon le verbe de Christ. Verbe mystique, verbe d'amour, qui propose à l'homme fatigué de se reposer, s'endormir en Dieu, comme Christ lui-même, au jour de la cène, posa la tête sur le sein de celui qu'il aimait. Mais il y a dans le génie kymrique, dans notre dur Occident, quelque chose qui repousse le mysticisme, qui se raidit contre la douce et absorbante parole, qui ne veut point se perdre au sein du Dieu moral que le christianisme lui apporte, pas plus qu'il n'a voulu subir le Dieu-nature des anciennes religions. Cette réclamation obstinée du moi, elle a pour organe Pélage, héritier du Grec Origène.

Si ces raisonneurs triomphaient, ils fonderaient la liberté avant que la société ne soit assise. Il faut de plus dociles auxiliaires à l'Église, qui va refaire un monde. Il faut que les Allemands viennent ; quels que soient les maux de l'invasion, ils seconderont bientôt l'Église. Dès la seconde génération, ils sont à elle. Il lui suffit de les toucher, les voilà vaincus. Ils vont rester mille ans enchantés. *Courbe la tête, doux Sicambre...* Le Celte indocile n'a pas voulu la courber. Ces barbares, qui semblaient prêts à tout écraser, ils deviennent, qu'ils le sachent ou non, les dociles instruments de l'Église. Elle emploiera leurs jeunes bras pour forger le lien d'acier qui va unir la société moderne. Le marteau germanique de Thor et de Charles Martel va servir à marteler, dompter, discipliner le génie rebelle de l'Occident.

Telle a été l'accumulation des races dans notre Gaule. Races sur races, peuples sur peuples ; Galls, Kymrys, Bolgs, d'autre part Ibères, d'autres encore, Grecs, Romains ; les Germains viennent les derniers. Cela dit, a-t-on dit la France ? Presque tout est à dire encore. La France s'est faite elle-même de ces éléments dont tout autre mélange pouvait résulter. Les mêmes principes chimiques composent l'huile et le sucre. Les principes donnés, tout n'est pas donné ; reste le mystère de l'existence propre et spéciale. Combien plus doit-on en tenir compte, quand il s'agit d'un mélange vivant et actif, comme d'une nation ; d'un mélange susceptible de se travailler, de se modifier ? Ce travail, ces modifications successives, par lesquelles notre patrie va en se transformant, c'est le sujet de l'histoire de France.

Ne nous exagérons donc ni l'élément primitif du génie celtique, ni les additions étrangères. Les Celtes y ont fait sans doute, Rome aussi, la Grèce aussi, les Germains encore. Mais qui a uni, fondu, dénaturé ces éléments, qui les a transmués, transfigurés, qui en a fait un corps, qui en a tiré notre France ? La France elle-même, par ce travail intérieur, par ce mystérieux enfantement mêlé de nécessité et de liberté, dont l'histoire doit rendre compte. Le gland primitif est peu de chose en comparaison du chêne gigantesque qui en est sorti. Qu'il s'enorgueillisse, le chêne vivant qui s'est cultivé, qui s'est fait et se fait lui-même !

Et d'abord, est-ce aux Grecs qu'on veut rapporter la civilisation primitive des Gaules ? On s'est évidemment exagéré l'influence de Marseille. Elle put introduire quelques mots grecs dans l'idiome celtique ; les Gaulois, faute d'écriture nationale, purent dans les occasions solennelles emprunter les caractères grecs, mais le génie hellénique était trop dédaigneux des barbares pour gagner sur eux une influence réelle. Peu nombreux, traversant le pays avec défiance et seulement pour les besoins de leur commerce, les Grecs différaient trop des Gaulois, et de race et de langue, ils leur étaient trop supérieurs pour s'unir intimement avec eux. Il en était d'eux comme des Anglo-Américains à l'égard des sauvages leurs voisins ; ceux-ci s'enfoncent dans les terres et disparaissent peu à peu, sans participer à cette civilisation disproportionnée, dont on avait voulu les pénétrer tout d'un coup.

C'est assez tard, et surtout par la philosophie, par la religion, que la Grèce a influé sur la Gaule. Elle a aidé Pélage, mais seulement à formuler ce qui était déjà dans le génie national. Puis, les barbares sont venus, et il a fallu des siècles pour que la Gaule ressuscitée se souvînt encore de la Grèce.

L'influence de Rome est plus directe ; elle a laissé une trace plus forte dans les mœurs, dans le droit et dans la langue. C'est encore une opinion populaire que notre langue est toute latine. N'y a-t-il pas ici pourtant une étrange exagération ?

Si nous en croyons les Romains, leur langue prévalut dans la Gaule, comme dans tout l'Empire. Les vaincus étaient censés avoir perdu leur langue, en même temps que leurs dieux. Les Romains ne voulaient pas savoir s'il existait d'autre langue que la leur. Leurs magistrats répondaient aux Grecs en latin. C'est en latin, dit le *Digeste*, que les préteurs doivent interpréter les lois.

Ainsi les Romains, n'entendant plus que leur langue dans les tribunaux, les prétoires et les basiliques, s'imaginèrent avoir éteint l'idiome des vaincus. Toutefois plusieurs faits indiquent ce que l'on doit penser de cette prétendue universalité de la langue latine. Les Lyciens rebelles ayant envoyé un des leurs, qui était citoyen romain, pour demander grâce, il se trouva que le citoyen ne savait pas la langue de la Cité. Claude s'aperçut qu'il avait donné le gouvernement de la Grèce, une place si éminente, à un homme qui ne savait pas le latin. Strabon remarque que les tribus de la Bétique, que la plupart de celles de la Gaule méridionale, avaient adopté la langue latine ; la chose n'était donc pas si commune, puisqu'il prend la peine de la remarquer. « J'ai appris le latin, dit saint Augustin, sans crainte ni châtiment, au milieu des caresses, des rires et des jeux de mes nourrices. » C'est justement la méthode dont se félicite Montaigne. Il paraît que l'acquisition de cette langue était ordinairement plus pénible ; autrement saint Augustin n'en ferait pas la remarque.

Que Martial se félicite de ce qu'à Vienne tout le monde avait son livre dans les mains ; que saint Jérôme écrive en latin à des dames gauloises, saint Hilaire et saint Avitus à leurs sœurs, Suplice Sévère à sa belle-mère ; que Sidonius recommande aux femmes la lecture de saint Augustin, tout cela prouve uniquement, ce dont personne n'est tenté de douter, c'est que les gens distingués du Midi des Gaules, surtout dans les colonies romaines, comme Lyon, Vienne, Narbonne, parlaient le latin de préférence.

Quant à la masse du peuple, je parle surtout des Gaulois du Nord, il est difficile de supposer que les Romains aient envahi la Gaule en assez grand nombre pour lui faire abandonner l'idiome national. Les règles judicieuses posées par M. Abel Rémusat nous apprennent qu'en général une langue étrangère se mêle à la langue indigène en proportion du nombre de ceux qui l'apportent dans le pays. On peut même ajouter, dans le cas particulier qui nous occupe ici, que les Romains, enfermés dans les villes ou dans les quartiers de leurs légions, doivent avoir eu peu de rapports avec les cultivateurs esclaves, avec les colons demi-serfs qui étaient dispersés dans les campagnes. Parmi les hommes mêmes des villes, parmi les gens distingués, dans le langage de ces faux Romains qui parvinrent aux dignités de l'Empire, nous trouvons des traces de l'idiome national. Le Provençal Cornélius Gallus, consul et préteur, employait le mot gaulois *casnar* pour *assectator puellae* ; Quintilien lui en fait le reproche. Antonius Primus, ce Toulousain dont la victoire valut l'Empire à Vespasien, s'appelait originairement *Bec*, mot gaulois qui se retrouve dans tous les dialectes celtiques ainsi qu'en français. En 230, Septime Sévère ordonne que les fidéicommis seront admis, non seulement en latin et en grec, mais aussi *linguâ gallicanâ*. Nous avons vu plus haut une druidesse parler en *langue gauloise* à l'empereur Alexandre Sévère. En

473, l'évêque de Clermont, Sidonius Apollinaris, remercie son beau-frère, le puissant Ecdicius, de ce qu'il a fait déposer à la noblesse arverne la rudesse du langage celtique.

Quelle était, dira-t-on, cette langue vulgaire des Gaulois ? Y a-t-il lieu de croire qu'elle ait été analogue aux dialectes gallois et breton, irlandais et écossais ? On serait tenté de le penser. Les mots *Bec, Alp, bardd, der widd* (druide), *argel* (souterrain), *trimarkisia* (trois cavaliers), une foule de noms de lieux, indiqués dans les auteurs classiques, s'y retrouvent encore aujourd'hui sans changement.

Ces exemples suffisent pour rendre vraisemblable la perpétuité des langues celtiques et l'analogie des anciens dialectes gaulois avec ceux que parlent les populations modernes de Galles et Bretagne, d'Écosse et Irlande. L'induction ne semblera pas légère à ceux qui connaissent la prodigieuse obstination de ces peuples, leur attachement à leurs traditions anciennes et leur haine de l'étranger.

Un caractère remarquable de ces langues, c'est leur frappante analogie avec les langues latine et grecque. Le premier vers de l'*Énéide*, le *fiat lux* en latin et en grec, se trouve être presque gallois et irlandais. On serait tenté d'expliquer ces analogies par l'influence ecclésiastique, si elles ne portaient que sur les mots scientifiques ou relatifs au culte ; mais vous les rencontrez également dans ceux qui se rapportent aux affections intimes ou aux circonstances de l'existence locale. On les retrouve en même temps chez des peuples qui ont éprouvé fort inégalement l'influence des vainqueurs et celle de l'Église, dans des pays à peu près sans communication et placés dans des situations géographiques et politiques très diverses, par exemple chez nos Bretons continentaux et chez les Irlandais insulaires.

Une langue si analogue au latin a pu fournir à la nôtre un nombre considérable de mots, qui, à la faveur de leur physionomie latine, ont été rapportés à la langue savante, à la langue du droit et de l'Église, plutôt qu'aux idiomes obscurs et méprisés des peuples vaincus. La langue française a mieux aimé se recommander de ses liaisons avec cette noble langue romaine que de sa parenté avec des sœurs moins brillantes. Toutefois, pour affirmer l'origine latine d'un mot, il faut pouvoir assurer que le même mot n'est pas encore plus rapproché des dialectes celtiques. Peut-être devrait-on préférer cette dernière source, quand il y a lieu d'hésiter entre l'une et l'autre : car apparemment les Gaulois ont été plus nombreux en Gaule que les Romains leurs vainqueurs. Je veux bien qu'on hésite encore, lorsque le mot français se trouve en latin et en breton seulement ; à la rigueur, le breton et le français peuvent l'avoir reçu du latin. Mais quand ce mot se retrouve dans le dialecte gallois, frère du breton, il est très probable qu'il est indigène, et que le français l'a reçu du vieux celtique. La probabilité devient presque une certitude, quand ce mot existe en même temps dans les dialectes gaéliques de la haute Écosse et de l'Irlande. Un mot français qui se retrouve dans ces contrées lointaines et maintenant si isolées de la France, doit remonter à une époque où la Gaule, la Grande-Bretagne et l'Irlande étaient encore sœurs, où elles avaient une population, une religion, une langue analogues, où l'union du monde celtique n'était pas rompue encore.

De tout ce qui précède, il suit nécessairement que l'élément romain n'est pas tout, à beaucoup près, dans notre langue. Or la langue est la représentation fidèle du génie des peuples, l'expression de leur caractère, la révélation de leur existence intime, leur Verbe, pour ainsi dire. Si l'élément celtique a persisté dans la langue, il faut qu'il ait duré ailleurs encore, qu'il ait survécu dans les mœurs comme dans le langage, dans l'action comme dans la pensée.

J'ai parlé ailleurs de la ténacité celtique. Qu'on me permette d'y revenir encore, d'insister sur l'opiniâtre génie de ces peuples. Nous comprendrons mieux la France si nous caractérisons fortement le point d'où elle est partie. Les Celtes mixtes, qu'on appelle Français, s'expliquent en partie par les Celtes purs, Bretons et Gallois, Écossais et Irlandais. Il me coûterait d'ailleurs de ne pas dire ici un adieu solennel à ces populations dont l'invasion germanique doit isoler notre France. Qu'on me permette de m'arrêter et de dresser une pierre au carrefour où les peuples frères vont se séparer pour prendre des routes si diverses et suivre une destinée si opposée. Tandis que la France, subissant les longues et douloureuses initiations de l'invasion germanique et de la féodalité, va marcher du servage à la liberté et de la honte à la gloire, les vieilles populations celtiques, assises aux roches paternelles et dans la solitude de leurs îles, restent fidèles à la poétique indépendance de la vie barbare, jusqu'à ce que la tyrannie étrangère vienne les y surprendre. Voilà des siècles que l'Angleterre les y a en effet surprises, accablées. Elle frappe infatigablement sur elles, comme la vague brise à la pointe de Bretagne ou des Cornouailles. La triste et patiente Judée, qui comptait ses âges par ses *servitudes*, n'a pas été plus durement battue de l'Asie. Mais il y a une telle vertu dans le génie celtique, une telle puissance de vie en ces races, qu'elles durent sous l'outrage, et gardent leurs mœurs et leur langue.

Races de pierres, immuables comme leurs rudes monuments druidiques, qu'ils révèrent encore. Le jeu des montagnards d'Écosse, c'est de soulever la roche sur la roche, et de bâtir un petit dolmen à l'imitation des dolmens antiques. Le Galicien, qui émigre chaque année, laisse une pierre, et sa vie est représentée par un monceau. Les highlanders vous disent en signe d'amitié : « J'ajouterai une pierre à votre *cairn* (monument funèbre). » Au dernier siècle, ils ont encore rétabli le tombeau d'Ossian, déplacé par l'impiété anglaise. La pierre monumentale d'Ossian (*clachan Ossian*), se trouvant dans la ligne d'une route militaire, le général Walde la fit enlever ; on trouva dessous des restes humains avec douze fers de flèche. Les montagnards indignés vinrent, au nombre d'environ quatre-vingts, les recueillir, et ils les emportèrent au son de la cornemuse dans un cercle de larges pierres, au sommet d'un roc, dans les déserts du Glen-Amon occidental. La pierre, entourée de quatre autres plus petites et d'une espèce d'enclos, garde le nom de *cairn na huseoig,* le cairn de l'hirondelle.

Le duc d'Athol, descendant des rois de l'île de Man, siège encore aujourd'hui, le visage tourné vers le levant, sur le tertre de Tynwald. Naguère des églises servaient de tribunaux en Irlande. La trace du culte du feu se trouve partout chez ces peuples, dans la langue, dans les croyances et les traditions. Pour notre Bretagne, je rapporterai au commencement du second volume des faits nombreux qui prouvent quelle est la ténacité de l'esprit breton.

Il semble qu'une race qui ne changeait pas lorsque tout changeait autour d'elle eût dû vaincre par sa persistance seule, et finir par imposer son génie au monde. Le contraire est arrivé ; plus cette race s'est isolée, plus elle a conservé son originalité primitive, et plus elle a tombé et déchu. Rester original, se préserver de l'influence étrangère, repousser les idées des autres, c'est demeurer incomplet et faible. Voilà aussi ce qui a fait tout à la fois la grandeur et la faiblesse du peuple juif. Il n'a eu qu'une idée, l'a donnée aux nations, mais n'a presque rien reçu d'elles ; il est toujours resté lui, fort et borné, indestructible et humilié, ennemi du genre humain et son esclave éternel. Malheur à l'individualité obstinée qui veut être à soi seule, et refuse d'entrer dans la communauté du monde.

Le génie de nos Celtes, je parle surtout des Gaëls, est fort et fécond, et aussi fortement incliné à la matière, à la nature, au plaisir, à la sensualité. La génération, et le plaisir de la génération tiennent grande place chez ces peuples. J'ai parlé ailleurs des mœurs des Gaëls antiques et de l'Irlande ; la France en tient beaucoup ; le *Vert galant* est le roi national. C'était chose commune au Moyen Age en Bretagne d'avoir une douzaine de femmes. Ces gens de guerre, qui se louaient partout, ne craignaient pas de faire des soldats. Partout chez les nations celtiques, les bâtards succédaient, même comme rois, comme chefs de clan. La femme, objet du plaisir, simple objet de volupté, ne semble pas avoir eu chez ces peuples la même dignité que chez les nations germaniques.

Ce génie matérialiste n'a pas permis aux Celtes de céder aisément aux droits qui ne se fondent que sur une idée. Le droit d'aînesse leur est odieux. Ce droit n'est autre originairement que l'indivisibilité du foyer sacré, la perpétuité du dieu paternel. Chez nos Celtes, les parts sont égales entre les frères, comme également longues sont leurs épées. Vous ne leur feriez pas entendre aisément qu'un seul doive posséder. Cela est plus aisé chez la race germanique ; l'aîné pourra nourrir ses frères, et ils se tiendront contents de garder leur petite place à la table et au foyer fraternels.

Cette loi de succession égale, qu'ils appellent le *gabailcine,* et que les Saxons ont pris d'eux, surtout dans le pays de Kent *(gavelkind),* impose à chaque génération une nécessité de partage, et change à chaque instant l'aspect de la propriété. Lorsque le possesseur commençait à bâtir, cultiver, améliorer, la mort l'emporte, divise, bouleverse, et c'est encore à recommencer. Le partage est aussi l'occasion d'une infinité de haines et de disputes. Ainsi cette loi de succession égale, qui, dans une société mûre et assise, fait aujourd'hui la beauté et la force de notre France, c'était, chez les populations barbares, une cause continuelle de troubles, un obstacle invincible au progrès, une révolution éternelle. Les terres qui y étaient soumises sont restées à demi incultes et en pâturages.

Quels qu'aient été les résultats, c'est une gloire pour nos Celtes d'avoir posé dans l'Occident la loi de l'égalité. Ce sentiment du droit personnel, cette vigoureuse réclamation du moi que nous avons signalée déjà dans la philosophie religieuse, dans Pélage, elle reparaît ici plus nettement encore. Elle nous donne en grande partie le secret des destinées des races celtiques. Tandis que les familles germaniques s'immobilisaient, que les biens s'y perpétuaient, que des agrégations se formaient par les héritages, les familles celtiques s'en allaient se divisant, se subdivisant, s'affaiblissant. Cette faiblesse tenait principalement à l'égalité, à l'équité des partages. Cette loi d'équité précoce a fait la ruine de ces races. Qu'elle soit leur gloire aussi, qu'elle leur vaille au moins la pitié et le respect des peuples auxquels elles ont de si bonne heure montré un tel idéal.

Cette tendance à l'égalité, au nivellement, qui en droit isolait les hommes, aurait eu besoin d'être balancée par une vive sympathie qui les rapprochât, de sorte que l'homme, affranchi de l'homme par l'équité de la loi, se rattachât à lui par un lien volontaire. C'est ce qui s'est vu à la longue dans notre France, et c'est là ce qui explique sa grandeur. Par là nous sommes une nation, tandis que les Celtes purs en sont restés au clan. La petite société du clan, formée par le lien grossier d'une parenté réelle ou fictive, s'est trouvée incapable de rien admettre au-dehors, de se lier à rien d'étranger. Les dix mille hommes du clan des Campbell ont tous été cousins du chef, se sont tous appelés Campbell, et n'ont rien voulu connaître au-delà ; à peine se sont-ils souvenus qu'ils étaient Écossais. Ce petit et sec noyau du clan s'est trouvé à jamais impropre à s'agréger. On ne peut guère bâtir avec des cailloux, le ciment ne s'y marie pas ; au contraire, la brique romaine a si bien pris au ciment, qu'aujourd'hui ciment et brique forment ensemble dans des monuments un seul morceau, un bloc indestructible.

Devenues chrétiennes, les populations celtiques devaient, ce semble, s'amollir, se rapprocher, se lier. Il n'en a pas été ainsi. L'Église celtique a participé de la nature du clan. Féconde et ardente d'abord, on eût dit qu'elle allait envahir l'Occident. Les doctrines pélagiennes avaient été avidemment reçues en Provence, mais ce fut pour y mourir. Plus tard encore, au milieu des invasions allemandes qui arrivent de l'Orient, nous voyons l'Église celtique s'ébranler de l'Occident, de l'Irlande. D'intrépides et ardents missionnaires abordent, animés de dialectique et de poésie. Rien de plus bizarrement poétique que les barbares odyssées de ces saints aventuriers, de ces oiseaux voyageurs qui viennent s'abattre sur la Gaule, avant, après saint Colomban ; l'élan est immense, le résultat petit. L'étincelle tombe en vain sur ce monde tout trempé du déluge de la barbarie germanique. Saint Colomban, dit le biographe contemporain, eut l'idée de passer le Rhin, et d'aller convertir les Suèves ; un songe l'en empêcha. Ce que les Celtes ne font pas, les Allemands le feront eux-mêmes. L'Anglo-Saxon saint Boniface convertira ceux que Colomban a dédaignés. Colomban passe en Italie, mais c'est pour combattre le pape. L'Église celtique s'isole de l'Église universelle : elle résiste à l'unité ; elle se refuse à s'agréger, à se perdre humblement dans la catholicité européenne. Les culdées d'Irlande et d'Écosse, mariés, indépendants sous la règle même, réunis douze à douze en petits clans ecclésiastiques, doivent céder à l'influence des moines anglo-saxons, disciplinés par les missions romaines.

L'Église celtique périra comme l'État celtique a déjà péri. Ils avaient en effet essayé, quand les Romains sortirent de l'île, de former une sorte de république. Les Cambriens et les Loégriens (Galles et Angleterre) s'unirent un instant sous le Loégrien Wortiguern, pour résister aux Pictes et Scots du Nord. Mais Wortiguern, mal secondé des Cambriens, fut obligé d'appeler les Saxons, qui, d'auxiliaires, devinrent bientôt ennemis. La Loégrie conquise, la Cambrie résista sous le fameux Arthur. Elle lutta deux cents ans. Les Saxons eux-mêmes devaient être soumis en une seule bataille par Guillaume le Bâtard, tant la race germanique est moins propre à la résistance ! Les Francs, établis dans la Gaule, ont de même été subjugués, transformés dès la seconde génération, par l'influence ecclésiastique.

Les Cambriens ont résisté deux cents ans par les armes, et plus de mille ans par l'espérance. L'indomptable espérance (*inconquerable will,* Milton) a été le génie de ces peuples. Les *Saoson* (Saxons, Anglais, dans les langues d'Écosse et de Galles) croient qu'Arthur est mort ; ils se trompent, Arthur vit et attend. Des pèlerins l'ont trouvé en Sicile, enchanté sous l'Etna. Le sage des sages, le druide Myrdhyn, est aussi quelque part. Il dort sous une pierre dans la forêt ; c'est la faute de sa Vyvyan ; elle voulut éprouver sa puissance, et demanda au sage le mot fatal qui pouvait l'enchaîner ; lui, qui savait tout, n'ignorait pas non plus l'usage qu'elle devait en faire. Il le lui dit pourtant, et, pour lui complaire, se coucha lui-même dans son tombeau.

En attendant le jour de sa résurrection, elle chante et pleure cette grande race. Ses chants sont pleins de larmes, comme ceux des Juifs aux fleuves de Babylone. Le peu de fragments ossianiques qui sont réellement antiques portent ce caractère de mélancolie. Nos Bretons, moins malheureux, sont dans leur langage pleins de paroles tristes ; ils sympathisent avec la nuit, avec la mort : « Je ne dors jamais, dit leur proverbe, que je ne meure de mort amère. » Et à celui qui passe sur une tombe : « Retirez-vous de dessus mon trépassé ! » « La terre, disent-ils encore, est trop vieille pour produire. »

Ils n'ont pas grand sujet d'être gais ; tout a tourné contre eux. La Bretagne et l'Écosse se sont attachées volontiers aux partis faibles, aux causes perdues. Les chouans ont soutenu les Bourbons, les highlanders, les Stuarts. Mais la puissance de faire des rois s'est retirée des peuples celtiques depuis que la mystérieuse pierre, jadis apportée d'Irlande en Écosse, a été placée à Westminster.

De toutes les populations celtiques, la Bretagne est la moins à plaindre, elle a été associée depuis longtemps à l'égalité. La France est un pays humain et généreux. – Les Kymrys de Galles encore ont été, sous leurs Tudors (depuis Henri VIII), admis à partager les droits de l'Angleterre. Toutefois, c'est dans des torrents de sang, c'est par le massacre des bardes que l'Angleterre préluda à cette heureuse fraternité. Elle est peut-être plus apparente que réelle. – Que dire de la Cornouailles, si longtemps le Pérou de l'Angleterre, qui ne voyait en elle que ses mines ? Elle a fini par perdre sa langue : « Nous ne sommes plus que quatre ou cinq qui parlons la langue du pays, disait un vieillard en 1776, et ce sont de vieilles gens comme moi, de soixante à quatre-vingts ans ; tout ce qui est jeune n'en sait plus un mot. »

Bizarre destinée du monde celtique ! De ses deux moitiés, l'une, quoiqu'elle soit la moins malheureuse, périt, s'efface, ou du moins perd sa langue, son costume et son caractère. Je parle des highlanders de l'Écosse et des populations de Galles, Cornouailles et Bretagne. C'est l'élément sérieux et moral de la race. Il semble mourant de tristesse, et bientôt éteint. L'autre, plein d'une vie, d'une sève indomptable, multiplie et croît en dépit de tout. On entend bien que je parle de l'Irlande.

L'Irlande ! pauvre vieille aînée de la race celtique, si loin de la France, sa sœur, qui ne peut la défendre à travers les flots ! *L'Ile des saints, l'émeraude des mers,* la toute féconde Irlande, où les hommes poussent comme l'herbe, pour l'effroi de l'Angleterre, à qui chaque jour on vient dire : ils sont encore un million de plus ! la patrie des poètes, des penseurs hardis, de Jean l'Erigène, de Berkeley, de Tolland, la patrie de Moore, la patrie d'O'Connel ! peuple de parole éclatante et d'épée rapide, qui conserve encore dans cette vieillesse du monde la puissance poétique. Les Anglais peuvent rire quand ils entendent, dans quelque obscure maison de leurs villes, la veuve irlandaise improviser le *coronach* sur le corps de son époux ; *pleurer à l'irlandaise* (to weep irish), c'est chez eux un mot de dérision. Pleurez, pauvre Irlande, et que la France pleure aussi, en voyant à Paris, sur la porte de la maison qui reçoit vos enfants, cette harpe qui demande secours. Pleurons de ne pouvoir leur rendre le sang qu'ils ont versé pour nous. C'est donc en vain que quatre cent mille Irlandais ont combattu en moins de deux siècles dans nos armées. Il faut que nous assistions sans mot dire aux souffrances de l'Irlande. Ainsi nous avons depuis longtemps négligé, oublié les Écossais, nos anciens alliés. Cependant les montagnards d'Écosse auront tout à l'heure disparu du monde. Les hautes terres se dépeuplent tous les jours. Les grandes propriétés qui perdirent Rome ont aussi dévoré l'Écosse. Telle terre a quatre-vingt-seize milles carrés, une autre vingt milles de long sur trois de large. Les Highlanders ne seront bientôt plus que dans l'histoire et dans Walter Scott. On se met sur les portes à Edinburgh quand on voit passer le tartan et la claymore. Ils disparaissent, ils émigrent ; la cornemuse ne fait plus entendre qu'un air dans les montagnes :

« Cha till, cha till, sin tuile » :
Nous ne reviendrons, reviendrons, reviendrons
Jamais.

Livre II

Les Allemands

CHAPITRE PREMIER

Monde germanique - Invasion - Mérovingiens

Derrière la vieille Europe celtique, ibérienne et romaine, dessinée si sévèrement dans ses péninsules et ses îles, s'étendait un autre monde tout autrement vaste et vague. Ce monde du Nord, germanique et slave, mal déterminé par la nature, l'a été par les révolutions politiques. Néanmoins ce caractère d'indécision est toujours frappant dans la Russie, la Pologne, l'Allemagne même. La frontière de la langue, de la population allemande, flotte vers nous dans la Lorraine, dans la Belgique. A l'orient, la frontière slave de l'Allemagne a été sur l'Elbe, puis sur l'Oder, et indécise comme l'Oder, ce fleuve capricieux qui change si volontiers ses rivages. Par la Prusse, par la Silésie, allemandes et slaves à la fois, l'Allemagne plonge vers la Pologne, vers la Russie, c'est-à-dire vers l'infini barbare. Du côté du nord, la mer est à peine une barrière plus précise, les sables de la Poméranie continuent le fond de la Baltique ; là gisent sous les eaux, des villes, des villages, comme ceux que la mer engloutit en Hollande. Ce dernier pays n'est qu'un champ de bataille pour les deux éléments.

Terre indécise, races flottantes. Telles du moins nous les représente Tacite dans sa *Germania*. Des marais, des forêts, plus ou moins étendues, selon qu'elles s'éclaircissent et reculent devant l'homme, puis s'épaississant dans les lieux qu'il abandonne ; habitations dispersées, cultures peu étendues, et transportées chaque année vers une terre nouvelle. Entre les forêts, des *marches,* vastes clairières, terres vagues et communes, passage des migrations, théâtre des premiers essais de la culture, où se groupent capricieusement quelques cabanes. « Leurs demeures, dit Tacite, ne sont pas rapprochées : ici, ils s'arrêtent près d'une source ; là, près d'un bouquet d'arbres. » Limiter, déterminer la *marche,* c'est la grande affaire des prud'hommes forestiers. Les limitations ne sont pas bien précises. « Jusqu'où, disent-ils, le laboureur peut-il étendre la culture dans la marche ? aussi loin qu'il peut jeter son marteau. » Le marteau de Thor est le signe de la propriété, l'instrument de cette conquête pacifique sur la nature.

Il ne faudrait pourtant pas inférer de cette culture mobile, de ces mutations de demeures, que ces populations aient été nomades. Nous ne remarquons pas en elles cet esprit d'aventures qui a promené les Celtes antiques, les Tartares modernes, à travers l'Europe et l'Asie.

Les premières migrations germaniques sont généralement rapportées à des causes précises. L'invasion de l'Océan décida les Cimbres à fuir vers le midi, entraînant avec eux tant de peuples. La guerre et la faim, le besoin d'une terre plus fertile, poussaient souvent les tribus les unes sur les autres, comme on le voit dans Tacite. Mais lorsqu'elles ont trouvé un sol fertile et défendu par la nature, elles s'y sont tenues ; témoins les Frisons, qui, depuis tant de siècles, restent fidèles à la terre de leurs aïeux, aussi bien qu'à leurs usages.

Les mœurs des premiers habitants de la Germanie n'étaient pas autres, ce semble, que celles de tant de nations barbares, de quelques vives couleurs qu'il ait plu à Tacite de les parer : l'hospitalité, la vengeance implacable, l'amour effréné du jeu et des boissons fermentées, la culture abandonnée aux femmes ; tant d'autres traits, attribués aux Germains comme leur étant propres, par des écrivains qui ne connaissaient guère d'autres barbares. Toutefois, il ne faudrait pas les confondre avec les pasteurs tartares, ou les chasseurs de l'Amérique. Les peuplades de la Germanie, plus rapprochées de la vie agricole, moins dispersées et sur des espaces moins vastes, se présentent à nous avec des traits moins rudes ; elles semblent moins sauvages que barbares, moins féroces que grossières.

A l'époque où Tacite prend la Germanie, les Cimbres et Teutons (Ingævons, Istævons), pâlissent et s'effacent à l'occident ; les Goths et les Lombards commencent à poindre vers l'orient ; l'avant-garde saxonne, les Angli, sont à peine nommés ; la confédération francique n'est pas formée encore ; c'est le règne des Suèves (Hermions). Quoique diverses religions locales aient pu exister chez plusieurs tribus, tout porte à croire que le culte dominant était celui des éléments, celui des arbres et des fontaines. Tous les ans, la déesse Hertha (*erd,* la terre) sortait sur un char voilé, du mystérieux bocage où elle avait son sanctuaire, dans une île de l'océan du Nord.

Par-dessus ces races et ces religions, sur cette première Allemagne, pâle, vague, indécise, monde enfant, encore engagé dans l'adoration de la nature, vint se poser une Allemagne nouvelle, comme nous avons vu la Gaule druidique établie dans la Gaule gallique par l'invasion des Kymrys. Les tribus suéviques reçurent une civilisation plus haute, un mouvement plus hardi, plus héroïque, par l'invasion des adorateurs d'Odin, des Goths (Jutes, Gépides, Lombards, Burgondes), et des Saxons. Quoique le système odinique fût loin sans doute d'avoir encore les développements qu'il prit plus tard, et surtout dans l'Islande, il apportait dès lors les éléments d'une vie plus noble, d'une moralité plus profonde. Il promettait l'immortalité aux braves, un paradis, un walhalla, où ils pourraient tout le jour se tailler en pièces, et s'asseoir ensuite au banquet du soir. Sur la terre, il leur parlait d'une ville sainte, d'une cité des Ases, Asgard, lieu de bonheur et de sainteté, patrie sacrée d'où les races germaniques avaient été chassées jadis, et qu'elles devaient chercher dans leurs courses par le monde. Cette croyance put exercer quelque influence sur les migrations barbares ; peut-être la recherche de la ville sainte n'y fut-elle pas étrangère, comme une autre ville sainte fut plus tard le but des croisades.

Entre les tribus odiniques, nous remarquons une différence essentielle. Chez les Goths, Lombards et Burgondes, prévalait l'autorité des chefs militaires qui les menaient au combat, celle des Amali, des Balti. L'esprit de la bande guerrière, du *comitatus*, aperçu déjà par Tacite dans les Germains, était tout-puissant chez ces peuples. « Le rôle de compagnon n'a rien dont on rougisse. Il a ses rangs, ses degrés, le prince en décide. Entre les compagnons, c'est à qui sera le premier auprès du prince ; entre les princes, c'est à qui aura le plus de compagnons et les plus ardents. C'est la dignité, c'est la puissance d'être toujours entouré d'une bande d'élite ; c'est un ornement dans la paix, un rempart dans la guerre. Celui qui se distingue par le nombre et la bravoure des siens, devient glorieux et renommé, non seulement dans sa patrie, mais encore dans les cités voisines. On le recherche par des ambassades ; on lui envoie des présents ; souvent son nom seul fait le succès d'une guerre. Sur le champ de bataille, il est honteux au prince d'être surpassé en courage ; il est honteux à la bande de ne pas égaler le courage de son prince. A jamais infâme celui qui lui survit, qui revient sans lui du combat. Le défendre, le couvrir de son corps, rapporter à sa gloire ce qu'on fait soi-même de beau, voilà leur premier serment. Les princes combattent pour la victoire, les compagnons pour le prince. Si la cité qui les vit naître languit dans l'oisiveté d'une longue paix, ces chefs de la jeunesse vont chercher la guerre chez quelque peuple étranger ; tant cette nation hait le repos ! D'ailleurs, on s'illustre plus facilement dans les hasards, et l'on a besoin du règne de la force et des armes pour entretenir de nombreux compagnons. C'est au prince qu'ils demandent ce cheval de bataille, cette victorieuse et sanglante framée. Sa table, abondante et grossière, voilà la solde. La guerre y fournit, et le pillage. »

Ce principe d'attachement à un chef, ce dévouement personnel, cette religion de l'homme envers l'homme, qui plus tard devint le principe de l'organisation féodale, ne paraît pas de bonne heure chez l'autre branche des tribus odiniques. Les Saxons semblent ignorer d'abord cette hiérarchie de la bande guerrière dont parle Tacite. Tous égaux sous les Dieux, sous les Ases, enfants des Dieux, ils n'obéissent à leurs chefs qu'autant que ceux-ci parlent au nom du Ciel. Le nom de Saxons lui-même est peut-être identique à celui d'Ases. Répartis en trois peuplades et douze tribus, ils repoussèrent longtemps toute autre division. Quand les Lombards envahirent l'Italie, la plupart des Saxons refusèrent de les suivre, ne voulant pas s'assujettir à la division militaire des dizaines et centaines que leurs alliés admettaient. Ce ne fut que bien tard, quand les Saxons, pressés entre les Francs et les Slaves, se mirent à courir l'Océan, et se jetèrent sur l'Angleterre, que les chefs militaires prévalurent, et que la division des *hundreds* s'introduisit chez eux. Quelques-uns veulent qu'elle n'ait commencé qu'avec Alfred.

Il semble que les populations saxonnes, une fois établies au nord de l'Allemagne, aient longtemps préféré la vie sédentaire. Les Goths ou Jutes, au contraire, se livrèrent aux migrations lointaines. Nous les voyons dans la Scandinavie, dans le Danemark, et presque en même temps sur le Danube et sur la Baltique. Ces courses immenses ne purent avoir lieu qu'autant que la population tout entière devint une bande, et que le *comitatus*, le compagnonnage guerrier, s'y organisa sous des chefs héréditaires. La pression que ces peuples exercèrent sur toutes les tribus germaniques, obligea celles-ci à se mettre en mouvement, soit pour faire place aux nouveaux venus, soit pour les suivre dans leurs courses. Les plus jeunes et les plus hardis prirent parti sous des chefs, et commencèrent une vie de guerres et d'aventures. Ceci est encore un trait commun à tous les peuples barbares. Dans la Lusitanie, dans la vieille Italie, les jeunes gens étaient envoyés aux montagnes. L'exil d'une partie de la population était consacré, régularisé chez les tribus sabelliennes, sous le nom de *ver sacrum*. Ces bannis, ou bandits *(banditi)*, lancés de la patrie dans le monde, et de la loi dans la guerre *(outlaws)*, ces loups *(wargr)*, comme on les appelait dans le Nord, forment la partie aventureuse et poétique de toutes les nations anciennes.

La forme jeune et héroïque, sous laquelle la race germanique apparut accidentellement au vieux monde latin, on l'a prise pour le génie invariable de cette race. Des historiens ont dit que les Germains avaient importé en ce monde l'esprit d'indépendance, le génie de la libre personnalité. Resterait pourtant à examiner si toutes les races, dans des circonstances semblables, n'ont pas présenté les mêmes caractères. Derniers venus des barbares, les Germains n'auraient-ils pas prêté leur nom au génie barbare de tous les âges ? Ne pourrait-on même pas dire que leurs succès contre l'Empire tinrent à la facilité avec laquelle ils s'aggloméraient en grands corps militaires, à leur attachement héréditaire pour les familles des chefs qui les conduisaient ; en un mot, au dévouement personnel, et à la disciplinabilité, qui, dans tous les siècles, ont caractérisé l'Allemagne, de sorte que ce qu'on a présenté comme prouvant l'indomptable génie, la forte individualité des guerriers germains, marquerait au contraire l'esprit éminemment social, docile, flexible de la race germanique ?

Cette mâle et juvénile allégresse de l'homme qui se sent fort et libre dans un monde qu'il s'approprie en espérance, dans les forêts dont il ne sait pas les bornes, sur une mer qui le porte à des rivages inconnus, cet élan du cheval indompté sur les steppes et les pampas, elle est sans doute dans Alaric, quand il jure qu'une force inconnue l'entraîne aux portes de Rome ; elle est dans le pirate danois qui chevauche orgueilleusement l'Océan ; elle est sous la feuillée où Robin Hood aiguise sa bonne flèche contre le shérif. Mais ne la trouvez-vous pas tout autant dans les guérillas de Galice, le D. Luis de Calderon, *l'ennemi de la loi ?* Est-elle moindre dans ces joyeux Gaulois, qui suivirent César sous le signe de l'alouette, qui s'en allaient en chantant prendre Rome, Delphes ou Jérusalem ? Ce génie de la personnalité libre, de l'orgueil effréné du moi, n'est-il pas éminent dans la philosophie celtique, dans Pélage, Abailard et Descartes, tandis que le mysticisme et l'idéalisme ont fait le caractère presque invariable de la philosophie et de la théologie allemandes ?

Du jour où, selon la belle formule germanique, le *wargus* a jeté la poussière sur tous ses parents, et lancé l'herbe par-dessus son épaule, où, s'appuyant sur son bâton, il a sauté la petite enceinte de son champ, alors qu'il laisse aller la plume au vent, qu'il délibère comme Attila, s'il attaquera l'Empire d'Orient, ou celui d'Occident : à lui l'espoir, à lui le monde !

C'est de cet état d'immense poésie que sortit l'idéal germanique, le Sigurd scandinave, le *Siegfried* ou le Dietrich von Bern de l'Allemagne. Dans cette figure colossale est réuni ce que la Grèce a divisé, la force héroïque et l'instinct voyageur, Achille et Ulysse : *Siegfried parcourut bien des contrées par la force de son bras.* Mais ici l'homme rusé, tant loué des Grecs, est maudit, dans le perfide Hagen, meurtrier de Siegfried, Hagen à *la face pâle* et qui n'a qu'un œil, dans le nain monstrueux qui a fouillé les entrailles de la terre, qui sait tout, et qui ne veut que le mal. La conquête du Nord, c'est Sigurd ; celle du Midi, c'est Dietrich von Bern (Théodoric de Vérone ?). La silencieuse ville de Ravenne garde, à côté du tombeau de Dante, le tombeau de Théodoric, immense rotonde dont le dôme d'une seule pierre semble avoir été posé là par la main des géants. Voilà peut-être le seul monument gothique qui reste au monde aujourd'hui. Il n'a rien dans sa masse qui fasse penser à cette hardie et légère architecture, qu'on appelle gothique, et qui n'exprime en effet que l'élan mystique du christianisme au Moyen Age. Il faudrait plutôt le comparer aux pesantes constructions pélasgiques des tombeaux de l'Étrurie et de l'Argolide.

Les courses aventureuses des Germains à travers l'Empire, et leur vie mercenaire à la solde des Romains, les armèrent plus d'une fois les uns contre les autres. Le Vandale Stilicon défit à Florence ses compatriotes dans la grande armée barbare de Rhodogast. Le Scythe Aétius défit les Scythes dans les campagnes de Châlons ; les Francs y combattirent pour et contre Attila. Qui entraîne les tribus germaniques dans ces guerres parricides ? c'est cette fatalité terrible dont parlent l'*Edda* et les *Niebelungen.* C'est l'or, que Sigurd enlève au dragon Fafnir, et qui doit le perdre lui-même ; cet or fatal qui passe à ses meurtriers, pour les faire périr au banquet de l'avare Attila.

L'or et la femme, voilà l'objet des guerres, le but des courses héroïques. But héroïque, comme l'effort ; l'amour ici n'a rien d'amollissant ; la grâce de la femme, c'est sa force, sa taille colossale. Élevée par un homme, par un guerrier (admirable froideur du sang germanique !), la vierge manie les armes. Il faut, pour venir à bout de Brunhild, que Siegfried ait lancé le javelot contre elle, il faut que, dans la lutte amoureuse, elle ait de ses fortes mains fait jaillir le sang des doigts du héros... La femme, dans la Germanie primitive, était encore courbée sur la terre qu'elle cultivait ; elle grandit dans la vie guerrière ; elle devient la compagne des dangers de l'homme, unie à son destin dans la vie, dans la mort (*sic vivendum, sic pereundum,* Tacite). Elle ne s'éloigne pas du champ de bataille, elle l'envisage, elle y préside, elle devient la fée des combats, la walkirie charmante et terrible, qui cueille, comme une fleur, l'âme du guerrier expirant. Elle le cherche sur la plaine funèbre, comme Édith *au col de cygne* cherchait Harold après la bataille d'Hastings, ou cette courageuse Anglaise qui, pour retrouver son jeune époux, retourna tous les morts de Waterloo.

On sait l'occasion de la première migration des barbares dans l'Empire. Jusqu'en 375, il n'y avait eu que des incursions, des invasions partielles. A cette époque, les Goths, fatigués des courses de la cavalerie hunnique qui rendait toute culture impossible, obtinrent de passer le Danube, comme soldats de l'Empire, qu'ils voulaient défendre et cultiver. Convertis au christianisme, ils étaient déjà un peu adoucis par le commerce des Romains, L'avidité des agents impériaux les ayant jetés dans la famine et le désespoir, ils ravagèrent les provinces entre la mer Noire et l'Adriatique ; mais dans ces courses mêmes ils s'humanisèrent encore, et par les jouissances du luxe et par leur mélange avec les familles des vaincus. Achetés à tout prix par Théodose, ils lui gagnèrent deux fois l'Empire d'Occident. Les Francs avaient d'abord prévalu dans cet empire, comme les Goths dans l'autre. Leurs chefs, Mellobaud sous Gratien, Arbogast sous Valentinien II, puis sous le rhéteur Eugène qu'il revêtit de la pourpre, furent effectivement empereurs.

Dans cet affaissement de l'Empire d'Occident, qui se livrait lui-même aux barbares, les vieilles populations celtiques, les indigènes de la Gaule et de la Bretagne se relevèrent et se donnèrent des chefs. Maxime, Espagnol comme Théodose, fut élevé à l'empire par les légions de Bretagne (an 383). Il passa à Saint-Malo avec une multitude d'insulaires, et défit les troupes de Gratien. Celui-ci et son Franc Mellobaud furent mis à mort. Les auxiliaires Bretons furent établis dans notre Armorique sous leur conan ou chef, Mériadec, ou plutôt Murdoch, qu'on désigne comme premier comte de Bretagne. L'Espagne se soumit volontiers à l'Espagnol Maxime, et ce prince habile ne tarda pas à enlever l'Italie au jeune Valentinien II, beau-frère de Théodose. Ainsi une armée, en partie bretonne, sous un empereur espagnol, avait réuni tout l'Occident.

C'est par les Germains que Théodose prévalut sur Maxime ; son armée, composée principalement de Goths, envahit l'Italie, tandis que le Franc Arbogast opérait une diversion par la vallée du Danube. Cet Arbogast resta tout-puissant sous Valentinien II, s'en défit et régna trois ans sous le nom du rhéteur Eugène. C'est encore en grande partie aux Goths que Théodose dut sa victoire sur cet usurpateur.

Sous Honorius, la rivalité du Goth Alaric et du Vandale Stilicon ensanglanta dix ans l'Italie. Le Vandale, nommé par Théodose tuteur d'Honorius, avait en ses mains l'empereur d'Occident. Le Goth, nommé par l'empereur d'Orient, Arcadius, maître de province d'Illyrie, sollicitait en vain d'Honorius la permission de s'y établir. Pendant ce temps, la Bretagne, la Gaule et l'Espagne redevinrent indépendantes sous le Breton Constantin. La révolte d'un des généraux de cet empereur, et peut-être la rivalité de l'Espagne et de la Gaule, préparèrent la ruine du nouvel Empire gaulois. Elle fut consommée par la réconciliation d'Honorius et des Goths. Ataulph, frère d'Alaric, épousa Placidie, sœur d'Honorius, et son successeur, Wallia, établit ses bandes à Toulouse, comme milice fédérée au service de l'Empire (an 411). Mais cet empire n'avait plus besoin de milice en Gaule ; il abandonnait de lui-même cette province, comme il avait fait de la Bretagne, et se concentrait dans l'Italie pour y mourir. A mesure qu'il se retirait, les Goths s'étendirent peu à peu, et dans l'espace d'un demi-siècle, ils occupèrent toute l'Aquitaine et toute l'Espagne.

Les dispositions de ces Goths ne furent rien moins qu'hostiles pour la Gaule. Dans leur long voyage à travers l'Empire, ils n'avaient pu voir qu'avec étonnement et respect ce prodigieux ouvrage de la civilisation romaine, faible et près de crouler sans doute, mais encore debout et dans sa splendeur. Après la première brutalité de l'invasion, ils s'étaient mis, simples et dociles, sous la discipline des vaincus. Leurs chefs n'avaient pas ambitionné de plus beau titre que celui de restaurateur de l'Empire. On peut en juger par les mémorables paroles d'Ataulph qui nous ont été conservées : « Je me souviens, dit un auteur du Ve siècle, d'avoir entendu à Bethléem le bienheureux Jérôme raconter qu'il avait vu un certain habitant de Narbonne, élevé à de hautes fonctions sous l'empereur Théodose, et d'ailleurs religieux, sage et grave, qui avait joui dans sa ville natale de la familiarité d'Ataulph. Il répétait souvent que le roi des Goths, homme de grand cœur et de grand esprit, avait coutume de dire que son ambition la plus ardente avait d'abord été d'anéantir le nom romain et de faire de toute l'étendue des terres romaines un nouvel empire appelé gothique, de sorte que, pour parler vulgairement, tout ce qui était Romanie devînt Gothie, et qu'Ataulph jouât le même rôle qu'autrefois César Auguste ; mais qu'après s'être assuré par expérience que les Goths étaient incapables d'obéissance aux lois, à cause de leur barbarie indisciplinable, jugeant qu'il ne fallait point toucher aux lois, sans lesquelles la république cessait d'être république, il avait pris le parti de chercher la gloire en consacrant les forces des Goths à rétablir dans son intégrité, à augmenter même la puissance du nom romain, afin qu'au moins la postérité le regardât comme le restaurateur de l'Empire, qu'il ne pouvait transporter. Dans cette vue il s'abstenait de la guerre et cherchait soigneusement la paix. »

Le cantonnement des Goths dans les provinces romaines ne fut pas un fait nouveau et étrange. Depuis longtemps les empereurs avaient à leur solde des barbares, qui, sous le titre d'hôtes, logeaient chez le Romain et mangeaient à sa table. L'établissement des nouveaux venus eut même d'abord un immense avantage, ce fut d'achever la désorganisation de la tyrannie impériale. Les agents du fisc se retirant peu à peu, le plus grand des maux de l'Empire cessa de lui-même. Les curiales, bornés désormais à l'administration locale des municipalités, se trouvèrent soulagés de toutes les charges dont le gouvernement central les accablait. Les barbares s'emparèrent, il est vrai, des deux tiers des terres dans les cantons où ils s'établirent. Mais il y avait tant de terres incultes, que cette cession dut généralement être peu onéreuse aux Romains. Il semble que les barbares aient conçu des scrupules sur ces acquisitions violentes, et qu'ils aient quelquefois dédommagé les propriétaires romains. Le poète Paulin, réduit à la pauvreté par suite de l'établissement d'Ataulph, et retiré à Marseille, y reçut un jour avec étonnement le prix d'une de ses terres que lui envoyait le nouveau possesseur.

Les Burgondes, qui s'établirent à l'ouest du Jura, vers la même époque que les Goths dans l'Aquitaine, avaient peut-être encore plus de douceur. « Il paraît que cette bonhomie, qui est l'un des caractères actuels de la race germanique, se montra de bonne heure chez ce peuple. Avant leur entrée dans l'Empire, ils étaient presque tous gens de métier, ouvriers en charpente ou en menuiserie. Ils gagnaient leur vie à ce travail dans les intervalles de paix, et étaient ainsi étrangers à ce double orgueil du guerrier et du propriétaire oisif qui nourrissait l'insolence des autres conquérants barbares... Impatronisés sur les domaines des propriétaires gaulois, ayant reçu ou pris, à titre d'hospitalité, les deux tiers des terres et le tiers des esclaves, ce qui probablement équivalait à la moitié de tout, ils se faisaient scrupule de rien usurper au-delà. Ils ne regardaient point le Romain comme leur colon, comme leur lite, selon l'expression germanique, mais comme leur égal en droits dans l'enceinte de ce qui lui restait. Ils éprouvaient même devant les riches sénateurs, leurs copropriétaires, une sorte d'embarras de parvenu. Cantonnés militairement dans une grande maison, pouvant y jouer le rôle de maîtres, ils faisaient ce qu'ils voyaient faire aux clients romains de leur noble hôte, et se réunissaient pour aller le saluer de grand matin. » Le poète Sidonius nous a laissé le curieux tableau d'une maison romaine occupée par les barbares. Il représente ceux-ci comme incommodes et grossiers, mais point du tout méchants : « A qui demandes-tu un hymne pour la joyeuse Vénus ? A celui qu'obsèdent les bandes à la longue chevelure, à celui qui endure le jargon germanique, qui grimace un triste sourire aux chants du Burgonde repu ; il chante lui, et graisse ses cheveux d'un beurre rance... Homme heureux ! tu ne vois pas avant le jour cette armée de géants qui viennent vous saluer, comme leur grand-père ou leur père nourricier. La cuisine d'Alcinoüs ne pourrait y suffire. Mais c'est assez de quelques vers, taisons-nous. Si on allait y voir une satire ?... »

Les Germains, établis dans l'Empire du consentement de l'empereur, ne restèrent pas tranquilles dans la possession des terres qu'ils avaient occupées. Ces mêmes Huns, qui autrefois avaient forcé les Goths de passer le Danube, entraînèrent les autres Germains demeurés en

Germanie, et tous ensemble ils passèrent le Rhin. Voilà le monde barbare déchiré sous ses deux formes. La bande, déjà établie sur le sol de la Gaule, et de plus en plus gagnée à la civilisation romaine, l'adopte, l'imite et la défend. La tribu, forme primitive et antique, restée plus près du génie de l'Asie, suit par troupeaux la cavalerie asiatique, et vient demander une part dans l'Empire à ses enfants qui l'ont oubliée.

C'est une particularité remarquable dans notre histoire que les deux grandes invasions de l'Asie en Europe, celle des Huns au Ve siècle, et celle des Sarrasins au VIIIe, aient été repoussées en France. Les Goths eurent la part principale à la première victoire, les Francs à la seconde.

Malheureusement il est resté une grande obscurité sur ces deux événements. Le chef de l'invasion hunnique, le fameux Attila, apparaît dans les traditions moins comme un personnage historique que comme un mythe vague et terrible, symbole et souvenir d'une destruction immense. Son vrai nom oriental, Etzel, signifie une chose puissante et vaste, une montagne, un fleuve, particulièrement la Volga, ce fleuve immense qui sépare l'Asie de l'Europe. Tel aussi paraît Attila dans les *Niebelungen,* puissant, formidable, mais indécis et vague, rien d'humain, indifférent, immoral comme la nature, avide comme les éléments, absorbant comme l'eau ou le feu.

On douterait qu'il eût existé comme homme, si tous les auteurs du Ve siècle ne s'accordaient là-dessus, si Priscus ne nous disait avec terreur qu'il l'a vu en face, et ne nous décrivait la table d'Attila. Et dans l'histoire aussi elle est terrible cette table, quoiqu'on n'y trouve pas, comme dans les *Niebelungen,* les funérailles de toute une race. Mais c'est un grand spectacle d'y voir à la dernière place, après les chefs des dernières peuplades barbares, siéger les tristes ambassadeurs des empereurs d'Orient et d'Occident. Pendant que les mimes et les farceurs excitent la joie et le rire des guerriers barbares, lui, sérieux et grave, ramassé dans sa taille courte et forte, le nez écrasé, le front large et percé de deux trous ardents, roule de sombres pensées, tandis qu'il passe la main dans les cheveux de son jeune fils... Ils sont là ces Grecs qui viennent jusqu'au gîte du lion lui dresser des embûches ; il le sait, mais il lui suffit de renvoyer à l'empereur la bourse avec laquelle on a cru acheter sa mort, et de lui adresser ces paroles accablantes : « Attila et Théodose sont fils de pères très nobles. Mais Théodose, en payant tribut, est déchu de sa noblesse ; il est devenu l'esclave d'Attila ; il n'est pas juste qu'il dresse des embûches à son maître, comme un esclave méchant. »

Il ne daignait pas autrement se venger, sauf quelques milliers d'onces d'or qu'il exigeait de plus. S'il y avait retard dans le paiement du tribut, il lui suffisait de faire dire à l'empereur par un de ses esclaves : « Attila, ton maître et le mien, va te venir voir ; il t'ordonne de lui préparer un palais dans Rome. »

Du reste, qu'y eût-il gagné, ce Tartare, à conquérir l'Empire ? Il eût étouffé dans ces cités murées, dans ces palais de marbre. Il aimait bien mieux son village de bois, tout peint et tapissé, aux mille kiosques, aux cent couleurs, et tout autour la verte prairie du Danube. C'est de là qu'il partait tous les ans avec son immense cavalerie, avec les bandes germaniques qui le suivaient bon gré, mal gré. Ennemi de l'Allemagne, il se servait de l'Allemagne ; son allié, c'était l'ennemi des Allemands, le Vende Genséric, établi en Afrique. Les Vendes, ayant tourné de la Germanie par l'Espagne, avaient changé la Baltique pour la Méditerranée ; ils infestaient le Midi de l'Empire, pendant qu'Attila en désolait le Nord. La haine du Vende Stilicon contre le Goth Alaric reparaît dans celle de Genséric contre les Goths de Toulouse ; il avait demandé, puis mutilé cruellement la fille de leur roi. Il appela contre eux Attila dans la Gaule. Selon l'historien contemporain Idace (historien peu grave, il est vrai), Attila eût été appelé aussi par son compatriote Aétius, général de l'Empire d'Occident, qui voulait détruire les Goths. Le passage d'Attila fut marqué par la ruine de Metz et d'une foule de villes. La multitude des légendes qui se rapportent à cette époque peut faire juger de l'impression que ce terrible événement laissa dans la mémoire des peuples. Troyes dut son salut aux mérites de saint Loup. Dieu tira saint Servat de ce monde pour lui épargner la douleur de voir la ruine de Tongres. Paris fut sauvé par les prières de sainte Geneviève. L'évêque Anianus défendit courageusement Orléans. Pendant que le bélier battait les murs, le saint évêque, en prière, demandait si l'on ne voyait rien venir. Deux fois on lui dit que rien n'apparaissait : à la troisième, on lui annonça qu'on distinguait un faible nuage à l'horizon : c'étaient les Goths et les Romains qui accouraient au secours.

Idace assure gravement qu'Attila tua près d'Orléans deux cent mille Goths, avec leur roi Théodoric. Thorismond, fils de Théodoric, voulait le venger ; mais *le prudent* Aétius, qui craignait également le triomphe des deux partis, va trouver la nuit Attila, et lui dit : « Vous n'avez détruit que la moindre partie des Goths ; demain il en viendra une si grande multitude que vous aurez peine à échapper. » Attila reconnaissant lui donne dix mille pièces d'or. Puis Aétius va trouver le Goth Thorismond, et lui en dit autant ; il lui fait craindre d'ailleurs que, s'il ne se hâte de revenir à Toulouse, son frère n'usurpe le trône. Thorismond, pour un aussi bon avis, lui donne aussi dix mille *solidi*. Les deux armées s'éloignent rapidement l'une de l'autre.

Le Goth Jornandès, qui écrit un siècle après, ne manque pas d'ajouter aux fables d'Idace ; mais chez lui toute la gloire est pour les Goths. Dans son récit, ce n'est pas Aétius, mais Attila qui emploie la perfidie. Le roi des Huns n'en veut qu'au roi des Goths, Théodoric. Il emmène dans la Gaule toute la barbarie du Nord et de l'Orient. C'est une épouvantable bataille de tout le monde asiatique, romain, germanique. Il y reste près de trois cent mille morts. Attila, menacé de se voir forcé dans son camp, élève un immense bûcher formé de selles de chevaux, s'y place la torche à la main, tout prêt à y mettre le feu.

Il y a une chose terrible dans ce récit, et qu'on ne peut guère révoquer en doute : des deux côtés, c'étaient pour la plupart des frères, Francs contre Francs, Ostrogoths contre Wisigoths. Après une si longue séparation, ces tribus se retrouvaient pour se combattre et pour s'égorger. C'est ce que les chants germaniques ont exprimé d'une manière bien touchante dans les *Niebelungen,* quand le bon markgraf Rüdiger attaque, pour obéir à l'épouse d'Attila, les Burgondes qu'il aime, quand il verse de grosses larmes, et qu'en combattant Hagen, il lui prête son bouclier. Plus pathétique encore est le chant d'Hildebrand et Hadubrand : le père et le fils, séparés depuis bien des années, se rencontrent au bout du monde ; mais le fils ne reconnaît point le père, et celui-ci se voit dans la nécessité de périr ou de tuer son fils.

Attila s'éloignait, et l'Empire ne pouvait profiter de sa retraite. A qui devait rester la Gaule ? Aux Goths et aux Burgondes, ce semble. Ces peuples ne pouvaient manquer d'envahir les contrées centrales, qui, telles que l'Auvergne, s'obstinaient à rester romaines. Mais les Goths eux-mêmes n'étaient-ils par Romains ? Leurs rois choisissaient leurs ministres parmi les vaincus. Théodoric II employait la plume du plus habile homme des Gaules, et se félicitait qu'on admirât l'élégance des lettres écrites en son nom. Le grand Théodoric, fils adoptif de l'empereur Zénon et roi des Ostrogoths établis en Italie, eut pour ministre le déclamateur Cassiodore. Sa fille, la savante Amalasonte, parlait indifféremment le latin et le grec, et son cousin Théodat, qui la fit périr, affectait le langage d'un philosophe.

Les Goths n'avaient que trop bien réussi à restaurer l'Empire. L'administration impériale avait reparu, et avec elle tous les abus qu'elle entraînait. L'esclavage avait été maintenu sévèrement dans l'intérêt des propriétaires romains. Imbus des idées byzantines dans leur long séjour en Orient, les Goths en avaient rapporté l'arianisme grec, cette doctrine qui réduisait le christianisme à une sorte de philosophie, et qui soumettait l'Église à l'État. Détestés du clergé des Gaules, ils le soupçonnaient, non sans raison, d'appeler les Francs, les barbares du Nord. Les Burgondes, moins intolérants que les Goths partageaient les mêmes craintes. Ces défiances rendaient le gouvernement chaque jour plus dur et plus tyrannique. On sait que la loi gothique a tiré des procédures impériales le premier modèle de l'inquisition.

La domination des Francs était d'autant plus désirée, que personne peut-être ne se rendait compte de ce qu'ils étaient. Ce n'était pas un peuple, mais une fédération, plus ou moins nombreuse, selon qu'elle était puissante ; elle dut l'être au temps de Mellobaud et d'Arbogast, à la fin du IVe siècle. Alors les Francs avaient certainement des terres considérables dans l'Empire. Des Germains de toute race composaient sous le nom de Francs les meilleurs corps des armées impériales et la garde même de l'empereur. Cette population flottante, entre la Germanie et l'Empire, se déclara généralement contre les autres barbares qui venaient derrière elle envahir la Gaule. Ils s'opposèrent en vain à la grande invasion des Bourguignons, Suèves et Vandales, en 406 ; beaucoup d'entre eux combattirent Attila. Plus tard, nous les verrons, sous Clovis, battre les

Allemands près de Cologne, et leur fermer le passage du Rhin. Païens encore, et sans doute indifférents dans la vie indécise qu'ils menaient sur la frontière, ils devaient accepter facilement la religion du clergé des Gaules. Tous les autres barbares à cette époque étaient ariens. Tous appartenaient à une race, à une nationalité distincte. Les Francs seuls, population mixte, semblaient être restés flottants sur la frontière, prêts à toute idée, à toute influence, à toute religion. Eux seuls reçurent le christianisme par l'Église latine. Placés au nord de la France, au coin nord-ouest de l'Europe, les Francs tinrent ferme et contre les Saxons païens, derniers venus de la Germanie, et contre les Wisigoths ariens, enfin contre les Sarrasins, tous également ennemis de la divinité de Jésus-Christ. Ce n'est pas sans raison que nos rois ont porté le nom de fils aînés de l'Église.

L'Église fit la fortune des Francs. L'établissement des Bourguignons, la grandeur des Goths, maîtres de l'Aquitaine et de l'Espagne, la formation des confédérations armoriques, celle d'un *royaume romain* à Soissons sous le général Egidius, semblaient devoir resserrer les Francs dans la forêt Carbonaria, entre Tournay et le Rhin. Ils s'associèrent les Armoriques, du moins ceux qui occupaient l'embouchure de la Somme et de la Seine. Ils s'associèrent les soldats de l'Empire, restés sans chef après la mort d'Egidius. Mais jamais leurs faibles bandes n'auraient détruit les Goths, humilié les Bourguignons, repoussé les Allemands, si partout ils n'eussent trouvé dans le clergé un ardent auxiliaire, qui les guida, éclaira leur marche, leur gagna d'avance les populations.

Voyons d'abord en quels termes modestes Grégoire de Tours parle des premiers pas des Francs dans la Gaule. « On rapporte qu'alors Chlogion, homme puissant et distingué dans son pays, fut roi des Francs ; il habitait Dispargum, sur la frontière du pays de Tongres. Les Romains occupaient aussi ces pays, c'est-à-dire vers le Midi jusqu'à la Loire. Au-delà de la Loire, le pays était aux Goths. Les Burgondes, attachés aussi à la secte des ariens, habitaient au-delà du Rhône, qui coule auprès de la ville de Lyon. Chlogion, ayant envoyé des espions dans la ville de Cambrai, et fait examiner tout le pays, défit les Romains et s'empara de cette ville. Après y être demeuré quelque temps, il conquit le pays jusqu'à la Somme. Quelques-uns prétendent que le roi Mérovée, qui eut pour fils Childéric, était né de sa race. »

Il est probable que plusieurs des chefs des Francs, par exemple ce Childéric, qu'on nous présente comme fils de Mérovée, père de Clovis, avaient eu des titres romains, comme au siècle précédent Mellobaud et Arbogast. Nous voyons en effet Egidius, un général romain, un partisan de l'empereur Majorien, un ennemi des Goths, et de leur créature l'empereur arverne Avitus, succéder au chef des Francs, Childéric, momentanément chassé par les siens. Ce n'est pas sans doute en qualité de chef héréditaire et national, c'est comme maître de la milice impériale qu'Egidius remplace Childéric. Ce dernier, accusé d'avoir violé des vierges libres, s'est retiré chez les Thuringiens, dont il enlève la reine ; il retourne parmi les Francs après la mort d'Egidius, et son fils Clovis, qui lui succède, prévaut aussi sur le patrice Syagrius, fils d'Egidius. Syagrius, vaincu à Soissons, se réfugie chez les Goths, qui le livrent à Clovis (an 486). Celui-ci est revêtu plus tard des insignes du consulat par l'empereur de Constantinople, Anastase.

Clovis ne commandait encore qu'à la petite tribu des Francs de Tournay, lorsque plusieurs bandes suéviques, désignées sous le nom d'*All-men* (tous hommes ou tout à fait hommes), menacèrent de passer le Rhin. Les Francs prirent les armes comme à l'ordinaire, pour fermer le passage aux nouveaux venus. En pareil cas, toutes les tribus s'unissaient sous le chef le plus brave. Clovis eut ainsi l'honneur de la victoire commune. Il embrassa en cette occasion le culte de la Gaule romaine. C'était celui de sa femme Clotilde, nièce du roi des Bourguignons. Il avait fait vœu, disait-il, pendant la bataille, d'adorer le dieu de Clotilde, s'il était vainqueur ; trois mille de ses guerriers l'imitèrent. Ce fut une grande joie dans le clergé des Gaules, qui plaça dès lors dans les Francs l'espoir de sa délivrance. Saint Avitus, évêque de Vienne, et sujet des Bourguignons ariens, n'hésitait pas à lui écrire : « Quand tu combats, c'est à nous qu'est la victoire. » Ce mot fut commenté éloquemment par saint Rémi au baptême de Clovis : « Sicambre, baisse docilement la tête ; brûle ce que tu as adoré, et adore ce que tu as brûlé. » Ainsi l'Église prenait solennellement possession des barbares.

Cette union de Clovis avec le clergé des Gaules semblait devoir être fatale aux Bourguignons. Il avait déjà essayé de profiter d'une guerre entre leurs rois, Godegisile et Gondebaud. Il avait pour prétexte contre celui-ci et son arianisme et la mort du père de Clotilde, que Gondebaud avait tué ; nul doute qu'il ne fût appelé par les évêques. Gondebaud s'humilia. Il amusa les évêques par la promesse de se faire catholique. Il leur confia ses enfants à élever. Il accorda aux Romains une loi plus douce qu'aucun peuple barbare n'en avait encore accordé aux vaincus. Enfin il se soumit à payer un tribut à Clovis.

Alaric II, roi des Wisigoths, partageant les mêmes craintes, voulut gagner Clovis et le vit dans une île de la Loire. Celui-ci lui donna de bonnes paroles, mais immédiatement après il convoque ses Francs. « Il me déplaît, dit-il, que ces ariens possèdent la meilleure partie des Gaules ; allons sur eux avec l'aide de Dieu et chassons-les ; soumettons leur terre à notre pouvoir. Nous ferons bien, car elle est très bonne (an 507). »

Loin de rencontrer aucun obstacle, il sembla qu'il fût conduit par une main mystérieuse. Une biche lui indiqua un gué dans la Vienne. Une colonne de feu s'éleva, pour le guider la nuit, sur la Cathédrale de Poitiers. Il envoya consulter les sorts à Saint-Martin de Tours, et ils lui furent favorables. De son côté, il ne méconnut pas d'où lui venait le secours. Il défendit de piller autour de Poitiers. Près de Tours, il avait frappé de son épée un soldat qui enlevait du foin sur le territoire de cette ville, consacrée par le tombeau de saint Martin. « Où est, dit-il, l'espoir de la victoire si nous offensons saint Martin ? » Après sa victoire sur

Syagrius, un guerrier refusa au roi un vase sacré qu'il demandait dans son partage pour le remettre à saint Rémi, à l'église duquel il appartenait. Peu après, Clovis, passant ses bandes en revue, arrache au soldat sa francisque, et pendant qu'il la ramasse lui fend la tête de sa hache : « Souviens-toi du vase de Soissons. » Un si zélé défenseur des biens de l'Église devait trouver en elle de puissants secours pour la victoire. Il vainquit en effet Alaric à Vouglé, près de Poitiers, s'avança jusqu'en Languedoc, et aurait été plus loin si le grand Théodoric, roi des Ostrogoths d'Italie, et beau-père d'Alaric II, n'eût couvert la Provence et l'Espagne par une armée, et sauvé ce qui restait au fils enfant de ce prince, qui, par sa mère, se trouvait son petit-fils.

L'invasion des Francs, si ardemment souhaitée par les chefs de la population gallo-romaine, je veux dire par les évêques, ne peut qu'ajouter pour le moment à la désorganisation. Nous avons bien peu de renseignements historiques sur les résultats immédiats d'une révolution si variée, si complexe. Nulle part ces résultats n'ont été mieux analysés que dans le cours de M. Guizot.

« L'invasion, ou, pour mieux dire, les invasions, étaient des événements essentiellement partiels, locaux, momentanés. Une bande arrivait, en général très peu nombreuse ; les plus puissantes, celles qui ont fondé des royaumes, la bande de Clovis, par exemple, n'étaient guère que de cinq à six mille hommes ; la nation entière des Bourguignons ne dépassait pas soixante mille hommes. Elle parcourait rapidement un territoire étroit, ravageait un district, attaquait une ville, et tantôt se retirait emmenant son butin, tantôt s'établissait quelque part, soigneuse de ne pas trop se disperser. Nous savons avec quelle facilité, quelle promptitude, de pareils événements s'accomplissent et disparaissent. Des maisons sont brûlées, des champs dévastés, des récoltes enlevées, des hommes tués ou emmenés captifs : tout ce mal fait, au bout de quelques jours les flots se referment, le sillon s'efface, les souffrances individuelles sont oubliées, la société rentre, en apparence du moins, dans son ancien état. Ainsi se passaient les choses en Gaule au Ve siècle.

« Mais nous savons aussi que la société humaine, cette société qu'on appelle un peuple, n'est pas une simple juxtaposition d'existences isolées et passagères : si elle n'était rien de plus, les invasions des barbares n'auraient pas produit l'impression que peignent les documents de l'époque. Pendant longtemps, le nombre des lieux et des hommes qui en souffraient fut bien inférieur au nombre de ceux qui leur échappaient. Mais la vie sociale de chaque homme n'est point concentrée dans l'espace matériel qui en est le théâtre et dans le moment qui s'ensuit ; elle se répand dans toutes les relations qu'il a contractées sur les différents points du territoire ; et non seulement dans celles qu'il a contractées, mais aussi dans celles qu'il peut contracter ou seulement concevoir ; elle embrasse non seulement le présent, mais l'avenir ; l'homme vit sur mille points où il n'habite pas, dans mille moments qui ne sont pas encore ; et si ce développement de sa vie lui est retranché, s'il est forcé de s'enfermer dans les étroites limites de son existence matérielle et actuelle, de s'isoler dans l'espace et le temps, la vie sociale est mutilée, elle n'est plus.

« C'était là l'effet des invasions, de ces apparitions des bandes barbares, courtes, il est vrai, et bornées, mais sans cesse renaissantes, partout possibles, toujours imminentes. Elles détruisaient : 1° toute correspondance régulière, habituelle, facile entre diverses parties du territoire ; 2° toute sécurité, toute perspective d'avenir : elles brisaient les liens qui unissent entre eux les habitants d'un même pays, les moments d'une même vie ; elles isolaient les hommes, et pour chaque homme, les journées. En beaucoup de lieux, pendant beaucoup d'années, l'aspect du pays put rester le même ; mais l'organisation sociale était attaquée, les membres ne tenaient plus les uns aux autres, les muscles ne jouaient plus, le sang ne circulait plus librement ni sûrement dans les veines ; le mal éclatait tantôt sur un point, tantôt sur l'autre : une ville était pillée, un chemin rendu impraticable, un pont rompu ; telle ou telle communication cessait, la culture des terres devenait impossible dans tel ou tel district : en un mot, l'harmonie organique, l'activité générale du corps social étaient chaque jour entravées, troublées ; chaque jour la dissolution et la paralysie faisaient quelque nouveau progrès.

« Tous ces liens par lesquels Rome était parvenue, après tant d'efforts, à unir entre elles les diverses parties du monde, ce grand système d'administration, d'impôts, de recrutement, de travaux publics, de routes, ne put se maintenir. Il n'en resta que ce qui pouvait subsister isolément, localement, c'est-à-dire les débris du régime municipal. Les habitants se renfermèrent dans les villes ; là ils continuèrent à se régir à peu près comme ils l'avaient fait jadis, avec les mêmes droits, par les mêmes institutions. Mille circonstances prouvent cette concentration de la société dans les cités ; en voici une qu'on a peu remarquée sous l'administration romaine ; ce sont les gouverneurs de province, les consulaires, les correcteurs, les présidents, qui occupent la scène et reviennent sans cesse dans les lois et l'histoire ; dans le VIe siècle, leur nom devient beaucoup plus rare : on voit bien encore des ducs, des comtes, auxquels est confié le gouvernement des provinces ; les rois barbares s'efforcent d'hériter de l'administration romaine, de garder les mêmes employés, de faire couler leur pouvoir dans les mêmes canaux ; mais ils n'y réussissent que fort incomplètement, avec grand désordre ; leurs ducs sont plutôt des chefs militaires que des administrateurs ; évidemment les gouverneurs de province n'ont plus la même importance, ne jouent plus le même rôle ; ce sont les gouverneurs de ville qui remplissent l'histoire ; la plupart des comtes de Chilpéric, de Gontran, de Théodebert, dont Grégoire de Tours raconte les exactions, sont des comtes de ville, établis dans l'intérieur de leurs murs, à côté de leur évêque. Il y aurait de l'exagération à dire que la province a disparu, mais elle est désorganisée, sans consistance, presque sans réalité. La ville, l'élément primitif du monde romain, survit presque seule à sa ruine. »

C'est qu'une organisation nouvelle allait peu à peu se former, dont la ville ne serait plus l'unique élément où la campagne, comptée pour rien dans les temps anciens, prendrait place à son tour. Il fallait des siècles pour fonder cet ordre nouveau. Toutefois, dès l'âge de Clovis, deux choses furent accomplies, qui le préparaient de loin.

D'une part, l'unité de l'armée barbare fut assurée : Clovis fit périr tous les petits rois des Francs par une suite de perfidies. L'Église, préoccupée de l'idée d'unité, applaudit à leur mort. « Tout lui réussissait, dit Grégoire de Tours, parce qu'il marchait le cœur droit devant Dieu. » C'est ainsi que saint Avitus, évêque de Vienne, avait félicité Gondebaud de la mort de son frère, qui terminait la guerre civile de Bourgogne. Celle des chefs francs, wisigoths et romains, réunit sous une même main toute la Gaule occidentale, de la Batavie à la Narbonnaise.

D'autre part, Clovis reconnut dans l'Église le droit le plus illimité d'asile et de protection. A une époque où la loi ne protégeait plus, c'était beaucoup de reconnaître le pouvoir d'un ordre qui prenait en main la tutelle et la garantie des vaincus. Les esclaves mêmes ne pouvaient être enlevés des églises où ils se réfugiaient. Les maisons des prêtres devaient couvrir et protéger, comme les temples, *ceux qui paraîtraient vivre avec eux*. Il suffisait qu'un évêque réclamât avec serment un captif, pour qu'il lui fût aussitôt rendu.

Sans doute il était plus facile au chef des barbares d'accorder ces privilèges à l'Église, que de les faire respecter. L'aventure d'Attale, enlevé comme esclave si loin de son pays, puis délivré comme par miracle, nous apprend combien la protection ecclésiastique était insuffisante. C'était du moins quelque chose qu'elle fût reconnue en droit. Les biens immenses que Clovis assura aux églises, particulièrement à celle de Reims, dont l'évêque était, dit-on, son principal conseiller, durent étendre infiniment cette salutaire influence de l'Église. Quelque bien qu'on mît entre les mains ecclésiastiques, c'était toujours cela de soustrait à la violence, à la brutalité, à la barbarie.

A la mort de Clovis (an 511), ses quatre fils se trouvèrent tous rois, selon l'usage des barbares. Chacun d'eux resta à la tête d'une des lignes militaires que les campements des Francs avaient formées sur la Gaule. Theuderic résidait à Metz ; ses guerriers furent établis dans la France orientale ou Ostrasie et dans l'Auvergne. Clotaire résida à Soissons, Childebert à Paris, Clodomir à Orléans. Ces trois frères se partagèrent en outre les cités de l'Aquitaine.

Dans la réalité, ce ne fut pas la terre que l'on partagea, mais l'armée. Ce genre de partage ne pouvait être que fort inégal. Les guerriers barbares durent passer souvent d'un chef à un autre, et suivre en grand nombre celui dont le courage et l'habileté leur promettaient plus de butin. Ainsi lorsque Theudebert, petit-fils de Clovis, envahit l'Italie à la tête de cent mille hommes, il est probable que presque tous les Francs l'avaient suivi, et que bien d'autres barbares s'étaient mêlés à eux.

La rapide conquête de Clovis, dont on connaissait mal les causes, jetait tant d'éclat sur les Francs, que la plupart des tribus barbares avaient voulu s'attacher à eux, comme autrefois celles qui suivirent Attila. Les races les plus ennemies de l'Allemagne, les Germains du Midi et ceux du Nord, les Suèves et les Saxons, se fédérèrent avec les Francs : les Bavarois en firent autant. Les Thuringiens, au milieu de ces nations, résistèrent et furent accablés. Les Bourguignons de la Gaule semblaient alors plus en état de résister qu'au temps de Clovis ; leur nouveau roi, saint Sigismond, élève de saint Avitus, était orthodoxe et aimé de son clergé. Le prétexte d'arianisme n'existait plus. Les fils de Clovis se souvinrent que, quarante ans auparavant, le père de Sigismond avait fait périr celui de Clotilde, leur mère. Clodomir et Clotaire le défirent et le jetèrent dans un puits que l'on combla de pierres. Mais la victoire de Clodomir fut pour sa famille une cause de ruine ; tué dans la bataille, il laissa ses enfants sans défense.

« Tandis que la reine Clotilde habitait Paris, Childebert, voyant que sa mère avait porté toute son affection sur les fils de Clodomir, conçut de l'envie, et, craignant que, par la faveur de la reine, ils n'eussent part au royaume, il envoya secrètement vers son frère le roi Clotaire, et lui fit dire : « Notre mère garde avec elle les fils de notre frère et veut leur donner le royaume ; il faut que tu viennes promptement à Paris, et que, réunis tous deux en conseil, nous déterminions ce que nous devons faire d'eux, savoir si on leur coupera les cheveux, comme au reste du peuple, ou si, les ayant tués, nous partagerons également entre nous le royaume de notre frère. » Fort réjoui de ces paroles, Clotaire vint à Paris. Childebert avait déjà répandu dans le peuple que les deux rois étaient d'accord pour élever ces enfants au trône. Ils envoyèrent donc, au nom de tous deux, à la reine, qui demeurait dans la même ville, et lui dirent : « Envoie-nous les enfants, que nous les élevions au trône. » Elle, remplie de joie, et ne sachant pas leur artifice, après avoir fait boire et manger les enfants, les envoya, en disant : « Je croirai n'avoir pas perdu mon fils, si je vous vois succéder à son royaume. » Les enfants allèrent, mais ils furent pris aussitôt et séparés de leurs serviteurs et de leurs nourriciers ; et on les enferma à part, d'un côté les serviteurs et de l'autre les enfants. Alors Childebert et Clotaire envoyèrent à la reine Arcadius, portant des ciseaux et une épée nue. Quand il fut arrivé près de la reine, il les lui montra, disant : « Tes fils, nos seigneurs, ô très glorieuse reine ! attendent que tu leur fasses savoir ta volonté sur la manière dont il faut traiter ces enfants. Ordonne qu'ils vivent les cheveux coupés, ou qu'ils soient égorgés. » Consternée à ce message, et en même temps émue d'une grande colère en voyant cette épée nue et ces ciseaux, elle se laissa transporter par son indignation, et ne sachant, dans sa douleur, ce qu'elle disait, elle répondit imprudemment : « Si on ne les élève pas sur le trône, j'aime mieux les voir morts que tondus. » Mais Arcadius, s'inquiétant peu de sa douleur, et ne cherchant pas à pénétrer ce qu'elle penserait ensuite plus réellement, revint en diligence près de ceux qui l'avaient envoyé, et leur dit : « Vous pouvez continuer avec l'approbation de la reine ce que vous avez commencé, car elle veut que vous accomplissiez votre projet. » Aussitôt, Clotaire, prenant par le bras l'aîné des enfants, le jeta à terre, et, lui enfonçant son couteau dans l'aisselle, le tua cruellement. A ses cris, son frère se prosterne aux pieds de Childebert, et lui saisissant les genoux, lui disait avec larmes : « Secours-moi, mon très bon père, afin que je ne meure pas comme mon frère. » Alors Childebert, le visage couvert de larmes, dit à Clotaire : « Je te prie, mon très cher frère, aie la générosité de m'accorder sa vie ; et si tu ne veux pas le tuer, je te donnerai pour le racheter ce que tu voudras. » Mais Clotaire, après l'avoir accablé d'injures, lui dit : « Repousse-le loin de toi, ou tu mourras certainement à sa place. C'est toi qui m'as excité à cette chose, et tu es si prompt à reprendre ta foi ! » Childebert, à ces paroles, repoussa l'enfant et le jeta à Clotaire, qui, le recevant, lui enfonça son couteau dans le côté, et le tua comme il avait fait de son frère. Ils tuèrent ensuite les serviteurs et les nourriciers ; et après qu'ils furent morts, Clotaire, montant à cheval, s'en alla sans se troubler aucunement du meurtre de ses neveux, et se rendit avec Childebert, dans les faubourgs. La reine, ayant fait poser ces petits corps sur un brancard, les conduisit, avec beaucoup de chants pieux et un deuil immense, à l'église de Saint-Pierre, où on les enterra tous deux de la même manière. L'un des deux avait dix ans et l'autre sept.

Theuderic, qui n'avait pas pris part à l'expédition de Bourgogne, mena les siens en Auvergne. « Je vous conduirai, avait-il dit à ses soldats, dans un pays où vous trouverez de l'argent autant que vous pouvez en désirer, où vous prendrez en abondance des troupeaux, des esclaves et des vêtements. » C'est qu'en effet cette province avait jusque-là seule échappé au ravage général de l'Occident. Tributaire des Goths, puis des Francs, elle se gouvernait elle-même. Les anciens chefs des tribus arvernes, les Apollinaires, qui avaient vaillamment défendu ce pays contre les Goths, sentirent à l'approche des Francs qu'ils perdraient au change, ils combattirent pour les Goths à Vouglé. Mais là, comme ailleurs, le clergé était généralement pour les Francs. Saint Quintien, évêque de Clermont, et ennemi personnel des Apollinaires, semble avoir livré le château. Les Francs tuèrent au pied même de l'autel un prêtre dont l'évêque avait à se plaindre.

Le plus brave de ces rois Francs fut Theudebert, fils de Theuderic, chef des Francs de l'Est, de ceux qui se recrutaient incessamment dans tous les *Wargi* des tribus germaniques. C'était l'époque où les Grecs et les Goths se disputaient l'Italie. Toute la politique des Byzantins était d'opposer aux Goths, aux barbares romanisés, des barbares restés tout barbares ; c'est avec des Maures, des Slaves et des Huns, que Bélisaire et Narsès remportèrent leur victoire. Les Grecs et les Goths espérèrent également pouvoir se servir des Francs comme auxiliaires. Ils ignoraient quels hommes ils appelaient. A la descente de Theudebert en Italie, les Goths vont à sa rencontre comme amis et alliés ; il fond sur eux et les massacre. Les Grecs le croient alors pour eux, et sont également massacrés. Les barbares changèrent les plus belles villes de la Lombardie en un monceau de cendres, détruisirent toute provision, et se virent eux-mêmes affamés dans le désert qu'ils avaient fait, languissant sous le soleil du Midi, dans les champs noyés qui bordent le Pô. Un grand nombre y périt. Ceux qui revinrent rapportèrent tant de butin, qu'une nouvelle expédition partit peu après sous la conduite d'un Franc et d'un Suève. Ils coururent l'Italie jusqu'à la Sicile, gâtèrent plus qu'ils ne gagnèrent, mais le climat fit justice de ces barbares. Theudebert était mort aussi dans la Gaule, au moment où il méditait de descendre la vallée du Danube, et d'envahir l'Empire d'Orient. Justinien était pourtant son allié ; il lui avait cédé tous les droits de l'Empire sur la Gaule du Midi.

La mort de Theudebert et la désastreuse expédition d'Italie, qui suivit de près, furent le terme des progrès des Francs. L'Italie, bientôt envahie par les Lombards, se trouva dès lors fermée à leurs invasions. Du côté de l'Espagne ils échouèrent toujours. Les Saxons ne tardèrent pas à rompre une alliance sans profit, et refusèrent le tribut de cinq cents vaches qu'ils avaient bien voulu payer. Clotaire, qui l'exigeait, fut battu par eux.

Ainsi les plus puissantes tribus germaniques échappèrent à l'alliance des Francs. Là commence cette opposition des Francs et des Saxons, qui devait toujours s'accroître et constituer pendant tant de siècles la grande lutte des barbares. Les Saxons, auxquels les Francs ferment désormais la terre du côté de l'Occident, tandis qu'ils sont poussés à l'Orient par les Slaves, se tourneront vers l'Océan, vers le Nord ; associés de plus en plus aux hommes du Nord, ils courront les côtes de France, et fortifieront leurs colonies d'Angleterre.

Il était naturel que les vrais Germains devinssent hostiles pour un peuple livré à l'influence romaine, ecclésiastique. C'est à l'Église que Clovis avait dû en grande partie ses rapides conquêtes. Ses successeurs s'abandonnèrent de bonne heure aux conseils des Romains, des vaincus. Et il devait en être ainsi ; sans compter qu'ils étaient bien plus souples, bien plus flatteurs, eux seuls étaient capables d'inspirer à leurs maîtres quelques idées d'ordre et d'administration, de substituer peu à peu un gouvernement régulier aux caprices de la force, et d'élever la royauté barbare sur le modèle de la monarchie impériale. Nous voyons déjà sous Theudebert, petit-fils de Clovis, le minitre romain Parthenius, qui veut imposer des tributs aux Francs, et qui est massacré par eux à la mort de ce roi.

Un autre petit-fils de Clovis, Chramme, fils de Clotaire, avait pour confident le Poitevin Léon ; pour ennemi, l'évêque de Clermont, Cantin, créature des Francs ; pour amis, les Bretons, chez lesquels il se retira, lorsque, ayant échoué dans une tentative de révolte, il fut poursuivi par son père. Le malheureux se réfugia avec toute sa famille dans une cabane, où son père le fit brûler.

Clotaire, seul roi de la Gaule (558-561) par la mort de ses trois frères, laissait en mourant quatre fils. Sigebert eut les campements de l'Est, ou, comme parlent les chroniqueurs, le royaume d'Ostrasie ; il résida à Metz : rapproché ainsi des tribus germaniques, dont plusieurs restaient alliées des Francs, il semblait devoir tôt ou tard prévaloir sur ses frères. Chilpéric eut la Neustrie et fut appelé roi de Soissons, Gontran eut la Bourgogne ;

sa capitale fut Chalon-sur-Saône. Pour le bizarre royaume de Charibert, qui réunissait Paris et l'Aquitaine, la mort de ce roi répartit ses États entre ses frères. L'influence romaine fut plus forte encore sous ces princes. Nous les voyons généralement livrés à des ministres gaulois, goths ou romains. Ces trois mots sont alors presque synonymes. Dans le commerce des barbares, les vaincus ont pris quelque chose de leur énergie. « Le roi Gontran, dit Grégoire de Tours, honora du patriciat Celsus, homme élevé de taille, fort d'épaules, robuste de bras, plein d'emphase dans ses paroles, d'à-propos dans ses répliques, exercé dans la lecture du droit ; il devint si avide, qu'il spolia fréquemment les églises, etc. » Sigebert choisit un Arverne pour envoyé à Constantinople. Nous trouvons parmi ses serviteurs un Andarchius, « parfaitement instruit dans les œuvres de Virgile, dans le code Théodosien et l'art des calculs ».

C'est à ces Romains qu'il faut désormais attribuer en grande partie ce qui se fait de bien et de mal sous les rois des Francs. C'est à eux qu'on doit rapporter la fiscalité renaissante ; nous les voyons figurer dans la guerre même, et souvent avec éclat. Ainsi, tandis que le roi d'Ostrasie est battu par les Avares, et se laisse prendre par eux, le Romain Mummole, général du roi de Bourgogne, bat les Saxons et les Lombards, les force d'acheter leur retour d'Italie en Allemagne, et de payer tout ce qu'ils prennent sur la route.

L'origine de ces ministres gaulois des rois francs était souvent très basse. Rien ne le fait mieux connaître que l'histoire du serf Leudaste, qui devint comte de Tours. « Leudaste naquit dans l'île de Ré, en Poitou, d'un nommé Léocade, serviteur chargé des vignes du fisc. On le fit venir pour le service royal, et il fut placé dans les cuisines de la reine ; mais comme il avait dans sa jeunesse les yeux chassieux, et que l'âcreté de la fumée leur était contraire, on le fit passer du pilon au pétrin. Quoiqu'il parût se plaire au travail de la pâte fermentée, il prit la fuite et quitta le service. On le ramena deux ou trois fois, et, ne pouvant l'empêcher de s'enfuir, on le condamna à avoir une oreille coupée. Alors, comme il n'était aucun crédit capable de cacher le signe d'infamie dont il avait été marqué en son corps, il s'enfuit chez la reine Marcovèfe, que le roi Charibert, épris d'un grand amour pour elle, avait appelée à son lit à la place de sa sœur. Elle le reçut volontiers, et l'éleva aux fonctions de gardien de ses meilleurs chevaux. Tourmenté de vanité et livré à l'orgueil, il brigua la place de comte des écuries et, l'ayant obtenue, il méprisa et dédaigna tout le monde, s'enfla de vanité, se livra à la dissolution, s'abandonna à la cupidité, et, favori de sa maîtresse, il s'entremit de côté et d'autre dans ses affaires. Après sa mort, engraissé de butin, il obtint par ses présents, du roi Charibert, d'occuper auprès de lui les mêmes fonctions ; ensuite, en punition des péchés accumulés du peuple, il fut nommé comte de Tours. Là, il s'enorgueillit de sa dignité avec une fierté encore plus insolente, se montra âpre au pillage, hautain dans les disputes, souillé d'adultère, et par son activité à semer la discorde et à porter des accusations calomnieuses, il amassa des trésors considérables. » Cet intrigant, que nous ne connaissons, il est vrai, que par les récits de Grégoire de Tours, son ennemi personnel, essaya, dit-il, de le perdre en le faisant accuser d'avoir mal parlé de la reine Frédégonde. Mais le peuple s'assembla en grand nombre, et le roi se contenta du serment de l'évêque, qui dit la messe sur trois autels. Les évêques assemblés menaçaient même le roi de le priver de la communion. Leudaste fut tué quelque temps après par les gens de Frédégonde.

Les grands noms, les noms populaires de cette époque, ceux qui sont restés dans la mémoire des hommes, sont ceux des reines, et non des rois ; ceux de Frédégonde et de Brunehaut. La seconde fille du roi des Goths d'Espagne, esprit imbu de la culture romaine, femme pleine de grâce et d'insinuation, fut appelée, par son mariage avec Sigebert, dans la sauvage Ostrasie, dans cette Germanie gauloise, théâtre d'une invasion éternelle. Frédégonde, au contraire, génie tout barbare, s'empara de l'esprit du pauvre roi de Neustrie, roi grammairien et théologien, qui dut aux crimes de sa femme le nom de Néron de la France. Elle lui fit d'abord étrangler sa femme légitime, Galswinthe, sœur de Brunehaut ; puis ses beaux-fils y passèrent, puis son beau-frère Sigebert. Cette femme terrible, entourée d'hommes dévoués qu'elle fascinait de son génie meurtrier, dont elle troublait la raison par d'enivrants breuvages, frappait par eux ses ennemis. Les dévoués antiques de l'Aquitaine et de la Germanie, les sectateurs des Hassassins, qui, sur un signe de leur chef, allaient en aveugles tuer ou mourir, se retrouvent dans les serviteurs de Frédégonde. Elle-même, belle et homicide, tout entourée de superstitions païennes, nous apparaît comme une Walkyrie scandinave. Elle suppléa par l'audace et le crime à la faiblesse de la Neustrie, fit à ses puissants rivaux une guerre de ruse et d'assassinats, et sauva peut-être l'occident de la Gaule d'une nouvelle invasion des barbares.

L'époux de Brunehaut, Sigebert, roi d'Ostrasie, avait en effet appelé les Germains. Chilpéric ne put tenir contre ces bandes. Elles se répandirent jusqu'à Paris, incendiant tout village, emmenant tout homme en captivité. Sigebert lui-même ne savait comment contenir ses terribles auxiliaires, qui ne lui auraient pas laissé sur quoi régner. Il était cependant parvenu à resserrer Chilpéric dans Tournay, il se croyait roi de Nestrie, et déjà se faisait élever sur le pavois, lorsque deux hommes de Frédégonde, armés de couteaux empoisonnés, sortent de la foule et le poignardent (575). Ses ministres goths furent à l'instant massacrés par le peuple. Brunehaut, de victorieuse, de toute-puissante qu'elle était, devint captive de Chilpéric et de Frédégonde, qui lui laissèrent pourtant la vie. Elle trouva ensuite le moyen d'échapper, grâce à l'amour qu'elle avait inspiré à Mérovée, fils de Chilpéric. Le malheureux fut aveuglé par sa passion au point d'épouser Brunehaut ; c'était épouser la mort. Son père le fit tuer. L'évêque de Rouen, Prétextat, homme imprudent et léger qui avait eu l'audace de les marier, fut protégé d'abord par les scrupules de Chilpéric ; plus tard Frédégonde s'en débarrassa.

Brunehaut entra dans l'Ostrasie, où son fils enfant, Childebert II, régnait nominalement. Mais les grands ne voulurent plus obéir à l'influence gothique et romaine. Ils étaient même sur le point de tuer le Romain Lupus, duc de Champagne, le seul d'entre eux qui fût dévoué à Brunehaut. Elle se jeta au milieu des bataillons armés, et lui donna ainsi le temps d'échapper. Les grands d'Ostrasie, sentant leur supériorité sur la Gaule romaine de Bourgogne, où régnait Gontran, voulaient descendre avec leurs troupes barbares dans le Midi, et promettaient part à Chilpéric. Plusieurs des grands de la Bourgogne les appelaient. Chilpéric y donnait la main ; mais ces troupes furent battues par le vaillant Mummolus, dont les succès sur les Saxons et les Lombards avaient déjà protégé le royaume de Gontran. D'autre part, les hommes libres d'Ostrasie, soulevés contre les grands, peut-être à l'instigation de Brunehaut, les accusaient de trahir le jeune roi. Il semble en effet qu'à cette époque, les grands d'Ostrasie et de Bourgogne se soient secrètement entendus pour se délivrer des rois mérovingiens.

Dans la Neustrie, au contraire, le pouvoir royal paraît se fortifier. Moins belliqueuse que le royaume d'Ostrasie, moins riche que celui de Bourgogne, la Neustrie ne pouvait subsister qu'autant que les vaincus y reprendraient place à côté des vainqueurs. Aussi voyons-nous Chilpéric employer des milices gauloises contre les Bretons. Il semblerait que, malgré sa férocité naturelle, Chilpéric eût essayé de se concilier les vaincus d'une manière plus directe encore. Dans une guerre contre Gontran, il tua un des siens qui n'arrêtait point le pillage. En même temps il bâtissait des cirques à Soissons et à Paris, il donnait des spectacles à l'exemple de ceux des Romains. Lui-même il faisait des vers en langue latine, surtout des hymnes et des prières. Il essaya, comme les empereurs et Anastase, d'imposer aux évêques un *credo* de sa façon, où l'on nommerait Dieu sans faire mention de la distinction des trois personnes. Le premier évêque auquel il montra cette pièce la rejeta avec mépris, et l'aurait déchirée s'il eût été plus près du prince. La patience de celui-ci indique assez combien il ménageait l'Église.

Ces grossiers essais de résurrection du gouvernement impérial entraînèrent le renouvellement de la fiscalité qui avait ruiné l'Empire. Chilpéric fit faire une sorte de cadastre, exigeant, dit Grégoire de Tours, une amphore de vin par demi-arpent. Ces exactions, peut-être inévitables dans la lutte terrible que la Neustrie soutenait contre l'Ostrasie secondée des barbares, n'en parurent pas moins intolérables, après une si longue interruption. C'est sans doute pour cette cause, tout autant que pour les meurtres dont Grégoire de Tours nous a transmis les horribles détails, que les noms de Chilpéric et de Frédégonde sont restés exécrables dans la mémoire du peuple. Ils crurent eux-mêmes, lorsqu'une épidémie leur enleva leurs enfants, que les malédictions du pauvre avaient attiré sur eux la colère du Ciel.

« En ces jours-là, le roi Chilpéric tomba grièvement malade ; et lorsqu'il commençait à entrer en convalescence, le plus jeune de ses fils, qui n'était pas encore régénéré par l'eau ni le Saint-Esprit, tomba malade à son tour.

Le voyant à l'extrémité, on le lava dans les eaux du baptême. Peu de temps après il se trouva mieux ; mais son frère aîné, nommé Chlodebert, fut pris de la maladie. Sa mère Frédégonde, le voyant en danger de mort, fut saisie de contrition, et dit au roi : « Voilà longtemps que la miséricorde divine supporte nos mauvaises actions ; elle nous a souvent frappés de fièvres et autres maux, et nous ne nous sommes pas amendés. Voilà que nous avons déjà perdu des fils ; les larmes des pauvres, les gémissements des veuves, les soupirs des orphelins, vont causer la mort de ceux-ci, et il ne nous reste plus l'espérance d'amasser pour personne ; nous thésaurisons, et nous ne savons plus pour qui. Nos trésors demeureront dénués de possesseurs, pleins de rapine et de malédiction. Nos celliers ne regorgeaient-ils pas de vin ? Le froment ne remplissait-il pas nos greniers ? Nos trésors n'étaient-ils pas combles d'or, d'argent, de pierres précieuses, de colliers et d'autres ornements impériaux ? Et voilà que nous perdons ce que nous avions de plus beau. Maintenant, si tu consens, viens et brûlons ces injustes registres ; qu'il nous suffise, pour notre fisc, de ce qui suffisait à ton père, le roi Clotaire. »

« Après avoir dit ces paroles, en se frappant la poitrine de ses poings, la reine se fit donner les registres que Marc lui avait apportés des cités qui lui appartenaient. Les ayant jetés dans le feu, elle se tourna vers le roi et lui dit : « Qui t'arrête ? fais ce que tu me vois faire, afin que, si nous perdons nos chers enfants, nous échappions du moins aux peines éternelles. » Le roi, touché de repentir, jeta au feu tous les registres de l'impôt et, les ayant brûlés, envoya partout défendre à l'avenir d'en faire de semblables. Après cela, le plus jeune de leurs petits enfants mourut accablé d'une grande langueur. Ils le portèrent avec beaucoup de douleur de leur maison de Braine à Paris, et le firent ensevelir dans la basilique de Saint-Denis. On arrangea Chlodebert sur un brancard, et on le conduisit à Soissons, à la basilique de Saint-Médard. Ils le présentèrent au saint tombeau, et firent un vœu pour lui ; mais, déjà épuisé et manquant d'haleine, il rendit l'esprit au milieu de la nuit. Ils l'ensevelirent dans la basilique de Saint-Crépin et Saint-Crépinien, martyrs. Il y eut un grand gémissement dans tout le peuple : les hommes suivirent ses obsèques en deuil, et les femmes couvertes de vêtements lugubres, comme elles ont coutume de les porter aux funérailles de leurs maris. Le roi Chilpéric fit ensuite de grands dons aux églises et aux pauvres. »

« ...Après le synode dont j'ai parlé, j'avais déjà dit adieu au roi, et me préparais à m'en retourner chez moi ; mais, ne voulant pas m'en aller sans avoir dit adieu à Salvius et l'avoir embrassé, j'allai le chercher, et le trouvai dans la cour de la maison de Braine ; je lui dis que j'allais retourner chez moi, et nous étant éloignés un peu pour causer, il me dit : « Ne vois-tu pas au-dessus de ce toit ce que j'y aperçois ? » – « J'y vois, lui dis-je, un petit bâtiment que le roi a dernièrement fait élever au-dessus. » Et il dit : « N'y vois-tu pas autre chose ? » – « Rien autre chose », lui dis-je. Supposant qu'il parlait ainsi par manière de jeu, j'ajoutai : « Si tu vois quelque chose de plus, dis-le-moi. » Et lui, poussant un profond soupir, me dit : « Je vois le glaive de la colère divine tiré et suspendu sur cette maison. » Et véritablement les paroles de l'évêque ne furent pas menteuses, car, vingt jours après, moururent, comme nous l'avons dit, les deux fils du roi. »

Chilpéric lui-même périt bientôt, assassiné, selon les uns, par un amant de Frédégonde, selon d'autres par les émissaires de Brunehaut, qui aurait voulu venger ses deux époux, Sigebert et Mérovée (an 584). La veuve de Chilpéric, son fils enfant, et l'Église, et tous les ennemis de l'Ostrasie et des barbares, se tournèrent vers le roi de Bourgogne, le *bon* Gontran. Celui-ci était en effet le meilleur de tous ces Mérovingiens. On ne lui reprochait que deux ou trois meurtres. Livré aux femmes, au plaisir, il semblait adouci par le commerce des Romains du Midi et des gens d'Église ; il avait beaucoup de déférence pour ceux-ci ; « il était, dit Frédégaire, comme un prêtre entre les prêtres ».

Gontran se déclara le protecteur de Frédégonde et de son fils Clotaire II. Frédégonde lui jura, et lui fit jurer par deux cents guerriers francs, que Clotaire était bien fils de Chilpéric. Ce bon homme semble chargé de la partie comique dans le drame terrible de l'histoire mérovingienne. Frédégonde se jouait de sa simplicité. La mort de tous ses frères semble avoir vivement frappé son imagination. Il fit serment de poursuivre le meurtrier de Chilpéric jusqu'à la neuvième génération, « pour faire cesser cette mauvaise coutume de tuer les rois ». Il se croyait lui-même en péril. « Il arriva qu'un certain dimanche, après que le diacre eut fait faire silence au peuple, pour qu'on entendît la messe, le roi, s'étant tourné vers le peuple, dit : « Je vous conjure, hommes et femmes qui êtes ici présents, gardez-moi une fidélité inviolable, et ne me tuez pas comme vous avez tué dernièrement mes frères ; que je puisse au moins pendant trois ans élever mes neveux que j'ai faits mes fils adoptifs, de peur qu'il n'arrive, ce que veuille détourner le Dieu éternel ! qu'après ma mort vous ne périssiez avec ces petits enfants, puisqu'il ne resterait dans notre famille aucun homme fort pour vous défendre. »

Tout le peuple adressa des prières au Seigneur pour qu'il lui plût de conserver Gontran. Lui seul en effet pouvait protéger la Bourgogne et la Neustrie contre l'Ostrasie, la Gaule contre la Germanie, l'Église, la civilisation contre les barbares. L'évêque de Tours se déclara hautement pour Gontran : « Nous fîmes dire (c'est Grégoire lui-même qui parle) à l'évêque et aux citoyens de Poitiers, que Gontran était maintenant père des deux fils de Sigebert et de Chilpéric, et qu'il possédait tout le royaume, comme son père Clotaire autrefois. »

Poitiers, rivale de Tours, ne suivit point son impulsion. Elle aima mieux reconnaître le roi d'Ostrasie, trop éloigné pour lui être à charge. Pour les hommes du Midi, Aquitains et Provençaux, ils crurent que, dans l'affaiblissement de la famille mérovingienne, représentée par un vieillard et deux enfants, ils pourraient se faire un roi qui dépendrait d'eux. Ils appelèrent de Constantinople un Gondovald qui se disait issu du sang des rois francs. L'histoire de cette tentative donnée tout au long par Grégoire de Tours, fait admirablement connaître les grands du Midi de la Gaule, les Mummole, les Gontran-Boson, gens équivoques et doubles d'origine et de politique, moitié Romains, moitié barbares, et leurs liaisons avec les ennemis de la Bourgogne et de la Neustrie, avec les Grecs byzantins et les Allemands d'Ostrasie.

« Gondovald, qui se disait fils du roi Clotaire, était arrivé à Marseille venant de Constantinople. Il faut ici exposer en peu de mots quelle était son origine. Né dans les Gaules, il avait été élevé avec soin, instruit dans les lettres, et, selon la coutume des rois de ce pays, portait les boucles de ses cheveux flottantes sur ses épaules ; il fut présenté au roi Childebert par sa mère, qui lui dit : « Voilà ton neveu, le fils du roi Clotaire : comme son père le hait, prends-le, toi, car il est de ta chair. » Celui-ci, qui n'avait pas de fils, le prit et le garda avec lui. Cette nouvelle ayant été annoncée au roi Clotaire, il envoya des messagers à son frère pour lui dire : « Envoie ce jeune homme pour qu'il vienne vers moi. » Son frère le lui envoya sans retard. Clotaire l'ayant vu ordonna qu'on lui coupât la chevelure, disant : « Il n'est pas né de moi. » Après la mort de Clotaire, le roi Charibert le reçut ; mais Sigebert l'ayant fait venir, coupa de nouveau sa chevelure et l'envoya dans la ville d'Agrippine, maintenant appelée Cologne. Ses cheveux étant revenus il s'échappa de ce lieu et se rendit près de Narsès, qui gouvernait alors l'Italie. Là il prit une femme, engendra des fils et se rendit à Constantinople. De là, à ce qu'on rapporte, il fut longtemps après invité par quelqu'un à revenir dans les Gaules, et, débarquant à Marseille, il fut reçu par l'évêque Théodore qui lui donna des chevaux, et il alla rejoindre le duc Mummole. Mummole occupait alors, comme nous l'avons dit, la cité d'Avignon. Mais à cause de cela le duc Gontran-Boson se saisit de l'évêque Théodore et le fit garder, l'accusant d'avoir introduit un étranger dans les Gaules, et de vouloir par ce moyen soumettre le royaume des Francs à la domination de l'empereur. Théodore produisit, dit-on, une lettre signée de la main des grands du roi Childebert, et il dit : « Je n'ai rien fait par moi-même, mais seulement ce qui nous a été commandé par nos maîtres et seigneurs. » ...Gondovald se réfugia dans une île de la mer, pour y attendre l'événement. Le duc Gontran-Boson partagea avec un des ducs du roi Gontran les trésors de Gondovald, et emporta, dit-on, en Auvergne une immense quantité d'or, d'argent et d'autres choses. »

Avant de se décider pour ou contre le prétendant, le roi d'Ostrasie envoya demander à son oncle Gontran la restitution des villes qui avaient fait partie du patrimoine de Sigebert. « Le roi Childebert envoya vers le roi Gontran l'évêque Egidius, Gontran-Boson, Sigewald et beaucoup d'autres. Lorsqu'ils furent entrés, l'évêque dit : « Nous rendons grâces au Dieu tout-puissant, ô roi très pieux, de ce qu'après bien des fatigues il t'a remis en possession des pays qui dépendent de ton royaume. » Le roi lui dit : « On doit rendre de dignes actions de grâces au Roi des rois, au Seigneur des seigneurs, dont la miséricorde a daigné accomplir ces choses ; car on ne t'en doit aucune à toi qui, par tes perfides conseils et tes parjures, as fait incendier l'année passée tous mes États : toi qui n'as jamais tenu ta foi à aucun homme, toi dont l'astuce est partout fameuse, et qui te conduis partout, non en évêque, mais en ennemi de notre royaume ! » A ces paroles, l'évêque, outré de colère, se tut. Un des députés dit : « Ton neveu Childebert te supplie de lui faire rendre les cités dont son père était en possession. » Gontran répondit à celui-ci : « Je vous ai déjà dit que nos traités me confèrent ces villes, c'est pourquoi je ne veux point les rendre. » Un autre député lui dit : « Ton neveu te prie de lui faire remettre cette sorcière de Frédégonde, qui a fait périr un grand nombre de rois, pour qu'il venge sur elle la mort de son père, de son oncle et de ses cousins. » Le roi lui répondit : « Elle ne pourra être remise en son pouvoir, parce qu'elle a un fils qui est roi ; mais tout ce que vous dites contre elle, je ne le crois pas vrai. » Ensuite Gontran-Boson s'approcha du roi comme pour lui rappeler quelque chose ; et, comme le bruit s'était répandu que Gondovald venait d'être proclamé roi, Gontran, prévenant ses paroles, lui dit : « Ennemi de notre pays et de notre trône, qui précédemment est allé en Orient exprès pour placer sur notre trône un Ballomer (le roi appelait ainsi Gondovald), homme toujours perfide et qui ne tiens rien de ce que tu promets ? » Boson lui répondit : « Toi, seigneur et roi, tu es assis sur le trône royal, et personne n'a osé répondre à ce que tu dis ; je soutiens que je suis innocent de cette affaire. S'il y a quelqu'un, égal à moi, qui m'impute en secret ce crime, qu'il vienne publiquement et qu'il parle. Pour toi, très pieux roi, remets le tout au jugement de Dieu ; qu'il décide, lorsqu'il nous aura vus combattre en champ clos. » A ces paroles, comme tout le monde gardait le silence, le roi dit : « Cette affaire doit exciter tous les guerriers à repousser de nos frontières un étranger dont le père a tourné la meule, et, pour dire vrai, son père a manié la carde et peigné la laine. » Et, quoiqu'il se puisse bien faire qu'un homme ait à la fois ces deux métiers, un des députés répondit à ce reproche du roi : « Tu prétends donc que cet homme a eu deux pères, un cardeur et un meunier ? Cesse, ô roi, de parler si mal ; car on n'a point ouï dire qu'un seul homme, si ce n'est en matière spirituelle, puisse avoir deux pères. » Comme ces paroles excitaient le rire d'un grand nombre, un autre député dit : « Nous te disons adieu, ô roi, puisque tu ne veux pas rendre les cités de ton neveu, nous savons que la hache est entière qui a tranché la tête à tes frères ; elle te fera bientôt sauter la cervelle » ; et ils se retirèrent ainsi avec scandale. A ces mots le roi, enflammé de colère, ordonna qu'on leur jetât à la tête, pendant qu'ils se retiraient, du fumier de cheval, des herbes pourries, de la paille, du foin pourri et la boue puante de la ville. Couverts d'ordures, les députés se retirèrent non sans essuyer un grand nombre d'injures et d'outrages. »

Cette réponse de Gontran réunit les Ostrasiens aux Aquitains en faveur de Gondovald. Les grands du Midi l'accueillirent, et, sous leur conduite, il fit de rapides progrès. Il se vit bientôt maître de Toulouse, de Bordeaux, de Périgueux, d'Angoulême. Il recevait au nom du roi d'Ostrasie le serment des villes qui avaient appartenu à Sigebert. Le danger devenait grand pour le vieux roi de Bourgogne. Il savait que Brunehaut, Childebert et les grands d'Ostrasie favorisaient Gondovald, que Frédégonde elle-même était tentée de traiter avec lui, que l'évêque de Reims était secrètement dans son parti ; tous ceux du Midi y étaient ouvertement. La défection du parti romain ecclésiastique, dont il s'était cru si sûr, obligea Gontran de se rapprocher des Ostrasiens ; il adopta son neveu Childebert, et le nomma son héritier, lui rendit tout ce qu'il réclamait et promit à Brunehaut de lui laisser cinq des principales cités d'Aquitaine, que sa sœur avait apportées en dot, comme ancienne possession des Goths.

La réconciliation des rois de Bourgogne et d'Ostrasie découragea le parti de Gondovald. Les Aquitains montrèrent autant d'empressement à l'abandonner qu'ils en avaient mis à l'accueillir. Il fut obligé de s'enfermer dans la ville de Comminges, avec les grands qui s'étaient le plus compromis. Ceux-ci épiaient le moment de livrer le malheureux et de faire leur paix à ses dépens. L'un d'eux n'attendit pas même l'occasion ; il s'enfuit avec les trésors de Gondovald.

« Un grand nombre montaient sur la colline, et parlaient souvent avec Gondovald, lui prodiguant les injures et lui disant : « Es-tu ce peintre, qui dans le temps du roi Clotaire, barbouillait dans les oratoires les murs et les voûtes ? Es-tu celui que les habitants des Gaules avaient coutume d'appeler du nom de Ballomer ? Es-tu celui qui, à cause de ses prétentions, a si souvent été tondu et exilé par les rois des Francs ? dis-nous au moins, ô le plus misérable des hommes, qui t'a conduit en ces lieux , qui t'a donné l'audace extraordinaire d'approcher des frontières de nos seigneurs et rois. Si quelqu'un t'a appelé, dis-le à haute voix. Voilà la mort présente devant tes yeux, voilà la fosse que tu as cherchée longtemps, et dans laquelle tu viens te précipiter. Dénombre-nous tes satellites, déclare-nous ceux qui t'ont appelé. » Gondovald, entendant ces paroles, s'approchait et disait du haut de la porte : « Que mon père Clotaire m'ait eu en aversion, c'est ce que personne n'ignore ; que j'aie été tondu par lui et ensuite par mon frère, c'est ce qui est connu de tous. C'est ce motif qui m'a fait retirer en Italie auprès du préfet Narsès ; là j'ai pris femme et engendré deux fils. Ma femme étant morte, je pris avec moi mes enfants et j'allai à Constantinople ; j'ai vécu jusqu'à ce temps, accueilli par les empereurs avec beaucoup de bonté. Il y a quelques années, Gontran-Boson étant venu à Constantinople, je m'informai à lui, avec empressement, des affaires de mes frères, et je sus que notre famille était fort diminuée, et qu'il n'en restait que Childebert, fils de mon frère, et Gontran mon frère ; que les fils du roi Chilpéric étaient morts avec lui, et qu'il n'avait laissé qu'un petit enfant, que mon frère Gontran n'avait pas d'enfant, et que mon neveu Childebert n'était pas très brave. Alors Gontran-Boson, après m'avoir exactement exposé ces choses, m'invita en disant : *Viens, parce que tu es appelé par tous les principaux du royaume de Childebert, et personne n'ose dire un mot contre toi, car nous savons tous que tu es fils de Clotaire ; et il n'est resté personne dans les Gaules pour gouverner ce royaume, à moins que tu ne viennes.* Ayant fait de grands présents à Gontran-Boson, je reçus son serment dans douze lieux saints, afin de venir ensuite avec sécurité dans ce royaume. Je vins à Marseille, où l'évêque me reçut avec une extrême bonté, car il avait des lettres des principaux du royaume de mon neveu ; je m'avançai de là vers Avignon, auprès du patrice Mummole. Mais Gontran-Boson, violant son serment et sa promesse, m'enleva mes trésors et les retint en son pouvoir. Reconnaissez donc que je suis roi comme mon frère Gontran ; cependant si votre esprit est enflammé d'une si grande haine, qu'on me conduise au moins vers votre roi, et s'il me reconnaît pour son frère, qu'il fasse ce qu'il voudra. Si vous ne voulez pas même cela, qu'il me soit permis de m'en retourner là d'où je suis venu. Je m'en irai sans faire aucun tort à personne. Pour que vous sachiez que ce que je dis est vrai, interrogez Radegonde à Poitiers et Ingiltrude à Tours ; elles vous affirmeront la vérité de mes paroles. » Pendant qu'il parlait ainsi, un grand nombre accueillait son discours avec des injures et des outrages...

» Mummole, l'évêque Sagittaire et Waddon s'étant rendus auprès de Gondovald, lui dirent : « Tu sais quels serments de fidélité nous t'avons prêtés. Écoute à présent un conseil salutaire : éloigne-toi de cette ville, et présente-toi à ton frère comme tu l'as souvent demandé. Nous avons déjà parlé avec ces hommes, et ils ont dit que le roi ne voulait pas perdre ton appui, parce qu'il est resté peu d'hommes à votre race. » Mais Gondovald, comprenant leur artifice, leur dit tout baigné de larmes : « C'est sur votre invitation que je suis venu dans ces Gaules. De mes trésors qui comprenaient des sommes d'or et d'argent et différents objets, une partie est dans la ville d'Avignon, une partie a été pillée par Gontran-Boson. Quant à moi, plaçant, après le secours de Dieu, tout mon espoir en vous, je me suis confié à vos conseils, et j'ai toujours souhaité de régner par vous. Maintenant, si vous m'avez trompé, répondez-en auprès de Dieu, et qu'il juge lui-même ma cause. » A ces paroles, Mummole répondit : « Nous ne te disons rien de mensonger, mais voilà de braves guerriers qui t'attendent à la porte. Défais maintenant mon baudrier d'or dont tu es ceint, pour ne pas paraître marcher avec orgueil ; prends ton épée et rends-moi la mienne. » Gondovald lui dit : « Ce que je vois dans ces paroles, c'est que tu me dépouilles de ce que j'ai reçu et porté par amitié pour toi. » Mais Mummole affirmait avec serment qu'on ne lui ferait aucun mal. Ayant donc passé la porte, Gondovald fut reçu par Ollon, comte de Bourgogne, et par Boson. Mummole, étant rentré dans la ville avec ses satellites, ferma la porte très solidement. Se voyant livré à ses ennemis, Gondovald leva les mains et les yeux au ciel, et dit : « Juge éternel, véritable vengeur des innocents, Dieu de qui toute justice procède, à qui le mensonge déplaît, en qui ne réside aucune ruse ni aucune méchanceté, je te confie ma cause, te priant de me venger promptement de ceux qui ont livré un innocent entre les mains de ses ennemis. » Après ces paroles, ayant fait le signe de la croix, il s'en alla avec les hommes ci-dessus nommés. Quand ils se furent éloignés de la porte, comme la vallée au-dessous de la ville descend rapidement, Ollon l'ayant poussé le fit tomber en s'écriant : « Voilà votre Ballomer qui se dit frère et fils de roi. » Ayant lancé son javelot, il voulut l'en percer, mais l'arme, repoussée par les cercles de la cuirasse, ne lui fit aucun mal. Comme Gondovald s'était relevé et s'efforçait de remonter sur la hauteur, Boson lui brisa la tête d'une pierre ; il tomba aussitôt et mourut ; toute la multitude accourut ; et l'ayant percé de leurs lances, ils lui lièrent les pieds avec une corde, et le traînèrent tout à l'entour du camp. Lui ayant arraché les cheveux et la barbe, ils le laissèrent sans sépulture dans l'endroit où ils l'avaient tué. »

Gontran, rassuré par la mort de Gondovald aurait fait payer aux évêques l'appui qu'ils lui avaient prêté, s'ils n'eût été lui-même prévenu par la mort.

Cet événement, qui ouvrit la Bourgogne au roi d'Ostrasie, semblait par suite lui livrer encore la Neustrie. Elle résista cependant ; les Ostrasiens, l'ayant envahie, s'étonnèrent de voir une forêt mobile s'avancer contre eux ; c'était l'armée neustrienne qui s'était chargée de branchages ; ils s'enfuirent. Ce fut le dernier succès de Frédégonde et de Landeric, son amant, qu'elle avait, disait-on, donné pour remplaçant à Chilpéric. Elle mourut peu de temps après. Childebert était mort avant elle, toute la Gaule se trouva dans les mains de trois enfants, les deux fils de Childebert, appelés Theudebert II et Theuderic II, et Clotaire II, fils de Chilpéric. Celui-ci était bien faible contre les deux autres. Il fut contraint de céder aux Bourguignons ce qui était entre la Seine et la Loire, aux Ostrasiens les pays entre la Seine, l'Oise et l'Ostrasie. Mais les dissensions des vainqueurs devaient bientôt lui rendre plus qu'il n'avait perdu.

La vieille Brunehaut avait cru régner sous Theudebert, son petit-fils, en l'enivrant par les plaisirs. Elle n'y réussit que trop bien. Le prince imbécile fut bientôt gouverné par un jeune esclave qui chassa Brunehaut. Réfugiée près de Theuderic, en Bourgogne, dans un pays livré à l'influence romaine, elle y eut plus d'ascendant. Elle fit et défit les maires du palais, tua Bertoald, qui l'avait bien reçue, lui substitua son amant Protadius ; puis le peuple ayant mis en pièces ce favori, elle eut encore le crédit d'élever au pouvoir un certain Claudius. Ce gouvernement fut d'abord sans gloire. Les Ostrasiens et les Germains leurs alliés enlevèrent au royaume de Bourgogne le Sundgaw, le Turgaw, l'Alsace, la Champagne, et ravagèrent tout ce qui s'étend entre les lacs de Genève et de Neufchâtel. L'effroi de ces invasions paraît avoir réuni les populations du Midi.

« La dix-septième année de son règne, au mois de mars, dit Frédégaire, le roi Theuderic rassemble une armée à Langres, de toutes les provinces de son royaume, et la dirigeant par Andelot, après avoir pris le château de Nez, il s'achemina vers la ville de Toul. Là, Theudebert étant venu à sa rencontre, avec l'armée des Ostrasiens, ils se livrèrent bataille dans la plaine de Toul. Theuderic l'emporta sur Theudebert et renversa son armée. Dans ce combat, les Francs perdirent une multitude d'hommes vaillants. Theudebert, ayant tourné le dos, traversa le territoire de Metz, passa les Vosges, et arriva toujours fuyant à Cologne. Theuderic le suivait de près avec son armée. Un homme saint et apostolique, Léonisius, évêque de Mayence, aimant la vaillance de Theuderic, et haïssant la sottise de Theudebert, vint au-devant de Theuderic, et lui dit : « Achève ce que tu as commencé, car ton utilité exige que tu poursuives et recherches la cause du mal. Une fable rustique raconte que le loup étant un jour monté sur la montagne, comme ses fils commençaient déjà à chasser, il les appela à lui sur cette montagne et leur dit : « Aussi loin que vos yeux peuvent voir, de quelque côté que vous les tourniez, vous n'avez point d'amis, si ce n'est quelques-uns de votre espèce. Achevez donc ce que vous avez commencé. »

» Theuderic, ayant traversé les Ardennes, parvint à Tolbiac avec son armée. Theudebert avec les Saxons, les Thuringiens et le reste des nations d'outre-Rhin qu'il avait pu rassembler, marcha contre Theuderic et lui livra une nouvelle bataille à Tolbiac. On assure que ni les Francs, ni aucune autre nation d'autrefois, n'avaient encore livré de combat si acharné... Cependant Theuderic vainquit encore Theudebert, car Dieu marchait avec lui, et l'armée de Theudebert fut moissonnée par l'épée depuis Tolbiac jusqu'à Cologne. Dans certains lieux, les morts couvraient entièrement la face de la terre. Le même jour, Theuderic parvint à Cologne, et il y trouva tous les trésors de Theudebert. Il envoya Berthaire, son chambellan, à la poursuite de Theudebert, qui fuyait au-delà du Rhin, accompagné de peu de personnes. Il l'atteignit et le présenta à Theuderic, dépouillé de ses habits royaux. Theuderic accorda à Berthaire ses dépouilles, tout son équipage royal et son cheval ; mais il envoya Theudebert, chargé de chaînes, à Châlons. » La chronique de sainte Bénigne rapporte que Brunehaut, son aïeule, le fit d'abord ordonner prêtre et que peu de temps après, elle le fit périr. « D'après l'ordre de Theuderic, un soldat saisit par le pied un fils de Theudebert encore enfant, et le frappa contre la pierre jusqu'à ce que son cerveau sortît de sa tête brisée. »

L'Ostrasie et la Bourgogne, réunies sous Theuderic ou plutôt sous Brunehaut, semblaient menacer la Neustrie d'une ruine certaine. La mort de Theuderic et l'avènement de ses trois fils enfants ne changeaient rien à cette situation, si les ennemis de Clotaire eussent été unis. Mais l'Ostrasie était honteuse et irritée de sa défaite récente. En Bourgogne même, le parti romain et ecclésiastique n'était plus pour Brunehaut. Pour être sûr de ce parti, il fallait avoir pour soi les ecclésiastiques, les gagner à tout prix, et régner avec eux. Brunehaut les mit contre elle en faisant assassiner saint Didier, évêque de Vienne, qui avait voulu ramener Theuderic à sa femme légitime, et éloigner de lui les maîtresses dont sa grand-mère l'entourait. L'Irlandais saint Colomban, le restaurateur de la vie monastique, ce missionnaire hardi qui réformait les rois comme les peuples, parla à Theuderic avec la même liberté, et refusa de bénir ses fils : « Ce sont, dit-il, les fils de l'incontinence et du crime. » Chassé de

Luxeuil et de l'Ostrasie, il se réfugia chez Clotaire II, et sembla légitimer la cause de la Neustrie par sa présence sacrée.

Tout abandonna Brunehaut. Les grands d'Ostrasie la haïssaient, comme appartenant aux Goths, aux Romains (ces deux mots étaient presque synonymes) ; les prêtres et le peuple avaient en horreur la persécutrice des saints. Jusque-là ennemie de l'influence germanique, elle fut obligée de s'appuyer contre Clotaire du secours des Germains, des barbares. Déjà l'évêque de Metz, Arnolph, et son frère Pépin (Pipin), passèrent à Clotaire avant la bataille ; les autres se firent battre, et furent mollement poursuivis par Clotaire. Ils étaient gagnés d'avance. Le maire Warnachaire avait stipulé qu'il conserverait cette charge pendant sa vie. La vieille Brunehaut, fille, sœur, mère, aïeule de tant de rois, fut traitée avec une atroce barbarie ; on la lia par les cheveux, par un pied et par un bras, à la queue d'un cheval indompté qui la mit en pièces. On lui reprocha la mort de dix rois ; on lui compta par-dessus ses crimes ceux de Frédégonde. Le plus grand sans doute aux yeux des barbares, c'était d'avoir restauré sous quelque rapport l'administration impériale. La fiscalité, les formes juridiques, la prééminence de l'astuce sur la force, voilà ce qui rendait le monde irréconciliable à l'idée de l'ancien Empire, que les rois goths avaient essayé de relever. Leur fille Brunehaut avait suivi leurs traces. Elle avait fondé une foule d'églises, de monastères ; les monastères alors étaient des écoles. Elle avait favorisé les missions que le pape envoyait chez les Anglo-Saxons de la Grande-Bretagne. L'emploi de cet argent, arraché au peuple par tant d'odieux moyens, ne fut pas sans gloire et sans grandeur. Telle fut l'impression du long règne de Brunehaut, que celle de l'Empire semble en avoir été affaiblie dans le nord des Gaules ; le peuple fit honneur à la fameuse reine d'Ostrasie d'une foule de monuments romains. Des fragments de voies romaines qui paraissent encore en Belgique et dans le nord de la France sont appelés chaussées de Brunehaut. On montrait près de Bourges un château de Brunehaut, une tour de Brunehaut à Étampes, la pierre de Brunehaut près de Tournay, le fort de Brunehaut près de Cahors.

La Neustrie résista sous Frédégonde ; sous son fils, elle vainquit. Victoire nominale, si l'on veut, qu'elle ne devait qu'à la haine des Ostrasiens contre Brunehaut ; victoire de la faiblesse, victoire des vieilles races, des Gaulois-Romains et des prêtres. L'année même qui suit la victoire de Clotaire (614), les évêques sont appelés à l'assemblée des leudes. Ils y viennent de toute la Gaule au nombre de soixante-dix-neuf. C'est l'intronisation de l'Église. Les deux aristocraties, laïque et ecclésiastique, dressent une *Constitution perpétuelle*. Plusieurs articles d'une remarquable libéralité indiquent la main ecclésiastique : Défense aux juges de condamner, sans l'entendre, un homme libre, ou même un esclave. – Quiconque viole la paix publique doit être puni de mort. – Les leudes rentrent dans les biens dont ils ont été dépouillés dans les guerres civiles. – L'élection des évêques est assurée au peuple. – Les évêques sont les seuls juges des ecclésiastiques. – Les tributs établis depuis Childéric et ses frères sont abolis. Les évêques, devenus grands propriétaires, devaient, plus que personne, profiter de cette abolition. – Ainsi commence avec Clotaire II cette domination de l'Église, qui ne fait que se consolider sous les Carlovingiens, et qui n'a d'autre entracte que la tyrannie de Charles Martel.

Nous savons peu de chose de Clotaire II, davantage de Dagobert. Sage, juste et justicier, Dagobert commence son règne par faire le tour de ses États, selon la coutume des rois barbares. Roi d'Ostrasie du vivant de son père, il ne garda pas longtemps après lui ses ministres ostrasiens. Les deux hommes principaux du pays, Arnolph, archevêque de Metz, puis Pépin, son frère, furent éloignés, et firent place au Neustrien Ega. Entouré de ministres romains, de l'orfèvre saint Éloi et du référendaire saint Ouen, il s'occupe de fonder des couvents, fait fabriquer des ornements d'église. Ses scribes écrivent pour la première fois des lois barbares ; on écrit les lois alors qu'elles commencent à s'effacer. Le Salomon des Francs, comme celui des Juifs, peuple ses palais de belles femmes, et se partage entre ses concubines et ses prêtres.

Ce prince pacifique est l'ami naturel des Grecs. Allié de l'empereur Héraclius, il intervient dans les affaires des Lombards et des Wisigoths. Dans cette vieillesse précoce de tous les peuples barbares, la décadence des Francs est encore entourée d'une sorte d'éclat.

Toutefois, il est facile d'apercevoir combien de faiblesse se cache sous ces apparences. Dès le vivant de Clotaire, l'Ostrasie a repris les provinces qui lui avaient été enlevées ; elle a exigé un roi particulier, et Dagobert, roi de ce pays à quinze ans, n'y a été effectivement qu'un instrument entre les mains de Pépin et d'Arnolph. Son père devient roi de Neustrie, l'Ostrasie réclame encore un gouvernement particulier, et se fait donner pour roi le fils du roi, le jeune Sigebert. Clotaire II a remis le tribut aux Lombards pour une somme une fois payée. Les Saxons, défaits, dit-on, par les Francs, se dispensent pourtant de livrer à Dagobert les cinq cents vaches qu'ils payaient jusque-là tous les ans. Les Vendes, affranchis des Avares par le Franc Samo, marchand guerrier qu'ils prirent pour chef, repoussent le joug de Dagobert, et défont les Francs, les Bavarois et les Lombards unis contre eux. Les Avares fugitifs eux-mêmes s'établissent de force en Bavière, et Dagobert ne s'en défait que par une perfidie. Quant à la soumission des Bretons et des Gascons, elle semble volontaire : ils rendent hommage moins aux guerriers qu'aux prêtres, et le duc des Bretons, saint Judicaël, refuse de manger à la table du roi pour prendre place à celle de saint Ouen.

C'est qu'alors en effet le vrai roi, c'est le prêtre. Au milieu même de ces bruyantes invasions de barbares, qui semblaient près de tout détruire, l'Église avait fait son chemin à petit bruit. Forte, patiente, industrieuse, elle avait en quelque sorte étreint toute la société nouvelle, de manière à la pénétrer. De bonne heure, elle avait abandonné la spéculation pour l'action ; elle avait repoussé la hardiesse du pélagianisme, ajourné la grande question de la liberté humaine.

Héritière du gouvernement municipal, l'Église était sortie des murs à l'approche des barbares ; elle s'était portée pour arbitre entre eux et les vaincus. Et une fois hors des murs, elle s'arrêta dans les campagnes. Fille de la cité, elle comprit que tout n'était pas dans la cité ; elle créa des évêques des champs et des bourgades, des chorévêques. Sa protection s'étendit à tous ; ceux même qu'elle n'ordonna point, elle les couvrit du signe protecteur de la tonsure. Elle devint un immense asile. Asile pour les vaincus, pour les Romains, pour les serfs des Romains ; les serfs se précipitèrent dans l'Église ; plus d'une fois on fut obligé de leur en fermer les portes, il n'y eût eu personne pour cultiver la terre. Asile pour les vainqueurs, ils se réfugièrent dans l'Église contre le tumulte de la vie barbare, contre leurs passions, leurs violences, dont ils souffraient autant que les vaincus.

En même temps, d'immenses donations enlevaient la terre aux usages profanes pour en faire la dot des hommes pacifiques, des pauvres, des serfs. Les barbares donnèrent ce qu'ils avaient pris ; ils se trouvèrent avoir vaincu pour l'Église.

Les évêques du Midi, trop civilisés, rhéteurs et raisonneurs, agissent peu sur les hommes de la première race. Les anciens sièges métropolitains d'Arles, de Vienne, de Lyon même et de Bourges, perdent de leur influence. Les évêques par excellence, les vrais patriarches de la France, sont ceux de Reims et de Tours. Saint Martin de Tours est l'oracle des barbares, ce que Delphes était pour la Grèce, *l'ombilicus terrarum, l'οὖθαρ ἄρουρης.*

C'est saint Martin qui garantit les traités. Les rois le consultent à chaque instant sur leurs affaires, même sur leurs crimes. Chilpéric, poursuivant son malheureux fils Mérovée, dépose un papier sur le tombeau de saint Martin, pour savoir s'il lui est permis de tirer le suppliant de la basilique. Le papier resta blanc, dit Grégoire de Tours. Ces suppliants, pour la plupart gens farouches, et non moins violents que ceux qui les poursuivent, embarrassent quelquefois terriblement l'évêque ; ils deviennent les tyrans de l'asile qui les protège. Il faut voir dans le livre du bon évêque de Tours l'histoire de cet Eberulf qui veut tuer Grégoire, qui frappe les clercs s'ils tardent à lui apporter du vin. Les servantes du barbare, réfugiées avec lui dans la basilique, scandalisent tout le clergé en regardant curieusement les peintures sacrées qui en décoraient les parois.

Tours, Reims, et toutes leurs dépendances, sont exempts d'impôts. Les possessions de Reims s'étendent dans les pays les plus éloignés, dans l'Ostrasie, dans l'Aquitaine. Chaque crime des rois barbares vaut à l'Église quelque donation éternelle. Tout le monde désire être donné à l'Église ; c'est une sorte d'affranchissement. Les évêques ne se font nul scrupule de provoquer, d'étendre par des fraudes pieuses les concessions des rois. Le témoignage des gens du pays les soutiendra, s'il le faut. Tous, au besoin, attesteront que cette terre, ce village ont été jadis donnés par Clovis, par le bon Gontran, au monastère, à l'évêché voisin, lequel n'en a été dépouillé que par une violence impie. Chaque jour la connivence des prêtres et du peuple devait ainsi enlever quelque chose au barbare, et profiter de sa crédulité, de sa dévotion, de ses remords. Sous Dagobert, les concessions remontent à Clovis ; sous Pépin le Bref, à Dagobert. Celui-ci donne en une seule fois vingt-sept bourgades à l'abbaye de Saint-Denis. Son fils, dit l'honnête Sigebert de Gemblours, fonda douze monastères et donna à saint Rémacle, évêque de Tongres, douze lieues de large dans la forêt d'Ardenne.

La plus curieuse concession est celle de Clovis à saint Rémi, reproduite, ou plus probablement fabriquée, sous Dagobert : « Clovis avait établi sa demeure à Soissons. Ce prince trouvait un grand plaisir dans la compagnie et les entretiens de saint Rémi ; mais comme le saint homme n'avait dans le voisinage de la ville d'autre habitation qu'un petit bien qui avait autrefois été donné à saint Nicaise, le roi offrit à saint Rémi de lui donner tout le terrain qu'il pourrait parcourir pendant que lui-même ferait sa méridienne, cédant en cela à la prière de la reine et à la demande des habitants qui se plaignaient d'être surchargés d'exactions et contributions, et qui, pour cette raison, aimaient mieux payer à l'Église de Reims qu'au roi. Le bienheureux saint Rémi se mit donc en chemin, et l'on voit encore aujourd'hui les traces de son passage et les limites qu'il marqua. Chemin faisant, un meunier repoussa le saint homme, ne voulant pas que son moulin fût renfermé dans l'enceinte. « Mon ami, lui dit avec douceur l'homme de Dieu, ne trouve pas mauvais que nous possédions ensemble ce moulin. » Celui-ci l'ayant refusé de nouveau, aussitôt la roue du moulin se mit à tourner à rebours, lors le meunier de courir après saint Rémi et de s'écrier : « Viens, serviteur de Dieu, et possédons ensemble ce moulin. » « Non, répondit le saint, il ne sera ni à toi, ni à moi. » La terre se déroba aussitôt, et un tel abîme s'ouvrit, que jamais depuis il n'a été possible d'y établir un moulin.

« De même encore, le saint passant auprès d'un petit bois, ceux à qui il appartenait l'empêchaient de le comprendre dans son domaine : « Eh bien ! dit-il, que jamais feuille ne vole ni branche ne tombe de ce bois dans mon clos. » Ce qui a été en effet observé par la volonté de Dieu, tant que le bois a duré, quoiqu'il fût tout à fait joignant et contigu.

« De là, continuant son chemin, il arriva à Chavignon, qu'il voulut aussi enclore, mais les habitants l'en empêchèrent. Tantôt repoussé et tantôt revenant, mais toujours égal et paisible, il marchait toujours traçant les limites telles qu'elles existent encore. A la fin, se voyant repoussé tout à fait, on rapporte qu'il leur dit : *« Travaillez toujours, et demeurez pauvres et souffants. »* Ce qui s'accomplit encore aujourd'hui, par la vertu et puissance de sa parole. Quand le roi Clovis se fut levé après sa méridienne, il donna à saint Rémi, par rescrit de son autorité royale, tout le terrain qu'il avait enclos en marchant ; et, de ces biens, les meilleurs sont Luilly et Cocy, dont l'Église de Reims jouit encore aujourd'hui paisiblement...

« Un homme très puissant, nommé Euloge, convaincu du crime de lèse-majesté contre le roi CLovis, eut un jour recours à l'intercession de saint Rémi, et le saint homme lui obtint grâce de la vie et de ses biens. Euloge, en récompense de ce service, offrit à son généreux patron, en toute propriété, son village d'Épernay : le bienheureux évêque ne voulut point accepter une rétribution temporelle comme salaire de son intervention. Mais voyant Euloge couvert de confusion et décidé à se retirer du monde, parce qu'il n'y pouvait plus rester, ne méritant plus de vivre que par la clémence royale, au déshonneur de sa maison, il lui donna un sage conseil, lui disant que, s'il voulait être parfait, il vendît tous ses biens et en distribuât l'argent aux pauvres, pour suivre Jésus-Christ. Ensuite, fixant la valeur, et prenant dans le trésor ecclésiastique cinq mille livres d'argent, il les donna à Euloge, et acquit à l'Église la propriété de ses biens. Laissant ainsi à tous évêques et prêtres ce bon exemple que, quand ils intercèdent pour ceux qui viennent se jeter dans le sein de l'Église ou entre les bras des serviteurs de Dieu, et qu'ils leur rendent quelque service, jamais ils ne le doivent faire en vue d'une récompense temporelle, ni accepter en salaire des biens passagers, mais bien au contraire, selon le commandement du Seigneur, donner pour rien comme ils ont reçu pour rien...

« Saint Rigobert obtint du roi Dagobert des lettres d'immunité pour son Église, lui remontrant que, sous tous les rois francs ses prédécesseurs, depuis le temps de saint Rémi et du roi Clovis, par lui baptisé, elle avait toujours été libre et exempte de toute servitude et charge publique. Le roi donc, voulant ratifier ou renouveler ce privilège de l'avis de ses grands, et dans la même forme que les rois ses prédécesseurs, ordonna que tous biens, villages et hommes, appartenant à la sainte Église de Reims ou à la basilique de Saint-Rémi, situés ou demeurant tant en Champagne, dans la ville ou les faubourgs de Reims, qu'en Ostrasie, Neustrie, Bourgogne, pays de Marseille, Rouergue, Gévaudan, Auvergne, Touraine, Poitou, Limousin, et partout ailleurs dans ses pays et royaumes, seraient à perpétuité exempts de toute charge ; qu'aucun juge public n'oserait entrer sur les terres de ces deux saintes églises de Dieu pour y faire leur séjour, y rendre aucun jugement ou lever aucune taxe : enfin, qu'elles conserveraient à toujours les immunités et privilèges à elles concédés par ses prédécesseurs...

« Ce vénérable évêque fut en fort grande amitié avec Pépin, maire du palais, auquel il avait coutume d'envoyer fréquemment des eulogies, en signe de bénédiction. Or, en ce moment, Pépin séjournait au village de Gernicourt ; et, ayant appris de l'évêque que cette demeure lui plaisait, il la lui offrit, ajoutant qu'il lui donnerait en outre tout le terrain dont il pourrait faire le tour tandis qu'il reposerait à l'heure de midi. Rigobert, suivant donc l'exemple de saint Rémi, se mit en route et fit poser de distance en distance les limites qui se voient encore aujourd'hui, et traça ainsi l'enceinte pour obvier à toute contestation. A son réveil, Pépin, le trouvant de retour, lui confirma la donation de tout le terrain qu'il venait d'enclore ; et pour indice mémorable du chemin qu'il a suivi, on y voit en toute saison l'herbe plus riche et plus verte qu'en aucun autre lieu d'alentour. Il est encore un autre miracle non moins digne d'attention que le Seigneur se plaît à opérer sur ces terres, sans doute en vue des mérites de son serviteur, c'est que, depuis la concession faite au saint évêque, jamais tempête ni grêle ne fait dommage en son domaine ; et tandis que tous les lieux d'alentour sont battus et ravagés, l'orage s'arrête aux limites de l'Église, sans jamais oser les franchir. »

Aussi tout favorisait l'absorption de la société par l'Église, tout y entrait, Romains et barbares, serfs et libres, hommes et terres, tout se réfugiait au sein maternel. L'Église améliorait tout ce qu'elle recevait du dehors ; mais elle ne pouvait le faire sans se détériorer d'autant elle-même. Avec les richesses, l'esprit du monde entrait dans le clergé, avec la puissance, la barbarie qui en était alors inséparable. Les serfs devenus prêtres gardaient les vices de serfs, la dissimulation, la lâcheté. Les fils des barbares devenus évêques restaient souvent barbares. Un esprit de violence et de grossièreté envahissait l'Église. Les écoles monastiques de Lérins, de Saint-Maixent, de Reomé, de l'île Barbe avaient perdu leur éclat ; les écoles épiscopales d'Autun, de Vienne, de Poitiers, de Bourges, d'Auxerre subsistaient silencieusement. Les conciles devenaient de plus en plus rares : cinquante-quatre au VIe siècle, vingt au XIIe, sept seulement dans la première moitié du VIIIe.

Le génie spiritualiste de l'Église se réfugia dans les moines. L'état monastique fut un asile pour l'Église, comme l'Église l'avait été pour la société. Les monastères d'Irlande et d'Écosse, mieux préservés du mélange germanique, tentèrent une réformation du clergé gaulois. Ainsi, au premier âge de l'Église, le Breton Pélage avait allumé l'étincelle qui éclaira tout l'Occident ; puis le Breton Faustus, plus modéré dans les mêmes doctrines, ouvrit la glorieuse école de Lérins. Au second âge, ce fut encore un Celte, mais cette fois un Irlandais, saint Colomban, qui entreprit la réforme des Gaules. Un mot sur l'Église celtique.

Les Kymrys de Bretagne et de Galles, rationalistes, les Gaëls d'Irlande, poètes et mystiques, présentent toutefois dans leur histoire ecclésiastique un caractère commun, l'esprit d'indépendance et l'opposition contre Rome. Ils s'entendaient mieux avec les Grecs, et gardèrent longtemps, malgré l'éloignement, malgré tant de révolutions, tant de misères diverses, des relations avec les Églises de Constantinople et d'Alexandrie. Déjà Pélage est un vrai fils d'Origène. Quatre cents ans plus tard, l'Irlandais Scot traduit les pères grecs et adopte le panthéisme alexandrin. Saint Colomban, au VIIe siècle, défend aussi contre le pape de Rome l'usage grec de célébrer la Pâque : « Les Irlandais, dit-il, sont meilleurs astronomes que vous autres Romains. » Ce fut un Irlandais, un disciple de saint Colomban, Virgile évêque de Salzbourg, qui affirma le premier que la terre est ronde, et que nous avions des antipodes. Toutes les sciences étaient alors cultivées avec éclat dans les monastères d'Écossse et d'Irlande. Ces moines, appelés *culdées,* ne connaissaient guère plus de hiérarchie que les modernes presbytériens d'Écosse. Ils vivaient douze à douze, sous un abbé élu par eux ; l'évêque n'était, conformément au sens étymologique, qu'un surveillant. Le célibat ne paraît pas avoir été régulièrement observé dans cette Église. Elle se distinguait encore par la forme particulière de la tonsure, et quelques autres singularités. En Irlande, on baptisait avec du lait.

Le plus célèbre de ces établissements des culdées est celui d'Iona, fondé, comme presque tous, sur les ruines des écoles druidiques. Iona, la sépulture de soixante-dix rois d'Écosse, la mère des moines, l'oracle de l'Occident au VIIe et au VIIIe siècle. C'était la ville des morts, comme Arles dans les Gaules et Thèbes en Égypte.

La guerre que les empereurs soutinrent contre les nombreux usurpateurs qui sortirent de Bretagne, dans les derniers siècles de l'Empire, les papes la continuèrent contre l'hérésie celtique, contre Pélage, contre l'Église écossaise et irlandaise. A cette Église, toute grecque de langue et d'esprit, Rome opposa souvent des Grecs ; dès le commencement du VIe siècle, elle envoie contre eux Palladios, platonicien d'Alexandrie ; mais les doctrines de Palladios parurent bientôt aussi peu orthodoxes que celles qu'il attaquait. Des hommes plus sûrs furent envoyés, saint Loup, saint Germain d'Auxerre, et trois disciples de saint Germain, Dubricius, Iltutus et saint Patrice, le grand apôtre de l'Irlande. On sait toutes les fables dont on a orné la vie de ce dernier ; la plus incroyable, c'est qu'il n'ait trouvé nulle connaissance de l'écriture dans un pays que nous voyons en si peu d'années tout couvert de monastères, et fournissant des missionnaires à tout l'Occident. L'invasion saxonne fit trêve aux querelles religieuses, mais dès que les Saxons furent définitivement établis, le pape envoya en Bretagne le moine Augustin, de l'Ordre de Saint-Benoît. Les envoyés de Rome réussirent auprès des Saxons d'Angleterre, et commencèrent cette conquête spirituelle qui devait avoir de si grands résultats. Du monastère d'Iona, fondé précisément à la même époque par saint Colomban, sortit son célèbre disciple, saint Colombanus, dont nous avons vu le zèle hardi contre Brunehaut. Ce missionnaire ardent et impétueux rattacha un instant la Gaule aux principes de l'Église irlandaise.

La chute des enfants de Sigebert et de Brunehaut, la réunion de l'Ostrasie à la Neustrie, était une occasion favorable. Dans la Neustrie, dans tout le Midi des Gaules, les traces de l'invasion disparaissant, les Germains s'étaient comme fondus dans la population gauloise et romaine. Les races antiques reprenaient force, la Neustrie avait repoussé l'Ostrasie sous Frédégonde, et se l'était réunie sous Clotaire. Ce prince et son fils Dagobert, moins Francs que Romains, devaient être favorables aux progrès de l'Église celtique, dont les mœurs et les lumières faisaient honte au caractère barbare qu'avait pris celle des Gaules.

Saint Colomban avait passé d'abord en Gaule avec douze compagnons. Une foule d'autres semblent les avoir suivis pour peupler les nombreux monastères que fondèrent ces premiers apôtres. Pour saint Colomban, nous l'avons vu d'abord s'établir dans les plus profondes solitudes des

Vosges, sur les ruines d'un temple païen, circonstance que son biographe remarque dans toutes les fondations du saint. Là, il reçut bientôt les enfants de tous les grands de cette partie de la Gaule. Mais la jalousie des évêques vint l'y troubler. La singularité des rites irlandais prêtait à leurs attaques. La liberté avec laquelle il parla à Theuderic et Brunehaut détermina son expulsion de Luxeuil. Reconduit par la Loire hors des Gaules, il y rentra par les États de Clotaire II, qui le reçut avec honneur. Ce fut en effet pour ce prince un immense avantage d'apparaître aux yeux des peuples comme le protecteur des saints, que ses ennemis persécutaient. De là Colomban passa en Suisse, où saint Gall, son disciple, fonda le fameux monastère de ce nom ; puis il se fixa en Italie près du Bavarois Agilulfe, roi des Lombards ; il s'y bâtit une retraite à Bobbio, et y resta jusqu'à sa mort, quelques instances que lui fît Clotaire, vainqueur, de revenir auprès de lui. C'est de là qu'il écrivit au pape ces lettres éloquentes et bizarres, pour la réunion des Églises irlandaise et romaine. Il y parle au nom du roi et de la reine des Lombards ; c'est, dit-il, à leur prière qu'il écrit. Peut-être les opinions qu'il exprime sur la supériorité de l'Église d'Irlande étaient-elles partagées par Clotaire et Dagobert son fils. Du moins, nous voyons ces princes multiplier par toute la France les monastères de saint Colomban. Au contraire, la race ostrasienne des Carlovingiens doit s'unir étroitement avec le pape et assujettir tous les monastères à la règle de saint Benoît.

Des grandes écoles de Luxeuil et de Bobbio sortaient les fondateurs d'une foule d'abbayes : saint Gall, dont nous avons parlé ; saint Magne et Théodore, premiers abbés de Kempten et Fuessen près d'Augsbourg ; saint Attale de Bobbio ; saint Romaric de Remiremont ; saint Omer, saint Bertin, sait Amand, ces trois apôtres de la Flandre ; saint Wandrille, parent des Carlovingiens, fondateur de la grande école de Fontenelle en Normandie, qui doit être à son tour la métropole de tant d'autres. Ce fut Clotaire II qui éleva saint Amand à l'épiscopat, et Dagobert voulut que son fils fût baptisé par ce saint. Saint Éloi, le ministre de Dagobert, fonde en Limousin Solignac, d'où sortira saint Remacle, le grand évêque de Liège. Il avait dit un jour à Dagobert : « Seigneur, accordez-moi ce don, pour que j'en fasse une échelle par où vous et moi nous monterons au ciel. »

A côté de ces écoles, on voit des vierges savantes en ouvrir d'autres aux personnes de leur sexe. Sans parler de celles de Poitiers et d'Arles, de celle de Maubeuge, où sainte Aldegonde écrivit ses révélations, sainte Gertrude, abbesse de Nivelle, avait été étudier en Irlande ; sainte Bertille, abbesse de Chelles, était si célèbre qu'une foule de disciples des deux sexes affluaient autour d'elle de toute la Gaule et de la Grande-Bretagne.

Quelle était la règle nouvelle à laquelle tant de monastères étaient soumis ? Les bénédictins ne demandent pas mieux que de nous persuader qu'elle n'est autre que celle de saint Benoît, et les textes mêmes qu'ils allèguent prouvent évidemment le contraire. Par exemple, des religieuses obtiennent de saint Dodat, disciple de saint Colomban, devenu évêque de

Besançon, qu'il fera pour elles un rapprochement des règles de saint Césaire d'Arles, de saint Benoît, de saint Colomban ; saint Projectus en fit autant pour d'autres religieuses. Ces règles n'étaient donc pas les mêmes.

La règle de saint Colomban, opposée en ceci à la règle de saint Benoît, ne prescrit pas l'obligation d'un travail régulier ; elle assujettit le moine à un nombre énorme de prières. En général, elle ne porte pas cette empreinte d'esprit positif qui distingue l'autre à un si haut degré. Elle prescrit de même l'obéissance, mais elle ne laisse pas les peines à l'arbitraire de l'abbé ; elle les indique d'avance pour chaque délit avec une minutieuse et bizarre précision. Dans cet étrange code pénal, bien des choses scandalisent le lecteur moderne. « Un an de pénitence pour le moine qui a perdu une hostie ; pour le moine qui a failli avec une femme, deux jours au pain et l'eau, un jour seulement s'il ignorait que ce fût une faute. » En général, la tendance est mystique ; le législateur a plus égard aux pensées qu'aux actes. – « La chasteté du moine, dit-il, s'estime par ses pensées : que sert qu'il soit vierge de corps, s'il ne l'est pas d'esprit ? »

Cette réforme, doublement remarquable et par son éclat, et par sa liaison avec le réveil des races vaincues dans les Gaules, était loin pourtant de satisfaire aux besoins du temps. Ce n'était pas de pratiques pieuses, d'élans mystiques qu'il s'agissait, lorsque la barbarie pesait si lourdement, et qu'une invasion nouvelle était toujours imminente sur le Rhin. Saint Benoît avait compris qu'il fallait à une telle époque un monachisme plus humble, plus laborieux, pour défricher la terre, devenue tout inculte et sauvage, pour défricher l'esprit des barbares. Mais l'Église irlandaise, animée d'un indomptable esprit d'individualité et d'opposition, n'était d'accord ni avec Rome, ni avec elle-même. Saint Gall, le principal disciple de saint Colomban, refusa de le suivre en Italie, resta en Suisse, et y travailla pour son compte. Saint Colomban, passant alors en Italie, s'occupa de combattre l'arianisme des Orientaux ; c'était se tourner vers le monde fini, vers le passé, au lieu de regarder vers la Germanie, vers l'avenir. Comme il était encore sur le Rhin, il eut un instant l'idée d'entreprendre la conversion des Suèves ; plus tard, celle des Slaves. Un ange l'en détourna dans un songe, et, lui traçant une image du monde, il lui désigna l'Italie. Ce défaut de sympathie pour les Germains, pour les travaux obscurs de leur conversion, est-il la condamnation de saint Colomban et de l'Église celtique ? Les missionnaires anglo-saxons, disciples soumis de Rome, vont, avec le secours d'une dynastie ostrasienne, recueillir dans l'Allemagne cette moisson que l'Irlande n'a pu, ou n'a pas voulu cueillir.

L'impuissance de l'Église celtique, son défaut d'unité, se retrouvent dans la monarchie qui à cette époque dominait nominalement toute la Gaule. La dissolution définitive semble commencer avec la mort de Dagobert. Sous lui, il est probable que l'influence ecclésiastique fût supérieure à celle des grands. Les prêtres, dont nous le voyons entouré, doivent avoir servi les traditions de l'ancien gouvernement neustrien dans sa lutte contre l'Ostrasie, c'est-à-dire contre le pays des barbares et de l'aristocratie. Lorsque le fameux maire du palais Ebroïn envoya demander conseil à l'évêque de Rouen, saint Ouen, le vieux ministre de Dagobert répondit sans hésiter : « De Frédégonde te souvienne ! »

Les grands manquèrent d'abord leur coup en Ostrasie, sous Sigebert III, fils de Dagobert. Pépin avait été maire puis son fils Grimoald, et celui-ci, à la mort de Sigebert, avait essayé de faire roi un de ses propres enfants. Il était secondé par Dido, évêque de Poitiers, oncle du fameux saint Léger. L'oncle et le neveu étaient les chefs des grands dans le Midi. Le vrai roi n'avait que trois ans. On se débarrassa sans peine de cet enfant. Dido le conduisit en Irlande. Mais les hommes libres d'Ostrasie tendirent des embûches à Grimoald, l'arrêtèrent et l'envoyèrent à Paris au roi de Neustrie Clovis II, fils de Dagobert, qui le fit mourir avec son fils.

Les trois royaumes se trouvèrent ainsi réunis sous Clovis II, ou plutôt sous Erchinoald, maire du palais de Neustrie. Pendant la minorité des trois fils de Clovis, le même Erchinoald, puis le fameux Ebroïn, remplirent la même charge, s'appuyant du nom et de la sainteté de Bathilde, veuve du dernier roi. C'était une esclave saxonne que Clovis avait faite reine. Ces maires, ennemis des grands, leur opposaient avec avantage aux yeux des peuples une esclave et une sainte.

Quelle était précisément cette charge des *maires du palais ?* M. de Sismondi ne peut croire que le maire ait été originairement un officier royal. Il y voit un magistrat populaire, institué pour la protection des hommes libres, comme le justiza d'Aragon. Cette espèce de tribun et de juge eût été appelé *morddom,* juge du meurtre. Ces mots allemands auraient été facilement confondus avec ceux de *major domus,* et la mairie assimilée à la charge de l'ancien comte du palais impérial. Nul doute que le maire n'ait été souvent élu, et même de bonne heure, aux époques de minorité ou d'affaiblissement du pouvoir royal ; mais aussi nul doute qu'il n'ait été choisi par le roi, au moins jusqu'à Dagobert. Quiconque connaît l'esprit de la *famille* germanique ne s'étonnera pas de trouver dans le maire un officier du palais. Dans cette famille, la domesticité ennoblit. Toutes les fonctions réputées serviles chez les nations du Midi sont honorables chez celles du Nord, et en réalité elles sont rehaussées par le dévouement personnel, dans les *Niebelungen,* le maître des cuisines, Rumolt, est un des principaux chefs des guerriers. Aux festins du couronnement impérial, les électeurs tenaient à honneur d'apporter le boisseau d'avoine et de mettre les plats sur la table. Chez ces nations, quiconque est grand dans le palais est grand dans le peuple. Le *plus grand* du palais *(major)* devait être le premier des leudes, leur chef dans la guerre, leur juge dans la paix. Or, à une époque où les hommes libres avaient intérêt à être sous la protection royale, *in truste regiâ,* à devenir antrustions et leudes, le juge des leudes dut peu à peu se trouver le juge du peuple.

Le maire Ebroïn avait entrepris l'impossible, établir l'unité, lorsque tout tendait à la dispersion ; fonder la royauté, quand les grands se fortifiaient de toutes parts. Les deux moyens qu'il prit pour y parvenir étaient utiles, si on eût pu les employer. Le premier fut de choisir les ducs et les grands dans une autre province que celle où ils avaient leurs possessions, leurs esclaves, leurs clients ; isolés ainsi de leurs moyens personnels de puissance, ils auraient été les simples hommes du roi, et n'auraient pas rendu les charges héréditaires dans leur famille. En outre, Ebroïn paraît avoir essayé de rapprocher les lois, les usages divers des nations qui composaient l'empire des Francs ; cette tentative sembla tyrannique, et elle l'était en effet à cette époque.

Aussi l'Ostrasie échappa d'abord à Ebroïn ; elle exigea un roi, un maire, un gouvernement particulier. Puis, les grands d'Ostrasie et de Bourgogne, entre autres saint Léger, évêque d'Autun, neveu de Dido, évêque de Poitiers (tous deux étaient amis des Pépins), marchent contre Ebroïn au nom du jeune Childéric II, roi d'Ostrasie. Ebroïn, abandonné des grands neustriens, est enfermé au monastère de Luxeuil. Saint Léger, qui avait contribué à la révolution, n'en profita guère. Il fut accusé, à tort et à droit, d'aspirer au trône, de concert avec le Romain Victor, patrice souverain de Marseille, qui était venu pour une affaire auprès de Childéric. Les grands du Nord inspirèrent au roi une défiance naturelle contre le chef des grands du Midi, et saint Léger fut enfermé à Luxeuil avec ce même Ebroïn qu'il y avait enfermé lui-même. L'adoucissement des mœurs est ici visible. Sous les premiers Mérovingiens, un tel soupçon eût infailliblement entraîné la mort.

Cependant l'Ostrasien Childéric eut à peine respiré l'air de la Neustrie, qu'il devint, lui aussi, ennemi des grands. Dans un accès de fureur, il fit battre de verges un d'entre eux, nommé Bodilo. Ce châtiment servile les irrita tous. Childéric II fut assassiné dans la forêt de Chelles ; les assassins n'épargnèrent pas même sa femme enceinte et son fils enfant.

Ebroïn et saint Léger sortirent de Luxeuil réconciliés en apparence, mais ils se séparèrent bientôt pour profiter des deux révolutions qui venaient de s'opérer en Ostrasie et en Neustrie. Les rôles étaient changés : pendant que les grands triomphaient avec saint Léger et Neustrie, par la mort de Childéric, les hommes libres d'Ostrasie avaient fait revenir d'Irlande cet enfant (Dagobert II) que la famille des Pépins avait autrefois éloigné du trône, dans l'espoir de s'y asseoir elle-même. Les hommes libres d'Ostrasie formèrent une armée à Ebroïn, le ramenèrent triomphant en Neustrie où ils firent dégrader, aveugler, tuer saint Léger, comme coupable d'avoir conseillé la mort de Childéric II. Au moment même, un autre Mérovingien était tué en Ostrasie par les amis de saint Léger. Les deux Pépin et Martin, petit-fils d'Arnulf, évêque de Metz, et neveux de Grimoald, firent condamner par un conseil et poignarder Dagobert II, le roi des hommes libres, c'est-à-dire du parti allié d'Ebroïn. Ebroïn vengea Dagobert comme il avait vengé Childéric II. Il attira Martin dans une conférence et l'y fit assassiner. Lui-même fut tué peu après par un noble franc qu'il avait menacé de la mort.

Cet homme remarquable avait, comme Frédégonde, défendu avec

succès la France de l'Ouest, et retardé vingt années le triomphe des grands ostrasiens. Sa mort leur livra la Neustrie. Ses successeurs furent défaits par Pépin à Testry, entre Saint-Quentin et Péronne.

Cette victoire des grands sur le parti populaire, de la Gaule germanique sur la Gaule romaine, ne sembla pas d'abord entraîner un changement de dynastie. Pépin adopta le roi même au nom duquel Ebroin et ses successeurs avaient combattu. On peut cependant considérer la bataille de Testry comme la chute de la famille de Clovis. Peu importe que cette famille traîne encore le titre de roi dans l'obscurité de quelque monastère. Désormais le nom des princes mérovingiens ne sera plus attesté comme signe de parti ; ils cesseront bientôt d'être employés même comme instruments. Le dernier terme de la décadence est arrivé.

Selon une vieille légende, le père de Clovis ayant enlevé Basine, la femme du roi de Thuringe, « elle lui dit la première nuit, comme ils étaient couchés : « Abstenons-nous ; lève-toi, et ce que tu auras vu dans la cour du palais, tu le diras à ta servante. » S'étant levé, il vit comme des lions, des licornes et des léopards qui se promenaient. Il revint et dit ce qu'il avait vu. La femme lui dit alors : « Va voir de nouveau, et reviens dire à ta servante. » Il sortit et vit cette fois des ours et des loups. A la troisième fois, il vit des chiens et d'autres bêtes chétives. Ils passèrent la nuit chastement, et quand ils se levèrent, Basine lui dit : « Ce que tu as vu des yeux est fondé en vérité. Il nous naîtra un lion ; ses fils courageux ont pour symboles le léopard et la licorne. D'eux naîtront des ours et des loups, pour le courage et la voracité. Les derniers rois sont les chiens, et la foule des petites bêtes indique ceux qui vexeront le peuple, mal défendu par ses rois. »

La dégénération est en effet rapide chez ces Mérovingiens. Des quatre fils de Clovis, un seul, Clotaire, laisse postérité. Des quatre fils de Clotaire, un seul a des enfants. Ceux qui suivent meurent presque tous adolescents. Il semble que ce soit une espèce d'hommes particulière. Tout Mérovingien est père à quinze ans, caduc à trente. La plupart n'atteignent pas cet âge. Charibert II meurt à vingt-cinq ans ; Sigebert II, Clovis II, à vingt-six, à vingt-trois ; Childéric II, à vingt-quatre ; Clotaire, à dix-huit ; Dagobert II, à vingt-six ou vingt-sept, etc. Le symbole de cette race, ce sont les *énervés* de Jumiège, ces jeunes princes à qui l'on a coupé les articulations, et qui s'en vont sur un bateau au cours du fleuve qui les porte à l'Océan ; mais ils sont recueillis dans un monastère.

Qui a coupé leurs nerfs et brisé leur os, à ces enfants des rois barbares ? C'est l'entrée précoce de leurs pères dans la richesse et les délices du monde romain qu'ils ont envahi. La civilisation donne aux hommes des lumières et des jouissances. Les lumières, les préoccupations de la vie intellectuelle, balancent, chez les esprits cultivés, ce que les jouissances ont d'énervant. Mais les barbares qui se trouvent tout à coup placés dans une civilisation disproportionnée n'en prennent que les jouissances. Il ne faut pas s'étonner s'ils s'y absorbent et y fondent, pour ainsi dire, comme la neige devant un brasier.

Le pauvre vieil historien Frédégaire exprime bien tristement dans son langage barbare cet affaissement du monde mérovingien. Après avoir annoncé qu'il essaiera de continuer Grégoire de Tours : « J'aurais souhaité, dit-il, qu'il me fût échu en partage une telle faconde, que je puisse quelque peu lui ressembler. Mais l'on puise difficilement à une source dont les eaux tarissent. Désormais le monde se fait vieux, la pointe de la sagacité s'émousse en nous. Aucun homme de ce temps ne peut ressembler aux orateurs des âges précédents, aucun n'oserait y prétendre. »

CHAPITRE II

Carlovingiens - VIIe, VIIIe, IXe et Xe siècles

« L'homme de Dieu (saint Colomban) ayant été trouver Theudebert, lui conseilla de mettre bas l'arrogance et la présomption, de se faire clerc, d'entrer dans le sein de l'Église, se soumettant à la sainte religion, de peur que, par-dessus la perte du royaume temporel, il n'encourût encore celle de la vie éternelle. Cela excita le rire du roi et de tous les assistants, ils disaient en effet qu'ils n'avaient jamais ouïe dire qu'un Mérovingien, élevé à la royauté, fût devenu clerc volontairement. Tout le monde abominant cette parole, Colomban ajouta : « Il dédaigne l'honneur d'être clerc, eh bien ! il le sera malgré lui. »

Ce passage nous rend sensible l'une des principales différences que présentent la première et la seconde race. Les Mérovingiens entrent dans l'Église malgré eux, les Carlovingiens volontairement. La tige de cette dernière famille est l'évêque de Metz, Arnulf, qui a son fils Chlodulf pour successeur dans cet évêché. Le frère d'Arnulf est abbé de Bobbio ; son petit-fils est saint Wandrille. Toute cette famille est étroitement unie avec saint Léger. Le frère de Pépin le Bref, Carloman, se fait moine au Mont-Cassin ; ses autres frères sont archevêque de Rouen, abbé de Saint-Denis. Les cousins de Charlemagne, Adalhard, Wala, Bernard, sont moines. Un frère de Louis le Débonnaire, Dorgon, est évêque de Metz, trois autres de ses frères sont moines ou clercs. Le grand saint du Midi, saint Guillaume de Toulouse, est cousin et tuteur du fils aîné de Charlemagne. Ce caractère ecclésiastique des Carlovingiens explique assez leur étroite union avec le pape, et leur prédilection pour l'Ordre de Saint-Benoît.

Arnulf était né, dit-on, d'un père aquitain et d'une mère suève. Cet Aquitain, nommé Ansbert, aurait appartenu à la famille des Ferréols, et eût été gendre de Clotaire Ier. Cette généalogie semble avoir été fabriquée pour rattacher les Carlovingiens d'un côté à la dynastie mérovingienne, de l'autre à la maison la plus illustre de la Gaule romaine. Quoi qu'il en soit, je croirais aisément, d'après les fréquents mariages des familles ostrasiennes et aquitaines, que les Carlovingiens ont pu en effet sortir d'un mélange de ces races.

Cette maison épiscopale de Metz réunissait deux avantages qui devaient lui assurer la royauté. D'une part, elle tenait étroitement à l'Église ; de l'autre, elle était établie dans la contrée la plus germanique de la Gaule. Tout d'ailleurs la favorisait. La royauté était réduite à rien, les hommes libres diminuaient de nombre chaque jour. Les grands seuls, leudes et évêques, se fortifiaient et s'affermissaient. Le pouvoir devait passer à celui qui réunirait les caractères de grand propriétaire et de chef des leudes. Il fallait de plus que tout cela se rencontrât dans une grande famille épiscopale, dans une famille ostrasienne, c'est-à-dire amie de l'Église, amie des barbares. L'Église, qui avait appelé les Francs de Clovis contre les Goths, devait favoriser les Ostrasiens contre la Neustrie, lorsque celle-ci, sous un Ebroin, organisait un pouvoir laïque, rival de celui du clergé.

La bataille de Testry, cette victoire des grands sur l'autorité royale, ou du moins sur le nom du roi, ne fit qu'achever, proclamer, légitimer la dissolution. Toutes les nations durent y voir un jugement de Dieu contre l'unité de l'Empire. Le Midi, Aquitaine et Bourgogne, cessa d'être France, et nous voyons bientôt ces contrées désignées, sous Charles Martel, comme *pays romains ;* il pénétra, disent les chroniques, jusqu'en Bourgogne. A l'est et au nord, les ducs allemands, les Frisons, les Saxons, Suèves, Bavarois, n'avaient nulle raison de se soumettre au duc des Ostrasiens, qui peut-être n'eût pas vaincu sans eux. Par sa victoire même, Pépin se trouva seul. Il se hâta de se rattacher au parti qu'il avait abattu, au parti d'Ebroin, qui n'était autre que celui de l'unité de la Gaule ; il fit épouser à son fils une matrone puissante, veuve d'un dernier maire, et chère au parti des hommes libres. Au-dehors, il essaya de ramener à la domination des Francs les tribus germaniques qui s'en étaient affranchies, les Frisons au nord, au midi les Suèves. Mais ses tentatives étaient loin de pouvoir rétablir l'unité. Ce fut bien pis à sa mort ; son successeur dans la mairie fut son petit-fils Théobald, sous sa veuve Plectrude. Le roi Dagobert III, encore enfant, se trouva soumis à un maire enfant, et tous deux à une femme. Les Neustriens s'affranchirent sans peine. Ce fut à qui attaquerait l'Ostrasie ainsi désarmée : les Frisons, les Neustriens la ravagèrent, les Saxons coururent toutes ses possessions en Allemagne.

Les Ostrasiens, foulés par toutes les nations, laissèrent là Plectrude et son fils. Ils tirèrent de prison un vaillant bâtard de Pépin, Carl, surnommé Marteau. Pépin n'avait rien laissé à celui-ci. C'était une branche maudite, odieuse à l'Église, souillée du sang d'un martyr. Saint Lambert, évêque de Liége, avait un jour, à la table royale, exprimé son mépris pour Alpaïde, la mère de Carl, la concubine de Pépin ; le frère d'Alpaïde força la maison épiscopale et tua l'évêque en prières. Grimoald, fils et héritier de Pépin, était allé en pèlerinage au tombeau de saint Lambert, il y fut tué, sans doute par les amis d'Alpaïde. Carl lui-même se signala comme ennemi de l'Église. Son surnom païen de *Marteau* me ferait volontiers douter s'il était chrétien. On sait que le marteau est l'attribut de Thor, le signe de l'association païenne, celui de la propriété, de la conquête barbare. Cette circonstance expliquerait comment un empire, épuisé sous les règnes précédents, fournit tout à coup tant de soldats et contre les Saxons et contre les Sarrasins. Ces mêmes hommes, attirés dans les armées de Carl par l'appât des biens de l'Église qu'il leur prodigua purent adopter peu à peu la croyance de leur nouvelle patrie, et préparèrent une génération de soldats pour Pépin le Bref et Charlemagne. Dans cette famille tout ecclésiastique des Carlovingiens, le bâtard, le proscrit Carl, ou Charles Martel, offre une physionomie à part et très peu chrétienne.

D'abord les Neustriens, battus par lui à Vincy, près de Cambrai, appelèrent à leur aide les Aquitains qui, depuis la dissolution de l'Empire des Francs, formaient une puissance redoutable. Eudes, leur duc, s'avança jusqu'à Soissons, s'unit aux Neustriens, qui n'en furent pas moins vaincus. Peut-être eût-il continué la guerre avec avantage, mais il avait alors un ennemi derrière lui. Les Sarrasins, maîtres de l'Espagne, s'étaient emparés du Languedoc. De la ville romaine et gothique de Narbonne, occupée par eux, leur innombrable cavalerie se lançait audacieusement vers le nord, jusqu'en Poitou, jusqu'en Bourgogne, confiante dans sa légèreté, et dans la vigueur infatigable de ses chevaux africains. La célérité prodigieuse de ces brigands, qui voltigeaient partout, semblait les multiplier ; ils commençaient à passer en plus grand nombre : on craignait que, selon leur usage, après avoir fait un désert d'une partie des contrées du Midi, ils ne finissent par s'y établir. Eudes, défait une fois par eux, s'adressa aux Francs eux-mêmes ; une rencontre eut lieu près de Poitiers entre les rapides cavaliers d'Afrique et les lourds bataillons des Francs (732). Les premiers, après avoir éprouvé qu'ils ne pouvaient rien contre un ennemi redoutable par sa force et sa masse, se retirèrent pendant la nuit. Quelle perte les Arabes purent-ils éprouver, c'est ce qu'on ne saurait dire. Cette rencontre solennelle des hommes du Nord et du Midi a frappé l'imagination des chroniqueurs de l'époque ; ils ont supposé que ce choc de deux races n'avait pu avoir lieu qu'avec un immense massacre. Charles Martel poussa jusqu'en Languedoc, il assiégea inutilement Narbonne, entra dans Nîmes et essaya de brûler les Arènes, qu'on avait changées en forteresse. On distingue encore sur les murs la trace de l'incendie.

Mais ce n'est pas du côté du Midi qu'il dut avoir le plus d'affaires ; l'invasion germanique était bien plus à craindre que celle des Sarrasins. Ceux-ci étaient établis dans l'Espagne, et bientôt leurs divisions les y retinrent. Mais les Frisons, les Saxons, les Allemands, étaient toujours appelés vers le Rhin par la richesse de la Gaule et par le souvenir de leurs anciennes invasions ; ce ne fut que par une longue suite d'expéditions que Charles Martel parvint à les refouler. Avec quels soldats put-il faire ces expéditions ? Nous l'ignorons, mais tout porte à croire qu'il recrutait ses armées en Germanie. Il lui était facile d'attirer à lui des guerriers auxquels il distribuait les dépouilles des évêques et des abbés de la Neustrie et de la Bourgogne. Pour employer ces mêmes Germains contre les Germains leurs frères, il fallut les faire chrétiens. C'est ce qui explique comment Charles devint vers la fin l'ami des papes, et leur soutien contre les Lombards. Les missions pontificales créèrent dans la Germanie une population chrétienne amie des Francs, et chaque peuplade dut se trouver partagée entre une partie païenne qui resta obstinément sur le sol de la patrie à l'état primitif de tribu, tandis que la partie chrétienne fournit des bandes aux armées de Charles Martel, de Pépin et de Charlemagne.

L'instrument de cette grande révolution fut saint Boniface, l'apôtre de l'Allemagne. L'Église anglo-saxonne, à laquelle il appartient, n'était pas, comme celle d'Irlande, de Gaule ou d'Espagne, une sœur, une égale de celle de Rome ; c'était la fille des papes. Par cette Église, romaine d'esprit, germanique de langue, Rome eut prise sur la Germanie. Saint Colomban avait dédaigné de prêcher les Suèves. Les Celtes, dans leur dur esprit d'opposition à la race germanique, ne pouvaient être les instruments de sa conversion. Un principe de rationalisme antihiérarchique, un esprit d'individualité, de division, dominait l'Église celtique. Il fallait un élément plus liant, plus sympathique, pour attirer au christianisme les derniers venus des barbares. Il fallait leur parler du Christ au nom de Rome, ce grand nom qui, depuis tant de générations, remplissait leur oreille.

Winfried (c'est le nom germanique de Boniface) se donna sans réserve aux papes, et, sous leur auspices, se lança dans ce vaste monde païen de l'Allemagne à travers les populations barbares. Il fut le Colomb et le Cortez de ce monde inconnu, où il pénétrait sans autre arme que sa foi intrépide et le nom de Rome. Cet homme héroïque, passant tant de fois la mer, le Rhin, les Alpes, fut le lien des nations ; c'est par lui que les Francs s'entendirent avec Rome, avec les tribus germaniques ; c'est lui qui, par la religion, par la civilisation, attacha au sol ces tribus mobiles, et prépara à son insu la route aux armées de Charlemagne, comme les missionnaires du XVIe siècle ouvrirent l'Amérique à celles de Charles Quint. Il éleva sur le Rhin, la métropole du christianisme allemand, l'église de Mayence, l'église de l'Empire, et plus loin, Cologne, l'église des reliques, la cité sainte des Pays-Bas. La jeune école de Fulde, fondée par lui au plus profond de la barbarie germanique, devint la lumière de l'Occident, et enseigna ses maîtres. Premier archevêque de Mayence, c'est du pape qu'il voulut tenir le gouvernement de ce nouveau monde chrétien qu'il avait créé. Par son serment, il se voue lui et ses successeurs au prince des apôtres, « qui seul doit donner le pallium aux évêques ». Cette soumission n'a rien de servile. Le bon Winfried demande au pape, dans sa simplicité, s'il est vrai que lui, pape, il viole les canons et tombe dans le péché de simonie ; il l'engage à faire cesser les cérémonies païennes que le peuple célèbre encore à Rome, au grand scandale des Allemands. Mais le principal objet de sa haine, ce sont les Scots (nom commun des Écossais et des Irlandais). Il condamne leur principe du mariage des prêtres. Il dénonce au pape, tantôt le fameux Virgile, évêque de Salzbourg, celui qui le premier devina que la terre est ronde, tantôt un prêtre nommé Samson, qui supprime le baptême. Clément, autre Irlandais, et le Gaulois Adalbert, troublent aussi l'Église. Adalbert érige des oratoires et des croix près des fontaines (peut-être aux anciens autels druidiques) ; le peuple y court et déserte les églises ; cet Adalbert est si révéré qu'on se dispute comme des reliques ses ongles et ses cheveux. Autorisé par une lettre qu'il a reçue de Jésus-Christ, il invoque des anges dont le nom est inconnu ; il sait d'avance les péchés des hommes et n'écoute pas leur confession. Winfried, implacable ennemi de l'Église celtique, obtient de Carloman et Pépin qu'ils fassent enfermer Adalbert. Ce zèle âpre et farouche était au moins désintéressé. Après avoir fondé neuf évêchés et tant de monastères, au comble de sa gloire, à l'âge de soixante-treize ans, il résigna l'archevêché de Mayence à son disciple Lulle, et retourna simple missionnaire dans les bois et les marais de la Frise païenne, où il avait quarante ans auparavant prêché la première fois. Il y trouva le martyre.

Quatre ans avant sa mort (752), il avait sacré roi Pépin au nom du pape de Rome, et transporté la couronne à une nouvelle dynastie. Ce fils de Charles Martel, seul maire par la retraite d'un de ses frères au Mont-Cassin, et par la fuite de l'autre, était le bien-aimé de l'Église. Il réparait les spoliations de Charles Martel ; il était l'unique appui du pape contre les Lombards. Tout cela l'enhardit à faire cesser la longue comédie que jouaient les maires du palais, depuis la mort de Dagobert, et à prendre pour lui-même le titre de roi. Il y avait près de cent ans que les Mérovingiens, enfermés dans leur ville de Maumagne ou dans quelque monastère, conservaient une vaine ombre de la royauté. Ce n'était guère qu'au printemps, à l'ouverture du champ de mars, qu'on tirait l'idole de son sanctuaire, qu'on montrait au peuple son roi. Silencieux et grave, ce roi chevelu, barbu (c'étaient, quel que fût l'âge du prince, les insignes obligés de la royauté), paraissait, lentement traîné sur le char germanique, attelé de bœufs, comme celui de la déesse Hertha. Parmi tant de révolutions qui se faisaient au nom de ces rois, vainqueurs, vaincus, leur sort changeait peu. Ils passaient du palais au cloître, sans remarquer la différence. Souvent même le maire vainqueur quittait son roi pour le roi vaincu, si celui-ci figurait mieux. Généralement ces pauvres rois ne vivaient guère ; derniers descendants d'une race énervée, faibles et frêles, ils portaient la peine des excès de leurs pères. Mais cette jeunesse même, cette inaction, cette innocence, dut inspirer au peuple l'idée profonde de la sainteté royale, du droit du roi. Le roi lui apparut de bonne heure comme un être irréprochable, peut-être comme un compagnon de ses misères, auquel il ne manquait que le pouvoir pour en être le réparateur. Et le silence même de l'imbécillité ne diminuait pas le respect. Cet être taciturne semblait garder le secret de l'avenir. Dans plusieurs contrées encore, le peuple croit qu'il y a quelque chose de divin dans les idiots comme autrefois les païens reconnaissaient la divinité des bêtes.

Après les Mérovingiens, dit Eginhard, les Francs se constituèrent deux rois. En effet, cette dualité se retrouve presque partout au commencement de la dynastie carlovingienne. Ordinairement deux frères règnent ensemble : Pépin et Martin, Pépin et Carloman, Carloman et Charlemagne. Quand il y a un troisième frère (par exemple Grifon, frère de Pépin le Bref), il est exclu du partage.

Cette royauté de Pépin, fondée par les prêtres, fut dévouée aux prêtres. Le descendant de l'évêque Arnulf, le parent de tant d'évêques et de saints, donna grande influence aux prélats.

Partout les ennemis des Francs se trouvaient être ceux de l'Église, Saxons païens, Lombards persécuteurs du pape, Aquitains spoliateurs des biens ecclésiastiques. La grande guerre de Pépin fut contre l'Aquitaine. Il ne fit qu'une campagne en Saxe, obtenant la liberté de prédication pour les missionnaires, et laissant faire au temps. Deux campagnes suffirent contre les Lombards, le pape Étienne était venu lui-même implorer le secours des Francs. Pépin força les Alpes, força Pavie, et exigea du Lombard Astolph qu'il rendît, non pas à l'Empire grec, mais à saint Pierre et au pape, les villes de Ravenne, de l'Émilie, de la Pentapole et du duché de Rome. Il fallait que les Lombards et les Grecs fussent bien peu à craindre, pour que Pépin crût ces provinces en sûreté dans les mains désarmées d'un prêtre.

Ce fut une bien autre guerre que celle d'Aquitaine : un mot en expliquera la durée. Ce pays, adossé aux Pyrénées occidentales, qu'occupaient et qu'occupent encore les anciens Ibériens, Vasques, Guasques ou Basques (Eusken), recrutait incessamment sa population parmi ces montagnards. Ce peuple agriculteur de goût et de génie, brigand par sa position, avait été longtemps serré dans ses roches par les Romains, puis par les Goths. Les Francs chassèrent ceux-ci, mais ne les remplacèrent pas. Ils échouèrent plusieurs fois contre les Vasques et chargèrent un duc Genialis, sans doute un Romain d'Aquitaine, de les observer (vers 600). Cependant les géants de la montagne descendaient peu à peu parmi les petits hommes de Béarn, dans leurs grosses capes rouges, et chaussés de l'abarca de crin, hommes, femmes, enfants, troupeaux, s'avançant vers le nord ; les landes sont un vaste chemin. Aînés de l'ancien monde, ils venaient réclamer leur part des belles plaines sur tant d'usurpateurs qui s'étaient succédé, Galls, Romains et Germains. Ainsi, au VIIe siècle, dans la dissolution de l'Empire neustrien, l'Aquitaine se trouva renouvelée par les Vasques, comme l'Ostrasie par les nouvelles immigrations germaniques. Des deux côtés, le nom suivit le peuple, et s'étendit avec lui ; le Nord s'appela la *France,* le Midi la Vasconia, la *Gascogne.* Celle-ci avança jusqu'à l'Adour, jusqu'à la Garonne, un instant jusqu'à la Loire. Alors eut lieu le choc.

Selon les traditions fort peu certaines, l'Aquitain Amandus, vers l'an 628, se serait fortifié dans ces contrées, battant les Francs par les Basques, et les Basques par les Francs. Il aurait donné sa fille à Charibert, frère de Dagobert ; après la mort de son gendre, il aurait défendu l'Aquitaine, au nom de ses petits-fils orphelins, contre leur oncle Dagobert. Peut-être le mariage de Charibert n'est-il qu'une fable inventée plus tard pour rattacher les grandes familles d'Aquitaine à la première race. Toutefois nous voyons peu après les ducs aquitains épouser trois princesses ostrasiennes.

Les arrière-petits-fils d'Amandus furent Eudes et Hubert. Celui-ci passa dans la Neustrie, où régnait alors le maire Ebroin, puis dans l'Ostrasie, pays de sa tante et de sa grand-mère. Il s'y fixa près de Pépin. Grand chasseur, il courait avec eux l'immensité des Ardennes ; l'apparition d'un cerf miraculeux le décida à quitter le siècle pour entrer dans l'Église. Il fut disciple et successeur de saint Lambert à Maëstricht, et fonda l'évêché de Liège. C'est le patron des chasseurs, depuis la Picardie jusqu'au Rhin.

Son frère Eudes eut une bien autre carrière ; il se crut un instant roi de toutes les Gaules ; maître de l'Aquitaine jusqu'à la Loire, maître de la Neustrie au nom du roi Childéric II qu'il avait dans ses mains. Mais le sort des diverses dynasties de Toulouse, comme nous le verrons plus tard, fut toujours d'être écrasées entre l'Espagne et la France du Nord. Eudes fut battu par Charles Martel, et la crainte des Sarrasins, qui le menaçaient par-derrière, le décida à lui livrer Chilpéric. Vainqueur des Sarrasins devant Toulouse mais alors menacé par les Francs, il traita avec les infidèles. L'émir Munuza, qui s'était rendu indépendant au nord de l'Espagne, se trouvait à l'égard des lieutenants du calife dans la même position qu'Eudes par rapport à Charles Martel. Eudes s'unit à l'émir et lui donna sa fille. Cette étrange alliance, dont il n'y avait pas d'exemple, caractérise de bonne heure l'indifférence religieuse dont la Gascogne et la Guienne nous donnent tant de preuves ; peuple mobile, spirituel, trop habile dans les choses de ce monde, médiocrement occupé de celle de l'autre, le pays d'Henri IV, de Montesquieu et de Montaigne, n'est pas un pays de dévots.

Cette alliance politique et impie tourna fort mal. Munuza fut resserré dans une forteresse par Abder-Rahman, lieutenant du calife, et n'évita la captivité que par la mort. Il se précipita du haut d'un rocher. La pauvre Française fut envoyée au sérail du calife de Damas. Les Arabes franchirent les Pyrénées ; Eudes fut battu comme son gendre. Mais les Francs eux-mêmes se réunirent à lui, et Charles Martel l'aida à les repousser à Poitiers (732). L'Aquitaine, convaincue d'impuissance, se trouva dans une sorte de dépendance à l'égard des Francs.

Le fils d'Eudes, Hunald, le héros de cette race, ne put s'y résigner. Il commença contre Pépin le Bref et Carloman (741) une lutte désespérée, à laquelle il entreprit d'intéresser tous les ennemis déclarés ou secrets des Francs ; il alla jusqu'en Saxe, en Bavière, chercher des alliés. Les Francs brûlèrent le Berry, tournèrent l'Auvergne, rejetèrent Hunald derrière la Loire, et furent rappelés par les incursions des Saxons et des Allemands. Hunald passa la Loire à son tour et incendia Chartres. Peut-être aurait-il eu de plus grands succès ; mais il semble avoir été trahi par son frère

Hatton, qui gouvernait sous lui le Poitou. Voilà déjà la cause des malheurs futurs de l'Aquitaine, la rivalité de Poitiers et de Toulouse.

Hunald céda, mais se vengea de son frère ; il lui fit crever les yeux, puis s'enferma lui-même pour faire pénitence dans un couvent de l'île de Ré. Son fils Guaifer (745) trouva un auxiliaire dans Grifon, jeune frère de Pépin, comme Pépin en avait trouvé un dans le frère d'Hunald. Mais la guerre du Midi ne commença sérieusement qu'en 759, lorsque Pépin eut vaincu les Lombards. C'était l'époque où le califat venait de se diviser. Alfonse le Catholique, retranché dans les Asturies, y relevait la monarchie des Goths. Ceux de la Septimanie (le Languedoc, moins Toulouse) s'agitèrent pour recouvrer aussi leur indépendance. Les Sarrasins qui occupaient cette contrée furent bientôt obligés de s'enfermer dans Narbonne. Un chef des Goths s'était fait reconnaître pour seigneur par Nîmes, Maguelonne, Agde et Béziers. Mais les Goths n'étaient pas assez forts pour reprendre Narbonne. Ils appelèrent les Francs ; ceux-ci, inhabiles dans l'art des sièges, seraient restés à jamais devant cette place, si les habitants chrétiens n'eussent fini par faire main basse sur les Sarrasins, et ouvrir eux-mêmes leurs portes. Pépin jura de respecter les lois et franchises du pays.

Alors il recommença avec avantage la guerre contre les Aquitains, qu'il pouvait désormais tourner du côté de l'Est. « Après que le pays se fut reposé de guerres pendant deux ans, le roi Pépin envoya des députés à Guaifer, prince d'Aquitaine, pour lui demander de rendre aux Églises de son royaume les biens qu'elles possédaient en Aquitaine. Il voulait que ces Églises jouissent de leurs terres, avec toutes les immunités qui leur étaient jadis assurées ; que ce prince lui payât, selon la loi, le prix de la vie de certains Goths qu'il avait tués contre toute justice ; enfin, qu'il remît en son pouvoir ceux des hommes de Pépin qui s'étaient enfuis du royaume des Francs dans l'Aquitaine. Guaifer repoussa avec dédain toutes ces demandes. »

La guerre fut lente, sanglante, destructive. Plusieurs fois les Aquitains et Basques, dans des courses hardies, pénétrèrent jusqu'à Autun, jusqu'à Châlons. Mais les Francs, mieux organisés et s'avançant par grandes masses, firent bien plus de mal à leurs ennemis. Ils brûlèrent le Berry, arbres et maisons, et cela plus d'une fois. Puis, s'enfonçant dans l'Auvergne, dont ils prirent les forts, ils traversèrent, ils brûlèrent le Limousin. Puis, avec la même régularité, ils brûlèrent le Quercy, coupant les vignes, qui faisaient la richesse de l'Aquitaine. « Le prince Guaifer, voyant que le roi des Francs, à l'aide de ses machines, avait pris le fort de Clermont, ainsi que Bourges, capitale de l'Aquitaine, et ville très fortifiée, désespéra de lui résister désormais, et fit abattre les murs de toutes les villes qui lui appartenaient en Aquitaine, savoir : Poitiers, Limoges, Saintes, Périgueux, Angoulême et beaucoup d'autres. »

Le malheureux se retira dans les lieux forts, sur les montagnes sauvages. Mais chaque année lui enlevait quelqu'un des siens. Il perdit son comte d'Auvergne, qui périt en combattant ; son comte de Poitiers fut tué en Touraine par les hommes de Saint-Martin de Tours. Son oncle Rémistan, qui l'avait abandonné, puis soutenu de nouveau, fut pris et pendu par les Francs, Guaifer lui-même fut enfin assassiné par les siens, dont la mobilité se lassait sans doute d'une guerre glorieuse, mais sans espoir. Pépin, triomphant par la perfidie, se vit donc enfin seul maître de toutes les Gaules, tout-puissant dans l'Italie par l'humiliation des Lombards, tout-puissant dans l'Église par l'amitié des papes et des évêques, auxquels il transféra presque toute l'autorité législative. Sa réforme de l'Église par les soins de saint Boniface, les nombreuses translations de reliques dont il dépouilla l'Italie pour enrichir la France, lui firent un honneur infini. Lui-même paraissait dans les cérémonies solennelles, portant les reliques sur ses épaules, celles entre autres de saint Austremon et de saint Germain des Prés.

Charles, fils et successeur de Pépin (768), se trouva bientôt seul maître de l'Empire par la mort de son frère Carloman, comme l'avaient été Pépin l'Ancien par celle de Martin, et Pépin le Bref par la retraite du premier Carloman. Les deux frères avaient étouffé sans peine la guerre qui se rallumait en Aquitaine. Le vieil Hunald, sorti de son couvent au bout de vingt-trois ans, essaya en vain de venger son fils et d'affranchir son pays. Il fut livré lui-même par un fils de ce frère, auquel il avait fait jadis crever les yeux. Cet homme indomptable ne céda pas encore ; il parvint à se retirer en Italie chez Didier, roi des Lombards. Didier, à qui Charles son gendre avait outrageusement renvoyé sa fille, soutenait par représailles les neveux de Charles, et menaçait de faire valoir leurs droits. Le roi des Francs passa en Italie, et assiégea Pavie et Vérone. Ces deux villes résistèrent longtemps. Dans la première s'était jeté Hunald, qui empêcha les habitants de se rendre jusqu'à ce qu'ils l'eussent lapidé. Le fils de Didier se réfugia à Constantinople, et les Lombards ne conservèrent que le duché de Bénévent. C'était la partie centrale du royaume de Naples ; les Grecs avaient les ports. Charles prit le titre de roi des Lombards.

L'Empire des Francs était déjà vieux et fatigué, quand il tomba aux mains de Charlemagne, mais toutes les nations environnantes s'étaient affaiblies. La Neustrie n'était plus rien ; les Lombards pas grand-chose, divisés quelque temps entre Pavie, Milan et Bénévent, ils n'avaient jamais bien repris. Les Saxons, tout autrement redoutables, il est vrai, étaient pris à dos par les Slaves. Les Sarrasins, l'année même où Pépin se fit roi, perdirent l'unité de leur empire ; l'Espagne s'isola de l'Afrique, et se trouva elle-même affaiblie par le schisme qui divisait le califat ; ce dernier événement rassurait l'Aquitaine du côté des Pyrénées. Ainsi deux nations restaient debout dans cet affaissement commun de l'Occident, faibles, mais les moins faibles de toutes, les Aquitains et les Francs d'Ostrasie. Ces derniers devaient vaincre : plus unis que les Saxons, moins fougueux, moins capricieux que les Aquitains, ils étaient mieux disciplinés que les uns et les autres. « Il semble, dit M. de Sismondi (t. II, p. 267), que les Francs avaient conservé quelque chose des habitudes de la milice romaine, où leurs aïeux avaient servi si longtemps. » C'étaient en effet les plus disciplinables des barbares, ceux dont le génie était le moins individuel, le moins original, le moins poétique. Les soixante ans de guerre qui remplissent les règnes de Pépin et de Charlemagne offrent peu de victoires, mais des ravages réguliers, périodiques ; ils usaient leurs ennemis plutôt qu'ils ne les domptaient, ils brisaient à la longue leur fougue et leur élan. Le souvenir le plus populaire qui soit resté de ces guerres, c'est celui d'une défaite, Roncevaux. N'importe, vainqueurs, vaincus, ils faisaient des déserts, et dans ces déserts ils élevaient quelque place forte, et ils poussaient plus loin ; car on commençait à bâtir. Les barbares avaient bien assez cheminé ; ils cherchaient la stabilité ; le monde s'asseyait, au moins de lassitude.

Ce qui favorisa encore l'établissement de ce monde flottant, c'est la longueur du règne de Pépin et de Charlemagne. Après tous ces rois qui mouraient à quinze ou vingt ans, il en vint deux qui remplissent presque un siècle de leurs règnes (741-814). Ils purent bâtir et fonder à loisir ; ils recueillirent et mirent ensemble les éléments dispersés des âges précédents. Ils héritèrent de tout, et firent oublier tout ce qui précédait. Il en advint à Charlemagne comme à Louis XIV ; tout data du *grand règne*. Institutions, gloire nationale, tout lui fut rapporté. Les tribus même qui l'avaient combattu lui attribuent leur lois, des lois aussi anciennes que la race germanique. Dans la réalité, la vieillesse même, la décadence du monde barbare fut favorable à la gloire de ce règne ; ce monde s'éteignant, toute vie se réfugia au cœur. Les hommes illustres de toute contrée affluèrent à la cour du roi des Francs. Trois chefs d'école, trois réformateurs des lettres ou de mœurs, y créèrent un mouvement passager ; de l'Irlande vint Clément, des Anglo-Saxons Alcuin, de la Gothie ou Languedoc saint Benoît d'Aniane. Toute nation paya ainsi son tribut ; citons encore le Lombard Paul Warnefrid, le Goth-Italien Théodulfe, l'Espagnol Agobart. L'heureux Charlemagne profita de tout. Entouré de ces prêtres étrangers qui étaient la lumière de l'Église, fils, neveu, petit-fils des évêques et des saints, sûr du pape, que sa famille avait protégé contre les Grecs et les Lombards, il disposa des évêchés, des abbayes, les donna même à des laïques. Mais il confirma l'institution de la dîme, et affranchit l'Église de la juridiction séculière. Ce David, ce Salomon des Francs, se trouva plus prêtre que les prêtres, et fut ainsi leur roi.

Les guerres d'Italie, la chute même du royaume des Lombards, ne furent qu'épisodiques dans les règnes de Pépin et de Charlemagne. La grande guerre du premier est, nous l'avons vu, contre les Aquitains, celle de Charles contre les Saxons. Rien n'indique que cette dernière ait été motivée, comme on a semblé le croire, par la crainte d'une invasion. Sans doute il y avait eu constamment par le Rhin une immigration des peuples germaniques. Ils passaient en grand nombre pour trouver fortune dans la riche contrée de l'Ouest. Ces recrues fortifiaient et renouvelaient sans cesse les armées des Francs. Mais pour des invasions de tribus entières, comme celles qui eurent lieu dans les derniers temps de l'Empire romain, rien ne peut faire soupçonner qu'un pareil fait ait accompagné l'élévation de la seconde race, ni qu'elle fût menacée elle-même de le voir renouvelé à l'avènement de Charlemagne.

Le vrai motif de la guerre fut la violente antipathie des races franque et saxonne, antipathie qui croissait chaque jour à mesure que les Francs devenaient plus Romains, depuis surtout qu'ils recevaient une organisation nouvelle sous la main tout ecclésiastique des Carlovingiens. Ceux-ci avaient d'abord espéré, d'après le succès de saint Boniface, que l'Allemagne leur serait peu à peu soumise et gagnée par les missionnaires. Mais la différence des deux peuples devenait trop forte pour que la fusion pût s'opérer. Les derniers progrès des Francs dans la civilisation avaient été trop rapides. Les hommes de *la terre Rouge,* comme s'appelaient fièrement les Saxons, dispersés, selon la liberté de leur génie, dans leurs *marches,* dans les profondes clairières de ces forêts, où l'écureuil courait les arbres sept lieues sans descendre, ne connaissant, ne voulant d'autres barrières que la vague limitation de leur *gau,* avaient horreur des terres limitées, des *mansi* de Charlemagne. Les Scandinaves et les Lombards, comme les Romains, orientaient et divisaient les champs. Mais dans l'Allemagne même, il n'y a pas trace de telle chose. Les divisions de territoire, les dénombrements d'hommes, tous ces moyens d'ordre, d'administration et de tyrannie, étaient redoutés des Saxons. Partagés par les Ases eux-mêmes en trois peuples et douze tribus, ils ne voulaient pas d'autre division. Leurs *marches* n'étaient pas absolument des terres vaines et vagues : *ville* et *prairie* sont synonymes dans les vieilles langues du Nord ; la prairie, c'est leur cité. L'étranger qui passe dans la *marche* ne doit pas se faire traîner sur sa charrue ; il doit respecter la terre et soulever le soc.

Ces tribus fières et libres s'attachèrent à leurs vieilles croyances par la haine et la jalousie que les Francs leur inspiraient. Les missionnaires, dont ceux-ci les fatiguaient, eurent l'imprudence de les menacer des armes du grand Empire. Saint Libuin, qui prononça cette parole, eût été mis en pièces sans l'intercession des vieillards saxons ; mais ils n'empêchèrent point que les jeunes gens ne brûlassent l'église que les Francs avaient construite à Deventer. Ceux-ci, qui peut-être souhaitaient un prétexte pour brusquer par les armes la conversion de leurs voisins barbares, marchèrent droit au principal sanctuaire des Saxons, au lieu où se trouvaient la principale idole et les plus chers souvenirs de la Germanie. L'Herman-saül, mystérieux symbole où l'on pouvait voir l'image du monde ou de la patrie, d'un dieu ou d'un héros, cette statue, armée de pied en cap, portait de la main gauche une balance, de la droite un drapeau où se voyait une rose, sur son bouclier un lion commandant à d'autres animaux, à ses pieds un champ semé de fleurs. Tous les lieux voisins étaient consacrés par le souvenir de la grande et première victoire des Germains sur l'Empire.

Si les Francs eussent eu souvenir de leur origine germanique, ils auraient respecté ce lieu saint. Ils le violèrent, ils brisèrent le symbole national. Cette facile victoire fut sanctifiée par un miracle. Une source jaillit exprès pour abreuver les soldats de Charlemagne. Les Saxons, surpris dans leurs forêts, donnèrent douze otages, un par tribu. Mais ils se ravisèrent bientôt et ravagèrent la Hesse. On aurait tort si, d'après ce fait et tant d'autres du même genre, on accusait les Saxons de perfidie. Indépendamment de la mobilité d'esprit propre aux barbares, ceux qui cédaient devaient être généralement la population attachée au sol par sa faiblesse, les femmes, les vieillards. Les jeunes réfugiés dans les marais, dans les montagnes, dans les cantons du Nord, revenaient et recommençaient. On ne pouvait les contenir qu'en restant au milieu d'eux. Aussi Charles fixa sa résidence sur le Rhin, à Aix-la-Chapelle, dont il aimait d'ailleurs les eaux thermales, et fortifia, bâtit dans la Saxe même le château d'Ehresbourg.

L'année suivante 775, il passa le Weser. Les Saxons Angariens se soumirent, ainsi qu'une partie des Westphaliens. L'hiver fut employé à châtier les ducs lombards qui rappelaient le fils de Didier. Au printemps, l'assemblée ou concile de Worms jura de poursuivre la guerre jusqu'à ce que les Saxons se fussent convertis. On sait que sous les Carlovingiens, les évêques dominaient dans ces assemblées. Charles pénétra jusqu'aux sources de la Lippe, et y bâtit un fort. Les Saxons parurent se soumettre. Tous ceux qu'on trouva dans leurs foyers reçurent sans difficulté le baptême. Cette cérémonie, dont sans doute ils comprenaient à peine le sens, ne semble pas avoir jamais inspiré beaucoup de répugnance aux barbares païens. Ces populations, plus fières que fanatiques, tenaient peut-être moins à leur religion qu'on ne l'a cru d'après leur résistance. Sous Louis le Débonnaire, les hommes du Nord se faisaient baptiser en foule ; la difficulté n'était que de trouver assez d'habits blancs ; tel s'était fait baptiser trois fois pour gagner trois habits.

Aussi, pendant que Charlemagne croit tout fini, et baptise les Saxons par milliers à Paderborn, le chef westphalien Witikind revient avec ses guerriers réfugiés dans le Nord, avec ceux mêmes du Nord, qui pour la première fois apparaissent en face des Francs. Défait dans la Hesse, Witikind rentre dans ses forêts et retourne chez les Danois pour revenir bientôt.

C'était précisément l'année 778, où les armes de Charlemagne recevaient un échec si mémorable à Roncevaux. L'affaiblissement des Sarrasins, l'amitié des petits rois chrétiens, les prières des émirs révoltés du nord de l'Espagne, avaient favorisé les progrès des Francs ; ils avaient poussé jusqu'à l'Ebre, et appelaient leurs campements en Espagne une nouvelle province, sous les noms de marche de Gascogne et marche de Gothie. Du côté oriental, tout allait bien, les Francs étaient soutenus par les Goths ; mais à l'Occident, les Basques, vieux soldats d'Hunald et de Guaifer, les rois de Navarre et des Asturies, qui voyaient Charlemagne prendre possession du pays et mettre tous les forts entre les mains des Francs, s'étaient armés sous Lope, fils de Guaifer. Au retour, les Francs, attaqués par ces montagnards, perdirent beaucoup de monde dans ces ports difficiles, dans ces gigantesques escaliers que l'on monte à la file, homme à homme, soit à pied, soit à dos de mulet ; les roches vous dominent, et semblent prêtes à écraser d'elles-mêmes ceux qui violent cette limite solennelle des deux mondes.

La défaite de Roncevaux ne fut, assure-t-on, qu'une affaire d'arrière-garde. Cependant Eginhard avoue que les Francs y perdirent beaucoup de monde, entre autres plusieurs de leurs chefs les plus distingués, et le fameux Roland. Peut-être les Sarrasins aidèrent-ils ; peut-être la défaite commencée par eux sur l'Ebre fut-elle achevée par les Basques aux montagnes. Le nom du fameux Roland se trouve dans Eginhard sans autre explication : *Rotlandus praefectus britannici limitis.* La brèche immense qui ouvre les Pyrénées sous les tours de Marboré, et d'où un œil perçant pourrait voir à son choix Toulouse ou Saragosse, n'est autre chose, comme on sait, qu'un coup d'épée de Roland. Son cor fut pendant longtemps gardé à Blaye, sur la Garonne, ce cor dans lequel il soufflait si furieusement, dit le poète, lorsque ayant brisé sa Durandal, il appela, jusqu'à ce que les veines de son col se rompissent, l'insouciant Charlemagne et le traître Ganelon de Mayence. Le traître, dans ce poème éminemment national, est un Allemand.

L'année suivante (779) fut plus glorieuse pour le roi des Francs ; il rentra chez les Saxons encore soulevés, les trouva réunis à Buckholz, et les y défit. Parvenu ainsi sur l'Elbe, limite des Saxons et des Slaves, il s'occupa d'établir l'ordre dans le pays qu'il croyait avoir conquis ; il reçut de nouveau les serments des Saxons à Ohrheim, les baptisa par milliers, et chargea l'abbé de Fulde d'établir un système régulier de conversion, de conquête religieuse. Une armée de prêtres vint après l'armée de soldats. Tout le pays, disent les chroniques, fut partagé entre les abbés et les évêques. Huit grands et puissants évêchés furent successivement créés : Minden et Halberstadt, Verden, Brême, Munster, Hildesheim, Osnabruck et Paderborn (780-802) : fondations à la fois ecclésiastiques et militaires, où les chefs les plus dociles prendraient le titre de comtes, pour exécuter contre leurs frères les ordres des évêques. Des tribunaux élevés par toute la contrée durent poursuivre les relaps, et leur faire comprendre à leurs dépens la gravité de ces vœux qu'ils faisaient et violaient si souvent. C'est à ces tribunaux que l'on fait remonter l'origine des fameuses cours weimiques qui, véritablement, ne se constituèrent qu'entre le XIIIe et le XVe siècle. Nous avons déjà vu que les nations germaniques faisaient volontiers remonter leurs institutions à Charlemagne. Peut-être le secret terrible de ces procédures aura-t-il rappelé vaguement, dans l'imagination des peuples, les mesures inquisitoriales employées jadis contre leurs aïeux par les prêtres de Charlemagne ; ou, si l'on veut voir dans les cours weimiques un reste d'anciennes institutions germaniques, il est plus probable que ces tribunaux d'hommes libres qui frappaient dans l'ombre un coupable plus fort que la loi, eurent pour premier but de punir les traîtres qui passaient au parti de l'étranger, qui lui sacrifiaient leur patrie et leurs dieux, et qui, sous son patronage, bravaient les vieilles lois de la contrée. Mais ils ne bravaient pas la flèche qui sifflait à leurs oreilles, sans qu'aucune main semblât la guider ; et plus d'un pâlissait au matin, quand il voyait cloué à sa porte le signe funèbre qui l'appelait à comparaître au tribunal invisible

Pendant que les prêtres règnent, convertissent et jugent, pendant qu'ils poursuivent avec sécurité cette éducation meurtrière des barbares, Witikind descend encore une fois du Nord pour tout renverser. Une foule de Saxons se joint à lui. Cette bande intrépide défait les lieutenants de Charlemagne, près de Sonnethal (vallée du Soleil), et quand la lourde armée des Francs vient au secours, ils ont disparu. Il en restait pourtant ; quatre mille cinq cents d'entre eux, qui peut-être avaient en Saxe une famille à nourrir, ne purent suivre Witikind dans sa retraite rapide. Le roi des Francs brûla, ravagea, jusqu'à ce qu'ils lui fussent livrés. Les conseillers de Charlemagne étaient des hommes d'Église imbus des idées de l'Empire, gouvernement prêtre et juriste, froidement cruel, sans générosité, sans intelligence du génie barbare. Ils ne virent dans ces captifs que des criminels coupables de lèse-majesté, et leur appliquèrent la loi. Les quatre mille cinq cents furent décapités en un jour à Verden. Ceux qui essayèrent de les venger furent eux-mêmes défaits, massacrés à Dethmold et près d'Osnabruck. Le vainqueur, arrêté plus d'une fois dans ces contrées humides par les pluies, les inondations, les boues profondes, s'opiniâtra à poursuivre la guerre pendant l'hiver. Alors plus de feuilles qui dérobent le proscrit, les marais durcis par la glace ne le défendent plus ; le soldat l'atteint, isolé dans sa cabane, au foyer domestique, entre sa femme et ses enfants, comme la bête fauve tapie au gîte et couvrant ses petits.

La Saxe restera tranquille pendant huit ans. Witikind lui-même s'était rendu. Mais les Francs ne manquèrent pas pour cela d'ennemis. Les nations dépendantes n'étaient rien moins que résignées. Dans le palais même, ce semble, les Thuringiens tirèrent l'épée contre les Francs, qui, à l'occasion du mariage d'un de leurs chefs, voulaient les assujettir aux lois saliques. Cette cause, et d'autres encore qui nous sont peu connues, provoqua une conjuration des grands contre Charlemagne. Ils détestaient surtout, dit-on, l'orgueil et la cruauté de sa jeune épouse Fastrade, à qui un mari de cinquante ans ne savait rien refuser. Les conjurés, découverts, ne nièrent pas ; l'un d'eux eut l'audace de dire : « Si l'on m'eût cru, tu n'aurais jamais passé le Rhin vivant. » Le souverain débonnaire leur imposa pour toute peine quelques lointains pèlerinages aux tombeaux des saints, mais il les fit tuer sur les routes. Quelques années après, un fils naturel de Charlemagne s'associa aux grands pour renverser son père.

Autre conjuration au-dehors entre les princes tributaires. Les Bavarois et les Lombards étaient deux peuples frères. Les premiers avaient longtemps donné des rois aux seconds. Tassillon, duc de Bavière, avait épousé une fille de Didier, une sœur de celle que Charlemagne épousa et qu'il renvoya outrageusement à son père. Tassillon se trouvait ainsi beau-frère du duc lombard de Bénévent. Celui-ci s'entendait avec les Grecs, maîtres de la mer ; Tassillon appelait les Slaves et les Avares. Les mouvements de Bretons et des Sarrasins les encourageaient. Mais les Francs cernèrent Tassillon avec trois armées ; vaincu sans combat, il fut accusé de trahison dans l'assemblée d'Ingelheim, comme un criminel ordinaire, convaincu, condamné à mort ; puis rasé et enfermé au monastère de Jumièges. La Bavière périt comme nation. Le royaume des Lombards avait péri aussi ; il en restait dans les montagnes du Midi le duché de Bénévent, que Charlemagne ne put jamais forcer, mais qu'il affaiblit et troubla, en opposant un concurrent au fils de Didier que les Grecs ramenaient.

Charlemagne eut un tributaire de plus, et de plus une guerre. Il en était de même en Allemagne ; parvenu sur l'Elbe, en face des Slaves, il s'était vu obligé d'intervenir dans leurs querelles, et de seconder les Abodrites contre les Wiltzi (ou Weletabi). Les Slaves donnèrent des otages. L'Empire parut avoir gagné tout ce qui est entre l'Elbe et l'Oder, s'étendant toujours, toujours s'affaiblissant.

Entre les Slaves de la Baltique et ceux de l'Adriatique, derrière la Bavière devenue simple province, Charlemagne rencontrait les Avares, cavaliers infatigables, retranchés dans les marais de la Hongrie, qui de là fondaient à leur choix sur les Slaves et sur l'Empire grec. Tous les hivers, dit l'historien, ils allaient dormir avec les femmes des Slaves. Leur camp, ou *ring,* était un prodigieux village de bois qui couvrait toute une province, fermé de haies d'arbres entrelacées ; il y avait là les rapines de plusieurs siècles, les dépouilles des Byzantins, entassement étrange des objets les plus brillants, les plus inutiles aux barbares, bizarre musée du brigandage. Ce camp, d'après un vieux soldat de Charlemagne, aurait eu douze ou quinze lieues de tour, comme les villes de l'Orient, Ninive ou Babylone : tel est le génie des Tartares. Le peuple uni en un seul camp, le reste en pâturages déserts. Celui qui visita le chagan des Turcs au VIe siècle trouva le barbare qui siégeait sur un trône d'or au milieu du désert. Celui des Avares, dans son village de bois, se faisait donner des lits d'or massif par l'empereur de Constantinople.

Ces barbares, devenus voisins des Francs, auraient levé des tributs sur eux comme sur les Grecs. Charlemagne les attaqua avec trois armées, et s'avança jusqu'au Raab, brûlant le peu d'habitations qu'il rencontrait ; mais qu'importait aux Avares l'incendie de ces cabanes ? Cependant la cavalerie de Charlemagne s'usait dans ces déserts contre un insaisissable ennemi, qu'on ne savait où rencontrer. Mais ce qu'on rencontrait partout, c'étaient les plaines humides, les marais, les fleuves débordés. L'armée des Francs y laissa tous ses chevaux.

Nous disons toujours l'armée des Francs, mais ce peuple des Francs est le vaisseau de Thésée. Renouvelé pièce à pièce, il n'a presque plus rien de lui-même. C'était alors en Frise, en Saxe, tout autant qu'en Ostrasie, que se recrutaient les armées de Charlemagne. C'est sur ces peuples que tombaient effectivement les revers des Francs. Ce n'était pas assez de porter chez eux le joug des prêtres, il fallait, chose intolérable aux barbares, que, quittant le costume, les mœurs, la langue de leurs pères, ils allassent se perdre dans les bataillons des Francs, leurs ennemis, vainquissent, mourussent pour eux. Car ils ne revoyaient guère leurs pays, envoyés à trois ou quatre cents lieues contre les Sarrasins de l'Espagne, ou les Lombards de Bénévent. Pour périr, les Saxons aimèrent mieux périr chez eux. Ils massacrèrent les lieutenants de Charlemagne, brûlèrent les églises, chassèrent ou égorgèrent les prêtres, et retournèrent avec passion au culte de leurs anciens dieux. Ils firent cause commune avec les Avares, au lieu de fournir une armée contre eux. La même année, l'armée du calife Hixêm, trouvant l'Aquitaine dégarnie de troupes, passa l'Ebre, franchit les marches et les Pyrénées, brûla les faubourgs de Narbonne, et défit avec un grand carnage les troupes qu'avaient rassemblées Guillaume au Court-Nez, comte de Toulouse et régent d'Aquitaine ; puis ils reprirent la route d'Espagne, emmenant tout un peuple de captifs, et chargés de riches dépouilles, dont le calife orna la magnifique mosquée de Cordoue. Tout s'armait contre Charlemagne, la nature elle-même. Lorsque ces nouvelles désastreuses lui parvinrent, il était en Souabe pour presser les travaux d'un canal qui eût joint le Rhin au Danube, et facilité, en cas d'invasion, la défense de l'Empire. Mais l'humidité de la terre et la continuité des pluies empêchèrent l'exécution de ce travail. Il en fut comme du grand pont de Mayence qui assurait le passage de France et d'Allemagne, et qui fut brûlé par les bateliers des deux rives. Malgré tous ces revers, Charlemagne reprit bientôt l'ascendant sur des ennemis dispersés. Il entreprit de dépeupler la Saxe, puisqu'il ne pouvait la dompter. Il s'établit avec une armée sur le Weser, et peut-être pour convaincre les Saxons qu'il ne lâcherait pas prise, il appela son camp Heerstall, comme s'appelait le château patrimonial des Carlovingiens sur la Meuse. De là, étendant de tous côtés les incursions, il se faisait livrer dans plus d'un canton jusqu'au tiers des habitants. Ces troupeaux de captifs étaient ensuite chassés vers le midi, vers l'ouest, établis sur de nouvelles terres au milieu de populations toutes hostiles, toutes chrétiennes, et de langue différente. Ainsi, les rois de Babyloniens et des Perses transportaient les Juifs sur le Tigre, les Chalcidiens au bord du golfe persique. Ainsi Probus avait transplanté des colonies de Francs et de Frisons jusque sur les rivages du Pont-Euxin

En même temps, un fils de Charlemagne, profitant d'une guerre civile des Avares, entrait chez eux par le midi avec une armée de Bavarois et de Lombards ; il passa le Danube, la Theiss, et mit enfin la main sur ce précieux *Ring* où dormaient tant de richesses. Le butin fut tel, dit l'annaliste, qu'auparavant les Francs étaient pauvres en comparaison de ce qu'ils furent dès lors. Il semble que ce peuple thésauriseur ait perdu son âme avec l'or qu'il couvait, comme le dragon des poésies scandinaves. Il tombe dès lors dans une extrême faiblesse. Le chagan se fait chrétien. Ceux d'entre eux qui restent païens mangent dans des plats de bois avec les chiens à la porte des évêques envoyés pour les convertir. Quelques années après, nous les voyons demander humblement à

Charlemagne une retraite en Bavière ; ils ne peuvent plus, disent-ils, résister aux Slaves qu'ils dominaient auparavant.

Pour cette fois, Charlemagne commença à espérer un peu de repos. A en juger par l'étendue de sa domination, sinon par ses forces réelles, il se trouvait alors le plus grand souverain du monde. Pourquoi n'aurait-il pas accompli ce que Théodoric n'avait pu faire, la résurrection de l'Empire romain ? Telle devait être la pensée de tous ces conseillers ecclésiastiques dont il était environné. L'an 800, Charlemagne se rend à Rome sous prétexte de rétablir le pape qui en avait été chassé. Aux fêtes de Noël, pendant qu'il est absorbé dans la prière, le pape lui met sur la tête la couronne impériale, et le proclame Auguste. L'empereur s'étonne et s'afflige humblement qu'on lui impose un fardeau supérieur à ses forces ; hypocrisie puérile, qu'il démentit au reste en adoptant les titres et le cérémonial de la cour de Byzance. Pour rétablir l'Empire, il ne fallait plus qu'une chose, marier le vieux Charlemagne à la vieille Irène qui régnait à Constantinople après avoir fait tuer son fils. C'était la pensée du pape, mais non celle d'Irène, qui se garda bien de se donner un maître.

Une foule de petits rois ornaient la cour du roi des Francs, et l'aidaient à donner cette faible et pâle représentation de l'Empire. Le jeune Egbert, roi de Sussex, Eardulf, roi de Northumberland, venaient se former dans la politesse des Francs. Tous deux furent rétablis dans leurs États par Charlemagne. Lope, duc des Basques, était aussi élevé à sa cour. Les rois chrétiens et les émirs d'Espagne le suivaient jusque dans les forêts de Bavière, implorant ses secours contre le calife de Cordoue. Alfonse, roi de Galice, étalait de riches tapisseries qu'il avait prises au pillage de Lisbonne, et les offrait à l'empereur. Les Edrissites de Fez lui envoyèrent aussi une ambassade. Mais aucune ne fut aussi éclatante que celle d'Haroun al-Raschid, calife de Bagdad, qui crut devoir entretenir quelques relations avec l'ennemi de son ennemi, le calife schismatique d'Espagne. Il fit, dit-on, offrir à Charlemagne, entre autres choses, les clefs du Saint-Sépulcre, présent fort honorable, dont certes le roi des Francs ne pouvait abuser. On répondit que le chef des infidèles avait transmis à Charlemagne la souveraineté de Jérusalem. Une horloge sonnante, un singe, un éléphant étonnèrent fort les hommes de l'Ouest. Il ne tient qu'à nous de croire que le cor gigantesque que l'on montre à Aix-la-Chapelle est une dent de cet éléphant.

C'est dans son palais d'Aix qu'il fallait voir Charlemagne. Ce restaurateur de l'Empire d'Occident avait dépouillé Ravenne de ses marbres les plus précieux pour orner sa Rome barbare. Actif dans son repos même, il y étudiait sous Pierre de Pise, sous le Saxon Alcuin, la grammaire, la rhétorique, l'astronomie ; il apprenait à écrire, chose fort rare alors. Il se piquait de bien chanter au lutrin, et remarquait impitoyablement les clercs qui s'acquittaient mal de cet office. Il trouvait encore du temps pour observer ceux qui entraient ou qui sortaient de la demeure impériale. Des jalousies avaient été pratiquées à cet effet dans les galeries élevées du palais d'Aix-la-Chapelle. La nuit il se levait fort régulièrement pour les matines. Haute taille, tête ronde, gros col, nez long, ventre un peu fort, petite voix, tel est le portrait de Charles dans l'historien contemporain. Au contraire, sa femme Hildegarde avait une voix forte ; Fastrade qu'il épousa ensuite exerçait sur lui une domination virile. Il eut pourtant bien des maîtresses, et fut marié cinq fois ; mais à la mort de sa cinquième femme, il ne se remaria plus, et se choisit quatre concubines dont il se contenta désormais. Le Salomon des Francs eut six fils et huit filles, celles-ci fort belles et fort légères. On assure qu'il les aimait fort, et ne voulut jamais les marier. C'était plaisir de les voir cavalcader derrière lui dans ses guerres et dans ses voyages.

La gloire littéraire et religieuse du règne de Charlemagne tient, nous l'avons dit, à trois étrangers. Le Saxon Alcuin et l'Écossais Clément fondèrent l'école palatine, modèle de toutes les autres qui s'élevèrent ensuite. Le Goth Benoît d'Aniane, fils du comte de Maguelone, réforma les monastères, en détruisant les diversités introduites par saint Colomban et les missionnaires irlandais du VIIe siècle. Il imposa à tous les moines de l'Empire la règle de saint Benoît. Combien cette réforme minutieuse et pédantesque fut inférieure à l'institution première, c'est ce que M. Guizot a très bien montré. Non moins pédantesque et inféconde fut la tentative de réforme littéraire dirigée surtout par Alcuin ; on sait que les principaux conseillers de Charlemagne avaient formé une sorte d'académie, où il siégeait lui-même sous le nom du roi David ; les autres s'appelaient Homère, Horace, etc. Malgré ces noms pompeux, quelques poésies du Goth italien Théodulfe, évêque d'Orléans, quelques lettres de Leidrade, archevêque de Lyon, méritent peut-être seules quelque attention ; pour le reste, c'est la volonté qu'il faut louer, c'est l'effort de rétablir l'unité de l'enseignement dans l'Empire. La seule tentative d'établir partout la liturgie romaine et le chant grégorien coûta beaucoup à Charlemagne ; entre tant de peuples et tant de langues, il avait beau faire, la dissonance reparaissait toujours. Dorgon, frère de l'empereur, dirigeait lui-même l'école de Metz.

Avec ce goût pour la littérature et pour les traditions de Rome, il ne faut pas s'étonner que Charlemagne et son fils aient aimé à s'entourer d'étrangers, de lettrés de basse condition. « Il advint qu'au rivage de Gaule débarquèrent avec des marchands bretons, deux Scots d'Hibernie, hommes d'une science incomparable dans les écritures profanes et sacrées. Ils n'étalaient aucune marchandise, et se mirent à crier chaque jour à la foule qui venait pour acheter : « Si quelqu'un veut la sagesse, qu'il vienne à nous, et qu'il la reçoive, nous l'avons à vendre... » Enfin ils crièrent si longtemps, que les gens étonnés, ou les prenant pour fous, firent parvenir la chose aux oreilles du roi Charles, amateur toujours passionné de la sagesse. Il les fit venir en toute hâte, et leur demanda s'il était vrai, comme la renommée le lui avait appris, qu'ils eussent avec eux la sagesse. Ils dirent : « Nous l'avons, et, au nom du Seigneur, nous la donnons à ceux qui la cherchent dignement. » Et, comme il leur demandait ce qu'ils voulaient en retour, ils répondirent : « Un lieu commode, des créatures intelligentes, et ce dont on ne peut se passer pour accomplir le pèlerinage d'ici-bas, la nourriture et l'habit. » Le roi, plein de joie, les garda d'abord avec lui quelque peu de temps. Puis, forcé d'entreprendre des expéditions militaires, il ordonna à l'un d'eux, nommé Clément, de rester en Gaule, lui confia un assez grand nombre d'enfants de haute, de moyenne et de basse condition, et leur fit donner des aliments selon leur besoin, et une habitation commode. L'autre (Jean Mailros, disciple de Bède), il l'envoya en Italie, et lui donna le monastère de Saint-Augustin, près de la ville de Pavie, pour y ouvrir école. – Sur ces nouvelles, Albinus, de la nation des Angles, disciple du savant Bède, voyant quel bon accueil Charles, le plus religieux des rois, faisait aux sages, s'embarqua et vint à lui.... Charles lui donna l'abbaye de Saint-Martin, près de la ville de Tours, afin qu'en l'absence du roi il pût s'y reposer et y enseigner ceux qui accouraient pour l'entendre. Sa science porta de tels fruits, que les modernes Gaulois ou Francs passèrent pour égaler les Romains ou les Athéniens de l'Antiquité.

« Lorsque après une longue absence le victorieux Charles revint en Gaule, il se fit amener les enfants qu'il avait confiés à Clément, et voulut qu'ils lui montrassent leurs lettres et leurs vers. Ceux de moyenne et de basse condition présentèrent des œuvres au-dessus de toute espérance, confites dans tous les assaisonnements de la sagesse ; les nobles, d'insipides sottises. Alors le sage roi, imitant la justice du Juge éternel, fit passer à sa droite ceux qui avaient bien fait, et leur parla en ces termes : « Mille grâces, mes fils, de ce que vous vous êtes appliqués de tout votre pouvoir à travailler selon mes ordres et pour votre bien. Maintenant efforcez-vous d'atteindre à la perfection, et je vous donnerai de magnifiques évêchés et des abbayes, et toujours vous serez honorables à mes yeux. » Ensuite il tourna vers ceux de gauche un front irrité, et, troublant leurs consciences d'un regard flamboyant, il leur lança avec ironie, tonnant plutôt qu'il ne parlait, cette terrible apostrophe : « Vous autres nobles, vous fils de grands, délicats et jolis mignons, fiers de votre naissance et de vos richesses, vous avez négligé mes ordres, et votre gloire et l'étude des lettres, vous vous êtes livrés à la mollesse, au jeu et à la paresse, ou à de frivoles exercices. » Après ce préambule, levant vers le ciel sa tête auguste et son bras invincible, il fulmina son serment ordinaire : « Par le roi des cieux je ne me soucie guère de votre noblesse et de votre beauté, quelque admiration que d'autres aient pour vous ; et tenez ceci pour dit, que, si vous ne réparez pas par un zèle vigilant votre négligence passée, vous n'obtiendrez jamais rien de Charles. »

« Un de ces pauvres dont j'ai parlé, fort habile à dicter et à écrire, fut par lui placé dans la chapelle ; c'est le nom que les rois des Francs donnent à leur oratoire, à cause de la chape de saint Martin, qu'ils portaient constamment au combat pour leur propre défense et la défaite de l'ennemi. – Un jour, qu'on annonça au prudent Charles la mort d'un certain évêque, il demanda si le prélat avait envoyé devant lui, dans l'autre monde, quelque chose de ses biens et du fruit de ses travaux. Et comme le messager répondit : « Seigneur, pas plus de deux livres d'argent », notre jeune clerc soupira, et ne pouvant contenir dans son sein sa vivacité, il laissa malgré lui échapper, devant le roi, cette exclamation : « Pauvre viatique, pour un si long voyage ! » Charles, le plus modéré des hommes, après avoir réfléchi quelques instants, lui dit : « Qu'en penses-tu ? Si tu avais cet évêché, ferais-tu de plus grandes provisions pour cette longue route ? » Le clerc, la bouche béante à ces paroles comme à des raisins de primeur qui lui tombaient d'eux-mêmes, se jeta à ses pieds et s'écria : « Seigneur, je m'en remets, là-dessus, à la volonté de Dieu et à votre pouvoir. » Et le roi lui dit : « Tiens-toi sous le rideau qui pend là derrière moi ; tu vas entendre combien tu as de protecteurs. » En effet, à la nouvelle de la mort de l'évêque, les gens du palais, toujours à l'affût des malheurs ou de la mort d'autrui, s'efforcèrent, tous impatients et envieux les uns des autres, d'obtenir pour eux la place par les familiers de l'empereur. Mais lui, ferme dans sa résolution, refusait à tout le monde, disant qu'il ne voulait pas manquer de parole à ce jeune homme. Enfin, la reine Hildegarde envoya d'abord les grands du royaume, puis elle vint elle-même trouver le roi, afin d'avoir l'évêché pour son propre clerc. Comme il accueillit sa demande de l'air le plus gracieux, disant qu'il ne voulait ni ne pouvait rien lui refuser, mais qu'il ne se pardonnerait pas de tromper le jeune clerc, elle fit comme font toutes les femmes quand elles veulent plier à leur caprice la volonté de leurs maris. Dissimulant sa colère, adoucissant sa grosse voix, elle s'efforçait de fléchir, par ses minauderies, l'âme inébranlable de l'empereur, lui disant : « Cher prince, mon seigneur, pourquoi perdre l'évêché aux mains de cet enfant ? Je vous en supplie, mon très doux seigneur, ma gloire et mon appui, que vous le donniez plutôt à mon clerc, votre serviteur fidèle. » Alors le jeune homme que Charles avait placé derrière le rideau, près de son siège, pour écouter les sollicitations de tous les suppliants, embrassant le roi lui-même avec le rideau, s'écria d'un ton lamentable : « Tiens ferme, seigneur roi, et ne laisse pas arracher de tes mains la puissance que Dieu t'a confiée. » Alors ce courageux ami de la vérité lui ordonna de se montrer, et lui dit : « Reçois cet évêché, et aie bien soin d'envoyer, et devant moi et devant toi-même, dans l'autre monde, de plus grandes aumônes et un meilleur viatique pour ce long voyage dont on ne revient pas. »

Toutefois, quelle que fût la préférence de Charlemagne pour les étrangers, pour les lettrés de condition servile, il avait trop besoin des hommes de race germanique, dans ses interminables guerres, pour se faire tout Romain. Il parlait presque toujours allemand. Il voulut même, comme Chilpéric, faire une grammaire de cette langue, et fit recueillir les vieux chants nationaux de l'Allemagne. Peut-être y cherchait-il un moyen de ranimer le patriotisme de ses soldats ; c'est ainsi qu'en 1813, l'Allemagne ne se retrouvant plus à son réveil, s'est cherchée dans les Nibelungen. Le costume germanique fut toujours celui de Charlemagne ; je pense qu'il n'eût pas été politique de se présenter autrement aux soldats.

Le voilà donc jouant de son mieux l'Empire, parlant souvent la langue latine, formant la hiérarchie de ses officiers d'après celle des ministres impériaux. Dans le tableau qu'Hincmar nous a laissé, rien n'est plus imposant. L'Assemblée générale de la nation, tenue régulièrement deux fois par an, délibérait, les ecclésiastiques d'une part, les laïques de l'autre, sur les matières proposées par le roi ; puis, réunis, ils conféraient avec un maître qui ne demandait qu'à s'éclairer. Quatre fois par an, les assemblées provinciales se tenaient sous la présidence des *missi dominici*. Ceux-ci étaient les yeux de l'empereur, les messagers prompts et fidèles qui, parcourant sans cesse tout l'Empire, réformaient, dénonçaient tout abus. Au-dessous des *missi*, les comtes présidaient les assemblées inférieures, où ils rendaient la justice, assités des *boni homines*, jurés choisis entre les propriétaires. Au-dessous encore existaient d'autres assemblées : celles des vicaires, des centeniers ; que dis-je les moindres bénéficiers, les intendants des fermes royales, tenaient des plaids comme les comtes.

Certes, l'ordre apparent ne laisse rien à désirer, les formes ne manquent pas ; on ne comprend pas un gouvernement plus régulier. Cependant il est visible que les assemblées générales n'étaient pas générales ; on ne peut supposer que les *missi*, les comtes, les évêques, courussent deux fois par an après l'empereur dans les lointaines expéditions d'où il date ses capitulaires, qu'ils gravissent tantôt les Alpes, tantôt les Pyrénées, législateurs équestres, qui auraient galopé toute leur vie de l'Ebre à l'Elbe. Le peuple encore bien moins. Dans les marais de la Saxe, dans les marches d'Espagne, d'Italie, de Bavière, il n'y avait là que des populations vaincues ou ennemies. Si le nom du *peuple* n'est pas ici un mensonge, il signifie l'armée. Ou bien quelques notables qui suivaient les grands, les évêques, etc., représentaient la grande nation des Francs, comme à Rome les trente licteurs représentaient les trentes curies aux *comitia curiata*. Quant aux assemblées des comtes, les *boni homines*, les *scabini* (schœffen) qui les composent sont élus par les comtes avec le consentement du peuple : le comte peut les déplacer. Ce ne sont plus là les vieux Germains jugeant leurs pairs ; ils ont plutôt l'air de pauvres décurions, présidés, dirigés par un agent impérial. La triste image de l'Empire romain se reproduit dans cette jeune caducité de l'empire barbare. Oui, l'Empire est restauré ; il ne l'est que trop : le comte tient la place des duumvirs, l'évêque rappelle le *défenseur des cités*, et ces *hérimans* (hommes d'armée), qui laissent leurs biens pour se soustraire aux accablantes obligations qu'il leur impose, ils reproduisent les curiales romains, propriétaires libres, qui trouvaient leur salut à quitter leur propriété, à fuir, à se faire soldats, prêtres, et que la loi ne savait comment retenir.

La désolation de l'Empire est la même ici. Le prix énorme du blé, le bas prix des bestiaux indique assez que la terre reste en pâturage. L'esclavage, adouci il est vrai, s'étend et gagne rapidement. Charlemagne gratifie son maître Alcuin d'une ferme de vingt mille esclaves. Chaque jour les grands forcent les pauvres à se donner à eux, corps et biens : le servage est un asile où l'homme libre se réfugie chaque jour.

Aucun génie législatif n'eût put arrêter la société sur la pente rapide où elle descendit. Charlemagne ne fit que confirmer les lois barbares. « Lorsqu'il eut pris le nom d'empereur, dit Eginhard, il eut l'idée de remplir les lacunes que présentaient les lois, de les corriger, et d'y mettre de l'accord et de l'harmonie. Mais il ne fit qu'y ajouter quelques articles, et encore imparfaits. »

Les capitulaires sont en général les lois administratives, des ordonnances civiles et ecclésiastiques. On y trouve, il est vrai, une partie législative assez considérable, qui semble destinée à remplir ces lacunes dont parle Eginhard. Mais peut-être ces actes, qui portent tous le nom de Charlemagne, ne font-ils que reproduire les capitulaires des anciens rois francs. Il est peu probable que les Pépin, que Clotaire II et Dagobert, aient laissé si peu de capitulaires ; que Brunehaut, Frédégonde, Ebroïn n'en aient point laissé. Il en sera advenu pour Charlemagne ce qui serait advenu à Justinien, si tous les monuments antérieurs du droit romain avaient péri. Le compilateur eût passé pour le législateur. La discordance du langage et des formes qui frappe dans les capitulaires tend à fortifier cette conjecture.

La partie originale des capitulaires, c'est celle qui touche l'administration, celle qui répond aux besoins divers que les circonstances faisaient sentir. Il est impossible de n'y pas admirer l'activité impuissante, il est vrai, de ce gouvernement qui faisait effort pour mettre un peu d'ordre dans le désordre immense d'un tel empire, pour retenir quelque unité dans un ensemble hétérogène, dont toutes les parties tendaient à l'isolement, et se fuyaient pour ainsi dire l'une l'autre. La place énorme qu'occupe la législation canonique fait sentir, quand nous ne le saurions pas du reste, que les prêtres ont eu la part principale en tout cela. On le reconnaît mieux encore aux conseils moraux et religieux, dont cette législation est semée ; c'est le ton pédantesque des lois wisigothiques, faites, comme on le sait, par les évêques. Charlemagne, comme les rois des Wisigoths, donna aux évêques un pouvoir inquisitorial, en leur attribuant le droit de poursuivre les crimes dans l'enceinte de leur diocèse. Quelques passages des capitulaires qui condamnent les abus de l'autorité épiscopale ne suffisent pas pour nous faire douter de la toute-puissance du clergé sous ce règne. Ils ont pu être dictés par les prêtres de cour, par les chapelains, par le clergé central, naturellement jaloux de la puissance locale des évêques. Charlemagne, ami de Rome, et entouré de prêtres comme Leidrade et tant d'autres qui ne prirent l'épiscopat que pour retraite, dut accorder beaucoup à ce clergé sans titre, qui formait son conseil habituel.

Cet esprit de pédanterie byzantine et gothique que nous remarquions dans les capitulaires éclata dans la conduite de Charlemagne, relativement aux affaires de dogme. Il fit écrire en son nom une longue lettre à l'hérétique Félix d'Urgel, qui soutenait, avec l'Église d'Espagne, que Jésus comme homme était simplement fils adoptif de Dieu. En son nom parurent encore les fameux livres *Carolins* contre l'adoration des images.

Trois cents évêques condamnèrent à Francfort ce que trois cent cinquante évêques venaient d'approuver à Nicée. Les hommes de l'Occident, qui luttaient dans le Nord contre l'idolâtrie païenne, devaient réprouver les images ; ceux de l'Orient, les honorer, en haine des Arabes qui les brisaient. Le pape, qui partageait l'opinion des Orientaux, n'osa pas cependant s'expliquer contre Charlemagne. Il montra la même prudence, lorsque l'Église de France, à l'imitation de celle d'Espagne, ajouta au symbole de Nicée que le Saint-Esprit procède aussi du Fils *(Filioque).*

Pendant que Charlemagne disserte sur la théologie, rêve d'Empire romain et étudie la grammaire, la domination des Francs croule tout doucement. Le jeune fils de Charlemagne, dans son royaume d'Aquitaine, ayant, par faiblesse ou justice, donné, restitué toutes les spoliations de Pépin, son père lui en fit un reproche ; mais il ne fit qu'accomplir volontairement ce qui déjà avait lieu de soi-même. L'ouvrage de la conquête se défaisait naturellement ; les hommes et les terres échappaient peu à peu au pouvoir royal pour se donner aux grands, aux évêques surtout, c'est-à-dire aux pouvoirs locaux qui allaient constituer la république féodale.

Au-dehors, l'Empire faiblissait de même. En Italie, il avait heurté en vain contre Bénévent, contre Venise ; en Germanie, il avait reculé de l'Oder à l'Elbe, et partagé avec les Slaves. Et en effet, comment toujours combattre, toujours lutter contre de nouveaux ennemis ? Derrière les Saxons et les Bavarois, Charlemagne avait trouvé les Slaves, puis les Avares ; derrière les Lombards, les Grecs ; derrière l'Aquitaine et l'Ebre, le califat de Cordoue. Cette ceinture de barbares, qu'il crut simple et qu'il rompit d'abord, elle se doubla, se tripla devant lui ; et quand les bras lui tombaient de lassitude, alors apparut, avec les flottes danoises, cette mobile et fantastique image du Nord, qu'on avait trop oubliée. Ceux-ci, les vrais Germains, viennent demander compte aux Germains bâtards qui se sont faits Romains, et s'appellent l'Empire.

Un jour que Charlemagne était arrêté dans une ville de la Gaule narbonnaise, des barques scandinaves vinrent pirater jusque dans le port. Les uns croyaient que c'étaient des marchands juifs, africains, d'autres disaient bretons ; mais Charles les reconnut à la légèreté de leurs bâtiments : « Ce ne sont pas là des marchands, dit-il, mais de cruels ennemis. » Poursuivis, ils s'évanouirent. Mais l'empereur, s'étant levé de table, se mit, dit le chroniqueur, à la fenêtre qui regardait l'Orient, et demeura très longtemps le visage inondé de larmes. Comme personne n'osait l'interroger, il dit aux grands qui l'entouraient : « Savez-vous, mes fidèles, pourquoi je pleure amèrement ? Certes, je ne crains pas qu'ils me nuisent par ces misérables pirateries ; mais je m'afflige profondément de ce que, moi vivant, ils ont été près de toucher ce rivage, et je suis tourmenté d'une violente douleur, quand je prévois tout ce qu'ils feront de maux à mes neveux et à leurs peuples. »

Ainsi rôdent déjà autour de l'Empire les flottes danoises, grecques et sarrasines, comme le vautour plane sur le mourant qui promet un cadavre. Une fois deux cents barques armées fondent sur la Frise, se remplissent de butin, disparaissent. Cependant Charlemagne assemblait des hommes pour les repousser. Autre invasion : « L'empereur assemble des hommes en Gaule, en Germanie », et bâtit dans la Frise la ville d'Esselfeld. Athlète malheureux, il porte lentement la main à ses blessures, pour parer les coups déjà reçus.

« Le roi des Northmans, Godfried, se promettait l'empire de la Germanie. La Frise et la Saxe, il les regardait comme à lui. Les Abotrites ses voisins, déjà il les avait soumis et rendus tributaires ; il se vantait même qu'il arriverait bientôt avec des troupes nombreuses jusqu'à Aix-la-Chapelle, où le roi tenait sa cour. Quelque vaines et légères que fussent ces menaces, on n'y refusait pas cependant toute croyance ; on pensait qu'il aurait hasardé quelque chose de ce genre, s'il n'avait été prévenu par une mort prématurée. »

Le vieil Empire se met en garde ; des barques armées ferment l'embouchure des fleuves ; mais comment fortifier tous les rivages ? Celui même qui a rêvé l'unité est obligé, comme Dioclétien, de partager ses États pour les défendre, l'un de ses fils gardera l'Italie, l'autre l'Allemagne, le dernier l'Aquitaine. Mais tout tourne contre Charlemagne : ses deux aînés meurent, et il faut qu'il laisse ce faible et immense Empire aux mains pacifiques d'un saint.

CHAPITRE III

Suite du chapitre II - Dissolution de l'Empire carlovingien

C'est sous le nom de Louis le Débonnaire, ou, pour traduire plus fidèlement son nom, sous Saint Louis, que devaient s'opérer le déchirement et le divorce des parties hétérogènes dont se composaient l'Empire. Toutes souffraient d'être ensemble. Le mal, c'était la solidarité d'une guerre immense, qui faisait ressentir sur la Loire les revers de l'Ostrasie ; c'était le tyrannique effort d'une centralisation prématurée. Plus Charlemagne s'en était approché, plus il avait pesé. Sans doute Pépin, et son père *au marteau de forge,* avaient durement battu les nations. Ils n'avaient pas du moins entrepris de les ramener, diverses et hostiles qu'elles étaient encore, à cette intolérable unité ; unité administrative d'abord ; mais Charlemagne méditait celle de la législation. Son fils consomma l'unité religieuse en nommant Benoît d'Aniane réformateur des monastères de l'Empire, et les ramenant tous à la règle de saint Benoît.

C'est une loi de l'histoire : un monde qui finit, se ferme et s'expie par un saint. Le plus pur de la race en porte les fautes, l'innocent est puni. Son crime, à l'innocent, c'est de continuer un ordre condamné à périr, c'est de couvrir de sa vertu une vieille injustice qui pèse au monde. A travers la vertu d'un homme, l'injustice sociale est frappée. Les moyens sont odieux : contre Louis le Débonnaire, ce fut le parricide. Ses enfants couvrirent de leurs noms les nations diverses qui voulaient s'arracher de l'Empire.

L'infortuné qui vient prêter sa vie à cette immolation d'un monde social, qu'il s'appelle Louis le Débonnaire, Charles Ier, ou Louis XVI, n'est pas pourtant toujours exempt de tout reproche. Sa catastrophe toucherait moins s'il était au-dessus de l'homme. Non, c'est un homme de chair et de sang comme nous, une âme douce, un esprit faible, voulant le bien, faisant parfois le mal, livré à ce qui l'entoure et vendu par les siens.

Le Saint Louis du IXe siècle, comme celui du XIIIe, fut nourri dans les pensées de la croisade. Jeune encore, il conduisit plusieurs expéditions contre les Sarrasins d'Espagne, et leur reprit la grande ville de Barcelone après un siège de deux ans. Élevé par le Toulousain saint Guillaume comme Saint Louis par Blanche de Castille, il eut de même dans la religion la ferveur du Midi et la candeur du Nord. Les prêtres qui l'avaient formé firent plus qu'ils ne voulaient ; leur élève se trouva plus prêtre qu'eux et, dans son intraitable vertu, il commença par réformer ses maîtres. Réforme des évêques : il leur fallut quitter leurs armes, leurs chevaux, leurs éperons. Réforme des monastères : Louis les soumit à l'inquisition du plus sévère des moines, saint Benoît d'Aniane, qui trouvait que la règle bénédictine elle-même avait été donnée pour les faibles et pour les enfants. Ce nouveau roi renvoya dans leur couvent Adalhard et Wala, deux moines intrigants et habiles, petits-fils de Charles Martel, qui dans les dernières années avaient gouverné Charlemagne. Et le palais impérial eut aussi sa réforme : Louis chassa les concubines de son père, et les amants de ses sœurs, et ses sœurs elles-mêmes.

Les peuples, opprimés par Charlemagne, trouvèrent en son fils un juge intègre, prêt à décider contre lui-même. Roi d'Aquitaine, il avait accueilli les réclamations des Aquitains, et s'était réduit à une telle pauvreté, dit l'historien, qu'il ne pouvait plus rien donner, à peine sa bénédiction. Empereur, il écouta les plaintes des Saxons, et leur rendit le droit de succéder, ôtant ainsi aux évêques, aux gouverneurs des pays, la puissance tyrannique de faire passer les héritages à qui ils voulaient. Les chrétiens d'Espagne, réfugiés dans les Marches, étaient dépouillés par les grands et les lieutenants impériaux des terres que Charlemagne leur avait attribuées ; Louis rendit un édit qui confirmait leurs droits. Il respecta le principe des élections épiscopales, constamment violé par son père ; il laissa les Romains élire, sans son autorisation, les papes Étienne IV et Pascal Ier.

Ainsi, cet héritage de conquêtes et de violences était tombé aux mains d'un homme simple et juste qui voulait à tout prix réparer. Les barbares, qui reconnaissaient sa sainteté, se soumettaient à son arbitrage. Il siégeait au milieu des peuples, comme un père facile et confiant. Il allait réparant, soulageant, restituant ; il semblait qu'il eût volontiers restitué l'Empire.

Dans ce jour de restitution, l'Italie réclama aussi. Elle ne voulait rien moins que la liberté. Les villes, les évêques, les peuples se liguèrent ; sous un prince franc, n'importe. Charlemagne avait fait roi d'Italie Bernard, le fils de son aîné Pépin. Bernard, élève d'Adalhard et Wala, longtemps gouverné par eux dans sa royauté d'Italie, croyait avoir droit à l'empire comme fils de l'aîné.

Cependant, le droit du frère puîné prévaut chez les barbares sur celui du neveu. Charlemagne d'ailleurs avait désigné Louis ; il avait consulté les grands un à un, et obtenu leurs voix. Enfin, Bernard lui-même avait reconnu son oncle. Celui-ci avait pour lui l'usage, la volonté de son père, enfin l'élection.

Aussi, Bernard, abandonné d'une grande partie des siens, fut obligé de s'en remettre aux promesses de l'impératrice Hermengarde, qui lui offrait sa médiation. Il se livra lui-même à Chalon-sur-Saône, et dénonça tous ses complices ; un d'eux avait jadis conspiré la mort de Charlemagne. Bernard et tous les autres furent condamnés à mort. L'empereur ne pouvait consentir à l'exécution. Hermengarde obtint du moins qu'on privât Bernard de la vue ; mais elle s'y prit de façon qu'il en mourût au bout de trois jours.

L'Italie ne remua pas seule ; toutes les nations tributaires avaient pris les armes. Les Slaves du Nord avaient pour appui les Danois ; ceux de la Pannonie comptaient sur les Bulgares ; les Basques de la Navarre tendaient la main aux Sarrasins ; les Bretons comptaient sur eux-mêmes. Tous furent réprimés. Les Bretons virent leur pays complètement envahi, peut-être pour la première fois ; les Basques furent défaits, et les Sarrasins repoussés ; les Slaves vaincus aidèrent contre les Danois : un roi de ces derniers embrassa même le christianisme. L'archevêché de Hambourg fut fondé ; la Suède eut un évêque, dépendant de l'archevêque de Reims. Il est vrai que ces premières conquêtes du christianisme ne tinrent pas : le roi chrétien des Danois fut chassé par les siens.

Jusqu'ici le règne de Louis était, il faut le dire, éclatant de force et de justice. Il avait maintenu l'intégrité de l'Empire, étendu son influence. Les barbares craignaient ses armes et vénéraient sa sainteté. Au milieu de ses prospérités, l'âme du saint mollit, et se souvint de l'humanité. Sa femme étant morte, il fit, dit-on, paraître devant lui les filles des grands de ses États et choisit la plus belle. Judith, fille du comte Welf, unissait en elle le sang des nations les plus odieuses aux Francs ; sa mère était de Saxe, son père, Welf, de Bavière, de ce peuple allié des Lombards, et par qui les Slaves et les Avares furent appelés dans l'Empire. Savante, dit l'histoire, et plus qu'il n'eût fallu, elle livra son mari à l'influence des hommes élégants et polis du Midi. Louis était déjà favorable aux Aquitains, chez qui il avait été élevé. Bernard, fils de son ancien tuteur, saint Guillaume de Toulouse, devint son favori, et encore plus celui de l'impératrice. Belle et dangereuse Eve, elle dégrada, elle perdit son époux.

Depuis cette chute, Louis, plus faible, parce qu'il avait cessé d'être pur, plus homme et plus sensible, parce qu'il n'était plus saint, ouvrit son cœur aux craintes, aux scrupules. Il se sentait diminué, *une vertu était sortie de lui.* Il commença à se repentir de sa sévérité à l'égard de son neveu Bernard, à l'égard des moines Wala et Adalhard, qu'il s'était pourtant contenté de renvoyer aux devoirs de leur ordre. Il lui fallut soulager son cœur. Il demanda, il obtint d'être soumis à une pénitence publique. C'était la première fois depuis Théodose qu'on voyait ce grand spectacle de l'humiliation volontaire d'un homme tout-puissant. Les rois mérovingiens, après les plus grands crimes, se contentent de fonder des couvents. La pénitence de Louis est comme l'ère nouvelle de la moralité, l'avènement de la conscience.

Toutefois l'orgueil brutal des hommes de ce temps rougit, pour la royauté, de l'humble aveu qu'elle faisait de sa faiblesse et de son humanité. Il leur sembla que celui qui avait baissé le front devant le prêtre ne pouvait plus commander aux guerriers. L'Empire en parut, lui aussi, dégradé, désarmé. Les premiers malheurs qui commencèrent une dissolution inévitable furent imputés à la faiblesse d'un roi pénitent. En 820, treize vaisseaux normands coururent trois cents lieues de côtes, et se remplirent de tant de butin qu'ils furent obligés de relâcher les captifs qu'ils avaient faits. En 824, l'armée des Francs ayant envahi la Navarre fut battue comme à Ronceveaux. En 829, on craignit que ces Normands, dont les moindres barques étaient si redoutables, n'envahissent par terre, et les peuples reçurent ordre de se tenir prêts à marcher en masse. Ainsi s'accumula le mécontentement public. Les grands, les évêques le fomentaient ; ils accusaient l'empereur, ils accusaient l'Aquitain Bernard ; le pouvoir central les gênait ; ils étaient impatients de l'unité de l'Empire ; ils voulaient régner chacun chez soi.

Mais il fallait des chefs contre l'empereur ; ce furent ses propres fils. Dès le commencement de son règne, il leur avait donné, avec le titre de roi, deux provinces frontières à gouverner et à défendre : à Louis la Bavière, à Pépin l'Aquitaine, les deux barrières de l'Empire. L'aîné, Lothaire, devait être empereur, avec la royauté d'Italie. Quand Louis eut un fils de Judith, il donna à cet enfant, nommé Charles, le titre de roi d'Alamanie (Souabe et Suisse). Cette concession ne changeait rien aux possessions des princes, mais beaucoup à leurs espérances. Ils prêtèrent leur nom à la conjuration des grands. Ceux-ci refusèrent de faire marcher leurs hommes contre les Bretons, dont Louis voulait réprimer les ravages. L'empereur se trouva seul, Franc de naissance, mais gouverné par un Aquitain, il ne fut soutenu ni du Midi ni du Nord ; nous avons déjà vu Brunehaut succomber dans cette position équivoque. Le fils aîné, Lothaire, se crut déjà empereur ; il chassa Bernard, enferma Judith, jeta son père dans un monastère ; pauvre vieux Lear, qui, parmi ses enfants, ne trouva point de Cordelia.

Cependant ni les grands, ni les frères de Lothaire n'étaient disposés à se soumettre à lui. Empereur pour empereur, ils aimaient mieux Louis. Les moines, qui le tenaient captif, travaillèrent à son rétablissement. Les Francs s'aperçurent que Louis leur ôtait l'Empire ; les Saxons, les

Frisons, qui lui devaient leur liberté, s'intéressèrent pour lui. Une diète fut assemblée à Nimègue au milieu des peuples qui le soutenaient. « Toute la Germanie y accourut pour porter secours à l'empereur. » Lothaire se trouva seul à son tour, et à la discrétion de son père ; Wala, tous les chefs de la faction, furent condamnés à mort. Le bon empereur voulut qu'on les épargnât.

Cependant l'Aquitain Bernard, supplanté dans la faveur de Louis par le moine Gondebaud, l'un de ses libérateurs, rallume la guerre dans le Midi ; il anime Pépin. Les trois frères s'entendent de nouveau. Lothaire amène avec lui l'Italien Grégoire IV, qui excommunie tous ceux qui n'obéiront pas au roi d'Italie. Les armées du père et des fils se rencontrent en Alsace. Ceux-ci font parler le pape ; ils font agir la nuit je ne sais quels moyens. Le matin, l'empereur, se voyant abandonné d'une partie des siens, dit aux autres : « Je ne veux point que personne meure pour moi. » Le théâtre de cette honteuse scène fut appelé le champ du Mensonge.

Lothaire, redevenu maître de la personne de Louis, voulut en finir une fois, et achever son père. Ce Lothaire était un homme à qui le sang ne répugnait pas : il fit égorger un frère de Bernard et jeter sa sœur dans la Saône ; mais il craignait l'exécration publique s'il portait sur Louis des mains parricides. Il imagina de le dégrader en lui imposant une pénitence publique et si humiliante, qu'il ne s'en pût jamais relever. Les évêques de Lothaire présentèrent au prisonnier une liste de crimes dont il devait s'avouer coupable. D'abord, la mort de Bernard (il en était innocent) ; puis les parjures auxquels il avait exposé le peuple par de nouvelles divisions de l'Empire ; puis d'avoir fait la guerre en carême ; puis d'avoir été trop sévère pour les partisans de ses fils (il les avait soustraits à la mort) ; puis d'avoir permis à Judith et autres de se justifier par serment ; sixièmement, d'avoir exposé l'État aux meurtres, pillages et sacrilèges, en excitant la guerre civile par des divisions arbitraires de l'Empire ; enfin d'avoir ruiné l'État qu'il devait défendre.

Quand on eut lu cette confession absurde dans l'église de Saint-Médard de Soissons, le pauvre Louis ne contesta rien, il signa tout, s'humilia autant qu'on voulut, se confessa trois fois coupable, pleura et demanda la pénitence publique pour réparer les scandales qu'il avait causés. Il déposa son baudrier militaire, prit le cilice, et son fils l'emmena ainsi, misérable, dégradé, humilié, dans la capitale de l'Empire, à Aix-la-Chapelle, dans la même ville où Charlemagne lui avait jadis fait prendre lui-même la couronne sur l'autel.

Le parricide croyait avoir tué Louis. Mais une immense pitié s'éleva dans l'Empire. Ce peuple, si malheureux lui-même, trouva des larmes pour son vieil empereur. On raconta avec horreur comment le fils l'avait tenu à l'autel pleurant et balayant la poussière de ses cheveux blancs ; comment il s'était enquis des péchés de son père, nouveau Cham qui livrait à la risée la nudité paternelle ; comment il avait dressé sa confession ; quelle confession ! toute pleine de calomnies et de mensonges. C'était l'archevêque Ebbon, condisciple de Louis et son frère de lait, l'un de ces fils de serfs qu'il aimait tant, qui lui avait arraché le baudrier et mis le cilice. Mais en lui enlevant la ceinture et l'épée, en lui ôtant le costume des tyrans et des nobles, ils l'avaient fait apparaître au peuple comme peuple, comme saint et comme homme. Et son histoire n'était autre que celle de l'homme biblique : son Eve l'avait perdu ; ou si l'on veut, l'une de ces filles des géants qui, dans la *Genèse,* séduisent les enfants de Dieu. D'autre part, dans ce merveilleux exemple de souffrance et de patience, dans cet homme injurié, conspué, et bénissant tous les outrages, on croyait reconnaître la patience de Job, ou plutôt une image du Sauveur ; rien n'y avait manqué, ni le vinaigre ni l'absinthe.

Ainsi le vieil empereur se trouva relevé par son abaissement même : tout le monde s'éloigna du parricide. Abandonné des grands (834-835), et ne pouvant cette fois séduire les partisans de son père, Lothaire s'enfuit en Italie. Malade lui-même, il vit, dans le cours d'un été (836), mourir tous les chefs de son parti, les évêques d'Amiens et de Troyes, son beau-père Hugues, les comtes Matfried et Lambert, Agimbert de Perche, Godfried et son fils, Borgarit, préfet de ses chasses, une foule d'autres. Ebbon, déposé du siège de Reims, passa le reste de sa vie dans l'obscurité et dans l'exil. Wala se retira au monastère de Bobbio, près du tombeau de saint Colomban ; un frère de saint Arnulf de Metz, l'aïeul des Carlovingiens, avait été abbé de ce monastère. Il y mourut l'année même où périrent tant d'hommes de son parti, s'écriant à chaque instant : « Pourquoi suis-je né un homme de querelle, un homme de discorde ? » Ce petit-fils de Charles Martel, ce moine politique, ce saint factieux, cet homme dur, ardent, passionné, enfermé par Charlemagne dans un monastère, puis son conseiller, et presque roi d'Italie sous Pépin et Bernard, eut le malheur d'associer un nom, jusque-là sans tache, aux révoltes parricides des fils de Louis.

Cependant le Débonnaire, dominé par les mêmes conseils, faisait ce qu'il fallait pour renouveler la révolte et tomber de nouveau. D'une part, il sommait les grands de rendre aux églises les biens qu'ils avaient usurpés ; de l'autre, il diminuait la part de ses fils aînés, qui, il est vrai, l'avaient bien mérité, et dotait à leurs dépens le fils de son choix, le fils de Judith, Charles le Chauve. Les enfants de Pépin, qui venait de mourir, étaient dépouillés. Louis le Germanique était réduit à la Bavière. Tout était partagé entre Lothaire et Charles. Le vieil empereur aurait dit au premier : « Voilà, mon fils, tout le royaume devant tes yeux, partage, et Charles choisira ; ou, si tu veux choisir, nous partagerons. » Lothaire prit l'Orient, et Charles devait avoir l'Occident. Louis de Bavière armait pour empêcher l'exécution de ce traité, et par une mutation étrange, le père cette fois avait pour lui la France, et le fils l'Allemagne. Mais le vieux Louis succomba au chagrin et aux fatigues de cette guerre nouvelle. « Je pardonne à Louis, dit-il, mais qu'il songe à lui-même, lui qui, méprisant la loi de Dieu, a conduit au tombeau les cheveux blancs de son père. »

L'empereur mourut à Ingelheim dans une île du Rhin près Mayence, au centre de l'Empire, et l'unité de l'Empire mourut avec lui.

C'était une vaine entreprise que d'en tenter la résurrection, comme le fit Lothaire. Et avec quelles forces ? Avec l'Italie, avec les Lombards qui avaient si mal défendu Didier contre Charlemagne, Bernard contre Louis le Débonnaire. Le jeune Pépin, qui se joignit à lui par opposition à Charles le Chauve, amenait pour contingent l'armée d'Aquitaine, si souvent défaite par Pépin le Bref et Charlemagne. Chose bizarre ! c'étaient les hommes du Midi, les vaincus, les hommes de langue latine qui voulaient soutenir l'unité de l'Empire contre la Germanie et la Neustrie. Les Germains ne demandaient que l'indépendance.

Toutefois ce nom de fils aîné de Charlemagne, ce titre d'empereur, de roi d'Italie, et aussi d'avoir Rome et le pape pour soi, tout cela imposait encore. Ce fut donc humblement, au nom de la paix, de l'Église, des pauvres et des orphelins, que les rois de Germanie et de Neustrie s'adressèrent à Lothaire quand les armées furent en présence à Fontenai ou Fontenaille près d'Auxerre : « Ils lui offrirent en don tout ce qu'ils avaient dans leur armée, à l'exception des chevaux et des armes ; s'il ne voulait pas, ils consentaient à lui céder chacun une portion du royaume, l'un jusqu'aux Ardennes, l'autre jusqu'au Rhin ; s'il refusait encore, ils diviseraient toute la France en portions égales, et lui laisseraient le choix. Lothaire répondit, selon sa coutume, qu'il leur ferait savoir par ses messagers ce qu'il lui plairait ; et envoyant alors Drogon, Hugues et Héribert, il leur manda qu'auparavant ils ne lui avaient rien proposé de tel, et qu'il voulait avoir du temps pour réfléchir. Mais au fait Pépin n'était pas arrivé, et Lothaire voulait l'attendre.

« Le lendemain, au jour et à l'heure qu'ils avaient eux-mêmes indiqués à Lothaire, les deux frères l'attaquèrent et le défirent. Si l'on en croyait les historiens, la bataille aurait été acharnée et sanglante ; si sanglante qu'elle eût épuisé la population militaire de l'Empire, et l'eût laissé sans défense aux ravages des barbares. Un pareil massacre, difficile à croire en tout temps, l'est surtout à cette époque d'amollissement et d'influence ecclésiastique. Nous avons déjà vu, et nous verrons mieux encore, que le règne de Charlemagne et de ses premiers successeurs devint pour les hommes des temps déplorables qui suivirent, une époque héroïque, dont ils aimaient à rehausser la gloire par des fables aussi patriotiques qu'insipides. Il était d'ailleurs impossible aux hommes de cet âge d'expliquer par des causes politiques la dépopulation de l'Occident et l'affaiblissement de l'esprit militaire. Il était plus facile et plus poétique à la fois de supposer qu'en une seule bataille tous les vaillants avaient péri ; il n'était resté que les lâches.

« La bataille fut si peu décisive, que les vainqueurs ne purent poursuivre Lothaire; ce fut lui au contraire qui, à la campagne suivante, serra de près Charles le Chauve. Charles et Louis, toujours en péril, formèrent une nouvelle alliance à Strasbourg, et essayèrent d'y intéresser les peuples en leur parlant, non la langue de l'Église, seule en usage jusque-là dans les traités et les conciles, mais le langage populaire, usité en Gaule et en Germanie. Le roi des Allemands fit serment en langue romane, ou française ; celui des Français (nous pouvons dès lors employer ce nom) jura en langue germanique. Ces paroles solennelles prononcées au bord du Rhin, sur la limite des deux peuples, sont le premier monument de leur nationalité.

« Louis, comme l'aîné, jura le premier : *Pro Don amur, et pro christian poblo, et nostro commun salvamento, dist dĩ in avant, in quant Deus savir et podir me dunat, si salvareio cist meon fradre Karlo et in adjudha, et in cadhuna cosa, si cùm om per dreit son fradre salvar dist, in o quid il mi altre si fazet. Et ab Ludher nul plaid numquam prindrai, qui meon vol cist meo fradre Karle, in damno sit.* Lorque Louis eut fait ce serment, Charles jura la même chose en langue allemande : *In Godes minna ind um tes christianes folches, ind unser bedhero gehaltnissi, fon thesemo dage frammordes, so fram so mir Got gewizei indi madh furgibit so hald ih tesan minan bruodher soso man mit rehtu sinan bruder seal, inthiu thaz er mig soso ma duo ; indi mit Lutheren inno kleinnin thing ne geganga zhe minan vvillon imo ce scadhen vverhen.* Le serment que les deux peuples prononcèrent, chacun dans sa propre langue, est ainsi conçu en langue romane : *Si Lodhuvigs sagrament que son fradre Karlo jurat, conservat, et Karlus meos sendra de suo part non los tanit, si io returnar non lint pois, ne io ne nuels cui eo returnar int pois, in nulla adjudha contrà Lodhuwig nun lin iver.*

« En langue allemande : *Oba Kan then eid then er sineno brodhuer Ludhuwighe gessuor geleistit, ind Luduwig min herro then er imo gesuor forbrihchit, ob ina ih nes irrwenden ne mag, nah ih, nah thero, noh hein then ih es irrwenden mag, vvindhar Karle imo ce follusti ne wirdhit.*

« Les évêques prononcèrent, ajoute Nithard, que le juste jugement de Dieu avait rejeté Lothaire, et transmis le royaume aux plus dignes. Mais ils n'autorisèrent Louis et Charles à prendre possession qu'après leur avoir demandé s'ils voulaient régner d'après les exemples de leur frère détrôné ou selon la volonté de Dieu. Les rois ayant répondu, qu'autant que Dieu le mettrait en leur pouvoir et à leur connaissance, ils se gouverneraient, eux et leurs sujets, selon sa volonté, les évêques dirent : « Au nom de l'autorité divine, prenez le royaume et le gouvernez selon la volonté de Dieu ; nous vous le conseillons, nous vous y exhortons et vous le commandons. » Les deux frères choisirent chacun douze des leurs (j'étais du nombre), et s'en référèrent, pour partager entre eux le royaume, à leur décision. »

Ce qui assura la supériorité à Charles et Louis, c'est que Lothaire et Pépin ayant essayé de s'appuyer sur les Saxons et les Sarrasins, l'Église se déclara contre eux. Il fallut bien que Lothaire se contentât du titre d'empereur sans en exercer l'autorité. « Les évêques ayant tous été d'avis que la paix régnât entre les trois frères, les rois firent venir les députés de Lothaire, et lui accordèrent ce qu'il demandait. Ils passèrent quatre jours et plus à partager le royaume. On arrêta enfin que tout le pays situé entre le Rhin et la Meuse, jusqu'à la source de la Meuse, de là jusqu'à la source de la Saône, le long de la Saône jusqu'à son confluent avec le Rhône, et le long du Rhône jusqu'à la mer, serait offert à Lothaire comme le tiers du royaume, et qu'il posséderait tous les évêchés, toutes les abbayes, tous les comtés, et tous les domaines royaux de ces régions en deçà des Alpes, à l'exception de... » (Traité de Verdun, 843.)

« Les commissaires de Louis et de Charles ayant fait diverses plaintes sur le partage projeté, on leur demanda si quelqu'un d'eux avait une connaissance claire de tout le royaume. Comme on n'en trouva aucun qui pût répondre, on demanda pourquoi, dans le temps qui s'était déjà écoulé, ils n'avaient pas envoyé des messagers pour parcourir toutes les provinces et en dresser le tableau. On découvrit que c'était Lothaire qui ne l'avait pas voulu ; et on leur dit qu'il était impossible de partager également une chose qu'on ne connaissait pas. On examina alors s'ils avaient pu prêter loyalement le serment de partager le royaume également et de leur mieux, quand ils savaient que nul d'entre eux ne le connaissait. On remit cette question à la décision des évêques. »

L'odieux secours que Lothaire avait demandé aux païens, et dont plus tard son allié Pépin fit aussi usage dans l'Aquitaine, sembla porter malheur à sa famille. Charles le Chauve et Louis le Germanique, appuyés des évêques de leurs royaumes, perpétuèrent le nom de Charlemagne, et fondèrent au moins l'institution royale, qui, longtemps éclipsée sous la féodalité, devait un jour devenir si puissante. Lothaire et Pépin ne purent rien fonder. Ce Charles le Chauve, qu'on croyait le fils du Languedocien Bernard, le favori de Louis le Débonnaire et de Judith, et qui ressemblait à Bernard, paraît avoir eu en effet l'adresse toute méridionale de ce dernier. D'abord c'est l'homme des évêques, l'homme d'Hincmar, le grand archevêque de Reims : c'est en quelque sorte au nom de l'Église qu'il fait la guerre à Lothaire, à Pépin, alliés des païens. Celui-ci, dirigé par les conseils d'un fils de Bernard, n'avait pas hésité à appeler les Sarrasins, les Normands dans l'Aquitaine. Nous avons vu, par le mariage de la fille d'Eudes avec un émir, que le christianisme des gens du Midi ne s'effrayait pas de ces alliances avec les mécréants. Les Sarrasins envahirent au nom de Pépin la Septimanie, les Normands prirent Toulouse. On dit qu'il en vint jusqu'à renier le Christ, et jura sur un cheval au nom de Woden. Mais de tels secours devaient lui être plus funestes qu'utiles ; les peuples détestèrent l'ami des barbares, et lui imputèrent leurs ravages. Livré à Charles le Chauve par le chef des Gascons, souvent prisonnier, souvent fugitif, il n'établit que l'anarchie.

La famille de Lothaire ne fut guère plus heureuse. A sa mort (855), son aîné, Louis II, fut empereur ; les deux autres, Lothaire II et Charles, roi de Lorraine (provinces entre Meuse et Rhin) et roi de Provence. Charles mourut bientôt. Louis, harcelé par les Sarrasins, prisonnier des Lombards, fut toujours malheureux, malgré son courage. Pour Lothaire II, son règne semble l'avènement de la suprématie des papes sur les rois. Il avait chassé sa femme Teutberge pour vivre avec la sœur de l'archevêque de Cologne, nièce de celui de Trèves, et il accusait Teutberge d'adultère et d'inceste. Elle nia longtemps, puis avoua, sans doute intimidée. Le pape Nicolas Ier, à qui elle s'était adressée d'abord, refusa de croire à cet aveu. Il força Lothaire de la reprendre. Lothaire vint se justifier à Rome, et y reçut la communion des mains d'Adrien II. Mais celui-ci l'avait en même temps menacé, s'il ne changeait, de la punition du Ciel. Lothaire mourut dans la semaine, la plupart des siens dans l'année. Charles le Chauve et Louis le Germanique profitèrent de ce jugement de Dieu ; ils se partagèrent les États de Lothaire.

Le roi de France au contraire fut, au moins dans les premiers temps, l'homme de l'Église. Depuis que cette contrée avait échappé à l'influence germanique, l'Église seule y était puissante ; les séculiers n'y balançaient plus son pouvoir. Les Germains, les Aquitains, des Irlandais même et des Lombards, semblent avoir tenu plus de place que les Neustriens à la cour carlovingienne. Gouvernée, défendue par les étrangers, la Neustrie n'avait depuis longtemps de force et de vie que dans son clergé. Du reste, il semble qu'elle ne présentait guère que des esclaves épars sur les terres immenses et à moitié incultes des grands du pays ; les premiers des grands, les plus riches, c'étaient les évêques et les abbés. Les villes n'étaient rien, excepté les cités épiscopales ; mais autour de chaque abbaye s'étendait une ville, ou au moins une bourgade. Les plus riches étaient Saint-Médard de Soissons, Saint-Denis, fondation de Dagobert, berceau de la monarchie, tombe de nos rois. Et par-dessus toute la contrée, dominait, par la dignité du siège, par la doctrine et par les miracles, la grande métropole de Reims, aussi grande dans le Nord que Lyon l'était dans le Midi. Saint-Martin de Tours, Saint-Hilaire de Poitiers étaient bien déchues, au milieu des guerres et des ravages. Reims succéda à leur influence sous la seconde race, étendant ses possessions dans les provinces les plus lointaines, jusque dans les Vosges, jusqu'en Aquitaine ; elle fut la ville épiscopale par excellence. Laon, sur son inaccessible sommet, fut la ville royale, et eut le triste honneur de défendre les derniers Carlovingiens. Il fallut que les ravages des Normands fussent passés, pour que nos rois de la troisième race se hasardassent à descendre en plaine, et vinssent s'établir à Paris dans l'île de la Cité, à côté de Saint-Denis, comme les Carlovingiens avaient, pour dernier asile, choisi Laon à côté de Reims.

Charles le Chauve ne fut d'abord que l'humble client des évêques. Avant, après la bataille de Fontenai, dans ses négociations avec Lothaire, il se plaint surtout de ce que celui-ci ne respecte pas l'Église. Aussi Dieu le protège. Lorsque Lothaire arrive sur la Seine avec son armée barbare et païenne, dont les Saxons faisaient partie, le fleuve enfle miraculeusement et couvre Charles le Chauve. Les moines, avant de délivrer Louis le Débonnaire, lui avaient demandé s'il voulait rétablir et soutenir le culte divin ; les évêques interrogent de même Charles le Chauve et Louis le Germanique, puis leur confèrent le royaume. Plus tard les évêques *sont d'avis que la paix règne entre les trois frères*. Après la bataille de Fontenai, les évêques s'assemblent, déclarent que Charles et Louis ont combattu pour l'équité et la justice, et ordonnent un jeûne de trois jours. « Les Francs comme les Aquitains, dit son partisan Nithard, méprisèrent le petit nombre de ceux qui suivaient Charles. Mais les moines de Saint-Médard de Soissons vinrent à sa rencontre, et le prièrent de porter sur ses épaules les reliques de saint Médard et de quinze autres saints que l'on transportait dans leur nouvelle basilique. Il les porta en effet sur ses épaules en toute vénération, puis il se rendit à Reims... »

Créature des évêques et des moines, il dut leur transférer la plus grande partie du pouvoir. Ainsi le capitulaire d'Épernay (846) confirme le partage des attributions des commissaires royaux entre les évêques et les laïques, celui de Kiersy (857) confère aux curés un droit d'inquisition contre tous les malfaiteurs. Cette législation tout ecclésiastique prescrit, pour remède aux troubles et aux brigandages qui désolaient le royaume, des serments sur les reliques que prêteront les hommes libres et les centeniers. Elle recommande les brigands aux instructions épiscopales, et les menace, s'ils persistent, de les frapper du glaive spirituel de l'excommunication.

Les maîtres du pays étaient donc les évêques. Le vrai roi, le vrai pape de la France, était le fameux Hincmar, archevêque de Reims. Il était né dans le nord de la Gaule, mais Aquitain d'origine, parent de saint Guillaume de Toulouse et de ce Bernard, favori de Judith, dont on croyait que Charles était le fils. Personne ne contribua davantage à l'élévation de Charles et n'exerça plus d'autorité en son nom dans les premières années. C'est Hincmar qui, à la tête du clergé de France, semble avoir empêché Louis le Germanique de s'établir dans la Neustrie et dans l'Aquitaine, où les grands l'appelaient. Louis ayant envahi le royaume de Charles en 859, le Concile de Metz lui envoya trois députés pour lui offrir l'indulgence de l'Église, pourvu qu'il rachetât, par une pénitence proportionnée, le péché qu'il avait commis en envahissant le royaume de son frère, et en l'exposant aux ravages de son armée. Hincmar était à la tête de cette députation. « Le roi Louis, dirent les évêques à leur retour au concile, nous donna audience à Worms, le 4 juin, et il nous dit : « Je veux vous prier, si je vous ai offensés en aucune chose, de vouloir bien me le pardonner, pour que je puisse ensuite parler en sûreté avec vous. » A cela Hincmar, qui était placé le premier à sa gauche, répondit : « Notre affaire sera donc bientôt terminée, car nous venons justement vous offrir le pardon que vous nous demandez. » Grimold, chapelain du roi, et l'évêque Théodoric, ayant fait à Hincmar quelque observation, il reprit : « Vous n'avez rien fait contre moi qui ait laissé dans mon cœur une rancune condamnable ; s'il en était autrement, je n'oserais m'approcher de l'autel pour offrir le sacrifice au Seigneur. » Grimold et les évêques Théodoric et Salomon adressèrent encore quelques mots à Hincmar, et Théodoric lui dit : « Faites ce dont le seigneur roi vous prie : pardonnez-lui. » A quoi Hincmar répondit : « Pour ce qui ne regarde que moi et ma propre personne, je vous ai pardonné et je vous pardonne. Mais quant aux offenses contre l'Église qui m'est commise, et contre mon peuple, je puis seulement vous donner officieusement mes conseils, et vous offrir le secours de Dieu, pour que vous en obteniez l'absolution, si vous le voulez. » Alors les évêques s'écrièrent : « Certainement il dit bien. » Tous nos frères s'étant trouvés unanimes à cet égard, et ne s'en étant jamais départis, ce fut toute l'indulgence qui lui fut accordée, et rien de plus... car nous attendions qu'il nous demandât conseil sur le salut qui lui était offert, et alors nous l'aurions conseillé selon l'écrit dont nous étions porteurs ; mais il nous répondit, de son trône, qu'il ne s'occuperait point de cet écrit avant de s'être consulté avec ses évêques. »

Peu de temps après, un autre concile plus nombreux fut assemblé à Savonnières, près de Toul, pour rétablir la paix entre les rois des Francs. Charles le Chauve s'adressa aux pères de ce concile (en 859), pour leur demander justice contre Wénilon, clerc de sa chapelle, qu'il avait fait archevêque de Sens, et qui cependant l'avait quitté pour embrasser le parti de Louis le Germanique. La plainte du roi des Français est remarquable par son ton d'humilité. Après avoir récapitulé tous les bienfaits qu'il avait accordés à Wénilon, tous les engagements personnels de celui-ci, et toutes les preuves de son ingratitude et de son manque de foi, il ajoute : « D'après sa propre élection et celle des autres évêques et des fidèles de notre royaume, qui exprimaient leur volonté, leur consentement par leurs acclamations, Wénilon, dans son propre diocèse, à l'église de Sainte-Croix d'Orléans, m'a consacré roi selon la tradition ecclésiastique, en présence des autres archevêques et des évêques ; il m'a oint du saint chrême, il m'a donné le diadème et le sceptre royal, et il m'a fait monter sur le trône. Après cette consécration, je ne devais être repoussé du trône ou supplanté par personne, du moins sans avoir été entendu et jugé par les évêques, par le ministère desquels j'ai été consacré comme roi. Ce sont eux qui sont nommés les trônes de la Divinité ; Dieu repose sur eux, et par eux il rend ses jugements. Dans tous les temps j'ai été prompt à me soumettre à leurs corrections paternelles, à leurs jugements castigatoires, et je le suis encore à présent. »

Le royaume de Neustrie était réellement une république théocratique. Les évêques nourrissaient, soutenaient ce roi qu'ils avaient fait ; ils lui permettaient de lever des soldats parmi leurs hommes ; ils gouvernaient les choses de la guerre comme celles de la paix. « Charles, dit l'annaliste de Saint-Bertin, avait annoncé qu'il irait au secours de Louis avec une armée telle qu'il avait pu la rassembler, levée en grande partie par les évêques. » « Le roi, dit l'historien de l'Église de Reims, chargeait l'archevêque Hincmar de toutes les affaires ecclésiastiques, et de plus, quand il fallait lever le peuple contre l'ennemi, c'était toujours à lui qu'il donnait cette mission, et aussitôt celui-ci, sur l'ordre du roi, convoquait les évêques et les comtes.

Le pouvoir temporel et le pouvoir spirituel se trouvaient donc réunis dans les mêmes mains. Des évêques, magistrats et grands propriétaires, commandaient à ce triple titre. C'est dire assez que l'épiscopat allait devenir mondain et politique, et que l'État ne serait ni gouverné ni défendu. Deux événements brisèrent ce faible et léthargique gouvernement, sous lequel le monde fatigué eût pu s'endormir. D'une part, l'esprit humain réclama en sens divers contre le despotisme spirituel de l'Église ; de l'autre, les incursions des Northmans obligèrent les évêques à résigner, au moins en partie, le pouvoir temporel à des mains plus capables de défendre le pays. La féodalité se fonda ; la philosophie scolastique fut au moins préparée.

La première querelle fut celle de l'Eucharistie ; la seconde, celle de la Grâce et de la Liberté : d'abord la question divine, puis la question humaine ; c'est l'ordre nécessaire. Ainsi, Arius précède Pélage, et Béranger Abailard. Ce fut au IXe siècle le panégyriste de Wala, l'abbé de Corbie, Pascase Ratbert, qui, le premier, enseigna d'une manière explicite cette prodigieuse poésie d'un Dieu enfermé dans un pain, l'esprit dans la matière, l'infini dans l'atome. Les anciens pères avaient entrevu cette doctrine, mais le temps n'était pas venu. Ce ne fut qu'au IXe siècle, à la veille des dernières épreuves de l'invasion barbare, que Dieu sembla descendre pour consoler le genre humain dans ses extrêmes misères, et se laissa voir, toucher et goûter. L'Église irlandaise eut beau réclamer au nom de la logique, le dogme triomphant n'en poursuivit pas moins sa route à travers le Moyen Age.

La question de la liberté fut l'occasion d'une plus vive controverse. Un moine allemand, un Saxon, Gotteschalk (gloire de Dieu), avait professé la doctrine de la prédestination, ce fanatisme religieux qui immole la liberté humaine à la prescience divine. Ainsi l'Allemagne acceptait l'héritage de saint Augustin ; elle entrait dans la carrière du mysticisme, d'où elle n'est guère sortie depuis. Le Saxon Gotteschalk présageait le Saxon Luther. Comme Luther, Gotteschalk alla à Rome, et n'en revint pas plus docile ; comme lui, il fit annuler ses vœux monastiques.

Réfugié dans la France du Nord, il y fut mal reçu. Les doctrines allemandes ne pouvaient être bien accueillies dans un pays qui se séparait de l'Allemagne. Contre le nouveau prédestinianisme s'éleva un nouveau Pélage.

D'abord l'Aquitain Hincmar, archevêque de Reims, réclama en faveur du libre arbitre et de la morale en péril. Violent et tyrannique défenseur de la liberté, il fit saisir Gotteschalk, qui s'était réfugié dans son diocèse, le fit juger par un concile, condamner, fustiger, enfermer. Mais Lyon, toujours mystique, et d'ailleurs rivale de Reims, sur laquelle elle eût voulu faire valoir son titre de métropole des Gaules, Lyon prit parti pour Gotteschalk. Des hommes éminents dans l'Église gauloise, Prudence, évêque de Troyes, Loup, abbé de Ferrières, Ratramne, moine de Corbie, que Gotteschalk appelait son maître, essayèrent de le justifier, en interprétant ses paroles d'une manière favorable. Il y eut des saints contre des saints, des conciles contre des conciles. Hincmar, qui n'avait pas prévu cet orage, demanda d'abord le secours du savant Raban, abbé de Fulde, chez lequel Gotteschalk avait été moine, et qui, le premier, avait dénoncé ses erreurs. Raban hésitant, Hincmar s'adressa à un Irlandais qui avait combattu Pascase Ratbert sur la question de l'Eucharistie, et qui était alors en grand crédit près de Charles le Chauve. L'Irlande était toujours l'école de l'Occident, la mère des moines, et comme on disait l'*île des Saints*. Son influence sur le continent avait diminué, il est vrai depuis que les Carlovingiens avaient partout fait prévaloir la règle de saint Benoît sur celle de saint Colomban. Cependant, sous Charlemagne même, l'école du palais avait été confiée à l'Irlandais Clément ; avec lui étaient venus Dungal et saint Virgile. Sous Charles le Chauve, les Irlandais furent mieux accueillis encore. Ce prince, ami des lettres, comme sa mère Judith, confia l'école du palais à Jean l'Irlandais (autrement dit le *Scot* ou l'*Erigène)*. Il assistait à ses leçons, et lui accordait le privilège d'une extrême familiarité. On ne disait plus l'*école du palais,* mais le *palais de l'école*.

Ce Jean, qui savait le grec et peut-être l'hébreu, était célèbre alors pour avoir traduit, à la prière de Charles le Chauve, les écrits de Denys l'Aréopagite, dont l'empereur de Constantinople venait d'envoyer le manuscrit en présent au roi de France. On s'imaginait que ces écrits, dont l'objet est la conciliation du néo-platonisme alexandrin avec le christianisme, étaient l'ouvrage du Denys l'Aréopagite dont parle saint Paul, et l'on se plaisait à confondre ce Denys avec l'apôtre de la Gaule.

L'Irlandais fit ce que demandait Hincmar. Il écrivit contre Gotteschalk en faveur de la liberté ; mais il ne resta pas dans les limites où l'archevêque de Reims eût voulu sans doute le retenir. Comme Pélage, dont il relève, comme Origène, leur maître commun, il attesta moins l'autorité que la raison elle-même ; il admit la foi, mais comme commencement de la science. Pour lui, l'Écriture est simplement un texte livré à l'interprétation ; la religion et la philosophie sont le même mot. Il est vrai qu'il ne défendait la liberté contre le prédestinianisme de Gotteschalk que pour l'absorber et la perdre dans le panthéisme alexandrin. Toutefois, la violence avec laquelle Rome attaqua Jean le Scot prouve assez combien sa doctrine effraya l'autorité. Disciple du Breton Pélage, prédécesseur du Breton Abailard, cet Irlandais marque à la fois la renaissance de la philosophie et la rénovation du libre génie celtique contre le mysticisme de l'Allemagne.

Au même moment où la philosophie essayait ainsi de s'affranchir du despotisme théologique, le gouvernement temporel des évêques était convaincu d'impuissance. La France leur échappait ; elle avait besoin de mains plus fortes et plus guerrières pour la défendre des nouvelles invasions barbares. A peine débarrassée des Allemands qui l'avaient si longtemps gouvernée, elle se trouvait faible, inhabile, administrée, défendue par des prêtres, et cependant arrivaient par tous ses fleuves, par tous ses rivages, d'autres Germains, bien autrement sauvages que ceux dont elle était délivrée.

Les incursions de ces brigands du Nord (Northmen) étaient fort différentes des grandes migrations germaniques qui avaient eu lieu du

IVe au VIe siècle. Les barbares de cette première époque, qui occupèrent la rive gauche du Rhin, ou qui s'établirent en Angleterre, y ont laissé leur langue. La petite colonie des Saxons de Bayeux a gardé la sienne au moins cinq cents ans. Au contraire, les Northmen du IXe et du Xe siècle ont adopté la langue des peuples chez lesquels ils s'établissent. Leurs rois, Rou, de Russie et de France (Ru-Rik, Rollon), n'ont point introduit dans leur patrie nouvelle l'idiome germanique. Cette différence essentielle entre les deux époques des invasions me porterait à croire que les premières, qui eurent lieu par terre, furent faites par des familles, par des guerriers suivis de leurs femmes et de leurs enfants ; moins mêlés aux vaincus par des mariages, ils purent mieux conserver la pureté de leur race et de leur langue. Les pirates de l'époque où nous sommes parvenus semblent avoir été le plus souvent des exilés, des bannis, qui se firent *rois de la mer,* parce que la terre leur manquait. Loups furieux, que la famine avait chassés du gîte paternel, ils abordèrent seuls et sans famille ; et lorsqu'ils furent soûls de pillage, lorsqu'à force de revenir annuellement, ils se furent fait une partie de la terre qu'ils ravageaient, il fallut des Sabines à ces nouveaux Romulus ; ils prirent femme, et les enfants, comme il arrive nécessairement, parlèrent la langue de leurs mères. Quelques-uns conjecturent que ces bandes purent être fortifiées par les Saxons fugitifs, au temps de Charlemagne. Pour moi, je croirais sans peine que non seulement les Saxons, mais que tout fugitif, tout bandit, tout serf courageux, fut reçu par ces pirates, ordinairement peu nombreux, et qui devaient fortifier volontiers leurs bandes d'un compagnon robuste et hardi. La tradition veut que le plus terrible des rois de la mer, Hastings, fût originairement un paysan de Troyes. Ces fugitifs devaient leur être précieux comme interprètes et comme guides. Souvent peut-être la fureur des Northmans et l'atrocité de leurs ravages furent moins inspirées par le fanatisme odinique que par la vengeance du serf et la rage de l'apostat.

Loin de continuer l'armement des barques que Charlemagne avait voulu leur opposer à l'embouchure des fleuves, ses successeurs appelèrent les barbares et les prirent pour auxiliaires. Le jeune Pépin s'en servit contre Charles le Chauve, et crut, dit-on, s'assurer de leur secours en adorant leurs dieux. Ils prirent les faubourgs de Toulouse, pillèrent trois fois Bordeaux, saccagèrent Bayonne et d'autres villes au pied des Pyrénées. Toutefois les montagnes, les torrents du Midi les découragèrent de bonne heure (depuis 864). Les fleuves d'Aquitaine ne leur permettaient pas de remonter aisément comme ils le faisaient dans la Loire, dans la Seine, dans l'Escaut et dans l'Elbe.

Ils réussirent mieux dans le Nord. Depuis que leur roi Harold eut obtenu du pieux Louis une province pour un baptême (826), ils vinrent tous à cette pâture. D'abord ils se faisaient baptiser pour avoir des habits. On n'en pouvait trouver assez pour tous les néophytes qui se présentaient. A mesure qu'on leur refusa le sacrement dont ils se faisaient un jeu lucratif, ils se montrèrent d'autant plus furieux. Dès que leurs *dragons*, leurs *serpents* sillonnaient les fleuvess, dès que le cor d'ivoire retentissait sur les rives, personne ne regardait derrière soi. Tous fuyaient à la ville, à l'abbaye voisine, chassant vite les troupeaux ; à peine en prenait-on le temps. Vils troupeaux eux-mêmes, sans force, sans unité, sans direction, ils se blottissaient aux autels sous les reliques des saints. Mais les reliques n'arrêtaient pas les barbares. Ils semblaient au contraire acharnés à violer les sanctuaires les plus révérés. Ils forcèrent Saint-Martin de Tours, Saint-Germain-des-Prés à Paris, une foule d'autres monastères. L'effroi était si grand qu'on n'osait plus récolter. On vit des hommes mêler la terre à la farine. Les forêts s'épaissirent entre la Seine et la Loire. Une bande de trois cents loups courut l'Aquitaine, sans que personne pût l'arrêter. Les bêtes fauves semblaient prendre possession de la France.

Que faisaient cependant les souverains de la contrée, les abbés, les évêques ? Ils fuyaient, emportant les ossements des saints ; impuissants comme leurs reliques, ils abandonnaient les peuples sans direction, sans asile. Tout au plus, ils envoyaient quelques serfs armés à Charles le Chauve, pour surveiller timidement la marche des barbares, négocier, mais de loin, avec eux, leur demander pour combien de livres d'argent ils voudraient quitter telle province, ou rendre tel abbé captif. On paya un million et demi de notre monnaie pour la rançon de l'abbé de Saint-Denis.

Ces barbares désolèrent le Nord, tandis que des Sarrasins infestaient le Midi ; je ne donnerai pas ici la monotone histoire de leurs excursions. Il me suffit d'en distinguer les trois périodes principales : celle des incursions proprement dites, celle des stations, celle des établissements fixes. Les stations des Northmen étaient généralement dans des îles à l'embouchure de l'Escaut, de la Seine et de la Loire ; celles des Sarrasins à Fraxinet (la Garde Fraisnet) en Provence, et à Saint-Maurice-en-Valais ; telle était l'audace de ces pirates qu'ils avaient osé s'écarter de la mer et s'établir au sein même des Alpes, aux défilés où se croisent les principales routes de l'Europe. Les Sarrasins n'eurent d'établissements importants qu'en Sicile. Les Northmen, plus disciplinables, finirent par adopter le christianisme, et s'établirent sur plusieurs points de la France, particulièrement dans le pays appelé de leur nom, Normandie.

Quelques textes des annales de Saint-Bertin suffiront pour faire connaître l'audace des Northmen, l'impuissance et l'humiliation du roi et des évêques, leurs vaines tentatives pour combattre ces barbares ou pour les opposer les uns aux autres.

« En 866, il fut convenu que tous les serfs pris par les Normands, qui viendraient à s'enfuir de leurs mains, leur seraient rendus, ou rachetés au prix qu'il leur plairait, et que si quelqu'un des Normands était tué, on paierait une somme pour le prix de sa vie. »

« En 861, les Danois qui avaient dernièrement incendié la cité de Térouanne, revenant, sous leur chef Wéland, du pays des Angles, remontent la Seine avec plus de deux cents navires, et assiègent les

Normands dans le château qu'ils avaient construit en l'île dite d'Oissel. Charles ordonna de lever, pour donner aux assiégeants, à titre de loyer, cinq mille livres d'argent avec une quantité considérable de bestiaux et de grains, à prendre sur son royaume, afin qu'il ne fût pas dévasté ; puis, passant la Seine, il se rendit à Méhun-sur-Loire, et y reçut le comte Robert avec les honneurs convenus. Guntfrid et Gozfrid, par le conseil desquels Charles avait reçu Robert, l'abandonnèrent cependant eux avec leurs compagnons, selon l'inconstance ordinaire de leur race et leurs habitudes natives, et se joignirent à Salomons, duc des Bretons. Un autre parti de Danois entra par la Seine avec soixante navires dans la rivière d'Hières, arriva de là vers ceux qui assiégeaient le château, et se joignit à eux. Les assiégés, vaincus par la faim et la plus affreuse misère, donnent aux assiégeants six mille livres, tant or qu'argent, et se joignent à eux. »

« En 869, Louis, fils de Louis, roi de Germanie, se prenant à faire la guerre avec les Saxons contre les Wenèdes, qui sont dans le pays des Saxons, remporta une sorte de victoire, avec un grand carnage des deux partis. En revenant de là, Roland, archevêque d'Arles, qui (non pas les mains vides) avait obtenu de l'empereur Louis et d'Ingelberge l'abbaye de Saint-Césaire, éleva dans l'île de la Camargue, de tous côtés extrêmement riche, où sont la plupart des biens de cette abbaye, et dans laquelle les Sarrasins avaient coutume d'avoir un port, une forteresse seulement de terre, et construite à la hâte ; apprenant l'arrivée des Sarrasins, il y entra assez imprudemment. Les Sarrasins, débarqués à ce château, y tuèrent plus de trois cents des siens, et lui-même fut pris, conduit dans leur navire et enchaîné. Auxdits Sarrasins furent donnés pour les racheter cent cinquante livres d'argent, cent cinquante manteaux, cent cinquante grandes épées et cent cinquante esclaves, sans compter ce qui se donna de gré à gré. Sur ces entrefaites, ce même évêque mourut sur les vaisseaux. Les Sarrasins avaient habilement accéléré son rachat, disant qu'il ne pouvait demeurer plus longtemps, et que si on voulait le ravoir, il fallait que ceux qui le rachetaient donnassent promptement sa rançon, ce qui fut fait : et les Sarrasins, ayant tout reçu, assirent l'évêque dans une chaise, vêtu de ses habits sacerdotaux dans lesquels ils l'avaient pris, et, comme par honneur, le portèrent du navire à terre ; mais quand ceux qui l'avaient racheté voulurent lui parler et le féliciter, ils trouvèrent qu'il était mort. Ils l'emportèrent avec un grand deuil, et l'ensevelirent le 22 septembre dans le sépulcre qu'il s'était fait préparer lui-même. »

Ainsi fut démontrée l'impuissance du pouvoir épiscopal pour défendre et gouverner la France. En 870, le chef de l'Église gallicane, l'archevêque de Reims, Hincmar, écrivait au pape ce pénible aveu : « Voici les plaintes que le peuple élève contre nous : « Cessez de vous charger de notre défense, contentez-vous d'y aider de vos prières, si vous voulez notre secours pour la défense commune... Priez le seigneur apostolique de ne pas nous imposer un roi qui ne peut, de si loin, nous aider contre les fréquentes et soudaines incursions des païens... »

Le pouvoir local des évêques, le pouvoir central du roi, se trouvent également condamnés par ces graves paroles. Ce roi, qui n'est rien dans l'Église, ne sera que plus faible en s'en séparant. Il peut disposer de quelques évêques, opposer le pape de Rome au pape de Reims. Il peut accumuler de vains titres, se faire couronner roi de Lorraine et partager avec les Allemands le royaume de son neveu Lothaire II ; il n'en est pas plus fort. Sa faiblesse est au comble quand il devient empereur. En 875, la mort de son autre neveu, Louis II, laissait l'Italie vacante, ainsi que la dignité impériale. Il prévient à Rome les fils de Louis le Germanique, les gagne de vitesse, et dérobe pour ainsi dire le titre d'empereur. Mais le jour même de Noël où il triomphe dans Rome sous la dalmatique grecque, son frère, maître un instant de la Neustrie, triomphe lui aussi dans le propre palais de Charles ; le pauvre empereur s'enfuit d'Italie à l'approche d'un de ses neveux et meurt de maladie dans un village des Alpes (877).

Son fils, Louis le Bègue, ne peut conserver l'ombre de puissance qu'avait eue Charles le Chauve. L'Italie, la Lorraine, la Bretagne, la Gascogne, ne veulent point entendre parler de lui. Dans le nord même de la France, il est obligé d'avouer aux prélats et aux grands qu'il ne tient la couronne que de l'élection. Il vit peu, ses fils encore moins. Sous l'un d'eux, le jeune Louis, l'annaliste, jette en passant cette parole terrible, qui nous fait mesurer jusqu'où la France était descendue : « Il bâtit un château de bois ; mais il servit plutôt à fortifier les païens qu'à défendre les chrétiens, car ledit roi ne put trouver personne à qui en remettre la garde. »

Louis eut pourtant, en 881, un succès sur les Northmans de l'Escaut. Les historiens n'ont su comment célébrer ce rare événement. Il existe encore en langue germanique un chant qui fut composé à cette occasion. Mais ce revers ne les rendit que plus terribles. Leur chef Gotfried épousa Gizla, fille de Lothaire II, se fit céder la Frise, et quand Charles le Gros, le nouveau roi de Germanie, y eut consenti, il voulut encore un établissement sur le Rhin, au cœur même de l'Empire. La Frise, disait-il, ne donnait pas de vin ; il lui fallait Coblentz et Andernach. Il eut une entrevue avec l'empereur dans une île du Rhin. Là il élevait de nouvelles prétentions au nom de son beau-frère Hugues. Les impériaux perdirent patience et l'assassinèrent. Soit pour venger ce meurtre, soit de concert avec Charles le Gros, le nouveau chef Siegfried alla s'unir aux Northmans de la Seine, et envahit la France du Nord, qui reconnaissait mal le joug du roi de Germanie, Charles le Gros, devenu roi de France par l'extinction de la branche française des Carlovingiens.

Mais l'humiliation n'est pas complète jusqu'à l'avènement du prince allemand (884). Celui-ci réunit tout l'Empire de Charlemagne. Il est empereur, roi de Germanie, d'Italie, de France. Magnifique dérision ! Sous lui les Northmans ne se contentent plus de ravager l'Empire. Ils commencent à vouloir s'emparer des places fortes. Ils assiègent Paris avec un prodigieux acharnement. Cette ville, plusieurs fois attaquée, n'avait jamais été prise. Elle l'eût été alors, si le comte Eudes, fils de Robert le Fort, l'évêque Gozlin et l'abbé de Saint-Germain-des-Prés, ne se fussent jetés dedans et ne l'eussent défendue avec un grand courage. Eudes osa même en sortir pour implorer le secours de Charles le Gros. L'empereur vint en effet, mais il se contenta d'observer les barbares; et les détermina à laisser Paris, pour ravager la Bourgogne, qui méconnaissait encore son autorité (885-886). Cette lâche et perfide connivence déshonorait Charles le Gros.

C'est une chose à la fois triste et comique, de voir les efforts du moine de Saint-Gall pour ranimer le courage de l'empereur. Les exagérations ne coûtent rien au bon moine. Il lui conte que son aïeul Pépin coupa la tête à un lion d'un seul coup ; que Charlemagne (comme auparavant Clotaire II) tua en Saxe tout ce qui se trouvait plus haut que son épée ; que le débonnaire fils de Charlemagne étonnait de sa force les envoyés des Northmans, et se jouait à briser leurs épées dans ses mains. Il fait dire à un soldat de Charlemagne qu'il portait sept, huit, neuf barbares embrochés à sa lance comme de petits oiseaux. Il l'engage à imiter ses pères, à se conduire en homme, à ne pas ménager les grands et les évêques. « Charlemagne ayant envoyé consulter un de ses fils, qui s'était fait moine, sur la manière dont il fallait traiter les grands, on le trouva arrachant des orties et des mauvaises herbes : « Rapportez à mon père, dit-il, ce que vous m'avez vu faire... » Son monastère fut détruit. Pour quelle cause, cela n'est pas douteux. Mais je ne le dirai pas que je n'aie vu votre petit Bernard ceint d'une épée. »

Ce petit Bernard passait pour fils naturel de l'empereur. Charles lui-même rendait pourtant la chose douteuse, lorsque, accusant sa femme devant la diète de 887, il semblait se proclamer impuissant ; il assurait « qu'il n'avait point connu l'impératrice, quoiqu'elle lui fût unie depuis dix ans en légitime mariage ». Il n'y avait que trop d'apparence : l'empereur était impuissant comme l'Empire. L'infécondité de huit reines, la mort prématurée de six rois, prouvent assez la dégénération de cette race : elle finit d'épuisement comme celle des Mérovingiens. La branche française est éteinte ; la France dédaigne d'obéir plus longtemps à la branche allemande. Charles le Gros est déposé à la diète de Tribur, en 887. Les divers royaumes qui composaient l'Empire de Charlemagne sont de nouveau séparés ; et non seulement les royaumes, mais bientôt les duchés, les comtés, les simples seigneuries.

L'année même de sa mort (877), Charles le Chauve avait signé l'hérédité des comtés ; celle des fiefs existait déjà. Les comtes, jusque-là magistrats amovibles, devinrent des souverains héréditaires, chacun dans le pays qu'ils administraient. Cette concession fut amenée par la force des choses. Charles le Chauve avait au contraire défendu d'abord aux seigneurs de bâtir des châteaux, défense vaine et coupable au milieu des ravages des Northmans. Il finit par céder à la nécessité : il reconnut l'hérédité des comtés (877) ; c'était résigner la souveraineté. Les comtes, les seigneurs, voilà les véritables héritiers de Charles le Chauve. Déjà il a marié ses filles aux plus vaillants d'entre eux, à ceux de Bretagne et de Flandre.

Ces libérateurs du pays occuperont les défilés des montagnes, les passes des fleuves, ils y dresseront leurs forts, ils s'y maintiendront à la fois, et contre les barbares, et contre le prince, qui de temps en temps aura la tentation de ressaisir le pouvoir qu'il abandonne à regret. Mais les peuples n'ont plus que haine et mépris pour un roi qui ne sait point les défendre. Ils se serrent autour de leurs défenseurs, autour des seigneurs et des comtes. Rien de plus populaire que la féodalité à sa naissance. Le souvenir confus de cette popularité est resté dans les romans où Gérard de Roussillon, où Renaud et les autres fils d'Aymon soutiennent une lutte héroïque contre Charlemagne. Le nom de Charlemagne est ici la désignation commune des Carlovingiens.

Le premier et le plus puissant de ces fondateurs de la féodalité est le beau-frère même de Charles le Chauve, Boson, qui prend le titre de roi de Provence, ou Bourgogne cisjurane (879). Presque en même temps (888), Rodolf Welf occupe la Bourgogne transjurane, dont il fait aussi un royaume. Voilà la barrière de la France au sud-est. Les Sarrasins y auront des combats à rendre contre Boson, contre Gérard de Roussillon, le célèbre héros de roman, contre l'évêque de Grenoble et le vicomte de Marseille.

Au pied des Pyrénées, le duché de Gascogne est rétabli par cette famille d'Hunald et de Guaifer, si maltraitée par les Carlovingiens, qui lui durent le désastre de Roncevaux. Dans l'Aquitaine, s'élèvent les puissantes familles de Gothie (Narbonne, Roussillon, Barcelone), de Poitiers et de Toulouse. Les deux premières veulent descendre de saint Guillaume, le grand saint du Midi, le vainqueur des Sarrasins. C'est ainsi que tous les rois d'Allemagne et d'Italie descendent de Charlemagne, et que les familles héroïques de la Grèce, rois de Macédoine et de Sparte, Aleuades de Thessalie, Bacchides de Corinthe, descendaient d'Hercule.

A l'est, le comte de Hainaut, Reinier, disputera la Lorraine aux Allemands, au féroce Swintibald, fils du roi de Germanie. Reinier-*Renard* restera le type et le nom populaire de la ruse luttant avec avantage contre la brutalité de la force.

Au nord, la France prend pour double défense contre les Belges et les Allemands les *forestiers* de Flandre et les comtes de Vermandois, parents et alliés, plus ou moins fidèles, des Carlovingiens.

Mais la grande lutte est à l'ouest, vers la Normandie et la Bretagne. Là, débarquent annuellement les hommes du Nord. Le Breton Nomenoé se met à la tête du peuple, bat Charles le Chauve, bat les Northmans, défend contre Tours l'indépendance de l'Église bretonne, et veut faire de la Bretagne un royaume. Après lui, les Northmans reviennent en plus grand nombre, le pays n'est plus qu'un désert, et quand l'un de ses successeurs (937), l'héroïque Allan Barbetorte, parvint à leur reprendre Nantes, il faut, pour arriver à la cathédrale, où il va remercier Dieu, qu'il perde son chemin l'épée à la main à travers les ronces. Mais, cette fois, le pays est délivré ; les Northmans, les Allemands, appelés par le roi contre la Bretagne, sont repoussés également. Allan assemble pour la première fois les États du comté, et le roi finit par reconnaître que tout serf réfugié en Bretagne devient par cela seul homme libre.

En 859, les seigneurs avaient empêché le peuple de s'armer contre les Northmans. En 864, Charles le Chauve avait défendu aux seigneurs d'élever des châteaux. Peu d'années s'écoulent, et une foule de châteaux se sont élevés ; partout les seigneurs arment leurs hommes. Les barbares commencent à rencontrer des obstacles. Robert le Fort a péri en combattant les Northmans à Brisserte (866). Son fils Eudes, plus heureux, défend Paris contre eux en 885. Il sort de la ville, il y rentre à travers le camps des Northmans. Ils lèvent le siège et vont encore échouer sous les murs de Sens. En 891, le roi de Germanie Arnulf force leur camp près de Louvain, et les précipite dans la Dyle. En 933 et 955, les empereurs saxons, Henri l'Oiseleur et Othon le Grand, remportent sur les Hongrois leurs fameuses victoires de Mersebourg et d'Augsbourg. Vers la même époque, l'évêque Izarn chasse les Sarrasins du Dauphiné, et le vicomte de Marseille, Guillaume, en délivre la Provence (965, 972).

Peu à peu les barbares se découragent ; ils se résignent au repos. Ils renoncent au brigandage, et demandent des terres. Les Northmans de la Loire, si terribles sous le vieil Hastings, qui les mena jusqu'en Toscane, sont repousssés d'Angleterre par le roi Alfred. Ils ne se soucient point d'y mourir, comme leur héros Regnard Lodbrog, dans un tonneau de vipères. Ils aiment mieux s'établir en France, sur la belle Loire. Ils possèdent Chartres, Tours et Blois. Leur chef Théobald, tige de la maison de Blois et Champagne, ferme la Loire aux invasions nouvelles, comme tout à l'heure, Radholf ou Rollon va fermer la Seine, sur laquelle il s'établit (911), du consentement du roi de France, Charles le Simple ou le Sot. Il n'était pas si sot pourtant de s'attacher ces Northmans, et de leur donner l'onéreuse suzeraineté de la Bretagne, qui devait user Bretons et Northmans les uns par les autres. Rollon reçut le baptême et fit hommage, non en personne, mais par un des siens ; celui-ci s'y prit de manière qu'en baisant le pied du roi, il le jeta à la renverse. Telle était l'insolence de ces barbares.

Les Northmans se fixent donc et s'établissent. Les indigènes se fortifient. La France prend consistance, et se ferme peu à peu. Sur toutes ses frontières s'élèvent, comme autant de tours, de grandes seigneuries féodales. Elle retrouve quelque sécurité dans la formation des puissances locales, dans le morcellement de l'Empire, dans la destruction de l'unité. Mais quoi ! cette grande et noble unité de la patrie, dont le gouvernement romain et francique nous ont du moins donné l'image, n'y a-t-il pas espoir qu'elle revienne un jour ? Avons-nous décidément péri comme nation ? N'y a-t-il point au milieu de la France quelque force centralisante qui permette de croire que tous les membres se rapprocheront, et formeront de nouveau un corps ?

Si l'idée de l'unité subsiste, c'est dans les grands sièges ecclésiastiques qui conservent la prétention de la primatie. Tours est un centre sur la Loire, Reims en est un dans le Nord. Mais partout le pouvoir féodal limite celui des évêques. A Troyes, à Soissons, le comte l'emporte sur le prélat. A Cambrai et à Lyon il y a partage. Ce n'est guère que dans le domaine du roi que les évêques obtiennent ou conservent la seigneurie de leur cité. Ceux de Laon, Beauvais, Noyon, Châlons-sur-Marne, Langres, deviennent pairs du royaume, il en est de même des métropolitains de Sens et de Reims. Le premier chasse le comte ; le second lui résiste. L'archevêque de Reims, chef de l'Église gallicane, est longtemps l'appui fidèle des Carlovingiens. Lui seul semble s'intéresser encore à la monarchie, à la dynastie.

Cette vieille dynastie, sous la tutelle des évêques, ne peut plus rallier la France. Au milieu des guerres et des ravages des barbares, le titre de roi doit passer à quelqu'un des chefs qui ont commencé à armer le peuple. Il faut que ce chef sorte des provinces centrales. L'idée de l'unité ne peut être reprise et défendue par les hommes de la frontière. Cette unité leur est odieuse ; ils aiment mieux l'indépendance.

Le centre du monde mérovingien avait été l'Église de Tours. Celui des guerres carlovingiennes contre les Northmans et les Bretons est aussi sur la Loire, mais plus à l'occident, c'est-à-dire dans l'Anjou, sur la marche de Bretagne. Là, deux familles s'élèvent, tiges des Capets et des Plantagenêts, des rois de France et d'Angleterre. Toutes deux sortent de chefs obscurs qui s'illustrèrent en défendant le pays.

La seconde veut remonter à un Torthulf ou Tertulle, Breton de Rennes, « simple paysan, dit la chronique, vivant de sa chasse et de ce qu'il trouvait dans les forêts. Charles le Chauve le nomma forestier de la forêt de Nid-de-Merle. Son fils du même nom reçut le titre de sénéchal d'Anjou. Son petit-fils Ingelger, et les Foulques, ses descendants, furent des ennemis terribles pour la Normandie et la Bretagne.

Les Capets sont aussi d'abord établis dans l'Anjou. Il semble que ce soient des chefs saxons au service de Charles le Chauve. Il confia à leur premier ancêtre connu, Robert le Fort, la défense du pays entre la Seine et la Loire. Robert se fait tuer en combattant, à Brisserte, le chef des Northmans, Hastings. Son fils Eudes, plus heureux, les repousse au siège de Paris (885), et remporte sur eux une grande vitoire, à Montfaucon. A l'époque de la déposition de Charles le Gros, il est élu roi de France (888).

M. Augustin Thierry, dans ses *Lettres sur l'Histoire de France,* a suivi avec beaucoup de sagacité les alternatives de cette longue lutte qui, dans l'espace d'un siècle, fit prévaloir la nouvelle dynastie. Il m'est impossible de ne pas emprunter quelques pages de ce beau récit. La question n'y est traitée que sous un point de vue, mais avec une netteté singulière.

« A la révolution de 888, correspond de la manière la plus précise un mouvement d'un autre genre, qui élève sur le trône un homme entièrement étranger à la famille des Carlovingiens. Ce roi, le premier auquel notre histoire devrait donner le titre de roi de France, par opposition au roi des Francs, est Ode, ou, selon la prononciation romaine, qui commençait à prévaloir, Eudes, fils du comte d'Anjou, Robert le Fort. Élu au détriment d'un héritier qui se qualifiait de légitime,

Eudes fut le candidat national de la population mixte qui avait combattu cinquante ans pour former un État par elle-même, et son règne marque l'ouverture d'une seconde série de guerres civiles, terminées, après un siècle, par l'exclusion définitive de la race de Charles le Grand. En effet, cette race toute germanique, se rattachant, par le lien des souvenirs et les affections de parenté, aux pays de la langue tudesque, ne pouvait être regardée par les Français que comme un obstacle à la séparation sur laquelle venait de se fonder leur existence indépendante.

« Ce ne fut point par caprice, mais par politique, que les seigneurs du nord de la Gaule, Francs d'origine, mais attachés à l'intérêt du pays, violèrent le serment prêté par leurs aïeux à la famille de Pépin, et firent sacrer roi à Compiègne un homme de descendance saxonne. L'héritier dépossédé par cette élection, Charles, surnommé le Simple ou le Sot, ne tarda pas à justifier son exclusion du trône, en se mettant sous le patronage d'Arnulf, roi de Germanie. « Ne pouvant tenir, dit un ancien historien, contre la puissance d'Eudes, il alla réclamer, en suppliant, la protection du roi Arnulf. Une assemblée publique fut convoquée dans la ville de Worms ; Charles s'y rendit, et, après avoir offert de grands présents à Arnulf, il fut investi par lui de la royauté dont il avait pris le titre. L'ordre fut donné aux comtes et aux évêques qui résidaient aux environs de la Moselle de lui prêter secours, et de le faire rentrer dans son royaume, pour qu'il y fût couronné ; mais rien de tout cela ne lui profita. »

« Le parti des Carlovingiens, soutenu par l'intervention germanique, ne réussit point à l'emporter sur le parti qu'on peut nommer français. Il fut plusieurs fois battu avec son chef, qui, après chaque défaite, se mettait en sûreté derrière la Meuse, hors des limites du royaume. Charles le Simple parvint cependant, grâce au voisinage de l'Allemagne, à obtenir quelque puissance entre la Meuse et la Seine. Un reste de la vieille opinion germanique, qui regardait les Welskes ou Wallons comme les sujets naturels des fils des Francs, contribuait à rendre cette guerre de dynastie populaire dans tous les pays voisins du Rhin. Sous prétexte de soutenir les droits de la royauté légitime, Swintibald, fils naturel d'Arnulf, et roi de Lorraine, envahit le territoire français en l'année 895. Il parvint jusqu'à Laon avec une armée composée de Lorrains, d'Alsaciens et de Flamands, mais fut bientôt forcé de battre en retraite devant l'armée du roi Eudes. Cette grande tentative ayant ainsi échoué, il se fit à la cour de Germanie une sorte de réaction politique en faveur de celui qu'on avait jusque-là qualifié d'usurpateur. Eudes fut reconnu roi, et l'on promit de ne plus donner à l'avenir aucun secours au prétendant. En effet, Charles n'obtint rien tant que son adversaire vécut, mais à la mort du roi Eudes, lorsque le changement de dynastie fut remis en question, le *Keisar,* ou empereur, prit de nouveau parti pour le descendant des rois francs.

« Charles le Simple, reconnu en 898, par une grande partie de ceux qui avaient travaillé à l'exclure, régna d'abord vingt-deux ans sans aucune opposition. C'est dans cet espace de temps qu'il abandonna au chef normand Rolf tous ses droits sur le territoire voisin de l'embouchure de la Seine, et lui conféra le titre de duc (912). Le duché de Normandie servit plus tard à flanquer le royaume de Francs contre les attaques de l'Empire germanique et de ses vassaux lorrains ou flamands. Le premier duc fut fidèle au traité d'alliance qu'il avait fait avec Charles le Simple, et le soutint, quoique assez faiblement, contre Rotbert ou Robert, frère du roi Eudes, élu roi en 922. Son fils, Guillaume Ier, suivit d'abord la même politique, et lorsque le roi héréditaire eut été déposé et emprisonné à Laon, il se déclara pour lui contre Radulf ou Raoul, beau-frère de Robert, élu et couronné roi, en haine de la dynastie franque. Mais peu d'années après, changeant de parti, il abandonna la cause de Charles le Simple et fit alliance avec le roi Raoul. En 936, espérant qu'un retour à ses premiers errements lui procurerait plus d'avantages, il appuya d'une manière énergique la restauration du fils de Charles, Louis, surnommé d'Outre-mer.

« Le nouveau roi, auquel le parti français soit par fatigue, soit par prudence, n'opposa aucun compétiteur, poussé par un penchant héréditaire à chercher des amis au-delà du Rhin, contracta une alliance étroite avec Othon, premier du nom, roi de Germanie, le prince le plus puissant et le plus ambitieux de l'époque. Cette alliance mécontenta vivement les seigneurs, qui avaient une grande aversion pour l'influence teutonique. Le représentant de cette opinion nationale, et l'homme le plus puissant entre la Seine et la Loire, était Hugues, comte de Paris, auquel on donnait le nom de Grand, à cause de ses immenses domaines. Dès que les défiances mutuelles se furent accrues au point d'amener, en 940, une nouvelle guerre entre les deux partis, qui depuis cinquante ans étaient en présence, Hugues le Grand, quoiqu'il ne prît point le titre de roi, joua contre Louis d'Outre-mer le même rôle qu'Eudes, Robert et Raoul avaient joué contre Charles le Simple. Son premier soin fut d'enlever à la faction opposée l'appui du duc de Normandie ; il y réussit, et, grâce à l'intervention normande, parvint à neutraliser les effets de l'influence germanique. Toutes les forces du roi Louis et du parti franc se brisèrent en 945, contre le petit duché de Normandie. Le roi, vaincu en bataille rangée, fut pris avec seize de ses comtes, et enfermé dans la tour de Rouen, d'où il ne sortit que pour être livré aux chefs du parti national, qui l'emprisonnèrent à Laon.

« Pour rendre plus durable la nouvelle alliance de ce parti avec les Normands, Hugues le Grand promit de donner sa fille en mariage à leur duc. Mais cette confédération des deux puissances gauloises les plus voisines de la Germanie attira contre elles une coalition des puissances teutoniques dont les principales étaient alors Othon et le comte de Flandre. Le prétexte de la guerre devait être de tirer le roi Louis de sa prison ; mais les coalisés se promettaient des résultats d'un autre genre. Leur but était d'anéantir la puissance normande, en réunissant ce duché à la couronne de France, après la restauration du roi leur allié : en retour, ils devaient recevoir une cession de territoire, qui agrandirait leurs États aux dépens du royaume de France. L'invasion, conduite par le roi de Germanie, eut lieu en 946. A la tête de trente-deux légions, disent les historiens du temps, Othon s'avança jusqu'à Reims. Le parti national, qui tenait un roi en prison et n'avait pas de roi à sa tête, ne put rallier autour de lui des forces suffisantes pour repousser les étrangers. Le roi Louis fut remis en liberté, et les coalisés s'avancèrent jusque sous les murs de Rouen : mais cette campagne brillante n'eut aucun résultat décisif. La Normandie resta indépendante, et le roi délivré n'eut pas plus d'amis qu'auparavant. Au contraire, on lui imputa les malheurs de l'invasion, et, menacé bientôt d'être pour la seconde fois déposé, il retourna au-delà du Rhin pour implorer de nouveaux secours.

« En l'année 948, les évêques de la Germanie s'assemblèrent, par ordre du roi Othon, en concile, à Inghelneim, pour traiter, entre autres affaires, des griefs de Louis d'Outre-mer contre le parti de Hugues le Grand. Le roi des Français vint jouer le rôle de conciliateur devant cette assemblée étrangère. Assis à côté du roi de Germanie, après que le légat du pape eut annoncé l'objet du synode, il se leva et parla en ces termes : « Personne de vous n'ignore que des messages du comte Hugues et des autres seigneurs de France sont venus me trouver au pays d'outre-mer, m'invitant à rentrer dans le royaume qui était mon héritage paternel. J'ai été sacré et couronné par le vœu et aux acclamations de tous les chefs et de l'armée de France. Mais, peu de temps après, le comte Hugues s'est emparé de moi par trahison, m'a déposé et emprisonné durant une année entière ; enfin, je n'ai obtenu ma délivrance qu'en remettant en son pouvoir la ville de Laon, la seule ville de la couronne que mes fidèles occupassent encore. Tous ces malheurs qui ont fondu sur moi depuis mon avènement, s'il y a quelqu'un qui soutienne qu'ils me sont arrivés par ma faute, je suis prêt à me défendre de cette accusation, soit par le jugement du synode et du roi ici présent, soit par un combat singulier. » Il ne se présenta, comme on pouvait le croire, ni avocat, ni champion de la partie adverse, pour soumettre un différend national au jugement de l'empereur d'outre-Rhin, et le concile, transféré à Trèves, sur les instances de Leudulf, chapelain et délégué du César, prononça la sentence suivante : « En vertu de l'autorité apostolique, nous excommunions le comte Hugues, ennemi du roi Louis, à cause des maux de tout genre qu'il lui a faits, jusqu'à ce que ledit comte vienne à résipiscence, et donne pleine satisfaction devant le légat du souverain pontife. Que s'il refuse de se soumettre, il devra faire le voyage de Rome pour recevoir son absolution. »

« A la mort de Louis d'Outre-mer, en l'année 954, son fils Lothaire lui succéda sans opposition apparente. Deux ans après, le comte Hugues mourut, laissant trois fils, dont l'aîné, qui portait le même nom que lui, hérita du comté de Paris, qu'on appelait aussi le duché de France. Son père, avant de mourir, l'avait recommandé à Rikard ou Richard, duc de Normandie, comme au défenseur naturel de sa famille et de son parti. Ce parti sembla sommeiller jusqu'en l'année 980. »

Ce sommeil, que M. Thierry néglige d'expliquer, ne fut autre chose que la minorité du roi Lothaire et du duc de France, Hugues Capet, sous la tutelle de leurs mères Hedwige et Gerberge, toutes deux sœurs du Saxon Othon, roi de Germanie. Ce puissant monarque semble avoir gouverné la France par l'intermédiaire de son frère, Bruno, archevêque de Cologne, et duc de Lorraine et des Pays-Bas. Ces relations expliquent suffisamment le caractère germanique que M. Thierry remarque dans les derniers Carlovingiens. Il était naturel que Louis d'Outre-mer, élevé chez les Anglo-Saxons, que Lothaire, fils d'une princesse saxonne, parlassent la langue allemande. La prépondérance de l'Allemagne à cette époque, la gloire d'Othon, vainqueur des Hongrois et maître de l'Italie, justifieraient d'ailleurs la prédilection de ces princes pour la langue du roi. Pour être Parents des Othons, les derniers Carlovingiens, les premiers Capétiens, n'en furent pas plus belliqueux. Hugues Capet, et son fils Robert, princes voués à l'Église, ne rappellent guère le caractère aventureux de Robert le Fort et d'Eudes, leurs aïeux, qui s'étaient fait si peu de scrupule de guerroyer contre les évêques, nommément contre l'archevêque de Reims. Mais reprenons le récit de M. Thierry.

Après la mort d'Othon le Grand, « le roi Lothaire, s'abandonnant à l'impulsion de l'esprit français, rompit avec les puissances germaniques, et tenta de reculer jusqu'au Rhin la frontière de son royaume. Il entra à l'improviste sur les terres de l'Empire, et séjourna en vainqueur dans le palais d'Aix-la-Chapelle. Mais cette expédition aventureuse, qui flattait la vanité française, ne servit qu'à amener les Germains, au nombre de soixante mille, Allemands, Lorrains, Flamands et Saxons, jusque sur les hauteurs de Montmartre, où cette grande armée chanta en chœur un des versets du *Te Deum*. L'empereur Othon II, qui la conduisait, fut plus heureux, comme il arrive souvent, dans l'invasion que dans la retraite. Battu par les Français au passage de l'Aisne, ce ne fut qu'au moyen d'une trêve conclue avec le roi Lothaire qu'il put regagner sa frontière. Ce traité, conclu, à ce que disent les chroniques, contre le gré de l'armée française, ranima la querelle des deux partis, ou plutôt fournit un nouveau prétexte à des ressentiments qui n'avaient point cessé d'exister.

« Menacé, comme son père et son aïeul, par les adversaires implacables de la race des Carlovingiens, Lothaire tourna les yeux du côté du Rhin pour obtenir un appui en cas de détresse. Il fit remise à la cour impériale de ses conquêtes en Lorraine, et de toutes les prétentions de la France sur une partie de ce royaume. « Cette chose contrista grandement, dit un auteur contemporain, le cœur des seigneurs de France. » Néanmoins, ils ne firent point éclater leur mécontentement d'une manière hostile. Instruits par le mauvais succès des tentatives faites depuis près de cent ans, ils ne voulaient plus rien entreprendre contre la dynastie régnante, à moins d'être sûrs de réussir. Le roi Lothaire, plus habile et plus actif que ses prédécesseurs, si l'on en juge par sa conduite, se rendait un compte exact des difficultés de sa position, et ne négligeait aucun moyen de les vaincre. En 983, profitant de la mort d'Othon II et de la minorité de son fils, il rompit subitement la paix qu'il avait conclue avec l'Empire, et envahit derechef la Lorraine ; agression qui devait lui rendre un peu de popularité. Aussi, jusqu'à la fin du règne de Lothaire, aucune rébellion déclarée ne s'éleva contre lui. Mais chaque jour son pouvoir allait en décroissant ; l'autorité, qui se retirait de lui, pour ainsi dire, passa tout entière aux mains du fils de Hugues le Grand, Hugues, comte de l'Ile-de-France et d'Anjou, qu'on surnommait *Capet* ou *Chapet*, dans la langue française du temps. « Lothaire n'est roi que de nom, écrivait dans une de ses lettres l'un des personnages les plus distingués du Xe siècle ; Hughes n'en porte pas le titre, mais il l'est en fait et en œuvres. »

Les difficultés de tout genre que présentait, en 987, une quatrième restauration des Carlovingiens effrayèrent les princes d'Allemagne ; ils ne firent marcher aucune armée au secours du prétendant Charles, frère de l'avant-dernier roi, et duc de Lorraine sous la suzeraineté de l'Empire. Réduit à la faible assistance de ses partisans de l'intérieur, Charles ne réussit qu'à s'emparer de la ville de Laon, où il se maintint en état de blocus, à cause de la force de la place, jusqu'au moment où il fut trahi et livré par l'un des siens. Hugues Capet le fit emprisonner dans la tour d'Orléans, où il mourut. Ses deux fils, Louis et Charles, nés en prison et bannis de France après la mort de leur père, trouvèrent un asile en Allemagne, où se conservait à leur égard l'ancienne sympathie d'origine et de parenté.

« Quoique le nouveau roi fût issu d'une famille germanique, l'absence de toute parenté avec la dynastie impériale, l'obscurité même de son origine dont on ne trouvait plus de trace certaine après la troisième génération, le désignaient comme candidat à la race indigène, dont la restauration s'opérait en quelque sorte depuis le démembrement de l'Empire.

« L'avènement de la troisième race est, dans notre histoire nationale, d'une bien autre importance que celui de la seconde ; c'est, à proprement parler, la fin du règne des Franks et la substitution d'une royauté nationale au gouvernement fondé par la conquête. Dès lors, notre histoire devient simple ; c'est toujours le même peuple, qu'on suit et qu'on reconnaît malgré les changements qui surviennent dans les mœurs et la civilisation. L'identité nationale est le fondement sur lequel repose, depuis tant de siècles, l'unité de dynastie. Un singulier pressentiment de cette longue succession de rois paraît avoir saisi l'esprit du peuple à l'avènement de la troisième race. Le bruit courut qu'en 981 saint Valeri, dont Hugues Capet, alors comte de Paris, venait de faire transférer les reliques, lui était apparu en songe et lui avait dit : « A cause de ce que tu as fait, toi et tes descendants vous serez rois jusqu'à la septième génération, c'est-à-dire à perpétuité. »

Cette légende populaire est répétée par tous les chroniqueurs sans exception, même par le petit nombre de ceux qui, n'approuvant point le changement de dynastie, disent que la cause de Hugues est une mauvaise cause, et l'accusent de trahison contre son seigneur et de révolte contre les décrets de l'Église. C'était une opinion répandue parmi les gens de condition inférieure, que la nouvelle famille régnante sortait de la classe plébéienne ; et cette opinion, qui se conserva plusieurs siècles, ne fut point nuisible à sa cause.

L'avènement d'une dynastie nouvelle fut à peine remarqué dans les provinces éloignées. Qu'importait aux seigneurs de Gascogne, de Languedoc, de Provence, de savoir si celui qui portait vers la Seine le titre de roi s'appelait Charles ou Hugues Capet ?

Pendant longtemps le roi n'aura guère plus d'importance qu'un duc ou un comte ordinaire. C'est quelque chose cependant qu'il soit au moins l'égal des grands vassaux, que la royauté soit descendue de la montagne de Laon, et sortie de la tutelle de l'archevêque de Reims. Les derniers Carlovingiens avaient souvent lutté avec peine contre les moindres barons. Les Capets sont de puissants seigneurs, capables de faire tête par leurs propres forces au comte d'Anjou, au comte de Poitiers. Ils ont réuni plusieurs comtés dans leurs mains. A chaque avènement ils ont acquis un titre nouveau, pour rançon de la royauté, pour dédommagement de la couronne qu'ils voulaient bien ne pas prendre encore. Hugues le Grand obtient de Louis IV le duché de Bourgogne, et de Lothaire le titre de duc d'Aquitaine.

Dans l'abaissement où l'avaient réduite les derniers Carlovingiens, la royauté n'était plus qu'un nom, un souvenir bien près d'être éteint ; tranférée aux Capets, c'est une espérance, un droit vivant, qui sommeille, il est vrai, mais qui, en temps utile, va peu à peu se réveiller. La royauté recommence avec la troisième race, comme avec la seconde, par une famille de grands propriétaires, amis de l'Église. La propriété et l'Église, la terre et Dieu, voilà les bases profondes sur lesquelles la monarchie doit se replacer pour revivre et refleurir.

Parvenus au terme de la domination des Allemands, à l'avènement de la nationalité française, nous devons nous arrêter un moment. L'an 1000 approche, la grande et solennelle époque où le Moyen Age attendait la fin du monde. En effet, un monde y finit. Portons nos regards en arrière. La France a déjà parcouru deux âges dans sa vie de nation.

Dans le premier, les races sont venues se déposer l'une sur l'autre, et féconder le sol gaulois de leurs alluvions. Par-dessus les Celtes se sont placés les Romains, enfin les Germains, les derniers venus du monde. Voilà les éléments, les matériaux vivants de la société.

Au second âge, la fusion des races commence et la société cherche à s'asseoir. La France voudrait devenir un monde social, mais l'organisation d'un tel monde suppose la fixité et l'ordre. La fixité, l'attachement au sol, à la *propriété,* cette condition impossible à remplir, tant que durent les immigrations de races nouvelles, elle l'est à peine sous les Carlovingiens ; elle ne le sera complètement que par la féodalité.

L'ordre, l'unité, ont été, ce semble, obtenus par les Romains, par Charlemagne. Mais pourquoi cet ordre a-t-il été si peu durable ? C'est qu'il était tout matériel, tout extérieur, c'est qu'il cachait le désordre profond, la discorde obstinée d'éléments hétérogènes qui se trouvaient unis par force.

Diversité de races, de langues et d'esprits, défaut de communication, ignorance mutuelle, antipathies instinctives ; voilà ce que cachait cette magnifique et trompeuse unité de l'administration romaine, plus ou moins reproduite par Charlemagne. *Mortua quin etiam jungebat corpora vivis, tormenti genus.* C'était une torture que cet accouplement tyrannique de natures hostiles. Qu'on en juge par la promptitude et la violence avec laquelle tous ces peuples s'efforcèrent de s'arracher de l'Empire.

La matière veut la dispersion, l'esprit veut l'unité. La matière, essentiellement divisible, aspire à la désunion, à la discorde. Unité matérielle est un non-sens. En politique, c'est une tyrannie. L'esprit seul a droit d'unir ; seul, il *comprend,* il embrasse, et, pour tout dire, il aime.

L'Église elle-même doit devenir une. L'aristocratie épiscopale a échoué dans l'organisation du monde carlovingien. Il faut qu'elle s'humilie, cette aristocratie impuissante, qu'elle apprenne à connaître la subordination, qu'elle accepte la hiérarchie, qu'elle devienne, pour être efficace, la monarchie pontificale. Alors dans la dispersion matérielle apparaîtra l'invisible unité des intelligences, l'unité réelle, celle des esprits et des volontés. Alors le monde féodal contiendra, sous l'apparence du chaos, une harmonie réelle et forte, tandis que le pompeux mensonge de l'unité impériale ne contenait que l'anarchie.

En attendant que l'esprit vienne, et que Dieu ait soufflé d'en haut, la matière s'en va et se dissipe vers les quatres vents du monde. La division se subdivise, le grain de sable aspire à l'atome. Ils s'abjurent et se maudissent, ils ne veulent plus se connaître. Chacun dit : Qui sont mes frères ? Ils se fixent en s'isolant. Celui-ci perche avec l'aigle, l'autre se retranche derrière le torrent. L'homme ne sait bientôt plus s'il existe un monde au-delà de son canton, de sa vallée, Il prend racine, il s'incorpore à la terre. *Pes, modo tam velox, pigris radicibus haeret.* Naguère il se classait, il se jugeait par la loi propre à sa race, salique ou bavaroise, bourguignonne, lombarde ou gothique. L'homme était une personne, la loi était personnelle. Aujourd'hui l'homme s'est fait terre, la loi est territoriale. La jurisprudence devient une affaire de géographie.

A cette époque, la nature se charge de régler les affaires des hommes. Ils combattent, mais elle fait les partages. D'abord elle s'essaie, et sur l'empire dessine les royaumes à grands traits. Les bassins de Seine et Loire, ceux de la Meuse, de la Saône, du Rhône, voilà quatre royaumes. Il n'y manque plus que les noms ; vous les appellerez, si vous le voulez, royaumes de France, de Lorraine, de Bourgogne, de Provence. On croit les réunir, et, loin de là, ils se divisent encore. Les rivières, les montagnes réclament contre l'unité. La division triomphe, chaque point de l'espace redevient indépendant. La vallée devient un royaume, la montagne un royaume.

L'histoire devrait obéir à ce mouvement, se disperser aussi, et suivre sur tous les points où elles s'élèvent toutes les dynasties féodales.

Essayons de préparer le débrouillement de ce vaste sujet, en marquant d'une manière précise le caractère original des provinces où ces dynasties ont surgi. Chacune d'elles obéit visiblement dans son développement historique à l'influence diverse de sol et de climat. La liberté est forte aux âges civilisés, la nature dans les temps barbares ; alors les fatalités locales sont toutes-puissantes, la simple géographie est une histoire.

Livre III

Tableau de la France

L'histoire de France commence avec la langue française. La langue est le signe principal d'une nationalité. Le premier monument de la nôtre est le serment dicté par Charles le Chauve à son frère, au traité de 843. C'est dans le demi-siècle suivant que les diverses parties de la France, jusque-là confondues dans une obscure et vague unité, se caractérisent chacune par une dynastie féodale. Les populations, si longtemps flottantes, se sont enfin fixées et assises. Nous savons maintenant où les prendre, et, en même temps qu'elles existent et agissent à part, elles prennent peu à peu une voix ; chacune a son histoire, chacune se raconte elle-même.

La variété infinie du monde féodal, la multiplicité d'objets par laquelle il fatigue d'abord la vue et l'attention, n'en est pas moins la révélation de la France. Pour la première fois elle se produit dans sa forme géographique. Lorsque le vent emporte ce vain et uniforme brouillard, dont l'Empire allemand avait tout couvert et tout obscurci, le pays apparaît, dans ses diversités locales, dessiné par ses montagnes, par ses rivières. Les divisions politiques répondent ici aux divisions physiques. Bien loin qu'il y ait, comme on l'a dit, confusion et chaos, c'est un ordre, une régularité inévitable et fatale. Chose bizarre ! nos quatre-vingt-six départements répondent, à peu de chose près, aux quatre-vingt-six districts des capitulaires, d'où sont sorties la plupart des souverainetés féodales, et la Révolution, qui venait donner le dernier coup à la féodalité, l'a imitée malgré elle.

Le vrai point de départ de.notre histoire doit être une division politique de la France, formée d'après sa division physique et naturelle. L'histoire est d'abord toute géographique. Nous ne pouvons raconter l'époque féodale ou *provinciale* (ce dernier nom la désigne aussi bien), sans avoir caractérisé chacune des provinces. Mais il ne suffit pas de tracer la forme géographique de ces diverses contrées, c'est surtout par leurs fruits qu'elles s'expliquent, je veux dire par les hommes et les événements que doit offrir leur histoire. Du point où nous nous plaçons, nous prédirons ce que chacune d'elles doit faire et produire, nous leur arquerons leur destinée, nous les doterons à leur berceau.

Et d'abord contemplons l'ensemble de la France, pour la voir se diviser d'elle-même.

Montons sur un des points élevés des Vosges, ou, si vous voulez, au Jura. Tournons le dos aux Alpes. Nous distinguerons (pourvu que notre regard puisse percer un horizon de trois cents lieues) une ligne onduleuse, qui s'étend des collines boisées du Luxembourg et des Ardennes aux ballons des Vosges ; de là, par les coteaux vineux de la Bourgogne, aux déchirements volcaniques des Cévennes, et jusqu'au mur prodigieux des Pyrénées. Cette ligne est la séparation des eaux : du côté occidental, la Seine, la Loire et la Garonne descendent à l'Océan ; derrière s'écoulent la Meuse au nord, la Saône et le Rhône au midi. Au loin, deux espèces d'îles continentales : la Bretagne, âpre et basse, simple quartz et granit, grand écueil placé au coin de la France pour porter le coup des courants de la Manche ; d'autre part, la verte et rude Auvergne, vaste incendie éteint avec ses quarante volcans.

Les bassins du Rhône et de la Garonne, malgré leur importance, ne sont que secondaires. La vie forte est au nord. Là s'est opéré le grand mouvement des nations. L'écoulement des races a eu lieu de l'Allemagne à la France dans les temps anciens. La grande lutte politique des Temps modernes est entre la France et l'Angleterre. Ces deux peuples sont placés front à front comme pour se heurter ; les deux contrées, dans leurs parties principales, offrent deux pentes en face l'une de l'autre ; ou si l'on veut, c'est une seule vallée dont la Manche est le fond. Ici la Seine et Paris ; là Londres et la Tamise. Mais l'Angleterre présente à la France sa partie germanique ; elle retient derrière elle les Celtes de Galles, d'Écosse et d'Irlande. La France au contraire, adossée à ses provinces de langue germanique (Lorraine et Alsace), oppose un front celtique à l'Angleterre. Chaque pays se montre à l'autre par ce qu'il a de plus hostile.

L'Allemagne n'est point opposée à la France, elle lui est plutôt parallèle. Le Rhin, l'Elbe, l'Oder vont aux mers du Nord, comme la Meuse et l'Escaut. La France allemande sympathise d'ailleurs avec l'Allemagne, sa mère. Pour la France romaine et ibérienne, quelle que soit la splendeur de Marseille et de Bordeaux, elle ne regarde que le vieux monde de l'Afrique et de l'Italie, et d'autre part le vague Océan. Le mur des Pyrénées nous sépare de l'Espagne, plus que la mer ne la sépare elle-même de l'Afrique. Lorsqu'on s'élève au-dessus des pluies et des basses nuées jusqu'au *por* de Vénasque, et que la vue plonge sur l'Espagne, on voit bien que l'Europe est finie ; un nouveau monde s'ouvre ; devant, l'ardente lumière d'Afrique ; derrière, un brouillard ondoyant sous un vent éternel.

En latitude, les zones de la France se marquent aisément par leurs produits. Au nord, les grasses et basses plaines de Belgique et de Flandre avec leur champs de lin et de colza, et le houblon, leur vigne amère du Nord. De Reims à la Moselle commencent la vraie vigne et le vin ; tout esprit en Champagne, bon et chaud en Bourgogne, il se charge, s'alourdit en Languedoc pour se réveiller à Bordeaux. Le mûrier, l'olivier, paraissent à Montauban ; mais ces enfants délicats du Midi risquent toujours sous le ciel inégal de la France. En longitude, les zones ne sont pas moins marquées. Nous verrons les rapports intimes qui unissent, comme en une longue bande, les provinces frontières des Ardennes, de Lorraine, de Franche-Comté et de Dauphiné. La ceinture océanique, composée d'une part de Flandre, Picardie et Normandie, d'autre part de Poitou et Guienne, flotterait dans son immense développement, si elle n'était serrée au milieu par ce dur nœud de la Bretagne.

On l'a dit, *Paris, Rouen, Le Havre sont une même ville dont la Seine est la grand-rue*. Éloignez-vous au midi de cette rue magnifique, où les châteaux touchent aux châteaux, les villages aux villages ; passez de la Seine-Inférieure au Calvados, et du Calvados à la Manche, quelles que soient la richesse et la fertilité de la contrée, les villes diminuent de nombre, les cultures aussi ; les pâturages augmentent. Le pays est sérieux ; il va devenir triste et sauvage. Aux châteaux altiers de la Normandie vont succéder les bas manoirs bretons. Le costume semble suivre le changement de l'architecture. Le bonnet triomphal des femmes de Caux, qui annonce si dignement les filles des conquérants de l'Angleterre, s'évase vers Caen, s'aplatit dès Villedieu ; à Saint-Malo, il se divise, et figure au vent, tantôt les ailes d'un moulin, tantôt les voiles d'un vaisseau. D'autre part, les habits de peau commencent à Laval. Les forêts qui vont s'apaississant, la solitude de la Trappe, où les moines mènent en commun la vie sauvage, les noms expressifs des villes, Fougères et Rennes (Rennes veut dire aussi fougère), les eaux grises de la Mayenne et de la Vilaine, tout annonce la rude contrée.

C'est par là, toutefois, que nous voulons commencer l'étude de la France. L'aînée de la monarchie, la province celtique, mérite le premier regard. De là nous descendrons aux vieux rivaux des Celtes, aux Basques ou Ibères, non moins obstinés dans leurs montagnes que le Celte dans ses landes et ses marais. Nous pourrons passer ensuite aux pays mêlés par la conquête romaine et germanique. Nous aurons étudié la géographie dans l'ordre chronologique, et voyagé à la fois dans l'espace et dans le temps.

La pauvre et dure Bretagne, l'élément résistant de la France, étend ses champs de quartz et de schiste, depuis les ardoisières de Châteaulin près de Brest, jusqu'aux ardoisières d'Angers. C'est là son étendue géologique. Toutefois, d'Angers à Rennes, c'est un pays disputé et flottant, un *border* comme celui d'Angleterre et d'Écosse, qui a échappé de bonne heure à la Bretagne. La langue bretonne ne commence pas même à Rennes, mais vers Elven, Pontivy, Loudéac et Châtelaudren. De là, jusqu'à la pointe du Finistère, c'est la vraie Bretagne, la Bretagne *bretonnante,* pays devenu tout étranger au nôtre, justement parce qu'il est resté trop fidèle à notre état primitif ; peu français, tant il est gaulois ; et qui nous aurait échappé plus d'une fois, si nous ne le tenions serré, comme dans des pinces et des tenailles, entre quatre villes françaises d'un génie rude et fort : Nantes et Saint-Malo, Rennes et Brest.

Et pourtant cette pauvre vieille province nous a sauvés plus d'une fois ; souvent, lorsque la patrie était aux abois et qu'elle désespérait presque, il s'est trouvé des poitrines et des têtes bretonnes plus dures que le fer de l'étranger. Quand les hommes du Nord couraient impunément nos côtes et nos fleuves, la résistance commença par le Breton Noménoé ; les Anglais furent repoussés au XIVe siècle par Duguesclin, au XVIIe, par Richelieu ; au XVIIIe, poursuivis sur toutes les mers par Duguay-Trouin. Les guerres de la liberté religieuse, et celles de la liberté politique, n'ont pas de gloires plus innocentes et plus pures que Lanoue et Latour d'Auvergne, le premier grenadier de la République. C'est un Nantais, si l'on en croit la tradition, qui aurait poussé le dernier cri de Waterloo : *La garde meurt et ne se rend pas.*

Le génie de la Bretagne, c'est un génie d'indomptable résistance et d'opposition intrépide, opiniâtre, aveugle ; témoin Moreau, l'adversaire de Bonaparte. La chose est plus sensible encore dans l'histoire de la philosophie et de la littérature. Le Breton Pélage, qui mit l'esprit stoïcien dans le christianisme, et réclama le premier dans l'Église en faveur de la liberté humaine, eut pour successeurs le Breton Abailard et le Breton Descartes. Tous trois ont donné l'élan à la philosophie de leur siècle. Toutefois, dans Descartes même, le dédain des faits, le mépris de l'histoire et des langues, indique assez que ce génie indépendant, qui fonda la psychologie et doubla les mathématiques, avait plus de vigueur que d'étendue.

Cet esprit d'opposition, naturel à la Bretagne, est marqué au dernier siècle et au nôtre par deux faits contradictoires en apparence. La même partie de la Bretagne (Saint-Malo, Dinan et Saint-Brieuc) qui a produit, sous Louis XV, Duclos, Maupertuis, et Lamettrie, a donné, de nos jours, Chateaubriand et Lamennais.

Jetons maintenant un rapide coup d'œil sur la contrée.

A ses deux portes, la Bretagne a deux forêts, le Bocage normand et le Bocage vendéen ; deux villes, Saint-Malo et Nantes, la ville des corsaires et celle des négriers. L'aspect de Saint-Malo est singulièrement laid et sinistre ; de plus, quelque chose de bizarre que nous retrouverons par toute la presqu'île, dans les costumes, dans les tableaux, dans les monuments. Petite ville, riche, sombre et triste, nid de vautours ou d'orfraies, tour à tour île et presqu'île selon le flux ou le reflux ; tout bordé d'écueils sales et fétides, où le varech pourrit à plaisir. Au loin, une côte de rochers blancs, anguleux, découpés comme au rasoir. La guerre est le bon temps pour Saint-Malo ; ils ne connaissent pas de plus charmante fête. Quand ils ont eu récemment l'espoir de courir sus aux vaisseaux hollandais, il fallait les voir sur leurs noires murailles avec leurs longues-vues, qui couvaient déjà l'Océan.

A l'autre bout, c'est Brest, le grand port militaire, la pensée de Richelieu, la main de Louis XIV ; fort, arsenal et bagne, canons et vaisseaux, armées et millions, la force de la France entassée au bout de la France : tout cela dans un port serré, où l'on étouffe entre deux montagnes chargées d'immenses constructions. Quand vous parcourez ce port, c'est comme si vous passiez dans une petite barque entre deux vaisseaux de haut bord ; il semble que ses lourdes masses vont venir à vous et que vous allez être pris entre elles. L'impression générale est grande, mais pénible. C'est un prodigieux tour de force, un défi porté à l'Angleterre et à la nature. J'y sens partout l'effort, et l'air du bagne et la chaîne du forçat. C'est justement à cette pointe où la mer, échappée du détroit de la Manche, vient briser avec tant de fureur que nous avons placé le grand dépôt de notre marine. Certes, il est bien gardé. J'y ai vu mille canons. L'on n'y entrera pas ; mais l'on n'en sort pas comme on veut. Plus d'un vaisseau a péri à la passe de Brest. Toute cette côte est un cimetière. Il s'y perd soixante embarcations chaque hiver. La mer est anglaise d'inclination ; elle n'aime pas la France ; elle brise nos vaisseaux ; elle ensable nos ports.

Rien de sinistre et formidable comme cette côte de Brest ; c'est la limite extrême, la pointe, la proue de l'ancien monde. Là, les deux ennemis sont en face : la terre et la mer, l'homme et la nature. Il faut voir quand elle s'émeut, la furieuse, quelles monstrueuses vagues elle entasse à la pointe de Saint-Matthieu, à cinquante, à soixante, à quatre-vingts pieds ; l'écume vole jusqu'à l'église où les mères et les sœurs sont en prières. Et même dans les moments de trêve, quand l'Océan se tait, qui a parcouru cette côte funèbre sans dire ou sentir en soi : *Tristis usque ad mortem !*

C'est qu'en effet il y a là pis que les écueils, pis que la tempête. La nature est atroce, l'homme est atroce, et ils semblent s'entendre. Dès que la mer leur jette un pauvre vaisseau, ils courent à la côte, hommes, femmes et enfants ; ils tombent sur cette curée. N'espérez pas arrêter ces loups, ils pilleraient tranquillement sous le feu de la gendarmerie. Encore s'ils attendaient toujours le naufrage, mais on assure qu'ils l'ont souvent préparé. Souvent, dit-on, une vache, promenant à ses cornes un fanal mouvant, a mené les vaisseaux sur les écueils. Dieu sait alors quelles scènes de nuit ! On en a vu qui, pour arracher une bague au doigt d'une femme qui se noyait, lui coupaient le doigt avec les dents.

L'homme est dur sur cette côte. Fils maudit de la création, vrai Caïn, pourquoi pardonnerait-il à Abel ? La nature ne lui pardonne pas. La vague l'épargne-t-elle quand, dans les terribles nuits de l'hiver, il va par les écueils attirer le varech flottant qui doit engraisser son champ stérile, et que si souvent le flot apporte l'herbe et emporte l'homme ? L'épargne-t-elle quand il glisse en tremblant sous la pointe du Raz, aux rochers rouges où s'abîme l'*enfer de Plogoff*, à côté de la *baie des Trépassés*, où les courants portent les cadavres depuis tant de siècles ? C'est un proverbe breton : « Nul n'a passé le Raz sans mal ou sans frayeur. » Et encore : « Secourez-moi, grand Dieu, à la pointe du Raz, mon vaisseau est si petit, et la mer est si grande ! »

Là, la nature expire, l'humanité devient morne et froide. Nulle poésie, peu de religion ; le christianisme y est d'hier. Michel Noblet fut l'apôtre de Batz en 1648. Dans les îles de Sein, de Batz, d'Ouessant, les mariages sont tristes et sévères. Les sens y semblent éteints ; plus d'amour, de pudeur, ni de jalousie. Les filles font, sans rougir, les démarches pour leur mariage. La femme y travaille plus que l'homme, et dans les îles d'Ouessant, elle y est plus grande et plus forte. C'est qu'elle cultive la terre ; lui, il reste assis au bateau, bercé et battu par la mer, sa rude nourrice. Les animaux aussi s'altèrent et semblent changer de nature. Les chevaux, les lapins sont d'une étrange petitesse dans ces îles.

Asseyons-nous à cette formidable pointe du Raz, sur ce rocher miné, à cette hauteur de trois cents pieds, d'où nous voyons sept lieues de côtes. C'est ici, en quelque sorte, le sanctuaire du monde celtique. Ce que vous apercevez par-delà la baie des Trépassés, est l'île de Sein, triste banc de sable sans arbres et presque sans abri ; quelques familles y vivent, pauvres et compatissantes, qui, tous les ans, sauvent des naufragés. Cette île était la demeure des vierges sacrées qui donnaient aux Celtes beau temps ou naufrage. Là, elles célébraient leur triste et meurtrière orgie ; et les navigateurs entendaient avec effroi de la pleine mer le bruit des cymbales barbares. Cette île, dans la tradition, est le berceau de Myrddyn, le Merlin du Moyen Age. Son tombeau est de l'autre côté de la Bretagne, dans la forêt de Broceliande, sous la fatale pierre où sa Vyvyan l'a enchanté. Tous ces rochers que vous voyez, ce sont des villes englouties ; c'est Douarnenez, c'est Is, la Sodome bretonne ; ces deux corbeaux, qui vont toujours volant lourdement au rivage, ne sont rien autre que les âmes du roi Grallon et de sa fille ; et ces sifflements, qu'on croirait ceux de la tempête, sont les *crierien,* ombres des naufragés qui demandent la sépulture.

A Lanvau, près Brest, s'élève comme la borne du continent, une grande pierre brute. De là, jusqu'à Lorient, et de Lorient à Quiberon et Carnac, sur toute la côte méridionale de la Bretagne, vous ne pouvez marcher un quart d'heure sans rencontrer quelques-uns de ces monuments informes qu'on appelle druidiques. Vous les voyez souvent de la route dans les landes couvertes de houx et de chardons. Ce sont de grosses pierres basses, dressées et souvent un peu arrondies par le haut ; ou bien, une table de pierre portant sur trois ou quatre pierres droites. Qu'on veuille y voir des autels, des tombeaux, ou de simples souvenirs de quelque événement, ces monuments ne sont rien moins qu'imposants, quoi qu'on ait dit. Mais l'impression en est triste, ils ont quelque chose de singulièrement rude et rebutant. On croit sentir dans ce premier essai de l'art une main déjà intelligente, mais aussi dure, aussi peu humaine que le roc qu'elle a façonné. Nulle inscription, nul signe, si ce n'est peut-être sous les pierres renversées de Loc Maria Ker, encore si peu distincts, qu'on est tenté de les prendre pour des accidents naturels. Si vous interrogez les gens du pays, ils répondront brièvement que ce sont les maisons des Korrigans, des Courils, petits hommes lascifs qui, le soir, barrent le chemin, et vous forcent de danser avec eux jusqu'à ce que vous en mouriez de fatigue. Ailleurs, ce sont les fées qui, descendant des montagnes en filant, ont apporté ces rocs dans leur tablier. Ces pierres éparses sont toute une noce pétrifiée. Une pierre isolée, vers Morlaix, témoigne du malheur d'un paysan qui, pour avoir blasphémé, a été avalé par la lune.

Je n'oublierai jamais le jour où je partis de grand matin d'Auray, la ville sainte des chouans, pour visiter, à quelques lieues, les grands monuments druidiques de Loc Maria Ker et de Carnac. Le premier de ces villages, à l'embouchure de la sale et fétide rivière d'Auray, *avec ses îles du Morbihan, plus nombreuses qu'il n'y a de jours dans l'an,* regarde par-dessus une petite baie la plage de Quiberon, de sinistre mémoire. Il tombait du brouillard, comme il y en a sur ces côtes la moitié de l'année. De mauvais ponts sur des marais, puis le bas et sombre manoir avec la longue avenue de chênes qui s'est religieusement conservée en Bretagne ; des bois fourrés et bas, où les vieux arbres même ne s'élèvent jamais bien haut ; de temps en temps un paysan qui passe sans regarder ; mais il vous a bien vu avec son œil oblique d'oiseau de nuit. Cette figure explique leur fameux cri de guerre, et le nom de *chouans,* que leur donnaient les *bleus*. Point de maisons sur les chemins ; ils reviennent chaque soir au village. Partout de grandes landes, tristement parées de bruyères roses et de diverses plantes jaunes ; ailleurs, ce sont des campagnes blanches de sarrasin. Cette neige d'été, ces couleurs sans éclat et comme flétries d'avance, affligent l'œil plus qu'elles ne le récréent, comme cette couronne de paille et de fleurs dont se pare la folle d'*Hamlet*. En avançant vers Carnac, c'est encore pis. Véritables plaines de roc où quelques moutons noirs paissent le caillou. Au milieu de tant de pierres, dont plusieurs sont dressées d'elles-mêmes, les alignements de Carnac n'inspirent aucun étonnement. Il en reste quelques centaines debout ; la plus haute a quatorze pieds.

Le Morbihan est sombre d'aspect et de souvenirs ; pays de vieilles haines, de pèlerinages et de guerre civile, terre de caillou et race de granit. Là, tout dure ; le temps y passe plus lentement. Les prêtres y sont très forts. C'est pourtant une grave erreur de croire que ces populations de l'Ouest, bretonnes et vendéennes, soient profondément religieuses : dans plusieurs cantons de l'Ouest, le saint qui n'exauce pas les prières risque d'être vigoureusement fouetté. En Bretagne, comme en Irlande, le catholicisme est cher aux hommes comme symbole de la nationalité. La religion y a surtout une influence politique. Un prêtre irlandais qui se fait ami des Anglais est bientôt chassé du pays. Nulle Église, au Moyen Age, ne resta plus longtemps indépendante de Rome que celle d'Irlande et de Bretagne. La dernière essaya longtemps de se soustraire à la primatie de Tours, et lui opposa celle de Dôle.

La noblesse innombrable et pauvre de la Bretagne était plus rapprochée du laboureur. Il y avait là aussi quelque chose des habitudes de clan. Une foule de familles de paysans se regardaient comme nobles ; quelques-uns se croyaient descendus d'Arthur ou de la fée Morgane, et plantaient, dit-on, des épées pour limites à leurs champs. Ils s'asseyaient et se couvraient devant leur seigneur en signe d'indépendance. Dans plusieurs parties de la province, le servage était inconnu ; les domaniers et quevaisiers, quelque dure que fût leur condition, étaient libres de leur corps, si leur terre était serve. Devant le plus fier des Rohan, ils se seraient redressés en disant, comme ils font, d'un ton si grave : *Me zo deuzar armoriq,* et moi aussi je suis Breton. Un mot profond a été dit sur la Vendée, et s'applique aussi à la Bretagne : *Ces populations sont au fond républicaines ;* républicanisme social, non politique.

Ne nous étonnons pas que cette race celtique, la plus obstinée de l'ancien monde, ait fait quelques efforts dans ces derniers temps pour prolonger encore sa nationalité ; elle l'a défendue de même au Moyen Age. Pour que l'Anjou prévalût au XIIe siècle sur la Bretagne, il a fallu que les Plantagenets devinssent, par deux mariages, rois d'Angleterre et ducs de Normandie et d'Aquitaine. La Bretagne, pour leur échapper, s'est donnée à la France, mais il leur a fallu encore un siècle de guerre entre les partis français et anglais, entre les Blois et les Montfort. Quand le mariage d'Anne avec Louis XII eut réuni la province au royaume, quand Anne eut écrit sur le château de Nantes la vieille devise du château des Bourbons *(Qui qu'en grogne, tel est mon plaisir),* alors commença la lutte légale des États, du Parlement de Rennes, sa défense du droit coutumier contre le droit romain, la guerre des privilèges provinciaux contre la centralisation monarchique. Comprimée durement par Louis XIV, la résistance recommença sous Louis XV, et La Chalotais, dans un cachot de Brest, écrivit avec un cure-dent son courageux factum contre les jésuites.

Aujourd'hui la résistance expire, la Bretagne devient peu à peu toute France. Le vieil idiome, miné par l'infiltration continuelle de la langue française, recule peu à peu. Le génie de l'improvisation poétique, qui a subsisté si longtemps chez les Celtes d'Irlande et d'Écosse, qui chez nos Bretons mêmes n'est pas tout à fait éteint, devient pourtant une singularité rare. Jadis, aux demandes de mariage, le bazvalan chantait un couplet de sa composition ; la jeune fille répondait quelques vers. Aujourd'hui ce sont des formules apprises par cœur qu'ils débitent. Les essais plus hardis qu'heureux des Bretons qui ont essayé de raviver par la science la nationalité de leur pays, n'ont été accueillis que par la risée. Moi-même, j'ai vu à T*** le savant ami de Le Brigant, le vieux M. D*** (qu'ils ne connaissent que sous le nom de M. Système). Au milieu de cinq ou six volumes dépareillés, le pauvre vieillard, seul, couché sur une chaise séculaire, sans soin filial, sans famille, se mourait de la fièvre entre une grammaire irlandaise et une grammaire hébraïque. Il se ranima pour me déclamer quelques vers bretons sur un rythme emphatique et monotone qui, pourtant, n'était pas sans charme. Je ne pus voir, sans compassion profonde, ce représentant de la nationalité celtique, ce défenseur expirant d'une langue et d'une poésie expirantes.

Nous pouvons suivre le monde celtique, le long de la Loire, jusqu'aux limites géologiques de la Bretagne, aux ardoisières d'Angers ; ou bien jusqu'au grand monument druidique de Saumur, le plus important peut-être qui reste aujourd'hui ; ou encore jusqu'à Tours, la métropole ecclésiastique de la Bretagne, au Moyen Age.

Nantes est un demi-Bordeaux, moins brillant et plus sage, mêlé d'opulence coloniale et de sobriété bretonne. Civilisé entre deux barbaries, commerçant entre deux guerres civiles jeté là comme pour rompre la communication. A travers la grande Loire, tourbillonnant entre la Bretagne et la Vendée ; le fleuve des noyages. *Quel torrent !* écrivait Carrier, enivré de la poésie de son crime, *quel torrent révolutionnaire que cette Loire !*

C'est à Saint-Florent, au lieu même où s'élève la colonne du Vendéen Bonchamps, qu'au IXe siècle le Breton Noménoé, vainqueur des Northmans, avait dressé sa propre statue ; elle était tournée vers l'Anjou, vers la France, qu'il regardait comme sa proie. Mais l'Anjou devait l'emporter. La grande féodalité dominait chez cette population plus disciplinable ; la Bretagne, avec son innombrable petite noblesse, ne pouvait faire de grande guerre ni de conquête. La *noire ville* d'Angers porte, non seulement dans son vaste château et dans sa Tour du Diable, mais sur sa cathédrale même, ce caractère féodal. Cette église Saint-Maurice est chargée, non de saints, mais de chevaliers armés de pied en cap : toutefois ses flèches boiteuses, l'une sculptée, l'autre nue, expriment suffisamment la destinée incomplète de l'Anjou. Malgré sa belle position sur le triple fleuve de la Maine, et si près de la Loire, où l'on distingue à leur couleur les eaux des quatre provinces, Angers dort aujourd'hui. C'est bien assez d'avoir quelque temps réuni sous ses Plantagenets, l'Angleterre, la Normandie, la Bretagne et l'Aquitaine ; d'avoir plus tard, sous le bon René et ses fils, possédé, disputé, revendiqué du moins les trônes de Naples, d'Aragon, de Jérusalem et de Provence, pendant que sa fille Marguerite soutenait la Rose rouge contre la Rose blanche, et Lancastre contre York. Elles dorment aussi au murmure de la Loire, les villes de Saumur et de Tours, la capitale du protestantisme, et la capitale du catholicisme en France ; Saumur, le petit royaume des prédicants et du vieux Duplessis-Mornay, contre lesquels leur bon ami Henri IV bâtit la Flèche aux jésuites. Son château de Mornay et son prodigieux *dolmen* font toujours de Saumur une ville historique. Mais bien autrement historique est la bonne ville de Tours, et son tombeau de saint Martin, le vieil asile, le vieil oracle, le Delphes de la France, où les Mérovingiens venaient consulter les sorts, ce grand et lucratif pèlerinage pour lequel les comtes de Blois et d'Anjou ont tant rompu de lances. Mans, Angers, toute la Bretagne, dépendaient de l'archevêché de Tours ; ses chanoines, c'étaient les Capets, et les ducs de Bourgogne, de Bretagne, et le comte de Flandre et le patriarche de Jérusalem, les archevêques de Mayence, de Cologne, de Compostelle. Là, on battait monnaie, comme à Paris ; là, on fabriqua de bonne heure la soie, les tissus précieux, et aussi, s'il faut le dire, ces confitures, ces rillettes, qui ont rendu Tours et Reims également célèbres ; villes de prêtres et de sensualité. Mais Paris, Lyon et Nantes ont fait tort à l'industrie de Tours. C'est la faute aussi de ce doux soleil, de cette molle Loire ; le travail est chose contre nature dans ce paresseux climat de Tours, de Blois et de Chinon, dans cette patrie de Rabelais, près du tombeau d'Agnès Sorel. Chenonceaux, Chambord, Montbazon, Langeais, Loches, tous les favoris et favorites de nos rois, ont leurs châteaux le long de la rivière. C'est le pays du *rire* et du *rien à faire*. Vive verdure en août comme en mai, des fruits, des arbres. Si vous regardez du bord, l'autre rive semble suspendue en l'air, tant l'eau réfléchit fidèlement le ciel : sable au bas, puis le saule qui vient boire dans le fleuve ; derrière, le peuplier, le tremble, le noyer, et les îles fuyant parmi les îles ; en montant, des têtes rondes d'arbres qui s'en vont moutonnant doucement les uns sur les autres. Molle et sensuelle contrée, c'est bien ici que l'idée dut venir de faire la femme reine des monastères, et de vivre sous elle dans une voluptueuse obéissance, mêlée d'amour et de sainteté. Aussi jamais abbaye n'eut la splendeur de Fontevrault. Il en reste aujourd'hui cinq églises. Plus d'un roi voulut y être enterré : même le farouche Richard Cœur de Lion leur légua son cœur ; il croyait que ce cœur meurtrier et parricide finirait par reposer peut-être dans une douce main de femme, et sous la prière des vierges.

Pour trouver sur cette Loire quelque chose de moins mou et de plus sévère, il faut remonter au coude par lequel elle s'approche de la Seine, jusqu'à la sérieuse Orléans, ville de légistes au Moyen Age, puis calviniste, puis janséniste, aujourd'hui industrielle. Mais je parlerai plus tard du centre de la France ; il me tarde de pousser au midi ; j'ai parlé des Celtes de Bretagne, je veux m'acheminer vers les Ibères, vers les Pyrénées.

Le Poitou, que nous trouvons de l'autre côté de la Loire, en face de la Bretagne et de l'Anjou, est un pays formé d'éléments très divers, mais non point mélangés. Trois populations fort distinctes y occupent trois bandes de terrains qui s'étendent du nord au midi. De là les contradictions apparentes qu'offre l'histoire de cette province. Le Poitou est le centre du calvinisme au XVIe siècle, il recrute les armées de Coligny, et tente la fondation d'une république protestante ; et c'est du Poitou qu'est sortie de nos jours l'opposition catholique et royaliste de la Vendée. La première époque appartient surtout aux hommes de la côte ; la seconde, surtout, au Bocage vendéen. Toutefois l'une et l'autre se rapportent à un même principe, dont le calvinisme républicain, dont le royalisme catholique n'ont été que la forme : esprit indomptable d'opposition au gouvernement central.

Le Poitou est la bataille du Midi et du Nord. C'est près de Poitiers que Clovis a défait les Goths, que Charles Martel a repoussé les Sarrasins, que l'armée anglo-gasconne du prince Noir a pris le roi Jean. Mêlé de droit romain et de droit coutumier, donnant ses légistes au Nord, ses troubadours au Midi, le Poitou est lui-même comme sa Mélusine, assemblage de natures diverses, motié femme et moitié serpent. C'est dans le pays du mélange, dans le pays des mulets et des vipères, que ce mythe étrange a dû naître.

Ce génie mixte et contradictoire a empêché le Poitou de rien achever ; il a tout commencé. Et d'abord la vieille ville romaine de Poitiers, aujourd'hui si solitaire, fut, avec Arles et Lyon, la première école chrétienne des Gaules. Saint Hilaire a partagé les combats d'Athanase pour la divinité de Jésus-Christ. Poitiers fut pour nous, sous quelques rapports, le berceau de la monarchie, aussi bien que du christianisme. C'est de sa cathédrale que brilla pendant la nuit la colonne de feu qui guida Clovis contre les Goths. Le roi de France était abbé de Saint-Hilaire de Poitiers, comme de Saint-Martin de Tours. Toutefois cette dernière église, moins lettrée, mais mieux située, plus populaire, plus féconde en miracles, prévalut sur sa sœur aînée. La dernière lueur de la poésie latine avait brillé à Poitiers avec Fortunat ; l'aurore de la littérature moderne y parut au XIIe siècle ; Guillaume VII est le premier troubadour. Ce Guillaume, excommunié pour avoir enlevé la vicomtesse de Châtellerault, conduisit, dit-on, cent mille hommes à la Terre sainte, mais il emmena aussi la foule de ses maîtresses. C'est de lui qu'un vieil auteur dit : « Il fut bon troubadour, bon chevalier d'armes, et courut longtemps le monde pour tromper les dames. » Le Poitou semble avoir été alors un pays de libertins spirituels et de libres penseurs. Gilbert de La Porée, né à Poitiers, et évêque de cette ville, collègue d'Abailard à l'école de Chartres, enseigna avec la même hardiesse, fut comme lui attaqué par saint Bernard, se rétracta comme lui, mais ne se releva pas comme le logicien breton. La philosophie poitevine naît et meurt avec Gilbert.

La puissance politique du Poitou n'eut guère meilleure destinée. Elle avait commencé au IXe siècle par la lutte que soutint, contre Charles le Chauve, Aymon, père de Renaud, comte de Gascogne, et frère de Turpin, comte d'Angoulême. Cette famille voulait être issue des deux fameux héros de romans, saint Guillaume de Toulouse, et Gérard de Roussillon, comte de Bourgogne. Elle fut en effet grande et puissante, et se trouva quelque temps à la tête du Midi. Ils prenaient le titre de ducs d'Aquitaine, mais ils avaient trop forte partie dans les populations de Bretagne et d'Anjou, qui les serraient au nord ; les Angevins leur enlevèrent partie de la Touraine, Saumur, Loudun, et les tournèrent en s'emparant de Saintes. Cependant les comtes de Poitou s'épuisaient pour faire prévaloir dans le Midi, particulièrement sur l'Auvergne, sur Toulouse, ce grand titre de ducs d'Aquitaine ; ils se ruinaient en lointaines expéditions d'Espagne et de Jérusalem ; hommes brillants et prodigues, chevaliers troubadours souvent brouillés avec l'Église, mœurs légères et violentes, adultères célèbres, tragédies domestiques. Ce n'était pas la première fois qu'une comtesse de Poitiers assassinait sa rivale, lorsque la jalouse Éléonore de Guyenne fit périr la belle Rosemonde dans le labyrinthe où son époux l'avait cachée.

Les fils d'Éléonore, Henri, Richard Cœur de Lion et Jean, ne surent jamais s'ils étaient Poitevins ou Anglais, Angevins ou Normands. Cette lutte intérieure de deux natures contradictoires se présenta dans leur vie mobile et orageuse. Henri III, fils de Jean, fut gouverné par les Poitevins ;

on sait quelles guerres civiles il en coûta à l'Angleterre. Une fois réuni à la monarchie, le Poitou du *marais* et de la plaine se laissa aller au mouvement général de la France. Fontenai fournit de grands légistes, les Tiraqueau, les Besly, les Brisson. La noblesse du Poitou donna force courtisans habiles (Thouars, Mortemar, Meilleraie, Mauléon). Le plus grand politique et l'écrivain le plus populaire de la France, appartiennent au Poitou oriental : Richelieu et Voltaire ; ce dernier, né à Paris, était d'une famille de Parthenay.

Mais ce n'est pas là toute la province. Le plateau des deux Sèvres verse ses rivières, l'une vers Nantes, l'autre vers Niort et La Rochelle. Les deux contrées excentriques qu'elles traversent sont fort isolées de la France. La seconde, petite Hollande, répandue en marais, en canaux, ne regarde que l'Océan, que La Rochelle. La *ville blanche* comme la ville noire. La Rochelle, comme Saint-Malo, fut originairement un asile ouvert par l'Église aux juifs, aux serfs, aux *coliberts* du Poitou. Le pape protégea l'une comme l'autre contre les seigneurs. Elles grandirent affranchies de dîme et de tribut. Une foule d'aventuriers, sortis de cette populace sans nom, exploitèrent les mers comme marchands, comme pirates ; d'autres exploitèrent la Cour et mirent au service des rois leur génie démocratique, leur haine des grands. Sans remonter jusqu'au serf Leudaste, de l'île de Ré, dont Grégoire de Tours nous a conservé la curieuse histoire, nous citerons le fameux cardinal de Sion, qui arma les Suisses pour Jules II, les chanceliers Olivier sous Charles IX, Balue et Doriole sous Louis XI ; ce prince aimait à se servir de ces intrigants, sauf à les loger ensuite dans une cage de fer.

La Rochelle crut un instant devenir une Amsterdam, dont Coligny eût été le Guillaume d'Orange. On sait les deux fameux sièges contre Charles IX et Richelieu, tant d'efforts héroïques, tant d'obstination, et ce poignard que le maire avait déposé sur la table de l'Hôtel de Ville, pour celui qui parlerait de se rendre. Il fallut bien qu'ils cédassent pourtant, quand l'Angleterre, trahissant la cause protestante et son propre intérêt, laissa Richelieu fermer leur port ; on distingue encore à la marée basse les restes de l'immense digue. Isolée de la mer, la ville amphibie ne fit plus que languir. Pour mieux la museler, Rochefort fut fondé par Louis XIV à deux pas de La Rochelle, le port du roi à côté du port du peuple.

Il y avait pourtant une partie du Poitou qui n'avait guère paru dans l'histoire, que l'on connaissait peu et qui s'ignorait elle-même. Elle s'est révélée par la guerre de la Vendée. Le bassin de la Sèvre nantaise, les sombres collines qui l'environnent, tout le Bocage vendéen, telle fut la principale et première scène de cette guerre terrible qui embrasa tout l'Ouest. Cette Vendée qui a quatorze rivières, et pas une navigable, pays perdu dans ses haies et ses bois, n'était, quoi qu'on ait dit, ni plus religieuse, ni plus royaliste que bien d'autres provinces frontières, mais elle tenait à ses habitudes. L'ancienne monarchie, dans son imparfaite centralisation, les avait peu troublées ; la Révolution voulut les lui arracher et l'amener d'un coup à l'unité nationale ; brusque et violente, portant partout une lumière subite, elle effaroucha ces fils de la nuit. Ces paysans se trouvèrent des héros. On sait que le voiturier Cathelineau pétrissait son pain quand il entendit la proclamation républicaine ; il essuya tout simplement ses bras et prit son fusil. Chacun en fit autant et l'on marcha droit aux *bleus*. Et ce ne fut pas homme à homme, dans les bois, dans les ténèbres, comme les chouans de Bretagne, mais en masse, en corps de peuple, et en plaine. Ils étaient près de cent mille au siège de Nantes. La guerre de Bretagne est comme une ballade guerrière du *border* écossais, celle de Vendée une iliade.

En avançant vers le Midi, nous passerons la sombre ville de Saintes et ses belles campagnes, les champs de bataille de Taillebourg et de Jarnac, les grottes de la Charente et ses vignes dans les marais salants. Nous traverserons même rapidement le Limousin, ce pays élevé, froid, pluvieux, qui verse tant de fleuves. Ses belles collines granitiques, arrondies en demi-globes, ses vastes forêts de châtaigniers, nourrissent une population honnête, mais lourde, timide et gauche par indécision. Pays souffrant, disputé si longtemps entre l'Angleterre et la France. Le bas Limousin est autre chose ; le caractère remuant et spirituel des Méridionaux y est déjà frappant. Les noms des Ségur, des Saint-Aulaire, des Noailles, des Ventadour, des Pompadour, et surtout des Turenne, indiquent assez combien les hommes de ces pays se sont rattachés au pouvoir central et combien ils y ont gagné. Ce drôle de cardinal Dubois était de Brives-la-Gaillarde.

Les montagnes du haut Limousin se lient à celles de l'Auvergne, et celles-ci avec les Cévennes. L'Auvergne est la vallée de l'Allier, dominée à l'ouest par la masse du Mont-Dore, qui s'élève entre le pic ou Puy-de-Dôme et la masse du Cantal. Vaste incendie éteint, aujourd'hui paré presque partout d'une forte et rude végétation. Le noyer pivote sur le basalte, et le blé germe sur la pierre ponce. Les feux intérieurs ne sont pas tellement assoupis que certaine vallée ne fume encore, et que les *étouffis* du Mont-Dore ne rappellent la Solfatare et la Grotte du Chien. Villes noires, bâties de lave (Clermont, Saint-Flour, etc.). Mais la campagne est belle, soit que vous parcouriez les vastes et solitaires prairies du Cantal et du Mont-Dore, au bruit monotone des cascades, soit que, de l'île basaltique où repose Clermont, vous promeniez vos regards sur la fertile Limagne et sur le Puy-de-Dôme, ce joli *dé à coudre* de sept cents toises, voilé, dévoilé tour à tour par les nuages qui l'animent et qui ne peuvent ni le fuir ni lui rester. C'est qu'en effet l'Auvergne est battue d'un vent éternel et contradictoire, dont les vallées opposées et alternées de ses montagnes animent, irritent les courants. Pays froid sous un ciel déjà méridional, où l'on gèle sur les laves. Aussi, dans les montagnes, la population reste l'hiver presque toujours blottie dans les étables, entourée d'une chaude et lourde atmosphère. Chargée, comme les Limousins, de je ne sais combien d'habits épais et pesants, on dirait une race méridionale grelottant au vent du nord, et comme resserrée, durcie, sous ce ciel étranger. Vin grossier, fromage amer, comme l'herbe rude d'où il vient.

Ils vendent aussi leurs laves, leurs pierres ponces, leurs pierreries communes, leurs fruits communs qui descendent l'Allier par bateau. Le rouge, la couleur barbare par excellence, est celle qu'ils préfèrent ; ils aiment le gros vin rouge, le bétail rouge. Plus laborieux qu'industrieux, ils labourent encore souvent les terres fortes et profondes de leurs plaines avec la petite charrue du Midi qui gratigne à peine le sol. Ils ont beau émigrer tous les ans des montagnes, ils rapportent quelque argent, mais peu d'idées.

Et pourtant il y a une force réelle dans les hommes de cette race, une sève amère, acerbe peut-être, mais vivace comme l'herbe du Cantal. L'âge n'y fait rien. Voyez quelle verdeur dans leurs vieillards, les Dulaure, les de Pradt ; et ce Montlosier octogénaire, qui gouverne ses ouvriers et tout ce qui l'entoure, qui plante et qui bâtit, et qui écrirait au besoin un nouveau livre contre le *parti prêtre* ou pour la féodalité, ami, et en même temps ennemi du Moyen Age.

Le génie inconséquent et contradictoire que nous remarquions dans d'autres provinces de notre zone moyenne, atteint son apogée dans l'Auvergne. Là se trouvent ces grands légistes, ces logiciens du parti gallican, qui ne surent jamais s'ils étaient pour ou contre le pape : le chancelier de l'Hôpital ; les Arnaud ; le sévère Domat, Papinien janséniste, qui essaya d'enfermer le droit dans le christianisme ; et son ami Pascal, le seul homme du XVIIe siècle qui ait senti la crise religieuse entre Montaigne et Voltaire, âme souffrante où apparaît si merveilleusement le combat du doute et de l'ancienne foi.

Je pourrais entrer par le Rouergue dans la grande vallée du Midi. Cette province en marque le coin d'un accident bien rude. Elle n'est elle-même, sous ses sombres châtaigniers, qu'un énorme monceau de houille, de fer, de cuivre, de plomb. La houille y brûle sur plusieurs lieues, consumée d'incendies séculaires qui n'ont rien de volcanique. Cette terre, maltraitée et du froid et du chaud dans la variété de ses expositions et de ses climats, gercée de précipices, tranchée par deux torrents, le Tarn et l'Aveyron, a peu à envier à l'âpreté des Cévennes. Mais j'aime mieux entrer par Cahors. Là tout se revêt de vignes. Les mûriers commencent avant Montauban. Un paysage de trente ou quarante lieues s'ouvre devant vous, vaste océan d'agriculture, masse animée, confuse, qui se perd au loin dans l'obscur ; mais par-dessus s'élève la forme fantastique des Pyrénées aux têtes d'argent. Le bœuf attelé par les cornes laboure la fertile vallée, la vigne monte à l'orme. Si vous appuyez à gauche vers les montagnes, vous trouvez déjà la chèvre suspendue au coteau aride, et le mulet, sous sa charge d'huile, suit à mi-côte le petit sentier. A midi, un orage, et la terre est un lac ; en une heure, le soleil a tout bu d'un trait. Vous arrivez le soir dans quelque grande et triste ville, si vous voulez, à Toulouse. A cet accent sonore, vous vous croiriez en Italie ; pour vous détromper, il suffit de regarder ces maisons de bois et de brique ; la parole brusque, l'allure hardie et vive vous rappelleront aussi que vous êtes en France. Les gens aisés du moins sont Français ; le petit peuple est tout autre chose, peut-être espagnol ou maure. C'est ici cette vieille Toulouse, si grande sous ses comtes ; sous nos rois, son Parlement lui a donné encore la royauté, la tyrannie du Midi. Ces légistes violents, qui portèrent à Boniface VIII le soufflet de Philippe le Bel, s'en justifièrent souvent aux dépens des hérétiques ; ils en brûlèrent quatre cents en moins d'un siècle. Plus tard, ils se prêtèrent aux vengeances de Richelieu, jugèrent Montmorency et le décapitèrent dans leur belle salle marquée de rouge. Ils se glorifiaient d'avoir le capitole de Rome, et la cave aux morts de Naples, où les cadavres se conservaient si bien. Au capitole de Toulouse, les archives de la ville étaient gardées dans une armoire de fer, comme celles des flamines romains ; et le Sénat gascon avait écrit sur les murs de sa curie : *Videant consules ne quid respublica detrimenti capiat.*

Toulouse est le point central du grand bassin du Midi. C'est là, ou à peu près, que viennent les eaux des Pyrénées et des Cévennes, le Tarn et la Garonne, pour s'en aller ensemble à l'Océan. La Garonne reçoit tout. Les rivières sinueuses et tremblotantes du Limousin et de l'Auvergne y coulent au nord, par Périgueux, Bergerac ; de l'est et des Cévennes, le Lot, la Viaur, l'Aveyron et le Tarn s'y rendent avec quelques coudes plus ou moins brusques, par Rodez et Albi. Le Nord donne les rivières, le Midi les torrents. Des Pyrénées descend l'Ariège ; et la Garonne, déjà grosse du Gers et de la Baize, décrit au nord-ouest une courbe élégante, qu'au midi répète l'Adour dans ses petites proportions. Toulouse sépare à peu près le Languedoc de la Guyenne, ces deux contrées si différentes sous la même latitude. La Garonne passe la vieille Toulouse, le vieux Languedoc romain et gothique, et, grandissant toujours, elle s'épanouit comme une mer en face de la mer, en face de Bordeaux. Celle-ci, longtemps capitale de la France anglaise, plus longtemps anglaise de cœur, est tournée, par l'intérêt de son commerce, vers l'Angleterre, vers l'Océan, vers l'Amérique. La Garonne, disons maintenant la Gironde, y est deux fois plus large que la Tamise à Londres.

Quelle belle et riche que soit cette vallée de la Garonne, on ne peut s'y arrêter ; les lointains sommets des Pyrénées ont un trop puissant attrait. Mais le chemin y est sérieux. Soit que vous preniez par Nérac, triste seigneurie des Albret, soit que vous cheminiez le long de la côte, vous ne voyez qu'un océan de landes, tout au plus des arbres à liège, de vastes *pinadas,* route sombre et solitaire, sans autre compagnie que les troupeaux de moutons noirs qui suivent leur éternel voyage des Pyrénées aux Landes, et vont, des montagnes à la plaine, chercher la chaleur au nord, sous la conduite du pasteur landais. La vie voyageuse des bergers est un des caractères pittoresques du Midi. Vous les rencontrez montant des plaines du Languedoc aux Cévennes, aux Pyrénées, et de la Crau provençale aux montagnes de Gap et de Barcelonnette. Ces nomades, portant tout avec eux, compagnons des étoiles, dans leur éternelle solitude, demi-astronomes et demi-sorciers, continuent la vie asiatique, la vie de Loth et d'Abraham, au milieu de notre Occident. Mais en France les laboureurs, qui redoutent leur passage, les resserrent dans d'étroites routes. C'est aux Apennins, aux plaines de la Pouille ou de la campagne de Rome, qu'il faut les voir marcher dans la liberté du monde antique. En Espagne, ils règnent ; ils dévastent impunément le pays. Sous la protection de la toute-puissante compagnie de la *Mesta,* qui emploie de quarante à soixante mille bergers, le triomphant mérinos mange la contrée, de l'Estramadure à la Navarre, à l'Aragon. Le berger espagnol, plus farouche que le nôtre, a lui-même l'aspect d'une de ses bêtes, avec sa peau de mouton sur son dos, et aux jambes son *abarca* de peau velue de bœuf, qu'il attache avec des cordes.

La formidable barrière de l'Espagne nous apparaît enfin dans sa grandeur. Ce n'est point, comme les Alpes, un système compliqué de pics et de vallées, c'est tout simplement un mur immense qui s'abaisse aux deux bouts. Tout autre passage est inaccessible aux voitures, et fermé au mulet, à l'homme même, pendant six ou huit mois de l'année. Deux peuples à part, qui ne sont réellement ni Espagnols ni Français, les Basques à l'ouest, à l'est les Catalans et Roussillonnais, sont les portiers des deux mondes. Ils ouvrent et ferment ; portiers irritables et capricieux, las de l'éternel passage des nations, ils ouvrent à Abdérame, ils ferment à Roland ; il y a bien des tombeaux entre Roncevaux et la Seu d'Urgel.

Ce n'est pas à l'historien qu'il appartient de décrire et d'expliquer les Pyrénées. Vienne la science de Cuvier et d'Élie de Beaumont, qu'ils racontent cette histoire antéhistorique... Ils y étaient eux, et moi je n'y étais pas, quand la nature improvisa sa prodigieuse épopée géologique, quand la masse embrasée du globe souleva l'axe des Pyrénées, quand les monts se fendirent, et que la terre, dans la torture d'un titanique enfantement, poussa contre le ciel la noire et chauve *Maladetta.* Cependant une main consolante revêtit peu à peu les plaies de la montagne de ces vertes prairies, qui font pâlir celles des Alpes. Les pics s'émoussèrent et s'arrondirent en belles tours ; des masses inférieures vinrent adoucir les pentes abruptes, en retardèrent la rapidité, et formèrent du côté de la France cet escalier colossal dont chaque gradin est un mont.

Montons donc, non pas au Vignemale, non pas au Mont-Perdu, mais seulement au por de Paillers, où les eaux se partagent entre les deux mers, ou bien entre Bagnères et Barèges, entre le beau et le sublime. Là vous saisirez la fantastique beauté des Pyrénées, ces sites étranges, incompatibles, réunis par une inexplicable féerie ; et cette atmosphère magique, qui tour à tour rapproche, éloigne les objets ; ces gaves écumants ou vert d'eau, ces prairies d'émeraude. Mais bientôt succède l'horreur sauvage des grandes montagnes, qui se cache derrière, comme un monstre sous un masque de belle jeune fille. N'importe, persistons, engageons-nous le long du gave de Pau, par ce triste passage, à travers ces entassements infinis de blocs de trois et quatre mille pieds cubes ; puis les rochers aigus, les neiges permanentes, puis les détours du gave, battu, rembarré durement d'un mont à l'autre, enfin le prodigieux Cirque et ses tours dans le ciel. Au pied, douze sources alimentent le gave, qui mugit sous des *ponts de neige,* et cependant tombe de treize cents pieds, la plus haute cascade de l'ancien monde.

Ici finit la France. Le por de Gavarnie, que vous voyez là-haut, ce passage tempétueux, où, comme ils disent, le fils n'attend pas le père, c'est la porte de l'Espagne. Une immense poésie historique plane sur cette limite des deux mondes, où vous pourriez voir à votre choix, si le regard était assez perçant, Toulouse et Saragosse. Cette embrasure de trois cents pieds dans les montagnes, Roland l'ouvrit en deux coups de sa Durandal. C'est le symbole du combat éternel de la France et de l'Espagne, qui n'est autre que celui de l'Europe et de l'Afrique. Roland périt, mais la France a vaincu. Comparez les deux versants : combien le nôtre a l'avantage. Le versant espagnol, exposé au midi, est tout autrement abrupt, sec et sauvage ; le français, en pente douce, mieux ombragé, couvert de belles prairies, fournit à l'autre une grande partie des bestiaux dont il a besoin. Barcelone vit de nos bœufs. Ce pays de vins et de pâturages est obligé d'acheter nos troupeaux et nos vins. Là, le beau ciel, le doux climat et l'indigence ; ici la brume et la pluie, mais l'intelligence, la richesse et la liberté. Passez la frontière, comparez nos routes splendides et leurs âpres sentiers ; ou seulement, regardez ces étrangers aux eaux de Cauterets, couvrant leurs haillons de la dignité du manteau, sombres, dédaigneux de se comparer. Grande et héroïque nation, ne craignez pas que nous insultions à vos misères !

Qui veut voir toutes les races et tous les costumes des Pyrénées, c'est aux foires de Tarbes qu'il doit aller. Il y vient près de dix mille âmes : on s'y rend de plus de vingt lieues. Là vous trouvez souvent à la fois le bonnet blanc du Bigorre, le brun de Foix, le rouge du Roussillon, quelquefois même le grand chapeau plat d'Aragon, le chapeau rond de Navarre, le bonnet pointu de Biscaye. Le voiturier basque y viendra sur son âne, avec sa longue voiture à trois chevaux : il porte le béret du Béarn ; mais vous distinguerez bien vite le Béarnais et le Basque ; le joli petit homme sémillant de la plaine qui a la langue si prompte, la main aussi, et le fils de la montagne, qui la mesure rapidement de ses grandes jambes, agriculteur habile et fier de sa nation, dont il porte le nom. Si vous voulez trouver quelque analogue au Basque, c'est chez les Celtes de Bretagne, d'Écosse ou d'Irlande qu'il faut le chercher. Le Basque, aîné des races de l'Occident, immuable au coin des Pyrénées, a vu toutes les nations passer devant lui ; Carthaginois, Celtes, Romains, Goths et Sarrasins. Nos jeunes antiquités lui font pitié. Un Montmorency disait à l'un d'eux : « Savez-vous que nous datons de mille ans ? » – « Et nous, dit le Basque, nous ne datons plus. »

Cette race a un instant possédé l'Aquitaine. Elle y a laissé pour souvenir le nom de Gascogne. Refoulée en Espagne au IXe siècle, elle y fonda le royaume de Navarre, et en deux cents ans, elle occupa tous les trônes chrétiens d'Espagne (Galice, Asturie et León, Aragon, Castille). Mais la croisade espagnole poussant vers le Midi, les Navarrois, isolés du théâtre de la gloire européenne, perdirent tout peu à peu. Leur dernier roi, Sanche l'*Enfermé,* qui mourut d'un cancer, est le vrai symbole des destinées de son peuple. Enfermée en effet dans ses montagnes par des peuples puissants, rongée pour ainsi dire par les progrès de l'Espagne et de la France, la Navarre implora même les musulmans d'Afrique, et finit par se donner aux Français. Sanche anéantit son royaume en le léguant à son gendre Thibault, comte de Champagne ; c'est Roland brisant sa Durandal pour la soustraire à l'ennemi. La maison de Barcelone, tige des rois d'Aragon et des comtes de Foix, saisit la Navarre à son tour, la donna un instant aux Albret, aux Bourbons, qui perdirent la Navarre pour gagner la France. Mais par un petit-fils de Louis XIV, descendu de Henri IV, ils ont repris non seulement la Navarre, mais l'Espagne entière. Ainsi s'est vérifiée l'inscription mystérieuse du château de Coaraze, où fut élevé Henri IV : *Lo que a de ser no puede faltar :* « Ce qui doit être ne peut manquer. » Nos rois se sont intitulés rois de France et de Navarre. C'est une belle expression des origines primitives de la population française comme de la dynastie.

Les vieilles races, les races pures, les Celtes et les Basques, la Bretagne et la Navarre, devaient céder aux races mixtes, la frontière au centre, la nature à la civilisation. Les Pyrénées présentent partout cette image du dépérissement de l'ancien monde. L'Antiquité y a disparu ; le Moyen Age s'y meurt. Ces châteaux croulants, ces tours *des Maures,* ces ossements des Templiers qu'on garde à Gavarnie, y figurent, d'une manière toute significative, le monde qui s'en va. La montagne elle-même, chose bizarre, semble aujourd'hui attaquée dans son existence. Les cimes décharnées qui la couronnent témoignent de sa caducité. Ce n'est pas en vain qu'elle est frappée de tant d'orages ; et d'en bas l'homme y aide. Cette profonde ceinture de forêts qui couvraient la nudité de la vieille mère, il l'arrache chaque jour. Les terres végétales, que le gramen retenait sur les pentes, coulent en bas avec les eaux. Le rocher reste nu ; gercé, exfolié par le chaud, par le froid, miné par la fonte des neiges, il est emporté par les avalanches. Au lieu d'un riche pâturage, il reste un sol aride et ruiné : le laboureur, qui a chassé le berger, n'y gagne rien lui-même. Les eaux, qui filtraient doucement dans la vallée à travers le gazon et les forêts, y tombent maintenant en torrents, et vont couvrir ses champs des ruines qu'il a faites. Quantité de hameaux ont quitté les hautes vallées faute de bois de chauffage, et reculé vers la France, fuyant leurs propres dévastations.

Dès 1673, on s'alarma. Il fut ordonné à chaque habitant de planter tous les ans un arbre dans les forêts du domaine, deux dans les terrains communaux. Des forestiers furent établis. En 1669, en 1756, et plus tard, de nouveaux règlements attestèrent l'effroi qu'inspirait le progrès du mal. Mais à la Révolution, toute barrière tomba ; la population pauvre commença d'ensemble cette œuvre de destruction. Ils escaladèrent, le feu et la bêche en main, jusqu'au nid des aigles, cultivèrent l'abîme, pendus à une corde. Les arbres furent sacrifiés aux moindres usages ; on abattait deux pins pour faire une paire de sabots. En même temps le petit bétail, se multipliant sans nombre, s'établit dans la forêt, blessant les arbres, les arbrisseaux, les jeunes pousses, dévorant l'espérance. La chèvre, surtout, la bête de celui qui ne possède rien, bête aventureuse, qui vit sur le commun, animal niveleur, fut l'instrument de cette invasion dévastatrice, la terreur du désert. Ce ne fut pas le moindre des travaux de Bonaparte de combattre ces monstres rongants. En 1813, les chèvres n'étaient plus le dixième de leur nombre en l'an X. Il n'a pu arrêter pourtant cette guerre contre la nature.

Tout ce Midi, si beau, c'est néanmoins, comparé au Nord, un pays de ruines. Passez les paysages fantastiques de Saint-Bertrand de Comminges et de Foix, ces villes qu'on dirait jetées là par les fées ; passez notre petite Espagne de France, le Roussillon, ses vertes prairies, ses brebis noires, ses romances catalanes, si douces à recueillir le soir de la bouche des filles du pays. Descendez dans ce pierreux Languedoc, suivez-en les collines mal ombragées d'oliviers, au chant monotone de la cigale. Là, point de rivières navigables ; le canal des deux mers n'a pas suffi pour y suppléer ; mais force étangs salés, des terres salées aussi, où ne croît que le salicor ; d'innombrables sources thermales, du bitume et du baume, c'est une autre Judée. Il ne tenait qu'aux rabbins des écoles juives de Narbonne de se croire dans leur pays. Ils n'avaient pas même à regretter la lèpre asiatique ; nous en avons eu des exemples récents à Carcassonne.

C'est que, malgré le *cers* occidental, auquel Auguste dressa un autel, le vent chaud et lourd d'Afrique pèse sur ce pays. Les plaies aux jambes ne guérissent guère à Narbonne. La plupart de ces villes sombres, dans les plus belles situations du monde, ont autour d'elles des plaines insalubres : Albi, Lodève, Agde *la noire,* à côté de son cratère. Montpellier, héritière de feu Maguelone, dont les ruines sont à côté. Montpellier, qui voit à son choix les Pyrénées, les Cévennes, les Alpes même, a près d'elle et sous elle une terre malsaine, couverte de fleurs, tout aromatique, et comme profondément médicamentée ; ville de médecine, de parfums et de vert-de-gris. C'est une bien vieille terre que ce Languedoc. Vous y trouverez partout les ruines sous les ruines ; les Camisards sur les Albigeois, les Sarrasins sur les Goths, sous ceux-ci les Romains, les Ibères. Les murs de Narbonne sont bâtis de tombeaux, de statues, d'inscriptions. L'amphithéâtre de Nîmes est percé d'embrasures gothiques, couronné de créneaux sarrasins, noirci par les flammes de Charles Martel. Mais ce sont encore les plus vieux qui ont le plus laissé ; les Romains ont enfoncé la plus profonde trace ; leur maison carrée, leur triple pont du Gard, leur énorme canal de Narbonne qui recevait les plus grands vaisseaux.

Le droit romain est bien une autre ruine, et tout autrement imposante. C'est à lui, aux vieilles franchises qui l'accompagnaient, que le Languedoc a dû de faire exception à la maxime féodale : « Nulle terre sans seigneur. » Ici la présomption était toujours pour la liberté. La féodalité ne put s'y introduire qu'à la faveur de la croisade, comme auxiliaire de l'Église, comme *familière* de l'Inquisition. Simon de Montfort y établit quatre cent trente-quatre fiefs. Mais cette colonie féodale, gouvernée par la Coutume de Paris, n'a fait que préparer l'esprit républicain de la province à la centralisation monarchique. Pays de liberté politique et de servitude religieuse, plus fanatique que dévot, le Languedoc a toujours nourri un vigoureux esprit d'opposition. Les catholiques mêmes y ont eu leur protestantisme sous la forme janséniste. Aujourd'hui encore, à Alet, on gratte le tombeau de Pavillon, pour en boire la cendre qui guérit la fièvre. Les Pyrénées ont toujours fourni des hérétiques, depuis Vigilance et Félix d'Urgel. Le plus obstiné des sceptiques, celui qui a cru le plus au doute, Bayle, est de Carlat. De Limoux, les Chénier, les frères rivaux, non pourtant comme on l'a dit, jusqu'au fratricide ; de Carcassonne, Fabre d'Églantine. Au moins l'on ne refusera pas à cette population la vivacité et l'énergie. Énergie meurtrière, violence tragique. Le Languedoc, placé au coude du Midi, dont il semble l'articulation et le nœud, a été souvent froissé dans la lutte des races et des religions. Je parlerai ailleurs de l'effroyable catastrophe du XIIe siècle. Aujourd'hui encore, entre Nîmes et la montagne de Nîmes, il y a une haine traditionnelle, qui, il est vrai, tient de moins en moins à la religion : ce sont les Guelfes et les Gibelins. Ces Cévennes sont si pauvres et si rudes ; il n'est pas étonnant qu'au point de contact avec la riche contrée de la plaine, il y ait un choc plein de violence et de rage envieuse. L'histoire de Nîmes n'est qu'un combat de taureaux.

Le fort et dur génie du Languedoc n'a pas été assez distingué de la légèreté spirituelle de la Guyenne et de la pétulance emportée de la Provence. Il y a pourtant entre le Languedoc et la Guyenne la même différence qu'entre les Montagnards et les Girondins, entre Fabre et Barnave, entre le vin fumeux de Lunel et le vin de Bordeaux. La conviction est forte, intolérable en Languedoc, souvent atroce, et l'incrédulité aussi. La Guyenne au contraire, le pays de Montaigne et de Montesquieu, est celui des croyances flottantes ; Fénelon, l'homme le plus religieux qu'ils aient eu, est presque un hérétique. C'est bien pis en avançant vers la Gascogne, pays de pauvres diables, très nobles et très gueux, de drôles de corps, qui auraient tous dit, comme leur Henri IV : *Paris vaut bien une messe ;* ou comme il écrivait à Gabrielle, au moment de l'abjuration : *Je vais faire le saut périlleux !* Ces hommes veulent à tout prix réussir, et réussissent. Les Armagnacs s'allièrent aux Valois ; les Albret, mêlés aux Bourbons, ont fini par donner des rois à la France.

Le génie provençal aurait plus d'analogie, sous quelque rapport, avec le génie gascon qu'avec le languedocien. Il arrive souvent que les peuples d'une même zone sont alternés ainsi ; par exemple, l'Autriche, plus éloignée de la Souabe que de la Bavière, en est plus rapprochée par l'esprit. Riveraines du Rhône, coupées symétriquement par des fleuves ou torrents qui se répondent (le Gard à la Durance, et le Var à l'Hérault), des provinces de Languedoc et de Provence forment à elles deux notre littoral sur la Méditerranée. Ce littoral a des deux côtés ses étangs, ses marais, ses vieux volcans. Mais le Languedoc est un système complet, un dos de montagnes ou collines avec les deux pentes : c'est lui qui verse les fleuves à la Guyenne et à l'Auvergne. La Provence est adossée aux Alpes ; elle n'a point les Alpes, ni les sources de ses grandes rivières ; elle n'est qu'un prolongement, une pente des monts vers le Rhône et la mer ; au bas de cette pente, et le pied dans l'eau, sont ses belles villes, Marseille, Arles, Avignon. En Provence, toute la vie est au bord. Le Languedoc, au contraire, dont la côte est moins favorable, tient ses villes en arrière de la mer et du Rhône. Narbonne, Aigues-Mortes et Cète ne veulent point être des ports. Aussi l'histoire du Languedoc est plus continentale que maritime ; ses grands événements sont les luttes de la liberté religieuse. Tandis que le Languedoc recule devant la mer, la Provence y entre, elle lui jette Marseille et Toulon ; elle semble élancée aux courses maritimes, aux croisades, aux conquêtes d'Italie et d'Afrique.

La Provence a visité, a hébergé tous les peuples. Tous ont chanté les chants, dansé les danses d'Avignon, de Beaucaire ; tous se sont arrêtés aux passages du Rhône, à ces grands carrefours des routes du Midi. Les saints de Provence (de vrais saints que j'honore) leur ont bâti des ponts, et commencé la fraternité de l'Occident. Les vives et belles filles d'Arles et d'Avignon, continuant cette œuvre, ont pris par la main le Grec, l'Espagnol, l'Italien, leur ont, bon gré mal gré, mené la farandole. Et ils n'ont plus voulu se rembarquer. Ils ont fait en Provence des villes grecques, moresques, italiennes. Ils ont préféré les figues fiévreuses de Fréjus à celles d'Ionie ou de Tusculum, combattu les torrents, cultivé en terrasses les pentes rapides, exigé le raisin des coteaux pierreux qui ne donnent que thym et lavande.

Cette poétique Provence n'en est pas moins un rude pays. Sans parler de ses marais pontins, et du val d'Olioul, et de la vivacité de tigre du paysan de Toulon, ce vent éternel qui enterre dans le sable les arbres du rivage, qui pousse les vaisseaux à la côte, n'est guère moins funeste sur terre que sur mer. Les coups de vent, brusques et subits, saisissent mortellement. Le Provençal est trop vif pour s'emmailloter du manteau espagnol. Et ce puissant soleil aussi, la fête ordinaire de ce pays de fêtes, il donne rudement sur la tête, quand d'un rayon il transfigure l'hiver en été. Il vivifie l'arbre, il le brûle. Et les gelées brûlent aussi. Plus souvent des orages, des ruisseaux qui deviennent des fleuves. Le laboureur ramasse son champ au bas de la colline, ou le suit voguant à grande eau, et s'ajoutant à la terre du voisin. Nature capricieuse, passionnée, colère et charmante.

Le Rhône est le symbole de la contrée, son fétiche, comme le Nil est celui de l'Égypte. Le peuple n'a pu se persuader que ce fleuve ne fût qu'un fleuve ; il a bien vu que la violence du Rhône était de la colère, et reconnu les convulsions d'un monstre dans ses gouffres tourbillonnants. Le monstre c'est le *drac,* la *tarasque,* espèce de tortue-dragon, dont on promène la figure à grand bruit dans certaines fêtes. Elle va jusqu'à l'église, heurtant tout sur son passage. La fête n'est pas belle, s'il n'y a pas au moins un bras cassé.

Ce Rhône, emporté comme un taureau qui a vu du rouge, vient

donner contre son delta de la Camargue, l'île des taureaux et des beaux pâturages. La fête de l'île c'est la *Ferrade*. Un cercle de chariots est chargé de spectateurs. On y pousse à coups de fourche les taureaux qu'on veut marquer. Un homme adroit et vigoureux renverse le jeune animal, et pendant qu'on le tient à terre, on offre le fer rouge à une dame invitée ; elle descend et l'applique elle-même sur la bête écumante.

Voilà le génie de la basse Provence, violent, bruyant, barbare, mais non sans grâce. Il faut voir ces danseurs infatigables danser la moresque, les sonnettes aux genoux, ou exécuter à neuf, à onze, à treize, la danse des épées, le *bacchuber,* comme disent leurs voisins de Gap ; ou bien à Riez, jouer tous les ans la *bravade* des Sarrasins. Pays de militaires, des Agricola, des Baux, des Crillon ; pays des marins intrépides ; c'est une rude école que ce golfe de Lion. Citons le bailli de Suffren, et ce renégat qui mourut sous capitan-pacha en 1706 ; nommons le mousse Paul (il ne s'est jamais connu d'autre nom), né sur mer d'une blanchisseuse, dans une barque battue par la tempête, il devint amiral et donna sur son bord une fête à Louis XIV ; mais il ne méconnaissait pas pour cela ses vieux camarades, et voulut être enterré avec les pauvres, auxquels il laissa tout son bien.

Cet esprit d'égalité ne peut surprendre dans ce pays de républiques, au milieu de cités grecques et des municipes romains. Dans les campagnes mêmes, le servage n'a jamais pesé comme dans le reste de la France. Ces paysans étaient leurs propres libérateurs et les vainqueurs des Maures ; eux seuls pouvaient cultiver la colline abrupte, et resserrer le lit du torrent. Il fallait contre une telle nature des mains libres, intelligentes.

Libre et hardi fut encore l'essor de la Provence dans la littérature, dans la philosophie. La grande réclamation du Breton Pélage en faveur de la liberté humaine fut accueillie, soutenue en Provence par Faustus, par Cassien, par cette noble école de Lerins, la gloire du Ve siècle. Quand le Breton Descartes affranchit la philosophie de l'influence théologique, le Provençal Gassendi tenta la même révolution au nom du sensualisme. Et au dernier siècle, les athées de Saint-Malo, Maupertuis et Lamettrie, se rencontrèrent chez Frédéric, avec un athée provençal (d'Argens).

Ce n'est pas sans raison que la littérature du Midi, au XIIe et au XIIIe siècle, s'appelle la littérature provençale. On vit alors tout ce qu'il y a de subtil et de gracieux dans le génie de cette contrée. C'est le pays des beaux parleurs, passionnés (au moins pour la parole), et, quand ils veulent, artisans obstinés de langage ; ils ont donné Massillon, Mascaron, Fléchier, Maury, les orateurs et les rhéteurs. Mais la Provence entière, municipes, Parlement et noblesse, démagogie et rhétorique, le tout couronné d'une magnifique insolence méridionale s'est rencontré dans Mirabeau, le col du taureau, la force du Rhône.

Comment ce pays-là n'a-t-il pas vaincu et dominé la France ? Il a bien vaincu l'Italie au XIIe siècle. Comment est-il si terne maintenant, en exceptant Marseille, c'est-à-dire la mer ? Sans parler des côtes malsaines, et des villes qui se meurent, comme Fréjus, je ne vois partout que ruines.

Et il ne s'agit pas ici de ces beaux restes de l'Antiquité, de ces ponts romains, de ces aqueducs, de ces arcs de Saint-Remi et d'Orange, et de tant d'autres monuments. Mais dans l'esprit du peuple, dans sa fidélité aux vieux usages, qui lui donnent une physionomie si originale et si antique ; là aussi je trouve une ruine. C'est un peuple qui ne prend pas le temps passé au sérieux, et qui pourtant en conserve la trace. Un pays traversé par tous les peuples aurait dû, ce semble, oublier davantage ; mais non, il s'est obstiné dans ses souvenirs. Sous plusieurs rapports, il appartient, comme l'Italie, à l'Antiquité.

Franchissez les tristes embouchures du Rhône, obstruées et marécageuses, comme celles du Nil et du Pô. Remontez à la ville d'Arles. La vieille métropole du christianisme dans nos contrées méridionales avait cent mille âmes au temps des Romains ; elle en a vingt mille aujourd'hui ; elle n'est riche que de morts et de sépulcres. Elle a été longtemps le tombeau commun, la nécropole des Gaules. C'était un bonheur souhaité de pouvoir reposer dans ses champs Élysiens (les Aliscamps). Jusqu'au XIIe siècle, dit-on, les habitants des deux rives mettaient, avec une pièce d'argent, leurs morts dans un tonneau enduit de poix qu'on abandonnait au fleuve ; ils étaient fidèlement recueillis. Cependant cette ville a toujours décliné. Lyon l'a bientôt remplacée dans la primatie des Gaules ; le royaume de Bourgogne, dont elle fut la capitale, a passé rapide et obscur ; ses grandes familles se sont éteintes.

Quand de la côte et des pâturages d'Arles on monte aux collines d'Avignon, puis aux montagnes qui approchent des Alpes, on s'explique la ruine de la Provence. Ce pays tout excentrique n'a de grandes villes qu'à ses frontières. Ces villes étaient en grande partie des colonies étrangères ; la partie vraiment provençale était la moins puissante. Les comtes de Toulouse finirent par s'emparer du Rhône, les Catalans de la côte et des ports ; les Baux, les Provençaux indigènes, qui avaient jadis délivré le pays des Maures, eurent Forcalquier, Sisteron, c'est-à-dire l'intérieur. Ainsi allaient en pièces les États du Midi, jusqu'à ce que vinrent les Français qui renversèrent Toulouse, rejetèrent les Catalans en Espagne, unirent les Provençaux et les menèrent à la conquête de Naples. Ce fut la fin des destinées de la Provence. Elle s'endormit avec Naples sous un même maître. Rome prêta son pape à Avignon ; les richesses et les scandales abondèrent. La religien était bien malade dans ces contrées, surtout depuis les Albigeois ; elle fut tuée par la présence des papes. En même temps s'affaiblissaient et venaient à rien les vieilles libertés des municipes du Midi. La liberté romaine et la religion romaine, la république et le christianisme, l'Antiquité et le Moyen Age s'y éteignaient en même temps. Avignon fut le théâtre de cette décrépitude. Aussi ne croyez pas que ce soit seulement pour Laure que Pétrarque ait tant pleuré à la source de Vaucluse ; l'Italie aussi fut sa Laure, et la Provence, et tout l'antique Midi qui se mourait chaque jour.

La Provence, dans son imparfaite destinée, dans sa forme incomplète, me semble un chant des troubadours, un canzone de Pétarque ; plus d'élan que de portée. La végétation africaine des côtes est bientôt bornée par le vent glacial des Alpes. Le Rhône court à la mer, et n'y arrive pas. Les pâturages font place aux sèches collines, parées tristement de myrte et de lavande, parfumées et stériles.

La poésie de ce destin du Midi semble reposer dans la mélancolie de Vaucluse, dans la tristesse ineffable et sublime de la Sainte-Baume, d'où l'on voit les Alpes et les Cévennes, le Languedoc et la Provence, au-delà, la Méditerranée. Et moi aussi, j'y pleurerais comme Pétrarque au moment de quitter ces belles contrées.

Mais il faut que je fraie ma route vers le nord, aux sapins du Jura, aux chênes des Vosges et des Ardennes, vers les plaines décolorées du Berry et de la Champagne. Les provinces que nous venons de parcourir, isolées par leur originalité même, ne me pourraient servir à composer l'unité de la France. Il y faut des éléments plus liants, plus dociles ; il faut des hommes plus disciplinables, plus capables de former un noyau compact, pour fermer la France du Nord aux grandes invasions de terre et de mer, aux Allemands et aux Anglais. Ce n'est pas trop pour cela des populations serrées du centre, des bataillons normands, picards, des massives et profondes légions de la Lorraine et de l'Alsace.

Les Provençaux appellent les Dauphinois les *Franciaux*. Le Dauphiné appartient déjà à la vraie France, la France du Nord. Malgré la latitude, cette province est septentrionale. Là commence cette zone de pays rudes et d'hommes énergiques qui couvrent la France à l'est. D'abord le Dauphiné, comme une forteresse sous le vent des Alpes ; puis le marais de la Bresse ; puis dos à dos la Franche-Comté et la Lorraine, attachées ensemble par les Vosges, qui versent à celle-ci la Moselle, à l'autre la Saône et le Doubs. Un vigoureux génie de résistance et d'opposition signale ces provinces. Cela peut être incommode au-dedans, mais c'est notre salut contre l'étranger. Elles donnent aussi à la science des esprits sévères et analytiques : Mably et Condillac son frère sont de Grenoble ; d'Alembert est Dauphinois par sa mère ; de Bourg-en-Bresse, l'astronome Lalande, et Bichat, le grand anatomiste.

Leur vie morale et leur poésie, à ces hommes de la frontière, du reste raisonneurs et intéressés, c'est la guerre. Qu'on parle de passer les Alpes ou le Rhin, vous verrez que les Bayards ne manqueront pas au Dauphiné, ni les Neys, les Faberts, à la Lorraine. Il y a là, sur la frontière, des villes héroïques où c'est de père en fils un invariable usage de se faire tuer pour le pays. Et les femmes s'en mêlent souvent comme les hommes. Elles ont dans toute cette zone, du Dauphiné aux Ardennes, un courage, une grâce d'amazones, que vous chercheriez en vain partout ailleurs. Froides, sérieuses et soignées dans leur mise, respectables aux étrangers et à leurs familles. Elles vivent au milieu des soldats, et leur imposent. Elles-mêmes, veuves, filles des soldats, elles savent ce que c'est que la guerre, ce que c'est que de souffrir et mourir ; mais elles n'y envoient pas moins les leurs, fortes et résignées ; au besoin elles iraient elles-mêmes. Ce n'est pas seulement la Lorraine qui sauva la France par la main d'une femme : en Dauphiné, Margot de Lay défendit Montélimart, et Philis La Tour-du-Pin. La Charce ferma la frontière au duc de Savoie (1692). Le génie viril des Dauphinoises a souvent exercé sur les hommes une irrésistible puissance : témoin la fameuse Mme Tencin, mère de d'Alembert ; et cette blanchisseuse de Grenoble, qui, de mari en mari, finit par épouser le roi de Pologne ; on la chante encore dans le pays avec Mélusine et la fée de Sassenage.

Il y a dans les mœurs communes du Dauphiné une vive et franche simplicité à la montagnarde, qui charme tout d'abord. En montant vers les Alpes surtout, vous trouverez l'honnêteté savoyarde, la même bonté, avec moins de douceur. Là, il faut bien que les hommes s'aiment les uns les autres ; la nature, ce semble, ne les aime guère. Sur ces pentes exposées au nord, au fond de ces sombres entonnoirs où siffle le vent maudit des Alpes, la vie n'est adoucie que par le bon cœur et le bon sens du peuple. Des greniers d'abondance fournis par les communes suppléent aux mauvaises récoltes. On bâtit gratis pour les veuves, et pour elles d'abord. De là partent des émigrations annuelles. Mais ce ne sont pas seulement des maçons, des porteurs d'eau, des rouliers, des ramoneurs, comme dans le Limousin, l'Auvergne, le Jura, la Savoie ; ce sont surtout des instituteurs ambulants qui descendent tous les hivers des montagnes de Gap et d'Embrun. Ces maîtres d'école s'en vont par Grenoble dans le Lyonnais, et de l'autre côté du Rhône. Les familles les reçoivent volontiers ; ils enseignent les enfants et aident au ménage. Dans les plaines du Dauphiné, le paysan, moins bon et moins modeste, est souvent bel esprit : il fait des vers et des vers satiriques.

Jamais dans le Dauphiné la féodalité ne pesa comme dans le reste de la France. Les seigneurs, en guerre éternelle avec la Savoie, eurent intérêt de ménager leurs hommes ; les *vavasseurs* y furent moins des arrière-vassaux que des petits nobles à peu près indépendants. La propriété s'y est trouvée de bonne heure divisée à l'infini. Aussi la Révolution française n'a point été sanglante à Grenoble ; elle y était faite d'avance. La propriété est divisée au point que telle maison a dix propriétaires, chacun d'eux possédant et habitant une chambre. Bonaparte connaissait bien Grenoble, quand il la choisit pour sa première station en revenant de l'île d'Elbe ; il voulait alors relever l'Empire par la République.

A Grenoble, comme à Lyon, comme à Besançon, comme à Metz et dans tout le Nord, l'industrialisme républicain est moins sorti, quoi qu'on ait dit, de la municipalité romaine que de la protection ecclésiastique ; ou plutôt l'une et l'autre se sont accordées, confondues, l'évêque s'étant trouvé, au moins jusqu'au IXe siècle, de nom ou de fait, le véritable *defensor civitatis*. L'évêque Izarn chassa les Sarrasins du Dauphiné en 965 ; et jusqu'en 1044, où l'on place l'avènement des comtes d'Albon, comme dauphins, Grenoble, disent les chroniques, « avait toujours été un francalleu de l'évêque ». C'est aussi par des conquêtes sur les évêques que commencèrent les comtes poitevins de Die et de Valence. Ces barons s'appuyèrent tantôt sur les Allemands, tantôt sur les mécréants du Languedoc.

Besançon, comme Grenoble, est encore une république ecclésiastique, sous son archevêque, prince d'empire, et son noble chapitre. Mais l'éternelle guerre de la Franche-Comté contre l'Allemagne y a rendu la féodalité plus pesante. La longue muraille du Jura avec ses deux portes de Joux et de la Pierre-Pertuis, puis les replis du Doubs, c'étaient de fortes barrières. Cependant Frédéric Barberousse n'y établit pas moins ses enfants pour un siècle. Ce fut sous les serfs de l'Église, à Saint-Claude, comme dans la pauvre Nantua de l'autre côté de la montagne, que commença l'industrie de ces contrées. Attachés à la glèbe, ils taillèrent d'abord des chapelets pour l'Espagne et pour l'Italie ; aujourd'hui qu'ils sont libres, ils couvrent les routes de la France de rouliers et de colporteurs.

Sous son évêque même, Metz était libre, comme Liège, comme Lyon ; elle avait son échevin, ses Treize, ainsi que Strasbourg. Entre la grande Meuse et la petite (la Moselle, *Mosula*), les trois villes ecclésiastiques, Metz, Toul et Verdun, placées en triangle, formaient un terrain neutre, une île, un asile aux serfs fugitifs. Les juifs mêmes, proscrits partout, étaient reçus dans Metz. C'était le *border* français entre nous et l'Empire. Là, il n'y avait point de barrière naturelle contre l'Allemagne, comme en Dauphiné et en Franche-Comté. Les beaux ballons des Voges, la chaîne même de l'Alsace, ces montagnes à formes douces et paisibles, favorisaient d'autant mieux la guerre. Cette terre ostrasienne, partout marquée des monuments carlovingiens, avec ses douze grandes maisons, ses cent vingt pairs, avec son abbaye souveraine de Remiremont, où Charlemagne et son fils faisaient leurs grandes chasses d'automne, où l'on portait l'épée devant l'abbesse, la Lorraine offrait une miniature de l'Empire germanique. L'Allemagne y était partout pêle-mêle avec la France, partout se trouvait la frontière. Là aussi se forma, et dans les vallées de la Meuse et de la Moselle, et dans les forêts des Vosges, une population vague et flottante, qui ne savait pas trop son origine, vivant sur le commun, sur le noble et le prêtre, qui les prenaient tour à tour à leur service. Metz était leur ville, à tous ceux qui n'en avaient pas, ville mixte s'il en fut jamais. On a essayé en vain de rédiger en une coutume les coutumes contradictoires de cette Babel.

La langue française s'arrête en Lorraine, et je n'irai pas au-delà. Je m'abstiens de franchir la montagne, de regarder l'Alsace. Le monde germanique est dangereux pour moi. Il y a là un tout-puissant lotos qui fait oublier la patrie. Si je vous découvrais, divine flèche de Strasbourg, si j'apercevais mon héroïque Rhin, je pourrais bien m'en aller au courant du fleuve, bercé par leurs légendes, vers la rouge Cathédrale de Mayence, vers celle de Cologne, et jusqu'à l'Océan ; ou peut-être resterais-je enchanté aux limites solennelles des deux empires, aux ruines de quelque camp romain, de quelque fameuse église de pèlerinage, au monastère de cette noble religieuse qui passa trois cents ans à écouter l'oiseau de la forêt.

Non, je m'arrête sur la limite des deux langues, en Lorraine, au combat des deux races, au *Chêne des Partisans,* qu'on montre encore dans les Vosges. La lutte de la France et de l'Empire, de la ruse héroïque et de la force brutale, s'est personnifiée de bonne heure dans celle de l'Allemand Zwentebold et du Français Rainier (Renier, Renard ?), d'où viennent les comtes de Hainaut. La guerre du Loup et du Renard est la grande légende du nord de la France, le sujet des fabliaux et des poèmes populaires : un épicier de Troyes a donné au XVe siècle le dernier de ces poèmes. Pendant deux cent cinquante ans, la Lorraine eut des ducs alsaciens d'origine, créatures des empereurs, et qui, au dernier siècle, ont fini par être empereurs. Ces ducs furent presque toujours en guerre avec l'évêque et la République de Metz, avec la Champagne, avec la France ; mais l'un deux ayant épousé, en 1255, une fille du comte de Champagne, devenus Français par leur mère, ils secondèrent vivement la France contre les Anglais, contre le parti anglais de Flandre et de Bretagne. Ils se firent tous tuer ou prendre en combattant pour la France, à Courtray, à Cassel, à Grécy, à Auray. Une fille des frontières de Lorraine et Champagne, une pauvre paysanne, Jeanne D'Arc, fit davantage : elle releva la moralité nationale ; en elle apparut, pour le première fois, la grande image du peuple, sous une forme virginale et pure. Par elle, la Lorraine se trouvait attachée à la France. Le duc même, qui avait un instant méconnu le roi et lié les pennons royaux à la queue de son cheval, maria pourtant sa fille à un prince du sang, au comte de Bar, René d'Anjou. Une branche cadette de cette famille a donné dans les Guises des chefs au parti catholique contre les calvinistes alliés de l'Angleterre et de la Hollande.

En descendant de Lorraine aux Pays-Bas par les Ardennes, la Meuse, d'agricole et industrielle, devient de plus en plus militaire. Verdun et Stenay, Sedan, Mézières et Givet, Maëstricht, une foule de places fortes, maîtrisent son cours. Elle leur prête ses eaux, elles les couvre ou leur sert de ceinture. Tout ce pays est boisé, comme pour masquer la défense et l'attaque aux approches de la Belgique. La grande forêt d'Ardenne, la *profonde* (ar duinn), s'étend de tous côtés, plus vaste qu'imposante. Vous rencontrez des villes, des bourgs, des pâturages ; vous vous croyez sorti des bois, mais ce ne sont là que des clairières. Les bois recommencent toujours ; toujours les petits chênes, humble et monotone océan végétal, dont vous apercevez de temps à autre, du sommet de quelque colline, les uniformes ondulations. La forêt était bien plus continue autrefois. Les chasseurs pouvaient courir, toujours à l'ombre, de l'Allemagne, du Luxembourg, en Picardie, de Saint-Hubert à Notre-Dame-de-Liesse. Bien des histoires se sont passées sous ces ombrages : ces chênes tout chargés de gui, ils en savent long, s'ils voulaient raconter. Depuis les mystères des druides jusqu'aux guerres du Sanglier des Ardennes, au XVe siècle ; depuis le cerf miraculeux dont l'apparition convertit saint Hubert, jusqu'à la blonde Iseult et son amant. Ils dormaient sur la mousse, quand l'époux d'Iseult les surprit ; mais il les vit si beaux, si sages, avec la large épée qui les séparait, il se retira discrètement.

Il faut voir, au-delà de Givet, le Trou du Han, où naguère on n'osait encore pénétrer ; il faut voir les solitudes de Layfour et les noirs rochers de la Dame de Meuse, la table de l'enchanteur Maugis, l'ineffaçable empreinte que laissa dans le roc le pied du cheval de Renaud. Les quatre fils Aymon sont à Château-Renaud comme à Uzès, aux Ardennes comme en Languedoc. Je vois encore la fileuse qui, pendant son travail, tient sur les genoux le précieux volume de la Bibliothèque bleue, le livre héréditaire, usé, noirci dans la veillée.

Ce sombre pays des Ardennes ne se rattache pas naturellement à la Champagne. Il appartient à l'évêché de Metz, au bassin de la Meuse, au vieux royaume d'Ostrasie. Quand vous avez passé les blanches et blafardes campagnes qui s'étendent de Reims à Rethel, la Champagne est finie. Les bois commencent ; avec les bois les pâturages, et les petits moutons des Ardennes. La craie a disparu ; le rouge mat de la tuile fait place au sombre éclat de l'ardoise ; les maisons s'enduisent de limaille de fer. Manufactures d'armes, tanneries, ardoisières, tout cela n'égaie pas le pays. Mais la race est distinguée : quelque chose d'intelligent, de sobre, d'économe ; la figure un peu sèche, et taillée à vives arêtes. Ce caractère de sécheresse et de sévérité n'est point particulier à la petite Genève de Sedan ; il est presque partout le même. Le pays n'est pas riche, et l'ennemi à deux pas ; cela donne à penser. L'habitant est sérieux. L'esprit critique domine. C'est l'ordinaire chez les gens qui sentent qu'ils valent mieux que leur fortune.

Derrière cette rude et héroïque zone de Dauphiné, Franche-Comté, Lorraine, Ardennes, s'en développe une autre tout autrement douce, et plus féconde des fruits de la pensée. Je parle des provinces du Lyonnais, de la Bourgogne et de la Champagne. Zone vineuse, de poésie inspirée, d'éloquence, d'élégante et ingénieuse littérature. Ceux-ci n'avaient pas, comme les autres, à recevoir et renvoyer sans cesse le choc de l'invasion étrangère. Ils ont pu, mieux abrités, cultiver à loisir la fleur délicate de la civilisation.

D'abord, tout près du Dauphiné, la grande et aimable ville de Lyon, avec son génie éminemment sociable, unissant les peuples comme les fleuves. Cette pointe du Rhône et de la Saône semble avoir été toujours un lieu sacré. Les Segusii de Lyon dépendaient du peuple druidique des Eduens. Là, soixante tribus de la Gaule dressèrent l'autel d'Auguste, et Caligula y établit ces combats d'éloquence où le vaincu était jeté dans le Rhône, s'il n'aimait mieux effacer son discours avec sa langue. A sa place, on jetait des victimes dans le fleuve, selon le vieil usage celtique et germanique. On montre au pont de Saint-Nizier, l'*arc merveilleux* d'où l'on précipitait les taureaux.

La fameuse table de bronze, où on lit encore le discours de Claude pour l'admission des Gaulois dans le Sénat, est la première de nos antiquités nationales, le signe de notre initiation dans le monde civilisé. Une autre initiation, bien plus sainte, a son monument dans les catacombes de Saint-Irénée, dans la crypte de Saint-Pothin, dans Fourvières, la montagne des pèlerins. Lyon fut le siège de l'administration romaine, puis de l'autorité ecclésiastique pour les quatre Lyonnaises (Lyon, Tours, Sens et Rouen), c'est-à-dire pour toute la Celtique. Dans les terribles bouleversements des premiers siècles du Moyen Age, cette grande ville ecclésiastique ouvrit son sein à une foule de fugitifs, et se peupla de la dépopulation générale, à peu près comme Constantinople concentra peu à peu en elle tout l'Empire grec, qui reculait devant les Arabes ou les Turcs. Cette population n'avait ni champs ni terres, rien que ses bras et son Rhône ; elle fut industrielle et commerçante. L'industrie y avait commencé dès les Romains. Nous avons des inscriptions tumulaires : *A la mémoire d'un vitrier africain,* habitant de Lyon. *A la mémoire d'un vétéran des légions, marchand de papier.* Cette fourmilière laborieuse, enfermée entre les rochers et la rivière, entassée dans les rues sombres qui y descendent, sous la pluie et l'éternel brouillard, elle eut sa vie morale pourtant et sa poésie. Ainsi notre maître Adam, le menuisier de Nevers, ainsi les meistersaenger de Nuremberg et de Francfort, tonneliers, serruriers, forgerons, aujourd'hui encore le ferblantier de Nuremberg. Ils rêvèrent dans leurs cités obscures la nature qu'ils ne voyaient pas, et ce beau soleil qui leur était envié. Ils martelèrent dans leurs ateliers des idylles sur les champs, les oiseaux et les fleurs. A Lyon, l'inspiration poétique ne fut point la nature, mais l'amour : plus d'une jeune marchande, pensive dans le demi-jour de l'arrière-boutique, écrivit, comme Louise Labbé, comme Pernette Guillet, des vers pleins de tristesse et de passion, qui n'étaient pas pour leurs époux. L'amour de Dieu, il faut le dire, et le plus doux mysticisme, fut encore un caractère lyonnais. L'Église de Lyon fut fondée par l'*homme du désir* (Ποθεινὸς saint Pothin). Et c'est à Lyon que, dans les derniers temps, saint Martin, l'*homme du désir,* établit son école. Ballanche y est né. L'auteur de l'*Imitation,* Jean Gerson, voulut y mourir.

C'est une chose bizarre et contradictoire en apparence que le mysticisme ait aimé à naître dans ces grandes cités industrielles, comme aujourd'hui Lyon et Strasbourg. Mais c'est que nulle part le cœur de l'homme n'a plus besoin du Ciel. Là où toutes les voluptés grossières sont à portée, la nausée vient bientôt. La vie sédentaire aussi de l'artisan, assis à son métier, favorise cette fermentation intérieure de l'âme. L'ouvrier en soie, dans l'humide obscurité des rues de Lyon, le tisserand d'Artois et de Flandre, dans la cave où il vivait, se créèrent un monde, au défaut du monde, un paradis moral de doux songes et de visions ; en dédommagement de la nature qui leur manquait, ils se donnèrent Dieu. Aucune classe d'hommes n'alimenta de plus de victimes les bûchers du Moyen Age. Les Vaudois d'Arras eurent leurs martyrs, comme ceux de Lyon. Ceux-ci, disciples du marchand Valdo, Vaudois ou pauvres de Lyon, comme on les appelait, tâchaient de revenir aux premiers jours de l'Évangile. Ils donnaient l'exemple d'une touchante fraternité ; et cette union des cœurs ne tenait pas uniquement à la communauté des opinions religieuses. Longtemps après les Vaudois, nous trouvons à Lyon des contrats où deux amis s'adoptent l'un l'autre, et mettent en commun leur fortune et leur vie.

Le génie de Lyon est plus moral, plus sentimental du moins, que celui de la Provence ; cette ville appartient déjà au Nord. C'est un centre du Midi, qui n'est point méridional, et dont le Midi ne veut pas. D'autre part la France a longtemps renié Lyon, comme étrangère, ne voulant point reconnaître la primatie ecclésiastique d'une ville impériale. Malgré sa belle situation sur deux fleuves, entre tant de provinces, elle ne pouvait s'étendre. Elle avait, derrière, les deux Bourgognes, c'est-à-dire la féodalité française, et celle de l'Empire ; devant, les Cévennes, et ses envieuses, Vienne et Grenoble.

En remontant de Lyon au nord, vous avez à choisir entre Chalon et Autun. Les Segusii lyonnais étaient une colonie de cette dernière ville. Autun, la vieille cité druidique, avait jeté Lyon au confluent du Rhône et de la Saône, à la pointe de ce grand triangle celtique dont la base était l'Océan, de la Seine à la Loire. Autun et Lyon, la mère et la fille, ont eu des destinées toutes diverses. La fille, assise sur une grande route des peuples, belle, aimable et facile, a toujours prospéré et grandi ; la mère, chaste et sévère, est restée seule sur son torrentueux Arroux, dans l'épaisseur de ses forêts mystérieuses, entre ses cristaux et ses laves. C'est elle qui amena les Romains dans les Gaules, et leur premier soin fut d'élever Lyon contre elle. En vain, Autun quitta son nom sacré de Bibracte pour s'appeler Augustodunum, et enfin Flavia ; en vain elle déposa sa divinité, et se fit de plus en plus romaine. Elle déchut toujours ; toutes les grandes guerres des Gaules se décidèrent autour d'elle et contre elle. Elle ne garda pas même ces fameuses écoles. Ce qu'elle garda, ce fut son génie austère. Jusqu'aux Temps modernes, elle a donné des hommes d'État, des légistes, le chancelier Rolin, les Montholon, les Jeannin, et tant d'autres. Cet esprit sévère s'étend loin à l'ouest et au nord. De Vézelai, Théodore de Bèze, l'orateur du calvinisme, le verbe de Calvin.

La sèche et sombre contrée d'Autun et du Morvan n'a rien de l'aménité bourguignonne. Celui qui veut connaître la vraie Bourgogne, l'aimable et vineuse Bourgogne, doit remonter la Saône par Chalon, puis tourner par la Côte-d'Or au plateau de Dijon, et redescendre vers Auxerre ; bon pays, où les villes mettent des pampres dans leurs armes, où tout le monde s'appelle frère ou cousin, pays de bons vivants et de joyeux noëls. Aucune province n'eut plus grandes abbayes, plus riches, plus fécondes en colonies lointaines : Saint-Bénigne à Dijon ; près de Mâcon, Cluny ; enfin Cîteaux, à deux pas de Chalon. Telle était la splendeur de ces monastères que Cluny reçut une fois le pape, le roi de France, et je ne sais combien de princes avec leurs suites, sans que les moines se dérangeassent. Cîteaux fut plus grande encore, ou du moins plus féconde. Elle est la mère de Clairvaux, la mère de saint Bernard ; son abbé, *l'abbé des abbés,* était reconnu pour chef d'ordre, en 1491, par trois mille deux cent cinquante-deux monastères. Ce sont les moines de Cîteaux qui, au commencement du XIIe siècle, fondèrent les ordres militaires d'Espagne, et prêchèrent la croisade des Albigeois, comme saint Bernard avait prêché la seconde croisade de Jérusalem. La Bourgogne est le pays des orateurs, celui de la pompeuse et solennelle éloquence. C'est de la partie élevée de la province, de celle qui verse la Seine, de Dijon et de Montbard, que sont parties les voix les plus retentissantes de la France, celles de saint Bernard, de Bossuet et de Buffon. Mais l'aimable sentimentalité de la Bourgogne est remarquable sur d'autres points, avec plus de grâce au nord, plus d'éclat au midi. Vers Semur, Mme de Chantal, et sa petite-fille, Mme de Sévigné ; à Mâcon, Lamartine, le poète de l'âme religieuse et solitaire ; à Charolles, Edgar Quinet, celui de l'histoire et de l'humanité.

La France n'a pas d'élément plus liant que la Bourgogne, plus capable de réconcilier le Nord et le Midi. Ses comtes ou ducs, sortis de deux branches des Capets, ont donné, au XIIe siècle, des souverains aux royaumes d'Espagne ; plus tard, à la Franche-Comté, à la Flandre, à tous les Pays-Bas. Mais ils n'ont pu descendre la vallée de la Seine, ni s'établir dans les plaines du centre, malgré le secours des Anglais. Le pauvre *roi de Bourges,* d'Orléans et de Reims l'a emporté sur le grand-duc de Bourgogne. Les communes de France, qui avaient d'abord soutenu celui-ci, se rallièrent peu à peu contre l'oppresseur des communes de Flandre.

Ce n'est pas en Bourgogne que devait s'achever le destin de la France. Cette province féodale ne pouvait lui donner la forme monarchique et démocratique à laquelle elle tendait. Le génie de la France devait descendre dans les plaines décolorées du centre, abjurer l'orgueil et l'enflure, la forme oratoire elle-même, pour porter son dernier fruit, le plus exquis, le plus français. La Bourgogne semble avoir encore quelque chose de ses Burgondes ; la sève enivrante de Beaune et de Mâcon trouble comme celle du Rhin. L'éloquence bourguignonne tient de la rhétorique. L'exubérante beauté des femmes de Vermanton et d'Auxerre n'exprime pas mal cette littérature et l'ampleur de ses formes. La chair et le sang dominent ici ; l'enflure aussi, et la sentimentalité vulgaire. Citons seulement Crébillon, Longepierre et Sedaine. Il nous faut quelque chose de plus sobre et de plus sévère pour former le noyau de la France.

C'est une triste chute que de tomber de la Bourgogne dans la Champagne, de voir, après ces riants coteaux, des plaines basses et crayeuses. Sans parler du désert de la Champagne-Pouilleuse, le pays est généralement plat, pâle, d'un prosaïsme désolant. Les bêtes sont chétives ; les minéraux, les plantes peu variés. De maussades rivières traînent leur eau blanchâtre entre deux rangs de jeunes peupliers. La maison, jeune aussi, et caduque en naissant, tâche de défendre un peu sa frêle existence en s'encapuchonnant tant qu'elle peut d'ardoises, au moins de pauvres ardoises de bois ; mais sous sa fausse ardoise, sous sa peinture délavée par la pluie, perce la craie, blanche, sale, indigente.

De telles maisons ne peuvent pas faire de belles villes. Châlons n'est guère plus gaie que ses plaines. Troyes est presque aussi laide qu'industrieuse. Reims est triste dans la largeur solennelle de ses rues, qui fait paraître les maisons plus basses encore ; ville autrefois de bourgeois et de prêtres, vraie sœur de Tours, ville sacrée et tant soit peu dévote ; chapelets et pains d'épice, bons petits draps, petit vin admirable, des foires et des pèlerinages.

Ces villes, essentiellement démocratiques et anti-féodales, ont été l'appui principal de la monarchie. La coutume de Troyes, qui consacrait l'égalité des partages, a de bonne heure divisé et anéanti les forces de la noblesse. Telle seigneurie qui allait ainsi toujours se divisant put se trouver morcelée en cinquante, en cent parts, à la quatrième génération. Les nobles appauvris essayèrent de se relever en mariant leurs filles à de riches roturiers. La même coutume déclare que *le ventre anoblit.* Cette précaution illusoire n'empêcha pas les enfants des mariages inégaux de se trouver fort près de la roture. La noblesse ne gagna pas à cette addition de nobles roturiers. Enfin ils jetèrent la vraie honte, et se firent commerçants.

Le malheur, c'est que ce commerce ne se relevait ni par l'objet ni par la forme. Ce n'était point le négoce lointain, aventureux, héroïque, des Catalans ou des Génois. Le commerce de Troyes, de Reims, n'était pas de luxe ; on n'y voyait pas ces illustres corporations, ces Grands et Petits Arts de Florence, où des hommes d'État, tels que les Médicis, trafiquaient des nobles produits de l'Orient et du Nord, de soie, de fourrures, de pierres précieuses. L'industrie champenoise était profondément plébéienne. Aux foires de Troyes, fréquentées de toute l'Europe, on vendait du fil, de petites étoffes, des bonnets de coton, des cuirs : nos tanneurs du faubourg Saint-Marceau sont originairement une colonie troyenne. Ces vils produits, si nécessaires à tous, firent la richesse du pays. Les nobles s'assirent de bonne grâce au comptoir, et firent politesse au manant. Ils ne pouvaient, dans ce tourbillon d'étrangers qui affluaient aux foires, s'informer de la généalogie des acheteurs, et disputer du cérémonial. Ainsi peu à peu commença l'égalité. Et le grand comte de Champagne aussi, tantôt roi de Jérusalem, et tantôt de Navarre, se trouvait fort bien de l'amitié de ces marchands. Il est vrai qu'il était mal vu des seigneurs, et qu'ils le traitaient comme un marchand lui-même, témoin l'insulte brutale du fromage mou, que Robert d'Artois lui fit jeter au visage.

Cette dégradation précoce de la féodalité, ces grotesques transformations de chevaliers en boutiquiers, tout cela ne dut pas peu contribuer à égayer l'esprit champenois, et lui donner ce tour ironique de niaiserie maligne qu'on appelle, je ne sais pourquoi, naïveté dans nos fabliaux. C'était le pays des bons contes, des facétieux récits sur le noble chevalier, sur l'honnête et débonnaire mari, sur M. le curé et sa servante. Le génie narratif qui domine en Champagne, en Flandre, s'étendit en longs poèmes, en belles histoires. La liste de nos poètes romanciers s'ouvre par Chrétien de Troyes et Guyot de Provins. Les grands seigneurs du pays écrivent eux-mêmes leurs gestes : Villehardouin, Joinville et le cardinal de Retz nous ont conté eux-mêmes les croisades et la Fronde. L'histoire et la satire sont la vocation de la Champagne. Pendant que le comte Thibaut faisait peindre ses poésies sur les murailles de son palais de Provins, au milieu des roses orientales, les épiciers de Troyes griffonnaient sur leurs comptoirs les histoires allégoriques et satiriques de Renard et Isengrin. Le plus piquant pamphlet de la langue est dû en grande partie à des procureurs de Troyes ; c'est la *Satire Ménippée.*

Ici, dans cette naïve et maligne Champagne, se termine la longue ligne que nous avons suivie, du Languedoc et de la Provence par Lyon et la Bourgogne. Dans cette zone vineuse et littéraire, l'esprit de l'homme a toujours gagné en netteté, en sobriété. Nous y avons distingué trois degrés : la fougue et l'ivresse spirituelles du Midi ; l'éloquence et la rhétorique bourguignonnes ; la grâce et l'ironie champenoises. C'est le dernier fruit de la France et le plus délicat. Sur ces plaines blanches, sur ces maigres coteaux, mûrit le vin léger du Nord, plein de caprice et de saillies. A peine doit-il quelque chose à la terre ; c'est le fils du travail, de la société. Là crût aussi *cette chose légère,* profonde pourtant, ironique à la fois et rêveuse, qui retrouva et ferma pour toujours la veine des fabliaux.

Par les plaines plates de la Champagne s'en vont nonchalamment le fleuve des Pays-Bas, le fleuve de la France, la Meuse, et la Seine avec la Marne son acolyte. Ils vont mais grossissant, pour arriver avec plus de dignité à la mer. Et la terre elle-même surgit peu à peu en collines dans l'Ile-de-France, dans la Normandie, dans la Picardie. La France devient plus majestueuse. Elle ne veut pas arriver la tête basse en face de l'Angleterre ; elle se pare de forêts et de villes superbes, elle enfle ses rivières, elle projette en longues ondes de magnifiques plaines, et présente à sa rivale cette autre Angleterre de Flandre et de Normandie.

Il y a là une émulation immense. Les deux rivages se haïssent et se ressemblent. Des deux côtés, dureté, avidité, esprit sérieux et laborieux. La vieille Normandie regarde obliquement sa fille triomphante, qui lui sourit avec insolence du haut de son bord. Elles existent pourtant encore, les tables où se lisent les noms des Normands qui conquirent l'Angleterre. La conquête n'est-elle pas le point d'où celle-ci a pris l'essor ? Tout ce qu'elle a d'art, à qui le doit-elle ? Existaient-ils avant la conquête, ces monuments dont elle est si fière ? Les merveilleuses cathédrales anglaises que sont-elles, sinon une imitation, une exagération de l'architecture normande ? Les hommes eux-mêmes et la race, combien se sont-ils modifiés par le mélange français ? L'esprit guerrier et chicaneur, étranger aux Anglo-Saxons, qui a fait de l'Angleterre, après la conquête, une nation d'hommes d'armes et de scribes, c'est là le pur esprit normand. Cette sève acerbe est la même des deux côtés du détroit. Caen, la *ville de sapience,* conserve le grand monument de la fiscalité anglo-normande, l'échiquier de Guillaume le Conquérant. La Normandie n'a rien à envier, les bonnes traditions s'y sont perpétuées. Le père de famille, au retour des champs, aime à expliquer à ses petits, attentifs, quelques articles du Code civil.

Le Lorrain et le Dauphinois ne peuvent rivaliser avec le Normand pour l'esprit processif. L'esprit breton, plus dur, plus négatif, est moins avide et moins absorbant. La Bretagne est la résistance, la Normandie la conquête ; aujourd'hui conquête sur la nature, agriculture, industrialisme. Ce génie ambitieux et conquérant se produit d'ordinaire par la ténacité, souvent par l'audace et l'élan ; et l'élan va parfois au sublime : témoins tant d'héroïques marins, témoin le grand Corneille. Deux fois la littérature française a repris l'essor par la Normandie, quand la philosophie se réveillait par la Bretagne. Le vieux poème de Rou paraît au XIIe siècle avec Abailard ; au XVIIe siècle, Corneille avec Descartes. Pourtant, je ne sais pourquoi la grande et féconde idéalité est refusée au génie normand. Il se dresse haut, mais tombe vite. Il tombe dans l'indigente correction de Malherbe, dans la sécheresse de Mézerai, dans les ingénieuses recherches de La Bruyère et de Fontenelle. Les héros mêmes du grand Corneille, toutes les fois qu'ils ne sont pas sublimes, deviennent volontiers d'insipides plaideurs, livrés aux subtilités d'une dialectique vaine et stérile.

Ni subtil, ni stérile, à coup sûr, n'est le génie de notre bonne et forte Flandre, mais bien positif et réel, bien solidement fondé ; *solidis fundatum ossibus intus*. Sur ces grasses et plantureuses campagnes, uniformément riches d'engrais, de canaux, d'exubérante et grossière végétation, herbes, hommes et animaux, poussent à l'envi, grossissent à plaisir. Le bœuf et le cheval y gonflent, à jouer l'éléphant. La femme vaut un homme et souvent mieux. Race pourtant un peu molle dans sa grosseur, plus forte que robuste, mais d'une force musculaire immense. Nos hercules de foire sont venus souvent du département du Nord.

La force prolifique des Bolg d'Irlande se trouve chez nos Belges de Flandre et des Pays-Bas. Dans l'épais limon de ces riches plaines, dans ces vastes et sombres communes industrielles, d'Ypres, de Gand, de Bruges, les hommes grouillaient comme les insectes après l'orage. Il ne fallait pas mettre le pied sur ces fourmilières. Ils en sortaient à l'instant, piques baissées, par quinze, vingt, trente mille hommes, tous forts et bien nourris, bien vêtus, bien armés. Contre de telles masses la cavalerie féodale n'avait pas beau jeu.

Avaient-ils si grand tort d'être fiers, ces braves Flamands ? Tout gros et grossiers qu'ils étaient, ils faisaient merveilleusement leurs affaires. Personne n'entendait comme eux le commerce, l'industrie, l'agriculture. Nulle part le bon sens, le sens du positif, du réel, ne fut plus remarquable. Nul peuple peut-être au Moyen Age ne comprit mieux la vie courante du monde, ne sut mieux agir et conter. La Champagne et la Flandre sont alors les seuls pays qui puissent lutter pour l'histoire avec l'Italie. La Flandre a son Villani dans Froissart, et dans Commines son Machiavel. Ajoutez-y ses empereurs-historiens de Constantinople. Ses auteurs de fabliaux sont encore des historiens, au moins en ce qui concerne les mœurs publiques.

Mœurs peu édifiantes, sensuelles et grossières. Et plus on avance au nord dans cette grasse Flandre, sous cette douce et humide atmosphère, plus la contrée s'amollit, plus la sensualité domine, plus la nature devient puissante. L'histoire, le récit ne suffisent plus à satisfaire le besoin de la réalité, l'exigence des sens. Les arts du dessin viennent au secours. La sculpture commence en France même avec le fameux disciple de Michel-Ange, Jean de Boulogne. L'architecture aussi prend l'essor ; non plus la sobre et sévère architecture normande, aiguisée en ogives et se dressant au ciel, comme un vers de Corneille ; mais une architecture riche et pleine en ses formes. L'ogive s'assouplit en courbes molles, en arrondissements voluptueux. La tourbe tantôt s'affaisse et s'avachit, tantôt se boursoufle et tend au ventre. Ronde et onduleuse dans tous ses ornements, la charmante tour d'Anvers s'élève doucement étagée, comme une gigantesque corbeille tressée des joncs de l'Escaut.

Ces églises, soignées, lavées, parées, comme une maison flamande, éblouissent de propreté et de richesse, dans la splendeur de leurs ornements de cuivre, dans leur abondance de marbres blancs et noirs. Elles sont plus propres que les églises italiennes, et non pas moins coquettes. La Flandre est une Lombardie prosaïque, à qui manquent la vigne et le soleil. Quelque autre chose manque aussi ; on s'en aperçoit en voyant ces innombrables figures de bois que l'on rencontre de plain-pied dans les cathédrales ; sculpture économique qui ne remplace pas le peuple de marbre des cités d'Italie. Par-dessus ces églises, au sommet de ces tours, sonne l'uniforme et savant carillon, l'honneur et la joie de la commune flamande. Le même air, joué d'heure en heure pendant des siècles, a suffi au besoin musical de je ne sais combien de générations d'artisans, qui naissaient et mouraient fixés sur l'établi.

Mais la musique et l'architecture sont trop abstraites encore. Ce n'est pas assez de ces sons, de ces formes ; il faut des couleurs de vives et de vraies couleurs, des représentations vivantes de la chair et des sens. Il faut dans les tableaux de bonnes et rudes fêtes, où des hommes rouges et des femmes blanches boivent, fument et dansent lourdement. Il faut des supplices atroces, des martyrs indécents et horribles, des Vierges énormes, fraîches, grasses, scandaleusement belles. Au-delà de l'Escaut, au milieu des tristes marais, des eaux profondes, sous les hautes digues de Hollande, commence la sombre et sérieuse peinture ; Rembrandt et Gérard Dow peignent où écrivent Erasme et Grotius. Mais dans la Flandre, dans la riche et sensuelle Anvers, le rapide pinceau de Rubens fera les bacchanales de la peinture. Tous les mystères seront travestis dans ses tableaux idolâtriques qui frissonnent encore de la fougue et de la brutalité du génie. Cet homme terrible, sorti du sang slave, nourri dans l'emportement des Belges, né à Cologne, mais ennemi de l'idéalisme allemand, a jeté dans ses tableaux une apothéose effrénée de la nature.

Cette frontière des races et des langues européennes est un grand théâtre des victoires de la vie et de la mort. Les hommes poussent vite, multiplient à étouffer ; puis les batailles y pourvoient. Là se combat à jamais la grande bataille des peuples et des races. Cette bataille du monde qui eut lieu, dit-on, aux funérailles d'Attila, elle se renouvelle incessamment en Belgique entre la France, l'Angleterre et l'Allemagne, entre les Celtes et les Germains. C'est là le coin de l'Europe, le rendez-vous des guerres. Voilà pourquoi elles sont si grasses, ces plaines ; le sang n'a pas le temps d'y sécher ! Lutte terrible et variée ! A nous les batailles de Bouvines, Roosebeck, Lens, Steinkerke, Denain, Fontenoi, Fleurus, Jemmapes ; à eux celles des Éperons, de Courtray. Faut-il nommer Waterloo !

Angleterre ! Angleterre ! vous n'avez pas combattu ce jour-là seul à seul : vous aviez le monde avec vous. Pourquoi prenez-vous pour vous toute la gloire ? Que veut dire votre pont de Waterloo ! Y a-t-il tant à s'enorgueillir, si le reste mutilé de cent batailles, si la dernière levée de la France, légion imberbe, sortie à peine des lycées et du baiser des mères, s'est brisée contre votre armée mercenaire, ménagée dans tous les combats, et gardée contre nous comme le poignard *de miséricorde* dont le soldat aux abois assassinait son vainqueur ?

Je ne tairai rien pourtant. Elle me semble bien grande, cette odieuse Angleterre, en face de l'Europe, en face de Dunkerque, et d'Anvers en ruine. Tous les autres pays, Russie, Autriche, Italie, Espagne, France, ont leurs capitales à l'ouest et regardent au couchant ; le grand vaisseau européen semble flotter, la voile enflée du vent qui jadis souffla de l'Asie. L'Angleterre seule a la proue à l'est, comme pour braver le monde, *unum omnia contra*. Cette dernière terre du vieux continent est la terre héroïque, l'asile éternel des bannis, des hommes énergiques. Tous ceux qui ont jamais fui la servitude, druides poursuivis par Rome, Gaulois-Romains chassés par les barbares, Saxons proscrits par Charlemagne, Danois affamés, Normands avides, et l'industrialisme flamand persécuté, et le calvinisme vaincu, tous ont passé la mer, et pris pour patrie la grande île : *Arva, beata petamus arva, divites et insulas*... Ainsi l'Angleterre a engraissé de malheurs, et grandi de ruines. Mais à mesure que tous ces proscrits, entassés dans cet étroit asile, se sont mis à se regarder, à mesure qu'ils ont remarqué les différences de races et de croyances qui les séparaient, qu'ils se sont vus Kymrys, Gaëls, Saxons, Danois, Normands, la haine et le combat sont venus. Ç'a été comme ces combats bizarres dont on régalait Rome, ces combats d'animaux étonnés d'être ensemble : hippopotames et lions, tigres et crocodiles. Et quand les amphibies, dans leur cirque fermé de l'Océan, se sont assez longtemps mordus et déchirés, ils se sont jetés à la mer, ils ont mordu la France. Mais la guerre intérieure, croyez-le bien, n'est pas finie encore. La bête triomphante a beau narguer le monde sur son trône des mers. Dans son amer sourire se mêle un furieux grincement de dents, soit qu'elle n'en puisse plus à tourner l'aigre et criante roue de Manchester, soit que le taureau de l'Irlande, qu'elle tient à terre, se retourne et mugisse.

La guerre des guerres, le combat des combats, c'est celui de l'Angleterre et de la France ; le reste est épisode. Les noms français sont ceux des hommes qui tentèrent de grandes choses contre l'Anglais. La France n'a qu'un saint, la Pucelle ; et le nom de Guise qui leur arracha Calais des dents, le nom des fondateurs de Brest, de Dunkerque et d'Anvers, voilà, quoi que ces hommes aient fait du reste, des noms chers et sacrés. Pour moi, je me sens personnellement obligé envers ces glorieux champions de la France et du monde, envers ceux qu'ils armèrent, les Duguay-Trouin, les Jean-Bart, les Surcouf, ceux qui rendaient pensifs les gens de Plymouth, qui leur faisaient secouer tristement la tête à ces Anglais, qui les tiraient de leur taciturnité, qui les obligeaient d'allonger leurs monosyllabes.

La lutte contre l'Angleterre a rendu à la France un immense service. Elle a confirmé, précisé sa nationalité. A force de se serrer contre l'ennemi, les provinces se sont trouvées un peuple. C'est en voyant de près l'Anglais qu'elles ont senti qu'elles étaient France. Il en est des nations comme de l'individu, il connaît et distingue sa personnalité par la résistance de ce qui n'est pas elle, il remarque le moi par le non-moi. La France s'est formée ainsi sous l'influence des grandes guerres anglaises, par opposition à la fois, et par composition. L'opposition est plus sensible dans les provinces de l'Ouest et du Nord, que nous venons de parcourir. La composition est l'ouvrage des provinces centrales dont il nous reste à parler.

Pour trouver le centre de la France, le noyau autour duquel tout devait s'agréger, il ne faut pas prendre le point central dans l'espace ; ce serait vers Bourges, vers le Bourbonnais, berceau de la dynastie ; il ne faut pas chercher la principale séparation des eaux, ce seraient les plateaux de Dijon ou de Langres, entre les sources de la Saône, de la Seine et de la Meuse ; pas même le point de séparation des races, ce serait sur la Loire, entre la Bretagne, l'Auvergne et la Touraine. Non, le centre s'est trouvé marqué par des circonstances plus politiques que naturelles, plus humaines que matérielles. C'est un centre excentrique, qui dérive et appuie au nord, principal théâtre de l'activité nationale, dans le voisinage de l'Angleterre, de la Flandre et de l'Allemagne. Protégé, et non pas isolé, par les fleuves qui l'entourent, il se caractérise selon la vérité par le nom d'Ile-de-France.

On dirait à voir les grands fleuves de notre pays, les grandes lignes de terrains qui les encadrent, que la France coule avec eux à l'Océan. Au nord, les pentes sont peu rapides, les fleuves sont dociles. Ils n'ont point empêché la libre action de la politique de grouper les provinces autour du centre qui les attirait. La Seine est en tout sens le premier de nos fleuves, le plus civilisable, le plus perfectible. Elle n'a ni la capricieuse et perfide mollesse de la Loire, ni la brusquerie de la Garonne, ni la terrible impétuosité du Rhône, qui tombe comme un taureau échappé des Alpes, perce un lac de dix-huit lieues, et vole à la mer, en mordant ses rivages. La Seine reçoit de bonne heure l'empreinte de la civilisation. Dès Troyes, elle se laisse couper, diviser à plaisir, allant chercher les manufactures et leur prêtant ses eaux. Lors même que la Champagne lui a versé la Marne, et la Picardie l'Oise, elle n'a pas besoin de fortes digues, elle se laisse serrer dans nos quais, sans s'en irriter davantage. Entre les manufactures de Troyes, et celles de Rouen, elle abreuve Paris. De Paris au Havre, ce n'est plus qu'une ville. Il faut la voir entre Pont-de-l'Arche et Rouen, la belle rivière, comme elle s'égare dans ses îles innombrables, encadrées au soleil couchant dans des flots d'or, tandis que, tout du long, les pommiers mirent leurs fruits, jaunes et rouges, sous des masses blanchâtres. Je ne puis comparer à ce spectacle que celui du lac de Genève. Le lac a de plus, il est vrai, les vignes de Vaud, Meillerie et les Alpes. Mais le lac ne marche point ; c'est l'immobilité, ou du moins l'agitation sans progrès visible. La Seine marche, et porte la pensée de la France, de Paris vers la Normandie, vers l'Océan, l'Angleterre, la lointaine Amérique.

Paris a pour première ceinture, Rouen, Amiens, Orléans, Châlons, Reims, qu'il emporte dans son mouvement. A quoi se rattache une ceinture extérieure, Nantes, Bordeaux, Clermont et Toulouse, Lyon, Besançon, Metz et Strasbourg. Paris se reproduit en Lyon pour atteindre par le Rhône l'excentrique Marseille. Le tourbillon de la vie nationale a toute sa densité au nord ; au midi les cercles qu'il décrit se relâchent et s'élargissent.

Le vrai centre s'est marqué de bonne heure ; nous le trouvons désigné au siècle de Saint-Louis, dans les deux ouvrages qui ont commencé notre jurisprudence : *Établissements de France et d'Orléans ; Coutumes de France et de Vermandois*. C'est entre l'Orléanais et le Vermandois, entre le coude de la Loire et les sources de l'Oise, entre Orléans et Saint-Quentin, que la France a trouvé enfin son centre, son assiette, et son point de repos. Elle l'avait cherché en vain, et dans les pays druidiques de Chartres et d'Autun, et dans les chefs-lieux des clans galliques, Bourges, Clermont (*Agendicum, urbs Arvernorum*). Elle l'avait cherché dans les capitales de l'Église mérovingienne et carlovingienne, Tours et Reims.

La France capétienne du *roi de Saint-Denys,* entre la féodale Normandie et la démocratique Champagne, s'étend de Saint-Quentin à Orléans, à Tours. Le roi est abbé de Saint-Martin de Tours, et premier chanoine de Saint-Quentin. Orléans se trouvant placée au lieu où se rapprochent les deux grands fleuves, le sort de cette ville a été souvent celui de la France ; les noms de César, d'Attila, de Jeanne Darc, des Guises, rappellent tout ce qu'elle a vu de sièges et de guerres. La sérieuse Orléans est près de la Touraine, près de la molle et rieuse patrie de Rabelais, comme la colérique Picardie à côté de l'ironique Champagne. L'histoire de l'antique France semble entassée en Picardie. La royauté, sous Frédégonde et Charles le Chauve, résidait à Soissons, à Crépy, Verbery, Attigny ; vaincue par la féodalité, elle se réfugia sur la montagne de Laon. Laon, Péronne, Saint-Médard de Soissons, asiles et prisons tour à tour, reçurent Louis le Débonnaire, Louis d'Outre-mer,

Louis XI. La royale tour de Laon a été détruite en 1832 ; celle de Péronne dure encore. Elle dure, la monstrueuse tour féodale des Coucy.

Je ne suis roi, ne duc, prince, ne comte aussi,
Je suis le sire de Coucy.

Mais en Picardie la noblesse entra de bonne heure dans la grande pensée de la France. La maison de Guise, branche picarde des princes de Lorraine, défendit Metz contre les Allemands, prit Calais aux Anglais, et faillit prendre aussi la France au roi. La monarchie de Louis XIV fut dite et jugée par le Picard Saint-Simon.

Fortement féodale, fortement communale et démocratique fut cette ardente Picardie. Les premières communes de France sont les grandes villes ecclésiastiques de Noyon, de Saint-Quentin, d'Amiens, de Laon. Le même pays donna Calvin, et commença la Ligue contre Calvin. Un ermite d'Amiens avait enlevé toute l'Europe, princes et peuples, à Jérusalem, par l'élan de la religion. Un légiste de Noyon la changea, cette religion, dans la moitié des pays occidentaux ; il fonda sa Rome à Genève, et mit la république dans la foi. La république, elle, fut poussée par les mains picardes dans sa course effrénée, de Condorcet en Camille Desmoulins, en Gracchus Babœuf. Elle fut chantée par Béranger, qui dit si bien le mot de la nouvelle France : « Je suis vilain et très vilain. » Entre ces vilains, plaçons au premier rang notre illustre général Foy, l'homme pur, la noble pensée de l'armée.

Le Midi et les pays vineux n'ont pas, comme l'on voit, le privilège de l'éloquence. La Picardie vaut la Bourgogne : ici il y a du vin dans le cœur. On peut dire qu'en avançant du centre à la frontière belge le sang s'anime, et que la chaleur augmente vers le Nord. La plupart de nos grands artistes, Claude Lorrain, le Poussin, Lesueur, Goujon, Cousin, Mansart, Lenôtre, David, appartiennent aux provinces septentrionales ; et si nous passons la Belgique, si nous regardons cette petite France de Liège, isolée au milieu de la langue étrangère, nous y trouvons notre Grétry.

Pour le centre du centre, Paris, l'Ile-de-France, il n'est qu'une manière de les faire connaître, c'est de raconter l'histoire de la monarchie. On les caractériserait mal en citant quelques noms propres ; ils ont reçu, ils ont donné l'esprit national ; ils ne sont pas un pays, mais le résumé du pays. La féodalité même de l'Ile-de-France exprime des rapports généraux. Dire les Montfort, c'est dire Jérusalem, la croisade du Languedoc, les communes de France et d'Angleterre et les guerres de Bretagne ; dire les Montmorency, c'est dire la féodalité rattachée au pouvoir royal, d'un génie médiocre, loyal et dévoué. Quant aux écrivains si nombreux, qui sont nés à Paris, ils doivent beaucoup aux provinces dont leurs parents sont sortis, ils appartiennent surtout à l'esprit universel de la France qui rayonna en eux. En Villon, en Boileau, en Molière et Regnard, en Voltaire, on sent ce qu'il y a de plus général dans le génie français ; ou si l'on veut y chercher quelque chose de local, on y distinguera tout au plus un reste de cette vieille sève d'esprit bourgeois, esprit moyen, moins étendu que judicieux, critique et moqueur, qui se forma de bonne humeur gauloise et d'amertume parlementaire entre le parvis Notre-Dame et les degrés de la Sainte-Chapelle.

Mais ce caractère indigène et particulier est encore secondaire ; le général domine. Qui dit Paris, dit la monarchie tout entière. Comment s'est formé en une ville ce grand et complet symbole du pays ? Il faudrait toute l'histoire du pays pour l'expliquer : la description de Paris en serait le dernier chapitre. Le génie parisien est la forme la plus complexe à la fois et la plus haute de la France. Il semblerait qu'une chose qui résultait de l'annihilation de tout esprit local, de toute provincialité, dût être purement négative. Il n'en est pas ainsi. De toutes ces négations d'idées matérielles, locales, particulières, résulte une généralité vivante, une chose positive, une force vive. Nous l'avons vu en juillet.

C'est un grand et merveilleux spectacle de promener ses regards du centre aux extrémités, d'embrasser de l'œil ce vaste et puissant organisme, où les parties diverses sont si habilement rapprochées, opposées, associées, le faible au fort, le négatif au positif ; de voir l'éloquente et vineuse Bourgogne entre l'ironique naïveté de la Champagne, et l'âpreté critique, polémique, guerrière, de la Franche-Comté et de la Lorraine ; de voir le fanatisme languedocien entre la légèreté provençale et l'indifférence gasconne ; de voir la convoitise, l'esprit conquérant de la Normandie contenus entre la résistante Bretagne et l'épaisse et massive Flandre.

Considérée en longitude, la France ondule en deux longs systèmes organiques, comme le corps humain est double d'appareil, gastrique et cérébro-spinal. D'une part, les provinces de Normandie, Bretagne et Poitou, Auvergne et Guyenne ; de l'autre, celles de Languedoc et de Provence, Bourgogne et Champagne, enfin celles de Picardie et de Flandre, où les deux systèmes se rattachent. Paris est le sensorium.

La force et la beauté de l'ensemble consistent dans la réciprocité des secours, dans la solidarité des parties, dans la distribution des fonctions, dans la division du travail social. La force résistante et guerrière, la vertu d'action est aux extrémités, l'intelligence au centre ; le centre se sait lui-même et sait tout le reste. Les provinces frontières, coopérant plus directement à la défense, gardent les traditions militaires, continuent l'héroïsme barbare, et renouvellent sans cesse d'une population énergique le centre énervé par le froissement rapide de la rotation sociale. Le centre, abrité de la guerre, pense, innove dans l'industrie, dans la science, dans la politique ; il transforme tout ce qu'il reçoit. Il boit la vie brute et elle se transfigure. Les provinces se regardent en lui ; en lui elles s'aiment et s'admirent sous une forme supérieure ; elles se reconnaissent à peine :

Miranturque novas Frondes et non sua poma.

Cette belle centralisation, par quoi la France est la France, elle attriste au premier coup d'œil. La vie est au centre, aux extrémités ; l'intermédiaire est faible et pâle. Entre la riche banlieue de Paris et la riche

Flandre, vous traversez la vieille et triste Picardie ; c'est le sort des provinces centralisées qui ne sont pas le centre même. Il semble que cette attraction puissante les ait affaiblies, atténuées. Elles le regardent uniquement, ce centre, elles ne sont grandes que par lui. Mais plus grandes sont-elles par cette préoccupation de l'intérêt central, que les provinces excentriques ne peuvent l'être par l'originalité qu'elles conservent. La Picardie centralisée a donné Condorcet, Foy, Béranger, et bien d'autres, dans les Temps modernes. La riche Flandre, la riche Alsace, ont-elles de nos jours des noms comparables à leur opposer ? Dans la France, la première gloire est d'être Français. Les extrémités sont opulentes, fortes, héroïques, mais souvent elles ont des intérêts différents de l'intérêt national ; elles sont moins françaises. La Convention eut à vaincre le fédéralisme provincial avant de vaincre l'Europe.

C'est néanmoins une des grandeurs de la France que sur toutes ses frontières elle ait des provinces qui mêlent au génie national quelque chose du génie étranger. A l'Allemagne, elle oppose une France allemande ; à l'Espagne une France espagnole ; à l'Italie, une France italienne. Entre ces provinces et les pays voisins, il y a analogie et néanmoins opposition. On sait que les nuances diverses s'accordent souvent moins que les couleurs opposées ; les grandes hostilités sont entre parents. Ainsi la Gascogne ibérienne n'aime pas l'ibérienne Espagne. Ces provinces analogues et différentes en même temps, que la France présente à l'étranger, offrent tour à tour à ses attaques une force résistante ou neutralisante. Ce sont des puissances diverses par quoi la France touche le monde, par où elle a prise sur lui. Pousse donc, ma belle et forte France, pousse les longs flots de ton onduleux territoire au Rhin, à la Méditerranée, à l'Océan. Jette à la dure Angleterre la dure Bretagne, la tenace Normandie ; à la grave et solennelle Espagne, oppose la dérision gasconne ; à l'Italie la fougue provençale ; au massif Empire germanique, les solides et profonds bataillons de l'Alsace et de la Lorraine ; à l'enflure, à la colère belge, la sèche et sanguine colère de la Picardie, la sobriété, la réflexion, l'esprit disciplinable et civilisable des Ardennes et de la Champagne !

Pour celui qui passe la frontière et compare la France aux pays qui l'entourent, la première impression n'est pas favorable. Il est peu de côtés où l'étranger ne semble supérieur. De Mons à Valenciennes, de Douvres à Calais, la différence est pénible. La Normandie est une Angleterre, une pâle Angleterre. Que sont, pour le commerce et l'industrie, Rouen, le Havre, à côté de Manchester et de Liverpool ? L'Alsace est une Allemagne, moins ce qui fait la gloire de l'Allemagne : l'omniscience, la profondeur philosophique, la naïveté poétique. Mais il ne faut pas prendre ainsi la France pièce par pièce, il faut l'embrasser dans son ensemble. C'est justement parce que la centralisation est puissante, la vie commune, forte et énergique, que la vie locale est faible. Je dirai même que c'est là la beauté de notre pays. Il n'a pas cette tête de l'Angleterre monstrueusement forte d'industrie, de richesse ; mais il n'a pas non plus le désert de la haute Écosse, le cancer de l'Irlande. Vous n'y trouvez pas, comme en Allemagne et en Italie, vingt centres de science et d'art ; il n'en a qu'un, un de vie sociale. L'Angleterre est un empire, l'Allemagne un pays, une race ; la France est une personne.

La personnalité, l'unité, c'est par là que l'être se place haut dans l'échelle des êtres. Je ne puis mieux me faire comprendre qu'en reproduisant le langage d'une ingénieuse physiologie.

Chez les animaux d'ordre inférieur, poissons, insectes, mollusques et autres, la vie locale est forte. « Dans chaque segment de sangsue se trouve un système complet d'organes, un centre nerveux, des anses et des renflements vasculaires, une paire de lobes gastriques, des organes respiratoires, des vésicules séminales. Aussi a-t-on remarqué qu'un de ces segments peut vivre quelque temps, quoique séparé des autres. A mesure qu'on s'élève dans l'échelle animale, on voit les segments s'unir plus intimement les uns aux autres, et l'individualité du grand tout se prononcer davantage. L'individualité dans les animaux composés ne consiste pas seulement dans la soudure de tous les organismes, mais encore dans la jouissance commune d'un nombre de parties, nombre qui devient plus grand à mesure qu'on approche des degrés supérieurs. La centralisation est plus complète, à mesure que l'animal monte dans l'échelle. » Les nations peuvent se classer comme les animaux. La jouissance commune d'un grand nombre de parties, la solidarité de ces parties entre elles, la réciprocité de fonctions qu'elles exercent l'une à l'égard de l'autre, c'est là la supériorité sociale. C'est celle de la France, le pays du monde où la nationalité, où la personnalité nationale, se rapproche le plus de la personnalité individuelle.

Diminuer, sans la détruire, la vie locale, particulière, au profit de la vie générale et commune, c'est le problème de la sociabilité humaine. Le genre humain approche chaque jour plus près de la solution de ce problème. La formation des monarchies, des empires, sont les degrés par où il arrive. L'Empire romain a été un premier pas, le christianisme un second. Charlemagne et les croisades, Louis XIV et la Révolution, l'Empire français qui en est sorti, voilà de nouveaux progrès dans cette route. Le peuple le mieux centralisé est aussi celui qui par son exemple, et par l'énergie de son action, a le plus avancé la centralisation du monde.

Cette unification de la France, cet anéantissement de l'esprit provincial est considéré fréquemment comme le simple résultat de la conquête des provinces. La conquête peut attacher ensemble, enchaîner des parties hostiles, mais jamais les unir. La conquête et la guerre n'ont fait qu'ouvrir les provinces aux provinces, elles ont donné aux populations isolées l'occasion de se connaître ; la vive et rapide sympathie du génie gallique, son instinct social ont fait le reste. Chose bizarre ! ces provinces, diverses de climats, de mœurs et de langage, se sont comprises, se sont aimées ; toutes se sont senties solidaires. Le Gascon s'est inquiété de la Flandre, le Bourguignon a joui ou souffert de ce qui se faisait aux Pyrénées ; le

Breton, assis au rivage de l'océan, a senti les coups qui se donnaient sur le Rhin.

Ainsi s'est formé l'esprit général, universel de la contrée. L'esprit local a disparu chaque jour ; l'influence du sol, du climat, de la race, a cédé à l'action sociale et politique. La fatalité des lieux a été vaincue, l'homme a échappé à la tyrannie des circonstances matérielles. Le Français du Nord a goûté le Midi, s'est animé à son soleil, le Méridional a pris quelque chose de la ténacité, du sérieux, de la réflexion du Nord. La société, la liberté ont dompté la nature, l'histoire a effacé la géographie. Dans cette transformation merveilleuse, l'esprit a triomphé de la matière, le général du particulier, et l'idée du réel. L'homme individuel est matérialiste, il s'attache volontiers à l'intérêt local et privé ; la société humaine est spiritualiste, elle tend à s'affranchir sans cesse des misères de l'existence locale, à atteindre la haute et abstraite unité de la patrie.

Plus on s'enfonce dans les temps anciens, plus on s'éloigne de la pure et noble généralisation de l'esprit moderne. Les époques barbares ne présentent presque rien que de local, de particulier, de matériel. L'homme tient encore au sol, il y est engagé, il semble en faire partie. L'histoire alors regarde la terre, et la race elle-même, si puissamment influencée par la terre. Peu à peu la force propre qui est en l'homme le dégagera, le déracinera de cette terre. Il en sortira, la repoussera, la foulera ; il lui faudra, au lieu de son village natal, de sa ville, de sa province, une grande patrie, par laquelle il compte lui-même dans les destinées du monde. L'idée de cette patrie, idée abstraite qui doit peu aux sens, l'amènera par un nouvel effort à l'idée de la patrie universelle, de la cité de la Providence.

A l'époque où cette histoire est parvenue, au Xe siècle, nous sommes bien loin de cette lumière des Temps modernes. Il faut que l'humanité souffre et patiente, qu'elle mérite d'arriver... Hélas ! à quelle longue et pénible initiation elle doit se soumettre encore ! quelles rudes épreuves elle doit subir ! Dans quelles douleurs elle va s'enfanter elle-même ! Il faut qu'elle sue la sueur et le sang pour amener au monde le Moyen Age, et qu'elle le voie mourir, quand elle l'a si longtemps élevé, nourri, caressé. Triste enfant, arraché des entrailles mêmes du christianisme, qui naquit dans les larmes, qui grandit dans la prière et la rêverie, dans les angoisses du cœur, qui mourut sans achever rien ; mais il nous a laissé de lui un si poignant souvenir, que de toutes les joies, toutes les grandeurs des âges modernes ne suffiront pas à nous consoler.

Livre IV

CHAPITRE PREMIER

L'an 1000 - Le roi de France et le pape français - Robert et Gerbert - France féodale

Cette vaste révélation de la France, que nous venons d'indiquer dans l'espace, et que nous allons suivre dans le temps, elle commence au Xe siècle, à l'avènement des Capets. Chaque province a dès lors son histoire ; chacune prend une voix, et se raconte elle-même. Cet immense concert de voix naïves et barbares, comme un chant d'église dans une sombre cathédrale pendant la nuit de Noël, est d'abord âpre et discordant. On y trouve des accents étranges, des voix grotesques, terribles, à peine humaines ; et vous douteriez quelquefois si c'est la naissance du Sauveur, ou la Fête des fous, la Fête de l'âne. Fantastique et bizarre harmonie, à quoi rien ne ressemble, où l'on croit entendre à la fois tout cantique, et des *Dies irae,* et des *Alleluia*.

C'était une croyance universelle au Moyen Age, que le monde devait finir avec l'an 1000 de l'incarnation. Avant le christianisme, les Étrusques aussi avaient fixé leur terme à dix siècles, et la prédiction s'était accomplie. Le christianisme, passager sur cette terre, hôte exilé du ciel, devait adopter aisément ces croyances. Le monde du Moyen Age n'avait pas la régularité extérieure de la cité antique, et il était bien difficile d'en discerner l'ordre intime et profond. Ce monde ne voyait que chaos en soi ; il aspirait à l'ordre, et l'espérait dans la mort. D'ailleurs, en ces temps de miracles et de légendes, où tout apparaissait bizarrement coloré comme à travers de sombres vitraux, on pouvait douter que cette rivalité visible fût autre chose qu'un songe. Les merveilles composaient la vie commune. L'armée d'Othon avait bien vu le soleil en défaillance et jaune comme du safran. Le roi Robert, excommunié pour avoir épousé sa parente, avait, à l'accouchement de la reine, reçu dans ses bras un monstre. Le diable ne prenait plus la peine de se cacher : on l'avait vu à Rome se présenter solennellement devant un pape magicien. Au milieu de tant d'apparitions, de visions, de voix étranges, parmi les miracles de Dieu et les prestiges du démon, qui pouvait dire si la terre n'allait pas un matin se résoudre en fumée, au son de la fatale trompette ? Il eût bien pu se faire alors que ce que nous appelons la vie fût en effet la mort, et qu'en finissant, le monde, comme ce saint légendaire, *commençât de vivre et cessât de mourir. Et tunc vivere incepit, morique desiit.*

Cette fin d'un monde si triste était tout ensemble l'espoir et l'effroi du Moyen Age. Voyez ces vieilles statues dans les cathédrales du Xe et du XIe siècle, maigres, muettes et grimaçantes dans leur roideur contractée, l'air souffrant comme la vie, et laides comme la mort. Voyez comme elles implorent, les mains jointes, ce moment souhaité et terrible, cette seconde mort de la résurrection, qui doit les faire sortir de leurs ineffables tristesses, et les faire passer du néant à l'être, du tombeau en Dieu. C'est l'image de ce pauvre monde sans espoir après tant de ruines. L'Empire romain avait croulé, celui de Charlemagne s'en était allé aussi ; le christianisme avait cru d'abord devoir remédier aux maux d'ici-bas, et ils continuaient. Malheur sur malheur, ruine sur ruine. Il fallait bien qu'il vînt autre chose, et l'on attendait. Le captif attendait dans le noir donjon, dans le sépulcral *in pace ;* le serf attendait sur son sillon, à l'ombre de l'odieuse tour ; le moine attendait, dans les abstinences du cloître, dans les tumultes solitaires du cœur, au milieu des tentations et des chutes, des remords et des visions étranges, misérable jouet du diable qui folâtrait cruellement autour de lui, et qui le soir, tirant sa couverture, lui disait gaiement à l'oreille : « Tu es damné ! »

Tous souhaitaient sortir de peine, et n'importe à quel prix ! Il leur valait mieux tomber une fois entre les mains de Dieu et reposer à jamais, fût-ce dans une couche ardente. Il devait d'ailleurs avoir aussi son charme, ce moment où l'aiguë et déchirante trompette de l'archange percerait l'oreille des tyrans. Alors, du donjon, du cloître, du sillon, un rire terrible eût éclaté au milieu des pleurs.

Cet effroyable espoir du Jugement dernier s'accrut dans les calamités qui précédèrent l'an 1000, ou suivirent de près. Il semblait que l'ordre des saisons se fût interverti, que les éléments suivissent des lois nouvelles. Une peste terrible désola l'Aquitaine ; la chair des malades semblait frappée par le feu, se détachait de leurs os, et tombait en pourriture. Ces misérables couvraient les routes des lieux de pèlerinage, assiégeaient les églises, particulièrement Saint-Martin, à Limoges ; ils s'étouffaient aux portes, et s'y entassaient. La puanteur qui entourait l'église ne pouvait les rebuter. La plupart des évêques du Midi s'y rendirent, et y firent porter les reliques de leurs églises. La foule augmentait, l'infection aussi ; ils mouraient sur les reliques des saints.

Ce fut encore pis quelques années après. La famine ravagea tout le monde depuis l'Orient, la Grèce, l'Italie, la France, l'Angleterre. « Le muid de blé, dit un contemporain, s'éleva à soixant sols d'or. Les riches maigrirent et pâlirent ; les pauvres rongèrent les racines des forêts ; plusieurs, chose horrible à dire, se laissèrent aller à dévorer des chairs humaines. Sur les chemins, les forts saisissaient les faibles, les déchiraient, les rôtissaient et les mangeaient. Quelques-uns présentaient à des enfants un œuf, un fruit, et les attiraient à l'écart pour les dévorer. Ce délire, cette rage alla au point que la bête était plus en sûreté que l'homme. Comme si c'eût été désormais une coutume établie de manger de la chair humaine, il y en eut un qui osa en étaler à vendre dans le marché de Tournus. Il ne nia point, et fut brûlé. Un autre alla pendant la nuit déterrer cette même chair, la mangea, et fut brûlé de même. »

« ... Dans la forêt de Mâcon, près l'église de Saint-Jean de Castanedo, un misérable avait bâti une chaumière, où il égorgeait la nuit ceux qui lui demandaient l'hospitalité. Un homme y aperçut des ossements, et parvint à s'enfuir. On y trouva quarante-huit têtes d'hommes, de femmes et d'enfants. Le tourment de la faim était si affreux que, plusieurs, tirant de la craie du fond de la terre, la mêlaient à la farine. Une autre calamité survint ; c'est que les loups, alléchés par la multitude des cadavres sans sépulture, commencèrent à s'attaquer aux hommes. Alors les gens craignant Dieu ouvrirent des fosses, où le fils traînait le père, le frère son frère, la mère son fils, quand ils les voyaient défaillir ; et le survivant lui-même, désespérant de la vie, s'y jetait souvent après eux. Cependant les prélats des cités de la Gaule, s'étant assemblés en concile pour chercher remède à de tels maux, avisèrent que, puisqu'on ne pouvait alimenter tous ces affamés, on sustentât comme on pourrait ceux qui semblaient les plus robustes, de peur que la terre ne demeurât sans culture. »

Ces excessives misères brisèrent les cœurs et leur rendirent un peu de douceur et de pitié. Ils mirent le glaive dans le fourreau, tremblants eux-mêmes sous le glaive de Dieu. Ce n'était plus la peine de se battre, ni de faire la guerre pour cette terre maudite qu'on allait quitter. De vengeance, on n'en avait plus besoin ; chacun voyait bien que son ennemi, comme lui-même, avait peu à vivre. A l'occasion de la peste de Limoges, ils coururent de bon cœur aux pieds des évêques, et s'engagèrent à rester désormais paisibles, à respecter les églises, à ne plus infester les grands chemins, à ménager du moins ceux qui voyageraient sous la sauvegarde des prêtres ou des religieux. Pendant les jours saints de chaque semaine (du mercredi soir au lundi matin), toute guerre était interdite : c'est ce qu'on appela *la paix,* plus tard *la trêve de Dieu*.

Dans cet effroi général, la plupart ne trouvaient un peu de repos qu'à l'ombre des églises. Ils apportaient en foule, ils mettaient sur l'autel des donations de terres, de maisons, de serfs. Tous ces actes portent l'empreinte d'une même croyance : « Le soir du monde approche, disent-ils ; chaque jour entasse de nouvelles ruines ; moi, comte ou baron, j'ai donné à telle église pour le remède de mon âme... » Ou encore : « Considérant que le servage est contraire à la liberté chrétienne, j'affranchis un tel, mon serf de corps, lui, ses enfants et ses hoirs...

Mais le plus souvent tout cela ne les rassurait point. Ils aspiraient à quitter l'épée, le baudrier, tous les signes de la milice du siècle ; ils se réfugiaient parmi les moines et sous leur habit ; ils leur demandaient dans leurs couvents une toute petite place où se cacher. Ceux-ci n'avaient d'autre peine que d'empêcher les grands du monde, les ducs et les rois, de devenir moines, ou frères convers. Guillaume Ier, duc de Normandie, aurait tout laissé pour se retirer à Jumièges, si l'abbé le lui eût permis. Au moins, il trouva moyen d'enlever un capuchon et une étamine, les emporta avec lui, les déposa dans un petit coffre, et en garda toujours la clé à sa ceinture. Hugues Ier, duc de Bourgogne, et avant lui l'empereur Henri II, auraient bien voulu aussi se faire moines. Hugues en fut empêché par le pape. Henri, entrant dans l'église de l'abbaye de Saint-Vanne, à Verdun, s'était écrié avec le psalmiste : « Voici le repos que j'ai choisi, et mon habitation aux siècles des siècles ! » Un religieux l'entendit, et avertit l'abbé. Celui-ci appela l'empereur dans le chapitre des moines, et lui demanda qu'elle était son intention. « Je veux, avec la grâce de Dieu, répondit-il en pleurant, renoncer à l'habit du siècle, revêtir le vôtre, et ne plus servir que Dieu avec vos frères. » – « Voulez-vous donc, reprit l'abbé, promettre, selon nos règles et à l'exemple de Jésus-Christ, l'obéissance jusqu'à la mort ? » – « Je le veux », reprit l'empereur. « Eh bien ! je vous reçois comme moine, dès ce jour j'accepte la charge de votre âme ; et ce que j'ordonnerai, je veux que vous le fassiez avec la crainte du Seigneur. Or, je vous ordonne de retourner au gouvernement de l'empire que Dieu vous a confié ; et de veiller de tout votre pouvoir, avec crainte et tremblement, au salut de tout le royaume. » L'empereur, lié par son vœu, obéit à regret. Au reste, il était moine depuis longtemps ; il avait toujours vécu en frère avec sa femme. L'Église l'honore sous le nom de saint Henri.

Un autre saint, qu'elle n'a pas canonisé, est notre Robert, roi de France. « Robert, dit l'auteur de la Chronique de Saint-Bertin, était très pieux, sage et lettré, passablement philosophe, et excellent musicien. Il composa la prose du Saint-Esprit : *Adsit nobis gratia,* les rythmes *Judaea et Hierusalem, Concede nobis quaesumus,* et *Cornelius centurio,* qu'il offrit, mis en musique et notés, sur l'autel de Saint-Pierre à Rome, de même que l'antiphone *Éripe,* et plusieurs autres belles choses. Il avait pour femme Constance, qui lui demanda un jour de faire quelque chose en mémoire d'elle ; il écrivit alors le rythme *O constantia martyrum,* que la reine, à cause du nom de Constantia, crut avoir été fait pour elle. Le roi venait à l'église de Saint-Denis dans ses habits royaux, et couronné de sa couronne, pour diriger le chœur à matines, à vêpres et à la messe, chanter avec les moines, et les défier au combat du chant. Aussi, comme il assiégait certain château le jour de Saint-Hippolyte, pour qui il avait une dévotion particulière, il quitta le siège pour venir à Saint-Denis diriger le chœur pendant la messe ; et tandis qu'il chantait dévotement avec les moines *Agnus Dei, dona nobis pacem,* les murs du château tombèrent subitement, et l'armée du roi en prit possession ; ce que Robert attribua toujours aux mérites de saint Hippolyte. »

« Un jour qu'il revenait de faire sa prière, où il avait, comme d'habitude, répandu une pluie de larmes, il trouva sa lance garnie par sa vaniteuse épouse d'ornements d'argent. Tout en considérant cette lance, il regardait s'il ne verrait pas dehors quelqu'un à qui cet argent fût nécessaire ; et, trouvant un pauvre en haillons, il lui demande prudemment quelque outil pour ôter l'argent. Le pauvre ne savait ce qu'il en voulait faire ; mais le serviteur de Dieu lui dit d'en chercher au plus vite. Cependant il se livrait à la prière. L'autre revient avec un outil ; le roi et le pauvre s'enferment ensemble, et enlèvent l'argent de sa lance, et le roi le met lui-même de ses saintes mains dans le sac du pauvre en lui recommandant, selon sa coutume, de bien prendre garde que sa femme ne le vît. Lorsque la reine vint, elle s'étonna fort de voir sa lance ainsi dépouillée ; et Robert jura par plaisanterie le nom du Seigneur qu'il ne savait comment cela s'était fait. »

« Il avait une grande horreur pour le mensonge. Aussi, pour justifier ceux dont il recevait le serment, aussi bien que lui-même, il avait fait faire une châsse de cristal tout entourée d'or, où il eut soin de ne mettre aucune relique ; c'est sur cette châsse qu'il faisait jurer ses grands, qui n'étaient point instruits de sa fraude pieuse. De même, il faisait jurer les gens du peuple sur une châsse où il avait mis un œuf. Oh ! avec quelle exactitude se rapportent à ce saint homme les paroles du Prophète : « Il habitera dans le tabernacle du Très-Haut, celui qui dit la vérité selon son cœur, celui dont la langue ne trompe pas, et qui n'a jamais fait de mal à son prochain ! »

La charité de Robert s'étendait à tous les pécheurs. « Comme il soupait à Étampes, dans un château que Constance venait de lui bâtir, il ordonna d'ouvrir la porte à tous les pauvres. L'un d'eux vint se mettre aux pieds du roi, qui le nourrissait sous la table. Mais le pauvre, ne s'oubliant pas, lui coupa avec un couteau un ornement d'or de six onces qui pendait de ses genoux, et s'enfuit au plus vite. Lorsqu'on se leva de table, la reine vit son seigneur dépouillé, et, indignée, se laissa emporter contre le saint à des paroles violentes : « Quel ennemi de Dieu, bon seigneur, a déshonoré votre robe d'or ? » – « Personne, répondit-il, ne m'a déshonoré ; cela était sans doute nécessaire à celui qui l'a pris plus qu'à moi, et, Dieu aidant, lui profitera. » – Un autre voleur lui coupant la moitié de la frange de son manteau, Robert se retourna, et lui dit : « Va-t'en, va-t'en ; contente-toi de ce que tu as pris ; un autre aura besoin du reste. » Le voleur s'en alla tout confus.. – Même indulgence pour ceux qui volaient les choses saintes. Un jour qu'il priait dans sa chapelle, il vit un clerc nommé Ogger qui montait furtivement à l'autel, posait un cierge par terre, et emportait le chandelier dans sa robe. Les clercs se troublent, qui auraient dû empêcher ce vol. Ils interrogent le seigneur roi, et il proteste qu'il n'a rien vu. Cela vint aux oreilles de la reine Constance ; enflammée de fureur, elle jure par l'âme de son père qu'elle fera arracher les yeux aux gardiens, s'ils ne rendent ce qu'on a volé au trésor du saint et du juste. Dès qu'il le sut, ce sanctuaire de piété, il appela le larron et lui dit : « Ami Ogger, va-t'en d'ici, que mon inconstante Constance ne te mange pas. Ce que tu as te suffit pour arriver au pays de ta naissance. Que le Seigneur soit avec toi ! » Il lui donna même de l'argent pour faire sa route ; et quand il crut le voleur en sûreté, il dit gaiement aux siens : « Pourquoi tant vous tourmenter à la recherche de ce chandelier ? Le Seigneur l'a donné à son pauvre. » – Une autre fois enfin, comme il se relevait la nuit pour aller à l'église, il vit deux amants couchés dans un coin : aussitôt il détacha une fourrure précieuse qu'il portait au cou, et la jeta sur ces pécheurs. Puis il alla prier pour eux. »

Telle fut la douceur et l'innocence du premier roi capétien. Je dis le premier roi ; car son père, Hugues Capet, se défia de son droit et ne voulut jamais porter la couronne ; il lui suffit de porter la chape, comme abbé de Saint-Martin de Tours. C'est sous ce bon Robert que se passa cette terrible époque de l'an 1000 ; et il sembla que la colère divine fût désarmée par cet homme simple, en qui s'était comme incarnée la paix de Dieu. L'humanité se rassura et espéra durer encore un peu ; elle vit, comme Ézéchias, que le Seigneur voulait bien ajouter à ses jours. Elle se leva de son agonie, se remit à vivre, à travailler, à bâtir : à bâtir d'abord les églises de Dieu. « Près de trois ans après l'an 1000, dit Glaber, dans presque tout l'univers, surtout dans l'Italie et dans les Gaules, les basiliques des églises furent renouvelées, quoique la plupart fussent encore assez belles pour n'en avoir nul besoin. Et cependant les peuples chrétiens semblaient rivaliser à qui élèverait les plus magnifiques. On eût dit que le monde se secouait et dépouillait sa vieillesse, pour revêtir la robe blanche des églises. »

Et en récompense il y eut d'innombrables miracles. Des révélations, des visions merveilleuses firent partout découvrir de saintes reliques, depuis longtemps enfouies, et cachées à tous les yeux. « Les saints vinrent réclamer les honneurs d'une résurrection sur la terre, et apparurent aux regards des fidèles, qu'ils remplirent de consolations. » Le Seigneur lui-même descendit sur l'autel ; le dogme de la présence réelle, jusque-là obscur et caché à demi dans l'ombre, éclata dans la croyance des peuples : ce fut comme un flambeau d'immense poésie qui illumina, transfigura l'Occident et le Nord. « Tout cela se trouvait annoncé comme par un présage certain dans la position même de la croix du Seigneur quand le Sauveur y était suspendu sur le Calvaire. En effet, pendant que l'Orient avec ses peuples féroces, était caché derrière la face du Sauveur, l'Occident, placé devant ses regards, recevait de ses yeux la lumière de la foi dont il devait être bientôt rempli. Sa droite toute-puissante, étendue pour le grand œuvre de miséricorde, montrait le Nord qui allait être adouci par l'effet de la parole divine, pendant que sa gauche tombait en partage aux nations barbares et tumultueuses du Midi. »

La lutte de l'Occident et de l'Orient, cette grande idée qui vient de tomber en paroles enfantines de la bouche ignorante du moine, c'est la pensée de l'avenir et du mouvement de l'humanité. De grands signes éclatent, des multitudes d'hommes s'acheminent déjà un à un, et comme pèlerins, à Rome, au Mont-Cassin, à Jérusalem. Le premier pape français, Gerbert, proclame déjà la croisade ; sa belle lettre, où il appelle tous les princes au nom de la cité sainte, précède d'un siècle les prédications de Pierre l'Ermite. Prêchée alors par un Français et sous un pape français, Urbain II, exécutée surtout par des Français, la grande entreprise commune du Moyen Age, celle qui fit de tous les Francs une nation, elle nous appartiendra, elle révélera la profonde sociabilité de la France. Mais il faut encore un siècle, il faut que le monde s'assoie avant d'agir. En l'an 1000, un politique fonde la papauté, un saint fonde la royauté : je parle de deux Français, de Gerbert et de Robert.

Ce Gerbert, disent-ils, n'était pas moins qu'un magicien. Moine à Aurillac, chassé, réfugié à Barcelone, il se défroque pour aller étudier les lettres et l'algèbre à Cordoue. De là, à Rome ; le grand Othon le fait précepteur de son fils, de son petit-fils. Puis il professe aux fameuses écoles de Reims ; il a pour disciple notre bon roi Robert. Secrétaire et confident de l'archevêque, il le fait déposer, et obtient sa place par l'influence d'Hugues Capet. Ce fut une grande chose pour les Capets d'avoir pour eux un tel homme ; s'ils aident à le faire archevêque, il aide à les faire rois.

Obligé de se retirer près d'Othon III, il devient archevêque de Ravenne, enfin pape. Il juge les grands, il nomme des rois (Hongrie, Pologne), donne des rois aux républiques ; il règne par le pontificat et par la science. Il prêche la croisade ; un astrologue a prédit qu'il ne mourra qu'à Jérusalem. Tout va bien ; mais un jour qu'il siégeait à Rome dans une chapelle qu'on appelait Jérusalem, le diable se présente et réclame le pape. C'est un marché qu'ils ont passé en Espagne chez les musulmans. Gerbert étudiant alors ; trouvant l'étude longue, il se donna au diable pour abréger. C'est de lui qu'il apprit la merveille des chiffres arabes, et l'algèbre, et l'art de construire une horloge, et l'art de se faire pape. Eût-il pu sans cela ? Il s'est donné ; donc il est à son maître. Le diable prouve, et puis l'emporte. *Tu ne savais pas que j'étais logicien !*

Sauf leur amitié pour cet homme diabolique, il n'y eut dans les premiers Capets aucune méchanceté. Le bon Robert, indulgent et pieux, fut un roi homme, un roi peuple et moine. Les Capets passaient généralement pour une race plébéienne, saxonne d'origine. Leur aïeul Robert le Fort avait défendu le pays contre les Normands : Eudes combattit sans cesse les empereurs qui soutenaient les derniers Carlovingiens ; mais les rois qui suivent jusqu'à Louis le Gros n'ont rien de militaire. Les chroniques ne manquent pas de nous dire, à l'avènement de chacun de ces princes, qu'il était fort chevalereux ; nous voyons cependant qu'ils ne se soutiennent guère que par le secours des Normands et les évêques, surtout celui de Reims. Vraisemblablement les évêques payaient, les Normands combattaient pour eux. Ces princes, amis des prêtres, auxquels ils devaient leur grandeur, cherchaient sans doute par leur conseil à se rattacher au passé, et, par de lointaines alliances avec le monde grec, primer les Carlovingiens en antiquité. Hugues Capet demanda pour son fils la main d'une princesse de Constantinople. Son petit-fils Henri Ier épousa la fille du czar de Russie, princesse byzantine par une de ses aïeules, qui appartenait à la maison macédonienne. La prétention de cette maison était de remonter à Alexandre le Grand, à Philippe, et par eux à Hercule. Le roi de France appela son fils Philippe, et ce nom est resté jusqu'à nous commun parmi les Capets. Ces généalogies flattaient les traditions romanesques du Moyen Age, qui expliquait à sa manière la parenté réelle des races indo-germaniques, en tirant les Francs des Troyens et les Saxons des Macédoniens, soldats d'Alexandre.

L'élévation de cette dynastie fut, comme nous l'avons dit, l'ouvrage des prêtres, auxquels Hugues Capet rendit leurs nombreuses abbayes ; l'ouvrage aussi du duc de Normandie, Richard sans Peur. Celui-ci, traité si mal dans son enfance, par Louis d'Outre-mer, plus d'une fois trahi par Lothaire, avait de bonnes raisons de haïr les Carlovingiens. Hugues Capet était son pupille et son beau-frère. Il convenait d'ailleurs au Normand de se rattacher au parti ecclésiastique et à la dynastie que ce parti élevait ; il espérait sans doute y primer par l'épée. C'était de même l'espérance de la maison normande de Blois, Tours et Chartres ; ceux-ci, qui possédaient en outre les établissements éloignés de Provins, Meaux et Beauvais, descendaient d'un Thiébolt, selon quelques-uns parent de Rollon, mais lié avec le roi Eudes, comme Rollon avec Charles le Simple. Thiébolt avait épousé une sœur d'Eudes, s'était fait donner Tours, et avait acquis Chartres du vieux pirate Hastings. Son fils, Thibault le Tricheur, épousa une fille d'Herbert de Vermandois, l'ennemi des Carlovingiens, et soutint les Capets contre les empereurs d'Allemagne. Rivaux jaloux des Normands de Normandie, les Normands de Blois refusèrent quelque temps de reconnaître Hugues Capet, en haine de ceux qui l'avaient fait roi. Mais il les apaisa en faisant épouser à son fils, le roi Robert, la fameuse Berthe, veuve d'Eudes Ier de Blois (fils de Thibault le Tricheur). Cette veuve, héritière du royaume de Bourgogne par le roi Rodolphe, son frère, pouvait donner aux Capets quelques prétentions sur ce royaume, légué par Rodolphe à l'Empire. Aussi, le pape allemand, Grégoire V, créature des empereurs, saisit-il le prétexte d'une parenté éloignée pour forcer Robert de quitter sa femme et l'excommunier sur son refus. On connaît l'histoire ou la fable de l'abandon de Robert, délaissé de ses serviteurs, qui jetaient au feu tout ce qu'il avait touché, et la légende de Berthe qui accoucha d'un monstre. On voit au portail de plusieurs cathédrales la statue d'une reine qui a un pied d'oie, et qui semble désigner l'épouse de Robert.

Berthe avait eu du comte de Blois, son premier époux, un fils nommé Eudes, comme son père, et surnommé *le Champenois,* parce qu'il ajouta à ses vastes domaines une partie de la Brie et de la Champagne. Eudes osa entreprendre une guerre contre l'Empire. Il se mit en possession du royaume de Bourgogne, auquel il avait droit par sa mère ; il soumit tout jusqu'au Jura, et fut reçu dans Vienne. Appelé à la fois par la Lorraine et par l'Italie, qui le voulait pour roi, il prétendit relever l'ancien royaume d'Ostrasie. Il prit Bar, et marcha vers Aix-la-Chapelle, où il comptait se faire couronner aux fêtes de Noël. Mais le duc de Lorraine, le comte de Namur, les évêques de Liège et de Metz, tous les grands du pays vinrent à sa rencontre et le défirent. Tué en fuyant, il ne put être reconnu que par sa femme, qui retrouva sur son corps un signe caché (1037).

Ses États, divisés dès lors en comtés de Blois et de Champagne, cessèrent de composer une puissance redoutable. Famille plus aimable que guerrière, poètes, pèlerins, croisés, les comtes de Blois et Champagne n'eurent ni l'esprit de suite, ni la ténacité de leurs rivaux de Normandie et d'Anjou.

La maison d'Anjou n'était ni normande comme celles de Blois et de Normandie, ni saxonne comme les Capets, mais indigène. Elle désignait comme son premier auteur un Breton de Rennes, Tortulf, le fort chasseur. Son fils se mit au service de Charles le Chauve, et combattit vaillamment les Normands ; il eut en récompense quelques terres dans le Gâtinais, et la fille du duc de Bourgogne. Ingelger, petit-fils de Tortulf, et les deux Foulques, qui vinrent ensuite, furent d'implacables ennemis des Normands de Blois et de Normandie, aussi bien que des Bretons, disputant aux premiers et aux seconds la Touraine et le Maine ; aux troisièmes, ce qui s'étend d'Angers à Nantes. Plus unis et plus disciplinables que les Bretons, plus vaillants que les Poitevins et Aquitains, les Angevins remportèrent au Midi de grands avantages, s'étendirent de l'autre côté de la Loire, et poussèrent jusqu'à Saintes. Ils succédèrent à la prépondérance qu'avaient eue un instant les comtes de Blois et de Champagne. Quand le roi Robert fut obligé de quitter Berthe, veuve et mère de ces comtes, l'Angevin Foulques Nerra lui fit épouser sa nièce Constance, fille du comte de Toulouse. Le frère de Foulques, Bouchard, était déjà comte de Paris, et possédait les châteaux importants de Melun et de Corbeil ; le fils de Bouchard devint évêque de Paris. Ainsi le bon Robert, dans la maison des Angevins, docile à sa femme Constance et à son oncle Bouchard, put à son aise composer des hymnes et vaquer au lutrin. Hugues de Beauvais, un de ses serviteurs, qui essaya de rappeler Berthe, fut tué impunément sous ses yeux. Beauvais appartenait aux comtes de Blois, dont Berthe était la veuve et la mère. L'évêque de Chartres, Fulbert, écrivit à Foulques une lettre où il le désignait comme auteur de ce crime. Foulques, déjà fort mal avec l'Église pour les biens qu'il lui enlevait chaque jour, partit pour Rome avec une forte somme d'argent, acheta l'absolution du pape, fit un pèlerinage à Jérusalem, et bâtit au retour l'abbaye de Beaulieu près Loches ; un légat la consacra, au refus des évêques. Toute la vie de ce méchant homme fut une alternative de victoires signalées, de crimes et de pèlerinages ; il alla trois fois à la Terre sainte. La dernière fois, il revint à pied et mourut de fatigue à Metz. De ses deux femmes, il avait relégué l'une à Jérusalem et brûlé l'autre comme adultère. Mais il fonda une foule de monastères (Beaulieu, Saint-Nicolas d'Angers, etc.), bâtit force châteaux (Montrichard, Montbazon, Mirebeau, Château-Gonthier). On montre encore à Angers sa noire *Tour du Diable.* C'est le vrai fondateur de la puissance des comtes d'Anjou. Son fils, Geoffroi Martel, défit et tua le comte de Poitiers, prit celui de Blois et exigea la Touraine pour rançon. Il gouvernait aussi le Maine comme tuteur du jeune comte. Malgré ses discordes intérieures, la maison d'Anjou finit par prévaloir sur celles de Blois et Champagne. Toutes deux se lièrent par mariage aux Normands conquérants de l'Angleterre. Mais les comtes de Blois n'occupèrent le trône d'Angleterre qu'un instant, tandis que les Angevins le gardèrent du XIIe au XIIIe siècle, sous le nom de *Plantagenets*, y joignirent quelque temps toute notre littoral de la Flandre aux Pyrénées, et faillirent y joindre la France.

L'Ile-de-France et le roi, que les Angevins avaient eus quelque temps dans leurs mains, leur échappèrent de bonne heure. Dès l'an 1012, nous voyons l'Angevin Bouchard se retirer à l'abbaye de Saint-Maur-des-Fossés, et laisser Corbeil aux Normands. Ceux-ci dominent alors sous le nom du roi Robert, et essaient de lui donner la Bourgogne. Ce qui les eût rendus maîtres de tout le cours de la Seine. Le pauvre Robert qu'ils tenaient avec eux, voyant contre lui les évêques et les abbés de Bourgogne, leur demandait pardon de leur faire la guerre. La liaison était ancienne entre les Capets et les ducs de Bourgogne. Le premier duc, Richard le Justicier, père de Boson, roi de la Bourgogne cisjurane, eut pour fils Raoul, qui fit roi de France le duc Robert en l'an 922, et le fut ensuite lui-même ; puis un gendre de Richard fit passer le duché de Bourgogne à deux frères de Hugues Capet. Le dernier de ses deux frères adopta le fils de sa femme, Otto-Guillaume, Lombard par son père, mais Bourguignon par sa mère. Cet Otto-Guillaume, fondateur de la maison de Franche-Comté, attaqué par les Normands et Robert, menacé d'un autre côté par l'empereur qui réclamait le royaume de Bourgogne, fut obligé de renoncer au titre de duché. Je dis au titre, car les seigneurs étaient si puissants dans ce pays, que la dignité ducale n'était guère alors qu'un vain nom. Le fils cadet de Robert, nommé comme lui, fut le premier duc capétien de Bourgogne (1032). On sait que cette maison donna des rois au Portugal, comme celle de Franche-Comté à la Castille.

A l'époque, où les Angevins gouvernaient les Capétiens, sous Hugues Capet et Robert, ils semblent avoir essayé de se servir d'eux contre le Poitou, comme les Normands s'en servirent ensuite contre la Bourgogne. Mais, malgré ce que l'on nous conte d'une prétendue victoire d'Hugues Capet sur le comte de Poitou, le Midi resta fort indépendant du Nord. C'est même plutôt le Midi qui exerça quelque influence sur les mœurs et le gouvernement de la France septentrionale. Constance, fille du comte de Toulouse, nièce de celui d'Anjou, régna, comme on a vu, sous Robert. Pour prolonger cette domination après la mort de son mari (1031), elle voulait élever au trône son second fils Robert, au préjudice de l'aîné, Henri ; mais l'Église se déclara pour l'aîné. Les évêques de Reims, Laon, Soissons, Amiens, Noyon, Beauvais, Châlons, Troyes et Langres assistèrent à son sacre, ainsi que les comtes de Champagne et de Poitou. Le duc des Normands le prit sous sa protection, et força Robert de se contenter du duché de Bourgogne. C'est la tige de cette première maison de Bourgogne qui fonda le royaume de Portugal. Toutefois le Normand ne donna la royauté à Henri qu'affaiblie et désarmée pour ainsi dire. Il se fit céder le Vexin, et se trouva ainsi établi à six lieues de Paris. Henri essaya en vain d'échapper à cette servitude et de reprendre le Vexin, à la faveur des révoltes qui eurent lieu contre le nouveau duc de Normandie, Guillaume le Bâtard. Ce Guillaume, dont nous parlerons tout au long dans le chapitre suivant, battit ses barons et battit le roi. Ce fut peut-être le salut de celui-ci, que le duc ait tourné contre l'Angleterre ses armes et sa politique.

Henri et son fils, Philippe 1er (1031-1108), restèrent spectateurs inertes et impuissants des grands événements qui bouleversèrent l'Europe sous leur règne. Ils ne prirent part ni aux croisades normandes de Naples et d'Angleterre, ni à la croisade européenne de Jérusalem, ni à la lutte des papes et des empereurs ; ils laissèrent tranquillement l'empereur Henri III établir sa suprématie en Europe, et refusèrent de seconder les comtes de Flandre, Hollande, Brabant et Lorraine, dans la grande guerre des Pays-Bas contre l'Empire. La royauté française n'est guère qu'une espérance, un titre, un droit. La France féodale, qui doit s'absorber en elle, a jusqu'ici un mouvement tout excentrique. Qui veut suivre ce mouvement, il faut qu'il détourne les yeux du centre encore impuissant, qu'il assiste à la grande lutte de l'Empire et du sacerdoce, qu'il suive les Normands en Sicile, en Angleterre, sous le drapeau de l'Église, qu'enfin il s'achemine à la Terre sainte avec toute la France. Alors il sera temps de revenir aux Capets, et de voir comment l'Église les prit pour instruments à la place des Normands, trop indociles ; comment elle fit leur fortune, et les éleva si haut, qu'ils furent en état de l'abaisser elle-même.

CHAPITRE II

XIe siècle - Grégoire VII - Alliance des Normands et de l'Église - Conquêtes des Deux-Siciles et de l'Angleterre

Ce n'est pas sans raison que les papes ont appelé la France la fille aînée de l'Église. C'est par elle qu'ils ont partout combattu l'opposition politique et religieuse au Moyen Age. Dès le XIe siècle, à l'époque où la royauté capétienne, faible et inerte, ne peut les seconder encore, l'épée des Français de Normandie repousse l'empereur des murs de Rome, chasse les Grecs et les Sarrasins d'Italie et de Sicile, assujettit les Saxons dissidents de l'Angleterre. Et lorsque les papes parviennent à entraîner l'Europe à la croisade, la France a la part principale dans cet événement, qui contribue si puissamment à leur grandeur, et les arme d'une si grande force dans la lutte du sacerdoce et de l'Empire.

Au XIe siècle, la querelle est entre le saint pontificat romain et le Saint Empire romain. L'Allemagne, qui a renversé Rome par l'invasion des barbares, prend son nom pour lui succéder ; non seulement elle veut lui succéder dans la domination temporelle (déjà tous les rois reconnaissent la suprématie de l'empereur), mais elle affecte encore une suprématie morale ; elle s'intitule le *Saint-Empire ;* hors de l'Empire, point d'ordre ni de sainteté. De même que là-haut les puissances célestes, trônes, dominations, archanges, relèvent les unes des autres ; de même l'empereur a droit sur les rois, les rois sur les ducs, ceux-ci sur les margraves et les barons. Voilà une prétention superbe, mais en même temps une idée bien féconde dans l'avenir. Une société séculière prend le titre de société sainte, et prétend réfléchir dans la vie civile l'ordre céleste et la hiérarchie divine, mettre le ciel sur la terre. L'empereur tient le globe dans sa main aux jours de cérémonies ; son chancelier appelle les autres souverains *les rois provinciaux,* ses jurisconsultes le déclarent la *loi vivante ;* il prétend établir sur la terre une sorte de paix perpétuelle, et substituer un état légal à l'état de nature qui existe encore entre les nations.

Maintenant, en a-t-il le droit, de faire cette grande chose ? En est-il digne, ce prince féodal, ce barbare de Franconie ou de Souabe ? Lui appartient-il d'être, sur la terre, l'instrument d'une si grande révolution ? Cet idéal de calme et d'ordre, que le genre humain poursuit depuis si longtemps, est-ce bien l'empereur d'Allemagne qui va le donner, ou bien serait-il ajourné à la fin du monde, à la consommation des temps ?

Ils disent que leur grand empereur Frédéric Barberousse n'est pas mort ; il dort seulement. C'est dans un vieux château désert, sur une montagne. Un berger l'y a vu, ayant pénétré à travers les ronces et les broussailles ; il était dans son armure de fer, accoudé sur une table de pierre, et sans doute il y avait longtemps, car sa barbe avait crû autour de la table et l'avait embrassée neuf fois. L'empereur, soulevant à peine sa tête appesantie, dit seulement au berger : « Les corbeaux volent-ils encore autour de la montagne ? » – « Oui, encore. » – « Ah ! bon, je puis me rendormir. »

Qu'il dorme, ce n'est ni à lui, ni aux rois, ni aux empereurs, ni au Saint-Empire du Moyen Age, ni à la Sainte-Alliance des Temps modernes qu'il appartient de réaliser l'idéal du genre humain : la paix sous la loi, la réconciliation définitive des nations.

Sans doute, c'était un noble monde que ce monde féodal qui s'endort avec la maison de Souabe ; on ne peut le traverser, même après la Grèce et Rome, sans lui jeter un regard et un regret. Il y avait là des compagnons bien fidèles, bien loyalement dévoués à leur seigneur et à la dame de leur seigneur ; joyeux à sa table et à son foyer, tout aussi joyeux quand il fallait passer avec lui les défilés des Alpes, ou le suivre à Jérusalem et jusqu'au désert de la mer Morte ; de pieuses et candides âmes d'hommes sous la cuirasse d'acier. Et ces magnanimes empereurs de la maison de Souabe, cette race de poètes et de parfaits chevaliers, avaient-ils si grand tort de prétendre à l'empire du monde ? Leurs ennemis les admiraient en les combattant. On les reconnaissait partout à leur beauté. Ceux qui cherchaient Enzio, le fils fugitif de Frédéric II, le découvrirent sur la vue d'une boucle de ses cheveux. « Ah ! disaient-ils, il n'y a dans le monde que le roi Enzio qui ait de si beaux cheveux blonds. » Ces beaux cheveux blonds, et ces poésies, et ce grand courage, tout cela ne servit de rien. Le frère de saint Louis n'en fit pas moins couper la tête au pauvre jeune Conradin, et la maison de France succéda à la prépondérance des empereurs.

L'empereur doit périr, l'Empire doit périr, et le monde féodal, dont il est le centre et la haute expression. Il y a en ce monde-là quelque chose qui le condamne et le voue à la ruine ; c'est son matérialisme profond. L'homme s'est attaché à la terre, et il a pris racine dans le rocher où s'élève sa tour. *Nulle terre sans seigneur,* nul seigneur sans terre. L'homme appartient à un lieu ; il est jugé, selon qu'on peut dire qu'il est de *haut* ou de *bas lieu.* Le voilà localisé, immobile, fixé sous la masse de son pesant château, de sa pesante armure.

La terre, c'est l'homme ; à elle appartient la véritable personnalité. Comme personne, elle est indivisible ; elle doit rester une et passer à l'aîné. Personne immortelle, indifférente, impitoyable, elle ne connaît point la nature ni l'humanité. L'aîné possédera seul ; que dis-je ? c'est lui qui est possédé : les usages de sa terre le dominent, ce fier baron ; sa terre le gouverne, lui impose ses devoirs ; selon la forte expression du Moyen Age, il faut *qu'il serve son fief.*

Le fils aura tout, le fils aîné. La fille n'a rien à demander ; n'est-elle pas dotée du petit chapeau de roses et du baiser de sa mère ? Les puînés, oh ! leur héritage est vaste ! Ils n'ont pas moins que toutes les grandes routes, et par-dessus, toute la voûte du ciel. Leur lit, c'est le seuil de la maison paternelle ; ils pourront de là, les soirs d'hiver, grelottants et affamés, voir leur aîné seul au foyer où ils s'assirent eux aussi dans le bon temps de leur enfance, et peut-être leur fera-t-il jeter quelques morceaux, nonobstant le grognement de ses chiens. « Doucement, mes dogues, ce sont mes frères ; il faut bien qu'ils aient quelque chose aussi. »

Je conseille aux puînés de se tenir contents, et de ne pas risquer de s'établir sous un autre seigneur : de pauvres, ils pourraient bien devenir serfs. Au bout d'un an de séjour, ils lui appartiendraient corps et biens. *Bonne aubaine* pour lui, ils deviendraient ses *aubains ;* autant presque vaudrait dire ses *serfs,* ses *juifs.* Tout malheureux qui cherche asile, tout vaisseau qui se brise au rivage, appartient au seigneur ; il a l'*aubaine* et le *bris.*

Il n'est qu'un asile sûr, l'Église. C'est là que se réfugient les cadets des grandes maisons. L'Église, impuissante pour repousser les barbares, a été obligée de laisser la force à la féodalité ; elle devient elle-même peu à peu toute féodale. Les chevaliers restent chevaliers sous l'habit de prêtres. Dès Charlemagne, les évêques s'indignent qu'on leur présente la pacifique mule, et qu'on veuille les aider à monter. C'est un destrier qu'il leur faut, et ils s'élancent d'eux-mêmes. Ils chevauchent, ils chassent, ils combattent, ils bénissent à coup de sabre, et *imposent avec la masse d'armes de lourdes pénitences.* C'est une oraison funèbre d'évêque : *bon clerc et brave soldat.* A la bataille d'Hastings, un abbé saxon amène douze moines, et tous les treize se font tuer. Les évêques d'Allemagne déposent un des leurs, comme pacifique et *peu vaillant*. Les évêques deviennent barons, et les barons évêques. Tout père prévoyant ménage à ses cadets un évêché, une abbaye. Ils font élire par leurs serfs leurs petits enfants aux plus grands sièges ecclésiastiques. Un archevêque de six ans monte sur une table, balbutie deux mots de catéchisme ; il est élu ; il prend charge d'âmes, il gouverne une province ecclésiastique. Le père vend en son nom les bénéfices, reçoit les dîmes, le prix des messes, sauf à n'en pas faire dire. Il fait confesser ses vassaux, les fait tester, léguer, bon gré, mal gré, et recueille. Il frappe le peuple des deux glaives : tour à tour il combat, il excommunie ; il tue, damne à son choix.

Il ne manquait qu'une chose à ce système. C'est que ces nobles et vaillants prêtres n'achetassent plus la jouissance des biens de l'Église par les abstinences du célibat ; qu'ils eussent la splendeur sacerdotale, la dignité des saints, et, de plus, les consolations du mariage ; qu'ils élevassent autour d'eux des fourmilières de petits prêtres ; qu'ils égayassent du vin de l'autel leurs repas de famille, et que du pain sacré ils gorgeassent leurs petits. Douce et sainte espérance ! ils grandiront ces petits, s'il plaît à Dieu ! ils succéderont tout naturellement aux abbayes, aux évêchés de leur père. Il serait dur de les ôter de ces palais, de ces églises ; l'église, elle leur appartient, c'est leur fief, à eux. Ainsi l'hérédité succède à l'élection, la naissance au mérite. L'Église imite la féodalité et la dépasse ; plus d'une fois elle fit part aux filles, une fille eut en dot un évêché. La femme du prêtre marche près de lui à l'autel ; celle de l'évêque dispute le pas à l'épouse du comte.

C'en était fait du christianisme, si l'Église se matérialisait dans l'hérédité féodale. Le sel de la terre s'évanouissait, et tout était dit. Dès lors plus de force intérieure, ni d'élan au ciel. Jamais une telle Église n'aurait soulevé la voûte du chœur de Cologne, ni la flèche de Strasbourg ; elle n'aurait enfanté ni l'âme de saint Bernard, ni le pénétrant génie de saint Thomas : à de tels hommes, il faut le recueillement solitaire. Dès lors, point de croisade. Pour avoir droit d'attaquer l'Asie, il faut que l'Europe dompte la sensualité asiatique, qu'elle devienne plus Europe, plus pure, plus chrétienne.

L'Église en péril se contracta pour vivre encore. La vie se concentra au cœur. Le monde, depuis la tempête de l'invasion barbare, s'était réfugié dans l'Église et l'avait souillée ; l'Église se réfugia dans les moines, c'est-à-dire dans sa partie la plus sévère et la plus mystique ; disons encore la plus démocratique alors ; cette vie d'abstinences était moins recherchée des nobles. Les cloîtres se peuplaient de fils de serfs. En face de cette Église splendide et orgueilleuse, qui se paraît d'un faste aristocratique, se dressa l'autre, pauvre, sombre, solitaire, l'Église de souffrances contre celle des jouissances. Elle la jugea, la condamna, la purifia, lui donna l'unité. A l'aristocratie épiscopale succéda la monarchie pontificale : l'Église s'incarna dans un moine.

Le réformateur, comme le fondateur, était fils d'un charpentier. C'était un moine de Cluny, un Italien, né à Saona ; il appartenait à cette poétique et positive Toscane qui a produit Dante et Machiavel. Cet ennemi de l'Allemagne portait le nom germanique d'Hildebrand.

Lorsqu'il était encore à Cluny, le pape Léon IX, parent de l'empereur, et nommé par lui, passa par ce monastère ; et telle était l'autorité religieuse du moine, qu'il décida le prince à se rendre à Rome pieds nus, et comme pèlerin, à renoncer à la nomination impériale pour se soumettre à l'élection du peuple. C'était le troisième pape que l'empereur nommait, et il semblait à peine que l'on pût s'en plaindre ; ces papes allemands étaient exemplaires. Leur nomination avait fait cesser les épouvantables scandales de Rome, quand deux femmes donnaient tour à tour la papauté à leurs amants ; quand le fils d'un juif, quand un enfant de douze ans fut mis à la tête de la chrétienté. Toutefois, c'était peut-être encore pis que le pape fût nommé par l'empereur, et que les deux pouvoirs se trouvassent ainsi réunis. Il devait arriver, comme à Bagdad, comme au Japon, que la puissance spirituelle fût anéantie : la vie, c'est la lutte et l'équilibre des forces ; l'unité, l'identité, c'est la mort.

Pour que l'Église échappât à la domination des laïques, il fallait qu'elle cessât d'être laïque elle-même, qu'elle recouvrât sa force par la vertu de l'abstinence et des sacrifices, qu'elle se plongeât dans les froides eaux du Styx, qu'elle se trempât dans la chasteté. C'est par là que commença le moine. Déjà sous les deux papes qui le précédèrent au pontificat, il fit déclarer qu'un prêtre marié n'était plus prêtre. Là-dessus grande rumeur ; ils s'écrivent, ils se liguent, enhardis par leur nombre, ils déclarent hautement qu'ils veulent garder leurs femmes. Nous quitterons plutôt, dirent-ils, nos évêchés, nos abbayes, nos cures ; qu'il garde ses bénéfices. Le réformateur ne recula pas ; le fils du charpentier n'hésita pas à lâcher le peuple contre les prêtres. Partout la multitude se déclara contre les pasteurs mariés, et les arracha de l'autel. Le peuple une fois débridé, un brutal instinct de nivellement lui fit prendre plaisir à outrager ce qu'il avait adoré, à fouler aux pieds ceux dont il baisait les pieds, à déchirer l'aube et briser la mitre. Ils furent battus, souffletés, mutilés dans leurs cathédrales ; on but leur vin consacré, on dispersa leurs hosties. Les moines poussaient, prêchaient : un hardi mysticisme s'infiltrait dans le peuple : il s'habituait à mépriser la forme, à la briser comme pour en dégager l'esprit. Cette épuration révolutionnaire de l'Église lui communiqua un immense ébranlement. Les moyens furent atroces. Le moine Dunstan avait fait mutiler la femme ou concubine du roi d'Angleterre. Pietro Damiani, l'anachorète farouche, courut l'Italie au milieu des menaces et des malédictions, sans souci de vie, dévoilant avec un pieux cynisme la turpitude de l'Église. C'était désigner les prêtres mariés à la mort. Le théologien Manegold enseigna que les adversaires de la réforme étaient tuables sans difficulté. Grégoire VII lui-même approuva la mutilation d'un moine révolté. L'Église, armée d'une pureté farouche, ressembla aux vierges sanguinaires de la Gaule druidique et de la Tauride.

Il y eut alors dans le monde une chose étrange. De même que le Moyen Age repoussait les Juifs et les souffletait comme meurtriers de Jésus-Christ, la femme fut honnie comme meurtrière du genre humain : la pauvre Ève paya encore pour la pomme. On vit en elle la Pandore qui avait lâché les maux sur la terre. Les docteurs enseignèrent que le monde était assez peuplé, et déclarèrent que le mariage était un péché, tout au moins un péché véniel.

Ainsi s'accomplit cette violente réforme de l'Église ; elle se rédima de la chair en la maudissant. C'est alors qu'elle attaqua l'Empire. Alors, dans la fierté sauvage de sa virginité, ayant repris sa vertu et sa force, elle interrogea le siècle, et le somma de lui rendre la primatie, qui lui était due. L'adultère et la simonie du roi de France, l'isolement schismatique de l'Église d'Angleterre, la monarchie féodale elle-même personnifiée dans l'empereur furent appelés à rendre compte. Cette terre, que l'empereur ose inféoder aux évêques, de qui la tient-il, si ce n'est de Dieu ? De quel droit la matière entend-elle dominer l'esprit ? La vertu a dompté la nature ; il faut que l'idéal commande au réel, l'intelligence à la force, l'élection à l'hérédité. « Dieu a mis au ciel deux grands luminaires, le soleil, et la lune qui emprunte sa lumière au soleil ; sur la terre, il y a le pape, et l'empereur est le reflet du pape ; simple reflet, ombre pâle, qu'il reconnaisse ce qu'il est. Alors, le monde revenant à l'ordre véritable, Dieu régnera, et le vicaire de Dieu ; il y aura hiérarchie selon l'esprit et la sainteté. L'élection élèvera le plus digne. Le pape mènera le monde chrétien à Jérusalem, et sur le tombeau délivré du Christ son vicaire recevra le serment de l'empereur, et l'hommage des rois. »

Ainsi se déterminera dans l'Église, sous la forme du pontificat et de l'Empire, la lutte de la loi et de la nature. L'empereur, c'était le fougueux Henri IV, aussi emporté dans la nature que Grégoire VII fut dur dans la loi. Les forces semblaient d'abord bien inégales. Henri III avait légué à son fils de vastes États patrimoniaux, la toute-puissance féodale en Allemagne, une immense influence en Italie, et la prétention de faire les papes. Hildebrand n'avait pas même Rome ; il n'avait rien, et il avait tout. C'est la vraie nature de l'esprit de n'occuper aucun lieu. Chassé partout et triomphant, il n'eut pas une pierre à mettre sous sa tête, et dit en mourant ces paroles : « J'ai suivi la justice et fui l'iniquité ; voilà pourquoi je meurs dans l'exil. » (1073-1086.)

On a accusé l'obstination des deux partis ; et l'on n'a pas vu que ce n'était pas là une lutte d'hommes. Les hommes essayèrent de se rapprocher, et ne purent jamais. Lorsque Henri IV resta trois jours en chemise, sur la neige, dans les cours du Château de Canossa, il fallut bien que le pape l'admît. Des deux côtés on voulait la paix. Grégoire communia avec son ennemi, demandant la mort s'il était coupable, et appelant le jugement de Dieu. Dieu ne décida pas. Le jugement, comme la réconciliation, était impossible. Rien ne réconciliera l'esprit et la matière, la chair et l'esprit, la loi et la nature.

La nature fut vaincue, mais d'une façon dénaturée. Ce fut le fils d'Henri IV qui exécuta l'arrêt de l'Église. Quand le pauvre vieil empereur fut saisi à l'entrevue de Mayence, et que les évêques qui étaient restés purs de simonie lui arrachèrent la couronne et les vêtements royaux, il supplia avec larmes ce fils qu'il aimait encore de s'abstenir de ces violences parricides dans l'intérêt de son salut éternel. Dépouillé, abandonné, en proie au froid et à la faim, il vint à Spire, à l'église même de la Vierge, qu'il avait bâtie, demander à être nourri comme clerc ; il alléguait qu'il savait lire et qu'il pourrait chanter au lutrin. Il n'obtint pas cette faveur. La terre même fut refusée à son corps : il resta cinq ans sans sépulture dans une cave de Liége.

Dans cette lutte terrible que le Saint-Siège poursuivit dans toute l'Europe, il eut deux auxiliaires, deux instruments temporels : d'abord la fameuse comtesse Mathilde, si puissante en Italie, la fidèle amie de Grégoire VII. Cette princesse, française d'origine, avait grandi dans l'exil et sous la persécution des Allemands. Elle était alliée à la famille de Godefroi de Bouillon. Mais Godefroi était pour Henri IV. Il portait le chapeau de l'Empire à la bataille où fut tué Rodolphe, le rival d'Henri, et c'est Godefroi qui le tua. Mathilde au contraire ne connut pas d'autre drapeau que celui de l'Église. Elle réhabilitait la femme aux yeux du monde. Pure et courageuse comme Grégoire lui-même, cette femme héroïque faisait la grâce et la force de son parti. Elle soutenait le pape, combattait l'empereur et intercédait pour lui.

Après cette princesse française, les meilleurs soutiens du pape étaient nos Normands de Naples et d'Angleterre. Longtemps avant la croisade de Jérusalem, ce peuple aventureux faisait la croisade par toute l'Europe. Il est curieux d'examiner comment ces pieux brigands devinrent les soldats du Saint-Siège.

J'ai parlé ailleurs de l'origine des Normands. C'était un peuple mixte, où l'élément neustrien dominait de beaucoup l'élément scandinave. Sans doute à les voir sur la tapisserie de Bayeux avec leurs armures en forme d'écailles, avec leurs casques pointus et leurs nazaires, on serait tenté de croire que ces poissons de fer sont les descendants légitimes et purs des vieux pirates du Nord. Cependant, ils parlaient français dès la troisième génération, et n'avaient plus alors parmi eux personne qui entendît le danois ; ils étaient obligés d'envoyer leurs enfants l'apprendre chez les Saxons de Bayeux. Les noms de ceux qui suivent Guillaume le Bâtard sont purement français. Les conquérants de l'Angleterre abhorraient, dit Ingulf, la langue anglo-saxonne. Leur préférence était pour la civilisation romaine et ecclésiastique. Ce génie de scribes et de légistes qui a rendu leur nom proverbial en Europe, nous le trouvons chez eux dès le Xe et le XIe siècle. C'est ce qui explique en partie cette multitude prodigieuse de fondations ecclésiastiques chez un peuple qui n'était pas autrement dévot. Le moine Guillaume de Poitiers nous dit que la Normandie était une Égypte, une Thébaïde pour la multitude des monastères. Ces monastères étaient des écoles d'écriture, de philosophie, d'art et de droit. Le fameux Lanfranc, qui donna tant d'éclat à l'école du Bec, avant de passer le détroit avec Guillaume et de devenir en quelque sorte pape d'Angleterre, c'était un légiste italien.

Les historiens de la conquête d'Angleterre et de Sicile se sont plu à présenter leurs Normands sous les formes et la taille colossale des héros de chevalerie. En Italie, un d'eux tue d'un coup de poing le cheval de l'envoyé grec. En Sicile, Roger, combattant cinquante mille Sarrasins avec cent trente chevaliers, est renversé sous son cheval, mais se dégage seul, et rapporte encore la selle. Les ennemis des Normands, sans nier leur valeur, ne leur attribuent point ces forces surnaturelles. Les Allemands, qui les combattirent en Italie, se moquaient de leur petite taille. Dans leur guerre contre les Grecs et les Vénitiens, ces descendants de Rollon et d'Hastings se montrent peu marins, et fort effrayés des tempêtes de l'Adriatique.

Mélange d'audace et de ruse, conquérants et chicaneurs comme les anciens Romains, scribes et chevaliers, rasés comme les prêtres et bons amis des prêtres (au moins pour commencer), ils firent leur fortune par l'Église et malgré l'Église. La lance y fit, mais aussi la *lance de Judas,* comme parle Dante. Le héros de cette race, c'est Robert l'Avisé (Guiscard, *Wise*).

La Normandie était petite, et la police y était trop bonne pour qu'ils pussent butiner grand-chose les uns sur les autres. Il leur fallait donc aller, comme ils disaient, *gaaignant* par l'Europe. Mais l'Europe féodale, hérissée de châteaux, n'était pas, au XIe siècle, facile à parcourir. Ce n'était plus le temps où les petits chevaux des Hongrois galopaient jusqu'au Tibre, jusqu'à la Provence. Chaque passe des fleuves, chaque poste dominant avait sa tour ; à chaque défilé, on voyait descendre de la montagne quelque homme d'armes avec ses varlets et ses dogues, qui demandait péage ou bataille ; il visitait le petit bagage du voyageur, prenait part, quelquefois prenait tout, et l'homme par-dessus. Il n'y avait pas beaucoup à *gaaigner* en voyageant ainsi. Nos Normands s'y prenaient mieux. Ils se mettaient plusieurs ensemble, bien montés, bien armés, mais de plus affublés en pèlerins de bourdons et coquilles ; ils prenaient même volontiers quelque moine avec eux. Alors, à qui eût voulu les arrêter, ils auraient répondu doucement, avec leur accent traînant et nasillard, qu'ils étaient de pauvres pèlerins, qu'ils s'en allaient au Mont-Cassin, au Saint-Sépulcre, à Saint-Jacques-de-Compostelle : on respectait d'ordinaire une dévotion si bien armée. Le fait est qu'ils aimaient ces lointains pèlerinages : il n'y avait pas d'autre moyen d'échapper à l'ennui du manoir. Et puis c'étaient des routes fréquentées ; il y avait de bons coups à faire sur le chemin, et l'absolution au bout du voyage. Tout au moins, comme ces pèlerinages étaient aussi des foires, on pouvait faire un peu de commerce, et gagner plus de cent pour cent en faisant son salut. Le meilleur négoce était celui des reliques : on rapportait une dent de saint Georges, un cheveu de la Vierge. On trouvait à s'en défaire à grand profit ; il y avait toujours quelque évêque qui voulait achalander son église, quelque prince prudent qui n'était pas fâché à tout événement d'avoir en bataille quelque relique sous sa cuirasse.

C'est un pèlerinage qui conduisait d'abord les Normands dans l'Italie du Sud, où ils devaient fonder un royaume. Il y avait là, si je puis dire, trois débris, trois ruines de peuples : des Lombards dans les montagnes, des Grecs dans les ports, des Sarrasins de Sicile et d'Afrique qui voltigeaient sur les côtes. Vers l'an 1000, des pèlerins normands aident les habitants de Salerne à chasser les Arabes qui les rançonnaient. Bien payés, ces Normands en attirent d'autres. Un Grec de Bari, nommé Mélo ou Melès, en loue pour combattre les Grecs byzantins et affranchir sa ville. Puis la République grecque de Naples les établit au fort d'Aversa, entre elle et ses ennemis, les Lombards de Capoue (1026). Enfin arrivent les fils d'un pauvre gentilhomme du Cotentin, Tancrède de Hauteville. Trancrède avait douze enfants ; sept des douze était de la même mère.

Pendant la minorité de Guillaume, lorsque tant de barons essayèrent de se soustraire au joug du Bâtard, les fils de Tancrède s'acheminèrent vers l'Italie, où l'on disait qu'un simple chevalier normand était devenu comte d'Aversa. Ils s'en allèrent sans argent, se défrayant sur les routes avec leur épée (1037 ?). Le gouverneur (ou *kata pan*) byzantin les embaucha, les mena contre les Arabes. Mais à mesure qu'il leur vint des compatriotes, qu'ils se virent assez forts, ils tournèrent contre ceux qui les payaient, s'emparèrent de la Pouille et la partagèrent en douze comtés. Cette république de condottieri avait ses assemblées à Melphi. Les Grecs essayèrent en vain de se défendre. Ils réunirent contre les Normands jusqu'à soixante mille Italiens. Les Normands, qui étaient, dit-on, quelques centaines d'hommes bien armés, dissipèrent cette multitude. Alors les Byzantins appelèrent à leur secours les Allemands leurs ennemis. Les deux Empires d'Orient et d'Occident se confédérèrent contre les fils du gentilhomme de Coutances. Le tout-puissant empereur, Henri le Noir (Henri III), chargea son pape Léon IX, qui était un Allemand de la famille impériale, d'exterminer ces brigands. Le pape mena contre eux quelques Allemands et une nuée d'Italiens. Au moment du combat, les Italiens s'évanouirent, et laissèrent le belliqueux pontife entre les mains des Normands. Ceux-ci n'eurent garde de le maltraiter ; ils s'agenouillèrent dévotement aux pieds de leur prisonnier, et le contraignirent de leur donner, comme fief de l'Église, tout ce qu'ils avaient pris et pourraient prendre dans la Pouille, la Calabre et de l'autre côté du détroit. Le pape devint, malgré lui, suzerain du royaume des Deux-Siciles (1052-1053). Cette scène bizarre fut renouvelée un siècle après. Un descendant de ces premiers Normands fit encore un pape prisonnier ; il le força de recevoir son hommage, et se fit de plus déclarer, lui et ses successeurs, légats du Saint-Siège en Sicile. Cette dépendance nominale les rendait effectivement indépendants, et leur assurait ce droit d'investiture qui fit par toute l'Europe l'objet de la guerre du sacerdoce et de l'Empire.

La conquête de l'Italie méridionale fut achevée par Robert l'*Avisé* (Guiscard). Il se fit duc de Pouille et de Calabre, malgré ses neveux, qui réclamaient comme fils d'un frère aîné. Robert ne traita pas mieux le plus jeune de ses frères, Roger, qui était venu un peu tard réclamer part dans la conquête. Roger vécut quelque temps en volant tes chevaux, puis il passa en Sicile et en fit la conquête sur les Arabes, après la lutte la plus inégale et la plus romanesque. Malheureusement nous ne connaissons ces événements que par les panégyristes de cette famille. Un descendant de Roger réunit l'Italie méridionale à ses États insulaires, et fonda le royaume des Deux-Siciles.

Ce royaume féodal au bout de la péninsule, parmi des cités grecques, au milieu du monde de l'Odyssée, fut de grande utilité à l'Italie. Les mahométans n'osèrent plus guère en approcher avant la création des États barbaresques au XVIe siècle. Les Byzantins en sortirent, et leur empire lui-même fut envahi par Robert Guiscard et ses successeurs. Les Allemands enfin, dans leur éternelle expédition d'Italie, vinrent plus d'une fois heurter lourdement contre nos Français de Naples. Les papes vraiment italiens, comme Grégoire VII, fermèrent les yeux sur les brigandages des Normands et s'unirent étroitement avec eux contre les empereurs grecs et allemands. Robert Guiscard chassa de Rome Henri IV victorieux, et recueillit Grégoire VII, qui mourut chez lui à Salerne.

Cette prodigieuse fortune d'une famille de simples genstilhommes inspira de l'émulation au duc de Normandie (1035-1087). Guillaume *le Bâtard* (il s'intitule ainsi lui-même dans ses chartres) était de basse naissance du côté de sa mère. Le duc Robert l'avait eu par hasard de la fille d'un tanneur de Falaise. Il n'en rougit point, et s'entoura volontairement des autres fils de sa mère. Il eut d'abord bien de la peine à mettre à la raison ses barons qui le méprisaient, mais il en vint à bout. C'était un gros homme chauve, très brave, très avide et très *saige,* à la manière du temps, c'est-à-dire horriblement perfide. On prétendait qu'il avait empoisonné le duc de Bretagne son tuteur. Un comte qui lui disputait le Maine était mort en sortant d'un dîner de réconciliation, et il avait mis la main sur cette province. L'Anjou et la Bretagne, déchirés par des guerres civiles, le laissaient en repos. Il avait eu l'adresse de suspendre la lutte habituelle de la Flandre et de la Normandie, en épousant sa cousine Mathilde, fille du comte de Flandre. Cette alliance faisait sa force, aussi il entra dans une grande colère quand il apprit que le fameux théologien et légiste lombard, Lanfranc, qui enseignait à l'école monastique du Bec, parlait contre ce mariage entre parents. Il ordonna de brûler la ferme dont subsistaient les moines, et de chasser Lanfranc. L'Italien ne s'effraya pas ; en homme d'esprit, au lieu de s'enfuir, il vint trouver le duc. Il était monté sur un mauvais cheval boiteux : « Si vous voulez que je m'en aille en Normandie, lui dit-il, fournissez-m'en un autre. » Guillaume comprit le parti qu'il pouvait tirer de cet homme ; il l'envoya lui-même à Rome, et le chargea de faire trouver bon au pape le mariage contre lequel il avait prêché. Lanfranc réussit : Guillaume et

Mathilde en furent quittes pour fonder à Caen les deux magnifiques abbayes que nous voyons encore.

C'est que l'amitié de Guillaume était précieuse pour l'Église romaine, déjà gouvernée par Hildebrand, qui fut bientôt Grégoire VII. Leurs projets s'accordaient. Les Normands avaient en face d'eux, de l'autre côté de la Manche, une autre Sicile à conquérir. Celle-ci, pour n'être pas occupée par les Arabes, n'en était guère moins odieuse au Saint-Siège. Les Anglo-Saxons, d'abord dociles aux papes, et opposés par eux à l'Église indépendante d'Écosse et d'Irlande, avaient pris bientôt cet esprit d'opposition qui était, ce semble, nécessaire et fatal en Angleterre. Mais cette opposition n'était point philosophique, comme celle de la vieille Église irlandaise, au temps de saint Colomban et de Jean l'Érigène. L'Église saxonne, comme le peuple, semble avoir été grossière et barbare. Cette île était, depuis des siècles, un théâtre d'invasions continuelles. Toutes les races du Nord, Celtes, Saxons, Danois, semblaient s'y être donné rendez-vous, comme celles du Midi en Sicile. Les Danois y avaient dominé cinquante ans, vivant à discrétion chez les Saxons ; les plus vaillants de ceux-ci s'étaient enfuis dans les forêts, étaient devenus *têtes de loup,* comme on appelait ces proscrits. Les discordes des vainqueurs avaient permis le retour et le rétablissement d'Édouard le Confesseur, fils d'un roi saxon et d'une Normande, et élevé en Normandie. Ce bon homme, qui est devenu un saint, pour être resté vierge dans le mariage, ne put faire ni bien ni mal. Mais le peuple lui a su gré de son bon vouloir, et a regretté en lui son dernier souverain national, comme la Bretagne s'est souvenue d'Anne de Bretagne, et la Provence du roi René. Son règne ne fut qu'un court entracte qui sépara l'invasion danoise de l'invasion normande. Ami des Normands plus civilisés et chez qui il avait passé ses belles années, il fit de vains efforts pour échapper à la tutelle d'un puissant chef saxon, nommé Godwin, qui l'avait rétabli en chassant les Danois, mais qui dans la réalité régnait lui-même ; possédant par lui ou par ses fils le duché de Wessex, et les comtés de Kent, Sussex, Surrey, Hereford et Oxford, c'est-à-dire tout le midi de l'Angleterre. On accusait Godwin d'avoir autrefois appelé Alfred, frère d'Édouard, et de l'avoir livré aux Danois. Cette puissante famille ne se souciait ni du roi, ni de la loi ; Sweyn, l'un des fils de Godwin, avait tué son cousin Beorn, et le pauvre roi Édouard n'avait pu venger ce meurtre. Les Normands qu'il opposait à Godwin furent chassés à main armée ; les fils de Godwin devinrent maîtres, et l'un d'eux, nommé Harold, qui avait en effet de grandes qualités, prit assez d'empire sur le faible roi pour se faire désigner par lui pour son successeur.

Les Normands, qui comptaient bien régner après Édouard, persévérèrent avec la ténacité qu'on leur connaît. Ils assurèrent qu'il avait désigné Guillaume. Harold prétendait que son droit était meilleur, qu'Édouard l'avait nommé sur son lit de mort, et qu'en Angleterre on regardait comme valables les donations faites au dernier moment. Guillaume déclara cependant qu'il était prêt à plaider selon les lois de Normandie ou celles d'Angleterre. Un hasard singulier avait donné à leur duc une apparence de droit sur l'Angleterre et sur Harold, son nouveau roi.

Harold, poussé par une tempête sur les terres du comte de Ponthieu, vassal de Guillaume, fut livré par lui à son suzerain. Il prétendit qu'il était parti d'Angleterre pour redemander au duc de Normandie son frère et son neveu, qu'il retenait comme otages. Guillaume le traita bien, mais il ne le laissa pas aller si aisément. D'abord, il le fit chevalier, et Harold devint ainsi son fils d'armes ; puis il lui fit jurer sur des reliques qu'il l'aiderait à conquérir l'Angleterre après la mort d'Édouard. Harold devait en outre épouser la fille de Guillaume, et marier sa sœur à un comte normand. Pour mieux confirmer cette promesse de dépendance et de vasselage, Guillaume le mena avec lui contre les Bretons. C'est ainsi que, dans les Nibelungen, Siegfried devient vassal du roi Gunther en combattant pour lui. Dans les idées du Moyen Age, Harold s'était donc fait l'*homme* de Guillaume.

A la mort d'Édouard, comme Harold s'établissait tranquillement dans sa nouvelle royauté, il vit arriver un messager de Normandie qui lui parla en ces termes : « Guillaume, duc des Normands, te rappelle le serment que tu lui as juré de ta bouche et de ta main, sur de bons et saints reliquaires. » Harold répondit que le serment n'avait pas été libre, qu'il avait promis ce qui n'était pas à lui ; que la royauté était au peuple. « Quant à ma sœur, dit-il, elle est morte dans l'année. Veut-il que je lui envoie son corps ? » Guillaume répliqua sur un ton de douceur et d'amitié, priant le roi de remplir au moins une des conditions de son serment et de prendre en mariage la jeune fille qu'il avait promis d'épouser. Mais Harold prit une autre femme. Alors Guillaume jura que dans l'année il viendrait exiger toute sa dette et poursuivre son parjure jusqu'aux lieux où il croirait avoir le pied le plus sûr et le plus ferme.

Cependant, avant de prendre les armes, le Normand déclara qu'il s'en rapporterait au jugement du pape, et le procès de l'Angleterre fut plaidé dans les règles au conclave de Latran. Quatre motifs d'agression furent allégués : le meurtre d'Alfred trahi par Godwin, l'expulsion d'un Normand porté par Édouard à l'archevêché de Kenterbury, et remplacé par un Saxon, enfin le serment d'Harold et une promesse qu'Édouard aurait faite à Guillaume de lui laisser la royauté. Les envoyés normands comparurent devant le pape : Harold fit défaut. L'Angleterre fut adjugée aux Normands. Cette décision hardie fut prise à l'instigation d'Hildebrand, et contre l'avis de plusieurs cardinaux. Le diplôme en fut envoyé à Guillaume avec un étendard bénit et un cheveu de saint Pierre.

L'invasion prenant ainsi le caractère d'une croisade, une foule d'hommes d'armes affluèrent de toute l'Europe près de Guillaume. Il en vint de la Flandre et du Rhin, de la Bourgogne, du Piémont, de l'Aquitaine. Les Normands, au contraire, hésitaient à aider leur seigneur dans une entreprise hasardeuse dont le succès pouvait faire de leur pays une province de l'Angleterre. La Normandie était d'ailleurs menacée par Conan, duc de Bretagne. Ce jeune homme avait adressé à Guillaume le plus outrageant défi. Toute la Bretagne s'était mise en mouvement comme pour conquérir la Normandie, pendant que celle-ci allait conquérir l'Angleterre. Conan, amenant une grande armée, entra solennellement en Normandie, jeune, plein de confiance et sonnant du cor, comme pour appeler l'ennemi. Mais pendant qu'il sonnait, les forces lui manquèrent peu à peu, il laissa aller les rênes, le cor était empoisonné. Cette mort vint à point pour Guillaume, elle le tira d'un grand embarras ; une foule de Bretons prirent parti dans ses troupes, au lieu de l'attaquer, et le suivirent en Angleterre.

Le succès de Guillaume devenait alors presque certain. Les Saxons étaient divisés. Le frère même de Harold appela les Normands, puis les Danois, qui en effet attaquèrent l'Angleterre par le nord, tandis que Guillaume l'envahissait par le midi. La brusque attaque des Danois fut aisément repoussée par Harold, qui les tailla en pièces. Celle de Guillaume fut lente ; le vent lui manqua longtemps. Mais l'Angleterre ne pouvait lui échapper. D'abord les Normands avaient sur leurs ennemis une grande supériorité d'armes et de discipline ; les Saxons combattaient à pied avec de courtes haches, les Normands à cheval avec de longues lances. Depuis longtemps Guillaume faisait acheter les plus beaux chevaux en Espagne, en Gascogne et en Auvergne ; c'est peut-être lui qui a créé ainsi la belle et forte race de nos chevaux normands. Les Saxons ne bâtissaient point de châteaux ; ainsi une bataille perdue, tout était perdu, ils ne pouvaient plus guère se défendre ; et cette bataille, il était probable qu'ils la perdraient, combattant dans un pays de plaine contre une excellente cavalerie. Une flotte seule pouvait défendre l'Angleterre ; mais celle d'Harold était si mal approvisionnée, qu'après avoir croisé quelque temps dans la Manche, elle fut obligée de rentrer pour prendre des vivres.

Guillaume, débarqué à Hastings, ne rencontra pas plus d'armée que de flotte. Harold était alors à l'autre bout de l'Angleterre, occupé de repousser les Danois. Il revint enfin avec des troupes victorieuses, mais fatiguées, diminuées, et, dit-on, mécontentes de la parcimonie avec laquelle il avait partagé le butin. Lui-même était blessé. Cependant le Normand ne se hâta point encore. Il chargea un moine d'aller dire au Saxon qu'il se contenterait de partager le royaume avec lui : « S'il s'obstine, ajouta Guillaume, à ne point prendre ce que je lui offre, vous lui direz, devant tous ses gens, qu'il est parjure et menteur, que lui et tous ceux qui le soutiendront sont excommuniés de la bouche du pape, et que j'en ai la bulle. » Ce message produisit son effet. Les Saxons doutèrent de leur cause. Les frères mêmes d'Harold l'engagèrent à ne pas combattre de sa personne, puisque après tout, disaient-ils, il avait juré.

Les Normands employèrent la nuit à se confesser dévotement, tandis que les Saxons buvaient, faisaient grand bruit, et chantaient leurs chants nationaux. Le matin, l'évêque de Bayeux, frère de Guillaume, célébra la messe et bénit les troupes, armé d'un haubert sous son rochet. Guillaume lui-même tenait suspendues à son col les plus révérées des reliques sur lesquelles Harold avait juré, et faisait porter près de lui l'étendard bénit par le pape.

D'abord les Anglo-Saxons, retranchés derrière des palissades, restèrent, sous les flèches des archers de Guillaume, immobiles et impassibles. Quoique Harold eût l'œil crevé d'une flèche, les Normands eurent d'abord le dessous. La terreur gagnait parmi eux, le bruit courait que le duc était tué ; il est vrai qu'il eut dans cette bataille trois chevaux tués sous lui. Mais il se montra, se jeta devant les fuyards et les arrêta. L'avantage des Saxons fut justement ce qui les perdit. Ils descendirent en plaine, et la cavalerie normande reprit le dessus. Les lances prévalurent sur les haches. Les redoutes furent enfoncées. Tout fut tué ou se dispersa (1066).

Sur la colline où la vieille Angleterre avait péri avec le dernier roi saxon, Guillaume bâtit une belle et riche abbaye, l'*abbaye de la Bataille,* selon le vœu qu'il avait fait à saint Martin, patron des soldats de la Gaule. On y lisait naguère encore les noms des conquérants, gravés sur des tables ; c'est le Livre d'or de la noblesse d'Angleterre. Harold fut enterré par les moines sur cette colline, en face de la mer. « Il gardait la côte, dit Guillaume, qu'il la garde encore. »

Le Normand s'y prit d'abord avec quelque douceur et quelques égards pour les vaincus. Il dégrada un des siens qui avait frappé de son épée le cadavre d'Harold ; il prit le titre de roi des Anglais ; il promit de garder les bonnes lois d'Édouard le Confesseur ; il s'attacha Londres, et confirma les privilèges des hommes de Kent. C'était le plus belliqueux des comtés, celui qui avait l'avant-garde dans l'armée anglaise, celui où les vieilles libertés celtiques s'étaient le mieux conservées. Lorsque Lanfranc, le nouvel archevêque de Kenterbury, réclama contre la tyrannie du frère de Guillaume, les privilèges des hommes de Kent, il fut écouté favorablement du roi. Le conquérant essaya même d'apprendre l'anglais, afin de pouvoir rendre bonne justice aux hommes de cette langue. Il se piquait d'être justicier, jusqu'à déposer son oncle d'un archevêché pour une conduite peu édifiante. Cependant il fondait une garde de châteaux, et s'assurait de tous les lieux forts.

Peut-être Guillaume n'eût-il pas mieux demandé que de traiter les vaincus avec douceur. C'était son intérêt. Il n'eût été que plus absolu en Normandie. Mais ce n'était pas le compte de tant de gens auxquels il avait promis des dépouilles, et qui attendaient. Ils n'avaient pas combattu à Hastings pour que Guillaume s'arrangeât avec les Saxons. Il repassa en Normandie et y resta plusieurs années, sans doute pour éluder, pour ajourner, pour donner aux étrangers qui l'avaient suivi le temps de se rebuter et de se disperser. Mais, pendant son absence, éclata une grande révolte. Les Saxons ne pouvaient se persuader qu'en une bataille ils eussent été vaincus sans retour. Guillaume eut alors grand besoin de ses hommes d'armes, et, cette fois, il fallut un partage. L'Angleterre tout entière fut mesurée, décrite ; soixante mille fiefs de chevaliers y furent créés aux dépens des Saxons, et le résultat consigné dans le livre noir de la conquête, le *Doomsday book,* le livre du jour du jugement. Alors commencèrent ces effroyables scènes de spoliation dont nous avons une si vive et si dramatique histoire. Toutefois il ne faudrait pas croire que tout fut ôté aux vaincus. Beaucoup d'entre eux conservèrent des biens, et cela dans tous les comtés. Un seul est porté pour quarante et un manoirs dans le comté d'York.

On ne verra pas sans intérêt comment les Saxons eux-mêmes jugèrent le conquérant : « Si quelqu'un désire connaître quelle espèce d'homme c'était, et quels furent ses honneurs et possessions, nous allons le décrire comme nous l'avons connu ; car nous l'avons vu et nous nous sommes trouvés quelquefois à sa cour. Le roi Guillaume était un homme très sage et très puissant, plus puissant et plus honoré qu'aucun de ses prédécesseurs. Il était doux avec les bonnes gens qui aimaient Dieu, et sévère à l'excès pour ceux qui résistaient à sa volonté. Au lieu même où Dieu lui permit de vaincre l'Angleterre il éleva un noble monastère, y plaça des moines et les dota richement... Certes, il fut très honoré ; trois fois chaque année, il portait sa couronne, lorsqu'il était en Angleterre : à Pâques, il la portait à Winchester ; à la Pentecôte, à Westminster, et à Noël, à Gloucester. Et alors il était accompagné de tous les riches hommes de l'Angleterre, archevêques et évêques diocésains, abbés et comtes, thanes et chevaliers. Il était au surplus très prude et très sévère ; aussi personne n'osait rien entreprendre contre sa volonté. Il lui arriva de charger de chaînes des comtes qui lui résistaient. Il renvoya des évêques de leurs évêchés, des abbés de leurs abbayes, et mit des comtes en captivité ; enfin, il n'épargna pas même son propre frère Odon : il le mit en prison. Toutefois, entre autres choses, nous ne devons pas oublier le bon ordre qu'il établit dans cette contrée ; toute personne recommandable pouvait voyager à travers le royaume avec sa ceinture pleine d'or sans aucune vexation ; et aucun homme n'en aurait osé tuer un autre, en eût-il reçu la plus forte injure. Il donna des lois à l'Angleterre, et par son habileté il était parvenu à la connaître si bien, qu'il n'y a pas un hide de terre dont il ne sût à qui il était et de quelle valeur, et qu'il n'ait inscrite sur ses registres. Le Pays de Galles était sous sa domination, et il y bâtit des châteaux. Il gouverna aussi l'île de Man : de plus, sa puissance lui soumit l'Écosse ; la Normandie était à lui de droit. Il gouverna le comté appelé Mans ; et s'il eût vécu deux ans de plus, il eût conquis l'Irlande par la seule renommée de son courage et sans recourir aux armes. Certainement les hommes de son temps ont souffert bien des douleurs et mille injustices. Il laissa construire des châteaux et opprimer les pauvres. Ce fut un roi rude et cruel. Il prit à ses sujets bien des marcs d'or, des livres d'argent par centaines ; quelquefois avec justice, mais presque toujours injustement et sans nécessité. Il était fort avare et d'une ardente rapacité. Il donnait ses terres à rentes aussi cher qu'il pouvait. S'il se présentait quelqu'un qui en offrît plus que le premier n'avait donné, le roi lui adjugeait à l'instant ; un troisième venait-il encore enchérir, le roi cédait encore au plus offrant. Il se souciait peu de la manière criminelle dont ses baillis prenaient l'argent des pauvres, et combien de choses ils faisaient illégalement. Car plus ils parlaient de loi, plus ils la violaient. Il établit plusieurs deer-friths, et il fit à cet égard des lois portant que quiconque tuerait un cerf ou une biche perdrait la vue. Ce qu'il avait établi pour les biches, il le fit pour les sangliers ; car il aimait autant les bêtes fauves que s'il eût été leur père. Il en fit autant pour les lièvres, qu'il ordonna de laisser courir en paix. Les riches se plaignirent, et les pauvres murmuraient ; mais il était si dur, qu'il n'avait aucun souci de la haine d'eux tous. Il fallait suivre en tout la volonté du roi si l'on voulait avoir des terres, ou des biens, ou sa faveur. Hélas ! un homme peut-il être aussi capricieux, aussi bouffi d'orgueil, et se croire lui-même autant au-dessus de tous les autres hommes ! Puisse Dieu tout-puissant avoir merci de son âme, et lui accorder le pardon de ses fautes ! »

Quels qu'aient été les maux de la conquête, le résultat en fut, selon moi, immensément utile à l'Angleterre et au genre humain. Pour la première fois, il y eut un gouvernement. Le lien social, lâche et flottant en France et en Allemagne, fut tendu à l'excès en Angleterre. Peu nombreux au milieu d'un peuple entier qu'ils opprimaient, les barons furent obligés de se serrer autour du roi. Guillaume reçut le serment des arrière-vassaux comme celui des vassaux, mais il n'eût pas été bien venu à demander au duc de Guienne, au comte de Flandre, celui des barons, des chevaliers qui dépendaient d'eux. Tout était là cependant ; une royauté qui ne portait que sur l'hommage des grands vassaux était purement nominale. Éloignée, par son élévation dans la hiérarchie, des rangs inférieurs qui faisaient la force réelle, elle restait solitaire et faible à la pointe de cette pyramide, tandis que les grands vassaux, placés au milieu, en tenaient sous eux la base puissante.

Ce danger continuel où se trouvait l'aristocratie normande dans le premier siècle lui faisait supporter d'étranges choses de la part du roi. Dépositaire de l'intérêt commun de la conquête, défenseur de cette immense et périlleuse injustice, on lui laissa tout moyen de s'assurer que la terre serait bien défendue. Il fut le tuteur universel de tous les mineurs nobles ; il maria les nobles héritières à qui il voulut. Tutelles et mariages, il fit argent de tout, mangeant le bien des enfants dont il avait la garde-noble, tirant finance de ceux qui voulaient épouser des femmes riches, et des femmes qui refusaient ses protégés. Ces droits féodaux existaient sur le continent, mais sous forme bien différente. Le roi de France pouvait réclamer contre un mariage qui eût nui à ses intérêts, mais non pas imposer un mari à la fille de son vassal ; la garde-noble des mineurs était exercée, mais conformément à la hiérarchie féodale ; celle des arrière-vassaux l'était au profit des vassaux et non du roi.

Indépendamment du *danegeld,* levé sur tous, sous prétexte de pourvoir à la défense contre les Danois, indépendamment des tailles exigées des vaincus, des non-nobles, le roi d'Angleterre tira de la noblesse même un impôt, sous l'honorable nom d'*escuage.* C'était une dispense d'aller à la guerre. Les barons, fatigués d'appels continuels, aimaient mieux donner quelque argent que de suivre leur aventureux souverain dans les entreprises où il s'embarquait ; et lui, il s'arrangeait fort de cet échange. Au lieu du service capricieux et incertain des barons, il achetait celui des soldats mercenaires, Gascons, Brabançons, Gallois et autres. Ces gens-là ne tenaient qu'au roi, et faisaient sa force contre l'aristocratie. Elle se trouvait payer la bride et le mors que le roi lui mettait à la bouche.

Ainsi la royauté se constitua, et l'Église à côté : une Église forte et politique, comme celle que Charlemagne avait fondée en Saxe pour discipliner les anciens Saxons. Nulle part le clergé n'eut si forte part ; aujourd'hui encore le revenu de l'Église anglicane surpasse à lui seul ceux de toutes les Églises du monde mis ensemble. Cette Église eut son unité dans l'archevêque de Kenterbury. Ce fut comme une espèce de patriarche ou de pape, qui ne tint pas toujours compte des ordres de celui de Rome, et qui, d'autre part, s'interposa souvent entre le roi et le peuple, quelquefois même au profit des Saxons, des vaincus. « L'archevêque Lanfranc, conseiller et confesseur de Guillaume, animé et armé de la faveur du pape et de celle du roi, attaqué, écrasa les prélats et les grands qui se montraient rebelles à l'autorité royale. » C'est lui qui gouvernait l'Angleterre, lorsque Guillaume passait sur le continent.

Cette forte organisation de la royauté et de l'Église anglo-normande fut un exemple pour le monde. Les rois envièrent la toute-puissance de ceux de l'Angleterre, les peuples, la police tyrannique mais régulière qui régnait dans la Grande-Bretagne.

Les vaincus avaient, il est vrai, chèrement payé cet ordre et cette organisation. Mais à la longue les villes se peuplèrent de la désolation des campagnes. Leur forte et compacte population prépara à l'Angleterre une destinée nouvelle. Le roi avait maintenu les tribunaux saxons des comptés et des *hundred*, pour resserrer d'autant les juridictions féodales, qui, d'autre part, rencontraient par en haut un obstacle dans l'autorité souveraine de la cour du roi. Ainsi l'Angleterre, enfermée par la conquête dans un cadre de fer, commença à connaître l'ordre public. Cet ordre développa une prodigieuse force sociale. Dans les deux siècles qui suivirent la conquête, malgré tant de calamités, s'élevèrent ces merveilleux monuments que toute la puissance du temps présent pourrait à peine égaler. Les basses et sombres églises saxonnes s'élancèrent en flèches hardies, en majestueuses tours. Si la diversité des races et des langues retarda l'essor de la littérature, l'art du moins commença. C'est sur ces monuments, sur la force sociale qu'ils révèlent, qu'il faut juger la conquête, et non sur les calamités passagères qui l'ont accompagnée.

Quoique les Normands fussent loin de tenir tout ce que l'Église de Rome s'était promis de leurs victoires, elle y gagna néanmoins infiniment. Ceux de Naples dès leur origine, ceux d'Angleterre au temps d'Henri II et de Jean, se reconnurent comme feudataires du Saint-Siège. Les Normands d'Italie tinrent souvent en respect les empereurs d'Orient et d'Occident. Les Normands d'Angleterre, vassaux formidables du roi de France, l'obligèrent longtemps de se livrer sans réserve aux papes.

En même temps, les Capétiens de Bourgogne concouraient aux victoires du Cid, occupaient, par mariage, le royaume de Castille et fondaient celui de Portugal (1094 ou 1095). De toutes parts, l'Église triomphait dans l'Europe par l'épée des Français. En Sicile et en Espagne, en Angleterre et dans l'Empire grec, ils avaient commencé ou accompli la croisade contre les ennemis du pape et de la foi.

Toutefois, ces entreprises avaient été trop indépendantes les unes des autres, et aussi trop égoïstes, trop intéressées, pour accomplir le grand but de Grégoire VII et de ses successeurs : l'unité de l'Europe sous le pape, et l'abaissement des deux empires. Pour approcher de ce grand but de l'unité, il fallait que l'Église s'en mêlât, que le christianisme vînt au secours.

Le monde du XIe siècle avait dans sa diversité un principe commun de vie, la religion ; une forme commune, féodale et guerrière. Une guerre religieuse pouvait seule l'unir ; il ne devait oublier les diversités de races et d'intérêts politiques qui le déchiraient qu'en présence d'une diversité générale et plus grande ; si grande qu'en comparaison toute autre s'effaçât. L'Europe ne pouvait se croire une et le devenir qu'en se voyant en face de l'Asie. C'est à quoi travaillèrent les papes, dès l'an 1000.

Un pape français, Gerbert, Sylvestre II, avait écrit aux princes chrétiens, au nom de Jérusalem. Grégoire VII eût voulu se mettre à la tête de cinquante mille chevaliers pour délivrer le Saint-Sépulcre. Ce fut Urbain II, Français comme Gerbert, qui en eut la gloire. L'Allemagne avait sa croisade en Italie ; l'Espagne chez elle-même. La guerre sainte de Jérusalem, résolue en France au Concile de Clermont, prêchée par le Français Pierre l'Ermite, fut accomplie surtout par des Français. Les croisades ont leur idéal en deux Français : Godefroi de Bouillon les ouvre ; elles sont fermées par Saint Louis. Il appartenait à la France de contribuer plus que tous les autres au grand événement qui fit de l'Europe une nation.

CHAPITRE III

La Croisade - 1095-1099

Il y avait bien longtemps que ces deux sœurs, ces deux moitiés de l'humanité, l'Europe et l'Asie, la religion chrétienne et la musulmane, s'étaient perdues de vue, lorsqu'elles furent replacées en face par la croisade, et qu'elles se regardèrent. Le premier coup d'œil fut d'horreur. Il fallut quelque temps pour qu'elles se reconnussent et que le genre humain s'avouât son identité. Essayons d'apprécier ce qu'elles étaient alors, de fixer quel âge elles avaient atteint dans leur vie de religion.

L'islamisme était la plus jeune des deux, et déjà pourtant la plus vieille, la plus caduque. Ses destinées furent courtes ; née six cents ans plus tard que le christianisme, elle finissait au temps des croisades. Ce que nous en voyons depuis, c'est une ombre, une forme vide, d'où la vie s'est retirée, et que les barbares héritiers des Arabes conservent silencieusement sans l'interroger.

L'islamisme, la plus récente des religions asiatiques, est aussi le dernier et impuissant effort de l'Orient pour échapper au matérialisme qui pèse sur lui. La Perse n'a pas suffi, avec son opposition héroïque du royaume de la lumière contre celui des ténèbres, d'Iran contre Turan. La Judée n'a pas suffi, tout enfermée qu'elle était dans l'unité de son Dieu abstrait, et toute concentrée et durcie en soi. Ni l'une ni l'autre n'a pu opérer la rédemption de l'Asie. Que sera-ce de Mahomet, qui ne fait qu'adopter ce dieu judaïque, le tirer du peuple élu pour l'imposer à tous ? Ismaël en saura-t-il plus que son frère Israël ? Le désert arabique sera-t-il plus fécond que la Perse et la Judée ?

Dieu est Dieu, voilà l'islamisme ; c'est la religion de l'unité. Disparaisse l'homme, et que la chair se cache : point d'images, point d'art. Ce Dieu terrible serait jaloux de ses propres symboles. Il veut être seul à seul avec l'homme. Il faut qu'il le remplisse et lui suffise. La famille est à peu près détruite, la parenté, la tribu encore, tous ces vieux liens de l'Asie. La femme est cachée au harem ; quatre épouses, mais des concubines sans nombre. Peu de rapports entre les frères, les parents ; le nom de musulman remplace ces noms. Les familles sans nom commun, sans signes propres, sans perpétuité, semblent se renouveler à chaque génération. Chacun se bâtit une maison, et la maison meurt avec l'homme. L'homme se tient ni à l'homme ni à la terre. Isolés et sans trace, ils passent comme la poussière vole au désert ; égaux devant les grains de sable, sous l'œil d'un Dieu niveleur, qui ne veut nulle hiérarchie.

Point de Christ, point de médiateur, de Dieu-homme. Cette échelle que le christianisme nous avait jetée d'en haut, et qui montait vers Dieu par les saints, la Vierge, les anges et Jésus, Mahomet la supprime ; toute hiérarchie périt : la divine et l'humaine. Dieu recule dans le ciel à une profondeur infinie, ou bien pèse sur la terre, s'y applique et l'écrase. Misérables atomes, égaux dans le néant, nous gisons sur la plaine aride. Cette religion, c'est vraiment l'Arabie elle-même. Le ciel, la terre, rien entre ; point de montagne qui nous approche du ciel, point de douce vapeur qui nous trompe sur la distance ; un dôme impitoyablement tendu d'un sombre azur, comme un brûlant casque d'acier.

L'islamisme, né pour s'étendre, ne demeurera pas dans ce sublime et stérile isolement. Il faut qu'il coure le monde, au risque de changer. Ce Dieu que Mahomet a volé à Moïse, il pouvait rester abstrait, pur et terrible sur la montagne juive ou dans le désert arabique ; mais voilà que les cavaliers du Prophète le promènent victorieusement de Bagdad à

Cordoue, de Damas à Surate. Dès que la rotation du sabre, la ventilation du cimeterre n'allumera plus son ardeur farouche, il va s'humaniser. Je crains pour son austérité les paradis du harem, et ses roses solitaires et les fontaines jaillissantes de l'Alhambra. La chair maudite par cette religion superbe s'obstine à réclamer ; la matière proscrite revient sous une autre forme, et se venge avec la violence d'un exilé qui rentre en maître. Ils ont enfermé la femme au sérail, mais elle les y enferme avec elle ; ils n'ont pas voulu de la Vierge, et ils se battent depuis deux mille ans pour Fatema. Ils ont rejeté le Dieu-homme et repoussé l'incarnation en haine du Christ ; ils proclament celle d'Ali. Ils ont condamné le magisme, le règne de la lumière ; et ils enseignent que Mahomet est la lumière incarnée ; selon d'autres, Ali est cette lumière ; les imans, descendants et successeurs d'Ali, sont des rayons incarnés. Le dernier de ses imans, Ismaël, a disparu de la terre ; mais sa race subsiste, inconnue ; c'est un devoir de la chercher. Les califes fatemites d'Égypte étaient les représentants visibles de cette famille d'Ali et de Fatema. Avant eux, ces doctrines avaient prévalu dans les montagnes orientales de l'ancien Empire persan, où l'islamisme n'avait pu étouffer le magisme. Elles éclatèrent au VIIIe et au IXe siècle, lorsque les fanatiques Karmathiens, qui s'appelaient eux-mêmes Ismaïlites, se mirent à courir l'Asie, cherchant leur iman invisible, le sabre à la main. Les Abassides les exterminèrent par centaines de mille ; mais l'un d'eux, réfugié en Égypte, fonda la dynastie fatemite, pour la ruine des Abassides et du Coran.

La mystérieuse Égypte ressuscita ses vieilles initiations. Les Fatemites fondèrent au Caire la loge ou *maison de la sagesse ;* immense et ténébreux atelier de fanatisme et de science, de religion et d'athéisme. La seule doctrine certaine de ces protées de l'islamisme, c'était l'obéissance pure. Il n'y avait qu'à se laisser conduire ; ils vous menaient par neuf degrés de la religion au mysticisme, du mysticisme à la philosophie, au doute, à l'absolue indifférence. Leurs missionnaires pénétraient dans toute l'Asie, et jusque dans le palais de Bagdad, inondant le califat des Abassides de ce dissolvant destructif. La Perse était préparée de longue date à la recevoir. Avant Karmath, avant Mahomet, sous les derniers Sassanides, des sectaires avaient prêché la communauté des biens et des femmes, et l'indifférence du juste et de l'injuste.

Cette doctrine ne porta tout son fruit que quand elle fut replacée dans les montagnes de la vieille Perse, vers Casbin, au lieu même d'où sortirent les anciens libérateurs, le forgeron Kawe, avec son fameux tablier de cuir, et le héros Feridun, avec sa massue à tête de buffle. Ce protestantisme mahométan, porté au milieu de ces populations intrépides, s'y associa avec le génie de la résistance nationale, et leur enseigna un exécrable héroïsme d'assassinat. Ce fut d'abord un certain Hassan-ben-Sabah-Homairi, rejeté des Abassides et des Fatemites, qui s'empara, en 1090, de la forteresse d'Alamut (c'est-à-dire *Repaire des Vautours*) ; il l'appela, dans son audace, la *Demeure de la Fortune*. Il y fonda une association dont le fatemisme était le masque, mais dont la secrète pensée semble avoir été la ruine de toute religion. Cette corporation avait, comme la loge du Caire, ses savants, ses missionnaires. Alamut était plein de livres et d'instruments de mathématiques. Les arts y étaient cultivés ; les sectaires pénétraient partout sous mille déguisements, comme médecins, astrologues, orfèvres, etc. Mais l'art qu'ils exerçaient le plus, c'était l'assassinat. Ces hommes terribles se présentaient un à un pour poignarder un sultan, un calife, et se succédaient sans peur, sans découragement, à mesure qu'on les taillait en pièces. On assure que, pour leur inspirer ce courage furieux, le chef les fascinait par des breuvages enivrants, les portait endormis dans des lieux de délices, et leur persuadait ensuite qu'ils avaient goûté les prémices du paradis promis aux hommes dévoués. Sans doute à ces moyens se joignait le vieil héroïsme montagnard, qui a fait de cette contrée le berceau des vieux libérateurs de la Perse, et celui des modernes Wahabites. Comme à Sparte, les mères se vantaient de leurs fils morts, et ne pleuraient que les vivants. Le chef des Assassins prenait pour titre celui de *scheick de la montagne ;* c'était de même celui des chefs indigènes qui avaient leurs forts sur l'autre versant de la même chaîne.

Cet Hassan, qui pendant trente-cinq ans ne sortit pas une fois d'Alamut ni deux fois de sa chambre, n'en étendit pas moins sa domination sur la plupart des châteaux et lieux forts des montagnes entre la Caspienne et la Méditerranée. Ses Assassins inspiraient un inexprimable effroi. Les princes sommés de livrer leurs forteresses n'osaient ni les céder ni les garder ; ils les démolissaient. Il n'y avait plus de sûreté pour les rois. Chacun d'eux pouvait voir à chaque instant du milieu de ses plus fidèles serviteurs s'élancer un meurtrier. Un sultan qui persécutait les Assassins voit le matin, à son réveil, un poignard planté en terre, à deux doigts de sa tête : il leur paya tribut, et les exempta de tout impôt, de tout péage.

Telle était la situation de l'islamisme : le califat de Bagdad, esclave sous une garde turque ; celui du Caire, se mouvant de corruption ; celui de Cordoue, démembré et tombé en pièces. Une seule chose était forte et vivante dans le monde mahométan ; c'était cet horrible héroïsme des Assassins, puissance hideuse, plantée fermement sur la vieille montagne persane en face du califat comme le poignard près de la tête du sultan.

Combien le christianisme était plus vivant et plus jeune au moment des croisades ! Le pouvoir spirituel, esclave du temporel en Asie, le balançait, le primait en Europe ; il venait de se retremper par la chasteté monastique, par le célibat des prêtres. Le califat tombait, et la papauté s'élevait. Le mahométisme se divisait, le christianisme s'unissait. Le premier ne pouvait attendre qu'invasion et ruine ; et en effet, il ne résista qu'en recevant les Mongols et les Turcs, c'est-à-dire en devenant barbare.

Ce pèlerinage de la croisade n'est point un fait nouveau ni étrange. L'homme est pèlerin de sa nature ; il y a longtemps qu'il est parti, et je ne sais quand il arrivera. Pour le mettre en mouvement, il ne faut pas grand-chose. Et d'abord, la nature le mène comme un enfant en lui montrant une belle place au soleil, en lui offrant un fruit, la vigne d'Italie aux Gaulois, aux Normands l'orange de Sicile, ou bien c'est sous la forme de la femme qu'elle le tente et l'attire. Le rapt est la première conquête. C'est la belle Hélène, puis, la moralité s'élevant, la chaste Pénélope, l'héroïque Brynhild ou les Sabines. L'empereur Alexis, en appelant nos Français à la guerre sainte, ne négligeait pas de leur vanter la beauté des femmes grecques. Les belles Milanaises étaient, dit-on, pour quelque chose dans la persévérance de François Ier pour la conquête d'Italie.

La patrie est une autre amante après laquelle nous courons aussi. Ulysse ne se lassa point qu'il n'eût vu fumer les toits de son Ithaque. Dans l'Empire, les hommes du Nord cherchèrent en vain leur Asgard, leur ville des Ases, des héros et des dieux. Ils trouvèrent mieux. En courant à l'aveugle, ils heurtèrent contre le christianisme. Nos croisés, qui marchèrent d'un si ardent amour à Jérusalem, s'aperçurent que la patrie divine n'était point au torrent de Cédron, ni dans l'aride vallée de Josaphat. Ils regardèrent plus haut alors, et attendirent dans un espoir mélancolique une autre Jérusalem. Les Arabes s'étonnaient en voyant Godefroi de Bouillon assis par terre. Le vainqueur leur dit tristement : « La terre n'est-elle pas bonne pour nous servir de siège, quand nous allons rentrer pour si longtemps dans son sein ? » Ils se retirèrent pleins d'admiration. L'Occident et l'Orient s'étaient entendus.

Il fallait pourtant que la croisade s'accomplît. Ce vaste et multiple monde du Moyen Age, qui contenait en soi tous les éléments des mondes antérieurs, grec, romain et barbare, devait aussi reproduire toutes les luttes du genre humain. Il fallait qu'il représentât sous la forme chrétienne, et dans des proportions colossales, l'invasion de l'Asie par les Grecs et la conquête de la Grèce par les Romains, en même temps que la colonne grecque et l'arc romain seraient reliés et soulevés au ciel, dans les gigantesques piliers, dans les arceaux aériens de nos cathédrales.

Il y avait déjà longtemps que l'ébranlement avait commencé. Depuis l'an 1000 surtout, depuis que l'humanité croyait avoir chance de vivre et espérait un peu, une foule de pèlerins prenaient leur bâton et s'acheminaient, les uns à Saint-Jacques, les autres au Mont-Cassin, aux Saints-Apôtres de Rome, et de là à Jérusalem. Les pieds y portaient d'eux-mêmes. C'était pourtant un dangereux et pénible voyage. Heureux qui revenait ! plus heureux qui mourait près du tombeau du Christ, et qui pouvait lui dire selon l'audacieuse expression d'un contemporain : « Seigneur, vous êtes mort pour moi, je suis mort pour vous ! »

Les Arabes, peuple commerçant, accueillaient bien d'abord les pèlerins. Les Fatemites d'Égypte, ennemis secrets du Coran, les traitèrent bien encore. Tout changea lorsque le calife Hakem, fils d'une chrétienne, se donna lui-même pour une incarnation. Il maltraita cruellement les chrétiens qui prétendaient que le Messie était déjà venu, et les Juifs qui s'obstinaient à l'attendre encore. Dès lors, on n'aborda guère le saint tombeau qu'à condition de l'outrager, comme aux derniers temps les Hollandais n'entraient au Japon qu'en marchant sur la croix. On sait la ridicule histoire de ce comte d'Anjou, Foulques Nerra, qui avait tant à expier, et qui alla tant de fois à Jérusalem. Condamné par les fidèles à salir le saint tombeau, il trouva moyen de verser au lieu d'urine un vin précieux. Il revint à pied de Jérusalem, et mourut de fatigue à Metz.

Mais les fatigues et les outrages ne les rebutaient pas. Ces hommes si fiers, qui pour un mot auraient fait couler dans leur pays des torrents de sang, se soumettaient pieusement à toutes les bassesses qu'il plaisait aux Sarrasins d'exiger. Le duc de Normandie, les comtes de Barcelone, de Flandre, de Verdun, accomplirent dans le XIe siècle ce rude pèlerinage. L'empressement augmentait avec le péril ; seulement les pèlerins se mettaient en plus grandes troupes. En 1054, l'évêque de Cambrai tenta le voyage avec trois mille Flamands et ne put arriver. Treize ans après, les évêques de Mayence, de Ratisbonne, de Bamberg et d'Utrecht s'associèrent à quelques chevaliers normands et formèrent une petite armée de sept mille hommes. Ils parvinrent à grand-peine, et deux mille tout au plus revirent l'Europe. Cependant les Turcs, maîtres de Bagdad et partisans de son calife, s'étant emparés de Jérusalem, y massacrèrent indistinctement tous les partisans de l'incarnation, alides et chrétiens. L'empire grec, resserrré chaque jour, vit leur cavalerie pousser jusqu'au Bosphore, en face de Constantinople. D'autre part, les Fatemites tremblaient derrière les remparts de Damiette et du Caire. Ils s'adressèrent, comme les Grecs, aux princes de l'Occident. Alexis Comnène était déjà lié avec le comte de Flandre, qu'il avait accueilli magnifiquement à son passage ; ses ambassadeurs célébraient, avec le génie hâbleur des Grecs, les richesses de l'Orient, les empires, les royaumes qu'on pouvait y conquérir : les lâches allaient jusqu'à vanter la beauté de leurs filles et de leurs femmes, et semblaient les promettre aux Occidentaux.

Tous ces motifs n'auraient pas suffi pour émouvoir le peuple, et lui communiquer cet ébranlement profond qui le porta vers l'Orient. Il y avait déjà longtemps qu'on lui parlait de guerres saintes. La vie de l'Espagne n'était qu'une croisade : chaque jour on apprenait quelque victoire du Cid, la prise de Tolède ou de Valence, bien autrement importantes que Jérusalem. Les Génois, les Pisans, conquérants de la Sardaigne et de la Corse, ne poursuivaient-ils pas la croisade depuis un siècle ? Lorsque Sylvestre II écrivit sa fameuse lettre au nom de Jérusalem, les Pisans armèrent une flotte, débarquèrent en Afrique, et massacrèrent, dit-on, cent mille Maures. Toutefois, l'on sentait bien que la religion était pour peu de chose dans tout cela. Le danger animait les Espagnols, l'intérêt les Italiens. Ces derniers imaginèrent plus tard de couper court à toute croisade de Jérusalem, de détourner et d'attirer chez eux tout l'or que les pèlerins portaient dans l'Orient : ils chargèrent leurs galères de terre prise en Judée, rapprochèrent ce qu'on allait chercher si loin, et se firent une terre sainte dans le Campo Santo de Pise.

Mais on ne pouvait donner ainsi le change à la conscience religieuse du peuple, ni le détourner du saint tombeau. Dans les extrêmes misères du Moyen Age, les hommes conservaient des larmes pour les misères de Jérusalem. Cette grande voix qui en l'an 1000 les avait menacés de la fin du monde se fit entendre encore, et leur dit d'aller en Palestine pour s'acquitter du répit que Dieu leur donnait. Le bruit courait que la puissance des Sarrasins avait atteint son terme. Il ne s'agissait que d'aller devant soi par la grande route que Charlemagne avait, disait-on, frayée autrefois, de marcher sans se lasser vers le soleil levant, de recueillir la dépouille toute prête, de ramasser la bonne manne de Dieu. Plus de misère ni de servage ; la délivrance était arrivée. Il y en avait assez dans l'Orient pour les faire tous riches. D'armes, de vivres, de vaisseaux, il n'en était besoin ; c'eût été tenter Dieu. Ils déclarèrent qu'ils auraient pour guides les plus simples des créatures, une oie et une chèvre. Pieuse et touchante confiance de l'humanité enfant !

Un Picard, qu'on nommait trivialement *Coucou Piètre* (Pierre-Capuchon, ou Pierre l'Ermite, *à Cucullo),* contribua, dit-on, puissamment par son éloquence à ce grand mouvement du peuple. Au retour d'un pèlerinage à Jérusalem, il décida le pape français Urbain II à prêcher la croisade à Plaisance, puis à Clermont (1095). La prédication fut à peu près inutile en Italie ; en France tout le monde s'arma. Il y eut au Concile de Clermont quatre cents évêques ou abbés mitrés. Ce fut le triomphe de l'Église et du peuple. Les deux plus grands noms de la terre, l'empereur et le roi de France, y furent condamnés, aussi bien que les Turcs, et la querelle des investitures mêlée à celle de Jérusalem. Chacun mit la croix rouge à son épaule ; les étoffes, les vêtements rouges furent mis en pièces et n'y suffirent pas.

Ce fut alors un spectacle extraordinaire, et comme un renversement du monde. On vit des hommes prendre subitement en dégoût tout ce qu'ils avaient aimé. Leurs riches châteaux, leurs épouses, leurs enfants, ils avaient hâte de tout laisser là. Il n'était besoin de prédications ; ils se prêchaient les uns les autres, dit le contemporain, et de parole et d'exemple. « C'était, continue-t-il, l'accomplissement du mot de Salomon : *Les sauterelles n'ont point de rois, et elles s'en vont ensemble par bandes*. Elles n'avaient pas pris l'essor des bonnes œuvres, ces sauterelles, tant qu'elles restaient engourdies et glacées dans leur iniquité. Mais dès qu'elles se furent échauffées aux rayons du soleil de justice, elles s'élancèrent et prirent leur vol. Elles n'eurent point de roi ; toute âme fidèle prit Dieu seul pour guide, pour chef, pour camarade de guerre... Bien que la prédication ne se fût fait entendre qu'aux Français, quel peuple chrétien ne fournit aussi des soldats ? Vous auriez vu les Écossais couverts d'un manteau hérissé, accourir du fond de leurs marais... Je prends Dieu à témoin qu'il débarqua dans nos ports des barbares de je ne sais quelle nation ; personne ne comprenait leur langue : eux, plaçant leurs doigts en forme de croix, ils faisaient signe qu'ils voulaient aller à la défense de la foi chrétienne.

« Il y avait des gens qui n'avaient d'abord nulle envie de partir, qui se moquaient de ceux qui se défaisaient de leurs biens, leur prédisant un triste voyage et un plus triste retour. Et le lendemain, les moqueurs eux-mêmes, par un mouvement soudain, donnaient tout leur avoir pour quelque argent, et partaient avec ceux dont ils s'étaient d'abord raillés. Qui pourrait dire les enfants, les vieilles femmes qui se préparaient à la guerre ? Qui pourrait compter les vierges, les vieillards tremblant sous le poids de l'âge ?... Vous auriez ri de voir les pauvres ferrer leurs bœufs comme des chevaux, traînant dans des chariots leurs minces provisions et leurs petits enfants ; et ces petits, à chaque ville ou château qu'ils apercevaient, demandaient dans leur simplicité : N'est-ce pas là cette Jérusalem où nous allons ? »

Le peuple partit sans rien attendre, laissant les princes délibérer, s'armer, se compter ; hommes de peu de foi ! Les petits ne s'inquiétaient de rien de tout cela : ils étaient sûrs d'un miracle. Dieu en refuserait-il un à la délivrance du saint sépulcre ? Pierre l'Ermite marchait à la tête, pieds nus, ceint d'une corde. D'autres suivirent un brave et pauvre chevalier, qu'ils appelaient *Gautier-sans-avoir*. Dans tant de milliers d'hommes, ils n'avaient pas huit chevaux. Quelques Allemands imitèrent les Français et partirent sous la conduite d'un des leurs, nommé Gottesschalk. Tous ensemble descendirent la vallée du Danube, la route d'Attila, la grande route du genre humain.

Chemin faisant, ils prenaient, pillaient, se payant d'avance de leur sainte guerre. Tout ce qu'ils pouvaient trouver de juifs, ils les faisaient périr dans les tortures. Ils croyaient devoir punir les meurtriers du Christ avant de délivrer son tombeau. Ils arrivèrent ainsi, farouches, couverts de sang, en Hongrie et dans l'Empire grec. Ces bandes féroces y firent horreur ; on les suivit à la piste, on les chassa comme des bêtes fauves. Ceux qui restaient, l'empereur leur fournit des vaisseaux, et les fit passer en Asie, comptant sur les flèches des Turcs. L'excellente Anne Comnène est heureuse de croire qu'ils laissèrent dans la plaine de Nicée des montagnes d'ossements et qu'on en bâtit les murs d'une ville.

Cependant s'ébranlaient lentement les lourdes armées des princes, des grands, des chevaliers. Aucun roi ne prit part à la croisade, mais bien des seigneurs plus puissants que les rois. Le frère du roi de France, Hugues de Vermandois, le gendre du roi d'Angleterre, le riche Étienne de Blois, Robert Courte-Heuse, fils de Guillaume le Conquérant, enfin le comte de Flandre, partirent en même temps. Tous égaux, point de chef. Le gros Robert, l'homme du monde qui perdit le plus gaiement un royaume, n'allait à Jérusalem que par désœuvrement. Hugues et Étienne revinrent sans aller jusqu'au bout.

Le comte de Toulouse, Raymond de Saint-Gille, était, sans comparaison, le plus riche de ceux qui prirent la croix. Il venait de réunir les comtés de Rouergue, de Nîmes et le duché de Narbonne. Cette grandeur lui donnait bien d'autres espérances. Il avait juré qu'il ne reviendrait pas ; il emportait avec lui des sommes immenses ; tout le Midi le suivait : les seigneurs d'Orange, de Forez, de Roussillon, de Montpellier, de Turenne et d'Albret, sans parler du chef ecclésiastique de la croisade, l'évêque du Puy, légat du pape, qui était sujet de Raymond. Ces gens du Midi, commerçants, industrieux et civilisés comme les Grecs, n'avaient guère meilleure réputation de piété ni de bravoure. On leur trouvait trop de savoir et de savoir-faire, trop de loquacité. Les hérétiques abondaient dans leurs cités demi-mauresques ; leurs mœurs étaient un peu mahométanes. Les princes avaient force concubines. Raymond, en partant, laissa ses États à un de ses batards.

Les Normands d'Italie ne furent pas les derniers à la croisade. Moins riches que les Languedociens, ils comptaient bien aussi y faire leurs affaires. Les successeurs de Guiscard et Roger n'auraient pourtant pas quitté leur conquête pour cette hasardeuse expédition ; mais un certain Bohémond, bâtard de Robert l'Avisé, et non moins avisé que son père, n'avait rien eu en héritage que Tarente et son épée. Un Tancrède, Normand par sa mère, mais, à ce qu'on croit, Piémontais du côté paternel, prit aussi les armes. Bohémond assiégeait Amalfi, quand on lui apprit le passage des croisés. Il s'informa curieusement de leurs noms, de leur nombre, de leurs armes et de leurs ressources ; puis, sans mot dire, il prit la croix et laissa Amalfi. Il est curieux de voir le portrait qu'en fait Anne Comnène, la fille d'Alexis, qui le vit à Constantinople, et qui en eut si grand-peur. Elle l'a observé avec l'intérêt et la curiosité d'une femme. « Il passait les plus grands d'une coudée ; il était mince du ventre, large des épaules et de la poitrine ; il n'était ni maigre ni gras. Il avait les bras vigoureux, les mains charnues et peu grandes. A y faire attention, on s'apercevait qu'il était tant soi peu courbé. Il avait la peau très blanche, et ses cheveux tiraient sur le blond ; ils ne passaient pas les oreilles, au lieu de flotter, comme ceux des autres barbares. Je ne puis dire de quelle couleur était sa barbe ; ses joues et son menton étaient rasés ; je crois pourtant qu'elle était rousse. Son œil, d'un bleu tirant sur le vert de mer (γλαυκὸν), laissait entrevoir sa bravoure et sa violence. Ses larges narines aspiraient l'air librement, au gré du cœur ardent qui battait dans cette vaste poitrine. Il y avait de l'agrément dans cette figure, mais l'agrément était détruit par la terreur. Cette taille, ce regard, il y avait en tout cela quelque chose qui n'était point aimable, et qui même ne semblait pas de l'homme. Son sourire me semblait plutôt comme un frémissement de menace... Il n'était qu'artifice et ruse ; son langage était précis, ses réponses ne donnaient aucune prise. »

Quelques grandes choses que Bohémond ait faites, la voix du peuple, qui est celle de Dieu, a donné la gloire de la croisade à Godefroi, fils du comte de Boulogne, margrave d'Anvers, duc de Bouillon et de Lothier, roi de Jérusalem. La famille de Godefroi, issue, dit-on, de Charlemagne, était déjà signalée par de grandes aventures et de grands malheurs. Son père, Eustache de Boulogne, beau-frère d'Édouard le Confesseur, avait manqué l'Angleterre, où les Saxons l'appelaient contre Guillaume le Conquérant. Son grand-père maternel, Godefroi le Barbu, ou le Hardi, duc de Lothier et de Brabant, qui échoua de même en Lorraine, combattit trente ans les empereurs à la tête de toute la Belgique, et brûla dans Aix-la-Chapelle, le palais des Carlovingiens. Il fut plusieurs fois chassé, banni, captif ; sa femme, Béatrix d'Este, mère de la fameuse comtesse Mathilde, fut indignement retenue prisonnière par Henri III, qui finit par lui ravir son patrimoine, et donner la Lorraine à la maison d'Alsace. Toutefois, quand l'empereur Henri IV fut persécuté par les papes, et que tant de gens l'abandonnaient, le petit-fils du proscrit, le Godefroi de la croisade, ne manqua pas à son suzerain. L'empereur lui confia l'étendard de l'Empire, cet étendard que la famille de Godefroi avait fait chanceler, et contre lequel Mathilde soutenait celui de l'Église. Mais Godefroi le raffermit : du fer de ce drapeau, il tua l'anti-César, Rodolphe, le roi des prêtres (1080), et le porta ensuite, son victorieux drapeau, sur les murs de Rome, où il monta le premier. Toutefois, d'avoir violé la ville de saint Pierre et chassé le pape, ce fut une grande tristesse pour cette âme pieuse. Dès que la croisade fut publiée, il vendit ses terres à l'évêque de Liège, et partit pour la Terre sainte. Il avait dit souvent, étant encore tout petit, qu'il voulait aller avec une armée à Jérusalem. Dix mille chevaliers le suivirent avec soixante-dix mille hommes de pied, Français, Lorrains, Allemands.

Godefroi appartenait aux deux nations ; il parlait les deux langues. Il n'était pas grand de taille, et son frère Baudouin le passait de la tête ; mais sa force était prodigieuse. On dit que d'un coup d'épée il fendait un cavalier de la tête à la selle ; il faisait voler d'un revers la tête d'un bœuf ou d'un chameau. En Asie, s'étant écarté, il trouva dans une caverne un des siens aux prises avec un ours : il attira la bête sur lui, et la tua, mais resta longtemps alité de ses cruelles morsures. Cet homme héroïque était d'une pureté singulière. Il ne se maria point, et mourut vierge à trente-huit ans.

Le Concile de Clermont s'était tenu au mois de novembre 1095. Le 15 août 1096, Godefroi partit avec les Lorrains et les Belges, et prit sa route par l'Allemagne et la Hongrie. En septembre, partirent le fils de Guillaume le Conquérant, le comte de Blois, son gendre, le frère du roi de France et le comte de Flandre ; ils allèrent par l'Italie jusqu'à la Pouille ; puis les uns passèrent à Durazzo, les autres tournèrent la Grèce. En octobre, nos Méridionaux, sous Raymond de Saint-Gille, s'acheminèrent par la Lombardie, le Frioul et la Dalmatie. Bohémond, avec ses Normands et Italiens, perça sa route par les déserts de la Bulgarie. C'était le plus court et le moins dangereux ; il valait mieux éviter les villes, et ne rencontrer les Grecs qu'en rase campagne. La sauvage apparition des premiers croisés, sous Pierre l'Ermite, avait épouvanté les Byzantins ; ils se repentaient amèrement d'avoir appelé les Francs, mais il était trop tard ; ils entraient en nombre innombrable par toutes les vallées, par toutes les avenues de l'Empire. Le rendez-vous était à Constantinople. L'empereur eut beau leur dresser des pièges, les barbares s'en jouèrent dans leur force et leur masse : le seul Hugues de Vermandois se laissa prendre. Alexis vit tous ses corps d'armée, qu'il avait cru détruire, arriver un à un devant Constantinople, et saluer leur bon ami l'empereur. Les pauvres Grecs, condamnés à voir défiler devant eux cette effrayante revue du genre humain, ne pouvaient croire que le torrent passât sans les emporter. Tant de langues, tant de costumes bizarres, il y avait bien de quoi s'effrayer. La familiarité même de ces barbares, leurs plaisanteries grossières, déconcertaient les Byzantins. En attendant que toute l'armée fût réunie, ils s'établissaient amicalement dans l'Empire, faisaient comme chez eux, prenant dans leur simplicité tout ce qui leur plaisait : par exemple les plombs des églises pour les revendre aux Grecs. Le sacré palais n'était pas plus respecté. Tout ce peuple de scribes et d'eunuques ne leur imposait guère. Ils n'avaient pas assez d'esprit et d'imagination pour se laisser saisir aux pompes terribles, au cérémonial tragique de la majesté byzantine. Un beau lion d'Alexis, qui faisait l'ornement et l'effroi du palais, ils s'amusèrent à le tuer.

C'était une grande tentation que cette merveilleuse Constantinople pour des gens qui n'avaient vu que les villes de boue de notre Occident. Ces dômes d'or, ces palais de marbre, tous les chefs-d'œuvre de l'art antique entassés dans la capitale depuis que l'Empire s'était tant resserré ; tout cela composait un ensemble étonnant et mystérieux qui les confondait ; ils n'y entendaient rien : la seule variété de tant d'industries et de marchandises était pour eux un inexplicable problème. Ce qu'ils y comprenaient, c'est qu'ils avaient grande envie de tout cela ; ils doutaient même que la ville sainte valût mieux. Nos Normands et nos Gascons auraient bien voulu terminer là la croisade ; ils auraient dit volontiers comme les petits enfants dont parle Guibert : « N'est-ce pas là Jérusalem ? »

Ils se souvinrent alors de tous les pièges que les Grecs leur avaient dressés sur la route : ils prétendirent qu'ils leur fournissaient des aliments nuisibles, qu'ils empoisonnaient les fontaines, et leur imputèrent les maladies épidémiques que les alternatives de la famine et de l'intempérance avaient pu faire naître dans l'armée. Bohémond et le comte de Toulouse soutenaient qu'on ne devait point de ménagements à ces empoisonneurs, et qu'en punition, il fallait prendre Constantinople. On pourrait ensuite à loisir conquérir la Terre sainte. La chose était facile s'ils se fussent accordés ; mais le Normand comprit qu'en renversant Alexis, il pourrait fort bien donner seulement l'Empire au Toulousain. D'ailleurs, Godefroi déclara qu'il n'était pas venu pour faire la guerre à des chrétiens. Bohémond parla comme lui, et tira bon parti de sa vertu. Il se fit donner tout ce qu'il voulut par l'empereur.

Telle fut l'habileté d'Alexis, qu'il trouva moyen de décider ces conquérants, qui pouvaient l'écraser, à lui faire hommage et lui soumettre d'avance leur conquête. Hugues jura d'abord, puis Bohémond, puis Godefroi. Godefroi s'agenouilla devant le Grec, mit ses mains dans les siennes et se fit son vassal. Il en coûta peu à son humilité. Dans la réalité, les croisés ne pouvaient se passer de Constantinople ; ne la possédant pas, il fallait qu'ils l'eussent au moins pour alliée et pour amie. Prêts à s'engager dans les déserts de l'Asie, les Grecs seuls pouvaient les préserver de leur ruine. Ceux-ci promirent tout ce que l'on voulut pour se débarrasser, vivres, troupes auxiliaires, des vaisseaux surtout pour faire passer au plus tôt le Bosphore.

« Godefroi ayant donné l'exemple, tous se réunirent pour prêter serment. Alors un d'entre eux, c'était un comte de haute noblesse, eut l'audace de s'asseoir dans le trône impérial. L'empereur ne dit rien, connaissant de longue date l'outrecuidance des Latins. Mais le comte Baudouin prit cet insolent par la main, et l'ôta de sa place, lui faisant entendre que ce n'était pas l'usage des empereurs de laisser assis à côté d'eux ceux qui leur avaient fait hommage, et qui étaient devenus leurs hommes ; il fallait, disait-il, se conformer aux usages du pays où l'on vivait. L'autre ne répondait rien, mais il regardait l'empereur d'un air irrité, murmurant en sa langue quelques mots qu'on pourrait traduire ainsi : « Voyez ce rustre qui est assis tout seul, lorsque tant de capitaines sont debout ! » L'empereur remarqua le mouvement de ses lèvres, et se fit expliquer ses paroles par un interprète, mais pour le moment il ne dit rien encore. Seulement, lorsque les comtes, ayant accompli la cérémonie, se retiraient et saluaient l'empereur, il prit à part cet orgueilleux, et lui demanda qui il était, son pays et son origine : « Je suis pur Franc, dit-il, et des plus nobles. Je ne sais qu'une chose, c'est que dans mon pays, il y a à la rencontre de trois routes une vieille église, où quiconque a envie de se battre en duel vient prier Dieu, et attendre son adversaire. Moi, j'ai eu beau attendre à ce carrefour, personne n'a osé venir. » – « Eh bien ! dit l'empereur, si vous n'avez pas encore trouvé d'ennemi, voici le temps où vous n'en manquerez pas. »

Les voilà dans l'Asie, en face des cavaliers turcs. La lourde masse avance, harcelée sur les flancs. Elle se pose d'abord devant Nicée. Les Grecs voulaient recouvrer cette ville ; ils y menèrent les croisés. Ceux-ci, inhabiles dans l'art des sièges, auraient pu, avec toute leur valeur, y languir à jamais. Ils servirent du moins à effrayer les assiégés, qui traitèrent avec Alexis. Un matin les Francs virent flotter sur la ville le drapeau de l'empereur et il leur fut signifié du haut des murs de respecter une ville impériale.

Ils continuèrent donc leur route vers le midi, fidèlement escortés par les Turcs, qui enlevaient tous les traîneurs. Mais ils souffraient encore plus de leur grand nombre.

Malgré les secours des Grecs, aucune provision ne suffisait, l'eau manquait à chaque instant sur ces arides collines. En une seule halte, cinq cents personnes moururent de soif. « Les chiens de chasse des grands seigneurs, que l'on conduisait en laisse, expirèrent sur la route, dit le chroniqueur, et les faucons moururent sur le poing de ceux qui les portaient. Des femmes accouchèrent de douleur ; elles restaient toutes nues sur la plaine, sans souci de leurs enfants nouveau-nés. »

Ils auraient eu plus de ressources s'ils eussent eu de la cavalerie légère contre celle des Turcs. Mais que pouvaient des hommes pesamment armés contre ces nuées de vautours ? L'armée des croisés voyageait, si je puis dire, captive dans un cercle de turbans et de cimeterres. Une seule fois les Turcs essayèrent de les arrêter et leur offrirent la bataille. Ils n'y gagnèrent pas ; ils sentirent ce que pesaient les bras de ceux contre lesquels ils combattaient de loin avec tant d'avantage ; toutefois la perte des croisés fut immense.

Ils parvinrent ainsi par la Cilicie jusqu'à Antioche. Le peuple aurait voulu passer outre, vers Jérusalem, mais les chefs insistèrent pour qu'on s'arrêtât. Ils étaient impatients de réaliser enfin leurs rêves ambitieux. Déjà ils s'étaient disputé l'épée à la main la ville de Tarse ; Baudouin et Tancrède soutenaient tous deux y être entrés les premiers. Une autre ville, qui allait exciter une semblable querelle, fut démolie par le peuple, qui se souciait peu des intérêts des chefs, et ne voulait pas être retardé.

La grande ville d'Antioche avait trois cent soixante églises, quatre cent cinquante tours. Elle avait été la métropole de cent cinquante-trois évêchés. C'était là une belle proie pour le comte de Saint-Gille et pour Bohémond. Antioche pouvait seule les consoler d'avoir manqué Constantinople. Bohémond fut le plus habile. Il pratiqua les gens de la ville. Les croisés, trompés comme à Nicée, virent flotter sur les murs le drapeau rouge des Normands. Mais il ne put les empêcher d'y entrer, ni le comte Raymond de s'y fortifier dans quelques tours. Ils trouvèrent dans cette grande ville une abondance funeste après tant de jeûnes. L'épidémie les emporta en foule. Bientôt les vivres prodigués s'épuisèrent, et il se trouvaient réduits de nouveau à la famine, quand une armée innombrable de Turcs vint les assiéger dans leur conquête. Un grand nombre d'entre eux, Hugues de France, Étienne de Blois, crurent l'armée perdue sans ressources, et s'échappèrent pour annoncer le désastre de la croisade.

Tel était en effet l'excès d'abattement de ceux qui restaient, que Bohémond ne trouva d'autre moyen pour les faire sortir des maisons où ils se tenaient blottis que d'y mettre le feu. La religion fournit un secours plus efficace. Un homme du peuple, averti par une vision, annonça aux chefs qu'en creusant la terre à telle place, on trouverait la sainte lance qui avait percé le côté de Jésus-Christ. Il prouva la vérité de sa révélation en passant dans les flammes, s'y brûla, mais on n'en cria pas moins au miracle. On donna aux chevaux tout ce qui restait de fourrage, et tandis que les Turcs jouaient et buvaient, croyant tenir ces affamés, ils sortent par toutes les portes, et en tête la sainte lance. Leur nombre leur sembla doublé par les escadrons des anges. L'innombrable armée des Turcs fut dispersée, et les croisés se retrouvèrent maîtres de la campagne d'Antioche et du chemin de Jérusalem.

Antioche resta à Bohémond, malgré les efforts de Raymond pour en garder les tours. Le Normand recueillit ainsi la meilleure part de la croisade. Toutefois il ne put se dispenser de suivre l'armée, et de l'aider à prendre Jérusalem. Cette prodigieuse armée était, dit-on, réduite alors à vingt-cinq mille hommes. Mais c'étaient les chevaliers et leurs hommes. Le peuple avait trouvé son tombeau dans l'Asie-Mineure et dans Antioche.

Les Fatemites d'Égypte qui, comme les Grecs, avaient appelé les Francs contre les Turcs, se repentirent de même. Ils étaient parvenus à enlever aux Turcs Jérusalem, et c'étaient eux qui la défendaient. On prétend qu'ils y avaient réuni jusqu'à quarante mille hommes.

Les croisés qui, dans le premier enthousiasme où les jeta la vue de la cité sainte, avaient cru pouvoir l'emporter d'assaut, furent repoussés par les assiégés. Il leur fallut se résigner aux lenteurs d'un siège, s'établir dans cette campagne désolée, sans arbres et sans eau. Il semblait que le démon eût tout brûlé de son souffle, à l'approche de l'armée du Christ. Sur les murailles paraissaient des sorcières qui lançaient des paroles funestes sur les assiégeants. Ce ne fut point par des paroles qu'on leur répondit.

Des pierres lancées par les machines des chrétiens frappèrent une des magiciennes pendant qu'elle faisait ses conjurations.

Le seul bois qui se trouvât dans le voisinage avait été coupé par les Génois et les Gascons, qui en firent des machines, sous la direction du vicomte de Béarn. Deux tours roulantes furent construites pour le comte de Saint-Gille et pour le duc de Lorraine. Enfin, les croisés ayant fait, pieds nus, pendant huit jours, le tour de Jérusalem, toute l'armée attaqua ; la tour de Godefroi fut approchée des murs, et le vendredi 15 juillet 1099, à trois heures, à l'heure et au jour même de la passion, Godefroi de Bouillon descendit de sa tour sur les murailles de Jérusalem. La ville prise, le massacre fut effroyable. Les croisés, dans leur aveugle ferveur, ne tenant aucun compte des temps, croyaient, en chaque infidèle qu'ils rencontraient à Jérusalem, frapper un des bourreaux de Jésus-Christ.

Quand il leur sembla que le Sauveur était assez vengé, c'est-à-dire quand il ne resta presque personne dans la ville, ils allèrent avec larmes et gémissements, en se battant la poitrine, adorer le saint tombeau.

Il s'agit ensuite de savoir quel serait le roi de la conquête, qui aurait le triste honneur de défendre Jérusalem. On institua une enquête sur chacun des princes, afin d'élire le plus digne ; on interrogea leurs serviteurs, pour découvrir leurs vices cachés. Le comte de Saint-Gille, le plus riche des croisés, eût été élu probablement ; mais ses serviteurs, craignant de rester avec lui à Jérusalem, n'hésitèrent pas à noircir leur maître, et lui épargnèrent la royauté. Ceux du duc de Lorraine, interrogés à leur tour, après avoir bien cherché, ne trouvèrent rien à dire contre lui, sinon qu'il restait trop longtemps dans les églises, au-delà même des offices, qu'il allait toujours s'enquérant aux prêtres des histoires représentées dans les images et les peintures sacrées, au grand mécontentement de ses amis, qui l'attendaient pour le repas.

Godefroi se résigna, mais il ne voulut jamais prendre la couronne royale dans un lieu où le Sauveur en avait porté une d'épines. Il n'accepta d'autre titre que celui d'avoué et baron du Saint-Sépulcre. Le patriarche réclamant Jérusalem et tout le royaume, le conquérant ne fit point d'objection ; il céda tout devant le peuple, se réservant la jouissance seulement, c'est-à-dire la défense. Dès la première année il lui fallut battre une armée innombrable d'Égyptiens, qui vinrent attaquer les croisés à Ascalon. C'était une guerre éternelle, une misère irrémédiable, un long martyre que Godefroi se trouvait avoir conquis. Dès le commencement, le royaume se trouvait infesté par les Arabes jusqu'aux portes de la capitale ; l'on osait à peine cultiver les campagnes. Tancrède fut le seul des chefs qui voulut bien rester avec Godefroi. Celui-ci put à peine garder en tout trois cents chevaliers.

C'était cependant une grande chose pour la chrétienté d'occuper ainsi, au milieu des infidèles, le berceau de sa religion. Une petite Europe asiatique y fut faite à l'image de la grande. La féodalité s'y organisa dans une forme plus sévère même que dans aucun pays de l'Occident. L'ordre hiérarchique, et tout le détail de la justice féodale, y fut réglé dans les fameuses Assises de Jérusalem par Godefroi et ses barons. Il y eut un prince de Galilée, un marquis de Jaffa, un baron de Sidon. Ces titres du Moyen Age attachés aux noms les plus vénérables de l'Antiquité biblique semblent un travestissement. Que la forteresse de David fût crénelée par un duc de Lorraine, qu'un géant barbare de l'Occident, un Gaulois, une tête blonde masquée de fer, s'appelât le marquis de Tyr, voilà ce que n'avait pas vu Daniel.

La Judée était devenue une France. Notre langue, portée par les Normands en Angleterre et en Sicile, le fut en Asie par la croisade. La langue française succéda, comme langue politique, à l'universalité de la langue latine, depuis l'Arabie jusqu'à l'Irlande. Le nom de Francs devint le nom commun des Occidentaux. Et quelque faible encore que fût la royauté française, le frère du triste Philippe Ier, ce Hugues de Vermandois qui se sauva d'Antioche, n'en était pas moins appelé par les Grecs le frère du chef des princes chrétiens, et du roi des rois.

CHAPITRE IV

Suite de la Croisade - Les Communes - Abailard - Première moitié du XIIe siècle

Il appartient à Dieu de se réjouir sur son œuvre, et de dire : « Ceci est bon. » Il n'en est pas ainsi de l'homme. Quand il a fait la sienne, quand il a bien travaillé, qu'il a bien couru et sué, quand il a vaincu, et qu'il le tient enfin, l'objet adoré, il ne le reconnaît plus, le laisse tomber des mains, le prend en dégoût, et soi-même. Alors ce n'est plus pour lui la peine de vivre ; il n'a réussi, avec tant d'efforts, qu'à s'ôter son Dieu. Ainsi Alexandre mourut de tristesse quand il eut conquis l'Asie, et Alaric, quand il eut pris Rome. Godefroi de Bouillon n'eut pas plutôt la Terre sainte qu'il s'assit découragé sur cette terre, et languit de reposer dans son sein. Petits et grands, nous sommes tous en ceci Alexandre et Godefroi.

L'historien comme le héros. Le sec et froid Gibbon lui-même exprime une émotion mélancolique, quand il a fini son grand ouvrage. Et moi, si j'ose aussi parler, j'entrevois, avec autant de crainte que de désir, l'époque où j'aurai terminé la longue croisade à travers les siècles, que j'entreprends pour ma patrie.

La tristesse fut grande pour les hommes du Moyen Age, quand ils furent au but de cette aventureuse expédition, et jouirent de cette Jérusalem tant désirée. Six cent mille hommes s'étaient croisés. Ils n'étaient plus que vingt-cinq mille en sortant d'Antioche ; et quand ils eurent pris la cité sainte, Godefroi resta pour la défendre avec trois cents chevaliers : quelques autres à Tripoli, avec Raymond ; à Edesse, avec Baudouin ; à Antioche, avec Bohémond. Dix mille hommes revirent l'Europe. Qu'était devenu tout le reste ? Il était facile d'en trouver la trace ; elle était marquée par la Hongrie, l'Empire grec et l'Asie, sur une route blanche d'ossements. Tant d'efforts et un tel résultat ! Il ne faut pas s'étonner si le vainqueur lui-même prit la vie en dégoût. Godefroi n'accusa pas Dieu, mais il languit et mourut.

C'est qu'il ne se doutait pas du résultat véritable de la croisade. Ce résultat qu'on ne pouvait ni voir, ni toucher, n'en était pas moins réel. L'Europe et l'Asie s'étaient approchées, reconnues ; les haines d'ignorance avaient déjà diminué. Comparons le langage des contemporains avant et après la croisade.

« C'était chose amusante, dit le farouche Raymond d'Agiles, de voir les Turcs, pressés de tous côtés par les nôtres, se jeter en fuyant les uns sur les autres et se pousser mutuellement dans les précipices : c'était un spectacle assez amusant et délectable. »

Tout est changé après la croisade. Le frère et successeur de Godefroi, le roi Baudouin, épouse une femme issue d'une famille illustre « parmi les gentils du pays ». Lui-même adopte leurs usages, prend une robe longue, laisse croître sa barbe, et se fait adorer à l'orientale. Il commence à compter les Sarrasins pour des hommes. Blessé, il refuse à ses médecins la permission de blesser un prisonnier pour étudier son mal. Il a pitié d'une prisonnière musulmane qui accouche dans son armée : il arrête sa marche, plutôt que de l'abandonner dans le désert.

Que sera-ce des chrétiens eux-mêmes ? Quels sentiments d'humanité, de charité, d'égalité, n'ont-ils pas eu l'occasion d'acquérir dans cette communauté de périls et d'extrêmes misères ! La chrétienté, réunie un instant sous un même drapeau, a connu une sorte de patriotisme européen. Quelques vues temporelles qui se soient mêlées à leur entreprise, la plupart ont goûté de la vertu et rêvé la sainteté. Ils ont essayé de valoir mieux qu'eux-mêmes, et sont devenus chrétiens, au moins en haine des infidèles.

Le jour où, sans distinction de libres et de serfs, les puissants désignèrent ainsi ceux qui les suivaient, nos pauvres, fut l'ère de l'affranchissement. Le grand mouvement de la croisade ayant un instant tiré les hommes de la servitude locale, les ayant menés au grand air par l'Europe et l'Asie, ils cherchèrent Jérusalem, et rencontrèrent la liberté. Cette trompette libératrice de l'archange, qu'on avait cru entendre en l'an 1000, elle sonna un siècle plus tard dans la prédication de la croisade. Au pied de la tour féodale, qui l'opprimait de son ombre, le village s'éveilla. Cet homme impitoyable, qui ne descendait de son nid de vautour que pour dépouiller ses vassaux, les arma lui-même, les emmena, vécut avec eux, souffrit avec eux ; la communauté de misères amollit son cœur. Plus d'un serf put dire au baron : « Monseigneur, je vous ai trouvé un verre d'eau dans le désert ; je vous ai couvert de mon corps au siège d'Antioche ou de Jérusalem. »

Il dut y avoir aussi des aventures bizarres, des fortunes étranges. Dans cette mortalité terrible, lorsque tant de nobles avaient péri, ce fut souvent un titre de noblesse d'avoir survécu. L'on sut alors ce que valait un homme. Les serfs eurent aussi leur histoire héroïque. Les parents de tant de morts se trouvèrent parents de martyrs. Ils appliquèrent à leurs pères, à leurs frères, les vieilles légendes de l'Église. Ils surent que c'était un pauvre homme qui avait sauvé Antioche en trouvant la sainte lance, et que les fils et les frères des rois s'étaient sauvés d'Antioche. Ils surent que le pape n'était point allé à la croisade, et que la sainteté des moines et des prêtres avait été effacée par la sainteté d'un laïque, de Godefroi de Bouillon.

L'humanité recommença alors à s'honorer elle-même dans les plus misérables conditions. Les premières révolutions communales précèdent ou suivent de près l'an 1100. Ils s'avisèrent que chacun pouvait disposer du fruit de son travail, et marier lui-même ses enfants ; ils s'enhardirent à croire qu'ils avaient droit d'aller et de venir, de vendre et d'acheter, et soupçonnèrent, dans leur outrecuidance, qu'il pouvait bien se faire que les hommes fussent égaux.

Jusque-là cette formidable pensée de l'égalité ne s'était pas nettement produite. On nous dit bien que dès avant l'an 1000 les paysans de la Normandie s'étaient ameutés ; mais cette tentative fut réprimée sans peine. Quelques cavaliers coururent les campagnes, dispersèrent les vilains, leur coupèrent les pieds et les mains ; il n'en fut plus parlé. Les paysans, en général, étaient trop isolés. Leurs *jacqueries* devaient échouer dans tout le Moyen Age. Ils étaient aussi, malheureusement il faut le dire, trop dégradés par l'esclavage, trop brutes, trop effarouchés par l'excès de leurs maux : leur victoire eût été celle de la barbarie.

Mais c'était surtout dans les bourgs populeux, qui s'étaient formés au pied des châteaux, que fermentaient les idées d'affranchissement. Les seigneurs laïques ou ecclésiastiques avaient encouragé la population de ces bourgades par des concessions de terre, désireux d'augmenter leur force et le nombre de leurs vassaux. Ce n'était pas de grandes et commerçantes cités, comme dans le Midi de la France et dans l'Italie ; mais il y avait un peu d'industrie grossière, quelques forgerons, beaucoup de tisserands, des bouchers, des cabaretiers, dans les villes de passage. Quelquefois les seigneurs attiraient des artisans habiles, au moins pour broder l'étoffe ou forger l'armure. Il fallait bien laisser un peu de liberté à ces hommes ; ils portaient tout dans leurs bras, ils auraient quitté le pays.

C'était donc par les villes que devait commencer la liberté, par les villes du centre de la France, qu'elles s'appelassent villes privilégiées ou communes, qu'elles eussent obtenu ou arraché leurs franchises. L'occasion, en général, fut la défense des populations contre l'oppression et les brigandages des seigneurs féodaux ; en particulier, la défense de l'Ile-de-France contre le pays féodal par excellence, contre la Normandie. « A cette époque, dit Orderic Vital, la communauté populaire fut établie par les évêques, de sorte que les prêtres accompagnassent le roi aux sièges ou aux combats, avec les bannières de leurs paroisses et tous les paroissiens. » Ce fut, selon le même historien, un Montfort (famille illustre qui devait, au siècle suivant, détruire les libertés du Midi de la France et fonder celle d'Angleterre), ce fut Amaury de Montfort qui conseilla à Louis le Gros, après sa défaite de Brenneville, d'opposer aux Normands les hommes des communes marchant sous la bannière de leurs paroisses (1119). Mais ces communes, rentrées dans leurs murailles, devinrent plus exigeantes. Ce fut pour leur humilité un coup mortel d'avoir vu une fois fuir devant leur bannière paroissiale les grands chevaux et les nobles chevaliers, d'avoir, avec Louis le Gros, mis fin aux brigandages des Rochefort, d'avoir forcé le repaire des Coucy. Ils se dirent avec le poète du XIIe siècle : « Nous sommes hommes comme ils sont ; tout aussi grand cœur nous avons ; tout autant souffrir nous pouvons. » Ils voulurent tous quelques franchises, quelques privilèges ; ils offrirent de l'argent ; ils surent en trouver, indigents et misérables qu'ils étaient, pauvres artisans, forgerons ou tisserands, accueillis par grâce au pied d'un château, serfs réfugiés autour d'une église ; tels ont été les fondateurs de nos libertés. Ils s'ôtèrent les morceaux de la bouche, aimant mieux se passer de pain. Les seigneurs, le roi, vendirent à l'envi ces diplômes si bien payés.

Cette révolution s'accomplit partout sous mille formes et à petit bruit. Elle n'a été remarquée que dans quelques villes de l'Oise et de la Somme, qui, placées dans des criconstances moins favorables, partagées entre deux seigneurs, laïque et ecclésiastique, s'adressèrent au roi pour faire garantir solennellement des concessions souvent violées, et maintinrent une liberté précaire au prix de plusieurs siècles de guerres civiles. C'est à ces villes qu'on a plus particulièrement donné le nom de *communes*. Ces guerres sont un petit, mais dramatique incident de la grande révolution qui s'accomplissait silencieusement et sous des formes diverses dans toutes les villes du nord de la France.

C'est dans la vaillante et colérique Picardie, dont les communes avaient si bien battu les Normands, c'est dans le pays de Calvin et de tant d'autres esprits révolutionnaires, qu'eurent lieu ces explosions. Les premières communes furent Noyon, Beauvais, Laon, les trois prairies ecclésiastiques. Joignez-y Saint-Quentin. L'Église avait jeté là les fondements d'une forte démocratie. Que l'exemple ait été donné par Cambrai, par les villes de la Belgique, c'est ce que nous examinerons plus tard, quand nous rencontrerons les révolutions tout autrement importantes des communes de Flandre. Nous ne pourrions ici que montrer en petit ce que nous trouverons plus loin sous des proportions colossales. Qu'est-ce que la commune de Laon à côté de cette terrible et orageuse cité de Bruges, qui faisait sortir trente mille soldats de ses portes, battait le roi de France et emprisonnait l'empereur ? Toutefois, grandes ou petites, elles furent héroïques, nos communes picardes, et combattirent bravement. Elles eurent aussi leur beffroi, leur tour, non pas inclinée et revêtue de marbre, comme les *miranda* d'Italie, mais parée d'une cloche sonore qui n'appelait pas en vain les bourgeois à la bataille contre l'évêque ou le seigneur. Les femmes y allaient contre les hommes. Quatre-vingts femmes voulurent prendre part à l'attaque du château d'Amiens, et s'y firent toutes blesser ; ainsi plus tard Jeanne Hachette au siège de Beauvais. Gaillarde et rieuse population d'impétueux soldats et de joyeux conteurs, pays des mœurs légères, des fabliaux salés, des bonnes chansons et de Béranger. C'était leur joie, au XIIe siècle, de voir le comte d'Amiens sur son gros cheval se risquer hors du pont-levis et caracoler lourdement ; alors les cabaretiers et les bouchers se mettaient hardiment sur leurs portes et effarouchaient de leurs risées la bête féodale.

On a dit que le roi avait fondé les communes. Le contraire est plutôt vrai. Ce sont les communes qui ont fondé le roi. Sans elles, il n'aurait pas repoussé les Normands. Ces conquérants de l'Angleterre et des Deux-Siciles auraient probablement conquis la France. Ce sont les communes, ou, pour employer un mot plus général et plus exact, ce sont les *bourgeoisies,* qui, sous la bannière du saint de la paroisse, conquirent la paix publique entre l'Oise et la Loire ; et le roi à cheval portait en tête la bannière de l'abbaye de Saint-Denis. Vassal comme comte de Vexin, abbé de Saint-Martin de Tours, chanoine de Saint-Quentin, défenseur des églises, il guerroyait saintement le brigandage des seigneurs de Montmorency et du Puiset, et l'exécrable férocité des Coucy.

Il avait pour lui la bourgeoisie naissante et l'Église. La féodalité avait tout le reste, la force et la gloire. Il était perdu, ce pauvre petit roi, entre les vastes dominations de ses vassaux. Et plusieurs de ceux-ci étaient des grands hommes, au moins des hommes puissants par la vaillance, l'énergie, la richesse. Qu'était-ce qu'un Philippe Ier, ou même le brave Louis VI, le gros homme pâle, entre *les rouges* Guillaume d'Angleterre et de Normandie, les Robert de Flandre, conquérants et pirates, les opulents Raymond de Toulouse, les Guillaume de Poitiers et les Foulques d'Anjou, troubadours ou historiens, enfin les Godefroi de Lorraine, intrépides antagonistes des empereurs, sanctifiés devant toute la chrétienté par la vie et la mort de Godefroi de Bouillon ?

Le roi, qu'opposait-il à tant de gloire et de puissance ? pas grand-chose, à ce qu'il semble ; ce qu'on ne peut voir ni toucher... le droit. Un vieux droit, rafraîchi de Charlemagne, mais prêché par les prêtres, et renouvelé par les poèmes qui commencent alors. En face de ce droit royal, les droits féodaux semblaient usurpés. Tout fief sans héritier devait revenir au roi, comme à sa source. Cela lui donnait une grande position et beaucoup d'amis. Il y avait avantage à être bien avec celui qui conférait les fiefs vacants. Cette qualité d'héritier universel était éminemment populaire. En attendant, l'Église le soutenait, l'alimentait ; elle avait trop besoin d'un chef militaire contre les barons pour abandonner jamais le roi. On le vit à l'époque où Philippe Ier épousa scandaleusement Bertrade de Montfort, qu'il avait enlevée à son mari, Foulques d'Anjou. L'évêque de Chartres, le fameux Yves, fulmina contre lui, le pape lança l'interdit, le Concile de Lyon condamna le roi ; mais toute l'Église du Nord lui resta favorable ; il eut pour lui les évêques de Reims, Sens, Paris, Meaux, Soissons, Noyon, Senlis, Arras, etc.

Louis VI qui, dans sa vieillesse, fut appelé le Gros, avait été d'abord surnommé l'*Éveillé*. Son règne est en effet le réveil de la royauté. Plus vaillant que son père, plus docile à l'Église, c'est pour elle qu'il fit ses premières armes, pour l'abbaye de Saint-Denis, pour les évêchés d'Orléans et de Reims. Si l'on songe que les terres d'Église étaient alors les seuls asiles de l'ordre et de la paix, on sentira combien leur défenseur faisait œuvre charitable et humaine. Il est vrai qu'il y trouvait son compte ; les évêques, à leur tour, armaient leurs hommes pour lui. C'est lui qui protégeait leurs pèlerins, leurs marchands, qui affluaient à leurs foires, à leurs fêtes ; il assurait la grande route de Tours et d'Orléans à Paris, et de Paris à Reims. Le roi et le comte de Blois et de Champagne s'efforçaient de mettre un peu de sécurité entre la Loire, la Seine et la Marne, petit cercle resserré entre les grandes masses féodales de l'Anjou, de la Normandie, de la Flandre ; celle-ci avançait jusqu'à la Somme. Le cercle compris entre ces grands fiefs fut la première arène de la royauté, le théâtre de son histoire héroïque. C'est là que le roi soutint d'immenses guerres, des luttes terribles contre ces lieux de plaisance qui sont aujourd'hui nos faubourgs. Nos champs prosaïques de Brie et de Hurepoix ont eu leurs Iliades. Les Montfort et les Garlande soutenaient souvent le roi ; les Coucy, les seigneurs de Rochefort, du Puiset surtout, étaient contre lui ; tous les environs étaient infestés de leurs brigandages. On pouvait aller encore avec quelque sûreté de Paris à Saint-Denis ; mais au-delà on ne chevauchait plus que la lance sur la cuisse ; c'était la sombre et malencontreuse forêt de Montmorency. De l'autre côté, la tour de Montlhéry exigeait un péage. Le roi ne pouvait voyager qu'avec une armée, de sa ville d'Orléans à sa ville de Paris.

La croisade fit la fortune du roi. Ce terrible seigneur de Montlhéry prit la croix, mais il n'alla pas plus loin qu'Antioche. Quand les chrétiens y furent assiégés, il laissa là ses compagnons d'armes, ses frères de pèlerinage, se fit descendre des murs avec une corde, à l'exemple de quelques autres, et revint d'Asie en Hurepoix avec le surnom de *Danseur de corde*. Cela humanisa le fier baron ; il donna à l'un des fils du roi sa fille et son château. C'était lui donner la route entre Paris et Orléans.

L'absence des grands barons ne fut pas moins utile au roi. Étienne de

Blois, qui avait fait comme le seigneur de Montlhéry, voulut retourner en Asie. Le brillant comte de Poitiers, le roué et le troubadour, sentit qu'on n'était point un chevalier accompli sans avoir été à la Terre sainte. Il comptait bien trouver romanesques aventures et matière à quelques bons contes. De son duché d'Aquitaine, ne lui souciait guère. Il offrit au roi d'Angleterre de le lui céder pour quelque argent comptant. Il partit avec une grande armée, tous ses hommes, toutes ses maîtresses. Pour les Languedociens, c'était une croisade non interrompue entre Tripoli et Toulouse. Alphonse *Jourdain* était comte de Tripoli. Son père avait manqué la royauté de Jérusalem : elle fut offerte au comte d'Anjou, qui l'accepta et s'y ruina. Les Angevins n'avaient que faire de la Terre sainte. Pour les populations commerçantes et industrielles du Languedoc, à la bonne heure, c'était un excellent marché ; ils en tiraient les denrées du Levant, à l'envi des Pisans et des Vénitiens.

Ainsi la lourde féodalité s'était mobilisée, déracinée de la terre. Elle allait et venait, elle vivait sur les grandes routes de la croisade, entre la France et Jérusalem. Pour les Normands, ils n'avaient pas besoin d'autre croisade que l'Angleterre ; elle suffisait bien à les occuper. Le roi seul restait fidèle au sol de la France, plus grand chaque jour par l'absence et la préoccupation des barons. Il commença à devenir quelque chose dans l'Europe. Il reçut, lui cet adversaire des petits seigneurs de la banlieue de Paris, une lettre de l'empereur Henri IV, qui se plaignait au *roi des Celtes* de la violence du pape. Son titre faisait une telle illusion sur ses forces, que, des Pyrénées, le comte de Barcelone lui demanda du secours contre la terrible invasion des Almoravides qui menaçaient l'Espagne et l'Europe. De même, quand le héros de la croisade, ce glorieux Bohémond, prince d'Antioche, vint implorer la compassion du peuple pour les chrétiens d'Asie, il crut faire une chose populaire en épousant la sœur de Louis le Gros. Bohémond n'avait garde de solliciter les secours des Normands, ses compatriotes : le comte de Barcelone se défiait de ses voisins de Toulouse. Personne ne se défiait du roi de France.

Ce qui faisait le danger de sa position, mais qui le rendait cher aux Églises et aux bourgeoisies du centre de la France, c'était le voisinage des Normands. Ils avaient pris Gisors au mépris des conventions, et de là dominaient le Vexin presque jusqu'à Paris. Ces conquérants ne respectaient rien. La toute petite royauté de France ne leur aurait pas tenu tête sans la jalousie de la Flandre et de l'Anjou. Le comte d'Anjou demanda et obtint le titre de sénéchal du roi de France. C'était le droit de mettre les plats sur la table ; mais la féodalité ennoblissait tous les offices domestiques ; et le comte d'Anjou était trop puissant pour croire qu'on pût tirer jamais parti contre lui de cette domesticité volontaire, qui équivalait à une étroite ligue contre les Normands.

Les Normands n'eurent aucun avantage décisif ; ils n'employaient contre le roi de France que la moindre partie de leurs forces. Dans la réalité, la Normandie n'était pas chez elle, mais en Angleterre. Leur victoire à Brenneville, dans un combat de cavalerie où les deux rois se rencontrèrent et firent assez bien de leur personne, n'eut point de résultat. Dans cette célèbre bataille du XIIe siècle, il y eut, dit Orderic Vital, trois hommes de tués. Qu'on dise encore que les temps chevaleresques sont les temps héroïques (1119).

Cette défaite fut cruellement vengée par les milices des communes qui pénétrèrent en Normandie et y commirent d'affreux ravages. Elles étaient conduites par les évêques eux-mêmes, qui ne craignaient rien tant que de tomber sous la féodalité normande. Le roi espérait tirer un parti bien plus avantageux encore de la protection ecclésiastique, lorsque Calixte II excommunia l'empereur Henri V au Concile de Reims, où siégeaient quinze archevêques et deux cents évêques. Louis s'y présenta, accusa humblement devant le pape le roi normand d'Angleterre, Henri Beauclerc, comme le violateur du droit des gens, et l'allié des seigneurs qui désolaient les campagnes. « Les évêques, dit-il, détestaient avec raison Thomas de Marne, brigand séditieux qui ravageait toute la province ; aussi m'ordonnèrent-ils d'attaquer cet ennemi des voyageurs et de tous les faibles : les loyaux barons de France se réunirent à moi pour réprimer les violateurs des lois et ils combattirent pour l'amour de Dieu avec toute l'assemblée de l'armée chrétienne. Le comte de Nevers revenant paisiblement, avant mon congé, de cette expédition, a été pris et retenu jusqu'à ce jour par le comte Thibaut, quoiqu'une foule de seigneurs ait supplié Thibaut de ma part de le remettre en liberté, et que les évêques aient mis toute sa terre sous l'anathème. » Lorsque le roi eut parlé, les prélats français attestèrent qu'il avait dit la vérité. Mais le pape avait bien assez de sa lutte contre l'empereur, sans se faire encore un ennemi du roi d'Angleterre.

Quoi qu'il en soit, le roi de France était tellement l'homme de l'Église, qu'elle lui laissait exercer paisiblement ce droit d'investiture pour lequel le pape excommuniait l'empereur. Ce droit n'avait pas d'inconvénient dans la main du protégé des évêques. Louis d'ailleurs inspirait tant de confiance ! C'était un prince selon Dieu et selon le monde.

Henri Beauclerc avait supplanté son frère Robert. Louis le Gros prit sous sa protection Guillaume Cliton, fils de Robert. Il essaya en vain de l'établir en Normandie, mais il l'aida à se faire comte de Flandre. Lorsque le comte de Flandre, Charles le Bon, eut été massacré par les hommes de Bruges, Louis entreprit cette expédition lointaine, vengea le comte d'une manière éclatante, et décida les Flamands à prendre pour comte le Normand Guillaume Cliton. On s'habituait ainsi à regarder le roi de France comme le ministre de la Providence.

Plus lointaines encore, et non moins éclatantes, furent ses expéditions dans le Midi. A l'époque de la croisade, le comte de Bourges avait vendu au roi son comté. Cette possession, dont le roi était séparé par tant de terres plus ou moins ennemies, acquit de l'importance lorsqu'en 1115 le seigneur du Bourbonnais, voisin du Berry, appela le roi à son secours contre le frère de son prédécesseur, qui lui disputait cette seigneurie. Louis le Gros y passa avec une armée, et le protégea efficacement. Dès lors, il eut pied dans le Midi. Par deux fois, il y fit une espèce de croisade en faveur de l'évêque de Clermont, qui se disait opprimé par le comte d'Auvergne. Les grands vassaux du Nord, comtes de Flandre, d'Anjou, de Bretagne, et plusieurs barons normands, le suivirent volontiers. C'était un grand plaisir pour eux de faire une campagne dans le Midi. Les réclamations du comte de Poitiers, duc d'Aquitaine et suzerain du comte d'Auvergne, ne furent point écoutées. Quelques années après, l'évêque du Puy-en-Velay demanda un privilège au roi de France, prétextant l'absence de son seigneur, le comte de Toulouse, qui était alors en Terre sainte (1134).

On vit dès l'an 1124 combien le roi de France était devenu puissant. L'empereur Henri V, excommunié au Concile de Reims, gardait rancune aux évêques et au roi. Son gendre Henri Beauclerc l'engageait d'ailleurs à envahir la France. L'empereur en voulait, dit-on, à la ville de Reims. A l'instant toutes les milices s'armèrent. Les grands seigneurs envoyèrent leurs hommes. Le duc de Bourgogne, le comte de Nevers, celui de Vermandois, le comte même de Champagne qui faisait alors la guerre à Louis le Gros en faveur du roi normand, les comtes de Flandre, de Bretagne, d'Aquitaine, d'Anjou, accoururent contre les Allemands, qui n'osèrent pas avancer. Cette unanimité de la France du Nord sous Louis le Gros, contre l'Allemagne, semblait annoncer un siècle d'avance la victoire de Bouvines, comme son expédition en Auvergne fait déjà penser à la conquête du Midi au XIIIe siècle.

Telle fut, après la première croisade, la résurrection du roi et du peuple. Peuple et roi se mirent en marche sous la bannière de Saint-Denis. *Montjoye Saint-Denys* fut le cri de la France. Saint-Denis et l'Église, Paris et la royauté, en face l'un de l'autre. Il y eut un centre et la vie s'y porta, un cœur de peuple y battit. Le premier signe, la première pulsation, c'est l'élan des écoles, et la voix d'Abailard. La liberté, qui sonnait si bas dans le beffroi des communes de Picardie, éclata dans l'Europe par la voix du logicien breton. Le disciple d'Abailard, Arnaldo de Brescia, fut l'écho qui réveilla l'Italie. Les petites communes de France eurent, sans s'en douter, des sœurs dans les cités lombardes, et dans Rome, cette grande commune du monde antique.

La chaîne des libres penseurs rompue, ce semble, après Jean le Scot, s'était renouée par notre grand Gerbert, qui fut pape en l'an 1000. Élève à Cordoue et maître à Reims, Gerbert eut pour disciple Fulbert de Chartres, dont l'élève, Bérenger de Tours, effraya l'Église par le premier doute sur l'eucharistie. Peu après, le chanoine Roscelin de Compiègne osa toucher à la Trinité. Il enseignait de plus que les idées générales n'étaient que des mots : « L'homme vertueux est une réalité, la vertu n'est qu'un son. » Cette réforme hardie habituait à ne voir que des personnifications dans les idées qu'on avait réalisées. Ce n'était pas moins que le passage de la poésie à la prose. Cette hérésie logique fit horreur aux contemporains de la première croisade ; le nominalisme, comme on l'appelait, fut étouffé pour quelque temps.

Les champions ne manquèrent pas à l'Église contre les novateurs. Les Lombards Lanfranc et saint Anselme, tous deux archevêques de Kenterbury, combattirent Bérenger et Roscelin. Saint Anselme, esprit original, trouva déjà le fameux argument de Descartes pour l'existence de Dieu. Si Dieu n'existait pas, je ne pourrais le concevoir. Ce fut pour lui une grande joie d'avoir fait cette découverte après une longue insomnie. Il écrivit sur son livre : « L'insensé a dit : Il n'y a pas de Dieu. » Un moine osa trouver la preuve faible, et intituler sa réponse : *Petit Livre pour l'Insensé.* Ces premiers combats n'étaient que des préludes. Grégoire VII défendit qu'on inquiétât Bérenger. C'était alors la querelle des investitures, la lutte matérielle, la guerre contre l'empereur. Une autre lutte allait commencer, bien plus grave, dans la sphère de l'intelligence, lorsque la question descendrait de la politique à la théologie, à la morale, et que la moralité même du christianisme serait mise en question. Ainsi Pélage vint après Arius, Abailard après Bérenger.

L'Église semblait paisible. L'école de Laon et celle de Paris étaient occupées par deux élèves de saint Anselme de Kenterbury, Anselme de Laon et Guillaume de Champeaux. Cependant, de grands signes apparaissaient : les Vaudois avaient traduit la Bible en langue vulgaire, les Institutes furent aussi traduites ; le droit fut enseigné en face de la théologie, à Orléans et à Angers. L'existence de l'école de Paris était pour l'Église un danger. Les idées, jusque-là dispersées, surveillées dans les diverses écoles ecclésiastiques, allaient converger vers un centre. Ce grand nom d'*Université* commençait dans la capitale de la France, au moment où l'universalité de la langue française semblait presque accomplie. Les conquêtes des Normands, la première croisade, l'avaient porté partout, ce puissant idiome philosophique, en Angleterre, en Sicile, à Jérusalem. Cette circonstance seule donnait à la France, à la France centrale, à Paris, une force immense d'attraction. Le français de Paris devint peu à peu proverbial. La féodalité avait trouvé dans la ville royale son centre politique ; cette ville allait devenir la capitale de la pensée humaine.

Celui qui commença cette révolution n'était pas un prêtre ; c'était un beau jeune homme brillant, aimable, de noble race. Personne ne faisait comme lui des vers d'amour en langue vulgaire ; il les chantait lui-même. Avec cela, une érudition extraordinaire pour le temps : lui seul alors savait le grec et l'hébreu. Peut-être avait-il fréquenté les écoles juives (il y en avait plusieurs dans le Midi), ou les rabbins de Troyes, de Vitry ou d'Orléans. Il y avait alors deux écoles principales à Paris, la vieille école épiscopale du parvis Notre-Dame, et celle de Sainte-Geneviève, sur la montagne où brillait Guillaume de Champeaux. Abailard vint s'asseoir parmi ses élèves, lui soumit des doutes, l'embarrassa, se joua de lui, et le condamna au silence. Il en eût fait autant d'Anselme de Laon, si le professeur, qui était évêque, ne l'eût chassé de son diocèse. Ainsi allait ce chevalier errant de la dialectique, démontant les plus fameux champions. Il dit lui-même qu'il n'avait renoncé à l'autre escrime, celle des tournois, que par amour pour les combats de la parole. Vainqueur dès lors et sans rival, il enseigna à Paris et à Melun, où résidait Louis le Gros et où les seigneurs commençaient à venir en foule. Ces chevaliers encourageaint un homme de leur ordre qui avait battu les prêtres sur leur propre terrain, et qui réduisait au silence les plus suffisants des clercs.

Les prodigieux succès d'Abailard s'expliquent aisément. Il semblait que pour la première fois l'on entendait une voix libre, une voix humaine. Tout ce qui s'était produit dans la forme lourde et dogmatique de l'enseignement clérical, sous la rude enveloppe du Moyen Age, apparut dans l'élégance antique, qu'Abailard avait retrouvée. Le hardi jeune homme simplifiait, expliquait, popularisait, humanisait. A peine laissait-il quelque chose d'obscur et de divin dans les plus formidables mystères. Il semblait que jusque-là l'Église eût bégayé, et qu'Abailard parlait. Tout devenait doux et facile ; il traitait poliment la religion, la maniait doucement, mais elle lui fondait dans la main. Il ramenait la religion à la philosophie, à la morale, à l'humanité. *Le crime n'est pas dans l'acte,* disait-il, *mais dans l'intention,* dans la conscience. Ainsi plus de péché d'habitude ni d'ignorance. *Ceux-là même n'ont pas péché qui ont crucifié Jésus, sans savoir qu'il fût le Sauveur.* Qu'est-ce que le péché originel ? *Moins un péché qu'une peine.* Mais alors pourquoi la rédemption, la passion, s'il n'y a pas eu péché ? *C'est un acte de pur amour. Dieu a voulu substituer la loi de l'amour à celle de la crainte.*

Cette philosophie circula rapidement : elle passa en un instant la mer et les Alpes ; elle descendit dans tous les rangs. Les laïques se mirent à parler des choses saintes. Partout, non plus seulement dans les écoles, mais sur les places, dans les carrefours, grands et petits, hommes et femmes, discouraient sur les mystères. Le tabernacle était comme forcé ; le Saint des saints traînait dans la rue. Les simples étaient ébranlés, les saints chancelaient, l'Église se taisait.

Il y allait pourtant du christianisme tout entier : il était attaqué par la base. Si le péché originel n'était plus un péché, mais une peine, cette peine était injuste, et la Rédemption inutile. Abailard se défendait d'une telle conclusion, mais il justifiait le christianisme par de si faibles arguments, qu'il l'ébranlait plutôt davantage en déclarant qu'il ne savait pas de meilleures réponses. Il se laissait pousser à l'absurde, et puis il alléguait l'autorité et la foi.

Ainsi l'homme n'était plus coupable, la chair était justifiée, réhabilitée. Tant de souffrances, par lesquelles les hommes s'étaient immolés, elles étaient superflues. Que devenaient tant de martyrs volontaires, tant de jeûnes et de macérations, et les veilles des moines, et les tribulations des solitaires, tant de larmes versées devant Dieu ? Vanité, dérision. Ce Dieu était un Dieu aimable et facile, qui n'avait que faire de tout cela.

L'Église était alors sous la domination d'un moine, d'un simple abbé de Clairvaux, de saint Bernard. Il était noble, comme Abailard. Originaire de la haute Bourgogne, du pays de Bossuet et de Buffon, il avait été élevé dans cette puissante maison de Cîteaux, sœur et rivale de Cluny, qui donna tant de prédicateurs illustres, et qui fit, un demi-siècle après, la croisade des Albigeois. Mais saint Bernard trouva Cîteaux trop splendide et trop riche ; il descendit dans la pauvre Champagne et fonda le monastère de Clairvaux, dans la *vallée d'Absinthe*. Là, il put mener à son gré cette vie de douleurs, qu'il lui fallait. Rien ne l'en arracha ; jamais il ne voulut entendre à être autre chose qu'un moine. Il eût pu devenir archevêque et pape. Forcé de répondre à tous les rois qui le consultaient, il se trouvait tout-puissant malgré lui, et condamné à gouverner l'Europe. Une lettre de saint Bernard fit sortir de la Champagne l'armée du roi de France. Lorsque le schisme éclata par l'élévation simultanée d'Innocent II et d'Anaclet, saint Bernard fut chargé par l'Église de France de choisir, et choisit Innocent. L'Angleterre et l'Italie résistaient : l'abbé de Clairvaux dit un mot au roi d'Angleterre ; puis, prenant le pape par la main, il le mena par toutes les villes d'Italie, qui le reçurent à genoux. On s'étouffait pour toucher le saint, on s'arrachait un fil de sa robe ; toute sa route était tracée par des miracles.

Mais ce n'étaient pas là ses plus grandes affaires ; ses lettres nous l'apprennent. Il se prêtait au monde, et ne s'y donnait pas : son amour et son trésor étaient ailleurs. Il écrivait dix lignes au roi d'Angleterre, et dix pages à un pauvre moine. Homme de vie intérieure, d'oraison et de sacrifice, personne, au milieu du bruit, ne sut mieux s'isoler.

Les sens ne lui disaient plus rien du monde. Il marcha, dit son biographe, tout un jour le long du lac de Lausanne, et le soir demanda où était le lac. Il buvait de l'huile pour de l'eau, prenait du sang cru pour du beurre. Il vomissait presque tout aliment. C'est de la Bible qu'il se nourrissait, et il se désaltérait de l'Évangile. A peine pouvait-il se tenir debout, et il trouva des forces pour prêcher la croisade à cent mille hommes. C'était un esprit plutôt qu'un homme qu'on croyait voir, quand il paraissait ainsi devant la foule, avec sa barbe rousse et blanche, ses blonds et blancs cheveux ; maigre et faible, à peine un peu de vie aux joues. Ses prédications étaient terribles ; les mères en éloignaient leurs fils, les femmes leurs maris, ils l'auraient tous suivi aux monastères. Pour lui, quand il avait jeté le souffle de vie sur cette multitude, il retournait vite à Clairvaux, rebâtissait près du couvent sa petite loge de ramée et de feuilles, et calmait un peu dans l'explication du Cantique des Cantiques, qui l'occupa toute sa vie, son âme malade d'amour.

Qu'on songe avec quelle douleur un tel homme dut apprendre les progrès d'Abailard, les envahissements de la logique sur la religion, la prosaïque victoire du raisonnement sur la foi... C'était lui arracher son Dieu !

Saint Bernard n'était pas un logicien comparable à son rival ; mais celui-ci était parvenu à cet excès de prospérité où l'infatuation commune nous jette dans quelque grande faute. Tout lui réussissait. Les hommes s'étaient tus devant lui ; les femmes regardaient toutes avec amour un jeune homme aimable et invincible, beau de figure et très puissant d'esprit, traînant après soi tout le peuple. « J'en étais venu au point, dit-il, que quelque femme que j'eusse honoré de mon amour, je n'aurais eu à craindre aucun refus. » Rousseau dit précisément le même mot en racontant dans ses *Confessions* le succès de *La Nouvelle Héloïse.*

L'Héloïse du XIIe siècle était une pauvre orpheline, d'origine incertaine, mais de naissance cléricale et monastique. Née vers 1101, elle était de l'âge de la renommée d'Abailard. Le prieuré d'Argenteuil fut l'asile de son enfance délaissée. De ce cloître, où elle apprit le latin, le grec et même l'hébreu, elle vint à l'âge de dix-sept ans dans la maison de son oncle, près de la cathédrale de Paris. Toute jeune, belle, savante, déjà célèbre, elle reçut les leçons d'Abailard. On sait le reste.

Il renonça au monde, et se fit bénédictin à Saint-Denis (vers 1119). Les désordres des religieux le révoltèrent. Une occasion se présenta pour quitter l'abbaye. Ses anciens disciples vinrent réclamer son enseignement. Il lui fallait le bruit, le mouvement, le monde. Il reparut dans sa chaire et retrouva son auditoire, sa popularité, ses triomphes. Le prieuré de Maisoncelle, qui lui avait été offert pour rouvrir son école, « ne pouvait plus contenir les clercs accourus dans ses murs. Ils dévoraient le pays, ils desséchaient les ruisseaux. Les écoles épiscopales étaient désertes. » On attaqua son droit d'enseigner. On attaqua sa méthode. L'archevêque de Reims, ami de saint Bernard, assembla contre lui un concile à Soissons. Abailard faillit y être lapidé par le peuple. Opprimé par le tumulte de ses ennemis, il ne put se faire entendre, brûla ses livres et lut, à travers ses larmes, tout ce qu'on voulut. Il fut condamné sans être examiné, ses ennemis prétendirent qu'il suffisait qu'il eût enseigné sans l'autorisation de l'Église.

Enfermé à Saint-Médard de Soissons, puis réfugié à Saint-Denis, il fut obligé de fuir cet asile. Il s'était avisé de douter que saint Denys l'Aréopagite fût jamais venu en France. Toucher à cette légende, c'était s'attaquer à la religion de la monarchie. La Cour, qui le soutenait, l'abandonna dès lors. Il se sauva sur les terres du comte de Champagne, se cacha dans un lieu désert, sur l'Arduzon, à deux lieues de Nogent. Devenu pauvre alors, et n'ayant qu'un clerc avec lui, il se bâtit de roseaux une cabane, et un oratoire en l'honneur de la Trinité, qu'on l'accusait de nier. Il nomma cet ermitage le Consolateur, le Paraclet. Mais ses disciples ayant appris où il était affluèrent autour de lui ; ils construisirent des cabanes, une ville s'éleva dans le désert, à la science, à la liberté ; il fallut bien qu'il remontât en chaire et recommençât d'enseigner. Mais on le força encore de se taire, et d'accepter le prieuré de Saint-Gildas, dans la Bretagne bretonnante, dont il n'entendait pas la langue. C'était son sort de ne trouver aucun repos. Ses moines bretons, qu'il voulait réformer, essayèrent de l'empoisonner dans le calice. Dès lors, l'infortuné mena une vie errante, et songea même, dit-on, à se réfugier en terre infidèle. Auparavant, il voulut pourtant se mesurer une fois avec le terrible adversaire qui le poursuivait partout de son zèle et de sa sainteté. A l'instigation d'Arnaldo de Brescia, il demanda à saint Bernard un duel logique par-devant le Concile de Sens. Le roi, les comtes de Champagne et de Nevers, une foule d'évêques devaient assister et juger des coups. Saint Bernard y vint avec répugnance, sentant son infériorité. Mais les menaces du peuple et les cruelles inimitiés ecclésiastiques le tirèrent d'affaire.

Abailard était condamné d'avance. On se borne à lui lire les passages incriminés extraits de ses livres par ses ennemis, au gré de leur haine. On ne lui laisse d'autre alternative que le désaveu ou la soumission. Entre ces seigneurs prévenus, ces docteurs inexorables, et le peuple ameuté dont il entend les clameurs au-dehors, Abailard se trouble, s'irrite, s'égare ; il dénie la compétence du concile dont il avait sollicité la convocation et se contente d'en appeler au pape. Innocent II devait tout à saint Bernard, et il haïssait Abailard dans son disciple Arnaldo de Brescia, qui courait alors l'Italie, et appelait les villes à la liberté. Il ordonna d'enfermer Abailard. Celui-ci l'avait prévenu en se réfugiant de lui-même au monastère de Cluny. L'abbé Pierre le Vénérable répondit d'Abailard ; il y mourut au bout de deux ans.

Telle fut la fin du restaurateur de la philosophie au Moyen Age, fils de Pélage, père de Descartes, et Breton comme eux. Sous un autre point de vue, il peut passer pour le précurseur de l'école *humaine et sentimentale,* qui s'est reproduite dans Fénelon et Rousseau. On sait que Bossuet, dans sa querelle avec Fénelon, lisait assidûment saint Bernard. Quant à Rousseau, pour le rapprocher d'Abailard, il faut considérer en celui-ci ses deux disciples, Arnaldo et Héloïse, le républicanisme et l'éloquence passionnée. Dans Arnaldo est le germe du *Contrat social,* et dans les lettres de l'ancienne *Héloïse,* on entrevoit la *Nouvelle.*

Il n'est pas de souvenir plus populaire en France que celui de l'amante d'Abailard. Ce peuple si oublieux, en qui la trace du Moyen Age se trouve si complètement effacée, ce peuple qui se souvient des dieux de la Grèce plus que de nos saints nationaux, il n'a pas oublié Héloïse. Il visite encore le gracieux monument qui réunit les deux époux, avec autant d'intérêt que si leur tombe eût été creusée d'hier. C'est la seule qui ait survécu de toutes nos légendes d'amour.

La chute de l'homme fit la grandeur de la femme ; sans le malheur d'Abailard, Héloïse eût été ignorée ; elle fût restée obscure et dans l'ombre ; elle n'eût voulu d'autre gloire que celle de son époux. A l'époque de leur séparation, elle prit le voile, et lui bâtit le Paraclet, dont elle devint abbesse. Elle y tint une grande école de théologie, de grec et d'hébreu. Plusieurs monastères semblables s'élevèrent autour, et quelques années après la mort d'Abailard, Héloïse fut déclarée chef d'ordre par le pape. Mais sa gloire est dans son amour si constant et si désintéressé.

La froideur d'Abailard fait un étrange contraste avec l'exaltation des sentiments exprimés par Héloïse : « Dieu le sait ! en toi, je ne cherchai que toi ! rien de toi, mais toi-même, tel fut l'unique objet de mon désir. Je n'ambitionnai nul avantage, pas même le lien de l'hyménée ; je ne songeai, tu ne l'ignores pas, à satisfaire ni mes volontés, ni mes voluptés, mais les tiennes. Si le nom d'épouse est plus saint, je trouvais plus doux celui de ta maîtresse, celui (ne te fâche point) de ta concubine *(concubinae vel scorti).* Plus je m'humiliais pour toi, plus j'espérais gagner dans ton cœur. Oui ! quand le maître du monde, quand l'empereur eût voulu m'honorer du nom de son épouse, j'aurais mieux aimé être appelée ta maîtresse que sa femme et son impératrice *(tua dici meretrix, quam illus imperatrix).* » Elle explique d'une manière singulière pourquoi elle refusa longtemps d'être la femme d'Abailard : « N'eût-ce pas été chose méséante et déplorable, que celui que la nature avait créé pour tous, une femme se l'appropriât et prît pour elle seule... Quel esprit tendu aux méditations de la philosophie ou des choses sacrées endurerait les cris des enfants, les bavardages des nourrices, le trouble et le tumulte des serviteurs et des servantes ? »

La forme seule des lettres d'Abailard et d'Héloïse indique combien la passion d'Héloïse obtenait peu de retour. Il divise et subdivise les lettres de son amante, il y répond avec méthode et par chapitres. Il intitule les siennes : « A l'épouse de Christ, l'esclave de Christ. » Ou bien : « A sa chère sœur en Christ, Abailard, son frère en Christ. » Le ton d'Héloïse est tout autre : « A son maître, non, à son père ; à son époux, non, à son frère ; sa servante, son épouse, non, sa fille, sa sœur ; à Abailard, Héloïse ! » La passion lui arrache des mots qui sortent tout à fait de la réserve religieuse du XIIe siècle : « Dans toute situation de ma vie, Dieu le sait, je crains de t'offenser plus que Dieu même ; je désire te plaire plus qu'à lui. C'est ta volonté, et non l'amour divin, qui m'a conduite à revêtir l'habit religieux. » Elle répéta ces étranges paroles à l'autel même. Au moment de prendre le voile, elle prononça les vers de Cornélie dans Lucain : « O le plus grand des hommes, ô mon époux, si digne d'un si noble hyménée ! Faut-il que l'insolente fortune ait pu quelque chose sur cette tête illustre ? C'est mon crime, je t'épousai pour ta ruine ! je l'expierai du moins, accepte cette immolation volontaire ! »

Cet idéal de l'amour pur et désintéressé, Abailard, avant les mystiques, avant Fénélon, l'avait posé dans ses écrits comme la fin de l'âme religieuse. La femme s'y éleva pour la première fois dans les écrits d'Héloïse, en le rapportant à l'homme, à son époux, à son dieu visible. Héloïse devait revivre sous une forme spiritualiste en sainte Catherine et sainte Thérèse.

La restauration de la femme eut lieu principalement au XIIe siècle. Esclave dans l'Orient, enfermée encore dans le gynécée grec, émancipée par la jurisprudence impériale, elle fut dans la nouvelle religion l'égale de l'homme. Toutefois le christianisme, à peine affranchi de la sensualité païenne, craignait toujours la femme et s'en défiait. Il reconnaissait sa faiblesse et sa contradiction. Il repoussait la femme d'autant plus qu'il avait plus nié la nature. De là, ces expressions dures, méprisantes même, par lesquelles il s'efforce de se prémunir. La femme est communément désignée dans les écrivains ecclésiastiques et dans les capulaires par ce mot dégradant *Vas infirmius.* Quand Grégoire VII voulut affranchir le clergé de son double lien, la femme et la terre, il y eut un nouveau déchaînement contre cette dangereuse Eve, dont la séduction a perdu Adam, et qui le poursuit toujours dans ses fils.

Un mouvement tout contraire commença au XIIe siècle. Le libre mysticisme entreprit de relever ce que la dureté sacerdotale avait traîné dans la boue. Ce fut surtout un Breton, Robert d'Arbrissel, qui remplit cette mission d'amour. Il rouvrit aux femmes le sein du Christ, fonda pour elles des asiles, leur bâtit Fontevrault, et il y eut bientôt des Fontevrault pour toute la chrétienté. L'aventureuse charité de Robert s'adressait de préférence aux grandes pécheresses ; il enseignait dans les plus odieux séjours la clémence de Dieu, son incommensurable miséricorde. « Un jour qu'il était venu à Rouen, il entra dans un mauvais lieu, et s'assit au foyer pour se chauffer les pieds. Les courtisanes l'entourent, croyant qu'il est venu pour faire folie. Lui, il prêche les paroles de vie, et promet la miséricorde du Christ. Alors, celle qui commandait aux autres lui dit : « Qui es-tu, toi qui dis de telles choses ? Tiens pour certain que voilà vingt ans que je suis entrée en cette maison pour commettre des crimes, et qu'il n'y est jamais venu personne qui parlât de Dieu et de sa bonté. Si pourtant je savais que ces choses fussent vraies !... » A l'instant, il les fit sortir de la ville, il les conduisit plein de joie au désert et là, leur ayant fait faire pénitence, il les fit passer du démon au Christ. »

C'était chose bizarre de voir le bienheureux Robert d'Arbrissel enseigner la nuit et le jour, au milieu d'une foule de disciples des deux sexes qui reposaient ensemble autour de lui. Les railleries amères de ses ennemis, les désordres même auxquels ces réunions donnaient lieu, rien ne rebutait le charitable et courageux Breton. Il couvrait tout du large manteau de la grâce.

La grâce prévalant sur la loi, il se fit sensiblement une grande révolution religieuse. Dieu changea de sexe, pour ainsi dire. La Vierge devint le dieu du monde ; elle envahit presque tous les temples et tous les autels. La piété se tourna en enthousiasme de galanterie chevaleresque. L'Église mystique de Lyon célébra la fête de l'Immaculée Conception (1134).

La femme régna dans le ciel, elle régna sur la terre. Nous la voyons intervenir dans les choses de ce monde et les diriger. Bertrade de Montfort gouverne à la fois son premier époux, Foulques d'Anjou, et le second, Philippe 1er, roi de France. Le premier, exclu de son lit, se trouve trop heureux de s'asseoir sur l'escabeau de ses pieds. Louis VII date ses actes du couronnement de sa femme Adèle. Les femmes, juges naturels des combats de poésie et des cours d'amour, siègent aussi comme juges, à l'égal de leurs maris, dans les affaires sérieuses. Le roi de France reconnaît expressément ce droit. Nous verrons Alix de Montmorency conduire une armée à son époux, le fameux Simon de Montfort.

Exclues jusque-là des successions par la barbarie féodale, les femmes y rentrent partout dans la première moitié du XIIe siècle ; en Angleterre, en Castille, en Aragon, à Jérusalem, en Bourgogne, en Flandre, Hainaut,

Vermandois, en Aquitaine, Provence et bas Languedoc. La rapide extinction des mâles, l'adoucissement des mœurs et le progrès de l'équité rouvrent les héritages aux femmes. Elles portent avec elles les souverainetés dans les maisons étrangères ; elles mêlent le monde, elles accélèrent l'agglomération des États, et préparent la centralisation des grandes monarchies.

Une seule, entre les maisons royales, celle des Capets, ne reconnut point le droit des femmes ; elle resta à l'abri des mutations qui transféraient les États d'une dynastie à une autre. Elle reçut, et elle ne donna point. Des reines étrangères purent venir ; l'élément féminin, l'élément mobile put s'y renouveler ; l'élément mâle n'y vint point du dehors, il y resta le même, et avec lui l'identité d'esprit, la perpétuité des traditions. Cette fixité de la dynastie est une des choses qui ont le plus contribué à garantir l'unité, la personnalité de notre mobile patrie.

Le caractère commun de la période qui suit la croisade, et que nous venons de parcourir dans ce chapitre, c'est une tentative d'affranchissement. La croisade, dans son mouvement immense, avait été une occasion, une impulsion. L'occasion venue, la tentative eut lieu : affranchissement du peuple dans les communes, affranchissement de la femme, affranchissement de la philosophie, de la pensée pure. Ce retentissement de la croisade elle-même devait avoir toute sa puissance et son effet en France, chez le plus sociable des peuples.

CHAPITRE V

Le roi de France et le roi d'Angleterre - Louis le Jeune - Henri II (Plantagenêt) - Seconde Croisade, humiliation de Louis Thomas Becket, humiliation d'Henri (seconde moitié du XIIe siècle)

L'opposition de la France et de l'Angleterre, commencée avec Guillaume le Conquérant au milieu du XIe siècle, n'atteignit toute sa violence qu'au XIIe, sous les règnes de Louis le Jeune et d'Henri II, de Richard Cœur de Lion et de Philippe Auguste. Elle eut sa catastrophe vers 1200, à l'époque de l'humiliation de Jean et de la confiscation de la Normandie. La France garda l'ascendant pour un siècle et demi (1200-1346).

Si le sort des peuples tenait aux souverains, nul doute que les rois anglais n'eussent vaincu. Tous, de Guillaume le Bâtard à Richard Cœur de Lion, furent des héros, au moins selon le monde. Les héros furent battus ; les pacifiques vainquirent. Pour s'expliquer ceci, il faut pénétrer le vrai caractère du roi de France et du roi d'Angleterre, tels qu'ils apparaissent dans l'ensemble du Moyen Age.

Le premier, suzerain du second, conserve généralement une certaine majesté immobile. Il est calme et insignifiant en comparaison de son rival. Si vous exceptez les petites guerres de Louis le Gros et la triste croisade de Louis VII que nous allons raconter, le roi de France semble enfoncé dans son hermine ; il régente le roi d'Angleterre, comme son vassal et son fils ; méchant fils qui bat son père. Le descendant de Guillaume le Conquérant, quel qu'il soit, c'est un homme rouge, cheveux blonds et plats, gros ventre, brave et avide, sensuel et féroce, glouton et ricaneur, entouré de mauvaises gens, volant et violant, fort mal avec l'Église. Il faut dire aussi qu'il n'a pas si bon temps que le roi de France. Il a bien plus d'affaires ; il gouverne à coups de lance trois ou quatre peuples dont il n'entend pas la langue. Il faut qu'il contienne les Saxons par les Normands, les Normands par les Saxons, qu'il repousse aux montagnes Gallois et Écossais. Pendant ce temps-là, le roi de France peut de son fauteuil lui jouer plus d'un tour. Il est son suzerain d'abord ; il est fils aîné de l'Église, fils légitime ; l'autre est le bâtard, le fils de la violence. C'est Ismaël et Isaac. Le roi de France a la loi pour lui, *cette vieille mère avec son frein rouillé, qu'on appelle la loi.* L'autre s'en moque ; il est fort, il est chicaneur, en sa qualité de Normand. Dans ce grand mystère du XIIe siècle, le roi de France joue le personnage du Bon Dieu, l'autre celui du Diable. Sa légende généalogique le fait remonter d'un côté à Robert le Diable, de l'autre à la fée Mélusine. « C'est l'usage dans notre famille, disait Richard Cœur de Lion, que les fils haïssent le père ; du diable nous venons, et nous retournons au diable. » Patience, le roi du Bon Dieu aura son tour. Il souffrira beaucoup sans doute ; il est né endurant : le roi d'Angleterre peut lui voler sa femme et ses provinces ; mais il recouvrera tout un matin. Les griffes lui poussent sous son hermine. Le *saint homme de roi* sera tout à l'heure Philippe Auguste ou Philippe le Bel.

Il y a dans cette pâle et médiocre figure une force immense qui doit se développer. C'est le roi de l'Église et de la bourgeoisie, le roi du peuple et de la loi. En ce sens il a le droit divin. Sa force n'éclate pas par l'héroïsme ; il grandit d'une végétation puissante, d'une progression continue, lente et fatale comme la nature. Expression générale d'une diversité immense, symbole d'une nation tout entière, plus il la représente, plus il semble insignifiant. La personnalité est faible en lui ; c'est moins un homme qu'une idée ; être impersonnel, il vit dans l'universalité, dans le peuple, dans l'Église, fille du peuple ; c'est un personnage profondément *catholique* dans le sens étymologique du mot.

Le bon roi Dagobert, Louis le Débonnaire, Robert le Pieux, Louis le Jeune, Saint Louis, sont les types de cet honnête roi. Tous vrais saints quoique l'Église n'ait canonisé que le dernier, celui qui fut puissant. Le scrupuleux Louis le Jeune est déjà Saint Louis, mais moins heureux, et ridicule par ses infortunes politiques et conjugales. La femme tient grande place dans l'histoire de ces rois. Par ce côté, ils sont hommes ; la nature est forte chez eux ; c'est presque l'unique intérêt pour lequel ils se mettent quelquefois mal avec l'Église ; Louis le Débonnaire pour sa Judith,

Lothaire II pour Valdrade, Robert pour la reine Berthe, Philippe Ier pour Bertrade, Philippe Auguste pour Agnès de Méranie. Dans Saint Louis, forme épurée de la royauté du Moyen Age, la domination de la femme est celle d'une mère, de Blanche de Castille. On sait qu'il se cachait dans une armoire quand sa mère, l'altière Espagnole, le surprenait chez sa femme, la bonne Marguerite.

Louis le Gros, sur son lit de mort, reçut le prix de cette réputation d'honnêteté qu'il avait acquise à sa famille. Le plus riche souverain de la France, le comte de Poitiers et d'Aquitaine, qui se sentait aussi mourir, ne crut pouvoir mieux placer sa fille Éléonore et ses vastes États, qu'en les donnant au jeune Louis VII, qui succéda bientôt à son père (1137). Sans doute aussi, il n'était pas fâché de faire de sa fille une reine. Le jeune roi avait été élevé bien dévotement dans le cloître de Notre-Dame ; c'était un enfant sans aucune méchanceté, et fort livré aux prêtres ; le vrai roi fut son précepteur, Suger, abbé de Saint-Denis. Au commencement pourtant l'agrandissement de ses États, qui se trouvaient presque triplés par son mariage, semble lui avoir enflé le cœur. Il essaya de faire valoir les droits de sa femme sur le comté de Toulouse. Mais ses meilleurs amis parmi les barons, le comte même de Champagne, refusèrent de le suivre à cette conquête du Midi. En même temps le pape Innocent II, croyant pouvoir tout oser sous ce pieux jeune roi, avait risqué de nommer son neveu à l'archevêché de Bourges, métropole des Aquitaines. Saint Bernard et Pierre le Vénérable réclamèrent en vain contre cette usurpation. Le neveu du pape se réfugia sur les terres du comte de Champagne, dont la sœur venait d'être répudiée par un cousin de Louis VII. Louis et son cousin, frappés d'anathème par le pape, se vengèrent sur le comte de Champagne, ravagèrent ses terres et brûlèrent le bourg de Vitry. Les flammes gagnèrent malheureusement la principale église, où la plupart des habitants s'étaient réfugiés. Ils y étaient au nombre de treize cents, hommes, femmes et enfants. On entendit bientôt leurs cris ; le vainqueur lui-même ne pouvait plus les sauver, tous y périrent.

Cet horrible événement brisa le cœur du roi. Il devint tout à coup docile au pape, se réconcilia à tout prix avec lui. Mais sa conscience était partagée entre des scrupules divers. Il avait juré de ne jamais permettre au neveu d'Innocent d'occuper le siège de Bourges. Le pontife avait exigé qu'il renonçât à ce serment ; et Louis se repentait et d'avoir fait un serment impie, et de ne l'avoir pas observé. L'absolution pontificale ne suffisait pas pour le tranquilliser. Il se croyait responsable de tous les sacrilèges commis pendant les trois ans qu'avait duré l'interdit. Au milieu de ces agitations d'une âme timorée, il apprit l'effroyable massacre de tout le peuple d'Édesse, égorgé en une nuit. Des plaintes lamentables arrivaient tous les jours des Français d'outre-mer. Ils déclaraient que s'ils n'étaient secourus, ils n'avaient à attendre que la mort. Louis VII fut ému ; il se crut d'autant plus obligé d'aller au secours de la Terre sainte, que son frère aîné, mort avant Louis le Gros, avait pris la croix, et qu'en lui laissant le trône, il semblait lui avoir transmis l'obligation d'accomplir son vœu (1147).

Combien cette croisade différa de la première, c'est chose évidente, quoique les contemporains semblent avoir pris à tâche de se le dissimuler à eux-mêmes. L'idée de la religion, du salut éternel, n'était plus attachée à une ville, à un lieu. On avait vu de près Jérusalem et le saint sépulcre. On s'était douté que la religion et la sainteté n'étaient pas enfermées dans ce petit coin de terre qui s'étend entre le Liban, le désert et la mer Morte. Le point de vue matérialiste qui localisait la religion avait perdu son empire. Suger détourna en vain le roi de la croisade. Saint Bernard lui-même, qui la prêcha à Vézelai et en Allemagne, n'était pas convaincu qu'elle fût nécessaire au salut. Il refusa d'y aller lui-même, et de guider l'armée, comme on l'en priait. Il n'y eut point cette fois l'immense entraînement de la première croisade. Saint Bernard exagère visiblement quand il nous dit que pour sept femmes il restait un homme. Dans la réalité, on peut évaluer à deux cent mille hommes les deux corps d'armée qui descendirent le Danube sous l'empereur Conrad et le roi Louis VII. Les Allemands étaient en grand nombre cette fois. Mais une foule de princes qui relevaient de l'Empire, les évêques de Toul et de Metz, les comtes de Savoie et de Montferrat, tous les seigneurs du royaume d'Arles, se réunirent de préférence à l'armée de France. Dans celle-ci marchaient sous le roi les comtes de Toulouse, de Flandre, de Blois, de Nevers, de Dreux, les seigneurs de Bourbon, de Coucy, de Lusignan, de Courtenay, et une foule d'autres. On y voyait aussi la reine Éléonore, dont la présence était peut-être nécessaire pour assurer l'obéissance de ses Poitevins et de ses Gascons. C'est la première fois qu'une femme a cette importance dans l'histoire.

Le plus sage eût été de faire route par mer, comme le conseillait le roi de Sicile. Mais le chemin de terre était consacré par le souvenir de la première croisade et la trace de tant de martyrs. C'était le seul que pût prendre la multitude des pauvres, qui, sous le protection de l'armée, voulaient visiter les saints lieux. Le roi de France préféra cette route. Il s'était assuré du roi de Sicile, de l'empereur d'Allemagne Conrad, du roi de Hongrie, et de l'empereur de Constantinople Manuel Comnène. La parenté des deux empereurs, Manuel et Conrad, semblait promettre quelque succès à la croisade. Ainsi l'expédition ne fut point entreprise à l'aveugle. Louis s'efforça de conserver quelque discipline dans l'armée de France. Les Allemands, sous l'empereur Conrad et son neveu, étaient déjà partis ; rien n'égalait leur impatience et leur brutal emportement. L'empereur Manuel Comnène, dont les victoires avaient restauré l'Empire grec, les servit à souhait ; il se hâta d'expédier ces barbares au-delà du Bosphore, et les lança dans l'Asie par la route la plus courte, mais la plus montagneuse, celle de Phrygie et d'Iconium. Là ils eurent occasion d'user leur bouillante ardeur. Ces lourds soldats furent bientôt épuisés dans ces montagnes, sur ces pentes rapides où la cavalerie turque voltigeait, apparaissant tantôt à leur côté, et tantôt sur leurs têtes. Ils périrent, à la grande dérision des Grecs, des Français même. *Pousse, pousse Allemand,* criaient ceux-ci. C'est un historien grec qui nous a conservé ces deux mots sans les traduire.

Les Français eux-mêmes ne furent pas plus heureux. Ils prirent d'abord la longue et facile route des rivages de l'Asie-Mineure. Mais à force d'en suivre les sinuosités, ils perdirent patience ; ils s'engagèrent eux aussi dans l'intérieur du pays, et y éprouvèrent les mêmes désastres. D'abord la tête de l'armée, ayant pris les devants, faillit périr. Chaque jour, le roi bien confessé et administré se lançait à travers la cavalerie turque. Mais rien n'y faisait. L'armée aurait péri dans ces montagnes sans un chevalier nommé Gilbert auquel le commandement fut remis comme au plus digne, et sur lequel nous ne savons malheureusement aucun détail. Les croisés accusaient de tous leurs maux la perfidie des Grecs, qui leur donnaient de mauvais guides et leur vendaient au poids de l'or les vivres, que Manuel s'était engagé à fournir. L'historien Nicétas avoue lui-même que l'empereur trahissait les croisés. La chose fut visible lorsqu'ils arrivèrent à Antiochette. Les Grecs qui occupaient cette ville y reçurent les fuyards des Turcs. Cependant Louis s'était conduit loyalement avec Manuel. A l'exemple de Godefroi de Bouillon, il avait refusé d'écouter ceux qui lui conseillaient à son passage de s'emparer de Constantinople.

Enfin ils arrivèrent à Satalie, dans le golfe de Chypre. Il y avait encore quarante journées de marche pour aller par terre à Antioche en faisant leur tour du golfe. Mais la patience et le zèle des barons étaient à bout. Il fut impossible au roi de les retenir. Ils déclarèrent qu'ils iraient par mer à Antioche. Les Grecs fournirent des vaisseaux à tous ceux qui pouvaient payer. Le reste fut abandonné sous la garde du comte de Flandre, du sire de Bourbon, et d'un corps de cavalerie grecque que le roi loua pour les protéger. Il donna ensuite tout ce qui lui restait à ces pauvres gens, et s'embarqua avec Éléonore. Mais les Grecs qui devaient les défendre les livrèrent eux-mêmes, ou les réduisirent en esclavage ; ceux qui échappèrent le durent au prosélytisme des Turcs, qui leur firent embrasser leur religion.

Telle fut la honteuse issue de cette grande expédition. Ceux qui s'étaient embarqués formaient pourtant la force réelle de l'armée. Ils pouvaient être de grande utilité aux chrétiens d'Antioche ou de la Terre sainte. Mais la honte pesait sur eux, et le souvenir des malheureux qu'ils avaient abandonnés en Cilicie. Louis VII ne voulut rien entreprendre pour le prince d'Antioche, Raymond de Poitiers, oncle de sa femme Éléonore. C'était le plus bel homme du temps, et sa nièce semblait trop bien avec lui. Louis craignit qu'il ne voulût l'y retenir, partit brusquement d'Antioche, et se rendit à la Terre sainte. Il n'y fit rien de grand. Conrad vint l'y retrouver. Leur rivalité leur fit manquer le siège de Damas, qu'ils avaient entrepris. Ils retournèrent honteusement en Europe, et le bruit courut que Louis, pris un instant par les vaisseaux des Grecs, n'avait été délivré que par la rencontre d'une flotte des Normands de Sicile.

C'était une triste chose qu'un pareil retour et une grande dérision. Qu'étaient devenus ces milliers de chrétiens abandonnés, livrés aux infidèles ! Tant de légèreté et de dureté en même temps ! Tous les barons étaient coupables, mais la honte fut pour roi. Il porta le péché à lui seul. Pendant la croisade, la fière et violente Éléonore avait montré le cas qu'elle faisait d'un tel époux. Elle avait déclaré dès Antioche qu'elle ne pouvait demeurer la femme d'un homme dont elle était parente, que d'ailleurs elle ne voulait pas d'un moine pour mari. Elle aimait, dit-on, Raymond d'Antioche ; selon d'autres, un bel esclave sarrasin. On disait qu'elle avait reçu des présents du chef des infidèles. Au retour, elle demanda le divorce au Concile de Beaugency. Louis se soumit au jugement du concile, et perdit d'un coup les vastes provinces qu'Éléonore lui avait apportées. Voilà le Midi de la France encore une fois isolé du Nord. Une femme va porter à qui elle voudra la prépondérance de l'Occident.

Il paraît que la dame s'était assurée d'avance d'un autre époux. Le divorce fut prononcé le 18 mars ; dès la Pentecôte, Henri Plantagenêt, duc d'Anjou, petit-fils de Guillaume le Conquérant, duc de Normandie, bientôt roi d'Angleterre, avait épousé Éléonore, et avec elle la France occidentale, de Nantes aux Pyrénées. Avant même qu'il fût roi d'Angleterre, ses États se trouvaient deux fois plus étendus que ceux du roi de France. En Angleterre, il ne tarda pas à prévaloir sur Étienne de Blois, dont le fils avait épousé une sœur de Louis VII. Ainsi tout tournait contre celui-ci, tout réussissait à son rival.

Il faut savoir un peu ce que c'était que cette royauté d'Angleterre, dont la rivalité avec la France va nous occuper.

La spoliation de tout un peuple, voilà la base hideuse de la puissance anglo-normande. Cette vie de brigandage et de violence que chaque baron avait exercée en petit autour de son manoir, elle se produisit en grand de l'autre côté du détroit. Là le serf fut tout un peuple, et le servage approcha en horreur de l'esclavage antique, ou de celui de nos colonies. Nul lien entre les vaincus et les vainqueurs ; autre langue, autre race ; l'habitude de tout pouvoir, une exécrable férocité, nul respect humain, nul frein légal ; partout des seigneurs presque égaux du roi, comme compagnons de sa conquête ; le seul comte de Moreton avait plus de six cents fiefs. Ces barons voulaient bien se dire hommes du roi. Mais réellement il n'était que le premier d'entre eux. Dans les grandes occasions, ils devenaient les juges de ce roi. Cependant ils auraient trop risqué à être indépendants. Peu nombreux au milieu d'un peuple immense, qu'ils foulaient si brutalement, ils avaient besoin d'un centre où recourir en cas de révolte, d'un chef qui pût les rallier, qui représentât la partie normande au milieu de la conquête. Voilà ce qui explique pourquoi l'ordre féodal fut si fort dans le pays même où les vassaux plus puissants devaient être plus tentés de le mépriser.

La position de ce roi de la conquête était extraordinairement critique et violente. Cette société nouvelle, bâtie de meurtres et de vols, elle se maintenait par lui ; en lui elle avait son unité. C'est à lui que remontait ce sourd concert de malédictions, d'imprécations à voix basse. C'est pour lui que le banni saxon, dans *la Forêt nouvelle* où le poursuivait le shérif, gardait sa meilleure flèche ; les forêts ne valaient rien pour les rois normands. C'est contre lui, tout autant que pour les Saxons, que le baron se faisait bâtir ces gigantesques châteaux, dont l'insolente beauté atteste encore combien peu on y a plaint la sueur de l'homme. Ce roi si détesté ne pouvait manquer d'être un tyran. Aux Saxons il lançait des lois terribles, sans mesure et sans pitié. Contre les Normands il y fallait plus de précautions ; il appelait sans cesse des soldats du continent, des Flamands, des Bretons ; gens à lui, d'autant plus redoutables à l'aristocratie normande, qu'ils se rapprochaient par la langue, les Flamands des Saxons, les Bretons des Gallois. Plusieurs fois il n'hésita pas à se servir des Saxons eux-mêmes. Mais il y renonçait bientôt. Il n'eût pu devenir le roi des Saxons qu'en renversant tout l'ouvrage de la conquête.

Voilà la situation où se trouvait déjà le fils du Conquérant, Guillaume le Roux : bouillant d'une tyrannie impatiente, qui rencontrait partout sa limite ; terrible aux Saxons, terrible aux barons ; passant et repassant la mer ; courant, avec la roideur d'un sanglier, d'un bout à l'autre de ses États ; furieux d'avidité, *merveilleux marchand de soldats,* dit le chroniqueur ; destructeur rapide de toute richesse ; ennemi de l'humanité, de la loi, de la nature, l'outrageant à plaisir ; sale dans les voluptés, meurtrier, ricaneur et terrible. Quand la colère montait sur son visage rouge et couperosé, sa parole se brouillait, il bredouillait des arrêts de mort. Malheur à qui se trouvait en face !

Les tonnes d'or passaient comme un shelling. Une pauvreté incurable le travaillait ; il était pauvre de toute sa violence, de toute sa passion. Il fallait payer le plaisir, payer le meurtre. L'homme ingénieux et inventif qui savait trouver l'or, c'était un certain prêtre, qui s'était d'abord fait connaître comme délateur. Cet homme devint le bras droit de Guillaume, son pourvoyeur. Mais c'était un rude engagement que de remplir ce gouffre sans fond. Pour cela il fit deux choses ; il refit le *Doomsday book,* revit et corrigea le livre de la conquête, s'assura si rien n'avait échappé. Il reprit la spoliation en sous-œuvre, se mit à ronger les os déjà rongés, et sut encore en tirer quelque chose. Mais après lui, rien n'y restait. On l'avait baptisé du nom de *Flambard.* Des vaincus, il passa aux vainqueurs, d'abord aux prêtres ; il mit la main sur les biens d'église. L'archevêque de Kenterbury serait mort de faim, sans la charité de l'abbé Saint-Alban. Les scrupules n'arrêtaient point Flambard. Grand justicier, grand trésorier, chapelain du roi encore (c'était le chapelain qu'il fallait à Guillaume), il suçait l'Angleterre par trois bouches. Il en alla ainsi jusqu'à ce que Guillaume eût rencontré cette fin dans cette belle forêt que le Conquérant semblait avoir plantée pour la ruine des siens. « Tire donc, de par le diable ! » dit le roi Roux à son bon ami qui chassait avec lui. Le diable le prit au mot, et emporta son âme qui lui était si bien due.

Le successeur, ce ne fut pas le frère aîné, Robert. La royauté du bâtard Guillaume devait passer au plus habile, au plus hardi. Ce royaume volé appartenait à qui le volerait. Quand le Conquérant expirant donna la Normandie à Robert, l'Angleterre à Guillaume : « Et moi, dit Henri, le plus jeune, et moi donc, n'aurai-je rien ? » – « Patience, mon fils, dit le mourant, tout te viendra tôt ou tard. » Le plus jeune était aussi le plus avisé. On l'appelait Beauclerc, comme on dirait l'habile, le suffisant, le scribe, le vrai Normand. Il commença par tout promettre aux Saxons, aux gens d'église ; il donna par écrit des chartes, des libertés, tout autant qu'on voulut. Il battit Robert avec ses soldats mercenaires, l'attira, le garda, bien logé, bien nourri, dans un château fort, où il vécut jusqu'à quatre-vingt-quatre ans. Robert, qui n'aimait que la table, s'y serait consolé, n'eût été que son frère lui fit crever les yeux. Au reste, le fratricide et parricide étaient l'usage héréditaire de cette famille. Déjà les fils du Conquérant avaient combattu et blessé leur père. Sous prétexte de justice féodale, Beauclerc, qui se piquait d'être bon et rude justicier, livra ses propres petites-filles, deux enfants, à un baron qui leur arracha les yeux et le nez. Leur mère, fille de Beauclerc, essaya de les venger en tirant elle-même une flèche contre la poitrine de son père. Les Plantagenêts, qui ne descendaient de cette race diabolique que du côté maternel, n'en dégénérèrent pas.

Après Beauclerc (1133), la lutte fut entre son neveu, Étienne de Blois, et sa fille Mathilde, veuve de l'empereur Henri V et femme du comte d'Anjou. Étienne appartenait à cette excellente famille des comtes de Blois et de Champagne qui, à la même époque, encourageait les communes commerçantes, divisait à Troyes la Seine en canaux, et protégeait également saint Bernard et Abailard. Libres penseurs et poètes, c'est d'eux que descendra le fameux Thibaut, le trouvère, celui qui fit peindre ses vers à la reine Blanche dans son palais de Provins, au milieu des roses transplantées de Jéricho. Étienne ne pouvait se soutenir en Angleterre qu'avec des étrangers, Flamands, Brabançons, Gallois même. Il n'avait pour lui que le clergé et Londres. Quant au clergé, Étienne ne resta pas longtemps bien avec lui. Il défendit d'enseigner le droit canon, et osa empoisonner des évêques. Alors Mathilde reparut. Elle débarqua presque seule ; vraie fille du Conquérant, insolente, intrépide, elle choqua tout le monde, et brava tout le monde. Trois fois, elle s'enfuit la nuit, à pied sur la neige et sans ressources. Étienne, qui la tint une fois assiégée, crut, comme chevalier, devoir ouvrir passage à son ennemie, et la laisser rejoindre les siens. Elle ne l'en traita pas mieux, quand elle le prit à son tour, abandonné de ses barons (1152). Il fut contraint de reconnaître pour son successeur cet heureux Henri Plantagenêt, comte d'Anjou et fils de Mathilde, à qui nous avons vu tout à l'heure Éléonore de Guyenne remettre sa main et ses États.

Telle était la grandeur croissante du jeune Henri, lorsque le roi de France, humilié par la croisade, perdit Éléonore et tant de provinces. Cet enfant gâté de la fortune fut en quelques années accablé de ses dons. Roi d'Angleterre, maître de tout le littoral de la France, depuis la Flandre jusqu'aux Pyrénées, il exerça sur la Bretagne cette suzeraineté que les ducs de Normandie avaient toujours réclamée en vain. Il prit l'Anjou, le Maine et la Touraine à son frère, et le laissa en dédommagement se faire duc de Bretagne (1156). Il réduisit la Gascogne, il gouverna la Flandre, comme tuteur et gardien, en l'absence du comte. Il prit le Quercy au comte de Toulouse, et il aurait pris Toulouse elle-même, si le roi de France ne s'était pas jeté dans la ville pour la défendre (1159). Le Toulousain fut du moins obligé de lui faire hommage. Allié du roi d'Aragon, comte de Barcelone et de Provence, Henri voulait pour un de ses fils une princesse de Savoie, afin d'avoir un pied dans les Alpes, et de tourner la France vers le Midi. Au centre, il réduisit le Berri, le Limousin, l'Auvergne, il acheta la Marche. Il eut même le secret de détacher les comtes de Champagne de l'alliance du roi. Enfin à sa mort il possédait les pays qui répondent à quarante-sept de nos départements, et le roi de France n'en avait pas vingt.

Dès sa naissance, Henri II s'était trouvé environné d'une popularité singulière, sans avoir rien fait pour la mériter. Son grand-père, Henri Beauclerc, était Normand, sa grand-mère Saxonne, son père Angevin. Il réunissait en lui toutes les races occidentales. Il était le lien des vainqueurs et des vaincus, du Midi et du Nord. Les vaincus surtout avaient conçu un grand espoir, ils croyaient voir en lui l'accomplissement de la prophétie de Merlin, et la résurrection d'Arthur. Il se trouva, pour mieux appuyer la prophétie, qu'il obtint de gré ou de force l'hommage des princes d'Écosse, d'Irlande, de Galles et de Bretagne, c'est-à-dire de tout le monde celtique. Il fit chercher et trouver le tombeau d'Arthur, ce mystérieux tombeau dont la découverte devait marquer la fin de l'indépendance celtique et la consommation des temps.

Tout annonçait que le nouveau prince remplirait les espérances des vaincus. Il avait été élevé à Angers, l'une des villes d'Europe où la jurisprudence avait été professée de meilleure heure. C'était l'époque de la résurrection du droit romain, qui, sous tant de rapports, devait être celle du pouvoir monarchique et de l'égalité civile. L'égalité sous un maître, c'était le dernier mot que le monde antique nous avait légué. L'an 1111, la fameuse comtesse Mathilde, la cousine de Godefroi de Bouillon, l'amie de Grégoire VII, avait autorisé l'école de Bologne, fondée par le Bolonais Irnerio. L'empereur Henri V avait confirmé cette autorisation, sentant tout le parti que le pouvoir impérial tirerait des traditions de l'ancien Empire. Le jeune duc d'Anjou, Henri Plantagenêt, fils de la Normande Mathilde, veuve de ce même empereur Henri V, trouva à Angers, à Rouen, en Angleterre, les traditions de l'école de Bologne. Dès 1214, l'évêque d'Angers était un savant juriste. Le fameux Italien Lanfranc, l'homme de Guillaume le Conquérant, le primat de la conquête, avait d'abord enseigné à Bologne, et concouru à la restauration du droit. Ce fut, dit un des continuateurs de Sigebert de Gemblours, ce fut Lanfranc de Pavie et son compagnon Garnerius, qui, ayant retrouvé à Bologne les lois de Justinien, se mirent à les lire et à les commenter. Garnerius persévéra, mais Lanfranc, enseignant en Gaule, à de nombreux disciples, les arts libéraux et les lettres divines, vint au Bec et s'y fit moine.

Les principes de la nouvelle époque furent proclamés précisément à l'époque de l'avènement de Henri II (1154). Les jurisconsultes appelés par l'empereur Frédéric Barberousse, à la Diète de Roncaglia (1158), lui dirent, par la bouche de l'archevêque de Milan, ces paroles remarquables : « Sachez que tout le droit législatif du peuple vous a été accordé ; votre volonté est le droit, car il est dit : *Ce qui a plu au prince a force de loi : le peuple a remis tout son empire et son pouvoir à lui et en lui.* »

L'empereur lui-même avait dit en ouvrant la diète : « Nous, qui sommes investi du nom royal, nous désirons plutôt exercer un empire légal pour la conservation du droit et de la liberté de chacun, que de tout faire impunément. Se donner toute licence, et changer l'office du commandement en domination superbe et violente, c'est la royauté, la tyrannie. » Ce républicanisme pédantesque, extrait mot à mot de Tive-Live, expliquait mal l'idéal de la nouvelle jurisprudence. Au fond, ce n'était pas la liberté qu'elle demandait, mais l'égalité sous un monarque, la suppression de la hiérarchie féodale qui pesait sur l'Europe.

Combien ces légistes devaient être chers aux princes, on le conçoit par leur doctrine, on l'apprend par l'histoire, qui partout désormais nous les montrera près d'eux et comme pendus à leur oreille, leur dictant tout bas ce qu'ils doivent répéter. Guillaume le Bâtard s'attacha Lanfranc, comme nous l'avons vu. Dans ses fréquentes absences, il lui confiait le gouvernement de l'Angleterre ; plus d'une fois il lui donna raison contre son propre frère. L'Angevin Henri, nouveau conquérant de l'Angleterre, prit pour son Lanfranc un élève de Bologne, qui avait aussi étudié le droit à Auxerre. Thomas Becket, c'était son nom, était alors au service de l'archevêque de Kenterbury. Il avait, par son influence, retenu ce prélat dans le parti de Mathilde et de son fils. Ayant reçu seulement les premiers ordres, n'étant ainsi ni prêtre ni laïque, il se trouvait propre à tout et prêt à tout. Mais sa naissance était un grand obstacle ; il était, dit-on, fils d'une femme sarrasine, qui avait suivi un Saxon revenu de la Terre sainte. Sa mère semblait lui fermer les dignités de l'Église, et son père celles de l'État. Il ne pouvait rien attendre que du roi. Celui-ci avait besoin de pareilles gens pour exécuter ses projets contre les barons. Dès son arrivée en Angleterre, Henri rasa, en un an, cent quarante châteaux. Rien ne lui résistait, il mariait les enfants des grandes maisons à ceux des familles médiocres, abaissant ceux-là, élevant ceux-ci, nivelant tout. L'aristocratie normande s'était épuisée dans les guerres d'Étienne. Le nouveau roi disposait contre elle des hommes d'Anjou, de Poitou et d'Aquitaine. Riche de ses États patrimoniaux et de ceux de sa femme, il pouvait encore acheter des soldats en Flandre et en Bretagne. C'est le conseil que lui avait donné Becket. Celui-ci était devenu l'homme nécessaire dans les affaires et dans les plaisirs. Souple et hardi, homme de science, homme d'expédients, et avec cela bon compagnon, partageant ou imitant les goûts de son maître. Henri s'était donné sans réserve à cet homme, et non seulement lui, mais son fils, son héritier. Becket était le précepteur du fils, le chancelier du père. Comme tel, il soutenait âprement les droits du roi contre les barons, contre les évêques normands. Il força ceux-ci à payer l'*escuage,* malgré leurs réclamations et leurs cris. Puis, sentant que le roi, pour être maître en Angleterre, avait besoin d'une guerre brillante, il l'emmena dans le Midi de la France, à la conquête de Toulouse, sur laquelle Éléonore de Guyenne avait des prétentions. Becket conduisait en son propre nom, et comme à ses dépens, douze cents chevaliers, et plus de quatre mille soldats, sans compter les gens de sa maison, assez nombreux pour former plusieurs garnisons dans le Midi. Il est évident qu'un armement si disproportionné avec la fortune du plus riche particulier était mis sous le nom d'un homme sans conséquence, pour moins alarmer les barons.

Une vaste ligue s'était formée contre le comte de Toulouse, objet de la jalousie universelle. Le puissant comte de Barcelone, régent d'Aragon, les comtes de Narbonne, de Montpellier, de Béziers, de Carcassonne, étaient d'accord avec le roi d'Angleterre. Celui-ci semblait près de conquérir ce que Louis VIII et Saint Louis recueillirent sans peine après la croisade des Albigeois. Il fallait donner l'assaut sur-le-champ à Toulouse, sans lui laisser le temps de se reconnaître. Le roi de France s'y était jeté, et défendait à Henri comme suzerain de rien entreprendre contre une ville qu'il protégeait. Ce scrupule n'arrêtait pas Becket ; il conseillait de brusquer l'attaque. Mais Henri craignait d'être abandonné de ses vassaux, s'il risquait une violation si éclatante de la loi féodale. Le belliqueux chancelier n'eut pour dédommagement que la gloire d'avoir combattu et désarmé un chevalier ennemi.

L'entretien des troupes mercenaires que Becket avait conseillées à Henri, et qui lui étaient si nécessaires contre ces barons, exigeait des dépenses pour lesquelles toutes les ressources de la fiscalité normande eussent été insuffisantes. Le clergé seul pouvait payer ; il avait été richement doté par la conquête. Henri voulut avoir l'Église dans sa main. Il fallait d'abord s'assurer de la tête, je veux dire de l'archevêché de Kenterbury. C'était presque un patriarcat, une papauté anglicane, une royauté ecclésiastique, indipensable pour compléter l'autre. Henri résolut de la prendre pour lui, en la donnant à un second lui-même, à son bon ami Becket ; réunissant alors les deux puissances, il eût élevé la royauté à ce point qu'elle atteignit au XVIe siècle, entre les mains d'Henri VIII, de Marie et d'Élisabeth. Il lui était commode de mettre la primatie sous le nom de Becket, comme naguère il y avait mis une armée. C'était, il est vrai, un Saxon ; mais le Saxon *Breakspear* venait bien d'être élu pape précisément à l'époque de l'avènement d'Henri II (Adrien IV). Becket lui-même y répugnait : « Prenez garde, dit-il, je deviendrai votre plus grand ennemi. » Le roi ne l'écouta pas, et le fit primat, au grand scandale du clergé normand.

Depuis les Italiens Lanfranc et Anselme, le siège de Kenterbury avait été occupé par des Normands. Les rois et les barons n'auraient pas osé confier à d'autres cette grande et dangereuse dignité. Les archevêques de Kenterbury n'étaient pas seulement primats d'Angleterre ; ils se trouvaient avoir en quelque sorte un caractère politique. Nous les trouvons presque toujours à la tête des résistances nationales, depuis le fameux Dunstan, qui abaissa si impitoyablement la royauté anglo-saxonne, jusqu'à Étienne Langton, qui fit signer la Grande Charte au roi Jean. Ces archevêques se trouvaient être particulièrement les gardiens des libertés de Kent, le pays le plus libre de l'Angleterre. Arrêtons-nous un instant sur l'histoire de cette curieuse contrée.

Le pays de Kent, bien plus étendu que le comté qui porte ce nom, embrasse une grande partie de l'Angleterre méridionale. Il est placé en face de la France, à la pointe de la Grande-Bretagne. Il en forme l'avant-garde ; et c'était en effet le privilège des hommes de Kent de former l'avant-garde de l'armée anglaise. Leur pays a, dans tous les temps, livré la première bataille aux envahisseurs ; c'est le premier à la descente. Là, débarquèrent César, puis Hengist, puis Guillaume le Conquérant. Là aussi commença l'invasion chrétienne. Kent est une terre sacrée. L'apôtre de l'Angleterre, saint Augustin, y fonda son premier monastère. L'abbé de ce monastère et l'archevêque de Kenterbury étaient seigneurs de ce pays, et les gardiens de ses privilèges. Ils conduisirent les hommes de Kent contre Guillaume le Conquérant. Lorque celui-ci, vainqueur à Hastings, marchait de Douvres à Londres, il aperçut, selon la légende, une forêt mouvante. Cette forêt, c'était les hommes de Kent, portant devant eux un rempart mobile de branchages. Ils tombèrent sur les Normands, et arrachèrent à Guillaume la garantie de leurs libertés. Quoi qu'il en soit de cette douteuse victoire, ils restèrent libres, au milieu de la servitude universelle, et ne connurent guère d'autre domination que l'Église. C'est ainsi que nos Bretons de la Cornouaille, sous les évêques de Quimper, conservaient une liberté relative, et insultaient tous les ans la féodalité dans la statue du vieux roi Grallon.

La principale des coutumes de Kent, celle qui distingue encore aujourd'hui ce comté, c'est la loi de succession, le partage égal entre les enfants. Cette loi, appelée par les Saxons *gavel-kind,* par les Irlandais *gabhaïl-cine* (établissement de famille), est commune, avec certaines modifications, à toutes les populations celtiques, à l'Irlande et à l'Écosse, au Pays de Galles, en partie même à notre Bretagne.

Les grands légistes italiens, qui occupèrent les premiers le siège de Kenterbury, furent d'autant plus favorables aux coutumes de Kent, qu'elles s'accordaient sous plusieurs rapports avec les principes du droit romain. Eudes, comte de Kent, frère de Guillaume le Conquérant, voulant traiter les hommes de Kent comme l'étaient les habitants des autres provinces, « Lanfranc lui résista en face, et prouva devant tout le monde la liberté de sa terre par le témoignage de vieux Anglais qui étaient versés dans les usages de leur patrie ; et il délivra ses hommes des mauvaises coutumes qu'Eudes voulait leur imposer ». Dans une autre occasion, le roi ordonna de convoquer sans délai tout le comté et de réunir tous les hommes du comté, Français et surtout Anglais, versés dans la connaissance des anciennes lois et coutumes. Arrivés à Penendin, ils s'assirent tous, et tout le comté fut retenu là pendant troi jours ; et par tous ces hommes sages et honnêtes, il fut décidé, accordé et jugé : que, tout aussi bien que le roi, l'archevêque de Kenterbury doit posséder ses terres avec pleine juridiction, en toute indépendance et sécurité.

Le successeur de Lanfranc, saint Anselme, se montra encore plus favorable aux vaincus. Lanfranc lui parlait un jour du Saxon Elfeg, qui s'était dévoué pour défendre, contre les Normands, les libertés du pays : « Pour moi, dit Anselme, je crois que c'est un vrai martyr, celui qui aima mieux mourir que de faire tort aux siens. Jean est mort pour la vérité ; de même Elfeg pour la justice ; tous deux pareillement pour Christ, qui est la justice et la vérité. » C'est Anselme qui contribua le plus au mariage d'Henri Beauclerc avec la nièce d'Edgar, dernier héritier de la royauté saxonne ; cette union de deux races dut préparer, quoi qu'on ait dit, la réhabilitation des vaincus. Le même archevêque de Kenterbury reçut, comme représentant de la nation, les serments de Beauclerc, lorsqu'il jura, pour la seconde fois, sa charte des privilèges féodaux et ecclésiastiques.

Ce fut une grande surprise pour le roi d'Angleterre d'apprendre que Thomas Becket, sa créature, son joyeux compagnon, prenait au sérieux sa nouvelle dignité. Le chancelier, le mondain, le courtisan, se ressouvint tout à coup qu'il était peuple. Le fils du Saxon redevint Saxon, et fit oublier sa mère sarrasine par sa sainteté. Il s'entoura des Saxons, des pauvres, des mendiants, revêtit leur habit grossier, mangea avec eux et comme eux. Désormais, il s'éloigna du roi, et résigna le sceau. Il y eut alors comme deux rois, et le roi des pauvres, qui siégeait à Kenterbury, ne fut pas le moins puissant.

Henri, profondément blessé, obtint du pape une bulle qui rendait indépendant de l'archevêque l'abbé du monastère de saint Augustin. Il l'était effectivement sous les rois saxons. Thomas, par représailles, somma plusieurs des barons de restituer au siège de Kenterbury une terre que leurs aïeux avaient reçue des rois en fief, déclarant qu'il ne connaissait point de loi pour l'injustice, et que ce qui avait été pris sans bon titre devait être rendu. Il s'agissait dès lors de savoir si l'ouvrage de la conquête serait détruit, si l'archevêque saxon prendrait sur les descendants des vainqueurs la revanche de la bataille d'Hastings. L'épiscopat, que Guillaume le Bâtard avait rendu si fort dans l'intérêt de la conquête, tournait contre elle aujourd'hui. Heureusement pour Henri, les évêques étaient plus barons qu'évêques ; l'intérêt temporel touchait ces Normands tout autrement que celui de l'Église. La plupart se déclarèrent pour le roi, et se tinrent prêts à jurer ce qui lui plairait. Ainsi, l'alarme donnée par Becket à cette Église toute féodale mettait le roi à même de se faire accorder par elle une toute-puissance qu'autrement il n'eût jamais osé demander.

Voici les principaux points que stipulaient les coutumes de Clarendon (1164) : « La garde de tout archevêché et évêché vacant sera donnée au roi, et les revenus lui en seront payés. L'élection sera faite d'après l'ordre du roi, avec son assentiment, par le haut clergé de l'Église, sur l'avis des prélats que le roi y fera assister. – Lorsque, dans un procès, l'une des deux, ou les deux parties seront ecclésiastiques, le roi décidera si la cause sera jugée par la Cour séculière ou épiscopale. Dans le dernier cas, le rapport sera fait par un officier civil. Et si le défendeur est convaincu d'action criminelle, il perdra son bénéfice de clergie. – Aucun tenancier du roi ne sera excommunié sans que l'on se soit adressé au roi, ou, en son absence, au grand justicier. – Aucun ecclésiastique en dignité ne passera la mer sans la permission du roi. – Les ecclésiastiques tenanciers du roi tiennent leurs terres par baronnie, et sont obligés aux mêmes services que les laïques. »

Ce n'était pas moins que la confiscation de l'Église au profit d'Henri. Le roi percevant les fruits de la vacance, on pouvait être sûr que les sièges vaqueraient longtemps comme sous Guillaume le Roux, qui avait affermé un archevêché, quatre évêchés, onze abbayes. Les évêchés allaient être la récompense non plus des barons peut-être, mais des agents du fisc, des scribes, des juges complaisants. L'Église, soumise au service militaire, devenait toute féodale. Les institutions d'aumônes et d'écoles, d'offices religieux, devaient nourrir les Brabançons et les Cotereaux, et les fondations pieuses payer le meurtre. L'Église anglicane, perdant avec l'excommunication l'arme unique qui lui restait, enfermée dans l'île sans relations avec Rome, avec la communauté du monde chrétien, allait perdre tout esprit d'universalité, de *catholicité*. Ce qu'il y avait de plus grave, c'était l'anéantissement des tribunaux ecclésiastiques et la suppression du *bénéfice de clergie*. Ces droits donnaient lieu à de grands abus sans doute, bien des crimes étaient impunément commis par des prêtres ; mais quand on songe à l'épouvantable barbarie, à la fiscalité exécrable des tribunaux laïques au XIIe siècle, on est obligé d'avouer que la juridiction ecclésiastique était une ancre de salut. L'Église était presque la seule voie par où les races méprisées pussent reprendre quelque ascendant. On le voit par l'exemple des deux Saxons Breakspear (Adrien IV) et Becket.

Aussi toutes les races vaincues soutinrent l'évêque de Kent avec courage et fidélité. Sa lutte pour la liberté fut imitée avec plus de timidité et de modération en Aquitaine par l'évêque de Poitiers, et plus tard dans le Pays de Galles, par le fameux Giraud le Cambrien, auquel nous devons, entre autres ouvrages, une si curieuse description de l'Irlande. Les Bas-Bretons étaient pour Becket. Un Gallois le suivit dans l'exil, au péril de ses jours, ainsi que le fameux Jean de Salisbury. Il semblerait que les étudiants gallois aient porté les messages de Becket ; car Henri II leur fit fermer les écoles, et défendre d'entrer nulle part en Angleterre sans son consentement.

Ce serait pourtant rétrécir ce grand sujet, que de n'y voir autre chose que l'opposition des races, de ne chercher qu'un Saxon dans Thomas Becket. L'archevêque de Kenterbury ne fut pas seulement le saint de l'Angleterre, le saint des vaincus, Saxons et Gallois, mais tout autant celui de la France et de la chrétienté. Son souvenir ne resta pas moins vivant chez nous que dans sa patrie. On montre encore la maison qui le reçut à Auxerre, et, en Dauphiné, une église qu'il bâtit dans son exil. Aucun tombeau ne fut plus visité, aucun pèlerinage plus en vogue au Moyen Age que celui de saint Tomas de Kenterbury. On dit qu'en une seule année il y vint plus de cent mille pèlerins. Selon une tradition, on aurait, en un an, offert jusqu'à 950 livres sterling à la chapelle de saint Thomas, tandis que l'autel de la Vierge ne reçut que quatre livres ; Dieu lui-même n'eut pas une offrande.

Thomas fut cher au peuple entre tous les saints du Moyen Age, parce qu'il était peuple lui-même par sa naissance basse et obscure, par sa mère sarrasine et son père saxon. La vie mondaine qu'il avait menée d'abord, son amour des chiens, des chevaux, des faucons, ces goûts de jeunesse dont il ne guérit jamais bien, tout cela leur plaisait encore. Il conserva sous ses habits de prêtre une âme de chevalier, loyale et courageuse, et il n'en réprimait qu'avec peine les élans. Dans une des plus périlleuses circonstances de sa vie, lorsque les barons et les évêques d'Henri semblaient prêts à le mettre en pièces, un d'eux osa l'appeler traître ; il se retourna vivement et répliqua : « Si le caractère de mon ordre ne me le défendait, le lâche se repentirait de son insolence. »

Ce qu'il y eut de grand, de magnifique et de terrible dans la destinée de cet homme, c'est qu'il se trouva chargé, lui faible individu et sans secours, des intérêts de l'Église universelle, qui semblaient ceux du genre humain. Ce rôle, qui appartenait au pape, et que Grégoire VII avait soutenu, Alexandre III n'osa le reprendre ; il en avait bien assez de la lutte contre l'antipape, contre Frédéric Barberousse, le conquérant de l'Italie. Ce pape était le chef de la ligue lombarde, un politique, un patriote italien ; il animait les partis, provoquait les désertions, faisait des traités, fondait des villes. Il se serait bien gardé d'indisposer le plus grand roi de la chrétienté, je parle d'Henri II, lorsqu'il avait déjà contre lui l'empereur. Toute sa conduite avec Henri fut pleine de timides et honteux ménagements ; il ne cherchait qu'à gagner du temps par de misérables équivoques, par des lettres et des contrelettres, vivant au jour le jour, ménageant l'Angleterre et la France, agissant en diplomate, en prince séculier, tandis que le roi de France acceptait le patronage de l'Église, tandis que Becket souffrait et mourait pour elle. Étrange politique qui devait apprendre au peuple à chercher partout ailleurs qu'à Rome le représentant de la religion et l'idéal de la sainteté.

Dans cette grande et dramatique lutte, Becket eut à soutenir toutes les tentations, la terreur, la séduction, ses propres scrupules. De là, une hésitation dans les commencements, qui ressembla à la crainte. Il succomba d'abord dans l'assemblée de Clarendon, soit qu'il eût cru qu'on en voulait à sa vie, soit qu'il fût retenu encore par ses obligations envers le roi. Cette faiblesse est digne de pitié dans un homme qui pouvait être combattu entre deux devoirs. D'une part il devait beaucoup à Henri, de l'autre, encore plus à son Église de Kent, à celle d'Angleterre, à l'Église universelle, dont il défendait seul les droits. Cette incurable dualité du Moyen Age, déchiré entre l'État et la religion, a fait le tourment et la tristesse des plus grandes âmes, de Godefroi de Bouillon, de Saint Louis, de Dante.

« Malheureux ! disait Thomas en revenant de Clarendon, je vois l'Église anglicane, en punition de mes péchés, devenue servante à jamais ! Cela devait arriver ; je suis sorti de la Cour, et non de l'Église ; j'ai été chasseur de bêtes avant d'être pasteur d'hommes. L'amateur des mimes et des chiens est devenu le conducteur des âmes... Me voilà donc abandonné de Dieu. »

Une autre fois, Henri essaya la séduction, au défaut de la violence. Becket n'avait qu'à dire un mot ; il lui offrait tout, il mettait tout à ses pieds ; c'était la scène de Satan transportant Jésus sur la montagne, lui montrant le monde et disant : « Je te donnerai tout cela, si tu veux tomber à genoux et m'adorer. » Tous les contemporains reconnaissent ainsi, dans la lutte de Thomas contre Henri, une image des tentations du Christ, et dans sa mort un reflet de la Passion. Les hommes du Moyen Age aimaient à saisir de telles analogies. Le dernier livre de ce genre, et le plus hardi, est celui des *Conformités du Christ et de Saint François*.

L'extension même du pouvoir royal, qui faisait le fond de la question, devint de bonne heure un objet secondaire pour Henri. L'essentiel fut pour lui la ruine, la mort de Thomas ; il eut soif de son sang. Que toute cette puissance qui s'étendait sur tant de peuples se brisât contre la volonté d'un homme ; qu'après tant de succès faciles, il se présentât un obstacle, c'était aussi trop fort à supporter pour cet enfant gâté de la fortune. Il se désolait, il pleurait.

Les gens zélés ne manquaient pas pourtant pour consoler le roi, et tâcher de satisfaire son envie. On essaya dès 1164. L'archevêque fut contraint, malade et faible encore, de se présenter devant la cour des barons et des évêques. Le matin, il célébra l'office de saint Étienne, premier martyr, qui commence par ces mots : « Les princes se sont assis en conseil pour délibérer contre moi. » Puis il marcha courageusement et se présenta revêtu de ses habits pontificaux et portant sa grande croix d'argent. Cela embarrassa ses ennemis. Ils essayèrent en vain de lui arracher sa croix. Revenant aux formes juridiques, ils l'accusèrent d'avoir détourné les deniers publics, puis d'avoir célébré la messe sous l'invocation du diable, ils voulaient le déposer. On l'aurait alors tué en sûreté de conscience. Le roi attendait impatiemment. Les voies de fait commençaient déjà ; quelques-uns rompaient des pailles et les lui jetaient. L'archevêque en appela au pape, se retira lentement, et les laissa interdits. Ce fut là la première tentation, la comparution devant Hérode et Caïphe. Tout le peuple attendait dans les larmes. Lui, il fit dresser des tables, appela tout ce qu'on put trouver de pauvres dans la ville, et fit comme la cène avec eux. La nuit même il partit, et parvint avec peine sur le continent.

Ce fut une grande douleur pour Henri que sa proie eût échappé. Il mit au moins la main sur ses biens, il partagea sa dépouille ; il bannit tous ses parents en ligne ascendante et descendante, les chassa tous, vieillards, femmes enceintes et petits enfants. Encore exigeait-on d'eux au départ le serment d'aller se montrer dans leur exil à celui qui en était la cause. L'exilé les vit en effet, au nombre de quatre cents, arriver les uns après les autres, pauvres et affamés, le saluer de leur misère et de leurs haillons ; il fallut qu'il endurât cette procession d'exilés. Par-dessus tout cela, lui arrivaient des lettres des évêques d'Angleterre, pleines d'amertume et d'ironie. Ils le félicitaient de la pauvreté apostolique où il était réduit ; ils espéraient que ses abstinences profiteraient à son salut. Ce sont les consolations des amis de Job.

L'archevêque accepta son malheur, et l'embrassa comme pénitence. Réfugié à Saint-Omer, puis à Pontigny, couvent de l'Ordre de Cîteaux, il s'essaya aux austérités de ces moines. De là il écrivit au pape, s'accusant d'avoir été intrus dans son siège épiscopal, et déclarant qu'il déposait sa dignité. Alexandre III, réfugié alors à Sens, avait peur de prendre parti, et de se mettre un nouvel ennemi sur les bras. Il condamna plusieurs articles des Constitutions de Clarendon, mais refusa de voir Thomas, et se contenta de lui écrire qu'il le rétablissait dans sa dignité épiscopale. « Allez, écrivait-il froidement à l'exilé, allez apprendre dans la pauvreté à être le consolateur des pauvres. »

Le seul soutien de Thomas, c'était le roi de France. Louis VII était trop heureux de l'embarras où cette affaire mettait son rival. C'était d'ailleurs, comme on a vu, un prince singulièrement doux et pieux. L'évêque, persécuté pour la défense de l'Église, était pour lui un martyr. Aussi l'accueillit-il avec ferveur, ajoutant que la protection des exilés était un des anciens fleurons de la couronne de France. Il accorda à Thomas et à ses compagnons d'infortune un secours journalier en pain et autres vivres, et quand le roi d'Angleterre lui envoya demander vengeance contre *l'ancien archevêque :* « Et qui donc l'a déposé ? dit Louis. Moi, je suis roi aussi, et je ne puis déposer dans ma terre le moindre des clercs. »

Abandonné du pape et nourri par la charité du roi de France, Thomas ne recula point. Henri ayant passé en Normandie, l'archevêque se rendit à Vézelai, au lieu même où vingt ans auparavant saint Bernard avait prêché la seconde croisade, et le jour de l'Ascension, au milieu du plus solennel appareil, au son des cloches, à la lueur des cierges, il excommunia les défenseurs des Constitutions de Clarendon, les détenteurs des biens de l'Église de Kenterbury, et ceux qui avaient communiqué avec l'antipape que soutenait l'empereur. Il désignait nominativement six favoris du roi ; il ne le nommait pas lui-même, et tenait encore le glaive suspendu sur lui.

Cette démarche audacieuse jeta Henri dans le plus violent accès de fureur. Il se roulait par terre, il jetait son chaperon, ses habits, arrachait la soie qui couvrait son lit, et rongeait comme une bête enragée la laine et la paille. Revenu un peu à lui, il écrivit et fit écrire au pape par le clergé de Kent, se montrant prêt à recourir aux dernières extrémités, priant et menaçant tour à tour. D'une part il envoyait à l'empereur des ambassadeurs pour jurer de reconnaître l'antipape, et menaçait même de se faire musulman ; puis il s'excusait auprès d'Alexandre III, assurait que ses envoyés avaient parlé sans mission, puis il affirmait qu'il n'avait rien dit. En même temps il achetait les cardinaux, il envoyait de l'argent aux Lombards, alliés d'Alexandre. Il sollicitait les jurisconsultes de Bologne de lui donner une réponse contre l'archevêque. Il allait jusqu'à offrir au pape de tout abandonner, de lui sacrifier les constitutions de Clarendon. Tant il languissait de perdre son ennemi !

Tout cela finit par agir. Il obtint des lettres pontificales d'après lesquelles Thomas serait suspendu de toute autorité épiscopale jusqu'à ce qu'il fût rentré en grâce avec le roi. Henri montra publiquement ces lettres, se vanta d'avoir désarmé Becket et de tenir désormais le pape dans sa bourse. Les moines de Cîteaux, menacés par lui pour les possessions qu'ils avaient dans ses États, firent entendre doucement à Becket qu'ils n'osaient plus le garder chez eux. Le roi de France, scandalisé de la lâcheté de ces moines, ne put s'empêcher de s'écrier : « O religion, religion, où est-tu donc ? Voilà que ceux que nous avons crus morts au siècle bannissent en vue des choses du siècle l'exilé pour la cause de Dieu ? »

Le roi de France lui-même finit par céder. Henri, dans la rage de sa passion contre Becket, s'était humilié devant le faible Louis, s'était reconnu son vassal, avait demandé sa fille pour son fils ; et promis de partager ses États entre ses enfants. Louis se porta donc pour médiateur ; il amena Becket à Montmirail en Perche, où se rendit le roi d'Angleterre. Des paroles vagues furent échangées, Henri réservant l'honneur du royaume, et l'archevêque, l'honneur de Dieu. « Qu'attendez-vous donc ? dit le roi de France ; voilà la paix entre vos mains. » L'archevêque persistant dans ses réserves, tous les assistants des deux nations l'accusaient d'obstination. Un des barons français s'écria que celui qui résistait au conseil et à la volonté unanime des seigneurs des deux royaumes ne méritait plus d'asile. Les deux rois montèrent à cheval sans saluer Becket, qui se retira fort abattu.

Ainsi furent complétés l'abandon et la misère de l'archevêque. Il n'eut plus ni pain ni gîte, et fut réduit à vivre des aumônes du peuple. C'est peut-être alors qu'il bâtit l'église dont on lui attribue la construction. L'architecture était un des arts dont la tradition se perpétuait parmi les chefs de l'ordre ecclésiastique. Nous voyons un peu après, dans la croisade des Albigeois, maître Théodise, archidiacre de Notre-Dame de Paris, réunir, comme Becket, les titres de légiste et d'architecte.

Cependant le roi d'Angleterre, pour porter le dernier coup au primat, essaya de transporter à l'archevêque de York les droits de Kenterbury, et lui fit sacrer son fils. Au banquet du couronnement il voulut, dans l'ivresse de sa joie, servir lui-même à table le jeune roi, et ne sachant plus ce qu'il faisait, il lui échappa de s'écrier que « depuis ce jour il n'était plus roi », parole fatale, qui ne tomba pas en vain dans l'oreille du jeune roi et des assistants.

Thomas, frappé par Henri de ce nouveau coup, abandonné et vendu par la cour de Rome, écrivait au pape, aux cardinaux, des lettres terribles, des paroles de condamnation : « Pourquoi mettez-vous dans ma route la pierre du scandale ? Pourquoi fermez-vous ma voie d'épines ?... Comment dissimulez-vous l'injure que le Christ endure en moi, en vous-même, qui devez tenir ici-bas la place du Christ ? Le roi d'Angleterre a envahi les biens ecclésiastiques, renversé les libertés de l'Église, porté la main sur les oints du Seigneur, les emprisonnant, les mutilant, leur arrachant les yeux ; d'autres, il les a forcés de se justifier par le duel, ou par les épreuves de l'eau et du feu. Et l'on veut, au milieu de tels outrages, que nous nous taisions ?... Ils se taisent, ils se tairont les mercenaires ; mais quiconque est un vrai pasteur de l'Église se joindra à nous.

» Je pouvais fleurir en puissance, abonder en richesses et en délices, être craint et honoré de tous. Mais puisque enfin le Seigneur m'a appelé, moi indigne et pauvre pécheur, au gouvernement des âmes, j'ai choisi, par l'inspiration de la grâce, d'être abaissé dans sa maison, d'endurer jusqu'à la mort la proscription, l'exil, les plus extrêmes misères, plutôt que de faire bon marché de la liberté de l'Église. Qu'ils agissent ainsi ceux qui se promettent de longs jours, et qui trouvent dans leurs mérites l'espérance d'un temps meilleur. Moi, je sais que le mien sera court, et que si je tais à l'impie son iniquité, je rendrai compte de son sang. Alors, l'or et l'argent ne serviront de rien, ni les présents, qui aveuglent même les sages... Nous serons bientôt vous et moi, très saint père, devant le tribunal du Christ. C'est au nom de sa majesté, et de son jugement formidable, que je vous demande justice contre ceux qui veulent le tuer une seconde fois. »

Il écrivait encore : « Nous sommes à peine soutenus de l'aumône étrangère. Ceux qui nous secouraient sont épuisés ; ceux qui avaient pitié de notre exil, désespèrent, en voyant comment agit le seigneur pape... Écrasés par l'Église romaine, nous qui, seuls dans le monde occidental, combattons pour elle, nous serions forcés de délaisser la cause de Christ, si la grâce ne nous soutenait... Le Seigneur verra cela du haut de la montagne ; elle jugera les extrémités de la terre, cette Majesté terrible, qui éteint le souffle des rois. Pour nous, morts ou vivants, nous sommes, nous serons à lui, prêts à tout souffrir pour l'Église. Plaise à Dieu qu'il nous trouve dignes d'endurer la persécution pour sa justice.

» ...Je ne sais comment il se fait que devant cette cour, ce soit toujours le parti de Dieu qu'on immole, de sorte que Barabas se sauve, et que Christ soit mis à mort. Voilà tout à l'heure six ans révolus, que, par l'autorité de la cour pontificale, se prolongent ma proscription et la calamité de l'Église. Chez vous, les malheureux exilés, les innocents sont condamnés pour cela seul qu'ils sont les faibles, les pauvres de Christ, et qu'ils n'ont pas voulu dévier de la justice de Dieu. Au contraire, sont absous les sacrilèges, les homicides, les ravisseurs impénitents, des hommes dont j'ose dire librement que, s'ils comparaissaient devant saint Pierre même, le monde aurait beau les défendre, Dieu ne pourrait les absoudre... Les envoyés du roi promettent nos dépouilles aux cardinaux, aux courtisans. Eh bien ! que Dieu voie et juge. Je suis prêt à mourir. Qu'ils arment pour ma perte le roi d'Angleterre et, s'ils veulent, tous les rois du monde : moi, Dieu aidant, je ne m'écarterai de ma fidélité à l'Église, ni en la vie, ni en la mort. Pour le reste, je remets à Dieu sa propre cause ; c'est pour lui que je suis proscrit ; qu'il remédie et pourvoie. J'ai désormais le ferme propos de ne plus importuner la cour de Rome. Qu'ils s'adressent à elle, ceux qui se prévalent de leur iniquité, et qui, dans leur triomphe sur la justice et l'innocence, reviennent glorieux, à la contrition de l'Église. Plût à Dieu que la voie de Rome n'eût déjà perdu tant de malheureux et d'innocents !... »

Ces paroles terribles retentirent si haut, que la cour de Rome trouva plus de danger à abandonner Thomas qu'à le soutenir. Le roi de France avait écrit au pape : « Il faut que vous renonciez enfin à vos démarches trompeuses et dilatoires », et il n'était, en cela, que l'organe de toute la chrétienté. Le pape se décida à suspendre l'archevêque d'York pour usurpation des droits de Kenterbury, et il menaça le roi, s'il ne restituait les biens usurpés. Henri s'effraya ; une entrevue eut lieu à Chinon entre l'archevêque et les deux rois. Henri promit satisfaction, montra beaucoup de courtoisie envers Thomas, jusqu'à vouloir lui tenir l'étrier au départ. Cependant l'archevêque et le roi, avant de se quitter, se chargèrent de propos amers, se reprochant ce qu'ils avaient fait l'un pour l'autre. Au moment de la séparation, Thomas fixa les yeux sur Henri d'une manière expressive, et lui dit avec une sorte de solennité : « Je crois bien que je ne vous reverrai plus. » – « Me prenez-vous donc pour un traître ? » répliqua vivement le roi. L'archevêque s'inclina et partit.

Ce dernier mot de Henri ne rassura personne. Il refusa à Thomas le baiser de paix, et pour messe de réconciliation, il fit dire une messe des morts. Cette messe fut dite dans une chapelle dédiée aux martyrs. Un clerc de l'archevêque en fit la remarque, et dit : « Je crois bien, en effet, que l'Église ne recouvrera la paix que par un martyre », à quoi Thomas répondit : « Plaise à Dieu qu'elle soit délivrée, même au prix de mon sang ! » Le roi de France avait dit aussi : « Pour moi, je ne voudrais pas, pour mon pesant d'or, vous conseiller de retourner en Angleterre, s'il vous refuse le baiser de paix. » Et le comte Thibaud de Champagne ajouta : « Ce n'est pas même assez du baiser. »

Depuis longtemps Thomas prévoyait son sort et s'y résignait. A son départ du couvent de Pontigny, dit l'historien contemporain, l'abbé lui vit pendant le souper verser des larmes. Il s'étonna, lui demanda s'il lui manquait quelque chose, et lui offrit tout ce qui était en son pouvoir. « Je n'ai besoin de rien, dit l'archevêque, tout est fini pour moi. Le Seigneur a daigné la nuit dernière apprendre à son serviteur la fin qui l'attend. » –

« Quoi de commun, dit l'abbé en badinant, entre un bon vivant et un martyr, entre le calice du martyre et celui que vous venez de boire ! » L'archevêque répondit : « Il est vrai, j'accorde quelque chose aux plaisirs du corps, mais le Seigneur est bon, il justifie l'indigne et l'impie. »

Après avoir remercié le roi de France, Thomas et les siens s'acheminèrent vers Rouen. Ils n'y trouvèrent rien de ce qu'Henri avait promis, ni argent, ni escorte. Loin de là, il apprenait que les détenteurs des biens de Kenterbury le menaçaient de le tuer, s'il passait en Angleterre. Renouf de Broc, qui occupait pour le roi tous les biens de l'archevêché, avait dit : « Qu'il débarque, il n'aura pas le temps de manger ici un pain entier. » L'archevêque inébranlable écrivit à Henri qu'il connaissait son danger, mais qu'il ne pouvait voir plus longtemps l'Église de Kenterbury, la mère de la Bretagne chrétienne, périr pour la haine qu'on portait à son évêque. « La nécessité me ramène, infortuné pasteur, à mon Église infortunée. J'y retourne, par votre permission ; j'y périrai pour la sauver, si votre piété ne se hâte d'y pourvoir. Mais que je vive ou que je meure, je suis et serai toujours à vous dans le Seigneur. Quoi qu'il m'arrive à moi ou aux miens, Dieu vous bénisse, vous et vos enfants ! »

Cependant il s'était rendu sur la côte voisine de Boulogne. On était au mois de novembre dans la saison des mauvais temps de la mer ; le primat et ses compagnons furent contraints d'attendre quelques jours au port de Wissant, près de Calais. Une fois qu'ils se promenaient sur le rivage, ils virent un homme accourir vers eux, et le prirent d'abord pour le patron de leur vaisseau venant les avertir de se préparer au passage ; mais cet homme leur répondit qu'il était clerc et doyen de l'Église de Boulogne, et que le comte, son seigneur, l'envoyait les prévenir de ne point s'embarquer, parce que des troupes de gens armés se tenaient en observation sur la côte d'Angleterre, pour saisir ou tuer l'archevêque. « Mon fils, répondit Thomas, quand j'aurais la certitude d'être démembré et coupé en morceaux sur l'autre bord, je ne m'arrêterais point dans ma route. C'est assez de sept ans d'absence pour le pasteur et pour le troupeau. – Je vois l'Angleterre, dit-il encore, et j'irai, Dieu aidant. Je sais pourtant certainement que j'y trouverai ma Passion. » La fête de Noël approchait, et il voulait, à tout prix, célébrer dans son église la naissance du Sauveur.

Quand il approcha du rivage, et qu'on vit sur sa barque la croix de Kenterbury qu'on portait toujours devant le primat, la foule du peuple se précipita, pour se disputer sa bénédiction. Quelques-uns se prosternaient, et poussaient des cris. D'autres jetaient leurs vêtements sous ses pas, et criaient : « Béni, celui qui vient au nom du Seigneur ! » Les prêtres se présentaient à lui à la tête de leurs paroisses. Tous disaient que le Christ arrivait pour être crucifié encore une fois, qu'il allait souffrir pour Kent, comme à Jérusalem il avait souffert pour le monde. Cette foule intimida les Normands qui étaient venus avec de grandes menaces, et qui avaient tiré leurs épées. Pour lui, il parvint à Kenterbury au son des hymnes et des cloches, et montant en chaire, il prêcha sur ce texte : « Je suis venu pour mourir au milieu de vous. » Déjà il avait écrit au pape pour lui demander de dire à son intention les prières des agonisants.

Le roi était alors en Normandie. Il fut bien étonné, bien effrayé quand on lui dit que le primat avait osé passer en Angleterre. On racontait qu'il marchait environné d'une foule de pauvres, de serfs, d'hommes armés ; ce roi des pauvres s'était rétabli dans son trône de Kenterbury, et avait poussé jusqu'à Londres. Il apportait des bulles du pape pour mettre de nouveau le royaume en interdit. Telle était en effet la duplicité d'Alexandre III. Il avait envoyé l'absolution à Henri, et à l'archevêque la permission d'excommunier. Le roi, ne se connaissant plus, s'écria : « Quoi, un homme qui a mangé mon pain, un misérable qui est venu à ma cour sur un cheval boiteux, foulera aux pieds la royauté ! le voilà qui triomphe, et qui s'assied sur mon trône ! et pas un des lâches que je nourris n'aura le cœur de me débarrasser de ce prêtre ! » C'était la seconde fois que ces paroles homicides sortaient de sa bouche, mais alors elles n'en tombèrent pas en vain. Quatre des chevaliers de Henri se crurent déshonorés s'ils laissaient impuni l'outrage fait à leur seigneur. Telle était la force du lien féodal, telle la vertu du serment réciproque que se prêtaient l'un à l'autre le seigneur et le vassal. Les quatre n'attendirent pas la décision des juges que le roi avait commis pour faire le procès à Becket. Leur honneur était compromis, s'il mourait autrement que de leur main.

Partis à différentes heures et de ports différents, ils arrivèrent tous en même temps à Saltwerde. Renouf de Broc leur amena un grand nombre de soldats. « Voilà donc que le cinquième jour après Noël, comme l'archevêque était vers onze heures dans sa chambre et que quelques clercs et moines y traitaient d'affaires avec lui, entrèrent les quatre satellites. Salués par ceux qui étaient assis près de la porte, ils leur rendent le salut, mais à voix basse, et parviennent jusqu'à l'archevêque ; ils s'assoient à terre devant ses pieds, sans le saluer ni en leur nom, ni au nom du roi. Ils se tenaient en silence ; le Christ du Seigneur se taisait aussi. »

Enfin Renaud Fils-d'Ours prit la parole : « Nous t'apportons d'outre-mer des ordres du roi. Nous voulons savoir si tu aimes mieux les entendre en public ou en particulier. » Le saint fit sortir les siens ; mais celui qui gardait la porte la laissa ouverte, pour que du dehors on pût tout voir. Quand Renaud lui eut communiqué les ordres, et qu'il vit bien qu'il n'avait rien de pacifique à attendre, il fit rentrer tout le monde, et leur dit : « Seigneurs, vous pouvez parler devant ceux-ci. »

Les Normands prétendirent alors que le roi Henri lui envoyait l'ordre de faire serment au jeune roi, et lui reprochèrent d'être coupable de lèse-majesté. Ils auraient voulu le prendre subtilement par ces paroles, et à chaque instant ils s'embarrassaient dans les leurs. Ils l'accusaient encore de vouloir se faire roi d'Angleterre ; puis, saisissant à tout hasard un mot de l'archevêque, ils s'écrièrent : « Comment, vous accusez le roi de perfidie ? Vous nous menacez, vous voulez encore nous excommunier tous ? » Et l'un d'eux ajouta : « Dieu me garde ! il ne le fera jamais ; voilà déjà trop de gens qu'il a jetés dans les liens de l'anathème. » Ils se levèrent alors en furieux, agitant leurs bras, et tordant leurs gants. Puis s'adressant aux assistants, ils leur dirent : « Au nom du roi, vous nous répondez de cet homme, pour le représenter en temps et lieu. » – « Eh quoi ! dit l'archevêque, croiriez-vous que je veux m'échapper ? je ne fuirais ni pour le roi, ni pour aucun homme vivant. » – « Tu as raison, dit l'un des Normands, Dieu aidant, tu n'échapperas pas. » L'archevêque rappela en vain Hugues de Morville, le plus noble d'entre eux, et celui qui semblait devoir être le plus raisonnable. Mais ils ne l'écoutèrent pas, et partirent en tumulte, avec de grandes menaces.

La porte fut fermée aussitôt derrière les conjurés ; Renaud s'arma devant l'avant-cour, et prenant une hache des mains d'un charpentier qui travaillait, il frappa contre la porte pour l'ouvrir ou la briser. Les gens de la maison, entendant les coups de hache, supplièrent le primat de se réfugier dans l'église, qui communiquait à son appartement par un cloître ou une galerie ; il ne voulut point, et on allait l'y entraîner de force, quand un des assistants fit remarquer que l'heure de vêpres avait sonné. « Puisque c'est l'heure de mon devoir, j'irai à l'église », dit l'archevêque ; et faisant porter sa croix devant lui, il traversa le cloître à pas lents, puis marcha vers le grand autel, séparé de la nef par une grille entrouverte.

Quand il entra dans l'église, il vit les clercs en rumeur qui fermaient les verrous des portes : « Au nom de votre vœu d'obéissance, s'écria-t-il, nous vous défendons de fermer la porte. Il ne convient pas de faire de l'église une bastille. » Puis il fit entrer ceux des siens qui étaient restés dehors.

A peine il avait le pied sur les marches de l'autel, que Renaud Fils-d'Ours parut à l'autre bout de l'église revêtu de sa cotte de mailles, tenant à la main sa large épée à deux tranchants, et criant : « A moi, à moi, loyaux servants du roi ! » Les autres conjurés le suivirent de près, armés comme lui de la tête aux pieds et brandissant leurs épées. Les gens qui étaient avec le primat voulurent alors fermer la grille du chœur ; lui-même le leur défendit et quitta l'autel pour les en empêcher ; ils le conjurèrent avec de grandes instances de se mettre en sûreté dans l'église souterraine ou de monter l'escalier par lequel, à travers beaucoup de détours, on arrivait au faîte de l'édifice. Ces deux conseils furent repoussés aussi positivement que les premiers. Pendant ce temps, les hommes armés s'avançaient. Une voix cria : « Où est le traître ? » Becket ne répondit rien. « Où est l'archevêque ? » – « Le voici, répondit Becket, mais il n'y a pas de traître ici ; que venez-vous faire dans la maison de Dieu avec un pareil vêtement ? Quel est votre dessein ? » – « Que tu meures. » – « Je m'y résigne ; vous ne me verrez point fuir devant vos épées ; mais au nom de Dieu tout-puissant, je vous défends de toucher à aucun de mes compagnons, clerc ou laïque, grand ou petit. » Dans ce moment il reçut par-derrière un coup de plat d'épée entre les épaules, et celui qui le lui porta lui dit : « Fuis, ou tu es mort. » Il ne fit pas un mouvement ; les hommes d'armes entreprirent de le tirer hors de l'église, se faisant scrupule de l'y tuer. Il se débattit contre eux, et déclara fermement qu'il ne sortirait point, et les contraindrait à exécuter sur la place même leurs intentions ou leurs ordres. Et se tournant vers un autre qu'il voyait arriver l'épée nue, il lui dit : « Qu'est-ce donc, Renaud ? je t'ai comblé de bienfaits, et tu approches de moi tout armé, dans l'église ? » Le meurtrier répondit : « Tu es mort. » Puis il leva son épée, et d'un même coup de revers trancha la main d'un moine saxon appelé Edward Cryn, et blessa Becket à la tête. Un second coup, porté par un autre Normand, le renversa la face contre terre, et fut assené avec une telle violence que l'épée se brisa sur le pavé. Un homme d'armes, appelé Guillaume Mautrait, poussa du pied le cadavre immobile, en disant : « Qu'ainsi meure le traître qui a troublé le royaume et fait insurger les Anglais. »

Il disait en s'en allant : « Il a voulu être roi, et plus que roi, eh bien ! qu'il soit roi maintenant ! » Et au milieu de ces bravades, ils n'étaient pas rassurés. L'un d'eux rentra dans l'église, pour voir s'il était bien mort ; il lui plongea encore son épée dans la tête, et fit jaillir la cervelle. Il ne pouvait le tuer assez à son gré.

C'est en effet une chose vivace que l'homme ; il n'est pas facile de le détruire. Le délivrer du corps, le guérir de cette vie terrestre, c'est le purifier, l'orner et l'achever. Aucune parure ne lui va mieux que la mort. Un moment avant que les meurtriers n'eussent frappé, les partisans de Thomas étaient las et refroidis, le peuple doutait, Rome hésitait. Dès qu'il eut été touché du fer, inauguré de son sang, couronné de son martyre, il se trouva d'un coup grandi de Kenterbury jusqu'au ciel. « Il fut roi », comme avaient dit les meurtriers, répétant, sans le savoir, le mot de la Passion. Tout le monde fut d'accord sur lui, le peuple, les rois, le pape. Rome qui l'avait délaissé le proclama saint et martyr. Les Normands qui l'avaient tué reçurent à Westminster les bulles de canonisation, pleins d'une componction hypocrite, et pleurant à chaudes larmes.

Au moment même du meurtre, lorsque les assassins pillèrent la maison épiscopale, et qu'ils trouvèrent dans les habits de l'archevêque les rudes silices dont il mortifiait sa chair, ils furent consternés ; ils se disaient tout bas, comme le centurion de l'Évangile : « Véritablement, cet homme était un juste. » Dans les récits de sa mort tout le peuple s'accordait à dire que jamais martyr n'avait reproduit plus complètement la Passion du Sauveur. S'il y avait des différences, on les mettait à l'avantage de Thomas. « Le Christ, dit un contemporain, a été mis à mort hors de la ville, dans un lieu profane et dans un jour que les Juifs ne tenaient pas pour sacré ; Thomas a péri dans l'église même, et dans la semaine de Noël, le jour des Saints-Innocents. »

Le roi Henri se trouvait dans un grand danger ; tout le monde lui attribuait le meurtre. Le roi de France, le comte de Champagne, l'avaient solennellement accusé par-devant le pape. L'archevêque de Sens, primat des Gaules, avait lancé l'excommunication. Ceux mêmes qui lui devaient le plus s'éloignaient de lui avec horreur. Il apaisa la clameur publique à force d'hypocrisie. Ses évêques normands écrivirent à Rome que pendant trois jours il n'avait voulu ni manger ni boire : « Nous qui pleurions le primat, disaient-ils, nous avons cru que nous aurions encore le roi à pleurer. » La cour de Rome, qui d'abord avait affecté une grande colère, finit pourtant par s'attendrir. Le roi jura qu'il n'avait nulle part à la mort de Thomas ; il offrit aux légats de se soumettre à la flagellation ; il mit aux pieds du pape la conquête de l'Irlande, qu'il venait de faire ; il imposa, dans cette île, le denier de saint Pierre sur chaque maison, il sacrifia les Constitutions de Clarendon, s'engagea à payer pour la croisade, à y aller lui-même quand le pape l'exigerait, et déclara l'Angleterre fief du Saint-Siège.

Ce n'était pas assez d'avoir apaisé Rome ; il eût été quitte à trop bon marché. Voilà bientôt après que son fils aîné, le jeune roi Henri, réclame sa part du royaume, et déclare qu'il veut venger la mort de celui qui l'a élevé, du saint martyr, Thomas de Kenterbury. Les motifs qu'alléguait le jeune prince, pour revendiquer la couronne, paraissaient alors fort graves, quelque faibles qu'ils puissent sembler aujourd'hui. D'abord, le roi lui-même, en le servant à table au jour de son couronnement, avait dit imprudemment qu'il abdiquait. Le Moyen Age prenait toute parole au sérieux. Celle d'Henri II suffisait pour rendre la plupart des sujets incertains entre les deux rois. La lettre est toute-puissante aux temps barbares. Tel est alors le principe de toute jurisprudence : *Qui virgula cadit, causa cadit.*

D'autre part, Henri n'avait fait pour la mort de saint Thomas qu'une satisfaction incomplète. Aux uns, il paraissait encore souillé du sang d'un martyr. Les autres, se souvenant qu'il avait offert de se soumettre à la flagellation, le voyant payer annuellement pour la croisade un tribut expiatoire, le croyaient encore en état de pénitence. Un tel état semblait inconciliable avec la royauté. Louis le Débonnaire en avait paru dégradé, avili pour toujours.

Les fils d'Henri avaient encore une excuse spécieuse. Ils étaient encouragés, soutenus par le roi de France, seigneur suzerain de leur père. Le lien féodal passait alors pour supérieur à tous ceux de la nature. Nous avons vu qu'Henri 1er crut devoir sacrifier ses propres enfants à son vassal. Les fils d'Henri II prétendaient devoir sacrifier leur père même à leur seigneur. Dans la réalité, Henri lui-même regardait apparemment le serment féodal comme le lien le plus puissant, puisqu'il ne se crut sûr de ses fils que quand il les eut forcés de lui faire hommage.

Dans un voyage qu'il faisait dans le Midi, il vit tous les siens, ses fils, sa femme Éléonore, s'échapper un à un, et disparaître. Le jeune Henri se rendit auprès de son beau-père, le roi de France, et quand les envoyés d'Henri II vinrent le réclamer au nom du roi d'Angleterre, ils le trouvèrent siégeant près de Louis VII, dans la pompe des habillements royaux. « De quel roi d'Angleterre, me parlez-vous ? dit Louis : le voici le roi d'Angleterre ; mais si c'est le père de celui-ci, le ci-devant roi d'Angleterre, à qui vous donnez ce titre, sachez qu'il est mort depuis le jour où son fils porte la couronne ; s'il se prétend encore roi, après avoir, à la face du monde, résigné le royaume entre les mains de son fils, c'est à quoi l'on portera remède avant qu'il soit peu. »

Deux autres des fils d'Henri, Richard de Poitiers et Geoffroi, comte de Bretagne, vinrent joindre leur aîné et firent hommage au roi de France. Le danger devenait grand. Henri avait, il est vrai, pourvu, avec une activité remarquable, à la défense de ses États continentaux. Mais il entendait dire que son fils aîné allait passer le détroit avec une flotte et une armée du comte de Flandre, auquel il avait promis le comté de Kent. D'autre part, le roi d'Écosse devait envahir l'Angleterre. Il se hâta d'engager des mercenaires, des routiers brabançons et gallois. Il acheta à tout prix la faveur de Rome. Il se déclara vassal du Saint-Siège pour l'Angleterre comme pour l'Irlande, ajoutant cette clause remarquable : « Nous et nos successeurs, nous ne nous croirons véritables rois d'Angleterre, qu'autant que les seigneurs papes nous tiendront pour rois catholiques. » Dans une autre lettre, il prie Alexandre III de défendre son royaume, comme fief de l'Église romaine.

Il ne crut pas encore en avoir fait assez : il se rendit à Kenterbury. Du plus loin qu'il vit l'église, il descendit de cheval, et s'achemina en habit de laine, nu-pieds par la boue et les cailloux. Parvenu au tombeau, il s'y jeta à genoux, pleurant et sanglotant : « C'était un spectacle à tirer les larmes des yeux de tous les assistants. » Puis il se dépouilla de ses vêtements, et tout le monde, évêques, abbés, simples moines, fut invité à donner successivement au roi quelques coups de discipline. « Ce fut comme la flagellation du Christ, dit le chroniqueur ; la différence, toutefois, c'est que l'un fut fouetté pour nos péchés, l'autre pour les siens. » – « Tout le jour et toute la nuit il resta en oraison auprès du saint martyr, sans prendre d'aliments, sans sortir pour aucun besoin. Il resta tel qu'il était venu ; il ne permit pas même qu'on mît sous lui un tapis. Après matines, il fit le tour des autels et des corps saints ; puis de l'église supérieure il redescendit encore dans la crypte, au tombeau de saint Thomas. Quand le jour vint, il demanda à entendre la messe ; il but de l'eau bénite du martyr, en remplit de flacon, et s'éloigna joyeux de Kenterbury. »

Il avait raison, ce semble, d'être joyeux : pour le moment, la partie était gagnée. On lui apprit ce jour même que le roi d'Écosse était devenu son prisonnier. Le comte de Flandre n'osa tenter l'invasion. Tous les partisans du jeune roi en Angleterre furent forcés dans leurs châteaux. En Aquitaine, la guerre eut des chances plus variées. Les jeunes princes y étaient soutenus par le roi de France, et surtout par la haine du joug étranger. Au XIIe siècle, comme au IXe, les guerres des fils contre le père ne firent que couvrir celles des races diverses qui voulaient s'affranchir d'une union contraire à leurs intérêts et à leur génie. La Guyenne, le Poitou, faisaient effort pour se détacher de l'Empire anglais, comme la France de Louis le Débonnaire et de Charles le Chauve avait brisé l'unité de l'Empire carlovingien.

La mobilité des Méridionaux, leurs révolutions capricieuses, leurs découragements faciles donnaient beau jeu au roi Henri. Ils n'étaient point d'ailleurs soutenus par Toulouse, qui seule peut former le centre d'une grande guerre dans l'Aquitaine. La prudence leur défendait de renouveler des tentatives d'affranchissement qui tournaient à leur ruine. Mais c'étaient moins le patriotisme que l'inquiétude d'esprit, le vain plaisir de briller dans les guerres qui armaient les nobles du Midi. On peut en juger par ce qui nous reste du plus célèbre d'entre eux, le troubadour Bertrand de Born. Son unique jouissance était de jouer quelque bon tour à son seigneur le roi Henri II, d'armer contre lui quelqu'un de ses fils, Henri, Geoffroi ou Richard, puis, quand tout était en feu, d'en faire un beau sirvente dans son château de Hautefort, comme ce Romain qui, du haut d'une tour, chantait l'incendie au milieu de Rome embrasée. S'il y avait chance d'un peu de repos, vite ce démon du trouble lançait aux rois une satire qui les faisait rougir du repos, et le rejetait dans la guerre.

Ce n'était dans cette famille que guerres acharnées et traités perfides. Une fois, le roi Henri venant à une conférence avec ses fils, leurs soldats tirèrent l'épée contre lui. C'était la tradition des deux familles d'Anjou et de Normandie. Les enfants de Guillaume le Conquérant et d'Henri VI avaient plus d'une fois dirigé l'épée contre la poitrine de leur père. Foulques avait mis le pied sur le cou de son fils vaincu. La jalouse Éléonore, passionnée et vindicative comme une femme du Midi, cultiva l'indocilité et l'impatience de ses fils, les dressa au parricide. Ces enfants, en qui se trouvait le sang de tant de races diverses, normande, aquitaine et saxonne, semblaient avoir en eux, par-dessus l'orgueil et la violence des Foulques d'Anjou et des Guillaume d'Angleterre, toutes les oppositions, toutes les haines et les discordes de ces races d'où ils sortaient. Ils ne surent jamais s'ils étaient du Midi ou du Nord. Ce qu'ils savaient, c'est qu'ils se haïssaient les uns les autres, et leur père encore plus. Ils ne remontaient guère dans leur généalogie sans trouver à quelque degré le rapt, l'inceste ou le parricide. Leur grand-père, comte de Poitou, avait eu Éléonore d'une femme enlevée à son mari, et un saint homme leur avait dit : « De vous, il ne naîtra rien de bon. » Éléonore elle-même eut pour amant le père même d'Henri II, et les fils qu'elle avait d'Henri risquaient fort d'être les frères de leur père. On citait sur celui-ci le mot de saint Bernard : « Il vient du Diable, au Diable il retournera. » Richard, l'un d'eux, en disait autant que saint Bernard. Cette origine diabolique était pour eux un titre de famille, et ils la justifiaient par leurs œuvres. Lorsqu'un clerc vint, la croix en main, supplier l'autre fils, Geoffroi, de se réconcilier avec son père, et de ne pas imiter Absalon : « Quoi, tu voudrais, répondit le jeune homme, que je me dessaisisse de mon droit de naissance ? » – « A Dieu ne plaise, mon seigneur ! répliqua le prêtre, je ne veux rien à votre détriment. » – « Tu ne comprends pas mes paroles, dit alors le comte de Bretagne. Il est dans la destinée de notre famille que nous ne nous aimions pas entre nous. C'est là notre héritage, et aucun de nous n'y renoncera jamais. »

Il y avait une tradition populaire sur une ancienne comtesse d'Anjou, aïeule des Plantagenets. Son mari, disait-on, avait remarqué qu'elle n'allait guère à la messe et sortait toujours à la secrète. Il s'avisa de la faire tenir à ce moment par quatre écuyers. Mais elle leur laissa son manteau dans les mains, ainsi que deux de ses enfants qu'elle avait à sa droite ; enleva les deux autres qu'elle tenait à gauche, sous un pli du manteau, s'envola par une fenêtre et ne reparut jamais. C'est à peu près l'histoire de la Mellusine de Poitou et de Dauphiné. Obligée de redevenir tous les samedis moitié femme et moitié serpent, Mellusine avait bien soin de se tenir cachée ce jour-là. Son mari l'ayant surprise, elle disparut. Ce mari, c'était Geoffroi à la Grand-Dent, dont on voyait encore l'image à Lusignan, sur la porte du fameux château. Toutes les fois qu'il devait mourir quelqu'un de la famille, Mellusine paraissait la nuit sur les tours, et poussait des cris.

La véritable Mellusine, mêlée de natures contradictoires, mère et fille d'une génération diabolique, c'est Éléonore de Guyenne. Son mari la punit des rébellions de ses fils, en la tenant prisonnière dans un château fort, elle qui lui avait donné tant d'États. Cette dureté d'Henri II est une des causes de la haine que lui portèrent les hommes du Midi. L'un d'eux, dans une chronique barbare et poétique, exprime l'espérance qu'Éléonore sera bientôt délivrée par ses fils. Selon l'usage de l'époque, il applique à toute cette famille la prophétie de Merlin : « Tous ces maux-là sont arrivés depuis que le roi de l'Aquilon a frappé le vénérable Thomas de Kenterbury. C'est la reine Aliénor que Merlin désigne comme « l'Aigle du traité rompu »... Réjouis-toi donc, Aquitaine, réjouis-toi, terre de Poitou ! le sceptre du roi de l'Aquilon va s'éloigner. Malheur à lui ! Il a osé lever la lance contre son seigneur, le roi du Sud.

« Dis-moi, aigle double, dis-moi, où donc étais-tu quand tes aiglons, s'envolant du nid paternel, osèrent dresser leurs serres contre le roi de l'Aquilon ?... Voilà pourquoi tu as été enlevée de ton pays et amenée dans la terre étrangère. Les chants se sont changés en pleurs, la cithare a fait place au deuil. Nourrie dans la liberté royale au temps de ta molle jeunesse, tes compagnes chantaient, tu dansais au son de leur guitare... Aujourd'hui, je t'en conjure, reine double, modère du moins un peu tes pleurs. Reviens, si tu peux, reviens à tes villes, pauvre prisonnière.

« Où est ta cour ? où sont tes jeunes compagnes ? où sont tes conseillers ? Les uns, traînés loin de leur patrie, ont subi une mort ignominieuse ; d'autres ont été privés de la vue ; d'autres, bannis, errent en différents lieux. Toi, tu cries, et personne ne t'écoute ; car le roi du Nord te tient resserrée comme une ville qu'on assiège. Crie donc, ne te lasse point de crier ; élève ta voix comme la trompette, pour que tes fils l'entendent, car le jour approche où tes fils te délivreront, où tu reverras ton pays natal. »

Ce fut le sort du roi Henri, dans ses dernières années, d'être le persécuteur de sa femme et l'exécration de ses fils. Il se plongeait dans les plaisirs en désespéré. Tout vieilli qu'il était, grisonnant, chargé d'un ventre énorme, il variait tous les jours l'adultère et le viol. Il ne lui suffisait pas de sa belle Rosamonde, dont il avait toujours les bâtards autour de lui. Il viola sa cousine Alix, héritière de Bretagne, qui lui avait été confiée comme otage, et lorsqu'il eut obtenu pour son fils une fille du roi de France, qui n'était pas encore nubile, il souilla encore cette enfant.

Cependant, la fortune ne se lassait pas de le frapper. Il avait reposé son cœur dans le plaisir, dans la sensualité, dans la nature. C'est comme amant et comme père qu'il fut frappé. Une tradition veut qu'Éléonore ait pénétré le labyrinthe où le vieux roi avait cru cacher Rosamonde, et qu'elle l'ait tuée de sa main. Son indigne conduite à l'égard des princesses de Bretagne et de France soulevèrent des haines qui ne s'éteignirent jamais. Il aimait surtout deux de ces fils, Henri et Geoffroi ; ils moururent. L'aîné avait souhaité du moins voir son père et lui demander pardon, mais la trahison était si ordinaire chez ces princes que le vieux roi hésita pour venir, et il apprit bientôt qu'il n'était plus temps.

Il lui restait deux fils. Le féroce Richard, le lâche et perfide Jean. Richard trouvait que son père vivait longtemps ; il voulait régner. Le vieux Henri refusant de se dépouiller, Richard, en sa présence même, abjura son hommage, et se déclara vassal du nouveau roi de France, Philippe Auguste. Celui-ci affectait, en haine du roi d'Angleterre, une intimité fraternelle avec son fils révolté. Ils mangeaient au même plat et couchaient dans le même lit. La prédiction de la croisade suspendit à peine les hostilités entre le père et le fils. Le vieux roi se trouva attaqué de toutes parts à la fois : au nord de l'Anjou, par le roi de France ; à l'ouest, par les Bretons ; au sud, par les Poitevins. Malgré l'intercession de l'Église, il fut obligé d'accepter la paix que lui dictèrent Philippe et Richard ; il fallut qu'il s'avouât expressément vassal du roi de France, et se remît à sa miséricorde. Il aurait consenti à déclarer Jean son héritier pour toutes ses provinces du continent ; c'était le plus jeune de ses fils, et, à ce qui semblait, le plus dévoué. Quand les envoyés du roi de France vinrent le trouver, malade et alité qu'il était, il demanda les noms des partisans de Richard dont l'amnistie était une condition du traité. Le premier qu'on lui nomma fut Jean, son fils.

En entendant prononcer ce nom, saisi d'un mouvement presque convulsif, il se leva sur son séant et, promenant autour de lui des yeux pénétrants et hagards : « Est-ce bien vrai, dit-il, que Jean, mon cœur, mon fils de prédilection, celui que j'ai chéri plus que tous les autres, et pour l'amour duquel je me suis attiré tous mes malheurs, s'est aussi séparé de moi ? » On lui répondit qu'il en était ainsi, qu'il n'y avait rien de plus vrai. « Eh bien ! dit-il, en retombant sur son lit et tournant son visage contre le mur, que tout aille dorénavant comme il pourra, je n'ai plus de souci ni de moi ni du monde. »

La chute d'Henri II fut un grand coup pour la puissance anglaise. Elle ne se releva qu'imparfaitement sous Richard, et ce fut pour tomber sous Jean. La cour de Rome profita de leurs revers, pour faire reconnaître deux fois sa souveraineté sur l'Angleterre. Henri II et Jean s'avouèrent expressément vassaux et tributaires du pape.

La puissance temporelle du Saint-Siège s'accrut ; mais en peut-on dire autant de son autorité spirituelle ? Ne perdit-il pas quelque chose dans le respect des peuples ? Cette diplomatie rusée, patiente, qui savait si bien amuser, ajourner, saisir l'occasion, et paraître au moment pour escamoter un royaume, elle devait inspirer à coup sûr une autre idée du savoir-faire des papes, mais en même temps quelque doute sur leur sainteté. Alexandre III avait défendu l'Italie contre l'Allemagne. Il s'était fort habilement défendu lui-même contre l'empereur et l'antipape. Mais qui avait, pendant ce temps, combattu pour les libertés de l'Église ? Qui avait parlé, souffert pour la cause chrétienne ? Un prêtre, tantôt délaissé par le pape et tantôt trahi. Le pape avait accepté l'hommage d'un roi en échange du sang d'un martyr. Et maintenant, ce martyr, il était devenu le grand saint de l'Occident. Rome avait été obligée de lui rendre hommage et de le proclamer elle-même.

Au temps de Grégoire VII, la sainteté s'était trouvée dans le pape, et le sentiment religieux avait été d'accord avec la hiérarchie. Puis l'humanité, émancipée matériellement par la croisade que les papes ne dirigèrent pas, par le premier mouvement communal qu'ils frappèrent dans Arnaldo de Brixia, avait été remuée par la voix d'Abailard dans ce qu'elle a de plus profond. Pour continuer son émancipation religieuse, Thomas de Kenterbury venait de lui apprendre à chercher ailleurs qu'à Rome l'héroïsme sacerdotal et le zèle des libertés de l'Église.

Ce ne fut point au pape que profitèrent réellement la mort de saint Thomas et l'abaissement de Henri ; mais bien plutôt au roi de France. C'est lui qui avait donné asile au saint persécuté ; il ne l'avait abandonné qu'un instant. Thomas, partant pour le martyre, lui avait fait porter ses adieux par les siens, le déclarant son seul protecteur. Le roi de France avait le premier dénoncé à Rome le meurtre de l'archevêque ; il avait immédiatement commencé la guerre, et quoiqu'il eût en cela suivi son intérêt, les peuples lui en savaient gré. Le pape lui-même, lorsque l'empereur l'avait chassé de l'Italie, c'est en France qu'il était venu chercher un asile. Aussi, quoique plus d'une fois il protégeât l'Angleterre quand la France la menaçait, c'est avec celle-ci qu'étaient ses relations les plus intimes, les moins interrompues. Le seul prince sur qui l'Église pût compter, c'était le roi de France, ennemi de l'Anglais, ennemi de l'Allemand. « Ton royaume, écrivait Innocent III à Philippe Auguste, est si uni avec l'Église, que l'un ne peut souffrir sans que l'autre souffre également. » Dans les temps mêmes où l'Église châtiait le roi de France, elle lui conservait une affection maternelle. Au temps de Philippe Ier, pendant que le roi et le royaume étaient frappés de l'interdit pour l'enlèvement de Bertrade, tous les évêques du Nord restèrent dans son parti, et le pape Pascal II lui-même ne se fit pas scrupule de le visiter.

En toute occasion, grande et petite, les évêques lui prêtaient leur milices. Sur les terres mêmes du duc de Bourgogne, Louis VII se vit appuyé des milices de neuf diocèses contre Frédéric Barberousse, dont on craignait une invasion. Louis VI fut de même soutenu à l'approche de l'empereur Henri V, et Philippe Auguste à Bouvines. Comment le clergé n'eût-il pas défendu ces rois, élevés par ses mains, et recevant de lui une éducation toute cléricale ? Philippe Ier, couronné à sept ans, lut lui-même le serment qu'il devait prêter. Louis VI fut élevé à l'abbaye de Saint-Denis, et Louis VII dans le cloître de Notre-Dame. Trois de ses frères furent moines. Personne plus que lui ne regarda avec respect et terreur les privilèges de l'Église. Il révérait les prêtres, et faisait passer devant lui le moindre clerc. Il faisait trois carêmes, égalant ou surpassant les austérités des moines. Protecteur de Thomas de Kenterbury, il risqua un voyage périlleux en Angleterre pour visiter le tombeau du saint. Que dis-je, le roi de France n'était-il pas saint lui-même ? Philippe Ier, Louis le Gros, Louis VII touchaient les écrouelles, et ne pouvaient suffire à l'empressement du simple peuple. Le roi d'Angleterre ne se serait pas avisé de revendiquer ainsi le don des miracles.

Aussi grandissait-il, ce bon roi de France, et selon Dieu, et selon le monde. Vassal de Saint-Denis, depuis qu'il avait acquis le Vexin, il plaçait le drapeau de l'abbaye, l'oriflamme, à son avant-garde. Il avait mis dans ses armes la mystique fleur de lis, où le Moyen Age croyait voir la pureté de sa foi. Comme protecteur des églises, il touchait la régale pendant les vacances, et s'essayait à imposer quelques sommes au clergé, sous prétexte de croisade.

Philippe Auguste ne dégénéra pas. Sauf les deux époques de son divorce et de l'invasion d'Angleterre, aucun roi ne fut davantage selon le cœur des prêtres. C'était un prince cauteleux, plus pacifique que guerrier, quelles qu'aient été sous lui les acquisitions de la monarchie.

La *Philippide* de Guillaume le Breton, imitation classique de *l'Énéide* par un chapelain du roi, nous a trompés sur le véritable caractère de Philippe II. Les romans ont achevé de le transfigurer en héros de chevalerie. Dans le fait, les grands succès de son règne, et la victoire de Bouvines elle-même, furent des fruits de sa politique, et de la protection de l'Église.

Appelé Auguste pour être né dans le mois d'août, nous le voyons d'abord à quatorze ans malade de peur, pour s'être égaré la nuit dans une forêt. Le premier acte de son règne est éminemment populaire et agréable à l'Église. D'après le conseil d'un ermite, alors en grande réputation dans les environs de Paris, il chasse et dépouille les juifs. C'était dans l'opinion du temps une profession de piété, un soulagement pour les chrétiens. Ceux que les juifs ruinaient, enfermaient dans leurs prisons, ne manquaient pas d'applaudir.

Les blasphémateurs, les hérétiques furent impitoyablement livrés à l'Église et religieusement brûlés. Les soldats mercenaires que les rois anglais avaient répandus dans le Midi, et qui pillaient pour leur compte, furent poursuivis par Philippe. Il encouragea contre eux l'association populaire des *capuchons*.

Les seigneurs qui vexaient les Églises eurent le roi pour ennemi. Il attaqua le duc de Bourgogne son cousin pour l'obliger à ménager les prélats de cette province. Il défendit l'Église de Reims contre une semblable oppression. Il écrivit au comte de Toulouse pour l'engager à respecter les saintes Églises de Dieu. Enfin sa victoire de Bouvines passa pour le salut du clergé de France. On publiait que les barons d'Othon IV voulaient partager les biens ecclésiastiques et spolier l'Église, comme faisaient les alliés d'Othon, le roi Jean d'Angleterre et les mécréants du Languedoc.

CHAPITRE VI

1200 - Innocent III - Le pape prévaut par les armes des Français du Nord, sur le roi d'Angleterre et l'empereur d'Allemagne, sur l'Empire grec et sur les Albigeois - Grandeur du roi de France

La face du monde était sombre à la fin du XIIe siècle. L'ordre ancien était en péril, et le nouveau n'avait pas commencé. Ce n'était plus la lutte matérielle du pape et de l'empereur, se chassant alternativement de Rome, comme au temps d'Henri IV et de Grégoire VII. Au XIe siècle, le mal était à la superficie, en 1200 au cœur. Un mal profond, terrible, travaillait le christianisme. Qu'il eût voulu revenir à la querelle des investitures et n'avoir à combattre que sur la question du bâton droit ou courbé ! Alexandre III lui-même, le chef de la Ligue lombarde, n'avait osé appuyer Thomas Becket ; il avait défendu les libertés italiennes, et trahi celles d'Angleterre. Ainsi l'Église allait s'isoler du grand mouvement du monde. Au lieu de le guider et de le devancer, comme elle avait fait jusqu'alors, elle s'efforçait de l'immobiliser, ce mouvement, d'arrêter le temps au passage, de fixer la terre qui tournait sous elle et qui l'emportait. Innocent III parut y réussir ; Boniface VIII périt dans l'effort.

Moment solennel, et d'une tristesse infinie. L'espoir de la croisade avait manqué au monde. L'autorité ne semblait plus inattaquable ; elle avait promis, elle avait trompé. La liberté commençait à poindre, mais sous vingt aspects fantastiques et coquants, confuse et convulsive, multiforme, difforme. La volonté humaine enfantait chaque jour, et reculait devant ses enfants. C'était comme dans les jours séculaires de la grande semaine de la création : la nature s'essayant, jeta d'abord des produits bizarres, gigantesques, éphémères, monstrueux avortons dont les restes inspirent l'horreur.

Une chose perçait dans cette mystérieuse anarchie du XIIe siècle, qui se produisit sous la main de l'Église irritée et tremblante, c'était un sentiment prodigieusement audacieux de la puissance morale et de la grandeur de l'homme. Ce mot hardi des pélagiens : *Christ n'a rien eu de plus que moi, je ne puis me diviniser par la vertu,* il est reproduit au XIIe siècle sous forme barbare et mystique. L'homme déclare que la fin est venue, qu'en lui-même est cette fin ; il croit à soi, et se sent Dieu ; partout surgissent des messies. Et ce n'est pas seulement dans l'enceinte du christianisme, mais dans le mahométisme même, ennemi de l'incarnation, l'homme se divinise et s'adore. Déjà les Fatemites d'Égypte en ont donné l'exemple. Le chef des Assassins déclare aussi qu'il est l'iman si longtemps attendu, l'esprit incarné d'Ali. Le méhédi des Almohades d'Afrique et d'Espagne est reconnu pour tel par les siens. En Europe, un messie paraît dans Anvers, et toute la populace le suit. Un autre, en Bretagne, semble ressusciter le vieux gnosticisme d'Irlande. Amaury de Chartres et son disciple, le Breton David de Dinan, enseignent que tout chrétien est matériellement un membre du Christ, autrement dit, que Dieu est perpétuellement incarné dans le genre humain. Le Fils a régné assez, disent-ils ; règne maintenant le Saint-Esprit. C'est, sous quelque rapport, l'idée de Lessing sur l'éducation du genre humain. Rien n'égale l'audace de ces docteurs, qui pour la plupart, professent à l'Université de Paris (autorisée par Philippe Auguste en 1200). On a cru étouffer Abailard, mais il vit et parle dans son disciple Pierre le Lombard, qui, de Paris, régente toute la philosophie européenne ; on compte près de cinq cents commentateurs de ce scolastique. L'esprit d'innovation a reçu deux auxiliaires. La jurisprudence grandit à côté de la théologie qu'elle ébranle ; les papes défendent aux prêtres de professer le droit, et ne font qu'ouvrir l'enseignement aux laïques. La métaphysique d'Aristote arrive de Constantinople, tandis que ses commentateurs, apportés d'Espagne, vont être traduits de l'arabe par ordre des rois de Castille et des princes italiens de la maison de Souabe (Frédéric II et Manfred). Ce n'est pas moins que l'invasion de la Grèce et de l'Orient dans la philosophie chrétienne. Aristote prend place presque au niveau de Jésus-Christ. Défendu d'abord par les papes, puis toléré, il règne dans les chaires. Aristote tout haut, tout bas les Arabes et les Juifs, avec le panthéisme d'Averrhoès et les subtilités de la Cabale. La dialectique entre en possession de tous les sujets, et se pose toutes les questions hardies. Simon de Tournay enseigne à volonté le pour et le contre. Un jour qu'il avait ravi l'école de Paris et prouvé merveilleusement la vérité de la religion chrétienne, il s'écria tout à coup : « O petit Jésus, petit Jésus, comme j'ai élevé ta loi ! Si je voulais, je pourrais encore mieux la rabaisser. »

Telle est l'ivresse et l'orgueil du moi à son premier réveil. L'école de Paris s'élève entre les jeunes communes de Flandre et les vieux municipes du Midi, la logique entre l'industrie et le commerce.

Cependant un immense mouvement religieux éclatait dans le peuple sur deux points à la fois : le rationalisme vaudois dans les Alpes, le mysticisme allemand sur le Rhin et aux Pays-Bas.

C'est qu'en effet le Rhin est un fleuve sacré, plein d'histoires et de mystères. Et je ne parle pas seulement de son passage héroïque entre Mayence et Cologne, où il perce sa route à travers la basalte et le granit. Au midi et au nord de ce passage féodal, à l'approche des villes saintes, de Cologne, de Mayence et de Strasbourg, il s'adoucit, il devient populaire, ses rives ondulent doucement en belles plaines ; il coule silencieux, sous les barques qui filent et les rets étendus des pêcheurs. Mais une immense poésie dort sur le fleuve. Cela n'est pas facile à définir ; c'est l'impression vague d'une vaste, calme et douce nature, peut-être une voix maternelle qui rappelle l'homme aux éléments, et, comme dans la ballade, l'attire altéré au fond des fraîches ondes : peut-être l'attrait poétique de la Vierge, dont les églises s'élèvent tout le long du Rhin jusqu'à sa ville de Cologne, la ville des onze mille vierges. Elle nexistait pas, au XIIe siècle, cette merveille de Cologne, avec ses flamboyantes roses et ses rampes aériennes, dont les degrés vont au ciel ; l'église de la Vierge n'existait pas, mais la Vierge existait. Elle était partout sur le Rhin, simple femme allemande, belle ou laide, je n'en sais rien, mais si pure, si touchante et si résignée. Tout cela se voit dans le tableau de *L'Annonciation* à Cologne. L'ange y présente à la Vierge non un beau lis, comme dans les tableaux italiens, mais un livre, une dure sentence, la passion du Christ avant sa naissance, avant la conception toutes les douleurs du cœur maternel. La Vierge aussi a eu sa passion ; c'est elle, c'est la femme qui a restauré le génie allemand. Le mysticisme s'est réveillé par les béguines d'Allemagne et des Pays-Bas. Les chevaliers, les nobles *minnesinger* chantaient la femme réelle, la gracieuse épouse du landgrave de Thuringe, tant célébrée aux combats poétiques de la Wartbourg. Le peuple adorait la femme idéale ; il fallait un Dieu-femme à cette douce Allemagne. Chez ce peuple, le symbole du mystère est la rose ; simplicité et profondeur, rêveuse enfance d'un peuple à qui il est donné de ne pas vieillir, parce qu'il vit dans l'infini, dans l'éternel.

Ce génie mystique devait s'éteindre, ce semble, en descendant l'Escaut et le Rhin, en tombant dans la sensualité flamande et l'industrialisme des Pays-Bas. Mais l'industrie elle-même avait crée là un monde d'hommes misérables et sevrés de la nature, que le besoin de chaque jour renfermait dans les ténèbres d'un atelier humide ; laborieux et pauvres, méritants et déshérités, n'ayant pas même en ce monde cette place au soleil que le Bon Dieu semble promettre à tous ses enfants, ils apprenaient par ouï-dire ce que c'était que la verdure des campagnes, le chant des oiseaux et le parfum des fleurs ; race de prisonniers, moines de l'industrie, célibataires par pauvreté, ou plus malheureux encore par le mariage et souffrant des souffrances de leurs enfants. Ces pauvres gens, tisserands la plupart, avaient bien besoin de Dieu ; Dieu les visita au XIIe siècle, illumina leurs sombres demeures, et les berça du moins d'apparitions et de songes. Solitaires et presque sauvages, au milieu des cités les plus populeuses du monde, ils embrassèrent le Dieu de leur âme, leur unique bien. Le Dieu des cathédrales, le Dieu riche des riches et des prêtres, leur devint peu à peu étranger. Qui voulait leur ôter leur foi, ils se laissaient brûler, pleins d'espoir et jouissant de l'avenir. Quelquefois aussi, poussés à bout, ils sortaient de leurs caves, éblouis du jour, farouches, avec ce gros et dur œil bleu, si commun en Belgique, mal armés de leurs outils, mais terribles de leur aveuglement et de leur nombre. A Gand, les tisserands occupaient vingt-sept carrefours, et formaient à eux seuls un des trois membres de la cité. Autour d'Ypres, au XIIIe et au XIVe siècle, ils étaient plus de deux cent mille.

Rarement l'étincelle fanatique tombait en vain sur ces grandes multitudes. Les autres métiers prenaient parti, moins nombreux, mais gens forts, mieux nourris, rouges, robustes et hardis, de rudes hommes, qui avaient foi dans la grosseur de leurs bras et la pesanteur de leurs mains, des forgerons qui, dans une révolte, continuaient de battre l'enclume sur la cuirasse des chevaliers ; des foulons, des boulangers, qui pétrissaient l'émeute comme le pain ; des bouchers qui pratiquaient sans scrupule leur métier sur les hommes. Dans la boue de ces rues, dans la fumée, dans la foule serrée des grandes villes, dans ce triste et confus murmure, il y a, nous l'avons éprouvé, quelque chose qui porte à la tête : une sombre poésie de révolte. Les gens de Gand, de Bruges, d'Ypres, armés, enrégimentés d'avance, se trouvaient, au premier coup de cloche, sous la bannière du *burgmeister* ; pourquoi ? ils ne le savaient pas toujours, mais ils ne s'en battaient que mieux. C'était le comte, c'était l'évêque, ou leurs gens qui en étaient la cause. Ces Flamands n'aimaient pas trop les prêtres ; ils avaient stipulé, en 1193, dans les privilèges de Gand, qu'ils destitueraient leurs curés et chapelains à volonté.

Bien loin de là, au fond des Alpes, un principe différent amenait des révolutions analogues. De bonne heure, les montagnards piémontais, dauphinois, gens raisonneurs et froids, sous le vent des glaciers, avaient commencé à repousser les symboles, les images, les croix, les mystères, toute la poésie chrétienne. Là, point de panthéisme comme en Allemagne, point d'illuminisme comme aux Pays-Bas ; pur bon sens, raison simple, solide et forte, sous forme populaire. Dès le temps de Charlemagne, Claude de Turin entreprit cette réforme sur le versant italien ; elle fut reprise au XIIe siècle, sur le versant français, par un homme de Gap ou d'Embrun, de ce pays qui fournit des maîtres d'école à nos provinces du Sud-Est. Cet homme, appelé Pierre de Bruys, descendit dans le Midi, passa le Rhône, parcourut l'Aquitaine, toujours prêchant le peuple avec un succès immense. Henri, son disciple, en eût encore plus ; il pénétra au nord jusque dans la Maine ; partout la foule les suivait, laissant là le clergé, brisant les croix, ne voulant plus de culte que la parole. Ces sectaires, réprimés un instant reparaissent à Lyon sous le marchand *Vaud* ou Valdus ; en Italie, à la suite d'Arnaldo de Brixia. Aucune hérésie dit un dominicain, n'est plus dangereuse que celle-ci, *parce qu'aucune n'est plus durable*. Il a raison, ce n'est pas autre chose que la révolte du raisonnement contre l'autorité. Les partisans de Valdus, les vaudois, s'annonçaient d'abord comme voulant seulement reproduire l'Église des premiers temps dans la pureté, dans la pauvreté apostolique ; on les appelait les pauvres de Lyon. L'Église de Lyon, comme nous l'avons dit ailleurs, avait toujours eu la prétention d'être restée fidèle aux traditions du christianisme primitif. Ces vaudois eurent la simplicité de demander la permission de se séparer de l'Église. Repoussés, poursuivis, proscrits, ils ne subsistèrent pas moins dans les montagnes, dans les froides vallées des Alpes, premier berceau de leur croyance, jusqu'aux massacres de Mérindol et de Cabrières, sous François Ier, jusqu'à la naissance du swinglianisme et du calvinisme, qui les adoptèrent comme précurseurs, et reconnurent en eux, pour leur Église récente, une sorte de perpétuité secrète pendant le Moyen Age, contre la perpétuité catholique.

Le caractère de la réforme au XIIe siècle fut donc le rationalisme dans les Alpes et sur le Rhône, le mysticisme sur le Rhin. En Flandre, elle fut mixte, et plus encore en Languedoc.

Ce Languedoc était le vrai mélange des peuples, la vraie Babel. Placé au coude de la grande route de France, d'Espagne et d'Italie, il présentait une singulière fusion de sang ibérien, gallique et romain, sarrasin et gothique. Ces éléments divers y formaient de dures oppositions. Là devait avoir lieu le grand combat des croyances et des races. Quelles croyances ? Je dirais volontiers toutes. Ceux mêmes qui combattirent n'y surent rien distinguer, et ne trouvèrent d'autre moyen de désigner ces fils de la confusion que par le nom d'une ville : *albigeois*.

L'élément sémitique, juif et arabe, était fort en Languedoc. Narbonne avait été longtemps la capitale des Sarrasins en France. Les Juifs étaient innombrables. Maltraités, mais pourtant soufferts, ils florissaient à Carcassonne, à Montpellier, à Nîmes ; leurs rabbins y tenaient des écoles publiques. Ils formaient le lien entre les chrétiens et les mahométans, entre la France et l'Espagne. Les sciences, applicables aux besoins matériels, médecine et mathématiques, étaient l'étude commune aux hommes des trois religions. Montpellier était plus lié avec Salerne et Cordoue qu'avec Rome. Un commerce actif associait tous ces peuples, rapprochés plus que séparés par la mer. Depuis les croisades surtout, le haut Languedoc s'était comme incliné à la Méditerranée, et tourné vers l'Orient ; les comtes de Toulouse étaient comtes de Tripoli. Les mœurs et la foi équivoque des chrétiens de la Terre sainte avaient reflué dans nos provinces du Midi. Les belles monnaies, les belles étoffes d'Asie avaient fort réconcilié nos croisés avec le monde mahométan. Les marchands du Languedoc s'en allaient toujours en Asie la croix sur l'épaule, mais c'était beaucoup plus pour visiter le marché d'Acre que le saint sépulcre de Jérusalem. L'esprit mercantile avait tellement dominé les répugnances religieuses que les évêques de Maguelone et de Montpellier faisaient frapper des monnaies sarrasines, gagnaient sur les espèces, et escomptaient sans scrupule l'empreinte du croissant.

La noblesse eût dû, ce semble, tenir mieux contre les nouveautés. Mais ici, ce n'était point cette chevalerie du Nord, ignorante et pieuse, qui pouvait encore prendre la croix en 1200. Ces nobles du Midi étaient des gens d'esprit qui savaient bien la plupart que penser de leur noblesse. Il n'y en avait guère qui, en remontant un peu, ne rencontrassent dans leur généalogie quelque grand-mère sarrasine ou juive. Nous avons déjà vu qu'Eudes, l'ancien duc d'Aquitaine, l'adversaire de Charles Martel, avait donné sa fille à un émir sarrasin. Dans les romans carlovingiens, les chevaliers chrétiens épousent sans scrupule leur belle libératrice, la fille du sultan. A vrai dire, dans ce pays de droit romain, au milieu des vieux municipes de l'Empire, il n'y avait pas précisément de nobles, ou plutôt tous l'étaient ; les habitants des villes, s'entend. Les villes constituaient une sorte de noblesse à l'égard des campagnes. Le bourgeois avait, tout comme le chevalier, sa maison fortifiée et couronnée de tours. Il paraissait dans les tournois, et souvent désarçonnait le noble qui n'en faisait que rire.

Si l'on veut connaître ces nobles, qu'on lise ce qui reste de Bertrand de Born, cet ennemi juré de la paix, ce Gascon qui passa sa vie à souffler la guerre et à la chanter. Bertrand donne au fils d'Éléonore de Guyenne, au bouillant Richard, un sobriquet : *Oui et Non*. Mais ce nom lui va fort bien à lui-même et à tous ces mobiles esprits du Midi.

Gracieuse, mais légère, trop légère littérature, qui n'a pas connu d'autre idéal que l'amour, l'amour de la femme. L'esprit scolatique et légiste envahit dès leur naissance les fameuses cours d'Amour. Les formes juridiques y étaient rigoureusement observées dans la discussion des questions légères de la galanterie. Pour être pédantesques, les décisions n'en étaient pas moins immorales. La belle comtesse de Narbonne, Ermengarde (1143-1197), l'amour des poètes et des rois, décide dans un arrêt conservé religieusement, que l'époux divorcé peut fort bien redevenir l'amant de sa femme mariée à un autre. Éléonore de Guyenne prononce que le véritable amour ne peut exister entre époux ; elle permet de prendre pour quelque temps une autre amante afin d'éprouver la première. La comtesse de Flandre, princesse de la maison d'Anjou (vers 1134), la comtesse de Champagne, fille d'Éléonore, avaient institué de pareils tribunaux dans le nord de la France ; et probablement ces contrées, qui prirent part à la croisade des albigeois, avaient été médiocrement édifiées de la jurisprudence de dames du Midi.

Un mot sur la situation politique du Midi. Nous en comprendrons d'autant mieux sa révolution religieuse.

Au centre, il y avait la grande cité de Toulouse, république sous un comte. Les domaines de celui-ci s'étendaient chaque jour. Dès la première croisade, c'était le plus riche prince de la chrétienté. Il avait manqué la royauté de Jérusalem, mais pris Tripoli. Cette grande puissance était, il est vrai, fort inquiétée. Au nord, les comtes de Poitiers, devenus rois d'Angleterre, au midi la grande maison de Barcelone, maîtresse de la Basse-Province et de l'Aragon, traitaient le comte de Toulouse d'usurpateur, malgré une possession de plusieurs siècles. Ces deux maisons de Poitiers et de Barcelone avaient la prétention de descendre de saint Guilhem, le tuteur de Louis le Débonnaire, le vainqueur des Maures, celui dont le fils Bernard avait été proscrit par Charles le

Chauve. Les comtes de Roussillon, de Cerdagne, de Conflant, de Bézalu, réclamaient la même origine. Tous étaient ennemis du comte de Toulouse. Il n'était guère mieux avec les maisons de Béziers, Carcassonne, Albi et Nîmes. Aux Pyrénées c'étaient des seigneurs pauvres et braves, singulièrement entreprenants, gens à vendre, espèces de condottieri, que la fortune destinait aux plus grandes choses ; je parle des maisons de Foix, d'Albret et d'Armagnac. Les Armagnacs prétendaient aussi au comté de Toulouse et l'attaquaient souvent. On sait le rôle qu'ils ont joué au XIVe et au XVe siècle ; histoire tragique, incestueuse, impie. Le Rouergue et l'Armagnac, placés en face l'un de l'autre, aux deux coins de l'Aquitaine, sont, comme on sait, avec Nîmes, la partie énergique, souvent atroce du Midi. Armagnac, Comminges, Béziers, Toulouse, n'étaient jamais d'accord que pour faire la guerre aux églises. Les interdits ne les troublaient guère. Le comte de Comminges gardait paisiblement trois épouses à la fois. Si nous en croyons les chroniqueurs ecclésiastiques, le comte de Toulouse, Raimond VI, avait un harem. Cette Judée de la France, comme on a appelé le Languedoc, ne rappelait pas l'autre seulement par ses bitumes et ses oliviers ; elle avait aussi Sodome et Gomorrhe, et il était à craindre que la vengeance des prêtres ne lui donnât sa mer Morte.

Que les croyances orientales aient pénétré dans ce pays, c'est ce qui ne surprendra pas. Toute doctrine y avait pris ; mais le manichéisme, la plus odieuse de toutes dans le monde chrétien, a fait oublier les autres. Il avait éclaté de bonne heure au Moyen Age en Espagne. Rapporté, ce semble, en Languedoc de la Bulgarie et de Constantinople, il y prit pied aisément. Le dualisme persan leur sembla expliquer la contradiction que présentent également l'univers et l'homme. Race hétérogène, ils admettaient volontiers un monde hétérogène ; il leur fallait à côté du Bon Dieu, un Dieu mauvais à qui ils pussent imputer tout ce que l'Ancien Testament présente de contraire au Nouveau ; à ce Dieu revenaient encore la dégradation du christianisme et l'avilissement de l'Église. En eux-mêmes, et dans leur propre corruption, ils reconnaissaient la main d'un créateur malfaisant, qui s'était joué du monde. Au Bon Dieu l'esprit, au Mauvais la chair. Celle-ci, il fallait l'immoler. C'est là le grand mystère du manichéisme. Ici se présentait un double chemin. Fallait-il la dompter, cette chair, par l'abstinence, jeûner, fuir le mariage, restreindre la vie, prévenir la naissance, et dérober au démon créateur tout ce que lui peut ravir la volonté ? Dans ce mystère, l'idéal de la vie, c'est la mort, et la perfection serait le suicide. Ou bien faut-il dompter la chair, en l'assouvissant, faire taire le monstre, en emplissant sa gueule aboyante, y jeter quelque chose de soi pour sauver le reste... au risque d'y jeter tout, et d'y tomber soi-même tout entier ?

Nous savons mal quelles étaient les doctrines précises des manichéens du Languedoc. Dans les récits de leurs ennemis, nous voyons qu'on leur impute à la fois des choses contradictoires, qui sans doute s'appliquent à des sectes différentes.

Ainsi, à côté de l'Église, s'élevait une autre Église dont la Rome était Toulouse. Un Nicétas de Constantinople avait présidé près de Toulouse, en 1167, comme pape, le Concile des évêques manichéens. La Lombardie, la France du Nord, Albi, Carcassonne, Aran, avaient été représentées par leurs pasteurs. Nicétas y avait exposé la pratique des manichéens d'Asie, dont le peuple s'informait avec empressement. L'Orient, la Grèce byzantine, envahissaient définitivement l'Église occidentale. Les vaudois eux-mêmes, dont le rationalisme semble un fruit spontané de l'esprit humain, avaient fait écrire leurs premiers livres par un certain Ydros, qui, à en juger par son nom, doit aussi être un Grec. Aristote et les Arabes entraient en même temps dans la science. Les antipathies de langues, de races, de peuples, disparaissaient. L'empereur d'Allemagne, Conrad, était parent de Manuel Comnène. Le roi de France avait donné sa fille à un César byzantin. Le roi de Navarre, Sanche l'Enfermé, avait demandé la main d'une fille du chef des Almohades. Richard Cœur de Lion se déclara frère d'armes du sultan Malek-Adhel, et lui offrit sa sœur. Déjà Henri II avait menacé le pape de se faire mahométan. On assure que Jean offrit réellement aux Almohades d'apostasier pour obtenir leur secours. Ces rois d'Angleterre étaient étroitement unis avec le Languedoc et l'Espagne. Richard donna une de ses sœurs au roi de Castille, l'autre à Raimond VI. Il céda même à celui-ci l'Agénois, et renonça à toutes les prétentions de la maison de Poitiers sur Toulouse. Ainsi les hérétiques, les mécréants, s'unissaient, se rapprochaient de toutes parts. Des coïncidences fortuites y contribuaient ; par exemple, le mariage de l'empereur Henri VI avec l'héritière de Sicile établit des communications continuelles entre l'Allemagne, l'Italie et cette île tout arabe. Il semblait que les deux familles humaines, l'européenne et l'asiatique, allassent à la rencontre l'une de l'autre ; chacune d'elles se modifiait, comme pour différer moins de sa sœur. Tandis que les Languedociens adoptaient la civilisation moresque et les croyances de l'Asie, le mahométisme s'était comme christianisé dans l'Égypte, dans une grande partie de la Perse et de la Syrie, en adoptant sous diverses formes le dogme de l'incarnation.

Quels devaient être dans ce danger de l'Église le trouble et l'inquiétude de son chef visible ? Le pape avait, depuis Grégoire VII, réclamé la domination du monde et la responsabilité de son avenir. Guindé à une hauteur immense, il n'en voyait que mieux les périls qui l'environnaient. Ce prodigieux édifice du christianisme au Moyen Age, cette cathédrale du genre humain, il en occupait la flèche, il y siégeait dans la nue à la pointe de la croix, comme quand de celle de Strasbourg vous embrassez quarante villes et villages sur les deux rives du Rhin. Position glissante, et d'un vertige effroyable ! Il voyait de là je ne sais combien d'armées qui venaient marteau en main à la destruction du grand édifice, tribu par tribu, génération par génération. La masse était ferme, il est vrai ; l'édifice vivant, bâti d'apôtres, de saints, de docteurs, plongeait bien loin son pied dans la terre. Mais tous les vents battaient contre, de l'Orient et de l'Occident, de l'Asie et de l'Europe, du passé et de l'avenir. Pas la moindre nuée à l'horizon qui ne promît un orage.

Le pape était alors un Romain, Innocent III. Tel péril, tel homme. Grand légiste, habitué à consulter le droit sur toute question, il s'examina lui-même, et crut à son droit. L'Église avait pour elle *la possession actuelle ;* possession ancienne, si ancienne qu'on pouvait croire à la prescription. L'Église, dans ce grand procès, était le défendeur, propriétaire reconnu, établi sur le fonds disputé ; elle en avait les titres : le droit écrit semblait pour elle. Le demandeur, c'était l'esprit humain ; il venait un peu tard. Puis il semblait s'y prendre mal, dans son expérience, chicanant sur des textes, au lieu d'invoquer l'équité. Qui lui eût demandé ce qu'il voulait, il était impossible de l'entendre ; des voix confuses s'élevaient pour répondre. Tous demandaient choses différentes. En politique, ils attestaient la politique antique. En religion, les uns voulaient supprimer le culte, et revenir aux apôtres. Les autres remontaient plus haut et rentraient dans l'esprit de l'Asie ; ils voulaient deux dieux ; ou bien préféraient la stricte unité de l'islamisme. L'islamisme avançait vers l'Europe ; en même temps que Saladin reprenait Jérusalem, les Almohades d'Afrique envahissaient l'Espagne, non avec des armées, comme les anciens Arabes, mais avec le nombre et l'aspect effroyable d'une migration de peuple. Ils étaient trois ou quatre cent mille à la bataille de Tolosa. Que serait-il advenu du monde si le mahométisme eût vaincu ? On tremble d'y penser. Il venait de porter un fruit terrible : l'Ordre des Assassins. Déjà tous les princes chrétiens et musulmans craignaient pour leur vie. Plusieurs d'entre eux communiquaient, dit-on, avec l'ordre, et l'animaient au meurtre de leurs ennemis. Les rois anglais étaient suspects de liaison avec les Assassins. L'ennemi de Richard, Conrad de Tyr et de Montferrat, prétendant au trône de Jérusalem, tomba sous leurs poignards, au milieu de sa capitale. Philippe Auguste affecta de se croire menacé, et prit des gardes, les premiers qu'aient eus nos rois. Ainsi la crainte et l'horreur animaient l'Église et le peuple ; les récits effrayants circulaient. Les Juifs, vivante image de l'Orient au milieu du christianisme, semblaient là pour entretenir la haine des religions. Aux époques de fléaux naturels, de catastrophes politiques, ils correspondaient, disait-on, avec les infidèles, et les appelaient. Riches sous leurs haillons, retirés, sombres et mystérieux, ils prêtaient aux accusations de toute espèce. Dans des maisons toujours fermées, l'imagination du peuple soupçonnait quelque chose d'extraordinaire. On croyait qu'ils attiraient des enfants chrétiens pour les crucifier à l'image de Jésus-Christ. Des hommes en butte à tant d'outrages pouvaient en effet être tentés de justifier la persécution par le crime.

Tels apparaissaient alors les ennemis de l'Église. Les préjugés du peuple, l'ivresse sanguinaire des haines et des terreurs, tout cela remontait par tous les rangs du clergé jusqu'au pape. Ce serait aussi faire trop grande injure à la nature humaine que de croire que l'égoïsme ou l'intérêt de corps anima seul les chefs de l'Église. Non, tout indique qu'au XIIIe siècle ils étaient encore convaincus de leur droit. Ce droit admis, tous les moyens leurs furent bons pour le défendre. Ce n'était pas pour un intérêt humain que saint Dominique parcourait les campagnes du Midi, envoyant à la mort des milliers de sectaires. Et quelle qu'ait été dans ce terrible Innocent III la tentation de l'orgueil et de la vengeance, d'autres motifs encore l'animèrent dans la croisade des Albigeois et la fondation de l'inquisition dominicaine. Il avait vu, dit-on, en songe, l'Ordre des dominicains comme un grand arbre sur lequel penchait et s'appuyait l'Église de Latran, près de tomber.

Plus elle penchait cette église, plus son chef porta haut l'orgueil. Plus on niait, plus il affirma. A mesure que ses ennemis croissaient de nombre, il croissait d'audace, et se roidissait d'autant plus. Ses prétentions montèrent avec son péril, au-dessus de Grégoire VII, au-dessus d'Alexandre III. Aucun pape ne brisa comme lui les rois. Ceux de France et de León, il leur ôta leurs femmes ; ceux de Portugal, d'Aragon, d'Angleterre, il les traita en vassaux, et leur fit payer tribut. Grégoire VII en était venu à dire, ou faire dire par ses canonistes, que l'empire avait été fondé par le diable, et le sacerdoce par Dieu. Le sacerdoce, Alexandre III et Innocent III le concentrèrent dans leurs mains. Les évêques, à les entendre, devaient être nommés, déposés par le pape, assemblés à son plaisir, et leurs jugements réformés à Rome. Là résidait l'Église elle-même, le trésor des miséricordes et des vengeances ; le pape, seul, juge du juste et du vrai, disposait souverainement du crime et de l'innocence, défaisait les rois, et faisait les saints.

Le monde civil se débattait alors entre l'empereur, le roi d'Angleterre et le roi de France ; les deux premiers, ennemis du pape. L'empereur était le plus près. C'était l'habitude de l'Allemagne d'inonder périodiquement l'Italie, puis de refluer, sans laisser grande trace. L'empereur s'en venait, la lance sur la cuisse, par les défilés du Tyrol, à la tête d'une grosse et lourde cavalerie, jusqu'en Lombardie, à la plaine de Roncaglia. Là paraissaient les juristes de Ravenne et Bologne, pour donner leur consultation sur les droits impériaux. Quand ils avaient prouvé en latin aux Allemands que leur roi de Germanie, leur César, avait tous les droits de l'ancien Empire romain, il allait à Monza près Milan, au grand dépit des villes, prendre la couronne de fer. Mais la campagne n'était pas belle, s'il ne poussait jusqu'à Rome, et ne se faisait couronner de la main du pape. Les choses en venaient rarement jusque-là. Les barons allemands étaient bientôt fatigués du soleil italien ; ils avaient fait le temps loyalement, ils s'écoulaient peu à peu ; l'empereur presque seul repassait, comme il pouvait, les monts. Il emportait du moins une magnifique idée de ses droits. Le difficile était de la réaliser. Les seigneurs allemands, qui avaient écouté patiemment les docteurs de Bologne, ne permettaient guère à leur chef de pratiquer ces leçons. Il en prit mal de l'essayer aux plus grands empereurs, même à Frédéric Barberousse. Cette idée d'un droit immense, d'une immense impuissance, toutes les rancunes de cette vieille guerre, Henri VI les apporta en naissant. C'est peut-être le seul empereur en qui on ne retrouve rien de la débonnaireté germanique. Il fut pour Naples et la Sicile, héritage de sa femme, un conquérant sanguinaire, un furieux tyran. Il mourut jeune, empoisonné par sa femme, ou consommé de ses propres violences. Son fils, pupille du pape Innocent III, fut un empereur tout italien, un Sicilien, ami des Arabes, le plus terrible ennemi de l'Église.

Le roi d'Angleterre n'était guère moins hostile au pape ; son ennemi et son vassal alternativement, comme un lion qui brise et subit sa chaîne. C'était justement alors le *Cœur de Lion,* l'Aquitain Richard, le vrai fils de sa mère Éléonore, celui dont les révoltes la vengeaient des infidélités d'Henri II. Richard et Jean son frère aimaient le Midi, le pays de leur mère ; ils s'entendaient avec Toulouse, avec les ennemis de l'Église. Tout en promettant ou faisant la croisade, ils étaient liés avec les musulmans.

Le jeune Philippe, roi à quinze ans sous la tutelle du comte de Flandre (1180), et dirigé par un Clément de Metz, son gouverneur et maréchal du palais, épousa la fille du comte de Flandre, malgré sa mère et ses oncles, les princes de Champagne. Ce mariage rattachait les Capétiens à la race de Charlemagne, dont les comtes de Flandre étaient descendus. Le comte de Flandre rendait au roi Amiens, c'est-à-dire la barrière de la Somme, et lui promettait l'Artois, le Valois et le Vermandois. Tant que le roi n'avait point l'Oise et la Somme, on pouvait dire à peine que la monarchie fût fondée. Mais une fois maître de la Picardie, il avait peu à craindre la Flandre, et pouvait prendre la Normandie à revers. Le comte de Flandre essaya en vain de ressaisir Amiens, en se confédérant avec les oncles du roi. Celui-ci employa l'intervention du viel Henri II, qui craignait en Philippe l'ami de son fils Richard, et il obtint encore que le comte de Flandre rendrait une partie du Vermandois (Oise). Puis, quand le Flamand fut près de partir pour la croisade, Philippe, soutenant la révolte de Richard contre son père, s'empara des deux places si importantes du Mans et de Tours ; par l'une il inquiétait la Normandie et la Bretagne ; par l'autre, il dominait la Loire. Il avait dès lors dans ses domaines les trois grands archevêchés du royaume, Reims, Tours et Bourges, les métropoles de Belgique, de Bretagne et d'Aquitaine.

La mort d'Henri II fut un malheur pour Philippe ; elle plaçait sur le trône son grand ami Richard, avec qui il mangeait et couchait, et qui lui était si utile pour tourmenter le vieux roi. Richard devenant lui-même le rival de Philippe, rival brillant qui avait tous les défauts des hommes du Moyen Age, et qui ne leur plaisait que mieux. Le fils d'Éléonore était surtout célèbre pour cette valeur emportée qui s'est rencontrée souvent chez les Méridionaux.

A peine l'enfant prodigue eut-il en main l'héritage paternel qu'il donna, vendit, perdit, gâta. Il voulait à tout prix faire de l'argent comptant et partir pour la croisade. Il trouva pourtant à Salisbury un trésor de cent mille marcs, tout un siècle de rapines et de tyrannie. Ce n'était pas assez : il vendit à l'évêque de Durham le Northumberland pour sa vie. Il vendit au roi d'Écosse Berwick, Roxburgh, et cette glorieuse suzeraineté qui avait tant coûté à ses pères. Il donna à son frère Jean, croyant se l'attacher, un comté en Normandie, et sept en Angleterre ; c'était près d'un tiers du royaume.

Il espérait regagner en Asie bien plus qu'il ne sacrifiait en Europe.

La croisade devenait de plus en plus nécessaire. Louis VII et Henri II avaient pris la croix, et étaient restés. Leur retard avait entraîné la ruine de Jérusalem (1187).

Ce malheur était pour les rois défunts un péché énorme qui pesait sur leur âme, une tache à leur mémoire que leurs fils semblaient tenus de laver. Quelque peu impatient que pût être Philippe Auguste d'entreprendre cette expédition ruineuse, il lui devenait impossible de s'y soustraire. Si la prise d'Edesse avait décidé cinquante ans auparavant la seconde croisade, que devait-il être de celle de Jérusalem ? Les chrétiens ne tenaient plus la Terre sainte, pour ainsi dire que par le bord. Ils assiégeaient Acre, le seul port qui pût recevoir les flottes des pèlerins, et assurer les communications avec l'Occident.

Le marquis de Montferrat, prince de Tyr, et prétendant au royaume de Jérusalem, faisait promener par l'Europe une représentation de la malheureuse ville. Au milieu s'élevait le saint sépulcre, et par-dessus un cavalier sarrasin dont le cheval salissait le tombeau du Christ. Cette image d'opprobre et d'amer reproche perçait l'âme des chrétiens occidentaux ; on ne voyait que gens qui se battaient la poitrine, et criaient : « Malheur à moi ! »

Le mahométisme éprouvait depuis un demi-siècle une sorte de réforme et de restauration, qui avait entraîné la ruine du petit royaume de Jérusalem. Les Atabeks de Syrie, Zenghi et son fils Nuhreddin, deux saints de l'islamisme, originaires de l'Irak (Babylonie), avaient fondé entre l'Euphrate et le Taurus une puissance militaire, rivale et ennemie des Fatemites d'Égypte et des Assassins. Les Atabeks s'attachaient à la loi stricte du Coran, et détestaient l'interprétation, dont on avait tant abusé. Ils se rattachaient au calife de Bagdad ; cette vieille idole, depuis longtemps esclave des chefs militaires qui se succédaient, vit ceux-ci se soumettre à lui volontairement et lui faire hommage de leurs conquêtes. Les Alides, les Assasins, les esprits forts, les *phelassefé* ou philosophes, furent poursuivis avec acharnement et impitoyablement mis à mort, tout comme les novateurs en Europe. Spectacle bizarre : deux religions ennemies, étrangères l'une à l'autre, s'accordaient à leur insu pour proscrire à la même époque la liberté de la pensée. Nuhreddin était un légiste, comme Innocent III ; et son général, Salaheddin (Saladin) renversa les schismatiques musulmans d'Égypte, pendant que Simon de Montfort exterminait les schismatiques chrétiens du Languedoc.

Toutefois la pente à l'innovation était si rapide et si fatale, que les enfants de Nuhreddin se rapprochèrent déjà des Alides et des Assassins, et que Salaheddin fut obligé de les renverser. Ce Kurde, ce barbare, le Godefroi ou le Saint Louis du mahométisme, grande âme au service d'une toute petite dévotion, nature humaine et généreuse qui s'imposait l'intolérance, apprit aux chrétiens une dangereuse vérité, c'est qu'un circoncis pouvait être un saint, qu'un mahométan pouvait naître chevalier par la pureté du cœur et la magnanimité.

Saladin avait frappé deux coups sur les ennemis de l'islamisme. D'une part il envahit l'Égypte, détrôna les Fatemites, détruisit le foyer des croyances hardies qui avaient pénétré toute l'Asie. De l'autre, il renversa le petit royaume chrétien de Jérusalem, défit et prit le roi Lusignan à la bataille de Tibériade, et s'empara de la ville sainte. Son humanité pour ses captifs contrastait, d'une manière frappante, avec la dureté des chrétiens d'Asie pour leurs frères. Tandis que ceux de Tripoli fermaient leurs portes aux fugitifs de Jérusalem, Saladin employait l'argent qui restait des dépenses du siège à la délivrance des pauvres et des orphelins qui se trouvaient entre les mains de ses soldats ; son frère, Malek-Adhel, en délivra pour sa part deux mille.

La France avait, presque seule, accompli la première croisade. L'Allemagne avait puissamment contribué à la seconde. La troisième fut populaire surtout en Angleterre. Mais le roi Richard n'emmena que des chevaliers et des soldats, point d'hommes inutiles, comme dans les premières croisades. Le roi de France en fit autant, et tous deux passèrent sur des vaisseaux génois et marseillais. Cependant, l'empereur Frédéric Barberousse était déjà parti par le chemin de terre avec une grande et formidable armée. Il voulait relever sa réputation militaire et religieuse, compromise par ses guerres d'Italie. Les difficultés auxquelles avaient succombé Conrad et Louis VII, dans l'Asie-Mineure, Frédéric les surmonta. Ce héros, déjà vieux et fatigué de tant de malheurs, triompha encore et de la nature et de la perfidie des Grecs, et des embûches du sultan d'Iconium, sur lequel il remporta une mémorable victoire ; mais ce fut pour périr sans gloire dans les eaux d'une petite méchante rivière d'Asie. Son fils, Frédéric de Souabe, lui survécut à peine un an ; languissant et malade, il refusa d'écouter les médecins qui lui prescrivaient l'incontinence, et se laissa mourir, emportant la gloire de la virginité comme Godefroi de Bouillon.

Cependant, les rois de France et d'Angleterre suivaient ensemble la route de mer, avec des vues bien différentes. Dès la Sicile, les deux amis étaient brouillés. C'était, nous l'avons vu par l'exemple de Bohémond et de Raymond de Saint-Gilles, c'était la tentation des Normands et des Aquitains, de s'arrêter volontiers sur la route de la croisade. A la première, ils voulaient s'arrêter à Constantinople, puis à Antioche. Le Gascon-Normand, Richard, eut de même envie de faire halte dans cette belle Sicile. Tancrède, qui s'en était fait roi, n'avait pour lui que la voix du peuple et la haine des Allemands, qui réclamaient, au nom de Constance, fille du dernier roi et femme de l'empereur. Tancrède avait fait mettre en prison la veuve de son prédécesseur, qui était sœur du roi d'Angleterre. Richard n'eût pas mieux demandé que de venger cet outrage. Déjà, sur un prétexte, il avait planté son drapeau sur Messine. Tancrède n'eut d'autre ressource que de gagner à tout prix Philippe Auguste, qui, comme suzerain de Richard, le força d'ôter son drapeau. La jalousie en était venue au point que, à entendre les Siciliens, le roi de France les eût sollicités de l'aider à exterminer les Anglais. Il fallut que Richard se contentât de vingt mille onces d'or, que Tancrède lui offrit comme douaire de sa sœur ; il devait lui en donner encore vingt mille pour dot d'une de ses filles qui épouserait le neveu de Richard. Le roi de France ne lui laissa pas prendre tout seul cette somme énorme. Il cria bien haut contre la perfidie de Richard, qui avait promis d'épouser sa sœur, et qui avait amené en Sicile, comme fiancée, une princesse de Navarre. Il savait fort bien que cette sœur avait été séduite par le vieil Henri II ; Richard demanda de prouver la chose, et lui offrit dix mille marcs d'argent. Philippe prit sans scrupule l'argent et la honte.

Le roi d'Angleterre fut plus heureux en Chypre. Le petit roi grec de l'île ayant mis la main sur un des vaisseaux de Richard, où se trouvaient sa mère et sa sœur, et qui avait été jeté à la côte, Richard ne manqua pas une si belle occasion. Il conquit l'île sans difficulté, et chargea le roi de chaînes d'argent. Philippe Auguste l'attendait déjà devant Acre, refusant de donner l'assaut avant l'arrivée de son frère d'armes.

Un auteur estime à six cent mille le nombre de ceux des chrétiens qui vinrent successivement combattre dans cette arène du siège d'Acre. Cent vingt mille y périrent ; et ce n'était pas, comme à la première croisade, une foule d'hommes de toutes sortes, libres ou serfs, mélange de toute race, de toute condition, tourbe aveugle, qui s'en allaient à l'aventure où les menait la fureur divine, l'œstre de la croisade. Ceux-ci étaient des chevaliers, des soldats, la fleur de l'Europe. Toute l'Europe y fut représentée, nation par nation. Une flotte sicilienne était venue d'abord, puis les Belges, Frisons et Danois ; puis, sous le comte de Champagne, une armée de Français, d'Anglais et d'Italiens ; puis les Allemands, conduits par le duc de Souabe, après la mort de Frédéric Barberousse. Alors arrivèrent avec les flottes de Gênes, de Pise, de Marseille, les Français de Philippe Auguste, et les Anglais, Normands, Bretons, Aquitains de Richard Cœur de Lion. Même avant l'arrivée des deux rois, l'armée était si formidable, qu'un chevalier s'écriait : « Que Dieu reste neutre, et nous avons la victoire ! »

D'autre part, Saladin avait écrit au calife de Bagdad et à tous les princes musulmans pour en obtenir des secours. C'était la lutte de l'Europe et de l'Asie. Il s'agissait de bien autre chose que de la ville d'Acre. Des esprits aussi ardents que Richard et Saladin devaient nourrir d'autres pensées. Celui-ci ne se proposait pas moins qu'une anticroisade, une grande expédition, où il eût percé à travers toute l'Europe jusqu'au cœur du pays des Francs. Ce projet téméraire eût pourtant effrayé l'Europe, si Saladin, renversant le faible empire grec, eût apparu dans la Hongrie et l'Allemagne, au moment même où quatre cent mille Almohades essayaient de forcer la barrière de l'Espagne et des Pyrénées.

Les efforts furent proportionnés à la grandeur du prix. Tout ce qu'on savait d'art militaire fut mis en jeu, la tactique ancienne et la féodale, l'européenne et l'asiatique, les tours mobiles, le feu grégeois, toutes les machines connues alors. Les chrétiens, disent les historiens arabes, avaient apporté les laves de l'Etna, et les lançaient dans les villes, comme les *foudres dardées contre les anges rebelles*. Mais la plus terrible machine de guerre, c'était le roi Richard lui-même. Ce mauvais fils d'Henri II, le fils de la colère, dont toute la vie fut comme un accès de violence furieuse, s'acquit parmi les Sarrasins un renom impérissable de vaillance et de cruauté. Lorsque la garnison d'Acre eut été forcée de capituler, Saladin refusant de racheter les prisonniers, Richard les fit tous égorger entre les deux camps. Cet homme terrible n'épargnait ni l'ennemi, ni les siens, ni lui-même. Il revient de la mêlée, dit un historien, tout hérissé de flèches, semblable à une pelote couverte d'aiguilles. Longtemps encore après, les mères arabes faisaient taire leurs petits enfants en leur nommant le roi Richard ; et quand le cheval d'un Sarrasin bronchait, le cavalier lui disait : « Crois-tu donc avoir vu Richard d'Angleterre ? »

Cette valeur et tous ces efforts produisirent peu de résultat. Toutes les nations de l'Europe étaient, nous l'avons dit, représentées au siège d'Acre, mais aussi toutes les haines nationales. Chacun combattait comme pour son compte, et tâchait de nuire aux autres, bien loin de les seconder ; les Génois, les Pisans, les Vénitiens, rivaux de guerre et de commerce, se regardaient d'un œil hostile. Les templiers et les hospitaliers avaient peine à ne pas en venir aux mains. Il y avait dans le camp deux rois de Jérusalem, Gui de Lusignan, soutenu par Philippe Auguste, Conrad de Tyr et Montferrat, appuyé par Richard. La jalousie de Philippe augmentait avec la gloire de son rival. Étant tombé malade, il l'accusait de l'avoir empoisonné. Il réclamait moitié de l'île de Chypre et de l'argent de Tancrède. Enfin il quitta la croisade et s'embarqua presque seul, laissant là les Français honteux de son départ. Richard resté seul ne réussit pas mieux : il choquait tout le monde par son insolence et son orgueil. Les Allemands ayant arboré leurs drapeaux sur une partie des murs, il les fit jeter dans le fossé. Sa victoire d'Assur resta inutile ; il manqua le moment de prendre Jérusalem, en refusant de promettre la vie à la garnison. Au moment où il approchait de la ville, le duc de Bourgogne l'abandonna avec ce qui restait de Français. Dès lors tout était perdu ; un chevalier lui montrant de loin la Ville sainte, il se mit à pleurer, et ramena sa cotte d'armes devant ses yeux en disant : « Seigneur, ne permettez pas que je voie votre ville, puisque je n'ai pas su la délivrer. »

Cette croisade fut effectivement la dernière. L'Asie et l'Europe s'étaient approchées et s'étaient trouvées invincibles. Désormais, c'est vers d'autres contrées, vers l'Égypte, vers Constantinople, partout ailleurs qu'à la Terre sainte, que se dirigeront, sous des prétextes plus ou moins spécieux, les grandes expéditions des chrétiens. L'enthousiasme religieux a d'ailleurs considérablement diminué ; les miracles, les révélations qui ont signalé la première croisade, disparaissent à la troisième. C'est une grande expédition militaire, une lutte de race autant que de religion ; ce long siège est pour le Moyen Age comme un siège de Troie. La plaine d'Acre est devenue à la longue une patrie commune pour les deux partis. On s'est mesuré, on s'est vu tous les jours, on s'est connu, les haines se sont effacées. Le camp des chrétiens est devenu une grande ville fréquentée par les marchands des deux religions. Ils se voient volontiers, ils dansent ensemble, et les ménestrels chrétiens associent leurs voix au son des instruments arabes. Les mineurs des deux partis, qui se rencontrent dans leur travail souterrain, conviennent de ne pas se nuire. Bien plus, chaque parti en vient à se haïr lui-même plus que l'ennemi. Richard est moins ennemi de Saladin que de Philippe Auguste, et Saladin déteste les Assassins et les Alides plus que les chrétiens.

Pendant tout ce grand mouvement du monde, le roi de France faisait ses affaires à petit bruit. L'honneur à Richard, à lui le profit ; il semblait résigné au partage. Richard reste chargé de la cause de la chrétienté, s'amuse aux aventures, aux grands coups d'épée, simmortalise et s'appauvrit. Philippe, qui est parti en jurant de ne point nuire à son rival, ne perd point de temps ; il passe à Rome pour demander au pape d'être délié de son serment. Il entre en France assez à temps pour partager la Flandre, à la mort de Philippe d'Alsace ; il oblige sa fille et son gendre, le comte de Hainaut, d'en laisser une partie comme douaire à sa veuve ; mais il garde pour lui-même l'Artois et Saint-Omer, en mémoire de sa femme Isabelle de Flandre. Cependant, il excite les Aquitains à la révolte, il encourage le frère de Richard à se saisir du trône. Les renards font leur main, dans l'absence du lion. Qui sait s'il reviendra ? il se fera probablement tuer ou prendre. Il fut pris en effet, pris par des chrétiens, en trahison. Ce même duc d'Autriche qu'il avait outragé, dont il avait jeté la bannière dans les fossés de Saint-Jean-d'Acre, le surprit passant incognito sur ses terres, et le livra à l'empereur Henri VI. C'était le droit du Moyen Age. L'étranger qui passait sur les terres du seigneur sans son consentement, lui appartenait.

L'empereur ne s'inquiéta pas du privilège de la croisade. Il avait détruit les Normands de Sicile, il trouva bon d'humilier ceux d'Angleterre. D'ailleurs Jean et Philippe Auguste lui offraient autant d'argent que Richard en eût donné pour sa rançon. Il l'eût gardé sans doute, mais la vieille Éléonore, le pape, les seigneurs allemands eux-mêmes, lui firent honte de retenir prisonnier le héros de la croisade. Il ne le lâcha toutefois qu'après avoir exigé de lui une énorme rançon de cent cinquante mille marcs d'argent ; de plus, il fallut qu'ôtant son chapeau de sa tête, Richard lui fit hommage, dans une diète de l'Empire. Henri lui concéda en retour le titre dérisoire du royaume d'Arles. Le héros revint chez lui (1194), après une captivité de treize mois, roi d'Arles, vassal de l'Empire et ruiné. Il lui suffit de paraître pour réduire Jean et repousser Philippe. Ses dernières années s'écoulèrent sans gloire dans une alternative de trêves et de petites guerres. Cependant les comtes de Bretagne, de Flandre, de Boulogne, de Champagne et de Blois, étaient pour lui contre Philippe. Il périt au siège de Chaluz, dont il voulait forcer le seigneur à lui livrer un trésor (1199). Jean lui succéda, quoiqu'il eût désigné pour son héritier le jeune Arthur, son neveu, duc de Bretagne.

Cette période ne fut pas plus glorieuse pour Philippe. Les grands vassaux étaient jaloux de son agrandissement ; il s'était imprudemment brouillé avec le pape dont l'amitié avait élevé si haut sa maison. Philippe, qui avait épousé une princesse danoise dans l'unique espoir d'obtenir contre Richard une diversion des Danois, prit en dégoût la jeune barbare dès le jour des noces ; n'ayant plus besoin du secours de son père, il la répudia pour épouser Agnès de Méranie de la maison de Franche-Comté. Ce malheureux divorce, qui le brouilla pour plusieurs années avec l'Église, le condamna à l'inaction, et le rendit spectateur immobile et impuissant des grands événements qui se passèrent alors, de la mort de Richard et de la quatrième croisade.

Les Occidentaux avaient peu d'espoir de réussir dans une entreprise où avait échoué leur héros, Richard Cœur de Lion. Cependant, l'impulsion donnée depuis un siècle continuait de soi-même. Les politiques essayèrent de la mettre à profit. L'empereur Henri VI prêcha lui-même l'Assemblée de Worms, déclarant qu'il voulait expier la captivité de Richard. L'enthousiasme fut au comble ; tous les princes allemands prirent la croix. Un grand nombre s'achemina par Constantinople, d'autres se laissèrent aller à suivre l'empereur, qui leur persuadait que la Sicile était le véritable chemin de la Terre sainte. Il en tira un puissant secours pour conquérir ce royaume dont sa femme était héritière, mais dont tout le peuple, normand, italien, arabe, était d'accord pour repousser les Allemands. Il ne s'en rendit maître qu'en faisant couler des torrents de sang. On dit que sa femme elle-même l'empoisonna, vengeant sa patrie sur son époux. Henri, nourri par les juristes de Bologne dans l'idée du droit illimité des Césars, comptait se faire un point de départ pour envahir l'Empire grec, comme avait fait Robert Guiscard, pour revenir en Italie, et réduire le pape au niveau du patriarche de Constantinople.

Cette conquête de l'Empire grec, qu'il ne put accomplir, fut la suite, l'effet imprévu de la quatrième croisade. La mort de Saladin, l'avènement d'un jeune pape plein d'ardeur (Innocent III), semblaient ranimer la chrétienté. La mort d'Henri VI rassurait l'Europe alarmée de sa puissance.

La croisade prêchée par Foulques de Neuilly fut surtout populaire dans le nord de la France. Un comte de Champagne venait d'être roi de Jérusalem ; son frère, qui lui succédait en France, prit la croix, et avec lui la plupart de ses vassaux : ce puissant seigneur était à lui seul suzerain de dix-huit cents fiefs. Nommons en tête de ses vassaux son maréchal de Champagne, Geoffroi de Villehardouin, l'historien de cette grande expédition, le premier historien de la France en langue vulgaire ; c'est encore un Champenois, le sire de Joinville, qui devait raconter l'histoire de Saint Louis et la fin des croisades.

Les seigneurs du nord de la France prirent la croix en foule, les comtes de Brienne, de Saint-Paul, de Boulogne, d'Amiens, les Dampierre, les

Montmorency, le fameux Simon de Montfort, qui revenait de Terre sainte, où il avait conclu une trêve avec les Sarrasins au nom des chrétiens de la Palestine. Le mouvement se communiqua au Hainaut, à la Flandre ; le comte de Flandre, beau-frère du comte de Champagne, se trouva, par la mort prématurée de celui-ci, le chef principal de la croisade. Les rois de France et d'Angleterre avaient trop d'affaires ; l'Empire était divisé entre deux empereurs.

On ne songeait plus à prendre la route de terre. On connaissait trop bien les Grecs. Tout récemment, ils avaient massacré les Latins qui se trouvaient à Constantinople, et essayé de faire périr à son passage l'empereur Frédéric Barberousse. Pour faire le trajet par mer, il fallait des vaisseaux ; on s'adressa aux Vénitiens. Ces marchands profitèrent du besoin des croisés, et n'accordèrent pas à moins de quatre-vingt-cinq mille marcs d'argent. De plus, ils voulurent être associés à la croisade, en fournissant cinquante galères. Avec cette petite mise, ils stipulaient la moitié des conquêtes. Le vieux doge Dandolo, octogénaire et presque aveugle, ne voulut remettre à personne la direction d'une entreprise qui pouvait être si profitable à la République et déclara qu'il monterait lui-même sur la flotte. Le marquis de Montferrat, Boniface, brave et pauvre prince, qui avait fait les guerres saintes, et dont le frère Conrad s'était illustré par la défense de Tyr, fut chargé du commandement en chef, et promit d'amener les Piémontais et les Savoyards.

Lorsque les croisés furent rassemblés à Venise, les Vénitiens leur déclarèrent, au milieu des fêtes du départ, qu'ils n'appareilleraient pas avant d'être payés. Chacun se saigna et donna ce qu'il avait emporté ; avec tout cela, il s'en fallait de trente-quatre mille marcs que la somme ne fût complète. Alors l'excellent doge intercéda, et remontra au peuple qu'il ne serait pas honorable d'agir à la rigueur dans une si sainte entreprise. Il proposa que les croisés s'acquittassent en assiégeant préalablement, pour les Vénitiens, la ville de Zara, en Dalmatie, qui s'était soustraite au joug des Vénitiens, pour reconnaître le roi de Hongrie.

Le roi de Hongrie avait lui-même pris la croix ; c'était mal commencer la croisade, que d'attaquer une de ses villes. Le légat du pape eut beau réclamer, le doge lui déclara que l'armée pouvait se passer de ses directions, prit la croix sur son bonnet ducal, et entraîna les croisés devant Zara, puis devant Trieste. Ils conquirent, pour leurs bons amis de Venise, presque toutes les villes de l'Istrie.

Pendant que ces braves et honnêtes chevaliers gagnent leur passage à cette guerre, « voici venir, dit Villehardouin, une grande merveille, une aventure inespérée et la plus étrange du monde ». Un jeune prince grec, fils de l'empereur Isaac, alors dépossédé par son frère, vient embrasser les genoux des croisés, et leur promettre des avantages immenses s'ils veulent rétablir son père sur le trône. Ils seront tous riches à jamais, l'Église grecque se soumettra au pape, et l'empereur rétabli les aidera de tout son pouvoir à reconquérir Jérusalem. Dandolo est le premier touché de l'infortune du prince. Il décida les croisés à *commencer la croisade par*

Constantinople. En vain le pape lança l'interdit, en vain Simon de Montfort et plusieurs autres se séparèrent d'eux et cinglèrent vers Jérusalem. La majorité suivit les chefs, Baudoin et Boniface, qui se rangeaient à l'avis des Vénitiens.

Quelque opposition que mît le pape à l'entreprise, les croisés croyaient faire œuvre sainte en lui soumettant l'Église grecque malgré lui. L'opposition et la haine mutuelle des Latins et des Grecs ne pouvaient plus croître. La vieille guerre religieuse, commencée par Photius au IXe siècle, avait repris au XIe (vers l'an 1053). Cependant l'opposition commune contre les mahométans, qui menaçaient Constantinople, semblait devoir amener une réunion. L'empereur Constantin Monomaque fit de grands efforts ; il appela les légats du pape ; les deux clergés se virent, s'examinèrent, mais dans le langage de leurs adversaires, ils crurent n'entendre que des blasphèmes, et, des deux côtés, l'horreur augmenta. Ils se quittèrent en consacrant la rupture des deux Églises par une excommunication mutuelle (1054).

Avant la fin du siècle, la croisade de Jérusalem, sollicitée par les Comnènes eux-mêmes, amena les Latins à Constantinople. Alors les haines nationales s'ajoutèrent aux haines religieuses ; les Grecs détestèrent la brutale insolence des Occidentaux ; ceux-ci accusèrent la trahison des Grecs. A chaque croisade, les Francs qui passaient par Constantinople délibéraient s'ils ne s'en rendraient pas maîtres, et ils l'auraient fait sans la loyauté de Godefroi de Bouillon et de Louis le Jeune. Lorsque la nationalité grecque eut un réveil si terrible sous le tyran Andronic, les Latins établis à Constantinople furent enveloppés dans un même massacre (avril 1182). L'intérêt du commerce en ramena un grand nombre sous les successeurs d'Andronic, malgré le péril continuel. C'était au sein même de Constantinople, une colonie ennemie, qui appelait les Occidentaux et devait les seconder, si jamais ils tentaient un coup de main sur la capitale de l'Empire grec. Entre tous les Latins, les seuls Vénitiens pouvaient et souhaitaient cette grande chose. Concurrents des Génois pour le commerce du Levant, ils craignaient d'être prévenus par eux. Sans parler de ce grand nom de Constantinople et des précieuses richesses enfermées dans ses murs où l'Empire romain s'était réfugié, sa position dominante entre l'Europe et l'Asie promettait, à qui pourrait la prendre, le monopole du commerce et la domination des mers. Le vieux doge Dandolo, que les Grecs avaient autrefois privé de la vue, poursuivait ce projet avec toute l'ardeur du patriotisme et de la vengeance. On assure enfin que le sultan Malek-Adhel, menacé par la croisade, avait fait contribuer toute la Syrie pour acheter l'amitié des Vénitiens, et détourner sur Constantinople le danger qui menaçait la Judée et l'Égypte. Nicétas, bien plus instruit que Villehardouin des précédents de la croisade, assure que tout était préparé, et que l'arrivée du jeune Alexis ne fit qu'augmenter une impulsion déjà donnée : « Ce fut, dit-il, un flot sur un flot. »

Les croisés furent, dans la main de Venise, une force aveugle et brutale qu'elle lança contre l'Empire byzantin. Ils ignoraient et les motifs des

Vénitiens, et leurs intelligences, et l'état de l'Empire qu'ils attaquaient. Aussi, quand ils se virent en face de cette prodigieuse Constantinople, qu'ils aperçurent ces palais, ces églises innombrables, qui étincelaient au soleil avec leurs dômes dorés, lorsqu'ils virent ces myriades d'hommes sur les remparts, ils ne purent se défendre de quelque émotion : « Et sachez, dit Villehardouin, que il ne ot si hardi cui le cuer ne frémist... Chacun regardoit ses armes... que par tems en aront mestier. »

La population était grande, il est vrai, mais la ville était désarmée. Il était convenu entre les Grecs, depuis qu'ils avaient repoussé les Arabes, que Constantinople était imprenable, et cette opinion faisait négliger tous les moyens de la rendre telle. Elle avait seize cents bateaux pêcheurs et seulement vingt vaisseaux. Elle n'en envoya aucun contre la flotte latine : aucun n'essaya de descendre le courant pour y jeter le feu grégeois. Soixante mille hommes apparurent sur le rivage, magnifiquement armés, mais au premier signe des croisés, ils s'évanouirent. Dans la réalité, cette cavalerie légère n'eût pu soutenir le choc de la lourde gendarmerie des Latins. La ville n'avait que ses fortes murailles et quelques corps d'excellentes troupes, je parle de la garde varangienne, composée de Danois et de Saxons, réfugiés d'Angleterre. Ajoutez-y quelques auxiliaires de Pise. La rivalité commerciale et politique armait partout les Pisans contre les Vénitiens.

Ceux-ci avaient probablement des amis dans la ville. Dès qu'ils eurent forcé le port, dès qu'ils se présentèrent au pied des murs, l'étendard de Saint-Marc y apparut, planté par une main invisible, et le doge s'empara rapidement de vingt-cinq tours. Mais il lui fallait perdre cet avantage pour aller au secours des Francs, enveloppés par cette cavalerie grecque qu'ils avaient tant méprisée. La nuit même, l'empereur désespéra et s'enfuit ; on tira de prison son prédécesseur, le vieil Isaac Comnène, et les croisés n'eurent plus qu'à entrer triomphants dans Constantinople.

Il était impossible que la croisade se terminât ainsi. Le nouvel empereur ne pouvait satisfaire l'exigence de ses libérateurs qu'en ruinant ses sujets. Les Grecs murmuraient, les Latins pressaient, menaçaient. En attendant, ils insultaient le peuple de mille manières, et l'empereur lui-même qui était leur ouvrage. Un jour, en jouant aux dés avec le prince Alexis, ils le coiffèrent d'un bonnet de laine ou de poil. Ils choquaient à plaisir tous les usages des Grecs, et se scandalisaient de tout ce qui leur était nouveau. Ayant vu une mosquée ou une synagogue, ils fondirent sur les infidèles ; ceux-ci se défendirent. Le feu fut mis à quelques maisons ; l'incendie gagna, il embrasa la partie la plus peuplée de Constantinople, dura huit jours, et s'étendit sur une surface d'une lieue.

Cet événement mit le comble à l'exaspération du peuple. Il se souleva contre l'empereur dont la restauration avait entraîné tant de calamités. La pourpre fut offerte pendant trois jours à tous les sénateurs. Il fallait un grand courage pour l'accepter. Les Vénitiens qui, ce semble, eussent pu essayer d'intervenir, restaient hors des murs, et attendaient. Peut-être craignaient-ils de s'engager dans cette ville immense où ils auraient pu être écrasés. Peut-être leur convenait-il de laisser accabler l'empereur qu'ils avaient fait, pour rentrer en ennemis dans Constantinople. Le vieil Isaac fut en effet mis à mort, et remplacé par un prince de la maison royale, Alexis Murzuphle, qui se montra digne des circonstances critiques où il acceptait l'Empire. Il commença par repousser les propositions captieuses des Vénitiens, qui offraient encore de se contenter d'une somme d'argent. Ils l'auraient ainsi ruiné et rendu odieux au peuple, comme son prédécesseur.

Murzuphle leva de l'argent, mais pour faire la guerre. Il arma des vaisseaux et par deux fois essaya de brûler la flotte ennemie. Le péril était grand pour les Latins.

Cependant, il était impossible que Murzuphle improvisât une armée.

Les croisés étaient bien autrement aguerris ; les Grecs ne purent soutenir l'assaut ; Nicétas avoue naïvement que, dans ce moment terrible, un chevalier latin, qui renversait tout devant lui, leur parut haut de cinquante pieds.

Les chefs s'efforcèrent de limiter les abus de la victoire ; ils défendirent, sous peine de mort, le viol des femmes mariées, des vierges et des religieuses. Mais la ville fut cruellement pillée. Telle fut l'énormité du butin, que cinquante mille marcs ayant été ajoutés à la part des Vénitiens, pour dernier paiement de la dette, il resta aux Francs cinq cent mille marcs. Un nombre innombrable de monuments précieux, entassés dans Constantinople depuis que l'Empire avait perdu tant de provinces, périrent sous les mains de ceux qui se les disputaient, qui voulaient les partager, ou qui détruisaient pour détruire. Les églises, les tombeaux, ne furent point respectés. Une prostituée chanta et dansa dans la chaire du patriarche. Les barbares dispersèrent les ossements des empereurs ; quand ils en vinrent au tombeau de Justinien, ils s'aperçurent avec surprise que le législateur était encore tout entier dans son tombeau.

A qui devait revenir l'honneur de s'asseoir dans le trône de Justinien, et de fonder le nouvel Empire ? Le plus digne était le vieux Dandolo. Mais les Vénitiens eux-mêmes s'y opposèrent : il ne leur convenait pas de donner à une famille ce qui était à la République. Pour la gloire de restaurer l'Empire, elle les touchait peu ; ce qu'ils voulaient, ces marchands, c'étaient des ports, des entrepôts, une longue chaîne de comptoirs, qui leur assurât toute la route de l'Orient. Ils prirent pour eux les rivages et les îles ; de plus, trois des huit quartiers de Constantinople, avec le titre bizarre de *seigneurs d'un quart et demi de l'Empire grec.*

L'Empire, réduit à un quart, fut déféré à Beaudoin, comte de Flandre, descendant de Charlemagne et parent du roi de France. Le marquis de Montferrat se contenta du royaume de Macédoine. La plus grande partie de l'Empire, celle même qui était échue aux Vénitiens, fut démembrée en fiefs.

Le premier soin du nouvel empereur fut de s'excuser auprès du pape. Celui-ci se trouva embarrassé de son triomphe involontaire. C'était un grand coup porté à l'infaillibilité pontificale, que Dieu eût justifié par le succès une guerre condamnée par le Saint-Siège. L'union des deux Églises, le rapprochement des deux moitiés de la chrétienté avaient été consommés par des hommes frappés de l'interdit. Il ne restait au pape qu'à réformer sa sentence et à pardonner à ces conquérants qui voulaient bien demander pardon. La tristesse d'Innocent III est visible dans sa réponse à l'empereur Beaudoin. Il se compare au pêcheur de l'Évangile, qui s'effraie de la pêche miraculeuse ; puis il prétend audacieusement qu'il est pour quelque chose dans le succès ; qu'il a, lui aussi, *tendu le filet : Hoc unum audacter affirmo, quia laxavi retia in capturam.* Mais il était au-dessus de sa toute-puissance de persuader une telle chose, de faire que ce qu'il avait dit n'eût pas été dit, qu'il eût approuvé ce qu'il avait désapprouvé. La conquête de l'Empire grec ébranlait son autorité dans l'Occident plus qu'elle ne l'étendait dans l'Orient.

Les résultats de ce mémorable événement ne furent pas aussi grands qu'on eût pu le penser. L'Empire latin de Constantinople dura moins encore que le royaume de Jérusalem (1204-1261). Venise seule en tira d'immenses avantages matériels. La France n'y gagna qu'en influence ; ses mœurs et sa langue, déjà portées si loin par la première croisade, se répandirent dans l'Orient, Beaudoin et Boniface, l'empereur et le roi de Macédoine étaient cousins du roi de France. Le comte de Blois eut le duché de Nicée : le comte de Saint-Paul, celui de Demotica, près d'Andrinople. Notre historien, Geoffroi de Villehardouin, réunit les offices de maréchal de Champagne et de Romanie. Longtemps encore après la chute de l'Empire latin de Constantinople, vers 1300, le Catalan Montaner nous assure que, dans la principauté de Morée et le duché d'Athènes, « on parlait français aussi bien qu'à Paris ».

CHAPITRE VII

Ruines de Jean - Défaite de l'empereur - Guerre des Albigeois - Grandeur du roi de France - 1204-1222

Voilà le pape vainqueur des Grecs malgré lui. La réunion des deux Églises est opérée. Innocent est le seul chef spirituel du monde. L'Allemagne, la vieille ennemie des papes, est mise hors de combat ; elle est déchirée entre deux empereurs, qui prennent le pape pour arbitre. Philippe Auguste vient de se soumettre à ses ordres, et de reprendre une épouse qu'il hait. L'Occident et le Midi de la France ne sont pas si dociles. Les vaudois résistent sur le Rhône, les manichéens en Languedoc et aux Pyrénées. Tout le littoral de la France, sur les deux mers, semble prêt à se détacher de l'Église. Le rivage de la Méditerranée et celui de l'Océan obéissent à deux princes d'une foi douteuse, les rois d'Aragon et d'Angleterre, et entre eux se trouvent les foyers de l'hérésie, Béziers,

Carcassonne, Toulouse, où le grand Concile des manichéens s'est assemblé.

Le premier frappé fut le roi d'Angleterre, duc de Guyenne, voisin, et aussi parent du comte de Toulouse, dont il élevait le fils. Le pape et le roi de France profitèrent de sa ruine. Mais cet événement était préparé de longue date. La puissance des rois anglo-normands ne s'appuyait, nous l'avons vu, que sur les troupes mercenaires qu'ils achetaient ; ils ne pouvaient prendre confiance ni dans les Saxons, ni dans les Normands. L'entretien de ces troupes supposait des ressources, et un ordre administratif étranger aux habitudes de cet âge. Ces rois n'y suppléaient que par les exactions d'une fiscalité violente, qui augmentaient encore les haines, rendaient leur position plus périlleuse, et les obligeaient d'autant plus à s'entourer de ces troupes qui ruinaient et soulevaient le peuple. Dilemme terrible, dans la solution duquel ils devaient succomber. Renoncer à l'emploi des mercenaires, c'était se mettre entre les mains de l'aristocratie normande ; continuer à s'en servir, c'était marcher dans une route de perdition certaine. Le roi devait trouver sa ruine dans la réconciliation des deux races qui divisaient l'île ; Normands et Saxons devaient finir par s'entendre pour l'abaissement de la royauté ; la perte des provinces françaises devait être le premier résultat de cette révolution.

Au moins Henri II avait amassé un trésor. Mais Richard ruina l'Angleterre dès son départ pour la croisade. « Je vendrais Londres, disait-il, si je pouvais trouver un acheteur. » D'une mer à l'autre, dit un contemporain, l'Angleterre se trouva pauvre. Il fallut pourtant trouver de l'argent pour payer l'énorme rançon exigée par l'empereur. Il en fallut encore lorsque Richard, de retour, voulut guerroyer contre le roi de France. Tout ce qu'il avait vendu à son départ, il le reprit sans rembourser les acheteurs. Après avoir ruiné le présent, il ruinait l'avenir. Dès lors il ne devait plus se trouver un homme qui voulût rien prêter ou acheter au roi d'Angleterre. Son successeur, bon ou mauvais, habile ou inhabile, se trouvait d'avance condamné à une incurable impuissance.

Cependant le progrès des choses aurait au contraire exigé de nouvelles ressources. La désharmonie de l'Empire anglais n'avait jamais été plus loin. Cet Empire se composait de populations qui toutes s'étaient fait la guerre avant d'être réunies sous le même joug. La Normandie ennemie de l'Angleterre avant Guillaume, la Bretagne ennemie de la Normandie, et l'Anjou ennemi du Poitou, le Poitou qui réclamait sur tout le Midi les droits du duché d'Aquitaine, tous maintenant se trouvaient ensemble, bon gré mal gré. Sous les règnes précédents, le roi d'Angleterre avait toujours pour lui quelqu'une de ces provinces continentales. Le Normand Guillaume et ses deux premiers successeurs purent compter sur la Normandie, Henri II sur les Angevins ses compatriotes ; Richard Cœur de Lion plut généralement aux Poitevins, aux Aquitains, compatriotes de sa mère Éléonore de Guyenne. Il releva la gloire des Méridionaux qui le regardaient comme un des leurs ; il faisait des vers en leur langue, il les avait en foule autour de lui : son principal lieutenant était le Basque

Marcader. Mais peu à peu ces diverses populations s'éloignèrent des rois d'Angleterre ; elles s'apercevaient qu'en réalité, Normand, Angevin ou Poitevin, ce roi, séparé d'elles par tant d'intérêts différents, était en réalité un prince étranger. La fin du règne de Richard acheva de désabuser les sujets continentaux de l'Angleterre.

Les circonstances expliqueraient la violence, les emportements, les revers de Jean, quand même il eût été meilleur et plus habile. Il lui fallut recourir à des expédients inouïs pour tirer de l'argent d'un pays tant de fois ruiné. Que restait-il après l'avide et prodigue Richard ? Jean essaya d'arracher de l'argent aux barons, et ils lui firent signer la Grande Charte ; il se rejeta sur l'Église ; elle le déposa. Le pape et son protégé, le roi de France, profitèrent de sa ruine. Le roi d'Angleterre, sentant son navire enfoncer, jeta à la mer la Normandie, la Bretagne. Le roi de France n'eut qu'à ramasser.

Ce déchirement infaillible et nécessaire de l'Empire anglais se trouva provoqué d'abord par la rivalité de Jean et d'Arthur, son neveu. Celui-ci, fils de l'héritière de Bretagne et d'un frère de Jean, avait été dès sa naissance accepté par les Bretons, comme un libérateur et un vengeur. Ils l'avaient, malgré Henri II, baptisé du nom national d'Arthur. Les Aquitains favorisaient sa cause. La vieille Éléonore seule tenait contre son petit-fils pour Jean son fils, pour l'unité de l'Empire anglais que l'élévation d'Arthur aurait divisé. Arthur en effet faisait bon marché de cette unité : il offrait au roi de France de lui céder la Normandie, pourvu qu'il eût la Bretagne, le Maine, la Touraine, l'Anjou, le Poitou et l'Aquitaine. Jean eût été réduit à l'Angleterre. Philippe acceptait volontiers, mettait ses garnisons dans les meilleures places d'Arthur, et n'espérant pas s'y maintenir, il les démolissait. Le neveu de Jean, trahi ainsi par son allié, se tourna de nouveau vers son oncle ; puis revint au parti de la France, envahit le Poitou, et assiégea sa grand-mère Éléonore dans Mirebeau. Ce n'était pas chose nouvelle dans cette race de voir les fils armés contre leurs parents. Cependant Jean vint au secours, délivra sa mère, défit Arthur, et le prit avec la plupart des grands seigneurs de son parti. Que devint le prisonnier ? C'est ce qu'on n'a bien su jamais. Mathieu Pâris prétend que Jean, qui l'avait bien traité d'abord, fut alarmé des menaces et de l'obstination du jeune Breton ; « Arthur disparut, dit-il, et Dieu veuille qu'il en ait été autrement que ne le rapporte la malveillante renommée ! » Mais Arthur avait excité trop d'espérance pour que l'imagination des peuples se soit résignée à cette incertitude. On assura que Jean l'avait fait périr. On ajouta bientôt qu'il l'avait tué de sa propre main. Le chapelain de Philippe Auguste raconte, comme s'il l'eût vu, que Jean prit Arthur dans un bateau, qu'il lui donna lui-même deux coups de poignard, et le jeta dans la rivière, à trois milles du Château de Rouen. Les Bretons rapprochaient de leur pays le lieu de la scène ; ils la plaçaient près de Cherbourg, au pied de ces falaises sinistres qui présentent un précipice tout le long de l'Océan. Ainsi allait la tradition grandissant de détails et d'intérêt dramatique. Enfin, dans la pièce de Shakespeare,

Arthur est un tout jeune enfant sans défense, dont les douces et innocentes paroles désarment le plus farouche assassin.

Cet événement plaçait Philippe Auguste dans la meilleure position. Il avait déjà nourri contre Richard le bruit de ses liaisons avec les infidèles, avec le Vieux de la Montagne ; il avait pris des gardes pour se préserver de ses émissaires. Il exploita contre Jean le bruit de la mort d'Arthur. Il se porta pour vengeur et pour juge du crime. Il assigna Jean à comparaître devant la cour des hauts barons de France, la cour des pairs, comme on disait alors d'après les romans de Charlemagne. Déjà il l'y avait appelé pour se justifier d'avoir enlevé au comte de la Marche Isabelle de Lusignan. Jean demanda au moins un sauf-conduit. Il lui fut refusé. Condamné sans être entendu, il leva une armée en Angleterre et en Irlande, employant les dernières violences pour forcer les barons à le suivre, jusqu'à saisir les biens de ceux qui refusaient ; à d'autres, le septième de leur revenu. Tout cela ne servit de rien. Ils s'assemblèrent, mais une fois réunis à Portsmouth, ils firent déclarer par l'archevêque Hubert qu'ils étaient décidés à ne point s'embarquer. Au fait, que leur importait cette guerre ? La plupart, quoique Normands d'origine, étaient devenus étrangers à la Normandie. Ils ne se souciaient pas de se battre pour fortifier leur roi contre eux, et le mettre à même de réduire ses sujets insulaires avec ceux du continent.

Jean s'était adressé au pape, accusant Philippe d'avoir rompu la paix et violé ses serments. Innocent se porta pour juge, *non du fief, mais du péché*. Ses légats ne décidèrent rien. Philippe s'empara de la Normandie (1204). Jean lui-même avait déclaré aux Normands qu'ils n'avaient aucun secours à attendre. Il était plongé en désespéré dans les plaisirs. Les envoyés de Rouen le trouvèrent jouant aux échecs, et, avant de répondre, il voulut achever sa partie. Il dînait tous les jours splendidement avec sa belle reine et prolongeait le sommeil jusqu'à l'heure du repas. Cependant, s'il n'agissait point lui-même, il négociait avec les ennemis de l'Église et du roi de France. Il payait des subsides à l'empereur Othon IV son neveu, il s'entendait d'une part avec les Flamands, de l'autre avec les seigneurs du Midi de la France, et élevait à sa cour son autre neveu, fils du comte de Toulouse.

Ce comte, le roi d'Aragon et le roi d'Angleterre, suzerains de tout le Midi, semblaient réconciliés aux dépens de l'Église ; ils gardaient à peine quelques ménagements extérieurs. Le danger était immense de ce côté pour l'autorité ecclésiastique. Ce n'étaient point des sectaires isolés, mais une Église tout entière qui s'était formée contre l'Église. Les biens du clergé étaient partout envahis. Le nom même du prêtre était une injure. Les ecclésiastiques n'osaient laisser voir leur tonsure en public. Ceux qui se résignaient à porter la robe cléricale, c'étaient quelques serviteurs des nobles, auxquels ceux-ci la faisaient prendre, pour envahir sous leur nom quelque bénéfice. Dès qu'un missionnaire catholique se hasardait à prêcher, il s'élevait des cris de dérision. La sainteté, l'éloquence, ne leur imposaient point. Ils avaient hué saint Bernard.

La lutte était imminente en 1200. L'église hérétique était organisée ; elle avait sa hiérarchie, ses prêtres, ses évêques, son pape ; leur concile général s'était tenu à Toulouse ; cette ville eût été sans doute leur Rome, et son Capitole eût remplacé l'autre. L'Église nouvelle envoyait partout d'ardents missionnaires : l'innovation éclatait dans les pays les plus éloignés, les moins soupçonnés, en Picardie, en Flandre, en Allemagne, en Angleterre, en Lombardie, en Toscane, aux portes de Rome, à Viterbe. Les populations du Nord voyaient parmi elles les soldats mercenaires, les *routiers*, pour la plupart au service d'Angleterre, réaliser tout ce qu'on racontait de l'impiété du Midi. Ils venaient partie du Brabant, partie de l'Aquitaine ; le Basque Marcader était l'un des principaux lieutenants de Richard Cœur de Lion. Les montagnards du Midi, qui aujourd'hui descendent en France ou en Espagne pour gagner de l'argent par quelque petite industrie, en faisant autant au Moyen Age, mais alors la seule industrie était la guerre. Ils maltraitaient les prêtres tout comme les paysans, habillaient leurs femmes des vêtements consacrés, battaient les clercs et leur faisaient chanter la messe par dérision. C'était encore un de leurs plaisirs de salir, de briser les images du Christ, de lui casser les bras et les jambes, de le traiter plus mal que les Juifs à la Passion. Ces routiers étaient chers aux princes, précisément à cause de leur impiété, qui les rendait insensibles aux censures ecclésiastiques. Un charpentier, inspiré de la Vierge Marie, forma l'association *les capuchons* pour l'extermination de ces bandes. Philippe Auguste encouragea le peuple, fournit des troupes, et en une seule fois, on en égorgea dix mille.

Indépendamment des ravages des routiers du Midi, les croisades avaient jeté des semences de haine. Ces grandes expéditions, qui rapprochèrent l'Orient et l'Occident, eurent aussi pour effet de révéler à l'Europe du Nord celle du Midi. La dernière se présenta à l'autre sous l'aspect le plus choquant ; esprit mercantile plus que chevaleresque, dédaigneuse opulence, élégance et légèreté moqueuse, danses et costumes moresques, figures sarrasines. Les aliments mêmes étaient un sujet d'éloignement entre les deux races ; les mangeurs d'ail, d'huile et de figues, rappelaient aux croisés l'impureté du sang moresque et juif, et le Languedoc leur semblait une autre Judée.

L'Église du XIIIe siècle se fit une arme de ces antipathies de races pour retenir le Midi qui lui échappait. Elle transféra la croisade des infidèles aux hérétiques. Les prédicateurs furent les mêmes, les bénédictins de Cîteaux.

Plusieurs réformes avaient eu lieu déjà dans l'institut de saint Benoît ; mais cet ordre était tout un peuple ; au XIe siècle se forma un ordre dans l'ordre, une première congrégation, la congrégation bénédictine de Cluny. Le résultat fut immense : il en sortit Grégoire VII. Ces réformateurs eurent pourtant bientôt besoin d'une réforme. Il s'en fit une en 1098, à l'époque même de la première croisade. Cîteaux s'éleva à côté de Cluny, toujours dans la riche et vineuse Bourgogne, le pays des grands prédicateurs, de Bossuet et de saint Bernard. Ceux-ci s'imposèrent le travail, selon la règle primitive de saint Benoît, changèrent seulement l'habit noir en habit blanc, déclarèrent qu'ils s'occuperaient uniquement de leur salut, et seraient soumis aux évêques, dont les autres moines tendaient toujours à s'affranchir. Ainsi l'Église en péril resserrait sa hiérarchie. Plus les cisterciens se faisaient petits, plus ils grandirent et s'accrurent. Ils eurent jusqu'à dix-huit cents maisons d'hommes et quatorze cents de femmes. L'abbé de Cîteaux était appelé l'abbé des abbés. Ils étaient déjà si riches, vingt ans après leur institution, que l'austérité de saint Bernard s'en effraya ; il s'enfuit en Champagne pour fonder Clairvaux. Les moines de Cîteaux étaient alors les seuls moines pour le peuple. On les forçait de monter en chaire et de prêcher la croisade. Saint Bernard fut l'apôtre de la seconde, et le législateur des templiers. Les ordres militaires d'Espagne et de Portugal, Saint-Jacques, Alcantara, Calatrava, et Avis, relevaient de Cîteaux, et lui étaient affiliés. Les moines de Bourgogne étendaient ainsi leur influence spirituelle sur l'Espagne tandis que les princes des deux Bourgognes lui donnaient des rois.

Toute cette grandeur perdit Cîteaux. Elle se trouva, pour la discipline, presque au niveau de la voluptueuse Cluny. Celle-ci, du moins, avait de bonne heure affecté la douleur et l'indulgence. Pierre le Vénérable y avait reçu, consolé, enseveli Abailard. Mais Cîteaux corrompue conserva, dans la richesse et le luxe, la dureté de son instruction primitive. Elle resta animée du génie sanguinaire des croisades et continua de prêcher la foi en négligeant les œuvres. Plus même l'indignité des prédicateurs rendait leurs paroles vaines et stériles, plus ils s'irritaient. Ils s'en prenaient du peu d'effet de leur éloquence à ceux qui sur leurs mœurs jugeaient leur doctrine. Furieux d'impuissance, ils menaçaient, ils damnaient, et le peuple n'en faisait que rire.

Un jour que l'abbé de Cîteaux partait avec ses moines dans un magnifique appareil pour aller en Languedoc travailler à la conversion des hérétiques, deux Castillans, qui revenaient de Rome, l'évêque d'Osma et l'un de ses chanoines, le fameux saint Dominique, n'hésitèrent point à leur dire que ce luxe et cette pompe détruiraient l'effet de leurs discours : « C'est pieds nus, dirent-ils, qu'il faut marcher contre les fils de l'orgueil ; ils veulent des exemples, vous ne les réduirez point par des paroles. » Les Cisterciens descendirent de leurs montures et suivirent les deux Espagnols.

Les Espagnols se mirent à la tête de cette croisade spirituelle. Un Dourando d'Huesca, qui avait été vaudois lui-même, obtint d'Innocent II la permission de former une confrérie des *pauvres catholiques*, où pussent entrer les pauvres de Lyon, les vaudois. La croyance différait, mais l'extérieur était le même ; même costume, même vie. On espérait que les catholiques, adoptant l'habit et les mœurs des vaudois, les vaudois prendraient en échange les croyances des catholiques ; enfin, que la forme emporterait le fond. Malheureusement le zélé missionnaire imita si bien les vaudois, qu'il en devint suspect aux évêques, et sa tentative charitable eut peu de succès.

En même temps, l'évêque d'Osma et saint Dominique furent autorisés par le pape à s'associer aux travaux des Cisterciens. Ce Dominique, ce terrible fondateur de l'Inquisition, était un noble Castillan. Personne n'eut plus que lui le don des larmes qui s'allie si souvent au fanatisme. Lorsqu'il étudiait à Palencia, une grande famine régnant dans la ville, il vendit tout, et jusqu'à ses livres, pour secourir les pauvres.

L'évêque d'Osma venait de réformer son chapitre d'après la règle de saint Augustin ; Dominique y entra. Plusieurs missions l'ayant conduit en France, à la suite de l'évêque d'Osma, il vit avec une pitié profonde tant d'âmes qui se perdaient chaque jour. Il y avait tel château, en Languedoc, où l'on n'avait pas communié depuis trente ans. Les petits enfants mouraient sans baptême. « La nuit d'ignorance couvrait ce pays, et les bêtes de la forêt du diable s'y promenaient librement. »

D'abord l'évêque d'Osma, sachant que la pauvre noblesse confiait l'éducation de ses filles aux hérétiques, fonda un monastère près de Montréal pour les soustraire à ce danger. Saint Dominique donna tout ce qu'il possédait ; et entendant dire à une femme que si elle quittait les Albigeois elle se trouverait sans ressources, il voulait se vendre comme esclave, pour avoir de quoi rendre encore cette âme à Dieu.

Tout ce zèle était inutile. Aucune puissance d'éloquence ou de logique n'eût suffi pour arrêter l'élan de la liberté de penser ; d'ailleurs, l'alliance odieuse des moines de Cîteaux ôtait tout crédit aux paroles de saint Dominique. Il fut même obligé de conseiller à l'un d'eux, Pierre de Castelnau, de s'éloigner quelque temps du Languedoc : les habitants l'auraient tué. Pour lui ils ne mirent point les mains sur sa personne ; ils se contentaient de lui jeter de la boue ; ils lui attachaient, dit un de ses biographes, de la paille derrière le dos. L'évêque d'Osma leva les mains au ciel, et s'écria : « Seigneur, abaisse ta main et punis-les : le châtiment seul pourra leur ouvrir les yeux. »

On pouvait prévoir, dès l'époque de l'exaltation d'Innocent III, la catastrophe du Midi. L'année même où il monta sur le trône pontifical, il avait écrit aux princes des paroles de ruine et de sang. Le comte de Toulouse, Raymond VI, qui avait succédé à son père en 1194, porta au comble le courroux du pape. Réconcilié avec les anciens ennemis de sa famille, les rois d'Aragon, comtes de Basse-Provence, et les rois d'Angleterre, ducs de Guyenne, il ne craignait plus rien et ne gardait aucun ménagement. Dans ses guerres de Languedoc et de Haute-Provence, il se servit constamment de ces routiers que proscrivait l'Église. Il poussa la guerre sans distinguer les terres laïques ou ecclésiastiques, sans égard au dimanche ou au carême, chassa des évêques et s'entoura d'hérétiques et de juifs.

Raymond VI était triomphant sur le Rhône à la tête de son armée, quand il reçut d'Innocent III une lettre terrible qui lui prédisait sa ruine. Le pape exigeait qu'il interrompît la guerre, souscrivît avec ses ennemis un projet de croisade contre ses sujets hérétiques, et ouvrît ses États aux croisés. Raymond refusa d'abord, fut excommunié, et se soumit ; mais il cherchait à éluder l'exécution de ses promesses. Le moine Pierre de Castelnau osa lui reprocher en face ce qu'il appelait sa perfidie ; le prince, peu habitué à de telles paroles, laissa échapper des paroles de colère et de vengeance, des paroles telles peut-être que celles d'Henri II contre Thomas Becket. L'effet fut le même ; le dévouement féodal ne permettait pas que le moindre mot du seigneur tombât sans effet ; ceux qu'il nourrissait à sa table croyaient lui appartenir corps et âme, sans réserve de leur salut éternel. Un chevalier de Raymond joignit Pierre de Castelnau sur le Rhône et le poignarda. L'assassin trouva retraite dans les Pyrénées, auprès du comte de Foix, alors ami du comte de Toulouse, et dont la mère et la sœur étaient hérétiques.

Tel fut le commencement de cette épouvantable tragédie (1208). Innocent III ne se contenta pas, comme Alexandre III, des excuses et de la soumission du prince, il fit prêcher la croisade dans tout le nord de la France par les moines de Cîteaux. Celle de Constantinople avait habitué les esprits à l'idée d'une guerre sainte contre les chrétiens. Ici la proximité était tentante ; il ne s'agissait point de traverser les mers : on offrait le paradis à celui qui aurait ici-bas pillé les riches campagnes, les cités opulentes du Languedoc. L'humanité aussi était mise en jeu pour rendre les âmes cruelles ; le sang du légat réclamait, dit-on, le sang des hérétiques.

La vengeance eût été pourtant difficile, si Raymond VI eût pu user de toutes ses forces, et lutter sans ménagement contre le parti de l'Église. C'était un des plus puissants princes, et probablement le plus riche de la chrétienté. Comte de Toulouse, marquis de Haute-Provence, maître du Quercy, du Rouergue, du Vivarais, il avait acquis Maguelone ; le roi d'Angleterre lui avait cédé l'Agénois, et le roi d'Aragon le Gévaudan, pour dot de leurs sœurs. Duc de Narbonne, il était suzerain de Nîmes, Béziers, Usez, et des comtés de Foix et Comminges dans les Pyrénées. Mais cette grande puissance n'était pas partout exercée au même titre. Le vicomte de Béziers, appuyé de l'alliance du vicomte de Foix, refusait de dépendre de Toulouse. Toulouse elle-même était une sorte de république. En 1202, nous voyons des consuls de cette cité faire la guerre, en l'absence de Raymond VI, aux chevaliers de l'Albigeois, et les deux partis prennent le comte pour arbitre et pour médiateur. Sous son père, Raymond V, les commencements de l'hérésie avaient été accompagnés d'un tel essor d'indépendance politique, que le comte lui-même sollicita les rois de France et d'Angleterre d'entreprendre une croisade (1178) contre les Toulousains et le vicomte de Béziers. Elle eut lieu, cette croisade, mais sous Raymond VI, et à ses dépens.

Toutefois, on commença par le bas Languedoc, Béziers, Carcassonne, etc., où les hérétiques étaient plus nombreux. Le pape eût risqué d'unir tout le Midi contre l'Église et de lui donner un chef, s'il eût frappé d'abord le comte de Toulouse. Il feignit d'accepter ses soumissions, l'admit à la pénitence. Raymond s'abaissa devant tout son peuple, reçut des mains des prêtres la flagellation dans l'église même où Pierre de Castelnau était enterré, et l'on affecta de le faire passer devant le tombeau. Mais la plus horrible pénitence, c'est qu'il se chargeait de conduire lui-même l'armée des croisés à la poursuite des hérétiques, lui qui les aimait dans le cœur, de les mener sur les terres de son neveu, le vicomte de Béziers, qui osait persévérer dans la protection qu'il leur accordait. Le malheureux croyait éviter sa ruine en prêtant la main à celle de ses voisins, et se déshonorait pour vivre un jour de plus.

Le jeune et intrépide vicomte avait mis Béziers en état de résistance, lorsque arriva, du côté du Rhône, la principale armée des croisés ; d'autres venaient par le Velay, d'autres par l'Agénois. « Il fut tant grand le siège, tant de tentes que de pavillons, qu'il semblait que tout le monde y fût réuni. » Philippe Auguste n'y vint pas : *il avait à ses côtés deux grands et terribles lions,* le roi Jean et l'empereur Othon, le neveu de Jean. Mais les Français y vinrent, si le roi n'y vint pas : à leur tête, les archevêques de Reims, de Sens, de Rouen, les évêques d'Autun, Clermont, Nevers, Bayeux, Lisieux et Chartres ; les comtes de Nevers, de Saint-Pol, d'Auxerre, de Bar-sur-Seine, de Genève, de Forez, une foule de seigneurs. Le plus puissant était le duc de Bourgogne. Les Bourguignons savaient le chemin des Pyrénées ; ils avaient brillé surtout dans les croisades d'Espagne. Une croisade prêchée par les moines de Cîteaux était nationale en Bourgogne. Les Allemands, les Lorrains, voisins des Bourguignons, prirent aussi la croix en foule ; mais aucune province ne fournit à la croisade d'hommes plus habiles et plus vaillants que l'Ile-de-France. L'ingénieur de la croisade, celui qui construisait les machines et dirigeait les sièges, fut un légiste, maître Théodise, archidiacre de l'église Notre-Dame de Paris ; c'est lui encore qui fit, à Rome devant le pape, l'apologie des croisés (1215).

Entre les barons, le plus illustre, non pas le plus puissant, celui qui a attaché son nom à cette terrible guerre, c'est Simon de Montfort, du chef de sa mère comte de Leicester. Cette famille des Montfort semble avoir été possédée par une ambition atroce. Ils prétendaient descendre ou d'un fils du roi Robert, ou des comtes de Flandre, issus de Charlemagne. Leur grand-mère Bertrade, qui laissa son mari, le comte d'Anjou, pour le roi Philippe Ier, et les gouverna l'un et l'autre en même temps, essaya d'empoisonner son beau-fils Louis le Gros, et de donner la couronne à ses fils. Louis eut pourtant confiance aux Montfort ; c'est l'un d'eux qui lui donna, dit-on, après sa défaite de Crenneville, le conseil d'appeler à son secours les milices des communes sous leurs bannières paroissiales. Au XIIIe siècle, Simon de Montfort, dont nous allons parler, faillit être roi du Midi. Son second fils, cherchant en Angleterre la fortune qu'il avait manquée en France, combattit pour les communes anglaises, et leur ouvrit l'entrée du Parlement. Après avoir eu dans ses mains le roi et le royaume, il fut vaincu et tué. Son fils (petit-fils du célèbre Montfort, chef de la croisade des Albigeois) le vengea en égorgeant, en Italie, au pied des autels, le neveu du roi d'Angleterre qui venait de la Terre sainte. Cette action perdit les Montfort, on prit en horreur cette race néfaste, dont le nom s'attachait à tant de tragédies et de révolutions.

Simon de Montfort, le véritable chef de la guerre des Albigeois, était déjà un vieux soldat des croisades, endurci dans ces guerres à outrance des templiers et des Assassins. A son retour de la Terre sainte, il trouva à Venise l'armée de la quatrième croisade qui partait, mais il refusa d'aller à Constantinople ; il obéit au pape, et sauva l'abbé de Vaux-Cernay, lorsqu'au grand péril de sa vie, il lut aux croisés la défense du pontife. Cette action signala Montfort et prépara sa grandeur. Au reste, on ne peut nier que ce terrible exécuteur des décrets de l'Église n'ait eu des vertus héroïques. Raymond VI l'avouait, lui dont Montfort avait fait la ruine. Sans parler de son courage, de ses mœurs sévères et de son invariable croyance en Dieu, il montrait aux moindres des siens des égards bien nouveaux dans les croisades. Tous ses nobles ayant avec lui traversé, sur leurs chevaux, une rivière grossie par l'orage, les piétons, les faibles ne pouvaient passer ; Montfort repassa à l'instant suivi de quatre ou cinq cavaliers, et resta avec les pauvres gens, en grand péril d'être attaqué par l'ennemi. On lui tint compte aussi dans cette guerre horrible d'avoir épargné les bouches inutiles qu'on repoussait d'une place, et d'avoir fait respecter l'honneur des femmes prisonnières. Sa femme, à lui-même, Alix de Montmorency, n'était pas indigne de lui ; lorsque la plupart des croisés eurent abandonné Montfort, elle prit la direction d'une nouvelle armée, et l'amena à son époux.

L'armée assemblée devant Béziers était guidée par l'abbé de Cîteaux et par l'évêque même de la ville qui avait dressé la liste de ceux qu'il désignait à la mort. Les habitants refusèrent de les livrer, et voyant les croisés tracer leur camp, ils sortirent hardiment pour le surprendre. Ils ne connaissaient pas la supériorité militaire de leurs ennemis. Les piétons suffirent pour les repousser ; avant que les chevaliers eussent pu prendre part à l'action, ils entrèrent dans la ville pêle-mêle avec les assiégés, et s'en trouvèrent maîtres. Le seul embarras était de distinguer les hérétiques des orthodoxes : « Tuez-les tous, dit l'abbé de Cîteaux ; le Seigneur connaîtra bien ceux qui sont à lui. »

« Voyant cela, ceux de la ville se retirèrent, ceux qui le purent, tant hommes que femmes, dans la grande église de Saint-Nazaire ; les prêtres de cette église firent tinter les cloches jusqu'à ce que tout le monde fût mort. Mais il n'y eut ni son de cloche, ni prêtre vêtu de ses habits, ni clerc, qui pût empêcher que tout ne passât par le tranchant de l'épée. Un tant seulement n'en put échapper. Ces meurtres et tueries furent la grande pitié qu'on eût depuis vue ni entendue. La ville fut pillée ; on mit le feu partout, tellement que tout fut dévasté et brûlé, comme on le voit encore à présent, et qu'il n'y demeura chose vivante. Ce fut une cruelle vengeance, vu que le comte n'était pas hérétique ni de la secte. A cette destruction furent le duc de Bourgogne, le comte de Saint-Pol, le comte Pierre d'Auxerre, le comte de Genève, appelé Gui le Comte, le seigneur d'Anduze, appelé Pierre Vermont ; et aussi y étaient les Provençaux, les Allemands, les Lombards ; il y avait des gens de toutes les nations du monde, lesquels y étaient venus plus de trois cent mille, comme on l'a dit, à cause du pardon. »

Quelques-uns veulent que soixante mille personnes aient péri ; d'autres disent trente-huit mille. L'exécuteur lui-même, l'abbé de Cîteaux, dans sa lettre à Innocent III, avoue humblement qu'il n'en put égorger que vingt mille.

L'effroi fut tel que toutes les places furent abandonnées sans combat. Les habitants s'enfuirent dans les montagnes. Il ne resta que Carcassonne où le vicomte s'était enfermé. Le roi d'Aragon, son oncle, vint inutilement intercéder pour lui en abandonnant tout le reste. Tout ce qu'il obtint, c'est que le vicomte pourrait sortir lui treizième. « Plutôt me laisser écorcher tout vif, dit le courageux jeune homme ; le légat n'aura pas le plus petit des miens, car c'est pour moi qu'ils se trouvent tous en danger. » Cependant il y avait tant d'hommes, de femmes et d'enfants réfugiés de la campagne, qu'il fut impossible de tenir. Ils s'enfuirent par une issue souterraine qui conduisait à trois lieues.

Le vicomte demanda un sauf-conduit pour plaider sa cause devant les croisés, et le légat le fit arrêter en trahison. Cinquante prisonniers furent, dit-on, pendus, quatre cents brûlés.

Tout ce sang eût été versé en vain, si quelqu'un ne s'était chargé de perpétuer la croisade, et de veiller en armes sur les cadavres et sur les cendres. Mais qui pouvait accepter cette rude tâche, consentir à hériter des victimes, s'établir dans leurs maisons désertes, et vêtir leur chemise sanglante ? Le duc de Bourgogne n'en voulut pas. « Il me semble, dit-il, que nous avons fait bien assez de mal au vicomte, sans lui prendre son héritage. » Les comtes de Nevers et de Saint-Pol en dirent autant. Simon de Montfort accepta, après s'être fait un peu prier. Le vicomte de Béziers, qui était entre ses mains, mourut bientôt, tout à fait à propos pour Montfort. Il ne lui resta plus qu'à se faire confirmer par le pape le don des légats : il mit sur chaque maison un tribut annuel de trois deniers au profit de l'Église de Rome.

Cependant il n'était pas facile de conserver un bien acquis de cette manière. La foule des croisés s'écoulait ; Montfort avait gagné, c'était à lui de garder, s'il pouvait. Il ne lui resta guère de cette immense armée que quatre mille cinq cents Bourguignons et Allemands. Bientôt il n'eut plus de troupes que celles qu'il soldait à grand prix. Il lui fallut donc attendre une nouvelle croisade, et amuser les comtes de Toulouse et de Foix qu'il avait d'abord menacés. Le dernier profita de ce répit pour se rendre auprès de Philippe Auguste, puis à Rome, et protester au pape de la pureté de sa foi. Innocent lui fit bonne mine, et le renvoya à ses légats. Ceux-ci, qui avaient le mot, gagnèrent encore du temps, lui assignèrent le terme de trois mois pour se justifier, en stipulant je ne sais combien de conditions minutieuses, sur lesquelles on pouvait équivoquer. Au terme fixé, le malheureux Raymond accourt, espérant enfin obtenir cette absolution qui devait lui assurer le repos. Alors maître Théodise, qui conduisait tout, déclare que toutes les conditions ne sont pas remplies : « S'il a manqué aux petites choses, dit-il, comment serait-il trouvé fidèle dans les grandes ? » Le comte ne put retenir ses larmes. « Quel que soit le débordement des eaux, dit le prêtre par une allusion dérisoire, elles n'arriveront pas juqu'au Seigneur. »

Cependant l'épouse de Montfort lui avait amené une nouvelle armée de croisés. Les Albigeois n'osant plus se fier à aucune ville, après le désastre de Béziers et de Carcassonne, s'étaient réfugiés dans quelques châteaux forts, où une vaillante noblesse faisait cause commune avec eux ; ils avaient beaucoup de nobles dans leur parti, comme les protestants du XVIe siècle. Le Château de Minerve, qui se trouvait à la porte de Narbonne, était une de leurs principales retraites. L'archevêque et les magistrats de Narbonne avaient espéré détourner la croisade de leur pays, en faisant des lois terribles contre les hérétiques : mais ceux-ci, traqués dans tous les anciens domaines du vicomte de Béziers, se réfugièrent en foule vers Narbonne. La multitude, enfermée dans le Château de Minerve, ne pouvait subsister qu'en faisant des courses jusqu'aux portes de cette ville. Les Narbonnais appelèrent eux-mêmes Montfort et l'aidèrent. Ce siège fut terrible. Les assiégés n'espéraient et ne voulaient aucune pitié. Forcés de se rendre, de légat offrit la vie à ceux qui abjureraient. Un des croisés s'en indignait : « N'ayez pas peur, dit le prêtre, vous n'y perdrez rien ; pas un ne se convertira. » En effet, ceux-ci étaient *parfaits,* c'est-à-dire les premiers dans la hiérarchie des hérétiques ; tous, hommes et femmes, au nombre de cent quarante, coururent au bûcher, et s'y jetèrent d'eux-mêmes. Montfort, poussant au midi, assiégea le fort Château de Termes, autre asile de l'Église albigeoise. Il y avait trente ans que personne, dans ce château, n'avait approché des sacrements. Les machines nécessaires pour battre la place furent construites par l'archidiacre de Paris. Il y fallut des efforts incroyables ; les assiégeants plantèrent le crucifix au haut de ces machines, pour désarmer les assiégés, ou pour les rendre plus coupables encore s'ils continuaient de se défendre, au risque de frapper le Christ. Parmi ceux qu'on brûla, il y en avait un qui déclara vouloir se convertir ; Montfort insista pour qu'il fût brûlé ; il est vrai que les flammes refusèrent de le toucher, et ne firent que consumer ses liens.

Il était visible qu'après s'être emparé de tant de lieux forts dans les montagnes, Montfort reviendrait vers la plaine et attaquerait Toulouse. Le comte, dans son effroi, s'adressait à tout le monde, à l'empereur, au roi d'Angleterre, au roi de France, au roi d'Aragon. Les deux premiers, menacés par l'Église et la France, ne pouvaient le secourir. L'Espagne était occupée des progrès des Maures. Philippe Auguste écrivit au pape. Le roi d'Aragon en fit autant, et essaya de gagner Montfort lui-même. Il consentait à recevoir son hommage pour les domaines du vicomte de Béziers, et pour l'assurer de sa bonne foi, il lui confiait son propre fils. En même temps, ce prince généreux, voulant montrer qu'il s'associait sans réserve à la fortune du comte de Toulouse, lui donna une de ses sœurs en mariage, l'autre au jeune fils du comte, qui fut depuis Raymond VII. Il alla lui-même intercéder pour le comte au Concile d'Arles. Mais ces prêtres n'avaient pas d'entrailles. Les deux princes furent obligés de s'enfuir de la ville sans prendre congé des évêques, qui voulaient les faire arrêter. Voici le traité dérisoire auquel ils voulaient que Raymond se soumît : « Premièrement, le comte donnera congé incontinent à tous ceux qui sont venus lui porter aide et secours, ou viendront lui en porter, et les renverra tous sans en retenir un seul. Il sera obéissant à l'Église, fera réparation de tous les maux et dommages qu'elle a reçus, et lui sera soumis tant qu'il vivra, sans aucune contradiction. Dans tout son pays, il ne se mangera que deux espèces de viandes. Le comte Raymond chassera et rejettera hors de ses terres tous les hérétiques et leurs alliés. Ledit comte baillera et délivrera entre les mains desdits légats et comte de Montfort, pour en faire à leur volonté et plaisir, tous et chacun de ceux qu'ils lui diront et déclareront, et cela dans le terme d'un an. Dans toutes ses terres, qui que ce soit, tant noble qu'homme de bas lieu, ne portera aucun vêtement de prix, mais rien que de mauvaises capes noires. Il fera abattre et démolir, en son pays, jusqu'à ras de terre, et sans en rien laisser, tous les châteaux et places de défense. Aucun des gentilshommes ou nobles de ce pays ne pourra habiter dans aucune ville ou place, mais ils vivront tous dehors aux champs, comme vilains et paysans. Dans toutes ses terres, il ne se paiera aucun péage, si ce n'est ceux qu'on avait accoutumé de payer et lever par les anciens usages. Chaque chef de maison paiera chaque année quatre deniers toulousains au légat, ou à ceux qu'il aura chargés de les lever. Le comte fera rendre tout ce qui lui sera rentré des revenus de sa terre, et tous les profits qu'il en aura eus. Quand le comte de Montfort ira et chevauchera par ses terres et pays, lui ou quelqu'un de ses gens, tant petits que grands, on ne lui demandera rien pour ce qu'il prendra, ni ne lui résistera en quoi que soit. – Quand le comte Raymond aura fait et accompli tout ce que dessus, il s'en ira outre-mer pour faire la guerre aux Turcs et infidèles dans l'Ordre de Saint-Jean, sans jamais en revenir que le légat ne le lui ait demandé. Quand il aura fait et accompli tout ce que dessus, toutes ses terres et seigneuries lui seront rendues et livrées par le légat ou le comte de Montfort, quand il leur plaira. »

C'était la guerre qu'une telle paix. Montfort n'attaquait pas encore Toulouse. Mais son homme, Folquet, autrefois troubadour, maintenant évêque de Toulouse, aussi furieux dans le fanatisme et la vengeance qu'il l'avait été autrefois dans le plaisir, travaillait dans cette ville pour la croisade. Il y organisait le Parti catholique sous le nom de Compagnie blanche. La compagnie s'arma malgré le comte pour secourir Montfort qui assiégeait le Château de Lavaur. Ce refus de secours fut le prétexte dont celui-ci se servit pour assiéger Toulouse. Il voulait profiter d'une armée de croisés qui venait d'arriver des Pays-Bas et de l'Allemagne, et qui, entre autres grands seigneurs, comptait le duc d'Autriche. Les prêtres sortirent de Toulouse, en procession, chantant des litanies, et dévouant à la mort le peuple qu'ils abandonnaient. L'évêque demandait expressément que son troupeau fût traité comme Béziers et Carcassonne.

Il était désormais visible que la religion était moins intéressée en tout ceci que l'ambition et la vengeance. Les moines de Cîteaux, cette année même, prirent pour eux les évêchés du Languedoc ; l'abbé eut l'archevêché de Narbonne, et prit par-dessus le titre de duc, du vivant de Raymond, sans honte et sans pudeur. Peu après, Montfort ne sachant plus où trouver des hérétiques à tuer pour une nouvelle armée qui lui venait, conduisit celle-ci dans l'Agénois, et continua la croisade en pays orthodoxe.

Alors tous les seigneurs des Pyrénées se déclarèrent ouvertement pour Raymond. Les comtes de Foix, de Béarn, de Comminges, l'aidèrent à forcer Simon de lever le siège de Toulouse. Le comte de Foix faillit l'accabler à Castelnaudary, mais les troupes plus exercées de Montfort ressaisirent la victoire. Ces petits princes étaient encouragés en voyant les grands souverains avouer plus ou moins ouvertement l'intérêt qu'ils portaient à Raymond. Le sénéchal du roi d'Angleterre, Savary de Mauléon, était avec les troupes d'Aragon et de Foix à Castelnaudary. Malheureusement, le roi d'Angleterre n'osait pas agir directement. Le roi d'Aragon était obligé de joindre toutes ses forces à celles des autres princes d'Espagne pour repousser la terrible invasion des Almohades, qui s'avançaient au nombre de trois ou quatre cent mille. On sait avec quelle gloire les Espagnols forcèrent, à las Navas de Tolosa, les chaînes dont les musulmans avaient essayé de se fortifier. Cette victoire est une ère nouvelle pour l'Espagne ; elle n'a plus à défendre l'Europe contre l'Afrique ; la lutte des races et des religions est terminée (16 juillet 1212).

Les réclamations du roi d'Aragon en faveur de son beau-frère semblèrent alors avoir quelque poids. Le pape fut un instant ébranlé. Le roi de France ne cacha point l'intérêt que lui inspirait Raymond. Mais le pape ayant été confirmé dans ses premières idées par ceux qui profitaient de la croisade, le roi d'Aragon sentit qu'il fallait recourir à la force, et envoya défier Simon. Celui-ci, toujours humble et prudent autant que fort, fit demander d'abord au roi s'il était bien vrai qu'il l'eût défié, et en quoi lui, vassal fidèle de la couronne d'Aragon, il avait pu démériter de son suzerain. En même temps il se tenait prêt. Il avait peu de monde, et presque tout le peuple était pour ses adversaires. Mais les hommes de Montfort étaient des chevaliers pesamment armés et comme invulnérables, ou bien des mercenaires d'un courage éprouvé et qui avaient vieilli dans cette guerre. Don Pedro avait force milices des villes, et quelques corps de cavalerie légère, habituée à voltiger comme les Maures. La différence morale des deux armées était plus forte encore. Ceux de Montfort étaient confessés, administrés, et avaient baisé les reliques. Pour don Pedro, tous les historiens, son fils lui-même, nous le représentent comme occupé de toute autre pensée.

Un prêtre vint dire au comte : « Vous avez bien peu de compagnons en comparaison de vos adversaires, parmi lesquels est le roi d'Aragon, fort habile et fort expérimenté dans la guerre, suivi de ses comtes et d'une armée nombreuse, et la partie ne serait pas égale pour si peu de monde contre le roi et une telle multitude. » A ces mots, le comte tira une lettre de sa bourse, et dit : « Lisez cette lettre. » Le prêtre y trouva que le roi d'Aragon saluait l'épouse d'un noble du diocèse de Toulouse, lui disant que c'était pour l'amour d'elle qu'il venait chasser les Français de sa terre, et d'autres douceurs encore. Le prêtre ayant lu, répondit : « Que voulez-vous donc dire par là ? » « Ce que je veux dire ? reprit Montfort. Que Dieu m'aide autant que je crains peu un roi qui vient traverser les desseins de Dieu pour l'amour d'une femme. »

Quoi qu'il en soit de l'exactitude de ces circonstances, Montfort s'étant trouvé en présence des ennemis, à Muret, près de Toulouse, il feignit de vouloir éluder le combat, se détourna, puis, tombant sur eux de tout le poids de sa lourde cavalerie, il les dispersa, et en tua, dit-on, plus de quinze mille ; il n'avait perdu que huit hommes et un seul chevalier. Plusieurs des partisans de Montfort s'étaient entendus pour attaquer uniquement le roi d'Aragon. L'un prit d'abord pour lui un des siens auquel il avait fait porter ses armes ; puis il dit : « Le roi est pourtant meilleur chevalier. » Don Pedro s'élança alors et dit : « Ce n'est pas le roi, le voici. » A l'instant ils le percèrent de coups.

Ce prince laissa une longue et chère mémoire. Brillant troubadour, époux léger ; mais qui aurait eu le cœur de s'en souvenir ? Quand Montfort le vit couché par terre et reconnaissable à sa grande taille, le farouche général du Saint-Esprit ne put retenir une larme.

L'Église semblait avoir vaincu dans le Midi de la France comme dans l'Empire grec. Restaient ses ennemis du Nord, les hérétiques de Flandre, l'excommunié Jean, et l'anti-César, Othon.

Depuis cinq ans (1208-1213), l'Angleterre n'avait plus de relations avec le Saint-Siège ; la séparation semblait accomplie déjà, comme au XVIe siècle. Innocent avait poussé Jean à l'extrémité, et lancé contre lui un nouveau Thomas Becket. En 1208, précisément à l'époque où le pontife commençait la croisade du Midi, il en fit une sous forme moins belliqueuse contre le roi d'Angleterre, en portant un de ses ennemis à la primatie. L'archevêque de Kenterbury, chef de l'Église anglicane, était, en outre, comme nous l'avons vu, un personnage politique. C'était bien plus que les comtes et les lieutenants du roi, le chef de la Kentie, de ces comtés méridionaux de l'Angleterre qui en formaient la partie la moins gouvernable, la plus fidèle au vieil esprit breton et saxon. Rien n'était plus important pour le roi que de mettre dans une telle place un homme à lui ; il y faisait nommer par les prélats, par son Église normande. Mais les moines du couvent de Saint-Augustin à Kenterbury réclamaient toujours cette élection, comme un droit imprescriptible de leur maison, métropole primitive du christianisme anglais.

Innocent profita de ce conflit. Il se déclara pour les moines ; puis ceux-ci n'étant pas d'accord entre eux, il annula les premières élections, et sans attendre l'autorisation du roi qu'il avait fait demander, il fit élire par les délégués des moines à Rome et sous ses yeux un ennemi personnel de Jean. C'était un savant ecclésiastique, d'origine saxonne, comme Becket ; son nom de Langton l'indique assez. Il avait été professeur à l'Université de Paris, puis chancelier de cette Université. Il nous reste de lui des vers galants adressés à la Vierge Marie. Jean n'apprit pas plutôt la consécration de l'archevêque qu'il chassa d'Angleterre les moines de Kenterbury, mit la main sur leurs biens, et jura que si le pape lançait contre lui l'interdit, il confisquerait le bien de tout le clergé, et couperait le nez et les oreilles à tous les Romains qu'il trouverait dans sa terre. L'interdit vint et l'excommunication aussi. Mais il ne se trouva personne qui osât en donner signification au roi. *Effecti sunt quasi canes muti non audentes latrare.* On se disait tout bas la terrible nouvelle ; mais personne n'osait ni la promulguer ni s'y conformer. L'archidiacre Geoffroi s'étant démis de l'échiquier, Jean le fit périr sous une chape de plomb. De crainte d'être abandonné de ses barons, il avait exigé d'eux des otages. Ils n'osèrent pas refuser de communier avec lui. Pour lui, il acceptait hardiment ce rôle d'adversaire de l'Église ; il récompensa un prêtre qui avait prêché au peuple que le roi était le fléau de Dieu, qu'il fallait l'endurer comme le ministre de la colère divine. Cet endurcissement et cette sécurité de Jean faisaient trembler : il semblait s'y complaire. Il mangeait à son aise les biens ecclésiastiques, violait les filles nobles, achetait des soldats, et se moquait de tout. De l'argent, il en prenait tant qu'il voulait aux prêtres, aux villes, aux juifs ; il enfermait ceux-ci quand ils refusaient de financer, et leur arrachait les dents une à une. Il jouit cinq ans de la colère de Dieu. Le serment de Jean c'était : Par Dieu et ses dents ! *Per dentes Dei !...* C'était le dernier terme de cet esprit satanique que nous avons remarqué dans les rois d'Angleterre, dans les violences furieuses de Guillaume le Roux et du Cœur de Lion, dans le meurtre de Becket, dans les guerres parricides de cette famille. *Mal ! sois mon bien !...*

Il n'avait rien à craindre tant que la France et l'Europe étaient tournées tout entières vers la croisade des Albigeois. Mais à mesure que le succès de Montfort fut décidé, son danger augmenta. Cette terreur, cette vie sans Dieu, où les prêtres officiaient sous peine de mort, on sentait qu'elle ne pouvait durer. Quand plus tard Henri VIII sépara l'Angleterre du pape, c'est qu'il se fit pape lui-même. La chose n'était pas faisable au XIIIe siècle ; Jean n'essaya pas. En 1212, Innocent III, rassuré du côté du Midi, prêcha la croisade contre Jean et chargea le roi de France d'exécuter la sentence apostolique. Une flotte, une armée immense, furent assemblées par Philippe. De son côté, Jean réunit, dit-on, à Douvres, jusqu'à soixante mille hommes. Mais dans cette multitude, il n'y avait guère de gens sur qui il pût compter. Le légat du pape, qui avait passé le détroit, lui fit comprendre son péril ; la cour de Rome voulait abaisser Jean, mais non pas donner l'Angleterre au roi de France. Il se soumit et fit hommage au pape, s'engageant de lui payer un tribut de mille marcs sterling d'or. La cérémonie de l'hommage féodal n'avait rien de honteux. Les rois étaient souvent vassaux de seigneurs peu puissants, pour quelques terres qu'ils tenaient d'eux en fief. Le roi d'Angleterre avait toujours été vassal du roi de France pour la Normandie ou l'Aquitaine. Henri II avait fait hommage de l'Angleterre à Alexandre III et Richard à l'empereur. Mais les temps avaient changé. Les barons affectèrent de croire leur roi dégradé par sa soumission aux prêtres. Lui-même cacha à peine sa fureur. Un ermite avait prédit qu'à l'Ascension Jean ne serait plus roi ; il voulut prouver qu'il l'était encore, et fit traîner le prophète à la queue d'un cheval qui le mit en pièces.

Philippe Auguste eût peut-être envahi l'Angleterre malgré les défenses du légat, si le comte de Flandre ne l'eût abandonné. La Flandre et l'Angleterre avaient eu, de bonne heure, des liaisons commerciales ; les ouvriers flamands avaient besoin des laines anglaises. Le légat encouragea Philippe à tourner cette grande armée contre les Flamands. Les tisserands de Gand et de Bruges n'avaient guère meilleur réputation d'orthodoxie que les Albigeois du Languedoc. Philippe envahit en effet la Flandre, et la ravagea cruellement. Dam fut pillé, Cassel, Ypres, Bruges, Gand, rançonnés. Les Français assiégeaient cette dernière ville, lorsqu'ils apprirent que la flotte de Jean bloquait la leur. Ils ne purent la soustraire à l'ennemi qu'en la brûlant eux-mêmes, et se vengèrent en incendiant les villes de Dam et de Lille.

Cet hiver même, Jean tenta un effort désespéré. Son beau-frère, le comte de Toulouse, venait de perdre toutes ses espérances avec la bataille de Muret et la mort du roi d'Aragon (12 septembre 1213). Celui d'Angleterre dut se repentir d'avoir laissé écraser les Albigeois, qui auraient été ses meilleurs alliés. Il en chercha d'autres en Espagne, en Afrique ; il s'adressa, dit-on, aux mahométans, au chef même des Almohades, aimant mieux se damner et se donner au diable qu'à l'Église.

Cependant il achetait une nouvelle armée (la sienne l'avait encore abandonné à la dernière campagne) ; il envoyait des subsides à son neveu Othon, et soulevait tous les princes de la Belgique. Au cœur de l'hiver (vers le 15 février 1214), il passa la mer et débarqua à La Rochelle. Il devait attaquer Philippe par le Midi, tandis que les Allemands et les Flamands tomberaient sur lui du côté du Nord. Le moment était bien choisi ; les Poitevins, déjà las du joug de la France, vinrent en foule se ranger autour de Jean. D'autre part, les seigneurs du Nord étaient alarmés des progrès de la puissance du roi. Le comte de Boulogne avait été dépouillé par lui des cinq comtés qu'il possédait. Le comte de Flandre redemandait en vain Aire et Saint-Omer. La dernière campagne avait porté au comble la haine des Flamands contre les Français. Les comtes de Limbourg, de Hollande, de Louvain, étaient entrés dans cette ligue, quoique le dernier fût gendre de Philippe. Il y avait encore Hugues de Boves, le plus célèbre des chefs de routiers ; enfin, le pauvre empereur de Brunswick, qui n'était lui-même qu'un routier au service de son oncle, le roi d'Angleterre. On prétend que les confédérés ne voulaient rien moins que diviser la France. Le comte de Flandre eût eu Paris ; celui de

Boulogne, Péronne et le Vermandois. Ils auraient donné les biens des ecclésiastiques aux gens de guerre, à l'imitation de Jean.

La bataille de Bouvines, si fameuse et si nationale, ne semble pas avoir été une action fort considérable.

Il est probable que chaque armée ne passait pas quinze ou vingt mille hommes. Philippe, ayant envoyé contre Jean la meilleure partie de ses chevaliers, avait composé en partie son armée, qu'il conduisait lui-même, des milices de Picardie. Les Belges laissèrent Philippe dévaster les terres *royalement* pendant un mois. Il allait s'en retourner sans avoir vu l'ennemi, lorsqu'il le rencontra entre Lille et Tournai, près du pont de Bouvines (27 août 1214). Les détails de la bataille nous ont été transmis par un témoin oculaire, Guillaume le Breton, Chapelain de Philippe Auguste, qui se tenait derrière lui pendant la bataille. Malheureusement ce récit, évidemment altéré par la flatterie, l'est bien plus encore par la servilité classique avec laquelle l'hostorien-poète se croit obligé de calquer sa Philippide sur *L'Énéide* de Virgile. Il faut, à toute force, que Philippe soit Énée et l'empereur Turnus. Tout ce qu'on peut adopter comme certain, c'est que nos milices furent d'abord mises en désordre, que les chevaliers firent plusieurs charges, que dans l'une le roi de France courut risque de la vie ; il fut tiré à terre par des fantassins armés de crochets. L'empereur Othon eut son cheval blessé par Guillaume des Barres, ce frère de Simon de Montfort, l'adversaire de Richard Cœur de Lion, et fut emporté dans la déroute des siens. La gloire du courage, mais non pas la victoire, resta aux routiers brabançons ; ces vieux soldats, au nombre de cinq cents, ne voulurent pas se rendre aux Français, et se firent plutôt tuer. Les chevaliers s'obstinèrent moins, ils furent pris en grand nombre ; sous ces lourdes armures, un homme démonté était pris sans remède. Cinq comtes tombèrent entre les mains de Philippe Auguste, ceux de Flandre, de Boulogne, de Salisbury, de Tecklembourg et de Dortmund. Les deux premiers n'étant point rachetés par les leurs, restèrent prisonniers de Philippe. Il donna d'autres prisonniers à rançonner aux milices des communes qui avaient pris part au combat.

Jean ne fut pas plus heureux dans le Midi qu'Othon dans le Nord ; il eut d'abord de rapides succès sur la Loire ; il prit Saint-Florent, Ancenis, Angers. Mais à peine les deux armées furent en présence, qu'une terreur panique leur fit tourner le dos en même temps. Jean perdit plus vite qu'il n'avait gagné. Les Aquitains firent à Louis tout aussi bon accueil qu'ils avaient fait à Jean ; il se tint heureux que le pape lui obtint une trêve pour soixante mille marcs d'argent et il repassa en Angleterre, vaincu, ruiné, sans ressource. L'occasion était belle pour les barons ; ils la saisirent. Au mois de janvier 1215, et de nouveau le 15 juin, ils lui firent signer l'acte célèbre, connu sous le nom de *Grande Charte*. L'archevêque de Kenterbury, Langton, ex-professeur de l'Université de Paris, prétendit que les libertés qu'on réclamait du roi n'étaient autres que les vieilles libertés anglaises, reconnues déjà par Henri Beauclerc par une charte semblable. Jean promettait aux barons de ne plus marier leurs filles et veuves malgré elles ; de ne plus ruiner les pupilles sous prétexte de tutelle féodale ou garde-noble ; aux habitants des villes de respecter leurs franchises ; à tous les hommes libres de leur permettre d'aller et venir comme ils voudraient ; de ne plus emprisonner ni dépouiller personne arbitrairement ; de ne point faire saisir le *contenment* des pauvres gens (outils, ustensiles, etc.) ; de ne point lever, sans consentement du parlement des barons, l'escuage ou taxe de guerre (hors les trois cas prévus par les lois féodales) ; enfin, de ne plus faire prendre par ses officiers les denrées et les voitures nécessaires à sa maison. La cour royale des plaids communs ne devait plus suivre le roi, mais siéger au milieu de la cité, sous l'œil du peuple, à Westminster. Enfin, les juges, constables et baillis devaient être désormais des personnes versées dans la science des lois. Cet article seul transférait la puissance judiciaire aux scribes, aux clercs, aux légistes, aux hommes de condition inférieure. Ce que le roi accordait à ses tenanciers immédiats, ils devaient à leur tour l'accorder à leurs tenanciers inférieurs. Ainsi, pour la première fois, l'aristocratie sentait qu'elle ne pouvait affermir sa victoire sur le roi, qu'en stipulant pour tous les hommes libres. Ce jour-là l'ancienne opposition des vainqueurs et des vaincus, des fils des Normands et des fils des Saxons, disparut et s'effaça.

Quand on lui présenta cet acte, Jean s'écria : « Ils pourraient tout aussi bien me demander ma couronne. » Il signa et tomba ensuite dans un horrible accès de fureur, rongeant la paille et le bois, comme une bête enfermée qui mord ses barreaux. Dès que les barons furent dispersés, il fit publier par tout le continent que les aventuriers brabançons, flamands, normands, poitevins, gascons, qui voudraient du service, pouaient venir en Angleterre et prendre les terres de ses barons rebelles ; il voulait refaire sur les Normands la conquête de Guillaume sur les Saxons. Il s'en présenta une foule. Les barons effrayés appelèrent les rois d'Écosse et de France. Le fils de celui-ci avait épousé Blanche de Castille, nièce de Jean. Mais cette princesse n'était pas l'héritière immédiate de son oncle, elle ne pouvait transmettre à son mari un droit qu'elle n'avait pas elle-même. Le pape intervenait d'ailleurs. Il trouvait que l'archevêque de Kenterbury avait été trop loin contre Jean. Il défendait au roi de France d'attaquer le roi d'Angleterre, vassal de l'Église. Le jeune Louis, fils de Philippe, feignant d'agir contre le gré de son père, n'en passa pas moins en Angleterre à la tête d'une armée. Tous les comtés de la Kentie, l'archevêque lui-même et la ville de Londres, se déclarèrent pour les Français. Jean se trouva encore une fois abandonné, seul, exilé dans son propre royaume. Il fallut qu'il cherchât sa vie chaque jour dans le pillage, comme un chef de routiers. Le lendemain il brûlait la maison où il avait passé la nuit. Il passa quelques mois dans l'île de Wight et y subsista de pirateries. Il portait cependant avec lui un trésor avec lequel il comptait acheter encore des soldats. Cet argent périt au passage d'un fleuve. Alors il perdit tout espoir, prit la fièvre et mourut. C'était ce qui pouvait arriver de pis aux Français. Le fils de Jean, Henri III, était innocent des crimes de son père. Louis vit bientôt tous les Anglais ralliés contre lui, et se tint heureux de repasser en France, en renonçant à la couronne d'Angleterre.

Innocent III était mort trois mois avant le roi Jean (1216, 16 juillet, 19 octobre), aussi grand, aussi triomphant que l'ennemi de l'Église était abaissé. Et pourtant cette fin victorieuse avait été triste. Que souhaitait-il donc ? Il avait écrasé Othon, et fait un empereur de son jeune Italien Frédéric II : la mort des rois d'Aragon et d'Angleterre avait montré au monde ce que c'était que se jouer de l'Église : l'hérésie des Albigeois avait été noyée dans de tels flots de sang qu'on cherchait en vain un aliment aux bûchers. Ce grand, ce terrible dominateur du monde et de la pensée, que lui manquait-il ?

Rien qu'une chose, la chose immense, infinie, à quoi rien ne supplée : son approbation, la foi en soi. Sa confiance au principe de la persécution ne s'était peut-être pas ébranlée ; mais il lui arrivait par-dessus sa victoire un cri confus du sang versé, une plainte à voix basse, douce, modeste, et d'autant plus terrible. Quand on venait lui conter que son légat de Cîteaux avait égorgé en son nom vingt mille hommes dans Béziers, que l'évêque Folquet avait fait périr dix mille hommes dans Toulouse, était-il possible que dans ces immenses exécutions le glaive ne se fût point trompé ? Tant de villes en cendres, tant d'enfants punis de fautes de leurs pères, tant de péchés pour punir le péché ! Les exécuteurs avaient été bien payés : celui-ci était comte de Toulouse et marquis de Provence, celui-là archevêque de Narbonne ; les autres, évêques. L'Église, qu'y avait-elle gagné ? Une exécration immense, et le pape un doute.

Ce fut surtout un an avant sa mort, en 1215, lorsque le comte de Toulouse, le comte de Foix et les autres seigneurs du Midi, vinrent se jeter à ses pieds, lorsqu'il entendit les plaintes, et qu'il vit les larmes ; alors il fut étrangement troublé. Il voulut, dit-on, réparer, et ne le put pas. Ses agents ne lui permirent point une restitution qui les ruinait et les condamnait. Ce n'est pas impunément qu'on immole l'humanité à une idée. Le sang versé réclame dans votre propre cœur, il ébranle l'idole à laquelle vous avez sacrifié ; elle vous manque aux jours du doute, elle chancelle, elle pâlit, elle échappe ; la certitude qu'elle laisse, c'est celle du crime accompli pour elle.

Les souhaits ou plutôt les remords d'un vieillard impuissants, s'ils furent exprimés, devaient rester stériles. Ce ne furent ni les Raymond ni les Montfort qui recueillirent le patrimoine du comte de Toulouse. L'héritier légitime ne le recouvra que pour le céder bientôt. L'usurpateur, avec tout son courage et sa prodigieuse vigueur d'âme, était vaincu dans le cœur, quand une pierre lancée des murs de Toulouse vint le délivrer de la vie (1218). Son fils, Amaury de Montfort, céda au roi de France ses droits sur le Languedoc ; tout le Midi, sauf quelques villes libres, se jeta dans les bras de Philippe Auguste. En 1222, le légat lui-même et les évêques du Midi le suppliaient à genoux d'accepter l'hommage de Montfort. C'est qu'en effet les vainqueurs ne savaient plus que faire de leur conquête et doutaient de s'y maintenir. Les quatre cent trente fiefs que Simon de Montfort avait donnés pour être régis selon la coutume de Paris, pouvaient être arrachés aux nouveaux possesseurs s'ils ne s'assuraient un puissant protecteur. Les vaincus, qui avaient vu en plusieurs occasions le roi de France opposé au pape, espéraient de lui un peu plus d'équité et de douceur.

Si nous jetons à cette époque un regard sur l'Europe entière, nous découvrirons dans tous les États une faiblesse, une inconséquence de principe et de situation, qui devait tourner au profit du roi de France.

Avant l'effroyable guerre qui amena la catastrophe du Midi, don Pedro et Raymond V avaient été ennemis des libertés municipales de Toulouse et de l'Aragon. Le roi d'Aragon avait voulu être couronné des mains du pape, et lui rendre hommage pour être moins dépendant des siens. Le comte de Toulouse, Raymond V, avait sollicité lui-même les rois de France et d'Angleterre de faire une croisade contre les libertés religieuses et politiques de la cité de Toulouse, représentant du principe municipal qui gênait son pouvoir. Le roi d'Angleterre continuait contre Kenterbury, contre ses barons, la lutte d'Henri II. Enfin, l'empereur Othon de Brunswick, fils d'Henri le Lion, sorti d'une famille toute guelfe, tout ennemie des empereurs, mais Anglais par sa mère, élevé à la cour d'Angleterre, près de ses oncles, Richard et Jean, se souvint de sa mère plus que de son père, tourna des guelfes aux gibelins, tandis que la maison gibeline des princes de Souabe était relevée par les papes, par Innocent III, tuteur du jeune Frédéric II. Othon abandonné des guelfes, abandonné des gibelins, se trouvait renfermé dans ses États de Brunswick, et recevait une solde de son oncle Jean pour combattre l'Église et Philippe Auguste, qui le défit à Bouvines. Telle était l'immense contradiction de l'Europe. Les princes étaient contre les libertés municipales pour les libertés religieuses. L'empereur était guelfe et le pape gibelin. Le pape en attaquant les rois sous le rapport religieux les soutenait contre les peuples sous le rapport politique. Il sacra le roi d'Aragon, il annula la Grande Charte, et blâma l'archevêque de Kenterbury, de même qu'Alexandre III avait abandonné Becket. Le pape renonçait ainsi à son ancien rôle de défenseur des libertés politiques et religieuses. Le roi de France, au contraire, sanctionnait à cette époque une foule de chartes communales. Il prenait part à la croisade du Midi, mais seulement autant qu'il fallait pour constater sa foi. Lui seul, en Europe, avait une position forte et simple ; à lui seul était l'avenir.

CHAPITRE VIII

Première moitié du XIIIe siècle - Mysticisme - Louis IX - Sainteté du roi de France

Cette lutte immense, dont nous avons présenté le tableau dans le chapitre précédent, s'est terminée, ce semble, à l'avantage du pape. Il a triomphé partout, et de l'empereur, et du roi Jean, et des Albigeois hérétiques, et des Grecs schismatiques. L'Angleterre et Naples sont devenus deux fiefs du Saint-Siège, et la mort tragique du roi d'Aragon a été un grand enseignement pour tous les rois. Cependant, ces succès divers ont si peu fortifié le pape, que nous le verrons, au milieu du XIIIe siècle, abandonné d'une grande partie de l'Europe, mendiant à Lyon la protection française ; au commencement du siècle suivant, outragé, battu, souffleté par son bon ami le roi de France, obligé enfin de venir se mettre sous sa main, à Avignon. C'est au profit de la France qu'auront succombé les vaincus et les vainqueurs, les ennemis de l'Église et l'Église elle-même.

Comment expliquer cette décadence précipitée d'Innocent III à Boniface VIII, une telle chute après une telle victoire ? D'abord c'est que la victoire a été plus apparente que réelle. Le fer est impuissant contre la pensée ; c'est plutôt sa nature, à cette plante vivace, de croître sous le fer, de germer et fleurir sous l'acier. Combien plus, si le glaive se trouve dans la main qui devait le moins user du glaive, si c'est la main pacifique, la main du prêtre ; si l'agneau mord et déchire, si le père assassine !... L'Église perdant ainsi son caractère de sainteté, ce caractère va tout à l'heure passer à un laïque, à un roi, au roi de France. Les peuples vont transporter leur respect au sacerdoce laïque, à la royauté. Le pieux Louis IX porte ainsi, à son insu, un coup terrible à l'Église.

Les remèdes mêmes sont devenus des maux. Le pape n'a vaincu le mysticisme indépendant qu'en ouvrant lui-même de grandes écoles de mysticisme, je parle des ordres mendiants. C'est combattre le mal par le mal même ; c'est entreprendre la chose difficile et contradictoire entre toutes, vouloir régler l'inspiration, déterminer l'illumination, constituer le délire ! On ne joue pas ainsi avec la liberté, c'est une lame à deux tranchants, qui blesse celui qui croit la tenir et veut s'en faire un instrument.

Les Ordres de Saint-Dominique et de Saint-François, sur lesquels le pape essaya de soutenir l'Église en ruine, eurent une mission commune, la prédication. Le premier âge des monastères, l'âge du travail et de la culture, où les bénédictins avaient défriché la terre et l'esprit des barbares, cet âge était passé. Celui des prédicateurs de la croisade, des moines de Cîteaux et de Clairvaux, avait fini avec la croisade. Au temps de Grégoire

VII, l'Église avait déjà été sauvée par les moines auxiliaires de la papauté. Mais les moines sédentaires et reclus ne servaient plus guère, lorsque les hérétiques couraient le monde pour répandre leurs doctrines. Contre de tels prêcheurs, l'Église eut ses *prêcheurs*, c'est le nom même de l'Ordre de Saint-Dominique. Le monde venant moins à elle, elle alla à lui. Le tiers Ordre de Saint-Dominique et de Saint-François reçut une foule d'hommes qui ne pouvaient quitter le siècle, et cherchaient à accorder les devoirs du monde et la perfection monastique. Saint Louis et sa mère appartenaient au tiers Ordre de Saint-François.

Telle fut l'influence commune des deux ordres. Toutefois, ils eurent, dans cette ressemblance, un caractère divers. Celui de Saint-Dominique, fondé par un esprit austère, par un gentilhomme espagnol, né sous l'inspiration sanguinaire de Cîteaux, au milieu de la croisade de Languedoc, s'arrêta de bonne heure dans la carrière mystique, et n'eut ni la fougue ni les écarts de l'Ordre de Saint-François. Il fut le principal auxiliaire des papes jusqu'à la fondation des jésuites. Les dominicains furent chargés de régler et de réprimer. Ils eurent l'inquisition et l'enseignement de la théologie dans l'enceinte même du palais pontifical. Pendant que les franciscains couraient le monde dans le dévergondage de l'inspiration, tombant, se relevant de l'obéissance à la liberté, de l'hérésie à l'orthodoxie, embrassant le monde et l'agitant des transports de l'amour mystique, le sombre esprit de saint Dominique s'enferma au sacré palais de Latran, aux voûtes granitiques de l'Escurial.

L'Ordre de Saint-François fut moins embarrassé ; il se lança tête baissée dans l'amour de Dieu ; il s'écria, comme plus tard Luther : « Périsse la loi, vive la grâce ! » Le fondateur de cet ordre vagabond fut un marchand ou colporteur d'Assise. On appelait cet Italien *François*, parce qu'en effet il ne parlait guère que *français*. « C'était, dit son biographe, dans sa première jeunesse, un homme de vanité, un bouffon, un farceur, un chanteur ; léger, prodigue, hardi... Tête ronde, front petit, yeux noirs et sans malice, sourcils droits, nez droit et fin, oreilles petites et comme dressées, langue aiguë et ardente, voix véhémente et douce ; dents serrées, blanches, égales ; lèvres minces, barbe rare, col grêle, bras courts, doigts longs, ongles longs, jambe maigre, pied petit, de chair peu ou point. » Il avait vingt-cinq ans lorsqu'une vision le convertit. Il monte à cheval, va vendre ses étoffes à Foligno, en rapporte le prix à un vieux prêtre, et sur son refus jette l'argent par la croisée. Il veut du moins rester avec le prêtre, mais son père le poursuit ; il se sauve, vit un mois dans un trou ; son père le rattrape, le charge de coups ; le peuple le poursuit à coups de pierres. Les siens l'obligent de renoncer juridiquement à tout son bien en présence de l'évêque. C'était sa plus grande joie ; il rend à son père tous ses habits, sans garder même un caleçon : l'évêque lui jette son manteau.

Le voilà lancé sur la terre ; il parcourt les forêts en chantant les louanges du Créateur. Des voleurs l'arrêtent et lui demandent qui il est : « Je suis, dit-il, le héraut qui proclame le grand roi. » Ils le plongent dans une fondrière pleine de neige ; nouvelle joie pour le saint ; il s'en tire et poursuit sa route. Les oiseaux chantent avec lui ; il les prêche, ils écoutent : « Oiseaux, mes frères, disait-il, n'aimez-vous pas votre Créateur, qui vous donne ailes et plumes et tout ce qu'il vous faut ? » Puis, satisfait de leur docilité, il les bénit et leur permet de s'envoler. Il exhortait ainsi toutes les créatures à louer et remercier Dieu. Il les aimait, sympathisait avec elles ; il sauvait, quand il pouvait, le lièvre poursuivi par les chasseurs, et vendait son manteau pour racheter un agneau de la boucherie. La nature morte elle-même, il l'embrassait dans son immense charité. Moissons, vignes, bois, pierres, il fraternisait avec eux tous et les appelait tous à l'amour divin.

Cependant, un pauvre idiot d'Assise s'attacha à lui, puis un riche marchand laissa tout pour le suivre. Ces premiers franciscains et ceux qui se joignirent à eux donnèrent d'abord dans des austérités forcenées, comparables à celles des fakirs de l'Inde, se pendant à des cordes, se serrant de chaînes de fer et d'entraves de bois. Puis, quand ils eurent un peu calmé cette soif de douleur, saint François chercha longtemps en lui-même lequel valait mieux de la prière ou de la prédication. Il y serait encore, s'il ne se fût avisé de consulter sainte Claire et le frère Sylvestre ; ils le décidèrent pour la prédication. Dès lors, il n'hésita plus, se ceignit les reins d'une corde et partit pour Rome. « Tel était son transport, dit le biographe, quand il parut devant le pape, qu'il pouvait à peine contenir ses pieds, et tressaillait comme s'il eût dansé. » Les politiques de la cour de Rome le rebutèrent d'abord ; puis le pape réfléchit et l'autorisa. Il demandait pour grâce unique de prêcher, de mendier, de n'avoir rien au monde, sauf une pauvre église de Sainte-Marie-des-Anges, dans le petit champ de la *Portioncule,* qu'il rebâtit de ce qu'on lui donnait. Cela fait, il partagea le monde à ses compagnons, gardant pour lui l'Égypte où il espérait le martyre ; mais il eut beau faire, le sultan s'obstina à le renvoyer.

Tels furent les progrès du nouvel ordre, qu'en 1219 saint François réunit cinq mille franciscains en Italie, et il y en avait dans tout le monde. Ces apôtres effrénés de la grâce couraient partout pieds nus, jouant tous les mystères dans leurs sermons, traînant après eux les femmes et les enfants, riant à Noël, pleurant le Vendredi-Saint, développant sans retenue tout ce que le christianisme a d'éléments dramatiques. Le système de la grâce, où l'homme n'est plus rien qu'un jouet de Dieu, le dispense aussi de toute dignité personnelle ; c'est pour lui un acte d'amour de s'abaisser, de s'annuler, de montrer les côtés honteux de sa nature ; il semble exalter Dieu d'autant plus. Le scandale et le cynisme deviennent une jouissance pieuse, une sensualité de dévotion. L'homme immole avec délices sa fierté et sa pudeur à l'objet aimé.

C'était une grande joie pour saint François d'Assise de faire pénitence dans les rues pour avoir rompu le jeûne et mangé un peu de volaille par nécessité. Il se faisait traîner tout nu, frapper de coups de corde, et l'on criait : « Voici le glouton qui s'est gorgé de poulet à votre insu ! » A Noël il se préparait, pour prêcher, une étable comme celle où naquit le Sauveur. On y voyait le bœuf, l'âne, le foin ; pour que rien n'y manquât, lui-même il bêlait comme un mouton, en prononçant *Bethléem,* et quand il en venait à nommer le doux Jésus, il passait la langue sur les lèvres et les léchait comme s'il eût mangé du miel.

Ces folles représentations, ces courses furieuses à travers l'Europe, qu'on ne pouvait comparer qu'aux bacchanales ou aux pantomimes des prêtres de Cybèle, donnaient lieu, on peut le croire, à bien des excès. Elles ne furent même pas exemptes du caractère sanguinaire qui avait marqué les représentations orgiastiques de l'Antiquité. Le tout-puissant génie dramatique, qui poussait saint François à l'imitation complète de Jésus, ne se contenta pas de le jouer dans sa vie et sa naissance ; il lui fallut aussi la passion. Dans ses dernières années on le portait sur une charrette, par les rues et les carrefours, versant le sang par le côté, et imitant, par ses stigmates, ceux du Seigneur.

Ce mysticisme ardent fut vivement accueilli par les femmes, et, en revanche, elles eurent bonne part dans la distribution des dons de la grâce. Sainte Clara d'Assise commença par les Clarisses. Le dogme de l'immaculée conception devint de plus en plus populaire. Ce fut le point principal de la religion, la thèse favorite que soutinrent les théologiens, la croyance chère et sacrée pour laquelle les franciscains, chevaliers de la Vierge, rompirent des lances. Une dévotion sensuelle embrassa la chrétienté. Le monde entier apparut à saint Dominique dans le capuchon de la Vierge, comme l'Inde l'a vu dans la bouche de Crishna, ou comme Brama reposant dans la fleur du lotus. « La Vierge ouvrit son capuchon devant son serviteur Dominique, qui était tout en pleurs, et il se trouvait, ce capuchon, de telle capacité et immensité qu'il contenait et embrassait doucement toute la céleste patrie. »

Nous avons remarqué déjà à l'occasion d'Héloïse, d'Éléonore de Guyenne et des Cours d'amour que, dès le XIIe siècle, la femme prit sur la terre une place proportionnée à l'importance nouvelle qu'elle avait acquise dans la hiérarchie céleste. Au XIIIe siècle, elle se trouve, au moins comme mère et régente, assise sur plusieurs trônes d'Occident. Blanche de Castille gouverne au nom de son fils enfant, comme la comtesse de Champagne pour le jeune Thibaut, comme celle de Flandre pour son mari prisonnier. Isabelle de la Marche exerce aussi la plus grande influence sur son fils Henri III, roi d'Angleterre. Jeanne de Flandre ne se contenta pas du pouvoir, elle en voulut les honneurs et les insignes virils ; elle réclama au sacre de Saint Louis le droit du comte de Flandre, celui de porter l'épée nue, l'épée de la France.

Avant d'expliquer comment une femme gouverna la France et brisa la force féodale au nom d'un enfant, il faut pourtant se rappeler combien toute circonstance favorisait alors les progrès du pouvoir royal. La royauté n'avait qu'à se laisser aller, le fil de l'eau la portait. La mort de Philippe Auguste n'y avait rien changé (1218). Son fils, le faible et maladif Louis VIII, nommé, ce semble ironiquement, Louis le Lion, ne joua pas moins le rôle d'un conquérant. Il échoua en Angleterre, il est vrai, mais il prit aux Anglais le Poitou. En Flandre, il maintint la comtesse Jeanne, lui rendant le service de garder son mari prisonnier à la Tour du Louvre. Cette Jeanne était fille de Baudouin, le premier empereur de Constantinople, qu'on croyait tué par les Bulgares. Un jour, le voilà qui reparaît en Flandre ; sa fille refuse de le reconnaître, mais le peuple l'accueille, et elle est obligée de fuir près de Louis VIII, qui la ramène avec une armée. Le vieillard ne pouvait répondre à certaines questions; et vingt ans d'une dure captivité pouvaient bien avoir altéré sa mémoire. Il passa pour imposteur, et la comtesse le fit périr. Tout le peuple la regarda comme parricide.

La Flandre se trouvait ainsi soumise à l'influence française ; il en fut bientôt de même du Languedoc. Louis VIII y était appelé par l'Église contre les Albigeois, qui reparaissaient sous Raymond VII. D'autre part, une bonne partie des Méridionaux désiraient finir à tout prix, par l'intervention de la France, cette guerre de tigres, qui se faisait chez eux depuis si longtemps. Louis avait prouvé sa douceur et sa loyauté au siège de Marmande, où il essaya en vain de sauver les assiégés. Vingt-cinq seigneurs et dix-sept archevêques et évêques déclaraient qu'ils conseillaient au roi de se charger de l'affaire des Albigeois. Louis VIII se mit en effet en marche à la tête de toute la France du Nord ; les cavaliers seuls étaient dans cette armée au nombre de cinquante mille. L'alarme fut grande dans le Midi. Une foule de seigneurs et de grandes villes s'empressèrent d'envoyer au-devant, et de faire hommage. Les Républiques de Provence, Avignon, Arles, Marseille et Nice, espéraient pourtant que le torrent passerait à côté. Avignon offrit passage hors de ses murs ; mais en même temps, elle s'entendait, avec le comte de Toulouse, pour détruire tous les fourrages à l'approche de la cavalerie française. Cette ville était étroitement unie avec Raymond ; elle était restée douze ans excommuniée pour l'amour de lui. Les podestats d'Avignon prenaient le titre de bayles ou lieutenants du comte de Toulouse. Louis VIII insista pour passer par la ville même, et sur son refus, il l'assiégea. Les réclamations de Frédéric II, en faveur de cette ville impériale, ne furent point écoutées. Il fallut qu'elle payât rançon, donnât des otages et abattît ses murailles. Tout ce qu'on trouva dans la ville de Français et de Flamands fut égorgé par les assiégeants. Une grande partie du Languedoc s'effraya ; Nîmes, Albi, Carcassonne se livrèrent, et Louis VIII établit des sénéchaux dans cette dernière ville et à Beaucaire. Il semblait qu'il dût accomplir dans cette campagne toute la conquête du Midi. Mais le siège d'Avignon avait été un retard fatal ; les chaleurs occasionnèrent une épidémie meurtrière dans son armée. Lui-même, il languissait, lorsque le duc de Bretagne et les comtes de Lusignan, de la Marche, d'Angoulême et de Champagne s'entendirent pour se retirer ; ils se repentaient tous d'avoir aidé au succès du roi ; le comte de Champagne, amant de la reine (telle est du moins la tradition), fut accusé d'avoir empoisonné Louis, qui mourut peu après son départ (1226).

La régence et la tutelle du jeune Louis IX eût appartenu, d'après les lois féodales, à son oncle Philippe le Hurepel (le grossier), comte de Boulogne. Le légat du pape et le comte de Champagne, qu'on disait également favorisés de la reine mère, Blanche de Castille, lui assurèrent la régence. C'était une grande nouveauté qu'une femme commandât à tant d'hommes ; c'était sortir d'une manière éclatante du système militaire et barbare qui avait prévalu jusque-là, pour entrer dans la vie pacifique de l'esprit moderne. L'Église y aida. Outre le légat, l'archevêque de Sens et l'évêque de Beauvais voulurent bien attester que le dernier roi avait, sur son lit de mort, nommé sa veuve régente. Son testament, que nous avons encore, n'en fait aucune mention. Il est douteux, d'ailleurs, qu'il eût confié le royaume à une Espagnole, à la nièce du roi Jean, à une femme que le comte de Champagne avait prise, dit-on, pour l'objet de ses galanteries poétiques. Ce comte, ennemi d'abord du roi, comme les autres grands seigneurs, n'en fut pas moins le plus puissant appui de la royauté après la mort de Louis VIII. Il aimait sa veuve, dit-on, et, d'autre part, la Champagne aimait la France ; les grandes villes industrielles de Troyes, de Bar-sur-Seine, etc., devaient sympathiser avec le pouvoir pacifique et régulier du roi, plus qu'avec la turbulence militaire des seigneurs. Le parti du roi, c'était le parti de la paix, de l'ordre, de la sûreté des routes. Quiconque voyageait, marchand ou pèlerin, était à coup sûr pour le roi. Ceci explique encore la haine furieuse des grands seigneurs contre la Champagne, qui avait de bonne heure abandonné leur ligue. La jalousie de la féodalité contre l'industrialisme, qui entra pour beaucoup dans les guerres de Flandre et de Languedoc, ne fut point certainement étrangère aux affreux ravages que les seigneurs firent dans la Champagne pendant la minorité de Saint Louis.

Le chef de la ligue féodale, ce n'était point Philippe, oncle du jeune roi, ni les comtes de la Marche et de Lusignan, beau-père et frère du roi d'Angleterre, mais le duc de Bretagne, Pierre Mauclerc, descendu d'un fils de Louis le Gros. La Bretagne, relevant de la Normandie, et par conséquent de l'Angleterre aussi bien que de la France, flottait entre les deux couronnes. Le duc était d'ailleurs l'homme le plus propre à profiter d'une telle position. Élevé aux écoles de Paris, grand dialecticien, destiné d'abord à la prêtrise, mais de cœur légiste, chevalier, ennemi des prêtres, il en fut surnommé *Mauclerc*.

Cet homme remarquable, certainement le premier de son temps, entreprit bien des choses à la fois, et plus qu'il ne pouvait : en France, d'abaisser la royauté ; en Bretagne, d'être absolu, malgré les prêtres et les seigneurs. Il s'attacha les paysans ; leur accorda des droits de pâture, d'usage du bois mort, des exemptions du péage. Il eut encore pour lui les seigneurs de l'intérieur du pays, surtout ceux de la Bretagne française (Avaugour, Vitré, Fougères, Châteaubriant, Dol, Châteaugiron) ; mais il tâcha de dépouiller ceux des côtes (Léon, Rohan, le Faou, etc.). Il leur disputa ce précieux droit de *bris,* qui leur donnait des vaisseaux naufragés. Il luttait aussi contre l'Église, l'accusait de simonie par-devant les barons, employait contre les prêtres la science du droit canonique qu'il avait apprise d'eux-mêmes. Dans cette lutte, il se montra inflexible et barbare ; un curé refusant d'enterrer un excommunié, il ordonna qu'on l'enterrât lui-même avec le corps.

Cette lutte intérieure ne permit guère à Mauclerc d'agir vigoureusement contre la France. Il eût fallu du moins être bien appuyé de l'Angleterre. Mais les Poitevins qui gouvernaient et volaient le jeune Henri III, ne lui laissaient point d'argent pour une guerre honorable. Il devait passer la mer en 1226 ; une révolte le retint. Mauclerc l'attendait encore en 1229, mais le favori de Henri III fut corrompu par la régente, et rien ne se trouva prêt. Elle eut encore l'adresse d'empêcher le comte de Champagne d'épouser la fille de Mauclerc. Les barons, sentant la faiblesse de la ligue, n'osaient, malgré toute leur mauvaise volonté, désobéir formellement au roi enfant, dont la régente employait le nom. En 1228, sommés par elle d'amener leurs hommes contre la Bretagne, ils vinrent chacun avec deux chevaliers seulement.

L'impuissance de la ligue du Nord permit à Blanche et au légat qui la conseillait d'agir vigoureusement contre le Midi. Une nouvelle croisade fut conduite en Languedoc. Toulouse aurait tenu longtemps, mais les croisés se mirent à détruire méthodiquement toutes les vignes qui faisaient la richesse du pays. Les indigènes avaient résisté tant qu'il n'en coûtait que du sang. Ils obligèrent leur comte à céder. Il fallut qu'il rasât les murs de sa ville, y reçût garnison française, y autorisât l'établissement de l'Inquisition, confirmât à la France la possession du bas Languedoc, promît Toulouse après sa mort, comme dot de sa fille Jeanne, qu'un frère du roi devait épouser. Quant à la haute Provence, il la donnait à l'Église : c'est l'origine du droit des papes sur le comtat d'Avignon. Lui-même il vint à Paris, s'humilia, reçut la discipline dans l'église de Notre-Dame, et se constitua, pour six semaines, prisonnier à la Tour du Louvre. Cette tour, où six comtes avaient été enfermés après Bouvines, d'où le comte de Flandre venait à peine de sortir, où l'ancien comte de Boulogne se tua de désespoir, était devenu le château, la maison de plaisance, où les grands barons logeaient chacun à son tour.

La régente osa alors défier le comte de Bretagne et le somma de comparaître devant les pairs. Ce tribunal des douze pairs, calqué sur le nombre mystique des douze apôtres, et sur les traditions poétiques des romans carlovingiens, n'était point une institution fixe et régulière. Rien n'était plus commode pour les rois. Cette fois, les pairs se trouvèrent l'archevêque de Sens, les évêques de Chartres et de Paris, les comtes de Flandre, de Champagne, de Nevers, de Blois, de Chartres, de Montfort, de Vendôme, les seigneurs de Coucy et de Montmorency, et beaucoup d'autres barons et chevaliers.

Leur sentence n'aurait pas fait grand-chose, si Mauclerc eût été mieux soutenu par les Anglais et par les barons. Ceux-ci traitèrent séparément avec la régente. Toute la haine des seigneurs, forcés de céder à Blanche, retomba sur le comte de Champagne ; il fut obligé de se réfugier à Paris, et ne rentra dans ses domaines qu'en promettant de prendre la croix en expiation de la mort de Louis VIII ; c'était s'avouer coupable.

Tout le mouvement qui avait troublé la France du Nord s'écoula pour ainsi dire vers le Midi et l'Orient. Les deux chefs opposés, Thibaut et Mauclerc, furent éloignés par des circonstances nouvelles, et laissèrent le royaume en paix. Thibaut se trouva roi de Navarre par la mort du père de sa femme ; il vendit à la régente Chartres, Blois, Sancerre et Châteaudun. Une noblesse innombrable le suivit. Le roi d'Aragon, qui, à la même époque, commençait sa croisade contre Majorque et Valence, amena aussi beaucoup de chevaliers, surtout un grand nombre de *faidits* provençaux et languedociens ; c'étaient les proscrits de la guerre des Albigeois. Peu après, Pierre Mauclerc, qui n'était comte de Bretagne que du chef de sa femme, abdiqua le comté, le laissa à son fils, et fut nommé par le pape Grégoire IX, général en chef de la nouvelle croisade d'Orient.

Telle était la favorable situation du royaume à l'époque de la majorité de Saint Louis (1236). La royauté n'avait rien perdu depuis Philippe Auguste. Arrêtons-nous un instant ici, et récapitulons les progrès de l'autorité royale et du pouvoir central depuis l'avènement du grand-père de Saint Louis.

Philippe Auguste avait, à vrai dire, fondé ce royaume en réunissant la Normandie à la Picardie. Il avait, en quelque sorte, fondé Paris, en lui donnant sa cathédrale, sa halle, son pavé, des hôpitaux, des aqueducs, une nouvelle enceinte, de nouvelles armoiries, surtout en autorisant et soutenant son Université. Il avait fondé la juridiction royale en inaugurant l'assemblée des pairs par un acte populaire et humain, la condamnation de Jean et la punition du meurtre d'Arthur. Les grandes puissances féodales s'affaissaient ; la Flandre, la Champagne, le Languedoc, étaient soumis à l'influence royale. Le roi s'était formé un grand parti dans la noblesse, si je puis dire : je parle des cadets ; il fit consacrer en principe qu'ils ne dépendraient plus de leurs aînés.

Le prince dans les mains duquel tombait ce grand héritage, Louis IX, avait vingt et un ans en 1236. Il fut déclaré majeur, mais dans la réalité il resta longtemps encore dépendant de sa mère, la fière Espagnole qui gouvernait depuis dix ans. Les qualités de Louis n'étaient pas de celles qui éclatent de bonne heure ; la principale fut un sentiment exquis, un amour inquiet du devoir, et pendant longtemps le devoir lui apparut comme la volonté de sa mère. Espagnol du côté de Blanche, Flamand par son aïeule Isabelle, le jeune prince suça avec le lait une piété ardente, qui semble avoir été étrangère à la plupart de ses prédécesseurs, et que ses successeurs n'ont guère connue davantage.

Cet homme, qui apportait au monde un tel besoin de croire, se trouva précisément au milieu de la grande crise, lorsque toutes les croyances étaient ébranlées. Ces belles images d'ordre que le Moyen Age avait rêvées, le saint pontificat et le saint empire, qu'étaient-elles devenues ? La guerre de l'Empire et du Sacerdoce avait atteint le dernier degré de violence, et les deux partis inspiraient presque une égale horreur. D'un côté, c'était l'empereur, au milieu de son cortège de légistes bolonais et de docteurs arabes, penseur hardi, charmant poète et mauvais croyant. Il avait des gardes sarrasines, une université sarrasine, des concubines arabes. Le sultan d'Égypte était son meilleur ami. Il avait, disait-on, écrit ce livre horrible dont on parlait tant : *De Tribus impostoribus,* Moïse, Mahomet et Jésus, qui n'a jamais été écrit. Beaucoup de gens soupçonnaient que Frédéric pouvait fort bien être l'Antéchrist.

Le pape n'inspirait guère plus de confiance que l'empereur. La foi manquait à l'un, mais à l'autre la charité. Quelque désir, quelque besoin qu'on eût de révérer encore le successeur des apôtres, il était difficile de le reconnaître sous cette cuirasse d'acier qu'il avait revêtue depuis la croisade des Albigeois. Il semblait que la soif du meurtre fût devenue le génie même du prêtre. Ces hommes de paix ne demandaient que mort et ruine, des paroles effroyables sortaient de leur bouche. Ils s'adressaient à tous les peuples, à tous les princes, ils prenaient tour à tour le ton de la menace ou de la plainte : ils demandaient, grondaient, priaient, pleuraient. Que voulaient-ils avec tant d'ardeur ? la délivrance de Jérusalem ? Aucunement. L'amélioration des chrétiens, la conversion des gentils ? Rien de tout cela. Eh ! quoi donc ? Du sang. Une soif horrible de sang semblait avoir embrasé le leur, depuis qu'une fois ils avaient déjà goûté de celui des Albigeois.

La destinée de ce jeune et innocent Louis IX fut d'être héritier des Albigeois et de tant d'autres ennemis de l'Église. C'était pour lui que Jean, condamné sans être entendu, avait perdu la Normandie, et son fils Henri le Poitou ; c'était pour lui que Montfort avait égorgé vingt mille hommes dans Béziers, et Folquet dix mille dans Toulouse. Ceux qui avaient péri étaient, il est vrai, des hérétiques, des mécréants, des ennemis de Dieu ; il y avait pourtant, dans tout cela, bien des morts ; et dans cette magnifique dépouille, une triste odeur de sang. Voilà, sans doute, ce qui fit l'inquiétude et l'indécision de Saint Louis. Il avait grand besoin de croire et de s'attacher à l'Église, pour se justifier à lui-même son père et son aïeul, qui avaient accepté de tels dons. Position critique pour une âme timorée ; il ne pouvait restituer sans déshonorer son père et indigner la France. D'autre part, il ne pouvait garder, ce semble, sans consacrer tout ce qui s'était fait, sans accepter tous les excès, toutes les violences de l'Église.

Le seul objet vers lequel une telle âme pouvait se tourner encore, c'était la croisade, la délivrance de Jérusalem. Cette grande puissance, bien ou mal acquise, qui se trouvait dans ses mains, c'était là, sans doute, qu'elle devait s'exercer et s'expier. De ce côté, il y avait tout au moins la chance d'une mort sainte.

Jamais la croisade n'avait été plus nécessaire et plus légitime. Agressive jusque-là, elle allait devenir défensive. On attendait dans tout l'Orient un grand et terrible événement ; c'était comme le bruit des grandes eaux avant le déluge, comme le craquement des digues, comme le premier murmure des cataractes du ciel. Les Mongols s'étaient ébranlés du Nord, et peu à peu descendaient par toute l'Asie. Ces pasteurs, entraînant les nations, chassant devant eux l'humanité avec leurs troupeaux, semblaient décidés à effacer de la terre toute ville, toute construction, toute trace de culture, à refaire du globe un désert, une libre prairie, où l'on pût désormais errer sans obstacle. Ils délibérèrent s'ils ne traiteraient pas ainsi toute la Chine septentrionale, s'ils ne rendraient pas cet empire, par l'incendie de cent villes et l'égorgement de plusieurs milliers d'hommes, à cette beauté primitive des solitudes du monde naissant. Où ils ne pouvaient détruire les villes sans grand travail, ils se dédommageaient du moins par le massacre des habitants ; témoin ces pyramides de têtes de morts qu'ils firent élever dans la plaine de Bagdad.

Toutes les sectes, toutes les religions qui se partageaient l'Asie, avaient également à craindre ces barbares, et nulle chance de les arrêter. Les sunnites et les schyytes, le calife de Bagdad et le calife du Caire, les Assassins, les chrétiens de Terre sainte, attendaient le Jugement. Toute dispute allait être finie, toute haine réconciliée ; les Mongols s'en chargeaient. De là, sans doute, ils passeraient en Europe, pour accorder le pape et l'empereur, le roi d'Angleterre et le roi de France. Alors ils n'auraient plus qu'à faire manger l'avoine à leurs chevaux sur l'autel de Saint-Pierre de Rome, et le règne de l'Antéchrist allait commencer.

Ils avançaient, lents et irrésistibles, comme la vengeance de Dieu ; déjà ils étaient partout présents par l'effroi qu'ils inspiraient. En l'an 1238, les gens de la Frise et du Danemark n'osèrent pas quitter leurs femmes épouvantées pour aller pêcher le hareng, selon leur usage, sur les côtes d'Angleterre. En Syrie, on s'attendait d'un moment à l'autre à voir apparaître les grosses têtes jaunes et les petits chevaux échevelés. Tout l'Orient était réconcilié. Les princes mahométans, entre autres le Vieux de la Montagne, avaient envoyé une ambassade suppliante au roi de France, et l'un des ambassadeurs passa en Angleterre.

D'autre part, l'empereur latin de Constantinople venait d'exposer à Saint Louis son danger, son dénuement et sa misère. Ce pauvre empereur s'était vu obligé de faire alliance avec les Comans, et de leur jurer amitié, la main sur un chien mort. Il en était à n'avoir plus pour se chauffer que les poutres de son palais. Quand l'impératrice vint, plus tard, implorer de nouveau la pitié de Saint Louis, Joinville fut obligé, pour la présenter, de lui donner une robe. L'empereur offrait à Saint Louis de lui céder à bon compte un inestimable trésor, la vraie couronne d'épines qui avait ceint le front du Sauveur. La seule chose qui embarrassait le roi de France, c'est que le commerce de reliques avait bien l'air d'être un cas de simonie ; mais il n'était pas défendu pourtant de faire un présent à celui qui faisait un tel don à la France. Le présent fut de cent soixante mille livres, et de plus, Saint Louis donna le produit d'une confiscation faite sur les Juifs, dont il se faisait scrupule de profiter lui-même. Il alla pieds nus recevoir les saintes reliques jusqu'à Vincennes, et plus tard fonda pour elles la Sainte-Chapelle de Paris.

La croisade de 1235 n'était pas faite pour rétablir les affaires d'Orient.

Le roi champenois de Navarre, le duc de Bourgogne, le comte de Montfort, se firent battre. Le frère du roi d'Angleterre n'eut d'autre gloire que celle de racheter les prisonniers. Mauclerc seul y gagna quelque chose. Cependant, le jeune roi de France ne pouvait quitter encore son royaume et réparer ces malheurs. Une vaste ligue se formait contre lui ; le comte de Toulouse, dont la fille avait épousé le frère du roi, Alphonse de Poitiers, voulait tenter encore un effort pour garder ses États, s'il n'avait pu garder ses enfants. Il s'était allié aux rois d'Angleterre, de Navarre, de Castille et d'Aragon. Il voulait épouser ou Marguerite de la Marche, sœur utérine d'Henri III, ou Béatrix de Provence. Par ce dernier mariage, il eût réuni la Provence au Languedoc, déshérité sa fille au profit des enfants qu'il eût eus de Béatrix, et réuni tout le Midi. La précipitation fit avorter ce grand projet. Dès 1242, les inquisiteurs furent massacrés à Avignon ; l'héritier légitime de Nîmes, Béziers et Carcassonne, le jeune Trencavel, se hasarda à reparaître. Les confédérés agirent l'un après l'autre. Raymond était réduit quand les Anglais prirent les armes. Leur campagne en France fut pitoyable ; Henri III avait compté sur son beau-père, le comte de la Marche, et les autres seigneurs qui l'avaient appelé. Quand ils se virent et se comptèrent, alors commencèrent les reproches et les altercations. Les Français n'avançaient pas moins ; ils auraient tourné et pris l'armée anglaise au pont de Taillebourg, sur la Charente, si Henri n'eût obtenu une trêve par l'intercession de son frère Richard, en qui Louis révéra le héros de la dernière croisade, celui qui avait racheté et rendu à l'Europe tant de chrétiens. Henri profita de ce répit pour décamper et se retirer vers Saintes. Louis le serra de près ; un combat acharné eut lieu dans les vignes, et le roi d'Angleterre finit par s'enfuir dans la ville, et de là vers Bordeaux (1242).

Une épidémie, dont le roi et l'armée languirent également, l'empêcha de poursuivre ses succès. Mais le combat de Taillebourg n'en fut pas moins le coup mortel pour ses ennemis, et en général pour la féodalité. Le comte de Toulouse n'obtint grâce que comme cousin de la mère de Saint Louis. Son vassal, le comte de Foix, déclara qu'il voulait dépendre immédiatement du roi. Le comte de la Marche et sa femme, l'orgueilleuse Isabelle de Lusignan, veuve de Jean et mère d'Henri III, furent obligés de céder. Ce vieux comte, faisant hommage au frère du roi, Alphonse, nouveau comte de Poitiers, un chevalier parut, qui se disait mortellement offensé par lui, et demandait à le combattre par-devant son suzerain. Alphonse insistait durement pour que le vieillard fît raison au jeune homme. L'événement n'était pas douteux, et déjà Isabelle, craignant de périr après son mari, s'était réfugiée au couvent de Fontevrault. Saint Louis s'interposa et ne permit point ce combat inégal. Telle fut pourtant l'humiliation du comte de la Marche, que son ennemi, qui avait juré de laisser pousser ses cheveux jusqu'à ce qu'il eût vengé son outrage, se les fit couper solennellement devant tous les barons, et déclara qu'il en avait assez.

En cette occasion, comme en toutes, Louis montrait la modération d'un saint et d'un politique. Un baron n'ayant voulu se rendre qu'après en avoir obtenu l'autorisation de son seigneur, le roi d'Angleterre, Louis lui en sut gré, et lui remit son château sans autre garantie que son serment. Mais afin de sauver de la tentation du parjure ceux qui tenaient des fiefs de lui et d'Henri, il leur déclara, aux termes de l'Évangile, qu'on ne pouvait servir deux maîtres, et leur permit d'opter librement. Il eût voulu, pour ôter toute cause de guerre, obtenir d'Henri la cession expresse de la Normandie ; à ce prix, il lui eût rendu le Poitou.

Telle était la prudence et la modération du roi. Il n'imposa pas à Raymond d'autres conditions que celles du Traité de Paris, qu'il avait signé quatorze ans auparavant.

Cependant la catastrophe tant redoutée avait lieu en Orient. Une aile de la prodigieuse armée des Mongols avait poussé vers Bagdad (1258) ; une autre entrait en Russie, en Pologne, en Hongrie. Les Karismiens, précurseurs des Mongols, avaient envahi la Terre sainte ; ils avaient remporté à Gaza, malgré l'union des chrétiens et des musulmans, une sanglante victoire. Cinq cents templiers y étaient restés ; c'était tout ce que l'ordre avait alors de chevaliers à la Terre sainte ; puis les Mongols avaient pris Jérusalem, abandonnée par ses habitants ; ces barbares, par un jeu perfide, mirent partout des croix sur les murs ; les habitants, trop crédules, revinrent et furent massacrés.

Saint Louis était malade, alité, et presque mourant, quand ces tristes nouvelles parvinrent en Europe. Il était si mal qu'on désespérait de sa vie, et déjà une des dames qui le gardaient voulait lui jeter le drap sur le visage, croyant qu'il avait passé. Dès qu'il alla un peu mieux, au grand étonnement de ceux qui l'entouraient, il fit mettre la croix rouge sur son lit et sur ses vêtements. Sa mère eût autant aimé le voir mort. Il promettait, lui faible et mourant, d'aller si loin, outre-mer, sous un climat meurtrier, donner son sang et celui des siens dans cette inutile guerre qu'on poursuivait depuis plus d'un siècle. Sa mère, les prêtres eux-mêmes le pressaient d'y renoncer. Il fut inflexible ; cette idée, qu'on lui croyait si fatale, fut, selon toute apparence, ce qui le sauva ; il espéra, il voulut vivre, et vécut en effet. Dès qu'il fut convalescent, il appela sa mère, l'évêque de Paris, et leur dit : « Puisque vous croyez que je n'étais pas parfaitement en moi-même quand j'ai prononcé mes vœux, voilà ma croix que j'arrache de mes épaules, je vous la rends... Mais à présent, continua-t-il, vous ne pouvez nier que je ne sois dans la pleine jouissance de toutes mes facultés ; rendez-moi donc ma croix ; car celui qui sait toute chose sait aussi qu'aucun aliment n'entrera dans ma bouche jusqu'à ce que j'aie été marqué de nouveau de son signe. » – « C'est le doigt de Dieu, s'écrièrent tous les assistants ; ne nous opposons plus à sa volonté. » Et personne dès ce jour, ne contredit son projet.

Le seul obstacle qui restât à vaincre, chose triste et contre nature, c'était le pape. Innocent IV remplissait l'Europe de sa haine contre Frédéric II. Chassé de l'Italie, il assembla contre lui un grand concile à Lyon. Cette ville impériale tenait pourtant à la France, sur le territoire de laquelle elle avait son faubourg au-delà du Rhône. Saint Louis, qui s'était inutilement porté pour médiateur, ne consentit pas sans répugnance à recevoir le pape. Il fallut que tous les moines de Cîteaux vinssent se jeter aux pieds du roi ; et il laissa attendre le pape quinze jours pour savoir sa détermination. Innocent, dans sa violence, contrariait de tout son pouvoir la croisade d'Orient ; il eût voulu tourner les armes du roi de France contre l'empereur ou contre le roi d'Angleterre, qui était sorti un moment de sa servilité à l'égard du Saint-Siège. Déjà, en 1239, il avait offert la couronne impériale à Saint Louis pour son frère, Robert d'Artois ; en 1245, il lui offrit la couronne d'Angleterre. Étrange spectacle, un pape n'oubliant rien pour entraver la délivrance de Jérusalem, offrant tout à un croisé pour lui faire violer son vœu.

Louis ne songeait guère à acquérir. Il s'occupait bien plutôt à légitimer les acquisitions de ses pères. Il essaya inutilement de se réconcilier l'Angleterre par une restitution partielle. Il interrogea même les évêques de Normandie pour se rassurer sur le droit qu'il pouvait avoir à la possession de cette province. Il dédommagea par une somme d'argent le vicomte Trencavel, héritier de Nîmes et de Béziers. Il l'emmena à la croisade, avec tous les faidits, les proscrits de la guerre des Albigeois, tous ceux que l'établissement des compagnons de Montfort avait privés de leur patrimoine. Ainsi il faisait de la guerre sainte une expiation, une réconciliation universelle.

Ce n'était pas une simple guerre, une expédition, que Saint Louis projetait, mais la fondation d'une grande colonie en Égypte. On pensait alors, non sans vraisemblance, que pour conquérir et posséder la Terre sainte, il fallait avoir l'Égypte pour point d'appui. Aussi il avait emporté une grande quantité d'instruments de labourage et d'outils de toute espèce. Pour faciliter les communications régulières, il voulut avoir un port à lui sur la Méditerranée ; ceux de Provence étaient à son frère Charles d'Anjou : il fit creuser celui d'Aigues-Mortes.

Il cingla d'abord vers Chypre, où l'attendaient d'immenses approvisionnements. Là, il s'arrêta, et longtemps, soit pour attendre son frère Alphonse qui lui amenait sa réserve, soit peut-être pour s'orienter dans ce monde nouveau. Il y fut amusé par les ambassadeurs des princes d'Asie, qui venaient observer le grand roi des Francs. Les chrétiens vinrent d'abord de Constantinople, d'Arménie, de Syrie ; les musulmans ensuite, entre autres les envoyés de ce Vieux de la Montagne dont on faisait tant de récits. Les Mongols même parurent. Saint Louis, qui les crut favorables au christianisme d'après leur haine pour les autres mahométans, se ligua avec eux contre les deux papes de l'islamisme, les califes de Bagdad et du Caire.

Cependant les Asiatiques revenaient de leurs premières craintes, ils se familiarisaient avec l'idée de la grande invasion des Francs. Ceux-ci, dans l'abondance, s'énervaient sous la séduction d'un climat corrupteur. Les prostituées venaient placer leurs tentes autour même de la tente du roi et de sa femme, la chaste reine Marguerite, qui l'avait suivi.

Il se décida enfin à partir pour l'Égypte. Il avait à choisir entre Damiette et Alexandrie. Un coup de vent l'ayant poussé vers la première ville, il eut hâte d'attaquer ; lui-même il se jeta dans l'eau l'épée à la main. Les troupes légères des Sarrasins, qui étaient en bataille sur le rivage, tentèrent une ou deux charges, et voyant les Francs inébranlables, ils s'enfuirent à toute bride. La forte ville de Damiette, qui pouvait résister, se rendit dans le premier effroi. Maître d'une telle place, il fallait se hâter de saisir Alexandrie ou Le Caire. Mais la même foi qui inspirait la croisade faisait négliger les moyens humains qui en auraient assuré le succès. Le roi d'ailleurs, roi féodal, n'était sans doute pas assez maître pour arracher ses gens au pillage d'une riche ville ; il en fut comme en Chypre, ils ne se laissèrent emmener que lorsqu'ils furent las eux-mêmes de leurs excès. Il y avait d'ailleurs une excuse ; Alphonse et la réserve se faisaient attendre. Le comte de Bretagne, Mauclerc, déjà expérimenté dans la guerre d'Orient, voulait qu'on s'assurât d'abord d'Alexandrie ; le roi insista pour Le Caire. Il fallait donc s'engager dans ce pays coupé de canaux, et suivre la route qui avait été si fatale à Jean de Brienne. La marche fut d'une singulière lenteur ; les chrétiens, au lieu de jeter des ponts, faisaient une levée dans chaque canal. Ils mirent ainsi un mois pour franchir les dix lieues qui sont de Damiette à Mansourah. Pour atteindre cette dernière ville, ils entreprirent une digue qui devait soutenir le Nil, et leur livrer passage. Cependant ils souffraient horriblement des feux grégeois que leur lançaient les Sarrasins, et qui les brûlaient sans remède enfermés dans leurs armures. Ils restèrent ainsi cinquante jours, au bout desquels ils apprirent qu'ils auraient pu s'épargner tant de peine et de travail. Un Bédouin leur indiqua un gué (8 février).

L'avant-garde, conduite par Robert d'Artois, passa avec quelque difficulté. Les templiers qui se trouvaient avec lui l'engageaient à attendre que son frère le rejoignît. Le bouillant jeune homme les traita de lâches, et se lança, tête baissée, dans la ville dont les portes étaient ouvertes. Il laissait mener son cheval par un brave chevalier, qui était sourd et qui criait à tue-tête : Sus ! sus ! à l'ennemi ! Les templiers n'osèrent rester derrière : tous entrèrent, tous périrent. Les mameluks, revenus de leur étonnement, barrèrent les rues de pièces de bois, et des fenêtres ils écrasèrent les assaillants.

Le roi, qui ne savait rien encore, passa, rencontra les Sarrasins ; il combattit vaillamment. « Là, où j'étois à pied avec mes chevaliers, dit Joinville, aussi blessé vint le roi avec toute sa bataille, avec grand bruit et grande noise de trompes, de nacaires, et il s'arrêta sur un chemin levé ; mais oncques si bel homme armé ne vis, car il paroissoit dessus toute sa gent des épaules en haut, un haume d'or à son chef, une épée d'Allemagne en sa main. » Le soir on lui annonça la mort du comte d'Artois, et le roi répondit : « Que Dieu en feust adoré de ce que il li donnoit ; et lors li choient les larmes des yex moult grosses. » Quelqu'un vint lui demander des nouvelles de son frère : « Tout ce que je sais, dit-il, c'est qu'il est en paradis. »

Les mameluks revenant de tous côtés à la charge, les Français défendirent leurs retranchements jusqu'à la fin de la journée. Le comte d'Anjou, qui se trouvait le premier sur la route du Caire, était à pied au milieu de ses chevaliers ; il fut attaqué en même temps par deux troupes de Sarrasins, l'une à pied, l'autre à cheval ; il était accablé par le feu grégeois, et on le tenait déjà pour déconfit. Le roi le sauva en s'élançant lui-même à travers les musulmans. La crinière de son cheval fut toute couverte de feu grégeois. Le comte de Poitiers fut un moment prisonnier des Sarrasins ; mais il eut le bonheur d'être délivré par les bouchers, les vivandiers et les femmes de l'armée. Le sire de Briançon ne put conserver son terrain qu'à l'aide des machines du duc de Bourgogne, qui tiraient au travers de la rivière. Gui de Mauvoisin, couvert de feu grégeois, n'échappa qu'avec peine aux flammes. Les bataillons du comte de Flandre, des barons d'outre-mer que commandait Gui d'Ibelin, et de Gauthier de Châtillon, conservèrent presque toujours l'avantage sur les ennemis. Ceux-ci sonnèrent enfin la retraite, et Louis rendit grâce à Dieu, au milieu de toute l'armée, de l'assistance qu'il en avait reçue : c'était, en effet, un miracle d'avoir pu défendre, avec des gens à pied et presque tous blessés, un camp attaqué par une redoutable cavalerie.

Il devait bien voir que le succès était impossible, et se hâter de retourner vers Damiette, mais il ne pouvait s'y décider. Sans doute, le grand nombre de blessés qui se trouvaient dans le camp rendait la chose difficile ; mais les malades augmentaient chaque jour. Cette armée, campant sur les vases de l'Égypte, nourrie principalement des barbots du Nil, qui mangeaient tant de cadavres, avaient contracté d'étranges et hideuses maladies. Leur chair gonflait, pourrissait autour de leurs gencives, et pour qu'ils avalassent, on était obligé de la leur couper ; ce n'était par tout le camp que des cris douloureux comme de femmes en mal d'enfants ; chaque jour augmentait le nombre des morts. Un jour, pendant l'épidémie, Joinville malade, et entendant la messe de son lit, fut obligé de se lever et de soutenir son aumônier prêt à s'évanouir. « Ainsi soutenu, il acheva son sacrement, parchanta la messe tout entièrement : ne oncques plus ne chanta. »

Ces morts faisaient horreur, chacun craignait de les toucher et de leur donner la sépulture ; en vain le roi, plein de respect pour ces martyrs, donnait l'exemple et aidait à les enterrer de ses propres mains. Tant de corps abandonnés augmentaient le mal chaque jour ; il fallut songer à la retraite pour sauver au moins ce qui restait. Triste et incertaine retraite d'une armée amoindrie, affaiblie, découragée. Le roi, qui avait fini par être malade comme les autres, eût pu se mettre en sûreté, mais il ne voulut jamais abandonner son peuple. Tout mourant qu'il était, il entreprit d'exécuter sa retraite par terre, tandis que les malades étaient embarqués sur le Nil. Sa faiblesse était telle, qu'on fut bientôt obligé de le faire entrer dans une petite maison, et de le déposer sur les genoux *d'une bourgeoise de Paris*, qui se trouvait là.

Cependant, les chrétiens s'étaient vus bientôt arrêtés par les Sarrasins qui les suivaient par terre et les attendaient dans le fleuve. Un immense massacre commença, ils déclarèrent en vain qu'ils voulaient se rendre ; les Sarrasins ne craignaient autre chose que le grand nombre des prisonniers ; ils les faisaient donc entrer dans un clos, leur demandaient s'ils voulaient renier le Christ. Un grand nombre obéit, entre autres tous les mariniers de Joinville.

Cependant le roi et les prisonniers de marque avaient été réservés. Le sultan ne voulait pas les délivrer, à moins qu'ils ne rendissent Jérusalem ; ils objectèrent que cette ville était à l'empereur d'Allemagne, et offrirent Damiette avec quatre cent mille besants d'or. Le sultan avait consenti lorsque les mameluks, auxquels il devait sa victoire, se révoltent et l'égorgent au pied des galères où les Français étaient détenus. Le danger était grand pour ceux-ci ; les meurtriers pénétrèrent en effet jusqu'auprès du roi. Celui même qui avait arraché le cœur au soudan vint au roi, sa main tout ensanglantée, et lui dit : « Que me donneras-tu, que je t'aie occi ton ennemi, qui t'eût fait mourir s'il eût vécu ? » Et le roi ne lui répondit oncques rien. Il en vint bien trente, les épées toutes nues et les haches danoises aux mains dans notre galère, continue Joinville : Je demandai à Mgr Baudoin d'Ibelin, qui savait bien le sarrasinois, ce que ces gens disoient ; et il me répondit qu'ils disoient qu'ils nous venoient les têtes trancher. Il y avoit tout plein de gens qui se confessoient à un frère de la Trinité, qui étoit au comte Guillaume de Flandre ; mais quant à moi, je ne me souvins oncques de péché que j'eusse fait. Ainçois me pensai que plus je me défendrois ou plus je me gauchirois, pis me vaudroit. Et lors me signai et m'agenouillai aux pieds de l'un d'eux qui tenoit une hache danoise à charpentier, et dis : « Ainsi mourut sainte Agnès. » Messire Gui d'Ibelin, connétable de Chypre, s'agenouilla à côté de moi, et je lui dis : « Je vous absous de tel pouvoir comme Dieu m'a donné. Mais quand je me levai d'illec, il ne me souvint oncques de choses qu'il m'eût dite ni racontée. »

Il y avait trois jours que Marguerite avait appris la captivité de son mari, lorsqu'elle accoucha d'un fils nommé Jean, et qu'elle surnomma Tristan. Elle faisait coucher au pied de son lit, pour se rassurer, un vieux chevalier âgé de quatre-vingts ans. Peu de temps avant d'accoucher, elle s'agenouilla devant lui et lui requit un don, et le chevalier le lui octroya par son serment, et elle lui dit : « Je vous demande, par la foi que vous m'avez baillée, que si les Sarrasins prennent cette ville, que vous me coupiez la tête avant qu'ils me prennent » ; et le chevalier répondit : « Soyez certaine que je le ferai volontiers, car je l'avois bien pensé que je vous occirois avant qu'ils vous eussent pris. »

Rien ne manquait au malheur et à l'humiliation de Saint Louis. Les Arabes chantèrent sa défaite, et plus d'un peuple chrétien en fit des feux de joie. Il resta pourtant un an à la Terre sainte pour aider à la défendre, au cas que les mameluks poursuivissent leur victoire hors de l'Égypte ; il releva les murs des villes, fortifia Césarée, Jaffa, Sidon, Saint-Jean d'Acre et ne se sépara de ce triste pays que lorsque les barons de la Terre sainte lui eurent eux-mêmes assuré que son séjour ne pouvait plus leur être utile. Il venait d'ailleurs de recevoir une nouvelle qui lui faisait un devoir de retourner au plus tôt en France. Sa mère était morte ; malheur immense pour un tel fils qui, pendant si longtemps, n'avait pensé que par elle, qui l'avait quittée malgré elle pour cette désastreuse expédition, où il devait laisser sur la terre infidèle un de ses frères, tant de loyaux serviteurs, les os de tant de martyrs. La vue de la France elle-même ne put le consoler. « Si j'endurais seul la honte et le malheur disait-il à un évêque, si mes péchés n'avaient pas tourné au préjudice de l'Église universelle, je me résignerais. Mais, hélas ! toute la chrétienté est tombée par moi dans l'opprobre et la confusion. »

L'état où il retrouvait l'Europe n'était pas propre à le consoler. Le revers qu'il déplorait était encore le moindre des maux de l'Église ; c'en était un bien autre que cette inquiétude extraordinaire qu'on remarquait dans tous les esprits. Le mysticisme, répandu dans le peuple par l'esprit des croisades, avait déjà porté ses fruits, l'enthousiasme sauvage de la liberté politique et religieuse. Ce caractère révolutionnaire du mysticisme, qui devait se produire nettement dans les jacqueries des siècles suivants, particulièrement dans la révolte des paysans de Souabe, en 1525, et des anabaptistes, en 1538, il apparut déjà dans l'insurrection des pastoureaux, qui éclata pendant l'absence de Saint Louis. C'étaient les plus misérables habitants des campagnes, des bergers surtout, qui, entendant dire que le roi était prisonnier, s'armèrent, s'attroupèrent, formèrent une grande armée, déclarèrent qu'ils voulaient aller le délivrer. Peut-être fut-ce un simple prétexte, peut-être l'opinion que le pauvre peuple s'était déjà formée de Louis lui avait-elle donné un immense et vague espoir de soulagement et de délivrance. Ce qui est certain, c'est que ces bergers se montraient partout ennemis des prêtres et les massacraient ; ils conféraient eux-mêmes les sacrements. Ils reconnaissaient pour chef un homme inconnu, qu'ils appelaient le grand maître de Hongrie. Ils traversèrent impunément Paris, Orléans, une grande partie de la France. On parvint cependant à dissiper et détruire ces bandes.

Saint Louis de retour sembla repousser longtemps toute pensée, toute ambition étrangère ; il s'enferma avec un scrupule inquiet dans son devoir de chrétien, comprenant toutes les vertus de la royauté dans les pratiques de la dévotion, et s'imputant à lui-même comme péché tout désordre public. Les sacrifices ne lui coûtèrent rien pour satisfaire cette conscience timorée et inquiète. Malgré ses frères, ses enfants, ses barons, ses sujets, il restitua au roi d'Angleterre le Périgord, le Limousin, l'Agénois, et ce qu'il avait en Quercy et en Saintonge, à condition que Henri renonçât à ses droits sur la Normandie, la Touraine, l'Anjou, le Maine et le Poitou (1258). Les provinces cédées ne lui pardonnèrent jamais, et quand il fut canonisé, elles refusèrent de célébrer sa fête.

Cette préoccupation excessive des choses de la conscience aurait ôté à la France toute action extérieure. Mais la France n'était pas encore dans la main du roi. Le roi se resserrait, se retirait en soi. La France débordait au-dehors.

D'une part, l'Angleterre, gouvernée par des Poitevins, par des Français du Midi, s'affranchit d'eux par le secours d'un Français du Nord, Simon de Montfort, comte de Leicester, second fils du fameux Montfort, chef de la croisade des Albigeois. De l'autre côté, les Provençaux, sous Charles d'Anjou, frère de Saint Louis, conquirent le royaume des Deux-Siciles, et consommèrent en Italie la ruine de la maison de Souabe.

Le roi d'Angleterre, Henri III, avait porté la peine des fautes de Jean. Son père lui avait légué l'humiliation et la ruine. Il n'avait pu se relever qu'en se mettant sans réserve entre les mains de l'Église ; autrement les Français lui prenaient l'Angleterre, comme ils avaient pris la Normandie. Le pape usa et abusa de son avantage ; il donna à des Italiens tous les bénéfices de l'Angleterre, ceux même que les barons normands avaient fondés pour les ecclésiastiques de leur famille. Les barons ne souffraient pas patiemment cette tyrannie de l'Église, et s'en prenaient au roi, qu'ils accusaient de faiblesse. Serré entre deux partis, et recevant tous les coups qu'ils portaient, à qui le roi pouvait-il se fier ? à nul autre qu'à nos Français du Midi, aux Poitevins surtout, compatriotes de sa mère.

Ces Méridionaux, élevés dans les maximes du droit romain, étaient favorables au pouvoir monarchique, et naturellement ennemis des barons. C'était l'époque où Saint Louis accueillait les traditions du droit impérial, et introduisait, bon gré, mal gré, l'esprit de Justinien dans la loi féodale. En Allemagne, Frédéric II s'efforçait de faire prévaloir les mêmes doctrines. Ces tentatives eurent un sort différent ; elles contribuèrent à l'élévation de la royauté en France, et la ruinèrent en Angleterre et en Allemagne.

Pour imposer à l'Angleterre l'esprit du Midi, il eût fallu des armées permanentes, des troupes mercenaires, et beaucoup d'argent. Henri III ne savait où en prendre ; le peu qu'il obtenait, les intrigants qui l'environnaient mettaient la main dessus. Il ne faut pas oublier d'ailleurs une chose importante, c'est la disproportion qui se trouvait nécessaire alors entre les besoins et les ressources. Les besoins étaient déjà grands ; l'ordre administratif commençait à se constituer ; on essayait des armées permanentes. Les ressources étaient faibles ou nulles ; la production industrielle, qui alimente la prodigieuse consommation du fisc dans les Temps modernes, avait à peine commencé. C'était encore l'âge du privilège ; les barons, le clergé, tout le monde, avaient à alléguer tel ou tel droit pour ne rien payer. Depuis la Grande Charte surtout, une foule d'abus lucratifs ayant été supprimés, le Gouvernement anglais semblait n'être plus qu'une méthode pour faire mourir le roi de faim.

La Grande Charte ayant posé l'insurrection en principe et constitué l'anarchie, une seconde crise était nécessaire pour asseoir un ordre régulier, pour introduire entre le roi, le pape et le baronnage un élément nouveau, le peuple, qui peu à peu les mit d'accord. A une révolution, il faut un homme ; ce fut Simon de Montfort ; ce fils du conquérant du

Languedoc était destiné à poursuivre sur les ministres poitevins d'Henri III la guerre héréditaire de sa famille contre les hommes du Midi. Marguerite de Provence, femme de Saint Louis, haïssait ces Montfort, qui avaient fait tant de mal à son pays. Simon pensa qu'il ne gagnerait rien à rester à la cour de France, et passa en Angleterre. Les Montfort, comtes de Leicester, appartenaient aux deux pays. Le roi Henri combla Simon ; il lui donna sa sœur, et l'envoya en Guyenne réprimer les troubles de ce pays. Simon s'y conduisit avec tant de dureté qu'il fallut le rappeler. Alors il tourna contre le roi. Ce roi n'avait jamais été plus puissant en apparence, ni plus faible en réalité. Il s'imaginait qu'il pourrait acheter pièce à pièce les dépouilles de la maison de Souabe. Son frère, Richard de Cornouailles, venait d'acquérir, argent comptant, le titre d'empereur, et le pape avait concédé à son fils celui de roi de Naples. Cependant toute l'Angleterre était pleine de troubles. On n'avait su d'autre remède à la tyrannie pontificale que d'assassiner les courriers, les agents du pape ; une association s'était formée dans ce but. En 1258, un *Parlement* fut assemblé à Oxford ; c'est la première fois que les assemblées prennent ce titre. Le roi y avait de nouveau juré la Grande Charte, et s'était mis en tutelle entre les mains de vingt-quatre barons. Au bout de six ans de guerres, les deux partis invoquèrent l'arbitrage de Saint Louis. Le pieux roi, également inspiré de la Bible et du droit romain, décida qu'*il fallait obéir aux puissances,* et annula les statuts d'Oxford, déjà cassés par le pape. Le roi Henri devait rentrer en possession de toute sa puissance, sauf les chartes et louables coutumes du royaume d'Angleterre antérieures aux Statuts d'Oxford (1264).

Aussi les confédérés ne prirent cette sentence arbitrale que comme un signal de guerre. Simon de Montfort eut recours à un moyen extrême. Il intéressa les villes à la guerre, en introduisant leurs représentants dans le Parlement. Étrange destinée de cette famille ! Au XIIe siècle, un des ancêtres de Montfort avait conseillé à Louis le Gros, après la bataille de Brenneville, d'armer les milices communales. Son père, l'exterminateur des Albigeois, avait détruit les municipes du Midi de la France. Lui, il appela les communes d'Angleterre à la participation des droits politiques, essayant toutefois d'associer la religion à ses projets, et de faire de cette guerre une croisade.

Quelque consciencieuse et impartiale que fût la décision de Saint Louis, elle était téméraire, ce semble ; l'avenir devait juger ce jugement. C'était la première fois qu'il sortait de cette réserve qu'il s'était jusqu'alors imposée. Sans doute, à cette époque, l'influence du clergé d'une part, de l'autre celle des légistes, le préoccupaient de l'idée du droit absolu de la royauté. Cette grande et subite puissance de la France, pendant les discordes et l'abaissement de l'Angleterre et de l'Empire, était une tentation. Elle portait Louis à quitter peu à peu le rôle de médiateur pacifique qu'il s'était contenté autrefois de jouer entre le pape et l'empereur. L'illustre et infortunée maison de Souabe était abattue ; le pape mettait à l'encan ses dépouilles. Il les offrait à qui en voudrait, au roi d'Angleterre, au roi de

France. Louis refusa d'abord pour lui-même, mais il permit à son frère Charles d'accepter. C'était mettre un royaume de plus dans sa maison, mais aussi sur sa conscience le poids d'un royaume. L'Église, il est vrai, répondait de tout. Le fils du grand Frédéric II, Conrad et le bâtard Manfred, étaient, disait-on, des impies, des ennemis du pape, des princes plus mahométans que chrétiens. Cependant, tout cela suffisait-il pour qu'on leur prît leur héritage ? et si Manfred était coupable, qu'avait-il fait le fils de Conrad, le pauvre petit Corradino, le dernier rejeton de tant d'empereurs ? Il avait à peine trois ans.

Ce frère de Saint Louis, ce Charles d'Anjou, dont son admirateur Villani a laissé un portrait si terrible, cet *homme noir, qui dormait peu,* fut un démon tentateur pour Saint Louis. Il avait épousé Béatrix, la dernière des quatre filles du comte de Provence. Les trois aînées étaient reines, et faisaient asseoir Béatrix sur un escabeau à leurs pieds. Celle-ci irritait encore l'âme violente et avide de son mari ; il lui fallait aussi un trône à elle, et n'importe à quel prix. La Provence, comme l'héritière de Provence, devait souhaiter une consolation pour l'hymen odieux qui la soumettait aux Français ; si les vaisseaux de Marseille assujettie portaient le pavillon de la France, il fallait qu'au moins ce pavillon triomphât sur les mers, et humiliât ceux des Italiens.

Je ne puis raconter la ruine de cette grande et malheureuse maison de Souabe, sans revenir sur ses destinées, qui ne sont autres que la lutte du Sacerdoce et de l'Empire. Qu'on m'excuse de cette digression. Cette famille périt ; c'est la dernière fois que nous devons en parler.

La maison de Franconie et de Souabe, d'Henri IV à Frédéric Barberousse, de celui-ci à Frédéric II, et jusqu'à Corradino, en qui elle devait s'éteindre, présenta, au milieu d'une foule d'actes violents et tyranniques, un caractère qui ne permet pas de rester indifférent à son sort : ce caractère est l'héroïsme des affections privées. C'était le trait commun de tout le Parti gibelin : le dévouement de l'homme à l'homme. Jamais, dans leurs plus grands malheurs, ils ne manquèrent d'amis prêts à combattre et mourir volontiers pour eux. Et ils le méritaient par leur magnanimité. C'est à Godefroi de Bouillon, au fils des ennemis héréditaires de sa famille qu'Henri IV remit le drapeau de l'Empire ; on sait comment Godefroi reconnut cette confiance admirable. Ce jeune Corradino eut son Pylade dans le jeune Frédéric d'Autriche, enfants héroïques que le vainqueur ne sépara pas dans la mort. La patrie elle-même, que les gibelins d'Italie troublèrent tant de fois, elle leur était chère, alors même qu'ils l'immolaient. Dante a placé dans l'enfer le chef des gibelins de Florence, Farinata degli Uberti. Mais, de la façon dont il en parle, il n'est point de noble cœur qui ne voudrait place à côté d'un tel homme sur la couche de feu. « Hélas ! dit l'ombre héroïque, je n'étais pas seul à la bataille où nous vainquîmes Florence, mais au conseil où les vainqueurs proposaient de la détruire, je parlai seul et la sauvai. »

Un tout autre esprit semble avoir dominé chez les guelfes. Ceux-ci, vrais Italiens, amis de l'Église tant qu'elle le fut de la liberté, sombres niveleurs, voués au raisonnement sévère, et prêts à immoler le genre humain à une idée. Pour juger ce parti, il faut l'observer, soit dans l'éternelle tempête que fut la vie de Gênes, soit dans l'épuration successive par où Florence descendit comme dans les cercles d'un autre enfer de Dante, des gibelins aux guelfes, des guelfes blancs aux guelfes noirs, puis de ceux-ci sous la terreur de la *société guelfe*. Là, elle demanda, comme remède, le mal même qui lui avait fait horreur dans les gibelins, la tyrannie ; tyrannie violente, et puis tyrannie douce, quand le sentiment s'émoussa.

Ce dur esprit guelfe, qui n'épargna pas même Dante, qui fit sa route et par l'alliance de l'Église, et par celle de la France, crut atteindre son but dans la proscription des nobles. On rasa leurs châteaux hors des villes ; dans les villes, on prit leurs maisons fortes ; on les mit si bas, ces Uberti de Florence, ces Doria de Gênes, que, dans cette dernière ville, on anoblissait pour dégrader, et que pour récompenser un noble, on l'élevait à la dignité de plébéien. Alors les marchands furent contents et se crurent forts. Ils dominèrent les campagnes à leur tour, comme avaient fait les citoyens des villes antiques. Toutefois, que substituèrent-ils à la noblesse, au principe militaire qu'ils avaient détruit ? Des soldats de louage qui les trompèrent, les rançonnèrent et devinrent leurs maîtres, jusqu'à ce que les uns et les autres furent accablés par l'invasion des étrangers.

Telle fut, en deux mots, l'histoire du vrai parti italien, du Parti guelfe. Quant au Parti gibelin ou allemand, il périt ou changea de forme dès qu'il ne fut plus allemand et féodal. Il subit une métamorphose hideuse, devint tyrannie pure, et renouvela, par Eccelino et Galeas Visconti, tout ce que l'Antiquité avait raconté ou inventé des Phalaris et des Agathocle.

L'acquisition du royaume de Naples qui, en apparence, élevait si haut la maison de Souabe, fut justement ce qui la perdit. Elle entreprit de former le plus bizarre mélange d'éléments ennemis, d'unir et de mêler les Allemands, les Italiens et les Sarrasins. Elle amena ceux-ci à la porte de l'Église ; et par ses colonies mahométanes de Luceria et de Nocera, elle constitua la papauté en état de siège. Alors devait commencer un duel à mort. D'autre part, l'Allemagne ne s'accommoda pas mieux d'un prince tout Sicilien, qui voulait faire prévaloir chez elle le droit romain, c'est-à-dire le nivellement de l'ancien Empire ; la seule loi de succession, en rendant les partages égaux entre les frères, eût divisé et abaissé toutes les grandes maisons. La dynastie de Souabe fut haïe en Allemagne comme italienne, en Italie comme allemande ou comme arabe ; tout se retira d'elle. Frédéric II vit son beau-père, Jean de Brienne, saisir le temps où il était à la Terre sainte pour lui enlever Naples. Son propre fils, Henri, qu'il avait désigné son héritier, renouvela contre lui la révolte d'Henri V contre son père, tandis que son autre fils, le bel Enzio, était enseveli pour toujours dans les prisons de Bologne. Enfin, son chancelier, son ami le plus cher, Pierre des Vignes, tenta de l'empoisonner. Après ce dernier coup, il ne restait plus qu'à se voiler la tête, comme César aux Ides de Mars. Frédéric abjura toute ambition, demanda à résigner tout pour se retirer à la Terre sainte ; il voulait, du moins, mourir en paix. Le pape ne le permit pas.

Alors le vieux lion s'enfonça dans la cruauté ; au siège de Parme, il faisait chaque jour décapiter quatre de ses prisonniers. Il protégea l'horrible Eccelino, lui donna le vicariat de l'Empire, et l'on vit par toute l'Italie mendier leur pain des hommes, des femmes, mutilés, qui racontaient les vengeances du vicaire impérial.

Frédéric mourut à la peine, et le pape en poussa des cris de joie. Son fils Conrad n'apparut dans l'Italie que pour mourir aussi. Alors l'Empire échappa à cette maison ; le frère du roi d'Angleterre et le roi de Castille se crurent tous deux empereurs. Le fils de Conrad, le petit Corradino, n'était pas en âge de disputer rien à personne ; mais le royaume de Naples resta au bâtard Manfred, au vrai fils de Frédéric II, brillant, spirituel, débauché, impie comme son père, homme à part, que personne n'aima ni ne haït à demi. Il se faisait gloire d'être bâtard, comme tant de héros et de dieux païens. Tout son appui était dans les Sarrasins, qui lui gardaient les places et les trésors de son père. Il ne se fiait guère qu'à eux ; il en avait appelé neuf mille encore de Sicile, et, dans sa dernière bataille, c'est à leur tête qu'il chargeait l'ennemi.

On prétend que Charles d'Anjou dut sa victoire à l'ordre déloyal qu'il donna aux siens *de frapper aux chevaux*. C'était agir contre toute chevalerie. Au reste, ce moyen était peu nécessaire ; la gendarmerie française avait trop d'avantage sur une armée composée principalement de troupes légères. Quand Manfred vit les siens en fuite, il voulut mourir et attacha son casque, mais il tomba par deux fois. *Hoc est signum Dei*, dit-il ; il se jeta à travers les Français et y trouva la mort. Charles d'Anjou voulait refuser la sépulture au pauvre excommunié ; mais les Français eux-mêmes apportèrent chacun une pierre, et lui dressèrent un tombeau.

Cette victoire facile n'adoucit pas davantage le farouche conquérant de Naples. Il lança par tout le pays une nuée d'agents avides, qui, fondant comme des sauterelles, mangèrent le fruit, l'arbre et presque la terre. Les choses allèrent si loin que le pape lui-même, qui avait appelé le fléau, se repentit, et fit des remontrances à Charles d'Anjou. Les plaintes retentissaient dans toute l'Italie, et au-delà des Alpes. Tout le Parti gibelin de Naples, de Toscane, Pise surtout, implorait le secours du jeune Corradino. La mère de l'héroïque enfant le retint longtemps, inquiète de le voir si jeune encore entrer dans cette funèbre Italie, où toute sa famille avait trouvé son tombeau. Mais dès qu'il eut quinze ans, il n'y eut plus moyen de le retenir. Son jeune ami, Frédéric d'Autriche, dépouillé comme lui de son héritage, s'associa à sa fortune. Ils passèrent les Alpes avec une nombreuse chevalerie. Parvenus à peine dans la Lombardie, le duc de Bavière s'alarma, et laissa le jeune fils des empereurs poursuivre son périlleux voyage, avec trois ou quatre mille hommes d'armes seulement. Quand ils passèrent devant Rome, le pape qu'on en avertit dit seulement : « Laissons aller ces victimes. »

Cependant la petite troupe avait grossi : outre les gibelins d'Italie, des nobles espagnols réfugiés à Rome avaient pris parti pour lui, comme dans un duel ils auraient tiré l'épée pour le plus faible. Il y avait une grande ardeur dans cette armée. Lorsqu'ils rencontrèrent, derrière le Tagliacozzo, l'armée de Charles d'Anjou, ils passèrent hardiment le fleuve et dispersèrent tout ce qu'ils trouvèrent devant eux. Ils croyaient la victoire gagnée, lorsque Charles, qui, sur l'avis d'un vieux et rusé chevalier, s'était retiré derrière une colline avec ses meilleurs gendarmes, vint tomber sur les vainqueurs fatigués et dispersés. Les Espagnols seuls se rallièrent et furent écrasés.

Corradino était pris, l'héritier légitime, le dernier rejeton de cette race formidable ; grande tentation pour le féroce vainqueur. Il se persuada, sans doute par une interprétation forcée du droit romain, qu'un ennemi vaincu pouvait être traité comme criminel de lèse-majesté ; et d'ailleurs l'ennemi de l'Église n'était-il pas hors de tout droit ? On prétend que le pape le confirma dans ce sentiment et lui écrivit : *Vita Corradini mors Caroli.* Charles nomma parmi ses créatures des juges pour faire le procès à son prisonnier. Mais la chose était si inouïe qu'entre ses juges mêmes il s'en trouva pour défendre Corradino ; les autres se turent. Un seul condamna, et il se chargea de lire la sentence sur l'échafaud. Ce ne fut pas impunément. Le propre gendre de Charles d'Anjou, Robert de Flandre, sauta sur l'échafaud, et tua le juge d'un coup d'épée, en disant : « Il ne t'appartient pas, misérable, de condamner à mort si noble et si gentil seigneur ! »

Le malheureux enfant n'en fut pas moins décapité avec son inséparable ami, Frédéric d'Autriche. Il ne laissa échapper aucune plainte : « O ma mère, quelle dure nouvelle on va vous rapporter de moi ! » Puis il jeta son gant dans la foule ; ce gant, dit-on, fidèlement ramassé, fut porté à la sœur de Corradino à son beau-frère le roi d'Aragon. On sait les Vêpres siciliennes.

Un mot encore, un dernier mot sur la maison de Souabe. Une fille en restait, qui avait été mariée au duc de Saxe, quand toute l'Europe était aux pieds de Frédéric II. Lorsque cette famille tomba, lorsque les papes poursuivirent par tout le monde ce qui restait *de cette race de vipères,* le Saxon se repentit d'avoir pris pour femme la fille de l'empereur. Il la frappa brutalement ; il fit plus, il la blessa au cœur en plaçant à côté d'elle dans son propre château et à sa table une odieuse concubine, à laquelle il voulait la forcer de rendre hommage. L'infortunée, jugeant bien que bientôt il voudrait son sang, résolut de fuir. Un fidèle serviteur de sa maison lui amena un bateau sur l'Elbe, au pied de la roche qui dominait le château. Elle devait descendre par une corde, au péril de sa vie. Ce n'était pas le péril qui l'arrêtait ; mais elle laissait un petit enfant. Au moment de partir, elle voulut le voir encore et l'embrasser, endormi dans son berceau. Ce fut là un déchirement !... Dans le transport de la douleur maternelle, elle ne l'embrassa pas, elle le mordit. Cet enfant vécut ; il est connu dans l'histoire sous le nom de Frédéric le Mordu ; ce fut le plus implacable ennemi de son père.

Jusqu'à quel point Saint Louis eut-il part à cette barbare conquête de Charles d'Anjou, il est difficile de le déterminer. C'est à lui que le pape s'était adressé pour avoir vengeance de la maison de Souabe, « comme à son défenseur, comme à son bras droit ». Nul doute qu'il n'ait du moins autorisé l'entreprise de son frère. Le dernier et le plus sincère représentant du Moyen Age devait en épouser aveuglément la violence religieuse. Cette guerre de Sicile était encore une croisade. Faire la guerre aux Hohenstaufen, alliés des Arabes, c'était encore combattre les infidèles ; c'était une œuvre pieuse d'enlever à la maison de Souabe cette Italie du Midi qu'elle livrait aux Arabes de Sicile, de fermer l'Europe à l'Afrique, la chrétienté au mahométisme. Ajoutez que le principe du Moyen Age, déjà attaqué de tout côté, devenait plus âpre et plus violent dans les âmes qui lui restaient fidèles. Personne ne veut mourir, pas plus les systèmes que les individus. Ce vieux monde, qui sentait la vie lui échapper tout à l'heure, se contractait et devenait plus farouche. Commençant lui-même à douter de soi, il n'en était que plus cruel pour ceux qui doutaient. Les âmes les plus douces éprouvaient sans se l'expliquer le besoin de se confirmer dans la foi par l'intolérance.

Croire et frapper, se donner bien de garde de raisonner et de discourir, fermer les yeux pour anéantir la lumière, combattre à tâtons, telle était la pensée enfantine du Moyen Age. C'est le principe commun des persécutions religieuses et des croisades. Cette idée s'affaiblissait singulièrement dans les âmes au XIIIe siècle. L'horreur pour les Sarrasins avait diminué ; le découragement était venu et la lassitude. L'Europe sentait confusément qu'elle avait peu de prise sur cette massive Asie. On avait eu le temps, en deux siècles, d'apprendre à fond ce que c'était que ces effroyables guerres. Les croisés qui, sur la foi de nos poèmes chevaleresques, avaient été chercher des empires de Trébisonde, des paradis de Jéricho, de Jérusalem, d'émeraude et de saphir, n'avaient trouvé qu'âpres vallées, cavalerie de vautours, tranchant acier de Damas, désert aride, et la soif sous le maigre ombrage du palmier. La croisade avait été ce fruit perfide des bords de la mer Morte, qui aux yeux offrait une orange, et qui dans la bouche n'était plus que cendre. L'Europe regarda de moins en moins vers l'Orient. On crut avoir assez fait, on négligea la Terre sainte, et quand elle fut perdue, c'est à Dieu qu'on s'en prit de sa perte : « Dieu a donc juré, dit un troubadour, de ne laisser vivre aucun chrétien, et de faire une mosquée de Sainte-Marie de Jérusalem ? Et puisque son fils, qui devrait s'y opposer, le trouve bon, il y aurait de la folie à s'y opposer. Dieu dort, tandis que Mahomet fait éclater son pouvoir. Je voudrais qu'il ne fût plus question de croisade contre les Sarrasins, puisque Dieu les protège contre les chrétiens. »

Cependant la Syrie nageait dans le sang. Après les Mongols, et contre eux, arrivèrent les mameluks d'Égypte ; cette féroce milice, recrutée d'esclaves et nourrie de meurtres, enleva aux chrétiens les dernières places qu'ils eussent alors en Syrie : Césarée, Arzuf, Saphet, Japha, Belfort, enfin la grande Antioche tombèrent successivement. Il y eut je ne sais combien d'hommes égorgés pour n'avoir pas voulu renier leur foi ; plusieurs furent écorchés vifs. Dans la seule Antioche, dix-sept mille furent passés au fil de l'épée, cent mille vendus en esclavage.

A ces terribles nouvelles, il y eut en Europe tristesse et douleur, mais aucun élan. Saint Louis seul reçut la plaie dans son cœur. Il ne dit rien, mais il écrivit au pape qu'il allait prendre la croix. Clément IV, qui était un habile homme, et plus légiste que prêtre, essaya de l'en détourner; il semblait qu'il jugeât la croisade de notre point de vue moderne, qu'il comprît que cette dernière entreprise ne produirait rien encore. Mais il était impossible que l'homme du Moyen Age, son vrai fils, son dernier enfant abandonnât le service de Dieu, qu'il reniât ses pères, les héros des croisades, qu'il laissât au vent les os des martyrs, sans entreprendre de les inhumer. Il ne pouvait rester assis dans son palais de Vincennes, pendant que le mameluk égorgeait les chrétiens, ou tuait leurs âmes en leur arrachant leur foi. Saint Louis entendait de la Sainte-Chapelle les gémissements des mourants de la Palestine et les cris des vierges chrétiennes. Dieu renié en Asie, maudit en Europe, pour les triomphes de l'infidèle, tout cela pesait sur l'âme du pieux roi. Il n'était d'ailleurs revenu qu'à regret de la Terre sainte. Il en avait emporté un trop poignant souvenir ; la désolation d'Égypte, les merveilleuses tristesses du désert, l'occasion perdue du martyre, c'étaient là des regrets pour l'âme chrétienne.

Le 25 mai 1267, ayant convoqué ses barons dans la grande salle du Louvre, il entra au milieu d'eux tenant dans ses mains la sainte couronne d'épines. Tout faible qu'il était et maladif par suite de ses austérités, il prit la croix, il la fit prendre à ses trois fils, et personne n'osa faire autrement. Ses frères, Alphonse de Poitiers, Charles d'Anjou l'imitèrent bientôt, ainsi que le roi de Navarre, comte de Champagne, ainsi que les comtes d'Artois, de Flandre, le fils du comte de Bretagne, une foule de seigneurs ; puis les rois de Castille, d'Aragon, de Portugal et les deux fils du roi d'Angleterre. Saint Louis s'efforçait d'entraîner tous ses voisins à la croisade, il se portait pour arbitre de leurs différends, il les aidait à s'équiper. Il donna soixante-dix mille livres tournois aux fils du roi d'Angleterre. En même temps, pour s'attacher le Midi, il appelait pour la première fois les représentants des bourgeois aux assemblées de sénéchaussées de Carcassonne et de Beaucaire ; c'est le commencement des États de Languedoc.

La croisade était si peu populaire que le sénéchal de Champagne, Joinville, malgré son attachement pour le saint roi, se dispensa de le suivre. Ses paroles, à ce sujet, peuvent être données comme l'expression de la pensée du temps : « Avint ainsi comme Dieu voult que je me dormis à Matines, et me fu avis en dormant que je véoie le roy devant un autel à genoillons, et m'estoit avis que pluseurs prélas revestus le vestoient d'une chesuble vermeille de sarge de Reins. » Le chapelain de Joinville lui expliqua que ce rêve signifiait que le roi se croiserait, et que la serge de Reims voulait dire que la croisade « serait de petit esploit. » « Je entendi que touz ceulz firent péché mortel, qui li loèrent l'allée. » – « De la voie que il fist à Thunes ne weil-je riens conter ne dire, pource que je n'i fu pas, la merci Dieu. »

Cette grande armée, lentement rassemblée, découragée d'avance et partant à regret, traîna deux mois dans les environs malsains d'Aigues-Mortes. Personne ne savait encore de quel côté elle allait se diriger. L'effroi était grand en Égypte. On ferma la bouche pélusiaque du Nil, et depuis elle est restée comblée. L'empereur grec, qui craignait l'ambition de Charles d'Anjou, envoya offrir la réunion des deux Églises.

Cependant l'armée s'embarqua sur des vaisseaux génois. Les Pisans, gibelins et ennemis de Gênes, craignirent pour la Sardaigne, et fermèrent leurs ports. Saint Louis obtint à grand-peine que ses malades, déjà fort nombreux, fussent reçus à terre. Il y avait plus de vingt jours qu'on était en mer. Il était impossible, avec cette lenteur, d'atteindre l'Égypte ou la Terre sainte. On persuada au roi de cingler vers Tunis. C'était l'intérêt de Charles d'Anjou, souverain de la Sicile. Il fit croire à son frère que l'Égypte tirait de grands secours de Tunis ; peut-être s'imagina-t-il, dans son ignorance, que de l'une il était facile de passer dans l'autre. Il croyait d'abord que l'apparition d'une armée chrétienne déciderait le soudan de Tunis à se convertir. Ce pays était en relation amicale avec la Castille et la France. Naguère, Saint Louis faisant baptiser à Saint-Denis un juif converti, il voulut que les ambassadeurs de Tunis assistassent à la cérémonie, et il leur dit ensuite : « Rapportez à votre maître que je désire si fort le salut de son âme que je voudrais être dans les prisons des Sarrasins pour le reste de ma vie et ne jamais revoir la lumière du jour si je pouvais, à ce prix, rendre votre roi et son peuple chrétiens comme cet homme. »

Une expédition pacifique qui eût seulement intimidé le roi de Tunis et l'eût décidé à se convertir, n'était pas ce qu'il fallait aux Génois, sur les vaisseaux desquels Saint Louis avait passé ; la plupart des croisés aimaient mieux la violence. On disait que Tunis était une riche ville, dont le pillage pouvait les dédommager de cette dangereuse expédition. Les Génois, sans égard aux vues de Saint Louis, commencèrent les hostilités en s'emparant des vaisseaux qu'ils rencontrèrent devant Carthage. Le débarquement eut lieu sans obstacle ; les Maures ne paraissaient que pour provoquer, se faire poursuivre et fatiguer les chrétiens. Après avoir langui quelques jours sur la plage brûlante, les chrétiens s'avancèrent vers le Château de Carthage. Ce qui restait de la grande rivale de Rome se réduisait à un fort gardé par deux cents soldats. Les Génois s'en emparèrent ; les Sarrasins, réfugiés dans les voûtes ou les souterrains, furent égorgés ou suffoqués par la fumée ou la flamme. Le roi trouva ces ruines pleines de cadavres, qu'il fit ôter pour y loger avec les siens. Il devait attendre à Carthage son frère, Charles d'Anjou, avant de marcher sur Tunis. La plus grande partie de l'armée resta sous le soleil d'Afrique, dans la profonde poussière du sable soulevé par les vents, au milieu des cadavres et de la puanteur des morts. Tout autour rôdaient les Maures qui enlevaient toujours quelqu'un. Point d'arbres, point de nourriture végétale ; pour eau, des mares infectes, des citernes pleines d'insectes rebutants. En huit jours, la peste avait éclaté ; les comtes de Vendôme, de la Marche, de Viane, Gaultier de Nemours, maréchal de France, les sires de Montmorency, de Piennes, de Brissac, de Saint-Briçon, d'Apremont, étaient déjà morts. Le légat les suivit bientôt. N'ayant plus la force de les ensevelir, on les jetait dans le canal, et les eaux en étaient couvertes. Cependant le roi et ses fils étaient eux-mêmes malades : le plus jeune mourut sur son vaisseau, et ce ne fut que huit jours après que le confesseur de Saint Louis prit sur lui de le lui apprendre. C'était le plus chéri de ses enfants ; sa mort, annoncée à un père mourant, était pour celui-ci une attache de moins à la terre, un appel de Dieu, une tentation de mourir. Aussi, sans trouble et sans regret, accomplit-il cette dernière œuvre de la vie chrétienne, répondant les litanies et les psaumes, dictant pour son fils une belle et touchante instruction, accueillant même les ambassadeurs des Grecs, qui venaient le prier d'intervenir en leur faveur auprès de son frère Charles d'Anjou, dont l'ambition les menaçait. Il leur parla avec bonté, il leur promit de s'employer avec zèle, s'il vivait pour leur conserver la paix ; mais, dès le lendemain, il entra lui-même dans la paix de Dieu.

Dans cette dernière nuit, il voulut être tiré de son lit et étendu sur la cendre. Il y mourut, tenant toujours les bras en croix. « Et el jour le lundi, li benoiez rois tendi ses mains jointes au ciel, et dist : Biau sire Diex, aies merci de ce pueple qui ici demeure, et le conduit en son pais, que il ne chiée en la main de ses anemis, et que il ne soit contreint renier ton saint non. »

« En la nuit devant le jour que il trépassast, endementières (tandis) que il se reposoit il soupira et dit bassement : « O Jérusalem ! ô Jérusalem ! »

La croisade de Saint Louis fut la dernière croisade. Le Moyen Age avait donné son idéal, sa fleur et son fruit : il devait mourir. En Philippe le Bel, petit-fils de Saint Louis, commencent les Temps modernes ; le Moyen Age est souffleté en Boniface VIII, la croisade brûlée dans la personne des templiers.

L'on parlera longtemps encore de croisade, ce mot sera souvent répété : c'est un mot sonore, efficace pour lever des décimes et des impôts. Mais les grands et les papes savent très bien entre eux ce qu'ils doivent en penser. Quelque temps après (1327), nous voyons le Vénitien Sanuto proposer au pape une croisade commerciale : « Il ne suffisait pas, disait-il, d'envahir l'Égypte, il fallait la ruiner. » Le moyen qu'il proposait, c'était de rouvrir au commerce de l'Inde la route de Perse, de sorte que les marchandises ne passassent plus par Alexandrie et Damiette. Ainsi s'annonce de loin l'esprit moderne ; le commerce, et non la religion, va devenir le mobile des expéditions lointaines.

Que l'âge chrétien du monde ait eu sa dernière expression en un roi de France, ce fut une grande chose pour la monarchie et la dynastie. C'est là ce qui rendit les successeurs de Saint Louis si hardis contre le clergé. La royauté avait acquis, aux yeux des peuples, l'autorité religieuse et l'idée de la sainteté. Le vrai roi, juste et pieux, équitable juge du peuple, s'était rencontré. Quelle put être sur les consciencieuses déterminations de cette âme pure et candide, l'influence des légistes, des modestes et rusés conseillers qui, plus tard, se firent si bien connaître ? c'est ce que personne ne pouvait apprécier encore.

L'intérêt de la royauté n'étant alors que celui de l'ordre, le pieux roi se voyait sans cesse conduit à lui sacrifier les droits féodaux, que par conscience et désintéressement il eût voulu respecter. Tout ce que ses habiles conseillers lui dictaient pour l'agrandissement du pouvoir royal, il le prononçait pour le bien de la justice. Les subtiles pensées des légistes étaient acceptées, promulguées par la simplicité d'un saint. Leurs décisions, en passant par une bouche si pure, prenaient l'autorité d'un jugement de Dieu.

« Maintes foiz avint que en esté, il aloit seoir au bois de Vinciennes après sa messe, et se acostoioit à un chesne et nous fesoit seoir entour li ; et tout ceulz qui avoient à faire venoient parler à li : sans destourbier de huissier ne d'autre. Et lors il leur demandoit de sa bouche : A yl ci nullui qui ait partie ? Et cil se levoient qui partie avoient ; et lors il disoit : Taisiez vous touz, et en vous déliverra l'un après l'autre. Et lors il appeloit monseigneur Pierre des Fontaines et monseigneur Geffroy de Villette et disoit à l'un d'eulx : Délivrez-moi ceste partie. Et quand il véoit aucune chose à amender en la parole de ceulz qui parloient pour autrui, il meisme l'amendoit de sa bouche. Je le vi aucune fois en esté, que pour délivrer sa gent, il venoit ou jardin de Paris, une cote de chamelot vestue, un seurcot de tyreteinne sanz manches, un mentel de cendal noir entour son col, moult bien pigné et sanz coife, et un chapel de paon blanc sur sa teste, et fesoit estendre tapis pour seoir entour li. Et tout le peuple qui avoit à faire par devant li, estoit entour lui en estant (debout), et lors il les faisoit délivrer, en la manière que je vous ai dit devant du bois de Vinciennes. »

En 1256 ou 1257, il rendit un arrêt contre le seigneur de Vesnon, par lequel il le condamna à dédommager un marchand, qui en plein jour avait été volé dans un chemin de sa seigneurie. Les seigneurs étaient obligés de faire garder les chemins depuis le soleil levant jusqu'au soleil couché.

Enguerrand de Coucy, ayant fait pendre trois jeunes gens qui chassaient dans ses bois, le roi le fit prendre et juger ; tous les grands vassaux réclamèrent et appuyèrent la demande qu'il faisait du combat. Le roi dit : « Que aux fèz des povres, des églises, ne des personnes dont on doit avoir pitié, l'on ne devoit pas ainsi aler avant par gage de bataille, car l'on ne trouveroit pas de legier (facilement) aucun qui se vousissent combatre pour teles manières de persones contre barons du royaume...

« Quant les barons (dit-il à Jean de Bretagne), qui de vous tenoient tout nu à nu sanz autre moien, aportèrent devant nos lor compleinte de vos méesmes, et ils offroient à prouver lor entencion en certains cas par bataille contre vos ; ainçois respondistes devant nos, que vos ne deviez pas aler avant par bataille, mès par enquestes en tele besoigne ; et disiez encore *que bataille n'est pas voie de droit.* » Jean Thourot, qui avait pris vivement la défense d'Enguerrand de Coucy, s'écria ironiquement : « Si j'avais été le roi, j'aurais fait pendre tous les barons ; car un premier pas fait, le second ne coûte plus rien. » Le roi qui entendit ce propos le rappela : « Comment, Jean, vous dites que je devrais faire pendre tous mes barons ? Certainement je ne les ferai pas pendre, mais je les châtierai s'il méfont. »

Quelques gentilshommes qui avaient pour cousin *un mal homme et qui ne se vouloit chastier,* demandèrent à Simon de Nielle, leur seigneur, et qui avait haute justice en sa terre, la permission de le tuer, de peur qu'il ne fût pris de justice et pendu à la honte de la famille, Simon refusa, mais en référa au roi ; le roi ne le voulut pas permettre ; « car il voloit que toute justice fust fète des malféteurs par tout son royaume en apert et devant le pueple, et que nule justice ne fust fète en report (secret) ».

Un homme étant venu se plaindre à Saint Louis de son frère Charles d'Anjou, qui voulait le forcer à lui vendre une propriété qui possédait dans son comté, le roi fit appeler Charles devant son conseil : « Et li benoiez rois commanda que sa possession lui fust rendue, et que il ne li feist d'ore en avant nul ennui de la possession puisque il ne la voloit vendre ne eschangier. »

Ajoutons encore deux faits remarquables qui prouvent également que, pour se soumettre volontiers aux avis des prêtres ou des légistes, cette âme admirable conservait un sens élevé de l'équité qui, dans les circonstances douteuses, lui faisait immoler la lettre à l'esprit.

Regnault de Trie apporta une fois à Saint Louis une lettre par laquelle le roi avait donné aux héritiers de la comtesse de Boulogne le comté de Dammartin. Le sceau était brisé, et il ne restait que les jambes de l'image du roi. Tous les conseillers de Saint Louis lui dirent qu'il n'était pas tenu à l'exécution de sa promesse. Mais il répondit : « Seigneurs, veez ci séel, de quoi je usoy avant que je alasse outremer, et voit-on cler par ce séel que l'empreinte du séel brisé est semblable au séel entier ; par quoy je n'oseroie en bonne conscience ladite contée retenir. »

Un Vendredi-Saint, tandis que Saint Louis lisait le psautier, les parents d'un gentilhomme détenu au Châtelet vinrent lui demander sa grâce, lui représentant que ce jour était un jour de pardon.

Le roi posa le doigt sur le verset où il en était : *Beati qui custodiunt judicium, et justitiam faciunt in omni tempore.* Puis il ordonna de faire venir le prévôt de Paris, et continua sa lecture. Le prévôt lui apprit que les crimes du détenu étaient énormes. Sur cela Saint Louis ordonna de conduire sur-le-champ le coupable au gibet.

Saint Louis s'entourait de franciscains et de dominicains. Dans les questions épineuses il consultait saint Thomas. Il envoyait des mendiants pour surveiller les provinces, à l'imitation des *missi dominici* de Charlemagne. Cette Église mystique le rendait fort contre l'Église épiscopale et pontificale ; elle lui donna le courage de résister au pape en faveur des évêques, et aux évêques eux-mêmes.

Les prélats du royaume s'assemblèrent un jour, et l'évêque d'Auxerre dit en leur nom à Saint Louis : « Sire, ces seigneurs qui ci sont, arcevesques, evesques, m'ont dit que je vous deisse que la crestienté se périt entre vos mains. » Le roi se seigna et dist : « Or me dites comment ce est ? » « Sire, fist-il, c'est pour ce que on prise si peu les excommeniemens hui et le jour, que avant se lessent les gens mourir excommenies, que ils se facent absodre, et ne veulent faire satisfaction à l'Esglise. Si vous requièrent, sire, pour Dieu et pour ce que faire le devez, que vous commandez à vos prévoz et à vos baillifs, que tous ceulz qui se soufferront escommeniez an et jour, que on les contreingne par la prise de leurs biens à ce que il se facent absoudre. » – « A ce respondi le roys que il leur commanderoit volentiers de touz ceulz dont le feroit certein que il eussent tort... Et le roy dist que il ne le feroit autrement ; car ce seroit contre Dieu et contre raison, se il contreignoit la gent à eulz absoudre, quand les clercs leur feroient tort.

La France, si longtemps dévouée au pouvoir ecclésiastique, prenait au XIIIe siècle un esprit plus libre. Ce royaume, allié du pape et guelfe contre les empereurs, devenait d'esprit gibelin. Il y eut toujours néanmoins une grande différence. Ce fut par les formes légales qu'elle poussa, cette opposition, qui n'en fut que plus redoutable. Dès le commencement du XIIIe siècle, les seigneurs avaient vivement soutenu Philippe Auguste contre le pape et les évêques. En 1225, ils déclarent qu'ils laisseront leurs terres, ou prendront les armes si le roi ne remédie aux empiétements du pouvoir ecclésiastique ; l'Église, acquérant toujours et ne lâchant rien, eût en effet tout absorbé à la longue. En 1246, le fameux Pierre Mauclerc forme, avec le duc de Bourgogne, et les comtes d'Angoulême et de Saint-Pol, une ligue à laquelle accède une grande partie de la noblesse. Les termes de cet acte sont d'une extraordinaire énergie. La main des légistes est visible ; on croirait lire déjà les paroles de Guillaume de Nogaret.

Saint Louis s'associa, dans la simplicité de son cœur, à cette lutte des légistes et des seigneurs contre les prêtres, qui devait tourner à son profit ; il s'associait avec la même bonne foi à celle des juristes contre les seigneurs. Il reconnut au suzerain le droit de retirer une terre donnée à l'Église.

Plongé à cette époque dans le mysticisme, il lui en coûtait moins, sans doute, d'exprimer une opposition si solennelle à l'autorité ecclésiastique. Les revers de la croisade, les scandales dont le siècle abondait, les doutes qui s'élevaient de toutes parts, l'enfonçaient d'autant plus dans la vie intérieure. Cette âme tendre et pieuse, blessée au-dehors dans tous ses amours, se retirait au-dedans et cherchait en soi. La lecture et la contemplation devinrent toute sa vie. Il se mit à lire l'Écriture et les pères, surtout saint Augustin. Il fit copier des manuscrits, se forma une bibliothèque : c'est de ce faible commencement que la Bibliothèque Royale devait sortir. Il se faisait faire des lectures pieuses pendant le repas, et le soir au moment de s'endormir. Il ne pouvait rassasier son cœur d'oraisons et de prières. Il restait souvent si longtemps prosterné, qu'en se relevant, dit l'historien, il était saisi de vertige et disait tout bas aux chambellans : « Où suis-je ? » Il craignait d'être entendu de ses chevaliers.

Mais la prière ne pouvait suffire au besoin de son cœur.

« Li beneoiz rois désirroit merveilleusement grâce de lermes et se compleignoit à son confesseur de ce que lermes li défailloient, et li disoit débonnèrement, humblement et privéement, que quant l'en disoit en la létanie ces moz : Biau sire Diex, nous te prions que tu nous doignes fontaine de lermes, li sainz rois disoit dévotement : O sire Diex, je n'ose requerre fontaines de lermes ainçois me souffisissent petites goustes de lermes à arouser la secherèce de mon cuer... Et aucune foiz reconnut-il à son confesseur privéement, que aucune foiz li donna à notre sires lermes en oroison : lesqueles, quand li les sentoit courre par sa face souef (doucement), et entrer dans sa bouche, eles li sembloient si savoureuses et très-douces, non pas seulement au cuer, mès à la bouche. »

Ces pieuses larmes, ces mystiques extases, ces mystères de l'amour divin, tout cela est dans la merveilleuse petite église de Saint Louis, dans la Sainte-Chapelle. Église toute mystique, toute arabe d'architecture, qu'il fit bâtir au retour de la croisade par Eudes de Montreuil, qu'il y avait mené avec lui. Un monde de religion et de poésie, tout un Orient chrétien est en ces vitraux, dans cette fragile et précieuse peinture. Mais la Sainte-Chapelle n'était pas encore assez retirée, et pas même Vincennes, dans ses bois alors si profonds. Il lui fallait la Thébaïde de Fontainebleau, ses déserts de grès et de silex, cette dure et pénitente nature, ces rocs retentissants, pleins d'apparitions et de légendes. Il y bâtit un ermitage dont les murs ont servi de base à ce bizarre labyrinthe, à ce sombre palais de volupté, de crime et de caprice, où triomphe encore la fantaisie italienne des Valois.

Saint Louis avait élevé la Sainte-Chapelle pour recevoir la sainte couronne d'épines venue de Constantinople. Aux jours solennels, il la tirait lui-même de la châsse et la montrait au peuple. A son insu, il habituait le peuple à voir le roi se passer des prêtres. Ainsi David prenait lui-même sur la table les pains de proposition. On montre encore, au midi de la petite église, une étroite cellule qu'on croit avoir été l'oratoire de Saint Louis.

Dès le vivant de Saint Louis, ses contemporains, dans leur simplicité, s'étaient doutés qu'*il était déjà saint,* et plus saint que les prêtres. « Tant com il vivoit, une parole pooit estre dite de li, qui est escrite de sainte Hylaire : « O quant très parfèt homme lai, duquel les prestres méesmes désirrent à s'ensivre la vie ! » Car mout de prestres et de prélaz désirroient estre semblables au beneoit roi en ses vertuz et en ses mœurs ; car l'on croit méesmement que il fust saint dès que il vivoit. »

Tandis que Saint Louis enterrait les morts, « iluecques estoient présens tous revestu, li arcevesques de Sur et li évesque de Damiète, et leur clergié, qui disoient le service des mors ; mès ils estoupoint leur nez pour la puour ; mais oncques ne fu veu au bon roy Loys estouper le sien, tant le faisoit fermement et dévotement. »

Joinville raconte qu'un grand nombre d'Arméniens qui allaient en pèlerinage à Jérusalem, vinrent lui demander de leur faire voir le *saint roy :* – « Je alai au roy là où il se séoit en un paveillon, apuié à l'estache (colonne) du paveillon, et séoit au sablon sanz tapiz et sanz nulle autre chose dezouz li. Je li dis : « Sire, il à là hors un grant peuple de la grant Herménie qui vont en Jérusalem, et me proient, sire, que je leur face monstrer le *saint roy ;* mès je ne bée jà à baisier vos os (cependant je ne désire pas encore avoir à baiser vos reliques). » Et il rist moult clèrement, et me dit que je les alasse querre ; et si fis-je. Et quant ils orent veu le roy, ils le commandèrent à Dieu et le roy eulz. »

Cette sainteté apparaît d'une manière bien touchante dans les dernières paroles qu'il écrivit pour sa fille. « Chière fille, la mesure par laquele nous devons Dieu amer, est amer le sanz mesure. »

Et dans l'instruction à son fils Philippe :

« Se il avient que aucune querele qui soit meué entre riche et povre viegne devant toi, sostien la querele de l'estrange devant ton conseil, ne montre pas que tu aimmes mout ta querele, jusques à tant que tu connoisses la vérité, car cil de ton conseil pourroient estre cremeteus (craintifs) de parler contre toi, et ce ne dois tu pas vouloir. Et se tu entens que tu tiegnes nule chose à tort, ou de ton tens, ou du tens à tes ancesseurs, fai le tantost rendre, combien que la chose soit grant, ou en terre, ou en deniers, ou en autre chose. » L'amour qu'il avoit à son peuple parut à ce qu'il dit à son aisné filz en une moult grant maladie que il ot à Fontene Bliaut. « Biau fils, fit-il, je te pri que tu te faces amer au peuple de ton royaume ; car vraiement je aimeraie miex que un Escot venist d'Escosse et gouvernast le peuple du royaume bien et loïalement, que tu le gouvernasses mal apertement. »

Belles et touchantes paroles ! Il est difficile de les lire sans être ému.

Livre V

Préface de 1837

L'ère nationale de la France est le XIVe siècle. Les États généraux, le Parlement, toutes nos grandes institutions, commencent ou se régularisent. La bourgeoisie apparaît dans la révolution de Marcel, le paysan dans la Jacquerie, la France elle-même dans la guerre des Anglais.

Cette locution : *Un bon Français,* date du quatorzième siècle.

Jusqu'ici la France était moins France que chrétienté. Dominée, ainsi que tous les autres États, par la féodalité et par l'Église, elle restait obscure et comme perdue dans ces grandes ombres... Le jour venant peu à peu, elle commence à s'entrevoir elle-même.

Sortie à peine de cette nuit poétique du Moyen Age, elle est déjà ce que vous la voyez : peuple, prose, esprit critique, antisymbolique.

Aux prêtres, aux chevaliers, succèdent les légistes ; après la foi, la loi.

Le petit-fils de Saint Louis met la main sur le pape et détruit le Temple. La chevalerie, cette autre religion, meurt à Courtrai, à Crécy, à Poitiers.

A l'épopée succède la chronique. Une littérature se forme, déjà moderne et prosaïque, mais vraiment française : point de symboles, peu d'images ; ce n'est que grâce et mouvement.

Notre vieux droit avait quelques symboles, quelques formules poétiques. Cette poésie ne comparaît pas impunément au Tribunal des légistes. Le Parlement, ce grand prosateur, la traduit, l'interprète et la tue.

Au reste, le droit français avait été de tout temps moins asservi au symbolisme que celui d'aucun autre peuple. Cette vérité, pour être négative dans la forme, n'en est pas moins féconde. Nous n'avons point regret au long chemin par lequel nous y sommes arrivés. Pour apprécier le génie austère et la maturité précoce de notre droit, il nous a fallu mettre en face le droit poétique des nations diverses, opposer la France et le monde.

Cette fois donc, la *symbolique* du droit. – Nous en chercherons le mouvement, la *dialectique,* lorsque notre drame national sera mieux noué.

CHAPITRE PREMIER

Vêpres siciliennes

Le fils de Saint Louis, Philippe le Hardi, revenant de cette triste croisade de Tunis, déposa cinq cercueils aux caveaux de Saint-Denis. Faible et mourant lui-même, il se trouvait héritier de presque toute sa famille. Sans parler du Valois qui lui revenait par la mort de son frère Jean Tristan, son oncle Alphonse lui laissait tout un royaume dans le Midi de la France (Poitou, Auvergne, Toulouse, Rouergue, Albigeois, Quercy, Agénois, Comtat). Enfin, la mort du comte de Champagne, roi de Navarre, qui n'avait qu'une fille, mit cette riche héritière entre les mains de Philippe, qui lui fit épouser son fils.

Par Toulouse et la Navarre, par le Comtat, cette grande puissance regardait vers le midi, vers l'Italie et l'Espagne. Mais, tout-puissant qu'il était, le fils de Saint Louis n'était pas le chef véritable de la maison de France. La tête de cette maison, c'était le frère de Saint Louis, Charles d'Anjou. L'histoire de France, à cette époque, est celle du roi de Naples et de Sicile. Celle de son neveu, Philippe III, n'en est qu'une dépendance.

Charles avait usé, abusé d'une fortune inouïe. Cadet de France, il s'était fait comte de Provence, roi de Naples, de Sicile et de Jérusalem, plus que roi, maître et dominateur des papes. On pouvait lui adresser le mot qui fut dit au fameux Ugolin. « Que me manque-t-il ? » demandait le tyran de Pise. « Rien que la colère de Dieu. »

On a vu comment il avait trompé la pieuse simplicité de son frère, pour détourner la croisade de son but, pour mettre un pied en Afrique et rendre Tunis tributaire. Il revint le premier de cette expédition faite par ses conseils et pour lui ; il se trouva à temps pour profiter de la tempête qui brisa les vaisseaux des croisés, pour saisir leurs dépouilles sur les rochers de la Calabre, les armes, les habits, les provisions. Il attesta froidement contre ses compagnons, ses frères de la croisade, le droit de *bris,* qui donnait au seigneur de l'écueil tout ce que la mer lui jetait.

C'est ainsi qu'il avait recueilli le grand naufrage de l'Empire et de l'Église. Pendant près de trois ans, il fut comme pape en Italie, ne souffrant pas que l'on nommât un pape après Clément IV. Clément, pour vingt mille pièces d'or que le Français lui promettait de revenus, se trouvait avoir livré, non seulement les Deux-Siciles, mais l'Italie entière. Charles s'était fait nommer par lui sénateur de Rome et vicaire impérial en Toscane. Plaisance, Crémone, Parme, Modène, Ferrare et Reggio, plus tard même Milan, l'avaient accepté pour seigneur, ainsi que plusieurs villes du Piémont et de la Romagne. Toute la Toscane l'avait choisi pour pacificateur. « Tuez-les tous » disait ce pacificateur aux guelfes de Florence qui lui demandaient ce qu'il fallait faire des gibelins prisonniers.

Mais l'Italie était trop petite. Il ne s'y trouvait pas à l'aise. De Syracuse, il regardait l'Afrique, d'Otrante l'Empire grec. Déjà il avait donné sa fille au prétendant latin de Constantinople, au jeune Philippe, empereur sans empire.

Les papes avaient lieu de se repentir de leur triste victoire sur la maison de Souabe. Leur vengeur, leur cher fils, était établi chez eux et sur eux. Il s'agissait désormais de savoir comment ils pourraient échapper à cette terrible amitié. Ils sentaient avec effroi l'irrésistible force, l'attraction maligne que la France exerçait sur eux. Ils voulaient, un peu tard, s'attacher l'Italie. Grégoire X essayait d'assoupir les factions que ses prédécesseurs avaient nourries si soigneusement ; il demandait qu'on supprimât les noms de guelfes et de gibelins. Les papes avaient toujours combattu les empereurs d'Allemagne et de Constantinople ; Grégoire se déclara l'ami des deux Empires. Il proclama la réconciliation de l'Église grecque. Il vint à bout de terminer le grand interrègne d'Allemagne, faisant du moins nommer un empereur tel quel, un simple chevalier dont la maigre et chauve figure, dont les coudes percés, rassuraient les princes électeurs contre ce nom d'empereur naguère si formidable. Ce pauvre empereur fut pourtant Rodolphe de Habsbourg ; sa maison fut la maison d'Autriche, fondée ainsi par les papes contre celle de France.

Le plan de Grégoire X était de mener lui-même l'Europe à la croisade avec son nouvel empereur, de relever ainsi l'Empire et la papauté. Nicolas III, romain, et de la maison Orsini, eut un autre projet : il voulait fonder en faveur des siens un royaume central d'Italie. Il saisit le moment où Rodolphe venait de remporter sa grande victoire sur le roi de Bohême. Il intimida Charles par Rodolphe. Le roi de Naples, qui ne rêvait que Constantinople, sacrifia le titre de sénateur de Rome et de vicaire impérial. Et cependant, Nicolas signait secrètement avec l'Aragon et les Grecs une ligue pour le renverser.

Conjuration au-dehors, conjuration au-dedans. Les Italiens se croient maîtres en ce genre. Ils ont toujours conspiré, rarement réussi ; mais, pour ce peuple artiste, une telle entreprise était une œuvre d'art où il se complaisait, un drame sans fiction, une tragédie réelle. Ils y cherchaient l'effet du drame. Il y fallait de nombreux spectateurs, une occasion solennelle, une grande fête, par exemple ; le théâtre était souvent un temple, le moment celui de l'élévation.

La conjuration dont nous allons parler était bien autre chose que celle des Pazzi, des Olgiati. Il ne s'agissait pas de donner un coup de poignard, et de se faire tuer en tuant un homme, ce qui d'ailleurs ne sert jamais à rien. Il fallait remuer le monde et la Sicile, conspirer et négocier, encourager l'une par l'autre la ligue et l'insurrection ; il fallait soulever un peuple et le contenir, organiser toute une guerre, sans qu'il y parût. Cette entreprise, si difficile, était aussi de toutes la plus juste ; il s'agissait de chasser l'étranger.

La forte tête qui conçut cette grande chose et la mena à bout, une tête froidement ardente, durement opiniâtre et astucieuse, comme on en trouve dans le Midi, ce fut un Calabrois, un médecin. Ce médecin était un seigneur de la cour de Frédéric II. Il était seigneur de l'île de Prochyta, et, comme médecin, il avait été l'ami, le confident de Frédéric et de Manfred. Pour plaire à ces *libres penseurs* du XIIIe siècle, il fallait être médecin, arabe ou juif. On entrait chez eux par l'école de Salerne plutôt que par l'Église. Vraisemblablement, cette école apprenait à ses adeptes quelque chose de plus que les innocentes prescriptions qu'elle nous a laissées dans ses vers léonins.

Après la ruine de Manfred, Procida se réfugia en Espagne. Examinons quelle était la situation des divers royaumes espagnols, ce qu'on pouvait attendre d'eux contre la maison de France.

D'abord, la Navarre, le petit et vénérable berceau de l'Espagne chrétienne, était sous la main de Philippe III. Le dernier roi national avait appelé contre les Castillans les Maures, puis les Français. Son neveu, Henri, comte de Champagne, n'ayant qu'une fille, remit en mourant cette enfant au roi de France, qui, comme nous l'avons dit, la donna à son fils. Philippe III, qui venait d'hériter de Toulouse, se trouvait bien près de l'Espagne. Il n'avait, ce semble, qu'à descendre des pors des Pyrénées dans sa ville de Pampelune, et prendre le chemin de Burgos.

Mais l'expérience a prouvé qu'on ne prend pas l'Espagne ainsi. Elle garde mal sa porte ; mais tant pis pour qui entre. Le vieux roi de Castille, Alphonse X, beau-père et beau-frère du roi de France, voulut en vain laisser son royaume aux fils de son aîné, qui, par leur mère, étaient fils de Saint Louis. Alphonse n'avait pas bonne réputation chez son peuple, ni comme Espagnol, ni comme chrétien. Grand clerc, livré aux mauvaises sciences de l'alchimie et de l'astrologie, il s'enfermait toujours avec ses juifs, pour faire de la fausse monnaie, ou de fausses lois, pour altérer d'un mélange romain le droit gothique. Il n'aimait pas l'Espagne ; sa manie était de se faire empereur. Et l'Espagne le lui rendait bien. Les Castillans se donnèrent eux-mêmes pour roi, conformément au droit des Goths, le second fils d'Alphonse, Sanche le Brave, le Cid de ce temps-là. Déshérité par son père, menacé à la fois par les Français et par les Maures, de plus excommunié par le pape pour avoir épousé sa parente, Sanche fit tête à tout, et garda sa femme et son royaume. Le roi de France fit de grandes menaces, rassembla une grande armée, prit l'oriflamme, entra en Espagne jusqu'à Salvatierra. Là, il s'aperçut qu'il n'avait ni vivres ni munitions, et ne put avancer.

C'était une glorieuse époque pour l'Espagne. Le roi d'Aragon, don Jayme, fils du roi troubadour qui périt à Muret en défendant le comte de Toulouse, venait de conquérir sur les Maures les royaumes de Majorque et de Valence. Don Jayme avait, telle est l'emphase espagnole, gagné trente-trois batailles, fondé ou repris deux mille églises. Mais il avait, dit-on, encore plus de maîtresses que d'églises. Il refusait au pape le tribut promis par ses prédécesseurs. Il avait osé faire épouser à son fils don Pedro la propre fille de Manfred, le dernier rejeton de la maison de Souabe.

Les rois d'Aragon, toujours guerroyant contre Maures ou chrétiens, avaient besoin d'être aimés de leurs hommes, et l'étaient. Lisez le portrait qu'en a tracé le brave et naïf Ramon Muntaner, l'historien soldat, comme ils rendaient bonne justice, comme ils acceptaient les invitations de leurs sujets, comme ils mangeaient en public devant tout le monde, acceptant, dit-il, ce qu'on leur offrait, fruit, vin ou autre chose, et ne faisant pas difficulté d'en goûter. Muntaner oublie une chose, c'est que ces rois si populaires n'étaient pas renommés par leur loyauté. C'étaient de rusés montagnards d'Aragon, de vrais Almogavares, demi-Maures, pillant amis et ennemis.

Ce fut près du jeune roi don Pedro que se retira d'abord le fidèle serviteur de la maison de Souabe, près de la fille de ses maîtres, la reine Constance. L'Aragonais le reçut bien, lui donna des terres et des seigneuries. Mais il accueillit froidement ses conseils belliqueux contre la maison de France ; les forces étaient trop disproportionnées. La haine de la chrétienté contre cette maison avait besoin d'augmenter encore. Il aima mieux refuser et attendre. Il laissa l'aventurier agir, sans se compromettre. Pour éviter tout soupçon de connivence, Procida vendit ses biens d'Espagne et disparut. On ne sut ce qu'il était devenu.

Il était parti secrètement en habit de franciscain. Cet humble déguisement était aussi le plus sûr. Ces moines allaient partout : ils demandaient, mais vivaient de peu, et, partout, étaient bien reçus. Gens d'esprit, de ruse et de faconde, ils s'acquittaient discrètement de maintes commissions mondaines. L'Europe était remplie de leur activité. Messagers et prédicateurs, diplomates parfois, ils étaient alors ce que sont aujourd'hui la poste et la presse. Procida prit donc la sale robe des mendiants, et s'en alla, humblement et pieds nus, chercher par le monde des ennemis à Charles d'Anjou.

Les ennemis ne manquaient pas. Le difficile était de les accorder et de les faire agir de concert et à temps. D'abord il se rend en Sicile, au volcan même de la révolution, voit, écoute et observe. Les signes de l'éruption prochaine étaient visibles, rage concentrée, sourd bouillonnement, et le murmure et le silence. Charles épuisait ce malheureux peuple pour en soumettre un autre. Tout était plein de préparatifs et de menaces contre les Grecs. Procida passe à Constantinople, il avertit Paléologue, lui donne des renseignements précis. Le roi de Naples avait déjà fait passer trois mille hommes à Durazzo. Il allait suivre avec cent galères et cinq cents bâtiments de transport. Le succès de l'affaire était sûr, puisque Venise ne craignait pas de s'y engager. Elle donnait quarante galères avec son doge, qui était encore un Dandolo. La quatrième croisade allait se renouveler. Paléologue, éperdu, ne savait que faire. « Que faire ? Donnez-moi de l'argent. Je vous trouverai un défenseur qui n'a pas d'argent mais qui a des armes. »

Procida emmena avec lui un secrétaire de Paléologue, le conduisit en Sicile, le montra aux barons siciliens, puis au pape, qu'il vit secrètement au Château de Soriano. L'empereur grec voulait avant tout la signature du pape, avec lequel il était nouvellement réconcilié. Mais Nicolas hésitait à s'embarquer dans une si grande affaire. Procida lui donna de l'argent. Selon d'autres, il lui suffit de rappeler à ce pontife, Romain et Orsini de naissance, une parole de Charles d'Anjou. Quand le pape voulait donner sa nièce Orsini au fils de Charles d'Anjou, Charles avait dit : « Croit-il, parce qu'il a des bas rouges, que le sang de ses Orsini peut se mêler au sang de France ? »

Nicolas signa, mais mourut bientôt. Tout l'ouvrage semblait rompu et détruit. Charles se trouvait plus puissant que jamais. Il réussit à avoir un pape à lui. Il chassa du conclave les cardinaux gibelins et fit nommer un Français, un ancien chanoine de Tours, servile et tremblante créature de sa maison. C'était se faire pape soi-même. Il redevint sénateur de Rome ; il mit garnison dans tous les États de l'Église. Cette fois le pape ne pouvait lui échapper. Il le gardait avec lui à Viterbe, et ne le perdait pas de vue. Lorsque les malheureux Siciliens vinrent implorer l'intervention du pape auprès de leur roi, ils virent leur ennemi auprès de leur juge, le roi siégeant à côté du pape. Les députés, qui étaient pourtant un évêque et un moine, furent, pour toute réponse, jetés dans un cul-de-basse-fosse.

La Sicile n'avait pas de pitié à attendre de Charles d'Anjou. Cette île, à moitié arabe, avait tenu opiniâtrement pour les amis des Arabes, pour Manfred et sa maison. Toute insulte que les vainqueurs pouvaient faire au peuple sicilien ne leur semblait que représailles. On connaît la pétulance des Provençaux, leur brutale jovialité. S'il n'y eût eu encore que l'antipathie nationale, et l'insolence de la conquête, le mal eût pu diminuer. Mais ce qui menaçait d'augmenter, de peser chaque jour davantage, c'était un premier, un inhabile essai d'administration, l'invasion de la fiscalité, l'apparition de la finance dans le monde de l'Odyssée et de l'Énéide. Ce peuple de laboureurs et de pasteurs avait gardé sous toute domination quelque chose de l'indépendance antique. Il y avait eu jusque-là des solitudes dans la montagne, des libertés dans le désert. Mais voilà que le fisc explore toute l'île. Curieux voyageur, il mesure la vallée, escalade le roc, estime le pic inaccessible. Le percepteur dresse son bureau sous le châtaignier de la montagne, ou poursuit, enregistre le chevrier errant aux corniches des rocs entre les laves et les neiges. Tâchons de démêler la plainte de la Sicile à travers cette forêt de barbarismes et de solécismes, par laquelle écume et se précipite la torrentueuse éloquence de Barthélemi de Nécocastro : « Que dire de leurs inventions inouïes ? de leurs décrets sur les forêts ? de l'absurde interdiction du rivage ? de l'exagération inconcevable du produit des troupeaux ? Lorsque tout périssait de langueur sous les lourdes chaleurs de l'automne, n'importe, l'année était toujours bonne, la moisson abondante... Il frappait tout à coup une monnaie d'argent pur, et pour un denier sicilien s'en faisait ainsi payer trente... Nous avions cru recevoir un roi du Père des Pères, nous avions reçu l'Anti-Christ. »

« Il fallait, dit un autre, représenter chaque troupeau au bout de l'an ; et, en outre, plus de petits que le troupeau n'en pouvait produire. Les pauvres laboureurs pleuraient. C'était une terreur universelle chez les bouviers, les chevriers, chez tous les pasteurs. On les rendait responsables de leurs abeilles, même de l'essaim que le vent emporte. On leur défendait la chasse, et puis on allait en cachette porter dans leurs huttes des peaux de cerfs ou de daims, pour avoir droit de confisquer. Toutes les fois qu'il plaisait au roi de frapper monnaie neuve, on sonnait de la trompette dans toutes les rues ; et de porte en porte, il fallait livrer l'argent... »

Voilà le sort de la Sicile depuis tant de siècles. C'est toujours la vache nourrice, épuisée de lait et de sang par un maître étranger. Elle n'a eu d'indépendance, de vie forte que sous ses tyrans, les Denys, les Gélon. Eux seuls la rendirent formidable au-dehors. Depuis, toujours esclave. Et d'abord, c'est chez elle que se sont décidées toutes les grandes querelles du monde antique : Athènes et Syracuse, la Grèce et Carthage, Carthage et Rome ; enfin, les guerres serviles. Toutes ces batailles solennelles du genre humain on été combattues en vue de l'Etna, comme un jugement de Dieu par-devant l'autel. Puis viennent les Barbares, Arabes, Normands, Allemands. Chaque fois la Sicile espère et désire, chaque fois elle souffre ; elle se tourne, se retourne, comme Encelade sous le volcan. Faiblesse, désharmonie incurable d'un peuple de vingt races sur qui pèse si lourdement une double fatalité d'histoire et de climat.

Tout cela ne paraît que trop bien dans la belle et molle lamentation par laquelle Falcando commence son histoire : « Je voulais, mon ami, maintenant que l'âpre hiver a cédé sous un souffle plus doux, je voulais t'écrire et t'adresser quelque chose d'aimable, comme prémices du printemps. Mais la lugubre nouvelle me fait prévoir de nouveaux orages ; mes chants se changent en pleurs. En vain le ciel sourit, en vain les jardins et les bocages m'inspirent une joie importune, et le concert renouvelé des oiseaux m'engage à reprendre le mien. Je ne puis voir sans larmes la prochaine désolation de ma bonne nourrice, la Sicile. Lequel embrasseront-ils du joug ou de l'honneur ! Je cherche en silence, et ne sais que choisir... Je vois que dans le désordre d'un tel moment, nos Sarrasins sont opprimés. Ne vont-ils pas seconder l'ennemi ?... Oh ! si tous, chrétiens et Sarrasins, s'accordaient pour élire un roi !... Qu'à l'orient de l'île, nos brigands siciliens combattent les barbares, parmi les feux de l'Etna et les laves, à la bonne heure. Aussi bien c'est une race de feu et de silex. Mais l'intérieur de la Sicile, mais la contrée qu'honore notre belle Palerme, ce serait chose impie, monstrueuse, qu'elle fût souillée de l'aspect des barbares... Je n'espère rien des Apuliens, qui n'aiment que nouveauté. Mais toi, Messine, cité puissante et noble, songes-tu donc à te défendre, à repousser l'étranger du détroit ? Malheur à toi, Catane ! Jamais, à force de calamités, tu n'as pu satisfaire et fléchir la fortune. Guerre, peste, torrents enflammés de l'Etna, tremblement de terre et ruines ; il ne te manque plus que la serviture. Allons, Syracuse, secoue la paix, si tu peux ; cette éloquence dont tu te pares, emploie-la à relever le courage des tiens. Que te sert de t'être affranchie des Denys !... Ah ! qui nous rendra nos tyrans !... J'en viens maintenant à toi, ô

Palerme, tête de la Sicile ! Comment te passer sous silence, et comment te louer dignement !... » Mais dès que Falcando a nommé la belle Palerme, il ne pense plus à autre chose, il oublie les barbares et toutes ses craintes. Le voilà qui décrit insatiablement la voluptueuse cité, ses palais fantastiques, son port, ses merveilleux jardins, soyeux mûriers, orangers, citronniers, cannes à sucre. Le voilà perdu dans les fruits et les fleurs. La nature l'absorbe, il rêve, il a tout oublié. Je crois entendre dans sa prose l'écho de la poésie paresseuse, sensuelle et mélancolique de l'idylle grecque : « Je chanterai sous l'antre, en te tenant dans mes bras, et regardant les troupeaux qui s'en vont paissant vers les bords de la mer de Sicile. »

C'était le lundi, 30 mars 1282, le lundi de Pâques. En Sicile, c'est déjà l'été, comme on dirait chez nous la Saint-Jean, quand la chaleur est déjà lourde, la terre moite et chaude, qu'elle disparaît sous l'herbe, l'herbe sous les fleurs. Pâques est un voluptueux moment dans ces contrées. Le carême finit ; l'abstinence aussi ; la sensualité s'éveille ardente et âpre, aiguisée de dévotion. Dieu a eu sa part, les sens prennent la leur. Le changement est brusque ; toute fleur perce la terre, toute beauté brille. C'est une triomphante éruption de vie, une revanche de la sensualité, une insurrection de la nature.

Ce jour donc, ce lundi de Pâques, tous et toutes montaient, selon la coutume, de Palerme à Monréale, pour entendre vêpres, par la belle colline. Les étrangers étaient là pour gâter la fête. Un si grand rassemblement d'hommes ne laissait pas de les inquiéter. Le vice-roi avait défendu de porter les armes et de s'y exercer, comme c'était l'usage dans ces jours-là. Peut-être avait-il remarqué l'affluence des nobles ; en effet, Procida avait eu l'adresse de les réunir à Palerme ; mais il fallait l'occasion. Un Français la donna mieux que Procida n'eût souhaité. Cet homme, nommé Drouet, arrête une belle fille de la noblesse que son fiancé et toute sa famille menaient à l'église. Il fouille le fiancé et ne trouve pas d'armes ; puis il prétend que la fille en a sous ses habits, et il porte la main sous sa robe. Elle s'évanouit. Le Français est à l'instant désarmé, tué de son épée. Un cri s'élève : « A mort, à mort les Français ! » Partout on les égorge. Les maisons françaises étaient, dit-on, marquées d'avance. Quiconque ne pouvait prononcer le *c* ou *ch* italien *(ceci, ciceri)* était tué à l'instant. On éventra des femmes siciliennes pour chercher dans leur sein un enfant français.

Il fallut tout un mois pour que les autres villes, rassurées par l'impunité de Palerme, imitassent son exemple. L'oppression avait pesé inégalement. Inégale aussi fut la vengeance, et quelquefois il y eut dans le peuple une capricieuse magnanimité. A Palerme même, le vice-roi, surpris dans sa maison, avait été outragé, mais non tué ; on voulait le renvoyer à Aigues-Mortes. A Calatafimi, les habitants épargnèrent leur gouverneur, l'honnête Porcelet, et le laissèrent aller avec sa famille. Peut-être était-ce crainte des vengeances de Charles d'Anjou. Le peuple était déjà refroidi et découragé, telle est la mobilité méridionale. Les habitants de Palerme envoyèrent au pape deux religieux pour demander grâce. Ces députés n'osèrent dire autre chose que ces paroles des litanies : « Agnus Dei, qui tollis peccata mundi, miserere nobis. » Et ils répétèrent ces mots trois fois. Le pape répondit en prononçant, par trois fois aussi ce verset de la Passion : « Ave, rex Judæorum, et dabant ei alapam. » Messine ne réussit pas mieux auprès de Charles d'Anjou. Il répondit à ses envoyés qu'ils étaient tous des traîtres à l'Église et à la couronne, et leur conseilla de se bien défendre, comme ils pourraient.

Les gens de Messine se hâtèrent de profiter de l'avis. Tout fut préparé pour faire une résistance désespérée. Hommes, femmes et enfants, tous portaient des pierres. Ils élevèrent un mur en trois jours, et repoussèrent bravement les premières attaques. Il en resta une petite chanson : « Ah ! n'est-ce pas grand-pitié des femmes de Messine, de les voir échevelées et portant pierre et chaux ?... Qui veut gâter Messine, Dieu lui donne trouble et travail. »

Il était temps toutefois que l'Aragonais arrivât. Le prince rusé s'était tenu d'abord en observation, laissant les risques aux Siciliens. Ceux-ci s'étaient irrévocablement compromis par le massacre ; mais comment allaient-ils soutenir cet acte irréfléchi, c'est ce que don Pedro voulut voir. Il se tenait toutefois en Afrique avec une armée, et faisait mollement la guerre aux infidèles. Cet armement avait inquiété le roi de France et le pape. Il rassura le premier en prétextant la guerre des Maures, et, pour le mieux tromper, il lui emprunta de l'argent ; il en emprunta même à Charles d'Anjou. Ses barons ne purent ouvrir qu'en mer les ordres cachetés qu'il leur avait donnés, et ils n'y lurent rien que la guerre d'Afrique. Ce ne fut qu'au bout de plusieurs mois, et lorsqu'il eut reçu deux députations des Siciliens, qu'il se décida, et passa dans l'île.

L'Aragonais envoya son défi devant Messine à Charles d'Anjou, mais il ne se pressa pas d'aller se mettre en face de son terrible ennemi. En bon toreador, il piqua, mais éluda le taureau. Seulement il expédia au secours de la ville quelques-uns de ses brigands almogavares, lestes et sobres piétons qui firent en trois jours les six tournées qu'il y a de Palerme à Messine. La flotte catalane, sous le Calabrois Roger de Loria, était un secours plus efficace encore. Elle devait occuper le détroit, affamer Charles d'Anjou, lui fermer le retour. Le roi de Naples se défiait avec raison de ses forces de mer. Il repassa le détroit pendant la nuit, sans pouvoir enlever ni ses tentes, ni ses provisions. Au matin, les Messinois émerveillés ne virent plus d'ennemis. Ils n'eurent plus qu'à piller le camp.

Si l'on en croit Muntaner, les Catalans n'avaient que vingt-deux galères contre les quatre-vingt-dix de Charles d'Anjou. Sur celles-ci, il y en avait dix de Pise, qui s'enfuirent les premières, quinze de Gênes qui les suivirent. Les Provençaux, sujets de Charles, en avaient vingt, et ne tinrent pas davantage. Les quarante-cinq qui restèrent étaient de Naples et de Calabre ; elles se crurent perdues, et se jetèrent à la côte. Mais les Catalans les poursuivirent, les prirent, y tuèrent six mille hommes. Les vainqueurs, écartés par la tempête, se trouvèrent à la pointe du jour devant le phare de Messine.

« Quand le jour fut arrivé, ils se présentèrent à la tourelle. Les gens de la ville, voyant un si grand nombre de voiles, s'écrièrent : Ah ! Seigneur ! ah ! mon Dieu, qu'est-ce cela ? Voilà la flotte du roi Charles qui, après s'être emparée des galères du roi d'Aragon, revient sur nous. »

« Le roi était levé, car il se levait constamment à l'aube du jour, soit l'été, soit l'hiver ; il entendit le bruit, et en demanda la cause. « Pourquoi ces cris dans toute la cité ? » – « Seigneur, c'est la flotte du roi Charles qui revient bien plus considérable, et qui s'est emparée de nos galères. »

« Le roi demanda un cheval, et sortit du palais suivi à peine de dix personnes. Il courut le long de la côte, où il rencontra un grand nombre d'hommes, de femmes et d'enfants au désespoir. Il les encouragea, en leur disant : « Bonnes gens, ne craignez rien, ce sont nos galères qui amènent la flotte du roi Charles. » Il répétait ces mots en courant sur le rivage de la mer ; et tous ces gens s'écriaient : « Dieu veuille que cela soit ainsi ! » Que vous dirai-je, enfin ? Tous les hommes, les femmes et enfants de Messine couraient après lui, et l'armée de Messine le suivait aussi. Arrivé à la Fontaine d'Or, le roi, voyant approcher une si grande quantité de voiles poussées par le vent des montagnes, réfléchit un moment, et dit à part soi : « Dieu, qui m'a conduit ici, ne m'abandonnera point, non plus que ce malheureux peuple ; grâces lui en soient rendues ! »

« Tandis qu'il était dans ces pensées, un vaisseau armé, pavoisé des armes du seigneur roi d'Aragon, et monté par En Cortada, vint devers le roi, que l'on voyait au-dessus de la Fontaine d'Or, enseignes déployées, à la tête de la cavalerie. Si tous ceux qui étaient là avec le roi furent transportés de joie, en apercevant ce vaisseau avec sa bannière, c'est ce qu'il ne faut pas demander. Le vaisseau prit terre. En Cortada débarqua et dit au roi : « Seigneur, voilà vos galères ; elles vous amènent celles de vos ennemis. Nicotera est prise, brûlée et détruite, et il a péri plus de deux cents chevaliers français. » A ces mots, le roi descendit de cheval et s'agenouilla. Tout le monde suivit son exemple. Ils commencèrent à entonner tous ensemble le *Salve regina*. Ils louèrent Dieu, et lui rendirent grâces de cette victoire, car ils ne la rapportaient point à eux, mais à Dieu seul. Enfin, le roi répondit à En Cortada : « Soyez le bienvenu. » Il lui dit ensuite de retourner sur ses pas et de dire à tous ceux qui se trouvaient devant la douane de s'approcher en louant Dieu ; il obéit, et les vingt-deux galères entrèrent les premières, traînant après elles chacune plus de quinze galères, barques ou bâtiments ; ainsi elles firent leur entrée à Messine, pavoisées, l'étendard déployé, et traînant sur la mer les enseignes ennemies. Jamais on ne fut témoin d'une telle allégresse. On eût dit que le ciel et la terre étaient confondus ; et au milieu de tous ces cris, on entendait les louanges de Dieu, de Mme Sainte Marie et de toute la cour céleste... Quand on fut à la douane, devant le palais du roi, on poussa des cris de joie ; et les gens de mer et les gens de terre y répondirent, mais d'une telle force, vous pouvez m'en croire, qu'on les entendait de la Calabre. »

Charles d'Anjou vit du rivage le désastre de sa flotte. Il vit incendier sans pouvoir les défendre ces vaisseaux, construits naguère pour la conquête de Constantinople. On dit qu'il mordait de rage le sceptre qu'il tenait à la main, et qu'il répétait le mot qu'il avait déjà dit en apprenant le massacre : « Ah ! sire Dieu, moult m'avez offert à surmonter ! Puisqu'il vous plaît de me faire fortune mauvaise, qu'il vous plaise aussi que la descente se fasse à petits pas et doucement. »

Mais l'orgueil l'emporta bientôt sur cette résignation. Charles d'Anjou, déjà vieux et pesant, proposa au jeune roi d'Aragon de décider leur querelle par un combat singulier, auquel auraient pris part cent chevaliers des deux royaumes. L'Aragonais accepta une proposition si favorable au plus faible, et qui lui donnait du temps. Les deux rois s'engagèrent à se trouver à Bordeaux le 15 mai 1283, et à combattre dans cette ville sous la protection du roi d'Angleterre. A l'époque indiquée, don Pedro bien monté, voyageant de nuit, et guidé par un marchand de chevaux qui connaissait toutes les routes, tous les ports des Pyrénées, se rendit, lui troisième, à Bordeaux. Il y arriva le jour même de la bataille, protesta devant un notaire que le roi de France étant près de Bordeaux avec ses troupes, il n'y avait pas de sûreté pour lui. Pendant que le notaire écrivait, le roi fit le tour de la lice, puis il piqua son cheval, et fit sans s'arrêter près de cent milles sur la route d'Aragon.

Charles d'Anjou, ainsi joué, prépara une nouvelle armée en Provence. Mais avant qu'il fût de retour à Naples, l'amiral Roger de Loria lui avait porté le coup le plus sensible. Il vint avec quarante-cinq galères parader devant le port de Naples, et braver Charles le Boiteux, le fils de Charles d'Anjou. Le jeune prince et ses chevaliers ne tinrent pas à un tel outrage. Ils sortirent avec trente-cinq galères qu'ils avaient dans le port.

Au premier choc, ils furent défaits et pris. Charles d'Anjou arriva le lendemain. « Que n'est-il mort ! » s'écria-t-il, quand on lui apprit la captivité de son fils. Il se donna la consolation de faire pendre cent cinquante Napolitains.

Le roi de Naples avait été rudement frappé de ce dernier coup. Son activité l'abandonnait. Il perdit l'été à négocier par l'entremise du pape un arrangement avec les Siciliens. L'hiver, il fit de nouveaux préparatifs ; mais ils ne devaient pas lui servir. La vie lui échappait, ainsi que l'espoir de la vengeance. Il mourut avec la piété et la sécurité d'un saint, se rendant ce témoignage, qu'il n'avait fait la conquête du royaume de Sicile que pour le service de l'Église (7 janvier 1285).

Cependant le pape, tout Français de naissance et de cœur, avait déclaré don Pedro déchu de son royaume d'Aragon (1283), assurant les indulgences de la croisade à quiconque lui courrait sus. L'année suivante il adjugea ce royaume au jeune Charles de Valois, second fils de Philippe le Hardi, et frère de Philippe le Bel.

Ce fut en effet une vraie croisade. La France n'avait point guerroyé depuis longtemps. Tout le monde voulut en être, la reine elle-même et beaucoup de nobles dames. L'armée se trouva la plus forte qui fût jamais sortie de France depuis Godefroi de Bouillon. Les Italiens la portent à vingt mille chevaliers, quatre mille fantassins. Les flottes de Gênes, de Marseille, d'Aigues-Mortes et de Narbonne, devaient suivre les rivages de Catalogne, et seconder les troupes de terre. Tout promettait un succès facile. Don Pedro se trouvait abandonné de son allié, le roi de Castille, et de son frère même, le roi de Majorque. Ses sujets venaient de former une hermandad contre lui. Il se trouva réduit à quelques Almogavares, avec lesquels il occupait les positions inattaquables, observant et inquiétant l'ennemi.

Elna fit quelque résistance, et tout y fut cruellement massacré. Girone résista davantage. Le roi de France, qui avait fait vœu de la prendre, s'y obstina, et y perdit un temps précieux. Peu à peu le climat commença à faire sentir son influence malfaisante. Des fièvres se mirent dans l'armée. Le découragement augmenta par la défaite de l'armée navale ; l'amiral vainqueur, Roger de Loria, exerça sur les prisonniers d'effroyables cruautés. Il fallut songer à la retraite, mais tout le monde était malade ; les soldats se croyaient poursuivis par les saints dont ils avaient violé les tombeaux. Tous les passages étaient occupés.

Les Almogavares, attirés par le butin, croissaient en nombre à vue d'œil. Le roi revenait mourant sur un brancard au milieu de ses chevaliers languissants. La pluie tombait à torrents sur cette armée de malades. La plupart restèrent en route. Le roi atteignit Perpignan, mais pour y mourir. Il ne lui restait pas un pouce de terre en Espagne.

Le nouveau roi, Philippe le Bel, trouva moyen d'armer le roi de Castille contre son allié d'Aragon. Le fils de Charles d'Anjou obtint sa liberté avec un parjure. La Sicile et ses nouveaux rois, cadets de la maison d'Aragon, se virent abandonnés de la branche aînée, qui prit même les armes contre eux. Cependant le petit-fils de Charles d'Anjou, fils de Charles le Boiteux, fut pris par les Siciliens, comme son père l'avait été. Un traité suivit (1299), d'après lequel le roi Frédéric devait garder l'île sa vie durant. Mais ses descendants l'ont gardée pendant plus d'un siècle.

Cette royauté de Naples, si mal acquise, ne fut pas renversée entièrement, mais du moins mutilée et humiliée. Il y eut quelque réparation pour les morts. « Le pieux Charles, aujourd'hui régnant (le fils de Charles d'Anjou), dit un chroniqueur, qui mourut vers l'an 1300, a construit une église de Carmes sur les tombeaux de Conradin et de ceux qui périrent avec lui. »

CHAPITRE II

Philippe le Bel - Boniface VIII - 1285-1304

« Je fus la racine de la mauvaise plante qui couvre toute la chrétienté de son ombre. De mauvaise plante, mauvais fruit...

« J'eus nom Hugues Capet. De moi sont nés ces Louis, ces Philippe, qui depuis peu règnent en France.

« J'étais fils d'un boucher de Paris, mais quand les anciens rois manquèrent, hors un qui prit la robe grise, je me trouvai tenir les rênes, et j'avais tels amis, telles forces que la couronne veuve retomba à mon fils. De lui sort cette race où les morts font reliques.

« Tant que la grande dot provençale ne leur ôta toute vergogne, peu valaient-ils ; du moins faisaient-ils peu de mal. Mais dès lors ils poussèrent par force et par mensonge, et puis par pénitence ils prirent Normandie et Gascogne.

« Charles passe en Italie, et puis, par pénitence, égorge Conradin. Par pénitence encore, il renvoie saint Thomas au ciel.

« Un autre Charles sortira tantôt de France. Sans armes, il sort, sauf la lance du parjure, la lance de Judas. Il en frappe Florence au ventre.

« L'autre, captif en mer, fait traite et marché de sa fille : le corsaire du moins ne vend que l'étranger.

« Mais voici qui efface le mal fait et à faire... Je le vois entrer dans Anagni, le fleurdelisé !... Je vois le Christ captif en son vicaire ; je le vois moqué une seconde fois ; il est de nouveau abreuvé de fiel et de vinaigre. Il est mis à mort entre les brigands. »

Cette furieuse invective gibeline, toute pleine de vérités et de calomnies, c'est la plainte du vieux monde mourant, contre ce laid jeune monde qui lui succède. Celui-ci commence vers 1300 ; il s'ouvre par la France, par l'odieuse figure de Philippe le Bel.

Au moins quand la monarchie française, fondée par Philippe Auguste et Philippe le Bel, finit en Louis XVI, elle eut dans sa mort une consolation. Elle périt dans la gloire immense d'une jeune république qui, pour son coup d'essai, vainquit l'Europe et la renouvela. Mais ce pauvre Moyen Age, papauté, chevalerie, féodalité, sous quelle main périssent-ils ? Sous la main du procureur, du banqueroutier, du faux-monnayeur. La plainte est excusable ; ce nouveau monde est laid. S'il est plus légitime que celui qu'il remplace, quel œil, fût-ce celui de Dante, pourrait le découvrir à cette époque ? Il naît sous les rides du vieux droit romain, de la vieille fiscalité impériale. Il naît avocat, usurier ; il naît gascon, lombard et juif.

Ce qui irrite le plus contre ce système moderne, contre la France, son premier représentant, c'est sa contradiction perpétuelle, sa duplicité d'instinct, l'hypocrisie naïve, si je puis dire, avec laquelle il va attestant tour à tour et alternant ses deux principes, romain et féodal. La France est alors un légiste en cuirasse, un procureur bardé de fer ; elle emploie la force féodale à exécuter les sentences du droit romain et canonique.

Fille obéissante de l'Église, elle s'empare de l'Italie et de l'Église même ; si elle bat l'Église, c'est comme sa fille, comme obligée en conscience de corriger sa mère.

Le premier acte du petit-fils de Saint Louis avait été d'exclure les prêtres de l'administration de la justice, de leur interdire tout tribunal, non seulement au Parlement du roi et dans ses domaines, mais dans ceux des seigneurs (1287). « Il a été ordonné par le conseil du seigneur roi, que les ducs, comtes, barons, archevêques et évêques, abbés, chapitres, collèges, gentilshommes (milites), et en général, tous ceux qui ont en France juridiction temporelle, instituent des laïques pour baillis, prévôts et officiers de justice ; qu'il n'instituent nullement des clercs en ces fonctions, afin que, s'ils manquent (délinquant) en quelque chose, leurs supérieurs puissent sévir contre eux. S'il y a des clercs dans les susdits offices, qu'ils en soient éloignés. – Item, il a été ordonné que tous ceux qui, après le présent Parlement, ont ou auront cause en la cour du seigneur roi, et devant les juges séculiers du royaume, constituent des procureurs laïques. Enregistré ce jour, au Parlement, de la Toussaint, l'an du Seigneur 1287. »

Philippe le Bel rendit le Parlement tout laïque. C'est la première séparation expresse de l'ordre civil et ecclésiastique ; disons mieux, c'est la fondation de l'ordre civil.

Les prêtres ne se résignèrent pas. Il semble qu'ils aient essayé de forcer le Parlement et d'y reprendre leur siège. En 1289, le roi défend « à Philippe et Jean, portiers du Parlement, de laisser entre nully des prélats en la chambre sans le consentement des maistres (présidents) ».

Constitué par l'exclusion de l'élément étranger, ce corps s'organisa (1291), par la division du travail, par la répartition des fonctions diverses. Les uns durent recevoir les requêtes et les expédier, les autres eurent la charge des enquêtes. Les jours de séance furent fixés, les récusations déterminées, ainsi que les fonctions des officiers du roi. Un grand pas se fit vers la centralisation judiciaire. Le Parlement de Toulouse fut supprimé, les appels du Languedoc furent désormais portés à Paris ; les grandes affaires devaient se décider avec plus de calme loin de cette terre passionnée, qui portait la trace de tant de révolutions.

Le Parlement a rejeté les prêtres. Il ne tarde pas à agir contre eux. En 1288, le roi défend qu'aucun juif ne soit arrêté à la réquisition d'un prêtre ou moine, sans qu'on ait informé le sénéchal ou bailli du motif de l'arrestation, et sans qu'on lui ait présenté copie du mandat qui l'ordonne. Il modère la tyrannie religieuse sous laquelle gémissait le Midi : il défend au sénéchal de Carcassonne d'emprisonner qui que ce soit sur la seule demande des inquisiteurs. Sans doute, ces concessions étaient intéressées. Le juif était chose du roi ; l'hérétique, son sujet, son *taillable*, n'eût pu être rançonné par lui, s'il l'eût été par l'Inquisition. Ne nous informons pas trop du motif. L'ordonnance paraît honorable à celui qui la signa. On y entrevoit la première lueur de la tolérance et de l'équité religieuse.

La même année 1291, le roi frappa sur l'Église un coup plus hardi. Il limita, ralentit cette terrible puissance d'absorption qui, peu à peu, eût fait passer toutes les terres du royaume aux gens de *mainmorte*. Morte en effet pour vendre ou donner, la main du prêtre, du moine, était ouverte et vivante pour recevoir et prendre. Il porte à trois, quatre ou six fois la rente, ce que devait payer l'acquéreur ecclésiastique, en compensation des droits sur mutations que l'État perdait. Ainsi toute donation d'immeubles faite aux Églises profita désormais au roi. Le roi, ce nouveau dieu du monde civil, entra en partage dans les dons de la piété avec Jésus-Christ, avec Notre-Dame et les saints.

Voilà pour l'Église. La féodalité, tout armée et guerrière qu'elle est, n'est pas moins attaquée. D'elle-même se dégage le principe qui doit la ruiner. Ce principe est la royauté comme suzeraineté féodale. Saint Louis dit expressément dans ses *Établissements* (liv. II, chap. XXVII) : « Se aucun se plaint en la cour le roy de son saignieur de dete que son saignieur li doie, ou de promesses, ou de convenances que il li ait fetes, li sires n'aura mie la cour : car nus sires ne doit estre juges, ne dire droit en sa propre querelle, selonc droit escrit en Code. Ne quis in sua causa judicet, en la loi unique qui commence *Generali,* el rouge, et el noir, etc. » Les *Établissements* de Saint Louis étaient faits pour les domaines du roi. Beaumanoir, dans la *Coutume de Beauvoisis,* dans un livre fait pour les domaines d'un fils de Saint Louis, de Robert de Clermont, ancêtre de la maison de Bourbon, écrit sous Philippe le Bel que le roi a droit de faire des établissements, non pour ses domaines seulement, mais pour tout le royaume. Il faut avoir dans le texte même avec quelle adresse il présente cette opinion scandaleuse et paradoxale.

Philippe le Hardi avait facilité aux roturiers l'acquisition des biens féodaux. Il enjoignit aux gens de justice « de ne pas molester les non-nobles qui acquerront des choses féodales ». Le non-noble, ne pouvant s'acquitter des services nobles qui étaient attachés au fief, il fallait le consentement de tous les seigneurs médiats, de degré en degré jusqu'au roi. Philippe III réduisit à trois le nombre des seigneurs médiats dont le consentement était requis.

La tendance de cette législation s'explique aisément quand on sait quels furent les conseillers des rois aux XIIe et XIVe siècles, quand on connaît la classe à laquelle ils appartenaient.

Le chambellan, le conseiller de Philippe le Hardi, fut le barbier ou chirurgien de Saint Louis, le Tourangeau Pierre La Brosse. Son frère, évêque de Bayeux, partagea sa puissance et aussi sa ruine. La Brosse avait accusé la seconde femme de Philippe III d'avoir empoisonné un fils du premier lit. Le parti des seigneurs, à la tête duquel était le comte d'Artois, soutint que le favori calomniait la reine, et que de plus il vendait aux

Castillans les secrets du roi. La Brosse décida le roi à interroger une *béguine,* ou mystique de Flandre. Le parti des seigneurs opposa à la *béguine* les dominicains, généralement ennemis des mystiques. Un dominicain apporta au roi une cassette où l'on vit ou crut voir des preuves de la trahison de La Brosse. Son procès fut instruit secrètement. On ne manqua pas de le trouver coupable. Les chefs du parti de la noblesse, le comte d'Artois, une foule de seigneurs, voulurent assister à son exécution.

En tête des conseillers de Saint Louis, plaçons Pierre de Fontaines, l'auteur du *Conseil à mon Ami,* livre en grande partie traduit des lois romaines. De Fontaines, natif du Vermandois, en était bailli l'an 1253. Nous le voyons ensuite parmi les Maistres du Parlement de Paris. En cette qualité, il prononce un jugement en faveur du roi contre l'abbé de Saint-Benoît-sur-Loire, puis un autre, et toujours favorable au roi contre les religieux du bois de Vincennes. Dans ces jugements, nous le trouvons nommé après le chancelier de France. Il s'intitule chevalier. Ce qui, dès cette époque, ne prouve pas grand-chose. Ces gens de robe longue prirent de bonne heure le titre de chevaliers ès lois.

Rien n'indique non plus que Philippe de Beaumanoir, bailli de Senlis, l'auteur de ce grand livre des *Coutumes de Vermandois,* ait été de bien grande noblesse. La maison du même nom est une famille bretonne, et non picarde, qui apparaît dans la guerre des Anglais au XIVe siècle, mais qui ne fait pas remonter régulièrement sa filiation plus haut que le XVe.

Les deux frères Marigni, si puissants sous Philippe le Bel, s'appelaient de leur vrai nom de famille Le Portier. Ils étaient Normands, et achetèrent dans leur pays la terre de Marigni. Le plus célèbre des deux, chambellan et trésorier du roi, capitaine de la Tour du Louvre, est appelé *coadjuteur et gouverneur de tout le royaume de France.* « C'était, dit un contemporain, comme un second roi, et tout se faisait à sa volonté. » On n'est pas tenté de soupçonner ce témoignage d'exagération lorsqu'on sait que Marigni mit sa statue au Palais de Justice à côté de celle du roi.

Au nombre des ministres de Philippe le Bel, il faut placer deux banquiers florentins, auxquels sans doute on doit rapporter en grande partie les violences fiscales de ce règne. Ceux qui dirigèrent les grands et cruels procès de Philippe le Bel furent le chancelier Pierre Flotte, qui eut l'honneur d'être tué, tout comme un chevalier, à la bataille de Courtrai. Il eut pour collègues ou successeurs Plasian et Nogaret. Celui-ci, qui acquit une célébrité si tragique, était né à Caraman en Lauraguais. Son aïeul, si l'on en croit les invectives de ses ennemis, avait été brûlé comme hérétique. Nogaret fut d'abord professeur de droit à Montpellier, puis juge-mage à Nîmes. La famille Nogaret, si fière au XVIe siècle, sous le nom d'Épernon, n'était pas encore noble en 1372, ni de l'une, ni de l'autre ligne. Peu après une expédition hardie où Guillaume Nogaret alla mettre la main sur le pape, il devint chancelier et garde des sceaux. Philippe le Long révoqua les dons qui lui avaient été faits par Philippe le Bel ; mais il ne fut pas enveloppé dans la proscription de Marigni. On eût craint sans doute de porter atteinte à ses actes judiciaires, qui avaient une si grande importance pour la royauté.

Ces légistes, qui avaient gouverné les rois anglais dès le XIIe siècle, au XIIIe Saint Louis, Alphonse X et Frédéric II, furent, sous le petit-fils de Saint Louis, les tyrans de la France. Ces *chevaliers en droit,* ces âmes de plomb et de fer, les Plasian, les Nogaret, les Marigni procédèrent avec une horrible froideur dans leur imitation servile du droit romain et de la fiscalité impériale. *Les Pandectes* étaient leur Bible, leur Évangile. Rien ne les troublait dès qu'ils pouvaient répondre à tort ou à droit : *Scriptum est...* Avec des textes, des citations, ils démolirent le Moyen Age, pontificat, féodalité, chevalerie. Ils allèrent hardiment *appréhender au corps* le pape Boniface VIII ; ils brûlèrent la croisade elle-même dans la personne des templiers.

Ces cruels démolisseurs du Moyen Age sont, il coûte de l'avouer, les fondateurs de l'ordre civil aux temps modernes. Ils organisent la centralisation monarchique. Ils jettent dans les provinces des baillis, des sénéchaux, des prévôts, des procureurs du roi, des maîtres et peseurs de monnaie. Les forêts sont envahies par les *verdiers,* les *gruiers* royaux. Tous ces gens vont chicaner, décourager, détruire les juridictions féodales. Au centre de cette vaste toile d'araignée siège le Conseil des légistes, sous le nom de Parlement (fixé à Paris en 1302). Là, tout viendra peu à peu se perdre, s'amortir sous l'autorité royale. Au besoin, les légistes appelleront à eux les bourgeois. Eux-mêmes ne sont pas autre chose, quoiqu'ils mendient l'anoblissement, tout en persécutant la noblesse.

Cette création du gouvernement coûtait certainement fort cher. Nous n'avons pas ici de détails suffisants, mais nous savons que les sergents des prévôts, c'est-à-dire les exécuteurs, les agents de cette administration si tyrannique à sa naissance, avaient d'abord, le sergent à cheval trois sols parisis, et plus tard six sols ; le sergent à pied dix-huit deniers, etc. Voilà une armée judiciaire et administrative. Tout à l'heure vont venir des troupes mercenaires. Philippe de Valois aura à la fois plusieurs milliers d'arbalétriers génois. D'où tirer les sommes énormes que tout cela doit coûter ? L'industrie n'est pas née encore. Cette société nouvelle se trouve déjà atteinte du mal dont mourut la société antique. Elle consomme sans produire. L'industrie et la richesse doivent sortir à la longue de l'ordre et de la sécurité. Mais cet ordre est si coûteux à établir qu'on peut douter pendant longtemps s'il n'augmente pas les misères qu'il devait guérir.

Une circonstance aggrave infiniment ces maux. Le seigneur du Moyen Age payait ses serviteurs en terres, en produits de la terre ; grands et petits, ils avaient place à sa table. La solde, c'était le repas du jour. L'immense machine du gouvernement royal qui substitue son mouvement compliqué aux mille mouvements naturels et simples du gouvernement féodal, cette machine, l'argent seul peut lui donner l'impulsion. Si cet élément vital manque à la nouvelle royauté, elle va périr, la monarchie se dissoudra, et toutes les parties retomberont dans l'isolement, dans la barbarie du gouvernement féodal.

Ce n'est donc pas la faute de ce gouvernement s'il est avide et affamé. La faim est sa nature, sa nécessité, le fond même de son tempérament. Pour y satisfaire, il faut qu'il emploie tour à tour la ruse et la force. Il y a ici en un seul prince, comme dans le vieux roman, maître Renard et maître Isengrin.

Ce roi, de sa nature, n'aime pas la guerre, il est juste de le reconnaître ; il préfère tout autre moyen de prendre, l'achat, l'usure. D'abord, il trafique, il échange, il achète ; le fort peut dépouiller ainsi honnêtement des amis faibles. Par exemple, dès qu'il désespère de prendre l'Espagne avec des bulles du pape, il achète du moins le patrimoine de la branche cadette d'Aragon, la bonne ville de Montpellier, la seule qui restât au roi Jacques. Le prince, avisé et bien instruit en lois, ne se fit pas scrupule d'acquérir ainsi le dernier vêtement de son prodigue ami, pauvre fils de famille qui vendait son bien pièce à pièce, et auquel sans doute il crut devoir en ôter le maniement en vertu de la loi romaine : *Prodigus et furiosus*...

Au nord, il acquit Valenciennes, qui se donna à lui (1293). Et sans doute il y eut encore de l'argent en cela. Valenciennes l'approchait de la riche Flandre, si bonne à prendre, et comme riche, et comme alliée des Anglais. Du côté de la France anglaise, il avait acheté au nécessiteux Édouard Ier le Quercy, terre médiocre, sèche et montagneuse, mais d'où l'on descend en Guyenne. Édouard était alors empêtré dans les guerres de Galles et d'Écosse, où il ne gagnait que de la gloire. C'eût été beaucoup, il est vrai, de fonder l'unité britannique, de se fermer dans l'île. Édouard y fit d'héroïques efforts, et commit aussi d'incroyables barbaries. Mais il eut beau briser les harpes de Galles, tuer les barbes, il eut beau faire périr le roi David du supplice des traîtres, et transporter à Westminster le palladium de l'Écosse, la fameuse pierre de Scone, il ne put rien finir ni dans l'île ni sur le continent. Chaque fois qu'il regardait vers la France et voulait y passer, il apprenait quelque mauvaise nouvelle du Border écossais ou des Marches de Galles, quelque nouveau tour de Leolyn ou de Wallace. Wallace était encouragé par Philippe le Bel, le chef héroïque des clans, par le roi-procureur. Celui-ci n'avait que faire de bouger. Il lui suffisait de relancer Édouard par ses limiers d'Écosse. Il le laissait volontiers s'immortaliser dans les déserts de Galles et de Northumberland, procédait contre lui à son aise, et le condamnait par défaut.

Ainsi, quand il le vit occupé à contenir l'Écosse sous Baillol, il le somma de répondre des pirateries de ses Gascons sur nos Normands. Il ajourna ce roi, ce conquérant à venir s'expliquer par-devant ce qu'il appelait le tribunal des pairs. Il le menaça, puis il l'amusa, lui offrit une princesse de France, pour prix d'une soumission fictive, d'une simple saisie, qui arrangerait tout. L'arrangement fut que l'Anglais ouvrit ses places, que Philippe les garda, et retira ses offres. Cette grande province, ce royaume de Guyenne, fut escamotée.

Édouard cria en vain. Il demanda et obtint contre Philippe l'alliance du roi des Romains, Adolphe de Nassau, celle des ducs de Bretagne et de Brabant, des comtes de Flandre, de Bar et de Gueldres. Il écrivit humblement à ses sujets de Guyenne, leur demandant pardon d'avoir consenti à la saisie. Mais, trop occupé en Écosse, il ne vint pas lui-même en Guyenne, et son parti n'éprouva que des revers. Philippe eut pour lui le pape (Boniface VIII), qui lui devait la tiare, et qui, pour lui donner un allié, délia le roi d'Écosse des serments qu'il avait prêtés au roi d'Angleterre. Enfin, il fit si bien que les Flamands, mécontents de leur comte, l'appelèrent à leurs secours. Pour soutenir la guerre, les deux rois comptaient sur la Flandre. La grasse Flandre était la tentation naturelle de ces gouvernements voraces. Tout ce monde de barons, de chevaliers, que les rois de France sevraient de croisades et de guerres privées, la Flandre était leur rêve, leur poésie, leur Jérusalem. Tous étaient prêts à faire un joyeux pèlerinage aux magasins de Flandre, aux épices de Bruges, aux fines toiles d'Ypres, aux tapisseries d'Arras.

Il semble que Dieu ait fait cette bonne Flandre, qu'il l'ait placée entre tous pour être mangée des uns et des autres. Avant que l'Angleterre fût cette chose colossale que nous voyons, la Flandre était une Angleterre, mais de combien déjà inférieure, et plus incomplète ! Drapiers sans laine, soldats sans cavalerie, commerçants sans marine. Et aujourd'hui, ces trois choses, bestiaux, chevaux, marine, c'est justement le nerf de l'Angleterre ; c'est la matière, le véhicule, la défense de son industrie.

Ce n'est pas tout. Ce nom, les Flandres, n'exprime pas un peuple, mais une réunion de plusieurs pays fort divers, une collection de tribus et de villes. Rien n'est moins homogène. Sans parler de la différence de race et de langue, il y a toujours eu haine de ville à ville, haine entre les villes et les campagnes, haine de classes, haine de métiers, haine entre le souverain et le peuple. Dans un pays où la femme héritait et transférait la souveraineté, le souverain était souvent un mari étranger. La sensualité flamande, la matérialité de ce peuple de chair, apparaît dans la précoce indulgence de la Coutume de Flandre pour la femme et pour le bâtard. La femme flamande amena ainsi par mariage des maîtres de toute nation, un Danois, un Alsacien ; puis un voisin du Hainaut, puis un prince de Portugal, puis des Français de diverses branches : Dampierre (Bourbon), Louis de Mâle (Capet), Philippe le Hardi (Valois) ; enfin Autriche, Espagne, Autriche encore. Voici maintenant la Flandre sous un Saxon (Cobourg).

La Flandre se plaignait du comte français, Gui Dampierre, Philippe s'offrit comme protecteur aux Flamands. Gui s'adressa aux Anglais, et voulut donner sa fille Philippa au fils d'Édouard. Ce mariage contre le roi de France ne pouvait, selon la loi féodale, se faire sans l'assentiment du roi de France, suzerain de Gui Dampierre. Philippe cependant ne réclama pas ; il déclara hypocritement qu'étant parrain de la jeune fille, il ne pouvait lui laisser passer le détroit sans l'embrasser. Refuser, c'était déclarer la guerre, et trop tôt. Venir, c'était risquer de rester à Paris. Gui vint en effet et resta. Le père et la fille furent retenus à la tour du Louvre. Philippe enleva à Édouard son allié et sa femme, comme il avait fait de la Guyenne. Le comte s'échappa, il est vrai, dans la suite. La jeune fille mourut, au grand dommage de Philippe, qui avait intérêt à garder un tel otage et qu'on accusa de sa mort.

Édouard croyait avoir ameuté tout le monde contre son déloyal ennemi. L'empereur Adolphe de Nassau, pauvre petit prince, malgré son titre, eût volontiers guerroyé aux gages d'Édouard, comme autrefois Othon de Brunswick pour Jean, comme plus tard Maximilien pour Henri VIII, à cent écus par jour. Les comtes de Savoie, d'Auxerre, Montbéliard, Neufchâtel, ceux du Hainaut et de Gueldres, le duc de Brabant, les évêques de Liège et d'Utrecht, l'archevêque de Cologne, tous promettaient d'attaquer Philippe, tous recevaient l'argent anglais, et tous restèrent tranquilles, excepté le comte de Bar. Édouard le payait pour agir, Philippe pour se reposer.

La guerre se faisait ainsi sans bruit ni bataille. C'était une lutte de corruption, une bataille d'argent, à qui serait le premier ruiné. Il fallait donner aux amis, donner aux ennemis. Faibles et misérables étaient les ressources des rois d'alors pour suffire à de telles dépenses. Édouard et Philippe chassèrent, il est vrai, les juifs, en gardant leurs biens. Mais le juif est glissant, il ne se laisse pas prendre. Il écoulait de France, et trouvait moyen d'emporter. Le roi de France, qui avait des banquiers italiens pour ministres, s'avisa, sans doute par leur conseil, de rançonner les Italiens, les Lombards, qui exploitaient la France, et qui étaient comme une variété de l'espèce juive. Puis, pour atteindre plus sûrement encore tout ce qui achetait et vendait, le roi essaya pour la première fois de ce triste moyen si employé dans le XIVe siècle, l'altération de la monnaie. C'était un impôt facile et tacite, une banqueroute secrète au moins dans les premiers moments. Mais bientôt tous en profitaient : chacun payait ses dettes en monnaie faible. Le roi y gagnait moins que la foule des débiteurs sans foi. Enfin, l'on eut recours à un moyen plus direct, l'impôt universel de la maltôte.

Ce vilain nom, trouvé par le peuple, fut accepté hardiment du roi même. C'était un dernier moyen, une invention par laquelle, s'il restait encore quelque substance, quelque peu à sucer dans la moelle du peuple, on y pouvait atteindre. Mais on eut beau presser et tordre. Le patient était si sec, que la nouvelle machine n'en put exprimer presque rien. Le roi d'Angleterre ne tirait rien des siens non plus. Sa détresse le désespérait ; dans l'un de ses Parlements, on le vit pleurer.

Entre ce roi affamé et ce peuple étique, il y avait pourtant quelqu'un de riche. Ce quelqu'un, c'était l'Église. Archevêques et évêques, chanoines et moines, moines anciens de Saint-Benoît, moines nouveaux, dits mendiants, tous étaient riches et luttaient d'opulence. Tout ce monde tonsuré croissait des bénédictions du ciel et de la graisse de la terre. C'était un petit peuple heureux, obèse et reluisant, au milieu du grand peuple affamé qui commençait à le regarder de travers.

Les évêques allemands étaient des princes, et levaient des armées. L'Église d'Angleterre possédait, dit-on, la moitié des terres de l'île. Elle avait, en 1337, sept cent trente mille marcs de revenus. Aujourd'hui, il est vrai, l'archevêque de Kenterbury ne reçoit par an que douze cent mille francs, et celui d'York huit cent mille. Lorsque la Restauration préparait l'expédition d'Espagne, en 1822, l'on apprit que l'archevêque de Tolède faisait distribuer chaque jour à la porte de ses fermes et de ses palais dix mille soupes, et celui de Séville six mille.

La confiscation de l'Église fut la pensée des rois depuis le XIIIe siècle, la cause principale de leurs luttes contres les papes ; toute la différence, c'est que les protestants prirent, et que les catholiques se firent donner. Henri VIII employa le schisme, François Ier le Concordat.

Qui donc, au XIVe siècle, du roi ou de l'Église, devait désormais exploiter la France ? Telle était la question. Déjà, lorsque Philippe mit sur le peuple le terribe impôt de la maltôte, lorsqu'il altéra les monnaies, lorsqu'il dépouilla les Lombards, sujets ou banquiers du Saint-Siège, il frappait Rome directement ou indirectement, il la ruinait, il lui coupait les vivres.

Boniface usa enfin de représailles. En 1296, dans sa bulle *Clericis laicos,* il déclare excommuniés de fait tout prêtre qui paiera, tout laïque qui exigera subvention, prêt ou don, sans l'autorisation du Saint-Siège ; et cela, sans qu'aucun rang, aucun privilège puisse les excepter. Il annulait ainsi un privilège important de nos rois, qui, tout excommuniés qu'ils étaient comme rois, pouvaient toujours, dans leur chapelle et portes closes, entendre la messe et communier.

Au même moment, sous prétexte de la guerre d'Angleterre, Philippe défendait d'exporter du royaume or, argent, armes, etc. C'était frapper Rome bien plus que l'Angleterre.

Rien de plus mystiquement hautain, de plus paternellement hostile que la bulle en réponse : « Dans la douceur d'un ineffable amour *(Ineffabilis amoris dulcedine sponso suo),* l'Église, unie au Christ, son époux, en a reçu les dons, les grâces les plus amples, spécialement le don de liberté. Il a voulu que l'adorable épouse régnât, comme mère, sur les peuples fidèles. Qui donc ne redoutera de l'offenser, de la provoquer ? Qui ne sentira qu'il offense l'époux dans l'épouse ? Qui osera porter atteinte aux libertés ecclésiastiques, contre son Dieu et son Seigneur ? Sous quel bouclier se cachera-t-il, pour que le marteau de la puissance d'en haut ne le réduise en poudre et en cendre ?... O mon fils, ne détourne point l'oreille de la voix paternelle, etc. »

Il engage ensuite le roi à bien examiner sa situation : « Tu n'as point considéré avec prudence les régions et les royaumes qui entourent le tien, les volontés de ceux qui les gouvernent, ni peut-être les sentiments de tes sujets dans les diverses parties de tes États. Lève les yeux autour de toi, et regarde, et réfléchis. Songe que les royaumes des Romains, des Anglais, de l'Espagne, t'entourent de toutes parts ; songe à leur puissance, à la bravoure, à la multitude de leurs habitants, et tu reconnaîtras aisément que ce n'était pas le jour d'attaquer, d'offenser et nous et l'Église par de telles piqûres... Juge toi-même quelles ont dû être les pensées du siège apostolique, lorsque dans ces jours mêmes où nous étions occupés de l'examen et de la discussion des miracles qu'on attribue à l'invocation de ton aïeul de glorieuse mémoire, tu nous as envoyé de tels dons qui provoquent la colère de Dieu, et méritent, je ne dis pas seulement notre indignation, mais celle de l'Église elle-même...

« Dans quel temps tes ancêtres et toi-même avez-vous eu recours à ce siège, sans que votre pétition fût écoutée ? Et si une grave nécessité menaçait de nouveau ton royaume, non seulement le Saint-Siège t'accorderait les subventions des prélats et des personnes ecclésiastiques ; mais, si le cas l'exigeait, il étendrait ses mains jusqu'aux calices, aux croix et aux vases sacrés, plutôt que de ne pas défendre efficacement un tel royaume, qui est si cher au Saint-Siège, et qui lui a été si longtemps dévoué... Nous exhortons donc ta Sérénité Royale, la prions et l'engageons à recevoir avec respect les médicaments que t'offre une main paternelle, à acquiescer à des avis salutaires pour toi et ton royaume, à corriger tes erreurs, et à ne point laisser séduire ton âme par une fausse contagion. Conserve notre bienveillance et celle du Saint-Siège, conserve notre bonne renommée parmi les hommes, et ne nous force point à recourir à d'autres remèdes, à des remèdes inusités, lors même que la justice nous y forcerait, nous en ferait un devoir, nous ne les emploierions qu'à regret et malgré nous. »

Ces graves paroles, mêlées de douceur et de menaces, devaient faire impression. Aucun pontife n'avait été jusque-là plus partial pour nos rois que Boniface. La maison de France l'avait fait pape, il est vrai ; mais, en retour, il la faisait reine, autant qu'il était en lui. Il avait appelé en Italie Charles de Valois et, en attendant l'Empire latin de Constantinople, il l'avait créé comte de Romagne, capitaine du patrimoine de saint Pierre, seigneur de la Marche d'Ancône. Il obtint aux princes français le trône de Hongrie ; il fit ce qu'il put pour leur procurer le trône impérial et celui de Castille. En 1298, pris pour arbitre entre les rois de France et d'Angleterre, il essaya de les rapprocher par des mariages, et, par une sentence provisoire, il ajourna les restitutions que Philippe devait à l'Anglais.

La papauté, toute vieillie qu'elle était déjà, apparaissait encore comme l'arbitre du monde. Boniface VIII avait été appelé à juger entre la France et l'Angleterre, entre l'Angleterre et l'Écosse, entre Naples et l'Aragon, entre les empereurs Adolphe de Nassau et Albert d'Autriche. N'y avait-il pas lieu pour le pape de se faire illusion sur ses forces réelles ?

L'infatuation fut au comble, lorsqu'en l'an 1300, Boniface promit rémission des péchés à tous ceux qui viendraient visiter pendant trente jours les Églises des Saints-Apôtres. Ce jubilé rappelait tout à la fois celui des Juifs et les fêtes séculaires de Rome païenne. On sait que le Jubilé mosaïque, revenant tous les cinquante ans, devait rendre la liberté aux esclaves, les terres aliénées à leur premier possesseur ; il devait annuler l'histoire, défaire le temps, pour ainsi dire, au nom du seul Éternel. La vieille Rome, dans un tout autre point de vue, emprunta des Étrusques la doctrine des Ages ; mais ce ne fut point pour y reconnaître la mobilité de ce monde, la mortalité des empires. Rome se croyait Dieu, elle se jugeait immortelle comme invincible, et, au retour de chaque siècle, solennisait son éternité.

En l'an 1300, la foi était grande encore. La foule fut prodigieuse à Rome. On compta les pèlerins par cent mille, et bientôt il n'y eut plus moyen de compter. Ni les maisons, ni les églises ne suffirent à les recevoir ; ils campèrent par les rues et les places, sous des abris construits à la hâte, sous des toiles, sous des tentes et sous la voûte du ciel. On eût dit que, les temps étant accomplis, la chrétienté venait par-devant son juge dans la vallée de Josaphat.

Pour se représenter l'effet de ce prodigieux spectacle, il faut encore voir Rome, toute déchue qu'elle est, il faut la voir pendant les fêtes de Pâques. On oublierait presque que c'est bien là la triste Rome, la veuve de deux Antiquités.

Quel qu'ait été le motif de Boniface VIII, fiscal ou politique, je ne lui en veux pas pour cette invention du jubilé. Des milliers d'hommes l'en ont, j'en suis sûr, remercié du cœur. C'était mettre une pierre sur la route du temps, placer un point d'arrêt dans sa vie, entre les regrets du passé et les espérances d'un meilleur, d'un moins regrettable avenir ; c'était s'arrêter en montant cette rude pente, souffler un peu à midi. *Nel mezzo cammin di nostra vita.*

Ces âges candides croyaient qu'on pouvait fuir le mal en changeant de lieu, voyager du péché à la sainteté, laisser le diable avec l'habit qu'on dépose pour prendre celui du pèlerin. N'est-ce donc pas quelque chose d'échapper à l'influence des lieux, des habitudes, de se dépayser, de s'orienter à une vie nouvelle ? N'y a-t-il pas une mauvaise puissance d'infatuation et d'aveuglement dans ces lieux où le cœur se prend, que ce soit les Charmettes de Jean-Jacques, ou la pinadade Byron, ou ce lac d'Aix-la-Chapelle dont, selon la tradition, Charlemagne fut ensorcelé ?

Ne nous étonnons pas si nos aïeux aimèrent tant les pèlerinages, s'ils attribuèrent à la visite des lointains sanctuaires une vertu de régénération. « Le vieillard, tout blanc, et chenu, se sépare des lieux où il a fourni sa carrière, et de sa famille alarmée qui se voit privée d'un père chéri. Vieux, faible, et sans haleine, il se traîne comme il peut, s'aidant de bon vouloir, tout rompu qu'il est par les ans, par la fatigue du chemin.

Il vient à Rome pour y voir la semblance de Celui que, là-haut encore, il espère bien revoir au Ciel... »

Mais il en est qui n'arrivent pas, qui restent en chemin... La plupart de nos lecteurs se rappellent ici ce petit tableau de Robert, la pèlerine romaine assise dans la campagne aride ; elle ne voit ni ses pieds ensanglantés, ni son nourrisson sur ses genoux, altéré et haletant, pourvu qu'elle atteigne la colline bénie qui plane au loin à l'horizon : *Monte di gioja !...*

Et quand le but du voyage, c'était Rome ! quand au renouvellement du siècle, au moment solennel où sonnait une heure de la vie du monde, on atteignait la grande ville, et que ces monuments, ces vieux tombeaux, jusque-là seulement ouïs et célébrés, on les voyait, on les touchait ; alors, se retrouvant contemporain de tous les siècles, et des consuls et des martyrs, ayant de station en station, du Colisée au Capitole et du Panthéon à Saint-Pierre, revécu toute l'histoire, ayant vu toute mort et ruine, on s'en allait, on se remettait en marche vers la patrie, vers le tombeau natal, mais avec moins de regret, et d'avance tout consolé de mourir.

L'Église, comme ces milliers d'hommes qui venaient la visiter, trouva dans ce Jubilé de l'an 1300 le point culminant de sa vie historique. La descente commença dès lors. Dans cette foule même se trouvaient les hommes redoutables qui allaient ouvrir un monde nouveau. Les uns, froids et impitoyables politiques, comme l'historien Jean Villani ; les autres chagrins et superbes, comme Dante, qui, lui aussi, allait se faire son jubilé. Le pape avait appelé à Rome tous les vivants ; le poète convoqua dans sa comédie tous les morts ; il fit la revue du monde fini, le classa, le jugea. Le Moyen Age, comme l'Antiquité, comparut devant lui. Rien ne lui fut caché. Le mot du sanctuaire fut dit et profané. Le sceau fut enlevé, brisé : on ne l'a pas retrouvé depuis. Le Moyen Age avait vecu ; la vie est un mystère, qui périt lorsqu'il achève de se révéler. La révélation, ce fut *La Divina Commedia,* la Cathédrale de Cologne, les peintures du Campo Santo de Pise. L'art vient ainsi terminer, fermer une civilisation, la couronner, la mettre glorieusement au tombeau.

N'accusons pas le pape, si cet octogénaire, vieil avocat, et nourri dans les ruses et les plus prosaïques intrigues, se laissa gagner lui-même à la grandeur, à la poésie de ce moment, où il vit le genre humain réuni à Rome et à genoux devant lui... Il est d'ailleurs une sombre puissance de vertige dans cette ville tragique. Les souverains de Rome, ses empereurs, ont paru souvent comme fous. Et même au XIVe siècle, Cola Rienzi, le fils d'une blanchisseuse, devenu tribun de Rome, ne tournait-il pas son épée vers les trois parties du globe, en disant : « Ceci et ceci, cela encore, est à moi. »

A plus forte raison, le pape se croyait-il le maître du monde. Lorsque Albert d'Autriche se fit empereur par la mort d'Adolphe de Nassau, Boniface, indigné, mit la couronne sur sa tête, saisit une épée, et s'écria : « C'èst moi qui suis César, c'est moi qui suis l'empereur, c'est moi qui défendrai les droits de l'Empire. » Au Jubilé de 1300, il parut, au milieu de cette multitude de toute nation, avec les insignes impériaux ; il fit porter devant lui l'épée et le sceptre sur la boule du monde, et un héraut allait criant : « Il y a ici deux épées ; Pierre, tu vois ici ton successeur ; et vous, ô Christ ! regardez votre vicaire. » Il expliquait ainsi les deux épées qui se trouvèrent dans le lieu où Jésus-Christ fit la Cène avec ses apôtres.

Cette outrecuidance pontificale devait perpétuer la guerre des deux puissances ecclésiastique et civile. La lutte, qui semblait finie avec la maison de Souabe, est reprise par celle de France. Guerre d'idées, non de personnes, de nécessité, non de volonté. Le pieux Louis IX la commence, le sacrilège Philippe IV la continue.

« Reconnaître deux puissances et deux principes, dit Boniface dans sa bulle *Unam sanctam,* c'est être hérétique et manichéen... » Mais le monde du Moyen Age est manichéen, il mourra tel ; toujours il sentira en lui la lutte des deux principes. *« Que cherches-tu ? » « La paix. »* C'est le mot du monde. L'homme est double ; il y a en lui le pape et l'empereur.

La paix ! Elle est dans l'harmonie, sans doute ; mais, d'âge en âge, on l'a cherchée dans l'unité. Dès le IIe siècle, saint Irénée écrit contre les gnostiques son livre : *De l'Unité du Principe du Monde (De Monarchiâ).* C'est encore le titre du Dante : *De Monarchiâ (De l'Unité du Monde social).* Le livre de Dante est bizarre. Sa formule, c'est la paix, comme condition du développement, la paix sous un monarque unique. Ce monarque, possédant tout, ne peut rien désirer, et partant, il est impeccable. Ce qui fait le mal, c'est la concupiscence ; où il n'y a plus de limite, que désirer ? quelle concupiscence peut naître ? Tel est le raisonnement de Dante. Reste à prouver que cet idéal peut être réel, que ce réel est le peuple romain ; qu'enfin le peuple romain a transmis sa souveraineté à l'empereur d'Allemagne.

Ce livre est une belle épitaphe gibeline pour l'Empire allemand : l'Empire en 1300, ce n'est plus exclusivement l'Allemagne ; c'est désormais tout empire, toute royauté ; c'est le pouvoir civil en tout pays, surtout en France. Les deux adversaires sont maintenant l'Église et le fils aîné de l'Église. Des deux côtés, prétentions sans bornes ; deux infinis en face. Le roi, s'il n'est pas le roi seul, est du moins le plus grand roi du monde ; le plus révéré encore, depuis Saint Louis. Fils aîné de l'Église, il veut être plus âgé que sa mère : « Avant qu'il n'y eût des clercs, dit-il, le roi avait en garde le royaume de France. »

La querelle s'était déjà émue à l'occasion des biens d'Église ; mais il y avait d'autres motifs d'irritation. Boniface avait décidé entre Philippe et Édouard, non comme ami et personne privée, mais comme pape. Le comte d'Artois, indigné de la partialité du pontife pour les Flamands, arracha la bulle au légat et la jeta au feu. En représailles, Boniface favorisa Albert d'Autriche contre Charles de Valois, qui prétendait à la couronne impériale. De son côté, Philippe mit la main sur les régates de Laon, de Poitiers et de Reims. Il accueillait les ennemis de Boniface, les Colonna, ces rudes gibelins, ces chefs de brigands romains contre les papes.

L'explosion eut lieu au sujet d'un bien mal acquis, que depuis un siècle se disputaient le pape et le roi. Je parle de cette sanglante dépouille du Languedoc. Boniface VIII paya pour Innocent III. L'hommage de Narbonne, rendu directement au roi par le vicomte, était vivement réclamé par l'archevêque (1300). L'archevêque eût voulut s'arranger. Le pape le menaça d'excommunication, s'il traitait sans la permission du Saint-Siège. Il cita à Rome l'homme du roi, et, de plus, menaça Philippe, s'il ne se désistait du comté de Melgueil, dont ses officiers dépouillaient l'église de Maguelone.

Ce n'est pas tout : le pape avait, malgré Philippe, créé dans ce dangereux Languedoc, à la porte du comte de Foix et du roi d'Aragon, un nouvel évêché pris sur le diocèse de Toulouse, l'évêché de Pamiers. Il avait fait évêque un homme à lui, Bernard de Saisset. Ce fut justement ce Saisset qu'il envoya au roi pour lui rappeler sa promesse d'aller à la croisade, et le sommer de mettre en liberté le comte de Flandre et sa fille. De telles paroles ne se disaient pas impunément à Philippe le Bel.

Ce Saisset, qui parlait si hardiment, était déjà désigné au roi, par l'évêque de Toulouse, comme l'auteur d'un vaste complot qui eût enlevé tout le Midi aux Français. Saisset appartenait à la famille des anciens vicomtes de Toulouse. Il était l'ami de tous les hommes distingués, de toute la noblesse municipale de cette grande cité. Il rêvait la fondation d'un royaume de Languedoc au profit du comte de Foix, ou du comte de Comminges, qui descendait des Raimond de Toulouse, tant regrettés de leurs anciens sujets.

Ces grands seigneurs de Midi n'avaient ni les forces, ni l'amour du pays, ni la hauteur du courage, qu'une telle entreprise eût demandés. Le comte de Comminges se signa, en entendant des propositions si hardies : « Ce Saisset est un diable, dit-il, plutôt qu'un homme. » Le comte de Foix joua un rôle plus odieux. Il reçut les confidences de Saisset, pour les transmettre au roi par l'évêque de Toulouse.

On sut par lui que Saisset se chargeait de demander pour le fils du comte de Foix la fille du roi d'Aragon, qui, disait-il, était son ami. Il avait dit encore ; « Les Français ne feront jamais de bien, mais plutôt du mal au pays. » Il ne voulait pas terminer avec le comte de Foix les démêlés de son évêché, à moins que ce seigneur ne s'arrangeât avec les comtes d'Armagnac et de Comminges, et ne réunît ainsi tout le pays sous son influence.

On attribuait à Saisset des mots piquants contre le roi : « Votre roi de France, disait-il, est un faux-monnayeur. Son argent n'est que de l'ordure... Ce Philippe le Bel n'est ni un homme, ni même une bête ; c'est une image, et rien de plus... Les oiseaux, dit la fable, se donnèrent pour roi le *duc* grand et bel oiseau, il est vrai, mais le plus vil de tous. La pie vint un jour se plaindre au roi de l'épervier, et le roi ne répondit rien *(nisi quod flevit).* Voilà votre roi de France ; c'est le plus bel homme qu'on puisse voir, mais il ne sait que regarder les gens... Le monde est aujourd'hui comme mort et détruit, à cause de la malice de cette Cour... Mais Saint Louis m'a dit plus d'une fois que la royauté de France périrait en celui qui est le dixième roi, à partir d'Hugues Capet. »

Deux commissaires de Philippe, un laïque et un prêtre, étant venus en Languedoc pour instrumenter contre Saisset, il comprit son danger et voulut se sauver à Rome. Les hommes du roi ne lui en laissèrent pas le temps. Ils le prirent de nuit, dans son lit, et l'enlevèrent à Paris, avec ses serviteurs, qui furent mis à la torture.

Cependant le roi envoyait au pape, non pour se justifier d'avoir violé les privilèges de l'Église, mais pour demander la dégradation de l'évêque, avant de le mettre à mort. La lettre du roi respire une étrange soif de sang : « Le roi requiert le souverain pontife d'appliquer tel remède, d'exercer le dû de son office, de telle sorte que cet homme de mort *(dictus vir mortis),* dont la vie souille même le lieu qu'il habite, il le prive de tout ordre, le dépouille de tout privilège clérical, et que le seigneur roi puisse, de ce traître à Dieu et aux hommes, de cet homme enfoncé dans la profondeur du mal, endurci et sans espoir de correction, que le roi en puisse par voie de justice faire à Dieu un excellent sacrifice. Il est si pervers, que tous les éléments doivent lui manquer dans la mort, puisqu'il offense Dieu et toute créature. »

Le pape réclama l'évêque, déclara suspendre le privilège qu'avaient les rois de France de ne pouvoir être excommuniés, et convoqua le clergé de France à Rome pour le 1er novembre de l'année suivante. Enfin il adressa au roi la bulle *Ausculta, fili* : « Écoute, mon fils, les conseils d'un père tendre. » Le pape commençait par ces paroles irritantes, dont ses adversaires surent bien profiter : « Dieu nous a constitué, quoique indigne, au-dessus des rois et des royaumes, nous imposant le joug de la servitude apostolique, pour arracher, détruire, disperser, dissiper, et pour édifier et planter sous son nom et par sa doctrine... » Du reste, la bulle était, sous forme paternelle, une récapitulation de tous les griefs du pape et de l'Église.

Le chancelier Pierre Flotte se chargea de porter la réponse au pape. La réponse, c'était que le roi ne lâchait pas son prisonnier, qu'il le remettait seulement à garder à l'archevêque de Narbonne, que l'or et l'argent ne sortiraient plus de France, que les prélats n'iraient point à Rome. Ce fut une rude insulte pour le pape encore triomphant de son Jubilé, quand ce petit avocat borgne vint lui parler si librement. L'altercation fut violente. Le pape le pris de haut : « Mon pouvoir, dit-il, renferme les deux. » Pierre Flotte répondit par un aigre distinguo : « Oui, mais votre pouvoir est verbal, celui du roi réel. » Le Gascon Nogaret, qui était venu avec Pierre Flotte, ne put se contenir ; il parla avec la violence et l'emportement méridional sur les abus de la cour pontificale, sur la conduite même du pape. Ils sortirent ainsi de Rome enragés dans leur haine d'avocats contre les prêtres, ayant outragé le pape, et sûrs de périr s'ils ne le prévenaient.

Pour soulever tout le monde contre Boniface, il fallait tirer quelques propositions bien claires et bien choquantes du doucereux bavardage où la cour de Rome aimait à noyer sa pensée. Ils arrangèrent donc entre eux une brutale petite bulle où le pape exprimait crûment toutes ses prétentions. En même temps, ils faisaient courir une fausse réponse à la fausse bulle, où le roi parlait au pape avec une violence et une grossièreté populacière. Cette réponse, bien entendu, n'était pas destinée à être envoyée, mais elle devait avoir deux effets. D'abord elle avilissait le pouvoir sacro-saint, auquel on jetait impunément cette boue. Ensuite, elle indiquait que le roi se sentait fort, ce qui est le moyen de l'être en effet.

« Boniface, évêque, serviteur des serviteurs de Dieu, à Philippe, roi des Francs, crains Dieu et observe ses commandements. Nous voulons que tu saches que tu nous es soumis dans le temporel comme dans le spirituel ; que la collation des bénéfices et des prébendes ne t'appartient point; que si tu as la garde des bénéfices vacants, c'est pour en réserver les fruits aux successeurs. Que si tu en as conféré quelqu'un, nous déclarons cette collation invalide, et nous la révoquons si elle a été exécutée, déclarant hérétiques tous ceux qui pensent autrement. Donné au Latran, aux nones de décembre, l'an 7 de notre pontificat. » C'est la date de la bulle *Ausculta, fili.*

« Philippe, par la grâce de Dieu, roi des Français, à Boniface qui se donne pour pape, peu ou point de salut. Que ta très grande fatuité sache que nous ne sommes soumis à personne pour le temporel ; que la collation des Églises et des prébendes vacantes nous appartient par le droit royal ; que les fruits en sont à nous ; que les collations faites et à faire par nous sont valides au passé et à l'avenir ; que nous maintiendrons leurs possesseurs de tout notre pouvoir, et que nous tenons pour fous et insensés ceux qui croiront autrement. »

Ces étranges paroles qui eussent, un siècle plus tôt, armé tout le royaume contre le roi, furent bien reçues de la noblesse et du peuple des villes. On fit alors un pas de plus ; on compromit directement la noblesse avec le pape. Le 11 février 1302, en présence du roi et d'une foule de seigneurs et de chevaliers, au milieu du peuple de Paris, la petite bulle fut brûlée, et cette exécution fut ensuite criée à son de trompe par toute la ville. Encore deux cents ans, un moine allemand fera de son autorité privée ce que Pierre Flotte et Nogaret font maintenant au nom du roi de France.

Mais il fallait engager tout le royaume dans la querelle. Le pape avait convoqué les prélats à Rome pour le 1er novembre ; le roi convoqua les États pour le 10 avril ; non plus les États du clergé et de la noblesse, non plus les États du Midi, comme Saint Louis les avait rassemblés ; mais les États du Midi et du Nord, les États des trois ordres, clergé, noblesse et bourgeoisie des villes. Ces états généraux de Philippe le Bel sont l'ère nationale de la France, son acte de naissance. Elle a été ainsi baptisée dans la Basilique de Notre-Dame, où s'assemblèrent ces premiers États. De même que le Saint-Siège, au temps de Grégoire VII et d'Alexandre III, s'était appuyé sur le peuple, l'ennemi du Saint-Siège appelle maintenant le peuple à lui. Ces bourgeois, maires, échevins, consuls des villes, sous quelque forme humble et servile qu'ils viennent d'abord répéter les paroles du roi et des nobles, ils n'en sont pas moins la première apparition du peuple.

Pierre Flotte ouvrit les États (10 avril 1302) d'une manière habile et hardie. Il attaqua les premières paroles de la bulle *Ausculta, fili* : « Dieu nous a constitué au-dessus des rois et des royaumes... » Puis il demanda si les Français pouvaient sans lâcheté se soumettre à ce que leur royaume, toujours libre et indépendant, fût ainsi placé dans le vasselage du pape. C'était confondre adroitement la dépendance morale et religieuse avec la dépendance politique, toucher la fibre féodale, réveiller le mépris de l'homme d'armes contre le prêtre. Le bouillant comte d'Artois, qui déjà avait arraché au légat et déchiré la bulle *Ausculta,* prit la parole, et dit que, s'il convenait au roi d'endurer ou de dissimuler les entreprises du pape, les seigneurs ne les souffriraient pas. Cette flatterie brutale, sous forme de liberté et de hardiesse, fut applaudie des nobles. En même temps, on leur fit signer et sceller une lettre en langue vulgaire, non au pape, mais aux cardinaux. La lettre était probablement tout écrite d'avance par les soins du chancelier, car elle est datée du 10 avril, du jour même où les États furent assemblés. Dans cette longue épître, les seigneurs, après avoir souhaité aux cardinaux « continuel accroissement de charité, d'amour et de toutes bonnes aventures à leur désir », déclarent que, quant aux dommages « celuy qui en présent siet ou siége du gouvernement de l'Église » dit être faits par le roi, ils ne veulent « ne eux, ne les universités, ne li peuple du royaume, avoir ne correction ne amende, par autre fors que par ledit nostre Sire Le Roi ». Ils accusent « Cil qui à présent siet ou siége du gouvernement de l'Église » de tirer beaucoup d'argent de la conférence et collation des archevêques, évêques et autres bénéficiers. « Si que li mêmes peuples, qui leur est soubgez, soient grevez et rançonnez. Ne li prélas ne poent donner leur bénéfices *aux nobles* clercs et autres bien nez et bien lettrez de leurs dioceses, *de qui antecessours les églises sont fondées.* » Les seigneurs signèrent certainement de grand cœur ce dernier mot où l'habile rédacteur insinuait que les bénéfices, fondés pour la plupart par leurs ancêtres, devaient être donnés à leurs cadets, ou à leurs créatures, ainsi que cela se fait en Angleterre, surtout depuis la Réforme. C'était attacher à la défaite du pape le retour des biens immenses dont les seigneurs s'étaient dépouillés pour l'Église dans les âges de faveur religieuse.

La lettre des bourgeois fut calquée sur celle des nobles, si nous en jugeons par la réponse des cardinaux. Mais elle n'a pas été conservée, soit qu'on n'ait daigné en tenir compte, soit qu'on ait craint que le dernier des trois ordres ne tirât plus tard avantage du langage hardi qu'on lui avait permis de prendre dans cette occasion.

La lettre des membres du clergé est tout autrement modérée et douce. D'abord elle est adressée au pape : *Sanctissimo patri ac domino suo carissimo...* Ils exposent les griefs du roi et réclament son indépendance quant au temporel. Ils ont fait tout ce qu'ils ont pu pour l'adoucir ; ils l'ont supplié de permettre qu'ils allassent aux pieds de la béatitude apostolique. Mais la réponse est venue du roi et des barons qu'on ne leur permettrait aucunement de sortir du royaume. Ils sont tenus au roi par leur serment de fidélité, à la conservation de sa personne, de ses honneurs et libertés, à celle des droits du royaume, *d'autant plus que nombre d'entre eux tiennent des duchés, comtés, baronnies et autres fiefs.* Enfin, dans cette nécessité extrême, ils ont recours à la providence de sa sainteté « avec des paroles pleines de larmes et des sanglots mêlés de pleurs, implorant sa clémence paternelle, etc. »

Cette lettre, si différente de l'autre, contient pourtant également le grand fief de la noblesse : « Les prélats n'ont plus de quoi donner, pas même de quoi *rendre*, aux nobles *dont les ancêtres ont fondé les Églises.* »

Pendant que la lutte s'engageait ainsi contre le pape, une grande et terrible nouvelle avait compliqué l'embarras. Les États s'étaient assemblés le 10 avril. Mais le 21 mars, le massacre des Vêpres siciliennes s'était renouvelé à Bruges. Quatre mille Français avaient été égorgés dans cette ville.

La noblesse était réunie aux États. Il ne s'agissait que de la faire chevaucher vers la Flandre, tout animée de colère qu'elle était déjà, toute gonflée d'orgueil féodal, et de lui faire gagner une belle bataille sur les Flamands, qui eût été une victoire sur le pape Pierre Flotte, si engagé dans cette cause, ne pouvait perdre le roi de vue. Tout chancelier qu'il était et homme de robe longue, il monta à cheval avec les hommes d'armes.

Les Flamands, qui avaient appelé les Français, en étaient cruellement punis. La malveillance mutuelle avait éclaté dès le premier jour. Édouard ayant laissé le comte à ses propres forces pour faire tête à Wallace, les Français le poussèrent de place en place et lui persuadèrent de se livrer à Philippe, qui le traiterait bien. Le bon traitement fut de rentrer dans la prison du Louvre, où déjà sa fille était morte.

Le roi des Français n'avait eu qu'à prendre paisiblement possession des Flandres. Il ne soupçonnait pas lui-même l'importance de sa conquête. Quand il mena la reine avec lui voir ces riches et fameuses villes de Gand et de Bruges, ils en furent éblouis, effrayés. Les Flamands allèrent au-devant en nombre innombrable, curieux de voir un roi. Ils vinrent bien vêtus, gros et gras, chargés de lourdes chaînes d'or. Ils croyaient faire honneur et plaisir à leur nouveau seigneur. Ce fut tout le contraire. La reine ne leur pardonna pas d'être si braves, aux femmes encore moins : « Ici, dit-elle avec dépit, je n'aperçois que des reines. »

Le royal gouverneur Châtillon s'attacha à les guérir de cet orgueil, de cette richesse insolente. Il leur ôta leurs élections municipales et le maniement de leurs affaires ; c'était mettre les riches contre soi. Puis il frappa les pauvres : il mit l'impôt d'un quart sur le salaire quotidien de l'ouvrier. Le Français, habitué à vexer nos petites communes, ne savait pas quel risque il y avait à mettre en mouvement ces prodigieuses fourmilières, ces formidables guêpiers de Flandre. Le lion couronné de Gand, qui dort aux genoux de la Vierge, dormait mal et s'éveillait souvent. La cloche de Roland sonnait pour l'émeute plus fréquemment que pour le feu. *Roland ! Roland ! tintement, c'est incendie ! volée, c'est soulèvement !*

Il n'était pas difficile de prévoir. Le peuple commençait à parler bas, à s'assembler à la tombée du jour. Il n'y avait pas vingt ans qu'avaient eu lieu les Vêpres siciliennes.

D'abord trente chefs de métiers vinrent se plaindre à Châtillon de ce qu'on ne payait pas les ouvrages commandés pour le roi. Le grand seigneur, habitué aux droits de corvée et de pourvoirie, trouva la réclamation insolente et les fit arrêter. Le peuple en armes les délivra et tua quelques hommes, au grand effroi des riches, qui se déclarèrent pour les gens du roi. L'affaire fut portée au Parlement. Voilà le Parlement de Paris qui juge la Flandre, comme tout à l'heure il jugeait le roi d'Angleterre.

Le Parlement décida que les chefs de métiers devaient rentrer en prison. Parmi les chefs se trouvaient deux hommes aimés du peuple, le doyen des bouchers, et celui des tisserands. Celui-ci, Peter Kœnig (Pierre le Roi), était un homme pauvre et de mauvaise mine, petit et borgne, mais un homme de tête, un rude harangueur de carrefour. Il entraîna les gens de métier hors de Bruges, leur fit massacrer tous les Français dans les villes et châteaux voisins. Puis ils rentrèrent de nuit. Des chaînes étaient tendues pour empêcher les Français de *courir la ville ;* chaque bourgeois s'était chargé de dérober au cavalier logé chez lui sa selle et sa bride. Le 21 mars 1302, tous les gens du peuple se mettent à battre leurs chaudrons ; un boucher frappe le premier, les Français sont partout attaqués, massacrés. Les femmes étaient les plus furieuses à les jeter par les fenêtres ; ou bien on les menait aux halles, où ils étaient égorgés. Le massacre dura trois jours ; douze cents cavaliers, deux mille sergents à pied y périrent.

Après cela, il fallait vaincre. Les gens de Bruges marchèrent d'abord sur Gand, dans l'espoir que cette grande ville se joindrait à eux. Mais les Gantois furent retenus par leurs gros fabricants, peut-être aussi par la jalousie de Gand contre Bruges. Les Brugeois n'eurent pour eux, outre le Franc de Bruges, qu'Ypres, l'Écluse, Newport, Berghes, Furnes, et Gravelines, qui les suivirent de gré ou de force. Ils avaient mis à la tête de leurs milices un fils du comte de Flandre, et un de ses petits-fils, qui était clerc, et qui se défroqua pour se battre avec eux.

Ils étaient dans Courtrai, lorsque l'armée française vint camper en face. Ces artisans, qui n'avaient guère combattu en rase campagne, auraient peut-être reculé volontiers. Mais la retraite était trop dangereuse dans une grande plaine et devant toute cette cavalerie. Ils attendirent donc bravement. Chaque homme avait mis devant lui à terre son *guttentag* ou pieu ferré. Leur devise était belle : *« Scilt und vriendt,* Mon ami et mon bouclier. » Ils voulurent communier ensemble, et se firent dire la messe. Mais comme ils ne pouvaient tous recevoir l'eucharistie, chaque homme se baissa, prit de la terre et en mit dans sa bouche. Les chevaliers qu'ils avaient avec eux, pour les encourager, renvoyèrent leurs chevaux ; et en même temps qu'ils se faisaient ainsi fantassins, ils firent chevaliers les chefs des métiers. Ils savaient tous qu'ils n'avaient pas de grâce à attendre. On répétait que Châtillon arrivait avec des tonneaux pleins de cordes pour les étrangler. La reine avait, disait-on, recommandé aux Français que quand ils tueraient les porcs flamands, ils n'épargnassent pas les truies flamandes.

Le connétable Raoul de Nesle proposait de tourner les Flamands et de les isoler de Courtrai. Mais le cousin du roi, Robert d'Artois, qui commandait l'armée, lui dit brutalement : « Est-ce que vous avez peur de ces lapins, ou bien avez-vous de leur poil ? » Le connétable, qui avait épousé une fille du comte de Flandre, sentit l'outrage, et répondit fièrement : « Sire, si vous venez où j'irai, vous irez bien avant ! » En même temps il se lança en aveugle à la tête des cavaliers dans une poussière de juillet (11 juillet 1302). Chacun s'efforçant de le suivre et craignant de rester à la queue, les derniers poussaient les premiers ; ceux-ci, approchant des Flamands trouvèrent, ce qu'on trouve partout dans ce pays coupé de fossés et de canaux, un fossé de cinq brasses de large. Ils y tombèrent, s'y entassèrent ; le fossé étant en demi-lune, il n'y avait pas moyen de s'écouler par les côtés. Toute la chevalerie de France vint s'enterrer là, Artois, Châtillon, Nesle, Brabant, Eu, Aumale, Dammartin, Dreux, Soissons, Tancarville, Vienne, Melun, une foule d'autres, le chancelier aussi, qui sans doute ne comptait pas périr en si glorieuse compagnie.

Les Flamands tuaient à leur aise ces cavaliers désarçonnés ; ils les choisissaient dans le fossé. Quand les cuirasses résistaient, ils les assommaient avec des maillets de plomb ou de fer. Ils avaient parmi eux bon nombre de moines ouvriers, qui s'acquittaient en conscience de cette sanglante besogne. Un seul de ces moines prétendit avoir assommé quarante chevaliers et quatorze cents fantassins ; évidemment le moine se vantait. Quatre mille éperons dorés (un autre dit sept cents) furent pendus dans la Cathédrale de Courtrai. Triste dépouille qui porta malheur à la ville. Quatre-vingts ans après, Charles VI vit les éperons, et fit massacrer tous les habitants.

Cette terrible défaite, qui avait exterminé toute l'avant-garde de l'armée de France, c'est-à-dire la plupart des grands seigneurs, cette bataille qui ouvrait tant de successions, qui faisait tomber tant de fiefs à des mineurs sous la tutelle du roi, affaiblit pour un moment sa puissance militaire sans doute, mais elle ne lui ôta rien de sa vigueur contre le pape. En un sens, la royauté en était plutôt fortifiée. Qui sait si le pape n'eût trouvé moyen de tourner contre le roi quelques-uns de ces grands feudataires qui avaient signé, il est vrai, la fameuse lettre ; mais qui, revenant tous de la guerre de Flandre, revenant riches et vainqueurs, eussent moins craint la royauté ?

Il renonçait à confondre les deux puissances, comme il avait paru vouloir le faire jusque-là. Mais lorsqu'on eut appris à Rome la défaite de Philippe à Courtrai, la cour pontificale changea de langage ; un cardinal écrivit au duc de Bourgogne que le roi était excommunié pour avoir défendu aux prélats de venir à Rome, que le pape ne pouvait écrire à un excommunié, qu'il fallait avant tout qu'il fît pénitence. Cependant les prélats, ralliés au pape par la défaite du roi, partirent pour Rome au nombre de quarante-cinq. C'était comme une désertion en masse de l'église gallicane. Le roi perdait d'un coup tous ses évêques, de même qu'il venait de perdre presque tous ses barons à Courtrai.

Ce gouvernement de gens de loi montra une vigueur et une activité extraordinaires. Le 23 mars, une grande ordonnance très populaire fut proclamée pour la réformation du royaume. Le roi y promit bonne administration, justice égale, répression de la vénalité, protection aux ecclésiastiques, égards aux privilèges des barons, garanties des personnes, des biens, des coutumes. Il promettait la douceur, et il s'assurait la force. Il releva le Châtelet et sa police armée, ses sergents ; sergents à pied, sergents à cheval, sergents à la douzaine, sergents du guet.

Les deux adversaires, près de se choquer, ne voulurent laisser rien derrière eux. Ils sacrifièrent tout à l'intérêt de cette grande lutte. Le pape s'accommoda avec Albert d'Autriche, et le reconnut pour empereur. Il lui fallait quelqu'un à opposer au roi de France. Le roi acheta la paix aux Anglais par l'énorme sacrifice de la Guyenne (20 mai). Quelle dut être sa douleur, quand il lui fallut rendre à son ennemi ce riche pays, ce royaume de Bordeaux !

Mais c'est qu'il fallait vaincre ou périr. Le 12 mars, l'homme même du roi, le successeur de Pierre Flotte, ce hardi Gascon, Nogaret lut et signa un furieux manifeste contre Boniface.

« Le glorieux prince des apôtres, le bienheureux Pierre, parlant en esprit, nous a dit que, tout comme aux temps anciens, de même dans l'avenir, il viendra de faux prophètes, qui souilleront la voix de la vérité, et qui, dans leur avarice, dans leurs fallacieuses paroles, trafiqueront de nous-mêmes, à l'exemple de ce Balaam qui aime le salaire de l'iniquité. Balaam eut, pour correction et avertissement, une bête qui, prenant la voix humaine, proclama la folie du faux prophète... Ces choses annoncées par le père et patriarche de l'Église, nous les voyons de nos yeux réalisées à la lettre. En effet, dans la chaire du bienheureux Pierre, siège ce maître de mensonges, qui, quoique *Malfaisant* de toute manière, se fait appeler *Boniface*. Il n'est pas entré par la porte dans le bercail du Seigneur, ni comme pasteur et ouvrier, mais plutôt comme voleur et brigand... Le véritable époux vivant encore (Célestin V), il n'a pas craint de violer l'Épouse d'un criminel embrassement. Le véritable époux, Célestin, n'a pas consenti à ce divorce. En effet, comme disent les lois humaines : *rien de plus contraire au consentement que l'erreur*... Celui-là ne peut épouser, qui, du vivant d'un premier mari non indigne, a souillé le mariage d'adultère. Or, comme ce qui se commet contre Dieu fait tort et injure à tous, et que dans un si grand crime on admet à témoigner le premier venu, *même la femme, même une personne infâme ;* moi donc, ainsi que la bête qui, par la vertu du Seigneur, prit la voix d'homme parfait pour reprendre la folie du faux prophète prêt à maudire le peuple béni, j'adresse à vous ma supplique, très excellent Prince, seigneur Philippe, par la grâce de Dieu, roi de France, pour qu'à l'exemple de l'ange qui présenta l'épée nue à ce maudisseur du peuple de Dieu, vous qui êtes oint pour l'exécution de la justice, vous opposiez l'épée à cet autre, et plus funeste Balaam, et l'empêchiez de consommer le mal qu'il prépare au peuple. »

Rien ne fut décidé. Le roi louvoyait encore. Il permet à trois évêques d'excuser la défense qu'il avait faite aux prélats.

Le pape envoya un légat, sans doute pour tâter le clergé de France, et voir s'il voudrait remuer. Mais rien ne bougea. Le roi dit au légat qu'il prendrait pour arbitres les ducs de Bretagne et de Bourgogne ; c'était flatter la noblesse et s'en assurer ; du reste, il ne cédait rien.

Alors le pape adressa au légat un bref dans lequel il déclarait que le roi avait encouru l'excommunication, comme ayant empêché les prélats de se rendre à Rome.

Le légat laissa le bref et s'enfuit. Le roi saisit deux prêtres qui l'avaient apporté avec le légat et les ecclésiastiques qui le copiaient. Le bref était du 13 avril. Deux mois après (jour pour jour), les deux avocats qui succédaient à Pierre Flotte, agirent contre Boniface. Plasian accusa, Nogaret exécuta. Le premier, en présence des barons assemblés en États au Louvre, prononça un réquisitoire contre Boniface, et un appel au prochain concile. Aux accusations précédentes, Plasian ajoutait celle d'hérésie. Le roi souscrivit à l'appel, et Nogaret partit pour l'Italie.

Pour soutenir cette démarche définitive, le roi ne se contenta pas de l'assentiment collectif des États. Il adressa des lettres individuelles aux prélats, aux églises, aux villes, aux universités ; ces lettres furent portées de province en province par le vicomte de Narbonne et par l'accusateur même, Plasian. Le roi prie et requiert de consentir au concile : *Nos requirentes consentire.* Il n'eût pas été sûr de refuser en face de l'accusateur. Il rapporta plus de sept cents adhésions. Tout le monde avait souscrit, ceux même qui, l'année précédente, après la défaite du roi à Courtrai, s'étaient malgré lui rendus près du pape. La saisie du temporel des quarante-cinq avait suffi pour les convertir au parti du roi. Sauf Cîteaux, que le pape avait gagné par une faveur récente et qui se partagea, tous donnèrent à Plasian des lettres d'adhésion au concile.

Les corps les plus favorisés des papes se déclarèrent pour le roi, l'Université de Paris, les dominicains de la même ville, les mineurs de Touraine. Quelques-uns, comme un prieur de Cluny et un templier, adhèrent, mais *sub protestationibus.*

Le pape leur faisait encore grand-peur. Il fallait en retour que le roi donnât des lettres par lesquelles lui, la reine et les jeunes princes s'engageaient à défendre tel ou tel qui avait adhéré au concile. C'était comme une assurance mutuelle que le roi et les corps du royaume se donnaient dans ce péril.

Le 15 août, Boniface déclara par une bulle qu'au pape seul il appartenait de convoquer un concile. Il répondit aux accusations de Plasian et de Nogaret, particulièrement au reproche d'hérésie. A cette occasion, il disait : « Qui a jamais ouï dire que, je ne dis pas dans notre famille, mais dans notre pays, dans la Campanie, il y ait jamais eu un hérétique ? » C'était attaquer indirectement Plasian et Nogaret, qui étaient justement des pays albigeois. On disait même que le grand-père de Nogaret avait été brûlé.

Les deux accusateurs savaient bien tout ce qu'ils avaient à craindre. L'acharnement du pape contre Pierre Flotte devait les éclairer. Avant la bataille de Courtrai, Boniface avait, dans son discours aux cardinaux, tout rejeté sur celui-ci, annonçant qu'il se réservait de le punir spirituellement et temporellement. C'était ouvrir au roi un moyen de finir la querelle par le sacrifice du chancelier. Il périt à Courtrai ; mais combien ses deux successeurs n'avaient-ils pas plus à craindre, après leurs audacieuses accusations ! Aussi dès le 7 mars, cinq jours avant la première requête, Nogaret s'était fait donner des pouvoirs illimités du roi, un véritable blanc-seing, pour traiter, et pour *faire tout ce qui serait à propos*. Il partit pour l'Italie avec cette arme, personnellement intéressé à s'en servir pour la perte du pape. Il prit poste à Florence près du banquier du roi de France, qui devait lui donner tout l'argent qu'il demanderait. Il avait avec lui le gibelin des gibelins, le proscrit et la victime de Boniface, un homme voué et damné pour la mort du pape, Sciarra Colonna. C'était un homme précieux pour un coup. Ce roi des montagnards sabins, des *banditi* de la campagne romaine, savait si bien ce que le pape eût fait de lui, qu'étant tombé dans les mains des corsaires, il rama pour eux pendant plusieurs années, plutôt que de dire son nom et de risquer d'être vendu à Boniface.

Après la bulle du 15 août, on devait croire que Boniface allait lancer la sentence qui avait mis tant de rois hors du trône, et déclarer les sujets de Philippe déliés de leur serment envers lui. Réconcilié avec l'empereur Albert, il savait à qui donner la France. Il allait peut-être renouveler contre la maison de Capet la tragique histoire de la maison de Souabe. La bulle était prête, en effet, dès le 5 septembre. Il fallait la prévenir, émousser cette arme dans les mains du pape en lui signifiant l'appel au concile. Il fallait lui signifier cet appel à Anagni, dans sa ville natale, où il s'était réfugié au milieu de ses parents, de ses amis, au milieu d'un peuple qui venait de traîner dans la boue les lis et le drapeau de France. Nogaret n'était pas homme de guerre, mais il avait de l'argent. Il se ménagea des intelligences dans Anagni, et pour dix mille florins (nous avons la quittance), il s'assura de Suppino, capitaine de Ferentino, ville ennemie d'Anagni. « Suppino s'engagea pour la vie ou la mort dudit Boniface. » Colonna donc et Suppino, avec trois cents cavaliers et beaucoup de gens à pied, de leurs clients ou des soldats de France, introduisirent Nogaret dans Anagni aux cris de : « Meure le pape, vive le roi de France ! » La commune sonne la cloche, mais elle prend justement pour capitaine un ennemi de Boniface, qui donne la main aux assaillants, et se met à piller les palais des cardinaux ; ils se sauvèrent par les latrines. Les gens d'Anagni, ne pouvant empêcher le pillage, se mettent à piller de compagnie. Le pape, près d'être forcé dans son palais, obtient un moment de trêve, et fait avertir la commune ; la commune s'excuse. Alors cet homme si fier s'adressa à Colonna lui-même. Mais celui-ci voulait qu'il abdiquât et se rendît à discrétion. « Hélas ! dit Boniface, voilà de dures paroles ! » Cependant ses ennemis avaient brûlé une église qui défendait le palais. Le neveu du pape abandonna son oncle, et traita pour lui-même. Ce dernier coup brisa le vieux pape. Cet homme de quatre-vingt-six ans se mit à pleurer. Cependant les portes craquent, les fenêtres se brisent, la foule pénètre. On menace, on outrage le vieillard. Il ne répond rien. On le somme d'abdiquer. « Voilà mon cou, voilà ma tête », dit-il. Selon Villani, il aurait dit à l'approche de ses ennemis : « Trahi comme Jésus, je mourrai, mais je mourrai pape. » Et il aurait pris le manteau de saint Pierre, mis la couronne de Constantin sur sa tête, et pris dans sa main les clés et la crosse.

On dit que Colonna frappa le vieillard à la joue de son gantelet de fer. Nogaret lui adressa des paroles qui valaient un glaive : « O toi, chétif pape, confesse et regarde de monseigneur le roy de France la bonté qui tant loing est de toy son royaume, te garde par moy et défend. » Le pape répondit avec courage : « Tu es de famille hérétique, c'est de toi que j'attends le martyre. » Colonna aurait volontiers tué Boniface ; l'homme de loi l'en empêcha. Cette brusque mort l'eût trop compromis. Il ne fallait pas que le prisonnier mourût entre ses mains. Mais, d'autre part, il n'était guère possible de le mener jusqu'en France. Boniface refusait de rien manger, craignant le poison. Ce refus dura trois jours, au bout desquels le peuple d'Anagni, s'apercevant du petit nombre d'étrangers, s'ameuta, chassa les Français et délivra son pape.

On l'apporta sur la place, qui pleurait comme un enfant. Selon le récit passionné de Walsingham « il remercia Dieu et le peuple de sa délivrance », et dit : « Bonnes gens, vous avez vu comment mes ennemis ont enlevé tous mes biens et ceux de l'Église. Me voilà pauvre comme Job. Je vous dis en vérité que je n'ai rien à manger, ni à boire. S'il est quelque bonne femme qui veuille me faire aumône de pain ou de vin, ou d'un peu d'eau au défaut de vin, je lui donnerai la bénédiction de Dieu et la mienne. Quiconque m'apportera la moindre chose pour subvenir à mes besoins, je l'absoudrai de tout péché... » Tout le peuple se mit à crier : « Vive le Saint-Père ! ». Les femmes coururent en foule au palais pour y porter du pain, du vin ou de l'eau ; ne trouvant point de vase, elles versaient dans un coffre... Chacun pouvait entrer, et parlait avec le pape comme avec tout autre pauvre.

« Le pape donna au peuple l'absolution de tout péché sauf le pillage des biens de l'Église et des cardinaux. Pour ce qui était à lui, il le leur laissa. On lui en rapporta cependant quelque chose. Il protesta ensuite devant tous qu'il voulait avoir paix avec lès Colonna et tous ses ennemis. Puis il partit pour Rome avec une grande foule de gens armés. » Mais lorsqu'il arriva à Saint-Pierre et qu'il ne fut plus soutenu par le sentiment du péril, la peur et la faim dont il avait souffert, la perte de son argent, l'insolente victoire de ses ennemis, cette humiliation infinie d'une puissance infinie, tout cela lui revint à la fois ; sa tête octogénaire n'y tint pas : il perdit l'esprit.

Il s'était confié aux Orsini, comme ennemis des Colonna. Mais il fut ou crut être encore arrêté par eux. Soit qu'ils voulussent cacher au peuple le scandale d'un pape hérétique, soit qu'ils s'entendissent avec les Colonna pour le retenir prisonnier, Boniface ayant voulu sortir pour se réfugier chez d'autres barons, les deux cardinaux Orsini lui barrèrent le passage et le firent rentrer. La folie devint rage, et dès lors il repoussa tout aliment. Il écumait et grinçait des dents. Enfin, un de ses amis, Jacobo de Pise lui ayant dit : « Saint-Père, recommandez-vous à Dieu, à la Vierge Marie, et recevez le corps du Christ », Boniface lui donna un soufflet, et cria en mêlant les deux langues : *Allonta de Dio et de Sancta Maria, nolo, nolo.* Il chassa deux frères mineurs qui lui apportaient le viatique, et il expira au bout d'une heure sans communion ni confession. Ainsi se serait vérifié le mot que son prédécesseur Célestin avait dit de lui : « Tu as monté comme un renard ; tu régneras comme un lion ; tu mourras comme un chien. »

On trouve d'autres détails, mais plus suspects encore, dans une pièce où respire une haine furieuse, et qui semble avoir été fabriquée par les Plasian et les Nogaret pour la faire courir dans le peuple, immédiatement après l'événement : *La Vie, État et Condition du Pape Maléface,* raconté par des gens dignes de foi.

« Le 9 novembre, le Pharaon, sachant que son heure approchait, confessa qu'il avait eu des démons familiers qui lui avaient fait faire tous ses crimes. Le jour et la nuit qui suivirent, on entendit tant de tonnerres, tant d'horribles tempêtes, on vit une telle multitude d'oiseaux noirs aux effroyables cris, que tout le peuple consterné criait : « Seigneur Jésus, ayez pitié, ayez pitié, ayez pitié de nous ! » Tous affirmaient que c'étaient bien les démons d'enfer qui venaient chercher l'âme de ce Pharaon. Le 10, comme ses amis lui contaient ce qui s'était passé, et l'avertissaient de songer à son âme... lui, enveloppé du démon, furieux et grinçant des dents, il se jeta sur le prêtre comme pour le dévorer. Le prêtre s'enfuit à toutes jambes jusqu'à l'église... Puis, sans mot dire, il se tourna de l'autre côté...

« Comme on le portait à sa chaise, on le vit jeter les yeux sur la pierre de son anneau et s'écrier : « O vous, malins esprits enfermés dans cette pierre, vous qui m'avez séduit... pourquoi m'abandonnez-vous maintenant ? » Et il jeta au loin son anneau. Son mal et sa rage croissant, endurci dans son iniquité, il confirma tous ses actes contre le roi de France et ses serviteurs, et les publia de nouveau... Ses amis, pour calmer ses douleurs, lui avaient amené le fils de Jacques de Pise, qu'il aimait auparavant à tenir dans ses bras, comme pour se glorifier dans le péché... mais à la vue de l'enfant, il se jeta sur lui, et, si on ne l'eût enlevé, il lui aurait arraché le nez avec les dents. Finalement ledit Pharaon, ceint de tortures par la vengeance divine, mourut le 2 sans confession, sans marque de foi ; et ce jour, il y eut tant de tonnerres, de tempête, de dragons dans l'air, vomissant la flamme, tant d'éclairs et de prodiges, que le peuple romain croyait que la ville entière allait descendre dans l'abîme. »

Dante, malgré sa violente invective contre les bourreaux du pontife, lui marque sa place en enfer. Au chant XIX de l'*Inferno,* Nicolas III, plongé la tête en bas dans les flammes, entend parler et s'écrie : « Est-ce donc déjà toi debout là-haut ? est-ce donc déjà toi, Boniface ? L'arrêt m'a donc menti de plusieurs années. Es-tu donc sitôt rassasié de ce pourquoi, tu n'as pas craint de ravir par mal engin la belle Épouse, pour en faire ravage et ruine ? »

Le successeur de Boniface, Benoît XI, homme de bas lieu, mais d'un grand mérite, que les Orsini avaient fait pape, ne se sentait pas bien fort à son avènement. Il reçut de bonne grâce les félicitations du roi de France, apportées par Plasian, par l'accusateur même du dernier pape. Philippe sentait que son ennemi n'était pas tellement mort, qu'il ne pût frapper quelque nouveau coup. Il poussait la guerre à outrance ; il envoya au pape un mémoire contre Boniface, qui pouvait passer pour une amère satire de la cour de Rome. Il s'écrivit lui-même par ses gens de loi une *Supplication du Pueuble de France au Roy contre Boniface.* Cet acte important, rédigé en langue vulgaire, était plutôt un appel du roi au peuple, qu'une supplique du peuple au roi.

Benoît, au contraire, avait paru vouloir d'abord étouffer cette grande affaire, en pardonnant à tous ceux qui y avaient trempé ; il n'exceptait que Nogaret. Mais leur pardonner, c'était les déclarer coupables. Il atteignit de cette clémence offensante le roi, les Colonna, les prélats qui ne s'étaient pas rendus à la sommation de Boniface.

Philippe, alors accablé par la guerre de Flandre, avait beaucoup à craindre. La meilleure partie des cardinaux refusait d'adhérer à son appel au concile. Le pape devenait menaçant. le roi en était à désirer l'absolution, qu'il avait d'abord dédaignée. La demanda-t-il sérieusement, on serait tenté d'en douter quand on voit que la demande fut portée au pape par Plasian et Nogaret. Celui-ci s'était probablement donné cette mission, pour rompre un arrangement qui ne pouvait se faire qu'à ses dépens. Le choix seul d'un tel ambassadeur était sinistre. Le pape éclata, et lança une furieuse bulle d'excommunication : *Flagitiosum scelus et scelestum flagitium, quod quidam sceleratissimi viri, summum audentes nefas in personam bonae memoriae Bonifacii P. VIII*...

Le roi semblait compris dans cette bulle. Elle fut rendue le 7 juin (1304). Le 4 juillet, Benoît était mort. On dit qu'une jeune femme voilée, qui se donnait pour converse de sainte Pétronille à Pérousse, vint lui présenter à table une corbeille de *figues-fleurs.* Il en mangea sans défiance, se trouva mal et mourut en quelques jours. Les cardinaux, craignant de découvrir trop aisément le coupable, ne firent aucune poursuite.

Cette mort vint à point pour Philippe. La guerre de Flandre l'avait mis à bout. Il n'avait pu, en 1303, empêcher les Flamands d'entrer en France, de brûler Térouanne et d'assiéger Tournai. Il n'avait sauvé cette ville qu'en demandant une trêve, en mettant en liberté le vieux Guy, qui devait rentrer en prison, si la paix ne se faisait pas. Le vieillard remercia ses braves Flamands, bénit ses fils, et revint mourir à quatre-vingts ans dans sa prison de Compiègne.

En 1304, au moment même où le pape mourait si à propos, Philippe fit un effort désespéré pour finir la guerre. Il avait extorqué quelque argent en vendant des privilèges, surtout en Languedoc, favorisant ainsi les communes du Midi pour écraser celles du Nord. Il loua des Génois, et avec leurs galères, il gagna une bataille navale devant Ziriksée (août). Les Flamands n'en étaient pas plus abattus. Ils se croyaient soixante mille. C'était la Flandre au complet pour la première fois ; toutes les milices des villes étaient réunies, celles de Gand et de Bruges, celles d'Ypres, de Lille et de Courtrai. A leur tête étaient trois fils du vieux comte, son cousin Guillaume de Juliers et plusieurs barons des Pays-Bas et d'Allemagne. Philippe ayant forcé le passage de la Lys, les trouva à Mons-en-Puelle, dans une formidable enceinte de voitures et de chariots. Il envoya contre eux, non plus sa gendarmerie comme à Courtai, mais des piétons Gascons, qui, toute la journée, sous un soleil ardent, les tinrent en alerte, sans manger ni boire ; les vivres étaient sur les chariots. Ce jeûne les outra, ils perdirent patience, et le soir par leurs trois portes se lancèrent tous ensemble sur les Français. Ceux-ci ne songeaient plus à eux ; le roi était désarmé et allait se mettre à table. D'abord ce choc de sangliers renversa tout. Mais quand les Flamands entrèrent dans les tentes, et qu'ils virent tant de choses bonnes à prendre, il n'y eut pas moyen de les retenir ensemble, chacun voulut faire sa main. Cependant les Français se rallièrent ; la cavalerie écrasa les pillards ; ils laissèrent six mille hommes sur la place.

Le roi alla mettre le siège devant Lille, ne doutant pas de la soumission des Flamands. Il fut bien étonné quand il les vit revenir soixante mille, comme s'ils n'avaient pas perdu un seul homme. Il pleut des Flamands, disait-il. Les grands de France, qui ne se souciaient pas de se battre avec ces désespérés, conseillèrent au roi de traiter avec eux. Il fallut leur rendre leur comte, fils du vieux Guy, et promettre au petit-fils le comté de Rethel, héritage de sa femme. Philippe gardait la Flandre française et devait recevoir deux cent mille livres.

Rien n'était fini. Il n'était pas spécifié s'il gardait cette province, comme gage ou comme acquisition ; quant à l'argent, il ne le tenait pas. D'autre part, l'affaire du pape était gâtée plus qu'arrangée. C'était un triste bonheur que la mort subite de Benoît XI.

Une disette, un imprudent maximum, une perquisition des blés, tout cela animait le peuple. On commençait à parler. Un clerc de l'Université parla haut et fut pendu. Une pauvre béguine de Metz, qui avait fondé un ordre de religieuses, eut révélation des châtiments que le Ciel réservait aux mauvais rois. Charles de Valois la fit prendre et, pour lui faire dire que ces prophéties étaient soufflées par le diable, il lui fit brûler les pieds. Mais chacun crut à la prédiction, quand on vit l'année suivante une comète apparaître avec un éclat horrible.

Philippe le Bel était revenu vainqueur et ruiné. Il se rendit solennellement à Notre-Dame, parmi le peuple affamé et les malédictions à voix basse. Il entra à cheval dans l'église, et, pour remercier Dieu d'avoir échappé quand les Flamands l'avaient surpris, il y voua dévotement son effigie équestre et armée de toutes pièces. On la voyait encore à Notre-Dame, peu de temps avant la Révolution, à côté du colossal saint Christophe.

Nogaret ne s'oublia pas ; il triompha aussi à sa manière. Nous avons quittance de lui, prouvant que ses appointements furent portés de cinq cents à huit cents livres.

CHAPITRE III

L'or - Le fisc - Les templiers

« L'or, dit Christophe Colomb, est une chose excellente. Avec de l'or, on forme des trésors. Avec de l'or, on fait tout ce qu'on désire en ce monde. On fait même arriver les âmes en paradis. »

L'époque où nous sommes parvenus doit être considérée comme l'avènement de l'or. C'est le dieu du monde nouveau où nous entrons. – Philippe le Bel, à peine monté sur le trône, exclut les prêtres de ses conseils, pour y faire entrer les banquiers.

Gardons-nous de dire du mal de l'or. Comparé à la propriété féodale, à la terre, l'or est une forme supérieure de la richesse. Petite chose, mobile, échangeable, divisible, facile à manier, facile à cacher, c'est la richesse subtilisée déjà ; j'allais dire spiritualisée. Tant que la richesse fut immobile, l'homme, rattaché par elle à la terre et comme enraciné, n'avait guère plus de locomotion que la glèbe sur laquelle il rampait. Le propriétaire était une dépendance du sol ; la terre emportait l'homme. Aujourd'hui, c'est tout le contraire : il enlève la terre, concentrée et résumée par l'or. Le docile métal sert toute transaction ; il suit, facile et fluide, toute circulation commerciale, administrative. Le gouvernement, obligé d'agir au loin, rapidement, de mille manières, a pour principal moyen d'action les métaux précieux. La création soudaine d'un gouvernement, au commencement du XIVe siècle, crée un besoin subit, infini de l'argent et de l'or.

Sous Philippe le Bel, le fisc, ce monstre, ce géant, naît altéré, affamé, endenté. Il crie en naissant, comme le Gargantua de Rabelais : « A manger, à boire ! » L'enfant terrible, dont on ne peut soûler la faim atroce, mangera au besoin de la chair et boira du sang. C'est le cyclope, l'ogre, la gargouille dévorante de la Seine. La tête du monstre s'appelle Grand Conseil, ses longues griffes sont au Parlement, l'organe digestif est la chambre des Comptes. Le seul aliment qui puisse l'apaiser, c'est celui que le peuple ne peut lui trouver. Fisc et peuple n'ont qu'un cri, c'est l'or.

Voyez, dans Aristophane, comment l'aveugle et inerte Plutus est tiraillé par ses adorateurs. Ils lui prouvent sans peine qu'il est le dieu des dieux. Et tous les dieux lui cèdent. Jupiter avoue qu'il meurt de faim sans lui, Mercure quitte son métier de dieu, se met au service de Plutus, tourne la broche et lave la vaisselle.

Cette intronisation de l'or à la place de Dieu se renouvelle au XIVe siècle. La difficulté est de tirer cet or paresseux des réduits obscurs où il dort. Ce serait une curieuse histoire que celle du *thesaurus,* depuis le temps où il se tenait tapi sous le dragon de Colchos, des Hespérides ou des Nibelungen, depuis son sommeil au temple de Delphes, au palais de Persépolis. Alexandre, Carthage, Rome, l'éveillent et le secouent. Au Moyen Age, il est déjà rendormi dans les églises, où, pour mieux reposer, il prend forme sacrée, croix, chapes, reliquaires. Qui sera assez hardi pour le tirer de là, assez clairvoyant pour l'apercevoir dans la terre où il aime à s'enfouir ? Quel magicien évoquera, profanera cette chose sacrée qui vaut toutes choses, cette toute-puissance aveugle que donne la nature ?

Le Moyen Age ne pouvait atteindre sitôt cette grande idée moderne : *l'homme sait créer la richesse ;* il change une vile matière en objet précieux, lui donnant la richesse qu'il a en lui, celle de la forme, de l'art, celle d'une volonté intelligente. Il chercha d'abord la richesse moins dans la forme que dans la matière. Il s'acharna sur cette matière, tourmenta la nature d'un amour furieux, lui demanda ce qu'on demande à ce qu'on aime, la vie même, l'immortalité. Mais, malgré les merveilleuses fortunes des Lulle, des Flamel, l'or tant de fois trouvé n'apparaissait que pour fuir, laissant le souffleur hors d'haleine ; il fuyait, fondait impitoyablement, et avec lui la substance de l'homme, son âme, sa vie, mise au fond du creuset.

Alors l'infortuné, cessant d'espérer dans le pouvoir humain, se reniait lui-même, abdiquait tout bien, âme et Dieu. Il appelait le mal, le Diable, Roi des abîmes souterrains, le Diable était sans doute le monarque de l'or. Voyez à Notre-Dame de Paris, et sur tant d'autres églises, la triste représentation du pauvre homme qui donne son âme pour de l'or, qui s'inféode au Diable, s'agenouille devant la Bête, et baise la griffe velue...

Le Diable, persécuté avec les manichéens et les albigeois, chassé, comme eux, des villes, vivait alors au désert. Il cabalait sur la prairie avec les sorcières de Macbeth. La sorcellerie, débris des vieilles religions vaincues, avait pourtant cela d'être un appel, non pas seulement à la nature, comme l'alchimie, mais déjà à la volonté, à la volonté mauvaise, au Diable, il est vrai. C'était un mauvais industrialisme, qui, ne pouvant tirer de la volonté les trésors que contient son alliance avec la nature, essayait de gagner, par la violence et le crime, ce que le travail, la patience, l'intelligence, peuvent seuls donner.

Au Moyen Age, celui qui sait où est l'or, le véritable alchimiste, le vrai sorcier, c'est le juif ; ou le demi-juif, le Lombard. Le juif, l'homme immonde, l'homme qui ne peut toucher ni denrée ni femme qu'on ne la brûle, l'homme d'outrage, sur lequel tout le monde crache, c'est à lui qu'il faut s'adresser.

Prolifique nation, qui par-dessus toutes les autres eut la force multipliante, la force qui engendre, qui féconde à volonté les brebis de

Jacob ou les sequins de Shylock. Pendant tout le Moyen Age, persécutés, chassés, rappelés, ils ont fait l'indispensable intermédiaire entre le fisc et la victime du fisc, entre l'agent et le patient, pompant l'or d'en bas, en le rendant au roi par en haut avec laide grimace... Mais il leur en restait toujours quelque chose... Patients, indestructibles, ils ont vaincu par la durée. Ils ont résolu le problème de volatiliser la richesse ; affranchis par la lettre de change, ils sont maintenant libres, ils sont maîtres ; de soufflets en soufflets, les voilà un trône du monde.

Pour que le pauvre homme s'adresse au juif, pour qu'il approche de cette sombre petite maison, si mal famée, pour qu'il parle à cet homme qui, dit-on, crucifie les petits enfants, il ne faut pas moins que l'horrible pression du fisc. Entre le fisc qui veut sa moelle et son sang, et le Diable qui veut son âme, il prendra le juif pour milieu.

Quand donc il avait épuisé sa dernière ressource, quand son lit était vendu, quand sa femme et ses enfants, couchés à terre, tremblaient de fièvre ou criaient du pain, alors, tête basse et plus courbé que s'il eût porté sa charge de bois, il se dirigeait lentement vers l'odieuse maison, et il y restait longtemps à la porte avant de frapper. Le juif ayant ouvert avec précaution la petite grille, un dialogue s'engageait, étrange et difficile. Que disait le chrétien ? « Au nom de Dieu ! » Le juif l'a tué, ton Dieu ! » « Par pitié ! » « Quel chrétien a jamais eu pitié du juif ? Ce ne sont pas des mots qu'il faut. Il faut un gage. » « Que peut donner celui qui n'a rien ? » Le juif lui dira doucement : « Mon ami, conformément aux ordonnances du roi, notre sire, je ne prête ni sur habit sanglant, ni sur fer de charrue... Non, pour gage, je ne veux que vous-même. Je ne suis pas des vôtres, mon droit n'est pas le droit chrétien. C'est un droit plus antique *(in partes secanto).* Votre chair répondra. Sang pour or, comme vie pour vie. Une livre de votre chair, que je vais nourrir de mon argent, une livre seulement de votre belle chair. » L'or que prête le meurtrier du Fils de l'Homme, ne peut être qu'un or meurtrier, antidivin, ou, comme on disait dans ce temps-là *Anti-Christ.* Voilà l'or *Anti-Christ,* comme Aristophane nous montrait tout à l'heure dans Plutus l'*Anti-Jupiter.*

Cet Anti-Christ, cet antidieu, doit dépouiller Dieu, c'est-à-dire l'Église ; l'église séculière, les prêtres, le pape ; l'église régulière, les moines, les templiers.

La mort scandaleusement prompte de Benoît XI fit tomber l'Église dans la main de Philippe le Bel ; elle le mit à même de faire un pape, de tirer la papauté de Rome, de l'amener en France, pour, en cette geôle, la faire travailler à son profit, lui dicter des bulles lucratives, exploiter l'infaillibilité, constituer le Saint-Esprit comme scribe et percepteur pour la maison de France.

Après la mort de Benoît, les cardinaux s'étaient enfermés en conclave à Pérouse. Mais les deux partis, le français et l'antifrançais, se balançaient si bien qu'il n'y avait pas moyen d'en finir. Les gens de la ville, dans leur impatience, dans leur *furie* italienne de voir un pape fait à Pérouse, n'y trouvèrent autre remède que d'affamer les cardinaux. Ceux-ci convinrent qu'un des deux partis désignerait trois candidats, et que l'autre parti choisirait. Ce fut au parti français à choisir, et il désigna un Gascon, Bertrand de Gott, archevêque de Bordeaux. Bertrand s'était montré jusque-là ennemi du roi, mais on savait qu'il était avant tout ami de son intérêt, et l'on espérait bien le convertir.

Philippe, instruit par ses cardinaux et muni de leurs lettres, donne rendez-vous au futur élu près de Saint-Jean-D'Angély, dans une forêt. Bertrand y court plein d'espérance. Villani parle de cette entrevue secrète, comme s'il y était. Il faut lire ce récit d'un maligne naïveté :

« Ils entendirent ensemble la messe et se jurèrent le secret. Alors le roi commença à parlementer en belles paroles, pour le réconcilier avec Charles de Valois. Ensuite il lui dit : « Vois, archevêque, j'ai en mon pouvoir de te faire pape, si je veux ; c'est pour cela que je suis venu vers toi ; car, si tu me promets de me faire six grâces que je te demanderai, je t'assurerai cette dignité, et voici qui te prouvera que j'en ai le pouvoir. » Alors il lui montra les lettres et délégations de l'un et l'autre collège. Le Gascon, plein de convoitise, voyant ainsi tout à coup qu'il dépendait entièrement du roi de le faire pape, se jeta, comme éperdu de joie, aux pieds de Philippe, et dit : « Monseigneur, c'est à présent que je vois que tu m'aimes plus qu'homme qui vive, et que tu veux me rendre le bien pour le mal. Tu dois commander, moi obéir, et toujours j'y serai disposé. » Le roi le releva, le baisa à la bouche, et lui lui dit : « Les six grâces spéciales que je te demande sont les suivantes : la première, que tu me réconcilies parfaitement avec l'Eglise, et me fasses pardonner le méfait que j'ai commis en arrêtant le pape Boniface ; la seconde, que tu rendes la communion à moi et à tous les miens ; la troisième, que tu m'accordes les décimes du clergé dans mon royaume pour cinq ans, afin d'aider aux dépenses faites en la guerre de Flandre ; la quatrième, que tu détruises et annules la mémoire du pape Boniface ; la cinquième que tu rendes la dignité de cardinal à messer Jacobo et messer Piero de la Colonne, que tu le remettes en leur état, et qu'avec eux tu fasses cardinaux certains miens amis. Pour la sixième grâce et promesse, je me réserve d'en parler en temps et lieu : car c'est chose grande et secrète. » L'archevêque promit tout par serment sur le *Corpus Domini*, et de plus il donna pour otages son frère et deux de ses neveux. Le roi, de son côté, promit et jura qu'il le ferait élire pape. »

Le pape de Philippe le Bel, avouant hautement sa dépendance, déclara qu'il voulait être couronné à Lyon (14 novembre 1305). Ce couronnement, qui commençait la captivité de l'Église, fut dignement solennisé. Au moment où le cortège passait, un mur chargé de spectateurs s'écroule, blesse le roi et tue le duc de Bretagne. Le pape fut renversé, la tiare tomba. Huit jours après, dans un banquet du pape, ses gens et ceux des cardinaux prennent querelle, un frère du pape est tué.

Cependant, la honte du marché devenait publique. Clément payait comptant. Il donnait en paiement ce qui n'était pas à lui, en exigeant des décimes du clergé : décimes au roi de France, décimes au comte de

Flandre pour qu'il s'acquitte envers le roi, décimes à Charles de Valois pour un croisade contre l'Empire grec. Le motif de la croisade était étrange ; ce pauvre Empire, au dire du pape, était faible et ne rassurait pas assez la chrétienté contre les infidèles.

Clément, ayant payé, croyait être quitte et n'avoir plus qu'à jouir en acquéreur et propriétaire, *à user et abuser*. Comme un baron faisait *chevauchée* autour de sa terre pour exercer son droit de gîte et de pourvoirie, Clément se mit à voyager à travers l'Église de France. De Lyon, il s'achemina vers Bordeaux, mais par Mâcon, Bourges et Limoges, afin de ravager plus de pays. Il allait, prenant et dévorant, d'évêché en évêché, avec une armée de familiers et de serviteurs. Partout où s'abattait cette nuée de sauterelles, la place restait nette. Ancien archevêque de Bordeaux, le rancuneux pontife ôta à Bourges sa primatie sur la capitale et la Guyenne. Il s'établit chez son ennemi, l'archevêque de Bourges, comme un garnisaire ou *mangeur* d'office, et il s'y hébergea de telle sorte, qu'il le laissa ruiné de fond en comble ; ce primat des Acquitaines serait mort de faim, s'il n'était venu à la cathédrale, parmi ses chanoines, recevoir aux distributions ecclésiastiques la portion congrue.

Dans les vols de Clément, le meilleur était pour une femme qui rançonnait le pape, comme lui l'Église. C'était la véritable Jérusalem où allait l'argent de la croisade. La belle Brunissende Talleyrand de Périgord lui coûtait, dit-on, plus que la Terre sainte.

Clément allait être bientôt cruellement troublé dans cette douce jouissance des biens de l'Église. Les décimes en perspective ne répondaient pas aux besoins actuels du fisc royal. Le pape gagna du temps en lui donnant les juifs, en autorisant le roi à les saisir. L'opération se fit en un même jour avec un secret et une promptitude qui font honneur aux gens du roi. Pas un juif, dit-on, n'échappa. Non content de vendre leurs biens, le roi se chargea de poursuivre leurs débiteurs, déclarant que leurs écritures suffisaient pour titres de créances, que l'écrit d'un juif faisait foi pour lui.

Le juif ne rendant pas assez, il retomba sur le chrétien. Il altéra encore les monnaies, augmentant le titre et diminuant le poids ; avec deux livres il en payait huit. Mais quand il s'agissait de recevoir, il ne voulait de sa monnaie que pour un tiers ; deux banqueroutes en sens inverse. Tous les débiteurs profitèrent de l'occasion. Ces monnaies de diverse valeur sous même titre faisaient naître des querelles sans nombre. On ne s'entendait pas : c'était une Babel. La seule chose à quoi le peuple s'accorda (voilà donc qu'il y a un peuple), ce fut à se révolter. Le roi s'était sauvé au Temple. Ils l'y auraient suivi, si on ne les eût amusés en chemin à piller la maison d'Étienne Barbet, un financier à qui l'on attribuait l'altération des monnaies. L'émeute finit ainsi. Le roi fit pendre des centaines d'hommes aux arbres des routes autour de Paris. L'effroi le rapprocha des nobles. Il leur rendit le combat judiciaire, autrement dit l'impunité. C'était une défaite pour le gouvernement royal. Le roi des légistes abdiquait la loi, pour reconnaître les décisions de la force. Triste et douteuse position, en législation comme en finances. Repoussé de l'Église aux juifs, de ceux-ci aux communes, des communes flamandes il retombait sur le clergé.

Le plus net des trésors de Philippe, son patrimoine à exploiter, le fonds sur lequel il comptait, c'était son pape. S'il l'avait acheté, ce pape, s'il l'engraissait de vols et de pillages, ce n'était point pour ne s'en pas servir, mais bien pour en tirer parti, pour lui lever, comme le juif, une livre de chair sur tel membre qu'il voudrait.

Il avait un moyen infaillible de presser et pressurer le pape, un tout-puissant épouvantail, savoir, le procès de Boniface VIII. Ce qu'il demandait à Clément, c'était précisément le suicide de la papauté. Si Boniface était hérétique et faux pape, les cardinaux qu'il avait faits étaient de faux cardinaux. Benoît XI et Clément, élus par eux, étaient à leur tour faux papes et sans droit, et non seulement eux, mais tous ceux qu'ils avaient choisis ou confirmés dans les dignités ecclésiastiques ; non seulement leurs choix, mais leurs actes de toute espèce. L'Église se trouvait enlacée dans une illégalité sans fin. D'autre part, si Boniface avait été vrai pape, comme tel il était infaillible, ses sentences subsistaient, Philippe le Bel restait condamné.

A peine intronisé, Clément eut à entendre l'aigre et impérieuse requête de Nogaret, qui lui enjoignait de poursuivre son prédécesseur. Le marché à peine conclu, le Diable demandait son paiement. Le servage de l'homme vendu commençait ; cette âme, une fois garrottée des liens de l'injustice, ayant reçu le mors et le frein, devait être misérablement chevauchée jusqu'à la damnation.

Plutôt que de tuer ainsi la papauté en droit, Clément avait mieux aimé la livrer en fait. Il avait créé d'un coup douze cardinaux dévoués au roi, les deux Colonna, et dix Français ou Gascons. Ces douze, joints à ce qui restait des douze du même parti, dont on avait surpris la nomination à Célestin, assuraient à jamais au roi l'élection des papes futurs. Clément constituait ainsi la papauté entre les mains de Philippe ; concession énorme, et qui pourtant ne suffit point.

Il crut qu'il fléchirait son maître en faisant un pas de plus. Il révoqua une bulle de Boniface, la bulle *Clericis laïcos,* qui fermait au roi la bourse du clergé. La bulle *Unam sanctam* contenait l'expression de la suprématie pontificale. Clément la sacrifia, et ce ne fut pas assez encore.

Il était à Poitiers, inquiet et malade de corps et d'esprit. Philippe le Bel vint l'y trouver avec de nouvelles exigences. Il lui fallait une grande confiscation, celle du plus riche des ordres religieux, de l'Ordre du Temple. Le pape, serré entre deux périls, essaya de donner le change à Philippe en le comblant de toutes les faveurs qui étaient au pouvoir du Saint-Siège. Il aida son fils Louis Hutin à s'établir en Navarre ; il déclara son frère Charles de Valois chef de la croisade. Il tâcha enfin de s'assurer la protection de la maison d'Anjou, déchargeant le roi de Naples d'une dette énorme envers l'Église, canonisant un de ses fils, adjugeant à l'autre le trône de Hongrie.

Philippe recevait toujours, mais il ne lâchait pas prise. Il entourait le pape d'accusations contre le Temple. Il trouva dans la maison même de Clément un templier qui accusait l'ordre. En 1306, le roi voulant lui envoyer des commissaires pour obtenir une décision, le malheureux pape donne, pour ne pas le recevoir, la plus ridicule excuse : « De l'avis des médecins, nous allons au commencement de septembre, prendre quelques drogues préparatives, et ensuite une médecine qui, selon les susdits médecins, doit, avec l'aide de Dieu, nous être fort utile. »

Ces pitoyables tergiversations durèrent longtemps. Elles auraient duré toujours, si le pape n'eût appris tout à coup que le roi faisait arrêter partout les templiers, et que son confesseur, moine dominicain et grand inquisiteur de France, procédait contre eux sans attendre d'autorisation.

Qu'était-ce donc que le Temple ? Essayons de le dire en peu de mots :

A Paris, l'enceinte du Temple comprenait tout le grand quartier, triste et mal peuplé, qui en a conservé le nom. C'était un tiers du Paris d'alors. A l'ombre du Temple et sous sa puissante protection vivait une foule de serviteurs, de familiers, d'affiliés, et aussi de gens condamnés ; les maisons de l'ordre avaient droit d'asile. Philippe le Bel lui-même en avait profité en 1306, lorsqu'il était poursuivi par le peuple soulevé. Il restait encore, à l'époque de la Révolution, un monument de cette ingratitude royale, la grosse tour à quatre tourelles, bâtie en 1222. Elle servit de prison à Louis XVI.

Le Temple de Paris était le centre de l'ordre, son trésor ; les chapitres généraux s'y tenaient. De cette maison dépendaient toutes les *provinces* de l'ordre : Portugal, Castille et León, Aragon, Majorque, Allemagne, Italie, Pouille et Sicile, Angleterre et Irlande. Dans le Nord, l'Ordre teutonique était sorti du Temple, comme en Espagne d'autres ordres militaires se formèrent de ses débris. L'immense majorité des templiers étaient Français, particulièrement les grands maîtres. Dans plusieurs langues, on désignait les chevaliers par leur nom français : *Frieri del Tempio, φρεριοι τοῦ Τεμπλοῦ.*

Le Temple, comme tous les ordres militaires, dérivait de Cîteaux. Le réformateur de Cîteaux, saint Bernard, de la même plume qui commentait le Cantique des Cantiques, donna aux chevaliers leur règle enthousiaste et austère. Cette règle, c'était l'exil et la guerre sainte jusqu'à la mort. Les templiers devaient toujours accepter le combat, fût-ce d'un contre trois, ne jamais demander quartier, ne point donner de rançon, *pas un pan de mur, pas un pouce de terre*. Ils n'avaient pas de repos à espérer. On ne leur permettait pas de passer dans des ordres moins austères.

« Allez heureux, allez paisibles, leur dit saint Bernard ; chassez d'un cœur intrépide les ennemis de la croix de Christ, bien sûrs que ni la vie ni la mort ne pourront vous mettre hors de l'amour de Dieu qui est en Jésus. En tout péril, redites-vous la parole : *Vivants ou morts, nous sommes au Seigneur*... Glorieux les vainqueurs, heureux les martyrs ! »

Voici la rude esquisse qu'il nous donne de la figure du templier : « Cheveux tondus, poil hérissé, souillé de poussière ; noir de fer, noir de hâle et de soleil... Ils aiment les chevaux ardents et rapides, mais non parés, bigarrés, caparaçonnés... Ce qui charme dans cette foule, dans ce torrent qui coule à la Terre sainte, c'est que vous n'y voyez que des scélérats et des impies. Christ d'un ennemi se fait un champion ; du persécuteur Saul, il fait un saint Paul... » Puis, dans un éloquent itinéraire, il conduit les guerriers pénitents de Bethléem au Calvaire, de Nazareth au saint sépulcre.

Le soldat a la gloire, le moine le repos. Le templier abjurait l'un et l'autre. Il réunissait ce que les deux vies ont de plus dur, les périls et les abstinences. La grande affaire du Moyen Age fut longtemps la guerre sainte, la croisade ; l'idéal de la croisade semblait réalisé dans l'Ordre du Temple. C'était la croisade devenue fixe et permanente.

Associés aux hospitaliers dans la défense des saints lieux, ils en différaient en ce que la guerre était plus particulièrement le but de leur institution. Les uns et les autres rendaient les plus grands services. Quel bonheur n'était-ce pas pour le pèlerin qui voyageait sur la route poudreuse de Jaffa à Jérusalem, et qui croyait à tout moment voir fondre sur lui les brigands arabes, de rencontrer un chevalier, de reconnaître la secourable croix rouge sur le manteau blanc de l'Ordre du Temple ! En bataille, les deux ordres fournissaient alternativement l'avant-garde et l'arrière-garde. On mettait au milieu les croisés nouveaux venus et peu habitués aux guerres d'Asie. Les chevaliers les entouraient, les protégeaient, dit fièrement un des leurs, *comme une mère son enfant*. Ces auxiliaires passagers reconnaissaient ordinairement assez mal ce dévouement. Ils servaient moins les chevaliers qu'ils ne les embarrassaient. Orgueilleux et fervents à leur arrivée, bien sûrs qu'un miracle allait se faire exprès pour eux, ils ne manquaient pas de rompre les trêves ; ils entraînaient les chevaliers dans des périls inutiles, se faisaient battre, et partaient, leur laissant le poids de la guerre et les accusant de les avoir mal soutenus. Les templiers formaient l'avant-garde à Mansourah, lorsque ce jeune fou de comte d'Artois s'obstina à la poursuite, malgré leur conseil, et se jeta dans la ville : ils le suivirent pas honneur et furent tous tués.

On avait cru avec raison ne pouvoir jamais faire assez pour un ordre si dévoué et si utile. Les privilèges les plus magnifiques furent accordés. D'abord ils ne pouvaient être jugés que par le pape ; mais un juge placé si loin et si haut n'était guère réclamé ; ainsi les templiers étaient juges dans leurs causes. Ils pouvaient encore y être témoins, tant on avait foi dans leur loyauté ! Il leur était défendu d'accorder aucune de leurs commanderies à la sollicitation des grands ou des rois. Ils ne pouvaient payer ni droit, ni tribut, ni péage.

Chacun désirait naturellement participer à de tels privilèges. Innocent III lui-même voulut être affilié à l'ordre ; Philippe le Bel le demanda en vain.

Mais quand cet ordre n'eût pas eu ces grands et magnifiques privilèges, on s'y serait présenté en foule. Le temple avait pour les imaginations un attrait de mystère et de vague terreur. Les réceptions avaient lieu dans les églises de l'ordre, la nuit et portes fermées. Les membres inférieurs en étaient exclus. On disait que le roi de France lui-même y eût pénétré, il n'en serait pas sorti.

La forme de réception était empruntée aux rites dramatiques et bizarres, aux *mystères* dont l'Église antique ne craignait pas d'entourer les choses saintes. Le récipiendaire était présenté d'abord comme un pécheur, un mauvais chrétien, un renégat. Il reniait, à l'exemple de saint Pierre ; le reniement, dans cette pantomime, s'exprimait par un acte, cracher sur la croix. L'ordre se chargeait de réhabiliter ce renégat, de l'élever d'autant plus que sa chute était plus profonde. Ainsi, dans la fête des fols ou idiots *(fatuorum),* l'homme offrait l'hommage même de son imbécillité, de son infamie, à l'Église qui devait le régénérer. Ces comédies sacrées, chaque jour moins comprises, étaient de plus en plus dangereuses, plus capables de scandaliser un âge prosaïque, qui ne voyait que la lettre et perdait le sens du symbole.

Elles avaient ici un autre danger. L'orgueil du Temple pouvait laisser dans ses formes une équivoque impie. Le récipiendaire pouvait croire qu'au-delà du christianisme vulgaire, l'ordre allait lui révéler une religion plus haute, lui ouvrir un sanctuaire derrière le sanctuaire. Ce nom du Temple n'était pas sacré pour les seuls chrétiens. S'il exprimait pour eux le saint sépulcre, il rappelait aux juifs, aux musulmans, le temple de Salomon. L'idée du Temple, plus haute et plus générale que celle même de l'Église, planait en quelque sorte par-dessus toute religion. L'Église datait, et le Temple ne datait pas. Contemporain de tous les âges, c'était comme un symbole de la perpétuité religieuse. Même après la ruine des templiers, le Temple subsiste, au moins comme tradition, dans les enseignements d'une foule de sociétés secrètes, jusqu'aux Rose-Croix, jusqu'aux Francs-Maçons.

L'Église est la maison du Christ, le Temple celle du Saint-Esprit. Les gnostiques prenaient, pour leur grande fête, non pas Noël ou Pâques, mais la Pentecôte, le jour où l'Esprit descendit. Jusqu'à quel point ces vieilles sectes subsistèrent-elles au Moyen Age ? Les templiers y furent-ils affiliés ? De telles questions, malgré les ingénieuses conjectures des modernes, resteront toujours obscures dans l'insuffisance des monuments.

Ces doctrines intérieures du Temple semblent tout à la fois vouloir se montrer et se cacher. On croit les reconnaître, soit dans les emblèmes étranges, sculptés au portail de quelques églises, soit dans le dernier cycle épique du Moyen Age, dans ces poèmes où la chevalerie épurée n'est plus qu'une odyssée, un voyage héroïque et pieux à la recherche du Graal. On appelait ainsi la sainte coupe qui reçut le sang du Sauveur. La simple vue de cette coupe prolonge la vie de cinq cents années. Les enfants seuls peuvent en approcher sans mourir. Autour du Temple qui la contient, veillent en armes les templistes, ou chevaliers du Graal.

Cette chevalerie plus qu'ecclésiastique, ce froid et trop pur idéal, qui fut la fin du Moyen Age et sa dernière rêverie, se trouvait, par sa hauteur même, étranger à toute réalité, inaccessible à toute pratique. Le templiste resta dans les poèmes, figure nuageuse et quasi divine. Le templier s'enfonça dans la brutalité.

Je ne voudrais pas m'associer aux persécuteurs de ce grand ordre. L'ennemi des templiers les a lavés sans le vouloir ; les tortures par lesquelles il leur arracha de honteux aveux semblent une présomption d'innocence. On est tenté de ne pas croire des malheureux qui s'accusent dans les gênes. S'il y eut des souillures, on est tenté de ne plus les voir, effacées qu'elles furent dans la flamme des bûchers.

Il subsiste cependant de graves aveux, obtenus hors de la question et des tortures. Les points mêmes qui ne furent pas prouvés n'en sont pas moins vraisemblables pour qui connaît la nature humaine, pour qui considère sérieusement la situation de l'ordre dans ces derniers temps.

Il était naturel que le relâchement s'introduisît parmi des moines guerriers, des cadets de la noblesse, qui couraient les aventures loin de la chrétienté, souvent loin des yeux de leurs chefs, entre les périls d'une guerre à mort et les tentations d'un climat brûlant, d'un pays d'esclaves, de la luxurieuse Syrie. L'orgueil et l'honneur les soutinrent tant qu'il y eut espoir pour la Terre sainte. Sachons-leur gré d'avoir résisté si longtemps, lorsqu'à chaque croisade leur attente était si tristement déçue, lorsque toute prédiction mentait, que les miracles promis s'ajournaient toujours. Il n'y avait pas de semaine que la cloche de Jérusalem ne sonnât l'apparition des Arabes dans la plaine désolée. C'était toujours aux templiers, aux hospitaliers à monter à cheval, à sortir des murs... Enfin ils perdirent Jérusalem, puis Saint-Jean-d'Acre. Soldats délaissés, sentinelles perdues, faut-il s'étonner si, au soir de cette bataille de deux siècles, les bras leur tombèrent ?

La chute est grave après les grands efforts. L'âme montée si haut dans l'héroïsme et la sainteté tombe bien lourde en terre... Malade et aigrie, elle se plonge dans le mal avec une faim sauvage, comme pour se venger d'avoir cru.

Telle paraît avoir été la chute du Temple. Tout ce qu'il y avait eu de saint en l'ordre devint péché et souillure. Après avoir tendu de l'homme à Dieu, il tourna de Dieu à la Bête. Les pieuses agapes, les fraternités héroïques, couvrirent de sales amours de moines. Ils cachèrent l'infamie en s'y mettant plus avant. Et l'orgueil y trouvait encore son compte ; ce peuple éternel, sans famille ni génération charnelle, recruté par l'élection et l'esprit, faisait montre de son mépris pour la femme, se suffisant à lui-même et n'aimant rien hors de soi.

Comme ils se passaient de femmes, ils se passaient aussi de prêtres, péchant et se confessant entre eux. Et ils se passèrent de Dieu encore. Ils essayèrent des superstitions orientales, de la magie sarrasine. D'abord symbolique, le reniement devint réel ; ils abjurèrent un Dieu qui ne donnait pas la victoire ; ils le traitèrent comme un Dieu infidèle qui les trahissait, l'outragèrent, crachèrent sur la croix.

Leur vrai Dieu, ce semble, devint l'ordre même. Ils adorèrent le Temple et les templiers, leurs chefs, comme temples vivants. Ils symbolisèrent par les cérémonies les plus sales et les plus repoussantes le dévouement aveugle, l'abandon complet de la volonté. L'ordre, se serrant ainsi, tomba dans une farouche religion de soi-même, dans un satanique égoïsme. Ce qu'il y a de souverainement diabolique dans le Diable, c'est de s'adorer.

Voilà, dira-t-on, des conjectures. Mais elles ressortent trop naturellement d'un grand nombre d'aveux obtenus sans avoir recours à la torture, particulièrement en Angleterre.

Que tel ait été d'ailleurs le caractère général de l'ordre, que les statuts soient devenus expressément honteux et impies, c'est ce que je suis loin d'affirmer. De telles choses ne s'écrivent pas. La corruption entre dans un ordre par connivence mutuelle et tacite. Les formes subsistent, changent de sens, et perverties par une mauvaise interprétation que personne n'avoue tout haut.

Mais quand même ces infamies, ces impiétés auraient été universelles dans l'ordre, elles n'auraient pas suffi pour entraîner sa destruction. Le clergé les aurait couvertes et étouffées, comme tant d'autres désordres ecclésiastiques. La cause de la ruine du Temple, c'est qu'il était trop riche et trop puissant. Il y eut une autre cause plus intime, mais je la dirai tout à l'heure.

A mesure que la ferveur des guerres saintes diminuait en Europe, à mesure qu'on allait moins à la croisade, on donnait davantage au Temple, pour s'en dispenser. Les affiliés de l'ordre étaient innombrables. Il suffisait de payer deux ou trois deniers par an. Beaucoup de gens offraient tous leurs biens, leurs personnes même. Deux comtes de Provence se donnèrent ainsi. Un roi d'Aragon légua son royaume (Alphonse le Batailleur, 1131-1132) ; mais le royaume n'y consentit pas.

On peut juger du nombre prodigieux des possessions des templiers par celui des terres, des fermes, des forts ruinés qui, dans nos villes ou nos campagnes, portent encore le nom du Temple. Ils possédaient, dit-on, plus de neuf mille manoirs dans la chrétienté. Dans une seule province d'Espagne, au royaume de Valence, ils avaient dix-sept places fortes. Ils achetèrent argent comptant le royaume de Chypre, qu'ils ne purent, il est vrai, garder.

Avec de tels privilèges, de telles richesses, de telles possessions, il était bien difficile de rester humble. Richard Cœur de Lion disait en mourant : « Je laisse mon avarice aux moines de Cîteaux, ma luxure aux moines gris, ma superbe aux templiers. »

A défaut de musulmans, cette milice inquiète et indomptable guerroyait contre les chrétiens. Ils firent la guerre au roi de Chypre et au prince d'Antioche. Ils détrônèrent le roi de Jérusalem Henri II et le duc de Croatie. Ils ravagèrent la Thrace et la Grèce. Tous les croisés qui revenaient de Syrie ne parlaient que des trahisons des templiers, de leurs liaisons avec les infidèles. Ils étaient notoirement en rapport avec les Assassins de Syrie ; le peuple remarquait avec effroi l'analogie de leur costume avec celui des sectateurs du Vieux de la Montagne. Ils avaient accueilli le Soudan dans leurs maisons, permis le culte mahométan, averti les infidèles de l'arrivée de Frédéric II. Dans leurs rivalités furieuses contre les hospitaliers, ils avaient été jusqu'à lancer des flèches dans le saint sépulcre. On assurait qu'ils avaient tué un chef musulman, qui voulait se faire chrétien pour ne plus leur payer tribut.

La maison de France particulièrement croyait avoir à se plaindre des templiers. Ils avaient tué Robert de Brienne à Athènes. Ils avaient refusé d'aider à la rançon de Saint Louis. En dernier lieu ils s'étaient déclarés pour la maison d'Aragon contre celle d'Anjou.

Cependant la Terre sainte avait été définitivement perdue en 1191, et la croisade terminée. Les chevaliers revenaient inutiles, formidables, odieux. Ils rapportaient au milieu de ce royaume épuisé, et sous les yeux d'un roi famélique, un monstrueux trésor de cent cinquante mille florins d'or, et en argent la charge de dix mulets. Qu'allaient-ils faire en pleine paix de tant de forces et de richesses ? Ne seraient-ils pas tentés de se créer une souveraineté dans l'Occident, comme les chevaliers teutoniques l'ont fait en Prusse, les hospitaliers dans les îles de la Méditerranée, et les jésuites au Paraguay. S'ils étaient unis aux hospitaliers, aucun roi du monde n'eût pu leur résister. Il n'était point d'État où ils n'eussent des places fortes. Ils tenaient à toutes les familles nobles. Ils n'étaient guère en tout, il est vrai, plus de quinze mille chevaliers ; mais c'étaient des hommes aguerris, au milieu d'un peuple qui ne l'était plus, depuis la cessation des guerres des seigneurs. C'étaient d'admirables cavaliers, les rivaux des mameluks, aussi intelligents, lestes et rapides, que la pesante cavalerie féodale était lourde et inerte. On les voyait partout orgueilleusement chevaucher sur leurs admirables chevaux arabes, suivis chacun d'un écuyer, d'un servant d'armes, sans compter les esclaves noirs. Ils ne pouvaient varier leurs vêtements, mais ils avaient de précieuses armes orientales, d'un acier de fine trempe et damasquinées richement.

Ils sentaient bien leurs forces. Les templiers d'Angleterre avaient osé dire au roi Henri III : « Vous serez roi tant que vous serez juste. » Dans leur bouche, ce mot était une menace. Tout cela donnait à penser à Philippe le Bel.

Il en voulait à plusieurs d'entre eux de n'avoir souscrit l'appel contre Boniface qu'avec réserve, *sub protestationibus*. Ils avaient refusé d'admettre le roi dans l'ordre. Ils l'avaient refusé, et ils l'avaient servi, double humiliation. Il leur devait de l'argent ; le Temple était une sorte de banque, comme l'ont été souvent les temples de l'Antiquité. Lorsqu'en 1306, il trouva un asile pour chez eux contre le peuple soulevé, ce fut sans doute pour lui une occasion d'admirer ces trésors de l'ordre ; les chevaliers étaient trop confiants, trop fiers pour lui rien cacher.

La tentation était forte pour le roi. Sa victoire de Mons-en-Puelle l'avait ruiné. Déjà contraint de rendre la Guyenne, il l'avait été encore de lâcher la Flandre flamande. Sa détresse pécuniaire était extrême, et pourtant il lui fallut révoquer un impôt contre lequel la Normandie s'était soulevée. Le peuple était si ému, qu'on défendit les rassemblements de plus de cinq personnes. Le roi ne pouvait sortir de cette situation désespérée que par quelque grande confiscation. Or, les juifs ayant été chassés, le coup ne pouvait frapper que sur les prêtres ou sur les nobles, ou bien sur un ordre qui appartenait aux uns ou aux autres, mais qui, par cela même, n'appartenant exclusivement ni à ceux-ci, ni à ceux-là, ne serait défendu par personne. Loin d'être défendus, les templiers furent plutôt attaqués par leurs défenseurs naturels. Les moines les poursuivirent. Les nobles, les plus grands seigneurs de France, donnèrent par écrit leur adhésion au procès.

Philippe le Bel avait été élevé par un dominicain. Il avait pour confesseur un dominicain. Longtemps ces moines avaient été amis des templiers, au point même qu'ils s'étaient engagés à solliciter de chaque mourant qu'ils confesseraient un legs pour le Temple. Mais peu à peu les deux ordres étaient devenus rivaux. Les dominicains avaient un ordre militaire à eux, les *Cavalieri gaudenti,* qui ne prit pas grand essor. A cette rivalité accidentelle il faut ajouter une cause fondamentale de haine. Les templiers étaient nobles ; les dominicains, les mendiants, étaient en grande partie roturiers, quoique dans le tiers-ordre ils comptassent des laïcs illustres et même des rois.

Dans les mendiants, comme dans les légistes conseillers de Philippe le Bel, il y avait contre les nobles, les hommes d'armes, les chevaliers, un fonds commun de malveillance, un levain de haine niveleuse. Les légistes devaient haïr les templiers comme moines ; les dominicains les détestaient comme gens d'armes, comme moines mondains, qui réunissaient les profits de la sainteté et l'orgueil de la vie militaire. L'Ordre de Saint-Dominique, inquisiteur dès sa naissance, pouvait se croire obligé en conscience de perdre en ses rivaux de mécréants doublement dangereux, et par l'importation des superstitions sarrasines, et par leurs liaisons avec les mystiques occidentaux, qui ne voulaient plus adorer que le Saint-Esprit.

Le coup ne fut pas imprévu, comme on l'a dit. Les templiers eurent le temps de le voir venir. Mais l'orgueil les perdit ; ils crurent toujours qu'on n'oserait.

Le roi hésitait en effet. Il avait d'abord essayé des moyens indirects. Par exemple, il avait demandé à être admis dans l'ordre. S'il eût réussi, il se serait probablement fait grand maître, comme Ferdinand le Catholique pour les ordres militaires d'Espagne. Il aurait appliqué les biens du Temple à son usage, et l'ordre eût été conservé.

Depuis la perte de la Terre sainte, et même antérieurement, on avait fait entendre aux templiers qu'il serait urgent de les réunir aux hospitaliers. Réuni à un ordre plus docile, le temple eût présenté peu de résistance au roi.

Ils ne voulurent point entendre à cela. Le grand maître, Jacques Molay, pauvre chevalier de Bourgogne, mais vieux et brave soldat qui venait de s'honorer en Orient par les derniers combats qu'y rendirent les chrétiens, répondit que Saint Louis avait, il est vrai, proposé autrefois la réunion des deux ordres, mais que le roi d'Espagne n'y avait point consenti ; que pour que les hospitaliers fussent réunis aux templiers, il faudrait qu'ils s'amendassent fort ; que les templiers étaient plus exclusivement fondés pour la guerre. Il finissait par ces paroles hautaines : « On trouve beaucoup de gens qui voudraient ôter aux religieux leurs biens plutôt que de leur en donner... Mais si l'on fait cette union des deux ordres, cette Religion sera si forte et si puissante qu'elle pourra bien défendre ses droits contre toute personne au monde. »

Pendant que les templiers résistaient si fièrement à toute concession, les mauvais bruits allaient se fortifiant. Eux-mêmes y contribuaient. Un chevalier disait à Raoul de Presles, l'un des hommes les plus graves du temps, « que dans le chapitre général de l'ordre, il y avait une chose si secrète, que si pour son malheur quelqu'un la voyait, fût-ce le roi de France, nulle crainte de tourment n'empêcherait ceux du chapitre de le tuer, selon leur pouvoir ».

Un templier nouvellement reçu avait protesté contre la forme de réception devant l'official de Paris. Un autre s'en était confessé à un cordelier, qui lui donna pour pénitence de jeûner tous les vendredis un an durant sans chemise. Un autre enfin, qui était de la maison du pape, « lui avait ingénument confessé tout le mal qu'il avait reconnu en son ordre, en présence d'un cardinal, son cousin, qui écrivit à l'instant cette déposition ».

On faisait en même temps courir des bruits sinistres sur les prisons terribles où les chefs de l'ordre plongeaient les membres récalcitrants. Un des chevaliers déclara « qu'un de ses oncles était entré dans l'ordre sain et gai, avec chiens et faucons ; au bout de trois jours, il était mort ».

Le peuple accueillait avidement ces bruits, il trouvait les templiers trop riches et peu généreux. Quoique le grand maître dans ses interrogatoires vante la munificence de l'ordre, un des griefs portés contre cette opulente corporation, c'est « que les aumônes ne s'y faisaient pas comme il convenait ».

Les choses étaient mûres. Le roi appela à Paris le grand maître et les chefs ; il les caressa, les combla, les endormit. Ils vinrent se faire prendre au filet comme les protestants à la Saint-Barthélemy.

Il venait d'augmenter leurs privilèges. Il avait prié le grand maître d'être le parrain d'un de ses enfants. Le 12 octobre, Jacques Molay, désigné par lui avec d'autres grands personnages, avait tenu le poêle à l'enterrement de la belle-sœur de Philippe. Le 13, il fut arrêté avec les cent quarante Templiers qui étaient à Paris.

Le même jour, soixante le furent à Beaucaire, puis une foule d'autres par toute la France.

On s'assura de l'assentiment du peuple et de l'Université. Le jour même de l'arrestation, les bourgeois furent appelés par paroisses et par confréries au jardin du roi dans la Cité ; des moines y prêchèrent. On peut juger de la violence de ces prédications populaires par celle de la lettre royale qui courut par toute la France : « Une chose amère, une chose déplorable, une chose horrible à penser, terrible à entendre ! chose exécrable de scélératesse, détestable d'infamie !... Un esprit, doué de raison, compatit et se trouble dans sa compassion, en voyant une nature qui s'exile elle-même hors des bornes de la nature, qui oublie son principe, qui méconnaît sa dignité, qui prodigue de soi, s'assimile aux bêtes dépourvues de sens ; que dis-je ? qui dépasse la brutalité des bêtes elles-mêmes !... » On juge de la terreur et du saisissement avec lesquels une telle lettre fut reçue de toute âme chrétienne. C'était comme un coup de trompette du Jugement dernier.

Suivant l'indication sommaire des accusations : reniement, trahison de la chrétienté au profit des infidèles, initiation dégoûtante, prostitution mutuelle ; enfin, le comble de l'horreur, cracher sur la croix !

Tout cela avait été dénoncé par des Templiers. Deux chevaliers, un Gascon et un Italien, en prison pour leurs méfaits, avaient, disait-on, révélé tous les secrets de l'ordre.

Ce qui frappait le plus l'imagination, c'étaient les bruits qui couraient sur une idole qu'auraient adorée les templiers.

Les rapports variaient. Selon les uns, c'était une tête barbue ; d'autres disaient une tête à trois faces. Elle avait, disait-on encore, des yeux étincelants. Selon quelques-uns, c'était un crâne d'homme. D'autres y substituaient un chat.

Quoi qu'il en fût de ces bruits, Philippe le Bel n'avait pas perdu de temps. Le jour même de l'arrestation, il vint de sa personne s'établir au Temple avec son trésor et son Trésor des chartes, avec une armée de gens de loi, pour instrumenter, inventorier. Cette belle saisie l'avait fait riche tout d'un coup.

CHAPITRE IV

Suite - Destruction de l'Ordre du Temple - 1307-1314

L'étonnement du pape fut extrême quand il apprit que le roi se passait de lui dans la poursuite d'un ordre qui ne pouvait être jugé que par le Saint-Siège. La colère lui fit oublier sa servilité ordinaire, sa position précaire et dépendante au milieu des États du roi. Il suspendit les pouvoirs des juges ordinaires, archevêques et évêques, ceux même des inquisiteurs.

La réponse du roi est rude. Il écrit au pape « que Dieu déteste les tièdes ; que ces lenteurs sont une sorte de connivence avec les crimes des accusés : que le pape devrait plutôt exciter les évêques. Ce serait une grave injure aux prélats de leur ôter le ministère qu'ils tiennent de Dieu. Ils n'ont pas mérité cet outrage ; ils ne le supporteront pas ; le roi ne pourrait le tolérer sans violer son serment... Saint-Père, quel est le sacrilège qui osera vous conseiller de mépriser ceux que Jésus-Christ envoie, ou plutôt Jésus lui-même ?... Si l'on suspend les inquisiteurs, l'affaire ne finira jamais... Le roi n'a pas pris la chose en main comme accusateur, mais comme champion de la foi et défenseur de l'Église, dont il doit rendre compte à Dieu. »

Philippe laissa croire au pape qu'il allait lui remettre les prisonniers entre les mains ; il se chargeait seulement de garder les biens pour les appliquer au service de la Terre sainte (25 décembre 1307). Son but était d'obtenir que le pape rendît aux évêques et aux inquisiteurs leurs pouvoirs qu'il avait suspendus. Il lui envoya soixante-douze templiers à Poitiers, et fit partir de Paris les principaux de l'ordre ; mais il ne les fit pas avancer plus loin que Chinon. Le pape s'en contenta ; il obtint les aveux de ceux de Poitiers. En même temps, il leva la suspension des juges ordinaires, se réservant seulement le jugement des chefs de l'ordre.

Cette molle procédure ne pouvait satisfaire le roi. Si la chose eût été traînée ainsi à petit bruit, et pardonnée, comme au confessionnal, il n'y avait pas moyen de garder les biens. Aussi, pendant que le pape s'imaginait tout tenir dans ses mains, le roi faisait instrumenter à Paris par son confesseur, inquisiteur général de France. On obtint sur-le-champ cent quarante aveux par les tortures ; le fer et le feu y furent employés. Ces aveux une fois divulgués, le pape ne pouvait plus arranger la chose. Il envoya deux cardinaux à Chinon demander aux chefs, au grand maître, si tout cela était vrai ; les cardinaux leur persuadèrent d'avouer, et ils s'y résignèrent. Le pape en effet les réconcilia, et les recommanda au roi. Il croyait les avoir sauvés.

Philippe le laissait dire et allait son chemin. Au commencement de 1308, il fit arrêter par son cousin, le roi de Naples, tous les templiers de Provence. A Pâques, les États du royaume furent assemblés à Tours. Le roi s'y fit adresser un discours singulièrement violent contre le clergé : « Le peuple du royaume de France adresse au roi d'instantes supplications... Qu'il se rappelle que le prince des fils d'Israël, Moïse, l'ami de Dieu, à qui le Seigneur parlait face à face, voyant l'apostasie des adorateurs du veau d'or, dit : « Que chacun prenne le glaive et tue son proche parent... » Il n'alla pas pour cela demander le consentement de son frère Aaron, constitué grand prêtre par l'ordre de Dieu... Pourquoi donc le roi très chrétien ne procéderait-il pas de même, *même contre tout le clergé,* si le clergé errait ainsi, ou soutenait ceux qui errent. »

A l'appui de ce discours, vingt-six princes et seigneurs se constituèrent accusateurs, et donnèrent procuration pour agir contre les templiers pardevant le pape et le roi. La procuration est signée des ducs de Bourgogne et de Bretagne, des comtes de Flandre, de Nevers et d'Auvergne, du vicomte de Narbonne, du comte de Talleyrand de Périgord. Nogaret signe hardiment entre Lusignan et Coucy.

Armé de ces adhésions, « le roi, dit Dupuy, alla à Poitiers, accompagné d'une grande multitude de gens, qui étaient ceux de ses procureurs que le roi avait retenus près de lui, pour prendre avis sur les difficultés qui pourraient survenir.

« En arrivant, il baisa humblement les pieds au pape. Mais celui-ci vit bientôt qu'il n'obtiendrait rien. Philippe ne pouvait entendre à aucun ménagement. Il lui fallait traiter rigoureusement les personnes pour pouvoir garder les biens. Le pape, hors de lui, voulait sortir de la ville, échapper à son tyran ; qui sait même s'il n'aurait pas fui hors de France ? Mais il n'était pas homme à partir sans son argent. Quand il se présenta aux portes avec ses mulets, ses bagages, ses sacs, il ne put passer ; il vit qu'il était prisonnier du roi, non moins que les templiers. Plusieurs fois, il essaya de fuir, toujours inutilement. Il semblait que son tout-puissant maître s'amusât des tortures de cette âme misérable, qui se débattait encore. »

Clément resta donc et parut se résigner. Il rendit, le 1er août 1308, une bulle adressée aux archevêques et aux évêques. Cette pièce est singulièrement brève et précise, contre l'usage de la cour de Rome. Il est évident que le pape écrit malgré lui, et qu'on lui pousse la main. Quelques évêques, selon cette bulle, avaient écrit qu'ils ne savaient comment on devait traiter les accusés qui s'obstineraient à nier, et ceux qui rétracteraient leurs aveux. « Ces choses, dit le pape, n'étaient pas laissées indécises par le droit écrit, dont nous savons que plusieurs d'entre nous ont pleine connaissance ; nous n'entendons pour le présent faire en cette affaire un nouveau droit, et nous voulons que vous procédiez selon que le droit exige. »

Il y avait ici une dangereuse équivoque, *ura scripta* s'entendait-il du droit romain, ou du droit canonique, ou des règlements de l'Inquisition ?

Le danger était d'autant plus réel que le roi ne se dessaisissait pas des prisonniers pour les remettre au pape, comme il le lui avait fait espérer. Dans l'entrevue, il l'amusa encore, il lui promit les biens, pour le consoler de n'avoir pas les personnes ; ces biens devaient être réunis à ceux que le pape désignerait. C'était le prendre par son faible ; Clément était fort inquiet de ce que ces biens allaient devenir.

Le pape avait rendu (5 juillet 1308) aux juges ordinaires, archevêques et évêques, leurs pouvoirs un instant suspendus. Le 1er août encore, il écrivait qu'on pouvait suivre le droit commun. Et le 12, il remettait l'affaire à une commission. Les commissaires devaient instruire le procès dans la province de Sens, à Paris, évêché dépendant de Sens. D'autres commissaires étaient nommés pour en faire autant dans les autres parties de l'Europe, pour l'Angleterre l'archevêque de Kenterbury, pour l'Allemagne ceux de Mayence, de Cologne et de Trèves. Le jugement devait être prononcé d'alors en deux ans, dans un concile général, hors de France, à Vienne en Dauphiné, sur terre d'Empire.

La commission, composée principalement d'évêques, était présidée par Gilles d'Aiscelin, archevêque de Narbonne, homme doux et faible, de grandes lettres et de peu de cœur. Le roi et le pape, chacun de leur côté, croyaient cet homme tout à eux. Le pape crut calmer plus sûrement encore le mécontentement de Philippe, en adjoignant à la commission le confesseur du roi. moine dominicain et grand inquisiteur de France, celui qui avait commencé le procès avec tant de violence et d'audace.

Le roi ne réclama pas. Il avait besoin du pape. La mort de l'empereur Albert d'Autriche (1er mai 1308) offrait à la maison de France une haute perspective. Le frère de Philippe, Charles de Valois, dont la destinée était de demander tout et de manquer tout, se porta pour candidat à l'Empire. S'il eût réussi, le pape devenait à jamais serviteur et serf de la maison de France. Clément écrivit pour Charles de Valois ostensiblement, secrètement contre lui.

Dès lors, il n'y avait plus de sûreté pour le pape sur les terres du roi. Il parvint à sortir de Poitiers, et se jeta dans Avignon (mars 1309). Il s'était engagé à ne pas quitter la France, et de cette façon il ne violait pas, il éludait sa promesse. Avignon c'était la France, et ce n'était pas la France. C'était une frontière, une position mixte, une sorte d'asile, comme fut Genève pour Calvin, Ferney pour Voltaire. Avignon dépendait de plusieurs et de personne. C'était terre d'Empire, un vieux municipe, une république sous deux rois. Le roi de Naples comme comte de Provence, le roi de France comme comte de Toulouse, avaient chacun la seigneurie d'une moitié d'Avignon. Mais le pape allait y être bien plus roi qu'eux, lui dont le séjour attirerait tant d'argent dans cette petite ville.

Clément se croyait libre, mais traînait sa chaîne. Le roi le tenait toujours par le procès de Boniface. A peine établi dans Avignon, il apprend que Philippe lui fait amener par les Alpes une armée de témoins. A leur tête marchait ce capitaine de Ferentino, ce Raynaldo de Supino, qui avait été dans l'affaire d'Anagni le bras droit de Nogaret. A trois lieues d'Avignon, les témoins tombèrent dans une embuscade, qui leur avait été dressée. Raynaldo se sauva à grand peine à Nîmes, et fit dresser acte, par les gens du roi, de ce guet-apens.

Le pape écrivit bien vite à Charles de Valois pour le prier de calmer son frère. Il écrivit au roi lui-même (23 août 1309), que si les témoins étaient retardés dans leur chemin, ce n'était pas sa faute, mais celle des gens du roi, qui devaient pourvoir à leur sûreté. Philippe lui reprochait d'ajourner indéfiniment l'examen des témoins, vieux et malades, et d'attendre qu'ils fussent morts. Des partisans de Boniface avaient, disait-on, tué ou torturé des témoins ; un de ceux-ci avait été trouvé mort dans son lit. Le pape répond qu'il ne sait rien de tout cela ; ce qu'il sait, c'est que pendant ce long procès, les affaires des rois, des prélats, du monde entier, dorment et attendent. Un des témoins qui, dit-on, a disparu, se trouve précisément en France et chez Nogaret.

Le roi avait dénoncé au pape certaines lettres injurieuses. Le pape répond qu'elles sont, pour le latin et l'orthographe, manifestement indignes de la cour de Rome. Il les a fait brûler. Quant à en poursuivre les auteurs, *une expérience récente a prouvé que ces procès subits contre des personnages importants, ont une triste et dangereuse issue*.

Cette lettre du pape était une humble et timide profession d'indépendance à l'égard du roi, une révolte à genoux. L'allusion aux templiers, qui la termine, indiquait assez l'espoir que plaçait le pape dans les embarras où ce procès devait jeter Philippe le Bel.

La commission pontificale, rassemblée le 7 août 1309, à l'évêché de Paris, avait été entravée longtemps. Le roi n'avait pas plus envie de voir justifier les templiers que le pape de condamner Boniface. Les témoins à charge contre Boniface étaient maltraités à Avignon, les témoins à décharge dans l'affaire des Templiers étaient torturés à Paris. Les évêques n'obéissaient point à la commission pontificale, et ne lui envoyaient point les prisonniers. Chaque jour la commission assistait à une messe, puis siégeait ; un huissier criait à la porte de la salle : « Si quelqu'un veut défendre l'Ordre de la milice du Temple, il n'a qu'à se présenter. » Mais personne ne se présentait. La commission revenait le lendemain, toujours inutilement.

Enfin, le pape ayant, par une bulle (13 septembre 1309), ouvert l'instruction du procès contre Boniface, le roi permit, en novembre, que le grand maître du Temple fût amené devant les commissaires. Le vieux chevalier montra d'abord beaucoup de fermeté. Il dit que l'ordre était privilégié du Saint-Siège, et qu'il lui semblait bien étonnant que l'Église romaine voulût procéder subitement à sa destruction, lorsqu'elle avait sursis à la déposition de l'empereur Frédéric II, pendant trente-deux ans.

Il dit encore qu'il était prêt à défendre l'ordre, selon son pouvoir ; qu'il se regarderait lui-même comme un misérable, s'il ne défendait un ordre dont il avait reçu tant d'honneur et d'avantages ; mais qu'il craignait de n'avoir pas assez de sagesse et de réflexion, qu'il était prisonnier du roi et du pape, qu'il n'avait pas quatre deniers à dépenser pour la défense, pas d'autre conseil qu'un frère servant ; qu'au reste, la vérité paraîtrait, non seulement par le témoignage des templiers, mais par celui des rois, princes, prélats, ducs, comtes et barons, dans toutes les parties du monde.

Si le grand maître se portait ainsi pour défenseur de l'ordre, il allait prêter une grande force à la défense, et sans compromettre le roi. Les commissaires l'engagèrent à délibérer mûrement. Ils lui firent lire sa déposition devant les cardinaux ; cette déposition n'émanait pas directement de lui-même ; par pudeur ou pour tout autre motif, il avait renvoyé les cardinaux à un frère servant qu'il chargeait de parler pour lui. Mais lorsqu'il fut devant la commission, et que les gens d'église lui lurent à haute voix ces tristes aveux, le vieux chevalier ne put entendre de sang-froid de telles choses dites en face. Il fit le signe de la croix, et dit que si les seigneurs commissaires du pape eussent été autres personnes, il aurait eu quelque chose à leur dire. Les commissaires répondirent qu'ils n'étaient pas gens à relever un gage de bataille. « Ce n'est pas là ce que j'entends, dit le grand maître, mais plût à Dieu qu'en tel cas on observât contre les pervers la coutume des Sarrasins et des Tartares ; ils leur tranchent la tête ou les coupent par le milieu. »

Cette réponse fit sortir les commissaires de leur douceur ordinaire. Ils répondirent avec une froide dureté : « Ceux que l'Église trouve hérétiques, elle les juge hérétiques, et abandonne les obstinés au tribunal séculier. »

L'homme de Philippe le Bel, Plasian, assistait à cette audience, sans y avoir été appelé. Jacques Molay, effrayé de l'impression que ses paroles avaient produite sur ces prêtres, crut qu'il valait mieux se confier à un chevalier. Il demanda la permission de conférer avec Plasian ; celui-ci l'engagea, en ami, à ne pas se perdre et le décida à demander un délai jusqu'au vendredi suivant. Les évêques le lui donnèrent, et ils lui en auraient donné davantage de grand cœur.

Le vendredi, Jacques Molay reparut, mais tout changé. Sans doute Plasian l'avait travaillé dans sa prison. Quand on lui demanda de nouveau s'il voulait défendre l'ordre, il répondit humblement qu'il n'était qu'un pauvre chevalier illettré ; qu'il avait entendu lire une bulle apostolique où le pape se réservait le jugement des chefs de l'ordre, que, pour le présent, il ne demandait rien de plus.

On lui demanda expressément s'il voulait défendre l'ordre. Il dit que non ; il priait seulement les commissaires d'écrire au pape qu'il le fît venir au plus tôt devant lui. Il ajoutait avec la naïveté de l'impatience et de la peur : « Je suis mortel, les autres aussi ; nous n'avons à nous que le moment présent. »

Le grand maître, abandonnant ainsi la défense, lui ôtait l'unité et la force qu'elle pouvait recevoir de lui. Il demanda seulement à dire trois mots en faveur de l'ordre. D'abord, qu'il n'y avait nulle église où le service divin se fît plus honorablement que dans celles des templiers. Deuxièmement, qu'il ne savait nulle religion où il se fît plus d'aumônes qu'en la religion du Temple ; qu'on y faisait trois fois la semaine l'aumône à tout venant. Enfin, qu'il n'y avait, à sa connaissance, nulle sorte de gens qui eussent tant versé de sang pour la foi chrétienne, et qui fussent plus redoutés des infidèles ; qu'à Mansourah, le comte d'Artois les avait mis à l'avant-garde, et que s'il les avait crus...

Alors une voix s'éleva : « Sans la Foi, tout cela ne sert de rien au salut. »

Nogaret, qui se trouvait là, prit aussitôt la parole : « J'ai ouï dire qu'en les chroniques qui sont à Saint-Denis, il était écrit qu'au temps du sultan de Babylone, le maître d'alors et les autres grands de l'ordre avaient fait hommage à Saladin, et que le même Saladin, apprenant un grand échec de ceux du Temple, avait dit publiquement que cela leur était advenu en châtiment d'un vice infâme, et de leur prévarication contre leur loi. »

Le grand maître répondit qu'il n'avait jamais ouï dire pareille chose ; qu'il savait seulement que le grand maître d'alors avait maintenu les trêves, parce que autrement il n'aurait pu garder tel ou tel château. Jacques Molay finit par prier humblement les commissaires et le chancelier Nogaret qu'on lui permît d'entendre la messe et d'avoir sa chapelle et ses chapelains. Ils le lui promirent en louant sa dévotion.

Ainsi commençaient en même temps les deux procès du Temple et de Boniface VIII. Ils présentaient l'étrange spectacle d'une guerre indirecte du roi et du pape. Celui-ci, forcé par le roi de poursuivre Boniface, était vengé par les dépositions des Templiers contre la barbarie avec laquelle les gens du roi avaient dirigé les premières procédures. Le roi déshonorait la papauté, le pape déshonorait la royauté. Mais le roi avait la force ; il empêchait les évêques d'envoyer aux commissaires du pape des Templiers prisonniers, et en même temps il poussait sur Avignon des nuées de témoins qu'on lui ramassait en Italie. Le pape, en quelque sorte assiégé par eux, était condamné à entendre les plus effrayantes dépositions contre l'honneur du pontificat.

Plusieurs des témoins s'avouaient infâmes, et détaillaient tout au long dans quelles saletés ils avaient trempé en commun avec Boniface. L'une de leurs dépositions les moins dégoûtantes, de celles qu'on peut traduire, c'est que Boniface avait fait tuer son prédécesseur ; il aurait dit à l'un de ces misérables : « Ne reparais pas devant moi que tu n'aies tué Célestin. » Le même Boniface aurait fait un sabbat, un sacrifice au Diable. Ce qui est plus vraisemblable dans ce vieux légiste italien, dans ce compatriote de l'Arétin et Machiavel, c'est qu'il était incrédule, impie et cynique en ses paroles... Des gens ayant peur dans un orage, et disant que c'était la fin du monde, il aurait dit : « Le monde a toujours été et sera toujours. » – « Seigneur, on assure qu'il y aura une résurrection ? – « Avez-vous jamais vu ressusciter personne ? »

Un homme lui apportant des figues de Sicile, lui disait : « Si j'étais mort en mon voyage, Christ eût eu pitié de moi. » A quoi Boniface aurait répondu : « Va, je suis bien plus puissant que ton Christ ; moi, je puis donner des royaumes. »

Il parlait de tous les mystères avec une effroyable impiété. Il disait de la Vierge : « Non credo in Mariolâ, Mariolâ, Mariolâ ! » Et ailleurs : « Nous ne croyons plus ni l'ânesse, ni l'ânon. »

Ces bouffonneries ne sont pas bien prouvées. Ce qui l'est mieux et ce qui fut peut-être plus funeste à Boniface, c'est sa tolérance. Un inquisiteur de Calabre avait dit : « Je crois que le pape favorise les hérétiques, car il ne nous permet plus de remplir notre office. » Ailleurs ce sont des moines qui font poursuivre leur abbé pour hérésie ; il est convaincu par l'Inquisition. Mais le pape s'en moque : « Vous êtes des idiots, leur dit-il ; votre abbé est un savant homme, et il pense mieux que vous : allez et croyez comme il croit. »

Après tous ces témoignages, il fallut que Clément V endurât face à face l'insolence de Nogaret (16 mars 1310). Il vint en personne à Avignon, mais accompagné de Plasian et d'une bonne escorte de gens armés. Nogaret, ayant pour lui le roi et l'épée, était l'oppresseur de son juge.

Dans les nombreux factums qu'il avait déjà lancés, on trouve la substance de ce qu'il put dire au pape ; c'est un mélange d'humilité et d'insolence, de servilisme monarchique et de républicanisme classique, d'érudition pédantesque et d'audace révolutionnaire. On aurait tort d'y voir un petit Luther. L'amertume de Nogaret ne rappelle pas les belles et naïves colères du bonhomme de Wittemberg, dans lequel il y avait tout ensemble un enfant et un lion ; c'est plutôt la bile amère et recuite de Calvin, cette haine à la quatrième puissance...

Dans son premier factum, Nogaret avait déclaré ne pas lâcher prise. L'action contre l'hérésie, dit-il, ne s'éteint point par la mort, *morte non exstinguitur*. Il demandait que Boniface fût exhumé et brûlé.

En 1310, il veut bien se justifier ; mais c'est qu'il est d'une bonne âme de craindre la faute, même où il n'y a pas faute ; ainsi firent Job, l'Apôtre, et saint Augustin... Ensuite, il sait des gens qui, par ignorance, sont scandalisés à cause de lui ; il craint, s'il ne se justifie, que ces gens-là ne se damnent, en pensant mal de lui, Nogaret. Voilà pourquoi il supplie, demande, postule et *requiert comme droit,* avec larmes et gémissements, mains jointes, genoux en terre... En cette humble posture, il prononce, en guise de justification, une effroyable invective contre Boniface. Il n'y a pas moins de soixante chefs d'accusation.

Boniface, dit-il encore, ayant décliné le jugement et repoussé la convocation du concile, était, par cela seul, contumace et convaincu. Nogaret n'avait pas une minute à perdre pour accomplir son mandat. A défaut de la puissance ecclésiastique ou civile, il fallait bien que le corps de l'Église fût défendu par un catholique quelconque ; tout catholique est tenu d'exposer la vie pour l'Église. « Moi donc, Guillaume Nogaret, homme privé, mais chevalier, tenu, par devoir de chevalerie, à défendre la république, il m'était permis, il m'était imposé de résister au susdit tyran pour la vérité du Seigneur. – Item, comme ainsi soit que chacun est tenu de défendre sa patrie, *au point qu'on mériterait récompense si, en cette défense, on tuait son père ;* il m'était loisible, que dis-je ? obligatoire, de défendre ma patrie, le royaume de France, qui avait à craindre le ravage, le glaive, etc. »

Puis donc Boniface sévissait contre l'Église et contre lui-même, *more furiosi,* il fallait bien lui lier les pieds et les mains. Ce n'était pas là acte d'ennemi, bien au contraire.

Mais voilà qui est plus fort. C'est Nogaret qui a sauvé la vie à Boniface, et il a encore sauvé un de ses neveux. Il n'a laissé donner à manger au pape que par gens à qui il se fiait. Aussi Boniface délivré lui a donné l'absolution. A Anagni même, Boniface a prêché devant une grande multitude, que tout ce qui lui était arrivé par Nogaret ou ses gens lui était venu du Seigneur.

Cependant le procès du Temple avait commencé à grand bruit, malgré la désertion du grand maître. Le 28 mars 1310, les commissaires se firent amener dans le jardin de l'évêché les chevaliers qui déclaraient vouloir défendre l'ordre ; la salle n'eût pu les contenir : ils étaient cinq cent quarante-six. On leur lut en latin les articles de l'accusation. On voulait ensuite les leur lire en français. Mais ils s'écrièrent que c'était bien assez de les avoir entendus en latin, qu'ils ne se souciaient pas que l'on traduisît de telles turpitudes en langue vulgaire. Comme ils étaient si nombreux, pour éviter le tumulte, on leur dit de déléguer des procureurs, de nommer quelques-uns d'entre eux qui parleraient pour les autres. Ils auraient voulu parler tous, tant ils avaient repris courage. « Nous aurions bien dû aussi, s'écrièrent-ils, n'être torturés que par procureurs. » Ils déléguèrent pourtant deux d'entre eux, un chevalier, Frère Raynaud de Pruin, et un prêtre, Frère Pierre de Boulogne, procureur de l'ordre près la cour pontificale. Quelques autres leur furent adjoints.

Les commissaires firent ensuite recueillir par toutes les maisons de Paris, qui servaient de prison aux templiers, les dépositions de ceux qui voudraient défendre l'ordre. Ce fut un jour affreux qui pénétra dans les prisons de Philippe le Bel. Il en sortit d'étranges voix, les unes fières et rudes, d'autres pieuses, exaltées, plusieurs naïvement douloureuses. Un des chevaliers dit seulement : « Je ne puis pas plaider à moi seul contre le pape et le roi de France. » Quelques-uns remettent pour toute disposition une prière à la Sainte Vierge : « Marie, étoile des mers, conduis-nous au port du salut. » Mais la pièce la plus curieuse est une protestation en langue vulgaire, où, après avoir soutenu l'innocence de l'ordre, les chevaliers nous font connaître leur humiliante misère, le triste calcul de leurs dépenses. Étranges détails et qui font un cruel contraste avec la fierté et la richesse tant célébrée de cet ordre !... Les malheureux, sur leur pauvre paie de douze deniers par jour, étaient obligés de payer le passage de l'eau pour aller subir leurs interrogatoires dans la Cité, et de donner de l'argent à l'homme qui ouvrait ou rivait leurs chaînes.

Enfin les défenseurs présentèrent un acte solennel au nom de l'ordre. Dans cette protestation singulièrement forte et hardie, ils déclarèrent ne pouvoir se défendre sans le grand maître, ni autrement que devant le concile général. Ils soutiennent : « Que la religion du Temple est sainte, pure et immaculée devant Dieu et son Père. L'institution régulière, l'observance salutaire, y ont *toujours* été, y sont *encore* en vigueur. Tous les frères n'ont qu'une profession de foi qui dans tout l'univers a été, est *toujours observée de tous,* depuis la fondation jusqu'au jour présent. Et qui dit ou croit autrement, erre totalement, pèche mortellement. » C'était une affirmation bien hardie de soutenir que *tous* étaient restés fidèles aux règles de la fondation primitive ; qu'il n'y avait eu nulle déviation, nulle corruption. Lorsque le juste pèche sept fois par jour, cet ordre superbe se trouvait pur et sans péché. Un tel orgueil faisait frémir.

Ils ne s'en tenaient pas là. Ils demandaient que les frères apostats fussent mis sous bonne garde jusqu'à ce qu'il apparût s'ils avaient porté un vrai témoignage.

Ils auraient voulu encore qu'aucun laïque n'assistât aux interrogatoires. Nul doute, en effet, que la présence d'un Plasian, d'un Nogaret, n'intimidât les accusés et les juges.

Ils finissent par dire que la commission pontificale ne peut aller plus avant : « Car enfin nous ne sommes pas en lieu sûr ; nous sommes et avons toujours été au pouvoir de ceux qui suggèrent des choses fausses au seigneur roi. Tous les jours, par eux ou par d'autres, de vive voix, par lettres ou messages, ils nous avertissent de ne pas rétracter les fausses dépositions qui ont été arrachées par la crainte ; qu'autrement nous serons brûlés. »

Quelques jours après nouvelle protestation, mais plus forte encore, moins apologétique que menaçante et accusatrice. « Ce procès, disent-ils, a été soudain, violent, inique et injuste ; ce n'est que violence atroce, intolérable erreur... Dans les prisons et les tortures, beaucoup et beaucoup sont morts ; d'autres en resteront infirmes pour leur vie ; plusieurs ont été contraints de mentir contre eux-mêmes et contre leur ordre. Ces violences et ces tourments leur ont totalement enlevé le libre arbitre, c'est-à-dire tout ce que l'homme peut avoir de bon. Qui perd le libre arbitre, perd tout bien, science, mémoire et intellect... Pour les pousser au mensonge, au faux témoignage, on leur montrait des lettres où pendait le sceau du roi, et qui leur garantissaient la conservation de leurs membres, de la vie, de la liberté ; on promettait de pourvoir soigneusement à ce qu'ils eussent de bons revenus pour leur vie ; on leur assurait d'ailleurs que l'ordre était condamné sans remède... »

Quelque habitué que l'on fût alors à la violence des procédures inquisitoriales, à l'immoralité des moyens employés communément pour faire parler les accusés, il était impossible que de telles paroles ne soulevassent les cœurs ! Mais ce qui en disait plus que toutes les paroles, c'était le pitoyable aspect des prisonniers, leur face pâle et amaigrie, les traces hideuses des tortures... L'un d'eux, Humbert Dupuy, le quatorzième témoin, avait été torturé trois fois, retenu trente-six semaines au fond d'une tour infecte, au pain et à l'eau. Un autre avait été pendu par les parties génitales. Le chevalier Bernard Dugué (de Vado), dont on avait tenu les pieds devant un feu ardent, montrait deux os qui lui étaient tombés des talons.

C'étaient là de cruels spectacles. Les juges mêmes, tout légistes qu'ils étaient, et sous leur sèche robe de prêtre, étaient émus et souffraient. Combien plus le peuple, qui chaque jour voyait ces malheureux passer l'eau en barque, pour se rendre dans la Cité, au palais épiscopal, où siégeait la commisson ! L'indignation augmentait contre les accusateurs, contre les templiers apostats. Un jour, quatre de ces derniers se présentent devant la commission, gardant encore la barbe, mais portant leurs manteaux à la main. Ils les jettent aux pieds des évêques, et déclarent qu'ils renoncent à l'habit du Temple. Mais les juges ne les virent qu'avec dégoût ; ils leur dirent qu'ils fissent dehors ce qu'ils voudraient.

Le procès prenait une tournure fâcheuse pour ceux qui l'avaient commencé avec tant de précipitation et de violence. Les accusateurs tombaient peu à peu à la situation d'accusés. Chaque jour, les dépositions de ceux-ci révélaient les barbaries, les turpitudes de la première procédure. L'intention du procès devenait visible. On avait tourmenté un accusé pour lui faire dire à combien montait le trésor rapporté de la Terre sainte. Un trésor était-il un crime, un titre d'accusation ?

Quand on songe au grand nombre d'affiliés que le Temple avait dans le peuple, aux relations des chevaliers avec la noblesse, dont ils sortaient tous, on ne peut douter que le roi ne fût effrayé de se voir engagé si avant. Le but honteux, les moyens atroces, tout avait été démasqué. Le peuple, troublé et inquiet dans sa croyance depuis la tragédie de Boniface VIII, n'allait-il pas se soulever ? Dans l'émeute des monnaies, le Temple avait été assez fort pour protéger Philippe le Bel ; aujourd'hui, tous les amis du Temple étaient contre lui...

Ce qui aggravait encore le danger, c'est que dans les autres contrées de l'Europe, les décisions des conciles étaient favorables aux Templiers. Ils furent déclarés innocents, le 17 juin 1310 à Ravenne, le 1er juillet à Mayence, le 21 octobre à Salamanque. Dès le commencement de l'année, on pouvait prévoir ces jugements et la dangereuse réaction qui s'ensuivrait à Paris. Il fallait la prévenir, se réfugier dans l'audace. Il fallait à tout prix prendre en main le procès, le brusquer, l'étouffer.

Au mois de février 1310, le roi s'était arrangé avec le pape. Il avait déclaré s'en remettre à lui pour le jugement de Boniface VIII. En avril, il exigea en retour que Clément nommât à l'archevêché de Sens le jeune Marigni, frère du fameux Enguerrand, vrai roi de France sous Philippe le Bel. Le 10 mai, l'archevêque de Sens assemble à Paris un Concile provincial, et y fait paraître les Templiers. Voilà deux tribunaux qui jugent en même temps les mêmes accusés, en vertu de deux bulles du pape. La commission alléguait la bulle qui lui attribuait le jugement. Le Concile s'en rapportait à la bulle précédente, qui avait rendu aux juges ordinaires leurs pouvoirs, d'abord suspendus. Il ne reste point d'acte de ce Concile, rien que le nom de ceux qui siégèrent et le nombre de ceux qu'ils firent brûler.

Le 10 mai, le dimanche, jour où la commission était assemblée, les défenseurs de l'ordre s'étaient présentés devant l'archevêque de Narbonne et les autres commissaires pontificaux pour porter appel. L'archevêque de Narbonne répondit qu'un tel appel ne regardait ni lui ni ses collègues ; qu'ils n'avaient pas à s'en mêler, puisque ce n'était pas de leur tribunal que l'on appelait ; que s'ils voulaient parler pour la défense de l'ordre, on les entendrait volontiers.

Les pauvres chevaliers supplièrent qu'au moins on les menât devant le Concile pour y porter leur appel, en leur donnant deux notaires qui en dresseraient acte authentique ; ils priaient la commission, ils priaient même les notaires présents. Dans leur appel qu'ils lurent ensuite, ils se mettaient sous la protection du pape, dans les termes les plus pathétiques. « Nous réclamons les saints Apôtres, nous les réclamons encore une fois, c'est avec la dernière instance que nous les réclamons. » Les malheureuses victimes sentaient déjà les flammes et se serraient à l'autel qui ne pouvait les protéger.

Tout le secours que leur avait ménagé ce pape sur lequel ils comptaient, et dont ils se recommandaient comme de Dieu, fut une timide et lâche consultation, où il avait essayé d'avance d'interpréter le mot de *relaps,* dans le cas où l'on voudrait appliquer ce nom à ceux qui avaient rétracté leurs aveux : « Il semble en quelque sorte contraire à la raison de juger de tels hommes comme relaps... En telles choses douteuses, il faut restreindre et modérer les peines. »

Les commissaires pontificaux n'osèrent faire valoir cette consultation. Ils répondirent, le dimanche soir, qu'ils éprouvaient grande compassion pour les défenseurs de l'ordre et les autres frères ; mais que l'affaire dont s'occupaient l'archevêque de Sens et ses suffragants était tout autre que la leur ; qu'ils ne savaient ce qui se faisait dans ce concile ; que si la commission était autorisée par le Saint-Siège, l'archevêque de Sens l'était aussi ; que l'une n'avait nulle autorité sur l'autre ; qu'*au premier coup d'œil,* ils ne voyaient rien à objecter à l'archevêque de Sens ; que toutefois ils aviseraient.

Pendant que les commissaires avisaient, ils apprirent que cinquante-quatre templiers allaient être brûlés. Un jour avait suffi pour éclairer suffisamment l'archevêque de Sens et ses suffragants. Suivons pas à pas le récit des notaires de la commission pontificale, dans sa simplicité terrible.

« Le mardi 12, pendant l'interrogatoire du Frère Jean Bertaud, il vint à la connaissance des commissaires que cinquante-quatre templiers allaient être brûlés. Ils chargèrent le prévôt de l'église de Poitiers et l'archidiacre d'Orléans, clerc du roi, d'aller dire à l'archevêque de Sens et ses suffragants de délibérer mûrement et de différer, attendu que les frères morts en prison affirmaient, disait-on, sur le péril de leurs âmes, qu'ils étaient faussement accusés. Si cette exécution avait lieu, elle empêcherait les commissaires de procéder en leur office, les accusés étant tellement effrayés qu'ils semblaient hors de sens. En outre l'un des commissaires les chargea de signifier à l'archevêque que frère Raynaud de Pruin, Pierre de Boulogne, prêtre, Guillaume de Chambonnet et Bertrand de Sartiges, chevaliers, avaient interjeté certain appel par-devant les commissaires. »

Il y avait là une grave question de juridiction. Si le concile et l'archevêque de Sens reconnaissaient la validité d'un appel porté devant la commission papale, ils avouaient la supériorité de ce tribunal, et les libertés de l'Église gallicane étaient compromises. D'ailleurs sans doute les ordres du roi pressaient ; le jeune Marigni, créé archevêque tout exprès, n'avait pas le temps de disputer. Il s'absenta pour ne pas recevoir les envoyés de la commission ; puis quelqu'un (on ne sait qui) révoqua en doute qu'ils eussent parlé au nom de la commission ; Marigni douta aussi, et l'on passa outre.

Les templiers, amenés le dimanche devant le concile, avaient été jugés le lundi ; les uns, qui avouaient, mis en liberté ; d'autres, qui avaient toujours nié, emprisonnés pour la vie ; ceux qui rétractaient leurs aveux, déclarés relaps. Ces derniers au nombre de cinquante-quatre, furent dégradés le même jour par l'évêque de Paris et livrés au bras séculier. Le mardi, ils furent brûlés à la Porte Saint-Antoine. Ces malheureux avaient varié dans les prisons, mais ils ne varièrent point dans les flammes ; ils protestèrent jusqu'au bout de leur innocence. La foule était muette et comme stupide d'étonnement.

Qui croirait que la commission pontificale eut le cœur de s'assembler le lendemain, de continuer cette inutile procédure, d'interroger pendant qu'on brûlait ?

« Le mardi 13 mai, par-devant les commissaires, fut amené Frère Aimeri de Villars-le-Duc, barbe rase, sans manteau ni habit du Temple, âgé, comme il disait, de cinquante ans, ayant été environ huit années dans l'ordre comme frère servant et vingt comme chevalier. Les seigneurs commissaires lui expliquèrent les articles sur lesquels il devait être interrogé. Mais ledit témoin, pâle et tout épouvanté, déposant sous serment et au péril de son âme, demandant, s'il mentait, à mourir subitement, et à être d'âme et de corps, en présence même de la commission, soudain englouti en enfer, se frappant la poitrine des poings, fléchissant les genoux et élevant les mains vers l'autel, dit que toutes les erreurs imputées à l'ordre étaient de toute fausseté, quoiqu'il en eût confessé quelques-unes au milieu des tortures auxquelles l'avaient soumis Guillaume de Marcillac et Hugues de Celles, chevaliers du roi. Il ajoutait pourtant qu'*ayant vu emmener sur des charrettes, pour être brûlés, cinquante-quatre frères de l'ordre,* qui n'avaient pas voulu confesser lesdites erreurs, et *ayant entendu dire qu'ils avaient été brûlés,* lui qui craignait, s'il était brûlé, de n'avoir pas assez de force et de patience, il était prêt à confesser et jurer par crainte, devant les commissaires ou autres, toutes les erreurs imputées à l'ordre, à dire même, si l'on voulait, *qu'il avait tué Notre-Seigneur*... Il suppliait et conjurait lesdits commissaires et nous, notaires présents, de ne point révéler aux gens du roi ce qu'il venait de dire, craignant, disait-il, que s'ils en avaient connaissance, il ne fût livré au même supplice que les cinquante-quatre templiers... – Les commissaires, voyant le péril qui menaçait les déposants s'ils continuaient à les entendre pendant cette terreur, et mus encore par d'autres causes, résolurent de surseoir pour le présent. »

La commission semble avoir été émue de cette scène terrible. Quoique affaiblie par la désertion de son président, l'archevêque de Narbonne et l'évêque de Bayeux, qui ne venaient plus aux séances, elle essaya de sauver, s'il en était encore temps, les trois principaux défenseurs.

« Le lundi 18 mai, les commissaires pontificaux chargèrent le prévôt de l'église de Poitiers et l'archidiacre d'Orléans d'aller trouver de leur part le vénérable père en Dieu, le seigneur archevêque de Sens et ses suffragants, pour réclamer les défenseurs, Pierre de Boulogne, Guillaume de Chambonnet et Bertrand de Sartiges, de sorte qu'ils pussent être amenés sous bonne garde toutes les fois qu'ils le demanderaient, pour la défense de l'ordre. » Les commissaires avaient bien soin d'ajouter qu'ils ne voulaient faire aucun empêchement à l'archevêque de Sens et à son concile, mais seulement décharger leur conscience.

« Le soir, les commissaires se réunirent à Sainte-Geneviève dans la chapelle de Saint-Éloi, et reçurent des chanoines qui venaient de la part de l'archevêque de Sens. L'archevêque répondait qu'il y avait deux ans que le procès avait été commencé contre les chevaliers ci-dessus nommés, comme membres particuliers de l'ordre, qu'il voulait le terminer selon la forme du mandat apostolique. Que du reste il n'entendait aucunement troubler les commissaires en leur office. » Effroyable dérision !

« Les envoyés de l'archevêque de Sens s'étant retirés, on amena devant les commissaires Raynaud de Pruin, Chambonnet et Sartiges, lesquels annoncèrent qu'on avait séparé d'eux Pierre de Boulogne sans qu'ils sussent pourquoi, ajoutant qu'ils étaient gens simples, sans expérience, d'ailleurs stupéfaits et troublés, en sorte qu'ils ne pouvaient rien ordonner ni dicter pour la défense de l'ordre sans le conseil dudit Pierre. C'est pourquoi ils suppliaient les commissaires de le faire venir, de l'entendre, et de savoir comment et pourquoi il avait été retiré d'eux, et s'il voulait persister dans la défense de l'ordre ou l'abandonner. Les commissaires ordonnèrent au prévôt de Poitiers et à Jehan de Teinville, que le lendemain au matin ils amenassent ledit frère en leur présence. »

Le lendemain, on ne voit pas que Pierre de Boulogne ait comparu. Mais une foule de templiers vinrent déclarer qu'ils abandonnaient la défense. Le samedi, la commission, délaissée encore par un de ses membres, s'ajourna au 3 novembre suivant.

A cette époque, les commissaires étaient moins nombreux encore. Ils se trouvaient réduits à trois. L'archevêque de Narbonne avait quitté Paris *pour le service du roi.* L'évêque de Bayeux était près du pape *de la part du roi.* L'archidiacre de Maguelonne était malade. L'évêque de Limoges s'était mis en route pour venir, *mais le roi lui avait fait dire* qu'il fallait surseoir encore jusqu'au prochain Parlement. Les membres présents firent pourtant demander à la porte de la salle si quelqu'un avait quelque chose à dire pour l'Ordre du Temple. Personne ne se présenta.

Le 27 décembre, les commissaires reprirent les interrogatoires et redemandèrent les deux principaux défenseurs de l'ordre. Mais le premier de tous, Pierre de Boulogne, avait disparu. Son collègue, Raynaud de Pruin, ne pouvait plus répondre, disait-on, ayant été dégradé par l'archevêque de Sens. Vingt-six chevaliers, qui déjà avaient fait serment comme devant déposer, furent retenus par les gens du roi, et ne purent se présenter.

C'est une chose admirable qu'au milieu de ces violences, et dans un tel péril, il se soit trouvé un certain nombre de chevaliers pour soutenir l'innocence de l'ordre ; mais ce courage fut rare. La plupart étaient sous l'impression d'une profonde terreur.

La perte des templiers était partout poursuivie avec acharnement dans les conciles provinciaux ; neuf chevaliers venaient encore d'être brûlés à Senlis. Les interrogatoires avaient lieu sous la terreur des exécutions. Le procès était étouffé dans les flammes... La commission continua ses séances jusqu'au 11 juin 1311. Le résultat de ses travaux est consigné dans un registre, qui finit par ses paroles : « Pour surcroît de précaution, nous avons déposé ladite procédure, rédigée par les notaires en acte authentique, dans le trésor de Notre-Dame de Paris, pour n'être exhibée à personne que sur lettre spéciale de Votre Sainteté. »

Dans tous les États de la chrétienté, on supprima l'ordre, comme inutile ou dangereux. Les rois prirent les biens ou les donnèrent aux autres ordres. Mais les individus furent ménagés. Le traitement le plus sévère qu'ils éprouvèrent fut d'être emprisonnés dans des monastères, souvent dans leurs propres couvents. C'est l'unique peine à laquelle on condamna en Angleterre les chefs de l'ordre qui s'obstinaient à nier.

Les templiers furent condamnés en Lombardie et en Toscane, justifiés à Ravenne et à Bologne. En Castille, on les jugea innocents. Ceux d'Aragon, qui avaient des places fortes, s'y jetèrent et firent résistance, principalement dans leur fameux fort de Monçon. Le roi d'Aragon emporta ces forts, et ils n'en furent pas plus mal traités. On créa l'Ordre de Monteza, où ils entrèrent en foule. En Portugal, ils recrutèrent les Ordres d'Avis et du Christ. Ce n'était pas dans l'Espagne, en face des Maures, sur la terre classique de la croisade, qu'on pouvait songer à proscrire les vieux défenseurs de la chrétienté.

La conduite des autres princes, à l'égard des templiers, faisait la satire de Philippe le Bel. Le pape blâma cette douceur ; il reprocha aux rois d'Angleterre, de Castille, d'Aragon, de Portugal, de n'avoir pas employé les tortures. Philippe l'avait endurci, soit en lui donnant part aux dépouilles, soit en lui abandonnant le jugement de Boniface. Le roi de Fance s'était décidé à céder quelque peu sur ce dernier point. Il voyait tout remuer autour de lui. Les États sur lesquels il étendait son influence semblaient près d'y échapper. Les barons anglais voulaient renverser le gouvernement des favoris d'Édouard II, qui les tenait humiliés devant la France. Les gibelins d'Italie appelaient le nouvel empereur, Henri de Luxembourg, pour détrôner le petit-fils de Charles d'Anjou, le roi Robert, grand clerc et pauvre roi, qui n'était habile qu'en astrologie. La maison de France risquait de perdre son ascendant dans la chrétienté. L'Empire, qu'on avait cru mort, menaçait de revivre. Dominé par ces craintes, Philippe permit à Clément de déclarer que Boniface n'était point hérétique, en assurant toutefois que le roi avait agi sans malignité, qu'il eût plutôt, comme un autre Sem, caché la honte, la nudité paternelle. Nogaret lui-même est absous, à la condition qu'il ira à la croisade (s'il y a croisade), et qu'il servira toute la vie à la Terre sainte ; en attendant, il fera tel et tel pèlerinage. Le continuateur de Nangis ajoute malignement une autre condition, c'est que Nogaret fera le pape son héritier.

Il y eut ainsi compromis. Le roi cédant sur Boniface, le pape lui abandonna les templiers. Il livrait les vivants pour sauver un mort. Mais ce mort était la papauté elle-même.

Ces arrangements faits en famille, il restait à les faire approuver par l'Église. Le Concile de Vienne s'ouvrit le 16 octobre 1312, concile œcuménique, où siégèrent plus de trois cents évêques ; mais il fut plus solennel encore par la gravité des matières que par le nombre des assistants.

D'abord on devait parler de la délivrance des saints lieux. Tout concile en parlait ; chaque prince prenait la croix, et tous restaient chez eux. Ce n'était qu'un moyen de tirer de l'argent.

Le concile avait à régler deux grandes affaires, celle de Boniface et celle du Temple. Dès le mois de novembre, neuf chevaliers se présentèrent aux prélats, s'offrant bravement à défendre l'ordre, et déclarant que quinze cents ou deux mille des leurs étaient à Lyon ou dans les montagnes voisines, tout prêts à les soutenir. Effrayé de cette déclaration, ou plutôt de l'intérêt qu'inspirait le dévouement des neuf, le pape les fit arrêter.

Dès lors, il n'osa plus rassembler le concile. Il tint les évêques inactifs tout l'hiver dans cette ville étrangère, loin de leur pays et de leurs affaires, espérant sans doute les vaincre par l'ennui, et les pratiquant un à un.

Le concile avait encore un objet, la répression des mystiques, béghards et franciscains *spirituels*. Ce fut une triste chose de voir devant le pape de Philippe le Bel, aux genoux de Bertrand de Gott, le pieux et enthousiaste Ubertino, le premier auteur connu d'une *Imitation de Jésus-Christ*. Toute la grâce qu'il demandait pour lui et ses frères, les franciscains réformés, c'était qu'on ne les forçât pas de rentrer dans les couvents trop relâchés, trop riches, où ils ne se trouvaient pas assez pauvres à leur gré.

L'Imitation, pour ces mystiques, c'était la charité et la pauvreté. Dans l'ouvrage le plus populaire de ce temps, dans *La Légende dorée*, un saint donne tout ce qu'il a, sa chemise même ; il ne garde que son Évangile. Mais un pauvre survenant encore, le saint donne l'Évangile...

La pauvreté, sœur de la charité, était alors l'idéal des franciscains. Ils aspiraient à ne rien posséder. Mais cela n'est pas si facile que l'on croit. Ils mendiaient, ils recevaient ; le pain même reçu pour un jour, n'est-ce pas une possession ? Et quand les aliments étaient assimilés, mêlés à leur chair, pouvait-on dire qu'ils ne fussent à eux ? Plusieurs s'obstinaient à le nier. Bizarre effort pour échapper vivant aux conditions de la vie.

Cela pouvait paraître sublime ou risible ; mais au premier coup d'œil, on n'en voyait pas le danger. Cependant, faire de la pauvreté absolue la loi de l'homme, n'est-ce pas condamner la propriété ? précisément comme, à la même époque, les doctrines de fraternité idéale et d'amour sans bornes annulaient le mariage, cette autre base de la société civile.

A mesure que l'autorité s'en allait, que le prêtre tombait dans l'esprit des peuples, la religion, n'étant plus contenue dans les formes, se répandait en mysticisme.

Les *Petits Frères* (fraticelli) mettaient en commun les biens et les femmes. A l'aurore de l'âge de charité, disaient-ils, on ne pouvait rien garder pour soi. Dans l'Italie, où l'imagination est impatiente, au Piémont, pays d'énergie, ils entreprirent de fonder sur une montagne la première cité vraiment fraternelle. Ils y soutinrent un siège sous leur chef, le brave et éloquent Dulcino. Sans doute, il y avait quelque chose en cet homme : lorsqu'il fut pris et déchiré avec des tenailles ardentes, sa belle Margareta refusa tous les chevaliers qui voulaient la sauver en l'épousant, et aima mieux partager cet effroyable supplice.

Les femmes tiennent une grande place dans l'histoire de la religion à cette époque. Les grands saints sont des femmes : sainte Brigitte et sainte Catherine de Sienne. Les grands hérétiques sont aussi des femmes. En

1310, en 1315, on voit, selon le continuateur de Nangis, des femmes d'Allemagne ou des Pays-Bas enseigner que l'âme, anéantie dans l'amour du Créateur, peut laisser faire le corps, sans plus s'en soucier. Déjà (1300) une Anglaise était venue en France, persuadée qu'elle était le Saint-Esprit incarné pour la rédemption des femmes ; on la croyait volontiers ; elle était belle et de doux langage.

Le mysticisme des franciscains n'était guère moins alarmant. Le pape devait condamner leur trop rigoureuse logique, leur charité, leur pauvreté absolue. L'idéal devait être condamné, l'idéal des vertus chrétiennes !

Chose dure et odieuse à dire ! combien plus choquante encore, quand la condamnation partait de la bouche d'un Clément V ou d'un Jean XXII. Quelque morte que pût être la conscience de ces papes, ne devaient-ils pas se troubler et souffrir en eux-mêmes, quand il leur fallait juger, proscrire, ces malheureux sectaires, cette folle sainteté, dont tout le crime était de vouloir être pauvres, de jeûner, de pleurer d'amour, de s'en aller pieds nus par le monde, de jouer, innocents comédiens, le drame suranné de Jésus ?

L'affaire des templiers fut reprise au printemps. Le roi mit la main sur Lyon, leur asile. Les bourgeois l'avaient appelé contre leur archevêque ; cette ville impériale était délaissée de l'Empire, et elle convenait trop bien au roi, non seulement comme le nœud de la Saône et du Rhône, la pointe de la France à l'est, la tête de route vers les Alpes ou la Provence, mais surtout comme asile de mécontents, comme nid d'hérétiques. Philippe y tint une assemblée de notables. Puis il vint au concile avec ses fils, ses princes et un grand cortège de gens armés ; il siégea à côté du pape, un peu au-dessous.

Jusque-là, les évêques s'étaient montrés peu dociles : ils s'obstinaient à vouloir entendre la défense des templiers. Les prélats d'Italie, moins un seul ; ceux d'Espagne, ceux d'Allemagne et de Danemark ; ceux d'Angleterre, d'Écosse et d'Irlande ; les Français même, sujets de Philippe (sauf les archevêques de Reims, de Sens et de Rouen), déclarèrent qu'ils ne pouvaient condamner sans entendre.

Il fallut donc qu'après avoir assemblé le concile, le pape s'en passât. Il assembla ses évêques les plus sûrs, et quelques cardinaux, et dans ce consistoire, il abolit l'ordre, de son autorité pontificale. L'abolition fut prononcée ensuite, en présence du roi et du concile. Aucune réclamation ne s'éleva.

Il faut avouer que ce procès n'était pas de ceux qu'on peut juger. Il embrassait l'Europe entière ; les dépositions étaient par milliers, les pièces innombrables ; les procédures avaient différé dans les différents États. La seule chose certaine, c'est que l'ordre était désormais inutile, et de plus dangereux. Quelque peu honorables qu'aient été ses secrets motifs, le pape agit sensément. Il déclare dans sa bulle explicative, que les informations ne sont pas assez sûres, qu'il n'a pas le droit de juger, mais que l'ordre est suspect : *ordinem valde suspectum*. Clément XIV n'agit pas autrement à l'égard des jésuites.

Clément V s'efforça ainsi de couvrir l'honneur de l'Église. Il falsifia secrètement les registres de Boniface, mais il ne révoqua par-devant le concile qu'une seule de ses bulles *(Clericis laïcos)*, celle qui ne touchait point la doctrine, mais qui empêchait le roi de prendre l'argent du clergé.

Ainsi, ces grandes querelles d'idées et de principes retombèrent aux questions d'argent. Les biens du Temple devaient être employés à la délivrance de la Terre sainte, et donnés aux hospitaliers. On accusa même cet ordre d'avoir acheté l'abolition du Temple. S'il le fit, il fut bien trompé. Un historien assure qu'il en fut plutôt appauvri.

Jean XXII se plaignait, en 1316, de ce que le roi se payait de la garde des templiers, en saisissant les biens mêmes des hospitaliers. En 1317, ils furent trop heureux de donner quittance finale aux administrateurs royaux des biens du Temple. Le pape s'affligeait, en 1309, de n'avoir encore qu'un peu de mobilier, *pas même de quoi couvrir les frais*. Mais il n'eut pas finalement à se plaindre.

Restait une triste partie de la succession du Temple, la plus embarrassante. Je parle des prisonniers que le roi gardait à Paris, particulièrement du grand maître. Écoutons, sur ce tragique événement, le récit de l'historien anonyme, du continuateur de Guillaume de Nangis :

« Le grand maître du ci-devant Ordre du Temple et trois autres templiers, le visitateur de France, les maîtres de Normandie et d'Aquitaine, sur lesquels le pape s'était réservé de prononcer définitivement, comparurent par-devant l'archevêque de Sens, et une assemblée d'autre prélats et docteurs en droit divin et en droit canon, convoqués spécialement dans ce but à Paris sur l'ordre du pape, par l'évêque d'Albano et deux autres cardinaux légats. Comme les quatre susdits avouaient les crimes dont ils étaient chargés publiquement et solennellement, et qu'ils persévéraient dans cet aveu et paraissaient vouloir y persévérer jusqu'à la fin, après mûre délibération du conseil, sur la place du parvis de Notre-Dame, le lundi après la Saint-Grégoire, ils furent condamnés à être emprisonnés pour toujours et murés. Mais comme les cardinaux croyaient avoir mis fin à l'affaire, voilà que tout à coup, sans qu'on pût s'y attendre, deux des condamnés, le maître d'Outre-Mer et le maître de Normandie, se défendent opiniâtrement contre le cardinal qui venait de parler et contre l'archevêque de Sens, en reviennent à renier leur confession et tous leurs aveux précédents, sans garder de mesure, au grand étonnement de tous. Les cardinaux les remirent au prévôt de Paris, qui se trouvait présent, pour les garder jusqu'à ce qu'ils en eussent plus pleinement délibéré le lendemain. Mais dès que le bruit en vint aux oreilles du roi, qui était alors dans son palais royal, ayant communiqué avec les siens, *sans appeler les clercs*, par un avis prudent, vers le soir du même jour, il les fit brûler tous deux sur le même bûcher dans une petite île de la Seine, entre le Jardin-Royal et l'église des Frères-Ermites-de-Saint-Augustin. Ils parurent soutenir les flammes avec tant de fermeté et de résolution, que la constance de leur mort et leurs dénégations finales frappèrent la multitude d'admiration et de stupeur. Les deux autres furent enfermés, comme le portait leur sentence. »

Cette exécution, à l'insu des juges, fut évidemment un assassinat. Le roi, qui, en 1310, avait au moins réuni un concile pour faire périr les cinquante-quatre, dédaigna ici toute apparence de droit et n'employa que la force. Il n'avait pas même ici l'excuse du danger, la raison d'État, celle du *Salu populi,* qu'il inscrivait sur ses monnaies. Non, il considéra la dénégation du grand maître comme un outrage personnel, une insulte à la royauté, tant compromise dans cette affaire. Il le frappa sans doute comme *reum laesae majestatis.*

Maintenant, comment expliquer les variations du grand maître et sa dénégation finale ? Ne semble-t-il pas que, par fidélité chevaleresque, par orgueil militaire, il ait couvert à tout prix l'orgueil de l'ordre ? que la *superbe* du Temple se soit réveillée au dernier moment ? que le vieux chevalier, laissé sur la brèche comme dernier défenseur, ait voulu, au péril de son âme, rendre à jamais impossible le jugement de l'avenir sur cette obscure question ?

On peut dire aussi que les crimes reprochés à l'ordre étaient particuliers à telle province du Temple, à telle maison, que l'ordre en était innocent ; que Jacques Molay, après avoir avoué comme homme, et par humilité, put nier comme grand maître.

Mais il y a autre chose à dire. Le principal chef d'accusation, le reniement, reposait sur une équivoque. Ils pouvaient avouer qu'ils avaient renié, sans être en effet apostats. Ce reniement, plusieurs le déclarèrent, était symbolique ; c'était une imitation du reniement de saint Pierre, une de ces pieuses comédies dont l'Église antique entourait les actes les plus sérieux de la religion, mais dont la tradition commençait à se perdre au XIVe siècle. Que cette cérémonie ait été quelquefois accomplie avec une légèreté coupable, ou même avec une dérision impie, c'était le crime de quelques-uns et non la règle de l'ordre.

Cette accusation est pourtant ce qui perdit le Temple. Ce ne fut pas seulement l'infamie des mœurs ; elle n'était pas générale. Ce ne fut pas l'hérésie, les doctrines gnostiques ; vraisemblablement les chevaliers s'occupaient peu de dogme.

La vraie cause de leur ruine, celle qui mit tout le peuple contre eux, qui ne leur laissa pas un défenseur parmi tant de familles nobles auxquelles ils appartenaient, ce fut cette monstrueuse accusation d'avoir renié et craché sur la croix. Cette accusation est justement celle qui fut avouée du plus grand nombre. La simple énonciation du fait éloignait d'eux tout le monde ; chacun se signait et ne voulait plus rien entendre.

Ainsi l'ordre qui avait représenté au plus haut degré le génie symbolique du Moyen Age mourut d'un symbole non compris.

Cet événement n'est qu'un épisode de la guerre éternelle que soutiennent l'un contre l'autre l'esprit et la lettre, la poésie et la prose. Rien n'est cruel, ingrat, comme la prose, au moment où elle méconnaît les vieilles et vénérables formes poétiques, dans lesquelles elle a grandi.

Le symbolisme occulte et suspect du Temple n'avait rien à espérer au moment où le symbolisme pontifical, jusque-là révéré du monde entier, était lui-même sans pouvoir.

La poésie mystique de l'*Unam sanctam,* qui eût fait tressaillir tout le XIIe siècle, ne disait plus rien aux contemporains de Pierre Flotte et de Nogaret. Ni la *colombe,* ni l'*arche,* ni la *tunique sans couture,* tous ces innocents symboles ne pouvaient plus défendre la papauté. Le glaive spirituel était émoussé. Un âge prosaïque et froid commençait qui n'en sentait plus le tranchant.

Ce qu'il y a de tragique ici, c'est que l'Église est tuée par l'Église.

Boniface est moins frappé par le gantelet de Colonna que par les adhésions des gallicans à l'appel de Philippe le Bel.

Le Temple est poursuivi par les inquisiteurs, aboli par le pape ; les dépositions les plus graves contre les templiers sont celles des prêtres. Nul doute que le pouvoir d'absoudre, qu'usurpaient les chefs de l'ordre, ne leur ait fait des ecclésiastiques d'irréconciliables ennemis.

Quelle fut sur les hommes d'alors l'impression de ce grand suicide de l'Église, les inconsolables tristesses de Dante le disent assez. Tout ce qu'on avait cru ou révéré, papauté, chevalerie, croisade, tout semblait finir.

Le Moyen Age est déjà une seconde Antiquité qu'il faut avec Dante chercher chez les morts. Le dernier poète de l'âge symbolique vit assez pour pouvoir lire la prosaïque allégorie du *Roman de la Rose.* L'allégorie tue le symbole, la prose, la poésie.

CHAPITRE V

Suite du règne de Philippe le Bel - Ses trois fils - Procès - Institutions - 1314-1328

La fin du procès du Temple fut le commencement de vingt autres. Les premières années du XIVe siècle ne sont qu'un long procès. Ces hideuses tragédies avaient troublé les imaginations, effarouché les âmes. Il y eut comme une épidémie de crimes. Des supplices atroces, obscènes, qui étaient eux-mêmes des crimes, les punissaient et les provoquaient.

Mais les crimes eussent-ils manqué, ce gouvernement de robe longue, de *jugeurs,* ne pouvait s'arrêter aisément, une fois en train de juger. L'humeur militante des gens du roi, si terriblement éveillée par leurs campagnes contre Boniface et contre le Temple, ne pouvait plus se passer de guerre. Leur guerre, leur passion, c'était un grand procès, un grand et terrible procès, des crimes affreux, étranges, punis dignement par de grands supplices. Rien n'y manquait, si le coupable était un personnage. Le populaire apprenait alors à révérer la robe ; le bourgeois enseignait à ses enfants à ôter le chaperon devant Messires, à s'écarter devant leur mule, lorsqu'au soir, par les petites rues de la cité, ils revenaient attardés de quelque fameux jugement.

Les accusations vinrent en foule ; ils n'eurent point à se plaindre : empoisonnements, adultères, faux, sorcellerie surtout. Cette dernière était mêlée à toutes ; elle en faisait l'attrait et l'horreur. Le juge frissonnait sur son siège lorsqu'il apportait au tribunal les pièces de conviction, philtres, amulettes, crapauds, chats noirs, images percées d'aiguilles... Il y avait en ces causes une violente curiosité, un âcre plaisir de vengeance et de peur. On ne s'en rassasiait pas. Plus on brûlait, plus il en venait.

On croirait volontiers que ce temps est le règne du Diable, n'étaient les belles ordonnances qui y apparaissent par intervalles, et y font comme la part de Dieu... L'homme est violemment disputé par les deux puissances. On croit assister au drame de Bartole : l'homme par-devant Jésus, le Diable demandeur, la Vierge défendeur. Le Diable réclame l'homme comme sa chose, *alléguant la longue possession*. La Vierge prouve qu'il n'y a pas *prescription,* et montre que l'autre abuse des textes.

La Vierge a forte partie à cette époque. Le Diable est lui-même du siècle ; il en réunit les caractères, les mauvaises industries. Il tient du juif et de l'alchimiste, du scolastique et du légiste.

La diablerie, comme science, avait dès lors peu de progrès à faire. Elle se formait comme art. La démonologie enfantait la sorcellerie. Il ne suffisait pas de pouvoir distinguer et classer des légions de diables, d'en savoir les noms, les professions, les tempéraments ; il fallait apprendre à les faire servir aux usages de l'homme. Jusque-là on avait étudié les moyens de les chasser ; on chercha désormais ceux de les faire venir. Cet effroyable peuple de tentateurs s'accrut sans mesure. Chaque clan d'Écosse, chaque grande maison de France, d'Allemagne, chaque homme presque avait le sien. Ils accueillaient toutes les demandes secrètes qu'on ne peut faire à Dieu, écoutaient tout ce qu'on n'ose dire... On les trouvait partout. Leur vol de chauve-souris obscurcissait presque la lumière et le jour de Dieu. On les avait vus enlever en plein jour un homme qui venait de communier, et qui se faisait garder par ses amis, cierges allumés.

Le premier de ces vilains procès de sorcellerie, où il n'y avait des deux côtés que malhonnêtes gens, est celui de Guichard, évêque de Troyes, accusé d'avoir, par engin et maléfice, procuré la mort de la femme de Philippe le Bel. Cette mauvaise femme, qui avait recommandé l'égorgement des Flamands (voyez plus haut), est celle aussi qui, selon une tradition plus célèbre que sûre, se faisait amener, la nuit, des étudiants à la Tour de Nesle, pour les faire jeter à l'eau quand elle s'en était servie. Reine de son chef pour la Navarre, comtesse de Champagne, elle en voulait à l'évêque, qui pour finance avait sauvé un homme qu'elle haïssait. Elle faisait ce qu'elle pouvait pour ruiner Guichard. D'abord, elle l'avait fait chasser du conseil et forcé de résider en Champagne. Puis elle avait dit qu'elle perdrait son comté de Champagne, ou lui son évêché. Elle le poursuivait pour je ne sais quelle restitution. Guichard demanda d'abord à une sorcière un moyen de se faire aimer de la reine, puis un moyen de la faire mourir. Il alla, dit-on, la nuit chez un ermite pour maléficier la reine et l'*envoûter*. On fit une reine de cire, avec l'assistance d'une sage-femme ; on la baptisa Jeanne, avec parrain et marraine, et on la piqua d'aiguilles. Cependant la vraie Jeanne ne mourait pas. L'évêque revint plus d'une fois à l'ermitage, espérant s'y mieux prendre. L'ermite eut peur, se sauva et dit tout. La reine mourut peu après. Mais soit qu'on ne pût rien prouver, soit que Guichard eût trop d'amis en cour, son affaire traîna. On le retint en prison.

Le Diable, entre autres métiers, faisait celui d'entremetteur. Un moine, dit-on, trouva moyen par lui de salir toute la maison de Philippe le Bel. Les trois princesses ses belles-filles, épouses de ses trois fils, furent dénoncées et saisies. On arrêta en même temps deux frères, deux chevaliers normands qui étaient attachés au service des princesses. Ces malheureux avouèrent dans les tortures que, depuis trois ans, ils péchaient avec leurs jeunes maîtresses « et même dans les plus saints jours ». La pieuse confiance du Moyen Age, qui ne craignait pas d'enfermer une grande dame avec ses chevaliers dans l'enceinte d'un château, d'une étroite tour, le vasselage qui faisait aux jeunes hommes un devoir féodal des soins les plus doux, était une dangereuse épreuve pour la nature humaine, quand la religion faiblissait. Le Petit Jehan de Saintré, ce conte ou cette histoire du temps de Charles VI, ne dit que trop bien tout cela.

Que la faute fût réelle ou non, la punition fut atroce. Les deux chevaliers, amenés sur la place du Martroi, près l'orme Saint-Gervais, y furent écorchés vifs, châtrés, décapités, pendus par les aisselles. De même que les prêtres cherchaient, pour venger Dieu, des supplices infinis, le roi, ce nouveau dieu du monde, ne trouvait point de peines assez grandes pour satisfaire à sa majesté outragée. Deux victimes ne suffirent pas. On chercha des complices. On prit un huissier du palais, puis une foule d'autres, hommes ou femmes, nobles ou roturiers ; les uns furent jetés à la Seine, les autres mis à mort secrètement.

Des trois princesses, une seule échappa. Philippe le Long, son mari, n'avait garde de la trouver coupable ; il lui aurait fallu rendre la Franche-Comté qu'elle lui avait apportée en dot. Pour les deux autres, Marguerite et Blanche, épouses de Louis le Hutin et de Charles le Bel, elles furent honteusement tondues et jetées dans un château fort. Louis, à son avènement, fit étrangler la sienne (15 avril 1315), afin de pouvoir se remarier. Blanche, restée seule en prison, fut bien plus malheureuse.

Une fois dans cette voie de crimes, l'essor étant donné aux imaginations, toute mort passe pour emprisonnement ou maléfice. La femme du roi est emprisonnée, sa sœur aussi. L'empereur Henri VII le sera dans l'hostie. Le comte de Flandre manque de l'être par son fils. Philippe le Bel l'est, dit-on, par ses ministres, par ceux qui perdaient le plus à sa mort, et non seulement Philippe, mais son père, mort trente ans auparavant. On remonterait volontiers plus haut pour trouver des crimes.

Tous ces bruits effrayaient le peuple. Il aurait voulu apaiser Dieu et faire pénitence. Entre les famines et les banqueroutes des monnaies, entre les vexations du Diable et les supplices du roi, ils s'en allaient par les villes, pleurant, hurlant, en sales processions de pénitents tout nus, de flagellants obscènes ; mauvaises dévotions qui menaient au péché.

Tel était le triste état du monde, lorsque Philippe et son pape s'en allèrent en l'autre chercher leur jugement.

Jacques Molay les avait, dit-on, de son bûcher, ajournés à un an pour comparaître devant Dieu. Clément partit le premier. Il avait peu auparavant vu en songe tout son palais en flammes. « Depuis, dit son biographe, il ne fut plus gai et ne dura guère. »

Sept mois après, ce fut le tour de Philippe. Il mourut dans sa maison de Fontainebleau. Il est enterré dans la petite église d'Avon.

Quelques-uns le font mourir à la chasse, renversé par un sanglier. Dante, avec sa verve de haine, ne trouve pas, pour le dire, de mot assez bas : « Il mourra d'un coup de couenne, le faux-monnayeur ! »

Mais l'historien français, contemporain, ne parle point de cet accident. Il dit que Philippe s'éteignit, sans fièvre, sans mal visible, au grand étonnement des médecins. Rien n'indiquait qu'il dût mourir si tôt ; il n'avait que quarante-six ans. Cette belle et muette figure avait paru impassible au milieu de tant d'événements. Se crut-il secrètement frappé par la malédiction de Boniface ou du grand maître ? ou bien plutôt le fut-il par la confédération des grands du royaume, qui se forma contre lui l'année même de sa mort ? Les barons et les nobles l'avaient suivi à l'aveugle contre le pape ; ils n'avaient pas fait entendre un mot en faveur de leurs frères, des cadets de la noblesse ; je parle des templiers. Les atteintes portées à leurs droits de justice et de monnaie leur firent perdre patience. Au fond, le roi des légistes, l'ennemi de la féodalité, n'avait pas d'autre force militaire à lui opposer que la force féodale. C'était un cercle vicieux d'où il ne pouvait plus sortir. La mort le tira d'affaire.

Quelle part eut-il réellement aux grands événements de son règne, on l'ignore. Seulement, on le voit parcourir sans cesse le royaume. Il ne se fait rien de grand en bien ou en mal, qu'il n'y soit en personne : à Courtrai et à Mons-en-Puelle (1302, 1304), à Saint-Jean-d'Angély, à Lyon (1305), à Poitiers et à Vienne (1308, 1313).

Ce prince paraît avoir été rangé et régulier. Nulle trace de dépense privée. Il comptait avec son trésorier tous les vingt-cinq jours.

Fils d'une Espagnole, élevé par le dominicain Égidio de Rome, de la maison de Colonna, il eut quelque chose du sombre esprit de saint Dominique, comme Saint Louis la douceur mystique de l'Ordre de Saint-François. Égidio avait écrit pour son élève un livre *De regimine principum,* et il n'eut pas de peine à lui inculquer le dogme du droit illimité des rois.

Philippe s'était fait traduire la consolation de Boèce, les livres de

Vegèce sur l'art militaire, et les lettres d'Abailard et d'Héloïse. Les infortunes universitaires et amoureuses du célèbre professeur, si maltraité des prêtres, étaient un texte populaire au milieu de cette grande guerre du roi contre le clergé. Philippe le Bel s'appuyait sur l'Université de Paris ; il caressait cette turbulente république, et elle le soutenait. Tandis que Boniface cherchait à s'attacher les *mendiants*, l'Université les persécutait par son fameux docteur Jean *Pique-Ane (Pungensasinum)*, champion du roi contre le pape. Au moment où les templiers furent arrêtés, Nogaret réunit tout le peuple universitaire au Temple, maîtres et écoliers, théologiens et *artistes*, pour leur lire l'acte d'accusation. C'était une force que d'avoir pour soi un tel corps, et dans la capitale. Aussi le roi ne souffrit pas que Clément V érigeât les écoles d'Orléans en Université, et créât une rivale à son Université de Paris.

Ce règne est une époque de fondation pour l'Université. Il s'y fonde plus de collèges que dans tout le XIIIe siècle, et les plus célèbres collèges. La femme de Philippe le Bel, malgré sa mauvaise réputation, fonde le Collège de Navarre (1304), ce séminaire de gallicans, d'où sortirent d'Ailly, Gerson et Bossuet. Les conseillers de Philippe le Bel, qui avaient aussi beaucoup à expier, font presque tous de semblables fondations. L'archevêque Gilles d'Aiscelin, le faible et servile juge des templiers, fonda ce terrible collège, la plus pauvre et la plus démocratique des écoles universitaires, ce Mont-Aigu, où l'esprit et les dents, selon le proverbe, étaient également aigus. Là, s'élevaient, sous l'inspiration de la famine, les *pauvres* écoliers, les *pauvres* maîtres, qui rendirent illustre le nom de *Cappets ;* chétive nourriture, mais amples privilèges ; ils ne dépendaient pour la confession, ni de l'évêque de Paris, ni même du pape.

Que Philippe le Bel ait été ou non un méchant homme ou un mauvais roi, on ne peut méconnaître en son règne la grande ère de l'ordre civil en France, la fondation de la monarchie moderne. Saint Louis est encore un roi féodal. On peut mesurer d'un seul mot tout le chemin qui se fit de l'un à l'autre. Saint Louis assembla les députés des villes du Midi, Philippe le Bel ceux des États de France. Le premier fit des établissements pour ses domaines, le second des ordonnances pour le royaume. L'un posa en principe la suprématie de la justice royale sur celles des seigneurs, l'appel au roi ; il essaya de modérer les guerres privées par la *quarantaine et l'assurement.* Sous Philippe le Bel, l'appel au roi se trouve si bien établi, que le plus indépendant des grands feudataires, le duc de Bretagne, demande, comme grâce singulière, d'en être exempté. Le Parlement de Paris écrit pour le roi au plus éloigné des barons, au comte de Comminges, ce petit roi des Hautes-Pyrénées, les paroles suivantes qui, un siècle plus tôt, n'eussent pas même été comprises : « Dans tout le royaume, la connaissance et la punition du port d'armes n'appartient qu'à nous. »

Au commencement de ce règne, la tendance nouvelle s'annonce fortement. Le roi veut exclure les prêtres de la justice et des charges municipales. Il protège les juifs et les hérétiques, il augmente la taxe royale sur les amortissements, sur les acquisitions d'immeubles par les Églises. Il défend les guerres privées, les tournois. Cette défense motivée sur le besoin que le roi a de ses hommes pour la guerre de Flandre, est souvent répétée ; une fois même, le roi ordonne à ses prévôts d'arrêter ceux qui vont aux tournois. A chaque campagne, il lui fallait faire *la presse,* et réunir malgré elle cette indolente chevalerie qui se souciait peu des affaires du roi et du royaume.

Ce gouvernement ennemi de la féodalité et des prêtres n'avait pas d'autre force militaire que les seigneurs, ni guère d'argent que par l'Église. De là plusieurs contradictions, plus d'un pas en arrière.

En 1287, le roi permet aux nobles de poursuivre leurs serfs fugitifs dans les villes. Peut-être en effet était-il besoin de ralentir ce grand mouvement du peuple vers les villes, d'empêcher la désertion des campagnes. Les villes auraient tout absorbé ; la terre serait restée déserte, comme il arriva dans l'Empire romain.

En 1290, le clergé arracha au roi une charte exorbitante, inexécutable, qui eût tué la royauté. Les principaux articles étaient que les prélats *jugeraient des testaments, des legs, des douaires,* que les baillis et gens du roi ne demeureraient pas sur terres d'Église, que les évêques seuls pourraient arrêter les ecclésiastiques, que les clercs ne plaideraient point en cour laïque pour les actions personnelles, quand même ils y seraient obligés par lettres du roi (c'était l'impunité des prêtres) ; que les prélats ne paieraient pas pour les biens acquis à leurs églises ; que les juges locaux ne connaîtraient point des dîmes, c'est-à-dire que le clergé jugerait seul les abus fiscaux du clergé.

En 1291, Philippe le Bel avait violemment attaqué la tyrannie de l'Inquisition dans le Midi. En 1298, au commencement de la guerre contre le pape, il seconde l'intolérance des évêques, il ordonne aux seigneurs et aux juges royaux, de leur livrer les hérétiques, pour qu'ils les condamnent et les punissent sans appel. L'année suivante, il promet que les baillis ne vexeront plus les églises de saisies violentes ; ils ne saisiront qu'un manoir à la fois, etc.

Il fallait aussi satisfaire les nobles. Il leur accorda une ordonnance contre leurs créanciers, contre les usuriers juifs. Il garantit leur droit de chasse. Les collecteurs royaux n'exploiteront plus les successions des bâtards et des aubains sur les terres des seigneurs hauts justiciers. A *moins,* ajoute prudemment le roi, *qu'il ne soit constaté par idoine personne que nous avons bon droit de percevoir.*

En 1302, après la défaite de Courtrai, le roi osa beaucoup. Il prit pour la monnaie, la moitié de toute vaisselle d'argent (les baillis et gens du roi devaient donner tout) ; il saisit le temporel des prélats partis pour Rome ; enfin il imposa les nobles battus et humiliés à Courtrai : le moment était bon pour les faire payer.

En 1303, pendant la crise, lorsque Nogaret eut accusé Boniface (12 mars), lorsque l'excommunication pouvait d'un moment à l'autre tomber sur la tête du roi, il promit tout ce qu'on voulut. Dans son ordonnance de réforme (fin mars), il s'engageait envers les nobles et prélats, à *ne rien acquérir* sur leurs terres. Toutefois il y mettait encore une réserve qui annulait tout : *Sinon en cas qui touche notre droit royal.* Dans la même ordonnance, se trouvait un règlement relatif au Parlement ; parmi les privilèges, l'organisation du corps qui devait détruire privilèges et privilégiés.

Dans les années qui suivent, il laisse les évêques rentrer au Parlement. Toulouse recouvre sa justice municipale ; les nobles d'Auvergne obtiennent qu'on respecte leurs justices, qu'on réprime les officiers du roi, etc. Enfin, en 1306, lorsque l'émeute des monnaies force le roi de se réfugier au Temple, ne comptant plus sur les bourgeois, il rend aux nobles le gage de bataille, la preuve par duel, au défaut de témoins.

La grande affaire des templiers (1308-1309) le força encore à lâcher la main. Il renouvela les promesses de 1303, régla la comptabilité des baillis, s'engagea à ne plus taxer les censiers des nobles, mit ordre aux violences des seigneurs, promit aux Parisiens de modérer son droit de prise et de pourvoierie, aux Bretons de faire de la bonne monnaie, aux Poitevins d'abattre les fours des faux-monnayeurs. Il confirma les privilèges de Rouen. Tout à coup charitable et aumônier, il voulait employer le droit de chambellage à marier de pauvres filles nobles ; il donnait libéralement aux hôpitaux les pailles dont on jonchait les logis royaux dans ses fréquents voyages.

L'hypocrisie de ce gouvernement n'est en rien plus remarquable que dans les affaires des monnaies. Il est curieux de suivre d'année en année les mensonges, les tergiversations du royal faux-monnayeur. En 1295, il avertit le peuple qu'il va faire une monnaie « où il manquera peut-être quelque chose pour le titre ou le poids, mais qu'il dédommagera ceux qui en prendront ; sa chère épouse, la reine Jeanne de Navarre, veut bien qu'on y affecte les revenus de la Normandie ». En 1305, il fait crier par les rues, à son de trompe, que sa nouvelle monnaie est aussi bonne que celle de Saint Louis. Il avait ordonné plusieurs fois aux monnayeurs de tenir secrètes les falsifications. Plus tard, il fait entendre que ses monnaies ont été altérées par d'autres, et ordonne de détruire les fours *où l'on avait fait de la fausse monnaie.* En 1310 et 1311, craignant la comparaison des monnaies étrangères, il en défend l'importation. En 1312, il défend de peser ou d'essayer les monnaies royales.

Nul doute qu'en tout ceci le roi ne fût convaincu de son droit, qu'il ne considérât comme un attribut de sa toute-puissance, d'augmenter à volonté la valeur des monnaies. Le comique, c'est de voir cette toute-puissance, cette divinité, obligée de ruser avec la méfiance du peuple ; la religion naissante de la royauté a déjà ses incrédules.

Enfin la royauté elle-même semble douter de soi. Cette fière puissance, ayant été au bout de la violence et de la ruse, fait un aveu implicite de sa faiblesse ; elle en appelle à la liberté. On a vu quelles paroles hardies le roi se fit adresser et dans la fameuse *supplique du peuple de France,* et dans le discours des députés des États de 1308. Mais rien n'est plus remarquable que les termes de l'ordonnance par laquelle il confirme l'affranchissement des serfs du Valois, accordé par son frère : « Attendu que toute créature humaine qui est formée à l'image de nostre Seigneur, doit généralement estre franche par droit naturel, et en aucuns pays de cette naturelle liberté ou franchise, par le joug de la servitude qui tant est haineuse, soit si effaciée et obscurcie que les hommes et les fames qui habitent èz lieux et pays dessusditz, en leur vivant sont réputés ainsi comme morts, et à la fin de leur douloureuse et chétive vie, si estroitement liés et demenés, que des biens que Dieu leur a presté en cest siècle, ils ne peuvent en leur darnière volonté, disposer ne ordener. »

Ces paroles devaient sonner mal aux oreilles féodales. Elles semblaient un réquisitoire contre le servage, contre la tyrannie des seigneurs. La plainte qui jamais n'avait osé s'élever, pas même à voix basse, voilà qu'elle éclatait et tombait d'en haut comme une condamnation. Le roi étant venu à bout de tous ses ennemis, avec l'aide des seigneurs, ne gardait plus de ménagement pour ceux-ci. Le 13 juin 1313, il leur défendit de faire aucune monnaie jusqu'à ce qu'ils eussent lettres du roi qui les y autorisassent.

Cette ordonnance combla la mesure. Quelque terreur que dût inspirer le roi après l'affaire du Temple, les grands se décidèrent à risquer tout et à prendre un parti. La plupart des seigneurs du Nord et de l'Est (Picardie, Artois, Ponthieu, Bourgogne et Forez) formèrent une confédération contre le roi : « A tous ceux qui verront, orront (ouïront) ces présentes lettres, li nobles et *li communs* de Champagne, pour nous, pour les pays de Vermandois et *pour nos alliés et adjoints* étant dedans les points du royaume de France ; salut. Sachent tuis que comme très-excellent et très-puissant prince, notre très-cher et redouté sire, Philippe, par la grâce de Dieu, roi de France, ait fait et relevé plusieurs tailles, subventions, exactions non deus, changement de monnoyes, et plusieurs aultres choses qui ont été faites, par quoi li nobes et li communs ont été moult grevés, appaupris... Et il n'apert pas qu'ils soient tournez en l'honneur et proufit du roy ne dou royalme, ne en deffension dou profit commun. Desquels griefs nous avons plusieurs fois requis et supplié humblement et dévotement ledit sir li roy, que ses choses voulist défaire et délaisser, de quoy rien n'en ha fait. Et encore en cette présente année courant, par l'an 1314, lidit nos sire le roi ha fait impositions non deuement sur li nobles et li communs du royalme, et subventions lesquelles il s'est efforcé de lever ; laquelle chose ne pouvons souffrir ne soûtenir en bonne conscience, car ainsi perdrions nos honneurs, franchises et libertés ; et nous et cis qui après nous verront (viendront)... Avons juré et promis par nos serments, leaument et en donne foy, par *(pour)* nous et nos hoirs aux comtés d'Auxerre et de Tonnerre, aux nobles et aux communs desdits comités, leurs alliés et adjoints, que nos, en la subvention de la présente année, et tous autres griefs et novelletés non deuement faites et à faire, au temps présent et avenir, que li roi de France, nos sires, ou aultre, lor voudront faire, lor aiderions, et secourerons à nos propres coustes et despens... »

Cet acte semblerait une réponse aux dangereuses paroles du roi sur le servage. Le roi dénonçait les seigneurs, ceux-ci le roi.

Les deux forces qui s'étaient unies pour dépouiller l'Église, s'accusaient maintenant l'une l'autre par-devant le peuple, qui n'existait pas encore comme peuple, et qui ne pouvait répondre.

Le roi, sans défense contre cette confédération, s'adressa aux villes. Il appela leurs députés à venir aviser avec lui sur le fait des monnaies (1314). Ces députés, dociles aux influences royales, demandèrent *que le roi empêchât pendant onze ans les barons de faire de la monnaie,* pour en fabriquer lui-même de bonne, sur laquelle il ne gagnerait rien.

Philippe le Bel meurt au milieu de cette crise (1314). L'avènement de son fils, Louis X, si bien nommé *Hutin* (désordre, vacarme), est une réaction violente de l'esprit féodal, local, provincial, qui veut briser l'unité faible encore, une demande de démembrement, une réclamation du chaos.

Le duc de Bretagne veut juger sans appel, l'échiquier de Rouen sans appel. Amiens ne veut plus que les sergents du roi fassent d'ajournement chez les seigneurs, ni que les prévôts tirent aucun prisonnier de leur main. Bourgogne et Nevers exigent que le roi respecte la justice féodale, « qu'il n'afflige plus ses pannonceaux » aux tours, aux barrières des seigneurs.

La demande commune des barons, c'est que le roi n'ait plus de rapport avec leurs hommes. Les nobles de Bourgogne se chargent de punir eux-mêmes leurs officiers. La Champagne et le Vermandois interdisent au roi de faire assigner les vassaux inférieurs.

Les provinces les plus éloignées l'une de l'autre, le Périgord, Nîmes et la Champagne, s'accordent pour se plaindre de ce que le roi veut taxer les censiers des nobles.

Amiens voudrait que les baillis ne fissent ni emprisonnement, ni saisie, qu'après condamnation. Bourgogne, Amiens, Champagne demandent unanimement le rétablissement du gage de bataille, du combat judiciaire.

Le roi n'acquerra plus ni fief, ni avouerie sur les terres des seigneurs, en Bourgogne, Tours et Nevers, non plus qu'en Champagne (sauf les cas de succession ou de confiscation).

Le jeune roi octroie et signe tout. Il y a seulement trois points où il hésite et veut ajourner. Les seigneurs de Bourgogne réclament contre le roi la juridiction sur *les rivières, les chemins et les lieux consacrés*. Ceux de Champagne doutent que le roi ait le droit de les mener à la guerre *hors de leur province*. Ceux d'Amiens, avec la violence picarde, requièrent sans détour que *tous les gentilshommes puissent guerroyer les uns aux autres, ne donner trèves, mais chevaucher, aller, venir et estre à arme en guerre et forfaire les uns aux autres...* A ces demandes insolentes et absurdes, le roi répond seulement : *Nous ferons voir les registres de Mgr Saint Loys et bailler ausdits nobles deus bonnes personnes, tiels comme il nous nommerons de nostre conseil, pour savoir et enquérir diligemment la vérité dudit article...*

La réponse était assez adroite. Ils demandaient tous qu'on revînt *aux bonnes coutumes de Saint Louis ;* ils oubliaient que Saint Louis s'était efforcé d'empêcher les guerres privées. Mais par ce nom de Saint Louis ils n'entendaient autre chose que la vieille indépendance féodale, le contraire du gouvernement quasi légal, vénal et tracassier de Philippe le Bel.

Les grands détruisaient pièce à pièce tout ce gouvernement du feu roi. Mais ils ne le croyaient pas mort tant qu'ils n'avaient pas fait périr son *Alter ego,* son *maire du palais,* Enguerrand de Marigny, qui, dans les dernières années, avait été *coadjuteur et recteur du royaume,* qui s'était laissé dresser une statue au Palais à côté de celle du roi. Son vrai nom était Le Portier ; mais il acheta avec une terre le nom de Marigny. Ce Normand, personnage *gracieux et cauteleux,* mais apparemment non moins silencieux que son maître, n'a point laissé d'acte ; il semble qu'il n'ait écrit ni parlé. Il fit condamner les templiers par son frère, qu'il avait fait tout exprès archevêque de Sens. Il eut sans doute la part principale aux affaires du roi avec les papes ; mais il s'y prit si bien qu'il passa pour avoir laissé Clément V échapper de Poitiers. Le pape lui en sut gré probablement ; et, d'autre part, il put faire croire au roi que le pape lui serait plus utile à Avignon, dans une apparente indépendance, que dans une captivité qui eût révolté le monde chrétien.

Ce fut au Temple, au lieu même où Marigny avait installé son maître pour dépouiller les templiers, que le jeune roi Louis vint entendre l'accusation solennelle portée contre Marigny. L'accusateur était le frère de Philippe le Bel, ce violent Charles de Valois, homme remuant et médiocre qui se portait pour chef des barons. Né si près du trône de France, il avait couru toute la chrétienté pour en trouver un autre, tandis qu'un petit chevalier de Normandie régnait à côté de Philippe le Bel. Il ne faut pas s'étonner s'il était enragé d'envie.

Il n'eût pas été difficile à Marigny de se défendre, si l'on eût voulu l'entendre. Il n'avait rien fait, sinon d'être la pensée, la conscience de Philippe le Bel. C'était pour le jeune roi comme s'il eût jugé l'âme de son père. Aussi voulait-il seulement éloigner Marigny, le reléguer dans l'île de Chypre, et le rappeler plus tard. Pour le perdre, il fallut que Charles de Valois eût recours à la grande accusation du temps, dont personne ne se tirait. On découvrit, ou l'on supposa, que la femme ou la sœur de Marigny, pour provoquer sa délivrance ou maléficier le roi, avait fait faire, par un Jacques de Lor, certaines petites figures : « Ledit Jacques, jeté en prison, se pend de désespoir, et ensuite sa femme et les sœurs d'Enguerrand sont mises en prison ; et Enguerrand lui-même, jugé en présence des chevaliers, est pendu à Paris au gibet des voleurs. Cependant il ne reconnut rien des susdits maléfices, et dit seulement que pour les exactions et les altérations de monnaie, il n'en avait point été le seul auteur... C'est pourquoi sa mort, dont beaucoup ne conçurent point entièrement les causes, fut matière à grande admiration et stupeur. »

« Pierre de Latilly, évêque de Châlons, soupçonné de la mort du roi de France Philippe et son prédécesseur, fut, par ordre du roi, retenu en prison au nom de l'archevêque de Reims. Raoul de Presles, avocat général (*advocatus praecipuus*) au Parlement, également suspect et retenu pour semblable soupçon, fut enfermé dans la prison de Sainte-Geneviève à Paris, et torturé par divers supplices. Comme on ne pouvait arracher de sa bouche aucun aveu sur les crimes dont on le chargeait, quoiqu'il eût enduré les tourments les plus divers et les plus douloureux, on finit par le laisser aller ; grande partie de ses biens, tant meubles qu'immeubles, ayant été ou donnés, ou perdus, ou pillés. »

Ce n'était rien d'avoir pendu Marigny, emprisonné Raoul de Presles, ruiné Nogaret, comme ils firent plus tard. Le légiste était plus vivace que les barons ne supposaient. Marigny renaît à chaque règne, et toujours on le tue en vain. Le vieux système, ébranlé par secousses, écrase chaque fois un ennemi. Il n'en est pas plus fort. Toute l'histoire de ce temps est dans le combat à mort du légiste et du baron.

Chaque avènement se présente comme une restauration des *bons vieux* us de Saint Louis, comme une expiation du règne passé. Le nouveau roi, compagnon et ami des princes et des barons, commence comme premier baron, comme *bon et rude justicier,* à faire pendre les meilleurs serviteurs de son prédécesseur. Une grande potence est dressée ; le peuple y suit de ses huées l'homme du peuple, l'homme du roi, le pauvre roi roturier qui porte à chaque règne les péchés de la royauté. Après Saint Louis, le barbier La Brosse ; après Philippe le Bel, Marigny ; après Philippe le Long, Gérard Guecte ; après Charles le Bel, le trésorier Remy... Il meurt illégalement, mais non injustement. Il meurt souillé des violences d'un système imparfait où le mal domine encore le bien. Mais en mourant il laisse à la royauté qui le frappe ses instruments de puissance, au peuple qui le maudit des institutions d'ordre et de paix.

Peu d'années s'étaient écoulées, que le corps de Marigny fut respectueusement descendu de Montfaucon et reçut la sépulture chrétienne. Louis le Hutin légua dix mille livres aux fils de Marigny. Charles de Valois, dans sa dernière maladie, crut devoir, pour le bien de son âme, réhabiliter sa victime. Il fit distribuer de grandes aumônes, en recommandant de dire aux pauvres : « Priez Dieu pour Mgr Enguerrand de Marigny et pour Mgr Charles de Valois. »

La meilleure vengeance de Marigny, c'est que la royauté, si forte sous lui, tomba après lui dans la plus déplorable faiblesse. Louis le Hutin, ayant besoin d'argent pour la guerre de Flandre, traita comme d'égal à égal avec la ville de Paris. Les nobles de Champagne et de Picardie se hâtèrent de profiter du droit de guerre privée qu'ils venaient de reconquérir, et firent la guerre à la comtesse d'Artois, sans s'inquiéter du jugement du roi qui lui avait adjugé ce fief. Tous les barons s'étaient remis à battre monnaie. Charles de Valois, oncle du roi, leur en donnait l'exemple. Mais au lieu d'en frapper seulement pour leurs terres, conformément aux ordonnances de Philippe le Hardi et de Philippe le Bel, ils faisaient la fausse monnaie en grand et lui donnaient cours par tout le royaume.

Il fallut bien alors que le roi se réveillât et revînt au gouvernement de Marigny et de Philippe le Bel. Il décria les monnaies des barons (19 novembre 1315) et ordonna qu'elles n'auraient cours que chez eux. Il fixa les rapports de la monnaie royale avec treize monnaies différentes que trente et un évêques ou barons avaient droit de frapper sur leurs terres. Quatre-vingts seigneurs avaient eu ce droit du temps de Saint Louis.

Le jeune roi féodal, humanisé par le besoin d'argent, ne dédaigna pas de traiter avec les serfs et avec les juifs. La fameuse ordonnance de Louis le Hutin pour l'affranchissement des serfs de ses domaines, est entièrement conforme à celle de Philippe le Bel pour le Valois, que nous avons citée. « Comme selon le droit de nature chacun doit naistre franc ; et par aucuns usages et coutumes, qui de grant ancienneté ont esté entroduites et gardées jusques cy en nostre royaume, et par avanture, pour le meffet de leurs prédécesseurs, moult de personnes de nostre commun pueple, soient encheües en lien de servitudes et de diverses conditions, qui moult nous desplaît : Nous considérants que nostre royaume est dit, et nommé le royaume des Francs, et voullants que la chose en vérité soit accordant au nom, et que la condition des gents amende de nous et la venue de nostre nouvel gouvernement ; par délibération de nostre grant conseil avons ordené et ordenons, que generaument, par tout nostre royaume, de tant comme il peut appartenir à nous et à nos successeurs, telles servitudes soient ramenées à franchises, et à tous ceus qui de origine, ou ancienneté, ou de nouvel par mariage, ou par résidence de lieus de serve condition, sont encheües, ou pourroient eschoir ou lien de servitudes, franchise soit donnée à bonnes et convenables conditions. »

Il est curieux de voir le fils de Philippe le Bel vanter aux serfs la liberté. Mais c'est peine perdue. Le marchand a beau enfler la voix et grossir le mérite de sa marchandise, les pauvres serfs n'en veulent pas. Ils étaient trop pauvres, trop humbles, trop courbés vers la terre. S'ils avaient enfoui dans cette terre quelque mauvaise pièce de monnaie, ils n'avaient garde de l'en tirer pour acheter un parchemin. En vain le roi se fâche de les voir méconnaître une telle grâce. Il finit par ordonner aux commissaires, chargés de l'affranchissement, d'estimer les biens des serfs qui aimeraient mieux « demeurer en la chetivité de servitude » et les taxent « si suffisamment et si grandement, comme la condition et richesse des personnes pourront bonnement souffrir et la nécessité de notre guerre le requiert ».

C'est toutefois un grand spectacle de voir prononcer du haut du trône la proclamation du droit imprescriptible de tout homme à la liberté. Les serfs n'achètent pas, mais ils se souviendront et de cette leçon royale, et du dangereux appel qu'elle contient contre les seigneurs.

Le règne court et obscur de Philippe le Long n'est guère moins important pour le droit public de la France que celui même de Philippe le Bel.

D'abord son avènement à la couronne tranche une grande question.

Louis le Hutin laissant sa femme enceinte, son frère Philippe est régent et curateur au ventre. L'enfant meurt en naissant, Philippe se fait roi au préjudice d'une fille de son frère. La chose semblait d'autant plus surprenante que Philippe le Bel avait soutenu le droit des femmes dans les successions de Franche-Comté et d'Artois. Les barons auraient voulu que les filles fussent exclues des fiefs et qu'elles succédassent à la couronne de France ; leur chef, Charles de Valois, favorisait sa petite-nièce contre Philippe son neveu.

Philippe assembla les États, et gagna sa cause, qui au fond était bonne, par des raisons absurdes. Il allégua en sa faveur la vieille loi allemande des Francs qui excluait les filles *de la terre salique.* Il soutint que la couronne de France était un trop noble fief pour *tomber en quenouille,* argument féodal dont l'effet fut pourtant de ruiner la féodalité. Tandis que le progrès de l'équité civile, l'introduction du droit romain, ouvraient les successions aux filles, que les fiefs devenaient féminins et passaient de famille en famille, la couronne ne sortit point de la même maison, immuable au milieu de la mobilité universelle. La maison de France recevait du dehors la femme, l'élément mobile et variable, mais elle conservait dans la série des mâles l'élément fixe de la famille, l'identité du *pater familias.* La femme change de nom et de pénates. L'homme habitant la demeure des aïeux, reproduisant leur nom, est porté à suivre leurs errements. Cette transmission invariable de la couronne dans la ligne masculine a donné plus de suite à la politique de nos rois ; elle a balancé utilement la légèreté de notre oublieuse nation.

En repoussant ainsi le droit des filles au moment même où il triomphait peu à peu dans les fiefs, la couronne prenait ce caractère, de recevoir toujours sans donner jamais. A la même époque, une révocation hardie de toute donation depuis Saint Louis, semble contenir le principe de l'inaliénabilité du domaine. Malheureusement l'esprit féodal, qui reprit force sous les Valois à la faveur des guerres, provoqua de funestes créations d'apanages, et fonda au profit des branches diverses de la famille royale une féodalité princière aussi embarrassante pour Charles VI et Louis XI, que l'autre l'avait été pour Philippe le Bel.

Cette succession contestée, cette malveillance des seigneurs, jette Philippe le Long dans les voies de Philippe le Bel. Il flatte les villes, Paris, l'Université surtout, la grande puissance de Paris. Il se fait jurer fidélité par les nobles, *en présence des maitres de l'Université qui approuvent.* Il veut que ses bonnes villes soient *garnies d'armures ;* que les bourgeois aient des armes *en lieu sùr ;* il leur nomme un capitaine *en chaque baillie ou contrée* (1316, 12 mars). Senlis, Amiens et le Vermandois, Caen, Rouen, Gisors, le Cotentin et le pays de Caux, Orléans, Sens et Troyes, sont spécialement désignés.

Philippe le Long aurait voulu (dans un but, il est vrai, fiscal) établir l'uniformité de mesure et de monnaie ; mais ce grand pas ne pouvait pas se faire encore.

Il fait quelques efforts pour régulariser un peu la comptabilité. Les receveurs doivent, toute dépense payée, envoyer le reste au Trésor du roi, mais secrètement, et *sans que personne sache l'heure ni le jour*. Les baillis et sénéchaux doivent venir compter tous les ans à Paris. Les trésoriers compteront deux fois l'année. L'on spécifiera en quelle monnaie se font les paiements. Les *jugeurs* des comptes jugeront de suite... *Et le roi saura combien il a à recevoir*.

Parmi les règlements de finance, nous trouvons cet article : « *Tous gages des chastiaux* qui ne sont en frontière, *cessent* du tout des-ores-en-avant. » Ce mot contient un fait immense. La paix intérieure commence pour la France, au moins jusqu'aux guerres des Anglais.

La garantie de cette paix intérieure, c'est l'organisation d'un fort pouvoir judiciaire. Le Parlement se constitue. Une ordonnance détermine dans quelle proportion les clercs et les laïques doivent y entrer ; la majorité est assurée aux laïques.

Quant aux conseillers étrangers aux corps et appelés temporairement, Philippe le Long répète l'exclusion déjà prononcée, contre les prélats, par Philippe le Bel : « Il n'aura nulz Prélaz députez au Parlement, *car le Roy fait conscience de eus empeschier au gouvernement de leur experituautez.* »

Si l'on veut savoir avec quelle vigueur agissait le Parlement de Paris, il faut lire, dans le continuateur de Nangis, l'histoire de Jordan de Lille, « seigneur gascon fameux par sa haute naissance, mais ignoble par ses brigandages... » Il n'en avait pas moins obtenu la nièce du pape, et par le pape le pardon du roi. Il n'en usa que « pour accumuler les crimes, meurtres et viols, nourrissant des bandes d'assassins, ami des brigands, rebelle au roi. Il aurait peut-être échappé encore.

Un homme du roi était venu le trouver ; il le tua du bâton même où il portait les armes du roi, insigne de son ministère. Appelé en jugement, il vint à Paris suivi d'un brillant cortège de comtes et de barons des plus nobles d'Aquitaine... Il n'en fut pas moins jeté dans les prisons du Châtelet, condamné à mort par les maîtres du Parlement, et, la veille de la Trinité, traîné à la queue des chevaux et pendu au commun patibulaire. »

Le Parlement, qui défend si vigoureusement l'honneur du roi, est lui-même un vrai roi sous le rapport judiciaire. Il porte le costume royal, la longue robe, la pourpre et l'hermine. Ce n'est pas, comme il semble, l'ombre, l'effigie du roi ; c'est plutôt sa pensée, sa volonté constante, immuable et vraiment royale. Le roi veut que la justice suive son cours : « Non contrestant toutes concessions, ordonnances, et lettres royaux à ce contraire. » Ainsi le roi se défie du roi ; il se reconnaît mieux en son Parlement qu'en lui-même. Il distingue en lui un double caractère ; il se sent roi, et il se sent homme, et le roi ordonne de désobéir à l'homme.

Beaucoup de textes d'ordonnances en ce sens honorent la sagesse des conseillers qui les dictèrent. Le roi cherche à mettre une barrière à sa libéralité. Il exprime la crainte que l'on n'arrache des dons excessifs à sa faiblesse, à son inattention ; que pendant qu'il dort ou repose, le privilège et l'usurpation ne soient que trop bien éveillés.

Ainsi, en 1318, il parle de certains droits féodaux : « ... lesquels on nous demande souvent, et sont de plus grande valeur *que nous ne croyons,* nous devons être avisés, si quelqu'un nous les demande ».

Ailleurs, il recommande aux receveurs de *n'avertir* personne des recettes extraordinaires, ou « aventures qui nous échoiront, *à ce que nous ne puissions être requis de les donner* ».

Ces aveux de faiblesse et d'ignorance que les conseillers du roi lui faisaient faire, pour être si naïfs, n'en sont pas moins respectables. Il semble que la royauté nouvelle, devenue tout d'un coup la providence d'un peuple, sente la disproportion de ses moyens et de ses devoirs. Ce contraste se marque d'une manière bizarre dans l'ordonnance de Philippe le Long : sur le gouvernement de son hostel et le bien de son royaume. Il établit d'abord dans un noble préambule que Messire Dieu a institué les rois sur la terre, pour que bien ordonnés en leurs personnes, ils ordonnent et gouvernent dûment leur royaume. Il annonce ensuite qu'il entend la messe tous les matins, et défend qu'on l'interrompe pendant la messe pour lui présenter des requêtes. Nulle personne ne pourra lui parler à la chapelle : « Si ce n'estoit notre confesseur, lequel pourra parler à nous des choses qui toucheront notre conscience. » Il pourvoit ensuite à la garde de sa personne royale : « Que nulle personne mescongüe, ne garçon de petit estat, ne entrent en notre garde-robe, ne mettent main, ne soient à nostre lit faire, et qu'on n'i soffre mettre draps estrangers. » La terreur des empoisonnements et des maléfices est un trait de cette époque.

Après ces détails de ménage viennent des règlements sur le conseil, le trésor, le domaine, etc. L'État apparaît ici comme un simple apanage royal, le royaume comme un accessoire de l'*Hostel.* – On sent partout la petite sagesse des *gens du roi,* cette honnêteté bourgeoise, exacte et scrupuleuse dans le menu, flexible dans le grand. Nul doute que cette ordonnance ne nous donne l'idéal de la royauté, selon les gens de robe, le modèle qu'ils présentaient au roi féodal pour en faire un vrai roi comme ils le concevaient.

Ces essais estimables d'ordre et de gouvernement ne changeaient rien aux souffrances du peuple. Sous Louis le Hutin, une horrible mortalité avait enlevé, dit-on, le tiers de la population du Nord. La guerre de Flandre avait épuisé les dernières ressources du pays. En 1320, il fallut bien finir cette guerre. La France avait assez à faire chez elle. L'excès de la misère exaltant les esprits, un grand mouvement avait lieu dans le peuple. Comme au temps de Saint Louis, une foule de pauvres gens, de paysans, de bergers ou *pastoureaux,* comme on les appelait, s'attroupent et disent qu'ils veulent aller outre-mer, que c'est par eux qu'on doit recouvrer la Terre sainte. Leurs chefs étaient un prêtre dégradé et un moine apostat. Ils entraînèrent beaucoup de gens simples, jusqu'à des enfants qui fuyaient la maison paternelle. Ils demandaient d'abord ; puis ils prirent. On en arrêta ; mais il forçaient les prisons, et délivraient les leurs. Au Châtelet, ils jetèrent du haut des degrés le prévôt qui voulait leur défendre les portes ; puis, ils s'allèrent mettre en bataille au Pré-aux-Clercs, et sortirent tranquillement de Paris ; on se garda bien de les en empêcher. Ils s'en allèrent vers le Midi, égorgeant partout les juifs, que les gens du roi tâchaient en vain de défendre. Enfin à Toulouse, on réunit des troupes, on fondit sur les pastoureaux, on les pendit par vingt et par trente ; le reste se dissipa.

Ces étranges émigrations du peuple indiquaient moins de fanatisme que de souffrance et de misère. Les seigneurs, ruinés par les mauvaises monnaies, pressurés par l'usure, retombaient sur le paysan. Celui-ci n'en était pas encore au temps de la Jacquerie ; il n'était pas assez osé pour se tourner contre son seigneur. Il fuyait plutôt, et massacrait les juifs. Ils étaient si détestés, que beaucoup de gens se scandalisèrent de voir les gens du roi prendre leur défense. Les villes commerçantes du Midi les jalousaient cruellement. C'était précisément l'époque où, comme financiers, collecteurs, percepteurs, ils commençaient à régner sur l'Espagne. Aimés des rois pour leur adresse et leur servilité, ils s'enhardissaient chaque jour, jusqu'à prendre le titre de Don. Dès le temps de Louis le Débonnaire, l'évêque Agobart avait écrit un traité : *De insolentia Judaeorum*. Sous Philippe Auguste, on avait vu avec étonnement un juif bailli du roi. En 1267, le pape avait été obligé de lancer une bulle contre les chrétiens qui judaïsaient.

Philippe le Bel les avait chassés ; mais ils étaient rentrés à petit bruit. Louis le Hutin leur avait assuré un séjour de douze ans. Aux termes de son ordonnance, on doit leur rendre leurs privilèges, si on les retrouve ; on leur restituera leurs livres, leurs synagogues, leurs cimetières, sinon le roi les leur paiera. Deux auditeurs sont nommés pour connaître des héritages vendus à moitié prix par les juifs dans la précipitation de leur fuite. Le roi s'associe à eux pour le recouvrement de leurs dettes, dont il doit avoir les deux tiers. – Les nobles débiteurs qui avaient eu le crédit d'obtenir de Philippe le Bel qu'on cesserait de rechercher les créances des juifs, se voyaient de nouveau à leur merci. Les écritures des juifs faisant foi en justice, ils pouvaient à leur gré désigner au fisc ses victimes. Le juif, ulcéré par tant d'injures, était à même de se venger, au nom du roi.

La vieille haine étant ainsi irritée, enragée, par la crainte, on était prêt à tout faire contre eux. Au milieu des grandes mortalités produites par la misère, le bruit se répand tout à coup que les juifs et les lépreux ont empoisonné les fontaines. Le sire de Parthenay écrit au roi, qu'*un grand lépreux,* saisi dans sa terre, avoue qu'un riche juif lui a donné de l'argent et remis certaines drogues. Ces drogues se composaient de sang humain, d'urine, à quoi on ajoutait le corps du Christ ; le tout séché et broyé, mis en un sachet avec un poids, était jeté dans les fontaines ou dans les puits. Déjà, en Gascogne, plusieurs lépreux avaient été provisoirement brûlés. Le roi, effrayé du nouveau mouvement qui se préparait, revint précipitamment de Poitou en France, ordonnant que les lépreux fussent partout arrêtés.

Personne ne doutait de cet horrible accord entre les lépreux et les juifs.

« Nous-mêmes, dit le chroniqueur du temps, en Poitou, dans un bourg de notre vasselage, nous avons de nos yeux vu un de ces sachets. Une lépreuse qui passait, craignant d'être prise, jeta derrière elle un chiffon lié qui fut aussitôt porté en justice, et l'on y trouva une tête de couleuvre, des pattes de crapaud, et comme des cheveux de femme enduits d'une liqueur noire et puante, chose horrible à voir et à sentir. Le tout, mis dans un grand feu, ne put brûler, preuve sûre que c'était un violent poison... Il y eut bien des discours, bien des opinions. La plus probable, c'est que le roi des Maures de Grenade, se voyant avec douleur si souvent battu, imagina de s'en venger en machinant avec les juifs la perte des chrétiens. Mais les juifs, trop suspects eux-mêmes, s'adressèrent aux lépreux... Ceux-ci, le Diable aidant, furent persuadés par les juifs. Les principaux lépreux tinrent quatre conciles, pour ainsi parler, et le Diable, par les juifs, leur fit entendre que, puisque les lépreux étaient réputés personnes si abjectes et comptés pour rien, il serait bon de faire en sorte que tous les chrétiens mourussent ou devinssent lépreux. Cela leur plut à tous ; chacun, de retour, le redit aux autres... Un grand nombre, leurré par de fausses promesses de royaumes, comtés, et autres biens temporels, disait et croyait fermement que la chose se ferait ainsi. »

La vengeance du roi de Grenade est évidemment fabuleuse. La culpabilité des juifs est improbable ; ils étaient alors favorisés du roi, et l'usure leur fournissait une vengeance plus utile. Quant aux lépreux, le récit n'est pas si étrange que l'ont jugé les historiens modernes. De coupables folies pouvaient fort bien tomber dans l'esprit de ces tristes solitaires. L'accusation était du moins spécieuse. Les juifs et les lépreux avaient un trait commun aux yeux du peuple, leur saleté, leur vie à part. La maison du lépreux n'était pas moins mystérieuse et mal famée que celle du juif. L'esprit ombrageux de ces temps s'effarouchait de tout mystère, comme un enfant qui a peur la nuit, et qui frappe d'autant plus fort ce qui lui tombe sous la main.

L'institution des léproseries, ladreries, maladreries, ce sale résidu des croisades, était mal vue, mal voulue, tout comme l'Ordre du Temple, depuis qu'il n'y avait plus rien à faire pour la Terre sainte. Les lépreux eux-mêmes, désormais sans doute négligés, avaient dû perdre la résignation religieuse qui, dans les siècles précédents, leur faisait prendre en bonne part la mort anticipée à laquelle on les condamnait ici-bas.

Les rituels pour la séquestration des lépreux différaient peu des offices des morts. Sur deux tréteaux devant l'autel, on tendait un drap noir, le lépreux dressé se tenait dessous agenouillé, et y entendait dévotement la messe. Le prêtre, prenant un peu de terre dans son manteau, en jetait sur l'un des pieds du lépreux. Puis il le mettait hors de l'église, *s'il ne faisait trop fort temps de pluie* ; il le menait à sa maisonnette au milieu des champs, et lui faisait les défenses : « Je te défends que tu n'entres en l'église... ne en compagnie de gens. Je te défends que tu ne voises hors de ta maison sans ton habit de ladre, etc. » Et ensuite : « Recevez cet habit, et le vestez en digne d'humilité... Prenez ces gants... Recevez cette cliquette en signe qu'il vous est défendu de parler aux personnes, etc. Vous ne vous fâcherez point pour être ainsi séparé des autres... Et quant à vos petites nécessités, les gens de bien y pourvoyront, et Dieu ne vous délaissera... » On lit encore dans un vieux rituel des lépreux ces tristes paroles : « Quand il avendra que le mesel sera trespassé de ce monde, il doit être enterré en la maisonnette, et non pas au cimetière. »

D'abord on avait douté si les femmes pouvaient suivre leurs maris devenus lépreux, ou rester dans le siècle et se remarier. L'Église décida que le mariage était indissoluble ; elle donna à ces infortunés cette immense consolation. Mais alors que devenait la mort simulée ? que signifiait le linceul ? Ils vivaient, ils aimaient, ils se perpétuaient, ils formaient un peuple... Peuple misérable, il est vrai, envieux, et pourtant envié... Oisifs et inutiles, ils semblaient une charge, soit qu'ils mendiassent, soit qu'ils jouissent des riches fondations du siècle précédent.

On les crut volontiers coupables. Le roi ordonna que ceux qui seraient convaincus fussent brûlés, sauf les lépreuses enceintes, dont on attendrait l'accouchement ; les autres lépreux devaient être enfermés dans les léproseries.

Quant aux juifs, on les brûla sans distinction, surtout dans le Midi. « A Chinon, on creusa en un jour une grande fosse, on y mit du feu copieusement, et on en brûla cent soixante, hommes et femmes, pêle-mêle. Beaucoup d'eux et d'elles, chantant et comme à des noces, sautaient dans la fosse. Mainte veuve y fit jeter son enfant avant elle, de peur qu'on ne l'enlevât pour le baptiser. A Paris, on brûla seulement les coupables. Les autres furent bannis à toujours, quelques-uns plus riches réservés jusqu'à ce qu'on connût leurs créances, et qu'on pût les affecter au fisc royal avec le reste de leurs biens. Il y eut pour le roi environ cent cinquante mille livres.

« On assure qu'à Vitry, quarante juifs, en la prison du roi, voyant bien qu'ils allaient mourir, et ne voulant pas tomber dans les mains des incirconcis, s'accordèrent unanimement à se faire tuer par un de leurs vieillards qui passait pour une bonne et sainte personne, et qu'ils appelaient leur père. Il n'y consentit pas, à moins qu'on ne lui adjoignît un jeune homme. Tous les autres étant morts, les deux restant, chacun voulait mourir de la main de l'autre. Le vieillard l'emporta, et obtint à force de prières que le jeune le tuerait. Alors le jeune, se voyant seul, ramassa l'or et l'argent qu'il trouva sur les morts, se fit une corde avec des habits, et se laissa glisser du haut de la tour. Mais la corde était trop courte, le poids de l'or trop lourd, il se cassa la jambe, fut pris, avoua et mourut ignominieusement. »

Philippe le Long ne profita pas de la dépouille des lépreux et des juifs plus longtemps que son père n'avait fait de celle des templiers. La même année 1321, au mois d'août, la fièvre le prit, sans que les médecins pussent deviner la cause du mal ; il languit cinq mois, et mourut. « Quelques-uns doutent s'il ne fut pas frappé ainsi à cause des malédictions de son peuple, pour tant d'extorsions inouïes, sans parler de celles qu'il préparait. Pendant sa maladie, les exactions se ralentirent, sans cesser entièrement. »

Son frère Charles lui succéda, sans plus se soucier des droits de la fille de Philippe, que Philippe n'avait eu égard à ceux de la fille de Louis.

L'époque de Charles le Bel est aussi pauvre de faits pour la France qu'elle est riche pour l'Allemagne, l'Angleterre et la Flandre. Les Flamands emprisonnent leur comte. Les Allemands se partagent entre Frédéric d'Autriche et Louis de Bavière, qui fait son rival prisonnier à Muhldorf. Dans ce déchirement universel, la France semble forte par cela seul qu'elle est une. Charles le Bel intervient en faveur du comte de Flandre. Il entreprend, avec l'aide du pape, de se faire empereur. Sa sœur Isabeau se fait effectivement reine d'Angleterre par le meurtre de son époux, Édouard II.

Terrible histoire que celle des enfants de Philippe le Bel ! Le fils aîné fait mourir sa femme. La fille fait mourir son mari.

Le roi d'Angleterre, Édouard II, né parmi les victoires de son père et promis aux Gallois pour réaliser leur Arthur, n'en était pas moins toujours battu. En France, il laissait entamer la Guyenne et promettait de venir rendre hommage. En Angleterre, il était malmené par Robert Bruce ; mais il le poursuivait en cour de Rome. Il avait demandé au pape s'il pouvait sans péché se frotter d'une huile merveilleuse qui donnait du courage. Sa femme le méprisait. Mais il n'aimait pas les femmes ; il se consolait plutôt de ses mésaventures avec de beaux jeunes gens. La reine, par représailles, s'était livrée au baron Mortimer. Les barons, qui détestaient les mignons du roi, lui tuèrent d'abord son brillant Gaveston, hardi Gascon, beau cavalier, qui s'amusait dans les tournois à jeter par terre les plus graves lords, les plus nobles seigneurs. Spencer, qui succéda à Gaveston, ne fut pas moins haï.

L'Angleterre se trouvant désarmée par ses discordes, le roi de France profita du moment et s'empara de l'Agénois. Isabeau vint en France avec son jeune fils, pour réclamer, disait-elle. Mais c'est contre son mari qu'elle réclama. Charles le Bel, ne voulant pas s'embarquer en son nom dans une affaire aussi hasardeuse qu'une invasion de l'Angleterre, défendit à ses chevaliers de prendre le parti de la reine. Il fit même croire qu'il voulait l'arrêter et la renvoyer à son mari. En vrai fils de Philippe le Bel, il ne lui donna pas d'armée, mais de l'argent pour en avoir une. Cet argent fut prêté par les Bardi, banquiers florentins. D'autre part, le roi de France envoyait des troupes en Guyenne pour réprimer, disait-il, quelques aventuriers gascons.

Le comte de Hainaut donna sa fille en mariage au jeune fils d'Isabeau, et le frère du comte se chargea de conduire la petite troupe qu'elle avait levée. De grandes forces n'auraient pu que nuire, en alarmant les Anglais. Édouard était désarmé, livré d'avance. Il envoya sa flotte contre elle ; mais sa flotte n'avait garde de la rencontrer. Il dépêcha Robert de Watteville avec des troupes, qui se réunirent à elle. Il implora les gens de

Londres ; ceux-ci répondirent prudemment « qu'ils avaient privilège de ne point sortir en bataille ; qu'ils ne recevraient pas d'étrangers, mais bien volontiers le roi, la reine et le prince royal ». Non moins prudemment, les gens d'église accueillaient la reine à son arrivée. L'archevêque de Kenterbury prêcha sur ce texte : « La voix du peuple est la voix de Dieu. » L'évêque d'Hereford sur cet autre : « C'est au chef que j'ai mal, *Caput meum doleo.* » Enfin l'évêque d'Oxford prit le texte de la Genèse : « Je mettrai l'inimitié entre toi et la femme, et elle t'écrasera la tête. » Prophétie homicide qui se vérifia.

Cependant la reine s'avançait avec son fils et sa petite troupe. Elle venait comme une femme malheureuse qui veut seulement éloigner de son mari les mauvais conseillers qui le perdent. C'était grande pitié de la voir si dolente et si éplorée. Tout le monde était pour elle. Elle eut bientôt entre ses mains Édouard et Spencer. On lui amena ce Spencer qu'elle haïssait tant : elle en rassasia ses yeux. Puis, devant le palais, sous les croisées de la reine, on lui fit subir, avant la mort, d'obscènes mutilations.

Pour le moment, elle n'osait pas en faire plus. Elle avait peur, elle tâtait le peuple, elle ménageait son mari. Elle pleurait, et tout en pleurant elle agissait. Mais rien ne semblait se faire par elle, tout par justice et régulièrement. Édouard était resté en possession de la couronne royale ; cela arrêtait tout. Trois comtes, deux barons, deux évêques et le procureur du Parlement, Guillaume Trussel, vinrent au Château de Kenilworth, faire entendre au prisonnier que s'il ne se dépêchait de livrer la couronne, il n'y gagnerait rien, qu'il risquerait plutôt de faire perdre le trône à son fils, que le peuple pourrait fort bien choisir un roi hors de la famille royale. Édouard pleura, s'évanouit et finit par livrer la couronne. Alors le procureur dressa et prononça la formule, qu'on a gardée comme bon précédent : « Moi, Guillaume Trussel, procureur du Parlement, au nom de tous les hommes d'Angleterre, je te reprends l'hommage que je t'avais fait, à toi, Édouard. De ce temps en avant, je te défie, je te prive de tout ton pouvoir royal. Désormais, je ne t'obéis plus comme à un roi. » Édouard croyait au moins vivre ; on n'avait pas encore tué de roi. Sa femme le flattait toujours. Elle lui écrivait des choses tendres, elle lui envoyait de beaux habits. Cependant un roi déposé est bien embarrassant. D'un moment à l'autre, il pouvait être tiré de prison. Dans leur anxiété, Isabeau et Mortimer demandèrent l'avis à l'évêque d'Hereford. Ils n'en tirèrent qu'une parole équivoque : *Edwardum occidere nolite timere bonum est.* C'était répondre sans répondre. Selon que la virgule était placée, ici ou là, on pouvait lire dans ce douteux oracle la mort ou la vie. Ils lurent la mort. La reine se mourait de peur tant que son mari était en vie. On envoya à la prison un nouveau gouverneur, John Maltravers ; nom sinistre, mais l'homme était pire. Maltravers fit longuement goûter au prisonnier les affres de la mort ; il s'en joua pendant quelques jours, peut-être dans l'espoir qu'il se tuerait lui-même. On lui faisait la barbe à l'eau froide, on le couronnait de foin ; enfin, comme il s'obstinait à vivre, ils lui jetèrent sur le dos une lourde porte, pesèrent dessus, et l'empalèrent avec une broche toute rouge. Le fer était mis, dit-on, dans un tuyau de corne, de manière à tuer sans laisser trace. Le cadavre fut exposé aux regards du peuple, honorablement enterré, et une messe fondée. Il n'y avait nulle trace de blessure, mais les cris avaient été entendus ; la contraction de la face dénonçait l'horrible invention des assassins.

Charles le Bel ne profita pas de cette révolution. Lui-même il mourut presque en même temps qu'Édouard, ne laissant qu'une fille. Un cousin succéda. Toute cette belle famille de princes qui avaient siégé près de leur père au Concile de Vienne était éteinte, conformément à ce qu'on racontait des malédictions de Boniface.

Livre VI

CHAPITRE PREMIER

L'Angleterre - Philippe de Valois - 1328-1349

Cette mémorable époque, qui met l'Angleterre si bas et la France d'autant plus haut, présente néanmoins dans les deux pays deux événements analogues. En Angleterre, les barons ont renversé Edouard II. En France, le Parti féodal met sur le trône la branche féodale des Valois.

Le jeune roi d'Angleterre, petit-fils de Philippe le Bel par sa mère, après avoir d'abord réclamé, vient faire hommage à Amiens. Mais l'Angleterre humiliée n'en a pas moins en elle les éléments de succès qui vont bientôt la faire prévaloir sur la France.

Le nouveau Gouvernement anglais, intimement lié avec la Flandre, appelle à lui les étrangers. Il renouvelle la charte commerciale qu'Édouard Ier avait accordée aux marchands de toute nation. La France, au contraire, ne peut prendre part au mouvement nouveau du commerce. Un mot sur cette grande révolution. Elle explique seule les événements qui vont suivre. Le secret des batailles de Créci, de Poitiers est au comptoir des marchands de Londres, de Bordeaux et de Bruges.

En 1291, la Terre sainte est perdue, l'âge des croisades fini. En 1298, le Vénitien Marco Polo, le Christophe Colomb de l'Asie, dicte la relation d'un voyage, d'un séjour de vingt ans à la Chine et au Japon. Pour la première fois, on apprend qu'à douze mois de marche au-delà de Jérusalem, il y a des royaumes, des nations policées. Jérusalem n'est plus le centre du monde, ni celui de la pensée humaine. L'Europe perd la Terre sainte ; mais elle voit la terre.

En 1321 paraît le premier ouvrage d'économie politique commerciale : *Secreta fidelium crucis,* par le Vénitien Sanuto. – Vieux titre, pensée nouvelle. L'auteur propose contre l'Égypte, non pas une croisade, mais plutôt un blocus commercial et maritime. Ce livre est bizarre dans la forme. Le passage des idées religieuses à celles du commerce s'accomplit gauchement. Le Vénitien, qui peut-être ne veut que rendre à Venise ce qu'elle a perdu par le retour des Grecs à Constantinople, donne d'abord tous les textes sacrés qui recommandent au bon chrétien la conquête de Jérusalem ; puis le catalogue raisonné des épices dont la Terre sainte est l'entrepôt : poivre, encens, gingembre ; il qualifie les denrées et les cotes article par article. Il calcule avec une précision admirable les frais de transport, etc.

Une grande croisade commence en effet dans le monde, mais d'un genre tout nouveau. Celle-ci, moins poétique, n'est pas en quête de la sainte lance, du Graal, ni de l'Empire de Trébizonde. Si nous arrêtons un vaisseau en mer, nous n'y trouverons plus un cadet de France qui cherche un royaume, mais plutôt quelque Génois ou Vénitien qui nous débitera volontiers du sucre et de la cannelle. Voilà le héros du monde moderne ; non moins héros que l'autre ; il risquera pour gagner un sequin autant que Richard Cœur de Lion pour Saint-Jean-d'Acre. Le croisé du commerce a sa croisade en tous sens, sa Jérusalem partout.

La nouvelle religion, celle de la richesse, la foi en l'or, a ses pèlerins, ses moines, ses martyrs. Ceux-ci osent et souffrent, comme les autres. Ils veillent, ils jeûnent, ils s'abstiennent. Ils passent leurs belles années sur les routes périlleuses, dans les comptoirs lointains, à Tyr, à Londres, à Novgorod. Seuls et célibataires, enfermés dans des quartiers fortifiés, ils couchent en armes sur leurs comptoirs parmi leurs dogues énormes ; presque toujours pillés hors des villes, dans les villes souvent massacrés.

Ce n'était pas chose facile de commencer alors. Le marchand qui avait navigué heureusement d'Alexandrie à Venise, sans mauvaise rencontre, n'avait encore rien fait. Il lui fallait, pour vendre à bon profit, s'enfoncer dans le Nord. Il fallait que la marchandise s'acheminât, par le Tyrol, par les rives agrestes du Danube, vers Augsbourg ou Vienne ; qu'elle descendît sans encombre entre les forêts sombres et les sombres châteaux du Rhin ; qu'elle parvînt à Cologne, la ville sainte. C'était là que le marchand rendait grâce à Dieu. Là se rencontraient le Nord et le Midi ; les gens de la Hanse y traitaient avec les Vénitiens. – Ou bien encore, il appuyait à gauche. Il pénétrait en France, sur la foi du bon comte de Champagne. Il déballait aux vieilles foires de Troyes, à celles de Lagny, de Bar-sur-Aube, de Provins. De là, en peu de journées, mais non sans risque, il pouvait atteindre Bruges, la grande station des Pays-Bas, la ville aux dix-sept nations.

Mais cette route de France ne fut plus tenable, lorsque Philippe le Bel, devenu, par sa femme, maître de la Champagne, porta ses ordonnances contre les Lombards, brouilla les monnaies, se mêla de régler l'intérêt qu'on payait aux foires. Puis vint Louis le Hutin, qui mit des droits sur tout ce qui pouvait s'acheter ou se vendre. Cela suffisait pour fermer les comptoirs de Troyes. Il n'avait pas besoin d'interdire, comme il fit, tout trafic « avec les Flamands, les Génois, les Italiens et les Provençaux ».

Plus tard, le roi de France s'aperçut qu'il avait tué sa poule aux œufs d'or. Il abaissa les droits, rappela les marchands. Mais il leur avait lui-même enseigné à prendre une autre route. Ils allèrent désormais en Flandre par l'Allemagne ou par mer. Ce fut pour Venise l'occasion d'une navigation plus hardie, qui, par l'Océan, la mit en rapport direct avec les Flamands et les Anglais.

Le royaume de France, dans sa grande épaisseur, restait presque impénétrable au commerce. Les routes étaient trop dangereuses, les péages trop nombreux. Les seigneurs pillaient moins ; mais les agents du roi les avaient remplacés. Pillé comme un marchand, était un mot proverbial. La main royale couvrait tout ; mais on ne la sentait guère que par la griffe du fisc. Si l'ordre venait, c'était par saisie universelle. Le sel, l'eau, les rivières, les forêts, les gués, les défilés, rien n'échappait à l'ubiquité fiscale.

Tandis que les monnaies variaient continuellement en France, elles changeaient peu en Angleterre. Le roi de France avait échoué dans l'entreprise d'établir l'uniformité des mesures. C'est un des principaux articles de la charte que le roi d'Angleterre accorda aux étrangers. Dans cette charte, le roi déclare qu'il a grande sollicitude des marchands qui visitent ou habitent l'Angleterre, Allemands, Français, Espagnols, Portugais, Navarrais, Lombards, Toscans, Provençaux, Catalans, Gascons, Toulousains, Cahorcins, Flamands, Brabançons, et autres. Il leur assure protection, bonne et prompte justice, bon poids, bonne mesure. Les juges qui feront tort à un marchand seront punis, même après l'avoir indemnisé. Les étrangers auront un juge à Londres, pour leur rendre justice sommaire. Dans les causes où ils seront intéressés, le jury sera mi-parti d'Anglais et d'hommes de leur nation.

Même avant cette charte les étrangers affluaient en Angleterre. Lorsqu'on voit quel essor le commerce y avait pris dès le XIIIe siècle, on s'étonne peu qu'au XIVe un marchand anglais ait invité et traité cinq rois. Les historiens du Moyen Age parlent du commerce anglais comme on pourrait faire aujourd'hui.

« O Angleterre, les vaisseaux de Tharsis, vantés dans l'Écriture, pouvaient-ils se comparer aux tiens ?... Les aromates t'arrivent des quatre climats du monde. Pisans, Génois et Vénitiens t'apportent le saphir et l'émeraude que roulent les fleuves du Paradis. L'Asie pour la pourpre, l'Afrique pour le baume, l'Espagne pour l'or, l'Allemagne pour l'argent, sont tes humbles servantes. La Flandre, ta fileuse, t'a tissu de ta laine des habits précieux. La Gascogne te verse ses vins. Les îles de l'Ourse aux Hyades, toutes, elles t'ont servi... Plus heureuse, toutefois, par ta fécondité ; les flancs des nations la bénissent, réchauffés des toisons de tes brebis ! »

La laine et la viande, c'est ce qui a fait primitivement l'Angleterre et la race anglaise. Avant d'être pour le monde la grande manufacture des fers et des tissus, l'Angleterre a été une manufacture de viande. C'est de temps immémorial un peuple *éleveur* et pasteur, une race nourrie de chair. De là cette fraîcheur de teint, cette beauté, cette force. Leur plus grand homme, Shakespeare, fut d'abord un boucher.

Qu'on me permette, à cette occasion, d'indiquer ici une impression personnelle.

J'avais vu Londres et une grande partie de l'Angleterre et de l'Écosse ; j'avais admiré plutôt que compris. Au retour seulement, comme j'allais d'York à Manchester, coupant seulement l'île dans sa largeur, alors enfin j'eus une véritable intuition de l'Angleterre. C'était au matin, par un froid brouillard ; elle m'apparaissait non plus environnée, mais couverte, noyée de l'Océan. Un pâle soleil colorait à peine moitié du paysage. Les maisons neuves en briques rouges auraient tranché durement sur le gazon vert, si la brume flottante n'eût pris soin d'harmoniser les teintes. Par-dessus les pâturages, couverts de moutons, flambaient les rouges cheminées des usines. Pâturage, labourage, industrie, tout était là dans un étroit espace, l'un sur l'autre, nourri l'un par l'autre ; l'herbe vivant de brouillard, le mouton d'herbe, l'homme de sang.

Sous ce climat absorbant, l'homme, toujours affamé, ne peut vivre que par le travail. La nature l'y contraint. Mais il le lui rend bien ; il la fait travailler elle-même ; il la subjugue par le fer et le feu. Toute l'Angleterre halète de combat. L'homme en est comme effarouché. Voyez cette face rouge, cet air bizarre... On le croirait volontiers ivre. Mais sa tête et sa main sont fermes. Il n'est ivre que de sang et de force. Il se traite comme sa machine à vapeur, qu'il charge et nourrit à l'excès, pour en tirer tout ce qu'elle peut rendre d'action et de vitesse.

Au Moyen Age, l'Anglais était à peu près ce qu'il est, trop nourri, poussé à l'action, et guerrier faute d'industrie.

L'Angleterre, déjà agricole, ne fabriquait pas encore. Elle donnait la matière ; d'autres l'employaient. La laine était d'un côté du détroit, l'ouvrier de l'autre. Le boucher anglais, le drapier flamand étaient unis, au milieu des querelles des princes, par une alliance indissoluble. La France voulut la rompre, et lui en coûta cent ans de guerre. Il s'agissait pour le roi de la succession de France, pour le peuple de la liberté du commerce, du libre marché des laines anglaises. Assemblées autour du sac de laine, les communes marchandaient moins les demandes du roi, elles lui votaient volontiers des armées.

Le mélange d'industrialisme et de chevalerie donne à toute cette histoire un aspect bizarre. Ce fier Edouard III qui sur la Table ronde a *juré le héron* de conquérir la France, cette chevalerie gravement folle qui, par suite d'un vœu, garde un œil couvert de drap rouge, ils ne sont pas tellement fous qu'ils servent à leur frais. La simplicité des croisades n'est point de cet âge. Ces chevaliers au fond sont les agents mercenaires, les commis voyageurs des marchands de Londres et de Gand. Il faut qu'Edouard s'humanise, qu'il mette bas l'orgueil, qu'il tâche de plaire aux drapiers et aux tisserands, qu'il donne la main à son compère, le brasseur Artevelde, qu'il harangue le populaire du haut du comptoir d'un boucher.

Les nobles tragédies du XIVe siècle ont leur partie comique. Dans les plus fiers chevaliers, il y a du Falstaff. En France, en Italie, en Espagne, dans les beaux climats du Midi, les Anglais se montrent non moins gloutons que vaillants. C'est l'Hercule *bouphage*. Ils viennent, à la lettre, manger le pays. Mais, en représailles, ils sont vaincus par les fruits et les vins. Leurs princes meurent d'indigestion, leurs armées de dysenterie.

Lisez après cela Froissart, ce Walter Scott du Moyen Age ; suivez-le dans ses éternels récits d'aventures et d'apertises d'armes. Contemplez dans nos musées ces lourdes et brillantes armures du XIVe siècle... Ne semble-t-il pas que ce soit la dépouille de Renaud ou de Roland ?... Ces épaisses cuirasses pourtant, ces forteresses mouvantes d'acier, font surtout honneur à la prudence de ceux qui s'en affublaient... Toutes les fois que la guerre devient métier et marchandise, les armes défensives s'alourdissent ainsi. Les marchands de Carthage, ceux de Palmyre, n'allaient pas autrement à la guerre.

Voilà l'étrange caractère de ce temps, guerrier et mercantile. L'histoire d'alors est épopée et conte, *Roman d'Arthur, Farce de Patelin.* Toute l'époque est double et louche. Les contrastes dominent ; partout prose et poésie se démentant, se raillant l'une l'autre. Les deux siècles d'intervalle entre les songes de Dante et les songes de Shakespeare font eux-mêmes l'effet d'un songe. C'est *Le Rêve d'une Nuit d'Été,* où le poète mêle à plaisir les artisans et les héros, le noble Thésée y figure à côté du menuisier Bottom, dont les belles oreilles d'âne tournent la tête à Titania.

Pendant que le jeune Edouard III commence tristement son règne par un hommage à la France, Philippe de Valois ouvre le sien au milieu des fanfares. Homme féodal, fils du féodal Charles de Valois, sorti de cette branche amie des seigneurs, il est soutenu par eux. Ces seigneurs et Charles de Valois lui-même avaient pourtant appuyé le droit des femmes à la mort de Louis le Hutin ; ils avaient désiré alors que la couronne, traitée comme un fief féminin, passât par mariage à diverses familles et qu'ainsi elle restât faible. Ils oublièrent cette politique lorsque le droit des mâles amena au trône un des leurs, le fils même de leur chef, de Charles de Valois. Ils comptaient bien qu'il allait réparer les injustes violences des règnes précédents ; qu'il allait, par exemple, rendre la Franche-Comté et l'Artois à ceux qui les réclamaient en vain depuis si longtemps. Robert d'Artois, croyant avoir enfin cause gagnée, aida puissamment à l'élévation de Philippe.

Le nouveau roi se montra d'abord assez complaisant pour les seigneurs. Il commença par les dispenser de payer leurs dettes. En signe de gracieux avènement et de bonne justice, il fit accrocher à un gibet tout neuf le trésorier de son prédécesseur. C'était, nous l'avons dit, l'usage de ce temps. Mais comme un roi vraiment justicier est le protecteur naturel des faibles et des affligés, Philippe accueillit le comte de Flandre, malmené par les gens de Bruges, tout ainsi que Charles le Bel avait consolé la bonne reine Isabeau.

C'était une fête d'étrenner la jeune royauté par une guerre contre ces bourgeois. La noblesse suivit le roi de grand cœur. Cependant les gens de Bruges et d'Ypres, quoique abandonnés de ceux de Gand, ne se troublèrent pas. Bien armés et en bon ordre, ils vinrent au-devant, jusqu'à Cassel, qu'ils voulaient défendre (23 août). Les insolents avaient mis sur leur drapeau un coq et cette devise goguenarde :

Quand le coq icy chantera,
Le roy trouvé cy entrera.

Ce ne fut pas le cœur qui leur manqua pour tenir leur parole, mais la persistance et la patience. Pendant que les deux armées étaient en présence et se regardaient, les Flamands sentaient que leurs affaires étaient en souffrance, que les métiers d'Ypres ne battaient pas, que les ballots attendaient sur le marché de Bruges. L'âme de ces marchands était restée au comptoir. Chaque jour, à la fumée de leurs villages incendiés, ils calculaient et ce qu'ils perdaient et ce qu'ils manquaient à gagner. Ils n'y tinrent plus, ils voulurent en finir par une bataille. Leur chef Zanekin (Petit Jean) s'habille en marchand de poisson, et va voir le camp français. Personne n'y songeait à l'ennemi. Les seigneurs en belles robes causaient, se conviaient, se faisaient des visites. Le roi dînait, lorsque les Flamands fondent sur le camp, renversent tout, et percent jusqu'à la tente royale. Même précipitation des Flamands qu'à Mons-en-Puelle, même imprévoyance du côté des Français. La chose ne tourna pas mieux pour les premiers. Ces gros Flamands, soit brutal orgueil de leur force, soit prudence des marchands, ou ostentation de richesse, s'étaient avisés de porter à pied de lourdes cuirasses de cavaliers. Ils étaient bien défendus, il est vrai, mais ils bougeaient à peine. Leurs armures suffisaient pour les étouffer. On en jeta treize mille par terre, et le comte, rentrant dans ses États, en fit périr dix mille en trois jours.

C'était certainement alors un grand roi que le roi de France. Il venait de replacer la Flandre dans sa dépendance. Il avait reçu l'hommage du roi d'Angleterre pour ses provinces françaises. Ses cousins régnaient à Naples et en Hongrie. Il protégeait le roi d'Écosse. Il avait autour de lui comme une cour de rois, ceux de Navarre, de Majorque, de Bohême, souvent celui d'Écosse. Le fameux Jean de Bohême, de la maison de Luxembourg, dont le fils fut empereur sous le nom de Charles IV, déclarait ne pouvoir vivre qu'à Paris, *le séjour le plus chevaleresque du monde*. Il voltigeait par toute l'Europe, mais revenait toujours à la cour du grand roi de France. Il y avait là une fête éternelle, toujours des joutes, des tournois, la réalisation des romans de chevalerie, le roi Arthur et la Table ronde.

Pour se figurer cette royauté, il faut voir Vincennes, le Windsor des Valois. Il faut le voir non tel qu'il est aujourd'hui, à demi rasé ; mais comme il était quand ses quatre tours, par leurs ponts-levis, vomissaient aux quatre vents les escadrons panachés, blasonnés, des grandes armées féodales, lorsque quatre rois, descendant en lice, joutaient par-devant le roi très chrétien ; lorsque cette noble scène s'encadrait dans la majesté d'une forêt, que des chênes séculaires s'élevaient jusqu'aux créneaux, que les cerfs bramaient la nuit au pied des tourelles, jusqu'à ce que le jour et le cor vinssent les chasser dans la profondeur des bois... Vincennes n'est plus rien, et pourtant, sans parler du donjon, je vois d'ici la petite tour de l'horloge qui n'a pas moins encore de onze étages d'ogives.

Au milieu de toute cette pompe féodale, qui charmait les seigneurs, ils eurent bientôt lieu de s'apercevoir que le fils de leur ami Charles de Valois ne régnerait pas autrement que les fils de Philippe le Bel. Ce règne chevaleresque commença par un ignoble procès ; le château royal fut bientôt un greffe, où l'on comparait des écritures et jugeait des faux. Le procès n'allait pas à moins qu'à perdre et déshonorer un des grands barons, un prince du sang, celui même qui avait le plus contribué à l'élévation de Philippe, son cousin, son beau-frère, Robert d'Artois. On vit en ce procès ce qu'il y avait de plus humiliant pour les grands seigneurs, un des leurs faussaire et sorcier. Ces deux crimes appartiennent proprement à ce siècle. Mais il manquait jusque-là de les trouver dans un chevalier, dans un homme de ce rang.

Robert se plaignait depuis vingt-six ans d'avoir été supplanté dans la possession de l'Artois par Mahaut, sœur cadette de son père, femme du comte de Bourgogne. Philippe le Bel avait soutenu Mahaut et les deux filles de Mahaut, qu'avaient épousées ses fils avec cette dot magnifique de l'Artois et de la Franche-Comté. A la mort de Louis le Hutin, Robert, profitant de la réaction féodale, se jeta sur l'Artois. Mais il fallut qu'il lâchât prise. Philippe le Long marchait contre lui. Il attendit donc que tous les fils de Philippe le Bel fussent morts, qu'un fils de Charles de Valois parvînt au trône. Personne n'eut plus de part que Robert à ce dernier événement. Philippe de Valois, en reconnaissance, lui confia le commandement de l'avant-garde dans la campagne de Flandre, et donna le titre de pairie à son comté de Beaumont. Il avait épousé la sœur du roi, Jeanne de Valois ; celle-ci ne se contentait pas d'être comtesse de Beaumont : elle espérait que son frère rendrait l'Artois à son mari. Elle disait que le roi ferait justice à Robert, s'il pouvait produire quelque pièce nouvelle, *quelque petite qu'elle fût.*

La comtesse Mahaut, avertie du danger, s'empressa de venir à Paris. Mais elle y mourut presque en arrivant. Ses droits passaient à sa fille, veuve de Philippe le Long. Elle mourut trois mois après sa mère. Robert n'avait plus d'adversaire que le duc de Bourgogne, époux de Jeanne, fille de Philippe le Long et petite-fille de Mahaut. Le duc était lui-même frère de la femme du roi. Le roi l'admit à la jouissance du comté ; mais en même temps il réservait à Robert le droit de proposer ses raisons.

Ni les pièces, ni les témoins, ne manquèrent à Robert. La comtesse Mahaut avait eu pour principal conseiller l'évêque d'Arras. L'évêque étant mort, et laissant beaucoup de biens, la comtesse poursuivit en restitution la maîtresse de l'évêque, une certaine dame Divion, femme d'un chevalier. Celle-ci s'enfuit à Paris avec son mari. Elle y était à peine, que Jeanne de Valois, qui savait qu'elle avait tous les secrets de l'évêque d'Arras, la pressa de livrer les papiers qu'elle pouvait avoir gardés ; la Divion prétendit même que la princesse la menaçait de la faire noyer ou brûler. La Divion n'avait point de pièces ; elle en fit : d'abord une lettre de l'évêque d'Arras où il demandait pardon à Robert d'Artois d'avoir soustrait les titres. Puis une charte de l'aïeul Robert, qui assurait l'Artois à son père. Ces pièces et d'autres à l'appui furent fabriquées à la hâte par un clerc de la Divion, et elle y plaqua de vieux sceaux. Elle avait eu soin d'envoyer demander à l'abbaye de Saint-Denis quels étaient les pairs à l'époque des actes supposés. A cela près, on ne prit pas de grandes précautions. Les pièces qui existent encore au Trésor des Chartes sont visiblemement fausses. A cette époque de calligraphie, les actes importants étaient écrits avec un tout autre soin.

Robert produisait à l'appui de ces pièces cinquante-cinq témoins. Plusieurs affirmaient qu'Enguerrand de Marigny allant à la potence, et déjà dans la charrette, avait avoué sa complicité avec l'évêque d'Arras dans la soustraction des titres.

Robert soutint mal ce roman. Sommé par le procureur du roi, en présence du roi même, de déclarer s'il comptait faire usage de ces pièces équivoques, il dit oui d'abord, et puis non. La Divion avoua tout, ainsi que les témoins. Ces aveux sont extrêmement naïfs et détaillés. Elle dit entre autres choses qu'elle alla au Palais de Justice pour savoir si l'on pouvait contrefaire les sceaux, que la charte qui fournit les sceaux fut achetée cent écus à un bourgeois ; que les pièces furent écrites en son hôtel, place Baudoyer, par un clerc qui avait grand-peur, et qui, pour déguiser son écriture, se servit d'une plume d'airain, etc. La malheureuse eut beau dire qu'elle avait été forcée par Mme Jeanne de Valois, elle n'en fut pas moins brûlée, au marché aux pourceaux, près la Porte Saint-Honoré. Robert, qui était accusé en outre d'avoir empoisonné Mahaut et sa fille, n'attendit pas le jugement. Il se sauva à Bruxelles, puis à Londres, près du roi d'Angleterre. Sa femme, sœur du roi, fut comme reléguée en Normandie. Sa sœur, comtesse de Foix, fut accusée d'impudicité, et Gaston, son fils, autorisé à l'enfermer au château d'Orthez. Le roi croyait avoir tout à craindre de cette famille. Robert en effet avait envoyé des assassins pour tuer le duc de Bourgogne, le chancelier, le grand trésorier et quelques autres de ses ennemis. Contre l'assassinat du moins on pouvait se garder ; mais que faire contre la sorcellerie ? Robert essayait d'*envoûter* la reine et son fils.

Cet acharnement du roi à poursuivre l'un des premiers barons du royaume, à le couvrir d'une honte qui rejaillissait sur tous les seigneurs, était de nature à affaiblir leurs bonnes dispositions pour le fils de Charles de Valois. Les bourgeois, les marchands devaient être encore bien plus mécontents. Le roi avait ordonné à ses baillis de taxer dans les marchés les denrées et les salaires, de manière à les faire baisser de moitié. Il voulait ainsi payer toutes choses à moitié prix, tandis qu'il doublait l'impôt, refusant de rien recevoir autrement qu'en forte monnaie.

L'un des sujets du roi de France, et celui peut-être qui souffrait le plus, c'était le pape. Le roi le traitait moins en sujet qu'en esclave. Il avait menacé Jean XXII de le faire poursuivre comme hérétique par l'Université de Paris. Sa conduite à l'égard de l'empereur était singulièrement machiavélique : tout en négociant avec lui, il forçait le pape de lui faire une guerre de bulles ; il aurait voulu se faire lui-même empereur. Benoît XII avoua en pleurant aux ambassadeurs impériaux que le roi de France l'avait menacé de le traiter plus mal que ne l'avait été Boniface VIII, s'il absolvait l'empereur. Le même pape se défendit avec peine contre une nouvelle demande de Philippe, qui eût assuré sa toute-puissance et l'abaissement de la papauté. Il voulait que le pape lui donnât pour trois ans la disposition de tous les bénéfices de France, et pour dix le droit de lever les décimes de la croisade par toute la chrétienté. Devenu collecteur de cet impôt universel, Philippe eût partout envoyé ses agents, et peut-être enveloppé l'Europe dans le réseau de l'administration et de la fiscalité française.

Philippe de Valois, en quelques années, avait su mécontenter tout le monde, les seigneurs par l'affaire de Robert d'Artois, les bourgeois et marchands par son maximum et ses monnaies, le pape par ses menaces, la chrétienté entière par sa duplicité à l'égard de l'empereur et par sa demande de lever dans tous les États les décimes de la croisade.

Tandis que cette grande puissance se minait ainsi elle-même, l'Angleterre se relevait. Le jeune Édouard III avait vengé son père, fait mourir Mortimer, enfermé sa mère Isabeau. Il avait accueilli Robert d'Artois, et refusait de le livrer. Il commençait à chicaner sur l'hommage qu'il avait rendu à la France. Les deux puissances se firent d'abord la guerre en Écosse. Philippe secourut les Écossais, qui n'en furent pas moins battus. En Guyenne, l'attaque fut plus directe. Le sénéchal du roi de France expulsa les Anglais des possessions contestées.

Mais le grand mouvement partit de la Flandre, de la ville de Gand. Les Flamands se trouvaient alors sous un comte tout français, Louis de Nevers, qui n'était comte que par la bataille de Cassel et l'humiliation de son pays. Louis ne vivait qu'à Paris, à la cour de Philippe de Valois. Sans consulter ses sujets, il ordonna que les Anglais fussent arrêtés dans toutes les villes de Flandre. Édouard fit arrêter les Flamands en Angleterre. Le commerce, sans lequel les deux pays ne pouvaient vivre, se trouva rompu tout d'un coup.

Attaquer les Anglais par la Guyenne et par la Flandre, c'était les blesser par leurs côtés les plus sensibles, leur ôter le drap et le vin. Ils vendaient leurs laines à Bruges pour acheter du vin à Bordeaux. D'autre part, sans laine anglaise, les Flamands ne savaient que faire. Édouard, ayant défendu l'exportation des laines, réduisit la Flandre au désespoir et la força de se jeter dans ses bras.

D'abord une foule d'ouvriers flamands passèrent en Angleterre. On les y attirait à tout prix. Il n'y a sorte de flatteries, de caresses, qu'on n'employât auprès d'eux. Il est curieux de voir dès ce temps-là jusqu'où ce peuple si fier descend dans l'occasion, lorsque son intérêt le demande. « Leurs habits seront beaux, écrivaient les Anglais en Flandre, leurs compagnes de lit encore plus belles. » Ces émigrations, qui continuent pendant tout le XIVe siècle, ont, je crois, modifié singulièrement le génie anglais. Avant qu'elles aient eu lieu, rien n'annonce dans les Anglais cette patience industrieuse que nous leur voyons aujourd'hui. Le roi de France, en s'efforçant de séparer la Flandre et l'Angleterre, ne fit autre chose que provoquer les émigrations flamandes, et fonder l'industrie anglaise.

Cependant la Flandre ne se résigna pas. Les villes éclatèrent. Elles haïssaient le comte de longue date, soit parce qu'il soutenait les campagnes contre le monopole des villes, soit parce qu'il admettait les étrangers, les Français, au partage de leur commerce.

Les Gantais, qui sans doute se repentaient de n'avoir pas soutenu ceux d'Ypres et de Bruges à la bataille de Cassel, prirent pour chef, en 1337, le brasseur Jacquemart Artevelde. Soutenu par les corps de métiers, principalement par les foulons et ouvriers en drap, Artevelde organisa une vigoureuse tyrannie. Il fit assembler à Gand les gens des trois grandes villes, et leur montra que « sans le roi d'Angleterre ils ne pouvoient vivre. Car toute Flandre estoit fondée sur draperie, et sans laine on ne pouvoit draper. Et pour ce, louoit qu'on teinst le roy d'Angleterre à amy. »

Édouard était un bien petit prince pour s'opposer à cette grande puissance de Philippe de Valois ; mais il avait pour lui les vœux de la Flandre et l'unanimité des Anglais. Les seigneurs vendeurs des laines, et les marchands qui en trafiquaient, tous demandaient la guerre. Pour la rendre plus populaire encore, il fit lire dans les paroisses une circulaire au peuple, l'informant de ses griefs contre Philippe et des avances qu'il avait faites inutilement pour la paix.

Il est curieux de comparer l'administration des deux rois au commencement de cette guerre. Les actes du roi d'Angleterre deviennent alors infiniment nombreux. Il ordonne que tout homme prenne les armes de seize ans à soixante. Pour mettre le pays à l'abri des flottes françaises et des incursions écossaises, il organise des signaux sur toutes les côtes. Il loue des Gallois et leur donne un *uniforme*. Il se procure de l'artillerie ; il profite le premier de cette grande et terrible invention. Il pourvoit à la marine, aux vivres. Il écrit des menaces aux comtes qui doivent préparer le passage, à l'archevêque de Kenterbury des consolations et des flatteries pour le peuple : « Le peuple de notre royaume, nous en convenons avec douleur, est chargé jusqu'ici de divers fardeaux, taillages et impositions. La nécessité de nos affaires nous empêche de le soulager. Que votre grâce soutienne donc ce peuple dans la bénignité, l'humilité et la patience, etc. »

Le roi de France n'a pas, à beaucoup près, autant de détails à embrasser. La guerre est encore pour lui une affaire féodale. Les seigneurs du Midi obtiennent qu'il leur rende le droit de guerre privée et qu'il respecte leurs justices. Mais en même temps les nobles veulent être payés pour servir le roi ; ils demandent une solde, ils tendent la main, ces fiers barons. Le chevalier banneret aura vingt sols par jour, le chevalier dix, etc. C'était le pire des systèmes, système tout à la fois féodal et mercenaire, et qui réunissait les inconvénients des deux autres.

Tandis que le roi d'Angleterre renouvelle la charte commerciale qui assure la liberté du négoce aux marchands étrangers, le roi de France ordonne aux Lombards de venir à ses foires de Champagne et prétend leur tracer la route par laquelle ils y viendront.

Les Anglais partirent pleins d'espérance (1338). Ils se sentaient appelés par toute la chrétienté. Leurs amis des Pays-Bas leur promettaient une puissante assistance. Les seigneurs leur étaient favorables, et Artevelde leur répondait des trois grandes villes. Les Anglais, qui ont toujours cru qu'on pouvait tout faire avec de l'argent, se montrèrent à leur arrivée magnifiques et prodigues. « Et n'épargnoient ni or ni argent, non plus que s'il leur plût des nues, et donnaient grands joyaux aux seigneurs et dames et demoiselles, pour acquérir la louange de ceux et de celles entre qui ils conversoient ; et tant faisoient qu'ils l'avoient et étoient prisés de tous et de toutes, et mêmement du commun peuple à qui ils ne donnoient rien, pour le bel état qu'ils menoient. »

Quelle que fût l'admiration des gens des Pays-Bas pour leurs grands amis d'Angleterre, Édouard trouva chez eux plus d'hésitation qu'il ne s'y attendait. Les seigneurs dirent d'abord qu'ils étaient prêts à le seconder, mais qu'il était juste que le plus considérable, le duc de Brabant, se déclarât le premier. Le duc de Brabant demanda un délai, et finit par consentir. Alors ils dirent au roi d'Angleterre qu'il ne leur fallait plus qu'une chose pour se décider : c'était que l'empereur défiât le roi de France ; car enfin, disaient-ils, nous sommes sujets de l'Empire. Au reste, l'empereur avait un trop juste sujet de guerre, puisque le Cambrésis, terre d'Empire, était envahi par Philippe de Valois.

L'empereur Louis de Bavière avait d'autres motifs plus personnels pour se déclarer. Persécuté par les papes français, il ne parlait de rien moins que d'aller avec une armée se faire absoudre à Avignon. Édouard alla le trouver à la Diète de Coblentz. Dans cette grande assemblée où l'on voyait trois archevêques, quatre ducs, trente-sept comtes, une foule de barons, l'Anglais apprit à ses dépens ce que c'était que la morgue et la lenteur allemandes. L'empereur voulait d'abord lui accorder la faveur de lui baiser les pieds. Le roi d'Angleterre, par-devant ce suprême juge, se porta pour accusateur de Philippe de Valois. L'empereur, une main sur le globe, l'autre sur le sceptre, tandis qu'un chevalier lui tenait sur la tête une épée nue, défia le roi de France, le déclara déchu par la protection de l'Empire, et donna gracieusement à Édouard le diplôme de vicaire impérial sur la rive gauche du Rhin. Au reste, ce fut tout ce que l'Anglais put en tirer. L'empereur réfléchit, eut des scrupules, et, au lieu de s'engager dans cette dangereuse guerre de France, il s'achemina vers l'Italie. Mais Philippe de Valois le fit arrêter au passage des Alpes par un fils du roi de Bohême.

Le roi d'Angleterre, revenant avec son diplôme, demanda au duc de Brabant où il pourrait l'exhiber aux seigneurs des Pays-Bas. Le duc assigna pour l'assemblée la petite ville de Herck sur la frontière de Brabant. « Quand tous furent là venus, sachez que la ville fut grandement pleine de seigneurs, de chevaliers, d'écuyers et de toutes autres manières de gens ; et la halle de la ville où l'on vendoit pain et chair, qui guères ne valoient, encourtinée de beaux draps comme la chambre du roi ; et fut le roi anglois assis, la couronne d'or moult riche et moult noble sur son chef, plus haut cinq pieds que nul des autres, sur un banc d'un boucher, là où il tailloit et vendoit sa chair. Oncques telle halle ne fut à si grand honneur. »

Pendant que tous les seigneurs rendaient hommage sur ce banc de boucher au nouveau vicaire impérial, le duc de Brabant faisait dire au roi de France de ne rien croire de ce qu'on pouvait dire contre lui. Edouard défiant Philippe en son nom et au nom des seigneurs, le duc déclara qu'il aimait mieux faire porter à part son défi. Enfin, quand Edouard le pria de le suivre devant Cambrai, il lui assura qu'aussitôt qu'il le saurait devant cette ville, il irait l'y retrouver avec douze cents bonnes lances.

Pendant l'hiver, l'argent de France opéra sur les seigneurs des Pays-Bas et d'Allemagne. Leur inertie augmenta encore. Edouard ne put les mettre en mouvement avant le mois de septembre (1339). Cambrai se trouva mieux défendu qu'on ne le croyait. La saison était avancée. Edouard leva le siège et rentra en France. Mais, à la frontière, le compte de Hainaut lui dit qu'il ne pouvait le suivre au-delà, que tenant des fiefs de l'Empire et de la France, il le servirait volontiers sur terre d'Empire ; mais qu'arrivé sur terre de France, il devait obéir au roi, son suzerain, et qu'il l'allait joindre de ce pas pour combattre les Anglais.

Parmi ces tribulations, Edouard avançait lentement vers l'Oise, ravageant tout le pays, et retenant avec peine ses alliés mécontents et affamés. Il lui fallait une belle bataille pour le dédommager de tant de frais et d'ennuis. Il crut un instant la tenir. Le roi de France lui-même parut près de la Capelle avec une grande armée. « On y comptait, dit Froissart, onze vingt et sept bannières, cinq cent et soixante pennons, quatre rois (France, Bohême, Navarre, Ecosse), six ducs, et trente-six comtes et plus de quatre mille chevaliers, et des communes de France plus de soixante mille. » Le roi de France lui-même demandait la bataille. Edouard n'avait qu'à choisir pour le 2 octobre un champ, une belle place où il n'y eût ni bois, ni marais, ni rivière qui pût avantager l'un ou l'autre parti.

Au jour marqué, lorsque déjà Edouard, monté sur un petit palefroi, parcourait ses batailles et encourageait les siens, les Français avisèrent, disent les chroniques de Saint-Denis, qu'il était vendredi, et ensuite qu'il y avait un pas difficile entre les deux armées. Selon Froissart : « Ils n'étoient pas d'accord, mais en disoit chacun son opinion, et disoient par estrif (dispute) que ce seroit grand'honte et grand défaut si le roi ne se combattoit, quand il savoit que ses ennemis étoient si près de lui, en son pays, rangés en pleins champs, et les avoit suivis en intention de combattre à eux. Les aucuns des autres disoient à l'encontre que ce seroit grand'folie s'il se combattoit, car il ne savoit que chacun pensoit, ni si point trahison y avoit : car si fortune lui étoit contraire, il mettoit son royaume en aventure de perdre, et si il déconfisoit ses ennemis, pour ce n'auroit-il mie le royaume d'Angleterre, ni les terres des seigneurs de l'Empire, qui avec le roi anglois étoient alliés. Ainsi estrivant (dissertant) et débattant sur ces diverses opinions, le jour passa jusques à grand midi. Environ petite nonne, un lièvre s'en vint trépassant parmi les champs, et se bouta entre les Français, dont ceux qui le virent commencèrent à crier et à huier (appeler) et à faire grand haro ; de quoi ceux qui étoient derrière cuidoient que ceux de devant se combattissent, et les plusieurs qui se tenoient en leurs batailles rangés fesoient autel (autant) : si mirent les plusieurs leurs bassinets en leurs têtes et prirent leurs glaives. Là il fut fait plusieurs nouveaux chevaliers ; et par spécial le comte de Hainaut en fit quatorze, qu'on nomma depuis les chevaliers du Lièvre. – ... Avec tout ce et les estrifs (débats) qui étoient au conseil du roi de France, furent apportées en l'ost lettres de par le roi Robert de Sicile, lequel étoit un grand astronomien... si avoit par plusieurs fois jeté ses sorts sur l'état et aventures du roi de France et du roi d'Angleterre, et avoit trouvé en l'astrologie et par expérience que si le roy de France se combattoit au roi d'Angleterre, il convenoit qu'il fust deconfit... Jà de longtemps moult soigneusement avoit envoyé lettres et épistres au roi Philippe, que nullement ils ne se combattissent contre les Anglois là où le corps d'Edouard fut présent. »

Cette triste expédition avait épuisé les finances d'Edouard. Ses amis, fort découragés, lui conseillèrent de s'adresser à ces riches communes de Flandre qui pouvaient l'aider à elles seules, mieux que tout l'Empire. Les Flamands délibérèrent longuement, et finirent par déclarer que leur conscience ne leur permettait pas de déclarer la guerre au roi de France, leur suzerain. Le scrupule était d'autant plus naturel qu'ils s'étaient engagés à payer deux millions de florins au pape, *s'ils attaquaient le roi de France.* Artevelde y trouva remède. Pour les rassurer et sur le péché et sur l'argent, il imagina de faire *roi de France* le roi d'Angleterre. Celui-ci, qui venait de prendre le titre de vicaire impérial, pour gagner les seigneurs des Pays-Bas, se laissa faire roi de France, pour rassurer la conscience des communes de Flandre. Philippe de Valois fit interdire leurs prêtres par le pape ; mais Edouard leur expédia des prêtres anglais pour les confesser et les absoudre.

La guerre devenait directe. Les deux partis équipèrent de grandes flottes pour garder, pour forcer le passage. Celle des Français, fortifiée de galères génoises, comptait, dit-on, plus de cent quarante gros vaisseaux qui portaient quarante mille hommes ; le tout commandé par un chevalier et par le trésorier Bahuchet, « qui ne savait que faire compte ». Cet étrange amiral, qui avait horreur de la mer, tenait toute sa flotte serrée dans le port de l'Écluse. En vain le Génois Barbavara s'efforçait de lui faire entendre qu'il fallait se donner du champ pour manœuvrer. L'Anglais les surprit immobiles et les accrocha. Ce fut une bataille de terre. En six heures, les archers anglais donnèrent la victoire à Edouard. L'apparition des Flamands, qui vinrent occuper le rivage, ôtait tout espoir aux vaincus. Barbavara, qui de bonne heure avait pris le large, échappa seul. Trente mille hommes périrent. Le malencontreux Bahuchet fut pendu au mât de son vaisseau. L'Anglais, qui se disait roi de France, traitait déjà l'ennemi comme rebelle. La France pouvait retrouver trente mille hommes ; mais le résultat moral n'était pas moins funeste que celui de la Hogue et de Trafalgar. Les Français perdirent courage du côté de la mer. Le passage du détroit resta libre pour les Anglais pendant plusieurs siècles.

Tout semblait enfin favoriser Edouard. Artevelde, dans son absence, avait amené soixante mille Flamands au secours de son allié, le compte de Hainaut. Cette grosse armée lui donnait espoir de faire enfin quelque chose. Il conduisit tout ce monde, Anglais; Flamands, Brabançons, devant la forte ville de Tournai. Ce berceau de la monarchie en a été plus d'une fois le boulevard. Charles VII a reconnu le dévouement tant de fois prouvé de cette ville, en lui donnant pour armes les armes mêmes de la France.

Philippe de Valois vint au secours ; la ville se défendit. Le siège traîna. Cependant les Flamands, ne sachant que faire, allèrent piller Arques à côté de Saint-Omer. Mais voilà que tout à coup la garnison de cette ville fond sur eux, lances baissées, bannières déployées et à grands cris. Les Flamands eurent beau jeter bas leur butin, ils furent poursuivis deux lieues, perdirent dix-huit cents hommes, et rapportèrent leur épouvante dans l'armée. « Or avint une merveilleuse aventure... Car environ heure de minuit que ces Flamands dormoient en leurs tentes, un si grand effroi les prit en dormant que tous se levèrent et abattirent tantost tentes et pavillons, et troussèrent tout sur leurs charriots, en si grande hâte que l'un n'attendoit point l'autre et fuirent tous sans tenir voie... Messire Robert d'Artois et Henri de Flandres s'en vinrent au-devant d'eux et leur dirent : *Beaux seigneurs, dites-nous quelle chose il vous faut qui ainsi fuyez*... Ils n'en firent compte, mais toujours fuirent, et prit chacun le chemin vers sa maison au plus droit qu'il put. Quand messire Robert d'Artois et Henri de Flandres virent qu'ils n'en auroient autre chose, si firent trousser tout leur harnois et s'en vinrent au siège devant Tournay. Et recordèrent l'aventure des Flamands et dirent les plusieurs qu'ils avoient été enfantosmés. » L'Anglais eut beau faire. Toute cette grande guerre des Pays-Bas, dont il croyait accabler la France, vint à rien entre ses mains. Les Flamands n'étaient pas guerriers de leur nature, sauf quelques moments de colère brutale ; tout ce qu'ils voulaient, c'étaient de ne rien payer. Les seigneurs des Pays-Bas voulaient de plus être payés ; ils l'étaient des deux côtés et restaient chez eux.

Heureusement pour Edouard, au moment où la Flandre s'éteignait, la Bretagne prit feu. Le pays était tout autrement inflammable. On peut à peine vraiment dire au Moyen Age que les Bretons soient jamais en paix. Quand ils ne se battent pas chez eux, c'est qu'ils sont loués pour se battre ailleurs. Sous Philippe le Bel, et jusqu'à la bataille de Cassel, ils suivaient volontiers les armées de nos rois dans les Flandres, pour manger et piller ces riches pays. Mais quand la France, au contraire, fut entamée par Édouard, quand les Bretons n'eurent plus à faire qu'une guerre pauvre, ils restèrent chez eux et se battirent entre eux.

Cette guerre fait le pendant de celles d'Ecosse. De même que Philippe le Bel avait encouragé contre Edouard 1er Wallace et Robert Bruce,

Edouard III soutint Montfort contre Philippe de Valois. Ce n'est pas seulement ici une analogie historique. Il y a, comme on sait, parenté de race et de langue, ressemblance géographique entre les deux contrées. En Ecosse, comme en Bretagne, la partie la plus reculée est occupée par un peuple celtique, la lisière par une population mixte, chargée de garder le pays. Au triste *border* écossais répondent nos landes de Maine et d'Anjou, nos forêts d'Ille-et-Vilaine. Mais le *border* est plus désert encore. On peut y voyager des heures entières, au train rapide d'une diligence anglaise, sans rencontrer ni arbre, ni maison ; à peine quelques plis de terrain où les petits moutons de Northumberland cherchent patiemment leur vie. Il semble que tout ait brûlé sous le cheval d'Hotspur... On cherche, en traversant ce pays des ballades, qui les a faites ou chantées. Il faut peu de chose pour faire une poésie. Il n'y a pas besoin des lauriers-roses de l'Eurotas ; il suffit d'un peu de bruyère de Bretagne, ou du charbon national d'Ecosse devant lequel se détournait la charrue de Burns.

L'Angleterre trouva dans cette rare et belliqueuse population un outlaw invincible, un Robin Hood éternel... Les gens du *border* vivaient noblement du bien du voisin. Quand le butin de la dernière expédition était mangé, la dame de la maison servait dans un plat, à son mari, une paire d'éperons, et il partait joyeux... C'étaient d'étranges guerres ; la difficulté pour les deux partis était de se trouver. Dans sa grande expédition d'Ecosse, Edouard II avança plusieurs jours sous la pluie et parmi les broussailles, sans voir autre armée que de daims et de biches. Il lui fallut promettre une grosse somme à qui lui dirait où était l'ennemi. Les Ecossais réunis, dispersés, avec la légèreté d'un esprit, entraient quand ils voulaient en Angleterre ; ils avaient peu de cavalerie, mais point de bagages ; chaque homme portait son petit sac de grain et une brique où le faire cuire.

Ils ne se contentaient pas de guerroyer en Angleterre. Ils allaient volontiers au loin. On sait l'histoire de ce Douglas qui, chargé par le roi mourant de porter son cœur à Jérusalem, s'en alla par l'Espagne, et dans la bataille lança ce cœur contre les Maures. Mais leur croisade naturelle était en France, c'est-à-dire où ils pouvaient faire le plus de mal aux Anglais. Un Douglas devint compte de Touraine. Il existe encore, dit-on, des Douglas dans la Bresse.

Notre Bretagne eut son *border,* comme l'Ecosse, et aussi ses ballades. Peut-être la vie du soldat mercenaire, qui fut longtemps celle des Bretons au Moyen Age, étouffa-t-elle ce génie poétique.

Mais l'histoire seule en Bretagne est une poésie. Il n'est point mémoire d'une lutte si diverse et si obstinée. Cette race de béliers a toujours été heurtant, sans rien trouver de plus dur qu'elle-même. Elle a fait front tour à tour à la France et aux ennemis de la France. Elle repoussa nos rois sous Noménoé, sous Montfort ; elle repoussa les Northmans sous Allan Barbetorte, et les Anglais sous Duguesclin.

C'est au *border* breton, dans les landes d'Anjou, que Robert le Fort se fit tuer par les Northmans, et gagna le trône aux Capets. Là encore, les futurs rois d'Angleterre prirent le nom de Plante-Genêts. Ces bruyères, comme celles de Macbeth, saluèrent les deux royautés.

Le long récit des guerres bretonnes qui *renluminent* si bien la *Chronique* de Froissart, ces aventures de toute sorte, coupées de romanesques incidents, font penser à certains paysages abrupts de Bretagne, brusquement variés, pauvres, pierreux, semés parmi le roc de tristes fleurs. Mais il est plus d'une partie dans cette histoire dont le chroniqueur élégant et chevaleresque ne représente pas la sauvage horreur. On ne sent bien l'histoire de Bretagne que sur le théâtre même de ces événements, aux roches d'Auray, aux plages de Quiberon, de Saint-Michel-en-Grève, où le duc fratricide rencontra le moine noir.

Les belles aventures d'amazones, où se plaît Froissart, ces *apertises* de Jehanne de Montfort *qui eut courage d'homme et cœur de lion,* ces braves discours de Jeanne Clisson, de Jeanne de Blois, ne disent pas tout sur la guerre de Bretagne. Cette guerre est celle aussi de Clisson *le boucher,* du dévot et consciencieusement cruel Charles de Blois.

Le duc Jean III, mort sans enfants, laissait une nièce et un frère. La nièce, fille d'un frère aîné, avait épousé Charles de Blois, prince du sang, et elle avait le roi pour elle ; la noblesse de la Bretagne française lui était assez favorable. Le frère cadet, Montfort, avait pour lui les Bretons bretonnants, et il appela les Anglais. Le roi d'Angleterre, qui, en France, soutenait le droit des femmes, soutint celui des mâles en Bretagne. Le roi de France fut inconséquent en sens opposé.

Singulière destinée que celle des Montforts. Nous l'avons déjà remarqué. Un Montfort avait conseillé à Louis le Gros d'armer les communes de France. Un Montfort conduisit la croisade des Albigeois et anéantit les libertés des villes du Midi. Un Montfort introduisit dans le Parlement anglais les députés des communes. En voici un autre au XIVe siècle dont le nom rallie les Bretons dans leur guerre contre la France.

L'adversaire de Montfort, Charles de Blois, n'était pas moins qu'un saint, le second qu'ait eu la maison de France. Il se confessait matin et soir, entendait quatre ou cinq messes par jour. Il ne voyageait pas qu'il n'eût un aumônier qui portait dans un pot, du pain, du vin, de l'eau et du feu, pour dire la messe en route. Voyait-il passer un prêtre, il se jetait à bas de cheval dans la boue. Il fit plusieurs fois, pieds nus sur la neige, le pèlerinage de saint Yves, le grand saint Breton. Il mettait des cailloux dans sa chaussure, défendait qu'on ôtât la vermine de son cilice, se serrait de trois cordes à nœuds qui lui entraient dans la chair, *à faire pitié,* dit un témoin. Quand il priait Dieu, il se battait furieusement la poitrine, jusqu'à pâlir et *devenir comme vert.*

Un jour, il s'arrêta à deux pas de l'ennemi et en grand danger, pour entendre la messe. Au siège de Quimper, ses soldats allaient être surpris par la marée : « Si c'est la volonté de Dieu, dit-il, la marée ne nous fera rien. » La ville, en effet, fut emportée, une foule d'habitants égorgés. Charles de Blois avait d'abord couru à la cathédrale remercier Dieu. Puis il arrêta le massacre.

Ce terrible saint n'avait pitié ni de lui ni des autres. Il se croyait obligé de punir ses adversaires comme rebelles. Lorsqu'il commença la guerre en assiégeant Montfort à Nantes (1342), il lui jeta dans la ville la tête de trente chevaliers. Montfort se rendit, fut envoyé au roi, et contre la capitulation, enfermé à la Tour du Louvre. « La comtesse de Montfort, qui bien avoit courage d'homme et cœur de lion, et étoit en la cité de Rennes, quand elle entendit que son frère étoit pris, en la manière que vous avez ouï, si elle en fut dolente et courroucée, ce peut chacun et doit savoir et penser ; car elle pensa mieux que on dut mettre son seigneur à mort que en prison ; et combien qu'elle eut grand deuil au cœur, si ne fit-elle mie comme femme déconfortée, mais comme homme fier et hardi, en reconfortant vaillamment ses amis et ses soudoyers ; et leur montroit un petit fils qu'elle avoit, qu'on appeloit Jean, ainsi que le père, et leur disoit : « Ah ! seigneurs, ne vous déconfortez mie, ni ébahissez pour Monseigneur que nous avons perdu ; ce n'étoit qu'un seul homme : véez ci mon petit enfant qui sera, si Dieu plaît, son restorier (vengeur), et qui vous fera des biens assez. » Assiégée dans Hennebon, par Charles de Blois, elle brûla dans une sortie les tentes des Français, et, ne pouvant rentrer dans la ville, elle gagna le Château d'Auray ; mais bientôt, réunissant cinq cents hommes d'armes, elle franchit de nouveau le camp des Français et rentra dans Hennebon « à grand joie et à grand son de trompettes et de nacaires ! » Il était temps qu'elle arrivât ; les seigneurs parlementaires en face même de la comtesse, quand elle vit arriver le secours qu'elle attendait depuis si longtemps d'Angleterre. « Qui adonc vit la comtesse descendre du châtel à grand'chère, et baiser Messire Gautier de Mauny et ses compagnons, les uns après les autres, deux ou trois fois, bien peut dire que c'étoit une vaillante dame. »

Le roi d'Angleterre vint lui-même vers la fin de cette année au secours de la Bretagne. Le roi de France en approcha avec une armée ; il semblait que cette petite guerre de Bretagne allait devenir la grande. Il ne se fit rien d'important. La pénurie des deux rois les condamna à une trêve, où leurs alliés étaient compris ; les Bretons seuls restaient libres de guerroyer.

La captivité de Montfort avait fortifié son parti. Philippe prit soin de le raviver encore, en faisant mourir quinze seigneurs bretons qu'il croyait favorables aux Anglais. L'un d'eux, Clisson, prisonnier en Angleterre, y avait été trop bien traité. On dit que le compte de Salisbury, pour se venger d'Edouard qui lui avait débauché sa belle comtesse, dénonça au roi de France le traité secret de son maître et de Clisson. Les Bretons, invités à un tournoi, furent saisis et mis à mort sans jugement. Le frère de l'un d'eux ne fut pas supplicié, mais exposé sur une échelle où le peuple le lapida.

Peu après le roi fit encore mourir, sans jugement, trois seigneurs de Normandie. Il aurait voulu aussi avoir en ses mains le comte d'Harcourt. Mais il échappa, et ne fut pas moins utile aux Anglais que Robert d'Artois.

Jusque-là, les seigneurs se faisaient peu scrupule de traiter avec l'étranger. L'homme féodal se considérait encore comme un souverain qui peut négocier à part. La parenté des deux noblesses française et anglaise, communauté de langues (les nobles anglais parlaient encore français), tout favorisait ces rapprochements. La mort de Clisson mit une barrière entre les deux royaumes.

En une même année, l'Anglais perdit Montfort et Artevelde. Artevelde était devenu tout Anglais. Sentant la Flandre lui échapper, il voulait la donner au prince de Galles. Déjà Edouard était à l'Ecluse et présentait son fils aux bourgmestres de Gand, de Bruges et d'Ypres. Artevelde fut tué.

Avec toute sa popularité, ce roi de Flandre n'était au fond que le chef des grosses villes, le défenseur de leur monopole. Elles interdisaient aux petites la fabrication de la laine. Une révolte eut lieu à ce sujet dans une de ces dernières. Artevelde la réprima et tua un homme de sa main. Dans l'enceinte même de Gand, les deux corps des drapiers se faisaient la guerre. Les foulons exigaient des tisseurs ou fabricants de draps une augmentation de salaire. Ceux-ci la refusant, ils se livrèrent un furieux combat. Il n'y avait pas moyen de séparer ces dogues. En vain les prêtres apportèrent sur la place le corps de Notre-Seigneur. Les fabricants, soutenus par Artevelde, écrasèrent les ouvriers (1345) ; Artevelde, qui ne se fiait ni aux uns ni aux autres, voulait sortir de sa dangereuse position, céder ce qu'il ne pouvait garder, ou régner encore sous un maître qui aurait besoin de lui et qui le soutiendrait. De rappeler les Français, il n'y avait pas à y songer. Il appelait donc l'Anglais, il courait Bruges et Ypres pour négocier, haranguer. Pendant ce temps, Gand lui échappa.

Quand il y entra, le peuple était déjà ameuté. On disait dans la foule qu'il faisait passer en Angleterre l'argent de Flandre. Personne ne le salua. Il se sauva à son hôtel, et de la croisée essaya en vain de fléchir le peuple. Les portes furent forcées, Artevelde fut tué précisément comme le tribun Rienzi l'était à Rome deux ans après.

Edouard avait manqué la Flandre, aussi bien que la Bretagne. Ses attaques aux deux ailes ne réussissaient pas, il en fit une au centre. Celle-ci, conduite par un Normand, Godefroi d'Harcourt, fut bien plus fatale à la France.

Philippe de Valois avait réuni toutes ses forces en une grande armée pour reprendre aux Anglais leurs conquêtes du Midi. Cette armée, forte, dit-on, de cent mille hommes, reprit en effet Angoulême, et alla se consumer devant la petite place d'Aiguillon. Les Anglais s'y défendirent d'autant mieux que le fils du roi, qui conduisait les Français, n'avait point fait de quartier aux autres places.

Si l'on en croyait l'invraisemblable récit de Froissart, le roi d'Angleterre serait parti pour secourir la Guyenne. Puis ramené par le vent contraire, il aurait prêté l'oreille aux conseils de Godefroi d'Harcourt, qui l'engageait à attaquer la Normandie sans défense.

Le conseil n'était que trop bon. Tout le pays était désarmé. C'était l'ouvrage des rois eux-mêmes, qui avaient défendu les guerres privées. La population était devenue toute pacifique, tout occupée de la culture ou des métiers. La paix avait porté ses fruits. L'état florissant et prospère où les Anglais trouvèrent le pays doit nous faire rabattre beaucoup de tout ce que les historiens ont dit contre l'administration royale au XIVe siècle.

Le cœur saigne quand on voit dans Froissart cette sauvage apparition de la guerre dans une contrée paisible déjà riche et industrielle, dont l'essor allait être arrêté pour plusieurs siècles. L'armée mercenaire d'Edouard, ces pillards gallois, irlandais, tombèrent au milieu d'une population sans défense ; ils trouvèrent les moutons dans les champs, les granges pleines, les villes ouvertes. Du pillage de Caen, ils eurent de quoi charger plusieurs vaisseaux. Ils trouvèrent Saint-Lô et Louviers toutes pleines de drap.

Pour animer encore ses gens, Édouard décrivit à Caen, tout à point, un acte par lequel les Normands offraient à Philippe de Valois de conquérir à leurs frais l'Angleterre, à condition qu'elle serait partagée entre eux, comme elle le fut entre les compagnons de Guillaume le Conquérant. Cet acte, écrit dans le pitoyable français qu'on parlait alors à la cour d'Angleterre, est probablement faux. Il fut, par ordre d'Édouard, traduit en anglais, lu partout en Angleterre au prône des églises. Avant de partir, le roi avait chargé les prêcheurs du peuple, les dominicains, de prêcher la guerre, d'en exposer les causes. Peu après (1361), Édouard supprima le français dans les actes publics. Il n'y eut qu'une langue, qu'un peuple anglais. Les descendants des conquérants normands et ceux des Saxons se trouvèrent réconciliés par la haine des nouveaux Normands.

Les Anglais ayant trouvé les ponts coupés à Rouen, remontèrent la rive gauche, brûlant sur leur passage Vernon, Verneuil, et le Pont-de-l'Arche. Édouard s'arrêta à Poissy pour y construire un pont et fêter l'Assomption, pendant que ses gens allaient brûler Saint-Germain, Bourg-la-Reine, Saint-Cloud, et même Boulogne, si près de Paris.

Tout le secours que le roi de France donna à la Normandie, ce fut d'envoyer à Caen le connétable et le comte de Tancarville, qui s'y firent prendre. Son armée était dans le Midi, à cent cinquante lieues. Il crut qu'il serait plus court d'appeler ses alliés d'Allemagne et des Pays-Bas. Il venait de faire élire empereur le jeune Charles IV, fils de Jean de Bohême. Mais les Allemands chassèrent l'empereur élu, qui vint se mettre à la solde du roi. Son arrivée, celle du roi de Bohême, du duc de Lorraine et autres seigneurs allemands, fit déjà réfléchir les Anglais.

C'était assez de bravades et d'audace. Ils se trouvaient engagés au cœur d'un grand royaume, parmi des villes brûlées, des provinces ravagées, des populations désespérées. Les forces du roi de France grossissaient chaque jour. Il avait hâte de punir les Anglais, qui lui avaient manqué de respect jusqu'à approcher de sa capitale. Les bourgeois de Paris, si bonnes gens jusque-là, commençaient à parler. Le roi ayant voulu démolir les maisons qui touchaient à l'enceinte de la ville, il y eut presque un soulèvement.

Édouard entreprit de s'en aller par la Picardie, de se rapprocher des

Flamands qui venaient d'assiéger Béthune, de traverser le Ponthieu, héritage de sa mère. Mais il fallait passer la Somme. Philippe faisait garder tous les ponts, et suivait de près l'ennemi ; de si près, qu'à Airaines il trouva la table d'Édouard toute servie et mangea son dîner.

Édouard avait envoyé chercher un gué ; ses gens cherchèrent et ne trouvèrent rien. Il était fort pensif, lorsqu'un garçon de la Blanche-Tache se chargea de lui montrer le gué qui porte ce nom. Philippe y avait mis quelque mille hommes ; mais les Anglais, qui se sentaient perdus s'ils ne passaient, firent un grand effort et passèrent. Philippe arriva peu après ; il n'y avait plus moyen de les poursuivre, le flux remontait la Somme ; la mer protégea les Anglais.

La situation d'Édouard n'était pas bonne. Son armée était affamée, mouillée, recrue. Les gens qui avaient pris et gâté tant de butin, semblaient alors des mendiants. Cette retraite rapide, honteuse, allait être aussi funeste qu'une bataille perdue. Édouard risqua la bataille.

Arrivé d'ailleurs dans le Ponthieu, il se sentait plus fort ; ce comté au moins était bien à lui : « Prenons ci place de terre, dit-il, car je n'irai plus avant, si aurai vu nos ennemis ; et bien y a cause que je les attende ; car je suis sur le droit héritage de Mme ma mère, qui lui fut donné en mariage ; si le veux défendre et calengier contre mon adversaire Philippe de Valois. »

Cela dit, il entra en son oratoire, fit dévotement ses prières, se coucha, et le lendemain entendit la messe. Il partagea son armée en trois batailles, et fit mettre pied à terre à ses gens d'armes. Les Anglais mangèrent, burent un coup, puis s'assirent, leurs armes devant eux, en attendant l'ennemi.

Cependant arrivait à grand bruit l'immense cohue de l'armée française. On avait conseillé au roi de France de faire reposer ses troupes, et il y consentait. Mais les grands seigneurs, poussés par le point d'honneur féodal, avançaient toujours à qui serait au premier rang.

Le roi lui-même, quand il arriva et qu'il vit les Anglais : « Le sang lui mua, car il les haïssait... Et dit à ses maréchaux : « Faites passer nos Génois devant, et commencez la bataille, au nom de Dieu et de Mgr saint Denis. »

Ce n'était pas sans grande dépense que le roi entretenait depuis longtemps des troupes mercenaires. Mais on jugeait avec raison les archers génois indispensables contre les archers anglais. La prompte retraite de Barbavara à la bataille de l'Écluse avait naturellement augmenté la défiance contre ces étrangers. Les mercenaires d'Italie étaient habitués à se ménager fort dans les batailles. Ceux-ci, au moment de combattre, déclarèrent que les cordes de leurs arcs étaient mouillées et ne pouvaient servir. Ils auraient pu les cacher sous leurs chaperons comme le firent les Anglais.

Le comte d'Alençon s'écria : « On se doit bien charger de cette ribaudaille qui fallit au besoin. » Les Génois ne pouvaient pas faire grand-chose, les Anglais les criblaient de flèches et de balles de fer, lancées par des bombardes. « On eût cru, dit un contemporain, entendre Dieu tonner. » C'est le premier emploi de l'artillerie dans une bataille.

Le roi de France, hors de lui, cria à ses gens d'armes : « Or tôt, tuez toute cette ribaudaille, car ils nous empêchent la voie sans raison. » Mais pour passer sur le corps aux Génois, les gendarmes rompaient leurs rangs. Les Anglais tiraient à coup sûr dans cette foule, sans craindre de perdre un seul coup. Les chevaux s'effarouchaient, s'emportaient. Le désordre augmentait à tout moment.

Le roi de Bohême, vieux et aveugle, se tenait pourtant à cheval parmi ses chevaliers. Quand ils lui dirent ce qui se passait, il jugea bien que la bataille était perdue. Ce brave prince, qui avait passé toute sa vie dans la domesticité de la maison de France, et qui avait du bien au royaume, donna l'exemple, comme vassal et comme chevalier. Il dit aux siens : « Je vous prie et requiers très spécialement que vous me meniez si avant que je puisse frapper un coup d'épée. » Ils lui obéirent, lièrent leurs chevaux au sien, et tous se lancèrent à l'aveugle dans la bataille. On les retrouva le lendemain gisant autour de leur maître, et liés encore.

Les grands seigneurs de France se montrèrent aussi noblement. Le comte d'Alençon, frère du roi, les comtes de Blois, d'Harcourt, d'Aumale, d'Auxerre, de Sancerre, de Saint-Pol, tous magnifiquement armés et blasonnés, au grand galop, traversèrent les lignes ennemies. Ils fendirent les rangs des archers, et poussèrent toujours, comme dédaignant ces piétons, jusqu'à la petite troupe des gens d'armes anglais. Là se tenait le fils d'Édouard, âgé de treize ans, que son père avait mis à la tête d'une division. La seconde division vint le soutenir et le comte de Warwick, qui craignait pour le petit prince, faisait demander au roi d'envoyer la troisième au secours. Édouard répondit qu'il voulait laisser l'enfant gagner ses éperons, et que la journée fût sienne.

Le roi d'Angleterre, qui dominait toute la bataille de la butte d'un moulin, voyait bien que les Français allaient être écrasés. Les uns avaient trébuché dans le premier désordre parmi les Génois, les autres, pénétrant au cœur de l'armée anglaise, se trouvaient entourés. La pesante armure, que l'on commençait à porter alors, ne permettait pas aux cavaliers, une fois tombés, de se relever. Les coutilliers de Galles et de Cornouailles venaient avec leurs couteaux, et les tuaient sans merci, quelque grands seigneurs qu'ils fussent. Philippe de Valois fut témoin de cette boucherie. Son cheval avait été tué. Il n'avait plus que soixante hommes autour de lui, mais il ne pouvait s'arracher du champ de bataille. Les Anglais, étonnés de leur victoire, ne bougeaient pas ; autrement ils l'eussent pris. Enfin, Jean de Hénaut saisit le cheval du roi par la bride et l'entraîna.

Les Anglais faisant la revue du champ de bataille et le compte des morts trouvèrent onze princes, quatre-vingts seigneurs bannerets, douze cents chevaliers, trente mille soldats. Pendant qu'ils comptaient, arrivèrent les communes de Rouen et de Beauvais, les troupes de l'archevêque de Rouen et du grand prieur de France. Les pauvres gens, qui ne savaient rien de la bataille, venaient augmenter le nombre des morts.

Cet immense malheur ne fit qu'en préparer un plus grand. L'Anglais s'établit en France. Les villes maritimes d'Angleterre, exaspérées par nos corsaires de Calais, donnèrent tout exprès une flotte à Edouard. Douvres, Bristol, Winchelsea, Shoneham, Sandwich, Weymouth, Plymouth avaient fourni chacune vingt à trente vaisseaux, la seule Yarmouth, quarante-trois. Les marchands anglais, que cette guerre ruinait, avaient fait un dernier et prodigieux effort pour se mettre en possession du détroit. Edouard vint assiéger Calais, s'y établit à poste fixe, pour y vivre ou y mourir. Après les sacrifices qui avaient été faits pour cette expédition, il ne pouvait reparaître devant les communes qu'il ne fût venu à bout de son entreprise. Autour de la ville, il bâtit une ville, des rues, des maisons en charpente, bien fermées, bien couvertes, pour y rester été et hiver. « Et avoit en cette neuve ville du roi toutes choses nécessaires appartenant à un ost (armée), et plus encore, et place ordonnée pour tenir marché le mercredi et le samedi ; et là étoient merceries, boucheries, halles de draps et de pain et de toutes autres nécessités, et en recouvroit-on tout aisément pour son argent, et tout ce leur venoit tous les jours, par mer, d'Angleterre et aussi de Flandre... »

L'Anglais, bien établi et en abondance, laissa ceux du dehors et du dedans faire tout ce qu'ils voudraient. Il ne leur accorda pas un combat. Il aimait mieux les faire mourir de faim. Cinq cents personnes, hommes, femmes et enfants, mises hors de la ville par le gouverneur, moururent de misère et de froid, entre la ville et le camp. Tel est du moins le récit de l'historien anglais.

Edouard avait pris racine devant Calais. La médiation du pape n'était pas capable de l'en arracher. On vint lui dire que les Écossais allaient envahir l'Angleterre. Il ne bougea pas. Sa persévérance fut récompensée. Il apprit bientôt que les troupes, encouragées par la reine, avaient fait prisonnier le roi d'Écosse. L'année suivante, Charles de Blois fut pris de même en assiégeant la Roche-de-Rien. Edouard pouvait croiser les bras, la fortune travaillait pour lui.

Il y avait pour le roi de France une grande et urgente nécessité à secourir Calais. Mais la pénurie était si grande, cette monarchie demi-féodale si inerte et si embarrassée, qu'il ne réussit à se mettre en mouvement qu'au bout de dix mois de siège, lorsque les Anglais étaient fortifiés, retranchés, couverts de palissades, de fossés profonds. Ayant ramassé quelque argent par l'altération des monnaies, par la gabelle, par les décimes ecclésiastiques, par la confiscation des biens des Lombards, il s'achemina enfin, avec une grande et grosse armée, comme celle qui avait été battue à Crécy. On ne pouvait arriver jusqu'à Calais que par les marais ou les dunes. S'enfoncer dans les marais, c'était périr ; tous les passages étaient coupés, gardés ; pourtant les gens de Tournai emportèrent bravement une tour, sans machines et à la force de leurs bras.

Les dunes du côté de Boulogne étaient sous le feu d'une flotte anglaise.

Du côté de Gravelines, elles étaient gardées par les Flamands, que le roi ne put gagner. Il leur offrit des monts d'or ; de leur rendre Lille, Béthune, Douai ; il voulait enrichir leurs bourgmestres, faire de leurs jeunes gens des chevaliers, des seigneurs. Rien ne les toucha. Ils craignaient trop le retour de leur comte, qui, après une fausse réconciliation, venait encore de se sauver de leurs mains.

Philippe ne put rien faire. Il négocia, il défia. Edouard resta paisible.

Ce fut un terrible désespoir dans la ville affamée, lorsqu'elle vit toutes ces bannières de France, toute cette grande armée, qui s'éloignaient et l'abandonnaient. Il ne restait plus aux gens de Calais qu'à se donner à l'ennemi, s'il voulait bien d'eux. Mais les Anglais les haïssaient mortellement, comme marins, comme corsaires. Pour savoir tout ce qu'il y a d'irritation dans les hostilités quotidiennes d'un tel voisinage, dans cet oblique et haineux regard que les deux côtes se lancent l'une à l'autre, il faut lire les guerres de Louis XVI, les faits et gestes de Jean Bart, la lamentable démolition du port de Dunkerque, la fermeture des bassins d'Anvers.

Il était assez probable que le roi d'Angleterre, qui s'était tant ennuyé devant Calais, qui y était resté un an, qui, en une seule campagne, avait dépensé la somme, énorme alors, de près de dix millions de notre monnaie, se donnerait la satisfaction de passer les habitants au fil de l'épée ; en quoi certainement il eût fait plaisir aux marchands anglais. Mais les chevaliers d'Edouard lui dirent nettement que, s'il traitait ainsi les assiégés, ses gens n'oseraient plus s'enfermer dans les places, qu'ils auraient peur des représailles. Il céda et voulut bien recevoir la ville à merci, pourvu que quelques-uns des principaux bourgeois vinssent, selon l'usage, lui présenter les clés, tête nue, pieds nus, la corde au col.

Il y avait danger pour les premiers qui paraîtraient devant le roi. Mais ces populations des côtes, qui, tous les jours, bravent la colère de l'Océan, n'ont pas peur de celle d'un homme. Il se trouva sur-le-champ, dans cette petite ville dépeuplée par la famine, six hommes de bonne volonté pour sauver les autres. Il s'en présente tous les jours autant et davantage dans les mauvais temps, pour sauver un vaisseau en danger. Cette grande action, j'en suis sûr, se fit tout simplement, et non piteusement, avec larmes et longs discours, comme l'imagine le chapelain Froissart.

Il fallut pourtant les prières de la reine et des chevaliers pour empêcher Edouard de faire pendre ces braves gens. On lui fit comprendre sans doute que ces gens-là s'étaient battus pour leur ville et leur commerce, plutôt que pour le roi ou le royaume. Il repeupla la ville d'Anglais, mais il admit parmi eux plusieurs Calaisiens, qui se *tournèrent* Anglais, entre autres Eustache de Saint-Pierre, le premier de ceux qui lui avaient apporté les clés.

Ces clés étaient celles de la France. Calais, devenue anglaise, fut pendant deux siècles une porte ouverte à l'étranger. L'Angleterre fut comme rejointe au continent. Il n'y eu plus de détroit.

Revenons sur ces tristes événements. Cherchons-en le vrai sens. Nous y trouverons quelque consolation. La bataille de Crécy n'est pas seulement une bataille, la prise de Calais n'est pas une simple prise de ville ; ces deux événements contiennent une grande révolution sociale. La chevalerie tout entière du peuple le plus chevalier avait été exterminée par une petite bande de fantassins. Les victoires des Suisses sur la chevalerie autrichienne à Morgarten, à Laupen, présentaient un fait analogue, mais elles n'eurent pas la même importance, le même retentissement dans la chrétienté. Une tactique nouvelle sortait d'un état nouveau de la société ; ce n'était pas une œuvre de génie ni de réflexion. Edouard III n'était ni un Gustave Adolphe ni un Frédéric. Il avait employé les fantassins, faute de cavaliers. Dans les premières expéditions, ses armées se composaient d'hommes d'armes, de nobles et de servants des nobles. Mais les nobles s'étaient lassés de ces longues campagnes. On ne pouvait tenir si longtemps sous le drapeau une armée féodale. Les Anglais, avec leur goût d'émigration, aiment pourtant le *home.* Il fallait que le baron revînt au bout de quelques mois au *baronial hall,* qu'il revît ses bois, ses chiens, qu'il chassât le renard. Le soldat mercenaire, tant qu'il n'était pas riche, tant qu'il était sans bas ni chausses, comme ces Irlandais, ces Gallois que louait Edouard, avait moins d'idées de retour. Son *home,* son foyer, c'était le pays ennemi. Il persistait de grand cœur dans une bonne guerre qui le nourrissait, l'habillait, sans compter les profits. Ceci explique pourquoi l'armée anglaise se trouva peu à peu presque toute de mercenaires, de fantassins.

La bataille de Crécy révéla un secret dont personne ne se doutait, l'impuissance militaire de ce monde féodal, qui s'était cru le seul monde militaire. Les guerres privées des barons, de canton à canton, dans l'isolement primitif du Moyen Age, n'avaient pu apprendre cela ; les gentilshommes n'étaient vaincus que par des gentilshommes. Deux siècles de défaites pendant les croisades n'avaient pas fait tort à leur réputation. La chrétienté tout entière était intéressée à se dissimuler les avantages des mécréants. D'ailleurs les guerres se passaient trop loin, pour qu'il n'y eût pas toujours moyen d'excuser les revers ; l'héroïsme d'un Godefroi, d'un Richard, rachetait tout le reste. Au XIIIe siècle, lorsque les bannières féodales furent habituées à suivre celle du roi, lorsque, de tant de cours seigneuriales, il s'en fit une seule, éclatante au-delà de toutes les fictions des romans, les nobles, diminués en puissance, crûrent en orgueil ; abaissés en eux-mêmes, ils se sentirent grandis dans leur roi. Ils s'estimèrent plus ou moins selon qu'ils participaient aux fêtes royales. Le plus applaudi dans les tournois était cru, se croyait lui-même, le plus vaillant dans les batailles. Fanfares, regards du roi, œillades des belles dames, tout cela enivrait plus qu'une vraie victoire.

L'enivrement fut tel qu'ils abandonnèrent sans mot dire à Philippe le Bel leurs frères, les templiers ; ces chevaliers étaient généralement les cadets de la noblesse. Elle fit bon marché des moines chevaliers, tout comme des autres moines ou prêtres. Toujours elle aida les rois contre les papes. Ces décimes arrachés au clergé, sous semblant de croisade ou autre prétexte, les nobles en avaient bonne part. Le temps venait pourtant où le noble, après avoir aidé le roi à manger le prêtre, pourrait aussi avoir son tour.

A Courtrai, les nobles alléguèrent leur héroïque étourderie, le fossé des Flamands. A Mons-en-Puelle, à Cassel, deux faciles massacres relevèrent leur réputation. Pendant plusieurs années, ils accusèrent le roi qui leur défendait de vaincre. A Crécy, ils étaient à même ; toute la chevalerie était là réunie, toute bannière flottait au vent, ces fiers blasons, lions, aigles, tours, besans des croisades, tout l'orgueilleux symbolisme des armoiries. En face, sauf trois mille hommes d'armes, c'étaient les va-nu-pieds, des communes anglaises, les rudes montagnards de Galles, les porchers de l'Irlande ; races aveugles et sauvages, qui ne savaient ni français, ni anglais, ni chevalerie. Ils n'en visèrent pas moins bien aux nobles bannières ; ils n'en tuèrent que plus. Il n'y avait pas de langue commune pour prier ou traiter. Le Welsh ou l'Irishman n'entendait pas le baron renversé qui lui offrait de le faire riche : il ne répondait que du couteau.

Malgré la romanesque bravoure de Jean de Bohême et de maint autre, les brillantes bannières furent tachées ce jour-là. D'avoir été traînées, non par le noble gantelet du seigneur, mais par les mains calleuses, c'était difficile à laver. La religion de la noblesse eut dès lors plus d'un incrédule. Le symbolisme armorial perdit tout son effet. On commença à douter que ces lions mordissent, que ces dragons de soie vomissent feu et flammes. La vache de Suisse et la vache de Galles semblèrent aussi de bonnes armoiries.

Pour que le peuple s'avisât de tout cela, il fallut bien du temps, bien des défaites. Crécy ne suffit pas, pas même Poitiers. Cette réprobation des nobles qui s'éleva hardiment après la bataille d'Azincourt, elle est muette encore et respectueuse sous Philippe de Valois. Il n'y a ni plainte ni révolte ; mais souffrance, langueur, engourdissement sous les maux. Peu d'espoir sur terre, guère ailleurs. La foi est ébranlée ; la féodalité, cette autre foi, l'est davantage. Le Moyen Age avait sa vie en deux idées, l'empereur et le pape. L'Empire est tombé aux mains d'un serviteur du roi de France ; le pape est dégradé, de Rome à Avignon, valet d'un roi ; ce roi vaincu, la noblesse humiliée.

Personne ne disait ces choses, ni même ne s'en rendait bien compte. La pensée humaine était moins révoltée que découragée, abattue et éteinte. On espérait la fin du monde ; quelques-uns la fixaient à l'an 1365. Que restait-il, en effet, sinon de mourir ?

Les époques d'abattement moral sont celles de grande mortalité. Cela doit être, et c'est la gloire de l'homme qu'il en soit ainsi. Il laisse la vie s'en aller, dès qu'elle cesse de lui paraître grande et divine... *Vitamque perosi projecere animas...* La dépopulation fut rapide dans les dernières années de Philippe de Valois. La misère, les souffrances physiques ne suffiraient pas à l'expliquer ; elles n'étaient pas parvenues au point où elles arrivèrent plus tard. Cependant, pour ne citer qu'un exemple, dès l'an

1339, la population d'une seule ville, de Narbonne, avait diminué, en quatre ou cinq ans, de cint cents familles.

Par-dessus cette dépopulation trop lente, vint l'extermination, la grande *peste noire,* qui d'un coup entassa les morts par toute la chrétienté. Elle commença en Provence, à la Tousssaint de l'an 1347. Elle y dura seize mois, et y emporta les deux tiers des habitants. Il en fut de même en Languedoc. A Montpellier, de douze consuls il en mourut dix. A Narbonne, il périt trente mille personnes. En plusieurs endroits, il ne resta qu'un dixième des habitants. L'insouciant Froissart ne dit qu'un mot de cette épouvantable calamité, et encore par occasion. « ... Car en ce temps par tout le monde généralement une maladie que l'on clame épidémie couroit, dont bien la tierce partie du monde mourut. »

Le mal ne commença dans le Nord qu'au mois d'août 1348, d'abord à Paris et à Saint-Denis. Il fut si terrible à Paris, qu'il y mourait huit cents personnes par jour, selon d'autres cinq cents. « C'était, dit le continuateur de Nangis, une effroyable mortalité d'hommes et de femmes, plus encore de jeunes gens que de vieillards, au point qu'on pouvait à peine les ensevelir ; ils étaient rarement plus de deux ou trois jours malades, et mouraient comme de mort subite en pleine santé. Tel aujourd'hui était bien portant, qui demain était porté dans la fosse : on voyait se former tout à coup un gonflement à l'aine ou sous les aisselles ; c'était signe infaillible de mort... La maladie et la mort se communiquaient par imagination et par contagion. Quand on visitait un malade, rarement on échappait à la mort. Aussi en plusieurs villes, petites et grandes, les prêtres s'éloignaient, laissant à quelques religieux plus hardis le soin d'administrer les malades... Les saintes sœurs de l'Hôtel-Dieu, rejetant la crainte de la mort et le respect humain, dans leur douceur et leur humilité, les touchaient, les maniaient. Renouvelées nombre de fois par la mort, elles reposent, nous devons le croire pieusement, dans la paix du Christ.

« Comme il n'y avait alors ni famine ni manque de vivres, mais au contraire grande abondance, on disait que cette peste venait d'une infection de l'air et des eaux. On accusa de nouveau les juifs ; le monde se souleva cruellement contre eux, surtout en Allemagne. On tua, on massacra, on brûla des milliers de juifs sans distinction... »

La peste trouva l'Allemagne dans un de ses plus sombres accès de mysticisme. La plus grande partie de ce pauvre peuple était depuis longtemps privée des sacrements de l'Église. Nos papes d'Avignon, pour faire plaisir au roi de France, froidement et de gaieté de cœur, avaient plongé l'Allemagne dans le désespoir. Tous les pays qui reconnaissaient Louis de Bavière étaient frappés de l'interdit. Plusieurs villes, particulièrement Strasbourg, restaient fidèles à leur empereur, même après sa mort, et souffraient toujours les effets de la sentence pontificale. Point de messe, point de viatique. La peste tua dans Strasbourg seize mille hommes, qui se crurent damnés. Les dominicains, qui avaient persisté quelque temps à faire le service divin, finirent par s'en aller comme les autres. Trois hommes seulement, trois mystiques, ne tinrent compte de l'interdit, et persistèrent à assister les mourants : le dominicain Tauler, l'augustin Thomas de Strasbourg, et le chartreux Ludolph. C'était la grande époque des mystiques. Ludolph écrivait sa *Vie du Christ,* Tauler son *Imitation de la Pauvre Vie de Jésus,* Suso son livre des *Neuf Rochers.* Tauler lui-même allait consulter dans la forêt de Soigne, près Louvain, le vieux Ruysbroek, le *Docteur extatique.*

Mais l'extase dans le peuple, c'était fureur. Dans l'abandon où les laissait l'Église, dans leur mépris des prêtres, ils se passaient de sacrements ; ils mettaient à la place des mortifications sanglantes, des courses frénétiques. Des populations entières partirent, allèrent sans savoir où, comme poussées par le vent de la colère divine. Ils portaient des croix rouges ; demi-nus sur les places, ils se frappaient avec des fouets armés de pointes de fer, chantant des cantiques qu'on n'avait jamais entendus. Ils ne restaient dans chaque ville qu'un jour et une nuit, et se flagellaient deux fois le jour ; cela fait pendant trente-trois jours et demi, ils se croyaient purs comme au jour du baptême.

Les flagellants allèrent d'abord d'Allemagne aux Pays-Bas. Puis cette fièvre gagna en France, par la Flandre, la Picardie. Elle ne passa pas Reims. Le pape les condamna ; le roi ordonna de leur courir sus. Ils n'en furent pas moins, à Noël (1349), près de huit cent mille. Et ce n'était plus seulement du peuple, mais des gentilshommes, des seigneurs. De nobles dames se mettaient à en faire autant.

Il n'y eut point de flagellants en Italie. Ce sombre enthousiasme de l'Allemagne et de la France du Nord, cette guerre déclarée à la chair, contraste fort avec la peinture que Boccace nous a laissée des mœurs italiennes à la même époque.

Le prologue du *Décaméron* est le principal témoignage historique que nous ayons sur la grande peste de 1348. Boccace prétend qu'à Florence seulement, il y eut cent mille morts. La contagion était effroyablement rapide. « J'ai vu, dit-il, de mes yeux, deux porcs qui, dans la rue, secouèrent du groin les haillons d'un mort ; une petite heure après, ils tournèrent, tournèrent et tombèrent ; ils étaient morts eux-mêmes... Ce n'étaient plus les amis qui portaient les corps sur leurs épaules, à l'église indiquée par le mourant. De pauvres compagnons, de misérables croque-morts portaient vite le corps à l'église voisine... beaucoup mouraient dans la rue ; d'autres tout seuls dans leur maison, mais on *sentait* les maisons des morts... Souvent on mit sur le même brancard la femme et le mari, le fils et le père... On avait fait de grandes fosses où l'on entassait les corps par centaines, comme les marchandises dans un vaisseau. Chacun portait à la main des herbes d'odeur forte. L'air n'était plus que puanteur de morts et de malades, ou de médecines infectes... Oh ! que de belles maisons restèrent vides ! que de fortunes sans héritiers ! que de belles dames, d'aimables jeunes gens, dînèrent le matin avec leurs amis, qui, le soir venant, s'en allèrent souper avec leurs aïeux !... »

Il y a dans tout le récit de Boccace quelque chose de plus triste que la mort, c'est le glacial égoïsme qui y est avoué. « Plusieurs, dit-il, s'enfermaient, se nourrissaient avec une extrême tempérance des aliments les plus exquis et des meilleurs vins, sans vouloir entendre aucune nouvelle des malades, se divertissant de musique ou d'autres choses, sans luxure toutefois. D'autres, au contraire, assuraient que la meilleure médecine, c'était de boire, d'aller chantant, et de se moquer de tout. Ils le faisaient comme ils disaient, allant jour et nuit de maison en maison ; et cela d'autant plus aisément, que chacun, n'espérant plus vivre, laissait à l'abandon ce qu'il avait, aussi bien que soi-même ; les maisons étaient devenues communes. L'autorité des lois divines et humaines était comme perdue et dissoute, n'y ayant plus personne pour les faire observer... Plusieurs, par une pensée cruelle, *et peut-être plus prudente,* disaient qu'il n'y avait remède que de fuir ; ne s'inquiétant plus que d'eux-mêmes, ils laissaient là leur ville, leurs maisons, leurs parents ; ils s'en allaient aux champs, comme si la colère de Dieu n'eût pu les précéder... Les gens de la campagne, attendant la mort, et peu soucieux de l'avenir, s'efforçaient, s'ingéniaient à consommer tout ce qu'ils avaient. Les bœufs, les ânes, les chèvres, les chiens même, abandonnés, s'en allaient dans les champs où les fruits de la terre restaient sur pied, et comme créatures raisonnables, quand ils étaient repus, ils revenaient sans berger le soir à la maison... A la ville, les parents ne se visitaient plus. L'épouvante était si forte au cœur des hommes, que la sœur abandonnait le frère, la femme le mari ; chose presque incroyable, les pères et mères évitaient de soigner leurs fils. Ce nombre infini de malades n'avait donc d'autres ressources que la pitié de leurs amis (et de tels amis, il n'y en eut guère), ou bien l'avarice des serviteurs ; encore ceux-ci étaient-ils des gens grossiers, peu habitués à un tel service, et qui n'étaient guère bons qu'à voir quand le malade était mort. De cet abandon universel résulta une chose jusque-là inouïe, c'est qu'une femme malade, tant belle, noble et gracieuse fût-elle, ne craignait pas de se faire servir par un homme, même jeune, ni de lui laisser voir, si la nécessité de la maladie l'y obligeait, tout ce qu'elle aurait montré à une femme ; ce qui peut-être causa diminution d'honnêteté en celles qui guérirent. »

Pour la maligne bonhomie, tout aussi bien que pour l'insouciance, Boccace est le vrai frère de Froissart. Mais le conteur ici en dit plus que l'historien. Le *Décaméron,* dans sa forme même, dans le passage du tragique au plaisant, ne représente que trop les jouissances égoïstes qui suivent les grandes calamités. Son prologue nous introduit par le funèbre vestibule de la peste de Florence aux jolis jardins de Pampinea, à cette vie de rire, de *rien faire* et d'oubli calculé que mènent ses conteurs, près de leurs belles maîtresses, dans une sobre et discrète hygiène. Machiavel, dans son livre sur la peste de 1527, a moins de ménagements. Nulle part l'auteur du *Prince* ne me semble plus froidement cruel. Il se prend d'amour et de galants propos dans une église en deuil. Ils se revoient avec surprise, comme des revenants, se savent bon gré de vivre, et se plaisent. L'entremetteuse, c'est la mort.

Selon le continuateur de Guillaume de Nangis : « Ceux qui restaient, hommes et femmes, se marièrent en foule. Les survivantes concevaient outre mesure. Il n'y en avait pas de stériles. On ne voyait d'ici et de là que femmes grosses. Elles enfantaient qui deux, qui trois enfants à la fois. » Ce fut, comme après tout grand fléau, comme après la peste de Marseille, comme après la Terreur, une joie sauvage de vivre, une orgie d'héritiers. Le roi, veuf et libre, allait marier son fils à sa cousine Blanche ; mais quand il vit la jeune fille, il la trouva trop belle pour son fils et la garda pour lui. Il avait cinquante-huit ans, elle dix-huit. Le fils épousa une veuve qui en avait vingt-quatre, l'héritière de Boulogne et d'Auvergne, qui de plus lui donnait, avec la tutelle de son fils enfant, l'administration des deux Bourgognes. Le royaume souffrait, mais il s'arrondissait. Le roi venait d'acheter Montpellier et le Dauphiné. Le petit-fils du roi épousa la fille du duc de Bourbon, le comte de Flandre celle du duc de Brabant. Ce n'était que noces et que fêtes.

Ces fêtes tiraient un bizarre éclat de modes nouvelles qui s'étaient introduites depuis quelques années en France et en Angleterre. Les gens de la Cour, peut-être pour se distinguer davantage des *chevaliers ès lois,* des hommes de robe longue, avaient adopté des vêtements serrés, souvent mi-partis de deux couleurs ; leurs cheveux serrés en queue, leur barbe touffue, leurs monstrueux souliers à la poulaine, qui remontaient en se recourbant, leur donnaient un air bizarre, quelque chose du diable ou du scorpion. Les femmes chargeaient leur tête d'une mitre énorme, d'où flottaient des rubans, comme les flammes d'un mât. Elles ne voulaient plus de palefrois ; il leur fallait de fougueux destriers. Elles portaient deux dagues à la ceinture. – L'Église prêchait en vain contre ces modes orgueilleuses et impudentes. Le sévère chroniqueur en parle rudement : « Ils s'étaient mis, dit-il, à porter barbe longue, et robes courtes, si courtes qu'ils montraient leurs fesses... Ce qui causa parmi le populaire une dérision non petite ; ils devinrent, comme l'événement le prouva souvent, d'autant mieux en état de fuir devant l'ennemi. » Ces changements en annonçaient d'autres. Le monde allait changer d'acteurs comme d'habits. Ces folies parmi les malheurs, ces noces précipitées le lendemain de la peste devaient avoir aussi leurs morts. Le vieux Philippe de Valois ne tarda pas à languir près de sa jeune reine, et laissa la couronne à son fils (1350).

CHAPITRE II

Jean - Bataille de Poitiers - 1350-1356

La peste de 1348 enleva, entre autres personnages célèbres, l'historien Jean Vilani et la belle Laure de Sades, celle qui, vivante ou morte, fut l'objet des chants de Pétrarque.

Laure, fille de Messire Audibert, syndic du bourg de Noves, près d'Avignon, avait épousé Hugues de Sades, d'une vieille famille municipale de cette ville. Elle vécut honorablement à Avignon avec son mari, dont elle eut douze enfants. Cette union pure et fidèle, cette belle image de la famille, au milieu d'une ville si décriée pour ses mœurs, est sans doute ce qui toucha Pétrarque. Ce fut le 6 avril 1327 que Laure apparut pour la première fois au jeune exilé florentin, le vendredi de la Semaine sainte, dans une église, entourée, comme il est probable, de son époux et de ses enfants. Dès lors cette noble image de jeune femme lui resta devant l'esprit.

Qu'on ne nous reproche pas comme une digression le peu que nous disons d'une Française qui inspira une si durable passion au plus grand poète du siècle. L'histoire des mœurs est surtout celle de la femme. Nous avons parlé d'Héloïse et de Béatrix. Laure n'est pas, comme Héloïse, la femme qui aime et se donne. Ce n'est point la Béatrix de Dante, dans laquelle l'idéal domine et qui finit par se confondre avec l'éternelle beauté. Elle ne meurt pas jeune ; elle n'a pas la glorieuse transfiguration de la mort. Elle accomplit toute sa destinée sur la terre. Elle est épouse, elle est mère, elle vieillit, toujours adorée. Une passion si fidèle et si désintéressée à cette époque de sensualité grossière, méritait bien de rester parmi les plus touchants souvenirs du XIVᵉ siècle. On aime à voir dans ces temps de mort une âme vivante, un amour vrai et pur, qui suffit à une inspiration de trente années. On rajeunit, à regarder cette belle et immortelle jeunesse d'âme.

Il la vit pour la dernière fois en septembre 1347. C'était au milieu d'un cercle de femmes. Elle était sérieuse et pensive, sans perles, sans guirlandes. Tout était déjà plein de la terreur de la contagion. Le poète, ému, se retira, pour ne pas pleurer... La nouvelle de sa mort lui parvint, l'année suivante, à Vérone. Il y écrivit la note touchante qu'on lit encore sur son Virgile. Il y remarque qu'elle est morte au même mois, au même jour et à la même heure, où il l'avait vue trente ans auparavant pour la première fois.

Le poète avait vu périr en quelques années toutes ses espérances, tous les rêves de sa vie. Jeune, il avait espéré que la chrétienté se réconcilierait et trouverait la paix intérieure dans une belle guerre contre les infidèles. Il avait écrit le célèbre canzone : *O aspettata in ciel beata e bella*... Mais quel pape prêchait la croisade ? Jean XXII, le fils d'un cordonnier de Cahors, avocat avant d'être pape, *cahorsin* et usurier lui-même, qui entassait les millions, et brûlait ceux qui parlaient d'amour pur et de pauvreté.

L'Italie, sur laquelle Pétrarque plaça ensuite son espoir, n'y répondit pas davantage. Les princes flattaient Pétrarque, se disaient ses amis, mais aucun ne l'écoutait. Quels amis pour le crédule poète que ces féroces et rusés Visconti de Milan !... Naples valait mieux, ce semble. Le savant roi Robert avait voulu donner lui-même à Pétrarque la couronne du Capitole. Mais, lorsqu'il se rendit à Naples, Robert n'était plus. La reine Jeanne lui avait succédé. Le poète, à peine arrivé, vit avec horreur les combats de gladiateurs renouvelés dans cette cour par une noblesse sanguinaire. Il prévit la catastrophe du jeune époux de Jeanne, étranglé peu après par les amants de sa femme... Il écrit lui-même de Naples : *Heu ! fuge crudeles terras, fuge littus avarum !*

Cependant, on parlait de la restauration de la liberté romaine par le tribun Rienzi. Pétrarque ne douta point de la réunion prochaine de l'Italie, du monde, sous le *bon état*. Il chanta d'avance les vertus du libérateur et la gloire de la nouvelle Rome. Cependant, Rienzi menaçait de mort les amis de Pétrarque, les Colonna. Celui-ci refusa longtemps d'y croire ; il écrivit au tribun une lettre triste et inquiète, où il le prie de démentir ces mauvais bruits.

La chute du tribun lui ôtant l'espoir que l'Italie pût se relever elle-même, il transporta son facile enthousiasme à l'empereur Charles IV, qui alors entrait en Italie. Pétrarque se trouva sur son passage ; il lui présenta les médailles d'or de Trajan et d'Auguste ; il le somma de se souvenir de ces grands empereurs. Ce Trajan, cet Auguste, avait passé les Alpes avec deux ou trois cents cavaliers. Il venait vendre les droits de l'Empire en Italie, avant de les sacrifier en Allemagne dans sa bulle d'or. Le pacifique et économe empereur, avec son cortège mal monté, était comparé par les Italiens à un marchand ambulant qui va à la foire.

Le triste Pétrarque, trompé tant de fois, se réfugia chaque jour davantage dans la lointaine Antiquité. Il se mit, déjà vieux, à apprendre la langue d'Homère, à épeler *L'Iliade*. Il faut voir quels furent ses transports quand, pour la première fois, il toucha le précieux manuscrit qu'il ne pouvait lire.

Il erra ainsi dans ses dernières années, survivant, comme Dante, à tout ce qu'il aimait. Ce n'était pas Dante, mais plutôt son ombre, plus pâle et plus douce, toujours conduite par Virgile, et se faisant de la poésie antique un Elysée. Vers la fin, inquiet pour les précieux manuscrits qu'il traînait partout avec lui, il les légua à la République de Venise, et déposa son Homère et son Virgile dans la bibliothèque même de Saint-Marc, derrière les fameux chevaux de Corinthe, où on les a retrouvés trois cents ans après, à moitié perdus de poussière. Venise, cet inviolable asile au milieu des mers, était alors le seul lieu sûr auquel la main pieuse du poète pût confier en mourant les dieux errants de l'Antiquité.

Pour lui, ce devoir accompli, il alla quelque temps réchauffer sa vieillesse au soleil d'Arqua. Il y mourut dans sa bibliothèque et la tête sur un livre.

Ces vains regrets, cette fidélité obstinée au passé, qui pendant toute la vie du poète lui fit poursuivre des ombres, qui lui fit placer un crédule espoir dans le tribun, dans l'empereur, ce n'est pas l'erreur de Pétrarque, c'est celle de tout son siècle. La France même, qui semble avoir si rudement rompu avec le Moyen Age par l'immolation des templiers et de Boniface, y revient malgré elle après cet effort, et s'y engourdit. La défaite des armées féodales, la grande leçon de Crécy, qui devrait lui faire comprendre qu'un autre monde a commencé, ne sert qu'à lui faire regretter la chevalerie. Les archers anglais ne l'instruisent pas. Elle n'entend point le génie moderne qui l'a foudroyée à Crécy par l'artillerie d'Édouard.

Le fils de Philippe de Valois, le roi Jean, est le roi des gentilshommes. Plus chevaleureux encore et plus malencontreux que son père, il prend pour modèle l'aveugle Jean de Bohême qui combattit lié à Crécy. Non moins aveugle que son modèle, le roi Jean, à la bataille de Poitiers, mit pied à terre pour attendre des gens à cheval. Mais il n'eut pas le bonheur d'être tué, comme Jean de Bohême.

Dès son avènement, Jean, pour complaire aux nobles, ordonna de surseoir au paiement des dettes. Il créa pour eux un ordre nouveau, l'Ordre de l'Étoile, qui assurait une retraite à ses membres. C'était comme les Invalides de la chevalerie. Déjà une somptueuse maison commençait à s'élever pour cette destination dans la plaine de Saint-Denis. Elle ne s'acheva pas. Les membres de cet ordre faisaient vœu de ne pas reculer de quatre arpents, s'ils n'étaient tués ou pris. Ils furent pris en effet.

Ce prince, si chevaleresque, commence brutalement par tuer, sur un soupçon, le connétable d'Eu, principal conseiller de son père. Il jette tout à un favori, homme du Midi, adroit et avide, Charles d'Espagne, pour qui il avait « un amour désordonné ». Le favori se fait connétable, et se fait encore donner un comté qui appartenait au jeune roi de Navarre, Charles, que Jean avait déjà dépouillé de la Champagne. Charles, descendu d'une fille de Louis le Hutin, se croyait, comme Édouard III, dépouillé de la couronne de France. Il assassina le favori, et voulait tuer Jean. Celui-ci l'emprisonna, lui fit demander pardon à genoux. Cet homme flétri sera le démon de la France. Il est surnommé *le Mauvais*. Jean tue le connétable, tue d'Harcourt et d'autres encore ; au demeurant, c'est Jean *le Bon*.

Le *Bon* veut dire ici le confiant, l'étourdi, le prodigue. Nul prince en effet n'avait encore si noblement jeté l'argent du peuple. Il allait, comme l'homme de Rabelais, mangeant son raisin en verjus, son blé en herbe. Il faisait argent de tout, gâtant le présent, engageant l'avenir. On eût dit qu'il prévoyait ne devoir pas rester longtemps en France.

Sa grande ressource était l'altération des monnaies. Philippe le Bel et ses fils, Philippe de Valois, avaient usé largement de cette forme de banqueroute. Jean les fit oublier, comme il surpassa aussi toute banqueroute royale ou nationale qui pût jamais venir. On croit rêver quand on lit les brusques et contradictoires ordonnances que fit ce prince en si peu d'années. C'est la loi en démence. A son avènement, le marc d'argent valait cinq livres cinq sous, à la fin de l'année onze livres. En février 1352, il était tombé à quatre livres cinq sous ; un an après il était reporté à douze livres. En 1354, il fut fixé à quatre livres quatre sous ; il valait dix-huit livres en 1355. On le remit à cinq livres cinq sous, mais on affaiblit tellement la monnaie, qu'il monta en 1359 aux taux de cent deux livres.

Ces banqueroutes royales sont au fond celles des nobles sur les bourgeois. Les seigneurs, les nobles chevaliers assiègent le bon roi et lui prennent tout ce qu'il prend aux autres. La seule reine Blanche avait obtenu pour elle la confiscation des Lombards ; elle poursuivait à son profit leurs débiteurs par tout le royaume.

La noblesse, commençant à vivre loin de ses châteaux, séjournant à grands frais près du roi, devenait chaque jour plus avide. Elle ne voulait plus servir gratis. Il fallait la payer pour combattre, pour défendre ses terres des ravages de l'Anglais. Ces fiers barons descendaient de bonne grâce à l'état de mercenaires, paraissaient à leur rang dans les grandes *montres* et revues royales, et tendaient la main au payeur. Sous Philippe de Valois, le chevalier s'était contenté de dix sous par jour. Sous Jean, il en exigea vingt, et le seigneur banneret en eut quarante. Cette dépense énorme obligea le roi Jean d'assembler les États plus souvent qu'aucun de ses prédécesseurs. Les nobles contribuèrent ainsi, indirectement et à leur insu, à donner une importance toute nouvelle aux États, surtout au tiers état, à l'État qui payait.

Déjà, en 1343, la guerre avait forcé Philippe de Valois de demander aux États un droit de quatre deniers par livre sur les marchandises, lequel devait être perçu à chaque vente. Ce n'était pas seulement un impôt, c'était une intolérable vexation, une guerre contre le commerce. Le percepteur campait sur le marché, espionnait marchands et acheteurs, mettait la main à toutes les poches, demandait (comme il arriva sous Charles VI) sa part sur un sou d'herbe. Ce droit, qui n'est autre que l'alcavala espagnol, alors récemment établi à l'occasion des guerres des Maures, a tué l'industrie d'Espagne. Philippe de Valois promit en récompense de frapper de bonne monnaie, *comme du temps de Saint Louis*.

Nouveaux besoins, nouvelles promesses. Dans la crise de 1346, le roi promit aux États du Nord de restreindre le droit de prise « aux nécessités de son hôtel, de sa chère compagne la reine et de ses enfants ». Il supprima des places de sergents, abolit des juridictions opposées entre elles, retira les lettres de répit par lesquelles il permettait aux seigneurs d'ajourner le paiement de leurs dettes. Les États du Midi accordèrent dix sous par feu, sur la promesse qu'on leur fit de supprimer la gabelle et le droit sur les ventes.

En 1351, Jean, demandant aux États son droit de joyeux avènement, se montra facile à leurs réclamations, quelque diverses et contradictoires qu'elles fussent. Il promit aux nobles Picards de tolérer les guerres privées, aux bourgeois normands de les interdire. Les uns et les autres lui accordèrent six deniers par livre sur les ventes. Il assura aux fabricants de Troyes la fabrique exclusive des toiles étroites ou *couvre-chefs,* aux maîtres des métiers de Paris un règlement qui fixait les salaires des ouvriers, élevés outre mesure par suite de la dépopulation et de la peste. Les bourgeois de Paris, consultés par eux-mêmes et non par députés, à leur assemblée du parloir aux bourgeois, accordèrent la taxe des ventes. Le roi les appelle au parloir ; ils s'y rendront bientôt sans lui.

En 1346, le roi avait promis des réformes ; les États avaient cru, voté docilement. Tout avait été fini en un jour. En 1351, les nobles picards refusent de laisser payer leurs vassaux, s'ils ne sont eux-mêmes exempts, et si les vassaux du roi et des princes ne paient.

En 1355, les Anglais ravageant le Midi, il fallut bien encore demander de l'argent. Les États du Nord ou de la langue d'oïl, convoqués le 30 novembre, se montrèrent peu dociles. Il fallut leur promettre l'abolition du vol direct qu'on appelait *droit de prise,* et du vol indirect qui se faisait sur les monnaies. Le roi déclara que le nouvel impôt s'étendrait à tous, clercs et nobles ; qu'il le paierait lui-même, ainsi que la reine et les princes.

Ces bonnes paroles ne rassurèrent pas les États. Ils ne se fièrent pas à la parole royale, aux receveurs royaux. Ils voulurent recevoir eux-mêmes par des receveurs de leurs choix, se faire rendre compte, s'assembler de nouveau au 1er mars, puis un an après, à la Saint-André.

Voter et recevoir l'impôt, c'est régner. Personne alors ne sentit toute la portée de cette demande hardie des États, pas même probablement Marcel, le fameux prévôt des marchands, que nous voyons à la tête des députés des villes.

L'Assemblée achetait cette royauté par la concession énorme de six millions de livres parisis pour solder trente mille gens d'armes. Cet argent devait être levé par deux impôts, sur le sel et sur les ventes ; mauvais impôts sans doute, et sur le pauvre, mais quel autre imaginer dans un besoin pressant, lorsque tout le Midi était en proie ?...

La Normandie, l'Artois, la Picardie n'envoyèrent point à ces États. Les Normands étaient encouragés par le roi de Navarre, le comte d'Harcourt et autres, qui déclarèrent que la gabelle ne serait point levée sur leurs terres : « Qu'il ne se trouverait point si hardi homme de par le roi de France qui la dût faire courir, ni sergent qui enlevât amende, qui ne la payât de son corps. »

Les États reculèrent. Ils supprimèrent les deux impôts, et y substituèrent une taxe sur le revenu : 5 % sur les plus pauvres, 4 % sur les biens médiocres, 2 % sur les riches. Plus on avait, moins l'on payait.

Le roi, cruellement blessé de la résistance du roi de Navarre et de ses amis, avait dit « qu'il n'auroit jamais parfaite joie tant qu'ils fussent en vie ». Il partit d'Orléans avec quelques cavaliers, chevaucha trente heures, et les surprit au Château de Rouen, où ils étaient à table. Le dauphin les avait invités. Il fit couper la tête à d'Harcourt et à trois autres ; le roi de Navarre fut jeté en prison et menacé de la mort. On répandit le bruit qu'ils avaient engagé le dauphin à s'enfuir chez l'empereur pour faire la guerre au roi son père.

La résistance aux impôts votés par les États livrait le royaume à l'Anglais. Le prince de Galles se promenait à son aise dans nos provinces du Midi. Il lui suffisait d'une petite armée, composée cette fois en bonne partie de gens d'armes, de chevaliers. La guerre n'en était pas plus chevaleresque. Ils brûlaient, gâtaient comme des brigands qui passent pour ne pas revenir. D'abord ils coururent le Languedoc, pays intact qui n'avait pas souffert encore. La province fut ravagée, mise à sac, comme la Normandie en 1346. Ils ramenèrent à Bordeaux cinq mille charrettes pleines. Puis, ayant mis leur butin à couvert, ils reprirent méthodiquement leur cruel voyage, par le Rouergue, l'Auvergne et le Limousin, entrant partout sans coup férir, brûlant et pillant, chargés comme des porteballes, soûlés des fruits, des vins de France. Puis ils descendirent dans le Berri, et coururent les bords de la Loire. Trois chevaliers pourtant, qui s'étaient jetés dans Romorantin avec quelques hommes, suffirent pour les arrêter. Ils furent tout étonnés de cette résistance. Le prince de Galles jura de forcer la place et y perdit plusieurs jours.

Le roi Jean, qui avait commencé la campagne par prendre en Normandie les places du roi de Navarre où il aurait pu introduire l'Anglais, vint enfin au-devant avec une grande armée, aussi nombreuse qu'aucune qu'ait perdue la France. Toute la campagne était couverte de ses coureurs ; les Anglais ne trouvaient plus à vivre. Du reste, les deux ennemis ne savaient trop où ils en étaient ; Jean croyait avoir les Anglais devant, et courait après, tandis qu'il les avait derrière. Le prince de Galles, aussi bien informé, croyait les Français derrière lui. C'était la seconde fois, et non la dernière, que les Anglais s'engageaient à l'aveugle dans le pays ennemi. A moins d'un miracle, ils étaient perdus. C'en fut un que l'étourderie de Jean.

L'armée du prince de Galles, partie anglaise, partie gasconne, était forte de deux mille hommes d'armes, de quatre mille archers, et de deux mille *brigands* qu'on louait dans le Midi, troupes légères. Jean était à la tête de la grande cohue féodale du ban et de l'arrière-ban, qui faisait bien cinquante mille hommes. Il y avait les quatre fils de Jean, vingt-six ducs ou comtes, cent quarante seigneurs bannerets avec leurs bannières déployées ; magnifique coup d'œil, mais l'armée n'en valait pas mieux.

Deux cardinaux légats, dont un du nom de Talleyrand, s'entremirent pour empêcher l'effusion du sang chrétien. Le prince de Galles offrait de rendre tout ce qu'il avait pris, places et hommes, et de jurer de ne plus servir de sept ans contre la France. Jean refusa, comme il était naturel ; il eût été honteux de laisser aller ces pillards. Il exigeait qu'au moins le prince de Galles se rendît avec cent chevaliers. Les Anglais s'étaient fortifiés sur le coteau de Maupertuis près Poitiers, colline roide, plantée de vignes, fermées de haies et de buissons d'épines. Le haut de la pente était hérissé d'archers anglais. Il n'y avait pas besoin d'attaquer. Il suffisait de les tenir là ; la soif et la faim les auraient apprivoisés au bout de deux jours. Jean trouva plus chevaleresque de forcer son ennemi.

Il n'y avait qu'un étroit sentier pour monter aux Anglais. Le roi de France y employa des cavaliers. Il en fut à peu près comme à la bataille de Morgarten. Les archers firent tomber une pluie de traits, criblèrent les chevaux, les effarouchèrent, les jetèrent l'un sur l'autre. Les Anglais saisirent ce moment pour descendre. Le trouble se répandit dans cette grande armée. Trois fils du roi se retirèrent du champ de bataille, par l'ordre de leur père, emmenant pour escorte un corps de huit cents lances.

Cependant le roi tenait ferme. Il avait employé des cavaliers pour forcer la montagne ; avec le même bon sens, il donna ordre aux siens de mettre pied à terre, pour combattre les Anglais qui venaient à cheval. La résistance de Jean fut aussi funeste au royaume que la retraite de ses fils. Ses confrères de l'Ordre de l'Étoile furent, comme lui, fidèles à leur vœu ; ils ne reculèrent pas. « Et se combattoient par troupeaux et par compagnie, ainsi que ils se trouvoient et recueilloient. » Mais la multitude fuyait vers Poitiers, qui ferma ses portes : « Aussi y eut-il sur la chaussée et devant la porte si grand'horribleté de gens occire, navrer et abattre, que merveille seroit à penser ; se rendoient les François de si loin qu'ils pouvoient voir un Anglois. »

Cependant le champ de bataille était encore disputé : « Le roi Jean y faisoit de sa main merveille d'armes, et tenoit la hache, dont trop bien se défendoit et combattoit. » A ses côtés, son plus jeune fils, qui mérita le surnom de Hardi, guidait son courage aveugle, lui criant à chaque nouvel assaut : « Père, gardez-vous à droite, gardez-vous à gauche. » Mais le nombre des assaillants redoublait, tous accouraient à cette riche proie : « Tant y survinrent Anglois et Gascons de toutes parts, que par force ils ouvrirent et rompirent la presse de la bataille du roi de France et furent les François si entortillés contre leurs ennemis qu'il y avoit bien cinq hommes d'armes sur un gentilhomme. » C'était autour du roi qu'on se pressait, « pour la convoitise de le prendre ; et lui crioient ceux qui le connoissoient et qui le plus près de lui étoient : « Rendez-vous, rendez-vous, autrement vous êtes mort. » Là avoit un chevalier de la nation de Saint-Omer qu'on appeloit Denys de Morbecque. Si ce avance en la presse, et à la force des bras et du corps, car il étoit grand et fort, et dit au roi, en bon françois où le roi s'arrêta plus que aux autres : « Sire, sire, rendez-vous. » Le roi qui se vit en dur parti... et aussi que la défense ne lui valoit rien, demanda en regardant le chevalier : « A qui me rendrai-je ? à qui ? Où est mon cousin le prince de Galles ? Si je le véois, je parlerois. »

– « Sire, répondit Messire Denys, il n'est pas ci, mais rendez-vous à moi, je vous mènerai devant lui. » – « Qui êtes-vous ? » dit le roi. « Sire, je suis Denys de Morbecque, un chevalier d'Artois, mais je sers le roi d'Angleterre, pour ce que je ne puis au royaume de France demeurer, et que je y ai forfait tout le mien. » Adoncques, répondit le roi de France : « Et je me rends à vous. » Et lui bailla son destre gand. Le chevalier le prit qui en eut grand'joie. Là eut grand'presse et grand tireis entour le Roi : car chacuns s'efforçoit de dire : « Je l'ai pris, je l'ai pris. » Et ne pouvoit le roi aller avant, ni Messire Philippe son maisné (jeune) fils. »

Le prince de Galles fit honneur à cette fortune inouïe qui lui avait mis entre les mains un tel gage. Il se garda bien de ne pas traiter son captif en roi, ce fut pour lui le vrai roi de France, et non *Jean de Valois,* comme les Anglais l'appelaient jusqu'alors. Il lui importait trop qu'il fût roi en effet pour que le royaume parût pris lui-même en son roi, et se ruinât pour le racheter. Il servit Jean à table après la bataille. Quand il fit son entrée à Londres, il le mit sur un grand cheval blanc (signe de suzeraineté), tandis qu'il le suivait lui-même sur une petite haquenée noire.

Les Anglais ne furent pas moins courtois pour les autres prisonniers. Ils en avaient deux fois plus qu'ils n'étaient d'hommes pour les garder. Ils les renvoyèrent pour la plupart sur parole, leur faisant promettre de venir payer aux fêtes de Noël les rançons énormes auxquelles ils les taxaient. Ceux-ci étaient trop bons chevaliers pour y manquer. Dans cette guerre entre gentilshommes, le pis qui pût arriver au vaincu était d'aller prendre sa part des fêtes des vainqueurs, d'aller chasser, jouter en Angleterre, de jouir bonnement de l'insolente courtoisie des Anglais, noble guerre, sans doute, qui n'écrasait que le vilain.

L'effroi fut grand à Paris, quand les fuyards de Poitiers, le dauphin en tête, vinrent dire qu'il n'y avait plus ni roi, ni barons en France, que tout était tué ou pris. Les Anglais, un instant éloignés pour mettre en sûreté leur capture, allaient sans doute revenir. On devait s'attendre cette fois à ce qu'ils prissent non pas Calais, mais Paris et le royaume même.

CHAPITRE III

Suite - États généraux - Paris
Jacquerie - Peste - 1356-1361

Il n'y avait pas à espérer grand-chose du dauphin, ni de ses frères. Le prince était faible, pâle, chétif ; il n'avait que dix-neuf ans. On ne le connaissait que pour avoir invité les amis du roi de Navarre au funeste dîner de Rouen, et donné à la bataille le signal du sauve-qui-peut.

Mais la ville n'avait pas besoin du dauphin. Elle se mit d'elle-même en défense. Le prévôt des marchands, Étienne Marcel, mit ordre à tout.

D'abord, pour prévenir les surprises de nuit, on forgea et l'on tendit des chaînes. Puis on exhaussa les murs de parapets ; on y mit des balistes et autres machines, avec ce qu'on avait de canons. Mais les vieux murs de Philippe Auguste ne contenaient plus Paris ; il avait débordé de toutes parts. On éleva d'autres murailles qui couvraient l'Université, et qui, de l'autre côté, allaient de l'Ave-Maria à la Porte Saint-Denis, et de là au Louvre. L'île même fut fortifiée. On y fixa sur les remparts sept cent cinquante guérites. Tout cet immense travail fut terminé en quatre ans.

Je ne puis faire comprendre la révolution qui va suivre, et le rôle que Paris y joua, sans dire ce que c'est que Paris.

Paris a pour armes un vaisseau. Primitivement, il est lui-même un vaisseau, une île qui nage entre la Seine et la Marne, déjà réunies, mais non confondues.

Au sud la ville savante, au nord la ville commerçante. Au centre de la cité, la cathédrale, le palais, l'autorité.

Cette belle harmonie d'une cité flottant entre deux villes diverses, qui l'enserrent gracieusement, suffirait pour faire de Paris la ville unique, la plus belle qui fut jamais. Rome, Londres, n'ont rien de tel ; elles sont jetées sur un seul côté de leur fleuve. La forme de Paris est non seulement belle, mais vraiment organique. L'individualité primitive est dans la Cité, à quoi sont venues se rattacher les deux universalités de la science et du commerce, le tout constituant la vraie capitale de la sociabilité humaine.

L'autorité, la Cité, c'était l'île. Mais sur les deux rives, deux asiles s'ouvraient à l'indépendance. L'Université avait sa juridiction pour les écoliers, le Temple la sienne pour les artisans.

Lorsque Guillaume de Champeaux, battu par Abailard aux écoles de Notre-Dame, alla se réfugier à l'abbaye de Saint-Victor, l'invincible argumentateur l'y poursuivit et campa à Sainte-Geneviève. Cette guerre, cette *secessio* sur un autre Aventin, fut la fondation des écoles de la montagne. Abailard, dont la parole suffisait pour créer une ville au désert, fut ainsi l'un des fondateurs de notre Paris méridional. La ville éristique naquit de la dispute.

Au couchant, elle ne pouvait s'étendre. Elle heurtait l'immuable muraille de Saint-Germain-des-Prés. La vieille abbaye, qui avait vu la ville toute petite, qui l'avait d'abord aidée à grandir, en était entourée, assiégée. Mais elle résistait. Cette ville, née de la Seine, s'étendait du moins sur l'autre rive. Elle y mit ses halles, ses boucheries, son cimetière des Innocents. Mais une fois bornée de ce côté entre le Louvre et le Temple, elle enfla, ne pouvant allonger, et prit ce ventre qui va du Châtelet à la Porte Saint-Denis.

Les juridictions écclésiastiques, Notre-Dame, Saint-Germain, trouvèrent de rudes adversaires dans nos rois. On sait que la reine Blanche força elle-même les prisons des chanoines pour en tirer leurs débiteurs. Le premier prévôt royal (1032), un Étienne, avait aussi voulu forcer Saint-Germain, mais pour y prendre, dans un besoin du roi, la riche croix de Childebert. Ces prévôts n'étaient guère, ce semble, dévots qu'au roi. Un autre Étienne (Étienne Boileau) obtint le consentement de Saint Louis pour pendre un voleur le Vendredi-Saint. Le prévôt de Charles V fut persécuté par le clergé, comme ami des juifs.

L'Université était souvent en guerre avec Notre-Dame et Saint-Germain-des-Prés. Le roi la soutenait. Il donnait presque toujours raison aux écoliers contre les bourgeois, contre son prévôt même. Le prévôt faisait ordinairement amende honorable pour avoir fait justice. Le roi avait besoin de l'Université : il s'appuyait volontiers sur cette grande force, sans se douter qu'elle pouvait tourner contre lui. Philippe le Bel appela au Temple les maîtres de l'Université pour leur faire lire l'accusation contre les templiers. Philippe le Long, pour appuyer sa royauté contestée, les fit assister au serment qu'il exigeait de la noblesse, et obtint *leur approbation.* La fille des rois semble ici se porter pour juge des rois. Philippe de Valois la fait juge du pape. Le pape, qui si longtemps a soutenu l'Université contre l'évêque de Paris, est menacé par elle de condamnation. Tout à l'heure, l'orgueil de l'Université sera porté au comble par le schisme ; nous la verrons choisir entre les papes, gouverner Paris, régenter le roi.

L'Université seule était un peuple. Lorsque le recteur, à la tête des facultés, des *nations,* conduisait l'Université à la foire du Landit, entre Saint-Denis et la Chapelle, lorsqu'il allait avec les quatre parchemins de l'Université juger despotiquement les parchemins de la banlieue, les bourgeois remarquaient avec orgueil que le recteur était arrivé à la plaine Saint-Denis lorsque la queue de la procession était aux Mathurins-Saint-Jacques.

Mais le Paris du Nord était encore plus peuplé. On peut en juger par deux grandes revues qui se firent au XIVe siècle. L'Université, composée de prêtres, d'écoliers, d'étrangers, n'y figurait pas. Dans la première revue (1313), ordonnée par Philippe le Bel pour faire honneur à son gendre, le roi d'Angleterre, on estima qu'il y avait vingt mille chevaux et trente mille fantassins. Les Anglais étaient stupéfaits. En 1383, les Parisiens, pour recevoir Charles VI, qui revenait de Flandre, sortirent du côté de Montmartre et se rangèrent en bataille. Il y avait plusieurs corps d'armée, un d'arbalétriers, un de paveschiens (portant des boucliers), un autre armé de maillets, qui à lui seul comptait ving mille hommes.

Cette population n'était pas seulement très nombreuse, mais très intelligente, et bien au-dessus de la France d'alors. Sans parler du contact de cette grande Université, le commerce, la banque, les Lombards, devaient y importer des idées. Le Parlement, où se portaient les appels de toutes les justices de France, attirait à Paris un monde de plaideurs. La Chambre des Comptes, ce grand tribunal de finances, l'*empire de Galilée,* comme on l'appelait, ne pouvait manquer d'attirer beaucoup de gens, à cette époque fiscale. Les bourgeois remplissaient les plus grandes charges. Barbet, maître de la monnaie sous Philippe le Bel, Poilvilain, trésorier du roi Jean, étaient des bourgeois de Paris. Le roi faisait montre de sa confiance pour la bonne ville. Malgré la révolte des monnaies en 1306, il les avait appelés lui-même à son jardin royal, lors de l'affaire des templiers.

Le chef naturel de ce grand peuple était, non le prévôt royal, magistrat de police, presque toujours impopulaire, mais le prévôt des marchands, président naturel des échevins de Paris. Dans l'abandon où le royaume se trouvait après la bataille de Poitiers, Paris prit l'initiative, et dans Paris le prévôt des marchands.

Les États du nord de la France, assemblés le 17 octobre, un mois après la bataille, réunirent quatre cents députés des bonnes villes, et à leur tête Étienne Marcel, prévôt des marchands. Les seigneurs, la plupart prisonniers, n'y vinrent guère que par procureurs. Il en fut de même des évêques. Toute l'influence fut aux députés des villes, et surtout à ceux de Paris. Dans l'ordonnance de 1357, résultat mémorable de ces états, on sent la verve révolutionnaire et en même temps le génie administratif de la grande commune. On ne peut expliquer qu'ainsi la netteté, l'unité des vues qui caractérisent cet acte. La France n'eût rien fait sans Paris.

Les États, assemblés d'abord au Parlement, puis aux Cordeliers, nommèrent un comité de cinquante personnes pour prendre connaissance de la situation du royaume. Ils voulurent « encore savoir plus avant que le grand trésor qu'on avoit levé au royaume du temps passé, en dixièmes, en maltôtes, en subsides, et en forges de monnoies, et en toute autre extorsion, dont leurs gens avoient été formenés et triboulés, et les soudoyers mal payés, et le royaume mal gardé et défendu, étoit devenu ; mais de ce ne savoit nul à rendre compte ».

Tout ce qu'on sut, c'est qu'il y avait eu prodigalité monstrueuse, malversation, concussion. Le roi, au plus fort de la détresse publique, avait donné cinquante mille écus à un seul de ses chevaliers. Des officiers royaux, pas un n'avait les mains nettes. Les commissaires firent savoir au dauphin que, dans la séance publique, ils lui demanderaient de poursuivre ses officiers, de délivrer le roi de Navarre, et de permettre que trente-six députés des États, douze de chaque ordre, l'aidassent à gouverner le royaume.

Le dauphin, qui n'était pas roi, ne pouvait guère mettre ainsi le royaume entre les mains des États. Il ajourna la séance, sous prétexte de lettres qu'il aurait reçues du roi et de l'empereur. Puis il invita les députés à retourner chez eux pour prendre l'avis des leurs tandis qu'il consulterait aussi son père.

Les États du Midi, assemblés à Toulouse, et si près du danger, se montrèrent plus dociles. Ils votèrent de l'argent et des troupes. Les États provinciaux, ceux d'Auvergne, par exemple, accordèrent aussi, mais toujours en se réservant l'administration de ce qu'ils accordaient. Le dauphin était pendant ce temps à Metz pour recevoir son oncle, l'empereur Charles VI ; triste dauphin, triste empereur, qui ne pouvaient rien l'un pour l'autre. De son côté, la reine-mère s'en allait à Dijon marier son petit duc de Bourgogne, qu'elle avait eu d'un premier lit, avec la petite Marguerite de Flandre. Ce voyage coûteux avait l'avantage lointain de rattacher la Flandre à la France. Que devenait Paris, ainsi abandonné, sans roi, ni reine, ni dauphin ? Il voyait arriver par toutes ses portes les paysans avec leurs familles et leurs petits bagages ; puis, par longues files lugubres, les moines, les religieuses des environs. Tous ces fugitifs racontaient des choses effroyables de ce qui se passait dans les campagnes. Les seigneurs, les prisonniers de Poitiers, relâchés sur parole, revenaient sur leurs terres pour ramasser vitement leurs rançons, et ruinaient le paysan. Par-dessus, arrivaient les soldats licenciés, pillant, violant, tuant. Ils torturaient celui qui n'avait plus rien pour le forcer à donner encore. C'était dans toute la campagne une terreur, comme celle des *chauffeurs* de la Révolution.

Les États étant de nouveau réunis le 5 février 1357, Marcel et Robert le Coq, évêque de Laon, leur présentèrent le cahier des doléances, et obtinrent que chaque député le communiquerait à sa province. Cette communication, très rapide pour ce temps-là et surtout en cette saison, se fit en un mois. Le 3 mars, le dauphin reçut les doléances. Elles lui furent présentées par Robert le Coq, ancien avocat de Paris, qui avait été successivement conseiller de Philippe de Valois, président du Parlement, et qui, s'étant fait évêque-duc de Laon, avait acquis l'indépendance des grands dignitaires de l'Église. Le Coq, tout à la fois homme du roi, homme des communes, allait des uns aux autres, et conseillait les deux partis. On le comparait à la *besaguë* du charpentier (*bis-acuta*), qui taille des deux bouts. Après qu'il eut parlé, le sire de Péquigny pour les nobles, un avocat de Bâville pour les communes, Marcel pour les bourgeois de Paris, déclarèrent qu'ils l'avouaient de tout ce qu'il venait de dire.

Cette remontrance des États était tout à fait une harangue et un sermon. On conseillait d'abord au dauphin de craindre Dieu, de l'honorer ainsi que ses ministres, de garder ses commandements. Il devait éloigner les mauvais de lui, ne rien *ordonner par les jeunes, simples et ignorants*. Il ne pouvait douter, lui disait-on, que les États n'exprimassent la pensée du royaume, puisque les députés étaient près de huit cents et qu'ils avaient consulté leurs provinces. Quant à ce qu'on lui avait dit que les députés songeaient à faire tuer ses conseillers, c'était, ils le lui assuraient, un mensonge, une calomnie.

Ils exigeaient que dans l'intervalle des assemblées il gouvernât avec l'assistance de trente-six élus des États, douze de chaque ordre. D'autres élus devaient être envoyés dans les provinces avec des pouvoirs presque illimités. Ils pouvaient punir sans forme de procès, emprunter et contraindre, instituer, salarier, châtier les agents royaux, assembler des États provinciaux, etc.

Les États accordaient de quoi payer trente mille hommes d'armes. Mais ils faisaient promettre au dauphin que l'aide *ne seroit levée ni employée par ses gens, mais par bonnes gens sages, loyaux et solvables, ordonnés par les trois États*. Une nouvelle monnaie devait être faite, mais conforme à *l'instruction et aux patrons qui sont entre les mains du prévôt des marchands de Paris.* Nul changement dans les monnaies sans le consentement des États.

Nulle trêve, nulle convocation d'arrière-ban sans leur autorisation.

Tout homme en France sera obligé de s'armer.

Les nobles ne pourront quitter le royaume sous aucun prétexte. Ils suspendront toute guerre privée : « Que si aucune fait le contraire, la justice du lieu, ou s'il est besoin, *ces bonnes gens du pays, prennent tels guerriers...* et les contraignent sans délai par retenue de corps et exploitement de leurs biens, à faire paix et à cesser de guerroyer. » Voilà les nobles soumis à la surveillance des communes.

Le droit de prise cesse. On pourra résister aux procureurs, et *s'assembler contre eux par cri, ou par son de cloche.*

Plus de don sur le domaine. Tout don est révoqué, en remontant jusqu'à Philippe le Bel. Le dauphin promet de faire cesser autour de lui toute dépense superflue et *voluptuaire.* Il fera juger à tous ses officiers de ne lui rien demander qu'en présence du Grand Conseil.

Chacun se contentera d'un office. Le nombre des gens de justice sera réduit. Les prévôtés, vicomtés, ne seront plus données à ferme. Les prévôts, etc., ne pourront être placés dans les pays où ils sont nés.

Plus de jugement par commission. Les criminels ne pourront composer « mais il sera fait pleine justice ».

Quoique l'un des principaux rédacteurs de l'ordonnance, Le Coq, soit un avocat, un président du Parlement, les magistrats y sont traités sévèrement. On leur défend de faire le commerce ; on leur interdit les coalitions, les empiétements sur leurs juridictions respectives. On leur reproche leur paresse. On réduit leurs salaires en certains cas. Les réformes sont justes ; mais le langage est rude, le ton aigre et hostile. Il est évident que le Parlement se refusait à soutenir les États et la commune.

Les présidents, ou autres membres du Parlement, commis aux enquêtes, ne prendront que quarante sols par jour. « Plusieurs ont accoustumé de prendre salaire trop excessif, et d'aller à quatre ou cinq chevaux, quoique s'ils alloient à leurs dépens, il leur suffiroit bien d'aller à deux chevaux ou à trois. »

Le Grand Conseil, le Parlement, la Chambre des Comptes, sont accusés de négligence. *Des arrêts qui devroint avoir été rendus, il y a vingt ans, sont encore à rendre. Les* conseillers viennent tard, leurs dîners sont longs, leurs après-dîners *peu profitables* : Les gens de la Chambre des Comptes « jureront aux saints évangiles de Dieu, que bien et loyalement ils délivreront la bonne gent et par ordre, *sans eux faire muser* ». Le Grand Conseil, le Parlement, la Chambre des Comptes, doivent s'assembler *au soleil levant.* Les membres du Grand Conseil qui ne viendront pas *bien matin* perdront les gages de la journée. Ces membres, malgré leur haute position, sont, comme on voit, traités sans façon par les bourgeois législateurs.

Cette grande ordonnance de 1357, que le dauphin fut obligé de signer, était bien plus qu'une réforme. Elle changeait d'un coup le gouvernement. Elle mettait l'administration entre les mains des États, substituait la république à la monarchie. Elle donnait le gouvernement au peuple. Constituer un nouveau gouvernement au milieu d'une telle guerre, c'était une opération singulièrement périlleuse, comme celle d'une armée qui renverserait son ordre de bataille en présence de l'ennemi. Il y avait à craindre que la France ne pérît dans ce revirement.

L'ordonnance détruisait les abus. Mais la royauté ne vivait guère que d'abus.

Dans la réalité, la France existait-elle comme personne politique ? Pouvait-on lui supposer une volonté commune ? Ce qu'on peut affirmer, c'est que l'autorité lui apparaissait tout entière dans la royauté. Elle ne souhaitait que des réformes partielles. L'ordonnance approuvée des États n'était, selon toute vraisemblance, que l'œuvre d'une commune, d'une grande et intelligente commune, qui parlait au nom du royaume, mais que le royaume devait abandonner dans l'action.

Les nobles conseillers du dauphin, dans leur haine de nobles contre les bourgeois, dans leurs jalousies provinciales contre Paris, poussaient leur maître à la résistance. Au mois de mars, il avait signé l'ordonnance présentée aux États ; le 6 avril, il défendit de payer l'aide que les États avaient votée. Le 8, sur les représentations du prévôt des marchands, il révoqua la défense. Le jeune prince flottait ainsi entre deux impulsions, suivant l'une aujourd'hui, demain l'autre, et peut-être de bonne foi. Il y avait grandement à douter dans cette crise obscure. Tout le monde doutait, personne ne payait. Le dauphin restait désarmé, les États aussi. Il n'y avait plus de pouvoir public, ni roi, ni dauphin, ni États.

Le royaume, sans force, se mourant, pour ainsi dire, et perdant conscience de soi, gisait comme un cadavre. La gangrène y était, les vers fourmillaient ; les vers, je veux dire les brigands, anglais, navarrais. Toute cette pourriture isolait, détachait l'un de l'autre les membres du pauvre corps. On parlait du royaume ; mais il n'y avait plus d'États vraiment généraux, rien de général, plus de communication, de route pour s'y rendre. Les routes étaient des coupe-gorges. La campagne un champ de bataille ; la guerre partout à la fois, sans qu'on pût distinguer ami ou ennemi.

Dans cette dissolution du royaume, la commune restait vivante. Mais comment la commune vivrait-elle seule, et sans secours du pays qui l'environne ? Paris, ne sachant à qui s'en prendre de sa détresse, accusait les États. Le dauphin enhardi déclara qu'il voulait gouverner, qu'il se passerait désormais de tuteur. Les commissaires des États se séparèrent. Mais il n'en fut que plus embarrassé. Il essaya de faire un peu d'argent en vendant des offices, mais l'argent ne vint pas. Il sortit de Paris ; toute la campagne était en feu. Il n'y avait pas de petite ville où il ne pût être enlevé par les brigands. Il revint se blottir à Paris et se remettre aux mains des États. Il les convoqua pour le 7 novembre.

Dans la nuit du 8 au 9, un ami de Marcel, un Picard, le sire de Pecquigny, enleva par un coup de main Charles le Mauvais du fort où il était enfermé. Marcel, qui voyait toujours autour du dauphin une foule menaçante de nobles, avait besoin d'une épée contre ces gens d'épée, d'un prince du sang contre le dauphin. Les bourgeois, dans leurs plus hardies tentatives de liberté, aimaient à suivre un prince. Il semblait beau aussi et chevaleresque, quand la chevalerie se conduisait si mal, que les bourgeois se chargeassent de réparer cette grande injustice, de redresser le tort des rois. La foule, toujours facile aux émotions généreuses, accueillit le prisonnier avec des larmes de joie. Le retour de ce méchant homme, mais si malheureux, leur semblait celui de la justice elle-même. Amené par les communes d'Amiens, reçu à Saint-Denis par la foule des bourgeois qui étaient allés au-devant, il vint à Paris, mais d'abord seulement hors des murs, à Saint-Germain-des-Prés. Le surlendemain il *prêcha* le peuple de Paris. Il y avait contre les murs de l'abbaye une chaire ou tribune, d'où les juges présidaient aux combats judiciaires qui se faisaient au Pré-aux-Clercs, limite des deux juridictions. Ce fut de là que parla le roi de Navarre. Le dauphin, à qui il avait demandé l'entrée de la ville et qui n'avait pas osé refuser, était venu l'entendre, peut-être dans l'espoir qu'il en dirait moins. Mais la harangue n'en fut que plus hardie. Il commença en latin, et continua en langue vulgaire. Il parla à merveille. Il était, disent les contemporains, petit, vif et d'esprit subtil.

Le texte du discours, tiré, selon l'usage du temps, de la sainte Écriture, prêtait aux développements pathétiques : *Justus Dominus et dilexit justitias ; vidit aequitatem vultus ejus.* Le roi de Navarre, s'adressant, avec une insidieuse douceur, au dauphin lui-même, le prenait à témoin des injures qu'on lui avait faites. On avait bien tort de se défier de lui ; n'était-il pas Français de père et de mère ? N'était-il pas plus près de la couronne que le roi d'Angleterre qui la réclamait ? Il voudrait vivre et mourir en défendant le royaume de France... Le discours fut si long, qu'*on avait soupé dans Paris quand il cessa*. Mais, quoique le bourgeois n'aime pas à se *desheurer,* il n'en fut pas moins favorable au harangueur. Ce fut à qui lui donnerait de l'argent.

De Paris, il alla à Rouen et y exposa ses malheurs avec la même faconde. Il fit descendre du gibet les corps de ses amis qui avaient été mis à mort au terrible dîner de Rouen, et les suivit à la cathédrale au son des cloches et à la lueur des cierges. C'était le jour des Saints-Innocents (28 décembre) ; il parla sur ce texte : « Des Innocents et des justes s'étaient attachés à moi, parce que je tenais pour vous, ô Seigneur ! »

Le dauphin *prêchait* aussi à Paris. Il haranguait aux halles, Marcel à Saint-Jacques. Mais le premier n'ait pas la foule. Le peuple n'aimait pas la mine chétive du jeune prince. Tout sage et sensé qu'il pouvait être, c'était un froid harangueur, à côté du roi de Navarre.

L'engouement de Paris pour celui-ci était étrange. Que demandait ce prince si populaire ? Qu'on affaiblît encore le royaume, qu'on mît en ses mains des provinces entières, les provinces les plus vitales de la monarchie, toute la Champagne et une partie de la Normandie, la frontière anglaise, le Limousin, une foule de places et de forteresses.

Mettre en des mains si suspectes nos meilleures provinces, c'eût été perdre d'un trait de plume autant qu'on avait perdu par la bataille de Poitiers.

Les bourgeois de Paris s'imaginaient que si le roi de Navarre était satisfait, il allait les délivrer des bandes de brigands qui affamaient la ville et qui se disaient Navarrais. Au fond, ils n'étaient ni au roi de Navarre ni à personne. Il eût voulu rappeler tous ces pillards qu'il ne l'aurait pu.

Cependant les bourgeois, le prévôt, l'Université, entouraient, assiégeaient le dauphin. Ils le sommaient de faire justice à ce pauvre roi de Navarre. Un jacobin, parlant au nom de l'Université, lui déclara qu'il était arrêté que le roi de Navarre ayant une fois fait toutes ses demandes, le dauphin lui rendrait ses forteresses ; que sur le reste, la ville et l'Université aviseraient. Un moine de Saint-Denis vint après le jacobin : « Vous n'avez pas tout dit, maître, s'écria-t-il. Dites encore que si Mgr le duc ou le roi de Navarre ne se tient à ce qui est décidé, nous nous déclarons contre lui. »

Il n'y avait pas à dire non. Le dauphin promettait gracieusement. Puis il faisait répondre par les commandants et capitaines qu'ayant reçu leurs places du roi ils ne pouvaient les rendre sur un ordre du dauphin.

Celui-ci, au milieu d'une ville ennemie, n'avait d'autre moyen de se procurer quelque argent que par de nouvelles altérations de monnaies (22, 23 janvier, 7 février). Les États, réunis le 11 février, lui firent prendre le titre de régent du royaume, sans doute afin d'autoriser tout ce qu'ils ordonneraient en son nom. Peut-être aussi la commission des trente-quatre, choisie sous l'influence de Marcel, mais composée en majorité de nobles et d'ecclésiastiques, voulait-elle rendre force au dauphin contre les bourgeois de Paris.

Un événement tragique avait porté au comble le mauvais vouloir de ceux-ci. Un clerc, apprenti d'un changeur, nommé Perrin Marc, ayant vendu, pour le compte de son maître, deux chevaux au dauphin et n'étant pas payé, arrêta dans la rue Neuve-Saint-Merry Jean Baillet, trésorier des finances. Le trésorier refusait de payer, sans doute sous prétexte du droit de prise. Une dispute s'éleva, Perrin tua Baillet et se jeta à quartier dans Saint-Jacques-la-Boucherie. Les gens du dauphin, Robert de Clermont, maréchal de Normandie, Jean de Châlons et Guillaume Staise, prévôt de Paris, s'y rendirent, forcèrent l'asile, traînèrent Perrin au Châtelet, lui coupèrent les poings et le firent pendre. L'évêque se plaignit bien haut de cette violation des immunités ecclésiastiques, il obtint le corps de Perrin et l'enterra honnêtement à Saint-Merry. Marcel assista au service tandis que le dauphin suivait l'enterrement de Baillet.

Une collision était imminente. Marcel, pour encourager les bourgeois par la vue de leur nombre, leur fit porter des chaperons bleu et rouge, aux couleurs de la ville. Il écrivit aux bonnes villes pour les prier de prendre ces chaperons. Amiens et Laon n'y manquèrent pas. Peu d'autres villes consentirent à en faire autant.

Cependant, la désolation des campagnes amenait, entassait dans Paris tout un peuple de paysans. Les vivres devenaient rares et chers. Les bourgeois qui avaient beaucoup de petits biens dans l'Ile-de-France, et qui en tiraient mille douceurs, œufs, beurre, fromages, volailles, ne recevaient plus rien. Ils trouvaient cela bien dur. Le 22 février, le dauphin rendit une nouvelle ordonnance pour altérer encore les monnaies.

Le lendemain, le prévôt des marchands assembla en armes à Saint-Éloi tous les corps de métiers. A neuf heures, cette foule armée reconnut dans la rue un des conseillers du dauphin, avocat au Parlement, maître Régnault Dacy, qui revenait du Palais chez lui, près Saint-Landry. Ils se mirent à courir sur lui ; il se jeta dans la maison d'un pâtissier, et y fut frappé à mort ; il n'eut pas le temps de pousser un cri. Cependant le prévôt, suivi d'une foule de bonnets rouge et bleu, entra dans l'hôtel du dauphin, monta jusqu'à sa chambre, et lui dit aigrement qu'il devait mettre ordre aux affaires du royaume ; que ce royaume devant après tout lui revenir, c'était à lui à le garder des compagnies qui gâtaient tout le pays. Le dauphin, qui était entre ses conseillers ordinaires les maréchaux de Champagne et de Normandie, répondit avec plus de hardiesse que de coutume : « Je le ferais volontiers, si j'avais de quoi le faire ; mais c'est à celui qui a les droits et profits à avoir aussi la garde du royaume. » Il y eut encore quelques paroles aigres, et le prévôt éclata : « Monseigneur, dit-il au dauphin, ne vous étonnez de rien de ce que vous allez voir ; il faut qu'il en soit ainsi. » Puis, se tournant vers les hommes aux capuces rouges, il leur dit : « Faites vite ce pour quoi vous êtes venus. » A l'instant, ils se jetèrent sur le maréchal de Champagne et le tuèrent près du lit du dauphin. Le maréchal de Normandie s'était retiré dans un cabinet ; ils l'y poursuivirent et le tuèrent aussi. Le dauphin se croyait perdu ; le sang avait rejailli jusque sur sa robe. Tous ses officiers avaient fui. « Sauvez-moi la vie » dit-il au prévôt. Marcel lui dit de ne rien craindre. Il changea de chaperon avec lui, le couvrant ainsi des couleurs de la ville. Toute la journée, Marcel porta hardiment le chaperon du dauphin. Le peuple l'attendait à la Grève. Il le harangua d'une fenêtre, dit que ceux qui avaient été tués étaient des traîtres, et demanda au peuple s'il le soutiendrait. Plusieurs crièrent qu'ils l'avouaient de tout, et se dévouaient à lui à la vie et à la mort.

Marcel retourna au Palais avec une foule de gens armés qu'il laissa dans la cour. Il trouva le dauphin plein de saisissement et de douleur. « Ne vous affligez pas, monseigneur, lui dit le prévôt. Ce qui s'est fait, s'est fait pour éviter le plus grand péril, *et de la volonté du peuple.* » Et il le priait de tout approuver.

Il fallait que le dauphin approuvât, ne pouvant mieux. Il lui fallut encore faire bonne mine au roi de Navarre, qui rentra quatre jours après. Marcel et Le Coq les avaient réconciliés, bon gré mal gré, et les faisaient dîner ensemble tous les jours.

Ce retour du roi de Navarre, quatre jours après le meurtre des conseillers du dauphin, ne donnait que trop clairement le sens de cette tragédie. Il pouvait rentrer ; Marcel lui avait fait place libre par la mort de ses ennemis. Il lui avait donné un terrible gage, qui le liait à lui pour jamais. Il était évident que tout était fini entre Marcel et le dauphin. Ce crime avait été probablement imposé au prévôt par Charles le Mauvais, qui n'était pas neuf aux assassinats. Marcel s'étant donné ainsi, le roi de Navarre avait désormais à voir ce qu'il en ferait, et s'il avait plus d'avantage à l'aider ou à le vendre.

Marcel croyait avoir gagné le roi de Navarre, et il perdit les États. C'est-à-dire que la légalité, violée par un crime, le délaissa pour toujours. Ce qui restait des députés de la noblesse quitta Paris, sans attendre la clôture. Plusieurs même des commissaires des États, chargés du gouvernement dans l'intervalle des sessions, ne voulurent plus gouverner, et laissèrent Marcel. Lui, sans se décourager, il les remplaça par des bourgeois de Paris. Paris se chargeait de gouverner la France. Mais la France ne voulut pas.

La Picardie, qui avait si vivement pris parti en délivrant le roi de Navarre, fut la première à refuser d'envoyer de l'argent à Paris. Les États de Champagne s'assemblèrent, et Marcel ne fut pas assez fort pour empêcher le dauphin d'y aller. Dès lors, il devait périr tôt ou tard. Le pouvoir royal n'avait besoin que d'une prise, pour ressaisir tout. Le dauphin alla à ces États, accompagné des gens de Marcel ; et d'abord il n'osa rien dire contre ce qui s'était passé à Paris. Mais les nobles de Champagne ne manquèrent pas de parler. Le comte de Braîne lui demanda si les maréchaux de Champagne et de Normandie avaient mérité la mort. Le dauphin répondit qu'ils l'avaient toujours et bien loyalement servi. Même scène à Compiègne, aux États de Vermandois. Le dauphin, tout à fait rassuré, prit sur lui de transférer à Compiègne les États de la langue d'oïl, qui étaient convoqués pour le 1er mai à Paris. Peu de monde y vint. C'était toutefois une représentation telle quelle du royaume contre Paris.

Les États rendirent hommage aux réformes de la grande ordonnance, en les adoptant pour la plupart. L'aide qu'ils votèrent devait être perçue par des députés des États. Cette affectation de popularité effraya Marcel. Il engagea l'Université à implorer pour la ville la clémence du dauphin. Mais il n'y avait plus de paix possible. Le prince insistait pour qu'on lui livrât dix ou douze des plus coupables. Il se rabattit même à cinq ou six, assurant qu'il ne les ferait pas mourir...

Marcel ne s'y fia pas. Il acheva promptement les murs de Paris, sans épargner les maisons de moines qui touchaient l'enceinte. Il s'empara de la Tour du Louvre. Il envoya en Avignon louer des *brigands*.

La noblesse et la commune allaient combattre et se mesuraient, lorsqu'un tiers se leva auquel personne n'avait songé. Les souffrances du paysan avaient passé la mesure ; tous avaient frappé dessus, comme une bête tombée sous la charge ; la bête se releva enragée, et elle mordit.

Nous l'avons déjà dit. Dans cette guerre chevaleresque que se faisaient à armes courtoises les nobles de France et d'Angleterre, il n'y avait au fond qu'un ennemi, une victime des maux de la guerre ; c'était le paysan.

Avant la guerre, celui-ci s'était épuisé pour fournir aux magnificences des seigneurs, pour payer ces belles armes, ces écussons émaillés, ces riches bannières qui se firent prendre à Crécy et à Poitiers. Après, qui paya la rançon ? Ce fut encore le paysan.

Les prisonniers, relâchés sur parole, vinrent sur leurs terres, ramasser vitement les sommes monstrueuses qu'ils avaient promises sans marchander sur le champ de bataille. Le bien du paysan n'était pas long à inventorier. Maigres bestiaux, misérables attelages, charrue, charrette, et quelques ferrailles. De mobilier, il n'y en avait point. Nulle réserve, sauf un peu de grain pour semer. Cela pris et vendu, que restait-il sur quoi le seigneur eût recours ? le corps, la peau du pauvre diable. On tâchait encore d'en tirer quelque chose. Apparemment, le rustre avait quelque cachette où il enfouissait. Pour le lui faire dire, on le travaillait rudement. On lui chauffait les pieds. On n'y plaignait ni le fer ni le feu.

Il n'y a plus guère de châteaux ; les édits de Richelieu, la Révolution, y ont pourvu. Toutefois, maintenant encore, lorsque nous cheminons sous les murs de Taillebourg ou de Tancarville, lorsqu'au fond des Ardennes, dans la gorge de Montcornet, nous envisageons sur nos têtes l'oblique et louche fenêtre qui nous regarde passer, le cœur se serre, nous ressentons quelque chose des souffrances de ceux qui, tant de siècles durant, ont langui au pied de ces tours. Il n'est même pas besoin pour cela que nous ayons lu les vieilles histoires. Les âmes de nos pères vibrent encore en nous pour des douleurs oubliées, à peu près comme le blessé souffre à la main qu'il n'a plus.

Ruiné par son seigneur, le paysan n'était pas quitte. Ce fut le caractère atroce de ces guerres des Anglais ; pendant qu'ils rançonnaient le royaume en gros, ils le pillaient en détail. Il se forma par tout le royaume des compagnies, dites d'Anglais ou de Navarrais. Le Gallois Griffith désolait tout le pays entre Seine et Loire, l'Anglais Knolles la Normandie. Le premier à lui seul saccagea Montargis, Étampes, Arpajon, Montlhéry, plus de quinze villes ou gros bourgs. Ailleurs, c'étaient l'Anglais Audley, les Allemands Albrecht et Frank Hennekin. Un de ces chefs, Arnaud de Cervoles, qu'on appelait l'archiprêtre, parce qu'en effet, quoique séculier, il possédait un archiprêtré, laissa les provinces déjà pillées, traversa toute la France jusqu'en Provence, mit à sac Salon et Saint-Maximin pour épouvanter Avignon. Le pape tremblant invita le brigand, le reçut comme un fils de France, le fit dîner avec lui, et lui donna quarante mille écus, de plus l'absolution. Cervoles, en sortant d'Avignon, n'en pilla pas moins la ville d'Aix, d'où il alla en Bourgogne pour en faire autant.

Ces chefs de bande n'étaient pas, comme on pourrait croire, des gens de rien, de petits compagnons, mais des nobles, souvent des seigneurs. Le frère du roi de Navarre pillait comme les autres. Dans les sauf-conduits qu'ils vendaient aux marchands qui approvisionnaient les villes, ils exceptaient nommément les choses propres aux nobles, les parures militaires : « Chapeaux de castor, plumes d'autruche et fers de glaive. »

Les chevaliers du XIVe siècle avaient une autre mission que ceux des romans, c'était d'écraser le faible. Le sire d'Aubrécicourt volait et tuait au hasard *pour bien mériter de sa dame,* Isabelle de Juliers, nièce de la reine d'Angleterre : « Car il était jeune et amoureux durement. » Il se faisait fort de devenir au moins comte de Champagne. La dissolution de la monarchie donnait à ces pillards des espérances folles. C'était à qui entrerait par ruse ou par force dans quelque château mal gardé. Les capitaines des places se croyaient libres de leurs serments. Plus de roi, plus de foi. Ils vendaient, échangeaient leurs places, leurs garnisons.

Cette vie de trouble et d'aventures, après tant d'années d'obéissance sous les rois, faisait la joie des nobles. C'était comme une échappée d'écoliers, qui ne ménagent rien dans leur jeux. Froissart, leur historien, ne se lasse pas de conter ces belles histoires. Il s'intéresse à ces pillards, prend part à leurs bonnes fortunes : « Et toujours gagnoient pauvres brigands, etc. » Il ne lui arrive nulle part de douter de leur loyauté. A peine doute-t-il de leur salut.

L'effroi était tel à Paris, que les bourgeois avaient offert à Notre-Dame une bougie qui, disait-on, avait la longueur du tour de la ville. On n'osait plus sonner dans les églises, si ce n'est à l'heure du couvre-feu, de crainte que les habitants en sentinelle sur les murailles n'entendissent venir l'ennemi. Combien la terreur n'était-elle pas plus grande dans les campagnes ! Les paysans ne dormaient plus. Ceux des bords de la Loire passaient les nuits dans les îles, ou dans des bateaux arrêtés au milieu du fleuve. En Picardie, les populations creusaient la terre et s'y réfugiaient. Le long de la Somme, de Péronne à l'embouchure, on comptait encore au dernier siècle trente de ces souterrains. C'est là qu'on pouvait avoir quelque impression de l'horreur de ces temps. C'étaient de longues allées voûtées de sept ou huit pieds de large, bordées de vingt ou trente chambres, avec puits au centre, pour avoir à la fois de l'air et de l'eau. Autour du puits, de grandes chambres pour les bestiaux. Le soin et la solidité qu'on remarque dans ces constructions indiquent assez que c'était une des demeures ordinaires de la triste population de ces temps. Les familles s'y entassaient à l'approche de l'ennemi. Les femmes, les enfants y pourrissaient des semaines, des mois, pendant que les hommes allaient timidement au clocher voir si les gens de guerre s'éloignaient de la campagne.

Mais ils ne s'en allaient pas toujours assez vite pour que les pauvres gens pussent semer ou récolter. Ils avaient beau se réfugier sous la terre, la faim les y atteignait. Dans la Brie et le Beauvoisis surtout, il n'y avait plus de ressources. Tout était gâté, détruit. Il ne restait plus rien que dans les châteaux. Le paysan, enragé de faim et de misère, força les châteaux, égorgea les nobles.

Jamais ceux-ci n'auraient voulu croire à une telle audace. Ils avaient ri tant de fois, quand on essayait d'armer ces populations simples et dociles, quand on les traînait à la guerre ! On appelait par dérision le paysan Jacques Bonhomme, comme nous appelons jeanjeans, nos conscrits. Qui aurait craint de maltraiter des gens qui portaient si gauchement les armes ? C'était un dicton entre les nobles : « Oignez vilain, il vous poindra ; poignez vilain, il vous oindra. »

Les jacques payèrent à leurs seigneurs un arriéré de plusieurs siècles. Ce fut une vengeance de désespérés, de damnés. Dieu semblait avoir si complètement délaissé ce monde !... Ils n'égorgeaient pas seulement leurs seigneurs, mais tâchaient d'exterminer les familles, tuant les jeunes héritiers, tuant l'honneur en violant les dames. Puis, ces sauvages s'affublaient de belles dépouilles sanglantes.

Et toutefois, ils n'étaient pas tellement sauvages, qu'ils n'allassent avec une sorte d'ordre, par bannières, et sous un capitaine, un des leurs, un rusé paysan qui s'appelait Guillaume Callet : « Et ces assemblées avoit gens de labour le plus, et si y avoit de riches hommes bourgeois et aultres. » – « Quand on leur demandoit, dit Froissart, pourquoi ils faisoyent ainsi, ils répondoient qu'ils ne savoient, mais qu'ils faisoyent ainsi qu'ils veoyent les autres faire ; et pensoyent qu'ils dussent en telle manière destruire tous les nobles et gentilhommes du monde. »

Aussi les grands et les nobles se déclarèrent tous contre eux, sans distinction de parti. Charles le Mauvais les flatta, invita leurs principaux chefs, et pendant les pourparlers il fit main basse sur eux. Il couronna le roi des jacques d'un trépied de fer rouge. Il les surprit ensuite près de Montdidier, et en fit un grand carnage. Les nobles se rassurèrent, prirent les armes, et se mirent à tuer et brûler tout dans les campagnes, à tort ou à droit.

La guerre des jacques avait fait une diversion utile à celle de Paris. Marcel avait intérêt à les soutenir. Les communes hésitaient. Senlis et Meaux les reçurent. Amiens leur envoya quelques hommes, mais les fit bientôt revenir. Marcel, qui avait profité du soulèvement pour détruire plusieurs forteresses autour de Paris, se hasarda à leur envoyer du monde pour les aider à prendre le Marché de Meaux. D'abord le prévôt des monnaies leur conduisit cinq cents hommes, auxquels se joignirent trois cents autres sous la conduite d'un épicier de Paris.

La duchesse d'Orléans, la duchesse de Normandie, une foule de nobles dames, de demoiselles et d'enfants, s'étaient jetés dans le Marché de Meaux, environné de la Marne. De là elles voyaient et entendaient les jacques qui remplissaient la ville. Elles se mouraient de peur. D'un moment à l'autre, elles pouvaient être forcées, massacrées. Heureusement il leur vint un secours inespéré. Le comte de Foix et le captal de Buch (ce dernier au service des Anglais) revenaient de la croisade de Prusse, avec quelques cavaliers. Ils apprirent à Châlons le danger de ces dames, et chevauchèrent rapidement vers Meaux. Arrivés dans le Marché : « Ils firent ouvrir tout arrière, et puis se mirent au-devant de ces vilains, noirs et petits et très mal armés, et lancèrent à eux de leurs lances et leurs épées. Ceux qui étoient devant et qui sentoient les horions reculèrent de *hideur* et tomboient les uns sur les autres. Alors issirent les gens d'armes hors des barrières et les abattoient à grands monceaux et les tutoient ainsi que bêtes et les reboutèrent hors de la ville. Il en mirent à fin plus de sept mille et boutèrent le feu en la désordonnée ville de Meaux (9 juin 1358). » Les nobles firent partout main basse sur les paysans, sans s'informer de la part qu'ils avaient prise à la jacquerie ; et ils firent, dit un contemporain, tant de mal au pays, qu'il n'y avait pas besoin que les Anglais vinssent pour la destruction du royaume. Ils n'auraient jamais pu faire ce que firent les nobles de France. »

Ils voulaient traiter Senlis comme Meaux. Ils s'en firent ouvrir les portes, disant venir de la part du régent, puis ils se mirent à crier : « Ville prise ! Ville gagnée. » Mais ils trouvèrent tous les bourgeois en armes, et même d'autres nobles qui défendaient la ville. On lança sur eux, par la pente rapide de la grande rue, des charrettes qui les renversèrent. L'eau bouillante pleuvait des fenêtres. « Les uns s'enfuirent à Meaux conter leur déconfiture et se faire moquer ; les autres, qui restèrent sur la place, ne feront plus de mal aux gens de Senlis. »

C'était un prodige qu'au milieu de cette dévastation des campagnes, Paris ne soit pas mort de faim. Cela fait grand honneur à l'habileté du prévôt des marchands. Il ne pouvait nourrir longtemps cette grande et dévorante ville sans avoir pour lui la campagne ; de là l'apparente inconstance de sa conduite. Il s'allia aux jacques, puis au roi de Navarre, destructeur des jacques. La cavalerie de ce prince lui était indispensable pour garder quelques routes libres, tandis que le dauphin tenait la rivière. Il fit donner à Charles le Mauvais le titre de capitaine de Paris (15 juin). Mais le prince lui-même n'était pas libre. Il fut abandonné de plusieurs de ses gentilshommes, qui ne voulaient pas servir la canaille contre les honnêtes gens. Cependant les bourgeois mêmes tournaient contre lui ; ils lui en voulaient d'avoir détruit les jacques, et ils soupçonnaient bien que leur capitaine ne faisait pas grand cas d'eux.

Cependant les vivres enchérissaient. Le dauphin, avec trois mille lances, était à Charenton et arrêtait les arrivages de la Seine et de la Marne. Les bourgeois sommèrent le roi de Navarre de les défendre, de sortir, de faire enfin quelque chose. Il sortit, mais pour traiter. Les deux princes eurent une longue et secrète entrevue, et se séparèrent bons amis. Le roi de Navarre ayant encore osé rentrer dans Paris, ses plus déterminés partisans et Marcel lui-même lui ôtèrent le titre de capitaine de la ville. Il se retira en se plaignant fort ; Navarrais et bourgeois se querellèrent, et il y eut quelques hommes de tués.

La position de Marcel devenait mauvaise. Le dauphin tenait la Haute-Seine, Charenton, Saint-Maur ; le roi de Navarre, la Basse-Seine, Saint-Denis. Il battait toute la campagne. Les arrivages étaient impossibles. Paris allait étouffer. Le roi de Navarre, qui le voyait bien, se faisait marchander par les deux partis. La dauphine et beaucoup de *bonnes* gens, c'est-à-dire des seigneurs, des évêques, s'entremettaient, allaient et venaient. On offrait au roi de Navarre quatre cent mille florins, pourvu qu'il livrât Paris et Marcel. Le traité était déjà signé, et une messe dite, où les deux princes devaient communier de la même hostie. Le roi de Navarre déclara qu'il ne pouvait, n'étant pas à jeûn.

Le dauphin lui promettait de l'argent. Marcel lui en donnait. Toutes les semaines il envoyait à Charles le Mauvais deux charges d'argent pour payer ses troupes. Il n'avait d'espoir qu'en lui ; il l'allait voir à Saint-Denis ; il le conjurait de se rappeler que c'étaient les gens de Paris qui l'avaient tiré de prison, et eux encore qui avaient tué ses ennemis. Le roi de Navarre lui donnait de bonnes paroles ; il l'engageait « à se bien pourvoir d'or et d'argent, et à l'envoyer hardiment à Saint-Denis ; qu'il leur en rendrait bon compte ».

Ce roi des bandits ne pouvait, ne voulait sans doute les empêcher de piller. Les bourgeois voyaient leur argent s'en aller aux pillards, et les vivres n'en venaient pas mieux. Le prévôt était toujours sur la route de Saint-Denis, toujours en pourparlers. Cela leur donnait à penser. De tant d'argent que levait Marcel, n'en gardait-il pas bonne part ? Déjà on avait épilogué sur les salaires que les commissaires des États s'étaient libéralement attribués à eux-mêmes.

Les Navarrais, Anglais et autres mercenaires avaient suivi la plupart le roi de Navarre à Saint-Denis. D'autres étaient restés à Paris pour manger leur argent. Les bourgeois les voyaient de mauvais œil. Il y eut des batteries, et l'on en tua plus de soixante. Marcel, qui ne craignait rien tant que de se brouiller avec le roi de Navarre, sauva les autres en les emprisonnant, et le soir même il les renvoya à Saint-Denis. Les bourgeois ne le lui pardonnèrent pas.

Cependant les Navarrais poussaient leurs courses jusqu'aux portes ; on n'osait plus sortir. Les Parisiens se fâchèrent ; ils déclarèrent au prévôt qu'ils voulaient châtier ces brigands. Il fallut leur complaire, les faire sortir, pour chercher les Navarrais. Ayant couru tout le jour vers Saint-Cloud, ils revenaient fort las (c'était le 22 juillet), traînant leurs épées, ayant défait leurs bassinets, se plaignant fort de n'avoir rien trouvé, lorsqu'au fond d'un chemin ils trouvent quatre cents hommes qui se lèvent et tombent sur eux. Ils s'enfuirent à toutes jambes, mais avant d'atteindre les portes, il en périt sept cents ; d'autres encore furent tués le lendemain lorsqu'ils allaient chercher les morts. Cette déconfiture acheva de les exaspérer contre Marcel : c'était sa faute, disaient-ils ; il était rentré avant eux, il ne les avait pas soutenus ; probablement il avait averti l'ennemi.

Le prévôt était perdu. Sa seule ressource était de se livrer au roi de Navarre, lui et Paris, et le royaume s'il pouvait. Charles le Mauvais touchait au but de son ambition. Marcel aurait promis au roi de Navarre de lui livrer les clés de Paris, pour qu'il se rendît maître de la ville, et tuât tous ceux qui lui étaient opposés. Leurs portes étaient marquées d'avance.

La nuit du 31 juillet au 1er août, Étienne Marcel entreprit de livrer la ville qu'il avait mise en défense, les murailles qu'il avait bâties. Jusque-là, il semble avoir toujours consulté les échevins, même sur le meurtre des deux maréchaux. Mais cette fois, il voyait que les autres ne songeaient plus qu'à se sauver en le perdant.

Celui des échevins sur lequel il comptait le plus, qui s'était le plus compromis, qui était son compère, Jean Maillart, lui avait cherché querelle le jour même. Maillart s'entendit avec les chefs du parti au dauphin, Pépin des Essarts et Jean de Charny ; et tous trois, avec leurs hommes, se trouvèrent à la bastille Saint-Denis, que Marcel devait livrer.

« Et s'en vinrent un peu avant minuit... et trouvèrent ledit prévôt des marchands, les clés de la porte en ses mains. Le premier parler que Jean Maillart lui dit, ce fut que il lui demanda par son nom : « Étienne, Étienne, que faites-vous ci à cette heure ? » Le prévôt lui répondit : « Jean, à vous qu'en monte de savoir ? je suis ci pour prendre garde de la ville dont j'ai le gouvernement. » – « Par Dieu, répondit Jean Maillart, il ne va mie ainsi ; mais n'êtes ci à cette heure pour nul bien ; et je le vous montre, dit-il à ceux qui étoient de-lez (près) lui, comment il tient les clés des portes en ses mains pour trahir la ville. » Le prévôt des marchands s'avança et dit : « Vous mentez. » – « Par Dieu ! répondit Jean Maillart, traître, mais vous mentez ! » et tantôt férit à lui et dit à ses gens : « A la mort, à la mort tout homme de son côté, car ils sont traîtres. » Là eut grand hutin et dur ; et s'en fut volontiers le prévôt des marchands fui s'il eût pu ; mais il fut si hâté qu'il ne put. Car Jean Maillart le férit d'une hache sur la tête et l'abattit à terre, quoique ce fût son compère, ni ne se partit de lui jusqu'à ce qu'il fut occis et six de ceux qui là étoient, et le demeurant pris et envoyé en prison .»

Selon une version plus vraisemblable, Marcel et cinquante-quatre de ses amis qui étaient venus avec lui tombèrent frappés par des gardes obscurs de la Porte Saint-Antoine.

Cependant les meurtriers s'en allèrent, criant par la ville et éveillant le peuple. Le matin, tous étaient assemblés aux Halles, où Maillart les harangua. Il leur conta comment cette même nuit, la ville devait être *courue* et détruite, si Dieu ne l'eût éveillé lui et ses amis, et ne leur eût révélé la trahison. La foule apprit avec saisissement le péril où elle avait été sans le savoir ; tous joignaient les mains et remerciaient Dieu.

Telle fut la première impression. Qu'on ne croie pas pourtant que le peuple ait été ingrat pour celui qui avait tant fait pour lui. Le parti de Marcel, qui comptait beaucoup d'hommes instruits et éloquents, survécut à son chef. Quelques mois après, il y eut une conspiration pour venger Marcel. Le dauphin fit rendre à sa veuve tous les meubles du prévôt qui n'avaient pas été donnés ou perdus, dans le moment qui suivit sa mort.

La carrière de cet homme fut courte et terrible. En 1356, il sauve Paris, il le met en défense. De concert avec Robert le Coq, il dicte au dauphin la fameuse ordonnance de 1357. Cette réforme du royaume par l'influence d'une commune ne peut se faire que par des moyens violents. Marcel est poussé de proche en proche à une foule d'actes irréguliers et funestes. Il tire de prison Charles le Mauvais pour l'opposer au dauphin, mais il se trouve avoir donné un chef aux bandits. Il met la main sur le dauphin, il lui tue ses conseillers, les ennemis du roi de Navarre.

Abandonné des États, il tue les États en les faisant comme il les veut, en créant des députés, en remplaçant les députés des nobles par des bourgeois de Paris. Paris ne pouvait encore mener la France, Marcel n'avait pas les ressources de la Terreur ; il ne pouvait assiéger Lyon, ni guillotiner la Gironde. La nécessité des approvisionnements le mettait dans la dépendance de la campagne. Il s'allia aux jacques, et, les jacques échouant, au roi de Navarre. Celui à qui il s'était donné, il essaya de lui donner le royaume ; il y périt.

La doctrine classique du *Salus populi,* du droit de tuer les tyrans, avait été attestée, au commencement du siècle, par le roi contre le pape. Un demi-siècle est à peine écoulé ; Marcel la tourne contre la royauté elle-même, contre les serviteurs de la royauté.

Cette tache sanglante dont la mémoire d'Étienne Marcel est restée souillée ne peut nous faire oublier que notre vieille charte est en partie son ouvrage. Il dut périr, comme ami du Navarrais, dont le succès eût démembré la France ; mais dans l'ordonnance de 1357, il vit et vivra.

Cette ordonnance est le premier acte politique de la France, comme la jacquerie est le premier élan du peuple des campagnes. Les réformes indiquées dans l'ordonnance furent presque toutes accomplies par nos rois. La jacquerie, commencée contre les nobles, continua contre l'Anglais. La nationalité, l'esprit militaire, naquirent peu à peu. Le premier signe peut-être de ce nouvel esprit se trouve, dès l'an 1359, dans un récit du continuateur de Nangis. Ce grave témoin, qui note jour par jour tout ce qu'il voit et entend, sort de sa sécheresse ordinaire, pour conter tout au long une de ces rencontres où le peuple des campagnes laissé à lui-même commença à s'enhardir contre l'Anglais. Il s'y arrête avec complaisance : « C'est, dit-il naïvement, que la chose s'est passée près de mon pays, et qu'elle a été menée bravement par les paysans, *par Jacques Bonhomme.* »

Il y a un lieu assez fort au petit village près Compiègne, lequel dépend du monastère de Saint-Corneille. Les habitants, voyant qu'il y avait péril pour eux si les Anglais s'en emparaient, l'occupèrent, avec la permission du régent et de l'abbé, et s'y établirent avec des armes et des vivres. D'autres y vinrent des villages voisins, pour être plus en sûreté. Ils jurèrent à leur capitaine de défendre ce poste jusqu'à la mort. Ce capitaine, qu'ils s'étaient donné du consentement du régent, était un des leurs, un grand et bel homme, qu'on appelait Guillaume aux Allouettes. Il avait avec lui pour le servir un autre paysan d'une force de membres incroyable, d'une corpulence et d'une taille énormes, plein de vigueur et d'audace, mais, avec cette grandeur de corps, ayant une humble et petite opinion de lui-même. On l'appelait Le Grand Ferré. Le capitaine le tenait près de lui *comme sous le frein,* pour le lâcher à propos. Ils s'étaient donc mis là deux cents, tous laboureurs ou autres gens qui gagnaient humblement leur vie par le travail de leurs mains. Les Anglais, qui campaient à Creil, n'en tinrent grand compte, et dirent bientôt : « Chassons ces paysans, la place est forte et bonne à prendre. » On ne s'aperçut pas de leur approche, ils trouvèrent les portes ouvertes et entrèrent hardiment. Ceux du dedans, qui étaient aux fenêtres, sont d'abord tout étonnés de voir ces gens armés. Le capitaine est bientôt entouré, blessé mortellement. Alors Le Grand Ferré et les autres se disent : « Descendons, vendons bien votre vie ; il n'y a pas de merci à attendre. » Ils descendent en effet, sortent par plusieurs portes, et se mettent à frapper sur les Anglais, comme s'ils battaient leur blé dans l'aire ; les bras s'élevaient, s'abattaient, et chaque coup était mortel. Le Grand, voyant son maître et capitaine frappé à mort, gémit profondément, puis il se porta entre les Anglais et les siens qu'il dominait également des épaules, maniant une lourde hache, frappant et redoublant si bien qu'il fit place nette ; il n'en touchait pas un qu'il ne fendît le casque ou n'abattît les bras. Voilà tous les Anglais qui se mettent à fuir ; plusieurs sautent dans le fossé et se noient. Le Grand tue leur porte-enseigne, et dit à un de ses camarades de porter la bannière anglaise au fossé. L'autre lui montrant qu'il y avait encore une foule d'ennemis entre lui et le fossé : « Suis-moi donc », dit Le Grand. Et il se mit à marcher devant, jouant de la hache à droite et à gauche, jusqu'à ce que la bannière eût été jetée à l'eau... Il avait été tué en ce jour plus de quarante hommes.... Quant au capitaine, Guillaume aux Allouettes, il mourut de ses blessures, et ils l'enterrèrent avec bien des larmes, car il était bon et sage... Les Anglais furent encore battus une autre fois par Le Grand. Mais cette fois hors des murs. Plusieurs nobles anglais furent pris, qui auraient donné de bonnes rançons, si on les eût rançonnés, *comme font les nobles ;* mais on les tua, afin qu'ils ne fissent plus de mal. Cette fois Le Grand, échauffé par cette besogne, but de l'eau froide en quantité, et fut saisi de la fièvre. Il s'en alla à son village, regagna sa cabane et se mit au lit, non toutefois sans garder près de lui sa hache de fer qu'un homme ordinaire pouvait à peine lever. Les Anglais, ayant appris qu'il était malade, envoyèrent un jour douze hommes pour le tuer. Sa femme les vit venir, et se mit à crier : . O mon pauvre Le Grand, voilà les Anglais ! que faire ?... » Lui, oubliant à l'instant son mal, il se lève, prend sa hache, et sort dans la petite cour : « Ah ! brigands, vous venez donc pour me prendre au lit ! vous ne me tenez pas encore... » Alors s'adossant à un mur, il en tue cinq en un moment ; les autres s'enfuient. Le Grand se remit au lit ; mais il avait chaud, il but encore de l'eau froide : la fièvre le reprit plus fort et, au bout de quelques jours, ayant reçu les sacrements de l'Église, il sortit du siècle, et fut enterré au cimetière de son village. Il fut pleuré de tous ses compagnons, de tout le pays ; car, lui vivant, jamais les Anglais n'y seraient venus.

Il est difficile de ne pas être touché de ce naïf récit. Ces paysans qui ne se mettent en défense qu'en demandant permission, cet homme fort et humble, ce bon géant, qui obéit volontiers, comme le saint Christophe de la légende, tout cela présente une belle figure du peuple. Ce peuple est visiblement simple et brute encore, impétueux, aveugle, demi-homme et demi-taureau... Il ne sait ni garder ses portes, ni se garder lui-même de ses appétits. Quand il a battu l'ennemi comme blé en grange, quand il l'a suffisamment charpenté de sa hache, et qu'il a pris chaud à la besogne, le bon travailleur, il boit froid, et se couche pour mourir. Patience ; sous la rude éducation des guerres, sous la verge de l'Anglais, la brute va se faire homme. Serrée de plus près tout à l'heure, et comme tenaillée, elle échappera, cessant d'être elle-même, et se transfigurant ; Jacques deviendra Jeanne, Jeanne la Vierge, la Pucelle.

Le mot vulgaire, *un bon Français,* date de l'époque des Jacques et des Marcel. La Pucelle ne tardera pas à dire : *le cœur me saigne quand je vois le sang d'un François.*

Un tel mot suffirait pour marquer dans l'histoire le vrai commencement de la France. Depuis lors, nous avons une patrie. Ce sont des Français que ces paysans, n'en rougissez pas, c'est déjà le peuple français, c'est vous, ô France ! Que l'histoire vous les montre beaux ou laids, sous le capuce de Marcel, sous la jaquette des jacques, vous ne devez pas les méconnaître. Pour nous, parmi tous les combats des nobles, à travers les beaux coups de lance où s'amuse l'insouciant Froissart, nous cherchons ce pauvre peuple. Nous l'irions prendre dans cette grande mêlée, sous l'éperon des gentilshommes, sous le ventre des chevaux. Souillé, défiguré, nous l'amènerons tel quel au jour de la justice et de l'histoire, afin que nous puissions lui dire, à ce vieux peuple du XIVe siècle : « Vous êtes mon père, vous êtes ma mère. Vous m'avez conçu dans les larmes. Vous avez sué la sueur et le sang pour me faire une France. Bénis soyez-vous dans votre tombeau ! Dieu me garde de vous renier à jamais ! »

Lorque le dauphin rentra dans Paris, appuyé sur le meurtrier, il y eut, comme toujours en pareille circonstance, des cris, des acclamations. Ceux qui le matin s'étaient armés pour Marcel cachaient leurs capuces rouges, et criaient plus fort que les autres.

Avec tout ce bruit, il n'y avait pas beaucoup de gens qui eussent confiance au dauphin. Sa longue taille maigre, sa face pâle et son *visage longuet,* n'avaient jamais plu au peuple. On n'en attendait ni grand bien, ni grand mal ; il y eut cependant des confiscations et des supplices contre le parti de Marcel. Pour lui, il n'aimait, il ne haïssait personne. Il n'était pas facile de l'émouvoir. Au moment même de son entrée, un bourgeois s'avança hardiment et dit tout haut : « Par Dieu ! sire, si j'en fusse cru, vous n'y fussiez entré ; mais on y fera peu pour vous. » Le comte de Tancarville voulait tuer le vilain ; le prince le retint et répondit : « On ne vous croira pas, beau sire. »

La situation de Paris n'était pas meilleure. Le dauphin n'y pouvait rien. Le roi de Navarre occupait la Seine au-dessus et en-dessous. Il ne venait plus de bois de la Bourgogne, ni rien de Rouen. On ne se chauffait qu'en coupant des arbres. Le setier de blé qui se donne ordinairement pour douze sols, dit le chroniqueur, se vend maintenant trente livres et plus. – Le printemps fut beau et doux, nouveau chagrin pour tant de pauvres gens des campagnes qui étaient enfermés dans Paris, et qui ne pouvaient cultiver leurs champs, ni tailler leurs vignes.

Il n'y avait pas moyen de sortir. Les Anglais, les Navarrais couraient le pays. Les premiers s'étaient établis à Creil, qui les rendait maîtres de l'Oise. Ils prenaient partout des forts, sans s'inquiéter des trêves. Les

Picards essayaient de leur résister. Mais les gens de Touraine, d'Anjou et de Poitou, leur achetaient des sauf-conduits, leur payaient des tributs.

Le roi de Navarre, en voyant les Anglais se fixer ainsi au cœur du royaume, finit par en être lui-même plus effrayé que le dauphin. Il fit sa paix avec lui, sans stipuler aucun avantage, et promit d'être *bon Français*. Les Navarrais n'en continuèrent pas moins de rançonner les bateaux sur la Haute-Seine. Toutefois cette réconciliation du dauphin et du roi de Navarre donnait à penser aux Anglais. En même temps des Normands, des Picards, des Flamands, firent ensemble une expédition pour délivrer, disaient-ils, le roi Jean. Ils se contentèrent de brûler une ville anglaise. Du moins les Anglais surent aussi ce que c'étaient que les maux de la guerre.

Les conditions qu'ils voulaient d'abord imposer à la France étaient monstrueuses, inexécutables. Ils demandèrent non seulement tout ce qui est en face d'eux, Calais, Montreuil, Boulogne, le Ponthieu, non seulement l'Aquitaine (Guyenne, Bigorre, Agénois, Quercy, Périgord, Limousin, Poitou, Saintonge, Aunis), mais encore la Touraine, l'Anjou, et de plus la Normandie ; c'est-à-dire qu'il ne leur suffisait pas d'occuper le détroit, de fermer la Garonne ; ils voulaient aussi fermer la Loire et la Seine, boucher le moindre jour par où nous voyons l'Océan, crever les yeux de la France.

Le roi Jean avait signé tout, et promis de plus quatre millions d'écus d'or pour sa rançon. Le dauphin, qui ne pouvait se dépouiller ainsi, fit refuser le traité par une assemblée de quelques députés des provinces, qu'il appela états généraux. Ils répondirent « que le roi Jean demeurât encore en Angleterre, et que quand il plairoit à Dieu, il y pourvoiroit de remède ».

Le roi d'Angleterre se mit en campagne, mais cette fois pour conquérir la France. Il voulait d'abord aller à Reims, et s'y faire sacrer. Tout ce qu'il y avait de noblesse en Angleterre l'avait suivi à cette expédition. Une autre armée l'attendait à Calais, sur laquelle il ne comptait pas. Une foule d'hommes d'armes et de seigneurs d'Allemagne et des Pays-Bas, entendant dire qu'il s'agissait d'une conquête, et espérant un partage, comme celui d'Angleterre par les compagnons de Guillaume le Conquérant, avaient voulu être aussi de la fête. Ils croyaient déjà « tant gagner qu'ils ne seroient jamais pauvres ». Ils attendirent Édouard jusqu'au 28 octobre, et il eut grand-peine à s'en débarrasser. Il fallut qu'il les aidât à retourner chez eux, qu'il leur prêtât de l'argent, à ne jamais rendre.

Édouard avait amené avec lui six mille gens d'armes couverts de fer, son fils, ses trois frères, ses princes, ses grands seigneurs. C'était comme une émigration des Anglais en France. Pour faire la guerre confortablement, ils traînaient six mille chariots, des fours, des moulins, des forges, toute sorte d'ateliers ambulants. Ils avaient poussé la précaution jusqu'à se munir de meutes pour chasser, et de nacelles de cuir pour pêcher en carême. Il n'y avait rien en effet à attendre du pays, c'était un désert ; depuis trois ans, on ne semait plus. Les villes, bien fermées, se gardaient elles-mêmes ; elles savaient qu'il n'y avait pas de merci à attendre des Anglais.

Du 28 octobre au 30 novembre, ils cheminèrent à travers la pluie et la boue, de Calais à Reims. Ils avaient compté sur les vins. Mais il pleuvait trop ; la vendange ne valut rien. Ils restèrent sept semaines à se morfondre devant Reims, gâtèrent le pays tout autour, mais Reims ne bougea pas. De là ils passèrent devant Châlons, Bar-le-Duc, Troyes ; puis ils entrèrent dans le duché de Bourgogne. Le duc composa avec eux pour deux cent mille écus d'or. Ce fut une bonne affaire pour l'Anglais, qui autrement n'eût rien tiré de toute cette grande expédition.

Il vint camper tout près de Paris, fit ses pâques à Chanteloup, et approcha jusqu'à Bourg-la-Reine. « De la Seine jusqu'à Étampes, dit le témoin oculaire, il n'y a plus un seul homme. Tout s'est réfugié aux trois faubourgs de Saint-Germain, Saint-Marcel et Notre-Dame-des-Champs... Montlhéry et Lonjumeau sont en feu... On distingue dans tous les alentours la fumée des villages, qui monte jusqu'au ciel... Le saint jour de Pâques, j'ai vu aux Carmes officier les prêtres de dix communes... Le lendemain, on a donné ordre de brûler les trois faubourgs, et permis à tout homme d'y prendre ce qu'il pourrait, bois, fer, tuiles et le reste. Il n'a pas manqué de gens pour le faire bien vite. Les uns pleuraient, les autres riaient... – Près de Chanteloup, douze cents personnes, hommes, femmes et enfants, s'étaient enfermés dans une église. Le capitaine, craignant qu'ils ne se rendissent, a fait mettre le feu... Toute l'église a brûlé. Il ne s'en est pas sauvé trois cents personnes. Ceux qui sautaient par les fenêtres trouvaient en bas les Anglais, qui les tuaient et se moquaient d'eux pour s'être brûlés eux-mêmes. J'ai appris ce lamentable événement d'un homme qui avait échappé, par la volonté de Notre-Seigneur, et qui en remerciait Dieu.

Le roi d'Angleterre n'osa pas attaquer Paris. Il s'en alla vers la Loire, sans avoir pu combattre ni gagner aucune place. Il consolait les siens en leur promettant de les ramener devant Paris aux vendanges. Mais ils étaient fatigués de cette longue campagne d'hiver. Arrivés près de Chartres, ils y éprouvèrent un terrible orage, qui mit leur patience à bout. Édouard y fit vœu, dit-on, de rendre la paix aux deux peuples. Le pape l'en suppliait. Les nobles de France, ne touchant plus rien de leurs revenus, priaient le régent de traiter à tout prix. Le roi Jean sans doute pressait aussi son fils. Aux conférences de Brétigny, ouvertes le 1er mai, les Anglais demandèrent d'abord tout le royaume ; puis tout ce qu'avaient eu les Plantagenêts (Aquitaine, Normandie, Maine, Anjou, Touraine). Ils cédèrent enfin sur ces quatre dernières provinces ; mais ils eurent l'Aquitaine comme libre souveraineté, et non plus comme fief. Ils acquirent au même titre ce qui entourait Calais, les comtés de Ponthieu et de Guines, et la vicomté de Montreuil. Le roi payait l'énorme rançon de trois millions d'écus d'or, six cent mille écus sous quatre mois, avant de sortir de Calais, et quatre cent mille par an dans les six années suivantes. L'Angleterre, après avoir tué et démembré la France, continuait à peser dessus, de sorte que, s'il restait un peu de vie et de mœlle, elle pût encore la sucer.

Ce déplorable traité excita à Paris une folle joie. Les Anglais qui l'apportèrent pour le faire jurer au dauphin furent accueillis comme des anges de Dieu. On leur donna en présent ce qu'on avait de plus précieux, des épines de la couronne du Sauveur, qu'on gardait à la Sainte-Chapelle. Le sage chroniqueur du temps cède ici à l'entraînement général. « A l'approche de l'Ascension, dit-il, au temps où le Sauveur, ayant remis la paix entre son Père et le genre humain, montait au ciel dans la jubilation, il ne souffrit pas que le peuple de France demeurât affligé... Les conférences commencèrent le dimanche où l'on chante à l'église : *Cantate*. Le dimanche où l'on chante à l'église : *Cantate*. Le dimanche où l'on chante : *Vocem jucundidatis,* le régent et les Anglais allèrent jurer le traité à Notre-Dame. Ce fut une joie ineffable pour le peuple. Dans cette église et dans toutes celles de Paris, toutes les cloches, mises en branle, mugissaient dans une pieuse harmonie ; le clergé chantait en toute joie et dévotion : *Te Deum laudamus*... Tous se réjouissaient, excepté peut-être ceux qui avaient fait de gros gains dans les guerres, par exemple les armuriers... Les faux traîtres, les brigands, craignaient la potence. Mais de ceux-ci n'en parlons plus. »

La joie ne dura guère. Cette paix, tant souhaitée, fit pleurer toute la France. Les provinces que l'on cédait ne voulaient pas devenir anglaises. Que l'administration des Anglais fût pire ou meilleure, leur insupportable morgue les faisait partout détester. Les comtes de Périgord, de Cominges, d'Armagnac, le sire d'Albret, et beaucoup d'autres disaient avec raison que le seigneur n'avait pas droit de donner ses vassaux. La Rochelle, d'autant plus française que Bordeaux était anglais, supplia le roi, au nom de Dieu, de ne pas l'abandonner. Les Rochellais disaient qu'ils aimeraient mieux être taillés tous les ans *de la moitié de leur chevance,* et encore : « Nous nous soumettrons aux Anglais des lèvres, mais de cœur jamais. »

Ceux qui restaient Français n'en étaient que plus misérables. La France était devenue une ferme de l'Angleterre. On n'y travaillait plus que pour payer les sommes prodigieuses par lesquelles le roi s'était racheté. Nous avons encore, au Trésor des Chartes, les quittances de ces paiements. Ces parchemins font mal à voir ; ce que chacun de ces chiffons représente de sueur, de gémissements et de larmes, on ne le saura jamais. Le premier (24 octobre 1360) est la quittance des *dépens de garde* du roi Jean, à dix mille réaux par mois : cette noble hospitalité, tant vantée des historiens, Édouard se la faisait payer ; le geôlier, avant la rançon, se faisait compter *la pistole*. Puis vient une effroyable quittance de quatre cent mille écus d'or (même date). Puis, quittance de 200 000 écus d'or (déc.). Autre de 100 000 (1361, Toussaint) ; autre de 200 000 encore, et, de plus, de 57 000 moutons d'or, pour compléter les 200 000 promis par la Bourgogne (21 février). En 1362 : 198 000 ; 30 000 ; 60 000 ; 200 000. Les paiements se continuent jusqu'en 1368. Mais nous sommes bien loin d'avoir toutes les quittances. Les rançons de la noblesse montaient peut-être à une somme aussi considérable.

Le premier paiement n'aurait pu se faire, si le roi n'eût trouvé une honteuse ressource. En même temps qu'il donnait des provinces, il donna un de ses enfants. Les Visconti, les riches tyrans de Milan, avaient la fantaisie d'épouser une fille de France. Ils imaginaient que cela les rendrait plus respectables en Italie. Ce féroce Galéas, qui allait à la chasse aux hommes dans les rues, qui avait jeté des prêtres tout vivants dans un four, demanda pour son fils, âgé de dix ans, une fille de Jean qui en avait onze. Au lieu de recevoir une dot, il en donnait une : trois cent mille florins en pur don, et autant pour un comté en Champagne. Le roi de France, dit Matteo Villani, vendit sa chair et son sang. La petite Isabelle fut échangée, en Savoie, contre les florins. L'enfant ne se laissa pas donner aux Italiens de meilleure grâce que La Rochelle aux Anglais.

Ce malheureux argent d'Italie servit à faire sortir le roi de Calais. Il en sortit pauvre et nu. Il lui fallut, le 5 décembre (1360), imposer une aide nouvelle à ce peuple ruiné. Les termes de l'ordonnance sont remarquables. Le roi demande, en quelque sorte, pardon à son peuple de parler d'argent. Il rappelle, en remontant jusqu'à Philippe de Valois, tous les maux qu'il a soufferts, *lui et son peuple ; il a abandonné à l'aventure de la bataille son propre corps et ses enfants ;* il a traité à Brétigny, *non pas pour sa délivrance tant seulement, mais pour éviter la perdition de son royaume et de son bon peuple.* Il assure qu'il va faire bonne et loyale justice, qu'il supprimera tout nouveau péage, qu'il fera bonne et forte monnaie d'or et d'argent, *et noire monnaie par laquelle on pourra faire plus aisément des aumônes aux pauvres gens.* « Nous avons ordonné et ordonnons que nous prendrons sur ledit peuple de langue d'oïl ce qui nous est nécessaire, *et qui ne grèverai pas tant notre peuple comme feroit la mutation de notre monnoie,* savoir : douze deniers par livre sur les marchandises, ce que paiera le vendeur, une aide du cinquième sur le sel, du treizième sur le vin et les autres breuvages. Duquel aide, *pour la grande compassion que nous avons de notre peuple,* nous nous contenterons ; et elle sera levée seulement jusqu'à la perfection de l'entérinement de la paix .»

Quelque douce et paternelle que fût la demande, le peuple n'en était pas plus en état de payer : tout argent avait disparu. Il fallut s'adresser aux usuriers, aux juifs, et cette fois leur donner un établissement fixe. On leur assura un séjour de vingt années. Un prince de sang était établi gardien de leurs privilèges et il se chargeait spécialement de *les faire payer de leurs dettes.* Ces privilèges étaient excessifs. Nous en parlerons ailleurs. Pour les acquérir, ils devaient payer vingt florins en rentrant dans ce royaume, et de plus sept par an. Un Manassé, qui prenait en ferme toute la juiverie, devait avoir pour sa peine un énorme droit de deux florins sur les vingt, et d'un par an sur les sept.

Les tristes et vides années qui suivent, 1361, 1362, 1363, ne présentent au-dehors que les quittances de l'Anglais, au-dedans que la cherté des vivres, les ravages des brigands, la terreur d'une comète, une grande et effroyable mortalité. Cette fois le mal atteignait les hommes, les enfants, plutôt que les vieillards et les femmes. Il frappait de préférence la force et l'espoir des générations. On ne voyait que mères en pleurs, que veuves, que femmes en noir.

La mauvaise nourriture était pour beaucoup dans l'épidémie. On n'amenait presque rien aux villes. On ne pouvait plus aller de Paris à Orléans, ni à Chartres, le pays était infesté de Gascons et de Bretons.

Les nobles qui revenaient d'Angleterre, et qui se sentaient méprisés, n'étant pas moins cruels que ces brigands. La ville de Péronne, qui s'était bravement gardée elle-même, prit querelle avec Jean d'Artois. Ce fut comme une croisade des nobles contre le peuple. Jean d'Artois, soutenu par le frère du roi et par la noblesse, prit à sa solde des Anglais ; il assiégea Péronne, la prit, la brûla. Ils traitèrent de même Chauny-sur-Oise et d'autres villes. – En Bourgogne, les nobles servaient eux-mêmes de guides aux bandes qui pillaient le pays. Les brigands de toute nation se disant Anglais, le roi défendait de les attaquer. Il pria Édouard d'en écrire à ses lieutenants.

Ces pillards s'appelaient eux-mêmes les Tard-Venus ; venus après la guerre, il leur fallait aussi leur part. La principale compagnie commença en Champagne et en Lorraine, puis elle passa en Bourgogne : le chef était un Gascon, qui voulait, comme l'Archiprêtre, les mener voir le pape à Avignon, en passant par le Forez et le Lyonnais. Jacques de Bourbon, qui se trouvait alors dans le Midi, était intéressé à défendre le Forez, pays de ses neveux et de sa sœur. – Ce prince, généralement aimé, réunit bientôt beaucoup de noblesse. Il avait avec lui le fameux Archiprêtre, qui avait laissé le commandement des compagnies. S'il eût servi les conseils de cet homme, il les aurait détruites. Étant venu en présence à Brignais, près Lyon, il donna dans un piège grossier, crut l'ennemi moins fort qu'il n'était, l'attaqua sur une montagne, et fut tué avec son fils, son neveu, et nombre des siens (2 avril 1362). Cette mort toutefois fut glorieuse. Le premier titre des Capets est la mort de Robert le Fort à Brisserte ; celui des Bourbons, la mort de Jacques à Brignais : tous deux tués en défendant le royaume contre les brigands.

Les compagnies n'avaient plus rien à craindre, elles couraient les deux rives du Rhône. Un de leurs chefs s'intitulait : Ami de Dieu, ennemi de tout le monde. Le pape, tremblant dans Avignon, prêchait la croisade contre eux. Mais les croisés se joignaient plutôt aux compagnies. Heureusement pour Avignon, le marquis de Montferrat, membre de la Ligue toscane contre les Visconti, en prit une partie à sa solde, et les mena en Italie, où ils portèrent la peste. Le pape, pour décider leur départ, leur donna trente mille florins et l'absolution.

La mortalité qui dépeuplait le royaume lui donna au moins un bel héritage. Le jeune duc de Bourgogne mourut, ainsi que sa sœur ; la première maison de Bourgogne se trouva éteinte : la succession comprenait les deux Bourgognes, l'Artois, les comtés d'Auvergne et de Boulogne. Le plus proche héritier était le roi de Navarre. Il demandait qu'on lui laissât prendre possession de la Bourgogne, ou au moins de la Champagne qu'il réclamait depuis si longtemps. Il n'eut ni l'une ni l'autre. Il était impossible de remettre ces provinces à un roi étranger, à un prince odieux. Jean les déclara réunies à son domaine ; et partit pour en prendre possession, « cheminant à petites journées et à grands dépens, et séjournant de ville en ville, de cité en cité, en la duché de Bourgogne ».

Il y apprit, sans aller plus vite, la mort de Jacques de Bourbon. Vers la fin de l'année, il descendit à Avignon, et y passa six mois dans les fêtes. Il espérait y faire une nouvelle conquête en pleine paix. Jeanne de Naples, comtesse de Provence, celle qui avait laissé tuer son premier mari, se trouvait veuve du second. Jean prétendait être le troisième. Il était veuf lui-même ; il n'avait encore que quarante-trois ans. Captif, mais après une belle résistance, ce roi soldat intéressait la chrétienté, comme François 1er après Pavie. Le pape ne se soucia pas de faire un roi de France maître de Naples et de la Provence. Il donna à cette reine de trente-six ans un tout jeune mari, non pas un fils de France, mais Jacques d'Aragon, fils du roi détrôné de Majorque.

Pour consoler Jean, le pape l'encouragea dans un projet qui semblait insensé au premier coup d'œil, mais qui eût effectivement relevé sa fortune. Le roi de Chypre était venu à Avignon demander des secours, proposer une croisade. Jean prit la croix, et une foule de grands seigneurs avec lui. Le roi de Chypre alla proposer la croisade en Allemagne ; Jean en Angleterre. Un de ses fils donné en otage venait de rentrer en France, au mépris des traités. Le retour de Jean à Londres avait l'apparence la plus honorable. Il semblait réparer la faute de son fils. Quelques-uns prétendaient qu'il n'y allait que par ennui des misères de la France, ou pour revoir quelque belle maîtresse. Cependant les rois d'Écosse et de Danemark devaient venir l'y trouver. Comme roi de France, il présidait naturellement toute assemblée de rois. Humilié par le nouveau système de guerre que les Anglais avaient mis en pratique, le roi de France eût repris, par la croisade, sous le vieux drapeau du Moyen Age, le premier rang dans la chrétienté. Il aurait entraîné les compagnies, il en aurait délivré la France. Les Anglais mêmes et les Gascons, malgré la mauvaise volonté du roi d'Angleterre qui alléguait son âge pour ne pas prendre la croix, disaient hautement au roi de Chypre « que c'étoit vraiment un voyage où tous gens de bien et d'honneur devoient entendre, et que s'il plaisoit à Dieu que le passage fut ouvert, il ne le feroit pas seul ». La mort de Jean détruisit ces espérances. Après un hiver passé à Londres en fêtes et en grands repas, il tomba malade, et mourut regretté, dit-on, des Anglais, qu'il aimait lui-même, et auxquels il s'était attaché, simple qu'il était et sans fiel, pendant sa longue captivité. Édouard lui fit faire de somptueuses funérailles à Saint-Paul de Londres. On y brûla, selon des témoins oculaires, quatre mille torches de douze pieds de haut, et quatre mille torches cierges de dix livres pesant.

La France, toute mutilée et ruinée qu'elle était, se retrouvait encore, de l'aveu de ses ennemis, la tête de la chrétienté. C'est son sort, à cette pauvre France, de voir de temps à autre l'Europe envieuse s'ameuter contre elle, et conjurer sa ruine. Chaque fois, ils croient l'avoir tuée ; ils s'imaginent qu'il n'y aura plus de France ; ils tirent ses dépouilles au sort ; ils arracheraient volontiers ses membres sanglants. Elle s'obstine à vivre. Elle survécut en 1361, mal défendue, trahie par sa noblesse ; en 1709, vieillie de la vieillesse de son roi ; en 1815 encore, quand le monde entier l'attaquait... Cet accord obstiné du monde contre la France prouve sa supériorité mieux que des victoires. Celui contre lequel tous sont facilement d'accord, c'est qu'apparemment il est le premier.

CHAPITRE IV

Charles V - Expulsion des Anglais - 1364-1380

Le jeune roi était né vieux. Il avait de bonne heure beaucoup vu, beaucoup souffert. De sa personne, il était faible et malade. Tel royaume, tel roi. On disait que Charles le Mauvais l'avait empoisonné ; il en était resté pâle et avait une main enflée, ce qui l'empêchait de tenir la lance. Il ne chevauchait guère, mais plus se tenait à Vincennes, à son hôtel de Saint-Paul, à sa royale librairie du Louvre. Il lisait, il oyait les habiles, il avisait froidement. On l'appela *le Sage,* c'est-à-dire le lettré, le clerc, ou bien encore l'avisé, l'astucieux. Voilà le premier roi moderne, un roi assis, comme l'effigie royale est sur les sceaux. Jusque-là on se figurait qu'un roi devait monter à cheval. Philippe le Bel lui-même, avec son chancelier Pierre Flotte, était allé se battre à Courtrai. Charles V combattait mieux de sa chaise. Conquérant dans sa chambre, entre ses procureurs, ses juifs et ses astrologues, il défit les fameux chevaliers et les Compagnies encore plus redoutables. De la même plume, il signa les traités qui ruinaient l'Anglais et minuta les pamphlets qui devaient ruiner le pape, livrer au roi les biens de l'Église.

Ce médecin malade du royaume avait à le guérir de trois maux, dont le moindre semblait mortel : l'Anglais, le Navarrais, les Compagnies. Il se débarrassa du premier, comme on l'a vu, en le soûlant d'or, en patientant jusqu'à ce qu'il fût assez fort. Le Navarrais fut battu, puis payé, éloigné ; on lui fit espérer Montpellier. Les Compagnies s'écoulèrent vers l'Espagne.

Charles V s'aida d'abord de ses frères ; il leur confia les provinces les plus excentriques, le Languedoc au duc d'Anjou, la Bourgogne à Philippe le Hardi. Il ne s'occupa que du centre. Mais il lui fallait un bras, une épée. Il n'y avait guère alors d'esprit militaire que parmi les Bretons et les Gascons. On célébrait le combat des Trente, où les Bretons avaient vaincu les Anglais. Le roi s'attacha un brave Breton de Dinan, le sire Bertrand

Duguesclin, qu'il avait vu lui-même au siège de Melun, et qui combattait pour la France depuis 1357.

La vie de ce fameux chef de compagnies, qui délivra la France des Compagnies et des Anglais, a été chantée, c'est-à-dire gâtée et obscurcie, dans une sorte d'épopée chevaleresque que l'on composa probablement pour ranimer l'esprit militaire de la noblesse. Nos histoires de Duguesclin ne sont guère que des traductions en prose de cette épopée. Il n'est pas facile de dégager de cette poésie ce qu'elle présente de sérieux, de vraiment historique. Nous en croirons volontiers le poème et les romans en tout ce qui se rapproche du caractère bien connu des Bretons. Nous pourrons les croire encore dans les aveux qu'ils font contre leur héros. Ils avouent d'abord qu'il était laid : « De moyenne stature, le visage brun, le nez camus, les yeux verts, large d'épaules, longs bras et petites mains. » Ils disent qu'il était dès son enfance mauvais garçon, « rude, malicieux et divers en courage », qu'il assemblait les enfants, les partageait en troupes, qu'il battait et blessait les autres. Il fut quelque temps enfermé par son père. Cependant une religieuse avait prédit de bonne heure que cet enfant serait un fameux chevalier. Il fut encouragé par les prédictions d'une certaine demoiselle Tiphaine, que les Bretons croyaient sorcière, et que plus tard il épousa. Cet intraitable batailleur était pourtant, comme sont les Bretons, bon enfant et prodigue, souvent riche, souvent ruiné, donnant parfois tout ce qu'il avait pour racheter ses hommes ; mais en revanche avide et pillard, rude en guerre et sans quartier. Comme les autres capitaines de ce temps, il préférait la ruse à tout autre moyen de vaincre, il restait toujours libre de sa parole et de sa foi. Avant la bataille, il était homme de tactique, de ressource et d'engin subtil. Il savait prévoir et pourvoir. Mais une fois qu'il y était, la tête bretonne reparaissait, il plongeait dans la mêlée, et si loin qu'il ne pouvait pas toujours s'en retirer. Deux fois il fut pris et paya rançon.

La première affaire pour le nouveau roi, c'était de redevenir maître du cours de la Seine. Mantes et Meulan étaient au roi de Navarre ; Boucicaut et Duguesclin les prirent par une insigne perfidie. Les deux villes payèrent tout le mal que les Navarrais avaient fait aux Parisiens. Les bourgeois eurent la satisfaction d'en voir pendre vingt-huit à Paris.

Les Navarrais, fortifiés d'Anglais et de Gascons sous le captal de Buch, voulaient se venger et faire quelque chose pour empêcher le roi d'aller à Reims. Duguesclin vint bientôt au-devant avec une bonne troupe de Français, de Bretons, et aussi de Gascons. Le captal recula vers Evreux. Il s'arrêta à Cocherel, sur un monticule ; mais Duguesclin eut l'adresse de lui ôter l'avantage du terrain. Il sonna la retraite et fit semblant de fuir. Le captal ne put empêcher ses Anglais de descendre ; ils étaient trop fiers pour écouter un général gascon, quoique grand seigneur et de la maison de Foix. Il fallut qu'il obéît à ses soldats, et les suivît en plaine. Alors Duguesclin fit volte-face ; les Gascons, qu'il avait de son côté, avaient fait, à trente, la partie d'enlever le captal du milieu de ses troupes. Les autres chefs navarais furent tués, la bataille gagnée.

Gagnée le 16 mai, elle fut connue le 18 à Reims, la veille même du sacre ; belle *étrenne* de la nouvelle royauté. Charles V donna à Duguesclin une récompense telle que jamais roi n'en avait donné ; un établissement de prince, le comté même de Longueville, héritage du frère du roi de Navarre. En même temps, il faisait couper la tête au sire de Saquenville, l'un des principaux conseillers du Navarrais. Il ne traitait pas mieux les Français qui se trouvaient parmi les gens des Compagnies. On commença à se souvenir que le brigandage était un crime.

La guerre de Bretagne finit l'année suivante. Charles de Blois se résignait au partage de la Bretagne ; mais sa femme n'y consentit pas. Le roi de France prêta Duguesclin et mille lances à Charles. Le prince de Galles envoya à Montfort le brave Chandos, deux cents lances, autant d'archers, auxquels se joignirent beaucoup de chevaliers anglais.

Montfort et les Anglais étaient sur une hauteur, comme le prince de Galles à Poitiers. Charles de Blois ne s'en inquiéta pas. Ce prince dévot, qui croyait aux miracles et qui en faisait, avait refusé au siège de Quimper de se retirer devant le flux. « Si c'est la volonté de Dieu, disait-il, la marée ne nous fera aucun mal. » Il ne s'arrêta pas plus devant la montagne à Auray que devant le flux à Quimper.

Charles de Blois était le plus fort. Beaucoup de Bretons, même de la Bretagne bretonnante, se joignirent à lui, sans doute en haine des Anglais. Duguesclin avait rangé cette armée dans un ordre admirable. Chaque homme d'armes, dit Froissart, portait sa lance droit devant lui, taillée à la mesure de cinq pieds, et une hache forte, dure, et bien acérée, à petit manche... « Et s'en venoient ainsi tout bellement le pas. Ils chevauchoient si serrés qu'on n'eût pu jeter une balle de paume qu'elle ne tombât sur les pointes des lances. Jean Chandos regarda longtemps l'ordonnance des Français « laquelle en soi-même il prisoit durement ». Il ne s'en put taire, et dit : « Que Dieu m'aide, comme il est vrai qu'il y a ici fleur de chevalerie, grand sens et bonne ordonnance. »

Chandos s'était ménagé une réserve, pour soutenir chaque corps qui faiblissait. Ce ne fut pas sans peine qu'il obtint d'un de ses chevaliers qu'il voulût bien rester sur les derrières pour commander cette réserve. Il y fallut des prières, et presque des larmes. Le préjugé féodal faisait considérer le premier rang comme la seule place honorable. Duguesclin n'aurait pu obtenir pareille chose dans l'autre armée.

Les deux prétendants combattaient en tête. C'était un duel sans quartier. Les Bretons étaient las de cette guerre, et voulaient en finir par la mort de l'un ou de l'autre. La réserve de Chandos lui donna l'avantage sur Duguesclin, qui fut porté par terre et pris. Tout retomba sur Charles de Blois : sa bannière fut arrachée, renversée, lui-même tué. Les plus grands seigneurs de la Bretagne s'obstinèrent et se firent tuer aussi.

Lorsque les Anglais vinrent à grande joie montrer à Montfort son ennemi qu'ils lui avaient tué, le sang français se réveilla en lui, ou peut-être la parenté ; les larmes lui vinrent aux yeux. On trouva un cilice sous la cuirasse du mort. Sa piété, ses belles qualités revinrent en mémoire. Il n'avait recommencé la guerre que par déférence pour sa femme, dont la Bretagne était l'héritage. Ce saint était aussi un homme. Il faisait des vers, composait des *lais* dans l'intervalle des batailles. Il avait été amoureux ; un sien bâtard fut tué à côté de lui en voulant venger sa mort.

Montfort reçut en peu de jours les plus fortes places du pays. Les enfants de Charles de Blois étaient prisonniers en Angleterre. Le roi de France, qui ne portait nulle passion dans la guerre, s'arrangea avec le vainqueur, et décida la veuve de Charles de Blois à se contenter du comté de Penthièvre, de la vicomté de Limoges et d'une rente de dix mille livres. Le roi fit sagement. L'essentiel était d'empêcher que la Bretagne ne fît hommage à l'Anglais. Il y avait à parier qu'elle se lasserait tôt ou tard du protégé de l'Angleterre.

C'était quelque chose d'avoir fini la guerre de Bretagne et celle du roi de Navarre. Mais il fallait du temps pour que la France se remît. La simple énumération des ordonnances de Charles V suffit à découvrir quelles plaies effroyables la guerre avait faites. La plupart sont destinées à constater des diminutions de *feux*, à reconnaître que les communes dépeuplées ne peuvent plus payer les impôts. D'autres sont les sauvegardes que les villes, les abbayes, les hôpitaux, les chapitres obtiennent du roi. La protection publique était si faible, qu'on en réclamait une toute spéciale. Les villes, les corporations, les universités demandent que l'on consacre leurs privilèges. Plusieurs villes sont déclarées inséparables de la couronne. Les marchands italiens à Nîmes, les Castillans et Portugais à Harfleur et à Caen, obtiennent des privilèges. Au total, peu ou point de mesures générales ; tout est spécial, individuel : on sent combien le royaume est loin de l'unité, combien il est faible et malade encore.

La plus grande misère de la France, c'était le brigandage des Compagnies. Licenciées par l'Anglais, repoussées de l'Ile-de-France, de la Normandie, de la Bretagne, de l'Aquitaine, ces bandes refluaient sur le centre ; elles se promenaient par le Berri, le Limousin, etc. Les brigands étaient là comme chez eux. C'était leur chambre, disaient-ils insolemment. Ils étaient de toute nation, mais la plupart Anglais et Gascons, Bretons encore ; mais ceux-ci étaient en petit nombre. Le peuple les regardait tous comme Anglais ; rien n'a plus contribué à exaspérer la France contre l'Angleterre. On proposait aux Compagnies d'aller à la croisade. L'empereur leur avait obtenu le passage par la Hongrie, et il offrait de les défrayer en Allemagne. Mais la plupart ne se souciaient pas d'aller si loin. Ceux qui s'y décidèrent, dans l'espoir de piller l'Allemagne chemin faisant, y parvinrent à peine. Menés par l'Archiprêtre jusqu'en Alsace, ils y trouvèrent des populations serrées, hostiles, qui de toutes parts tombèrent sur eux. Il n'en échappa guère. D'autres passèrent en Italie.

Mais le principal écoulement s'opéra vers l'Espagne, vers la Castille, dans la guerre du bâtard don Enrique de Transtamare contre son frère don Pèdre *le Cruel*. Tous les rois d'Espagne d'alors méritaient ce surnom.

En Navarre régnait Charles le Mauvais, le meurtrier, l'empoisonneur. En Portugal, don Pèdre le Justicier, celui qui fit une si atroce justice de la mort d'Inès de Castro. En Aragon, don Pèdre le Cérémonieux, qui, sans forme de procès, fit pendre par les pieds un légat chargé de l'excommunier. De même, don Pèdre le Cruel avait fait brûler vif un moine qui lui prédisait que son frère le tuerait. Il faut voir dans la Chronique d'Ayala ce qu'était l'Espagne, depuis qu'ayant moins à craindre les Maures, elle cédait à leur influence, devenait moresque, juive, tout, plutôt que chrétienne. Les guerres sans quartier contre les mécréants avaient rendu les mœurs féroces ; elles le devenaient encore plus sous la dure fiscalité juive.

Ce Pèdre le Cruel était une espèce de fou furieux. Les deux éléments discordants de l'Espagne se combattaient en lui et en faisaient un monstre. Il se piquait de chevalerie, comme tout Castillan, et en même temps il ne régnait que par les juifs ; il ne se fiait qu'à eux et aux Sarrasins. On le disait fils d'une juive. Sans cette partialité pour les juifs, les communes lui auraient su gré de sa cruauté à l'égard des nobles.

Cet homme sanguinaire aimait pourtant. Il avait pour maîtresse la dona Maria de Padilla, « petite, jolie et spirituelle » dit le contemporain. Pour lui plaire, il enferma sa femme Blanche, belle-sœur de Charles V, et finit par l'empoisonner. Il avait déjà fait périr je ne sais combien des siens. Son frère, don Enrique de Transtamare, qui avait tout à craindre, se sauva et vint solliciter le roi de France de venger sa belle-sœur.

Le roi lui donna de bon cœur les Compagnies qui désolaient la France. Le roi d'Aragon offrit le passage, le pape l'autorisation d'envahir la Castille. Don Pèdre, entre autres violences, avaient mis la main sur les biens d'Église.

Le jeune duc de Bourbon était de nom le chef de l'expédition ; le vrai chef devait être Duguesclin. Il était encore prisonnier ; les Anglais ne voulaient pas le rendre, à moins de cent mille francs. Le roi, le pape et don Enrique se cotisèrent et payèrent pour lui.

Duguesclin prit le commandement des aventuriers et les mena en Espagne, mais par Avignon, pour faire encore financer le pape. Il en tira deux cent mille francs en or et une absolution générale pour les siens. L'armée grossissait sur la route ; quoique le roi d'Angleterre eût défendu à ses sujets de prendre part à cette guerre, une foule d'aventuriers, Anglais et Gascons, n'en tenaient compte. Un Français les emmenait tous, au grand déplaisir de l'Anglais.

Ces gens qui avaient commencé par rançonner le pape, n'en donnaient pas moins à cette guerre d'Espagne un faux air de croisade. Quand ils furent en Aragon, ils envoyèrent dire au roi de Castille qu'il eût à donner le passage et les vivres « aux pèlerins de Dieu qui avoient entrepris par grand-dévotion d'aller au royaume de Grenade, pour venger la souffrance de Notre-Seigneur, détruire les incrédules et exhausser notre foi. Le roi don Piètre de ces nouvelles ne fit que rire, et répondit qu'il n'en feroit rien, et que jà il n'obéiroit à telle truandaille ».

Ce fut en effet comme un pèlerinage. Il n'y eut rien à combattre. Don Pèdre fut abandonné. Il ne trouva d'asile qu'en Andalousie, chez ses amis les Maures. De là, il passa en Portugal, en Galice, et enfin à Bordeaux. Il y fut bien reçu. Les Anglais étaient outrés de colère et d'envie. Ils se chargèrent de ramener don Pèdre, de rétablir le bourreau de l'Espagne ; toujours ce diabolique orgueil qui leur a si souvent tourné la tête, tout sensés qu'ils paraissent, le même qui leur a fait brûler la Pucelle d'Orléans, qui, sous M. Pitt, leur aurait fait brûler la France.

Le prince de Galles était tellement infatué de sa puissance qu'il ne se contentait pas de vouloir rétablir don Pèdre en Castille ; il promettait au roi dépouillé de Majorque de le ramener en Aragon. Les seigneurs gascons, qui ne se souciaient pas d'aller si loin faire les affaires des Anglais, hasardèrent de lui dire qu'il était plus difficile de rétablir don Pèdre que de le chasser. « Qui trop embrasse mal étreint, disaient-ils encore... Nous voudrions bien savoir qui nous paiera ; on ne met pas des gens d'armes hors de chez eux sans les payer. » Don Pèdre leur promettait tout ce qu'ils voulaient ; il avait laissé des trésors cachés dans des lieux que lui seul connaissait ; il leur donnerait six cent mille florins. Pour le prince de Galles, il devait lui donner la Biscaye, c'est-à-dire l'entrée des Pyrénées, un Calais pour l'Espagne.

Tout ce qu'il y avait d'aventuriers anglais dans l'armée de don Enrique fut rappelé en Guyenne. Ils partirent, bien payés par lui, pour revenir le battre et gagner autant au service de don Pèdre : telle est la loyauté de ce temps. De même, le roi de Navarre traitait à la fois avec les deux partis, se faisant payer pour ouvrir, pour fermer les montagnes. Il craignait tellement de se compromettre pour les uns ou les autres, qu'au moment d'entrer en campagne avec les Anglais, il aima mieux se faire prisonnier.

Le prince de Galles eut plus de gens d'armes qu'il ne voulait. La difficulté était de les nourrir. Arrivés sur l'Èbre, dans un maigre pays, par le vent, la pluie et la neige, les vivres leur manquèrent. Ils en étaient déjà à payer le petit pain un florin. – On conseillait à don Enrique de refuser la bataille, de faire garder les passages et de les affamer. L'orgueil espagnol ne le permit pas. Il se voyait trois mille armures de fer, six mille hommes de cavalerie légère (vingt mille hommes d'armes, dit Froissart), dix mille arbalétriers, soixante mille communeros avec des lances, des piques et des frondes. Après tout, ce n'était guère que du peuple. Les archers anglais valaient mieux que les frondeurs castillans ; les lances anglaises portaient plus loin que les dagues et les épées dont les Français et les Aragonais aimaient à se servir. La bataille fut conduite par ce brave et froid Jean Chandos qui avait déjà fait gagner aux Anglais les batailles de Poitiers et d'Auray. Malgré les efforts de don Enrique, qui ramena les siens trois fois, les Espagnols s'enfuirent. Les aventuriers restèrent seuls à se battre inutilement. Tout fut tué ou pris. Chandos se trouva, pour la seconde fois, avoir pris Duguesclin.

Ce fut un beau jour pour le prince de Galles. Il y avait juste vingt ans qu'il avait combattu à Crécy, dix qu'il avait gagné la bataille de Poitiers. Il rendit des jugements dans la plaine de Burgos ; il y tint gages et champ de bataille : on put dire que l'Espagne fut un jour à lui.

Le roi de France, fort abattu de ces nouvelles, n'osa soutenir Henri de Transtamare. Sur une lettre de la princesse de Galles, il s'empressa de défendre au fugitif d'attaquer la Guyenne ; il fit mettre en prison le jeune comte d'Auxerre, qui armait pour don Enrique.

Les vainqueurs restaient en Espagne à attendre que don Pèdre les payât sur les trésors cachés. Ils s'ennuyaient fort ; la sobre hospitalité espagnole ne les dédommageait pas de ce long séjour. Les lourdes chaleurs venaient ; ils se jetaient sur les fruits, et la dysenterie les tuait en foule. Le prince de Galles n'était pas l'un des moins malades. Ils étaient, dit-on, réduits au cinquième, lorsqu'ils se décidèrent à repasser les monts, mal contents, mal portants, mal payés.

Le prince de Galles, qui avait répondu pour don Pèdre, ne pouvant les satisfaire, ils pillaient l'Aquitaine. Il finit par leur dire d'aller chercher leur vie ailleurs. Ailleurs, c'était en France. Ils y passèrent et, tout en pillant sur leur route, ils ne manquaient pas de dire partout que c'était le prince de Galles, leur débiteur, qui les autorisait à se payer ainsi.

Le prince fit encore, par orgueil, la faute de délivrer Duguesclin ; ce qui était donner un chef aux Compagnies. Le prudent Chandos, « qui était son maître », avait dit qu'il ne le laisserait jamais se racheter. Un jour cependant que le prince était en gaieté, il aperçut le prisonnier, et lui dit : « Comment vous trouvez-vous, Bertrand ? » – « A merveille, Dieu merci, répliqua-t-il. Comment ne serais-je pas bien ? Depuis que je suis ici, je me trouve le premier chevalier du monde. On dit partout que vous me craignez, que vous n'osez me mettre à rançon. » L'Anglais fut piqué : « Messire Bertrand, dit-il, vous croyez donc que c'est pour votre bravoure que nous vous gardons ? Par Saint Georges, payez cent mille francs, et vous êtes libre. » Duguesclin le prit au mot.

Ayala dit que le prince, pour montrer qu'il se souciait peu de Duguesclin, lui dit de fixer lui-même combien il voulait payer. Duguesclin dit fièrement : « Pas moins de cent mille francs. » Ce serait plus d'un million aujourd'hui. Le prince étonné : « Et où les prendrez-vous, Bertrand ? » Le Breton, selon la chronique, aurait dit ces belles paroles, qui n'ont rien d'invraisemblable : « Monseigneur, le roi de Castille en paiera moitié, et le roi de France le reste ; et si ce n'était assez, il n'y a femme en France sachant filer, qui ne filât pour ma rançon. »

Il ne présumait pas trop. La guerre était imminente. Pendant que Charles V recevait honorablement à Paris un fils du roi d'Angleterre, qui allait se marier à Milan, les Compagnies licenciées par les Anglais désolaient la Champagne et jusqu'aux environs de Paris. C'était trop de payer et d'être pillé.

Le prince de Galles était revenu d'Espagne hydropique, et son armée ne valait guère mieux. Les Gascons, qui s'étaient engagés dans cette affaire anglaise sur la foi des trésors cachés de don Pèdre, revenaient pauvres, en piteux équipage et de mauvaise humeur. Ils gardaient d'ailleurs au prince plus d'une vieille rancune. Il avait forcé le comte de Foix à donner passage aux Compagnies, il avait demandé mille lances au sire d'Albret, et lui en avait laissé huit cents à sa charge. Les Méridionaux en voulaient aux Anglais, non pas seulement de leurs vexations, mais de ce qu'ils étaient Anglais, c'est-à-dire ennuyeux, incommodes à vivre. Ces vives, spirituelles et parleuses populations souffraient à les voir orgueilleusement taciturnes, et ruminant toujours en eux-mêmes leur bataille de Poitiers.

Le prince de Galles méprisait les Gascons. Il choisit, avec le tact anglais, ce moment de mauvaise humeur pour mettre sur leurs terres un fouage de dix sols par feu ; au lieu de les payer, il leur demandait de l'argent ; un fouage aux maigres populations des landes, aux pauvres chevriers des montagnes ; un fouage à cette brave petite noblesse qui ne fut jamais riche qu'en cadets et en bâtards. Le prince avait convoqué les États à Niort dans l'espoir de convertir les Gascons par le bon exemple des Poitevins et des Limousins. Ils n'y furent pas sensibles. Il eut beau transférer les États à Angoulême, à Poitiers, à Bergerac. Ils n'eurent pas plus envie de payer à Bergerac qu'à Niort.

Et non seulement ils ne payèrent pas, mais ils allèrent trouver le roi de France, lui disant, avec la vivacité de leur pays, qu'ils voulaient justice, que sa cour était la plus juste du monde, que s'il ne recevait pas leur appel, ils iraient chercher un autre seigneur. Le roi, qui n'était pas prêt à la guerre, tâchait de les contenir. Il ne les soutenait pas, ne les renvoyait pas mais il les gardait à Paris, les choyait, les défrayait. Il y avait de belles fortunes à faire auprès de ce bon roi. L'Anglais ne payait pas, même après ; lui, il payait d'avance. Il donnait aux petits chevaliers, non pas de l'argent seulement, mais des établissements, des fortunes de prince. Il était le père des Bretons et des Gascons. Il ne leur gardait pas rancune. Plus on avait battu ses gens, et mieux il vous traitait. Il venait d'accueillir le Vendéen Clisson, l'un de ceux qui avaient le plus contribué à la défaite des Français à Auray. Il offrit au captal de Buch le duché de Nemours. Il donna au sire d'Albret une fille de France en mariage. Ce fut pour les Gascons un grand encouragement de voir un des leurs devenir prince, beau-frère du roi de France et de Castille.

Le 25 janvier 1369, le prince de Galles reçut à Bordeaux un docteur ès lois et un chevalier, qui venaient, de la part du roi de France, lui remettre un exploit. C'était une sommation polie de venir à Paris et de répondre en cour des pairs, touchant certains griefs dont « par foible conseil et simple information, il aurait molesté les prélats, barons, chevaliers et communes des marches de Gascogne aux frontières de notre royaume, de laquelle chose nous sommes tout émerveillés ». Le malade, ayant pris connaissance du message, dit fièrement le mot de Guillaume le Conquérant : « Nous irons, mais ce sera le bassinet en tête, et soixante mille hommes à notre compagnie... Il en coûtera cent mille vies. » Le prince était de si mauvaise humeur, qu'après avoir permis aux messagers de s'en aller, il fit courir après, et les mit en prison sous un prétexte : « De crainte qu'ils n'allassent recorder leurs sougles (plaisanteries) et leurs bourdes (railleries) au duc d'Anjou qui vous aime tout petit, et qu'ils disent comme ils m'ont ajourné en mon hôtel même. »

Le roi de France, tout au contraire, avait l'air de croire que cette affaire de Gascogne ne touchait point le roi d'Angleterre. Au même moment, il lui envoyait un présent de cinquante pipes de bon vin, dont pourtant l'Anglais ne voulut pas. Il avait naguère encore acquitté un des paiements de la rançon du roi Jean.

Charles savait endurer et patienter. Ses affaires n'en marchaient pas moins. Au nord, il gagnait les gens des Pays-Bas. Il pratiquait le Ponthieu, Abbeville. Au midi, il avait, de longue date, fait placer par le pape des évêques à lui dans toutes les provinces anglaises. Au-delà des Pyrénées, il envoyait Duguesclin et quelques gens des Compagnies pour aider aux Castillans à se débarrasser du roi que les Anglais leur avaient imposé. Don Enrique promettait en retour d'armer contre les Anglais une flotte double de celle du roi de France.

Don Pèdre avait pour lui beaucoup de communes, précisément à cause de sa cruauté à l'égard des nobles. Il avait surtout les Maures et les juifs, mauvais auxiliaires qui n'étaient pas capables de le défendre et qui donnaient une fâcheuse couleur à son parti. Il s'était retiré dans un des pays les moins chrétiens d'Espagne, dans l'Andalousie. Don Enrique et Duguesclin, emmenant rapidement un petit corps d'hommes sûrs, ne lui laissèrent pas le temps de reconnaître le nombre des assaillants. Les juifs qui, contre toutes leurs habitudes, avaient pris les armes, les jetèrent au plus vite ; les Maures avec leurs flèches ne pouvaient arrêter la grosse cavalerie. Duguesclin défendit qu'on fît quartier à ces mécréants. Don Pèdre n'eut que le temps de se jeter dans le château de Montiel. On dit que Duguesclin lui promit de le faire évader et qu'il le trahit : que les deux frères étant venus en présence dans la tente de don Enrique, ces furieux se jetèrent l'un sur l'autre ; que don Pèdre ayant mis Enrique dessous, Duguesclin prit don Pèdre par la jambe et le mit sous son frère qui le poignarda.

La bataille de Montiel eut lieu le 14 mars. A la fin d'avril, Charles V éclata, surprit le Ponthieu et défia le roi d'Angleterre. Le défi fut porté à Westminster par un valet de cuisine. Le choix du messager, en chose moins grave, eût semblé épigrammatique. Ces conquérants, maltraités en Espagne par les fruits, en France par les vins, étaient malades, vieillis de leurs excès. Un fils d'Édouard III, Lionel, mourait à Milan d'indigestion. Les Anglais soutinrent qu'il était empoisonné.

Il n'y avait que trop de bonnes raisons pour rompre la paix. Les Anglais l'avaient rompue eux-mêmes, en lâchant leurs Compagnies sur la France. Charles V n'en parla pas, non plus que des réclamations des Gascons au Traité de Bretigni, pas davantage de leurs privilèges violés par les Anglais. Il aima mieux chercher dans les chartes du traité quelque défaut de forme. Les états généraux, consultés par lui avec déférence, décidèrent que son droit était bon (9 mai 1369). Il se fit donner par la cour des pairs sentence pour confisquer l'Aquitaine ; il dit hardiment dans cet acte que la suzeraineté et le droit d'appel avaient été réservés par le Traité de Bretigni.

Il pouvait mentir hardiment : tout le monde était pour lui. Les Compagnies se déclarèrent françaises. Les évêques d'Aquitaine lui donnaient leurs villes : de longue date, l'archevêque de Toulouse les avaient gagnées : soixante villes, bourgs ou châteaux, chassèrent les Anglais, même Cahors, même Limoges, dont les évêques semblaient tous anglais. Le roi de France méritait ces miracles ; tout maladif qu'il était, il faisait continuellement, pieds nus, de dévotes processions. Les prêcheurs populaires parlaient de lui. Le roi d'Angleterre faisait bien aussi prêcher l'évêque de Londres, mais il n'avait pas le même succès.

Toutes les villes qui se rendaient à Charles V obtenaient confirmation et augmentation de privilèges. On suit le progrès de sa conquête de charte en charte : Rhodez, Figeac, Montauban, février 1370 ; Milhau en Rouergue, mai ; Cahors, Sarlat, juillet.

Il est difficile de croire qu'une tête aussi froide, aussi sage, ait eut réellement l'idée d'envahir l'Angleterre. Il fit tout ce qu'il fallait pour le faire croire, sans doute afin d'attirer les Anglais dans le Nord et de les empêcher d'étouffer le mouvement du Midi. Ils débarquèrent en effet une armée à Calais sous le duc de Lancastre. La grande et grosse armée française, conduite par le duc de Bourgogne, cinq fois plus forte que l'anglaise, avait défense expresse de combattre. Elle resta immobile, puis se retira, sous les huées des Anglais. Ceux-ci n'en perdirent pas moins leur temps et leur argent. Les villes du Nord étaient en bon état. Dans le Midi ils avaient regagné plusieurs places, mais en perdant ce qui valait bien plus, l'irréparable capitaine auquel ils devaient les victoires de Poitiers, d'Auray et de Najara, le sage et habile Jean Chandos.

Ce brave homme avait tout prévu. Dès le moment que le prince de Galles s'obstina contre son avis, à imposer ce fatal fouage, Chandos se retira en Normandie. Puis, le Midi se soulevant, il revint pour réparer le mal, pour sauver les imprudents qui n'avaient pas voulu l'écouter ; mais il espérait peu de cette guerre. L'historien du temps le représente fort triste et *mélancolieux,* comme s'il eût prévu sa mort prochaine et la perte des provinces anglaises. Après sa mort, le roi d'Angleterre suivit enfin son avis, et révoqua l'impôt. Mais il était trop tard.

Les Anglais étaient, comme on est dans le malheur, de plus en plus malhabiles et malheureux. Ils auraient dû à tout prix s'assurer le roi de Navarre et s'en servir contre la France. Le marché tint, selon toute apparence, à la vicomté de Limoges que le Navarrais demandait. Le prince de Galles ne voulut pas ébrécher son royaume d'Aquitaine : il lui importait de garder cette porte de la France. Il refusa et perdit tout. Le roi de France regagna le roi de Navarre en lui donnant Montpellier, qu'il lui promettait depuis si longtemps. Peu après il eut encore l'adresse de se concilier le nouveau roi d'Écosse, premier de la maison de Stuart,

Castille, Navarre, Flandre, Écosse, il détachait tout de l'Angleterre ; il isolait son ennemie.

L'orgueil anglais était si engagé dans cette guerre qu'Édouard trouva encore moyen, après tant de sacrifices, de faire contre la France deux expéditions à la fois. Pendant qu'un de ses fils, le duc de Lancastre, allait secourir le prince de Galles, resserré dans Bordeaux (fin juillet 1370), une autre armée sous un vieux capitaine, Robert Knolles, entrait en Picardie (même mois). Des deux côtés, nulle résistance ; Duguesclin, Clisson, conseillaient d'éviter tout combat, d'escarmoucher seulement et de garder les places ; la campagne devenait ce qu'elle pouvait. Ces chefs de Compagnie ne connaissaient que le succès ; les plus braves aimaient mieux employer la ruse. Quant à l'honneur du royaume, ils ne savaient ce que c'était. Il fallait que le duc de Bourbon vît, sans bouger, passer devant le front de son armée, sa mère, mère de la reine de France, que les Anglais avaient prise, et qu'ils firent chevaucher sous ses yeux dans l'espoir d'entraîner le fils au combat. Il leur proposa un duel, mais leur refusa la bataille.

A Noyon, l'outrage fut plus sanglant. L'Écossais Seyton sauta les barrières de la ville, ferrailla une heure avec les Français, et sortit sain et sauf. L'armée anglaise vint aussi jusqu'en Champagne, jusqu'à Reims, jusqu'à Paris, détruisant et brûlant tout ce qu'elle trouvait, cherchant s'il y aurait quelque ravage assez cruel, quelque piqûre assez sensible, pour réveiller l'honneur de l'ennemi. Pendant un jour et deux nuits qu'ils furent devant Paris, le roi, de son hôtel Saint-Paul, voyait sans s'émouvoir la flamme des villages qu'ils incendiaient de tous côtés. Une nombreuse et brillante chevalerie, les Tancarville, les Coucy, les Clisson, étaient dans la ville, mais il les retenait. Clisson, dont la bravoure était connue, encourageait cette prudence cruelle : « Sire vous n'avez que faire d'employer vos gens contre ces enragés ; laissez-les se fatiguer d'eux-mêmes. Ils ne vous mettront pas hors de votre héritage, avec toutes ces fumières. »

Au moment du départ, un Anglais approcha de la barrière Saint-Jacques, qui était tout ouverte et pleine de chevaliers. Il avait fait vœu de heurter sa lance aux barrières de Paris. Nos chevaliers l'applaudirent et le laissèrent aller. Cet outrage aux murailles de la cité, à l'honneur du *pomoerium*, chose si sainte chez les anciens, ne touchait pas les hommes féodaux. L'Anglais s'en allait au petit pas, quand un brave boucher avance sur le chemin, et d'une lourde hache à long manche lui décharge un coup entre les deux épaules ; il redouble sur la tête et le renverse. Trois autres surviennent, et à eux quatre ils frappaient sur l'Anglais « ainsi que sur une enclume ». Les seigneurs qui étaient à la porte vinrent le ramasser pour l'enterrer en terre sainte.

Le prince de Galles ne trouva pas plus d'obstacles pour assiéger Limoges que Knolles pour insulter Paris. Duguesclin avait lui-même conseillé de dissoudre l'armée du Midi et n'avait gardé que deux cents lances pour courir le pays. Le prince en voulait d'autant plus cruellement aux gens de Limoges, que l'auteur de la défection de cette ville, l'évêque, était sa créature et son compère. Il avait juré l'âme de son père qu'il ferait payer cher à la ville cette trahison. Les bourgeois, fort effrayés, auraient voulu se rendre. Mais les capitaines français les en empêchèrent. Cependant le prince ayant fait miner une partie des murailles, les fit sauter et entra par la brèche. Il était trop malade pour chevaucher, mais il se faisait traîner dans un chariot. Il avait donné ordre de tuer tout, hommes, femmes et enfants. Il se donna le spectacle de cette boucherie. « Il n'est si dur cœur que, s'il fut adonc en la cité de Limoges, et il lui souvint de Dieu qui n'en pleurât tendrement. » Le prince de Galles ne s'en souvint pas. Cet homme blême et malade, qui était si près de rendre compte, ce mourant ne pouvait se rassasier de voir des morts. Des femmes, des enfants, se jetaient à genoux sur son passage, en criant : « Grâce; grâce, gentil Sire ! » Il n'écoutait rien. Il n'épargna que l'évêque, c'est-à-dire le seul coupable, et trois chevaliers français qui lui plurent pour s'être défendus à outrance.

Cette extermination de Limoges, qui rendit le nom anglais exécrable en France, apprit aux villes à se bien défendre. C'était un adieu à l'ennemi. Il traitait le pays comme la terre d'un autre, comme n'y comptant pas revenir. Peu après, se sentant plus malade, le prince se laissa persuader par les médecins d'aller respirer le brouillard natal, et se fit embarquer pour Londres. Son frère, le duc de Lancastre, commençait sans doute à lui porter ombrage. Le prince de Galles, qui ne pouvait espérer de succéder, voulait au moins assurer le trône à son fils.

Le roi fit plaisir à tout le royaume en nommant Duguesclin connétable. Le petit chevalier breton, investi de cette première dignité du royaume, mangea à la table du roi, distinction faite pour étonner, quand on voit, dans Christine de Pisan, que le cérémonial de France était que le roi fût servi à table par ses frères.

Le nouveau connétable entendait seul la guerre qu'il fallait faire à l'Anglais. Les batailles étaient impossibles ; les imaginations étaient frappées depuis Crécy et Poitiers. Chose bizarre, les Français, qui sous Duguesclin forcèrent les Anglais dans plusieurs places, hésitaient à rencontrer en plaine ceux auxquels ils ne craignaient pas de donner assaut. Il leur fallait être tout au moins en nombre double. Ils commencèrent à se rassurer lorsque Duguesclin, suivant l'armée de Knolles dans sa retraite, enleva deux cents Anglais avec quatre cents Français.

Ce qui servait Charles V mieux que Duguesclin, mieux que tout le monde, c'était la folie des Anglais, le vertige qui les poussait de faute en faute. Ils firent déclarer pour eux le duc de Bretagne. Mais la Bretagne était contre. Ils se trouvèrent avoir provoqué la ruine de Montfort, qu'ils avaient établi avec tant de peine. Les Bretons chassèrent leur duc.

L'alliance de Castille avait jusque-là peu servi Charles V. Les Anglais se chargèrent de la resserrer, de la rendre efficace. Le duc de Lancastre, dans son ambition extravagante, épousa la fille aînée de don Pèdre ; le comte de Cambridge épousa sa seconde fille. C'était une infatuation inouïe, incroyable. L'Angleterre, qui n'avait pu conquérir la France, entreprenait de plus la conquête de l'Espagne.

Le résultat de cette nouvelle imprudence fut de donner une flotte aux Français. Le roi de Castille, menacé par ce mariage, envoya une armée navale à Charles V. Les gros vaisseaux espagnols, chargés d'artillerie, accablèrent devant La Rochelle les petits vaisseaux des Anglais, leurs archers. La Rochelle applaudit et chassa les vaincus. Elle se donna, mais avec bonnes réserves et sous condition, de manière à rester une république sous le roi.

Ce grand événement entraîna tout le Poitou. Édouard et le prince de Galles, le vieillard et le malade, montèrent pourtant en mer et essayèrent de venir au secours. La mer ne voulait plus d'eux. Elle les ramena, bon gré mal gré, en Angleterre. Thouars succomba. Duguesclin battit ce qui restait d'Anglais à Chizey. La Bretagne suivit : ce fut l'affaire de quelques sièges. Le seul capitaine qui restât aux Anglais était un Gascon, le captal de Buch ; l'un des meilleurs qu'eussent les Français était un Gallois, un descendant des princes de Galles qui vengeait ses aïeux en servant la France. Le Gallois prit le Gascon : Charles V garda précieusement à la Tour du Temple cet important prisonnier, sans lui permettre de se racheter jamais.

Le second fils d'Édouard III, le duc de Lancastre, tige de cette ambitieuse branche de Lancastre qui fit la gloire et le malheur de l'Angleterre au XVe siècle, avait pris le titre de roi de Castille. Il se fit nommer capitaine général du roi d'Angleterre en France, son lieutenant dans l'Aquitaine, où les Anglais n'avaient presque plus rien. Il y a une telle force d'orgueil dans le caractère anglais, une passion si opiniâtre, qu'après tant d'hommes et d'argent joués et perdus, ils firent une mise nouvelle pour regagner le tout. Ils trouvèrent encore une grande armée à donner à leur capitaine d'Aquitaine. Débarqué à Calais, Lancastre traversa la France, sans trouver rien à faire, ni bataille à livrer, ni ville à prendre : tout était fermé, en défense. Les Anglais ne purent rançonner que quelques villages. Tant qu'ils furent dans le Nord, les vivres abondaient : « Ils dînaient tous les jours splendidement. » Mais dès qu'ils furent dans l'Auvergne, ils ne trouvèrent plus ni vivres, ni fourrages. La faim, les maladies firent dans l'armée des ravages terribles. Ils étaient partis de Calais avec trente mille chevaux ; ils arrivèrent à pied en Guyenne ; c'était une armée de mendiants ; ils demandaient de porte en porte leur pain aux Français.

L'arrivée de cette armée à Bordeaux eut pourtant un effet. Les Gascons, qui n'étaient plus Anglais et qui n'étaient pas pressés de devenir Français, s'enhardirent, et déclarèrent au connétable de France qu'ils feraient hommage à celui des deux partis qui battrait l'autre. Il fut convenu qu'une bataille serait livrée le 15 avril à Moissac. Puis les Anglais l'ajournèrent au 15 août ; puis ils demandèrent qu'elle eût lieu près de Calais. Les actes n'ayant pas été conservés, on ne sait trop ce qui fut convenu. Au 15 août, les Français se rendirent à Moissac, s'y rangèrent en bataille, attendirent et ne virent personne. Alors ils forcèrent les Gascons de tenir parole. Il ne resta aux Anglais en France que Calais, Bayonne et Bordeaux (1374).

Cet effort qui n'avait abouti à rien, ce coup donné en l'air, leur fit beaucoup de mal. L'épuisement qui suivit fut tel qu'Édouard accepta la médiation du pape qu'il avait tant de fois refusée. Le grondement du peuple devenait formidable au roi. Ce rude dogue, qu'on avait mené si longtemps par l'appât d'une proie qui reculait toujours, commençait à faire mine de se jeter sur son maître. On avait eu une peine incroyable à faire aimer la guerre à l'Angleterre. Elle était déjà lasse à la bataille de Crécy. Lorsque le chancelier demandait aux gens des communes, pour les piquer d'honneur : « Quoi donc ? voudriez-vous d'une paix perpétuelle ? » Ils répondaient naïvement : « Oui, certes, nous l'accepterions. » On leur fit croire ensuite que tout serait fini avec la prise de Calais. Puis vint la victoire de Poitiers, qui leur tourna la tête. Ils se figuraient que la rançon du roi de France les dispenserait à jamais de payer l'impôt. Après, on les amusa avec l'Espagne, avec les fameux trésors cachés de don Pèdre. L'argent d'Espagne ne venant pas, on leur persuada qu'on prendrait l'Espagne elle-même.

En 1376, ils firent leurs comptes, et virent qu'ils n'avaient rien, ni argent, ni Espagne, ni France. Leur mauvaise humeur fut extrême. Ils s'en prirent au roi, au duc de Lancastre, qui avait alors la principale influence. Son frère aîné, le prince de Galles, tout malade qu'il était, se montrait favorable à l'opposition. Le Parlement de 1376, appelé *le bon Parlement,* ne se laissa plus mener par des mots. Il demanda ce qu'était devenu tant d'argent, ces subsides, ces rançons de France et d'Écosse. Il attaqua brutalement Édouard, dévoila sans pitié les faiblesses royales, le poursuivit dans son intérieur, dans sa chambre à coucher.

Le vieux roi était gouverné par une jeune femme mariée, Alice Perrers, femme de chambre de la reine, belle, hardie, impudente. La pauvre reine, qui voyait tout, avait fait en mourant cette prière au roi : « Qu'il voulût bien se faire enterrer près d'elle à Westminster » espérant l'avoir à elle, au moins dans la mort.

Les joyaux de la reine furent donnés à Alice. La créature se faisait donner, prenait ou volait. Elle vendait des places, des jugements même. Elle allait de sa personne au banc du roi solliciter des causes. Les juges d'Église, les docteurs en droit canon, étaient exposés dans leurs jugements à voir la belle Alice venir hardiment leur parler à l'oreille. Le Parlement somma le roi d'éloigner cette femme et d'autres mauvais conseillers.

Le prince de Galles mourut, laissant un fils tout jeune. Le duc de Lancastre, entre ce neveu enfant et son vieux père, se trouvait effectivement roi. Les conseillers revinrent. Le vote d'une grosse taxe fut extorqué au Parlement. Le duc, qui avait besoin de bien d'autres ressources pour sa future conquête d'Espagne, se préparait à mettre la main sur les biens du clergé. Déjà il avait lancé contre les prêtres le fameux prédicateur Wicleff ; il le soutenait, avec tous les grands seigneurs, contre l'évêque de Londres. Les gens de Londres, sur un mot insolent de Lancastre contre leur évêque, se soulevèrent, et faillirent mettre le duc en pièces.

Pendant tout ce bruit, le vieil Édouard III se mourait à Etlham, abandonné à la merci de son Alice. Elle le trompait jusqu'au bout, restant près de son lit, le flattant d'un prochain rétablissement, l'empêchant de songer à son salut. Dès qu'il perdit la parole, elle lui arracha ses anneaux des doigts, et le laissa là.

Le fils et le père étaient morts à un an de distance. Ces deux noms, auxquels se rattachent de tels événements, sont peut-être encore les plus chers souvenirs de l'Angleterre. Quoique le prince ait dû en grande partie à Jean Chandos ses victoires de Poiters et de Najara, quoique son orgueil ait soulevé les Gascons et armé la Castille contre l'Angleterre, peu d'hommes méritèrent mieux la reconnaissance de leur pays. Nous-mêmes, à qui il a fait tant de mal, nous ne pouvons voir sans respect, à Kenterbury, la cotte d'armes du grand ennemi de la France. Ce mauvais haillon de peau piquée des vers éclate entre tous les riches écussons dont l'église est parée. Il a survécu cinq cents ans au noble cœur qu'il couvrait.

Dès que le roi de France apprit la mort d'Édouard, il dit que c'était là un glorieux règne et qu'un tel prince méritait mémoire entre les preux. Il assembla nombre de prélats et de seigneurs, et fit faire un service à la Sainte-Chapelle. En Angleterre, les funérailles furent troublées. Quatre jours après la mort d'Édouard, la flotte de Castille, chargée des troupes de France, courut toute la côte en brûlant des villes : Wigth, Rye, Yarmouth, Darmouth, Plymouth et Winchelsea. Jamais, du vivant d'Édouard et du prince de Galles, l'Angleterre n'avait éprouvé un pareil désastre.

De toutes parts, le roi de France faisait une guerre de négociations. Depuis cinq ans, il empêchait le mariage d'un fils d'Édouard avec l'héritière de Flandre, par défaut de dispense papale ; il obtint sans difficulté cette dispense pour son frère, le duc de Bourgogne, parent de la jeune comtesse au même degré. Le père ne voulait pas de ce mariage, non plus que les villes de Flandre. Mais la grand-mère, comtesse d'Artois et de Franche-Comté, fit dire à son fils, le comte de Flandre, qu'elle le déshéritait s'il ne donnait sa fille au prince français. Le mariage se fit pour le désespoir du prince d'Angleterre, qui voyait cette immense succession prête à échoir à la maison de France. La France, mutilée à l'ouest, se formait sa vaste ceinture de l'est et du nord.

Cet échec et ceux que les Anglais éprouvèrent encore près de Bordeaux allaient les décider à faire ce qu'ils auraient dû faire tout d'abord, à s'unir avec le roi de Navarre. Ils lui auraient donné Bayonne et le pays voisin, il eût été leur lieutenant en Aquitaine. Le Navarrais, plus fin qu'habile, envoyait son fils à Paris pour mieux tromper le roi, tandis qu'il traitait avec les Anglais. Il lui advint comme à Louis XI à Péronne. Sa finesse le mena au piège. Le roi lui garda son fils, lui reprit Montpellier et saisit son comté d'Evreux. On prit son lieutenant Dutertre, son conseiller Du Rue qui, dit-on, était venu empoisonner le roi. On accusait Charles le Mauvais d'avoir empoisonné déjà la reine de France, la reine de Navarre et d'autres encore. Tout cela n'était pas invraisemblable : ce petit prince, exaspéré par ses longs malheurs, pouvait essayer de reprendre par le crime et la ruse ce que la force lui avait ôté. Il avait sujet de haïr les siens autant que l'ennemi. Sa femme le trompait pour le brave capitaine gascon des Anglais, le captal de Buch. Du Rue avoua seulement que Charles le Mauvais comptait empoisonner le roi par le moyen d'un jeune médecin de Chypre, qui pouvait s'introduire aisément près de Charles V et lui plaire « parce qu'il parloit beau latin, et étoit fort argumentatif ». Dutertre et Du Rue furent exécutés. Charles V tira de ce procès l'avantage d'avilir, de déshonorer le roi de Navarre, de lui faire une réputation d'empoisonneur, de tuer ainsi ses prétentions au trône de France.

Charles le Mauvais perdit tout dans le Nord, excepté Cherbourg. Au Midi, les Castillans le menaçaient. Il eût perdu la Navarre même, si les Anglais n'étaient venus à son secours. Les Gascons y aidèrent les Anglais. Ceux-ci essayèrent ensuite de prendre Saint-Malo, et n'y réussirent pas plus que les Français à prendre Cherbourg. Tout ce grand mouvement de guerre n'aboutit encore à rien. Le roi de France ne put être forcé ni à combattre, ni à rendre ; il resta les mains garnies.

L'habileté de Charles V et l'affaiblissement des autres États avaient relevé la France, au moins dans l'opinion. Toute la chrétienté regardait de nouveau vers elle. Le pape, la Castille, l'Écosse, regardaient le roi comme un protecteur. Frère du futur comte de Flandre, allié des Visconti, il voyait les rois d'Aragon, de Hongrie, ambitionner son alliance. Il recevait les ambassades lointaines du roi de Chypre, du soudan de Bagdad, qui s'adressaient à lui, comme au premier prince des Francs. L'empereur même lui rendit une sorte d'hommage en le visitant à Paris. Après avoir aliéné les droits de l'Empire en Allemagne et en Italie, il venait donner au dauphin le titre du royaume d'Arles.

La subite restauration du royaume de France était un miracle que chacun voulait voir. De toutes parts on venait admirer ce prince qui avait tant enduré, qui avait vaincu à force de ne pas combattre, cette patience de Job, cette sagesse de Salomon. Le XIVe siècle se désabusait de la chevalerie, des folies héroïques, pour révérer en Charles V le héros de la patience et de la ruse.

Ce prince naturellement économe, ce roi d'un peuple ruiné, étonnait les étrangers de la multitude de ses constructions. Il élevait autour de Paris des maisons dites de plaisance, Melun, Beauté, Saint-Germain ; mais toute maison alors était un fort. Il donnait à la ville un nouveau pont (Pont-Neuf), des murs, des portes, une bonne bastille. Il ne se fiait guère qu'aux murailles.

Près de sa bastille, il avait construit, étendu, aménagé, avec le luxe d'un roi et les recherches d'un malade, le vaste hôtel Saint-Paul. La magnificence de cette demeure, la splendide hospitalité qu'y trouvaient les princes et les seigneurs étrangers, faisaient illusion sur l'état du royaume. Le sire de la Rivière, l'aimable et subtil conseiller de Charles V, le gentilhomme accompli de ce temps, en faisait les honneurs. Il leur montrait la noble demeure de son maître, ces galeries, ces bibliothèques, ces buffets chargés d'or, et ils l'appelaient *le riche roi*.

« L'eure de son descouchier au matin estoit comme de six à sept heures. Donnoit audience mesmes aux mendres, de hardiement deviser à luy. Après, luy pigné, vestu et ordonné... on lui apportoit son breviaire ; environ huit heures du jour aloit à la messe ; à l'issue de sa chapelle, toutes manières de gens povoient bailier leurs requêtes. Après ce, aux jours députez à ce, aloit au conseil, après lequel... environ dix heures asseoit à table... A l'exemple de David, instruments bas oyait volontiers à la fin de ses mangiers.

« Luy levé de table, à la colacion, vers lui povoyent aler toutes manières d'estrangiers. Là luy estoient apportées nouvelles de toutes manières de pays ou des aventures de ses guerres... pendant l'espace de deux heures ; après aloit reposer une heure. Après son dormir, estoit un espace avec ses plus privés en esbatement, visitant joyauls ou autres richeces. Puis aloit à vespres. Après... entroit en été en ses jardins, où marchands venoient apporter velours, draps d'or, etc. En hyver s'occupoit souvent à oyr lire de diverses belles ystoires de la sainte Escripture, ou des faits des romans ou moralitez de philosophes et d'autres sciences, jusques à heures de soupper, auquel s'asseoit d'assez bonne heure, après lequel une pièce s'esbatoit, puis se retrayoit. Pour obvyer à vaines et vagues parolles et pensées, avoit (au dîner de la reine) un prud'homme en estant au bout de table, qui, sans cesser, disoit gestes de mœurs virtueux d'aucuns bons treppassez. »

Les philosophes avec lesquels le roi aimait à s'entretenir étaient ses astrologues. Son astrologue en titre, un Italien, Thomas de Pisan, avait été appelé tout exprès de Bologne ; le roi lui donnait cent livres par mois. Ces gens, quels que fussent leurs moyens de prévoir, ne se trompaient pas trop. Ils étaient pleins de finesse et de sagacité. Charles V donna un astrologue à Duguesclin en lui remettant l'épée de connétable.

Le peu que nous savons de Charles V, de ses jugements, de ses paroles, indique, comme tout son règne, une douce et froide sagesse, peut-être aussi quelque indifférence au bien et au mal. « Considérant, dit son historien femelle, la fragilité humaine, il ne permit jamais aux maris d'*emmurer* leurs femmes pour méfaits de corps, quoiqu'il en fust maintes fois supplié. » Il surprit trois fois son barbier en flagrant délit de vol et la main dans la poche, sans se fâcher ni le punir.

Charles V est peut-être le premier roi, chez cette nation jusque-là si légère, qui ait su préparer de loin un succès, le premier qui ait compris l'influence loitaine et lente, mais dès lors réelle, des livres sur les affaires. Le prieur Honoré Bonnor écrivit par son ordre, sous le titre bizarre de *L'Arbre des Batailles*, le premier essai sur le droit de la paix et de la guerre. Son avocat général, Raoul de Presles, lui mettait la Bible en langue vulgaire, tant d'années avant Luther et Calvin. Son ancien précepteur, Nicolas Oresme, traduisait l'autre Bible du temps, Aristote. Oresme, Raoul de Presles, Philippe de Maizières, travaillaient, peut-être à frais communs, à ces grands livres du *Songe du Verger,* du *Songe du Vieux Pèlerin,* sortes de romans encyclopédiques où toutes les questions du temps étaient traitées, et qui préparaient l'abaissement de la puissance spirituelle et la confiscation des biens d'Église. C'est ainsi qu'au XVIe siècle, Pithou, Passerat et quelques autres travaillèrent ensemble à la Ménippée.

Les dépenses croissaient, le peuple était ruiné ; l'Église seule pouvait payer. C'était là toute la pensée du XIVe siècle. En Angleterre, le duc de Lancastre essaya, pour brusquer la chose, de Wicleff et des Lollards, et faillit bouleverser le royaume. En France, Charles V la préparait avec une habile lenteur. Elle pressait pourtant. L'apparente restauration de la France ne pouvait tromper le roi. Il ne vivait que d'expédients. Il avait été obligé de payer les juges avec les amendes mêmes qu'ils prononçaient, de vendre l'impunité aux usuriers, de se mettre entre les mains des juifs. Conformément aux privilèges monstrueux que Jean leur avait vendus pour payer sa rançon, ils étaient quittes d'impôts, exempts de toute juridiction, sauf celle d'un prince de sang, nommé gardien de leurs privilèges. Nuls *lettres royaux* n'avaient force contre eux. Ils promettaient de n'exiger par semaine que quatre deniers par livre d'intérêt. Mais en même temps, ils devaient être crus contre leurs débiteurs de tout ce qu'ils jureraient.

Le prince, leur *protecteur,* devait les aider dans le recouvrement de leurs créances, c'est-à-dire que le roi se faisait recors pour les juifs, afin de partager. L'argent extorqué par de tels moyens coûtait au peuple bien plus qu'il ne rendait au roi.

Il fallait bien passer entre les mains du juif, ne pouvant dépouiller le prêtre. Le juif, le prêtre, avaient seuls de l'argent. Il n'y avait encore ni production de la richesse par l'industrie, ni circulation par le commerce. La richesse, c'était le trésor ; trésor caché du juif, sourdement nourri par l'usure ; trésor du prêtre, trop visible dans les églises, dans les biens de l'Église.

La tentation était forte pour Charles V, mais la difficulté était grande aussi; les prêtres avaient été ses plus zélés auxiliaires contre l'Anglais. Ils lui avaient en grande partie livré l'Aquitaine, comme ils la donnèrent jadis à Clovis.

Il y avait deux sujets de querelle entre la puissance spirituelle et la temporelle, l'argent et la juridiction. La question de juridiction elle-même rentrait en grande partie dans celle d'argent, car la justice se payait.

Les premières plaintes contre le clergé partent des seigneurs et non des rois (1205). Les seigneurs, comme fondateurs et patrons des églises, étaient bien plus directement intéressés dans la question. Sous Saint Louis, ils forment une confédération contre le clergé, décident de combien chacun doit contribuer pour soutenir cette espèce de guerre, se nomment des représentants pour prêter main-forte à ceux d'entre eux qui seraient frappés de sentences ecclésiastiques. Dans la fameuse pragmatique de Saint Louis (1270), acte jusqu'ici peu compris, le roi demande que les élections ecclésiastiques soient libres, c'est-à-dire laissées à l'influence royale et féodale.

Philippe le Bel eut les seigneurs pour lui dans sa lutte contre le pape. Ils formèrent une nouvelle confédération féodale qui effraya les évêques et livra au roi l'Église de France. L'accord de cette Église lui livra la papauté elle-même. Cependant, au commencement et à la fin de son règne, Philippe le Bel frappa deux coups d'une impartialité hardie, la maltôte, qui atteignit les nobles et les prêtres aussi bien que les bourgeois, la suppression du Temple, de la chevalerie ecclésiastique.

La royauté triomphante sous Philippe de Valois se fit donner par le pape tout ce qu'elle voulait sur les revenus de l'Église de France. Elle eut même la prétention de lever les décimes de la croisade sur toute la chrétienté. En dédommagement des décimes, régales, etc., les Églises cherchaient à augmenter les profits de leurs justices, à empiéter sur les juridictions laïques, seigneuriales et royales. Le roi parut vouloir y porter remède. Le 22 décembre 1329 eut lieu par-devant lui, au Château de Vincennes, une solennelle plaidoirie entre l'avocat Pierre Cugnières et Pierre du Roger, archevêque de Sens. Le premier soutenait les droits du roi et des seigneurs. Le second défendait ceux du clergé. Celui-ci parla sur le texte : *Deum timete ; regem honorificate* et il ramena ce précepte aux quatre suivants : « Servir Dieu dévotement ; lui donner largement ; honorer sa gent dûment ; lui rendre le sien entièrement. »

Je serais porté à croire que toute cette dispute ne fut qu'une satisfaction donnée par le roi aux seigneurs. Il la termina en disant que, bien loin de diminuer les privilèges de l'Église, il les augmenterait plutôt. Seulement, il établit par une ordonnance son droit de régales sur les bénéfices vacants (1334). Des deux avocats, celui du clergé devint pape ; celui du roi et des seigneurs fut, dit un grave historien, universellement sifflé : son nom resta le synonyme d'un mauvais ergoteur. Et ce ne fut pas tout. Il y avait à Notre-Dame une figure grotesque de damné, comme on voit ailleurs Dagobert tiraillé par les diables ; cette figure laide et camuse fut appelée : *M. Pierre du Coignet.* Toute la gent cléricale, sous-diacres, sacristains, bedeaux, enfants de chœur, plantaient leurs bougies sur le nez du pauvre diable, ou, pour éteindre leurs cierges, lui en frappaient la face. Il endura quatre cents ans cette vengeance de sacristie.

Les Églises étaient entre l'enclume et le marteau, entre le roi et le pape. Quand un évêché vacant avait payé au roi pendant un an ou plus *les régales* de la vacance, le nouvel élu payait au pape l'*annate,* ou première année de revenu.

Une autre chose dont se plaignaient le plus les seigneurs patrons de l'Église, et les chanoines ou moines qui concouraient aux élections, c'est ce qu'on appelait les Réserves. Le pape arrêtait d'un mot l'élection ; il déclarait qu'il s'était réservé de nommer à tel évêché, à telle abbaye. Ces réserves, qui donnaient souvent un pasteur italien ou français à une Église d'Angleterre, d'Allemagne, d'Espagne, étaient fort odieuses. Cependant, elles avaient souvent l'avantage de soustraire les grands sièges aux stupides influences féodales, qui n'y auraient guère porté que des sujets indignes, des cadets, des cousins des seigneurs. Les papes prenaient quelquefois au fond d'un couvent ou dans la poussière des universités un docte et habile clerc pour le faire évêque, archevêque, primat des Gaules ou de l'Empire.

Les papes d'Avignon n'eurent pas pour la plupart cette haute politique. Pauvres serviteurs du roi de France, ils laissaient la papauté devenir ce qu'elle pouvait. Ils ne voyaient dans les Réserves qu'un moyen de vendre des places, de faire de la simonie en grand. Jean XXII déclara effrontément qu'en haine de la simonie, il se réservait tous les bénéfices vacants dans la chrétienté la première année de son pontificat. Ce fils d'un savetier de Cahors laissa en mourant un trésor de vingt-cinq millions de ducats. Les hommes du temps crurent qu'il avait trouvé la pierre philosophale.

Benoît XII était si effrayé de l'état où il voyait l'Église, des intrigues et de la corruption dont il était assiégé, qu'il aimait mieux laisser les bénéfices vacants, il se réservait les nominations et ne nommait personne. Lui mort, le torrent reprit son cours. A l'élection du prodigue et mondain Clément VI, on assure que plus de cent mille clercs vinrent à Avignon acheter des bénéfices.

Il faut lire les douloureuses lamentations de Pétrarque sur l'état de l'Église, ses invectives contre la Babylone d'Occident. C'est tout à la fois Juvénal et Jérémie. Avignon est pour lui un autre labyrinthe, mais sans Ariane, sans fil libérateur ; il y trouve la cruauté de Minos et l'infamie du Minotaure. Il peint avec dégoût les vieilles amours des princes de l'Église, ces mignons à tête blanche... Mille histoires scandaleuses couraient. Le conte absurde de la papesse Jeanne devint vraisemblable.

L'érudite indignation de Pétrarque pouvait inspirer quelque défiance. Un jugement plus imposant pour le peuple était celui de sainte Brigitte et des deux saintes Catherine. La première fait dire par Jésus même ces paroles au pape d'Avignon : « Meurtrier des âmes, pire que Pilate et Judas ! Judas n'a vendu que moi. Toi, tu vends encore les âmes de mes élus. »

Les papes qui suivirent Clément VI furent moins souillés, mais plus ambitieux. Ils rendirent l'Église conquérante, désolèrent l'Italie. Clément avait acheté Avignon à la reine Jeanne en l'absolvant du meurtre de son mari. Ses successeurs, avec l'aide des Compagnies, reprirent tout le patrimoine de saint Pierre. Cette association du pape avec les brigands anglais et bretons porta au comble l'exaspération des Italiens. La guerre devint atroce, pleine d'outrage et de barbarie. Les Visconti donnèrent le choix aux légats qui leur apportaient l'excommunication, de se laisser noyer ou de manger la bulle. A Milan, on jetait les prêtres dans les fours allumés ; à Florence, on voulait les enterrer vifs. Les papes sentirent que l'Italie leur échapperait s'ils ne quittaient Avignon.

Ils tenaient moins sans doute à cette ville, depuis qu'ils y avaient été rançonnés par les Compagnies. L'abaissement de la France les laissait libres de choisir leur séjour. Urbain V, le meilleur de ces papes, essaya de se fixer à Rome. Il y alla et n'y put rester. Grégoire s'y établit et y mourut.

A sa mort, les Français avaient dans le conclave une majorité rassurante. Cependant, ce conclave se tenait à Rome. les cardinaux entendaient un peuple furieux crier autour d'eux : *Romano la volemo o almanco italiano.* De seize cardinaux qui entrèrent au conclave, il n'y avait que quatre italiens et un Espagnol, onze étaient Français. Les Français étaient divisés. Deux des derniers papes, qui étaient Limousins, avaient fait plusieurs cardinaux de leur province. Ces Limousins, voyant que les autres Français les excluaient de la papauté, s'unirent aux Italiens, et nommèrent un Italien, qu'ils croyaient du reste dévoué à la France, le Calabrois Bartolemeo Prignani.

Il advint, comme à l'élection de Clément V, tout le contraire de ce qu'on avait attendu, mais cette fois au préjudice de la France. Urbain VI, homme de soixante ans, jusque-là considéré comme fort modéré, sembla avoir perdu l'église dès qu'il fut pape. Il voulait, disait-il, réformer l'Église, mais il commençait par les cardinaux, prétendant entre autres choses, les réduire à n'avoir qu'un plat sur leur table. Ils se sauvèrent, déclarèrent que l'élection avait été contrainte, et firent un autre pape. Ils choisirent un grand seigneur, Robert de Genève, fils du comte de Genève, qui avait montré dans les guerres de l'Église beaucoup d'audace et de férocité. Ils l'appelèrent Clément VII, sans doute en mémoire de Clément VI, un des papes les plus prodigues et les plus mondains qui aient déshonoré l'Église. De concert avec la reine Jeanne de Naples, contre laquelle Urbain s'était déclaré, Clément et ses cardinaux prirent à leur solde une compagnie de Bretons qui rôdait en Italie. Mais ces Bretons furent défaits par Barbiano, un brave *condottiere* qui avait formé la première compagnie italienne contre les compagnies étrangères. Clément se sauva en France, à Avignon. Voilà deux papes, l'un à Avignon, l'autre à Rome, se bravant et s'excommuniant l'un l'autre.

On ne pouvait attendre que la France et les États qui en suivaient alors l'impulsion (Écosse, Navarre et Castille) se laisseraient facilement déposséder de la papauté. Charles V reconnut Clément. Il pensa sans doute que, quand même toute l'Europe eût été pour Urbain, il valait mieux pour lui avoir un pape français, une sorte de patriarche dont il disposât. Cette politique égoïste lui fut amèrement reprochée. On considéra tous les malheurs qui suivirent, la folie de Charles VI, les victoires des Anglais, comme une punition du Ciel.

On assure que les cardinaux français avaient eu d'abord l'idée de faire pape Charles V lui-même. Il aurait refusé, comme infirme d'un bras, et ne pouvant célébrer la messe.

Ce ne fut pas sans peine que le roi amena l'Université à se décider en faveur de Clément. Les Facultés de droit et de médecine étaient sans difficulté pour le pape du roi. Mais celle des *arts*, composée de quatre nations, ne s'accordait pas avec elle-même. Les nations française et normande étaient pour Clément VII ; la Picardie et l'anglaise demandaient la neutralité. L'Université, ne pouvant arriver à un vote unanime, suppliait qu'on lui donnât du temps. Le roi prit tout sur lui. Il écrivit de Beauté-sur-Marne qu'il avait des informations suffisantes : « Le pape Clément VII est vray pasteur de l'Église universelle... Se vous mettez ce en refus ou délay, vous nous ferez déplaisir. »

Charles V agit en cette occasion avec une vivacité qui ne lui était pas ordinaire. Il semble qu'il ait été honteux et aigri de n'avoir pas prévu.

Il aurait bien voulu gagner à son pape la Flandre, et par elle l'Angleterre. Il fit dire au comte de Flandre qu'Urbain parlait fort mal des Anglais, qu'il avait dit que, d'après leur conduite à l'égard du Saint-Siège, il les tenait pour hérétiques. La Flandre et l'Angleterre n'en reconnurent pas moins le pape de Rome en haine de celui d'Avignon. Urbain avait déjà l'Italie. L'Allemagne, la Hongrie, l'Aragon, embrassèrent son parti. Les deux saintes populaires, sainte Catherine de Sienne et sainte Catherine de Suède, le reconnurent, ainsi que l'infant Pierre d'Aragon, qu'on tenait aussi pour un saint homme. On demanda, chose inouïe, une consultation au plus fameux jurisconsulte du temps sur l'élection du pape ; Baldus décida que l'élection d'Urbain était bonne et valable, disant, avec assez d'apparence, que, si l'élection avait pu être contrainte, les cardinaux n'en étaient pas moins revenus d'eux-mêmes après le tumulte et qu'ils avaient intronisé Urbain en pleine liberté.

Un événement impossible à prévoir avait mis presque toute la chrétienté en opposition avec la France. La fortune s'était jouée de la sagesse. La reine Jeanne de Naples, cousine et alliée du roi, fut peu après déposée par Urbain, renversée par son fils adoptif Charles de Duras, étranglée en punition d'un crime qui datait de trente-cinq ans.

Toute l'Europe remuait. Le mouvement était partout ; mais les causes infiniment diverses. Les Lollards d'Angleterre semblaient mettre en péril l'Église, la royauté, la propriété même. A Florence, les Ciompi faisaient leur révolution démocratique. La France elle-même semblait échapper à Charles V. Trois provinces, les plus excentriques, mais les plus vitales peut-être, se révoltèrent.

Le Languedoc éclata d'abord. Charles V, préoccupé du Nord et regardant toujours vers l'Angleterre, avait fait d'un de ses frères une sorte de roi du Languedoc. Il avait confié cette province au duc d'Anjou. Par le duc d'Anjou, il semblait près d'atteindre l'Aragon et Naples, tandis que par son autre frère, le duc de Bourgogne, il allait occuper la Flandre. Mais la France, misérablement ruinée, n'était guère capable de conquêtes lointaines. La fiscalité, si dure alors dans tout le royaume, devint en Languedoc une atroce tyrannie. Ces riches municipes du Midi, qui ne prospéraient que par le commerce et la liberté, furent *taillés* sans merci comme l'eût été un fief du Nord. Le prince féodal ne voulait rien comprendre à leurs privilèges. Il lui fallait au plus vite de l'argent pour envahir l'Espagne et l'Italie, pour recommencer les fameuses victoires de Charles d'Anjou.

Nîmes se souleva (1378), mais, se voyant seule, elle se soumit. Le duc d'Anjou aggrava encore les impôts. Il mit, au mois de mars 1379, un monstrueux droit de cinq francs et dix gros sur chaque feu. Au mois d'octobre, nouvelle taxe de douze francs d'or par an, d'un franc par mois. Pour celle-ci, la levée en était impossible. La province était tellement ruinée, qu'en trente ans la population se trouvait réduite de cent mille familles à trente mille. Les consuls de Montpellier refusèrent de percevoir le dernier impôt. Le peuple massacra les gens du duc d'Anjou. Clermont-Lodève en fit autant. Mais les autres villes ne bougèrent. Les gens de Montpellier, effrayés, reçurent le prince à genoux, et attendirent ce qu'il déciderait de leur sort. La sentence fut effroyable. Deux cents citoyens devaient être brûlés vifs, deux cents pendus, deux cents décapités, dix-huit cents notés d'infamie et privés de tous leurs biens. Tous les autres étaient frappés d'amendes ruineuses.

On obtint avec peine du duc d'Anjou qu'il adoucît la sentence. Charles V sentit la nécessité de lui ôter le Languedoc. Il envoya des commissaires pour y réformer les abus. Au reste, dans les instructions qu'il leur donne, il n'y a pas trace d'un sentiment d'homme ou de roi. Il n'est préoccupé que des intérêts du fisc et du domaine : « Comme nous avons audit pays plusieurs terres labourables, vignes, forêts, moulins et autres héritages qui nous étaient ordinairement de grand revenu et profit ; lesquelles terres sont demeurées désertes parce que le peuple est si diminué par les mortalités, les guerres et autrement, qu'il n'est nul qui les puisse ou veuille labourer, ni tenir aux charges et redevances anciennes, nous voulons que nos conseillers puissent donner nos héritages à nouvelle charge, croître et diminuer l'ancienne. » Ils doivent aussi révoquer tous les dons, et s'informer de la conduite de tous les sénéchaux, capitaines, viguiers, etc.

La politique étroite, qui ne paraît que trop dans ces instructions, fit faire au roi une grande faute, la plus grande de son règne. Il arma contre lui la Bretagne. Ses meilleurs hommes de guerre étaient Bretons ; il les avait comblés de biens ; il croyait tenir en eux tout le pays. Ces mercenaires pourtant n'étaient pas la Bretagne. Eux-mêmes n'étaient plus aussi contents du roi. Il avait ordonné aux gens de guerre de payer désormais tout ce qu'ils prendraient. Il avait créé une maréchaussée pour réprimer leurs brigandages, des prévôts qui couraient le pays, jugeaient et pendaient.

Il n'aimait pas Clisson. Quoiqu'il l'ait désigné pour être connétable à la mort de Duguesclin, il eût préféré le sire de Coucy.

Un cousin de Duguesclin, le Breton Sévestre Budes, qui avait acquis beaucoup de réputation dans les guerre d'Italie, fut arrêté sur un soupçon par le pape français Clément VII, et livré par lui au bailli de Mâcon, qui le fit mourir, au grand chagrin de Duguesclin. Les parents du Breton étant venus se plaindre et, affirmant son innocence, le roi dit froidement : « S'il est mort innocent, la chose est moins fâcheuse pour vous autres ; c'est tant mieux pour son âme et pour votre honneur. »

Les Bretons étaient Français contre l'Angleterre, mais Bretons avant tout. Leur duc voulait les livrer aux Anglais, ils l'avaient chassé. Le roi voulant les réunir à la couronne, ils chassèrent le roi.

Le 5 avril 1378, Montfort s'était engagé à ouvrir aux Anglais le Château de Brest. Le 20 juin, le roi l'ajourna à comparaître en Parlement, puis le fit condamner par défaut. La procédure fut étrange. On assigna le duc à Rennes et à Nantes, tandis qu'il était en Flandre. On ne lui donna pas de sauf-conduit. Plusieurs pairs ne voulurent point siéger au jugement. Le roi parla lui-même contre son vassal et conclut à la confiscation. Si le duché était enlevé à Montfort, il aurait dû revenir à la maison de Blois, conformément au Traité de Guérande, que le roi avait garanti.

Dire à la vieille Bretagne que désormais elle ne serait plus qu'une province de France, une dépendance du domaine, c'était une chose hardie, et aussi une ingratitude, après ce que les Bretons avaient fait pour chasser l'Anglais. Le froid et égoïste prince ne connaissait pas évidemment le peuple auquel il avait affaire, et il ne pouvait le connaître ; il y a des ignorances sans remède, celles du cœur.

Les Bretons, nobles et paysans, étaient déjà mal disposés. Le connétable Duguesclin, dans ses guerres de Bretagne, n'avait pas ménagé ses compatriotes. Il les avait frappés d'un fouage de vingt sous par feu ; il avait défendu les affranchissements et rétabli la servitude de mainmorte, abolie par le duc. Le premier acte du gouvernement royal fut l'établissement de la gabelle. La Bretagne arma.

Les bourgeois armèrent comme les nobles. Ceux de Rennes s'associèrent expressément aux barons, et jurèrent de vivre et mourir pour la défense commune. Le duc, revenant d'Angleterre, fut accueilli avec transport par ceux même qui l'avaient chassé. On ne se souvint plus s'il était Blois ou Montfort. C'était le duc de Bretagne. Lorsqu'il débarqua près de Saint-Malo, tous les barons, tout le peuple l'attendaient sur le rivage ; plusieurs entrèrent dans l'eau et s'y mirent à genoux. Jeanne de Blois elle-même vint le féliciter à Dinan, la veuve de Charles de Blois, de celui qu'il avait tué.

Les meilleurs capitaines que le roi pouvait employer contre la Bretagne étaient des Bretons. Clisson parut devant Nantes ; mais il ne put s'empêcher de dire aux gens de la ville qu'ils feraient sagement de ne laisser entrer chez eux personne qui fût plus fort qu'eux. Duguesclin et Clisson se rendirent à l'armée que le duc d'Anjou rassemblait. Mais, à la première approche d'une troupe bretonne, cette armée se dissipa. Le duc d'Anjou fut réduit à demander une trêve.

Le roi voyait ses Bretons passer l'un après l'autre à l'ennemi. Ceux qui ne voulurent le quitter qu'avec son autorisation l'obtinrent sans difficulté ; mais à la frontière on les arrêtait pour les mettre à mort comme traîtres. Duguesclin lui-même, en butte aux soupçons du roi, lui renvoya l'épée de connétable, disant qu'il s'en allait en Espagne, qu'il était aussi connétable de Castille. Les ducs d'Anjou et de Bourbon furent envoyés pour l'apaiser, Charles V sentait bien qu'il ne pouvait rien faire sans lui. Mais le vieux capitaine était trop avisé pour aller se casser la tête contre cette furieuse Bretagne. Il valait mieux pour lui rester brouillé avec le roi et gagner du temps. Selon toute apparence, il ne consentit pas à reprendre l'épée de connétable. Ce fut comme ami du duc de Bourbon, et pour lui faire plaisir, qu'il alla assiéger dans le Château de Randon, près du Puy en Velay, une compagnie qui désolait le pays. Il y tomba malade et y mourut. On assure que le capitaine de la place, qui avait promis de se rendre dans quinze jours s'il n'était secouru, tint parole et vint mettre les clés sur le lit du mort. Cela n'est pas invraisemblable. Duguesclin avait été l'honneur des Compagnies, le père des soldats ; il faisait leur fortune, il se ruinait pour payer leurs rançons.

Les états de Bretagne négociaient avec le roi de France, le duc avec celui d'Angleterre. Charles V n'ayant voulu entendre à aucun arrangement, les Bretons laissèrent venir l'Anglais. Un frère de Richard II, comte de Buckingham, fut chargé de conduire une armée en Bretagne, mais en traversant le royaume par la Picardie, la Champagne, la Beauce, le Blaisois et le Maine. Charles V les laissa passer. Le duc de Bourgogne lui demanda en vain la permission de combattre. Duguesclin était mort le 13 juillet (1380). Le roi mourut le 16 septembre. Ce jour même, il abolit tout impôt non consenti par les états. C'était revenir au point d'où son règne avait commencé.

Il recommanda aussi en mourant de gagner à tout prix les Bretons. Il avait déjà ordonné que Duguesclin fût enterré à Saint-Denis, à côté de son tombeau. Son fidèle conseiller, le sire de La Rivière, le fut à ses pieds.

Ce prince était mort jeune (quarante-quatre ans), et n'avait rien fini. Une minorité commençait. Le schisme, la guerre de Bretagne, la révolte de Languedoc à peine assoupie, la révolution de Flandre dans toute sa force, c'étaient bien des embarras pour un jeune roi de douze ans.

Quoique Charles V eût déclaré par une ordonnance, dès 1374, que désormais les rois seraient majeurs à quatorze, son fils devait rester longtemps mineur, et même toute sa vie.

Charles V laissait deux choses, des places bien fortifiées et de l'argent. Après en avoir tant donné aux Anglais, aux Compagnies, il avait trouvé moyen d'amasser dix-sept millions. Il avait caché ce trésor à Vincennes, dans l'épaisseur d'un mur. Mais son fils n'en profita pas.

Le roi se croyait sûr des bourgeois. Il avait confirmé et augmenté les privilèges de toutes les villes qui quittaient le parti anglais. Il avait défendu que les hôtels de ses frères servissent d'asile aux criminels, et soumis ces hôtels à la juridiction du prévôt. Conformément aux remontrances du Parlement de Paris, il l'autorisa à rendre ses arrêts sans délai, nonobstant *tous lettres royaux à ce contraires*. Il permit aux bourgeois de Paris d'acquérir des fiefs au même titre que les nobles, et de porter les mêmes ornements que les chevaliers. Le roi créait ainsi au centre du royaume une noblesse roturière qui devait avilir l'autre en l'imitant. Toutes les terres de l'Ile-de-France allaient peu à peu se trouver entre des mains bourgeoises, c'est-à-dire dans la dépendance plus immédiate du roi.

Ces avantages lointains ne balançaient pas les maux présents. Le peuple n'en pouvait plus. Les taxes étaient d'autant plus fortes que le roi, dès le commencement de son règne, s'était sagement interdit toute altération des monnaies. Je ne sais si cette dernière forme d'impôt n'était même pas regrettée ; à une époque où il y avait peu de commerce, et où les rentes féodales se payaient généralement en nature, l'altération des monnaies frappait peu de personnes, et seulement les gens qui pouvaient perdre, par exemple les usuriers, juifs, Cahorsins, Lombards, ceux qui faisaient la banque de Rome ou d'Avignon. Les taxes, au contraire, ne touchaient pas ceux-ci, elles tombaient d'aplomb sur le pauvre.

Les biens d'Église pouvaient seuls venir au secours du peuple et du roi. Mais il fallait du temps avant qu'on osât y porter les mains.

Ce qui prouve combien le clergé avait encore de puissance c'est la facilité avec laquelle il avait chassé les Anglais des villes du Midi. Le roi de France, que les prêtres venaient de seconder si bien, devait y regarder à deux fois avant de se brouiller avec eux.

Le schisme mettait le pape d'Avignon entièrement à la discrétion du roi, et lui donnait, il est vrai, la libre disposition des bénéfices dans toute l'Église gallicane. Mais cet événement plaçait la France dans une situation périlleuse ; elle se trouvait en quelque sorte isolée au milieu de l'Europe, et comme hors du droit chrétien.

C'était beaucoup sans doute pour la royauté d'avoir, en deux siècles, concentré en ses mains les deux forces du Moyen Age, l'Église et la féodalité. Les dignités ecclésiastiques étaient désormais assurées aux serviteurs du roi, les fiefs réunis à la couronne ou devenus l'apanage des princes du sang. Les grandes maisons féodales, ces vivants symboles des grandes provincialités, s'étaient peu à peu éteintes. Les diversités du Moyen Age se fondaient dans l'unité. Mais l'unité était faible encore.

Si Charles V ne put faire beaucoup lui-même, il laissa du moins à la France le type du roi moderne, qu'elle ne connaissait pas. Il enseigna aux étourdis de Crécy et de Poitiers ce que c'était que réflexion, patience, persévérance. L'éducation devait être longue ; il y fallut bien des leçons. Mais au moins le but était marqué. La France devait s'y acheminer, lentement il est vrai, par Louis XI et par Henri IV, par Richelieu et par Colbert.

Dans les misères du XIVe siècle, elle commença à se mieux connaître elle-même. Elle sut d'abord qu'elle n'était pas et ne voulait pas être Anglaise. En même temps, elle perdait quelque chose du caractère religieux et chevaleresque qui l'avait confondue avec le reste de la chrétienté pendant tout le Moyen Age, et elle se voyait, pour la première fois, comme nation et comme prose. Elle atteignit du premier coup, dans

Froissart, la perfection de la prose narrative. Le progrès de la langue est immense de Joinville à Froissart, presque nul de Froissart à Comines.

Froissart, c'est vraiment la France d'alors, au fond toute prosaïque, mais chevaleresque de forme et gracieuse d'allure. Le galant chapelain, *qui desservit Mme Philippa de beaux récits et de lais d'amour,* nous conte son histoire aussi nonchalamment qu'il chantait sa messe.

D'amis ou d'ennemis, d'Anglais ou de Français, de bien ou de mal, le conteur ne se soucie guère. Ceux qui l'accusent de partialité ne le connaissent pas vraiment. S'il paraît quelquefois aimer mieux l'Anglais, c'est que l'Anglais réussit. Peu lui importe, pourvu que, de château en château, d'abbaye en abbaye, il conte et écoute de belles histoires, comme nous le voyons dans son voyage aux Pyrénées, cheminant, le joyeux prêtre, avec ses quatre lévriers en laisse, qu'il mène au comte de Foix.

Un livre bien moins connu, et sur lequel je m'arrêterais d'autant plus volontiers, c'est un traité composé pour l'usage du peuple des campagnes par ordre du roi : *Le Vrai Régime et Gouvernement des Bergers et Bergères, composé par le rustique Jehan de Brie, le bon berger* (1379). Dans ce petit livre, écrit avec grâce et beaucoup de douceur, on essaie de relever la vie des champs, d'y intéresser le paysan, découragé du travail après tant de calamités. Cela est fort touchant. C'est évidemment le roi qui se fait berger, et qui, sous cet habit, vient trouver le peuple, gisant entre le bœuf et l'âne, le sermonne doucement, l'encourage et essaie de l'instruire.

A propos de l'éducation des troupeaux, et parmi les recettes du berger et du vétérinaire, *Jehan* trouve moyen de dire quelques mots des grandes questions qui s'agitaient alors. Les noms de pasteur et d'ouailles prêtent à mille allusions.

On sent partout, au milieu de cette affectation de naïveté rustique, la malice des gens de robe, leur timide causticité à l'égard des prêtres. Ce livre est très proche parent de *L'avocat Patelin et de La Satire Ménippée.*

Revenons. Il y avait dans l'ordre apparent qu'on admirait sous Charles V, et dans le système général du XIVe siècle, quelque chose de faible et de faux. La nouvelle religion sur laquelle tout reposait, la royauté, se fondait elle-même sur une équivoque. De suzeraineté féodale, elle s'était faite, sous l'influence des légistes, monarchie romaine, impériale. Les établissements *de France et d'Orléans* étaient devenus les établissements *de la France.*

Le roi avait énervé la féodalité, lui avait ôté les armes des mains ; puis, la guerre venant, il avait voulu les lui rendre. Elle subsistait encore, cette féodalité, pleine d'orgueil et de faiblesse. C'était comme une armure gigantesque qui, toute vide qu'elle est, menace et brandit la lance. Elle tomba dès qu'on la toucha, à Crécy et à Poitiers.

Il fallut bien alors employer les mercenaires, les soldats de louage, c'est-à-dire faire la guerre avec de l'argent. Mais cet argent, où le prendre ? On n'osait encore dépouiller l'Église, et l'industrie n'était pas née.

Charles V, avec toute sa sagesse politique, ne pouvait rien faire à cela. Au dernier moment, tout lui manqua à la fois.

Les Anglais, qui traversèrent la France en 1380, ne rencontrèrent pas plus de résistance qu'en 1370. Le roi, qui n'avait plus les Bretons, se trouvait plus faible encore.

La sagesse ayant échoué, on essaya de la folie. La France se lança sous le jeune Charles VI dans une extravagante imitation de la chevalerie ancienne, dont on avait oublié le vrai caractère et même les formes.

Cette fausse chevalerie prit pour son héros un personnage fort peu chevaleresque, le fameux chef des Compagnies qui en avait délivré la France, l'habile Duguesclin. L'épopée que l'on fit de ses faits et gestes indique assez que personne n'avait compris le vrai génie du connétable de Charles V.

Ce qu'on imita le mieux de la chevalerie, ce fut la richesse des armes et des armoiries, le luxe des tournois. Charles V avait un peuple ruiné. On demanda à cette misère plus que la richesse n'eût jamais pu payer. Une fois dans l'impossible, que coûte-t-il de demander ?

Même situation dans toute l'Europe. Même vertige. Le hasard veut que la plupart des royaumes soient livrés à des mineurs. La royauté, cette divinité récente, elle bégaie ou radote.

Le siècle de Charles le Sage, le premier siècle de la politique, n'est pas arrivé aux trois quarts qu'il délire et devient fou. Une génération d'insensés occupe tous les trônes. Au glorieux Édouard III succède l'étourdi Richard II, au prudent empereur Charles IV l'ivrogne Wenceslas, au sage Charles V Charles VI, un fou furieux. Urbain VI, don Pèdre de Castille, Jean Visconti donnèrent tous des signes de dérangement d'esprit.

La petite sagesse négative qui pensait avoir neutralisé le grand mouvement du monde se trouvait déjà à bout. Elle s'imaginait avoir tout fini, et tout commençait.

Les fils, que les habiles avaient cru tenir, s'embrouillaient de plus en plus. La contradiction du monde augmentait. On eût dit que la raison divine et humaine avait abdiqué.

« Dieu, comme dit Luther, s'ennuyait du jeu et jetait les cartes sous la table. »

C'est un moment tragique que celui où l'on se sent devenir fou, le moment où la raison, éclairée de sa dernière lueur, se voit périr et s'éteindre. « Oh ! ne permets pas que je sois fou, bonté du Ciel, s'écrie le roi Lear, conserve-moi dans l'équilibre. Oh ! non, pas fou, de grâce ! je ne voudrais pas être fou !... »

Livre VII

CHAPITRE PREMIER

Jeunesse de Charles VI - 1380-1383

Si le grave abbé Suger et son dévot roi Louis VI s'étaient éveillés, du fond de leurs caveaux, au bruit des étranges fêtes que Charles VI donna dans l'abbaye de Saint-Denis ; s'ils étaient revenus un moment pour voir la nouvelle France, certes, ils auraient été éblouis, mais aussi surpris cruellement ; ils se seraient signés de la tête aux pieds et bien volontiers recouchés dans leur linceul.

Et en effet, que pouvaient-ils comprendre à ce spectacle ? En vain ces hommes des temps féodaux, studieux contemplateurs des signes héraldiques, auraient parcouru des yeux la prodigieuse bigarrure des écussons appendus aux murailles ; en vain ils auraient cherché les familles des barons de la croisade qui suivirent Godefroi ou Louis le Jeune ; la plupart étaient éteintes. Qu'étaient devenus les grands fiefs souverains des ducs de Normandie, rois d'Angleterre, des comtes d'Anjou, rois de Jérusalem, des comtes de Toulouse et de Poitiers ? On en aurait trouvé les armes à grand-peine, rétrécies qu'elles étaient ou effacées par les fleurs de lis dans les quarante-six écussons royaux. En récompense, un peuple de noblesse avait surgi avec un chaos de douteux blasons. Simples autrefois comme emblèmes des fiefs, mais devenus alors les insignes des familles, ces blasons allaient s'embrouillant de mariages, d'héritages, de généalogies vraies ou fausses. Les animaux héraldiques s'étaient prêtés aux plus étranges accouplements. L'ensemble présentait une bizarre mascarade. Les devises, pauvre invention moderne, essayaient d'expliquer ces noblesses d'hier.

Tels blasons, telles personnes. Nos morts du XIIe siècle n'auraient pas vu sans humiliation, que dis-je ! sans horreur, leurs successeurs du XIVe. Grand eût été leur scandale, quand la salle se serait remplie des monstrueux costumes de ce temps, des immorales et fantastiques parures qu'on ne craignait pas de porter. D'abord des hommes-femmes, gracieusement attifés, et traînant mollement des robes de douze aunes ; d'autres se dessinant dans leurs jaquettes de Bohême avec des chausses collantes, mais leurs manches flottaient jusqu'à terre. Ici, des hommes-bêtes brodés de toutes espèces d'animaux ; là, des hommes-musique, historiés de notes qu'on chantait devant ou derrière, tandis que d'autres s'affichaient d'un grimoire de lettres et de caractères qui sans doute ne disaient rien de bon.

Cette foule tourbillonnait dans une espèce d'église ; l'immense salle de bois qu'on avait construite en avait l'aspect. Les arts de Dieu étaient descendus complaisamment aux plaisirs de l'homme. Les ornements les plus mondains avaient pris les formes sacrées. Les sièges des belles dames semblaient de petites cathédrales d'ébène, des châsses d'or. Les voiles précieux, que l'on n'eût jadis tirés du trésor de la cathédrale que pour parer le chef de Notre-Dame au jour de l'Assomption, voltigeaient sur de jolies têtes mondaines ; Dieu, la Vierge et les saints avaient l'air d'avoir été mis à contribution pour la fête. Mais le Diable fournissait davantage. Les formes sataniques, bestiales, qui grimacent aux gargouilles des églises, des créatures vivantes n'hésitaient pas à s'en affubler. Les femmes portaient des cornes à la tête, les hommes aux pieds ; leurs becs de souliers se tordaient en cornes, en griffes, en queue de scorpion. Elles surtout, elles faisaient trembler ; le sein nu, la tête haute, elles promenaient par-dessus la tête des hommes leur gigantesque hennin, échafaudé de cornes ; il leur fallait se tourner et se baisser aux portes. A les voir ainsi, belles, souriantes, grasses, dans la sécurité du péché, on doutait si c'étaient des femmes ; on croyait reconnaître, dans sa beauté terrible, la Bête décrite et prédite ; on se souvenait que le Diable était peint fréquemment comme une belle femme cornue... Costumes échangés entre hommes et femmes, livrée du Diable portée par des chrétiens, parements d'autels sur l'épaule des ribauds, tout cela faisait une splendide et royale figure de sabbat.

Un seul costume eût trouvé grâce. Quelques-uns, de discret maintien, de douce et matoise figure, portaient humblement la robe royale, l'ample robe rouge fourrée d'hermine. Quels étaient ces rois ? D'honnêtes bourgeois de la cité, domiciliés dans la rue de la Calandre ou dans la cour de la Sainte-Chapelle. Scribes d'abord du royal parlement des barons, puis siégeant près d'eux comme juges, puis juges des barons eux-mêmes, au nom du roi et sous sa robe. Le roi, laissant cette lourde robe pour un habit plus leste, l'a jetée sur leurs bonnes grosses épaules. Voilà deux déguisements : le roi prend l'habit du peuple, le peuple prend l'habit du roi. Charles VI n'aura pas de plus grand plaisir que de se perdre dans la foule, et de recevoir les coups des sergents. Il peut courir les rues, danser, jouter dans sa courte jaquette ; les bourgeois jugeront et régneront pour lui.

Cette Babel des costumes et des Blasons exprimait trop faiblement encore l'embrouillement des idées. L'ordre politique naissait ; le désordre intellectuel semblait commencer. La paix publique s'était établie ; la guerre morale se déclarait. On eût dit que du sérieux monde féodal et pontifical s'était, un matin, déchaînée la fantaisie. Cette nouvelle reine du temps se dédommageait après sa longue pénitence. C'était comme un écolier échappé qui fait du pis qu'il peut. Le Moyen Age, son digne père, qui si longtemps l'avait contenue, elle le respectait fort ; mais, sous prétexte d'honneur, elle l'habillait de si bonne sorte, que le pauvre vieillard ne se reconnaissait plus.

On ne sait pas communément que le Moyen Age s'est, de son vivant, oublié lui-même.

Déjà le dur Speculator Durandus, ce gardien inflexible du symbolisme antique, déclare avec douleur que le prêtre même ne sait plus le sens des choses saintes.

Le conseiller de Saint Louis, Pierre de Fontaines, se croit obligé d'écrire le droit de son temps. « Car, dit-il, les anciennes coutumes que les prud'hommes tenoient, sont tantôt mises à rien... En sorte que le pays est à peu près sans coutumes. »

Les chevaliers, qui se piquaient tant de fidélité, étaient-ils restés fidèles aux rites de la chevalerie ? Nous lisons que, lorsque Charles VI arma chevaliers ses jeunes cousins d'Anjou, et qu'il voulut suivre de point en point l'ancien cérémonial, beaucoup de gens « trouvèrent la chose étrange et extraordinaire ».

Ainsi, avant 1400, les grandes pensées du Moyen Age, ses institutions les plus chères vont s'altérant pour les signes ou s'obscurcissant pour le sens. Nous connaissons aujourd'hui ce que nous fûmes au XIIIe siècle mieux que nous ne le savions au XVe. Il en est advenu comme d'un homme qui a perdu de vue sa famille, ses parents, ses jeunes années, et qui, plus tard, se recueillant, s'étonne d'avoir délaissé ses vieux souvenirs.

Quelqu'un offrant un jour une mnémonique au grand Thémistocle, il répondit ce mot amer : « Donne-moi plutôt un art d'oublier. » Notre France n'a pas besoin d'un tel art ; elle n'oublie que trop vite !

Qu'un tel homme ait dit ce mot sérieusement, je ne le croirai jamais. Si Thémistocle eût vraiment pensé ainsi, s'il eût dédaigné le passé, il n'eût pas mérité le solennel éloge que fait de lui Thucydide : «L'homme qui sut voir le présent et prévoir l'avenir. »

Quiconque néglige, oublie, méprise, en sera puni par l'esprit de confusion. Loin d'entrevoir l'avenir, il ne comprendra rien au présent : il n'y verra qu'un fait sans cause. Un fait, et rien qui le fasse ! Quelle chose plus propre à troubler le sens ?... Le fait lui apparaîtra sans raison ni droit d'exister. L'ignorance du fait, l'obscurcissement du droit sont le fléau du XIVe et du XVe siècle.

Les chroniqueurs ne pouvant expliquer ces choses y voient la peine du schisme. Ils ont raison en un sens. Mais le schisme pontifical était lui-même un incident du schisme universel qui travaillait les esprits.

La discorde intellectuelle et morale se traduisait en guerres civiles. Guerre dans l'Empire, entre Wenceslas et Robert ; en Italie, entre Duras et Anjou ; en Portugal, pour ou contre les enfants d'Inès ; en Aragon, entre Pierre VI et son fils ; tandis qu'un France se préparent les guerres d'Orléans et de Bourgogne, en Angleterre, celles d'York et de Lancastre.

Discorde dans chaque état, discorde dans chaque famille. « Deux hommes se levant d'un même lit disent à peine un mot qu'ils s'enfuient l'un de l'autre ; l'un crie York, l'autre Lancastre ; et, pour adieu, ils croisent leurs épées. »

Voilà les parents, les frères. Mais qui eût pénétré plus avant encore, qui eût ouvert un cœur d'homme, il y aurait trouvé toute une guerre civile, une mêlée acharnée d'idées, de sentiments en discorde.

Si la sagesse consiste à se connaître soi-même et à se pacifier, nulle époque ne fut plus naturellement folle. L'homme, portant en lui cette furieuse guerre, fuyait de l'idée dans la passion, du trouble dans le trouble. Peu à peu, esprit et sens, âme et corps, tout se détraquant, il n'y avait bientôt plus dans la machine humaine une pièce qui tînt. Comment, d'ignorance en erreur, d'idées fausses en passions mauvaises, d'ivresse en frénésie, l'homme perd-il sa nature d'homme ? Nous ferons ce cruel récit. L'histoire individuelle explique l'histoire générale. La folie du roi n'était pas celle du roi seul : le royaume en avait sa part.

Reprenons Charles VI à son enfance, à son avènement.

Le petit roi de douze ans, déjà fol de chasse et de guerre, courait un jour le cerf dans la forêt de Senlis. Nos forêts étaient alors bien autrement vastes et profondes, et la dépopulation des quarante dernières années les avait encore épaissies. Charles VI fit dans cette chasse une merveilleuse rencontre : il vit un cerf qui portait, non la croix, comme le cerf de saint Hubert, mais un beau collier de cuivre doré, où on lisait ces mots latins : *Cesar hoc mihi donavit* (César me l'a donné). Que ce cerf eût vécu si longtemps, c'était, tout le monde en convenait, chose prodigieuse et de grand présage. Mais comment fallait-il l'entendre ? Était-ce un signe de Dieu qui promettait des victoires au règne de son élu ? Ou bien une de ces visions diaboliques par où le Tentateur prend possession des siens, et les pousse au hasard à travers les précipices jusqu'à ce qu'ils se rompent le col ?

Quoi qu'il en soit, la faible imagination de l'enfant royal, déjà gâtée par les romans de chevalerie, fut frappée de cette aventure : il vit encore le cerf en songe avant sa victoire de Roosebeke. Dès lors, il plaça sous son écusson le cerf merveilleux, et donna pour support aux armes de France la malencontreuse figure du cornu et fugitif animal.

C'était chose peu rassurante de voir un grand royaume remis, comme un jouet, au caprice d'un enfant. On s'attendait à quelque chose d'étrange ; des signes merveilleux apparaissaient.

Ces signes, qui menaçaient-ils ? le royaume ou les ennemis du royaume ? On pouvait encore en douter. Jamais plus faible roi ; mais jamais la France n'avait été plus forte. Pendant tout le XIIIe, tout le XIVe siècle, à travers les succès et les désastres, elle avait constamment gagné. Poussée fatalement dans la grandeur, elle croissait victorieuse ; vaincue, elle croissait encore.

Après la défaite de Courtrai, elle gagna la Champagne et la Navarre ; après la défaite de Crécy, le Dauphiné et Montpellier ; après celle de Poitiers, la Guienne, les deux Bourgognes, la Flandre. Étrange puissance, qui réussissait toujours malgré ses fautes, par ses fautes.

Non seulement le royaume s'étendait, mais le roi était plus roi. Les seigneurs lui avaient remis leur épée de justice et de bataille ; ils n'attendaient qu'un signe de lui pour monter à cheval et le suivre n'importe où. On commençait à entrevoir la grande chose des Temps modernes, un empire mû comme un seul homme.

Cette force énorme, où allait-elle se tourner ? Qui allait-elle écraser ? Elle flottait incertaine dans une jeune main gauche et violente, qui ne savait pas même ce qu'elle tenait.

Quelque part que le coup tombât, il n'y avait dans toute la chrétienté rien, ce semble, qui pût résister.

L'Italie, sous ses belles formes, était déjà faible et malade. Ici les tyrans, successeurs des Gibelins ; là les villes guelfes, autres tyrans, qui avaient absorbé toute vie. Naples était ce qu'elle est, mêlée d'éléments divers, une grosse tête sans corps. Sous le prétexte du vieux crime de la reine Jeanne, les uns appelaient les princes hongrois de la première maison d'Anjou, sortie du frère de Saint Louis ; les autres réclamaient le secours de la seconde maison d'Anjou, c'est-à-dire de l'aîné des oncles de Charles VI.

L'Allemagne ne valait pas mieux. Elle se dégageait à grand-peine de son ancien état de hiérarchie féodale, sans attendre encore son nouvel état de fédération.

Elle tournait, cette grande Allemagne, vacillante et lourdement ivre, comme son empereur Wenceslas. La France n'avait, ce semble, qu'à lui prendre ce qu'elle voulait. Aussi le duc de Bourgogne, le plus jeune des oncles et le plus capable, poussait le roi de ce côté. Par mariage, par achat, par guerre, on pouvait enlever à l'Empire ce qui y tenait le moins, à savoir les Pays-Bas.

Par-delà les Pays-Bas, le duc de Bourgogne montrait l'Angleterre. Le moment était bon. Cette orgueilleuse Angleterre avait alors une terrible fièvre. Le roi, les barons, et leur homme Wicleff, avaient lâché le peuple contre l'Église. Mais le dogme, une fois lancé, se retournait contre les barons. Dans ce péril, tout ce qui avait autorité ou propriété, roi, évêques, barons se serrèrent et firent corps. Le roi, jeune et impétueux, frappa le peuple, raffermit les grands, puis s'en repentit, recula. La France pouvait profiter de ce faux mouvement et porter un coup.

Cette France, si forte, n'avait d'empêchement qu'en elle-même. Les oncles la tiraient en sens inverse, au midi, au nord. Il s'agissait de savoir d'abord qui gouvernerait le petit Charles VI. Ces princes, qui, pendant l'agonie de leur frère, étaient venus avec deux armées se disputer la régence, consentirent pourtant à plaider leur droit au Parlement. Le duc d'Anjou, comme aîné, fut régent. Mais on produisit une ordonnance du feu roi, qui réservait la garde de son fils au duc de Bourgogne et au duc de Bourbon, son oncle maternel. Charles VI devait être immédiatement couronné.

Une autre difficulté, c'est que, si le pays s'était un peu refait vers la fin du règne de Charles V, il n'y avait pas plus d'ordre ni d'habileté en finances, le peu d'argent qu'on levait mettait le peuple au désespoir, et le roi n'en profitait pas.

On se plaisait à croire que le feu roi avait un moment aboli les nouveaux impôts pour le remède de son âme. On crut ensuite qu'ils seraient remis par le nouveau roi, comme joyeuse étrenne du sacre. Mais les oncles menèrent leur pupille droit à Reims, sans lui faire traverser les villes, de crainte qu'il n'entendît les plaintes. On lui fit même, au retour, éviter Saint-Denis, où l'abbé et les religieux l'attendaient en grande pompe ; on l'empêcha de faire ses dévotions au patron de la France, comme faisaient toujours les nouveaux rois.

La royale entrée fut belle ; des fontaines jetaient du lait, du vin et de l'eau de rose. Et il n'y avait pas de pain dans Paris. Le peuple perdit patience. Déjà, tout autour, les villes et les campagnes étaient en feu. Le prévôt crut gagner du temps en convoquant les notables au Parloir aux bourgeois ; mais il en vint bien d'autres ; un tanneur demanda si l'on croyait les amuser ainsi. Ils menèrent, bon gré mal gré, le prévôt au palais. Le duc d'Anjou et le chancelier montèrent tout tremblants sur la Table de marbre, et promirent l'abolition des impôts établis depuis Philippe de Valois, depuis Philippe le Bel. La populace courut de là aux juifs, aux receveurs, pilla, tua.

Le moyen d'occuper ces bêtes furieuses, c'était de leur jeter un homme. Les princes choisirent un de leurs ennemis personnels, un des conseillers du feu roi, le vieil Aubriot, prévôt de Paris. Ils avaient d'ailleurs leurs raisons ; Aubriot avait prêté de l'argent à plus d'un grand seigneur, qui se trouvait quitte, s'il était pendu. Ce prévôt était un rude justicier, un de ces hommes que la populace aime et hait, parce que, tout en malmenant le peuple, ils sont peuple eux-mêmes. Il avait fait faire d'immenses travaux dans Paris, le quai du Louvre, le mur Saint-Antoine, le pont Saint-Michel, les premiers égouts, tout cela par corvée, en ramassant les gens qui traînent dans les rues. Il ne traitait pas l'Église ni l'Université plus doucement ; il s'obstinait à ignorer leurs privilèges. Il avait fait tout exprès au Châtelet deux cachots pour les écoliers et les clercs. Il haïssait nommément l'Université « comme mère des prêtres ». Il disait souvent à Charles V que les rois étaient des sots d'avoir si bien renté les gens d'Église. Jamais il ne communiait. Railleur, blasphémateur, fort débauché malgré ses soixante ans, il était bien avec les juifs, mieux avec les juives ; il leur rendait leurs enfants, qu'on enlevait pour les baptiser. Ce fut ce qui le perdit. L'Université l'accusa devant l'évêque. Un siècle plus tôt, il eût été brûlé. Il en fut quitte pour l'amende honorable et la pénitence *perpétuelle,* qui ne dura guère.

Abolir les impôts établis depuis Philippe le Bel, c'eût été supprimer le gouvernement. Par deux fois, le duc d'Anjou essaya de les rétablir (octobre 1381, mars 1382). A la seconde tentative, il prit de grandes précautions. Il fit mettre les recettes à l'encan, mais à huis clos dans l'enceinte du Châtelet. Il y avait des gens assez hardis pour acheter, personne qui osât crier le rétablissement des impôts. Pourtant, à force d'argent, on trouva un homme déterminé, qui vint à cheval dans la halle, et cria d'abord, pour amasser la foule : « Argenterie du roi volée ! Récompense à qui la rendra ! » Puis, quand tout le monde écouta, il piqua des deux, en criant que le lendemain on aurait à payer l'impôt.

Le lendemain, un des collecteurs se hasarda à demander un sol à une femme qui vendait du cresson ; il fut assommé. L'alarme fut si terrible que l'évêque, les principaux bourgeois, le prévôt même qui devait mettre l'ordre, se sauvèrent de Paris. Les furieux couraient toute la ville avec des maillets tout neufs qu'ils avaient pris à l'arsenal. Ils les essayèrent sur la tête des collecteurs. L'un d'eux s'était réfugié à Saint-Jacques, et tenait la Vierge embrassée ; il fut égorgé sur l'autel (1er mars 1382). Ils pillèrent les maisons des morts ; puis, sous prétexte qu'il y avait des collecteurs ou des juifs dans Saint-Germain-des-Prés, ils forcèrent et pillèrent la riche abbaye. Ces gens, qui violaient les monastères et les églises, respectèrent le palais du roi.

Ayant forcé le Châtelet, ils y trouvèrent Aubriot, le délivrèrent et le prirent pour capitaine. Mais l'ancien prévôt était trop avisé pour rester avec eux. La nuit se passa à boire, et le matin ils trouvèrent que leur capitaine s'était sauvé. Le seul homme qui leur tint tête et gagna quelque chose sur eux, c'était le vieux Jean Desmarets, avocat général. Ce bon homme, qu'on aimait beaucoup dans la ville, empêcha bien d'autres excès. Sans lui, ils auraient détruit le pont de Charenton.

Rouen s'était soulevé avant Paris et se soumit avant ; Paris commença à s'alarmer. L'Université, le bon vieux Desmarets intercédèrent pour la ville. Ils obtinrent une amnistie pour tous, sauf quelques-uns des plus notés, que l'on fit tout doucement jeter, la nuit, à la rivière. Cependant il n'y avait pas moyen de parler d'impôt aux Parisiens. Les princes assemblèrent à Compiègne les députés de plusieurs autres villes de France (mi-avril 1382). Ces députés demandèrent à consulter leurs villes, et les villes ne voulurent rien entendre. Il fallut que les princes cédassent. Ils vendirent aux Parisiens la paix pour cent mille francs.

Ce qui brusqua l'arrangement, c'est que le régent était forcé de partir ; il ne pouvait plus différer son expédition d'Italie. La reine Jeanne de Naples, menacée par son cousin Charles de Duras, avait adopté Louis d'Anjou, et l'appelait depuis deux ans. Mais, tant qu'il avait eu quelque chose à prendre dans le royaume, il n'avait pu se décider à se mettre en route. Il avait employé ces deux ans à piller la France et l'Église de France. Le pape d'Avignon, espérant qu'il le déferait de son adversaire de Rome, lui avait livré non seulement tout ce que le Saint-Siège pouvait recevoir, mais tout ce qu'il pourrait emprunter, engageant, de plus, en garantie de ces emprunts, toutes les terres de l'Église. Pour lever cet argent, le duc d'Anjou avait mis partout chez les gens d'Église des sergents royaux, des garnisaires, *des mangeurs,* comme on disait. Ils en étaient réduits à vendre les livres de leurs églises, les ornements, les calices, jusqu'aux tuiles de leurs toits.

Le duc d'Anjou partit enfin, tout chargé d'argent et de malédictions (fin avril 1382). Il partit lorsqu'il n'était plus temps de secourir la reine Jeanne. La malheureuse, fascinée par la terreur, affaissée par l'âge ou par le souvenir de son crime, avait attendu son ennemi. Elle était déjà prisonnière, lorsqu'elle eut la douleur de voir enfin devant Naples la flotte provençale, qui l'eût sauvée quelques jours plus tôt. La flotte parut dans les premiers jours de mai. Le 12, Jeanne fut étouffée sous un matelas.

Louis d'Anjou, qui se souciait peu de venger sa mère adoptive, avait envie de rester en Provence et de recueillir ainsi le plus liquide de la succession ; le pape le poussa en Italie. Il semblait, en effet, honteux de ne rien faire avec une telle armée, une telle masse d'argent. Tout cela ne servait à rien. Louis d'Anjou n'eut pas même la consolation de voir son ennemi. Charle de Duras s'enferma dans les places, et laissa faire le climat, la famine, la haine du peuple. Loui d'Anjou le défia par dix fois. Au bout de quelques mois, l'armée, l'argent, tout était perdu. Les nobles coursiers de bataille étaient morts de faim ; les plus fiers chevaliers étaient montés sur des ânes. Le duc avait vendu toute sa vaisselle, tous ses joyaux, jusqu'à sa couronne. Il n'avait sur sa cuirasse qu'une méchante toile peinte. Il mourut de la fièvre, à Bari. Les autres revinrent comme ils purent, en mendiant, ou ne revinrent pas (1384).

Des trois oncles de Charles VI, l'aîné, le duc d'Anjou, alla ainsi se perdre à la recherche d'une royauté d'Italie. Le second, le duc de Berri, s'en était fait une en France, gouvernant d'une manière absolue le Languedoc et la Guienne, et ne se mêlant pas du reste. Le troisième, le duc de Bourgogne, débarrassé des deux autres, put faire ce qu'il voulait du roi et du royaume. La Flandre était son héritage, celui de sa femme ; il mena le roi en Flandre, pour y terminer la révolution qui mettait ses espérances en danger.

Il y avait alors une grande émotion dans toute la chrétienté. Il semblait qu'une guerre universelle commençât, des petits contre les grands. En Languedoc, les paysans, furieux de misère, faisaient main basse sur les nobles et sur les prêtres, tuant sans pitié tous ceux qui n'avaient pas les mains dures et calleuses comme eux ; leur chef s'appelait Pierre de la Bruyère. Les chaperons blancs de Flandre suivaient un Bourgeois de Gand ; les ciompi de Florence un cardeur de laine ; les compagnons de Rouen avaient fait roi, bon gré mal gré, un drapier, « un gros homme, pauvre d'esprit ». En Angleterre, un couvreur menait le peuple de Londres, et dictait au roi l'affranchissement général des serfs.

L'effroi était grand. Les gentilshommes, attaqués partout en même temps, ne savaient à qui entendre. « L'on craignoit, dit Froissart, que toute gentillesse ne pérît. » Dans tout cela, pourtant, il n'y avait nul concert, nul ensemble. Quoique les maillotins de Paris eussent essayé de correspondre avec les blancs chaperons de Flandre ; tous ces mouvements, analogues en apparence, procédaient de causes au fond si différentes, qu'ils ne pouvaient s'accorder, et devaient être tous comprimés isolément.

En Flandre, par exemple, la domination d'un comte français, ses exactions, ses violences avaient décidé la crise ; mais il y avait un mal plus grave encore, plus profond, la rivalité des villes de Gand et de Bruges, leur tyrannie sur les petites villes et sur les campagnes. La guerre avait commencé par l'imprudence du comte, qui, pour faire de l'argent, vendit à ceux de Bruges le droit de faire passer la Lys dans leur canal au préjudice de Gand. Cette grosse ville de Bruges, alors le premier comptoir de la chrétienté, avait étendu autour d'elle un monopole impitoyable. Elle empêchait les ports d'avoir des entrepôts, les campagnes de fabriquer ; elle avait établi sa domination sur vingt-quatre villes voisines. Elle ne put prévaloir sur Gand. Celle-ci, bien mieux située, au rayonnement des fleuves et des canaux, était d'ailleurs plus peuplée et d'un peuple violent, prompt à tirer le couteau. Les Gantais tombèrent sur ceux de Bruges, qui détournèrent leur fleuve, tuèrent le bailli du comte, brûlèrent son château. Ypres, Courtrai se laissèrent entraîner par eux. Liège, Bruxelles, la Hollande même les encourageaient et regrettaient d'être si loin. Liège leur envoya six cents charrettes de farine.

Gand ne manqua pas d'habiles meneurs. Plus on en tuait, plus il s'en trouvait. Le premier, Jean Hyoens, qui dirigea le mouvement, fut empoisonné ; le second, décapité en trahison. Pierre Dubois, un domestique d'Hyoens, succéda ; et voyant les affaires aller mal, il décida les Gantais, pour agir avec plus d'unité, à faire un tyran. Ce fut Philippe Artevelde, fils du fameux Jacquemart, sinon aussi habile, du moins aussi hardi que son père. Assiégé, sans secours, sans vivres, il prend ce qui restait, cinq charrettes de pain, deux de vin ; avec cinq mille Gantais, il marche droit à Bruges, où était le comte. Les Brugeois, qui se voyaient quarante mille, sortent fièrement, et se sauvent aux premiers coups. Les Gantais entrent dans la ville avec les fuyards, pillent, tuent, surtout les gens des gros métiers. Le comte échappa en se cachant dans le lit d'une vieille femme (3 mai 1382).

Le duc de Bourgogne, gendre et héritier du comte de Flandre, n'eut pas de peine à faire croire au jeune roi que la noblesse était déshonorée si on laissait l'avantage à de tels ribauds. Ils avaient d'ailleurs couru le pays de Tournai, qui était terre de France. Une guerre en Flandre, dans ce riche pays, était une fête pour les gens de guerre ; il vint à l'armée tout un peuple de Bourguignons, de Normands, de Bretons. Ypres eut peur ; la peur gagna, les villes se livrèrent. Les pillards n'eurent qu'à prendre ; draps, toiles, coutils, vaisselle plate, ils vendaient, emballaient, expédiaient chez eux.

Les Gantais, ne pouvant compter sur personne, réduits à leurs milices, n'ayant presque point de gentilshommes avec eux, partant point de cavalerie, se tinrent, à leur ordinaire, en un gros bataillon. Leur position était bonne (Roosebeke, près Courtrai), mais la saison devenait dure (27 novembre 1382). Ils avaient hâte de retrouver leurs poêles. D'ailleurs, les défections commençaient ; le sire de Herzele, un de leurs chefs, les avait quittés. Ils forcèrent Artevelde de les mener au combat.

Pour être sûrs de charger avec ensemble et de ne pas être séparés par la gendarmerie, ils s'étaient liés les uns aux autres. La masse avançait en silence, toute hérissée d'épieux qu'ils poussaient vigoureusement de l'épaule et de la poitrine. Plus ils avançaient, plus ils s'enfonçaient entre les lances des gens d'armes, qui les débordaient de droite et de gauche. Peu à peu, ceux-ci se rapprochèrent. Les lances étant plus longues que les épieux, les Flamands étaient atteints sans pouvoir atteindre. Le premier rang recula sur le second ; le bataillon alla se serrant ; une lente et terrible pression s'opéra sur la masse ; cette force énorme se refoula cruellement contre elle-même. Le sang ne coulait qu'aux extrémités ; le centre étouffait. Ce n'était point le tumulte ordinaire d'une bataille, mais les cris inarticulés de gens qui perdaient haleine, les sourds gémissements, le râle des poitrines qui craquaient.

Les oncles du roi, qui l'avaient tenu hors de l'action et à cheval, l'amenèrent ensuite sur la place et lui montrèrent tout. Ce champ était hideux à voir ; c'était un entassement de plusieurs milliers d'hommes étouffés. Ils lui dirent que c'était lui qui avait gagné la bataille, puisqu'il en avait donné l'ordre et le signal. On avait remarqué d'ailleurs qu'au moment où le roi fit déployer l'oriflamme, le soleil se leva, après cinq jours d'obscurité et de brouillard.

Contempler ce terrible spectacle, croire que c'était lui qui avait fait tout cela, éprouver, parmi les répugnances de la nature, la joie contre nature de cet immense meurtre, c'était de quoi troubler profondément un jeune esprit. Le duc de Bourgogne put bientot s'en apercevoir, à son propre dommage. Lorsqu'il ramena à Courtrai son jeune roi, le cœur ivre de sang, quelqu'un ayant eu l'imprudence de lui parler des cinq cents éperons français qu'on y gardait depuis la défaite de Philippe le Bel, il ordonna qu'on mît la ville à sac et qu'on la brûlat.

Le roi, ainsi animé, voulait pousser la guerre, aller jusqu'à Gand, l'assiéger ; mais la ville était en défense. Le mois de décembre était venu ; il pleuvait toujours. Les princes aimèrent mieux faire la guerre aux Parisiens soumis qu'aux Flamands armés. Paris était ému encore, mais disposé à obéir. L'avocat général Desmarets avait eu l'adresse de tout contenir, donnant de bonnes paroles, promettant plus qu'il ne pouvait, trahissant vertueusement les deux partis, comme font les modérés. Lorsque le roi arriva, les bourgeois, pour le mieux fêter, crurent faire une belle chose en se mettant en bataille. Peut-être aussi espéraient-ils, en montrant ainsi leur nombre, obtenir de meilleures conditions. Ils s'étalèrent devant Montmartre en longues files ; il y avait un corps d'arbalétriers, un corps armé de boucliers et d'épées, un autre armé de maillets ; ces maillotins, à eux seuls, étaient vingt mille hommes.

Ce spectacle ne fit pas l'impression qu'ils espéraient. La noblesse, qui menait le roi, revenait bouffie de sa victoire de Roosebeke. Les gens d'armes commencèrent par jeter bas les barrières ; puis on arracha les portes même de leurs gonds ; on les renversa sur la chaussée du roi ; les princes, toute cette noblesse, eurent la satisfaction de marcher sur les portes de Paris. Ils continuèrent en vainqueurs jusqu'à Notre-Dame. Le jeune roi, bien dressé à faire son personnage, chevauchait la lance sur la cuisse, ne disant rien, ne saluant personne, majestueux et terrible.

Le soldat logea militairement chez le bourgeois. On cria que tous eussent à porter leurs armes au Palais ou au Louvre. Ils en portèrent tant, dans leur peur, qu'il s'en trouvait, disait-on, de quoi armer huit cent mille hommes. La ville désarmée, on résolut de la serrer entre deux forts ; on acheva la Bastille Saint-Antoine, et l'on bâtit au Louvre une grosse tour qui plongeait dans l'eau ; on croyait qu'une fois pris dans cet étau, Paris ne pourrait plus bouger.

Alors commencèrent les exécutions. On mit à mort les plus notés, les violents ; puis d'honnêtes gens qui les avaient contenus, et qui avaient rendu les plus grands services, comme le pauvre Desmarets. On ne lui pardonna pas de s'être mis entre le roi et la ville. Après quelques jours d'exécutions et de terreur, on arrangea une scène de clémence. L'Université, la vieille duchesse d'Orléans avaient déjà demandé grâce ; mais le duc de Berri avait répondu que tous les bourgeois méritaient la mort. Enfin, on dressa, au plus haut des degrés du Palais, une tente magnifique, où le jeune roi siégea avec ses oncles et les hauts barons. La foule suppliante remplissait la cour. Le chancelier énuméra tous les crimes des Parisiens depuis le roi Jean, maudit leur trahison, et demanda quels supplices ils n'avaient pas mérités. Les malheureux voyaient déjà la foudre tomber, et baissaient les épaules ; ce n'était que cris, des femmes surtout qui avaient leurs maris en prison : elles pleuraient et sanglotaient. Les oncles du roi, son frère furent touchés ; ils se jetèrent à ses pieds, comme il était convenu, et demandèrent que la peine de mort fût commuée en amende.

L'effet était produit ; la peu ouvrit les bourses. Tout ce qui avait eu charge, tout ce qui était riche ou aisé fut mandé, taxé à de grosses sommes, à trois mille, à six mille, à huit mille francs. Plusieurs payèrent plus qu'ils n'avaient. Lorsqu'on crut ne pouvoir plus rien tirer, on publia à son de trompe que désormais on aurait à payer les anciens impôts, encore augmentés ; on mit une surcharge de douze deniers sur toute marchandise vendue. La ville ne pouvait rien dire ; il n'y avait plus de ville, plus de prévôt, plus d'échevins, plus de commune de Paris. Les chaînes des rues furent portées à Vincennes. Les portes restèrent ouvertes de nuit et de jour.

On traita à peu près de même Rouen, Reims, Châlons, Troyes, Orléans et Sens ; elles furent aussi rançonnées. La meilleure partie de cet argent, si rudement extorqué, alla finalement se perdre dans les poches de quelques seigneurs. Il n'en resta pas grand-chose. Ce qui resta, ce fut l'outrecuidance de cette noblesse, qui croyait avoir vaincu la Flandre et la France ; ce fut l'infatuation du jeune roi, désormais tout prêt à toutes sottises, la tête à jamais brouillée par ses triomphes de Paris et de Roosebeke, et lancé à pleine course dans le grand chemin de la folie.

CHAPITRE II

Jeunesse de Charles VI (suite) - 1384-1391

La Flandre, qu'on disait vaincue, domptée, l'était si peu, qu'il y fallut encore deux campagnes, et pour finir par accorder aux Flamands tout ce qu'on leur avait refusé d'abord.

Cette pauvre Flandre était pillée à la fois par les Français, ses ennemis, et par les Anglais, ses amis. Ceux-ci, irrités du succès des Français à Roosebeke, préparèrent une croisade contre eux comme schismatiques et partisans du pape d'Avignon. Cette croisade, dirigée, disait-on, contre la Picardie, tomba sur la Flandre. Les Flamands eurent beau représenter au chef de la croisade, à l'évêque de Norwick, qu'ils étaient amis des Anglais, point schismatiques, mais, comme eux, partisans du pape de Rome ; l'évêque, qui, sous ce titre épiscopal, n'était qu'un rude homme d'armes et grand pillard, s'obstina à croire que la Flandre était conquise par les Français et devenue toute française. Il prit d'assaut Gravelines, une ville amie, sans défense, qui ne s'attendait à rien. Cassel, pillée par les Anglais, fut ensuite brûlée par les Français. Bergues eut beau ouvrir ses portes au roi de France ; le jeune roi, qui n'avait pas encore pris de ville, s'obstina à donner l'assaut ; il escalada les murs dégarnis, força les portes ouvertes.

Le comte de Flandre insistait pour qu'on agît sérieusement et qu'on terminât la guerre. Mais tout le monde était las. Le pays commençait à être bien appauvri ; il n'y avait plus rien à prendre sans combat. Ce qu'il fallait prendre, si on pouvait, c'était cette grosse ville de Gand ; à quoi il fallait un siège, un long et rude siège ; personne ne s'en souciait. Le duc de Berri surtout se désolait d'être tenu si longtemps loin de son beau Midi, de passer tous ses hivers dans la boue et le brouillard, à faire les affaires du duc de Bourgogne et du comte de Flandre. Heureusement celui-ci mourut. Les Flamands, dans leur haine contre les Français, prétendirent que le duc de Berri l'avait poignardé. Si ce prince, naturellement doux et plutôt homme de plaisir, eût fait ce mauvais coup, ce qui est peu croyable, il eût servi mieux qu'il ne voulait le duc de Bourgogne, gendre et héritier du mort. Ce gendre ne fut pas difficile sur les conditions de la paix ; il n'avait contre les Flamands ni haine, ni rancune ; l'essentiel pour lui était d'hériter. Il leur accorda tout ce qu'ils voulurent, jura toutes les chartes qu'ils lui donnèrent à jurer. Il les dispensa même de parler à genoux, cérémonial qui pourtant était d'usage du vassal au seigneur et qui n'avait rien d'humiliant dans les idées féodales (18 décembre 1384).

Le duc de Bourgogne était la seule tête politique de cette famille. Il s'affermit dans les Pays-Bas par un double mariage de ses enfants avec ceux de la maison de Bavière, laquelle, possédant à la fois le Hainaut, la Hollande et la Zélande, entourait ainsi la Flandre au nord et au midi. Il eut encore l'adresse de marier le jeune roi, et de le marier dans cette même maison de Bavière. On proposait les filles des ducs de Bavière, de Lorraine et d'Autriche. Un peintre fut envoyé pour faire le portrait des trois princesses. La Bavaroise ne manqua pas d'être la plus belle, comme il convenait aux intérêts du duc de Bourgogne. On la fit venir en grande pompe à Amiens. Le mariage devait se faire à Arras. Mais le roi déclara qu'il voulait avoir tout de suite sa petite femme ; il fallut la lui donner. C'étaient pourtant deux enfants ; il avait seize ans, elle quatorze.

Voilà le duc de Bourgogne bien fort, un pied en France, un pied dans l'Empire. Il voulait faire une plus grande chose, chose immense, et pourtant alors faisable : la conquête de l'Angleterre. Les Anglais désolaient tout le Midi de la France ; ils envahissaient la Castille, notre alliée. Au lieu de traîner cette guerre interminable sur le continent, il valait mieux aller les trouver dans leur île, faire la guerre chez eux et à leurs dépens. Ils avaient entre eux une autre guerre qui les occupait, guerre sourde, silencieuse et terrible. Ils étaient si enragés de haines, si acharnés à se mordre, qu'on pouvait les battre et les tuer avant qu'ils s'en aperçussent.

L'effort fut grand, digne du but. On rassembla tout ce qu'on put acheter, louer de vaisseaux, depuis la Prusse jusqu'à la Castille. On parvint à en réunir jusqu'à treize cent quatre-ving-sept. Vaisseaux de transport plus que de guerre ; tout le monde voulait s'embarquer. Il semblait qu'on préparât une émigration générale de la noblesse française. Les seigneurs ne craignaient pas de se ruiner, sûrs d'en trouver dix fois plus de l'autre côté du détroit. Ils tenaient à passer galamment ; ils paraient leurs vaisseaux comme des maîtresses. Ils faisaient argenter les mâts, dorer les proues ; d'immenses pavillons de soie, flottant dans tout l'orgueil héraldique, déployaient au vent les lions, les dragons, les licornes, pour faire peur aux léopards.

La merveille de l'expédition, c'était une ville de bois qu'on apportait toute charpentée des forêts de la Bretagne, et qui faisait la charge de soixante-douze vaisseaux. Elle devait se remonter au moment du débarquement, et s'étendre, pour loger l'armée, sur trois mille pas de diamètre. Quel que fût l'événement des batailles, elle assurait aux Français le plus sûr résultat du débarquement ; elle leur donnait une place en Angleterre pour recueillir les mécontents, une sorte de Calais britannique.

Tout cela était assez raisonnable. Mais le duc de Bourgogne n'était pas roi de France. Le projet avait le tort de lui être trop utile ; le maître de la Flandre eût profité plus que personne du succès de l'invasion d'Angleterre. On obéit donc lentement et de mauvaise grâce. La ville de bois se fit attendre, et n'arriva qu'à moitié brisée par la tempête. Le duc de Berri amusa le roi le plus longtemps qu'il put, en mariant son fils avec la petite sœur du roi, âgée de neuf ans. Charles VI partit seulement le 5 août, et on lui fit encore visiter lentement les places de la Picardie, de manière qu'il n'arriva à Arras qu'à la mi-septembre. Le temps était beau, on pouvait passer. Mais les Anglais négociaient. Le duc de Berri n'arrivait pas ; il n'était aucunement pressé. Lettres, messages, rien ne pouvait lui faire hâter sa marche. Il arriva lorsque la saison rendait le passage à peu près impossible. Le mois de décembre était venu, les mauvais temps, les longues nuits. L'Océan garda encore cette fois son île, comme il a fait contre Philipppe II, contre Bonaparte.

Notre meilleure arme contre la Grande-Bretagne, c'est la Bretagne. Nos marins bretons sont les vrais adversaires des leurs ; aussi fermes, moins sages peut-être, mais réparant cela par l'élan dans le moment critique. Le connétable de Clisson, homme du roi et chef des résistances bretonnes contre le duc de Bretagne, reprit l'expédition, et en fit l'affaire de sa province. Clisson visait haut ; il venait de racheter aux Anglais le jeune comte de Blois, prétendant au duché de Bretagne ; il lui donna sa fille, et il l'aurait fait duc. Le duc régnant, Jean de Montfort, prit Clisson en trahison ; mais ses barons l'empêchèrent de le tuer. Ce petit événement fit encore manquer la grande expédition d'Angleterre.

Les Anglais, réveillés toutefois et bien avertis, prirent des mesures. Ils désarmèrent leur roi, qui leur était suspect. Leur nouveau gouvernement nous chercha de l'occupation en Allemagne. Il y avait force petits princes nécessiteux qu'on pouvait acheter à bon marché. Le duc de Gueldre, qui avait plus d'un différend avec les maisons de Bourgogne et de Blois, se vendit aux Anglais pour une pension de vingt-quatre mille francs ; il leur fit hommage ; et d'autant plus hardi qu'il avait moins à perdre, il défia majestueusement le roi de France.

Le duc de Bourgogne fut charmé, pour l'extension de son influence, de faire sentir dans les Pays-Bas et si loin vers le nord ce que pesait le grand royaume. Il fit faire contre cet imperceptible duc de Gueldre presque autant d'efforts qu'il en aurait fallu pour conquérir l'Angleterre. On rassembla quinze mille hommes d'armes, quatre-vingt mille fantassins. La difficulté n'était pas de lever des hommes, mais de les faire arriver jusque-là. Le duc de Bourgogne, pour qui on faisait la guerre, ne voulut pas que cette grande et dévorante armée passât par son riche Brabant, dont il allait hériter. Il fallut tourner par les déserts de la Champagne, s'enfoncer dans les Ardennes, par les basses, humides et boueuses forêts, en suivant, comme on pouvait, les sentiers des chasseurs. Deux mille cinq cents hommes armés de haches allaient devant pour frayer la route, jetaient des ponts, comblaient les marais. La pluie tombait ; le pays était triste et monotone. On ne trouvait rien à prendre, personne, pas même d'ennemi. D'ennui et de lassitude, on finit par écouter les princes qui intercédaient, l'archevêque de Cologne, l'évêque de Liège, le duc de Juliers. Charles VI fut touché surtout des prières d'une grande dame du pays, qui se disait éprise d'amour pour l'invincible roi de France. Sous ce doux patronage, le duc de Gueldre fut reçu à s'excuser ; il parla à genoux, et affirma que les défis n'avaient pas été écrits par lui, que c'étaient ses clercs qui lui avaient joué ce tour (1388).

Le résultat était grand pour le duc de Bourgogne, petit pour le roi.

Deux mots d'excuses pour payer tant de peines et de dépenses ; c'était peu. Au reste, les autres expéditions n'avaient pas mieux tourné. La France avait envahi l'Italie, menacé l'Angleterre, touché l'Allemagne. Elle avait fait de grands mouvements, elle avait fatigué et sué, et il ne lui en restait rien. Elle n'était pas heureuse ; rien ne venait à bien. Le roi, gâté de bonne heure par la bataille de Roosebeke, avait cru tout facile, et il ne rencontrait que des obstacles. A qui pouvait-il s'en prendre, sinon à ceux qui l'avaient jeté dans les guerres ? A ses oncles, qui l'avaient toujours conseillé à son dam et à leur profit.

Les pacifiques conseillers de Charles V prévalurent à leur tour, le sire de la Rivière, l'évêque de Laon, Montaigu et Clisson. Charles VI, tout enfant qu'il était, avait toujours aimé ces hommes. Il avait obtenu de bonne heure que Clisson fût connétable. Il avait sauvé la vie au doux et aimable sire de la Rivière, que ses oncles voulaient perdre. La Rivière était l'ami et le serviteur personnel de Charles V ; il a été enterré à Saint-Denis, aux pieds de son maître.

Le roi avait atteint vingt et un ans. Mais les oncles avaient le pouvoir en main : il fallait de l'adresse pour le leur ôter. L'affaire fut bien menée. Au retour de leur triste expédition de Gueldre, un grand conseil fut assemblé à Reims, dans la salle de l'archevêché. Le roi demanda les moyens de rendre au peuple un peu de repos, et ordonna aux assistants de donner leur avis. Alors l'évêque de Laon se leva, énuméra doctement toutes les qualités du roi, corporelles et spirituelles, la dignité de sa personne, sa prudence et sa circonspection ; il déclara qu'il ne lui manquait rien pour régner par lui-même. Les oncles n'osant dire le contraire, Charles VI répondit qu'il goûtait l'avis du prélat ; il remercia ses oncles de leurs bons services, et leur ordonna de se rendre chez eux, l'un en Languedoc, l'autre en Bourgogne. Il ne garda que le duc de Bourbon, son oncle maternel, qui était en effet le meilleur des trois.

L'évêque de Laon mourut empoisonné. Mais il avait rendu un double service au royaume. Les oncles, renvoyés chez eux, s'occupèrent un peu de leurs provinces, les purgèrent des brigands qui les dévastaient. Les nouveaux conseillers du roi, ces petites gens, *ces marmousets,* comme on les appelait, rendirent à la ville de Paris ses échevins et son prévôt des marchands. Ils conclurent une trêve avec l'Angleterre, favorisèrent l'Université contre le pape, et cherchèrent les moyens d'éteindre le schisme. Ils auraient aussi voulu réformer les finances. Ils allégèrent d'abord les impôts, mais furent bientôt obligés de les rétablir.

Le gouvernement était plus sage, mais le roi était plus fol. A défaut de batailles, il lui fallait des fêtes. Il avait eu le malheur de commencer son règne par un de ces heureux hasards qui tournent les plus sages têtes ; il avait, à quatorze ans, gagné une grande bataille ; il s'était vu salué vainqueur sur un champ couvert de vingt-six mille morts. Chaque année il avait eu les espérances de la guerre ; à chaque printemps sa bannière s'était déployée pour les belles aventures. Et c'était à vingt ans, lorsque le jeune homme avait atteint sa force, lorsqu'il était reconnu pour un cavalier accompli dans tout exercice de guerre, qu'on le condamnait au repos ! Un gouvernement de *marmousets* lui défendait les hautes espérances, les vates pensées... Combien fallait-il de tournois pour le dédommager des combats réels, combien de fêtes, de bals, de vives et rapides amours, pour lui faire oublier la vie dramatique de la guerre, ses joies, ses hasards !

Il se jeta en furieux dans les fêtes, fit rude guerre aux finances, prodiguant en jeune homme, donnant en roi. Son bon cœur était une calamité publique. La chambre des Comptes, ne sachant comment résister, notait tristement chaque don du roi de ces mots : *Nimis habuit* ou *Recuperetur*. Les sages conseillers de la chambre avaient encore imaginé d'employer ce qui pouvait rester, après toute dépense, à faire un beau cerf d'or, dans l'espoir que cette figure aimée du roi serait mieux respectée. Mais le cerf fuyait, fondait toujours ; on ne put même jamais l'achever.

D'abord, les fils du duc d'Anjou devant partir pour revendiquer la malheureuse royauté de Naples, le roi voulut auparavant leur conférer l'Ordre de Chevalerie. La fête se fit à Saint-Denis, avec une magnificence et un concours de monde incroyables. Tout la noblesse de France, d'Angleterre, d'Allemagne était invitée. Il fallut que la silencieuse et vénérable abbaye, l'église des tombeaux, s'ouvrît à ces pompes mondaines, que les cloîtres retentissent sous les éperons dorés, que les pauvres moines accueillissent les belles dames. Elles logèrent dans l'abbaye même. Le récit du moine chroniqueur en est encore tout ému.

Aucune salle n'était assez vaste pour le banquet royal ; on en fit une dans la grande cour. Elle avait la forme d'une église, et n'avait pas moins de trente-deux toises de long. L'intérieur était tendu d'une toile immense, rayée de blanc et de vert. Au bout s'élevait un large et haut pavillon de tapisseries précieuses, bizarrement historiées ; on eût dit l'autel de cette église, mais c'était le trône.

Hors des murs de l'abbaye, on aplanit, on ferma de barrières des lices longues de cent vingt pas. Sur un côté s'élevaient des galeries et des tours, où devaient siéger les dames, pour juger des coups.

Il y eut trois jours de fêtes, d'abord les messes, les cérémonies de l'Église, puis les banquets et les joutes, puis le bal de nuit ; un dernier bal enfin, mais celui-ci masqué, pour dispenser de rougir. La présence du roi, la sainteté du lieu n'imposèrent en rien. La foule s'était enivrée d'une attente de trois jours. Ce fut un véritable *Pervigilium Veneris ;* on était aux premiers jours du mois de mai. « Mainte demoiselle s'oublia, plusieurs maris pâtirent... » Serait-ce par hasard dans cette funeste nuit que le jeune duc d'Orléans, frère du roi, aurait plu, pour son malheur, à la femme de son cousin Jean sans Peur, comme il eut ensuite l'imprudence de s'en vanter ?

Cette bacchanale près des tombeaux eut un bizarre lendemain. Ce ne fut pas assez que les morts eussent été troublés par le bruit de la fête, on ne les tint pas quittes. Il fallut qu'ils jouassent aussi leur rôle. Pour aviver le plaisir par le contraste ou tromper les langueurs qui suivent, le roi se fit donner le spectacle d'une pompe funèbre.

Le héros de Charles VI, celui dont les exploits avaient amusé son enfance, Duguesclin, mort depuis dix ans, eut le triste honneur d'amuser de ses funérailles la folle et luxurieuse cour.

Les fêtes appellent les fêtes ; le roi voulut que la reine Isabeau, qui depuis quatre ans était entrée cent fois dans Paris, y fît sa *première entrée*. Après la noble fête féodale, le populaire devait avoir la sienne, celle-ci gaie, bruyante, avec les accidents vulgaires et risibles, le vertige étourdissant des grandes foules. Les bourgeois étaient généralement vêtus de vert, les gens des princes l'étaient en rose. On ne voyait aux fenêtres que belles filles vêtues d'écarlate avec des ceintures d'or. Le lait et le vin coulaient des fontaines ; des musiciens jouaient à chaque porte que passait la reine. Aux carrefours, des enfants représentaient de pieux mystères. La reine suivit la rue Saint-Denis. Deux anges descendirent par une corde, lui posèrent sur la tête une couronne d'or en chantant :

Dame enclose entre fleurs de lis,
Etes-vous pas du paradis ?

Lorsqu'elle fut arrivée au pont Notre-Dame, on vit avec étonnement un homme descendre, deux flambeaux à la main, par une corde tendue des tours de la cathédrale.

Le roi avait pris tout comme un autre sa part de la fête ; il s'était mêlé à la foule des bourgeois, pour voir aussi passer sa belle jeune Allemande. Il reçut même des sergents « plus d'un horion » pour avoir approché trop près ; le soir, il s'en vanta aux dames. Le prince débonnaire, sachant aussi qu'il y avait à la fête beaucoup d'étrangers qui regrettaient de n'avoir jamais vu jouter le roi, se mêla aux joutes pour leur faire plaisir.

Bientôt après, le jeune frère du roi, le duc d'Orléans, épousa la fille de Visconti, le riche duc de Milan.

Charles VI voulut que la fête se fît à Melun. Il y reçut magnifiquement la charmante Valentina, qui devait exercer un si doux et si durable ascendant sur ce faible esprit.

La ville de Paris avait cru que *l'entrée* de la reine lui vaudrait une diminution d'impôt. Ce fut tout le contraire. Il fallut, pour payer la fête, hausser la gabelle, et, de plus, l'on décria les pièces de douze et de quatre deniers, avec défense de les passer, sous peine de la hart. C'était la monnaie du petit peuple, des pauvres. Pendant quinze jours, ces gens furent au désespoir, ne pouvant avec cette monnaie acheter de quoi manger.

Cependant le roi s'ennuyait ; il s'avisa d'un voyage. Il n'avait pas fait son tour du royaume, sa royale *chevauchée*. Il ne connaissait pas encore ses provinces du Midi. Il en avait reçu de tristes nouvelles ; un pieux moine de Saint-Bernard était venu du fond du Languedoc lui dénoncer le mauvais gouvernement de son oncle de Berri. Le moine avait surmonté tous les obstacles, forcé les portes, et, en présence même de l'oncle du roi, il avait parlé avec une hardiesse toute chrétienne. Le roi, qui avait bon cœur, l'écouta patiemment, le prit sous sa sauvegarde, et promit d'aller lui-même voir ce malheureux pays. Il voulait, d'ailleurs, passer à Avignon et s'entendre avec le pape sur les moyens d'éteindre le schisme.

Après avoir, selon l'usage de nos rois en pareille circonstance, fait ses dévotions à l'abbaye de Saint-Denis, il prit sa route par Nevers et y fut reçu avec la prodigue magnificence de la maison de Bourgogne. Mais il ne permit pas à ses oncles de le suivre ; il ne voulait pas qu'ils fermassent ses oreilles aux plaintes des peuples. Peut-être aussi se sentait-il moins libre, en leur présence, de se livrer à ses fantaisies de jeune homme. Pour la même raison, il n'emmena point la reine ; il voulait jouir sans contrainte, goûter royalement tout ce que la France avait de plaisirs.

Il s'arrêta d'abord à Lyon, dans cette grande et aimable ville, demi-italienne. Il fut reçu sous un dais de drap d'or par quatre jeunes belles demoiselles, qui le menèrent à l'archevêché. Ce ne fut, pendant quatre jours, que jeux, bals et galanteries.

Mais nulle part le roi ne passa le temps plus agréablement qu'à Avignon, chez le pape. Personne n'était plus consommé que ces prêtres dans tous les arts du plaisir. Nulle part la vie n'était plus facile, nulle part les esprits plus libres. L'eussent-ils été moins, ils se trouvaient à la source même des indulgences ; le pardon était tout près du péché. Le roi, au départ, laissa de riches souvenirs aux belles dames d'Avignon, « qui s'en louèrent toutes ».

Il partit grand ami du pape et tout gagné à son parti. Clément VII avait donné au jeune duc d'Anjou le titre de roi de Naples, et au roi lui-même la disposition de sept cent cinquante bénéfices, celle, entre autres, de l'archevêché de Reims. Mais l'élu du roi, qui était un fameux adversaire du pape et des dominicains, mourut bientôt empoisonné.

Arrivé en Languedoc, le roi n'entendit que plaintes et que cris. Le duc de Beri avait réduit le pays à un tel désespoir, que déjà plus de quarante mille hommes s'étaient enfuis en Aragon. Ce prince, bon et doux dans son Berri, livrait le Languedoc à ses agents comme une ferme à exploiter. Avide et prodigue, il se faisait bénir des uns, détester des autres. Il était homme à donner deux cent mille francs à son bouffon. Il est vrai qu'en récompense il donnait aussi aux clercs et construisait des églises. Il bâtissait des tourelles aériennes, faisait tailler à grands frais ces dentelles de pierre que nous admirons et que le peuple maudissait. Précieux manuscrits, riches miniatures, sceaux admirables, rien ne lui coûtait. En dernier lieu, à soixante ans, il venait d'épouser une petite fille de douze ans, la nièce du comte de Foix. Combien de fêtes et de dépenses fallait-il au sexagénaire pour se faire pardonner son âge par cette enfant ?

Le roi, retenu douze jours entiers à Montpellier par les vives et « frisques » demoiselles du pays, vint ensuite assister, à Toulouse, à l'exécution de Bétisac, trésorier de son oncle. Cet homme avouait tous ses crimes, mais il ajoutait qu'il n'avait rien fait que par ordre de Mgr de Berri. Ne sachant comment le tirer de cette puissante protection, on lui persuada qu'il n'avait d'autre ressource que de se dire hérétique, qu'alors on l'enverrait au pape, qu'il serait sauvé. Il crut ce conseil, se déclara hérétique et fut brûlé vif. L'exécution eut lieu sous les fenêtres du roi, aux acclamations du peuple. Le roi donna cette satisfaction aux plaintes du Languedoc.

Pour faire encore chose agréable à la bonne ville de Toulouse, Charles VI accorda aux *abbayes* des filles de joie que ces filles ne fussent plus obligées de porter un costume, mais que désormais elles s'habillassent à leur fantaisie. Il voulait qu'elles prissent part à la joie de sa royale entrée.

Il revint droit à Paris, soûl de plaisirs, las de fêtes ; il évita au retour celles qu'on lui préparait. Il gagea avec son frère que, tous deux partant à franc étrier, il arriverait avant lui. Il n'y avait plus de repos pour lui que dans l'étourdissement. A vingt-deux ans, il était fini ; il avait usé deux vies, une de guerre, une de plaisirs. La tête était morte, le cœur vide ; les sens commençaient à défaillir. Quel remède à cet état désolant ? L'agitation, le vertige d'une course furieuse. « Les morts vont vite. »

La vie est un combat, sans doute, mais il ne faut pas s'en plaindre ; c'est un malheur quand le combat finit. La guerre intérieure de l'Homo duplex est justement ce qui nous soutient. Contemplons-la, cette guerre, non plus dans le roi, mais dans le royaume, dans le Paris d'alors, qui la représentait si bien.

Le Paris de Charles VI, c'est surtout le Paris du Nord, ce grand et profond Paris de la plaine, étendant ses rues obscures du royal hôtel Saint-Paul à l'hôtel de Bourgogne, aux Halles. Au cœur de ce Paris, vers la Grève, s'élevaient deux églises, deux idées, Saint-Jacques et Saint-Jean.

Saint-Jacques de la Boucherie était la paroisse des bouchers et des lombards, de l'argent et de la viande. Dignement enceinte d'écorcheries, de tanneries et de mauvais lieux, la sale et riche paroisse s'étendait de la rue Trousse vache au quai des Peaux ou Pelletier. A l'ombre de l'église des bouchers, sous la protection de ses confréries, dans une chétive échoppe, écrivaient, intriguaient, amassaient Flamel et sa vieille Pernelle, gens avisés, qui passaient pour alchmistes, et qui de cette boue infecte surent en effet tirer de l'or.

Contre la matérialité de Saint-Jacques s'élevait, à deux pas, la spiritualité de Saint-Jean. Deux événements tragiques avaient fait de cette chapelle une grande église, une grande paroisse : le miracle de la rue des Billettes, où « Dieu fut boulu par un juif » puis, la ruine du Temple, qui étendit la paroisse de Saint-Jean sur ce vaste et silencieux quartier. Son curé était le grand docteur du temps, Jean Gerson, cet homme de combat et de contradiction. Mystique, ennemi des mystiques, mais plus ennemi encore des hommes de matière et de brutalité, pauvre et impuissant curé de Saint-Jean, entre les folies de Saint-Paul et les violences de Saint-Jacques, il censura les princes, il attaqua les bouchers ; il écrivit contre les dangereuses sciences de la matière, qui sourdement minaient le christianisme, contre l'astrologie, contre l'alchimie.

Sa tâche était difficile ; la partie était forte. La nature et les sciences de la nature, comprimées par l'esprit chrétien, allaient avoir leur *renaissance*.

Cette dangereuse puissance, longtemps captive dans les creusets et les matrices des disciples d'Averroès, transformée par Arnauld de Villeneuve et quasi spiritualisée, se contint encore au XIIIe siècle ; au XVe, elle flamba...

Combien, en présence de cette éblouissante apparition, la vieille éristique pâlit ? Celle-ci avait tout occupé en l'homme ; puis, tout laissé vide. Dans l'entracte de la vie spirituelle, l'éternelle nature reparaît, toujours jeune et charmante. Elle s'empare de l'homme défaillant et l'attire contre son sein.

Elle revient après le christianisme, malgré lui, elle revient comme péché. Le charme n'en est que plus irritant pour l'homme, le désir plus âpre. N'étant pas encore comprise, n'étant pas science, mais magie, elle exerce sur l'homme une fascination meurtrière. Le fini va se perdre dans le charme infiniment varié de la nature. Lui, il donne, donne sans compter. Elle, belle, immuable, elle reçoit toujours et sourit.

Il faut donc que tout y passe. L'alchimiste vieillissant à la recherche de l'or, maigre et pâle sur son creuset, soufflera jusqu'à la fin. Il brûlera ses meubles, ses livres ; il brûlerait ses enfants... D'autres poursuivront la nature dans ses formes les plus séduisantes ; ils languiront à la recherche de la beauté. Mais la beauté fuit comme l'or ; chacune de ses gracieuses apparitions échappe à l'homme, vaine et vide, et toute vaine qu'elle est, elle n'emporte pas moins les riches dons de son être... Ainsi triomphe de l'être éphémère l'insatiable, l'infatigable nature. Elle absorbe sa vie, sa force ; elle le reprend en elle, lui et son désir, et résout l'amour et l'amant dans l'éternelle chimie.

Que si la vie ne manque point, mais que seulement l'âme défaille, alors c'est bien pis. L'homme n'a plus de la vie que la conscience de sa mort. Ayant éteint son Dieu intérieur, il se sent délaissé de Dieu, et comme excepté seul de l'universelle providence.

Seul... Mais au Moyen Age on n'était pas longtemps seul. Le Diable vient vite, dans ces moments, à la place de Dieu. L'âme gisante est pour lui un jouet qu'il tourne et pelote... Et cette pauvre âme est si malade qu'elle veut rester malade, creusant son mal et fouillant les mauvaises jouissances : *Mala mentis gaudia*. Leurrée de croyances folles, amusée de lueurs sombres, menée de côté et d'autre par la vaine curiosité, elle cherche à tâtons dans la nuit : elle a peur et elle cherche...

Ce sont d'étranges époques. On nie, on croit tout. Une fiévreuse atmosphère de superstition sceptique enveloppe les villes sombres. L'ombre augmente dans leurs rues étroites ; leur brouillard va s'épaississant aux fumées d'alchimie et de sabbat. Les croisées obliques ont des regards louches. La boue noire des carrefours grouille en mauvaises paroles. Les portes sont fermées tout le jour ; mais elle savent bien s'ouvrir le soir pour recevoir l'homme du mal, le juif, le sorcier, l'assassin.

On s'attend alors à quelque chose A quoi ? On l'ignore. Mais la nature avertit ; les éléments semblent changés. Le bruit courut un moment, sous Charles VI, qu'on avait empoisonné les rivières. Dans tous les esprits flottait d'avance une vague pensée de crime.

CHAPITRE III

Folie de Charles VI - 1392-1400

Cette brutale histoire, qui va présenter tant de crimes hardis, de crimes orgueilleux qui cherchent le jour, elle commence par un vilain crime de nuit, un guet-apens. Ce fut un attentat de la féodalité mourante contre le droit féodal, commis en trahison par un arrière-vassal sur un officier de son suzerain, dans la résidence du suzerain même ; et par-dessus, ce fut un sacrilège, l'assassin ayant pris pour faire son coup le jour du Saint-Sacrement.

Les marmousets, les petits devenus maîtres des grands, étaient mortellement haïs ; Clisson, de plus, était craint. En France, il était connétable, l'épée du roi contre les seigneurs ; en Bretagne, il était au contraire le chef des seigneurs contre le duc. Lié étroitement aux maisons de Penthièvre et d'Anjou, il n'attendait qu'une occasion pour chasser le duc de Bretagne et le renvoyer chez ses amis les Anglais. Le duc, qui le savait à merveille, qui vivait en crainte continuelle de Clisson et ne rêvait que du terrible borgne, ne pouvait se consoler d'avoir eu son ennemi entre les mains, de l'avoir tenu et de n'avoir pas eu le courage de le tuer. Or il y avait un homme qui avait intérêt à tuer Clisson, qui avait tout à craindre du connétable et de la maison d'Anjou. C'était un seigneur angevin, Pierre de Craon, qui, ayant volé le trésor du duc d'Anjou, son maître, dans l'expédition de Naples, fut cause qu'il périt sans secours. La veuve ne perdait pas de vue cet homme, et Clisson, allié de la maison d'Anjou, ne rencontrait pas le voleur sans le traiter comme il le méritait.

Les deux peurs, les deux haines s'entendirent. Craon promit au duc de Bretagne de le défaire de Clisson. Il revint secrètement à Paris, rentra de nuit dans la ville ; les portes étaient toujours ouvertes depuis la punition des maillotins. Il remplit de coupe-jarrets son hôtel du Marché-Saint-Jean. Là, portes et croisées fermées, ils attendirent plusieurs jours. Enfin, le 13 juin, jour de la fête du Saint-Sacrement, un grand gala ayant eu lieu à l'hôtel Saint-Paul, joutes, souper et danses après minuit, le connétable revenait presque seul à son hôtel de la rue de Paradis. Ce vaste et silencieux Marais, assez désert même aujourd'hui, l'était bien plus alors ; ce n'étaient que grands hôtels, jardins et couvents. Craon se tint à cheval avec quarante bandits au coin de la rue Sainte-Catherine ; Clisson arrive, ils éteignent les torches, fondent sur lui. Le connétable crut d'abord que c'était un jeu du jeune frère du roi. Mais Craon voulut, en le tuant, lui donner l'amertume de savoir par qui il mourait. « Je suis votre ennemi, lui dit-il, je suis Pierre de Craon. » Le connétable, qui n'avait qu'un petit coutelas, para du mieux qu'il put. Enfin, atteint à la tête, il tomba ; fort heureusement, il ouvrit en tombant une porte entrebâillée, celle d'un boulanger qui chauffait son four à cette heure avancée de la nuit. La tête et moitié du corps se trouvèrent dans la boutique ; pour l'achever, il eût fallu entrer. Mais les quarante braves n'osèrent descendre de cheval ; ils aimèrent mieux croire qu'il en avait assez, et se sauvèrent au galop par la porte Saint-Antoine.

Le roi, qui se couchait, fut averti un moment après. Il ne prit pas le temps de s'habiller ; il vint sans attendre sa suite, en chemise, dans un manteau. Il trouva le connétable déjà revenu à lui, et lui promit de le venger, jurant que jamais chose ne serait payée plus cher que celle-là.

Cependant le meurtrier s'était blotti dans son château de Sablé au Maine, puis dans quelque coin de la Bretagne. Les oncles du roi, qui étaient ravis de l'événement, et qui d'avance en avaient su quelque chose, disaient, pour amuser le roi et gagner du temps, que Craon était en Espagne. Mais le roi ne s'y trompait pas. C'était le duc de Bretagne qu'il voulait punir. Il était loin, ce duc ; il fallait l'atteindre chez lui, dans son pauvre et rude pays, à travers les forêts du Mans, de Vitré, de Rennes. Il fallait que les oncles du roi lui amenassent leurs vassaux, c'est-à-dire qu'ils se prêtassent à punir le crime de leurs amis, le leur peut-être. Le roi, ne sachant comment venir à bout de leur répugnance et de leurs lenteurs, alla jusqu'à rendre au duc de Berri le Languedoc qu'il lui avait si justement retiré.

Il était languissant, malade d'impatience. Il avait eu une fièvre chaude peu de temps auparavant, et n'était pas trop remis. Il y avait en lui quelque chose d'égaré et comme d'étrange. Ses oncles auraient voulu qu'il se soignât, qu'il se tînt tranquille, qu'il s'abstînt surtout de venir au conseil ; mais ils ne gagnaient rien sur lui. Il monta à cheval malgré eux et les mena jusqu'au Mans. Là, ils parvinrent encore à le retenir trois semaines. Enfin, se croyant mieux, il n'écouta plus rien et fit déployer son étendard.

C'était le milieu de l'été, les jours brûlants, les lourdes chaleurs d'août. Le roi était enterré dans un habit de velours noir, la tête chargée d'un chaperon écarlate, aussi de velours. Les princes traînaient derrière sournoisement et le laissaient seul afin, disaient-ils, de lui faire moins de poussière. Seul, il traversait les ennuyeuses forêts du Maine, de méchants bois pauvres d'ombrage, les chaleurs étouffées des clairières, les mirages éblouissants du sable à midi. C'était aussi dans une forêt, mais combien différente ! que, douze ans auparavant, il avait fait rencontre du cerf merveilleux qui promettait tant de choses. Il était jeune alors, plein d'espoir, le cœur haut, tout dressé aux grandes pensées. Mais combien il avait fallu en rabattre ! Hors du royaume, il avait échoué partout, tout tenté et tout manqué. Dans le royaume même, était-il bien roi ? Voilà que tout le monde, les princes, le clergé, l'Université, attaquaient ses conseillers. On lui faisait le dernier outrage, on lui tuait son connétable et personne ne remuait ; un simple gentilhomme, en pareil cas, aurait eu vingt amis pour lui offrir leur épée. Le roi n'avait pas même ses parents ; ils se laissaient sommer de leur service féodal, et alors ils se faisaient marchander ; il fallait les payer d'avance, leur distribuer des provinces, le Languedoc, le duché d'Orléans. Son frère, ce nouveau duc d'Orléans, c'était un beau jeune prince qui n'avait que trop d'esprit et d'audace, qui caressait tout le monde ; il venait de mettre dans les fleurs de lis la belle couleuvre de Milan... Donc, rien d'ami ni de sûr. Des gens qui n'avaient pas craint d'attaquer son connétable à sa porte ne se feraient pas grand scrupule de mettre la main sur lui. Il était seul parmi des traîtres. Qu'avait-il fait pourtant pour être ainsi haï de tous, lui qui ne haïssait personne, qui plutôt aimait tout le monde ? Il aurait voulu pouvoir faire quelque chose pour le soulagement du peuple ; tout au moins il avait bon cœur ; les bonnes gens le savaient bien.

Comme il traversait ainsi la forêt, un homme de mauvaise mine, sans autre vêtement qu'une cotte blanche, se jette tout à coup à la bride du cheval du roi, criant d'une voix terrible : « Arrête, noble roi, ne passe outre, tu es trahi ! »

On lui fit lâcher la bride, mais on le laissa suivre le roi et crier une demi-heure.

Il était midi, et le roi sortait de la forêt pour entrer dans une plaine de sable où le soleil frappait d'aplomb. Tout le monde souffrait de la chaleur. Un page qui portait la lance royale s'endormit sur son cheval, et la lance, tombant, alla frapper le casque que portait un autre page. A ce bruit d'acier, à cette lueur, le roi tressaille, tire l'épée, et, piquant des deux, il crie : « Sus, sus aux traîtres ! Ils veulent me livrer ! » Il courait ainsi l'épée nue sur le duc d'Orléans. Le duc échappa, mais le roi eut le temps de tuer quatre hommes avant qu'on pût l'arrêter. Il fallut qu'il se fût lassé ; alors, un de ses chevaliers vint le saisir par-derrière. On le désarma, on le descendit de cheval, on le coucha doucement par terre. Les yeux lui roulaient étrangement dans la tête, il ne reconnaissait personne et ne disait mot. Ses oncles, son frère étaient autour de lui. Tout le monde pouvait approcher et le voir. Les ambassadeurs d'Angleterre y vinrent comme les autres, ce qu'on trouva généralement fort mauvais. Le duc de Bourgogne, surtout, s'emporta contre le chambellan La Rivière, qui avait laissé voir le roi en cet état aux ennemis de la France.

Lorsqu'il revint un peu à lui, et qu'il sut ce qu'il avait fait, il en eut horreur, demanda pardon et se confessa. Les oncles s'étaient emparés de tout et avaient mis en prison La Rivière et les autres conseillers du roi ; Clisson avait seul échappé. Toutefois, le roi défendit qu'on leur fît mal, et leur fit même rendre leurs biens.

Les médecins ne manquèrent point au royal malade, mais ils ne firent pas grand-chose. C'était déjà, comme aujourd'hui, la médecine matérialiste, qui soigne le corps sans se soucier de l'âme, qui veut guérir le mal physique sans rechercher le mal moral, lequel pourtant est ordinairement la cause première de l'autre. Le Moyen Age faisait tout le contraire ; il ne connaissait pas toujours les remèdes matériels ; mais il savait à merveille calmer, *charmer* le malade, le préparer à se laisser guérir. La médecine se faisait chrétiennement, au bénitier même des églises. Souvent on commençait par confesser le patient, et l'on connaissait ainsi sa vie, ses habitudes. On lui donnait ensuite la communion, ce qui aidait à rétablir l'harmonie des esprits troublés. Quand le malade avait mis bas la passion, l'habitude mauvaise, dépouillé le vieil homme, alors on cherchait quelque remède. C'était ordinairement quelque absurde recette ; mais sur un homme si bien préparé, tout réussissait. Au XIVe siècle, on ne connaissait déjà plus ces ménagements préalables ; on s'adressait directement, brutalement au corps ; on le tourmentait. Le roi se lassa bientôt du traitement, et dans un moment de raison il chassa ses médecins.

Les gens de la cour l'engageaient à ne chercher d'autre remède que les amusements, les fêtes, à guérir la folie par la folie.

Une belle occasion se présenta : la reine mariait une de ses dames allemandes, déjà veuve. Les noces de veuves étaient des charivaris, des fêtes folles, où l'on disait et faisait tout. Afin d'en faire, s'il se pouvait davantage, le roi et cinq chevaliers se déguisèrent en satyres.

Celui qui mettait en train ces farces obscènes était un certain Hugues de Guisay, un mauvais homme, de ces gens qui deviennent quelque chose en amusant les grands et marchant sur les petits. Il fit coudre ces satyres dans une toile enduite de poix-résine, sur quoi fut collée une toison d'étoupes qui les faisait paraître velus comme des boucs. Pendant que le roi, sous ce déguisement, lutine sa jeune tante, la toute jeune épouse du vieux duc de Berri, le duc d'Orléans, son frère, qui avait passé la soirée ailleurs, rentre avec le comte de Bar ; ces malheureux étourdis imaginent, pour faire peur aux dames, de mettre le feu aux étoupes. Ces étoupes tenaient à la poix-résine ; à l'instant les satyres flambèrent. La toile était cousue ; rien ne pouvait les sauver. Ce fut chose horrible de voir courir dans la salle ces flammes vivantes, hurlantes... Heureusement, la jeune duchesse de Berri retint le roi, l'empêcha de bouger, le couvrit de sa robe, de sorte qu'aucune étincelle ne tombât sur lui. Les autres brûlèrent une demi-heure, et mirent trois jours à mourir.

Les princes avaient tout à craindre si le roi n'eût échappé ; le peuple les aurait mis en pièces. Quand le bruit de cette aventure se répandit dans la ville, ce fut un mouvement général d'indignation et de pitié. Que l'on abandonnât le roi à ces honteuses folies, qu'il eût risqué, innocent et simple qu'il était, d'être enveloppé dans ce terrible châtiment de Dieu, l'honnête bourgeoisie de Paris frémissait d'y penser. Ils se portèrent plus de cinq cents à l'hôtel Saint-Paul. On ne put les calmer qu'en leur montrant le roi sous son dais royal, où il les remercia et leur dit de bonnes paroles.

Une telle secousse ne pouvait manquer d'amener une rechute. Celle-ci fut violente. Il soutenait qu'il n'était point marié, qu'il n'avait pas d'enfant. Un autre trait de sa folie, et ce n'était pas le plus fol, c'était de ne vouloir plus être lui-même, point Charles, point roi. S'il voyait des lis sur les vitraux ou sur les murs, il s'en moquait, dansait devant, les brisait, les effaçait. « Je m'appelle Georges, disait-il ; mes armes sont un lion percé d'une épée. »

Les femmes seules avaient encore puissance sur lui, sauf la reine, qu'il ne pouvait plus souffrir. Une femme l'avait sauvé du feu. Mais celle qui avait sur lui le plus d'empire, c'était sa belle-sœur Valentina, la duchesse d'Orléans. Il la reconnaissait fort bien, et l'appelait : « Chère sœur. » Il fallait qu'il la vît tous les jours ; il ne pouvait durer sans elle ; si elle ne venait, il l'allait chercher. Cette jeune femme, déjà délaissée de son mari, avait pour le pauvre fol un singulier attrait ; ils étaient tous deux malheureux. Elle seule savait se faire écouter de lui ; il lui obéissait, ce fol, elle était devenue sa raison.

Personne, que je sache, n'a bien expliqué encore ce phénomène de l'infatuation, cette fascination étrange qui tient de l'amour et n'est pas l'amour. Ce ne sont pas seulement les personnes qui l'exercent ; les lieux ont aussi cette influence ; témoin le lac dont Charlemagne ne pouvait détacher ses yeux. Si la nature, si les forêts muettes, les froides eaux nous captivent et nous fascinent, que sera-ce donc de la femme ? Quel pouvoir n'exercera-t-elle pas sur l'âme souffrante qui viendra chercher près d'elle le charme des entretiens solitaires et de voluptueuses compassions ?

Douce, mais dangereuse médecine qui calme et qui trouble. Le peuple, qui juge grossièrement et qui juge bien, sentait que ce remède était un mal encore. Elle a, disait-il, cette Visconti venue du pays des poisons, des maléfices, elle a ensorcelé le roi... Et il pouvait bien y avoir, en effet, quelque enchantement dans les paroles de l'Italienne, un subtil poison dans le regard de la femme du Midi.

Un meilleur remède aux troubles d'esprit, un moyen plus sage d'harmoniser nos puissances morales, c'est de recourir à la paix suprême, de se réfugier en Dieu. Le roi se voua à saint Denis, et lui offrit une grosse châsse d'or. Il se fit mener en Bretagne, au mélancolique pèlerinage du Mont-Saint-Michel, *in periculo maris ;* plus tard, aux affreuses montagnes volcaniques du Puy en Vélay. On lui fit faire aussi de sévères ordonnances contre les blasphémateurs, contre les juifs. Cette fois, du moins, les juifs furent mieux traités ; le roi, en les chassant, leur permit d'emporter leurs biens. Une autre ordonnance accordait un confesseur aux condamnés, de manière qu'en tuant le corps on sauvât du moins l'âme. Tout jeu fut défendu, sauf l'utile exercice de l'arbalète. Une fille du roi fut offerte à la Vierge, et faite religieuse en naissant ; on espérait que l'innocente créature expierait les péchés de son père et lui obtiendrait guérison.

De toutes les bonnes œuvres royales, la plus royale c'est la paix ; ainsi en jugeait Saint Louis. Les rois ne sont ici-bas que pour garder la paix de Dieu. On croyait généralement que la maison de France était frappée pour avoir mis la guerre et le schisme dans le monde chrétien. Donc, la paix était le remède ; paix de l'Église entre Rome et Avignon, par la cession des deux papes ; paix de la chrétienté entre la France et l'Angleterre, par un bon traité entre les deux rois, par une belle croisade contre le Turc, c'était le vœu de tout le monde ; c'était ce que disaient tout haut les sermons des prédicateurs, les harangues de l'Université ; tout bas les pleurs et les prières de tous les misérables, la prière commune des familles, celle que les mères enseignaient le soir aux petits enfants.

Il faut voir avec quelle vivacité Jean Gerson célèbre ce beau don de la paix, dans un de ces moments d'espoir où l'on crut à la cession des deux papes. Ce sermon est plutôt un hymne ; l'ardent prédicateur devient poète et rime sans le vouloir ; nul doute que ces rimes n'aient été redites et chantées par la foule émue qui les entendait :

Allons, allons, sans attarder,
Allons de paix le droit sentier...
Grâces à Dieu, honneur et gloire,
Quand il nous a donné victoire.

« Élevons nos cœurs, ô dévot peuple chrétien ! mettons hors toute autre cure, donnons cette heure à considérer le beau don de paix qui approche. Que de fois, par grands désirs, depuis près de trente ans, avons-nous demandé la paix, soupiré la paix ! *Veniat pax.* »

Les rois se réconcilièrent plus aisément que les papes. Les Anglais ne voulaient point la paix ; mais leur roi la voulut ; il signa du moins une trêve de vingt-huit ans. Richard II, haï des siens, avait besoin de l'amitié de la France. Il épousa une fille du roi, avec une dot énorme de huit cents écus. Mais il rendait Brest et Cherbourg.

Cet heureux traité permit à la noblesse de France, ce qu'elle souhaitait depuis si longtemps, de faire encore une croisade. La guerre contre les infidèles, c'était la paix entre les chrétiens. Il n'y avait plus si loin à chercher la croisade ; elle venait nous chercher. Les Turcs avançaient ; ils enveloppaient Constantinople, serraient la Hongrie. Ce rapide conquérant, Bajazet l'*Éclair* (Hilderim), avait, disait-on, juré de faire manger l'avoine à son cheval sur l'autel de Saint-Pierre de Rome. Une nombreuse noblesse partit, le connétable, quatre princes du sang, plusieurs hommes de grande réputation, l'amiral de Vienne, les sires de Couci, de Boucicaut. L'ambitieux duc de Bourgogne obtint que son fils, le duc de Nevers, un jeune homme de vingt-deux ans, fût le chef de ces vieux et expérimentés capitaines. Une foule de jeunes seigneurs qui faisaient leurs premières armes déployèrent un luxe insensé. Les bannières, les guidons, les housses étaient chargés d'or et d'argent ; les tentes étaient de satin vert. La vaisselle d'argent suivait sur des chariots ;

des bateaux de vins exquis descendaient le Danube. Le camp de ces croisés fourmillait de femmes et de filles.

Que devenait, pendant ce temps, l'affaire du schisme ? Reprenons d'un peu plus haut.

Longtemps les princes avaient exploité à leur profit la division de l'Église, le duc d'Anjou d'abord, puis le duc de Berri. Les papes d'Avignon, serviles créatures de ces princes, ne donnaient de bénéfices qu'à ceux qu'ils leur désignaient. Les prêtres erraient, mouraient de faim. Les suppôts de l'Université, les plus savants élèves qu'elle formait, les plus éloquents docteurs restaient oubliés à Paris, languissant dans quelque grenier.

A la longue pourtant, quand l'Église fut presque ruinée, et que les abus devinrent moins lucratifs, alors, enfin, les princes commencèrent à écouter les plaintes de l'Université. Cette compagnie, enhardie par l'abaissement des papes, prit en main l'autorité ; elle déclara qu'elle avait de droit divin la charge non seulement d'enseigner, mais de corriger et de censurer, de censurer *et doctrinaliter et judicialiter,* pour parler le langage du temps. Elle appela tous ses membres à donner avis sur la grande question de l'union de l'Église. Tous votèrent, du plus grand au plus petit. Un tronc était ouvert aux mathurins. Le moindre des *pauvres maîtres* de Sorbonne, le plus crasseux des capets de Montaigu, y jeta son vote. On en compta dix mille ; mais les dix mille votes se réduisirent à trois avis : compromis entre les deux papes, cession de l'un et de l'autre, concile général pour juger l'affaire. La voie de cession sembla la plus sûre. On la croyait d'autant plus facile que Clément VII venait de mourir. Le roi écrivit aux cardinaux de surseoir à l'élection. Ils gardèrent ses lettres cachetées, et se hâtèrent d'élire. Le nouveau élu, Pierre de Luna, Benoît XIII, avait promis, il est vrai, de tout faire pour l'union de l'Église, et de céder s'il le fallait.

Pour obtenir de lui qu'il tînt parole, on lui envoya la plus solennelle ambassade qu'aucun pape eût jamais reçue. Les ducs de Berri, de Bourgogne et d'Orléans vinrent le trouver à Avignon, avec un docteur envoyé par l'Université de Paris. Celui-ci harangua le pape avec la plus grande hardiesse. Il avait pris ce texte : « Illuminez, grand Dieu, ceux qui devraient nous conduire, et qui sont eux-mêmes dans les ténèbres et dans l'ombre de la mort. » Le pape parla à merveille ; il répondit avec beaucoup de présence d'esprit et d'éloquence, protestant qu'il ne désirait rien plus que l'union. C'était un habile homme, mais un Aragonais, une tête dure, pleine d'obstination et d'astuce. Il se joua des princes, lassa leur patience, les excédant de doctes harangues, de discours, de réponses et de répliques, lorsqu'il ne fallait, comme on le lui dit, qu'un tout petit mot : cession. Puis, quand il les vit languissants, découragés, malades d'ennui, il s'en débarrassa par un coup hardi. Les princes ne demeuraient pas dans la ville d'Avignon, mais de l'autre côté, à Villeneuve, et tous les jours ils passaient le pont du Rhône pour conférer avec le pape. Un matin ce pont se trouva brûlé, on ne passait qu'en barque avec danger et lenteur. Le pape assura qu'il allait rétablir le pont. Mais les princes perdirent patience et laissèrent l'Aragonais maître du champ de bataille. La paix de l'Église fut ajournée pour longtemps.

Les affaires de Turquie, d'Angleterre ne tournèrent pas mieux.

Le 25 décembre 1396, pendant la nuit de Noël, au milieu des réjouissances de cette grande fête, tous les princes étant chez le roi, un cavalier entra à l'hôtel Saint-Paul, tout botté et en éperons. Il se jeta à genoux devant le roi et dit qu'il venait de la part du duc de Nevers, prisonnier des Turcs. L'armée tout entière avait péri. De tant de milliers d'hommes, il restait vingt-huit hommes, les plus grands seigneurs, que les Turcs avaient réservés pour les mettre à rançon.

Il n'y avait pas lieu de s'en étonner ; la folle présomption des croisés ne pouvait qu'amener un tel désastre. Ils n'avaient pas même voulu croire que les Turcs pussent les attendre. Bajazet était à six lieues, que le maréchal Boucicaut faisait couper les oreilles aux insolents qui prétendaient que cette canaille infidèle osait venir à sa rencontre.

Le roi de Hongrie, qui avait appris à ses dépens ce genre de guerre, pria du moins les croisés de laisser ses Hongrois à l'avant-garde, d'opposer ainsi des troupes légères aux troupes légères, de se réserver. C'était l'avis du sire de Couci. Mais les autres ne voulurent rien écouter. L'avant-garde était le poste d'honneur pour les chevaliers ; ils coururent à l'avant-garde, ils chargèrent et d'abord renversèrent tout devant eux. Derrière les premiers corps, ils en trouvèrent d'autres et les dissipèrent encore. Les janissaires même furent enfoncés. Arrivés ainsi au haut d'une colline, ils aperçurent de l'autre côté quarante mille hommes de réserve et virent en même temps les grandes ailes de l'armée turque qui se rapprochaient pour les enfermer. Alors il y eut un moment de terreur panique ; la foule des croisés se débanda ; les chevaliers seuls s'obstinèrent ; ils pouvaient encore se replier sur les Hongrois, qui étaient tout près derrière eux et encore entiers. Mais après de telles bravades il y aurait eu trop de honte ; ils s'élancèrent à travers les Turcs et se firent tuer pour la plupart.

Quand le sultan vit le champ de bataille et l'immense massacre qui avait été fait des siens, il pleura, se fit amener tous les prisonniers et les fit décapiter ou assommer ; ils étaient dix mille. Il n'épargna que le duc de Nevers et vingt-quatre des plus grands seigneurs ; il fallut qu'ils fussent témoins de cette horrible boucherie.

Dès qu'on sut l'événement et dans quel péril se trouvait encore le comte de Nevers, le roi de France et le duc de Bourgogne se hâtèrent d'envoyer au cruel sultan de riches présents pour l'apaiser ; un drageoir d'or, des faucons de Norvège, du linge de Reims, des tapisseries d'Arras qui représentaient Alexandre le Grand. On rassembla promptement les deux cent mille ducats qu'il exigeait pour rançon. Lui, il envoya aussi des présents au roi de France ; mais c'étaient des dons insolents et dérisoires : une masse de fer, une cotte d'armes de laine à la turque, un tambour et des arcs dont les cordes étaient tissées avec des entrailles humaines. Pour que rien ne manquât à l'outrage, il fit venir ses prisonniers au départ et, s'adressant au comte de Nevers, il lui dit ces rudes paroles : « Jean, je sais que tu es un grand seigneur en ton pays et fils d'un grand seigneur. Tu es jeune, tu as long avenir. Il se peut que tu sois confus et chagrin de ce qui t'es advenu lors de ta première chevalerie, et que, pour réparer ton honneur, tu rassembles contre moi une puissante armée. Je pourrais, avant de te délivrer, te faire jurer, sur ta foi et ta loi, que tu n'armeras contre moi, ni toi, ni tes gens. Mais non, je ne ferai faire ce serment, ni à eux, ni à toi. Quand tu seras de retour là-bas, arme-toi, si cela te fait plaisir, et viens m'attaquer. Et ce que je te dis, je le dis pour tous les chrétiens que tu voudrais amener. Je suis né pour guerroyer toujours, toujours conquérir. »

La honte était grande pour le royaume, le deuil universel. Il y avait peu de nobles familles qui n'eussent perdu quelqu'un. On n'entendait aux églises que des messes des morts. On ne voyait que gens en noir.

A peine on quittait ce deuil que le roi et le royaume en eurent un autre à porter. Le gendre de Charles VI, le roi d'Angleterre, Richard II, fut, au grand étonnement de tout le monde, renversé en quelques jours par son cousin Bolingbroke, fils du duc de Lancastre. Richard était ami de la France. Sa terrible catastrophe et l'usurpation des Lancastre nous préparaient Henri V et la bataille d'Azincourt.

Nous parlerons ailleurs et tout au long de cette ambitieuse maison de Lancastre, des sourdes menées par lesquelles, ayant manqué le trône de Castille, elle se prépara celui d'Angleterre. Un mot seulement de la catastrophe.

Quelque violent et aveugle que fût Richard, sa mort fut pleurée. C'était le fils du Prince Noir ; il était né en Guyenne sur terre conquise, dans l'insolence des victoires de Créci et de Poitiers ; il avait le courage de son père, il le prouva dans la grande révolte de 1380, où il comprima le peuple qui voulait faire main basse sur l'aristocratie. Il était difficile qu'il se laissât faire la loi par ceux qu'il avait sauvés, par les barons et les évêques, par ses oncles, qui les excitaient sous main. Il entra contre eux tous dans une lutte à mort ; provoqué par le Parlement *impitoyable,* qui lui tua ses favoris, il fut à son tour sans pitié : il fit tuer Glocester et chassa le fils de son autre oncle Lancastre. C'était jouer quitte ou double. Mais sa violence sembla justifiée par la lâcheté publique. Il trouva un empressement extraordinaire dans les amis à trahir leurs amis ; il y eut foule pour dénoncer, pour jurer et parjurer, chacun tâchait de se laver avec le sang d'un autre. Richard en eut mal au cœur, et un tel mépris des hommes qu'il crut ne pouvoir jamais trop fouler cette boue. Il osa déclarer dix-sept comtés coupables de trahison et acquis à la couronne, condamnant tout un peuple en masse pour le rançonner en détail, escomptant le pardon, revendant aux gens leurs propres biens, brocantant l'iniquité. Cet acte, audacieusement fou, par-delà toutes les folies de Charles VI, perdit Richard II. Les Anglais lui léchaient les mains tant qu'il se contentait de verser du sang. Dès qu'il toucha à leurs biens, à leur arche sacro-sainte, la propriété, ils appelèrent le fils de Lancastre.

Celui-ci était encouragé tantôt par Orléans, tantôt par Bourgogne, qui, sans doute, souhaitait comme précédent le triomphe des branches cadettes. Il passa en Angleterre, protestant hypocritement qu'il ne demandait autre chose que l'héritage de son père. Mais quand même il eût voulu s'en tenir là, il ne l'aurait pu. Tout le monde vint se joindre à lui, comme ils ont fait tant de fois, et pour York, et pour Warwick, et pour Édouard IV, et pour Guillaume. Richard se trouva seul ; tous le quittèrent, même son chien. Le comte de Northumberland l'amusa par des serments, le baisa et le livra. Conduit à son rival sur un vieux cheval étique, abreuvé d'outrages, mais ferme, il accepta avec dignité le jugement de Dieu, il abdiqua. Lancastre fut obligé par les siens de régner, obligé, pour leur sûreté, de leur laisser tuer Richard.

Le gendre du roi avait péri, et avec lui l'alliance anglaise et la sécurité de la France. La croisade avait manqué, les Turcs pouvaient avancer. La chrétienté semblait irrémédiablement divisée, le schisme incurable. Ainsi la paix, espérée un instant, s'éloignait de plus en plus. Elle ne pouvait revenir dans les affaires, n'étant pas dans les esprits ; jamais ils ne furent moins pacifiés, plus discordants d'orgueil, de passions violentes et de haines.

On avait beau prier Dieu pour la paix et pour la santé du roi ; ces prières, parmi les injures et les malédictions, ne pouvaient se faire entendre. Tout en s'adresssant à Dieu, on essayait aussi du Diable. On faisait des offrandes à l'un, pour l'autre des conjurations. On implorait à la fois le ciel et l'enfer.

On avait fait venir du Languedoc un homme fort extraordinaire qui veillait, jeûnait comme un saint, non pour se sanctifier, mais afin d'acquérir influence sur les éléments et de faire des astres ce qu'il voulait. Sa science était dans un livre merveilleux qui s'appelait *Smagorad,* et dont l'original avait été donné à Adam. Notre premier père, disait-il, ayant pleuré cent ans son fils Abel, Dieu lui envoya ce livre par un ange pour le consoler, le relever de sa chute, pour donner à l'homme régénéré puissance sur les étoiles.

Le livre ne réussissant pas pour Charles VI aussi bien que pour Adam, on eut recours à deux Gascons ermites de Saint-Augustin. On les établit à la Bastille près de l'hôtel Saint-Paul. On leur fournit tout ce qu'ils demandaient, entre autres choses des perles en poudre, dont ils firent un breuvage pour le roi. Ce breuvage et les paroles magiques dont ils le fortifiaient ne produisirent aucun bien durable ; les deux moines, pour s'excuser, accusèrent le barbier du roi et le concierge du duc d'Orléans de troubler leurs opérations par de mauvais sortilèges. Ce barbier avait été vu, disait-on, rôdant autour d'un gibet pour y prendre les ingrédients de ses maléfices. Toutefois, les moines ne purent rien prouver ; on les sacrifia au duc d'Orléans, au clergé. Ils avaient fait grand scandale. Tout le monde venait les consulter à la Bastille, leur demander des remèdes pour les maladies, des philtres d'amour. Ils furent dégradés en Grève par l'évêque de Paris, puis promenés par la ville, décapités, mis en quartiers, et les quartiers attachés aux portes de Paris.

L'effet de ces mauvais remèdes fut d'aggraver le mal. Le pauvre prince, après une lueur de raison, sentit l'approche de la frénésie ; il dit lui-même qu'il fallait se hâter de lui ôter son couteau. Il souffrait de grandes douleurs, et disait, les larmes aux yeux, qu'il aimerait mieux mourir. Tout le monde pleurait aussi, quand on l'entendait dire, comme il fit au milieu de toute sa maison : « S'il est ici parmi vous, celui qui me fait souffrir, je le conjure, au nom de Notre-Seigneur, de ne pas me tourmenter davantage, de faire que je ne languisse plus ; qu'il m'achève plutôt, et que je meure. »

Hélas ! disaient les bonnes gens, comment un roi si débonnaire est-il ainsi frappé de Dieu et livré aux mauvais esprits ? Il n'a pourtant jamais fait de mal. Il n'était pas fier, il saluait tout le monde, les petits comme les grands. On pouvait lui dire tout ce qu'on voulait. Il ne rebutait personne ; dans les tournois, il joutait avec le premier venu. Il s'habillait simplement, non comme un roi, mais comme un homme. Il était paillard, il est vrai ; il aimait les femmes, les filles. Après tout, on ne pouvait dire qu'il eût jamais fait de peine aux familles honnêtes. La reine ne voulant plus coucher avec lui, on lui mettait dans son lit une petite fille, mais c'était en la payant bien, et jamais il ne lui fit mal dans ses plus mauvais moments.

Ah ! s'il avait eu sa tête, la ville et le royaume s'en seraient bien mieux trouvés. Chaque fois qu'il revenait à lui, il tâchait de faire un peu de bien, de remédier à quelque mal. Il avait essayé de mettre de l'ordre dans les finances, de révoquer les dons qu'on lui surprenait dans ses absences d'esprit. Comment n'aurait-il pas eu bon cœur pour les chrétiens, lui qui avait ménagé les juifs eux-mêmes, en les renvoyant ?...

En quelque état qu'il fût, il voyait toujours avec plaisir ses braves bourgeois. « Je n'ai, disait-il, confiance qu'en mon prévôt des marchands, Juvénal, et mes bourgeois de Paris. » Quand d'autres gens venaient le voir, il regardait d'un air effaré ; mais quand c'était le prévôt, il lui parlait ; il disait : « Juvénal, ne perdons pas notre temps, faisons de bonne besogne. »

Nous avons remarqué au commencement de cette histoire, en parlant des *rois fainéants,* combien le peuple était naturellement porté à respecter ces muettes et innocentes figures, qui passaient deux fois par an devant lui sur leur char attelé de bœufs. Les musulmans regardent les idiots comme marqués du sceau de Dieu et souvent comme personnes saintes. Dans certains cantons de la Savoie, c'est un touchant préjugé que le crétin porte bonheur à sa famille. La brute qui ne suit que l'instinct, en qui la raison individuele est nulle, semble, par cela même, rester plus près de la raison divine. Elle est tout au moins innocente.

Rien d'étonnant, si le peuple, au milieu de tous ces princes orgueilleux, violents et sanguinaires, prenait pour objet de prédilection cette pauvre créature, comme lui humiliée sous la main de Dieu. Dieu pouvait par lui, aussi bien que par un plus sage, guérir les maux du royaume. Il n'avait pas fait grand-chose ; mais visiblement il aimait le peuple. Il aimait ! mot immense. Le peuple le lui rendit bien... Il lui resta toujours fidèle. Dans quelque abaissement qu'il fût, il s'obstina à espérer en lui ; il ne voulait être sauvé que par lui. Rien de plus touchant, et en même temps de plus hardi, que les paroles par lesquelles le grand prédicateur populaire, Jean Gerson, bravant à la fois les ambitions rivales des princes qui attendaient la succession du malade, s'adresse à lui et lui dit : *« Rex in sempiternum vive !*... O mon roi, vivez toujours !... »

Cet attachement universel du peuple pour Charles VI parut dans un de ces malheureux essais que l'on fit pour le guérir. Deux sorciers offrirent au bailli de Dijon de découvrir d'où venait sa maladie. Au fond d'une forêt voisine, ils élevèrent un grand cercle de fer sur douze colonnes de fer ; douze chaînes de fer étaient à l'entour. Mais il fallait trouver douze hommes, prêtres, nobles et bourgeois, qui voulussent entrer dans ce cercle formidable et se laisser lier de ces chaînes. On en trouva onze sans peine, et le bailli fit le douzième, qui se dévouèrent ainsi, au risque d'être peut-être emportés corps et âme par le Diable.

Le peuple de Paris voulait toujours voir son roi. Quand il n'était pas trop fol, et qu'on ne craignait pas qu'il fît rien d'inconvenant, on le menait aux églises. Ou bien encore, abattu et languissant, il allait aux représentations des *Mystères* que les Confrères de la Passion jouaient alors rue Saint-Denis. Ces Mystères, moitié pieux, moitié burlesques, étaient considérés comme des actes de foi. Ceux qui n'y auraient pas trouvé d'amusement n'y eussent pas moins assisté pour leur édification. Dans plusieurs églises, on avançait l'heure des vêpres pour qu'on pût aller aux Mystères.

Mais on n'osait pas toujours faire sortir le roi. Alors dans son retrait de l'hôtel Saint-Paul, ou dans sa librairie du Louvre amassée par Charles V, on lui mettait dans les mains des figures pour l'amuser. Immobiles dans les livres écrits, ces figures prirent mouvement et devinrent des cartes. Le roi jouant aux cartes, tout le monde voulut y jouer. Elles étaient peintes d'abord ; mais cela étant trop cher, on s'avisa de les imprimer. Ce qu'on aimait dans ce jeu, c'est qu'il empêchait de penser, qu'il donnait l'oubli. Qui eût dit qu'il en sortirait l'instrument qui multiplie la pensée et qui l'éternise, que ce jeu des fols sortirait le tout-puissant véhicule de la sagesse ?

Quelque recette de distraction qu'il y eût au fond de ce jeu, ces rois, ces dames, ces valets, dans leur bal perpétuel, dans leurs indifférentes et rapides évolutions, devaient quelquefois faire songer. A force de les regarder, le pauvre fol solitaire pouvait y placer ses rêves ; le fol ? pourquoi pas le sage ?... N'y avait-il pas dans ces cartes de naïves images du temps ? N'était-ce pas un beau coup de cartes, et des plus soudains, de voir Bajazet l'*Éclair,* vainqueur à Nicopolis, quasi maître de Constantinople, entrer dans une cage de fer ? N'en était-ce pas un de voir le gendre du roi de France, le magnifique Richard II, supplanté en quelques jours par l'exilé Bolingbroke ? Ce roi, en qui tout à l'heure il y avait dix millions d'hommes, le voilà qui est moins qu'un homme, un homme en peinture, un roi de carreau...

Dans une des farces de la bazoche, que les petits clercs du palais jouaient sur la royale Table de marbre, figuraient comme personnages les temps d'un verbe latin : *Regno, regnavi, regnabo*. Pédantesque comédie, mais dont il était difficile de méconnaître le sens.

Dans l'ordonnance par laquelle Charles VI autorise ceux qui jouaient les Mystères de la Passion, il les appelle « ses aimés et chers confrères ». Quoi de plus juste, en effet ? Triste acteur lui-même, pauvre jongleur du grand Mystère historique, il allait voir ses confrères, saints, anges et diables, bouffonner tristement la Passion. Il n'était pas seulement spectateur, il était spectacle. Le peuple venait voir en lui la Passion de la royauté. Roi et peuple, ils se contemplaient, et avaient pitié l'un de l'autre. Le roi y voyait le peuple misérable, déguenillé, mendiant. Le peuple y voyait le roi plus pauvre encore sur le trône, pauvre d'esprit, pauvre d'amis, délaissé de sa famille, de sa femme, veuf de lui-même et se survivant, riant tristement du rire des fols, vieil enfant sans père ni mère pour en avoir soin.

La dérision n'eût pas été suffisante, la tragédie eût été moins comique s'il eût cessé de régner. Le merveilleux, le bizarre, c'est qu'il régnait par moments. Toute négligée et sale qu'était sa personne, sa main signait encore et semblait toute-puissante. Les plus graves personnes, les plus sages têtes du conseil venaient entre deux accès profiter d'un moment lucide, épier les faibles lueurs d'une intelligence obscurcie, provoquer les douteux oracles qui tombaient de cette bouche imbécile.

C'était toujours le roi de France, le premier roi chrétien, la tête de la chrétienté. Les principaux États d'Italie, Milan, Florence, Gênes, se disaient ses clients. Gênes ne crut pouvoir échapper à Visconti qu'en se donnant à Charles VI. Ainsi la fortune moqueuse s'amusait à charger d'un nouveau poids cette faible main qui ne pouvait rien porter.

Ce fut un curieux spectacle de voir l'empereur Wenceslas, amené en France par les affaires de l'Église, conférer avec Charles VI (1398). L'un était fol, l'autre presque toujours ivre. Il fallait prendre l'empereur à jeun ; mais pour le roi ce n'était pas toujours le moment lucide.

Charles VI ayant eu pourtant trois jours de bon, on en profita pour lui faire signer une ordonnance qui, selon le vœu de l'Université, suspendait l'autorité de Benoît XIII dans le royaume de France. Le maréchal Boucicaut fut envoyé à Avignon pour le contraindre par corps. Le vieux pontife se défendit dans le Château d'Avignon en vrai capitaine (1398-1399). N'ayant plus de bois dans sa cuisine, il brûla une à une les poutres de son palais. Les Français avaient honte eux-mêmes de cette guerre ridicule. Les partisans de l'autre pape ne lui étaient pas plus soumis. Les Romains étaient en armes contre Boniface, comme les Français contre Benoît.

Voilà donc la papauté, l'empire, la royauté, aux prises et s'injuriant ; l'empereur ivre, le roi idiot, prenant le pouvoir spirituel, suspendant le pape, tandis que le pape saisit les armes temporelles et endosse la cuirasse. Les dieux humains délirent, défendent qu'on leur obéisse, et se proclament fols...

Cela était certain, réel, mais aucunement vraisemblable, contraire à toute raison, propre à faire croire de préférence les mensonges les plus hasardés. Nulle comédie, nul Mystère ne devait dès lors choquer les esprits. Le plus fol n'était pas celui qui oubliait des réalités absurdes pour des fictions raisonnables. Ces Mystères aidaient d'ailleurs à l'illusion par leur prodigieuse durée ; quelques-uns se divisaient en quarante jours. Une représentation si longue devenait pour le spectateur assidu une vie artificielle qui faisait oublier l'autre, ou pouvait lui faire douter souvent de quel côté était le rêve.

Livre VIII

CHAPITRE PREMIER

Le duc d'Orléans, le duc de Bourgogne - Meurtre du duc d'Orléans - 1400-1407

Il y a dans la personne humaine deux personnes, deux ennemis qui guerroient à nos dépens, jusqu'à ce que la mort y mette ordre. Ces deux ennemis, l'orgueil et le désir, nous les avons vus aux prises dans cette pauvre âme de roi. L'un a prévalu d'abord, puir l'autre ; puis, dans ce long combat, cette âme s'est éclipsée, et il n'y a plus eu où combattre. La guerre finie dans le roi, elle éclate dans le royaume ; les deux principes vont agir en deux hommes et deux factions, jusqu'à ce que cette guerre ait produit son acte frénétique : le meurtre : jusqu'à ce que, les deux hommes ayant été tués l'un par l'autre, les deux factions, pour se tuer, s'accordent à tuer la France.

Cela dit, au fond tout est dit. Si pourtant on veut savoir le nom des deux hommes, nommons l'homme du plaisir, le duc d'Orléans, frère du roi ; l'homme de l'orgueil, du brutal et sanguinaire orgueil, Jean sans Peur, duc de Bourgogne.

Les deux hommes et les deux partis doivent se choquer dans Paris. Deux partis, deux paroisses ; nous les avons nommées déjà, celle de la cour, celle des bouchers, la folie de Saint-Paul, la brutalité de Saint-Jacques. La scène de l'histoire dit d'avance l'histoire même.

Louis d'Orléans, ce jeune homme qui mourut si jeune, qui fut tant aimé et regretté toujours, qu'avait-il fait pour mériter de tels regrets ? Il fut pleuré des femmes, et c'est tout simple, il était beau, avenant, gracieux ; mais non moins regretté de l'Église, pleuré des saints... C'était pourtant un grand pécheur ; il avait, dans ses emportements de jeunesse, terriblement vexé le peuple ; il fut maudit du peuple, pleuré du peuple... Vivant, il coûta bien des larmes ; mais combien plus, mort !

Si vous eussiez demandé à la France si ce jeune homme était bien digne de tant d'amour, elle eût répondu : « Je l'aimais. » Ce n'est pas seulement pour le bien qu'on aime : qui aime, aime tout, les défauts aussi. Celui-ci plut comme il était, mêlé de bien et de mal. La France n'oublia jamais qu'en ses défauts même, elle avait vu poindre l'aimable et brillant esprit, l'esprit léger, peu sévère, mais gracieux et doux, de la Renaissance ; tel il se continua dans son fils, Charles d'Orléans, l'exilé, le poète, dans son bâtard Dunois, dans son petit-fils, le bon et clément Louis XII.

Cet esprit, louez-le, blâmez-le, ce n'est pas celui d'un temps, d'un âge, c'est celui de la France même. Pour la première fois, au sortir du roide et gothique Moyen Age, elle se vit ce qu'elle est, mobilité, élégance légère, fantaisie gracieuse. Elle se vit, elle s'adora. Celui-ci fut le dernier enfant, le plus jeune et le plus cher, celui à qui tout est permis, celui qui peut gâter, briser ; la mère gronde, mais elle sourit... Elle aimait cette jolie tête qui tournait celle des femmes ; elle aimait cet esprit hardi qui déconcertait les docteurs : c'était plaisir de voir les vieilles barbes de l'Université, au milieu de leurs lourdes harangues, se troubler à ses vives saillies et balbutier. Il n'en était pas moins bon pour les doctes, les clercs et les prêtres, pour les pauvres, aumônier et charitable. L'Église était faible pour cet aimable prince ; elle lui passait bien des choses ; il n'y avait pas moyen d'être sévère avec cet enfant gâté de la nature et de la grâce.

De qui Louis tenait-il ces dons qu'il apporta en naissant ? De qui, sinon d'une femme ? De sa charmante mère apparemment, dont son mari même, le sage et froid Charles V, ne pouvait s'empêcher de dire : « C'est le soleil du royaume. » Une femme mit la grâce en lui, et les femmes la cultivèrent... Et que serions-nous sans elles ! Elles nous donnent la vie (et cela, c'est peu), mais aussi la vie de l'âme. Que de choses nous apprenons près d'elles comme fils, comme amants ou amis... C'est par elles, pour elles, que l'esprit français est devenu le plus brillant, et, ce qui vaut mieux, le plus sensé de l'Europe. Ce peuple n'étudiait volontiers que dans les conversations des femmes ; en causant avec ces aimables docteurs qui ne savaient rien, il a tout appris.

Nous n'avons pas la galerie où le jeune Louis eut la dangereuse fatuité de faire peindre ses maîtresses. Nous connaissons assez mal les femmes de ce temps-là. J'en vois trois pourtant qui de près ou de loin tinrent au duc d'Orléans. Toutes trois, de père ou de mère, étaient italiennes. De l'Italie partait déjà le premier souffle de la Renaissance ; le Nord, réchauffé de ce vent parfumé du Sud, crut sentir, comme dit le poète, « une odeur de paradis ».

De ces Italiennes, l'une fut la femme du duc d'Orléans, Valentina Visconti, sa femme, sa triste veuve, et elle mourut de sa mort. L'autre, Isabeau de Bavière (Visconti du côté maternel), fut sa belle-sœur, son amie, peut-être davantage. La troisième, dans un rang bien modeste, la chaste, la savante Christine, n'eut avec lui d'autre rapport que les encouragements qu'il donna à son aimable génie.

L'Italie, la renaissance, l'art, l'irruption de la fantaisie, il y avait dans tout cela de quoi séduire et de quoi blesser. Ce jour du XVIe siècle, qui éclatait brusquement dès la fin du XIVe, dut effaroucher les ténèbres. L'art n'était-il pas une coupable contrefaçon de la nature ? Celle-ci n'a-t-elle pas assez de danger, assez de séduction, sans qu'une diabolique adresse la reproduise encore pour la perdition des âmes ? Cette perfide

Italie, la terre des poisons et des maléfices, n'est-ce pas aussi le pays de ces miracles du Diable ?

C'étaient là les propos du peuple, ce qu'il disait tout haut. Joignez-y le silence haineux des scolastiques, qui voyaient bien que peu à peu il leur fallait céder la place. Derrière appuyaient la foule des esprits secs et étroits qui demandent toujours : « A quoi bon ?... A quoi bon un tableau du Giotto, une miniature du beau Froissart, une ballade de Christine ? »

De tels esprits sont toujours un grand peuple. Mais alors ils avaient pour eux un grave et puissant auxiliaire, la pauvreté publique, qui ne voyait dans les dépenses d'art et de luxe qu'une coupable prodigalité.

A ces mécontentements, à ces malveillances, à ces haines publiques ou secrètes, il fallait un envieux pour chef. La nature semblait avoir fait le duc de Bourgogne Jean sans Peur tout exprès pour haïr le duc d'Orléans. Il avait peu d'avantages physiques, peu d'apparence, peu de taille, peu de facilité. Son silence habituel couvrait un caractère violent. Héritier d'une grande puissance, il tenta de grandes choses et échoua d'autant plus tristement. Sa captivité de Nicopolis coûta gros au royaume. Nourri d'amertume et d'envie, il souffrait cruellement de voir en face cette heureuse et brillante figure qui devait toujours l'éclipser. Avant que leur rivalité éclatât, avant que de secrets outrages eussent engendré en eux de nouvelles haines, il semblait être déjà le Caïn prédestiné de cet Abel.

L'équité nous oblige de faire remarquer avant tout que l'histoire de ce temps n'a guère été écrite que par les ennemis du duc d'Orléans. Cela doit nous mettre en défiance. Ceux qui le tuèrent en sa personne ont dû faire ce qu'il fallait pour le tuer aussi dans l'histoire.

Monstrelet est sujet et serviteur de la maison de Bourgogne. Le Bourgeois de Paris est un Bourguignon furieux. Paris était généralement hostile au duc d'Orléans, et cela pour un motif facile à comprendre : le duc d'Orléans demandait sans cesse de l'argent ; le duc de Bourgogne défendait de payer.

Cette rancune de Paris n'a pas été sans influence sur le plus impartial des historiens de ce temps, sur le Religieux de Saint-Denis. Il n'a pu se défendre de reproduire la clameur de cette grande ville voisine. Le moine a pu céder aussi à celle du clergé, que le duc d'Orléans essayait directement de soumettre à l'impôt.

Il ne faut pas oublier que le duc d'Orléans, ne possédant rien, ou presque rien, hors du royaume, tirait toutes ses ressources de la France, de Paris surtout. Le duc de Bourgogne, au contraire, était tout à la fois un prince français et étranger ; il avait des possessions et dans le royaume et dans l'Empire ; il recevait beaucoup d'argent de la Flandre, et demandait plutôt des gens d'armes à la Bourgogne.

Remontons à la fondation de cette maison de Bourgogne. Nos rois, ayant presque détruit le seul pouvoir militaire qui se trouvât en France, la féodalité, essayèrent, au XIIIe et au XVe siècle, d'une féodalité artificielle ; ils placèrent les grands fiefs dans la main des princes leurs parents. Charles V fit un grand établissement féodal. Tandis que son frère aîné, gouverneur du Languedoc, regardait vers la Provence et l'Italie, il donna la Bourgogne en apanage à son plus jeune frère, de manière à agir vers l'Empire et les Pays-Bas. Il fit pour ce dernier l'immense sacrifice de rendre aux Flamands Lille et Douai, la Flandre française, la barrière du royaume au nord, pour que ce frère épousât leur future souveraine, l'héritière des comtés de Flandre, d'Artois, de Réthel, de Nevers et de la Franche-Comté. Il espérait que dans cette alliance la France absorberait la Flandre, que les peuples étant réunis sous une même domination, les intérêts se confondraient peu à peu. Il n'en fut pas ainsi la distinction resta profonde, les mœurs différentes, la barrière des langues immuable ; la langue française et wallonne ne gagna pas un pouce de terrain sur le flamand. La riche Flandre ne devint pas un accessoire de la pauvre Bourgogne. Ce fut tout le contraire : l'intérêt hostile à la France, l'alliance commerciale de l'Angleterre, commerciale d'abord, puis politique.

Nous avons dit ailleurs comment la Flandre et l'Angleterre étaient liées depuis longtemps. S'il y avait mariage politique entre les princes de la France et de la Flandre, il y avait toujours eu mariage commercial entre les peuples de la Flandre et de l'Angleterre. Édouard III ne put faire son fils comte de Flandre ; Charles V fut plus heureux pour son frère. Mais ce frère, tout Français qu'il était, ne se fit accepter des Flamands qu'en se résignant aux relations indispensables de la Flandre et de l'Angleterre. Ces relations faisaient la richesse du pays, celle du prince. Toutefois les Anglais, qui depuis Édouard III avaient attiré beaucoup de drapiers de la Flandre, n'avaient plus tant de ménagements à garder avec les Flamands ; ils pillaient souvent leurs marchands et secondaient les bannis de Flandre dans leurs pirateries. Le fameux Pierre Dubois, l'un des chefs de la révolution de Flandre en 1382, se fit pirate et fut la terreur du détroit. En 1387, il enleva la flotte flamande, qui chaque année allait à La Rochelle acheter nos vins du Midi. La Flandre et le comte de Flandre étaient ruinés par ces pirateries, si ce comte ne devenait ou le maître, ou l'allié de l'Angleterre. Ayant essayé en vain de s'en rendre maître (1386), il fallait qu'il en fût l'allié, qu'il y fît, s'il pouvait, un roi qui garantît cette alliance. Il y parvint en 1399 contre l'intérêt de la France.

Cette puissance de Bourgogne, ainsi partagée entre l'intérêt français et étranger, n'allait pas moins s'étendant et s'agrandissant. Philippe le Hardi compléta ses Bourgognes en achetant le Charolais (1390), ses Pays-Bas en faisant épouser à son fils l'héritière de Hainaut et de Hollande (1385). Le souverain de la Flandre, jusque-là serré entre la Hollande et le Hainaut, allait saisir ainsi deux grands postes : par la Hollande, des ports sur l'Océan, c'était comme des fenêtres ouvertes sur l'Angleterre ; par le Hainaut, des places fortes, Mons et Valenciennes, les portes de la France.

Voilà une grande et formidable puissance, formidable par son étendue et par la richesse de ses possessions, mais bien plus encore par sa position, par ses relations, touchant à tout, ayant prise sur tout. Il n'y avait rien en France à opposer à une telle force. La maison d'Anjou avait fondu, en quelque sorte, dans ses vaines tentatives sur l'Italie. Le duc de Berri, lors même qu'il était gouverneur du Languedoc, n'y était pas sérieusement établi ; il n'était que le roi de Bourges. Le duc d'Orléans, frère du roi, s'était fait donner successivement l'apanage d'Orléans, puis une bonne part du Périgord et de l'Angoumois, puis les comtés de Valois, Blois et Beaumont, puis encore celui de Dreux. Il avait, par sa femme, une position dans les Alpes, Asti. C'étaient certes de grands établissements, mais dispersés ; ce n'était pas une grande puissance. Tout cela ne faisait point masse en présence de cette masse énorme et toujours grossissante des possessions du duc de Bourgogne.

Philippe le Hardi avait eu, à son grand profit, la part principale à l'administration du royaume sous la minorité de Charles VI, et bien au-delà, jusqu'à ce qu'il eût vingt et un ans. Il l'avait perdue quelque temps, pendant le gouvernement des Marmousets, la Rivière, Clisson, Montaigu. La folie de Charles VI fut comme une nouvelle minorité ; cependant il devenait impossible de ne pas donner part, dans le gouvernement au duc d'Orléans, frère du roi, qui en 1401 avait trente ans. Ce prince, héritier probable du roi malade et de ses enfants maladifs, avait apparemment autant d'intérêt au bien du royaume que le duc de Bourgogne, qui, s'étendant toujours vers l'Empire et les Pays-Bas, devenait de plus en plus un prince étranger. Toutefois, les légèretés du duc d'Orléans, ses passions, ses imprudences, lui faisaient tort ; la vivacité même de son esprit, ses qualités brillantes, mettaient en défiance. Son oncle, déjà âgé, solide sans éclat (comme il faut pour fonder), rassurait davantage. D'ailleurs, il était riche hors du royaume ; on pensait que le maître de la riche Flandre prendrait moins d'argent en France.

Ce fut un moment décisif, entre l'oncle et le neveu, que celui de la révolution d'Angleterre, en 1399. Tous deux avaient caressé le dangereux Lancastre pendant son séjour au Château de Bicêtre. Le duc d'Orléans en fit son frère d'armes et se crut sûr de lui. Mais Lancastre, avec beaucoup de sens, préféra l'alliance du duc de Bourgogne, comte de Flandre. Celui-ci montra dans cette circonstance une extrême prudence. Il en avait besoin. Richard avait épousé sa petite-nièce, il était gendre du roi de France et notre allié. Le duc de Bourgogne se serait perdu dans le royaume, s'il avait ostensiblement concouru à une révolution qui nous était si préjudiciable. Il ne laissa pas passer Lancastre par ses États ; il donna même l'ordre de l'arrêter à Boulogne, où il ne devait point aller. Lancastre fit le tour par la Bretagne, dont le duc était ami et allié du duc de Bourgogne ; ils lui donnèrent pour l'accompagner quelques gens d'armes, et leur homme, Pierre de Craon, l'assassin de Clisson, l'ennemi mortel du duc d'Orléans. C'étaient de faibles moyens, mais ce qu'ils y joignirent d'argent, on ne peut le deviner. Or, c'était surtout d'argent que Lancastre avait besoin ; les hommes ne manquaient pas en Angleterre pour en recevoir.

Ce ne fut pas tout. Le duc de Bretagne étant mort peu après, sa veuve, qui avait vu Lancastre à son passage, déclara qu'elle voulait l'épouser. Cette veuve était la fille du terrible ennemi de nos rois, de Charles le

Mauvais. Rien n'était plus dangereux que ce mariage. Le duc de Bourgogne en détourna la veuve, comme il devait ; mais il eut le bonheur de ne pas être écouté ; le mariage se fit au grand profit du duc de Bourgogne, qui, malgré le duc d'Orléans, malgré le vieux Clisson, vint prendre la garde du jeune duc de Bretagne et de la Bretagne, et bâtit à Nantes même sa *Tour de Bourgogne.*

Ainsi se formait autour du royaume un vaste cercle d'alliances suspectes. Le maître de la Franche-Comté, de la Bourgogne et des Pays-Bas, se trouvait aussi maître de la Bretagne, ami du nouveau roi d'Angleterre et du roi de Navarre. La maison de Lancastre s'était alliée, en Castille, à la maison bâtarde de Transtamare, comme celle de Bourgogne s'unit plus tard à la maison non moins bâtarde de Portugal. Bourgogne, Bretagne, Navarre, Lancastre, toutes les branches cadettes se trouvaient ainsi liées entre elles et avec les branches bâtardes de Portugal et de Castille.

Contre cette conjuration de la politique, le duc d'Orléans se porta pour champion du vieux droit. Il prit cette cause en main dans toute la chrétienté, se déclarant pour Wenceslas contre Robert, pour le pape contre l'Université, pour la jeune veuve de Richard contre Henri IV. Après avoir provoqué un duel de sept Français contre sept Anglais, il jeta le gant à son ancien frère d'armes pour venger la mort de Richard II. Il lui reprochait de plus d'avoir manqué, dans la personne de la veuve, Isabelle de France, à tout ce qu'un homme noble devait « aux dames veuves et pucelles ». Il lui demandait un rendez-vous aux frontières, où ils pourraient combattre chacun à la tête de cent chevaliers.

Lancastre répondit, avec la morgue anglaise, qu'il n'avait vu nulle part que ses prédécesseurs eussent été ainsi défiés par gens de moindre état ; ajoutant, dans le langage hypocrite du parti ecclésiastique qui l'avait mis sur le trône, que ce qu'un prince fait « il le doit faire à l'honneur de Dieu, et comme profit de toute chrétienté ou de son royaume, et non pas pour vaine gloire ni pour nulle convoitise temporelle ».

Henri IV avait de bonnes raisons pour refuser le combat ; il avait bien autre chose à faire chez lui ; il ne voyait qu'ennemis autour de lui ; ce trône tout nouveau branlait. Le duc de Bourgogne lui rendit le service de faire continuer la trêve avec la France.

Ces affaires d'Angleterre et de Bretagne sont déjà une guerre indirecte entre les ducs d'Orléans et de Bourgogne. La guerre va devenir directe, acharnée. Le neveu essaie d'attaquer l'oncle dans les Pays-Bas ; l'oncle attaque et ruine le neveu en France, à Paris.

Le duc d'Orléans, battu par son habile rival dans l'affaire de Bretagne, fit une chose grave contre lui ; si grave, que la maison de Bourgogne dut vouloir dès lors sa ruine. Il se fit un établissement au milieu des possessions de cette maison, parmi les petits États qu'elle avait ou qu'elle convoitait ; il acheta le Luxembourg, se logeant comme une épine au cœur du Bourguignon, entre lui et l'Empire, à la porte de Liège, de manière à donner courage aux petits princes du pays, par exemple au duc de Gueldre. Le duc d'Orléans paya ce duc pour faire ce qu'il avait toujours fait, pour piller les Pays-Bas.

Louis d'Orléans ayant engagé ce condottiere au service du roi, il l'amène à Paris avec ses bandes et, d'autre part, il fait venir des Gallois des garnisons de Guyenne. Le duc de Bourgogne y accourt ; l'évêque de Liège lui amène du renfort ; une foule d'aventuriers du Hainaut, de Brabant, de l'Allemagne, arrivent à la file. Le duc d'Orléans de son côté se fortifie des Bretons de Clisson, d'Écossais, de Normands. Paris se mourait de peur. Mais il n'y eut rien encore ; les deux rivaux se mesurèrent, se virent en force, et se laissèrent réconcilier.

Le duc de Bourgogne n'avait pas besoin d'une bataille pour perdre son neveu ; il n'y avait qu'à le laisser faire ; il avait pris un rôle impopulaire qui le menait à sa ruine. Le duc d'Orléans voulait la guerre, demandait de l'argent au peuple, au clergé même. Le duc de Bourgogne voulait la paix (le commerce flamand y avait intérêt) ; riche d'ailleurs, il se popularisait ici par un moyen facile, il défendait de payer les taxes. Si l'on en croyait une tradition conservée par Meyer, historien flamand, ordinairement très partial pour la maison de Bourgogne, les princes de cette maison, ulcérés par les tentatives galantes du duc d'Orléans sur la femme du jeune duc de Bourgogne, auraient organisé contre leur ennemi un vaste système d'attaques souterraines, le représentant partout au peuple comme l'unique auteur des taxes sous le poids desquelles il gémissait, le désignant à la haine publique, préparant longuement, patiemment, l'assassinat par la calomnie.

Il n'y aurait eu pour le duc d'Orléans qu'un moyen de sortir de cette impopularité, une guerre glorieuse contre l'Anglais. Mais pour cela il fallait de l'argent ; l'Église en avait. Le duc d'Orléans fit ordonner un emprunt général dont les gens d'Église ne seraient point exempts. Mais le duc de Bourgogne se mit du côté du clergé et l'encouragea à refuser l'emprunt. Une ordonnance de taxe générale fut de même inutile. Le duc de Bourgogne déclara que l'ordonnance mentait, en se disant *consentie par les princes ;* que ni lui ni le duc de Berri n'y avaient consenti ; que si les coffres du roi étaient vides, ce n'était pas du sang des peuples qu'il fallait les remplir ; qu'il fallait faire regorger les sangsues ; que, pour lui, il voulait bien qu'on sût que s'il eût autorisé cette nouvelle exaction, il aurait emboursé deux cent mille écus pour sa part.

Qu'on juge si de telles paroles étaient bien reçues du peuple. Le duc de Bourgogne eut tout le monde pour lui. On l'appela, on le mit à l'œuvre, et alors il ne fut pas médiocrement embarrassé. Après avoir tant déclamé contre les taxes, il n'en pouvait guère lever lui-même. Il lui fallut avoir recours à un étrange expédient. Il envoya dans toutes les villes du royaume des commissaires du Parlement pour examiner les contrats particuliers et frapper d'amendes arbitraires ceux qu'ils trouveraient usuraires ou frauduleux. Tous ceux « qui auraient vendu trop cher de moitié » devaient être puni. Cette absurde et impraticable inquisition ne produisit pas grand-chose.

Le duc d'Orléans reprit son influence. Il s'était étroitement lié avec le pape Benoît XIII ; ce pape ayant enfin échappé aux troupes qui l'assiégeaient dans Avignon, le duc surprit au roi une ordonnance qui restituait au pape l'obédience du royaume ; l'Université en rugit. D'autre part, le duc s'étant lié étroitement avec sa belle-sœur Isabeau, la fit entrer dans le conseil et s'y trouva prépondérant. Il parut ainsi maître et de l'Église et de l'État, c'est-à-dire que dès lors tout ce qui se fit d'impopulaire retomba sur lui.

Quoi qu'il en soit, on ne peut nier que le parti d'Orléans ne fût le seul qui agît pour la France et contre l'Anglais, qui sentît qu'on devait profiter de l'agitation de ce pays, qui tentât des expéditions. Je vois en 1403 les Bretons de ce parti mettre une flotte en mer et battre les Anglais. Plus tard, des secours sont envoyés aux chefs gallois, avec lesquels le roi fait alliance. Je vois l'homme du duc d'Orléans, le connétable d'Albret, faire une guerre heureuse en Guyenne. On les envoie en Castille pour demander les secours d'une flotte contre les Anglais. Une transaction utile leur ferme la Normandie ; on tire Cherbourg et Évreux des mains suspectes du roi de Navarre, en le dédommageant ailleurs.

En 1404, tout le royaume souffrant des courses des Anglais, un grand armement fut ordonné, une lourde taxe. Tout l'argent fut placé dans une tour du palais pour n'en sortir que du consentement des princes. Le duc d'Orléans n'attendit pas ce consentement ; il vint la nuit forcer la tour et en tira l'argent. C'était un acte violent, injustifiable, une sorte de vol. Toutefois, quand on songe que le duc de Bourgogne venait d'abandonner le comte de Saint-Pol aux vengeances de l'Anglais, quand on songe que le duc de Berri avait fait manquer l'invasion de 1386, et qu'il empêcha encore le roi de combattre en 1415, on comprend que jamais ces princes n'auraient employé cet argent contre les ennemis du royaume.

L'armement se fit à Brest, une flotte fut préparée. Elle devait être conduite dans le Pays de Galles par le comte de la Marche, prince de la maison de Bourbon, qui était agréable aux deux partis. Mais ce prince fit ce que le duc de Berri avait fait autrefois. Il s'obstina à ne bouger de Paris ; il y resta d'août en novembre pour les fêtes d'un double mariage entre les princes de la maison de Bourgogne et les enfants du roi. On allégua que le vent était contraire. Et, en effet, on voit bien qu'il soufflait d'Angleterre ; les Anglais étaient instruits de tout par des traîtres ; ils avaient ici des agents à qui ils payaient pension ; ils pensionnaient entre autres le capitaine de Paris.

Le nouveau duc de Bourgogne, Jean sans Peur, avait d'ailleurs intérêt à ne pas commencer par déplaire aux Flamands en leur fermant l'Angleterre. Il conclut au contraire une trêve marchande avec les Anglais.

L'habile et heureux fondateur de la maison de Bourgogne était mort au milieu de la crise (1404), au moment où il venait encore de mettre un de ses fils en possession du Brabant. Il avait recueilli tous les fruits de sa politique égoïste ; il s'était constamment servi des ressources de la France, de ses armées, de son argent, et avec cela il mourut populaire, laissant à son fils Jean sans Peur un grand parti dans le royaume.

Philippe le Hardi était, dans son royaume, un homme rangé et régulier ; il n'eut d'autre femme que sa femme, la riche et puissante héritière des Flandres et de tant d'autres provinces, et qui lui aidait à les maintenir. Il fut toujours bien avec le clergé ; il le défendait volontiers au conseil du roi ; du reste, donnant peu aux églises.

On ne lui reproche aucun acte violent. Eut-il connaissance de l'assassinat de Clisson et de l'empoisonnement de l'évêque de Laon ? La chose est possible, mais encore moins prouvée.

Ce politique mettait dans toute chose un faste royal qu'on pouvait prendre pour de la prodigalité et qui sans doute était un moyen. Le culte était célébré dans sa maison avec plus de pompe que chez aucun roi ; la musique surtout, nombreuse, excellente. Dans les occasions publiques, dans les fêtes, il tenait à éblouir et jetait l'argent. Lorsqu'il alla recevoir, à Lélinghen, Isabelle de France, veuve de Richard II, qu'Henri IV renvoyait, il déploya un luxe incroyable, inconvenant dans une si triste circonstance, mais il voulait sans doute imposer à ses amis les Anglais. Au reste, il ne lui en coûta rien, il profita de cette dépense pour se donner, au nom du roi de France, une énorme pension de trente-six mille livres. Il en fut de même au mariage de son second fils ; il donna à tous les seigneurs des Pays-Bas qui y assistaient des robes de velours vert et de satin blanc, et leur distribua pour dix mille écus de pierreries ; il avait pourvu d'avance à ces dépenses en se faisant assigner, sur le trésor de France, une somme de cent quarante mille francs.

La rançon de son fils, loin de lui coûter, fut pour lui une occasion de lever des sommes énormes. Indépendamment de tout ce qu'il tira de la Bourgogne, de la Flandre, etc., il s'assigna, au nom du roi, quatre-vingt mille livres. Nous voyons le même fils, à peine de retour, tirer encore, l'année suivante, douze mille livres de Charles VI. Cette maison si riche ne méprisait pas les plus petits gains.

Le duc de Bourgogne n'aimait pas à payer. Ses trésoriers n'acquittaient rien, pas même les dépenses journalières de sa maison. Quoiqu'il laissât à sa mort une masse énorme, inestimable, de meubles, de joyaux, d'objets précieux, il y avait lieu de craindre qu'ils ne suffissent point à payer tant de créanciers. Plutôt que de toucher aux immeubles, la veuve se décida à renoncer à la succession des biens mobiliers.

Ce n'était pas chose simple, au Moyen Age, que cession et renonciation. Le débiteur insolvable faisait triste figure ; il devait se dégrader lui-même de chevalerie en s'ôtant le ceinturon. Dans certaines villes, il fallait que, par-devant le juge et sous les huées de la foule, « il frappât du cul sur la pierre ». La cession du débiteur était honteuse. La renonciation de la veuve était odieuse et cruelle. Elle venait déposer les clés sur le corps du défunt, comme pour lui dire qu'elle lui rendait sa maison, renonçant à la communauté, et n'ayant plus rien à voir avec lui ; elle reniait son mariage. Il n'y avait guère de pauvre femme qui se décidât à boire une telle honte, à briser ainsi son cœur... Elles donnaient plutôt leur dernière chemise.

La duchesse de Bourgogne ne recula pas. Cette femme d'une audace virile accomplit bravement la cérémonie. Elle descendait, comme Charles le Mauvais, de cette violente Espagnole Jeanne de Navarre et de Philippe le Bel. La petite fille de Jeanne, Marguerite, avait fondé avec non moins de violence la maison de Bourgogne. On dit que, voyant son fils le comte de Flandre hésiter à accepter pour gendre Philippe le Hardi, elle lui montra sa mamelle et lui dit que, s'il ne consentait, elle trancherait le sein qui l'avait nourri. Ce mariage, comme nous l'avons vu, mit tout un empire dans les mains de la maison de Bourgogne. La seconde Marguerite, petite-fille de l'autre, femme de Philippe le Hardi, digne mère de Jean sans Peur, aima mieux faire cette banqueroute solennelle que de diminuer d'un pouce de terre les possessions de sa maison. Elle connaissait son temps, cet âge de fer et de plomb. Ses fils n'y perdirent rien, ils n'en furent ni moins honorés ni moins populaires. Une telle audace fit peur ; on sut ce qu'on avait à craindre de ces princes.

La mort de Philippe le Hardi semblait laisser le duc d'Orléans maître du Conseil. Il en profita pour se faire donner des places qui couvraient Paris au nord, Coucy, Ham, Soissons. Avec La Fère, Châlons, Château-Thierry, Orléans et Dreux, il possédait ainsi une ceinture de places autour de Paris. Le duc de Bourgogne avait pris, il est vrai, au midi, le poste important d'Etampes.

Le duc d'Orléans obtint de son pape une défense au nouveau duc de Bourgogne de se mêler des affaires du royaume. Pour que cette défense signifiât quelque chose, il fallait être le plus fort. Il ne put empêcher Jean sans Peur d'entrer au Conseil, et non seulement lui, mais trois autres qui n'étaient qu'un avec lui, ses frères, les ducs de Limbourg et de Nevers, et son cousin le duc de Bretagne.

Jean sans Peur, suivant la politique de son père, commença par se déclarer contre la taille que faisait ordonner le duc d'Orléans pour la continuation de la guerre, déclarant qu'il empêcherait ses sujets de la payer. Paris, encouragé, n'avait pas envie de payer non plus. En vain, les crieurs qui proclamaient la taxe annonçaient en même temps que celle de l'année dernière avait été bien employée, qu'on avait repris plusieurs places du Limousin. Le peuple de Paris ne se souciait du Limousin ni du royaume ; il ne paya point. Les prisons se remplirent, les places se couvrirent de meubles à l'encan. L'exaspération était telle qu'il fallut défendre, à son de trompe, de porter ni épée ni couteau.

Tout porte à croire que les impôts n'étaient pas excessifs, quoi qu'en disent les contemporains. La France était redevenue riche par la paix ; la main-d'œuvre était à haut prix dans les villes. Le fisc levait plus facilement six francs par feu, qu'il n'aurait levé un franc cinquante ans auparavant. Mais cet argent était levé avec une violence, une précipitation, une inégalité capricieuse, plus funestes que l'impôt même.

Que le peuple eût ou n'eût pas d'argent, il n'en voulait pas donner. On lui disait que la reine faisait passer en Allemagne tout ce que le duc d'Orléans ne gaspillait pas. On avait, disait-on, arrêté à Metz six charges d'or que la Bavaroise envoyait chez elle. Les esprits les plus sages accueillaient ces bruits ; le grave historien du temps croit que la taxe précédente avait fourni la somme monstrueuse de huit cent mille écus d'or, et que le duc et la reine avaient tout mangé.

Pour juger ces assertions, pour apprécier l'ignorance et la malveillance avec lesquelles on raisonnait des ressources du royaume, il faut voir le beau plan que le parti du duc de Bourgogne proposait pour la réforme des finances. « Il y a, disait-on. *dix-sept cent mille* villes, bourgs et villages ; ôtons-en sept cent mille qui sont ruinés ; qu'on impose les autres à vingt écus seulement par an, cela fera vingt millions d'écus ; en payant bien les troupes, la maison du roi, les collecteurs et receveurs, en réservant même quelque chose pour réparer les forteresses, il restera trois millions dans les coffres du roi. » Ce calcul de dix-sept cent mille clochers est justement celui sur lequel s'appuie le facétieux recteur de la satire Ménippée.

Rien ne servit mieux le parti bourguignon que le sermon d'un moine augustin contre la reine et le duc. La reine pourtant était présente. Le saint homme ne parla qu'avec plus de violence, et probablement sans bien savoir qui il servait par cette violence. Il n'y a pas de meilleur instrument pour les factions que ces fanatiques qui frappent en conscience. Dans sa harangue, il attaquait pêle-mêle les prodigalités de la cour, les abus, les nouveautés en général, la danse, les modes, les franges, les grandes manches. Il dit, en face de la reine, que sa cour était le domicile de dame Vénus, etc.

On en parla au roi, qui, loin de se fâcher, voulut aussi l'entendre. Devant le roi, il en dit encore plus : Que les tailles n'avaient servi à rien que le roi lui-même était vêtu du sang et des larmes du peuple ; que le duc (il ne le désignait pas autrement) était maudit, et que, sans doute, Dieu ferait passer le royaume dans une main étrangère.

Le duc d'Orléans, si violemment attaqué, n'essayait point de regagner les esprits. On l'accusait de prodigalité ; il n'en fut que plus prodigue ; il y avait trop peu d'argent pour la guerre, il y en avait assez pour les fêtes, les amusements. Éloigné si longtemps du gouvernement par ses oncles, sous prétexte de jeunesse, il restait jeune en effet ; il avait passé la trentaine et n'en était que plus ardent dans ses folles passions. A cet âge d'action, l'homme que les circonstances empêchent d'agir se retourne avec violence vers la jeunesse qui s'en va, vers les caprices d'un autre âge ; mais il y porte une fantaisie tout autrement difficile, insatiable ; tout y passe, rien n'y suffit ; le plaisir d'abord, mais c'est bientôt fini ; puis, dans le plaisir, l'aigre saveur du péché secret ; puis le secret dédaigné, les jouissances insolentes du bruit, du scandale.

La *petite reine* de Charles VI n'était pas ce qu'il lui fallait ; il n'aimait que les grandes dames, c'est-à-dire les aventures, les enlèvements, les folles tragédies de l'amour. Il prit ainsi chez lui la dame de Canny, et il la garda au vu et su de tout le monde, jusqu'à ce qu'il en eût un fils. Ce fut le fameux Dunois.

Fut-il l'amant des deux Bavaroises, de Marguerite, femme de Jean sans Peur, et de la reine Isabeau, propre femme de son frère ? La chose n'est pas improbable. Ce qui est sûr, c'est qu'il semblait fort uni avec Isabeau au Conseil et dans les affaires ; une si étroite alliance d'un jeune homme trop galant avec une jeune femme qui se trouvait comme veuve du vivant de son mari n'était rien moins qu'édifiante.

Maître de la reine, il semblait vouloir l'être du royaume. Il profita d'une rechute de son frère pour se faire donner par lui le gouvernement de la Normandie. Cette province, la plus riche de toutes, avait été convoitée par le feu duc de Bourgogne. Le duc d'Orléans, qui ne pouvait plus tirer d'argent de Paris, eût trouvé là d'autres ressources. C'était aussi des ports de Normandie qu'il eût pu le mieux diriger, contre l'Angleterre, les capitaines de son parti. L'expédition du comte de la Marche, préparée à Brest, n'avait abouti à rien ; elle eût peut-être réussi en partant d'Honfleur ou de Dieppe. Les Normands, sans doute encouragés sous main par le parti de Bourgogne, reçurent fort mal leur nouveau gouverneur ; il essaya en vain de désarmer Rouen. Il y avait une grande imprudence à irriter ainsi cette puissante commune. Les capitaines des villes et forteresses gardèrent leurs places, contre lui, jusqu'à nouvel ordre du roi.

Cette tentative du duc d'Orléans sur la Normandie excita de grandes défiances contre lui dans l'esprit de Charles VI, lorsqu'il eut une lueur de bon sens. On s'adressa aussi à son orgueil. On lui apprit dans quel honteux abandon sa femme et son frère le laissaient ; on lui dit que ses serviteurs n'étaient plus payés, que ses enfants étaient négligés, qu'il n'y avait plus moyen de faire face aux dépenses de sa maison. Il demanda au dauphin ce qui en était, l'enfant dit oui, et que depuis trois mois la reine le caressait et le baisait pour qu'il n'en dît rien.

On obtient ainsi de Charles VI qu'il appelât le duc de Bourgogne ; celui-ci, sous prétexte de faire hommage de la Flandre, vint avec un cortège qui était plutôt une armée. Il amenait avec lui la foule de ses vassaux et six mille hommes d'armes. La reine et le duc d'Orléans se sauvèrent à Melun. Les enfants de France devaient le suivre le lendemain ; mais le duc de Bourgogne arriva à temps pour les arrêter.

Il avait besoin du jeune dauphin. En l'absence du roi, il lui fit présider un conseil composé des princes, des conseillers ordinaires, où, de plus, on avait appelé, chose nouvelle, le recteur et force docteurs de l'Université. Là, maître Jean de Nyelle, un docteur de l'Artois, serviteur du duc de Bourgogne, prononça une longue harangue sur les abus dont son maître demandait la réforme. Il termina en accusant le duc d'Orléans de négliger la guerre des Anglais, montrant comment cette guerre était juste, prétendant qu'avec les subsides annuels, les tailles générales, et l'emprunt fait récemment aux riches et aux prélats, on pouvait bien la soutenir.

On ne peut que s'étonner d'un tel discours, lorsqu'on voit qu'alors même le duc de Bourgogne, comme comte de Flandre, venait de traiter avec les Anglais, et que de plus il avait donné l'exemple de ne rien payer pour la guerre. Le parti d'Orléans, à ce moment même, reprenait dix-huit petites places, puis soixante contre la Guyenne. Le comte d'Armagnac leur offrait la bataille sous les murs de Bordeaux. Le sire de Savoisy fit une course heureuse contre les Anglais. Des secours furent envoyés aux Gallois. Les chefs de ces expéditions, Albret, Armagnac, Savoisy, Rieux, Duchâtel, étaient tous du parti d'Orléans.

L'exaspération de Paris contre les taxes, la jalousie des princes contre le duc d'Orléans, rendirent un moment Jean sans Peur maître de tout. Le roi de Navarre, le roi de Sicile, le duc de Berri, déclarèrent que tout ce que le duc de Bourgogne avait fait était bien fait. Le clergé et l'Université prêchèrent en ce sens. Puis les princes allèrent un à un à Melun prier le duc d'Orléans de ne plus assembler de troupes, et de laisser la reine revenir dans sa bonne ville. Le vieux duc de Berri s'emporta jusqu'à dire à son neveu qu'il n'y avait aucun des princes qui ne le tînt pour ennemi public ; à quoi le duc d'Orléans répliqua seulement : « Qui a bon droit, le garde ! »

Il répondit aussi à l'ambassade de l'Université, au recteur, aux docteurs, qui venaient le sermonner sur les biens de la paix. Il les harangua à son tour en langue vulgaire, mais dans leur style, opposant syllogisme à syllogisme, citation à citation. Il concluait par les paroles suivantes, auxquelles il n'y avait, ce semble, rien à répondre : « L'Université ne sait pas que le roi étant malade et le dauphin mineur, c'est au frère du roi qu'il appartient de gouverner le royaume. Et comment le saurait-elle ? L'Université n'est pas française ; c'est un mélange d'hommes de toute nation ; ces étrangers n'ont rien à voir dans nos affaires... Docteurs, retournez à vos écoles. Chacun son métier. Vous n'appelleriez pas apparemment les gens d'armes à opiner sur la foi. » Et il ajouta d'un ton plus léger : « Qui vous a chargé de négocier la paix entre moi et mon cousin de Bourgogne ? Il n'y a entre nous ni haine ni discorde. »

Le duc de Bourgogne comptait sur Paris. Il avait achevé de gagner les Parisiens par la bonne discipline de ses troupes qui ne prenaient rien sans payer. Les bourgeois avaient été autorisé à se mettre en défense, à refaire les chaînes de fer qui barraient les rues ; on en forgea plus de six cents en huit jours. Mais quand il voulut mener plus loin les Parisiens et les décider à le suivre contre le duc d'Orléans, ils refusèrent nettement. Ce refus rendit la réconciliation plus facile. Les princes consentirent à un rapprochement. Les deux partis avaient à craindre la disette. Le duc d'Orléans rentra dans Paris, toucha dans la main au duc de Bourgogne, et consentit aux réformes qu'il avait proposées. Quelques suppressions d'officiers, quelques réductions de gages, ce fut toute la réforme. Mais la discorde restait la même entre les princes. Le duc d'Orléans, doux et insinuant, avait trouvé moyen de regagner son oncle de Berri et presque tout le Conseil ; il reprenait peu à peu le pouvoir. On essaya bientôt d'un nouvel accord aussi inutile que le premier.

Il n'y avait qu'une chance de paix ; c'était le cas où les Anglais, par leurs pirateries, par leurs ravages autour de Calais, décideraient le duc de Bourgogne, comte de Flandre, à agir sérieusement contre eux et à s'arranger avec le duc d'Orléans. On put croire un moment que les ennemis de la France lui rendraient ce service. En 1405, les Anglais, voyant que Philippe le Hardi était mort, crurent avoir meilleur marché de la veuve et du jeune duc ; ils tentèrent de s'emparer du port de l'Écluse. Et ceci ne fut pas une tentative individuelle, un coup de piraterie, mais bien une expédition autorisée, par une flotte royale, et sous la conduite du duc de Clarence, le propre fils d'Henri IV. C'était justement le moment où le nouveau comte de Flandre venait de renouveler les trêves marchandes avec les Anglais.

Voilà les princes d'accord pour agir contre l'ennemi. Le duc de Bourgogne se charge d'assiéger Calais, tandis que le duc d'Orléans fera la guerre en Guyenne. Calais et Bordeaux étaient bien les deux points à attaquer, mais ce n'était pas trop des forces réunies du royaume pour une seule des deux entreprises ; les tenter toute deux à la fois, c'était tout manquer.

Calais ne pouvait guère se prendre que l'hiver et par un coup de main ; c'est ce que vit plus tard le grand Guise. Le duc de Bourgogne avertit longuement l'ennemi par d'interminables préparatifs ; il rassembla des troupes considérables, des munitions infinies, douze cents canons, petits il est vrai. Il prit le temps de bâtir une ville de bois pour enfermer la ville. Pendant qu'il travaille et charpente, les Anglais ravitaillent la place, l'arment, la rendent imprenable.

Le duc d'Orléans ne réussit pas mieux. Il commença la campagne trop tard, comme à l'ordinaire, se mettant en route lorsqu'il eût fallu revenir. On lui disait bien pourtant qu'il ne trouverait plus rien dans la campagne, ni vivres ni fourrages, que l'hiver approchait ; il répondait avec légèreté que la gloire en serait plus grande d'avoir à vaincre l'Anglais et l'hiver.

Les Gascons qui l'avaient appelé se ravisèrent et ne l'aidèrent point. N'ayant qu'une petite armée de cinq mille hommes, il ne pouvait se hasarder d'attaquer Bordeaux ; il aurait voulu du moins en saisir les approches ; il tâta Blaye, puis Bourg. Le siège traîna dans la mauvaise saison ; les vivres manquèrent, une flotte qui en apportait à La Rochelle fut prise en mer par les Anglais. Les troupes affamées se débandèrent. Le duc d'Orléans s'obstinait à ce malheureux siège, sans espoir, mais s'étourdissant, jouant la solde des troupes, n'osant revenir.

Il savait bien ce qui l'attendait à Paris. Le duc de Bourgogne y était déjà ; il ameutait le peuple contre lui, le désignait comme l'ami des Anglais, l'accusait d'avoir détourné pour sa belle expédition de Guyenne l'argent avec lequel on eût pris Calais. Paris était fort ému, l'Université, le clergé même. Le duc d'Orléans avait récemment irrité l'évêque et l'Église de Paris : à son départ pour la Guyenne, il avait été à Saint-Denis baiser les os du patron de la France ; ceux de Paris, qui prétendaient avoir les vraies reliques du saint, ne pardonnèrent pas au duc de décider ainsi contre eux.

Peu à peu Paris devenait unanime contre le duc d'Orléans. Les gens de l'Université de Paris couvaient contre lui une haine profonde, haine de docteurs, haine de prêtres. D'abord, il était l'ami du pape leur ennemi, il faisait donner les bénéfices à d'autres qu'aux universitaires, il les affamait. Autre crime : à l'Université de Paris, il opposait les Universités d'Orléans, d'Angers, de Montpellier et de Toulouse, toutes favorables au pape d'Avignon. Il soutenait, comme on l'a vu, que l'Université de Paris n'était pas française, que, composée en grande partie d'étrangers, elle ne pouvait s'immiscer dans les affaires du royaume. C'étaient là de terribles griefs auprès de nos docteurs. Peut-être cependant lui auraient-ils à la rigueur pardonné tout cela ; mais ce qui était bien autrement grave pour des lettrés, décidément irrémissible et inexpiable, il se moquait d'eux.

Déjà surannée pour la science et l'enseignement, l'Université de Paris avait atteint l'apogée de sa puissance. Elle était devenue, pour ainsi dire, l'autorité. Depuis plus d'un siècle, cette vieille aînée des rois avait parlé haut dans la maison de son père, fille équivoque en soutane de prêtre, et comme les vieilles filles, aigre et colérique. Le roi aussi l'avait gâtée, ayant besoin d'elle contre les templiers, contre les papes. Dans le grand schisme, elle se chargea de choisir pour la chrétienté et choisit Clément VII ; puis elle humilia son pape.

C'était pour le roi un instrument peu sûr et qui souvent le blessait lui-même. Au moindre mécontentement, l'Université venait lui déclarer que la Fille des rois, lésée dans ses privilèges, irait, brebis errante, chercher un autre asile. Elle fermait ses classes, les écoliers se dispersaient, au grand dommage de Paris. Alors on se hâtait de courir après eux, de finir la *secessio,* de rappeler les *gens togata* du Mont-Aventin.

L'Université ne s'en tint pas à ces moyens négatifs. Bientôt, associée au petit peuple, elle donna ses ordres à l'hôtel Saint-Paul et traita le roi presque aussi mal qu'elle avait traité le pape. Dans cette éclipse misérable de la papauté, de l'Empire, de la royauté, l'Université de Paris trônait, férule en main, et se croyait reine du monde.

Et il y avait bien quelque raison dans cette absurdité. Avant l'imprimerie, avant la domination de la presse sous laquelle nous vivons, toute publicité était dans l'enseignement oral que dispensaient les Universités ; or, la première et la plus influente de toutes était celle de Paris.

Puissance immense, à peu près sans contrôle. Et dans quelles mains se trouvait-elle ? Aux mains d'un peuple de docteurs aigris par la misère, en qui d'ailleurs la haine, l'envie, les mauvaises passions, avaient été soigneusement cultivées par une éducation de polémique et de dispute. Ces gens arrivaient à la puissance, ils devaient montrer combien l'éristique sèche et durcit la fibre morale, comment portée du raisonnement dans la réalité, elle continue d'abstraire, abstrait la vie et raisonne le meurtre, comme toute autre négation.

De bonne heure, l'Université avait commencé la guerre contre le duc d'Orléans. Dès 1402, elle déclara les ennemis de la soustraction d'obédience, les amis du pape, pécheurs et fauteurs du schisme. Le prince, si clairement désigné, demanda réparation ; mais le même soir, l'un des plus célèbres docteurs et prédicateurs, Courtecuisse, renouvela l'invective.

Deux ans après, l'Université saisit une occasion de frapper un des principaux serviteurs du duc d'Orléans et de la reine, le sire de Savoisy. Ce seigneur, qui avait fait des expéditions heureuses contre les Anglais, avait autour de lui une maison toute militaire, des serviteurs insolents, des pages fort mal disciplinés ; un de ceux-ci donna des éperons à son cheval tout au travers d'une procession de l'Université ; les écoliers le souffletèrent, les gens de Savoisy prirent parti, poursuivirent les écoliers qui se jetèrent dans Sainte-Catherine ; des portes, ils tirèrent au hasard dans l'église, au grand effroi du prêtre qui disait la messe en ce moment. Plusieurs écoliers furent blessés. Savoisy eut beau demander pardon à l'Université et offrir de livrer les coupables. Il fallut qu'il perpétuât le souvenir de son humiliation, en fondant une chapelle de cent livres de rentes ; que son propre hôtel, l'un des plus beaux alors, fût démoli de fond en comble. Les peintures admirables dont il était décoré ne purent toucher les scolastiques. La démolition se fit à grand bruit, au son des trompettes qui proclamèrent la victoire de l'Université.

Elle avait suspendu ses leçons et défendu les prédications jusqu'à ce qu'elle eût obtenu cette réparation éclatante. Elle usa du même moyen lorsque Benoît XIII s'étant échappé d'Avignon, le duc d'Orléans fit révoquer par le roi la soustraction d'obédience, et que le pape ordonna la levée d'un décime sur le clergé, dont le duc aurait profité sans doute. Un concile assemblé à Paris n'osait rien décider. L'Université, par l'organe d'un de ses docteurs, Jean Petit, éclata avec violence contre le pape, contre les fauteurs du pape, contre l'Université de Toulouse qui le soutenait ; celle de Paris exigea du roi un ordre au Parlement de faire brûler la lettre qu'avaient écrite ceux de Toulouse à cette occasion. La terreur était si grande que le même Savoisy, récemment maltraité par l'Université, se chargea de porter au Parlement l'ordre du roi. Cet homme, intrépide devant les Anglais, rampait devant la puissance populaire, dont il avait vu de si près la force et la rage.

On peut juger de l'insolence des écoliers après de telles victoires ; ils se croyaient décidément les maîtres sur le pavé de Paris. Deux d'entre eux, un Breton et un Normand, firent je ne sais quel vol. Le prévôt, messire de Tignonville, ami du duc d'Orélans, jugeant bien que s'il les renvoyait à leurs juges ecclésiastique ils se trouveraient les plus innocentes personnes du monde, les traita comme déchus du privilège de cléricature, les mit à la torture, les fit avouer, puis les envoya au gibet. Là-dessus, grande clameur de l'Université et des clercs en général.

Les princes, ne pouvant abandonner le prévôt, répondaient aux universitaires qu'ils pouvaient aller dépendre et inhumer les corps, et qu'il n'en fût plus parlé. Mais ce n'était pas leur compte ; ils voulaient que le prévôt fondât deux chapelles, qu'il fût déclaré inhabile à tout emploi, qu'il allât dépendre lui-même les deux clercs et les inhumât de ses mains, après les avoir baisés, ces cadavres déjà pourris et infects, à la bouche.

Tout le clergé soutint l'Université. Non seulement les classes furent fermées, mais les prédications suspendues, et cela dans le saint temps de Noël, pendant tout l'Avent, tout le Carême, à la fête même de Pâques. Déjà, l'année précédente, les prédications et l'enseignement avaient été suspendus aux mêmes époques pour ne pas payer le décime. Ainsi le clergé se vengeait aux dépens des âmes qui lui étaient confiées, il refusait au peuple le pain de la parole dans le temps des plus saintes fêtes, parmi les misères de l'hiver, lorsque les âmes ont tant besoin d'être soutenues. La foule allait aux églises et n'y trouvait plus de consolation. L'hiver, le printemps, passèrent ainsi silencieux et funèbres.

Le duc d'Orléans avait beaucoup à craindre ; le peuple s'en prenait de tout à lui. Son parti s'affaiblissait. Il reçut un nouveau coup par la mort de son ami Clisson. Tant qu'il vivait, tout vieux qu'il était, Clisson faisait peur au duc de Bretagne.

Quelque temps auparavant, le duc et la reine se promenant ensemble du côté de Saint-Germain, un effroyable orage fondit sur eux ; le duc se réfugia dans la litière de la reine ; mais les chevaux effrayés faillirent les jeter à la rivière. La reine eut peur, le duc fut touché ; il déclara vouloir payer ses créanciers, ne sachant pas sans doute lui-même combien il était endetté. Mais il en vint plus de huit cents ; les gens du duc ne payèrent rien et les renvoyèrent.

Dans ce triste hiver de 1407, le duc et la reine crurent ramener les esprits en ordonnant au nom du roi la suspension du droit de *prise,* celui de tous les abus qui faisait le plus crier. Les maîtres d'hôtel du roi, des princes, des grands, prenaient sur les marchés, dans les maisons, tout ce qui pouvait servir à la table de leurs maîtres, ce qui les tentait eux-mêmes, ce qu'ils pouvaient emporter ; meubles, linge, tout leur était bon. Les gens du duc et de la reine avaient rudement pillé ; ils eurent beau suspendre l'exercice de ce droit odieux ; le peuple leur en voulait trop, il ne leur en sut aucun gré.

Tout tournait contre eux. La reine, depuis longtemps éloignée de son mari, n'en était pas moins enceinte ; elle attendait, souhaitait un enfant. Elle accoucha en effet d'un fils, mais qui mourut en naissant. Il fut pleuré de sa mère plus qu'on ne pleure un enfant de cet âge quand on en a déjà plusieurs autres ; pleuré comme un gage d'amour.

Le duc d'Orléans lui-même était malade, il se tenait à son Château de Beauté. Ce repli onduleux de la Marne et ses îles boisées, qui d'un côté regardent l'aimable coteau de Nogent, de l'autre l'ombre monacale de Saint-Maur, a toujours eu un inexplicable attrait de grâce mélancolique. Dans ces îles, sur la belle et dangereuse rivière, s'éleva jadis une villa mérovingienne, un palais de Frédégonde ; là, plus tard, fut la chère retraite où Charles VII crut vainement mettre en sûreté son trésor, la bonne et belle Agnès. Ce château d'Agnès Sorel était celui même de Louis d'Orléans ; il s'y tenait malade au mois de novembre 1407 ; c'était la fin de l'automne, les premiers froids, les feuilles tombaient.

Chaque vie a son automne, sa saison jaunissante, où toute chose se fane et pâlit ; plût au Ciel que ce fût la *maturité ;* mais ordinairement c'est plus tôt, bien avant l'âge *mûr*. C'est ce point, souvent peu avancé de l'âge, où l'homme voit les obstacles se multiplier tout autour, où les efforts deviennent inutiles, où s'abrège l'espoir, où, le jour diminuant, grandissent peu à peu les ombres de l'avenir... On entrevoit alors, pour la première fois, que la mort est un remède, qu'elle vient au secours des destinées qui ont peine à s'accomplir.

Louis d'Orléans avait trente-six ans ; mais déjà, depuis plusieurs années, parmi ses passions même et ses folles amours, il avait eu des moments sérieux. Il avait fait, écrit de sa main, un testament fort chrétien, fort pieux, plein de charité et de pénitence. Il y ordonnait d'abord le paiement de ses créanciers, puis des legs aux églises, aux collèges, aux hôpitaux, d'abondantes aumônes. Il y recommandait ses enfants à son ennemi même, au duc de Bourgogne ; il éprouvait le besoin d'expier ; il demandait à être porté au tombeau sur une claie couverte de cendres.

Au temps où nous sommes parvenus, il n'eut un pressentiment que trop vrai de sa fin prochaine. Il allait souvent aux Célestins ; il aimait ce couvent ; dans son enfance, sa bonne dame de gouvernante l'y menait tout petit entendre les offices. Plus tard, il y visitait fréquemment le sage Philippe de Maizières, vieux conseiller de Charles V, qui s'y était retiré. Il séjournait même quelquefois au couvent, vivant avec les moines, comme eux, et prenant part aux offices de jour et de nuit. Une nuit donc qu'il allait aux matines et qu'il traversait le dortoir, il vit, ou crut voir, la Mort. Cette vision fut confirmée par une autre ; il se croyait devant Dieu et prêt à subir son jugement. C'était un signe solennel qu'au lieu même où avait commencé son enfance il fût ainsi averti de sa fin. Le prieur du couvent auquel il se confia crut aussi qu'en effet il lui fallait songer à son âme et se préparer à bien mourir.

Ce ne fut pas une apparition moins sinistre qu'il eut bientôt au Château de Beauté. Il y reçut une étrange visite, celle de Jean sans Peur. Il devait peu s'y attendre, un nouveau motif avait encore aigri leur haine. Les Liégeois ayant chassé leur évêque, jeune homme de vingt ans, qui voulait être évêque sans se faire prêtre, ils en avaient élu un autre, avec l'appui du duc d'Orléans et du pape d'Avignon.

L'évêque chassé était justement le beau-frère du duc de Bourgogne. Si le duc d'Orléans, maître du Luxembourg, étendait encore son influence sur Liège, son rival allait avoir une guerre permanente chez lui, en Brabant, en Flandre ; la France lui échappait. Ce danger devait porter son exaspération au comble.

Dès longtemps, il avait annoncé des résolutions violentes. En 1405, lorsque les deux rivaux étaient en présence sous les murs de Paris, Louis d'Orléans ayant pris pour emblème un bâton noueux, Jean sans Peur prit pour le sien un rabot. Comment le bâton devait-il être *raboté ?* On pouvait tout craindre.

Le duc de Berri, plein d'inquiétude, crut gagner beaucoup sur son neveu en le décidant à aller voir le malade. Soit pour tromper son oncle, soit par un sentiment de haineuse curiosité, il se contraignit jusque-là. Le duc d'Orléans allait mieux ; le vieil oncle prit ses deux neveux, les mena à la messe, et les fit communier à la même hostie ; il leur donna un grand dîner de réconciliation, et il fallut qu'ils s'embrassassent. Louis d'Orléans le fit de bon cœur, tout porte à le croire ; la veille, il s'était confessé et avait témoigné amendement et repentance. Il invita son cousin à dîner avec lui le dimanche suivant ; il ne savait point qu'il n'y aurait pas de dimanche pour lui.

On voit encore aujourd'hui, au coin de la Vieille rue du Temple et de la rue des Francs-Bourgeois, une tourelle du XVe siècle, légère, élégante, et qui contraste fort avec la laide maison, qui de côté et d'autre s'y est gauchement accrochée. Cette tourelle fermait, de ce côté, le grand enclos de l'hôtel Barbette, occupé en 1407 par la reine Isabeau, en 1550 par Diane de Poitiers.

L'hôtel Barbette placé hors de l'enceinte de Philippe Auguste, entre les deux juridictions de la ville et du Temple, libre également de l'une et de l'autre, avait été longtemps soustrait, par sa position, aux gênes de la ville, couvre-feu, fermeture des portes, etc. Enfermé plus tard dans l'enceinte de Charles V, il n'en était pas moins, dans ce quartier peu fréquenté, hors de la surveillance des honnêtes et médisants bourgeois de Paris.

Cet hôtel, bâti par le financier Étienne Barbette, maître de la monnaie sous Philippe le Bel, fut pillé dans la grande sédition où le peuple poursuivit le roi jusqu'au Temple (1306). Le même hôtel, quatre-vingts ans après, appartenait à un autre parvenu, au grand maître Montaigu, l'un des Marmousets qui gouvernaient le royaume. Ils y firent coucher Charles VI la veille de son départ pour la Bretagne, lorsque, malgré ses oncles, ils parvinrent à le tirer de Paris pour lui faire poursuivre la vengeance de l'assassinat de Clisson. Montaigu, ami, comme Clisson, du duc d'Orléans, fit sa cour à la reine en lui cédant cette maison commode ; elle n'aimait pas l'hôtel Saint-Paul où vivait son mari ; ce mari la gênait quand il était fou, bien plus encore quand il ne l'était pas.

Elle avait embelli à plaisir ce séjour de prédilection, l'avait agrandi, étendu jusqu'à la rue de la Perle. Les jardins étaient d'autant mieux fermés et solitaires, que le long de la Vieille rue du Temple ils se trouvaient masqués d'une ligne de maisons qui regardaient la rue, et ne voyaient rien derrière, tout au plus le mur du mystérieux hôtel.

La reine y accoucha le 10 novembre. Les deux princes communièrent ensemble le 20 ; le 22, ils mangèrent chez le duc de Berri, s'embrassèrent et se jurèrent une amitié de frères. Cependant, depuis le 17, le duc de

Bourgogne avait tout préparé pour tuer ce frère ; il lui avait dressé embuscade près de l'hôtel Barbette, les assassins attendaient.

Dès la Saint-Jean, c'est-à-dire depuis plus de quatre mois, Jean sans Peur cherchait une maison pour ce guet-apens. Un clerc de l'Université, qui était son homme, avait chargé un *couratier* public de maisons de lui en louer une où il voulait, disait-il, mettre du vin, du blé et autres denrées que les écoliers et les clercs recevaient de leur pays, et qu'ils avaient le privilège universitaire de vendre sans droit. Le courtier lui trouva et lui fit livrer, le 17 novembre, la maison de l'image Notre-Dame, Vieille rue du Temple, en face l'hôtel de Rieux et de la Bretonnerie. Le duc de Bourgogne y fit entrer de nuit des gens à lui, entre autres un ennemi mortel du duc d'Orléans, un Normand, Raoul d'Auquetonville, ancien général des finances, que le duc avait chassé pour malversation. Raoul répondait de tuer ; un valet de chambre du roi promit, pour argent, de livrer et de trahir.

Le lendemain du repas de réconciliation, le mercredi 23 novembre 1407, Louis d'Orléans avait été comme à l'ordinaire chez la reine ; il y avait soupé, et gaiement pour essayer de consoler la pauvre mère. Le valet de chambre du roi arrive en hâte et dit que le roi demande son frère, qu'il veut lui parler. Le duc, qui avait dans Paris six cents chevaliers ou écuyers, n'avait pourtant pas amené grand monde avec lui, aimant mieux sans doute faire à petit bruit ces visites dont on ne médisait que trop. Il laissa même à l'hôtel Barbette une partie de ceux qui l'avaient suivi, comptant peut-être y retourner quand il serait quitte du roi. Il n'était que huit heures ; c'était de bonne heure pour les gens de la Cour, mais tard pour ce quartier retiré, en novembre surtout. Il n'avait avec lui que deux écuyers montés sur un même cheval, un page et quelques valets pour l'éclairer. Il s'en allait, vêtu d'une simple robe de damas noir, par la Vieille rue du Temple, en arrière de ses gens, chantant à demi-voix et jouant avec son gant, comme un homme qui veut être gai. Nous savons ces détails par deux témoins oculaires : un valet de l'hôtel de Rieux et une pauvre femme qui logeait dans une chambre dépendante du même hôtel. Jaquette, femme de Jacques Griffart, cordonnier, déposa qu'étant à sa fenêtre haute sur la rue pour voir si son mari ne revenait pas, et y prenant un lange qui séchait, elle vit passer un seigneur à cheval, et un moment après, comme elle couchait son enfant, elle entendit crier : « A mort ! à mort ! » Elle courut à la fenêtre, son enfant dans les bras, et elle vit le même seigneur à genoux dans la rue, sans chaperon ; autour de lui, sept ou huit hommes, le visage masqué, qui frappaient dessus de haches et d'épées ; lui, il mettait son bras devant en disant quelques mots, comme : « Qu'est ceci ? D'où vient ceci ? » Il tomba, mais ils ne continuaient pas moins à frapper d'estoc et de taille. La femme, qui voyait tout, criait au meurtre tant qu'elle pouvait. Un homme qui l'aperçut à la fenêtre lui dit : « Taisez-vous, mauvaise femme. » Alors, à la lueur des torches, elle vit sortir de la maison de l'image Notre-Dame un grand homme avec un chaperon rouge descendant sur les yeux ; il dit aux autres : « Éteignez tout, allons-nous-en, il est bien mort ! » Quelqu'un lui donna encore un coup de massue, mais il ne remuait plus. Près de lui gisait un jeune homme qui, tout mourant qu'il était, se souleva en criant : « Ah ! monseigneur mon maître. » C'était le page qui ne l'avait pas quitté et s'était jeté au-devant des coups. Ce page était Allemand ; il avait peut-être été donné à Louis d'Orléans par Isabeau de Bavière.

Depuis l'assassinat manqué de Clisson, on savait qu'il ne fallait pas croire à la légère qu'un homme était tué ; aussi, selon un autre récit, le grand homme au chaperon rouge vint, avec un falot de paille, regarder à terre si la besogne avait été faite consciencieusement. Il n'y avait rien à dire ; le mort était taillé en pièces, le bras droit était tranché à deux places, au coude et au poignet ; le poing gauche était détaché, jeté au loin par la violence du coup ; la tête était ouverte de l'œil à l'oreille, d'une oreille à l'autre ; le crâne était ouvert, la cervelle épandue sur le pavé.

Ces pauvres restes furent portés le lendemain matin, parmi la consternation et la terreur générales, à l'église voisine des Blancs-Manteaux. Ce fut au jour seulement qu'on ramassa dans la boue la main mutilée et la cervelle. Les princes virent lui donner l'eau bénite. Le vendredi, il fut enseveli á l'église des Célestins, dans la chapelle qu'il avait bâtie lui-même. Les coins du drap mortuaire étaient portés par son oncle, le vieux duc de Berri, par ses cousins le roi de Sicile, le duc de Bourgogne et le duc de Bourbon ; puis venaient les seigneurs, les chevaliers, une foule innombrable de peuple. Tout le monde pleurait, les ennemis comme les amis. Il n'y a plus d'ennemis alors ; chacun, dans ces moments, devient partial pour le mort. Quoi ! si jeune, si vivant naguère et déjà passé ! Beauté, grâce chevaleresque, lumière de science, parole vive et douce ; hier tout cela, aujourd'hui plus rien...

Rien ?... davantage peut-être. Celui qui semblait hier un simple individu, on voit qu'il avait en lui plus d'une existence, que c'était, en effet, un être multiple, infiniment varié !... Admirable vertu de la mort ! Seule elle révèle la vie. L'homme vivant n'est vu de chacun que par un côté, selon qu'il le sert ou le gêne. Meurt-il, on le voit alors sous mille aspects nouveaux, on distingue tous les liens divers par lesquels il tenait au monde. Ainsi, quand vous arrachez le lierre du chêne qui le soutenait, vous apercevez dessous d'innombrables fils vivaces que jamais vous ne pourrez déprendre de l'écorce où ils ont vécu ; ils resteront brisés, mais ils resteront.

Chaque homme est une humanité, une histoire universelle... Et pourtant cet être, en qui tenait une généralité infinie, c'était en même temps un individu spécial, un être unique, irréparable, que rien ne remplacera. Rien de tel avant, rien après ; Dieu ne recommencera point. Il en viendra d'autres, sans doute ; le monde, qui ne se lasse pas, amènera à la vie d'autres personnes, meilleures peut-être, mais semblables, jamais, jamais...

Celui-ci sans doute eut ses vices ; mais c'est en partie pour cela que nous le pleurons ; il n'en appartient que davantage à la pauvre humanité ;

il nous ressembla d'autant plus ; c'était lui et c'était nous. Nous nous pleurons en lui nous-mêmes et le mal profond de notre nature.

On dit que la mort embellit ceux qu'elle frappe et exagère leurs vertus ; mais c'est bien plutôt, en général, la vie qui leur faisait tort. La mort, ce pieux et irréprochable témoin, nous apprend, selon la vérité, selon la charité, qu'en chaque homme il y a ordinairement plus de bien que de mal. On connaissait les prodigalités du duc d'Orléans, on connut ses aumônes. On avait parlé de ses galanteries ; on ne savait pas assez que cette heureuse nature avait toujours conservé, au milieu même des vaines amours, l'amour divin et l'élan vers Dieu. On trouva aux Célestins la cellule où il aimait à se retirer. Lorsqu'on ouvrit son testament, on vit qu'au plus fort de ses querelles, cette âme sans fiel était toujours confiante, aimante, pour ses plus grands ennemis.

Tout cela demande grâce... Eh ! qui ne pardonnerait quand cet homme, dépouillé de tous les biens de la vie, redevenu nu et pauvre, est apporté dans l'église et attend son jugement ? Tous prient pour lui, tous l'excusent, expliquant ses fautes par les leurs et se condamnant eux-mêmes... « Pardonnez-lui, Seigneur, frappez-nous plutôt. »

Personne n'avait plus à se plaindre du duc d'Orléans que sa femme Valentine ; elle l'avait toujours aimé et toujours il en aima d'autres. Elle ne l'excusa pas moins autant qu'il était en elle ; elle prit comme sien avec elle le bâtard de son mari et l'éleva parmi ses enfants. Elle l'aimait autant qu'eux, davantage. Souvent, lui voyant tant d'esprit et d'ardeur, l'Italienne le serrait, lui disait : « Ah ! tu m'as été dérobé ! c'est toi qui vengeras ton père. »

La justice ne vint jamais pour la veuve, elle n'eut pas cette consolation. Elle n'eut pas celle d'élever au mort l'humble tombe « de trois doigts au-dessus de terre » qu'il demandait dans son testament ; elle ne put même lui mettre sous la tête « la rude pierre, la roche » qu'il voulait pour oreiller. Louis d'Orléans, proscrit dans la mort, attendit cent ans un tombeau.

Aux premiers âges chrétiens, dans le temps de vive foi, les douleurs étaient patientes ; la mort semblait un court divorce ; elle séparait, mais pour réunir. Un signe de cette foi dans l'âme, dans la réunion des âmes, c'est que, jusqu'au XIIe siècle, le corps, la dépouille mortelle, semble avoir moins d'importance ; elle ne demande pas encore de magnifiques tombeaux ; cachée dans un coin de l'église, une simple dalle la couvre ; c'est assez pour la désigner au jour de la résurrection : *Hinc surrectura.*

Au temps où nous écrivons l'histoire, il y avait déjà une changement peu avoué, d'autant plus profond. Même dévotion extérieure, mais la foi moins vive ; au plus profond des cœurs, à leur insu, l'espoir faiblissait. La douleur ne se laissait plus aisément charmer aux promesses de l'avenir ; aux pieuses consolations elle opposait le mot de Valentine : « Rien ne m'est plus, plus ne m'est rien. »

S'il lui restait quelque chose, c'était de parer la triste dépouille, de glorifier les restes, de faire de la tombe une chapelle, une église, dont ce mort serait le dieu.

Vains amusements de la douleur qui ne l'arrêtent pas longtemps. Quelque profond que soit le sépulcre, elle n'en ressent pas moins à travers les puissantes attractions de la mort ; elle les suit... La veuve du duc d'Orléans vécut ce que dura sa robe de deuil.

C'est que les mots de l'union : *Vous devenez même chair,* ils ne sont pas un vain son ; ils durent pour celui qui survit. Qu'ils aient donc leur effet suprême !... Jusque-là, il va chaque jour heurter cette tombe à l'aveugle, l'interroger, lui demander compte... Elle ne sait que répondre ; il aurait beau la briser qu'elle n'en dirait pas davantage... En vain, s'obstinant à douter, s'irritant, niant la mort, il arrache l'odieuse pierre ; en vain, parmi les défaillances de la douleur et de la lumière ce qu'elle ne voudrait pas voir, il dispute aux vers le je ne sais quoi, informe et terrible, qui fut pourtant Inès de Castro.

CHAPITRE II

Lutte des deux partis - Cabochiens - Essais de réforme dans l'État et dans l'Église

L'étranger qui visite la silencieuse Vérone et les tombeaux de La Scala découvre dans un coin une lourde tombe sans nom. C'est, selon toute apparence, la tombe de *l'assassiné.* A côté s'élève un somptueux monument à triple étage de statues, et par-dessus ce monument, sur la tête des saints et des prophètes, plane un cavalier de marbre. C'est la statue de l'assassin. Un Signore de La Scala tua son frère dans la rue en plein jour, il lui succéda. Cela ne produisit, ce semble, ni étonnement, ni trouble. Le meurtrier régna doucement pendant seize années ; et alors, sentant sa fin venir, il donna ordre à ses affaires, fit encore étrangler un de ses frères qu'il tenait prisonnier, et laissa la seigneurie de Vérone à son bâtard, comme tout bon père de famille laisse son bien à son fils.

Les choses ne se passèrent pas ainsi en France à la mort du duc d'Orléans. La France n'en prit pas si aisément son parti. S'il n'eut pas un tombeau de pierre, il en eut un dans les cœurs. Tout le pays sentit le coup et en fut profondément remué, et l'État, et la famille, et chaque homme, jusqu'aux entrailles. Une dispute, une guerre de trente années commença ; il en coûta la vie à des millions d'hommes. Cela est triste, mais il n'en faut pas moins féliciter la France et la nature humaine.

« Ce n'était pourtant que la mort d'un homme », dit froidement le chroniqueur de la maison de Bourgogne. Mais la mort d'un homme est un événement immense lorsqu'elle arrive par un crime ; c'est un fait terrible sur lequel les sociétés ne doivent se résigner jamais.

Cette mort engendra la guerre, et la guerre entre les esprits. Toutes les questions politiques, morales et religieuses, s'agitèrent à cette occasion. La grande polémique des Temps modernes, elle a commencé pour la France par le sentiment du droit, par l'émotion de la nature, par la douce et sainte pitié.

Où se livra d'abord ce grand combat ? Là même d'où partit le crime, au cœur du meurtrier. Le lendemain au matin, lorsque tous les parents du mort allèrent au Blancs-Manteaux visiter le corps et lui donner l'eau bénite, le duc de Bourgogne qualifia lui-même l'acte selon la vérité : « Jamais plus méchant et plus traître meurtre n'a été commis en ce royaume. » Le vendredi, au convoi, il tenait un des coins du drap mortuaire et pleurait comme les autres.

Plus que tous les autres sans doute, et non moins sincèrement. Il n'y avait pas là d'hypocrisie. La nature humaine est ainsi faite. Nul doute que le meurtrier n'eût voulu alors ressusciter le mort au prix de sa vie. Mais cela n'était pas en lui. Il fallait qu'il traînât à jamais ce fardeau, qu'à jamais il portât ce pesant drap mortuaire.

Lorsqu'il fut constant que les assassins avaient fui vers la rue Mauconseil, où était l'hôtel du duc de Bourgogne, lorsque le prévôt de Paris déclara qu'il se faisait fort de trouver les coupables si on lui permettait de fouiller les hôtels des princes, le duc de Bourgogne se troubla ; il tira à part le duc de Berri et le roi de Sicile et leur dit tout pâle : « C'est moi ; le diable m'a tenté. » Ils reculèrent ; le duc de Berri fondit en larmes et ne dit qu'une parole : « J'ai perdu mes deux neveux. »

Le duc de Bourgogne s'en alla accablé, humilié, et l'humiliation le changea. L'orgueil tua le remords. Il se souvint qu'il était puissant, qu'il n'y avait pas de juge pour lui. Il s'endurcit, et puisque enfin le coup était fait, le mal irréparable, il résolut de revendiquer son crime comme vertu, d'en faire, s'il pouvait, un acte héroïque. Il osa venir au Conseil. Il en trouva la porte fermée ; le duc de Berri l'y retint en lui disant doucement qu'on ne l'y verrait pas avec plaisir. A quoi le coupable répondit, avec le masque d'airain qu'il s'était décidé à prendre : « Je m'en passerai volontiers, monsieur ; qu'on n'accuse personne de la mort du duc d'Orléans ; ce qui s'est fait, c'est moi qui l'ai fait faire. »

Avec ce beau semblant d'audace, le duc de Bourgogne n'était pas rassuré. Il retourna à son hôtel, monta à cheval et galopa sans s'arrêter jusqu'en Flandre. Dès qu'on sut qu'il fuyait, on le poursuivit ; cent vingt chevaliers du duc d'Orléans coururent après lui. Mais il n'y avait pas moyen de l'atteindre : à une heure il était déjà à Bapaume. Il ordonna, en mémoire de ce péril, que dorénavant les cloches sonnassent à cette heure-là. Cela s'appela longtemps l'angélus du duc de Bourgogne.

Il avait échappé à ses ennemis, non à lui-même. A peine arrivé à Lille, il convoqua ses barons, ses prêtres. Ils lui prouvèrent invinciblement qu'il n'avait fait que son devoir, qu'il avait sauvé le roi et le royaume. Il reprit courage, rassembla les états de Flandre, d'Artois, ceux de Lille et de Douai, et leur en fit répéter autant. Il le fit dire, prêcher, écrire, et ses écrits furent répandus partout, tant il sentait le besoin de mettre son crime en commun avec ses sujets, de se faire donner par eux l'approbation qu'il ne pouvait plus se donner lui-même, d'étouffer sous la voix du peuple la voix de son cœur.

Entre autres bruits qu'il fit répandre, on dit partout que le duc d'Orléans depuis longtemps lui dressait des embûches, qu'il n'avait fait que prévenir. Il fit croire cette grossière invention aux braves Flamands ; sans doute il eût voulut y croire aussi.

Cependant l'émotion du tragique événement ne s'affaiblissait pas dans Paris. Ceux même qui regardaient le duc d'Orléans comme l'auteur de tant d'impôts, et qui peut-être s'étaient réjouis tout bas de sa mort, ne purent voir sans être touchés sa veuve et ses enfants qui vinrent lui demander justice. La pauvre veuve, Mme Valentine, amenait avec elle son second fils, sa fille et Mme Isabeau de France, fiancée au jeune duc d'Orléans et déjà veuve elle-même, à quinze ans, d'un autre assassiné, du roi d'Angleterre Richard II. Le roi de Sicile, le duc de Berri, le duc de Bourgogne, le comte de Clermont, le connétable, allèrent au-devant. La litière était couverte de drap noir et traînée par quatre chevaux blancs. La duchesse était en grand deuil, ainsi que ses enfants et sa suite ; ce triste cortège entra à Paris le 10 décembre, par le plus triste et le plus rude hiver qu'on eût vu depuis plusieurs siècles.

Descendue à l'hôtel Saint-Paul, elle se jeta à genoux en pleurant devant le roi qui pleurait aussi. Deux jours après elle revint par-devant le roi et son Conseil, portant plainte et demandant justice. Le discours des avocats qui parlèrent pour elle, celui des prédicateurs qui firent l'éloge funèbre du duc d'Orléans, la lettre que son fils répandit quelque années après, sont pleins de choses touchantes et d'une naïveté douloureuse.

Vox sanguinis fratris tui clamat ad me de terra.

« Tu peux, ô roi, dire à la partie adverse cette parole qu'a dite le Seigneur à Caïn après qu'il eut tué son frère... Certes oui, la terre crie et le sang réclame ; car il ne serait pas un homme naturel, ni d'un sang pur, celui qui n'aurait pas compassion d'une mort si cruelle.

« Et toi, ô roi Charles de bonne mémoire, si tu vivais maintenant, que dirais-tu ? quelles larmes pourraient t'apaiser ? qui t'empêcherait de faire justice d'une telle mort ? Hélas ! tu as tant aimé, honoré et élevé avec tant de soin l'arbre où est né le fruit dont ton fils a reçu la mort ! Hélas ! roi Charles, tu pourrais dire, comme Jacob : *Fera pessima devoravit filium meum,* une bête très mauvaise a dévoré mon fils.

« Hélas ! il n'y a si pauvre homme, ou de si bas état en ce monde dont le père ou le frère ait été tué si traîtreusement, que ses parents et ses amis ne s'engagent à poursuivre l'homicide jusqu'à la mort. Qu'est-ce donc quand le malfaiteur persévère et s'obstine dans sa volonté criminelle ?... Pleurez, princes et nobles, car le chemin est ouvert pour vous faire mourir en trahison et à l'improviste ; pleurez, hommes et femmes, vieillards et jeune gens ; la douceur de la paix et de la tranquillité vous est ôtée, puisque le chemin vous est montré pour occire et porter le glaive contre les princes, et qu'ainsi vous voilà en guerre, en misère, en voie de destruction. »

La prophétie ne s'accomplit que trop. Celui contre lequel on venait d'accueillir cette plainte, celui qu'on jugeait digne de toute peine, d'amende honorable, de prison, il n'y eut pas besoin de le poursuivre : il revint de lui-même, mais en maître ; l'on n'avait que des plaidoiries à lui opposer. Il revint, malgré les plus expresses défenses, entouré d'hommes d'armes, et fit mettre sur la porte de son hôtel deux fers de lance, l'un affilé, l'autre émoussé, pour dire qu'il était prêt à la guerre et à la paix, qu'il combattrait aux armes courtoises ou, si l'on aimait mieux, à mort. Les princes avaient été jusqu'à Amiens pour l'empêcher de venir. Il leur donna des fêtes, leur fit entendre d'excellente musique et continua sa route jusqu'à Saint-Denis, où il fit ses dévotions. Là, nouvelle défense des princes. Mais il n'entra pas moins à Paris. Il se trouva des gens pour crier : « Noël au bon duc ! » Le peuple croyait qu'il allait supprimer les taxes. Les princes l'accueillirent. La reine, chose odieuse, se contraignit au point de lui faire bonne mine.

Tout semblait rassurant ; et pourtant, en entrant dans la ville où l'acte avait été commis, il ne pouvait s'empêcher de trembler. Il alla droit à son hôtel, fit camper toutes ses troupes autour. Mais son hôtel ne lui semblait pas sûr. Il fallut, pour calmer son imagination, que dans son hôtel même on lui bâtit une chambre tout en pierres de taille et forte comme une tour. Pendant que ses maçons travaillaient à défendre le corps, ses théologiens faisaient ce qu'ils pouvaient pour cuirasser l'âme. Déjà il avait les certificats de ses docteurs de Flandre ; mais il voulait celui de l'Université, une bonne justification solennelle en présence du roi, des princes, du peuple, qui approuveraient au moins par leur silence. Il fallait que le monde entier suât à laver cette tache.

Le duc de Bourgogne ne pouvait manquer de défenseurs parmi les gens de l'Université. Son père et lui avaient toujours été liés avec ce corps par la haine commune du duc d'Orléans et de son pape Benoît XIII. Ils avaient protégé les principaux docteurs, Philippe le Hardi avait donné un bénéfice au célèbre Jean Gerson ; son successeur pensionnait le cordelier Jean Petit, tous deux grands adversaires du pape.

Toutefois, pour soutenir cette thèse que le partisan du pape avait bien été et justement tué, il fallait trouver un aveugle et violent logicien, capable de suivre intrépidement le raisonnement contre la raison, l'esprit du corps et de parti contre l'humanité et la nature.

Cette logique n'était pas celle des grands docteurs de l'Université, Gerson, d'Ailly, Clémengis. Ils restèrent plutôt dans l'inconséquence ; dans leur plus grande passion, ils ne furent jamais aveuglés. D'Ailly et Clémengis écrivirent contre le pape ; puis, quand ils craignirent d'avoir ébranlé l'Église même, ils se rallièrent à la papauté. Gerson attaqua le duc d'Orléans pour ses exactions ; puis il pleura l'aimable prince, il fit son oraison funèbre.

Au-dessous de ces illustres docteurs, en qui le bon sens et le bon cœur firent toujours équilibre à la dialectique, se trouvaient les vrais scolastiques, les subtils, les violents, qui paraissaient les forts, les grands hommes du temps qui n'ont pas été ceux de l'avenir. Ceux-ci étaient généralement plus jeunes que Gerson, qui lui-même était disciple de Pierre d'Ailly et de Clémengis. Ces violents étaient donc la troisième génération dans cette longue polémique, d'autant plus violents qu'ils y venaient tard. Ainsi la Constituante fut dépassée par la jeune Législative, celle-ci par la très jeune Convention.

Ces hommes n'étaient pas des misérables, des hommes mercenaires, comme on l'a dit, mais généralement de jeunes docteurs estimés pour la sévérité de leurs mœurs, pour la subtilité de leur esprit, pour leur faconde. Les uns étaient des moines comme le cordelier Petit, comme le carme Pavilly, l'orateur des bouchers, le harangueur de la Terreur de 1413. Les autres furent les meneurs des conciles et marquèrent comme prélats ; tels furent, au Concile de Constance, Courcelles et Pierre Cauchon, qui déposèrent le pape Jean XXIII et jugèrent la Pucelle.

L'apologiste du duc de Bourgogne, Jean Petit, était un Normand, animé d'un âpre esprit normand, un moine mendiant de la pauvre et sale famille de saint François. Ces cordeliers, d'autant plus hardis qu'ils n'avaient que leur corde et leurs sandales, se jetaient volontiers en avant. Au XIVe siècle, ils avaient été pour la plupart visionnaires, mystiques, malades et fols de l'amour de Dieu ; ils étaient alors ennemis de l'Université. Mais, à mesure que le mysticisme fit place à la grande polémique du schisme, ils furent du parti de l'Université et au-delà. Le cordelier Jean Petit n'avait pas le moyen d'étudier ; il fut soutenu par le duc de Bourgogne, qui l'aida à prendre ses grades et lui fit une pension. A peine docteur, il se fit remarquer par sa violence. L'Université l'envoya parmi ceux de ses membres qu'elle députait aux deux papes. Lorsque l'assemblée du clergé de France, en 1406, flottait et n'osait se déclarer entre l'Université de Paris qui attaquait le pape Benoît, et celle de Toulouse qui le défendait, Jean Petit prêcha avec la fureur burlesque d'un prédicateur de carrefour, « contre les farces et tours de passe-passe de Pierre de la Lune, dit Benoît ». Il demanda et obtint que le Parlement fît brûler la lettre de l'Université de Toulouse. C'est alors que le parti de Benoît et du duc d'Orléans fut jugé vaincu, que les gens avisés le quittèrent, que ses ennemis s'enhardirent et que, la suspension des prédications ayant suffisamment irrité le peuple, on crut pouvoir enfin tuer celui qu'on désignait depuis longtemps à la haine comme l'auteur des taxes et le complice du schisme.

L'Université avait récemment arraché au roi l'ordre de contraindre par corps le pape qui refusait de céder. Ce pape avait été jugé schismatique et ses partisans schismatiques. Par deux fois on essaya d'exécuter cette contrainte par l'épée. La mort d'un prince qui soutenait le pape semblait aux universitaires un résultat naturel de cette condamnation du pape ; c'était aussi une contrainte par corps.

Je n'ai pas eu le courage de reproduire la longue harangue par laquelle Jean Petit entreprit de justifier le meurtre. Il faut dire pourtant que si ce discours parut odieux à beaucoup de gens, personne ne le trouva ridicule. Il est divisé et subdivisé selon la méthode scolastique, la seule que l'on suivît alors.

Il prit pour texte ces paroles de l'Apôtre : « La convoitise est la racine de tous maux. » Il déduisait de là doctement une majeure en quatre parties, que la mineure devait appliquer. La mineure avait quatre parties de même pour établir que, le duc d'Orléans tombant dans les quatre genres de convoitise, concupiscence, etc., s'était rendu coupable de lèse-majesté en quatre degrés. Il établissait, par le témoignage des philosophes, des pères de l'Église et de la sainte Écriture, qu'il était non seulement permis, mais honorable et méritoire de tuer un tyran. A cela il apportait douze raisons en l'honneur des douze apôtres, appuyées de nombreux exemples bibliques.

Cet épouvantable fatras n'a pas moins de quatre-vingt-trois pages dans Monstrelet. Le copier, ce serait à en vomir. Il faut résumer. Tout peut se réduire à trois points :

1. Le duc de Bourgogne a tué *pour Dieu*. Ainsi Judith, etc. Le duc d'Orléans n'était pas seulement l'ennemi du peuple de Dieu, comme Holopherne. Il était l'ennemi de Dieu, l'ami du Diable ; il était sorcier. La diablesse Vénus lui avait donné un talisman pour se faire aimer, etc.

2. Le duc de Bourgogne a tué *pour le roi*. Il a, comme bon vassal, sauvé son suzerain des entreprises d'un vassal félon.

3. Il a tué *pour la chose publique* et comme bon citoyen. Le duc d'Orléans était un tyran. Le tyran doit être tué, etc.

Mais il faut lire l'original. Il faut voir dans sa laideur ce monstrueux accouplement des droits et des systèmes contraires. Le cruel raisonneur prend indifféremment et partout tout ce qui peut, tant bien que mal, fonder le droit de tuer ; tradition biblique, classique, féodal, tout lui est bon, pourvu qu'on tue.

Le discours de Jean Petit ne mériterait guère d'attention si c'était l'œuvre individuelle du pédant, l'indigeste avorton éclos du cerveau d'un cuistre. Mais non ; il ne faut pas oublier que Jean Petit était un docteur très important, très autorisé. Cette monstrueuse laideur de confusion et d'incohérence, ce mélange sauvage de tant de choses mal comprises, c'est du siècle et non de l'homme. J'y vois la grimaçante figure du Moyen Age caduque, le masque demi-homme, demi-bête de la scolastique agonisante.

L'histoire, au reste, ne présente guère d'objet plus choquant. On rirait de ce pêle-mêle d'équivoques, de malentendus, d'histoires travesties, de raisonnements cornus, où l'absurde s'appuie magistralement sur le faux. On rirait ; mais on frémit. Les syllogismes ridicules ont pour majeure l'assassinat, et la conclusion y ramène. L'histoire devient ce qu'elle peut. La fausse science, comme un tyran, la violente et la maltraite. Elle tronque et taille les faits, comme elle ferait des hommes. Elle tue l'empereur Julien avec la lance des croisades ; elle égorge César avec le couteau biblique, en sorte que le tout à l'air d'un massacre indistinct d'hommes et de doctrines, d'idées et de faits.

Quand il y aurait eu le moindre bon sens dans ce traité de l'assassinat, quand les crimes du duc d'Orléans eussent été prouvés et qu'il eût mérité la mort, cela ne justifiait pas encore la trahison du duc de Bourgogne. Quoi ! pour des fautes si anciennes, après une réconciliation solennelle, après avoir mangé ensemble et communié de la même hostie !... Et l'avoir tué de nuit, en guet-apens, désarmé, était-ce d'un chevalier ? Un chevalier devait l'attaquer à armes égales, le tuer en champ clos. Un prince, un grande souverain devait faire la guerre avec une armée, vaincre son ennemi en bataille ; les batailles sont les duels des rois.

Au reste la harangue de Jean Petit était moins une apologie du duc de Bourgogne qu'un réquisitoire contre le duc d'Orléans. C'était un outrage après la mort, comme si le meurtrier revenait sur cet homme gisant à terre, ayant peur qu'il ne revécût, et tâchant de le tuer une seconde fois.

Le meurtrier n'avait pas besoin d'apologie. Pendant que son docteur pérorait, il avait en poche de bonnes lettres de rémission qui le rendaient blanc comme neige. Dans ces lettres, le roi déclare que le duc lui a exposé comment pour son bien et celui du royaume *« il a fait mettre hors de ce monde »* son frère le duc d'Orléans ; mais il a appris que le roi, « sur le rapport d'aulcuns ses malveillans... en a pris desplaisance... Savoir faisons que nous avons osté et *ostons toute déplaisance* que nous pourrions avoie eue envers lui... etc. »

Les gens de l'Université ayant si bien soutenu le duc de Bourgogne, il était bien juste qu'il les soutînt à son tour. D'abord il termina à leur avantage l'affaire qui depuis un an tenait en guerre les deux juridictions, civile et ecclésiastique. La première eut tort. L'Université, le clergé, allèrent dépendre les deux écoliers voleurs dont les squelettes branlaient encore à Montfaucon. Tout un peuple de prêtres, de moines, de clercs et d'écoliers, animés d'une joie frénétique, les mena à travers Paris jusqu'au parvis de Notre-Dame, où ils furent remis à la justice ecclésiastique, et déposés aux pieds de l'évêque. Le prévôt demanda pardon aux recteurs, docteurs et régents. Ce triomphe des deux cadavres, qui était l'enterrement de la justice royale, eut lieu au soleil de mai, attristé par la lueur des torches que portait tout ce monde noir.

Le 14 mai, la veille même de la grande victoire de l'Université, deux messages du pape Benoît XIII avaient eu la hardiesse de venir braver dans Paris cette colérique puissance. Ils avaient apporté des bulles menaçantes où l'ennemi, qu'on croyait à terre, semblait plus vivant que jamais. C'était un gentilhomme aragonais (comme son maître Benoît XIII) qui avait hasardé le coup.

Une députation de l'Université vint à grand bruit demander justice. Une grande assemblée se fit à Saint-Paul en présence du roi, du duc de Bourgogne et des princes. Un violent sermon y fut prononcé par Courtecuisse. C'était la condamnation du pape, comme l'autre était la condamnation du prince, partisan du pape.

Le texte était : « Que la douleur en soit pour lui ; tombe sur lui son iniquité ! » Si le pape eût été là, il n'y eût guère eu plus de sûreté pour lui que pour le duc d'Orléans. Le pape n'y étant pas, on ne frappa que ses bulles. Le chancelier les condamna au nom de l'assemblée, les secrétaires royaux y enfoncèrent le canif, et les jetèrent au recteur qui les mit en menus morceaux.

Ce n'était pas assez de poignarder un parchemin. On envoya ordre à Boucicaut d'arrêter le pape ; et en attendant, on prit, comme suspects d'aimer le pape, l'abbé de Saint-Denis et le doyen de Saint-Germain-l'Auxerrois. Saint-Denis étant, comme on l'a vu, fort mal avec l'Église de Paris, l'arrestation de l'abbé était populaire. Mais le doyen de Saint-Germain-l'Auxerrois était membre du Parlement. Il y avait imprudence à l'arrêter ; le Parlement en garda rancune. Les prisonniers, ayant tout à craindre dans ce moment de violence, essayèrent d'apaiser l'Université en se réclamant d'elle, et demandant l'adjonction de quelques-uns de ses docteurs à la commission qui devait les juger. Ils eurent lieu de s'en repentir. Ces scolastiques, étrangers aux lois, aux hommes et aux affaires, ne purent jamais s'accorder avec les juges. Ils montrèrent autant de gaucherie que de violence, firent arrêter au hasard nombre de gens. Les prisonniers avaient beau invoquer le Parlement, l'évêque de Paris ; les princes même intercédaient. Ces implacables pédants ne voulaient point lâcher prise.

Le dimanche 25 mai, un professeur de l'Université, Pierre aux Bœufs (cordelier, comme Jean Petit), lut devant le peuple les « lettres royaux » qui déclaraient que dorénavant on n'obéirait ni à l'un ni à l'autre pape. Cela s'appela l'Acte de neutralité. Aucune salle, aucune place n'aurait contenu la foule. La lecture se fit à la *culture* de Saint-Martin-des-Champs. Cette ordonnance n'est point dans le style ordinaire des lois. C'est visiblement un factum de l'Université, violent, âcre, et qui n'est pas sans éloquence : « Qu'ils tombent, qu'ils périssent, plutôt que l'unité de l'Église. Qu'on n'entende plus la voix de la marâtre : *« Coupez l'enfant, et qu'il ne soit ni à moi, ni à elle ;* mais la voix de la bonne mère : *« Donnez-le lui plutôt tout entier... »*

On ne s'en tint pas à des paroles. Un concile assemblé dans la Sainte-Chapelle détermina comment l'Église se gouvernerait dans la vacance du Saint-Siège. Benoît ne put être atteint ; il se sauva à Perpignan, entre le royaume d'Aragon, son pays, où il était soutenu, et la France, où il guerroyait contre le concile à force de bulles. Mais ses deux messagers furent pris et traînés par les rues dans un étrange accoutrement ; ils étaient coiffés de tiares de papier, vêtus de dalmatiques noires aux armes de Pierre de Luna, et de plus chargés d'écriteaux qui les qualifiaient traîtres et messagers d'un traître. Ainsi équipés, ils furent mis dans un tombereau de boueurs, piloriés dans la cour du Palais, parmi les huées du peuple qui s'habituait à mépriser les insignes du pontificat. Le dimanche suivant, même scène au parvis Notre-Dame : un moine trinitaire, régent de théologie, invectiva contre eux et contre le pape, avec une violence furieuse et des farces de bateleur, le tout dans une langue si fangeuse, que bonne part de cette boue retombait sur l'Université.

Le pape de Rome, le pape d'Avignon, étaient tous les deux en fuite ; leurs cardinaux avaient déserté. La reine s'enfuit aussi, emmenant de Paris le dauphin, gendre du duc de Bourgogne. Les ducs d'Anjou (roi de Sicile), de Berri et de Bretagne, ne tardèrent pas à les suivre. Le duc de Bourgogne allait se trouver seul de tous les princes à Paris, ayant toutefois dans les mains le roi, le concile, l'Université. Lâcher le roi et Paris, c'était risquer beaucoup. Cependant il ne pouvait plus remettre son retour aux Pays-Bas. Pendant qu'il faisait ici la guerre au pape et écoutait les prolixes harangues des docteurs, le parti de Benoît et d'Orléans se fortifiait à Liège. Le jeune évêque de Liège, son cousin Jean de Bavière, ne pouvait plus résister. Les Liégeois étaient menés par un homme de tête et de main, le sire de Perweiss, père de l'autre prétendant à l'évêché de Liège ; il appelait les Allemands ; il faisait venir des archers anglais. Le Brabant était en péril. Que serait-il advenu si la Flandre avait pris parti pour Liège, si les gens de Gand s'étaient souvenus que les Liégeois leur avaient envoyé des vivres avant la bataille de Roosebeke ?

Je parlerai plus tard de ce curieux peuple de Liège, de cette extrême pointe de la race et de la langue wallone au sein des populations germaniques, petite France belge qui est restée, sous tant de rapports, si semblable à la vieille France, tandis que la nôtre changeait. Mais tout cela ne peut se dire en passant.

Les Liégeois étaient quarante mille intrépides fantassins. Mais le duc avait contre eux toute la chevalerie de Picardie et des Pays-Bas, qui regardait avec raison cette guerre comme l'affaire commune de la noblesse. La noblesse était d'accord. Les villes, Liège, Gand et Paris, ne s'entendaient pas. Gand et Paris ne suivaient pas le même pape que les Liégeois. Le duc de Bourgogne, qui soulevait les communes en France, écrasa en Belgique celle de Liège.

Les Liégeois étaient une population d'armuriers et de charbonniers, brutale et indomptable, que leurs chefs ne pouvaient mener. Dès que les bannières féodales apparurent dans la plaine de Hasbain, le proverbe se vérifia :

Qui passe dans le Hasbain
A bataille le lendemain

Ils se posèrent quarante mille dans une enceinte fermée de chariots et de canons, et attendirent fièrement. Le duc de Bourgogne, qui savait qu'il allait leur venir encore dix mille hommes de troupes et des archers d'Angleterre, se hasarda d'attaquer. Les Liégeois avaient un peu de cavalerie, quelques chevaliers ; mais ils s'en défiaient trop ; ils les empêchèrent de bouger. Ceux de Bourgogne ne pouvant les forcer par-devant, les tournèrent ; une terreur panique les prit ; plusieurs milliers de Liégeois se rendirent prisonniers. Le duc de Bourgogne, presque vainqueur, voit apparaître alors les dix mille paresseux de Tongres, qui venaient enfin combattre. Il craignit qu'ils ne lui arrachassent la victoire, et ordonna le massacre des prisonniers. Ce fut une immense boucherie ; toute cette chevalerie, cruelle par peur, s'acharna sur la multitude qui avait posé les armes. Le duc de Bourgogne prétend, dans une lettre, qu'il resta vingt-quatre mille hommes sur le carreau : il avait perdu seulement de soixante à quatre-vingts chevaliers ou écuyers, sans compter les soldats apparemment. Néanmoins, cette disproportion fait sentir assez combien, dans la nouveauté et l'imperfection des armes à feu, les moyens offensifs étaient faibles contre ces maisons de fer dont les chevaliers s'affublaient.

Je me défie un peu de ce nombre de vingt-quatre mille hommes ; c'est juste celui de la bataille de Roosebeke, que gagna Philippe le Hardi. Le fils ne voulut pas sans doute avoir tué moins que le père. Quoi qu'il en soit, le récit des cruautés épouvantables du parti de Bourgogne, qui, dans le Hasbain seul, avait brûlé, disait-on, quatre cents églises paroissiales, souvent même avec les paroissiens, la vengeance de l'évêque de Liège, Jean sans Pitié, ses noyades dans la Meuse, tout cela, chose triste à dire mais qui peint le siècle, frappa les imaginations et releva le duc de Bourgogne. Cette bataille fut prise pour le jugement de Dieu. On savait qu'il avait d'ailleurs payé de sa personne. Le peuple, comme les femmes, aime les forts : *Ferrum est quod amant.* On donna au duc de Bourgogne le surnom de *Jean sans Peur :* sans peur des hommes et sans peur de Dieu.

La reine et les princes étaient revenus à Paris dans l'absence du duc de Bourgogne, et procédaient contre lui. Un éloquent prédicateur, Cérisy, prononçait une touchante apologie de Louis d'Orléans, qui a effacé à jamais le discours de Jean Petit. L'avocat de la veuve et des orphelins concluait à ce que le duc de Bourgogne fît amende honorable, demandât pardon et baisât la terre, et qu'après avoir fait diverses fondations expiatoires, il allât pendant vingt ans outre-mer pour pleurer son crime. Cela se disait le 11 septembre ; le 23, il gagnait la bataille d'Hasbain ; le 24 novembre, il arrivait à Paris. La foule alla voir avec respect l'homme qui venait de tuer vingt-cinq mille hommes ; il s'en trouva pour crier Noël !

La reine et les princes avaient enlevé le roi à Chartres ; ils pouvaient en son nom agir contre le duc. Cela le décida à un accommodement. La chose fut négociée par le grand maître Montaigu, serviteur de la reine et de la maison d'Orléans, principal conseiller de ce parti, qui avait été envoyé au duc de Bourgogne, qui en avait rapporté une grande peur, et qui ne sentait pas sa tête bien ferme sur ses épaules. Il arrangea avec la crédulité de la peur ce triste traité qui déshonorait les deux partis. Le principal article était que le second fils du mort épouserait une fille du meurtrier, avec une dot de cent cinquante mille francs d'or. Comme dot, c'était beaucoup, mais comme prix du sang, combien peu !

Ce fut une laide scène, laide encore comme profanation d'une des plus saintes églises de France. Notre-Dame de Chartres, ses innombrables statues de saints et de docteurs, furent condamnées à être témoins de la fausse paix et des parjures. On dressa, non pas au parvis où se faisaient les amendes honorables, mais à l'entrée du chœur, un grand échafaud. Le roi, la reine, les princes, y siégaient. L'avocat du duc de Bourgogne demanda au roi, au nom du duc, qu'il lui plût « de ne conserver dans le cœur ni colère ni indignation à cause du fait qu'il a commis et fait faire sur la personne de Mgr d'Orléans, pour le bien du royaume et de vous ».

Puis les enfants d'Orléans entrèrent ; le roi leur fit part du pardon qu'il avait accordé, et les requit de l'avoir pour agréable. L'avocat du duc de Bourgogne parla en ces termes : « Monseigneur d'Orléans et messieurs ses frères, voici Mgr de Bourgogne, qui vous supplie de bannir de vos cœurs toute haine et toute vengeance, et d'être bons amis avec lui. » Le duc ajouta de sa propre bouche : « Mes chers cousins, je vous en prie. »

Les jeunes princes pleuraient. Selon le cérémonial convenu, la reine, le dauphin et les seigneurs du sang royal s'approchèrent d'eux et intercédèrent pour le duc de Bourgogne ; ensuite, le roi, du haut de son trône, leur adressa ces mots : « Mon très cher fils et mon très cher neveu, consentez à ce que nous avons fait, et pardonnez. » Le duc d'Orléans et son frère répétèrent alors, l'un après l'autre, les paroles prescrites.

Montaigu, qui avait dressé d'avance ce traité, par lequel les enfants reconnaissaient que leur père avait été tué pour le bien du royaume, avait au fond trahi son ancien maître, le duc d'Orléans, pour le duc de Bourgogne. Celui-ci, néanmoins, lui en voulut mortellement. Il n'avait pas probablement deviné d'avance l'humiliante attitude qu'il lui faudrait prendre dans cette cérémonie, et ce qu'il lui en coûterait pour dire aux enfants : « Pardonnez. »

Tout le monde savait à quoi s'en tenir sur la valeur d'une telle paix. Le greffier du Parlement, en l'inscrivant sur son registre, ajoute ces mots à la marge : *Pax, pax, inquit Propheta, et non est pax.*

Les réconciliés revinrent à Paris, plus ennemis que jamais, mais d'accord pour sacrifier le trop conciliant Montaigu. Ce pauvre diable n'avait, après tout, péché que par peur. Mais il avait encore un autre crime ; il était trop riche. On se demandait comment ce fils d'un notaire de Paris, médiocrement lettré, de pauvre mine, petite taille, barbe claire, la langue épaisse, comment il s'y était pris pour gouverner la France depuis si longtemps. Il fallait bien, avec tout cela, qu'il fût pourtant un habile homme pour que la reine, le duc d'Orléans, les ducs de Berri et de Bourbon, eussent tous besoin de lui et l'appelassent leur ami.

L'habileté qui lui manqua, ce fut de se faire petit. Sans parler de ses grandes terres, il avait bâti à Marcoussis un délicieux château. A Paris, le peuple montrait avec envie son splendide hôtel. Les plus grands seigneurs avaient recherché ses filles. Récemment encore, il avait marié son fils avec la fille du connétable d'Albret, cousin du roi. Il fit encore son frère évêque de Paris, et à cette occasion il eut l'imprudence de traiter les princes, d'étaler une incroyable quantité de vaisselle d'or et d'argent. Les convives ouvrirent de grands yeux ; leur cupidité attisa leur haine. Ils trouvèrent fort mauvais que Montaigu eût tant de vaisselle d'or, lorsque celle du roi était en gage.

Pour un homme nouveau, Montaigu semblait bien assis. Dès le temps du gouvernement des Marmousets, il s'était acquis beaucoup de gens ; il était bien apparenté, bien allié. Frère de l'archevêque de Sens, il venait de prendre une forte position populaire dans Paris en y faisant son frère évêque. Aussi les princes menèrent l'affaire à petit bruit. Ils s'assemblèrent secrètement à Saint-Victor, délibérèrent sous le sceau du serment ; ils conspirèrent, trois ou quatre princes du sang et les plus grands seigneurs de France, contre le fils du notaire. On avertit Montaigu ; mais il s'obstina à ne rien craindre. N'avait-il pas pour lui le roi, le bon duc de Berri, la reine surtout, en mémoire du duc d'Orléans ? La reine s'employa, il est vrai, un peu en sa faveur. Mais il ne fallut pas grande violence pour lui forcer la main ; on lui promit que les grands biens de Montaigu seraient donnés au dauphin. Après tout, elle était absente, à Melun ; ce triste spectacle de la mort d'un vieux serviteur ne devait pas affliger ses yeux.

Il y eut à la mort de Montaigu une chose qu'on ne voit guère à la chute des favoris : le peuple se souleva. Montaigu, il est vrai, intéressait les trois puissances de la ville : il était frère de l'évêque ; il réclamait le privilège de cléricature, celui du clergé et de l'Université ; enfin, il en appelait au Parlement. Rien ne lui servit. La ville était pleine des gentilshommes du duc de Bourgogne. Le nouveau prévôt de Paris, Pierre Desessarts, monta à cheval, courut les rues avec une forte troupe, criant qu'il tenait les traîtres qui étaient cause de la maladie du roi, qu'il en rendrait bon compte, que les bonnes gens n'avaient qu'à retourner à leurs affaires et à leurs métiers.

Montaigu nia tout d'abord ; mais il était entre les mains d'une commission ; on lui fit tout avouer par la torture. Le 17 octobre, sans perdre de temps, moins d'un mois après sa belle fête, il fut traîné aux Halles. On ne lut pas même l'arrêt. Brisé qu'il était par la torture, les mains disloquées, le ventre rompu, il baisait la croix de tout son cœur, affirmant jusqu'au bout qu'il n'était pas coupable, non plus que le duc d'Orléans, que seulement il ne pouvait nier qu'ils n'eussent usé des deniers du roi et trop dépensé. L'assistance pleurait ; ceux même que les princes avaient envoyés pour s'assurer du supplice revinrent tout en larmes.

Cette mort avait touché tout le monde, mais effrayé encore plus. Quel en fut le résultat ? Celui qu'on devait attendre de la lâcheté du temps. Tous voulurent être du côté d'un homme qui frappait si fort ; la mort du duc d'Orléans, celle de Montaigu, le massacre de Liège, c'étaient trois grands coups. Le roi de Navarre était déjà allié du duc de Bourgogne, dont il avait besoin contre le comte d'Armagnac. Le duc d'Anjou le fut pour de l'argent ; il en reçut, comme dot d'une fille de Bourgogne, pour aller perdre encore cet argent en Italie. La reine fut aussi gagnée par un mariage ; le duc de Bourgogne alla la voir à Melun et promit de faire épouser au frère d'Isabeau (Louis de Bavière) la fille de son ami le roi de Navarre. Il était d'ailleurs arrangé que le jeune dauphin présiderait désormais le Conseil ; la grosse Isabeau crut sottement qu'elle gouvernerait son fils, et par son fils le royaume. Elle revint à Paris, c'est-à-dire qu'elle se remit entre les mains du duc de Bourgogne.

Ainsi, les choses tournaient à souhait pour lui et pour son parti. L'Université, toute-puissante au Concile de Pise, venait de mettre à profit la déposition des deux papes, pour faire donner la papauté à l'un de ses anciens professeurs, qui apparemment n'aurait rien à refuser à l'Université et au duc de Bourgogne.

Que manquait-il à celui-ci, sinon de se réhabiliter, s'il pouvait se faire oublier ? Il y avait deux moyens, réformer l'État et chasser l'Anglais. Il entreprit de nouveau d'assiéger Calais : cette fois, le duc d'Orléans n'était plus là pour faire manquer l'entreprise. Il s'y prit comme la première fois ; il fit bâtir une ville de bois autour de la ville ; il entassa dans l'abbaye de Saint-Omer force machines et quantité d'artillerie. Mais les Anglais, pour la somme de dix mille nobles à la rose, trouvèrent un charpentier qui y jeta le feu grégeois et brûla en un moment tout ce qu'on avait longuement préparé.

La réforme n'alla guère mieux que la guerre. Le duc de Bourgogne l'avait commencée à sa manière, rudement. Il avait rendu à Paris ses privilèges, en y mettant un prévôt à lui, le violent Desessarts. Il avait convoqué une assemblée générale de la noblesse, sous la présidence du dauphin, s'emparant du dauphin même et mettant de côté le vieux duc de Berri.

Cependant il prenait les finances en main, destituant au nom du roi et des princes tous les trésoriers, et mettant à leur place des bourgeois de Paris, des gens riches, timides et dépendants. Tous les receveurs devaient rendre compte à un haut Conseil qu'il dominait par le comte de Saint-Pol. Ce Conseil fit une chose inouïe, il interdit la chambre des Comptes, fit arrêter plusieurs de ses membres, et néanmoins il se servit de ses registres, relevant sur les marges les *Nimis habuit* ou *Recuperetur* dont cette sage et honnête compagnie marquait les paiements excessifs. On voulait s'autoriser de cette note pour tirer de l'argent de ceux qui avaient reçu, ou même de leurs héritiers.

Cela était inquiétant pour beaucoup de monde, suspect pour tous, d'autant plus que dans toutes ces mesures on voyait derrière le duc de Bourgogne un homme emporté, passionné et brouillon, le nouveau prévôt de Paris, Desessarts, homme de peu, qui se hâtait de faire sa main, d'enrichir les siens, comme avait fait Montaigu ; il l'avait mené au gibet et il y courait lui-même.

Tel était Paris ; hors de Paris, se formait un grand orage. Le duc d'Orléans n'était qu'un enfant, un nom ; mais autour de ce nom se serraient naturellement tous ceux qui haïssaient le duc de Bourgogne et le roi de Navarre.

D'abord le comte d'Armagnac, ennemi du second par voisinage, du premier pour avoir dès longtemps été forcé de céder le Charolais ; puis le duc de Bretagne, les comtes de Clermont et d'Alençon ; enfin, les ducs de Berri et de Bourbon, qui, se voyant comptés pour rien par le duc de

Bourgogne, passèrent de l'autre côté. Ces princes s'allièrent « pour la réforme de l'État et contre les ennemis du royaume ».

C'était aussi contre les ennemis du royaume que le duc de Bourgogne levait des troupes et demandait de l'argent. Il fit venir à Paris les principaux bourgeois des villes de France pour obtenir, non une taxe, mais un prêt ; les Anglais, disait-il, menaçaient de débarquer. Les bourgeois, sans délibérer, répondirent nettement que leurs villes étaient déjà trop chargées, que le duc de Bourgogne n'avait qu'à faire usage des trois cent mille écus d'or qui, disait-on, avaient été recouvrés. Mais cet argent s'était écoulé sans qu'on sût comment.

Paris ne montrait pas plus de zèle que les autres villes ; le duc avait voulu lui rendre ses armes et ses divisions militaires de centeniers, soixanteniers, cinquanteniers, etc. Les Parisiens le remercièrent et n'en voulurent pas, ne se souciant pas de devenir les soldats du duc de Bourgogne. Il n'avait pas pu non plus faire un capitaine de Paris ; la ville prétendit qu'ayant eu un prince de sang pour capitaine (le duc de Berri), elle ne pouvait accepter un capitaine de moindre rang.

Le duc de Bourgogne, ayant contre lui les princes, sans avoir pour lui les villes, fut obligé de recourir à ses ressources personnelles. Il appela ses vassaux. Une nuée de Brabançons vint s'abattre sur la France du Nord, sur Paris, pillant, ravageant. Paris, devenu sensible au mal général par ses propres souffrances, demanda la paix à grands cris. Son organe ordinaire, l'Université, avec cet aplomb propre aux gens qui ne connaissent ni les hommes ni les choses, trouvait un moyen fort simple de tout arranger, c'était d'exclure du gouvernement les deux chefs de partis, les ducs de Berri et de Bourgogne, de les renvoyer dans leurs terres, et de prendre dans les trois États des gens de bien et d'expérience, qui gouverneraient à merveille. Le duc de Bourgogne et le roi de Navarre accueillirent d'autant mieux la chose qu'elle était impraticable. Ils firent parade de désintéressement ; ils étaient prêts, disaient-ils, soit à servir l'État gratuitement, en sacrifiant même leurs biens, ou encore à se retirer si c'était l'utilité du royaume.

L'Université n'eut pas à aller loin pour trouver le duc de Berri. Il était déjà avec ses troupes à Bicêtre. Il avait répondu à une première ambassade, qui lui demandait la paix au nom du roi, que justement il venait pour s'entendre avec le roi. Il reçut parfaitement les députés de l'Université, goûta leur conseil, répondant gaiement : « S'il faut pour gouverner des gens pris dans les trois États, j'en suis et je retiens place dans les rangs de la noblesse. »

L'hiver et la faim forcèrent pourtant les princes à accepter l'expédient que proposait l'Université. Il donnait satisfaction à leur gloriole. Le duc de Bourgogne consentait à s'éloigner en même temps qu'eux. Le conseil devait être composé de gens qui jureraient de n'appartenir ni à l'un ni à l'autre. Le dauphin était remis à deux seigneurs, nommés l'un par le duc de Berri, l'autre par le duc de Bourgogne. (Paix de Bicêtre, 1er novembre 1410.)

Au fond, celui-ci restait maître. Il avait l'air de quitter Paris, mais il le gardait. Son prévôt Desessarts, qui devait sortir de charge, y fut maintenu. Le dauphin n'eut guère autour de lui que de zélés Bourguignons. Son chancelier était Jean de Nyelle, sujet et serviteur du duc de Bourgogne ; ses conseillers, le sire de Heilly, autre vassal du même prince, le sire de Savoisy, qui avait embrassé récemment son parti, Antoine de Craon, de la famille de l'assassin de Clisson, le sire de Courcelles, parent sans doute du célèbre docteur qui fut l'un des juges de la Pucelle, etc.

Le duc de Bourgogne s'était retiré conformément au traité. Il n'armait pas et ses adversaires armaient. Les torts paraissaient être du côté des amis du duc d'Orléans. Le Conseil du dauphin, pour mieux faire croire à son impartialité, s'adjoignit le Parlement, quelques évêques, quelques docteurs de l'Université, plusieurs notables bourgeois, et, au nom de cette assemblée, il défendit aux ducs d'Orléans et de Bourgogne d'entrer dans Paris.

La défense était dérisoire ; ce dernier était en réalité si bien présent dans Paris, qu'à ce moment même il décidait la ville alarmée à prendre pour capitaine un homme à lui, le comte de Saint-Pol.

Il s'agissait de mettre Paris en défense. On proposa une taxe générale dont personne ne serait exempt, ni le clergé, ni l'Université. Mais leur zèle n'alla pas jusque-là pour le parti de Bourgogne ; à ce mot d'argent, ils se soulevèrent. Le chancelier de Notre-Dame, parlant au nom des deux corps, déclara qu'ils ne pouvaient donner ni prêter ; qu'ils avaient bien de la peine à vivre ; qu'on savait bien que si les finances du roi n'étaient dilapidées, il entrerait tous les mois deux cent mille écus d'or dans ses coffres ; que les biens de l'Église, amortis depuis longtemps, n'avaient rien à voir avec les taxes. Enfin, il s'emporta jusqu'à dire que, lorsqu'un prince opprimait ses sujets par d'injustes exactions, c'était, d'après les anciennes histoires, un cas légitime de le déposer.

Cette hardiesse extraordinaire de langage indiquait assez que le clergé et l'Université ne seraient point pour le Parti bourguignon un instrument docile. Le nouveau capitaine de Paris chercha ses alliés plus bas ; il s'adressa aux bouchers. Ce fut un curieux spectacle de voir le comte de Saint-Pol, de la maison de Luxembourg, voisin des empereurs et du chevaleresque Jean de Bohême, partager sa charge de capitaine de Paris avec les Legoix et autres bouchers ; de le voir armer ces gens, marcher dans Paris de front avec cette *milice royale,* les charger de faire les affaires de la ville, et de poursuivre les Orléanais. Il risquait gros en s'alliant ainsi. Il croyait tenir les bouchers ; n'étaient-ce pas eux qui allaient bientôt le tenir lui-même ? Le comte de Saint-Pol et son maître le duc de Bourgogne mettaient là en mouvement une formidable machine ; mais, le doigt pris dans les roues, ils pouvaient fort bien, doigt, tête et corps, y passer tout entiers.

Je ne sais, au reste, s'il y avait moyen d'agir autrement. Tout esprit de faction à part, Paris, au milieu des bandes qui venaient batailler autour, avait grand besoin de se garder lui-même. Or, depuis la punition des maillotins et le désarmement, les seuls des habitants qui eussent le fer en main et l'assurance que donne le maniement du fer, c'étaient les bouchers. Les autres, comme on l'a vu, avaient refusé de reprendre leurs centeniers, de crainte de porter les armes. Les gentilshommes du comte de Saint-Pol n'auraient pas suffi, ils auraient même été bientôt suspects, si on ne les eût vus toujours à côté d'une milice brutale, il est vrai, violente, mais après tout parisienne et intéressée à défendre Paris du pillage. Quelque peur qu'on eût des bouchers, on avait bien autrement peur des innombrables pillards qui venaient jusqu'aux portes observer, tâter la ville, et qui auraient fort bien pu, si elle n'eût pris garde à elle, l'enlever par un coup de main.

C'était une terrible chose, pour la gent innocente et pacifique des bourgeois, de voir du haut de leurs clochers le double flot des populations du Midi et du Nord qui battait leurs murs. On eût dit que les provinces extrêmes du royaume, longtemps sacrifiées au centre, venaient prendre leur revanche. La Flandre se souvenait de sa défaite de Roosebeke. Le Languedoc n'avait pas oublié les guerres des albigeois, encore moins les exactions récentes des ducs d'Anjou et de Berri. Ce que le centre avait gagné par l'attraction monarchique, il le rendit avec usure. Le Nord, le Midi, l'Ouest, envoyèrent ici tout ce qu'ils avaient de bandits.

D'abord, pour défendre Paris contre les gens du Midi qu'amenait le duc d'Orléans, arrivèrent les Brabançons mercenaires du duc de Bourgogne. Pour mieux le défendre, ils ravagèrent tous les environs, pillèrent Saint-Denis. Autres défenseurs, les gens des communes de Flandre ; ceux-ci, gens intelligents qui savaient le prix des choses, pillaient méthodiquement, avec ordre, à fond, de manière à faire place nette ; mais ils emballaient proprement. De guerre, il ne fallait pas leur en parler ; ce n'était pas pour cela qu'ils étaient venus. Leur comte avait beau les prier, chapeau bas, de se battre un peu, ils n'en tenaient compte. Quand ils avaient rempli leurs charrettes, les seigneurs de Gand et de Bruges reprenaient, quoi qu'on pût leur dire, le chemin de leurs pays.

Mais la grande foule des pillards venait des provinces nécessiteuses de l'Ouest et du Midi. La campagne, à la voir au loin, était toute noire de ces bandes fourmillantes ; gueux ou soldats, on n'eût pu le dire ; qui à pied, qui à cheval, à âne ; bêtes et gens maigres et avides à faire frémir, comme les sept vaches dévorantes du songe de Pharaon.

Démêlons cette cohue. D'abord il y avait force Bretons. Les familles étaient d'autant plus nombreuses, en Bretagne, qu'elles étaient plus pauvres. C'était une idée bretonne d'avoir le plus d'enfants possible, c'est-à-dire beaucoup de soldats qui allassent gagner au loin et qui rapportassent. Dans les vraies usances bretonnes, la maison paternelle, le foyer restait au plus jeune ; les aînés étaient mis dehors ; ils se jetaient dans une barque ou sur un mauvais petit cheval, et tant les portait la barque ou l'indestructible bête, qu'ils revenaient au manoir refaits, vêtus et passablement garnis. En Gascogne, un droit différent produisait les mêmes effets. L'aîné restait fièrement au castel, sur sa roche, sans vassal que lui-même, et se servant par simplicité. Les cadets s'en allaient gaiement devant eux, tant que la terre s'étendait, bons piétons, comme on sait, allant à pied par goût, tant qu'ils ne trouvaient pas un cheval, riches d'une épée de famille, d'un nom sonore et d'une cape percée ; du reste, nobles comme le roi, c'est-à-dire comme lui sans fiefs, et n'en levant pas moins quint et requint sur la terre, péage sur le passant.

Ce vieux portrait du Gascon, pour être vieux, n'est pas moins ressemblant, et je crois que, *mutatis mutandis,* il en reste quelque chose. Tels les peint la chronique dès le temps du bon roi Robert ; tels au temps des Plantagenêts ; tels sous Bernard d'Armagnac, et enfin sous Henri IV. L'excellent baron de Feneste n'exprime pas seulement l'invasion des intrigants du Midi sous le Béarnais ; plus sérieux en apparence, moins amusant, moins *gasconnant,* ce baron subsiste. Alors, aujourd'hui et toujours, ces gens ont exploité de préférence un fonds excellent, la simplicité et la pesanteur des hommes du Nord. Aussi émigraient-ils volontiers. Ce n'était pas pour bâtir, comme les Limousins, ni pour porter et vendre, comme les gens d'Auvergne. Les Gascons ne vendaient qu'eux-mêmes. Comme soldats, comme *domestiques* des princes, ils servaient pour devenir maîtres. Ne leur parlez pas d'être ouvriers ou marchands ; ministres ou rois, à la bonne heure ! Il leur faut, non pas ce que demandait Sancho, *une toute petite île,* mais bien un royaume, un royaume de Naples, de Portugal, s'il se pouvait ; de Suède au moins, ils s'en contenteront, hommes honnêtes et modérés. Tout le monde ne peut pas, comme le *meunier du moulin de Barbaste,* gagner Paris pour une messe.

Quoique au fond le caractère ait peu changé, nous ne devons pas nous figurer les Méridionaux d'alors comme nous les voyons et les comprenons aujourd'hui. Tout autres ils apparurent à nos gens du XVe siècle, lorsque les oppositions provinciales étaient si rudement contrastées et encore encouragées par l'ignorance mutuelle. Ce Midi fit horreur au Nord. La brutalité provençale, capricieuse et violente ; l'âpreté gasconne, sans pitié, sans cœur, faisant le mal pour en rire ; les durs et intraitables montagnards du Rouergue et des Cévennes, les sauvages Bretons aux cheveux pendants, tout cela dans la saleté primitive, baragouinant, maugréant dans vingt langues que ceux du Nord croyaient espagnoles ou mauresques. Pour mettre la confusion au comble, il y avait parmi le tout des bandes de soldats allemands, d'autres de lombards. Cette diversité de langues était une terrible barrière entre les hommes, une des causes pour lesquelles ils se haïssaient sans savoir pourquoi. Elle rendait la guerre plus cruelle qu'on ne peut se le figurer. Nul moyen de s'entendre, de se rapprocher. Le vaincu qui ne peut parler se trouve sans ressource, le prisonnier sans moyen d'adoucir son maître. L'homme à terre voudrait en vain s'adresser à celui qui va l'égorger ; l'un dit *grâce,* l'autre répond *mort.*

Indépendamment de ces antipathies de langage et de race dans une même race, dans une même langue, les provinces se haïssaient. Les Flamands, même de langue wallonne, détestaient les chaudes têtes picardes. Les Picards méprisaient les habitudes régulières des Normands, qui leur paraissaient serviles. Voilà pour la langue d'oïl. Dans la langue d'oc, les gens du Poitou et de la Saintonge, haïs au Nord comme Méridionaux, n'en ont pas moins fait des satires contre les gens du Midi, surtout contre les Gascons.

Au bout de cette échelle de haines, par-delà Bordeaux et Toulouse, se trouve, au pied des Pyrénées, hors des routes et des rivières navigables, un petit pays dont le nom a résumé toutes les haines du Midi et du Nord. Ce nom tragique est celui d'Armagnac.

Rude pays, vineux, il est vrai, mais sous les grêles de la montagne, souvent fertile, souvent frappé. Ces gens d'Armagnac et de Fézenzac, moins pauvres que ceux des Landes, furent pourtant encore plus inquiets. De bonne heure, leurs comtes déclarent qu'ils ne veulent dépendre que de sainte Marie d'Auch, et ensuite ils battent et pillent l'archevêque d'Auch pendant près de deux siècles. Persécuteurs assidus des églises, excommuniés de génération en génération, ils vécurent la plupart en vrais fils du diable.

Lorsque le terrible Simon de Montfort tomba sur le Midi, comme le jugement de Dieu, ils s'amendèrent, lui firent hommage, puis au comte de Poitiers. Saint Louis leur donna plus d'une sévère leçon. L'un d'eux fut mis, pour réfléchir deux ans, dans le château de Péronne.

Ils finirent par comprendre qu'ils gagneraient plus à servir le roi de France ; la succession de Rhodez, si éloigné de l'Armagnac, les engagea d'ailleurs dans les intérêts du royaume.

Les Armagnacs devinrent alors, avec les Albret, les capitaines du Midi pour le roi de France. Battants, battus, toujours en armes, ils menèrent partout les Gascons, jusqu'en Italie. Ils formèrent une leste et infatigable infanterie, la première qu'ait eue la France. Ils poussaient la guerre avec une violence inconnue jusque-là, forçant tout le monde à prendre la croix blanche, coupant le pied, le poing, à qui refusait de les suivre.

Nos rois les comblèrent. Ils les étouffèrent dans l'or. Ils les firent généraux, connétables. C'était méconnaître leur talent ; ces chasseurs des Pyrénées et des Landes, ces lestes piétons du Midi, valaient mieux pour la petite guerre que pour commander de grandes armées. Les comtes d'Armagnac furent faits deux fois prisonniers en Lombardie. Le connétable d'Albret conduisait malheureusement l'armée d'Azincourt.

C'était trop faire pour eux, et l'on fit encore davantage. Nos rois crurent s'attacher ces Armagnacs en les mariant à des princesses du sang. Voilà ces rudes capitaines gascons qui se décrassent, prennent figure d'homme et deviennent des princes. On leur donne en mariage une petite-fille de Saint Louis. Qui ne les croirait satisfaits ? Chose étrange et qui les peint bien : à peine eurent-ils cet excès d'honneur de s'allier à la maison royale qu'ils prétendirent valoir mieux qu'elle, et se fabriquèrent tout doucement une généalogie qui les rattachait d'une part aux anciens ducs d'Aquitaine, légitimes souverains du Midi, d'autre part aux Mérovingiens, premiers conquérants de la France. Ces Capétiens étaient des usurpateurs qui détenaient le patrimoine de la maison d'Armagnac.

Tout Français et princes qu'ils étaient devenus, le naturel diabolique reparaissait à tout moment. L'un d'eux épouse sa belle-sœur (pour garder la dot) ; un autre, sa propre sœur, avec une fausse dispense. Bernard VII, comte d'Armagnac, qui fut presque roi et finit si mal, avait commencé par dépouiller son parent, le vicomte de Fézenzaguet, le jetant, avec ses fils, les yeux crevés dans une citerne. Ce même Bernard, se déclarant ensuite serviteur du duc d'Orléans, fit bonne guerre aux Anglais, leur reprit soixante petites places. Au fond, il ne travaillait que pour lui-même : quand le duc d'Orléans vint en Guyenne, il ne le seconda pas. Mais dès que le prince fut mort, le comte d'Armagnac se porta pour son ami, pour son vengeur ; il saisit hardiment ce grand rôle, mena tout le Midi au ravage du Nord, fit épouser sa fille au jeune duc d'Orléans, lui donnant en dot ses bandes pillardes et la malédiction de la France.

Ce qui rendit ces Armagnacs exécrables, ce fut, outre leur férocité, la légèreté impie avec laquelle ils traitaient les prêtres, les églises, la religion. On aurait dit une vengeance d'albigeois, ou l'avant-goût des guerres protestantes. On l'eût cru, et l'on se fût trompé. C'était légèreté gasconne ou brutalité soldatesque... Probablement aussi, dans leur étrange christianisme, ils pensaient que c'était bien fait de piller les saints de la langue d'oïl, qu'à coup sûr ceux de la langue d'oc ne leur en sauraient pas mauvais gré. Ils emportaient les reliquaires sans se soucier des reliques ; ils faisaient du calice un gobelet, jetaient les hosties. Ils remplaçaient volontiers leurs pourpoints percés par des ornements d'église ; d'une chape, ils se taillaient une cotte d'armes ; d'un corporal, un bonnet.

Arrivés devant Paris, ils avaient pris Saint-Denis pour centre. Ils logèrent dans la petite ville et dans la riche abbaye. La tentation était grande. Les religieux, de peur d'accidents, avaient fait enfouir le trésor du bienheureux ; mais ils n'avaient pas songé à prendre la même précaution pour la vaisselle d'or et d'argent que la reine leur avait confiée. Un matin, après la messe, le comte d'Armagnac réunit au réfectoire l'abbé et les religieux ; il leur expose que les princes n'ont pris les armes que pour délivrer le roi et rétablir la justice dans le royaume, que tout le monde doit aider à une si louable entreprise. « Nous attendons de l'argent, dit-il, mais il n'arrive pas ; la reine ne sera pas fâchée, j'en suis sûr, de nous prêter la vaisselle pour payer nos troupes ; messieurs les princes vous en donneront décharge, scellée de leur sceau. » Cela dit, sans s'arrêter aux représentations des religieux, il se fait ouvrir la porte du Trésor, entre, le marteau à la main, et force les coffres. Encore ne craignait-il pas de dire que si cela ne suffisait pas, il faudrait bien aussi que le trésor du saint contribuât. Les moines se le tinrent pour dit, et firent sortir de l'abbaye ceux des leurs qui connaissaient la cachette.

Des gens qui prenaient de telles libertés avec les saints ne pouvaient pas être forts dévots à l'autre religion de la France, la royauté. Ce roi fou que les gens du Nord, que Paris, au milieu de ses plus grandes violences, ne voyaient qu'avec amour ; ceux du Midi n'y trouvaient rien que de risible. Quand ils prenaient un paysan, et que, pour s'amuser, ils lui coupaient les oreilles ou le nez : « Va, disaient-ils ; va maintenant te montrer à ton idiot de roi. »

Ces dérisions, ces impiétés, ces cruautés atroces, rendirent service au duc de Bourgogne. Les villes affamées par les pillards tournèrent contre le duc d'Orléans. Les paysans, désespérés, prirent la croix de Bourgogne et tombèrent souvent sur des soldats isolés. Avec tout cela, il n'y avait guère en France d'autre force militaire que les Armagnacs. Le duc de Bourgogne, ne pouvant leur faire lâcher Paris, qu'ils serraient de tous côtés, eut recours à la dernière, à la plus dangereuse ressource : il appela les Anglais.

Les choses en étaient venues à ce point que les Anglais étaient moins odieux aux Français du Nord que les Français du Midi. Le duc de Bourgogne conclut d'abord une trêve marchande avec les Anglais, dans l'intérêt de la Flandre ; puis il leur donna des troupes, offrant de donner une de ses filles en mariage au fils aîné d'Henri IV (1er septembre 1411). Quelles furent les conditions, quelle part de la France leur promit-il ? Rien ne l'indique. Le parti d'Orléans publia qu'il faisait hommage de la Flandre à l'Anglais, et s'engageait à lui faire rendre la Guyenne et la Normandie.

L'arrivée des troupes anglaises fit refluer les Armagnacs de Paris à la Loire, jusqu'à Bourges, jusqu'à Poitiers. Ils perdirent même Poitiers ; mais les princes tinrent dans Bourges, où le duc de Bourgogne vint les assiéger avec les Anglais, avec le roi, qu'il traînait partout. Néanmoins le siège fut long. Le manque de vivres, les exhalaisons des marais, des champs pleins de cadavres, la peste enfin, qui du camp se répandit dans le royaume, décidèrent les deux partis à une vaine et fausse paix, qui fut à peine une trêve (Traité de Bourges, 15 juillet 1412). Le duc de Bourgogne promettait ce qu'il ne pouvait tenir, d'obliger les siens à rendre aux princes leurs biens confisqués. Tout ce que le duc d'Orléans y gagna, ce fut de faire quelque réparation à la mémoire de Montaigu ; le prévôt de Paris alla détacher son corps du gibet de Montfaucon et le fit enterrer honorablement.

Cependant, les Orléanais, voyant que leur adversaire ne les avait chassés que par le secours de l'Anglais, essayaient de le détacher à tout prix du Bourguignon. Celui-ci, au contraire, était déjà las de ses alliés, et il avait envoyé des troupes pour les combattre en Guyenne. Le comte d'Armagnac prit à l'instant la croix rouge et se fit Anglais, confirmant ainsi les accusations du duc de Bourgogne. Il avait fait publier à grand bruit dans Paris qu'on avait saisi sur un moine les papiers des princes et les propositions qu'ils faisaient aux ennemis. Ils avaient fait serment, disait-on, de tuer le roi, de brûler Paris, de partager la France. Cette bizarre invention du parti de Bourgogne produisit le plus grand effet à Paris. Les gens de l'Université, les bourgeois, tout le peuple, les femmes et les enfants, prononçaient mille imprécations contre ceux qui livraient ainsi le roi et le royaume. Le pauvre roi pleurait et demandait ce qu'il fallait faire.

Le traité réel était assez odieux sans y ajouter ces fables : les princes faisaient hommage à l'Anglais, s'engageaient à lui faire recouvrer ses droits et lui remettaient vingt places dans le Midi. Pour tant d'avantages, il ne laissait aux ducs de Berri et d'Orléans, le Poitou, l'Angoumois et le Périgord, que leur vie durant. Le seul comte d'Armagnac conservait tous ses fiefs à perpétuité. Le traité, visiblement, était son ouvrage (18 mai 1412).

Ainsi, des princes sans cœur jouaient tour à tour à ce jeu funeste d'appeler l'ennemi du royaume. La chose était pourtant sérieuse. Ils s'en seraient aperçus bientôt, si la mort d'Henri IV n'eût donné un répit à la France.

Trahie par les deux partis, n'ayant rien à attendre que d'elle, elle va essayer, dans cet intervalle, de faire ses affaires elle-même. En est-elle déjà capable ? on peut en douter.

Dans cette période de cinq années, entre un crime et un crime, le meurtre du duc d'Orléans et le traité avec l'Anglais, les partis ont prouvé leur impuissance pour la paix et pour la guerre ; trois traités n'ont servi qu'à envenimer les haines.

Est-ce à dire, pourtant, que ces tristes années aient été perdues, que le temps ait coulé en vain ?... Non, il n'y a point d'années perdues ; le temps a porté son fruit.

D'abord les deux moitiés de la France se sont rapprochées, il est vrai, pour se haïr, le Midi est venu visiter le Nord, comme au temps des albigeois le Nord visita le Midi.

Ces rapprochements, même hostiles, étaient pourtant nécessaires ; il fallait que la France, pour devenir une plus tard, se connût d'abord, qu'elle se vît, comme elle était, diverse encore et hétérogène.

Ainsi se prépare de loin l'unité de la nation. Déjà le sentiment national est éveillé par les fréquents appels à l'opinion publique que font les partis dans cette courte période. Ces manifestes continuels pour ou contre le duc de Bourgogne, ces prédications politiques dans l'intérêt des factions, ces représentations théâtrales où la foule est admise comme témoin des grands actes politiques, l'échafaud de Chartres, le sermon de la neutralité, tout cela, c'est déjà implicitement un appel au peuple.

Dans les pédantesques harangues du temps, parmi les violences, les mensonges, parmi le sang et la boue, il y a pourtant une chose qui fait la force du parti de Bourgogne, si souillé et si coupable, à savoir : l'aveu solennel de la responsabilité des puissants, des princes et des rois.

L'Université professe cette doctrine, alors inouïe, qu'un roi qui accable ses sujets d'exactions injustes peut et doit être déposé. Cette parole est réprouvée ; mais ne croyez pas qu'elle tombe. Des pensées inconnues fermentent.

C'est vers cette époque, ce semble, qu'au fronton même de la Cathédrale de Chartres, témoin de l'humiliation des princes, on sculpte une figure nouvelle, celle de la Liberté ; liberté morale sans doute, mais l'idée de la liberté politique s'y mêle et s'y ajoute peu à peu.

Le duc de Bourgogne était bien indigne d'être le représentant du principe moderne. Ce principe ne se démêle en lui qu'à travers la double laideur du crime et des contradictions.

Le meurtrier vient parler d'ordre, de réforme et de bien public ; il vient attester les lois, lui qui a tué la loi ; nous allons pourtant voir paraître, sous les auspices de cet odieux parti, la grande ordonnance du XVe siècle.

Autre bizarrerie.

Ce prince féodal, qui vient, à la tête d'une noblesse acharnée, d'exterminer la commune de Liège, puise dans cette victoire même la force qui relève la commune de Paris ; là-bas prince des barons, ici prince des bouchers.

Ces contradictions font, nous l'avons dit, la laideur du siècle, celle surtout du Parti bourguignon. Le chef, au reste, parut comprendre que, quoi qu'il eût fait, il n'avait rien fait lui-même, qu'il ne pouvait pas grand-chose.

Lorsque l'Université proposa de tirer des trois États des gens sages et non suspects pour aider au gouvernement, il prononça cette grande parole : « Qu'en effet, il ne se sentait pas capable de gouverner si grand royaume que le royaume de France. »

CHAPITRE III

Essais de réforme dans l'État et dans l'Église - Cabochiens de Paris ; grande ordonnance - Conciles de Pise et de Constance. 1409-1415

Le gouvernement d'un seul étant avoué impossible, il fallut bien essayer du gouvernement de plusieurs. Le parti de Bourgogne, dans sa détresse, convoqua au nom du roi une grande assemblée des députés des villes, des prélats, chapitres, etc. (30 janvier 1413.) Cette assemblée de notables est qualifiée par quelques-uns du nom d'*états généraux*. Ils furent si peu généraux qu'il n'y vint presque personne, sauf les envoyés de quelques villes du centre. Dans ce moment de crise, entre la guerre civile et la guerre étrangère que l'on voyait imminente, la France se chercha et elle ne put se trouver.

C'était, il est vrai, l'hiver ; les chemins impraticables, pleins de bandits ; la moitié du royaume étrangère et hostile à l'autre. Il vint peu de gens, et ce peu ne savait que dire. Il n'y avait point de traditions, de précédents, pour une telle assemblée ; un demi-siècle s'était écoulé depuis les derniers États. Les gens de Reims, de Rouen, de Sens et de Bourges parlèrent seuls, ou plutôt prêchèrent sur un texte de l'Écriture, prouvant doctement les avantages de la paix, mais avec non moins de force l'impossibilité de payer pour finir la guerre ; ils concluaient qu'il fallait, avant tout, recouvrer les deniers perçus ou détournés. Maître Benoît Gentien, célèbre docteur et moine de Saint-Denis, parla au nom de Paris et de l'Université. Il demanda des réformes, indiqua des abus, déclama contre l'ambition et la convoitise, toutefois en termes généraux et sans nommer personne. Il déplut à tout le monde.

Dans la réalité, les maux étaient trop grands pour s'en tenir à une médecine expectante. Les généralités vagues n'avançaient à rien. L'assemblée fut congédiée ; Paris prit la parole au défaut de la France, Paris et la voix de Paris, son Université.

L'Université, nous l'avons vu, avait plus de zèle que de capacité pour s'acquitter d'une telle tâche. Elle avait grand besoin d'être dirigée. Or, il n'y avait qu'une classe qui pût le faire, qui eût connaissance des lois, des faits, et quelque esprit pratique : c'étaient les membres des hautes cours, du Parlement, de la chambre des Comptes et de la cour des Aides. Je ne vois pas que l'Université se soit adressée aux deux derniers corps ; leur extrême timidité lui était sans doute bien trop connue ; mais elle demanda l'appui du Parlement, l'engageant à se joindre à elle pour demander les réformes nécessaires.

Le Parlement n'aimait pas l'Université, qui dès longtemps l'avait fait déclarer incompétent dans les causes qui la regardaient ; la victoire récente de la juridiction ecclésiastique (1408) n'était pas propre à les réconcilier. Cette puissance tumultueuse, qui peu à peu devenait l'alliée de la populace, était antipathique à la gravité des parlementaires autant qu'à leurs habitudes de respect de l'autorité royale. Ils répondirent à l'Université de la manière suivante : « Il ne convient pas à une cour établie pour rendre la justice au nom du roi de se rendre partie plaignante pour la demander. Au surplus, le Parlement est toujours prêt, toutes et quantes fois il plaira au roi de choisir quelques-uns de ses membres pour s'occuper des affaires du royaume. L'Université et le corps de la ville sauront bien ne faire nulle chose qui ne soit à faire. »

Ce refus du Parlement de prendre part à la révolution devait la rendre violente et impuissante. Paris et l'Université pouvaient dès lors faire ce qu'ils voulaient, obtenir des réformes, de belles ordonnances ; il n'y avait personne pour les exécuter. Il faut aux lois des hommes pour qu'elles soient vivantes, efficaces. Le temps, les habitudes, les mœurs peuvent seuls faire ces hommes.

Je dirai ailleurs tout au long ce que je pense du Parlement, comme cour de justice. Ce n'est pas en passant qu'on peut qualifier ce long travail de la transformation du droit, cette œuvre d'interprétation, de ruse et d'équivoque. Qu'il me suffise ici de regarder le Parlement du point de vue extérieur, et d'expliquer pourquoi un corps qui pouvait agir si utilement refusa son concours.

Le Parlement n'avait pas besoin de prendre le pouvoir des mains de l'Université et du peuple de Paris ; le pouvoir lui venait invinciblement par la force des choses. Il craignait avec raison de compromettre, par une intervention directe dans les affaires, l'influence indirecte mais toute puissante qu'il acquérait chaque jour. Il n'avait garde d'ébranler l'autorité royale, lorsque cette autorité devenait peu à peu la sienne.

La juridiction du Parlement de Paris avait toujours gagné dans le cours du XIVe siècle. Ceux qui avaient le plus réclamé contre elle finissaient par regarder comme un privilège d'être jugé par le Parlement. Les églises et les chapitres réclamaient souvent cette faveur.

Suprême cour du roi, le Parlement voyait, non seulement les baillis du roi et ses juges d'épée, mais les barons, les plus grands seigneurs féodaux, attendre à la grande salle et solliciter humblement. Récemment il avait porté une sentence de mort et de confiscation contre le comte de Périgord. Il recevait appel contre les princes, contre le duc de Bretagne, contre le duc d'Anjou, frère du roi (1328, 1371). Bien plus, le roi, en plusieurs cas, lui avait subordonné son autorité même, lui défendant d'obéir aux lettres royaux, déclarant en quelque sorte que la sagesse du Parlement était moins faillible, plus sûre, plus constante, plus royale que celle du roi.

« Le Parlement, dit-il encore dans ses ordonnances, est le miroir de la justice. Le Châtelet et tous les tribunaux doivent suivre le style du Parlement. »

Admirable ascendant de la raison et de la sagesse ! Dans la défiance universelle où l'on était de tout le reste, cette cour de Justice fut obligée d'accepter toute sorte de pouvoirs administratifs, de police, d'ordre communal, etc. Paris se repose sur le Parlement du soin de sa subsistance ; le pain, l'arrivage de la marée, une foule d'autres détails, la surveillance des monnayeurs, des barbiers ou des chirurgiens, celle du pavé de la ville ressortiront à lui. Le roi lui donnait à régler sa maison.

Les seules puissances qui résistassent à cette attraction, c'étaient, outre l'Université, les grandes cours fiscales, la chambre des Comptes, la cour des Aides. Encore voyons-nous, dans une grande occasion, qu'il est ordonné aux réformateurs des aides et finances de consulter le Parlement. On croit devoir expliquer que si les maîtres des comptes sont juges sans appel, c'est « qu'il y aurait inconvénient à transporter les registres pour les mettre sous les yeux du Parlement ».

Il fut réglé en 1388 et 1400, ordonné de nouveau en 1413, que le Parlement se recruterait lui-même par voie d'élection. Dès lors, il forma un corps et devint de plus en plus homogène. Les charges ne sortirent plus des mêmes familles. Transmises par mariage, par vente même, elles ne passèrent guère qu'à des sujets capables et dignes. Il y eut des familles parlementaires, des mœurs parlementaires. Cette image de sainteté laïque que la France avait vue une fois, en un homme, en un roi, elle l'eut immuable dans ce roi judiciaire, sans caprice, sans passion, sauf l'intérêt de la royauté. La stabilité de l'ordre judiciaire se trouve ainsi fondée, au moment où l'ordre politique va subir les plus rapides variations. Quoi qu'il advienne, la France aura un dépôt de bonnes traditions et de sagesse ; dans les moments extrêmes où la royauté, la noblesse, tous ces vieux appuis lui manqueront, où elle sera au point de s'oublier elle-même, elle se reconnaîtra au sanctuaire de la justice civile.

Le Parlement n'a donc pas tort de se refuser à sortir de cette immobilité si utile à la France. Il regardera passer la Révolution, il lui survivra, pour en reprendre et en appliquer à petit bruit les résultats les plus utiles.

Le Parlement se récusant, l'Université n'en alla pas moins son chemin. Cette bizarre puissance, théologique, démocratique et révolutionnaire, n'était guère propre à réformer le royaume. D'abord, elle avait en elle trop peu d'unité, d'harmonie, pour en donner à l'État. Elle ne savait pas même si elle était un corps ecclésiastique ou laïque, quoiqu'elle réclamât les privilèges des clercs.

La Faculté de théologie, dans la morgue de son orthodoxie, dans l'orgueil de sa victoire sur les chefs de l'Église, était Église pourtant. Elle semblait diriger, mais au fond elle était menée, violentée par la nombreuse et tumultueuse Faculté des arts (c'est-à-dire de logique). Celle-ci, peu d'accord avec l'autre, ne l'était pas davantage avec elle-même ; elle se divisait en quatre nations, et dans ce qu'on appelait une nation, il y avait bien des nations diverses : Danois, Irlandais, Écossais, Lombards, etc.

Une révolution avait eu lieu dans l'Université au XIVe siècle.

Pour régulariser les études et les mœurs, on avait peu à peu, par des fondations de bourses et autres moyens, cloîtré les écoliers dans ce qu'on appelait des collèges. La plupart des collèges semblaient être au fond la propriété des boursiers, qui nommaient au scrutin les principaux, les maîtres. Rien n'était plus démocratique.

Ces petites républiques cloîtrées de jeunes gens pauvres étaient, comme on peut croire, animées de l'esprit le plus inquiet, surtout à l'époque du schisme, où les princes disposaient de tout dans l'Église, et fermaient aux universitaires l'accès des bénéfices. Dans ces tristes demeures, sous l'influence de la sèche et stérile éducation du temps, languissaient sans espoir de vieux écoliers. Il y avait là de bizarres existences, des gens qui, sans famille, sans amis, sans connaissance du monde, avaient passé toute une vie dans les greniers du pays latin, étudiant, faute d'huile, au clair de la lune, vivant d'arguments ou de jeûnes, ne descendant des sublimes misères de la Montagne, de la gouttière de Standonc, de la lucarne d'où fut jeté Ramus, que pour disputer à mort dans la boue de la rue du Fouarre ou de la place Maubert.

Les moines Mendiants, nouveaux membres de l'Université, avaient, outre l'aigreur de la scolastique, celle de la pauvreté ; ils étaient souvent haineux et envieux par-dessus toute créature ; misérables, et faisant de leur misère un système, ils ne demandaient pas mieux que de l'infliger aux autres. On a dit (et je crois qu'il en était ainsi pour beaucoup d'entre eux) qu'ils ne comprenaient le christianisme que comme religion de la mort et de la douleur. Mortifiés et mortifiants, ils se tuaient d'abstinences et de violences, et ils étaient prêts à traiter le prochain comme eux-mêmes. C'est parmi eux que le duc de Bourgogne trouva sans peine des gens pour louer le meurtre.

Le mépris que les autres ordres avaient pour les Mendiants était propre à irriter cette disposition farouche. Or, parmi les Mendiants, il y avait un ordre moins important, moins nombreux que les dominicains et les franciscains, mais plus bizarre, plus excentrique, et dont les autres Mendiants se moquaient eux-mêmes. Cet ordre, celui des Carmes, ne se contentait pas d'une origine chrétienne ; ils voulaient, comme les templiers, remonter plus haut que le christianisme. Ermites du Mont-Carmel, descendants d'Élie, ils se piquaient d'imiter l'austérité des prophètes hébraïques, de ces terribles mangeurs de sauterelles qui, dans le déser, luttaient contre l'esprit de Dieu.

Un carme, Eustache de Pavilly, se chargea de lire la remontrance de l'Université au roi. Cet Élie de la place Maubert parla aussi durement que celui du Carmel. On ne pouvait du moins reprocher à cette remontrance d'être générale et vague. Rien n'était plus net. Le carme n'accusait pas seulement les abus, il dénonçait les hommes ; il les nommait hardiment par leurs noms, en tête le prévôt Desessarts, jusque-là l'homme des Bourguignons, celui qui avait arrêté Montaigu. Mais alors on n'était plus sûr de lui et il venait de se brouiller avec l'Université.

Le duc de Bourgogne accueillit la remontrance. Menacé par les princes et voyant le dauphin, son gendre, s'éloigner de lui, il résolut de s'appuyer sur l'Université et sur Paris. Il força le conseil à destituer les financiers, comme l'Université le demandait. Desessarts se sauva, déclarant qu'en effet il lui manquait deux millions, mais qu'il en avait les reçus du duc de Bourgogne.

Celui-ci se trouvait fort intéressé à tenir loin un tel accusateur. Un mois après, il apprend qu'il est revenu, qu'il a forcé le pont de Charenton, et qu'il occupe la Bastille au nom du dauphin. Les conseillers du dauphin s'étaient imaginé que, la Bastille prise, Paris tournerait pour lui contre le duc de Bourgogne. Il en fut tout autrement. Le poste de Charenton, qui assurait les arrivages de la Haute-Seine et les approvisionnements de la ville, était la chose du monde qui intéressait le plus les Parisiens. L'attaque de ce poste fit croire que Desessarts voulait affamer Paris. Un immense flot de peuple vint heurter à l'Hôtel de Ville, réclamant l'étendard de la commune, pour aller attaquer la Bastille. Le premier jour, on parvint à les renvoyer. Le second, ils prirent l'étendard et assiégèrent la forteresse. Ils auraient eu peine à la forcer ; mais le duc de Bourgogne aida ; il décida Desessarts, effrayé, de sortir, lui répondant de la vie. Il lui fit une croix sur le dos de sa main, et jura dessus. Le duc croyait mener le peuple ; il vit bientôt qu'il le suivait.

Ceux qui venaient de planter l'étendard de la commune contre une forteresse royale n'étaient pourtant pas, autant qu'on pourrait croire, des ennemis de l'ordre. Ils ne mirent pas la main sur Desessarts, ne lui firent aucun mal ; ils voulaient qu'on lui fît son procès. Ils le menèrent au

Château du Louvre et lui donnèrent une garde demi-bourgeoise et demi-royale.

Ces hommes, modérés dans la violence même, n'étaient pas des gens de la bonne bourgeoisie de Paris, de celle qui fournissait les échevins, les cinquanteniers. Cette bourgeoisie avait parlé par l'organe de Benoît Gentien, parlé modérément, vaguement ; elle était incapable d'agir. Les cinquanteniers avaient fait ce qu'ils avaient pu pour empêcher qu'on ne marchât sur la Bastille. Il y avait des gens plus forts qu'eux et que la foule suivait plus volontiers, gens riches, mais qui, par leur position, leur métier et leurs habitudes, se rapprochaient du petit peuple ; c'étaient les maîtres bouchers, maîtres héréditaires des étaux de la grande boucherie et de la boucherie Sainte-Geneviève. Ces étaux passaient, comme des fiefs, d'hoir en hoir, et toujours aux mâles. Les mêmes familles les ont possédés pendant plusieurs siècles. Ainsi les Saint-Yon et les Thibert, déjà importants sous Charles V (1376), subsistaient encore au dernier siècle. Ce qui, malgré leur richesse, leur conservait les habitudes énergiques du métier, c'est qu'il leur était enjoint d'exercer eux-mêmes, de sorte que, tout riches qu'ils pouvaient être, ces seigneurs bouchers restaient de vrais bouchers, tuant, saignant et détaillant la viande.

C'étaient du reste des gens rangés, réguliers, et souvent dévots. Ceux de la grande boucherie étaient fort affectionnés à la paroisse Saint-Jacques-la-Boucherie. Nous voyons, dans les actes de Saint-Jacques, le boucher Alain y acheter une lucarne pour voir la messe de chez lui, et le boucher Haussecul une clé de l'église pour y faire à toute heure ses dévotions.

Dans cette classe honnête, mais grossière et violente, les plus violents étaient les bouchers de la boucherie Sainte-Geneviève, les Legoix surtout. Ceux-ci, anciens vassaux de l'abbaye, vivaient assez mal avec elle. Ils s'obstinaient, malgré l'abbé, à vendre de la viande les jours maigres, et de plus à fondre leur suif chez eux, au risque de brûler le quartier. Établis au milieu des écoles et des disputes, ils participaient à l'exaltation des écoliers. La boucherie Sainte-Geneviève était justement près de la *Croix des Carmes,* et, par conséquent, à la porte du couvent des Carmes ; les Legoix étaient ainsi voisins, amis sans doute, de ce violent moine Eustache de Pavilly, le harangueur de l'Université.

La force des maîtres bouchers, c'était une armée de garçons, de valets, de tueurs, d'assommeurs, d'écorcheurs, dont ils disposaient. Il y avait parmi ces garçons des hommes remarquables par leur audace brutale, deux surtout, l'écorcheur Caboche et le fils d'une tripière. C'étaient des gens terribles dans une émeute ; mais leurs maîtres, qui les lançaient, croyaient toujours pouvoir les rappeler.

Il était curieux de voir comment les maîtres bouchers, ayant un moment Paris entre les mains, Paris, le roi, la reine et le dauphin, comment ils useraient de ce grand pouvoir. Ces gens, honnêtes au fond, religieux et loyaux, regardaient tous les maux du royaume comme la suite du mal du roi, et ce mal lui-même comme une punition de Dieu. Dieu avait frappé pour leurs péchés le roi et le duc d'Orléans, son frère.

Restait le jeune dauphin ; ils mettaient en lui leur espoir ; toute leur crainte était que le châtiment ne s'étendît à celui-ci, qu'il ne ressemblât à son père. Ce prince, tout jeune qu'il était, leur donnait sous ce rapport beaucoup d'inquiétude. Il était dépensier, n'aimait que les beaux habits ; ses habitudes étaient toutes contraires à celles des bourgeois rangés. Ces gens, qui se couchaient de bonne heure, entendaient toute la nuit la musique du dauphin ; il lui fallait des orgues, des enfants de chœur, pour ses fêtes mondaines. Tout le monde en était scandalisé.

Ils avisèrent, dans leur sagesse, qu'ils devaient, pour réformer le royaume, réformer d'abord l'héritier du royaume, éloigner de lui ceux qui le perdaient, veiller à sa santé corporelle et spirituelle.

Pendant que Desessarts était encore dans la Bastille s'excusant sur les ordres du dauphin, nos bouchers se rendaient à Saint-Paul, ayant à leur tête un vieux chirugien, Jean de Troyes, homme d'une figure respectable et qui parlait à merveille. Le dauphin tout tremblant, se mit à sa fenêtre, par le conseil du duc de Bourgogne, et le chirurgien parla ainsi : « Monseigneur, vous voyez vos très humbles sujets, les bourgeois de Paris, en armes devant vous. Ils veulent seulement vous montrer par là qu'ils ne craindraient pas d'exposer leur vie pour votre service, comme ils l'ont déjà su faire ; tout leur déplaisir est que votre royale jeunesse ne brille pas à l'égal de vos ancêtres, et que vous soyez détourné de suivre leurs traces par les traîtres qui vous obsèdent et vous gouvernent. Chacun sait qu'ils prennent à tâche de corrompre vos bonnes mœurs, et de vous jeter dans le dérèglement. Nous n'ignorons pas que notre bonne reine, votre mère, en est fort mal contente ; les princes de votre sang eux-mêmes craignent que lorsque vous serez en âge de régner, votre mauvaise éducation ne vous en rende incapable. La juste aversion que nous avons contre des hommes si dignes de châtiment nous a fait solliciter assez souvent qu'on les ôtât de votre service. Nous sommes résolus de tirer aujourd'hui vengeance de leur trahison, et nous vous demandons de les mettre entre nos mains. »

Les cris de la foule témoignèrent que le vieux chirurgien avait parlé selon ses sentiments. Le dauphin, avec assez de fermeté, répondit : « Messieurs les bons bourgeois, je vous supplie de retourner à vos métiers, et de ne point montrer cette furieuse animosité contre des serviteurs qui me sont attachés. » « Si vous connaissez des traîtres, dit le chancelier du dauphin croyant les intimider, on les punira, nommez-les. » « Vous d'abord », lui crièrent-ils. Et ils lui remirent une liste de cinquante seigneurs ou gentilshommes, en tête de laquelle se trouvait son nom. Il fut forcé de la lire tout haut, et plus d'une fois.

Le dauphin, tremblant, pleurant, rouge de colère, mais voyant bien pourtant qu'il n'y avait pas moyen de résister, prit une croix d'or que portait sa femme, et fit jurer au duc de Bourgogne qu'il n'arriverait aucun mal à ceux que le peuple allait saisir. Il jura, comme pour Desessarts, ce qu'il ne pouvait tenir.

Cependant ils enfonçaient les portes et se mettaient à fouiller l'hôtel du roi pour y chercher les traîtres. Ils saisirent le duc de Bar, cousin du roi, puis le chancelier du daupin, le sire de la Rivière, son chambellan, son écuyer tranchant, ses valets de chambre et quelques autres. Ils en arrachèrent un brutalement à la dauphine, fille du duc de Bourgogne, qui voulait le sauver. Tous les prisonniers, mis à cheval, furent menés à l'hôtel du duc de Bourgogne, puis à la Tour du Louvre.

Tous n'arrivèrent pas jusqu'au Louvre. Ils égorgèrent ou jetèrent à la Seine ceux qu'ils croyaient coupables des dérèglements du dauphin ou de ses folles dépenses, un riche tapissier, un pauvre diable de musicien appelé Courtebotte. Ils rencontrèrent aussi un habile mécanicien ou ingénieur, qui avait aidé le duc de Berri à défendre Bourges ; quelqu'un s'étant avisé de dire que cet homme se vantait de pouvoir mettre le feu à la ville sans qu'on pût l'éteindre, il fut tué à l'instant.

Les bouchers croyaient avoir fait une chose méritoire et comptaient bien être remerciés ; ils vinrent le lendemain à l'Hôtel de Ville. Là, les gros bourgeois, échevins et autres, repassaient en frémissant les événements de la veille, l'hôtel royal forcé, l'enlèvement des serviteurs du roi, le sang versé. Ils craignaient que le duc d'Orléans et les princes ne vinssent, en punition, anéantir la ville de Paris. Ils avaient peur des princes ; mais, d'autre part, ils avaient peur des bouchers ; ils n'osaient les désavouer. Ils envoyèrent aux princes quelques-uns des leurs avec des docteurs de l'Université pour leur faire entendre, s'ils pouvaient, que tout s'était fait par bonne intention et sans qu'on voulût leur déplaire.

Cependant les bouchers, persévérant dans leur projet de réformer les mœurs du dauphin, ne cessaient de revenir à Saint-Paul ou d'y envoyer des docteurs de leur parti. C'était un spectacle terrible et comique que ce peuple, naïvement moral et religieux dans sa férocité, qui ne songeait ni à détruire le pouvoir royal, ni à le transporter à une autre maison, pas même à une autre branche, mais qui voulait seulement amender la royauté, qui venait lui tâter le pouls, la médeciner gravement. L'hygiène appliquée à la politique n'avait rien d'absurde, lorsque l'État, se trouvant encore renfermé dans la personne du roi, languissait de ses infirmités, était fol de sa folie.

Le carme Eustache Pavilly s'était particulièrement chargé d'administrer au jeune prince cette médecine morale, n'y épargnant nul remède héroïque. Il lui disait en face, par exemple : « Ah ! Monseigneur, que vous êtes changé ! Tant que vous vous êtes laissé éduquer et conduire au bon gouvernement de votre respectable mère, vous donniez tout l'espoir qu'on peut concevoir d'un jeune homme bien né. Tout le monde bénissait Dieu d'avoir donné au roi un successeur si docile aux bons enseignements. Mais, une fois échappé aux directions maternelles, vous n'avez que trop ouvert l'oreille à des gens qui vous ont rendu indévot envers Dieu, paresseux et lent à expédier les affaires. Ils vous ont appris, chose odieuse et insupportable aux bons sujets du roi, à faire de la nuit le jour, à passer le temps en mangeries, en vilaines danses et autres choses peu convenables à la majesté royale. »

Pavilly l'admonestait ainsi, tantôt en présence de la reine, tantôt devant les princes. Une fois, il lui fit entendre tout un traité complet de la conduite des princes, examinant dans le plus grand détail toutes les vertus qui peuvent rendre digne du trône, et rappelant tous les exemples des vertus et des vices que l'histoire, surtout l'histoire de France, pouvait présenter. Les derniers exemples étaient ceux du roi encore vivant et de son frère, celui du dauphin même, que, s'il ne s'amendait, obligerait de transférer son droit d'aînesse à son jeune frère, ainsi que la reine l'en avait menacé. Il conclut en demandant qu'on choisît des commissaires pour informer contre les dissipateurs des deniers publics, d'autres pour faire le procès des traîtres emprisonnés, enfin, des capitaines contre le comte d'Armagnac. « Ce peuple, ajoutait-il, est là pour m'avouer tout cela ; je viens d'exposer ses humbles demandes. »

Le dauphin répondait doucement ; mais il n'y pouvait plus tenir. Il aurait voulu s'échapper. Le comte de Vertus, frère du duc d'Orléans, s'était enfui sous un déguisement. Le dauphin eut l'imprudence d'écrire aux princes de venir le délivrer. Les bouchers, qui s'en doutaient, prirent leurs mesures pour que leur royal pupille ne pût échapper à leur surveillance ; ils mirent bonne garde aux portes de la ville et s'assurèrent de l'hôtel Saint-Paul, dont ils constituèrent gardien et concierge le sage chirurgien Jean de Troyes. Et cependant, ils faisaient jour et nuit des rondes autour « pour la sûreté du roi et de Monseigneur le duc de Guyenne ». C'est ainsi qu'on nommait le dauphin.

Garder son roi et héritier du royaume, les tenir en geôle, c'était une situation nouvelle, étrange, et qui devait étonner les bouchers eux-mêmes. Mais quand ils se seraient repentis, ils n'étaient plus maîtres. Leurs valets, qu'ils avaient menés d'abord, les menaient maintenant à leur tour. Les héros du parti étaient les écorcheurs, le fils de la tripière, Caboche et Denisot. Ils avaient pour capitaine un chevalier bourguignon, Hélion de Jacqueville, aussi brutal qu'eux. La garde des deux postes de confiance, d'où dépendaient les vivres, Charenton et Saint-Cloud, les écorcheurs se l'étaient réservée à eux-mêmes. Apparemment, les maîtres bouchers n'étaient pas jugés assez sûrs.

Le duc de Bourgogne n'en était pas sans doute à regretter ce qu'il avait fait. Les Parisiens gardant le dauphin, les Gantais voulurent garder le fils du duc de Bourgogne. Ils vinrent le demander à Paris. Les Parisiens avaient pris le blanc chaperon de Gand ; les Gantais le reprirent de leur main. Le duc de Bourgogne fut obligé d'envoyer son fils aux Gantais, de leur donner ce précieux otage. Il subit le chaperon.

Un jour que le roi, mieux portant, allait en grande pompe remercier Dieu à Notre-Dame avec ses princes et sa noblesse, le vieux Jean de Troyes se trouve sur son passage avec le corps de ville ; il supplie le roi de prendre le chaperon, en signe de l'affection cordiale qu'il a pour sa ville de Paris. Le roi l'accepte bonnement. Dès lors, il fallut bien que tout le monde le portât, le recteur, les gens du Parlement. Malheur à ceux qui l'auraient porté de travers.

Le chaperon fut envoyé aux autres villes, et presque toutes le prirent. Néanmoins, aucune n'entra sérieusement dans le mouvement de Paris. Les cabochiens, ne trouvant aucune résistance mais n'étant aidés de personne, furent obligés de recourir à des moyens expéditifs pour faire de l'argent. Ils demandèrent au dauphin l'autorisation de prendre soixante bourgeois, gens riches, modérés et suspects. Ils les rançonnèrent.

On avait commencé par emprisonner les courtisans, les seigneurs. Déjà on en venait aux bourgeois. On ne pouvait deviner où s'arrêteraient les violences. Les petites gens prenaient peu à peu goût au désordre ; ils ne voulaient plus rien faire que courir les rues avec le chaperon blanc ; ne gagnant plus, il fallait bien qu'ils prissent. Le pillage pouvait commencer d'un moment à l'autre.

Les gens de l'Université, qui avaient mis tout en mouvement sans savoir ce qu'ils faisaient, n'étaient pas les moins effrayés. Ils avaient cru accomplir la réforme en compagnie du duc de Bourgogne, du corps de ville et des bourgeois les plus honorables. Et voilà qu'il ne leur restait que les bouchers, les valets de boucherie, les écorcheurs. Ils frémissaient de se rencontrer dans les rues avec ces nouveaux frères et amis, qu'ils voyaient pour la première fois, sales, sanglants, manches retroussées, menaçant tout le monde, hurlant le meurtre.

L'alliance monstrueuse des docteurs et des assommeurs ne pouvait durer. Les universitaires se réunirent au couvent des Carmes de la place Maubert, dans la cellule même d'Eustache Pavilly. Ils étaient singulièrement abattus, et ne savaient quel parti prendre. Ces pauvres docteurs, ne trouvant dans leur science aucune lumière qui pût les guider, se décidèrent humblement à consulter les simples d'esprit. Ils s'enquirent des personnes dévotes et contemplatives, des religieux, des saintes femmes qui avaient des visions. Pavilly, plein de confiance, s'offrit d'aller les consulter. Mais les visions de ces femmes n'avaient rien de rassurant. L'une avait vu trois soleils dans le ciel. Une autre voyait sur Paris des nuées sombres, tandis qu'il faisait beau au midi, vers les marches de Berri et d'Orléans. « Moi, disait la troisième, j'ai vu le roi d'Angleterre en grand orgueil au haut des tours de Notre-Dame ; il excommuniait notre sire le roi de France ; et le roi, entouré de gens en noir, était assis humblement sur une pierre dans le parvis. »

La terreur de ces visions ébranla les plus intrépides. Ils voulurent consulter un honnête homme du parti opposé, le modéré des modérés, Juvénal des Ursins. Ils le firent venir ; mais ils n'en purent tirer rien de praticable. Il ne voyait rien à faire, sinon prier les princes de se réconcilier et de rompre les négociations qu'ils avaient entamées avec l'Anglais. C'était simplement se soumettre et renoncer aux réformes. Cependant l'abattement était tel, le désir de paix si fort, que cet avis entraînait tout le monde. Le seul Pavilly s'obstina ; il soutint que tout ce qui s'était fait était bien fait, et qu'il fallait aller jusqu'au bout.

Ces divisions, dont les princes étaient instruits, les encouragèrent sans doute à différer la publication de la grande ordonnance de réforme que l'Université avait d'abord si vivement sollicitée. Alors, sans plus s'inquiéter des docteurs qui l'abandonnaient, le moine entraînant après lui le prévôt des marchands, les échevins, une foule de petit peuple, et bon nombre de bourgeois intimidés, s'en alla hardiment prêcher le roi à Saint-Paul (22 mai) : « Il y a encore, dit-il, de mauvaises herbes au jardin du roi et de la reine ; il faut sarcler et nettoyer ; la bonne ville de Paris, comme un sage jardinier, doit ôter ces herbes funestes, qui étoufferaient les lis... » Quand il eut fini cette sinistre harangue, et accepté la collation qu'on offrit, selon l'usage, au prédicateur, le chancelier lui demanda au nom de qui il parlait. Le carme se tourna vers le prévôt et les échevins, qui l'avouèrent de ce qu'il avait dit. Mais le chancelier, objectant que cette députation était peu nombreuse pour représenter la ville de Paris, ils appelèrent quelques bourgeois des plus considérables qui étaient dans la cour ; ceux-ci montèrent à contrecœur et, se mettant à genoux devant le roi, protestèrent de leur bonne intention. Cependant la foule augmentait ; toutes sortes de gens entraient sans qu'on n'osât leur interdire la porte ; l'hôtel s'emplissait. Le duc de Bourgogne lui-même commençait à avoir peur de ses amis ; pour les décider à s'en aller, il s'avisa de leur dire que le roi était à peine rétabli, que ce tumulte allait lui faire mal, lui causer une rechute. Mais ils criaient de plus belle qu'ils étaient venus justement pour le bien du roi.

Alors le chirurgien Jean de Troyes exhiba une nouvelle liste de traîtres. En tête se trouvait le propre frère de la reine, Louis de Bavière. Le duc de Bourgogne eut beau prier, la reine verser des larmes ; Louis de Bavière, qui allait se marier, demandait au moins huit jours, promettant de se constituer prisonnier la semaine d'après, ils furent inflexibles. Pour abréger, le capitaine de la milice, Jacqueville, monta avec ses gens, et brutalement, sans égards pour la reine, pour le roi ni le dauphin, pénétrant partout, brisant les portes, il mit la main sur ceux que le peuple demandait. Pour comble de violence, ils emmenèrent treize dames de la reine et de la dauphine. Il ne fallait pas parler à ces gens de respect pour les dames, ni de chevalerie. Parmi les prisonniers qu'ils emmenèrent se trouvait un Bourguignon, un des leurs, que huit jours auparavant ils avaient donné pour chancelier au dauphin. La défiance croissait d'heure en heure.

Cependant le duc de Berry et d'autres parents des prisonniers envoyèrent demander à l'Université si elle avouait ce qui s'était fait. Celle-ci, consultée en masse et comme corps, se rassura un peu par sa multitude, et donna du moins une réponse équivoque. « Que de ce elle vouloit en rien s'entremettre ni empêcher. » Dans le conseil du roi, les universitaires allèrent plus loin et déclarèrent qu'ils n'étaient pour rien dans l'enlèvement des seigneurs, et que la chose ne leur plaisait pas.

Le désaveu timide de l'Université ne rassurait pas les princes. Cette fois, ils craignaient pour eux-mêmes ; le coup avait frappé si près d'eux qu'ils firent signer au roi une ordonnance où il approuvait ce qui s'était fait. Le lendemain (25 mai 1413) fut lue solennellement la grande ordonnance de réforme.

Cette ordonnance, si violemment arrachée, ne porte pas, autant qu'on pourrait croire, le caractère du moment ; c'est une sage et impartiale fusion des meilleures ordonnances du XIVe siècle. On peut l'appeler le *code administratif* de la vieille France, comme l'ordonnance de 1357 avait été sa charte *législative* et politique.

On peut s'étonner de voir cette ordonnance à peine mentionnée dans les historiens. Elle n'a pourtant pas moins de soixante-dix pages in-folio. Sauf quelques articles trop minutieux et d'une rédaction enfantine, ou bien encore dirigés hostilement contre certains individus, on ne peut qu'admirer l'esprit qui y règne, esprit très spécial, très pratique : sans spécialité, point de réforme réelle. Celle-ci part de bien bas, mais elle va haut et pénètre partout. Elle réduit les gages de la lingère, de la poissonnière du roi ; mais elle règle les droits des grands corps de l'État, et tout le jeu de la machine administrative, judiciaire et financière.

La forme est curieuse, je voudrais pouvoir la conserver ; mais alors, cette ordonnance seule occuperait le reste du volume, et encore l'ensemble resterait confus. Il m'est impossible de résumer ce code en quelques lignes, sans emprunter notre langage moderne, plus précis et plus formulé.

Tout ce détail immense semble dominé par deux idées : la centralisation de l'ordre financier, de l'ordre judiciaire. Dans le premier, tout aboutit à la chambre des Comptes ; dans le second, tout au Parlement.

Les chefs des administrations financières (domaine, aide, trésor des guerres) sont réduits à un petit nombre ; mesure économique qui contribue à assurer la responsabilité. La chambre des Comptes examine les résultats de leur administration ; elle juge en cas de doute, mais sur pièces et sans plaidoiries.

Tous les vassaux du roi sont tenus de faire dresser les aveux et dénombrements des fiefs qu'ils tiennent de lui, et de les envoyer à la chambre des Comptes. Ce tribunal de finance se trouve ainsi le surveillant, l'agent indirect de la centralisation politique.

L'élection est le principe de l'ordre judiciaire ; les charges ne s'achètent plus. Les lieutenants des sénéchaux et prévôts sont élus par les conseillers, les avocats *et autres saiges*.

Pour nommer un prévôt, le bailli demande aux « advocats, procureurs, gens de pratique *et d'autre estat* » la désignation de trois ou quatre personnes capables. Le chancelier et une commission du Parlement, « appelez avec eux des gens de notre Grand Conseil et des gens de nos comptes », choisissent entre les candidats.

Aux offices notables, c'est directement le Parlement qui nomme en présence du chancelier et de quelques membres du Grand Conseil.

Le Parlement élit ses membres, en présence du chancelier et de quelques membres du Grand Conseil. Ce corps se recrute désormais lui-même ; l'indépendance de la magistrature est ainsi fondée.

Deux juridictions oppressives sont limitées, restreintes. « L'hôtel du roi n'enlèvera plus les plaideurs à leurs tribunaux naturels, ne les ruinera plus préalablement en les forçant de venir des provinces éloignées implorer à Paris une justice tardive. La charge du grand maître des eaux et forêts est supprimée. Ce grand maître, ordinairement l'un des hauts seigneurs du royaume, n'avait que trop de facilités pour tyranniser les campagnes. Il y aura six maîtres, et l'on pourra appeler de leurs tribunaux au Parlement. Les *usages* des bonnes gens seront respectés. Les louvetiers n'empêcheront plus le paysan de tuer les loups. Il pourra détruire les nouvelles garennes que les seigneurs ont faites, en dépeuplant le voisin des hommes et habitants, et le peuplant de bêtes sauvages. »

Dans la lecture de ce grand acte, une chose inspire l'admiration et le respect, c'est une impartialité qui ne se dément nulle part. Quels ont été les véritables rédacteurs ? De quel ordre de l'État est-elle plus particulièrement émanée ? On ne saurait le dire.

L'Université elle-même, à qui elle est principalement attribuée dans le préambule, ne pouvait avoir cet esprit d'application, cette sage pratique. La remontrance de l'Université, telle qu'on la lit dans Monstrelet, n'est guère qu'une violente accusation de tel abus, de tel fonctionnaire.

Les parlementaires, auxquels l'ordonnance accorde tant de pouvoir, ne semblent pourtant pas avoir dominé dans la rédaction. On leur reproche l'ignorance de quelques-uns d'entre eux, leur facilité à recevoir des présents ; on leur défend d'être plusieurs membres du Parlement d'une même famille.

Les avocats, notaires, greffiers sont tancés pour l'esprit fiscal, pour la paperasserie ruineuse qui déjà dévorait les plaideurs.

Les gens des comptes sont traités avec défiance. Ils ne doivent rien décider isolément, mais par délibération commune « et en plein bureau ».

Les prévôts et sénéchaux doivent être nés dans une autre province que dans celle où ils jugent. Ils ne peuvent rien y acquérir, ni s'y marier, ni y marier leurs filles. Quand ils vont quitter la province, ils doivent y rester quarante jours pour répondre de ce qu'ils ont fait.

Les gens d'Église n'inspirent pas plus de confiance au rédacteur de l'ordonnance. Il ne veut pas que des prêtres puissent être avocats. Il accuse les présidents clercs du Parlement de négligence ou de connivence. Je ne reconnais pas ici la main ecclésiastique.

Cette ordonnance n'émane pas non plus exclusivement de l'esprit bourgeois et communal. Elle protège les habitants des campagnes. Elle leur accorde le droit de chasse dans les garennes que les seigneurs ont faites sans droit. Elle leur permet de prendre les armes pour seconder les sénéchaux et courir sus aux pillards.

De tout ceci, nous pouvons conclure qu'une réforme aussi impartiale de tous les ordres de l'État ne s'est faite sous l'influence exclusive d'aucun d'eux, mais que tous y ont prit part.

Les violents ont exigé et quelquefois dicté ; les modérés ont écrit ; ils ont transformé les violences passagères en réformes sages et durables. Les docteurs Pavilly, Gentien, Courtecuisse ; les légistes Henri de Marle, Arnaud de Corbie, Juvénal des Ursins, tous, vraisemblablement, auront été consultés. Toutes les ordonnances antérieures sont venues se fondre ici. C'est la sagesse de la France d'alors, son grand monument, qu'on a pu condamner un moment avec la révolution qui l'avait élevé, mais qui n'en est pas moins resté comme un fonds où la législation venait puiser, comme un point de départ pour les améliorations nouvelles.

Quelque sévères que nous puissions être, nous autres modernes, pour ces essais gothiques, convenons pourtant qu'on y voit poindre les vrais principes de l'organisme administratif, principes qui ne sont autres que ceux de tout organisme, centralisation de l'ensemble, subordination mutuelle des parties. La séparation des pouvoirs administratif et judiciaire, des pouvoirs judiciaire et municipal, quoique impossible encore, n'en est pas moins indiquée dans quelques articles.

La confusion des pouvoirs judiciaire et militaire, ce fléau des sociétés barbares, y subsiste en droit dans les sénéchaux et les baillis. En fait, ces juges d'épée ne sont plus déjà les vrais juges ; ils ont la représentation et les bénéfices de la justice plus qu'ils n'en ont le pouvoir même. Les vrais juges sont leurs lieutenants, et ceux-ci sont élus par les avocats et les conseillers, *par les sages,* comme dit l'ordonnance.

Elle accorde beaucoup à *ces sages,* aux gens de loi, beaucoup de trop, ce semble. Les compagnies se recrutant elles-mêmes se recruteront probablement en famille ; les juges s'associeront, malgré toutes les précautions de la loi, leurs fils, leurs neveux, leurs gendres. Les élections couvriront des arrangements d'intérêt ou de parenté. Une charge sera souvent une dot ; étrange *apport* d'une jeune épousée, le droit de faire rompre et prendre... Ces gens se respecteront, je le crois, en proportion même des droits immenses qui sont en leurs mains. Le pouvoir judiciaire, transmis comme propriété, n'en sera que plus fixe, plus digne peut-être. Ne sera-t-il pas trop fixe ? Ces familles, ne se mariant guère qu'entre elles, ne vont-elles pas constituer une sorte de féodalité judiciaire ? immense inconvénient... Mais alors c'était un avantage. Cette féodalité était nécessaire contre la féodalité militaire, qu'il s'agissait d'annuler. La noblesse avait la force de cohésion et de parenté ; il fallait qu'il y eût aussi parenté dans la judicature ; à ces époques, matérielles encore, il n'y a d'association solide que par la chair et le sang.

Deux choses manquaient pour que la belle réforme administrative et judiciaire de 1413 fût viable : d'abord d'être appuyée sur une réforme législative et politique ; celle-ci avait été essayée isolément en 1357. Mais ce qui manquait surtout, c'étaient des hommes, et les mœurs qui font les hommes : sans les mœurs, que peuvent les lois ?... Ces mœurs ne pouvaient se former qu'à la longue, et d'abord dans certaines familles dont l'exemple pût donner à la nation ce qu'elle a le moins, il faut le dire, ce qu'elle acquiert lentement, le sérieux, l'esprit de suite, le respect des précédents. Tout cela se trouva dans les familles parlementaires.

Cette ordonnance des ordonnances fut déclarée solennellement par le roi obligatoire, inviolable. Les princes et les prélats qui étaient à ses côtés en levèrent la main. L'aumônier du roi, maître Jean Courtecuisse, célèbre docteur de l'Université, prêcha ensuite à Saint-Paul sur l'excellence de l'ordonnance. Dans son discours, généralement faible et traînant, il y a néanmoins une figure pathétique ; il y représente l'Université comme un pauvre affamé qui a faim et soif des lois.

Il s'agissait d'appliquer ce grand code. Là devait apparaître la terrible disproportion entre les lois et les hommes. Les modérés, les capables se tenant à l'écart, restaient, pour commencer l'application de ces belles lois, les gens les moins propres à mettre en mouvement une telle machine, les scolastiques et les bouchers, ceux-ci trop grossiers, ceux-là trop subtils, trop étrangers aux réalités.

Quelle qu'ait été leur gaucherie brutale dans un métier si nouveau pour eux, l'histoire doit dire qu'ils ne se montrèrent pas aussi indignes du pouvoir qu'on l'eût attendu. Ces gens de la commune de Paris, délaissés du royaume, essayèrent tout à la fois de le réformer et de le défendre. Ils envoyèrent leur prévôt contre les Anglais, en même temps que leur capitaine Jacqueville allait bravement à la rencontre des princes. Dans Paris même ils commencèrent un grand monument d'utilité publique, qui complétait la triple unité de cette ville ; je parle du pont Notre-Dame, grand ouvrage fondé héroïquement dans des circonstances si difficiles et avec si peu de ressources.

Le fait est que ce gouvernement ne fut soutenu de personne. Les Anglais étaient à Dieppe, si près de Paris, personne ne voulut donner d'argent. Gerson refusa de payer et laissa plutôt piller sa maison. L'avocat général Juvénal refusa aussi, aimant mieux être emprisonné.

En donnant ainsi l'exemple d'annuler par une résistance d'inertie ce gouvernement régulier, les modérés n'en prirent pas moins une responsabilité bien grave. Ils abandonnèrent tout à la fois et la défense du pays et la belle réforme qu'on avait obtenue avec tant de peine. Ce n'est pas la seule fois que les honnêtes gens ont ainsi trahit l'intérêt public, et puni la liberté du crime de son parti. Les cabochiens ne purent faire contribuer ni l'Église ni le Parlement. Ayant saisi l'argent de la foire du Landit, qui appartenait aux moines de Saint-Denis, ils virent s'élever une clameur générale. Leurs amis, les universitaires, refusèrent de les aider et les obligèrent de rapporter l'argent qu'ils avaient levé sur quelques suppôts de l'Université.

Se voyant ainsi entravés de toute part et ne trouvant que des obstacles, les cabochiens entrèrent en fureur. Ils poursuivirent Gerson, qui fut obligé de se cacher dans les voûtes de Notre-Dame. Le jugement des prisonniers fut hâté ; la commission eut peur et signa des condamnations. D'abord on fit mourir des gens qui l'avaient mérité, par exemple un homme qui avait livré à l'ennemi, à la mort, quatre cents bourgeois de Paris. Puis on traîna à la Grève Desessarts, qui avait trahi les deux partis tour à tour. Les bouchers hâtèrent sa mort, justement parce qu'ils craignaient sa bravoure et sa cruauté (1er juillet).

Les juges allant encore trop lentement, les assassinats abrégèrent. Jacqueville alla insulter dans sa prison le sire de la Rivière, et celui-ci l'ayant démenti, ce digne capitaine des bouchers assomma le prisonnier désarmé. La Rivière n'en fut pas moins porté le lendemain à la Grève ; l'on décapita pêle-mêle les vivants et le mort.

Si la prison même n'était plus une sauvegarde, l'hôtel du roi risquait fort de n'en être plus une. Un soir que Jacqueville et ses bouchers faisaient leur ronde, ils entendirent, vers onze heures, un grand bruit de fête chez le dauphin. Ce jeune homme dansait pendant qu'on tuait ses amis. Les bouchers montèrent et lui firent demander par Jacqueville s'il était décent à un fils de France de danser ainsi à une heure indue. Le sire de la Trémouille répliqua, Jacqueville lui reprocha d'être l'auteur de ces désordres. La patience manqua au dauphin ; il s'élança sur Jacqueville et lui porta trois coups de poignard qu'arrêta sa cotte de mailles. La Trémouille eût été massacré si le duc de Bourgogne n'eût prié pour lui (10 juillet).

Cette violation de l'hôtel du roi détacha bien des gens de ce parti qui ne respectait rien. La religion de la royauté était encore entière et le fut longtemps. Les bons bourgeois assurèrent le dauphin de leur douleur et de leur dévouement. Les bouchers avaient lassé tout le monde. Les artisans même, les derniers du peuple, commençaient à en avoir assez ; plus de commerce, plus d'ouvrage ; ils étaient sans cesse appelés à faire le guet, excédés de gardes, de rondes et de veilles.

Les princes, qui n'ignoraient pas l'état de Paris, approchaient toujours en offrant la paix. Tout le monde la désirait, mais on avait peur. Le dauphin fit part des propositions aux grands corps, au Parlement, à l'Université. Il fut décidé, malgré les bouchers, qu'il y aurait conférence avec les princes. L'éloquence de Caboche, qui pérora dans un brillant costume de chevalier, ne persuada personne ; ses menaces eurent peu d'effet.

Personne dans la bourgeoisie n'agit plus habilement contre les bouchers que l'avocat général Juvénal. Cet honnête homme poursuivait alors, sans souci des réformes, sans intelligence de l'avenir, un seul but : la fin des désordres et la sécurité de Paris. Cette pensée ne lui laissait ni repos ni sommeil. Une nuit, s'étant endormi vers le matin, il lui sembla qu'une voix lui disait : *Surgite cùm sederetis, qui manducatis panem doloris.* Sa femme, qui était une bonne et dévote dame, lorsqu'il s'éveilla, lui dit : « Mon ami, j'ai entendu ce matin qu'on nous disait, ou que vous prononciez en rêvant des paroles que j'ai souvent lues dans mes Heures » et elle les lui répéta. Le bon Juvénal lui répondit : « Ma mie, nous avons onze enfants, et par conséquent grand sujet de prier Dieu de nous accorder la paix ; ayons espoir en lui, il nous aidera. »

La ruine des bouchers fut décidée par une chose, petite et pourtant de grand effet. Il fut convenu, malgré eux, que les propositions des princes seraient lues d'abord, non dans l'assemblée générale, mais dans chaque quartier (21 juillet). La faible minorité qui tyrannisait Paris pouvait effrayer encore quand elle était réunie ; divisée, elle devenait impuissante, presque imperceptible. Ce point fut emporté contre les bouchers par l'énergie d'un quartenier du cimetière Saint-Jean, le charpentier Guillaume Cirasse, qui osa bien dire en face aux Legoix : « Nous verrons s'il y a à Paris autant de frappeurs de cognée que d'assommeurs de bœufs. »

Les bouchers n'obtinrent pas même que la paix accordée aux princes le fût sous forme d'amnistie. Quoi qu'ils pussent dire, on criait : « La paix ! » Ce parti vint finir à la Grève même. Dans une assemblée qui s'y tint, une voix cria : « Que ceux qui veulent la paix passent à droite ! » Il ne resta presque personne à gauche. Ils n'eurent d'autre ressource, eux et le duc de Bourgogne, que de se joindre au cortège du dauphin qui allait au Louvre délivrer les prisonniers (3 août).

La réaction alla si vite qu'en sortant de la prison du Louvre, le duc de Bar en fut nommé capitaine ; et l'autre fort de Paris, la Bastille, fut confié à un autre prisonnier, au duc de Bavière. Deux des échevins furent changés ; le charpentier fut échevin à la place de Jean de Troyes.

Peu après, un des de Troyes et deux bouchers, coupables des premiers meurtres, furent condamnés et mis à mort. Plusieurs s'enfuirent, et la populace se mit à piller leurs maisons. On faisait courir le bruit qu'on avait trouvé une liste de quatorze cents personnes, dont les noms étaient marqués d'un T, d'un B ou d'un R (tué, banni ou rançonné).

Le duc de Bourgogne n'essaya pas de résister au mouvement. Il laissa arrêter deux de ses chevaliers dans son hôtel même et partit sans rien dire aux siens, qu'il laissait en grand danger. Il voulait emmener le roi. Mais Juvénal et une troupe de bourgeois les rejoignirent à Vincennes, et il leur laissa reprendre ce précieux otage (23 août).

Dans l'arrangement avec les princes, il était convenu qu'ils n'entreraient pas dans Paris. Mais toute condition fut oubliée, à commencer par celle-ci. Le dauphin et le duc d'Orléans parurent ensemble, vêtus des mêmes couleurs, portant une huque italienne en drap violet avec une croix d'argent. C'était, et ce n'était pas deuil ; le chaperon était rouge et noir ; pour devise : « Le droit chemin. » Ce qui était plus hostile encore pour les Bourguignons, c'était la blanche écharpe d'Armagnac. Tout le monde la prit ; on la mit même aux images des saints. Lorsque les petits enfants, moins oublieux, moins enfants que ce peuple, chantaient les chansons bourguignonnes, ils étaient sûrs d'être battus.

L'ordonnance de réforme, si solennellement proclamée, fut non moins solennellement annulée par le roi dans un lit de justice (5 septembre). Le sage historien du temps, affligé de cette versatilité, osa demander à quelques-uns du Conseil comment, après avoir vanté ces ordonnances comme éminemment salutaires, ils consentaient à leur abrogation. Ils répondirent naïvement : « Nous voulons ce que veulent les princes. » « A qui donc vous comparerai-je, dit le moine, sinon à ces coqs de clocher qui tournent à tous les vents ? »

On renvoya à Jean sans Peur sa fille, que devait épouser le fils du duc d'Anjou. L'Université condamna les discours de Jean Petit. Une ordonnance déclara le duc de Bourgogne rebelle (10 février) ; on convoqua contre lui le ban et l'arrière-ban. Il ne s'agissait de rien moins que de confisquer ses États.

Il crut pouvoir prévenir ses ennemis. Les cabochiens exilés lui persuadaient qu'il lui suffirait de paraître devant Paris avec ses troupes pour y être reçu. Le dauphin, déjà las des remontrances de sa mère et de celles des princes, appelait en effet le Bourguignon. Il vint camper entre Montmartre et Chaillot ; le comte d'Armagnac, qui avait onze mille chevaux dans Paris, tint ferme et rien ne bougea.

Le duc de Bourgogne se retirant, les princes entreprirent de le poursuivre, d'exécuter la confiscation. Mais les effroyables barbaries des Armagnacs à Soissons avertirent trop bien Arras de ce qu'elle avait à craindre. Il échouèrent devant cette ville, comme le duc de Bourgogne avait échoué devant Paris.

Voilà les deux partis de nouveau convaincus d'impuissance. Ils font encore un traité. Le duc de Bourgogne est quitte pour un peu de honte, mais il ne perd rien ; il offre au roi, pour la forme, les clés d'Arras.

Il est défendu de porter désormais la bande d'Armagnac et la croix de Bourgogne (4 septembre 1414).

La réaction ne fut point arrêtée par cette paix. Les modérés, qui avaient si imprudemment abandonné la réforme, eurent sujet de s'en repentir. Les princes traitèrent Paris en ville conquise. Les tailles devinrent énormes, et l'argent était gaspillé, donné, jeté. Juvénal, alors chancelier, ayant refusé de signer je ne sais quelle folie de prince, on lui retira les sceaux. Toute modération déplut. La violence gagna les meilleures têtes. Au service funèbre qui fut célébré pour le duc d'Orléans, Gerson prêcha devant le roi et les princes ; il attaqua le duc de Bourgogne, avec qui l'on venait de faire la paix, et déclama contre le gouvernement populaire (5 janvier 1415).

« Tout le mal est venu, dit Gerson, de ce que le roi et la bonne bourgeoisie ont été en servitude par l'outrageuse entreprise de gens de petit état... Dieu l'a permis afin que nous connussions la différence qui est entre la domination royale et celle d'aucuns populaires ; car la royale a communément et doit avoir douceur ; celle du vilain est domination tyrannique et qui se détruit elle-même. Aussi Aristote enseignoit-il à Alexandre : « N'élève pas ceux que la nature fait pour obéir. » Le prédicateur croit reconnaître les divers ordres de l'État dans les métaux divers dont se composait la statue de Nabuchodonosor : « L'état de bourgeoisie, des marchands et laboureurs, est figuré par les jambes qui sont de fer et partie de terre, pour leur labeur et humilité à servir et obéir... en leur état doit être le fer de labeur et la terre d'humilité. »

Le même homme qui condamnait le gouvernement populaire dans l'État le demandait dans l'Église. Donnons-nous ce curieux spectacle. Il peut sembler humiliant pour l'esprit humain ; il ne l'est pas pour Gerson même. Dans chaque siècle, c'est le plus grand homme qui a mission d'exprimer les contradictions, apparentes ou réelles, de notre nature ; pendant ce temps-là, les médiocres, les esprits bornés qui ne voient qu'un côté des choses, s'y établissent fièrement, s'enferment dans un coin, et là triomphent de dire...

Dès qu'il s'agit de l'Église, Gerson est républicain ; partisan du gouvernement de tous. Il définit le concile : « Une réunion de toute l'Église catholique, comprenant tout ordre hiérarchique, *sans exclure aucun fidèle* qui voudra se faire entendre. » Il ajoute, il est vrai, que cette assemblée doit être convoquée « par une autorité légitime » ; mais cette autorité n'est pas supérieure à celle du concile, puisque le concile a droit de la déposer. Gerson ne s'en tint pas à la théorie du républicanisme ecclésiastique ; il fit donner suffrage aux simples prêtres dans le Concile de Constance, et coopéra puissamment à déposer Jean XXII.

Reprenons d'un peu plus haut. Avant que les griefs de l'État fussent signalés par la remontrance de l'Université et la grande ordonnance de 1413, ceux de l'Église l'avaient été par un violent pamphlet universitaire, qui eut un bien autre retentissement. La remontrance, l'ordonnance, ces actes mort-nés furent à peine connus hors de Paris. Mais le terrible petit livre de Clémengis : *Sur la Corruption de l'Église,* éclata dans toute la chrétienté. Peut-être n'est-ce pas exagérer que d'en comparer l'effet à celui de *La Captivité de Babylone,* écrite un siècle après par Luther.

De tout temps, on avait fait des satires contre les gens d'Église. L'une des premières, et certainement des plus piquantes, se trouve dans un des *Capitulaires* de Charlemagne. Ces attaques, généralement, avaient été indirectes, timides, le plus souvent sous forme allégorique. L'organe de la satire, c'était le renard, *la bête* plus sage que l'homme ; c'était le bouffon, *le fol* plus sage que les sages ; ou bien enfin le diable, c'est-à-dire la *malignité* clairvoyante. Ces trois formes où la satire, pour se faire pardonner, s'exprime par les organes les plus récusables comprennent toutes les attaques indirectes du Moyen Age. Quant aux attaques directes, elles n'avaient guère été hasardées jusqu'au XIIIe siècle que par les hérétiques déclarés, albigeois, vaudois, etc. Au XIVe siècle, les laïques, Dante, Pétrarque, Chaucer, lancèrent contre Rome, contre Avignon, des traits pénétrants. Mais enfin, c'étaient des laïques ; l'Église leur contestait le droit de la juger. Ici, vers 1400, ce sont les Universités, ce sont les plus grands docteurs, c'est l'Église, dans ce qu'elle a de plus autorisé, qui censure, qui frappe l'Église. Ce sont les papes eux-mêmes qui se jettent au visage les plus tristes accusations.

Ce dialogue, qui se prolongea entre Avignon et Rome pendant tout le temps du schisme, n'en apprit que trop sur tous les deux. La fiscalité surtout des deux sièges, qui vendaient les bénéfices longtemps avant qu'ils ne vaquassent, cette vénalité famélique est caractérisée par des mots terribles : « N'a-t-on pas vu, disent les uns, les courtiers du pape de Rome courir toute l'Italie pour s'informer s'il n'y avait pas quelque bénéficier malade, puis bien vite dire à Rome qu'il était mort ? N'a-t-on pas vu ce pape, ce marchand de mauvaise foi, vendre à plusieurs le même bénéfice, et la marchandise déjà livrée, la proclamer encore et la revendre au second, au troisième, au quatrième acheteur ? » « Et vous, répondaient les autres, vous qui réclamez pour le pape la succession des prêtres, ne venez-vous pas au chevet de l'agonisant rafler toute sa dépouille ? Un prêtre déjà inhumé a été tiré du sépulcre, et le cadavre déterré pour le mettre a nu. »

Ces furieuses invectives furent ramassées, comme en une masse, dans le pamphlet de Clémengis, et cette masse lancée de façon à écraser l'Église. Le pamphlet n'était pas seulement dirigé contre la tête, tous les membres étaient frappés. Pape, cardinaux, évêques, chanoines, moines, tous avaient leur part, jusqu'au dernier Mendiant. Certainement Clémengis fit bien plus qu'il ne voulait. Si l'Église était vraiment telle, il n'y avait pas à la réformer ; il fallait prendre ce corps pourri et le jeter tout entier au feu.

D'abord l'effroyable cumul, jusqu'à réunir en une main quatre cents, cinq cents bénéfices, l'insouciance des pasteurs qui souvent n'ont jamais vu leur église ; l'ignorance insolente des gros bonnets, qui rougissent de prêcher ; l'arbitraire tyrannique de leur juridiction, au point que tout le monde fuit maintenant le jugement de l'Église ; la confession vénale, l'absolution mercenaire : « Que si, dit-il, on leur rappelle le précepte de l'Évangile : *Donnez gratuitement, ainsi que vous avez reçu,* ils répondent sans sourciller : « Nous n'avons pas reçu gratis ; nous avons acheté, nous pouvons revendre. »

Dans l'ardeur de l'invective, ce violent prêtre aborde hardiment mille choses que les laïques auraient craint d'expliquer : l'étrange vie des chanoines, leurs quasi-mariages, leurs orgies parmi les cartes et les pots, la prostitution des religieuses, la corruption hypocrite des Mendiants qui se vantent de faire la besogne de tous les autres, de porter seuls le poids de l'Église, tandis qu'ils vont de maison en maison boire avec les femmes : « Les femmes sont celles des autres, mais les enfants sont bien d'eux. »

En repassant froidement ces virulentes accusations, on remarque qu'il y a dans le factum ecclésiastique de l'Université, comme dans son factum politique de 1413, plus d'un grief mal fondé. Il était injuste de reprocher d'une manière absolue au pape, aux grands dignitaires de l'Église, l'augmentation des dépenses. Cette augmentation ne tenait pas seulement à la prodigalité, au gaspillage, au mauvais code de perception, mais bien aussi à *l'avilissement progressif du prix de l'argent,* ce grand phénomène économique que le Moyen Age n'a pas compris ; de plus, à la *multiplicité* croissante *des besoins* de la civilisation, au développement de l'administration, au progrès des arts, etc. La dépense avait augmenté, et quoique la production eût augmenté aussi, celle-ci ne croissait pas dans une proportion assez rapide pour suffire à l'autre. La richesse croissait lentement, et elle était mal répartie. L'équilibre de la production et de la consommation avait peine à s'établir.

Un autre grief de Clémengis, et le plus grand sans doute aux yeux des universitaires, c'est que les bénéfices étaient donnés le plus souvent à des gens fort peu théologiens, aux créatures des princes, du pape, aux légistes surtout. Les princes, les papes n'avaient pas tout le tort. Ce n'était pas leur faute si les laïques partageaient alors avec l'Église ce qui avait fait le titre et le droit de celle-ci au Moyen Age, l'*esprit,* le pouvoir spirituel. Le clergé seul était riche, les récompenses ne pouvaient guère se prendre que sur les biens du clergé.

Clémengis lui-même fournit une bonne réponse à ses accusations. Quand on parcourt le volumineux recueil de ses lettres, on est étonné de trouver dans la correspondance d'un homme si important, de l'homme d'affaires de l'Université, si peu de choses positives. Ce n'est que vide, que généralités vagues. Nulle condamnation plus décisive que l'éducation scolastique.

Les contemporains n'avaient garde de s'avouer cette pauvreté intellectuelle, ce dessèchement de l'esprit. Ils se félicitaient de l'état florissant de la philosophie et de la littérature. N'avaient-ils pas de grands hommes, tout comme les âges antérieurs ? Clémengis était un grand homme, d'Ailly était un grand homme, et bien d'autres encore, qui dorment dans les bibliothèques et méritent d'y dormir.

L'esprit humain se mourait d'ennui. C'était là son mal. Cet ennui était une cause indirecte, il est vrai, mais réelle de la corruption de l'Église. Les prêtres excédés de scolastique, de formes vides, de mots où il n'y a rien pour l'âme, ils la donnaient au corps, cette âme dont ils ne savaient que faire. L'Église périssait par deux causes en apparence contraires, et dont pourtant l'une expliquait l'autre : subtilité, stérilité dans les idées, matérialité grossière dans les mœurs.

Tout le monde parlait de réforme. Il fallait, disait-on, réformer le pape, réformer l'Église ; il fallait que l'Église, siégeant en concile, ressaisît ses justes droits. Mais transporter la réforme du pape au concile, ce n'était guère avancer. De tels maux sont au fond des âmes : *In culpa est animus.* Un changement de forme dans le gouvernement ecclésiastique, une réforme négative ne pouvait changer les choses ; il eût fallu l'introduction d'un élément positif, un nouveau principe vital, une étincelle, une idée.

Le Concile de Pise crut tout faire, en condamnant par contumace les deux papes qui refusaient de céder, en les déclarant déchus, en faisant pape un frère mineur, un ancien professeur de l'Université de Paris. Ce professeur, qui était Mineur avant tout, se brouilla bien vite avec l'Université. Au lieu de deux étapes, on en eut trois ; ce fut tout.

Ceux qui aiment les satires liront avec amusement le piquant réquisitoire du concile contre les deux papes réfractaires. Cette grande assemblée du monde chrétien comptait vingt-deux cardinaux, quatre patriarches, environ deux cents évêques, trois cents abbés, les quatre généraux des Ordres Mendiants, les députés de deux cents chapitres, de treize universités, trois cents docteurs, et les ambassadeurs des rois ; elle siégeait dans la vénérable église byzantine de Pise, à deux pas du Campo Santo. Elle n'en écouta pas moins avec complaisance le facétieux récit des ruses et des subterfuges par lesquels les deux papes éludaient depuis tant d'années la cession qu'on leur demandait. Ces ennemis acharnés s'entendaient au fond à merveille. Tous deux, à leur exaltation, avaient juré de céder. Mais ils ne pouvaient, disaient-ils, céder qu'ensemble, qu'au même moment : il fallait une entrevue. Poussés l'un vers l'autre par leurs cardinaux, ils trouvaient chaque jour de nouvelles difficultés. Les routes de terre n'étaient pas sûres ; il leur fallait des sauf-conduits des princes. Les sauf-conduits arrivaient-ils ? Ils ne s'y fiaient pas. Il leur fallait une escorte, des soldats à eux. D'ailleurs, ils n'avaient pas d'argent pour se mettre en route ; ils en empruntaient à leurs cardinaux. Puis ils voulaient aller par mer : il leur fallait des vaisseaux. Les vaisseaux prêts, c'était autre chose. On parvint un moment à les approcher un peu l'un de l'autre. Mais il n'y eut pas moyen de leur faire faire le dernier pas. L'un voulait que l'entrevue eût lieu dans un port, au rivage même ; l'autre avait horreur de la mer. C'étaient comme deux animaux d'élément différent, qui ne peuvent se rencontrer.

Benoît XIII, l'Aragonais, finit par jeter le masque, et dit qu'il croirait pécher mortellement, s'il acceptait la voie de *cession*. Et peut-être était-il sincère. *Céder,* c'était reconnaître comme supérieure l'autorité qui imposait la cession, c'était subordonner la papauté au concile, changer le gouvernement de l'Église de monarchie en république. Était-ce bien au milieu d'un ébranlement universel du monde qu'il pouvait toucher à l'unité qui, si longtemps, avait fait la force du grand édifice spirituel, la clé de la voûte ? Au moment où la critique touchait à la légende législative de la papauté, lorsque Valla élevait les premiers doutes sur l'authenticité des décrétales, pouvait-on demander au pape d'aider à son abaissement, de se tuer de ses propres mains ?

Il faut le dire. Ce n'était pas une question de forme, mais bien de fond et de vie. Monarchie ou république, l'Église eût été également malade. Le concile avait-il en lui la vie morale qui manquait au pape ? Les réformateurs valaient-ils mieux que le réformé ? Le chef était gâté, mais les membres étaient-ils sains ? Non, il y avait, dans les uns et dans les autres, beaucoup de corruption ; tout ce qui constituait le pouvoir spirituel tendait à se matérialiser, à n'être plus *spirituel.* Et cela venait principalement, nous l'avons dit, de l'absence des idées, du vide immense qui se trouvait dans les esprits.

C'en était fait de la scolastique. Raimond Lulle l'avait fermée par sa machine à penser ; puis Ockam en refusant la réalité aux universaux, en replaçant la question au point où l'avait laissée Abailard.

Raimond Lulle pleura aux pieds de son *Arbor,* qui finissait la scolastique. Pétrarque pleura la poésie. Les grands mystiques d'alors avaient de même le sentiment de la fin. Le XIVe siècle voit passer ces derniers génies ; chacun d'eux se tait, s'en va, éteignant sa lumière : il se fait d'épaisses ténèbres.

Il ne faut pas s'étonner si l'esprit humain s'effraie et s'attriste. L'Église ne le console pas. Cette grande épouse du Moyen Age avait promis de ne pas vieillir, d'être toujours belle et féconde, de *renouveler* toujours, de sorte qu'elle occupât sans cesse l'inquiète pensée de l'homme, l'inépuisable activité de son cœur. Cependant elle avait passé de la jeune vitalité populaire aux abstractions de l'école, à saint Thomas. Dans sa tendance vers l'abstrait et le pur, la religion spiritualiste refusait peu à peu tout autre aliment que la logique. Noble régime, mais sobre, et qui finit par se composer de négations. Aussi elle allait maigrissant ; maigreur au XIVe siècle, consomption au XVe, effrayante figure de dépérissement et de phtisie, comme vous la voyez à la face creuse, aux mains transparentes du Christ maudissant d'Orcagna.

Telles étaient les misères de cet âge, ses contradictions. Réduit au formalisme vide, il y plaçait ses espérances. Gerson croyait tout guérir en ramenant l'Église aux formes républicaines, au moment même où il se déclarait contre la liberté dans l'État. L'expérience du Concile de Pise n'avait rien appris. On allait assembler un autre concile à Constance, y chercher la quadrature du cercle religieux et politique : lier les mains au chef que l'on reconnaît infaillible, le proclamer supérieur, en se réservant de le juger au besoin.

Ce tribunal suprême des questions religieuses devait aussi décider une grande question de droit. Le parti d'Orléans, celui de Gerson, voulait y faire condamner la mémoire de Jean Petit, son apologie du duc de Bourgogne, et proclamer ce principe qu'aucun intérêt, aucune nécessité politique n'est au-dessus de l'humanité. Ceût été une grande chose, si, pour l'obscurcissement des idées, on fût revenu aux sentiments de la nature.

La France semblait tout entière à ces éternels problèmes ; on eût dit qu'elle oubliait le temps, la réalité, sa réforme, son ennemi.

Au moment où l'Anglais allait fondre sur elle, étrange préoccupation, un grand politique d'alors pense que si le royaume doit craindre, c'est du côté de l'Allemagne et du duc de Lorraine. Lorsqu'on vint avertir Jean sans Peur que les Anglais, débarqués depuis près de deux mois, étaient sur le point de livrer à l'armée royale une grande et décisive bataille, les messagers le trouvèrent dans ses forêts de Bourgogne.

Sous prétexte de la chasse, il s'était rapproché de Constance, rêvant toujours à Jean Petit et à son vieux crime, inquiet du jugement que le concile allait rendre, et, en attendant, vivant sous la tente au milieu des bois, et prêtant l'oreille aux voix des cerfs qui bramaient la nuit.

Livre IX

CHAPITRE PREMIER

L'Angleterre : l'État, l'Église - Azincourt - 1415

Pour comprendre le terrible événement que nous devons raconter – la captivité, non du roi, mais du royaume même, la France prisonnière – il y a un fait essentiel qu'il ne faut pas perdre de vue :

En France, les deux autorités, l'Église et l'État, étaient divisées entre elles, et chacune d'elles en soi.

En Angleterre, l'État et l'Église *établie,* étaient parvenus, sous la maison de Lancastre, à la plus complète union.

Édouard III avait eu l'Église contre lui, et malgré ses victoires, il avait échoué. Henri V eut l'Église pour lui, et il réussit, il devint roi de France.

Cette cause n'est pas la seule, mais c'est la principale, et la moins remarquée.

L'Église étant le plus grand propriétaire de l'Angleterre, y avait aussi la plus grande influence. Au moment où la propriété et la royauté se trouvèrent d'accord, celle-ci acquit une force irrésistible ; elle ne vainquit pas seulement, elle conquit.

L'Église avait besoin de la royauté. Ses prodigieuses richesses la mettaient en péril. Elle avait absorbé la meilleure partie des terres ; sans parler d'une foule de propriétés et de revenus divers, des fondations pieuses, des dîmes, etc., sur les *cinquante-trois mille* fiefs de chevaliers qui existaient en Angleterre, elle en possédait *vingt-huit mille.* Cette grande propriété était sans cesse attaquée au Parlement, et elle n'y était pas représentée, défendue en proportion de son importance ; les membres du clergé n'y étaient plus appelés que : *ad consentiendum.*

La royauté, de son côté, ne pouvait se passer de l'appui du grand propriétaire du royaume, je veux dire du clergé. Elle avait besoin de son influence, encore plus que de son argent. C'est ce que ne sentirent ni Édouard Ier ni Édouard III, qui toujours la vexèrent pour de petites questions de subsides. C'est ce que sentit admirablement la maison de Lancastre, qui, à son avènement, déclara qu'elle ne demanderait à l'Église « que ses prières ».

L'on comprend combien la *royauté* et la *propriété* ecclésiastique avaient besoin de s'entendre, si l'on se rappelle que l'édifice tout artificiel de l'Angleterre au Moyen Age a porté sur deux fictions : un roi infaillible et inviolable, que l'on jugeait pourtant de deux règnes en deux règnes ; d'autre part, une Église non moins inviolable, qui, au fond, n'étant qu'un grand établissement aristocratique et territorial sous prétexte de religion, se voyait toujours à la veille d'être dépouillée, ruinée.

La maison cadette de Lancastre unit pour la première fois les deux intérêts en péril ; elle associa le roi et l'Église. Ce fut sa légitimité, le secret de son prodigieux succès. Il faut indiquer, rapidement du moins, la longue, oblique et souterraine route par où elle chemina.

Le cadet hait l'aîné, c'est la règle, mais nulle part plus respectueusement qu'en Angleterre, plus sournoisement. Aujourd'hui il va chercher fortune, le monde lui est ouvert, l'industrie, la mer, les Indes ; au Moyen Age, il restait souvent, rampait devant l'aîné, conspirait.

Les fils cadets d'Édouard III, Clarence, Lancastre, York, Glocester, tirés de noms sonores et vides, avaient vu avec désespoir l'aîné, l'héritier, régner déjà, du vivant de leur père, comme duc d'Aquitaine. Il fallait que ces cadets périssent ou régnassent aussi. Clarence alla aux aventures en Italie, et il y mourut. Glocester troubla l'Angleterre, jusqu'à ce que son neveu le fît étrangler. Lancastre se fit appeler roi de Castille, envahit l'Espagne et échoua ; puis la France, et il échoua encore. Alors il se retourna du côté de l'Angleterre.

Le moment était favorable pour lui. Le mécontentement était au comble. Depuis les victoires de Crécy et de Poitiers, l'Angleterre s'était méconnue ; ce peuple laborieux, distrait une fois de sa tâche naturelle, l'accumulation de la richesse et le progrès des garanties, était sorti de son caractère ; il ne rêvait que conquêtes, tributs de l'étranger, exemption d'impôts. Le riche fonds de mauvaise humeur dont la nature les a doués fermentait à merveille. Ils s'en prenaient au roi, aux grands, à tous ceux qui faisaient la guerre en France ; c'étaient des traîtres, des lâches. Les *cockneys* de Londres, dans leur arrière-boutique, trouvaient fort mal qu'on ne leur gagnât pas tous les jours des batailles de Poitiers. « O richesse, richesse, dit une ballade anglaise, réveille-toi donc, reviens dans ce pays ! » Cette tendre invocation à l'argent était le cri national.

La France ne rapportant plus rien, il fallut bien que, dans leur idée fixe de ne rien payer, ils regardassent où ils prendraient. Tous les yeux se tournèrent vers l'Église. Mais l'Église avait aussi son principe immuable, le premier article de son credo : de ne rien donner. A toute demande, elle répondit froidement : « L'Église est trop pauvre. »

Cette pauvre Église ne donnait rien, on songeait à lui enlever tout. L'homme du roi, Wicleff, y poussait ; les lollards aussi, par en bas, obscurément et dans le peuple. Lancastre en fit d'abord autant ; c'était alors le grand chemin de la popularité.

J'ai dit ailleurs comment les choses tournèrent, comment ce grand mouvement entraînant le peuple et jusqu'aux serfs, tout propriété se trouva en péril, non plus seulement la propriété ecclésiastique ; comme le jeune Richard II dispersa les serfs, en leur promettant qu'ils seraient affranchis. Lorsque ceux-ci furent désarmés, et qu'on les pendait par centaines, le roi déclara pourtant que si les prélats, les lords et les communes confirmaient l'affranchissement, il le sanctionnerait. A quoi ils répondirent unanimement : « Plutôt mourir tous en un jour. » Richard n'insista pas ; mais l'audacieuse et révolutionnaire parole qui lui était échappée ne fut jamais oubliée des propriétaires, des maîtres de serfs, barons, évêques, abbés. Dès ce jour, Richard dut périr. Dès lors aussi, Lancastre dut être le candidat de l'aristocratie et de l'Église.

Il semble qu'il ait préparé patiemment son succès. Des bruits furent semés, qui le désignaient. Une fois, c'était un prisonnier français qui aurait dit : « Ah ! si vous aviez pour roi le duc de Lancastre, les Français n'oseraient plus infester vos côtes. » On faisait circuler d'abbaye en abbaye, et partout au moyen des frères, une chronique qui attribuait au duc je ne sais quel droit de succession à la couronne, du chef d'un fils d'Édouard Ier. Un carme accusa hardiment le duc de Lancastre de conspirer la mort de Richard ; Lancastre nia, obtint que son accusateur serait provisoirement remis à la garde de lord Holland, et, la veille du jour où l'imputation devait être examinée, le carme fut trouvé mort.

Richard travailla lui-même pour Lancastre. Il s'entoura de petites gens, il fatigua les propriétaires d'emprunts, de vexations ; enfin, il commit le grand crime qui a perdu tant de rois d'Angleterre, il se maria en France. Il n'y avait qu'un point difficile pour Lancastre et son fils Derby, c'était de se décider entre les deux grands partis, entre l'Église établie et les novateurs. Richard rendit à Derby le service de l'exiler ; c'était le dispenser de choisir. De loin, il devint la pensée de tous ; chacun le désira, le croyant pour soi.

La chose mûre, l'archevêque de Kenterbury alla chercher Derby en France. Celui-ci débarqua, déclarant humblement qu'il ne réclamait rien que le bien de son père. On a vu comment il se trouva forcé de régner. Alors il prit son parti nettement. Au grand étonnement des novateurs, parmi lesquels il avait été élevé à Oxford, Henri IV se déclara le champion de l'Église établie : « Mes prédécesseurs, dit-il au prélats, vous appelaient pour vous demander de l'argent. Moi, je viens vous voir pour réclamer vos prières. Je maintiendrai les libertés de l'Église ; je détruirai, selon mon pouvoir, les hérésies et les hérétiques. »

Il y eut un compromis amical entre le roi et l'Église. Elle le sacra, l'oignit. Lui, il lui livra ses ennemis. Les adversaires des prêtres furent livrés aux prêtres, pour être jugés, brûlés. Tout le monde y trouvait son compte. Les biens des lollards étaient confisqués ; un tiers revenait au juge ecclésiastique, un tiers au roi. Le dernier tiers était donné aux communes où l'on trouverait des hérétiques ; c'était un moyen ingénieux de prévenir leur résistance, de les allécher à la délation.

Les prélats, les barons, n'avaient mis leur homme sur le trône que pour régner eux-mêmes. Cette royauté qu'ils lui avaient donnée en gros, ils la lui prirent en détail. Non contents de faire les lois, ils s'emparèrent indirectement de l'administration. Ils finirent par nommer au roi une sorte de conseil de tutelle, dans lequel il ne pouvait rien faire. Il regretta alors d'avoir livré les lollards ; il essaya de soustraire aux prêtres le jugement des gens de ce parti. Il songeait, comme Richard II, à chercher un appui chez l'étranger ; il voulait marier son fils en France.

Mais son fils même n'était pas sûr. On a remarqué, non sans apparence de raison, qu'en Angleterre les aînés aiment moins leurs pères ; avant d'être fils, ils sont héritiers. Le fils de Lancastre était d'autant plus impatient de porter la couronne à son tour, qu'il avait, par une victoire, raffermi cette couronne sur la tête de son père. Lui aussi, il traitait avec les Français, mais à part et pour son compte.

Ce jeune Henri plaisait au peuple. C'était une svelte et élégante figure, comme on les trouve volontiers dans les nobles familles anglaises. C'était un infatigable *fox-hunter,* si leste qu'il pouvait, disait-on, chasser le daim à pied. Il avait fait longtemps les petites et rudes guerres des Galles, la chasse aux hommes.

Il se lia aux mécontents, se faufila parmi les lollards, courant leurs réunions nocturnes, dans les champs, dans les hôtelleries. Il se fit l'ami de leur chef, du brave et dangereux Oldcastle, celui même que Shakespeare, ennemi des sectaires de tout âge, a malicieusement transformé dans l'ignoble Falstaff. Le père n'ignorait rien. Mais enfermer son fils, c'eût été se déclarer contre les lollards, dont il voulait justement se rapprocher à cette époque. Cependant, le roi, malade, lépreux, chaque jour plus solitaire et plus irritable, pouvait être jeté par ses craintes dans quelque résolution violente. Son fils cherchait à le rassurer par une affectation de vices et de désordres, par des folies de jeunesse, adroitement calculées. On dit qu'un jour il se présenta devant son père couvert d'un habit de satin tout percé d'œillets, où les aiguilles tenaient encore par leur fil ; il s'agenouilla devant lui, lui présenta un poignard pour qu'il l'en perçât, s'il pouvait avoir quelque défiance d'un jeune fol, si ridiculeusement habillé.

Quoi qu'il en soit de cette histoire, le roi ne put s'empêcher de faire comme s'il se fiait à lui. Pour lui donner patience, il consentit à ce qu'il entrât au Conseil. Mais ce n'était pas encore assez. Le jour de sa mort, comme il ouvrait les yeux après une courte léthargie, il vit l'héritier qui mettait la main sur la couronne, posée (selon l'usage) sur un coussin près du lit du roi. Il l'arrêta, avec cette froide et triste parole : « Beau fils, quel droit y avez-vous ? Votre père n'y eut pas droit. »

Dans les derniers temps qui précédèrent son avènement, Henri V avait tenu une conduite double, qui donnait de l'espoir aux deux partis. D'un côté, il resta étroitement lié avec Oldcastle, avec les lollards. De l'autre côté, il se déclara l'ami de l'Église établie, et c'est sans doute comme tel qu'il finit par présider le Conseil. A peine roi, il cessa de ménager les lollards ; il rompit avec ses amis. Il devint l'homme de l'Église, le prince selon le cœur de Dieu ; il prit la gravité ecclésiastique, « au point, dit le moine historien, qu'il eût servi d'exemple aux prêtres mêmes. »

D'abord, il accorda des lois terribles aux seigneurs laïques et ecclésiastiques, ordonnant aux justices de paix de poursuivre les serviteurs et gens de travail, qui fuyaient de comté en comté. Une inquisition régulière fut organisée contre l'hérésie. Le chancelier, le trésorier, les juges, etc., devaient, en entrant en charge, jurer de faire toute diligence pour rechercher et détruire les hérétiques. En même temps le primat d'Angleterre enjoignait aux évêques et archidiacres de s'enquérir *au moins deux fois par an* des personnes suspectes d'hérésie, d'exiger dans chaque commune que trois hommes respectables déclarassent sous serment s'ils connaissaient des hérétiques, des gens qui *différassent des autres* dans leurs vie et habitudes, des gens qui *tolérassent* ou reçussent les suspects, des gens qui possédassent des livres dangereux *en langue anglaise*, etc.

Le roi, s'associant aux sévérités de l'Église, abandonna lui-même son vieil ami Oldcastle à l'archevêque de Kenterbury. Des processions eurent lieu par ordre du roi, pour chanter les litanies, avant les exécutions.

L'Église frappait, et elle tremblait. Les lollards avaient affiché qu'ils étaient cent mille en armes. Ils devaient se réunir au champ de Saint-Gilles, le lendemain de l'Épiphanie. Le roi y alla de nuit, et les attendit avec des troupes ; mais ils n'acceptèrent pas la bataille.

Ce champion de l'Église n'avait pas seulement contre lui les ennemis de l'Église.. il avait les siens encore, comme Lancastre, comme usurpateur. Les uns s'obstinaient à croire que Richard II n'était pas mort. Les autres disaient que l'héritier légitime était le comte de March ; et ils disaient vrai. Scrop lui-même, le principal conseiller d'Henri, le confident, l'*homme du cœur,* conspira avec deux autres en faveur du comte de March.

A cette fermentation intérieure, il n'y avait qu'un remède, la guerre. Le 16 avril 1415,Henri avait annoncé au Parlement qu'il ferait une descente en France. Le 29, il ordonna à tous les seigneurs de se tenir prêts. Le 28 mai, prétendant une invasion imminente des Français, il écrivit à l'archevêque de Kenterbury et aux autres prélats, d'*organiser les gens d'Église pour la défense du royaume.* Trois semaines après, il ordonna aux chevaliers et écuyers de passer en revue les hommes capables de porter les armes, de les diviser par compagnies. L'affaire de Scrop le retardait, mais il complétait ses préparatifs. Il animait le peuple contre les Français, en faisant courir le bruit que c'étaient eux qui payaient les traîtres, qui avaient gagné Scrop, pour déchirer, ruiner le pays.

Henri envoya en France deux ambassades coup sur coup, disant qu'il était roi de France, mais qu'il voulait bien attendre la mort du roi, et en attendant épouser sa fille, avec toutes les provinces cédées par le Traité de Bretigny ; c'était une terrible dot ; mais il lui fallait encore la Normandie, c'est-à-dire le moyen de prendre le reste. Une grande ambassade vint en réponse lui offrir, au lieu de la Normandie, le Limousin, en portant la dot de la princesse jusqu'à 850 000 écus d'or. Alors le roi d'Angleterre demanda que cette somme fût payée comptant. Cette vaine négociation dura trois mois (13 avril-28 juillet), autant que les préparatifs d'Henri.

Tout étant prêt, il fit donner des présents considérables aux ambassadeurs et les renvoya, leur disant qu'il allait les suivre.

Tout le monde en Angleterre avait besoin de la guerre. Le roi en avait besoin. La branche aînée avait eu ses batailles de Crécy et de Poitiers. La cadette ne pouvait se légitimer que par une bataille.

L'Église en avait besoin, d'abord pour détacher des lollards une foule de gens misérables, qui n'étaient lollards que faute d'être soldats. Ensuite, tandis qu'on pillerait la France, on ne songerait pas à piller l'Église ; la terrible question de sécularisation serait ajournée.

Quoi de plus digne aussi de la respectable Église d'Angleterre et qui pût lui faire plus d'honneur, que de réformer cette France schismatique, de la châtier fraternellement, de lui faire sentir la verge de Dieu ? Ce jeune roi si dévoué, si pieux, ce David de l'Église établie, était visiblement l'instrument prédestiné d'une si belle justice.

Tout était difficile avant cette résolution ; tout devint facile. Henri, sûr de sa force, essaya de calmer les haines en faisant réparation au passé. Il enterra honorablement Richard II. Les partis se turent. Le Parlement unanime vota pour l'expédition une somme inouïe. Le roi réunit six mille hommes d'armes, vingt-quatre mille archers, la plus forte armée que les Anglais eussent eue depuis plus de cinquante ans.

Cette armée, au lieu de s'amuser autour de Calais, aborda directement à Harfleur, à l'entrée de la Seine. Le point était bien choisi. Harfleur, devenu ville anglaise, eût été bien autre chose que Calais. Il eût tenu la Seine ouverte ; les Anglais pouvaient dès lors entrer, sortir, pénétrer jusqu'à Rouen et prendre la Normandie, jusqu'à Paris, prendre la France, peut-être.

L'expédition avait été bien conçue, très bien préparée. Le roi s'était assuré de la neutralité de Jean sans Peur ; il avait loué ou acheté huit cents embarcations en Zélande et en Hollande, pays soumis à l'influence du duc de Bourgogne et qui d'ailleurs ont toujours prêté volontiers des vaisseaux à qui payait bien. Il emporta beaucoup de vivres, dans la supposition que le pays n'en fournirait pas.

D'autre part, l'Église d'Angleterre, de concert avec les communes, n'oublia rien pour sanctifier l'entreprise : jeûnes, prières, processions, pèlerinages. Au moment même de l'embarquement on brûla encore un hérétique. Le roi prit part à tout dévotement. Il emmena bon nombre de prêtres, particulièrement l'évêque de Norwich, qui lui fut donné pour principal conseiller.

Le passage ne fut pas disputé, la France n'avait pas un vaisseau ; la descente ne le fut pas non plus, les populations de la côte n'étaient pas en état de combattre cette grande armée. Mais elles se montrèrent très hostiles ; le duc de Normandie, c'est le premier titre que prit Henri V, fut mal reçu dans son duché ; les villes, les châteaux se gardèrent ; les Anglais n'osaient s'écarter, ils n'étaient maîtres que de la plage malsaine que couvrait leur camp.

N'oublions pas que notre malheureux pays n'avait plus de gouvernement. Les deux partis ayant reflué au nord, au midi, le centre était vide ; Paris était las, comme après les grands efforts, le roi fol, le dauphin malade, le duc de Berri presque octogénaire. Cependant ils envoyèrent le maréchal de Boucicaut à Rouen, puis ils y amenèrent le roi, pour réunir la noblesse de l'Ile-de-France, de la Normandie et de la Picardie. Les gentilshommes de cette dernière province reçurent ordre contraire du duc de Bourgogne ; les uns obéirent au roi, les autres au duc ; quelques-uns se joignirent même aux Anglais.

Harfleur fut vaillamment défendu, opiniâtrement attaqué. Une brave noblesse s'y était jetée. Le siège traîna ; les Anglais souffrirent infiniment sur cette côte humide. Leurs vivres s'étaient gâtés. On était en septembre, au temps des fruits ; ils se jetèrent dessus avidement. La dysenterie se mit dans l'armée et emporta les hommes par milliers, non seulement les soldats, mais les nobles, écuyers, chevaliers, les plus grands seigneurs, l'évêque même de Norwich. Le jour de la mort de ce prélat, l'armée anglaise, par respect, interrompit les travaux du siège.

Harfleur n'était pas secouru. Un convoi de poudre envoyé de Rouen fut pris en chemin. Une autre tentative ne fut pas plus heureuse ; des seigneurs avaient réuni jusqu'à six mille hommes pour surprendre le camp anglais ; leur impétuosité fit tout manquer, ils se découvrirent avant le moment favorable.

Cependant ceux qui défendaient Harfleur n'en pouvaient plus de fatigue. Les Anglais ayant ouvert une large brèche, les assiégés avaient élevé des palissades derrière. On leur brûla cet immense ouvrage, qui fut trois jours à se consumer. L'Anglais employait un moyen infaillible de les mettre à bout ; c'était de tirer jour et nuit : ils ne dormaient plus.

Ne voyant venir aucun secours, ils finirent par demander deux jours pour savoir si l'on viendrait à leur aide. « Ce n'est pas assez de deux jours, dit l'Anglais : vous en aurez quatre. » Il prit des otages, pour être sûr qu'ils tiendraient leur parole. Il fit bien, car le secours n'étant pas venu au jour dit, la garnison eût voulu se battre encore. Quelques-uns même, plutôt que de se rendre, se réfugièrent dans les tours de la côte, et là ils tinrent dix jours de plus.

Le siège avait duré un mois. Mais ce mois avait été plus meurtrier que toute l'année qu'Édouard III resta campé devant Calais. Les gens d'Harfleur avaient, comme ceux de Calais, tout à craindre des vainqueurs. Un prêtre anglais qui suivait l'expédition nous apprend, avec une satisfaction visible, par quels délais on prolongea l'inquiétude et l'humiliation de ces braves gens : « On les amena dans une tente, et ils se mirent à genoux, mais ils ne virent pas le roi ; puis dans une tente où ils s'agenouillèrent longtemps, mais ils ne virent pas le roi. En troisième lieu, on les introduisit dans une tente intérieure, et le roi ne se montra pas encore. Enfin, on les conduisit au lieu où le roi siégeait. Là ils furent longtemps à genoux, et notre roi ne leur accorda pas un regard, sinon lorsqu'ils eurent été très longtemps agenouillés. Alors le roi les regarda, et fit signe au comte de Dorset de recevoir les clés de la ville. Les Français furent relevés et rassurés. »

Le roi d'Angleterre, avec ses capitaines, son clergé, son armée, fit son entrée dans la ville. A la porte, il descendit de cheval et se fit ôter sa chaussure ; il alla, pieds nus, à l'église paroissiale « regracier son Créateur de sa bonne fortune ». La ville n'en fut pas mieux traitée ; une bonne partie des bourgeois furent mis à rançon, tout comme les gens de guerre ; tous les habitants furent chassés de la ville, les femmes même et les enfants ; on leur laissait cinq sols et leurs jupes.

Les vainqueurs, au bout de cette guerre de cinq semaines, étaient déjà bien découragés. Des trente mille hommes qui étaient partis, il en restait vingt mille ; et il en fallut renvoyer encore cinq mille, qui étaient blessés, malades ou trop fatigués. Mais, quoique la prise d'Harfleur fût un grand et important résultat, le roi, qui l'avait acheté par la perte de tant de soldats, de tant de personnages éminents, ne pouvait se présenter devant le pays en deuil, s'il ne relevait les esprits par quelque chose de chevaleresque et de hardi. D'abord il défia le dauphin à combattre corps à corps. Puis, pour constater que la France n'osait combattre, il déclara que d'Harfleur il irait, à travers champs, jusqu'à la ville de Calais.

La chose était hardie, elle n'était pas téméraire. On connaissait les divisions de la noblesse française, les défiances qui l'empêchaient de se réunir en armes. Si elle n'était pas venue à temps, pendant tout un grand mois, pour défendre le poste qui couvrait la Seine et tout le royaume, il y avait à parier qu'elle laisserait bien aux Anglais les huit jours qu'il leur fallait pour arriver à Calais, selon le calcul d'Henri.

Il lui restait deux mille hommes d'armes, treize mille archers, une armée leste, robuste ; c'étaient ceux qui avaient résisté. Il leur fit prendre des vivres pour huit jours. D'ailleurs, une fois sortis de Normandie, il y avait à parier que les capitaines du duc de Bourgogne en Picardie, en Artois, aideraient à nourrir cette armée, ce qui arriva. C'était le mois d'octobre, les vendanges se faisaient ; le vin ne manquerait pas ; avec du vin, le soldat anglais pouvait aller au bout du monde.

L'essentiel était de ne pas soulever les populations sur sa route, de ne pas armer les paysans par des désordres. Le roi fit exécuter à la lettre les belles ordonnances de Richard II sur la discipline : défense du viol et du pillage d'église, sous peine de la potence ; défense de crire *havoc* (pille !), sous peine d'avoir la tête coupée ; même peine contre celui qui vole un marchand ou vivandier ; obéir au capitaine, loger au logis marqué, sous peine d'être emprisonné et de perdre son cheval, etc.

L'armée anglaise partit d'Harfleur le 8 octobre. Elle traversa le pays de Caux. Tout était hostile. Arques tira sur les Anglais ; mais quand ils eurent fait la menace de brûler tout le voisinage, la ville fournit la seule chose qu'on lui demandait, du pain et du vin. Eu fit une furieuse sortie ; même menace, même concession ; du pain, du vin, rien de plus.

Sortis enfin de la Normandie, les Anglais arrivèrent le 13 à Abbeville, comptant passer la Somme à la Blanche-Tache, au lieu même où Édouard

III avait forcé le passage avant la bataille de Crécy. Henri V apprit que le gué était gardé. Des bruits terribles circulaient sur la prodigieuse armée que les Français rassemblaient ; le défi chevaleresque du roi d'Angleterre avait provoqué la *furie* française ; le duc de Lorraine, à lui seul, amenait, disait-on, cinquante mille hommes. Le fait est que, quelque diligence que mît la noblesse, celle surtout du parti d'Orléans, à se rassembler, elle était loin de l'être encore. On crut utile de tromper Henri V, de lui persuader que le passage était impossible. Les Français ne craignaient rien tant que de le voir échapper impunément. Un Gascon, qui appartenait au connétable d'Albret, fut pris, peut-être se fit prendre ; mené au roi d'Angleterre, il affirma que le passage était gardé et infranchissable. « S'il n'en est ainsi, dit-il, coupez-moi la tête. » On croit lire la scène où le Gascon Montluc entraîna le roi et le Conseil, et le décida à permettre la bataille de Cérisoles.

Retourner à travers les populations hostiles de la Normandie, c'était une honte, un danger ; forcer le passage du gué était difficile, mais peut-être chose possible. Lefebvre de Saint-Rémy dit lui-même que les Français étaient loin d'être prêts. Le troisième parti, c'était de s'engager dans les terres, en remontant la Somme jusqu'à ce qu'on trouvât un passage. Ce parti eût été le plus hasardeux des trois, si les Anglais n'eussent eu intelligence dans le pays. Mais il ne faut pas perdre de vue que, depuis 1406, la Picardie était sous l'influence du duc de Bourgogne ; qu'il y avait nombre de vassaux, que les capitaines des villes devaient craindre de lui déplaire, et qu'il venait de leur défendre d'armer contre les Anglais. Ceux-ci, venus sur les vaisseaux de Hollande et de Zélande, avaient dans leurs rangs des gens du Hainaut ; des Picards s'y joignirent, et peut-être les guidèrent.

L'armée, peu instruite des facilités qu'elle trouverait dans cette entreprise si téméraire en apparence, s'éloigna de la mer avec inquiétude. Les Anglais étaient partis le 9 d'Harfleur ; le 13, ils commencèrent à remonter la Somme. Le 14, ils envoyèrent un détachement pour essayer le passage de Pont-de-Rémy ; mais ce détachement fut repoussé ; le 15, ils trouvèrent que le passage de Pont-Audemer était gardé aussi. Huit jours étaient écoulés au 17, depuis le départ d'Harfleur, mais au lieu d'être à Calais, ils se trouvaient près d'Amiens. Les plus fermes commençaient à porter la tête basse ; ils se recommandaient de tout leur cœur à saint Georges et à la sainte Vierge. Après tout, les vivres ne manquaient pas. Ils trouvaient à chaque station du pain et du vin ; à Boves, qui était au duc de Bourgogne, le vin les attendait en telle quantité que le roi craignit qu'ils ne s'enivrassent.

Près de Nesles, les paysans refusèrent les vivres et s'enfuirent. La Providence secourut encore les Anglais. Un homme du pays vint dire qu'en traversant un marais, ils trouveraient un gué dans la rivière. C'était un passage long, dangereux, auquel on ne passait guère. Le roi avait ordonné au capitaine de Saint-Quentin de détruire le gué, et même d'y planter des pieux, mais il n'en avait rien fait.

Les Anglais ne perdirent pas un moment. Pour faciliter le passage, ils abattirent les maisons voisines, jetèrent sur l'eau des portes, des fenêtres, des échelles, tout ce qu'ils trouvaient. Il leur fallut tout un jour ; les Français avaient une belle occasion de les attaquer dans ce long passage.

Ce fut seulement le lendemain, dimanche 20 octobre, que le roi d'Angleterre reçut enfin le défi du duc d'Orléans, du duc de Bourbon et du connétable d'Albret. Ces princes n'avaient pas perdu de temps, mais ils avaient trouvé tous les obstacles que pouvait rencontrer un parti qui se portait seul pour défenseur du royaume. En un mois, ils avaient entraîné jusqu'à Abbeville toute la noblesse du Midi, du Centre. Ils avaient forcé l'indécision du conseil royal et les peurs du duc de Berri. Ce vieux duc voulait d'abord que les partis d'Orléans et de Bourgogne envoyassent chacun cinq cents lances seulement ; mais ceux d'Orléans vinrent tous. Ensuite, se souvenant de Poitiers, où il s'était sauvé jadis, il voulait qu'on évitât la bataille, que du moins le roi et le dauphin se gardassent bien d'y aller. Il obtint ce dernier point ; mais la bataille fut décidée. Sur trente-cinq conseillers, il s'en trouva cinq contre, trente pour. C'était au fond le sentiment national ; il fallait, dût-on être battu, faire preuve de cœur, ne pas laisser l'Anglais s'en aller rire à nos dépens après cette longue promenade. Nombre de gentilshommes des Pays-Bas voulurent nous servir de seconds dans ce grand duel. Ceux du Hainaut, du Brabant, de Zélande, de Hollande même si éloignés, et que la chose ne touchait en rien, vinrent combattre dans nos rangs, malgré le duc de Bourgogne.

D'Abbeville, l'armée des princes avait de son côté remonté la Somme jusqu'à Péronne, pour disputer le passage. Sachant qu'Henri était passé, ils lui envoyèrent demander, selon les us de la chevalerie, jour et lieu pour la bataille, et quelle route il voulait tenir. L'Anglais répondit, avec une simplicité digne, qu'il allait droit à Calais, qu'il n'entrait dans aucune ville, qu'ainsi on le trouverait toujours en plein champ, à la grâce de Dieu. A quoi il ajouta : « Nous engageons nos ennemis à ne pas nous fermer la route et à éviter l'effusion du sang chrétien. »

De l'autre côté de la Somme, les Anglais se virent vraiment en pays ennemi. Le pain manqua ; ils ne mangèrent pendant huit jours que de la viande, des œufs, du beurre, enfin ce qu'ils purent trouver. Les princes avaient dévasté la campagne, rompu les routes. L'armée anglaise fut obligée, pour les logements, de se diviser entre plusieurs villages. C'était encore une occasion pour les Français ; ils n'en profitèrent pas. Préoccupés uniquement de faire une belle bataille, ils laissaient l'ennemi venir tout à son aise. Ils s'assemblaient plus loin, près du château d'Azincourt, dans un lieu où la route de Calais se resserrant entre Azincourt et Tramecourt, le roi serait obligé, pour passer, de livrer bataille.

Le jeudi 24 octobre, les Anglais ayant passé Blangy apprirent que les Français étaient tout prêts et crurent qu'ils allaient attaquer. Les gens d'armes descendirent de cheval, et tous, se mettant à genoux, levant les mains au ciel, prièrent Dieu de les prendre en garde. Cependant il n'y eut rien encore ; le connétable n'était pas arrivé à l'armée française. Les Anglais allèrent loger à Maisoncelle, se rapprochant d'Azincourt. Henri V se débarrassa de ses prisonniers. « Si vos maîtres survivent, dit-il, vous vous représenterez à Calais. »

Enfin ils découvrirent l'immense armée française, ses feux, ses bannières. Il y avait, au jugement du témoin oculaire, quatorze mille hommes d'armes, en tout peut-être cinquante mille hommes ; trois fois plus que n'en comptaient les Anglais. Ceux-ci avaient onze ou douze mille hommes, de quinze mille qu'ils avaient emmenés d'Harfleur ; dix mille au moins, sur ce nombre, étaient des archers.

Le premier qui vint avertir le roi, le Gallois David Gam, comme on lui demandait ce que les Français pouvaient avoir d'hommes, répondit avec le ton léger et vantard des Gallois : « Assez pour être tués, assez pour être pris, assez pour fuir. » Un Anglais, sir Walter Hungerford, ne put s'empêcher d'observer qu'il n'eût pas été inutile de faire venir dix mille bons archers de plus ; il y en avait tant en Angleterre qui n'auraient pas mieux demandé. Mais le roi dit sévèrement : « Par le nom de Notre-Seigneur, je ne voudrais pas un homme de plus. Le nombre que nous avons, c'est le nombre qu'il a voulu ; ces gens placent leur confiance dans leur multitude et moi dans Celui qui fit vaincre si souvent Judas Macchabée. »

Les Anglais, ayant encore une nuit à eux, l'employèrent utilement à se préparer, à soigner l'âme et le corps, autant qu'il se pouvait. D'abord ils roulèrent les bannières de peur de la pluie, mirent bas et plièrent de belles cottes d'armes qu'ils avaient endossées pour combattre. Puis, afin de passer confortablement cette froide nuit d'octobre, ils ouvrirent leurs malles et mirent sous eux de la paille qu'ils envoyaient chercher aux villages voisins. Les hommes d'armes remettaient des aiguillettes à leurs armures, les archers des cordes neuves aux arcs. Ils avaient depuis plusieurs jours taillé, aiguisé les pieux qu'ils plantaient ordinairement devant eux pour arrêter la gendarmerie. Tout en préparant la victoire, ces braves gens songeaient au salut ; ils se mettaient en règle du côté de Dieu et de la conscience. Ils se confessaient à la hâte, ceux du moins que les prêtres pouvaient expédier. Tout cela se faisait sans bruit, tout bas. Le roi avait ordonné le silence, sous peine, pour les gentlemen, de perdre leur cheval, et pour les autres l'oreille droite.

Du côté des Français, c'était autre chose. On s'occupait à faire des chevaliers. Partout de grands feux qui montraient tout à l'ennemi ; un bruit confus de gens qui criaient, s'appelaient, un vacarme de valets et de pages. Beaucoup de gentilshommes passèrent la nuit dans leurs lourdes armures, à cheval, sans doute pour ne pas les salir dans la boue ; boue profonde, pluie froide ; ils étaient morfondus. Encore, s'il y avait eu de la musique... Les chevaux mêmes étaient tristes ; pas un ne hennissait... A ce fâcheux augure, joignez les souvenirs ; Azincourt n'est pas loin de Crécy.

Le matin du 25 octobre 1415, jour de saint Crépin et saint Crépinien, le roi d'Angleterre entendit, selon sa coutume, trois messes, tout armé, tête nue. Puis il se fit mettre en tête un magnifique bassinet où se trouvaient une couronne d'or, cerclée, fermée, impériale. Il monta un petit cheval gris, sans éperons, fit avancer son armée sur un champ de jeunes blés verts, où le terrain était moins défoncé par la pluie, toute l'armée en un corps, au centre les quelques lances qu'il avait, flanquées de masses d'archers ; puis il alla tout le long au pas, disant quelques paroles brèves : « Vous avez bonne cause, je ne suis venu que pour demander mon droit... Souvenez-vous que vous êtes de la vieille Angleterre ; que vos parents, vos femmes et vos enfants vous attendent là-bas ; il faut avoir un beau retour. Les rois d'Angleterre ont toujours fait de belle besogne en France... Gardez l'honneur de la Couronne ; gardez-vous vous-mêmes. Les Français disent qu'ils feront couper trois doigts de la main à tous les archers. »

Le terrain était en si mauvais état que personne ne se souciait d'attaquer. Le roi d'Angleterre fit parler aux Français. Il offrait de renoncer au titre du roi de France et de rendre Harfleur, pourvu qu'on lui donnât la Guyenne, un peu arrondie, le Ponthieu, une fille du roi et huit cent mille écus. Ce parlementage entre les deux armées ne diminua pas, comme on eût pu le croire, la fermeté anglaise ; pendant ce temps, les archers assuraient leurs pieux.

Les deux armées faisaient un étrange contraste. Du côté des Français, trois escadrons énormes, comme trois forêts de lances, qui, dans cette plaine étroite, se succédaient à la file et s'étiraient en profondeur ; au front, le connétable, les princes, les ducs d'Orléans, de Bar et d'Alençon, les comtes de Nevers, d'Eu, de Richemont, de Vendôme, une foule de seigneurs, une iris éblouissante d'armures émaillées, d'écussons, de bannières, de chevaux bizarrement déguisés dans l'acier et dans l'or. Les Français avaient aussi des archers, des gens des communes ; mais où les mettre ? Les places étaient comptées, personne n'eût donné la sienne ; ces gens auraient fait tache en si noble assemblée. Il y avait des canons ; mais il ne paraît pas qu'on s'en soit servi ; probablement il n'y eut pas non plus de place pour eux.

L'armée anglaise n'était pas belle. Les archers n'avaient pas d'armure, souvent pas de souliers ; ils étaient pauvrement coiffés de cuir bouilli, d'osier même avec une croisure de fer ; les cognées et les haches, pendues à leur ceinture, leur donnaient un air de charpentier. Plusieurs de ces bons ouvriers avaient baissé leurs chausses, pour être à l'aise et bien travailler, pour bander l'arc d'abord, puis pour manier la hache, quand ils pourraient sortir de leur enceinte de pieux, et charpenter ces masses immobiles.

Un fait bizarre, incroyable, et pourtant certain, c'est qu'en effet l'armée française ne put bouger, ni pour combattre, ni pour fuir. L'arrière-garde seule échappa.

Au moment décisif, lorsque le vieux Thomas de Herpinghem, ayant rangé l'armée anglaise, jeta son bâton en l'air en disant : *« Now strike ! »*

lorsque les Anglais eurent répondu par un formidable cri de dix mille hommes, l'armée française resta immobile, à leur grand étonnement. Chevaux et chevaliers, tous parurent enchantés ou morts dans leurs armures. Dans la réalité, c'est que ces grands chevaux de combat, sous la charge de leur pesant cavalier, de leur vaste caparaçon de fer, s'étaient profondément enfoncés des quatre pieds dans les terres fortes ; ils y étaient parfaitement établis, et ils ne s'en dépêtrèrent que pour avancer quelque peu au pas.

Tel est l'aveu des historiens du parti anglais, aveu modeste qui fait honneur à leur probité.

Lefebvre, Jean de Vaurin et Walsingham disent expressément que le champ n'était qu'une boue visqueuse. « La place estoit molle et effondrée des chevaux, en telle manière que à grant peine se pouvoient ravoir hors de la terre, tant elle estoit molle. »

« D'autre part, dit encore Lefebvre, les Franchois estoient si chargés de harnois qu'ils ne pouvoient aller avant. Premièrement, estoient chargés de cottes d'acier, longues, passant les genoux et moult pesantes, et pardessous harnois de jambes, et pardessus blancs harnois, et de plus bachinets de caruail... Ils estoient si pressés l'un de l'autre, qu'ils ne pouvoient lever leurs bras pour férir les ennemis, sinon aucuns qui estoient au front. »

Un autre historien du parti anglais nous apprend que les Français étaient rangés sur une profondeur de trente-deux hommes, tandis que les Anglais n'avaient que quatre rangs. Cette profondeur énorme des Français ne leur servait à rien ; leurs trente-deux rangs étaient tous, ou presque tous, de cavaliers ; la plupart, loin de pouvoir agir, ne voyaient même pas l'action ; les Anglais agirent tous. Des cinquante mille Français, deux ou trois mille seulement purent combattre les onze mille Anglais, ou du moins l'auraient pu si leurs chevaux s'étaient tirés de la boue.

Les archers anglais, pour réveiller ces inertes masses, les dardèrent, avec une extrême roideur, dix mille traits au visage. Les cavaliers de fer baissèrent la tête, autrement les traits auraient pénétré par les visières des casques. Alors les deux ailes, de Tramecourt, d'Azincourt, s'ébranlèrent lourdement à grand renfort d'éperons, deux escadrons français ; ils étaient conduis par deux excellents hommes d'armes, messire Clignet de Brabant et messire Guillaume de Saveuse. Le premier escadron, venant de Tramecourt, fut inopinément criblé en flanc par un corps d'archers cachés dans le bois ; ni l'un ni l'autre escadron n'arriva.

De douze cents hommes qui exécutaient cette charge, il n'y en avait plus cent vingt, quand ils vinrent heurter aux pieux des Anglais. La plupart avaient chu en route, hommes et chevaux, en pleine boue. Et plût au Ciel que tous eussent tombé ; mais les autres, dont les chevaux étaient blessés, ne purent plus gouverner ces bêtes furieuses, qui revinrent se ruer sur les rangs français. L'avant-garde, bien loin de pouvoir s'ouvrir pour les laisser passer, était, comme on l'a vu, serrée à ne pas se mouvoir.

On peut juger des accidents terribles qui eurent lieu dans cette masse compacte, les chevaux s'effrayant, reculant, s'étouffant, jetant leurs cavaliers, ou les froissant dans leurs armures entre le fer et le fer.

Alors survinrent les Anglais. Laissant leur enceinte de pieux, jetant arcs et flèches, ils vinrent fort à leur aise, avec les haches, les cognées, les lourdes épées et les massues plombées, démolir cette montagne d'hommes et de chevaux confondus. Avec le temps, ils vinrent à bout de nettoyer l'avant-garde et entrèrent, leur roi en tête, dans la seconde bataille.

C'est peut-être à ce moment que dix-huit gentilshommes français seraient venus fondre sur le roi d'Angleterre. Ils avaient fait vœu, dit-on, de mourir ou de lui abattre sa couronne ; un d'eux en détacha un fleuron ; tous y périrent. Cet *on dit* ne suffit pas aux historiens ; ils l'ornent encore, ils en font une scène homérique où le roi combat sur le corps de son frère blessé, comme Achille sur celui de Patrocle. Puis c'est le duc d'Alençon, *commandant de l'armée française,* qui tue le duc d'York et fend la couronne du roi. Bientôt entouré, il se rend ; Henri lui tend la main ; mais déjà il était tué.

Ce qui est plus certain, c'est qu'à ce second moment de la bataille, le duc de Brabant arrivait en hâte. C'était le propre frère du duc de Bourgogne ; il semble être venu là pour laver l'honneur de la famille. Il arrivait bien tard, mais encore à temps pour mourir. Le brave prince avait laissé tous les siens derrière lui, il n'avait pas même vêtu sa cotte d'armes ; au défaut, il prit sa bannière, il y fit un trou, y passa la tête, et se jeta à travers les Anglais, qui le tuèrent au moment même.

Restait l'arrière-garde, qui ne tarda pas à se dissiper. Une foule de cavaliers français, démontés, mais relevés par les valets, s'étaient tirés de la bataille et rendus aux Anglais. En ce moment, on vint dire au roi qu'un corps français pille ses bagages, et d'autre part il voit dans l'arrière-garde des Bretons ou Gascons qui faisaient mine de revenir sur lui. Il eut un moment de crainte, surtout voyant les siens embarrassés de tant de prisonniers ; il ordonna à l'instant que chaque homme eût à tuer le sien. Pas un n'obéissait ; ces soldats sans chausses ni souliers, qui se voyaient en main les plus grands seigneurs de France et croyaient avoir fait fortune, on leur ordonnait de se ruiner... Alors le roi désigna deux cents hommes pour servir de bourreaux. Ce fut, dit l'historien, un spectacle effroyable de voir ces pauvres gens désarmés à qui on venait de donner parole, et qui de sang-froid furent égorgés, décapités, taillés en pièces !... L'alarme n'était rien. C'étaient des pillards du voisinage, des gens d'Azincourt, qui, malgré le duc de Bourgogne leur maître, avaient profité de l'occasion ; il les en punit sévèrement quoiqu'ils eussent tiré du butin une riche épée pour son fils.

La bataille finie, les archers se hâtèrent de dépouiller les morts tandis qu'ils étaient encore tièdes. Beaucoup furent tirés vivants de dessous les cadavres, entre autres le duc d'Orléans. Le lendemain, au départ, le vainqueur prit ou tua ce qui pouvait rester en vie.

« C'était pitoyable chose à voir, la grant noblesse qui là avoit été occise, lesquels étaient déjà tout nuds comme ceux qui naissent de niens. » Un prêtre anglais n'en fut pas moins touché. « Si cette vue, dit-il, excitait compassion et componction en nous qui étions étrangers et passant par le pays, quel deuil était-ce donc pour les natifs habitants ! Ah ! puisse la nation française venir à paix et union avec l'anglaise, et s'éloigner de ses iniquités et de ses mauvaises voies ! » Puis la dureté prévaut sur la compassion, et il ajoute : « En attendant, que leur faute retombe sur leur tête. »

Les Anglais avaient perdu seize cents hommes, les Français dix mille, presque tous gentilshommes, cent vingt seigneurs ayant bannières. La liste occupe six grandes pages dans Monstrelet. D'abord sept princes (Brabant, Nevers, Albret, Alençon, les trois de Bar), puis des seigneurs sans nombre, Dampierre, Vaudemont, Marle, Roussy, Salm, Dammartin, etc., les baillis du Vermandois, de Mâcon, de Sens, de Senlis, de Caen, de Meaux, un brave archevêque, celui de Sens, Montaigu, qui se battit comme un lion.

Le fils du duc de Bourgogne fit à tous les morts qui restaient nus sur le champ de bataille la charité d'une fosse. On mesura vingt-cinq verges carrées de terre, et dans cette fosse énorme l'on descendit tous ceux qui n'avaient pas été enlevés ; de compte fait, cinq mille huit cents hommes. La terre fut bénie, et autour on planta une forte haie d'épines, de crainte des loups.

Il n'y eut que quinze cents prisonniers, les vainqueurs ayant tué, comme on a dit, ce qui remuait encore. Ces prisonniers n'étaient rien de moins que les ducs d'Orléans et de Bourbon, le comte d'Eu, le comte de Vendôme, le comte de Richemont, le maréchal de Boucicaut, messire Jacques d'Harcourt, messire Jean de Craon, etc. Ce fut toute une colonie française transportée en Angleterre.

Après la bataille de la Meloria, perdue par les Pisans, on disait : « Voulez-vous voir Pise, allez à Gênes. » On eût pu dire après Azincourt : « Voulez-vous voir la France, allez à Londres. »

Ces prisonniers étaient entre les mains des soldats. Le roi fit une bonne affaire ; il les acheta à bas prix et en tira d'énormes rançons. En attendant, ils furent tenus de très près. Henri ne se piqua point d'imiter la courtoisie du Prince Noir.

La veuve d'Henri IV, veuve en premières noces du duc de Bretagne, eut le malheur de revoir à Londres son fils Arthur prisonnier. Dans cette triste entrevue, elle avait mis à sa place une dame qu'Arthur prit pour sa mère. Le cœur maternel en fut brisé. « Malheureux enfant, dit-elle, ne me reconnais-tu donc pas ? » On les sépara. Le roi ne permit pas de communication entre la mère et le fils.

Le plus dur pour les prisonniers, ce fut de subir les sermons de ce roi des prêtres, d'endurer ses moralités, ses humilités. Immédiatement après la bataille, parmi les cadavres et les blessés, il fit venir Montjoie, le héraut de France, et dit : « Ce n'est pas nous qui avons fait cette occision, c'est

Dieu, pour les péchés des Français. » Puis il demanda gravement à qui la victoire devait être attribuée, au roi de France ou à lui. « A vous, monseigneur », répondit le héraut de France.

Prenant ensuite son chemin vers Calais, il ordonna dans une halte qu'on envoyât du pain et du vin au duc d'Orléans, et, comme on vint lui dire que le prisonnier ne prenait rien, il y alla, et lui dit : « Beau cousin, comment vous va ? » – « Bien, monseigneur. » – « D'où vient que vous ne voulez ni boire, ni manger ? » – « Il est vrai, je jeûne. » – « Beau cousin, ne prenez souci ; je sais bien que si Dieu m'a fait la grâce de gagner la bataille sur les Français, ce n'est pas que j'en sois digne ; mais c'est, je le crois fermement, qu'il a voulu les punir. Au fait, il n'y a pas à s'en étonner, si ce qu'on m'en raconte est vrai ; on dit que jamais il ne s'est vu tant de désordre, de voluptés, de péchés et de mauvais vices, qu'on en voit aujourd'hui en France. C'est pitié de l'ouïr, et horreur pour les écoutants. Si Dieu en est courroucé, ce n'est pas merveille. »

Était-ce donc bien sûr que l'Angleterre fût chargée de punir la France ? La France était-elle si complètement abandonnée de Dieu, qu'il lui fallût cette discipline anglaise et ces charitables enseignements ?

Un témoin oculaire dit qu'un moment avant la bataille il vit, des rangs anglais, un touchant spectacle dans l'autre armée. Les Français de tous les partis se jetèrent dans les bras les uns des autres et se pardonnèrent ; ils rompirent le pain ensemble. De ce moment, ajoute-t-il, la haine se changea en amour.

Je ne vois point que les Anglais se soient réconciliés. Ils se confessèrent ; chacun se mit en règle, sans s'inquiéter des autres.

Cette armée anglaise semble avoir été une honnête armée, rangée, régulière. Ni jeu, ni filles, ni jurements. On voit à peine vraiment de quoi ils se confessaient.

Lesquels moururent en meilleur état ? Desquels aurions-nous voulu être ?...

Le fils du duc de Bourgogne, Philippe le Bon, que son père empêcha d'aller joindre les Français, disait encore quarante ans après : « Je ne me console point de n'avoir pas été à Azincourt, pour vivre ou mourir. »

L'excellence du caractère français, qui parut si bien à cette triste bataille, est noblement avouée par l'Anglais Walsingham dans une autre circonstance : « Lorsque le duc de Lancastre envahit la Castille, et que ses soldats mouraient de faim, ils demandèrent un sauf-conduit, et passèrent dans le camp des Castillans, où il y avait beaucoup de Français auxiliaires. Ceux-ci furent touchés de la misère des Anglais ; ils les traitèrent avec humanité et ils les nourrirent. » Il n'y a rien à ajouter à un tel fait.

J'y ajouterais pourtant volontiers des vers charmants, pleins de bonté et de douceur d'âme, que le duc d'Orléans, prisonnier vingt-cinq ans en Angleterre, adresse en partant à une famille anglaise qui l'avait gardé. Sa captivité dura presque autant que sa vie. Tant que les Anglais purent croire qu'il avait chance d'arriver au trône, ils ne voulurent jamais lui permettre de se racheter. Placé d'abord dans le château de Windsor avec ses compagnons, il en fut bientôt séparé pour être renfermé dans la prison de Pomfret ; sombre et sinistre prison, qui n'avait pas coutume de rendre ceux qu'elle recevait ; témoin Richard II.

Il y passa de longues années, traité honorablement, sévèrement, sans compagnie, sans distraction ; tout au plus la chasse au faucon, chasse de dames, qui se faisait ordinairement à pied, et presque sans changer de place. C'était un triste amusement dans ce pays d'ennui et de brouillard, où il ne faut pas moins que toutes les agitations de la vie et les plus violents exercices, pour faire oublier la monotonie d'un sol sans accident, d'un climat sans saison, d'un ciel sans soleil. Mais les Anglais eurent beau faire, il y eut toujours un rayon du soleil de France dans cette tour de Pomfret. Les chansons les plus françaises que nous ayons y furent écrites par Charles d'Orléans. Notre Béranger du XVe siècle, tenu si longtemps en cage, n'en chanta que mieux.

C'est un Béranger un peu faible, peut-être ; toujours bienveillant, aimable, gracieux ; une douce gaieté qui ne passe jamais le sourire ; et ce sourire est près des larmes. On dirait que c'est pour cela que ces pièces sont si petites ; souvent il s'arrête à temps, sentant les larmes venir... Viennent-elles, elles ne durent guère, pas plus qu'une ondée d'avril.

Le plus souvent c'est, en effet, un chant d'avril et d'alouette. La voix n'est ni forte, ni soutenue, ni profondément passionnée. C'est l'alouette, rien de plus. Ce n'est pas le rossignol.

Telle fut en général notre primitive et naturelle France, un peu légère peut-être pour le sérieux d'aujourd'hui. Telle elle fut en poésie comme elle est en vins, en femmes. Ceux de nos vins que le monde aime et recherche comme français, ne sont, il est vrai, qu'un souffle, mais c'est un souffle d'esprit. La beauté française, non plus, n'est pas facile à bien saisir ; ce n'est ni le beau sang anglais, ni la régularité italienne ; quoi donc ? Le mouvement, la grâce, le je ne sais quoi, tous les jolis riens. Autre temps, autre poésie. N'importe ; celle-là subsiste, rien en ce genre ne l'a surpassée. Naguère encore, lorsque ces chants étaient oubliés eux-mêmes, il a suffi, pour nous ravir d'une faible imitation, d'un infidèle et lointain écho.

Quelque blasés que vous soyez par tant de livres et d'événements, quelque préoccupés des profondes littératures des nations étrangères, de leur puissante musique, gardez, Français d'aujourd'hui, gardez toujours bon souvenir à ces aimables poésies, à ces doux chants de vos pères dans lesquels ils ont exprimé leurs joies, leurs amours, à ces chants qui touchèrent le cœur de vos mères et dont vous-mêmes êtes nés...

Je me suis écarté, ce semble ; mais je devais ceci au poète, au prisonnier. Je devais, après cet immense malheur, dire aussi que les vaincus étaient moins dignes de mépris que les vainqueurs ne l'ont cru... Peut-être encore, au milieu de cette docile imitation des mœurs et des idées anglaises qui gagne chaque jour, peut-être est-ce chose inutile de réclamer en faveur de la vieille France qui s'en est allée... Où est-elle, cette

France du Moyen Age et de la Renaissance, de Charles d'Orléans, de Froissart ?... Villon se le demandait déjà en vers plus mélancoliques qu'on n'eût attendu d'un si joyeux enfant de Paris :

Dites-moi en quel pays
Est Flora, la belle Romaine ?
Où est la très sage Héloïs ?...
La reine Blanche, comme un lis,
Qui chantoit à voix de Sirène ?
...Et Jeanne, la bonne Lorraine
Qu'Anglais brûlèrent à Rouen ?
....
Où sont-ils, Vierge souveraine ?
– *Mais où sont les neige d'antan ?*

CHAPITRE II

Mort du connétable d'Armagnac ; mort du duc de Bourgogne - Henri V - 1416-1422

Deux hommes n'avaient pas été à la bataille d'Azincourt, les chefs des deux partis, le duc de Bourgogne, le comte d'Armagnac. Tous deux s'étaient réservés.

Le roi d'Angleterre leur rendit service ; il tua non seulement leurs ennemis, mais aussi leurs amis, leurs rivaux dans chaque faction. Désormais la place était nette, la partie entre eux seuls ; les deux corbeaux vinrent s'abattre sur le champ de bataille et jouir des morts.

Il s'agissait de savoir qui aurait Paris. Le duc de Bourgogne, qui gardait, depuis le mois de juillet, une armée de Bourguignons, de Lorraine et de Savoyards, prit seulement dix chevaux, et galopa droit à Paris. Il n'arriva pourtant pas à temps ; la place était prise.

Armagnac était dans la ville avec six mille Gascons. Il tenait dans ses mains, avec Paris, le roi et le dauphin. Il prit l'épée de connétable.

Le duc de Bourgogne resta à Lagny, faisant tous les jours dire à ses partisans qu'il allait venir, leur assurant que c'était lui qui avait défendu les passages de la Somme contre les Anglais, espérant que Paris finirait par se déclarer. Il resta ainsi deux mois et demi à Lagny. Les Parisiens finirent par l'appeler « Jean de Lagny qui n'a hâte ». Il emporta ce sobriquet.

Armagnac resta maître de Paris, et d'autant plus maître que tous ceux qui l'y avaient appelé moururent en quelques mois, le duc de Berri, le roi de Sicile, le dauphin. Le second fils du roi devenait dauphin, et le duc de Bourgogne, près de qui il avait été élevé, croyait gouverner en son nom.

Mais ce second dauphin mourut, et un troisième encore vingt-cinq jours après. Le quatrième dauphin vécut ; il était ce qu'il fallait au connétable ; il était enfant.

Armagnac, si bien servi par la mort, se trouva roi un moment. Le royaume en péril avait besoin d'un homme. Armagnac était un méchant homme et capable de tout, mais enfin c'était, on ne peut le nier, un homme de tête et de main.

Les Anglais faisaient des triomphes, des processions, chantaient des *Te Deum ;* ils parlaient d'aller au printemps prendre possession de leur ville de Paris. Et tout à coup ils apprennent qu'Harfleur est assiégé. Après cette terrible bataille, qui avait mis si bas les courages, Armagnac eut l'audace d'entreprendre ce grand siège.

D'abord il crut surprendre la place. Il quitta Paris dont il était si peu sûr ; c'était risquer Paris pour Harfleur. Il y alla de sa personne, avec une troupe de gentilshommes ; ils lâchèrent pied, et il les fit pendre comme vilains.

Harfleur ne pouvait être attaqué avec avantage que par mer ; il fallait des vaisseaux. Armagnac s'adressa aux Génois ; ceux-ci, qui venaient de chasser les Français de Gênes, n'acceptèrent pas moins l'argent de France, et fournirent toute une flotte, neuf grandes galères, des caraques pour les machines de siège, trois cents embarcations de toute grandeur, cinq mille archers génois ou catalans. Ces Génois se battirent bravement avec leurs galères de la Méditerranée contre les gros vaisseaux de l'Océan. Une première flotte qu'envoyèrent les Anglais fut repoussée.

Avec quel argent Armagnac soutenait-il cette énorme dépense ? La plus grande partie du royaume ne lui payait rien. Il n'avait guère que Paris et ses propres fiefs du Languedoc et de Gascogne. Il suça et pressura Paris.

Le Bourguignon y était très fort ; une grande conspiration se fit pour l'y introduire. Le chef était un chanoine boiteux, frère du dernier évêque. Armagnac découvrit tout. Le chanoine, en manteau violet, fut promené dans un tombereau, puis muré, au pain et à l'eau. On publia que les condamnés avaient voulu tuer le roi et le dauphin. Il y eut nombre d'exécutions, de noyades. Armagnac, qui savait quelle confiance il pouvait mettre dans le peuple de Paris, organisa une police rapide, terrible, à l'italienne ; il faisait aussi, disait-on, la guerre à la lombarde. Défense de se baigner à la Seine, pour qu'on n'allât pas compter les noyés ; on sait qu'il était défendu à Venise de nager dans le canal Orfano.

Le Parlement fut purgé, le Châtelet, l'Université, trois ou quatre cents bourgeois mis hors de Paris, et tous envoyés du côté d'Orléans. La reine, qui négociait sous main avec le Bourguignon, fut transportée prisonnière à Tours, et l'un de ses amants jeté à la rivière.

Armagnac ôta aux bourgeois les chaînes des rues, il les désarma. Il supprima la grande boucherie, en fit quatre pour quatre quartier ; plus de bouchers héréditaires ; tout homme capable put s'élever au rang de boucher.

Pour n'avoir plus leurs armes, les bourgeois n'étaient pas quittes de la guerre. On les obligeait de se cotiser de manière qu'à trois ils fournissent un homme d'armes. Eux-mêmes, on les envoyait travailler aux fortifications, curer les fossés, chacun tous les cinq jours.

Ordre à toute maison de s'approvisionner de blé ; pour attirer les vivres, Armagnac supprima l'octroi. En récompense, les autres taxes furent payées deux fois dans l'année. Les bourgeois furent obligés d'acheter tout le sel des greniers publics à prix forcé et comptant, sinon des garnisaires. Paris succombait à payer seul les dépenses du roi et du royaume.

La position du duc de Bourgogne était plus facile à coup sûr que celle du connétable. Il envoyait dans les grandes villes des gens qui, au nom du roi et du dauphin, défendaient de payer l'impôt. Abbeville, Amiens, Auxerre, reçurent cette défense avec reconnaissance et s'y conformèrent avec empressement. Armagnac craignait que Rouen n'en fît autant, et voulait y envoyer des troupes ; mais, plutôt que de recevoir les Gascons, Rouen tua son bailli et ferma ses portes.

Le duc de Bourgogne vint tâter Paris, qui n'aurait pas mieux demandé que d'être quitte du connétable. Mais celui-ci tint bon. Le duc de Bourgogne ne pouvant entrer, augmenta du moins la fermentation par la rareté des vivres ; il ne laissait plus rien venir ni de Rouen ni de la Beauce. Les chanoines même, dit l'historien, furent obligés de mettre bas leur cuisine. Le roi, revenant à lui, et apprenant que c'étaient les Bourguignons qui rendaient ses repas si maigres, disait au connétable : « Que ne chassez-vous ces gens-là ? »

Le duc de Bourgogne ne pouvant blesser directement son ennemi, lui porta indirectement un grand coup. Il enleva la reine de Tours ; elle déclara qu'elle était régente et qu'elle défendait de payer les taxes. Cette défense circula non seulement dans le Nord, mais dans le Midi, en Languedoc. Cela devait tuer Armagnac ; il ne lui restait que Paris, Paris ruiné, affamé, furieux.

Le roi d'Angleterre n'avait pas à se presser ; les Français faisaient sa besogne ; ils suffisaient bien à ruiner la France. Fier de sa neutralité, de l'amitié secrète des ducs de Bourgogne et de Bretagne, négociant toujours avec les Armagnacs, il eut le bon esprit d'attendre et de ne pas venir à Paris. Il fit sagement, politiquement, la conquête de la Normandie, de la basse Normandie d'abord, puis de la haute, Caen en 1417, Rouen en 1418.

Armagnac ne pouvait s'opposer à rien. Il avait assez de peine à contenir Paris ; le duc de Bourgogne campait à Montrouge. Henri V put sans inquiétude faire le siège de cette importante ville de Caen. C'était dès lors un grand marché, un grand centre d'agriculture. Une telle ville eût résisté, si elle eût eu le moindre secours. Aussi, tout en l'attaquant, il envoyait proposer la paix à Paris. Il parlait de paix et faisait la guerre. Au milieu de cette négociation, on apprit qu'il était maître de Caen, qu'il en avait chassé toute la population, hommes, femmes et enfants, en tout vingt-cinq mille âmes, que cette capitale de la basse Normandie était devenue une ville anglaise, aussi bien qu'Harfleur et Calais.

La Normandie devait nourrir les Anglais pendant cette lente conquête. Aussi, Henri V, avec une remarquable sagesse, y assura autant qu'il put l'ordre, la continuation du travail de l'agriculture. Il fit respecter les femmes, les églises, les prêtres, les faux prêtres même (il y avait une foule de paysans qui se tonsuraient). Tout ce qui se soumettait était protégé ; tout ce qui résistait était puni. Aux prises de ville, il n'y avait point de violence ; mais le roi exceptait ordinairement de la capitulation quelques-uns des assiégés à qui il faisait couper la tête, comme ayant résisté à leur souverain légitime, roi de France et duc de Normandie.

Le roi d'Angleterre faisait si paisiblement cette promenade militaire, qu'il ne craignait pas de partager son armée en quatre corps, pour mener plusieurs sièges à la fois. Que pouvait-il craindre, en effet, lorsque le seul prince français qui fût puissant, le duc de Bourgogne, était son ami ?

L'unique affaire de celui-ci était la perte du connétable d'Armagnac. Elle ne pouvait manquer d'arriver ; il avait mangé ses dernières ressources ; il en était à fondre les châsses des saints. Ses Gascons, n'étant plus payés, disparaissaient peu à peu ; il n'en avait plus que trois mille. Il fallait qu'il employât les bourgeois à faire le guet, ces bourgeois qui le détestaient pour tant de causes, comme Gascon, comme brigand, comme schismatique. Le bourgeois de Paris dit expressément qu'il croit que cet « Armagnac est un diable en fourrure d'homme ».

Le duc de Bourgogne offrait la paix. Les Parisiens crurent un moment l'avoir. Le roi, le dauphin consentaient. Le peuple criait déjà Noël. Le connétable seul s'y opposa ; il sentait bien qu'il n'y avait pas de paix pour lui, que ce serait seulement remettre le roi entre les mains du duc de Bourgogne. Cette joie trompée jeta le peuple dans une rage muette.

Un certain Perrinet Leclerc, marchand de fer au Petit-Pont, qui avait été maltraité par les Armagnacs, s'associa quelques mauvais sujets, et prenant les clés sous le chevet de son père qui gardait la Porte Saint-Germain, il ouvrit aux Bourguignons. Le sire de l'Ile-Adam entra avec huit cents chevaliers ; quatre cents bourgeois s'y joignirent. Ils s'emparèrent du roi et de la ville. Les gens du dauphin le sauvèrent dans la Bastille. De là leurs capitaines, le Gascon Barbazan et les Bretons Rieux et Tannegui Duchâtel osèrent, quelques jours après, rentrer dans Paris pour reprendre le roi ; mais le roi était bien gardé au Louvre ; l'Ile-Adam les combattit dans les rues, le peuple se mit contre eux et les écrasa des fenêtres.

Le connétable d'Armagnac, qui s'était caché chez un maçon, fut livré et emprisonné avec les principaux de son parti. Alors rentrèrent dans la ville les ennemis des Armagnacs, et avec eux une foule de pillards. Tous ceux qu'on disait Armagnacs furent rançonnés de maison en maison. Les grands seigneurs bourguignons s'y opposèrent d'autant moins qu'eux-mêmes prenaient tant qu'ils pouvaient.

Ces revenants étaient justement les bouchers, les proscrits, les gens ruinés, ceux dont les femmes avaient été menées à Orléans (fort mal menées) par les sergents d'Armagnac. Ils arrivaient, furieux, maigres, pâles de famine. Dieu sait en quel état ils retrouvaient leurs maisons.

On disait à chaque instant que les Armagnacs rentraient dans la ville pour délivrer les leurs. Il n'y avait pas de nuit qu'on ne fût éveillé en sursaut par le tocsin. A ces continuelles alarmes, joignez la rareté des vivres ; ils ne venaient qu'à grand-peine. Les Anglais tenaient la Seine ; ils assiégeaient le Pont-de-l'Arche.

La nuit du dimanche 12 juin, un Lambert, potier d'étain, commença à pousser le peuple au massacre des prisonniers. « C'était, disait-il, le seul moyen d'en finir ; autrement, pour de l'argent, ils trouveraient moyen d'échapper. » Ces furieux coururent d'abord aux prisons de l'Hôtel de Ville. Les seigneurs bourguignons, l'Ile-Adam, Luxembourg et Fosseuse, vinrent essayer de les arrêter ; mais, quand ils se virent un millier de gentilshommes devant une masse de quarante mille hommes armés, ils ne surent dire autre chose, sinon : « Enfants, vous faites bien. » La tour du palais fut forcée, la prison Saint-Éloi, le grand Châtelet, où les prisonniers essayèrent de se défendre, puis Saint-Martin, Saint-Magloire et le Temple. Au petit Châtelet, ils firent l'appel des prisonniers ; à mesure qu'ils passaient le guichet, on les égorgeait.

Ce massacre ne peut se comparer aux 2 et 3 septembre. Ce ne fut pas une exécution par des bouchers à tant par jour. Ce fut un vrai massacre populaire, exécuté par une populace en furie. Ils tuaient tout, au hasard, même les prisonniers pour dettes. Deux présidents du Parlement, d'autres magistrats périrent, des évêques même. Cependant, à Saint-Éloi, trouvant l'abbé de Saint-Denis qui disait la messe aux prisonniers et tenait l'hostie, ils le menacèrent, brandirent sur lui le couteau ; mais, comme il ne lâcha point le corps du Christ, ils n'osèrent pas le tuer.

Seize cents personnes périrent du dimanche matin au lundi matin. Tout ne fut pas aux prisons ; on tua aussi dans les rues : si l'on voyait passer son ennemi, on n'avait qu'à crier à l'Armagnac, il était mort. Une femme grosse fut éventrée ; elle resta nue dans la rue, et comme on voyait l'enfant remuer, la canaille disait : « Vois donc, ce petit chien remue encore. » Mais personne n'osa le prendre. Les prêtres du parti bourguignon ne baptisaient pas les petits Armagnacs, afin qu'ils fussent damnés.

Les enfants des rues jouaient avec les cadavres. Le corps du connétable et d'autres restèrent trois jours dans le palais, à la risée des passants. Ils s'étaient avisés de lui lever dans le dos une bande de peau, afin que lui aussi, il portât sa bande blanche d'Armagnac. La puanteur força enfin de jeter tous les débris dans des tombereaux, puis, sans prêtres ni prières, dans une fosse ouverte au Marché-aux-Pourceaux.

Les gens du Bourguignon, effrayés eux-mêmes, le pressaient de venir à Paris. Il y fit en effet son entrée avec la reine. Ce fut une grande joie pour le peuple ; ils criaient de toutes leurs forces : « Vive le roi ! vive la reine ! vive le duc ! vive la paix ! »

La paix ne vint pas, les vivres non plus. Les Anglais tenaient la rivière par en bas, par en haut les Armagnacs étaient maîtres de Melun. Une sorte d'épidémie commença dans Paris et les campagnes voisines, qui emporta cinquante mille hommes. Ils se laissaient mourir ; l'abattement était extrême, après la fureur. Les meurtriers surtout ne résistèrent pas : ils repoussaient les consolations, les sacrements ; sept ou huit cents moururent à l'Hôtel-Dieu désespérés. On en vit un courir dans les rues en criant : « Je suis damné ! » Et il se jeta dans un puits la tête la première.

D'autres pensèrent, tout au contraire, que, si les choses allaient si mal, c'est qu'on n'avait pas assez tué. Il se trouva, non seulement parmi les bouchers, mais dans l'Université même, des gens qui criaient en chaire qu'il n'y avait pas de justice à attendre des princes, qu'ils allaient mettre les prisonniers à rançon et les relâcher plus aigris et plus méchants encore. Le 21 août, par une extrême chaleur, un formidable rassemblement s'ébranle vers les prisons, une foule à pied, en tête la Mort même à cheval, le bourreau de Paris, Capeluche. Cette masse va fondre au grand Châtelet ; les prisonniers se défendent, du consentement des geôliers. Mais les assassins entrent par le toit : tout est tué, prisonniers et geôliers. Même scène au petit Châtelet. Puis les voilà devant la Bastille. Le duc de Bourgogne y vient, sans troupes, voulant rester à tout prix le favori de la populace ; il les prie honnêtement de se retirer, leur dit de bonnes paroles. Mais rien n'opérait. Il avait beau montrer de la confiance, de la bonhomie, se faire petit, jusqu'à toucher dans la main au chef (le chef, c'était le bourreau). Il en fut pour cette honte. Tout ce qu'il obtint, ce fut une promesse de mener les prisonniers au Châtelet ; alors il les livra. Arrivés au Châtelet, ils y trouvèrent d'autres gens du peuple qui n'avaient rien promis et qui les massacrèrent.

Le duc de Bourgogne avait joué là un triste rôle. Il fut enragé de s'être ainsi avili. Il engagea les massacreurs à aller assiéger les Armagnacs à Montlhéry pour rouvrir la route aux blés de la Beauce. Puis il fit fermer la porte derrière eux et couper la tête à Capeluche. En même temps, pour consoler le parti, il fait décapiter quelques magistrats armagnacs.

Ce Capeluche, qui paya si cher l'honneur d'avoir touché la main d'un prince du sang, était un homme original dans son métier, point furieux, et qui se piquait de tuer par principe et avec intelligence. Il tira un bourgeois du massacre au péril de sa vie. Quand il lui fallut franchir le pas à son tour, il montra à son valet comment il devait s'y prendre.

Le duc de Bourgogne, en devenant maître de Paris, avait succédé à tous les embarras du connétable d'Armagnac. Il lui fallait à son tour gouverner la grande ville, la nourrir, l'approvisionner ; cela ne pouvait se faire qu'en tenant les Armagnacs et les Anglais à distance, c'est-à-dire en faisant la guerre, en rétablissant les taxes qu'il venait de supprimer, en perdant sa popularité.

Le rôle équivoque qu'il avait joué si longtemps, accusant les autres de trahison, tandis qu'il trahissait, ce rôle devait finir. Les Anglais remontant la Seine, menaçant Paris, il fallait lâcher Paris ou les combattre. Mais avec son éternelle tergiversation et sa duplicité, il avait énervé son propre parti ; il ne pouvait plus rien ni pour la paix ni pour la guerre. Juste jugement de Dieu ; son succès l'avait perdu ; il était entré, tête baissée, dans une longue et sombre impasse, où il n'y avait plus moyen d'avancer ni de reculer.

Le peuple de Rouen, de Paris, qui l'avait appelé, était Bourguignon sans doute et ennemi des Armagnacs, mais encore plus des Anglais. Il s'étonnait, dans sa simplicité, de voir que ce bon duc ne fît rien contre l'ennemi du royaume. Ses plus chauds partisans commençaient à dire « qu'il était en toutes ses besognes le plus long homme qu'on pût trouver ». Cependant, que pouvait-il faire ? appeler les Flamands ; un traité tout récent avec l'Anglais ne le lui permettait pas. Les Bourguignons ? ils avaient assez à faire de se garder contre les Armagnacs. Ceux-ci tenaient le centre, Sens, Moret, Crécy, Compiègne, Montlhéry, un cercle de villes autour de Paris, Meaux et Melun; c'est-à-dire la Marne et la haute Seine. Tout ce dont il put disposer, sans dégarnir Paris, il l'envoya à Rouen ; c'étaient quatre mille cavaliers.

On pouvait prévoir de longue date que Rouen serait investi. Henri V s'en était approché avec une extrême lenteur. Non content d'avoir derrière lui deux grandes colonies anglaises, Harfleur et Caen, il avait complété la conquête de la basse Normandie par la prise de Falaise, de Vire, de Saint-Lô, de Coutance et d'Evreux. Il tenait la Seine, non seulement par Harfleur, mais par le Pont-de-l'Arche. Il avait déjà rétabli un peu l'ordre, rassuré les gens d'Église, invité les absents à revenir, leur promettant appui et déclarant qu'autrement il disposerait de leurs terres ou de leurs bénéfices. Il rouvrit l'échiquier et les autres tribunaux, et leur donna pour président suprême son grand trésorier de Normandie. Il réduisit presque à rien l'impôt du sel, « en l'honneur de la sainte Vierge ».

Peu de rois avaient été plus heureux à la guerre, mais la guerre était son moindre moyen. Henri V était, ses actes en témoignent, un esprit politique, un homme d'ordre, d'administration, et en même temps de diplomatie. Il avançait lentement, parlementant toujours, exploitant toutes les peurs, tous les intérêts, profitant à merveille de la dissolution profonde du pays auquel il avait affaire, fascinant de sa ruse, de sa force, de son invincible fortune, des esprits vacillants qui n'avaient plus rien où se prendre, ni principe ni espoir ; personne en ce malheureux pays ne se fiait plus à personne, tous se méprisaient eux-mêmes.

Il négociait infatigablement, toujours, avec tous ; avec ses prisonniers d'abord, c'était le plus facile. Les tenant sous la main, tristement, durement, il eut bon marché de leur fermeté.

Chacun des princes n'eut au commencement qu'un serviteur français. Du reste honorablement, bon lit, sans doute bonne table ; mais le besoin d'activité n'en était que plus grand ; ils se mouraient d'ennui. Chaque fois que le roi d'Angleterre revenait dans son île, il faisait visite « à ses cousins d'Orléans et de Bourbon » ; il leur parlait amicalement, confidentiellement. Une fois il leur disait : « Je vais rentrer en campagne ; et pour cette fois, je n'y épargne rien ; je m'y retrouverai toujours ; les Français en feront les frais. » Une autre fois, prenant un air triste : « Je m'en vais bientôt à Paris... C'est dommage, c'est un brave peuple. Mais que faire ? le courage ne peut rien, s'il y a division. »

Ces confidences amicales étaient faites pour désespérer les prisonniers. Ce n'étaient pas des Régulus. Ils obtinrent d'envoyer en leur nom le duc de Bourbon pour décider le roi de France à faire la paix au plus vite, en passant par toutes les conditions d'Henri ; qu'autrement ils se feraient Anglais et lui rendraient hommage pour toutes leurs terres.

C'était un terrible dissolvant, une puissante contagion de découragement, que ces prisonniers d'Azincourt qui venaient prêcher la soumission à tout prix. Cela aidait aux négociations qu'Henri menait de front avec tous les princes de France. Dès l'ouverture de la campagne, au mois de mars 1418, il renouvela les trêves avec la Flandre et le duc de Bourgogne. En juillet, il en signa une pour la Guyenne ; le 4 août, il prorogea la trêve avec le duc de Bretagne. Il accueillait avec la même complaisance les sollicitations de la reine de Sicile, comtesse d'Anjou et du Maine. Ce roi pacifique n'avait rien plus à cœur que d'éviter l'effusion du sang chrétien. Tout en accordant des trêves particulières, il écoutait les propositions continuelles de paix générale que les deux partis lui faisaient ; il prêtait impartialement une oreille au dauphin, l'autre au duc de Bourgogne, mais il n'en était pas tellement préoccupé qu'il ne mît la main sur Rouen.

Dès la fin de juin, il avait fait battre la campagne de sorte que les moissons ne pussent arriver à Rouen et que la ville ne fût point approvisionnée. Il avait importé pour cela huit mille Irlandais, presque nus, des sauvages, qui n'étaient ni armés ni montés, mais qui, allant partout à pied, sur de petits chevaux de montagne, sur des vaches, mangeaient ou prenaient tout. Ils enlevaient les petits enfants pour qu'on les rachetât. Le paysan était désespéré.

Quinze mille hommes de milice dans Rouen, quatre mille cavaliers, en tout peut-être soixante mille âmes, c'était tout un peuple à nourrir. Henri, sachant bien qu'il n'avait rien à craindre ni des Armagnacs dispersés, ni du duc de Bourgogne, qui venait de lui demander encore une trêve pour la Flandre, ne craignit pas de diviser son armée en huit ou neuf corps, de manière à embrasser la vaste enceinte de Rouen. Ces corps communiquaient par des tranchées qui les abritaient du boulet ; vers la campagne, ils étaient défendus d'une surprise par des fossés profonds revêtus d'épines. Toute l'Angleterre y était, les frères du roi, Glocester, Clarence, son connétable Cornwall, son amiral Dorset, son grand négociateur Warwick, chacun à une porte.

Il s'attendait à une résistance opiniâtre ; son attente fut surpassée. Un vigoureux cabochien fermentait à Rouen. Le chef des albalétriers, Alain Blanchard, et les autres chefs rouennais semblent avoir été liés avec le carme Pavilly, l'orateur de Paris en 1413. Le Pavilly de Rouen était le chanoine Delivet. Ces hommes défendirent Rouen pendant sept mois, tinrent sept mois en échec cette grande armée anglaise. Le peuple et le clergé rivalisèrent d'ardeur ; les prêtres excommuniaient, le peuple combattait ; il ne se contentait pas de garder ses murailles, il allait chercher les Anglais, il sortait en masse, « et non par une porte, ni par deux, ni par trois, mais à la fois par toutes les portes ».

La résistance de Rouen eût peut-être été plus longue encore, si pendant qu'elle combattait elle n'eût eu une révolution dans ses murs. La ville était pleine de nobles et croyait être trahie par eux. Déjà en 1415, les voyant faire peu de résistance aux Anglais descendus en Normandie, le peuple s'était soulevé et avait tué le bailli armagnac. Les nobles bourguignons n'inspirèrent pas plus de confiance. Le peuple crut toujours qu'ils le trahissaient. Dans une sortie, les gens de Rouen, attaquant les retranchements des Anglais, apprennent que le pont sur lequel ils doivent repasser vient d'être scié en dessous. Ils accusèrent leur capitaine, le sire de Bouteiller. Celui-ci ne justifia que trop de ces accusations après la reddition de la ville ; il se fit Anglais et reçut des fiefs de son nouveau maître.

Les gens de Rouen ne tardèrent pas à souffrir cruellement de la famine. Ils parvinrent à faire passer un de leurs prêtres jusqu'à Paris. Ce prêtre fut amené devant le roi par le carme Pavilly, qui parla pour lui ; puis l'homme de Rouen prononça ces paroles solennelles : « Très excellent prince et seigneur, il m'est enjoint de par les habitants de la ville de Rouen de crier contre vous, et aussi contre vous, sire de Bourgogne, qui avez le gouvernement du roi et de son royaume, *le grand haro,* lequel signifie l'oppression qu'ils ont des Anglais ; ils vous mandent et font savoir par moi que si, par faute de votre secours, il convient qu'ils soient sujets du roi d'Angleterre, vous n'aurez en tout le monde pires ennemis qu'eux, et s'ils peuvent, ils détruiront vous et votre génération. »

Le duc de Bourgogne promit qu'il enverrait du secours. Le secours ne fut autre chose qu'une ambassade. Les Anglais la reçurent, comme à l'ordinaire, volontiers ; cela servait toujours à énerver et à endormir. Ambassade du duc de Bourgogne au Pont-de-l'Arche, ambassade du dauphin à Alençon.

Outre les cessions immenses du Traité de Bretigny, le duc de Bourgogne offrait la Normandie ; le dauphin proposait, non la Normandie, mais la Flandre et l'Artois, c'est-à-dire les meilleures provinces du duc de Bourgogne.

Le clerc anglais Morgan, chargé de prolonger quelques jours ces négociations, dit enfin aux gens du dauphin : « Pourquoi négocier ? Nous avons des lettres de votre maître au duc de Bourgogne, par lesquelles il lui propose de s'unir contre vous. » Les Anglais amusèrent de même le duc de Bourgogne et finirent par dire : « Le roi est fol, le dauphin mineur, et le duc de Bourgogne n'a pas qualité pour rien céder en France. »

Ces comédies diplomatiques n'arrêtaient pas la tragédie de Rouen. Le roi d'Angleterre, croyant faire peur aux habitants, avait dressé des gibets autour de la ville, et il y faisait pendre des prisonniers. D'autre part il barra la Seine avec un pont de bois, des chaînes et des navires, de sorte que rien ne pût passer. Les Rouennais de bonne heure semblaient réduits aux dernières extrémités, et ils résistèrent six mois encore ; ce fut un miracle. Ils avaient mangé les chevaux, les chiens et les chats. Ceux qui pouvaient encore trouver quelque aliment, tant fût-il immonde, ils se gardaient bien de le montrer ; les affamés se seraient jetés dessus. La plus horrible nécessité, c'est qu'il fallut faire sortir de la ville tout ce qui ne pouvait pas combattre, douze mille vieillards, femmes et enfants. Il fallut que le fils mît son vieux père à la porte, le mari sa femme ; ce fut là un déchirement. Cette foule déplorable vint se présenter aux retranchements anglais ; ils y furent reçus à la pointe de l'épée. Repoussés également de leurs amis et de leurs ennemis, ils restèrent entre le camp et la ville, dans le fossé, sans autre aliment que l'herbe qu'ils arrachaient. Ils y passèrent l'hiver sous le ciel. Des femmes, hélas ! y accouchèrent... et alors les gens de Rouen, voulant que l'enfant fût au moins baptisé, le montaient par une corde ; puis on le redescendait, pour qu'il allât mourir avec sa mère. On ne dit pas que les Anglais aient eu cette charité ; et pourtant leur camp était plein de prêtres, d'évêques ; il y avait entre autres le primat d'Angleterre, archevêque de Cantorbéry.

Au grand jour de Noël, lorsque tout le monde chrétien dans la joie célèbre par de douces réunions de famille la naissance du petit Jésus, les Anglais se firent scrupule de faire bombance sans jeter des miettes à ces affamés. Deux prêtres anglais descendirent parmi les spectres du fossé et leur apportèrent du pain. Le roi fit dire aussi aux habitants qu'il voulait bien leur donner des vivres pour le saint jour de Noël ; mais nos Français ne voulurent rien recevoir de l'ennemi.

Cependant le duc de Bourgogne commençait à se mettre en mouvement. Et d'abord il alla de Paris à Saint-Denis. Là, il fit prendre au roi solennellement l'oriflamme ; cruelle dérision ; ce fut pour rester à Pontoise, longtemps à Pontoise, longtemps à Beauvais. Il y reçut encore un homme de Rouen qui s'était dévoué pour risquer le passage ; c'était le dernier messager, la voix d'une ville expirante ; il dit simplement que dans Rouen et la banlieue il était mort cinquante mille hommes de faim. Le duc de Bourgogne fut touché, il promit du secours, puis débarrassé du messager, et comptant bien sans doute ne plus entendre parler de Rouen, il tourna le dos à la Normandie et mena le roi à Provins.

Il fallut donc se rendre. Mais le roi d'Angleterre, croyant utile de faire un exemple pour une si longue résistance, voulait les avoir à merci. Les Rouennais, qui savaient ce que c'était que la merci d'Henri V, prirent la résolution de miner un mur, et de sortir par là la nuit les armes à la main, à la grâce de Dieu. Le roi et les évêques réfléchirent, et l'archevêque de Cantorbéry vint lui-même offrir une capitulation : 1° La vie sauve, cinq hommes exceptés ; ceux des cinq qui étaient riches ou gens d'Église se tirèrent d'affaire ; Alain Blanchart paya pour tous ; il fallait à l'Anglais une exécution, pour constater que la résistance avait été rébellion au roi légitime. 2° Pour la même raison, Henri assura à la ville tous les privilèges que les rois de France, ses ancêtres, lui avaient accordés, *avant l'usurpation de Philippe de Valois.* 3° Mais elle dut payer une terrible amende, trois cent mille écus d'or, moitié en janvier (on était déjà au 19 janvier), moitié en février. Tirer cela d'une ville dépeuplée, ruinée, ce n'était pas chose facile. Il y avait à parier que ces débiteurs insolvables feraient plutôt cession de biens, qu'ils se sauveraient tous de la ville, et que le créancier se trouverait n'avoir pour gage que des maisons croulantes. – On y pourvut ; la ville fut contrainte par corps ; tous les habitants consignés jusqu'à parfait paiement. Des gardes étaient mis aux portes ; pour sortir, il fallait montrer un billet qu'on achetait fort cher. Ces billets parurent une si heureuse invention de police et d'un si bon rapport, que désormais on en exigea partout. La Normandie entière devint une geôle anglaise. Ce gouvernement sage et dur ajouta à ces rigueurs un bienfait, qui parut une rigueur encore : l'unité de poids, de mesures et d'aunage, poids de Troyes, mesure de Rouen et d'Arques, aunage de Paris.

Le roi d'Angleterre, occupé d'organiser le pays conquis, accorda une trêve aux deux partis français, aux Bourguignons et aux Armagnacs. Il avait besoin de refaire un peu son armée. Il lui fallait surtout ramasser de l'argent et s'acquitter envers les évêques qui lui en avaient prêté pour cette longue expédition. L'Église lui faisait la banque, mais en prenant ses sûretés ; tantôt les évêques se faisaient assigner par lui le produit d'un impôt ; tantôt ils lui prêtaient sur gage, sur ses joyaux, sur sa couronne, par exemple. Voilà sans doute pourquoi ils suivaient le camp en grand nombre. A chaque conquête, ils pouvaient récupérer leurs avances, occupant les bénéfices vacants, les administrant, en percevant les fruits. Si les absents s'obstinaient à ne pas revenir, le roi disposait de leurs bénéfices, de leurs héritages, en faveur de ceux qui le suivaient. La terre ne manquait pas. Beaucoup de gens aimaient mieux tout perdre que de revenir. Le pays de Caux était désert ; il se peuplait de loups ; le roi y créa un louvetier.

Ce grand succès de la prise de Rouen exalta l'orgueil d'Henri V et obscurcit un moment cet excellent esprit ; telle est la faiblesse de notre nature. Il se crut si sûr de réussir qu'il fit tout ce qu'il fallait pour échouer.

Chose étrange, et pourtant certaine, ce conquérant de la France n'avait encore qu'une province, et déjà la France ne lui suffisait plus. Il commençait à se mêler des affaires d'Allemagne. Il y voulait marier son frère Bedford ; la désorganisation de l'Empire l'encourageait sans doute ; un frère du roi d'Angleterre, c'était bien assez pour faire un empereur ; témoin le frère d'Henri III, Richard de Cornouailles. Déjà Henri V marchandait l'hommage des archevêques et autres princes du Rhin.

Autre folie, et plus folle. Il voulait faire adopter son jeune frère, Glocester, à la reine de Naples, et provisoirement se faire donner le port de Brindes et le duché de Calabre. Brindes était un lieu d'embarquement pour Jérusalem ; l'Italie était pour Henri le chemin de la Terre sainte ; déjà ses envoyés prenaient des informations en Syrie. En attendant, ce projet lui faisait un ennemi mortel du roi d'Aragon, Alfonse le

Magnanime, prétendant à l'adoption de Naples ; il mettait d'accord contre lui les Aragonais et les Castillans, deux puissances maritimes. Dès lors la Guyenne, l'Angleterre même étaient en péril. Naguère les Castillans, conduits par un Normand, amiral de Castille, avaient gagné sur les Anglais une grande bataille navale. Leurs vaisseaux devaient sans difficulté, ou ravager les côtes d'Angleterre, ou tout au moins aller en Écosse, chercher les Écossais et les amener comme auxiliaires au dauphin.

Henri V voyait si peu son danger du côté du dauphin, de l'Écosse et de l'Espagne, qu'il ne craignit pas de mécontenter le duc de Bourgogne. Celui-ci, misérablement dépendant des Anglais pour les trêves de Flandre, avait essayé de fléchir Henri. Il lui demanda une entrevue, et lui proposa d'épouser la fille de Charles VI, avec la Guyenne et la Normandie ; mais il voulait encore la Bretagne comme dépendance de la Normandie, et de plus le Maine, l'Anjou et la Touraine. Le duc de Bourgogne n'avait pas craint d'amener à cette triste négociation la jeune princesse, comme pour voir si elle plairait. Elle plut, mais l'Anglais n'en fut pas moins dur, moins insolent ; cet homme, qui ordinairement parlait peu et avec mesure, s'oublia jusqu'à dire : « Beau cousin, sachez que nous aurons la fille de votre roi, et le reste, ou que nous vous mettrons, lui et vous, hors de ce royaume. »

Le roi d'Angleterre ne voulait pas traiter sérieusement ; et le duc de Bourgogne avait près de lui des gens qui le suppliaient de traiter avec eux, les gens du dauphin, deux braves qui commandaient ses troupes, Barbazan et Tannegui Duchâtel. Il était bien temps que la France se réconciliât, si près de sa perte. Le Parlement de Paris et celui de Poitiers y travaillaient également ; la reine aussi, et plus efficacement, car elle employait près du duc de Bourgogne une belle femme, pleine d'esprit et de grâce, qui parla, pleura, et trouva moyen de toucher cette âme endurcie.

Le 11 juillet, on vit au ponceau de Pouilly ce spectacle singulier : le duc de Bourgogne au milieu des anciens serviteurs du duc d'Orléans, parmi les frères et les parents des prisonniers d'Azincourt et des égorgés de Paris. Il voulut lui-même s'agenouiller devant le dauphin. Un traité d'amitié, de secours mutuel, fut signé, subi par les uns et les autres. Il fallait voir aux preuves ce que deviendrait cette amitié entre gens qui avaient de si bonnes raisons de se haïr.

Les Anglais n'étaient pas sans inquiétude. Sept jour après ce traité, le 18 juillet, Henri V dépêcha de nouveaux négociateurs pour renouer l'affaire du mariage. Ce qui est plus étrange, ce qui étonnera ceux qui ne savent pas combien les Anglais sortent aisément de leur caractère quand leur intérêt l'exige, c'est qu'il devint tout à coup empressé et galant ; il envoya à la princesse un présent considérable de joyaux. Il est vrai que les gens du dauphin arrêtèrent ces joyaux en route ; ils crurent pouvoir porter au frère ce qu'on destinait à la sœur.

Le roi d'Angleterre eut bientôt lieu de se rassurer. Le duc de

Bourgogne, quoi qu'il fît, ne pouvait sortir de la situation équivoque où le plaçait l'intérêt de la Flandre. Son traité avec le dauphin ne rompit pas les négociations qu'il avait engagées depuis le mois de juin pour continuer la trêve entre la Flandre et l'Angleterre. Le 28 juillet, à Londres, le duc de Bedford proclame le renouvellement des trêves. Le 29, près de Paris, les Bourguignons en garnison à Pontoise se laissèrent surprendre par les Anglais ; les habitants fugitifs arrivèrent à Paris et y jetèrent une extrême consternation. Elle augmenta lorsque, le 30, le duc de Bourgogne, emmenant précipitamment le roi de Paris à Troyes, passa sous les murs de Paris sans y entrer, sans pourvoir à la défense des Parisiens éperdus, autrement qu'en nommant capitaine de la ville son neveu, enfant de quinze ans.

D'après tout cela, les gens du dauphin crurent, à tort ou à droit, qu'il s'entendait avec les Anglais. Ils savaient que les Parisiens étaient fort irrités de l'abandon où les laissait leur bon duc, sur lequel ils avaient tant compté. Ils crurent que le duc de Bourgogne était un homme ruiné, perdu. Et alors, la vieille haine se réveilla d'autant plus forte qu'enfin la vengeance parut possible après tant d'années. Ajoutez que le parti du dauphin était alors dans la joie d'une victoire navale des Castillans sur les Anglais ; ils savaient que les armées réunies de Castille et d'Aragon allaient assiéger Bayonne, qu'enfin les flottes espagnoles devaient amener au dauphin des auxiliaires écossais. Ils croyaient que le roi d'Angleterre, attaqué ainsi de plusieurs côtés, ne saurait où courir.

Le dauphin, enfant de seize ans, était fort mal entouré. Ses principaux conseillers étaient son chancelier Maçon et Louvet, président de Provence, deux légistes, de ces gens qui avaient toujours pour justifier chaque crime royal une sentence de lèse-majesté. Il avait aussi pour conseillers des hommes d'armes, de braves brigands armagnacs, gascons et bretons, habitués depuis dix ans à une petite guerre de surprises, de coups fourrés, qui ressemblaient fort aux assassinats.

Les serviteurs du duc lui disaient presque tous qu'il périrait dans l'entrevue que le dauphin lui demandait. Les gens du dauphin s'étaient chargés de construire sur le pont de Montereau la galerie où elle devait avoir lieu, une longue et tortueuse galerie de bois ; point de barrière au milieu, contre l'usage qu'on observait toujours dans cet âge défiant. Malgré tout cela, il s'obstina d'y aller ; la dame de Giac, qui ne le quittait point, le voulut ainsi.

Le duc tardant à venir, Tannegui Duchâtel alla le chercher. Le duc n'hésita plus ; il lui frappa sur l'épaule, en disant : « Voici en qui je me fie. » Duchâtel lui fit hâter le pas ; le dauphin, disait-il, attendait ; de cette manière il le sépara de ses hommes, de sorte qu'il entra seul dans la galerie avec le sire de Navailles, frère du captal de Buch, qui servait les Anglais et venait de prendre Pontoise. Tous deux y furent égorgés (10 septembre 1419).

L'altercation qui eut lieu est diversement rapportée. Selon l'historien ordinairement le mieux informé, les gens du dauphin lui auraient dit durement : « Approchez donc enfin, monseigneur, vous avez bien tardé ! » A quoi il aurait répondu que « c'était le dauphin qui tardait à agir, que sa lenteur et sa négligence avaient fait bien du mal dans le royaume ». Selon un autre récit, il aurait dit qu'on ne pouvait traiter qu'en présence du roi, que le dauphin devait y venir ; le sire de Navailles, mettant la main sur son épée, de l'autre saisissant le bras du jeune prince, aurait crié, avec la violence méridionale de la maison de Foix : « Que vous le veuillez ou non, vous y viendrez, monseigneur. » Ce récit, qui est celui des Dauphinois, n'en est pas moins assez croyable ; ils avouent, comme on voit, que leur plus grande crainte était que le dauphin ne leur échappât, qu'il ne revînt près de son père et du duc de Bourgogne.

Tannegui Duchâtel assura toujours qu'il n'avait pas frappé le duc. D'autres s'en vantèrent. L'un d'eux, le Bouteiller, disait : « J'ai dit au duc de Bourgogne : « Tu as coupé le poing au duc d'Orléans, mon maître, je vais te couper le tien. »

Quelque peu regrettable que fût le duc de Bourgogne, sa mort fit un mal immense au dauphin. Jean sans Peur était tombé bien bas, lui et son parti. Il n'y avait bientôt plus de Bourguignons. Rouen ne pouvait jamais oublier qu'il l'avait laissé sans secours. Paris, qui lui était si dévoué, s'en voyait de même abandonné au moment du péril. Tout le monde commençait à le mépriser, à le haïr. Tous, dès qu'il fut tué, se retrouvèrent Bourguignons.

La lassitude était extrême, les souffrances inexprimables ; on fut trop heureux de trouver un prétexte pour céder. Chacun s'exagéra à lui-même sa pitié et son indignation. La honte d'appeler l'étranger se couvrit d'un beau semblant de vengeance. Au fond, Paris céda, parce qu'il mourait de faim. La reine céda, parce qu'après tout, si son fils n'était roi, sa fille au moins serait reine. Le fils du duc de Bourgogne, Philippe le Bon, était le seul sincère ; il avait son père à venger. Mais sans doute aussi il croyait y trouver son compte ; la branche de Bourgogne grandissait en ruinant la branche aînée, en mettant sur le trône un étranger qui n'aurait qu'un pied de ce côté du détroit, et qui, s'il était sage, gouvernerait la France par le duc de Bourgogne.

Il ne faut pas croire que Paris ait appelé facilement l'étranger. Il avait été amené à cette dure extrémité par des souffrances dont rien peut-être, sauf le siège de 1590, n'a donné l'idée depuis. Si l'on veut voir comment les longues misères abaissent et matérialisent l'esprit, il faut lire la chronique d'un Bourguignon de Paris qui écrivait jour par jour. Ce désolant petit livre fait sentir à la lecture quelque chose des misères et de la brutalité du temps. Quand on vient de lire le placide et judicieux religieux de Saint-Denis, et que de là on passe au journal de ce furieux Bourguignon, il semble qu'on change, non d'auteur seulement, mais de siècle ; c'est comme un âge barbare qui commence. L'instinct brutal des besoins physiques y domine tout ; partout un accent de misère, une âpre voix de famine. L'auteur n'est préoccupé que du prix des vivres, de la difficulté des arrivages ; les blés sont chers, les légumes ne viennent plus, les fruits sont hors de prix, la vendange est mauvaise, l'ennemi récolte pour nous. En deux mots, c'est là le livre : « J'ai faim ; j'ai froid », ce cri déchirant que l'auteur entendait sans cesse dans les longues nuits d'hiver.

Paris laissa donc faire les Bourguignons, qui avaient encore toute autorité dans la ville. Le jeune Saint-Pol, neveu du duc de Bourgogne et capitaine de Paris, fut envoyé en novembre au roi d'Angleterre avec maître Eustache Atry, « au nom de la cité, du clergé et de la commune ». Il les reçut à merveille, déclarant qu'il ne voulait que la possession indépendante de ce qu'il avait conquis et la main de la princesse Catherine. Il disait gracieusement : « Ne suis-je pas moi-même du sang de France ? Si je deviens gendre du roi, je le défendrai contre tout homme qui puisse vivre et mourir. »

Il eut plus qu'il ne demandait. Ses ambassadeurs, encouragés par les dispositions du nouveau duc de Bourgogne, réclamèrent le droit de leur maître à la couronne de France, et le duc reconnut ce droit (2 décembre 1419). Le roi d'Angleterre avait mis trois ans à conquérir la Normandie ; la mort de Jean sans Peur sembla lui donner la France en un jour.

Le traité conclu à Troyes au nom de Charles VI assurait au roi d'Angleterre la main de la fille du roi de France et la survivance du royaume : « Est accordé que tantôt *après nostre trépas,* la couronne et royaume de France demeureront et *seront perpétuellement* à nostre dit fils le roy Henri et à ses hoirs... La faculté et l'*exercice de gouverner* et ordonner la chose publique dudit royaume, seront et demeureront, *notre vie durant,* à nostre dit fils le roi Henri, avec le conseil des nobles et sages dudit royaume... Durant nostre vie, les lettres concernées en justice devront être écrites et procéder sous nostre nom et scel ; toutefois, pour ce qu'aucuns cas singuliers pourraient advenir... il sera loisible à nostre fils... écrire ses lettres à nos sujets, par lesquels il mandera, défendra et commandera, de par nous *et de par lui, comme régent..* »

Après ceci, l'article suivant n'était-il pas dérisoire ? « Toutes conquestes qui se feront par nostre dit fils le roi Henri sur les désobéissants, seront et se feront *à notre profit.* »

Ce traité monstrueux finissait dignement par ces lignes, où le roi proclamait le déshonneur de sa famille, où le père proscrivait son fils : « Considéré les horribles et énormes crimes et délits perpétrés audit royaume de France par Charles, *soi-disant dauphin* de Viennois, il est accordé que nous, notre dit fils le roi, et aussi notre très cher fils Philippe, duc de Bourgogne, *ne traiterons aucunement de paix* ni de concorde avec que ledit Charles, ni traiterons ou ferons traiter, sinon du consentement et du conseil de tous et chacun de nous trois, et des trois états des deux royaumes dessusdits. »

Ce mot honteux, *soi-disant dauphin,* fut payé comptant à la mère. Isabeau se fit assigner immédiatement deux mille francs par mois, à prendre sur la monnaie de Troyes. A ce prix, elle renia son fils et livra sa fille. L'Anglais prenait tout à la fois au roi de France son royaume et son enfant. La pauvre demoiselle était obligée d'épouser un maître ; elle lui apportait en dot la ruine de son frère. Elle devait recevoir un ennemi dans son lit, lui enfanter des fils maudits de la France.

Il eut si peu d'égard pour elle que, le matin même de la nuit des noces, il partit pour le siège de Sens. Cet implacable chasseur d'hommes court ensuite à Montereau. Et ne pouvant réduire le château, il fait pendre les prisonniers au bord des fossés. C'était pourtant le premier mois de son mariage, le moment où il n'y a point de cœur qui n'aime et ne pardonne ; sa jeune Française était enceinte ; il n'en traitait pas mieux les Français.

Avec toute cette impétuosité, il fallut bien qu'il patientât devant Melun ; le brave Barbazan l'y arrêta plusieurs mois. Le roi d'Angleterre employa tous les moyens, amena au siège Charles VI et les deux reines, se présentant comme gendre du roi de France, parlant au nom de son beau-père, se servant de sa femme comme d'amorce et de piège. Toutes ces habiletés ne réussirent pas. Les assiégés résistèrent vaillamment ; il y eut des combats acharnés autour des murs et sous les murs, dans les mines et contremines, et Henri lui-même ne s'y épargna pas. Cependant les vivres manquant, il fallut se rendre. L'Anglais, selon son usage, excepta de la capitulation et fit tuer plusieurs bourgeois, tout ce qu'il y avait d'Écossais dans la place, et jusqu'à deux moines.

Pendant le siège de Melun, il s'était fait livrer Paris par les Bourguignons, les quatre forts, Vincennes, la Bastille, le Louvre et la Tour de Nesle. Il fit son entrée en décembre. Il chevauchait entre le roi de France et le duc de Bourgogne. Celui-ci était vêtu de deuil, en signe de douleur et de vengeance ; par pudeur aussi peut-être, pour s'excuser du triste personnage qu'il faisait en amenant l'étranger. Le roi d'Angleterre était suivi de ses frères, les ducs de Clarence et de Bedford, du duc d'Exeter, du comte de Warwick et de tous ses lords. Derrière lui, on portait, entre autres bannières, sa bannière personnelle, la lance à queue de renard ; c'était apparemment un signe qu'il avait pris jadis, en bon *fox-hunter,* dans sa vive jeunesse ; homme fait, roi et victorieux, il gardait avec une insolente simplicité le signe du chasseur dans cette grande chasse de France.

Le roi d'Angleterre fut bien reçu à Paris. Ce peuple sans cœur (la misère l'avait fait tel) accueillit l'étranger, comme il eût accueilli la paix elle-même. Les gens d'Église vinrent en procession au-devant des deux rois leur faire baiser les reliques. On les mena à Notre-Dame, où ils firent leur prière au grand autel. De là le roi de France alla se loger à sa maison de Saint-Pol ; le vrai roi, le roi d'Angleterre, s'établit dans la bonne forteresse du Louvre (décembre 1420).

Il prit possession, comme régent de France, en assemblant les états le 6 décembre 1420 et leur faisant sanctionner le Traité de Troyes.

Pour que le gendre fût sûr d'hériter, il fallait que le fils fût proscrit. Le duc de Bourgogne et sa mère vinrent par-devant le roi de France, siégeant comme juge à l'hôtel Saint-Pol, faire « grand-plainte et clameur de la piteuse mort de feu le duc Jean de Bourgogne ». Le roi d'Angleterre était assis sur le même banc que le roi de France, messire Nicolas Raulin demanda, au nom du duc de Bourgogne et de sa mère, que Charles, soi-disant dauphin, Tannegui Duchâtel et tous les assassins du duc de Bourgogne fussent menés dans un tombereau la torche au poing, par les carrefours, pour faire amende honorable. L'avocat du roi prit les mêmes conclusions. L'Université appuya. Le roi autorisa la poursuite, et Charles ayant été crié et cité à la Table de marbre, pour comparaître sous trois jours devant le Parlement, fut, par défaut, condamné au bannissement et débouté de tout droit à la couronne de France (3 janvier 1421).

CHAPITRE III

Suite - Concile de Constance - 1414-1418 - Mort de Charles VI et d''Henri V - 1422 - Deux rois de France - Charles VII et Henri VI

Dans les années 1421 et 1422, l'Anglais résida souvent au Louvre, exerçant les pouvoirs de la royauté, faisant justice et grâce, dictant des ordonnances, nommant des officiers royaux. A Noël, à la Pentecôte, il tint cour pleinière et table royale avec la jeune reine. Le peuple de Paris alla voir Leurs Majestés siégant couronne en tête, et autour, dans un bel ordre, les évêques, les princes, les barons et chevaliers anglais. La foule affamée vint repaître ses yeux du somptueux banquet, du riche service ; puis elle s'en alla à jeun, sans que les maîtres d'hôtel eussent rien offert à personne. Ce n'était pas comme cela sous nos rois, disaient-ils en s'en allant ; à de pareilles fêtes, il y avait table ouverte ; s'asseyait qui voulait ; les serviteurs servaient largement, et des mets, des vins du roi même. Mais alors, le roi et la reine étaient à Saint-Pol, négligés et oubliés.

Les plus mécontents ne pouvaient nier, après tout, que cet Anglais ne fût une noble figure de roi et vraiment royale. Il avait la mine haute, l'air froidement orgueilleux, mais il se contraignit assez pour parler honnêtement à chacun, selon sa condition, surtout aux gens d'Église. On remarquait à sa louange qu'il n'affirmait jamais avec serment ; il disait seulement : « Impossible. » Ou bien : « Cela sera. » En général, il parlait peu. Ses réponses étaient brèves « et tranchaient comme rasoir ».

Il était surtout beau à voir quand on lui apportait de mauvaises nouvelles ; il ne sourcillait pas, c'était la plus superbe égalité d'âme. La violence du caractère, la passion intérieure, ordinairement contenue, perçait plutôt dans les succès ; l'homme parut à Azincourt... Mais au temps où nous sommes il était bien plus haut encore, si haut, qu'il n'y a guère de tête d'homme qui n'y eût tourné : roi d'Angleterre et déjà de France, traînant après lui son allié et serviteur le duc de Bourgogne, ses prisonniers le roi d'Écosse, le duc de Bourbon, le frère du duc de Bretagne, enfin les ambassadeurs de tous les princes chrétiens. Ceux du

Rhin particulièrement lui faisaient la cour ; ils tendaient la main à l'argent anglais. Les archevêques de Mayence et de Trêves lui avaient rendu hommage, et étaient devenus ses vassaux. Le Palatin et les autres princes d'Empire, avec toute leur fierté allemande, sollicitaient son arbitrage et n'étaient pas loin de reconnaître sa juridiction. Cette couronne impériale qu'il avait prise hardiment à Azincourt, elle semblait devenue sur sa tête la vraie couronne du Saint Empire, celle de la chrétienté.

Une telle puissance pesa, comme on peut croire, au concile de Constance. Cette petite Angleterre s'y fit reconnaître d'abord pour un quart du monde, pour une des quatre nations du Concile. Le roi des Romains, Sigismond, étroitement lié avec les Anglais, croyait les mener et fut mené par eux. Le pape prisonnier, confié d'abord à la garde de Sigismond, le fut ensuite à celle d'un évêque anglais ; Henri V, qui avait déjà tant de princes français et écossais dans ses prisons, se fit encore remettre ce précieux gage de la paix de l'Église.

Pour faire comprendre le rôle que l'Angleterre et la France jouèrent dans ce concile, nous devons remonter plus haut. Quelque triste que soit alors l'état de l'Église, il faut que nous en parlions et que nous laissions un moment ce Paris d'Henri V. Notre histoire est d'ailleurs à Constance autant qu'à Paris.

Si jamais concile général fut œcuménique, ce fut celui de Constance. On put croire un moment que ce ne serait pas une représentation du monde, mais que le monde y venait en personne, le monde ecclésiastique et laïque. Le concile semblait bien répondre à cette large définition que Gerson donnait d'un concile : « Une assemblée.. qui n'exclue aucun fidèle. » Mais il s'en fallait de beaucoup que tous fussent des fidèles ; cette foule représentait si bien le monde, qu'elle en contenait toutes les misères morales, tous les scandales. Les pères du concile qui devaient réformer la chrétienté ne pouvaient pas même réformer le peuple de toute sorte qui venait à leur suite ; il leur fallut siéger comme au milieu d'une foire, parmi les cabarets et les mauvais jeux.

Les politiques doutaient fort de l'utilité du concile. Mais le grand homme d'Église, Jean Gerson, s'obstinait à y croire ; il conservait, pardelà tous les autres, l'espoir et la foi. Malade du mal de l'Église, il ne pouvait s'y résigner. Son maître, Pierre d'Ailly, s'était reposé dans le cardinalat. Son ami Clémengis, qui avait tant écrit contre la Babylone papale, alla la voir et s'y trouva s'y bien qu'il devint le secrétaire, l'ami des papes.

Gerson voulait sérieusement la réforme, il la voulait avec passion, et quoi qu'il en coûtât. Pour cela, il fallait trois choses : 1° rétablir l'unité du pontificat, couper les trois têtes de la papauté ; 2° fixer et consacrer le dogme ; Wicleff, déterré et brûlé à Londres, semblait reparaître à Prague dans la personne de Jean Huss ; 3° il fallait raffermir enfin le droit papal, condamner la doctrine meurtrière du franciscain Jean Petit.

Ce qui rendait la position de Gerson difficile, ce qui l'animait d'un zèle implacable contre ses adversaires, c'est qu'il avait partagé, ou semblait partager encore plusieurs de leurs opinions. Lui aussi, à un autre époque, il avait dit comme Jean Petit cette parole homicide : « Nulle victime plus agréable à Dieu qu'un tyran. » Dans sa doctrine sur la hiérarchie et la juridiction de l'Église, il avait bien aussi quelques rapports avec les novateurs. Jean Huss soutenait, comme Wicleff, qu'il est permis à tout prêtre de prêcher sans l'autorisation de l'évêque ni du pape. Et Gerson, à Constance même, fit donner aux prêtres et mêmes aux docteurs laïques le droit de voter avec les évêques et de juger le pape. Il reprochait à Jean Huss de rendre l'inférieur indépendant de l'autorité, et cet inférieur il le constituait juge de l'autorité même.

Les trois papes furent déclarés déchus. Jean XXIII fut dégradé, emprisonné. Grégoire XII abdiqua. Le seul Benoît XIII (Pierre de Luna), retiré dans un fort du royaume de Valence, abandonné de la France, de l'Espagne même, et n'ayant plus dans son obédience que sa tour et son rocher, n'en brava pas moins le concile, jugea ses juges, les vit passer comme il en avait vu tant d'autres, et mourut invincible à près de cent ans.

Le concile traita Jean Huss comme un pape, c'est-à-dire très mal. Ce docteur était en réalité, depuis 1412, comme le pape national de la Bohême. Soutenu par toute la noblesse du pays, directeur de la reine, poussé peut-être sous main par le roi Wenceslas, comme Wicleff semble l'avoir été par Edouard III et Richard II, beau-père de Wenceslas, Jean Huss était le héros du peuple beaucoup plus qu'un théologien ; il écrivait dans la langue du pays ; il défendait la nationalité de la Bohême contre les Allemands, contre les étrangers en général ; il repoussait les papes comme étrangers surtout. Du reste, il n'attaquait pas, comme fit Luther, la papauté même. Dès son arrivée à Constance, il fut absous par Jean XXIII.

Jean Huss soutenait les opinions de Wicleff sur la hiérarchie ; il voulait, comme lui, un clergé national, indigène, élu sous l'influence des localités. En cela il plaisait aux seigneurs, qui, comme anciens fondateurs, comme patrons et défenseurs des Églises, pouvaient tout dans les élections locales. Huss fut donc, comme Wicleff, l'homme de la noblesse. Les chevaliers de Bohême écrivirent trois fois au concile pour le sauver ; à sa mort, ils armèrent leurs paysans et commencèrent la terrible guerre des hussites.

Sous d'autres rapports, Huss était bien moins le disciple de Wicleff qu'il ne le croyait lui-même. Il se rapprochait de lui pour la Trinité ; mais il n'attaquait pas la présence réelle, pas davantage la doctrine du libre arbitre. Je ne vois pas du moins dans ces ouvrages que, sur ces questions essentielles, il se rattache à Wicleff, autant qu'on le croirait d'après les articles de condamnation.

En philosophie, loin d'être un novateur, Jean Huss était le défenseur des vieilles doctrines de la scolastique. L'Université de Prague, sous son influence, resta fidèle au réalisme du Moyen Age, tandis que celle de Paris, sous d'Ailly, Clémengis et Gerson, se jetait dans les nouveautés hardies du nominalisme trouvées (ou retrouvées) par Occam. C'était le novateur religieux, Jean Huss, qui défendait le vieux credo philosophique des écoles. Il le soutenait dans son Université bohémienne, d'où il avait chassé les étrangers ; il le soutenait à Oxford, à Paris même, par son violent disciple Jérôme de Prague. Celui-ci était venu braver dans sa chaire, dans son trône, la formidable Université de Paris, dénoncer les maîtres de Navarre pour leur enseignement nominaliste, les signaler comme des hérétiques en philosophie, comme de pernicieux adversaires du réalisme de saint Thomas.

Jusqu'à quel point cette question d'école avait-elle aigri nos gallicans, les meilleurs, les plus saints !... On n'ose sonder cette triste question. Eux-mêmes probablement n'auraient pu l'éclaircir. Ils s'expliquaient leur haine contre Jean Huss par sa participation aux hérésies de Wicleff.

Le concile s'ouvrit le 5 novembre 1414 ; dès le 27 mai, Gerson avait écrit à l'archevêque de Prague pour qu'il livrât Jean Huss au bras séculier ; « Il faut, disait-il, couper court aux disputes qui compromettent la vérité ; il faut, par cruauté miséricordieuse, employer le fer et le feu. » Les gallicans auraient bien voulu que l'archevêque pût épargner au concile cette terrible besogne. Mais qui aurait osé en Bohême mettre la main sur l'homme des chevaliers bohémiens ?

Jean Huss était brave comme Zwingli ; il voulut voir en face ses ennemis : il vint au concile. Il croyait d'ailleurs à la parole de Sigismond, dont il avait un sauf-conduit. Là, excepté le pape, il trouva tout le monde contre lui. Les pères, qui par leur violence contre la papauté se sentaient devenus fort suspects aux peuples, avaient besoin d'un acte vigoureux contre l'hérésie pour prouver leur foi. Les Allemands trouvaient bon qu'on brûlât un Bohémien ; les nominaux se résignaient aisément à la mort d'un réaliste. Le roi des Romains, qui lui avait promis sûreté, saisit cette occasion de perdre un homme dont la popularité pouvait fortifier Wenceslas en Bohême.

Ceux même qui ne trouvaient pas le Bohémien hérétique le condamnèrent *comme rebelle ;* qu'il eût erré ou non, il devait, disaient-ils, se rétracter sur l'ordre du concile. Cette assemblée, qui venait de nier trois fois l'infaillibilité du pape, réclamait pour elle-même l'infaillibilité, la toute-puissance sur la raison individuelle. La république ecclésiastique se déclarait aussi absolue que la monarchie pontificale. Elle posa de même la question entre l'autorité et la liberté, entre la majorité et la minorité ; faible minorité sans doute, qui, dans cette grande assemblée, se réduisait à un individu ; l'individu ne céda pas, il aima mieux périr.

Il dut en coûter au cœur de Gerson de consommer ce sacrifice à l'unité spirituelle, cette immolation d'un homme... L'année suivante, il fallut en immoler un autre. Jérôme de Prague avait échappé, mais quand il apprit comment son maître était mort, il rougit de vivre et revint devant ses juges. Le concile devait démentir son premier arrêt ou brûler encore celui-ci.

L'un des vœux de Gerson, l'une des bénédictions qu'il attendait du concile, c'était qu'il condamnerait solennellement ce droit de tuer, prêché par Jean Petit... Et pour en venir là, il a fallu commencer par tuer deux hommes !... Deux ? Deux cent mille peut-être. Ce Huss, brûlé, ressuscité dans Jérôme et encore brûlé, il est si peu mort que maintenant il revient comme un grand peuple, un peuple armé, qui poursuit la controverse l'épée à la main.

Les hussites, avec l'épée, la lance et la faux, sous le petit Procope, sous Ziska, l'indomptable borgne, donnent la chasse à la belle chevalerie allemande ; et quand Procope sera tué, le tambour fait de sa peau mènera encore ces barbares, et battra par l'Allemagne son roulement meurtrier.

Nos gallicans avaient payé cher la réforme de Constance, et ils ne l'eurent pas. Elle fut habilement éludée. Les Italiens, qui d'abord avaient les trois autres nations contre eux, surent se rallier les Anglais ; ceux-ci, qui avaient paru si zélés, qui avaient tant accusé la France de perpétuer les maux de l'Église, s'accordèrent avec les Italiens pour faire décider, contre l'avis des Français et des Allemands, que le pape serait élu avant toute réforme, c'est-à-dire qu'il n'y aurait pas de réforme sérieuse. Ce point décidé, les Allemands se rapprochèrent des Italiens et des Anglais, et les trois nations firent ensemble un pape italien. Les Français restèrent seuls et dupes, ne pouvant manquer d'avoir le pape contre eux, puisqu'ils avaient entravé son élection. Il était beau, toutefois, d'être ainsi dupes, pour avoir persévéré dans la réforme de l'Église.

C'était en 1417 ; le connétable d'Armagnac, partisan du vieux Benoît XIII, gouvernait Paris au nom du roi et du dauphin. Il fit ordonner par le dauphin, à l'Université, de suspendre son jugement sur l'élection du nouveau pape, Martin V ; mais son parti était tellement affaibli dans Paris même, malgré les moyens de terreur dont il avait essayé, que l'Université osa passer outre et approuver l'élection. Elle avait hâte de se rendre le pape favorable ; elle voyait que le système des libres élections ecclésiastiques, qu'elle avait tant défendu, ne profitait point aux universitaires. Elle avait abaissé la papauté, relevé le pouvoir des évêques ; et ceux-ci, de concert avec les seigneurs, faisaient élire aux bénéfices des gens incapables, illettrés, les cadets des seigneurs, leurs ignares chapelains, les fils de leurs paysans, qu'ils tonsuraient tout exprès. Les papes, du moins, s'ils plaçaient des prêtres peu édifiants, choisissaient parfois des gens d'esprit. L'Université déclara qu'elle aimait mieux que le pape *donnât les bénéfices*. C'était un curieux spectacle de voir l'Université, si longtemps alliée aux évêques contre le pape, de la voir retourner à sa mère, la papauté, et attester contre les évêques, contre les élections locales, la puissance centrale de l'Église. Mais l'Université l'avait tuée, cette puissance pontificale ; elle n'y revenait qu'en abdiquant ses maximes, en se reniant et se tuant elle-même.

Ce fut le sort de Gerson de voir ainsi la fin de la papauté et de l'Université. Après le concile de Constance, il se retira brisé, non en France, il n'y avait plus de France. Il chercha un asile dans les forêts profondes du Tyrol, puis à Vienne, où il fut reçu par Frédéric d'Autriche, l'ami du pape que Gerson avait fait déposer.

Plus tard, la mort du duc de Bourgogne encouragea Gerson à revenir, mais seulement jusqu'au bord de la France, jusqu'à Lyon. C'était une ville française, naguère d'Empire, mais toujours une ville commune à tous, une république marchande dont les privilèges couvraient tout le monde, une patrie commune pour le Suisse, le Savoyard, l'Allemand, l'Italien, autant que pour le Français. Ce confluent des fleuves et des peuples, sous la vue lointaine des Alpes, cet océan d'hommes de tout pays, cette grande et profonde ville avec ses rues sombres et ses escaliers noirs qui ont l'air de grimper au ciel, c'était une retraite plus solitaire que les solitudes du Tyrol. Il s'y blottit dans un couvent de célestins dont son frère était prieur ; il y expia, par la docilité monastique, sa domination sur l'Église, goûtant le bonheur d'obéir, la douceur de ne plus vouloir, de sentir qu'on ne répond plus de soi. S'il reprit par intervalle cette plume toute-puissante, ce fut pour chercher le moyen de calmer la guerre qui le travaillait encore ; pour trouver le moyen d'accorder le mysticisme et la raison, d'être scientifiquement mystique, de délirer avec méthode. Sans doute que ce grand esprit finit par sentir que cela encore était vain. On dit qu'en ses dernières années il ne pouvait plus voir que des enfants, comme il arriva sur la fin à Rousseau et à Bernardin de Saint-Pierre. Il ne vécut plus qu'avec les petits, les enseignant, ou plutôt recevant lui-même l'enseignement de ces innocents. Avec eux, il apprenait la simplicité, désapprenait la scolastique. On inscrivit sur sa tombe : *Sursum corda.*

Le résultat du concile de Constance était un revers pour la France, une défaite, et plus grande qu'on ne peut dire, une bataille d'Azincourt. Après avoir eu si longtemps un pape à elle, une sorte de patriarche français, par lequel elle agissait encore sur ses alliés d'Écosse et d'Espagne, elle allait voir l'unité de l'Église rétablie en apparence, rétablie contre elle au profit de ses ennemis ; ce pape italien, client du parti anglo-allemand, n'allait-il pas entrer dans les affaires de France, y dicter les ordres de l'étranger ?

L'Angleterre avait vaincu par la politique, aussi bien que par les armes. Elle avait eu grande part à l'élection de Martin V ; elle tenait entre ses mains son prédécesseur, Jean XXIII, sous la garde du cardinal de Winchester, oncle d'Henri V. Henri pouvait exiger du pape tout ce qu'il croirait nécessaire à l'accomplissement de ses projets sur la France, Naples, les Pays-Bas, l'Allemagne, la Terre sainte.

Dans cette suprême grandeur où l'Angleterre semblait arrivée, il y avait bien pourtant un sujet d'inquiétude. Cette grandeur, ne l'oublions pas, elle la devait principalement à l'étroite alliance de l'épiscopat et de la royauté sous la maison de Lancastre : ces deux puissances s'étaient accordées pour réformer l'Église et conquérir la France schismatique. Or, au moment de la Réforme, l'épiscopat anglais n'avait que trop laissé voir combien peu il s'en souciait ; d'autre part, la conquête de la France à peine commencée, la bonne intelligence des deux alliés, épiscopat et royauté, était déjà compromise.

Depuis un siècle, l'Angleterre accusait la France de ne vouloir aucune réforme, de perpétuer le schisme. Elle en parlait à son aise, elle qui, par son statut des proviseurs, avait de bonne heure annulé l'influence papale dans les élections ecclésiastiques. Séparée du pape sous ce rapport, elle avait beau jeu de reprocher le schisme aux Français. La France, sousmise au pape, voulait un pape français à Avignon ; l'Angleterre, indépendante du pape dans la question essentielle, voulait un pape universel, et elle l'aimait mieux à Rome que partout ailleurs. Dès qu'il n'y eut plus de pape français, les Anglais ne s'inquiétèrent plus de réformer le pontificat ni l'Église.

Les Anglais avaient donné leur victoire pour la victoire de Dieu ; leur roi, sur les premières monnaies qu'il fit frapper en France, avait mis : « Christus regnat, Christus vincit, Christus imperat. » Il eut beaucoup d'égards et de ménagements pour les prêtres français ; il entendait son intérêt ; ces prêtres, qui étaient prêtres bien plus que Français, devaient s'attacher aisément à un prince qui respectait leur robe. Mais ce n'était pas l'intérêt des lords évêques qui suivaient le roi comme conseillers, comme créanciers ; ils devaient trouver avantage à ce que la fuite des ecclésiastiques français laissât un grand nombre de bénéfices vacants qu'on pût administer, ou même prendre, donner à d'autres. C'est ce qui explique peut-être la dureté que ce conseil anglais, presque tout ecclésiastique, montra pour les prêtres qu'on trouvait dans les places assiégées. Dans la capitulation de Rouen, dressée et négociée par l'archevêque de Cantorbéry, le fameux chanoine de Livet fut excepté de l'amnistie ; il fut envoyé en Angleterre ; s'il ne périt pas, c'est qu'il était riche, et qu'il composa pour sa vie. Les moines étaient traités plus durement encore que les prêtres. Lorsque Melun se rendit, on en trouva deux dans la garnison, et ils furent tués. A la prise de Meaux, trois religieux de Saint-Denis ne furent sauvés qu'à grand-peine par les réclamations de leur abbé ; mais le fameux évêque Cauchon, l'âme damnée du cardinal Winchester, les jeta dans d'affreux cachots.

Cela devait effrayer les bénéficiers absents. L'évêque de Paris, Jean Courtecuisse, n'osait revenir dans son évêché ; ces absences laissaient nombre de bénéfices à la discrétion des lords évêques, bien des fruits à percevoir. Le roi, qui sans doute aurait mieux aimé que les absents revinssent et se ralliassent à lui, ne se lassait pas de les rappeler, avec menaces de disposer de leurs bénéfices ; mais ils n'avaient garde de revenir. Les bénéfices étant alors considérés comme vacants, les évêques en disposaient pour leurs créatures ; cela faisait deux titulaires pour chaque bénéfice. Après avoir tant accusé la France de perpétuer le schisme pontifical, la conquête anglaise créait peu à peu un schisme dans le clergé français.

Ces grandes et lucratives affaires expliquent seules pourquoi, dans toutes les expéditions d'Henri V, nous voyons les grands dignitaires de l'Église d'Angleterre ne plus quitter son camp, le suivre pas à pas. Ils semblent avoir oublié leur troupeau : les âmes insulaires deviennent ce qu'elles peuvent ; les pasteurs anglais sont trop préoccupés de sauver celles du continent. Nous ne voyons encore au siège d'Harfleur que l'évêque de Norwich comme principal conseiller d'Henri. Mais après la bataille d'Azincourt, le roi, pressé de revenir en France, se remet entre les mains des évêques ; il charge les deux chefs de l'épiscopat, l'archevêque de Cantorbéry et le cardinal de Winchester, de *percevoir,* au nom de la couronne, *les droits féodaux de gardes, mariages et forfaitures pour notre prochain passage de mer.* Il fallait, avant même de commencer une autre expédition, mettre Harfleur en état de défense ; le roi, parfaitement instruit des affaires de France, ne doutait pas qu'Armagnac n'essayât de lui arracher cet inappréciable résultat de la dernière campagne. Les évêques, qui seuls avaient de l'argent toujours prêt, firent évidemment les avances, et se firent assigner en garantie le produit de ces droits lucratifs.

Le cardinal Winchester, oncle d'Henri V, devint peu à peu l'homme le plus riche de l'Angleterre et peut-être du monde. Nous le voyons plus tard faire à la Couronne des prêts tels qu'aucun roi n'eût pu les faire alors ; des vingt mille, cinquante mille livres sterling à la fois. Quelques années après la mort d'Henri, il se trouva un moment le vrai roi de la France et de l'Angleterre (1430-1432). Henri, de son vivant même, lui reprocha publiquement d'usurper les droits de la royauté ; il croyait même que Winchester souhaitait impatiemment sa mort, et qu'il eût voulu la hâter.

Il se trompait peut-être ; mais ce qui est sûr, c'est que les deux royautés, la royauté militaire et la royauté épiscopale et financière, avaient pu commencer ensemble la conquête, mais qu'elles n'auraient pu posséder ensemble, qu'elles ne pouvaient tarder à se brouiller. Au moment de ce grand effort du siège de Rouen, le roi, ayant besoin d'argent, se hasarda à parler de réformer les mœurs du clergé. Les évêques lui accordèrent une aide pour la guerre, mais ce ne fut pas gratis ; ils se firent livrer en retour plusieurs hérétiques.

En 1420, sous prétexte d'invasion imminente des Écossais, il obtint une demi-décime du clergé du nord de l'Angleterre, et chargea l'archevêque d'York de lever cet impôt. C'était la terrible année du Traité de Troyes ; il n'avait pas à espérer de rien tirer de la France, d'un pays ruiné, à qui cette année même on prenait son dernier bien, l'indépendance et la vie nationale. Au contraire, il essaya de rattacher étroitement la Normandie et la Guyenne à l'Angleterre, d'une part, en exemptant de certains droits les ecclésiastiques normands ; de l'autre, en diminuant les droits que payaient en Angleterre les marchands de vins de Bordeaux.

Mais, en 1421, il fallut de l'argent à tout prix. Charles VII occupait Meaux et assiégeait Chartres. Les Anglais avaient mis toute la campagne précédente à prendre Melun. Henri V fut obligé de pressurer les deux royaumes, et l'Angleterre, mécontente et grondante, tout étonnée de payer, lorsqu'elle attendait des tributs, et la malheureuse France, un cadavre, un squelette, dont on ne pouvait sucer le sang, mais tout au plus ronger les os. Le roi ménagea l'orgueil anglais en appelant l'impôt un emprunt ; emprunt *volontaire,* mais qui fut levé violemment, brusquement ; dans chaque comté, il avait désigné quelques personnes riches qui répondaient et payaient, sauf à lever l'argent sur les autres, en s'arrangeant comme ils pourraient : les noms de ceux qui auraient refusé *devraient être envoyés au roi.*

La Normandie fut ménagée, quant aux formes, presque autant que l'Angleterre. Le roi convoqua les trois états de Normandie à Rouen, pour leur exposer *ce qu'il voulait faire* pour l'avantage général. Ce qu'il voulait d'abord, c'était de recevoir du clergé une décime. En récompense, il limitait le pouvoir militaire des capitaines des villes, réprimait les excès des soldats. Le droit de *prise* ne devait plus être exercé en Normandie, etc.

L'emprunt anglais, la décime normande, ne suffisaient pas pour solder cette grosse armée de quatre mille hommes d'armes et de plusieurs milliers d'archers qu'il amenait d'Angleterre. Il fallut prendre une mesure qui frappât toute la France anglaise ; le coup fut surtout terrible à Paris. Henri V fit faire une monnaie forte, d'un titre double ou triple de la faible monnaie qui courait ; il déclara qu'il n'en recevrait plus d'autre ; c'était doubler ou tripler l'impôt. La chose fut plus funeste encore au peuple qu'utile au trésor ; les transactions particulières furent étrangement troublées ; il fallut pendant toute l'année des règlements vexatoires pour interpréter, modifier cette grande vexation.

La lourde et dévorante armée que ramenait Henri ne lui était que trop nécessaire. Son frère Clarence venait d'être battu et tué avec deux ou trois mille Anglais en Anjou (bataille de Baugé, 25 mars 1421). Dans le Nord même, le comte d'Harcourt avait pris les armes contre les Anglais et courait la Picardie. Xaintrailles et La Hire venaient à grandes journées lui donner la main. Tous les gentilshommes passaient peu à peu du côté de Charles VII, du parti qui faisait les expéditions hardies, les courses aventureuses. Les paysans, il est vrai, souffrant de ces courses et de ces pillages, devaient à la longue se rallier à un maître qui saurait les protéger.

La férocité des vieux pillards armagnacs servait Henri V. Il fit une chose populaire en assiégeant la ville de Meaux, dont le capitaine, une espèce d'ogre, le bâtard de Vaurus, avait jeté dans les campagnes une indicible terreur. Mais comme le bâtard et ses gens n'attendaient aucune merci, ils se défendirent en désespérés. Du haut des murs, ils vomissaient toute sorte d'outrages contre Henri V, qui était là en personne ; ils y avaient fait monter un âne, qu'ils couronnaient et battaient tour à tour ; c'était, disaient-ils, le roi d'Angleterre qu'ils avaient fait prisonnier. Ces brigands servirent admirablement la France, dont pourtant ils ne se souciaient guère. Ils tinrent les Anglais devant Meaux tout l'hiver, huit grands mois ; la belle armée se consuma par le froid, la misère et la peste. Le siège ouvrit le 6 octobre ; le 18 décembre, Henri, qui voyait déjà cette armée diminuer, écrivait en Allemagne, en Portugal, pour en tirer au plus tôt des soldats. Les Anglais probablement lui coûtaient plus cher que ces étrangers. Pour décider les mercenaires allemands à se louer à lui plutôt qu'au dauphin, il leur faisait dire entre autres choses qu'il les paierait en meilleure monnaie.

Il n'avait pas à compter sur le duc de Bourgogne. Il vint un moment au siège de Meaux, mais s'éloigna bientôt sous prétexte d'aller en Bourgogne pour obliger les villes de son duché à accepter le Traité de Troyes. Henri avait bien lieu de croire que le duc lui-même avait sous main provoqué cette résistance à un traité qui annulait les droits éventuels de la maison de Bourgogne à la couronne, aussi bien que ceux du dauphin, du duc d'Orléans et de tous les princes français. Et pourquoi le jeune Philippe avait-il fait un tel sacrifice à l'amitié des Anglais ? Parce qu'il croyait avoir besoin d'eux pour venger son père et battre son ennemi. Mais c'étaient eux, bien plutôt, qui avaient besoin de lui. Le bonheur les avait quittés. Pendant que le duc de Clarence se faisait battre en Anjou, le duc de Bourgogne avait eu en Picardie un brillant succès ; il avait joint les Dauphinois, Xaintrailles et Gamaches, avant qu'ils eussent pu se réunir à d'Harcourt, et les avait défaits et pris.

La malveillance réciproque des Anglais et des Bourguignons datait de loin. De bonne heure, ceux-ci avaient souffert de l'insolence de leurs alliés. Dès 1416, le duc de Glocester se trouvant comme otage chez le duc de Bourgogne Jean sans Peur, le fils de celui-ci, alors comte de Charolais, vint faire visite à Glocester ; celui-ci, qui parlait en ce moment à des Anglais, ne se dérangea point à l'arrivée du prince, et lui dit simplement bonjour sans même se tourner vers lui. Plus tard, dans une altercation entre le maréchal d'Angleterre Cornwall et le brave capitaine bourguignon Hector de Saveuse, le général anglais, qui était à la tête d'une troupe forte, ne craignit pas de frapper le capitaine de son gantelet. Une telle chose laisse des haines profondes. Les Bourguignons ne les cachaient point.

L'homme le plus compromis peut-être du parti bourguignon était le sire de l'Ile-Adam, celui qui avait repris Paris et laissé faire les massacres. Il croyait du moins que son maître le duc de Bourgogne en profiterait, mais celui-ci, comme on l'a vu, livra Paris à Henri V.

L'Ile-Adam avait peine à cacher sa mauvaise humeur. Un jour, il se présenta au roi d'Angleterre vêtu d'une grosse cotte grise. Le roi ne passa point cela : « L'île-Adam, lui dit-il, est-ce là la robe d'un maréchal de France ? » L'autre, au lieu de s'excuser, répliqua qu'il l'avait fait faire tout exprès pour venir par les bateaux de la Seine. Et il regardait le roi fixement. « Comment donc, dit l'Anglais avec hauteur, osez-vous bien regarder un prince au visage, quand vous lui parlez ! » – « Sire, dit le Bourguignon, c'est notre coutume à nous autres Français ; quand un homme parle à un autre, de quelque rang qu'il soit, les yeux baissés, on dit qu'il n'est pas prud'homme, puisqu'il n'ose regarder en face. » – « Ce n'est pas l'usage d'Angleterre », dit sèchement le roi. Mais il se tint pour averti ; un homme qui parlait si ferme avait bien l'air de ne pas rester longtemps du côté anglais. L'Ile-Adam avait pris une fois Paris, peut-être aurait-il essayé de le reprendre, en cas d'une rupture d'Henri avec le duc de Bourgogne. Peu après, sous un prétexte, le duc d'Exeter, capitaine de Paris, mit la main sur le Bourguignon et le traîna à la Bastille. Le petit peuple s'assembla, cria et fit mine de le défendre. Les Anglais firent une charge meurtrière, comme sur une armée ennemie.

Henri V voulait faire tuer l'Ile-Adam, mais le duc de Bourgogne intercéda. Ce qui fut tué, et à n'en jamais revenir, ce fut le parti anglais de Paris.

Le changement est sensible dans le *Journal du Bourgeois*. Le sentiment national se réveille en lui, il se réjouit d'une défaite des Anglais ; il commence à s'attendrir sur le sort des Armagnacs qui meurent sans confession.

Le roi d'Angleterre, prévoyant sans doute une rupture avec le duc de Bourgogne, semble avoir voulu prendre des postes contre lui dans les Pays-Bas. Il traita avec le roi des Romains pour l'acquisition du Luxembourg, puis chercha à conclure une étroite alliance avec Liège. On se rappelle que c'est justement par la même acquisition et la même alliance que la maison d'Orléans se fit une ennemie irréconciliable de celle de Bourgogne.

Agir ainsi contre un allié qui avait été si utile, se préparer une guerre au nord quand on ne pouvait venir à bout de celle du Midi, c'était une étrange imprudence. Quelles étaient donc les ressources du roi d'Angleterre ?

D'après son budget, tel qu'il fut dressé en 1421 par l'archevêque de Cantorbéry, le cardinal Winchester et deux autres évêques, son revenu n'était que de cinquante-trois mille livres sterling, ses dépenses courantes de cinquante mille (vingt et un mille seulement pour Calais et la marche voisine). Il y avait un excédent apparent de trois mille livres. Mais sur cette petite somme, il fallait qu'il pourvût aux dépenses de l'artillerie, des fortifications et constructions, des ambassades, de la garde des prisonniers, à celles de sa maison, etc., etc. Dans ce compte, il n'y avait rien pour servir les intérêts des vieilles dettes d'Harfleur, de Calais, etc., qui allaient s'accroissant.

La situation d'Henri V devenait ainsi fort triste. Ce conquérant, de dominateur de l'Europe, allait se trouver peu à peu sous la domination la plus humiliante, celle de ses créanciers. D'une part, il traînait après lui ce pesant orgueil de lords évêques, qui ne pouvait manquer de devenir chaque jour et plus nécessaire et plus impérieux ; d'autre part les hommes d'armes, les capitaines, qui lui avaient engagé, amené des soldats, devaient sans cesse réclamer l'arriéré.

Henri V avait trouvé au fond de sa victoire la détresse et la misère. L'Angleterre rencontrait dans son action sur l'Europe, au XVe siècle, le même obstacle que la France avait trouvé au XIVe. La France aussi avait alors étendu vigoureusement les bras au midi et au nord, vers l'Italie, l'Empire, les Pays-Bas. La force lui avait manqué dans ce grand effort, les bras lui étaient retombés et elle était restée dans cet état de langueur où la surprit la conquête anglaise.

Les Anglais s'étaient figuré, en faisant la guerre, que la France pouvait la payer. Ils trouvèrent le pays déjà désolé. Depuis quinze ans, les misères avaient crû, les ruines étaient ruinées. Ils tirèrent si peu des pays conquis que, pour n'y pas périr eux-mêmes, il fallait qu'ils apportassent. Où prendre donc ? Nous l'avons dit, l'Église seule alors était riche. Mais comment la maison de Lancastre, qui s'était élevée à l'ombre de l'Église et en lui livrant ses ennemis, comment eût-elle repris, contre l'Église, le rôle de ces ennemis même, celui des niveleurs hérétiques qu'elle avait livrés aux bûchers ?

L'Angleterre avait reproché à la France, pendant un siècle, d'exploiter l'Église, de détourner les biens ecclésiastiques à des usages profanes ; elle s'était chargée de mettre fin à un tel scandale, l'Église et la royauté anglaise s'étaient unies pour cette œuvre et elles avaient, en effet, écrasé la France... Cela fait, où en étaient les vainqueurs ? au point où ils avaient trouvé les vaincus, dans les mêmes nécessités dont ils leur avaient fait un crime ; mais ils avaient de plus la honte de la contradiction. Si le roi des prêtres ne touchait au bien des prêtres, il était perdu. Ainsi commençait à apparaître tel qu'il était en réalité, faible et ruineux, ce colossal édifice dont le pharisaïsme anglican avait cru sceller les fondements du sang des lollards anglais et des Français schismatiques.

Henri V ne voyait que trop clairement tout cela ; il n'espérait plus. Rouen lui avait coûté une année, Melun une année, Meaux une année. Pendant cet interminable siège de Meaux, lorsqu'il voyait sa belle armée fondre autour de lui, on vint lui apprendre que la reine avait mis au monde un fils au Château de Windsor : il n'en montra aucune joie, et, comparant sa destinée à celle de cet enfant, il dit avec une tristesse prophétique : « Henri de Monmouth aura régné peu et conquis beaucoup ; Henri de Windsor régnera longtemps et il perdra tout. La volonté de Dieu soit faite ! »

On conte qu'au milieu de ces sombres prévisions, un ermite vint le trouver et lui dit : « Notre-Seigneur, qui ne veut pas votre perte, m'a envoyé un saint homme, et voici ce que le saint homme a dit : « Dieu ordonne que vous vous désistiez de tourmenter son chrétien peuple de France ; sinon vous avez peu à vivre. »

Henri V était jeune encore ; mais il avait beaucoup travaillé en ce monde, le temps était venu du repos. Il n'en avait pas eu depuis sa naissance. Il fut pris, après sa campagne d'hiver, d'une vive irritation d'entrailles, mal fort commun alors, et qu'on appelait le feu Saint-Antoine. La dysenterie le saisit. Cependant le duc de Bourgogne lui ayant demandé secours pour une bataille qu'il allait livrer, il craignit que le jeune prince français ne vainquît encore une fois tout seul, et il répondit : « Je n'enverrai pas, j'irai. » Il était déjà très faible et se faisait porter en litière ; mais il ne put aller plus loin que Melun : il fallut le rapporter à Vincennes. Instruit par les médecins de sa fin prochaine, il recommanda son fils à ses frères, et leur dit deux sages paroles : premièrement, de ménager le duc de Bourgogne ; deuxièmement, si l'on traitait, de s'arranger toujours pour garder la Normandie.

Puis il se fit lire les psaumes de la pénitence ; et quand on en vint aux paroles du *Miserere :* « Ut aedificentur muri Hierusalem », le génie guerrier du mourant se réveilla dans sa piété même : « Ah ! si Dieu m'avait laissé vivre mon âge, dit-il, et finir la guerre de France, c'est moi qui aurais conquis la Terre sainte ! »

Il semble qu'à ce moment suprême il ait éprouvé quelque doute sur la légitimité de sa conquête de France, quelque besoin de se rassurer. On en jugerait volontiers ainsi, d'après les paroles qu'il ajouta, comme pour répondre à une objection intérieure : « Ce n'est pas l'ambition ni la vaine gloire du monde qui m'ont fait combattre. Ma guerre a été approuvée des saints prêtres et des prud'hommes ; en la faisant, je n'ai point mis mon âme en péril. » Peu après il expira (31 août 1422).

L'Angleterre, dont il avait exprimé l'opinion en mourant, lui rendit même témoignage. Son corps fut porté à Westminster, parmi un deuil incroyable, non comme celui d'un roi, d'un triomphateur, mais comme les reliques d'un saint.

Il était mort le 31 août ; Charles VI le suivit le 21 octobre. Le peuple de Paris pleura son pauvre roi fol, autant que les Anglais leur victorieux Henri V. « Tout le peuple qui étoit dans les rues et aux fenêtres pleuroit et crioit, comme si chacun eût vu mourir ce qu'il aimoit le plus. Vraiment leurs lamentations étoient comme celles du prophète : *Quomodo sedet sola civitas plena populo ?* »

Le menu commun de Paris criait : « Ah ! très cher prince, jamais nous n'en aurons un si bon ! Jamais nous ne te verrons. Maudite soit la mort ! Nous n'aurons jamais plus que guerre, puisque tu nous as laissés. Tu vas en repos ; nous demeurons en tribulation et douleur. »

Charles VI fut porté à Saint-Denis, « petitement accompagné pour un roi de France ; il n'avoit que son chambellan, son chancelier, son confesseur et quelques menus officiers ». Un seul prince suivait le convoi, et c'était le duc de Bedford. « Hélas ! son fils et ses parents ne pouvoient être à l'accompagner, de quoi ils estoient *légitimement* excusez. » Cette belle famille était presque éteinte ; les trois fils aînés étaient morts. Des filles, l'aînée avait épousé l'infortuné Richard II, puis le duc d'Orléans, prisonnier toute sa vie ; la seconde, femme du duc de Bourgogne, mourut de chagrin ; la troisième avait été contrainte d'épouser l'ennemi de la France.

Le seul qui restât des fils de Charles VI était proscrit, déshérité.

Lorsque le corps fut descendu, les huissiers d'armes rompirent leurs verges et les jetèrent dans la fosse, et ils renversèrent leurs masses. Alors Berri, roi d'armes de France, cria sur la fosse : « Dieu veuille avoir pitié de l'âme de très haut et très excellent prince Charles, roi de France, sixième du nom, notre *naturel* et souverain seigneur. » Ensuite il reprit : « Dieu accorde bonne vie à Henri, par la grâce de Dieu roi de France et d'Angleterre, notre souverain seigneur. »

Après avoir dit la mort du roi, il faudrait dire la mort du peuple. De 1418 à 1422, la dépopulation fut effroyable. Dans ces années lugubres, c'est comme un cercle meurtrier : la guerre mène à la famine, et la famine à la peste ; celle-ci ramène la famine à son tour. On croit lire cette nuit de l'Exode où l'ange passe et repasse, touchant chaque maison de l'épée.

L'année des massacres de Paris (1418), la misère, l'effroi, le désespoir, amenèrent une épidémie qui enleva, dit-on, dans cette ville seule, quatre-vingt mille âmes. « Vers la fin de septembre, dit le témoin oculaire, dans sa naïveté terrible, on mouroit tant et si vite, qu'il falloit faire dans les cimetières de grandes fosses où on les mettait par trente et quarante, arrangés comme lard, et à peine poudrés de terre. On ne rencontrait dans les rues que prêtres qui portoient Notre-Seigneur. »

En 1419, il n'y avait pas à récolter ; les laboureurs étaient morts ou en fuite ; on avait peu semé, et ce peu fut ravagé. La cherté des vivres devint extrême. On espérait que les Anglais rétabliraient un peu d'ordre et de sécurité et que les vivres deviendraient moins rares ; au contraire, il y eut famine. « Quand venoient huit heures il y avoit si grande presse à la porte des boulangers, qu'il faut l'avoir vu pour le croire... Vous auriez entendu dans tout Paris des lamentations pitoyables des petits enfants qui crioient : « Je meurs de faim ! » On voyoit sur un fumier vingt, trente enfants, garçons et filles, qui mouroient de faim et de froid. Et il n'y avoit pas de cœur si dur qui, les entendant crier la nuit : « Je meurs de faim ! » n'en eût grand-pitié. Quelques-uns des bons bourgeois achetèrent trois ou quatre maisons abandonnées.

On ne pouvait plus rester à Paris. L'impôt était trop écrasant. Les mendiants (autre impôt) y affluaient de toute part, et à la fin il y avait plus de mendiants que d'autres personnes, on aimait mieux s'en aller, laisser son bien. Les laboureurs de même quittaient leurs champs et jetaient la pioche ; ils se disaient entre eux : « Fuyons aux bois avec les bêtes fauves... adieu les femmes et les enfants... Faisons le pis que nous pourrons. Remettons-nous en la main du Diable. »

Arrivé là, on ne pleure plus ; les larmes sont finies, ou parmi les larmes même éclatent de diaboliques joies, un rire sauvage... C'est le caractère le plus tragique du temps, que dans les moments les plus sombres, il y ait des alternatives de gaieté frénétique.

Le commencement de cette longue suite de maux, « de cette douloureuse danse », comme dit le Bourgeois de Paris, c'est la folie de Charles VI, c'est le temps aussi de cette trop fameuse mascarade des satires, des mystères pieusement burlesques, des farces de la Bazoche.

L'année de l'assassinat du duc d'Orléans a été signalée par l'organisation du corps des ménétriers. Cette corporation, tout à fait nécessaire sans doute dans une si joyeuse époque, était devenue importante et respectable. Les traités de paix se criaient dans les rues à grand renfort de violons ; il ne se passait guère six mois qu'il n'y eût une paix criée et chantée.

L'aîné des fils de Charles VI, le premier dauphin, était un joueur infatigable de harpe et d'épinette. Il avait force musiciens, et faisait venir encore, pour aider, les enfants de chœur de Notre-Dame. Il chantait, dansait et « balait » la nuit et le jour, et cela l'année des Cabochiens, pendant qu'on lui tuait ses amis. Il se tua, lui aussi, à force de chanter et de danser.

Cette apparente gaieté, dans les moments les plus tristes, n'est pas un trait particulier de notre histoire. La chronique portugaise nous apprend que le roi D. Pedro, dans son terrible deuil d'Inès qui lui dura jusqu'à la mort, éprouvait un besoin étrange de danse et de musique. Il n'aimait plus que deux choses, les supplices et les concerts. Et ceux-ci, il les lui fallait étourdissants, violents, des instruments métalliques, dont la voix perçante prît tyranniquement le dessus, fît taire les voix du dedans et remuât le corps comme d'un mouvement d'automate. Il avait tout exprès pour cela de longues trompettes d'argent. Quelquefois, quand il ne dormait pas, il prenait ses trompettes avec des torches, et il s'en allait dansant par les rues ; le peuple alors se levait aussi, et soit compassion, soit entraînement méridional, ils se mettaient à danser tous ensemble, peuple et roi, jusqu'à ce qu'il en eût assez, et que l'aube le ramenât épuisé à son palais.

Il paraît constant qu'au XIVe siècle, la danse devint, dans beaucoup de pays, involontaire et maniaque. Les violentes processions des flagellants en donnèrent le premier exemple. Les grandes épidémies, le terrible ébranlement nerveux qui en restait aux survivants, tournaient aisément en danse de Saint-Gui. Ces phénomènes sont, comme on sait, de nature contagieuse. Le spectacle des convulsions agissait d'autant plus puissamment qu'il n'y avait dans les âmes que convulsions et vertiges. Alors les sains et les malades dansaient sans distinction. On les voyait dans les rues, dans les églises, se saisir violemment par la main et former des rondes. Plus d'un, qui d'abord en riait ou regardait froidement, en venait aussi à n'y plus voir, la tête lui tournait, il tournait lui-même et dansait avec les autres. Les rondes allaient se multipliant, s'enlaçant ; elles devenaient de plus en plus vastes, de plus en plus aveugles, rapides, furieuses à briser tout, comme d'immenses reptiles qui, de minute en minute, iraient grossissant, se tordant. Il n'y avait pas à arrêter le monstre ; mais on pouvait couper les anneaux ; on brisait la chaîne électrique en tombant des pieds et des poings sur quelques-uns des danseurs. Cette rude dissonance rompant l'harmonie, ils se trouvaient libres ; autrement, ils auraient roulé jusqu'à l'épuisement final et dansé à mort.

Ce phénomène du XIVe siècle ne se représente pas au XVe. Mais nous y voyons, en Angleterre, en France, en Allemagne, un bizarre divertissement qui rappelle ces grandes danses populaires de malades et de mourants. Cela s'appelait la danse des morts, ou danse macabre. Cette danse plaisait fort aux Anglais, qui l'introduisirent chez nous.

On voyait naguère à Bâle, on voit encore à Lucerne, à la Chaise-Dieu en Auvergne, une suite de tableaux qui représentent la Mort entrant en danse avec des hommes de tout âge, de tout état, et les entraînant avec elle. Ces danses en peinture furent destinées à reproduire de véritables danses en nature et en action. Elles durent certainement leur origine à quelques-uns des mimes sacrés qu'on jouait dans les églises, aux parvis, aux cimetières, ou même dans les rues aux processions. L'effort des mauvais anges pour entraîner les âmes, tel qu'on le voit partout encore dans les bas-reliefs des églises, en donna sans doute la première idée. Mais, à mesure que le sentiment chrétien alla s'affaiblissant, ce spectacle cessa d'être religieux, il ne rappela aucune pensée de jugement, de salut, ni de résurrection, mais devint sèchement moral, durement philosophique et matérialiste. Ce ne fut plus le diable, fils du péché, de la volonté corrompue, mais la Mort, la mort fatale, matérielle et sous forme de squelette. Le squelette humain, dans ses formes anguleuses et gauches au premier coup d'œil, rappelle, comme on sait, la vie de mille façons ridicules, mais l'affreux *rictus* prend en revanche un air ironique... Moins étrange encore par la forme que par la bizarrerie des poses, c'est l'homme et ce n'est pas l'homme... Ou, si c'est lui, il semble, cet horrible baladin, étaler avec un cynisme atroce la nudité suprême qui devait rester vêtue de la terre.

Le spectacle de la danse des morts se joua à Paris en 1424, au cimetière des Innocents. Cette place étroite, où pendant tant de siècles l'énorme ville a versé presque tous ses habitants, avait été d'abord tout à la fois un cimetière, une voirie, hantée la nuit des voleurs, le soir des folles filles qui faisaient leur métier sur les tombes. Philippe Auguste ferma la place de murs et, pour la purifier, la dédia à saint Innocent, un enfant crucifié par les juifs. Au XIVe siècle, les églises étant déjà bien pleines, la mode vint parmi les bons bourgeois de se faire enterrer au cimetière. On y bâtit une église ; Flamel y contribua, et mit au portail des signes bizarres, inexplicables, qui, au dire du peuple, recélaient de grands mystères alchimiques. Flamel aida encore à la construction des charniers qu'on bâtit tout autour. Sous les arcades de ces charniers étaient les principales tombes ; au-dessus régnaient un étage et des greniers, où l'on pendait demi-pourris les os que l'on tirait des fosses, car il y avait peu de place ; les morts ne reposaient guère ; dans cette terre vivante, un cadavre devenait squelette en neuf jours. Cependant, tel était le torrent de matière morte qui passait et repassait, tel le dépôt qui en restait, qu'à l'époque où le cimetière fut détruit, le sol s'était exhaussé de huit pieds au-dessus des rues voisines. De cette longue alluvion des siècles s'était formée une montagne de morts qui domina les vivants.

Tel fut le digne théâtre de la danse macabre. On la commença en septembre 1424, lorsque les chaleurs avaient diminué, et que les premières pluies rendaient le lieu moins infect. Les représentations durèrent plusieurs mois.

Quelque dégoût que pût inspirer et le lieu et le spectacle, c'était chose à faire réfléchir de voir, dans ce temps meurtrier, dans une ville si fréquemment, si durement visitée de la mort, cette foule famélique, maladive, à peine vivante, accepter joyeusement la Mort même pour spectacle, la contempler insatiablement dans ses moralités bouffonnes, et s'en amuser si bien qu'ils marchaient sans regarder sur les os de leurs pères, sur les fosses béantes qu'ils allaient remplir eux-mêmes.

Après tout, pourquoi n'auraient-ils pas ri, en attendant ? C'était la vraie fête de l'époque, sa comédie naturelle, la danse des grands et des petits. Sans parler de ces millions d'hommes obscurs qui y avaient pris part en quelques années, n'était-ce pas une curieuse ronde qu'avaient menée les rois et les princes, Louis d'Orléans et Jean sans Peur, Henri V et Charles VI ! Quel jeu de la mort, quel malicieux passe-temps d'avoir approché ce victorieux Henri, à un mois près, de la couronne de France ! Au bout de toute une vie de travail, pour survivre à Charles VI, il lui manquait un petit mois seulement. Non ! pas un mois, par un jour ! Et il ne mourra pas même en bataille ; il faut qu'il s'alite avec la dysenterie et qu'il meure d'hémorroïdes.

Si l'on eût trouvé un peu dures ces dérisions de la Mort, elle eût eu de quoi répondre. Elle eût dit qu'à bien regarder, on verrait qu'elle n'avait guère tué que ceux qui ne vivaient plus. Le conquérant était mort, du moment que la conquête languit et ne put plus avancer ; Jean sans Peur, lorsqu'au bout de ses tergiversations, connu enfin des siens même, se voyait à jamais avili et impuissant. Partis et chefs de partis, tous avaient désespéré. Les Armagnacs, frappés à Azincourt, frappés au massacre de Paris, l'étaient bien plus encore par leur crime de Montereau. Les Cabochiens et les Bourguignons avaient été obligés de s'avouer qu'ils étaient dupes, que leur duc de Bourgogne était l'ami des Anglais ; ils s'étaient vus forcés, eux qui s'étaient crus la France, de devenir Anglais eux-mêmes. Chacun survivait ainsi à son principe et à sa foi ; la mort morale, qui est la vraie, était au fond de tous les cœurs. Pour regarder la danse des morts, il ne restait que des morts.

Les Anglais même, les vainqueurs, à leur spectacle favori, ne pouvaient qu'être mornes et sombres. L'Angleterre, qui avait gagné à sa conquête d'avoir pour roi un enfant français par sa mère, avait bien l'air d'être morte, surtout s'il ressemblait à son grand-père Charles VI. Et pourtant, en France, cet enfant était Anglais, c'était Henri VI de Lancastre ; sa royauté était la mort nationale de la France même.

Lorsque, quelques années après, ce jeune roi anglo-français, ou plutôt ni l'un ni l'autre, fut amené dans Paris désert par le cardinal Winchester, le cortège passa devant l'hôtel Saint-Paul, où la reine Isabeau, veuve de Charles VI, était aux fenêtres. On dit à l'enfant royal que c'était sa grand-mère ; les deux ombres se regardèrent ; la pâle figure ôta son chaperon et salua ; la vieille reine, de son côté, fit une humble révérence, mais, se détournant, elle se mit à pleurer.

Livre X

CHAPITRE PREMIER

Charles VII - Henri VI - L'imitation - La Pucelle - 1422-1429

« Les plus mortes morts » sont les meilleures, disait un sage, les plus près de la résurrection.

C'est une grande force de n'espérer plus, d'échapper aux alternatives des joies et des craintes, de mourir à l'orgueil et au désir... Mourir ainsi, c'est plutôt vivre.

Cette mort vivante de l'âme la rend calme et intrépide. Que peuvent contre un esprit toutes les menaces du monde ?

L'imitation de Jésus-Christ, le plus beau livre chrétien après l'Évangile, est sorti, comme lui, du sein de la mort. La mort du monde ancien, la mort du Moyen Age, ont porté ces germes de vie.

Le premier manuscrit de l'Imitation que l'on connaisse, paraît être de la fin du XIVe siècle ou du commencement du XVe. Depuis 1421, les copies deviennent innombrables. On en a trouvé vingt dans un seul monastère. L'imprimerie naissante s'employa principalement à reproduire l'Imitation. Il en existe deux mille éditions latines, mille françaises. Les Français en ont fait soixante traductions, les Italiens trente, etc.

Ce livre universel du christianisme a été revendiqué par chaque peuple comme un livre national. Les Français y montrent des gallicismes, les Italiens des italianismes, les Allemands des germanismes.

Tous les ordres du sacerdoce, qui sont comme des nations dans l'Église, se disputent également l'Imitation. Les prêtres la réclament pour Gerson, les chanoines réguliers pour Thomas de Kempen, les moines pour un certain Gersen, moine bénédictin. Bien d'autres pourraient réclamer aussi. Il s'y trouve des passages de tous les saints, de tous les docteurs. Saint François de Sales a seul bien vu dans cette obscure question : « L'auteur, dit-il, c'est le Saint-Esprit. »

L'époque n'est pas moins controversée que l'auteur et la nation. Le XIIIe siècle, le XIVe, le XVe, prétendent à cette gloire. Le livre éclate au XVe, et devient alors populaire, mais il a bien l'air de partir de plus loin et d'avoir été préparé dans les siècles antérieurs.

Comment en eût-il été autrement ? Le christianisme, dans son principe même, n'est autre chose que l'imitation du Christ. Le Christ est descendu pour nous encourager à monter. Il nous a proposé en lui le suprême modèle.

La vie des saints ne fut qu'imitation ; les règles monastiques ne sont pas autre chose. Mais le mot d'*imitation* ne put être prononcé que tard. Le livre que nous appelons ainsi porte dans plusieurs manuscrits un titre qui doit être fort ancien : Livre de vie. *Vie* est synonyme de *règle* dans la vie monastique. Ce livre n'aurait-il pas été, dans sa première forme, une *règle des règles,* une fusion de tout ce que chaque règle contenait de plus édifiant ? Il semble particulièrement empreint de l'esprit de sagesse et de modération qui caractérisait le grand ordre, l'Ordre de Saint-Benoît.

Ces maîtres expérimentés de la vie intérieure sentirent de bonne heure que pour diriger l'âme dans une voie de perfectionnement réel, solide et sans rechute, il fallait proportionner la nourriture spirituelle aux forces du disciple, donner le lait aux faibles, le pain aux forts. De là les trois degrés (connus, il est vrai, de l'Antiquité), qui ont formé la division naturelle du livre de l'Imitation : vie purgative, illuminative, unitive.

A ces trois degrés semblent répondre les titres divers que ce livre porte encore dans les manuscrits. Les uns, frappés du secours qu'il donne pour détruire en nous le vieil homme, l'intitulent « reformatio hominis ». Les autres y sentent déjà la douceur intime de la grâce, et l'appellent « consolatio ». Enfin, l'homme relevé, rassuré, prend confiance dans ce Dieu si doux ; il ose le regarder, le prendre pour modèle, il s'avoue la grandeur de sa destination, il s'élève à cette pensée hardie : *Imiter Dieu,* et le livre prend ce titre : *Imitatio Christi.*

Le but fut ainsi marqué haut de bonne heure ; mais ce but fut manqué d'abord par l'élan même et l'excès du désir.

L'imitation au XIIIe, au XIVe siècle, fut ou trop matérielle ou trop mystique. Le plus ardent des saints, celui de tous peut-être qui fut le plus violemment frappé au cœur de l'amour de Dieu, saint François, en resta à l'imitation du Christ pauvre, du Christ sanglant, aux stigmates de la Passion. Le franciscain Ubertino de Cassal, Ludolph, et même Tauler, nous proposent encore à imiter toutes les circonstances matérielles de la vie du Seigneur. Lorsqu'ils laissent la lettre et s'élèvent à l'esprit, l'amour les égare, ils dépassent l'imitation, ils cherchent l'union, l'unité de l'homme et de Dieu. Sans doute, telle est la pente de l'âme, elle ne demande qu'à périr en soi pour n'être plus qu'en l'objet aimé. Et pourtant, tout serait perdu pour la passion, si elle arrivait, l'imprudente, à son but, à l'unité même ; dans l'unité, il n'y aurait plus place à l'amour ; pour aimer, il faut rester deux.

Tel fut l'écueil où échouèrent tous les mystiques pendant le XIIIe et le XIVe siècle, le grand Rusbrock lui-même, qui écrivait contre les mystiques.

La merveille de l'Imitation, dans la forme où elle fut arrêtée (peut-être vers 1400), c'est la mesure et la sagesse. L'âme y marche entre les deux écueils : matérialité, mysticité ; elle y touche et n'y heurte pas ; elle passe, comme si elle ne voyait point le péril ; elle passe dans sa simplicité...

Prenez garde, cette simplicité-là n'est pas une qualité naïve, c'est bien plutôt la fin de la sagesse ; comme la *seconde ignorance* dont parle Pascal, l'ignorance qui vient après la science.

Cette simplicité dans la profondeur est particulièrement le caractère du troisième livre de l'Imitation. L'âme, détachée du monde au premier, s'est fortifiée dans la solitude du second. Au troisième, ce n'est plus solitude ; l'âme a près d'elle un compagnon, un ami, un maître, et de tous le plus doux. Une gracieuse lutte s'engage, une aimable et pacifique guerre entre l'extrême faiblesse et la force infinie qui n'est plus que la bonté. On suit avec émotion toutes les alternatives de cette belle gymnastique religieuse ; l'âme tombe, elle se relève, elle retombe, elle pleure. Lui, il la console : « Je suis là, dit-il, pour t'aider toujours, et plus encore qu'auparavant, si tu te confies en moi... Courage ! tout n'est pas perdu... Tu te sens souvent troublé, tenté ; eh bien ! c'est que : *Tu es homme et non pas Dieu, tu es chair et non pas ange.* Comment pourrais-tu toujours demeurer en même vertu ; l'ange ne l'a pu au ciel, ni le premier homme au paradis... »

Cette intelligence compatissante de nos faiblesses et de nos chutes indique assez que ce grand livre a été achevé lorsque le christianisme avait longtemps vécu, lorsqu'il avait acquis l'expérience, l'indulgence infinie. On y sent partout une maturité puissante, une douce et riche saveur d'automne ; il n'y a plus là les âcretés de la jeune passion. Il faut, pour en être venu à ce point, avoir aimé bien des fois, désaimé, puis aimé encore. C'est l'amour se sachant lui-même et goûtant profondément cette science, l'amour harmonisé qui ne périra plus par folie d'amour.

Je ne sais si le *premier* amour est le plus ardent, mais le plus grand, à coup sûr, le plus profond, c'est le *dernier*. On a vu souvent que, vers le milieu de la vie, et le milieu déjà passé, toutes les passions, toutes les pensées, finissaient par graviter ensemble et aboutir à une seule. La science même, multipliant les idées et les points de vue, n'était plus alors qu'un miroir à facettes où la passion reproduisait à l'infini son image, se réfléchissant, s'enflammant de sa propre réflexion... Telles se rencontrent parfois les tardives amours des sages, ces vastes et profondes passions, qu'on n'ose sonder... Telle, et plus profonde encore, la passion qu'on trouve en ce livre ; grande comme l'objet qu'elle cherche, grande comme le monde qu'elle quitte... Le monde ?... Mais il a péri. Cet entretien tendre et sublime a lieu sur les ruines du monde, sur le tombeau du genre humain. Les deux qui survivent s'aiment et de leur amour et de l'anéantissement de tout le reste.

Que la passion religieuse soit arrivée d'elle-même, et sans influence du dehors, à un tel sentiment de solitude, on a peine à l'imaginer. On croirait plutôt que si l'âme est détachée si parfaitement des choses d'ici-bas, c'est qu'elle s'en est vue délaissée. Je ne sens pas seulement ici la mort volontaire d'une âme sainte, mais un immense veuvage et la mort d'un monde antérieur. Ce vide que Dieu vient remplir, c'est la place d'un monde social qui a sombré tout entier, corps et biens, Église et patrie. Il a fallu pour faire un tel désert qu'une Atlantide ait disparu.

Maintenant comment ce livre de solitude devient-il un livre populaire ? Comment, en parlant de recueillement monastique, a-t-il pu contribuer à rendre au genre humain le mouvement et l'action ?

C'est qu'au moment suprême où tous avaient défailli, où la mort semblait imminente, le grand livre sortit de sa solitude, de sa langue de prêtre, et il évoqua le peuple dans la langue du peuple même. Une version française se répandit, version naïve, hardie, inspirée. Elle parut sous le vrai titre du moment : « Internelle consolacion ».

La Consolation est un livre pratique et pour le peuple. Elle ne contient pas le dernier terme de l'Initiation religieuse, le dangereux quatrième livre de l'Imitatio Christi.

L'Imitatio, dans la disposition générale de ses quatre livres, suit une sorte d'échelle ascendante (abstinence, ascétisme, communication, union). La Consolation part du second degré, de la douceur, de la vie ascétique ; elle va chercher des forces dans les communications divines, et elles redescend à l'abstinence, au détachement, c'est-à-dire à la pratique. Elle finit par où l'Imitatio a commencé.

Si le plan général de la Consolation n'a pas, comme celui de l'Imitatio, le noble caractère d'une initiation progressive, en revanche la forme, le style, sont bien supérieurs. Les lourdes rimes, les cadences grossières que l'on a cherchées dans le latin barbare de l'Imitatio, disparaissent presque partout dans la Consolation française. Le style y offre précisément le caractère qui nous charme dans les sculptures du XVe siècle, la naïveté et déjà l'élégance. Naïveté, netteté à la Froissart, mais avec un mouvement tout autrement vif et bref, comme d'une âme bien émue... Ajoutez que dans certains passages du français on sent une délicatesse de cœur, dont l'original ne se doute pas.

Quelle dut être l'émotion du peuple, des femmes, des malheureux (les malheureux alors, c'était tout le monde), lorsque pour la première fois ils entendirent la parole divine, non plus dans la langue des morts, mais comme parole *vivante,* non comme formule cérémonielle, mais comme la voix vive du cœur, leur propre voix, la manifestation merveilleuse de leur secrète pensée... Cela seul était déjà une résurrection. L'humanité releva la tête, elle aima, elle voulut vivre : « Je ne mourrai point, je vivrai, je verrai encore les œuvres de Dieu ! »

« Mon loyal ami et époux, ami si doux et débonnaire, qui me donnera les ailes de vraie liberté, que je puisse trouver en vous repos et consolation... O Jésus, lumière de gloire éternelle, seul soutien de l'âme pèlerine ; pour vous est mon désir sans voix, et mon silence parle... Hélas ! que vous tardez à venir ! Venez donc consoler votre pauvre. Venez, venez, nulle heure n'est joyeuse sans vous... – Ah ! je le sens, Seigneur, vous êtes revenu, vous avez eu pitié de mes larmes et de mes soupirs... Louange à vous, vraie Sagesse du Père ! tout vous loue et vous bénit, mon corps, mon âme et aussi toutes vos créatures !... »

La transmission du livre populaire fut rapide, on ne peut en douter. Le genre humain, au commencement du XVe siècle, éprouva un besoin tout nouveau de reproduire, de répandre la pensée ; ce fut comme une frénésie d'écrire. Les écrivains faisaient fortune, non plus les belles mains, mais les plus agiles. L'écriture, de plus en plus hâtée, risquait de devenir illisible... Les manuscrits, jusqu'alors enchaînés dans les églises, dans les couvents, avaient rompu la chaîne et couraient de main en main. Peu de gens savaient lire. Mais celui qui savait lisait tout haut ; les ignorants écoutaient d'autant plus avidement ; ils gardaient dans leurs jeunes et ardentes mémoires des livres entiers.

Il fallait bien lire, écouter, penser tout seul, puisque l'enseignement religieux et la prédication manquaient presque partout. Les dignitaires ecclésiastiques abandonnaient ce soin à des voix mercenaires. Nous avons vu en 1405 et 1406 que pendant deux hivers, deux carêmes, il n'y eut point de sermon à Paris ; à peine y eut-il un culte.

Et quand ils parlaient, que disaient-ils ? Ils proclamaient leurs dissenssions, leurs haines ; ils maudissaient leurs adversaires. Comment s'étonner que l'âme religieuse se soit retirée en soi, qu'elle n'ait plus voulu entendre la voix discordante des docteurs, mais une seule voix, celle de Dieu ? « Parlez, Seigneur, votre serviteur vous écoute... Les fils d'Israël disaient jadis à Moïse : Parle-nous ; que le Seigneur ne nous parle pas, *de peur que nous ne mourions*. Ce n'est pas là ma prière, ô Seigneur. Non, que Moïse ne parle point, ni lui, ni les prophètes... Ils donnent la lettre. Vous donnez l'esprit. Parlez vous-même, ô Vérité éternelle, *afin que je ne meure point.* »

Ce qui fait la force de ce livre, c'est qu'avec cette noble liberté chrétienne, il n'y a nul esprit polémique, à peine quelques allusions aux malheurs du temps. Le pieux auteur reste dans un silence plein de respect en présence des infirmités de sa vieille mère l'Église...

Que l'Imitation soit ou non un livre français, c'est en France qu'elle eut son action. Cela est visible, non seulement par le grand nombre des versions françaises (plus de soixante !), mais surtout parce que la version principale est française, version éloquente et originale qui fit du livre monastique un livre populaire.

Au reste, il y a une raison plus haute et qui finit cette vaine dispute : l'Imitation fut donnée au peuple qui ne pouvait plus se passer de l'Imitation. Ce livre, utile, ailleurs sans doute, était ici une suprême nécessité. Nulle action n'était descendue plus avant dans la mort, nulle n'avait besoin davantage de fouiller au fond de l'âme la source de vie qui y est cachée. Nulle ne pouvait mieux entendre le premier mot du livre : « Le royaume de Dieu est en vous, dit Notre-Seigneur Jésus-Christ. Rentre donc de tout ton cœur en toi-même, et laisse ce méchant monde... Tu n'as point ici de demeure permanente, où que tu sois. Tu es étranger et pèlerin ; tu n'auras repos en nul lieu, sinon au cœur, quand tu seras vraiment joint à Dieu. Que regardes-tu donc çà et là pour trouver repos ? Sois ton habitation aux cieux par l'amour, et point ne regarde les choses de ce monde qu'en passant, car elles passent et viennent à néant, et toi aussi comme elles... »

Ce langage de mélancolie sublime et de profonde solitude, à qui s'adressait-il mieux qu'au peuple, au pays où il n'y avait plus que ruine ? L'application semblait directe. Dieu semblait parler à la France et lui dire comme il dit aux morts : « Dès l'éternité, je t'ai connu par ton nom ; tu as trouvé grâce, je te donnerai le repos. »

Il ne fallait pas moins que cette bonté pour ranimer des cœurs si près du désespoir. L'Église universelle avait défailli, l'Église nationale avait péri ; de plus (terrible tentation de blasphème !) une Église étrangère était entrée, par la conquête et le meurtre, en possession de la France, le maître étranger avait apparu « comme roi des prêtres ».

La France, après avoir tant souffert du fol orgueil des fols, avait appris avec les Anglais à en connaître un autre, l'orgueil des sages. Elle avait enduré les pieux enseignements d'Henri V, entre le carnage d'Azincourt et les supplices de Rouen. Mais cela n'était rien encore ; elle vit dans les vrais rois de l'Angleterre, en ses évêques, l'étrange spectacle de la sagesse sans l'esprit de Dieu. Le roi des prêtres mort, elle eut (c'était le progrès naturel), elle eut le prêtre-roi, la réalisation d'un terrible idéal, inconnu aux âges antérieurs, la royauté de l'usure dans l'homme d'Église, la violence meurtrière dans le pharisaïsme... un Satan ! mais sous forme nouvelle ; non plus cette vieille figure de Satan honteux et fugitif. Non, Satan autorisé, décent, *respectable,* Satan riche, gras dans son trône d'évêque, dogmatisant, jugeant et réformant les saints.

Satan étant devenu cette vénérable personne, le rôle opposé restait à Notre Seigneur. Il fallait qu'il fût amené par les constables devant ce grave *chief-justice,* comme un misérable *échappé de paroisse,* que dis-je, comme hérétique ou sorcier, comme violemment suspect d'être en relation avec le démon, ou démon lui-même ; il fallait que Notre Seigneur se laissât condamner et brûler, comme diable par le Diable... Les choses doivent aller jusque-là... C'est alors que l'assistance émerveillée verra cet honnête homme de juge se troubler à son tour, perdre contenance et se tordre dans son hermine... Alors chacun reprendra son rôle naturel ; le drame sera complet, le mystère consommé.

L'Imitation de Jésus-Christ, sa passion reproduite dans la Pucelle, telle fut la rédemption de la France.

Une objection peut s'élever maintenant que personne ne ferait tout à l'heure. N'importe ; dès ce moment nous pouvons y répondre.

L'esprit de ce livre, c'est la résignation. Cet esprit répandu dans le peuple, eût dû, ce semble, le calmer, l'endormir, loin d'inspirer l'héroïsme de la résistance nationale. Comment expliquer cette apparente opposition ?

C'est que la résurrection de l'âme n'est point celle de telle ou telle vertu, c'est que toutes les vertus se tiennent. C'est que la résignation ne revint pas seule, mais l'espoir, qui est aussi de Dieu, et avec l'espoir, la foi dans la justice... L'esprit de l'Imitation fut pour les clercs patience et *passion* ; pour le peuple ce fut *l'action,* l'héroïque élan d'un cœur simple...

Et qu'on ne s'étonne pas si le peuple apparut ici en une femme, si de la patience et des douces vertus, une femme passa aux vertus viriles, à celles de la guerre, si la sainte se fit soldat. Elle a dit elle-même le secret de cette transformation, c'est un secret de femme ; la *pitié* qu'il y avait au royaume de France !...

Voilà la cause, ne l'oublions jamais, la cause suprême de cette révolution. Quant aux causes secondaires, intérêts politiques, passions humaines, nous les dirons aussi ; toutes doivent essayer leurs forces, venir heurter au but, succomber, s'avouer impuissantes, rendant hommage ainsi à la grande cause morale qui seule les rendit efficaces.

CHAPITRE II

Charles VII - Henri VI - 1422-1429 - Siège d'Orléans

Le jeune roi, élevé par les Armagnacs, trouva en eux son principal appui, et aussi il partagea leur impopularité. Ces Gascons étaient les soldats les plus aguerris de la France, mais les plus pillards, les plus cruels. La haine qu'ils inspiraient dans le Nord aurait suffi pour y créer un parti bourguignon anglais. Les brigands du Midi semblaient plus étrangers que les étrangers.

Charles VII essaya ensuite des étrangers mêmes, de ceux qui avaient l'habitude des guerres anglaises ; il appela les Écossais. C'étaient les plus mortels ennemis de l'Angleterre ; on pouvait compter sur leur haine autant que sur leur courage. On plaça dans ces auxiliaires les plus grandes espérances. Un Écossais fut fait connétable de France, un Écossais comte de Touraine. Cependant, malgré leur incontestable bravoure, ils avaient été souvent battus en Angleterre. Ils le furent en France, à Crévant, à Verneuil (1423, 1424), non seulement battus, mais détruits ; les Anglais prirent garde qu'il n'en échappât. On prétendit que les Gascons, jaloux des Écossais, ne les avaient pas soutenus.

Les Anglais faillirent donner à Charles VII un allié bien plus utile et plus important que les Écossais ; je parle du duc de Bourgogne. Il y avait deux gouvernements anglais, celui de Glocester à Londres, celui de Bedford à Paris ; les deux frères s'entendaient si peu, qu'au même moment Bedford épousait la sœur du duc de Bourgogne, et Glocester commençait la guerre contre lui. Un mot sur cette romanesque histoire.

Le duc de Bourgogne, comte de Flandre, croyait n'avoir sa Flandre que quand il l'aurait flanquée de Hollande et de Hainaut. Ces deux comtés étaient tombés entre les mains d'une fille, la comtesse Jacqueline ; le duc de Bourgogne maria cette fille à un sien cousin, un enfant maladif, espérant bien qu'il ne viendrait rien de ce mariage et qu'il hériterait. Jacqueline, qui était une belle jeune femme, ne se résigna pas, elle laissa son triste mari, passa lestement le détroit et se proposa elle-même au duc de Glocester. Les Anglais, qui ont les Pays-Bas en face, qui les ont toujours couvés des yeux, ne pouvaient guère résister à la tentation. Glocester fit la folie d'accepter (1423). C'était d'ailleurs un petit génie, ambitieux et incapable ; il avait autrefois visé au trône de Naples ; il voyait son frère Bedford régner en France, tandis qu'en Angleterre, son oncle, le cardinal Winchester, réduisait à rien son protectorat. Il prit donc en main la cause de Jacqueline, commençant ainsi contre le duc de Bourgogne, contre l'indispensable allié des Anglais, une guerre qui, pour celui-ci, était une question d'existence, une guerre sans traité où le souverain de la Flandre risquerait jusqu'à son dernier homme. C'était hasarder la France anglaise, mettre en péril Bedford ; Glocester, il est vrai, ne s'en souciait guère.

Le duc de Bourgogne, irrité, conclut une secrète alliance avec le duc de Bretagne ; puis il lança à Bedford deux réclamations d'argent : 1° la dot de sa première femme, fille de Charles VI, cent mille écus ! 2° une pension de vingt mille livres qu'Henri V lui avait promise, pour l'amener à reconnaître son droit à la couronne. Que pouvait faire Bedford ? Il n'avait pas d'argent ; il offrit à sa place une possession inestimable, au-dessus de toute somme d'argent, Péronne, Montdidier et Roye, Tournai, Saint-Amand et Mortaigne, c'est-à-dire toute la barrière du Nord (septembre 1423).

A chaque folie de Glocester, Bedford payait. En 1424, Glocester, comme chevalier de Jacqueline, défie le duc de Bourgogne en combat singulier. Cette bravade n'eut pas d'autre suite, sinon que Bedford en faillit périr. Les bandes de Charles VII vinrent se loger au cœur même de la France anglaise, en Normandie. Il fallait une bataille pour les chasser de là. Elle eut lieu le 17 août 1424 (Verneuil). Dès le mois de juin, Bedford avait regagné le duc de Bourgogne par une concession énorme ; il lui avait engagé sa frontière de l'est, Bar-sur-Seine, Auxerre et Mâcon.

Toute la France du Nord risquait fort de tomber ainsi, morceau par morceau, entre les mains du duc de Bourgogne. Mais tout à coup le vent changea. Le sage Glocester, au milieu de cette guerre commencée pour Jacqueline, oublie qu'il l'a épousée, oublie qu'au moment même elle est assiégée dans Bergues, et il en épouse une autre, une belle Anglaise. Cette nouvelle folie eut les effets d'un acte de sagesse. Le duc de Bourgogne se laissa réconcilier avec les Anglais et fit semblant de croire tout ce que lui disait Bedford ; l'essentiel pour lui était de pouvoir dépouiller Jacqueline, d'occuper le Hainaut, la Hollande et ensuite le Brabant dont la succession ne devait pas tarder à s'ouvrir.

Charles VII ne profita donc guère de cet événement qui semblait pouvoir lui être si utile. Tout l'avantage qu'il en tira, c'est que le comte de Foix, gouverneur du Languedoc, comprit que le duc de Bourgogne tournerait tôt ou tard contre les Anglais ; il déclara que sa conscience l'obligeait de reconnaître Charles VII comme le roi légitime. Il lui soumit le Languedoc, bien entendu que le roi n'en tirerait ni argent, ni troupes, qu'il n'y troublerait en rien la petite royauté que s'y était arrangée le comte de Foix.

L'amitié des maisons d'Anjou et de Lorraine semblait devoir être plus directement utile au parti de Charles VII. Le chef de la maison d'Anjou se trouvait alors être une femme, la reine Yolande, veuve de Louis II, duc d'Anjou, comte de Provence et prétendant au royaume de Naples ; cette veuve était fille du roi d'Aragon et d'une Lorraine de la maison de Bar. Les Anglais ayant fait l'insigne faute d'inquiéter les maisons d'Anjou et d'Aragon pour le trône de Naples, Yolande forma contre eux l'alliance d'Anjou et de Lorraine avec Charles VII. Elle maria sa fille à ce jeune roi, et son fils René à la fille unique du duc de Lorraine.

Ce dernier mariage semblait bien difficile. Le duc de Lorraine, Charles le Hardi, avait été un violent ennemi des maisons d'Orléans, d'Armagnac ; il avait épousé une parente du duc de Bourgogne ; au massacre de 1418, il avait reçu de Jean sans Peur l'épée de connétable. En 1419, nous le voyons subitement changé, ennemi des Bourguignons, tout Français.

Pour comprendre ce miracle, il faut savoir que, dans cette éternelle bataille qui fut la vie de la Lorraine au Moyen Age, les deux maisons rivales, Lorraine et Bar, s'étaient usées à force de combattre. Il restait deux vieillards, le duc de Bar, vieux cardinal, et le duc de Lorraine, qui n'avait qu'une fille. Le cardinal assura son duché à son neveu René, et, pour réunir tout le pays, demanda pour René l'héritière de Lorraine au nom de Dieu et de la paix. Le duc, gouverné alors par une maîtresse française, consentit à donner sa fille et ses États à un prince français de cette maison de Bar, si longtemps ennemie de la sienne.

Les Anglais y avaient aidé en faisant au duc de Lorraine le plus sensible outrage. Henri V lui avait demandé sa fille en mariage, et il épousa la fille du roi de France ; en même temps, il inquiétait le duc en voulant acquérir le Luxembourg, aux portes de la Lorraine.

L'irritation de Charles le Hardi augmenta, lorsqu'en 1424 les Bourguignons, auxiliaires des Anglais, occupèrent en Picardie la ville de Guise, qui lui appartenait. Alors il assembla les États de son duché, et leur fit reconnaître la Lorraine comme fief féminin, et sa fille, femme de René d'Anjou, comme son héritière.

La grandeur de la maison d'Anjou, son étroite union avec Charles VII, devait, ce semble, fortifier le parti royal. Mais cette maison avait trop à faire en Lorraine, en Italie. L'égoïste et politique Yolande voulait gagner du temps, ménager les Anglais, ne pas les attirer dans les domaines patrimoniaux de la maison d'Anjou. Elle attendait du moins que ses fils fussent affermis en Lorraine et à Naples.

Elle fut toutefois utile à son gendre Charles VII. Par ses sages conseils, elle éloigna de lui les vieux Armagnacs. Elle eut l'adresse de lui ramener les Bretons ; elle fit donner l'épée de connétable au frère du duc de Bretagne, au comte de Richemont. Richemont n'accepta qu'en stipulant que le roi éloignerait de lui les meurtriers du duc de Bourgogne.

C'étaient les Bretons qui avaient sauvé le royaume au temps de

Duguesclin. Charles VII, réunissant les Bretons, les Gascons, les Dauphinois, avait dès lors de son côté la vraie force militaire de la France. L'Espagne lui envoyait des Aragonais, l'Italie des Lombards.

Et avec tout cela la guerre languissait. L'argent manquait, l'union encore plus. Les favoris du roi firent échouer Richemont dans ses premières entreprises. Ce ne fut pas, il est vrai, impunément ; le rude Breton en fit tuer deux en six mois sans forme de procès. Puisqu'il fallait au roi un favori, il lui en donna un de sa main, le jeune La Trémouille, et le premier usage que celui-ci fit de son ascendant fut de faire éloigner Richemont. Le roi, chose bizarre, défendit à son connétable de combattre pour lui ; les gens du roi et ceux de Richemont étaient sur le point de tirer l'épée les uns contre les autres.

Ainsi Charles VII se trouvait moins avancé que jamais. Il avait essayé des Gascons, des Écossais, des Bretons, tous braves, tous indisciplinables. Ni le refroidissement du duc de Bourgogne à l'égard des Anglais, ni la soumission apparente du Languedoc, ni le rapprochement des maisons d'Anjou et de Lorraine, ne lui avait donné de force effective. Son parti semblait incurablement divisé et pour toujours impuissant.

Les Anglais, bien instruits de cette désorganisation, crurent que le moment était arrivé de forcer enfin la barrière de la Loire, et ils rassemblèrent autour d'Orléans ce qu'ils avaient de troupes disponibles et toutes celles qu'ils purent faire venir.

Cela ne faisait guère au total que dix ou douze mille hommes. Mais c'était encore un grand effort dans la situation où étaient leurs affaires. Le duc de Glocester troublait l'Angleterre de ses querelles avec son oncle le cardinal de Winchester. En France, Bedford ne pouvait tirer d'argent d'un pays si complètement ruiné. Pour attirer ou retenir les grands seigneurs anglais et leurs hommes, il fallait leur faire sans cesse de nouveaux dons de terre, de fiefs, c'est-à-dire mécontenter de plus en plus la noblesse française. Le chroniqueur parisien remarque qu'alors il n'y avait presque plus de gentilshommes français dans le parti anglais ; tous peu à peu avaient passé de l'autre côté.

L'armée anglaise semblait peu nombreuse pour envelopper Orléans et barrer la Loire. Mais du moins c'étaient les meilleurs soldats que les Anglais eussent en France, et ils suppléaient à leur petit nombre par des travaux prodigieux. Ils formèrent autour de la ville, non une enceinte continue comme Édouard III autour de Calais, mais une série de forts ou bastilles qui devaient surveiller les intervalles qu'on laissait entre elles. Le plan qu'un savant ingénieur a tracé de ces travaux d'après les rapports du temps est véritablement formidable.

Chaque bastille était commandée par un des premiers lords d'Angleterre ; du côté de la Beauce par le lord commandant du siège, Salisbury, par les Suffolk, par le brave des braves, le vieux comte Talbot. La forte et triple bastillle du Sud, au-delà de la Loire, au poste le plus dangereux, était commandée par un homme moins connu, mais déterminé, ennemi furieux de la France, William Glasdale, qui avait juré que, s'il entrait dans la ville, il tuerait tout, hommes, femmes et enfants. Le nom même de ces bastilles anglaises indiquait assez la ferme résolution de ne pas quitter le siège, quoi qu'il arrivât. L'une s'appelait Paris, l'autre Rouen, l'autre Londres. Quelle honte eût-ce été aux Anglais de rendre Londres !

Ces bastilles n'étaient pas des forteresses muettes, mais comme des ennemis vivants, qui, parmi les injures et les bravades, vomissaient dans la place des boulets de pierre du poids de cent vingt, de cent soixante livres.

D'autres bastilles plus éloignées, c'étaient les places du voisinage, Montargis, Rochefort, Le Puiset, Beaugency, Meung, dont les assiégeants s'étaient préalablement assurés, et qui étaient devenus des places anglaises.

Orléans méritait ces grands efforts. Ce n'était pas seulement le centre de la France, le coude de la Loire, la clé du Midi ; ces avantages sont ceux de la situation ; mais, quant à la population même, c'était la vie même et le cœur d'un parti. A l'époque où les brigandages des Armagnacs firent passer toutes les villes dans le parti bourguignon, Orléans resta fidèle. Lorsque la réaction eut lieu à Paris contre ce parti, c'est à Orléans que les princes envoyèrent les femmes et les enfants des fugitifs qu'ils voulaient garder en otage.

Les bourgeois montrèrent un zèle extraordinaire. Ils consentirent sans difficulté à laisser brûler leurs faubourgs, c'est-à-dire toute une ville plus grande que la ville, je ne sais combien de couvents, d'églises, qui auraient été autant de postes pour les Anglais. Ils laissèrent faire et firent eux-mêmes. Ils se taxèrent, ils fondirent des canons. Leurs franchises les dispensaient de recevoir garnison ; ils en demandèrent une ; ils reçurent tout ce qu'on leur envoya : quatre ou cinq mille soudards de toute nation, des Gascons, Xaintrailles, La Hire, Albret, des Italiens, le signor Valperga, des Aragonais, don Mathias et don Coaraze, des Écossais, un Stuart, enfin le bâtard d'Orléans, et soixante bouches à feu.

Il y avait quelques Lorrains, envoyés peut-être par le duc de Lorraine ou par son gendre, le jeune René d'Anjou, duc de Bar.

Orléans se vit assiégé avec une gaieté héroïque. Les Anglais n'ayant pu fermer la place du côté de la Sologne, il entrait toujours des vivres ; en une fois neuf cents porcs. On se moquait des boulets anglais, qui ne tuaient presque personne ; on assurait qu'un boulet avait déchaussé un homme sans lui toucher même le pied. Au contraire, les canons orléanais faisaient rage ; ils avaient des noms terribles : l'un d'eux s'appelait Riflard. Il y avait encore la célèbre couleuvrine d'un habile canonnier lorrain, maître Jean ; à eux deux, homme et couleuvrine, ils faisaient les plus beaux coups. Les Anglais avaient fini par connaître ce maître Jean ; il ne se délassait de les tuer qu'en se moquant d'eux ; de temps à autre, il faisait le mort, il se laissait choir ; on l'emportait dans la ville, les Anglais étaient dans la joie, alors il revenait plus vivant que jamais et tirait sur eux de plus belle.

Les violons ne manquaient pas. Ceux de la ville en envoyèrent aux

Anglais pour diminuer leur spleen dans les ennuis de l'hiver. Dunois fit passer aussi à Suffolk un bonne fourrure en échange d'une assiette de figues.

Ce qui égaya beaucoup plus les Orléanais, c'est qu'un jour où le général en chef Salisbury visitait les tournelles, Glasdale lui montrait Orléans et disait : « Milord, vous voyez votre ville. » Il regarda, mais ne vit rien ; un boulet lui ferma l'œil et lui emporta la moitié de la tête. Ce boulet était parti justement d'une tour appelée *Notre-Dame ;* or Salisbury avait récemment pillé Notre-Dame de Cléry.

Du 12 octobre 1428 au 12 février 1429, le siège continua avec des succès variés. Sorties, fausses attaques, combats pour l'entrée des vivres, duels même pour éprouver et amuser les deux partis. Une fois, c'étaient deux Gascons contre deux Anglais, et les nôtres eurent l'avantage. Un autre jour, on fit battre les pages des deux armées ; les pages anglais l'emportèrent. Six Français se présentèrent aux bastilles anglaises pour jouter, les Anglais n'acceptèrent point.

Ils complétaient lentement leurs fortifications, et l'on pouvait prévoir que la ville finirait par être à peu près fermée. Quelque insouciant que le roi parût de sauver l'apanage du duc d'Orléans, il était clair qu'Orléans une fois tombé, les Anglais avanceraient librement en Poitou, en Berri, en Bourbonnais, qu'ils vivraient aux dépens de ces provinces ; qu'après avoir ruiné le Nord, ils ruineraient le Midi. Le duc de Bourgogne envoya son fils aîné, le comte de Clermont ; des Écossais, des seigneurs de Touraine, de Poitou, d'Auvergne, devaient, sous ce jeune prince, secourir Orléans, y introduire des vivres, et même empêcher qu'il n'arrivât des vivres au camp anglais. Le duc de Bedford en envoyait de Paris sous la conduite du brave sir Falstoff ; il avait profité de la vieille haine cabochienne de Paris contre Orléans pour joindre à ses Anglais bon nombre d'arbalétriers parisiens et le prévôt même de Paris. Ils amenaient trois cents charrettes de munitions, de vivres, de harengs surtout, provision indispensable du carême. Troupes, charrettes, tout le convoi venait à la file ; rien n'était plus facile que de les couper ou de les détruire, le Gascon La Hire, qui était en avant des Français, brûlait de tomber sur eux, mais il reçut défense expresse du prince, qui s'avançait lentement avec le gros de la troupe. Cependant les Anglais avaient pris l'alarme ; Falstoff s'était concentré au milieu de ses charrettes et d'une enceinte de pieux aigus que ces prévoyants Anglais portaient toujours avec eux. A droite, les archers anglais, à gauche les arbalétriers parisiens. Quoi que pût dire le comte de Clermont, la haine emporta ses gens ; les Écossais se jetèrent à bas de cheval pour combattre de plain-pied les Anglais ; les Gascons armagnacs sautèrent sur leurs vieux ennemis les Parisiens. Mais ceux-ci tinrent ferme. Écossais et Gascons ayant ainsi rompu leurs rangs, les Anglais sortirent de l'enceinte, les poursuivirent et en tuèrent trois ou quatre cents. Le comte de Clermont resta immobile. La Hire était si furieux qu'il revint sur les Anglais dispersés à la poursuite et en tua quelques-uns.

Il fallut rentrer dans Orléans, après ce triste combat. Les Orléanais, toujours satiriques, l'appelèrent la bataille des harengs ; en effet, les boulets avaient crevé les barils, et la plaine était jonchée de harengs plus que de morts.

Quelque léger que fût l'échec, il découragea tout le monde. Les plus avisés s'empressèrent de quitter une ville qui semblait perdue. Le jeune comte de Clermont eut la faiblesse de partir avec ses deux mille hommes ; l'amiral de France, le chancelier de France pensèrent que ce serait dommage si les grands officiers du roi étaient pris par les Anglais, et ils s'en allèrent aussi.

Les hommes d'armes n'espérant plus de secours humain, les prêtres ne comptèrent pas beaucoup sur le secours divin ; l'archevêque de Reims partit ; l'évêque même d'Orléans laissa ses brebis se défendre comme elles pourraient.

Ils s'en allèrent tous le 18 février, assurant aux bourgeois qu'ils reviendraient bientôt en force. Rien ne put les retenir. Le bâtard d'Orléans, qui défendait avec autant d'adresse que de vaillance l'apanage de sa maison, leur disait en vain, depuis le 12, qu'on devait attendre un secours miraculeux ; qu'il allait venir des Marches de Lorraine une fille de Dieu qui promettait de sauver la ville. L'archevêque, qui était un ancien secrétaire du pape, un vieux diplomate, ne s'arrêta pas beaucoup à ces histoires de miracle.

Dunois lui-même ne comptait pas tellement sur un secours d'en haut, qu'il n'employât un moyen très humain, très politique, contre les Anglais. Il envoya Xaintrailles au duc de Bourgogne pour le prier, comme parent du duc d'Orléans, de prendre sa ville en garde. Le duc, Philippe le Bon, venait justement d'acquérir, outre la forte position de Namur, le Hainaut et la Hollande, ces deux ailes de la Flandre que les Anglais avaient si maladroitement disputées. On le priait de se faire donner la grande et importante position du centre de la France. Il était en train d'acquérir ; il ne refusa pas Orléans. Il alla droit à Paris et dit la chose à Bedford, qui répondit sèchement qu'il n'avait pas travaillé pour le duc de Bourgogne. Celui-ci, fort blessé, rappela ce qu'il avait de troupes au siège d'Orléans.

Nous ne savons pas si les Anglais perdirent beaucoup d'hommes au départ des Bourguignons. Au reste, ils avaient justement achevé leurs travaux autour de la ville. Les Bourguignons partirent le 17 avril ; dès le 15, les Anglais avaient fini leur dernière bastille du côté de la Beauce, celle qu'ils nommaient Paris ; le 20, ils terminèrent, du côté de la Sologne, celle de Saint-Jean-le-Blanc, qui fermait la Haute-Loire, d'où les Orléanais tiraient jusque-là leurs approvisionnements.

Les vivres entrant avec peine, le mécontentement commença ; beaucoup de gens trouvaient que la ville avait fait assez de sacrifices pour se conserver à son seigneur ; il valait mieux qu'Orléans devînt Anglais que de ne plus être. Les choses n'en restèrent pas là. On trouva qu'il avait été fait un trou dans le mur de la ville ; la trahison était évidente.

D'autre part, Dunois ne pouvait rien attendre de Charles VII. Les états assemblés en 1428 avaient voté de l'argent, sommé les tenans-fiefs de leur service féodal. Il n'était venu ni hommes ni argent. Le receveur général n'avait pas quatre écus en caisse. Quand Dunois envoya La Hire pour demander du secours, le roi, qui le fit dîner avec lui, n'eut, dit-on, à lui donner qu'un poulet et une queue de mouton. Quoi qu'il en soit de cette historiette, la situation désespérée de Charles VII est prouvée par l'offre exorbitante qu'il avait faite aux Écossais de leur céder le Berri pour prix d'un secours nouveau.

Nous ne connaissons pas bien les intrigues qui divisaient cette petite cour. Dans cette extrême détresse, les divisions y avaient naturellement augmenté. Les vieux conseillers armagnacs, éloignés quelque temps par Richemont et par la belle-mère du roi, devaient reprendre crédit. Ce parti méridional aurait consenti volontiers à avoir un roi du Midi, siégeant à Grenoble. Au contraire, la belle-mère du roi, duchesse d'Anjou, ne pouvait conserver l'Anjou si les Anglais passaient définitivement la Loire. Elle était unie en cela avec la maison d'Orléans. Mais la maison d'Anjou avait tant d'autres intérêts, si variés, si divers, qu'elle croyait devoir ménager toujours les Anglais, négocier toujours. Lorsque la défense d'Orléans parut désespérée (mai 1429), le vieux cardinal de Bar se hâta de traiter avec Bedford, au nom de son neveu René d'Anjou, de peur qu'il ne manquât la succession de Lorraine, sauf à se laisser désavouer par René, si les affaires de Charles VII prenaient une autre face.

La ruine imminente d'Orléans avait effrayé les villes voisines de la Loire. Les plus proches, Angers, Tours et Bourges, envoyèrent des vivres ; Poitiers et La Rochelle de l'argent ; puis l'effroi gagnant, le Bourbonnais, l'Auvergne, le Languedoc même, firent passer aux Orléanais du salpêtre, du soufre et de l'acier.

Peu à peu la France entière s'intéressait au sort d'une ville. On était touché de cette brave résistance des Orléanais, de leur fidélité à leur seigneur. On avait pitié d'Orléans, du duc d'Orléans aussi. Il ne suffisait donc pas aux Anglais de le retenir prisonnier toute sa vie ; ils voulaient lui prendre son apanage, le ruiner, lui et ses enfants. Ce nouveau malheur renouvelait la mémoire de tant d'autres malheurs de cette maison ; il n'était pas d'homme qui n'eût chanté dans son enfance les complaintes qui couraient alors sur la mort de Louis d'Orléans. Charles d'Orléans, prisonnier, ne pouvait défendre la ville, mais ses ballades passaient le détroit et priaient pour lui.

Chose touchante et qui honore la nature humaine, au milieu des plus terribles misères, parmi la désolation et la famine, lorsque les loups prenaient possession des campagnes, lorsque, au dire d'un contemporain, il n'y avait plus une maison debout, hors des villes, depuis la Picardie jusqu'en Allemagne, ce peuple était encore sensible aux maux des autres ; il réservait sa pitié pour un prince prisonnier, un prince, un poète, fils d'un homme assassiné, et lui-même voué pour toute la vie à cette mort de la captivité et de l'exil.

Les femmes surtout éprouvaient ce sentiment de pitié. Moins dominées par l'intérêt, elles sont fidèles au malheur. En général, elles ne furent pas assez politiques pour se résigner au joug étranger ; elles restèrent bonnes Françaises. Duguesclin savait qu'il n'y avait rien de plus Français en France que les femmes, lorsqu'il disait : « Il n'y a pas une fileuse qui ne file une quenouille pour ma rançon. »

L'un des premiers exemples de résistance avait été donné par une jeune femme, la dame de la Rocheguyon, qui défendit longtemps cette forteresse qui lui appartenait, et qui, forcée de la rendre, refusa d'en faire hommage aux Anglais. Ceux-ci osèrent lui proposer d'épouser un traître, Gui Bouteiller, qui avait trahi Rouen ; ils voulaient mettre un homme à eux dans cette place importante de la Rocheguyon. Il eut la place, mais non la dame ; elle aima mieux laisser tout, et s'en aller pauvre avec ses enfants.

Les femmes étaient restées Françaises ; les prêtres redevinrent Français. Ils avaient fini par s'apercevoir que les Anglais, avec tous leurs beaux semblants d'égards pour l'Église, en étaient les vrais ennemis. Après avoir essayé d'imposer l'Église d'Angleterre, Bedford fit à celle de France l'exorbitante demande de céder au roi pour les besoins de la guerre tous les biens et rentes qui avaient été donnés à l'Église depuis *quarante ans*. Ces deux propositions portèrent malheur aux Anglais. Ils succédèrent à la réputation d'impiété qu'avaient eue les Armagnacs. Le pillage de quelques églises attira sur eux l'exécration du peuple.

La grandeur de Lancastre n'avait pas une base ferme. Elle reposait sur deux mensonges. En Angleterre, ils avaient dit : « Nous ne demandons à l'Église que ses prières » ; et ils voulaient toucher aux biens de l'Église. En France, ils avaient dit : « Nous sommes les vrais héritiers du trône, usurpé depuis Philippe de Valois ; nous sommes les vrais rois de France, nos sommes Français. » Un tel mot aurait pu tromper dans la bouche d'Édouard III, qui était Français par sa mère et qui parlait encore français. Mais, par un contraste bizarre, c'est justement à l'avènement d'Henri V que la Chambre des communes commence à rédiger ses actes en anglais. Lorsque ces prétendus Français nous faisaient la grâce de se servir de notre langue, ils la défiguraient et la maltraitaient tellement qu'ils semblaient ennemis de la langue autant que de la nation.

Avec tout cela, les Anglais avaient une chose pour eux, c'est que leur jeune roi, Henri VI, étaient certainement Français par sa mère et petit-fils de Charles VI ; il ne ressemblait que trop à son grand-père pour la faiblesse d'esprit. Au contraire, la légitimité de Charles VII était bien douteuse ; il était né en 1403, au plus fort des liaisons de sa mère avec le duc d'Orléans ; elle-même avait accédé aux actes dans lesquels il était appelé le *soi-disant* dauphin. Henri VI n'avait pas encore été sacré à Reims, mais Charles VII ne l'était pas non plus. Le peuple de ce temps ne reconnaissait un roi qu'à deux choses : la naissance royale et le sacre ; Charles VII n'était pas roi selon la religion, et il n'était pas sûr qu'il le fût selon la nature. Cette question, indifférente pour les politiques qui se décident suivant leurs intérêts, était tout pour le peuple ; le peuple ne veut obéir qu'au droit.

Une femme avait obscurci cette grande question de droit ; une femme sut l'éclaircir.

CHAPITRE III

La Pucelle d'Orléans - 1429

L'originalité de la Pucelle, ce qui fit son succès, ce ne fut pas tant sa vaillance ou ses visions, ce fut son bon sens. A travers son enthousiasme, cette fille du peuple vit la question et sut la résoudre.

Le nœud que les politiques et les incrédules ne pouvaient délier, elle le trancha. Elle déclara, au nom de Dieu, que Charles VII était l'héritier ; elle le rassura contre sa légitimité dont il doutait lui-même. Cette légitimité, elle la sanctifia, menant son roi droit à Reims, et gagnant de vitesse sur les Anglais l'avantage décisif du sacre.

Il n'était pas rare de voir les femmes prendre les armes. Elles combattaient souvent dans les sièges, témoin les trente femmes blessées à Amiens, témoin Jeanne Hachette. Au temps de la Pucelle et dans les mêmes années, les femmes de Bohême se battaient comme les hommes, dans les guerres des hussites.

L'originalité de la Pucelle, je le répète, ne fut pas non plus dans ses visions. Qui n'en avait au Moyen Age ? Même dans ce prosaïque XVe siècle, l'excès des souffrances avait singulièrement exalté les esprits. Nous voyons, à Paris, un frère Richard remuer tout le peuple par ses sermons, au point que les Anglais finirent par le chasser de la ville. Le carme breton Conecta était écouté à Courtrai, à Arras, par des masses de quinze ou vingt mille hommes. Dans l'espace de quelques années, avant et après la Pucelle, toutes les provinces ont leurs inspirés. C'est une Pierrette bretonne qui converse avec Jésus-Christ. C'est une Marie d'Avignon, une Catherine de La Rochelle. C'est un petit berger, que Xaintrailles amène de son pays, lequel a des stigmates aux pieds et aux mains, et qui sue du sang aux saints jours.

La Lorraine était, ce semble, l'une des dernières provinces où un tel phénomène eût dû se présenter. Les Lorrains sont braves, batailleurs, mais volontiers intrigants et rusés. Si le grand Guise sauva la France, avant de la troubler, ce ne fut pas par des visions. Nous trouvons deux Lorrains au siège d'Orléans, et tous deux y déploient le naturel facétieux de leur spirituel compatriote Callot ; l'un est le canonnier maître Jean qui faisait si bien le mort ; l'autre est un chevalier qui fut pris par les Anglais, chargé de fers, et qui à leur départ revint à cheval sur un moine anglais.

La Lorraine des Vosges a, il est vrai, un caractère plus grave. Cette partie élevée de la France d'où descendent de tous côtés des fleuves vers toutes les mers, était couverte de forêts, forêts vastes et telles que les Carlovingiens les jugeaient les plus dignes de leurs chasses impériales. Dans les clairières de ces forêts s'élevaient les vénérables abbayes de Luxeuil et de Remiremont ; celle-ci, comme on sait, gouvernée par une abbesse qui était princesse du Saint Empire, qui avait ses grands officiers, toute une cour féodale, qui faisait porter par son sénéchal l'épée nue devant elle. Cette royauté de femme avait eu pour vassal, et pendant longtemps, le duc de Lorraine.

Ce fut justement entre la Lorraine des Vosges et celle des plaines, entre la Lorraine et la Champagne, que naquit, à Dom-Remy, la belle et brave fille qui devait porter si bien l'épée de la France.

Il y a quatre Dom-Remy le long de la Meuse dans un cercle de dix lieues, trois du diocèse de Toul, un de celui de Langres. Probablement ces quatre villages étaient, dans des temps plus anciens, des domaines de l'abbaye de Saint-Remy de Reims. Nos grandes abbayes avaient, comme on sait, dans les temps carlovingiens, des possessions bien plus éloignées, jusqu'en Provence, jusqu'en Allemagne, jusqu'en Angleterre.

Cette ligne de la Meuse est la Marche de Lorraine et de Champagne, tant disputée entre le roi et le duc. Le père de Jeanne, Jacques Darc, était un digne Champenois. Jeanne tint sans doute de son père ; elle n'eut point l'âpreté lorraine ; mais bien plutôt la douceur champenoise, la naïveté mêlée de sens et de finesse, comme vous la trouvez dans Joinville.

Quelques siècles plus tôt, Jeanne serait née serve de l'abbaye de Saint-Rémy ; un siècle auparavant, serve du sire de Joinville. Il était, en effet, seigneur de la ville de Vaucouleurs, dont le village de Dom-Remy dépendait. Mais en 1335, le roi obligea les Joinville de lui céder Vaucouleurs. C'était alors le grand passage de la Champagne à la Lorraine, la droite route d'Allemagne, non seulement la route d'Allemagne, mais aussi celle des bords de la Meuse, la croix des routes. C'était encore, pour ainsi dire, la frontière des partis ; il y avait près de Dom-Remy un dernier village du parti bourguignon, tout le reste était pour Charles VII.

Cette Marche de Lorraine et de Champagne avait en tout temps cruellement souffert de la guerre ; longue guerre entre l'Est et l'Ouest, entre le roi et le duc, pour la possession de Neufchâteau et des places voisines ; puis guerre du Nord au Sud, entre les Bourguignons et les Armagnacs. Le souvenir de ces guerres sans pitié n'a pu s'effacer jamais. On montrait naguère encore, près de Neufchâteau, un arbre antique au nom sinistre, dont les branches avaient sans doute porté bien des fruits humains : *le chêne des partisans*.

Les pauvres gens des Marches avaient l'honneur d'être sujets directs du roi, c'est-à-dire qu'au fond ils n'étaient à personne, n'étaient appuyés ni ménagés de personne, qu'ils n'avaient de seigneur, de protecteur, que Dieu. Les populations sont sérieuses dans une telle situation ; elles savent qu'elles n'ont à compter sur rien, ni sur les biens, ni sur la vie. Elles labourent et le soldat moissonne. Nulle part le laboureur ne s'inquiète davantage des affaires du pays ; personne n'y a plus d'intérêt ; il en sent si rudement les moindres contrecoups ! Il s'informe, il tâche de savoir, de prévoir ; du reste, il est résigné, quoi qu'il arrive, il s'attend à tout, il est patient et brave. Les femmes mêmes le deviennent ; il faut bien qu'elles le soient, parmi tous ces soldats, sinon pour leur vie, au moins pour leur honneur, comme la belle et robuste Dorothée de Goethe.

Jeanne était la troisième fille d'un laboureur, Jacques *Darc,* et d'Isabelle *Romée.* Elle eut deux marraines, dont l'une l'appelait *Jeanne,* l'autre *Sibylle.*

Le fils aîné avait été nommé *Jacques,* un autre *Pierre.* Les pieux parents donnèrent à l'une de leurs filles le nom plus élevé de saint *Jean.*

Tandis que les autres enfants allaient avec le père travailler aux champs ou garder les bêtes, la mère tint Jeanne près d'elle, l'occupant à coudre ou à filer. Elle n'apprit ni à lire ni à écrire ; mais elle sut tout ce que savait sa mère des choses saintes. Elle reçut sa religion, non comme une leçon, une cérémonie, mais dans la forme populaire et naïve d'une belle histoire de veillée, comme la foi simple d'une mère... Ce que nous recevons ainsi avec le sang et le lait, c'est chose vivante, et la vie même...

Nous avons sur la piété de Jeanne un touchant témoignage, celui de son amie d'enfance, de son amie de cœur, Haumette, plus jeune de trois ou quatre ans. « Que de fois, dit-elle, j'ai été chez son père, et couché avec elle de bonne amitié !... C'était une bonne fille, simple et douce. Elle allait volontiers à l'église et aux saints lieux. Elle filait, faisait le ménage, comme font les autres filles... Elle se confessait souvent. Elle rougissait, quand on lui disait qu'elle était trop dévote, qu'elle allait trop à l'église. » Un laboureur, appelé aussi en témoignage, ajoute qu'elle soignait les malades, donnait aux pauvres. « Je le sais bien, dit-il : j'étais enfant alors, et c'est elle qui m'a soigné. »

Tout le monde connaissait sa charité, sa piété. Ils voyaient bien que c'était la meilleure fille du village.

Ce qu'ils ignoraient, c'est qu'en elle la vie d'en haut absorba toujours l'autre et en supprima le développement vulgaire. Elle eut, d'âme et de corps, ce don divin de rester enfant. Elle grandit, devint forte et belle, mais elle ignora toujours les misères physiques de la femme. Elles lui furent épargnées, au profit de la pensée et de l'inspiration religieuses. Née sous les murs même de l'église, bercée du son des cloches et nourrie de légendes, elle fut une légende elle-même, rapide et pure, de la naissance à la mort.

Elle fut une légende vivante... Mais la force de vie, exaltée et concentrée, n'en devint pas moins créatrice. La jeune fille, à son insu, *créait,* pour ainsi dire, et *réalisait* ses propres idées, elle en faisait des êtres, elle leur communiquait, du trésor de sa vie virginale, une splendide et toute-puissante existence, à faire pâlir les misérables réalités de ce monde.

Si *poésie* veut dire *création,* c'est là sans doute la poésie suprême. Il faut savoir par quels degrés elle en vint jusque-là, de quel humble point de départ.

Humble à la vérité, mais déjà poétique. Son village était à deux pas des grandes forêts des Vosges. De la porte de la maison de son père, elle voyait le vieux bois *des chênes*. Les fées hantaient ce bois ; elles aimaient surtout une certaine fontaine près d'un grand hêtre qu'on nommait l'arbre des fées, des *dames*. Les petits enfants y suspendaient des couronnes, y chantaient. Ces anciennes *dames* et maîtresses des forêts ne pouvaient plus, disait-on, se rassembler à la fontaine ; elles en avaient été exclues pour leurs péchés. Cependant l'Église se défiait toujours des vieilles divinités locales ; le curé, pour les chasser, allait chaque année dire une messe à la fontaine.

Jeanne naquit parmi ces légendes, dans ces rêveries populaires. Mais le pays offrait à côté une tout autre poésie, celle-ci, sauvage, atroce, trop réelle, hélas ! la poésie de la guerre... La guerre ! ce mot seul dit toutes les émotions ; ce n'est pas tous les jours sans doute l'assaut et le pillage, mais bien plutôt l'attente, le tocsin, le réveil en sursaut, et dans la plaine au loin le rouge sombre de l'incendie... État terrible, mais poétique ; les plus prosaïques des hommes, les Écossais du pays bas, se sont trouvés poètes parmi les hasards du *border* ; de ce désert sinistre, qui semble encore maudit, ont pourtant germé les ballades, sauvages et vivaces fleurs.

Jeanne eut sa part dans ces romanesques aventures. Elle vit arriver les pauvres fugitifs, elle aida, la bonne fille, à les recevoir ; elle leur cédait son lit et allait coucher au grenier. Ses parents furent aussi une fois obligés de s'enfuir. Puis, quand le flot des brigands fut passé, la famille revint et retrouva le village saccagé, la maison dévastée, l'église incendiée.

Elle sut ainsi ce que c'est que la guerre. Elle comprit cet état antichrétien, elle eut horreur de ce règne du diable, où tout homme mourait en péché mortel. Elle se demanda si Dieu permettrait cela toujours, s'il ne mettrait pas un terme à ces misères, s'il n'enverrait pas un libérateur, comme il l'avait fait souvent pour Israël, un Gédéon, une Judith ?... Elle savait que plus d'une femme avait sauvé le peuple de Dieu, que dès le commencement il avait été dit que la femme écraserait le serpent. Elle avait pu voir au portail des églises sainte Marguerite, avec saint Michel, foulant aux pieds le dragon... Si, comme tout le monde disait, la perte du royaume était l'œuvre d'une femme, d'une mère dénaturée, le salut pouvait bien venir d'une fille. C'est justement ce qu'annonçait une phophétie de Merlin ; cette prophétie, enrichie, modifiée selon les provinces, était devenue toute lorraine dans le pays de Jeanne Darc. C'était une pucelle des Marches de *Lorraine* qui devait sauver le royaume. La prophétie avait pris probablement cet embellissement, par suite du mariage récent de René d'Anjou avec l'héritière du duché de Lorraine, qui, en effet, était très heureux pour la France.

Un jour d'été, jour de jeûne, à midi, Jeanne étant au jardin de son père, tout près de l'église, elle vit de ce côté une éblouissante lumière, et elle entendit une voix : « Jeanne, sois bonne et sage enfant ; va souvent à l'église. » La pauvre fille eut grand-peur.

Une autre fois, elle entendit encore la voix, vit la clarté, mais dans cette clarté de nobles figures dont l'une avait des ailes et semblait un sage prud'homme. Il lui dit : « Jeanne, va au secours du roi de France, et tu lui rendras son royaume. » Elle répondit, toute tremblante : « Messire, je ne suis qu'une pauvre fille ; je ne saurais chevaucher, ni conduire les hommes d'armes. » La voix répliqua : « Tu iras trouver M. de Baudricourt, capitaine de Vaucouleurs, et il te fera mener au roi. Sainte Catherine et sainte Marguerite viendront t'assister. » Elle resta stupéfaite et en larmes, comme si elle eût déjà vu sa destinée tout entière.

Le prud'homme n'était pas moins que saint Michel, le sévère archange des jugements et des batailles. Il revint encore, lui rendit courage, « et lui raconta la pitié qui estoit au royaume de France ». Puis vinrent les blanches figures des saintes, parmi d'innombrables lumières, la tête parée de riches couronnes, la voix douce et attendrissante, à en pleurer. Mais Jeanne pleurait surtout quand les saintes et les anges la quittaient. « J'aurais bien voulu, dit-elle, que les anges m'eussent emportée... »

Si elle pleurait, dans un si grand bonheur, ce n'était pas sans raison. Quelque belles et glorieuses que fussent ces visions, sa vie dès lors avait changé. Elle qui n'avait entendu jusque-là qu'une voix, celle de sa mère, dont la sienne était l'écho, elle entendait maintenant la puissante voix des anges !... Et que voulait la voix céleste ? Qu'elle délaissât cette mère, cette douce maison. Elle qu'un seul mot déconcertait, il lui fallait aller parmi les hommes, parler aux hommes, aux soldats. Il fallait qu'elle quittât pour le monde, pour la guerre, ce petit jardin sous l'ombre de l'église, où elle n'entendait que les cloches et où les oiseaux mangeaient dans sa main. Car tel était l'attrait de douceur qui entourait la jeune sainte ; les animaux et les oiseaux du ciel venaient à elle, comme jadis aux pères du désert, dans la confiance de la paix de Dieu.

Jeanne ne nous a rien dit de ce premier combat qu'elle soutint. Mais il est évident qu'il eut lieu et qu'il dura longtemps, puisqu'il s'écoula cinq années entre sa première vision et sa sortie de la maison paternelle.

Les deux autorités, paternelle et céleste, commandaient des choses contraires. L'une voulait qu'elle restât dans l'obscurité, dans la modestie et le travail ; l'autre qu'elle partît et qu'elle sauvât le royaume. L'ange lui disait de prendre les armes. Le père, rude et honnête paysan, jurait que, si sa fille s'en allait avec les gens de guerre, il la noierait plutôt de ses propres mains. De part ou d'autre, il fallait qu'elle désobéît. Ce fut là sans doute son plus grand combat ; ceux qu'elle soutint contre les Anglais ne devaient être qu'un jeu à côté.

Elle trouva dans sa famille, non pas seulement résistance, mais tentation. On essaya de la marier, dans l'espoir de la ramener aux idées qui semblaient plus raisonnables. Un jeune homme du village prétendit qu'étant petite, elle lui avait promis mariage ; et comme elle le niait, il la fit assigner devant le juge ecclésiastique de Toul. On pensait qu'elle n'oserait se défendre, qu'elle se laisserait plutôt condamner, marier. Au grand étonnement de tout le monde, elle alla à Toul, elle parut en justice, elle parla, elle qui s'était toujours tue.

Pour échapper à l'autorité de sa famille, il fallait qu'elle trouvât dans sa famille même quelqu'un qui la crût ; c'était le plus difficile. Au défaut de son père, elle convertit son oncle à sa mission. Il la prit avec lui, comme pour soigner sa femme en couches. Elle obtint de lui qu'il irait demander pour elle l'appui du sire de Baudricourt, capitaine de Vaucouleurs. L'homme de guerre reçut assez mal le paysan, et lui dit qu'il n'y avait rien à faire, sinon de la ramener chez son père, « bien souffletée ». Elle ne se rebuta pas ; elle voulut partir, et il fallut bien que son oncle l'accompagnât. C'était le moment décisif ; elle quittait pour toujours le village et la famille ; elle embrassa ses amies, surtout sa petite bonne amie Mengette, qu'elle recommanda à Dieu ; mais, pour sa grande amie et compagne, Haumette, celle qu'elle aimait le plus, elle aima mieux partir sans la voir.

Elle arriva dans cette ville de Vaucouleurs, avec ses gros habits rouges de paysanne, et alla loger avec son oncle chez la femme d'un charron, qui la prit en amitié. Elle se fit mener chez Baudricourt, et lui dit avec fermeté « qu'elle venait vers lui de la part de son Seigneur, pour qu'il mandât au dauphin de se bien maintenir, et qu'il n'assignât point de bataille à ses ennemis ; parce que son Seigneur lui donnerait secours dans la mi-carême... Le royaume n'appartenait pas au dauphin, mais à son Seigneur ; toutefois, son Seigneur voulait que le dauphin devînt roi, et qu'il eût ce royaume en dépôt. » Elle ajoutait que malgré les ennemis du dauphin, il serait fait roi, et qu'elle le mènerait sacrer.

Le capitaine fut bien étonné ; il soupçonna qu'il y avait là quelque diablerie. Il consulta le curé, qui apparemment eut les mêmes doutes. Elle n'avait parlé de ses visions à aucun homme d'Église. Le curé vint donc avec le capitaine dans la maison du charron, il déploya son étole et adjura Jeanne de s'éloigner, si elle était envoyée du mauvais esprit.

Mais le peuple ne doutait point ; il était dans l'admiration. De toutes parts on venait la voir. Un gentilhomme lui dit, pour l'éprouver : « Eh bien ! ma mie, il faut donc que le roi soit chassé et que nous devenions Anglais. » Elle se plaignit à lui du refus de Baudricourt : « Et cependant, dit-elle, avant qu'il soit la mi-carême, il faut que je sois devers le roi, dussé-je, pour m'y rendre, user mes jambes jusqu'aux genoux. Car personne au monde, ni rois, ni ducs, ni fille du roi d'Écosse, ne peuvent reprendre le royaume de France, et il n'y a pour lui de secours que moi-même, quoique j'aimasse mieux rester à filer près de ma pauvre mère ; car ce n'est pas là mon ouvrage ; mais il faut que j'aille et que je le fasse, parce que mon Seigneur le veut. » – « Et quel est votre Seigneur ? » – « C'est Dieu !... » Le gentilhomme fut touché. Il lui promit « par sa foi, la main dans la sienne, que sous la conduite de Dieu, il la mèneroit au roi ». Un jeune gentilhomme se sentit aussi touché, et déclara qu'il suivrait cette saine fille.

Il paraît que Baudricourt envoya demander l'autorisation du roi. En attendant, il la conduisit chez le duc de Lorraine, qui était malade et voulait la consulter. Le duc n'en tira rien que le conseil d'apaiser Dieu, en se réconciliant avec sa femme. Néanmoins il l'encouragea.

De retour à Vaucouleurs, elle y trouva un messager du roi qui l'autorisait à venir. Le revers de la Journée des harengs décidait à essayer tous les moyens. Elle avait annoncé le combat le jour même qu'il eut lieu. Les gens de Vaucouleurs, ne doutant point de sa mission, se cotisèrent pour l'équiper et lui acheter un cheval. Le capitaine ne lui donna qu'une épée.

Elle eut encore en ce moment un obstacle à surmonter. Ses parents, instruits de son prochain départ, avaient failli en perdre le sens ; ils firent les derniers efforts pour la retenir ; ils ordonnèrent, ils menacèrent. Elle résista à cette dernière épreuve et leur fit écrire qu'elle les priait de lui pardonner.

C'était un rude voyage et bien périlleux qu'elle entreprenait. Tout le pays était couru par les hommes d'armes des deux partis. Il n'y avait plus ni route, ni pont, les rivières étaient grosses ; c'était au mois de février 1429.

S'en aller ainsi avec cinq ou six hommes d'armes, il y avait de quoi faire trembler une fille. Une Anglaise, une Allemande, ne s'y fût jamais risquée ; *l'indélicatesse* d'une telle démarche lui eût fait horreur. Celle-ci ne s'en émut pas ; elle était justement trop pure pour rien craindre de ce côté. Elle avait pris l'habit d'homme, et elle ne le quitta plus ; cet habit serré, fortement attaché, était sa meilleure sauvegarde. Elle était pourtant jeune et belle. Mais il y avait autour d'elle, pour ceux mêmes qui la voyaient de plus près, une barrière de religion et de crainte ; le plus jeune des gentilshommes qui la conduisirent déclare que, couchant près d'elle, il n'eut jamais l'ombre même d'une mauvaise pensée.

Elle traversait avec une sérénité héroïque tout ce pays désert ou infesté de soldats. Ses compagnons regrettaient bien d'être partis avec elle ; quelques-uns pensaient que peut-être elle était sorcière ; ils avaient grande envie de l'abandonner. Pour elle, elle était tellement paisible, qu'à chaque ville elle voulait s'arrêter pour entendre la messe : « Ne craignez rien, disait-elle, Dieu me fait ma route ; c'est pour cela que je suis née. » Et encore : « Mes frères de paradis me disent ce que j'ai à faire. »

La cour de Charles VII était loin d'être unanime en faveur de la Pucelle. Cette fille inspirée qui arrivait de Lorraine et que le duc de Lorraine avait encouragée ne pouvait manquer de fortifier près du roi le parti de la reine et de sa mère, le parti de Lorraine et d'Anjou. Une embuscade fut dressée à la Pucelle à quelque distance de Chinon, et elle n'y échappa que par miracle.

L'opposition était si forte contre elle que, lorsqu'elle fut arrivée, le conseil discuta encore pendant deux jours si le roi la verrait. Ses ennemis crurent ajourner l'affaire indéfiniment en faisant décider qu'on prendrait des informations dans son pays. Heureusement, elle avait aussi des amis, les deux reines, sans doute, et surtout le duc d'Alençon, qui, sorti récemment des mains des Anglais, était fort impatient de porter la guerre dans le Nord pour recouvrer son duché. Les gens d'Orléans, à qui, depuis le 12 février, Dunois promettait ce merveilleux secours, envoyèrent au roi et réclamèrent la Pucelle.

Le roi la reçut enfin, et au milieu du plus grand appareil ; on espérait apparemment qu'elle serait déconcertée. C'était le soir, cinquante torches éclairaient la salle, nombre de seigneurs, plus de trois cents chevaliers étaient réunis autour du roi. Tout le monde était curieux de voir la sorcière ou l'inspirée.

La sorcière avait dix-huit ans ; c'était une belle fille et fort désirable, assez grande de taille, la voix douce et pénétrante.

Elle se présenta humblement, « comme une pauvre petite bergerette », démêla au premier regard le roi, qui s'était mêlé exprès à la foule des seigneurs, et quoiqu'il soutînt d'abord qu'il n'était pas le roi, elle lui embrassa les genoux. Mais, comme il n'était pas sacré, elle ne l'appelait que dauphin : « Gentil dauphin, dit-elle, j'ai nom Jehanne la Pucelle. Le roi des cieux vous mande par moi que vous serez sacré et couronné en la ville de Reims, et vous serez lieutenant du Roi des cieux, qui est roi de France. » Le roi la prit alors à part et, après un moment d'entretien, tous deux changèrent de visage ; elle lui disait, comme elle l'a raconté depuis à son confesseur : « Je te dis de la part de Messire, que tu es *vrai héritier* de France et *fils du roi.* »

Ce qui inspira encore l'étonnement et une sorte de crainte, c'est que la première prédiction qui lui échappa se vérifia à l'heure même. Un homme d'armes qui la vit et la trouva belle, exprima brutalement son mauvais désir, jurant le nom de Dieu à la manière des soldats : « Hélas ! dit-elle, tu le renies, et tu es si près de la mort ! » Il tomba à l'eau un moment après et se noya.

Ses ennemis objectaient qu'elle pouvait savoir l'avenir, mais le savoir par inspiration du diable. On assembla quatre ou cinq évêques pour l'examiner. Ceux-ci, qui sans doute ne voulaient pas se compromettre avec les partis qui divisaient la Cour, firent renvoyer l'examen à l'Université de Poitiers. Il y avait dans cette grande ville Université, Parlement, une foule de gens habiles.

L'archevêque de Reims, chancelier de France, présidant le conseil du roi, manda des docteurs, des professeurs en théologie, les uns prêtres, les autres moines, et les chargea d'examiner la Pucelle.

Les docteurs introduits et placés dans une salle, la jeune fille alla s'asseoir au bout du banc et répondit à leurs questions. Elle raconta avec une simplicité pleine de grandeur les apparitions et les paroles des anges. Un dominicain lui fit une seule objection, mais elle était grave : « Jehanne, tu dis que Dieu veut délivrer le peuple de France ; si telle est sa volonté, il n'a pas besoin de gens d'armes. » Elle ne se troubla point : « Ah ! mon Dieu, dit-elle, les gens d'armes batailleront, et Dieu donnera la victoire. »

Un autre se montra plus difficile à contenter, c'était un frère Séguin, Limousin, professeur de théologie à l'Université de Poitiers, « bien aigre homme », dit la chronique. Il lui demanda, dans son français limousin, quelle langue parlait cette prétendue voix céleste. Jehanne répondit avec un peu trop de vivacité : « Meilleure que la vôtre. » « Crois-tu en Dieu ? dit le docteur en colère. Eh bien ! Dieu ne veut pas que l'on ajoute foi à tes paroles, à moins que tu ne montres un signe. » Elle répondit : « Je ne suis point venue à Poitiers pour faire des signes ou des miracles ; mon signe sera de faire lever le siège d'Orléans. Qu'on me donne des hommes d'armes, peu ou beaucoup, et j'irai. »

Cependant, il en advint à Poitiers comme à Vaucouleurs, sa sainteté éclata dans le peuple ; en un moment tout le monde fut pour elle. Les femmes, damoiselles et bourgeoises, allaient la voir chez la femme d'un avocat du Parlement, dans la maison dans laquelle elle logeait ; et elles revenaient tout émues. Les hommes mêmes y allaient ; ces conseillers, ces avocats, ces vieux juges endurcis, s'y laissaient mener sans y croire, et quand ils l'avaient entendue, ils pleuraient, tout comme les femmes, et disaient : « Cette fille est envoyée de Dieu. »

Les examinateurs allèrent la voir eux-mêmes, avec l'écuyer du roi, et comme ils recommençaient leur éternel examen, lui faisant de doctes citations, et lui prouvant, par tous les auteurs sacrés, qu'on ne devait pas la croire : « Écoutez, leur dit-elle, il y en a plus au livre de Dieu que dans les vôtres... je ne sais ni A ni B ; mais je viens de la part de Dieu pour faire lever le siège d'Orléans et sacrer le dauphin à Reims... Auparavant, il faut pourtant que j'écrive aux Anglais, et que je les somme de partir. Dieu le veut ainsi. Avez-vous du papier et de l'encre ? Écrivez, je vais vous dicter.. A vous, Suffort, Classidas et la Poule, je vous somme, de par le Roi des cieux, que vous vous en alliez en Angleterre... » Ils écrivirent docilement ; elle avait pris possession de ses juges mêmes.

Leur avis fut qu'on pouvait licitement employer la jeune fille, et l'on reçut même réponse de l'archevêque d'Embrun, que l'on avait consulté. Le prélat rappelait que Dieu avait maintes fois révélé à des vierges, par exemple aux Sibylles, ce qu'il cachait aux hommes. Le démon ne pouvait faire pacte avec une vierge ; il fallait donc bien s'assurer si elle était vierge en effet. Ainsi la science poussée à bout, ne pouvant ou ne voulant point s'expliquer sur la distinction délicate des bonnes et des mauvaises révélations, s'en remettait humblement des choses spirituelles au corps, et faisait dépendre du féminin mystère cette grave question de l'esprit.

Les docteurs ne sachant que dire, les dames décidèrent. La bonne reine de Sicile, belle-mère du roi, s'acquitta avec quelques dames du ridicule examen, à l'honneur de la Pucelle. Des franciscains, qu'on avait envoyés dans son pays aux informations, avaient rapporté les meilleurs renseignements. Il n'y avait plus de temps à perdre. Orléans criait au secours ; Dunois envoyait coup sur coup. On équipa la Pucelle, on lui forma une sorte de maison. On lui donna d'abord pour écuyer un brave chevalier, d'âge mûr, Jean Daulon, qui était au comte de Dunois, et le plus honnête homme qu'il eût parmi ses gens. Elle eut aussi un noble page, deux hérauts d'armes, un maître d'hôtel, deux valets ; son frère, Pierre Darc, vint la trouver et se joignit à ses gens. On lui donna pour confesseur Jean Pasquerel, frère ermite de Saint-Augustin. En général, les moines, surtout les mendiants, soutenaient cette merveille de l'inspiration.

Ce fut une merveille, en effet, pour les spectateurs, de voir la première fois Jeanne Darc dans son armure blanche et sur son beau cheval noir, au côté une petite hache et l'épée de sainte Catherine. Elle avait fait chercher cette épée derrière l'autel de Sainte-Catherine-de-Fierbois, où on la trouva en effet. Elle portait à la main un étendard blanc fleurdelisé, sur lequel était Dieu avec le monde dans ses mains ; à droite et à gauche, deux anges qui tenaient chacun une fleur de lis. « Je ne veux pas, disait-elle, me servir de mon épée pour tuer personne. » Et elle ajoutait que, quoi qu'elle aimât son épée, elle aimait « quarante fois plus » son étendard. Comparons les deux partis, au moment où elle fut envoyée à Orléans.

Les Anglais s'étaient bien affaiblis dans ce long siège d'hiver. Après la mort de Salisbury, beaucoup d'hommes d'armes qu'il avait engagés se crurent libres et s'en allèrent. D'autre part, les Bourguignons avaient été rappelés par le duc de Bourgogne. Quand on força la principale bastille des Anglais, dans laquelle s'étaient repliés les défenseurs de quelques autres bastilles, on y trouva cinq cents hommes. Il est probable qu'en tout ils étaient deux ou trois mille. Sur ce petit nombre, tout n'était pas Anglais ; il y avait aussi quelques Français, dans lesquels les Anglais n'avaient pas sans doute grande confiance.

S'ils avaient été réunis, cela eût fait un corps respectable ; mais ils étaient divisés dans une douzaine de bastilles ou boulevards, qui, pour la plupart, ne communiquaient pas entre eux. Cette disposition prouve que Talbot et les autres chefs anglais avaient eu jusque-là plus de bravoure et de bonheur que d'intelligence militaire. Il était évident que chacune de ces petites places isolées serait faible contre la grande et grosse ville qu'elles prétendaient garder ; que cette nombreuse population, aguerrie par un long siège, finirait par assiéger les assiégeants.

Quand on lit la liste formidable des capitaines qui se jetèrent dans Orléans, La Hire, Xaintrailles, Gaucourt, Cusan, Coaraze, Armagnac ; quand on voit qu'indépendamment des Bretons du maréchal de Retz, des Gascons du maréchal de Saint-Sévère, le capitaine de Châteaudun, Florent d'Illiers, avait entraîné la noblesse du voisinage à cette courte expédition, la délivrance d'Orléans semble moins miraculeuse.

Il faut dire pourtant qu'il manquait une chose pour que ces grandes forces agissent avec avantage, chose essentielle, indispensable, l'unité d'action. Dunois eût pu la donner, s'il n'eût fallu pour cela que de l'adresse et de l'intelligence. Mais ce n'était pas assez : il fallait une autorité, plus que l'autorité royale ; les capitaines du roi n'étaient pas habitués à obéir au roi. Pour réduire ces volontés sauvages, indomptables, il fallait Dieu même. Le Dieu de cet âge, c'était la Vierge bien plus que le Christ. Il fallait la Vierge descendue sur Terre, une vierge populaire, jeune, belle, douce, hardie.

La guerre avait changé les hommes en bêtes sauvages ; il fallait de ces bêtes refaire des hommes, des chrétiens, des sujets dociles. Grand et difficile changement ! quelques-uns de ces capitaines armagnacs étaient peut-être les hommes les plus féroces qui eussent jamais existé. Il suffit d'en nommer un, dont le nom seul fait horreur, Gilles de Retz, l'original de la Barbe-Bleue.

Il restait pourtant une prise sur ces âmes qu'on pouvait saisir ; elles étaient sorties de l'humanité, de la nature, sans avoir pu se dégager entièrement de la religion. Les brigands, il est vrai, trouvaient moyen d'accommoder de la même manière la plus bizarre la religion au brigandage. L'un deux, le Gascon La Hire, disait avec originalité : « Si Dieu se faisait homme d'armes, il serait pillard. » Et quand il allait au butin, il faisait sa petite prière gasconne, sans trop dire ce qu'il demandait, pensant bien que Dieu l'entendrait à demi-mot : « Sire Dieu, je te prie de faire pour La Hire ce que La Hire ferait pour toi, si tu étais capitaine et si La Hire était Dieu. »

Ce fut un spectacle risible et touchant de voir la conversation subite des vieux brigands armagnacs. Ils ne s'amendèrent pas à demi. La Hire n'osait plus jurer ; la Pucelle eut compassion de la violence qu'il se faisait, elle lui permit de jurer « par son bâton ». Les diables se trouvaient devenus tout à coup de petits saints.

Elle avait commencé par exiger qu'ils laissassent leurs folles femmes et se confessassent. Puis, dans la route, le long de la Loire, elle fit dresser un autel sous le ciel, elle communia et ils communièrent. La beauté de la saison, le charme d'un printemps de Touraine, devaient singulièrement ajouter à la puissance religieuse de la jeune fille. Eux-mêmes, ils avaient rajeuni ; ils s'étaient parfaitement oubliés, ils se retrouvaient, comme en leurs belles années, pleins de bonne volonté et d'espoir, tous jeunes comme elle, tous enfants... Avec elle, ils commençaient de tout cœur une nouvelle vie. Où les menait-elle ? peu leur importait. Ils l'auraient suivie, non pas à Orléans, mais tout aussi bien à Jérusalem. Et il ne tenait qu'aux Anglais d'y venir aussi ; dans la lettre qu'elle leur écrivit, elle leur proposait gracieusement de se réunir et de s'en aller tous, Anglais et Français, délivrer le Saint-Sépulcre.

La première nuit qu'ils campèrent, elle coucha tout armée, n'ayant point de femmes près d'elles ; mais elle n'était pas encore habituée à cette vie dure ; elle en fut malade. Quant au péril, elle ne savait ce que c'était.

Elle voulait qu'on passât du côté du Nord, sur la rive anglaise, à travers les bastilles des Anglais, assurant qu'ils ne bougeraient point. On ne voulut pas l'écouter ; on suivit l'autre rive, de manière à passer deux lieues au-dessus d'Orléans. Dunois vint à la rencontre : « Je vous amène, dit-elle, le meilleur secours qui ait jamais été envoyé à qui que ce soit, le secours du Roi des cieux. Il ne vient pas de moi, mais de Dieu même qui, à la requête de Saint Louis et de saint Charlemagne, a eu pitié de la ville d'Orléans et n'a pas voulu souffrir que les ennemis eussent tout ensemble le corps du duc et sa ville. »

Elle entra dans la ville à huit heures du soir (29 avril), lentement ; la foule ne permettait pas d'avancer. C'était à qui toucherait au moins son cheval. Ils la regardaient « comme s'il veissent Dieu ». Tout en parlant doucement au peuple, elle alla jusqu'à l'église, puis à la maison du trésorier du duc d'Orléans, homme honorable dont la femme et les filles la reçurent ; elle coucha avec Charlotte, l'une des filles.

Elle était entrée avec les vivres ; mais l'armée redescendit pour passer à Blois. Elle eût voulu néanmoins qu'on attaquât sur-le-champ les bastilles des Anglais. Elle envoya du moins une seconde sommation aux bastilles du Nord, puis elle alla en faire une autre aux bastilles du Midi. Le capitaine Glasdale l'accabla d'injures grossières, l'appelant vachère et ribaude. Au fond, ils la croyaient sorcière et en avaient grand-peur. Ils avaient gardé son héraut d'armes, et ils pensaient à le brûler, dans l'idée que peut-être cela romprait le charme. Cependant, ils crurent devoir, avant tout, consulter les docteurs de l'Université de Paris. Dunois les menaçait d'ailleurs de tuer aussi leurs hérauts qu'il avait entre les mains. Pour la Pucelle, elle ne craignait rien pour son héraut ; elle en envoya un autre, en disant : « Va dire à Talbot que s'il arme, je m'armerai aussi... S'il peut me prendre, qu'il me fasse brûler. »

L'armée ne venant point, Dunois se hasarda à sortir pour l'aller chercher. La Pucelle, restée à Orléans, se trouva vraiment maîtresse de la ville, comme si toute autorité eût cessé. Elle chevaucha autour des murs, et le peuple la suivit sans crainte. Le jour d'après, elle alla visiter de près les bastilles anglaises ; toute la foule, hommes, femmes et enfants, allait aussi regarder ces fameuses bastilles où rien ne remuait. Elle ramena la foule après elle à Sainte-Croix pour l'heure des vêpres. Elle pleurait aux offices, et tout le monde pleurait. Le peuple était hors de lui ; il n'avait plus peur de rien ; il était ivre de religion et de guerre, dans un de ces formidables accès de fanatisme où les hommes peuvent tout faire et tout croire, où ils ne sont guère moins terribles aux amis qu'aux ennemis.

Le chancelier de Charles VII, l'archevêque de Reims, avait retenu la petite armée à Blois. Le vieux politique était loin de se douter de cette toute-puissance de l'enthousiasme, ou peut-être il la redoutait. Il vint bien malgré lui. La Pucelle alla au-devant, avec le peuple et les prêtres qui chantaient des hymnes ; cette procession passa et repassa devant les bastilles anglaises ; l'armée entra protégée par des prêtres et par une fille (4 mai 1429).

Cette fille, qui, au milieu de son enthousiasme et de son inspiration, avait beaucoup de finesse, démêla très bien la froide malveillance des nouveaux venus. Elle comprit qu'on voudrait agir sans elle, au risque de tout perdre. Dunois lui ayant avoué qu'on craignait l'arrivée d'une nouvelle troupe anglaise, sous les ordres de sir Falstoff : « Bastard, bastard, lui dit-elle, au nom de Dieu, je te commande que, dès que tu sauras la venue de ce Falstoff, tu me le fasses savoir ; car, s'il passe sans que je le sache, je te ferai couper la tête. »

Elle avait raison de croire qu'on voulait agir sans elle. Comme elle se reposait un moment près de la jeune Charlotte, elle se dresse tout à coup : « Ah ! mon Dieu ! dit-elle, le sang de nos gens coule par terre... c'est mal fait ! pourquoi ne m'a-t-on pas éveillée ? vite, mes armes, mon cheval ! » Elle fut armée en un moment, et trouvant en bas son jeune page qui jouait : « Ah ! méchant garçon ! lui dit-elle, vous ne me diriez donc pas que le sang de France feust rependu ! » Elle partit au grand galop ; mais déjà elle rencontra des blessés qu'on rapportait. « Jamais, dit-elle, je n'ai veu sang de François que mes cheveux me levassent. »

A son arrivée, les fuyards tournèrent visage. Dunois, qui n'avait pas été averti non plus, arrivait en même temps. La bastille (c'était une des bastilles du Nord) fut attaquée de nouveau. Talbot essaya de la secourir. Mais il sortit de nouvelles forces d'Orléans, la Pucelle se mit à leur tête, Talbot fit rentrer les siens. La bastille fut emportée.

Beaucoup d'Anglais qui avaient pris des habits de prêtres pour se sauver furent emmenés par la Pucelle et mis chez elle en sûreté ; elle connaissait la férocité des gens de son parti. C'était sa première victoire, la première fois qu'elle voyait un champ de massacre. Elle pleura, en voyant tant d'hommes morts sans confession. Elle voulut se confesser, elle et les siens, et déclara que le lendemain, jour de l'Ascension, elle communierait et passerait le jour en prières.

On mit ce jour à profit. On tint le conseil sans elle, et l'on décida que cette fois l'on passerait la Loire pour attaquer Saint-Jean-le-Blanc, celle des bastilles qui mettait le plus d'obstacle à l'entrée des vivres, et qu'en même temps l'on ferait une fausse attaque de l'autre côté. Les jaloux de la Pucelle lui parlèrent seulement de la fausse attaque, mais Dunois lui avoua tout.

Les Anglais firent alors ce qu'ils auraient dû faire plus tôt. Ils se concentrèrent. Brûlant eux-mêmes la bastille qu'on voulait attaquer, ils se replièrent dans les deux autres bastilles du Midi, celles des Augustins et des Tournelles. Les Augustins furent attaqués à l'instant, attaqués et emportés. Le succès fut dû encore en partie à la Pucelle. Les Français eurent un moment de terreur panique et refluèrent précipitamment vers le pont flottant qu'on avait établi. La Pucelle et La Hire se dégagèrent de la foule, se jetèrent dans des bateaux et vinrent charger les Anglais au flanc.

Restaient les Tournelles. Les vainqueurs passèrent la nuit devant cette bastille. Mais ils obligèrent la Pucelle, qui n'avait rien mangé de la journée (c'était vendredi), à repasser la Loire. Cependant le conseil s'était assemblé. On dit le soir à la Pucelle qu'il avait été décidé unanimement que, la ville étant maintenant pleine de vivres, on attendrait un nouveau renfort pour attaquer les Tournelles. Il est difficile de croire que telle fut l'intention sérieuse des chefs ; les Anglais pouvant d'un moment à l'autre être secourus par Falstoff, il y avait le plus grand danger à attendre.

Probablement on voulait tromper la Pucelle et lui ôter l'honneur du succès qu'elle avait si puissamment préparé. Elle ne s'y laissa pas prendre.

« Vous avez été en votre conseil, dit-elle, et j'ai été au mien. » Et se tournant vers son chapelain : « Venez demain à la pointe du jour et ne me quittez pas ; j'aurai beaucoup à faire ; il sortira du sang de mon corps ; je serai blessée au-dessus du sein... »

Le matin, son hôte essaya de la retenir. « Restez, Jeanne, lui dit-il ; mangeons ensemble ce poisson qu'on vient de pêcher. » « Gardez-le, dit-elle gaiement ; gardez-le jusqu'à ce soir, lorsque je repasserai le pont après avoir pris les Tournelles ; je vous amènerai un *Godden* qui en mangera sa part. »

Elle chevaucha ensuite avec une foule d'hommes d'armes et de bourgeois jusqu'à la porte de Bourgogne. Mais le sire de Gaucourt, grand maître de la maison du roi, la tenait fermée. « Vous êtes un méchant homme, lui dit Jeanne ; que vous le vouliez ou non, les gens d'armes vont passer. » Gaucourt sentit bien que devant ce flot de peuple exalté sa vie ne tenait qu'à un fil ; d'ailleurs ses gens ne lui obéissaient plus. La foule ouvrit la porte et en força une autre à côté.

Le soleil se levait sur la Loire au moment où tout ce monde se jeta dans les bateaux. Toutefois, arrivés aux Tournelles, ils sentirent qu'il fallait de l'artillerie, et ils allèrent en chercher dans la ville. Enfin ils attaquèrent le boulevard extérieur qui couvrait la bastille. Les Anglais se défendaient vaillamment. La Pucelle, voyant que les assaillants commençaient à faiblir, se jeta dans le fossé, prit une échelle, et elle l'appliquait au mur, lorsqu'un trait vint la frapper entre le col et l'épaule. Les Anglais sortaient pour la prendre ; mais on l'emporta. Éloignée du combat, placée sur l'herbe et désarmée, elle vit combien sa blessure était profonde ; le trait ressortait par-derrière ; elle s'effraya et pleura... Tout à coup elle se relève ; ses saintes lui avaient apparu ; elle éloigne les gens d'armes qui croyaient *charmer* la blessure par des paroles ; elle ne voulait pas guérir, disait-elle, contre la volonté de Dieu. Elle laissa seulement mettre de l'huile sur la blessure et se confessa.

Cependant rien n'avançait, la nuit allait venir. Dunois lui-même faisait sonner la retraite. « Attendez encore, dit-elle, buvez et mangez » ; et elle se mit en prières dans une vigne. Un Basque avait pris des mains de l'écuyer de la Pucelle son étendard si redouté de l'ennemi : « Dès que l'étendard touchera le mur, disait-elle, vous pourrez entrer. » « Il y touche. » « Eh bien ! entrez, tout est à vous. » En effet, les assaillants, hors d'eux-mêmes, montèrent « comme par un degré ». Les Anglais en ce moment étaient attaqués des deux côtés à la fois.

Cependant les gens d'Orléans, qui de l'autre bord de la Loire suivaient des yeux le combat, ne purent plus se contenir. Ils ouvrirent leurs portes et s'élancèrent sur le pont. Mais il y avait une arche rompue ; ils y jetèrent d'abord une mauvaise gouttière, et un chevalier de Saint-Jean tout armé se risqua à passer dessus. Le pont fut rétabli tant bien que mal. La foule déborda.

Les Anglais, voyant venir cette mer de peuple, croyaient que le monde entier était rassemblé. Le vertige les prit. Les uns voyaient saint Aignan, patron de la ville, les autres, l'archange Michel. Glasdale voulut se réfugier du boulevard dans la bastille par un petit pont ; ce pont fut brisé par un boulet ; l'Anglais tomba et se noya, sous les yeux de la Pucelle qu'il avait tant injuriée. « Ah ! disait-elle, que j'ai pitié de ton âme ! » Il y avait cinq cents hommes dans la bastille ; tout fut passé au fil de l'épée.

Il ne restait pas un Anglais au midi de la Loire. Le lendemain dimanche, ceux du Nord abandonnèrent leurs bastilles, leur artillerie, leurs prisonniers, leurs malades. Talbot et Suffolk dirigeaient cette retraite en bon ordre et fièrement. La Pucelle défendit qu'on les poursuivît puisqu'ils se retiraient d'eux-mêmes. Mais avant qu'ils s'éloignassent et perdissent de vue la ville, elle fit dresser un autel dans la plaine, on y dit la messe, et, en présence de l'ennemi, le peuple rendit grâce à Dieu (dimanche 8 mai).

L'effet de la délivrance d'Orléans fut prodigieux. Tout le monde y reconnut une puissance surnaturelle. Plusieurs la rapportaient au diable, mais la plupart à Dieu ; on commença à croire généralement que Charles VII avait pour lui le bon droit.

Six jours après le siège, Gerson publia et répandit un traité où il prouvait qu'on pouvait bien, sans offenser la raison, rapporter à Dieu ce merveilleux événement. La bonne Christine de Pisan écrivit aussi pour féliciter son sexe. Plusieurs traités furent publiés, plus favorables qu'hostiles à la Pucelle, et par les sujets mêmes du duc de Bourgogne, allié des Anglais.

Charles VII devait saisir ce moment, aller hardiment d'Orléans à Reims mettre la main sur la couronne. Cela semblait téméraire et n'en était pas moins facile dans le premier effroi des Anglais. Puisqu'ils avaient fait l'insigne faute de ne point sacrer encore leur jeune Henri VI, il fallait les devancer. Le premier sacré devait rester roi. C'était aussi une grande chose pour Charles VII de faire sa royale chevauchée à travers la France anglaise, de prendre possession, de montrer que partout en France le roi est chez lui.

La Pucelle était seule de cet avis, et cette folie héroïque était la sagesse même. Les politiques, les fortes têtes du conseil, souriaient ; ils voulaient qu'on allât lentement et sûrement, c'est-à-dire qu'on donnât aux Anglais le temps de reprendre courage. Ces conseillers donnaient tous des avis intéressés. Le duc d'Alençon voulait qu'on allât en Normandie, qu'on reconquît Alençon. Les autres demandèrent et obtinrent qu'on resterait sur la Loire, qu'on ferait le siège des petites places ; c'était l'avis le plus timide, et surtout l'intérêt des maisons d'Orléans, d'Anjou, celui du Poitevin La Trémouille, favori de Charles VII.

Suffolk s'était jeté dans Jargau ; il y fut enfermé, forcé. Beaugency fut pris aussi, avant que lord Talbot eût pu recevoir les secours du régent que lui amenait sir Falstoff. Le connétable de Richemont, qui, depuis longtemps, se tenait dans ses fiefs, vint avec ses Bretons, malgré le roi, malgré la Pucelle, au secours de l'armée victorieuse.

Une bataille était imminente ; Richemont venait pour en avoir l'honneur. Talbot et Falstoff s'étaient réunis ; mais chose étrange qui peint et l'état du pays et cette guerre toute fortuite, on ne savait où trouver l'armée anglaise dans le désert de la Beauce, alors couverte de taillis et de broussailles. Un cerf découvrit les Anglais ; poursuivi par l'avant-garde française, il alla se jeter dans leurs rangs.

Les Anglais étaient en marche et n'avaient pas, comme à l'ordinaire, planté leur défense de pieux. Talbot voulait seul se battre, enragé qu'il était, depuis Orléans, d'avoir montré le dos aux Français ; sir Falstoff, au contraire, qui avait gagné la bataille des Harengs, n'avait pas besoin d'une bataille pour se réhabiliter ; il disait, en homme sage, qu'avec une armée découragée il fallait rester sur la défensive. Les gens d'armes français n'attendirent pas la fin de la dispute ; ils arrivèrent au galop et ne trouvèrent pas grande résistance. Talbot s'obstina à combattre, croyant peut-être se faire tuer, et ne réussit qu'à se faire prendre. La poursuite fut meurtrière, deux mille Anglais couvrirent la plaine de leurs corps. La Pucelle pleurait à l'aspect de tous ces morts ; elle pleura encore plus en voyant la brutalité du soldat, et comme il traitait les prisonniers qui ne pouvaient se racheter ; l'un d'eux fut frappé si rudement à la tête, qu'il tomba expirant ; la Pucelle n'y tint pas, elle s'élança de cheval, souleva la tête du pauvre homme, lui fit venir un prêtre, l'aida à mourir.

Après cette bataille de Patay (28 au 29 juin), le moment était venu, ou jamais, de risquer l'expédition de Reims. Les politiques voulaient qu'on restât encore sur la Loire, qu'on s'assurât de Cosne et de La Charité. Ils eurent beau dire cette fois ; les voix timides ne pouvaient plus être écoutées. Chaque jour affluaient des gens de toutes les provinces qui venaient au bruit des miracles de la Pucelle, ne croyaient qu'en elle et, comme elle, avaient hâte de mener le roi à Reims. C'était un irrésistible élan de pèlerinage et de croisade.

L'indolent jeune roi lui-même finit par se laisser soulever à cette vague populaire, à cette grande marée qui montait et poussait au nord. Roi, courtisans, politiques, enthousiastes, tous ensemble, de gré ou de force, les fols, les sages, ils partirent. Au départ, ils étaient douze mille ; mais le long de la route, la masse allait grossissant ; d'autres venaient, et toujours d'autres ; ceux qui n'avaient pas d'armures suivaient la sainte expédition en simples jacques, tout gentilshommes qu'ils pouvaient être, comme archers, comme coutilliers.

L'armée partit de Gien le 28 juin, passa devant Auxerre sans essayer d'y entrer ; cette ville était entre les mains du duc de Bourgogne que l'on ménageait. Troyes avait une garnison mêlée de Bourguignons et d'Anglais ; à la première apparition de l'armée royale, ils osèrent faire une sortie. Il y avait peu d'apparence de forcer une grande ville si bien gardée, et cela sans artillerie. Mais comment s'arrêter à en faire le siège ? Comment, d'autre part, avancer en laissant une telle place derrière soi ?

l'armée souffrait déjà de la faim. Ne valait-il pas mieux s'en retourner ? Les politiques triomphaient.

Il n'y eut qu'un vieux conseiller armagnac, le président Maçon, qui fût d'avis contraire, qui comprît que dans une telle entreprise la sagesse était du côté de l'enthousiasme, que dans une croisade populaire il ne fallait pas raisonner. « Quand le roi a entrepris ce voyage, dit-il, il ne l'a pas fait pour la grande puissance des gens d'armes, ni pour le grand argent qu'il eût, ni parce que le voyage lui semblait possible ; il l'a entrepris parce que Jeanne lui disait d'aller en avant et de se faire couronner à Reims, qu'il y trouverait peu de résistance, tel étant le bon plaisir de Dieu. »

La Pucelle, venant alors frapper à la porte du conseil, assura que dans trois jours on pourrait entrer dans la ville. « Nous en attendrions bien six, dit le chancelier, si nous étions sûrs que vous dites vrai. » – « Six ? vous y entrerez demain ! »

Elle prend son étendard ; tout le monde la suit aux fossés ; on y jette tout ce qu'on trouve, fagots, portes, tables, solives. Et cela allait si vite, que les gens de la ville crurent qu'en un moment il n'y aurait plus de fossés. Les Anglais commencèrent à s'éblouir, comme à Orléans ; ils croyaient voir une nuée de papillons blancs qui voltigeaient autour du magique étendard. Les bourgeois, de leur côté, avaient grand-peur, se souvenant que c'était à Troyes que s'était conclu le traité qui déshéritait Charles VII ; ils craignaient qu'on ne fît un exemple de leur ville ; ils se réfugiaient déjà aux églises ; ils criaient qu'il fallait se rendre. Les gens de guerre ne demandaient pas mieux. Ils parlementèrent et obtinrent de s'en aller avec tout ce qu'ils avaient.

Ce qu'ils avaient, c'était surtout des prisonniers, des Français. Les conseillers de Charles VII qui dressèrent la capitulation n'avaient rien stipulé pour ces malheureux. La Pucelle y songea seule. Quand les Anglais sortirent avec leurs prisonniers garrottés, elle se mit aux portes et s'écria : « O mon Dieu ! ils ne les emmèneront pas ! » Elle les retint en effet, et le roi paya leur rançon.

Maître de Troyes le 9 juillet, il fit le 15 son entrée à Reims, et le 17 (dimanche) il fut sacré. Le matin même, la Pucelle mettant, selon le précepte de l'Évangile, la réconciliation avant le sacrifice, dicta une belle lettre pour le duc de Bourgogne ; sans rien rappeler, sans irriter, sans humilier personne, elle lui disait avec beaucoup de tact et de noblesse : « Pardonnez l'un à l'autre de bon cœur, comme doivent faire loyaux chrétiens. »

Charles VII fut oint par l'archevêque de l'huile de la sainte ampoule qu'on apporta de Saint-Remy. Il fut, conformément au rituel antique, soulevé sur son siège par les pairs ecclésiastiques, servi des pairs laïques et au sacre et au repas. Puis il alla à Saint-Marcou toucher les écrouelles. Toutes les cérémonies furent accomplies sans qu'il y manquât rien. Il se trouva le vrai roi, et le seul, dans les croyances du temps. Les Anglais pouvaient désormais faire sacrer Henri ; ce nouveau sacre ne pouvait être, dans la pensée des peuples, qu'une parodie de l'autre.

Au moment où le roi fut sacré, la Pucelle se jeta à genoux, lui embrassant les jambes et pleurant à chaudes larmes. Tout le monde pleurait aussi.

On assure qu'elle lui dit : « O gentil roi, maintenant est fait le plaisir de Dieu, qui vouloit que je fisse lever le siège d'Orléans et que je vous amenasse en votre cité de Reims recevoir votre saint sacre, montrant que vous êtes vrai roi, et qu'à vous doit appartenir le royaume de France. »

La Pucelle avait raison ; elle avait fait et fini ce qu'elle avait à faire. Aussi, dans la joie même de cette triomphante solennité, elle eut l'idée, le pressentiment peut-être de sa fin prochaine. Lorsqu'elle entrait à Reims avec le roi et que tout le peuple venait au-devant en chantant des hymnes : « O le bon et dévot peuple ! dit-elle... Si je dois mourir, je serais bien heureuse que l'on m'enterrât ici ! – « Jeanne, lui dit l'archevêque, où croyez-vous donc mourir ? – « Je n'en sais rien, où il plaira à Dieu... Je voudrais bien qu'il lui plût que je m'en allasse garder les moutons avec ma sœur et mes frères... Ils seraient si joyeux de me revoir !... J'ai fait du moins ce que Notre-Seigneur m'avait commandé de faire. » Et elle rendit grâce en levant les yeux au ciel. « Tous ceux qui la virent en ce moment, dit la vieille chronique, crurent mieux que jamais que c'estoit chose venue de la part de Dieu. »

CHAPITRE IV

Le cardinal de Winchester - Procès et mort de la Pucelle - 1429-1431

Telle fut la vertu du sacre et son effet tout-puissant dans la France du Nord, que dès lors l'expédition sembla n'être qu'une paisible prise de possession, un triomphe, une continuation de la fête de Reims. Les routes s'aplanissaient devant le roi, les villes ouvraient leurs portes et baissaient leurs ponts-levis. C'était comme un royal pèlerinage de la Cathédrale de Reims à Saint-Médard de Soissons, à Notre-Dame de Laon. S'arrêtant quelques jours dans chaque ville, chevauchant à son plaisir, il entra dans Château-Thierry, dans Provins, d'où, bien refait et reposé, il reprit vers la Picardie sa promenade triomphale.

Y avait-il encore des Anglais en France ? on eût pu vraiment en douter. Depuis l'affaire de Patay, on n'entendait plus parler de Bedford. Ce n'était pas que l'activité ou le courage lui manquât. Mais il avait usé ses dernières ressources. On peut juger de sa détresse par un seul fait qui en dit beaucoup ; c'est qu'il ne pouvait plus payer son parlement, que cette cour cessa tout service, et que l'entrée même du jeune roi Henri ne put être, selon l'usage, écrite avec quelque détail sur les registres, « parce que le parchemin manquait ».

Dans une telle situation, Bedford n'avait pas le choix des moyens. Il fallut qu'il se remît à l'homme qu'il aimait le moins, à son oncle le riche et tout-puissant cardinal de Winchester. Mais celui-ci, non moins avare qu'ambitieux, se faisait marchander et spéculait sur le retard. Le traité ne fut conclu que le 1er juillet, le surlendemain de la défaite de Patay. Charles VII entrait à Troyes, à Reims ; Paris était en alarmes, et Winchester était encore en Angleterre. Bedford, pour assurer Paris, appela le duc de Bourgogne. Il vint en effet, mais presque seul ; tout le parti qu'en tira le régent, ce fut de le faire figurer dans une assemblée de notables, de le faire parler, et répéter encore la lamentable histoire de la mort de son père. Cela fait, il s'en alla, laissant pour tout secours à Bedford quelques hommes d'armes picards ; encore fallut-il qu'en retour on lui engageât la ville de Meaux.

Il n'y avait d'espoir qu'en Winchester. Ce prêtre régnait en Angleterre. Son neveu, le *protecteur* Glocester, chef du parti de la noblesse, s'était perdu à force d'imprudences et de folies. D'année en année, son influence avait diminué dans le Conseil ; Winchester y dominait et réduisait à rien le protecteur, jusqu'à rogner le salaire du protectorat d'année en année ; c'était le tuer, dans un pays où chaque homme est coté strictement au taux de son traitement. Winchester, au contraire, était le plus riche des princes anglais, et l'un des grands bénéficiers du monde. La puissance suivit l'argent, comme il arrive. Le cardinal et les riches évêques de Cantorbéry, d'York, de Londres, d'Ély, de Bath, constituaient le Conseil ; s'ils y laissaient siéger des laïques, c'était à la condition qu'ils ne diraient mot, et aux séances importantes on ne les appelait même pas. Le Gouvernement anglais, comme on pouvait le prévoir dès l'avènement des Lancastre, était devenu tout épiscopal. Il y paraît aux actes de ce temps. En 1429, le chancelier ouvre le Parlement par une sortie terrible contre l'hérésie ; le Conseil dresse des articles contre les nobles qu'il accuse de brigandage, contre les armées de serviteurs dont ils s'entouraient, etc.

Pour porter au plus haut point la puissance du cardinal, il fallait que Bedford fût aussi bas en France que l'était Glocester en Angleterre, qu'il en fût réduit à appeler Winchester, et que celui-ci, à la tête d'une armée, vînt faire sacrer Henri VI. Cette armée, Winchester l'avait toute prête ; chargé par le pape d'une croisade contre les hussites de Bohême, il avait sous ce prétexte engagé quelques milliers d'hommes. Le pape lui avait donné l'argent des indulgences pour les mener en Bohême ; le Conseil d'Angleterre lui donna encore plus d'argent pour les retenir en France. Le cardinal, au grand étonnement des croisés, se trouva les avoir vendus ; il en fut deux fois payé, payé pour une armée qui lui servait à se faire roi.

Avec cette armée, Winchester devait s'assurer de Paris, y mener le petit Henri, l'y sacrer. Mais ce sacre n'assurait la puissance du cardinal qu'autant qu'il réussirait à décrier le sacre de Charles VII, à déshonorer ses victoires, à le perdre dans l'esprit du peuple. Contre Charles VII en France, contre Glocester en Angleterre, il employa, comme on verra, un même moyen, fort efficace alors : un procès de sorcellerie.

Ce fut seulement le 25 juillet, lorsque depuis neuf jours Charles VII était bien et dûment sacré, que le cardinal entra avec son armée à Paris. Bedford ne perdit pas un moment ; il partit avec ces troupes pour observer Charles VII. Deux fois ils furent en présence, et il y eut quelques escarmouches. Bedford craignait pour la Normandie ; il la couvrit, et pendant ce temps, le roi marcha sur Paris (août).

Ce n'était pas l'avis de la Pucelle ; ses voix lui disaient de ne pas aller plus avant que Saint-Denis. La ville des sépultures royales était, comme celle du sacre, une ville sainte ; au-delà, elle pressentait quelque chose sur quoi elle n'avait plus d'action. Charles VII eût dû penser de même. Cette inspiration de sainteté guerrière, cette poésie de croisade qui avait ému les campagnes, n'y avait-il pas danger à la mettre en face de la ville raisonneuse et prosaïque, du peuple moqueur, des scolastiques et des cabochiens ?

L'entreprise était imprudente. Une telle ville ne s'emporte pas par un coup de main ; on ne la prend que par les vivres ; or les Anglais étaient maîtres de la Seine par en haut et par en bas. Ils étaient en force, et soutenus par bon nombre d'habitants qui s'étaient compromis pour eux. On faisait d'ailleurs courir le bruit que les Armagnacs venaient détruire, raser la ville.

Les Français emportèrent néanmoins un boulevard. La Pucelle descendit dans le premier fossé ; elle franchit le dos d'âne qui séparait ce fossé du second. Là, elle s'aperçut que ce dernier, qui ceignait les murs, était rempli d'eau. Sans s'inquiéter d'une grêle de traits qui tombaient autour d'elle, elle cria qu'on apportât des fascines, et cependant de sa lance elle sondait la profondeur de l'eau. Elle était là presque seule, en butte à tous les traits ; il en vint un qui lui traversa la cuisse. Elle essaya de résister à la douleur et resta pour encourager les troupes à donner l'assaut. Enfin, perdant beaucoup de sang, elle se retira à l'abri dans le premier fossé ; jusqu'à dix ou onze heures du soir, on ne put la décider à revenir. Elle paraissait sentir que cet échec solennel sous les murs mêmes de Paris devait la perdre sans ressource.

Quinze cents hommes avaient été blessés dans cette attaque, qu'on l'accusait à tort d'avoir conseillée. Elle revint, maudite des siens comme des ennemis. Elle ne s'était pas fait scrupule de donner l'assaut le jour de la Nativité de Notre-Dame (8 septembre) ; la pieuse ville de Paris en avait été fort scandalisée.

La cour de Charles VII l'était encore plus. Les libertins, les politiques, les dévots aveugles de la lettre, ennemis jurés de l'esprit, tous se déclarent bravement contre l'esprit, le jour où il semble faiblir. L'archevêque de Reims, chancelier de France, qui n'avait jamais été bien pour la Pucelle, obtint, contre son avis, que l'on négocierait. Il vint à Saint-Denis demander une trêve ; peut-être espérait-il en secret gagner le duc de Bourgogne, alors à Paris.

Mal voulue, mal soutenue, la Pucelle fit pendant l'hiver les sièges de Saint-Pierre-le-Moustier et de la Charité. Au premier, presque abandonnée, elle donna pourtant l'assaut et emporta la ville. Le siège de la Charité traîna, languit, et une terreur panique dispersa les assiégeants.

Cependant les Anglais avaient décidé le duc de Bourgogne à les aider sérieusement. Plus il les voyait faibles, plus il avait l'espoir de garder les places qu'il pourrait prendre en Picardie. Les Anglais, qui venaient de perdre Louviers, se mettaient à sa discrétion. Ce prince, le plus riche de la chrétienté, n'hésitait plus à mettre de l'argent et des hommes dans une guerre dont il espérait avoir le profit. Pour quelque argent, il gagna le gouverneur de Soissons. Puis il assiégea Compiègne, dont le gouverneur était aussi un homme fort suspect. Mais les habitants étaient trop compromis dans la cause de Charles VII pour laisser livrer la ville. La Pucelle vint s'y jeter. Le jour même, elle fit une sortie et faillit surprendre les assiégeants. Mais ils furent remis en un moment et poussèrent vivement les assiégés jusqu'au boulevard, jusqu'au pont. La Pucelle, restée en arrière pour couvrir la retraite, ne put rentrer à temps, soit que la foule obstruât le pont, soit qu'on eût déjà fermé la barrière. Son costume la désignait ; elle fut bientôt entourée, saisie, tirée à bas de cheval. Celui qui l'avait prise, un archer picard, selon d'autres le bâtard de Vendôme, la .vendit à Jean de Luxembourg. Tous, Anglais, Bourguignons, virent avec étonnement que cet objet de terreur, ce monstre, ce diable, n'était après tout qu'une fille de dix-huit ans.

Qu'il en dût advenir ainsi, elle le savait d'avance ; cette chose cruelle était infaillible, disons-le, nécessaire. Il fallait qu'elle souffrît. Si elle n'eût pas eu l'épreuve et la purification suprême, il serait resté sur cette sainte figure des ombres douteuses parmi les rayons ; elle n'eût pas été dans la mémoire des hommes *La Pucelle d'Orléans*.

Elle avait dit, en parlant de la délivrance d'Orléans et du sacre de Reims : « C'est pour cela que je suis née. » Ces deux choses accomplies, sa sainteté était en péril.

Guerre, sainteté, deux mots contradictoires ; il semble que la sainteté soi tout l'opposé de la guerre, qu'elle soit plutôt l'amour et la paix. Quel jeune courage se mêlera aux batailles sans partager l'ivresse sanguinaire de la lutte et de la victoire ?... Elle disait à son départ qu'elle ne voulait se servir de son épée pour tuer personne. Plus tard, elle parle avec plaisir de l'épée qu'elle portait à Compiègne, « excellente, dit-elle, pour frapper d'estoc et de taille ». N'y a-t-il pas là l'indice d'un changement ? la sainte devenait un capitaine. Le duc d'Alençon dit qu'elle avait une singulière aptitude pour l'arme moderne, l'arme meurtrière, celle de l'artillerie. Chef de soldats indisciplinables, sans cesse affligée, blessée de leurs désordres, elle devenait rude et colérique, au moins pour les réprimer. Elle était surtout impitoyable pour les femmes de mauvaise vie qu'ils traînaient après eux. Un jour, elle frappa de l'épée de sainte Catherine, du plat de l'épée seulement, une de ces malheureuses. Mais la virginale épée ne soutint pas le contact ; elle se brisa, et ne se laissa reforger jamais.

Peu de temps avant d'être prise, elle avait pris elle-même un partisan bourguignon, Franquet d'Arras, un brigand exécré dans tout le Nord. Le bailli royal le réclama pour le pendre. Elle le refusa d'abord, pensant l'échanger ; puis, elle se décida à le livrer à la justice. Il méritait cent fois la corde ; néanmoins d'avoir livré un prisonnier, consenti à la mort d'un homme, cela dut altérer, même aux yeux des siens, son caractère de sainteté.

Malheureuse condition d'une telle âme tombée dans les réalités de ce monde ! elle devait chaque jour perdre quelque chose de soi. Ce n'est pas impunément qu'on devient tout à coup riche, noble, honoré, l'égal des seigneurs et des princes. Ce beau costume, ces lettres de noblesse, ces grâces du roi, tout cela aurait sans doute à la longue altéré sa simplicité héroïque. Elle avait obtenu pour son village l'exemption de la taille, et le roi avait donné à l'un de ses frères la prévôté de Vaucouleurs.

Mais le plus grand péril pour la sainte, c'était sa sainteté même, les respects du peuple, ses adorations. A Lagny, on la pria de ressusciter un enfant. Le comte d'Armagnac lui écrivit pour lui demander de décider lequel des papes il fallait suivre. Si l'on s'en rapportait à sa réponse (peut-être falsifiée), elle aurait promis de décider à la fin de la guerre, se fiant à ses voix intérieures pour juger l'autorité elle-même.

Et pourtant ce n'était pas orgueil. Elle ne se donna jamais pour sainte ; elle avoua souvent qu'elle ignorait l'avenir. On lui demanda la veille d'une bataille si le roi la gagnerait ; elle dit qu'elle n'en savait rien. A Bourges, des femmes la priant de toucher des croix et des chapelets, elle se mit à rire et dit à la dame Marguerite, chez qui elle logeait : « Touchez-les vous-mêmes ; ils seront tout aussi bons. »

C'était, nous l'avons dit, la singulière originalité de cette fille, le bon sens dans l'exaltation. Ce fut aussi, comme on verra, ce qui rendit ses juges implacables. Les scolastiques, les raisonneurs qui la haïssaient comme inspirée, furent d'autant plus cruels pour elle, qu'ils ne purent la mépriser comme folle, et que souvent elle fit taire leurs raisonnements devant une raison plus haute.

Il n'était pas difficile de prévoir qu'elle périrait. Elle s'en doutait bien elle-même. Dès le commencement, elle avait dit : « Il me faut employer ; je ne durerai qu'un an, ou guère plus. » Plusieurs fois, s'adressant à son chapelain, Frère Pasquerel, elle répéta : « S'il faut que je meure bientôt, dites de ma part au roi, notre seigneur, qu'il fonde des chapelles où l'on prie pour le salut de ceux qui seront morts pour la défense du royaume. »

Ses parents lui ayant demandé, quand ils la revirent à Reims, si elle n'avait donc peur de rien : « Je ne crains rien, dit-elle, que la trahison. »

Souvent, à l'approche du soir, quand elle était en campagne, s'il se trouvait là quelque église, surtout de moines mendiants, elle y entrait volontiers et se mêlait avec les petits enfants qu'on préparait à la communion. Si l'on en croit une ancienne chronique, le jour même qu'elle devait être prise, elle alla communier à l'église Saint-Jacques de Compiègne, elle s'appuya tristement contre un des piliers, et dit aux bonnes gens et aux enfants qui étaient là en grand nombre : « Mes bons amis et mes chers enfants, je vous le dis avec assurance, il y a un homme qui m'a vendue ; je suis trahie et bientôt je serai livrée à la mort. Priez Dieu pour moi, je vous supplie ; car je ne pourrai plus servir mon roi ni le noble royaume de France. »

Il est probable que la Pucelle fut marchandée, achetée, comme on venait d'acheter Soissons. Les Anglais en auraient donné tout l'or du monde, dans un moment si critique, lorsque leur jeune roi débarquait en France. Mais les Bourguignons voulaient l'avoir, et ils l'eurent ; c'était l'intérêt non seulement du duc, du parti bourguignon en général, mais directement celui de Jean de Ligny, qui s'empressa d'acheter la prisonnière.

Que la Pucelle fût tombée entre les mains d'un noble seigneur de la maison du Luxembourg, d'un vassal du chevaleresque duc de Bourgogne, du *bon* duc, comme on disait, c'était une grande épreuve pour la chevalerie du temps. Prisonnière de guerre, fille, si jeune fille, vierge surtout, parmi de loyaux chevaliers, qu'avait-elle à craindre ? On ne parlait que de chevalerie, de protection des dames et damoiselles affligées ; le maréchal Boucicaut venait de fonder un ordre qui n'avait pas d'autre objet. D'autre part, le culte de la Vierge, toujours en progrès, dans le Moyen Age, étant devenu la religion dominante, la virginité semblait devoir être une sauvegarde inviolable.

Pour expliquer ce qui va suivre, il faut faire connaître le désaccord singulier qui existait alors entre les idées et les mœurs, il faut, quelque choquant que puisse être le contraste, placer en regard du trop sublime idéal, en face de l'Imitation, en face de la Pucelle, les basses réalités de l'époque ; il faut (j'en demande pardon à la chaste fille qui fait le sujet de ce récit) descendre au fond de ce monde de convoitise et de concupiscence. Si nous ne le connaissions pas tel qu'il fut, nous ne pourrions comprendre comment les chevaliers livrèrent celle qui semblait la chevalerie vivante, comment, sous ce règne de la Vierge, la Vierge apparut pour être méconnue si cruellement.

La religion de ce temps-là, c'est moins la Vierge que la femme ; la chevalerie, c'est celle du petit Jehan de Saintré ; seulement le roman est plus chaste que l'histoire.

Les princes donnent l'exemple. Charles VII reçoit Agnès en présence de la mère de sa femme, de la vieille reine de Sicile ; mère, femme, maîtresse, il les mène avec lui, tout le long de la Loire, en douce intelligence.

Les Anglais, plus sérieux, ne veulent d'amour que dans le mariage ; Glocester épouse Jacqueline ; parmi les dames de Jacqueline, il en remarque une, belle et spirituelle, il l'épouse aussi.

Mais la France, mais l'Angleterre, en cela comme en tout, le cèdent de beaucoup à la Flandre, au comte de Flandre, au grand-duc de Bourgogne. La légende expressive des Pays-Bas est celle de la fameuse comtesse qui mit au monde trois cent soixante-cinq enfants. Les princes du pays, sans aller jusque-là, semblent du moins essayer d'approcher. Un comte de Clèves a soixante-trois bâtards. Jean de Bourgogne, évêque de Cambrai, officie pontificalement avec ses trente-six bâtards et fils de bâtards qui le servent à l'autel.

Philippe le Bon n'eut que seize bâtards, mais il n'eut pas moins de vingt-sept femmes, trois légitimes et vingt-quatre maîtresses. Dans ces tristes années de 1429 et 1430, pendant cette tragédie de la Pucelle, il était tout entier à la joyeuse affaire de son troisième mariage. Cette fois, il épousait une infante de Portugal, Anglaise par sa mère, Philippa de Lancastre. Aussi les Anglais eurent beau lui donner le commandement de Paris, ils ne purent le retenir ; il avait hâte de laisser ce pays de famine, de retourner en Flandre, d'y recevoir sa jeune épousée. Les actes, les cérémonies, les fêtes, célébrées, interrompues, reprises, remplirent des mois entiers. A Bruges surtout, il y eut des galas inouïs, de fabuleuses réjouissances, des prodigalités insensées, à ruiner tous les seigneurs ; et les bourgeois les éclipsaient. Les dix-sept nations qui avaient leurs comptoirs à Bruges y étalèrent les richesses du monde. Les rues étaient tendues de beaux et doux tapis de Flandre. Pendant huit jours et huit nuits coulaient les vins à flots, les meilleurs ; un lion de pierre versait le vin du Rhin ; un cerf celui de Beaune ; une licorne, aux heures des repas, lançait l'eau de rose et le malvoisie.

Mais la splendeur de la fête flamande, c'étaient les Flamandes, les triomphantes beautés de Bruges, telles que Rubens les a peintes dans sa Madeleine de *La Descente de Croix*. La Portugaise ne dut pas prendre plaisir à voir ses nouvelles sujettes. Déjà l'Espagnole Jeanne de Navarre s'était dépitée en les voyant, et elle avait dit malgré elle : « Je ne vois ici que des reines. » Le jour de son mariage (10 janvier 1430), Philippe le Bon institua l'Ordre de la Toison d'or, « conquise par Jason », et il prit la conjugale et rassurante devise : « Autre n'auray ».

La nouvelle épouse s'y fia-t-elle ? cela est douteux. Cette toison de Jason, ou de Gédéon (comme l'Église se hâta de la baptiser), était, après tout, la toison d'*or*, elle rappelait ces flots dorés, ces ruisselantes chevelures d'or que Van Eyck, le grand peintre de Philippe le Bon, jette amoureusement sur les épaules de ses saintes. Tout le monde vit dans l'ordre nouveau le triomphe de la beauté blonde, de la beauté jeune, florissante du Nord, en dépit des sombres beautés du Midi. Il semblait que le prince flamand, consolant les Flamandes, leur adressait ce mot à double entente : « Autre n'auray. »

Sous ces formes chevaleresques, gauchement imitées des romans, l'histoire de la Flandre en ce temps n'en est pas moins comme une fougueuse kermesse, joyeuse et brutale. Sous prétexte de tournois, de pas d'armes, de banquets de la Table ronde, ce ne sont que galanteries, amours faciles et vulgaires, interminables bombances. La vraie devise de l'époque est celle que le sire de Ternant osa prendre aux joutes d'Arras : « Que j'aie de mes désirs assouvissance, et jamais d'autre bien ! »

Ce qui pouvait surprendre, c'est que parmi les fêtes folles, les magnificences ruineuses, les affaires du comte de Flandre semblaient n'en aller que mieux. Il avait beau donner, perdre, jeter, il lui en venait toujours davantage. Il allait grossissant et s'arrondissant de la ruine générale. Il n'y eut d'obstacle qu'en Hollande ; mais il acquit sans grande peine les positions dominantes de la Somme et de la Meuse, Namur, Péronne. Les Anglais, outre Péronne, lui mirent entre les mains Bar-sur-Seine, Auxerre, Meaux, les avenues de Paris, enfin Paris même.

Bonheur sur bonheur ; la fortune allait le chargeant et le surchargeant. Il n'avait pas le temps de respirer. Elle fit tomber au pouvoir d'un de ses vassaux la Pucelle, ce précieux gage que les Anglais auraient acheté à tout prix. Et au même moment, sa situation se compliquant d'un nouveau bonheur, la succession du Brabant s'ouvrit, mais il ne pouvait la recueillir s'il ne s'assurait de l'amitié des Anglais.

Le duc de Brabant parlait de se remarier, de se faire des héritiers. Il mourut à point pour le duc de Bourgogne. Celui-ci avait à peu près tout ce qui entoure le Brabant, je veux dire la Flandre, le Hainaut, la Hollande, Namur et le Luxembourg. Il lui manquait la province centrale, la riche Louvain, la dominante Bruxelles. La tentation était forte. Aussi ne fit-il aucune attention aux droits de sa tante, de laquelle pourtant il tenait les siens ; il immola même les droits de ses pupilles, son propre honneur, sa probité de tuteur. Il mit la main sur le Brabant. Pour le garder, pour terminer les affaires de Hollande et de Luxembourg, pour repousser les Liégeois qui venaient assiéger Namur, il fallait rester bien avec les Anglais, c'est-à-dire livrer la Pucelle.

Philippe le *Bon* était un bon homme, selon les idées vulgaires, tendre de cœur, surtout aux femmes, bon fils, bon père, pleurant volontiers. Il pleura les morts d'Azincourt ; mais sa ligue avec les Anglais fit plus de morts qu'Azincourt. Il versa des torrents de larmes sur la mort de son père, puis, pour le venger, des torrents de sang. Sensibilité, sensualité, ces deux choses vont souvent ensemble. Mais la sensualité, la concupiscence, n'en sont pas moins cruelles dans l'occasion. Que l'objet désiré recule, que la concupiscence le voie fuir et se dérober à ses prises, alors elle tourne à la furie aveugle... Malheur à ce qui fait obstacle !... L'école de Rubens, dans ses bacchanales païennes, mêle volontiers des tigres aux satyres : « Lust hard by hate. »

Celui qui tenait la Pucelle entre ses mains, Jean de Ligny, vassal du duc de Bourgogne, se trouvait justement dans la même situation que son suzerain. Il était comme lui, dans un moment de cupidité, d'extrême tentation. Il appartenait à la glorieuse maison de Luxembourg ; l'honneur d'être parent de l'empereur Henri VII et du roi Jean de Bohême valait bien qu'on le ménageât ; mais Jean de Ligny était pauvre ; il était cadet de cadet. Il avait eu l'industrie de se faire nommer seul héritier par sa tante, la riche dame de Ligny et de Saint-Pol. Cette donation, fort attaquable, allait lui être disputée par son frère aîné. Dans cette attente, Jean était le docile et tremblant serviteur du duc de Bourgogne, des Anglais, de tout le monde. Les Anglais le pressaient de leur livrer la prisonnière, et ils auraient fort bien pu la prendre dans la tour de Beaulieu en Picardie, où ils l'avaient déposée. D'autre part, s'il la laissait prendre, il se perdait auprès du duc de Bourgogne, son suzerain, son juge dans l'affaire de la succession, et qui par conséquent pouvait le ruiner d'un seul mot. Provisoirement il l'envoya à son Château de Beaurevoir, près Cambrai, sur terre d'Empire.

Les Anglais, exaspérés de haine et d'humiliation, pressaient, menaçaient. Leur rage était telle contre la Pucelle, que, pour en avoir dit du bien, une femme fut brûlée vive. Si la Pucelle n'était elle-même jugée et brûlée comme sorcière, si ses victoires n'étaient rapportées au démon, elles restaient des miracles dans l'opinion du peuple, des œuvres de Dieu ; alors Dieu était contre les Anglais, ils avaient été bien et loyalement battus ; donc leur cause était celle du Diable ; dans les idées du temps, il n'y avait pas de milieu. Cette conclusion, intolérable pour l'orgueil anglais, l'était bien plus encore pour un gouvernement d'évêques, comme celui de l'Angleterre, pour le cardinal qui dirigeait tout.

Winchester avait pris les choses en main dans un état presque désespéré. Glocester étant annulé en Angleterre, Bedford en France, il se trouvait seul. Il avait cru tout entraîner en amenant le jeune roi à Calais (23 avril), et les Anglais ne bougeaient pas. Il avait essayé de les piquer d'honneur en lançant une ordonnance « contre ceux qui ont peur des enchantements de la Pucelle ». Cela n'eut aucun effet. Le roi restait à Calais, comme un vaisseau échoué. Winchester devenait éminemment ridicule. Après avoir réduit la croisade de Terre sainte à celle de Bohême, il s'en était tenu à la croisade de Paris. Le belliqueux prélat, qui s'était fait fort d'officier en vainqueur à Notre-Dame et d'y sacrer son pupille, trouvait tous les chemins fermés ; de Compiègne, l'ennemi lui barrait la route de Picardie, de Louviers celle de Normandie. Cependant la guerre traînait, l'argent s'écoulait, la croisade se perdait en fumée. Le Diable apparemment s'en mêlait ; le cardinal ne pouvait se tirer d'affaire qu'en faisant le procès au Malin, en brûlant cette diabolique Pucelle.

Il fallait l'avoir, la tirer des mains des Bourguignons. Elle avait été prise le 23 mai ; le 26, un message part de Rouen, au nom du vicaire de l'inquisition, pour sommer le duc de Bourgogne et Jean de Ligny de livrer cette femme suspecte de sorcellerie. L'inquisition n'avait pas grande force en France ; son vicaire était un pauvre moine, fort peureux, un dominicain, et sans doute, comme les autres membres, favorable à la Pucelle. Mais il était à Rouen sous la terreur du tout-puissant cardinal, qui lui tenait l'épée dans les reins. Le cardinal venait de nommer capitaine de Rouen un homme d'exécution, un homme à lui, lord Warwick, gouverneur d'Henri. Warwick avait deux charges fort diverses à coup sûr, mais toutes deux de haute confiance, la garde du roi et celle de l'ennemie du roi ; l'éducation de l'un, la surveillance du procès de l'autre.

La lettre du moine était une pièce de peu de poids ; on fit écrire en même temps l'Université. Il semblait difficile que les universitaires aidassent de bon cœur un procès d'inquisition papale, au moment où ils allaient guerroyer à Bâle contre le pape pour l'épiscopat. Winchester lui-même, chef de l'épiscopat anglais, devait préférer un jugement d'évêques, ou, s'il pouvait, faire agir ensemble évêques et inquisiteurs. Or, il avait justement à sa suite et parmi ses gens un évêque très propre à la chose, un évêque mendiant qui vivait à sa table, et qui assurément jugerait ou jurerait tant qu'on en aurait besoin.

Pierre Cauchon, évêque de Beauvais, n'était pas un homme sans mérite. Né à Reims, tout près du pays de Gerson, c'était un docteur fort influent de l'Université, un ami de Clémengis, qui nous assure qu'il était « bon et bienfaisant ». Cette bonté ne l'empêcha pas d'être un des plus violents dans le violent parti cabochien. Comme tel, il fut chassé de Paris en 1413. Il y rentra avec le duc de Bourgogne, devint évêque de Beauvais, et sous la domination anglaise, il fut élu par l'Université conservateur de ses privilèges. Mais l'invasion de la France du Nord par Charles VII, en 1429, devint funeste à Cauchon ; il voulut retenir Beauvais dans le parti anglais, et fut chassé par les habitants. Il ne s'amusa pas à Paris, près du triste Bedford, qui ne pouvait payer le zèle ; il alla où étaient la richesse et la puissance, en Angleterre près du cardinal Winchester. Il se fit anglais, il parla anglais. Winchester sentit tout le parti qu'il pouvait tirer d'un tel homme ; il se l'attacha en faisant pour lui autant et plus qu'il ne pouvait l'espérer. L'archevêque de Rouen venait d'être transféré ailleurs ; il le recommanda au pape pour ce grand siège. Mais ni le pape ni le chapitre ne voulait de Cauchon ; Rouen, alors en guerre avec l'Université de Paris, ne pouvait prendre pour archevêque un homme de cette Université. Tout fut suspendu ; Cauchon, en présence de cette magnifique proie, resta bouche béante, espérant toujours que l'invincible cardinal écarterait les obstacles, plein de dévotion en lui et n'ayant plus d'autre dieu.

Il se trouvait fort à point que la Pucelle avait été prise à la limite du diocèse de Cauchon, non pas, il est vrai, dans le diocèse même, mais on espéra faire croire qu'il en était ainsi. Cauchon écrivit donc, comme juge ordinaire, au roi d'Angleterre, pour réclamer ce procès ; et, le 12 juin, une lettre royale fit savoir à l'Université que l'évêque et l'inquisiteur jugeraient ensemble et concurremment. Les procédures de l'inquisition n'étaient pas les mêmes que celles des tribunaux ordinaires de l'Église. Il n'y eut pourtant aucune objection. Les deux justices voulant bien agir ainsi de connivence, une seule difficulté restait : l'inculpée était toujours entre les mains des Bourguignons.

L'Université se mit en avant ; elle écrivit de nouveau au duc de Bourgogne, à Jean de Ligny (14 juillet). Cauchon, dans son zèle, se faisant l'agent des Anglais, leur courrier se chargea de porter lui-même la lettre, et la remit aux deux ducs. En même temps il leur fit une sommation comme évêque, à cette fin de lui remettre une prisonnière sur laquelle il avait juridiction. Dans cet acte étrange, il passa du rôle de juge à celui de négociateur, et fait des offres d'argent ; quoique cette femme ne puisse être considérée comme prisonnière de guerre, le roi d'Angleterre donnera deux ou trois cents livres de rente au bâtard de Vendôme, et à ceux qui la retiennent la somme de six mille livres. Puis, vers la fin de la lettre il pousse jusqu'à dix mille francs, mais il fait valoir cette offre : « Autant, dit-il, qu'on donnerait pour un roi ou prince, selon la coutume de France. »

Les Anglais ne s'en fiaient pas tellement aux démarches de l'Université et de Cauchon qu'ils n'employassent des moyens plus énergiques. Le jour même où Cauchon présenta sa sommation, ou le lendemain, le Conseil d'Angleterrre interdit aux marchands anglais les marchés des Pays-Bas (19 juillet), notamment celui d'Anvers, leur défendant d'y acheter les toiles et les autres objets pour lesquels ils échangeaient leur laine. C'était frapper le duc de Bourgogne, comte de Flandre, par un endroit bien sensible, par les deux grandes industries flamandes, la toile et le drap ; les Anglais n'allaient plus acheter l'un et cessaient de fournir la matière à l'autre.

Tandis que les Anglais agissaient si vivement pour perdre la Pucelle, Charles VII agissait-t-il pour la sauver ? En rien, ce semble ; il avait pourtant des prisonniers entre ses mains ; il pouvait la protéger, en menaçant de représailles. Récemment encore, il avait négocié par l'entremise de son chancelier, l'archevêque de Reims ; mais cet archevêque et les autres politiques n'avaient jamais été bien favorables à la Pucelle. Le parti d'Anjou-Lorraine, la vieille reine de Sicile qui l'avait si bien accueillie, ne pouvait agir pour elle en ce moment près du duc de Bourgogne. Le duc de Lorraine allait mourir, on se disputait d'avance sa succession, et Philippe le Bon soutenait un compétiteur de René d'Anjou, gendre et héritier du duc de Lorraine.

Ainsi, de toutes parts, ce monde d'intérêt et de convoitise se trouvait contraire à la Pucelle, ou tout au moins indifférent. Le bon Charles VII ne fit rien pour elle, le bon duc Philippe la livra. La maison d'Anjou voulait la Lorraine, le duc de Bourgogne voulait le Brabant ; il voulait surtout la continuation du commerce flamand avec l'Angleterre. Les petits aussi avaient leurs intérêts : Jean de Ligny attendait la succession de Saint-Pol, Cauchon l'archevêché de Rouen.

En vain la femme de Jean de Ligny se jeta à ses pieds, elle le supplia en vain de ne pas se déshonorer. Il n'était pas libre, il avait déjà reçu de l'argent anglais ; il la livra, non il est vrai aux Anglais directement, mais au duc de Bourgogne. Cette famille de Ligny et de Saint-Pol, avec ses souvenirs de grandeur et ses ambitions effrénées, devait poursuivre la fortune jusqu'au bout, jusqu'à la Grève. Celui qui livra la Pucelle semble avoir senti sa misère ; il fit peindre sur ses armes un chameau succombant sous le faix, avec la triste devise inconnue aux hommes de cœur : « Nul n'est tenu à l'impossible. »

Que faisait cependant la prisonnière ? Son corps était à Beaurevoir, son âme à Compiègne ; elle combattait d'âme et d'esprit pour le roi qui l'abandonnait. Elle sentait que sans elle cette fidèle ville de Compiègne allait périr et en même temps la cause du roi dans tout le Nord. Déjà elle avait essayé d'échapper de la tour de Beaulieu. A Beaurevoir, la tentation de fuir fut plus forte encore ; elle savait que les Anglais demandaient qu'on la leur livrât, elle avait horreur de tomber entre leurs mains. Elle consultait ses saintes et n'en obtenait d'autre réponse, sinon qu'il fallait souffrir, « qu'elle ne serait point délivrée qu'elle n'eût vu le roi des Anglais ». – « Mais, disait-elle en elle-même, Dieu laissera-t-il donc mourir ces pauvres gens de Compiègne ? » Sous cette forme vive de compassion, la tentation vainquit. Les saintes eurent beau dire, pour la première fois elle ne les écouta point ; elle se lança de la tour et tomba au pied, presque morte. Relevée, soignée par les dames de Ligny, elle voulait mourir et fut deux jours sans manger.

Livrée au duc de Bourgogne, elle fut menée à Arras, puis au donjon de Crotoy, qui depuis a disparu sous les sables. De là elle voyait la mer, et parfois distinguait les dunes anglaises, la terre ennemie, où elle avait espéré porter la guerre et délivrer le duc d'Orléans. Chaque jour un prêtre prisonnier disait la messe dans la tour. Jeanne priait ardemment, elle demandait et elle obtenait. Pour être prisonnière, elle n'agissait pas moins ; tant qu'elle était vivante, sa prière perçait les murs et dissipait l'ennemi.

Au jour même qu'elle avait prédit d'après une révélation de l'archange, au 1er novembre, Compiègne fut délivrée. Le duc de Bourgogne s'était avancé jusqu'à Noyon, comme pour recevoir l'outrage de plus près et en personne. Il fut défait encore peu après à Germiny (20 novembre). A Péronne, Xaintrailles lui offrait la bataille, et il n'osa l'accepter.

Ces humiliations confirmèrent sans doute le duc dans l'alliance des Anglais le décidèrent à leur livrer la Pucelle. Mais la seule menace d'interrompre le commerce y eût bien suffi. Le comte de Flandre, tout chevalier qu'il se croyait et restaurateur de la chevalerie, était au fond le serviteur des artisans et des marchands. Les villes qui fabriquaient le drap, les campagnes qui filaient le lin, n'auraient pas souffert longtemps l'interruption du commerce et le chômage ; une révolte eût éclaté.

Au moment où les Anglais eurent enfin la Pucelle et purent commencer le procès, leurs affaires étaient bien malades. Loin de reprendre Louviers, ils avaient perdu Châteaugaillard ; La Hire, qui le prit par escalade, y trouva Barbazan prisonnier, et déchaîna ce redouté capitaine. Les villes tournaient d'elles-mêmes au parti de Charles VII ; les bourgeois chassaient les Anglais. Ceux de Melun, si près de Paris, mirent leur garnison à la porte.

Pour enrayer, s'il se pouvait, dans cette descente si rapide des affaires anglaises, il ne fallait pas moins qu'une grande et puissante machine. Winchester en avait une à faire jouer, le procès et le sacre. Ces deux choses devaient agir ensemble, ou plutôt c'était la même chose ; déshonorer Charles VII, prouver qu'il avait été mené au sacre par une sorcière, c'était sanctifier d'autant le sacre d'Henri VI ; si l'un était reconnu pour l'oint du Diable, l'autre devenait l'oint de Dieu.

Henri entra à Paris le 2 décembre. Dès le 21 novembre, on avait fait écrire l'Université à Cauchon pour l'accuser de lenteur et prier le roi de commencer le procès. Cauchon n'avait nulle hâte, il lui semblait dur apparemment de commencer la besogne, quand le salaire était encore incertain. Ce ne fut qu'un mois après qu'il se fit donner par le chapitre de Rouen l'autorisation de procéder en ce diocèse. A l'instant (3 janvier 1431), Winchester rendit une ordonnance où il faisait dire au roi « qu'ayant été de ce requis par l'évêque de Beauvais, exhorté par sa chère fille de l'Université de Paris, il commandait aux gardiens de *conduire* l'inculpée à l'évêque ». Il était dit *conduire,* on ne remettait pas la prisonnière au juge ecclésiastique, on la prêtait seulement, « sauf à la reprendre si elle n'était convaincue ». Les Anglais ne risquaient rien, elle ne pouvait échapper à la mort ; si le feu manquait, il restait le fer.

Le 9 janvier 1431, Cauchon ouvrit la procédure à Rouen. Il fit siéger près de lui le vicaire de l'inquisition, et débuta par tenir une sorte de consultation avec huit docteurs licenciés ou maîtres ès art de Rouen. Il leur montra les informations qu'il avait recueillies sur la Pucelle. Ces informations prises d'avance par les soins des ennemis de l'accusée ne parurent pas suffisantes aux légistes rouennais ; elles l'étaient si peu en effet que le procès, d'abord défini d'après ces mauvaises données, *procès de magie,* devint un *procès d'hérésie.*

Cauchon, pour se concilier ces Normands récalcitrants, pour les rendre moins superstitieux sur la forme des procédures, nomma l'un d'eux, Jean de la Fontaine, conseiller examinateur. Mais il réserva le rôle le plus actif, celui de promoteur du procès, à un certain Estivet, un de ses chanoines de Beauvais, qui l'avait suivi. Il trouva moyen de perdre un mois dans ces préparatifs ; mais enfin le jeune roi ayant été ramené à Londres (9 février), Winchester, tranquille de ce côté, revint vivement au procès ; il ne se fia à personne pour en surveiller la conduite, il crut avec raison que l'œil du maître vaut mieux, et s'établit à Rouen pour voir instrumenter Cauchon.

La première chose était de s'assurer du moine qui représentait l'inquisition. Cauchon, ayant assemblé ses assesseurs, prêtres normands et docteurs de Paris, dans la maison d'un chanoine, manda le dominicain et le somma de s'adjoindre à lui. Le moinillon répondit timidement que « si ses pouvoirs étaient jugés suffisants, il ferait ce qu'il devait faire ». L'évêque ne manqua pas de déclarer les pouvoirs bien suffisants. Alors le moine objecta encore « qu'il voudrait bien s'abstenir, tant pour le scrupule de la conscience que pour la sûreté du procès » ; que l'évêque devrait plutôt lui substituer quelqu'un jusqu'à ce qu'il fût bien sûr que ses pouvoirs suffisaient.

Il eut beau dire, il ne put échapper, il jugea bon gré, mal gré. Ce qui sans doute, après la peur, aida à le retenir, c'est que Winchester lui fit allouer vingt sols d'or pour ses peines. Le moine mendiant n'avait peut-être vu jamais tant d'or dans sa vie.

Le 21 février, la Pucelle fut amenée devant ses juges. L'évêque de Beauvais l'admonesta avec « douceur et charité », la priant de dire la vérité sur ce qu'on lui demanderait, pour abréger son procès et décharger sa conscience, sans chercher de subterfuges. – Réponse : « Je ne sais sur quoi vous me voulez interroger, vous pourriez bien me demander telles choses que je vous dirais point. » Elle consentait à jurer de dire vrai sur tout ce qui ne touchait point ses visions. « Mais pour ce dernier point, dit-elle, vous me couperiez plutôt la tête. » Néanmoins, on l'amena à jurer de répondre « sur ce qui toucherait la foi ».

Nouvelles instances le jour suivant, 22 février, et encore le 24. Elle résistait toujours : « C'est le mot des petits enfants qu'*on pend souvent les gens pour avoir dit la vérité.* » Elle finit, de guerre lasse, par consentir à jurer « de dire ce qu'elle sauroit *sur son procès,* mais non tout ce qu'elle sauroit ».

Interrogée sur son âge, ses nom et surnom, elle dit qu'elle avait environ dix-neuf ans. « Au lieu où je suis née, on m'appelait Jehannette et en France Jehanne... » Mais quant au surnom (la Pucelle), il semble que, par un caprice de modestie féminine, elle eut peine à le dire ; elle éluda par un pudique mensonge : « Du surnom, je n'en sais rien. »

Elle se plaignait d'avoir les fers aux jambes. L'évêque lui dit que, puisqu'elle avait essayé plusieurs fois d'échapper, on avait dû lui mettre les fers. « Il est vrai, dit-elle, je l'ai fait ; c'est chose licite à tout prisonnier. Si je pouvais m'échapper, on ne pourrait me reprendre d'avoir faussé ma foi, je n'ai rien promis. »

On lui ordonna de dire le *Pater* et l'*Ave,* peut-être dans l'idée superstitieuse que, si elle était vouée au Diable, elle ne pourrait dire ces prières. « Je les dirai volontiers si Monseigneur de Beauvais veut m'ouïr en confession. » Adroite et touchante demande ; offrant ainsi sa confiance à son juge, à son ennemi, elle en eût fait son père spirituel et le témoin de son innocence.

Cauchon refusa, mais je croirais aisément qu'il fut ému. Il leva la séance pour ce jour, et le lendemain, il n'interrogea pas lui-même ; il en chargea un des assesseurs.

A la quatrième séance, elle était animée d'une vivacité singulière. Elle ne cacha point qu'elle avait entendu ses voix : « Elles m'ont éveillée, dit-elle, j'ai joint les mains, et je les ai priées de me donner conseil, elles m'ont dit : « Demande à Notre-Seigneur. » « Et qu'ont-elles dit encore ? » « Que je vous réponde hardiment... Je ne puis tout dire, j'ai plutôt peur de dire chose qui leur déplaise, que je n'ai de répondre à vous... Pour aujourd'hui, je vous prie de ne pas m'interroger. »

L'évêque insista, la voyant émue : « Mais Jehanne, on déplaît donc à Dieu en disant des choses vraies ? ». « Mes voix m'ont dit certaines choses, non pour vous, mais pour le roi. » Et elle ajouta vivement : « Ah ! s'il les savait, il en serait plus aise à dîner... Je voudrais qu'il les sût, et ne pas boire de vin d'ici à Pâques. »

Parmi ces naïvetés, elle disait des choses sublimes : « Je viens de par Dieu, je n'ai que faire ici, renvoyez-moi à Dieu, dont je suis venue... Vous dites que vous êtes mon juge ; avisez bien à ce que vous ferez, car vraiment je suis envoyée de Dieu, vous vous mettez en grand danger. »

Ces paroles sans doute irritèrent les juges et ils lui adressèrent une insidieuse et perfide question, une question telle qu'on ne peut sans crime l'adresser à aucun homme vivant : « Jehanne, croyez-vous être en état de grâce ? »

Ils croyaient l'avoir liée d'un lac insoluble. Dire non, c'était s'avouer indigne d'avoir été l'instrument de Dieu. Mais d'autre part, comment dire oui ? Qui de nous, fragiles, est sûr ici-bas d'être vraiment dans la grâce de Dieu ? Nul, sinon l'orgueilleux, le présomptueux, celui justement qui de tous en est le plus loin.

Elle trancha le nœud avec une simplicité héroïque et chrétienne :

« Si je n'y suis, Dieu veuille m'y mettre, si j'y suis, Dieu veuille m'y tenir. »

Les pharisiens restèrent stupéfaits.

Mais avec tout son héroïsme, c'était une femme pourtant... Après cette parole sublime, elle retomba, elle s'attendrit, doutant de son état, comme il est naturel à une âme chrétienne, s'interrogeant et tâchant de se rassurer : « Ah ! si je savais ne pas être en la grâce de Dieu, je serais la plus dolente du monde.. Mais si j'étais en péché, la voix ne viendrait sans doute pas... Je voudrais que chacun pût l'entendre comme moi-même... »

Ces paroles rendaient prise aux juges. Après une longue pause, ils revinrent à la charge avec un redoublement de haine, et lui firent coup sur coup les questions qui pouvaient la perdre.

Les voix ne lui avaient-elles pas dit de *haïr* les Bourguignons ?... N'allait-elle pas, dans son enfance, à l'arbre *des fées ?* etc. Ils auraient déjà voulu la brûler comme sorcière.

A la cinquième séance, on l'attaqua par un côté délicat, dangereux, celui des apparitions.

L'évêque, devenu tout à coup compatissant, mielleux, lui fit faire cette question : « Jehanne, comment vous êtes-vous portée depuis samedi ? » – « Vous le voyez, dit la pauvre prisonnière chargée de fers, le mieux que j'ai pu. » – « Jehanne, jeûnez-vous tous les jours de ce carême ? » – « Cela est-il du procès ? » – « Oui, vraiment. » – « Eh bien ! oui, j'ai toujours jeûné. »

On la pressa alors sur les visions, sur un signe qui aurait apparu au dauphin, sur sainte Catherine et saint Michel. Entre autres questions hostiles et inconvenantes, on lui demanda si, lorsqu'il lui apparaissait, saint Michel *était nu*... A cette vilaine question, elle répliqua sans comprendre, avec une pureté céleste : « Pensez-vous donc que Notre-Seigneur n'ait pas de quoi le vêtir ? »

Le 3 mars, autres questions bizarres, pour lui faire avouer quelque diablerie, quelque mauvaise accointance avec le Diable. « Ce saint Michel, ces saintes, ont-ils un corps, des membres ? Ces figures sont-elles bien des anges ? » – « Oui, je le crois aussi ferme que je crois en Dieu. » Cette réponse fut soigneusement notée.

Ils passent de là à l'habit d'homme, à l'étendard : « Les gens d'armes ne se faisaient-ils pas des étendards à la ressemblance du vôtre ? ne les renouvelaient-ils pas ? » – « Oui, quand la lance en était rompue. » – « N'avez-vous pas dit que ces étendards leur porteraient bonheur ? » –

« Non, je disais seulement : « Entrez hardiment parmi les Anglais, et j'y entrais moi-même. » – « Mais pourquoi cet étendard fut-il porté en l'église de Reims, au sacre, plutôt que ceux des autres capitaines ?... » – « Il avait été à la peine, c'était bien raison qu'il fût à l'honneur. » – « Quelle était la pensée des gens qui vous baisaient les pieds, les mains et les vêtements ? » – « Les pauvres gens venaient volontiers à moi, parce que je ne leur faisais point de déplaisir ; je les soutenais et défendais, selon mon pouvoir. »

Il n'y avait pas de cœur d'homme qui ne fût touché de telles réponses. Cauchon crut prudent de procéder désormais avec quelques hommes sûrs et à petit bruit. Depuis le commencement du procès, on trouve que le nombre des assesseurs varie à chaque séance ; quelques-uns s'en vont, d'autres viennent. Le lieu des interrogatoires varie de même ; l'accusée, interrogée d'abord dans la salle du Château de Rouen, l'est maintenant dans la prison. Cauchon, « pour ne pas fatiguer les autres », y menait seulement deux assesseurs et deux témoins (du 10 au 17 mars). Ce qui peut-être l'enhardit à procéder ainsi à hui clos, c'est que désormais il était sûr de l'appui de l'inquisition ; le vicaire avait enfin reçu de l'inquisiteur général de France l'autorisation de juger avec l'évêque (12 mars).

Dans ces nouveaux interrogatoires, on insiste seulement sur quelques points indiqués d'avance par Cauchon.

Les voix lui ont-elles commandé cette sortie de Compiègne où elle fut prise ? – Elle ne répond pas directement : « Les saintes m'avaient bien dit que je serais prise avant la Saint-Jean, qu'il fallait qu'il fût ainsi fait, que je ne devais pas m'étonner, mais prendre tout en gré, et que Dieu m'aiderait... Puisqu'il a plu ainsi à Dieu, c'est pour le mieux que j'ai été prise. » - Croyez-vous avoir bien fait de partir sans la permission de vos père et mère ? Ne doit-on pas honorer père et mère ? » – Ils m'ont pardonné. » – « Pensiez-vous donc ne point pécher, en agissant ainsi ? » – « Dieu le commandait ; quand j'aurais eu cent pères et cent mères, je serais partie. » – « Les voix ne vous ont-elles pas appelée fille de Dieu, fille de l'Église, la fille au grand cœur ? » – « Avant que le siège d'Orléans ait été levé, et depuis, les voix m'ont appelée, et m'appellent tous les jours : Jehanne la Pucelle, fille de Dieu. » – « Était-il bien d'avoir attaqué Paris le jour de la Nativité de Notre-Dame ? » – « C'est bien fait de garder les fêtes de Notre-Dame ; ce serait bien, en conscience, de les garder tous les jours. » – « Pourquoi avez-vous sauté de la tour de Beaurevoir ? » (Ils auraient voulu lui faire dire qu'elle avait voulu se tuer.) « J'entendais dire que les pauvres gens de Compiègne seraient tués tous, jusqu'aux enfants de sept ans, et je savais d'ailleurs que j'étais vendue aux Anglais ; j'aurais mieux aimé mourir que d'être entre les mains des Anglais. » – « Sainte Catherine et sainte Marguerite haïssent-elles les Anglais ? » – « Elles aiment ce que Notre-Seigneur aime, et haïssent ce qu'il hait. » – « Dieu hait-il les Anglais ? » – « De l'amour ou haine que Dieu a pour les Anglais et ce qu'il fait de leurs âmes, je n'en sais rien ; mais je sais bien qu'ils seront mis hors de France, sauf ceux qui y périront. » – « N'est-ce pas un péché mortel de prendre un homme à rançon et ensuite de le faire mourir ? » – « Je ne l'ai point fait. » – « Franquet d'Arras n'a-t-il pas été mis à mort ? » – « J'y ai consenti, n'ayant pu l'échanger pour un de mes hommes ; il a confessé être un brigand et un traître. Son procès a duré quinze jours au bailliage de Senlis. » – « N'avez-vous pas donné de l'argent à celui qui a pris Franquet ? » – « Je ne suis pas trésorier de France, pour donner argent. » – « Croyez-vous que votre roi a bien fait de tuer ou faire tuer Monseigneur de Bourgogne ? » – « Ce fut grand dommage pour le royaume de France. Mais quelque chose qu'il y eût entre eux, Dieu m'a envoyée au secours du roi de France. » – « Jehanne, savez-vous par révélation si vous échapperez ? » – « Cela ne touche point votre procès. Voulez-vous que je parle contre moi ? » – « Les voix ne vous en ont rien dit ? » – « Ce n'est point de votre procès ; je m'en rapporte à Notre-Seigneur qui en fera son plaisir... » Et après un silence : « Par ma foi, je ne sais ni l'heure, ni le jour. Le plaisir de Dieu soit fait ! » – « Vos voix ne vous en ont donc rien dit en général ? » – « Eh bien ! oui, elles m'ont dit que je serais délivrée, que je sois gaie et hardie. »

Un autre jour, elle ajouta : « Les saintes me disent que je serai délivrée à grande victoire ; et elles me disent encore : « Prends tout en gré ; ne te soucie de ton martyre ; tu en viendras enfin au royaume de Paradis. » – « Et depuis qu'elles ont dit cela, vous vous tenez sûre d'être sauvée et de ne point aller en enfer ? » – « Oui, je crois aussi fermement ce qu'elles m'ont dit que si j'étais sauvée déjà. » – « Cette réponse est de bien grand poids. » – « Oui, c'est pour moi un grand trésor. » – « Ainsi, vous croyez que vous ne pouvez plus faire de péché mortel ? » – « Je n'en sais rien ; je m'en rapporte de tout à Notre-Seigneur. »

Les juges avaient enfin touché le vrai terrain de l'accusation, ils avaient trouvé là une forte prise. De faire passer pour sorcière, pour suppôt du Diable, cette chaste et sainte fille, il n'y avait pas apparence, il fallait y renoncer ; mais dans cette sainteté même, comme dans celle de tous les mystiques, il y avait un côté attaquable : la voix secrète égalée ou préférée aux enseignements de l'Église, aux prescriptions de l'autorité, l'inspiration, mais libre, la révélation, mais personnelle, la soumission à Dieu ; quel Dieu ? le Dieu intérieur.

On finit ces premiers interrogatoires par lui demander si elle voulait s'en remettre de tous ses dits et faits à la détermination de l'Église. A quoi elle répondit : « J'aime l'Église et je la voudrais soutenir de tout mon pouvoir. Quant aux bonnes œuvres que j'ai faites, je dois m'en rapporter au Roi du ciel, qui m'a envoyée. »

La question étant répétée, elle ne donna pas d'autre réponse, ajoutant : « C'est tout, de Notre-Seigneur et de l'Église. »

On lui dit alors qu'il fallait distinguer ; qu'il y avait l'Église *triomphante,* Dieu, les saints, les âmes sauvées, et l'Église *militante,* autrement dit le pape, les cardinaux, le clergé, les bons chrétiens, laquelle Église « bien assemblée » ne peut errer et est gouvernée du Saint-Esprit.

– « Ne voulez-vous donc pas vous soumettre à l'Église *militante* ? » – « Je suis venue au roi de France de par Dieu, de par la Vierge Marie, les saints et l'Église *victorieuse* de là-haut ; à cette Église, je me soumets, moi, mes œuvres, ce que j'ai fait ou à faire. » – « Et à l'Église *militante* ? » – « Je ne répondrai maintenant rien autre chose. »

Si l'on en croyait un des assesseurs, elle aurait dit qu'en certains points, elle n'en croyait ni évêque, ni pape, ni personne ; que ce qu'elle avait, elle le tenait de Dieu.

La question du procès se trouva ainsi posée dans sa simplicité, dans sa grandeur ; le vrai débat s'ouvrit : d'une part, l'Église visible et l'autorité ; de l'autre, l'inspiration attestant l'Église invisible... Invisible pour les yeux vulgaires, mais la pieuse fille la voyait clairement, elle la contemplait sans cesse et l'entendait en elle-même, elle portait en son cœur ces saintes et ces anges... Là était l'Église pour elle, là Dieu rayonnait ; partout ailleurs combien il était obscur !...

Tel étant le débat, il n'y avait pas de remède ; l'accusée devait se perdre. Elle ne pouvait céder, elle ne pouvait, sans mentir, désavouer, nier ce qu'elle voyait et entendait si distinctement. D'autre part l'autorité restait-elle une autorité, si elle abdiquait sa juridiction, si elle ne punissait ? L'Église militante est une Église armée, armée du glaive à deux tranchants, contre qui ? apparemment contre les indociles.

Terrible était cette Église dans la personne des raisonneurs, des scolastiques, des ennemis de l'inspiration ; terrible et implacable, si elle était représentée par l'évêque de Beauvais. Mais au-dessus de l'évêque n'y avait-il donc pas d'autres juges ? Le parti épiscopal et universitaire, qui prêchait la suprématie des conciles, pouvait-il, dans ce cas particulier, ne pas reconnaître comme juge suprême son Concile de Bâle, qui allait ouvrir ? D'autre part, l'inquisition royale, le dominicain qui en était le vicaire, ne contestait pas sans doute que la juridiction du pape ne fût supérieure à la sienne, qui en émanait.

Un légiste de Rouen, ce même Jean de La Fontaine, ami de Cauchon et hostile à la Pucelle, ne crut pas en conscience pouvoir laisser ignorer à une accusée sans conseil qu'il y avait des juges d'appel, et que, sans rien sacrifier sur le fond, elle pouvait y avoir recours. Deux moines crurent que le droit suprême du pape devait être réservé. Quelque peu régulier qu'il fût que des assesseurs pussent visiter isolément et conseiller l'accusée, ces trois honnêtes gens, qui voyaient toutes les formes violées par Cauchon pour le triomphe de l'iniquité, n'hésitèrent pas à les violer eux-mêmes dans l'intérêt de la justice. Ils allèrent intrépidement à la prison, se firent ouvrir et lui conseillèrent l'appel. Elle appela le lendemain au pape et au concile. Cauchon furieux fit venir les gardes, et leur demanda qui avait visité la Pucelle. Le légiste et les deux moines furent en grand danger de mort. Depuis ce jour, ils disparaissent, et avec eux disparaît du procès la dernière image du droit.

Cauchon avait espéré d'abord mettre de son côté l'autorité des gens de loi, si grande à Rouen ; mais il avait vu bien vite qu'il faudrait se passer d'eux. Lorsqu'il communiqua les premiers actes du procès à l'un de ces graves légistes, maître Jehan Lohier, celui-ci répondit net que le procès ne valait rien, que tout cela n'était pas en forme, que les assesseurs n'étaient pas libres, que l'on procédait à huis clos, que l'accusée, simple fille, n'était pas capable de répondre sur de si grandes choses et à de tels docteurs. Enfin, l'homme de la loi osa dire à l'homme d'Église : « C'est un procès contre l'honneur du prince dont cette fille tient le parti ; il faudrait l'appeler lui aussi et lui donner un défenseur. » Cette gravité intrépide, qui rappelle celle de Papinien devant Caracalla, aurait coûté cher à Lohier. Mais le Papinien normand n'attendit pas, comme l'autre, la mort sur sa chaise curule ; il partit à l'instant pour Rome, où le pape s'empressa de s'attacher un tel homme et de le faire siéger dans les tribunaux du Saint-Siège ; il y mourut doyen de la Rote.

Cauchon devait, ce semble, être mieux soutenu des théologiens. Après les premiers interrogatoires, armé des réponses qu'elle avait données contre elle, il s'enferma avec ses intimes, et, s'aidant surtout de la plume d'un habile universitaire de Paris, il tira de ces réponses un petit nombre d'articles, sur lesquels on devait prendre l'avis des principaux docteurs et des corps ecclésiastiques. C'était l'usage détestable, mais enfin (quoi qu'on ait dit) l'usage ordinaire et régulier des procès d'inquisition. Ces propositions extraites des réponses de la Pucelle, et rédigées sous forme générale, avaient une fausse apparence d'impartialité. Dans la réalité, elles n'étaient qu'un travestissement de ses réponses, et ne pouvaient manquer d'être qualifiées par les docteurs consultés, selon l'intention hostile de l'inique rédacteur.

Quelle que fût la rédaction, quelque terreur qui pesât sur les docteurs consultés, leurs réponses furent loin d'être unanimes contre l'accusée. Parmi ces docteurs, les vrais théologiens, les croyants sincères, ceux qui avaient conservé la foi ferme du Moyen Age, ne pouvaient rejeter si aisément les apparitions, les visions. Il eût fallu douter aussi de toutes les merveilles de la vie des saints, discuter toutes les légendes. Le vénérable évêque d'Avranches, qu'on alla consulter, répondit que, d'après les doctrines de saint Thomas, il n'y avait rien d'impossible dans ce qu'affirmait cette fille, rien qu'on dût rejeter à la légère.

L'évêque de Lisieux, en avouant que les révélations de Jeanne pouvaient lui être dictées par le démon, ajouta humainement qu'elles pouvaient aussi être de *simples mensonges,* et que, si elle ne se soumettait à l'Église, elle devait être jugée schismatique et véhémentement *suspecte* dans la foi.

Plusieurs légistes répondirent en Normands, la trouvant coupable et très coupable, *à moins qu'elle n'eût ordre de Dieu.* Un bachelier alla plus loin : tout en la condamnant, il demanda que, vu la fragilité de son sexe, *on lui fît répéter les douze propositions* (il soupçonnait avec raison qu'on ne les lui avait pas communiquées), et qu'ensuite on les adressât au pape. C'eût été un ajournement indéfini.

Les assesseurs, réunis dans la chapelle de l'archevêché, avaient décidé contre elle sur les propositions. Le chapitre de Rouen, consulté aussi, n'avait pas hâte de se décider, de donner cette victoire à l'homme qu'il détestait, qu'il tremblait d'avoir pour archevêque. Le chapitre eût voulu attendre la réponse de l'Université de Paris, dont on demandait l'avis. La réponse de Paris n'était pas douteuse ; le parti gallican, universitaire et scolastique, ne pouvait être favorable à la Pucelle ; un homme de ce parti, l'évêque de Coutances, avait dépassé tous les autres par la dureté et la bizarrerie de sa réponse. Il écrivit à l'évêque de Beauvais qu'il la jugeait livrée au démon, « parce qu'elle n'avait pas les deux qualités qu'exige saint Grégoire, la vertu et l'humanité », et que ses assertions étaient tellement hérétiques que, quand même elle les révoquerait, il n'en faudrait pas moins la tenir sous bonne garde.

C'était un spectacle étrange de voir ces théologiens, ces docteurs, travailler de toute leur force à ruiner ce qui faisait le fondement de leur doctrine et le principe religieux du Moyen Age en général, la croyance aux révélations, à l'intervention des êtres surnaturels... Ils doutaient du moins de celle des anges ; mais leur foi au diable était tout entière.

L'importante question de savoir si les révélations intérieures doivent se taire, se désavouer elles-mêmes, lorsque l'Église l'ordonne, cette question débattue au dehors et à grand bruit, ne s'agitait-elle pas en silence dans l'âme de celle qui affirmait et croyait le plus fortement ? Cette bataille de la foi ne se livrait-elle pas au sanctuaire même de la foi, dans ce loyal et simple cœur ?... J'ai quelque raison de le croire.

Tantôt elle déclara se soumettre au pape et demanda à lui être envoyée. Tantôt elle distingua, soutenant qu'en matière de *foi* elle était soumise au pape, aux prélats, à l'Église, mais que, pour ce qu'elle avait *fait,* elle ne pouvait s'en remettre qu'à Dieu. Tantôt elle ne distingua plus, et, sans explication, s'en remit « à son roi, au juge du ciel et de la terre ».

Quelque soin qu'on ait pris d'obscurcir ces choses, de cacher ce côté humain dans une figure qu'on voulait toute divine, les variations sont visibles. C'est à tort qu'on a prétendu que les juges parvinrent à lui faire prendre le change sur ces questions. « Elle était bien subtile, dit avec raison un témoin, d'une subtilité de femme. » J'attribuerais volontiers à ces combats intérieurs la maladie dont elle fut atteinte et qui la mit bien près de la mort. Son rétablissement n'eut lieu qu'à l'époque où ses apparitions changèrent, comme elle nous l'apprend elle-même, au moment où l'ange Michel, l'ange des batailles qui ne la soutenait plus, céda sa place à Gabriel, l'ange de la grâce et de l'amour divin.

Elle tomba malade dans la Semaine sainte. La tentation commença sans doute au dimanche des Rameaux. Fille de la campagne, née sur la lisière des bois, elle qui toujours avait vécu sous le ciel, il lui fallut passer ce beau jour de Pâques fleuries au fond de la tour. Le grand *secours* qu'invoque l'Église ne vint pas pour elle ; *la porte ne s'ouvrit point.*

Elle s'ouvrit le mardi, mais ce fut pour mener l'accusée à la grande salle du château par-devant ses juges. On lui lut les articles qu'on avait tirés de ses réponses, et préalablement l'évêque lui remontra « que ces docteurs étaient tous gens d'Église, clercs et lettrés en droit, divin et humain, et tous benins et pitoyables, vouloient procéder doucement, sans demander vengeance *ni punition corporelle,* mais que seulement ils vouloient l'éclairer et la mettre en la voie de vérité et de salut ; que, comme elle n'étoit pas assez instruite en si haute matière, l'évêque et l'inquisiteur lui offroient qu'elle élût un ou plusieurs des assistants pour la conseiller ».

L'accusée, en présence de cette assemblée, dans laquelle elle ne trouvait pas un visage ami, répondit avec douceur : « En ce que vous m'admonestez de mon bien et de notre foi, je vous remercie ; quant au conseil que vous m'offrez, je n'ai point intention de me départir du conseil de Notre-Seigneur. »

Le premier article touchait le point capital, la soumission. Elle répondit comme auparavant : « Je crois bien que notre Saint-Père, les évêques et autres gens d'Église sont pour garder la *foi* chrétienne et punir ceux qui y défaillent. Quant à mes *faits,* je ne me soumettrai qu'à l'Église du ciel, à Dieu et à la Vierge, aux saints et saintes du paradis. Je n'ai point failli en la foi chrétienne, et je n'y voudrais faillir. »

Et plus loin : « J'aime mieux mourir que révoquer ce que j'ai fait par le commandement de Notre-Seigneur. »

Ce qui peint le temps, l'esprit inintelligent de ces docteurs, leur aveugle attachement à la lettre sans égard à l'esprit, c'est qu'aucun point ne leur semblait plus grave que le péché d'avoir pris un habit d'homme. Ils lui remontrèrent que, selon les canons, ceux qui changent ainsi l'habit de leur sexe sont abominables devant Dieu. D'abord elle ne voulut pas répondre directement, et demanda un délai jusqu'au lendemain. Les juges insistant pour qu'elle quittât cet habit, elle répondit « qu'il n'était pas en elle de dire quand elle pourrait le quitter ». « Mais si l'on vous prive d'entendre la messe ? » – « Eh bien ! Notre-Seigneur peut bien me la faire entendre sans vous. » – « Voudrez-vous prendre l'habit de femme pour recevoir votre Sauveur à Pâques ? » – « Non, je ne puis quitter cet habit pour recevoir mon Sauveur, je ne fais nulle différence de cet habit ou d'un autre. » Puis elle semble ébranlée, et demande qu'au moins on lui laisse entendre la messe, et elle ajoute : « Encore si vous me donniez une robe comme celles que portent les filles des bourgeois, une robe *bien longue.* »

On voit bien qu'elle rougissait de s'expliquer. La pauvre fille n'osait dire comment elle était dans sa prison, en quel danger continuel. Il faut savoir que trois soldats couchaient dans sa chambre, trois de ces brigands que l'on appelait *houspilleurs*. Il faut savoir qu'enchaînée à une poutre par une grosse chaîne de fer, elle était presque à leur merci ; l'habit d'homme qu'on voulait lui faire quitter était toute sa sauvegarde... Que dire de l'imbécillité du juge ou de son horrible connivence ?

Sous les yeux de ces soldats, parmi leurs insultes et leurs dérisions, elle était de plus espionnée du dehors ; Winchester, l'inquisiteur et Cauchon avaient chacun une clé de la tour et l'observaient à chaque heure ; on avait tout exprès percé la muraille ; dans cet infernal cachot, chaque pierre avait des yeux.

Toute sa consolation, c'est qu'on avait d'abord laissé communiquer avec elle un prêtre qui se disait prisonnier et du parti de Charles VII. Ce Loyseleur, comme on l'appelait, était un Normand qui appartenait aux Anglais. Il avait gagné la confiance de Jeanne, recevait sa confession, et pendant ce temps des notaires cachés écoutaient et écrivaient... On prétend que Loyseleur l'encouragea à résister, pour la faire périr. Quand on délibéra si elle serait mise à la torture (chose bien inutile puisqu'elle ne niait ni ne cachait rien), il ne se trouva que deux ou trois hommes pour conseiller cette atrocité, et le confesseur fut des trois.

L'état déplorable de la prisonnière s'aggrava dans la Semaine sainte par la privation des secours de la religion. Le jeudi, la cène lui manqua ; dans ce jour où le Christ se fait l'hôte universel, où il invite les pauvres et tous ceux qui souffrent, elle parut *oubliée.*

Au Vendredi-Saint, au jour du grand silence, où tout bruit cessant chacun n'entend plus que son propre cœur, il semble que celui des juges ait parlé, qu'un sentiment d'humanité et de religion se soit éveillé dans leurs vieilles âmes scolastiques. Ce qui est sûr, c'est qu'au mercredi ils siégeaient trente-cinq, et que le samedi ils n'étaient plus que neuf ; les autres prétextèrent sans doute les dévotions du jour.

Elle, au contraire, elle avait repris cœur ; associant ses souffrances à celles du Christ, elle s'était relevée. Elle répondit de nouveau « qu'elle s'en rapporterait à l'Église *militante, pourvu qu'elle ne lui commandât chose impossible.* » – « Croyez-vous donc n'être point sujette à l'Église qui est en terre, à notre Saint-Père le pape, aux cardinaux, archevêques, évêques et prélats ? » – « Oui, sans doute, *notre Sire servi.* » – « Vos voix vous défendent de vous soumettre à l'Église militante ? » – « Elles ne le défendent point, *Notre-Seigneur étant servi premièrement.* »

Cette fermeté se soutient le samedi. Mais le lendemain, que devint-elle, le dimanche, ce grand dimanche de Pâques ? Que se passa-t-il dans ce pauvre cœur, lorsque, la fête universelle éclatant à grand bruit par la ville, les cinq cents cloches de Rouen jetant leurs joyeuses volées dans les airs, le monde chrétien ressuscitant avec le Sauveur, elle resta dans sa mort ?

Qu'était-ce en ce temps-là, dans cette unanimité du monde chrétien ! qu'était-ce pour une jeune âme qui n'avait vécu que de foi !... Elle qui, parmi sa vie intérieure de visions et de révélations, n'en avait pas moins obéi docilement aux commandements de l'Église ; elle qui jusque-là s'était crue naïvement fille soumise de l'Église, « bonne fille », comme elle disait, pouvait-elle voir sans terreur que l'Église était contre elle ? Seule, quand tous s'unissent en Dieu, seule exceptée de la joie du monde et de l'universelle communion, au jour où la porte du ciel s'ouvre au genre humain, seule en être exclue !...

Et cette exclusion était-elle injuste ? L'âme chrétienne est trop humble pour prétendre jamais qu'elle a droit à recevoir son Dieu... Qui était-elle après tout pour contredire ces prélats, ces docteurs ? Comment osait-elle parler devant tant de gens habiles qui avaient étudié ? Dans la résistance d'une ignorante aux doctes, d'une simple fille aux personnes élevées en autorité, n'y avait-il pas outrecuidance et damnable orgueil ?... Ces craintes lui vinrent certainement.

D'autre part, cette résistance n'était pas celle de Jehanne, mais bien des saintes et des anges qui lui ont dicté ses réponses et l'ont soutenue jusqu'ici... Pourquoi, hélas ! viennent-ils donc plus rarement dans un si grand besoin ? Pourquoi ces consolants visages des saintes n'apparaissent-ils plus que dans une douteuse lumière et chaque jour pâlissants ?... Cette délivrance tant promise, comment n'arrive-t-elle pas ? Nul doute que la prisonnière ne se soit fait bien souvent ces questions, qu'elle n'ait tout bas, bien doucement, querellé les saintes et les anges. Mais des anges qui ne tiennent point leur parole, sont-ce bien des anges de lumière ? Espérons que cette horrible pensée ne lui traversa point l'esprit.

Elle avait un moyen d'echapper. C'était, sans se désavouer expressément, de ne plus affirmer, de dire : « Il me semble. » Les gens de loi trouvaient tout simple qu'elle dît ce petit mot. Mais pour elle, dire une telle parole de doute, c'était au fond renier, c'était abjurer le beau rêve des amitiés célestes, trahir les douces sœurs d'en haut.. Mieux valait mourir. Et, en effet, l'infortunée, rejetée de l'Église visible, délaissée de l'invisible Église, du monde et de son propre cœur, elle défaillit... Et le corps suivait l'âme défaillante...

Il se trouva que justement ce jour-là elle avait goûté d'un poisson que lui envoyait le charitable évêque de Beauvais ; elle put se croire empoisonnée. L'évêque y avait intérêt ; la mort de Jehanne eût fini ce procès embarrassant, tiré le juge d'affaire. Mais ce n'était pas le compte des Anglais. Lord Warwick disait tout alarmé : « Le *roi* ne voudrait pas pour rien au monde qu'elle mourût de sa mort naturelle ; le *roi* l'a achetée, elle lui coûte cher !... Il faut qu'elle meure par justice, qu'elle soit brûlée... Arrangez-vous pour la guérir. »

On eut soin d'elle, en effet ; elle fut visitée, saignée, mais elle n'alla pas mieux. Elle restait faible et presque mourante. Soit qu'on craignît qu'elle n'échappât ainsi et mourût sans rien rétracter, soit que cet affaiblissement du corps donnât espoir qu'on aurait meilleur marché de l'esprit, les juges firent une tentative (18 avril). Ils vinrent la trouver dans sa chambre et lui remontrèrent qu'elle était en grand danger si elle ne voulait prendre conseil et suivre l'avis de l'Église : « Il me semble, en effet, dit-elle, vu mon mal, que je suis en grand péril de mort. S'il en est ainsi, que Dieu veuille faire son plaisir de moi ; je voudrais avoir confession, recevoir mon Sauveur et être mise en terre sainte. » – « Si vous voulez avoir les sacrements de l'Église, il faut faire comme les bons catholiques, et vous soumettre à l'Église. » Elle ne répliqua rien. Puis, le juge répétant les mêmes paroles, elle dit : « Si le corps meurt en prison, j'espère que vous me ferez mettre en terre sainte ; si vous ne le faites, je m'en rapporte à Notre-Seigneur. »

Déjà, dans ses interrogatoires, elle avait exprimé une de ses dernières volontés. – *Demande :* « Vous dites que vous portez l'habit d'homme par le commandement de Dieu, et pourtant vous voulez avoir chemise de femme en cas de mort ? » – *Réponse :* « Il suffit qu'elle soit longue. » Cette touchante réponse montrait assez, qu'en cette extrémité, elle était bien moins préoccupée de la vie que de la pudeur.

Les docteurs prêchèrent longtemps la malade, et celui qui s'était chargé spécialement de l'exhorter, un des scolastiques de Paris, maître Nicolas Midy, finit par lui dire aigrement : « Si vous n'obéissez à l'Église, vous serez abandonnée comme une Sarrasine. » – « Je suis bonne chrétienne, répondit-elle doucement, j'ai été bien baptisée, je mourrai comme une bonne chrétienne. »

Ces lenteurs portaient au comble l'impatience des Anglais. Winchester avait espéré, avant la campagne, pouvoir mettre à fin le procès, tirer un aveu de la prisonnière, déshonorer le roi Charles. Ce coup frappé, il reprenait Louviers, s'assurait de la Normandie, de la Seine, et alors il pouvait aller à Bâle commencer l'autre guerre, la guerre théologique, y siéger comme arbitre de la chrétienté, faire et défaire les papes. Au moment où il avait en vue de si grandes choses, il lui fallait se morfondre à attendre ce que cette fille voudrait dire.

Le maladroit Cauchon avait justement indisposé le chapitre de Rouen, dont il sollicitait une décision contre la Pucelle. Il se laissait appeler d'avance : « Monseigneur l'archevêque. » Winchester résolut que, sans s'arrêter aux lenteurs de ces Normands, on s'adresserait directement au grand tribunal théologique, à l'Université de Paris.

Tout en attendant la réponse, on faisait de nouvelles tentatives pour vaincre la résistance de l'accusée ; on employait la ruse, la terreur. Dans une seconde monition (2 mai), le prédicateur, maître Châtillon, lui proposa de s'en remettre de la vérité de ses apparitions à des gens de son parti. Elle ne donna pas dans ce piège. « Je m'en tiens, dit-elle, à mon juge, au Roi du ciel et de la terre. » Elle ne dit plus cette fois comme auparavant : « A Dieu *et au pape.* » – « Et bien ! l'Église vous laissera, et vous serez en péril de feu, pour l'âme et le corps. » – « Vous ne ferez ce que vous dites qu'il ne vous en prenne mal au corps et à l'âme. »

On ne s'en tint pas à de vagues menaces. A la troisième monition, qui eut lieu dans sa chambre (11 mai), on fit venir le bourreau, on affirma que la torture était prête... Mais cela n'opéra point. Il se trouva au contraire qu'elle avait repris tout son courage, et tel qu'elle ne l'eut jamais. Relevée après la tentation, elle avait comme monté d'un degré vers les sources de la Grâce. « L'ange Gabriel est venu me fortifier, dit-elle ; c'est bien lui, les saintes me l'ont assuré... Dieu a toujours été le maître de ce que j'ai fait ; le Diable n'a jamais eu puissance en moi... Quand vous me feriez arracher les membres et tirer l'âme du corps, je n'en dirais pas autre chose. » L'Esprit éclatait tellement en elle, que Châtillon lui-même, son dernier adversaire, fut touché et devint son défenseur ; il déclara qu'un procès conduit ainsi lui semblait nul. Cauchon, hors de lui, le fit taire.

Enfin, arriva la réponse de l'Unversité. Elle décidait, sur les douze articles, que cette fille était livrée au Diable, impie envers ses parents, altérée de sang chrétien, etc. C'était l'opinion de la Faculté de théologie. La Faculté de droit, plus modérée, la déclarait punissable, mais avec deux restrictions : 1° si elle s'obstinait ; 2° si elle était dans son bon sens.

L'Université écrivait en même temps au pape, aux cardinaux, au roi d'Angleterre, louant l'évêque de Beauvais, et déclarant « qu'il lui sembloit avoir été tenue grande gravité, sainte et juste manière de procéder, et dont chacun devoit être bien content ».

Armés de cette réponse, quelques-uns voulaient qu'on la brûlât sans plus attendre ; cela eût suffi pour la satisfaction des docteurs dont elle rejetait l'autorité, mais non pas pour celle des Anglais ; il leur fallait une rétraction qui *infamât* le roi Charles. On essaya d'une nouvelle monition, d'un nouveau prédicateur, maître Pierre Morice, qui ne réussit pas mieux ; il eut beau faire valoir l'autorité de l'Université de Paris, « qui est la lumière de toute science » : « Quand je verrais le bourreau et le feu, dit-elle, quand je serais dans le feu, je ne pourrais dire que ce que j'ai dit. »

On était arrivé au 23 mai, au lendemain de la Pentecôte, Winchester ne pouvait plus rester à Rouen, il fallait en finir. On résolut d'arranger une grande et terrible scène publique qui pût ou effrayer l'obstinée, ou tout au moins donner le change au peuple. On lui envoya la veille au soir Loyseleur, Châtillon et Morice, pour lui promettre que si elle était soumise, si elle quittait l'habit d'homme, elle serait remise aux gens d'Église, et qu'elle sortirait des mains des Anglais.

Ce fut au cimetière de Saint-Ouen, derrière la belle et austère église monastique (déjà bâtie comme nous la voyons), qu'eut lieu cette belle et terrible comédie. Sur un échafaud siégeaient le cardinal Winchester, les deux juges et trente-trois assesseurs, plusieurs ayant leurs scribes assis à leurs pieds. Sur l'autre échafaud, parmi les huissiers et les gens de torture, était Jehanne en habit d'homme ; il y avait en outre des notaires pour recueillir ses aveux, et un prédicateur qui devait l'admonester. Au pied, parmi la foule, se distinguait un étrange auditeur, le bourreau sur la charrette, tout prêt à l'emmener, dès qu'elle lui serait adjugée.

Le prédicateur du jour, un fameux docteur, Guillaume Erard, crut devoir, dans une si belle occasion, lâcher la bride à son éloquence, et par zèle il gâta tout. « O noble maison de France, criait-il, qui toujours avais été protectrice de la foi, as-tu été ainsi abusée, de t'attacher à une hérétique et schismatique... » Jusque-là l'accusée écoutait patiemment, mais le prédicateur se tournant vers elle, lui dit en levant le doigt : « C'est à toi, Jehanne, que je parle, et je te dis que ton roi est hérétique et schismatique. » A ces mots, l'admirable fille, oubliant tout danger, s'écria : « Par ma foi, sire, révérence gardée, j'ose bien vous dire et jurer, sur peine de ma vie, que c'est le plus noble chrétien de tous les chrétiens, celui qui aime le mieux la foi et l'Église, il n'est point tel que vous le dites. » – « Faites-la taire », s'écria Cauchon.

Ainsi tant d'efforts, de travaux, de dépenses, se trouvaient perdus. L'accusée soutenait son dire. Tout ce qu'on obtenait d'elle cette fois, c'était qu'elle voulait bien se soumettre *au pape*. Cauchon répondait : « Le pape est trop loin. » Alors il se mit à lire l'acte de condamnation tout dressé d'avance ; il y était dit entre autres choses : « Bien plus, d'un esprit obstiné, vous avez refusé de vous soumettre *au Saint-Père* et au concile, etc. » Cependant Loyseleur, Erard, la conjuraient d'avoir pitié d'elle-même ; l'évêque, reprenant quelque espoir, interrompit sa lecture. Alors les Anglais devinrent furieux ; un secrétaire de Winchester dit à Cauchon qu'on voyait bien qu'il favorisait cette fille, le chapelain du cardinal en disait autant. « Tu as menti », s'écria l'évêque. « Et toi, dit l'autre, tu trahis le roi. » Ces graves personnages semblaient sur le point de se gourmer sur leur tribunal.

Erard ne se décourageait pas, il menaçait, il priait. Tantôt il disait : « Jehanne, nous avons tant de pitié de vous... ! » et tantôt : « Abjure, ou tu sera brûlée ! » Tout le monde s'en mêlait, jusqu'à un bon huissier qui, touché de compassion, la suppliait de céder, et assurait qu'elle serait tirée des mains des Anglais, remise à l'Église. « Eh bien ! je signerai », dit-elle. Alors Cauchon, se tournant vers le cardinal, lui demanda respectueusement ce qu'il fallait faire. « L'admettre à la pénitence », répondit le prince ecclésiastique.

Le secrétaire de Winchester tira de sa manche une toute petite révocation de six lignes (celle qu'on publia ensuite avait six pages), il lui mit la plume en main, mais elle ne savait pas signer ; elle sourit et traça un rond ; le secrétaire lui prit la main et lui fit faire une croix.

La sentence de grâce était bien sévère : « Jehanne, nous vous condamnons par grâce et modération à passer le reste de vos jours en prison, au pain de douleur et à l'eau d'angoisse, pour y pleurer vos péchés. »

Elle était admise par le juge d'église à faire pénitence, nulle autre part sans doute que dans les prisons d'église. *L'in pace* ecclésiastique, quelque dur qu'il fût, devait au moins la tirer des mains des Anglais, la mettre à l'abri de leurs outrages, sauver son honneur. Quels furent sa surprise et son désespoir, lorsque l'évêque dit froidement : « Menez-la où vous l'avez prise ! »

Rien n'était fait ; ainsi trompée, elle ne pouvait manquer de rétracter sa rétractation. Mais, quand elle aurait voulu y persister, la rage des Anglais ne l'aurait pas permis. Ils étaient venus à Saint-Ouen dans l'espoir de brûler enfin la sorcière ; ils attendaient, haletants, et on croyait les renvoyer ainsi, les payer d'un petit morceau de parchemin, d'une signature, d'une grimace... Au moment même où l'évêque interrompit la lecture de la condamnation, les pierres volèrent sur les échafauds, sans respect du cardinal... Les docteurs faillirent périr en descendant dans la place ; ce n'étaient partout qu'épées nues qu'on leur mettait à la gorge ; les plus modérés des Anglais s'en tenaient aux paroles outrageantes : « Prêtres, vous ne gagnez pas l'argent du roi. » Les docteurs, défilant à la hâte, disaient tout tremblants : « Ne vous inquiétez, nous la retrouverons bien. »

Et ce n'était pas seulement la populace des soldats, le *mob* anglais, toujours si féroce, qui montrait cette soif de sang. Les honnêtes gens, les grands, les lords, n'étaient pas moins acharnés. L'homme du roi, son gouverneur, lord Warwick, disait comme les soldats : « Le roi va mal, la fille ne sera pas brûlée. »

Warwick était justement l'honnête homme, selon les idées anglaises, l'Anglais accompli, le parfait *gentleman.* Brave et dévot, comme son maître Henri V, champion zélé de l'Église *établie,* il avait fait un pèlerinage à la Terre sainte, et maint autre voyage chevaleresque, ne manquant pas un tournoi sur sa route. Lui-même il en donna un des plus éclatants et des plus célèbres aux portes de Calais, où il défia toute la chevalerie de France. Il resta de cette fête un long souvenir : la bravoure, la magnificence de ce Warwick ne servirent pas peu à préparer la route au fameux Warwick, le *faiseur de rois.*

Avec toute cette chevalerie, Warwick n'en poursuivait pas moins âprement la mort d'une femme, d'une prisonnière de guerre ; les Anglais, le meilleur et le plus estimé de tous, ne se faisaient aucun scrupule d'honneur de tuer par sentence de prêtres et par le feu celle qui les avait humiliés par l'épée.

Ce grand peuple anglais, parmi tant de bonnes et solides qualités, a un vice qui gâte ces qualités mêmes. Ce vice immense, profond, c'est l'orgueil. Cruelle maladie, mais qui n'en est pas moins leur principe de vie, l'explication de leurs contradictions, le secret de leurs actes. Chez eux, vertus et crimes, c'est presque toujours orgueil ; leurs ridicules aussi ne viennent que de là. Cet orgueil est prodigieusement sensible et douloureux ; ils en souffrent infiniment, et mettent encore de l'orgueil à cacher ces souffrances. Toutefois, elles se font jour ; la langue anglaise possède en propre les deux mots expressifs de *disappointment et mortification.* Cette adoration de soi, ce culte intérieur de la créature pour elle-même, c'est le péché qui fit tomber Satan, la suprême impiété. Voilà pourquoi avec tant de vertus humaines, avec ce sérieux, cette honnêteté extérieure, ce tour d'esprit biblique, nulle nation n'est plus loin de la grâce. C'est le seul peuple qui n'ait pu revendiquer l'Imitation de Jésus ; un Français pouvait écrire ce livre, un Allemand, un Italien, jamais un Anglais. De Shakespeare à Milton, de Milton à Byron, leur belle et sombre littérature est sceptique, judaïque, satanique, pour résumer antichrétienne. Les Indiens de l'Amérique, qui ont souvent tant de pénétration et d'originalité, disaient à leur manière : « Le Christ, c'était un Français que les Anglais crucifièrent à Londres ; Ponce Pilate était un officier au service de la Grande-Bretagne. »

Jamais les Juifs ne furent si animés contre Jésus que les Anglais contre la Pucelle. Elle les avait, il faut le dire, cruellement blessés à l'endroit le plus sensible, dans l'estime naïve et profonde qu'ils ont pour eux-mêmes. A Orléans, l'invincible gendarmerie, les fameux archers, Talbot en tête, avaient montré le dos ; à Jargeau, dans une place et derrière de bonnes murailles, ils s'étaient laissé prendre ; à Patay, ils avaient fui à toutes jambes, fui devant une fille. Voilà qui était dur à penser, voilà ce que ces taciturnes Anglais ruminaient sans cesse en eux-mêmes... Une fille leur avait fait peur, et il n'était pas bien sûr qu'elle ne leur fît encore peur, tout enchaînée qu'elle était... Non pas elle, apparemment, mais le Diable dont elle était l'agent ; ils tâchaient du moins de le croire ainsi et de le faire croire.

A cela, il y avait pourtant une difficulté, c'est qu'on la disait vierge, et qu'il était notoire et parfaitement établi que le Diable ne pouvait faire pacte avec une vierge. La plus sage tête qu'eussent les Anglais, le régent de Bedford, résolut d'éclaircir ce point ; la duchesse, sa femme, envoya des matrones qui déclarèrent qu'en effet elle était pucelle. Cette déclaration favorable tourna justement contre elle, en donnant lieu à une autre imagination superstitieuse. On conclut que c'était cette virginité qui faisait sa force, sa puissance ; la lui ravir, c'était la désarmer, rompre le charme, la faire descendre au niveau des autres femmes.

La pauvre fille, en tel danger, n'avait eu jusque-là de défense que l'habit d'homme. Mais, chose bizarre, personne n'avait jamais voulu comprendre pourquoi elle le gardait. Ses amis, ses ennemis, tous en étaient scandalisés.

Dès le commencement, elle avait été obligée de s'en expliquer aux femmes de Poitiers. Lorsqu'elle fut prise et sous la garde des dames de Luxembourg, ces bonnes dames la prièrent de se vêtir comme il convenait à une honnête fille. Les Anglaises surtout, qui ont toujours fait grand bruit de chasteté et de pudeur, devaient trouver un tel travestissement monstrueux et intolérablement indécent. La duchesse de Bedford lui envoya une robe de femme, mais par qui ? par un homme, par un tailleur. Cet homme, hardi et familier, osa bien entreprendre de lui passer la robe, et comme elle le repoussait, il mit sans façon la main sur elle, sa main de tailleur sur la main qui avait porté le drapeau de la France... Elle lui appliqua un soufflet.

Si les femmes ne comprenaient rien à cette question féminine, combien moins les prêtres ?... Ils citaient le texte d'un concile du IVe siècle, qui anathématisait ces changements d'habits. Ils n'y voyaient pas que cette défense s'appliquait spécialement à une époque où l'on sortait à peine de l'impureté païenne. Les docteurs du parti de Charles VII, les apologistes de la Pucelle, sont fort embarrassés de la justifier sur ce point. L'un d'eux (on croit que c'est Gerson) suppose gratuitement que, dès qu'elle descend de cheval, elle reprend l'habit de femme ; il avoue qu'Esther et Judith ont employé d'autres moyens plus naturels, plus féminins, pour triompher des ennemis du peuple de Dieu. Ces théologiens, tout préoccupés de l'âme, semblent faire bon marché du corps ; pourvu qu'on suive la lettre, la loi écrite, l'âme sera sauvée ; que la chair devienne ce qu'elle pourra...

Il faut pardonner à une pauvre fille de n'avoir pas su si bien distinguer. C'est notre dure condition ici-bas que l'âme et le corps soient si fortement liés l'un à l'autre, que l'âme traîne cette chair, qu'elle en subisse les hasards, et qu'elle en réponde... Cette fatalité a toujours été pesante, mais combien l'est-elle davantage sous une loi religieuse qui ordonne d'endurer l'outrage, qui ne permet point que l'honneur en péril puisse échapper en jetant là le corps et se réfugiant dans le monde des esprits !

Le vendredi et le samedi, l'infortunée prisonnière, dépouillée de l'habit d'homme, avait bien à craindre. La nature brutale, la haine furieuse, la vengeance, tout devait pousser les lâches à la dégrader avant qu'elle pérît, à souiller ce qu'ils allaient brûler... Ils pouvaient d'ailleurs être tentés de couvrir leur infamie d'une *raison d'État* selon les idées du temps ; en lui ravissant sa virginité, on devait sans doute détruire cette puissance occulte dont les Anglais avaient si grand-peur ; ils reprendraient courage peut-être, s'ils savaient qu'après tout ce n'était vraiment qu'une femme.

Au dire de son confesseur, à qui elle le révéla, un Anglais, non un soldat, mais un *gentleman,* un lord se serait patriotiquement dévoué à cette exécution ; il eût bravement entrepris de violer une fille enchaînée, et, n'y parvenant pas, il l'aurait chargée de coups.

« Quand vint le dimanche matin, jour de la Trinité, et qu'elle dut se lever (comme elle l'a rapporté à celui qui parle), elle dit aux Anglais, ses gardes : « Déferrez-moi, que je puisse me lever. » L'un d'eux ôta les habits de femme qui étaient sur elle, vida le sac où était l'habit d'homme, et lui dit : « Lève-toi. » – « Messieurs, dit-elle, vous savez qu'il m'est défendu ; sans faute, je ne le prendrai point. » Ce débat dura jusqu'à midi ; et enfin, pour nécessité de corps, il fallut bien qu'elle sortît et prît cet habit. Au retour, ils ne voulurent point lui en donner d'autre, quelque supplication qu'elle fît. »

Ce n'était pas au fond l'intérêt des Anglais qu'elle reprît l'habit d'homme et qu'elle annulât ainsi une rétractation si laborieusement obtenue. Mais en ce moment leur rage ne connaissait plus de bornes. Xaintrailles venait de faire une tentative hardie sur Rouen. C'eût été un beau coup d'enlever les juges sur leur tribunal, de mener à Poitiers Winchester et Bedford ; celui-ci faillit encore être pris au retour, entre Rouen et Paris. Il n'y avait plus de sûreté pour les Anglais tant que vivrait cette fille maudite, qui sans doute continuait ses maléfices en prison. Il fallait qu'elle pérît.

Les assesseurs, avertis à l'instant de venir au château pour voir le changement d'habit, trouvèrent dans la cour une centaine d'Anglais qui leur barrèrent le passage ; pensant que ces docteurs, s'ils entraient, pouvaient gâter tout, ils levèrent sur eux les haches, les épées, et leur donnèrent la chasse, en les appelant *traîtres d'Armagnaux.* Cauchon, introduit à grand-peine, fit le gai pour plaire à Warwick, et dit en riant : « Elle est prise. »

Le lundi il revint avec l'inquisiteur et huit assesseurs pour interroger la Pucelle et lui demander pourquoi elle avait repris cet habit. Elle ne donna nulle excuse, mais acceptant bravement son danger, elle dit que cet habit convenait mieux tant qu'elle serait gardée par des hommes ; que d'ailleurs on lui avait manqué de parole. Ses saintes lui avaient dit « que c'était grand-pitié d'avoir abjuré pour sauver sa vie ». Elle ne refusait pas au reste de reprendre l'habit de femme. « Qu'on me donne une prison douce et sûre, disait-elle, je serai bonne et je ferai tout ce que voudra l'Église. »

L'évêque en sortant rencontra Warwick et une foule d'Anglais ; et, pour se montrer bon Anglais, il dit en leur langue : « Farewell, farewell. » Ce joyeux adieu voulait dire à peu près : « Bonsoir, bonsoir, tout est fini. »

Le mardi, les juges formèrent à l'archevêché une assemblée telle quelle d'assesseurs, dont les uns n'avaient siégé qu'aux premières séances, les autres jamais, au reste gens de toute espèce, prêtres, légistes, et jusqu'à trois médecins. Ils leur rendirent compte de ce qui s'était passé et leur demandèrent avis. L'avis, tout autre qu'on ne l'attendait, fut qu'il fallait mander encore la prisonnière et lui relire son acte d'abjuration. Il est douteux que cela fût au pouvoir des juges. Il n'y avait plus au fond ni juge ni jugement possible, au milieu de cette rage de soldats, parmi les épées. Il fallait du sang, celui des juges peut-être n'était pas loin de couler. Ils dressèrent à la hâte une citation, pour être signifiée le lendemain à huit heures ; elle ne devait plus comparaître que pour être brûlée.

Le matin, Cauchon lui envoya un confesseur, Frère Martin l'Advenu, « pour lui annoncer sa mort et l'induire à pénitence.»... Et quand il annonça à la pauvre femme la mort dont elle devait mourir ce jour-là, elle commença à s'écrier douloureusement, se détendre et arracher les cheveux : « Hélas ! me traite-t-on ainsi horriblement et cruellement, qu'il faille que mon corps, net en entier, qui ne fut jamais corrompu, soit aujourd'hui consumé et rendu en cendres ! Ha ! ha ! j'aimerais mieux être décapitée sept fois que d'être ainsi brûlée... Oh ! j'en appelle à Dieu, le grand juge, des torts et ingravances qu'on me fait ! »

Après cette explosion de douleur, elle revint à elle et se confessa, puis elle demanda à communier. Le frère était embarrassé ; mais l'évêque consulté répondit qu'on pouvait lui donner la communion « et tout ce qu'elle demanderait ». Ainsi, au moment même où il la jugeait hérétique relapse et la retranchait de l'Église, il lui donnait tout ce que l'Église donne à ses fidèles. Peut-être un dernier sentiment humain s'éleva dans le cœur du mauvais juge ; il pensa que c'était bien assez de brûler cette pauvre créature, sans la désespérer et la damner. Peut-être aussi le mauvais prêtre, par une légèreté d'esprit fort accordait-il les sacrements comme chose sans conséquence, qui ne pouvait après tout que calmer et faire taire le patient... Au reste, on essaya d'abord de faire la chose à petit bruit ; on apporta l'eucharistie sans étole et sans lumière. Mais le moine s'en plaignit ; et l'Église de Rouen, dûment avertie, se plut à témoigner ce qu'elle pensait du jugement de Cauchon ; elle envoya le corps du Christ avec quantité de torches, un nombreux clergé qui chantait des litanies et disait le long des rues au peuple à genoux : « Priez pour elle. »

Après la communion, qu'elle reçut avec beaucoup de larmes, elle aperçut l'évêque et elle lui dit ce mot : « Évêque, je meurs par vous... » Et encore : « Si vous m'eussiez mise aux prisons d'église et donné des gardiens ecclésiastiques, ceci ne fût pas advenu... C'est pourquoi j'en appelle de vous devant Dieu ! »

Puis, voyant parmi les assistants Pierre Morice, l'un de ceux qui l'avaient prêchée, elle lui dit : « Ah ! maître Pierre, où serai-je ce soir ? » – « N'avez-vous pas bonne espérance au Seigneur ? ». – « Oh ! oui, Dieu aidant, je serai en Paradis ! »

Il était neuf heures : elle fut revêtue d'habits de femme et mise sur un chariot. A son côté se tenait le confesseur Frère Martin l'Advenu, l'huissier Massieu était de l'autre. Le moine augustin Frère Isambart, qui avait déjà montré tant de charité et de courage, ne voulut pas la quitter. On assure que le misérable Loyseleur vint aussi sur la charrette et lui demanda pardon ; les Anglais l'auraient tué sans le comte de Warwick.

Jusque-là la Pucelle n'avait jamais désespéré, sauf peut-être sa tentation pendant la Semaine sainte. Tout en disant, comme elle le dit parfois : « Ces Anglais me feront mourir » ; au fond, elle n'y croyait pas. Elle ne s'imaginait point que jamais elle pût être abandonnée. Elle avait foi dans son roi, dans le bon peuple de France. Elle avait dit expressément : « Il y aura en prison ou au jugement quelque trouble, par quoi je serai délivrée... délivrée à grande victoire !... » Mais quand le roi et le peuple lui auraient manqué, elle avait un autre secours, tout autrement puissant et certain, celui de ses amies d'en haut, des bonnes et chères saintes... Lorsqu'elle assiégeait Saint-Pierre, et que les siens l'abandonnèrent à l'assaut, les saintes envoyèrent une invisible armée à son aide. Comment délaisseraient-elles leur obéissante fille ; elles lui avaient tant de fois promis *salut* et *délivrance* !...

Quelles furent donc ses pensées lorsqu'elle vit que vraiment il fallait mourir ; lorsque, montée sur la charrette, elle s'en allait, à travers une foule tremblante, sous la garde de huit cents Anglais armés de lances et d'épées ? Elle pleurait et se lamentait, n'accusant toutefois ni son roi ni ses saintes... Il ne lui échappait qu'un mot : « O Rouen ! dois-je donc mourir ici ? »

Le terme du triste voyage était le Vieux-Marché, le marché au poisson. Trois échafauds avaient été dressés. Sur l'un était la chaire épiscopale et royale, le trône du cardinal d'Angleterre, parmi les sièges de ses prélats. Sur l'autre devaient figurer les personnages du lugubre drame, le prédicateur, les juges et le bailli, enfin la condamnée. On voyait à part un grand échafaud de plâtre, chargé et surchargé de bois ; on n'avait rien plaint au bûcher, il effrayait par sa hauteur. Ce n'était pas seulement pour rendre l'exécution plus solennelle ; il y avait une intention ; c'était afin que, le bûcher étant si haut échafaudé, le bourreau n'y atteignît que par en bas, pour allumer seulement, qu'ainsi il ne pût abréger le supplice, ni expédier la patiente, comme il faisait des autres, leur faisant grâce de la flamme. Ici, il ne s'agissait pas de frauder la justice, de donner au feu un corps mort ; on voulait qu'elle fût bien réellement brûlée vive ; que, placée au sommet de cette montagne de bois et dominant le cercle des lances et des épées, elle pût être observée de toute la place. Lentement, longuement brûlée sous les yeux d'une foule curieuse, il y avait lieu de croire qu'à la fin elle laisserait surprendre quelque faiblesse, qu'il lui échapperait quelque chose qu'on pût donner pour un désaveu, tout au moins des mots confus qu'on pourrait interpréter, peut-être de basses prières, d'humiliants cris de grâce, comme une femme éperdue...

Un chroniqueur, ami des Anglais, les charge ici cruellement. Ils voulaient, si on l'en croit, que la robe étant brûlée d'abord, la patiente restât nue, « pour oster les douptes du peuple » ; que le feu étant éloigné, chacun vînt la voir, « et tous les secrez qui povent ou doivent estre en une femme » ; et qu'après cette impudique et féroce exhibition, « le bourrel remist le grant feu sur sa povre charogne »...

L'effroyable cérémonie commença par un sermon. Maître Nicolas Midy, une des lumières de l'Université de Paris, prêcha sur ce texte édifiant : « Quand un membre de l'Église est malade, toute l'Église est malade. » Cette pauvre Église ne pouvait guérir qu'en se coupant un membre. Il concluait pour la formule : « Jeanne, *allez* en paix, l'Église ne peut plus *te* défendre. »

Alors le juge d'église, l'évêque de Beauvais, l'exhorta bénignement à s'occuper de son âme et à se rappeler tous ses méfaits pour s'exciter à la contrition. Les assesseurs avaient jugé qu'il était de droit de lui relire son abjuration ; l'évêque n'en fit rien. Il craignait des démentis, des réclamations. Mais la pauvre fille ne songeait guère à chicaner ainsi sa vie ; elle avait bien d'autres pensées. Avant même qu'on l'eût exhortée à la contrition, elle s'était mise à genoux, invoquant Dieu, la Vierge, saint Michel et sainte Catherine, pardonnant à tous et demandant pardon, disant aux assistants : « Priez pour moi !... » Elle requérait surtout les prêtres de dire chacun une messe pour son âme... Tout cela de façon si dévote, si humble et si touchante, que l'émotion gagnant, personne ne put plus se contenir ; l'évêque de Beauvais se mit à pleurer, celui de Boulogne sanglotait, et voilà que les Anglais eux-mêmes pleuraient et larmoyaient aussi, Winchester comme les autres.

Serait-ce dans ce moment d'attendrissement universel, de larmes, de contagieuse faiblesse, que l'infortunée, amollie et redevenue simple femme, aurait avoué qu'elle voyait bien qu'elle avait eu tort, qu'on l'avait trompée apparemment en lui promettant délivrance. Nous n'en pouvons trop croire là-dessus le témoignage intéressé des Anglais. Toutefois, il faudrait bien peu connaître la nature humaine pour douter, qu'ainsi trompée dans son espoir, elle n'ait vacillé dans sa foi... A-t-elle dit le mot, c'est chose incertaine ; j'affirme qu'elle l'a pensé.

Cependant, les juges, un moment décontenancés, s'étaient remis et raffermis. L'évêque de Beauvais, s'essuyant les yeux, se mit à lire la condamnation. Il remémora à la coupable tous ses crimes, schisme, idolâtrie, invocation de démons, comment elle avait été admise à pénitence, et comment, « séduite par le Prince du mensonge, elle étoit retombée, ô douleur ! *comme le chien qui retourne à son vomissement...* Donc, nous prononçons que vous êtes un membre pourri, et, comme tel, retranché de l'Église. Nous vous livrons à la puissance séculière, la priant toutefois de modérer son jugement, en vous évitant la mort et la mutilation des membres. »

Délaissée ainsi de l'Église, elle se remit en toute confiance à Dieu. Elle demanda la croix. Un Anglais lui passa une croix de bois, qu'il fit d'un bâton ; elle ne la reçut pas moins dévotement, elle la baisa et la mit, cette rude croix, sous ses vêtements et sur sa chair... Mais elle aurait voulu la croix de l'Église, pour la tenir devant ses yeux jusqu'à la mort. Le bon huissier Massieu et Frère Isambart firent tant, qu'on la lui apporta de la paroisse Saint-Sauveur. Comme elle embrassait cette croix, et qu'Isambart l'encourageait, les Anglais commencèrent à trouver tout cela bien long ; il devait être au moins midi ; les soldats grondaient, les capitaines disaient : « Comment ? prêtre, nous ferez-vous dîner ici ?... » Alors, perdant patience et n'attendant pas l'ordre du bailli, qui seul pourtant avait autorité pour l'envoyer à la mort, ils firent monter deux sergents pour la tirer des mains des prêtres. Au pied du tribunal, elle fut saisie par les hommes d'armes, qui la traînèrent au bourreau, lui disant : « Fais ton office... » Cette furie des soldats fit horreur ; plusieurs des assistants, des juges même, s'enfuirent, pour n'en pas voir davantage.

Quand elle se trouva en bas dans la place, entre ces Anglais qui portaient la main sur elle, la nature pâtit et la chair se troubla ; elle cria de nouveau : « O Rouen, tu sera donc ma dernière demeure !... » Elle n'en dit pas plus, et *ne pécha pas par ses lèvres,* dans ce moment même d'effroi et de trouble...

Elle n'accusa ni son roi, ni ses saintes. Mais parvenue au haut du bûcher, voyant cette grande ville, cette foule immobile et silencieuse, elle ne put s'empêcher de dire : « Ah ! Rouen, Rouen, j'ai grand-peur que tu n'aies à souffrir de ma mort ! » Celle qui avait sauvé le peuple et que le peuple abandonnait n'exprima en mourant (admirable douceur d'âme !) que de la compassion pour lui...

Elle fut liée sous l'écriteau infâme, mitrée d'une mitre où on lisait : « Hérétique, relapse, apostate, ydolastre... » Et alors le bourreau mit le feu.. Elle le vit d'en haut et poussa un cri... Puis, comme le frère qui l'exhortait ne faisait pas attention à la flamme, elle eut peur pour lui, s'oubliant elle-même, et elle le fit descendre.

Ce qui prouve bien que jusque-là elle n'avait rien rétracté expressément, c'est que le malheureux Cauchon fut obligé (sans doute par la haute volonté satanique qui présidait) à venir au pied du bûcher, obligé à affronter de près la face de sa victime, pour essayer d'en tirer quelque parole... Il n'en obtint qu'une, désespérante. Elle lui dit avec douceur ce qu'elle avait déjà dit : « Évêque, je meurs par vous... Si vous m'aviez mise aux prisons d'église, ceci ne fût pas advenu. » On avait espéré sans doute que, se croyant abandonnée de son roi, elle l'accuserait enfin et parlerait contre lui. Elle le défendit encore : « Que j'aie bien fait, que j'aie mal fait, mon roi n'y est pour rien ; ce n'est pas lui qui m'a conseillée. »

Cependant, la flamme montait... Au moment où elle toucha, la malheureuse frémit et demanda *de l'eau* bénite ; *de l'eau,* c'était apparemment le cri de la frayeur... Mais, se relevant aussitôt, elle ne nomma plus que Dieu, que ses anges et ses saints. Elle leur rendit témoignage : « Oui, mes voix étaient de Dieu, mes voix ne m'ont pas trompée !... » Que toute incertitude ait cessé dans les flammes, cela nous doit faire croire qu'elle accepta la mort pour la *délivrance* promise, qu'elle n'entendit plus le *salut* au sens judaïque et matériel, comme elle l'avait fait jusque-là, qu'elle vit clair enfin, et que, sortant des ombres, elle obtint ce qui lui manquait encore de lumière et de sainteté.

Cette grande parole est attestée par le témoin obligé et juré de la mort, par le dominicain qui monta avec elle sur le bûcher, qu'elle en fit descendre, mais qui d'en bas lui parlait, l'écoutait et lui tenait la croix.

Nous avons encore un autre témoin de cette mort sainte, un témoin bien grave, qui lui-même fut sans doute un saint. Cet homme, dont l'histoire doit conserver le nom, était le moine augustin, déjà mentionné. Frère Isambart de la Pierre ; dans le procès, il avait failli périr pour avoir conseillé la Pucelle, et néanmoins, quoique si bien désigné à la haine des Anglais, il voulut monter avec elle dans la charrette, lui fit venir la croix de la paroisse, l'assista parmi cette foule furieuse, et sur l'échafaud et au bûcher.

Vingt ans après, les deux vénérables religieux, simples moines, voués à la pauvreté et n'ayant rien à gagner ni à craindre en ce monde, déposent ce qu'on vient de lire : « Nous l'entendions, disent-ils, dans le feu, invoquer ses saintes, son archange ; elle répétait le nom du Sauveur... Enfin, elle laissa tomber sa tête, elle poussa un grand cri : « Jésus ! » Dix mille hommes pleuraient... Quelques Anglais seuls riaient ou tâchaient de rire. Un d'eux, des plus furieux, avait juré de mettre un fagot au bûcher ; elle expirait au moment où il le mit, il se trouva mal ; ses camarades le menèrent à une taverne pour le faire boire et reprendre ses esprits ; mais il ne pouvait se remettre : « J'ai vu, disait-il hors de lui-même, j'ai vu de sa bouche, avec le dernier soupir, s'envoler une colombe. » D'autres avaient lu dans les flammes le mot qu'elle répétait : « Jésus ! » Le bourreau alla le soir trouver Frère Isambart ; il était tout épouvanté ; il se confessa, mais il ne pouvait croire que Dieu lui pardonnât jamais... Un secrétaire du roi d'Angleterre disait tout haut en revenant : « Nous sommes perdus ; nous avons brûlé une sainte ! »

Cette parole, échappée à un ennemi, n'en est pas moins grave. Elle restera. L'avenir n'y contredira pas. Oui, selon la Religion, selon la Patrie, Jeanne Darc fut une sainte.

Quelle légende plus belle que cette incontestable histoire ? Mais il faut bien se garder d'en faire une légende ; on doit en conserver pieusement tous les traits, même les plus humains, en respecter la réalité touchante et terrible...

Que l'esprit romanesque y touche, s'il ose ; la poésie ne le fera jamais. Eh ! que saurait-elle ajouter ?... L'idée qu'elle avait, pendant tout le Moyen Age, poursuivie de légende en légende, cette idée se trouva à la fin être une personne ; ce rêve, on le toucha. La Vierge secourable des batailles que les chevaliers appelaient, attendaient d'en haut, elle fut ici-bas... Et qui ? c'est la merveille. Dans ce qu'on méprisait, dans ce qui semblait le plus humble, dans une enfant, dans la simple fille des campagnes, du pauvre peuple de France... Car il y eut un peuple, il y eut une France. Cette dernière figure du passé fut aussi la première du temps qui commençait. En elle apparurent à la fois la Vierge... et déjà la Patrie.

Telle est la poésie de ce grand fait, telle en est la philosophie, la haute vérité. Mais la réalité historique n'en est pas moins certaine ; elle ne fut que trop positive et trop cruellement constatée... Cette vivante énigme, cette mystérieuse créature, que tous jugèrent surnaturelle, cet ange ou ce démon, qui, selon quelques-uns, devait s'envoler un matin, il se trouva que c'était une jeune femme, une jeune fille, qu'elle n'avait point d'ailes, qu'attachée comme nous à un corps mortel, elle devait souffrir, mourir, et de quelle affreuse mort.

Mais c'est justement dans cette réalité qui semble dégradante, dans cette triste épreuve de la nature, que l'idéal se retrouve et rayonne. Les contemporains eux-mêmes y reconnurent le Christ parmi les pharisiens... Toutefois nous devons y voir encore autre chose, la Passion de la Vierge, le martyre de la pureté.

Il y a eu bien des martyrs ; l'histoire en cite d'innombrables, plus ou moins purs, plus ou moins glorieux. L'orgueil a eu les siens, et la haine et l'esprit de dispute. Aucun siècle n'a manqué de martyrs batailleurs, qui sans doute mouraient de bonne grâce quand ils n'avaient pu tuer... Ces fanatiques n'ont rien à voir ici. La sainte fille n'est point des leurs, elle eut un signe à part : bonté, charité, douceur d'âme.

Elle eut la douceur des anciens martyrs, mais avec une différence. Les premiers chrétiens ne restaient doux et purs qu'en fuyant l'action, en s'épargnant la lutte et l'épreuve. Celle-ci fut douce dans la plus âpre lutte, bonne parmi les mauvais, pacifique dans la guerre même ; la guerre, ce triomphe du Diable, elle y porta l'esprit de Dieu.

Elle prit les armes quand elle sut « la pitié qu'il y avoit au royaume de France ». Elle ne pouvait voir « couler le sang françois ». Cette tendresse de cœur, elle l'eut pour tous les hommes ; elle pleurait après les victoires et soignait les Anglais blessés.

Pureté, douceur, bonté héroïque, que cette suprême beauté de l'âme se soit rencontrée en une fille de France, cela peut surprendre les étrangers qui n'aiment à juger notre nation que par la légèreté de ses mœurs. Disons-leur (et sans partialité, aujourd'hui que tout cela est si loin de nous), que sous cette légèreté, parmi ses folies et ses vices mêmes, la vieille France n'en fut pas moins le peuple de l'amour et de la grâce.

Le sauveur de la France devait être une femme. La France était femme elle-même. Elle en avait la mobilité, mais aussi l'aimable douceur, la pitié facile et charmante, l'excellence au moins du premier mouvement. Lors même qu'elle se complaisait aux vaines élégances et aux raffinements extérieurs, elle restait au fond plus près de la nature. Le Français, même vicieux, gardait plus qu'aucun autre le bon sens et le bon cœur...

Puisse la nouvelle France ne pas oublier le mot de l'ancienne : « Il n'y a que les grands cœurs qui sachent combien il y a de gloire à *être bon* ! » L'être et rester tel, entre les injustices des hommes et les sévérités de la Providence, ce n'est pas seulement le don d'une heureuse nature, c'est de la force et de l'héroïsme... Garder la douceur et la bienveillance, parmi tant d'aigres disputes, traverser l'expérience sans lui permettre de toucher à ce trésor intérieur, cela est divin. Ceux qui persistent et vont ainsi jusqu'au bout sont les vrais élus. Et quand même ils auraient quelquefois heurté dans le sentier difficile du monde, parmi leurs chutes, leurs faiblesses et leurs *enfances*, ils n'en resteront pas moins les enfants de Dieu !

Livre XI

CHAPITRE PREMIER

Henri VI et Charles VII - Discordes de l'Angleterre ; réconciliation des princes français - État de la France - 1431-1440

La mort de la Pucelle était, dans l'opinion des Anglais, *le salut du roi.* Warwick disait, quand il crut qu'elle échapperait : « *Le roi va mal,* la fille ne sera pas brûlée. » Et encore : « Le roi l'a achetée cher ; *il ne voudrait* pour rien au monde qu'elle mourût de mort naturelle. »

Ce roi, qui, disait-on, ne pouvait vivre que par la mort de la jeune fille, qui voulait qu'elle pérît, c'était lui-même un tout jeune enfant de neuf ans, innocente et malheureuse créature, déjà marquée pour l'expiation... Pâle effigie de la France mourante, il se trouvait, par la malice du sort ou la justice de Dieu, placé dans le trône d'Henri V, afin qu'en réalité ce trône restât vide et que pendant un demi-siècle l'Angleterre n'eût ni roi, ni loi.

La sagesse anglaise s'était jouée elle-même ; elle s'était chargée de rendre la France sage, et c'est elle qui devint folle. Par la victoire, la conquête et le mariage forcé, l'Angleterre réussit à se donner un Charles VI. Conçu dans la haine, enfanté dans les larmes, peut-être à sa naissance regardé de travers par sa mère elle-même, le triste enfant vint au monde sous de fâcheux auspices et pauvrement doué. C'était du reste un enfant bon et doux ; avec de la douceur, il pouvait se faire que l'on tirât quelque parti de cette faible nature, mais il aurait fallu la patience de l'Amour et les tempéraments de la Grâce. L'esprit anglais est celui de la Loi. Le formalisme, la roideur, le *cant,* étaient déjà ce qu'ils sont aujourd'hui Combien plus, sous un gouvernement de prêtres politiques, sortis pour la plupart de la scolastique, du pédantisme, et qui gouvernaient d'une même férule le roi et le royaume !... Scolastique et Politique, dures nourrices pour le pauvre enfant !... Le gouverneur, l'homme d'exécution pour cette discipline, ce fut le violent Warwick. Tour à tour gouverneur et geôlier, il fut choisi, nous l'avons dit, comme l'*honnête homme* du temps ; brave, dur et dévot, il se faisait fort de former son élève sur le patron voulu, de le corriger et le *châtier...* Il travailla si bien sur le patient, il amenda et émonda si consciencieusement qu'il ne resta plus rien... Rien de l'homme, encore moins du roi, une ombre à peine, quelque chose de passif et d'inoffensif, une âme prête pour l'autre monde... Un tel roi fit l'humiliation, la rage des Anglais ; ils trouvèrent que le saint n'était bon qu'à faire un martyr ; les durs raisonneurs n'ont jamais senti ce qu'il y a de Dieu en l'innocent, tout au moins de touchant dans le simple d'esprit.

Le martyre commença par le couronnement, par la riche moisson de malédictions qu'on lui fit recueillir dans les deux royaumes. Après avoir attendu neuf mois à Calais que les routes fussent moins dangereuses, il fut enfin amené à Paris, en décembre, au cœur de l'hiver. C'était le temps des grandes souffrances du peuple ; la cherté des vivres était extrême ; la misère et la dépopulation telles que le régent fut obligé de défendre de brûler les maisons abandonnées.

Ce prétendu sacre du roi de France fut tout anglais. D'abord, point de Français dans le cortège, sauf Cauchon et quelques évêques qui suivaient le cardinal Winchester. Nul prince du sang de France, sinon en comédie, un faux duc de Bourgogne, un faux comte de Nevers. La grand-mère ne paraît pas avoir été invitée ; on lui laissa à peine entrevoir son petit-fils dans une solennelle et cérémonieuse visite. Il semblait politique de gagner la ville, de laisser officier l'évêque de Paris dans sa cathédrale. Mais le cardinal anglais, qui payait les frais du sacre, voulut aussi en avoir l'honneur. Il officia pontificalement à Notre-Dame, prit et mania la couronne de France, et la mit sur la tête de l'enfant à genoux. Au grand scandale du chapitre, tout se fit selon les rites anglais. C'était le droit du sacre pour les chanoines de garder le vase de vermeil qui contenait le vin ; les officiers du roi soutinrent que ce vase leur revenait.

Les grands corps ne furent point ménagés. Le Parlement zélé qui avait banni Charles VII, l'Université dont les docteurs jugeaient la Pucelle, les échevins enfin, ils virent tous au banquet royal le cas que faisaient d'eux leurs bons amis les Anglais. Magistrats et docteurs, arrivant dans la majesté de leurs robes fourrées, vermeilles ou cramoisies, ils restèrent dans la boue, à la porte du palais, sans trouver personne pour les introduire. S'ils parvinrent à entrer, ce fut en traversant à grand-peine le sale populaire, la foule malhonnête et méchante qui les poussait, les faisait tomber ; les filous ramassaient... Arrivés dans la salle, à la table de marbre, ils ne trouvèrent point de place, sinon parmi les savetiers, les maçons, déjà attablés. Aux joutes, les hérauts n'eurent pas la peine de crier : « Largesse ! » Les gens s'en allèrent les mains vides : « Nous en aurions eu davantage, disaient-ils furieux, au mariage d'un orfèvre. » Encore, s'il y eût eu une légère baisse de taille ; point de baisse. On ne se fit même pas la grâce économique de mettre dehors un prisonnier.

Et pourtant, il faut le dire, quand ils le voulaient bien, les Anglais savaient dépenser. Ils avaient fait, peu d'années auparavant, un immense gala que la ville paya par une taille établie tout exprès. La gloutonnerie de cette gent vorace faisait l'étonnement de la foule affamée et béante. Dans un de leurs repas, le chroniqueur compte, outre les bœufs et les moutons, huit cents plats de menue viande ; en une fois, ils burent quarante muids.

Le jeune roi fut ramené par Rouen, logé au château, non loin de la Pucelle, le roi près de la prisonnière, sans que celle-ci en fût mieux traitée.

Dans les temps vraiment chrétiens, ce voisinage seul eût sauvé l'accusée. On eût craint que si la grâce du roi ne s'étendait sur elle, elle n'étendît sur lui son malheur.

Il lui fallait recevoir encore une couronne à Londres. *L'entrée* royale fut pompeuse, mais grave, tout empreinte d'un caractère théologique et pédagogique ; les divertissements furent des moralités, propres à former l'esprit et le cœur d'un jeune prince chrétien. L'enfant royal entendit au pont de Londres une ballade chantée par les sept dons de la Grâce ; plus loin, il vit les sept Sciences avec la Sagesse, puis la figure d'un roi entre deux dames, Vérité et Mercie. Harangué par la Pureté, il trouva sur son passage les trois fontaines de Générosité, de Grâce et de Mercie, qui, il est vrai, ne coulaient point. Au banquet royal, il fut régalé de ballades orthodoxes, à la gloire d'Henri V et de Sigismond qui punirent Oldcastle et Jean Huss, et *enseignèrent la crainte de Dieu*. Pour que rien ne manquât à la réjouissance, on brûla un homme à Smithfield.

Il y avait bien des choses, et trop claires, dans la sinistre comédie du couronnement. Qui eût su voir eût déjà vu la guerre civile parmi le cérémonial de religion et de paix. Ces pieux personnages qui siégaient autour de leur royal pupille en leurs pacifiques robes violettes, ces loyaux barons qui venaient, Glocester en tête, rendre hommage avec leur *livery*, c'étaient deux partis, deux armées qui déjà se mesuraient des yeux. Les uns et les autres apportaient même pensée à l'autel, une pensée homicide. Les moyens seulement devaient différer.

Glocester et les barons, bouffis d'orgueil et de violence, devaient conspirer à grand bruit. A les entendre, sans les prêtres, ils auraient déjà conquis la France. Les évêques avaient tant peur de payer un schelling, qu'en 1430 ils avaient proposé de démolir les places fortes dont l'entretien était trop coûteux. N'était-ce pas une haute trahison ?... Voilà pourquoi sans doute ils fermaient le Conseil à lord Glocester, au roi même. Leur effronterie allait jusqu'à envoyer au Parlement, comme membres des communes, des gens qui n'avaient pas été élus... Glocester couronnait ces accusations par une terrible histoire. Son frère Henri V lui avait conté qu'une nuit qu'il couchait à Winchester, son chien jappa, et l'on trouva un homme couché sous un tapis ; l'homme avoua que Winchester l'avait chargé de tuer le roi, mais on ne voulut pas donner suite à la chose, il fut noyé dans la Tamise.

De son côté, Winchester avait beau jeu pour récriminer. Tout le monde savait, voyait les fureurs de Glocester : prises d'armes dans la Cité, coup de main pour forcer la Tour, son mariage improvisé, et sa folle guerre contre l'alliée de l'Angleterre pour se faire un État à lui. Ce violent et dissolu Glocester avait osé épouser publiquement deux femmes ; les chastes *ladies* de Londres avaient tellement souffert en leur délicatesse de cet énorme scandale, qu'elles en portèrent plainte au Parlement. La seconde femme était d'une famille alliée au fameux hérétique Oldcastle ; c'était une Lenoma Cobhar, belle, méchante, qui n'avait que trop d'esprit, et qui, après je ne sais combien d'aventures, n'en avait pas moins ensorcelé le duc, au point de s'en faire épouser. Cette femme avait une cour de gens suspects, faiseurs de vers satiriques, alchimistes, astrologues. Enfermée avec eux, que pouvait-elle faire, sinon travailler contre l'Église, lire aux astres la mort de ses ennemis, ou la hâter par des poisons ou des sorts ?... Il y avait là bonne et riche matière aux procès ecclésiastiques. En 1432, Winchester, revenant de l'exécution de Rouen, crut pouvoir répéter la même scène à Londres. Il fit prendre une sorcière nommée Margery, qui devait être attachée à la duchesse de Glocester ; il la fit examiner à Windsor même, au château royal ; mais quelque bonne volonté qu'on y mît, la Margery fut trop habile, il n'y eut moyen d'en rien tirer ; il fallut attendre.

Glocester à son tour, voyant Winchester parti pour le concile, crut avoir tout gangé ; il fit arrêter à l'embarquement l'argent du cardinal. Un déficit énorme fut avoué dans le Parlement. Les communes, effrayées, appelèrent au gouvernement du royaume, non Glocester qui s'y attendait, mais son frère, le régent de France. Ce qui peint la nation, c'est que Bedford, pour première question, demanda quel traitement lui serait alloué... Le silence fut général.

Que le gouvernement fût entre les mains de Winchester ou de Bedford, les affaires ne pouvaient qu'aller mal. C'était justement l'époque où le faible lien qui attachait encore le duc de Bourgogne aux Anglais achevait de ce rompre. Sa sœur, femme de Bedford, mourut cette année.

Cette alliance n'avait jamais été solide ni sûre. Le duc de Bourgogne avait dans ses archives un gage touchant de l'amitié anglaise, à savoir : les lettres secrètes de Glocester et de Bedford, où les deux princes agitaient ensemble les moyens de l'arrêter ou de le tuer. Bedford, beau-frère du duc de Bourgogne, opinait pour le dernier parti, sauf la difficulté de la chose.

Les variations de cette orageuse alliance feraient toute une histoire. D'abord Henri V, outre l'argent qu'il donna au duc pour l'attirer dans son parti, semblait lui avoir fait espérer de grands avantages. Mais, bien loin de lui faire part dans leurs acquisitions, les Anglais essayèrent de prendre l'héritage de Hollande et de Hainaut qu'il regardait comme sien. Dans leurs succès, ils lui tournaient le dos ou tâchaient de lui nuire ; dès qu'ils avaient besoin de lui, les dogues revenaient rampants.

Après leur équipée de Hainaut, serrés de près par Charles VII, ils apaisèrent le duc en lui engageant Péronne et Tournai, puis Bar, Auxerre, et Mâcon. En 1429, ils refusèrent de remettre Orléans entre ses mains. Orléans pris et Charles VII marchant sur Reims, ils se jetèrent dans les bras du beau-frère, lui engagèrent Meaux et firent semblant de lui confier Paris. Lorsqu'ils eurent la Pucelle, et que leur roi fut sacré, ils firent acte de souveraineté en Flandre, écrivant aux Gantais, et leur offrant protection.

Le duc de Bourgogne n'avait jamais eu grande raison d'aimer les Anglais, et il n'en avait plus de les craindre. Leur guerre de France devenait ridicule. Dunois leur prit Chartres, pendant que la garnison anglaise était au sermon. Ils assiégeaient Lagny ; le régent en personne, le comte de Warwick, étaient venus et avaient fait brèche ; mais voyant sur la brèche, déjà ouverte et praticable, les assiégés qui leur montraient les dents, ils crurent prudent de laisser là ces enragés et ils revinrent à Paris, la veille de Pâques, « apparemment pour se confesser ».

Les Parisiens, réjouis de cette retraite de Bedford, ne s'amusèrent pas moins de son mariage. Il épousait à cinquante ans une petite fille de dix-sept, « frisque, belle et gracieuse », une fille du comte de Saint-Pol, d'un vassal du duc de Bourgogne, et cela brusquement, sournoisement, sans rien dire à son beau-frère. Le duc n'y eût pas consenti ; les Saint-Pol, élevés par lui pour garder sa frontière, commençaient le rôle double qui devait les perdre ; ils donnaient pied aux Anglais chez le duc de Bourgogne.

Winchester comprenait mieux que, l'alliance de Bourgogne rompue, la guerre allait changer de face, qu'elle deviendrait bien autrement coûteuse et qu'infailliblement l'Église paierait les frais. On avait commencé par l'Église de France. On voulait lui faire rendre tous les dons pieux qu'elle avait reçus depuis soixante ans.

Dans cette inquiétude, il s'entremit vivement pour la paix. Il obtint qu'une conférence aurait lieu entre Bedford et Philippe le Bon. Il parvint à faire avancer les deux ducs, l'un vers l'autre, jusqu'à Saint-Omer. Mais ce fut tout ; une fois dans la ville, ni l'un ni l'autre ne voulut faire la première démarche. Quoique Bedford dût bien voir que la France était perdue pour les Anglais, s'il ne regagnait le duc de Bourgogne, il resta ferme sur l'étiquette ; représentant du roi, il attendit la visite du vassal du roi, lequel ne bougea ; la rupture fut définitive.

Tout au contraire, la France se ralliait peu à peu. Le rapprochement fut surtout l'ouvrage de la maison d'Anjou. La vieille reine Yolande d'Anjou, belle-mère du roi, lui ramenait les Bretons ; de concert avec le connétable Richemont, frère du duc de Bretagne, elle chasse le favori La Trémouille.

Il était plus difficile de gagner le duc de Bourgogne, qui soutenait en Lorraine le prétendant Vaudemont contre René d'Anjou, fils d'Yolande. Ce prince, qui est resté dans la mémoire des Angevins et des Provençaux sous le nom du *bon roi René,* avait toutes les qualités aimables de la vieille France chevaleresque ; il en avait aussi l'imprudence, la légèreté. Il s'était fait battre et prendre à Bulgnéville par les Bourguignons (1431). Il consacra les loisirs de la prison, non à la poésie, comme Charles d'Orléans, mais à la peinture. Il fit des tableaux pour la chapelle qu'il construisit dans sa prison, il en fit pour les chartreux de Dijon, il travailla même pour celui qui le retenait prisonnier ; lorsque Philippe le Bon vint le voir, René lui fit présent d'un beau portrait de Jean sans Peur. Il n'y avait pas moyen de rester ennemi de l'aimable peintre ; le duc de Bourgogne lui rendit la liberté sous caution.

Les princes se rapprochaient, et il ne tenait pas aux peuples qu'ils n'en finissent autant. Paris, gouverné par Cauchon et autres évêques, essaya de s'en débarrasser et de chasser les Anglais. La Normandie même, cette petite Angleterre de France, finit par se lasser d'une guerre dont on lui faisait porter tout le poids. Un vaste soulèvement eut lieu dans les campagnes de la basse Normandie ; le chef était un paysan, nommé Quatrepieds, mais il y avait aussi des chevaliers ; ce n'était pas une simple jacquerie. La province ne pouvait manquer d'échapper bientôt aux Anglais.

Ils avaient l'air eux-mêmes de désespérer. Bedford délaissait Paris. La pauvre ville, frappée tour à tour de la famine et de la peste, était un trop affreux séjour. Le duc de Bourgogne osa pourtant la visiter ; il y passa avec sa femme et son fils, se rendant à la grande assemblée d'Arras, où l'on allait traiter de la paix. Les Parisiens le reçurent, l'implorèrent comme un ange de Dieu.

Cette assemblée était celle de toute la chrétienté. On y vit les ambassadeurs du concile, du pape, de l'empereur, ceux des rois de Castille, d'Aragon et de Navarre, ceux de Naples, de Milan, de Sicile, de Chypre, ceux de Pologne et de Danemark. Tous les princes français, tous ceux des Pays-Bas, étaient venus ou avaient envoyé ; de même l'Université de Paris et nombre de bonnes villes. Tout ce monde étant rassemblé, l'Angleterre elle-même arriva dans la personne du cardinal de Winchester.

La première question était de savoir s'il était possible d'accorder Charles VII et Henri VI. Mais quel moyen ? chacun d'eux prétendait garder la couronne. Charles VII offrait l'Aquitaine, la Normandie même que les Anglais avaient encore. Ceux-ci demandaient que chacun restât en possession de ce qu'il avait, en s'arrondissant par des échanges. Leur étrange infatuation est admirablement marquée dans les instructions que le Conseil de Londres donnait au cardinal, quatre ans après l'assemblée d'Arras (1439), lorsque les affaires anglaises avaient encore empiré. D'abord il devait engager Charles de Valois à cesser de troubler le roi Henri dans la jouissance de son royaume de France, et pour le bien de la paix, lui offrir en Languedoc *vingt mille livres de rente* à tenir en fief. Puis, le cardinal, comme homme d'Église, devait faire un long discours sur les avantages de la paix. Et alors, les autres ambassadeurs du roi devaient se laisser gagner jusqu'à proposer mariage avec une fille de Charles, et reconnaître les deux royaumes de France.

Il n'y avait rien à faire avec les Anglais ; on les laissa partir d'Arras. Tout le monde se tourna vers le duc de Bourgogne. On le supplia d'avoir pitié du royaume, de la chrétienté, qui souffraient tant de ces longues guerres. Mais il ne pouvait se décider ; sa conscience, son honneur de chevalier étaient engagés, disait-il, il avait signé ; de plus, n'était-il pas lié par la vengeance de son père ? Les légats du pape lui disaient qu'à cela ne tînt, qu'ils avaient pouvoir pour le délier de ses serments. Mais cela ne le rassurait pas encore. Le droit ecclésiastique ne semblant pas suffisant, on eut recours au droit civil : on fit une belle consultation où, pour laisser les esprits plus libres, les parties étaient désignées par les noms de Darius et d'Assuérus. Les docteurs anglais et français opinèrent, comme on devait s'y attendre, en sens contraire ; mais ceux de la Bologne, qu'avaient amenés les légats, déclaraient, conformément à l'avis des Français, que Charles VI n'avait pu conclure le Traité de Troyes : « Les *lois* défendent que l'on traite de la succession d'un homme vivant, et annulent les serments contraires aux bonnes mœurs. Le traité contient d'ailleurs une chose impie, l'engagement du père *de ne pas traiter avec son fils* sans le consentement des Anglais... Si le roi avait un crime à reprocher à son fils, il devait se pourvoir devant le pape, qui seul a le droit de déclarer un prince incapable d'hériter.

Le duc de Bourgogne laissait raisonner, supplier. Mais au fond, le changement qu'on demandait était déjà fait en lui ; il était las des Anglais. Les Flamands, qui tant de fois avaient forcé leurs comtes de rester unis à l'Angleterre, lui devenaient hostiles ; ils souffraient des courses de la garnison de Calais ; ils étaient maltraités lorsqu'ils allaient à ce grand marché des laines. Les Anglais, chose plus grave, se mettaient à filer aussi la laine, à faire du drap ; ces draps, ces laines filées envahissaient la Flandre même, par le bon marché, et forçaient toutes les barrières. On les défendit en 1428, et il fallut les défendre encore en 1446, en 1464, en 1494. Enfin, en 1499, il n'y eut plus moyen de les défendre ; la Flandre, alors sous un prince étranger, se soumit à les recevoir.

L'Angleterre devenait donc une rivale de la Flandre, une ennemie ; eût-elle été amie, son amitié eût peu servi désormais. Le duc de Bourgogne avait gagné par l'alliance des Anglais la barrière de la Somme, arrondi, complété sa Bourgogne ; mais leur alliance ne pouvait plus lui garantir ses acquisitions. Ils avaient peine à se défendre, divisés comme ils l'étaient. Entre Winchester et Glocester, Bedford pouvait seul maintenir quelque équilibre ; Bedford mourut ; cette mort soulagea la conscience du duc de Bourgogne. Les traités conclus avec Bedford, comme régent de France, lui parurent dès lors moins sacrés ; c'était le point de vue littéral du Moyen Age ; on se croyait lié viagèrement à celui qui avait signé.

Les deux beaux-frères du duc de Bourgogne, le duc de Bourbon et le connétable de Richemont, frère du duc de Bretagne, ne contribuèrent pas peu à le décider. Depuis sa prison d'Azincourt, depuis que, traîné partout à la suite d'Henri V, il avait vu de près la morgue des Anglais, Richemont en était resté ennemi implacable. Le duc de Bourbon, dont le père était mort prisonnier sans pouvoir se racheter jamais, ni par argent, ni par bassesse, n'aimait guère plus les Anglais ; tout récemment encore, ils venaient de donner à Talbot son comté de Clermont, qui était dans la maison de Bourbon depuis Saint Louis.

Bourbon et Richemont prièrent tant leur beau-frère, qu'il céda et voulut bien faire grâce. Le Traité d'Arras ne peut être qualifié autrement. Le roi demandait pardon au duc, et le duc ne lui rendait pas hommage ; en cela il devenait lui-même comme roi. Il gardait pour lui et ses hoirs tout ce qu'il avait acquis : d'un côté Péronne et toutes les places de la Somme, de l'autre Auxerre et Mâcon.

Les explications et réparations pour la mort du duc Jean étaient fort humiliantes. Le roi devait dire ou faire dire qu'en ce temps-là il était bien jeune, avait encore petite connaissance, et n'avait pas été assez avisé pour y pourvoir ; mais qu'il fallait faire toute diligence pour rechercher les coupables. Il devait fonder à Montereau une chapelle dans l'église, et un couvent pour douze chartreux ; de plus, sur le pont où l'acte avait été perpétré, une croix de pierre, qui serait entretenue aux frais du roi.

La cérémonie du pardon eut lieu dans l'église de Saint-Wast. Le doyen de Paris, Jean Tudert, se jeta aux pieds du duc Philippe, et cria merci de la part du roi pour le crime de Jean sans Peur. Le duc se montra ému, le releva, l'embrassa, et lui dit qu'il n'y aurait jamais de guerre entre le roi Charles et lui. Le duc de Bourbon et le connétable jurèrent ensuite la paix, ainsi que les ambassadeurs et les seigneurs français et bourguignons.

Mais la réconciliation n'eût pas été complète, si le duc de Bourgogne n'eût conclu un arrangement définitif avec le beau-frère de Charles VII, René d'Anjou. René, n'ayant pu se tenir au premier traité, avait mieux aimé rentrer en prison. Philippe le Bon l'en fit sortir, et lui remit une partie de sa rançon en faveur du mariage de sa nièce, Marie de Bourbon, avec un fils de René. Ainsi les maisons de Bourgogne, de Bourbon et d'Anjou se trouvaient unies entre elles et avec le roi. Celle de Bretagne flottait ; le duc ne se déclarait pas ; il trouvait grand profit à la guerre ; on disait que trente mille Normands s'étaient réfugiés en Bretagne. Mais, que le duc fût Anglais ou Français, son frère Richemont était connétable de France : les Bretons le suivaient volontiers ; les bandes bretonnes faisaient la force de Charles VII ; on les appelaient les *bons corps*.

Cette réconciliation de la France mit les Anglais hors d'eux-mêmes ; la colère les aveugla, et ils s'enfoncèrent comme à plaisir, dans leur malheur. Le duc de Bourgogne voulait garder des ménagements avec eux ; il leur offrait sa médiation, ils la repoussèrent, ils pillèrent et tuèrent les marchands flamands dans Londres. La Flandre s'irritant à son tour, le duc en profita pour entraîner les communes, et il les mena assiéger Calais. Le parti bourguignon tourna comme le duc de Bourgogne ; ceux de Paris, les halles même, le quartier bourguignon par excellence, appelèrent les gens du roi, son connétable, et les mirent dans la ville ; les Anglais qui y avaient encore quinze cents hommes d'armes et faisaient d'abord mine de résister, s'enfermèrent piteusement dans la Bastille ; puis, ayant peur de la faim, ils obtinrent de s'embarquer et de descendre à Rouen. Le peuple, que trois évêques avaient durement gouverné pour les Anglais, les poursuivit de ses huées ; il criait après l'évêque de Térouane, chancelier des Anglais : « Au renard, au renard ! » Les Parisiens avaient regret de les tenir quittes à si bon marché ; mais il eût fallu assiéger la Bastille, et le connétable lui-même était aux expédients ; l'argent lui manquait ; le roi, pour reprendre Paris, n'avait eu que mille francs à lui donner (1436).

Les Anglais traîneront encore quinze ans en France, chaque jour plus humiliés, échouant partout, mais ne voulant jamais s'avouer leur impuissance, aimant mieux s'accuser les uns et les autres, crier à la trahison, jusqu'à ce que l'orgueil et la haine tournent en cette horrible maladie, cette rage épileptique que l'on a baptisée du poétique nom de guerre des Roses. Dès ce moment, le roi a peu à craindre ; il n'a qu'à patienter, saisir l'occasion, frapper à propos ; il peut déjà, moins inquiet de ce côté, s'informer des affaires intérieures, examiner l'état de la France, après tant de maux, s'il y a encore une France.

Dans cette vaste et confuse misère, parmi tant de ruines, deux choses étaient debout : la noblesse et l'Église. La noblesse avait servi le roi contre les Anglais, servi gratis un roi mendiant ; elle y avait mangé beaucoup du sien, tout en mangeant le peuple ; elle comptait être dédommagée. L'Église, d'autre part, se présentait comme bien pauvre et souffreteuse, mais il y avait cette notable différence qu'elle était pauvre par l'interruption du revenu ; généralement le fonds restait. Le roi, débiteur de la noblesse, ne pouvait s'acquitter qu'aux dépens de l'Église, soit en forçant celle-ci à payer, ce qui semblait difficile et dangereux, soit plutôt doucement, indirectement, au nom des libertés ecclésiastiques, en rétablissant les élections où dominaient les seigneurs, et les mettant à même de disposer ainsi des bénéfices. Le pape y nommait souvent des partisans de l'Angleterre ; Charles VII n'avait pas à les ménager. Il adopta dans sa Pragmatique de Bourges (7 juillet 1438) les décrets du Concile de Bâle qui rétablissaient les élections et reconnaissaient les droits des nobles patrons des Églises à *présenter* aux bénéfices. Ces patrons, descendant des pieux fondateurs ou protecteurs, regardaient les Églises comme des démembrements de leurs fiefs ; ils ne demandaient pas mieux que de les *protéger* encore, c'est-à-dire d'y mettre leurs hommes, en faisant élire ceux-ci par les moines ou chamoines.

On n'eût pas attendu cette réforme aristocratique du Concile de Bâle, à en juger par la prépondérance qu'y exerçait l'élément démocratique de l'Église, les universitaires. Ceux-ci avaient eu pourtant une leçon ; ils avaient travaillé ardemment à la réforme de Constance, et ils n'en avaient pas profité. Les évêques, relevés par eux, mais généralement serviteurs craintifs des seigneurs, faisaient élire les gens recommandés, et les universitaires mouraient de faim. L'Université de Paris, ne cachant pas son désappointement, avait avoué, à cette époque, qu'elle aimait mieux encore que le pape *donnât* les prébendes. A Bâle, elle crut avoir mieux pris ses précautions. Une part déterminée était assurée dans les bénéfices aux gradués, à ceux qui auraient étudié dix ans, sept ans, trois ans, et non seulement aux théologiens, mais aux gradués en droit, en médecine ; l'avocat et le médecin avaient droit à une cure, à un canonicat ; quelque bizarre que fût la chose, c'était un pas, nécessaire peut-être, hors de la scolastique. On offrait ainsi le choix aux patrons ; seulement, en leur rendant ce beau droit de *présentation,* les universitaires se chargeaient modestement de désigner un certain nombre des leurs, parmi lesquels ils *pourraient* choisir.

Le Concile de Bâle était dans une situation difficile ; le pape ouvrait contre lui son Concile de Florence et faisait grand bruit de la réunion de l'Église grecque. Ceux de Bâle, *in extremis,* se hâtèrent d'accomplir la grande réforme qui devait leur gagner les seigneurs, les évêques, les universités, c'est-à-dire conférer tous les pouvoirs locaux contre l'unité pontificale. Pour la collation des bénéfices, le pape était réduit par le concile presque à rien ; on lui en laissait un sur cinquante. Autre réduction sur les annates et droits de chancellerie. Enfin la grande force d'unité, celle qui traînait à Rome des nations de plaideurs, qui y faisait couler des fleuves d'or, l'appel, était interdit (sauf quelques cas extraordinaires) toutes les fois que les plaideurs auraient *plus de quatre jours* de chemin pour se rendre à Rome ; c'était faire descendre le juge des rois au rôle de podestat de la banlieue.

Ce qui charmait la France, alors si pauvre, c'est que la Pragmatique allait empêcher l'or et l'argent de sortir du royaume. Plus tard, lorsque la défense fut levée, le Parlement, dans une remontrance, fait un compte lamentable des millions d'or qui ont passé à Rome en quelques années. « Le Pont-au-Change, dit-il douloureusement, n'a plus ni change ni changeurs ; on n'y voit que des chapeliers, des faiseurs de poupées. » Le Parlement se montre peu touché des retours en parchemin qu'on obtenait de Rome. L'absence de l'or se faisait vivement sentir. Sous Charles VII, il était vraiment nécessaire, comme instrument de la guerre, comme moyen d'action rapide : la banque tournait de ce côté ses spéculations ; jusque-là occupée du change de Rome et de la transmission des décimes ecclésiastiques, elle allait tirer sur les Anglais cette lettre de change qu'ils payèrent avec la Normandie.

Puisqu'on chassait les Anglais, il semblait naturel de chasser aussi les Italiens. La France voulait faire elle-même ses affaires, affaires d'argent, affaires d'Église. Pourquoi l'Église *établie* d'Angleterre subsistait-elle parmi tant d'attaques ? C'est qu'elle était tout anglaise, fermée aux étrangers, soutenue par les familles nobles, par ses ennemis mêmes, qui y plaçaient leurs parents ou leurs serviteurs ; n'était-ce pas un exemple pour l'Église de France ?

Il y avait toutefois une chose à craindre, c'est qu'une Église si bien fermée aux influences pontificales ne devînt, non pas nationale, mais purement seigneuriale. Ce n'était pas le roi, l'État, qui hériterait de ce qui perdait le pape, mais bien les seigneurs et les nobles. A une époque où l'organisation était si faible encore, on n'agissait guère à distance ; or, à chaque élection, le seigneur était là pour *présenter* ou recommander ; les chapitres élisaient docilement ; le roi était bien loin. Il s'agissait de savoir si la noblesse était digne qu'on lui remît la principale action dans les affaires de l'Église ; si les seigneurs, à qui véritablement revenait le choix des pasteurs, la responsabilité du salut des âmes, étaient eux-mêmes les âmes pures qu'en matière si délicate éclairerait le Saint-Esprit.

Le Moyen Age avait redouté une telle influence comme l'anéantissement de l'Église. Et pourtant les barons du XIIe siècle, ceux mêmes qui se battirent si longtemps pour le sceptre contre la crosse, ceux qui plantèrent le drapeau de l'empereur sur les murs de Rome, comme un Godefroi de Bouillon, c'étaient des hommes craignant Dieu.

Dans son fief, le baron, tout fier et dur qu'il pouvait être, avait encore une règle qui, pour n'être pas écrite, ne semblait que plus respectable. Cette règle était l'*usage*, la coutume. Dans ses plus grandes violences, il voyait venir ses hommes qui lui disaient avec respect : « Messire, ce n'est pas l'*usage* des bonnes gens de céans. » On lui amenait les prud'hommes, les vieux du pays, qui semblaient l'*usage* vivant des gens qui l'avaient vu naître, qu'il voyait tous les jours et connaissait par leurs noms. L'emportement brutal du jeune homme tombait souvent en présence de ces vieillards, devant cette humble et grave figure de l'Antiquité.

La crainte de Dieu, le respect de l'*usage*, ces deux freins des temps féodaux, sont brisés au XVe siècle. Le seigneur ne réside plus, il ne connaît plus ni ses gens, ni leurs coutumes. S'il revient, c'est avec des soldats pour faire de l'argent brusquement ; il retombe par moments sur le pays, comme l'orage et la grêle ; on se cache à son approche ; c'est dans toute la contrée une alarme, un *sauve qui peut*.

Ce seigneur, pour porter le nom seigneurial de son père, n'en est pas plus un seigneur ; c'est ordinairement un rude capitaine, un barbare, à peine un chrétien. Souvent ce sera un chef d'*houspilleurs, de tondeurs, d'écorcheurs*, comme le bâtard de Bourbon, le bâtard de Vaurus, un Chabannes, un La Hire. *Écorcheurs* était le vrai nom. Ruinant ce qui l'était déjà, enlevant la chemise à celui qu'on avait laissé en chemise ; s'il ne restait que la peau, ils prenaient la peau.

On se tromperait si l'on croyait que c'étaient seulement les capitaines écorcheurs, les bâtards, les seigneurs sans seigneurerie, qui se montraient si féroces. Les grands, les princes avaient pris dans ces guerres hideuses un étrange goût du sang. Que dire quand on voit Jean de Ligny, de la maison du Luxembourg, exercer son neveu, le comte de Saint-Pol, un enfant de quinze ans, à massacrer les gens qui fuyaient ?

Ils traitaient au reste leurs parents comme leurs ennemis. Mieux valait même, pour la sûreté, être ennemi que parent. Il semble qu'en ce temps-là il n'y ait plus ni pères ni frères... Le comte d'Harcourt tient son frère prisonnier toute sa vie ; la comtesse de Foix empoisonne sa sœur ; le sire de Giac sa femme ; le duc de Bretagne fait mourir de faim son frère, et cela publiquement ; les passants entendaient avec horreur cette voix lamentable qui demandait en grâce la charité d'un peu de pain... Un soir, le 10 janvier, le comte Adolfe de Gueldre arrache du lit son vieux père ; il le traîne cinq lieues à pied, sans chausses, par la neige, et le jette dans un cul de basse-fosse... Le fils avait à dire, il est vrai, que le parricide était l'usage de la famille... Mais nous le trouvons aussi dans la plupart des grandes maisons du temps, dans toutes celles des Pays-Bas, dans celles de Bar, de Verdun, dans celle d'Armagnac, etc.

On était bien fait à ces choses, et pourtant il en éclata une dont tout le monde fut stupéfait : *Conticuit terra*.

Le duc de Bretagne se trouvant à Nantes, l'évêque qui était son cousin et son chancelier, s'enhardit par sa présence à procéder contre un grand seigneur du voisinage, singulièrement redouté, un Retz de la maison des Laval, qui eux-mêmes étaient des Monfort, de la lignée des ducs de

Bretagne. Telle était la terreur qu'inspirait ce nom que, depuis quatorze ans, personne n'avait osé parler.

L'accusation était étrange. Une vieille femme, qu'on appelait la Meffraie, parcourait les campagnes, les landes ; elle approchait des petits enfants qui gardaient les bêtes ou qui mendiaient, elle les flattait et les caressait, mais toujours en se tenant le visage à moitié caché d'une étamine noire ; elle les attirait jusqu'au château du sire de Retz, et on ne les revoyait plus. Tant que les victimes furent des enfants de paysans qu'on pouvait croire égarés, ou encore de pauvres petites créatures comme délaissées de leur famille, il n'y eut aucune plainte. Mais, la hardiesse croissant, on en vint aux enfants des villes. Dans la grande ville même, à Nantes, dans une famille établie et connue, la femme d'un peintre ayant confié son jeune frère aux gens de Retz qui le demandaient pour le faire enfant de chœur à la chapelle du château, le petit ne reparut jamais.

Le duc de Bretagne accueillit l'accusation ; il fut ravi de frapper sur les Laval ; l'évêque avait à se venger du sire de Retz qui avait forcé à main armée une de ses églises. Un tribunal fut formé de l'évêque, chancelier de Bretagne, du vicaire de l'inquisition et de Pierre de l'Hospital, grand juge du duché. Retz, qui sans doute eût pu fuir, se crut trop fort pour rien craindre et se laissa prendre.

Ce Gille de Retz était un très grand seigneur, riche de famille, riche de son mariage dans la maison de Thouars, et qui de plus avait hérité de son aïeul maternel, Jean de Craon, seigneur de la Suze, de Chantocé et d'Ingrande. Ces barons des Marches du Maine, de Bretagne et de Poitou, toujours nageant entre le roi et le duc, étaient, comme les Marches, entre deux juridictions, entre deux droits, c'est-à-dire hors du droit. On se rappelle Clisson *le boucher* et son assassin Pierre de Craon. Quant à Gilles de Retz, dont il s'agit ici, il semblait fait pour gagner la confiance. C'était, dit-on, un seigneur « de bon entendement, belle personne et bonne façon », lettré de plus, et appréciant fort ceux qui parlaient avec élégance la langue latine. Il avait bien servi le roi, qui le fit maréchal, et qui, au sacre de Reims, parmi ces sauvages Bretons que Richemont conduisait, choisit Gilles de Retz pour quérir à Saint-Rémy et porter la sainte ampoule !... Retz, malgré ses démêlés avec l'évêque, passait pour dévot ; or, une dévotion alors fort en vogue, c'était d'avoir une riche chapelle et beaucoup d'enfants de chœur qu'on élevait à grands frais ; à cette époque la musique d'église prenait l'essor en Flandre, avec les encouragements des ducs de Bourgogne. Retz avait, tout comme un prince, une nombreuse musique, une grande troupe d'enfants de chœur dont il se faisait suivre partout.

Ces présomptions étaient favorables ; d'autre part, on ne pouvait nier que ses juges ne fussent ses ennemis. Il les récusa. Mais il n'était pas facile de récuser une foule de témoins, pauvres gens, pères ou mères affligés, qui venaient à la file, pleurant et sanglotant, raconter avec détail comment leurs enfants avaient été enlevés. Les misérables qui avaient servi à tout cela n'épargnaient pas non plus celui qu'ils voyaient perdu sans ressource. Alors il cessa de nier, et se mettant à pleurer, il fit sa confession. Telle était cette confession que ceux qui l'entendirent, juges ou prêtres, habitués à recevoir les aveux du crime, frémirent d'apprendre tant de choses inouïes et se signèrent... Ni les Nérons de l'Empire, ni les tyrans de Lombardie, n'auraient eu rien à mettre en comparaison ; il eût fallu ajouter tout ce que recouvrit la mer Morte, et par-dessus encore les sacrifices de ces dieux exécrables qui dévoraient des enfants.

On trouva dans la cour de Chantocé une pleine tonne d'ossements calcinés, des os d'enfants en tel nombre qu'on présuma qu'il pouvait y en avoir une quarantaine. On en trouva également dans les latrines du château de la Suze, dans d'autres lieux, partout où il avait passé. Partout il fallait qu'il tuât... On porte à cent quarante le nombre d'enfants qu'avait égorgés la bête d'extermination.

Comment égorgé, et pourquoi ? c'est ce qui était plus horrible que la mort même. C'étaient des offrandes au Diable. Il invoquait des démons Barron, Orient, Belzébut, Satan et Bélial. Il les priait de lui accorder « l'or, la science et la puissance ». Il lui était venu d'Italie un jeune prêtre de Pistoia, qui promettait de lui faire voir ces démons. Il avait aussi un Anglais qui aidait à les conjurer. La chose était difficile. Un des moyens essayés c'était de chanter l'office de la Toussaint en l'honneur des malins esprits. Mais cette dérision du saint sacrifice ne leur suffisait pas. Il fallait à ces ennemis du Créateur quelque chose de plus impie encore, le contraire de la création, la dérision meurtrière de l'image vivante de Dieu... Retz offrait parfois à son magicien le sang d'un enfant, sa main, ses yeux et son cœur.

Cette religion du Diable avait cela de terrible que peu à peu l'homme étant parvenu à détruire en soi tout ce qu'il avait de l'homme, il changeait de nature et se faisait Diable. Après avoir tué pour son maître, d'abord sans doute avec répugnance, il tuait pour lui-même avec volupté. Il jouissait de la mort, encore plus de la douleur ; d'une chose si cruellement sérieuse, il avait fini par se faire un passe-temps, une farce ; les cris déchirants, le râle, flattaient son oreille, les grimaces de l'agonisant le faisaient pâmer de rire ; aux dernières convulsions, il s'asseyait, l'effroyable vampire, sur sa victime palpitante.

Un prédicateur d'une imagination grande et terrible a dit que dans la damnation le feu était la moindre chose, que le supplice propre au damné, c'était le progrès infini dans le vice et dans le crime, l'âme s'endurcissant, se dépravant toujours, s'enfonçant incessamment dans le mal de minute en minute (en progression géométrique !) pendant une éternité... Le damné dont nous parlions semble avoir commencé sur cette terre des vivants l'effroyable descente du mal infini.

Ce qui est triste à dire, c'est qu'ayant perdu toute notion du bien, du mal, du jugement, il eut toujours jusqu'au bout bonne opinion de son salut. Le misérable croyait avoir attrapé à la fois le Diable et Dieu. Il ne niait pas Dieu, il le ménageait, croyant corrompre son juge avec des messes et des processions. Le Diable, il ne s'y fiait qu'à bon escient, faisant toujours ses réserves, lui offrant tout, « hors sa vie et son âme ». Cela le rassurait. Quand on le sépara de son magicien, il lui dit en sanglotant ces étranges paroles : « Adieu François, mon ami, je prie Dieu qu'il vous donne bonne patience et connaissance, et soyez certain que, pourvu que vous ayez bonne patience et espérance en Dieu, nous nous entreverrons en la grant joie du Paradis. »

Il fut condamné au feu et mis sur le bûcher, mais non brûlé. Par ménagement pour sa puissante famille et pour la noblesse en général, on l'étrangla, avant que la flamme l'eût touché. Le corps ne fut pas mis en cendres. « Des damoiselles de grant estat » vinrent le chercher à la prairie de Nantes où était le bûcher, lavèrent le corps de leurs nobles mains, et avec l'aide de quelques religieuses l'enterrèrent dans l'église des Carmes fort honorablement.

Le maréchal de Retz avait poursuivi son horrible carrière pendant quatorze ans, sans que personne osât l'accuser. Il n'eût jamais été accusé ni jugé sans cette circonstance singulière que trois puissances, ordinairement opposées, semblent s'être accordées pour sa mort : le duc, l'évêque, le roi. Le duc voyait les Laval et les Retz occuper une ligne de forteresses sur les Marches du Maine, de Bretagne et de Poitou ; l'évêque était l'ennemi personnel de Retz, qui ne ménageait ni églises, ni prêtres ; le roi enfin, à qui il avait rendu des services et sur lequel peut-être il comptait, ne voulait plus défendre les brigands qui avaient fait tant de tort à sa cause. Le connétable de France, Richemont, frère du duc de Bretagne, était l'implacable ennemi des sorciers, aussi bien que des écorcheurs ; c'était sans doute par son conseil que deux ans auparavant, le dauphin, tout jeune encore, avait été envoyé pour pacifier ces Marches et s'était fait livrer un des lieutenants du maréchal de Retz en Poitou. Cette rigueur du roi prépara sans doute sa chute, et enhardit le duc de Bretagne à faire agir contre lui l'évêque et l'inquisiteur.

Une justice qui dépendait d'un si rare accord de circonstances ne devait pas se reproduire aisément. Il n'y avait guère d'exemple qu'un homme de ce rang fût puni. D'autres peut-être étaient aussi coupables. Ces hommes de sang, qui peu à peu rentraient dans leurs manoirs après la guerre, la continuaient, et plus atroce encore, contre les pauvres gens sans défense.

Voilà le service que les Anglais nous avaient rendu, la réforme qu'ils avaient accomplie dans nos mœurs. Telle ils laissaient la France... Ils avaient fait entendre, sur le champ même d'Azincourt, qu'ils avaient reçu de Dieu plein pouvoir pour la châtier, l'amender. Jeune en effet et bien légère avait été cette France de Charles VI et de Charles d'Orléans. Les Anglais à coup sûr étaient gens plus sérieux. Examinons ce que nos sages tuteurs avaient fait de nous, dans un séjour de vingt-cinq ans.

D'abord, ce par quoi la France est la France, l'unité du royaume, ils l'avaient rompue. Cette heureuse unité avait été la trêve aux violences féodales, la *paix du roi ;* paix orageuse encore, mais à la place, les Anglais laissaient partout une horrible petite guerre. Grâce à eux, le pays se trouvait reporté en arrière, jusque dans les temps barbares ; il semblait que, par-dessus cette tuerie d'un million d'hommes, ils avaient tué deux ou trois siècles, annulé la longue période où nous avions péniblement bâti cette monarchie.

La barbarie reparaissait, moins ce qu'elle eut de bon, la simplicité et la foi. La féodalité revenait, mais non ses dévouements, ses fidélités, sa chevalerie. Ces revenants féodaux apparaissaient comme des damnés qui rapportaient de là-bas des crimes inconnus.

Les Anglais avaient beau se retirer, la France continuait de s'exterminer elle-même. Les provinces du Nord devenaient un désert, les landes gagnaient ; au centre, nous l'avons vu, la Beauce se couvrait de broussailles ; deux armées s'y cherchèrent et s'y trouvèrent à peine. Les villes, où tout le peuple des campagnes venait chercher asile, dévoraient cette foule misérable et n'en restaient pas moins désolées. Nombre de maisons étaient vides, on ne voyait que portes closes qui ne s'ouvraient plus, les pauvres tiraient de ces maisons tout ce qu'ils pouvaient pour se chauffer. La ville se brûlait elle-même. Jugeons des autres villes par celle-ci, la plus populeuse, celle où le gouvernement avait siégé, où résidaient les grands corps, l'Université, le Parlement. La misère et la faim en avaient fait un foyer de dégoûtantes maladies contagieuses, qu'on ne distinguait pas trop, mais qu'on appelait au hasard la peste. Charles VII entrevit cette chose affreuse qu'on nommait encore Paris ; il en eut horreur et se sauva... Les Anglais n'essayaient pas d'y revenir... Les deux partis s'éloignaient, comme de concert. Les loups seuls venaient volontiers ; ils entraient le soir, cherchant les charognes ; comme ils ne trouvaient rien aux champs, ils étaient enragés de faim et se jetaient sur les hommes. Le contemporain, qui sans doute exagère, assure qu'en septembre 1438, ils dévorèrent quatorze personnes entre Montmartre et la Porte Saint-Antoine.

Ces terribles misères sont exprimées, bien faiblement encore, dans la *Complainte du pauvre commun et des pauvres laboureurs*. C'est un mélange de lamentations et de menaces ; les malheureux affamés avertissent l'Église, le roi, les bourgeois et marchands, les seigneurs surtout : « Que le feu est bien près de leurs hostels. » Ils appellent le roi à leur secours... Mais que pouvait Charles VII ? ce roi de Bourges, cette faible et mesquine figure, comment espérer qu'elle imposerait à tant d'hommes audacieux le respect et l'obéissance ? Avec quelle force réprimerait-il ces *écorcheurs* des campagnes, ces terribles petits rois de châteaux ? c'étaient ses propres capitaines, c'était avec eux et par eux qu'il faisait la guerre aux Anglais.

CHAPITRE II

Réforme et pacification de la France - 1439-1448

La longue et confuse période des dernières années de Charles VII peut néanmoins se résumer ainsi : la guérison de la France. Elle guérit, et l'Angleterre tombe malade.

La guérison semblait improbable ; mais l'instinct vital qui se réveille à l'extrémité ramassa, concentra les forces. Tout ce qui souffrait se serra.

Ceux qui souffraient, c'était d'une part la royauté réduite à rien ; de l'autre, les petits, bourgeois ou paysans. Ceux-ci avisèrent que le roi était le seul qui n'eût pas intérêt au désordre, et ils regardèrent vers lui. Le roi sentit qu'il n'avait de sûr que ces petits. Il confia la guerre aux hommes de paix, qui la firent à merveille. Un marchand paya les armées ; un homme de plume dirigea l'artillerie, fit les sièges, força dans les places les ennemis, les rebelles.

On fit si rude guerre à la guerre qu'elle sortit du royaume. L'Angleterre, qui nous l'avait jetée, la reprit à bord.

Les grands, sans appui, vont se trouver petits en face du roi, à mesure que ce roi grandira par le peuple ; ils seront obligés peu à peu de compter avec lui. Pour cela, il faut du temps, quarante ans et deux règnes. Le travail se fait à petit bruit sous Charles VII et il ne finit pas. Il doit durer tant qu'à côté du roi subsiste un roi, le duc de Bourgogne.

Le 2 novembre 1439, Charles VII, aux états d'Orléans, ordonne, à la prière des états : que désormais le roi seul nommera les capitaines ; que les seigneurs, comme les capitaines royaux, seront responsables de ce que font leurs gens ; que les uns et les autres doivent répondre également devant les gens du roi, c'est-à-dire que désormais la guerre sera soumise à la justice. Les barons ne prendront plus rien au-delà de leurs droits seigneuriaux, sous prétexte de guerre. La guerre devient l'affaire du roi ; pour douze cent mille livres par an que les états lui accordent, il se charge d'avoir quinze cents lances de six hommes chacune. Plus tard, nous le verrons, à l'appui de cette cavalerie, créer une nouvelle infanterie des communes.

Les contrevenants n'obtiendront aucune grâce ; si le roi pardonnait, les gens du roi n'y auront nul égard. L'ordonnance ajoute une menace plus directe et plus efficace : la dépouille des contrevenants appartient à qui leur court sus. Ce mot était terrible ; c'était armer le paysan, sonner, pour ainsi dire, le tocsin des villages.

Que le roi osât déclarer ainsi la guerre au désordre, lorsque les Anglais étaient encore en France ; qu'il tentât une telle réforme en présence de l'ennemi, n'était-ce pas une imprudence ? Quoique dans le préambule il dise que l'ordonnance a été faite sur la demande des états, il est douteux que les princes et la noblesse qui y siégeaient aient bien sérieusement sollicité une réforme qui les atteignait.

Ce qui explique en partie la hardiesse de la mesure, c'est que les capitaines, soi-disant royaux, les pillards, les écorcheurs, venaient de s'affaiblir eux-mêmes. Ils avaient tenté une course vers Bâle, comptant rançonner le concile, et, tout au contraire, ils furent eux-mêmes sur la route fort malmenés par les paysans de l'Alsace ; puis, voyant les Suisses prêts à les recevoir, ils revinrent l'oreille basse. Le roi, qui avait pris Montereau vaillamment et de sa personne (1437), prit Meaux par son artillerie (1439). Alors, se sentant fort, il vint siéger à Paris ; il écouta les plaintes contre les gens de guerre, entendit les pleurs et les lamentations des bonnes gens. On fit des justices rapides ; le connétable de Richemont, qui de connétable se faisait volontiers prévôt, pendait, noyait tout sur son chemin. Son frère, le duc de Bretagne, ne tarda pas à frapper ce grand coup, de juger et brûler le maréchal de Retz. Cette première justice sur un seigneur ne se fit qu'au nom de Dieu, et avec l'aide de l'Église. Mais elle n'en fut pas moins un avertissement pour la noblesse, qu'il n'y aurait plus d'impunité.

Quels furent les hardis conseillers qui poussèrent le roi dans cette route ? Quels serviteurs ont pu lui inspirer ces réformes, lui faire donner le nom que lui donnent les contemporains : Charles *le bien servi ?*

Dans le conseil de Charles VII, nous voyons à côté des princes, du comte du Maine, du cadet de Bretagne, du bâtard d'Orléans, siéger de petits nobles, le brave Xaintrailles, les sages et politiques Brézé, nobles, mais n'étant rien que par le roi. Nous y voyons deux bourgeois, l'argentier Jacques Cœur, le maître de l'artillerie Jean Bureau, deux petits noms bien roturiers. Cette roture est placée en lumière par leur anoblissement et leurs armoiries. Cœur mit dans son blason trois cœurs rouges et l'héroïque rébus : *A vaillans* (cœurs) *riens impossible.* Bureau prit pour armes trois burettes ou fioles ; mais le peuple préférant l'autre étymologie, tout aussi roturière, tira *bureau* de *bure,* et en fit le proverbe : *Bureau vaut escarlate.*

Ce Bureau était un homme de robe, un maître des comptes. Il laissa là la plume, montrant par cette remarquable transformation qu'un bon esprit peut s'appliquer à tout. Henri IV réforma les finances par un homme de guerre ; Charles VII fit la guerre par un homme de finance. Bureau fit le premier un usage habile et savant de l'artillerie.

La guerre veut de l'argent ; Jacques Cœur sut en trouver. Doù venait celui-ci ? Quels furent ses commencements ; on regrette de le savoir si peu. Seulement, dès 1432, nous le voyons commerçant à Beyrouth en Syrie ; un peu plus tard, nous le trouvons à Bourges argentier du roi. Ce grand commerçant eut toujours un pied dans l'Orient, un pied en France. Ici, il faisait son fils archevêque de Bourges ; là-bas, il mariait ses nièces ou autres parents aux patrons de ses galères. D'une part, il continuait le trafic en Égypte ; de l'autre, il spéculait sur l'entretien des armées, sur la conquête de Normandie.

Tels furent les habiles et modestes conseillers de Charles VII. Maintenant si l'on veut savoir qui les approcha de lui, quelle influence le rendit docile à leurs conseils, on trouvera, si je ne me trompe, que ce fut celle d'une femme, de sa belle-mère, Yolande d'Anjou. Dès le commencement de ce règne, nous la voyons puissante ; c'est elle qui fait accueillir la Pucelle ; c'est avec elle, dans une occasion, que le duc d'Alençon s'entend sur les préparatifs de la campagne. Cette influence, balancée par celle des favoris, semble avoir été sans rivale, du moment que la vieille reine eut donné à son gendre une maîtresse, qu'il aima vingt années (1431-1450).

Tout le monde connaît le petit conte : Agnès dit un jour au roi que, toute jeune, elle a su d'un astrologue qu'elle serait aimée d'un des plus vaillants rois du monde ; elle avait cru que c'était Charles, mais elle voit bien que c'est plutôt le roi d'Angleterre, qui lui prend tant de belles villes à sa barbe ; donc elle ira le trouver... Ces paroles piquent si fort le roi, qu'il se met à pleurer, « et, quittant sa chasse et ses jardins, il prend le frein aux dents », si bien qu'il chasse les Anglais du royaume.

Les jolis vers de François Ier prouvent que cette tradition remonte plus haut que Brantôme. Quoi qu'il en soit, nous trouvons un éloge équivalent d'Agnès dans une bouche ennemie, celle du chroniqueur bourguignon, à peu près contemporain : « Certes, Agnez estoit une des plus belles femmes que je vis oncques, et fit en sa qualité *beaucoup de bien au royaulme*. » Et encore : « Elle prenoit plaisir à avancer devers le roy, jeunes gens d'armes et gentils compaignons, dont le roy fut depuis bien servi. »

Agnès la Sorelle ou Surelle (elle prit pour armes un sureau d'or) était fille d'un homme de robe, Jean Sureau, mais elle était noble de mère. Elle naquit dans cette bonne Touraine où le paysan même parle encore notre vieux gaulois dans tout son charme, mollement, comme on le sait, lentement et avec un semblant de naïveté. La naïveté d'Agnès fut de bonne heure transplantée dans un pays de ruse et de politique, en Lorraine ; elle fut élevée près d'Isabelle de Lorraine, avec laquelle René d'Anjou épousa ce duché. Femme d'un prisonnier, Isabelle vint demander secours au roi, menant ses enfants avec elle, et de plus sa bonne amie d'enfance, la demoiselle Agnès. La belle-mère du roi, Yolande d'Anjou, belle-mère aussi d'Isabelle, était comme une tête d'homme ; elles avisèrent à lier pour toujours Charles VII aux intérêts de la maison d'Anjou-Lorraine. On lui donna pour maîtresse la douce créature, à la grande satisfaction de la reine, qui voulait à tout prix éloigner La Trémouille et autres favoris.

Charles VII trouva la sagesse aimable dans une telle bouche ; la vieille Yolande parlait vraisemblablement par Agnès, et sans doute elle eut la part principale dans tout ce qui se fit. Plus politique que scrupuleuse, elle avait accueilli également bien les deux filles qui lui vinrent si à propos de Lorraine, Jeanne Darc et Agnès, la sainte et la maîtresse, qui toutes deux, chacune à leur manière, servirent le roi et le royaume.

Ce conseil de femmes, de parvenus, de roturiers, n'imposait pas beaucoup, il faut le dire ; la figure peu royale de Charles VII n'en était pas grandement relevée. Pour siéger comme juge du royaume sur le trône de Saint Louis, pour se faire comme lui le gardien de la Paix de Dieu, il semblait qu'il fallût s'entourer d'autres gens. La ligue des trois dames, la vieille reine, la reine et la maîtresse, n'édifiait personne. Qu'était-ce que Richemont ? un bourreau. Jacques Cœur ? un trafiquant en pays sarrasins... Un Jean Bureau ? un robin, « une escriptoire », qui s'était fait capitaine ; il chevauchait avec ses canons par tout le royaume, sans qu'il y eût forteresse qui tînt devant lui ; n'était-ce pas une honte pour les gens d'épée ?... Ainsi les renards s'étaient faits des lions. Il fallait désormais que les chevaliers rendissent compte aux *chevaliers ès loix*. Les plus nobles seigneurs, les hauts justiciers, devaient désormais avoir peur des gens de justice. Pour une poule qu'un page aura prise, le baron sera obligé de faire vingt lieues et de parler chapeau bas au singe en robe accroupi dans son greffe.

C'était là si bien la pensée des nobles, de ceux qui entouraient de plus près Charles VII, qu'après la fameuse ordonnance, Dunois même quitta le conseil. « Le froid et attrempé seigneur » se repentit d'avoir trop bien servi.

Ce bâtard d'Orléans avait commencé sa fortune en défendant la ville d'Orléans, apanage de son frère ; il avait employé fort habilement la simplicité héroïque de la Pucelle. Après avoir grandi par le roi, il voulait grandir contre le roi. Le malheur, c'est que le duc, son frère, était encore en Angleterre ; l'ancien ennemi de la maison d'Orléans, le duc de Bourgogne (sans doute converti par Dunois), travaillait à tirer des mains des Anglais ce chef futur des mécontents.

Le duc d'Alençon se jeta tête baissée dans l'affaire ; les Bourbon et Vendôme y donnèrent les mains. L'ancien favori La Trémouille, chassé par Richemont, ne manqua pas de s'engager. Les plus ardents de tous étaient les chefs des écorcheurs, le bâtard de Bourbon, Chabannes, le Sanglier ; à vrai dire, la chose les touchait de près ; pour les seigneurs, il s'agissait d'honneur et de juridiction ; mais pour eux, il y allait de leur col, ils voyaient de près la potence.

Il ne manquait plus qu'un chef ; au défaut du duc d'Orléans, on prit le dauphin, un enfant, à en juger par l'âge ; mais on pensa qu'un nom suffisait.

Celui qu'on croyait un enfant, et qui était déjà Louis XI, avait justement fait ses premières armes (comme il fit ses dernières) contre les seigneurs. A quatorze ans, il avait été chargé de pacifier les Marches de Bretagne et de Poitou. Sa première capture fut celle d'un lieutenant du maréchal de Retz ; un tel commencement ne promettait pas aux grands un ami bien sûr.

Ami ou non, il accepta leurs offres. Le trait dominant de son caractère, c'était l'impatience. Il lui tardait d'être et d'agir. Il avait de la vivacité et de l'esprit à faire trembler ; point de cœur, ni amitié, ni parenté, ni humanité, nul frein. Il ne tenait à son temps que par le bigotisme, qui, loin de le gêner, lui venait toujours à point pour tuer ses scrupules.

« Il ne faisoit que subtilier jour et nuit diverses pensées... Tous jours il avisoit soudainement maintes étrangetés. » Chose bizarre, parmi le radotage des petites dévotions, il y avait dans cet homme un vif instinct de nouveauté, le désir de remuer, de changer, déjà l'inquiétude de l'esprit moderne, sa terrible ardeur d'aller (où ? n'importe), d'aller toujours, en foulant tout aux pieds, en marchant au besoin sur les os de son père.

Ce dauphin de France n'avait rien de Charles VII ; il tenait plutôt de sa grand-mère, issue des maisons de Bar et d'Aragon ; plusieurs traits de son caractère font penser à ses futurs cousins les Guises. Comme les Guises, il commença par se porter pour chef des nobles, les laissant volontiers agir en sa faveur, puisqu'il leur tardait tant d'avoir pour roi celui qui devait leur couper la tête.

Le roi faisait ses pâques à Poitiers ; il était à table et dînait, lorsqu'on lui apprend que Saint-Maixent a été saisi par le duc d'Alençon et le sire de La Roche. Sur quoi, Richemont lui dit à la bretonne : « Vous souvienne du roi Richard II, qui s'enferma dans une place et se fit prendre. » Le roi trouva le conseil bon ; il monta à cheval et galopa avec quatre cents lances jusqu'à Saint-Maixent. Les bourgeois s'y battaient depuis vingt-quatre heures pour le roi, lorsqu'il vint à leur secours. Les gens de la Roche furent, selon l'usage de Richemont, décapités, noyés, mais ceux d'Alençon renvoyés ; on espérait détacher celui-ci, qui après tout était prince de sang, et qui n'était pas plus ferme pour la révolte qu'il ne l'avait été pour le roi.

Les petites places du Poitou ne tinrent pas ; Richemont les enleva une à une. Dunois commença alors à réfléchir. Le bourgeois était pour le roi, qui voulait la sûreté des routes, autrement dit l'approvisionnement facile, le bon marché des vivres. Le paysan, sur qui les gens de guerre étaient retombés, n'y voyait que des ennemis. Le seigneur ne tirait plus rien de son paysan ruiné. L'écorcheur même, qui ne trouvait pas grand-chose, et qui, après avoir couru tout un jour, couchait dans les bois sans souper, en venait à songer qu'après tout il serait mieux de faire une fin, de se reposer et d'engraisser à la solde du roi dans quelque honnête garnison.

Dunois compris tout cela ; il calcula aussi que le premier qui laisserait les autres aurait un bon traité. Il vint, fut bien reçu, et se félicita du parti qu'il avait pris quand il vit le roi plus fort qu'il ne croyait, fort de quatre mille huit cents cavaliers et de deux mille archers, sans avoir été obligé de dégarnir les Marches de Normandie.

Plus d'un pensa comme Dunois. Maint écorcheur du Midi vint gagner l'argent du roi en combattant les écorcheurs du Nord. Charles VII poussa le duc de Bourbon vers le Bourbonnais, s'assurant des villes et châteaux, ne permettant pas qu'on pillât. Il assembla les états d'Auvergne et fit déclarer hautement que les rebelles n'en voulaient au roi que parce qu'il protégeait les pauvres gens contre les pillards. Les princes, abandonnés et n'obtenant nul appui du duc de Bourgogne, vinrent faire leur soumission ; Alençon d'abord, puis le duc de Bourbon et le dauphin. Pour La Trémouille et les autres, le roi ne voulait pas les recevoir ; le dauphin hésita s'il accepterait un pardon qui ne couvrait pas ses amis. Il dit au roi : « Monseigneur, il faut donc que je m'en retourne, car ainsi leur ai promis. » Le roi répondit froidement : « Louis, les portes vous sont ouvertes, et si elles ne vous sont pas assez grandes, je vous en ferai abattre seize ou vingt toises de mur. »

Cette guerre, si bien conduite, ne fut pas moins sagement terminée. On ôta au duc de Bourbon ce qu'il avait au centre (Corbeil, Vincennes, etc.), et l'on éloigna le dauphin ; on lui donna un établissement sur la frontière, le Dauphiné ; c'était l'isoler, lui faire sa part ; on ne pouvait en être quitte qu'en lui donnant, par avance d'hoirie, une petite royauté.

Cette *praguerie* de France (on la baptisa ainsi du nom de la grande *praguerie* de Bohême) n'en eut pas moins, quoique finie si vite, de tristes résultats. La réforme militaire fut ajournée.

Les Anglais enhardis prirent Harfleur et le gardèrent. Ils lâchèrent le duc d'Orléans, à la prière du duc de Bourgogne. L'ancien ennemi de sa maison s'employant ainsi pour le tirer de prison, le roi ne put décemment se dispenser de garantir aussi la rançon et d'aider à la délivrance du dangereux prisonnier. Il descendit tout droit chez le duc de Bourgogne, qui lui passa au col la chaîne de la Toison d'or et lui fit épouser une de ses parentes. Contre qui se faisait une si étroite union de deux ennemis, sinon contre le roi ? Il se tint pour averti.

D'abord, il obtint des états un dixième à lever sur tous les ecclésiastiques du royaume. Il rappela Tanneguy du Châtel, l'ennemi capital de la maison de Bourgogne. Puis, portant toutes ses forces vers le nord, il vint le long de la frontière faire justice des capitaines bourguignons, lorrains et autres qui désolaient le pays. Parmi ceux qui firent leur soumission se trouvait un homme de trouble, le plus hardi des pillards, hardi parce qu'il était l'agent commun des ducs de Bourbon et de Bourgogne ; c'était le bâtard de Bourbon. Le roi le livra, tout Bourbon qu'il était, au prévôt qui lui fit son procès comme à tout autre voleur ; bien et dûment jugé, il fut mis dans un sac et jeté à la rivière. Le chroniqueur bourguignon avoue lui-même que cet exemple fut d'un excellent effet ; les capitaines soi-disant royaux, qui couraient les champs, eurent sérieusement peur et crurent qu'il était temps de s'amender.

Autre leçon non moins instructive. Le jeune comte de Saint-Pol, se fiant à la protection du duc de Bourgogne, osa enlever sur la route des canons du roi ; le roi lui enleva deux de ses meilleures forteresses. Saint-Pol accourut et demanda grâce, mais il n'obtint rien qu'en se soumettant au Parlement pour l'affaire litigieuse de la succession de Ligny. La duchesse de Bourgogne, qui vint en personne présenter au roi une longue liste de griefs, fut reçue poliment, poliment renvoyée, sans avoir rien obtenu.

Cependant les Anglais, toujours si près de Paris, si puissamment établis sur la basse Seine, l'avaient remontée, saisi Pontoise. Celui qui avait surpris ce grand et dangereux poste, lord Clifford, le gardait lui-même ; l'acharnement et l'opiniâtreté de Clifford ne se sont pas trop fait connaître dans les guerres des Roses. Outre les Anglais, il y avait dans Pontoise nombre de transfuges qui savaient bien qu'il n'y aurait pas de quartier pour eux. Ce n'était pas chose facile de reprendre une telle place ; mais comment laisser ainsi les Anglais à la porte de Paris ?

Des deux côtés on fit preuve d'une inébranlable volonté. Le siège de Pontoise fut comme un siège de Troie. Le duc d'York, régent de France, qui devait plus tard faire tuer Clifford dans la guerre civile, vint à son secours. Il amena une armée de Normandie, ravitailla la place, offrit bataille (juin) ; Talbot était avec lui. Les Anglais croyaient toujours avoir affaire au roi Jean ; mais les sages et froids conseillers de Charles VII se souciaient fort peu du point d'honneur chevaleresque. La guerre était déjà pour eux une affaire de simple tactique. Le roi laissa donc passer les Anglais, s'écarta, revint. Talbot revint à son tour, et fit entrer encore des vivres (juillet). Le duc d'York ramena de nouveau son armée, et n'obtint pas encore la bataille. On le laissa, tant qu'il voudrait, courir l'Ile-de-France ruinée et se ruiner lui-même dans ces vaines évolutions. Le roi ne lâchait pas prise ; il avait fortifié près de la ville une formidable bastille que les Anglais ne purent attaquer. Quand ils se furent épuisés, harassés pour ravitailler quatre fois Pontoise, Charles VII reprit sérieusement le siège ; Jean Bureau battit la ville en brèche avec une activité remarquable ; deux assauts meurtriers, cinq heures durant, furent livrés ; d'abord une église qui faisait redoute fut emportée, puis la place elle-même (16 septembre 1441). Ainsi des gens qui n'osaient combattre les Anglais en plaine les forçaient dans un assaut.

La reprise de Pontoise était une délivrance pour Paris et pour tout le pays d'alentour ; la culture pouvait dès lors recommencer ; les subsistances étaient assurées. Les Parisiens n'en surent nul gré au roi. Ils ne sentaient que leur misère présente, le poids des taxes ; elles atteignaient les confréries mêmes, les Églises, qui se plaignaient fort.

La bonne volonté ne manquait pas aux princes pour profiter de ces mécontentements. Le duc de Bourgogne, sans paraître lui-même, les rassembla chez lui à Nevers (mars 1442). Le duc d'Orléans, dont il faisait ce qu'il voulait, depuis qu'il l'avait délivré, présidait pour lui l'assemblée, les ducs de Bourbon et d'Alençon, les comtes d'Angoulême, d'Étampes, de Vendôme et de Dunois. Le roi envoya bonnement son chancelier à ce conciliabule qui se tenait contre lui, lui faisant dire qu'il les écouterait volontiers.

Leurs demandes et doléances laissaient voir très bien le fond de leur pensée. La *praguerie* ayant échoué, parce que les villes étaient restées fidèles au roi, il s'agissait cette fois de les tourner contre lui, de faire en sorte que le peuple s'en prît au roi seul de tout ce qu'il souffrait. Les princes donc, dans leur amour du bien public et du bon peuple de France, remontraient au roi la nécessité de faire *la paix ;* et c'étaient eux justement qui avaient reculé la paix, en nous faisant perdre Harfleur. Ils demandaient la *répression des brigands ;* mais les brigands n'étaient que trop souvent leurs hommes, comme on vient de le voir par le bâtard de Bourbon. Pour réprimer les brigands, il fallait des troupes, et des tailles, des aides, pour payer les troupes ; or, les princes demandaient en même temps la *suppression des aides et des tailles.* Après ces demandes hypocrites, il y en avait des sincères, chacun réclamant pour soi telle charge, telle pension.

La réponse du roi, qu'on eut soin de rendre publique, fut d'autant plus accablante qu'elle était plus douce et plus modérée. Il répond spécialement sur l'article des impôts : que les aides ont été consenties par les seigneurs chez qui elles étaient levées ; quant aux tailles, le roi les a « fait savoir » aux trois états, quoique, dans les affaires si urgentes, lorsque les ennemis occupent une partie du royaume et détruisent le reste, il ait bien droit de lever les tailles de son autorité royale. Pour cela, ajoute-t-il, il n'est besoin d'assembler les états ; ce n'est que charge pour le pauvre peuple qui paie les dépenses de ceux qui y viennent ; plusieurs notables personnes ont requis qu'on cessât ces convocations. Une autre raison que le roi s'abstient de dire, c'est qu'il eût été souvent difficile d'obtenir des états, où les grands dominaient, un argent qui devait servir à faire la guerre aux grands mêmes.

La *praguerie* cette fois s'en tint aux doléances, aux cahiers. Le roi les laissant perdre le temps à leur assemblée de Nevers, faisait alors un grand et utile voyage à travers tout le royaume, de la Picardie à la Gascogne, mettant partout la paix sur la route, notamment dans les Marches, en Poitou, Saintonge et Limousin. Affermi dans le Nord par la prise de Pontoise, il allait tenir tête aux Anglais dans le Midi. Le comte d'Albret, pressé par eux, avait promis de se rendre, si le roi ne venait le 23 juin *tenir sa journée* et les attendre sur la lande de Tartas. La condition leur plut. Ils ne croyaient pas qu'il pût venir à temps, encore moins qu'il offrît la bataille. Au jour dit, ils virent sur la lande le roi de France et son armée (21 juin 1442).

Cent vingt bannières, cent vingt comtes, barons, seigneurs, se trouvèrent sur cette lande autour de Charles VII. Tous ces Gascons qui s'étaient crus loin du roi, dans un autre monde, commençaient à sentir qu'il était partout. Ils venaient rendre hommage, faire service féodal, et le roi leur rendait justice.

Il en fit une grande et solennelle, l'année suivante (mars 1443). Entre les deux tyrans des Pyrénées, Armagnac et Foix, le petit comté de Comminges était cruellement tiraillé. L'héritière de Comminges avait épousé d'abord, de gré ou de force, un Armagnac, puis le comte de Foix. Celui-ci, qui ne voulait que son bien, se fit faire par elle donation, et il la jeta dans une tour. Il l'y tenait encore vingts ans après, sous prétexte de jalousie ; elle était, disait-il, trop galante. La pauvre femme avait quatre-vingts ans. Les états du Comminges implorèrent Charles VII, qui reçut gracieusement leur requête, fit peur au comte de Foix, délivra la vieille comtesse, partagea entre les deux époux l'usufruit du Comminges et s'en adjugea la propriété. Cette justice hardie donna beaucoup à penser à tous ces seigneurs, jusque-là si indépendants.

Ce ne fut pas tout. Le roi, pour rester toujours parmi eux, comme juge, leur donna un parlement royal qui résiderait à Toulouse. Cette royauté judiciaire du Midi n'avait rien à voir avec le Parlement de Paris ; elle jugeait selon le droit du pays, le droit écrit, elle ne dépendait de personne, se recrutant elle-même. En attendant que ce grand corps pût rétablir l'ordre et la justice dans le Languedoc, Charles VII autorisa les pauvres gens à se faire justice eux-mêmes, à courir sus aux brigands, aux soldats vagabonds.

Il ne pouvait s'éloigner longtemps du Nord. Dieppe, qui avait été repris par un heureux coup d'audace, risquait d'être encore perdu. Un capitaine français, sans le secours du roi, s'était avisé d'escalader les murs à la marée basse, les bourgeois aidant, et il avait pris les Anglais au lit. Dieppe, fortifié à la hâte des trois tours qu'on voit encore, était devenu le port de tous les corsaires de terre, qui faisaient la course dans la haute Normandie. Ces braves tenaient en échec toutes les petits places anglaises qui, à la fin, tombaient l'une après l'autre. Qui n'a pas Dieppe n'a rien sur la côte ; les Anglais, qui tenaient encore Arques, ne désespérèrent pas de reprendre l'importante petite ville. Ils envoyèrent là, comme partout où il fallait de la vigueur, leur vieux lord Talbot. Il prit poste au-dessus du Pollet sur la falaise ; il y établit une bonne bastille, une tour avec force canons et bombardes, pour répondre au fort et écraser la ville qui est entre. Une grande flotte, une armée allait venir d'Angleterre ; on l'attendait de moment en moment ; il fallait la prévenir. Le dauphin obtint d'être envoyé avec Dunois ; beaucoup de gentilshommes picards et normands voulurent être de la partie. Le soir de son arrivée, il fit les premières approches. Il ne prit pas même le temps de mettre en batterie l'artillerie qu'il avait amenée ; il fit des ponts de bois pour franchir les fossés de la bastille, et tenta tout d'abord l'escalade. Au second assaut, pendant que la ville en alarme faisait une procession à la Vierge et que les cloches étaient en branle, la bastille fut emportée.

La grande flotte apparut enfin majestueusement, à temps pour être témoin des fêtes de la délivrance. Il en resta pour Dieppe les folles farces des *mitouries de la mi-août,* qu'on faisait dans les églises. Le dauphin eut aussi sa fête (déjà à la Louis XI), la pendaison d'une soixantaine de vieux Bourguignons pris dans la bastille, et le lendemain encore, il passa les Anglais en revue pour bien reconnaître ceux qui lui avaient *chanté pouille* du haut des murs et les faire accrocher aux pommiers du voisinage.

Tout le résultat qu'eut la grande et coûteuse expédition anglaise, ce fut pour le commandant, le lord duc de Somerset, l'honneur d'une promenade chevaleresque de Normandie en Anjou. Ayant réussi tout ce qu'il y avait de forces disponibles, il s'en alla sans obstacle, sans mauvaise rencontre (sauf une affaire de nuit où il tua trente hommes), assiéger la petite place de Pouancé ; mais n'ayant pas été plus heureux à prendre

Pouancé qu'à reprendre Dieppe, il revint à Rouen se reposer de ses travaux et prendre ses quartiers d'hiver.

Cet hiver, pendant que Somerset jouissait de ce victorieux repos, le dauphin Louis traversait brusquement tout le royaume pour ruiner et détruire le meilleur ami des Anglais. Le comte d'Armagnac, mécontent de l'arrangement du Comminges, où on ne lui faisait point part, avait essayé de prendre le tout ; il défendit à ses sujets de rien payer désormais au roi Charles, et leva sa bannière d'Armagnac contre la bannière de France. Il comptait sur les Anglais, sur le duc de Glocester, qui voulait en effet marier Henri VI avec une fille du comte. La chose se serait peut-être arrangée pour le printemps ; l'hiver même il n'y eut plus d'Armagnac ; la fille et le père, tout fut pris. Le dauphin, qui était un âpre chasseur, se chargea encore de cette chasse au loup. Il part en janvier, franchit les neiges, les fleuves grossis, et trouve la proie au gîte, tout ce qu'il y avait d'Armagnac enfermé dans une place. La place était forte ; il fallait les tirer de là. Le dauphin parla doucement, comme parent, et fit si bien que *son beau cousin* (il l'appelait ainsi) vint se livrer avec les siens, croyant en être quitte pour cette parole, que dès lors il était au roi de France. Le dauphin le prit au mot, emmena tous ces Armagnacs et les mit sous bonne garde. Ils ne furent lâchés que deux ans après, lorsque Henri VI était marié dans la maison de France, et que l'Angleterre, occupée de ses discordes, ne pouvait ranimer les nôtres.

Glocester et le parti de la guerre avaient bien pu encourager Armagnac, mais non le défendre. Ils avaient assez de peine à se défendre eux-mêmes en Angleterre contre les évêques, contre les partisans de la paix, Winchester et Suffolk, qui avaient pris le dessus. Ceux-ci, après la vaine et ruineuse expédition de Somerset, furent décidément les maîtres, et, quoi qu'il en coutât à l'orgueil anglais, ils négocièrent une trêve, un mariage qui rapprochât, sinon les deux peuples, au moins les deux rois.

Mais il y avait un troisième peuple bien embarassant pendant la trêve, le peuple des gens de guerre. Que faire de cette tourbe d'hommes de toutes nations qui étaient depuis si longtemps en possession de désoler le pays ? Ni les Anglais, ni les Français, ne pouvaient espérer de contenir les leurs. Ce qu'on pouvait, c'était de les décider à aller voler ailleurs, à quitter la France ruinée pour visiter la bonne Allemagne, pour faire un pèlerinage au Concile de Bâle, aux saintes et riches villes du Rhin, aux grasses principautés ecclésiastiques.

Le roi, justement alors, recevait deux propositions, deux demandes de secours, l'une de l'empereur contre les Suisses, l'autre de René, duc de Lorraine, contre les villes d'Empire. Le roi fut également favorable et promit généreusement des secours pour et contre les Allemands.

Les *Allemagnes,* comme on disait très bien, tout grandes, grosses, populeuses qu'elles étaient, semblaient pouvoir être envahies avec avantage. Le Saint Empire était tombé par pièces ; chaque pièce se divisait. Les Lorrains, les Suisses par exemple, étaient en guerre, et avec les autres Allemands, et avec eux-mêmes.

Les deux demandes qu'on faisait au roi étaient au fond moins opposées qu'il ne semblait ; des deux côtés il s'agissait de défendre la noblesse contre les villes et communes. Ces communes, après avoir admirablement conquis leur liberté, en usaient souvent assez mal. Metz et autres villes de Lorraine, affranchies de leurs évêques et devenues de riches républiques marchandes, soldaient les meilleurs hommes d'épée, les plus braves aventuriers du pays, et se trouvaient souvent compromises par eux avec les seigneurs et même avec le duc. Ceux de Metz, ayant ainsi querelle avec un gentilhomme de la duchesse Isabelle, s'en prirent à elle-même. Ils l'attendirent, entre Nancy et Pont-à-Mousson où elle allait en pèlerinage, se jetèrent sur ses bagages, ouvrirent tout, pillèrent tout, joyaux et nippes de femme, contre toute chevalerie.

Cette violence particulière n'était qu'un accident d'une grande querelle qui durait toujours en Lorraine. Metz et les autres villes étaient-elles françaises ou allemandes ? *Quelle était la vraie et légitime frontière de l'Empire ?*

Cette question des droits de l'Empire était débattue plus violemment encore du côté de la Suisse. Les cantons comptaient s'être définitivement séparés de l'Allemagne, et néanmoins Zurich venait de s'allier de nouveau à l'empereur, duc d'Autriche ; elle soutenait que la Confédération suisse était toujours un membre de l'Empire. Les autres cantons tenaient Zurich assiégée, et, selon toute apparence, allaient la détruire. C'était une guerre sans quartier. Les montagnards, déjà maîtres de Greifensee, en avaient fait passer la garnison par la main du bourreau. On assurait qu'après un combat ils avaient bu le sang de leurs ennemis et mangé leur cœur.

Toute cette rude histoire a été obscurcie en bien des points par les deux grands historiens qui l'ont écrite, au XVIe et au XVIIIe siècle. L'honnête Tschudi, dans sa partialité naïve, a recueilli religieusement les menteries patriotiques qui circulaient de son temps sur l'âge d'or des Suisses ; toutefois, il n'a pas caché ce que leur héroïsme avait de barbare. Puis est venu le bon et éloquent Jean de Müller, grand moraliste, grand citoyen, tout occupé de ranimer le sentiment national : dans ce louable but, il choisit, il arrange ; s'il ne nie point la barbarie, il la couvre tant qu'il peut des fleurs de sa rhétorique. J'en suis fâché ; une telle histoire pouvait se passer d'ornements ; âpre, rude, sauvage, elle n'en était pas moins grande. Que penser d'un homme qui se chargerait de parer les Alpes !

Et il y a en Suisse quelque chose de plus grand que les Alpes, de plus haut que la Jungfrau, de plus majestueux que la majesté sombre du lac de Lucerne... Entrez dans Lucerne même, pénétrez dans ses noires archives ; ouvrez leurs grilles de fer, leurs portes de fer, leurs coffres de fer, et touchez (mais doucement) ce vieux lambeau de soie tachée... C'est la plus ancienne relique de la liberté en ce monde ; la tache est le sang de Gundolfingen, la soie c'est le drapeau où il s'enveloppa pour mourir à la bataille de Sempach.

Nous reviendrons sur tout cela, lorsque nous aurons à montrer la

Suisse en lutte avec Charles le Téméraire. Qu'il nous suffise ici de dire qu'en cette histoire il faut distinguer les époques.

Au XIVe siècle, les Suisses s'affranchirent par trois ou quatre petites batailles d'éternelle mémoire. Ils firent connaître, au même temps que les Anglais, ce que pouvait le fantassin ; toutefois avec cette différence, les Anglais de loin, comme archers, les Suisses de près avec la lance ou la hallebarde ; de près, car cette lance, ils la tenaient *par le milieu,* c'est-à-dire d'une main sûre, c'est le secret de leurs victoires.

Depuis ces belles batailles, ce fut pour eux une ferme loi, que le Suisse en corps de canton, poussant devant lui la hallebarde, se lançant les yeux fermés, comme le taureau cornes basses, était plus fort que le cheval, et ne pouvait manquer de jeter bas le cavalier bardé de fer. Ils avaient raison de le croire ; mais dans leur orgueil stupide, ils attribuaient volontiers ces grands effets d'ensemble à la force individuelle. Ils faisaient là-dessus des contes que tout le monde répétait. Les Suisses, à les entendre, avaient tant de vie et de sang, que mortellement blessés ils combattaient longtemps encore. Ils buvaient comme ils combattaient ; en cela, ils étaient de même invincibles. Dans maintes guerres d'Italie, on avait, sur leur passage, pris soin d'empoisonner les vins ; peine perdue, tout passait, vin et poison, les Suisses ne s'en portaient que mieux.

Ce brutal orgueil de la force eut son résultat naturel ; ils se gâtèrent de très bonne heure. Il ne faut pas tout croire, à beaucoup près, dans ce qu'on se plaît à dire de la pureté de ces temps. A la fin du XVe siècle, le saint homme Nicolas de Flue pleurait dans son ermitage sur la corruption de la Suisse. Au milieu du même siècle, nous voyons leurs soldats mener avec eux des bandes de femmes et de filles. Tout au moins leurs armées traînaient beaucoup de bagages, d'embarras, de superfluités ; en 1420, une armée suisse de cinq mille hommes, entreprenant de passer les Alpes par un passage alors difficile, ne s'en faisait pas moins suivre de quinze cents mulets pesamment chargés.

L'avidité des Suisses était l'effroi de leurs voisins. Il n'y avait guère d'années où ils ne descendissent pour chercher quelque querelle. Tout dévots qu'ils étaient (aux saints de la montagne, à Notre-Dame-des-Ermites), ils n'en respectaient pas davantage le bien du prochain. Allemands ennemis de l'Allemagne, ayant brisé le droit de l'Empire sans en avoir d'autres, leur droit, c'était la hallebarde, pointue, crochue, qui perçait et ramenait...

De force ou d'amitié, avec ou sans prétexte, sous ombre d'héritage, d'alliance, de combourgeoisie, ils prenaient toujours. Ils ne voulaient rien connaître aux écritures, aux traités, bonnes et simples gens qui ne savaient lire... Un de leurs moyens ordinaires pour dépouiller leurs seigneurs voisins, c'était de protéger leurs vassaux, c'est-à-dire d'en faire les leurs ; ils appelaient cela affranchir ; les prétendus affranchis regrettaient souvent le maître héréditaire sous cette rude et mobile seigneurie de paysans.

Les Magnifiques Seigneurs, vachers de la montagne ou bourgeois de la plaine, se disputaient leurs sujets. Les bourgeois abusaient volontiers de ce que les montagnards, si souvent affamés dans leurs neiges, étaient obligés de venir acheter du blé aux marchés d'en bas. Souvent ils refusaient d'en vendre, dussent les autres crever de faim. « Hommes d'Uznach, disait un bourgmestre, vous êtes à nous, vous, votre pays, votre avoir, jusqu'à vos entrailles » ; leur reprochant durement le pain que Zurich leur vendait.

Dans la guerre contre les autres cantons, Zurich avait l'alliance de l'empereur, mais non l'appui de l'Empire. Les Allemagnes ne se mettaient pas aisément en mouvement. Consultées par l'empereur, elles répondirent froidement que se mêler de ses affaires entre villes suisses, c'était « mettre la main entre la porte et les gonds ».

Quelques nobles allemands se jetèrent dans la ville pour la défendre ; néanmoins les autres cantons l'attaquaient avec tant d'acharnement qu'elle ne pouvait guère résister. L'empereur s'adressa au roi de France, dont son cousin Sigismond allait épouser la fille ; le margrave de Bade invoqua l'appui de la reine, sa parente ; la noblesse souabe envoya près de Charles VII le plus violent ennemi des Suisses, Burckard Monck, pour lui représenter que la chose était dangereuse, qu'elle pouvait gagner de proche en proche, que toute noblesse était en danger. Le roi, le dauphin, déjà en route, reçurent je ne sais combien d'ambassades coup sur coup, à Tours, à Langres, à Joinville, à Montbéliard, à Altkirch. La chose pressait en effet, Zurich était assiégée depuis deux mois ; on pouvait apprendre d'un moment à l'autre qu'elle était prise, saccagée, passée au fil de l'épée.

L'armée était en mouvement ; mais ce n'était pas une opération facile que mener si loin, en toute sagesse et modestie, ce grand troupeau de voleurs. Il y avait quatorze mille Français, huit mille Anglais, des Écossais, toutes sortes de gens. Chaque nation marchait à part sous ses chefs. Le dauphin avait le titre de commandant général. Sur le passage de ces bandes, les Bourguignons, fort inquiets, étaient sur pied, en armes, et tout prêts à tomber dessus. Elles arrivèrent pourtant sans grand désordre en Alsace.

Bâle avait beaucoup à craindre. Avant-garde des cantons, elle savait de plus que le pape avait offert de l'argent au dauphin pour que, chemin faisant, il le débarrassât du concile. Les bourgeois, les pères, fort effrayés, avertirent les Suisses en toute hâte, énumérant les troupes de toute nation qui approchaient de la ville, et répétant les terribles histoires que l'on contait partout sur les brigands armagnacs. Les Suisses, tout acharnés qu'ils étaient au siège, résolurent, sans le quitter, d'envoyer quelques milliers d'hommes pour voir ce qu'étaient ces gens-là.

La grande armée tournait le Jura et venait, corps par corps, à la file, vers la petite rivière (la Birse). Déjà un corps avait passé ; les Suisses se ruèrent dessus ; ce choc de deux ou trois mille lances à pied étonna fort des gens qui, dans leurs guerres anglaises, n'avaient jamais rencontré le fantassin que comme archer. Ils reculèrent en désordre et repassèrent l'eau, laissant leurs bagages ; l'armée ainsi avertie, on détacha des troupes du côté de la ville, afin que les bourgeois ne pussent aider les Suisses, ni ceux-ci se jeter dans Bâle.

Les deux mille ignoraient si bien à quelles forces ils avaient affaire, qu'ils voulurent pousser en avant. On leur avait défendu en partant d'aller plus loin que la Birse ; ils n'en tinrent pas compte ; ces bandes étaient menées démocratiquement, les capitaines par les soldats. Un messager vint de Bâle, qui les avertit du grand nombre de leurs ennemis, les conjurant au nom de leur salut de ne point passer la rivière. Mais telle était leur ivresse et leur brutalité féroce, qu'ils tuèrent le messager.

Ils passèrent, furent écrasés ; les gens d'armes en poussèrent cinq cents dans une prairie, d'où ils ne sortirent jamais. Mille environ, croyant gagner Bâle, se trouvèrent heureux de rencontrer une tour, un cimetière, où les haies, les vignes, une vieille muraille arrêtaient la cavalerie. Ils tinrent là en désespérés ; ils n'avaient pas plus de quartier à espérer qu'ils n'en avaient fait à Greifensee ; Burckard Monck, leur ennemi, était là pour solder ce compte. Les gens d'armes, laissant leurs chevaux, forcèrent la muraille, mirent le feu à la tour. Les Suisses furent tués jusqu'au dernier.

Un historien français leur rend ce témoignage : « Les nobles hommes qui avoient esté en plusieurs journées, contre les Anglois et autres, m'ont dit qu'ils n'avoient vu ni trouvé aucune gens de si grande défense, ni si outrageux et téméraires pour abandonner leur vie. »

C'était une défaite honorable, une leçon toutefois, la seconde qu'eussent reçue les Suisses ; la première leur avait été donnée par le Piémontais Carmagnola. Il faut voir aussi avec quels efforts, quelles adresses maladroites, quel flot de phrases et de rhétorique leurs historiens ont tâché de couvrir la réalité du fait ; ils diminuent le nombre des Suisses, augmentent celui de leurs ennemis ; ils tâchent de faire entendre que toute l'armée des Armagnacs fut engagée ; ils peignent l'admiration du dauphin (*qui n'y était pas,* et qui de sa nature n'admirait pas aisément) ; enfin, pour que rien ne manque au merveilleux, ils ajoutent ce petit conte. Le Souabe Burckard Monck se promenait sur le champ de bataille, riant aux éclats à la vue de ces cadavres, et se mit à dire : « Nous nageons dans les roses. » Mais, par tous ces gens quasi morts, en voilà un qui ressuscite et qui, d'une pierre roidement lancée, frappe Burckard à la tête ; il en meurt trois jours après.

Le dauphin, ajoutent-ils, fut si effrayé de la valeur des Suisses, qu'*il se retira* à la hâte et ne leur demanda plus que leur amitié. Et justement le contraire est exact et parfaitement trouvé. Ce sont les Suisses qui brusquement *se retirèrent,* laissèrent Zurich et rentrèrent dans les montagnes. Le dauphin voulut bien traiter avec Bâle et le concile ; le parti que les Suisses avaient dans Bâle, et qui était tout prêt à faire main basse sur les nobles, n'osa remuer ; les troupes se répandirent sans obstacle dans la Suisse, entre le Jura et l'Aar ; enfin, après avoir bien vu qu'il n'y avait pas grand-chose à prendre chez leurs ennemis, elles retombèrent sur leurs amis, et se mirent à piller l'Alsace et la Souabe.

Les Allemands jetèrent les hauts cris. Mais les autres répondaient qu'on leur avait promis des vivres, une solde, et qu'ils n'avaient rien reçu. Enfin le duc de Bourgogne, craignant de voir les Français s'habituer en Suisse et en Alsace, se porta pour médiateur. Le dauphin, qui se plaignait d'avoir sauvé des ingrats, fit volontiers la paix avec les Suisses. Il sentit, en homme avisé, tout ce qu'on pouvait faire avec ces braves, qui se vendaient aisément, qui n'avaient peur de rien et frappaient sans raisonner. Il les encouragea à venir en France. Il se montra leur ami contre la noblesse, qu'il était venu secourir, déclarant que si les nobles de Bâle ne voulaient pas s'arranger, il se joindrait à la ville pour leur faire la guerre. Il aimait tant cette ville de Bâle, qu'il aurait voulu qu'elle fût française. De leur côté les Suisses, qui ne demandaient qu'à gagner, lui offrirent amicalement de lui louer quelque mille hommes.

Le retour du dauphin et le bruit de l'échec des Suisses avancèrent fort les affaires de Lorraine. Les villes qui se couvraient du nom de l'Empire comprirent que si l'empereur et la noblesse allemande avaient appelé les Français au fond des pays allemands pour sauver Zurich, ils ne viendraient pas se battre contre les Français sur les Marches de France. Toul et Verdun reconnurent le roi comme protecteur.

Metz seule résistait. Cette grande et orgueilleuse ville avait d'autres villes dans sa dépendance, et autour d'elle vingt-quatre ou trente forts. Cependant, dès le commencement, Épinal avait saisi l'occasion de s'affranchir et s'était jetée dans les bras du roi. Les forts s'étant rendus ensuite, les Messins se décidèrent à négocier ; ils représentèrent au roi « qu'ils n'étoient point de son royaume ni de sa seigneurie ; mais que dans ses guerres avec le duc de Bourgogne et autres, ils avoient toujours reçu et conforté ses gens ». Alors, par ordre du roi, maître Jean Rabateau, président du Parlement, proposa à l'encontre plusieurs raisons, savoir : que le Roy prouveroit suffisamment, si besoin étoit, tant par des chartes que chroniques et histoires, qu'ils étoient et avoient été de tout temps passé sujets du Roy et du royaume ; que le Roy étoit bien averti qu'ils étoient coutumiers de faire et trouver telle cauteles et cavillations, et comment, quand l'empereur d'Allemagne étoit venu à grande puissance et intention de les contraindre à obéir à lui, pour leur défense ils se disoient pour lors être *dépendans du royaume de France et tenans de la couronne ;* semblablement, quand aucuns roys des prédécesseurs du Roy de France étoient venus pour les faire obéir à eux, ils se disoient être *de l'Empire et sujets de l'Empereur.*

Le grand procès des limites de la France et de l'Empire ne pouvait se régler aussi incidemment et pendant une trêve de la guerre d'Angleterre. La chose resta indécise. Le roi se contenta de faire financer cette riche ville de Metz.

Au reste, il avait fait tout ce qu'il pouvait désirer, occupé ses troupes, relevé à bon marché la réputation des armes françaises. Les capitaines, jusque-là dispersés et à peine dépendants du roi, avaient suivi son drapeau. Le moment était venu d'accomplir la grande réforme militaire que la Praguerie avait fait ajourner.

L'opération était délicate ; elle fut habilement conduite ; le roi chargea les seigneurs qui lui étaient le plus dévoués de sonder les principaux capitaines et de leur offrir le commandement de quinze compagnies de gendarmerie régulière. Ces compagnies, chacune de cent lances (600 hommes), furent réparties entre les villes ; mais on eut soin de les diviser, de sorte que dans chaque ville (même dans les plus grandes, Troyes, Châlons, Reims), il n'y avait que vingt ou trente lances. La ville payait sa petite escouade et la surveillait ; partout les bourgeois étaient les plus forts et pouvaient mettre les soldats à la raison. Les gens de guerre qui ne furent pas admis dans les compagnies se trouvèrent tout à coup isolés, sans force ; ils se dispersèrent. « Les Marches et pays du royaume devinrent plus sûrs et mieux en paix, dès les deux mois qui suivirent, qu'ils n'avaient été trente ans auparavant. »

Il y avait trop de gens qui gagnaient au désordre pour que cette réforme si fît sans obstacle. Elle en rencontra de timides, il est vrai, dans le conseil même du roi. Les objections ne manquèrent pas : les gens de guerre allaient se soulever ; le roi n'était pas assez riche pour de telles dépenses, etc.

La réforme financière, qui seule rendait l'autre possible, fut due, selon toute apparence, à Jacques Cœur. Dans la belle et sage ordonnance de 1443, qui règle la comptabilité, on croit reconnaître, comme dans celle de Colbert, la main d'un homme formé aux affaires par la pratique du commerce, et qui applique en grand au royaume la sage et simple économie d'une maison de banque.

L'argent donne la force. En 1447, le roi prend la police dans sa main ; il attribue au prévôt de *Paris* la juridiction sur tous les vagabonds et malfaiteurs du *royaume.* Cette haute justice prévôtale était le seul moyen d'atteindre les brigands, de les soustraire à leurs nobles protecteurs, à la connivence, à la faiblesse des juridictions locales.

On trouva ce remède dur, on se plaignit fort ; mais l'ordre et la paix revinrent, les routes furent enfin praticables. « Les marchands commencèrent de divers lieux à travers de pays à autres faire leur négoce... Pareillement les laboureurs et autres gens du plat pays s'efforçoient à labourer et réédifier leurs maisons, à essarter leurs terres, vignes et jardinages. Plusieurs villes et pays furent remis sus et repeuplez. Après avoir été si longtemps en tribulation et affliction, il leur sembloit que Dieu les eût enfin pourvus de sa grâce et miséricorde. »

Cette renaissance de la France fut signalée par une chose grande et nouvelle, la création d'une infanterie nationale.

L'institution militaire sortit d'une institution financière. En 1445, le roi avait ordonné que les *élus* chargés de répartir la taille seraient appointés par lui ; que ces élus ne seraient plus les juges seigneuriaux, les serviteurs des seigneurs, mais les agents royaux, les agents du pouvoir central, dépendant de lui seul, par conséquent plus libres des influences locales, plus impartiaux.

En 1448, ces *élus* reçoivent ordre d'élire un homme par paroisse, lequel sera franc et exempt de la taille, s'armera à ses frais et s'exercera les dimanches et fêtes à tirer à l'arc. Le franc-archer recevra une solde seulement en temps de guerre.

Les élus devaient, selon l'ordonnance, choisir de préférence dans la paroisse « un bon compagnon qui auroit fait la guerre ».

Néanmoins on s'égaya fort sur la nouvelle milice ; on prétendait que rien n'était moins guerrier ; on en fit des satires ; il en est resté le *Franc-Archer de Bagnolet.*

Plus d'un en riait qui n'avait pas envie de rire. La noblesse entrevoyait combien l'innovation était grave. Ces essais plus ou moins heureux, francs-archers de Charles VII, *légions* de François Ier, devaient amener le temps où la force, la gloire du pays seraient aux roturiers.

L'archer de Bagnolet n'en était pas moins l'aïeul du terrible soldat de Rocroi, d'Austerlitz.

Au reste, les francs-archers semblent avoir été plus guerriers que la satire ne veut le faire croire. Ils aidèrent fort utilement l'armée, qui reconquit la Normandie et la Guienne.

Eussent-ils été inutiles, une telle institution eût toujours témoigné une grande chose, savoir : que le roi n'avait rien à craindre de ses sujets ; qu'ils étaient bien à lui, les petits surtout, bourgeois et bonnes gens des villages.

Le XIIIe siècle avait été celui de la *paix du roi ;* il avait fallu alors qu'il défendît la guerre aux communes comme aux seigneurs ; qu'il leur ôtât à tous les armes dont ils se servaient mal.

Mais maintenant la guerre sera la *guerre du roi.* Il arme lui-même ses sujets ; le roi se fit au peuple, la France à la France.

Elle a retrouvé son unité au moment où l'Angleterre perd la sienne. Nous allons voir tout à l'heure (1453) le Parlement anglais voter une armée, mais on n'osera la lever, ce serait convoquer la discorde de toutes les provinces, amener des soldats à la guerre civile, les mettre aux prises ; ils commenceraient par se battre entre eux.

CHAPITRE III

Troubles de l'Angleterre - Les Anglais chassés de France - 1442-1453

C'est une opinion établie en Angleterre dès le XVe siècle, adoptée par les chroniqueurs, consacrée par Shakespeare, que ce pays dut la perte de ses provinces de France et tous ses malheurs au malheur d'avoir eu une reine française, Marguerite d'Anjou. Historiens et poètes, tous voient la fatalité, le mauvais génie de l'Angleterre débarquer avec Marguerite.

Qui aurait pu le soupçonner ? Marguerite était une enfant, elle n'avait que quinze ans ; elle sortait de l'aimable maison d'Anjou, qui plus qu'aucune autre avait contribué à rapprocher tous les princes français, à réconcilier la France avec elle-même. Cette jeune reine était la fille du plus doux des hommes, *du bon roi René,* l'innocent peintre et poète, qui finit par vouloir se faire berger . elle était nièce de Louis d'Anjou, qui laissa à Naples une si chère mémoire.

Le côté maternel était moins rassurant peut-être. La maison de Lorraine, remuante et guerrière s'il en fut, n'en devait pas moins, adoucie par le sang d'Anjou, séduire, ensorceler les peuples... La France fut « folle des Guises, car c'est trop peu dire amoureuse ». On sait quel souvenir a laissé leur nièce, Marie Stuart ?... Héros de roman autant que d'histoire, ces princes de Lorraine devaient en deux siècles essayer, manquer tous les trônes.

La jeune Marguerite était née parmi les plus étranges, les plus incroyables aventures, en plein roman. Son père était prisonnier, une de ses sœurs en otage, mariée d'avance à l'ennemi de la maison d'Anjou. René reçut dans sa captivité la couronne de Naples et commença son règne en prison. Son rival, Alphonse d'Aragon, était lui-même captif à Milan. C'était une guerre entre deux prisonniers. La femme de René, Isabelle de Lorraine, sans troupes, sans argent, chassée de son duché, s'en va conquérir un royaume. Elle trouve Alphonse libre et plus fort que jamais ; elle lutte trois ans, se ruine pour racheter son mari et le faire venir. Il ne vient que pour échouer.

La vaillante Lorraine n'emmena pas sa fille plus loin que Marseille ; elle la laissa sur ce bord avec son jeune frère, parmi les Provençaux qu'aimait René, qui le lui rendaient bien, et dont l'enthousiasme facile s'animait de l'intrépidité d'Isabelle et de la beauté de ses enfants. La petite Marguerite, Provençale d'adoption, eut pour éducation les périls de sa mère, les haines d'Anjou et d'Aragon ; elle fut nourrie dans ces mouvements dramatiques de guerre et d'intrigues ; elle grandit d'esprit, de passion, au souffle des factions du Midi.

« C'était, dit un chroniqueur anglais et peu ami, c'était une femme de grand esprit, de plus grand orgueil, avide de gloire, d'honneur ; elle ne manquait pas de diligence, de soin, d'application ; elle n'était pas dénuée de l'expérience des affaires. Et parmi tout cela, c'était bien une femme, il y avait en elle une pointe de caprice ; souvent, quand elle était animée et toute à une affaire, le vent changeait, la girouette tournait brusquement. »

Avec cet esprit violent et mobile, elle était très belle. La furie, le démon, comme l'appellent les Anglais, n'en avait pas moins les traits d'un ange, au dire du chroniqueur provençal. Même âgée, accablée de malheurs, elle fut toujours belle et majestueuse. Le grand historien de l'époque, qui la vit à la cour de Flandre, bannie et suppliante, n'en fut pas moins frappé de cette imposante figure : « La Reine, avec son maintenir, se montroit, dit-il, un des beaulx personnages du monde, représentant dame. »

Marguerite ne pouvait apparemment épouser qu'une grande infortune. Elle fut deux fois promise, et deux fois à de célèbres victimes du sort, à Charles de Nevers dépouillé par son oncle, et à ce comte de Saint-Pol avec lequel la féodalité devait finir en Grève. Elle fut mariée plus mal encore ; elle épousa l'anarchie, la guerre civile, la malédiction... A tort ou à droit, cette malédiction dure encore dans l'histoire.

Tout ce qu'elle avait de brillant, d'éminent, et qui l'eût servie ailleurs, devait lui nuire en Angleterre. Si les reines françaises avaient toujours déplu, sous Jean, sous Édouard II, sous Richard II, combien davantage celle-ci, qui était plus que Française ! Le contraste des deux nations devait ressortir violemment. Ce fut comme un coup du soleil de Provence dans le monotone brouillard. « Les pâles fleurs du Nord », comme les appelle leur poète, ne purent qu'être blessées de cette vive apparition du Midi.

Avant même qu'elle vînt, lorsque son nom n'avait pas encore été prononcé, on travaillait déjà contre elle, contre la reine qui viendrait. Tant que le roi n'était pas marié, la première dame du royaume était Éléonore Cobham, duchesse de Glocester, femme de l'oncle du roi ; l'oncle était jusque-là l'héritier présomptif du neveu. Une reine arrivant, la duchesse allait descendre à la seconde place ; qu'il survînt un enfant, Glocester n'était plus l'héritier, il ne lui restait qu'à s'en aller, à mourir de son vivant, en s'enterrant dans quelque manoir. Le seul remède, c'était que le bon roi, trop bon pour cette terre, fût envoyé tout droit au ciel... Dès lors, Glocester régnait, et lady Cobham, qui avait déjà eu l'habileté de se faire duchesse, se faisait reine et recevait la couronne dans l'abbaye de Westminster.

La dame, peu scrupuleuse, eut certainement ces pensées ; on ne sait trop jusqu'où elle alla dans l'exécution. Elle était entourée des gens les plus suspects. Son directeur en ces affaires était un certain Bolingbroke, grand clerc, surtout dans les mauvaises sciences. Elle consultait aussi un chanoine de Westminster, et se servait d'une sorcière, la Margery, dont nous avons parlé.

Le but étant la mort du roi, on avait fait un roi de cire, lequel fondant, Henri fondrait aussi. Le grand magicien, Bolingbroke, siégeait pendant l'opération sur une sorte de trône, tenant en main le sceptre et l'épée de justice ; des quatre coins du siège partaient quatre épées, dirigées contre autant d'images de cuivre. Mais tout cela n'avançait pas beaucoup ; la duchesse elle-même, folle de passion et de désir, s'était hasardée la nuit à entrer dans le sanctuaire de la noire abbaye... Qu'y venait-elle faire ? Voulait-elle, de ses ongles, fouiller la royauté au fond des tombes, ou déjà, femme vaine, s'asseoir dans le trône sur la fameuse pierre des rois ?

L'occasion était belle pour frapper Glocester, pour perdre sa femme, *infamer* sa maison. Mais d'aller dans cette forte maison, parmi tant de vassaux armés et de nobles amis, chercher jusqu'à la chambre conjugale, dans les bras de Glocester, celle qu'il avait tant aimée, son épouse qui portait son nom, c'était plus de courage qu'on n'en eût attendu du vieux Winchester et de ses évêques. Ils ne s'y seraient pas hasardés, s'ils n'eussent été soutenus, suivis de la populace qui criait *à la sorcière*. Ce mot était terrible ; il suffisait de le prononcer pour que toute une ville fût comme ivre et ne se connût plus... Le peuple, en ces moments, devenait d'autant plus furieux qu'il avait peur lui-même ; il laissait tout pour faire la guerre au diable ; tant que le feu n'en avait pas fait raison, il croyait sentir sur lui-même la griffe invisible...

La duchesse fut saisie et examinée par le primat, ses gens pendus, brûlés. Pour elle, par une grâce cruelle, elle fut réservée. L'ambitieuse avait rêvé une *entrée* solennelle, une marche pompeuse dans Londres ; elle l'eut en effet. Elle fut promenée comme pénitente, et la torche au poing, par les rues, au milieu des dérisions féroces, la canaille, les *apprentis* de la Cité aboyant après... Si, comme il faut le croire, les ennemis de la victime ne lui épargnèrent pas les duretés ordinaires de la pénitence publique, elle était en chemise, tête nue, au brouillard de novembre... Elle subit l'horrible promenade par trois jours, par trois quartiers. Et ensuite, comme elle n'était pas morte, on la remit à la garde d'un lord, et on l'envoya pour pleurer toute sa vie au milieu de la mer, dans l'île lointaine de Man.

On serait tenté de croire que cette scène avait été arrangée pour pousser à bout Glocester, lui faire perdre toute mesure, lui faire prendre les armes et rompre la *paix de la Cité ;* il aurait eu cette fois contre lui les gens de Londres, il eût été tué peut-être, à coup sûr perdu. Au grand étonnement de tout le monde, le duc ne bougea. Ses ennemis en furent pour leur cruelle comédie. Il laissa faire, il abandonna sa femme plutôt que sa popularité, il resta pour le peuple le *bon duc*. Cette patience d'un homme si fougueux, et dans une si terrible épreuve, donna fort à réfléchir ; pour se contenir ainsi lui-même, il avait selon toute apparence des desseins profonds. Par deux fois il avait essayé de se faire souverain dans les Pays-Bas, et il avait échoué. Mais la chose était certainement plus facile en Angleterre ; il n'était séparé du trône que par une vie d'homme, tant que le roi n'était pas marié, n'avait pas d'enfants.

Donc, il fallait marier le roi au plus vite, le marier en France, faire la paix avec la France. L'Angleterre avait assez de la sourde et terrible guerre qui déjà grondait en elle-même.

Cette raison était bonne, et il y en avait une autre non moins forte ; c'est que l'Angleterre s'épuisait à faire une guerre inutile, qu'elle n'en pouvait plus, que les dépenses croissaient d'heure en heure, que les possessions françaises coûtaient, loin de rapporter. Dans un temps bien meilleur, en 1427, on en tirait 57 000 livres sterling, et l'on y dépensait 68 000.

Si ces provinces rapportaient, ce n'était pas au roi. Ceci demande d'être expliqué avec quelque détail.

Le régent de France, peu secouru, toujours aux expédients, ne sachant comme faire face à mille embarras, avait inféodé aux lords tous les meilleurs fiefs ; il leur avait mis entre les mains les châteaux, les places, dans l'espoir qu'ils les défendraient avec leurs bandes de vassaux. Cela créait aux lords des intérêts très divers, souvent opposés entre eux, souvent peu d'accord avec l'intérêt du roi. Ainsi, Glocester avait des places en Guienne, et il était l'allié des Armagnacs ; mais le duc de Suffolk, mariant sa nièce dans la maison rivale de Foix, fit passer au mari les fiefs de Glocester. Au nord, Talbot avait Falaise ; le duc d'York, devenu régent, prit pour lui une ville capitale, royale, la grande ville de Caen.

Le pis, c'est que ces lords, sentant toujours qu'ici ils n'étaient pas chez eux, ne faisaient rien pour les fiefs qu'ils s'étaient chargés de défendre. Ils laissaient tout tomber, murs et tours, en ruine. Ils n'y auraient pas mis un penny ; tout ce qu'ils pouvaient tirer, extorquer, ils l'envoyaient vite au manoir, *home*... Le *home* est l'idée fixe de l'Anglais en pays étranger. Tout allait donc s'enfouir dans les constructions de ces monstrueux châteaux, aujourd'hui trop grands pour des rois. Mais les Warwick, les Northumberland, les jugeaient trop petits pour la grandeur future qu'ils rêvaient à leur famille, pour l'*aîné,* l'héritier, quand *Sa Grâce* siégerait à Noël dans un banquet de quelque mille vassaux... Ils ne devinaient guère que bientôt, père, aîné et puînés, vassaux, biens et fiefs, tout allait périr dans la guerre civile ; tout, sauf le paisible et vrai possesseur de ces tours, le lierre qui dès lors commençait à les vêtir, et qui a fini par envelopper l'immensité de Warwick Castle.

Quiconque parlait de traiter avec la France allait avoir contre lui tous ces lords ; ils trouvaient bon que le pays se ruinât pour leur conserver leurs fiefs du continent, leurs fermes, pour mieux dire, ils n'y voyaient rien autre chose. Il était tout simple qu'ils y tinssent. Ce qui était plus surprenant, c'est que la guerre avait tout autant de partisans parmi ceux qui n'avaient rien en France, chez ceux que la guerre ruinait ; ces pauvres diables avaient sur le continent une richesse d'orgueil, une royauté d'imagination ; au moindre mot d'arrangement, le *fellow* sans chausses entrait en fureur, on voulait lui rogner son royaume de France, lui voler ce que la vieille Angleterre avait si légitimement gagné à la bataille d'Azincourt.

Les évêques régnants (Winchester, Cantorbéry, Salisbury et Chichester), dans le désir qu'ils avaient de la paix, dans leurs craintes que les dépenses de la guerre ne fissent toucher aux biens d'église, négociaient toujours, mais n'osaient conclure. Ils n'en seraient peut-être jamais venus là, s'ils n'eussent eu avec eux dans le Conseil un homme d'épée, lord Suffolk, qui les entraîna ; il fallait un homme de guerre pour oser faire la paix.

Suffolk n'était pas d'une famille ancienne. Les Delapole (c'était leur vrai nom) étaient de braves marchands et marins. L'aïeul fut anobli pour avoir fourni des vivres à Édouard Ier dans la guerre d'Écosse. Le grand-père, factotum du violent Richard II, le servit comme amiral, général, chancelier ; loin de faire ainsi sa fortune, il fut poursuivi par le Parlement et il alla mourir à Paris. Le père, pour relever sa maison, tourna court et se donna aux ennemis de Richard, se donna corps et âme, il se fit tuer lui et trois de ses fils, pour la maison de Lancastre.

Le dernier fils, celui dont nous parlons, avait fait trente-quatre ans les guerres de France avec beaucoup d'honneur. Les revers d'Orléans et de Jargeau n'avaient fait aucun tort à sa réputation de bravoure. Cette dernière place étant forcée, il se défendait encore ; enfin, se voyant presque seul, il avise un jeune Français : « Es-tu chevalier ? » lui dit-il. « Non. » – « Eh bien ! sois-le de ma main. » Ensuite il se rendit à lui.

Il revint en Angleterre, ruiné par une rançon de deux ou trois millions. Néanmoins, loin de garder rancune à la France, il conseilla la paix, s'attacha au parti de la paix ; malheureusement il portait dans ce parti la dureté, l'insolence de la guerre.

La pensée du cardinal Winchester, c'eût été de faire épouser au roi d'Angleterre une fille du roi de France ; pensée timide qu'il osa à peine exprimer dans les négociations. La fille étant impossible, on se contenta d'une nièce. Le choix tomba sur la fille d'un prince pauvre, René, qui ne pouvait porter ombrage aux Anglais. Il y avait encore cet avantage que, si l'on était obligé, pour diminuer les dépenses, d'abandonner les deux provinces non maritimes, le Maine et l'Anjou, on les rendrait à René et à son frère, non à Charles VII, ce qui serait peut-être moins blessant pour l'orgueil anglais.

Le traité de mariage et de cession était raisonnable, et néanmoins d'un extrême péril pour celui qui oserait le conclure. Suffolk, qui ne l'ignorait pas, ne se contenta point de l'autorisation du Conseil, il eut la précaution de se faire pardonner d'avance par le roi « les erreurs de jugement dans lesquelles il pourrait tomber ». Ce singulier pardon des fautes à commettre fut ratifié par le Parlement.

Rendre une partie pour consolider le reste, c'était faire justement ce que fit Saint Louis, lorsque, malgré ses barons, il restitua aux Anglais quelques-unes des provinces que Philippe-Auguste avait confisquées sur Jean sans Terre.

Mais ici, il n'y avait même pas restitution définitive pour le Maine. Le roi d'Angleterre accordait non la souveraineté, mais l'*usufruit viager* du Maine au frère de René. Encore, pour cet usufruit, les Français devaient payer aux Anglais, qui tenaient dans ce comté des fiefs de la Couronne, le *revenu de dix années* ; pour une possession si précaire, ces feudataires allaient recevoir une somme ronde, en argent, plus sûre, et probablement plus forte que tout ce qu'ils en auraient tiré jamais.

Suffolk de retour trouva contre lui une unanimité terrible. Jusque-là, on était divisé sur la question ; bien des gens voyaient que pour garder ces possessions ruineuses, il faudrait aller jusqu'au fond de toutes les bourses, et ils ne savaient pas trop s'ils voulaient garder à ce prix : l'orgueil disait *oui,* l'avarice *non.* Le traité de Suffolk ayant tranquillisé l'avarice, l'orgueil parla seul. Les moins disposés à financer pour la guerre se montrèrent les plus guerriers, les plus indignés. Le caractère morose et bizarre de la nation ne parut jamais mieux. L'Angleterre ne voulait rien faire ni pour garder ni pour rendre avec avantage. Elle allait tout perdre sans dédommagement ; la plus vulgaire prudence eût suffi pour le prévoir. Et le négociateur qui, pour assurer le reste, rendait une partie avec indemnité, fut haï, conspué, poursuivi jusqu'à la mort.

Tels furent les tristes auspices sous lesquels Marguerite d'Anjou débarqua en Angleterre. Elle y trouva un soulèvement universel contre Suffolk, contre la France et la reine française, une révolution toute mûre, un roi chancelant, un autre roi tout prêt. Glocester avait toujours eu pour lui le parti de la guerre, les mécontents de diverses sortes ; mais voilà que tout le monde était pour la guerre, tout le monde mécontent. Lorsqu'il marchait, selon sa coutume, avec un grand cortège de gens armés qui portaient ses couleurs, lorsque les petites gens suivaient et saluaient *le bon duc,* on sentait bien que la puissance était là, que cet homme si humilié allait se trouver maître à son tour, qu'il devait régner, comme *protecteur* ou comme roi... Il en était moins loin à coup sûr que le duc d'York, qui pourtant en vint à bout plus tard.

De l'autre part, que voyait-on ? de vieux prélats, riches et timides, un octogénaire, le cardinal Winchester, une reine toute jeune, un roi dont la sainteté semblait simplicité d'esprit. Les alarmes croissant, un Parlement fut convoqué et le peuple requis de prendre les armes et de veiller à la sûreté du roi. Le parlement fut ouvert par un sermon de l'archevêque de Cantorbéry et du chancelier, évêque de Chichester, sur la paix et le bon conseil ; le lendemain Glocester fut arrêté (11 février) ; on répandit qu'il voulait tuer le roi pour délivrer sa femme. Peu de jours après, le prisonnier mourut (23 février). Sa mort ne fut ni subite ni imprévue ; elle avait été préparée par une maladie de quelques jours. Depuis longtemps, d'ailleurs, il était loin d'être en bonne santé, si nous en croyons un livre écrit plusieurs années auparavant par son médecin.

Toute l'Angleterre n'en resta pas moins convaincue qu'il avait péri de mort violente. On arrangeait ainsi le roman : la reine avait pour amant Suffolk (un amant de cinquante ou soixante ans pour une reine de dix-sept !), tous deux s'étaient entendus avec le cardinal ; le soir, Glocester se portait à merveille ; le matin il était mort !... Comment avait-il été tué ? Ici les récits différaient ; les uns le disaient étranglé, quoiqu'il eût été exposé et ne portât aucune marque ; les autres reproduisaient l'histoire lugubre de l'autre Glocester, oncle de Richard II, étouffé, disait-on, entre deux matelas. D'autres enfin, plus cruels, préféraient l'horrible tradition d'Edouard II, et le faisaient mourir empalé.

Il est rare qu'une femme de dix-sept ans ait déjà le courage atroce d'un tel crime ; il est rare qu'un vieillard de quatre-vingts ans ordonne un meurtre, au moment de paraître devant Dieu. Je crains qu'il n'y ait ici erreur de date, qu'on n'ait jugé Winchester mourant par le Winchester d'un autre âge ; et que, d'autre part, on n'ait déjà vu dans une reine enfant, à peine sortie de la cour de René, cette terrible Marguerite, qui, dans la suite, effarouchée de haine et de vengance, mit une couronne de papier sur la tête sanglante d'York.

Quant à Suffolk, l'accusion était moins invraisemblable. Il avait eu le tort d'autoriser d'avance tout ce qu'on pourrait dire, en se donnant, par un arrangement odieux, un intérêt pécuniaire à la mort de Glocester. Cependant, ses ennemis les plus acharnés, dans l'acte d'accusation qu'ils lancèrent contre lui de son vivant, ne font nulle mention de ce crime. On ne le lui a jamais reproché en face, mais plus tard, après sa mort, lorsqu'il n'était plus là pour se défendre.

Le crime, au reste, s'il y en eut un, ne pouvait qu'être inutile. Il restait un prétendant dans la ligne de Lancastre, le duc de Somerset ; et il en restait un hors de cette ligne et plus légitime. Les Lancastre ne descendaient que du *quatrième fils* d'Edouard III ; et le duc d'York descendait du *troisième*. Donc son titre était supérieur, et la mort de Glocester ne faisait que produire sur la scène un prétendant plus dangereux.

Winchester, selon toute apparence, était malade au moment de la mort de Glocester, car il mourut un mois après. Sa mort fut un événement grave. Il avait été cinquante ans le chef de l'Église, et alors, tout vieux qu'il était, son nom en faisait l'unité. Suffolk n'était pas évêque pour remplacer Winchester ; homme d'épée, et dans une telle crise, il ne pouvait guère suivre une politique de prêtres. Les prélats qui, pour défendre l'*Établissement,* avaient fait la royauté des Lancastre, qui s'en étaient servis et avaient régné avec elle, s'en éloignèrent à temps et se résignèrent pieusement à la laisser tomber.

Pourquoi, d'ailleurs, l'Église aurait-elle mis au hasard un *Établissement* déjà fort menacé pour sauver ce qui ne servait plus, ce qui nuisait plutôt ? Suffolk commençait à prendre de l'argent, aux moines d'abord, il est vrai ; mais il allait en venir aux évêques. Si l'ami agissait ainsi, que pouvait faire de plus l'ennemi ?

Et en effet, sa détresse augmentant, le Parlement lui refusant tout, il vendit des évêchés. C'était le sûr moyen de mettre contre soi, non seulement l'Église, mais les lords, qui souvent pouvaient payer leurs effets avec des bénéfices, faire évêques leurs chapelains, leurs serviteurs. Les grands étaient blessés doublement à leur endroit le plus sensible ; on leur ôtait leur influence sur l'Église, au moment où ils perdaient leurs fiefs de France. L'indemnité promise pour les terres qu'ils avaient dans le Maine se réduisit à rien ; elle fut échangée par un nouveau traité pour certaines sommes que les Marches anglaises de Normandie payaient jusque-là aux Français ; le roi d'Angleterre se chargeait d'indemniser ses sujets du Maine ; c'est dire assez qu'ils ne reçurent pas un sol.

Un pouvoir qui blessait les grands dans leur fortune, le peuple en son orgueil, et que l'Église ne soutenait plus, ne pouvait subsister. A qui sa ruine allait-elle profiter ? c'était la question.

Les deux princes les plus près du trône étaient York et Somerset. Suffolk crut d'assurer de tous deux. Il ôta au plus dangereux, au duc d'York, l'armée principale, celle de France, et il le relégua honorablement dans le gouvernement d'Irlande. Somerset qui, après tout, était Lancastre et proche parent du roi, eut le poste de confiance, la régence de France, l'armée la plus nombreuse. Mais il n'en fut pas moins hostile. Il crut, il dit au moins qu'on l'avait envoyé en France pour le déshonorer, pour le laisser périr sans secours, lorsque les places étaient ruinées, démantelées, lorsque la Normandie l'était elle-même par l'abandon du Maine qui découvrait ses flancs.

Au mois de janvier 1449, le Parlement reçut de Somerset une plainte solennelle : la trêve allait expirer, le roi de France, disait-il, pouvait attaquer avec soixante mille hommes ; sans un prompt secours, tout était perdu. Cette plainte était le testament de l'Angleterre française, les paroles dernières... Le sage Parlement les accueille, mais uniquement pour nuire à Suffolk ; il ne vote pas un homme, pas un shelling ; ce serait voter pour Suffolk ; la grande guerre maintenant est contre lui et non contre la France ; périsse Suffolk, et avec lui, s'il le faut, la Normandie, la Guienne, l'Angleterre elle-même !

Somerset avait admirablement prophétisé le soufflet qu'il allait recevoir. La trêve fut rompue. Le Maine étant livré, un capitaine aragonais, au service d'Angleterre, vint de cette province demander refuge aux villes normandes. Il trouva toute porte fermée, aucune garnison ne voulait s'affamer en partageant avec ces fugitifs. Alors il fallut bien que l'Aragonais devînt sa providence à lui-même ; il trouva sur les marches deux petites villes, mais désertes, dépourvues ; de là, la faim pressant, il se jeta, avec sa bande, sur une bonne grosse ville bretonne, sur Fougère. Voilà la guerre recommencée.

Le roi, le duc de Bretagne, s'adressent à Somerset, lui redemandent la ville, avec indemnité. Mais, quand il aurait pu donner satisfaction, il n'eût osé le faire ; il avait peur de l'Angleterre encore plus que de la France. N'obtenant pas d'indemnité, les Français en prennent. Le 15 mai, ils saisissent Pont-de-l'Arche à quatre lieues de Rouen ; un mois après, Verneuil. L'armée royale, sous Dunois, entre par Evreux, les Bretons par la Basse-Normandie, les Bourguignons par la Haute. Le comte de Foix attaquait la Guienne. Tout le monde voulait part dans cette curée.

Le roi coupa toute communication entre Caen et Rouen, reçut la soumission de Lisieux, de Mantes, de Gournai, fit paisiblement son entrée à Verneuil, à Evreux et à Louviers, où René d'Anjou le joignit. Encore, réunissant toutes ses forces, il vint sommer Rouen de se rendre. La ville était déjà toute rendue de cœur ; sous la croix rouge, tout était français. Quoique Somerset y fût en personne avec le vieux Talbot, il désespéra de défendre cette grande population qui ne voulait pas être défendue. Il se retira dans le château, et en un moment toute la ville eut pris la croix blanche. Somerset avait avec lui sa femme et ses enfants ; nul espoir de sortir ; les bourgeois étaient comme une seconde armée pour l'assiéger ; il se décida à traiter. Pour lui, pour sa femme et ses enfants, pour sa garnison, le roi se contentait de recevoir une petite somme de 50 000 écus ; c'était une bien faible rançon à cette époque ; celle de Suffolk tout seul avait été de 2 400 000 francs. Somerset payait le surplus, il est vrai, de son honneur, de sa probité ; pour ne pas se ruiner, il ruinait le roi d'Angleterre ; il s'engageait, lui régent, à livrer aux Français le fort d'*Arques* (ce qui leur assurait Dieppe), à leur donner toute la basse Seine, *Caudebec, Lille bonne, Tancarville,* l'embouchure de la Seine, *Honfleur !*

Mais on pouvait douter qu'il eût pouvoir pour faire de tels présents ; il ne le fit croire qu'en donnant mieux encore ; il mit en gage son bras droit, lord Talbot, le seul homme qui inspirât confiance aux Anglais... Et il ne put le dégager, ni remplir son traité ; Honfleur désobéit ; en sorte que Talbot resta à la suite de l'armée française, pour être témoin de la ruine des siens. Les Anglais d'Honfleur restèrent sans secours ; ils virent en face la grosse ville d'Harfleur, bien autrement forte, forcée en plein hiver par l'artillerie de Jean Bureau (décembre 1449) ; alors, ayant encore appelé en vain Somerset à leur aide, ils finirent par se rendre aussi (18 février 1450).

Si l'on songe que la seule Harfleur avait seize cents hommes, une petite armée pour garnison, il ne semble pas que la Normandie ait été aussi dégarnie que Somerset voulait le faire croire. Mais les troupes étaient dispersées, dans chaque ville quelques Anglais au milieu d'une population hostile. Qu'auraient-ils fait, même plus forts, contre ce grand et invincible mouvement de la France qui voulait redevenir française ?

Personne ne comprenait cela en Angleterre. La Normandie avait été désarmée à dessein, trahie, vendue. N'avait-on pas vu le père de la reine dans l'armée du roi de France ?... Tous les revers de cette campagne, la Seine perdue, Rouen rendue, l'épée de l'Angleterre, lord Talbot mis en gage, toute cette masse de malheur et de honte retomba d'aplomb sur la tête de Suffolk.

Le 28 janvier 1450, la chambre basse présente au roi une humble adresse : « Les pauvres communes du royaume sont tendrement, passionnément et de cœur portées au bien de sa personne, autant que jamais communes le furent pour leur souverain lord... » Toutes ces tendresses pour demander du sang... Dans cette étrange pièce, les choses les plus contradictoires étaient affirmées en même temps : Suffolk vendait l'Angleterre au roi de France et *au père de la reine ;* il tenait un château tout plein de munitions pour l'ennemi qui devait faire une descente. Et pourquoi appelait-il les Français, les parents et amis de la reine ? *Pour faire roi son fils* à lui Suffolk, en renversant le roi et la reine. Cela parut logique et bien lié ; John Bull n'eut pas un doute !

Le contradictoire et l'absurde étant admis comme évidents, il n'y avait rien à répondre. Suffolk essaya néanmoins. Il énuméra les services de sa famille, tous ses parents tués pour le pays, il rappela que lui-même il avait passé trente-quatre ans à faire la guerre en France, dix-sept hivers de suite sous les armes sans revoir le foyer, puis sa fortune ruinée par sa rançon, puis douze années dans le Conseil. Était-il bien probable qu'il voulût couronner tant de services, une vie si avancée, par une trahison ?

Il avait beau dire ; à chaque mot de justification survenait, comme une charge de plus, quelque mauvaise nouvelle. Il n'abordait plus de bateau qu'il n'apprît un malheur, Harfleur aujourd'hui, Honfleur demain, puis une à une, toutes les villes de la Basse-Normandie ; puis (chose plus sensible encore), la défense de vendre les draps anglais en Hollande... Ainsi les bruits lugubres se succédaient sans intervalle ; c'était comme une cloche funèbre qui de l'autre rivage sonnait la mort de Suffolk... On peut juger de la rage du peuple par une ballade du temps où l'on mêle ironiquement son nom et ceux de ses amis aux paroles consacrées de l'office des morts.

La reine essaya d'un moyen pour sauver la victime ; ce fut de faire prononcer par le roi contre Suffolk un bannissement de cinq années. Il sortit de Londres à grand-peine, à travers une meute altérée de sang ; mais ce ne fut pas pour passer en France ; il eût justifié les accusations. Il resta dans ses terres, sans doute pour attendre l'effet d'une tentative où il avait mis son dernier enjeu. Il avait fait passer trois mille hommes à Cherbourg, avec le brave Thomas Kyriel, qui devait faire tout le contraire de ce qui avait perdu Somerset, concentrer les troupes, tenter un coup. Une belle bataille eût peut-être sauvé Suffolk. Kyriel réussit d'abord ; il assiégea et prit Valognes. De là, il voulait joindre Somerset en suivant le long de la mer. Mais les Français le tenaient, le comte de Clermont en queue, Richemont en tête, pour lui barrer le passage (à Formigny, 15 avril 1450). Kyriel se battit vaillamment et fut écrasé. On sut, à partir de ce jour, que les Anglais pouvaient être battus en plaine. Il n'y eut pas quatre mille morts, mais avec eux gisaient l'orgueil anglais, la confiance, l'espoir ; Azincourt ne fut plus dans la mémoire des deux nations *la dernière bataille*.

C'était l'arrêt de Suffolk ; il le comprit et se prépara. Il écrivit à son fils une belle lettre, sans faiblesse, noble et pieuse, lui recommandant seulement de craindre Dieu, de défendre le roi, d'honorer sa mère. Puis il fit venir ce qu'il y avait de gentlemen dans le voisinage, et en leur présence, jura sur l'hostie qu'il mourrait innocent. Cela fait, il se jeta dans un petit bâtiment, à la garde de Dieu. Mais il y avait trop de gens intéressés à ce qu'il n'échappât point. York voyait en lui le champion intrépide de la maison de Lancastre ; Somerset craignait un accusateur, au retour de sa belle campagne ; l'Angleterre aurait eu à juger, entre lui et Suffolk, qui des deux avait perdu la Normandie.

Selon Monstrelet et Mathieu de Coucy, qui par les Flamands pouvaient savoir très bien les affaires d'Angleterre, celles de mer surtout, ce fut un vaisseau des amis de Somerset qui le *rencontra*. Ils lui firent son procès à bord ; rien ne manqua pour que la chose eût l'air d'une vengeance populaire ; le pair du royaume eut pour pairs et jurés les matelots qui l'avaient pris. Ils le déclarèrent coupable, lui accordant pour toute grâce, vu son rang, d'être décapité. Ces jurés novices ne l'étaient pas moins comme bourreaux ; ce ne fut qu'au douzième coup qu'ils parvinrent à lui détacher la tête avec une épée rouillée.

Cette mort ne finit rien. L'agitation, la fureur sombre qu'avait mise partout la défaite, étaient bonnes à exploiter. Les puissants s'en servirent ; ils savaient parfaitement, dans ce pays déjà vieux d'expérience, tout ce qu'on pouvait faire du peuple quand il était ainsi malade ; le mal anglais, l'orgueil, l'orgueil exaspéré, en faisait une bête aveugle. On pouvait, pendant cet accès, le tirer à droite ou à gauche, sans qu'il devinât la main ni la corde, sans qu'il sentît qu'on le tirât.

Avant tout, un coup de terreur fut frappé sur l'Église, un coup efficace, après lequel toute-puissante qu'elle était, elle ne bougea plus, laissant les lords faire ce qui leur plairait. Il suffit pour cela qu'il y eût deux évêques tués, deux des prélats qui avaient gouverné avant Suffolk ou avec lui. Tués par qui ? On ne le sut trop. Par leurs gens, par la populace, le *mob* des sports ? A qui s'en prendre.

Cela fait, on opéra en grand. On combina un soulèvement, une levée *spontanée* du peuple, un de ces vagues mouvements qu'une main savante peut tourner ensuite en révolution déterminée. Les petits cultivateurs de Kent, ces masses à vues courtes, ont toujours été propres à commencer n'importe quoi ; il y a là des éléments tout particuliers d'agitation, mobilité d'esprit, vieille misère, et de plus une facilité d'entraînement fanatique qu'on ne s'attendait guère à trouver sur la grande route du monde, entre Londres et Paris.

En tête, il fallait un meneur, un homme de paille ; non pas tout à fait un fripon, le vrai fripon ne joue pas si gros jeu. On trouva l'homme même, un Irlandais, un bâtard, qui avait fait jadis un assez mauvais coup ; puis il avait servi en France ; il revenait léger et ne sachant que faire ; du reste, jeune encore, brave, de belle bataille, spirituel et passablement fol.

Cade, c'était son nom, trouva plaisant de faire le prince pour quelques jours ; il déclara s'appeler Mortimer. Cela était d'une audace incroyable, le personnage étant connu, et tout le monde sachant que Mortimer, le petit-fils d'Édouard III, était bien et dûment enterré. N'importe, il n'en ressuscita pas moins facilement ; le nouveau Mortimer réussit à merveille, il était amusant, entraînant, il jouait son rôle avec la vivacité irlandaise, bon prince, ami des braves gens, mais grand justicier... Il faisait les délices du peuple.

Avec le tact parfait qu'ont souvent les fols parlant à des fols, il fit une proclamation habilement absurde, et qui fut d'un effet excellent. Il y disait, entre autres choses, que, selon le bruit public, on voulait détruire tout le pays de Kent et en faire une forêt pour venger la mort de Suffolk sur les innocentes communes. Puis venaient des protestations de dévouement au roi ; on souhaitait seulement que ce bon roi daignât s'entourer de ses vrais lords et conseillers naturels, les *ducs d'York, d'Exeter, de Buckingham et de Norfolk.* Cela était fort clair ; on voyait d'ailleurs parmi la canaille de Kent un héraut du duc d'Exeter et un gentilhomme du duc de Norfolk, qui suivaient le mouvement et avaient l'œil à tout.

Cade eut tout d'abord vingt mille hommes, et davantage en avançant. On envoya quelques troupes contre lui ; il les battit ; puis d'illustres parlementaires, l'archevêque de Kenterbury, le duc de Buckingham ; il les reçut avec aplomb, sagesse et dignité, modéré dans la discussion, mais sobre de communication, inébranlable.

Cependant les soldats du roi criaient que le duc d'York devrait bien revenir pour s'entendre avec son cousin Mortimer, et mettre à la raison la reine et ses complices. On essaya de les calmer en leur disant qu'il serait fait justice, et l'on mit à la Tour lord Say, trésorier d'Angleterre.

Le faubourg étant occupé déjà, le lord-maire consulte les bourgeois : « Faut-il ouvrir la Cité ? » Un seul ose dire *non,* on l'emprisonne. La foule entre... Cade, avec beaucoup de présence d'esprit, coupe lui-même de son épée les cordes du pont-levis, s'assurant qu'ainsi on ne le relèvera pas. De son épée il frappe la vieille pierre de Londres, en disant gravement : « Mortimer est lord de la Cité. » Défense de piller sous peine de mort ; la défense était sérieuse, il venait de faire décapiter un de ses officiers pour désobéissance. Il se piquait fort de justice. Il tira lord Say de la Tour pour le faire mourir ; mais auparavant il le fit juger dans la rue, à Cheapside, par le lord-maire et les aldermen demi-morts de peur. Il était assez adroit de s'associer ainsi, de gré ou de force, le magistrat de Londres.

Après le spectacle de ce jugement de carrefour, après l'exécution, on ne pouvait empêcher les gens de Kent de se répandre par la ville. Les voilà qui courent les rues, admirent, regardent les portes closes ; ils commencent à flairer le butin ; les mains démangent, ils pillent. Le prince lui-même, tout prince et Mortimer qu'il est, ne peut tellement dominer ses vieilles habitudes des guerres de France, qu'il ne vole aussi, tant soit peu, dans la maison où il a dîné.

Les respectables bourgeois de Londres, marchands, gens de boutique et autres, avaient jusque-là assez bien pris la chose, y compris les exécutions. Mais, quand ils virent que les chères boutiques, les précieux magasins, allaient être violés, alors il s'animèrent contre ces brigands d'une vertueuse fureur. Ils prirent les armes, eux, leurs ouvriers, leurs apprentis ; une furieuse batterie eut lieu dans les rues et au pont de Londres.

Les gens de Kent, rejetés au faubourg, y passèrent la nuit, un peu étourdis de l'accueil qu'ils avaient reçu dans la Cité. Ils réfléchirent, ils se refroidirent. C'était le bon moment pour parlementer avec eux ; ils étaient découragés, crédules. Le primat et l'archevêque d'York passèrent de la Cité à Southwark dans un batelet, porteurs du sceau royal. Ils leur scellèrent des pardons, tant qu'ils en voulurent, et les braves gens s'en allèrent, chacun de son côté, sans dire adieu au capitaine Cade. Lui, intrépide, il essaya d'abord de diriger la retraite de ceux qui lui restaient ; puis, voyant qu'ils ne songeaient qu'à se battre pour le butin, il monta à cheval et s'enfuit ; mais sa tête était mise à prix, il n'alla pas loin (juillet 1450).

Cette terrible farce, toute terrible qu'elle pût sembler, n'était qu'un prélude. La grossière supposition d'un Mortimer que tout le monde connaissait pour Cade avait cette utilité de donner un premier ébranlement aux esprits, de faire songer le peuple... C'était, comme dans *Hamlet,* une pièce dans la pièce pour aider à comprendre, une fiction pour expliquer l'histoire, un commentaire en action pour mettre à la portée des simples l'abstruse question de droit.

L'homme de paille ayant fini, le prétendant sérieux pouvait commencer. Le duc d'York accourt d'Irlande pour travailler sur le texte que lui fournissait Somerset. Ce triste général venait de répéter à Caen son aventure de Rouen ; pour la seconde fois, il s'était fait prendre ; mais cette fois la faiblesse ressemblait encore plus à la trahison. Tel fut du moins le bruit qui courut. Le régent, comme faisaient, comme font volontiers les Anglais, traînait partout avec lui sa femme et ses enfants, dangereux et trop cher bagage qui dans plus d'une occasion peut amollir l'homme de guerre, faire de l'homme une femme. Celle de Somerset, dans les horreurs du siège, lorsque les pierres et les boulets pleuvaient, vit une pierre tomber entre elle et ses enfants ; elle courut se jeter aux genoux de son mari, le suppliant d'avoir pitié des pauvres petits... Le malheureux, dès ce moment, eut peur aussi, il voulut se rendre. Mais la ville était au duc d'York ; un capitaine y commandait pour lui et prétendait défendre à toute extrémité la ville de son maître. Alors Somerset (s'il faut en croire ses accusateurs) fit par faiblesse une chose audacieuse, coupable ; il s'entendit avec les bourgeois, les encouragea sous main à demander qu'on se rendît ; la ville fut livrée. Le capitaine échappa et s'en alla rendre compte, non pas à Londres, mais droit en Irlande, au duc d'York. Celui-ci, brusquement et sans ordre, quitte l'Irlande, traverse l'Angleterre avec une bande armée, et présente au roi une plainte humblement insolente.

Personne ne parlait encore du droit d'York, tout le monde y pensait. La reine ne pouvait se fier qu'à un seul homme, à celui qui avait droit dans la branche de Lancastre, à l'héritier présomptif du roi. Mais cet héritier était justement Somerset ; elle le fit connétable, lui mit en main l'épée du royaume au moment où il venait de rendre la sienne aux Français. Ce défenseur du roi avait assez de mal à se défendre, ayant perdu la Normandie. Il eût fallu du moins qu'il réparât ; pour réparation, on perdit la Guyenne.

Charles VII, ayant complété sa Normandie par Falaise et Cherbourg, avait envoyé, l'hiver, son armée au Midi. La milice nationale des francs-archers commençait à figurer avec quelque honneur. Jean Bureau conduisait de place en place son infaillible artillerie ; peut de villes résistaient. Les petits rois de Gascogne, Albret, Foix, Armagnac, voyant le roi si fort, venaient à son secours, dans leur zèle et leur loyauté ; ils poussaient tant qu'ils pouvaient à cette saisie des dépouilles anglaises, prenaient, aidaient à prendre, dans l'espoir que le roi leur en laisserait bien quelque chose. Quatre sièges furent ainsi commencés à la fois.

Dans cette rapide conversion des Gascons, Bordeaux seul résistait ; ville capitale jusque-là, elle ne pouvait que déchoir ; les Anglais la ménageaient fort, ils l'enrichissaient, achetaient, buvaient ses vins ; Bordeaux n'espérait pas trouver des maîtres qui en bussent davantage. Aussi les bourgeois y étaient tellement Anglais qu'ils voulurent tirer l'épée pour le roi d'Angleterre, faire une sortie ; ce fut, il est vrai, pour fuir à toutes jambes. Bureau, qui déjà avait pris Blaye, et dans Blaye le maire et le sous-maire de Bordeaux, fut nommé, avec Chabannes et autres, pour faire un arrangement. Ils se montrèrent singulièrement faciles, ne demandant ni taxes aux villes, ni rançon aux seigneurs, confirmant, amplifiant les privilèges. Ceux qui ne voulaient pas rester Français pouvaient partir ; les marchands en ce cas auraient six mois pour régler leurs affaires, les seigneurs transmettraient leurs fiefs à leurs enfants. Il n'y avait pas d'exemple de guerre si douce, si clémente. Le roi voulut bien encore accorder un délai à Bordeaux ; enfin, n'étant pas secourue, elle ouvrit ses portes (23 juin) ; Bayonne s'obstina et tint deux mois de plus (21 août).

La perte de ces villes dévouées, opiniâtres dans leur fidélité, et abandonnées sans secours, c'était une arme terrible pour York. Ses partisans calculaient emphatiquement qu'en perdant l'Aquitaine, l'Angleterre avait perdu trois archevêchés, trente-quatre évêchés, quinze comtés, cent deux baronnies, plus de mille capitaineries, etc., etc. Puis on rappelait la perte de la Normandie, du Maine, de l'Anjou, on annonçait celle de Calais ; le traître Somerset l'avait déjà vendue, disait-on, au duc de Bourgogne.

York se crut si fort, qu'un de ses hommes, député des communes, proposa de le déclarer *héritier présomptif*. L'intention était claire, mais elle était avouée trop tôt ; il y avait encore de la loyauté dans le pays. Ce mot révolta les communes ; l'imprudent fut mis à la Tour.

Une tentative d'York à main armée ne fut pas plus heureuse ; il rassembla des troupes et, arrivé en face du roi, il se trouva faible ; il vit que les siens hésitaient, les licencia lui-même et se livra. Il savait bien qu'on n'oserait le faire périr, qu'il en serait quitte, et il le fut en effet, pour un serment de loyauté, serment solennel, à Saint-Paul, sur l'hostie. Mais qu'importe ; dans ces guerres anglaises, nous voyons les chefs de factions jurer sans cesse, et le peuple n'en paraît pas scandalisé.

La reine, en ce moment, avait l'espoir de regagner le cœur des Anglais, de leur prouver que la Française ne les trahissait pas ; elle voulait reprendre aux Français la Guyenne. Ce pays était déjà las de ses nouveaux maîtres ; il ne voulait point se soumettre à la loi générale du royaume, selon laquelle les villes logeaient et payaient les compagnies d'ordonnance ; il trouvait fort mauvais que le roi gardât la province avec ses troupes, qu'il ne se reposât pas sur la foi gasconne. Les seigneurs aussi, qui avaient laissé leurs fiefs et qui avaient hâte de les revoir, assuraient à Londres que les Anglais n'avaient qu'à se montrer en mer et que tout serait à eux. La reine et Somerset avaient grand besoin de ce succès, ils désiraient sincèrement réussir ; ils envoyèrent Talbot. Cet homme de quatre-vingts ans était, de cœur et de courage, le plus jeune des capitaines anglais, homme loyal surtout et dont la parole inspirerait confiance ; on lui donna pouvoir de traiter, pardonner, aussi bien que pour combattre.

Les Bordelais mirent eux-mêmes Talbot dans leur ville, lui livrant la garnison, qui ne se doutait de rien. En plein hiver, il reprit les places d'alentour. Le roi, occupé ailleurs et comptant trop sans doute sur les troubles de l'Angleterre, avait dégarni la province de troupes. Ce ne fut qu'au printemps qu'une armée vint disputer le terrain à Talbot. Les Français, suivant la direction de Bureau, voulurent d'abord se rendre maîtres de la Dordogne et assiégèrent Châtillon, à huit lieues de Bordeaux. Talbot les y trouva bien retranchés, et dans ces retranchements une formidable artillerie. Il n'en tint pas grand compte, et les Français le confirmèrent à dessein dans ce mépris. Le matin, pendant qu'il entendait sa messe, on vient lui dire que les Français s'enfuient de leurs retranchements. « Que jamais je n'entende la messe, dit le fougueux vieillard, si je ne jette ces gens-là par terre ! » Il laisse tout, messe et chapelain, pour courir à l'ennemi ; un des siens l'avertit de l'erreur, il le frappe et va son chemin.

Cependant, derrière les retranchements, derrière les canons, le sage maître des comptes, Jean Bureau, attendait froidement ce paladin du Moyen Age. Talbot arrive sur son petit cheval, signalé entre tous par un surtout de velours rouge. A la première décharge, il voit tout tomber autour de lui ; il persiste, il fait planter son étendard sur la barrière. La seconde décharge emporte l'étendard et Talbot. Les Français sortent ; on se bat sur le corps, il est pris et repris ; dans la confusion, un soldat lui met, sans le connaître, sa dague dans la gorge. Le désastre des Anglais fut complet ; au rapport des hérauts, chargés de compter les morts, ils en laissèrent quatre mille sur place.

La Guienne fut reprise, moins Bordeaux, que l'on resserra en occupant tout ce qui l'environnait. Du côte même de la mer de flotte anglaise et bordelaise ne put empêcher celle du roi de venir fermer la Gironde. A vrai dire, il n'y avait pas de flotte royale ; mais la rivale de Bordeaux, La Rochelle, avait envoyé seize vaisseaux armés ; la Bretagne en avait prêté d'autres, auxquels s'étaient joints quinze gros navires hollandais, sans compter ceux que le roi avait pu emprunter en Castille.

Cette grande ville de Bordeaux avait pour garnison toute une armée, anglaise et gasconne ; mais le nombre même était un inconvénient pour une ville qui ne recevait plus de vivres ; d'autre part, entre ces défenseurs l'intérêt était divers, le danger inégal ; la ville prise, les Anglais ne risquaient rien autre chose que d'être prisonniers de guerre ; les Gascons avaient fort à craindre d'être traités comme rebelles. Ils se méfiaient les uns des autres. Déjà les Anglais des places voisines avaient fait leur traité à part.

Les Bordelais alarmés envoyèrent au roi ne demandant rien de plus que les biens et la vie. Mais il voulait faire un exemple ; il ne promit rien. Les députés s'en allaient assez tristes, lorsque le grand maître de l'artillerie, Jean Bureau, s'approchant du roi, lui dit : « Sire, je viens de visiter les alentours pour choisir les places propres aux batteries ; si tel est votre bon plaisir, je vous promets sur ma vie qu'en peu de jours j'aurai démoli la ville. »

Cependant le roi lui-même désirait un arrangement ; la fièvre était dans son camp ; il se relâcha de sa sévérité, se contenta de cent mille écus et du bannissement de vingt coupables ; tous les autres avaient leur grâce ; les Anglais s'embarquaient librement. La ville perdit ses privilèges ; mais elle resta une capitale ; elle ne dépendit point des Parlements de Paris ni de Toulouse ; le Parlement de Bordeaux ne tarda pas à être institué, et il étendit son ressort jusqu'au Limousin, jusqu'à La Rochelle.

L'Angleterre avait perdu en France la Normandie, l'Aquitaine, tout, excepté Calais...

La Normandie, une autre elle-même, une terre anglaise d'aspect, de productions, qu'elle devait toujours voir en face pour la regretter ; – l'Aquitaine, son paradis de France, toutes les bénédictions du Midi, l'olivier, le vin, le soleil.

Il y avait presque trois siècles que l'Angleterre avait épousé l'Aquitaine avec Éléonore, plus qu'épousée, aimée, souvent préférée à elle-même. Le Prince Noir se sentait chez lui à Bordeaux ; il était comme étranger à Londres.

Plus d'un prince anglais était né en France, plus d'un y était mort et avait voulu y être enseveli. Le sage régent de France, le duc de Bedford, fut ainsi enterré à Rouen. Le cœur de Richard Cœur de Lion restera à nos religieuses de l'abbaye de Fontevrault.

Ce n'était pas de la terre seulement que l'Angleterre avait perdue, c'étaient ses meilleurs souvenirs, deux ou trois cents ans d'efforts et de guerres, la vieille gloire et la gloire récente. Poitiers et Azincourt, le Prince Noir et Henri V... Il semblait que ces morts s'étaient jusque-là survécu en leurs conquêtes, et qu'alors seulement ils venaient de mourir.

Le coup fut si douloureusement ressenti par l'Angleterre, qu'on put croire qu'elle en oublierait ses discordes, qu'au moins elle y ferait trêve. Le Parlement vota des subsides, non pour trois ans, comme c'était l'usage, mais « pour la vie du roi ». Il vota une armée presque aussi forte que celle d'Azincourt, vingt mille archers.

Le difficile était de les lever. Il n'y avait partout dans le peuple qu'abattement, découragement, peur des guerres lointaines... une peur orgueilleuse qui se faisait mécontente, indignée ; le cœur avait baissé, non l'orgueil. Il y avait péril à éclaircir ce triste mystère... Le Parlement se rabattit de vingt mille archers à treize mille, et on n'en leva pas un.

La main de Dieu pesait sur l'Angleterre. Après avoir tant perdu au-dehors, elle semblait au moment de se perdre elle-même. La guerre qu'elle ne faisait plus en France, elle l'avait dans son sein, une guerre sourde jusque-là, sans bataille, sans victoire pour personne ; il n'y avait pas même ce triste espoir que le pays retrouvât l'unité pour le triomphe d'un parti. Somerset était fini, et York ne pouvait commencer. La royauté n'était pas abolie, mais elle tombait chaque jour davantage dans la solitude et le délaissement. Le roi, ayant distribué, engagé son domaine et ne recevant rien du Parlement, était le plus pauvre homme du royaume. La nuit des Rois, au banquet de famille, le roi et la reine se mirent à table, et l'on n'eut rien à leur servir.

Le bon Henri prenait tout en patience. Humble au milieu de ses orgueilleux lords, vêtu comme le moindre bourgeois de Londres, ami des pauvres et charitable, tout pauvre qu'il était lui-même. Tout le temps qu'il ne passait pas au Conseil, il l'employait à lire les anciennes histoires, à méditer la sainte Écriture. Cet âge dur le nomma un simple ; au Moyen Age, c'eût été un saint. Il parut généralement au-dessous de la royauté, et quelquefois il était au-dessus ; en dédommagement de la prudence vulgaire qui lui manquait, il semble avoir été, en certains moments, éclairé d'un rayon d'en haut.

Ce fut le sort de cet homme de paix de passer toute sa vie au milieu des discordes, d'assister à une interminable discussion sur son propre droit. On voit, par quelques sages paroles qui restent de lui, qu'il ne rassurait sa conscience que *par la longue possession*. Il avait régné quarante ans ; son père avait régné avant lui et encore son grand-père Henri IV... Mais si le grand-père avait usurpé, pouvait-il transmettre ? Il y avait là de quoi faire songer le saint roi, dans ses longues heures de méditation et de prière... Les revers de France n'étaient-ils pas une sorte de jugement de Dieu, un signe contre la maison de Lancastre ?... Cette maison avait régné longtemps par l'Église et avec elle ; mais voilà que l'Église s'en éloignait peu à peu. Dieu retirait à lui les grands prélats qui avaient gouverné le royaume, le cardinal Winchester, le chancelier évêque de Chichester, celui enfin à qui le roi se confiait, comme à l'un des plus sages lords, le primat d'Angleterre, archevêque de Kenterbury.

Les pacifiques s'en allaient ; mais les violents ne manquaient pas moins ; Suffolk avait péri, Somerset était enfermé à la Tour, la reine était malade ; elle allait mettre au monde un prince, une victime pour la guerre civile.

Le pauvre roi, délaissé de tous ceux qui jusque-là le soutenaient, qui voulaient pour lui, finit par s'abandonner lui-même ; son faible esprit déserta et s'en alla dès lors vers de meilleures régions.

En cela, fort innocemment, il embarrassa ses ennemis. On sait que dans la subtile théorie de la loi anglaise le roi est parfait, qu'il ne peut ni mourir ni se tromper, ni oublier, ni être en démence. Il fallait donc obtenir de lui un mot contre lui, tout au moins un signe par lequel il semblerait approuver la création d'un régent, et la nomination d'un primat. Chez ce peuple formaliste, il n'y avait pas moyen de passer outre ; si le roi ne faisait entendre sa volonté, il n'y avait point de gouvernement civil ni ecclésiastique, point de magistrat ni d'évêque, point de *paix du roi* ni de Dieu ; il n'y avait plus l'État, l'Angleterre était morte légalement.

Une députation de douze pairs laïques et ecclésiastiques fut envoyée à Windsor. « Ils attendirent que le roi eût dîné, et ensuite l'évêque de

Chester lui présenta respectueusement les premiers articles de la demande ; mais il ne répondit pas. Le prélat expliqua le reste ; mais pas un mot, pas un signe. Les lamentations, les exhortations des lords n'eurent pas plus d'effet. Ils allèrent dîner, et revinrent ensuite près du roi. Ils le touchèrent, le remuèrent, sans obtenir ni parole, ni attention. Ils le firent conduire par deux hommes de cette salle dans une autre, le remuèrent encore et travaillèrent à le tirer de cette insensibilité léthargique. Tout fut inutile ; la personne royale pouvait encore respirer et manger, mais elle ne parlait plus, n'entendait plus, ne comprenait plus. »

Arrêtons-nous en présence de cette muette image d'expiation. Ce silence parle haut ; tout homme, toute nation l'entendra : à vrai dire, il n'y a plus de nation devant de tels spectacles, ni Français, ni Anglais, mais seulement des hommes.

Si pourtant nous voulions l'envisager au point de vue de la France, ce serait seulement pour nous demander de sang-froid, sans rancune, ce qui reste de tout ceci.

Les Anglais, nous l'avons dit, laissent peu sur le continent, si ce n'est que des ruines. Ce peuple sérieux et politique, dans cette longue conquête, n'a presque rien fondé. – Et avec tout cela ils ont rendu au pays un immense service qu'on ne peut méconnaître.

La France jusque-là vivait de la vie commune et générale du Moyen Age autant et plus que de la sienne ; elle était catholique et féodale avant d'être française. L'Angleterre l'a refoulée durement sur elle-même, l'a forcée de rentrer en soi. La France a cherché, a fouillé, elle est descendue au plus profond de sa vie populaire ; elle a trouvé quoi ? la France. Elle doit à son ennemi de s'être connue comme nation.

Il ne fallait pas moins, pour nous calmer, qu'une pensée si grave, que cette forte et virile consolation, lorsque souvent ramenés vers la mer, nous portions sur la plage, de La Hogue à Dunkerque, tout ce pesant passé... Eh bien ! déposons-le aux marches de la nouvelle Église, sur cette pierre d'oubli, qu'une bonne et pieuse Anglaise a placée à Boulogne, pour relever ce qu'ont détruit nos pères. « Qui de là ne dira volontiers à cette mer, aux dunes opposées : *« My curse shall be forgiveness ! »*

On voit mieux de ce point... On y voit l'Océan rouler sa vague impartiale de l'une à l'autre rive. On y distingue le mouvement alternatif de ces grandes eaux et de ces grands peuples. Le flot qui porte là-bas César et le christianisme rapporte Pélage et Colomban. Le flux pousse Guillaume, Éléonore et les Plantagenêt ; le reflux ramène Édouard, Henri V. L'Angleterre imite au temps de la reine Anne ; sous Louis XVI, c'est la France. Hier, la grande rivale nous enseigna la liberté ; demain, la France reconnaissante lui apprendra l'égalité... Tel est ce majestueux balancement, cette féconde alluvion qui alterne d'un bord à l'autre... Non, cette mer n'est pas *la mer stérile.*

Dure l'émulation, la rivalité ! sinon la guerre... Ces deux grands peuples doivent à jamais s'observer, se jalouser, s'imiter, se développer à l'envi : « Ils ne peuvent cesser de se chercher ni de se haïr. Dieu les a placés en regard, comme deux aimants prodigieux qui s'attirent par un côté et se fuient par l'autre ; car ils sont à la fois ennemis et parents. »

Livre XII

CHAPITRE PREMIER

Charles VII - Philippe le Bon - Guerre de Flandre - 1436-1453

Au moment où l'on apprit à la cour de Bourgogne que Talbot débarquait en Guienne, un confident de Philippe le Bon ne put s'empêcher de dire : « Plût à Dieu que les Anglais fussent aussi bien à Rouen et dans toute la Normandie. »

C'est à ce moment même que le roi avait à Gand des envoyés, il essayait d'intervenir entre le duc et les Flamands en armes ; sans le débarquement de Talbot, il allait peut-être, comme suzerain et protecteur, venir en aide à la ville de Gand.

Au reste, la mésintelligence avait commencé bien avant, dès le Traité d'Arras ; la guerre diplomatique datait de la paix même. La maison de Bourgogne, cette branche cadette de France, devient peu à peu l'ennemie de la France, anglaise de volonté ; bientôt elle le sera d'alliance et de sang. La duchesse de Bourgogne, la sérieuse et politique Isabelle, qui est Lancastre du côté de sa mère, viendra à bout de marier son fils à une Anglaise, Marguerite d'York ; celle-ci, à son tour, donnera sa belle-fille à l'Autrichien Maximilien, qui compte les Lancastre parmi ses aïeux maternels ; en sorte que leur petit-fils, l'étrange et dernier produit de ses combinaisons, Charles Quint, Bourguignon, Espagnol, Autrichien, n'en est pas moins trois fois Lancastre.

Tout cela se fit doucement, lentement, un long travail de haine par des moyens d'amour, par alliances, mariages, et de femmes en femmes. Les Isabelle, les Marguerite et les Marie, ces rois en jupes des Pays-Bas (qui n'en souffraient guère d'autres), ont pendant plus d'un siècle ourdi de leurs belles mains la toile immense où la France semblait devoir se prendre.

Dès maintenant la lutte est entre Charles VII d'une part, de l'autre Philippe le Bon et sa femme Isabelle, lutte entre le roi et le duc, entre deux rois plutôt, et Philippe n'est pas le moins roi des deux.

Il a certainement plus de prise sur le roi que Charles VII n'en a sur lui. Il tient toujours Paris de près par Auxerre et Péronne, tandis que, tout autour, ses beaux cousins, ses chevaliers de la Toison, occupent des postes de Nemours, de Montfort et de Vendôme. Au centre même de la

France, s'il y voulait entrer, le duc d'Orléans lui donnerait passage sur la Loire. Partout, les grands sont ses amis ; ils l'aiment davantage à mesure que le roi devient maître. Où il n'agit pas, il influe ; tandis que sur toute la frontière il acquiert, prend, hérite, achète et cerne peu à peu le royaume, il est déjà partout au cœur.

Le roi, quelle arme a-t-il contre le duc de Bourgogne ? Sa haute juridiction ; mais les provinces françaises de son adversaire, bien loin de réclamer cette juridiction, craignent de se rattacher au royaume, de partager ses extrêmes misères. La Bourgogne, par exemple, à qui son duc ne demandait guère que des hommes, presque point d'argent, n'eût voulu pour rien au monde avoir affaire au roi.

Les pays, au contraire, qui se croyaient bien sûrs de n'être pas français, qui ne craignaient pas les empiétements de la fiscalité française, hésitaient moins à recourir au roi, à invoquer, sinon sa juridiction, au moins son arbitrage. Liège et Gand étaient en correspondance habituelle avec la France ; le roi y avait un parti, il y tenait des gens pour profiter des mouvements, pour les exciter quelquefois. Ces formidables machines populaires lui servaient, quand son adversaire avançait trop sur lui, à la tirer en arrière et l'obliger de tourner la tête.

C'était la force et la faiblesse du duc de Bourgogne d'avoir ces grosses villes, ces populations si nombreuses, si riches, mais si agitées. Dans cette mort du XVe siècle, lui, il gouvernait des vivants. Quoi de plus beau que la vie, mais quoi de plus inquiet, de plus difficile à régler ?... Une vie puissante bouillonnait dans les Flandres.

Que ce pays ait contenu tant de germes de troubles, on peut s'en étonner. La Flandre, c'est le travail ; le travail, n'est-ce pas la paix ?... Le laborieux tisserand de Flandre semble au premier coup d'œil le frère des *humiliati* lombards, l'imitateur des pieux ouvriers de saint Antoine et de saint Pacôme, de ces bénédictins auxquels saint Benoît dit : « Être moine, c'est travailler. » Quoi de plus saint et de plus pacifique ?... Ce tisserand paraît presque plus moine que le moine ; seul, dans l'obscurité de l'étroite rue, de la cave profonde, créature dépendante des causes inconnues, qui allongent le travail, diminuent le salaire, il se remet de tout à Dieu. Sa foi, c'est que l'homme ne peut rien par lui-même, sinon aimer et croire. On appelait ces ouvriers *beghards* (ceux qui prient) ou *lollards*, d'après leurs pieuses complaintes, leurs chants monotones, comme d'une femme qui berce un enfant. Le pauvre reclus se sentait bien toujours mineur, toujours enfant et il se chantait un chant de nourrice pour endormir l'inquiète et gémissante volonté aux genoux de Dieu.

Doux et féminin mysticisme. Aussi y eut-il encore plus de béguines que de beghards. Quelques-uns, de leur vivant, furent tenues pour saintes ; témoin celle de Nivelle que le roi de France, Philippe le Hardi, envoya consulter. Généralement, elles vivaient ensemble dans des béguinages où se trouvaient unis des ateliers et des écoles, et à côté il y avait l'hôpital où elles soignaient les pauvres. Ces béguinages étaient d'aimables cloîtres, non cloîtrés. Point de vœux, ou très courts ; la béguine pouvait se marier ; elle passait, sans changer de vie, dans la maison d'un pieux ouvrier. Elle la sanctifiait ; l'obscur atelier s'illuminait d'un doux rayon de la grâce.

« Il ne faut pas que l'homme soit seul. » Cela est vrai partout, bien plus en ces contrées, dans ce pluvieux Nord (qui n'a pas la poésie du Nord des glaces), sous ces brouillards, dans ces courtes journées... Qu'est-ce que les Pays-Bas, sinon les dernières alluvions, sables, boues et tourbières, par lesquelles les grands fleuves, ennuyés de leur trop long cours, meurent, comme de langueur, dans l'indifférent Océan ?

Plus la nature est triste, plus le foyer est cher. Là, plus qu'ailleurs, on a senti le bonheur de la vie de famille, des travaux, des repos communs... Il y a peu d'air et peu de jours peut-être sous ces étages qui surplombent, et pourtant la Flamande trouve encore le moyen d'y élever une pâle fleur. Il n'importe guère que la maison soit sombre, l'homme ne peut s'en apercevoir ; il est près des siens, son cœur chante... Qu'a-t-il besoin de la nature ? Dans quelle campagne verrait-il plus de soleil que dans les yeux de sa femme et de ses enfants ?

La famille, le foyer, c'est l'amour. Et c'est aussi le nom d'amour ou d'*amitié* qu'ils donnaient à la famille de choix, à la grande confrérie ou commune. L'on disait l'*amitié* de Lille, l'*amitié* d'Aire, etc. Cela s'appelait encore (et plus souvent) *ghilde,* ou contribution, sacrifice mutuel. Tous pour chacun, chacun pour tous, leur mot de ralliement à Courtrai : « Mon ami, mon bouclier. »

Simple et belle organisation. Chaque homme, chaque famille est représentée dans la cité par sa maison qui paie et répond pour lui ; le comte, tout comme un autre, doit avoir sa maison qui réponde à son petit nom d'Hanotin de Flandre. Chaque famille d'amis ou confrérie a de même sa petite maison qu'elle orne et pare à l'envi, qu'elle sculpte et peint au-dehors, au-dedans. Combien plus orneront-ils la maison de l'*Amitié* générale, la maison de ville ! Nulle dépense ne coûtera, nul effort pour en élargir le portail, en exhausser le beffroi, en sorte que les villes voisines le voient de dix lieux sur les grandes plaines, et que leurs tours fassent la révérence à la dominante tour.

Telle apparaît au loin celle de Bruges, svelte et majestueuse tout ensemble, par-dessus la forte halle qui gardait le trésor des dix-sept nations. Telle s'étend, plus large de cent pieds que toute la longueur de Notre-Dame de Paris, l'incomparable façade de la halle d'Ypres.. Celui qui rencontre dans une petite ville déserte ce monument, digne des plus puissants empires, reste muet devant une telle grandeur... Et la grandeur n'est pas ce qu'il faut admirer ici ; mais bien l'identité des formes, l'harmonie, l'unité de plan, celle de volonté qui dut gouverner la ville pendant cette longue construction ; vous croyez y voir un peuple voulant comme un homme, une concorde persévérante, un siècle au moins d'*amitié*.

Vraie cathédrale du peuple, aussi haute que sa voisine, la cathédrale de

Dieu. Si la première eût rempli sa destinée, si ces villes eussent suivi jusqu'au bout leur idée vitale, la maison de l'*amitié* eût fini par contenir tous les amis, toute la ville ; elle n'eût pas été seulement le comptoir des comptoirs, mais l'atelier des ateliers, le foyer des foyers, la table des tables, de même qu'en son beffroi semblent s'être réunies les cloches des quartiers, des confréries, des *justices*. Par-dessus toutes ces voix, qu'il accorde et qu'il domine, se joue souverainement le carillon de la *loi*, avec son Martin ou Jacquemart. Cloche de bronze, homme de fer ; celui-ci est le plus vieux bourgeois de la ville, le plus gai, le plus infatigable, avec sa femme Jacqueline... Que chantent-ils nuit et jour, d'heure en heure, de quart en quart ? un seul chant, celui du psaume : *« Quam jacundum est fratres habitare in unum ? »*. Voilà l'idéal, le rêve ? un peuple travaillant dans l'amour... Mais le diable est jaloux.

Il ne lui faut pas grand-place ; il aura toujours bien un coin dans la plus sainte maison. Au sanctuaire même de piété, dans cette cellule de béguine (d'ou Lucas de Leyde a tiré son aimable *Annonciation),* il trouvera prise. Où donc ? Au petit ménage, « au petit jardin ». Pour le cacher, il suffirait d'une feuille de ce beau lis.

Moins qu'une feuille, un souffle, un chant... Dans la pieuse complainte du tisserand que nous écoutions naguère, est-il sûr que tout soit de Dieu ?... Le chant qu'il se chante à lui-même ne rappelle ni les airs rituels de l'église, ni les airs officiels des confréries... Ce solitaire de la banlieue, ce *buissonnier,* comme on l'appelle, quelles sont ses secrètes pensées ? Ne peut-il lui arriver de lire quelque jour dans son Évangile que le plus petit sera le plus grand ? Rejeté du monde, adopté de Dieu, s'il s'avisait de réclamer le monde, comme héritage de son père ?... On sait qu'il menait la vie d'un lollard, qu'il pêchait, tout en rêvant, dans l'Escaut, ce Philippe Artevelde qui jeta là un matin son filet pour prendre la tyrannie des Flandres. Le roi tailleur de Leyde songea, en taillant son drap, que Dieu l'appelait à tailler les royaumes... En ces ouvriers mystiques, en ces doux rêveurs, résidait un élément de trouble, vague et obscur encore, mais bien autrement dangereux que le bruyant orage communal qui éclatait à la surface ; des ateliers souterrains, des caves, s'entendait, pour qui eût su entendre, un sourd et lointain grondement des révolutions à venir.

Ce que le lollard est pour l'Église et la commune, le tisserand *buissonnier* pour la confrérie, la campagne en général l'est pour la ville, la petite ville pour la grande. Que la petite prenne garde d'élever trop haut sa tour, qu'elle n'aille pas fabriquer ou vendre sans expresse autorisation... Cela est dur. Et pourtant, s'il en eût été autrement, la Flandre n'eût pu subsister ; disons mieux, selon toute apparence, elle n'eût existé jamais.

Ceci demande explication.

La Flandre s'est formée, pour ainsi dire, malgré la nature ; c'est une œuvre du travail humain. L'occidentale a été en grande partie conquise sur la mer qui, en 1251, était encore tout près de Bruges. Jusqu'en 1348, on stipulait dans les ventes de terres que le contrat serait résilié si la terre était reprise par la mer avant dix ans.

La Flandre orientale a eu à lutter tout autant contre les eaux douces. Il lui a fallu resserrer, diriger, tant de cours d'eau qui la traversent. De polder en polder, les terres ont été endiguées, purgées, raffermies ; les parties mêmes qui semblent aujourd'hui les plus sèches rappellent par leurs noms qu'elles sont sorties des eaux.

La faible population de ces campagnes, alors noyées, malsaines, n'eût jamais fait à coup sûr de travaux si longs et si coûteux. Il fallait beaucoup de bras, de grandes avances, surtout pouvoir attendre. Ce ne fut qu'à la longue, lorsque l'industrie eut entassé les hommes et l'argent dans quelques fortes villes, que la population débordante put former des faubourgs, des bourgs, des hameaux, ou changer les hameaux en villes. Ainsi généralement la campagne fut créée par la ville, la terre par l'homme ; l'agriculture fut la dernière manufacture née du succès des autres.

L'industrie ayant fait ce pays de rien méritait bien d'en être souveraine. Les trois grands ateliers, Gand, Ypres et Bruges, furent les trois membres de Flandre. Ces villes considéraient la plupart des autres comme leurs colonies, leurs dépendances ; et en effet, à regarder ce vaste jardin où les habitations se succèdent sans interruption, les petites villes autour d'une cité apparaissent comme ses faubourgs, un peu éloignées d'elle, mais en vue de sa tour, souvent même à portée de sa cloche. Elles profitaient de son voisinage, se couvrant de sa bannière redoutée, se recommandant de son industrie célèbre. Si la Flandre fabriquait pour le monde, si Venise d'une part, de l'autre Bergen ou Novogorod, venaient chercher les produits de ses ateliers, c'est qu'ils étaient marqués du sceau révéré de ses principales villes. Leur réputation faisait la fortune du pays, y accumulait la richesse, sans laquelle on n'eût jamais pu accomplir l'énorme travail de rendre cette terre habitable, en sorte qu'elles pouvaient dire, avec quelque apparence : « Nous gouvernons la Flandre, mais c'est nous qui l'avons faite. »

Ce gouvernement, pour être une gloire, n'en était pas moins une charge. L'artisan payait cher l'honneur d'être de « Messieurs de Gand ». Sa souveraineté lui coûtait bien des journées de travail ; la cloche l'appelait aux assemblées, aux élections, fréquemment aux armes. L'assemblée armée, le *wapening,* ce beau droit germanique qu'il maintenait si fièrement, n'en était pas moins un grand trouble pour lui. Il travaillait moins, et d'autre part, dans ces populeuses villes, il payait les vivres plus cher. Aussi, quantité de ces ouvriers souverains aimaient mieux abdiquer et s'établir modestement dans quelque bourg voisin, vivant à bon marché, fabriquant à bas prix, profitant du renom de la ville, détournant ces pratiques. Celle-ci finissait par interdire le travail à la banlieue. La population se portait plus loin, dans quelque hameau qui devenait une petite ville, dont la grande brisait les métiers. De là des haines terribles, d'*inexpiables* violences, des sièges de Troie ou de Jérusalem autour d'une bicoque, l'infini des passions dans l'infiniment petit.

Les grandes villes, malgré les petites, malgré le comte, auraient maintenu leur domination, si elles étaient restées unies. Elles se brouillèrent pour diverses causes, d'abord à l'occasin de la direction des eaux, question capitale en ce pays. Ypres entreprit d'ouvrir au commerce une route abrégée, en creusant l'Yperlé, le rendant navigable, et dispensant ainsi les bateaux de suivre l'immense détour des anciens canaux, de Gand à Damme, de Damme à Nieuport. De son côté, Bruges voulait détourner la Lys, au préjudice de Gand. Celle-ci, placée au centre naturel des eaux, au point où se rapprochent les fleuves, souffrait de toute innovation. Malgré les secours que les Brugeois tirèrent de leur comte et du roi de France, malgré la défaite des Gantais à Roosebeke, Gand prévalut sur Bruges ; elle lui donna une leçon cruelle, et elle maintint l'ancien cours de la Lys. Elle eut moins de peine a prévaloir sur Ypres ; par menace ou autrement, elle obtint du comte sentence pour combler l'Yperlé.

Dans cette question des eaux qui remplit le XIVe siècle, la dispute fut entre les villes ; le comte y était auxiliaire autant ou plus que partie principale. Au XVe, la lutte fut directement entre les villes et le comte ; la désunion des villes les fit succomber. Bruges ne fut point soutenue de Gand (1436), et il lui fallut se soumettre. Gand ne fut pas soutenue de Bruges (1453), et Gand fut brisée.

L'occasion de la révolte de 1436 fut le siège de Calais. Les Flamands, irrités alors contre l'Angleterrre, qui maltraitait leurs marchands et se mettait à fabriquer elle-même, avaient pris ce siège à cœur ; ils en avaient fait une croisade populaire, y avaient été en corps de peuple, bannières par bannières, apportant avec eux quantité de bagages, de meubles, jusqu'à leurs coqs, comme pour indiquer qu'ils y *élisaient domicile* jusqu'à la prise de Calais... Et tout à coup, ils étaient revenus. Ils alléguaient pour excuse, et non sans apparence, qu'ils n'avaient point été soutenus des autres sujets du comte, ni des Hollandais par mer, ni par terre de la noblesse wallonne. L'expédition ayant manqué par la faute des autres, ils réclamaient leur droit ordinaire d'armement général, *une robe par homme ;* on se moqua de la réclamation.

Les voilà irrités et honteux, accusant tout le monde. Gand mit à mort un doyen des métiers qui avait commandé la retraite. Bruges accusait ses vassaux, les gens de l'Écluse, de n'avoir pas suivi sa bannière ; elle accusait la noblesse des côtes, à qui elle payait pension pour garder la mer et repousser les pirates. Loin de les repousser, les ports avaient vendu des vivres aux Anglais, au moment même où ils enlevaient dans la campagne (chose horrible) cinq mille enfants ; les paysans furieux mirent à mort l'amiral de Horn et le trésorier de Zélande, qui avaient assisté à la descente sans y mettre obstacle. Zélandais, Hollandais, s'étaient visiblement arrangés avec les Anglais, ils ne bougèrent point.

Bruges éclata ; les forgerons crièrent que tout irait mal tant qu'on ne tuerait pas les grosses têtes qui trahissaient, qu'il fallait faire *comme ceux de Gand.* Ce dernier mot semblait devoir peu réussir à Bruges, où, depuis l'affaire de la Lys, on détestait les Gantais. Mais il se trouva cette fois que les tout-puissants marchands de Bruges, les hanséatiques, qui ordinairement calmaient les révoltes, avaient justement alors intérêt à la révolte ; le duc leur faisait la guerre en Hollande et plus tard en Frise, ils trouvèrent bon sans doute de l'occuper en Flandre, d'unir contre lui Bruges et Gand. Ce qui est sûr, c'est que le peuple de Bruges reçut d'un seule ville de la Hanse cinq mille sacs de blé.

Gand avait commencé avant Bruges, elle finit avant. Une population d'ouvriers avait moins d'avances, moins de ressources qu'une ville de marchands qui, d'ailleurs, étaient soutenus du dehors. Quand les Gantais eurent chômé quelque temps, ils commencèrent à trouver que c'était trop souffrir, et pourquoi ? pour conserver à Bruges sa domination sur la côte. Les Brugeois s'étaient donné un tort, dans lequel les Gantais, gens formalistes et scrupuleux, devaient trouver prétexte pour abandonner leur parti. Le serment féodal engageait le vassal à respecter la vie de son seigneur, son corps, ses membres, sa femme, etc. Le duc, ayant compté là-dessus, s'était jeté dans Bruges et avait failli y périr. La duchesse, non moins hardie, avait cru imposer en restant, et le peuple avait arraché d'auprès d'elle la veuve de l'amiral. Nous trouvons ainsi cette princesse mêlée de sa personne dans toutes ces terribles affaires, en Hollande comme en Flandre. Elle se chargea, en 1444, de calmer la révolte des cabéliaux, qui voulaient tuer leur gouverneur, M. de Lannoy, et ils le cherchèrent jusque sous sa robe.

Un jour donc, le doyen des forgerons de Gand plante la bannière des métiers sur le marché, et dit que, puisque personne ne s'occupe de rétablir la paix et le commerce, il faut y pourvoir soi-même. Chacun s'effraie et craint un mouvement de la populace. Mais c'était tout le contraire ; près des forgerons vinrent se ranger les orfèvres, les gros de la ville, les *mangeurs de foie ;* ils avaient imaginé de faire commencer par les pauvres une réaction aristocratique. Les tisserands mêmes, fort divisés, mais qui après tout mouraient de faim depuis que la laine anglaise ne leur venait plus, finirent par se mettre du côté de la paix à tout prix.

Un honorable bourgeois fut fait capitaine, et ce qui flatta fort la ville, c'est qu'avec l'autorisation du comte, il exerça une sorte de dictature dans la Flandre, menant les milices vers Bruges, et lui signifiant qu'elle eût à se soumettre à l'arbitrage du comte, à reconnaître l'indépendance de l'Écluse et du Franc. Bruges, indignée, par représailles, envoya des émissaires à Courtrai et autres villes dépendantes de Gand, pour les engager à s'en affranchir. Le capitaine de Gand fit décapiter ces émissaires ; il défendit qu'on portât des vivres à Bruges, et donna ordre que partout où les Brugeois paraîtraient, on sonnât contre eux la cloche d'alarme. Il fallut bien que Bruges cédât, qu'elle reconnût le Franc pour quatrième membre de Flandre. C'était un beau succès pour le comte d'avoir brisé l'ancienne trinité communale, un plus grand d'avoir fait cela par les mains de Gand, d'avoir créé contre elle une éternelle haine, de l'avoir isolée pour toujours. Gand restait plus faible en réalité, par suite de cette triste victoire, plus faible et plus orgueilleuse, persuadée qu'elle était que le comte n'eût jamais pacifié la Flandre sans elle. La bannière souveraine de Flandre était-elle désormais celle de Gand ou celle du comte ? Cela devait tôt ou tard se régler par une bataille.

Quoi qu'aient pu dire les chroniqueurs gagés de la maison de Bourgogne contre les Gantais, cette population ne paraît pas avoir été indigne du grand rôle qu'elle joua. Ces gens de métier, fort renfermés, connaissant peu le monde (en comparaison des marchands de Bruges), de plus, préoccupés des petits gains et des petites dévotions qui ne peuvent étendre l'esprit, n'en montrèrent pas moins souvent un véritable instinct politique, toujours du courage, assez d'esprit de suite, parfois de la modération. Gand, après tout, est le cœur, l'énergie des Flandres, comme leur grand centre pour les eaux, pour les populations. Ce n'est pas sans raison que tant de rivières y viennent déposer vingt-six villes en une cité et se marier ensemble au *pont du Jugement.*

Le jugement suprême de la Flandre orientale résidait en effet dans l'échevinage de Gand. Les villes voisines, qui elles-mêmes étaient des capitales, des tribunaux supérieurs (la seule Alost pour cent soixante-dix cantons, deux principautés, une foule de baronnies), étaient obligées d'y *ressortir.* Courtrai et Oudenarde, si grandes et si fortes, Alost et Dendermonde, fiefs d'Empire, libres alleux ou *fiefs du soleil,* n'en étaient pas moins forcées d'aller défendre leurs appels à Gand, de répondre à la *loi* de Gand, de reconnaître en elle un juge, et ce juge n'était que trop souvent, comme dit la vieille formule allemande, un *lion courroucé.*

Chose bizarre, et qui ne s'explique que par l'extrême attachement des Flamands aux traditions de familles et de coutumes, ces grandes villes d'industrie, loin d'avoir la mobilité que nous voyons dans les nôtres, se faisaient une religion de rester fidèles à l'esprit du droit germanique, si peu en rapport avec leur existence industrielle et mercantile. Il ne s'agit donc pas ici, comme on pourrait croire, d'une querelle spéciale entre le comte et une ville ; c'est la grande et profonde lutte de deux droits et de deux esprits.

Les hommes de basse Allemagne, comme d'Allemagne en général, n'avaient jamais eu beaucoup d'estime pour nous autres Welches, pour le droit scribe, paperassier, chicaneur, défiant, du Midi. Le leur était, à les entendre, un droit simple et libre, fondé sur la bonne foi, sur la ferme croyance à la véracité de l'homme. En Flandre, les grandes assemblées judiciaires s'appelaient *vérités, franches et pacifiques vérités,* parce que les hommes libres y siégeaient pour chercher le vrai en commun. Chacun disait, ou devait dire le vrai, même contre soi. Le défendeur pouvait se justifier par sa propre affirmation, jurer son innocence, puis tourner le dos et aller son chemin. Tel était l'idéal de ce droit, sinon la pratique.

Le peuple ne pouvant rester toujours assemblé, les jugements se faisaient par quelques-uns du peuple que l'on appelait la *loi.* La *loi* se réunissait, prononçait, exécutait par son *vorst* ou président, qui tenait l'épée de justice. *Vorst* est en Flandre le propre nom du comte. Il ne devait présider qu'en personne ; s'il commettait un lieutenant, ce lieutenant était réputé la propre personne du comte, de même que la *loi*, si peu nombreuse qu'elle fût, était comme le peuple entier. Aussi, il n'y avait point d'appel ; les jugements étaient exécutés immédiatement. A qui eût-on appelé ? au comte, au peuple ? Mais tous deux avaient été présents. Le peuple même avait jugé, il était infaillible ; la voix du peuple est, comme on sait, celle de Dieu.

Le comte et ses légistes bourguignons et francs-comtois ne voulaient rien comprendre à ce droit primitif. Comme il nommait les magistrats, choisissait la *loi*, il croyait la créer. Ce mot la *loi*, employé par les Flamands pour désigner simplement les hommes qui doivent attester et appliquer la coutume, le comte le prenait volontiers au sens romain, qui place la loi, le droit, dans le souverain, dans les magistrats, ses délégués. Les deux principes étaient contraires. Les formes ne l'étaient pas moins. Les procédures des Flamands étaient simples, peu coûteuses, orales le plus souvent ; en cela elles convenaient fort à des travailleurs qui sentaient le prix du temps. De plus, contrairement aux procédures écrites, si sèches et pourtant si verbeuses, surtout prosaïques, ces vieilles formes allemandes s'exprimaient en poétiques symboles, en petits drames juridiques où les parties, les témoins, les juges même devenaient acteurs.

Il y avait des symboles généraux et communs, employés presque partout, comme la paille rompue dans les contrats, la glèbe de témoignage déposée à l'église, l'épée de justice, la cloche, ce grand symbole communal auquel vibraient tous les cœurs. De plus, chaque localité avait quelques signes spéciaux, quelque curieuse comédie juridique, par exemple, à Liège, l'anneau de la porte rouge, le chat d'Ypres, etc. Celui qui regarde ces vieux usages flamands du haut de la sagesse moderne n'y verra sans doute qu'un jeu déplacé dans les choses sérieuses, les amusements juridiques d'un peuple artiste, des tableaux en action, souvent burlesques, les Téniers du droit... D'autres, avec plus de raison, y sentiront la religion du passé, la protestation fidèle de l'esprit local... Ces signes, ces symboles, c'était pour eux la liberté, sensible et tangible ; ils la serraient d'autant plus qu'elle allait leur échapper : *Ah ! Freedom is a noble thing !...*

Des villages aux villes, des villes à la grande cité, de celle-ci au comte, du comte au roi, à tous les degrés, le droit d'appel était contesté ; à tous, il était odieux, parce qu'en éloignant les jugements du tribunal local, il les éloignait aussi de plus en plus des usances du pays, des vieilles et chères superstitions juridiques. Plus le droit montait, plus il prenait un caractère abstrait, général, prosaïque, anti symbolique ; caractère plus rationnel, quelquefois moins raisonnable, parce que les tribunaux supérieurs daignaient rarement s'informer des circonstances locales, qui, dans ce pays, plus que partout ailleurs, peuvent expliquer les faits et les placer dans leur vrai jour.

La guerre de juridiction avait commencé au moment où finissait la guerre des armées, le conflit après le combat (1385). Philippe le Hardi ayant vu, par son inutile victoire de Roosebeke, qu'il était plus aisé de battre la Flandre que de la soumettre, lui jura ses franchises et se mit en mesure de les violer tout doucement. Il fonda chez lui, du côté français, à Lille, un modeste tribunal, une toute petite chambre, deux conseillers de justice, deux maîtres des comptes pour faire rentrer les recettes arriérées (les menues sommes seulement), pour informer au besoin contre les officiers du comte, pour protéger contre les gens de guerre et les nobles, « les églises, les veuves, les pauvres laboureurs et autres personnages misérables » ; enfin, pour « composer aussy les délicts *dont la vérité ne polra clairement estre enfonchié ».* Du reste, nul appareil, peu de formes, point de procureur.

Il se trouva peu à peu que la petite chambre attirait tout, que toute affaire se trouvait être de celle *dont la vérité ne pouvait être clairement enfoncée.* Mais les Flamands ne se laissaient pas faire ; au lieu de débattre leurs droits contre ce tribunal français, ils aimaient mieux embarrasser le duc, alors tuteur du roi de France, en se faisant plus Français que lui et en disant qu'ils ressortissaient directement au Parlement de Paris.

Au fond, ils ne voulaient dépendre ni de la France, ni de l'Empire. L'un et l'autre, à peu près dissous au temps de Charles VI, n'étaient guère en état de réclamer leur suzeraineté. Les embarras continuels de Jean sans Peur et de Philippe le Bon les firent longtemps serviteurs plutôt que maîtres des Flamands. Le premier pourtant, au moment où il crut avoir tué Liège aussi bien que le duc d'Orléans, en ce moment terrible de violence et d'audace, il osa aussi mettre la main sur les libertés flamandes. Il établit sa justice à Gand, un conseil suprême de justice, où l'on porterait les appels, qui jugerait les Flamands en flamand, mais *parlerait français à huis clos.*

Ce conseil, placé à Gand, au milieu même du peuple contre la juridiction duquel on l'établissait, ne put faire grand-chose, et finit de lui-même à la mort de Jean. Mais dès que Philippe le Bon eut acquis le Hainaut et la Hollande, et qu'il tint ainsi la Flandre serrée de droite et de gauche, il ne craignit point de rétablir le conseil. Peu de gens osèrent s'y adresser ; Ypres, toute déchue qu'elle était, punit une petite ville d'y avoir porté un appel.

Seigneur pour seigneur, les Flamands préféraient quelquefois le plus éloigné, le roi. Les villages en querelle avec Ypres la citèrent devant les gens du roi qui se trouvaient à Lille. Ypres et Cassel, dans une autre occasion, s'adressèrent tout droit à Paris. Le duc de Bourgogne se trouva de plus en plus engagé dans un double procès avec ses deux suzerains, la France et l'Empire, procès complexe, à titre différent. L'Empire réclamait *hommage,* non *jurisdiction.* La France réclamait *jurisdiction,* mais non *hommage* (le traité de 1435 en dispensait). Le Parlement de Paris devait, selon lui, recevoir les appels de Flandre ; Lyon avait reçu jadis ceux de Mâcon, Sens ceux d'Auxerre. Ces prétentions juridiques étaient d'autant plus difficiles à admettre que derrière venaient les réclamations fiscales. Le roi soutenait qu'il n'avait point abandonné sur les provinces françaises du duc les droits inaliénables de la couronne ; monnaie, taille, collation et régale, ici la gabelle, là certains droits sur les vins. La Bourgogne était si peu disposée à reconnaître ces droits, qu'elle tenait, dit-on, des hommes déguisés en marchands pour tuer les sergents royaux qui s'aventuraient à franchir la limite. Dautre part, les gens du roi ne permettaient plus aux Francs-Comtois de venir faucher sur les terres qu'ils avaient de ce côté-ci ; ils leur faisaient payer un droit de passage. De là, des plaintes, des violences, une querelle infinie, interminable, sur toute la frontière.

J'ai dit comment, après le mauvais succès de la Praguerie, Philippe le Bon avait cru embarrasser le roi en rachetant le duc d'Orléans, en lui faisant tenir l'assemblée des grands à Nevers, laquelle, faute d'audace ou de force, ne réussit qu'à présenter des doléances. A cette guerre d'intrigues contre la France, ajoutez celle des armes que le duc faisait à l'Allemagne, en se saisissant du Luxembourg. Ces embarras se compliquèrent, et d'une manière alarmante, en 1444, lorsque d'une part la guerre civile éclata en Hollande, et que de l'autre les bandes françaises et anglaises, sous la bannière du dauphin, traversèrent les Bourgognes pour aller en Suisse.

Elles auraient bien pu ne pas aller jusqu'en Suisse, la maison d'Anjou poussait le roi à la guerre. Mais la commencer contre la Bourgogne, lorsqu'on n'était encore sûr de rien du côté de l'Angleterre, c'eût été folie. La maison d'Anjou, ne pouvant agir contre son ennemi, s'arrangea avec lui comme avaient fait les ducs d'Orléans, de Bourbon et tant d'autres, comme allait faire le duc de Bretagne. La duchesse de Bourgogne eut en grande partie le mérite de ces négociations.

Elle obtint du roi que les appels de Flandre seraient ajournés pour neuf ans. Mais les Flamands ne pouvaient lui en savoir gré, cet ajournement devant profiter au conseil du comte, à ce tribunal qui siégeait contre eux, chez eux, et duquel ils se défendaient bien plus difficilement que des empiétements lointains du Parlement de Paris. L'indépendance que le comte se faisait ainsi contre la France et l'Empire, il ne l'obtenait que par des armements, des intrigues coûteuses, par des dépenses qui retombaient principalement sur la Flandre. La question de juridiction et tous les embarras qu'elle entraînait rendaient de plus en plus grave la question des subsides ; tandis que la cité souffrait chaque jour dans son indépendance et son orgueil, l'individu souffrait dans ses intérêts, dans son argent, c'est-à-dire dans son travail, car les guerres, les fêtes, les magnificences, devaient ajouter des heures à la journée de l'ouvrier.

L'impôt était non seulement lourd, mais singulièrement variable ; de plus, réparti entre les provinces avec une odieuse inégalité. La Bourgogne et le Hainaut payaient peu d'argent ; il est vrai qu'ils payaient en hommes, qu'ils fournissaient une superbe gendarmerie. Mais c'était encore là ce qui blessait les Flamands ; tandis que les Wallons s'acquittaient ainsi en *aides nobles,* avec des hommes et du sang, on traitait les Flamands en manouvriers, on ne leur demandait que de l'argent, *aide servile,* qu'on tournait au besoin contre eux.

En 1439, en pleine paix, l'impôt fut énorme. C'était, disait-on, pour racheter le duc d'Orléans. La rançon du seigneur était bien un cas d'aide féodale, mais non, à coup sûr, la rançon du cousin du seigneur. Une bonne partie de l'argent se mangea dans une fête, et la fête fut pour Bruges, pour les marchands et les étrangers.

De là, le duc alla passer près de deux ans dans les fêtes et les tournois de Bourgogne, dans la guerre de Luxembourg. La Flandre paya pour cette guerre ; elle paya pour les armements qui protégèrent la Bourgogne au passage des Armagnacs. Enfin, le duc vint à Gand, au foyer du mécontentement, tenir une solennelle assemblée de la Toison d'or, faire en quelque sorte par-devant les Flamands une revue des princes et seigneurs qui le soutenaient, leur montrer quel redoutable souverain était leur comte de Flandre. Une cérémonie coûteuse étalée devant ce peuple économe, un tournoi magnifique au Marché des vieux habits, la Toison d'or donnée à un de ces Zélandais qui avaient fait manquer le siège de Calais, qui aidèrent à la chute de Bruges, et bientôt à celle de Gand, rien de tout cela, sans doute, ne pouvait calmer les esprits. Il y avait à parier qu'à la première vexation fiscale, il y aurait explosion.

Cette année même, 1448, le duc se crut assez fort pour risquer la chose. Il essaya d'un droit sur le sel, droit odieux pour bien des causes, mais spécialement en ceci, qu'il portait sur tous, annulait tout privilège ; pour les privilégiés, nobles et bourgeois, payer un tel impôt, c'était déroger.

Il faut savoir pourquoi le duc se croyait assez tranquille du côté du roi pour faire en Flandre ces tentatives hardies. C'est qu'il avait un bon ami en France pour troubler le pays, un roi en espérance, contre le roi régnant. Le dauphin, nous l'avons dit, n'avait eu ni jeunesse ni enfance ; il était né Louis XI, c'est-à-dire singulièrement inquiet, spirituel et malfaisant. Dès quartorze ans, il faisait ce qu'il fit pendant son règne la chasse aux grands, aux Retz, aux Armagnacs. A seize ans, il voulait détrôner son père, qui le désarma et lui donna le Dauphiné. Nous l'avons vu ensuite à Dieppe, en Guienne, en Suisse, se faisant donner le Comminges, partie du Rouergue, Château-Thierry. Cet établissement considérable, mais faible, en ce qu'il était dispersé, ne lui faisait que désirer davantage la possession d'une grande province, Normandie, Guienne ou Languedoc, avec quoi il eût pris le reste.

Il y aurait réussi peut-être, si Charles VII n'eût eu près de lui le sage, ferme et courageux Brézé, qui, reprenant la politique de la vieille Yolande d'Anjou, le gouvernait par Agnès Sorel et lui faisait vouloir le bien du royaume. Le dauphin, désespérant de se faire un instrument d'un tel homme, essaya en 1446 de le faire tuer. Découvert, mais non convaincu, il se fortifie dans son Dauphiné, se fait protecteur du comtat et gonfalonier de l'Église, ami des Suisses, de la Savoie, de Gênes, qui le demande au roi pour gouverneur ; il se lie surtout avec le duc de Bourgogne. En 1448, il semble avoir eu le projet de venir en force avec les Bourguignons, pour s'emparer du roi et du royaume. Lorsque Agnès mourut, en 1450, tout le monde crut que le dauphin l'avait empoisonnée. Dans cette même année, où la Normandie venait d'être reconquise, il osa la demander, non au roi, mais à elle-même, aux prélats et seigneurs normands. Visiblement, il se sentait soutenu. On le vit mieux encore l'année suivante, lorsque, malgré les défenses expresses de son père, il épousa la fille du duc de Savoie. Ni ce petit prince, ni le dauphin ne s'y seraient hasardés, s'ils n'avaient cru avoir l'appui du duc de Bourgogne.

Justement cet appui manqua. Loin de pouvoir faire la guerre au roi, Philippe le Bon lui adressait supplique pour qu'il n'évoquât point l'affaire de Gand (29 juillet 1451). Cette affaire devenait une guerre et une guerre générale de Flandre. Sans renoncer à la gabelle, il voulait frapper d'autres droits plus vexatoires encore : droit sur la laine, c'est-à-dire sur le travail ; droit sur les consommations les plus populaires, le pain, le hareng ; des étapes sur les canaux entravaient les communications et mettaient tout le pays comme en état de siège. Le droit de monture, qui indirectement atteignait tout le monde, directement le paysan, eut cet effet, nouveau en Flandre, de mettre les campagnes du même parti que les villes.

Le duc s'aperçut alors de sa folie, il retira sa gabelle, il donna de bonnes paroles, caressa Bruges et l'apaisa. Les marchands, comme à l'ordinaire, aidèrent à calmer le peuple. Gand resta seule, et le duc crut ne venir jamais à bout de cette éternelle résistance, s'il ne changeait la ville même en ce qu'elle avait de plus vital, s'il n'y détruisait la prépondérance qu'y avaient prise les métiers, s'il ne la ramenait à la constitution qu'elle avait subie pendant l'invasion de Philippe le Bel ; la commune ainsi brisée, il eût brisé les confréries, y introduisant peu à peu des faux frères, des artisans des campagnes, en sorte que, non seulement l'esprit de la cité, mais la population même changeât à la longue.

En 1449, tout cela semblait possible, parce que la guerre recommençant entre la France et l'Angleterre, le duc croyait n'avoir rien à craindre du côté du roi. Il barra les canaux, mit des garnisons autour de Gand, cassa la *loi*. La ville déclara hardiment que la *loi* serait maintenue. Le duc suivit la politique qui lui avait réussi en 1436, lorsqu'il s'était servi de Gand contre Bruges ; il recourut cette fois à l'intervention des Brugeois et autres Flamands contre les Gantais. Les états de Flandre se chargèrent de *lire* les privilèges de Gand ; ils y lurent que la *loi* était *nommée* par le comte ; s'en tenant ainsi à la lettre morte, ils firent semblant de croire que *nommée* voulait dire *créée*.

Cette décision ne décidait rien. Les nouveaux doyens des métiers trouvèrent par enquête qu'on avait furtivement enregistré des *buissonniers* dans le métier des tisserands ; ils prononcèrent le bannissement des officiers qui, en introduisant ainsi des étrangers parmi les bourgeois, avaient violé le droit de cité. Le duc, par représailles, voulut bannir ceux qui avaient prononcé ce bannissement ; il les cita à comparaître à Termonde.

Si les magistrats de Gand pouvaient ainsi être attirés hors de la ville, jugés pour leurs jugements, il n'y avait plus ni commune, ni magistrat. Ceux-ci néanmoins, sur la promesse que le duc se contenterait de leur comparution et leur ferait grâce, vinrent se présenter humblement à lui.

Et il n'y eut point de grâce ; il bannit l'un à *vingt lieues* pour *vingt années*, l'autre à *dix lieues* pour *dix années*, etc.

Cette rude sentence indique assez que le duc ne demandait qu'une révolte, espérant écraser la ville, si le roi n'intervenait pas. Il agissait tout à la fois contre le roi et près du roi. Il lui adressait une supplique pour qu'il n'évoquât point l'affaire. Mais, par-derrière, il poussait le duc de Bretagne et probablement le dauphin. Le roi voyait et savait tout. A ce moment même, il fit arrêter Jacques Cœur (31 juillet), qui prêtait de l'argent au dauphin et qu'on soupçonnait de l'avoir délivré d'Agnès.

Si l'on en croit les Gantais, l'exaspération du duc eût été si furieuse que ses députés à Gand crurent lui faire plaisir en préparant un massacre. La ville les lui dénonça, et, sur son refus de les rappeler, elle les jugea elle-même et leur fit trancher la tête. Les résolutions de ce peuple irrité, souffrant, sans travail, devaient être violentes et cruelles. Je vois cependant qu'un ex-échevin de Gand, un grand seigneur, ayant été pris lorsqu'il coupait les canaux pour affamer la ville, le peuple ajourna son supplice, à la prière de la noblesse, et finit par lui permettre de se racheter.

Le bailli du comte ayant été rappelé et la justice ne pouvant être suspendue dans cette grande population en effervescence, on créa grand justicier un *maçon*, Lievin Boone. Si j'en juge par la guerre savante et par l'emploi des machines que firent les Gantais sous sa conduite, celui-ci devait être un de ces *maçons* architectes et ingénieurs, qui bâtissaient les cathédrales, de ceux que l'Italie faisait venir des loges maçonniques du Rhin pour fermer les voûtes du duomo de Milan.

Le Vendredi-Saint (7 avril 1452), une dernière tentative fut faite auprès du duc pour le fléchir ; mais il voulait qu'on désarmât. Alors le grand justicier de Gand, faisant sonner le *wapening* (l'assemblée armée), emporta tout par un moyen populaire, par la simple vue d'un signe. Il montra des clés dans un sac : « Voici, dit-il, les clés d'Audenarde. » Audenarde, c'était l'Escaut supérieur, la route des vivres, une ville sujette et ennemie de Gand, dévouée au comte.

Ce mot et ce signe suffirent pour enlever trente mille hommes. Chacun rentra chez soi pour prendre ses armes et ses vivres. Toutefois, un si grand mouvement ne put se faire si vite qu'un des Lalaing ne fût averti et ne se jetât dans Audenarde avec quelques gentilshommes ; il l'approvisionna à sa manière, engageant les paysans à y retirer leurs troupeaux, leurs vivres, gardant vivres et troupeaux, chassant les hommes. Il tint du 14 au 30 avril, et fut enfin secouru. Mais il en coûta un rude combat, où les chevaliers, s'élançant imprudemment entre les piques, y auraient péri, si les archers de Picardie n'avaient pris les Gantais en flanc. Les vaincus furent poursuivis jusqu'aux portes de Gand, où huit cents firent tête avec intrépidité ; les chevaliers admirèrent surtout un boucher qui portait la bannière du métier, fut blessé aux jambes et se battait encore à genoux. Ces bouchers de Gand se prétendaient de meilleure maison que toute la noblesse ; ils descendaient, disaient-ils, du bâtard d'un comte de Flandre ; ils s'appelaient : *enfants de prince,* Prince-Kinderen.

Audernarde délivrée, le duc prit l'offensive et pénétra dans le pays de Waës, entre la Lys et l'Escaut, pays tout coupé de canaux, d'accès difficile, dont les Gantais se croyaient aussi sûrs que de leur ville. La gendarmerie y était arrêtée à chaque pas par les eaux, par les haies, derrière lesquelles s'embusquaient les paysans. Dans une affaire, le brave Jacques de Lalaing ne ramena ses cavaliers engagés au-delà d'un canal, qu'avec des efforts incroyables, et il eut, dit-on, cinq chevaux tués sous lui.

Néanmoins, à la longue, le duc ne pouvait manquer d'avoir l'avantage. Les Gantais ne trouvaient qu'une froide sympathie dans les Pays-Bas. Bruxelles intercéda pour eux, mais mollement. Liège leur conseilla d'apaiser leur seigneur. Mons et Malines n'étaient rien moins qu'amies ; le duc y assemblait sa noblesse, y faisait ses préparatifs, expliquait aux gens de ces villes ses projets de guerre et leur demandait des secours. Quant aux Hollandais, dès longtemps ennemis des Flamands, ils se réunirent sans distinction de partis, remontèrent l'Escaut avec une flotte, débarquèrent une armée dans le pays de Waës, et firent ce qu'eux seuls pouvaient faire, une guerre habile parmi les canaux.

Abandonnée des uns, accablée par les autres, Gand ne faiblit point. Elle ne fit que deux choses et très dignes. D'une part, avec douze mille hommes, traversant tout le pays en armes, elle fit une sommation dernière à la ville de Bruges. Mais rien ne bougea ; la noblesse et les marchands continrent le peuple ; les Brugeois se contentèrent de faire boire et manger les douze mille hommes hors de leurs murs.

D'autre part, Gand avait écrit au roi de France une belle et noble lettre, où elle exposait le mauvais gouvernement des gens du comte de Flandre ; la lettre, fort obscure vers la fin, semble insinuer que le roi pourrait intervenir, mais ce qui, dans un tel péril, est héroïque et digne de mémoire, c'est qu'il n'y a pas un mot d'appel, pas un mot qui implique reconnaissance de la juridiction royale.

Cependant cet isolement, ce grand danger extérieur, produisait à l'intérieur son effet naturel ; le pouvoir descendait aux petites gens, aux violents. Outre les compagnies ordinaires des *Blancs chaperons,* une confrérie s'organisa, qui s'appelait de la *Verte tente,* parce qu'une fois sortis de la ville, ils se vantaient, comme ces anciens barbares du Nord, *de ne plus coucher sous un toit.* Le petit peuple avait alors pour chef un homme d'un métier inférieur, un coutelier, d'un courage farouche, d'une taille et d'une force énormes. Il leur plaisait tant, qu'ils disaient : « S'il gagne, nous le ferons comte de Flandre. » L'aveugle vaillance du coutelier tourna mal ; surpris, lorsqu'il croyait surprendre, accablé par les Hollandais, il fut mené au duc avec ses braves, et tous, plutôt que de crier merci, aimèrent mieux mourir.

Cette défaite, la réduction du pays de Waës, l'approche de l'armée ennemie, une épidémie qui éclata, tout donnait force aux partisans de la paix. Le peuple se rassembla au Marché des Vendredis ; sept mille osèrent voter pour la paix, contre douze mille qui tinrent pour la guerre.

Les sept mille obtinrent que, sans poser les armes, on accepterait l'arbitrage des ambassadeurs du roi.

Le chef de l'ambassade, le fameux comte de Saint-Pol, qui commençait alors sa longue vie de duplicité, trompa tout à la fois le roi et Gand. Il avait du roi mission expresse de saisir cette occasion pour obtenir du duc le rachat des villes de la Somme ; mais il eût été probablement moins indépendant dans sa Picardie; il s'obstina à n'en point parler. D'autre part, contrairement aux promesses qu'il avait faites aux Gantais, il donna, sans leur communiquer, et tout à l'avantage du duc de Bourgogne, une sentence d'arbitre qui lui eût livré la ville.

Un tel arbitrage ne pouvait être accepté. Ce qui servait mieux le duc, ce qui, selon toute apparence, avait été sollicité par lui, payé peut-être aux Anglais, c'est qu'à ce moment même Talbot débarque en Guienne (21 octobre 1452), Bordeaux tourne ; tous les ennemis du roi, le duc, le dauphin, la Savoie, sont sauvés du même coup.

Il faut voir ici l'insolence et les dérisions avec lesquelles furent reçus les nouveaux ambassadeurs que le roi envoya en Flandre. On les fit attendre longuement, on leur dit que le duc ne voulait point qu'ils se mêlassent de ses affaires ; enfin les Bourguignons se lâchèrent en paroles aigres, comme elles viennent à des gens qui n'ont plus rien à ménager ; par exemple, qu'on savait bien que le peuple de France était mécontent du roi pour les tailles et les aides, pour la *mangerie* qui s'y faisait, etc. A quoi les ambassadeurs répliquèrent que la seule aide du vin montait plus haut dans une seule ville du duc que dans deux du roi ; que pour les tailles, le roi n'en mettait que pour les gens d'armes, en tout quatorze ou quinze sols par feu, ce qui était peu de chose.

Ce qui rendait bien triste la situation des ambassadeurs qui venaient s'interposer et comme offrir leur justice, c'est que ni d'un côté ni de l'autre on ne voulait la recevoir, pas plus la ville que le duc. Ils firent alors la ridicule et hasardeuse démarche d'envoyer sous main un barbier pour tâter les gens de Gand et leur insinuer timidement qu'ils devaient envoyer à Paris *pour demander provision.* Les Gantais, impatientés de ces démarches obliques, répondirent durement « qu'ils n'estoient pas délibérez de rescripre à aucune personne du monde ».

Ainsi cette fière ville ne songeait plus qu'à combattre, seule avec son droit. L'audace croissait par le danger ; les têtes se prenaient d'un vertige de guerre, comme il arrive alors dans les grandes masses, toutes les émotions, la peur même, tournant en témérité. Ces vastes mouvements de peuple comprennent mille éléments divers ; divers ou non, tous vont tourbillonnant ensemble. D'abord, le brutal orgueil de la force et du bras, dans les métiers où l'on frappe, forgerons, bouchers. Puis, dans les métiers populeux, chez les tisserands par exemple, le fanatisme du nombre, qui s'éblouit de lui-même, se croit infini, un vague et sauvage orgueil, comme l'aurait l'Océan de ne pouvoir compter ses flots. A ces causes générales, ajoutez les accidentelles, l'élément capricieux, le désœuvré, le vagabond, le plus malfaisant de tous, peut-être, l'enfant, l'apprenti déchaîné... Cela est partout de même. Mais il y avait une chose toute spéciale dans les soulèvements de ces villes du Nord, chose originale et terrible, et qui y était indigène, c'était l'ouvrier mystique, le lollard illuminé, le tisserand visionnaire, échappé des caves, effaré du jour, pâle et hâve, comme ivre de jeûne. Là, plus qu'ailleurs, se trouve naturellement l'homme qui doit marquer alors d'une manière sanglante, celui qui, ce jour-là, se sent tout à coup hardi, court au meurtre et dit : « C'est mon jour !... » Un seul de ces frénétiques, ou ouvrier moine, égorgea quatre cents hommes dans le fossé de Courtrai.

Dans ces moments, il suffisait qu'une bannière de métier parût sur la place, pour que toutes d'un mouvement invincible vinssent se poser à côté. Confréries, peuple, bannières, tout branlait au même son, un son lugubre qu'on n'entendait que dans les grandes crises, au moment de la bataille ou quand la ville était en feu. Cette note uniforme et sinistre de la monstrueuse cloche était : « Roland ! Roland ! Roland ! » C'était alors un profond trouble, tel que nous ne pouvons guère le deviner aujourd'hui. Nous, nous avons le sentiment d'une patrie, d'un empire ; l'âme s'élève en y songeant... Mais là, l'amour de la patrie, d'une petite patrie, où chaque homme était beaucoup, d'une patrie toute locale, qu'on voyait, entendait, touchait, c'était un âpre et terrible amour... Qu'était-ce donc, quand elle appelait ses enfants de cette pénétrante voix de bronze ; quand cette âme sonore, qui était née avec la commune, qui avait vécu avec elle, parlé dans tous ses grands jours, sonnait son danger suprême, sa propre agonie... Alors, sans doute, la vibration était trop puissante pour un cœur d'homme ; il n'y avait plus en tout ce peuple ni volonté, ni raison, mais sur tous un vertige immense... Nul doute qu'ils auraient dit alors comme les Israélites à leur Dieu : « Que d'autres parlent à ta place, ne parle pas ainsi toi-même, car nous en mourrons ! » Tous prirent les armes à la fois, de vingt ans jusqu'à soixante ; les prêtres, les moines ne voulurent point être exceptés. Ils sortit de la ville quarante-cinq mille hommes.

Ce grand peuple alla ainsi à la mort, dans sa simplicité héroïque, vendu d'avance et trahi. Un homme à qui ils avaient confié la défense de leur château du Gavre se chargea de les attirer. Il se sauva de la place et vint dire à Gand que le duc de Bourgogne était presque abandonné, qu'il n'avait plus avec lui que quatre mille hommes. Deux capitaines anglais, au service de la ville, parlèrent dans le même sens, et avec l'autorité que devaient avoir de vieux hommes d'armes. Arrivés devant l'ennemi, les Anglais passèrent au duc en disant : « Nous amenons les Gantais, ainsi que nous l'avions promis. »

Cette défection alarmante ne les fit pas sourciller ; ils avancèrent en bon ordre, en faisant trois haltes pour mieux garder leurs rangs. L'artillerie légère du duc et ses archers les émouvaient peu encore ; mais voilà qu'au milieu d'eux un chariot de poudre éclate, le chef de leur artillerie, soit prudence, soit trahison, crie : « Prenez garde ! prenez garde ! » Un vaste désordre commence, les longues piques s'embarrassent ; la seconde bataille, formée d'hommes mal armés, la troisième de paysans et de vieilles gens, s'enfuient à toutes jambes ; les archers picards ne leur laissent d'autre route que l'Escaut ; ils nagent, ils plongent, enfoncent sous leurs armes, reviennent et trouvent au rivage les archers qui, jetant leurs arcs, n'employaient plus que les massues ; il était recommandé de ne prendre personne en vie.

Deux mille furent poussés dans une prairie, entourée de trois côtés par un détour de l'Escaut, par un fossé et une haie. Les Bourguignons, reçus vivement aux approches, hésitaient ; le duc s'élança, son fils après lui. On dit que les pauvres gens furent saisis et s'arrêtèrent lorsque, dans ce cavalier tout d'or, ils reconnurent *leur seigneur,* celui à qui ils avaient juré par le serment féodal de respecter *sa vie, ses membres*... Mais ils avaient eux aussi une vie à défendre ; ils fondirent piques baissées. Le duc fut en danger, entouré, son cheval blessé. Les chevaliers ne furent encore cette fois sauvés que par les archers picards... Ils convinrent que ces vilains de Gand avaient bien gagné noblesse, et qu'il y avait eu parmi eux tel homme sans nom qui fit assez d'armes ce jour-là pour illustrer à jamais un *homme de bien.*

Vingt mille hommes périrent, parmi lesquels on trouva deux cents prêtres ou moines. Ce fut le lendemain une scène à crever le cœur, lorsque les pauvres femmes vinrent retourner tous les morts pour reconnaître chacune le sien, et qu'elles les cherchaient jusque dans l'Escaut. Le duc en pleura. On lui parlait de sa victoire : « Hélas ! dit-il, à qui profite-t-elle ? c'est moi qui y perds ; vous le voyez, ce sont mes sujets. »

Il fit son entrée dans la ville, sur le même cheval qui, à la bataille, avait reçu quatre coups de pique. Les échevins et doyens, nu-pieds, en chemise, suivis de deux mille bourgeois en robe noire, vinrent crier : « Merci ! » Ils entendirent leur condamnation, leur grâce... La grâce était rude. Sans parler de ce qu'elle payait, la ville perdait sa juridiction, sa domination sur le pays d'alentour ; elle n'avait plus de justes ; ce n'était plus qu'une commune, et cette commune entrait en tutelle ; deux portes à jamais murées durent lui rappeler ce grave changement d'état. La souveraine bannière de Gand, celles des confréries de métiers furent livrées au héraut Toison d'or qui, sans autre cérémonie, les mit dans un sac et les emporta.

CHAPITRE II

Grandeur de la maison de Bourgogne - Ses fêtes - La Renaissance

La bataille de Gavre eut lieu le 21 juillet ; Talbot avait été tué le 17 en Guienne. Si cette nouvelle eût pu venir à temps, si les Gantais avaient su que le roi de Fance était vainqueur, les choses auraient bien pu se passer tout autrement.

Quoi qu'il en soit, la Flandre était soumise, la guerre finie, et mieux qu'à Roosebeke. Gand, cette fois, avait été vaincue sous ses propres murs, à Gand même. Le duc de Bourgogne était décidément comte de Flandre, sans contestation et pour toujours.

Aussi l'orgueil fut sans mesure. La noblesse crut avoir vaincu, non la ville de Gand, mais le roi et l'empereur ; c'était à eux à se tenir paisibles, à ne plus se mêler de la Flandre, ni du Luxembourg, à remercier Dieu de ce que Monseigneur de Bourgogne était un homme doux et pacifique.

Et en effet qu'y avait-il désormais de difficile ou d'impossible ? Du côté de l'Orient ou de l'Occident, qui eût résisté ?

La duchesse, qui était Lancastre par sa mère, regardait volontiers du côté de l'Angleterre, alors ouverte par la guerre civile. Elle voulait (et elle en vint à bout plus tard) marier son fils dans la branche d'York, pour unir les droits des deux branches, en sorte que l'enfant qui viendrait eût fini peut-être par tenir en une même main les Pays-Bas et l'Angleterre (plus que n'eut Guillaume III).

Ces idées, toutes hardies et ambitieuses qu'elles pouvaient être, étaient encore trop sages pour un tel moment. Le Nord brumeux, l'Angleterre, charmait peu l'imagination. Elle se tournait bien plus volontiers vers le Midi, vers les étranges et merveilleux pays dont on faisait tant de contes ; elle voyageait plutôt du côté des terres d'or, des homme d'ébène, des oiseaux d'émeraude... Il y avait là bien d'autres duchés, d'autres royaumes à prendre. N'avait-on pas vu la singulière fortune des Braquemont et des Béthencourt ? Ce Braquemont de Sedan, qui n'était qu'un arrière-vassal de l'évêque de Liège, ayant passé en Espagne, couru les mers, *cherché son aventure,* avait fini par léguer à son neveu, au Normand Béthencourt, la royauté des îles Fortunées !... Plus loin encore, les pilotes de Dieppe avaient fait sur la grande terre d'Afrique, parmi les hommes noirs, un Rouen, un Paris. Le propre frère de la duchesse de Bourgogne, don Henri, prince-moine, s'était bâti son couvent sur la mer, dirigeant de là ses pilotes, leur traçant la route, et dans sa longue vie, fondant peu à peu des forts portugais sur les ruines des comptoirs normands.

Cette patience n'allait pas à un si grand souverain que le duc de Bourgogne, tout cela était lent et obscur. L'Orient seul était digne de lui, l'Orient, la croisade !... Qui devait défendre la chrétienté, sinon le premier prince chrétien ? L'Antéchrist était à la porte, on ne pouvait guère en douter. Nul signe n'y manquait. Le Turc, ses effroyables bandes de renégats habillés en moines, sous leur barbare et burlesque attirail, ce monstre, n'était-ce pas la Bête ?...

Les Grecs venaient de succomber, Constantinople avait été prise par Mahomet II, justement deux mois avant la bataille de Gavre. Quel avertissement pour les chrétiens d'en finir avec leurs discordes ! quelle menace de Dieu !... Après Constantinople, que restait-il, sinon de prendre Rome ?... Chaque nouveau sultan qui allait ceindre le sabre à la caserne des janissaires, quand il avait bu dans leur coupe, et la leur rendait pleine d'or, leur disait : « Au revoir, à Rome ! »

Les Italiens, tout tremblants, s'assemblaient et délibéraient ; le pape se mourait de peur, il appelait toute la chrétienté, *le grand duc* surtout. Pour avoir son secours, il eût tout fait pour lui ; il l'aurait fait roi... Mais si les Flamands prenaient cette fois Constantinople, comme ils l'avaient déjà fait sous leur comte Baudoin, leur comte allait, sans avoir besoin du pape, se trouver encore empereur, et d'un bien autre empire que celui d'Allemagne, lequel est tout simplement électif, tandis que l'Empire d'Orient est héréditaire ; tous les jaloux, Allemands et Français, en crèveraient sûrement de dépit.

Et déjà, quelque part que soit le duc de Bourgogne, à Dijon, à Bruges, là est le centre du monde chrétien. Qu'il dresse sa tente dans une forêt de la Comté, les ambassadeurs des princes y viendront de l'Orient et de l'Occident, les princes eux-mêmes, les légats du Saint-Siège. Où trouver le roi, l'empereur ? à grand-peine on pourrait le dire ; dans quelque obscur manoir apparemment, Charles VII à Mehun. Le rendez-vous de la chevalerie, l'*hostel de toute gentillesse,* la Cour, c'est la cour du duc de Bourgogne ; l'*ordre,* c'est son ordre, l'ordre galant et magnifique de la Toison d'or. Personne ne se soucie de celui qu'a fondé l'empereur de l'Ordre de la sobriété ; triste empereur, qui, lorsqu'il peut, remet ses vieux habits. Notre Charles VII, Charles *de Gonesse,* comme disaient les Flamands, n'était guère plus splendide ; il montait ordinairement « un bas cheval trottier d'entre deux selles ». Son serment doux et modeste était : *Sainct-Jean ! Sainct-Jean !* Le duc de Bourgogne jurait militairement, à l'anglaise : *Par Sainct-George !*

Pour mieux préparer la guerre, on fit à Lille une fête qui coûta autant qu'une guerre, fête nombreuse, immense et fabuleux gala, d'une dépense telle que ceux qui en avaient fait l'ordonnance en frémirent eux-mêmes.

Ces grandes fêtes flamandes de la maison de Bourgogne ne ressemblent guère à nos froides solennités modernes. On ne savait pas encore ce que c'était que de cacher les préparatifs, les moyens de jouissances, pour ne montrer que les résultats ; on montrait tout, nature et art, et tout art mêlé, tout plaisir. On jouissait, non pas tant de la petite part que chacun prend en une fête, mais bien plus de l'abondance étalée, du superflu, du trop-plein. Ostentation, sans doute, lourde pompe, sensualité barbare et par trop naïve... Mais les sens ne s'en plaignaient pas.

Dans ce prodigieux gala, les intervalles des services étaient remplis par d'étranges spectacles, chants, comédies, représentations fictives mêlées de réalités. Parmi les acteurs il y en avait d'automates, il y avait des animaux, par exemple un ours chevauché par un fol, un sanglier par un lutin. A un poteau, l'on voyait, bien tenu par une chaîne, un lion vivant qui gardait une belle figure de femme nue, vêtue de ses cheveux par-derrière, par-devant enveloppée « pour cacher où il appartenoit d'une serviette déliée... escripte de lettres grecques »... Cette figure de femme jetait de l'hypocras par la mamelle droite.

Trois tables étaient dressées dans la salle : « Sur la moyenne, une église croisée, verrée, de gente façon, où il y avoit une cloche sonnante et quatre chantres... Il y avoit un autre entremets d'un petit enfant tout nu qui pisoit eau rose continuellement. » Sur la seconde table, qui devait être prodigieusement longue, on voyait neuf entremets ou petits spectacles avec leurs acteurs ; l'un des neuf entremets était « un pasté, dedans lequel avoit vingt-huit personnages vifs, jouant de divers instruments ».

Le grand spectacle mondain fut celui de Jason, conquérant de la Toison d'or, domptant les taureaux, tuant le serpent, gagnant la bataille de Gavre sur les monstres mythologiques. Cela fait, commença l'acte pieux de la fête, « l'entremets pitoyable », comme l'appelle Olivier de la Marche.

Un éléphant entra dans la salle, conduit par un géant sarrasin... Sur son dos s'élevait une tour, aux créneaux de laquelle on voyait une nonne éplorée, vêtue de satin blanc et noir ; ce n'était pas moins que la sainte Église. Notre chroniqueur Olivier, alors jeune et joyeux compère, s'était chargé du personnage. L'Église, dans une longue et peu poétique complainte, implora les chevaliers, et les pria *de jurer sur le faisan* qu'ils viendraient à son secours. Le duc jura, et tous après lui. Ce fut à qui se signalerait par le vœu le plus bizarre ; l'un jura de ne plus s'arrêter qu'il n'eût pris le Turc mort ou vif ; l'autre de ne plus porter d'armure au bras droit, de ne plus se mettre à table les mardis. Tel jura de ne pas revenir avant d'avoir jeté un Turc les jambes en l'air ; un autre, un écuyer tranchant, voua impudemment que s'il n'avait pas les faveurs de sa dame avant le départ, il épouserait au retour la première qui aurait vingt mille écus... Le duc finit par les faire taire.

Alors commença un bal où dansèrent avec les chevaliers douze Vertus, en sati cramoisi ; c'étaient les princesses elles-mêmes, les plus hautes dames. Le lendemain, le jeune comte de Charolais ouvrit un tournoi. Ces exercices innocents dans le siècle où les armures étaient assez parfaites pour rendre l'homme invulnérable, inutiles aussi à une époque de grandes armées et déjà de tactique, étaient pourtant fort encouragés par la maison de Bourgogne. Quoique le spectacle fût peu dangereux, il n'en était pas moins occasion de vives émotions, plus sensuelles qu'on ne croirait. Au moment même du choc, quand, les trompettes se taisant tout à coup, les chevaux lancés se heurtaient, quand les lances fragiles se brisaient sur l'impénétrable armure, le coup frappait ailleurs encore, les dames se troublaient et devenaient vraiment belles... Que s'il n'y avait rien de fait, s'il fallait recommencer, si le cavalier revenait à la charge, plus d'une ne se connaissait plus ; il n'y avait plus alors de ménagement, de respect humain... On jetait, pour encourager celui qu'on croyait en péril, gant, bracelet, tout ; on aurait jeté son cœur...

Il y avait aussi des fêtes politiques, plus graves, mais non moins brillantes, les assemblées de la Toison d'or. Aux chapitres solennels de l'ordre, le duc de Bourgogne apparaissait comme chef de la noblesse chrétienne. Qui n'en eût pris cette idée, à l'Assemblée de 1446 par exemple, lorsque dans l'église de Saint-Jean, majestueusement tapissée parmi les triomphantes peintures de Van Eyck et la musique d'Ockenheim, le noble chapitre fut reçu par le clergé, et que chaque chevalier alla s'asseoir sous le large tableau où brillait son blason en vives couleurs ? Les tableaux vides ou noirs indiquaient les morts ou les expulsés, les sévères justices de l'ordre. Un ciel de drap d'or marquait la place d'un membre éminent, du roi d'Aragon.

Le tableau commun de l'Ordre de la Toison, son symbole, était sur l'autel, l'*Agneau* de Jean Van Eyck, qu'on venait voir des plus lointaines contrées. Le grand peintre et chimiste, qui fut pour la peinture un Albert le Grand, qui seul entre les hommes eut, dit-on, la puissance d'infuser dans ses couleurs les rayons du soleil, avait laissé là l'inachevable Cologne, le vieux symbolisme, la rêverie allemande, et dans le plus mystique des sujets, dans l'Agneau même de saint Jean, l'audacieux génie sut introniser la nature.

Ce tableau, ce grand poème, qui date si bien le moment de la Renaissance, est gothique encore dans sa partie supérieure, mais tout moderne dans le reste. Il comprend un nombre innombrable de figures, tout le monde d'alors, et Philippe le Bon, et les serviteurs de Philippe le Bon, et les vingt nations qui venaient rendre hommage à l'agneau de la Toison d'or. De cette toison vivante, de l'agneau placé sur l'autel partent des rayons qui vont illuminer la foule pieuse ; par un bizarre allégorisme, les rayons touchent les hommes à la tête, les femmes au sein ; leur sein semble arrondi, fécondé du divin rayon.

Cette flamboyante couleur de Van Eyck éblouit l'Italie elle-même ; le pays de la lumière s'étonna de trouver la lumière au Nord. Le secret fut surpris, volé par un crime, le secret, mais non le génie. Aussi les Médicis aimèrent mieux s'adresser au maître lui-même. Le roi de Naples, Alfonse le Magnanime, âme poétique, qui, dit-on, consumait ses jours dans la pure contemplation de la beauté, pria le magicien des Pays-Bas de lui doubler son plaisir, de lui reproduire une femme, les longs et doux cheveux surtout que les Italiens ne savaient peindre, la toison d'or de ce beau chef, la fleur de cette fleur humaine.

Quel charme pour l'heureux fondateur de la Toison d'or, pour le bon duc, si tendre aux belles choses, d'avoir à lui justement celui qui savait les saisir dans le mouvement de la vie, et les empêcher de passer ! celui qui le premier fixa l'iris capricieuse qui nous flatte et nous fuit sans cesse...

Dans l'empire de ce roi de la couleur et de la lumière, venaient se pacifier les teintes voyantes, les oppositions de figures, de costumes, de races, que présentait l'hétérogène empire de la maison de Bourgogne. L'art semblait un traité dans cette guerre intérieure de peuples mal unis. La grande école flamande des trois cents peintres de Bruges avait pour maître Jean Van Eyck, un enfant de la Meuse. Et c'était tout au contraire un Flamand, Chastellain, qui, portant dans le style la violence de Van Eyck et de Rubens, domptait notre langue française, la forçait, sobre et pure qu'elle était jusque-là, de recevoir d'un coup tout un torrent de mots, d'idées nouvelles, et de s'enivrer, bon gré, mal gré, aux sources mêlées de la Renaissance.

CHAPITRE III

Rivalité de Charles VII et de Philippe le Bon - Jacques Cœur - Le dauphin Louis - 1452-1456

Les brillantes et voluptueuses fêtes de la maison de Bourgogne avaient un côté sérieux. Tous les grands seigneurs de la chrétienté, y venant jouer un rôle, se trouvaient pour quelques semaines, pour des mois entiers, les commensaux, les sujets volontaires du *grand duc.* Ils ne demandaient pas mieux que de rester à sa cour. Les belles dames de Bourgogne et de Flandre savaient bien les retenir ou les ramener. Ce fut, dit-on, l'adresse d'une dame de Croy qui décida la trahison du connétable de Bourbon et faillit démembrer la France.

Le duc de Bourgogne faisait au roi une guerre secrète et périlleuse pour laquelle il n'avait même pas besoin d'agir expressément. Tout ce qu'il y avait de mécontents parmi les grands regardait vers le duc, était ou croyait être encouragé de lui, intriguait sourdement sur la foi de la rupture prochaine. Charles VII eut ainsi plus d'une secrète épine, une surtout, terrible, dans sa famille, dont il fut piqué toute sa vie et mourut à la longue.

Dans toutes les affaires, grandes ou petites, qui troublèrent, vers la fin, ce règne, se retrouve toujours le nom du dauphin. Accusé en toutes, jamais convaincu, il reste pour tel historien (qui plus tard le traitera fort mal comme roi) le plus innocent prince du monde. Quant à lui, il s'est mieux jugé. Tout vindicatif qu'il pût être, il fit assez entendre, à son avènement, que ceux qui l'avaient désarmé et chassé de France, les Brézé et les Dammartin, avaient agi en cela comme loyaux serviteurs du roi, et il se les attacha, persuadé qu'ils serviraient non moins loyalement le roi, quel qu'il fût.

Le bon homme Charles VII aimait les femmes, et il en avait quelque sujet. Une femme héroïque lui sauva son royaume. Une femme, bonne et douce, qu'il aima vingt années, fit servir cet amour à l'entourer d'utiles conseils, à lui donner les plus sages ministres, ceux qui devaient guérir la pauvre France. Cette excellente influence d'Agnès a été reconnue à la longue. La Dame de beauté, mal vue, mal accueillie du peuple tant qu'elle vécut, n'en est pas moins restée un de ses plus doux souvenirs.

Les Bourguignons criaient fort au scandale, quoique, pendant les vingt années où Charles VII fut fidèle à Agnès, leur duc ait eu justement vingt maîtresses. Il y avait scandale, sans nul doute, mais surtout en ceci, qu'Agnès avait été donnée à Charles VII par la mère de sa femme, par sa femme peut-être. Le dauphin se montra de bonne heure plus jaloux pour sa mère que sa mère ne l'était. On assure qu'il porta la violence jusqu'à donner un soufflet à Agnès. Quand la Dame de beauté mourut (par suite de couches selon quelques-uns), tout le monde crut que le dauphin l'avait fait empoisonner. Au reste, dès ce temps, ceux qui lui déplaisaient vivaient peu ; témoin sa première femme, la trop savante et spirituelle Marguerite d'Écosse, celle qui est restée célèbre pour avoir baisé en passant le poète endormi.

Tous les gens suspects au roi devenaient infailliblement amis du dauphin. Cela est frappant surtout pour les Armagnacs. Le dauphin était né leur ennemi ; il commença sa vie militaire par les emprisonner, et il devait finir par les exterminer. Eh bien ! dans l'intervalle, ils lui plaisent comme ennemis de son père, il se rapprocha d'eux et prend pour factotum, pour son bras droit, le bâtard d'Armagnac.

Autant qu'on peut juger cette époque assez obscure, le intrigues des Armagnacs, du duc d'Alençon, se rattachent à celles du dauphin, aux espérances que leur donnait à tous cette guerre en paix du duc de Bourgogne et du roi. L'affaire même de Jacques Cœur s'y rapporte en partie ; on l'accuse d'avoir empoisonné Agnès et d'avoir prêté de l'argent à l'ennemi d'Agnès, au dauphin. Un mot sur Jacques Cœur.

Il faut visiter à Bourges la curieuse maison de ce personnage équivoque, maison pleine de mystères, comme fut sa vie. On voit, à bien la regarder, qu'elle montre et qu'elle cache ; partout on y croit sentir deux choses opposées, la hardiesse et la défiance du parvenu, l'orgueil du commerce oriental, et en même temps la réserve de l'*argentier* du roi. Toutefois, la hardiesse l'emporte ; ce mystère affiché est comme un défi au passant.

Cette maison avancée un peu dans la rue, comme pour regarder et voir venir, se tient quasi toute close ; à ses fausses fenêtres, deux valets en pierre ont l'air d'épier les gens. Dans la cour, de petits bas-reliefs offrent les humbles images du travail, la fileuse, la balayeuse, le vigneron, le colporteur ; mais, par-dessus cette fausse humilité, la statue équestre du banquier plane impérialement. Dans ce triomphe à huis clos, le grand homme d'argent ne dédaigne pas d'enseigner tout le secret de sa fortune ; il nous l'explique en deux devises. L'une est l'héroïque rébus : *« A vaillans* (cœur) *riens impossible. »* Cette devise est de l'homme, de son audace, de son naïf orgueil. L'autre est la petite sagesse du marchand au Moyen Age : *« Bouche close. Neutre. Entendre dire. Faire. Taire. »* Sage et discrète maxime, qu'il fallait suivre en la taisant. Dans la belle salle du haut, le vaillant Cœur est plus indiscret encore ; il s'est fait sculpter, pour son amusement quotidien, une joute burlesque, un tournoi à ânes, moquerie durable de la chevalerie qui dut déplaire à bien des gens.

Le beau portrait que Godefroi donne de Jacques Cœur d'après l'original, et qui doit ressembler, est une figure éminemment roturière (mais point du tout vulgaire), dure, fine et hardie. Elle sent un peu le trafiquant en pays sarrasin, le marchand d'hommes. La France ne remplit que le milieu de cette aventureuse vie, qui commence et finit en Orient ; marchand en Syrie en 1432, il meurt en Chypre amiral du Saint-Siège. Le pape, un pape espagnol, tout animé du feu des croisades, Calixte Borgia, l'accueillit dans son malheur et l'envoya combattre les Turcs.

C'est ce que rappelle à Bourges la chapelle funéraire des Cœurs. Jacques y paraît transfiguré dans les splendides vitraux sous le costume de saint Jacques, patron des pèlerins : dans ses armes, trois coquilles de pèlerinage, triste pèlerinage, les coquilles sont noires ; mais entre sont postés fièrement trois cœurs rouges, le triple cœur du héros marchand. Le registre de l'Église ne lui donne qu'un titre : « Capitaine de l'Église contre les infidèles. » Du roi, de l'argentier du roi, pas un mot, rien qui rappelle ses services si mal reconnus ; peut-être, en son amour-propre de banquier, a-t-il voulu qu'on oubliât cette mauvaise affaire qui sauva la France, cette faute d'avoir pris un trop puissant débiteur, d'avoir prêté à qui pouvait le payer d'un gibet.

Il y avait pourtant dans ce qu'il fit ici une chose qui valait bien qu'on la rappelât ; c'est que cet homme intelligent rétablit les monnaies, inventa en finances la chose inouïe, la justice, et crut que pour le roi, comme pour tout le monde, le moyen d'être riche, c'était de payer.

Cela ne veut pas dire qu'il ait été fort scrupuleux sur les moyens de gagner pour lui-même. Sa double qualité de créancier du roi et d'argentier du roi, ce rôle étrange d'un homme qui prêtait d'une main et se payait de l'autre, devait l'exposer fort. Il paraît assez probable qu'il avait durement pressuré le Languedoc, et qu'il faisait l'usure indifféremment avec le roi et avec l'ennemi du roi, je veux dire avec le dauphin. Il avait en ce métier pour concurrents naturels les Florentins qui l'avaient toujours fait. Nous savons par le journal de Pitti, tout à la fois ambassadeur, banquier et joueur gagé, ce que c'étaient que ces gens. Les rois leur reprenaient de temps en temps en gros, par confiscation, ce qu'ils avaient pris en détail. La colossale maison des Bardi et Peruzzi avait fait naufrage au XIVe siècle, après avoir prêté à Édouard III de quoi nous faire la guerre, cent vingt millions. Au XVe, la grande maison, c'étaient les Médicis, banquiers du Saint-Siège, qui risquaient moins, dans leur occulte commerce de la daterie, échangeant bulles et lettres de change, papier pour papier. L'ennemi capital de Jacques Cœur, qui le ruina et prit sa place, Otto Castellani, trésorier de Toulouse, paraît avoir été parent des Médicis. Les Italiens et les seigneurs agirent de concert dans ce procès, et en firent *une affaire*. On ameuta le peuple en disant que l'argentier faisait sortir l'argent du royaume, qu'il vendait des armes aux Sarrasins, qu'il leur avait rendu un esclave chrétien, etc. L'argent prêté au dauphin pour troubler le royaume fut peut-être son véritable crime. Ce qui est sûr, c'est que Louis XI, à peine roi, le réhabilita fort honorablement.

Un autre ami du dauphin, encore plus dangereux, c'était le duc d'Alençon, dont la ruine entraîna, précéda du moins de bien près la sienne ; Alençon fut arrêté le 27 mai 1456, et le dauphin s'enfuit de Dauphiné, de France, le 31 août, même année.

Ce prince du sang, qui avait bien servi le roi contre les Anglais, et qui se trouvait « petitement récompensé », négociait sans trop de prudence à Londres et à Bruges ; il était en correspondance avec le dauphin. Tout cela, pour avoir été nié, n'en paraît pas moins indubitable. Il avait des places en Normandie, une artillerie plus forte, selon lui, que celle du roi. Il s'offrait au duc d'York, qui pour le moment était trop occupé par la guerre civile, mais qui, s'il eût trouvé un moment de répit, s'il eût pu faire une belle course ici, par exemple occuper Granville, Alençon, Domfront et le Mans, qu'on se faisait fort de lui livrer, n'aurait plus eu besoin de guerre civile pour prendre là-bas la couronne ; l'Angleterre tout entière se serait levée pour la lui mettre sur la tête.

Le dauphin, même après l'affaire d'Alençon, croyait tenir en Dauphiné. Il était en correspondance intime et tendre avec son oncle de Bourgogne. Il comptait sur la Savoie, un peu sur les Suisses. Il se faisait reconnaître par le pape, et lui faisait hommage des comtés de Valentinois et de Diois. Enfin, chose hardie, il ordonna une levée générale, de dix-huit ans jusqu'à soixante.

Cela lui tourna mal. Le Dauphiné était fatigué ; ce tout petit pays, qui n'était pas riche, devenait, sous une main si terriblement active, un grand centre de politique et d'influence, insigne honneur, mais un peu cher. Tout le pays était debout, en mouvement ; l'impôt avait doublé ; une foule d'améliorations s'étaient faites, il est vrai, plus que le pays n'en voulait payer. La noblesse, qui ne payait pas, aurait soutenu le dauphin ; mais, dans son impatience de se faire des créatures, d'abaisser les uns, d'élever les autres, il faisait tous les jours des nobles ; il en fit d'innombrables, force gentilshommes qui pouvaient, sans déroger, commercer, labourer la terre. Ce mot : *Noblesse du dauphin Louis,* est resté proverbial. Elle ne venait pas toujours par de nobles moyens ; tel, disait-on, n'avait pour titre que d'avoir tenu l'échelle, élargi la haie par où le dauphin entrait la nuit chez la dame de Sassenage.

L'intervention du duc de Bourgogne, du duc de Bretagne, suffirent plus tard pour sauver le duc d'Alençon ; mais le dauphin était trop dangereux. Nulle intervention n'y fit, ni celle du roi de Castille, qui écrivit pour lui, et même approcha de la frontière, ni celle du pape qui eût sans doute parlé pour son vassal, s'il en eût eu le temps. Le dauphin comptait peut-être aussi mettre en mouvement le clergé. Nous avons vu son étrange démarche auprès des évêques de Normandie. Dans son dernier danger, il fit maint pèlerinage et envoya des vœux, des offrandes aux Églises qu'il ne pouvait visiter, Saint-Michel, Cléry, Saint-Claude, Saint-Jacques-de-Compostelle. Et à peine eut-il passé chez le duc de Bourgogne qu'il écrivit à tous les prélats de France.

C'était un peu tard. Il avait inquiété l'Église, en empiétant sur les droits des évêques du Dauphiné. Ses ennemis, Dunois, Chabannes, jugèrent avec raison qu'il ne serait point soutenu, que ni son oncle de Bourgogne, ni son beau-père le Savoyard, ni ses sujets du Dauphiné, ni ses amis secrets de la France, ne tireraient l'épée pour lui. Ils agirent avec une vivacité extrême, frappèrent coup sur coup. D'abord, le 27 mai (1456) le duc d'Alençon fut arrêté par Dunois lui-même, la terreur imprimée dans les Marches d'ouest, la porte fermée au duc d'York, que les malveillants auraient appelé sans nul doute *in extremis*.

Un second coup (7 juillet) frappé sur les Anglais, mais tout autant sur le duc de Bourgogne, fut la réhabilitation de la Pucelle d'Orléans, condamnation implicite de ceux qui l'avaient brûlée, de celui qui l'avait livrée. Ce ne fut pas une œuvre médiocre de patience et d'habileté d'amener le pape à faire réviser le procès et les juges d'Église à réformer un jugement d'Église, de renouveler ainsi ce souvenir peu honorable pour le duc de Bourgogne, de le désigner aux rancunes populaires, comme ami des Anglais, ennemi de la France.

Ces actes de vigueur avertirent tout le monde. Les nobles de l'Armagnac et du Rouergue comprirent que le dauphin avec ses belles paroles, ne pourrait les soutenir, et ils se déclarèrent loyaux et fidèles sujets. Le beau-père du dauphin, le duc de Savoie, voyant venir une armée du côté de la France, rien du côté de la Bourgogne, écouta les paroles qui lui furent portées par l'ancien *écorcheur* Chabannes, qui avait pris joyeusement la commission de recours dans cette affaire, et se faisait fort d'*exécuter* le dauphin. Chabannes exigea du Savoyard qu'il abandonnât son gendre, et pour plus de sûreté il en tira un gage, la seigneurie de Clermont en Genevois. Ainsi le dauphin restait seul, et il voyait son père avancer vers Lyon. La bonne volonté ne lui faisait pas faute pour résister, on peut l'en croire lui-même : « Si Dieu ou fortune, écrivait ce bon fils, m'eût donné d'avoir moitié autant de gens d'armes comme le roi mon père, son armée n'eût pas eu la peine de venir ; je la fusse allé combattre dès Lyon. »

La levée en masse qu'il avait ordonnée contre son père n'ayant rien produit, les nobles ne remuant pas plus que les autres, il ne lui restait qu'à fuir, s'il pouvait. Chabannes croyait ne rien faire en prenant le Dauphiné, s'il ne prenait le dauphin ; il lui avait dressé une embuscade et croyait bien le tenir. Mais il échappa par le Bugey, qui était à son beau-père ; sous prétexte d'une chasse, il envoya tous ses officiers d'un côté, et passa de l'autre. Lui septième, il traversa au galop le Bugey, le Val-Romey, et par cette course de trente lieues, il se trouva à Saint-Claude en Franche-Comté, chez le duc de Bourgogne.

CHAPITRE IV

Suite de la rivalité de Charles VII et de Philippe le Bon - 1456-1461

Charles VII dit, en apprenant la fuite du dauphin et l'accueil qu'il avait trouvé chez le duc de Bourgogne : « Il a reçu chez lui un renard qui mangera ses poules. »

C'eût été en effet un curieux épisode à ajouter au vieux roman de Renard. Cette grande farce du Moyen Age tant de fois reprise, rompue, reprise encore, après avoir fourni je ne sais combien de poèmes, semblait se continuer dans l'histoire. Ici, c'était Renard chez Isengrin, se faisant son hôte et son compère, Renard amendé, humble et doux, mais tout doucement observant chaque chose, étudiant d'un regard oblique la maison ennemie.

D'abord, ce bon personnage, tout en laissant à ses gens l'ordre de tenir ferme contre son père, lui avait écrit respectueusement, pieusement, « qu'étant, avec l'autorisation de son seigneur et père, gonfalonier de la sainte Église romaine, il n'avait pu se dispenser d'obtempérer à la requête du pape, et de se joindre à son bel oncle de Bourgogne, qui allait partir contre les Turcs pour la défense de la foi catholique ». Par une autre lettre adressée à tous les évêques de France, il se recommandait à leurs prières pour le succès de la sainte entreprise.

A l'arrivée, ce fut entre lui, la duchesse et le duc un grand combat d'humilité ; ils lui cédaient partout et le traitaient presque comme le roi ; lui, au contraire, de se faire d'autant plus petit et le plus pauvre homme du monde. Il les fit pleurer au récit lamentable des persécutions qu'il avait endurées. Le duc se mit à sa disposition, lui, ses sujets, ses biens, toutes choses, sauf la chose que voulait le dauphin, une armée pour rentrer dans le royaume et mettre son père en tutelle. Le duc n'avait nulle envie d'aller si vite ; il se faisait vieux ; ses États, ce vaste et magnifique corps, ne se portaient pas bien non plus ; il était toujours endolori du côté de la Flandre, et il avait mal à la Hollande. Ajoutez que ses serviteurs, qui étaient ses maîtres, MM. de Croy, ne l'auraient pas laissé faire la guerre. Elle eût ramené les grosses taxes, les révoltes. Et qui eût conduit cette guerre ? l'héritier, le jeune et violent comte de Charolais, c'est-à-dire que tout fût tombé dans les mains de sa mère, qui aurait chassé les Croy.

Les conseillers de Charles VII n'ignoraient rien de tout cela. Ils étaient si persuadés que le duc n'oserait faire la guerre que, si le roi les eût crus, ils auraient hasardé un coup de main pour enlever le dauphin au fond du Brabant. Ils avaient décidé le roi à marier sa fille au jeune Ladislas, roi de Bohême et de Hongrie, issu de la maison de Luxembourg, et à occuper le Luxembourg comme héritage de son gendre. Déjà le roi avait déclaré prendre Thionville et le duché sous sa protection. Déjà l'ambassade hongroise était à Paris, et elle allait emmener la jeune princesse, lorsqu'on apprit que Ladislas venait de mourir.

Ce hasard ajournait la guerre, que d'ailleurs les deux ennemis étaient loin de désirer. Ils s'en firent une qui allait mieux à deux vieillards, une aigre petite guerre d'écrits, de jugements, de conflits de tribunaux. Avant d'entrer dans ce détail, il faut expliquer, une fois pour toutes, ce que c'était que la puissance de la maison de Bourgogne et faire connaître en général le caractère de la féodalité de ce temps.

Le duc de Bourgogne était chez lui, était en France même, le chef d'une féodalité politique qui n'avait rien de vraiment féodal. Ce qui avait fait le droit de la féodalité primitive, ce qui l'avait fait respecter, aimer, de ceux mêmes sur qui elle pesait, c'est qu'elle était profondément *naturelle,* c'est que la famille seigneuriale, née de la terre, y était enracinée, qu'elle vivait d'une même vie, qu'elle en était, pour ainsi parler, le *genius loci.* Au XVe siècle, les mariages, les héritages, les dons des rois ont tout bouleversé. Les familles féodales, qui avaient intérêt à fixer et concentrer les fiefs, ont travaillé elles-mêmes à leur dispersion. Séparées par de vieilles haines, elles se sont rarement alliées au voisin ; le voisin, c'est l'ennemi ; elles ont plutôt cherché, jusqu'au bout du royaume, l'alliance du plus lointain étranger. De là des réunions de fiefs, bizarres, étranges, comme Boulogne et Auvergne ; d'autres même odieuses ; ainsi, dans la France du Nord, où les Armagnacs ont laissé tant d'affreux souvenirs, où leur nom même est un blasphème, ils s'y sont établis, y ont acquis le duché de Nemours.

Ces rapprochements de populations diverses, hostiles, sous une même dénomination, ne sont nulle part plus choquants que dans cet étrange empire de la maison de Bourgogne. Nulle part, pas même en Bourgogne, le duc n'était vraiment le seigneur *naturel.* Ce mot si fort au Moyen Age, et qui imposait tant de respect, était ici trop visiblement un mensonge. Les sujets de cette maison la regrettèrent tombée ; mais tant qu'elle fut debout, elle ne maintint gère que par force ce discordant assemblage de pays si divers, cette association d'éléments indigestes.

Partout d'abord deux langues, et chacune de vingt dialectes, je ne sais combien de patois français que les Français n'entendent pas ; quantité de jargons allemands, inintelligibles aux Allemands ; vraie Babel, où, comme dans celle de la Genèse, l'un demandant la pierre, on lui donnait le plâtre ; dangereux quiproquo, où les procès flamands se traduisant bien ou mal en wallon ou en français, les parties s'entendant peu, le juge ne comprenant pas, il pouvait, en bonne conscience, condamner, pendre, rouer l'un pour l'autre.

Ce n'est pas tout. Chaque province, chaque ville ou village, fier de son patois, de sa coutume, se moquant du voisin ; de là force querelles, batteries de kermesses, haines de villes, interminables petites guerres.

Entre les Wallons seuls, que de diversités ! De Mézières et Givet à Dinan, par exemple, du féodal Namur à la république épiscopale de Liège. Du côté de la langue allemande, on peut juger de la violence des antipathies par l'empressement avec lequel les Hollandais, au moindre signe, accouraient armés dans les Flandres.

Chose étrange qu'en ces contrées uniformes et monotones, sur ces terres basses, vagues, où toute différence s'adoucit et se pacifie, où les fleuves languissants semblent s'oublier plutôt que finir, que là, justement dans l'indistinction géographique, les oppositions sociales se prononcent si fortement !

Mais les Pays-Bas n'étaient point le seul embarras du duc de Bourgogne. Le mariage qui fit la fortune de son grand-père l'avait établi à la fois sur la Saône, la Meuse et l'Escaut. Du même coup, il s'était trouvé triple, multiple à l'infini. Il avait acquis un empire, mais aussi cent procès, procès pendants, procès à venir, relations avec tous, discussions avec tous, tentations d'acquérir, occasions de batailler, de la guerre pour des siècles. Il avait, en ce mariage, épousé l'incompatibilité d'humeur, la discorde, le divorce permanent... Mais cela ne suffisait pas. Les ducs de Bourgogne allèrent augmentant toujours et compliquant l'imbroglio : « Plus ils étoient embrouillés, plus ils s'embrouilloient. »

Par le Luxembourg, la Hollande et la Frise, ils avaient entamé un interminable procès avec l'Empire, avec les Allemagnes, les vastes, lentes et pesantes Allemagnes, dont on pouvait se jouer longtemps, mais pour perdre à la fin, comme dans toute dispute avec l'infini.

Du côté de la France, les affaires étaient bien plus mêlées encore. Par la Meuse, par Liège et les La Marck, la France remuait à volonté une petite France wallonne entre le Brabant et le Luxembourg. Vers la Flandre, le Parlement avait droit de justice ; il le faisait sentir rarement, mais rudement.

La France avait encore sur le duc une prise plus directe. Avec quoi ce cadet de France, créé par nous, guerroyait-il la France ? avec des Français. Il demandait de l'argent aux Flamands, mais s'il s'agissait d'un conseil ou d'un coup d'épée, c'était aux Wallons, aux Français, qu'on avait recours. Les conseillers principaux, Raulin Hugonet, Humbercourt, les Granvelle, furent toujours des deux Bourgognes. Le valet confident de Philippe le Bon, Toustain, était un Bourguignon ; son chevalier, son Roland, Jacques de Lalaing, était un homme du Hainaut.

Si le duc de Bourgogne n'emploie que des Français, que feront-ils ? ils contreferont la France. Elle a une chambre des comptes ; ils font une chambre des comptes. Elle a un Parlement ; ils font un Parlement ou conseil supérieur. Elle parle de rédiger ses coutumes (1453) ; vite, ils se mettent à rédiger les leurs (1459).

Comment se fait-il que cette France pauvre, pâle, épuisée, entraîne cette fière Bourgogne, cette grosse Flandre, dans son tourbillon ?... Cela tient sans doute à la grandeur d'un tel royaume, mais bien plus à son génie de centralisation, à son instinct généralisateur, que le monde imite de loin. De bonne heure chez nous la langue, le droit on tendu à l'unité. Dès 1300, la France a tiré de cent dialectes une langue dominante, celle de Joinville et de Beaumanoir. En même temps, tandis que l'Allemagne et les

Pays-Bas erraient au gré de leur rêverie par les mille sentiers du mysticisme, la France centralisait la philosophie dans la scolastique, la scolastique dans Paris.

La centralisation des coutumes, leur codification, éloignée encore, était préparée lentement, sûrement, sinon par la législation, au moins par la jurisprudence. De bonne heure, le Parlement déclara la guerre aux usages locaux, aux vieilles comédies juridiques, aux symboles matériels si chers à l'Allemagne et aux Pays-Bas ; il avoua hautement ne connaître nulle autorité au-dessus de l'équité et de la raison.

Telle fut l'invincible attraction de la France ; le duc de Bourgogne, qui s'efforçait de s'en détacher, de devenir Allemand, Anglais, fut de plus en plus Français malgré lui. Vers la fin, lorsque les évêchés impériaux d'Utrecht et de Liège repoussèrent ses évêques, la Frise appela l'empereur, Philippe le Bon céda définitivement à l'influence française. Il tomba sous la domination d'une famille picarde, des Croy, et leur confia, non seulement la part principale au pouvoir, mais ses places frontières, les clés de sa maison, qu'ils purent à volonté ouvrir au roi de France. Enfin, il reçut, pour ainsi dire, la France elle-même, l'introduisit chez lui, se la mit au cœur et se l'inocula en ce qu'elle avait de plus inquiet, de plus dangereux, de plus possédé du démon de l'esprit moderne.

Cet humble et doux dauphin, nourri chez Philippe le Bon des miettes de sa table, était justement l'homme qui pouvait le mieux voir ce qu'il y avait de faible dans le brillant échafaudage de la maison de Bourgogne. Il avait bien le temps d'observer, de songer, dans son humble situation : il attendait patiemment à Genappe, près Bruxelles. Malgré la pension que lui payait son hôte, à grand-peine pouvait-il subsister, avec tant de gens qu'il l'avaient suivi. Il vivotait de sa dot de Savoie, d'emprunts faits aux marchands ; il tendait la main aux princes, au duc de Bretagne, par exemple, qui refusa sèchement. Avec cela, il lui fallait plaire à ses hôtes ; il lui fallait rire et faire rire, être bon compagnon, jouer aux petits contes, en faire lui-même, payer sa part aux *Cent Nouvelles* et dérider ainsi son tragique cousin Charolais.

Les *Cent Nouvelles*, les contes salés renouvelés des fabliaux lui allaient mieux que les *Amadis* et tous les romans que l'on traduisait de nos poèmes chevaleresques pour Philippe le Bon. La pesante rhétorique devait peu convenir à un esprit net et vif comme celui du dauphin. Et tout était rhétorique dans cette cour : il y avait, non seulement dans les formes du style mais dans le cérémonial et l'étiquette, une pompe, une enflure ridicules. Les villes imitaient la Cour ; partout il se formait des confréries bourgeoises de parleurs et de beaux diseurs qui s'intitulaient naïvement de leurs vrais noms : *Chambre de rhétorique*. Les vaines formes, l'invention d'un symbolisme vide, étaient bien peu de saison, au moment où l'esprit moderne, jetant ses enveloppes, les signes, les symboles, éclatait dans l'imprimerie. On conte qu'un rêveur, errant au vent du nord dans une pâle forêt de Hollande, vit l'écorce ridée des chênes se détacher en lettres mobiles et vouloir parler. Puis, un *chercheur* des bords du Rhin trouva le vrai mystère ; le profond génie allemand communiqua aux lettres la fécondité de la vie ; il en trouva la génération : il fit qu'elles s'engendrassent et se fécondassent de mâle en femelle, de poinçons en matrices ; le monde, ce jour-là, entra dans l'infini.

Dans l'infini de l'examen. Cet art humble et modeste, sans forme ni parure, agit partout, remua tout avec une puissance rapide et terrible. Il avait beau jeu sur un monde brisé. Toute nation l'était, l'Église autant qu'aucune nation ; il fallait que tous fussent brisés pour se voir au fond et bien se connaître. Grain d'orge ne saurait, sans la meule, ce qu'il a de farine.

Notre dauphin Louis, liseur insatiable, avait fait venir sa librairie de Dauphiné en Brabant ; il dut y recevoir les premiers livres imprimés. Nul n'aurait mieux senti l'importance du nouvel art, s'il était vrai, comme on l'a dit, qu'à son avènement il eût envoyé à Strasbourg pour faire venir des imprimeurs. Ce qui est sûr, c'est qu'il les protégea contre ceux qui les croyaient sorciers.

Ce génie inquiet reçut en naissant tous les instincts modernes, bons et mauvais, mais par-dessus tout l'impatience de détruire, le mépris du passé ; c'était un esprit vif, sec, prosaïque, à qui rien n'imposait, sauf un homme peut-être, le fils de la fortune, de l'épée et de la ruse, Francesco Sforza. Pour les radotages chevaleresques de la maison de Bourgogne, il n'en tenait grand compte ; il le montra dès qu'il fut roi.

Au grand tournoi que le duc de Bourgogne donna à Paris, quand tous les grands seigneurs eurent couru, jouté, paradé, un inconnu parut en lice, un rude champion, payé tout exprès, qui les défia tous et les jeta par terre. Louis XI, caché dans un coin, jouissait du spectacle.

Revenons à Genappe. Dans cette retraite, il partageait son loisir forcé entre deux choses, désespérer son père et miner tout doucement la maison qui le recevait. Le pauvre Charles VII se sentait peu à peu entouré d'une force inquiète et malveillante ; il ne trouvait plus rien de sûr. Cette fascination alla si loin, que, son esprit s'affaiblissant, il finit par s'abandonner lui-même. De crainte de mourir empoisonné, il se laissa mourir de faim.

Le duc de Bourgogne ne mourut pas encore ; mais il n'en était guère mieux. Il devenait de plus en plus maladif de corps et d'esprit. Il passait sa vie à mettre d'accord les Croy avec son fils et sa femme. Le dauphin pratiquait les deux partis ; il avait un homme sûr près du comte de Charolais. Son exemple (sinon ses conseils) suscitait au duc un ennemi dans son propre fils ; les choses en vinrent au point, entre le fils et le père, que l'impétueux jeune homme faillit imiter le dauphin, et fit demander à Charles VII s'il le recevrait en France.

La lutte du duc et du roi n'est donc pas près de finir. Que Charles VII meure, que Louis XI soit ramené en France par le duc sacré par lui à Reims, il n'importe, la question restera la même. Ce sera toujours la guerre de la France aînée, de la grande France homogène contre la France cadette, mêlée d'Allemagne. Le roi (qu'il le sache ou non), c'est toujours le roi du peuple naissant, le roi de la bourgeoisie, de la petite noblesse, du paysan, le roi de la Pucelle, de Brézé, de Bureau, de Jacques Cœur. Le duc est surtout un haut suzerain féodal, que tous les grands de la France et des Pays-Bas se plaisent à reconnaître pour chef ; ceux qui ne sont pas ses vassaux ne veulent pas moins dépendre de lui, comme du suprême arbitre de l'honneur chevaleresque. Si le roi a contre le duc sa juridiction d'appel, son instrument légal, le Parlement, le duc a sur les grands seigneurs de France une action moins égale, mais peut-être plus puissante, dans sa cour d'honneur de la Toison d'or.

Cet ordre de confrérie, d'égalité entre seigneurs, où le duc, tout comme un autre, venait se faire admonester, *chapitrer,* ce conseil auquel il faisait semblant de communiquer ses affaires, c'était au fond un tribunal où les plus fiers se trouvaient avoir le duc pour juge, où il pouvait les honorer, les déshonorer par une sentence de son ordre. Leur écusson répondait d'eux ; appendu à Saint-Jean de Gand, il pouvait être biffé, noirci. C'est ainsi qu'il fit condamner le sire de Neufchâtel et le comte de Nevers, refuser, exclure, comme indignes, le prince d'Orange et le roi de Danemark. Au contraire, le duc d'Alençon, condamné par le Parlement, n'en fut pas moins maintenu avec honneur parmi les membres de la Toison d'or. Les grands se consolaient aisément d'être dégradés à Paris par des procureurs, lorsqu'ils étaient glorifiés chez le duc de Bourgogne, dans une cour chevaleresque, ou siégeaient des rois.

Le chapitre de la Toison le plus glorieux, le plus complet peut-être et qui marque le mieux l'apogée de cette grandeur, est celui de 1446. Tout semblait paisible. Rien à craindre de l'Angleterre. Le duc d'Orléans, racheté par son ennemi, par le duc de Bourgogne, siégeait près de lui en chapitre ; personne ne se souvenait de la vieille rivalité. Orléans et Bourgogne devenant confrères, et le duc de Bretagne entrant aussi dans l'ordre, la France, d'ailleurs fort occupée, devait être trop heureuse qu'on la laissât tranquille. Les Pays-Bas l'étaient, entre les deux éruptions de Bruges et de Gand. Dans ce même chapitre, le duc de Bourgogne, armant chevalier l'amiral de Zélande, semblait finir les vieilles disputes de Zélande et de Flandre, marier les deux moitiés ennemies des Pays-Bas, et consolider sa puissance sur les rivages du Nord.

Le bon Olivier de la Marche conte avec admiration comment, alors tout jeune et simple page, il suivit de point en point tout ce long cérémonial, dont le vieux roi d'armes de la Toison d'or voulait bien lui expliquer les mystères. Chacun des chevaliers allait en grande pompe à l'offrande, les absents même et les morts par représentants.

Avant tous, le duc fut appelé à l'autel où l'attendait son carreau de drap d'or. « Le poursuivant d'armes, Fusil, prit le cierge du duc, fondateur et chef, le baisa et le donna au roi d'armes de la Toison d'or, lequel, en s'agenouillant par trois fois, vint devant le duc et dit : « Monseigneur le duc de Bourgogne, de Lotrich, de Brabant, de Lembourg et de Luxembourg, comte de Flandre, d'Artois et de Bourgogne, palatin de Hollande, de Zélande et de Namur, marquis du Sainct Empire, seigneur de Frise, de Salins et de Malines, chef et fondateur de la noble ordre de Toison d'or, allez à l'offrande ! »

Ce jour même, au banquet de l'ordre, lorsque tous les chevaliers, « en leurs manteaux, en la gloire et solennité de leur estat », allaient s'asseoir à la table de velours étincelante de pierreries, lorsque le duc, « qui sembloit moins duc qu'empereur », prenait l'eau et la serviette de la main d'un de ses princes, un petit homme en noir jupon se trouve là, on ne sait comment, et se jetant à genoux, lui présenta à lire... une supplique ?... non, un exploit ! un exploit, bien en forme, du Parlement de Paris, un ajournement en personne pour lui, pour son neveu, le comte d'Étampes, pour toute la haute baronnie qui se trouvait là... Et cela, pour un quidam, dont le Parlement déclarait évoquer l'affaire... Comme si l'huissier fût venu dire : « Voici le fléau de cette fière élévation que vous avez prise, qui vous vient corriger ici, pincer, montrer qui vous êtes ! »

Une autre fois, c'est encore un de ces hardis sergents qui s'en vient dans Lille, le duc étant en cette ville, battre et rompre à marteau de forge la porte de la prison, pour en tirer un prisonnier.

Grand esclandre et clameur du peuple ; il fallut que le duc vînt : « Le gracieux exploitant toujours mailloit et frappoit ; il avoit déjà rompu les serrures et grosses barres. » Le duc se retint et ne parla pas, il arrêta ses gens qui voulaient jeter l'homme à la rivière.

Cette apparition de l'homme noir, au banquet de la Toison d'or, qu'était-ce, sinon le *memento mori* d'une faible et fausse résurrection de la féodalité ? Et ce marteau de forge, dont l'homme de loi frappait si ferme, que brisait-il, sinon le fragile, l'artificiel, l'impossible empire, formé de vingt pièces ennemies, qui ne demandaient qu'à rentrer dans leur dispersion naturelle ?

Livre XIII

CHAPITRE PREMIER

Louis XI - 1461-1463

Ce roi mendiant, si longtemps nourri par le duc de Bourgogne, ramené sur ses chevaux, mangeant encore dans sa vaisselle au sacre, fit pourtant voir dès la frontière qu'il y avait un roi en France, que ce roi ne connaîtrait personne, ni Bourgogne, ni Bretagne, ni ami, ni ennemi.

L'ennemi, c'étaient ceux qui avaient gouverné, le comte du Maine, le duc de Bourbon, le bâtard d'Orléans, Dammartin et Brézé ; l'ami, c'était celui qui croyait gouverner désormais, le duc de Bourgogne. Aux premiers, le roi tout d'abord ôta la Normandie, le Poitou, la Guienne, c'est-à-dire la côte, la facilité d'appeler l'Anglais. Quant au duc de Bourgogne, son tuteur officieux, il commença par faire arrêter un Anglais qui venait, sans sauf-conduit royal, négocier avec lui. Lui-même, il fit bientôt alliance avec les intraitables ennemis de la maison de Bourgogne, avec les Liégeois.

Les grands pleurèrent le feu roi ; ils se pleuraient eux-mêmes. Les funérailles de Charles VII étaient leurs funérailles ; avec lui finissaient les ménagements de l'autorité royale. Le cri : « Vive le Roi ! » crié sur le cercueil, ne trouva pas beaucoup d'écho chez eux. Dunois, qui avait vu et fait tant de guerres et de guerres civiles, ne dit qu'un mot à voix basse : « Que chacun songe à se pourvoir. »

Chacun y songeait sans le dire, mais en prenant au plus vite les devants près du roi, en laisant là le mort pour le vivant. Celui qui galopa le mieux fut le duc de Bourbon, qui avait en effet beaucoup à perdre, beaucoup à conserver, il lui manquait l'épée de connétable, il croyait l'aller prendre. Ce qu'il trouva, tout au contraire, c'est qu'il avait perdu son gouvernement de Guienne.

Les grands s'étaient crus forts, mais le roi, pour leur lier les mains, n'eut qu'à parler aux villes. En Normandie, il remet Rouen à la garde de Rouen ; en Guienne, il appelle à lui les notables ; en Auvergne, en Touraine, il autorise les gens de Clermont et de Tours à s'assembler « par cri public », sans consulter personne. En Gascogne, son messager, en passant, fait ouvrir les prisons. A Reims, et dans plus d'une ville, le bruit court que, sous le roi Louis, il n'y aura plus ni taxe ni taille.

Dès son entrée dans le royaume, sur la route, et sans perdre de temps, il change les grands officiers ; en arrivant, tous les sénéchaux et baillis, les juges d'épée. Il fait poursuivre son ennemi Dammartin, l'ancien chef *écorcheur,* qui avait fait tous les capitaines royaux, et pouvait tout sur eux. M. de Brézé, grand sénéchal de Normandie et de Poitou, n'était pas moins puissant du côté de la mer ; lui seul tenait en main le fil brouillé des affaires anglaises ; il avait toujours des agents là-bas qui suivaient la guerre civile, assistaient aux batailles. Les Anglais l'estimaient, parce qu'il leur avait fait beaucoup de mal. Il aurait fort bien pu, se voyant perdu, les faire descendre dans sa Normandie, où il avait à commandement les évêques et les seigneurs.

Il se trouvait justement que l'Angleterre pouvait agir. La Rose rouge venait d'être battue à Towton ; que restait-il à faire au vainqueur pour affermir la Rose blanche ? Ce qui avait consacré la rouge et le droit de Lancastre, une belle descente en France. Il fallait seulement que le jeune Édouard ou son *faiseur de rois,* Warwick, trouvât un moment pour passer à Calais. Il n'y eut pas un grand obstacle : le vieux duc de Bourgogne, hôte et ami d'Édouard, et qui lui élevait ses frères, eût fait comme Jean sans Peur, il eût réclamé plutôt que résisté. L'Anglais, tout en parlementant, eût avancé jusqu'à Abbeville, jusqu'à Péronne, jusqu'à Paris peut-être... Que cette route des guerres où les haltes s'appellent Azincourt et Crécy, que notre faible gardienne, la Somme, eût elle-même pour gardien le duc de Bourgogne, l'ami de l'ennemi, c'était là une terrible *servitude...* Tant que la France était ainsi ouverte, à peine pouvait-on dire qu'il y eût une France.

Le roi de ce royaume si mal gardé dehors n'avait lui-même nulle sûreté au-dedans. Il apprit de bonne heure à connaître, non la malveillance de ses ennemis, mais celle de ses amis. Ses intimes, ceux qui l'avaient suivi, n'étaient rien moins que sûrs. Ceux qu'il gracia à son avènement, les Alençon, les Armagnac, furent bientôt contre lui. Dès le commencement, et de plus en plus, il sentit bien qu'il était seul, que, dans le désordre où l'on voulait tenir le royaume, le roi serait l'ennemi commun, partant qu'il ne devait se fier à personne. Tous les grands étaient au fond contre lui, et les petits même allaient tourner contre dès qu'il demanderait de l'argent.

La première charge du nouveau règne, la plus lourde à porter, c'était l'amitié bourguignonne. Dans ce roi qu'ils ramenaient, les gens du duc de Bourgogne ne voyaient qu'un homme à eux, au nom duquel ils allaient prendre possession du royaume. Comment leur eût-il rien refusé ? N'était-il pas leur ami et compère ? N'avait-il pas causé avec celui-ci, chassé avec celui-là ?... C'étaient là, sans nul doute, des titres à tout obtenir ; seulement il fallait se hâter, demander des premiers... Chacun montait à cheval.

Le duc y était bien monté, malgré son âge ; il se sentait tout rajeuni pour cette expédition de France. Il voyait arriver tout ce qu'il y avait de nobles de Bourgogne et des Pays-Bas ; il en venait d'Allemagne. Ils n'avaient pas besoin d'être sommés de leur service féodal, ils accouraient d'eux-mêmes. « Je me fais fort, disait-il, de mener le roi sacrer à Reims avec cent mille hommes. »

Le roi trouvait que c'était trop d'amis, il n'avait pas l'air de se soucier qu'on lui fît tant d'honneur. Il dit assez sèchement à l'homme de confiance du duc, au sire de Croy : « Mais pourquoi bel oncle veut-il donc amener tant de gens ? Ne suis-je pas roi ? de quoi a-t-il peur ? »

Au fait, il n'était pas besoin d'une croisade ni d'un Godefroi de Bouillon.

La seule armée qu'on risquait de rencontrer à la frontière et sur toute la route, c'était celle des harangueurs, complimenteurs et solliciteurs qui accouraient au-devant, barraient le passage. Le roi avait assez de mal à s'en défendre. Aux uns, il faisait dire de ne pas approcher ; les autres, il leur tournait le dos. Tel qui avait sué à préparer une docte harangue, n'en tirait qu'un mot : « Soyez bref. »

Il semble pourtant avoir écouté patiemment un de ses ennemis personnels, Thomas Bazin, évêque de Lizieux, qui a écrit depuis une histoire, une satire de Louis XI. Le malveillant prélat lui fit un grand sermon sur la nécessité d'alléger les taxes, c'est-à-dire de désarmer la royauté, comme le souhaitaient les grands. Le roi n'en reçut pas moins bien la leçon, et pria l'évêque de la lui coucher par écrit, afin qu'il pût la lire en temps et lieu, et s'en rafraîchir la mémoire.

Le sacre de Reims fut le triomphe du duc de Bourgogne ; le roi n'y brilla que par l'humilité. Le duc, du haut de son cheval et dominant la foule de ses pages, de ses archers à pied, « avoit la mine d'un empereur » ; le roi, pauvre figure et pauvrement vêtu, allait devant, comme pour l'annoncer. Il semblait être là pour faire valoir par le contraste cette pompe orgueilleuse. On démêlait à peine les nobles Bourguignons, les gras Flamands, enterrés qu'ils étaient, hommes et chevaux, dans leur épais velours, sous leurs pierreries, sous leur pesante orfèvrerie massive. En tête, à la première entrée, sonnaient des sonnettes d'argent au col des bêtes de somme, habillées elles-mêmes de velours aux armes du duc ; ses bannières flottaient sur cent quarante chariots magnifiques qui portaient la vaisselle d'or, l'argenterie, l'argent à jeter au peuple, et jusqu'au vin de Beaune qui devait se boire à la fête. Dans le cortège figurait, marchant et vivant, le banquet du sacre, petits moutons d'Ardennes, gros bœufs de Flandre ; la joyeuse et barbare pompe flamande sentait quelque peu sa kermesse.

Le roi, tout au revers, semblait homme de l'autre monde. Il se montrait fort humble, pénitent, âprement dévot. Dès minuit, la veille du sacre, il alla ouïr matines, communia. Le matin, il était au chœur, il attendait la sainte ampoule qui devait venir de Saint-Rémi, apportée sous un dais. A peine sut-il qu'elle était aux portes, vite il y courut, « et se rua à genoux ». A deux genoux, mains jointes, il adora. Il accompagna le saint vase jusqu'à l'autel, et « il se rua encore à genoux ». L'évêque de Laon le relevait pour la lui faire baiser, mais trop grande était sa dévotion, il restait sur les genoux, toujours en oraison, les yeux fixés sur la sainte ampoule.

Il endura en roi chrétien tous les honneurs du sacre. Les pairs prélats et les pairs princes l'ayant placé entre des rideaux, il fut dépouillé, puis, dans sa naturelle figure d'Adam, présenté à l'autel. « Il s'y rua à genoux », et reçut l'onction des mains de l'archevêque ; il fut, selon le rituel, oint au front, aux yeux, à la bouche, de plus au pli des bras, au nombril, aux reins. Alors ils lui passèrent la chemise, l'habillèrent en roi et l'assirent sur son siège royal.

Ce siège était élevé à la hauteur de vingt-sept pieds. Tous se tinrent un peu en arrière, sauf le premier pair, le duc de Bourgogne, « lequel lui assit en tête son bonnet ; puis il prit la couronne, et la levant en haut à deux mains afin que tout chacun la vît, la soutint un peu longuement au-dessus de la tête du roi, puis lui assit bien doucement au chef, criant : « Vive le roi ! Montjoie Saint-Denis ! » La foule cria après le duc de Bourgogne. »

Toute la cérémonie se faisait par le duc de Bourgogne, « comme de le mener à l'offrande, de lui ôter et remettre sa couronne à l'heure du lever-Dieu, puis de le descendre en bas et le ramener au grand-autel ». Longue et laborieuse cérémonie ; le plus pénible, c'est que le roi, voulant faire des chevaliers, dut l'être d'abord de la main de son oncle. Il fallut qu'il se mît à genoux devant lui, qu'il reçût de lui le coup de plat d'épée... « Le roi enfin se tanna. »

Au banquet, il dîna couronne en tête ; mais comme cette couronne du sacre était large et ne tenait pas juste, il la mit tout bonnement sur la table, et, sans faire attention aux princes, il causa tout le temps avec Philippe Pot, qui était au dos de sa chaise, un gentil et subtil esprit. Cependant à grand bruit arrivèrent, au travers du banquet, des gens chargés qui portaient des « nerfs, drageoirs et tasses d'or » ; c'était le don que faisait le duc de Bourgogne pour le joyeux avènement. Il ne s'en tint pas là ; il voulut faire hommage au roi de ce qu'il avait au royaume, et promit service même pour ce qui était terre d'Empire. Il risquait peu de faire hommage à celui chez qui il avait garnison si près de Paris.

Et Paris même n'était-il pas à lui ? Quoiqu'il n'y eût pas été depuis vingt-neuf ans, le vieux quartier des halles, où il avait son hôtel d'Artois, ne l'avait jamais oublié. A l'entrée un boucher lui cria : « O franc et noble duc de Bourgogne, soyez le bienvenu en la ville de Paris ! il y a longtemps que vous n'y fûtes quoiqu'on vous ait bien désiré. »

Le duc fit justice à Paris par son maréchal de Bourgogne, et sans appel ; mais il fit bien plus grâce et plaisir. Il donna tant à tant de gens, qu'on aurait dit qu'il était venu acheter Paris et le royaume. Tous venaient demander, comme si Dieu fût descendu sur terre. C'étaient de bonnes dames ruinées, des églises en mauvais état, des couvents de mendiants, tout ce qu'il y avait de souffreteux chez les nobles et les gens d'Église. On voyait comme une procession à la porte de l'hôtel d'Artois ; à toute heure, table ouverte, et trois chevaliers pour recevoir tout le monde honorablement. Cet hôtel était une merveille pour les meubles, la riche vaisselle, les belles tapisseries. Le peuple de Paris de toute condition, dames et damoiselles, depuis le matin jusqu'au soir, y venait à la file, béait... Il y avait, entre autres choses, la fameuse tapisserie de Gédéon, la plus riche de toute la terre, le fameux pavillon de velours qui contenait salle, vestibule, oratoire et chapelle.

Toutes ces magnificences flamandes étaient trop à l'étroit ; il fallut, pour déployer la splendeur de la maison de Bourgogne et des provinces du Nord, un grand et solennel tournoi. Rare bonheur pour les Parisiens. Le duc de Bourgogne y enleva les cœurs. Au départ de l'hôtel d'Artois, son cheval n'étant pas prêt, il monta sans façon sur la haquenée de sa nièce, la duchesse d'Orléans, ayant sa nièce derrière lui, mais devant (le joyeux compère) une fille de quinze ans, qui était à la duchesse et qu'elle avait prise pour sa jolie figure.

Il trotta ainsi jusqu'aux lices de la rue Saint-Antoine. Tout le peuple criait : « Et velà un humain prince ! velà un seigneur dont le monde seroit heureux de l'avoir tel ! que benoît soit-il et tous ceux qui l'aiment ! Et que n'est tel notre roi et ainsi humain, qui ne se vête que d'une pauvre robe grise avec un méchant chapelet, et ne haît rien que joie. »

Ils avaient tort, le roi Louis avait ses joies aussi. Quand le comte de Charolais, messire Adolphe de Clèves, le bâtard de Bourgogne, Philippe de Crèvecœur, toute la haute seigneurie flamande et wallonne, eurent jouté et ravi la foule, un rude homme d'armes parut, que le roi payait tout exprès, sauvagement « houssé et couvert, homme et cheval, de peaux de chevreuils armés de bois », mais fièrement monté, lequel « vint riflant parmi les jouteurs... et ne dura rien devant lui ». Le roi regardait, caché, à une fenêtre, derrière certaines dames de Paris.

Il était étrange qu'il ne se montrât pas ; le tournoi se donnait justement à sa porte, tout contre les Tournelles où il résidait. Apparemment le triste hôtel s'égayait peu de ces bruits de fêtes. Le roi y vivait seul et chichement ; petit état, froide cuisine. Il avait eu la bizarrerie de s'en tenir aux quelques serviteurs qu'il amenait de Brabant ; il vivait là comme à Genappe. Au fait, il n'avait pas besoin d'établissement ; sa vie devait être un voyage, une course par tout le royaume. A peine roi, il prit l'habit de pèlerin, la cape de gros drap gris, avec les housseaux de voyage, et il ne les ôta qu'à la mort. Campé plus que logé dans ce vaste hôtel des Tournelles, s'agitant, s'ingéniant de mille sortes, « subtiliant jour et nuit nouvelles pensées », personne ne l'eût pris pour l'héritier de la maison de ses pères. Il avait plutôt l'air d'une âme en peine qui, à regret, hantait le vieux logis ; à regret, loin d'être un revenant, il semblait bien plutôt possédé du démon de l'avenir.

S'il sortait des Tournelles, c'était le soir, en hibou, dans sa triste cape grise. Son compère, compagnon et ami (il avait un ami), était un certain Bische, qu'il avait mis jadis comme espion près de son père, et qu'alors il tenait près du comte de Charolais pour lui faire trahir aussi son père, le duc de Bourgogne, pour faire consentir le vieux duc au rachat des places de la Somme. Louis XI aimait incroyablement ce fils, il le choyait, le couvait. Bische, qui avait plus d'un talent, les menait la nuit, tous les deux, le comte et le roi, voir les belles dames. Ce cher Bische, l'intime ami du roi, pouvait entrer chez lui jour et nuit ; les sergents et huissiers en avaient l'ordre pour lui ; pour nul autre ; c'était le seul homme pour qui le roi fût toujours visible, pour qui il ne dormît jamais.

Ce qui l'empêchait de dormir, c'étaient les villes de la Somme. De Calais, qui alors était Angleterre, le duc de Bourgogne pouvait amener l'ennemi sur la Somme en deux jours ; les logis étaient prêts, les étapes prévues. Par cela seul que le duc avait ces places, il commandait, menaçait sans mot dire, tenait l'épée levée. Comment espérer que jamas il voulût la rendre, cette épée ? Qui eût osé lui donner le conseil de se dessaisir d'une telle arme, de lâcher cette forte prise par où il tenait le royaume. Le roi ne désespéra pas ; il s'adressa au fils, au favori, il tâta le sire de Croy, le comte de Charolais. Il offrit, donna des choses énormes, terres, pensions, charges de confiance. Dès son avènement, il nomma Croy grand maître de son hôtel, livrant la clé de sa maison pour avoir celle de la France, hasardant presque le roi pour l'affranchissement du royaume. Quant au comte de Charolais, il lui fit faire un voyage triomphal dans les pays du centre, lui donna à Paris hôtel et domicile, lui assigna une grosse pension de trente-six mille livres ; il alla jusqu'à lui donner (de titre au moins) le gouvernement de la Normandie, et flatta sa vanité d'une royale entrée dans Rouen.

La grande affaire intérieure ne pouvait que mûrir lentement ; il fallait attendre. Mais il s'en présentait d'autres autour du royaume, où il semblait qu'il y eût à gagner.

La maison d'Anjou se chargeait de continuer, dans ce sage XVe siècle, les folies héroïques du Moyen Age. Le monde ne parlait que du frère et de la sœur, de Jean de Calabre et de Marguerite d'Anjou, de leurs fameux exploits, qui finissaient toujours par des défaites ; la sœur traînant dans vingt batailles son pacifique époux, dressant les échafauds au nom d'un saint, s'acharnant malgré lui à lui regagner son royaume. Le frère en réclamait quatre ou cinq à lui seul, les royaumes de Jérusalem, de Naples, de Sicile, de Catalogne et d'Aragon ; esprit mobile, d'espérance légère, partout appelé, partout chassé, courant, sans argent ni ressources, d'une aventure à l'autre... Louis XI parut prendre intérêt à ces guerres romanesques, dont il comptait bien profiter. Les chevaliers, les paladins, plaisaient à l'homme d'affaires, comme des *prodigues*, sur lesquels on pouvait faire de beaux bénéfices. De toutes parts, il y avait à gagner avec eux. Gênes était un si beau poste vers l'Italie, Perpignan une si bonne barrière vers l'Espagne ; mais quoi ! si l'on eût pris Calais !

Calais était une trop belle affaire ; on osait à peine espérer. Pour que la fière Marguerite en vînt à vendre ce premier diamant de la Couronne, à trahir l'Angleterre, il fallait que, de misère ou de fureur, elle perdit l'esprit. Louis XI crut avoir ce bonheur. Le parti de Marguerite fut exterminé à Towton ; elle n'eut plus de ressource que chez l'étranger.

Cette bataille de Towton n'avait pas été comme les autres, une rencontre de grands seigneurs ; ce fut une vraie bataille, et la plus sanglante peut-être que l'Angleterre ait livrée jamais. Il resta sur la place trente-six mille sept cent soixante-seize morts. Ce carnage indique assez qu'ici le peuple combattit pour son compte, non pas tant pour York ou pour Lancastre, mais chacun pour soi. Marguerite, l'année d'avant, pour accabler son ennemi, avait appelé à la guerre, au pillage, les bandits du *Border*, les affamés d'Écosse ; dans une course d'York à Londres, ils raflèrent tout, jusqu'aux vases d'autel. Alors la forte Angleterre du Midi, tout ce qui possédait, se leva et marcha un nord, Édouard et Warwick en tête ; tous aimaient mieux périr que d'être pillés une seconde fois. Nulle grâce à faire ni demander ; et c'était pourtant la Semaine sainte... Le temps était celui d'un vrai printemps anglais, affreux ; la neige aveuglait, on ne voyait goutte à midi, on se tuait à tâtons. Ils n'en continuèrent pas moins consciencieusement leur sanglante besogne le jour, la nuit et tout le second jour. L'idée fixe de la propriété en péril, le *home and property* les tint inébranlables. Au soir enfin, les gens de la Rose sanglante, quand les bras leur tombaient, virent venir encore gros bataillon de pâles Roses, et ils comprirent qu'ils étaient morts ; ils reculèrent lentement, mais ils reculaient dans une rivière ; le Corck roulait derrière eux.

Édouard fut roi. Dès lors celui qui l'avait fait roi, Warwick se fiant peu à sa reconnaissance, regarda au-dehors et se mit à calculer s'il trouverait mieux son compte à le servir ou à le vendre.

Louis XI avait une sincère estime pour les hommes de ruse, pour ceux du moins qui réussissaient ; il semble avoir aimé Warwick, à sa manière, comme il aimait Sforza. L'Anglais, selon toute apparence, reçut de solides gages de cette amitié. Qui fouillerait bien Warwickcastle trouverait peut-être dans cette royale fondation l'argent de Louis XI. On le croirait volontiers quand on voit celui-ci peu inquiet de l'immense armement que l'Angleterre faisait contre lui, deux cents vaisseaux, quinze mille hommes ; Henri V n'en avait guère davantage pour conquérir la France. Mais le roi savait longtemps d'avance le jour où Warwick ferait sortir la flotte. Il alla paisiblement voyager dans tout le Midi, ne craignit pas d'engager une armée en Catalogne et fit fort à son aise sa belle affaire du Roussillon.

Il se passait en Espagne une tragédie qui promettait d'être lucrative, elle devait sourire à Louis XI. Le monde en pleurait ; des peuples entiers avaient couru aux armes, d'indignation et de pitié. Un père remarié, don Juan d'Aragon, pour plaire à la marâtre, avait dépouillé son fils, don Carlos de Viana, héritier de Navarre ; il l'avait emprisonné, tué de chagrin, peut-être de poison. Le pauvre prince, qui, vivant, ne s'était guère plaint, se plaignit mort ; les Catalans l'entendaient la nuit dans les rues de Barcelone. Le mauvais père eut tous les cœurs contre lui ; il vit comme « la terre se soulever et crier les pierres du chemin »... Le misérable eut peur ; il appela les Français, puis, ayant peur des Français, il appela les Anglais contre eux. Son gendre, le comte de Foix, qui, avec ses grandes espérances d'Espagne, n'en avait pas moins jusque-là tout son bien en France, ne pouvait s'adresser qu'au roi ; sans son aide, il ne pouvait guère hériter de l'autre côté des monts. Il avertit donc Louis XI, qui profita de l'avis pour son compte. Les Catalans, encouragés sous main, vinrent à Paris dire au roi que don Carlos de Viana, poursuivi par son père, ainsi qu'il l'avait été lui-même par Charles VII, le priait en mourant d'avoir pitié d'eux, de prendre leur défense. Le roi accepta ce legs pieux, et déclara qu'il défendrait envers et contre tous les sujets de son ancien ami.

La partie était bien engagée ; seulement il fallait des avances, une armée, de l'argent, de l'argent à l'heure même. Il fallait, pour joyeuses prémices du nouveau règne, frapper des taxes, et cela au moment où les bonnes gens, pleins d'espérance, disaient qu'on ne paierait plus rien, au moment où le duc de Bourgogne priait solennellement le roi de ménager le pauvre peuple, tout en exigeant de grosses pensions pour les grands.

Le roi, aux expédients, s'en prit à la vendange qu'on allait faire, et mit un impôt sur les vins, pour être perçu aux portes des villes. Reims, Angers, d'autres villes encore n'en voulurent rien croire, et soutinrent que l'édit était controuvé. A Reims, les vignerons, le petit peuple et les enfants pillèrent les receveurs, brûlèrent les registres et les bancs des élus. Le roi, sans bruit, coula des soldats déguisés dans la ville, fit justice, puis vendit son pardon. Il pardonna lorsqu'on eut coupé les oreilles aux uns, la tête aux autres, sans compter les pendus. Et ils pendent encore au clocher de la cathédrale, où leur triste effigie, registres au col, fut mise aux frais de la ville, en mémoire de la clémence du roi.

Une taxe sur les vins, assez mal payée, était peu de chose. Les villes n'étaient pas riches. Les campagnes étaient aux seigneurs. Le clergé seul eût pu aider. Au lieu de disputer avec les bénéficiers pour quelque faible don gratuit, le roi imagina de mettre la main sur les bénéfices mêmes, de s'arranger avec le pape pour faire entre eux les nominations. La Pragmatique, les élections où dominaient les grands, il les supprima hardiment par une simple lettre. Il comptait avoir près de lui un légat de Rome, au moyen duquel il disposerait des bénéfices, les emploierait à acquitter ses dettes, à contenter ses serviteurs, payant, par exemple, le chancelier d'un évêché, le président d'une abbaye, parfois un capitaine d'une cure ou d'un canonicat.

L'abolition de la Pragmatique fut une bonne scène. Le roi, en Parlement, devant le comte de Charolais et les grands du royaume, déclara que cette horrible Pragmatique, cette guerre au Saint-Siège, pesait trop à sa conscience, qu'il ne voulait plus seulement en entendre le nom. Il exhiba ensuite la bulle d'abolition, la lut dévotement, l'admira, la baisa, et dit qu'à tout jamais il la garderait dans une boîte d'or.

Il avait préparé cette farce dévote par une autre, impie et tragique, où le mauvais cœur n'avait que trop paru. Il crut ou parut croire que son père était damné pour la Pragmatique ; il pleura sur cette pauvre âme. Le mort, à peine refroidi, eut à Saint-Denis l'outrage public d'une absolution pontificale ; il fut, qu'il le voulût ou non, absous sur sa tombe par le légat.

Acte grave, qui désignait au simple peuple, comme damnés d'avance, tous ceux qui avaient été pour quelque chose dans la Pragmatique : or c'étaient à peu près tous les grands et prélats du royaume, c'étaient tous les bénéficiers nommés sous ce régime, c'étaient toutes les âmes qui, depuis vingt ans, auraient reçu la nourriture spirituelle d'un clergé entaché de schisme. Il était difficile de produire une plus générale agitation.

Le Parlement réclamait, Paris était ému. D'autre part, le duc de Bourgogne s'en allait fort mal content ; le roi semblait s'être moqué de lui ; il l'avait remercié, caressé, comblé, accablé ; mais rien que des paroles, pas un effet. Il lui fit par honneur nommer vingt-quatre conseillers au Parlement, dont aucun ne siégea. Il lui accorda le libre cours des marchandises d'une frontière à l'autre ; mais le Parlement n'enregistra point. Il lui donna la grâce d'Alençon, mais en gardant au gracié ses places et ses enfants. Ainsi le magnifique duc, de sa croisade de Reims et de Paris, ne rapportait rien que l'honneur. Pour l'honorer encore, dès qu'il fut hors Paris, le capitaine de la Bastille courut après lui dans les champs, et lui offrit de la part du roi les clés du fort. C'était un peu tard.

Le duc de Bourgogne était resté assez pour voir à Paris ses ennemis de Liège, et le roi traiter avec eux. Ces rudes Liégeois s'étaient mal conduits avec Louis XI quand il était dauphin. Devenu roi, il avait dit contre eux de grosses paroles, envoyé même des troupes du côté de Liège ; il voulait seulement leur montrer qu'il avait les bras longs, qu'il était fort. Les Liégeois l'aimèrent d'autant plus ; ils envoyèrent à Paris, et les envoyés furent reçus à merveille. Le roi dit qu'il était leur compère, qu'il les protégerait envers et contre tous.

A force de pousser ainsi la maison de Bourgogne, il était probable qu'elle finirait par se rapprocher de la maison de Bretagne. Il ne manquait pas de gens pour s'entremettre de ce rapprochement, sous les yeux mêmes du roi. Il n'imagina d'autre moyen pour l'empêcher que de nommer le duc de Bretagne son lieutenant pour huit mois (pendant sa tournée du Midi) dans les provinces entre Seine et Loire ; c'était lui mettre entre les mains moitié de la Normandie qu'il avait fait semblant de donner tout entière au comte de Charolais.

Il essayait du même moyen pour brouiller les maisons de Bourbon et d'Anjou. La Guienne, qu'il retirait au duc de Bourbon, il la donna au comte du Maine, frère de René d'Anjou, et, comme ce comte était un homme peu à craindre, il lui donna encore le Languedoc. Tout cela au reste de titre et d'honneur ; quant à la force, il croyait la garder : il était sûr des grandes villes de la plaine, Toulouse et Bordeaux ; il avait acheté l'amitié des deux maisons de la montagne, Armagnac et Foix ; enfin, dans la Guienne, dans le Comminges, il avait mis un homme à lui, qui n'était que par lui, le bâtard d'Armagnac.

Toutes choses ainsi préparées, avant de mettre la main aux affaires du Midi, il commença par le vrai commencement, par Dieu et les saints, les intéressant dans ses affaires, leur faisant part d'avance, par de belles offrandes, qui témoignaient partout de la dévotion du roi très chrétien : offrandes à Sainte-Pétronille de Rome pour aider à bâtir l'église ; offrandes à Saint-Jacques en Galice ; offrandes à Saint-Sauveur de Redon, à Notre-Dame de Boulogne. Notre-Dame ne fut pas ingrate, comme on verra plus tard.

Les pèlerinages bretons, hantés d'une si grande foule et si dévote, avaient pour Louis XI un merveilleux attrait. Situés, la plupart, sur les Marches de France, ils lui donnaient l'occasion de rôder tout autour, au grand effroi du duc de Bretagne. Tantôt c'était Saint-Michel-en-Grève qu'il voulait visiter, tantôt Saint-Sauveur de Redon. Cette fois, de Redon il alla à Nantes, et le duc crut qu'il voulait enlever la douairière de Bretagne, la marier, s'approprier son bien.

Le moyen pourtant de se défier ? le pèlerin voyageait presque seul, ne voulant pas être troublé dans ses dévotions. Au départ (18 décembre), il s'était débarrassé un peu rudement de l'amour des sujets, en faisant crier à son de trompe que personne ne s'avisât de suivre le roi, sous peine de mort. Pour aller remercier son patron, saint Sauveur de Redon, qui l'avait protégé dans ses infortunes, il voulait cheminer tel qu'il avait été alors, comme un pauvre homme, avec cinq pauvres serviteurs, mal vêtus comme lui, tous six portant au col de grosses patenôtres de bois. Si sa garde suivait, c'était de loin ; de loin suivaient aussi canons et couleuvrines, paisiblement, sans bruit, sous Jean Bureau, le bon maître des comptes. Tout cela filait vers le Midi. Le roi allait toujours. De Nantes, il voulut voir cette petite république de La Rochelle. A La Rochelle, il eut envie de voir Bordeaux, une belle ville ; mais comme il la regardait du côté de la Gironde, il fut lui-même aperçu d'un vaisseau anglais qui heureusement ne put suivre son batelet dans les eaux basses. Pour voir et savoir par lui-même, il hasardait tout.

Sur le chemin, de Tours jusqu'à Bayonne, il allait confirmant, augmentant les franchises des villes, caressant les bourgeois, anoblissant les consuls, les échevins ; pour tous, enfin, bon homme et facile. Les gens de la Guienne, traités par Charles VII à peu près comme Anglais, eurent lieu d'être surpris de la bonté de Louis XI. Dès son avènement, il avait appelé à lui leurs notables ; venu chez eux lui-même, il sembla se remettre à eux, rendit à Bordeaux toutes ses libertés. Il dit de plus qu'il n'était pas juste que Bordeaux plaidât à Toulouse, qu'il voulait que désormais on vînt plaider chez elle de toute la Guyenne, de la Saintonge, de l'Angoumois, du Quercy, du Limousin. Il fit de Bayonne un port franc. Il rappela le comte de Candale, Jean de Foix, banni comme ami des Anglais ; il lui rendit ses biens.

Ayant ainsi assuré ses derrières, il put agir sérieusement vers l'Espagne. Il avait déjà traité, chemin faisant, avec le gendre du roi d'Aragon, le comte de Foix, en avait pris des arrhes. Le beau-père, troublé de sa mauvaise conscience, tergiversait, appelait, renvoyait les Français, les menaçait de la descente anglaise. Le roi, pour en finir, écrivit durement au gendre qu'il savait tout, que les Anglais se moquaient de lui ; que quand même ils viendraient, ils ne resteraient pas, tandis que le roi de France « sera toujours là pour le châtier... Il faut que vous sachiez sa volonté, qu'il ne nous amuse pas jusqu'à ce que le comte de Warwick soit en mer... Au reste, le comte de Warwick ne nous peut déranger ; notre artillerie est toute à La Réole. »

Il avançait toujours, et plus il avançait, plus les Catalans encouragés serraient leur roi ; il n'en pouvait plus. La marâtre, avec ses enfants, s'était jetée dans Girone ; elle y fut assiégée, affamée. Il fallut bien alors que don Juan vînt où l'attendait Louis XI (3 mai) ; il engagea pour un secours le Roussillon qui n'était pas à lui, mais bien aux Catalans. L'horreur du pacte, c'est que pour échapper à la punition d'un premier crime, le coupable en faisait un autre ; après avoir tué son fils, il tuait sa fille, la livrait à l'autre fille, du second lit, à la comtesse de Foix. La pauvre Blanche, héritière de Navarre après don Carlos, fut attirée par son père, qui voulait, disait-il, lui faire épouser le frère de Louis XI, et elle épousa un cachot du donjon d'Orthez, où sa sœur l'empoisonna bientôt.

L'Aragonais ne désespérait pas de duper Louis XI, d'avoir le secours sans remettre le gage. Mais le roi, qui connaissait son homme, ne fit rien sans être nanti. « Maréchal, écrit-il, avant tout, requérez au roi d'Aragon Perpignan et Collioures ; s'il les refuse, allez les prendre. »

Ainsi se fit l'affaire de Roussillon. Elle était assurée et le roi revenu dans le Nord, quand s'ébranla enfin la fameuse flotte anglaise. Cette flotte avait attendu qu'il eût loisir de s'occuper d'elle. Des falaises, il la vit passer, lui fit la conduite par terre, en Normandie et jusqu'en Poitou. Tout le long de la côte, les villes étaient garnies, gardées, tout le monde armé. Les Anglais, voyant ce bel ordre, crurent prudent de rester en mer. Seulement Warwick, pour qu'il ne fût pas dit qu'il n'eût rien fait, fit une petite descente à côté de Brest. De tout cet orage qui devait écraser Louis XI, ce qui tomba, tomba sur le duc de Bretagne ; les Bretons en restèrent furieux contre les Anglais.

Une lettre que le roi écrit vers cette époque, après sa capture du Roussillon, respire la joie sauvage du chasseur. Pas un mot de Warwick, qui apparemment l'inquiétait peu : « Je m'en vais bien bagué, dit-il, je n'ai pas perdu mon estoc ; je pique des deux ; il faut que je me récompense de la peine que j'ai eue, que je fasse bonne chère !... La reine d'Angleterre est arrivée... »

La *bonne chère,* c'eût été de reprendre Calais, de la reprendre au moins par mains anglaises, au nom d'Henri VI et de Marguerite. La triste reine d'Angleterre, malade de honte et de vengeance, depuis sa grande défaite, suivait partout le roi, à Bordeaux, à Chinon, mendiant un secours. Elle n'avait rien à attendre de son père ni de son frère, qui, à ce moment, perdaient l'Italie. Louis XI le savait bien et n'en faisait que mieux la sourde oreille : il la laissait languir... Qu'avait-elle à donner ? rien que l'honneur et l'espérance. Elle promit pour quelque argent que, si jamais elle reprenait Calais, elle en nommerait capitaine un Anglo-Gascon qui était au roi, et qui, à défaut de paiement, remettrait le gage au prêteur. Nul doute qu'en signant ce contrat de Shylock, cette dernière folie du joueur, elle n'ait senti qu'elle mettait contre elle ses amis, comme sa conscience, qu'elle périssait, et, qui pis est, méritait de périr.

Tout en tirant de Marguerite ce gage contre les Anglais, le roi ne voulait pas se fâcher avec l'Angleterre, avec son bon ami Warwick. Il ne donnait rien à Marguerite, il prêtait. Et combien ? Vingt mille livres, une aumône, du neveu à la tante ; il est vrai qu'il lui fit donner soixante mille écus par la Bretagne. Il ne lui donnait pas un soldat ; qu'elle en levât si elle voulait. Par qui en levait-elle ? Par un homme qui passait pour l'ennemi du roi, par M. de Brézé, naguère grand sénéchal de Normandie, qui sortait à peine de prison. Sans mission et comme aventurier, il menait en Écosse les nobles et les marins normands ; c'était une affaire normande, écossaise, à peine française ; si Brézé voulait se faire tuer là-bas, le roi s'en lavait les mains.

Française ou non, l'affaire venait à point pour la France. Tandis que l'Angleterre en masse se tournait vers le nord, tandis que cette désespérée Marguerite se faisait tuer ou pendre, le roi prenait Calais. Il intimidait les Anglais de la garnison sans espoir de secours ; il leur montrait la signature de Marguerite, lui offrait un prétexte *légal* (ce qui est grave dans toute affaire anglaise) ; il mettait surtout en avant et jetait dans la place son Anglo-Gascon, qui était un des leurs, et qui, d'amitié ou de force, se serait fait leur capitaine, ou pour Louis XI, ou pour Henri VI.

A tout cela il manquait une chose. C'était que Louis XI disposât de quelques vaisseaux de Hollande pour fermer Calais, comme Charles VII en avait eu pour fermer Bordeaux. Il en demanda au duc de Bourgogne, qui ne voulut pas se brouiller avec la maison d'York, et refusa net. Tout fut manqué. Non seulement le roi n'eut point Calais, mais, de l'avoir espéré seulement, d'avoir cru que Warwick, alors capitaine de cette place pour la maison d'York, la laisserait surprendre, cela dut compromettre l'équivoque personnage, déjà suspect depuis sa promenade maritime. Il l'était d'ailleurs par les siens, par son frère et son oncle, deux évêques, dont l'un avait des relations avec Brézé. Warwick ne pouvait se laver qu'en faisant la guerre, et une guerre heureuse. Il y réussit par ses moyens ordinaires. Brézé, ayant perdu partie de ses vaisseaux, brûlé les autres, s'était jeté dans une place et attendait le secours de Douglas et de Somerset. Warwick les pratiqua habilement. Il acheta Douglas. Il gagna (pour cela il ne fallait pas moins qu'un miracle du diable) Lancastre même contre Lancastre, je veux dire Somerset, qui était de cette branche, qui avait intérêt à la défendre, puisque par elle il avait droit au trône. Il l'amena à combattre son droit, son honneur, le drapeau qu'il tenait depuis quarante ans. Puis le misérable changea encore, et on lui coupa la tête.

Les affaires du roi de France allaient mal. Il avait provoqué l'Angleterre, manqué Calais. Ses plus faibles ennemis s'enhardissaient, jusqu'au roi d'Aragon. Le Roussilon se refit espagnol. Il fallut que le roi y courût en personne : il reprit Perpignan, intimida l'Aragonais, qui envoya vite faire des soumissions. Louis XI menaçait de régler l'Espagne à ses dépens, de concert avec la Castille ; il parlait d'occuper la Navarre. Il avait acheté, homme à homme, tout le conseil du roi de Castille, Henri l'*Impuissant*. Ils le lui amenèrent jusqu'en France, de ce côté de la Bidassoa. Ce fut un étrange spectacle. De toute la plaine on vit sur une éminence les deux rois, l'Impuissant, dans un faste incroyable, entouré des grandesses, de sa brillante et barbare garde moresque ; et à côté, houssé de sa cape grise, siégeait le roi de France, partageant les royaumes (23 avril 1463).

Les envoyés d'Angleterre, de Milan et de Bourgogne attendaient curieusement, pour voir comment il se tirerait de cet imbroglio d'Espagne. Il s'en tira par un partage. C'était par un partage qu'il eût voulu finir l'affaire de Naples, qu'il avait fini celle de Catalogne, en détachant le Roussillon. Cette fois il coupait la Navarre, en donnait part à la Castille. La Navarre cria d'être coupée ; l'Aragon cria de n'avoir pas tout ; combien plus le comte de Foix, qui avait si bien travaillé pour le roi dans l'affaire du Roussillon ! Ce Roussillon, Louis XI, au grand étonnement de tout le monde, parut n'y pas tenir ; il le donna au comte de Foix. Il le lui donna par écrit, s'entend, lui laissant, pour l'amuser, la jouissance d'un beau morceau de Languedoc.

Il était dans un moment de générosité admirable. Il donna au Dauphiné exemption des règlements sur la chasse ; à Toulouse incendiée exemption de tailles pour cent années. En passant à Bordeaux, il fit grâce de la mort à Dammartin, qui vint se jeter à ses genoux. Ce qui surprit bien plus, c'est qu'il fit à un ennemi, à celui qui chassait d'Italie la maison d'Anjou, à celui qui détenait le patrimoine des Visconti contre la maison d'Orléans, il fit, dis-je, à Sforza, cadeau de Savone et de Gênes ; lui permettant en outre de racheter Asti au vieux Charles d'Orléans, fils de Valentine. C'était se fermer l'Italie, en même temps qu'il semblait se fermer l'Espagne. Tout cela de sa tête, sans consulter personne. Ses conseillers étaient désespérés.

Et rien pourtant n'était plus raisonnable.

Une crise allait éclater dans le Nord ; l'Angleterre, la Bourgogne et la Bretagne semblaient près de s'unir. Le roi devait tourner le dos au Midi : seulement, aux Pyrénées, tenir le Roussillon ; aux Alpes, s'assurer de la Savoie, qu'il pratiquait de longue date, obtenir que le duc de Milan ne s'en mêlerait point. Sforza, s'avouant son vassal pour Gênes et Savone, allait lui prêter ses excellents cavaliers lombards. Le roi avait besoin de l'amitié du tyran italien, dans un moment où il fallait peut-être qu'il pérît lui-même ou devînt tyran.

Il prit ainsi son parti vivement, contre l'avis de tout le monde. Cette résolution hardie, cette générosité habile, si différente de la petite politique chicaneuse du temps, lui donna une grande force ; il pesa d'autant plus au nord. Il emporta d'emblée son affaire capitale, le rachat de la Somme.

CHAPITRE II

Louis XI - Sa révolution - 1462-1464

Depuis longtemps, il suivait l'affaire de la Somme avec une ardente passion, si ardente qu'elle se nuisait et manquait son but. Il caressait, tourmentait le vieux duc, pressait les Croy. Si le vieil homme, d'asthme ou de goutte, leur mourait dans les mains, tout était fini. On le crut un moment quand le duc, revenu de Paris, las de fêtes, de repas et de faire le jeune homme, tomba tout d'un coup et se mit au lit. Son excellente femme sortait du béguinage où elle vivait, pour soigner son mari ; le fils accourut pour soigner son père. Ils le soignèrent si bien, que s'il ne se fût remis, les Croy périssaient, et les affaires du roi devenaient fort malades.

Le duc avait beaucoup à faire entre son fils et Louis XI, deux tyrans. Le roi, mécontent pour Calais, impatient pour la Somme, le vexait, le rendait misérable, réveillant toutes les vieilles querelles de salines, de juridiction. Par cette imprudente âpreté, il compromettait ainsi ses amis de Flandre, comme il avait fait de ceux de l'Angleterre. L'un des Croy vint à Paris se plaindre, et parla durement, comme peut faire un homme indispensable. Le roi eut le bon esprit de bien recevoir la leçon ; il se mit à l'amende, cédant au duc le peu qu'il avait dans le Luxembourg ; au duc toutefois moins qu'aux Croy, lesquels occupèrent les places par eux ou par des gens à eux.

Ce qui les rendait si forts près du vieux maître, c'est qu'il avait peur de retomber sous le gouvernement de ses gardes-malades, de son fils et de sa femme ; celle-ci, une sainte sans doute, mais avec toute sa dévotion et son béguinage, la mère du Téméraire, la fille des violents bâtards de Portugal ou cadets de Lancastre. La mère et le fils prirent le moment où le malade, à peine rétabli, n'avait pas la tête bien forte, pour le faire consentir à la mort d'un valet de chambre favori, qu'ils prétendaient vouloir empoisonner le fils. Ceci n'était qu'un commencement. Le valet tué, on allait essayer davantage ; on accusa bientôt le comte d'Étampes. Les Croy voyaient venir leur tour. Heureusement pour eux, leur ennemi alla trop vite ; on prit le secrétaire du comte de Charolais qui courait la Hollande, et, profitant de la haine hollandaise contre les favoris wallons, engageait doucement les villes à prendre le fils pour seigneur du vivant du père.

Mais on connaissait trop d'avance ce que serait le nouveau maître pour laisser aisément l'ancien. Le peuple, dès qu'il le sut malade, montra une extrême frayeur. Dans certaines villes, la nouvelle étant arrivée la nuit, tout le monde se releva ; on courut aux églises, on exposa les reliques ; beaucoup pleuraient. Cela faisait assez entendre ce qu'on pensait du successeur. Quand le bon homme un peu remis fut montré en public, conduit de ville en ville, une joie folle éclata ; on fit des feux, comme à la

Saint-Jean, des danses. Il fallait se hâter de danser et de rire ; un autre allait venir, rude et sombre, sous lequel on ne rirait guère. Le malade, ayant perdu ses cheveux, avait exprimé la fantaisie bizarre de ne plus voir que des têtes tondues ; à l'instant chacun se fit tondre ; on se serait vieilli volontiers pour le rajeunir. C'est que celui-ci était l'homme du bon temps qui s'en allait, l'homme des fêtes et des galas passés ; en voyant ce bon vieux mannequin de kermesse qu'on promenait encore, et qui bientôt ne paraîtrait plus, on croyait voir la paix elle-même, souriante et mourante, la paix des anciens jours.

Que de choses pendaient à ce fil usé ! La vie des Croy d'abord. Ils le savaient. Sûrs de ne pas vivre plus que le vieillard, ils suivaient leur chance en désespérés, jouaient serré, à mort, contre l'héritier. Ils ne s'amusaient plus à prendre de l'argent ; ils prenaient des armes pour se défendre, des places où se réfugier. Leur péril les forçait d'augmenter leur péril, de devenir coupables ; ils périssaient s'ils restaient loyaux sujets du duc ; mais s'ils devenaient ducs eux-mêmes ? S'ils défaisaient à leur profit la maison qui les avait faits ?... Certainement le démembrement des Pays-Bas, une petite royauté wallonne qui, sous la sauvegarde du roi, se serait étendue le long des Marches, laissant la Hollande aux Anglais, la Picardie et l'Artois aux Français, c'eût été chose agréable à tous. Ce qui est sûr, c'est que les Croy l'avaient déjà presque cette royauté, ils occupaient toutes les Marches, l'allemande, le Luxembourg, l'anglaise, Boulogne et Guines, la française enfin sur la Somme. Leur centre, le Hainaut, la grosse province aux douze pairs, était tout à fait dans leurs mains ; à Valenciennes, ils se faisaient donner le vin royal et seigneurial.

Presque tout cela leur était venu en deux ans, coup sur coup ; le roi y avait poussé violemment ; sous son souffle invisible, ils avançaient sans respirer ; c'était comme un ouragan de bonne fortune. Volant plutôt qu'ils ne marchaient, ils se trouvèrent un matin sur le précipice où il fallait sauter, sinon s'appuyer, tout autre appui manquant, sur la froide main de Louis XI.

A quel prix ? Cette main ne faisait rien gratis. Il fallait d'abord qu'ils se déclarassent, demandant protection du roi et s'avouant de lui. Ce pas fait, tout retour impossible, il exigeait d'eux les villes de la Somme. Comme ils faisaient encore les difficiles et les vertueux, le roi sut lever leurs scrupules. Il profita du mécontentement qu'excitaient les nouveaux impôts. L'Artois était inquiet de ce qu'on avait demandé à ses États de voter les tailles pour dix ans. Les villes de la Somme, jusque-là ménagées, caressées, habituées à ne donner presque rien, s'étonnaient fort qu'on leur parlât d'argent. La colérique et formidable Gand, sans doute bien travaillée en dessous, ne voulait plus payer et prenait les armes. Le roi avait trouvé moyen de gagner (pour un temps) le principal capitaine et seigneur des Marches picardes, le mortel ennemi des Croy, le comte de Saint-Pol. Ce fut lui qu'il leur détacha, pour les terrifier, en leur dénonçant que le roi se portait pour arbitre, pour juge, entre le duc et Gand.

Les Croy perdirent cœur entre ces deux dangers ; leur ami Louis XI, leur ennemi le comte de Charolais, agissaient à la fois contre eux. Celui-ci, au moment même, commençait un affreux procès de sorcellerie contre son cousin, Jean de Nevers. La terreur gagnait ; évidemment le violent jeune homme voulait le sang de ses ennemis ; s'il demandait la mort d'un prince du sang, son parent, les pauvres Croy avaient bien sujet d'avoir peur.

Livrés au roi par cette peur, bridés par lui et sous l'éperon, ils allèrent en avant. Ils tâchèrent de faire croire au duc qu'il était de son intérêt de perdre le plus beau de son bien, de laisser le roi reprendre la Somme. Il n'en crut rien, et il y consentit, à la longue, vaincu d'ennui, d'obsession ; il signa, on lui mena la main. Encore, s'il signa, c'est qu'il espérait que l'affaire traînerait, que l'argent ne pourrait venir. Il ne fallait pas moins de quatre cent mille écus ; où trouver tant d'argent ?

Louis XI en trouva ou en fit. Il courut, mendia par les villes, mendia en roi, mettant hardiment la main aux bourses. Les uns s'exécutèrent de bonne grâce ; Tournai, à elle seule, donna vingt mille écus. D'autres, comme Paris, se firent tirer l'oreille ; les bourgeois avaient tous des raisons de ne pas payer, tous avaient privilège. Mais le roi ne voulait rien entendre. Il ordonna à ses trésoriers de trouver l'argent disant que, sur une telle affaire, on prêterait sans difficulté ; s'il manquait quelque chose, il lui semblait qu'on dût le trouver *en un pas d'âne*... Ce cas, c'était d'aller à Notre-Dame, d'en fouiller les caveaux, d'en tirer les dépôts de confiance que l'on faisait au Parlement et qu'il déposait lui-même sous l'autel à côté des morts.

Le premier paiement arriva en un moment, à la grande surprise du duc (12 septembre), le second suivit (8 octobre), chaque fois deux cent mille écus sonnant et bien comptés. Il n'y avait rien à dire ; il ne restait qu'à recevoir. Le duc s'en prit doucement à ses gouverneurs : « Croy, Croy, disait-il, on ne peut servir deux maîtres. » Et il emboursait tristement.

Les bons amis de Louis XI régnaient en Angleterre, comme aux Pays-Bas : ici les Croy, là-bas les Warwick. Ceux-ci avaient pris le dessus, sans doute avec l'appui de l'épiscopat, des propriétaires, de ceux qui ne voulaient pas payer la guerre plus longtemps. Édouard savait ce qu'il en avait coûté à la fin aux Lancastre pour n'avoir plus ménagé l'*Établissement*. Il caressa les évêques, reconnut l'indépendance de leurs justices, et laissa l'évêque d'Exeter, frère de Warwick, traiter d'une trêve à Hesdin. La trêve ménagée par les Croy fut signée entre Édouard et Louis XI par-devant le duc de Bourgogne (27 octobre 1463).

En signant une trêve, Louis XI commençait une guerre. Rassuré du côté de l'étranger, il agissait d'autant plus hardiment à l'intérieur, heurtant la Bretagne après la Bourgogne, et de cette querelle bretonne, faisant un vaste procès des grands, des nobles, de l'Église, moins un procès qu'une révolution.

La Bretagne, sous forme de duché, et, comme telle, classée parmi les grands fiefs, était au fond tout autre chose, une chose si spéciale, si antique, que personne ne la comprenait. Le fief du Moyen Age s'y compliquait du vieil esprit de clan. Le vasselage n'y était pas un simple rapport de terre, de service militaire, mais une relation intime entre le chef et ses hommes, non sans analogie avec le *cousinage* fictif des *highlanders* écossais. Dans une relation si personnelle, nul n'avait rien à voir. Chaque seigneur, tout en rendant hommage et service, sentait au fond qu'il *tenait* de Dieu. Le duc, à plus forte raison, ne croyait *tenir* de nul autre, il s'intitulait duc par la grâce de Dieu. Il disait : « Nos pouvoirs *royaux* et ducaux. » Il le disait d'autant plus hardiment que l'autre royauté, la grande de France, avait été sauvée, à en croire les Bretons, non par la Pucelle, mais par leur Arthur (Richemont). Le duc de Bretagne ayant raffermi la couronne, portait couronne aussi, il dédaignait le chapeau ducal. Cette majesté bretonne, ayant son parlement de barons, ne souffrait pas l'appel au parlement du roi ; comment pouvait-elle prendre ce que lui soutenait Louis XI, que la haute justice ducale devait être jugée par les simples baillis royaux de la Touraine et du Cotentin ?

Cette question de juridiction, de souveraineté, n'était pas simplement d'honneur ou d'amour propre ; c'était une question d'argent. Il s'agissait de savoir si le duc paierait au roi certains droits que le vassal, en bonne féodalité, devait au suzerain, l'énorme droit de rachat, par exemple, dû par ceux qui succédaient en ligne collatérale, de frère à frère, d'oncle à neveu, et le cas s'était présenté plusieurs fois dans les derniers temps ; cette famille de Bretagne, comme la plupart des grandes familles d'alors, tendait à s'éteindre ; peu d'enfants, et qui mouraient jeunes.

Ce n'est pas tout : les évêques de Bretagne, à raison de leur temporel, siégeaient parmi les barons du pays ; étaient-ils vraiment barons, vassaux du duc et lui devant hommage ? Ou bien, comme le roi le prétendait, les évêques étaient-ils égaux au duc, et relevaient-ils du roi seul ? Dans ce cas, le roi ayant supprimé la Pragmatique et les élections, aurait conféré les évêchés de Bretagne comme les autres, donné en Bretagne, comme ailleurs, les bénéfices vacants en régale, administré dans les vacances, perçu les fruits, etc. Il soutenait l'évêque de Nantes qui refusait l'hommage au duc. Le duc, sans se soucier du roi, s'adressait directement au pape pour mettre son évêque à la raison.

La plus grande affaire du royaume était sans nul doute celle de l'Église et des biens d'Église. En supprimant les élections où dominaient les grands, Louis XI avait cru disposer des nominations d'accord avec le pape. Mais ce pape, le rusé Silvio (Pie II), ayant une fois soustrait au roi l'abolition de la Pragmatique, s'était moqué de lui, réglant tout sans le consulter, donnant ou vendant, réglant les appels, voulant juger entre le roi et ses sujets, entre le Parlement et le duc de Bretagne. Le roi, au retour des Pyrénées, chemin faisant et de halte en halte (24 mai, 19 juin, 30 juin), lança trois ou quatre ordonnances, autant de coups sur le pape et sur ses amis. Il y reproduit et sanctionne en quelque sorte du nom royal les violentes invectives du Parlement contre l'avidité de Rome, contre l'émigration des plaideurs et demandeurs qui désertent le royaume, passent les monts par bandes, et portent tout l'argent de France au grand marché spirituel. Il déclare hardiment que toutes questions de possessoire en matière ecclésiastique seront réglées par lui-même, par ses juges ; que pour les bénéfices donnés en régale (conféré par le roi pendant la vacance d'un évêché), on ne plaidera qu'au Parlement, autant dire devant le roi même. Ainsi le roi prenait, et, si l'on contestait, le roi jugeait qu'il avait bien pris.

Quelque vifs et violents que fussent en tout ceci les actes du roi, personne ne s'étonnait ; on n'y voyait qu'une reprise de la vieille guerre gallicane contre le pape. Mais au 20 juillet un acte parut qui surprit tout le monde, un acte qui ne touchait plus le pape ni le duc de Bourgogne, mais tout ce qu'il y avait d'ecclésiastiques, une foule de nobles.

A ce moment, le roi se sentait fort, il avait bien regardé tout autour, il croyait tenir tous les fils des affaires par Warwick, Croy et Sforza ; il venait de s'assurer des soldats italiens, il pratiquait les Suisses.

Ordre aux gens d'Église de donner sous un an déclaration des biens d'Église, « en sorte qu'ils n'empiètent plus sur nos droits seigneuriaux et ceux de nos vassaux ». Ordre aux vicomtes et receveurs de percevoir les fruits des fiefs, terres et seigneuries, « qui seront mis en main du roi, faute d'hommage et droits non payés ». Ces grandes mesures furent prises par simple arrêt de la Chambre des comptes. Celle qui regardait les gens d'Église devint une ordonnance, adressée (sans doute comme essai) au prévôt de Paris. Quant à l'autre, le roi envoya dans les provinces des commissaires pour faire recherche de la noblesse, c'est-à-dire apparemment pour soumettre les faux nobles aux taxes, pour s'enquérir des fiefs qui devaient des droits, pour s'informer des nouveaux acquêts, des rachats, etc., pour lesquels on oubliait de payer.

Cette nouveauté au nom du vieux droit, cette audacieuse inquisition, produisit d'abord un effet. On crut que celui qui osait de telles choses était bien fort ; les Croy se donnèrent ouvertement à lui, comme on a vu, et lui livrèrent la Somme ; le duc de Savoie se jeta dans ses bras, les Suisses lui envoyèrent une ambassade, le frère de Warwick vint traiter avec lui. On crut l'embarrasser en lançant dans la Catalogne un neveu de la duchesse de Bourgogne, D. Pedro de Portugal, qui prit le titre de roi et vint tâter le Roussillon ; mais rien ne bougea.

Il allait grand train dans sa guerre d'Église. D'abord, pour empêcher l'argent de fuir à Rome, il bannit les collecteurs du pape. Puis il attaque et met la main sur trois cardinaux, saisit leur temporel. Justice lucrative. Avec un simple arrêt du Parlement, un petit parchemin, il faisait ainsi telle conquête en son propre royaume, qui valait parfois le revenu d'une province. L'attrait de cette chasse aux prêtres allait croissant. Du seul cardinal d'Avignon, un des plus gras bénéficiers, le roi eut les revenus des évêchés de Carcassonne, d'Usez, de l'abbaye de Saint-Jean-d'Angeli, je ne sais combien d'autres. Il ne tint pas au neveu du cardinal que le roi ne prît Avignon même ; le bon neveu donnait avis que son oncle, légat d'Avignon pour le pape, était vieux, maladif, quasi mourant, qu'à son agonie on pourrait saisir.

Louis XI se trouvait engagé dans une étrange voie, celle d'un séquestre universel ; il y allait de lui-même sans doute et par l'âpre instinct du chasseur. Mais quand il eût voulu s'arrêter, il ne l'aurait pu. Il n'avait pu élargir le duc d'Alençon, l'ami des Anglais, qu'en s'assurant des places qu'il leur aurait ouvertes. Il n'avait pu s'aventurer dans la Catalogne qu'en prenant pour sûreté au comte de Foix une ville forte. Les Armagnacs, à qui il avait fait à son avènement le don énorme du duché de Nemours, le trahissaient au bout d'un an ; le comte d'Armagnac, sachant que le roi en avait vent, craignit de sembler craindre, il vint se justifier, jura, selon son habitude, et, pour mieux se faire croire, offrit ses places : « J'accepte », dit le roi. Et il lui prit Lectoure et Saint-Sever.

Il prenait souvent des gages, souvent des otages. Il aimait les gages vivants. Jamais ni roi, ni père, n'eut tant d'enfants autour de lui. Il en avait une petite bande, enfants de princes et de seigneurs, qu'il élevait, choyait, le bon père de famille, dont il ne pouvait se passer. Il gardait avec lui l'héritier d'Albret, les enfants d'Alençon, comme ami de leur père, qu'il avait réhabilité ; le petit comte de Foix, dont il avait fait son beau-frère, et le petit d'Orléans qui devait être son gendre. Il ne pouvait guère l'être de longtemps, il naissait ; mais le roi avait cru plus sûr de tenir l'enfant entre ses mains, au moment où il irritait toute sa maison, livrant son héritage au-delà des monts pour s'assurer à lui-même ce côté-ci des monts, la Savoie. Il aimait cette Savoie de longue date, comme voisine de son Dauphiné : il y avait pris femme, il y maria sa sœur ; il tenait près de lui tout ce qu'il y avait de princes ou princesses de Savoie ; il fit enfin venir le vieux duc en personne. Des princes savoyards, un lui manquait, et le meilleur à prendre, le jeune et violent Philippe de Bresse, qui, d'abord caressé par lui, avait tourné au point de chasser de Savoie son père, beau-père de Louis XI. Il attira l'étourdi à Lyon, et, le mettant sous bonne garde, il le logea royalement à son château de Loches.

Au moyen d'une de ces Savoyardes, il comptait faire une belle capture, rien de moins que le nouveau roi d'Angleterre. Ce jeune homme, vieux de guerres et d'avoir tant tué, voulait vivre à la fin. Il fallait une femme. Non pas une Anglaise, ennuyeusement belle, mais une femme aimable qui fît oublier. Une Française eût réussi, une Française de montagnes, comme sont volontiers celles de Savoie, gracieuse, naïve et rusée. Une fois pris, enchaîné, muselé, l'Anglais tout en grondant, eût été ici, là, partout où le roi et le *faiseur de rois* auraient voulu le mener.

A cette Française de Savoie, le parti bourguignon opposa une Anglaise de Picardie, du moins dont la mère était Picarde, sortant des Saint-Pol de la maison de Luxembourg. La chose fut évidemment préparée, et d'une manière habile ; on arrangea un hasard romanesque, une aventure de chasse où ce rude chasseur d'hommes vint se prendre à l'aveugle. Entré dans un château pour se rafraîchir, il est reçu par une jeune dame en deuil qui se jette à genoux avec ses enfants ; ils sont, la dame l'avoue, du parti de Lancastre ; le mari a été tué, le bien confisqué, elle demande grâce pour les orphelins. Cette belle femme qui pleurait, cette figure touchante de l'Angleterre après la guerre civile, troubla le vainqueur ; ce fut lui qui pria... Néanmoins, ceci était grave; la dame n'était pas de celles qu'on a sans mariage. Il fallait rompre la négociation commencée par Warwick, rompre avec Warwick, avec ce grand parti, avec Londres même ; le lord-maire avait dit : « Avant qu'il l'épouse, il en coûtera la vie à dix mille hommes. » Mais, dût-il lui en coûter la vie à lui-même, il passa outre, il épousa. C'était se jeter dans la guerre, dans l'alliance du comte de Charolais contre Louis XI. Le comte, pour le faire savoir à tous et le dire bien haut, envoya aux noces l'oncle de la reine, Jacques de Luxembourg, frère du comte de Saint-Pol et de la duchesse de Bretagne, avec une magnifique troupe de cent chevaliers.

Ainsi, quelque part qu'il se tournât, en Angleterre, en Bretagne, en Espagne, le roi trouvait toujours devant lui le comte de Charolais. Que lui servait donc d'avoir les Croy, de gouverner par eux le duc de Bourgogne ? Il voulut faire un grand effort, s'emparer lui-même de l'esprit du vieux duc et, s'étant rendu maître du père, avec le père écraser le fils.

Il ne bougea plus guère de la frontière du Nord, allant, venant, le long de la Somme, poussant jusqu'à Tournai, puis se confiant, s'en allant tout seul chez le duc en Artois, lui rendant à tout moment visite, l'attirant par la douce et innocente séduction de la reine, des princesses et des dames. Elles vinrent surprendre un matin le bonhomme, réchauffèrent le vieux cœur, l'obligèrent de se montrer galant, de leur donner des fêtes. Il en fut si aise et si rajeuni qu'il les retint trois jours de plus que le roi ne le permettait.

Charmé d'être désobéi, il prit ce bon moment près de l'oncle, accourut à Hesdin, l'enveloppa, tournant tout autour, l'éblouissant de sa mobilité, avec cent jeux de chat ou de renard... A la longue, le croyant étourdi, fasciné, il se hasarda à parler, il demanda Boulogne. Puis, la passion l'emportant, il avoua l'envie qu'il aurait d'avoir Lille... C'était dans une belle forêt ; le roi promenait le duc, qui le laissait causer... Enfin, enhardi par sa patience, il lâcha le grand mot : « Bel oncle, laissez-moi *mettre à la raison* beau-frère de Charolais ; qu'il soit en Hollande ou en Frise, par la Pâque-Dieu, je vous le ferai venir à commandement... » Ici il allait trop loin ; le mauvais cœur avait aveuglé le subtil esprit. Le père se réveilla, et il eut horreur... Il appela ses gens pour se rassurer, et sans dire adieu il prit brusquement un autre chemin de la forêt.

Au reste, on ne négligeait rien pour augmenter ses défiances et l'éloigner de la frontière. On lui assurait que s'il restait à Hesdin, il y mourrait, les astres le disaient ainsi ; le roi, qui le savait, était là pour guetter sa mort. Son fils lui donnait avis, en bon fils, de bien prendre garde à lui, le roi voulait s'emparer de sa personne. Rien de moins vraisemblable ; Louis XI apparemment n'avait pas hâte de détrôner les Croy pour faire succéder Charolais.

Une chose, à vrai dire, accusait le roi, c'est qu'il venait d'établir gouverneur entre Seine et Somme, sur cette frontière reprise d'hier, l'ennemi capital de la maison de Bourgogne, cet homme noir, ce sorcier, cet *envoûteur ;* c'étaient les noms que le comte de Charolais donnait à son cousin Jean de Nevers, dit le comte d'Étampes, et mieux dit Jean *sans Terre.*

Jean était né dans un jour de malheur, le jour de la bataille d'Azincourt, où son père fut tué. Son oncle, Philippe le Bon, se hâta d'épouser la veuve pour avoir la garde des deux orphelins qui restaient. Cette garde consista à les frustrer de la succession du Brabant, en leur assignant une rente qu'ils ne touchèrent point, puis, à la place de la rente, Étampes, Auxerre, Péronne enfin, qu'on ne leur donna pas. Ils n'en servirent pas moins leur oncle avec zèle ; l'un lui conquit le Luxembourg, l'autre lui gagna sa bataille de Gavre. Pour récompense, le comte de Charolais voulait encore, sur leur pauvre héritage de Nevers et de Rethel, avoir Rethel, fort à sa convenance. Puis il voulut leur vie, celle de Jean du moins, auquel il intenta cette horrible accusation de sorcellerie. Il le jeta ainsi, comme les Croy, dans les bras de Louis XI, qui le mit à son avant-garde, et qui dès lors, par Nevers, par Rethel, par la Somme, montra à la maison de Bourgogne, sur toutes ses frontières, un ennemi acharné.

Ce n'étaient pas des guerres seulement qu'on avait à attendre de haines si furieuses, c'étaient des crimes. Il ne tenait pas au comte de Charolais que les Croy ne fussent tués, Jean de Nevers brûlé. Le duc de Bretagne essayait de perdre le roi par une atroce calomnie ; dans un pays tout plein encore de l'horreur des guerres anglaises, il l'accusait d'appeler les Anglais, tandis que lui-même, il leur demandait sous main six mille archers. Pour appuyer les archers par des bulles, il faisait venir de Rome un nonce du pape qui devait juger entre le roi et lui ; ce juge fut reçu, mais comme prisonnier ; expédié au Parlement pour siéger, mais sur la sellette. Le roi fit arrêter en même temps, à la prière du duc de Savoie, son fils Philippe qui l'avait chassé. Il eût bien voulu que le duc de Bourgogne lui fît la même prière. Mais, à ce moment même, un événement s'était passé qui rompait tout entre eux.

Sur la frontière de la Picardie, dans ce pays de désordres, à peine revenu au roi et où l'homme du roi, Jean de Nevers, ramassait les gens de guerre, les *bravi* du temps, il y en avait un, un bâtard, un aventurier amphibie, qui, rôdant sur la Marche ou vaguant par la Manche, cherchait son aventure. Ce bandit était de bonne maison, frère d'un Rubempré, cousin des Croy. Un jour, prenant au Crotoy un petit baleinier, il s'en alla, non pêcher la baleine, mais prendre, s'il pouvait, en mer un faux moine, un Breton déguisé qui portait le traité de son duc avec les Anglais. Ayant manqué son moine et revenant à vide, cet homme de proie, plutôt que de ne rien prendre, se hasarda à flairer le gîte même du lion, un château de Hollande, où se tenait le grand ennemi des Croy, de Jean de Nevers, du roi, le comte de Charolais. Le bâtard n'avait que quarante hommes ; ce n'était pas avec cela qu'il aurait emporté la place. Il laissa ses gens, débarqua seul, entra dans les tavernes, s'informa : le comte allait-il quelquefois se promener en mer ? Sortait-il bien accompagné ? A quelle heure ?... Et il ne s'en tint pas à cette enquête, il alla au château, entra, monta sur les murailles, reconnut la côte. Il en fit tant qu'il fut remarqué et suivi ; jusque-là sottement hardi, il prit sottement peur, s'accusa lui-même en se jetant à quartier dans l'Église. Interrogé, il varia pitoyablement ; il revenait d'Écosse, il y allait, il passait pour voir sa cousine de Croy ; il ne savait que dire.

Le comte de Charolais eût acheté l'aventure à tout prix ; elle le servait à point contre Louis XI ; le roi semblait avoir voulu l'enlever, comme le prince de Savoie. Il envoya vite son serviteur Olivier de la Marche avertir son père du danger qu'il avait couru, l'effrayer pour lui-même. Cela réussit si bien que le vieux duc manqua au rendez-vous du roi, quitta la frontière, et ne se crut en sûreté que lorsqu'il fut dans Lille.

La grande nouvelle, l'enlèvement du comte, l'infamie du roi, furent partout répandus, criés, comme à son de trompe, prêchés en chaire, à Bruges, par un frère prêcheur ; ces mendiants étaient fort utiles pour colporter et crier les nouvelles. Le roi, qui sentit le coup, se plaignit à son tour ; il demanda réparation, somma le duc de condamner son fils. Les Croy auraient voulu qu'il laissât assoupir l'affaire ; cela allait à leurs intérêts, non à ceux du roi, qui se voyait perdu d'honneur. Il envoya au contraire une grande ambassade pour accuser, récriminer hautement. D'une part, le chancelier Morvilliers, de l'autre le comte de Charolais, plaidèrent en quelque sorte par-devant le vieux duc. Le chancelier demandait si l'on pouvait dire que le bâtard, avec sa barque, fût armé, équipé, comme il fallait pour un tel coup, si c'était avec quelques hommes qu'il aurait emporté un fort, saisi un tel seigneur au milieu d'un monde de gens qui l'entouraient. Puis, le prenant de haut, il disait que le duc aurait dû s'adresser au roi pour avoir justice du bâtard. On ne pouvait lui donner satisfaction, à moins de lui livrer ceux qui avaient semé la nouvelle, défiguré l'affaire, Olivier de la Marche et le frère prêcheur.

Le chancelier allait loin, dans l'excès de son zèle. Il accusait le comte même du crime de lèse-majesté, pour avoir traité avec le duc de Bretagne et le roi d'Angleterre, pour appeler l'Anglais. Plus il avait raison, plus le bouillant jeune homme s'irrita ; au départ, il dit à l'un des ambassadeurs, à l'archevêque de Narbonne : « Recommandez-moi très humblement à la bonne grâce du roi, et dites-lui qu'il m'a bien fait laver la tête par le chancelier, mais qu'avant qu'il soit un an, il s'en repentira. »

Il n'eût pas laissé échapper cette violente parole s'il ne se fût cru en mesure d'agir. Déjà, selon toute apparence, les grands s'étaient donné parole. Le moment semblait bon. Les trêves anglaises allaient expirer ; Warwick baissait ; Croy baissait. Warwick avait perdu son pupille ; Croy gardait encore le sien, commandait toujours en son nom, et peu à peu l'on n'obéissait plus, tous regardaient vers l'héritier. En France, l'héritier présomptif était jusque-là le jeune frère du roi ; le roi prétendait que la reine était grosse ; s'il naissait un fils, le frère descendait et devenait moins propre à servir les vues des seigneurs ; il fallait se hâter.

Si l'on en croit Olivier de la Marche, chroniqueur peu sérieux, mais qui enfin joua alors, comme on l'a vu, son petit rôle : « Une journée fut tenue à Notre-Dame de Paris, où furent envoyés les scellés de tous les seigneurs qui voulurent faire alliance avec le frère du roi ; et ceux qui avoient les scellés secrètement portoient chacun une aiguillette de soie à la ceinture, à quoi ils se connaissoient les uns les autres. Ainsi fut faite cette alliance dont le roi ne put rien savoir ; et toutefois il y avoit plus de cinq cents, que princes, que dames et damoiselles, et escuyers, qui étoient tous acertenés de cette alliance. »

Que les agents de la noblesse se soient réunis dans la Cathédrale de Paris, dont le roi avait récemment méconnu la franchise, enlevé les dépôts, cela en dit beaucoup. L'évêque et le chapitre ne peuvent guère avoir ignoré qu'une telle réunion eût lieu dans leur église. Louix XI venait de fermer son Parlement aux évêques ; il devait peu s'étonner qu'ils ouvrissent leurs églises aux ligués.

Ce roi qui, pour donner les bénéfices, s'était passé d'abord des élections de chapitres, puis des nominations pontificales, qui d'abord avait au nom du pape condamné le clergé du pape, puis saisi le nonce du pape, les cardinaux, eut naturellement le clergé contre lui, non seulement le clergé, mais tout ce qu'il y avait de conseillers clercs, juges clercs, au Parlement, dans tous les sièges de judicature, tous les clercs de l'Université, tout ce qui dans la bourgoisie, par confréries, offices, par petits profits, comme marchands, clients, parasites, mendiants honorables, tenait à l'Église ; tout ce que le clergé confessait, dirigeait... Or, c'était tout le monde.

Dans les longs siècles du Moyen Age, dans ces temps de faible mémoire et de demi-sommeil, l'Église seule veilla ; seule elle écrivit, garda ses écritures. Quand elle ne les gardait pas, c'était tant mieux ; elle refaisait ses actes en les amplifiant. Les terres d'Église avaient cela d'admirable qu'elles allaient gagnant toujours ; les haies saintes voyageaient par miracle. Puis l'Antiquité venait tout couvrir de prescription, de vénération. On sait la belle légende : pendant que le roi dort, l'évêque, sur son petit ânon, trotte, trotte, et toute la terre dont il fait le tour est pour lui ; en un moment, il gagne une province. On éveille le roi en sursaut : « Seigneur, si vous dormez encore, il va faire le tour de votre royaume. »

Ce brusque réveil de la royauté, c'est précisément Louis XI. Il arrête l'Église en train d'aller ; il la prie d'indiquer ce qui est à elle, autrement dit, de s'interdire le reste. Ce qu'elle a, il veut qu'elle prouve qu'elle a le droit de l'avoir.

Avec les nobles, autre compte à régler. Ceux-ci n'auraient jamais pensé qu'on osât compter avec eux. De longue date, ils ne savaient plus ce que c'étaient d'aides nobles, que rachats dus au roi. Ils se faisaient payer de leurs vassaux, mais ne donnaient plus rien au suzerain. A leur grand étonnement, ce nouveau roi s'avise d'attester la loi féodale. Il réclame, comme suzerain et seigneur des seigneurs, les droits arriérés, non ce qui vient d'échoir seulement, mais toute somme échue, en remontant. Il présenta ainsi un compte énorme au duc de Bretagne.

Si les nobles, les seigneurs des campagnes, n'*aidaient* plus le roi, qui donc aidait ? Les villes. Et cela était d'autant plus dur qu'elles payaient fort inégalement, au caprice de tous ceux qui ne payaient pas. Ceux qui savent de quel poids pesaient au XVe siècle la noblesse et l'Église ne peuvent douter que les bourgeois *élus* pour répartir les taxes n'aient été leurs dociles et tremblants serviteurs, qu'ils n'aient obéi sans souffler, rayant du rôle quiconque tenait de près ou de loin à ces hautes puissances, parent ou serviteur, cousin de cousin, bâtard de bâtard. Au reste, les *élus* étaient récompensés de leur docilité, en ce qu'ils n'étaient plus vraiment *élus,* mais toujours les mêmes et de mêmes familles ; ils formaient peu à peu une classe, une sorte de noblesse bourgeoise, unie à l'autre par une sorte de connivence héréditaire. Entre nobles et notables bourgeois, la rude affaire des taxes se réglait à l'amiable et comme en famille ; tout tombait d'aplomb sur le pauvre, tout sur celui qui ne pouvait payer.

Charles VII avait essayé de remédier à ces abus en nommant les élus lui-même ; mais probablement il n'avait pu nommer que les hommes désignés par les puissances locales. Louis XI n'eut point d'égard à ces arrangements. Il déclare durement dans son ordonnance « que tous les *élus* du royaume sont destitués par leurs fautes et négligences ». Par grâce, il les commet encore pour un an. Nommés désormais d'année en année, ils sont responsables devant la Chambre des comptes. Ils décident, mais on appelle de leurs décisions aux généraux des aides. Leur importance tombe à rien ; leur dignité de petites villes est annulée.

Il ne faut pas s'étonner si les gens d'Église, les hommes d'épée, les notables bourgeois, se trouvèrent ligués avant d'avoir parlé de ligue. Les gens même du roi étaient contre le roi, ses amés et féaux du Parlement, ces hommes qui avaient fait la royauté, pour ainsi dire, aux XIIIe et XIVe siècles, qui l'avaient suivie par-delà de leur conscience, par-delà l'autel, ils s'arrêtèrent ici. Ce n'était pas là le roi auquel ils étaient accoutumés, leur roi grave et rusé, le roi des précédents, du passé, de la lettre, qu'il maintenait, sauf à changer l'esprit. Celui-ci ne s'en informait guère, il allait seul, sans consulter personne, par la voie scabreuse des nouveautés, tournant le dos à l'Antiquité, s'en moquant. Aux solennelles harangues de ses plus vénérables représentants, il riait, haussait les épaules.

C'est ce qui arriva à l'archevêque de Reims, chancelier de France, qui le complimentait à son avènement ; il l'arrêta au premier mot. Le pape, s'imaginant faire sur lui grand effet, lui avait envoyé son fameux cardinal grec Bessarion, la gloire des deux Églises. Le docte byzantin lui débitant sa pesante harangue, Louis XI trouva plaisant de le prendre à la barbe, à sa longue barbe orientale... Et pour tout compliment, il lui dit un mauvais vers technique de la grammaire, qui renvoyait le pauvre homme à l'école.

Il y renvoya l'Université elle-même, en lui faisant défendre par le pape de se mêler désormais des affaires du roi et de la ville, d'exercer son bizarre *veto* de fermeture des classes. L'Université finit, comme corps politique ; elle finissait d'ailleurs comme école, perdant ce qui avait été son âme, sa vie, l'esprit de dispute.

Si Louis XI aimait peu les scolastiques, ce n'était pas seulement par mépris pour leur radotage, mais c'est qu'il connaissait la tendance de tous ces tonsurés à se faire valets des seigneurs, des patrons des églises, pour avoir part aux bénéfices. Il les affranchit malgré eux de cette servitude en supprimant les élections ecclésiastiques, que leurs nobles protecteurs réglaient à leur gré. Les élections étaient le point délicat où les parlementaires eux-mêmes, naguère si âpres contre les grands, semblaient faire leur paix avec eux. Sous le nom de *libertés gallicanes,* ils se mirent à défendre de toute leur faconde la tyrannie féodale sur les biens d'églises ; ils y trouvèrent leur compte. Les deux noblesses, d'épée et de robe, se rapprochaient pour le profit commun.

Louis XI, tout en se servant des parlementaires contre le pape, ménagea peu ces rois de la basoche. Il limita leur royauté, d'abord en proclamant l'indépendance, la souveraineté rivale de l'honnête et paisible Chambre des comptes. Puis il restreignit les juridictions monstrueusement étendues des Parlements de Paris et de Toulouse, étendues jusqu'à l'impossible ; des appels qu'il fallait porter à cent lieues, à cent cinquante lieues dans un pays sans routes, ne se portaient jamais. Le roi ramena ces vastes souverainetés judiciaires à des limites plus raisonnables ; aux dépens de Paris et de Toulouse, il créa Grenoble et Bordeaux, auxquels d'heureuses acquisitions ajoutèrent Perpignan, Dijon, Aix, Rennes. L'Échiquier de Normandie reçut, nonobstant toute clameur normande, son procureur du roi.

Ce n'étaient pas seulement les primitives vieilleries du Moyen Age, c'étaient les parlements et universités, secondes antiquités, ennemies des premières, que ce rude roi maltraitait. Naguère importants, redoutables, ces corps se voyaient écartés, bientôt peut-être, comme outils rouillés, jetés au garde-meuble... Les machines révolutionnaires les plus utiles aux siècles précédents risquaient fort d'être à la réforme sous un roi qui était lui-même la Révolution en vie.

Et pourtant de les laisser là, de repousser (dans un temps où tout était privilèges et corps) les corps et les privilégiés, c'était vouloir être tout seul. Méfiant, non sans cause, pour les gens classés, les *honnêtes gens,* il lui fallait, dans la foule inconnue, trouver des hommes, y démêler quelque hardi compère, de ces gens qui, sans avoir appris, réussissent d'instinct, ayant plus d'habileté que de scrupules, jamais d'hésitation, marchant droit, même à la potence. Pour tant de choses nouvelles qu'il avait en tête, il voulait de tels hommes, tout neufs et sans passé. Il n'aimait que ceux qu'il créait, et qui autrement n'étaient point ; pour lui plaire, il fallait n'être rien, et que de ce rien il fît un homme, une chose à lui, où, tout étant vide, il remplît tout de sa volonté.

A défaut d'un homme neuf, un homme ruiné, perdu, ne lui déplaisait pas ; souvent, tel qu'il avait défait, il trouvait bon de le refaire. Il releva ainsi ses deux ennemis capitaux qui l'avaient chassé du royaume, Brézé et Dammartin. Ils avaient un titre auprès de cet homme singulier, d'avoir été assez habiles, assez forts pour lui faire du mal ; il estimait la force. Quand il eut bien prouvé la sienne à ceux-ci, qu'il leur eut fait sentir la griffe, il crut les tenir et les employa.

Parfois, quand il voyait un homme en péril et qui enfonçait, il prenait ce moment pour l'acquérir ; il le soulevait de sa puissante main, le sauvait, le comblait. Un homme d'esprit et de talent, un légiste habile, Morvilliers, avait une fâcheuse affaire au Parlement ; ses confrères croyaient le perdre en l'accusant de n'avoir pas les mains nettes. Louis XI se fait remettre le sac du procès ; il fait venir l'homme : « Voulez-vous justice ou grâce ? » – « Justice. » Sur cette réponse, le roi jette le sac au feu, et dit : « Faites justice aux autres, je vous fais chancelier de France. » C'était chose incroyable de remettre ainsi les sceaux à un homme non lavé, de faire ainsi siéger un accusé parmi ses juges et au-dessus. Le roi avait l'air de dire que tout droit était en lui, dans sa volonté, et cette volonté il la mettait à la place suprême de justice dans l'odieuse figure de son âme damnée.

Avec cette manière de choisir et placer ses hommes, qui parfois lui réussissait, parfois aussi il se trouvait avoir pris des gens de sac et de corde, des voleurs. Ne pouvant les payer il les laissait voler ; s'ils volaient trop, on dit qu'il partageait. Il n'était pas dificile sur les moyens de faire de l'argent ; il se trouvait toujours à sec. Avec la faible ressource d'un roi du Moyen Age, il avait déjà les mille embarras d'un gouvernement moderne ; mille dépenses, publiques, cachées, honteuses, glorieuses. Peu de dépenses personnelles ; il n'avait pas le moyen de s'acheter un chapeau, et il trouva de l'argent pour acquérir le Roussillon, racheter la Somme.

Ses serviteurs vivaient comme ils pouvaient, se payaient de leurs mains. A la longue, un jour de bonne humeur, ils tiraient de lui quelque confiscation, un évêché, une abbaye. Maintes fois, n'ayant rien à donner, il donnait une femme. Mais les héritières ne se laissaient pas toujours donner ; la douairière de Bretagne échappa ; une riche bourgeoise de Rouen, dont il voulait payer un sien valet de chambre, ajourna, éluda, en Normande.

Ces procédés violents sentaient leur tyran d'Italie. Louis XI, fils de sa mère bien plus que de Charles VII, était par elle de la maison d'Anjou, c'est-à-dire, comme tous les princes de cette maison, un peu Italien. De son Dauphiné, il avait longtemps regardé, par-dessus les monts, les belles tyrannies lombardes, la gloire du grand Sforza. Il admirait comme Philippe de Commines, comme tout le monde alors, la sagesse de Venise. La *Dominante* était, au XVe siècle, ce que l'Angleterre devint au XVIIIe, l'objet d'une aveugle imitation. Dès son avènement, Louis XI avait fait venir deux *sages* du Sénat de Venise, selon toute apparence, deux maîtres en tyrannie.

Ces Italiens différaient du Français en bien des choses, en une surtout : ils étaient patients. Venise alla toujours lentement, sûrement ; le sage et ferme Sforza ne se hâta jamais. Louis XI, moins prudent, moins heureux, plus grand peut-être comme révolution, aurait voulu, ce semble, dans son impatience, anticiper sur la lenteur des âges, supprimer le temps, cet indispensable élément dont il faut toujours tenir compte. Il avait ce grave défaut en politique, d'avoir la vue trop longue, de trop prévoir ; par trop d'esprit et de subtilité, il voyait comme présentes et possibles les choses de lointain avenir.

Rien n'était mûr alors ; la France n'était pas l'Italie. Celle-ci, en comparaison, était dissoute, en poudre ; il y avait des classes et des corps en apparence ; en réalité, ce n'était plus qu'individus.

La France, au contraire, était toute hérissée d'agglomérations diverses, fiefs et arrière-fiefs, corps et confréries. Si par-dessus ces associations, gothiques et surannées, mais fortes encore, par-dessus les privilèges et tyrannies partielles, on essayait d'élever une haute et impartiale tyrannie (seul moyen d'ordre alors), tous allaient s'unir contre ; on allait voir immanquablement les discordances concorder un intant, et la ligue unanime contre un pouvoir vivant de tous ceux qui devaient mourir.

Nous avons dit combien, en un moment, il avait déjà séquestré, amorti dans ses mains de seigneuries et de seigneurs, de bénéfices et de bénéficiers, de choses et d'hommes. Chacun craignait pour soi ; chacun, sous ce regard inquiet, rapide, auquel rien n'échappait, se croyait regardé. Il semblait qu'il connût tout le monde, qu'il sût le royaume, homme par homme... Cela faisait trembler.

Le Moyen Age avait une chose dont plusieurs remerciaient Dieu, c'est que, dans cette confusion obscure, on passait souvent ignoré ; bien des gens vivaient, mouraient inaperçus... Cette fois, l'on crut sentir qu'il n'y aurait plus rien d'inconnu, qu'un esprit voyait tout, un esprit malveillant. La science qui, à l'origine du monde, apparut comme Diable, reparaissait telle à la fin.

Cette vague terreur s'exprime et se précise dans l'accusation que le fils du duc de Bourgogne porta contre Jean de Nevers, l'homme de Louis XI, qui, disait-il, sans le toucher, le faisait mourir, fondre à petit feu, lui perçait le cœur... Il se sentait malade, impuissant, lié et pris de toutes parts au filet invisible « de l'universelle araignée ».

Cette puissance nouvelle, inouïe, le roi – ce dieu ? ce diable ? – se trouvait partout. Sur chaque point du royaume il pesait du poids d'un royaume. La paix qu'il imposait à tous à main armée leur semblait une guerre. Les batailleurs du Dauphiné *(l'écarlate des gentilshommes)* ne lui pardonnèrent pas d'avoir interdit les batailles. La même défense souleva le Roussillon ; Perpignan déclara vouloir garder ses bons usages ; la franchise de l'épée, la liberté du couteau, surtout cette belle justice qui donnait pour épice au noble juge le tiers de l'objet disputé.

Les compagnies, les confréries non nobles, ne furent guère plus amies que les nobles. Pourquoi, au lieu d'avoir recours à celles de Dieppe ou de

La Rochelle, se mêlait-il de construire des vaisseaux, d'avoir une marine ? Pourquoi, dans sa malignité pour l'Université de Paris, en fondait-il une autre à Bourges qui arrêtait comme au passage tous les écoliers du Midi ? Pourquoi faisait-il venir des ouvriers étrangers dans le royaume, des marchands de tous pays à ses nouvelles foires de Lyon, supprimant pour les Hollandais et Flamands le droit d'aubaine, qui jusque-là les empêchait de s'établir en France ?

On lui avait reproché en Dauphiné la foule des nobles qu'il avait tirés de la basoche, de la gabelle, de la charrue peut-être, ces *nobles du Dauphin,* ayant pour fief la *rouillarde* au côté. Que dut-on penser, quand on le vit dès son premier voyage décrasser tout un peuple de rustres, qui, comme consuls des bourgades, des moindres bastilles du Midi, venaient le haranguer ; lorsqu'il jeta la noblesse aux marchands, « à tous ceulx qui voudroient marchander au royaulme ». Toulouse, la vieille Rome gasconne, se crut prise d'assaut quand elle vit des soudards entrer de par le roi dans ses honorables corporations, des maréchaux-ferrants, des cordonniers, monter au Capitole.

Anoblir les manants, c'était désanoblir les nobles. Et il osa encore davantage. Sous prétexte de réglementer la chasse, il allait toucher la *seigneurie* même en son point le plus délicat, gêner le noble en sa plus chère liberté, celle de vexer le paysan.

Rappelons ici le principe de la seigneurie, ses formules sacramentelles : « Le seigneur enferme ses manants, comme sous portes et gonds, du ciel à la terre... Tout est à lui, forêt chenue, oiseau dans l'air, poisson dans l'eau, bête au buisson, l'onde qui coule, la cloche dont le son au loin roule... »

Si le seigneur a droit, l'oiseau, la bête ont droit, puisqu'ils sont du seigneur. Aussi était-ce un usage antique et respecté que le gibier seigneurial mangeât le paysan. Le noble était sacré, sacrée la noble bête. Le laboureur semait ; la semence levée, le lièvre, le lapin des garennes venaient lever dîme et censive. S'il réchappait quelques épis, le manant voyait, chapeau bas, s'y promener le cerf féodal. Un matin, pour chasser le cerf, à grand renfort de cors et de cris, fondait sur la contrée une tempête de chasseurs, de chevaux et de chiens, la terre était rasée.

Louis XI, ce tyran qui ne respectait rien, eut l'idée de changer cela. En Dauphiné, il avait hasardé de défendre la chasse. A son avènement, il trahit imprudemment l'intention d'étendre la défense au royaume, sauf à vendre sans doute les permissions à qui il voudrait. Le sire de Montmorenci, ayant l'honneur de recevoir le roi chez lui, voulait le régaler d'une grande chasse, et pour cela il avait rassemblé de toutes parts des filets, des épieux, toutes sortes d'armes, d'instruments de ce genre. Au grand étonnement de son hôte, Louis XI fit tout ramasser en un tas, tout brûler.

Si l'on en croit deux chroniqueurs hostiles mais qui souvent sont très bien instruits, il aurait ordonné que sous quatre jours tous ceux qui avaient des filets, des rets ou des pièges, eussent à les remettre aux baillis royaux, il aurait interdit les forêts « aux princes et seigneurs », et défendu expressément la chasse aux personnes *de toute condition,* sous peines corporelles et pécuniaires. L'ordonnance peut avoir été faite, mais j'ai peine à croire qu'il ait osé la promulguer. Les mêmes chroniqueurs assurent qu'un gentilhomme de Normandie, ayant, au mépris de la volonté du roi, chassé et pris un lièvre, il le fit prendre lui-même et lui fit couper l'oreille. Ils ne manquent pas d'assurer que le pauvre homme n'avait chassé que sur sa propre terre, et pour rendre l'histoire plus croyable, ils ajoutent cette glose absurde, que le roi Louis aimait tant la chasse qu'il voulait désormais chasser seul dans tout le royaume.

Que les gens du roi, comme on le dit encore, aient fait ce que le roi défendait aux seigneurs, qu'ils aient vexé les pauvres gens, c'est chose assez probable. Ce qui est authentique et certain, ce sont les articles suivants qu'on lit dans les comptes de Louis XI (dans le peu de registres qui en restent encore) : « Un écu à une pauvre femme dont les lévriers du roi ont étranglé la brebis ; à une femme dont le chien du roi a tué une oie ; à une autre dont les chiens et lévriers ont tué le chat. Autant à un pauvre homme dont les archers ont gâté le blé en traversant son champ. »

Ces petits articles en disent beaucoup. D'après de telles réparations aux pauvres gens, d'après les nombreuses charités qu'on trouve dans les mêmes comptes, on serait tenté de croire que ce politique avisé aura eu souvent velléité, dans sa guerre contre les grands, de se faire le roi des petits. Ou bien, faudrait-il supposer que dans ses spéculations dévotes, où il prenait pour associés les saints et Notre-Dame, tenant avec eux compte ouvert et travaillant ensemble à perte et gain, il aura cru, par des charités, de petites avances les intéresser dans quelque grosse affaire ? Peut-être enfin, et cette explication en vaut une autre, le méchant homme était parfois un homme, et parmi ses iniquités politiques, ses cruelles justices royales, il se donnait la récréation d'une justice privée, qui après tout ne coûtait pas grand-chose.

Quoi qu'il en soit, d'avoir menacé le droit de chasse, touché à l'épée même, cela suffisait pour le perdre. C'est, selon toute apparence, ce qui donna aux princes une armée contre lui. Autrement, il est douteux que les nobles et petits seigneurs eussent suivi contre le roi la bannière des grands, une bannière depuis bien des années roulée, poudreuse. Mais ce mot, *plus de chasse,* les forêts interdites, l'historiette surtout de l'oreille coupée, c'était un épouvantail à faire sortir de chez lui le paresseux hobereau ; il se voyait attaqué dans sa royauté sauvage, dans son plus cher caprice : chassé lui-même sur sa terre, déjà forcé au gîte... Quoi, aux dernières Marches, aux landes de Bretagne ou d'Ardenne, partout le roi, toujours le roi ! Partout, à côté du château, un bailli qui vous force à descendre, à répondre aux clabauderies d'en bas, qui poussera au besoin vos hommes à parler contre vous... jusqu'à ce que, de guerre lasse, vous ayez tué chiens et faucons, renvoyé vos vieux serviteurs...

Dès lors, ni cor, ni cris, toujours même silence, sauf la grenouille du fossé qui coasse après vous... Toute la joie du manoir, tout le sel de la vie, c'était la chasse ; au matin le réveil du cor, le jour la course au bois et la fatigue ; au soir, le retour, le triomphe, quand le vainqueur siégeait à la longue table avec sa bande joyeuse. Cette table où le chasseur posait la tête superbement ramée, la hure énorme, où il refaisait son courage avec la chair des nobles bêtes, tuées à son péril, qu'y servir désormais ?... Qu'il fasse donc pénitence, le triste seigneur, qu'il descende aux viandes roturières, ou bien qu'il mange la chair blanche avec les femmes et vive de basse-cour...

Qui s'y fût résigné se serait senti déchu de noblesse. Quiconque portait l'épée, devait tirer l'épée.

Livre XIV

CHAPITRE PREMIER

Contre-révolution féodale – Bien public – 1465

Louis XI voyait venir la crise et il se trouvait seul, seul dans le royaume, seul dans la chrétienté.

Il fallait qu'il sentît bien son isolement pour aller chercher, comme il le fit, l'alliance lointaine du Bohémien et de Venise ; alliance contre le Grand Turc, assez bizarre dans un pareil moment. Mais en réalité, si les affaires n'eussent marché trop vite, le Bohémien eût probablement attaqué le Luxembourg, Venise eût fourni des galères.

Nos grands amis et alliés, les Écossais, nous menacèrent, loin de nous secourir. Et les Anglais semblaient près d'attaquer. Warwick seul peut-être sauva à la France une descente anglaise, et à Édouard la folie d'une guerre étrangère après une guerre civile ; folie trop vraisemblable, au moment où nos ennemis venaient de marier ce jeune Édouard, de placer dans son lit et à son oreille une douce solliciteuse pour mettre la France à feu et à sang.

Louis XI craignait fort que le pape, lui gardant rancune, n'autorisât la ligue. Il se hâta de lui écrire que ses ennemis étaient ceux du Saint-Siège, que les princes et les seigneurs voulaient, par-dessus tout, rétablir la Pragmatique, les élections, disposer à leur gré des bénéfices. Le pape, sans se déclarer, lui répondit gracieusement, et lui envoya, pour lui et la reine, des *Agnus Dei*.

Les seuls secours que reçut Louis XI lui vinrent de Milan et de Naples. Sforza et Ferdinand le Bâtard comprirent très bien que si les Provençaux suivaient Jean de Calabre, comme ils prétendaient le faire, à la conquête de la France, le tour de l'Italie viendrait. Sforza envoya dans le Dauphiné son propre fils Galéas avec huit cents hommes d'armes et quelque mille piétons. Ferdinand fit croiser des galères, qui, passant et repassant le long des côtes, tinrent les Provençaux en alerte. Faibles secours, indirects, mais non sans efficacité.

Les Italiens de Lyon rendirent au roi un autre service : ce fut de fournir des armures aux gentilshommes qui lui venaient du Dauphiné, de Savoie et de Piémont ; ces armures se tiraient surtout de Milan. Il est probable aussi que les Médicis lui firent passer quelque argent par leurs commis de

Lyon. Sa flatteuse lettre à Pierre de Médicis, son « ami et féal conseiller », où il lui permet de mettre les lis de France dans ses armes, a bien l'air d'une quittance.

Au-dedans, les ressources du roi étaient faibles, incertaines. Sur les vingt-sept provinces du royaume, il n'en avait que quatorze ; dans ces quatorze même, il était probable que l'appel du ban et de l'arrière-ban grossirait l'armée des princes plutôt que la sienne. Il avait çà et là des francs-archers ; il avait quelques compagnies d'ordonnance bien armées, bien montées et lestes. Seulement ces compagnies, formées par Dunois, Dammartin et autres ennemis du roi, ne reconnaîtraient-elles pas en bataille la voix de leurs vieux chefs ?... Il venait de faire une belle ordonnance qui protégeait l'homme d'armes contre la tyrannie du capitaine, l'habitant contre celle de l'homme d'armes. Mais ce bon ordre même semblait tyrannie.

Autre nouveauté peu agréable aux troupes. Il mit près d'elles des inspecteurs qui tous les trois mois inspecteraient hommes, chevaux et armes, et qui informeraient le roi de tout, principalement « des dispositions et volontés ».

Le premier besoin, dans une telle crise, c'était de savoir tout, de savoir vite. Il établit la poste : de quatre lieues en quatre lieues un relais, où l'on fournirait des chevaux aux courriers du roi, à nul autre, sous peine de mort. Grande et nouvelle chose ! dès lors, tout allait retentir au centre ; le centre pouvait réagir à temps.

A l'appui de ces moyens matériels, il ne dédaigna pas d'en employer un moral, tout nouveau, et qui parut étrange : il fit sa justification publique, s'adressa à l'opinion, au peuple. Mais alors y avait-il un peuple ?

Outre la prétendue tentative d'enlèvement, on l'accusait d'un crime absurde, d'un guet-apens envers lui-même. On disait, on répétait qu'il appelait l'Anglais dans le royaume. Pour se laver de ces imputations, il convoqua à Rouen les envoyés des villes du Nord, surtout des villes de la Somme. Il fit son apologie par-devant ces bourgeois ; il en tira promesse qu'ils se fortifieraient et se défendraient. Seulement ils stipulèrent qu'on ne les appellerait pas hors de leurs murs, qu'ils seraient dispensés du ban et de l'arrière-ban.

La Guyenne, si bien traitée par Louis XI, se montra assez froide. Les Bordelais prirent ce moment pour écrire que le frère du roi n'était pas suffisamment apanagé ; ils n'osaient dire expressément qu'il fallait refaire un roi d'Aquitaine, un autre Prince Noir, dont Bordeaux eût été la capitale. Plus tard, craignant de s'être compromis, ils adressèrent au roi une lettre touchante, lui offrirent deux cents arbalétriers, « payés pour un quartier », s'offrirent eux-mêmes et restèrent chez eux.

Si les villes furent peu sensibles à l'apologie royale, combien moins les princes ! Il les assembla pourtant, leur parla comme à ses parents, avec une effusion à laquelle ils ne s'attendaient guère. Il rappela toute sa vie, son exil, sa misère, jusqu'à son avènement. Il dit que le roi son père avait laissé, vers la fin, tellement appauvrir la chose publique qu'il devait bien remercier Dieu de l'avoir pu relever. Il n'ignorait pas ce que pesait la couronne de France, et que, sans les princes qui en étaient les appuis naturels, il n'y avait roi pour la soutenir. Au reste, il n'oubliait pas ce qu'il avait juré à son sacre : « De garder ses sujets, les droicts aussy et prérogatives de sa couronne, *et de faire justice.* »

Dans ce discours et dans ses manifestes, il prend les princes à témoin de la sécurité et du bon ordre qu'il a établis ; il a étendu le royaume, l'a augmenté du Roussillon et de la Cerdagne ; il a racheté les villes de Somme, « grandes fortifications à la couronne ». Tout cela, *« sans tirer du peuple plus que ne faisoit le Roi son père »*. Enfin, « grâce à Notre-Seigneur, il a peiné et travaillé, en visitant toutes les parties de son royaume, plus que ne fit jamais, en si peu de temps, aucun roi de France, depuis Charlemagne ».

Ce discours éloquent était très propre à confirmer les princes dans leur mauvais vouloir. Il avait, disait-il, relevé la royauté ; mais, c'était là justement ce qu'ils lui reprochaient tout bas. Le comte de Saint-Pol ne lui savait aucun gré apparemment d'avoir repris la Picardie, ni les Armagnacs d'avoir mis à côté d'eux, au-dessus d'eux, le Parlement de Bordeaux.

Il avait prouvé dans ce discours que le vrai coupable, celui qui appelait l'Anglais, c'était le duc de Bretagne. Nul n'alla à l'encontre ; seulement, le vieux Charles d'Orléans, enhardi par son âge, hasarda quelque excuse en faveur du duc, son neveu. Le pauvre poète n'était plus de ce monde, s'il en avait été jamais ; cinquante ans auparavant, son corps avait été retiré de dessous les morts d'Azincourt ; son bon sens y était resté. Louis XI ne lui répondit qu'un mot, mais tel que le faible vieillard, frappé au cœur, en mourut quelques jours après.

Les autres, mieux appris, applaudirent le roi : « On n'avoit jamais vu homme parler en françois mieux ni plus honnestement... Il n'y en avoit pas de dix l'un qui ne plorast. » Tous ces pleureurs avaient en poche leur traité contre lui... Ils lui jurèrent, par la voix du vieux René, qu'ils étaient à lui, corps et biens.

Cependant le duc de Bretagne, pour endormir encore le roi quelques moments, lui envoya une grande ambassade, son favori en tête. Le roi caressa fort le favori, et il croyait l'avoir gagné lorsqu'il apprit que cet honnête ambassadeur était parti, lui enlevant son frère, un mineur, un enfant.

Le petit prince, charmé d'être important, était entré de tout son cœur dans le rôle qu'on lui faisait jouer. Le roi lui avait déjà pourtant donné le Berri et promis mieux ; il venait d'ajouter à sa pension dix mille livres par an.

Des lettres, des manifestes coururent, sous le nom du jeune duc, où il faisait entendre que son frère, dont il était l'unique héritier, en voulait à sa vie. Il disait que le royaume faute de bon gouvernement, de justice et police, allait se perdre, à moins que lui (ce garçon de dix-huit ans !) n'y apportât remède. Il sommait ses vassaux de prendre les armes « pour faire des remontrances ». Il invitait les princes et seigneurs à pourvoir (par l'épée) au soulagement du pauvre peuple, « au bien de la chose publique ».

Le manifeste du duc de Berri est du 15 mars ; le 22, le Breton se déclare ennemi de tout ennemi du Bourguignon, « sans en excepter Monseigneur le roi ». Dès le 12, le comte de Charolais avait fini le règne des Croy, saisi le pouvoir. Longtemps ballotté par l'hésitation du malade, qui se livrait aujourd'hui à son fils, demain aux Croy, il perdit patience, leur déclara guerre à mort dans un manifeste qu'il répandit partout. Il fit dire au dernier, qui s'obstinait à rester encore, que s'il ne partait au plus vite, « il ne lui en viendroit bien ». Croy se sauve aux genoux du vieux maître, qui s'emporte, prend un épieu, sort, crie... Mais personne ne vient. Son fils, son maître désormais, voulut bien pourtant lui demander pardon. Le vieillard pardonna, pleura... Tout est fini pour Philippe le Bon ; nous n'avons à parler maintenant que de Charles le Téméraire.

Ce Téméraire ou ce Terrible, comme on l'appela d'abord, commença son violent règne par le procès et la mort d'un trésorier de son père, par une brusque demande aux états, une demande du 24 avril pour payer en mai. Ordre à toute la noblesse de Bourgogne et des Pays-Bas, d'être présente et sous bannière au 7 mai... Et pourtant, peu firent faute ; on savait à quel homme on avait affaire. Il eut quatorze cents gens d'armes, huit mille archers, sans compter tout un monde de couleuvriniers, cranequiniers, les coutiliers, les gens du charroi, etc.

Il fallut du temps au duc de Bretagne pour faire entendre l'affaire aux têtes bretonnes ; il en fallut à Jean de Calabre pour ramasser ses hommes des quatre coins de la France. Le duc de Bourbon trouva si peu de zèle dans sa noblesse qu'il put à peine bouger.

Louis XI avait vu parfaitement que la grosse et incohérente machine féodale ne jouerait pas d'ensemble ; il crut qu'il aurait le temps de la briser, pièce à pièce. Il comptait que, s'il arrêtait seulement deux mois le Bourguignon sur la Somme, le Breton sur la Loire, il pourrait accabler le duc de Bourbon, l'étouffer comme dans un cercle, le serrant entre ses Italiens, ses Dauphinois et ce qu'on lui enverrait du Languedoc ; les Gascons d'Armagnac portaient le dernier coup et le roi revenait à temps pour combattre le Bourguignon seul, pendant que le Breton était encore en route. Tout cela supposait une célérité inouïe, mais le roi la rendait possible par l'ordre qu'il mettait dans les troupes.

Le duc de Bourbon croyait que le roi allait, selon la vieille routine de nos guerres, s'embourber devant Bourges, qu'il s'endormirait au siège, n'osant laisser derrière lui une telle place. Donc, le duc garnit Bourges. Mais le roi passa à côté, poussa en Bourbonnais, emporta Saint-Amand. Le commandant de Saint-Amand s'enfuit à Montrond, et il y est pris en vingt-quatre heures. Montrond était une place réputée très forte et qui devait arrêter. Avant qu'ils se remettent de leur surprise, le roi, en vingt-quatre heures encore, prend Montluçon, malgré sa résistance ; il n'en traite pas moins la ville avec douceur, renvoie les troupes avec armes et bagages. Cette douceur tente et gagne Sancerre. Au bout d'un mois de guerre, au 13 mai, tout semble fini en Bourbonnais, en Auvergne, en Berri, moins Bourges ; et tout était fini effectivement, si le maréchal de Bourgogne n'était venu garder Moulins avec douze cents cavaliers.

Le roi attendait encore les Gascons, qui n'arrivaient pas. Il comptait sur eux. Dès le 15 mars, il avait écrit au comte d'Armagnac, et le Gascon avait répondu vivement que les comtes d'Armagnac avaient toujours bien servi la couronne de France ; que, certes, il ne dégénérerait pas ; seulement, il avait encore peu de gens et mal habillés ; il allait assembler ses États.

Louis XI avait fait beaucoup de bien à la Guyenne et aux Gascons. Il se fiait en eux beaucoup trop. Dans son premier voyage du Midi, il n'avait voulu confier sa personne qu'à une garde gasconne. Il avait eu quinze ans pour compagnon et confident le bâtard d'Armagnac ; il lui avait donné le Comminges, tant disputé entre Armagnac et Foix, de plus les deux grands gouvernements de Guienne et de Dauphiné, nos frontières des Pyrénées et des Alpes. Il avait, dès son avènement, signé au comte d'Armagnac une grâce de tous ses crimes, qui elle-même était un crime ; il avait, sans souci du droit ni de Dieu, accordé abolition complète à cet homme effroyable, condamné pour meurtre et pour faux, marié publiquement avec sa sœur. Et au bout d'un an, le brigand mettait les Anglais dans ses places, si le roi n'en eût pris les clés.

Tout cela n'était rien en comparaison des folies qu'il avait faites pour les cadets d'Armagnac, se dépouillant pour leur faire une monstrueuse fortune, détachant du domaine en leur faveur ce qui avait été donné à la branche de Champagne-Navarre en dédommagement de tant de provinces : le duché de Nemours. Sous le nom de Nemours, c'étaient des biens infinis autour de Paris, et dans tout le Nord. Mais ce ne fut pas assez ; ce qui avait suffi à un roi ne suffit pas au favori gascon ; il fallut que Nemours devînt duché-pairie, que ce duc d'hier eût siège entre Bourgogne et Bretagne. Le Parlement réclama, résista ; le roi s'entêta à croire que ce grand domaine royal serait mieux dans des mains si dévouées.

Ce Nemours, cet ami du roi tant attendu, arrive enfin. Il arrive, mais à distance. Il lui faut une sûreté, un sauf-conduit ; il envoie au camp royal comme pour le demander, mais en réalité pour s'entendre avec l'évêque de Bayeux. Celui-ci, qui était le prêtre le plus intrigant du royaume, était venu comme pour voir la guerre ; il s'était fait soldat du roi, pour le livrer. Normand et Gascon, ils s'entendent entre eux, et avec le duc de Bourbon, avec M. de Châteauneuf, un intime de Louis XI, qui de longue date vendait ses secrets. Ils se faisaient fort de le surprendre dans Montluçon ; si les habitants avaient remué pour lui, l'évêque aurait prêché de la fenêtre et juré que tout se faisait par ordre de Sa Majesté. Le duc de Bourbon, trouvant ce plan trop hardi, le bon évêque ouvrit l'avis étrange de mettre le feu aux poudres ; mais les hommes d'épée eurent horreur de l'idée du prêtre, ils se rabattirent sur une autre ; ils crurent qu'ils pourraient faire peur au roi, lui remontrer qu'il avait trop d'ennemis, qu'il n'échapperait pas, qu'il lui fallait se livrer lui-même avec l'Ile-de-France au duc de Nemours, donner la Normandie à Dunois, la Picardie à Saint-Pol, la Champagne à Jean de Calabre, Lyon et le Nivernais au duc de Bourbon. Le roi eût été mis sous la tutelle d'un conseil ainsi composé : deux évêques (dont l'évêque de Bayeux), huit maîtres des requêtes et douze chevaliers.

Pour rêver un pareil traité, il fallait qu'ils se crussent vainqueurs, et le roi sans ressources. Tout le monde, en effet, le jugea perdu, lorsque, après la trahison de Nemours, on vit le comte d'Armagnac amener aux princes son armée de six mille Gascons. Chose remarquable, celle du roi n'en fut point découragée. Il alla son chemin, prit Verneuil, le rasa, emporta Gannat en quatre heures, atteignit les princes à Riom et leur offrit bataille. Ils furent bien étonnés. Le duc de Bourbon alla se cacher dans Moulins. Les Armagnacs s'en tirèrent en jurant, comme d'habitude, en protestant de leur fidélité. Ils ménagèrent une trêve générale du Midi, jusqu'en août ; tout devait alors s'arranger à Paris. Jusque-là personne ne pouvait porter les armes contre le roi.

Cette petite campagne, qui n'avait réussi que par miracle, devait bien donner à penser. Si le duc de Nemours avait trahi, tous devaient trahir.

Le roi était dans les mains de deux hommes peu sûrs, du duc de Nevers et du comte du Maine. Il pouvait périr, avec tout son succès du Midi, si l'un n'arrêtait quelque temps les Bourguignons, l'autre les Bretons, si l'ennemi, opérant sa jonction, entrait avant lui dans Paris.

Le comte du Maine s'était payé d'avance, en se faisant donner les biens de Dunois. Il avait gardé la meilleure part de l'argent qu'il recevait pour armer la noblesse ; et avec tout cela, il agit mollement, à moitié, à regret. Il n'avait garde de faire la guerre dans l'Anjou, sur les terres de sa famille ; il recula tout le long de la Loire devant le duc de Bretagne, en sorte que les Bretons qui servaient dans l'armée royale, voyant toujours en face la bannière bretonne, leurs parents et amis, leur seigneur *naturel*, finirent par aller le rejoindre.

Le duc de Nevers ne défendit pas mieux la Somme. Il se souvint qu'après tout il était de la maison de Bourgogne, neveu de Philippe le Bon, cousin du comte de Charolais. Il crut sottement qu'il ferait la paix à part. Avant même que la campagne commençât, dès le 3 mai, il envoya prier pour lui. C'était décourager tout le monde ; les villes qui se fortifiaient furent refroidies ; les grands seigneurs terriens craignirent pour leurs terres et s'y tinrent, ou bien ils allèrent trouver le comte de Charolais. Tout ce que le malheureux Nevers tira du comte, ce fut un ordre de ne pas mettre garnison dans Péronne, c'est-à-dire de se laisser prendre. Il avisa alors un peu tard que son cousin était son ennemi mortel, son persécuteur, son accusateur, et il n'osa se livrer à lui ; il n'eut pas même le courage de sa lâcheté.

Le comte de Charolais avançait avec sa grosse armée, sa formidable artillerie, mais sans trouver sur qui tirer. Les villes ouvraient sans peine, recevaient ses gens, en petit nombre il est vrai, et leur donnaient des vivres pour leur argent. Il ne prenait rien sans payer. Partout, sur son passage, il faisait crier qu'il venait pour le bien du royaume ; qu'en sa qualité de lieutenant du duc de Berri, il abolissait les tailles, les gabelles. A Lagny, il ouvrit les greniers à sel, brûla les registres des taxes. Ce fut le plus grand exploit de cette armée qui, le 5 juillet, occupa Saint-Denis.

Le 10, les ducs de Berri et de Bretagne étaient encore à Vendôme. Le 11, le roi, qui revenait en toute hâte, n'avait atteint que Cléry. Il était à croire qu'avant l'arrivée des uns et des autres, le Bourguignon finirait tout, que le roi n'arriverait jamais à temps pour sauver Paris.

Paris voulait-il être sauvé ? c'était douteux. Le roi lui avait refusé une exemption qu'il accordait aux villes de la Somme. Il eut beau écrire du Bourbonnais mille tendresses pour cette chère ville ; il voulait, disait-il, confier la reine aux Parisiens, et qu'elle accouchât chez eux ; il aimait tant Paris qu'il perdrait plus volontiers moitié du royaume. Paris fut peu touché. L'Université, pressée d'armer ses écoliers, maintint son privilège. Ce qu'on accorda libéralement, ce furent des processions, des sermons ; on sortit la châsse de sainte Geneviève ; le fameux docteur L'Olive prêcha, recommanda de prier pour la reine, pour les fruits de la terre... Ce n'était sermon de croisade.

Voilà les Bourguignons devant Paris. Commines, qui y était, avoue avec une naïveté malicieuse la confiance, l'outrecuidance de cette jeune armée, qui n'avait jamais vu la guerre, mais qui se sentait invincible sous le plus grand prince du monde. A peine à Saint-Denis, ils voulurent faire peur à la ville ; ils mirent en batterie deux serpentines, firent grand bruit, « un beau *hurtibilis* ». Le lendemain, étonnés de voir que Paris n'envoyait pas les clés, ils imaginèrent une fallacieuse tentative. Quatre hérauts vinrent pacifiquement à la Porte Saint-Denis, et demandèrent vivres et passage, « Monseigneur de Charolais n'étant venu attaquer personne, ni prendre aucune ville du roi, mais pour aviser avec les princes au bien public, et pour qu'on lui livrât deux hommes ». Pendant que les capitaines bourgeois, Poupaincourt et Lorfèvre, écoutent à la Porte Saint-Denis, les Bourguignons attaquent à Saint-Lazare. Grande alarme dans la ville. Cependant ils avaient trouvé à qui parler ; le maréchal de Rouault, qui s'était jeté dans Paris, les repoussa rudement.

Cela les fit songer. Ils trouvèrent qu'ils étaient loin de chez eux, qu'ils avaient laissé bien du pays derrière, bien des rivières, la Somme, l'Oise. M. de Charolais en avait fait assez ; il avait tenu sa journée devant Paris, et personne n'avait osé sortir en bataille. S'il n'en faisait davantage, c'était la faute des Bretons qui n'étaient pas venus. Mais le roi venait, et au plus vite ; on le savait pour sûr, une grande dame l'avait écrit de sa main.

La retraite ne convenait pas aux intérêts du grand meneur Saint-Pol, qui avait poussé à la guerre pour se faire connétable. Il n'avait pas conduit le comte de Charolais jusqu'à Paris pour retourner si vite. Au défaut des Bretons qui n'arrivaient pas, il avait près du comte un homme pour dire qu'ils arrivaient, un Normand très avisé, vice-chancelier du duc de Bretagne, qui, ayant des blancs-seings de son maître, les remplissait pour lui et le faisait parler ; chaque jour le duc venait demain, après-demain, il ne pouvait tarder.

Saint-Pol gagna ; il obtint qu'on irait au-devant, qu'on passerait la Seine ; aussi bien, cette dévorante armée ne pouvait rester là sans vivres. Il prit le pont de Saint-Cloud.

Les Parisiens, effrayés ne n'avoir plus la basse Seine, de ne pouvoir plus compter sur les arrivages d'en bas, se sentaient déjà « la faim aux dents ». Ils trouvèrent bon dès lors qu'on reçût les hérauts, qu'on envoyât des gens honorables à qui M. de Charolais déclarerait en confidence pourquoi il était venu. Longuement, lentement parlementaient les hérauts à la Porte Saint-Honoré, sous mille prétextes ; ils demandaient à acheter du papier, du parchemin, de l'encre, puis du sucre, puis des drogues. Les gens du roi furent obligés de faire fermer la porte.

Le roi qui savait tout, se hâtait d'autant plus. Il écrivit le 14 qu'il arrivait le 16. Il accourait pour se jeter dans Paris, sentant qu'avec Paris, quoi qu'il arrivât, il serait encore roi de France. Il aimait mieux ne pas combattre, s'il pouvait, mais à tout prix il voulait passer. Il prévoyait que les Bourguignons, plus forts que lui d'un tiers, se mettraient entre lui et la ville. Il avait mandé de Paris deux cents lances (mille ou douze cents cavaliers) ; son lieutenant général, Charles de Melun, devait les lui envoyer avec le maréchal de Rouault. Les Bourguignons campaient fort éloignés les uns des autres ; leur avant-garde était vers Paris, à deux lieues des autres corps. Si le roi les prenait d'un côté, Rouault de l'autre, ils étaient détruits ; détruits ou non, le roi passait.

Arrivé à Montlhéry le matin, il voit la route occupée par l'avant-garde bourguignonne que le reste rejoint en toute hâte. Rouault ne paraît pas. Le roi attend sur la hauteur, occupant la vieille tour, se couvrant d'une haie et d'un fossé. Il attend deux heures, quatre heures (de six à dix), mais Rouault ne vient pas.

Le roi avait de meilleures troupes, plus aguerries, mais il n'était nullement sûr des chefs. Le fossé seul faisait leur loyauté ; ils n'osaient le passer sous l'œil du roi. Mais une foiś passé, M. de Brézé, qui menait l'avant-garde, eût fort bien pu se trouver Bourguignon, auquel cas le comte du Maine, qui avait l'arrière-garde, fût peut-être tombé sur le roi. Que Paris se déclarât, qu'on vît venir seulement cent cavaliers de ce côté, tous étaient loyaux et fidèles.

Le roi envoie à Paris en toute hâte ; il est en présence, il n'y a pas un moment à perdre. Charles de Melun répond froidement que le roi lui à confié Paris, qu'il en répond, qu'il ne peut dégarnir sa place. Les messagers, en désespoir de cause, s'adressent aux bourgeois, courent les rues, crient que le roi est en danger, qu'il faut aller au secours. Chacun ferme sa porte et reste chez soi.

Les Bourguignons, rangés en bataille, avaient, comme le roi, des raisons pour attendre. Leurs amis, dans l'armée royale, ne se décidaient pas. Brézé, le comte du Maine, restaient immobiles. Celui-ci reçut en vain un héraut de Saint-Pol.

Les Bourguignons sentaient qu'à la longue cette grande ville qu'ils avaient à dos pourrait bien s'ébranler ; ils résolurent de forcer la main à leurs amis, d'aller à eux, puisqu'ils n'osaient venir. Ils marchèrent sur Brézé, lequel, docile à cet appel, descendit en bataille, contre l'ordre du roi.

Le roi croyait pourtant avoir gagné Brézé. Il venait de lui rendre l'autorité en Normandie, de le faire de nouveau capitaine de Rouen, grand sénéchal, et plus grand que jamais, ses jugements étant désormais sans appel. Il se l'était attaché de très près, lui donnant une de ses sœurs, fille naturelle de Charles VII, pour son fils, avec une dot royale.

Un moment avant la bataille, il le fait venir, et lui demande s'il est vrai qu'il a donné sa signature aux princes. Brézé, qui plaisantait toujours, répond en souriant :

« Ils ont l'écrit, le corps vous restera. » Il resta en effet ; il fut le premier homme tué.

Le mouvement donné, il fallait suivre ; le roi chargea, il renversa Saint-Pol qui, trouvant un bois derrière lui, s'y enfonça, se réserva et attendit la fin. Le comte de Charolais, avec le gros de la bataille, ramena le roi vers la hauteur ; puis, passant à côté, il chargea violemment, sans s'arrêter, une aile du roi, tout à la débandade ; le comte du Maine, au lieu de soutenir, avait emmené l'arrière-garde, huit cents hommes.

Le comte de Charolais alla, alla toujours, jusqu'à ce qu'il eût dépassé d'une demi-lieue Montlhéry et le roi ; deux traits d'arc plus loin, il était pris. Et le retour ne fut pas sans danger ; un piéton serré de trop près lui porta un coup dans l'estomac. Puis, voilà des hommes d'armes qui tombent sur lui, il reçoit un coup d'épée dans la gorge. Il était reconnu, entouré, saisi, quand un de ses cavaliers, homme lourd et sur un lourd cheval, donna tout au travers, et le dégagea. Il se trouva que ce libérateur était un Jean Cadet, fils d'un médecin de Paris, qui s'était donné au comte ; il le fit chevalier sur place.

La situation était bizarre. Le roi était sur Montlhéry, n'ayant plus que sa garde, le comte dans la plaine, si mal accompagné qu'il lui eût fallu fuir s'il était venu seulement cent hommes contre lui. Les deux princes étaient restés, les deux armées s'étaient enfuies.

Qui avait vaincu ? on n'eût pu le dire. Des Bourguignons, ralliés en petit nombre, serrés et clos de leurs charrois, voyaient à côté les feux ennemis, et croyaient le roi en force. Plutôt que de rester ainsi sans vivres, entre le roi et Paris, ils voulaient partir, brûler les bagages. Saint-Pol lui-même, qui avait tant poussé en avant, revenait à cet avis. Ce fut une grande joie quand on sut que le roi avait délogé.

Le roi, fort alarmé de l'immobilité de Paris, et ne sachant plus même pour qui était la ville, n'eut garde de s'y mettre. Il alla attendre à Corbeil, s'informa. Si, dans ce moment décisif, le comte de Charolais eût osé aborder Paris, il finissait la guerre, selon toute apparence. Il aima mieux prouver que le champ lui restait ; il en prit possession, à la vieille manière féodale et chevaleresque, faisant sonner et crier aux carrefours du camp : « Que, s'il estoit quelqu'un qui le requist de bataille, il estoit prest de le recepvoir. » Il passa le temps à enterrer les morts ; il reçut, en vainqueur clément, la supplique de ceux qui réclamaient le corps de M. de Brézé.

Paris resta immobile ; le roi y entra et fut encore roi. Tous revinrent à lui peu à peu, tous protestèrent de leur fidélité. Il reçut les excuses, ne fit mauvaise mine à personne, fit semblant de croire. En arrivant, il alla souper tout d'abord chez son fidèle Charles de Melun, avec force bourgeois et bourgeoises. Il leur conta la bataille à sa manière, comment il avait attaqué le premier, gagné la journée. Les Parisiens, de leur côté, se félicitaient d'avoir achevé la victoire. En effet, la bataille finie, ils étaient allés, pleins d'ardeur, tomber sur les fuyards, ramasser les bagages : « Chariots, bahus, malles, boistes. » Le greffier chroniqueur dit que ce jour ils sortirent trente mille.

Le roi avait beau se dire vainqueur ; on l'avait vu revenir bien mal accompagné, cela enhardit la haute bourgeoisie. Tous les *honnêtes* gens, serviteurs et valets des seigneurs, devinrent audacieux contre le roi. Ils l'obligèrent de garder pour lieutenant ce Charles de Melun qui l'avait laissé sans secours à Montlhéry. L'évêque, des conseillers, des gens d'Église, vinrent le trouver aux Tournelles et le prièrent tout doucement de laisser conduire désormais les affaires « par bon conseil ». Ce conseil devait lui être donné par six bourgeois, six conseillers au Parlement, six clercs de l'Université. Le roi accorda tout, se montra confiant, plus même que les bourgeois ne voulaient, assurant qu'il allait les armer et prendre dix hommes par dizaine.

Ce fut son salut que pendant tout ce temps ses ennemis ne surent rien faire. Le comte de Charolais n'approcha pas de Paris ; il était occupé à garder son champ de bataille, à sonner la victoire, à défier l'air. Les ducs de Berri et de Bretagne, jeunes princes, de santé délicate, venaient à petites journées. La jonction se fit à Étampes. Étampes devait plaire au duc de Bretagne ; c'était son apanage de jeunesse dont il avait longtemps porté le nom, en dépit des cadets de Bourgogne qui le portaient aussi. On s'y arrêta quinze jours à y attendre le duc de Bourbon et les Armagnacs. Puis il fallut attendre le maréchal de Bourgogne, qui, ayant été battu en route, traînait, boitait. L'on attendit encore le duc de Calabre et les Lorrains, qui ne venaient pas ; ce n'était pas leur faute : suivis de près par les troupes du roi, ils avaient été obligés d'éviter la Champagne et de faire le tour par Auxerre.

Les voilà réunis, et leur réunion leur apprend une chose, la difficulté de rester ensemble. Il n'y avait pas moyen de nourrir en même lieu cette immense cohue de cavalerie ; il fallut tout d'abord, pour ne pas s'affamer, qu'ils se tournassent le dos, et s'en allassent, comme Abraham et Lot, paître l'un à l'orient, l'autre à l'occident. Ils se répandirent dans la Brie, jusqu'à Provins, jusqu'à Sens et plus loin.

Avant d'avoir rien fait, ils semblaient avoir hâte de se quitter. Dès le premier coup d'œil, tous déplaisaient à tous. Le monde féodal, dans cette dernière revue qu'il faisait de lui-même, s'était trouvé tout autre qu'il ne se figurait, étrange, baroque et monstrueux. Ces quatre ou cinq armées étaient autant de peuples ; mais dans chaque armée même la variété de races et de langues, les bigarrures d'habits, d'armes et d'armoiries, réveillaient les vieilles querelles. Sous le seul nom de Bourguignons, le comte de Charolais amenait une Babel, tout ce qu'il y avait de diversités, d'oppositions, de la Frise au Jura. Ceux qu'on appelait les Calabrais, du nom de Jean de Calabre, c'étaient tout à la fois des Provençaux, des Lorrains, des Allemands, de barbares hallebardiers et couleuvriniers suisses, aux hoquetons bariolés, écorchant l'allemand à faire frémir l'Allemagne, à quoi répondaient dans leur douceur suspecte des Italiens masqués d'acier.

Armagnacs et Bourguignons, ces noms juraient ensemble. La rancune de parti était-elle éteinte ? on peut en douter. Une chose, à coup sûr, subsistait, l'aversion instinctive du Nord et du Midi, le contraste des habitudes. Les Gascons d'Armagnac, sales piétons, sans paie ni discipline, demi-soldats, demi-brigands, semblèrent si sauvages et si effrénés que personne ne voulut les souffrir près de soi ; il leur fallut camper à part.

Mais l'opposition la plus dangereuse, et qui pouvait d'un moment à l'autre mettre les alliés aux prises, c'était celle des Bourguignons et des Bretons, des deux grands peuples et des deux grands princes. Les Bretons venaient tard, après la bataille, et de mauvaise humeur. Leur vieille réputation souffrait de la jeune gloire des Bourguignons. Ceux-ci avaient parfaitement oublié leur fuite à Montlhéry ; ils triomphaient de bonne foi. Depuis que le comte de Charolais, resté seul dans la plaine, avait cru gagner la bataille, on ne le reconnaissait point ; ce n'était plus un homme, ou, si c'en était un, c'était Nemrod, Nabuchodonosor. Il parlait à peine, ne riait plus, tout au plus, quand on lui disait que les jeunes ducs de Berri et de Bretagne portaient par délicatesse des cuirasses de soie qui simulaient le fer. Les Bretons, peu plaisants, se demandaient entre eux s'ils ne feraient pas bien de tomber sur ces Bourguignons, de s'en défaire, de ne pas partager dans ce grand butin du royaume ; car enfin, à qui le royaume, sinon à ceux qui amenaient avec eux le futur régent ou le futur roi ?

Et comme tel, le duc de Berri était suspect à tous ; pour tous ses confédérés, alliés et amis, il était déjà l'ennemi commun. Le roi dont ils se défiaient, c'était celui qui ne l'était pas encore, qui pouvait l'être ; ils semblaient avoir oublié Louis XI. Cela alla si loin que, malgré l'aversion mutuelle, le Bourguignon fit secrètement une ligue partielle avec le Breton (24 juillet), et lui paya comptant le secours qu'il en pourrait tirer un jour contre le duc de Berri. C'est-à-dire que, tout en le faisant, ils s'occupaient à le défaire. Cette folle imagination domina le comte de Charolais au point qu'il envoyait déjà demander secours aux Anglais contre ce roi possible.

Le vrai roi, pendant ce temps, se remettait et ressaisissait Paris. Il eut d'abord deux cents lances, puis quatre cents lances, puis le comte d'Eu, un prince du sang, qu'il mit à la place de Charles de Melun. Il dédommagea celui-ci magnifiquement, ne pouvant encore lui couper la tête.

Il avait fait venir de Normandie des francs-archers ; mais la noblesse ne venait pas, contenue qu'elle était sans doute par les grands seigneurs et les évêques. Le roi prit le parti d'aller lui-même chercher les Normands (10 août) ; résolution hardie ; Paris branlait ; mais justement, pour assurer Paris il fallait avoir un point d'appui ailleurs. Au reste, les ligués, égarés dans la Brie, dans la Champagne et jusqu'en Auxerrois, avaient bien l'air, avec leurs longs détours, de n'arriver jamais.

Ils se rapprochèrent néanmoins, plus tôt qu'on aurait cru, avertis sans doute du départ du roi par leurs bons amis de Paris. Dès qu'ils furent à Lagny, les parlementaires et notables bourgeois ne manquèrent pas de tâter le nouveau lieutenant royal, le comte d'Eu, le priant d'envoyer aux princes et de moyenner une bonne paix. A quoi il répondit que c'était son devoir, et que, le cas échéant, il n'enverrait pas, il irait lui-même.

Bientôt arrivent aux portes les hérauts du duc de Berri, avec quatre lettres, aux bourgeois, à l'Université, à l'Église, au Parlement. Les princes, venant pour aviser au bien du royaume, demandent que la ville leur envoie six notables. Elle en envoya douze le jour même ; en tête, l'évêque Guillaume Chartier, le lieutenant civil, le fameux doyen de Paris, Thomas Courcelles (l'un des pères de Bâle et des juges de la Pucelle), le prédicateur L'Olive, les trois Luillier, le théologien, l'avocat, le changeur ; sur douze députés, six chanoines. Celui qu'on mettait en avant et qui devait parler, c'était l'évêque un peu idiot.

La pacifique députation, prêtres et bourgeois, fut admise devant le duc de Berri au Château de Beauté-sur-Marne. Il les reçut assis, mais debout près de lui se tenait le farouche vainqueur de Montlhéry, armé de toutes pièces. Pour surcroît de terreur, le héros populaire des guerres anglaises, Dunois, tout vieux et goutteux qu'il était, traita ces pauvres gens comme eût fait Suffolk ou Talbot. Il leur signifia que si la ville avait le malheur de ne pas recevoir les princes avant dimanche (on était au vendredi), ils protestaient contre elle de tout ce qui pouvait en advenir, mais que le lundi, sans faute, on donnerait un assaut général.

Le samedi de bonne heure, grande assemblée à l'Hôtel de Ville. Le lieutenant civil répète mot pour mot la terrible menace. L'effroi gagne ; plusieurs opinent que ce serait manquer au respect qu'on doit à la personne des princes du sang, que de leur fermer malhonnêtement les portes de la ville ; on ne pouvait se dispenser de les recevoir eux-mêmes, bien entendu, et non leur armée, seulement une petite garde, quatre cents hommes pour chacun des quatre princes, en tout seize cents hommes d'armes.

Ce qui donnait le courage d'ouvrir un tel avis, c'est qu'on voyait sous les fenêtres de l'Hôtel de Ville les archers et arbalétriers de Paris, rangés en bataille, « pour garder les oppinants d'oppression ». Ils étaient dans la

Grève. Mais plus loin que la Grève, les troupes royales faisaient, le jour même, une grande revue devant le comte d'Eu ; le prévôt des marchands en fit part au Conseil de ville, pour guérir la peur par la peur ; ce n'était pas moins de cinq cents bonnes lances (3 000 cavaliers), quinze cents piétons, archers à cheval, archers à pied normands, etc. Il fallait prendre garde de rien faire sans l'aveu du lieutenant royal ; autrement, on courait risque de causer dans Paris une horrible boucherie !

Cela rendit les bourgeois bien pensifs. Mais que devinrent-ils quand ils entendirent dans la rue le petit peuple, qui courait, criait, cherchant, pour leur couper la gorge, ces traîtres députés qui voulaient mettre les pillards dans Paris ?... Les députés, plus morts que vifs, se laissèrent renvoyer aux princes, et parlèrent, non plus pour la ville, mais pour le comte d'Eu ; l'évêque dit ces propres paroles : « Il ne plaît point aux *gens du roi* qui sont à Paris de prendre response, qu'ils n'aient su quel est le plaisir du roi. » Dunois répéta qu'alors il y aurait donc assaut le lendemain... Il n'y eut rien du tout ; ce furent, tout au contraire, les troupes royales qui sortirent, allèrent reconnaître l'ennemi, et ramenèrent soixante chevaux.

Il était temps que le roi arrivât. Le 28 août, il rentra avec toute une armée, douze mille hommes, soixante chariots de poudre et d'artillerie, sept cents muids de farine. Il connaissait Paris ; il eut soin que rien n'y manquât pendant tout ce temps, ni pain, ni vin, aucune sorte de vivres. Les arrivages furent toujours abondants ; deux cents charges de marée en une fois, jusqu'à des pâtés d'anguille qu'il fit venir de Nantes et vendre à la criée du Châtelet.

C'étaient les assiégeants qui mouraient de faim. N'ayant su, avec leur grand nombre, s'assurer la Seine d'en haut, ni même celle d'en bas, loin d'affamer Paris, ils ne pouvaient se nourrir. Les malheureux erraient, vendangeant en août les raisins verts. Il aurait fallu que les assiégés eussent la charité de les nourrir. Le comte du Maine envoya à son neveu de Berri une charge de pommes, de choux et de raves. Lorsqu'il y eut trêve, le Parisien allait à Saint-Antoine vendre des vivres, et rançonnait sans pitié l'assiégeant.

Le roi était résolu de laisser faire la faim et la division. Mais avec ses deux mille cinq cents hommes d'armes et des milliers d'archers, il fallait bien qu'il eût l'air de vouloir combattre. Il alla à Sainte-Catherine prendre l'oriflamme des mains du cardinal abbé de Saint-Denis ; il en reçut l'instruction d'usage en pareil cas, ouït la messe et resta longtemps en prière. En sortant, il remit la fameuse bannière, non au porte-étendard, mais à son aumônier, pour la bien serrer aux Tournelles.

La prière de Louis XI, selon toute apparence, c'était de pouvoir diviser ses ennemis, les gagner un à un, et se moquer de tous : « Ce qui est, dit Commines, une grant grâce que Dieu faict au prince qui le sçait faire. » Les négociations, publiques et secrètes, allaient leur train ; sous mille prétextes, on parlait et parlementait sans cesse entre Charenton et Saint-Antoine. On appela ce lieu le Marché ; là, en effet, on marchandait les hommes, on brocantait les serments, on tâtait les fidélités. Un jour, il en passait dix du côté du roi, le lendemain autant du côté des seigneurs. Le roi avait quelque raison de croire qu'au total il gagnerait à ce négoce. Humble en paroles et en habits, donnant beaucoup, promettant davantage, achetant ou rachetant, sans marchander, ceux dont il avait besoin, « et ne les ayant en nulle haine pour les choses passées ».

Il y parut à son retour ; les bourgeois de Paris, voyant le tyran revenir en force, attendaient des vengeances de Marius et de Sylla. Tout se borna à mettre hors de la ville deux ou trois députés qui, dans son absence, avaient si bien travaillé à faire qu'il n'y revînt jamais. Quant à l'évêque, le roi ne lui dit pas un mot sa vie durant ; seulement, quand il mourut, il lui fit de sa main une malicieuse épitaphe. Ses sévérités tombèrent sur des espions qu'il fit noyer. Au grand amusement du populaire, « on fouetta et battit au cul d'une charrette un paillard de sergent à verge », qui, lors de la première alarme, avait couru les rues, en criant que l'ennemi était rentré, de quoi plus d'une femme accoucha de peur.

On croyait le roi si peu rancuneux, que les premiers qui lui envoyèrent ambassade furent justement ceux dont il avait le plus à se plaindre, les Armagnacs. Eux-mêmes se plaignaient des princes qui, les tenant éloignés de Paris, montraient assez qu'ils voulaient se passer d'eux et leur faire petite part au butin. Après les Armagnacs vint le comte de Saint-Pol, qui avait tout mis en mouvement, mais qui au fond ne voulait qu'une chose, l'épée de connétable ; il causa longuement avec le roi, et sans doute en tira parole. Jean de Calabre n'était pas loin de faire aussi son traité à part, comme lui conseillait son père, et de laisser là les deux tyrans de la ligue, le Bourguignon et le Breton.

Ce qui aidait à rendre bien des gens pacifiques, c'est qu'après tout les plus terribles ne faisaient pas grand-chose. Une fois, un capitaine vient tirer à leurs tranchées et leur tuer un canonnier. Tous s'arment, Jean de Calabre d'abord, et le comte de Charolais ; ils descendent en plaine, armés, bardés de fer, le duc de Berri lui-même, tout faible qu'il était. Le temps est un peu obscur, mais les éclaireurs ont vu nombre de lances ; ce sont toutes les bannières du roi, toutes celles de Paris ; un avis qu'ils avaient reçu les portait d'ailleurs à le croire. L'affaire devenant sûre, Jean de Calabre, comme tout héros de romans ou d'histoire, harangue sa chevalerie. « Nos chevaucheurs, dit Commines, avaient repris cœur un petit, voyant que les autres étaient faibles et qu'ils ne bougeaient pas. » Le jour s'éclaircissant, les lances se trouvèrent n'être que des chardons. Les seigneurs, pour se consoler de la bataille, s'en allèrent ouïr messe et dîner.

Le roi ne voulait nullement d'une bataille devant Paris. Il faisait la guerre de plus loin. Dès le mois de juin, il avait traité avec les Liégeois ; le 26 août, il leur fit passer de l'argent, et le 30, ils défièrent le duc de Bourgogne à feu et à sang. Le contrecoup fut ressenti à Paris. Le 4, le 10 septembre, les princes demandèrent trêve, prolongation de trêve. On songea à la paix ; mais d'abord ils demandaient des choses exorbitantes : pour le duc de Berri, la Normandie ou la Guienne, une Guienne arrondie à leur façon, l'ancien royaume d'Aquitaine ; le comte de Charolais voulait toute la Picardie.

Les négociations traînant, il devait arriver, ou que les princes découragés se laisseraient gagner aux belles paroles du roi, ou bien que les amis si nombreux qu'ils avaient dans les villes s'enhardiraient à travailler pour eux et trouveraient moyen de leur livrer les places qui entouraient Paris, et Paris peut-être. Le roi, dans chaque ville, avait des soldats, mais les seigneurs y avaient les habitants, du moins les principaux ; ils y pesaient de leur antiquité, de leurs grands biens, de leurs serviteurs, *domestiques* et protégés ; leur protection onéreuse y était acceptée de longue date. La gent routinière des bourgeois les servait, quoi qu'ils fissent ; vexée remerciait, battue baisait la main.

Tout cela, sans doute, faisait croire aux habiles que les princes et seigneurs prévaudraient sur le roi, qu'avec tout son esprit, toute sa vigueur, il n'en était pas moins un homme perdu. Le 21 septembre, un gentilhomme qui commandait à Pontoise écrit au maréchal de Rouault qu'il vient d'ouvrir sa place aux princes ; il le prie de l'excuser près du roi, il a fait la chose à regret. En même temps, le comte du Maine, sans quitter la partie du roi, croit pourtant devoir s'assurer ses charges, en se les faisant donner par le duc de Berri. Le sage Doriole, général des finances, serviteur spécial du roi, quel qu'il fût, crut que le roi, c'était dès lors le frère du roi, et il alla soigner ses finances.

Louis XI croyait tenir Rouen. Mme de Brézé, qui gardait le château, venait de lui écrire qu'elle en avait fait sortir des gens suspects qui l'auraient livré. Dans la ville, un homme avait une grande influence, l'ancien général des finances de Normandie, un homme de Dieu, qui, disait-on, ne couchait jamais dans un lit, portait la haire à nu, et se confessait tous les jours. L'évêque de Bayeux, patriarche de Jérusalem, et qui de plus était des Harcourt, fit tout ce qu'il voulut de la veuve et du dévot financier ; ils livrèrent le château et la ville ; le duc de Bourbon entra sans coup férir (27 septembre).

Rouen entraîna Évreux, puis Caen ; puis, indirectement, ce qui tenait encore sur la Somme. Le comte de Nevers, qui jusque-là attendait, enfermé dans Péronne, n'hésita plus ; il n'ouvrit pas les portes, mais il se fit escalader, surprendre, emmener prisonnier (7 octobre).

Ce que n'avaient pu tous les princes de France avec une armée de cent mille hommes, un prêtre, une femme, une trahison, l'avaient accompli. A vrai dire, l'évêque de Bayeux et Mme de Brézé mirent fin à la guerre du Bien public.

Le roi se hâta de traiter ; autrement Paris suivait Rouen. Le jour où le château de Rouen fut livré, la Bastille de Paris se trouva ouverte, des canons encloués. La Bastille était dans les mains très suspectes du père de Charles de Melun.

Qui agissait ici contre le roi ? personne et tout le monde. L'Église de Paris ne disait plus rien, depuis l'étrange démarche qu'elle avait fait faire par son évêque. Le Parlement, le Châtelet, ne parlaient pas non plus ;

mais de temps à l'autre, tel et tel, un conseiller, un notaire, un procureur, passaient aux princes. Sous les masses sombres et muettes du Palais et de Notre-Dame, remuaient, frétillaient, chaque jour plus hardis, les enfants perdus, procureurs, petits clercs tonsurés et non tonsurés, qui disaient haut ce que pensaient leurs maîtres ; tout cela parlait, rimait contre le roi. La Ménippée, le Lutrin, Voltaire même, sont, comme on sait, nés dans cette ombre humide et sale, tout près de la Sainte-Chapelle. Le roi avait là, dans Paris, une armée pour tirer sur lui par-derrière. Les chansons, les ballades satiriques couraient la ville ; on les envoyait même aux princes, comme encouragement, deux pièces entre autres, très âcres, qu'on croirait écrites au temps de la Ligue.

Le roi avait pourtant fait de grandes caresses aux Parisiens. Quoique l'Université eût refusé d'armer pour lui, il lui rendit ses privilèges. Il se fit frère et compagnon « de la grand-confrérie aux bourgeois de Paris ». Il appela les quarteniers, cinquanteniers, et six notables par quartier, à ouïr, avec le Parlement et les grands corps, les conditions que proposaient les princes.

La ville n'en était pas moins mécontente, agitée. Ces Normands que le roi avait mis dans Paris pourraient-ils bien jusqu'au bout contenir leurs mains normandes ? On craignait le pillage. Une nuit, les rues s'illuminent ; partout des feux ; les bourgeois s'arment et courent à leurs bannières. Qui a donné l'ordre, personne ne peut le dire. Le roi mande « sire Jehan Luillier, clerc de la ville », lequel dit froidement, et sans rien excuser, que tout cela se fait de bonne intention. Le roi fait dire, de rue en rue, qu'on éteigne et qu'on aille se coucher ; personne n'obéit, tout reste armé. Une batterie n'était pas improbable entre les bourgeois et les troupes. Déjà l'on avait attaqué le soir l'évêque Balue, le factotum du roi.

Il n'y avait pas un moment à perdre. Le roi demanda une entrevue, alla trouver le comte de Charolais et lui dit que la paix était faite : « Les Normands veulent un duc ; eh bien ! ils l'auront. »

Céder la Normandie, c'était se ruiner. Cette province payait à elle seule le tiers des impôts du royaume ; seule, elle était riche et de toute richesse, pâturage, labourage et commerce. La Normandie était comme la bonne vache nourricière qui allaitait tout à l'entour.

Le roi, du même trait de plume, livrait aux amis de l'Anglais nos meilleurs marins, comme si, de sa main, il eût comblé, détruit Dieppe et Honfleur. L'ennemi débarquait dès lors à volonté, trouvait la Seine ouverte, « la grand-rue qui mène à Paris ». Il pouvait se promener en long et en large, par la Seine, par la côte, de Calais jusqu'à Nantes. Sur tout ce rivage, l'Anglais n'eût rencontré que des amis ou des vassaux de l'Angleterre.

Le Bourguignon acquérait Boulogne et Guines pour toujours ; les villes de Somme, sous la condition d'un rachat lointain, improbable. Le duc de Bretagne, maître chez lui désormais, maître de ses évêques, comme de ses barons, devenait un petit roi, sous protection anglaise. Il demandait, en outre, la Saintonge pour les Écossais, c'est-à-dire pour les Anglais, qui dans ce moment gouvernaient l'Écosse. Dans ce cas, La Rochelle, prise à dos, n'aurait pas tenu longtemps, la Guienne eût suivi, tout l'Ouest.

En créant un duc de Normandie, chacun des princes croyait travailler pour lui-même. Jeunes étaient le duc et le duché, ils avaient besoin d'un tuteur. Chacun prétendait l'être. Divisés sur ce point, ils s'entendaient mieux pour enrichir leur création. Ils dotaient, douaient, paternellement l'enfant nouveau-né. Chaque jour, ils arrachaient quelque chose au roi pour y ajouter encore. Il fallut qu'il dépouillât le comte du Maine, le comte d'Eu, de ce qu'ils avaient dans le duché. Le dernier, tout pair qu'il était, dépendit de la Normandie et ressortit de l'Échiquier. Le comte d'Alençon, qui, par ses trahisons du moins, avait bien gagné que les ennemis du roi le ménageassent, fut ajouté comme accessoire à cet insatiable duché de Normandie.

Ce n'était pas seulement le royaume qui était au pillage, c'était la royauté, les droits royaux. Le Normand eut les fruits des régales et la nomination aux offices, le Breton les régales et les monnaies. Le Lorrain ne rendit point hommage pour la Marche de Champagne que le roi lui cédait.

On exigeait de lui qu'il livrât, non pas ses sujets seulement, mais ses alliés. Le duc de Lorraine se fit donner la garde des trois évêchés, la garde de ceux qui depuis des siècles se gardaient contre lui.

Le roi faisait bonne mine, mais il était inquiet. Pendant qu'il donnait tout, on prenait encore. Beauvais, Péronne, furent surpris pendant les négociations.

Où les exigences s'arrêteraient-elles ? on ne pouvait le dire. Chaque jour on s'avisait d'un article oublié, ou l'ajoutait. Le comte de Charolais eut à peine conclu son traité pour Boulogne et la Somme, qu'il en exigea un pour la cession des trois prévôtés qui lui étaient indispensables, disait-il, pour assurer la possession d'Amiens. Et il ne s'en alla pas encore qu'il n'eût extorqué autre chose. Le 3 novembre, au moment où le roi lui disait adieu à Villers-le-Bel, il lui fit signer un étrange traité de mariage, entre lui, Charolais, qui avait trente ans, et la fille aînée du roi qui en avait deux. Elle devait apporter en dot la Champagne, avec tout ce qu'on peut y rattacher de près ou de loin, Langres et Sens, Laon et le Vermandois ! Pour consoler l'époux d'attendre si longtemps sa future, le roi dès ce moment lui donnait le Ponthieu.

Les ligués, en partant, n'oubliaient que deux choses, les deux principales, la grande question ecclésiastique et les états généraux.

De Pragmatique, plus un mot. Les princes, devenant rois chez eux, pensaient, comme le roi l'avait pensé pour lui, qu'il valait mieux s'entendre avec le pape pour la collation des bénéfices que de courir les chances des élections.

Les grands sacrifièrent sans difficulté les intérêts de la noblesse, ceux de la haute bourgeoisie, ceux des parlementaires, qui n'arrivaient guère que par les élections à la jouissance des biens d'Église.

Point d'états généraux. Seulement trente-six notables, présidés par

Dunois, doivent aviser au bien public, ouïr les remontrances, décider « les réparations ». Leurs décisions sont souveraines, absolues ; le roi les sanctionnera (pour la forme) quinze jours, sans faute, après qu'elles auront été rendues. Ce règne des trente-six doit durer deux mois.

Voilà le roi bien lié. Pour plus de sûreté, il a des gardes : le Bourguignon à Amiens, le Gascon à Nemours, le Breton à Étampes, à Montfort-l'Amaury. Il était ainsi serré dans Paris, et il avait à peine Paris, n'en tirant rien depuis l'abolition des taxes. Il ne pouvait guère donner ni vendre de charges ; le Parlement désormais se recrutait lui-même, présentant au roi les candidats parmi lesquels il devait choisir.

On ne voyait pas trop d'où il allait tirer les monstrueuses pensions qu'il promettait aux grands. Il était dans la position d'un pauvre homme saisi, qui ne peut se relever ni payer, ayant chez lui, pour vivre à discrétion, des huissiers, garnissaires et *mangeurs d'office*.

Mais, tout abattu qu'il parût et décidément ruiné, les ligués prirent contre lui en partant une étrange précaution ; ils lui firent écrire que désormais il ne pourrait les contraindre de venir le trouver, et que s'il allait les voir, il les préviendrait trois jours au moins d'avance. Cela fait, ils crurent pouvoir aller en repos se cantonner chez eux.

Auparavant, le comte de Charolais promena le roi, venu sans garde, aimable et souriant, par-devant les seigneurs et toute cette grande armée, de Charenton jusqu'à Vincennes, et il dit : « Messieurs, vous et moi, nous sommes au roi, mon souverain seigneur, pour le servir, toutes les fois que besoin sera. »

Livre XV

CHAPITRE PREMIER

Louis XI reprend la Normandie
Charles le Téméraire ruine Dinant et Liège - 1466-1468

Un royaume à deux têtes, un roi de Rouen et un roi de Paris, c'était l'enterrement de la France. Le traité était nul ; personne ne peut s'engager à mourir.

Il était nul et inexécutable. Le frère du roi, les ducs de Bretagne et de Bourbon, intéressés à divers titres dans l'affaire de la Normandie, ne purent jamais s'entendre.

Le 25 novembre, six semaines après le traité, le roi, alors en pèlerinage à Notre-Dame de Cléry, reçut des lettres de son frère. Il les montra au duc de Bourbon : « Voyez, dit-il, mon frère ne peut s'arranger avec mon cousin de Bretagne ; il faudra bien que j'aille à son secours, et que je reprenne mon duché de Normandie. »

Ce qui facilitait la chose, c'est que les Bourguignons venaient de s'embarquer dans une grosse affaire qui pouvait les tenir longtemps ; ils s'en allaient en plein hiver, châtier, ruiner Dinant et Liège. Le comte de Charolais, levant le 3 novembre son camp de Paris, avait signifié à ses gens, qui croyaient retourner chez eux, « qu'ils eussent à se trouver le 15 à Mézières, sous peine de la hart ».

Liège, poussée à la guerre par Louis XI, allait payer pour lui. Quand il eût voulu la secourir, il ne le pouvait. Pour reprendre la Normandie malgré les ducs de Bourgogne et de Bretagne, il lui fallait au moins regagner le duc de Bourbon, et c'était justement pour rétablir le frère du duc de Bourbon, évêque de Liège, que le comte de Charolais allait faire la guerre aux Liégeois.

J'ai dit avec quelle impatience, quelle âpreté, Louis XI, dès son avènement, avait saisi de gré ou de force le fil des affaires de Liège. Il les avait trouvées en pleine révolution, et cette révolution terrible, où la vie et la mort d'un peuple étaient en jeu, il l'avait prise en main, comme tout autre instrument politique, comme simple moyen d'amuser l'ennemi.

Il m'en coûte de m'arrêter ici. Mais l'historien de la France doit au peuple qui la servit tant, de sa vie et de sa mort, de dire une fois ce que fut ce peuple, de lui restituer (s'il pouvait !) sa vie historique. Ce peuple au reste, c'était la France encore, c'était nous-mêmes. Le sang versé, ce fut notre sang.

Liège et Dinant, notre brave petite France de Meuse, aventurée si loin de nous dans ces rudes Marches d'Allemagne, serrée et étouffée dans un cercle ennemi de princes d'Empire, regardait toujours vers la France. On avait beau dire à Liège qu'elle était allemande et du cercle de Westphalie, elle n'en voulait rien croire. Elle laissait sa Meuse descendre aux Pays-Bas ; elle, sa tendance était de remonter. Outre la communauté de langue et d'esprit, il y avait sans doute à cela un autre intérêt, et non moins puissant, c'est que Liège et Dinant trafiquaient avec la haute Meuse, avec nos provinces du Nord ; elles y trouvaient sans doute meilleur débit de leurs fers et de leurs cuivres, de leur taillanderie et *dinanderie,* qu'elles n'auraient eu dans les pays allemands qui furent toujours des pays de mines et de forges. Un mot d'explication.

La fortune de l'industrie et du commerce de Liège date du temps où la France commença d'acheter. Lorsque nos rois mirent fin peu à peu à la vieille misère des guerres privées, et pacifièrent les campagnes, l'homme de la glèbe, qui jusque-là vivait, comme le lièvre, entre deux sillons, hasarda de bâtir ; il se bâtit un âtre, inaugura la crémaillère, à laquelle il pendit un pot, une marmite de fer, comme les colporteurs les apportaient des forges de Meuse. L'ambition croissant, la femme économisant quelque monnaie à l'insu du mari, il arrivait parfois qu'un matin les enfants admiraient dans la cheminée une marmite d'or, un de ces brillants chaudrons tels qu'on les battait à Dinant.

Ce pot, ce chaudron héréditaire, qui pendant de longs âges avaient fait l'honneur du foyer, n'étaient guère moins sacrés que lui, moins chers à la famille. Une alarme venant, le paysan laissait piller, brûler le reste ; il emportait son pot, comme Énée ses dieux. Le pot semblait constituer la famille dans nos vieilles coutumes ; ceux-là sont réputés parents qui vivent « à un pain et à un pot ».

Ceux qui forgeaient ce pot ne pouvaient manquer d'être tout au moins les cousins de France. Ils le prouvèrent lorsque, dans nos affreuses guerres anglaises, tant de pauvres Français affamés s'enfuirent dans les Ardennes, et qu'ils trouvèrent au pays de Liège un bon accueil, un cœur fraternel.

Quoi de plus français que ce pays wallon ? Il faut bien qu'il en soit ainsi, pour que là justement, au plus rude combat des races et des langues, parmi le bruit des forges, des mineurs et des armuriers, éclate, en son charme si pur, notre vieux génie mélodique. Sans parler de Grétry, de Méhul, dès le XVe siècle, les maîtres de la mélodie ont été les enfants de chœur de Mons et de Nivelle.

Aimable, léger filet de voix, chant d'oiseau le long de la Meuse... Ce fut la vraie voix de la France, la voix même de la liberté... Et sans la liberté, qui eût chanté sous ce climat sévère, dans ce pays sérieux ? Seule, elle pouvait peupler les tristes clairières des Ardennes. Liberté des personnes, ou du moins servage adouci ; vastes libertés de pâtures, immenses communaux, liberté sur la terre, sous la terre, pour les mineurs et les forgerons.

Deux églises, le pèlerinage de Saint-Hubert et l'asile de Saint-Lambert, c'est là le vrai fonds des Ardennes. A Saint-Lambert de Liège, douze abbés, devenus chanoines, ouvrirent un asile, une ville aux populations d'alentour, et dressèrent un tribunal pour le maintien de la paix de Dieu. Ce chapitre se fit, en son évêque, le grand juge des Marches. La juridiction de l'*anneau* fut redoutée au loin. A trente lieues autour, le plus fier chevalier, fût-il des quatre fils Aymon, tremblait de tous ses membres quand il était cité à la ville noire, et qu'il lui fallait comparaître au *péron* de Liège.

Forte justice et liberté, sous la garde d'un peuple qui n'avait peur de rien, c'était, autant que la bonne humeur des habitants, autant que leur ardente industrie, le grand attrait de Liège ; c'est pour cela que le monde y affluait, y demeurait et voulait y vivre. Le voyageur qui, à grand-peine, ayant franchi tant de pas difficiles, voyait enfin fumer au loin la grande forge, la trouvait belle et rendait grâce à Dieu. La cendre de houille, les scories de fer lui semblaient plus douces à marcher que les prairies de Meuse... L'Anglais Mandeville, ayant fait le tour du monde, s'en vint à Liège et s'y trouva si bien qu'il n'en sortit jamais. Doux lotos de la liberté !

Liberté orageuse, sans doute, ville d'agitations et d'imprévus caprices. Eh bien ! malgré cela, pour cela peut-être, on l'aimait. C'était le mouvement, mais, à coup sûr, c'était la vie (chose si rare dans cette langueur du Moyen Age !), une forte et joyeuse vie, mêlée de travail, de factions, de batailles : on pouvait souffrir beaucoup dans une telle ville, s'ennuyer ? jamais.

Le caractère le plus fixe de Liège, à coup sûr, c'était le mouvement. La base de la cité, son *tréfoncier* chapitre, était, dans sa constance apparente, une personne mobile, variée sans cesse par l'élection, mêlée de tous les peuples, et qui s'appuyait contre la noblesse indigène d'une population d'ouvriers non moins mobile et renouvelée.

Curieuse expérience dans tout le Moyen Age : une ville qui se défait, se refait, sans jamais se lasser. Elle sait bien qu'elle ne peut périr ; ses fleuves lui rapportent chaque fois plus qu'elle n'a détruit ; chaque fois la terre est plus fertile encore, et du fond de la terre la Liège souterraine, ce noir volcan de vie et de richesse, a bientôt jeté, par-dessus les ruines, une autre Liège, jeune et oublieuse, non moins ardente que l'ancienne et prête au combat.

Liège avait cru d'abord exterminer ses nobles ; le chapitre avait lancé sur eux le peuple, et ce qui en restait s'était achevé dans la folie d'un combat à outrance. Il avait été dit que l'on ne prendrait plus les magistrats que dans les métiers, que, pour être consul, il faudrait être charron, forgeron, etc. Mais voilà que des métiers même pullulent des nobles innombrables, de nobles drapiers et tailleurs, d'illustres marchands de vin, d'honorables houillers.

Liège fut une grande fabrique, non de drap ou de fer seulement, mais d'hommes ; je veux dire une facile et rapide initiation du paysan à la vie urbaine, de l'ouvrier à la vie bourgeoise, de la bourgeoisie à la noblesse.

Je ne vois pas d'ici l'immobile hiérarchie des classes flamandes. Entre les villes du Liégeois, les rapports de subordination ne sont pas non plus si fortement marqués. Liège n'est pas, ainsi que Gand ou Bruges, la ville mère de la contrée, qui pèse sur les jeunes villes d'alentour, comme mère ou marâtre. Elle est pour les villes liégeoises une sœur du même âge ou plus jeune, qui, comme Église dominante, comme armée toujours prête, leur garantit la paix publique. Quoiqu'elle ait elle-même par moments troublé cette paix, abusé de sa force, on la voit dans telles de ses institutions juridiques les plus importantes, limiter son pouvoir et s'associer les villes secondaires sur le pied de l'égalité.

Le lien hiérarchique, loin d'être trop fort dans ce pays, fut malheureusement faible et lâche ; faible entre les villes, entre les fiefs ou les familles, au sein de la famille même. Ce fut une cause de ruine. Le chroniqueur de la noblesse de Liège, qui écrit tard et comme au soir de la bataille du XIVe siècle pour compter les morts, nous dit avec simplicité un mot profond qui n'explique que trop l'histoire de Liège (et bien d'autres histoires !) : « Il y avait dans ce temps-là, à Visé-sur-Meuse, un prud'homme qui faisait des selles et des brides, et qui peignait des blasons de toute sorte. Les nobles allaient souvent le voir pour son talent, et lui demandaient des blasons. Ce qu'il y avait d'étrange, c'est que les frères ne prenaient pas les mêmes, mais de tout contraires d'emblèmes et de couleurs ; pourquoi ? je ne sais, si ce n'est que chacun d'eux *voulait être chef* de sa branche, et que l'autre n'eût pas seigneurie sur lui. »

Chacun *voulait être chef*, et chacun périssait. Au bout d'un demi-siècle de domination, la haute bourgeoisie est si affaiblie qu'il lui faut abdiquer (1384). Liège présenta alors l'image de la plus complète égalité qui se soit peut-être rencontrée jamais ; les petits métiers votent comme les grands, les ouvriers comme les maîtres ; les apprentis même ont suffrage. Si les femmes et les enfants ne votaient pas, ils n'agissaient pas moins. En émeute, parfois même en guerre, la femme était terrible, plus violente que les hommes, aussi forte, endurcie à la peine, à porter la houille, à tirer les bateaux.

La chronique a jugé durement cette Liège ouvrière du XIVe siècle ; mais l'histoire, qui ne se laisse pas dominer par la chronique et qui la juge elle-même, dira que jamais peuple ne fut plus entouré de malveillances, qu'aucun n'arriva dans de plus défavorables circonstances à la vie politique. S'il périt, la faute en fut moins à lui qu'à sa situation, au principe même dont il était né et qui avait fait sa subite grandeur.

Quel principe ? nul autre qu'un ardent génie d'action, qui, ne se reposant jamais, ne pouvait cesser un moment de produire sans détruire.

La tentation de détruire n'était que trop naturelle pour un peuple qui se savait haï, qui connaissait parfaitement la malveillance unanime des grandes classes du temps, le prêtre, le baron et l'homme de loi. Ce peuple enfermé dans une seule ville, et par conséquent pouvant être trahi, livré en une fois, avait mille alarmes, et souvent fondées. Son arme en pareil cas, son moyen de guerre légal contre un homme, un corps qu'il suspectait, c'était que les métiers *chômassent* à son égard, déclarassent qu'ils ne voulaient plus travailler pour lui. Celui qui recevait cet avertissement, s'il était prudent, fuyait au plus vite.

Liège, assise au travail sur sa triple rivière, est comme on sait dominée par les hauteurs voisines. Les seigneurs qui y avaient leurs tours, qui d'en haut épiaient la ville, qui ouvraient ou fermaient à volonté le passage des vivres, lui étaient justement suspects. Un matin, la montagne n'entendait plus rien de la ville, ne voyait ni feu ni fumée ; le peuple *chômait,* il allait sortir, tout tremblait... Bientôt, en effet, vingt à trente mille ouvriers passaient les portes, marchaient sur tel château, le défaisaient en un tour de main et le mettaient en plaine ; on donnait au seigneur des terres en bas, et une bonne maison dans Liège.

L'un après l'autre descendirent ainsi tours et châteaux. Les Liégeois prirent plaisir à tout niveler, à démolir eux-mêmes ce qui couvrait leur ville, à faire de belles routes pour l'ennemi, s'il était assez hardi pour venir à eux. Dans ce cas, ils ne se laissaient jamais enfermer ; ils sortaient tous à pied, sans chevaliers, n'importe. De même que la ville de pierre n'aimait point les châteaux autour d'elle, la ville vivante croyait n'avoir que faire de ces pesants gendarmes, qui, pour les armées du temps, étaient des tours mouvantes. Ils n'en allaient pas moins gaiement, lestes piétons, dans leurs courtes jaquettes, accrocher, renverser les cavaliers de fer.

Et pourtant, que servait cette bravoure ? Ce vaillant peuple, rangé en bataille, pouvait apprendre qu'il était, lui et sa ville, donné par une bulle à quelqu'un de ceux qu'il allait combattre, que son ennemi devenait son évêque. Dans sa plus grande force et ses plus fiers triomphes, la pauvre cité était durement avertie qu'elle était terre d'Église. Comme telle, il lui fallut maintes fois s'ouvrir à ses plus odieux voisins ; s'ils n'étaient pas assez braves pour forcer l'entrée par l'épée, ils entraient déguisés en prêtres.

Le nom suffisait, sans le déguisement. On donnait souvent cette église à un laïque, à tel jeune baron, violent et dissolu, qui prenait l'évêché comme il eût pris maîtresse, en attendant son mariage. L'évêché lui donnait droit sur la ville. Cette ville, ce monde de travail, n'avait de vie légale qu'autant que l'évêque autorisait les juges. Au moindre mécontentement, il emportait à Huy, à Maëstricht, le bâton de justice, fermait églises et tribunaux : tout ce peuple restait sans culte et sans loi.

Au reste, la discorde et la guerre où Liège va s'enfonçant toujours ne s'expliqueraient pas assez, si l'on n'y voulait voir que la tyrannie des uns, l'esprit brouillon des autres. Non, il y a à cela une cause plus profonde. C'est qu'une ville qui se renouvelait sans cesse devait perdre tout rapport avec le monde immobile qui l'environnait. N'ayant plus d'intermédiaire avec lui, ni de langue commune, elle ne comprenait plus, n'était plus comprise. Elle repoussait les mœurs et les lois de ses voisins, les siennes même peu à peu. Le vieux monde (féodal ou juriste), incapable de ne rien entendre à cette vie rapide, appela les Liégeois *haï-droits,* sans voir qu'ils avaient droit de haïr un droit mort, fait pour une autre Liège, et qui était pour la nouvelle le contraire du droit et de l'équité.

Apparaissant au-dehors comme l'ennemi de l'Antiquité, comme la *nouveauté* elle-même, Liège déplaisait à tous. Ses alliés ne l'aimaient guère plus que ses ennemis. Personne ne se croyait obligé de lui tenir parole.

Politiquement, elle se trouva seule et devint comme une île. Elle le devint encore sous le rapport commercial, à mesure que tous ses voisins, se trouvant sujets d'un même prince, apprirent à se connaître, à échanger leurs produits, à soutenir la concurrence contre elle. Le duc de Bourgogne, devenu en dix ans maître de Limbourg, du Brabant et de Namur, se trouve être l'ennemi des Liégeois, et comme leur concurrent pour les houilles et les fers, les draps et les cuivres. Étrange rapprochement des deux esprits féodal et industriel ! Le prince chevaleresque, le chef de la croisade, le fondateur de la Toison d'or, épouse contre Liège les rancunes mercantiles des forgerons et des chaudronniers.

Il ne fallait pas moins qu'une alliance inouïe d'états et de principes jusque-là opposés, pour accabler un peuple si vivace. Pour en venir à bout, il fallait que de longue date, de loin et tout autour, on fermât les canaux de sa prospérité, qu'on le fît peu à peu dépérir. C'est à quoi la maison de Bourgogne travailla pendant un demi-siècle.

D'abord elle tint à Liège, trente ans durant, un évêque à elle, Jean de Heinsberg, parasite, *domestique* de Philippe le Bon. Ce Jean, par lâcheté, mollesse et connivence, énerva la cité en attendant qu'il la livrât. Lorsque le Bourguignon, ayant acquis les pays d'alentour et presque enfermé l'évêché, commença d'y parler en maître, Liège prit les armes ; l'évêque invoqua l'arbitrage de son archevêque, celui de Cologne, et souscrivit à sa sentence paternelle, qui ruinait Liège au profit du duc de Bourgogne, la frappant d'une amende monstrueuse de deux cent mille florins du Rhin (1431).

Liège baissa la tête, s'engagea à payer tant par terme ; il y en avait pour de longues années. Elle se fit tributaire, afin de travailler en paix. Mais c'était pour l'ennemi qu'elle travaillait, une bonne part du gain était pour lui. Ajoutez qu'elle vendait bien moins ; les marchés des Pays-Bas se fermaient pour elle, et la France n'achetait plus, épuisée qu'elle était par la guerre.

Il résulta de cette misère une misère plus grande. C'est que Liège, ruinée d'argent, le fut presque de cœur. Voir à chaque terme le créancier à la porte, qui gronde et menace si vous ne payez, cela met bien bas les courages. Cette malheureuse ville, pour n'avoir pas la guerre, se la fit à elle-même ; le pauvre s'en prit au riche, proscrivant, confisquant, faisant ressource du sang liégeois, alléché peu à peu aux justices lucratives. Et tout cela pour gorger l'ennemi.

La France voyait périr Liège, et semblait ne rien voir. Ce n'est pas là ce qui eût lieu au XIIIe ou XIVe siècle ; les deux pays se tenaient bien autrement alors. A travers mille périls, nos Français allaient visiter en foule grand saint Hubert. Les Liégeois, de leur part, n'étaient guère moins dévots au roi de France, leur pèlerinage était Vincennes. C'est là qu'ils venaient faire leurs lamentations, leurs terribles histoires des nobles brigands de Meuse, qui, non contents de piller leurs marchands, mettaient la main sur leurs évêques, témoin celui qu'ils lièrent sur un cheval et firent courir à mort... Parfois, la terreur lointaine de la France suffisait pour protéger Liège ; en 1276, lorsque toute la grosse féodalité des Pays-Bas s'était unie pour l'écraser, un mot du fils de Saint Louis les fit reculer tous. Nos rois, enfin, s'avisèrent d'avoir sur la Meuse contre ces brigands un brigand à eux, le sire de La Marche, prévôt de Bouillon pour l'évêque, quelquefois évêque lui-même, par la grâce de Philippe le Bel ou de Philippe de Valois.

Ce fut aussi La Marche qu'employa Charles VII. N'ayant repris encore ni la Normandie ni la Guienne, il ne pouvait rien, sinon créer au Bourguignon une petite guerre d'Ardennes, de lui lancer le Sanglier. Lorsque ce Bourguignon insatiable, ayant presque tout pris autour de Liège, prit encore le Luxembourg, comme pour fermer son filet, La Marche mit garnison française dans ses châteaux, défia le duc. Qui n'aurait cru que Liège eût saisi cette dernière chance d'affranchissement ? Mais elle était tellement abattue de cœur ou dévoyée de sens, qu'elle se laissa induire par son évêque à combattre son allié naturel, à détruire celui qui, par Bouillon et Sedan, lui gardait la haute Meuse, la route de la France (1445).

L'évêque, désormais moins utile et sans doute moins ménagé, semble avoir regretté sa triste politique. Il eut l'idée de relever La Marche, lui rendit le gouvernement de Bouillon. Le Bourguignon, voyant bien que son évêque tournait, ne lui en donna pas le temps ; il le fit venir et lui fit une telle peur qu'il résigna en faveur d'un neveu du duc, le jeune Louis de Bourbon. Au même moment, il forçait l'élu d'Utrecht de résigner aussi en faveur d'un sien bâtard, et ce bâtard, il l'établissait à Utrecht par la force des armes, en dépit du chapitre et du peuple.

Le duc de Bourgogne ne sollicita pas davantage pour son protégé le chapitre de Liège, qui pourtant était non seulement électeur naturel de l'évêque, mais de plus originairement souverain du pays et prince avant le prince. Il s'adressa au pape, et obtint sans difficulté une bulle de Calixte Borgia.

Liège fut peu édifiée de l'entrée du prélat : celui qu'on lui donnait pour père spirituel était un écolier de Louvain ; il avait dix-huit ans. Il entra avec un cortège de quinze cents gentilshommes, lui-même galamment vêtu, habit rouge et petit chapeau.

On voyait bien, au reste, d'où il venait : il avait un Bourguignon à droite et un à gauche. Tout ce qui suivait était Bourguignon, Brabançon ; pas un Français, personne de la maison de Bourbon. Autre n'eût été l'entrée si le Bourguignon lui-même fût entré par la brèche.

S'ils ne crièrent pas : *Ville prise*, ils essayèrent du moins de prendre ce qu'ils purent, coururent à l'argent, au trésor des abbayes, aux comptoirs des Lombards ; ils venaient, disaient-ils, emprunter *pour le prince*. Après avoir si longtemps extorqué l'argent par tribut, l'ennemi voulait par emprunt, escamoter le reste.

L'évêque de Liège résidait partout plutôt qu'à Liège ; il vivait à Huy, à Maëstricht, à Louvain. C'est là qu'il eût fallu lui envoyer son argent, en pays étranger, chez le duc de Bourgogne. La ville n'envoya point ; elle se chargea de percevoir les droits de l'évêché, droits sur la bière, droits sur la justice, etc.

L'évêque seul avait le bâton de justice, le droit d'autoriser les juges. Il retint le bâton, laissant les tribunaux fermés, la ville et l'évêché sans droit ni loi. De là de grands désordres : une justice étrange s'organise, des tribunaux burlesques ; partout, dans la campagne, de petits compagnons, des garçons de dix-huit ou vingt ans se mettent à juger ; ils jugent surtout les agents de l'évêque. Puis, la licence croissant, ils tiennent cour au coin de la rue, arrêtent le passant et le jugent : on riait, mais en tremblant, et pour être absous, il fallait payer.

Le plus comique (et le plus odieux), c'est qu'apprenant que Liège allait faire rendre gorge aux procureurs de l'évêque, l'évêque vint en hâte... intercéder ? – non, mais demander sa part. Il siégea, de bonne grâce, avec les magistrats, jugea avec eux ses propres agents, et en tira profit ; on lui donna les deux tiers des amendes.

En tout ceci, Liège était menée par le parti français ; plusieurs de ses magistrats étaient pensionnés de Charles VII. La maison de Bourbon, puissante sous ce règne, avait, selon toute apparence, ménagé cet étrange compromis entre la ville et Louis de Bourbon. Le duc de Bourgogne patientait, parce qu'il avait alors le dauphin chez lui, et croyait que, Charles VII mourant, son protégé arrivant au trône, la France tomberait dans sa main et Liège avec la France.

On sait ce qui en fut. Louis XI, à peine roi, fit venir les meneurs de Liège, leur fit peur, les força de mettre la ville sous sa sauvegarde ; mais il n'en fit pas davantage pour eux. Préoccupé du rachat de la Somme, il avait trop de raisons de ménager le duc de Bourgogne. S'il servit Liège, ce fut indirectement, en achetant les Croy, qui, comme capitaines et baillis du Hainaut, comme gouverneurs de Namur et du Luxembourg, auraient certainement vexé Liège de bien des manières, s'ils n'eussent été d'intelligence avec le roi.

Dans cette situation même, Liège, sans être attaquée, pouvait mourir de faim. L'évêque, s'éloignant de nouveau, avait jeté l'interdit, enlevé la clé des églises et des tribunaux. Cette affluence de plaideurs, de gens de toute sorte, que la ville attirait à elle, comme haute cour ecclésiastique, avait cessé. Ni plaideurs, ni marchands, dans une ville en révolution. Les riches partaient un à un, quand ils pouvaient ; les pauvres ne partaient pas, un peuple innombrable de pauvres, d'ouvriers sans ouvrage.

État intolérable, et qui néanmoins pouvait durer. Il y avait dans Liège une masse inerte de modérés, de prêtres. Saint-Lambert, avec son vaste cloître, son asile, son *avoué* féodal, sa bannière redoutée, était une ville dans la ville, une ville immobile, opposée à tout mouvement. Les chanoines ne voulaient point, quelque prière ou menace que leur fît la ville, officier malgré l'interdit de l'évêque. D'autre part, comme *tréfonciers,* c'est-à-dire propriétaires du fonds, comme souverains originaires de la cité, ils ne voulaient point la quitter, et n'obéissaient nullement aux injonctions de l'évêque, qui les sommait d'abandonner un lieu soumis à l'interdit.

A toute prière de la ville, le chapitre répondait froidement : « Attendons. » De même, le roi de France disait aux envoyés liégeois : « Allons doucement, attendons ; quand le vieux duc mourra... » Mais Liège mourait elle-même, si elle attendait.

Dans cette situation, le rôle des modérés, des anciens meneurs, agents de Charles VII, cessait de lui-même. Un autre homme surgit, le chevalier Raes, homme de violence et de ruse, d'une bravoure douteuse, mais d'une grande audace d'esprit. Peu de scrupule ; il avait, dit-on, commencé (à peu près comme Louis XI) par voler son père et l'attaquer dans son château.

Raes, tout chevalier qu'il était et de grande noblesse (les modérés qu'il remplaçait étaient au contraire des bourgeois), se fit inscrire au métier des *febves* ou forgerons. Les batteurs de fer, par le nombre et la force, tenaient le haut du pavé dans la ville ; c'était le *métier-roi.* Ils prirent à grand honneur d'avoir à leur tête *un chevalier aux éperons d'or,* qui, dans ses armes, avait trois grosses fleurs de lis.

Il s'agissait de refaire la loi dans une ville sans loi, d'y recommencer le culte et la justice (sans quoi les villes ne vivent point). Avec quoi fonder la justice ? avec la violence et la terreur ? Raes n'avait guère d'autres moyens.

La légalité dont il essaya d'abord ne lui réussit pas. Il s'adressa au supérieur immédiat de l'évêque de Liège, à l'archevêque de Cologne ; il eut l'adresse d'en tirer sentence pour lever l'interdit. Simple délai : le duc de Bourgogne, tout-puissant à Rome, fit confirmer l'interdit par un légat ; puis, Liège appelant du légat, le pape fit plaider devant lui ; plaider pour la forme, tout le monde savait qu'il ne refuserait rien au duc de Bourgogne.

Raes, prévoyant bien la sentence, fit venir des docteurs de Cologne pour rassurer le peuple, et en tira cet avis qu'on pouvait appeler du pape au pape mieux informé. Il essayait en même temps d'un spectacle, d'une machine populaire, qui pouvait faire effet. Il gagna les mendiants, les enfants perdus du clergé, leur fit dresser leur autel sous le ciel, dire la messe en plein vent.

Le clergé, le noble chapitre, qui n'avaient pas coutume de se mettre à la queue des mendiants, s'enveloppèrent de majesté, de silence et de mépris. Les portes de Saint-Lambert restèrent fermées, les chanoines muets ; il fallait autre chose pour leur rendre la voix.

Le premier coup de violence fut frappé sur un certain Bérart, homme double et justement haï, qui, envoyé au roi par la ville, avait parlé contre elle. Les échevins le déclarèrent banni *pour cent ans,* les forgerons détruisirent de fond en comble une de ses maisons.

Bérart était un ami de l'évêque. Peu de mois après, c'est un ennemi de l'évêque qui est arrêté, un des premiers auteurs de la révolution, des violents d'alors, des modérés d'aujourd'hui. Ce modéré, Gilles d'Huy, est décapité sans jugement régulier, sur l'ordre de l'*avoué* ou capitaine de la ville, Jean le Ruyt, un de ses anciens collègues, qui prêtait alors aux violents son épée et sa conscience.

Pour mieux étendre la terreur, Raes s'avisa de rechercher ce qu'était devenue une vieille confiscation qui datait de trente ans. Bien des gens en détenaient encore certaines parts. Un modéré, Baré de Surlet, qui de ce côté ne se sentait pas net, passa aux violents, se cachant pour ainsi dire parmi eux, et dépassa tout le monde, Raes lui-même, en violence.

Ces actes, justes ou injustes, eurent du moins cet effet que Raes se trouva assez fort pour rétablir la justice, l'appuyant sur une base nouvelle, inouïe dans Liège : l'autorité du peuple. Un matin, les forgerons dressent leur bannière sur la place, et déclarent que le métier *chôme,* qu'il chômera jusqu'à ce que la justice soit rétablie. Ils somment les échevins d'ouvrir les tribunaux. Ceux-ci, simples magistrats municipaux, assurent qu'ils n'ont point ce pouvoir. A la longue, un des échevins, un vieux tisserand, s'avise d'un moyen : « Que les métiers nous garantissent indemnité, et nous vous donnerons des juges. » Sur trente-deux métiers, trente signèrent ; la justice reprit son cours.

Raes emporta encore une grande chose, non moins difficile, non moins nécessaire dans cette ville ruinée : la séquestre des biens de l'évêque. Le roi de France donnait bon exemple. Cette année même, il saisissait des évêchés, des abbayes, le temporel de trois cardinaux ; il demandait aux Églises la description des biens.

Louis XI se croyait très fort, et sa sécurité gagnait les Liégeois. Il avait du côté du Nord une double assurance : en première ligne, sur toute la frontière, le duc de Nevers possesseur de Mézières et de Rethel, gouverneur de la Somme, prétendant du Hainaut. En seconde ligne, du côté bourguignon, il avait les Croy, grands baillis de Hainaut, gouverneurs de Boulogne, de Namur et de Luxembourg. Il avait dans la main Nevers pour attaquer, les Croy pour ne point défendre. Le duc vivant, les Croy continuaient de régner ; le duc mourant, on espérait que les Wallons, les hommes des Croy, fermeraient leurs places à ce violent Charolais, l'ami de la Hollande. Une chose bizarre arriva, imprévue et la pire pour les Croy et pour Louis XI, c'est que le duc mourut sans mourir ; je veux dire qu'il fut très malade et désormais mort aux affaires. Son fils les prit en main. Tel gouverneur ou capitaine, qui peut-être eût résisté au fils, n'eut pas le cœur de déchirer la bannière de son vieux maître qui vivait encore, et reçut le fils comme lieutenant du père.

Le 12 mars tombèrent les Croy ; le comte de Charolais entra dans leurs places sans coup férir, changea leurs garnisons. Au même moment,

Louis XI reçut les manifestes et les défis des ducs de Berri, de Bretagne et de Bourbon. Terribles nouvelles pour Liège. La guerre infaillible, l'ennemi aux portes ; l'ami impuissant, en péril, peut-être accablé.

La campagne s'ouvrait, et la ville, loin d'être en défense, avait à peine un gouvernement ; si elle ne se donnait un chef, elle était perdue. Il lui fallait non plus un simple capitaine, comme avaient été les La Marche, mais un protecteur efficace, un puissant prince qui l'appuyât de fortes alliances. La France ne pouvant rien, il fallait demander ce protecteur à l'Allemagne, aux princes du Rhin. Ces princes, qui voyaient avec inquiétude la maison de Bourgogne s'étendre et venir à eux, devaient saisir vivement l'occasion de prendre poste à Liège.

Raes court à Cologne. L'archevêque était fils du palatin Louis le Barbu, qui avait vaincu en bataille la moitié de l'Allemagne ; et néanmoins il n'osa accepter. Voisin, comme il était, des Pays-Bas, il eût donné une belle occasion à cette terrible maison de Bourgogne d'établir la guerre dans les électorats ecclésiastiques. Il connaissait trop bien d'ailleurs ce qu'on lui proposait ; il avait été voir de près ce peuple ingouvernable. Il aimait mieux un bon traité, une bonne pension du duc de Bourgogne que d'aller se faire le capitaine en robe des terribles milices de Liège.

Raes, au défaut des Palatins, se rabattit sur Bade, leur rival naturel, et s'en assura. Le 24 mars, il convoque l'assemblée et pose la question : « Faut-il faire un régent ? » Tous disent *oui*. La Marche seul, qui était présent, s'obstina à garder le silence. « Eh bien ! dit Raes, je suis prêt à jurer que celui que je vais nommer est, de tous, le meilleur à prendre dans l'intérêt de la patrie ; c'est le seigneur Marc de Bade, frère du margrave, qui a épousé la sœur de l'empereur, le frère de l'achevêque de Trèves et de l'évêque de Metz. » Marc de Bade était Français par sa mère, fille du duc de Lorraine. Il fut nommé sans difficulté. La Marche, qui se figurait avoir un droit héréditaire à commander dans la vacance, passa du côté de Louis de Bourbon.

Raes n'avait pu brusquer l'affaire qu'en trompant des deux parts. D'un côté, il faisait croire aux Liégeois que l'Allemand serait soutenu de ses frères, les puissants évêques de Trèves et de Metz, qui, au contraire, firent tout pour l'éloigner de Liège. De l'autre, il parlait au margrave au nom du roi de France, et lui promettait son appui. Loin de là, Louis XI proposait aux Liégeois de prendre pour régent son homme, Jean de Nevers, leur voisin par Mézières, et que le sire de La Marche eût peut-être accepté.

Le *joyeuse entrée* du Badois n'eut rien qui pût le rassurer. Peu de nobles, point de prêtres. Les cloches ne sonnèrent point. A Saint-Lambert, rien de préparé, pas même un baldaquin ; Raes en envoya chercher un à une autre église. Plusieurs chanoines sortirent du chœur.

Cependant, la sentence du pape contre Liège avait été publiée, les délais qu'elle accordait expirent. Au dernier jour, le doyen de Saint-Pierre essaie de s'enfuir, est pris aux portes, à grand-peine sauvé du peuple, qui voulait l'égorger. Raes et les maîtres des métiers le mènent à la Violette (Hôtel de Ville), le montrent au balcon, et là, devant la foule, Raes l'interroge :

« Cette bulle qui parle des excès de la ville, sans dire un mot des excès de l'évêque, qui l'a faite ? qui l'a dictée ? Est-ce le pape lui-même ? » Le doyen répondit : « Ce n'est pas le pape en personne, c'est celui qui a charge de ces choses. » – « Vous l'entendez, ce n'est pas le pape ! » Une clameur terrible partit du peuple. « La bulle est fausse, l'interdit est nul. » Ils coururent de la place aux maisons des chanoines ; toutes celles dont on trouva les maîtres absents furent pillées. La nuit, plusieurs se tenaient en armes aux portes des couvents pour écouter si les moines chanteraient matines. Malheur à qui n'eût pas chanté ! Les chanoines chantèrent en protestant. Plusieurs s'enfuirent. Leurs biens furent vendus, moitié pour le régent, moitié pour la cité.

Cependant la guerre commence. Dès le 21 avril, le roi courant au Midi, au duc de Bourbon, veut s'assurer la diversion du Nord. Il reconnaît Marc de Bade pour régent de Liège, s'engage à le faire confirmer par le pape, « à ne prester aucune obéissance à nostre Très-Saint-Père, jusqu'à ce qu'il l'ait confirmé. Il paiera et souldoyera aux Liégeois deux cents lances complètes (1 200 cavaliers). » Les Liégeois entreront en Brabant, le roi en Hainaut (21 avril 1465).

Le roi croyait que Jean de Nevers, prétendant de Hainaut et de Brabant, avait, dans ces provinces, de fortes intelligences, qui n'attendaient qu'une occasion pour se déclarer. Nevers l'avait trompé (ou s'était trompé) sur cela et sur tout. La noblesse picarde, dont il répondait, lui manqua au moment. Ce conquérant des Pays-Bas n'eut plus qu'à s'enfermer dans Péronne ; dès le 3 mai, il demandait grâce au comte de Charolais.

D'autre part, les Allemands, si peu solides à Liège, n'avaient pas hâte d'attirer sur eux la grosse armée destinée pour Paris. Pour qui d'ailleurs allaient-ils guerroyer en Brabant ? Pour le duc de Nevers, pour celui que le roi avait conseillé aux Liégeois de nommer régent, de préférence à Marc de Bade.

Le roi avait beau gagner la partie au midi, il la perdait au nord. Le 16 mai, de Montluçon, qu'il vient d'emporter l'épée à la main, il écrit encore au régent, qui ne bouge.

Les Badois ne voulaient point armer, même pour leur salut, à moins d'être payés d'avance. Sans doute aussi, dans leur prudence, voyant que le roi n'entrait pas en Hainaut, ils voulaient n'entrer en Brabant que quand ils sauraient l'armée bourguignonne loin d'eux, très loin, et qu'il n'y aurait plus personne à combattre. Ils ne se décidèrent à signer le traité que le 17 juin, et alors même ils ne firent rien encore ; ils songèrent un peu tard qu'ils n'avaient que des milices, point d'artillerie ni de troupes réglées, et le margrave partit pour en aller chercher en Allemagne.

Le 4 août, grande nouvelle du roi. Il mande à ses bons amis de Liège, que, grâce à Dieu, il a pris du Mont-le-Héry, défait son adversaire ; que le comte de Charolais est blessé, tous ses gens enfermés, affamés ; s'ils ne se sont pas rendus encore, sans faute ils vont se rendre. Tout cela proclamé par un certain Renard (que le roi avait fait chevalier pour porter la nouvelle), et par un maître Petrus Jodii, professeur en droit civil et canonique, qui, pour faire l'homme d'armes, brandissait toujours un trait d'arbalète.

Comment ne pas croire ces braves ? Ils arrivaient les mains pleines : argent pour la cité, argent pour les métiers, sans compter l'argent à donner sous main. Louis XI, dans sa situation désespérée, avait ramassé ce qui lui restait pour acheter, à tout prix, la diversion de Liège.

Jamais fausse nouvelle n'eut un plus grande effet. Il n'y eut pas moyen de tenir le peuple ; malgré ses chefs, il sortit en armes : ce fut un mouvement tumultuaire, nul ensemble ; métier par métier, les vignerons d'abord ; puis les drapiers, puis tous. Raes courut après eux pour les diriger sur Louvain, où ils auraient peut-être été accueillis par les mécontents ; ils ne l'écoutèrent pas et s'en allèrent follement brûler leurs voisins du Limbourg. Limbourg ou Brabant, l'essentiel pour le roi était qu'ils attaquassent ; ses deux hommes suivaient pour voir de leurs yeux si la guerre commençait. Au premier village pillé, brûlé, l'église en feu : « C'est bien, enfants, dirent-ils, nous allons dire au roi que vous êtes des gens de parole ; vous en faites encore plus que vous ne promettez. »

Ils n'en faisaient que trop. Plus fiers de cette belle bataille du roi que s'ils l'avaient gagnée, ils envoient leur héraut dénoncer la guerre au vieux duc à Bruxelles, une guerre à feu et à sang. Autre provocation, telle que Louis XI (s'il n'y eut part) la demandait sans doute à Dieu, une provocation propre à rendre la guerre implacable et *inexpiable :* les menus métiers de Dinant, les compagnons, les apprentis firent pour Montlhéry des réjouissances furieuses, un affreux sabbat d'insultes au Bourguignon.

Tout cela, en réalité, était moins contre lui que pour faire dépit à Bouvignes, ville du duc, qui était en face, de l'autre côté de la Meuse. Il y avait des siècles que Dinant et Bouvignes aboyaient ainsi l'une à l'autre ; c'était une haine envieillie. Dinant n'avait pas tout le tort ; elle paraît avoir été la première établie ; dès l'an 1112, elle avait fait du métier de battre le cuivre un art qu'on n'a point surpassé. Elle n'en avait pas moins vu, en face d'elle, sous la protection de Namur, une autre Dinant ouvrir boutique, ses propres ouvriers, probablement ses apprentis, fabriquer sans maîtrise, appeler la pratique, vendre au rabais.

Une chose qui devait rapprocher avait tout au contraire multiplié, compliqué les haines. A force de se regarder d'un bord à l'autre. les jeunes gens des deux villes s'aimaient parfois et s'épousaient. Le pays d'alentour était si mal peuplé qu'ils ne pouvaient guère se marier que chez leurs ennemis. Cela amenait mille oppositions d'intérêt, mille procès, par-dessus la querelle publique. Se connaissant tous et se détestant, ils passaient leur vie à s'observer et s'épier. Pour voir dans l'autre ville et prévoir les attaques, Bouvignes s'avisa, en 1321, de bâtir une tour qu'elle baptisa du nom de Crève-Cœur ; en réponse, l'année suivante, Dinant dressa sa tour de Montorgueil. D'une tour à l'autre, d'un bord à l'autre, ce n'était qu'outrages et qu'insultes.

Le comte de Charolais n'avait pas encore commencé la campagne que déjà Bouvignes tirait sur Dinant, lui plantait des pieux dans la Meuse, pour rendre le passage impraticable de son côté (10 mai 1465). Ceux de Dinant ne commencèrent pourtant la guerre qu'en juin ou juillet, poussés par les agents du roi. Vers le 1er août, quand il fit dire à Liège qu'il avait gagné la bataille, quelques compagnons de Dinant, menés par un certain Conart le *clerc* ou le *chanteur,* passent la Meuse avec un mannequin aux armes du comte de Charolais ; le mannequin avait au cou une clochette de vache ; ils dressent devant Bouvignes une croix de Saint-André (c'était, comme on sait, la croix de Bourgogne), pendent le mannequin, et, tirant la clochette, ils crient aux gens de la ville : « Larronnailles, n'entendez-vous pas votre M. de Charolais qui vous appelle ? que ne venez-vous ? ... Le voilà, ce faux traître ! Le roi l'a fait ou fera pendre, comme vous le voyez... Il se disait fils de duc, et ce n'était qu'un fils de prêtre, bâtard de notre évêque... Ah ! il croyait donc mettre à bas le roi de France ! » Les Bouvignois, furieux, crièrent du haut des murs mille injures contre le roi, et, pour venger dignement la pendaison du Charolais de paille, ils envoyèrent, au moyen d'une grosse bombarde, dans Dinant même, un Louis XI pendu.

Cependant on commençait à savoir partout la vérité sur Montlhéry, et que Paris était assiégé. A Liège, quoique l'argent de France opérât encore, l'inquiétude venait, les réflexions, les scrupules. Le peuple craignait que la guerre n'eût pas été bien déclarée en forme, qu'elle ne fût pas régulière, et il voulut qu'on accomplît, pour la seconde fois, cette formalité. D'autre part, les Allemands se firent conscience d'assister aux violences impies des Liégois, à leurs saccagements d'églises ; ils crurent qu'il n'était pas prudent de faire plus longtemps la guerre avec ces sacrilèges. Un de leurs comtes dit à Raes : « Je suis chrétien, je ne puis voir de telles choses... » Leurs scrupules augmentèrent encore quand ils surent que le Bourguignon négociait un traité avec le Palatin et son frère, l'archevêque de Cologne. A la première occasion, dès qu'ils se virent un peu observés, régent, margrave, comtes, gens d'armes, ils se sauvèrent tous.

Telle était, avec tout cela, l'outrecuidance de ce peuple de Liège, que, délaissés des Allemands, sans espoir du côté des Français, ils s'acharnaient encore au Limbourg et refusaient de revenir. L'ennemi approchait, une nombreuse noblesse, qui, sommée par le vieux duc comme pour un outrage personnel, s'était hâtée de monter à cheval. Raes n'eut que le temps de ramasser quatre mille hommes pour barrer la route. Cette cavalerie leur passa sur le ventre, il n'en rentra pas moitié dans la ville (19 octobre 1465).

Cependant, un chevalier arrive de Paris : « Le roi a fait la paix, vous en êtes. » Puis vient aussi de France un magistrat de Liège : « Le comte a dicté la paix ; il est maître de la campagne : je n'ai pu revenir qu'avec son sauf-conduit. » Tout le peuple crie : « La paix ! » On envoie à Bruxelles demander une trêve.

Grande était l'alarme à Liège, plus grande à Dinant. Les maîtres fondeurs et batteurs de cuivre, qui, par leurs forges, leurs formes, leur pesant matériel, étaient comme scellés et rivés à la ville, ne pouvaient fuir comme les compagnons ; ils attendaient, dans la stupeur, les châtiments terribles que la folie de ceux-ci allait leur attirer. Dès le 18 septembre, ils avaient humblement remercié la ville de Huy, qui leur conseillait de punir les coupables. Le 5 novembre, ils écrivent à la petite ville de Ciney d'arrêter ce maudit Conart, auteur de tout le mal, qui s'y était sauvé. Le même jour, insultés, attaqués par les gens de Bouvignes, mais n'osant plus bouger, immobiles de peur, ils s'adressent au gouverneur de Namur, et le prient de les protéger contre la petite ville. Le 13, ils supplient les Liégeois de venir à leur secours. Ils ont appris que le comte de Charolais embarque son artillerie à Mézières pour lui faire descendre la Meuse.

Il arrivait, en effet, ce Terrible, comme on l'appela bientôt, la saison ne l'arrêtait pas. Les folles paroles du *chanteur* de Dinant, ces noms de *bâtard* et de *fils de prêtre,* avaient été charitablement rapportés par ceux de Bouvignes au vieux duc et à Mme de Bourgogne. Celle-ci, prude et dévote dame et du sang de Lancastre, prit aigrement la chose ; elle jura, s'il faut en croire le bruit qui courut, que « s'il luy devoit couster tout son vaillant, elle feroit ruyner ceste ville en mettant toutes personnes à l'espée ». Le duc et la duchesse pressèrent leur fils de revenir en France, sous peine d'encourir leur indignation. Lui-même en avait hâte ; le trait, jeté au hasard par un fol, n'avait que trop porté ; le comte n'était pas bâtard, il est vrai, mais bien notoirement petit-fils de *bâtard* du côté maternel. La bâtardise était le côté par où cette fière maison de Bourgogne, avec sa chevalerie, sa croisade et sa Toison d'or, souffrait sensiblement. Les Allemands là-dessus étaient impitoyables ; le fils du fondateur de la Toison n'aurait pu entrer dans la plupart des ordres ou chapitres d'Allemagne. Aussi, ce mot de *bâtard,* entendu pour la première fois, entendu dans le triomphe même, au moment où il dictait la paix au roi de France, était profondément entré... Il se croyait sali tant que les vilains n'avaient pas ravalé leur vilaine parole, lavé cette boue de leur sang.

Donc, il revenait à marches forcées avec sa grosse armée qui grossissait encore. Sur le chemin, chacun accourait et se mettait à la suite ; on tremblait d'être noté comme absent. Les villes de Flandre envoyaient leurs archers ; les chevaliers picards, flottants jusque-là, venaient pour s'excuser. Tels vinrent même de l'armée du roi.

On tremblait pour Dinant, on la voyait déjà réduite en poudre ; et l'orage tomba sur Liège. Le comte, quelle que fût son ardeur de vengeance, n'était pas encore le Téméraire ; il se laissait conduire. Ses conseillers, sages et froides têtes, les Saint-Pol, les Contay, les Humbercourt, ne lui permirent pas d'aller perdre de si grandes forces contre une si petite ville. Ils le menèrent à Liège ; Liège réduite, on avait Dinant.

Encore se gardèrent-ils d'attaquer immédiatement. Ils savaient ce que c'était que Liège, quel terrible guêpier, et que si l'on mettait le pied trop brusquement dessus, on risquait, fort ou faible, d'être piqué à mort. Ils restèrent à Saint-Trond, d'où le comte accorda une trêve aux Liégeois. Il fallait, sur toutes choses, ne pas pousser ce peuple colérique, le laisser s'abattre et s'amortir, languir l'hiver sans travail ni combat ; il y avait à parier qu'il se battrait avec lui-même. Il fallait surtout l'isoler, lui fermant la Meuse d'en haut et d'en bas, lui ôter le secours des campagnes en s'assurant des seigneurs, les secours des villes, en occupant Saint-Trond, regagnant Huy, amusant Dinant, bien entendu sans rien promettre.

Le comte avait dans son armée les grands seigneurs de l'évêché, les Horne, les Meurs et les La Marche, qui craignaient pour leurs terres ; il défendit aux siens de piller le pays, laissant plutôt piller, manger les États de son père, les sujets paisibles et loyaux.

Dès le 12 novembre, les seigneurs avaient préparé la soumission de Liège ; ils avaient minuté pour elle un premier projet de traité où elle se soumettait à l'évêque et indemnisait le duc. Ce n'était pas le compte de celui-ci, qui, pour indemnité, ne voulait pas moins que Liège elle-même ; de plus, pour guérir son orgueil, il lui fallait du sang, qu'on lui livrât des hommes, que Dinant surtout restât à sa merci. A quoi la grande ville ne voulait pour rien consentir ; il ne lui convenait pas de faire comme Huy, qui obtint grâce en s'exécutant et faisant elle-même ses noyades. Liège ne voulait se sauver qu'en sauvant les siens, ses citoyens, ses amis et alliés. Le 29 novembre, lorsque la terre tremblait sous cette terrible armée, et qu'on ne savait encore sur qui elle allait fondre, les Liégeois promirent secours à Dinant.

Pour celle-ci, il n'était pas difficile de la tromper ; elle ne demandait qu'à se tromper elle-même, dans l'agonie de peur où elle était. Elle implorait tout le monde, écrivait de toutes parts des supplications, des amendes honorables, à l'évêque, au comte (18, 22 novembre). Elle rappelait au roi de France qu'elle n'avait fait la guerre que sur la parole de ses envoyés. Elle chargeait l'abbé de Saint-Hubert et autres grands abbés d'intercéder pour elle, de prier le comte pour elle, comme on prie Dieu pour les mourants... Nulle réponse. Seulement, les seigneurs de l'armée, ceux même du pays, endormaient de paroles la pauvre fille tremblante et crédule, s'en jouaient ; tel essayait d'en tirer de l'argent.

Dinant avait reçu quelques hommes de Liège, elle avait foi en Liège, et regardait toujours de ce côté si le secours ne venait pas. Elle ne l'avait pas encore reçu au 2 décembre. Elle était consternée... C'est qu'à Liège, comme en bien d'autres villes, il ne manquait pas d'*honnêtes gens,* de modérés, de riches, pour désirer la paix à tout prix, au prix de la foi donnée, au prix du sang humain. S'obstiner à protéger Dinant, à défendre Liège, c'était s'imposer de lourdes charges d'argent. Aussi, dès que les notables virent que le peuple commençait à s'abattre, ils prirent cœur, se firent fort d'avoir un bon traité, et obtinrent des pouvoirs pour aller trouver le comte de Charolais.

Ils n'étaient pas trop rassurés en allant voir ce redouté seigneur, ce fléau de Dieu... Mais les premières paroles furent douces, à leur grande surprise ; il les envoya dîner ; puis (chose inattendue, inouïe, dont ils furent confondus) lui-même, ce grand comte, les mena voir son armée en bataille... Quelle armée ! vingt-huit mille hommes à cheval (on ne comptait pas les piétons), et tout cela couvert de fer et d'or, tant de blasons, tant de couleurs, les étendards de tant de nations... Les pauvres gens furent terrifiés ; le comte en eut pitié et leur dit pour les remettre : « Avant que vous ne vous fissiez la guerre, j'ai toujours eu bon cœur pour les Liégeois ; la paix faite, je l'aurai encore. Mais comme vous avez dit que tous mes hommes avaient été tués en France, j'ai voulu vous en montrer le reste. »

Au fond, les députés le tiraient d'un grand embarras. L'hiver venait en son plus dur (22 décembre) ; peu de vivres ; une armée affamée qu'il fallait laisser se diviser, courir pour chercher sa vie puisqu'on ne lui donnait rien.

Les députés de Liège n'en signèrent pas moins le traité tel que le comte l'eût dicté, s'il eût campé dans la ville devant Saint-Lambert. Ce traité est justement nommé dans les actes la *pitieuse paix de Liège :* Liège fait amende honorable, et bâtit chapelle en mémoire perpétuelle de l'amende. Le duc et ses hoirs à jamais, sont, comme ducs de Brabant, *avoués* de la ville, c'est-à-dire qu'ils y ont l'épée. Liège n'a plus sur ses voisins le ressort et la haute cour, ni la cour d'évêché, ni celle de cité, ni *anneau,* ni *péron.* Elle paie au duc 390 000 florins, au comte 190 000, cela pour eux seuls : quant aux réclamations de leurs sujets, quant à l'indemnité de l'évêque, on verra plus tard. La ville renonce à l'alliance du roi, livre les lettres et actes du traité. Elle restitue obédience à l'évêque, au pape. Défense de fortifier le Liégeois du côté du Hainaut, pas même de villettes murées. Le duc passe et repasse la Meuse, quand et comme il veut, avec ou sans armes ; quand il passe, on lui doit les vivres. Moyennant cela, il y aura paix entre le duc et tout le Liégeois, *excepté Dinant ;* entre le comte et tout le Liégeois, *excepté Dinant.*

Ce n'était pas une chose sans péril que de rapporter à Liège un tel traité.

Le premier des députés, celui qui se hasarda à parler, Gilles de Mès, était un homme aimé dans le peuple, un bon bourgeois, fort riche ; jadis pensionnaire de Charles VII, il avait commencé le mouvement contre l'évêque et avait eu l'honneur d'être armé chevalier de la main même de Louis XI.

Il monte au balcon de la Violette et dit sans embarras : « La paix est faite ; nous ne livrons personne ; seulement que quelques-uns s'absentent pour un peu de temps ; je pars avec eux, si l'on veut, et que je ne revienne jamais s'ils ne reviennent !... Après tout, que faire ? Nous ne pouvons résister. »

Alors un grand cri s'élève de la place : « Traîtres ! vendeurs de sang chrétien ! » Dans ce danger, les partisans de la paix essayaient de se défendre, par un mensonge : « Dinant pourrait avoir la paix ; c'est elle qui n'en veut pas. »

Gilles n'en fut pas moins poursuivi. Les métiers voulurent qu'on le jugeât ; mais comme c'était un homme doux et aimé, tous les juges trouvaient des raisons pour ne pas juger, tous se récusaient.

Faute de juges, il aurait peut-être échappé, au moins pour ce jour. Malheureusement ce pacifique Gilles avait dit jadis une parole guerrière, violente, il y avait dix ans, mais l'on s'en souvint : « Si l'évêque ne nomme plus de juges, nous aurons l'*avoué* (le capitaine de la ville). »

Ce mot servit contre lui-même. On força ce capitaine de juger, et de juger à mort.

Alors le pauvre homme se trounant vers le peuple : « Bonnes gens, j'ai servi cinquante ans la cité, sans reproche. Laissez-moi vivre aux Chartreux ou ailleurs... Je donnerai, pour chaque métier, cent florins du Rhin, je vous referai, à mes dépens, les canons que vous avez perdus... » Son juge même se joignait à lui : « Bonnes gens, grâce pour lui, miséricorde !... »

Au plus haut de l'Hôtel de Ville, à une fenêtre, se tenaient Raes et Bare, qui avaint l'air de rire. Un des bourgmestres, qui était leur homme, dit durement : « Allons, qu'on en finisse ; nous ne vendrons pas les franchises de la cité. » On lui coupa la tête. Le bourreau lui-même était si troublé qu'il n'en pouvait venir à bout.

La tête tombée, la trompette sonne, on proclame la paix dont on vient de tuer l'auteur, et personne ne contredit.

Pendant ces fluctuations de Liège, ce long combat de la misère et de l'honneur, le comte de Charolais se morfondait tout l'hiver à Saint-Trond. Il ne pouvait rien finir de ce côté, et chaque jour il recevait de France les plus mauvaises nouvelles. Chaque jour il lui venait des lettres lamentables du nouveau duc de Normandie que le roi tenait à la gorge... Ce duc avait à peine *épousé sa duché,* que déjà Louis XI travaillait au divorce, y employant ceux mêmes qui avaient fait le mariage, les ducs de Bretagne et de Bourbon.

Il n'avait pas marchandé avec ceux-ci. Pour obtenir du Breton qu'il ne bougeât pas, il lui donna un mont d'or, cent vingt mille écus d'or.

Quant au duc de Bourbon, qui, plus que personne, avait fait le duc de Normandie, et sans y rien gagner, il eut, pour le défaire, des avantages énormes. Le roi le nomma son lieutenant dans tout le Midi. A ce prix, il l'emmena et s'en servit pour ouvrir une à une les places de Normandie, Évreux, Vernon, Louviers.

Il avait déjà Louviers le 7 janvier (1466). Rouen tenait encore ; mais de Rouen à Louviers, tous venaient, un à un, faire leur paix, demander sûreté. Le roi souriait et disait : « Qu'en avez-vous besoin ? Vous n'avez point failli. »

Il excepta un petit nombre d'hommes, dont quelques-uns, pris en fuite, furent décapités ou noyés. Plusieurs vinrent le trouver, qui furent comblés et se donnèrent à lui, entre autres son grand ennemi Dammartin, désormais son grand serviteur.

Le comte de Charolais savait tout cela et n'y pouvait rien. Il était fixé devant Liège ; il écrivit seulement au roi en faveur de Monsieur, et encore bien doucement, « en toute humilité ». Tout doucement aussi, le roi lui écrivit en faveur de Dinant.

Il fallut un grand mois pour que le traité revînt de Liège au camp, pour que le comte, enfin délivré, pût s'occuper sérieusement des affaires de Normandie. Mais alors tout était fini. Monsieur était en fuite ; il s'était retiré en Bretagne, non en Flandre, préférant l'hospitalité d'un ennemi à celle d'un si froid protecteur. Celui-ci perdait pour toujours la précieuse occasion d'avoir chez lui un frère du roi, un prétendant qui, dans ses mains, eût été une si bonne machine à troubler la France.

Le 22 janvier, cent notables de Liège lui avaient rapporté la *pitieuse paix,* scellée et confirmée. Il semblait que le froid, la misère, l'abandon, eussent brisé les cœurs...

Quand le peuple vit cette lugubre procession des cent hommes emportant le testament de la cité, il pleura en lui-même. Les cent partaient armés, cuirassés, contre qui ? Contre leurs concitoyens, contre les pauvres bannis de Liège, qui, sans toit ni foyer, erraient en plein hiver, vivant de proie, comme des loups.

Alors, il se fit dans les âmes, par la douleur et la pitié, une vive réaction de courage. Le peuple déclara que si Dinant n'avait pas la paix, il n'en voulait pas pour lui-même, qu'il résisterait.

Le comte de Charolais se garda bien de s'enquérir du changement. Il ne pouvait pas tenir davantage : il licencia son armée sans la payer (24 janvier), et emporta, pour dépouilles opimes, son traité à Bruxelles.

Il y reçut une lettre du roi, lettre amicale, où le roi, pour le calmer, lui donnait la Picardie, qu'il avait déjà. Quant à la Normandie, il exposait la nécessité où il s'était vu d'en débarrasser son frère qui l'avait désiré lui-même. Il n'avait pu légalement donner la Normandie en apanage, cela étant positivement défendu par une ordonnance de Charles V. Cette province portait près d'un tiers des charges à la couronne. Par la Seine, elle pouvait mettre directement l'ennemi à Paris. Au reste, Rouen ayant été pris en pleine trêve, le roi avait bien pu le reprendre. Il s'était remis de toute l'affaire à l'arbitrage des ducs de Bretagne et de Bourbon. Il avait fait des efforts inimaginables pour contenter son frère ; si les conférences étaient rompues, ce n'était pas sa faute ; il en était bien affligé... Affligé ou non, il entra dans Rouen (7 février 1466).

CHAPITRE II

Sac de Dinant - 1466

La Normandie nous coûta cher. Pour la reprendre, pour sauver la royauté et le royaume, Louis XI fit sans scrupule ce qui se faisait aux temps anciens dans les grandes extrémités, un sacrifice humain. Il immola, ou du moins laissa immoler, périr, un peuple, une autre France, notre pauvre petite France wallonne de Dinant et de Liège.

Il était lui-même en péril. Il avait repris Rouen, et il était à peine sûr de Paris. Il attendait une descente anglaise.

Il ne savait pas seulement s'il avait la Bastille. Ces tours dont il voyait le canon sur sa tête, de l'hôtel des Tournelles, elles étaient encore entre les mains de Charles de Melun, de l'homme qui, au moment critique, le roi étant devant l'ennemi, avait hardiment méconnu ses ordres, et qui, autant qu'il était en lui, l'avait fait périr. Néanmoins, le roi n'avait pu lui retirer la garde de la Bastille ; il la gardait si bien qu'une certaine nuit les portes se trouvèrent ouvertes, les canons encloués, il ne tenait qu'aux princes d'entrer. Ce ne fut que six mois après, à la fin de mai, que « Maistre Jehan le Prévost, notaire et secrétaite du roy, entra dedans la baitille Saint-Antoine, *par moyens subtils »,* et mit dehors le gouverneur.

D'avoir si *subtilement,* si vivement, repris la Normandie, c'était, dans ce siècle de ruse, un tour à faire envie à tous les princes. Ils n'en étaient que plus mortifiés. Le Breton même, payé pour laisser faire, quand il vit la chose faite, fut plus en colère que les autres. Breton et Bourguignon, ils recoururent à un remède extrême qui, depuis nos affreuses guerres anglaises, faisait horreur à tout le monde ; ils appelèrent l'Anglais.

Jusque-là, deux choses rassuraient le roi. D'abord, son bon ami Warwick, gouverneur de Calais, tenait fermée la porte de la France. Puis, le comte de Charolais étant Lancastre par sa mère et ami des Lancastre, il y avait peu d'apparence qu'il s'entendît avec la maison d'York, avec Édouard.

Toutefois, on a vu qu'Édouard avait épousé une nièce des Saint-Pol (serviteur du duc de Bourgogne), épousé malgré Warwick, dont il eût voulu se débarrasser. Ce roi d'hier, qui déjà reniait son auteur et créateur, Warwick, aliénait son propre parti, et voyait dès lors son trône porter sur le vide, entre York et Lancastre. Sa femme et les parents de sa femme, pour qui il hasardait l'Angleterre, avaient hâte de s'appuyer sur l'étranger. Ils faisaient leur cour au duc de Bourgogne ; ils présentaient aux Flamands, aux Bretons, l'appât d'un traité de commerce. Mme de Bourgogne elle-même, bien plus homme que femme, immola la haine pour York qu'elle avait dans le sang, à une haine plus forte, celle de la France. Elle fit accueillir les démarches d'Édouard, agréa pour son fils la jeune sœur de l'ennemi, comptant bien la former, la faire à son image. La digne bru d'Isabelle de Lancastre, Marguerite d'York, doit former à son tour Marie, grand-mère de Charles Quint.

Lous XI, qui savait que ce mariage se brassait contre lui, armait en hâte ; il fondait des canons, prenait des cloches pour en faire. Ce qui lui manquait le plus, c'était l'argent. On était épouvanté des monstrueuses sommes qu'il lui fallait pour préparer la guerre ou acheter la paix, dans le royaume, hors du royaume. Le peuple, qui n'avait pas bien su ce que les princes voulaient dire avec leur Bien public, ne le comprit que trop quand il lui fallut payer les dons et gratifications, pensions, indemnités, qu'ils avaient extorqués. Les trésoriers du roi, sommés par lui de payer l'impossible, trouvèrent, au défaut d'argent, du courage, et lui dirent « qu'ils avaient ouï dire à Messieurs (c'étaient les Trente-six, nommés pour réformer l'État) *qu'il perdrait son peuple,* le fonds même d'où il tirait l'argent... que la paroisse, qui payait jusque-là deux cents livres, allait être obligée d'en payer six cents ; que cela ne se pouvait faire ! » Il ne s'arrêta point à cela et dit : « Il faut doubler, tripler les taxes sur les villes, et que la répartition s'étende au plat pays. » Le plat pays, les campagnes, c'étaient généralement les terres de l'Église, qui ne payait pas, et celles des seigneurs, à qui l'on payait.

On ne peut se dissimuler une chose, c'est qu'il fallait périr, ou, contre l'Angleterre, contre les maisons de Bourgogne et de Bretagne, acheter l'alliance des maisons de Bourbon, d'Anjou, d'Orléans, de Saint-Pol.

L'alliance des Bourbons, frères de l'évêque de Liège, était à bien haut prix. Elle impliquait une condition misérable et déshonorante, une honte terrible à boire : l'abandon des Liégeois. Et pourtant, sans cette alliance, point de Normandie, plus de France peut-être. La dernière guerre avait prouvé de reste qu'avec toute la vigueur et la célérité possibles le roi succomberait s'il avait à combattre à la fois le Midi et le Nord, que pour faire tête au Nord il lui fallait une alliance fixe avec le fief central, le duché de Bourbon.

Grand fief, mais de tous les grands le moins dangereux, n'étant pas une nation, une race à part, comme la Bretagne ou la Flandre, pas même une province, comme la Bourgogne, mais une agrégation tout artificielle des démembrements de diverses provinces, Berri, Bourgogne, Auvergne. Peu de cohésions dans le Bourbonnais ; moins encore dans ce que le duc possédait au-dehors (Auvergne, Beaujolais et Forez). Le roi ne craignait pas de lui confier, comme à son lieutenant, tous les pays du centre, sans contact avec l'étranger, la France dormante des grandes plaines (Berri, Sologne, Orléanais), la France sauvage et sans route des montagnes (Vélay et Vivarais, Limousin, Périgord, Quiercy, Rouergue). Si l'on ajoute le Languedoc, qu'il lui donna plus tard, c'était lui mettre entre les mains la moitié du royaume.

Ce qui excuse un peu Louis XI d'une si excessive confiance, c'est d'abord que, par l'immensité d'un tel établissement, il s'assurait le duc, qui ne pouvait jamais rien espérer d'ailleurs qui en approchât. De plus, on avait vu, et dans la Praguerie, et dans la dernière guerre, qu'un duc de Bourbon, même en Bourbonnais, ne tenait pas fortement au sol, comme un duc de Bretagne ; par deux fois il avait été en un moment dépouillé de tout ; il pouvait grandir, sans être plus fort, n'ayant de rancune nulle part.

Personnellement aussi, Jean de Bourbon rassurait le roi. Il était sans enfant, sans intérêt d'avenir. Il avait des frères il est vrai, comme ses enfants. Mais justement parce que la maison de Bourgogne avait fait beaucoup pour eux, parce qu'ils en avaient tiré ce qu'ils pouvaient tirer, ils regardaient désormais vers le roi. C'était beaucoup sans doute pour Charles de Bourbon d'être archevêque de Lyon, légat d'Avignon ; mais si le roi le faisait cardinal ! Louis de Bourbon devait, il est vrai, à Philippe le Bon le titre d'évêque de Liège ; mais pour qu'il en eût la réalité, pour qu'il rentrât dans Liège, il fallait que le roi ne défendît point les Liégeois. Le roi fit le bâtard de Bourbon amiral de France, capitaine d'Honfleur, lui donna une de ses filles, avec beaucoup de bien ; fille bâtarde, mais il y en avait de légitimes ; l'aînée, Anne de France, était toujours un enjeu des traités, on lui faisait épouser à deux ans, tantôt le fils du duc de Calabre, tantôt celui du duc de Bourgogne ; on prévoyait sans peine que ces mariages par écrit en resteraient là ; que, si le roi prenait un gendre, il le prendrait petit, une créature docile et prête à tout, comme pouvait être Pierre de Beaujeu, le cadet de Bourbon. Ce cadet se donna à Louis XI, le servit en ses plus rudes affaires, jusqu'à la mort et au-delà, dans sa fille Anne, autre Louis XI, dont Pierre fut moins l'époux que l'humble serviteur.

Le roi rallia ainsi à lui d'une manière durable toute la maison de Bourbon. Pour celles d'Anjou et d'Orléans, il les divisa.

Le fils de René d'Anjou, Jean de Calabre, alors comme toujours, avait besoin d'argent. Ce héros de roman, ayant manqué la France et l'Italie, se tournait vers l'Espagne pour y chercher son aventure. Les Catalans le voulaient pour leur roi, pour roi d'Aragon. Louis XI, le voyant dans ce besoin et cette espérance, lui envoie vingt mille livres d'abord, puis cent mille, un acompte sur la dot de sa fille. Au fond, sous couleur de dot, c'était un salaire ; il fallait qu'à ce prix Jean de Calabre se chargeât du triste office d'aller en Bretagne réclamer, prendre au corps le frère du roi ; celui-ci n'était pas fâché que le renommé chevalier se montrât aux Bretons comme recors ou sergent royal.

Quant à la maison d'Orléans, le roi détacha de ses intérêts le glorieux bâtard, le vieux Dunois, dont il maria le fils à une de ses nièces de Savoie. Le nom du vieillard donnait beaucoup d'éclat à la commission des Trente-six, qui, sous sa présidence, devaient réformer le royaume. Le roi les convoqua lui-même en juillet. Les choses avaient tellement changé en un an que cette machine inventée contre lui devenait maintenant une arme dans sa main. Il s'en servit comme d'une ombre d'États qu'il faisait parler à son gré, donnant leur voix pour la voix du royaume.

C'était beaucoup d'avoir ramené si vite tant d'ennemis. Restait le plus difficile de tous, le général même de la ligue, celui qui avait conduit les Bourguignons jusqu'à Paris, qui les avait fait persister jusqu'à Montlhéry, qui s'était fait faire par le roi connétable de France. Le roi, si durement humilié par lui, se prit pour lui d'une grande passion ; il n'eut plus de repos qu'il ne l'eût acquis.

Saint-Pol, devenu ici connétable, mais de longue date établi de l'autre côté, ayant son bien et ses enfants chez le duc, et une nièce reine d'Angleterre, devait y regarder avant d'écouter le roi. Il était comme ami d'enfance pour le comte de Charolais, il avait sa confiance, l'avait toujours mené ; il semblait peu probable qu'un tel homme tournât... Il tourna, s'il faut le dire, parce qu'il fut amoureux ; il l'était de la belle-sœur du duc de Bourgogne, sœur du duc de Bourbon, épris de la demoiselle, plus épris du sang royal, d'une si haute parenté. L'amoureux avait cinquante ans, du reste grand air, haute mine, faste royal, un grand luxe d'habits, au-dessus de tous les hommes du temps. Avec tout cela, il n'était plus jeune, il avait un jeune fils. Elle eût aimé Saint-Pol pour beau-père. Il réclamait l'appui du comte de Charolais, qui n'aidait que faiblement à la chose, trouvant sans doute que son ami, à peine connétable, voulait monter bien vite.

Dans ce moment où Saint-Pol, mortifié, s'apercevait qu'il avait cinquante ans, voici venir à lui le roi, les bras ouverts, qui l'aime, et veut le marier, et non seulement lui, mais son fils et sa fille. Il donna au père, au fils, ses jeunes nièces de Savoie ; la fille de Saint-Pol épousera le frère des deux nièces, le neveu du roi. Voilà toute la famille placée, alliée au même degré que le roi à la maison souveraine de Savoie et de Chypre.

Le roi avait un si violent désir d'avoir Saint-Pol, qu'il lui promit la succession d'un prince du sang qui vivait encore, de son oncle, le comte d'Eu. Il le fortifia en Picardie, lui donnant Guise ; il l'établit en Normandie, confiant à cet ennemi, à peine réconcilié, les clés de Rouen, le faisant capitaine de Rouen, tout à l'heure gouverneur de Normandie.

Ce grand établissement de Saint-Pol signifiait une chose, c'est que le roi, ayant repris la Normandie, voulait reprendre la Picardie. Le comte de Charolais faisait semblant de rire ; au fond, il était furieux. La Picardie pouvait lui échapper. Les villes de la Somme regrettaient déjà de ne plus être villes royales. Combien plus y eurent-elles regret, lorsque le comte, ne sachant où prendre de l'argent pour sa guerre de Liège, rétablit la gabelle, ce dur impôt du sel qu'il venait d'abolir, qu'il avait promis de ne rétablir jamais.

Tout était à recommencer du côté des Liégeois. Le glorieux traité que tout le monde célébrait devenait ridicule, n'étant en rien exécuté. A grand-peine, par instance et menace, on obtint ce qui couvrait au moins l'orgueil : l'amende honorable. Elle se fit à Bruxelles, devant l'Hôtel de Ville, le vieux duc étant au balcon. L'un des envoyés, celui du chapitre, le pria « de faire qu'il y eût bonne paix, spécialement entre le seigneur Charles son fils *et les gens de Dinant* ». A quoi le chancelier répondit : « Monseigneur accepte la soumission de ceux qui se présentent ; pour ceux qui font défaut, il poursuivra son droit. »

Pour le poursuivre, il fallait une armée. Il fallait remettre en elle la pesante gendarmerie, tirer du coin du feu des gens encore tout engourdis d'une campagne d'hiver, des gens qui la plupart ne devaient que quarante jours de service féodal et qu'on avait tenus neuf mois sous le harnais sans les payer, parfois sans les nourrir. Ils n'avaient pas eu le tiers de ce qu'on leur devait. Tel, renvoyé de l'un à l'autre, reçut quelque chose, à titre d'aumône, « en considération de sa pauvreté ».

A moins de frais et d'embarras, l'ennemi, qui n'avait ni feu ni foyer, s'était mis en campagne. Au premier chant de l'alouette, les enfants de la *Verte tente* couraient déjà les champs, pillaient, brûlaient, mettant leur joie à désespérer, s'ils pouvaient, « le vieux monnart de duc et son fils Charlotteau ».

Il fallut endurer cela jusqu'en juillet, et alors même il n'y avait rien de prêt. Le duc, profondément blessé, devenait de plus en plus sombre. Il ne manquait pas de gens autour de lui pour l'aigrir. Un jour qu'il se mettait à table, il ne voit pas ses mets accoutumés ; il mande les gens de sa dépense : « Voulez-vous donc me tenir en tutelle ? » – « Monseigneur, les médecins défendent... » Alors, s'adressant aux seigneurs qui sont là : « Mes gens d'armes partent-ils donc enfin ? » – « Monseigneur, petite est l'apparence ; ils ont été si mal payés qu'ils ont peur de venir ; ce sont des gens ruinés, leurs habits sont en pièces, il faut que les capitaines les rhabillent. » Le duc entra dans une grande colère : « J'ai pourtant tiré de mon trésor deux cent mille couronnes d'or. Il faudra donc que je paie mes gens d'armes moi-même !... Suis-je donc mis en oubli ? » En disant cela, il renversa la table et tout ce qui était dessus, sa bouche se tordit, il fut frappé d'apoplexie, on croyait qu'il allait mourir... Il se remit pourtant un peu, et fit écrire partout que chacun fût prêt, « sous peine de la hart ».

La menace agit. On savait que le comte de Charolais était homme à la mettre à effet. Pour moins, on lui avait vu tuer un homme (un archer qu'il trouva mal en ordre dans une revue). Tout le monde craignait sa violence, les grands comme les petits. Ici surtout, dans une guerre dont le père et le fils faisaient une affaire d'honneur, une querelle personnelle, il y eût eu danger à rester chez soi.

Tous vinrent : il y eut trente mille hommes. Les Flamands, de bon cœur, rendirent à leur vieux seigneur le dernier service féodal dans une guerre wallonne Les Wallons eux-mêmes du Hainaut, les nobles du pays de Liège, ne se faisaient aucun scrupule de concourir au châtiment de cette ville maudite. La noblesse et les milices de Picardie furent amenées par Saint-Pol ; marié par le roi le 1er août, il se trouva le 15 à l'armée de Namur, avec toute sa famille, ses frères et ses enfants.

Le comte de Charolais venait d'apprendre, avec le mariage de Saint-Pol, trois nouvelles du même jour, non moins fâcheuses, trois traités du roi avec les maisons de Bourbon, d'Anjou et de Savoie. En partant de Namur, il donna cours à sa colère, écrivant au roi une lettre furieuse, où il l'accusait d'appeler l'Anglais, de lui offrir Rouen, Dieppe, Abbeville...

Toute cette fureur contre le roi allait tomber sur Dinant. Il y avait pourtant, en bonne justice, une question dont il eût fallu avant tout s'enquérir. Ceux qu'on allait punir, étaient-ce bien ceux qui avaient péché ? N'y avait-il pas plusieurs villes en une ville ? La vraie Dinant n'était-elle pas innocente ? Lorsque dans un même homme nous trouvons si souvent l'*homme double* (et multiple !), était-il juste d'attribuer l'unité d'une personne à une ville, à un peuple ?

Pourquoi Dinant était-elle Dinant pour tout le monde ? Par ses batteurs en cuivre, par ce qu'on appelait le *bon métier de la batterie*. Ce métier avait fait la ville et la constituait ; le reste des habitants, quelque nombreux qu'il fût, était un accessoire, une foule attirée par le succès et le profit. Il y avait, comme partout, des bourgeois, des petits marchands qui pouvaient aller et venir, vivre ailleurs. Mais les batteurs en cuivre devaient, quoi qu'il pût arriver, vivre là, mourir là ; ils y étaient fixés, non seulement par leur lourd matériel d'ustensiles, grossi de père en fils, mais par la renommée de leurs fonds, achalandés depuis des siècles, enfin par une tradition d'art, unique, qui n'a point survécu. Ceux qui ont vu les fonts baptismaux de Liège et les chandeliers de Tongres se garderont bien de comparer les *dinandiers* qui ont fait ces chefs-d'œuvre à nos chaudronniers d'Auvergne et de Forez. Dans les mains des premiers, la batterie du cuivre fut un art qui le disputait au grand art de la fonte. Dans les ouvrages de fonte, on sent souvent, à une certaine rigidité, qu'il y a eu un intermédiaire inerte entre l'artiste et le métal. Dans la batterie, la forme naissait immédiatement sous la main humaine, sous un marteau vivant comme elle, un marteau qui, dans sa lutte contre le dur métal, devait rester fidèle à l'art, battre juste, tout en battant fort ; les fautes en ce genre de travail, une fois imprimées du fer au cuivre, ne sont guère réparables.

Ces dinandiers devaient être les plus patients des hommes, une race laborieuse et sédentaire. Ce n'étaient pas eux, à coup sûr, qui avaient compromis la ville. Pas davantage les bourgeois propriétaires. Je doute même que les excès dussent être imputés aux maîtres des petits métiers, qui faisaient le troisième membre de la cité. De telles espiègleries, selon toute apparence, n'étaient autre chose que des farces de compagnons ou d'apprentis. Cette jeunesse turbulente était d'autant hardie qu'en bonne partie elle n'était pas du lieu, mais flottante, engagée temporairement, selon le besoin de la fabrication. Légers de bagage et plus légers de tête, ces garçons étaient toujours prêts à lever le pied. Peut-être, enfin, les choses les plus hardies furent-elles l'œuvre voulue et calculée des meneurs gagés de la France ou des bannis errants sur la frontière.

Dans l'origine, les gens paisibles crurent sauver la ville en arrêtant les cinq ou six qu'on désignait le plus. Un d'eux, qu'on menait en prison, ayant crié : « A l'aide ! aux franchises violées ! » la foule s'émut, brisa la prison et faillit tuer les magistrats. Ceux-ci, qui avaient à leur tête un homme intrépide, Jean Guérin, ne s'effrayèrent pas ; ils assemblèrent le peuple, et d'un mot le ramenèrent au respect de la loi : « Quant aux fugitifs, nous ne les retiendrons pas d'un fil de soie ; mais nous nous en prenons à ceux qui ont forcé les prisons de la cité. » Sur ce mot, plusieurs de ceux qui avaient délivré les coupables coururent après, les reprirent, les remirent eux-mêmes en prison.

Justice devait se faire. Mais pouvait-elle se faire par souverain étranger, à qui la ville eût livré, non les prisonniers seulement, mais elle-même, son plus précieux droit, son épée de justice.

Cette terrible question fut discutée par le petit peuple, si près de périr, avec une gravité digne d'une grande nation, digne d'un meilleur sort. Mais bientôt il n'y eut plus à délibérer. La ville ne fut plus elle-même, envahie qu'elle était par un peuple d'étrangers. Un matin, voilà tout le flot des pillards, des bandits, qui remonte la Meuse, et qui, de Loss en Huy, de Huy en Dinant, de plus en plus grossi d'écume, vient finalement s'engouffrer là.

Comment ce peuple de sauvages, sans loi, sans patrie, s'était-il formé ? Nous devons l'expliquer, d'autant plus que c'est justement leur présence à Dinant, leurs ravages dans les environs, qui mirent tout le monde contre elle et firent de cette guerre une sorte de croisade.

De longue date, la violence des révolutions politiques avait peuplé de bannis les campagnes et les forêts. Chassés une fois, ils ne rentraient guère, parce que, leurs biens étant partagés ou vendus, il y avait trop de gens intéressés à leur fermer la porte. Beaucoup, plutôt que d'aller chercher fortune au loin, erraient dans le pays. Les déserts du Limbourg, du Luxembourg, du Liégeois, les *sept forêts d'Ardennes,* les cachaient aisément ; ils menaient sous les arbres la vie des charbonniers ; seulement, quand la saison devenait trop dure, ils rôdaient autour des villages, demandaient ou prenaient. Cette vie si rude, mais libre et vagabonde, tentait beaucoup de gens ; l'instinct de vague liberté gagnait de plus en plus, dans un pays où l'autorité elle-même avait supprimé le culte et la loi. Il gagnait l'ouvrier, l'apprenti, l'enfant, de proche en proche. Ceux qui commencèrent à courir le pays, quand l'évêque retira ses juges, et qui s'amusaient à juger, étaient des garçons de dix-huit ou vingt ans ; ils portaient au bras, au bonnet, au drapeau, une figure de sauvage.

Beaucoup d'hommes, se lassant de traîner dans les villes une vie ennuyeuse, laissaient leurs ménages, couraient les bois. Mais la femme, quelle que soit sa misère, ne s'en va pas ainsi, elle reste, quoi qu'il arrive, avec les enfants. Les Liégeoises, dans cet abandon, montraient beaucoup d'énergie ; n'ayant, par le droit du pays, que *Dieu et leur fuseau,* elles prenaient, au défaut du fuseau, les travaux que laissaient les hommes ; elles leur succédaient aussi sur la place, s'intéressaient autant et plus qu'eux aux affaires publiques. Beaucoup de femmes marquèrent dans les révolutions, celle de Raes entre autres. Tout le monde à Liège, les femmes comme les hommes, connaissait les révolutions antérieures ; on lisait le soir les chroniques en famille, Jean Lebel, Jean d'Outremeuse ; la mère et l'enfant savaient par cœur ces vieilles bibles politiques de la cité.

L'enfant marchait à peine qu'il courait à la place. Il y déployait l'étrange précocité française pour la parole et la bataille. Après la *pitieuse paix,* lorsque les hommes se taisaient, les enfants se mirent à parler, personne n'osait plus nommer ni Bade ni Bourbon ; les enfants crièrent hardiment *Bade,* ils relevèrent ses images ; ils semblaient vouloir prendre en main le gouvernement ; les hommes et les jeunes gens ayant gouverné, les enfants prétendaient avoir aussi leur tour.

Les Liégeois finirent par s'en alarmer. Ne pouvant contenir ces petits tyrans, on s'adressa à leurs parents pour les obliger d'abdiquer. C'était chose bizarre, effrayante en effet, de voir le mouvement, au lieu de rester à la surface, descendre toujours et gagner... atteindre le fond de la société, la famille elle-même.

Si les Liégeois eurent peur de ce profond bouleversement, combien plus leurs voisins ! lorsque surtout ils virent, après l'amende honorable de Liège, tout ce qu'il y avait de gens compromis quitter les villes, aller grossir les bandes de la *Verte tente,* tout ce peuple sauvage prendre Dinant pour repaire et pour fort... Ne pouvant bien s'expliquer l'apparition de ce phénomène, on était disposé à y voir une *manie* diabolique ou une malédiction de Dieu. La ville était excommuniée ; le duc en avait la bulle et l'avait fait afficher partout. Le grave historien du temps affirme que si le roi eût secouru « cette vilenaille » condamnée des princes de l'Église, il aurait mis contre lui la noblesse même de France.

Les terribles hôtes de Dinant, non contents de piller et brûler tout autour, arrangèrent une farce outrageuse qui devait irriter encore le duc contre la ville et la perdre sans ressource. Sur un bourbier plein de crapauds (en dérision des Pays-Bas et du roi des eaux sales ?), ils établirent une effigie du duc, ducalement habillé aux armes de Philippe le Bon ; et ils criaient : « Le voilà, le trône du grand crapaud ! » Le duc et le comte l'apprirent ; ils jurèrent que s'ils prenaient la ville, ils en feraient exemple, comme on faisait aux temps anciens, la détruisant et labourant la place, y semant le sel et le fer.

Les insolents ne s'en souciaient guère. Des murs de neuf pieds d'épaisseur, quatre-vingts tours, c'était un bon refuge. Dinant avait été assiégée, disait-on, dix-sept fois, et par des empereurs et des rois, jamais prise. Si le bourgeois eût osé témoigner des craintes, ceux de la *Verte tente* lui auraient demandé s'il doutait de ses amis de Liège ; au premier signal, il en aurait quarante mille à son secours.

Leur assurance dura jusqu'au mois d'août. Mais quand ils virent cette armée si lente à se former, cette armée impossible, qui se formait pourtant et qui s'ébranlait de Namur, plus d'un, de ceux qui criaient le plus fort, s'en alla doucement. Ils se rappelaient un peu tard le point d'honneur des enfants de la *Verte tente,* qui, conformément à leur nom, se piquaient de ne pas loger sous un toit.

Il y eut deux sortes de personnes qui ne partirent point. D'une part, les bourgeois et les batteurs en cuivre, incorporés en quelque sorte à la ville par leurs maisons et leurs vieux ateliers, par leur important matériel ; ils calculaient que leurs formes seules valaient cent mille florins du Rhin. Comment laisser tout cela ? comment le transporter ?... Ils restaient là, sans se décider, à la garde de Dieu. Les autres, bien différents, étaient des hommes terribles, de furieux ennemis de la maison de Bourgogne, si bien connus et désignés qu'ils n'avaient pas chance de vivre ailleurs, et qui peut-être ne s'en souciaient plus.

Ceux-ci, d'accord avec la populace, étaient prêts à faire tout ce qui pouvait rendre le traité impossible. Bouvignes, pour augmenter la division dans Dinant, avait envoyé un messager ; on lui coupa la tête ; puis un enfant avec une lettre ; l'enfant fut mis en pièces.

Le lundi 18 août arriva l'artillerie ; le sire de Hagenbach fit ses approches en plein jour et abattit moitié des faubourgs. Ceux de la ville, sans s'étonner, allèrent brûler le reste. Sommés de se rendre, ils répondirent avec dérision, criant au comte que le roi et ceux de Liège le délogeraient bientôt.

Vaines paroles. Le roi ne pouvait rien. Il en était à tripler les taxes. La misère était extrême en France, la peste éclatait à Paris. Tout ce qu'il put, ce fut de charger Saint-Pol de rappeler que Dinant était sous sa sauvegarde. Or, c'était en grande partie pour cela qu'on voulait la détruire.

Mais si le roi ne faisait rien, Liège pouvait-elle manquer à Dinant dans son dernier jour ? Elle avait promis un secours, dix hommes de chacun des trente-deux métiers, en tout trois cent vingt hommes, la plupart ne vinrent pas. Elle avait donné à Dinant un capitaine liégeois qui la quitta bientôt. Le 19 août arrive à Liège une lettre où Dinant rappelle que, sans l'espoir d'un secours efficace, elle ne se serait pas laissé assiéger. Les magistrats disent au peuple, en lisant la lettre : « Ne vous souciez ; si nous voulons procéder avec ordre, nous ferons bien lever le siège. » Autre lettre de Dinant le même jour, mais elle ne fut pas lue

Le comte de Charolais ne songeait point à faire un siège en règle. Il voulait écraser Dinant avant que les Liégeois eussent le temps de se mettre en marche. Il avait concentré sur ce point une artillerie formidable, qui, avec ses charrois, se prolongeait sur la route pendant trois lieues. Le 18, les faubourgs furent rasés. Le 19, les canons, mis en batterie sur les ruines des faubourgs, battirent les murs presque à bout portant. Le 20 et le 21, ils ouvrirent une large brèche. Les Bourguignons pouvaient donner l'assaut le samedi ou le dimanche (23-24 août). Mais les assiégés se battaient avec un telle furie, que le vieux duc voulut attendre encore, craignant que l'assaut ne fût trop meurtrier.

La promptitude extraordinaire avec laquelle le siège était conduit montre assez qu'on craignait l'arrivée des Liégeois. Cependant, du 20 au 24, rien ne se fit à Liège. Il semble que pendant ce temps on attendait quelque secours des princes de Bade ; il n'en vint pas, et le peuple perdit du temps à briser leurs statues. Le dimanche 24 août, pendant que Dinant combattait encore, les magistrats de Liège reçurent deux lettres, et le peuple décida que le 26 il se mettrait en route. Il n'y avait qu'une difficulté, c'est qu'il ne sortait jamais qu'avec l'étendard de Saint-Lambert, que le chapitre lui confiait ; le chapitre était dispersé. Les autres Églises, consultées sur ce point, répondirent que la chose ne les regardait point. Telle à peu près fut la réponse de Guillaume de la Marche, que l'on priait de porter l'étendard. Tout cela traîna et fit remettre le départ au 28

Mais Dinant ne pouvait attendre. Dès le 22, les bourgeois avaient demandé grâce, éperdus qu'ils étaient dans cet enfert de bruit et de fumée, dans l'horrible canonnade qui foudroyait la ville... Mêmes prières le 24, et mieux écoutées ; le duc venait d'apprendre que les Liégeois devaient se mettre en mouvement ; il se montrait moins dur. L'espoir rentrant dans les cœurs, tous voulant se livrer, un homme réclama l'ancien bourgmestre Guérin ; il offrit, si l'on voulait combattre encore, de porter l'étendard de la ville : « Je ne me fie à la pitié de personne ; donnez-moi l'étendard, je vivrai ou mourrai avec vous. Mais, si vous vous livrez, personne ne me trouvera, je vous le garantis ! » La foule n'écoutait plus ; tous criaient : « Le duc est un bon seigneur ; il a bon cœur, il nous fera miséricorde. » Pouvait-il ne pas faire grâce, dans un jour comme celui du lendemain ? c'était la fête de son aïeul, du bon roi Saint Louis (25 août 1466).

Ceux qui ne voulaient pas de grâce s'enfuirent la nuit ; les bourgeois et les batteurs en cuivre, débarrassés de leurs défenseurs, purent enfin se livrer. Les troupes commencèrent à occuper la ville le lundi à cinq heures du soir, et le lendemain à midi le comte fit son entrée. Il entra, précédé des tambours, des trompettes, et (conformément à l'usage antique) des fols et farceurs d'office, qui jouaient leur rôle aux actes les plus graves, traités, prises de possession.

Le plus grand ordre était nécessaire. Quelques obstinés occupaient encore de grosses tours où l'on ne pouvait les forcer. Le comte défendit de faire aucune violence, de rien prendre, même de rien recevoir, excepté les vivres. Quelques-uns, malgré sa défense, se mettant à violer les femmes, il prit trois des coupables, les fit passer trois fois à travers le camp, puis mettre au gibet.

Le soldat se contint assez tout le mardi, le mercredi matin. Les pauvres habitants commençaient à se rassurer. Le mercredi 27, l'occupation de la ville étant assurée, rien ne venant du côté de Liège, le duc examina en conseil à Bouvignes ce qu'il fallait faire de Dinant. Il fut décidé que, tout devant être donné à la justice et à la vengeance, à la majesté outragée de la maison de Bourgogne, on ne tirerait rien de la ville, qu'elle serait pillée le jeudi et le vendredi, brûlée le samedi (30 août), démolie, dispersée, effacée.

Cet ordre dans le désordre ne fut pas respecté, à la grande indignation du vieux duc. On avait trop irrité l'impatience du soldat par une si longue attente. Le 27 même, après le dîner, chacun, se levant de table, met la main sur son hôte, sur la famille avec qui il vivait depuis deux jours : « Montre-moi ton argent, ta cachette, et je te sauverai. » Quelques-uns, plus barbares, pour s'assurer des pères, saisissaient les enfants...

Dans le premier moment de violence et de fureur, les pillards tiraient l'épée les uns contre les autres. Puis ils firent la paix ; chacun s'en tint à piller son logis, et la chose prit l'ignoble aspect d'un déménagement : ce n'étaient que charrettes, que brouettes qui roulaient hors la ville. Quelques-uns (des seigneurs et non des moindres) imaginèrent de piller les pillards, se postant sur la brèche et leur tirant des mains ce qu'ils avaient de bon.

Le comte prit pour lui ce qu'il appelait sa justice ; des hommes à noyer, à pendre. Il fit tout d'abord, au plus haut, sur la montagne qui domine l'église, mettre au gibet le bombardier de la ville, pour avoir osé tirer contre lui. Ensuite, on interrogea les gens de Bouvignes, les vieux ennemis de Dinant, on leur fit désigner ceux qui avaient prononcé les *blasphèmes* contre le duc, la duchesse et le comte. Ils en montrèrent, dans leur haine acharnée, huit cents, qui furent liés deux à deux et jetés à la Meuse. Mais cela ne suffit pas aux gens de justice qui suivaient l'enquête ; ils firent cette chose odieuse, impie, de prendre les femmes, et par force ou terreur, de les faire témoigner contre les hommes, contre leurs maris ou leurs pères.

La ville était condamnée à être brûlée le samedi 30. Mais on savait que les Liégeois devaient tous, en corps de peuple, de quinze ans à soixante, partir le jeudi 28 août ; ils seraient arrivés le 30. Il fallait, pour être en état de les recevoir, tirer le soldat de la ville, l'arracher à sa proie subitement, le remettre, après un tel désordre, en armes et sous drapeaux. Cela était difficile, dangereux peut-être, si l'on voulait user de contrainte. Des gens ivres de pillage n'auraient connu personne.

Le vendredi 30, à une heure de nuit, le feu prend au logis du neveu du duc, Adolphe de Clèves, et de là court avec furie... Si, comme tout porte à le croire, le comte de Charolais ordonna le feu, il n'avait pas prévu qu'il serait si rapide. Il gagna en un moment les lieux où l'on avait entassé les trésors des églises. On essaya en vain d'arrêter la flamme. Elle pénétra dans la maison de ville où étaient les poudres. Elle atteignit aux combles, à la *forêt* de l'église Notre-Dame, où l'on avait enfermé, entre autres choses précieuses, de riches prisonniers pour les rançonner. Hommes et biens, tout brûla. Avec les tours brûlèrent les vaillants qui y tenaient encore.

Avant que la flamme enveloppât toute la ville, on avait fait sortir les prêtres, les femmes et les enfants. On les menait vers Liège, pour y servir de témoignage à cette terrible justice, pour y être un vivant *exemple*... Quand ces pauvres malheureux sortirent, ils se retournèrent pour voir encore une fois la ville où ils laissaient leur âme, et alors ils poussèrent deux ou trois cris seulement, mais si lamentables, qu'il n'y eut pas de cœur d'ennemi qui n'en fût saisi « de pitié, d'horreur ».

Le feu brûla, dévora tout, en long, en large et profondément. Puis, la cendre se refroidissant peu à peu, on appela les voisins, les envieux de la ville, à la joyeuse besogne de démolir les murs noircis, d'emporter et disperser les pierres. On les payait par jour ; ils l'auraient fait pour rien.

Quelques malheureuses femmes s'obstinaient à revenir. Elles cherchaient... Mais il n'y avait guère de vestiges. Elles ne pouvaient pas même reconnaître où avaient été leurs maisons. Le sage chroniqueur de Liège, moine de Saint-Laurent, vint voir aussi cette destruction qu'il lui fallait raconter. Il dit : « De toute la ville, je ne retrouvai d'entier qu'un autel ; de plus, chose merveilleuse, une image que la flamme n'avait pas trop endommagée, une bien belle Notre-Dame qui restait toute seule au portail de son église. »

Dans ce vaste sépulcre d'un peuple, ceux qui fouillaient trouvaient encore. Ce qu'ils trouvaient, ils le portaient aux receveurs qui se tenaient là pour enregistrer, et qui revendaient, brocantaient sur les ruines. D'après leur registre, les objets déterrés sont généralement des masses de métal, hier œuvres d'art, aujourd'hui lingots. Quelques outils subsistaient sous leurs formes, des marteaux, des enclumes ; l'ouvrier se hasardait parfois à venir les reconnaître, et rachetait son gagne-pain.

Ce qui étonne en lisant ces comptes funèbres, c'est que parmi les matières indestructibles (qui seules, ce semble, devaient résister), entre le plomb, le cuivre et le fer, on trouva des choses fragiles, de petits meubles de ménage, de frêles joyaux de femmes et de famille... Vivants souvenirs d'humanité, qui sont restés là pour témoigner que ce qui fut détruit, ce n'étaient pas des pierres, mais des hommes qui vivaient, aimaient.

Je trouve, entre autres, cet article : « *Item.* Deux petites tasses d'argent, deux petites tables d'ivoire (dont une rompue), deux oreillers, avec couvertures semées de menues paillettes d'argent, un petit peigne d'ivoire, un chapelet à grains de jais et d'argent, une pelote à épingles de femme, *une paire de gants d'épousée.* »

Un tel article fait songer... Quoi ! ce fragile don de noces, ce pauvre petit luxe d'un jeune ménage, il a survécu à l'épouvantable embrasement qui fondait le fer ! il aura été sauvé apparemment, recouvert par l'éboulement d'un mur... Tout porte à croire qu'ils sont restés jusqu'à la catastrophe, sans se décider à quitter la chère maison ; autrement, n'auraient-ils pas emporté aisément plusieurs de ces légers objets. Ils sont restés, elle du moins, la nature des objets l'indique. Et alors, que sera-t-elle devenue ?... Faut-il la chercher parmi celles dont parle notre Jean de Troyes, qui mendiaient sans asile, et qui, contraintes par la faim et par la misère, s'abandonnaient, hélas ! pour avoir du pain.

Ah ! madame de Bourgogne, quand vous avez demandé cette terrible vengeance, vous ne soupçonniez pas sans doute qu'elle dût coûter si cher ! Qu'auriez-vous dit, pieuse dame, si vers le soir vous aviez vu, de votre balcon de Bruges, la triste veuve traîner dans la boue, dans les larmes et le péché ?

CHAPITRE III

Alliance du duc de Bourgogne et de l'Angleterre - Reddition de Liège - 1466-1467

La prise de Dinant étonna fort. Personne n'eût deviné que cette ville, qu'on croyait approvisionnée pour trois ans, avec ses quatre-vingts tours, ses bonnes murailles et les vaillantes bandes qui la défendaient, pût être emportée en dix jours. On connut pour la première fois la célérité des effets de l'artillerie.

Le 28 août, à midi, un homme arrive à Liège ; on lui demande : « Qu'y a-t-il de nouveau ? » – « Ce qu'il y a, c'est que Dinant est pris. » On l'arrête. A une heure, un autre homme : « Dinant est pris, tout le monde tué... » Le peuple court aux maisons de Raes et des chefs pour les égorger ; il n'en trouva qu'un, qui fut mis en pièces. Heureusement pour les autres, arriva ce brave Guérin de Dinan, qui dit magnanimement : « Ne vous troublez... Vous ne nous auriez servi en rien, et vous auriez bien pu périr. » Le peuple se calma et, tout en prenant les armes, il envoya au comte pour avoir la paix.

Malgré sa victoire, et pour sa victoire même, il ne pouvait la refuser. Une armée, après cette affreuse fête du pillage, ne se remet pas vite ; elle en reste ivre et lourde. Celle-ci, qui n'était pas payée depuis deux ans, s'était garni les mains, chargée et surchargée. Quand les Liégeois, sortis de leurs murs, les rencontrèrent à l'improviste, ils auraient eu bon marché de cette armée de porteballes.

Mais ce premier moment passé, l'avantage revenait au comte. Les Liégeois demandèrent un sursis, et rompirent leurs rangs. Les *sages* conseillers du comte voulaient qu'on profitât de ce moment pour tomber sur eux. Saint-Pol s'adressa à son honneur, à sa chevalerie. S'il eût exterminé Liège après Dinant, il se serait trouvé plus fort que Saint-Pol ne le désirait.

Cet équivoque personnage, grand meneur des Picards et tout-puissant en Picardie, devait inquiéter le comte tout en le servant. Il était venu au siège, mais il s'était abstenu du pillage, retenant ses gens sous les armes « pour protéger les autres, disait-il, en cas d'événements ». On lui avait donné à rançonner une ville pour lui seul, et il n'était pas satisfait. Il pouvait, s'il y trouvait son compte, faire tourner pour le roi la noblesse en Picardie. Le roi avait pris ce moment où il croyait le comte embarrassé pour le chicaner sur ses empiétements, sur le serment qu'il exigeait des Picards. Il avait une menaçante ambassade à Bruxelles, des troupes soldées et régulières qui pouvaient agir, Saint-Pol aidant, lorsque l'armée féodale du comte de Charolais se serait écoulée comme à l'ordinaire.

Ce n'est pas tout. Les trente-six réformateurs du Bien public, bien dirigés par Louis XI, vont aussi tourmenter le comte. Ils lui envoient un conseiller au Parlement pour réclamer auprès de lui, et l'interroger, en quelque sorte, sur son manque de foi à l'égard du seigneur de Nesles qu'il a promis de laisser libre et qu'il tient prisonnier. La réponse était délicate, dangereuse, l'affaire intéressant tous les arrière-vassaux, toute la noblesse. Le comte suivit d'abord les prudentes instructions de ses légistes, il équivoqua. Mais le ferme et froid parlementaire le serrant de proche en proche, respectueux, mais opiniâtre, il perdit patience, allégua la conquête, le droit du plus fort. L'autre ne lâcha pas prise et dit hardiment : « Le vassal peut-il conquérir sur le roi, son suzerain ?... » Il ne lui laissait qu'une réponse à faire, savoir : qu'il reniait ce suzerain, qu'il n'était point vassal, mais souverain lui-même et prince étranger. Il fut sorti alors de la position double dont les ducs de Bourgogne avaient tant abusé ; il eût laissé au roi, naguère attaqué par la noblesse, le beau rôle, de protecteur de la noblesse française, du royaume de France, contre l'étranger.

Contre l'ennemi... Il fallait qu'il s'avouât tel pour s'arracher de la France. Or, cela était hasardeux, ayant tant de sujets français ; cela était odieux, ingrat, dur pur lui-même... Car il avait beau faire, il était Français, au moins d'éducation et de langue. Son rêve était la France antique, la chevalerie française, nos preux, nos douze pairs de la Table ronde. Le chef de la *Toison* devait être le miroir de toute chevalerie. Et cette chevalerie allait donc commencer par un acte de félonie ! Il fallait que Roland fût d'abord Ganelon de Mayence !...

Pour ne plus dépendre de la France, il lui fallait se faire antifrançais, anglais. Jean sans Peur, qui n'avait pas peur du crime, hésita devant celui-ci. Son fils le commit par vengeance, et il en pleura. La France y faillit périr ; elle était encore, trente ans après, dépeuplée, couverte de ruines. Un pacte avec les Anglais, un pacte avec le diable, c'était à peu près la même chose dans la pensée du peuple. Tout ce qu'on pouvait comprendre, ici, de l'horrible mêlée des deux Roses, c'est que cela avait l'air d'un combat de damnés.

Les Flamands, qui, pour leur commerce, voyaient sans cesse les Anglais et de près, se représentent le chef des lords comme « un porc sanglier sauvage », mal né, « mal sain », et ils appellent l'alliance du roi et de Warwick « un accouplement monstrueux, une conjonction déshonnête... » – « Telle est cette nation, dit le vieux Chastellain, que jamais bien ne s'en peut écrire, *sinon en péché.* » Il ne faut pas s'étonner si le comte de Charolais, tout Lancastre qu'il était par sa mère, réfléchissait longtemps avant de faire un mariage anglais.

Par cela même qu'il était Lancastre, il n'en avait que plus de répugnance à tendre la main à Édouard d'York, à abjurer sa parenté maternelle. Dans cette alliance deux fois dénaturée, oubliant, pour se faire Anglais, le sang français de son père et de son grand-père, il ne pouvait pas même être Anglais selon sa mère, selon la nature.

Il n'avait pas le choix entre les deux branches anglaises. Édouard venait de se fortifier de l'alliance des Castillans jusque-là nos alliés, et ceux-ci, par un étrange renversement de toutes choses, étaient privés d'alliance et de mariage par leur éternel ennemi, le roi d'Aragon ; mariage contre nous, dont on eût pris la dot de ce côté des Pyrénées. L'idée d'un partage du royaume de France leur souriait à tous. La sœur de Louis XI, duchesse de Savoie, négociait dans ce but avec le Breton, avec Monsieur, et se faisait déjà donner pour la Savoie tout ce qui va jusqu'à la Saône.

Pour relier et consolider le cercle où l'on voulait nous enfermer, il fallait ce sacrifice étrange qu'un Lancastre épousât York, et ce sacrifice se fit. Un mois avant la mort de son père, le comte de Charolais, non sans honte et sans ménagement, franchit le pas... Il envoya son frère, le grand bâtard, à un tournoi que le frère de la reine d'Angleterre ouvrait tout exprès à Londres. Le bâtard emmenait avec lui Olivier de la Marche, qui, le traité conclu, devrait le porter au Breton et le lui faire signer.

Le mariage était facile, la guerre difficile. Elle convenait à Édouard, mais point à l'Angleterre. Sans vouloir rien comprendre à la visite du bâtard de Bourgogne, sans s'informer si leur roi veut la guerre, les évêques et les lords font la paix pour lui. Ils envoient, en son nom, leur grand chef Warwick à Rouen. Ce riche et tout-puissant parti, possesseur de la terre et ferme comme la terre, n'avait pas peur qu'un roi branlant osât le désavouer.

Louis XI reçut Warwick, comme il eût reçu les rois-évêques d'Angleterre, pour lesquels il venait. Il fit sortir à sa rencontre tout le clergé de Rouen, pontificalement vêtu, la croix et la bannière. Le démon de la guerre des Roses entra, parmi les hymnes, comme un ange de paix. Il alla droit à la cathédrale faire sa prière, de là à un couvent, où le roi le logea près de lui. C'était encore trop loin au gré du roi ; il fit percer un mur qui les séparait, afin de pouvoir communiquer de nuit et de jour. Il l'avait reçu en famille, avec la reine et les princesses. Il faisait promener les Anglais par la ville, chez les marchands de draps et de velours ; ils prenaient ce qui leur plaisait et l'on payait pour eux. Ce qui leur agréait le plus, c'était l'or ; et le roi, connaissant ce faible des Anglais pour l'or, avait fait frapper tout exprès de belles grosses pièces d'or, pesant dix écus pièce, à emplir la main.

Warwick lui venait bien à point. Il avait grand besoin de s'assurer de l'Angleterre, lorsqu'il voyait le feu prendre aux deux bouts, en Roussillon et sur la Meuse, au moment où il apprenait la mort de Philippe le Bon (mort le 15 juin), l'avènement du nouveau duc de Bourgogne.

Il se trouva, par un hasard étrange, que les envoyés du roi, chargés d'excuser les hostilités de la Meuse, ne purent arriver jusqu'au duc. Il était prisonnier de ses sujets de Gand. Ils ne lui voulaient aucun mal, disaient-ils ; ils l'avaient toujours soutenu contre son père, il était comme leur enfant, il pouvait se croire en sûreté parmi eux « comme au ventre de sa mère ». Mais ils ne l'en gardaient pas moins, jusqu'à ce qu'il leur eût rendu tous les privilèges que son père leur avait ôtés.

Il se trouvait en grand péril, ayant eu l'imprudence de faire son *entrée* au moment même où ce peuple violent était dans sa fête populaire, une sorte d'émeute annuelle, la fête du grand saint du pays. Ce jour-là, étaient et voulaient être fols, « tout étant permis, disaient-ils, aux fols de Saint-Liévin ».

Triste folie, sombre ivresse de bière, qui ne passait guère sans coups de couteau. Tout ainsi que, dans la légende, les barbares traînent le saint au lieu de son martyre, le peuple, dévotement ivre, enlevait la châsse et la portait à ce lieu même, à trois lieues de Gand. Il y veillait la nuit, en s'enivrant de plus en plus. Le lendemain, le saint *voulait* revenir, et la foule le rapportait, criant, hurlant, renversant tout. Au retour, passant au marché, le saint *voulut* passer justement tout au travers d'une loge où l'on recevait l'impôt. « Saint Liévin, criaient-ils, ne se dérange pas. » La baraque disparut en un moment, et à la place se dressa la bannière de la ville, le saint lui-même, de sa propre bannière, en fournissant l'étoffe. A côté reparurent toutes celles des métiers, plus neuves que jamais, « ce fut comme une féerie » et sous les bannières les métiers en armes. « Et tant croissoient et muetiplioient que c'estoit une horreur. »

Le duc s'épouvanta durement... « Il avait par malheur amené avec lui sa fille toute petite, et le trésor que lui laissait son père. Cependant la colère l'emporta... Il descend en robe noire, un bâton à la main : « Que vous faut-il ? qui vous émeut, mauvaises gens ? » Et il frappa un homme ; l'homme faillit le tuer. Bien lui prit que les Gantais se faisaient une religion *de ne point toucher au corps de leur seigneur ;* telle était la teneur du serment féodal, et, dans leur plus grande fureur, ils le respectaient. Le duc tiré de la presse et monté au balcon, le sire de la Gruthuse, noble flamand, fort aimé des Flamands et qui savait bien les manier, se mit à leur parler en leur langue ; puis le duc lui-même, aussi en flamand... Cela les toucha fort ; ils crièrent tant qu'ils purent ; *Willecome !* (Soyez le bienvenu !).

On croyait que le duc et le peuple allaient s'expliquer en famille ; mais voilà que « un grand rude vilain », monté, sans qu'on s'en aperçût, vient, lui aussi, se mettre à la fenêtre à côté du prince. Là, levant son gantelet noir, il frappe un grand coup sur le balcon pour qu'on fasse silence, et sans crainte ni respect il dit : « Mes frères, qui êtes là-bas, vous êtes venus pour faire vos doléances à votre prince ici présent, et vous en avez de grandes causes. D'abord, ceux qui gouvernent la ville, qui dérobent les princes et vous, vous voulez qu'ils soient punis ? Ne le voulez-vous pas ? » – « Oui, oui » cria la foule. « Vous voulez que la cuillotte soit abolie ? » – « Oui, oui ! » – « Vous voulez que vos portes condamnées soient rouvertes et vos bannières autorisées ? » – Oui, oui ! » – « Et vous voulez encore ravoir vos châtellenies, vos blancs chaperons, vos anciennes manières de faire ? n'est-il pas vrai ? » – « Oui », crièrent-ils de toute la place. Alors se tournant vers le duc, l'homme dit : « Monseigneur, voilà en un mot pourquoi ces gens-là sont assemblés ; je vous le déclare, et ils m'en avouent, vous l'avez entendu ; veuillez y pourvoir. Maintenant, pardonnez-moi, j'ai parlé pour eux, j'ai parlé pour le bien. »

Le sire de la Gruthuse et son maître « s'entre-regardoient piteusement ». Ils s'en tirèrent pourtant avec quelques bonnes paroles et quelques parchemins. Tout ce grand mouvement, si terrible à voir, était au fond peu redoutable. Une grande partie de ceux qui le faisaient, le faisaient malgré eux. Pendant l'émeute, plusieurs métiers, les bouchers et les poissonniers, se trouvant près du duc, lui disaient de n'avoir pas peur, de prendre patience, qu'il n'était pas temps de se venger *des méchantes gens*... Il se passa à peine quelques mois, et les plus violents, effrayés eux-mêmes, allèrent demander grâce. On croyait que toutes les villes imiteraient Gand, mais il n'y eut guère d'agité que Malines. La noblesse de Brabant se montra unanime pour contenir les villes et repousser le prétendant du roi, Jean de Nevers, qui se remuait fort, croyant l'occasion favorable. Le duc, comme porté sur les bras de ses nobles, se trouva au-dessus de tout. Loin que ce mouvement l'affaiblît, il n'en fut que plus fort pour retomber sur Liège.

Il me faut dire la fin de Liège ; je dois raconter cette misérable dernière année, montrer ce vaillant peuple dans la pitoyable situation du débiteur sous le coup de la contrainte par corps.

Deux hommes avaient écrit le pesant traité de 1465, « deux solennels clercs » bourguignons que le comte menait dans ses campagnes, maître Hugonet, maître Carondelet. Ces habiles gens n'avaient rien oublié, rien n'avait échappé à leur science, à leur prévoyance, aucune des *exceptions* dont Liège eût pu se prévaloir, aucune, hors une seule, c'est qu'elle était tout à fait insolvable.

Ils étaient partis de ce principe, que *qui perd doit payer*, et *qui ne peut payer doit payer davantage*, acquittant, par-dessus la dette, les frais de saisie. Liège devait donner tant en argent et tant en hommes qui paieraient de leurs têtes. Mais, comme elle ne voulait pas livrer de têtes, pour que justice fût satisfaite, ils ajoutèrent encore en argent la valeur de ces têtes, tant pour Monseigneur de Bourgogne, tant pour M. de Charolais.

Cette terrible somme devait être rendue à Louvain, de six mois en six mois, à raison de soixante mille florins par terme. Si tout le Liégeois eût payé, la chose était possible, mais d'abord les Églises déclarèrent qu'ayant toujours voulu la paix, elles ne devaient point payer la guerre. Ensuite, la plupart des villes, quoique leurs noms figurassent au traité, trouvèrent moyen de n'en pas être. Tout retomba sur Liège, sur une ville alors sans commerce, sans ressources, très populeuse encore, d'autant plus misérable.

Ce peuple aigri, ne pouvant se venger sur d'autres, prenait plaisir à se blesser lui-même. Il devenait cruel. Ses meneurs l'occupaient de supplices. On s'étouffait aux exécutions, les femmes comme les hommes. Il fallut hausser l'échafaud pour que personne n'eût à se plaindre de ne pas bien voir. Une scène étrange en ce genre fut la *joyeuse entrée* qu'ils firent à un homme qui, disait-on, avait livré Dinant ; ils le firent *entrer* à Liège, comme le comte avait fait à Dinant, avec trompettes, musiques et fols, pour lui couper la tête.

Il n'y avait plus de gouvernement à Liège, ou, si l'on veut, il y en avait deux : celui des magistrats qui ne faisaient plus rien, et celui de Raes qui expédiait tout par des gens à lui, les plus pauvres en général et les plus violents, qu'il avait (par respect pour la loi qui défendait les armes) armés de gros bâtons. Raes n'habitait point sa maison, trop peu sûre. Il se tenait dans un lieu de franchise, au chapitre de Saint-Pierre, lieu d'ailleurs facile à défendre. Que cet homme tout-puissant dans Liège occupât un lieu d'asile, comme aurait fait un fugitif, cela ne peint que trop l'état de la cité !

La fermentation allait croissant. Vers Pâques, le mouvement commence, d'abord par les saints ; leurs images se mettent à faire des miracles. Les enfants de la *Verte tente* reparaissent, ils courent les campagnes, font leurs justices, égorgent tel et tel. Les gens d'armes de France vont arriver ; les envoyés du roi l'assurent. Pour hâter le secours, ceux du parti français mènent hardiment les envoyés à la colline de *Lottring*, à *Herstall* (le fameux berceau des Carlovingiens), et là, avec notaire et témoins, leur font *prendre* possession...

Possession de Liège ? Il semble qu'ils n'aient osé le dire, la chose n'ayant pas réussi. Tels étaient la force de l'habitude et le respect du droit chez le peuple qui semblait entre tous l'ami des nouveautés ; les Liégeois pouvaient battre ou tuer leur évêque et leurs chanoines, mais ils soutenaient toujours qu'ils étaient sujets de l'Église, et croyaient respecter les droits de l'évêché.

Quoi qu'il y eût des hostilités des deux parts et du sang versé, ils prétendaient ne rien faire contre leur traité avec le duc de Bourgogne. « Nous pouvons bien, disaient-ils, sans violer la paix, faire payer Huy et reprendre Saint-Trond, qui est une des filles de Liège. » L'évêque était dans Huy : « N'importe, disaient-ils, nous n'en voulons point à l'évêque. »

L'évêque ne s'y fia point. Comme prêtre, et par sa robe dispensé de bravoure, il exigea que les Bourguignons envoyés au secours sauvassent sa personne plutôt que la ville. Le duc fut hors de lui quand il les vit revenir... Tristes commencements d'un nouveau règne, de voir ses hommes d'armes s'enfuir avec un prêtre, et d'avoir été lui-même à la merci de va-nu-pieds de Gand !

Il n'hésita plus et franchit le grand pas. Il fit venir des Anglais, cinq cents d'abord. Édouard en avait envoyé deux mille à Calais, et ne demandait pas mieux que d'en envoyer davantage ; mais le duc, qui voulait rester maître chez lui, s'en tint à ces cinq cents. Ils lui suffisaient comme épouvantail, du côté du roi.

Le nombre n'y faisait rien. Cinq cents Anglais, un seul Anglais, dans l'armée de Bourgogne, c'était, pour ceux qui avaient de la mémoire, un signe effrayant... La situation était plus dangereuse que jamais ; l'Angleterre et ses alliés, l'Aragonais, le Castillan et le Breton, s'entendaient mieux qu'autrefois et pouvaient agir d'ensemble, sous une même impulsion ; ajoutez qu'il y avait en Bretagne un prétendant tout prêt, qui déjà signait des traités pour partager la France.

Le roi connaissait parfaitement son danger. Dès qu'il sut que le vieux duc était mort, et que désormais il aurait affaire au duc Charles, il fit ce qu'il eût fait si une flotte anglaise eût remonté la Seine ; il arma la ville de Paris.

Rendre à Paris ses armes et ses bannières, l'organiser en une grande armée, cela pouvait paraître hardi, quand on se rappelait la douteuse attitude des Parisiens pendant la dernière guerre. Charles VI les avait jadis désarmés ; Charles VII, *roi de Bourges*, ne s'était jamais fié beaucoup à eux. Louis XI, à qui ils avaient failli au besoin, ne se fit pas moins Parisien tout à coup ; son danger après Montlhéry lui avait appris qu'avec Paris, et la France de moins, il serait encore roi de France, il résolut de regagner Paris, quoi qu'il coûtât, de le ménager, de le fortifier, dût-il écraser tout le reste

Il l'avait exempté de taxes dans la crise ; il maintint cette exemption, malgré le terrible besoin d'argent où il était. Cela lui assurait surtout le Paris commerçant, les halles, le nord de la ville. La cité et le Midi n'avaient jamais payé grand-chose, n'étant guère habités que de privilégiés, gens de robe et d'Église, étudiants ou suppôts de l'université.

Saint-Germain, Saint-Victor, les chartreux, entouraient et gardaient en quelque sorte le Paris du Midi. Le roi les exempta des droits d'amortissement.

La Cité, c'était Notre-Dame et le Palais, le parlement et le chapitre. Louis XI s'était mal trouvé de n'avoir pas respecté ces puissances. Il s'amenda, reconnut la haute justice féodale des chanoines. Quant aux parlementaires, leur grande affaire était de pouvoir se passer tout doucement leurs offices de main en main, comme propriétés de famille, en couvrant leurs arrangements d'un semblant d'élections. Le roi ferma les yeux, les laissa s'élire entre eux, fils, frères, neveux, cousins ; il promit de respecter les élections et de laisser les offices dans les mêmes mains.

Le seul point où il n'entendit à aucun privilège, ce fut l'armement. Le Parlement et le Châtelet, la Chambre des comptes, les gens de l'Hôtel de Ville, les pacifiques généraux des aides et des monnaies, tous durent monter à cheval ou fournir des hommes. Les Églises mêmes furent tenues d'en solder. Il n'y avait rien à objecter, quand on voyait un évêque, un cardinal de Rome, le vaillant cardinal Balue, cavalcader devant les bannières et passer les revues.

Le roi et la reine vinrent voir ; c'était un grand spectacle ; soixante et quelques bannières, soixante à quatre-vingt mille hommes armés. Il y en avait depuis le Temple jusqu'à Reuilly, jusqu'à Conflans, et de là en revenant le long de la Seine jusqu'à la Bastille. Le roi avait eu l'attention paternelle d'envoyer et faire défoncer quelques tonneaux de vin.

Il était devenu vrai bourgeois de Paris. C'était plaisir de le voir s'en aller par les rues, souper tout bonnement chez un bourgeois, un élu, Denis Hesselin ; il est vrai qu'ils étaient compères, le roi lui ayant fait l'honneur de lui tenir son enfant sur les fonts. Il envoyait la reine avec Mme de Bourbon et Perette de Châlons (sa maîtresse), souper, baigner (c'était l'usage) chez Dauvet, premier président. Il consultait volontiers les personnes notables, parlementaires, procureurs, marchands. Il n'y avait pas désormais à se jouer des gens de Paris, le roi n'eût pas entendu raillerie ; un moine normand s'étant avisé d'accuser deux bourgeois, sans preuves, le roi le fit noyer. Tellement il était devenu ami chaud de la ville !

Toute grande qu'elle était, il la voulait plus grande et plus peuplée. Il fit proclamer à son de trompe que toutes gens de toutes nations qui seraient en fuite pour vol ou pour meurtre, trouveraient sûreté ici. Dans un petit pèlerinage qu'il fit à Saint-Denis, comme il s'en allait devisant par la plaine avec Balue, Luillier et quelques autres, trois ribauds vinrent se jeter à genoux, criant grâce et rémission ; ils avaient été toute leur vie voleurs de grand chemin, larrons et meurtriers ; le roi leur accorda bénignement ce qu'ils demandaient.

Il n'y avait guère de jour qu'on ne le vît à la messe à Notre-Dame, et toujours il laissait quelque offrande. Le 12 octobre, il y avait été à vêpres, puis, pour se reposer chez Dauvet, le président ; au retour, comme il était nuit noire, il vit au-dessus de sa tête une étoile, et l'étoile le suivit jusqu'à ce qu'il fût entré aux Tournelles.

Il avait bien besoin de croire à son étoile. Le coup qu'il attendait était porté. Le Breton avait envahi la Normandie, et déjà il était maître d'Alençon et de Caen (15 octobre). Le roi n'avait pu le prévenir. S'il eût bougé, le Bourguignon lui jetait en France une armée anglaise. Il avait envoyé quatre fois au duc en quatre mois, tantôt offrant d'abandonner Liège, et tantôt réclamant pour elle.

Il essaya de l'intervention du pape, qu'il avait regagné, en faisant enregistrer l'abolition de la Pragmatique. Il obtint à ce prix que le Saint-Siège, qui avait naguère excommunié les Liégeois, prierait aussi pour eux. Mais le duc voulut à peine voir le légat, et encore à condition qu'il ne parlerait de rien.

Le connétable, envoyé par le roi, fut reçu de manière à craindre pour lui-même. Il venait parler de paix à un homme qui déjà avait l'épée tirée, le bras prêt à frapper... Le duc lui dit durement : « Beau cousin, si vous êtes né connétable, vous l'êtes de par moi. Vous êtes né chez moi, et vous avez chez moi le plus beau de votre vaillant. Si le roi vient se mêler de mes affaires, ce ne sera pas à votre profit. » Saint-Pol, pour l'apaiser, lui garantit pour douze jours que rien ne remuerait du côté de la France. Sur quoi, il dit en montant à cheval : «J'aurai dans trois jours la bataille ; si je suis battu, le roi fera ce qu'il voudra du côté des Bretons. » Il se moquait sans doute ; il ne pouvait guère ignorer qu'au moment même (19 octobre) Alençon et Caen devaient être ouvertes au duc de Bretagne.

Qui eût pu l'arrêter, lancé comme il était par la colère ? Il avait fait défier les Liégeois, à la vieille manière barbare, avec la torche et l'épée. Il eut un moment l'idée de tuer cinquante otages qui étaient entre ses mains. Les pauvres gens avaient répondu de la paix sur leurs têtes. Un des vieux conseillers (jusque-là des plus sages) était d'avis de les faire mourir. Heureusement, le sire d'Humbercourt, plus modéré et plus habile, sentit tout le parti qu'on pouvait tirer de ces gens.

Les deux armées se rencontrèrent devant Saint-Trond. La place était gardée pour Liège par Renard de Rouvroy, homme d'audace et de ruse, attaché au roi, et qui lui avait servi, comme on a vu, à jouer la comédie de la fausse victoire de Montlhéry. Dans l'armée des Liégeois, qui venait au secours de Saint-Trond, on remarquait le bailli de Lyon, qui depuis un mois leur promettait du secours, et qui les trompait d'autant mieux que le roi le trompait lui-même.

Selon Commines, qui put les voir de loin, ils auraient été trente mille ; d'autres disent dix-huit mille. L'étendard était porté par le sire de Bierlo.

Bare de Surlet était à leur tête, avec Raes et la femme de Raes, Mme Pentecôte d'Arkel. Cette vaillante dame, qui suivait partout son mari, s'était déjà signalée au combat d'Huy. Ici, elle galopait devant le peuple, et l'animait bien mieux que Raes n'eût su faire.

La confiance pourtant n'était pas générale. Les Églises s'étaient prêtées de mauvaise grâce à escorter l'étendard de Saint-Lambert, comme l'usage le voulait ; tel couvent, pour s'en dispenser, avait déguisé des laïques en prêtres. Encore cette escorte, à peine à deux lieues, voulait revenir. L'honneur de porter l'étendard fut offert au bailli de Lyon, qui n'accepta pas. Bare de Surlet, le jour du départ, voulant monter un cheval de bataille que venait de lui vendre l'abbé de Saint-Laurent, trouva qu'il était mort la nuit.

L'armée liégeoise arriva le soir à Brusten, près Saint-Trond ; les chefs la retinrent dans le village et la forcèrent d'attendre le lendemain (28 octobre).

Au matin, le duc, « monté sur un courtaut », passait devant ses lignes, un papier à la main ; c'était son ordonnance de bataille, toute écrite, telle que ses conseillers l'avaient arrêtée la nuit. Qu'adviendrait-il de cette première bataille qu'il livrait comme duc ? c'était une grande question, un important augure pour tout le règne. Il y avait à craindre que son bouillant courage ne mît tout en hasard. Il paraît qu'on trouva moyen de le tenir dans un corps qui ne bougea pas. La cavalerie, en général, resta inactive pendant la bataille ; dans cette plaine fangeuse, coupée de marais, elle eût pu renouveler la triste aventure d'Azincourt.

Vers dix heures, les gens de Tongres, impatients, inquiets, ne purent plus supporter une si longue attente ; ils marchèrent à l'ennemi. Les Bourguignons les repoussèrent, criblèrent de flèches et de boulets ceux qui gardaient le fossé, gagnèrent le fossé, les canons. Puis, comme ils n'avaient plus de quoi tirer, les Liégeois reprirent l'avantage. De leurs longues piques, ils chargèrent les archers « et en une troupe, tuèrent quatre ou cinq cents hommes en un moment ; et branloient toutes nos enseignes, comme gens presque déconfits. Et sur ce pas, fit le duc marcher les archers de sa bataille que conduisoit Philippe de Crèvecœur, homme sage, et plusieurs autres gens de bien, qui avec un grand *hu !* assaillirent les Liégeois, qui en un moment furent desconfitz. »

Il paraît qu'on fit croire au duc qu'il leur avait tué six mille hommes. Commines le répète et s'en moque lui-même. Il assure que la perte était peu de chose, que sur un si grand peuple, il n'y paraissait guère. Renard de Rouvroy, ayant tenu encore trois jours dans Saint-Trond, Raes et le bailli avaient le temps de mettre Liège en défense. Mais il aurait fallu abattre autour des murs certaines maisons qui étaient aux Églises, et elles n'y consentaient pas.

De cœur et de courage, sinon de force, la ville était tuée. On avait beau dire au peuple que les envoyés du roi négociaient, que le légat allait venir pour tout arranger ; chacun commençait à songer à soi, à vouloir faire la paix avant les autres ; d'abord les petites gens de la rivière, les poissonniers. Puis les Églises s'enhardirent et déclarèrent qu'elles voulaient traiter. On les laissa faire, et elles traitèrent, non seulement pour elles, mais pour la cité.

Ce qu'elles obtinrent, et qui n'était rien moins qu'une grâce, ce fut de rendre tout, « à volonté », sauf le feu et le pillage. Les prêtres, n'ayant rien à craindre pour eux-mêmes, se contentèrent d'assurer ainsi les biens, sans s'inquiéter des personnes.

Cet arrangement fut accepté, l'égoïsme gagnant, comme il arrive dans les grandes craintes. On chosit trois cents hommes, dix de chaque métier, pour aller demander pardon. La commission était peu rassurante. Le duc avait pris dix hommes de Saint-Trond, et dix hommes de Tongres, auxquels il avait fait couper la tête.

Trois cents suffiraient-ils ? L'ennemi, une fois dans la ville, n'en prendrait-il pas d'autres ?... Cette crainte se répandit et devint si forte que les portes ne s'ouvrirent pas. Le vaillant Bierlo, qui avait porté l'étendard, qui l'avait défendu et sauvé, se mit aussi à défendre les portes, s'obstinant à les tenir fermées, à moins que la sûreté des personnes ne fût garantie.

Le duc attendait les trois cents sur la plaine. Sa position était mauvaise : « On étoit en fin cœur d'hiver, et les pluies plus grandes qu'il n'est possible de dire, le pays fangeux et mol à merveille. Nous étions (c'est Commines qui parle) en grande nécessité de vivres et d'argent, et l'armée comme toute rompue. Le duc n'avoit nulle envie de les assiéger, et aussi n'eût-il su. S'ils eussent attendu deux jours à se rendre, il s'en fût retourné. La gloire qu'il reçut en ce voyage lui procéda de la grâce de Dieu, contre toute raison. Il eut tous ces honneurs et biens pour la grâce et bonté dont il avoit usé envers les otages, dont vous avez ouï parler. »

Croyant qu'il n'y avait qu'à rentrer dans la ville, le duc avait envoyé, pour entrer le premier, Humbercourt qu'il en avait nommé gouverneur, et qui n'y était point haï. Porte close. Humbercourt se logea dans l'abbaye de Saint-Laurent, tout près des murs de la ville, dont il entendait tous les bruits. Il n'avait que deux cents hommes ; nul espoir de secours en cas d'attaque. Heureusement il avait avec lui quelques-uns des otages, qui lui servirent merveilleusement, pour travailler la ville et l'amener à se rendre : « Si nous pouvons les amuser jusqu'à minuit, disait-il, nous aurons échappé ; ils seront las et s'en iront dormir. » Il détacha ainsi deux otages aux Liégeois, puis (le bruit redoublant dans la ville) quatre autres, avec une bonne et amicale lettre ; il leur disait qu'il avait toujours été bon pour eux, que pour rien au monde il ne voudrait consentir à leur perte ; naguère encore il était des leurs, du métier des *fèves* et maréchaux, il en avait porté la robe, etc. La lettre vint à temps ; ceux de la porte parlaient d'aller brûler l'abbaye et Humbercourt dedans. Mais : « Tout incontinent, dit Commines, nous ouïmes sonner la cloche d'assemblée, dont nous eûmes grande joie, et s'éteignit le bruit que nous entendions à la porte. Ils restèrent assemblés jusqu'à deux heures après minuit, et enfin conclurent qu'au matin, ils donneroient une des portes au seigneur d'Humbercourt.

Et tout incontinent s'enfuit de la ville messire Raes de Lintre et toute sa séquelle. »

Au matin, les trois cents, en chemise, furent menés dans la plaine, se mirent à genoux dans la boue et crièrent merci. Le bon ami du roi, le légat, qui venait intercéder, se trouva là justement pour ce piteux spectacle. Quoi qu'il pût dire, le duc y fit peu d'attention. Le sage Humbercourt eût voulu qu'il se servît de ce légat pour le faire entrer avant lui dans la ville, pour bénir et calmer le peuple, l'endormir, rendre l'entrée plus sûre.

Loin de là, le duc, tenant à faire croire qu'il entrait de force, « à portes renversées », fit à l'instant mettre le marteau aux murs et détacher les portes de leurs gonds. C'était l'ancien usage, quand le vainqueur n'entrait pas par la brèche, qu'on lui couchât les portes sur le pavé, afin qu'il les foulât et marchât dessus.

Le 17 novembre, au matin, les troupes entrèrent, puis le duc accompagné de l'évêque, puis des troupes, et toujours des troupes, jusqu'au soir. Il n'était pas sans émotion en se voyant enfin dans Liège ; le matin, il avait pu à peine manger.

La foule à travers laquelle il passait offrait l'aspect de deux peuples distincts, des élus et des réprouvés, en ce jour de jugement ; à droite, les élus, c'est-à-dire le clergé, en blanc surplis, avec les gens qui tenaient au clergé ou voulaient y tenir, tous ayant à la main des cierges allumés, comme les Vierges sages ; à gauche, sans cierge, aussi bien que sans armes, l'épaisse et sombre file des bourgeois, gens de métiers et menu populaire, portant la tête basse.

Ils roulaient en eux-mêmes la terrible sentence, encore inconnue, et tout ce que peut contenir, pour celui qui se livre, ce mot vague, infini : A volonté. Personne, tant qu'il n'était pas expliqué, ne savait qui était vivant et qui était mort.

L'attente fut prolongée jusqu'au 26 novembre. Ce jour-là sonna la cloche du peuple pour la dernière fois. Sur l'estrade, devant le palais, au lieu consacré et légal où jadis siégeait le prince-évêque, s'assit le maître et juge... Près de lui, Louis de Bourbon, et en bas le condamné, le peuple, pour ouïr la sentence. D'illustres personnages avaient place aussi sur l'estrade, comme pour représenter la chrétienté : un Italien, le marquis de Ferrare, un Suisse, le comte de Neufchâtel (maréchal de Bourgogne), enfin Jacques de Luxembourg, oncle de la reine d'Angleterre.

Un simple secrétaire et notaire lut « haut et clair » l'arrêt...

Arrêt de mort pour Liège. Il n'y avait plus de cité, plus de murailles, plus de loi, plus de justice de ville ni de justice d'évêque, plus de corps de métiers.

Plus de loi ; des échevins nommés par l'évêque, assermentés au duc, jugeront *selon droit et raison escripte,* d'après le mode que fixeront le seigneur duc et le seigneur évêque.

Liège n'est plus une ville, n'ayant ni portes, ni murs, ni fossé ; tout sera effacé et mis de niveau, en sorte qu'on puisse y entrer de partout « comme en un village ».

La voix de la cité, son bourgmestre, l'épée de la cité, son avoué lui sont ôtés également. L'avoué, le défenseur désormais, c'est l'ennemi ; le duc, comme avoué suprême, siège et lève son droit dans la ville, au pont d'Amercœur.

Loin qu'il y ait un corps de ville, il n'y a plus de corps de métiers. Liège perd les deux choses dont elle était née, dont elle eût pu renaître : les métiers et la cour épiscopale ; ses fameuses justices de l'Anneau et de la paix de Notre-Dame.

Elle ne juge plus et elle est jugée, jugée par ses voisines, ses ennemis, Namur, Louvain, Maëstricht. Les appels seront maintenant portés dans ces trois villes.

Maëstricht est franche, indépendante et ne paie plus rien. Liège paie, par-dessus les six cent mille florins du premier traité, une rançon de cent quinze mille lions.

C'est-à-dire qu'elle se ruine pour se racheter, prisonnière qu'elle est. Et tout en se rachetant, il faut qu'elle livre douze hommes pour la prison ou pour la mort ; le duc décidera.

L'acte lu, le duc déclara que c'était bien là sa sentence. Son chancelier, s'adressant à ceux qui étaient dans la place, leur demanda s'ils acceptaient tous ces articles et voulaient s'y tenir. L'on constata qu'ils avaient accepté, que pas un n'avait contredit, qu'ils avaient dit, bien distinctement, *oy, oy*. Le chancelier se tourna ensuite vers l'évêque et vers le chapitre, qui répondirent *oy*, comme le peuple. Et alors le duc, s'adressant à la foule, daigna dire que, s'ils tenaient parole, il leur serait un bon protecteur et gardien.

Cette bonté n'empêcha pas que, quelques jours après, l'échaud ne fût dressé. On amena les *douze* qui avaient été livrés ; *trois*, mis sur l'échafaud, y reçurent grâce ; *trois fois* trois furent décapités. La terreur qu'inspira ce spectacle eut tant d'effet que cinq mille hommes achetèrent leur pardon.

Il y avait dans Liège une chose qui était aussi chère aux Liégeois que leur vie : c'était le principal monument de la ville et son palladium, ce qu'ils appelaient leur *péron*, une colonne de bronze au pied de laquelle le peuple, pendant tant de siècles, avait fait les lois, les actes publics. Cette colonne, qui avait assisté à toute la vie de Liège, semblait Liège elle-même. Tant qu'elle était là, rien n'était perdu ; la cité pouvait toujours revivre. Le duc mit dans son arrêt ce terrible article : « Le *péron* sera enlevé, sans qu'on puisse le rétablir jamais, pas même en refaire l'image dans les armes de la ville. »

Il emporta en effet la colonne avec lui, la plaça, comme au pilori, à la Bourse de Bruges, et sur le triste monument furent gravés des vers en deux langues, où on le fait parler (comme si Liège parlait à la Flandre) :

Ne lève plus un sourcil orgueilleux !
Prends leçon de mon aventure,
Apprends ton néant pour toujours !
J'étois le signe vénéré de Liège, son titre de noblesse,
La gloire d'une ville invaincue...
Aujourd'hui exposé (le peuple rit et passe !)
Je suis ici pour avouer ma chute ;
C'est Charles qui m'a renversé.

CHAPITRE IV

Péronne - Destruction de Liège - 1468

Une foule inquiète attendait le duc de Bruxelles : solliciteurs, suppliants, envoyés de tous pays. Il y avait, entre autres, de pauvres gens de Tournai qui étaient là, à genoux, pour excuser je ne sais quelle plaisanterie des enfants de la ville ; le duc ne parlait de rien de moins que de les marquer au front d'un fer rouge aux armes de Bourgogne.

A sa violence, à son air sombre, on voyait bien que la fin de cette affaire de Liège n'était pour lui qu'un commencement. Il remuait en pensée plus de choses qu'une tête d'homme n'en pouvait contenir. On eût pu lire sur son visage sa menaçante devise : « Je l'ay *empris.* » Il allait *entreprendre,* avec quel succès ! Dieu le savait. Une comète qui parut à son avènement donnait fort à penser : « J'entrai en imagination (dit Chastellain)... Je m'attends à tout... La fin fera le jugement. »

Ce qu'on pouvait prévoir sans peine, c'est qu'avec un tel homme il y aurait beaucoup à faire et à souffrir, que ses gens auraient peu de repos, qu'il lasserait tout le monde avant de se lasser. Jamais on ne surprit en lui ni peur ni fatigue. « Fort de bras, fort d'échine, de bonnes fortes jambes, de longues mains, un rude joûteur à jeter tout homme par terre, le teint et le poil bruns, la chevelure épaisse, *houssue...* »

Fils d'une si *prude femme* et si *béguine,* lisant insatiablement dans sa jeunesse les vieilles histoires des preux, on avait cru qu'il serait un vrai manoir de chevalerie. Il était dévot, disait-on, particulièrement à la Vierge Marie. On remarquait qu'il avait les yeux « angéliquement clairs ».

Les Flamands, Hollandais, tous les gens du Nord et de langues allemandes avaient mis un grand espoir dans leur jeune comte. Il parlait leur langue, puisait au besoin dans leur bourse, vivait avec eux et comme eux sur les digues, à voir la mer, qu'il aimait fort, ou bien à bâtir sa tour à Gorckum. Dès qu'il fut maître, on aperçut qu'il y avait encore en lui un tout autre homme qu'on ne soupçonnait pas, homme d'affaires, d'argent et de calcul. « Il prit le mors aux dents, veilla et estudia en ses finances. » Il visita le trésor de son père, mais pour le bien fermer, voulant vivre et suffire à tout avec son domaine et ce qu'il tirerait de ses peuples. L'argent de Liège et tout l'extraordinaire ne devaient point les soulager, mais rester dans les coffres. En tout un ordre austère. La joyeuse maison du bon duc devint comme un couvent ; plus de grande table commune où les officiers et seigneurs mangeaient avec le maître. Il les divisa et parqua en tables différentes, d'où le repas fini, on les faisait défiler devant le prince, qui notait les absents ; l'absent perdait les gages du jour.

Nul homme plus exact, plus laborieux. Il était le matin au Conseil et il y était le soir, « se travaillant soy et ses gens, outrageusement ». Ses gens, ceux du moins qu'il employait le plus, c'étaient des gens de langue française et de droit romain, des hommes de loi bourguignons ou comtois. Le règne des Comtois, commencé sous Philippe le Bon par Raulin, continué sous son fils par le De Goux, les Rochefort, les Carondelet, éclate dans l'histoire par la tyrannie des Granvelle. Leurs traditions d'impérialisme romain, de procédures secrètes, etc., furent pourtant connues dès l'époque où le chancelier Raulin, armé d'un simple billet de son maître absent, fit étouffer le sire de Granson entre deux matelas.

On reconnaît, dans la sentence de Liège, la main de ces légistes, à cet article surtout, où, substituant le *droit écrit* à la coutume, ils ajoutent à ce mot déjà si vague un arbitraire illimité : « Selon le mode que fixeront le seigneur duc et le seigneur évêque. »

Après Liège, la Flandre. Dès le lendemain de la bataille, une lettre fut écrite par le duc, une menace *contre tous les fieffés* de Flandre qui ne rendraient pas le service militaire. Cette expression semblait étendre l'obligation du service à une foule de petites gens, qui tenaient, à titre de fiefs, des choses minimes pour une minime redevance. L'effroi fut grand ; l'effet subit, beaucoup aimèrent mieux laisser là fief et tout et passer la frontière. Il fallut que le duc s'expliquât ; il dit dans une nouvelle lettre, non plus *tous les fieffés*, mais : « Nos féaux vassaux et sujets, *tenus et accoutumés* de servir et *fréquenter* les armes. »

Le mot d'*aide* ne prêtait pas moins que celui de *fief* au malentendu. Sous ce mot féodal (aide de joyeuse entrée, aide de mariage), il demanda un impôt régulier, annuel, pour seize ans. Le total semblait monstrueux : pour la Flandre, douze cent mille écus ; pour le Brabant, huit cent mille livres ; cent mille livres pour le Hainaut. « Il n'y eut personne qui ne fût perplexe durement et frappé au front, d'ouïr nommer cette horrible somme de deniers à prendre sur le peuple. »

Par ces violentes chicanes pour changer ses vassaux en sujets, pour devenir, de suzerain féodal, souverain moderne, le duc de Bourgogne n'en restait pas moins, dans l'opinion de tous et dans la sienne, le prince de la chevalerie. Il en gardait les formes, et elles devenaient souvent dans ses mains une arme politique. Juge de l'honneur chevaleresque, comme chef de la Toison d'or, il somma son ennemi, le duc de Nevers, de comparaître au chapitre de l'ordre, le fit condamner comme contumax, biffer son nom, noircir son écusson.

Ceux mêmes que le roi avait cru s'attacher et qu'il avait achetés le plus cher tournaient au duc de Bourgogne, comme au chef naturel des princes et seigneurs.

Un nouveau *Bien public* se préparait, plus général et dans lequel entreraient ceux qui s'étaient abstenus de l'autre. René devait en être, quoique le roi aidât alors son fils en Espagne. Deux femmes y poussaient, la douairière de Bourbon, aux enfants de qui il avait confié moitié du royaume, et la propre sœur de Louis XI, qui, il est vrai, lui ressemblait trop pour subir aisément sa protection tyrannique ; plus il faisait pour elle, plus elle travaillait contre lui.

L'Anglais n'avait pu être du premier *Bien public ;* on l'invitait au second. Le Bourguignon épousait la sœur d'Édouard, et le Breton épousait en quelque sorte l'Angleterre elle-même, voulant l'établir à côté de lui, en Normandie. Le roi, les voyant tous appeler l'Anglais, s'avisa d'un expédient qu'ils n'avaient pas prévu, il appela la France.

Il convoqua les états généraux (avril), les trois ordres ; soixante villes envoyèrent leurs députés. Il leur posa simplement la vraie question : « Le royaume veut-il perdre la Normandie ? » La confier au jeune frère du roi, qui n'était rien que par les ducs de Bourgogne et de Bretagne, c'était la leur donner, ou plutôt y mettre les Anglais.

Ce n'était pas la faute du duc de Bretagne si les Anglais n'y étaient pas. Ils n'avaient pas besoin d'y prendre une place, comme Henri V avait dû le faire ; on leur en offrait douze. Chose étrange pour leur faire accepter ces villes, il fallait les payer, ils chicanaient sur la solde... Le fait est qu'ils avaient grand-peine à venir ; Édouard n'osait bouger de chez lui.

Que l'offre eût été faite, cela n'était pas douteux. Warwick (par conséquent Louis XI) en avait copie. Les états, quand on leur fit cette révélation, en eurent horreur... Qu'il y eût un Français pour recommencer les guerres anglaises, l'égorgement de la France !... Tous ceux qui étaient là, même les princes et les seigneurs qui chancelaient la veille, retrouvèrent du cœur, et offrirent au roi leurs biens et leurs vies.

« La chose, dit lui-même le noble historien de la maison de Bourgogne, touchoit la *perpétuité* du royaume, et le roy n'y a que son *voyage*. » Tous le sentirent. Le vœu des états, porté au duc à Cambrai, venait avec autorité. Le mépris qu'il en fit, soigneusement répandu par le roi, mit beaucoup de gens contre lui. Les plus pacifiques eurent une velléité de guerre. Il y eut à Paris un tournoi des enfants de la ville, et même plus sérieux que ces exercices ne l'étaient alors ; ceux-ci, dans leur inexpérience, y allèrent trop vivement, et ils se blessèrent.

Le mouvement fut fort contre le duc de Bourgogne. Ce qui le prouverait, c'est que l'homme le plus flottant et qui jusque-là s'était le plus ménagé, Saint-Pol, devint audacieux tout à coup et s'en alla à Bruges où était le duc, fit une entrée bruyante, avec force fanfares, et faisant porter devant lui l'épée de connétable. Aux plaintes qu'on en fit, il ne répondit rien, sinon que Bruges était du royaume, qu'il était connétable de France, et que c'était son droit d'aller partout ainsi.

Le duc attendait à Bruges sa future épouse, Marguerite d'York. Il y avait là un monde complet de toutes nations, une foule d'étrangers venus pour voir la fête. Le duc en profita pour montrer solennellement quel rude justicier il était, quel haut seigneur, combien indépendant et au-dessus de tout. Il fit, sans forme de procès, couper la tête à un jeune homme de grande maison qui avait fait un meurtre. Toute la noblesse eut beau prier ; l'exécution ne s'en fit pas moins à la veille du mariage.

Ce mariage anglais contre la France fut fort sérieux, dans la bizarre magnificence de ses fêtes guerrières, plein de menace et de sombre avenir. Les mille couleurs de tant de costumes et de bannières étaient attristées des couleurs du maître, qui dominaient tout, le noir et le violet.

La sœur des trois fratricides, Marguerite d'York, apportait avec elle cent cinquante ans de guerre entre parents. Ses archers anglais descendirent sa litière au seuil de l'hôtel de Bourgogne, où la reçut la douairière Isabelle. Des archers, peu ou point de lords ; un évêque anglais qui avait mené la chose, malgré tous les évêques.

Au mariage assistèrent deux cardinaux, Balue, l'espion du roi, et un légat du pape qui venait demander pour la pauvre ville de Liège un sursis au paiement. Les malheureux étaient déjà tellement ruinés, deux ans auparavant, que pour un premier terme il leur avait fallu dépouiller leurs femmes, leur ôter leurs anneaux, leurs ceintures. Le duc fut inflexible. Cette dureté dans un tel moment ne pouvait porter bonheur au nouveau mariage. Les mariés à peine au lit, le feu prit... ils faillirent brûler.

Le tournoi fut celui de l'arbre ou *péron d'or,* apparemment pour rappeler celui de Liège. Aux intermèdes, parmi une foule d'allusions, on vit le saint anglais, le saint par lequel le duc jurait toujours, saint Georges, qui tuait le dragon. Deux héros, deux amis, Hercule et Thésée (Charles et Édouard ?), désarmèrent un roi qui se mit à genoux et se fit leur serf. Le duc figura en personne au tournoi, combattit ; puis tout à coup laissa la mariée, s'en alla en Hollande pour lever l'*aide* de mariage.

Le roi crut que cette fête de guerre, ces menaces, ce brusque départ annonçaient un grand coup. Depuis trois mois, il s'y attendait. En mai, le chancelier d'Angleterre avait solennellement annoncé une descente, et le roi, pour la retarder, avait jeté en Angleterre un frère d'Henri IV. Il voyait un camp immense se faire contre lui près de Saint-Quentin. Il y avait à parier qu'au 15 juillet, la trêve avec la Bourgogne expirant, Bourguignon, Breton, Anglais, tous agiraient d'ensemble.

La chose semble avoir en effet été convenue ainsi. Le Breton seul tint parole, agit, et porta seul les coups. Le roi le serra à la fois par le Poitou et par la Normandie, lui reprit Bayeux, Vire et Coutances. Il cria au secours, et n'obtint du Bourguigon que cinq ou six cents hommes pour garder Caen. Celui-ci était jaloux, il se souciait peu d'affermir le Breton en Normandie. Tard, bien tard, sur son instante prière, ayant reçu une lettre suppliante écrite de sa main, il consentit à passer la Somme, mais pacifiquement encore et sans tirer l'épée. Si peu soutenu, il fallut bien que le Breton traitât, abandonnant le frère du roi, et remettant ce qu'il avait en

Normandie à la garde du duc de Calabre, qui alors était tout au roi (Traité d'Ancenis, 10 septembre). Le roi avait gagné la partie.

Ce qui sans doute avait contribué à ralentir le duc de Bourgogne, c'est qu'il voyait une révolution se faire derrière lui. Depuis son cruel refus de donner un sursis à Liège, cette misérable ville, tout écrasée et sanglante qu'elle était, remuait son cadavre... Dès les premiers jours d'août s'ébranla des Ardennes une foule hideuse, sans habits, des massues pour armes, de vrais sauvages qui depuis longtemps vivaient dans les bois. Ces malheureux bannis, entendant dire qu'il y aurait un coup de désespoir, voulurent en être, et pour mourir aimèrent mieux, après tout, mourir chez eux.

Le 4 août, ils avaient essayé déjà de prendre Bouillon. Ils avancèrent toujours en grossissant leur troupe, et, le 8 septembre, ils entrèrent dans Liège en criant « Vive le roi ! » de sorte que le duc de Bourgogne put apprendre en même temps la révolution de Liège et la soumission du Breton (10 septembre).

Le duc, qui avait peu de forces à Liège, les en avait retirées, comme on l'en priait depuis longtemps au nom de l'évêque. Il avait ruiné de fond en comble, non seulement la ville, mais les églises, obligées de répondre pour la ville. Plus de cour spirituelle, plus de juridiction ecclésiastique, plus d'argent à tirer des plaideurs. Le lieutenant du duc de Bourgogne, Humbercourt, laissé à Liège comme receveur et percepteur, était seul maître ; l'évêque n'était rien. Les gens qui gouvernaient celui-ci, à leur tête le chanoine Robert Morialmé, prêtre guerrier qu'on voyait souvent armé de toutes pièces, eurent recours, pour se délivrer des Bourguignons, au dangereux expédient de rappeler les bannis de France. Il se figurait sans doute que le roi y joindrait ses troupes et soutiendrait l'évêque, frère du duc de Bourbon, contre le duc de Bourgogne.

Les bannis, rentrant dans Liège, n'y trouvèrent point l'évêque ; mais, pour toute autorité, le légat du pape. Le légat eut grand-peur quand il se vit au milieu de ces gens presque nus, et qu'on aurait pris pour des bêtes fauves, tant les cheveux et le poil leur avaient crû... L'aspect était horrible, les paroles furent douces et touchantes. Ils s'adressèrent au vieux prêtre romain comme à un père, le supplièrent d'intercéder pour eux : « Ce sont, disaient-ils, nos dernières prières que nous vous confions. Qu'on nous laisse revenir, reprendre nos travaux ; nous ne voulons plus vivre dans les bois, la vie y est trop dure... Si l'on ne nous écoute, nous ne répondons plus de ce que nous allons faire... » Le légat leur demandant s'ils voulaient poser les armes pour le laisser arranger tout avec l'évêque, ils fondirent en larmes et dirent qu'ils ne demandaient qu'à rentrer en grâce, à revenir avec leurs pères, leurs mères et leurs enfants.

Le légat prévint de grands désordres, et peut-être sauva la ville en leur donnant ces bonnes paroles. Plusieurs avaient fait d'abord de terribles menaces, disant que tout le mal venait des prêtres, et ils commençaient à faire main basse sur eux. Il les calma, emmena les chefs à Maëstricht, où était l'évêque, et lui conseilla de revenir. L'évêque n'osait ; il avait peur et des bannis et du duc de Bourgogne, qui lui écrivait qu'il arrivait dans un moment. Cette dernière peur fut apparemment la plus forte, car il reprit ses chaînes et s'en alla docilement à Tongres retrouver Humbercourt, lieutenant du duc de Bourgogne, contre lequel ses chanoines avaient rappelé les bannis.

Le duc n'avait pas tort d'annoncer qu'il pourrait agir. Le roi, qui, débarrassé des Bretons eût pu, ce semble, le mener rudement, le priait au contraire, lui faisait la court, voulait lui payer les frais de la campagne. L'armée royale, bien supérieure à l'autre, plus aguerrie surtout, ne comprenait rien à cela et n'était pas loin d'accuser le roi de couardise... C'est qu'on ne voyait pas, derrière, que le duc de Bourgogne occupait toujours Caen, qu'un beau-frère d'Édouard lui tenait une armée à Portsmouth et n'attendait qu'un signe pour passer. Ce coûteux armement anglais, annoncé en plein Parlement, préparé tout l'été, serait-il en pure perte ? rien de moins vraisemblable ; le roi n'avait en ce moment nul moyen d'empêcher la descente ; tout au plus pouvait-il, en revanche, lancer aux Anglais Marguerite d'Anjou qu'il avait à Harfleur.

Il était donc en ces perplexités, allant, venant, devant le duc de Bourgogne. Celui-ci, ferme dans ses grosses places de la Somme, dans un camp immense (une ville plutôt) qu'il s'était bâti, mettait son orgueil à ne bouger d'un pas ; le Breton l'avait abandonné, mais que lui importait, seul n'était-il pas assez fort ?... Ainsi, tout restait là ; le roi, qui se mourait d'impatience, s'en prenait à ceux qui traitaient pour lui. Chaque jour plus soupçonneux (et déjà maladif), il ne se fiait plus à personne, jusqu'à hésiter d'armer ses gens d'armes ; dans une lettre, il ordonne de porter les lances sur des chariots et de ne les donner qu'au besoin.

Une chose lui donnait espoir du côté du duc de Bourgogne, c'est que tout le monde venait lui dire qu'il était dans une furieuse colère contre le Breton. S'il en était ainsi, le moment était bon ; cette colère contre un ami pouvait le disposer à écouter un ennemi. Le roi le crut sans peine, et parce qu'il avait grand besoin qu'il en fût ainsi, et parce qu'il était justement lui-même dans cette disposition. Trahi successivement par tous ceux à qui il s'était fié, par Du Lau, par Nemours, par Melun, il n'avait trouvé de sûreté que dans un ennemi réconcilié, Dammartin, celui qui jadis l'avait chassé de France ; il lui avait mis en main son armée, le commandement en chef au-dessus des maréchaux.

Il ne désespérait donc pas de regagner son grand ennemi. Mais pour cela, il ne fallait pas d'intermédiaire ; il fallait se voir et s'entendre. Tout est difficile entre ceux qu'on envoie, qui hésitent, qui sont responsables ; entre gens qui font eux-mêmes leurs affaires, souvent tout s'aplanit d'un mot. Il semblait d'ailleurs que si l'un des deux pouvait y gagner, c'était le roi, tout autrement fin que l'autre, et qui, renouvelant l'ancienne familiarité de jeunesse, pouvait le faire causer, peut-être, en le poussant un peu, violent comme il était, en tirer justement les choses qu'il voulait le moins dire.

Quant au péril que quelques-uns voyaient dans l'entrevue, le roi n'en faisait que rire. Il se rappelait sans doute qu'au temps du Bien public, le comte de Charolais, causant et marchant avec lui entre Paris et Charenton, n'avait pas craint parfois de s'aventurer loin de ses gens ; il s'était si bien oublié un jour qu'il se trouva au-dedans des barrières.

Les serviteurs influents des deux princes ne semblent pas avoir été contraires à l'entrevue. D'une part le sommelier du duc, de l'autre Balue, se remuaient fort pour avancer l'affaire. Saint-Pol s'y opposait d'abord, et cependant il semble que ce soit sur une lettre de lui que le roi ait pris son parti et franchi le pas.

Tout porte à croire que le duc ne méditait point un guet-apens. Selon Commines, il se souciait peu de voir le roi ; d'autres disent qu'il le désirait fort. Je croirais aisément tous les deux ; il ne savait peut-être pas lui-même s'il voulait ou ne voulait pas ; c'est ce qu'on éprouve dans les commencements obscurs des grandes tentations.

Quoi qu'il en soit, le roi ne se confia pas à la légère ; il fit accepter au duc la moitié de la somme offerte, et ne partit qu'en voyant l'accord négocié déjà en voie d'exécution. Il recevait pour l'aller et le retour les paroles les plus rassurantes. Rien de plus explicite que les termes de la lettre et du sauf-conduit que lui envoya le duc de Bourgogne. La lettre porte : « Vous pourrez seurement venir, aler et retourner... » Et le sauf-conduit : « Vous y pouvez venir, demeurer et séjourner, et Vous en retourner seurement ès lieux de Chauny et de Noyon, à vostre bon plaisir, toutes les fois qu'il vous plaira, sans que aucun empeschement soit donné à Vous, *pour quelque cas qu'il soit, ou puisse advenir.* » (8 octobre 1468.) Ce dernier mot rendait toute chicane impossible ; quand même on eût pu craindre quelque chose d'un prince qui se piquait d'être un preux des vieux temps, qui chevauchait fièrement sur la parole donnée, se vantant de la tenir mieux que ne voulaient ses ennemis. Tout le monde savait que c'était là son faible, par où on le prenait. Au Bien public, quand il effectua sa menace avant le bout de l'an, le roi, pour le flatter, lui dit : « Mon frère, je vois bien que vous êtes gentilhomme et de la maison de France. »

Donc, comme gentilhomme et chez un gentilhomme, le roi arriva seul ou à peu près. Reçu avec respect par son hôte, il l'embrassa longuement, par deux fois, et il entra avec lui dans Péronne, lui tenant, en vieux camarade, la main sur l'épaule. Ce laisser-aller diminua fort quand il sut qu'au moment même entraient par l'autre porte ses plus dangereux ennemis, le prince de Savoie, Philippe de Bresse, qu'il avait tenu trois ans en prison, dont il venait de marier la sœur malgré lui, et le maréchal de Bourgogne, sire de Neufchâtel, à qui le roi avait donné puis retiré Épinal, deux hommes très ardents, très influents près du duc, et qui lui amenaient des troupes.

Le pis, c'est qu'ils avaient avec eux des gens singulièrement intéressés à la perte du roi, et fort capables de tenter un coup ; l'un était un certain Poncet de la Rivière, à qui le roi donna sa maison à mener à Montlhéry, et qui, avec Brézé, lui brusqua la bataille pour perdre tout. L'autre, Du

Lau, sire de Châteauneuf, ami de jeunesse du roi en Dauphiné et dans l'exil, avait eu tous ses secrets et les vendait ; il avait essayé de le vendre lui-même et de le faire prendre, mais c'était le roi qui l'avait pris. Cette année même, se doutant bien qu'on le ferait échapper, Louis XI avait, de sa main, dessiné pour lui une cage de fer. Du Lau, averti et fort effrayé, trouva moyen de s'enfuir ; il en coûta la vie à tous ceux qui l'avaient gardé, et par contre-coup à Charles de Melun, dont le roi fit expédier le procès de peur de pareille aventure.

Ce Du Lau, ce prisonnier échappé qui avait manqué la cage de si près, le voilà qui revient hardiment de lui-même, par-devant le roi, avec Poncet, avec d'Urfé, tous se disant serviteurs et sujets du frère du roi, tous fort intéressés à ce que ce frère succède au plus vite.

Le roi eut peur. Que le duc eût laissé venir ces gens, qu'il reçût ces traîtres tout à côté de lui, c'était chose sinistre et qui sentait le pont de Montereau... Il crut qu'il y avait peu de sûreté à rester dans la ville ; il demanda à s'établir au château, sombre et vieux fort, moins château que prison ; mais enfin, c'était le château du duc même, sa maison, son foyer ; il devenait d'autant plus responsable de tout ce qui arriverait.

Le roi fut ainsi mis en prison sur sa demande ; il ne restait plus qu'à fermer la porte. Qu'il manquât de bons amis pour y pousser le duc, on ne peut le supposer. Ces arrivants qui trouvaient la chose en si bon train, qui voyaient leur vengeance à portée, leur ennemi sous leur main, qui, à travers les murs, sentaient son sang... croira-t-on qu'ils aient été si parfaits chrétiens que de parler pour lui ? Nul doute qu'ils n'aient fait des efforts désespérés pour profiter d'une telle occasion ; que, tournant autour du duc de toutes les manières, ils ne lui aient fait honte de ses scrupules ; qu'ils n'aient dit que ce serait pour en rire à jamais, si la proie venant d'elle-même au chasseur, il n'en voulait pas... N'était-ce pas un miracle d'ailleurs, un signe de Dieu, que cette venimeuse bête se fût livrée ainsi ? Lâchez-la, avec quoi croyez-vous la tenir ? quel serment, quel traité possible ? quelle autre sûreté qu'un cul de basse-fosse !

A quoi le duc ému, tremblant de vouloir et de ne vouloir pas, mais maître de lui pourtant et faisant bonne contenance, aura noblement répondu que « tout cela n'y faisait rien, que sans doute l'homme était digne de tout châtiment, mais qu'une exécution ne lui allait pas, à lui, duc de Bourgogne ; la Toison qu'il portait était jusqu'ici nette, grâce à Dieu ; ayant promis, signé, pour deux royaumes de France, il ne ferait rien à l'encontre... La veille encore il avait reçu l'argent du roi. Garder l'homme pour garder l'argent, était-ce leur conseil ?... Il fallait être bien osé pour lui parler ainsi ! »

Tel fut le débat, et plus violent encore ; la plus simple connaissance de la nature humaine porterait à le croire, quand même tout ce qui suit ne le mettrait pas hors de doute.

Mais on peut croire aussi, non moins fermement, que le duc en serait resté là, malgré toute la véhémence du combat intérieur, sans pouvoir en sortir, si les intéressés n'eussent, à point nommé, trouvé une machine qui, poussée vivement, démontât sa résolution.

Il n'ignorait certainement pas (au 10 octobre) que les bannis étaient rentrés dans Liège le 8 septembre. Dès la fin d'août, Humbercourt, retiré à Tongres avec l'évêque, les observait et en donnait avis. Le mouvement était accompagné, encouragé par des gens du roi. Le duc le savait avant l'entrevue de Péronne, et dit qu'il le savait.

Il était facile à prévoir que les Liégeois tenteraient un coup de main sur Tongres pour ravoir leur évêque et l'enlever aux Bourguignons ; Humbercourt le prévit. Le duc, en apprenant que la chose était arrivée, pouvait être irrité, sans doute ; mais pouvait-il être surpris ?... Il fallait donc, si l'on voulait que cette nouvelle eût grand effet sur lui, l'amplifier, l'orner tragiquement. C'est ce que firent les ennemis du roi, ou, si l'on veut, que le hasard ait été seul auteur de la fausse nouvelle ; on avouera que le hasard les servit à commandement.

« Humbercourt est tué, l'évêque est tué, les chanoines sont tués ». Voilà comme la nouvelle devait arriver pour faire effet ; et telle elle arriva.

Le duc entra dans une grande et terrible colère – non pour l'évêque, sans doute, qui périssait pour avoir joué double – mais pour Humbercourt, pour l'outrage à la maison de Bourgogne, pour l'audace de cette canaille, pour la part surtout que pouvaient avoir à tout cela les envoyés du roi.

C'était un grand malheur, mais pour qui ? Pour le roi ; qu'un mouvement encouragé par lui eût abouti à l'assassinat d'un évêque, d'un frère du duc de Bourbon, cela le mettait mal avec le pape, qui jusque-là lui était favorable dans cette affaire de Liège ; de plus, il risquait d'y perdre l'appui du seul prince sur lequel il comptât, du duc de Bourbon, à qui il avait mis en main les plus importantes provinces du Centre et du Midi... Le duc de Bourgogne, que risquait-il ? que perdait-il en tout cela (sauf Humbercourt) ? on ne peut le comprendre.

Ce qui pouvait nuire à ses affaires, ce n'était pas que les Liégeois eussent tué leur évêque, mais qu'ils l'eussent repris, rétabli dans Liège, qu'ils se fussent réconciliés avec lui, et que l'évêque lui-même, appuyé par le légat du pape, priât le duc de Bourgogne de ne plus se mêler d'une ville qui relevait du pape et de l'Empire, mais nullement de lui.

Le fait est que l'évêque était bien portant. Humbercourt aussi (relâché sur parole). La bande qui ramena de Tongres à Liège l'évêque et le légat, tua plusieurs chanoines qui avaient trahi Liège, l'excitant, puis l'abandonnant ; mais pour l'évêque, ils lui témoignèrent le plus grand respect, tellement que quelques-uns des leurs ayant hasardé un mot contre lui, ils les pendirent eux-mêmes à l'instant. L'évêque, fort effrayé et de ces violences et de ces respects, accepta l'espèce de triomphe qu'on lui fit à sa rentrée dans Liège. « Enfants, dit-il, nous nous sommes fait la guerre ; je vois que j'étais mal informé ; eh bien ! suivons de meilleurs conseils... C'est moi qui désormais serai votre capitaine. Fiez-vous en moi, je me fie en vous. »

Revenons à Péronne, et répétons encore que le mouvement des Liégeois sur Tongres, si probable et si naturel, ne devait guère surprendre le duc ; que la mort de l'évêque, après sa conduite équivoque, cette mort, mauvaise au roi (donc bonne au duc), ne put lui faire mener grand deuil, ni faire tout ce grand bruit. De croire que le roi, qui n'y gagnait rien et y perdait tant, eût provoqué la chose, lorsqu'il laissait au frère du mort tant de provinces en main, une vengeance si facile, lorsqu'il venait de remettre lui-même à la merci du duc de Bourgogne, c'était croire le roi fol, ou l'être soi-même.

La distance au reste n'est pas si immense entre Liège et Péronne. Le roi entra à Péronne, et les Liégeois à Tongres le même jour, dimanche, 9 octobre. La fausse nouvelle parvint le 10 au duc ; mais le 11, le 12, le 13, durent arriver, avec des renseignements exacts, les Bourguignons que les Liégeois avaient trouvés dans Tongres et renvoyés exprès. C'est le 14 seulement qu'on fit signer au roi le traité par lequel on lui faisait expier la mort de l'évêque que l'on savait vivant.

La colère du duc dans le premier moment, pour un événement qui rendait sa cause très bonne, qui le fortifiait et tuait le roi, cette colère bizarre fut-elle une comédie ? Je ne le crois pas. La passion a des ressources admirables pour se tromper, s'animer en toute bonne foi, lorsqu'elle y a profit. Il lui était utile d'être surpris, il le fut ; utile de se croire trahi, il le crut. Il fallait que sa colère fût extrême, effroyable, aveugle, pour qu'il oubliât tout à fait le fatal petit mot du sauf-conduit : *Quelque cas qui soit ou puisse advenir*. Effroyable en effet fut cette colère, et comme elle eût été si le roi lui avait tué sa mère, sa femme et son enfant... Terribles les paroles, furieuses les menaces... Les portes du château se fermèrent sur le roi, et il eut dès lors tout loisir de songer « se voyant enfermé *rasibus* d'une grosse tour, où jadis un comte de Vermandois avait fait mourir un roi de France ».

Louis XI, qui connaissait l'histoire, savait parfaitement qu'en général les rois prisonniers ne se gardent guère (il n'y a pas de tour assez forte) ; voulût-on garder, on n'en est pas toujours le maître, témoin Richard II à Pomfret ; Lancastre eût voulu le laisser vivre qu'il ne l'aurait pu. Garder est difficile, lâcher est dangereux : « Un si grant seigneur pris, dit Commines, ne se délivre pas. »

Louis XI ne s'abandonna point ; il avait toujours de l'argent avec lui, pour ses petites négociations ; il donna quinze mille écus d'or à distribuer ; mais on le croyait si bien perdu, et déjà on le craignait si peu, que celui à qui il donna garda la meilleure part.

Une autre chose le servit davantage, c'est que les plus ardents à le perdre étaient des gens connus pour appartenir à son frère et qui déjà « se disoient au duc de Normandie ». Ceux qui étaient vraiment au duc de Bourgogne, son chancelier de Goux, le chambellan Commines qui couchait dans sa chambre, et qui l'observaient dans cette tempête de trois jours, lui firent entendre probablement qu'il n'avait pas grand intérêt à donner la couronne à ce frère, qui depuis longtemps vivait en Bretagne. Risquer de faire un roi quasi breton, c'était un pauvre résultat pour le duc de Bourgogne ; un autre aurait le gain, et lui, selon toute apparence, une rude guerre. Car, si le roi était sous clé, son armée n'y était pas, ni son vieux chef d'écorcheurs, Dammartin.

Il y avait un meilleur parti. C'était de ne pas faire un roi – d'en défaire un plutôt, de profiter sur celui-ci tant qu'on pouvait, de le diminuer et l'amoindrir, de le faire, dans l'estime de tous, si petit, si misérable et si nul, qu'en le tuant on l'eût moins tué.

Le duc, après de longs combats, s'arrêta à ce parti, et il se rendit au château : « Comme le duc arriva en sa présence, la voix luy trembloit, tant il estoit esmeu et prest de se courroucer. Il fit humble contenance de corps, mais son geste et parole estoit aspre, demandant au roy s'il vouloit tenir le traicté de paix... » Le roi « ne put celer sa peur », et signa l'abandon de tout ce que les rois avaient jamais disputé aux ducs. Puis, on lui fit promettre de donner à son frère non plus la Normandie mais la Brie, qui mettait le duc presque à Paris, et la Champagne, qui reliait tous les États du duc, lui donnant toute facilité d'aller et venir entre les Pays-Bas et la Bourgogne.

Cela promis, le duc lui dit encore : « Ne voulez-vous pas bien venir avec moi à Liège, pour venger la trahison que les Liégeois m'ont faite à cause de vous ? L'évêque est votre parent, étant de la maison de Bourbon. » La présence du duc de Bourbon, qui était là, semblait appuyer cette demande, qui d'ailleurs valait un ordre, dans l'état où se trouvait le roi.

Grande et terrible punition, et méritée, du jeu perfide que Louis XI avait fait de Liège, la montrant pour faire peur, l'agitant, la poussant, puis retirant la main... Eh bien ! cette main déloyale, prise en flagrant délit, il fallait qu'aujourd'hui le monde entier la vît égorger ceux qu'elle poussait, qu'elle déchirât ses propres fleurs de lis qu'arboraient les Liégeois, que Louis XI mît dans la boue le drapeau du roi de France... Après cela, maudit, abominable, infâme, on pouvait laisser aller l'homme, qu'il allât en France ou ailleurs.

Seulement, pour se charger de faire ces grands exemples, pour se constituer ainsi le ministre de la justice de Dieu, il ne faut pas voler le voleur au gibet... C'est justement ce qu'on tâcha de faire.

Le salut du roi tenait surtout à une chose, c'est qu'il n'était pas tout entier en prison. Prisonnier à Péronne, il était libre ailleurs en sa très bonne armée, en son autre lui-même, Dammartin. Son intérêt visible était que Dammartin n'agît point, mais qu'il restât en armes et menaçant. Or Dammartin reçut coup sur coup deux lettres du roi, qui lui commandaient tantôt de licencier, tantôt d'envoyer l'armée aux Pyrénées, c'est-à-dire de rassurer les Bourguignons, de leur laisser la frontière dégarnie et libre pour entrer s'ils voulaient après leur course de Liège.

La première lettre semble fausse, ou du moins dictée au prisonnier, à en juger par sa fausse date, par sa lourde et inutile préface, par sa prolixité ; rien de plus éloigné de la vivacité familière des lettres de Louis XI.

La seconde est de lui, le style l'indique assez. Le roi dit, entre autres choses, pour décider Dammartin à éloigner l'armée : « Tenez pour sûr que je n'allai jamais de si bon cœur en nul voyage comme en celui-ci... M. de Bourgogne me pressera de partir, tout aussitôt qu'il aura fait au Liège, et désire plus mon retour que je ne fais. »

Ce qui démentait cette lettre et lui ôtait crédit, c'est que le messager du roi qui l'apportait, était gardé à vue par un homme du duc, de peur qu'il ne parlât. Le piège était grossier. Dammartin en fit honte au duc de Bourgogne, et dit que s'il ne renvoyait le roi, tout le royaume irait le chercher.

Le roi devait écrire tout ce qu'on voulait. Il était toujours en péril. Son violent ennemi pouvait rencontrer quelque obstacle qui l'irritât et lui fît déchirer le traité, comme il avait fait le sauf-conduit. En supposant même que le duc se tînt pour satisfait, il y avait là des gens qui ne l'étaient guère, les serviteurs de son frère, qui n'avaient rien à attendre que d'un changement de règne. Le moindre prétexte leur eût suffi pour revenir à la charge auprès du duc, réveiller sa fureur, tirer de lui peut-être un mot violent qu'ils auraient fait semblant de prendre pour un ordre. Le roi, qui ne meurt point, comme on sait, eût seulement changé de nom ; de Louis qu'il était, il fût devenu Charles.

Liège n'avait plus, pour résister, ni murs, ni fossés, ni argent, ni canons, ni hommes d'armes. Il lui restait une chose, les fleurs de lis, le nom du roi de France ; les bannis, en rentrant, criaient : « Vive le roi !... » Que le roi vînt combattre contre lui-même, contre ceux qui combattaient pour lui, cette nouvelle parut si étrange, si follement absurde, que d'abord on n'y voulait pas croire... Ou, s'il fallait y croire, on croyait des choses plus absurdes encore, des imaginations insensées ; par exemple que le roi menait le duc à Aix-la-Chapelle pour le faire empereur !

Ne sachant plus que croire, et comme fols de fureur, ils sortirent quatre mille contre quarante mille Bourguignons. Battus, ils reçurent pourtant au faubourg l'avant-garde ennemie qui s'était hâtée, afin de piller seule, et qui ne gagna que des coups.

Le légat sauva l'évêque et tâcha de sauver la ville. Il fit croire au peuple qu'il fallait laisser aller l'évêque, pour prouver qu'on ne le tenait pas prisonnier. Lui-même, il alla se jeter aux pieds du duc de Bourgogne, demanda grâce au nom du pape, offrit tout, sauf la vie. Mais c'était la vie qu'on voulait cette fois...

Une si grosse armée, deux si grands princes, pour forcer une ville tout ouverte, déjà abandonnée, sans espoir de secours, c'était beaucoup et trop. Les Bourguignons, du moins, le jugeaient ainsi ; ils se croyaient trop forts de moitié, et se gardaient négligemment... Une nuit, voilà le camp forcé, on se bat aux maisons du duc et du roi ; personne d'armé, les archers jouaient aux dés ; à peine, chez le duc, y eut-il quelqu'un pour barrer la porte. Il s'arme, il descend, il trouve les uns qui crient : « Vive Bourgogne ! » les autres : « Vive le roi, et tuez !... » Pour qui était le roi ? on l'ignorait encore... Ses gens tiraient par les fenêtres, et tuaient plus de Bourguignons que de Liégeois.

Ce n'étaient pourtant que six cents hommes (d'autres disent trois cents) qui donnaient cette alerte, des gens de Franchimont, rudes hommes des bois, bûcherons ou charbonniers, comme ils sont tous ; ils étaient venus se jeter dans Liège quand tout le monde s'en éloignait. Peu habitués à s'enfermer, ils sortirent tout d'abord ; montagnards et lestes à grimper, ils grimpèrent la nuit aux rochers qui dominent Liège, et trouvèrent tout simple d'entrer, eux trois cents, dans un camp de quarante mille hommes, pour s'en aller à grands coups de pique, réveiller les deux princes... Ils l'auraient fait certainement, si, au lieu de se taire, ils ne s'étaient mis, en vrais Liégeois, à crier, à faire un grand *« hu !... »* Ils tuèrent des valets, manquèrent les princes, furent tués eux-mêmes, sans savoir qu'ils avaient fait, ces charbonniers d'Ardennes, plus que les Grecs aux Thermopyles.

Le duc, fort en colère d'un tel réveil, voulut donner l'assaut. Le roi préférait attendre encore ; mais le duc lui dit que si l'assaut lui déplaisait, il pouvait aller à Namur. Cette permission de s'en aller au moment du danger n'agréa point au roi ; il crut qu'on en tirerait avantage pour le mettre plus bas encore, pour dire qu'il avait saigné du nez... Il mit son honneur à tremper dans cette barbare exécution de Liège.

Il semblait tenir à faire croire qu'il n'était point forcé, qu'il était là pour son plaisir, par pure amitié pour le duc. A une première alarme, deux ou trois jours auparavant, le duc semblant embarrassé, le roi avait pourvu à tout, donné les ordres. Les Bourguignons, émerveillés, ne savaient plus si c'était le roi ou le duc qui les menait à la ruine de Liège.

Il aurait été le premier à l'assaut, si le duc ne l'eût arrêté. Les Liégeois portant les armes de la France, lui, roi de France, il prit, dit-on, il porta la croix de Bourgogne. On le vit sur la place de Liège, pour achever sa triste comédie, crier : « Vive Bourgogne !... » Haute trahison du roi contre le roi.

Il n'y eut pas la moindre résistance. Les capitaines étaient partis le matin, laissant les innocents bourgeois en sentinelle. Ils veillaient depuis huit jours, ils n'en pouvaient plus. Ce jour-là ils ne se figuraient pas qu'on les attaquât, parce que c'était dimanche. Au matin, cependant, le duc fait tirer pour signal sa bombarde et deux serpentines. Les trompettes sonnent, on fait les approches... Personne, deux ou trois hommes au guet ; les autres étaient allés dîner : « Dans chaque maison, dit Commines, nous trouvons la nappe mise. »

L'armée, entrée en même temps des deux bouts de la ville, marcha vers la place, s'y réunit, puis se divisa pour le pillage en quatre quartiers. Tout cela prit deux heures, et bien des gens eurent le temps de se sauver. Cependant, le duc, ayant conduit le roi au palais, se rendit à Saint-Lambert, que les pillards voulaient forcer ; ils l'écoutaient si peu qu'il fut obligé de tirer l'épée et il en tua un de sa main.

Vers midi, toute la ville était prise, en plein pillage. Le roi dînait au bruit de cette fête, en grande joie, et ne tarissant pas sur la vaillance de son bon frère ; c'était merveille, et chose à rapporter au duc, comme il le louait de bon cœur !

Le duc vint le trouver et lui dit : « Que ferons-nous de Liège ? » Dure question pour un autre, et où tout cœur d'homme aurait hésité... Louis XI répondit en riant, du ton des Cent Nouvelles : « Mon père avait un grand arbre près de son hôtel, où les corbeaux faisaient leur nid ; ces corbeaux l'ennuyant, il fit ôter les nids, une fois, deux fois ; au bout d'un an, les corbeaux recommençaient toujours. Mon père fit déraciner l'arbre, et depuis il en dormit mieux. »

L'horreur dans cette destruction d'un peuple, c'est que ce ne fut point un carnage d'assaut, une furie de vainqueurs, mais une longue exécution qui dura des mois. Les gens qu'on trouvait dans les maisons étaient gardés, réservés ; puis, par ordre et méthodiquement, jetés à la Meuse. Trois mois après, on noyait encore !

Même le premier jour, le peu qu'on tua (deux cents personnes peut-être) fut tué à froid. Les pillards, qui égorgèrent aux Mineurs vingt malheureux à genoux qui entendaient la messe, attendirent que le prêtre eût consacré et bu, pour lui arracher le calice.

La ville aussi fut brûlée en grand ordre. Le duc fit commencer à la Saint-Hubert, anniversaire de la fondation de Liège. Un chevalier du voisinage fit cette besogne avec les gens de Limbourg. Ceux de Maëstricht et d'Huy, en bons voisins, vinrent aider et se chargèrent de démolir les ponts. Pour la population, il était plus difficile de la détruire, elle avait fui, en grande partie, dans les montagnes. Le duc ne laissa à nul autre le plaisir de cette chasse. Il partit le jour des premiers incendies, et il vit en s'éloignant la flamme qui montait... Il courut Franchimont, brûlant les villages, fouillant les bois. Ces bois sans feuilles, l'hiver, un froid terrible lui livraient sa proie. Le vin gelait, les hommes aussi ; tel y perdit un pied, un autre deux doigts de la main. Si les poursuivants souffrirent à ce point, que penser des fugitifs, des femmes, des enfants ? Commines en vit une, morte de froid, qui venait d'accoucher.

Le roi était parti un peu avant le duc, mais sans se montrer pressé, et seulement quatre ou cinq jours après qu'on eut pris Liège. D'abord, il l'avait tâté par ses amis ; puis il lui dit lui-même : « Si vous n'avez plus rien à faire, j'ai envie d'aller à Paris faire publier notre appointement en Parlement... Quand vous aurez besoin de moi, ne m'épargnez pas. L'été prochain, si vous voulez, j'irai vous voir en Bourgogne ; nous resterons un mois ensemble, nous ferons bonne chère. » Le duc consentit « toujours murmurant un petit », lui fit lire encore le traité, lui demanda s'il y regrettait rien, disant qu'il était libre d'accepter, « et lui faisant quelque peu d'excuse de l'avoir mené là. Ainsi s'en alla le roi à son plaisir », heureux et étonné de s'en aller sans doute, se tâtant et trouvant par miracle qu'il ne lui manquait rien, tout au plus son honneur peut-être.

Fut-il pourtant de tout point insensible, je ne le crois pas ; il tomba malade quelque temps après. C'est qu'il avait souffert à un endroit bien délicat, dans l'opinion qu'il avait lui-même de son habileté. Avoir repris deux fois la Normandie si vite et si subtilement, pour s'en aller ensuite faire ce pas de jeune clerc !... Tant de simplesse, une telle foi naïve aux paroles données, il y avait de quoi rester humble à jamais... Lui, Louis XI, lui, maître en faux serments, pouvait-il bien s'y laisser prendre... La farce de Péronne avait le dénouement de celle de Patelin : l'habile des habiles, dupé par Agnelet... Tous en riaient, jeunes et vieux, les petits enfants, que dis-je ? Les oiseaux causeurs, geais, pies et sansonnets, ne causaient d'autre chose ; ils ne savaient qu'un mot, Pérette.

S'il avait une consolation, dans cette misère, c'était probablement de songer et de se dire tout bas qu'il avait été simple, il est vrai, mais l'autre encore plus simple de le laisser aller. Quoi ! le duc pouvait croire que, le sauf-conduit n'ayant rien valu, le traité vaudrait ? Il l'a retenu, contre sa parole, et il le laisse aller, sur une parole !

Vraiment le duc n'était pas conséquent. Il crut que la violation du sauf-conduit, bien ou mal motivée, lui ferait peu de tort ; c'est ce qui arriva. Mais en même temps il s'imaginait que la conduite double de Louis XI à Liège, l'odieux personnage qu'il y fit, le ruinerait pour toujours. Cela n'arriva pas. Louis XI ne fut point ruiné, perdu, mais seulement un peu ridicule ; on se moqua un moment du trompeur trompé, ce fut tout.

Personne ne connaissait bien encore toute l'insensibilité du temps. Les princes ne soupçonnaient pas eux-mêmes combien peu on leur demandait de foi et d'honneur. De là beaucoup de faussetés pour rien, d'hypocrisies inutiles ; de là aussi d'étranges erreurs sur le choix des moyens. C'est le ridicule de Péronne, où les acteurs échangèrent les rôles, l'homme de ruse faisant de la chevalerie, et le chevalier de la ruse.

Tous les deux y furent attrapés, et devaient l'être. Une seule chose étonne. C'est que les conseillers du duc de Bourgogne, ces froides têtes qu'il avait près de lui, l'aient laissé relâcher le roi sans demander nulle garantie, nul gage, qui répondît de l'exécution. La seule précaution qu'ils imaginèrent, ce fut de lui faire signer des lettres par lesquelles il autorisait quelques princes et seigneurs à se liguer et s'armer contre lui, s'il violait le traité ; autorisation bien superflue pour des gens qui, de leur vie, ne faisaient autre chose que conspirer contre le roi.

Si les conseillers du duc se contentèrent à si bon marché, il faut croire que le roi, qui fit avec eux le voyage, n'y perdit pas son temps. Il obtint en allant à Liège l'un des principaux effets qu'il s'était promis de la démarche de Péronne. Il se fit voir de près, prit langue, et s'aboucha avec bien des gens qui jusque-là le détestaient sur parole. On compara les deux hommes, et celui-ci y gagna, n'étant pas fier comme l'autre, ni violent, ni outrageux. On le trouva bien « saige », et l'on commença à songer qu'on s'arrangerait bien d'un tel maître. On lui savait d'ailleurs un grand mérite, c'était de donner largement, de ne pas marchander avec ceux qui s'attachaient à lui ; le duc au contraire donnait peu à beaucoup de gens, et partant n'obligeait personne. Ceux qui voyaient de loin, Commines et d'autres (jusqu'aux frères du duc), entrèrent « en profonds pensements » ; ils se demandèrent s'il était probable que le plus fin joueur perdît toujours. Qu'adviendrait-il ? on ne le savait trop encore, mais, en servant le duc, le plus sûr était de se tenir toujours une porte ouverte du côté du roi.

Livre XVI

CHAPITRE PREMIER

Diversion d'Angleterre - Mort du frère de Louis XI - Beauvais - 1469-1472

L'histoire du XVe siècle est une longue histoire, longues en sont les années, longues les heures. Elles furent telles pour ceux qui les vécurent, elles le sont pour celui qui est obligé de les recommencer, de les revivre. Je veux dire pour l'historien, qui, ne faisant point un jeu de l'histoire, s'associerait de bonne foi à la vie des temps écoulés... Ici, où est la vie ? Qui dira où sont les vivants et où sont les morts ?

A quel parti porterais-je intérêt ? Entre ces diverses figures, en est-il une qui ne soit louche et fausse ? une où l'œil se repose, pour y voir nettement exprimés les idées, les principes dont vit le cœur de l'homme ?

Nous sommes descendus bien bas dans l'indifférence et la mort morale. Et il nous faut descendre encore. Que Sforza et autres Italiens aient professé la trahison, que Louis XI, Saint-Pol, Armagnac, Nemours aient toute leur vie juré et parjuré, c'est un spectacle assez monotone à la longue. Mais maintenant les voici surpassés ; pour la foi mobile et changeante, la France et l'Italie vont le céder au peuple grave qui a toujours prétendu à la gloire de l'obstination. C'est un curieux spectacle de voir ce hardi comédien, le comte de Warwick, mener si vivement la prude Angleterre d'un roi à l'autre, et d'un serment à l'autre, lui faisant crier aujourd'hui : *York pour toujours !* et demain : *Lancastre pour toujours !* sauf à changer demain encore.

Cet imbroglio d'Angleterre est une partie de l'histoire de France. Les deux rivaux d'ici se firent la guerre là-bas, guerre sournoise, d'intrigues et d'argent. Les fameuses batailles shakespeariennes des Roses furent souvent un combat de l'argent français contre l'argent flamand, le duel des écus, des florins.

Ce qui fit faire à Louis XI l'imprudente démarche de Péronne, pour brusquer le traité, c'est qu'il crut le duc de Bourgogne tellement maître de l'Angleterre qu'il pouvait d'un moment à l'autre lui mettre à dos une descente anglaise.

Le duc pensait comme le roi ; il croyait tenir l'Angleterre et pour toujours, l'avoir épousée. Son mariage avec Marguerite d'York n'était pas un caprice de prince ; les peuples aussi étaient mariés par le grand commerce national des laines, par l'union des hanses étrangères qui gouvernaient à la fois Bruges et Londres. Une lettre du duc de Bourgogne était reçue à Londres avec autant de respect qu'à Gand. Il parlait l'anglais et l'écrivait, il portait la Jarretière comme Édouard la Toison ; il se vantait d'être meilleur Anglais que les Anglais.

D'après tout cela, il n'était pas absurde de croire qu'une telle union durerait. Cette croyance, partagée sans doute par les conseillers du duc de Bourgogne, lui fit faire une faute grave, qui le mena à la ruine, à la mort.

Louis XI était au plus bas, humilié, malade ; il semblait prendre chrétiennement son aventure, enregistrait le traité avec résignation.

L'ami de Louis XI, Warwick, n'allait pas mieux que lui. Il s'était compromis avec le commerce de Londres, en contrariant le mariage de Flandre, et le mariage s'était fait, et l'on avait vu le grand comte figurer tristement à la fête, mener la fiancée dans Londres, cheminer par les rues devant elle, comme Aman devant Mardochée.

Donc, Louis XI allant si mal, Warwick si mal, l'Angleterre étant sûre, le moment semblait bon pour s'étendre du côté de l'Allemagne, pour acquérir la Gueldre au bas du Rhin, en haut le landgraviat d'Alsace. La Franche-Comté y eût gagné. Les principaux conseillers du duc étant Comtois durent lui faire agréer les offres du duc d'Autriche, qui lui voulait engager ce qu'il avait d'Alsace et partie de la Forêt-Noire. Seulement, c'était risquer de se mettre sur les bras de grosses affaires avec les ligues suisses, avec les villes du Rhin, avec l'Empire... Le duc ne s'arrêta pas à cette crainte, et dès qu'il se fut engagé dans cet infini obscur « des Allemagnes », l'Angleterre à laquelle il ne songeait plus, tant il croyait la bien tenir, lui tourna dans la main.

L'Angleterre, et de plus la France. Il s'était cru bien sûr d'établir le frère du roi en Champagne, entre ses Ardennes et sa Bourgogne, ce qui lui eût donné passage d'une province à l'autre, et relié en quelque sorte les deux moitiés isolées de son bizarre empire.

Le roi, qui ne craignait rien tant, fit pour éviter ce péril une chose périlleuse ; il se fia à son frère ; il lui mit dans les mains la Guienne et presque toute l'Aquitaine, lui rappela qu'il était son unique héritier (héritier d'un malade), et il lui donna un royaume pour attendre.

Du même coup il l'opposait aux Anglais, qui réclamaient cette Guienne, le rendait suspect au Breton, l'éloignait du Bourguignon, dont il eût dépendu s'il eût accepté la Champagne.

Troc admirable, pour un jeune homme qui aimait le plaisir, de lui donner tout ce beau Midi, de le mettre à Bordeaux. C'est ce que lui fit sentir son favori Lescun, un Gascon intelligent qui n'aimait pas les Anglais, qui trouvait là une belle occasion de régner en Gascogne, et qui fit peur à son maître de la Champagne pouilleuse.

Ce n'était pas l'affaire du duc de Bourgogne. Il voulait, bon gré mal gré, l'établir en Champagne, l'avoir là et s'en servir. « Tenez bien à cela, écrivait-on au duc, ne cédez pas là-dessus ; avec le frère du roi, vous aurez le reste. » Le donneur d'avis n'était pas moins que Balue, l'homme qui savait tout et faisait tout, un homme que le roi avait fait de rien, jusqu'à exiger de Rome qu'on le fît cardinal. Balue, ayant alors du roi ce qu'il pouvait avoir, voulut aussi profiter de l'autre côté ; s'il vendit son maître à Péronne, c'est ce qui ne fut point constaté ; mais pour le frère du roi, il voulait le mettre chez le duc, il l'écrivit lui-même. Sa qualité nouvelle le rendait hardi ; il savait que le roi ne ferait jamais mourir un cardinal. Louis XI, qui avait beaucoup de faible pour lui, voulut voir ce qu'il avait à dire, quoique la chose ne fût que trop claire. Le drôle n'avouant rien, et s'enveloppant contre le roi de sa robe rouge et de sa dignité de prince de l'Église, *on mit ce prince en cage* ; Balue avait dit lui-même que rien n'était plus sûr que ces cages de fer pour bien garder un prisonnier.

Le 10 juin, le frère du roi, réconcilié avec lui, s'établit en Guienne. Le 11 juillet, une révolution imprévue commence pour l'Angleterre. L'Angleterre se divise, la France se pacifie un moment, deux coups pour le duc de Bourgogne.

Le 11 juillet, Warwick, venu avec Clarence, frère d'Édouard, dans son gouvernement de Calais, lui fait brusquement épouser sa fille aînée, celle qu'il destinait à Édouard quand il le fit roi, et dont Édouard n'avait pas voulu.

Ce fut un grand étonnement ; on n'avait rien prévu de semblable. Ce qu'on avait craint, c'était que Warwick, chef des lords et des évêques peut-être, par son frère l'archevêque, ne travaillât avec eux pour Henri VI. Récemment encore, pour rendre cette ligue impossible, on avait obligé Warwick de juger les Lancastriens révoltés, de se laver du sang de Lancastre.

Aussi ne s'adressa-t-il pas à cet implacable parti. Pour renverser York, il ne chercha d'autre moyen qu'York, le propre frère d'Édouard. Le mariage fait, vingt révoltes éclatent, mais sous divers prétextes et sous divers drapeaux ; ici contre l'impôt, là en haine des favoris du roi, des parents de la reine, là pour Clarence, ailleurs pour Henri VI. En deux mois, Édouard est abandonné et se trouve tout seul ; pour le prendre, il suffit d'un prêtre, du frère de Warwick, archevêque d'York. Voilà Warwick qui tient deux rois sous clé : Henri VI à Londres, Édouard IV dans un château du Nord, sans compter son gendre Clarence, qui n'avait pas beaucoup de gens pour lui. L'embarras était de savoir au nom duquel des trois Warwick commanderait. Les Lancastriens accouraient pour profiter de son hésitation.

Une lettre du duc de Bourgogne trancha la question. Il écrivit aux gens de Londres qu'en épousant la sœur il avait compté qu'ils seraient loyaux sujets du frère. Tous ceux qui gagnaient au commerce de Flandre crièrent pour Édouard. Warwick n'eut rien à faire qu'à le ramener lui-même à Londres, disant qu'il n'avait rien fait contre le roi, mais contre ses favoris, contre les parents de la reine, qui prenaient l'argent du pauvre peuple.

Warwick devait succomber. Il avait bâti sa prodigieuse fortune, celle de ses deux frères, sur des éléments très divers qui s'excluaient entre eux. Un mot d'explication :

Les Nevill (c'était leur vrai nom) étaient des cadets de Westmoreland. Il faut croire que leur piété fut grande sous la pieuse maison de Lancastre, car Richard Nevill, celui dont il s'agit, trouva moyen d'épouser la fille, l'héritage et le nom de ce fameux Warwick, le lord selon le cœur de Dieu, l'homme des évêques, celui qui brûla la Pucelle, et qui fit d'Henri VI un saint. Ce beau-père mourut régent de France, et avec lui bien des choses qu'espéraient les Nevill. Alors ils firent volte-face, cultivèrent la Rose blanche, la guerre civile, qui, au défaut de la France, leur livrait l'Angleterre. Le produit fut énorme ; Richard Nevill et ses deux frères se trouvèrent établis partout par successions, mariages, nominations, confiscations ; ils eurent les comtés de Warwick, de Salisbury, de Northumberland, etc., l'archevêché d'York, les sceaux, les clés du palais, les charges de chambellan, chancelier, amiral, lieutenant d'Irlande, la charge infiniment lucrative de gouverneur de Calais. Celles de l'aîné seul lui valaient par an vingt mille marcs d'argent, deux millions d'alors qui feraient peut-être vingt millions d'aujourd'hui. Voilà pour les charges ; quant aux biens, qui pourrait calculer ?

Grand établissement, et tel qu'en quelque sorte il faisait face à la royauté. Là pourtant n'était pas la vraie puissance de Warwick. Sa puissance était d'être, non le premier des lords, des grands propriétaires, mais le roi des ennemis de la propriété, pillards de la frontière et corsaires du détroit.

Le fonds de l'Angleterre, sa bizarre duplicité au Moyen Age, c'est par-dessus et ostensiblement le pharisaïsme légal, la superstition de la loi, et par-dessous l'esprit de Robin Hood. Qu'est-ce que Robin Hood ? L'*outlaw*, l'*hors la loi*. Robin Hood est naturellement l'ennemi de l'homme de loi, l'adversaire du shérif. Dans la longue succession des ballades dont il est le héros, il habite d'abord les vertes forêts de Lincoln. Les guerres de France l'en font sortir ; il laisse là le shérif et les daims du roi, il vient à la mer, il passe la mer... Il est resté marin. Ce changement se fait aux XVe et XVIe siècles, sous Warwick, sous Élisabeth.

Tous les compagnons de Robin Hood, tous les gens brouillés avec la justice, trouvaient leur sécurité en ceci, que Warwick était (par lui et par son frère) juge des Marches de Calais et d'Écosse, juge indulgent et qui avait si bon cœur qu'il ne faisait jamais justice. S'il y avait au *border* un bon compagnon, qui, ne trouvant plus à voler, n'eût à manger « que ses éperons », il allait trouver ce grand juge des Marches ; l'excellent juge, au lieu de le faire pendre, lui donnait à dîner.

Ce que Warwick aimait et honorait le plus en ce monde, c'était la ville de Londres. Il était l'ami du Lord-maire, de tous les gros marchands, leur ami et leur débiteur, pour mieux les attacher à sa fortune. Les petits, il les recevait tous à portes ouvertes, et les faisait manger, tant qu'il s'en présentait. L'ordinaire de Warwick, quand il était à Londres, était de six bœufs par repas ; quiconque entrait emportait de la viande « tout ce qu'il en tenait sur un long poignard ». L'on disait et l'on répétait que ce bon lord était si hospitalier, que dans toutes ses terres et châteaux il nourrissait trente mille hommes.

Warwick fut, autant et plus que Sforza et que Louis XI, l'homme d'affaires et d'action comme on le concevait alors. Ni peur, ni honneur, ni rancune ; fort détaché de toute chevalerie. Aux batailles, il mettait ses gens aux mains, mais se faisait tenir un cheval prêt, et si l'affaire allait mal, partait le premier. Il n'eût pas fait le gentilhomme, comme Louis XI à Liège.

Froid et *positif* à ce point, il n'en eut pas moins une parfaite entente de la comédie politique, telle que la circonstance pouvait la demander.

Ce talent éclata lorsque, après ce terrible échec de Wakefield, ayant perdu son duc d'York et n'ayant plus dans les mains qu'un garçon de dix-huit ans, le jeune Édouard, il le mena à Londres, et de porte en porte sollicita pour lui. L'affreuse histoire du diadème de papier, la litanie de l'enfant mis à mort, la beauté surtout du jeune Édouard, *la blanche rose d'York* aidaient à merveille le grand comédien. Il le montrait aux femmes ; ce beau jeune homme à marier les touchait fort, leur tirait des larmes, souvent de l'argent. Il demandait un jour dix livres à une vieille : « Pour ce visage-là, lui dit-elle, tu en auras vingt. »

Ce n'était pas une médiocre difficulté pour Warwick de concilier ses deux rôles opposés, d'être ami des marchands, par exemple, et protecteur des corsaires du détroit. Ces grands repas, qui faisaient l'étonnement des bonnes gens de Londres, durent être maintes fois donnés à leurs dépens ; le marchand risquait fort de reconnaître à table, dans tel de ces convives « au long poignard », son voleur de Calais.

Si Warwick parvenait à tromper Londres, il ne donnait pas le change au duc de Bourgogne. Le duc, qui aimait la mer, qui avait longtemps vécu près des digues, que voyait-il de là le plus souvent ? Les vaisseaux d'Angleterre prenant les siens... Grâce à ce voisinage, les ports de Flandre et de Hollande étaient comme bloqués. L'homme qu'il haïssait le plus était Warwick. Nous avons vu comme, avec une simple lettre, il lui ôta Londres et sauva Édouard. Warwick, après deux nouvelles tentatives, perdit terre et passa à Calais (mai 1470).

Tout un peuple se jeta à la mer pour le suivre ; il y en eut à remplir quatre-vingts vaisseaux. Mais le lieutenant de Warwick à Calais ne voulut pas le recevoir avec cette flotte ; il lui ferma la porte et tira sur lui, lui faisant dire sous main qu'il l'éloignait pour le sauver, que, s'il fût entré à Calais, il était perdu, assiégé qu'il eût été bientôt par toutes les armées d'Angleterre et de Flandre. Warwick se réfugia donc en Normandie, avec son monde d'écumeurs de mer, qui, pour leur coup d'essai, prirent au duc quinze vaisseaux et les vendirent hardiment à Rouen.

Le duc, furieux, refusa les réparations qu'offrait le roi ; il fit arrêter tout ce qu'il y avait de marchands français dans ses États, réunit contre Warwick les vaisseaux hollandais et anglais, le bloqua, l'affama, dans les ports de la Normandie, et l'obligea ainsi à jouer le tout pour le tout, et ressaisir, s'il pouvait, l'Angleterre.

Il y avait grandi par l'absence. Il était plus présent que jamais au cœur du peuple ; le nom du grand comte était dans toutes les bouches. Cette royale hospitalité, cette table généreuse, ouverte à tous, laissait bien des regrets. Le foyer de Warwick, ce foyer de tous ceux qui n'en avaient pas, qu'il fût éteient à la fois dans tant de comtés, c'était un deuil public... D'autre part, les lords et évêques sentaient bien que sans un tel chef ils ne se défendraient pas aisément contre l'avidité de la basse noblesse dont s'était entouré Édouard. Ils offraient à Warwick de l'argent ; pour des hommes, il n'avait pas à s'en inquiéter, disaient-ils, il en trouverait assez en débarquant. Seulement, il fallait que la nouvelle révolution se fît au nom de Lancastre.

Warwick et Lancastre ! ces noms seuls ainsi rapprochés semblaient avoir horreur l'un de l'autre ; infranchissable était la barrière qui les séparait ! barrière de sang et barrière d'infamie... Les échafauds et les carnages, les meurtres à froid, les parents tués, la boue, l'outrage lancés de l'un à l'autre. Warwick menant Henri VI garrotté dans Londres, affichant la reine à Saint-Paul, la faisant mettre au prône « comme ribaude, ahontie de son corps, et mauvaise lisse », et son enfant bâtard, adultérin, un enfant de la rue...

Elle devait rougir, à entendre seulement nommer Warwick. Lui parler de le revoir, c'était chose qui semblait impossible. Exiger qu'elle oubliât tout et qu'elle s'oubliât elle-même au point de mettre la famille de cet homme dans la sienne, et qu'en unissant leurs enfants, Marguerite, pour ainsi dire, épousât Warwick ! cela était impie. Nul homme, excepté Louis XI, ne se fût fait l'entremetteur de ce monstrueux accouplement.

Ajoutez qu'en faisant cet effort et ce sacrifice, chacun d'eux ne pouvait vouloir que tromper un moment. Warwick, qui venait de marier son aînée à Clarence en lui promettant le trône, mariait la seconde au jeune fils de Marguerite avec la même dot. Il avait ainsi deux rois à choisir et de quoi détruire la maison de Lancastre lorsqu'il l'aurait rétablie. La haine et la méfiance duraient dans le mariage même. Il n'en plaisait que plus à Louis XI, qui y voyait deux ou trois guerres civiles.

Warwick se moqua du blocus des Flamands, et passa sous l'escorte des vaisseaux du roi (septembre). Ses deux frères l'accueillirent, Édouard n'eut que le temps de se jeter dans un vaisseau qui le mit en Hollande. Warwick put à son aise rentrer dans Londres, prendre Henri à la Tour, promener l'innocente figure, édifier le peuple, s'accusant humblement du péché d'avoir détrôné un saint.

Le contrecoup fut fort ici. Le roi assembla les notables, leur conta tous les méfaits du duc de Bourgogne, et par acclamation ils décidèrent qu'il était quitte de tous ses serments de Péronne. Amiens revint au roi (février). Le duc vit avec surprise tous les princes tourner contre lui. Au fond, ils ne voulaient pas sa ruine, mais le forcer à donner sa fille au duc de Guienne, de sorte que l'Aquitaine et les Pays-Bas se trouvant un jour dans les mêmes mains, la France eût été serrée du Nord et du Midi, étranglée entre Somme et Loire.

La perte d'Amiens, les avis de Saint-Pol, qui, pour faire peur au duc, lui disait en ami qu'il ne pourrait jamais résister, la fuite de son propre frère, un bâtard de Philippe le Bon, qui vint se donner au roi, enfin la renonciation des Suisses à l'alliance de Bourgogne, tout cela semblait les signes d'une grande et terrible débâcle. Le duc regrettait de n'avoir pas comme le roi une armée permanente. Il leva des troupes en peu de temps ; mais il employa aussi d'autres moyens, les moyens favoris du roi ; il rusa, il mentit, il tâcha de tromper, d'endormir.

Il écrivit deux lettres, l'une au roi, un billet de six lignes écrit de sa main, où il s'humiliait et regrettait une guerre à laquelle il avait été poussé, disait-il, par la ruse et l'intérêt d'autrui.

L'autre lettre, fort bien calculée, s'adressait aux Anglais ; envoyée à Calais, au grand entrepôt des laines, elle rappelait aux marchands que « tout l'entrecours de la marchandise étoit non pas seulement avec le Roy, mais *avec le royaulme* ». Le duc avertissait « ses très chers et grands amis » de Calais qu'on se disposait à leur envoyer d'Angleterre beaucoup de gens de guerre, fort inutiles pour leur sûreté. S'ils viennent, ajoutait-il, « vous ne pourrez pas être maîtres d'eux, ni les empêcher d'entreprendre sur nous ».

A cette lettre, il avait ajouté de sa main une bravade, une flatterie sous forme de menace, comme d'un dogue qui flatte en grondant : il ne s'était jamais mêlé des royales querelles d'Angleterre ; il lui fâcherait d'être obligé, à cause d'un seul homme, d'avoir noise avec un peuple qu'il avait tant aimé !... « Eh bien ! mes voisins, si vous ne pouvez souffrir mon amitié, commencez... Par saint Georges, qui me sait meilleur Anglais que vous, vous verrez si je suis du sang de Lancastre ! »

La lettre fit bien à Calais et à Londres. Les gros marchands, dans la bourse desquels Warwick était obligé de puiser, l'empêchèrent d'envoyer des archers à Calais, et d'y passer lui-même, comme il allait le faire, pour accabler le duc, de concert avec Louis XI.

Celui-ci, qui se fiait à Warwick bien plus qu'à Marguerite, et qui savait qu'au moment même elle négociait avec le duc de Bourgogne, ne se pressait pas de la faire partir ; il voulait sans doute donner le temps à Warwick de s'affermir là-bas. Plusieurs fois elle s'embarqua, mais les vaisseaux du roi qui la portaient étaient toujours ramenés à la côte par le vent contraire ; chose merveilleuse et qui prouve que le roi disposait des vents, ils furent contraires pendant six mois !

Ce retard n'affermit pas Warwick. A peine débarqué, maître et vainqueur comme il semblait, il tomba entre les mains d'un conseil de douze lords et évêques, les mêmes sans doute qui l'avaient appelé ; il s'était engagé de ne rien faire, de ne rien donner, sans leur aveu.

La révolution fut impuissante, parce qu'à la grande différence des révolutions antérieures, elle ne changea rien à la propriété ; elle ne donna rien, n'obligea personne, n'engagea personne à la soutenir.

Édouard était resté le roi des marchands : ceux de Bruges l'honoraient à l'égal du duc de Bourgogne. Craignant que, d'un moment à l'autre, Warwick ne tombât sur la Flandre, le duc se décida enfin pour Édouard, qui après tout était son beau-frère. Tout en faisant crier que personne ne lui prêtât secours, il loua pour lui quatorze vaisseaux hanséatiques, et lui donna cinq millions de notre monnaie. Avec cela Édouard emportait une chose qui seule valait des millions, la parole de son frère Clarence, qu'à la première occasion il laisserait Warwick et reviendrait de son côté.

Avec une telle assurance, l'entreprise était au fond moins hasardeuse qu'elle ne semblait l'être. Édouard renouvela une vieille comédie politique que tout le monde connaissait, et dont on voulut bien être dupe, las qu'on était de guerre et devenu indifférent. Il joua, sans y rien changer, la pièce du retour d'Henri IV ; comme lui, il débarqua à Ravenspur (10 mars 1471) ; comme lui, il dit, tout le long de sa route, qu'il ne réclamait pas le trône, mais seulement le bien de son père, le duché d'York, sa propriété. Ce grand mot de propriété, le mot sacré pour l'Angleterre, lui servit de passeport. Il n'y eut de difficulté qu'à York ; les gens de la ville voulaient lui faire jurer qu'il ne prétendait jamais rien à la couronne : « Où sont, dit-il, les lords entre les mains desquels je jugerai ? Allez les chercher, faites venir le comte de Northumberland. Quant à vous, je suis duc d'York et votre seigneur, je ne puis jurer dans vos mains. »

Il poursuivit, et le frère de Warwick, le marquis de Montaigu, qui pouvait lui barrer la route, le laissa passer. L'autre frère de Warwick, l'archevêque d'York, qui gardait Henri VI à Londres, promena un peu le roi dans la ville pour tâter la population ; il la vit si indifférente qu'il ne garda plus Henri VI que pour le livrer. Édouard avait un grand parti à Londres, ses créanciers d'abord, qui désiraient fort son retour, puis bon nombre de femmes qui travaillèrent pour lui et lui gagnèrent leurs parents, leurs maris ; Édouard était le plus beau roi du temps.

Dès qu'Édouard et Warwick furent en présence, celui-ci fut abandonné de son gendre Clarence. Il pressa la bataille, craignant d'autres défections, mit pied à terre, contre son usage, et combattit bravement. Mais deux corps de son parti qui ne se reconnurent pas se chargèrent dans le brouillard. Son frère Montaigu, qui l'avait rejoint, lui porta le dernier coup en prenant, dans la bataille même, les couleurs d'Édouard. Il fut tué à l'instant par un homme de Warwick qui le surveillait, mais Warwick fut aussi tué. Les corps des deux frères restèrent deux jours exposés tout nus à Saint-Paul, pour que personne n'en doutât.

Le jour même de la bataille, Marguerite abordait. Elle voulait retourner ; les Lancastriens ne le lui permirent pas ; ils la félicitèrent d'être débarrassée de Warwick et la firent combattre. Mais telles étaient les divisions de ce parti, que son chef Somerset, au moment de la charge, chargea seul, l'ancien lieutenant de Warwick se tenant immobile. Somerset, furieux, le tua devant ses troupes, mais la bataille fut perdue (4 mai 1471).

Marguerite, évanouie sur un chariot, fut prise et menée à Londres ; son jeune fils fut tué dans le combat ou égorgé après. Henri VI survécut peu ; une tentative s'étant faite en sa faveur, le plus jeune frère d'Édouard, cet affreux bossu (Richard III), alla, dit-on, à la Tour, et poignarda le pauvre prince.

Un autre semblait tué du même coup ; je parle de Louis XI. Cependant, dans son malheur, il eut un bonheur, d'avoir conclu une trêve au moment même avec le duc de Bourgogne. Son péril était grand. Il y avait à parier qu'il allait avoir l'Angleterre sur les bras, un roi vainqueur, enflé d'avoir déjà vaincu la France avec Marguerite d'Anjou, un roi tout aussi brave qu'Henri V, et qui, disait-on avait gagné neuf batailles rangées, de sa personne, et combattant à pied.

Et ce n'était pas seulement l'Angleterre qui avait été provoquée ; toute l'Espagne l'était, l'Aragon par l'invasion de Jean de Calabre, la Castille par l'opposition du roi aux intérêts d'Isabelle, Foix et Navarre pour la tutelle du jeune héritier. Foix venait de s'unir au Breton en lui donnant sa fille ; et son autre fille, il l'offrait au duc de Guienne.

Toute la question semblait être de savoir si Louis XI périrait par le Nord ou par le Midi. Son frère (son ennemi depuis qu'il n'était plus son héritier, le roi ayant un fils) pouvait faire deux mariages. S'il épousait la fille du comte de Foix, il réunissait tout le Midi et l'entraînait peut-être dans une croisade contre Louis XI. S'il épousait la fille du duc de Bourgogne, il réunissait tôt ou tard en un royaume gigantesque l'Aquitaine et les Pays-Bas, entre lesquels Louis XI périssait étouffé.

Il ne s'agissait plus seulement d'humilier la France, mais de la détruire et de la démembrer. Le duc de Bourgogne ne s'en cachait pas : « J'aime tant le royaume, disait-il, qu'au lieu d'un roi, j'en voudrais six. » On disait à la cour de Guienne : « Nous lui mettrons tant de lévriers à la queue qu'il ne saura où fuir. »

On croyait déjà la bête aux abois ; on appelait tout le monde à la curée. Pour tenter les Anglais, on leur offrait la Normandie et la Guienne.

La sœur du roi, la Savoyarde, qu'il venait de secourir, lui tourna le dos et travailla à mettre contre lui le duc de Milan. Autant en fit son futur gendre, Nicolas, fils de Jean de Calabre ; il laissa là la fille du roi, comme celle d'un pauvre homme, et s'en alla demander la riche héritière de Bourgogne et des Pays-Bas.

Ce qui donnait un peu de répit au roi, c'est que ses ennemis n'étaient pas encore bien d'accord. Le duc de Bourgogne, qui avait promis sa fille à deux ou trois princes, ne pouvait pas les satisfaire. Il voulait que les Anglais vinssent ; d'autres n'en voulaient pas. Les Anglais eux-mêmes hésitaient, craignant d'être pris pour dupes, et d'aider à faire un duc de Guyenne plus grand que le roi et que tous les rois, ce qui fût arrivé s'il eût uni, par ce prodigieux mariage de Bourgogne, le Nord et le Midi.

Cependant le printemps semblait devoir finir ces tergiversations. Le duc de Guienne avait convoqué dans ses provinces le ban et l'arrière-ban, et nommé général le comte d'Armagnac, qui, comme ennemi capital du roi, se chargeait de l'exécution.

Le roi, sans alliés, sans espoir de secours, avait, dit-on, imaginé d'engager les Écossais à passer en Bretagne, sur ses vaisseaux et sur des vaisseaux danois qu'il leur aurait loués.

Il faisait à son frère les dernières offres qu'il pût faire, les plus hautes, de le faire *lieutenant général du royaume* en lui donnant sa fille, avec quatre provinces de plus, qui l'auraient mis jusqu'à la Loire. Il ne pouvait faire davantage, à moins d'abdiquer et de lui céder la place. Mais le jeune duc ne voulait pas être *lieutenant*.

Dès longtemps, le roi avait pris le pape pour juger entre son frère et lui. Dans son danger, il obtint du Saint-Siège d'être à jamais, lui et ses successeurs, chanoines de Notre-Dame de Cléry. Il ordonna des prières pour la paix et voulut que désormais, par toute la France, à midi sonnant, on se mît à genoux et l'on dît trois Ave (avril 1472).

Il comptait sur la Sainte Vierge, mais aussi sur les troupes qu'il faisait avancer, encore plus sur les secrètes pratiques qu'il avait chez son frère. Maint officier de celui-ci refusait de lui faire serment.

Ce n'était pas la peine de s'engager envers un mourant. Le duc de Guienne, toujours délicat et maladif, avait la fièvre quarte depuis huit mois et ne pouvait guère aller loin. Il avait fort souffert des divisions de sa petite cour ; elle était déchirée par deux partis, une maîtresse poitevine et un favori gascon. Ce dernier, Lescun, était ennemi de l'intervention anglaise, ainsi que l'archevêque de Bordeaux, qui jadis en Bretagne avait fait mourir le prince Giles comme ami des Anglais. Un zélé serviteur de Lescun, l'abbé de Saint-Jean d'Angeli, le débarrassa (sans son consentement) de la maîtresse du duc en l'empoisonnant. On crut que, pour sa sûreté, il avait empoisonné en même temps le duc de Guienne (24 mai 1472). Lescun, fort compromis, fit grand bruit à la mort de son maître, accusa le roi d'avoir payé l'empoisonneur, le saisit et le mena en Bretagne pour qu'on en fît justice.

Louis XI n'était pas incapable de ce crime, du reste fort commun alors. Il semble que le fratricide, écrit à cette époque dans la loi ottomane et prescrit par Mahomet II, ait été d'un usage général au XVe siècle parmi les princes chrétiens.

Ce qui est sûr, c'est que le mourant n'eut aucun soupçon de son frère ; le jour même de sa mort, il le nomma son héritier et lui demanda pardon des chagrins qu'il lui avait causés. D'autre part, Louis XI ne répondit rien aux accusations qui s'élevèrent ; ce ne fut que dix-huit mois après qu'il déclara vouloir associer ses juges à ceux que le duc de Bretagne avait chargés de poursuivre l'affaire. Il n'y eut aucune procédure publique, le moine vécut en prison plusieurs années, et fut trouvé mort dans sa tour après un orage. On supposa que le diable l'avait étranglé.

La mort du duc de Guienne était prévue de longue date, et le roi, le duc de Bourgogne jouaient en attendant à qui des deux tromperait l'autre. Le roi disait que si le duc renonçait à l'alliance de son frère et du Breton, il lui rendrait Amiens et Saint-Quentin, et le duc répliquait que si d'abord on les lui rendait, il abandonnerait ses amis. Il n'en avait nullement l'intention ; il leur faisait dire pour les rassurer qu'il ne faisait cette momerie que pour reprendre les deux villes. Le roi chaîna, et si bien, qu'il apprit la mort de son frère, ne rendit rien en Picardie et prit la Guienne.

Le duc, furieux d'avoir été trompé dans sa tromperie, lança un terrible manifeste où il accusait le roi d'avoir empoisonné son frère et d'avoir voulu le faire périr lui-même. Il lui dénonçait une guerre à feu et à sang. Il tint parole, brûlant tout sur son passage. C'était un bon moyen d'augmenter les résistances et de faire combattre les moins courageux.

La première exécution fut à Nesle ; cette petite place n'était défendue que par des francs-archers ; les uns voulaient se rendre, voyant cette grande armée et le duc en personne ; les autres ne voulaient pas, et ils tuèrent le héraut bourguignon. La ville prise, tout fut massacré, sauf ceux à qui l'on se contenta de couper le poing. Dans l'église même, on allait dans le sang jusqu'à la cheville. On conte que le duc y entra à cheval, et dit aux siens : « Saint-Georges ! voici belle boucherie, j'ai de bons bouchers. »

L'affaire de Nesle étonna fort le roi. Il avait ordonné au connétable de la raser d'avance, de détruire les petites places pour défendre les grosses. Toute sa pensée était d'empêcher la jonction du Breton et du Bourguignon, pour cela de serrer lui-même le Breton, de ne pas le lâcher, de le forcer à rester chez lui, pendant que le Bourguignon perdrait le temps à brûler des villages. Il ordonna pour la seconde fois de raser les petites places, et pour la seconde fois le connétable ne fit rien du tout. Moyennant quoi, le Bourguignon s'empara de Roye, de Montdidier qu'il fit réparer pour l'occuper d'une manière durable.

Saint-Pol écrivait au roi pour le prier de venir au secours, c'est-à-dire de laisser le Breton libre, et de faciliter la jonction de ses deux ennemis. Le roi comprit l'intention du traître et fit tout le contraire ; il ne lâcha pas la Bretagne, mais il envoya à Saint-Pol son ennemi personnel Dammartin, qui devait partager le commandement avec lui et le surveiller. Si Dammartin était arrivé un jour plus tard, tout était perdu.

Le samedi 27 juin, cette grande armée de Bourgogne arrive devant Beauvais. Le duc croit emporter la place, ne daigne ouvrir la tranchée, ordonne l'assaut ; les échelles se trouvent trop courtes ; au bout de deux coups les canons n'ont plus de quoi tirer. Cependant la porte était enfoncée. Peu ou point de soldats pour la défendre (telle avait été la prévoyance du connétable), mais les habitants se défendaient ; la terrible histoire de Nesle leur faisait tout craindre si la ville était prise ; les femmes mêmes, devenant braves à force d'avoir peur pour les leurs, vinrent se jeter à la brèche avec les hommes ; la grande sainte de la ville, sainte Angadresme, qu'on portait sur les murs, les encourageait ; une jeune bourgeoise, Jeanne Lainé, se souvint de Jeanne d'Arc et arracha un drapeau des mains des assiégeants.

Les Bourguignons auraient cependant fini par entrer, ils faisaient dire au duc de presser le pas et que la ville était à lui. Il tarda, et grâce à ce retard il n'entra jamais. Les habitants allumèrent un grand feu sous la porte, qui elle-même brûla avec sa tour ; pendant huit jours, on nourrit ce feu qui arrêtait l'ennemi.

Le samedi au soir, soixante hommes d'armes se jettent dans la place, et il en vient deux cents à l'aube. Faible secours ; la ville effrayée se serait peut-être rendue ; mais le duc en colère n'en voulait plus, sinon de force et pour la brûler.

Le dimanche 28, Dammartin campa derrière le duc entre lui et Paris ; il fit passer toute une armée dans Beauvais, les plus vieux et les plus solides capitaines de France, Rouault, Lohéac, Crussol, Vignolle, Salazar. Le duc décida l'assaut pour le jeudi. Le mercredi soir, couché tout vêtu sur son lit de camp, il dit : « Croyez-vous bien que ces gens-là nous attendent ? » On lui répondit qu'ils étaient assez de monde pour défendre la ville, quand ils n'auraient qu'une haie devant eux. Il s'en moqua : « Demain, dit-il, vous n'y trouverez personne. »

C'était à lui une grande imprudence, une barbarie, de lancer les siens à l'escalade sans avoir fait brèche, contre ces grandes forces qui étaient dans la ville. L'assaut dura depuis l'aube jusqu'à onze heures, sans que le duc se lassât de faire tuer ses gens. La nuit, Salazar fit une sortie et tua dans sa tente même le grand maître de l'artillerie bourguignonne.

Paris envoya des secours, Orléans aussi, malgré la distance.

Le connétable, au contraire, qui était tout près, ne fit rien pour Beauvais ; il essaya plutôt de l'affaiblir en lui demandant cent lances.

Le 22 juillet, le duc de Bourgogne s'en alla enfin, leva le camp, se vengeant sur le pays de Caux qu'il traversait, pillant, brûlant. Il prit Saint-Valéry et Eu ; mais il était suivi de près, son armée fondait, on lui enlevait les vivres et tout ce qui s'écartait. Il ne put prendre Dieppe, et revint par Rouen. Il resta devant quatre jours, afin de pouvoir dire qu'il avait tenu sa parole, que la faute était au Breton, qui n'était point venu.

Il n'avait garde de venir. Le roi le tenait et ne le laissait pas bouger.

Les ravages de Picardie, ceux de Champagne, ne purent lui faire lâcher prise. Il prit Chantocé, Machecoul, Ancenis, en sorte que, perdant toujours et ne voyant arriver nul secours, nulle diversion, ni les Anglais au nord, ni les Aragonais au midi, le Breton fut trop heureux d'avoir une trêve. Le roi le détacha du Bourguignon, comme il avait fait trois ans auparavant, et lui donna de l'argent, tout vainqueur qu'il était ; seulement il gagna une place, celle d'Ancenis (18 octobre).

Le duc de Bourgogne ne pouvait faire la guerre tout seul, l'hiver approchait ; il convint aussi d'une trêve (23 octobre).

Louis XI, contre toute attente, s'était tiré d'affaire. Il avait décidément vaincu la Bretagne et recouvré tout le Midi. Son frère était mort, et avec lui mille intrigues, mille espérances de troubler le royaume.

Si le roi, dans une telle crise, n'avait pas péri, il fallait qu'il fût très vivace et vraiment durable. Les sages en jugèrent ainsi ; deux fortes têtes, le Gascon Lescun et le Flamand Commines, prirent leur parti, et se donnèrent au roi.

Commines, né et nourri chez le duc de Bourgogne, avait tout son bien chez lui ; il était son chambellan et assez avant dans sa confiance. Qu'un tel homme, si avisé et parfaitement instruit du fond des choses, franchît ce pas, c'était un signe grave. L'autre grand chroniqueur du temps, le zélé serviteur de la maison de Bourgogne, Chastellain, qui pose ici la plume, meurt plus que jamais triste et sombre, et visiblement inquiet.

CHAPITRE II

Diversion allemande - 1473-1475

On a vu que le duc de Bourgogne manqua Beauvais d'un jour. Ce fut aussi pour n'être pas prêt à temps qu'il perdit Amiens.

Nous en savons les causes, et par le duc lui-même. Il se plaignait de n'avoir pas d'armée permanente comme le roi : « Le roi, dit-il, est toujours prêt. »

Il était souverain des peuples les plus riches, mais des peuples aussi qui défendaient le mieux leur argent. L'argent venait lentement chaque année ; plus lentement encore se faisait l'armement ; l'occasion passait.

Le duc s'en prenait surtout à la Flandre, à la malice des Flamands, comme il disait. Un hasard heureux nous a conservé l'invective qu'il prononça contre eux, en mai 1470, au fort de la crise d'Angleterre, lorsqu'il demandait de l'argent pour armer mille lances (cinq mille cavaliers), qui serviraient toute l'année.

Les Flamands, dans leur remontrance, avaient respectueusement relevé une grave différence entre les paroles du prince et celles de son chancelier. Le chancelier avait dit que l'argent serait *levé sur tous les pays* (ce qui eût compris les Bourgognes), et le duc : *levé sur les Pays-Bas*. Il répondit durement qu'il n'y avait pas d'équivoque, qu'il s'agissait des Pays-Bas, « et non de mon pays de Bourgogne ; il n'a point d'argent, il sent la France ; mais il a de bonnes gens d'armes et les meilleures que j'aie. En tout ceci, vous ne faites rien que par subtilité et malice. Grosses et dures têtes flamandes, croyez-vous donc qu'il n'y ait personne de sage que vous ? Prenez garde ; *j'ai moitié de France et moitié de Portugal*... Je saurai bien y pourvoir... Pour rien au monde, je ne romprai mon ordonnance ; entendez-vous bien, maître Sersanders (c'était le principal député de Gand) ? Et quels sont ceux qui le demandent ? Est-ce Hollande ? Est-ce Brabant ? Vous seuls, grosses têtes flamandes !... Les autres, qui sont bien aussi privilégiés, de bien grands seigneurs, comme mon cousin Saint-Pol, me laissent user de leurs sujets, et vous voulez m'ôter les miens sous prétexte de privilèges, *dont vous n'avez nul*... Dures têtes flamandes que vous êtes, vous avez toujours méprisé ou haï vos princes ; s'ils étaient faibles, vous les méprisiez ; s'ils étaient puissants, vous les haïssiez ; eh bien ! j'aime mieux être haï... Il y en a, je le sais bien, qui me voudraient voir en bataille avec cinq ou six mille hommes, pour y être défait, tué, mis en morceaux... J'y mettrai ordre, soyez-en sûrs ; vous ne pourrez rien entreprendre contre votre seigneur. J'en serais fâché pour vous ; ce serait l'histoire du pot de verre et du pot de fer ! »

L'argent n'en fut pas moins levé fort lentement. Il fut demandé en mai ; la levée d'hommes ne put se faire qu'en octobre ; était-elle achevée en décembre ? Nous voyons qu'à cette époque le duc, excédé des plaintes et des difficultés, écrit aux états assemblés des Pays-Bas qu'il aimerait mieux quitter tout, renoncer à toute seigneurie (19 décembre 1470). En janvier, comme on a vu, il perdit Amiens et Saint-Quentin.

On a remarqué cette grave parole, qu'il était à *moitié de France, moitié de Portugal*. C'était dire aux Flamands qu'ils avaient un maître étranger.

En cette même année 1470, il se proclama étranger à la France même, et cela dans une solennelle audience où les ambassadeurs de France venaient lui offrir réparation pour la piraterie de Warwick. La scène fut étrange ; elle effraya indigna, ses plus dévoués serviteurs.

Il s'était fait faire, pour ce jour, un dais et un trône plus haut qu'on n'en vit jamais pour personne, roi ou empereur ; un dais d'or, un ciel d'or, et tout le reste en descendant de degré en degré, couvert de velours noir. Sur ces degrés, dans un ordre sévère, à leurs places marquées, la maison de l'état, princes et barons, chevaliers et écuyers, prélats, chancellerie. Les ambassadeurs, menés à leur banc, se mirent à genoux. Lui, pour les faire lever, sans parler, sans mettre la main au chapeau, « les niqua de la tête ». L'affaire à peine exposée, il dit avec emportement que les offres de réparation n'étaient ni valables, ni raisonnables, ni recevables... « Eh ! monseigneur, dit humblement l'homme de Louis XI, daignez écrire vous-même ce que vous voulez ; le roi signera tout. » – « Je vous ai dit que ni lui, ni vous, vous ne pouvez réparer. » – « Quoi ! dit l'autre sur un ton lamentable, on fait bien la paix d'un royaume perdu et de cinq cent mille hommes tués, et l'on ne pourrait expier ce petit méfait ?... Monseigneur, le roi et vous, au-dessus de vous deux vous avez un juge... » A cette morale hypocrite, le duc fut hors de lui : *« Nous autres Portugais !* s'écria-t-il, nous avons pour coutume que si ceux que nous croyons nos amis se font amis de nos ennemis, nous les envoyons aux cent mille diables d'enfer ! »

Là-dessus, grand silence... Flamands, Wallons, Français, tous furent blessés au cœur. On sentit l'étranger... Il n'avait dit que trop vrai ; il n'avait rien du pays, rien de son père ; le bizarre mélange anglo-portugais, qu'il tenait du côté maternel, apparaissait en lui de plus en plus ; sur le sombre fond anglais, qui toujours devenait plus sombre, perçait à chaque instant par éclairs la violence du Midi.

Discordant d'origine, d'idées et de principes, il n'exprimait que trop la discorde incurable de son hétérogène empire. Nous avons caractérisé cette Babel sous Philippe le Bon. Mais il y eut cette différence entre le père et le fils, que le premier, Français de naturel, se trouva l'être politiquement, et par ses acquisitions de pays français, et par l'ascendant des Croy. Le fils ne fut ni Français, ni Flamand ; loin de s'harmoniser dans un sens ou dans l'autre, il compliqua sa complication naturelle d'éléments irréconciliables qu'il ne put accorder jamais.

Personne n'éprouvait pourtant davantage le besoin de l'ordre et de l'unité. Dès son avènement, il essaya de régulariser ses finances, en instituant un payeur général (1468). En 1473, il entreprit de centraliser la justice, en dépit de toutes les réclamations, et fonda une cour suprême d'appel à Malines sur le modèle du Parlement de Paris ; là devaient être aussi réunies ses diverses chambres des comptes. La même année, 1473, il promulgua une grande ordonnance militaire, qui résumait toutes les précédentes, imposait les mêmes règles aux troupes diverses dont se composaient ses armées.

Ce besoin d'unité, d'harmonie, motivait sans doute à ses yeux la conquête des pays enclavés dans les siens, ou qui semblaient devoir s'y ramener par une attraction naturelle. Il avait hérité de bien des choses, mais qui toutes semblaient incomplètes. Ne fallait-il pas essayer d'arrondir, de lier tant de provinces qui, par occasions diverses, étaient échues à la maison de Bourgogne ? En leur assurant de meilleures frontières, on les eût pacifiées. Par exemple, si le duc acquérait la Gueldre, il avait meilleure chance de finir la vieille petite guerre des marches de Frise.

Dans tous les temps, le souverain de la Hollande, des bas pays noyés, des boues et des tourbières, fut un homme envieux. Triste portier du Rhin, obligé chaque année d'en subir les inondations, d'en curer et balayer les embouchures, il semble naturel que ce laborieux serviteur du fleuve en partage aussi les profits. Il n'aime pas tellement sa bière et ses brouillards qu'il ne regarde parfois vers le soleil et les vins de Coblentz. Les alluvions qui descendent lui rappellent la bonne terre d'en haut ; les barques richement chargées qui passent sous ses yeux le rendent bien rêveur.

Charles le Téméraire, comme plus tard Gustave, ne pouvait voir patiemment que les meilleurs pays du Rhin étaient des terres de prêtres. Il éprouvait peu de respect pour cette populace de villes libres, de petites seigneuries qui hardiment s'appropriaient le fleuve, se mettaient en travers et vendaient le passage. Il comptait bien qu'il faudrait tôt ou tard qu'il mît la main sur tout cela et sa grande épée de justice.

Au-delà, et sur le haut Rhin, n'était-ce pas une honte de voir les villes solliciter le patronage des vachers de la Suisse ? Serfs révoltés des Autrichiens, ces gens de la montagne oubliaient qu'avant d'être à l'Autriche, ils avaient été les sujets du royaume de Bourgogne.

De Dijon, de Mâcon, de Dole, par-dessus la pauvre Comté et l'ennuyeux mur du Jura, il découvrait les Alpes, les portes de la Lombardie, les neiges, illuminées de lumière italienne... Pourquoi tout cela n'était-il pas à lui ?... Le vrai royaume de Bourgogne, pris dans ses anciennes limites, avait son trône aux Alpes, en dominait les pentes, dispensait ou refusait à l'Europe les eaux fécondes, versant le Rhône à la Provence, à l'Allemagne le Rhin, le Pô à l'Italie.

Grande idée et poétique ! Était-il impossible de la réaliser ? L'Empire n'était-il pas dissous ? Et tout ce Rhin, du plus haut au plus bas, était-ce autre chose qu'une anarchie, une guerre permanente ? Ses princes n'étaient-ils pas ruinés ? n'avaient-ils pas vendu ou engagé leurs domaines ? L'archevêque de Cologne mourait de faim ; ses chanoines l'avaient réduit à deux mille florins de rente.

Tous ces princes faméliques se pressaient à la cour du duc de Bourgogne, tendaient la main. Plusieurs en recevaient pension, et devenaient ses domestiques ; d'autres, poursuivis pour dettes, n'avaient d'autres ressources que de lui engager leurs provinces, de lui vendre, s'il en voulait bien, leurs sujets à bon compte.

Philippe le Bon avait eu pour peu de choses le comté de Namur, pour peu le Luxembourg ; son fils, sans grande dépense, acquit la Gueldre par en bas, par en haut le landgraviat d'Alsace et partie de la Forêt-Noire, ceci engagé seulement, mais avec peu de chance de retirer jamais.

Le Rhin semblait vouloir se vendre pièce à pièce. Et d'autre part, le duc de Bourgogne, pour mille raisons de convenances, voulait acheter ou prendre. Il lui fallait la Gueldre pour envelopper Utrecht, atteindre la Frise. Il lui fallait la haute Alsace, pour couvrir sa Franche-Comté ; il lui fallait Cologne, comme entrepôt des Pays-Bas et comme grand péage du Rhin. Il lui fallait la Lorraine, pour passer du Luxembourg dans les Bourgognes, etc.

Dès longtemps il couvait la Gueldre, et il comptait l'avoir par la discorde du vieux duc Arnould et de son fils, Adolphe. Il pensionnait le fils, et l'avait fait son domestique. Le fils ne se contenta pas de ce rôle ; soutenu de sa mère et de presque tout le pays, il se fit duc et emprisonna son père. L'occasion était belle pour intervenir au nom de la nature, de la piété outragée ; Charles le Téméraire la saisit, et se fit charger par le pape et l'empereur de juger entre le père et le fils ; l'Empire seul aurait eu ce droit ; l'empereur, qui ne l'avait pas, ne pouvait le déléguer, encore bien moins le pape. Le Bourguignon n'en jugea pas moins ; il décida pour le vieux duc, c'est-à-dire pour lui-même ; celui-ci, malade, mourant, vendit le duché à son juge ! et le juge accepta ! Une assemblée de la Toison d'or (étrange tribunal) décida que le legs était valable.

Le fils était dépouillé, comme parricide, à la bonne heure, emprisonné par son juge qui profitait de la dépouille.

Mais qu'avaient fait les peuples de la Gueldre pour être vendus ainsi ? Ce fils même, ce coupable, il avait un enfant, innocent à coup sûr, qui n'avait que six ans, et qui était, à son défaut, l'héritier légitime. La ville de Nimègue, décidée à ne pas céder ainsi, prit cet enfant, le proclama, le promena armé d'une armure à sa taille sur les remparts, parmi les combattants qui repoussaient les Bourguignons. Ceux-ci l'emportèrent pourtant à la longue, la Gueldre fut occupée, le petit duc captif.

La violence et l'injustice avaient bon temps. Il n'y avait plus d'autorité au monde, ni roi, ni empereur. Le roi faisait le mort ; il avait l'air de ne plus penser qu'aux affaires du Midi. L'empereur, pauvre prince, pauvre d'honneur surtout, aurait livré l'Empire pour faire la fortune de son jeune Max, par le grand mariage de Bourgogne. Maximilien épousa, comme on sait, plus tard ; et il fallut que Mlle de Bourgogne, en l'épousant, lui donnât des chemises.

Au moment même où le duc de Bourgogne s'emparait du petit duc de Gueldre, il apprit la mort du duc de Lorraine et il trouva tout simple, dans sa brutalité, d'enlever le jeune René de Vaudemont, qui succédait, croyant prendre l'héritage avec l'héritier. C'était ne prendre rien. La personne du duc était peu en Lorraine ; on ne pouvait rien avoir que par les grands seigneurs du pays. Il relâcha René (août).

On voyait bien qu'un homme si violent et si en train de prendre n'avait plus besoin de prétexte. Cependant, il allait avoir une entrevue avec l'empereur, et celui-ci, bas et intéressé comme il était, ne pouvait manquer de lui donner encore tout ce que les titres, les sceaux, les parchemins peuvent ajouter de force à la force des armes.

Metz devait être honorée de l'entrevue des deux princes. Seulement, le duc voulait qu'on lui permît *d'occuper une porte,* au moyen de quoi il aurait fait entrer autant de gens qu'il eût voulu. Sa sage ville répondit qu'il n'y avait place que pour six cents hommes, que les gens de l'empereur remplissaient tout déjà, sans parler des paysans qui, à l'approche des troupes, étaient venus se réfugier à Metz. La furie des envoyés bourguignons, à cette réponse, prouva d'autant mieux qu'ils n'auraient pris que pour garder. « Coquenaille ! vilenaille ! » criaient-ils en partant. Et le duc : « Je n'ai que faire de leur permission ; j'ai les clés de leur ville. »

L'entrevue eut lieu à Trèves. Elle brouilla les deux princes. D'abord le duc se fit attendre, et il écrasa l'empereur de son faste. Les Bourguignons rirent fort quand ils virent les Allemands, leurs amis et gendres futurs, si lourds, si pauvres ; ils ne purent s'empêcher de les trouver bien sales, pour des gens qui venaient épouser. Le mariage n'était pas trop sûr, quoique le petit Max eût permission d'écrire à Mademoiselle de Bourgogne ; il n'était pas le seul ; d'autres avaient eu cette faveur.

L'archevêque de Mayence, chancelier de l'Empire, ouvrit la conférence par les phrases ordinaires, déplorant au nom de l'empereur que les guerres qui troublaient la chrétienté ne permissent point aux princes de s'unir contre le Turc. Le chancelier de Bourgogne répondit par une longue accusation de l'auteur de ces guerres, du roi qu'il dénonça solennellement comme ingrat, traître, *empoisonneur...* Le roi, par représailles, occupa Paris, tout l'hiver, du jugement d'un homme que le duc aurait payé pour l'empoisonner.

Le duc fit confirmer par l'empereur son étrange jugement dans l'affaire de Gueldre, et s'en fit donner l'investiture ; il lui en coûta, dit-on, 80 000 florins. Il voulait ensuite que l'empereur, en faveur du prochain mariage, l'investît de quatre autres fiefs d'Empire, de quatre évêchés : Liège, Utrecht, Tournay et Cambrai. Cela fait, il fallait qu'il le nommât vicaire impérial, roi de Gaule belgique ou de Bourgogne... Le tout signé, scellé, il n'eût pas eu la fille.

L'empereur le sentait. Les princes allemands, soutenus par le roi, se montraient peu disposés à laisser vendre l'Empire en détail. Cependant il était difficile de rompre en face. Les Bourguignons étaient en force à Trèves, et le pauvre empereur n'eût pas trouvé de sûreté à rien refuser. Déjà les ornements royaux, sceptre, manteau, couronne étaient exposés à l'église de Saint-Maximin ; chacun allait les voir. La cérémonie devait avoir lieu le lendemain. La nuit ou le matin, l'empereur se mit dans une barque, descendit la Moselle ; le duc resta duc, comme auparavant.

Mais, s'il avait manqué la royauté, il semblait ne pouvoir manquer le royaume. Dans les derniers mois de 1743, il fit deux pas qui, avec celui de Gueldre, effrayèrent tout le monde.

Il se fit nommer par l'électeur de Cologne, avoué défenseur et protecteur de l'électorat. Il se fit donner en Lorraine quatre places fortes aux frontières, et, de plus, le libre passage, c'est-à-dire la faculté d'occuper tout quand il voudrait. Les grands seigneurs qui formaient le conseil lui livrèrent ainsi le duché. Ils allèrent à Nancy, et il fit une *entrée* à côté du jeune duc, qui ne pouvait plus s'opposer à rien (15 décembre).

La Gueldre en août ; en novembre, Cologne ; en décembre, la Lorraine. Malgré l'hiver, au même mois, du poids de ce triple succès, il tomba sur l'Alsace.

Le 21 décembre, sa bannière redoutée apparut aux défilés des Vosges. Il entrait chez lui, dans un pays à lui, pour faire grâce et justice, et il se fit conduire par celui même contre qui tout le monde demandait justice, par son gouverneur Hagenbach. Pour cette tournée seigneuriale, il n'amenait pas moins de cinq mille cavaliers, des étrangers, des Wallons, qui n'entendaient rien à la langue du pays, impitoyables et comme sourds.

Colmar n'eut que le temps de fermer ses portes. Bâle armait, veillait ; elle illuminait chaque nuit le pont du Rhin. Tout le pays était en prières ; Mulhouse, contre qui il avait prononcé des paroles terribles, désespéra de son salut ; les rues y étaient pleines de gens qui disaient les prières des agonisants ; ils chantaient des litanies, ils pleuraient ; les enfants aussi, sans savoir de quoi.

Il faut dire ce qu'était ce terrible Hagenbach à qui le duc avait confié le pays. D'abord il en était, il y avait eu mainte aventure peu honorable ; tout ce qu'il y faisait, juste ou injuste, semblait une revanche.

On contait qu'il avait commencé sa fortune d'une manière singulière. Quand le vieux duc devint chauve, et que beaucoup de gens se faisaient tondre pour lui faire plaisir, il y eut pourtant des récalcitrants qui tenaient à leur chevelure ; Hagenbach s'établit, ciseaux en mains, aux portes de l'hôtel, et lorsqu'ils arrivaient, il les faisait tondre sans pitié.

Voilà l'homme qu'il fallait au duc, un homme prêt à tout, qui ne vît d'obstacle à rien ; et non plus un Commines qui aurait montré à chaque instant le difficile et l'impossible. Hagenbach, arrivant en Alsace, dans un pays mal réglé, plein de choses flottantes, qu'il fallait peu à peu ordonner, trouva le vrai moyen de désespérer tout le monde ; ce fut de mettre partout et tout d'abord ce qu'il appelait l'ordre, la règle et le droit.

La première chose qu'il fit, ce fut de rétablir la sûreté des routes, à force de pendre ; le voyageur ne risquait plus d'être volé, mais d'être pendu. Il se chargea ensuite de régler les comptes de la ville libre de Mulhouse et des sujets du duc, comptes obscurs, les uns et les autres étant à la fois créanciers et débiteurs ; pour faire payer Mulhouse, il lui coupait les vivres. Autre compte avec les seigneurs ; Hagenbach les somma de recevoir les sommes pour lesquelles le souverain du pays leur avait jadis engagé des châteaux, sommes minimes, et tel de ces châteaux était engagé depuis cent cinquante ans. Les détenteurs se souciaient peu d'être payés ; mais Hagenbach les payait de force et l'épée à la main. L'un de ces seigneurs engagistes était la riche ville de Bâle, qui, pour vingt mille florins prêtés, tenait les deux villes, Stein et Rheinfelden ; un matin, Hagenbach apporte la somme ; les Bâlois auraient bien voulu ne pas la recevoir.

Il disputait aux nobles leur plus cher privilège, le droit de chasse. Il disputa aux petites gens leur vie, leurs aliments, frappant le blé, le vin, la viande, *du mauvais denier* ; c'était le nom de cette taxe détestée. Thann refusa de payer, et elle paya de son sang ; quatre hommes y furent décapités.

Les Suisses, qui jusque-là étendaient peu à peu leur influence sur l'Alsace, qui avaient donné à Mulhouse le droit de combourgeoisie, intercédaient souvent près d'Hagenbach et n'en tiraient que moquerie. Dès son arrivée dans le pays, il avait planté la bannière ducale sur une terre qui dépendait de Berne, et Berne ayant porté plainte, le duc avait répondu : « Il ne m'importe guère que mon gouverneur soit agréable à mes gens ou à mes voisins ; c'est assez qu'il me plaise, à moi ! » Dès ce moment les Suisses firent un traité avec Louis XI et renoncèrent à l'alliance bourguignonne (13 août 1470) ; le duc rendit la terre usurpée.

Il n'y avait rien que d'ajourné ; on le sentait ; Hagenbach, se voyant si bien appuyé, laissait échapper des plaisanteries menaçantes. Il disait de Strasbourg : « Qu'ont-ils besoin de bourgmestre ? ils en auront un de ma main, non plus un tailleur, un cordonnier, mais un duc de Bourgogne. » Il disait de Bâle : « Je voudrais l'avoir en trois jours ! », et de Berne : « L'ours, nous allons bientôt en prendre la peau pour nous en faire une fourrure. »

Le 24 décembre, veille de Noël, le duc, conduit par Hagenbach, arrive à Brisach, et tous les habitants, en grande crainte, vont au-devant en procession. Il se met en bataille sur la place et leur fait faire un serment, non plus comme le premier qui réservait leurs privilèges, mais pur et simple, sans réserve. Il sort, escorté d'Hagenbach, qui bientôt rentre avec un millier de Wallons ; ils se répandent, pillent, violent ; les pauvres habitants obtiennent à grand-peine que le duc éloigne ces brigands de la ville ; du reste, il approuve Hagenbach ; depuis qu'il avait manqué sa royauté à Trèves, il détestait les Allemands : « Tant mieux, dit-il, sur l'affaire de Brisach ; Hagenbach a bien fait ; ils le méritent ; il faut les tenir ferme. »

Les Suisses obtinrent un délai pour Mulhouse. Mais le duc dit à leurs envoyés que ce serait Hagenbach avec le maréchal de Bourgogne qui réglerait tout, qu'au reste, ils le suivissent à Dijon, et qu'il aviserait.

Il partit, laissant Hagenbach maître, juge et vainqueur, et qui semblait fol de joie et d'insolence : « Je suis pape, criait-il, je suis évêque, je suis empereur et roi. »

Il se maria le 24 janvier, et prit pour faire la noce cette ville même de Thann, ensanglantée récemment, ruinée. Ce mariage fut une occasion d'extorsions, puis de réjouissances folles, d'étranges bacchanales, de farces lubriques.

Tant de choses faites impunément lui firent croire qu'il pouvait en tenter une, la plus grave de toutes, la suppression des corps de métiers, des bannières, autrement dit la désorganisation et le désarmement des villes. Tout cela, disait-il, en haine des monopoles. « Quelle belle chose que chacun puisse sans entrave travailler, commercer comme il veut ! »

Faire un tel changement, dans un pays surtout qui n'appartenait pas au duc, qui était simplement engagé et toujours rachetable, c'était chose hasardeuse. Les villes n'en attendirent pas l'exécution ; elles rappelèrent leur maître Sigismond ; l'évêque de Bâle forma une vaste ligue entre Sigismond, les villes du Rhin, les Suisses et la France.

Il y avait longtemps que le roi préparait tout ceci. Depuis trente ans qu'il avait connu les Suisses à la rude affaire de Saint-Jacques, il les aimait fort, les ménageait et les caressait. Il avait été leur voisin en Dauphiné ; son principal agent, dans les affaires suisses, fut un homme qui était des deux pays à la fois, administrateur du diocèse de Grenoble, et prieur de Munster en Argovie, un prêtre actif, insinuant. Il ne se laissa nullement décourager par les anciens rapports des Suisses avec la maison de Bourgogne, qui en avait cinq cents à Montlhéry. Le chef de ces cinq cents, le grand ami des Bourguignons à Berne, était un homme fort estimé et d'ancienne maison, le noble Bubenberg. Le roi lui suscita un adversaire à Berne même dans le riche et brave Diesbach, de noblesse récente (c'étaient des marchands de toile). Au moment où le duc accepta les terres d'Alsace et les querelles de toutes sortes qui y étaient attachées, le roi accueillit Diesbach comme envoyé de Berne (juillet 1469). Un an après, lorsque Hagenbach planta la bannière de Bourgogne sur terre bernoise, dans la première indignation du peuple, avant que le duc eût fait réparation, on brusqua un traité entre le roi de France et les Suisses, dans lequel ils renonçaient expressément à l'alliance de Bourgogne (13 août 1470). L'année suivante, le roi intervint en Savoie pour défendre la duchesse sa sœur contre les princes savoyards, les comtes de Bresse, de

Romont et de Genève, amis et serviteurs du duc de Bourgogne ; mais il ne voulut rien faire qu'avec ses chers amis les Suisses ; il régla tout avec eux et de leur avis. C'était là une chose bien populaire et qui leur rendait le roi bien agréable, de les faire ainsi maîtres et seigneurs dans cette fière Savoie, qui jusque-là les méprisait.

Aussi, dans le moment critique où le duc fit à l'Alsace sa terrible visite, en décembre 1473, Diesbach courut à Paris, et le 2 janvier il écrivit (sous la dictée du roi sans doute) un traité admirable pour Louis XI, qui lui permettait de lancer les Suisses à volonté et de les faire combattre, en se retirant lui-même. Les cantons lui vendaient six mille hommes au prix honnête de quatre florins et demi par mois ; de plus, vingt mille florins par an, tenus tout prêts à Lyon ; *si le roi ne pouvait les secourir,* il était quitte pour ajouter vingt mille florins par trimestre. Sommes minimes, en vérité, désintéressement incroyable. Il était trop visible qu'il y avait, au profit des meneurs, des articles secrets.

Diesbach était à Paris, et l'homme du roi, le prêtre de Grenoble, était en Suisse ; il courait les cantons la bourse à la main.

Un grand mouvement se déclare contre le duc de Bourgogne. Voilà les villes du Rhin qui se liguent et donnent la main aux villes suisses. Voilà les Suisses qui reçoivent et mènent en triomphe leur ennemi, l'Autrichien Sigismond ; ils jurent à l'éternel adversaire de la Suisse éternelle amitié. Les villes se cotisent ; on fait en un moment les 80 000 florins convenus pour racheter l'Alsace ; le 3 avril, Sigismond dénonce au duc de Bourgogne que l'argent est à Bâle, qu'il ait à lui restituer son pays.

Dans ce flot qui montait si vite, un homme devait périr, Hagenbach ; et il augmentait à plaisir la fureur du peuple. On contait de lui des choses effroyables ; il aurait dit : « Vivant, je ferai mon plaisir ; mort, que le Diable prenne tout, âme et corps, à la bonne heure ! »

Il poursuivait d'amour une jeune nonne ; les parents l'ayant fait cacher, il eut l'impudence incroyable de faire crier par le crieur public qu'on eût à la ramener sous peine de mort.

Un jour, il était à l'église en propos d'amour avec une petite femme, le coude sur l'autel, l'autel tout paré pour la messe ; le prêtre arrive : « Comment, prêtre, ne vois-tu pas que je suis là ? Va-t'en, va-t'en ! » Le prêtre officia à un autre autel ; Hagenbach ne se dérangea pas, et l'on vit avec horreur qu'il tournait le dos pour baiser sa belle, à l'élévation de l'hostie.

Le 11 avril, il donne ordre aux gens de Brisach de sortir pour travailler aux fossés ; aucun n'osait sortir, craignant de laisser à la merci des gens du gouverneur sa femme et ses enfants. Les soldats allemands, qui depuis longtemps n'étaient pas payés, se mettent du côté des habitants. On saisit Hagenbach. Sigismond arrivait, et déjà il était à Bâle. Un tribunal se forme ; les villes du Rhin, Bâle et même Berne, toutes envoient pour juger Hagenbach. De la prison au tribunal, les fers l'empêchant de marcher, on le tira dans une brouette, parmi des cris terribles : « Judas ! Judas ! » On le fit dégrader par un héraut impérial, et le soir même (9 mai), aux flambeaux, on lui coupa la tête. Sa mort valut mieux que sa vie. Il souriait aux outrages, ne dénonça personne à la torture et mourut chrétiennement. Cependant, la tête qu'on montre à Colmar (si c'est bien celle d'Hagenbach), cette tête rousse, hideuse, les dents serrées, exprime l'obstination désespérée et la damnation.

Le duc vengea son gouverneur en ravageant l'Alsace, mais il ne la recouvra point. Il ne réussit pas mieux à prendre Montbéliard, et il indigna tout le monde par le moyen qu'il employa. Il fait saisir à sa cour même le comte Henri ; on le mena devant sa ville ; on le lit à genoux sur un coussin noir, et l'on fit dire aux gens qui étaient dans la place qu'on allait couper la tête à leur maître s'ils ne se rendaient. Cette cruelle comédie ne servit à rien.

Le duc avait besoin de se relever par quelque grand coup, une guerre heureuse ; il en trouvait l'occasion dans l'affaire de Cologne, tout près de chez lui, à l'entrée des Pays-Bas, une guerre à coup sûr, il lui semblait, parce qu'il était là à portée de ses ressources. Malgré la perte de l'Alsace, il était rassuré par une trêve que le roi venait de conclure avec lui (1er mars). Il l'était par les nouvelles pacifiques qui lui venaient de Suisse. Le comte de Romont, Jacques de Savoie, avait réussi à rendre force au parti bourguignon. Les ambassadeurs de Bourgogne et de Savoie avaient excusé Hagenbach, rappelant aux Suisses que jamais ils n'avaient mieux vendu leurs bœufs et leurs fromages, faisant entendre enfin que si le roi payait, le duc pouvait payer encore mieux.

Il reçut ces nouvelles en mai, à Luxembourg. En même temps, il tirait parole d'Édouard pour une descente en France. Les conditions qu'il faisait à l'Angletrre sont telles qu'il y a apparence que le traité n'était pas sérieux. Il lui donnait tout le royaume de France, et lui, duc de Bourgogne, il se contentait de Nevers, de la Champagne et des villes de la Somme.

Il signa le traité le 25 juillet et le 30 il s'établit dans son camp, près de Cologne, devant la petite ville de Neuss, qu'il assiégeait depuis le 19.

L'archevêque de Cologne, Robert de Bavière, en guerre avec son noble chapitre, avait, comme on a vu, décliné le jugement de l'empereur, et s'était nommé pour avoué et défenseur le duc de Bourgogne. Celui-ci, envoyant à Cologne ordre d'obéir, n'y gagna qu'un outrage : la sommation déchirée, le héraut insulté, les armes de Bourgogne jetées dans la boue. Les chanoines, tous seigneurs ou chevaliers du pays, élurent évêque un des leurs, Hermann de Hesse, frère du Landgrave.

Cet Hermann, appelé plus tard Hermann le *Pacifique*, n'en fut pas moins le défenseur de l'Allemagne contre le duc de Bourgogne. Il se jeta dans Neuss, le tint là tout un an, de juillet à juillet. Là se brisa cette grande puissance, mêlée de tant d'États, ce monstre qui faisait peur à l'Europe. Les Suisses eurent la gloire d'achever.

L'acharnement extraordinaire que le duc montra contre Neuss ne tint pas seulement à l'importance de ce poste avancé de Cologne, mais sans doute aussi au regret, à la colère d'avoir fait à cette ville des offres exagérées, déloyales même et malhonnêtes, et d'avoir eu la honte du refus. Pour la séduire, il avait été, lui défenseur de l'électeur et de l'électorat, jusqu'à offrir à Neuss de l'en affranchir, de la rendre indépendante de Cologne, en sorte qu'elle devînt ville libre, immédiate, impériale. Refusé, il s'aheurta à sa vengeance et il oublia tout, y consuma d'immenses ressources et s'y épuisa. Tout le monde, dès qu'on le vit cloué là, s'enhardit contre lui. Il s'y établit le 30 juillet, et, dès le 15 août, le jeune René traita avec Louis XI. Le bruit courait que René était déshérité de son grand-père, le vieux René, qui aurait promis la Provence au duc de Bourgogne. Louis XI prit ce prétexte pour saisir l'Anjou.

Le duc reçut devant Neuss, en novembre, le solennel défi des Suisses qui entraient en Franche-Comté, et presque aussitôt il apprit qu'ils y avaient gagné sur les siens une sanglante bataille à Héricourt (13 novembre). Le pays désarmé n'avait guère eu que ses milices à opposer aux Suisses. Le hasard voulut cependant qu'à ce moment Jacques de Savoie, comte de Romont, amenât d'Italie un corps de Lombards. Ce renfort ne fit que rendre la défaite plus grave, et les Italiens, sur lesquels le duc comptait pour prendre Neuss, y arrivèrent déjà battus.

Son échec de Beauvais lui avait laissé une estime médiocre de ses sujets. Il fait venir deux mille Anglais, et, pour faire une guerre plus savante, il avait engagé en Lombardie des soldats italiens. Eux seuls s'entendaient aux travaux des sièges, et leur bravoure semblait incontestable depuis que les Suisses avaient reçu à l'Arbedo une si rude leçon du Piémontais Carmagnola.

Venise avait ordinairement à son service les plus habiles condottieri, Carmagnola autrefois, et alors le sage Coglione. Mais quelque offre que pût faire le duc de Bourgogne, il ne put attirer à son service ce grand tacticien. Venise eût craint de déplaire à Louis XI, si elle eût prêté son général. Coglione, dont la prudence était proverbiale, répondit qu'il était le serviteur du duc et le servirait volontiers, « mais en Italie ». Ce dernier mot était significatif ; les Italiens croyaient voir un jour ou l'autre le conquérant au-delà des Alpes.

Dans la route d'aventures où entrait le duc de Bourgogne, se mettant à violer les églises du Rhin, sans souci du pape ni de l'empereur, il ne lui fallait pas des hommes si prudents, qui auraient gardé leur jugement et se seraient donnés avec mesure, mais de vrais mercenaires, des aventuriers, qui, vendus une fois, allassent, les yeux fermés, au mot du maître, par le possible et l'impossible. Tel lui parut le capitaine napolitain Campobasso, homme fort suspect, fort dangereux, qui se vantait d'être banni pour sa fidélité héroïque au parti d'Anjou.

Le duc de Bourgogne n'avait pas une armée devant Neuss, mais bien quatre armées, qui se connaissaient peu et ne s'aimaient pas : une de Lombards, une d'Anglais, une de Français, une enfin d'Allemands ; parmi ceux-ci servait une bande, nullement allemande, des malheureux Liégeois, obligés de combattre pour le destructeur de Liège.

Le siège commença par une formidable procession que le duc fit faire autour de la ville ; six mille superbes cavaliers défilèrent, armés (homme et cheval) de toutes pièces ; nulle armée moderne ne peut donner l'idée d'un tel spectacle. Chacune de ces armures d'acier, ouvragées, dorées, damasquinées, battues à grands frais à Milan, étonne, effraie encore dans nos musées, œuvre d'art patient, et la plus splendide parure que l'homme ait portée jamais, à la fois galante et terrible.

Terrible en plaine. Mais sur la montagne de Neuss, dans ce fort petit nid, les durs fantassins de la Hesse ne firent que rire de cette cavalerie. La bière ne manquait pas, ni le vin, ni le blé ; le brave chanoine Hermann leur avait amassé des vivres ; soir et matin il faisait jouer de la flûte sur toutes les tours.

La première chose que fit le duc ce fut d'ordonner aux Lombards d'aller prendre une île, en face de la ville. Ces cavaliers bardés de fer, peu propres à ce coup de main, obéirent courageusement, et plus d'un se noya. On recourut alors au moyen plus lent et plus raisonnable de faire un pont de bateaux, de tonneaux ; l'on travailla patiemment à combler un bras du fleuve. Ces travaux furent troublés souvent par l'audace des assiégés, qui, sans s'effrayer de cette grande armée, ni de savoir là le duc en personne, firent des sorties terribles, coup sur coup, en septembre, en octobre, en novembre.

Cependant Cologne et son chapitre, les princes du Rhin qui regardaient ces grands évêchés comme les apanages des cadets de leur famille, se remuèrent extraordinairement, implorant à la fois l'Empire et la France. Le 31 décembre, ils conclurent, au nom de l'Empire, une ligue avec Louis XI ; pour les encourager à se mettre en campagne, il leur faisait croire qu'il allait les joindre avec trente mille hommes.

Charles le Téméraire s'était rassuré par deux choses : l'Empire était dissous depuis longtemps, et l'empereur était pour lui. En ceci, il avait raison ; il tenait toujours l'empereur par sa fille et ce grand mariage. Mais, quant à l'Allemagne, il ignorait qu'au défaut d'unité politique, elle avait une force qui pouvait se réveiller, la bonne vieille fraternité allemande, l'esprit de parenté, si fort en ce pays. Outre les parentés, naturelles, il y avait entre plusieurs maisons d'Allemagne des parentés artificielles, fondées sur des traités, qui les rendaient solidaires, héritières les unes des autres en cas d'extinction. Tel fut le lien que forma la Hesse, à cette occasion, avec la puissante maison de Saxe et le vaillant margrave Albert de Brandebourg, l'Achille et l'Ulysse de l'Allemagne, qui disait-on, avait vaincu dans dix-sept tournois, en dix batailles, qui trente ans auparavant avait défait et pris le duc de Bavière, et qui ne demandait pas mieux que de chasser encore un Bavarois du siège de Cologne.

Le duc n'en restait pas moins devant Neuss pendant ce long hiver du Rhin, s'étant bâti là une maison, un foyer, comme pour y demeurer à jamais jour et nuit armé et dormant sur une chaise. Il y rongeait son cœur. Il avait demandé une levée en masse aux Flamands, qui n'avaient pas bougé. L'hiver n'était pas fini qu'il vit son Luxembourg envahi par une nuée d'Allemands. Louis XI, ayant repris Perpignan aux Aragonais le 10 mars, se trouvait libre d'agir au nord. Il envahit la Picardie. Le duc reçut tout à la fois ces nouvelles et le défi du jeune René (9 mai). Dans sa fureur d'être défié d'un si petit ennemi, il apprit, pour combler la mesure, que sa forteresse de Pierrefort venait de se rendre ; hors de lui-même, il ordonna que les lâches qui l'avaient rendue fussent écartelés.

Les Anglais, depuis un an, allaient arriver et n'arrivaient pas. Ils avaient pris le traité au sérieux, et ce mot : *Conquête de France*. Ils avaient préparé un immense armement, emprunté de l'argent à Florence, acheté l'amitié de l'Écosse, fait une ligue avec la Sicile. Chose nouvelle, les Anglais furent lents et les Allemands prompts. La grande armée de l'Empire se trouva, malgré les retards calculés de l'empereur, assemblée dès le commencement de mai sur le Rhin, pour la défense de la sainte ville de Cologne, pour le salut de Neuss.

La brave petite ville avait encore tout son courage en mars, après un si long siège, tellement qu'au carnaval les assiégés firent un tournoi. Cependant, les vivres venaient à leur fin, la famine arrivait. On fit une procession en l'honneur de la Vierge ; dans la procession, une balle tombe, on la ramasse, on dit : « Ne crains rien, Neuss, tu seras sauvée. » Ils regardèrent du haut des murs, et bientôt ils n'eurent plus qu'à remercier Dieu... Déjà branlaient à l'horizon les bannières sans nombre de l'Empire.

Le vaillant margrave de Brandebourg, qui avait le commandement de l'armée, montra beaucoup de prudence. Il trouva un moyen de renvoyer le Téméraire sans blesser son orgueil. Il lui proposa de remettre la chose à l'arbitrage du légat du pape qu'il amenait avec lui. Le duc ne pouvait guère refuser ; le roi avançait toujours, il était dans l'Artois. Le légat entra dans Neuss, le 9 juin, avec les conseillers impériaux et bourguignons. Le 17, l'empereur traita pour lui seul, à l'exclusion des Suisses, des villes du Rhin et de Sigismond même. Il sacrifia tout à l'espoir de mariage. Il fut convenu que le duc et l'empereur s'éloigneraient en même temps : le duc, le 26, l'empereur, le 27.

De toute façon, le duc n'eût pu rester. Les Anglais, qui l'appelaient depuis un mois et qui voyaient passer la saison, s'étaient lassés d'attendre et venaient de descendre à Calais.

CHAPITRE III

Descente anglaise - 1475

Pour bien comprendre cette affaire compliquée de la descente anglaise, il faut d'abord en dire le point essentiel, c'est que de ceux qui y travaillaient, il n'y en avait pas un qui ne voulût tromper tous les autres.

L'homme qui était le plus intéressé, et qui s'était donné le plus de peine, était certainement le connétable de Saint-Pol. Il savait que, depuis le siège de Beauvais, le roi et le duc le haïssaient à mort, et qu'ils n'étaient pas loin de s'entendre pour le faire périr. Il lui fallait, et au plus vite, embrouiller les affaires d'un élément nouveau, amener les Anglais en France, leur y donner pied, s'il pouvait un petit établissement, non chez lui, mais sur la côte, à Eu ou à Saint-Valéry par exemple. Trois maîtres lui allaient mieux que deux pour n'en avoir aucun. Il avait fait croire aux Anglais, pour les décider, qu'ils n'avaient qu'à venir, qu'il leur ouvrirait Saint-Quentin.

Saint-Pol mentait, le Bourguignon, l'Anglais mentaient aussi. Le Bourguignon avait promis de faire la guerre au roi trois mois d'avance, puis l'Anglais serait venu pour profiter. Il était trop visible que celui qui commencerait préparerait le succès de l'autre.

D'autre part, l'Anglais semble avoir laissé croire au Bourguignon qu'il attaquerait par la Seine, par la Normandie, c'est-à-dire qu'il vivrait entièrement sur les terres du roi, qu'il éloignerait la guerre des terres du duc. Il fit tout le contraire. Il montra une flotte sur les côtes de Normandie, mais il effectua un passage à Calais sur les bateaux plats de Hollande. Le 30 juin, il n'y avait encore que cinq cents hommes à Calais, et le 6 juillet l'armée avait passé : quatorze mille archers à cheval, quinze cents hommes d'armes, tous les grands seigneurs d'Angleterre. Édouard même. Jusque-là, on doutait qu'il vînt faire la guerre en personne...

Avec une telle armée, et débarquant là, il se trouvait bien près de la Flandre et il lui était déjà onéreux. Le duc de Bourgogne, très pressé de l'en éloigner, partit enfin de Neuss, laissa ses troupes fort diminuées en Lorraine, et revint seul à Bruges demander de l'argent aux Flamands (12 juillet). Le 14, il joignit à Calais cette grande armée anglaise, et se hâta de l'entraîner en France.

Les Anglais s'étaient figuré que leur ami les logerait en route. Mais point ; sur leur chemin, il fermait ses places, les laissait coucher à la belle étoile. Seulement, il les encourageait en leur montrant de loin les bonnes villes picardes, où le connétable avait hâte de les recevoir. Arrivés devant Saint-Quentin, « ils s'attendaient qu'on sonnât les cloches et qu'on portât au-devant la croix et l'eau bénite ». Ils furent reçus à coups de canon ; il y eut deux ou trois hommes tués.

Peu de jours auparavant (20 juin), les Bourguignons avaient éprouvé, à leur dam, ce qu'il fallait faire croire des promesses du connétable. Il assurait qu'il avait pratiqué le duc de Bourbon, alors général du roi du côté de la Bourgogne ; il ne s'agissait que de se présenter, et il allait lui ouvrir tout le pays. Ils se présentèrent en effet et furent taillés en pièces (21 juin).

Entre tous ceux qui les avaient appelés, les Anglais n'avaient qu'un ami sûr, le duc de Bretagne. Amitié orageuse pourtant et fort troublée. Il refusait obstinément de leur livrer le dernier prétendant du sang de Lancastre qui s'était réfugié chez lui, c'est-à-dire qu'à tout événement il gardait une arme contre eux.

Néanmoins le roi avait sujet d'être fort inquiet. Il avait perdu l'alliance de l'Écosse, l'espoir de toute diversion. Tout ce que la prudence conseillait, il l'avait fait. Trop faible pour tenir la mer contre les Anglais, Flamands et Bretons, il avait assuré la terre, autant qu'il l'avait pu. Dès le mois de mars, il garantit le solde, les privilèges, l'organisation des francs-archers. Il mit Paris sous les armes ; il garnit Dieppe et Eu. Jusqu'au dernier moment, il ignora si l'expédition aurait lieu, si la descente se ferait en Picardie ou en Normandie. Il se tenait entre les deux provinces. Tout ce qu'il savait, c'est que l'ennemi avait de fortes intelligences parmi les siens. Le duc de Bourbon, qu'il avait prié de le joindre, ne bougeait pas. Le duc de Nemours se tenait immobile. Il y avait à craindre bien des défections.

Il jugea pourtant avec sagacité que les Anglais, ayant si peu à se louer du duc de Bourgogne et du connétable, n'ayant été reçus nulle part encore et n'ayant en France que la place de leur camp, ils ne seraient pas si terribles. Cette France dévastée ne leur semblait guère désirable. Le roi avait fait un désert devant eux. D'autre part, Édouard avait fait tant de guerres qu'il en avait assez ; il était déjà fatigué et lourd ; il devenait gras. Gouverné comme il l'était par sa femme et les parents de sa femme, il y avait un point par où on pouvait le prendre aisément : un mariage royal, qui eût tant flatté la reine ! demander une de ses filles pour le petit dauphin. Quant aux grands seigneurs du parti opposé à la reine, on pouvait les avoir avec de l'argent. Restaient les vieux Anglais, les hommes des communes qui avaient poussé à la guerre ; mais ils étaient bien refroidis. « Le roi avoit amené dix ou douze hommes, tant de Londres que d'autres villes d'Angleterre, gros et gras, qui avoient tenu la main à ce passage et à lever cette puissante armée. Il les faisoit loger en bonnes tentes ; mais ce n'étoit point la vie qu'ils avoient accoutumé ; ils en furent bientôt las ; ils avoient cru qu'une fois passés, ils auroient une bataille au bout de trois jours. »

Les Anglais voyaient bien qu'un seul homme leur avait dit vrai sur le peu de secours qu'ils trouveraient dans leurs amis d'ici ; c'était le roi de France, quand il reçut leur héraut avant le passage. Il lui avait donné un beau présent, trente aunes de velours et trois cents écus, en promettant mille si les choses s'arrangeaient. Le héraut avait dit que, pour le moment, il n'y avait rien à faire, mais que le roi Édouard une fois passé en France on pourrait s'adresser aux lords Howard et Stanley.

Ces deux lords, en effet, prirent l'occasion d'un prisonnier que l'on renvoyait pour « se recommander à la bonne grâce du roi de France ». Le roi, sans perdre de temps, sans ébruiter la chose par l'envoi d'un héraut, prit pour héraut « un varlet » qu'il avait remarquer pour l'avoir vu une fois, un garçon d'assez pauvre mine, mais qui avait du sens « et la parole douce et aimable ». Il le fit endoctriner par Commines, mettre hors du camp sans bruit, de sorte qu'il ne mit la cotte de héraut que pour entrer au camp anglais. On l'y reçut fort bien. Des ambassadeurs furent chargés de traiter de la paix, en tête lors Howard.

On eut peu de peine à s'entendre. Le projet de mariage facilita les choses ; le dauphin devait épouser la fille d'Édouard, qui aurait un jour *le revenu de la Guyenne,* et en attendant cinquante mille écus par année. Ce mot de *Guyenne,* si agréable aux oreilles anglaises, fut dit, mais non écrit dans le traité. Édouard recevait sur-le-champ pour ses frais une somme ronde de 75 000 écus, et encore 50 000 de rançon pour Marguerite ; grande douceur pour un roi qui n'osait rien exiger des siens après ces guerres civiles. Tous ceux qui entouraient Édouard, les plus grands, les plus fiers des lords, tendirent la main et reçurent pension. Louis XI était trop heureux d'en être quitte pour de l'argent. Il reçut les Anglais à Amiens à table ouverte, les fit boire pendant plusieurs jours, enfin se montra aussi gracieux et confiant que leur ami le duc de Bourgogne avait été sauvage.

Tout cela s'arrangea pendant une absence du duc de Bourgogne, qui laissa un moment le roi d'Angleterre pour aller demander de l'argent et des troupes aux états de Hainaut. Il revint (19 août), mais trop tard, s'emporta fort, maltraita de paroles le roi d'Angleterre, lui disant (en anglais pour être entendu) que ce n'était pas ainsi que ses prédécesseurs s'étaient conduits en France, qu'ils y avaient fait de belles choses et gagné de l'honneur ? « Est-ce pour moi, disait-il encore, que j'ai fait passer les Anglais ? C'est pour eux, pour leur rendre ce qui leur appartient. Je prouverai que je n'ai que faire d'eux ; je ne veux point de trêve, que trois mois après qu'ils auront repassé la mer. » Plus d'un Anglais pensait comme lui et restait sombre, malgré toutes les avances du roi et ses bons vins, surtout ce dur bossu Glocester.

Il y avait quelqu'un de plus fâché encore de cet arrangement, c'était le connétable. Il envoyait au roi, au duc ; il voulait s'entremettre de la paix. Au roi, il faisait dire qu'il suffisait pour contenter les Anglais de leur donner seulement une petite ville ou deux pour les loger l'hiver, « qu'elles ne sauraient être si méchantes qu'ils ne s'en contentassent ». Il voulait dire Eu et Saint-Valéry. Le roi craignait que les Anglais ne les demandassent en effet, et les fit brûler.

L'honnête connétable, ne pouvant établir ici les Anglais, offrit de les détruire ; il proposait de s'unir tous pour tomber sur eux. D'autre part, Édouard disait au roi que s'il voulait seulement payer moitié des frais, il repasserait la mer, l'année suivante, pour détruire son beau-frère le duc de Bourgogne.

Le roi n'eut garde de profiter de cette offre obligeante : son jeu était tout autre. Il lui fallait au contraire rassurer le duc de Bourgogne, lui garantir une longue trêve (neuf années), pendant laquelle il pût courir les aventures, s'enfoncer dans l'Empire, s'enferrer aux lances des Suisses. Le roi comptait, en attendant, se donner enfin le bien que depuis dix ans il demandait dans ses prières, d'arracher ses deux mauvaises épines du Nord et du Midi, les Saint-Pol et les Armagnac.

Ceux-ci voyaient bien cette pensée dans le cœur du roi, et sous son patelinage : *Mon bon cousin, mon frère...* qu'il ne demandait que leur mort. Mais par qui commencerait-il ? Il avait déjà frappé un Armagnac en 1473 ; l'autre (duc de Nemours) croyait son tour venu, il écrivait à Saint-Pol (qui avait épousé sa nièce) que, pouvant être happé d'un moment à l'autre, il allait lui envoyer ses enfants, les mettre en sûreté.

Il est juste de dire qu'ils avaient bien gagné la haine du roi et tout ce qu'il pourrait leur faire. Quinze ans durant, leur conduite fut invariable, jamais démentie ; ils ne perdirent pas un jour, une heure, pour trahir, brouiller, remettre l'Anglais en France, recommencer ces guerres affreuses.

Ceux qui excusent tout ceci, comme la résistance du vieux pouvoir féodal, errent profondément. Les Nemours, les Saint-Pol étaient des fortunes récentes. Saint-Pol s'était fait grand en se donnant deux maîtres et vendant tour à tour l'un à l'autre. Nemours devait les biens immenses qu'il avait partout (aux Pyrénées, en Auvergne, près Paris, et jusqu'en Hainaut), il les devait, à qui ? à la folle confiance de Louis XI, qui passa sa vie à s'en repentir.

Le roi venait de remettre au duc d'Alençon la peine de mort pour la seconde fois, lorsqu'il apprit que Jean d'Armagnac (celui qui avait deux femmes, dont l'une était sa sœur) s'était établi dans Lectoure. Il avait trouvé moyen d'amuser la simplicité de Pierre de Beaujeu qui gardait la place, et il avait pris la ville et le gardien (mars 1473). Ce tour piqua le roi. Il avait à peine recouvré le Midi et il semblait près de le perdre ; les Aragonais rentraient dans Perpignan (1er février). Il résolut cette fois de profiter de ce que d'Armagnac s'était lui-même enfermé dans une place, de le serrer là, de l'étouffer.

La crise lui semblait demander un coup rapide, terrible ; son âme, qui jamais ne fut bonne, était alors furieusement envenimée contre tous ces Gascons, et par leurs menteries continuelles, et par leurs railleries.

Il dépêche deux grands officiers de justice, les sénéchaux de Toulouse et de Beaucaire, les francs-archers de Languedoc et de Provence ; pour assurer la chasse, il leur promet la curée ; la besogne devait être surveillée par un homme sûr, le cardinal d'Alby. Armagnac se défendit trop bien et on lui fit espérer un arrangement pour tirer de ses mains Beaujeu et les autres prisonniers. Pendant les pourparlers, un seul article restant à régler, les francs-archers entrèrent, firent main basse partout, tuèrent tout dans la ville. L'un d'eux, sur l'ordre des sénéchaux, poignarda Armagnac sous les yeux de sa femme (6 mars 1473).

Nemours et Saint-Pol ne pouvaient guère espérer mieux. Ils étaient des exemples illustres d'ingratitude, s'il en fut jamais. La seule excuse de Saint-Pol (la même que donnaient en Suisse les comtes de Romont et de Neufchâtel, dont nous allons parler), c'était qu'ayant du bien sous deux seigneurs, relevant de deux princes, ils étaient sans cesse embarrassés par des devoirs contradictoires. Mais alors comment compliquer cette complication ? pourquoi accepter chaque année de nouveaux dons du roi pour le trahir ? pourquoi cet acharnement à sa ruine ?... S'il y fût parvenu, il n'eût guère avancé. Il eût trouvé un roi à défaire dans le duc de Bourgogne ; c'eût été à recommencer.

Trois fois le roi faillit périr par lui. D'abord à Montlhéry, et cette fois il arrache l'épée de connétable. – Le roi le comble, il le marie, le dote en Picardie, le nomme gouverneur de Normandie ; et c'est alors qu'il s'en va lui ruiner ses alliés, Dinant et Liège. – Le roi lui donne des places dans le Midi (Ré, Marant), et il travaille à unir le Midi et le Nord, Guienne et Bourgogne, pour la ruine du roi. – Dans sa crise de 1472, le roi, *in extremis,* se fie à lui, lui laisse la Somme à défendre (la Somme, Beauvais, Paris !), et tout était perdu si le roi n'eût en hâte envoyé Dammartin. – Le duc de Bourgogne s'éloigne de la France, s'en va faire la guerre en Allemagne ; Saint-Pol le va chercher, il lui amène l'Anglais, il lui répond que le duc de Bourbon trahira comme lui... Si celui-ci l'eût écouté, que serait-il advenu de la France ?

Un matin, tout cela éclate. Cette montagne de trahisons retombe d'aplomb sur la tête du traître. Le roi, le duc et le roi d'Angleterre échangent les lettres qu'ils ont de lui. L'homme reste à jour, connu et sans ressources.

Il s'agissait seulement de savoir qui profiterait de la dépouille. Saint-Pol pouvait encore ouvrir ses places au duc de Bourgogne, et peut-être obtenir grâce de lui. Un reste d'espoir le trompa pour le perdre. Le roi mit ce délai à profit, conclut vite un arrangement avec le duc pour le renvoyer à sa guerre de Lorraine ; il lui abandonnait la Lorraine, l'empereur, l'Alsace (le monde, s'il eût fallu), pour le faire partir. Tout cela fut écrit le 2 septembre, signé le 13 ; le 14, le roi, avec cinq ou six cents hommes d'armes, arrive devant Saint-Quentin qui ouvre sans difficulté ; le connétable s'était sauvé à Mons. Au reste, si le roi prenait, c'était pour donner, à l'entendre, pour en faire cadeau au duc, à qui il avait promis la bonne part dans les biens de Saint-Pol. « Beau cousin de Bourgogne, disait-il, a fait du connétable comme on fait du renard ; il a retenu la peau, comme un sage qu'il est ; moi, j'aurai la chair, qui n'est bonne à rien. »

Le duc de Bourgogne tenait Saint-Pol à Mons depuis le 26 août. Quelques torts que celui-ci eût envers lui, il s'était fié à lui pourtant, et il lui aurait remis ses places si le roi ne l'eût prévenu. Le fils de Saint-Pol avait bravement combattu pour le duc ; il souffrait pour lui une dure captivité et le roi parlait de lui couper la tête. Les services du fils, sa prison, son danger, demandaient grâce pour le père auprès du duc de Bourgogne et priaient pour lui.

Saint-Pol, qui était à Mons chez son ami le bailli de Hainaut, n'avait aucune crainte. Un simple valet de chambre du duc était là pour le surveiller. Cependant la guerre de Lorraine traînait, contre toute attente, et le roi, demandant qu'on lui livrât Saint-Pol, poussait des troupes en Champagne, aux frontières de Lorraine. Le duc, qui avait pris Pont-à-Mousson le 26 septembre, ne put avoir Épinal que le 19 octobre, et le 24 seulement il assiégea Nancy. Rien n'avançait ; la ville résistait avec une gaieté désespérante pour les assiégeants. L'Italien Campobasso, qui dirigeait le siège, et qui avait baissé dans la faveur du maître depuis qu'il avait manqué Neuss, travaillait mal et lentement ; peut-être déjà marchandait-il sa mort.

Cette lenteur devenait fatale au connétable ; le duc n'osait plus le refuser au roi, qui pouvait entrer en Lorraine et lui faire perdre tout. Le 16 octobre, un secrétaire vint donner ordre aux gens de Mons de le garder à vue. Le duc, devant Nancy, reçut presque en même temps une lettre du connétable et une lettre du roi, la première suppliante, où le captif exposait « sa dolente affaire », la seconde presque menaçante, où le roi le sommait de laisser la Lorraine s'il ne voulait pas lui livrer Saint-Pol et les biens de Saint-Pol. Le duc, acharné à sa proie, fit semblant de complaire au roi et ordonna à ses gens de lui livrer le prisonnier le 24 novembre, *s'ils n'apprenaient la prise de Nancy ;* ses capitaines lui répondaient de la prendre le 20. En ce cas il eût manqué de parole au roi, eût gardé Nancy et Saint-Pol.

Malheureusement l'ordre fut donné aux ennemis personnels de celui-ci, à Hugonet et Humbercourt, qui le 24, sans attendre un jour, une heure de plus, le livrèrent aux gens du roi. Trois heures après, dit-on, arriva un ordre de différer encore : il n'était plus temps.

Le procès fut mené très vite. Saint-Pol savait bien des choses, pouvait perdre bien des gens d'un mot. On se garda bien de le mettre à la torture, et Louis XI regretta plus tard qu'on ne l'eût pas fait. Livré le 24 novembre, il fut décapité le 19 décembre sur la place de Grève. Quelque digne qu'il fût de cette fin, elle fit tort à ceux qui l'avaient livré, au duc surtout, en qui il avait eu confiance et qui avaient trafiqué de sa vie.

Cette Lorraine achetée si cher, il l'eut enfin, il entra dans Nancy (30 novembre 1475). Quoique la résistance eût été longue et obstinée, il accorda à la ville la capitulation qu'elle dressa elle-même. Il se soumit à faire le serment que faisaient les ducs de Lorraine, et il reçut celui des Lorrains ; il rendit la justice en personne, comme faisaient les ducs, écoutant tout le monde infatigablement, tenant les portes de son hôtel ouvertes jour et nuit, accessible à toute heure.

Il ne voulait pas être le conquérant, mais le vrai duc de Lorraine, accepté du pays qu'il adoptait lui-même. Cette belle plaine de Nancy, cette ville élégante et guerrière, lui semblait, autant et plus que Dijon, le centre naturel du nouvel empire, dont les Pays-Bas, l'indocile et orgueilleuse Flandre ne seraient plus qu'un accessoire. Depuis son échec de Neuss, il détestait tous les hommes de langue allemande, et les impériaux qui lui avaient ôté des mains Neuss et Cologne, et les Flamands qui l'avaient laissée sans secours, et les Suisses qui, le voyant retenu là, avaient insolemment couru ses provinces.

Le 12 juillet, dans son rapide retour de Neuss à Calais, il s'était arrêté à Bruges, un moment, pour lancer aux Flamands un foudroyant discours, les effrayer et en tirer de nouvelles ressources. S'il est resté longtemps à ce siège, jusqu'à ce que l'empereur, l'Empire, le roi de France, se soient mis en mouvement, les Flamands en font cause, qui l'ont laissé là pour périr... « Ah ! quand je me rappelle les belles paroles qu'ils disent à toute *entrée* de leur seigneur, qu'ils sont de *bons, loyaux, obéissants* sujets, je trouve que ces paroles ne sont que fumées d'alchimie. Quelle *obéissance* y a-t-il à désobéir ? quelle *loyauté* d'abandonner son prince ? quelle *bonté* filiale en ceux qui plutôt machinent sa mort ?... De telles machinations, répondez, n'est-ce pas crime de lèse-majesté ? et à quel degré ? au plus haut, en la personne même du prince. Et quelle punition y faut-il ? la confiscation ? Non, ce n'est pas assez... la mort... non décapités, mais écartelés !

» Pour qui votre prince travaille-t-il ? est-ce pour lui ou pour vous, pour votre défense ? Vous dormez, il veille ; vous vous tenez chaud, il a froid ; vous restez chez vous pendant qu'il est au vent, à la pluie ; il jeûne, et vous, dans vos maisons, vous mangez, buvez, et vous vous tenez bien aise !...

» Vous ne vous souciez pas d'être gouvernés comme des enfants sous un père ; eh bien ! fils *déshérités pour ingratitude,* vous ne serez plus que des sujets sous un maître... Je suis et je serai maître, à la barbe de ceux à qui il en déplaît. Dieu m'a donné la puissance... Dieu, et non pas mes sujets. Lisez là-dessus la Bible, aux livres des Rois...

» Si pourtant vous faisiez encore votre devoir, comme bons sujets y sont tenus, si vous me donniez courage pour oublier et pardonner, vous y gagneriez davantage... J'ai bien encore le cœur et le vouloir de vous remettre au degré où vous étiez devant moi : *Qui bien aime tard oublie.*

» Donc ne procédons pas encore, pour cette fois, aux punitions... Je veux dire seulement pourquoi je vous ai mandés. » Et alors, se tournant vers les prélats : « Obéissez désormais diligemment et sans mauvaise excuse, ou votre temporal sera confisqué. » Puis, aux nobles : « Obéissez, ou vous perdez vos têtes et vos fiefs. » Enfin aux députés du dernier ordre, d'un ton plein de haine : « Et vous, *mangeurs des bonnes villes,* si vous n'obéissiez aussi à mes ordres, à toute lettre que mon chancelier vous expédiera, vous perdriez, avec tous vos privilèges, les biens et la vie. »

Ce mot *mangeurs des bonnes villes* était justement l'injure que le petit peuple adressait aux gros bourgeois qui faisaient les affaires publiques. Que le prince la leur adressât, c'était chose nouvelle, menaçante ; il semblait, par ce mot seul, prêt à déchaîner sur eux les vengeances de la populace, et déjà leur passer la corde au col.

Dans leur réponse écrite, infiniment mesurée, respectueuse et ferme, ils prétendirent qu'au moment même où il les appelait à Neuss, le bruit courait qu'il y avait accord entre lui et l'empereur (accord secret de mariage, ils l'insinuaient finement). Au lieu d'armer, de partir, ils avaient donné de l'argent. De plus, l'Artois étant menacé, ils ont levé deux mille hommes pour six semaines, et *si la Flandre eût eu besoin de défense,* ils auraient fait davantage. « Votre père, le duc Philippe, de noble mémoire, vos nobles prédécesseurs, ont laissé le pays dans cette liberté de n'avoir nulle charge sans que les quatre membres de Flandre *y aient préalablement consenti au nom des habitants...* Quant à vos dernières lettres, portant que dans quinze jours tout homme capable de porter les armes se rendra près d'Ath, *elles n'étaient point exécutables,* ni profitables pour vous-même ; vos sujets sont des marchands, des ouvriers, des laboureurs, qui ne sont guère propres aux armes. Les étrangers quitteraient le pays... *La marchandise,* dans laquelle vos nobles prédécesseurs ont, depuis quatre cents ans, entretenu le pays avec tant de peine, *la marchandise,* très redouté seigneur, *est inconciliable avec la guerre.* »

Il répondit aigrement qu'il ne se laissait pas prendre à toutes leurs belles paroles, à leurs protestations. « Suis-je un enfant pour qu'on m'amuse avec des mots et une pomme ?... Et qui donc est seigneur ici ? est-ce vous, ou bien est-ce moi ?... Tous mes pays m'ont bien servi, sauf la Flandre, qui de tous est le plus riche. Il y a chez vous telle ville *qui prend sur ses habitants* plus que moi sur tout mon domaine (ceci contre les bourgeois dirigeants, insinuation dangereuse et meurtrière). Vous appliquez à vos usages ce qui est à moi ; à moi appartiennent ces taxes des villes ; je puis me les appliquer, et je le ferai, m'en aider à mon besoin, ce qui vaudrait mieux *que tel autre usage qu'on en fait,* sans que mon pays y gagne... Riches ou pauvres, rien ne dispense d'aider votre prince. Voyez les Français, ils sont bien pauvres, et comme ils aident leur roi !... »

Le dernier mot fut celui-ci, dont les députés tremblèrent, se souvenant qu'après le sac de Liège, il avait eu l'idée de faire celui de Gand : « Si je ne suis satisfait, *je vous la ferai si courte* que vous n'aurez le temps de vous repentir... Voilà votre écrit, prenez-le, je ne m'en soucie ; vous y répondrez vous-mêmes... Mais faites votre devoir. »

Ce fut un divorce. Le maître et le peuple se séparèrent pour ne se revoir jamais. La Flandre haïssait alors autant qu'elle avait aimé. Elle attendait, souhaitait la ruine de cet homme funeste. Les gros bourgeois croyaient avoir tout à craindre de lui. Il avait frappé les pauvres en mettant un impôt sur les grains. Il avait tenté d'imposer le clergé ; dans ses embarras de Neuss, il lui demanda un décime et réclama de toutes les Églises, de toutes les communautés, les droits d'amortissement non payés par l'Église *depuis soixante ans* ; ces droits éludés, refusés, étaient levés de force par les agents du fisc. Les prêtres commencèrent à répandre dans le peuple qu'il était maudit de Dieu.

Ceux qui souffraient le plus, en se plaignant le moins, c'étaient ceux qui payaient de leur personne même, les nobles, désormais condamnés à chevaucher toujours derrière cet homme d'airain, qui ne connaissait ni peur, ni fatigue, ni nuit, ni jour, ni été, ni hiver. Ils ne revenaient plus jamais se reposer. Adieu leurs maisons et leurs femmes, elles avaient le temps de les oublier... Il ne s'agissait plus, comme autrefois, de faire la guerre chez eux, tout au plus de l'Escaut à la Meuse. Il leur fallait maintenant s'en aller, nouveaux paladins, aux aventures lointaines, passer les Vosges, le Jura, tout à l'heure les Alpes, faire la guerre à la fois au royaume *très chrétien* et au *saint empire,* aux deux têtes de la chrétienté, au droit chrétien ; leur maître était son droit à lui-même et n'en voulait nul autre.

Reviendrait-il jamais aux Pays-Bas ? tout disait le contraire. Le trésor, qui du temps du bon duc avait toujours reposé à Bruges, il l'emportait, le faisait voyager avec lui ; des diamants d'un prix inestimable et faciles à soustraires, des châsses, des reliquaires, des saints d'or et toutes sortes de richesses pesantes, tout cela chargé sur des chariots, roulait de Neuss à Nancy, et de Nancy en Suisse. Sa fille restait encore en Flandre, mais il écrivit aux Flamands de la lui envoyer.

La Suisse, par laquelle il allait commencer, n'était qu'un passage pour lui ; les Suisses étaient bons soldats, et tant mieux ; il les battrait d'abord, puis les paierait, les emmènerait. La Savoie et la Provence étaient ouvertes ; le bon homme René l'appelait. Le petit duc de Savoie et sa mère lui étaient acquis, livrés d'avance par Jacques de Savoie, oncle de l'enfant, qui était maréchal de Bourgogne. Maître de ce côté-ci des Alpes, il descendait aisément l'autre pente. Une fois là, il avait beau jeu, dans l'état misérable de dissolution où se trouvait l'Italie. Il en avait tous les ambassadeurs. Le fils du roi de Naples, de la maison d'Aragon, l'un de ses gendres en espérance, ne le quittait pas.

D'autre part, il avait recueilli les serviteurs italiens de la maison d'Anjou. Le duc de Milan, qui voyait le pape, Naples et Venise, déjà gagnés, s'effrayait d'être seul, et il envoya en hâte au duc, pour lui demander alliance... Donc, rien ne l'arrêtait ; il suivait la route d'Annibal, et, comme lui, préludait par la petite guerre des Alpes ; au-delà, plus heureux, il n'avait pas de Romains à combattre, et l'Italie l'invitait elle-même.

Livre XVII

CHAPITRE PREMIER

Guerre des Suisses - Bataille de Grandson et de Morat - 1476

Lorsque le duc de Bourgogne, engagé au siège de Neuss, reçut le défi des Suisses, il resta un moment muet de fureur ; enfin, il laissa échapper ces mots : « O Berne ! Berne ! »

Qui encourageait tous ses ennemis les plus faibles, Sigismond, René, de simples villes comme Mulhouse ou Colmar ? nul autre que les Suisses. Ils couraient à leur aise la Franche-Comté, brûlaient des villes, mangeaient tout le pays ; ils buvaient à leur aise dans Pontarlier. Ils avaient mis la main sur Vaud et Neufchâtel, sans distinguer ce qui était Savoie ou fief de Bourgogne.

Le duc avait hâte de les châtier. Il y allait en plein hiver. Une seule chose pouvait le ralentir, le ramener peut-être au nord, c'est qu'il n'était pas encore mis en possession de la dépouille de Saint-Pol. Le roi lui ôta ce souci ; il lui livra Saint-Quentin (24 janvier 1476), en sorte que rien ne le retardant, à l'aveugle et les yeux baissés, il s'en alla heurter la Suisse. Pour ne rien perdre du spectacle, Louis XI vint s'établir à Lyon (février).

De ces deux forces brutales, violentes, qui devait l'emporter ? Lequel, du sanglier du Nord ou de l'ours des Alpes, jetterait l'autre à bas, personne ne le devinait. Et personne non plus ne se souciait d'être du combat. Les Suisses trouvèrent leurs amis de Souabe très froids à ce moment. Leur grand ami, le roi, les avait abandonnés en septembre, payés en octobre pour faire la guerre, et il attendait.

Le duc semblait bien fort. Il venait de prendre la Lorraine. Son siège même de Neuss, où il avait un moment tenu seul devant tout l'Empire, le rehaussait encore. Celui qui, sans tirer l'épée, obligeait le roi de France à céder Saint-Quentin, était un prince redoutable.

Et les Suisses aussi étaient formidables alors. La terreur de leur nom était si forte que, sans qu'ils bougeassent seulement, les petits venaient de toutes parts se mettre sous leur ombre. Tous les sujets d'évêques, d'abbés, les uns après les autres, s'affranchissaient en se disant alliés des Suisses ; les villes libres, tout autour, subissaient peu à peu leur pesante amitié. Un bourgeois de Constance avait fait mauvaise mine en recevant une monnaie de Berne ; de Berne et de Lucerne, à l'instant, partent quatre mille hommes, et Constance paie deux mille florins pour expier ce crime. – Ils frappaient fort et loin ; pour le faire sentir à leurs amis de Strasbourg, et leur prouver qu'ils étaient tout près et à portée de les défendre, ils s'avisèrent, à une fête de l'arc que donnait cette ville, d'apporter un gâteau cuit en Suisse, et qui arriva, tiède encore, à Strasbourg.

L'élan des Suisses était très grand alors, leur vente irrésistible vers les bons pays d'alentour. Il n'y avait pas de sûreté à se mettre devant, pas plus qu'il n'y en aurait à vouloir arrêter la Reuss au pont du Diable. Empêcher cette rude jeunesse de laisser tous les ans ses glaces et ses sapins lui fermer les vignes du Rhin, de Vaud ou d'Italie, c'était chose périlleuse. Le jeune homme est bien âpre, quand, pour la première fois, il mord au fruit de la vie.

Jeunes étaient ces Suisses, ignorant tout, ayant envie de tout, gauches et malhabiles, et tout réussissait. Tout sert aux jeunes. Les factions, les rivalités intérieures qui ruinent les vieux sages États, profitaient à ceux-ci. Les chevaliers des villes et les hommes des métiers faisaient partie des mêmes corporations et rivalisaient de bravoure ; le banneret tué, la bannière se relevait aussi ferme dans la main d'un boucher, d'un tanneur. Les chefs des partis opposés n'étaient d'accord que sur une chose, aller en avant, les Diesbach pour entraîner, les Bubenberg pour s'excuser de l'amitié des Bourguignons et pour assurer leur honneur.

Le duc partit de Besançon le 8 février. C'était de bien bonne heure pour une guerre de Suisse. Il avait hâte, poussé par sa vengeance, poussé par les prières de ses grands officiers, dont plusieurs étaient seigneurs des pays romands, que les Suisses occupaient ; l'un était Jacques de Savoie, comte de Romont et baron de Vaud ; l'autre Rodolphe, comte de Neufchâtel. Le second avait été, l'autre était encore maréchal de Bourgogne. Ennemis des Suisses comme officiers du duc, ils avaient essayé quelque temps de rester avec eux en rapport de bon voisinage. Romont avait déclaré qu'il ne voulait pour son pays de Vaud d'autre protecteur que ses amis de Berne, et n'en avait pas moins commandé les Bourguignons contre eux à Héricourt. Rodolphe de Neufchâtel, pour montrer plus de confiance encore, prit domicile dans la ville de Berne, ce qui n'empêchait pas que son fils ne combattît les Suisses avec le duc de Bourgogne ; le père avait ménagé devant Neuss entre le duc et l'empereur ce traité, où le dernier abandonnait les Suisses et les laissait hors la protection de l'Empire.

La duchesse de Savoie agissait à peu près de même ; elle croyait amuser les confédérés avec de bonnes paroles, tandis qu'elle faisait sans cesse passer au duc des recrues de Lombardie ; elle finit par aller les chercher, et se faire recruteur elle-même pour le Bourguignon. Les Suisses, tout grossiers qu'ils semblaient, ne se laissèrent pas amuser aux paroles. Ils ne voulurent rien comprendre aux subtiles distinctions de droit féodal, au moyen desquelles ceux qui les tuaient au service du Bourguignon se disaient encore leurs amis et prétendaient devoir être ménagés. Ils saisirent Neufchâtel, Vaud, et tout ce qu'ils purent des fiefs de la Savoie.

L'armée que le duc amenait contre eux, très fatiguée par deux campagnes d'hiver, et qui retrouvait la neige en mars dans cette froide Suisse, n'avait pas grand élan, si l'on en juge par ce que le duc fit mettre à l'ordre : que quiconque s'en irait, serait *écartelé* (26 février). Cette armée, un peu remontée en Franche-Comté, ne passait guère dix-huit mille hommes ; ajoutez huit mille Piémontais ou Savoyards qu'amena Jacques de Savoie. Le 18 février, le duc arriva devant Grandson, qui, contre son attente, l'arrêta jusqu'au 28. Une vaillante garnison défendit la ville d'abord, puis le château, contre les assauts des Bourguignons. On y fit entrer alors quelques filles de joie et un homme, qui leur dit qu'ils auraient la vie sauve. Ils se rendirent. Mais le duc n'avait pas autorisé l'homme ; il en voulait à ces Suisses d'avoir retardé un prince comme lui, qui leur faisait l'honneur de les attaquer en personne. Il laissa faire les gens du pays qui avaient plus d'une revanche à prendre. Les Suisses furent noyés dans le lac, pendus aux créneaux.

L'armée des confédérés était à Neufchâtel. Grande fut leur colère, leur étonnement d'avoir perdu Grandson, puis Vaumarcus qui se rendit sans combattre. Ils avancèrent pour le reprendre. Le duc, qui occupait une forte position sur les hauteurs, la quitta et avança aussi pour trouver des vivres. Il descendit dans une plaine étroite, où il lui fallait s'allonger et marcher en colonnes.

Ceux du canton de Schwytz, qui étaient assez loin en avant, se rencontrèrent tout à coup en face des Bourguignons ; ils appelèrent et furent bientôt rejoints par Berne, Soleure et Fribourg. Ces cantons, les seuls qui fussent encore arrivés sur le champ de bataille, durent porter seuls le choc. Ils se jetèrent à genoux un moment pour prier ; puis, relevés, les lances enfoncées en terre et la pointe en avant, ils furent immuables, invincibles.

Les Bourguignons se montrèrent peu habiles. Ils ne surent pas faire usage de leur artillerie ; les pièces étaient pointées trop haut. La gendarmerie, selon le vieil usage, vint se jeter sur les lances ; elle heurta, se brisa. Ses lances avaient dix pieds de longueur, celles des Suisses dix-huit. Le duc lui-même vint bravement en tête de son infanterie contre celle des Suisses, tandis que le comte de Châteauguyon choquait les flancs avec sa cavalerie. Ce vaillant comte arriva par deux fois jusqu'à la bannière ennemie, la toucha, crut la prendre ; par deux fois il fut repoussé, tué enfin... Rien n'entama la masse impénétrable.

Le duc, pour l'ébranler et l'attirer plus bas dans la plaine, ordonna à sa première ligne un mouvement rétrograde qui effraya la seconde... A ce moment, une lueur de soleil montrait à gauche toute une armée nouvelle, Uri, Unterwald et Lucerne, qui arrivaient enfin ; ils avaient suivi, à la file, un chemin de neige, d'où cent cavaliers auraient pu les précipiter. La trompe d'Unterwald mugit dans la vallée, avec les cornets sauvages de Lucerne et d'Uri. Tous poussaient un cri de vengeance : « Grandson !

Grandson !... Les Bourguignons de la seconde ligne, qui reculaient déjà vers la troisième, virent avec épouvante ces bandes s'allonger sur leur flanc. Du camp même partit le cri : *Sauve qui peut*... Dès lors, rien ne put les arrêter ; le duc eut beau les saisir, les frapper de l'épée, ils s'enfuirent en tous sens. Il n'y eut jamais de déroute plus complète. « Les Ligues, dit le chroniqueur avec une joie sauvage, les Ligues, comme grêle, se ruent dessus, dépeçant de çà de là ces beaux galants ; tant et si bien sont déconfits en val de route ces pauvres Bourguignons, que semblent-ils fumée épandue par le vent de bise. »

Dans cette plaine étroite, peu de gens avaient combattu. Il y avait eu panique et déroute plus que véritable défaite. Commines qui, étant avec le roi, n'eût pas mieux demandé sans doute que de croire la perte grande, dit qu'il ne périt que sept hommes d'armes ! Les Suisses disent mille hommes.

Il avait perdu peu, perdu infiniment. Le prestige avait disparu ; ce n'était plus Charles *le terrible*. Tout vaillant qu'il était, il avait montré le dos... Sa grande épée d'honneur était maintenant perdue à Fribourg ou à Berne. La fameuse tente d'audience en velours rouge où les princes entraient en tremblant, elle avait été ouverte par les rustres avec peu de cérémonie. La chapelle, les saints de la maison de Bourgogne qu'il emportait avec lui dans leurs châsses et leurs reliquaires, ils s'étaient laissé prendre ; ils étaient maintenant les saints de l'ennemi. Ses diamants célèbres, connus par leur nom dans toute la chrétienté, furent jetés d'abord comme morceaux de verre et traînaient sur la route. Le symbolique collier de la Toison, le sceau ducal, ce sceau redouté qui scellait la vie ou la mort, tout cela, manié, montré, sali moqué ! Un Suisse eut l'audace de prendre le chapeau qui avait rouvert la majesté de ce front terrible (contenu de si vastes rêves !), il l'essaya, il rit, et le jeta par terre...

Ce qu'il avait perdu, il le sentait, et tout le monde le sentait... Le roi, qui jusque-là était assez négligé à Lyon, qui envoyait partout et partout était mal reçu, vit peu à peu le monde revenir. Le plus décidé était le duc de Milan, qui offrait cent mille ducats comptant si le roi voulait tomber sur le duc, le poursuivre sans paix ni trêve. Le roi René, qui n'attendait qu'un envoyé du duc pour le mettre en possession de la Provence, vint s'excuser à Lyon ; il était vieux, son neveu, son héritier, malade. Louis XI, en les voyant, jugea qu'il n'irait pas bien loin et il leur fit une bonne pension viagère, moyennant quoi ils lui assuraient la Provence après eux. Il se faisait fort de leur survivre, quoique faible et déjà souffreteux. Mais enfin il venait de battre gaillardement le duc de Bourgogne par ses amis les Suisses. Il alla en rendre grâces à Notre-Dame du Puy, et au retour il prit deux maîtresses. Il promenait dans Lyon par les boutiques le vieux René pour l'amuser aux marchandises ; lui, il prit les marchandes, deux Lyonnaises, la Gigonne et la Passefilon.

La duchesse de Savoie, sa vraie sœur, joua double ; elle lui envoya un message à Lyon, et, elle-même, elle alla trouver le duc de Bourgogne.

Il s'était établi chez elle, à Lausanne, au point central où il pouvait réunir au plus tôt les troupes qui lui viendraient de la Savoie, de l'Italie et de la Franche-Comté. Ces troupes arrivaient lentement à son gré, il se consumait d'impatience. Lui-même, il avait contribué à effrayer et à disperser ceux qui avaient fui, à les empêcher de revenir, en les menaçant du dernier supplice. Dans son inaction forcée, la honte de Grandson, la soif de la vengeance, l'impuissance sentie la première fois, et de trouver qu'il n'était qu'un homme !... il étouffait, son cœur semblait près d'éclater.

Il était à Lausanne, non dans la ville, mais dans son camp sur la hauteur qui regarde le lac et les Alpes. Seul et farouche, laissant sa barbe longue, il avait dit qu'il ne la couperait pas jusqu'à ce qu'il eût revu le visage des Suisses. A peine s'il laissait approcher son médecin, Angelo Cato, qui pourtant lui mit des ventouses, lui fit boire un peu de vin pur (il était buveur d'eau), parvint même à le faire raser. La bonne duchesse de Savoie vint pour le consoler ; elle fit venir de la soie de chez elle pour le rhabiller ; il était déchiré, en désordre, et tel que Grandson l'avait fait... Elle ne s'en tint pas là ; elle habillait les troupes ; elle faisait faire des chapeaux, des ceintures. De Venise, de Milan même (qui traitait contre lui), il lui venait de l'argent, toute sorte d'équipements. Du pape et de Bologne, il tira quatre mille Italiens. Il compléta sa bonne troupe de trois mille Anglais. De ses États arrivèrent six mille Wallons, de Flandre enfin et des Pays-Bas, deux mille chevaliers ou fieffés qui, avec leurs hommes, formaient une belle cavalerie de cinq ou six mille hommes. Le prince de Tarente, qui était près du duc lorsqu'il fit la revue, en compta vingt-trois mille, sans parler des gens très nombreux du charroi et de l'artillerie. Ajoutez neuf mille hommes, et plus tard quatre mille encore pour l'armée savoyarde du comte de Romont. Le duc, se retrouvant à la tête de ces grandes forces, reprit tout son orgueil, jusqu'à menacer le roi pour les affaires du pape ; ce n'était plus assez pour lui de combattre les Suisses.

Les efforts inouïs que le comte de Romont avait faits et fait faire, ruinant la Savoie pour le camp de Lausanne, pour écraser les confédérés, confirmaient le dire général qui courait que le duc avait promis sa fille au jeune duc de Savoie, qu'un partage était fait d'avance des terres de Berne, et que déjà dans son camp il en avait conféré les fiefs. Berne écrivait lettre sur lettre, les plus pressantes, aux villes d'Allemagne, au roi, aux cantons. Le roi, selon son usage, promit secours et n'envoya personne. Les confédérés des montagnes étaient justement à l'époque de l'année où ils mènent les troupeaux dans les hauts pâturages. Ce n'était pas chose facile de les faire descendre, de les réunir. Ils ne comprenaient pas bien que, pour défendre la Suisse, il fallût faire la guerre au pays de Vaud.

C'était pourtant sur la limite que la guerre allait commencer. Berne jugea avec raison qu'on attaquerait d'abord Morat qu'elle regardait comme son faubourg, sa garde avancée. Ceux qu'on y envoya pour défendre cette ville n'étaient pas sans inquiétude, se souvenant de Grandson, de sa garnison sans secours, perdue, noyée. Pour les bien assurer qu'on ne les abandonnerait pas, on prit dans les familles où il y avait deux frères, un pour Morat, un pour l'armée de Berne. L'honnête et vaillant Bubenberg promit de défendre Morat, et l'on remit sans hésiter ce grand poste de confiance au chef du parti bourguignon.

Là cependant était le salut de la Suisse, tout dépendait de la résistance que ferait cette ville ; il fallait donner le temps aux confédérés de s'assembler, tandis que leur ennemi était prêt. Il n'en profita guère. Parti le 27 de Lausanne, arrivé le 10 juin devant Morat, il l'entoura du côté de la terre, lui laissant le lac libre, pour recevoir à sa volonté des vivres et des munitions. Il se croyait trop fort apparemment et croyait emporter la ville. Des assauts répétés dix jours durant ne produisirent rien. Le pays était contre lui. Tout ami que le duc était du pape, et menant le légat avec lui, la campagne avait horreur de ses Italiens, comme de gens infâmes et hérétiques. A Laupen, un curé menait bravement sa paroisse au combat.

Morat tint bon, et les Suisses eurent le temps de se rassembler. Les habits rouges d'Alsace arrivèrent malgré l'empereur ; avec eux, le jeune René, duc sans duché, dont la vue seule rappelait toutes les injustices du Bourguignon. Ce jeune homme de vingt ans venait combattre, mais le petit duc de Gueldre ne pouvait venir, prisonnier qu'il était, ni le comte de Nevers, ni tant d'autres, dont la ruine avait fait la grandeur de la maison de Bourgogne.

Si le roi n'aida pas directement les Suisses, il n'en travailla pas moins bien contre le duc, en montrant partout ce beau jeune exilé ; il lui donna de l'argent, une escorte. René alla d'abord voir sa grand-mère, qui le rhabilla, l'équipa. Puis, avec cette escorte française, il traversa son pays, sa pauvre Lorraine, où tout le monde l'aimait, et personne pourtant n'osait se déclarer. A Saint-Nicolas, près Nancy, il entendit la messe, dit la chronique : la messe ouïe, passa près de lui la femme du vieux Walleter, et, sans faire semblant de rien, elle lui donna une bourse où il y avait plus de 400 florins ; il baissa la tête en la remerciant.

Ce jeune homme innocent, malheureux, abandonné de ses deux protecteurs naturels, le roi et l'empereur, et qui venait combattre avec les Suisses, apparut au moment même de la bataille comme une vivante image de la justice persécutée et de la bonne cause. Les bandes de Zurich rejoignirent en même temps.

La veille au soir, pendant que tout le monde à Berne était dans les églises à prier Dieu pour la bataille, ceux de Zurich passèrent. Toute la ville fut illuminée, on dressa des tables pour eux, on leur fit fête. Mais ils étaient trop pressés, ils avaient peur d'arriver tard ; on les embrassa en leur souhaitant bonne chance... Beau moment et irréparable, de fraternité si sincère ! et que la Suisse n'a retrouvé jamais.

Ils partirent à dix heures, chantant leur chant de guerre, marchèrent toute la nuit, malgré la pluie, et arrivèrent de bonne heure. Tous entendirent matines. Puis on fit nombre de chevalier, nobles ou bourgeois, n'importe. Le bon jeune René, qui n'était pas fier, voulut en être aussi. Il n'y eut plus qu'à marcher au combat. Plusieurs, par impatience (ou par dévotion ?) ne prirent ni pain, ni vin, et jeûnèrent dans ce jour sacré (22 juin 1476).

Le duc, averti la veille, ne voulut jamais croire que l'armée des Suisses fût en état de l'attaquer. Il y avait à peu près même nombre, environ trente-quatre mille hommes de chaque côté. Mais les Suisses étaient réunis, et le duc commit l'insigne faute de rester divisé, de laisser loin de lui, à la porte opposée de Morat, les neuf mille Savoyards du comte de Romont. Son artillerie fut mal placée et sa cavalerie servit peu, parce qu'il ne voulut jamais changer de position pour lui donner carrière. Il mettait son honneur à ne daigner bouger, à ne pas démarrer d'un pied, à ne jamais lâcher son siège... La bataille était perdue d'avance. Le médecin astrologue Angelo Cato avertit le soir même le prince de Tarente qu'il ferait sagement de prendre congé. Dès le passage du duc à Dijon, il avait plu du sang, et Angelo avait prédit, écrit en Italie la déroute de Grandson. Celle de Morat était plus facile à prévoir.

Au matin, par une grande pluie, le duc met son monde sous les armes ; puis, à la longue, les arcs se mouillant et la poudre, ils finissent par rentrer. Les Suisses prirent ce moment. De l'autre versant des montagnes boisées qui les cachaient, ils montent ; au sommet ils font leur prière. Le soleil reparaît, leur découvre le lac, la plaine et l'ennemi. Ils descendent à grands pas en criant : « Grandson ! Grandson ! » Ils fondent sur le retranchement. Ils le touchaient déjà que le duc refusait encore de croire qu'ils eussent l'audace d'attaquer.

Une artillerie nombreuse couvrait le camp, mais mal servie et lente, comme elle était partout alors. La cavalerie bourguignonne sortit, ébranla l'autre ; René eut un cheval tué ; les fantassins vinrent en aide, les immuables lances. Cependant un vieux capitaine suisse, qui avait fait les guerres des Turcs avec Huniade, tourne la batterie, s'en empare, la dirige contre les Bourguignons. D'autre part, Bubenberg sortant de Morat, occupe par cette sortie le corps du bâtard de Bourgogne. Le duc, n'ayant ni le bâtard, ni le comte de Romont, n'avait guère que vingt mille hommes contre plus de trente mille. L'arrière-garde des Suisses, qui n'avait pas donné, passa derrière les Bourguignons, pour leur couper la retraite. Ils se trouvèrent ainsi pris des deux côtés, pris du troisième encore par la garnison de Morat. Le quatrième était le lac... Au milieu, il y eut résistance, et terrible ; la garde se fit tuer, l'hôtel du duc, tuer. Tout le reste de l'armée, foule confuse, éperdue, était peu à peu poussé vers le lac... Les cavaliers enfonçaient dans la fange, les gens à pied se noyaient ou donnaient aux Suisses le plaisir de les tirer comme à la cible. Nulle pitié ; ils tuèrent jusqu'à huit ou dix mille hommes dont les ossements entassés formèrent pendant trois siècles un hideux monument.

CHAPITRE II

Nancy - Mort de Charles le Téméraire - 1476-1477

Le duc courut douze lieues jusqu'à Morges, sans dire un mot ; puis il passa à Gex, où le maître d'hôtel du duc de Savoie l'hébergea et le refit un peu. La duchesse vint, comme à Lausanne, avec ses enfants et lui donna de bonnes paroles. Lui, farouche et défiant, il lui demanda si elle voulait le suivre en Franche-Comté. Il n'y avait à cela nul prétexte. Les Savoyards, avant la bataille, avaient repris leurs places dans les pays de Vaud et pouvaient les défendre, leur armée étant restée entière. La duchesse refusa doucement ; puis le soir, étant partie de Gex avec ses enfants, Olivier de la Marche l'enlève aux portes. Un seul des enfants échappa, le seul qui importât de prendre : le petit duc... Ce guet-apens, aussi odieux qu'inutile, fut un malheur de plus pour celui qui l'avait tenté.

Il réunit à Salins les états de Franche-Comté. Il parla fièrement, avec son courage indomptable, de ses ressources et des ses projets, du futur royaume de Bourgogne. Il allait former une armée de quarante mille hommes, taxer ses sujets au quart de leur avoir... Les états en frémirent, ils lui représentèrent que le pays était ruiné ; tout ce qu'ils pouvaient lui offrir, c'étaient trois mille hommes et seulement *pour garder le pays*.

« Eh bien ! s'écria le duc, il vous faudra bientôt donner à l'ennemi plus que vous ne refusez à votre prince. Je m'en irai en Flandre, j'y résiderai toujours. J'ai là des sujets plus fidèles. »

Ce qu'il disait aux Comtois, il le disait aux Bourguignons, aux Flamands, et n'obtenait pas davantage. Les états de Dijon ne craignirent pas de déclarer que c'était une guerre inutile, qu'il ne fallait pas fouler le peuple pour une querelle mal fondée, sans espoir de succès. La Flandre fut plus dure. Elle répondit (selon la lettre du devoir féodal, mais la lettre était une insulte) que *s'il était environné des Suisses et Allemands,* sans avoir assez d'hommes pour se dégager, il n'avait qu'à le leur faire dire, les Flamands iraient le chercher.

Quand ce mot lui parvint, il eut un accès de fureur. Il dit que ces rebelles le paieraient cher, que bientôt il irait jeter bas leurs murs et leurs portes. Puis il sentit qu'il était seul, et il tomba dans un grand abattement. Rejeté des Flamands aux Français, des Français aux Flamands, que lui restait-il ?... Quel était maintenant son peuple, son pays de confiance ?... La Comté même envoya sous main au roi de France pour traiter de la paix. La Flandre lui refusa sa fille ! Après Grandson, il avait écrit qu'on lui envoyât Mademoiselle de Bourgogne, mais les Flamands ne jugèrent pas à propos de se dessaisir de l'héritière de Flandre. Après tout, s'il l'eût eue, où l'eût-il déposée ?

Ses sujets néanmoins n'avaient pas tout le tort. Indépendamment de ce dur gouvernement qui les avait surmenés, excédés, pour d'autres causes encore, plus générales et plus durables, ils déclinaient, la vie baissait chez eux, leurs ressources n'étaient plus les mêmes. Le jeune empire de la maison de Bourgogne se trouvait déjà vieux sous son pompeux habit. Les arts qui enrichissent avaient été longtemps concentrés dans les Pays-Bas, puis ils s'étaient répandus au-dehors. Louvain, Gand, Ypres, ne tissaient plus pour le monde ; l'Angleterre imitait ; Liège et Dinant ne battaient plus pour la France et l'Allemagne, les fugitifs y avaient désormais porté leur enclume. Bruges était florissante, mais la Bruges étrangère plutôt, la Hanse brugeoise et non pas la vieille commune de Bruges ; celle-ci avait péri en 1436, et la commune de Gand un peu après. Il était plus facile de détruire la vie communale que de susciter à la place la vie nationale, et le sentiment d'une grande patrie.

Quant à lui-même, je croirais volontiers que la puissance d'un véritable empire, d'un ordre général où s'harmoniserait ce chaos de provinces, cette pensée excusait à ses yeux les moyens injustes qu'un homme de noble nature, comme il était, eût pu se reprocher. Ces injustices de détail disparaissaient pour lui dans la justice totale de cet ordre futur. C'est peut-être pour cela qu'il ne se sentit pas coupable, et ne recourut point au vrai remède que donne le sage Commines : retourner à Dieu, reconnaître ses fautes... Il n'eut point ce retour salutaire ; il eut, ce semble, le malheur de se croire juste et de donner le tort à Dieu.

Il avait trop voulu des choses infinies... L'infini ! qui ne l'aime ? Jeune, il aima la mer, plus tard les Alpes... Ces volontés immenses nous semblent folles, et les projets, sans nul doute, dépassaient les moyens. Cependant, en ce siècle, on avait vu de telles choses que les idées du possible et de l'impossible s'étaient un peu brouillées.

C'était le temps où l'infant D. Henri, cousin du Téméraire, pénétrait ce profond Midi, le monde de l'or, et chaque jour en rapportait des monstres. Et, sans aller si loin, sous nos yeux, les rêves les plus bizarres s'étaient trouvés réels ; les révolutions inouïes des Roses, ces changements à vue, les royaumes gagnés, perdus d'un coup de dés, tout cela étendait le possible bien loin dans l'improbable.

Le malheureux eut le temps de rouler tout cela, deux mois durant qu'il resta près de Joux, dans un triste château du Jura. Il formait un camp et il n'y avait personne, à peine quelques recrues. Ce qui venait, et coup sur coup, c'étaient les mauvaises nouvelles : tel allié avait tourné, tel serviteur désobéi, une ville de Lorraine s'était rendue et le lendemain une autre... A tout cela il ne disait rien ; il ne voyait personne, il restait enfermé. Il lui eût fait grand bien, dit Commines, de parler, « de monstrer sa douleur devant l'espécial amy ». Quel ami ? Le caractère de l'homme n'en comportait guère, et une telle position le comporte rarement ; on fait trop peur pour être aimé.

Il fût probablement devenu fol de chagrin (il y avait eu beaucoup de fols dans sa famille), si l'excès même du chagrin et de la colère ne l'avait relancé. Il lui revint de tous côtés qu'on agissait déjà comme s'il était mort. Le roi, qui jusque-là, l'avait tant ménagé, fit enlever dans ses terres, dans son château de Rouvre, la duchesse de Savoie. Il conseillait aux Suisses d'envahir la Bourgogne ; lui, il se chargeait de la Flandre. Il donnait de l'argent à René, qui peu à peu reprenait la Lorraine. Ce dernier point était celui que le duc avait le plus à cœur ; la Lorraine était le lien de ses provinces, le centre naturel de l'Empire bourguignon ; il avait, dit-on, désigné Nancy pour capitale.

Il partit dès qu'il eut une petite troupe, et il arriva encore trop tard (22 octobre), trois jours après que René eut repris Nancy. Repris, mais non approvisionné, en sorte qu'il y avait à parier qu'avant que René trouvât de l'argent, louât des Suisses, formât une armée, Nancy serait réduit. Le légat du pape travaillait les Suisses pour le duc de Bourgogne et balançait chez eux le crédit du roi de France.

Tout ce que René obtint d'abord, ce fut que les confédérés enverraient une ambassade au duc pour savoir ses intentions. Ce n'était pas la peine d'envoyer, on savait bien son dernier mot d'avance : rien sans la Lorraine et le landgraviat d'Alsace.

Heureusement René avait près des Suisses un puissant intercesseur, actif, irrésistible ; je parle du roi. Après Morat, les chefs des Suisses s'étaient fait envoyer comme ambassadeurs aux Plessis-lez-Tours ; ces braves y trouvèrent leur défaite ; leur bon ami le roi, par flatterie, présents, amitié, confiance, les lia de si douces chaînes qu'ils firent ce qu'il voulait, lâchèrent leurs conquêtes de la Savoie, laissèrent tout pour un peu d'argent. Les bandes qui avaient fait cette belle guerre se trouvaient renvoyées à l'ennui des montagnes, si elles ne prenaient parti pour René. Le roi offrait, en ce cas, de garantir leur solde. Guerre lointaine, il est vrai, service de louage ; ils allaient commencer leur triste histoire de mercenaires. Beaucoup hésitaient encore avant d'entrer dans cette voie.

La chose pressait pourtant. Nancy souffrait beaucoup. René courait la Suisse, sollicitait, pressait et n'obtenait d'autre réponse sinon qu'au printemps, on pourrait bien le secourir. Les doyens des métiers, bouchers, tanneurs, gens rudes, mais pleins de cœur (et grands amis du roi), faisaient honte à leurs villes de ne pas aider celui qui les avait si bien aidés à la grande bataille. Ils le montraient dans les rues, ce pauvre jeune prince qui, comme un mendiant, errait, pleurait... Un ours apprivoisé, dont il était suivi, faisait rire, flattait à sa manière, courtisait l'ours de Berne... On obtint que du moins, sans engager les cantons, il levât quelques hommes. C'était tout obtenir ; dès que l'on eût crié qu'il y avait à gagner quatre florins par mois, il s'en présenta tant qu'on fut obligé de leur donner les bannières de cantons ; et il fallut borner le nombre de ceux qui partaient ; tous seraient partis.

La difficulté était de faire cette longue route en plein hiver, avec dix mille Allemands, souvent ivres, qui n'obéissaient à personne. Tous les embarras qu'eut René, tout ce qu'il lui fallut de patience, d'argent, de flatteries, pour les faire avancer, serait long à conter. Le duc de

Bourgogne croyait, non sans vraisemblance, que Nancy ne pourrait attendre un secours si lent. Les agents qu'il avait à Neufchâtel, pour négocier, l'assuraient que les Suisses ne partiraient jamais.

L'hiver, cette année-là, fut terrible, un hiver de Moscou. Le duc éprouva (en petit) les désastres de la fameuse retraite. Quatre cents hommes gelèrent dans la seule nuit de Noël, beaucoup perdirent les pieds et les mains. Les chevaux crevaient ; le peu qui restait était malade et languissant. Et cependant comment quitter le siège, lorsque d'un jour à l'autre tout pouvait finir, lorsqu'un Gascon échappé de la place annonçait que l'on avait mangé tous les chevaux, qu'on en était aux chiens et aux chats ?

La ville était au duc, s'il en gardait bien les entours, si personne n'y pénétrait. Quelques gentilshommes étant parvenus à s'y jeter, il entra dans une grande colère et en fit pendre un qu'on avait pris ; il soutenait (à l'Espagnol) que « dès qu'un prince a mis son siège devant une place, quiconque passe ses lignes est digne de mort ». Ce pauvre gentilhomme, tout près de la potence, déclara qu'il avait une grande chose à dire au duc, un secret qui touchait sa personne. Le duc chargea son factotum Campobasso de savoir ce qu'il voulait ; il voulait justement lui révéler toutes les trahisons de Campobasso. Celui-ci le fit dépêcher.

Le Napolitain, qui ne servait que pour de l'argent, et qui depuis longtemps n'était pas payé, cherchait un maître à qui il pût vendre le sien. Il s'était offert au duc de Bretagne, dont il prétendait être un peu parent ; puis au roi, il se faisait fort de lui tuer le duc de Bourgogne ; le roi en avertit le duc qui n'en crut rien. Campobasso enfin, qui autrefois avait servi en Italie les ducs de Lorraine, et qui, au défaut d'argent, avait reçu d'eux une place, celle de Commerci, laissa le duc et passa au jeune René sur la promesse que Commerci lui serait rendu (1er janvier 1477).

René, avec ce qu'il avait ramassé de Lorrains, de Français, avait près de vingt mille hommes, et il savait par Campobasso que le duc n'en avait pas quatre mille en état de combattre. Les Bourguignons entre eux décidèrent qu'il fallait l'avertir de ce petit nombre. Personne n'osait lui parler. Il était presque toujours enfermé dans sa tente, lisant ou faisant semblant de lire. M. de Chimai, qui se dévoua et se fit ouvrir, le trouva couché tout vêtu sur un lit et n'en tira qu'une parole : « S'il le faut, je combattrai seul. » Le roi de Portugal, qui vint le voir, était parti sans obtenir davantage.

On lui parlait comme à un vivant, mais il était mort... La Comté négociait sans lui, la Flandre gardait sa fille en otage ; la Hollande, sur le bruit de sa mort qui se répandait, chassa ses receveurs (fin décembre)... Le terme fatal était arrivé. Ce qui restait de mieux à faire, s'il ne voulait pas aller demander pardon à ses sujets, c'était de se faire tuer à l'assaut ou d'essayer si la petite bande, très éprouvée, qui lui restait, ne pourrait passer sur le corps à toutes les troupes que René amenait. Il avait de l'artillerie et René n'en avait pas (ou fort peu). Il avait peu d'hommes, mais c'étaient vraiment les siens, des seigneurs et des gentilshommes pleins d'honneur, d'anciens serviteurs, très résignés à périr avec lui.

Le samedi soir, il tenta un dernier assaut que les affamés de Nancy repoussèrent, forts qu'ils étaient d'espoir, et de voir déjà sur les tours de Saint-Nicolas les joyeux signaux de la délivrance. Le lendemain, par une grosse neige, le duc quitta son camp en silence et s'en alla au-devant, comptant fermer la route avec son artillerie. Il n'avait pas lui-même beaucoup d'espérance ; comme il mettait son casque, le cimier tomba de lui-même : *« Hoc est signum Dei »*, dit-il. Et il monta sur son grand cheval noir.

Les Bourguignons trouvèrent d'abord un ruisseau grossi par les neiges fondantes ; il fallut y entrer, puis tout gelé se mettre en ligne et attendre les Suisses. Ceux-ci, gais et garnis de chaude soupe, largement arrosée de vin, arrivaient de Saint-Nicolas. Peu avant la rencontre, « un Suisse passa prestement une étole », leur montra une hostie, et leur dit que, quoi qu'il arrivât, ils étaient tous sauvés. Ces masses étaient tellement nombreuses, épaisses, que tout en faisant front aux Bourguignons et les occupant tout entiers, il fut aisé de détacher derrière un corps pour tourner leur flanc, comme à Morat, et pour s'emparer des hauteurs qui les dominaient. Un des vainqueurs avoue lui-même que les canons du duc eurent à peine le temps de tirer un coup. Se voyant pris en flanc, les piétons lâchèrent pied. Il n'y avait pas à songer à les retenir. Ils entendaient là-haut le cor mugissant d'Unterwald, l'aigre cornet d'Uri. Leur cœur en fut glacé « car, à Morat, l'avoient entendu ».

La cavalerie toute seule, devant cette masse de vingt mille hommes, était imperceptible sur la plaine de neige. La neige était glissante, les cavaliers tombaient. « En ce moment, dit le témoin qui était à la poursuite, nous ne vîmes plus que des chevaux sans maître, toute sorte d'effets abandonnés. » La meilleure partie des fuyards alla jusqu'au pont de Bussière. Campobasso, qui s'en était douté, avait barré le pont et les attendait. Toute la chasse rabattait pour lui ; ses camarades qu'il venait de quitter lui passaient par les mains ; il les reconnaissait et réservait ceux qui pouvaient payer rançon.

Ceux de Nancy, qui voyaient tout du haut des murs, furent si éperdus de joie qu'ils sortirent sans précaution : il y en eut de tués par leurs amis les Suisses, qui frappaient sans entendre. Une grande partie de la déroute fut entraînée par la pente du terrain au confluent de deux ruisseaux, près d'un étang glacé. La glace, moins épaisse sur ces eaux courantes, ne portait pas les cavaliers. Là vint s'achever la triste fortune de la maison de Bourgogne. Le duc y trébucha, et il était suivi par des gens que Campobasso avait laissés tout exprès. D'autres croient qu'un boulanger de Nancy lui porta le premier coup à la tête, qu'un homme d'armes, qui était sourd, n'entendit pas que c'était le duc de Bourgogne et le tua à coups de pique.

Cela eut lieu le dimanche (5 janvier 1477), et le lundi soir on ne savait pas encore s'il était mort ou en vie. Le chroniqueur de René avoue naïvement que son maître avait grand-peur de le voir revenir. Au soir, Campobasso, qui peut-être en savait plus que personne, amena au duc un page romain de la maison Colonna, qui disait avoir vu tomber son maître. « Ledict paige bien accompaigné, s'en allirent... Commencèrent à chercher tous les morts ; estoient tous nuds et engellez, à peine les pouvoit-on congnoistre. Le paige, véant de çà et de là, bien trouvoit de puissantes gens, et de grands, et de petits, blancs comme neige. Tous les retournoit... « Hélas ! dict-il, voicy mon bon seigneur...

« Quand le duc ouyt que trouvé estoit, bien joyeux en fut, nonobstant qu'il eust mieux voulu que en ses pays eust demeuré, et que jamais la guerre n'eust contre luy commencé... Et dit : « Apportez-le bien honnestement. Dedans de beaux linges mis, fut porté en la maison de Georges Marquiez, en une chambre derrière. Ledict du honnestement lavé, il estoit blanc comme neige ; il estoit petit, fort bien membré ; sur une table bien enveloppé dans des blancs draps, ung oreillie de soye, dessus sa teste une estourgue rouge mis, les mains joinctes, la croix et l'eau benoiste auprès de luy qui veoir le vouloit, on n'en destournoit nulles personnes : les uns prioient Dieu pour luy, et les austres non... Trois jours et trois nuicts, là demeure. »

Il avait été bien maltraité. Il avait une grande plaie à la tête, une blessure qui perçait les cuisses, et encore une au fondement. Il n'était pas facile à reconnaître. En dégageant sa tête de la glace, la peau s'était enlevée. Les loups et les chiens avaient commencé à dévorer l'autre joue. Cependant ses gens, son médecin, son valet de chambre et sa lavandière, le reconnurent à sa blessure de Montlhéry, aux dents, aux ongles et à quelques signes cachés.

Il fut reconnu aussi par Olivier de la Marche et plusieurs autres des principaux prisonniers. « Le duc René les mena veoir le duc de Bourgogne, entra le premier, et la tête desfula *(découvrit)*... A genoux se mirent : « Hélas, dirent, voilà nostres bon maître et seigneur... » Le duc fit crier par toute la ville de Nancy que tous chefs d'hostel chascun eussent un cierge en la main, et à Saint-Georges fit préparer tout à l'environ des draps noirs, manda les trois abbés... et tous les prebstres des deux lieues à l'entour. Trois haultes messes chantirent. » René en grand manteau de deuil, avec tous ses capitaines de Lorraine et de Suisse, vint lui jeter l'eau bénite, « et lui ayant pris la main droite, par-dessous le poêle », il dit bonnement : « Hé dea ! beau cousin, vos âmes ait Dieu ! Vous nous avez fait moult maux et douleurs. »

Il n'était pas facile de persuader au peuple que celui dont on avait tant parlé était bien vraiment mort... Il était caché, disait-on, il était tenu enfermé ; il s'était fait moine ; des pèlerins l'avaient vu en Allemagne, à Rome, à Jérusalem ; il devait reparaître tôt ou tard, comme le roi Arthur ou Frédéric Barberousse, on était sûr qu'il reviendrait. Il se trouvait des marchands qui vendaient à crédit, pour être payés au double, alors que reviendrait ce grand duc de Bourgogne.

On assure que le gentilhomme qui avait eu le malheur de le tuer, sans le reconnaître ne s'en consola jamais, et qu'il en mourut de chagrin. S'il fut ainsi regretté de l'ennemi, combien plus de ses serviteurs, de ceux qui avaient connu sa noble nature avant que le vertige lui vînt et le perdît ! Lorsque le chapitre de la Toison d'or se réunit la première fois à Saint-Sauveur de Bruges, et que les chevaliers, réduits à cinq, dans cette grande église, virent sur un coussin de velours noir le collier du duc qui tenait sa place, ils fondirent en larmes, lisant sur son écusson après la liste de ses titres ce douloureux mot : *Trespassé*.

CHAPITRE III

Continuation - Ruine du Téméraire - Marie et Maximilien - 1477

A l'heure même de la bataille, Angelo Cato (depuis archevêque de Vienne) disait une messe devant le roi à Saint-Martin de Tours. En lui présentant la paix, il lui dit ces paroles : « Sire, Dieu vous donne la paix et le repos ; vous les avez, si vous voulez. *Consummatum est ;* votre ennemi est mort. » Le roi fut bien surpris, et promit, si la chose était vraie, que le treillis de fer qui entourait la châsse deviendrait un treillis d'argent.

Le lendemain de bonne heure, il était à peine jour, un de ses conseillers favoris, qui guettait la nouvelle, vint frapper à la porte et la lui fit passer.

Dans cette grave circonstance, l'intérêt du royaume et le devoir du roi étaient très clairs : c'était de réunir à la France tout ce que le défunt avait eu de provinces françaises. Quelque intérêt que pût inspirer le duc ou sa fille, la France n'en avait pas moins droit de détruire l'ingrate maison de Bourgogne, sortie d'elle et toujours contre elle, toujours acharnée à tuer sa mère (elle l'avait tuée en 1420, autant qu'on tue un peuple). Ce droit, il n'était pas besoin de l'aller chercher dans le droit féodal ou romain ; c'était pour la France : le droit d'exister.

L'idée d'un mariage entre Mademoiselle de Bourgogne qui avait vingt ans, et le dauphin qui en avait huit, d'un mariage qui eût donné à la France un quart de l'Empire d'Allemagne, pouvait être, était un rêve agréable, mais il était périlleux de rêver ainsi. Il eût fallu, sur cet espoir, laisser passer l'occasion, s'abstenir, ne rien faire, attendre patiemment que les Bourguignons fussent en état de défense, qu'ils eussent garni leurs places. Alors, ils auraient dit au roi ce qu'ils dirent à la fin : « Il nous faut un mari et non pas un enfant... » Et la France restait les mains vides, ni Artois, ni Bourgogne ; elle n'aurait peut-être pas même repris sa barrière du Nord, son indispensable condition d'existence, les villes de Somme et de Picardie.

Ajoutez qu'en poursuivant ce rêve, on risquait de rencontrer une réalité très fâcheuse, une guerre d'Angleterre. Édouard IV n'avait été éconduit, comme on a vu, que par un traité de mariage entre sa fille et le dauphin. Sa reine, qui le gouvernait absolument, qui n'avait nulle ambition au monde que ce haut mariage, qui faisait appeler partout sa fille Mme la dauphine, ne pouvait s'en dédire ; elle aurait renvoyé son mari plutôt dix fois en France.

Louis XI, comme tous les princes du temps, avait été amoureux pour son fils de la grande héritière ; il prit des idées plus sérieuses le jour où la succession s'ouvrit ; il s'attacha au réel, au possible. Il entra en Picardie et en Bourgogne. Il gorgea les Anglais d'argent pour les tenir chez eux, en même temps qu'il leur offrait, en ami, de leur faire part. Une chose le servait, la mésintelligence des femmes qui gouvernaient des deux côtés ; Marguerite d'York, douairière de Bourgogne, voulait mettre ce grand héritage dans la maison d'York, en donnant Mademoiselle de Bourgogne à un frère qu'elle aimait, au frère d'Édouard, au duc de Clarence. La reine d'Angleterre voulait bien donner un mari anglais, mais son propre frère à elle, lord Rivers, un petit gentilhomme, à la plus riche souveraine du monde. La cabale de Rivers réussit à perdre Clarence ; ni l'un ni l'autre n'épousa.

Louis XI profita de ce désaccord et se garnit les mains. Il ne se laissa point égarer par les conseils du Flamand Commines qui (comme on croit ce qu'on désire) croyait au mariage de Flandre. Il suivit son intérêt, celui du royaume. Il fit ce qui était raisonnable et politique ; les moyens seulement ne furent point politiques.

Il agit de façon à mettre tout le monde contre lui, sa mauvaise nature, maligne et perfide, gâta ce qu'il faisait de plus juste, et la question se trouva obscurcie. On ne voulut plus voir en tout cela qu'une âme cruelle, longtemps contenue, et qui se venge à la fin de sa peur... Qui se venge sur un enfant qu'il semblait devoir protéger, en bonne chevalerie. La compassion fut grande pour l'orpheline ; la nature fit taire la raison. On eut pitié de la jeune fille, et l'on n'eut plus pitié de la vieille France, battue cinquante ans par sa fille, la parricide maison de Bourgogne.

Louis XI, ayant le sentiment de son intérêt, de sa cupidité, bien plus que de son droit, fit valoir dans chaque province qu'il envahissait un droit différent, à Abbeville le *retour* stipulé en 1444, à Aarras la *confiscation*. Dans les Bourgognes, il se présenta hypocritement comme ayant la *garde noble* de Mademoiselle, et voulant lui garder son bien. Ruse grossière, qu'elle fait ressortir aisément dans une lettre (écrite en son nom) : « Il n'est besoin que ceux qui d'un côté m'ôtent mon bien se donnent pour le garder de l'autre. »

Ce n'est pas tout. Il mit la main sur des provinces étrangères au royaume, pays d'Empire, comme la Comté et le Hainaut. La Flandre même, si opposée à la France de langue et de mœurs, la Flandre que ses seigneurs naturels gouvernaient à grand-peine, il eût voulu l'avoir. C'est-à-dire que ce qui eût été difficile par le mariage, il le tentait sans mariage. Les meilleures vues se troublent dans le vertige du désir.

Mais voyons-le à l'œuvre.

Il avait dans les Flandres une belle matière pour brouiller. Le duc vivait encore qu'elles ne payaient plus, n'obéissaient plus ; tout haletait de révolution. Au service funèbre, premier signe, personne aux églises, comme si le mort était excommunié.

Mademoiselle était à Gand, au centre de l'orage. Et il n'y avait pas à tenter de la tirer de là. Ce peuple l'aimait trop, la gardait, il l'avait refusée à son père. Le petit conseil qu'elle avait autour d'elle n'avait pas la moindre autorité, étant tout d'étrangers, une Anglaise, sa belle-mère, un parent allemand, le sire de Ravenstein, frère du duc de Clèves, des Français enfin, Hugonet et Humbercourt ; cela faisait trois nations, trois intrigues, trois mariages en vue ; tous suspects et avec raison.

Ils crurent calmer le peuple en lui donnant ce qu'il reprenait sans le demander, ses vieilles libertés (20 janvier). La première liberté était de se juger soi-même, et le premier usage qu'en firent les Gantais ce fut de juger leurs magistrats, les grosses têtes de la bourgeoisie, qui, dans la dernière crise (1469), avaient sauvé la ville en l'humiliant et l'asservissant ; depuis, ces bourgeois occupaient les charges, tantôt cédant au duc et tantôt résistant ; ce sont ces trop fidèles serviteurs qu'il injuria du nom que leur donnait le peuple : *mangeurs de bonnes villes*. Maltraités du prince et du peuple, enviés d'autant plus qu'ils étaient peuple eux-mêmes (l'un était corroyeur), peut-être ils gardaient les mains nettes, mais ils laissaient voler, étant trop petits, trop faibles, pour repousser les grands qui faisaient à la ville l'honneur de puiser dans ses coffres. Ils furent arrêtés comme bourgeois et justiciables des échevins ; l'un d'eux, qui n'était pas bourgeois, fut renvoyé ; il y avait encore quelque modération dans ces commencements.

Au 3 février, se réunirent à Gand les États de Flandre et de Brabant, d'Artois, de Hainaut et de Namur. Ils ne marchandèrent pas comme à l'ordinaire, ils furent généreux ; ils votèrent cent mille hommes ! mais c'étaient les provinces qui devaient les lever, le souverain n'avait rien à y voir. Pour cette armée sur papier, on leur donna des privilèges de papier, tout aussi sérieux ; ils pouvaient désormais ce convoquer eux-mêmes, nulle guerre sans leur consentement, etc.

La défense, si difficile avec de tels moyens, dépendait surtout de deux hommes, qui eux-mêmes avaient grand besoin d'être défendus, objets de la haine publique et restés là pour expier les fautes du feu duc. Je parle du chancelier Hugonet et du sire d'Humbercourt. Ils n'avaient pour ressource que deux choses médiocrement rassurantes, une armée par écrit, et la modération de Louis XI. C'étaient d'honnêtes gens, mais détestés, et partant ne pouvant rien faire. Leur maître les avait perdus d'avance en leur déléguant ses deux tyrannies, celle de Flandre et celle de Liège. Hugonet paya pour l'une, Humbercourt pour l'autre. Le jour où l'on sut à Liège la mort du duc, le Sanglier des Ardennes partit à la poursuite d'Humbercourt, et il mena son évêque à Gand pour cette bonne œuvre ; le comte de Saint-Pol y était déjà pour venger son père ; tout le monde était d'accord ; seulement les Gantais, amis de la légalité, ne voulaient tuer que juridiquement.

Humbercourt et Hugonet, laissant tout cela derrière eux, et leur perte certaine, vinrent, comme ambassadeurs, trouver le roi à Péronne et demander un sursis. Il les reçut à merveille, supposant qu'ils venaient se vendre. Il tenait là le grand marché des consciences, achetait des hommes, marchandait des villes. Ses serviteurs commerçaient en détail ; tel demandait à certaines villes ce qu'elles lui donneraient, si, par son grand crédit, il obtenait que le roi voulût bien les prendre.

On vit dans ces marchés des choses inattendues, mais très propres à faire connaître ce que c'était que la chevalerie de l'époque. Il y avait deux seigneurs sur qui le duc eût cru pouvoir compter, Crèvecœur en Picardie, en Bourgogne le prince d'Orange. Celui-ci, dépouillé par Louis XI de sa principauté, avait été employé par le duc à des choses de grande confiance, posté à l'avant-garde de ses prochaines conquêtes, aux affaires d'Italie et de Provence. Crèvecœur, cadet du seigneur de ce nom, était chargé de garder le point le plus vulnérable qu'il y eût dans les États de la maison de Bourgogne, celui par où ils touchaient à la fois la France et l'Angleterre (l'Angleterre de Calais). Il était gouverneur de Picardie et des villes de la Somme, sénéchal du Ponthieu, capitaine de Boulogne ; je ne parle pas de la Toison d'or et de bien d'autres grâces accumulées sur lui. Il y avait faveur, mais il y avait mérite, beaucoup de sens et de courage, d'honnêteté même, tant qu'il n'y eut pas décidément d'intérêt contraire. Le changement était difficile, délicat pour lui plus que pour tout autre. Sa mère avait élevé Mademoiselle, qui perdit la sienne à huit ans, et lui avait servi de mère, en sorte que sa maîtresse et souveraine était un peu sa sœur. « Elle lui confirma ses offices, lui donna la capitainerie d'Hesdin, et le retint et constitua son chevalier d'honneur. » Il fit serment... Un homme ainsi lié, et jusque-là très haut dans l'estime publique, eut besoin apparemment d'un grand effort pour oublier du jour au lendemain, ouvrir ses places au roi, et s'employer à faire ouvrir les autres.

Ce que le roi voulait de lui, ce qu'il désirait le plus, l'objet de toutes ses concupiscences, c'était Arras. Cette ville, outre sa grandeur et son importance, était deux fois barrière, et contre Calais, et contre la Flandre. Les Flamands, qui faisaient bon marché de toute autre province française, tenaient fort à celle-ci, y mettaient leur orgueil, disant que c'était l'ancien patrimoine de leur comte. Leur cri de combat était : *Arras ! Arras !*

Livrer cette importante ville, enragée bourguignonne (parce qu'elle payait peu et faisait ce qu'elle voulait), la mettre sous la griffe du roi, malgré ses cris, c'était hasarder un grand éclat et qui pouvait rendre le nom de Crèvecœur tristement célèbre. Il eût voulu pouvoir dire qu'il s'était cru autorisé à le faire ; il lui fallait au moins quelque mot équivoque. Le chancelier Hugonet venait à point, avec son sceau et ses pleins pouvoirs.

Hugonet et Humbercourt apportaient au roi des paroles : offre de l'hommage et de l'appel au Parlement, restitution des provinces cédées. Mais ces provinces, sans qu'on les lui rendît, il les prenait ou il allait les prendre, et d'autres encore ; il recevait nouvelle que la Comté se donnait à lui (19 février). Tout ce qu'il voulait des ambassadeurs, c'était un petit mot qui ouvrirait Arras.

Et pourquoi se serait-on défié de lui ? n'était-il pas le bon parent de Mademoiselle, son parrain ? Il en avait la *garde noble,* par la coutume de France ; donc il devait lui garder ses États... Seulement il fallait bien réunir ce qui revenait à la couronne... Il y avait un moyen de rendre tout facile, c'était le mariage. Alors, bien loin de prendre, il eût donné du sien !

Quant à Arras, ce n'était pas la *ville* qu'il demandait, elle était au comte d'Artois ; il ne voulait que la *cité,* le vieux quartier de l'évêque, qui n'avait plus de murs, mais « qui a toujours relevé du roi ». Encore, cette *cité,* il la laissait dans les bonnes et loyales mains de M. de Crèvecœur.

Il était pressant et il était tendre ; il demandait à Hugonet et au sire d'Humbercourt pourquoi ils ne voulaient pas rester avec lui. Cependant ils étaient Français. Nés en Picardie, en Bourgogne, ils avaient des terres chez lui, il le leur rappelait... Tout cela ne laissa pas d'influer à la longue ; ils réfléchirent que, puisqu'il voulait absolument cette *cité,* et qu'il était en force pour la prendre, il valait autant lui faire plaisir. Crèvecœur reçut l'autorisation de tenir pour le roi la *cité* d'Arras, et le chancelier ajouta pour se tranquilliser : « Sauf les réserves de droit. » Avec ou sans réserve, le roi y entra le 4 mars.

On peut croire que l'orage de Gand, qui allait grondant d'heure en heure, ne fut point apaisé par une telle nouvelle. Depuis un mois ou plus que les Gantais avaient mis en prison leurs magistrats, on les comblait de privilèges, de parchemins de toute sorte, sans pouvoir leur donner le change. Le 11 février, privilège général de Flandre ; le 15, on met à néant le Traité de Gavre, qui dépouillait Gand de ses droits ; le 16, on lui rend expressément les mêmes droits, spécialement sa juridiction souveraine sur les villes voisines ; le 18, on renouvelle le magistrat, selon la forme des libertés anciennes... Tout cela en vain, les Gantais n'en étaient pas mieux disposés à relâcher leurs prisonniers. La nouvelle d'Arras aggrava terriblement les choses. Voilà tout le peuple dans la rue, en armes, sur les places. Il veut justice... Le 13 mars, on lui donne une tête, une le 14, une le 15 ; puis deux jours sans exécution, mais pour dédommager la foule trois exécutions le 18.

Cependant, le roi avançait. Nouvelle ambassade au nom des États ; dans celle-ci les bourgeois dominaient. Ils dirent bonnement au roi qu'il aurait bien tort de dépouiller Mademoiselle : « Elle n'a nulle malice, nous pouvons en répondre, puisque nous l'avons vue jurer qu'elle était décidée à se conduire en tout par le Conseil des États. » – « Vous êtes mal informés, dit le roi, de ce que veut votre maîtresse. Il est sûr qu'elle entend se conduire par les avis de certaines gens qui ne se désirent point la paix. » Cela les troubla fort ; en hommes peu accoutumés à traiter de si grandes affaires, ils s'échauffent, il répliquent qu'ils sont bien sûrs de ce qu'ils disent, qu'ils montreront leurs instructions au besoin. « Oui, mais on pourrait vous montrer telle lettre et de telle main qu'il vous faudrait bien croire... » Et comme ils disaient encore qu'ils étaient sûrs du contraire, le roi leur montra et leur donna une lettre qu'Hugonet et Humbercourt lui avaient apportée ; dans cette lettre, de trois écritures (celles de Mademoiselle, de la douairière et du frère du duc de Clèves), elle disait au roi qu'elle ne conduirait ses affaires que par ces deux personnes, et par les deux qu'elle envoyait ; elle le priait de ne rien dire aux autres.

Les députés, mortifiés, irrités, revinrent en hâte à Gand. Mademoiselle les reçut en solennelle audience, « en son siège », sa belle-mère, l'évêque de Liège, tous serviteurs étant autour d'elle. Les députés racontent que le roi leur a assuré qu'elle n'a point l'intention de gouverner par le Conseil des États, il prétend avoir en main une lettre qui en fait foi... Là, elle les arrête, tout émue, dit que cela est faux, qu'on ne pourrait produire une telle lettre... « La voici », dit rudement le pensionnaire de Gand, maître Godevaert ; il tire la lettre, la montre... Elle eut grande honte et ne savait plus que dire.

Hugonet et Humbercourt, qui étaient présents, allèrent se cacher dans un couvent où on les prit le soir (19 mars). Le roi les avait perdus, mais avec eux il pouvait être bien sûr d'avoir perdu tout mariage français, toute alliance. Il avait cru sans doute les dompter seulement, vaincre leur probité par la peur, les forcer à se donner à lui, eux et leur maîtresse... Le contraire arriva. Il se trouva avoir détruit ce qu'il y avait de Français près de Mademoiselle, avoir travaillé pour le mariage anglais ou allemand. La douairière, Marguerite d'York et le duc de Clèves avaient besogne faite ; le roi de France les avait débarrassés des conseillers français.

Mademoiselle, qui était Française, et qui aurait épousé volontiers un Français (pourvu qu'il eût plus de huit ans), fut seule émue de cet événement et s'intéressa aux deux malheureux. Le malheur était pour elle aussi ; à eux la mort, mais à elle la honte ; avoir été prise ainsi devant tout le monde, et trouvée menteuse, c'était une grande confusion pour une jeune demoiselle, qui régnait déjà. Qui désormais croirait à sa parole ! Ils avaient été arrêtés au nom des États, mais arrêtés par les Gantais, qui prirent l'affaire en main, les gardèrent, les jugèrent. Le 27 mars, le bruit courut qu'on voulait les faire évader ; bruit semé par leurs ennemis pour hâter le procès ? ou peut-être en effet Mademoiselle avait trouvé quelqu'un d'assez hardi pour tenter la chose ?... Ce qui est sûr, c'est qu'à ce bruit le peuple prit les armes, se constitua en permanence, selon son ancien droit, sur le marché de Vendredi, resta là nuit et jour, y campa jusqu'à ce qu'il les eût vus mourir.

Il eût été inutile, et dangereux peut-être, de les réclamer comme officiers du feu duc, au nom des gens du Grand Conseil ; des juges si suspects auraient bien pu se faire juger eux-mêmes. Mademoiselle, le 28, nomma une commission mais quoiqu'elle y eût mis trente Gantais sur tente-six commissaires, la ville décida que la ville jugerait ; le grief principal était la violation de ses privilèges, elle n'en voulait remettre le jugement à personne. Tout ce que Mademoiselle obtint, ce fut d'envoyer huit nobles qui siégeraient avec les échevins et doyens. Cela ne servait guère ; elle le sentit, et elle fit, en vraie fille de Charles-le Hardi, une démarche qui honore sa mémoire, elle alla elle-même (30 mars 1477).

Pauvre demoiselle, dit ici le conseiller de Louis XI (dont la vieille âme politique s'est pourtant émue), pauvre, non pour avoir perdu tant de villes qui, une fois dans la main du roi, ne pouvaient être recouvrées jamais, mais bien plus pour se trouver elle-même dans les mains de ce peuple... Une fille qui n'avait guère vu la foule que du balcon doré, qui jamais n'était sortie qu'environnée d'une cavalcade de dames et de chevaliers, prit sur elle de descendre, et, sans sa belle-mère, elle franchit le seuil paternel... Dans le plus humble habit, en deuil, sur la tête le petit bonnet flamand, elle se jeta dans la foule... Il n'était pas mémoire, il est vrai, que les Flamands eussent jamais touché à leur seigneur ; la lettre du serment féodal réservait justement ce point. Ici pourtant, une chose pouvait la faire trembler, toute dame de Flandre qu'elle était, c'est qu'elle était complice, et prouvée telle, de ceux qu'on voulait faire mourir.

Elle perça jusqu'à l'Hôtel de Ville, et là elle trouva les juges qu'elle venait prier, peu rassurés eux-mêmes. Le doyen des métiers lui montra cette foule, ces masses noires qui remplissaient la rue, et lui dit : « Il faut contenter le peuple. »

Elle ne perdit pas courage encore, elle eut recours au peuple même. Les larmes aux yeux, échevelée, elle s'en alla au marché du Vendredi ; elle s'adressait aux uns, aux autres, elle pleurait, priait les mains jointes... Leur émotion fut grande de voir leur dame en cet état, et si abandonnée, si jeune, parmi les armes et tant de rudes gens. Beaucoup crièrent : « Qu'il en soit fait à son plaisir, ils ne mourront pas. » Et les autres : « Ils mourront. » Ils en vinrent à se disputer, à se mettre en lignes opposées et piques contre piques... Mais tous ceux qui étaient loin, qui ne voyaient point Mademoiselle, voulaient la mort, et c'était le grand nombre.

On ne risqua pas de voir la scène se renouveler. Les choses furent précipitées. On se hâta de mettre les prisonniers à la torture, sans toutefois tirer d'eux plus qu'on ne savait. Ils avaient livré la cité d'Arras, *mais autorisés*. Ils avaient reçu de l'argent dans une affaire, *non pour rendre la justice, mais en présent, après l'avoir rendue*. Il avaient violé les privilèges de la ville, *ceux auxquels la ville avait renoncé, après sa défaite de Gavre et sa soumission de 1469*. Renonciation forcée, illégale, selon les Gantais, ces droits étaient imprescriptibles, *tout homme* qui touchait aux droits de Gand devait mourir. Ni Hugonet, ni Humbercourt, n'était bourgeois de la ville, et ne pouvait être jugé comme bourgeois ; on les tua comme ennemis.

Hugonet essaya de faire valoir certain privilège de cléricature. Humbercourt se réclama de l'Ordre de la Toison, qui prétendait juger ses membres. On dit aussi qu'il en appela au Parlement de Paris, que les Flamands avaient eux-mêmes semblé reconnaître en abolissant celui de Malines, et dans leur ambassade au roi. Tout était déjà fort changé. Le crime des accusés, c'était de continuer la domination française ; l'appel au Parlement de Paris n'était pas propre à faire pardonner ce crime. Nulle voie d'appel, au reste, n'était ouverte ; en Flandre, l'exécution suivait la sentence.

Le peuple campait sur la place depuis huit jours, ne travaillait pas et ne gagnait rien ; il commençait à se lasser. Les juges firent vite, autant qu'ils purent ; tout fut expédié le 3 avril ; c'était le Jeudi-Saint, le jour de charité et de compassion, où Jésus lui-même lave les pieds des pauvres. La sentence n'en fut pas moins portée. Avant qu'elle fût exécutée, la loi voulait que l'on communiquât au souverain les aveux des condamnés. Tous les juges allèrent donc trouver la comtesse de Flandre. Comme elle réclamait encore, on lui dit durement : « Madame, vous avez juré de faire droit, non seulement sur les pauvres, mais aussi sur les riches. »

Menés dans une charrette, ils ne pouvaient se tenir sur leurs jambes disloquées par la torture, Humbercourt surtout. On le fit asseoir, et sur un siège à dos, pour faire honneur à son rang et à sa Toison d'or ; on avait eu aussi l'attention de lui tendre l'échafaud de noir. Cet homme, si sage et si calme, s'anima, s'indigna et parla avec violence ; il fut décapité, assis sur cette chaise. Cent hommes, vêtus de noir, emmenèrent le corps dans une litière (le chancelier n'en eut que cinquante). On le conduisit jusqu'à Arras, où il fut honorablement enterré dans la cathédrale.

Le lendemain de l'exécution, jour du Vendredi-Saint, Mademoiselle, malgré ses larmes et son dépit, fut obligée de laisser entrer chez elle les mêmes gens qui avaient jugé, et de signer ce qu'ils lui présentèrent. C'étaient des lettres écrites en son nom où elle disait qu'en révérence du saint jour et de la Passion, elle avait pitié des pauvres gens de Gand, et leur remettait ce qu'ils auraient pu faire contre sa seigneurie, qu'au reste *elle avait consenti* à tout. Elle ne pouvait refuser de signer, étant entre leurs mains et toute seule dans son hôtel ; on lui avait ôté sa belle-mère et son parent. Pour parents et famille, n'avait-elle pas la bonne ville de Gand ? Les Gantais entendaient avoir bien soin d'elle et la bien marier.

Le mari seulement était difficile à trouver ; on ne le voulait ni Français, ni Anglais, ni Allemand. Mademoiselle avait désormais en horreur le roi et son dauphin ; le roi l'avait trahie, livré ses serviteurs ; ceux de Clèves n'avaient rien empêché, et peut-être aidèrent-ils. Sa belle-mère n'était plus là pour lui faire accepter Clarence, que d'ailleurs le roi Édouard ne voulait pas donner. Au fond, elle ne pouvait se soucier ni d'un Français de huit ans, ni d'un Anglais de quarante environ, ivrogne et mal famé. Pour boire, l'Allemand n'eût pas cédé, ni sous d'autres rapports ; il est resté célèbre par ses soixante bâtards. Tous ces prétendants écartés, les Flamands avisèrent de prendre un brave au moins, un homme qui pût les défendre, et ils pensèrent à ce brigand d'Adolphe de Gueldre, qui était tenu, comme parricide, dans les prisons de Courtrai.

Mademoiselle avait peur d'un tel mari, encore plus que des autres. Elle confiait sa peur aux seules personnes qu'elle eût près d'elle, deux bonnes dames qui la consolaient, la caressaient, l'espionnaient. L'une, de la maison de Luxembourg, écrivait tout à Louis XI ; l'autre, Mme de Commines, une Flamande bien avisée, travaillait pour l'Autriche ; la douairière aussi, de loin, pour exclure le Français. De trois ou quatre princes à qui le duc avait donné des espérances, des promesses même de sa fille, le fils de l'empereur était le plus avenant. On disait, on écrivait à Mademoiselle que c'était un blond jeune Allemand, de belle mine et de belle taille, svelte, adroit, un hardi chasseur du Tyrol. Il était plus jeune qu'elle, n'ayant que dix-huit ans ; c'était prendre un bien jeune défenseur, et l'Empire n'aimait pas assez son père pour l'aider beaucoup. Il ne savait pas le français, ni elle l'allemand ; il était parfaitement ignorant des affaires et des mœurs du pays, bien peu propre à ménager un tel peuple. Du reste, n'apportant ni terres ni argent ; ses ennemis croyaient lui nuire en l'appelant *prince sans terre* ; et très probablement il plut encore par là à la riche héritière qui trouvait plus doux de donner.

Mme de Commines fut assez habile pour dresser sa jeune maîtresse à tromper jusqu'au dernier jour. Le duc de Clèves venu en personne et tout exprès à Gand, comptait fermer la porte aux ambassadeurs de l'empereur ; ils étaient déjà à Bruxelles, et il leur fit dire d'y rester. La douairière au contraire leur écrivit de n'en tenir compte et de passer outre. Le duc de Clèves, fort contrarié, ne put empêcher qu'on ne les reçût ; on lui fit croire que Mademoiselle les écouterait seulement et dirait : « Soyez les bienvenus », puisque la chose serait mise en conseil ; elle l'en assura, il se reposa là-dessus.

Les ambassadeurs, ayant présenté en audience publique et solennelle leurs lettres de créance, exposèrent que le mariage avait été conclu entre l'empereur et le feu duc, du consentement de Mademoiselle, comme il apparaissait par une lettre écrite de sa main, qu'ils montrèrent ; ils représentèrent de plus un diamant qui aurait été « envoyé en signe de mariage ». Ils la requirent, de la part de leur maître, qu'il lui plût de déclarer si elle avait écrit cette lettre, oui ou non. A ces paroles, sans demander conseil, Mademoiselle de Bourgogne répondit froidement : « J'ai écrit ces lettres par la volonté et le commandement de mon seigneur et père, ainsi que donné le diamant ; j'en avoue le contenu. »

Le mariage fut conclu et publié le 27 avril 1477. Ce jour même, la ville de Gand donna aux ambassadeurs de l'Empire un banquet, et Mademoiselle y vint. Beaucoup croyaient que le duc de Gueldre défendrait mieux la Flandre que ce jeune Allemand. Mais le peuple, selon toute apparence, était las et abattu, comme après les grands coups ; il y avait à peine vingt-quatre jours qu'Humbercourt était mort.

CHAPITRE IV

Obstacles - Défiances - Procès du duc de Nemours - 1477-1479

Le roi était entré dans ses conquêtes de Bourgogne de grand cœur et de grand espoir, avec un élan de jeune homme. Toute sa vie, maltraité par le sort, comme dauphin, comme roi, humilié à Montlhéry, à Péronne, à Pecquigny, « autant et plus que roy depuis mille ans », il se voyait un matin tout à coup relevé, et la fortune forcée de rendre hommage à ses calculs. Dans l'abattement universel des forts et des violents, l'homme de ruse restait le seul fort. Les autres avaient vieilli, et il se trouvait jeune de leur vieillesse. Il écrivait à Dammartin (en riant, mais c'était sa pensée) : « Nous autres jeunes... » Et il agissait comme tel, ne doutant plus de rien, dépassant les tranchées, s'avançant jusqu'aux murs des villes qu'il assiégeait ; deux fois il fut reconnu, visé, manqué ; la seconde même un peu touché ; Tannegui Duchâtel, sur qui il s'appuyait, paya pour lui et fut tué.

Il avait de grandes idées ; il ne voulait pas seulement conquérir, mais fonder. La pensée de saint Charlemagne lui revenait souvent ; dès les premières années de son règne, il croyait l'imiter en visitant sans cesse les provinces et connaissant tout par lui-même. Il n'eût pas mieux demandé, pour lui ressembler encore, d'avoir, outre la France, une bonne partie de l'Allemagne. Il ordonna qu'on descendît la statue de Charlemagne des piliers du Palais, et qu'on l'établît, avec celle de Saint Louis, au bout de la grand-salle, près la Sainte-Chapelle.

C'était une belle chose, et pour le présent et pour l'avenir, d'avoir non seulement repris Péronne et Abbeville, mais, par Arras et Boulogne, d'avoir serré les Anglais dans Calais. Boulogne, ce vis-à-vis des dunes, qui regarde l'Angleterre et l'envahit jadis, Boulogne (dit Chastellain, avec un sentiment profond des intérêts du temps), « le plus précieux anglet de la chrestienté », c'était la chose au monde que Louis XI une fois prise eût le moins rendue. On sait que Notre-Dame de Boulogne était un lieu de pèlerinage, comblé d'offrandes, de drapeaux et d'armes consacrés, d'*ex-voto* mémorables qu'on pendait aux murs, aux autels. Le roi imagina de faire une offrande de la ville elle-même, de la mettre dans la main de la Vierge. Il déclara qu'il dédommagerait la maison d'Auvergne qui y avait droit, mais que Boulogne n'appartiendrait jamais qu'à Notre-Dame de Boulogne. Il l'en nomma comtesse, puis la reçut d'elle, comme son homme lige. Rien ne manqua à la cérémonie ; desceint, déchaux, sans éperons, l'église étant suffisamment garnie de témoins, prêtres et peuple, il fit hommage à Notre-Dame, lui remit pour vasselage un gros cœur d'or, et lui jura de bien garder sa ville.

Pour Arras, il crut l'assurer par les privilèges et faveurs qu'il lui accorda. Toutes les anciennes franchises confirmées, l'exemption du logement de gens de guerre, la noblesse donnée aux bourgeois, la faculté de posséder des fiefs sans charge de ban ni d'arrière-ban, remise de ce qui est dû sur les impôts, enfin (pour charmer les petits) le vin à bon marché par réduction de la gabelle. Une marque de haute confiance, ce fut de donner « une seigneurie en Parlement » à un notable bourgeois d'Arras, maître Oudart, au moment où ce Parlement jugeait un prince du sang, le duc de Nemours.

Le violent désir qu'avait le roi, non seulement de prendre, mais de garder, lui avait fait faire dès le commencement de la guerre une remarquable ordonnance pour protéger l'habitant contre le soldat ; les dettes que celui-ci laisserait dans son logement devaient être payées par le roi même. Il garantit l'exécution de l'ordonnance par le serment le plus fort qu'il eût prêté jamais. « Si je contreviens à ceci, je prie la benoîte croix, ici présente, de me punir de mort dans le bout de l'an. »

Il n'eût pas fait un tel serment si sa volonté n'eût été sincère. Mais elle servait peu avec des généraux pillards comme La Trémouille, du Lude, etc. ; d'autre part, avec des milices comme les francs-archers, payés bien peu et n'ayant guère que le butin. Ces pilleries affreuses mirent contre lui, en fort peu de temps, la comté de Bourgogne et une grande partie du duché ; l'Artois même lui échappait, s'il n'y eût été en personne.

Ce qui lui fit perdre encore bien des choses, ce fut sa crainte de perdre, sa défiance ; il ne croyait plus à personne, et pour cela justement on le trahissait. Il lui était, il est vrai, difficile de se remettre aveuglément au prince d'Orange, qui avait changé tant de fois ; il subordonna le prince à La Trémouille, et le prince le quitta (28 mars). En Artois, on lui désignait tet et tel comme partisans de Mademoiselle et travaillant pour la rétablir ; il s'en débarrassait, la terreur gagnait, ceux qui se croyaient menacés se hâtaient d'autant plus d'agir contre lui.

Sa défiance naturelle se trouvait fort augmentée par le sinistre jour que les révélations du duc de Nemours venaient de jeter tout à coup sur ses amis et serviteurs. Il découvrit avec terreur que, non seulement le duc de Bourgogne avait connaissance de tous les projets de Saint-Pol pour le mettre en charte privée, mais que Dammartin même, son vieux général, celui qu'il croyait le plus sûr, avait tout su, et s'était arrangé pour profiter si la chose arrivait.

Au commencement de janvier, le roi apprit l'assassinat du duc de Milan, tué en plein midi à Saint-Ambroise, et presque en même temps la mort du duc de Bourgogne, assassiné, selon toute apparence, par les gens de Campobasso. Ces deux nouvelles coup sur coup le firent songer, et dès lors il n'eut aucun repos d'esprit. L'assassinat des Médicis, un an après, n'était pas propre à le rassurer. Il se savait haï, tout autant que ces morts, et il n'avait nul moyen de se garder mieux. La lettre touchante que le pauvre Nemours lui écrivit le 31 janvier « de sa cage de la bastille », pour demander la vie, trouva cet homme cruel plus cruel que jamais, au moment sauvage d'une haine effarouchée de peur.

Il avait peur de la mort, du jugement et d'aller compter là-bas ; peur aussi de la vie. Beaucoup de ses ennemis n'auraient pas voulu le tuer, mais seulement l'avoir, le tenir, à montrer en cage et pour jouet, comme ce misérable frère du duc de Bretagne, qu'on nourrissait, qu'on affamait à volonté, et que les passants virent des mois entiers hurler à ses barreaux... Louis XI ne s'y méprenait pas ; il s'était vu à la cour de Péronne, et il savait par lui-même combien bas rampe le renard au piège, et quelles vengeances il roule en rampant. Le duc de Nemours n'ayant pu l'enfermer, se trouvant enfermé lui-même, pouvait prier ; il parlait à un sourd.

Il écrivait à La Trémouille au sujet du prince d'Orange : « Si vous pouvez le prendre, il faut le brûler vif. » (8 mai). Arras s'étant soulevé, ce maître Oudart, qu'il avait fait conseiller au Parlement, fit parti d'une députation envoyée à Mademoiselle. Pris en route, il fut décapité (27 avril), avec les autres députés, enterré sur-le-champ. Le roi trouva que ce n'était pas assez, il le fit tirer de terre et exposer, comme il écrit lui-même : « Afin qu'on connût bien sa tête, je l'ai fait atourner d'un beau chaperon fourré ; il est sur le marché d'Hesdin, là où *il préside.* »

S'il se fiait encore à quelqu'un, c'était à un Flamand (Non pas à Commines, trop lié avec la noblesse de Flandre), un simple chirurgien flamand qui le rasait : fonction délicate, d'extrême confiance, dans ce temps d'assassinats et de conspirations. Cet homme, très fidèle, était capable aussi. Le roi, qui lui confiait son col, ne craignit pas de lui confier ses affaires. Il lui trouva infiniment d'adresse et de malice. On l'appelait Olivier le Mauvais. Il en fit son premier valet de chambre, l'anoblit, le titra, lui donna un poste qu'il n'eût donné à nul seigneur, un poste entre France et Normandie, dont Paris dépendait par en bas (comme de Melun par en haut), le pont de Meulan.

Ayant repris Arras en personne (4 mai), et voyant la réaction, finie à Gand, s'étendre à Bruges, à Ypres, à Mons, à Bruxelles, le roi envoya son Flamand en Flandre, pour tâter si les Gantais, toujours défiants dans les revers, ne pouvaient être poussés à quelque nouveau mouvement.

Olivier devait remettre des lettres à Mademoiselle, et lui faire des remontrances ; vassale du roi, elle ne pouvait, aux termes du droit féodal, se marier sans l'aveu de son suzerain ; tel était le prétexte de l'ambassade, le motif ostensible.

Le choix d'un valet de chambre pour envoyé n'avait rien d'étonnant ; les ducs de Bourgogne en avaient donné l'exemple. Que ce valet de chambre fût chirurgien, cela ne le rabaissait pas, au moment où la chirurgie avait pris un essor si hardi ; ce n'étaient plus de simples barbiers, ceux qui sous Louis XI hasardèrent les premiers l'opération de la pierre et taillèrent un homme vivant.

Ce qui pouvait lui nuire davantage et lui ôter toute action sur le peuple, c'est que, pour être Flamand, il n'était pas de Gand ni d'aucune grosse ville, mais de Thielt, une petite ville dépendante de Courtrai, qui elle-même, pour les appels, dépendait de Gand. Messieurs de Gand regardaient un homme de Thielt comme peu de chose, comme un sujet de leurs sujets.

Olivier, splendidement vêtu et se faisant appeler le comte de Meulan, déplut fort aux Gantais, qui le trouvèrent bien insolent de paraître ainsi dans leur ville. La Cour se moqua de lui et le peuple parlait de le jeter à l'eau. Il fut reçu en audience solennelle, devant tous les grands seigneurs des Pays-Bas, qui s'amusèrent de la triste figure du barbier travesti. Il déclara qu'il ne pouvait parler qu'à Mademoiselle, et on lui répondit gravement qu'on ne parlait pas seul à une jeune demoiselle à marier. Alors il ne voulut plus rien dire ; on le menaça, on lui dit qu'on saurait bien le faire parler.

Il n'avait pourtant pas perdu son temps à Gand ; il avait observé, vu tout le peuple ému, prêt à s'armer. Ce qu'ils allaient faire tout d'abord avant de passer la frontière, on pouvait le prévoir, c'était de prendre Tournai, une ville royale qui était chez eux, au milieu de leur Flandre, et qui, jusque-là, vivait comme une république neutre. Olivier avertit les troupes les plus voisines, et, sous prétexte de remettre à la ville une lettre du roi, il entre avec deux cents lances. Cette garnison, fortifiée de plus en plus, fermait la route aux marchands et tenait dans une inquiétude continuelle la Flandre et le Hainaut. Désormais, les Flamands n'entreraient plus en France, sans savoir qu'ils laissaient derrière eux une armée dans Tournai.

Ils ne tinrent pas à ce voisinage, ils voulurent à tout prix s'en débarrasser. Ils prennent pour capitaine leur prisonnier, Adolphe de Gueldre, que plusieurs voulaient faire comte de Flandre, et s'en vont, vingt ou trente mille, brûlant, pillant, jusqu'aux murs de Tournai. Là, les Brugeois en avaient assez et voulaient retourner ; les Gantais persistaient. Ils brûlèrent la nuit les faubourgs de la ville. Au matin, les Français, les voyant en retraite, vinrent rudement tomber sur la queue. Adolphe de Gueldre fit face, combattit vaillamment, fut tué ; les Flamands s'enfuirent ; mais leurs lourds chariots ne s'enfuirent pas, on les trouva chargés de bière, de pain, de viande, de toute sorte de vivres, sans lesquels ce peuple prévoyant ne marchait jamais. On rapporta tout cela dans la ville, avec le corps du duc et les drapeaux. Ce fut dans Tournai une joie folle ; la vive et vaillante population en fit une *villonade,* aussi gaie, plus noble que Villon. Tournai s'y plaint de Gand, sa fille, qui jusqu'ici envoyait tous les ans à sa Notre-Dame une belle robe et une offrande. « Pour cette année, la robe, c'est le drapeau de Gand, et l'offrande, c'est le capitaine. »

Le roi, assuré de l'Artois, passa dans le Hainaut, et là trouva tout difficile. Il avait augmenté lui-même les difficultés par son hésitation. Il ne savait pas, au commencement, s'il toucherait à ce pays, qui était terre d'Empire, et il avait mal accueilli les ouvertures qu'on lui faisait. Maintenant, il déclarait qu'il ne *prenait* pas le Hainaut, qu'il l'*occupait* seulement. Le dauphin, d'ailleurs, n'allait-il pas épouser Mademoiselle ? Le roi venait en ami, en beau-père. Sauf Cambrai qui ouvrit, il trouva partout résistance ; à chaque ville, il lui fallut un siège, à Bouchain, au Quesnoy, à Avesnes, qui fut prise d'assaut, brûlée, et tout tué (11 juin). Galeotto, qui était à Valenciennes, en brûla lui-même les faubourgs, et se mit si bien en défense, qu'on ne l'attaqua pas. Le roi lui fit une guerre de famine ; il fit venir de Brie et de Picardie des centaines de faucheurs pour couper et détruire tous les fruits de la terre, la moisson toute verte (juin).

De tous côtés ses affaires allaient mal, et elles risquaient d'aller plus mal encore. La douairière de Bourgogne et le duc de Bretagne sollicitaient les Anglais de passer ; le roi avait les lettres du Breton, par le même, qui les lui vendait une à une. En Comté, il n'avançait plus ; Dôle repoussa son général La Trémouille qui l'assiégeait, et qui lui-même fut surpris dans son camp. La Bourgogne semblait près d'échapper... Sa colère fut extrême ; il envoya en toute hâte le plus rude homme qu'il eût, parmi ses serviteurs, M. de Saint-Pierre, armé de pouvoirs terribles, celui de dépeupler, s'il le fallait, et de repeupler Dijon.

La guerre que le roi faisait dans le Hainaut et la Comté, sur terre d'Empire, eut cet effet, que l'Allemagne, sans aimer ni estimer l'empereur, devint favorable à son fils. Louis XI envoya aux princes du Rhin, et les trouva tous contre lui. L'envoyé, qui était Gaguin, le moine chroniqueur, nous dit qu'il fut même en danger. Les électeurs de Mayence et de Trèves, les margraves de Brandebourg et de Bade, les ducs de Saxe et de Bavière (maisons si ennemies de l'Autriche) voulurent faire cortège au jeune Autrichien. La seule difficulté, c'était l'argent ; son père, loin de lui en donner, se fit payer son voyage par Mademoiselle de Bourgogne, jusqu'à Francfort, jusqu'à Cologne, et il fallut qu'elle payât encore pour faire venir son mari jusqu'à Gand. Mais enfin il y vint. Le roi, plein de dépit, ne pouvait rien y faire. Sa garnison de Tournai, aidée des habitants, lui gagna encore le 13 août une petite bataille, donna la chasse aux milices flamandes, brûla Cassel et tout jusqu'à quatre lieues de Gand. Le mariage ne s'en fit pas moins, à la lueur des flammes et l'épousée en deuil (18 août 1477).

Le roi se donna en revanche un plaisir longtemps souhaité et selon son cœur, la mort du duc de Nemours (4 août). Il ne haïssait nul homme davantage, surtout parce qu'il l'avait aimé. C'était un ami d'enfance, avec qui il avait été élevé, pour qui il avait fait des choses folles, iniques (par exemple de forcer les juges à lui faire gagner un mauvais procès). Cet ami le trahit au Bien public, le livra autant qu'il fut en lui. Il revint vite, fit serment au roi sur les reliques de la Sainte-Chapelle, et tira sur lui, par-dessus tant d'autres choses, le gouvernement de Paris et de l'Ile-de-France. Le lendemain, il trahissait.

Quand le roi frappa Armagnac, cousin de Nemours, près de frapper celui-ci, et l'épée levée, il se contenta encore d'un serment. Nemours en fit un solennel et terrible, devant une grande foule, appelant sur sa tête toutes les malédictions, s'il n'était désormais fidèle et « avertissoit le roi de tout ce qu'on machineroit contre lui ». Il renonçait, en ce cas, à être jugé par les pairs et consentait d'avance à la confiscation de ses biens (1470).

La peur passa et il continua à agir en ennemi. Il se tenait cantonné dans ses places, n'envoyant pas un de ses gentilshommes pour servir le roi. Quiconque se hasardait à appeler au Parlement était battu, blessé. Les consuls d'Aurillac ne pouvaient sortir, pour les affaires des taxes, sans être détroussés par les gens de Nemours. Il correspondait avec Saint-Pol et voulait marier sa fille au fils du connétable ; il promettait d'aider au grand complot de 1475, en saisissant d'abord les finances du Languedoc. Un mois avant la descente des Anglais, il se mit en défense, se tint tout près d'agir, fortifia ses places de Murat et de Carlat.

Le roi, comme on a vu, brusqua son marché avec Édouard, s'humilia, le renvoya plus tôt qu'on ne croyait et retomba sur ses deux traîtres. Tous ceux qui avaient eu intelligence avec eux eurent grand-peur ; on fit mourir Saint-Pol en l'absence du roi, espérant enterrer avec lui ces dangereux secrets. Le roi avait encore Nemours, il épuisa sur lui la rage qu'il avait de connaître et d'approfondir son péril.

Quand Nemours fut saisi, sa femme prévit tout et elle mourut d'effroi. Il fut jeté d'abord dans une tour de Pierre Scise, prison si dure que ses cheveux blanchirent en quelques jours. Le roi, alors à Lyon, et se voyant comme affranchi par la défaite du duc de Bourgogne, fit transporter son prisonnier à la Bastille. Il reste une lettre terrible où il se plaint « de ce qu'on le fait sortir de sa cage, de ce qu'on lui a ôté les fers des jambes ». Il dit et répète qu'il faut « le gehenner bien estroit, *le faire parler clair*... Faites-le moy bien parler ».

Nemours n'était pas seul ; il avait des amis, des complices, les plus grands du royaume, qui se voyaient jugés en lui. Toute la crainte du roi était qu'on ne trouvât moyen d'obscurcir et d'étouffer encore. Le chancelier surtout lui était suspect, ce rusé Doriole, qui avait tourné si vite au Bien public, et qui depuis, tout en le servant, ménageait ses ennemis ; il leur avait rendu le signalé service de dépêcher Saint-Pol avant qu'il eût tout dit. Le roi manda Doriole, le tint près de lui, et mit le procès entre les mains d'une commission à qui il partagea d'avance les biens de l'accusé. Il crut pourtant, l'instruction déjà avancée, qu'un jugement solennel serait d'un plus grand exemple ; il renvoya l'affaire au Parlement et invita les villes à assister par députés. L'arrêt fut rendu à Noyon où le Parlement fut transféré exprès ; le roi se défiait de Paris et craignait qu'on ne fît un mouvement du peuple pour intimider les juges et les rendre indulgents. Paris avait souffert de Saint-Pol et l'avait vu mourir volontiers ; il n'avait point souffert de Nemours, qui était trop loin, et le Paris d'alors avait eu le temps d'oublier les Armagnacs. Aussi, il y eut des larmes quand on vit ce corps torturé qu'on menait à la mort sur un cheval drapé de noir, de la Bastille aux Halles, où il fut décapité. Quelques modernes ont dit que ses enfants avaient été placés sous l'échafaud, pour recevoir le sang de leur père.

Ce qui est plus certain et non moins odieux, c'est que l'un des juges qui s'étaient fait donner les biens du condamné, le Lombard Boffalo del Guidice, ne se crut pas sûr de l'héritage s'il n'avait l'héritier, et demanda que le fils aîné de Nemours fût remis à sa garde. Le roi eut la barbarie de livrer l'enfant, qui ne vécut guère.

Il chassa du Parlement trois juges qui n'avaient pas voté la mort. Les autres réclamant, il leur écrit : « Ils ont perdu leurs offices pour vouloir faire un cas civil du crime de lèse-majesté, et laisser impuni le duc de Nemours qui voulait me faire mourir et détruire la sainte couronne de France. Vous, sujets de cette couronne et qui lui devez votre loyauté, je n'aurais jamais cru que vous puissiez approuver *qu'on fît si bon marché de ma peau.* »

Ces basses et violentes paroles qui lui échappent sont un cri arraché, un aveu de l'état de son esprit. Les tortures de Nemours lui revenaient à lui-même en tortures par la crainte et la défiance où le jetaient ses révélations. Il avait tiré de son prisonnier, par tant d'efforts cruels, une funeste science et terrible à savoir : qu'il n'y avait personne parmi les siens sur qui il pût compter. Le pis, c'est que, de leur côté, connaissant qu'ils étaient connus, ils sentaient bien qu'il les guettait, qu'il ne lui manquait que le moment, et ils ne savaient trop s'ils dévaient attendre... Dans cette peur mutuelle, il y avait des deux côtés redoublement de flatteries, de protestations. Ses lettres à Dammartin sont des billets d'ami, tout aimables d'abandon, de gaieté ; il se fait courtisan de son vieux général, il le flatte indirectement, finement, en lui disant du mal des autres généraux ; tel s'est laissé surprendre, etc.

Il avait grandement à ménager un homme de ce poids, de cette expérience. Deux choses lui survenaient, les plus fâcheuses : les Suisses s'éloignaient de lui, les Anglais arrivaient.

Louis XI avait acheté Édouard, mais non pas l'Angleterre. Les Flamands établis à Londres ne pouvaient manquer de faire sentir au peuple qu'on le trahissait en laissant la Flandre sans secours. Il le sentit si bien qu'il alla, de fureur, piller l'ambassade française. Longtemps Édouard fit la sourde oreille ; il se trouvait trop bien du repos et de se partager entre la table et trois maîtresses ; il aimait fort l'argent de France, les beaux écus d'*or au soleil* que Louis XI frappait tout exprès ; il lui semblait doux d'avoir chaque année, en dormant, cinquante mille écus comptés à la Tour. Pour la reine d'Angleterre, Louis XI la tenait par sa fille, par sa passion pour le dauphin ; elle demandait sans cesse quand elle pourrait envoyer la dauphine en France. Entre eux tous, ils menaient si bien Édouard, qu'il leur sacrifia son frère Clarence. Il y avait encore un homme qui leur portait ombrage, qui n'était pas de leur cabale, lord Hastings, un joyeux ami d'Édouard qui buvait avec lui et qui tenait à lui (ayant les mêmes femmes). Ils le chassèrent honorablement en lui donnant des troupes et le grand poste de Calais.

Il y avait un an que la douairière de Bourgogne, sœur d'Édouard, implorait ce secours. Récemment encore, au moment où l'on tua son bien-aimé Clarence qu'elle voulait faire comte de Flandre, elle écrivit une lettre lamentable ; le roi de France lui prenait son douaire, ses villes à elle ; elle demandait à son frère Édouard s'il voulait qu'elle allât mendier son pain. Une telle lettre et dans un tel moment, lorsque Édouard sans doute regrettait sa cruelle faiblesse, eut son effet ; il envoya Hastings, qui de Calais détacha des archers, garnit les villes que la douairière voulait défendre ; Louis XI attaqua Audenarde et fut repoussé.

Ce fut le terme de ses progrès au Nord. Il s'arrêta, sentant qu'à la longue les Anglais et peut-être l'Empire se seraient déclarés. Chez les Suisses, le parti bourguignon avait fini par l'emporter. Jusque-là, ils avaient flotté, servi à la fois pour et contre. De là tous les obstacles que le roi rencontra dans les Bourgognes. Malgré ses plaintes et les efforts du parti français, malgré les défenses et les punitions, le montagnard n'en allait pas moins se vendre indifféremment à quiconque payait. Des Suisses attaquaient, assiégeaient, des Suisses défendaient. Pour empêcher cette guerre de frères, il n'y avait qu'un moyen, imposer la paix, arrêter le roi de France, lui dire qu'il n'irait pas plus loin. Le chef du parti bourguignon, Bubenberg, se chargea de lui porter cette fière parole. Le roi ne voulait pas entendre, il traînait, tâchait de gagner du temps. Le Suisse en profita pour lui jouer un tour ; il disparaît de France, et un matin rentre à Berne en habit de ménétrier ; il n'a pu, dit-il, échapper autrement, le roi, ne l'ayant pu gagner, l'aurait fait périr. Ce chevalier, cet homme grave sous cet ignoble habit, c'était une accusation dramatique contre Louis XI ; il était impossible de mieux travailler pour Maximilien. Il en profita à la diète de Zurich ; il enchérit sur le roi, promettant d'autant plus qu'il pouvait moins donner, et il obtint un traité de paix perpétuelle.

Le roi comprit qu'il fallait céder au temps. Il promit de se retirer des terres d'Empire. Il signa une trêve, laissa le Hainaut et Cambrai. Il craignait les Suisses, l'Allemagne, les Anglais, mais encore plus les siens. La trêve lui semblait nécessaire pour faire au-dedans une opération dangereuse, purger l'armée. Il avait l'imagination pleine de complots et de trahisons, d'intelligences que ses capitaines pouvaient avoir avec l'ennemi. Il cassa dix compagnies de gens d'armes, fit faire le procès à plusieurs et ne trouva rien ; seulement un Gascon, furieux d'être cassé, avait parlé d'aller servir Maximilien ; pour cette parole on lui coupa la tête. Leur crime à tous était peut-être d'avoir servi longtemps sous Dammartin et de lui être dévoués. Le roi lui écrivit une lettre honorable *« pour le soulager »* du commandement, déclarant du reste que jamais il ne diminuerait son état, qu'il l'accroîtrait plutôt, et, en effet, il le fit plus tard son lieutenant pour Paris et l'Ile-de-France.

L'éloignement de cet homme, trop puissant dans l'armée, était peut-être une mesure politique, mais elle ne fut nullement heureuse pour la guerre. Le roi ne put remplacer ce ferme et prudent général. On put le voir dès le commencement de la campagne. On voulait surprendre Douai avec des soldats déguisés en paysans, et tout fut préparé en plein Arras, c'est-à-dire devant nos ennemis qui avertirent Douai. Le roi, cruellement irrité, jura qu'il n'y aurait plus d'Arras, que tous les habitants seraient chassés, sans emporter leurs meubles ; qu'on prendrait en d'autres provinces, et jusqu'en Languedoc, des familles, des hommes de métiers, pour y mener et repeupler la place qui désormais s'appellerait Franchise. Cette cruelle sentence fut exécutée à la lettre ; la ville fut déserte, et pendant plusieurs jours il n'y eut pas seulement un prêtre pour y dire la messe.

Maximilien avait plus d'embarras encore. Les Flamands ne voulaient point de paix, ni payer pour la guerre. Seulement, à force de piquer leur colérique orgueil, on parvint à mettre leurs milices en mouvement. Maximilien les mena pour reprendre Thérouenne. Il avait, avec ses milices, trois mille arquebusiers allemands, cinq cents archers anglais, Romont et ses Savoyards, toute la noblesse de Flandre et de Hainaut, en tout vingt-sept mille hommes. Avec une si grosse armée, rassemblée à grand-peine par un si rare bonheur, le jeune duc avait hâte d'avoir bataille. Le nouveau général de Louis XI, M. de Crèvecœur, venait de Thérouenne, lorsque, descendant la colline de Guinegate, il rencontra Maximilien. Louis XI avait, l'autre année, décliné le combat ; en le refusant encore, on était sûr de voir s'écouler en peu de jours les milices de Flandre. Crèvecœur ne consulta pas apparemment les vieux capitaines qui, depuis la réforme, étaient peu en crédit ; il agit à souhait pour l'ennemi, il donna la bataille (7 août 1479).

Jusque-là il passait pour un homme sage. Peut-être, pour expliquer ce qui va suivre, il faut croire qu'il reconnut en face, dans la chevalerie ennemie, les grands seigneurs des Pays-Bas, qui le proclamaient traître, et qui voulaient le dégrader en chapitre de la Toison d'or. Sa force était en cavalerie ; il n'avait que 14 000 piétons, mais 1800 gens d'armes, contre 850 qu'avait Maximilien. D'une telle masse de gendarmerie, qui était plus que double, il ne tenait qu'à lui d'écraser cette noblesse ; il se lança sur elle, la coupa de l'armée, s'acharna à ses huit cents hommes bien montés qui le menèrent loin, et il laissa tout le reste... Il avait fait la faute de donner la bataille, il fit celle de l'oublier.

Nos francs-archers, sans général et sans cavalerie, fort maltraités des trois mille arquebuses, vinrent se heurter aux piques des Flamands. Ceux-ci tinrent ferme, encouragés par un bon nombre de gentilshommes qui s'étaient mis à pied, par Romont, par le jeune duc. Maximilien, à sa première bataille, fit merveille et tua plusieurs hommes de sa main. La garnison française de Thérouenne venait le prendre à dos, elle trouva le camp sur sa route et se mit à piller. Beaucoup de francs-archers, craignant de ne plus rien trouver à prendre, firent comme elle, laissèrent le combat et se jetèrent dans le camp, fort échauffés, tuant tout, prêtres et femmes... Avec les chariots, ils prirent l'artillerie qu'ils tournaient contre les Flamands ; Romont, voyant qu'alors tout serait perdu, fit un dernier effort, reprit l'artillerie, profita du désordre et en fit une pleine déroute. Crèvecœur et sa gendarmerie revenaient fatigués de la poursuite ; il leur fallut courir encore, tout était perdu, il ne restait qu'à fuir. La bataille fut bien nommée celle des *Éperons*.

Le champ de bataille resta à Maximilien et la gloire, rien de plus. Sa perte était énorme, plus forte que la nôtre. Il ne put pas même reprendre Thérouenne. Et il revint en Flandre, plus embarrassé que jamais.

Cette année même, une taxe de quelques liards sur la petite bière avait fait une guerre terrible dans la ville de Gand. Les tisserands de coutils commencent, et tous s'y mettent, tisserands, drapiers, cordonniers, meuniers, batteurs de fer et *batteurs d'huile ;* une bataille rangée a lieu au Pont-aux-Herbes. De janvier en janvier, tout un an, il y eut des jugements et des têtes coupées. On profita de cette émotion, et puisqu'ils avaient tant besoin de guerre, on les mena à Guinegate ; ils eurent là une vraie, une grande bataille ; ils en revinrent dégoûtés de la guerre, mais toujours murmurant, grondant.

Maximilien, déjà bien embarrassé, recevait de la Gueldre une sommation, celle de rendre enfin ce malheureux enfant, que le feu duc avait si injustement retenu, pour les crimes de son père, mais qui, à la mort de ce père, avait droit d'hériter. Nimègue chassa les Bourguignons, et, en attendant qu'on lui rendît l'enfant, donna la régence à sa tante. La dame ne manqua pas de chevaliers pour la défendre ; les Allemands du Nord prirent volontiers sa cause contre l'Autrichien, le duc de Brunswick d'abord qui croyait l'épouser ; puis, comme elle n'en voulait pas, le champion fut l'évêque de Munster, brave évêque, qui s'était battu à Neuss contre Charles le Téméraire.

Ces gens de Gueldre, n'ayant pas assez de cette guerre de terre, en faisaient une en mer aux Hollandais, leurs rivaux pour la pêche. Plus d'un combat naval eut lieu sur le Zuydersee. Mais les Hollandais se battaient encre plus entre eux. Les factions des Hameçons et des Morues avaient recommencé plus furieuses que jamais ; fureur aiguisée de famine ; le roi enlève en mer toute la flotte du hareng, et, pour comble, les seigneurs qui leur venaient de Prusse.

Le coupable en tout cela, au dire de tous, était Maximilien ; tout ce qui arrivait de malheurs, arrivait par lui. Pourquoi aussi avoir été chercher cet Allemand. Depuis, rien n'allait bien. Toutes les provinces criaient après lui.

Effarouché au milieu de cette meute, n'entendant qu'aboiements, le pauvre chasseur de chamois, qui jusque-là ne connaissait pas le vertige, s'éblouit et ne sut que faire. Il avait employé ses dernières ressources, jusqu'à mettre en gage des joyaux de sa femme ; son esprit succomba, et son corps.

Tout, au contraire, prospérait au roi ; son commerce d'hommes allait bien. Il achetait des Anglais, des Suisses, l'inaction des uns, le secours des autres. Le fier Hastings, posté à Calais pour le surveiller, s'humanisa et reçut pension. Les cantons suisses avaient traité avec Maximilien ; les Suisses aimaient bien mieux un roi qui payait ; ils se donnaient à lui, lui à eux ; il se fit bourgeois de Berne. Dès lors, plus d'obstacle en Comté, tout fut réduit, et il put envoyer son armée oisive piller le Luxembourg. Le duché de Bourgogne fut assuré, caressé, consolé ; il lui donna un parlement, alla voir sa bonne ville de Dijon, jura dans Saint-Benigne tout ce qu'on pouvait jurer de vieux privilèges et de coutumes, et voulut que ses successeurs fissent de même à leur avènement. La Bourgogne était un pays de noblesse ; le roi fit de bonnes conditions à tous les grands seigneurs, un pont d'or. Pour être tout à fait gracieux aux gens du pays et se faire des leurs, il prit maîtresse chez eux, non pas une petite marchande, comme à Lyon, mais une dame bien née et veuve d'un gentilhomme.

Parmi tant de prospérités, il baissait fort. Commines, qui revenait d'une ambassade, le trouvait tout changé. Il avait bien désiré cette Bourgogne, et la chose, si aisée en apparence, traîna, et fut même en grand doute. Il avait pâti des obstacles, langui. Qu'on en juge par une lettre secrète à son général, où il lâche ce mot d'âpre passion (qui effraie dans un roi si dévot) : *« Je n'ay autre paradis* en mon imagination que celui-là... J'ay plus grand faim de parler à vous, pour y trouver remède, que je n'eus jamais *à nul confesseur pour le salut de mon âme ! »*

CHAPITRE V

Louis XI triomphe, recueille et meurt - 1480-1482

Le roi de France avec ses cinquante-sept ans, déjà, maladif et le visage pâle, n'en était pas moins, nous l'avons dit, dans l'affaiblissement de tous, le seul jeune, le seul fort. Tout languissait autour de lui ou mourait, mourait à son profit.

Dans l'éclipse des anciennes puissances, du pape et de l'empereur, il y eut *un roi,* le roi de France. Il prit de provinces d'Empire, la Comté, la Provence, et il les garda. Il faillit faire juger le pape. Le violent Sixte IV, ayant tué Julien de Médicis par la main des Pazzi, jetait une armée sur Florence pour punir Laurent d'avoir survécu. Le roi, sans bouger, envoya Commines, arma Milan et rassura les Florentins dans la première surprise. Il menaça le pape de la Pragmatique et d'un concile qui l'aurait déposé.

La Hongrie, la Bohême, la Castille, ambitionnaient son alliance. Les Vénitiens, à son premier mot, rompirent avec la maison de Bourgogne. Gênes s'offrit à lui et il la refusa, voulant garder l'amitié de Milan.

Le vieux roi d'Aragon, Juan II, s'obstina quinze années à vouloir retirer de ses mains le gage du Roussillon ; il mourut à la peine. Et il eut encore le chagrin de voir la Navarre (l'autre porte des Pyrénées) tomber dans les mêmes mains avec son petit-fils, que Louis XI tenait par la mère et régente, Madeleine de France.

Il avait eu partout un allié fidèle, actif, infatigable, la mort... Partout elle avait mis du zèle à travailler pour lui, en sorte qu'il n'y eut plus de princes au monde que des enfants, et encore peu viables, et que le roi de France se trouva l'universel protecteur, tuteur et gouverneur.

C'est peut-être alors qu'il fit faire pour le dauphin et tous ses petits princes son innocent *Rosier des Guerres,* l'anti-Machiavel d'alors (avant Machiavel).

En Savoie, il avait perdu sa sœur (ce dont il remerciait Dieu), gagné ou chassé les oncles du petit duc. Lui-même, comme oncle et tuteur, il s'était établi à Montmélian, et il avait pris son neveu en France.

A Florence, il protégeait, comme on a vu, le jeune Laurent ; il l'avait sauvé. A Milan, la faible veuve, Bonne, une de ces filles de Savoie qu'il avait mariées et dotées paternellement, n'était régente que par lui, par lui seul, elle se rassurait, elle et son enfant, contre Venise, contre l'oncle de l'enfant, Ludovic le More.

En Gueldre, aussi bien qu'en Navarre, en Savoie, à Milan, le souverain, c'était un enfant, une femme, et le protecteur Louis XI.

En Angleterre, Édouard vivait et régnait ; il était entouré d'une belle famille de sept enfants. Et pourtant la reine tremblait, voyant tout cela si jeune, son mari vieux à quarante ans, qu'un excès de table pouvait emporter. En ce cas, comment protéger le petit roi contre un tel oncle (qui fut Richard III !), sinon par un mariage de France, par la protection du roi de France, qui partout détestait les oncles, protégeait les enfants ?

Tout étant, autour de la France, malade et tremblant à ce point, ceux du dedans n'avaient à compter sur aucun secours. Le mieux pour eux était de rester sages et de ne pas remuer. Quiconque avait cru aux forces extérieures avait été dupe. Le Bourguignon appela des troupes italiennes, on a vu avec quel succès. Les Pays-Bas crurent à l'Allemagne, et firent venir Maximilien, qui ne put rien leur rendre de ce qu'ils avaient perdu. Quinze ans durant, la Bretagne invoqua l'Angleterre et n'en tira point de secours.

Des grands fiefs, le seul encore qui eût vie, c'était la Bretagne ; elle vivait de son obstination insulaire, de sa crainte de devenir France, appelant toujours l'Angleterre, et pourtant elle en eut peur deux fois. Le roi, tout en poursuivant le grand drame du Nord, de Flandre et de Bourgogne, ne détourna cependant jamais les yeux de la Bretagne, qui était pour lui une affaire de cœur. Une fois (au moment où il crut avoir rangé son frère en Guienne), il essaya de prendre le Breton en lui jetant au col son collier de Saint-Michel, comme on prend un cheval sauvage ; mais celui-ci n'y fut pas pris.

Louis XI montra une obstination plus que bretonne dans l'affaire de la Bretagne, l'assiégeant, la serrant peu à peu. De temps en temps, quelqu'un en sortait et se donnait à lui ; c'est ce que firent Tannegui Duchâtel et son pupille Pierre de Rohan, depuis maréchal de Gié. Patiemment, lentement, en dix ans, le roi fit ses approches. La mort de son frère lui ayant rendu La Rochelle au midi de Nantes, il saisit Alençon, de l'autre côté. De face, il prit l'Anjou, comme on va voir, et enfin il hérita du Maine. Vers la fin, il acheta un prétexte d'attaque, les droits de la maison de Blois, droits surannés, prescrits, mais terribles dans une telle main. Le duc n'avait qu'une fille ; si le dauphin ne l'épousait, il héritait, au titre de la maison de Blois. La Bretagne n'avait qu'à choisir, si elle voulait venir à la couronne par mariage ou par succession ; elle y venait toujours.

Tout en attirant les Rohan, il avait acquis leurs rivaux, les Laval, les affranchissant du duché, les mettant dans ses armées, dans son conseil, leur confiant Melun, une clé de Paris. Gui de Laval, dont plus tard le fils et la veuve agirent plus que personne pour marier la Bretagne à la France, lui rendit, par sa fille, un autre service moins connu, non moins important.

L'an 1447, le roi René donna à Saumur un splendide et fameux tournoi. Gui de Laval y mena son jeune fils, âgé de douze ans, y faire ses premières armes, et sa fille en même temps qui en avait treize. René, plus fol que jeune, fut pris au lacs. Sa femme, la vaillante Lorraine qui avait fait la guerre pour lui, et qu'il aimait fort, vit pourtant ce jour-là qu'elle était vieille. La petite Bretonne fit, avec l'innocente hardiesse d'un enfant, le plus joli rôle du tournoi, celui de la Pucelle qui venait à cheval devant les chevaliers, mettait les combattants en lice et baisait les vainqueurs. Tout le monde prévit dès lors, et René lui-même ne cacha pas trop sa pensée nouvelle ; il mit sur son écu un bouquet de *pensées*.

Isabelle mourut à la longue, René fut veuf. Il pleura beaucoup, parut inconsolable. Mais enfin ses serviteurs, ne pouvant le voir dépérir ainsi, exigèrent (c'était comme un droit du vassal) que leur seigneur se mariât. Ils se chargèrent de chercher une épouse et ils cherchèrent si bien qu'ils en découvrirent une, cette même petite fille, Jeanne de Laval, qui était devenue une grande et belle fille de vingt ans. René en avait quarante-sept ; ils le voulurent, il se résigna.

Ce mariage fut agréable au roi, qui fit archevêque de Reims Pierre de Laval, le petit frère de Jeanne. René, au milieu de cette aimable famille française, fut comme enveloppé de la France ; il oublia le monde. Il avait dès lors bien assez à faire pour amuser sa jeune femme, et une sœur encore plus jeune qu'elle avait avec elle. En Anjou, en Provence, il menait la vie pastorale, tout au moins par écrit, rimant les amours des bergers, se livrant aux amusements innocents de la pêche et du jardinage ; il goûtait fort la vie rurale, comme « la plus lointaine de toute terrienne ambition ». Il avait encore un plaisir, de chanter à l'église, en habit de chanoine, dans un trône gothique, qu'il avait peint et sculpté. Son neveu Louis XI aida à l'alléger des soucis du gouvernement en lui prenant l'Anjou. On hésitait à l'avertir ; il était alors au château de Beaugé, fort appliqué à peindre une belle perdrix grise ; il apprit la nouvelle sans quitter son tableau.

Il avait bien encore quelques vieux serviteurs qui s'obstinaient à vouloir qu'il fût roi, et qui sous main traitaient avec la Bretagne ou la Bourgogne ; mais cela tournait toujours mal : Louis XI savait tout, et prenait les devants. On a vu qu'au moment où ils offraient la Provence au duc de Bourgogne, Louis XI accourut, saisit Orange et le Comtat. René ne se tira d'affaire qu'en lui donnant promesse écrite qu'après lui et son neveu Charles, il aurait la Provence ; lui-même il écrivit cet acte, l'enlumina, l'orna de belles miniatures. C'était mourir de bonne grâce, et au reste il était mort dès la fatale année où il perdit ses enfants, Jean de Calabre mort à Barcelone, Marguerite prise à Teukesbury. Il lui restait un petit-fils, René II, mais fils d'une de ses filles, et ses conseillers lui assuraient que la Provence (quoique fief féminin et terre d'Empire) devait, la ligne mâle manquant, revenir à la France. Alors il soupirait et se peignait dans sa miniature, sous l'emblème d'un vieux tronc dépouillé qui n'a qu'un faible rejeton.

Son neveu et héritier, le roi, avait hâte d'hériter, il ne pouvait attendre : « Il envieillissoit, devenoit malade. » Il se ménageait peu ; au défaut de guerre, il chassait ; il lui fallait une proie. Seul au Plessis-les-Tours, il tenait son fils à Amboise sans le voir, et il envoya sa femme encore plus loin en Dauphiné. Souvent il partait de bonne heure, chassait tout le jour, au vent, à la pluie, dînant où il pouvait, causant avec les petites gens, avec des paysans, avec des charbonniers de la forêt. Il lui arrivait, inquiet qu'il était toujours, voulant tout voir et savoir, de se lever le premier et, pendant qu'on dormait, de courir le château ; un jour, il descend aux cuisines, il n'y avait encore qu'un enfant qui tournait la broche : « Combien gagnes-tu ? » L'enfant, qui ne l'avait jamais vu, répondit : « Autant que le roi. » – « Et le roi, que gagne-t-il ? » – « Sa vie, et moi la mienne. »

Le marmiton avait parlé fièrement, prenant apparemment ce rôdeur mal mis pour un pauvre... Il ne se trompait pas. Jamais il n'y avait pauvreté plus profonde, plus famélique et plus avide. Apreté de chasseur ou faim de mendiant, c'est ce qu'expriment toutes ses paroles, parfois violentes et âcres, souvent flatteuses, menteuses, humblement caressantes et rampantes... Tant il avait besoin ! besoin de telle province aujourd'hui, demain de telle ville... Né avide, mais plus avide comme roi et royaume, il souffre, on le sent bien, de tous les fiefs qu'il n'a pas encore. La royauté avait en elle l'insatiable abîme qui devait tous les absorber.

On a vu ses âpres commencements avant le Bien public, et comment cette faim s'aiguisa par l'obstacle. Tout à coup tout devient facile, les États, les provinces pleuvent, se donnent elles-mêmes, la proie, le gibier vient prier le chasseur. L'ardeur de prendre se calmera sans doute ?... C'est le contraire, la passion violente, inique, et qui irait contre Dieu, voit le jugement de Dieu se déclarer pour elle ; elle se sent profondément juste, profondément injuste lui paraît tout ce qu'elle n'a pas encore. L'unité du royaume, confusément sentie comme un droit futur, lui justifie tous les moyens. Désormais assez fort pour n'avoir plus besoin de force, pouvant s'adjuger ce qu'il veut conquérir par arrêt, ce n'est plus un chasseur, il siège comme juge. Sa passion maintenant, c'est la justice. Il va toujours juger ; point de jours fériés, Saint Louis fit justice même au Vendredi-Saint.

Justice ici mêlée de guerre, et parfois l'exécution avant le procès. Celui d'Armagnac fut abrégé par le poignard. On a vu ceux d'Alençon, de Saint-Pol, de Nemours. Le pauvre vieux René, un roi, fut menacé de contrainte par corps. Le prince d'Orange fut poursuivi, justicié en effigie, pendu par les pieds. Ce formidable duc de Bourgogne n'échappe pas. A peine mort, le Parlement saisit son cadavre. Les procureurs lui prouvent, à ce chevalier mort par chevalerie, que, sous sa belle armure, il avait la foi du procureur ; on lui retrouve son billet de Péronne, le fameux sauf-conduit écrit de sa main, on lui établit par rapport d'experts qu'il a juré et qu'il a menti.

Le Parlement n'allait pas assez vite dans ces besognes royales. Sans doute il se disait que le roi était mortel, que les grandes familles dureraient après lui et sauraient bien retrouver les juges. Donc, il ménageait tout. Que le roi fût mécontent ou non, il ne pouvait sévir ; on ne coupe pas la tête à une grande compagnie.

Il résulta de là une chose odieuse, c'est que les procès se firent par commissaires, à qui les biens de l'accusé étaient donnés d'avance, et qui avaient intérêt à la condamnation.

Et de cette chose odieuse, une chose effroyable naquit, une espèce nouvelle, celle des commissaires, qui, créée par la tyrannie pour son besoin passager, voulait durer et besogner toujours, qui, ayant pris goût à la curée, ne chassait plus seulement à la voix du maître, mais s'ingéniait à trouver des proies, et, faute d'ennemis, poursuivait les amis.

Il y avait deux princes du sang, que les autres princes et les grands du royaume accusaient fort et regardaient comme amis du roi, comme traîtres. L'un était le duc de Bourbon, au frère duquel Louis XI avait donné sa fille. L'autre était le comte du Perche, fils du duc d'Alençon, mais élevé par le roi, et qui en 1468 avait trahi pour lui les Bretons et son père.

Ces deux princes furent la proie nouvelle contre laquelle les commissaires animèrent le roi, et ils n'y trouvèrent que trop de facilité dans le triste état de son esprit. Il se sentait défaillir, et faisait d'autant plus effort pour se prouver à lui et aux autres, par mille choses violentes et fantasques, qu'il était en vie. Il faisait acheter de toutes parts des chiens de chasse, des chevaux, des bêtes curieuses. Il faisait de grands remuements dans sa maison, renvoyant ses serviteurs pour en prendre d'autres. A quelques-uns il ôtait leurs offices, faisait des justices sévères ; il frappait loin et rude.

Entre autres gens très propres à faire ou conseiller des choses violentes, il avait un dur Auvergnat, nommé Doyat, né sujet du duc de Bourbon, chassé par lui, qui trouva jour pour se venger. Un moine, venu du Bourbonnais, avait remué Paris en prêchant contre les abus, disant hardiment que le roi était mal conseillé. Le roi crut sans difficulté que le duc de Bourbon, cantonné dans ses fiefs, avait envoyé cet homme pour tâter le peuple ; on disait qu'il fortifiait ses places, qu'il empêchait les appels au roi, qu'il était roi chez lui. Louis XI avait encore un grief contre lui, c'est qu'il ne mourait pas. Goutteux et sans enfants, ses biens devaient passer à son frère, gendre du roi, puis, si ce frère n'avait pas d'enfants mâles, ils devaient échoir au roi même. Mais il ne mourait pas... Doyat se fit fort d'y pourvoir. Il se fit nommer par le Parlement, avec un autre, pour aller faire le procès à son ancien seigneur. Il arrive à grand bruit dans ce pays, où depuis tant d'années on ne connaissait de maître que le duc de Bourbon ; il ouvre enquête publique, provoque les scandales, engage tout le monde à déposer hardiment contre lui. Au nom du roi, défense aux nobles du Bourbonnais de *faire alliance* avec le duc de Bourbon. Il l'enfermait ainsi tout seul dans ses châteaux. Là même il ne fut pas tranquille, on vint lui prendre ses officiers chez lui, il ne restait qu'à l'enlever lui-même. Son frère, Louis de Bourbon, évêque de Liège, fut tué peu après par le Sanglier, qui, avec une bande recrutée en France, prit un moment l'évêché pour son fils.

Ces violences, ces outrages, et que cet Auvergnat, né chez le duc de Bourbon, l'eût foulé sous ses souliers ferrés, c'étaient des choses qu'on ne pouvait faire sans risque. La religion féodale n'était pas tellement éteinte qu'il ne se trouvât, entre ceux qui mangeaient le pain du seigneur, un homme pour le venger Commines, si bien instruit, dit positivement que la bonne volonté ne manqua pas, que plusieurs eurent envie « d'entrer en ce Plessis, et *dépècher les choses,* parce qu'à leur avis rien ne se dépêchoit ». De là, la nécessité de grandes précautions ; le Plessis se hérisse de barreaux, grilles, guérites de fer. On y entre à peine. Peu de gens approchent, et bien triés ; c'est-à-dire que de plus en plus, le roi, ne voyant plus que tels et tels, tout absolu qu'il peut paraître, se trouve dans leurs mains. Un accident augmenta ce misérable état d'isolement.

Un jour, dînant près de Chinon, il est frappé, perd la parole. Il veut approcher de la fenêtre, on l'en empêche, jusqu'à ce que son médecin, Angelo Catto, arrive et fait ouvrir. Un peu remis, son premier soin fut de chasser ceux qui l'avaient tenu et empêché d'approcher des fenêtres.

Entre cette attaque et une seconde qu'il eut peu après, il se donna, dans sa faiblesse, un spectacle de sa puissance. Il réunit à Pont-de-l'Arche la nouvelle armée qu'il organisait. Campée là sur la Seine, elle était à portée de marcher sur la Bretagne ou sur Calais. Elle rompit le projet du Breton, qui offrait sa fille au prince de Galles. Le roi lui avait déjà saisi Chantocé. Il se hâta de demander pardon.

Cette armée était une belle et terrible machine, forte et légère dans son rempart de bois, qu'elle posait, enlevait à volonté. La pâle figure mourante sourit, et se complut dans cette image de force. Elle se sentait là en sûreté ; ceux-ci étaient des hommes sûrs, des Suisses ou armés à la suisse. Dans les armes, dans les costumes, rien qui sentît la France ; hoquetons de toutes couleurs, hallebardes, lances à rouelles qu'on n'avait jamais vues. Une armée muette qui ne savait que deux mots : *geld* et *trinkgeld*. Nul mouvement qu'au son du cor. Le roi ne voulait plus d'hommes, mais des soldats ; plus de ces francs-archers pillards, qui s'étaient débandés à Guinegate ; de gentilshommes encore moins, il leur fit dire de payer au lieu de servir, et de rester chez eux. Plus de Français, ni peuple, ni nobles... Le brillant spectacle de ces bandes égaya peu nos vieux capitaines qui avaient tant fait pour avoir une milice nationale, et qui à la longue l'avaient formée, aguerrie. Ils sentaient qu'un jour ou l'autre ces Allemands pourraient bien battre ceux qui les payaient, qu'on n'en serait pas maître, et qu'on maudirait alors un roi qui avait désarmé la France.

La France n'était plus sûre pour le garder. A qui donc se fiait-il ? à un Doyat, un Olivier le Diable, à maître Jacques Coctier, médecin et président des comptes, un homme hardi, brutal, qui le faisait trembler lui-même. Deux hommes étaient encore autour de lui, peu rassurants, MM. du Lude et de Saint-Pierre ; l'un, un joyeux voleur qui faisait rire le roi ; l'autre, son sénéchal, sinistre figure de juge, qui eût pu être bourreau. Parmi tout cela, le doux et cauteleux Commines, qu'il aimait et faisait coucher avec lui ; mais il croyait les autres.

Au retour de son camp, il fut frappé de nouveau « et fut quelque deux heures qu'on le croyoit mort ; il étoit dans une galerie, couché sur une paillasse... M. du Bouchage et moi (dit Commines), nous le vouâmes à Monseigneur saint Claude, et les autres qui étoient présents le lui vouèrent aussi. Incontinent la parole lui revint, et sur l'heure, il alla par la maison, mais bien foible... » Un peu remis, il voulut voir les lettres qui étaient arrivées et qui arrivaient de moment en moment : « On lui montroit les principales, et je les lui lisois. Il faisoit semblant de les entendre, et les prenoit en la main, et faisoit semblant de les lire, quoiqu'il n'eût aucune connoissance, et disoit quelque mot, ou faisoit signe des réponses qu'il vouloit être faites. »

Du Lude et quelques autres logeaient sous sa chambre, « en deux petites chambrettes ». C'était ce petit conseil qui réglait en attendant les affaires pressées. « Nous faisions peu d'expéditions, car il étoit maître avec lequel il falloit charrier droit. »

Entre ses deux attaques, on lui fit faire deux choses, délivrer le cardinal Balue que le légat réclamait, et mettre en prison le comte du Perche. Ce procès, œuvre ténébreuse et la plus inconnue du temps, mérite explication.

Le 14 août 1481, on l'arrête et on le met dans une cage de fer, la plus étroite qu'on eût faite, une cage d'un pas et demi de long... Sur quelle accusation ? la moins grave, d'avoir voulu sortir de France.

Cette terrible rigueur étonne fort, quand on sait que, peu d'années auparavant, on examina en Conseil s'il fallait l'arrêter, que deux personnes lui furent favorables et que l'une des deux était Louis XI. Pour bien comprendre, il faut savoir de plus que plusieurs conseillers avaient du bien de l'accusé, et étaient intéressés à le faire mourir.

Ce malheureux comte du Perche était un de ces enfants que le roi avait élevés chez lui, comme le prince de Navarre et autres, et qu'il avait formés et dressés à trahir leurs pères. En 1468, le comte du Perche prit parti contre son père, le duc d'Alençon, et son parent, le duc de Bretagne, en sorte que, détesté des ennemis du roi, il se ferma à jamais le retour, appartint au roi seul. Louis XI, avec qui il avait toujours vécu, le connaissait très bien pour un homme léger, futile, et qui, « après les belles filles », ne connaissait que ses faucons. Il n'en tenait guère compte, lui payait mal sa pension ; de longue date, il avait occupé ses places, et pour ses terres, il en disposait, les donnait comme siennes. Sa patience, déjà fort éprouvée par le roi, le fut bien plus encore par ceux qui, ayant son bien et voulant le garder, voulurent avoir sa vie. Pour cela il fallait, à force d'outrages et de provocations, faire de cette inoffensive créature un conspirateur. Chose difficile ; il craignait le roi comme Dieu. Un de ses serviteurs disant un jour, dans sa chambre à coucher, un mot hardi contre le roi, il eut peur et le gronda fort.

Pour surmonter sa peur, il en fallait une plus forte. On imagina de lui faire arriver des lettres anonymes où charitablement on l'avertissait que le roi allait le faire tondre, le faire moine... Cela l'effraya fort... Puis d'autres lettres arrivent : le roi va le faire pendre... D'autres encore : il le fera tuer. Ce pauvre diable craignait horriblement la mort ; il y paraît dans son procès. Il ne lui vint rien dans l'esprit contre le roi, nulle défense ou vengeance : seulement, il commença à regarder de tous côtés par où il s'enfuirait... Le plus près, c'était la Bretagne, mais c'était un pays hostile où il n'y avait pour lui nulle sûreté. « Si je trouvais à m'embarquer, disait-il, j'irais en Angleterre, ou bien encore à Venise ; j'épouserais une bourgeoise de Venise et je serais riche. »

En l'effrayant ainsi, on tâchait d'autre part d'effrayer Louis XI. Les gens du comte, sa sœur même (bâtarde d'Alençon), rapportaient ou forgeaient des mots qu'il aurait dits, et qu'on interprétait de façon sinistre. On assurait, par exemple, qu'il avait dit à un de ses domestiques : « Ne serais-tu donc pas homme à donner un coup de dague pour moi ? »

Quoique le duc de Nemours, qui dénonça tant de gens, n'eût rien dit contre le comte du Perche, Louis XI, de plus en plus défiant, et sans doute bien travaillé par ceux qui y avaient intérêt, finit par croire ce que l'on voulait, et signa une lettre pour avouer du Lude de tout ce qu'il ferait. Ce qu'il fit, ce fut d'arrêter l'homme sur l'heure, et il le mit dans cette cage étroite où on lui passait le manger avec une fourche. Il l'environna de ses serviteurs à lui du Lude, et, ce qui est plus choquant à dire, il employait à ce métier de geôlier ou d'espion, sous prétexte *d'amuser le comte,* un enfant qui était son fils.

Du Lude se fit nommer commissaire avec Saint-Pierre et quelques autres ; mais il ne put si bien faire que l'enquête ne fût conduite par le chancelier, le prudent Doriole. L'accusé, ayant parlé des lettres anonymes qu'on lui avait écrites, devenait accusateur, et probablement embarrassait tel et tel de ses juges. Mais il était faible, variable, facile à intimider ; ils lui dirent que *rien ne pouvait tant l'aider* que de dire vrai et *de ne dénoncer personne,* et il se démentit, consentant à faire croire « que c'était lui qui les avait écrites ».

Il montrait du reste assez bien qu'il était dangereux pour lui d'aller en Bretagne, qu'il y était haï. Il ajoutait cette chose, bien forte en sa faveur : « Il n'y a pas d'homme en France qui doive craindre tant que moi la mort du roi. Si le roi nous manquait, il n'y aurait plus personne pour me faire grâce. M. le dauphin serait trop jeune pour rien empêcher, on me ferait mourir. »

Plus il prouvait qu'il n'eût osé aller en Bretagne et plus le roi pensait qu'il voulait passer en Angleterre, ce qui était plus grave encore. Nulle preuve au reste ni pour l'un ni pour l'autre. La peureuse nature de l'accusé vint au secours des juges. Un homme que du Lude lui avait donné pour le soigner, qui lui avait inspiré confiance et qu'il faisait coucher avec lui, l'éveille brusquement une nuit et lui dit : « Par le corps de Dieu, vous êtes un homme mort, si vous ne prenez garde. » Et lui conte qu'un sien frère a entendu les sires du Lude et de Saint-Pierre dire en se promenant qu'il fallait profiter d'une absence du roi pour le faire mourir... Le prisonnier éperdu prie l'homme, le conjure de lui donner moyen de fuir... Oui, mais d'abord il faut s'assurer s'il peut fuir en Bretagne, si le duc est mieux disposé, il faut *écrire au duc*. Voici une écritoire... – Il écrit, et il est perdu.

Il l'eût été du moins, si par bonheur du Lude ne fût mort sur ces entrefaites. Le roi qui, sans doute, ne se fiait plus assez à la commission, mit l'affaire dans les mains de son gendre Beaujeu et de son âme damnée, le Lombard Boffalo, qui présiderait une commission nouvelle tirée du Parlement (19 mars 1482). Boffalo cependant voyait le roi malade, il savait bien qu'à sa mort il aurait lui-même de grandes affaires au Parlement pour la dépouille du duc de Nemours ; il se prêta aux lenteurs calculées des parlementaires, et laissa traîner l'affaire jusqu'à la fin du règne. L'accusé, qui avait fait des aveux maladroits, à se perdre, n'en fut pas moins quitte pour garder prison, en demandant pardon au roi (22 mars 1483).

La fortune semblait prendre un malicieux plaisir, en ces derniers temps, à combler le mourant de grâces imprévues, dont il ne devait pas profiter. A peine il apprenait la mort de Charles du Maine, neveu de René (12 déc. 1482), à peine il entrait en jouissance du Maine, de la Provence, de ces beaux ports, de la mer d'Italie... Une nouvelle lui vient du Nord, charmante et saisissante... Elle se confirme : la maison de Bourgogne est éteinte, tout comme celle d'Anjou, la jeune Marie est morte, comme le vieux René. Son cheval l'a jeté par terre, et avec elle tout espoir de Maximilien. Blessée de cette chute, elle mourut en quelques jours. Soit pudeur, soit fierté, la souveraine dame de Flandre aurait mieux aimé mourir, si l'on en croit le comte, que de se laisser voir aux médecins ; la fille, comme le père, aurait péri par une sorte de point d'honneur (28 mars 1483).

Maximilien en avait deux enfants. Mais il n'était nullement à croire que les Flamands qui, du vivant de leur dame et sous ses yeux, lui avaient tué ses serviteurs, acceptassent jamais la tutelle d'un étranger. Il avait peu de poids d'ailleurs, peu de crédit. Pendant que la douairière de Bourgogne négociait pour lui à Londres, il écrivait à Louis XI, qui ne manquait pas de montrer ses lettres aux Anglais. Aussi n'avaient-ils nulle confiance en

Maximilien. Ils ne voulaient lui donner secours qu'autant qu'il les paierait d'avance. Tout le paiement qu'il avait à leur offrir, c'était la gloire, la belle chance de gagner encore des batailles de Crécy, de conquérir leur royaume de France... Louis XI parlait moins, agissait mieux ; il offrait des choses palpables, des sacs d'argent, des écus neufs, des présents de toute sorte, de la vaisselle plate travaillée à Paris.

De longue date, il avait eu cette divination qu'un moment viendrait pour brouiller la Flandre ; il l'avait toujours pratiquée tout doucement, en bas par son barbier flamand, en haut par M. de Crèvecœur. Il avait à Gand de bien bons amis, qui touchaient pension, un Wilhelm Rim entre autres, premier conseiller de la ville, « saige homme et malicieux », et un certain Jean de Coppenole, chaussetier et syndic des chaussetiers, qui, sachant écrire, se fit nommer clerc des échevins, et fut enfin grand doyen des métiers ; c'était un homme très utile.

La première chose qu'ils firent, ce fut de mettre la main sur les deux enfants, sur le petit Philippe et la petite Marguerite (celle-ci encore en nourrice), et de dire que, d'après leur coutume, les enfants de Flandre ne pouvaient avoir de nourrice que la Flandre même. Le Brabant et autres provinces ayant réclamé, les Flamands promirent de les garder seulement quatre mois ; puis, chaque province les aurait quatre mois à son tour. Mais le terme arrivé, quand il fallut les rendre, ils déclarèrent qu'ils ne pouvaient s'en séparer, que c'était trop contre leur privilège.

Un conseil de tutelle fut nommé, où Maximilien figura pour la forme ; c'était lui plutôt qui était en tutelle. La Flandre et le Brabant le tenaient de court, le traitaient comme un mineur ou un interdit. Ses amis d'Allemagne, jeunes comme lui, et qui n'avaient rien vu de tel en leur pays, lui donnèrent le conseil tudesque de prendre quelques bourgeois récalcitrants et d'en faire exemple ; cela finirait tout... Cela justement le perdit.

Les Flamands dès lors se donnèrent de cœur au roi ; ils se prirent pour lui d'une singulière tendresse ; il n'arrivait pas à Gand un messager, un trompette, qu'il ne fût entouré, qu'on ne lui demandât nouvelles de la santé du roi et de Monseigneur le dauphin. Ce roi qu'ils avaient tant haï, ils l'estimaient ; ils voyaient bien qu'il avait les mains longues, lorsque de l'une il leur prenait encore la ville d'Aire, et que de l'autre il lançait sur Liège ce damné Sanglier.

Rim et Coppenole aidant, ils comprirent que jamais ils ne trouveraient un parti plus honorable pour leur petite Marguerite que ce jeune dauphin qui tout à l'heure allait être roi de France. C'était une bonne occasion de se débarrasser de ces provinces françaises qui sous le feu duc n'avaient servi qu'à tourmenter la Flandre. N'était-elle pas bien assez riche, avec la Hollande et le Brabant ? Qu'était-ce que l'Artois ? rien qu'un frein pour brider la Flandre ; quand le comte n'aurait plus, contre Gand et Bruges, ses nobles chevauchées d'Artois et de Bourgogne, il faudrait bien qu'il entendît raison.

S'il faut en croire Commines, Louis XI eût été heureux de tirer d'eux une bonne cession de l'Artois ou de la Bourgogne. Ils l'obligèrent de les garder toutes deux. S'ils avaient pu encore lui donner le Hainaut et Namur, tous les pays wallons, ils l'auraient fait bien volontiers, tout cela dans l'idée d'avoir désormais des comtes de Flandre paisibles et raisonnables.

Heureux roi ! Gâté de la fortune, violenté... « demandant peu et recevant trop... » Ses amis, Rim et Coppenole, vinrent lui apporter ce splendide traité, la couronne de son règne. Ils furent bien étonnés de trouver le grand roi dans ce petit donjon, derrière ces grilles de fer, ces moineaux de fer, ce guet terrible, une prison enfin, si bien gardée qu'on n'entrait plus. Le roi y était consigné ; il était si maigre et si pâle qu'il n'eût osé se montrer. Toujours actif du reste, au moins d'esprit. Ce qui restait de plus vivant en lui, c'était l'âpreté du chasseur, le besoin de la proie ; seulement, ne pouvant plus sortir, il allait un peu de chambre en chambre avec des petits chiens dressés exprès et chassait aux souris.

Les Flamands furent reçus le soir, avec peu de lumières, dans une petite chambre. Le roi, qui était dans un coin et qu'on voyait à peine dans sa riche robe fourrée (il s'habillait richement vers la fin), leur dit, en articulant difficilement, qu'il était fâché de ne pouvoir se lever ni se découvrir. Il causa un moment avec eux, puis fit apporter l'Évangile sur lequel il devait jurer. « Si je jure de la main gauche, dit-il, vous m'excuserez, j'ai la droite un peu faible. » Et en effet, elle était déjà comme morte, tenue par une écharpe.

Ce mariage flamand rompait le mariage anglais, cette paix faisait une guerre. Mais, comme il était dit qu'à ce moment tout réussirait au mourant par-delà ses vœux, l'Angleterre ne fit rien. Sa fureur fut pourtant extrême. Répudiée par la France, elle l'était encore par l'Écosse. Deux mariages rompus à la fois, deux filles d'Édouard dédaignées ; Édouard s'en consola à table, et tant qu'il y mourut. Louis XI lui survécut. Les tragédies qui suivirent le mettaient en repos.

Tout allait bien pour lui, il était comblé de la fortune... seulement il mourait. Il le voyait, et il semble qu'il se soit inquiété du jugement de l'avenir. Il se fit apporter les Chroniques de Saint-Denis, les voulut lire, et sans doute y trouva peu de chose. Le moine chroniqueur pouvait, encore moins que le roi, distinguer, parmi tant d'événements, les résultats du règne, ce qui en resterait.

Une chose restait d'abord, et fort mauvaise. C'est que Louis XI, sans être pire que la plupart des rois de cette triste époque, avait porté une plus grave atteinte à la moralité du temps. Pourquoi ? *Il réussit.* On oublia ses longues humiliations, on se souvint des succès qui finirent ; on confondit l'astuce et la sagesse. Il en resta pour longtemps l'admiration de la ruse, et la religion du succès.

Un autre mal, très grave, et qui faussa l'histoire, c'est que la féodalité, périssant sous une telle main, eut l'air de périr victime d'un guet-apens. Le dernier de chaque maison resta le *bon* duc, le *bon* comte. La féodalité, ce vieux tyran caduc, gagna fort à mourir de la main d'un tyran.

Sous ce règne, il faut le dire, le royaume, jusque-là tout ouvert, acquit ses indispensables barrières, sa ceinture de Picardie, Bourgogne, Provence et Roussillon, Maine et Anjou. Il se ferma pour la première fois, et la paix perpétuelle fut fondée pour les provinces du centre.

« Si je vis encore quelque temps, disait Louis XI à Commines, il n'y aura plus dans le royaume qu'une coutume, un poids et une mesure. Toutes les coutumes seront mises en français, dans un beau livre. Cela coupera court aux ruses et pilleries des avocats ; les procès en seront moins longs... Je briderai, comme il faut, ces gens du Parlement... Je mettrai une grande police dans le royaume. »

Commines ajoute encore qu'il avait bon vouloir de soulager ses peuples, qu'il voyait bien qu'ils étaient accablés, qu'il sentait avoir par là « fort chargé son âme »...

S'il eut ce bon mouvement, il n'était plus à même de le suivre, la vie lui échappait.

Déjà, tant redouté fût-il, il voyait les malveillances qui voulaient se produire ; la résistance commençait et la réaction.

Le Parlement avait refusé l'enregistrement de plusieurs édits, lorsqu'un règlement vexatoire de la police des grains lui donna une occasion populaire de se montrer plus hardiment encore. La récolte avait été mauvaise, on craignait la famine. Un évêque, ancien serviteur de René, que le roi avait fait son lieutenant à Paris, assembla les gens de la ville et fit voter des remontrances. Le Parlement fit crier dans les rues que l'on commencerait comme auparavant, sans égard à l'édit du roi.

S'il faut en croire quelques modernes, La Vacquerie, premier président, qui venait à la tête du Parlement apporter les remontrances, tint tête à Louis XI, ne s'émut point de ses menaces, offrit sa démission et celle de ses collègues. Le roi, radouci tout à coup, aurait remercié pour ces bons conseils, et docilement eût révoqué l'édit.

Cette bravoure des parlementaires n'est pas bien sûre. Ce qui l'est, c'est que leurs gens, tout le peuple de robe, recommençaient dans Paris la maligne petite guerre qu'ils lui avaient faite au temps du Bien public.

Leurs imaginations travaillaient fort sur ce noir Plessis où l'on n'entrait plus, sur le vieux malade qu'on ne voyait pas. Ils en faisaient (à l'oreille) mille contes effrayants, ridicules. Le roi, disait-on, dormait toujours, et, pour ne pas dormir, il avait fait venir des bergers du Poitou, qui jouaient de leurs instruments devant lui, sans le voir... Autres contes plus sombres : les médecins faisaient, pour le guérir, « de terribles et merveilleuses médecines »... Et, si vous aviez voulu savoir absolument quelles médecines on entendait, on aurait fini par vous dire bien bas que pour rejeunir sa veine épuisée, il buvait le sang des enfants.

Il est curieux de voir comme, à mesure que le roi baisse, le greffier qui écrit la chronique scandaleuse devient hostile, hardi. Après avoir parlé des bergers et des musiciens : « Il fit venir aussi, dit-il, grand nombre de bigots, bigotes et gens de dévotion, comme ermites et saintes créatures, pour sans cesse prier Dieu qu'il ne mourût pas. »

Il s'obstinait à vouloir vivre. Il avait obtenu du roi de Naples qu'il lui envoyât « le bon saint homme » François de Paule ; il le reçut comme le page, « se mettant à genoux devant lui, afin qu'il lui plût allonger sa vie ».

Sauf ces pauvretés et ces bizarreries de malade, il avait son bon sens. Il alla voir le dauphin, et lui fit jurer de ne rien changer aux grands offices, comme il l'avait fait lui-même, à son dommage, lors de son avènement. Il lui recommanda d'en croire les princes de son sang (il voulait dire Beaujeu), de se fier à du Bouchage, Guy Pot et Crèvecœur, à Dat et maître Olivier.

De retour au Plessis, il prit son parti, et ordonna à tous ses serviteurs d'aller rendre leurs respects « au Roi ».

C'est ainsi qu'il désigna le dauphin.

Tout superstitieux qu'il pouvait être, il ne donna pas grande prise aux prêtres, qui ne demandaient pas mieux que de profiter de son affaiblissement. Son évêque, celui de Tours, près duquel il vivait et dont il avait demandé les prières, en prit occasion pour le conseiller, lui dire qu'il devrait alléger les taxes et surtout amender tant de choses qu'il avait faites contre les évêques. Il en avait, il est vrai, tenu en prison trois ou quatre, Balue entre autres, de plus fait arrêter le légat à Lyon. Le roi répondit que pour parler ainsi, il fallait être bien ignorant des affaires, n'en pas connaître les nécessités, ou plutôt être ennemi du roi et du royaume, vouloir le perdre. Il dicta une lettre au chancelier, forte et sévère, le chargea de réprimander vertement l'archevêque et de « faire justice ». Le chancelier fit la semonce, et rappela au prélat que le roi était sacré, tout aussi bien que les évêques, et sacré de la sainte ampoule qui venait du ciel.

La sainte ampoule fut le dernier remède auquel le roi s'avisa de recourir. Il la demanda à Reims, et, sur le refus de l'abbé de Saint-Rémy, il obtint du pape autorisation de la faire venir. Il avait l'idée de s'oindre de nouveau et de renouveler son sacre, pensant apparemment qu'un roi sacré deux fois durerait davantage.

Il avait bien recommandé qu'on l'avertît doucement de son danger.

Ceux qui l'entouraient n'en tinrent compte, et lui dirent durement, brusquement, qu'il fallait mourir. Il expira le 24 août 1483, en invoquant Notre-Dame d'Embrun.

Il avait donné en finissant beaucoup de bons conseils, réglé sa sépulture. Il voulait être enterré à Notre-Dame de Cléry, et non à Saint-Denis avec ses ancêtres.

Il recommandait qu'on le représentât sur son tombeau, non vieux, mais dans sa force, avec son chien, son cor de chasse, en habit de chasseur.

Chronologie

Avant Jésus-Christ

Entre 1800 et 1200 : Une civilisation pro-celtique, venue d'Allemagne du Sud, gagne une partie de l'Europe centrale et occidentale.
1600 Début de l'époque mycénienne.
Vers 1250 Guerre légendaire de Troie.
Vers 1200 Invasions doriennes.

Entre 1200 et 750 : Plusieurs vagues d'invasions celtes étendent leur influence jusqu'au sud de la Gaule et en Espagne.
Vers 1030 Saül, roi des Hébreux.
962-931 Règne de Salomon.
776 Début des Olympiades.
753 Fondation de Rome.

Entre 725 et 480 : La civilisation celtique du premier âge du fer – ou civilisation de Hallstatt – s'établit dans la Gaule de l'Est.
660 Fondation de Byzance.
Vers 600 Fondation de Marseille par des Grecs venus de Phocée (Ionie) – *La Dame d'Auxerre.*
551-479 Vie de Confucius.
592 Réformes de Solon à Athènes.
509 Fondation de la République romaine.

Du 5e siècle au 2e siècle : La civilisation celtique du 2e âge du fer – ou civilisation de la Têne – touche la Gaule tout entière.
490 Première guerre médique. Bataille de Marathon.
480 Deuxième guerre médique. Bataille de Salamine.
472 Eschyle : *Les Perses.*
447-438 Construction du Parthénon.
443 Périclès.
441 Sophocle : *Antigone.*
431 Guerre du Péloponnèse.

428-347 Vie de Platon.
404 Régime des Trente à Athènes.

Début du 4e siècle : Les Gaulois apparaissent en Italie.
399 Procès et mort de Socrate.
396 Prise de Milan par les Gaulois.
388 Les Gaulois pillent Rome.
359 Avènement de Philippe de Macédoine.
350 Prise de Bologne par les Gaulois.
340 Guerre entre Philippe et Athènes. Première guerre samnite.
338 Victoire de Rome sur les Latins.
330 Avènement d'Alexandre le Grand.
327-324 Deuxième guerre samnite. Alexandre en Inde.
323 Mort d'Alexandre à Babylone.

3e siècle : Les Belges s'installent au nord de la Gaule.
298 Troisième guerre samnite.
281 Migration des Gaulois transalpins vers la Grèce et l'Asie.
278 Les Gaulois parviennent à Delphes.
277-275 Les Gaulois s'installent en Thrace et au cœur de l'Asie Mineure.
271 Achèvement de la conquête de l'Italie du Sud par Rome.
264 Première guerre punique.
225 Dernière invasion des Gaulois dans l'Italie péninsulaire. Ils sont écrasés au cap Télamon.
222 Rome réduit les Boïes et les Insubres.
219 Deuxième guerre punique.
218 Hannibal traverse la Gaule méridionale et les Alpes. Il soulève les Gaulois cisalpins.
217 Bataille de Trasimène.
216 Bataille de Cannes.
201 Annexion de l'Espagne.

A partir de 200 : Reconquête par Rome de la Gaule cisalpine et soumission des tribus ligures.
181 Pour lutter contre la piraterie ligure dans la région de Nice, Marseille demande l'aide des Romains.
Vers 160 Règne du chef arverne Luern.
154 Les Romains battent à Antibes les tribus de la côte méridionale de la Gaule. Révolte des Celtibères.
148 La Macédoine devient province romaine.
146 Destruction de Carthage. La Grèce devient province romaine.
133-121 Rome : gouvernement des Gracques.
Vers 130 Bituit succède à Luern.

Après 125 : Conquête de la Provence par les Romains.
118 Fondation de Narbonne.
113 Les Cimbres et les Teutons envahissent le Norique.
105 Les Cimbres et les Teutons infligent aux Romains le désastre d'Orange.

104	Les armées romaines se concentrent dans la région d'Aix-en-Provence, sous le commandement de Marius.
102	Bataille d'Aix-en-Provence.
101	Bataille de Verceil.
Vers 91	Guerre sociale en Italie.
82	Dictature de Sylla.
Vers 80	Soulèvement de Celtill, père de Vercingétorix.
74	Seconde guerre de Mithridate.
70	Consulat de Pompée.
Vers 66	Victoire de Pompée sur Mithridate.
64	Annexion de la Syrie par les Romains.
63	Consulat de Cicéron.
62-61	Révolte des Allobroges, sous le commandement de Catugnat.
61	Arioviste envahit la Gaule.
59	Les Helvètes pénètrent en Gaule. Consulat de César.
58	Victoires de César sur les Helvètes et Arioviste.
57	Installation de l'autorité romaine en Gaule. Campagne de César en Belgique.
56-54	Campagnes de César en Armorique, Germanie et Bretagne.
55	Les Usipiens et les Tenctères passent en Gaule.
54-53	Insurrections en Gaule.
52	Défaite de César devant Gergovie.
51	Prise d'Alésia par les Romains.
49	Siège de Marseille.
48-47 et 45-44	Dictature de César.
46	Vercingétorix est étranglé dans sa prison.
44	Assassinat de César.
43	Munatius Plancus fonde la colonie de Lugdunum (Lyon).
43-33	Second triumvirat.
31	Victoire d'Octave à Actium.
27	Octave prend le titre d'Auguste ; début de l'Empire romain.
19	Mort de Virgile.
16	Dédicace de la Maison Carrée à Nîmes.
15	Campagnes de Tibère et de Drusus dans les Alpes.

Ère chrétienne

6	Révolte en Germanie.
9	Désastre de Varus.
14	Principat de Tibère.
16	Julius Caesar, dit Germanicus, rétablit l'ordre en Germanie.
21	Révolte des peuples de l'est et du sud-ouest de la Gaule.

30	Prédication et mort du Christ.
37	Principat de Caligula.
41	Principat de Claude.
43	Début de la conquête de la Bretagne.
47	Claude propose de faire entrer au Sénat les notables gaulois.
54	Principat de Néron.
64	Incendie de Rome ; persécution des Chrétiens.
66	Révolte des Juifs.
68	Soulèvement de Vindex en Gaule.
69	Principat de Vespasien.
70	Répression de la révolte de Civilis en Gaule. Prise de Jérusalem par Titus.
85-92	Première guerre de Dacie.
98	Principat de Trajan.
101	Deuxième guerre de Dacie.
105-107	Dernière guerre de Dacie.
114-117	Campagnes de Trajan en Arménie et en Parthie.
117	Principat d'Hadrien.
134	Diaspora des Juifs.
137	Principat d'Antonin.
161	Principat de Marc Aurèle.
180	Principat de Commode.
186	Soulèvement de Maternus en Gaule.
193	Principat de Septime Sévère.
195	Campagnes romaines contre les Arabes et les Parthes.
197	Bataille de Lyon. Suicide d'Albinus.
208-211	Septime Sévère guerroie en Bretagne.
211	Principat de Caracalla.
212	Le droit de cité romain est étendu à tous les sujets de l'Empire.
218	Principat d'Élagabal.
235	Assassinat d'Alexandre Sévère.
248	Dèce se proclame empereur.
250	Persécution de Dèce.
251	Défaite de Dèce devant les Goths.
253	Invasion des Francs et des Alamans en Gaule.
258	Postumus fonde l'Empire gaulois.
267	Les Goths à Athènes. Zénobie, reine de Palmyre.
268	Autun se sépare de l'Empire gaulois.
269	Apparition des Bagaudes en Gaule.
270	Principat d'Aurélien.
273	Bataille de Châlons-sur-Marne. Chute de l'Empire gaulois.
276	Les Barbares franchissent le limes et dévastent la Gaule. Victoire de Probus.
282	Assassinat de Probus.
284	Principat de Dioclétien.
288	Usurpation de Carausius en Bretagne.

293	Constance Chlore nommé César.
296	Soumission de la Bretagne, où s'était maintenu Allectus, successeur de Carausius.
289-299	Invasions germaniques, stoppées par Constance Chlore.
303	Grande persécution de Dioclétien.
306-312	Guerre civile à Rome : fin de la tétrarchie.
312	Constantin Ier Auguste. Conversion de Constantin.
314	Premir concile d'Arles. Premier partage de l'empire.
324	Constantin, seul Auguste.
325	Premier concile de Nicée.
337	Mort de Constantin.
350-353	Usurpation de Magnence.
352	Invasion de la Gaule du Nord-Est par les Francs et les Alamans.
355	Julien, frère de Gallus, est envoyé en Gaule pour combattre les Alamans.
357	Victoire de Julien à Strasbourg.
360	Julien proclamé empereur par ses soldats. Hilaire de Poitiers : *Hymnes*.
363	Mort de Julien.
365	Une invasion franque est repoussée en Gaule par Jovin.
373-397	Saint Martin, évêque de Tours.
375	Première migration des Barbares dans l'empire. Invasion des Goths.
379	Théodose, empereur.
382	Le canon de la messe est traduit en latin.
383	Soulèvement des populations celtiques de Gaule et de Bretagne.
392	Le Franc Arbogast pousse Eugène à l'empire.
394	Bataille de la Rivière Froide.
Vers 395	Naissance d'Attila.
395	Honorius, empereur d'Occident ; Arcadius, empereur d'Orient. Les Huns envahissent l'empire d'Orient.
396-430	Saint Augustin : *Commentarii in psalmos ; De Musica*.
Avant 397	Saint Ambroise : *Hymnes*.
397-401	Saint Augustin : *Les Confessions*.
398	Édit d'Honorius et Arcadius sur l'hospitalité.

Le Moyen Age

Vers 400	Établissement des Francs dans le pays de Waes.
400	Consulat de Stilicon.
401-403	Première tentative d'Alaric en Italie.
405-406	Les Ostrogoths tentent d'envahir l'Italie.
406	Les Vandales et les Suèves franchissent le Rhin.
407	La Bretagne est évacuée par les garnisons romaines.

408 Théodose II, empereur. Assassinat de Stilichon à Pavie.
409 Nomination, à Strasbourg, d'un « comes ». Vandales, Alains et Suèves pénètrent en Espagne.
410 Prise de Rome par Alaric.
412-426 Saint Augustin : *La Cité de Dieu.*
412 Les Goths s'établissent en Aquitaine.
413 Les Burgondes s'installent à l'ouest du Jura.
414 Les Goths en Espagne.
422 Empire d'Orient : Paix de Cent Ans avec la Perse.
425 Valentinien III, empereur d'Occident. Les Vandales, maîtres de l'Espagne méridionale.
429 Les Vandales débarquent en Afrique du Nord.
Vers 430 Les Francs poussent jusqu'à Cambrai.
430 Condamnation de Nestorius. Mort de saint Augustin.
Vers 434 Avènement d'Attila.
435 Grande révolte bagaude en Gaule. Évangélisation de l'Irlande.
439 Prise de Carthage par Genséric. Code théodosien.
440-461 Léon le Grand, pape.
441 Guerre entre Attila et Théodose II.
442 Conquête de la Bretagne par les Angles et les Saxons.
443 Établissement des Burgondes en Savoie.
Après 446 : Les Bretons s'installent en Armorique.
448 Attila envahit les Balkans.
450 Marcien, empereur.
451 Raid des Huns en Gaule. Bataille du Campus Mauriacus.
452 Attila marche sur l'Italie, puis renonce à la conquête.
453 Mort d'Attila.
454 Assassinat d'Aetius.
455 Meurtre de Valentinien III. Genséric prend Rome et la pille.
457 Léon Ier, empereur.
460 Échec de l'expédition d'Afrique.
466 Naissance de Clovis.
468-477 Conquête de l'Espagne par le roi wisigoth Euric.
469 Euric bat les Romains à Déols.
474 Empire d'Orient : Zénon contre les Goths.
476 Fin de l'empire d'Occident. Prise de Rome par les Hérules. Zénon, empereur d'Orient. Paix avec Genséric.
477 Euric conquiert la Provence. Débarquement d'Aelle en Sussex.
482 Avènement de Clovis.
486 Clovis bat Syagrius à Soissons.
487 Les Ostrogoths attaquent Constantinople.
489 Théodoric envahit l'Italie.
491-518 Règne d'Anastase Ier.
493 Théodoric, maître de l'Italie.
Vers 494 Victoire de Clovis sur les Alamans (bataille dite de Tolbiac).
496 Conversion de Clovis.

Vers 500	*Édit* de Théodoric. Mouvement mazdakiste en Iran.
501	Publication de la *Loi Gombette* chez les Burgondes.
502	Empire d'Orient : guerre contre la Perse.
504-505	Victoires de Théodoric en Illyricum.
505	Les Bulgares et les Slaves ravagent la Thrace.
506	Publication du *Bréviaire* d'Alaric chez les Wisigoths.
507	Clovis bat les Wisigoths à Vouillé.
508-511	Publication de la *Loi Salique* chez les Francs.
508	Théodoric s'empare de la Provence.
511	Concile d'Orléans. Mort de Clovis.
523	Théodoric et les fils de Clovis se partagent le royaume burgonde.
524	Boèce exécuté par Théodoric.
526	Mort de Théodoric. Début de la construction de San Vitale de Ravenne.
527	Avènement de Justinien. Guerre contre la Perse.
Vers 529	Saint Benoît fonde l'abbaye du Mont-Cassin.
529	Le *Kyrie* et le *Sanctus*, chantés à toutes les messes. Publication du *Code Justinien*. Fermeture de l'Université d'Athènes.
530	Bélisaire bat les Perses à Dara.
530-537	Les Francs conquièrent la Provence, la Thuringe et le royaume burgonde.
532	La sédition Nika. Paix entre Byzance et la Perse.
533	Publication du *Digeste* et des *Institutes*. Prise de Carthage par les Byzantins.
535	Début de la reconquête byzantine de l'Italie.
536	Les Byzantins prennent Rome et Naples.
538	Les Ostrogoths mettent à sac Milan.
540	Saint Benoît rédige la *Règle*. Naissance de saint Colomban. Empire d'Orient : reprise de la guerre perse. Chosroès Ier investit Antioche.
546	Prise de Rome par Totila, roi des Ostrogoths.
547	Mort de saint Benoît.
552	Narsès prend Naples. Mort de Totila.
554	Pragmatique Sanction impériale.
557	Empire d'Orient : paix avec Chosroès.
561	Après la mort de Clotaire, ses fils se partagent le royaume franc.
565	Mort de Justinien ; Justin II lui succède.
568	Les Lombards envahissent l'Italie. Les Avars sur le Danube.
571	Victoire des Saxons à Bedcan Ford.
572	Chute de Pavie. Empire d'Orient : guerre contre la Perse.
573	Début de la première guerre entre Chilpéric et Sigebert.
573-593	Épiscopat de Grégoire de Tours.
579	Les Bretons s'avancent jusqu'à Rennes et Nantes.
581	Empire d'Orient : victoire de Maurice sur les Perses à Constantina.
582	Maurice, empereur d'Orient.
584	Meurtre de Chilpéric. Empire d'Orient : création des exarchats de Ravenne et Carthage.

587 Les Gascons s'établissent en Aquitaine.
589 Le roi wisigoth Récarède abjure l'arianisme.
590 Apparition en Gaule des moines irlandais.
591-604 Pontificat de Grégoire le Grand.
596 Mission d'Augustin en Grande-Bretagne. Invasion des Avars en Thuringe.
597 Mort de Frédégonde. Conversion du roi de Kent, Aethelbehrt.
Vers 600 Apogée de la civilisation maya au Mexique.
600-650 Les Bulgares et les Slaves s'établissent dans les Balkans.
602 Empire d'Orient : assassinat de Maurice ; couronnement de Phocas.
608 Révolte d'Héraclius à Carthage.
610 Saint Colomban fonde le monastère de Luxeuil. Empire d'Orient : avènement d'Héraclius.
613 Supplice de Brunehaut. Clotaire II, seul roi des Francs.
614 Les Sassânides prennent Jérusalem.
615 Mort de saint Colomban.
616 Raedwald, roi d'East-Anglie. Edwin, roi de Northumbrie.
621 Avènement du roi wisigoth Svintila en Espagne.
622 Empire d'Orient : victoires d'Héraclius sur les Perses. L'Hégire.
625 Edwin épouse Éthelburge, fille du roi de Kent.
Vers 627 Fondation du monastère de Saint-Gall.
627 Conversion d'Edwin de Northumbrie. Empire d'Orient : victoire d'Héraclius à Ninive ; Héraclius, basileus.
629 Avènement de Dagobert. Les Byzantins sont définitivement chassés d'Espagne.
630 Mahomet, maître de La Mecque.
631 Fondation du monastère de Solignac par saint Éloi.
632 Avènement de Penda, roi de Mercie. Mort de Mahomet.
633 L'adoption du rite hispanique est autorisé par le concile de Tolède. Mort d'Edwin de Northumbrie ; Oswald lui succède.
634 Dagobert doit reconnaître l'indépendance de l'Austrasie avec, pour roi, son fils Sigebert II. Victoire d'Oswald de Northumbrie sur les Bretons à Hexham.
635 Fondation du monastère de Lindisfarne.
636 Mort d'Isidore de Séville.
638 Les Arabes s'emparent de Jérusalem et d'Antioche.
639 Mort de Dagobert.
642 Oswald est tué par Penda, roi de Mercie. Les Arabes prennent Alexandrie.
643 Soumission de la Tripolitaine par les Arabes.
653 Conversion des Lombards au catholicisme. Constant II fait arrêter et condamner le pape Martin Ier.
654 Prise de Rhodes par les Arabes.
656 Meurtre d'Othman. Ali, calife.
657 Ébroïn, maire du palais de Neustrie et de Bourgogne.
Vers 660 Installation des Bulgares dans la Dobroudja.

661	Victoire du Syrien Moawiya ; Ali est assassiné.
662	Les Musulmans prennent Caboul.
663	Saint Léger, évêque d'Autun à l'appel de la reine sainte Bathilde. Constant II passe en Italie.
664	Synode de Witby.
668	Constant II est assassiné ; son fils Constantin Pogonat lui succède.
669	Théodore, évêque de Canterbury.
670	Fondation de Kairouan.
673-677	Siège de Constantinople par les Musulmans.
678	Martyre de saint Léger. Début de l'évangélisation de la Frise par Wilfred d'York.
679	Installation des Bulgares au sud du Danube.
680	Ébroïn bat Pépin de Herstal, maire du palais d'Austrasie, à Leucofao. Révolte à Médine ; formation du parti chiite.
Vers 681	Ébroïn meurt, assassiné.
681	Concile de Constantinople.
687	Pépin de Herstal triomphe des Neustriens à Tertry ; il devient maire du palais de Neustrie et de Bourgogne.
688	Naissance de Charles Martel, fils de Pépin de Herstal.
690	Willibrord, disciple de Wilfred d'York, évangélise les Frisons.
695-696	Willibrord, archevêque d'Utrecht.
698	Willibrord fonde le monastère d'Echternach au Luxembourg. Les Musulmans s'emparent de Carthage.
Vers 700	Premiers établissements norvégiens dans les archipels écossais.
711-713	Conquête arabo-berbère de l'Espagne.
713	Luitprand, roi des Lombards.
714	Mort de Pépin de Herstal. Charles Martel s'empare du pouvoir dans le nord de la Gaule.
716	Première mission de Boniface en Germanie.
719	Boniface évangélise la Hesse et la Thuringe.
Vers 721	Eudes, duc d'Aquitaine, repousse les Arabes à Toulouse.
722	Boniface, évêque de Germanie.
724	Fondation du monastère de Reichenau.
725	Les Musulmans prennent Carcassonne et Autun.
726	Début de la Querelle des Images.
728	Prise de Bologne et de Sutri par les Lombards.
731	Bède le Vénérable : *Histoire écclésiastique des Angles*.
732	Charles Martel arrête les Musulmans d'Abd el Rahman à Poitiers.
735	Mort de Bède le Vénérable.
739	Siège de Rome par les Lombards. Défaite écrasante du calife à Akroinion.
740	Soulèvement des Berbères Kharidjites en Afrique du Nord.
741	Mort de Charles Martel.
742	Boniface entreprend la réforme de l'église franque. Naissance de Charlemagne, fils de Pépin le Bref.
744	Mort de Luitprand.

747 Abdication de Carloman. Pépin le Bref, seul maire du palais. Reconquête de Chypre par Constantin V.
749 Pépin le Bref bat Guaifer et ravage le midi de la Gaule.
750 Proche-Orient : avènement des Abassides.
751 Pépin le Bref est élu roi des Francs à Soissons. Ravenne tombe aux mains des Lombards.
754 Pépin le Bref est sacré par le pape Étienne II. Il conduit une expédition contre les Lombards en Italie. Mort de saint Boniface.
756 Deuxième expédition franque en Italie. Traité de Pavie.
757 Avènement d'Offa, roi de Mercie.
759 Pépin le Bref reprend Narbonne aux Arabes.
762 Révolte des partisans d'Ali à Médine. Fondation de Bagdad.
768 Mort de Pépin le Bref.
771 Mort de Carloman ; Charlemagne, seul roi des Francs. Didier, roi des Lombards, investit Rome.
772 Première expédition de Charlemagne en Saxe. Charlemagne fixe sa résidence à Aix-la-Chapelle.
773 Apparition de la numération arabe.
774 Charlemagne oblige Didier à capituler et se fait couronner roi des Lombards.
775 Charlemagne passe la Weser. Soumission des Saxons Angariens.
776 Concile de Worms.
777 Charlemagne baptise les Saxons à Paderborn.
778 Le Saxon Widukind soulève la Westphalie. Les Francs guerroient en Espagne. Ils sont défaits à Roncevaux.
779 Reprise de la guerre de Saxe. Bataille de Buckholz.
781 Réorganisation monétaire du royaume franc. Louis, fils de Charlemagne, roi d'Aquitaine. Ligue des Bavarois et des Lombards.
782 Alcuin en Gaule. Widukind écrase les Francs à Sündtal.
783-785 Conquête de la Saxe par Charlemagne. Reddition de Widukind.
786 Révolte des partisans d'Ali à Médine.
787 Second concile de Nicée.
788 Charlemagne annexe et réorganise la Bavière. Idriss Ier tente de se rendre indépendant au Maroc.
791 Charlemagne combat les Avars, alliés à Tassilon, duc de Bavière.
791-842 Alphonse II, roi de Léon.
792 Nouveau soulèvement de la Saxe.
793-797 Campagnes de Charlemagne pour soumettre la Saxe.
793 Premières incursions scandinaves en Angleterre.
794 Le concile de Francfort condamne l'adoptianisme.
795 Charlemagne soumet les Avars. Léon III succède à Adrien Ier.
796 Offa signe un traité de commerce avec Charlemagne. Mort d'Offa.
796-805 Construction de la chapelle palatine d'Aix.
797 Irène détrône Constantin VI.
799 Premières attaques des Normands en Gaule.
Avant 800 Fondation de l'émirat aghlabite de Kairouan.
800 Charlemagne est couronné empereur à Rome.

801	Les Francs s'emparent de Barcelone. Incursion des Sarrasins en Corse.
802	Egbert le Grand, roi du Wessex. Nicéphore Ier détrône Irène.
803	Paix de Salz. Rupture entre Charlemagne et Byzance.
804	Mort d'Alcuin à Tours.
806	Charlemagne partage ses états entre ses trois fils : Pépin, Louis et Charles.
808	Fondation de Fez.
809	Mort de Haroûn el Rachid.
811	Bataille de Virbitza.
812	Le concile de Tours décide de transposer les homélies en langue romane rustique (fondation de la littérature française). Paix entre Charlemagne et Byzance.
813	Charlemagne couronne empereur son fils Louis. Révolte du Faubourg à Cordoue. Victoire des Bulgares sur Byzance.
814	Mort de Charlemagne. Louis le Pieux réforme les évêques, les monastères, le palais.
817	*Ordinatio imperii.*
Vers 820	Premières incursions normandes en Gaule.
820	Léon l'Arménien est assassiné.
Vers 821	Éginhard : *Vita Karoli.*
821-823	Révolte de Thomas le Slave.
822	Louis le Pieux veut faire une pénitence publique. Tahir se rend indépendant au Khorassan.
825	Bataille d'Ellendun. Prise de la Crète par les Musulmans.
827	Début de la conquête de la Sicile par les Sarrasins.
829	Révolte de Lothaire contre son père Louis le Pieux.
830-831	Conquête de Palerme par les Arabes.
832	Fondation de la Maison de la Sagesse à Bagdad.
833	Déposition de Louis le Pieux par ses fils au Lügenfeld.
Après 834 :	Les attaques normandes contre la Gaule deviennent annuelles.
834-835	Lothaire, abandonné, s'enfuit en Italie.
838	Les Musulmans prennent Ancyre et Amorium. Première ambassade varègue à Constantinople.
839	Création d'un royaume normand en Irlande.
840	Les Sarrasins s'emparent de Tarente. Mort de Louis le Pieux.
841	Pépin et l'Aquitaine se joignent à Lothaire contre les rois de Germanie et de Neustrie. Défaite de Lothaire à Fontenaille.
842	Alliance et serment de Charles et Louis.
843	Traité de Verdun.
844	Raid normand en Espagne.
845	Hincmar, archevêque de Reims.
846	Raid sarrasin sur Rome.
847-861	Règne du calife Al-Motawakkil.
848	Fondation de l'abbaye Saint-Martial à Limoges.
Vers 850	Aurélien de Réomé : *De Musica.*

850 Les Normands s'établissent de façon permanente à l'embouchure de la Seine et de la Loire.
851 Indépendance de la Bretagne.
853 Expédition Byzantine en Égypte.
855 Mort de Lothaire Ier.
858 Avènement de Nicolas 1er.
859 Incursion normande en Italie.
Vers 860 Les Petchénègues prennent l'Ukraine aux Khazars.
862 Début de la mission de Cyrille et Méthode chez les Moraves.
864 Conversion des Bulgares.
867 Les Scandinaves s'établissent à York. Basile 1er fonde la dynastie macédonienne.
870 Les Normands conquièrent l'Est-Anglie : bataille de Thetford.
871 Avènement d'Alfred le Grand en Angleterre. Reprise de Bari aux Musulmans.
872 Ahmed ibn-Touloun se rend indépendant en Égypte.
874 Le roi de Mercie abandonne ses états aux Normands.
875 Charles le Chauve est couronné empereur d'Occident.
877 Capitulaire de Quierzy. Mort de Charles le Chauve. Invasion d'Ahmed ibn-Touloun en Syrie et en Palestine.
878 Bataille d'Éthandun. Conversion du roi de Danemark.
879 Schisme de Photius. Paix de Wedmore.
Vers 880 Les Hongrois atteignent les Carpates.
880 *Cantilène de sainte Eulalie.*
881 Charles le Gros, empereur d'Occident.
882 Mort de Hincmar.
885-886 Le comte Eudes repousse les Normands devant Paris. Alfred, roi des Anglo-Saxons, reprend Londres.
887 Déposition de Charles le Gros.
888 Les Grands élisent Eudes roi de France.
893-927 Syméon, premier tzar des Bulgares.
893 Charles le Simple est couronné roi de France.
894 Nouvelle guerre entre Bulgares et Byzantins.
895 Les Hongrois s'installent dans la plaine danubienne.
898 Charles le Simple, successeur d'Eudes.
900 Raid hongrois en Bavière. Les Sarrasins s'intallent en Provence.
900-925 Règne d'Édouard l'Ancien.
904 Les Bulgares occupent l'Albanie et la Macédoine.
909 Conquête de l'Afrique du Nord par les Fatimides.
910 Guillaume le Pieux fonde l'abbaye de Cluny. Les Hongrois écrasent l'armée impériale.
911 Par le traité de Saint-Clair-sur-Epte, Charles le Simple concède le pays de Caux à Rollon, chef des Normands. Extinction de la dynastie carolingienne de Germanie.
912 Naissance d'Otton le Grand.
913 Premier raid hongrois en Lorraine. Syméon attaque Constantinople. Abou Tahir, chef du mouvement kharmate.

913-959	Règne de Constantin Porphyrogénète.
914	Nouvelle attaque de Syméon contre Constantinople. Prise d'Andrinople.
Vers 915	Mort de Tuotilon à Saint-Gall.
917	Expédition hongroise en Lorraine.
919	Syméon occupe la Thrace et la Grèce.
921	Les Hongrois déferlent sur l'Italie.
924	Les Hongrois envahissent le Languedoc. Siège de Constantinople par les Bulgares.
925-940	Règne d'Éthelstan.
926	Les Hongrois parviennent jusqu'à Rome.
928	Les Byzantins prennent Théodosiopolis.
929	Proclamation du califat de Cordoue.
930	Prise de La Mecque par Abou Tahir.
935	Mort d'al-Ach'arî.
936	Avènement d'Otton le Grand.
937	Raids hongrois en Berry et à Rome.
939	Otton le Grand écrase les féodaux à Andernach.
944	Otton le Grand impose son autorité à la Lorraine.
945	Installation du régime bouyide à Bagdad.
948	Synode d'Ingelheim. Hambourg, métropole des pays scandinaves.
950-986	Règne d'Harald Blaatand ; unification du Danemark.
950-1000	*Vie de saint Léger*, un des premiers textes littéraires en langue romane.
951	Otton le Grand, roi d'Italie.
954	Raid hongrois en Allemagne et en France.
955	Victoires d'Otton le Grand sur les Hongrois et sur les Slaves.
Après 960 :	Les Hongrois se fixent dans les plaines du Moyen-Danube.
961	Les Byzantins conquièrent la Crète.
962	La candidature d'Otton le Grand s'est imposée à tous : il est couronné empereur à Rome par le pape Jean XII.
963	Otton le Grand dépose Jean XII.
964	Otton le Grand dépose Benoît V.
967	Reprise de la guerre entre Byzance et les Bulgares.
968	Otton le Grand fonde l'évêché de Magdebourg.
969	Conquête de l'Égypte par les Fatimides. Fondation du Caire. Les Byzantins s'emparent d'Antioche.
972	Gerbert commence son enseignement à Reims. Fondation de l'évêché de Prague. Les Sarrasins chassés de Provence. Mariage de l'héritier d'Otton le Grand avec une princesse byzantine.
972-1008	Éclat de l'école épiscopale de Liège, sous l'évêque Notger.
973	Mort d'Otton le Grand. Avènement d'Otton II.
Vers 975	Décoration à Winchester du *Benedictional* d'Athelwold.
975	Les Byzantins prennent Damas.
976	Avènement de Basile II.
976-1002	Ibn Abi-Amir gouverne en Espagne.

977-1014	Samuel, tzar des Bulgares.
980	Les Danois envisagent de conquérir la Grande-Bretagne.
Vers 980-1037	Vie d'Avicenne.
982	Otton II est vaincu au cap Colonne par les Sarrasins.
983	Les Bulgares envahissent la Thessalie. Mort d'Otton II.
983-1002	Règne d'Otton III.
985	Baptême d'Étienne de Hongrie.
986	Les Bulgares conquièrent l'Albanie.
987	Élection d'Hugues Capet roi de France.
988	Conquête de la Syrie par les Fatimides.
989	Début du mouvement de la Paix de Dieu en Aquitaine. Vladimir, prince de Kiev, se convertit au christianisme.
990	Synode du Puy.
991	Éthelbred, descendant d'Alfred le Grand, est écrasé par les Danois à Maldon.
992	Premier traité de commerce entre Byzance et Venise.
992-1025	Règne de Boleslas Chrobri en Pologne.
996	Mort d'Hugues Capet. Bulgares chassés de Grèce. Législation de Basile II contre la féodalité.
997-1030	Règne de Mahmoud de Ghazna.
997-1038	Règne de saint Étienne de Hongrie.
999	Gerbert élu pape (Silvestre II). Otton III fixe sa capitale à Rome.
1000	Svend, roi de Danemark.
1001	Basile II part à la conquête de la Bulgarie.
1002	Espagne : mort d'Ibn abî Amir-al-Mançoûr.
1004-1028	Fulbert de Chartres : *Hymnes ; Répons.*
1006-1019	Construction du narthex de Saint-Philibert de Tournus.
1009	Début de l'activité des aventuriers normands en Italie du Sud.
1012	Les Normands de Normandie soumettent la Bourgogne.
1014	Bataille de Clontarf : fin de la domination normande en Irlande. Les Danois s'emparent de Londres. Knut succède à son père Sven à la tête du Danemark. Basile II écrase les Bulgares à Stoumitza. Samuel de Bulgarie meurt de chagrin.
1015	Installation de comptoirs génois et pisans en Sardaigne.
1017	Knut se déclare l'héritier d'Edmund Côte-de-Fer et se fait nommer roi d'Angleterre. Il épouse Emma, veuve d'Ethelred II.
1018-1032	Construction de l'abbatiale de Ripoll.
1024-1039	Règne de Conrad II.
Avant 1025	Byzance absorbe l'Arménie.
1025	Mort de Basile II.
1026-1027	Pèlerinage à Rome de Knut le Grand.
1028	Knut le Grand conquiert la Norvège.
1030	Premières manifestations du mouvement communal en Italie. Knut le Grand, roi de Norvège.
1031	Disparition de la dynastie ommayade d'Espagne.
1033	Consécration de Saint-Michel d'Hildesheim.

1035	Mort de Knut le Grand : il laisse la Norvège à son fils Sven, l'Angleterre à Harold et le Danemark à Knut III.
1039	Victoire des Seldjoucides sur Masoud à Dondakan.
1040	*Vie de saint Alexis* (en décasyllabes).
1047	Robert Guiscard, fils de Tancrède de Hauteville, rejoint ses frères en Italie.
1052	Invasion hillalienne au Maghreb.
1053	Robert Guiscard bat l'armée pontificale.
1054	Les comtes de Flandre créent Lille.
1055	Prise de Bagdad par Toghroul-beg.
1056	Henri IV, roi de Germanie.
1057	Extinction de la dynastie macédonienne. Isaac Comnène, empereur.
1059	Robert Guiscard se réconcilie avec le pape. Nicolas II décrète que, dorénavant, le pape sera élu par les cardinaux.
1060	Début de la conquête de la Sicile par Robert Guiscard.
1060-1082	Les Almoravides conquièrent le Maroc et l'Algérie.
1062-1066	Construction de l'abbaye aux Dames de Caen.
1063	Expédition chrétienne dans la vallée de l'Ebre.
1064-1065	Ferdinand Ier de Castille organise des raids sur Coïmbre et Valence.
1065-1100	*La Chanson de Roland.*
1066	Guillaume le Conquérant s'assure le trône d'Angleterre par sa victoire d'Hastings sur le roi Harald II. Les comtes de Flandre créent Ypres.
1069	Manifestation communale au Mans.
1070	Lanfranc devient archevêque de Canterbury. Réforme de l'église anglaise.
1071	Prise de Bari par Robert Guiscard. Romain Diogène est écrasé à Mantzikert par Alp-Arslan.
1073	Avènement de Grégoire VII (saint Hildebrand).
1074-1075	Grégoire VII : *Dictatus papae.*
1075	Début de la *querelle des Investitures.*
1076	A l'assemblée de Worms, l'empereur Henri IV fait déposer le pape. Grégoire VII riposte en excommuniant l'empereur et en déliant ses sujets du serment de fidélité.
1077	Henri IV Implore son pardon à Canossa. Abolition du rite hispanique.
1078	Saint Anselme, abbé du Bec.
Vers 1080	Proche-Orient : organisation de la secte des Assassins.
1080	Henri IV reprend la lutte contre Grégoire VII.
1081	Avènement d'Alexis Comnène.
1081-1083	Robert Guiscard envahit les Balkans.
1082	Privilège d'Alexis Comnène aux Vénitiens.
1084	Henri IV chasse Grégoire VII de Rome et nomme un antipape (Clément III). Fondation de la Grande-Chartreuse.
1085	Mort de Grégoire VII en exil. Le roi de Castille, Alphonse VI, reprend Tolède. Rédaction du *Domesday Book* en Angleterre.
1086	Victoire des Almoravides sur les chrétiens d'Espagne.

1088 Élection d'Urbain II. Enseignement d'Irnérius à Bologne. Saint Hugues commence la construction de la grande abbatiale de Cluny.
1089 Les Petchénègues envahissent la Thrace.
1091 Défaite des Petchénègues au Leburnion. Naissance de saint Bernard.
1093 Formation de la Ligue Lombarde.
1094 Urbain II s'installe au Latran. Consécration de Saint-Marc de Venise. Le Cid s'empare de Valence.
1095 Concile de Plaisance. Concile de Clermont : Urbain II exhorte les assistants à délivrer les lieux saints.
1095-1127 Activité littéraire de Guillaume, duc d'Aquitaine.
1096 Les croisés populaires, partis sous l'exhortation de Pierre l'Ermite, sont exterminés par les Turcs.
1097 Les Byzantins attaquent les côtes d'Asie Mineure. Conflit entre Alexis Comnène et les Croisés.
1098 Création de l'ordre de Cîteaux. Les Fatimides s'emparent de Jérusalem.
1099 Godefroy de Bouillon délivre Jérusalem.
1100-1118 Règne de Baudouin Ier, roi de Jérusalem.
1100-1135 Règne d'Henri Ier Beauclerc.
1101 Fondation de l'abbaye de femmes de Fontevrault.
1102-1138 Règne de Boleslas Bouche-Torte en Pologne.
1103 Guillaume de Champeaux, écolâtre de Paris.
1106 Bataille de Tinchebray : Henri Beauclerc, duc de Normandie. Les Almoravides prennent Séville. Avènement d'Henri V.
1108 Renier de Huy fond la cuve baptismale de Saint-Barthélemy de Liège.
1108-1137 Règne de Louis VI le Gros.
1111 Les Almoravides prennent Saragosse.
Vers 1112 Guillaume de Poitiers : *Pas de Chantar*.
1112 Mort de Ghâzâli.
1114 Les Almoravides devant Barcelone.
1115 Saint Bernard, premier abbé de Clairvaux.
1115-1120 Sculptures du portail de Moissac.
1118 Hugues de Payns et Godefroi Saint-Amour fondent l'ordre des Chevaliers de la Milice du Temple. Naissance de Thomas Becket. Expédition de Roger II de Sicile en Tunisie. Avènement de Jean Comnène.
1119 Abélard se retire à Saint-Denis. Bataille de Brenneville.
1120-1135 Philippe de Thaon : *Lapidaire*. *Bestiaire*.
Après 1120 Construction de Saint-Front de Périgueux.
1121 Première condamnation d'Abélard (au concile de Soissons). Prise de Tiflis par les Géorgiens.
1122 Le Concordat de Worms entre le pape et l'Empereur met fin à la querelle des Investitures. Naissance de Frédéric Barberousse.
Vers 1122 Début de la prédication d'Ibn-Toumert, fondateur de la secte almohade.
1122-1126 Guerre entre Byzance et Venise.

1126 Naissance d'Averroès.
Avant 1127 Guillaume d'Aquitaine : *Chansons.*
1127 Les villes flamandes obtiennent des chartes de franchises. Zenghî à Mossoul.
1128 Création d'une commune à Marseille. Saint Bernard établit la règle des Templiers.
1130 Roger II obtient du pape le titre de roi de Sicile. Mort du mâhdi almohade Ibn-Toumert.
1131 Concile d'Étampes.
1132 Achèvement de la construction de l'église de Vézelay.
Vers 1135 Reconstruction du porche et du chœur de Saint-Denis par l'abbé Suger.
1135 Étienne de Blois, roi d'Angleterre. Roger II de Sicile occupe Djerba. Jean Comnène s'empare de Castamouni.
1137 Mariage d'Aliénor d'Aquitaine et de Louis VII. Mort de Louis VI. Début de l'influence des troubadours au nord de la Loire. Jean Comnène étend sa domination sur les Arméniens de Cilicie et sur Antioche.
Vers 1140 Le *Décret* de Gratien.
1140 Deuxième condamnation d'Abélard (au concile de Sens). *Jeu de Daniel.* Début de la construction de la chapelle palatine à Palerme.
1141 Conquête de la Transoxiane musulmane par les Kara-Kitaï.
Avant 1142 Abélard : *6 planctus.*
1142 Mort d'Abélard. Incendie de Vitry.
1143 Fondation de Lübeck. Avènement de Manuel Comnène.
1144 Prise d'Édesse par Zenghî.
Vers 1145 Portail royal de Chartres.
1147 Saint Bernard prêche la deuxième croisade. Les chrétiens prennent Lisbonne. Les Almohades débarquent en Espagne.
1148 Manuel Comnène accroît les privilèges vénitiens. Échec de la seconde croisade devant Damas.
1150 Geoffroi de Villehardouin : *Le Roman de Thèbes.* Albert l'Ours, margrave de Brandebourg.
1150-1200 *Jeu d'Adam.*
1152 Répudiée malgré l'opposition de Suger, Aliénor d'Aquitaine épouse, en secondes noces, Henri Plantagenêt. Avènement de Frédéric Barberousse.
1153 Mort de saint Bernard. Invasion des Oghouz au Khorasân.
1154 Henri Plantagenêt, roi d'Angleterre. Diète de Roncaglia ; Frédéric Barberousse veut reprendre en main les droits régaliens en Italie du Nord. Roger II s'empare de Bône. Nour-ad-Din prend Damas.
1155 Angleterre : Thomas Becket, chancelier du royaume. Frédéric Barberousse chasse Arnaud de Brescia de Rome.
1156 Frédéric Barberousse est couronné empereur.
1158 Manuel Comnène occupe Antioche.
Vers 1160 Les *Niebelungen.*
1160-1170 Marie de France : *12 lais.*

1162 Thomas Becket, archevêque de Canterbury. Destruction de Milan.
1163-1196 Construction de Notre-Dame de Paris.
1164 Promulgation des *Constitutions de Clarendon*. Thomas Becket se réfugie en France.
1165-1190 Œuvre romanesque de Chrétien de Troyes.
1167 Les Croisés occupent Le Caire.

Vers 1170 Apparition du Minnesang en Allemagne.
1170 Thomas Becket est assassiné dans sa cathédrale par deux chevaliers du roi. Béroul : *Tristan*.
1171 Massacre des Vénitiens à Constantinople.
1172 Henri II retire les *Constitutions de Clarendon*.
1173 Canonisation de Thomas Becket.
1174 Bataille d'Alnwick. Saladin prend Damas.
1176 Naissance à Lyon de la secte vaudoise. Assise de Northampton. Frédéric Barberousse vaincu à Legnano. Défaite des Byzantins par les Turcs à Myriskephalon.
1177 Paix de Venise.
1177-1236 Vie de Gautier de Coincy, auteur des *Miracles de Notre Dame*.
1180 Avènement de Philippe Auguste, roi de France. Mort de Manuel Comnène.
1183 Paix de Constance : Frédéric Barberousse reconnaît l'indépendance des villes lombardes. Prise d'Alep par Saladin.
1187 Des chevaliers allemands créent l'ordre des Chevaliers Teutoniques. Prise de Jérusalem par Saladin.
1188 « Portique de la Gloire » à Saint-Jacques-de-Compostelle.
1189 Mort d'Henri II. Richard Cœur de Lion, roi d'Angleterre.
1190 Mort de Frédéric Barberousse. Troisième croisade ; les Croisés prennent Chypre et Acre.
1192 Émission de la monnaie de gros à Venise.
1194 Henri VI, maître de la Sicile.
1195 Mort de Bernard de Ventadour. Bataille d'Alarcos.
1197 Mort d'Henri VI. Frédéric II, roi de Sicile. Léon Ier, roi d'Arménie - Cilicie.
1198 Avènement d'Innocent III. Mort d'Averroès.
1199 Mort de Richard Cœur de Lion. Avènement de Jean-sans-Terre.
1200 Pierre de Corbeil, archevêque de Sens.
1200-1210 Wolfram von Eschenbach : *Parzival*.
1202 La cour du roi de France décide la confiscation des fiefs de Jean sans Terre. Début de la quatrième croisade. Extermination des Tatars par Gengis-Khan.
1203 L'installation des Croisés occidentaux à Constantinople rend à Rome, pour un temps, le contrôle d'une partie des évêques orientaux.
1204 Prise de Château-Gaillard. Mort de Maïmonide.
1205 Bataille d'Andrinople.
1206 Saint Dominique prêche à Toulouse contre l'hérésie cathare. Saint François se retire du monde. Étienne Langton, archevêque de

	Canterbury. Fondation de la principauté de Morée.
1207	Mort du troubadour Bertran de Born.
1208	Assassinat du légat Pierre de Castelnau. Début de la croisade contre les Albigeois. Gengis-Khan conquiert le Tarim. Bataille de Philoppopoli.
1209	Constitution de la première fraternité franciscaine.
Vers 1210	Villehardouin : *Conquête de Constantinople*.
1210	Le commentaire de la *Philosophie naturelle* d'Aristote est interdit dans les écoles parisiennes.
Après 1210	Construction de la cathédrale de Reims.
1211	Frédéric II est élu roi de Germanie. Gengis-Khan attaque les Kin.
1212	Simon de Montfort bat le comte de Toulouse, Raymond VI, à Castelnaudary. Bataille de Las Navas de Tolosa.
1213	Bataille de Muret. Jean sans Terre se reconnaît vassal du Saint-Siège.
1213-1276	Règne de Jacques Ier d'Aragon.
1214	Jean sans Terre est battu par le prince Louis, fils de Philippe II, à La Roche-aux-Moines. A Bouvines, victoire décisive de Philippe-Auguste, soutenu par Gaucher de Châtillon, Matthieu II de Montmorency et les milices communales sur les troupes coalisées de Jean sans Terre, Othon IV de Brunswick, Renaud comte de Boulogne et Ferdinand de Portugal. Naissance de Louis IX (Saint Louis). Naissance de Roger Bacon.
1215	Simon de Montfort, comte de Toulouse. Angleterre : la Grande Charte. Frédéric II s'impose en Allemagne. Le pape réunit un grand concile au Latran. Statuts de l'Université de Paris. Gengis-Khan s'empare de Pékin.
1216-1272	Règne d'Henri III en Angleterre.
1216	Mort d'Innocent III.
1218	Mort de Simon de Montfort.
1218-1241	Règne de Jean Asen II en Bulgarie.
1218-1245	Geoffroy II de Villehardouin, prince de Morée.
1219	Jean de Brienne, devenu roi de Jérusalem, tente d'attaquer l'Égypte dans l'espoir de reprendre son royaume.
1220	Frédéric fait couronner son fils roi des Romains. Première législation de Frédéric II contre les hérétiques.
1221	Gengis-Khan atteint l'Indus.
1222	Bulle d'Or d'André II de Hongrie.
1223-1226	Règne de Louis VIII.
1224	Frédéric fonde l'Université de Naples.
1224-1235	Robert Grossetête, chancelier de l'Université d'Oxford.
Vers 1225	Le régime de la podestatié se généralise dans les communes italiennes. *Carmina Burana*.
1225-1317	Vie de Joinville.
1226-1242	Régence de Blanche de Castille.
1227	Honorius III excommunie Frédéric II. Naissance de Thomas d'Aquin. Mort de Gengis-Khan. Waldemar II, battu à Bornhöved.
1227-1241	Pontificat de Grégoire IX.

1228 Croisade de Frédéric II.
1229 Traité de Paris. Jacques Ier conquiert Majorque. Traité entre Frédéric II et l'Ayyoubide al-Kâmil.
1230 Frédéric II réprime un soulèvement en Italie. Traité de San Germano.
Vers 1230 Mort de Walter von der Vogelweide à Wurzbourg.
1231 Constitutions de Melfi, réorganisant l'administration du royaume de Sicile. Les Mongols conquièrent la Perse.
1232 Les Mongols conquièrent le Honan.
1234 Début de la construction de l'Alhambra de Grenade.
1235-1236 Les Bulgares et les Grecs assiègent Constantinople.
1236 Guillaume de Lorris : *Le Roman de la Rose* (1re partie).
1236-1242 Les Mongols envahissent la Russie et la Hongrie.
1237 Bataille de Cortenuova.
1238 Mort de Pérotin. Jacques Ier prend Valence.
1239 Seconde excommunication de Frédéric II.
Vers 1240 Traduction latine de l'*Éthique à Nicomaque* d'Aristote.
1240 Naissance du trouvère Adam de la Halle. Construction du Castel del Monte. L'averroïsme est condamné par l'Église.
1241 Frédéric II devant Rome. Les Mongols en Pologne et en Hongrie.
1242 Batailles de Taillebourg et de Saintes.
1243 Début de la construction de la Sainte-Chapelle. Écrasement des Seldjoucides d'Asie Mineure par les Mongols.
1243-1254 Pontificat d'Innocent IV.
1244 Bataille de Gaza.
1245 Concile de Lyon. Innocent IV dépose Frédéric II. Mission de Plan Carpin chez les Mongols.
1245-1248 Enseignement d'Albert le Grand à Paris.
1248 Prise de Séville par les Castillans. Croisade de Saint Louis en Égypte.
1248-1255 Enseignement de saint Bonaventure à Paris.
1249 Saint Louis prend Damiette. Avènement des Mamloûks en Égypte.
Vers 1250 Constitution du Parlement de Paris.
1250 Mort de Frédéric II. Début du « grand inter règne ». Saint Louis est fait prisonnier à Mansourah.
1252 Émission du florin d'or de Florence.
1252-1257 Les maîtres séculiers tentent de réduire la place des Mendiants à l'Université de Paris.
1252-1259 Enseignement de saint Thomas d'Aquin à Paris.
1253 Fondation de la Sorbonne.
1254 Saint Louis fonde l'hospice des Quinze-Vingts.
1256 Miniatures du psautier de Saint Louis. Destruction des Assassins par les Mongols.
1258 Traité de Corbeil entre Saint Louis et Jacques Ier d'Aragon. Angleterre : prise du pouvoir par les barons. Les Provisions d'Oxford. Les Mongols détruisent le califat de Bagdad.
1259 Traité de Paris entre Saint Louis et Henri III d'Angleterre. Bataille de Castoria.

1260 Portail de la Vierge à Notre-Dame de Paris. Nicolas Pisano décore le baptistère de Pise. Les gibelins toscans écrasent les guelfes florentins à Montaperti. Les Mamloûks reprennent la Syrie aux Mongols. Avènement de Baïbars en Égypte.

1261 Rutebeuf : *Le Miracle de Théophile*. Michel Paléologue reprend Constantinople aux Latins.

1262 Adam de la Halle : *Jeu de la Feuillée*.

1264 Saint Louis se déclare, au cours de la Mise d'Amiens, en faveur d'Henri III contre les barons révoltés. Bataille de Lewes. Dictature de Simon de Montfort.

1265 Bataille d'Evesham. Mort de Simon de Montfort. Saint Thomas d'Aquin entreprend la *Somme théologique*. Naissance de Dante.

1265-1266 Jacques Ier conquiert le royaume de Murcie.

1266 Roger Bacon entreprend l'*Opus majus, l'Opus minus, l'Opus tertium*. Bataille de Bénévent. Charles d'Anjou, roi de Sicile. Naissance de Giotto di Bondone. Premier séjour des Polo à Pékin.

1267 Le statut de Marborough précise les limites du pouvoir royal en Angleterre.

1270 Étienne Tempier condamne certaines propositions de saint Thomas d'Aquin. Première condamnation de Siger de Brabant. Mort de Saint Louis à la croisade de Tunis.

1271 Les Polo repartent de Venise pour la Chine.

1272 Adam de la Halle : *Rondeaux ; Motets*.

1272-1307 Règne d'Édouard Ier d'Angleterre.

1273 Rodolphe de Habsbourg, roi de Germanie.

1274 Concile de Lyon : union éphémère des églises d'Orient et d'Occident. Mort de saint Thomas d'Aquin.

1275 Jean de Meung : *Le Roman de la Rose* (deuxième partie). Les Polo en Chine.

1276 Raymond Lull ouvre un collège à Palma de Majorque.

1277 Emprisonnement de Roger Bacon, dont les thèses philosophiques et les conceptions astrologiques sont condamnées. Traité d'Aberconway.

1278 Bataille de Dürnkrut.

1278-1279 Arrivée de deux moines nestoriens d'Orient en Mésopotamie.

1280 Chute de la dynastie asénide de Bulgarie.

1282 Massacre des Vêpres Siciliennes.

1282-1321 Règne d'Étienne Miloutine en Serbie.

1283 Adam de la Halle : *Le Jeu de Robin et Marion*. Fin de la conquête de la Prusse par les Teutoniques.

1284 Philippe le Bel épouse Jeanne Ire de Navarre et acquiert la Champagne et la Navarre. Bataille de Meloria. Pise ruinée par Gênes.

1284-1285 Croisade d'Aragon. Mort de Charles d'Anjou.

1285 Avènement de Philippe le Bel.

1286 Mort d'Adam de la Halle.

1287 Guy II de la Roche, duc d'Athènes.

1288 Marco Polo dans les pays du Sud-Est.

1288-1326 Règne du sultan ottoman Othman.
1291 Confédération des communautés de Suisse centrale. Chute de Saint-Jean-d'Acre. Mort de Sâ'adi. Marco Polo revient en Europe.
1294 Guerre franco-anglaise pour la Guyenne. Avènement de Boniface VIII. Mort de Roger Bacon.
1295 Début du conflit entre Philippe le Bel et Boniface VIII.
1296 Fondation à Mayence de la première école de Meistersinger.
1296-1304 Giotto : *Vie de saint François*.
1297 Édouard Ier reconnaît les prérogatives financières du Parlement. Boniface VIII canonise Saint Louis.
Avant 1300 Apogée de l'activité des foires de Champagne. Formation des émirats turcomans d'Asie Mineure.
1300-1309 Joinville : *Livre des saintes paroles et des bons faits de notre Saint roi Louis*.
1300-1377 Vie de Guillaume de Machaut.
1301 Arrestation de Bernard Saisset, évêque de Pamiers. Traité de Bruges.
1302 Jacques de Viterbe : *De régimine christiano*. Philippe le Bel consulte à Paris les représentants du royaume. La chevalerie française est défaite à Courtrai.
1303 Attentat d'Anagni. Mort de Boniface VIII. Les Catalans en Orient.
1304 Victoire de Philippe le Bel à Mons-en-Pévèle. Naissance de Pétrarque.
1304-1308 Enseignement de Duns Scot à Paris.
1305 Traité d'Athis-Mons : Philippe le Bel acquiert Lille, Douai, Béthune. Élection de Clément V.
Après 1306 Giotto : fresques de l'Arena de Padoue.
1307 Début de l'affaire des Templiers. Mort d'Édouard Ier. Dante : *Le Banquet*.
1307-1321 Dante : *La Divine Comédie*.
1309 Le pape Clément V s'installe en Avignon.
1310-1315 *Roman de Fauvel*.
1311 Concile de Vienne. Bataille d'Orchomène.
1312 Annexion de Lyon par Philippe le Bel. L'ordre des Templiers est supprimé par Clément V. Charte de Cortenberg en Brabant.
1314 Mort de Philippe le Bel et de Clément V. Première horloge publique en France, à Caen. Le franciscain Odoric de Pordenone commence un voyage en Asie orientale.
1315 Ligues féodales en France. Bataille de Morgarten. Crise frumentaire et épidémies en Europe. Duccio : la *Maestà* de Sienne.
1316 Paix de Fexhe à Liège. Construction du palais des papes en Avignon.
1316-1334 Pontificat de Jean XXII.
1317 Dante : *De Monarchia*.
1318-1324 Guillaume d'Ockham enseigné à Oxford.
1320 Philippe de Vitry : *Ars nova*. Naissance de Bertrand Du Guesclin.
1321 Fondation de la confrérie Saint-Julien-des-Ménétriers. Mort de Dante.

1322 Décrétale de Jean XXII sur l'*Ars nova*. Soulèvement des paysans de la Flandre maritime.

1323 Canonisation de Thomas d'Aquin.

1324 Marsile de Padoue : *Defensor pacis*.

1325 L'Université de Paris lève sa condamnation du thomisme. Les Ottomans prennent Brousse.

1326-1359 Règne du sultan ottoman Orkhan.

1327 Déposition d'Édouard II ; Édouard III lui succède. Pétrarque : *Canzoniere* et *Trionfi*.

1328 Avènement de Philippe de Valois. Couronnement de Louis de Bavière à Rome. Andronic II détrôné par Andronic III.

1330 Jean de Ruysbroeck : *Noces spirituelles. Renard le contrefait*. Jacques de Liège : *Speculum musicae*.

1331-1355 Règne d'Étienne Dusan en Serbie.

1332 Alliance de Lucerne et des cantons suisses.

1334 Premiers travaux du Campanile de Giotto à Florence.

1335 Dissolution de l'empire mongol de Perse.

1337 Rupture entre Philippe VI et Édouard III : début de la guerre de Cent Ans. Mort de Giotto.

1337-1405 Vie de Jean Froissart.

1340 Machaut : *Le Jugement du roi de Behaigne*. Naissance de Geoffrey Chaucer. Batailles de l'Écluse et du Salado.

1341 Jean de Montfort s'empare du duché de Bretagne. Couronnement de Pétrarque.

1341-1354 Usurpation de Jean Cantacuzène.

1342 Guillaume de Machaut : *Le Remède de Fortune*.

1342-1352 Pontificat de Clément VI.

1342-1382 Louis le Grand, roi de Hongrie.

1345 Jean de Montfort s'évade de la tour du Louvre.

1346 Faillite des Bardi. Bataille de Crécy.

1346-1378 Règne de l'empereur Charles IV.

1347 Prise de Calais par Édouard III. Dictature de Cola di Rienzo à Rome. Fondation de l'Université de Prague.

1347-1349 La peste noire en Europe occidentale.

1348 Jean Buridan, recteur de l'Université de Paris pour la deuxième fois. Clément VI achète Avignon à la reine Jeanne de Naples.

1348-1353 Boccace : *Décaméron*.

1349 Mort de Guillaume d'Ockham. Mouvement des Flagellants.

1349-1363 Guillaume de Machaut : *Messe Notre-Dame ; Hoquet David*.

1350 Avènement de Jean le Bon. Naissance de Claus Sluter.

1351 Portulan de la bibliothèque laurentienne. En Angleterre, statuts des « laboureurs » et des « proviseurs ».

1352 Avènement d'Innocent VI.

1353 Fondation du premier établissement ottoman en Europe.

1354 Pétrarque : *De vita solitaria*.

1356 Bataille de Poitiers. Réunion des États Généraux. Promulgation par Charles IV de la Bulle d'Or. La Joyeuse Entrée du Brabant.

1357 Grande Ordonnance imposée au dauphin Charles par les états de Languedoïl. Machaut : *Le Confort d'Ami*.

1358 Révolte et défaite d'Étienne Marcel. La Jacquerie. Seconde légation du cardinal Albornoz en Italie.

1359-1381 Règne de Dmitri Donskoï, duc de Moscou.

1359-1389 Règne du sultan ottoman Mourad Ier.

1360 Traité de Calais. Les compagnies de routiers en France.

1361 Mourad Ier prend Andrinople.

1362 Conflit entre la Hanse et le Danemark.

1363 Tamerlan, maître de la Transoxiane.

1364 Avènement de Charles V. Bataille de Cocherel. Fondation de l'Académie de Cracovie.

1365 Fondation de l'Université de Vienne. Croisade chypriote contre Alexandrie.

1366 Charles V charge Du Guesclin d'emmener les Grandes Compagnies hors de France.

1367 Retour d'Urbain V à Rome. Bataille de Najera.

1368 Fondation des Franciscains de l'Observance. Mariage de Jagellon et d'Edwige de Pologne.

1369 Bataille de Montiél. Reprise de la guerre franco-anglaise. Philippe le Hardi épouse l'héritière de Flandre. Naissance de Jean Hus.

1370 Du Guesclin, connétable. Traité de Stralsund entre la Hanse et le Danemark.

1370-1400 Froissart rédige ses *Chroniques*.

1373 Charles V, maître du Poitou.

1374 Mort de Pétrarque. Chute du royaume arménien de Cilicie.

1376 Angleterre : le Bon Parlement. Wyclif : *De civili dominio*.

1377 Charles V, maître de la Bretagne. Offensive française en Guyenne. Mort d'Édouard III. Richard II lui succède. Retour de Grégoire XI à Rome et début du Grand Schisme. *Le Songe du Verger*.

1378 Élections d'Urbain VI et de Clément VII. Révolte des Ciompi à Florence. Mort de Charles IV. Tamerlan occupe le Kharezm.

1379 Révolte de Philippe van Artevelde en Flandre. Construction de l'Hôtel de Ville de Bruges et de la nef de la cathédrale de Canterbury. Chaucer : *La Maison de la Renommée*.

1380 Mort de Charles V. Avènement de Charles VI. Mort de sainte Catherine de Sienne. Mort de Du Guesclin. Mourad Ier prend Nich. Victoire du duc de Moscou Dmitri Donskoï sur les Mongols à Kouli Kovo.

1381 Révolte de Wat Tyler. Premier Acte de Navigation.

1382 Révoltes des Maillotins à Paris, de la Hérelle à Rouen. Bataille de Roosebeke. Condamnation de Wyclif. Avènement de Ladislas Jugellon en Pologne. Chaucer : *Le Parlement des Oiseaux*.

1384 Philippe le Hardi, comte de Flandre.

1385 Paix de Tournai. Victoire des Portugais sur les Castillans à Aljubarrota. Mourad Ier s'empare de Sofia.

1385-1395 Claus Sluter : portail de la Chartreuse de Champmol.

1386 Fondation de l'Université de Heidelberg. Richard II sous la tutelle des barons. Chaucer : *Légende des femmes exemplaires*. Naissance de Donatello.

1387 Chaucer : *Canterbury tales*. Prise de Salonique par les Ottomans.

1387-1391 Gaston Phébus : *Le Livre de la Chasse*.

1387-1455 Vie de Fra Angelico.

1389 Richard II, maître du pouvoir en Angleterre. Victoire de Bayezid Ier sur les Serbes à Kossovo.

1389-1402 Règne de Bayezid Ier.

1391 Conquête de la Thessalie par Bayezid Ier.

1391-1425 Règne de Manuel II.

1392 Folie de Charles VI. Chute du gouvernement des Marmousets.

1393 Tamerlan prend Bagdad.

1394-1460 Vie d'Henri le Navigateur.

1394-1465 Vie de Charles d'Orléans.

1395 Claus Sluter : *le Puits de Moïse*.

1396 Entente entre Charles VI et Richard II. Gênes se donne à la France. Croisade de Nicopolis. Tamerlan détruit la Horde d'Or.

1397 Union de Kalmar.

1398 Soustraction d'obédience au pape d'Avignon. Début du gallicanisme. Tamerlan prend Delhi.

1399 Richard II renversé par Henri IV. C. de Pisan : *Épître au Dieu d'Amour*. Manuel Paléologue cherche des secours en Occident.

1399-1402 Querelle littéraire à propos du *Roman de la Rose*.

1400-1471 Construction de la Chartreuse de Pavie.

1401 Naissance de Masaccio. Pacte de Vilnó. Tamerlan conquiert la Syrie.

1402 Jean Hus, recteur de l'Université de Prague. Nicolas de Clamanges : *Traité de la ruine de l'Église*. Jean de Bethencourt colonise les Canaries. Tamerlan défait Bayezid Ier à Ankara.

1403 Ghiberti : bas-reliefs du baptistère de Florence.

1404 Mort de Philippe le Hardi. Avènement de Jean sans Peur.

1404-1405 C. de Pisan : *Le Livre des faits et bonnes mœurs du sage Charles V*.

1405 Mort de Tamerlan.

1405-1457 Vie de L. Valla.

1406 L'héllénisme entre à l'Université de la Sapience. Florence assure sa domination sur Pise. Décoration du dôme de Florence par Donatello. Mort de Claus Sluter. Mort d'Ibn Khaldoûn.

1407 Louis d'Orléans, assassiné par Jean sans Peur.

1408 Pol de Limbourg : *Très riches heures du duc de Berry*. Donatello : *David*. Fondation à Gênes de la *Casa di San Giorgio*.

1408-1410 C. de Pisan : *Le Livre des trois vertus*. *Le Livre des faits d'armes et de chevalerie*.

1409 Concile de Pise. Naissance de René d'Anjou.

1410 Défaite des Teutoniques à Tannenberg.

1411 Jean Hus, excommunié.

1411-1412 Donatello : *Saint Marc*.

1413 L'Ordonnance cabochienne.

1413-1422 Règne d'Henri V d'Angleterre.
1414 Concile de Constance. Condamnation de Jean Hus.
1415 Bataille d'Azincourt. Supplice de Jean Hus. Les Portugais prennent Ceuta.
1416 Donatello : *Saint Georges*. Avènement d'Alphonse V le Magnanime en Aragon.
1417 Élection de Martin V. Fin du Grand Schisme.
1418 Les Bourguignons entrent dans Paris. Henri V conquiert la Normandie.
1419 Meurtre de Jean sans Peur. Avènement de Philippe le Bon. Création des foires de Lyon. Vicente Ferrer meurt à Vannes.
1420 Traité de Troyes : Henri V se fait désigner comme régent et héritier du royaume de France. *L'Imitation de Jésus-Christ*. Point culminant de la crise monétaire en France. Naissance de Jean Fouquet.
1420-1436 Brunelleschi : grande coupole du dôme de Florence.
1421 Construction de la *Cà d'Oro* à Venise.
1421-1434 Règne de Mourad II.
1422 En Angleterre, mort d'Henri V et avènement de Henri VI. En France, mort de Charles VI et avènement de Charles VII.
1423 Naissance de Louis XI, fils de Charles VII.
1424 Bataille de Verneuil
1425 Fondation de l'Université de Louvain.
1425-1431 Jean Van Eyck : retable de l'*Agneau mystique*.
1427-1428 Masaccio : fresques de la chapelle Brancacci à Florence.
1428 Début du siège d'Orléans. Guillaume Dufay, chantre de la Chapelle pontificale à Rome, Florence et Bologne. Mort de Masaccio.
1429 Jeanne d'Arc rejoint Charles VII à Chinon. Elle délivre Orléans. Elle bat Talbot à Patay. Elle fait sacrer le roi à Reims. Mort de Jean Gerson.
1431 Mort de Jeanne d'Arc à Rouen. Naissance de François Villon. L. Valla : *De voluptate*. Les Portugais aux Açores.
1431-1449 Concile de Bâle.
1433-1439 Donatello : *Cantoria* du dôme de Florence.
1433-1499 Vie de Marsile Ficin.
1434 Gutenberg invente la presse à imprimer. Cosme de Médicis à Florence. Les Portugais doublent le cap Bojador. Les Taborites sont écrasés en Bohême.
1435 Paix d'Arras.
1436 Les Portugais au Rio-de-Oro. Guillaume Dufay devient chanoine de Cambrai.
1437 Construction de Saint-Maclou de Rouen. Alberti : *De Famiglia*. Défaite des Portugais à Tanger.
1438 Pragmatique Sanction de Bourges. Union des Églises au concile de Ferrare.
1439 Jacques Cœur, argentier du roi.
1440 Louis XI participe à la Praguerie. Naissance de Josquin des Près. Brunelleschi commence le palais Pitti à Florence.

1440-1493 Règne de l'empereur Frédéric III.
1441 Jacques Cœur devient conseiller du roi.
1443 Création du Parlement de Toulouse. Croisade de Jean Hunyadi.
1444 Trêves franco-anglaises de Tours. L. Valla : *Ælegantiae linguae latinae*. Les Portugais au Cap Vert. Mourad II écrase les Hongrois et les Polonais à Varna.
1444-1492 Règne de Casimir Jagellon.
Vers 1445 Jean Fouquet : *Portrait de Charles VII.*
1445 Charles VII institue les Compagnies d'Ordonnance. Naissance de Sandro Botticelli.
1446 Mort de Brunelleschi.
1447 Le dauphin Louis se retire en Dauphiné. Naissance de Philippe de Commynes. Concordat de Francfort.
1447-1455 Pontificat de Nicolas V.
1448 Nicolas V signe avec Frédéric III le concordat de Vienne.
1449 Charles VII commence la reconquête de la Normandie, subventionnée par Jacques Cœur. Fin du concile schismatique de Bâle et soumission de Félix V.
1450 Bataille de Formigny. Arnould Gréban : *Vrai Mystère de la Passion.* Naissance de Lefèvre d'Étaples. Jean Fouquet : *Livre d'heures d'Étienne Chevalier.* Organisation de la bibliothèque vaticane. François Sforza, duc de Milan. Fondation de l'atelier de Gutenberg à Mayence.
1451-1481 Règne de Mahomet II.
1452 Le cardinal d'Estouteville réforme l'Université de Paris. René d'Anjou : *Traité de la forme et devis comme on fait les tournois.* Naissance de Léonard de Vinci. Début de la reconstruction de Saint-Pierre de Rome. Frédéric III est sacré par le pape (dernier sacre d'un empereur par le pape).
1453 Victoire de Charles VII à Castillon. Condamnation de Jacques Cœur. Donatello : statue équestre du condottiere Gattamelata. Mahomet II prend Constantinople.
1454 Traité de Lodi.
1455 Première bataille de Saint-Albans : ouverture de la guerre des Deux-Roses. Gutenberg imprime la *Bible mazarine* à « quarante-deux lignes ». Rosselino construit le palais de Venise à Rome. Donatello : *Marie-Madeleine.* Mort de Fra Angelico, Ghiberti, Pisanello, Nicolas V.
1456 Fuite du dauphin Louis en Bourgogne. François Villon : *Les lais* (ou *Petit Testament*). Marsile Ficin : *Institutiones platonicae.* Les Portugais parviennent au golfe de Guinée. Les Turcs assiègent Belgrade.
1457 Donatello : *Saint Jean-Baptiste.*
1457-1504 Étienne le Grand, hospodar de Moldavie.
1458 Confiscation du duché d'Alençon. Enea Silvio pape (Pie II).
1458-1490 Règne de Mathias Corvin en Hongrie.
1459 Guerre civile en Angleterre. Mort de Poggio et de saint Antoine de

Padoue. Josquin des Près entre à la chapelle du dôme à Milan. Congrès de Mantoue.

1460 Jean Fouquet : *Portrait de Jouvenel des Ursins*. Batailles de Northampton et de Wakefield. Mort de Richard d'York. Début de la bourse d'Anvers. Révolution catalane contre Jean II. Les Turcs envahissent la Morée.

1461 Mort de Charles VII. Avènement de Louis XI. Bataille de Towton. Avènement d'Édouard IV d'Angleterre. Chute de Trébizonde.

1462 François Villon : *Le Grand Testament*. Roger van der Weyden : *Triptyque des Rois Mages*. Mathias Corvin bat l'anti-roi Frédéric III.

1462-1505 Règne d'Ivan III, grand duc de Moscou.

1463 François Villon : *la Ballade des Pendus*. Fondation de l'Académie romaine. Mathias Corvin soumet la Bosnie.

Vers 1463 Mort de François Villon.

1464 *La Farce de maitre Pierre Pathelin*. Fondation de l'Académie platonicienne. Mort de Roger de la Pasture, Nicolas de Cues, Pie II.

1464-1465 Guerre de la Ligue du Bien Public.

1465 Bataille de Montlhéry. Traités de Conflans et de Saint-Maur. Jean Okeghem, maître de chapelle de Louis XI. Impression à Cologne de l'*Ars moriendi*.

1466 Naissance d'Érasme. Création d'une chaire de grec à l'Université de Paris. Traité de Thorn. Mort de Donatello.

1467 Mort de Philippe le Bon. Charles le Téméraire devient duc de Bourgogne. Révolte de Liège. Filippo Lippi : *Couronnement de la Vierge*. Mathias Corvin conquiert la Moldavie et la Valachie.

1467-1476 Jean Fouquet : *Antiquités judaïques*.

1468 Traité d'Ancenis. Entrevue de Péronne entre Louis XI et Charles le Téméraire. Benozzo Gozzoli : peintures du Campo Santo à Pise. Mort de Skander-beg.

1468-1479 Lutte de Mathias Corvin contre la Bohême.

1469 Mariage des Rois Catholiques. Marsile Ficin : *Theologia platonica*.

1469-1492 Gouvernement de Laurent le Magnifique à Florence.

1470 Louis XI fait annuler le traité de Péronne. Guillaume Fichet installe l'imprimerie à l'Université de Paris. Impression des *Canzoniere* de Pétrarque. Restauration d'Henri VI. Alberti : façade de Sainte-Marie-Nouvelle à Florence.

1471 Les Portugais prennent Tanger. Bataille de Tewkesbury. Ivan III annexe Novgorod.

1472 Charles le Téméraire échoue devant Beauvais. Jeanne Hachette. Concordat d'Amboise. Mort du cardinal Bessarion. Naissance d'Albrecht Dürer. Ivan III épouse Zoé Paléologue.

1473 Entrevue de Trêves entre Charles le Téméraire et Frédéric III de Habsbourg. Création de la chapelle Sixtine (Sixte IV, pape). Mort de l'organiste allemand Konrad Paumann.

1474 Jean Fouquet, peintre officiel de Louis XI.

1475 Traité de Picquigny. La Bibliothèque vaticane s'ouvre au public. Naissance de Michel-Ange. Fondation de Saint-Jean-des-Bois à Tolède. Prise de Caffa par les Ottomans.

1476 Batailles de Granson et Morat.

1477 Bataille de Nancy. Mort du Téméraire. Impression du premier livre en français. Mariage de Maximilien d'Autriche et de Marie de Bourgogne. Conjuration des Pazzi à Florence. Botticelli : *Le Printemps*. Création de l'Université d'Upsal.

1478 B. Tromboncino : *Lamentations*.

1479 Bataille de Guinegatte. Memling : *Mariage mystique de sainte Catherine*. Conquête de la Crimée par les Turcs.

1480 Mort de René d'Anjou.

1481 Mort de Jean Fouquet. Début de l'Inquisition en Espagne. Torquemada. Vinci : *L'Adoration des Mages* (inachevé). Avènement de Jean II de Portugal. Mort de Mahomet II.

1482 Traité d'Arras. Découverte de l'embouchure du Congo par Diego Cam.

1483 Mort de Louis XI. Avènement de Charles VIII. Mort d'Édouard IV d'Angleterre. Richard III lui succède. Vinci : *La Vierge aux Rochers*. Naissance de Luther, Raphaël, Guichardin.

1484 États généraux de Tours. Élection d'Innocent VIII. Naissance de Baldung Grien.

1485 Naissance de Clément Jannequin. Pic de la Mirandole à Paris. Botticelli : *Naissance de Vénus*. Découverte du cap de Bonne-Espérance.

1485-1488 La Guerre Folle.

1485-1505 Josquin des Près : messes *L'homme armé sextitoni* et *Ave maris stella*.

1488 Bataille de Saint-Aubin-du-Cormier. Maximilien transfère à Anvers les privilèges des marchands étrangers de Bruges. Memling : *Châsse de sainte Ursule*.

1489 Marsile Ficin : *De Triplici vita*.

1489-1498 Commynes rédige ses *Mémoires*.

1490 Lefèvre d'Étaples : *Introduction à la métaphysique d'Aristote*. Savonarole, prieur du couvent Saint-Marc de Florence. Michel-Ange : *Le Combat des Lapithes et des Centaures*. Dürer : *Portrait du père de l'artiste*. Construction du cloître de Batalha.

1490-1492 Josquin des Près : *El Grillo ;* messe *La sol fa ré mi*.

1491 Mariage de Charles VIII et d'Anne de Bretagne. Naissance de Mellin de Saint-Gelais. Ghirlandajo : *Visitation*. Naissance d'Ignace de Loyola. M. Memling : *Polyptyque de la Passion*.

1492 Naissance de Marguerite de Navarre. Mort de Laurent le Magnifique. Élection d'Alexandre VI Borgia. Prise de Grenade par les Rois Catholiques. Christophe Colomb découvre l'Amérique.

1493 Dürer : *Autoportrait en fiancé*.

1494 Naissance présumée de Rabelais.

1495-1497 Vinci : *La Cène*.

1496 Naissance de Clément Marot.

Table

LIVRE V

LIVRE VI

LIVRE VII

LIVRE VIII

LIVRE IX

LIVRE X

LIVRE XI

LIVRE XII

LIVRE XIII

LIVRE XIV

LIVRE XV

LIVRE XVI

LIVRE XVII

Composé par Nord Compo

Achevé d'imprimer pour les Éditions Robert Laffont sur les presses de Hazell Watson & Viney Ltd Aylesbury (Grande-Bretagne).
Printed in Great Britain

DÉPÔT LÉGAL : FÉVRIER 1985
N° D'ÉDITEUR : S 635